中国水利年鉴

2016

《中国水利年鉴》编纂委员会　编

中国水利水电出版社
www.waterpub.com.cn
·北京·

《中国水利年鉴》

在首届中央级年鉴评比中，荣获框架设计优秀奖、美术装帧优秀奖
在第二届中央级年鉴评比中，荣获一等奖
在第三届全国年鉴编纂出版质量评比中，荣获综合奖一等奖
在第三届全国年鉴编纂出版质量评比中，荣获中国年鉴奖
在第四届全国年鉴编校质量检查评比中，荣获一等奖
在第五届全国年鉴编校质量检查评比中，荣获特等奖
在第六届全国年鉴编校质量检查评比中，荣获特等奖
在第五届年鉴编纂出版质量评比中，荣获综合特等奖

中国水利年鉴 2016
ZHONGGUO SHUILI NIANJIAN 2016
《中国水利年鉴》编纂委员会　编

主管：中华人民共和国水利部
主办：中国水利水电出版社
编辑：《中国水利年鉴》编辑部
出版发行：中国水利水电出版社
地址：北京市海淀区玉渊潭南路 1 号 D 座
邮编：100038
电话：（010）68545944（编辑部）
（010）68367658（营销中心）
（010）63202643、68545874、88383994（零售）
排版：中国水利水电出版社微机排版中心
印刷：北京纪元彩艺印刷有限公司

184mm×260mm　16 开本　37.5 印张　1852 千字　110 插页
2016 年 12 月第 1 版　2016 年 12 月第 1 次印刷
精装定价 **260.00** 元

国际标准刊号：ISSN 1009—7376
国内统一刊号：CN 11—3065/TV
广告经营许可证号：京西工商广字第 0292 号

《中国水利年鉴》编纂委员会

赵　卫　水利部建设管理与质量安全中心
牛志奇　水利部预算执行中心
于琪洋　中国水利学会
张建云　南京水利科学研究院
程夏蕾　国际小水电中心
张利新　水利部小浪底水利枢纽管理中心
张志荣　中国水利博物馆
金树东　北京市水务局
景　悦　天津市水务局
苏银增　河北省水利厅
潘军峰　山西省水利厅
戈　锋　内蒙古自治区水利厅
于本洋　辽宁省水利厅
张凤春　吉林省水利厅
陆　兵　黑龙江省水利厅
白廷辉　上海市水务局
李亚平　江苏省水利厅
陈　龙　浙江省水利厅
方志宏　安徽省水利厅
赖　军　福建省水利厅
罗小云　江西省水利厅
王艺华　山东省水利厅
李柳身　河南省水利厅
王忠法　湖北省水利厅
詹晓安　湖南省水利厅
许永锞　广东省水利厅
杨　焱　广西壮族自治区水利厅
王　强　海南省水务厅
王爱祖　重庆市水利局
胡　云　四川省水利厅
王　扬　贵州省水利厅
陈　坚　云南省水利厅
孙献忠　西藏自治区水利厅
王拴虎　陕西省水利厅
魏宝君　甘肃省水利厅
张世丰　青海省水利厅
白耀华　宁夏回族自治区水利厅
覃新闻　新疆维吾尔自治区水利厅
郎连和　大连市水务局
张拓原　宁波市水利局
郭金炼　厦门市水利局

赵兴书　青岛市水利局
王立新　深圳市水务局
张生龙　新疆生产建设兵团水利局
杨　骏　中国长江三峡集团公司新闻宣传中心
耿六成　国务院南水北调工程建设委员会办公室综合司

主　　编　李训喜
副 主 编　陈东明

编 委 会 办 公 室

主　任　陈东明

副主任　李　洁　黄会明

《中国水利年鉴》特约编辑

王　宏　水利部长江水利委员会
于自力　水利部黄河水利委员会
周正涛　水利部淮河水利委员会
赵立坤　水利部海河水利委员会
袁建国　水利部珠江水利委员会
张　敏　水利部松辽水利委员会
赵中伟　水利部太湖流域管理局
王　凯　水利部办公厅
王　勇　水利部规划计划司
刘　洁　水利部政策法规司
刘永攀　水利部水资源司
姜　楠　水利部财务司
巩劲标　水利部人事司
王　伟　水利部国际合作与科技司
戚　波　水利部建设与管理司
王　健　水利部建设与管理司
乔殿新　水利部水土保持司
周　玉　水利部农村水利司
叶莉莉　水利部安全监督司
吕　行　国家防汛抗旱总指挥部办公室
赵　虹　水利部农村水电及电气化发展局
殷海波　水利部水库移民开发局
詹卫华　水利部综合事业局
刘圆圆　水利部水文局（水利信息中心）
杨占军　水利部南水北调规划设计管理局
杜崇玲　水利部水利水电规划设计总院
孟志康　中国水利报社
王茂林　水利部发展研究中心
张淑华　中国水利学会
雷定演　中国水力发电工程学会
郑　慧　中国水土保持学会
曾令文　中国水利企业协会
张瑞美　中国水利经济研究会
刘大根　北京市水务局
丛　英　天津市水务局
孔更辉　河北省水利厅
孙尚荣　山西省水利厅
王海军　内蒙古自治区水利厅
徐德伟　辽宁省水利厅
张　臣　吉林省水利厅
刘惠玲　黑龙江省水利厅
谷鸿鹄　上海市水务局
任伟刚　江苏省水利厅
金　潇　浙江省水利厅
夏热轩　安徽省水利厅
谢光球　福建省水利厅
廖金源　江西省水利厅
赵　新　山东省水利厅
郭　伟　河南省水利厅
熊　渤　湖北省水利厅
熊云科　湖南省水利厅
郑恒静　广东省水利厅
黄华军　广西壮族自治区水利厅
陈寒松　海南省水务厅
陈亮亮　重庆市水利局
朱光荣　四川省水利厅
朱　湖　贵州省水利厅
张　煜　西藏自治区水利厅
张永利　云南省水利厅
王　青　陕西省水利厅
李　龙　甘肃省水利厅
王绒艳　青海省水利厅
赵　杰　宁夏回族自治区水利厅
张爱民　新疆维吾尔自治区水利厅
秦庆祥　新疆生产建设兵团水利局
许秀惠　台湾逢甲大学海峡两岸科技研究中心
乔仁贵　中国长江三峡集团公司
何韵华　国务院南水北调工程建设委员会办公室

编 辑 说 明

一、《中国水利年鉴》（以下简称《年鉴》）是反映中国水利事业发展和记录水利事实、汇集水利统计资料的工具书，每年编印一册。2016年刊主要收录2015年的资料和情况。

二、《年鉴》包括14个专栏：1. 综述；2. 重要文献；3. 政策法规；4. 综合管理；5. 建设管理；6. 防汛抗旱；7. 江河治理与开发；8. 地方水利；9. 人力资源；10. 新闻宣传、信息、出版、学术团体；11. 水利统计；12. 大事记；13. 名录；14. 附录。

三、专栏内包含文章、条目和表格。标有【 】者，为条目的题名。

四、《年鉴》文稿实行文责自负。文稿的技术内容、文字、数据、保密等问题均经撰稿人所在单位把关审定。

五、《年鉴》采用中国法定计量单位。数字的用法遵从国家标准《出版物上数字用法》（GB/T 15835—2011）。技术术语、专业名词、符号等力求符合规范要求或约定俗成。

六、《年鉴》中国家机关各部（委）、水利部各司（局）可使用约定俗成的简称。

七、《年鉴》中流域机构名称均使用简称，具体是：长江水利委员会简称长江委；黄河水利委员会简称黄委；淮河水利委员会简称淮委；海河水利委员会简称海委；珠江水利委员会简称珠江委；松辽水利委员会简称松辽委；太湖流域管理局简称太湖局。

八、水利统计不包括香港特别行政区、澳门特别行政区和台湾省。

九、限于编辑水平和经验，《年鉴》难免有缺点和错误。我们热忱希望广大读者和各级领导提出宝贵意见，以便改进工作。

《中国水利年鉴》编辑部

2016年11月

目　　录
CONTENTS

政策法规
Policies, Laws and Regulations

综合管理
Comprehensive Administration

建设管理
Construction Administration

防汛抗旱
Flood Control and Drought Relief

江河治理与开发
Regulation and Exploitation of Rivers

综　述

Overview

综　述　1~4页

2015 年水利发展综述

水利部部长　陈雷

2015 年是实施“十二五”规划收官之年，也是水利改革发展取得显著成效的一年。党中央、国务院高度重视水利工作。习近平总书记主持召开中央财经领导小组第九次会议，听取水安全战略贯彻落实情况汇报，对转变治水思路，统筹做好水灾害防治、水资源节约、水生态保护修复、水环境治理提出明确要求。李克强总理主持召开国务院常务会议，对加快推进重大水利工程建设进行再部署、再督促，并对水利工作作出重要批示，充分肯定“十二五”水利工作成绩，对“十三五”水利改革发展提出明确要求。一年来，全国水利系统认真贯彻落实党中央、国务院决策部署，锐意进取、真抓实干，顺利完成年度目标任务，“十二五”水利改革发展划上圆满句号，为稳增长促改革调结构惠民生防风险提供了有力的水利支撑。

一、重大水利工程建设全面提速，建设进度为历年最快

全力推进 172 项节水供水重大水利工程建设，充分发挥项目审批部际联席会议制度、投资计划安排会商机制、项目专报制度作用，积极协调有关部门开辟前期工作绿色通道，简化合并审批程序，加快推进前期工作，可研报告审批周期比以往压缩一半以上；对中央水利建设投资计划执行情况实施按月调度会商，层层开展督导检查，加快投资计划执行进度；争取金融机构支持，积极吸引社会资本投入，满足工程建设投资需求。2015 年新开工 28 项工程，新增投资规模 1 187 亿元，172 个节水供水重大水利项目已累计开工 85 项，在建投资规模超过 8 000 亿元，超额完成 2015 年《政府工作报告》确定的年度目标任务。江西峡江水利枢纽、云南牛栏江滇池补水、河南河口村水库、青海引大济湟等 4 项工程基本建成并发挥效益，江西浯溪口水利枢纽、天津永定新河治理二期等 9 项主体工程基本完成。

二、农村饮水安全任务超额完成，提前兑现政府庄严承诺

把解决农村饮水安全问题作为一项重要的政治任务来抓，向社会公布了省级政府责任人和各有关部门责任人以及工作进度安排，联合国家发展改革委 2014 年年底提前下达 2015 年第一批农村饮水安全建设中央投资计划，进一步健全部领导分片包干、司局对口负责、每季度督导的工作机制，共派出 176 个检查组开展 5 次全方位、全覆盖的监督检查。全年解决了 6 434 万农村居民饮水安全问题，提前超额完成《政府工作报告》提出的再解决 6 000 万农村居民饮水安全问题的目标任务，四省藏区等特殊困难地区规划外任务同步完成，28 个省份建成区域水质检测中心 2 049 处。农村饮水安全“十二五”规划任务圆满完成。

三、防汛抗旱减灾取得全面胜利，主要灾害损失指标大幅降低

2015 年我国汛期来得早、走得晚。全国出现 36 次强降雨过程，西江、太湖、淮河发生超警洪水，336 条中小河流发生超警戒水位洪水，较 2000 年以来均值多 2 成，江南华南发生罕见冬汛，部分地区暴雨山洪、城市内涝严重；有 6 个台风或强台风登陆，其中台风“灿鸿”和“彩虹”分别为 1949 年以来同期登陆我国的最强台风，台风“苏迪罗”是 2008 年“凤凰”之后影响范围最广的台风；华北、东北、西南等地发生严重干旱。国家防总、水利部超前部署安排，加强监测预警，科学指挥调度，先后启动 9 次应急响应，派出 160 多个工作组、专家组、督察组到防汛抗旱防台风一线指导工作，紧急转移危险区域群众 628 万人次，解救受洪水围困群众 49 万人次，科学调度水库拦蓄洪水 770 多亿 m^3，完成抗旱浇灌面积 2.5 亿亩[1]，解决了 691 万人因旱临时饮水困难。经过各方共同努力，全国大中型水库无一垮坝，重要堤防无一决口，与 2000 年以来同期均值相比，死亡人数、受灾人口、受灾面积、倒塌房屋分别减少 76%、35%、44%、85%，其中死亡失踪人数 400 人，为历史最低。

四、民生水利建设加快推进，农田水利等薄弱环节进一步夯实

着力加强农田水利基础设施建设，继续推进大中型灌区和大型灌排泵站更新改造，完成 41 处大型灌区和 40 处大型灌排泵站更新改造任务，黑龙江三江平原等一批新灌区加快建设。加快实施东北节水增

[1] 1 亩＝（10 000/15）m^2＝666.67m^2。

粮、西北节水增效、华北节水压采、南方节水减排等区域规模化高效节水灌溉项目，全国新增高效节水灌溉面积2 000万亩以上。以渠系配套、“五小水利”工程、河塘清淤整治等为重点，因地制宜、整村整乡推进小型农田水利工程建设。2014—2015年冬春农田水利建设超计划完成，2015—2016年冬春农田水利建设再掀高潮。病险水库水闸除险加固、中小河流治理、山洪灾害防治等防洪薄弱环节建设和抗旱水源工程建设加快推进。滇桂黔石漠化片区扶贫攻坚、水利定点扶贫和对口帮扶、水利援疆援藏援青、水利移民等工作取得新进展。

五、最严格水资源管理制度加快落实，水生态文明建设深入推进

水资源开发利用、用水效率、水功能区限制纳污“三条红线”控制指标基本实现省、市、县三级行政区全覆盖，开展53条重要跨省江河水量分配，其中13条江河水量分配方案具备报批条件，完成2014年度最严格水资源管理制度考核并向社会公告。严格实行水资源论证、取水许可和用水定额、计划用水管理，发布第一批《国家节水标杆企业和标杆指标》以及《高耗水工艺、技术和装备淘汰目录》，全面推进农业、工业和城市生活节水，积极开展非常规水源开发利用。认真落实水污染防治行动计划，严格实施水功能区分级分类监督管理，强化入河排污口监管和饮用水水源地保护，妥善处置突发水污染事件。扎实开展105个全国水生态文明城市创建试点和海绵城市建设试点。大力实施江河湖库水系连通，提高水资源调控能力。推进华北、新疆等地下水超采区综合治理和南水北调东中线一期工程受水区地下水压采。加快推进水土流失综合治理，完成治理面积5.4万km^2，治理小流域3 000多条，实施坡耕地改造400多万亩。积极发展农村水电，新增农村水电装机容量200多万kW。加强河湖水域岸线管理，抓好生态脆弱河流保护与修复，黄河连续16年不断流，塔里木河、黑河、石羊河等流域生态功能逐步得到恢复，及时开展南水北调东中线一期水量调度。

六、重点领域改革攻坚不断深化，水利科学发展体制机制加快形成

继续深化水行政审批制度改革，组建运行水利部行政审批受理中心，水行政许可审批事项由48项减少到22项，15项非行政许可审批事项全部取消，对重大水利建设项目审批流程进行简化和优化，对取消的事项加强事中事后监管。进一步创新水利投融资机制，大力争取公共财政投入，积极吸引社会资本投入，与国开行、农发行、农业银行签订战略合作协议，持续加大金融支持力度，出台鼓励和引导社会资本参与重大水利工程建设运营的政策意见，选择12个项目开展试点。2015年落实水利建设投资5 822亿元，为历史最高水平，较2014年4 881亿元增长19.3%。推进农业水价综合改革，完成27个省份80个县试点。在内蒙古、江西、河南、湖北、广东、甘肃、宁夏等7个省（自治区）开展水权交易试点，筹备成立中国水权交易所。开展河湖管理范围划定工作和河湖管护体制机制创新试点，探索水生态补偿机制。坚持监管并重，积极推行水利工程项目法人招标、代建制、设计施工总承包等模式，水利建设项目招标投标进入公共资源交易平台交易率达98.6%，建立水利建设市场信用体系。开展全国100个县农田水利设施产权制度改革和创新运行管护机制试点。基层水利服务机构和能力建设不断加强，全国发展农民用水合作组织8.34万个，专业化、社会化服务组织逐步形成。

七、依法治水和科技兴水全面加强，水利社会管理和服务能力显著提高

出台《水利部关于全面加强依法治水管水的实施意见》，加快推进重点领域立法工作，全面推进水利综合执法，进一步推动水政监察队伍能力建设，严厉打击侵占河湖水域、违法设障、非法采砂等违法行为，积极调处水事矛盾纠纷，加强水利普法宣传教育，维护良好水事秩序。开展水利发展“十三五”规划编制工作，编制完成全国水中长期供求规划、水资源保护规划，全国水土保持规划已经国务院批复，制定《水利部贯彻落实“一带一路”战略规划实施方案》《京津冀协同发展水利专项规划》《长江经济带发展水利专项规划》等一批国家重大战略水利保障规划。建立健全水利安全生产责任体系和安全监督工作体系，加强隐患排查治理，全年未发生重特大生产安全事故。大力推进水利科技创新，进一步加强水利科技基础条件平台建设，取得了一批重大科研成果，其中“水库大坝安全保障关键技术研究与应用”获得国家科技进步一等奖。加快水利信息化建设，加强先进技术引进推广，水利行业科技含量稳步提升。深入开展水利国际合作，做好国际河流工作。

八、全面从严治党要求深入贯彻，作风建设和廉政建设不断强化

组织水利系统党员干部深入学习习近平总书记系列重要讲话精神，自觉用讲话精神武装头脑、指导实践、推动工作，在思想上政治上行动上同以习近平同志为总书记的党中央保持高度一致。扎实开展“三严三实”专题教育，持之以恒贯彻落实中央八项规定和国务院“约法三章”。认真学习贯彻新修订的《中国共产党廉洁自律准则》和《中国共产党纪律处分条例》，坚持把纪律和规矩挺在前面，着力落实党风廉政建设主体责任和监督责任，加强直属单位纪检监察

组织建设，加强水利廉政风险防范，对4个直属单位开展巡视，加强执纪监督问责。进一步加强领导班子建设和干部人才队伍建设，强化干部管理和监督，建立健全能上能下机制。深入开展行业精神文明建设，进一步加大水利新闻宣传力度，营造了水利改革发展的良好舆论氛围。

2015年为“十二五”水利改革发展画上了圆满句号。《国民经济和社会发展第十二个五年规划纲要》确定的水利两项重要指标全部实现，列入《全国水利发展“十二五”规划》的其余10项目标指标中，有9项超额或如期完成，1项基本完成。“十二五”期间，全国水利建设总投资达到2万多亿元，是“十一五”期间的近3倍。总的看，“十二五”是水利投资规模最大、建设进度最快、改革力度最强、综合效益最好、群众受益最多的5年，在我国治水史上写下了浓墨重彩的一笔。**在防汛抗旱方面，**成功应对了局部严重洪涝干旱灾害以及频繁登陆的强台风袭击，与“十一五”相比，洪涝灾害死亡失踪人数、受灾人口、受灾面积分别减少64%、38%、28%，因洪灾死亡失踪人数为新中国成立以来最少。**在重点水利工程建设方面，**一批节水供水重大水利工程基本建成或开工建设，大江大河大湖治理加快实施，南水北调东中线一期工程建成通水，现代水利工程体系进一步完善。**在农村饮水安全工程建设方面，**全面解决“十二五”规划2.98亿农村居民和4 133万农村学校师生饮水安全问题，同步解决四省藏区等特殊困难地区规划外566万农村人口的饮水安全问题，农村集中式供水受益人口比例达到82%，农村自来水普及率达到76%，供水水质明显提高。**在防洪薄弱环节建设方面，**完成5 400座小（1）型、15 891座重点小（2）型病险水库除险加固，基本完成25 378座一般小（2）型病险水库除险加固，开展156条主要支流和4 500多条中小河流重要河段治理，建成2 058个县级山洪灾害监测预警系统。**在农田水利建设方面，**新增农田有效灌溉面积7 500万亩，改善灌溉面积2.8亿亩，发展高效节水灌溉面积1.2亿亩，农田灌溉水有效利用系数提高到0.532，为全国粮食产量“十二连增”提供了有力支撑。**在水生态文明建设方面，**万元工业增加值和万元GDP用水量分别从“十一五”末的90m^3、150m^3下降至61m^3和105m^3（2010年可比价），全国175个重要饮用水水源地水质达到或优于Ⅲ类标准的占98.8%，新增水土流失综合治理面积26万km^2，新增农村水电装机容量1 400万kW。**在水利重点领域改革方面，**水行政审批制度改革深入推进，出台加大水利财政投入、土地出让收益计提、金融信贷支持、鼓励社会资本投入等多项政策措施，水价水权水市场、水利建设与运行管理、小型农田水利设施产权制度、基层服务体系等改革成效明显。**在依法治水和科技兴水方面，**修订后的《中华人民共和国水土保持法》正式施行，《太湖流域管理条例》《南水北调工程供用水管理条例》颁布实施，组织开展一系列专项执法活动，七大流域综合规划修编、全国抗旱规划、水土保持规划等18项重大规划得到国务院批复，水利科技创新取得重大突破，第一次全国水利普查圆满完成。**在全面从严治党方面，**始终与以习近平同志为核心的党中央保持高度一致，落实全面从严治党主体责任，扎实开展群众路线教育实践活动和“三严三实”专题教育，认真贯彻执行中央八项规定精神和国务院“约法三章”，健全廉政风险防控体系，对七大流域机构纪检监察机构实行由部党组直接管理、驻部纪检组归口指导，严肃查办违纪违法案件。全面加强领导班子建设、干部人才队伍建设、精神文明建设。

在充分肯定“十二五”水利工作成绩的同时，我们也要清醒地看到存在的问题和不足，主要是：涉水利益主体日益多元化，依法治水管水能力需要进一步提高；“三条红线”倒逼作用尚未充分发挥，水资源承载能力刚性约束有待进一步加强；水利科学发展的体制机制还不健全，改革攻坚步伐亟须进一步加快；重大水利工程建设依然存在前期工作、资金保障等制约因素，工作力度仍需进一步加大；水利系统基层单位仍然存在廉政风险，全面从严治党“两个责任”需要进一步层层压紧夯实。

当前，全面建成小康社会进入决胜阶段，水利改革发展步入关键时期。党的十八届五中全会把水利作为推进五大发展的重要内容，摆在八大基础设施网络建设的首要位置，纳入九大风险防范的关键领域，作出一系列重大战略部署。中央经济工作会议、中央城市工作会议、中央扶贫开发工作会议和中央农村工作会议对水利工作提出明确要求。面对新形势新任务新要求，我们要全面贯彻落实党的十八大和十八届三中、四中、五中全会以及习近平总书记系列重要讲话精神，紧紧围绕“五位一体”总体布局和“四个全面”战略布局，牢固树立五大发展理念，坚持稳中求进工作总基调，积极践行新时期水利工作方针，加快建设节水型社会，加快完善水利基础设施网络，加快推进水生态文明建设，加快健全水利科学发展体制机制，着力提高民生水利发展水平，着力构建与全面建成小康社会相适应的水安全保障体系。在新的起点上，我们要更加紧密地团结在以习近平同志为核心的党中央周围，更加自觉地肩负起党和人民赋予的神圣使命，开拓创新、锐意进取，真抓实干、扎实工作，奋力推进水利改革发展新跨越，为全面建成小康社会、实现中华民族伟大复兴的中国梦作出新的更大贡献！

重 要 文 献

Important Literatures

重要文献　　5～98页

重要文件

国务院关于全国水土保持规划（2015—2030年）的批复（2015年10月4日 国函〔2015〕160号）

各省、自治区、直辖市人民政府，发展改革委、财政部、国土资源部、环境保护部、水利部、农业部、林业局：

水利部《关于报请审批〈全国水土保持规划（2015—2030年）〉的请示》（水规计〔2015〕59号）收悉。现批复如下：

一、原则同意《全国水土保持规划（2015—2030年）》（以下简称《规划》），请认真组织实施。

二、《规划》实施要深入贯彻党的十八大和十八届二中、三中、四中全会精神，认真落实党中央、国务院关于生态文明建设的决策部署，树立尊重自然、顺应自然、保护自然的理念，坚持预防为主、保护优先，全面规划、因地制宜，注重自然恢复，突出综合治理，强化监督管理，创新体制机制，充分发挥水土保持的生态、经济和社会效益，实现水土资源可持续利用，为保护和改善生态环境、加快生态文明建设、推动经济社会持续健康发展提供重要支撑。

三、通过《规划》实施，到2020年，基本建成水土流失综合防治体系，全国新增水土流失治理面积32万km^2，年均减少土壤流失量8亿t；到2030年，建成水土流失综合防治体系，全国新增水土流失治理面积94万km^2，年均减少土壤流失量15亿t。

四、要以全国水土保持区划为基础，全面实施预防保护，重点加强江河源头区、重要水源地和水蚀风蚀交错区水土流失预防，充分发挥自然修复作用；以小流域为单元开展综合治理，加强重点区域、坡耕地和侵蚀沟水土流失治理。

五、要强化水土保持监督管理，完善水土保持监测体系，推进信息化建设，进一步提升科技水平，不断提高水土流失防治效果。将水土保持知识纳入国民教育体系，强化宣传引导，加强社会监督，增强全民水土保持意识，有效控制人为水土流失。

六、各省（自治区、直辖市）人民政府要按照《规划》确定的目标任务，加强组织领导，落实责任分工，加大支持力度，完善政策措施，切实推进本区域水土保持工作。国务院有关部门和单位要根据职责分工，密切配合，在规划计划编制、政策实施、项目安排等方面予以积极支持。水利部要牵头做好《规划》的组织实施工作，加强跟踪监测、督促检查和考核评估，认真研究解决《规划》实施中出现的问题，工作进展情况每年向国务院报告。

国务院关于长江防御洪水方案的批复

（2015年7月24日 国函〔2015〕124号）

国家防汛抗旱总指挥部，四川省、云南省、重庆市、湖北省、湖南省、江西省、安徽省、江苏省、上海市、贵州省、陕西省人民政府：

国家防汛抗旱总指挥部《关于批复长江防御洪水方案的请示》（国汛〔2015〕12号）收悉。现批复如下：

原则同意《长江防御洪水方案》。长江防洪安全事关流域广大地区人民生命财产安全和经济社会发展，各有关地方人民政府、国务院有关部门要按照方案确定的各项任务和措施，认真抓好落实，确保防洪安全。

附件：长江防御洪水方案

附件

长江防御洪水方案

长江是我国第一大河，自西向东流经青海、四川、西藏、云南、重庆、湖北、湖南、江西、安徽、江苏、上海等11个省（自治区、直辖市），支流涉及贵州、甘肃、陕西、河南、浙江、广西、广东、福建等8个省（自治区），流域面积180万km^2。长江防洪安全关系流域广大地区人民生命财产安全和经济社会发展，涉及上海、南京、合肥、南昌、武汉、长沙、重庆、成都、贵阳、昆明等重要城市，京广、京沪、京九、沪汉蓉、沪昆、渝黔、成昆等铁路干线，京港澳、京沪、大广、二广、沪蓉、沪渝、杭瑞、福银等高速公路，长江干支流航道，江汉油田等重要设施安全。

经过多年建设，长江流域防洪工程体系逐步完善，防洪非工程措施建设取得长足进展，防洪能力显著提高。根据《中华人民共和国防洪法》《中华人民共和国防汛条例》《长江流域综合规划（2012—2030年）》《长江流域防洪规划》，结合长江流域防洪现状，制定本方案。

一、流域洪水特性

长江干流全长6 300余km，自江源至湖北宜昌为上游，长4 505km，集水面积约100万km^2；宜昌至江西鄱阳湖出口湖口为中游，长955km，集水面积约68万km^2；湖口至入海口为下游，长938km，集水面积约12万km^2，其中大通以下约600km河段受潮汐影响。

长江流域的洪水主要由暴雨形成。长江上游金沙江洪水由暴雨和冰雪融化共同形成，宜宾以下依次接纳岷江、沱江、嘉陵江、乌江等主要支流洪水，形成宜昌峰高量大、陡涨渐降型洪水。长江中下游承接长江上游、洞庭湖、汉江、鄱阳湖等洪水，洪水峰高量大、持续时间长，其中大通以下受洪水和潮汐双重影响。

长江洪水发生时间一般年份下游早于上游，江南早于江北，各支流洪峰互相错开，中下游干流可顺序承泄干支流洪水，不致形成较大洪水。但遇气候异常，干支流洪水遭遇，易形成区域性或流域性大洪水。

二、防洪工程体系

目前，长江上游初步形成了由干支流水库、河道整治工程、堤防护岸等组成的防洪工程体系。防洪标准干流为20～50年一遇，各主要支流一般为10～20年一遇。

长江中下游基本形成了以堤防为基础，三峡水库为骨干，其他干支流水库、蓄滞洪区、河道整治工程、平垸行洪、退田还湖等相配合的防洪工程体系。长江中下游总体防洪标准为防御新中国成立以来发生的最大洪水（即1954年洪水），荆江河段防洪标准为100年一遇，同时对遭遇类似1870年洪水应有可靠的措施保证荆江两岸干堤防洪安全，防止发生毁灭性灾害。汉江中下游防洪标准为防御1935年洪水（相当于100年一遇）。洞庭湖湘江、资水、沅江、澧水（以下统称四水），鄱阳湖赣江、抚河、信江、饶河、修水（以下统称五河），总体防洪标准为20年一遇。长江中下游其他支流防洪标准多为10～20年一遇。

长江干流主要控制站防洪控制水位（堤防设计水位）分别为：李庄270.00m，寸滩192.12m，宜昌55.73m，沙市45.00m，城陵矶34.40m，汉29.73m，湖口22.50m，大通17.10m，南京10.60m（考虑台风为11.10m），江阴7.25m（考虑台风为8.04m）。

长江中下游干流各河段现状行洪能力：沙市约53 000m^3/s，城陵矶约60 000m^3/s，武汉约73 000m^3/s，湖口约83 000m^3/s。

（一）堤防工程

长江流域堤防包括长江干堤、主要支流堤防，以及洞庭湖区、鄱阳湖区、城市堤防等，总长约64 000km，是长江防洪的基础。目前，长江中下游3 900余km干流堤防已基本达标。

荆江大堤、无为大堤、南线大堤、汉江遥堤以及沿江全国重点防洪城市堤防等为1级堤防。松滋江堤、荆南长江干堤、洪湖监利江堤、岳阳长江干堤（岳阳市城区段除外）、四邑公堤、汉南长江干堤、粑铺大堤、黄广大堤、九江大堤（九江市城区段除外）、同马大堤、广济圩江堤、枞阳江堤、和县江堤、江苏长江干堤（南京市城区段除外），以及洞庭湖区、鄱阳湖区重点圩垸堤防等为2级堤防。

仅依靠堤防，长江中下游干流荆江河段（枝城—城陵矶）、城陵矶河段（城陵矶—东荆河口）、武汉河段（东荆河口—武穴）、湖口河段（武穴—湖口）分别可防御10年一遇、10～20年一遇、20～30年一遇和20年一遇洪水。

（二）重要防洪水库

长江流域已建成大中小型水库5.12万座，总库容约3 588亿m^3。以三峡水库为骨干的重要大型防洪水库总防洪库容达627亿m^3。其中，三峡水库防洪库容221.5亿m^3，分为对城陵矶地区进行防洪补偿调度库容、对荆江河段进行防洪补偿调度库容和防御特大洪水的库容三部分；上游干流梨园、阿海、金安桥、龙开口、鲁地拉、观音岩、溪洛渡、向家坝，雅砻江锦屏一级、二滩，岷江紫坪铺、瀑布沟，嘉陵江碧口、宝珠寺、亭子口、草街，乌江构皮滩、思林、沙沱、彭水等重要水库除承担所在河流的防洪任务外，还配合三峡水库承担长江中下游防洪任务；中下游主要支流上的丹江口、水布垭、隔河岩、漳河、五强溪、柘溪、江垭、皂市、万安、峡江、柘林、廖坊等重要水库除承担所在河流的防洪任务外，还配合减轻长江干流的防洪压力。在建和近期拟建的具有防洪作用的重要大型水库有乌东德、白鹤滩、两河口、双江口、宜冲桥、涪溪口等。

（三）蓄滞洪区

长江中下游干流沿岸设有42处蓄滞洪区，总面积约为1.2万km^2，有效蓄洪容积为589.7亿m^3。其中，重点蓄滞洪区1处，为荆江分洪区；重要蓄滞洪区12处，分别为洪湖东分块、钱粮湖、共双茶、大通湖东、围堤湖、民主垸、城西垸、澧南垸、西官垸、建设垸、杜家台、康山圩蓄滞洪区；一般蓄滞洪区13处，分别为洪湖中分块、屈原农场、九垸、江南陆城、建新农场、西凉湖、武湖、张渡湖、白潭湖、珠湖圩、黄湖圩、方州斜塘、华阳河蓄滞洪区；蓄滞洪保留区16处，分别为涴市扩大区、人民大垸、虎西备蓄区、君山农场、集成安合、南汉垸、和康垸、安化垸、安澧垸、安昌垸、北湖垸、义合垸、南顶垸、六角山、洪湖西分块、东西湖蓄滞洪区。支流滁河设有荒草二圩、荒草三圩、蒿子圩、汪波东荡4处蓄滞洪区。

（四）河道整治工程

60余年来，长江中下游干流开展了较大规模的护岸工程、下荆江系统裁弯、部分分汊河段堵汊等河道整治，共完成护岸1 600余km，抛石9 100余万m^3，丁坝685座，各类沉排约520万m^2。经整治，中下游干流河势基本得到控制，总体较为稳定，部分河段崩岸较为严重，局部河段河势处于调整之中。

（五）平垸行洪、退田还湖

1998年大水后，对长江中下游干堤之间严重阻碍行洪的洲滩民垸、洞庭湖区及鄱阳湖区部分洲滩民垸进行了平垸行洪、退田还湖建设，共平退了1 461个圩垸，迁移了61.64万户、241.64万人。

经圩垸平退和联圩并圩后，目前长江中下游干流河道内仍有洲滩民垸406个，洲上人口约130万人，总面积约 2 500km^2；洞庭湖区及鄱阳湖区还有万亩以下圩垸 133 个，人口 59.77 万人。

三、防御洪水原则

（1）蓄泄兼筹，以泄为主；江湖两利，左右岸兼顾，上、中、下游协调。

（2）局部服从全局、兴利服从防洪。

（3）当发生设计标准内洪水时，加强工程防守，充分利用河道下泄洪水，合理利用三峡及其他干支流水库拦洪、错峰，适时运用洲滩民垸行蓄洪水，相机运用流域内重要和一般蓄滞洪区分洪，确保防洪安全。

（4）当发生设计标准以上洪水时，充分运用水库拦蓄，适时启用荆江分洪区及蓄滞洪保留区，视情采取局部河段适当超防洪控制水位运行、扩大河道泄洪能力等措施，保障重点防洪目标安全，最大程度减轻洪灾损失。

（5）在确保防洪安全的前提下，兼顾洪水资源利用。

四、防御洪水安排

（一）长江上游

（1）当川渝河段发生设计标准内洪水时，充分利用河道下泄洪水，适时运用金沙江下游溪洛渡和向家坝、岷江瀑布沟、嘉陵江亭子口等干支流水库拦洪、削峰、错峰，减轻宜宾、泸州、重庆等重要城市的防洪压力。

（2）当雅砻江、岷江、嘉陵江、乌江等支流发生设计标准内洪水时，充分利用河道下泄洪水，适时运用支流水库拦洪、削峰、错峰，减轻下游防洪压力。

（3）当发生设计标准以上洪水时，在确保水库安全的前提下，充分利用水库拦蓄洪水，采取必要措施，保障重要城市和防洪工程安全。

（二）长江中下游

1. 发生设计标准内洪水

（1）荆江河段。充分利用河道下泄洪水，调度运用三峡和上游水库联合拦蓄洪水，适时运用清江梯级水库错峰，相机运用荆江两岸干堤间洲滩民垸行蓄洪水，控制沙市水位不超过 44.50m。

清江、沮漳河发生洪水时，充分发挥隔河岩、水布垭、漳河等水库的拦洪、削峰、错峰作用，减轻下游防洪压力。

（2）城陵矶河段。城陵矶水位低于 33.95m 时，充分利用河湖泄蓄洪水。

预报城陵矶水位将达到 33.95m 并继续上涨，视实时水情工情，相机运用河段内长江干堤之间、洞庭湖区洲滩民垸行蓄洪水。

预报城陵矶水位将达到 34.40m 并继续上涨，调度运用三峡等水库联合拦蓄洪水，以控制城陵矶水位不高于 34.40m。

当三峡水库对城陵矶地区的防洪补偿调度库容用完后，预报城陵矶水位仍将达到 34.40m 并继续上涨，视实时水情工情，相机运用重要蓄滞洪区、一般蓄滞洪区分洪，控制城陵矶水位不高于 34.90m。

洞庭湖四水发生洪水时，充分发挥各支流水库的拦洪作用，减轻下游防洪压力。

洞庭湖四水尾闾控制站水位超过其控制水位，危及重点垸和城市安全，可先期运用四水尾闾相应蓄滞洪区。

（3）武汉河段。汉口水位低于 28.50m 时，充分利用河道下泄洪水。

汉口水位达到 28.50m 并预报继续上涨，视实时水情工情，相机运用河段内长江干堤之间洲滩民垸行蓄洪水。

汉口水位达到 29.50m 并预报继续上涨，首先运用杜家台蓄滞洪区分蓄汉江或长江洪水，视实时水情工情再运用武汉附近一般蓄滞洪区，控制汉口水位不超过 29.73m。

汉江发生洪水时，充分利用丹江口等水库联合拦蓄洪水，相机运用杜家台蓄滞洪区分蓄洪水，必要时启用部分分蓄洪民垸蓄洪。

（4）湖口河段。湖口水位低于 20.50m 时，充分利用河湖泄蓄洪水。

湖口水位达到 20.50m 并预报继续上涨，视实时水情工情，相机运用河段内长江干堤之间、鄱阳湖区洲滩民垸行蓄洪水。

预报湖口水位将达到 22.50m 并继续上涨，首先运用鄱阳湖区的康山蓄滞洪区分蓄洪水，相机依次运用鄱阳湖一般蓄滞洪区、华阳河蓄滞洪区分蓄洪水。

鄱阳湖五河发生洪水时，充分发挥各支流水库的拦洪作用，减轻下游防洪压力。

（5）湖口以下河段。充分利用河道下泄洪水，相机运用河段内长江干堤之间洲滩民垸行蓄洪水，控制干流水位不超过堤防设计水位。

青弋江、水阳江及滁河发生洪水时，充分发挥支流水库的拦洪作用，合理调度控制闸站，利用分洪道、河湖泄蓄洪水，相机运用蓄滞洪区分蓄洪水。

2. 发生设计标准以上洪水

（1）荆江河段。荆江河段发生 100 年一遇以上、1 000 年一遇以下洪水时，充分利用三峡等水库联合拦蓄洪水，控制枝城最大流量不超过 80 000m^3/s。视实时水情工情，依次运用荆江分洪区、涴市扩大区、虎西备蓄区及人民大垸蓄滞洪区分蓄洪水，控制沙市站水位不超过 45.00m，保证荆江两岸干堤防洪安全，防止发生毁灭性灾害。

发生 1 000 年一遇以上洪水，视需要爆破人民大垸中洲子江堤吐洪入江，进一步运用监利河段主泓南侧青泥洲、北侧新洲垸等措施扩大行洪；若来水继续增大，爆破洪湖西分块蓄滞洪区上车湾进洪口门，利用洪湖西分块蓄滞洪区分蓄洪水。

（2）城陵矶及以下河段。运用重要和一般蓄滞洪区仍不能控制水位上涨，运用蓄滞洪保留区分蓄洪水。

运用蓄滞洪保留区后，仍不能控制城陵矶、汉口、湖口水位上涨，适当抬高干流1级及2级堤防运行水位，加强工程巡查、防守、抢险，并采取必要措施，保障重要保护对象防洪安全。

五、洪水资源利用

在确保防洪安全的前提下，根据防洪形势、气象水文预报，综合考虑水资源、水生态等需求，经有管辖权的防汛抗旱指挥机构批准，长江干支流控制性水库可采取汛期适度蓄水、汛末提前蓄水、流域调水补水等措施，合理利用洪水资源。

六、工作与任务

（一）防汛准备

长江防汛抗旱总指挥部及地方各级防汛抗旱指挥部要对流域及所辖范围内的防汛准备情况进行检查，督促落实防汛责任和度汛措施。受洪水影响的企业和单位，要做好各项防汛准备，落实防洪自保措施。

（二）预报预警

气象、水文、海洋等部门要及时作出天气形势、降雨、洪水和风暴潮等预报，并按有关规定发布预报成果。流域内承担防洪任务的水库运行管理单位应按要求向相关防汛抗旱指挥部报送水库流域内的实时水雨情、水库调度运行等相关信息。

长江防汛抗旱总指挥部和地方各级防汛抗旱指挥部应及时发布洪水预警信息。

（三）蓄滞洪区运用

蓄滞洪区所在地各级人民政府要根据本方案做好蓄滞洪区运用的各项工作。

（四）抗洪抢险

长江防汛抗旱总指挥部指导、协调、监督长江抗洪抢险工作。

地方各级人民政府要按照防汛责任制的规定，组织做好抗洪抢险工作。国土资源、交通运输、能源、通信等部门和单位应做好所属行业及其设施的抗洪抢险工作。

当长江发生设计标准以上洪水时，地方各级人民政府要采取措施，加强重要防洪工程和各类重要基础设施的防守和抢险工作，保证重要水库、重要堤防、重要城市和重要地区的防洪安全。

（五）救灾

地方各级人民政府应当组织有关部门和单位做好受灾人员转移安置、生活保障、卫生防疫、物资供应、治安管理、水毁修复、恢复生产和重建家园等工作。

七、责任与权限

（一）责任

（1）长江防汛抗旱总指挥部负责流域防洪的组织、协调、指导、监督工作和重要防洪工程的调度运用。

（2）各省（自治区、直辖市）人民政府负责本行政区域内的抗洪抢险和蓄滞洪区（包括蓄洪民垸、洲滩民垸）运用、人员转移安置、救灾及灾后恢复等工作。

（3）国土资源、交通运输、能源、通信等部门和单位负责所属行业及其设施的防洪安全。

（二）权限

（1）荆江分洪区的运用由长江防汛抗旱总指挥部商湖北省人民政府提出方案，报国家防汛抗旱总指挥部决定；国家确定的其他蓄滞洪区的运用由长江防汛抗旱总指挥部商所在省人民政府决定，并报国家防汛抗旱总指挥部备案。

（2）三峡水库的防洪和蓄水调度由长江防汛抗旱总指挥部提出方案，报国家防汛抗旱总指挥部批准。丹江口、陆水水库的防洪和蓄水调度由长江防汛抗旱总指挥部负责。长江上中游大型水库配合三峡水库为长江中下游进行防洪调度时，由长江防汛抗旱总指挥部调度。

（3）大型水库防洪影响范围或承担的防洪任务跨省（自治区、直辖市）的，其防洪调度由长江防汛抗旱总指挥部负责；大型水库防洪影响范围和承担的防洪任务不跨省（自治区、直辖市）的，其防洪调度由所在省（自治区、直辖市）防汛抗旱指挥部负责，重要水库的实时调度方案报长江防汛抗旱总指挥部备案。

（4）调弦口的运用由湖北、湖南两省协商决定，必要时由长江防汛抗旱总指挥部裁决。

（5）当洞庭湖四水发生洪水，为保护四水下游重点地区的防洪安全，需运用四水尾闾国家确定的蓄滞洪区分蓄洪水时，由湖南省提出方案，报经长江防汛抗旱总指挥部同意后执行。

（6）长江中下游洲滩民垸，汉江中下游、洞庭湖四水、鄱阳湖五河的分蓄洪民垸等的运用由所在省防汛抗旱指挥部负责，报长江防汛抗旱总指挥部备案。

（7）长江上游水库群联合调度方案由长江防汛抗旱总指挥部制定，报国家防汛抗旱总指挥部批准后执行。各水库汛期调度运用计划和汛末蓄水方案由水库运行管理单位编制，报有管辖权的防汛抗旱指挥机构批准。

八、附则

（1）本方案由国家防汛抗旱总指挥部负责解释。

（2）长江水利委员会根据本方案，会同流域内有关省（自治区、直辖市）人民政府制定长江洪水调度方案，报国家防汛抗旱总指挥部批准。以往方案与本方案不符的，按本方案执行。

（3）本方案中各控制站水位采用冻结吴淞高程。

（4）本方案自印发之日起执行，此前有关长江防御洪水方案同时废止。

国务院关于印发水污染防治行动计划的通知（2015年4月2日 国发〔2015〕17号）

各省、自治区、直辖市人民政府，国务院各部委、各直属机构：

现将《水污染防治行动计划》印发给你们，请认真贯彻执行。

水污染防治行动计划

水环境保护事关人民群众切身利益，事关全面建成小康社会，事关实现中华民族伟大复兴中国梦。当前，我国一些地区水环境质量差、水生态受损重、环境隐患多等问题十分突出，影响和损害群众健康，不利于经济社会持续发展。为切实加大水污染防治力度，保障国家水安全，制定本行动计划。

总体要求：全面贯彻党的十八大和十八届二中、三中、四中全会精神，大力推进生态文明建设，以改善水环境质量为核心，按照“节水优先、空间均衡、系统治理、两手发力”原则，贯彻“安全、清洁、健康”方针，强化源头控制，水陆统筹、河海兼顾，对江河湖海实施分流域、分区域、分阶段科学治理，系统推进水污染防治、水生态保护和水资源管理。坚持政府市场协同，注重改革创新；坚持全面依法推进，实行最严格环保制度；坚持落实各方责任，严格考核问责；坚持全民参与，推动节水洁水人人有责，形成“政府统领、企业施治、市场驱动、公众参与”的水污染防治新机制，实现环境效益、经济效益与社会效益多赢，为建设“蓝天常在、青山常在、绿水常在”的美丽中国而奋斗。

工作目标：到2020年，全国水环境质量得到阶段性改善，污染严重水体较大幅度减少，饮用水安全保障水平持续提升，地下水超采得到严格控制，地下水污染加剧趋势得到初步遏制，近岸海域环境质量稳中趋好，京津冀、长三角、珠三角等区域水生态环境状况有所好转。到2030年，力争全国水环境质量总体改善，水生态系统功能初步恢复。到21世纪中叶，生态环境质量全面改善，生态系统实现良性循环。

主要指标：到2020年，长江、黄河、珠江、松花江、淮河、海河、辽河等七大重点流域水质优良（达到或优于Ⅲ类）比例总体达到70%以上，地级及以上城市建成区黑臭水体均控制在10%以内，地级及以上城市集中式饮用水水源水质达到或优于Ⅲ类比例总体高于93%，全国地下水质量极差的比例控制在15%左右，近岸海域水质优良（Ⅰ类、Ⅱ类）比例达到70%左右。京津冀区域丧失使用功能（劣于Ⅴ类）的水体断面比例下降15个百分点左右，长三角、珠三角区域力争消除丧失使用功能的水体。

到2030年，全国七大重点流域水质优良比例总体达到75%以上，城市建成区黑臭水体总体得到消除，城市集中式饮用水水源水质达到或优于Ⅲ类比例总体为95%左右。

一、全面控制污染物排放

（一）狠抓工业污染防治。取缔“十小”企业。全面排查装备水平低、环保设施差的小型工业企业。2016年年底前，按照水污染防治法律法规要求，全部取缔不符合国家产业政策的小型造纸、制革、印染、染料、炼焦、炼硫、炼砷、炼油、电镀、农药等严重污染水环境的生产项目。（环境保护部牵头，工业和信息化部、国土资源部、能源局等参与，地方各级人民政府负责落实。以下均需地方各级人民政府落实，不再列出）

专项整治十大重点行业。制定造纸、焦化、氮肥、有色金属、印染、农副食品加工、原料药制造、制革、农药、电镀等行业专项治理方案，实施清洁化改造。新建、改建、扩建上述行业建设项目实行主要污染物排放等量或减量置换。2017年年底前，造纸行业力争完成纸浆无元素氯漂白改造或采取其他低污染制浆技术，钢铁企业焦炉完成干熄焦技术改造，氮肥行业尿素生产完成工艺冷凝液水解解析技术改造，印染行业实施低排水染整工艺改造，制药（抗生素、维生素）行业实施绿色酶法生产技术改造，制革行业实施铬减量化和封闭循环利用技术改造。（环境保护部牵头，工业和信息化部等参与）

集中治理工业集聚区水污染。强化经济技术开发区、高新技术产业开发区、出口加工区等工业集聚区污染治理。集聚区内工业废水必须经预处理达到集中处理要求，方可进入污水集中处理设施。新建、升级工业集聚区应同步规划、建设污水、垃圾集中处理等污染治理设施。2017年年底前，工业集聚区应按规定建成污水集中处理设施，并安装自动在线监控装置，京津冀、长三角、珠三角等区域提前一年完成；逾期未完成的，一律暂停审批和核准其增加水污染物排放的建设项目，并依照有关规定撤销其园区资格。（环境保护部牵头，科技部、工业和信息化部、商务部等参与）

（二）强化城镇生活污染治理。加快城镇污水处理设施建设与改造。现有城镇污水处理设施，要因地制宜进行改造，2020年年底前达到相应排放标准或再生利用要求。敏感区域（重点湖泊、重点水库、近岸海域汇水区域）城镇污水处理设施应于2017年年底前全面达到一级A排放标准。建成区水体水质达不到地表水Ⅳ类标准的城市，新建城镇污水处理设施要执行一级A排放标准。按照国家新型城镇化规划要求，到2020年，全国所有县城和重点镇具备污水收集处理能力，县城、城市污水处理率分别达到85%、95%左右。京津冀、长三角、珠三角等区域提

前一年完成。(住房城乡建设部牵头,发展改革委、环境保护部等参与)

全面加强配套管网建设。强化城中村、老旧城区和城乡结合部污水截流、收集。现有合流制排水系统应加快实施雨污分流改造,难以改造的,应采取截流、调蓄和治理等措施。新建污水处理设施的配套管网应同步设计、同步建设、同步投运。除干旱地区外,城镇新区建设均实行雨污分流,有条件的地区要推进初期雨水收集、处理和资源化利用。到2017年,直辖市、省会城市、计划单列市建成区污水基本实现全收集、全处理,其他地级城市建成区于2020年年底前基本实现。(住房城乡建设部牵头,发展改革委、环境保护部等参与)

推进污泥处理处置。污水处理设施产生的污泥应进行稳定化、无害化和资源化处理处置,禁止处理处置不达标的污泥进入耕地。非法污泥堆放点一律予以取缔。现有污泥处理处置设施应于2017年年底前基本完成达标改造,地级及以上城市污泥无害化处理处置率应于2020年年底前达到90%以上。(住房城乡建设部牵头,发展改革委、工业和信息化部、环境保护部、农业部等参与)

(三)推进农业农村污染防治。防治畜禽养殖污染。科学划定畜禽养殖禁养区,2017年年底前,依法关闭或搬迁禁养区内的畜禽养殖场(小区)和养殖专业户,京津冀、长三角、珠三角等区域提前一年完成。现有规模化畜禽养殖场(小区)要根据污染防治需要,配套建设粪便污水贮存、处理、利用设施。散养密集区要实行畜禽粪便污水分户收集、集中处理利用。自2016年起,新建、改建、扩建规模化畜禽养殖场(小区)要实施雨污分流、粪便污水资源化利用。(农业部牵头,环境保护部参与)

控制农业面源污染。制定实施全国农业面源污染综合防治方案。推广低毒、低残留农药使用补助试点经验,开展农作物病虫害绿色防控和统防统治。实行测土配方施肥,推广精准施肥技术和机具。完善高标准农田建设、土地开发整理等标准规范,明确环保要求,新建高标准农田要达到相关环保要求。敏感区域和大中型灌区,要利用现有沟、塘、窖等,配置水生植物群落、格栅和透水坝,建设生态沟渠、污水净化塘、地表径流集蓄池等设施,净化农田排水及地表径流。到2020年,测土配方施肥技术推广覆盖率达到90%以上,化肥利用率提高到40%以上,农作物病虫害统防统治覆盖率达到40%以上;京津冀、长三角、珠三角等区域提前一年完成。(农业部牵头,发展改革委、工业和信息化部、国土资源部、环境保护部、水利部、质检总局等参与)

调整种植业结构与布局。在缺水地区试行退地减水。地下水易受污染地区要优先种植需肥需药量低、环境效益突出的农作物。地表水过度开发和地下水超采问题较严重,且农业用水比重较大的甘肃、新疆(含新疆生产建设兵团)、河北、山东、河南等5省(自治区),要适当减少用水量较大的农作物种植面积,改种耐旱作物和经济林;2018年年底前,对3 300万亩灌溉面积实施综合治理,退减水量37亿m^3以上。(农业部、水利部牵头,发展改革委、国土资源部等参与)

加快农村环境综合整治。以县级行政区域为单元,实行农村污水处理统一规划、统一建设、统一管理,有条件的地区积极推进城镇污水处理设施和服务向农村延伸。深化"以奖促治"政策,实施农村清洁工程,开展河道清淤疏浚,推进农村环境连片整治。到2020年,新增完成环境综合整治的建制村13万个。(环境保护部牵头,住房城乡建设部、水利部、农业部等参与)

(四)加强船舶港口污染控制。积极治理船舶污染。依法强制报废超过使用年限的船舶。分类分级修订船舶及其设施、设备的相关环保标准。2018年起投入使用的沿海船舶、2021年起投入使用的内河船舶执行新的标准;其他船舶于2020年年底前完成改造,经改造仍不能达到要求的,限期予以淘汰。航行于我国水域的国际航线船舶,要实施压载水交换或安装压载水灭活处理系统。规范拆船行为,禁止冲滩拆解。(交通运输部牵头,工业和信息化部、环境保护部、农业部、质检总局等参与)

增强港口码头污染防治能力。编制实施全国港口、码头、装卸站污染防治方案。加快垃圾接收、转运及处理处置设施建设,提高含油污水、化学品洗舱水等接收处置能力及污染事故应急能力。位于沿海和内河的港口、码头、装卸站及船舶修造厂,分别于2017年年底前和2020年年底前达到建设要求。港口、码头、装卸站的经营人应制定防治船舶及其有关活动污染水环境的应急计划。(交通运输部牵头,工业和信息化部、住房城乡建设部、农业部等参与)

二、推动经济结构转型升级

(五)调整产业结构。依法淘汰落后产能。自2015年起,各地要依据部分工业行业淘汰落后生产工艺装备和产品指导目录、产业结构调整指导目录及相关行业污染物排放标准,结合水质改善要求及产业发展情况,制定并实施分年度的落后产能淘汰方案,报工业和信息化部、环境保护部备案。未完成淘汰任务的地区,暂停审批和核准其相关行业新建项目。(工业和信息化部牵头,发展改革委、环境保护部等参与)

严格环境准入。根据流域水质目标和主体功能区规划要求,明确区域环境准入条件,细化功能分区,实施差别化环境准入政策。建立水资源、水环境承载能力监测评价体系,实行承载能力监测预警,已超过承载能力的地区要实施水污染物削减方案,加快调整发展规划和产业结构。到2020年，组织完成市、县域水资源、水环境承载能力现状评价。（环境保护部牵头，住房城乡建设部、水利部、海洋局等参与）

（六）优化空间布局。合理确定发展布局、结构和规模。充分考虑水资源、水环境承载能力，以水定城、以水定地、以水定人、以水定产。重大项目原则上布局在优化开发区和重点开发区，并符合城乡规划和土地利用总体规划。鼓励发展节水高效现代农业、低耗水高新技术产业以及生态保护型旅游业，严格控制缺水地区、水污染严重地区和敏感区域高耗水、高污染行业发展，新建、改建、扩建重点行业建设项目实行主要污染物排放减量置换。七大重点流域干流沿岸，要严格控制石油加工、化学原料和化学制品制造、医药制造、化学纤维制造、有色金属冶炼、纺织印染等项目环境风险，合理布局生产装置及危险化学品仓储等设施。（发展改革委、工业和信息化部牵头，国土资源部、环境保护部、住房城乡建设部、水利部等参与）

推动污染企业退出。城市建成区内现有钢铁、有色金属、造纸、印染、原料药制造、化工等污染较重的企业应有序搬迁改造或依法关闭。（工业和信息化部牵头，环境保护部等参与）

积极保护生态空间。严格城市规划蓝线管理，城市规划区范围内应保留一定比例的水域面积。新建项目一律不得违规占用水域。严格水域岸线用途管制，土地开发利用应按照有关法律法规和技术标准要求，留足河道、湖泊和滨海地带的管理和保护范围，非法挤占的应限期退出。（国土资源部、住房城乡建设部牵头，环境保护部、水利部、海洋局等参与）

（七）推进循环发展。加强工业水循环利用。推进矿井水综合利用，煤炭矿区的补充用水、周边地区生产和生态用水应优先使用矿井水，加强洗煤废水循环利用。鼓励钢铁、纺织印染、造纸、石油石化、化工、制革等高耗水企业废水深度处理回用。（发展改革委、工业和信息化部牵头，水利部、能源局等参与）

促进再生水利用。以缺水及水污染严重地区城市为重点，完善再生水利用设施，工业生产、城市绿化、道路清扫、车辆冲洗、建筑施工以及生态景观等用水，要优先使用再生水。推进高速公路服务区污水处理和利用。具备使用再生水条件但未充分利用的钢铁、火电、化工、制浆造纸、印染等项目，不得批准其新增取水许可。自2018年起，单体建筑面积超过2万m^2的新建公共建筑，北京市2万m^2、天津市5万m^2、河北省10万m^2以上集中新建的保障性住房，应安装建筑中水设施。积极推动其他新建住房安装建筑中水设施。到2020年，缺水城市再生水利用率达到20%以上，京津冀区域达到30%以上。（住房城乡建设部牵头，发展改革委、工业和信息化部、环境保护部、交通运输部、水利部等参与）

推动海水利用。在沿海地区电力、化工、石化等行业，推行直接利用海水作为循环冷却等工业用水。在有条件的城市，加快推进淡化海水作为生活用水补充水源。（发展改革委牵头，工业和信息化部、住房城乡建设部、水利部、海洋局等参与）

三、着力节约保护水资源

（八）控制用水总量。实施最严格水资源管理。健全取用水总量控制指标体系。加强相关规划和项目建设布局水资源论证工作，国民经济和社会发展规划以及城市总体规划的编制、重大建设项目的布局，应充分考虑当地水资源条件和防洪要求。对取用水总量已达到或超过控制指标的地区，暂停审批其建设项目新增取水许可。对纳入取水许可管理的单位和其他用水大户实行计划用水管理。新建、改建、扩建项目用水要达到行业先进水平，节水设施应与主体工程同时设计、同时施工、同时投运。建立重点监控用水单位名录。到2020年，全国用水总量控制在6 700亿m^3以内。（水利部牵头，发展改革委、工业和信息化部、住房城乡建设部、农业部等参与）

严控地下水超采。在地面沉降、地裂缝、岩溶塌陷等地质灾害易发区开发利用地下水，应进行地质灾害危险性评估。严格控制开采深层承压水，地热水、矿泉水开发应严格实行取水许可和采矿许可。依法规范机井建设管理，排查登记已建机井，未经批准的和公共供水管网覆盖范围内的自备水井，一律予以关闭。编制地面沉降区、海水入侵区等区域地下水压采方案。开展华北地下水超采区综合治理，超采区内禁止工农业生产及服务业新增取用地下水。京津冀区域实施土地整治、农业开发、扶贫等农业基础设施项目，不得以配套打井为条件。2017年年底前，完成地下水禁采区、限采区和地面沉降控制区范围划定工作，京津冀、长三角、珠三角等区域提前一年完成。（水利部、国土资源部牵头，发展改革委、工业和信息化部、财政部、住房城乡建设部、农业部等参与）

（九）提高用水效率。建立万元国内生产总值水耗指标等用水效率评估体系，把节水目标任务完成情况纳入地方政府政绩考核。将再生水、雨水和微咸水等非常规水源纳入水资源统一配置。到2020年，全国万元国内生产总值用水量、万元工业增加值用水量比2013年分别下降35%、30%以上。（水利部牵头，发展改革委、工业和信息化部、住房城乡建设部等参与）

抓好工业节水。制定国家鼓励和淘汰的用水技术、工艺、产品和设备目录，完善高耗水行业取用水定额标准。开展节水诊断、水平衡测试、用水效率评估，严格用水定额管理。到2020年，电力、钢铁、纺织、造纸、石油石化、化工、食品发酵等高耗水行业达到先进定额标准。（工业和信息化部、水利部牵头，发展改革委、住房城乡建设部、质检总局等参与）

加强城镇节水。禁止生产、销售不符合节水标准的产品、设备。公共建筑必须采用节水器具，限期淘汰公共建筑中不符合节水标准的水嘴、便器水箱等生活用水器具。鼓励居民家庭选用节水器具。对使用超过50年和材质落后的供水管网进行更新改造，到2017年，全国公共供水管网漏损率控制在12%以内；到2020年，控制在10%以内。积极推行低影响开发建设模式，建设滞、渗、蓄、用、排相结合的雨水收集利用设施。新建城区硬化地面，可渗透面积要达到40%以上。到2020年，地级及以上缺水城市全部达到国家节水型城市标准要求，京津冀、长三角、珠三角等区域提前一年完成。（住房城乡建设部牵头，发展改革委、工业和信息化部、水利部、质检总局等参与）

发展农业节水。推广渠道防渗、管道输水、喷灌、微灌等节水灌溉技术，完善灌溉用水计量设施。在东北、西北、黄淮海等区域，推进规模化高效节水灌溉，推广农作物节水抗旱技术。到2020年，大型灌区、重点中型灌区续建配套和节水改造任务基本完成，全国节水灌溉工程面积达到7亿亩左右，农田灌溉水有效利用系数达到0.55以上。（水利部、农业部牵头，发展改革委、财政部等参与）

（十）科学保护水资源。完善水资源保护考核评价体系。加强水功能区监督管理，从严核定水域纳污能力。（水利部牵头，发展改革委、环境保护部等参与）

加强江河湖库水量调度管理。完善水量调度方案。采取闸坝联合调度、生态补水等措施，合理安排闸坝下泄水量和泄流时段，维持河湖基本生态用水需求，重点保障枯水期生态基流。加大水利工程建设力度，发挥好控制性水利工程在改善水质中的作用。（水利部牵头，环境保护部参与）

科学确定生态流量。在黄河、淮河等流域进行试点，分期分批确定生态流量（水位），作为流域水量调度的重要参考。（水利部牵头，环境保护部参与）

四、强化科技支撑

（十一）推广示范适用技术。加快技术成果推广应用，重点推广饮用水净化、节水、水污染治理及循环利用、城市雨水收集利用、再生水安全回用、水生态修复、畜禽养殖污染防治等适用技术。完善环保技术评价体系，加强国家环保科技成果共享平台建设，推动技术成果共享与转化。发挥企业的技术创新主体作用，推动水处理重点企业与科研院所、高等学校组建产学研技术创新战略联盟，示范推广控源减排和清洁生产先进技术。（科技部牵头，发展改革委、工业和信息化部、环境保护部、住房城乡建设部、水利部、农业部、海洋局等参与）

（十二）攻关研发前瞻技术。整合科技资源，通过相关国家科技计划（专项、基金）等，加快研发重点行业废水深度处理、生活污水低成本高标准处理、海水淡化和工业高盐废水脱盐、饮用水微量有毒污染物处理、地下水污染修复、危险化学品事故和水上溢油应急处置等技术。开展有机物和重金属等水环境基准、水污染对人体健康影响、新型污染物风险评价、水环境损害评估、高品质再生水补充饮用水水源等研究。加强水生态保护、农业面源污染防治、水环境监控预警、水处理工艺技术装备等领域的国际交流合作。（科技部牵头，发展改革委、工业和信息化部、国土资源部、环境保护部、住房城乡建设部、水利部、农业部、卫生计生委等参与）

（十三）大力发展环保产业。规范环保产业市场。对涉及环保市场准入、经营行为规范的法规、规章和规定进行全面梳理，废止妨碍形成全国统一环保市场和公平竞争的规定和做法。健全环保工程设计、建设、运营等领域招投标管理办法和技术标准。推进先进适用的节水、治污、修复技术和装备产业化发展。（发展改革委牵头，科技部、工业和信息化部、财政部、环境保护部、住房城乡建设部、水利部、海洋局等参与）

加快发展环保服务业。明确监管部门、排污企业和环保服务公司的责任和义务，完善风险分担、履约保障等机制。鼓励发展包括系统设计、设备成套、工程施工、调试运行、维护管理的环保服务总承包模式、政府和社会资本合作模式等。以污水、垃圾处理和工业园区为重点，推行环境污染第三方治理。（发展改革委、财政部牵头，科技部、工业和信息化部、环境保护部、住房城乡建设部等参与）

五、充分发挥市场机制作用

（十四）理顺价格税费。加快水价改革。县级及以上城市应于2015年年底前全面实行居民阶梯水价制度，具备条件的建制镇也要积极推进。2020年年底前，全面实行非居民用水超定额、超计划累进加价制度。深入推进农业水价综合改革。（发展改革委牵头，财政部、住房城乡建设部、水利部、农业部等参与）

完善收费政策。修订城镇污水处理费、排污费、水资源费征收管理办法，合理提高征收标准，做到应收尽收。城镇污水处理收费标准不应低于污水处理和污泥处理处置成本。地下水水资源费征收标准应高于地表水，超采地区地下水水资源费征收标准应高于非超采地区。（发展改革委、财政部牵头，环境保护部、住房城乡建设部、水利部等参与）

健全税收政策。依法落实环境保护、节能节水、资源综合利用等方面税收优惠政策。对国内企业为生产国家支持发展的大型环保设备，必须进口的关键零部件及原材料，免征关税。加快推进环境保护税立法、资源税税费改革等工作。研究将部分高耗能、高污染产品纳入消费税征收范围。（财政部、税务总局牵头，发展改革委、工业和信息化部、商务部、海关总署、质检总局等参与）

（十五）促进多元融资。引导社会资本投入。积极推动设立融资担保基金，推进环保设备融资租赁业务发展。推广股权、项目收益权、特许经营权、排污权等质押融资担保。采取环境绩效合同服务、授予开发经营权益等方式，鼓励社会资本加大水环境保护投入。（人民银行、发展改革委、财政部牵头，环境保护部、住房城乡建设部、银监会、证监会、保监会等参与）

增加政府资金投入。中央财政加大对属于中央事权的水环境保护项目支持力度，合理承担部分属于中央和地方共同事权的水环境保护项目，向欠发达地区和重点地区倾斜；研究采取专项转移支付等方式，实施“以奖代补”。地方各级人民政府要重点支持污水处理、污泥处理处置、河道整治、饮用水水源保护、畜禽养殖污染防治、水生态修复、应急清污等项目和工作。对环境监管能力建设及运行费用分级予以必要保障。（财政部牵头，发展改革委、环境保护部等参与）

（十六）建立激励机制。健全节水环保“领跑者”制度。鼓励节能减排先进企业、工业集聚区用水效率、排污强度等达到更高标准，支持开展清洁生产、节约用水和污染治理等示范。（发展改革委牵头，工业和信息化部、财政部、环境保护部、住房城乡建设部、水利部等参与）

推行绿色信贷。积极发挥政策性银行等金融机构在水环境保护中的作用，重点支持循环经济、污水处理、水资源节约、水生态环境保护、清洁及可再生能源利用等领域。严格限制环境违法企业贷款。加强环境信用体系建设，构建守信激励与失信惩戒机制，环保、银行、证券、保险等方面要加强协作联动，于2017年年底前分级建立企业环境信用评价体系。鼓励涉重金属、石油化工、危险化学品运输等高环境风险行业投保环境污染责任保险。（人民银行牵头，工业和信息化部、环境保护部、水利部、银监会、证监会、保监会等参与）

实施跨界水环境补偿。探索采取横向资金补助、对口援助、产业转移等方式，建立跨界水环境补偿机制，开展补偿试点。深化排污权有偿使用和交易试点。（财政部牵头，发展改革委、环境保护部、水利部等参与）

六、严格环境执法监管

（十七）完善法规标准。健全法律法规。加快水污染防治、海洋环境保护、排污许可、化学品环境管理等法律法规制修订步伐，研究制定环境质量目标管理、环境功能区划、节水及循环利用、饮用水水源保护、污染责任保险、水功能区监督管理、地下水管理、环境监测、生态流量保障、船舶和陆源污染防治等法律法规。各地可结合实际，研究起草地方性水污染防治法规。（法制办牵头，发展改革委、工业和信息化部、国土资源部、环境保护部、住房城乡建设部、交通运输部、水利部、农业部、卫生计生委、保监会、海洋局等参与）

完善标准体系。制修订地下水、地表水和海洋等环境质量标准，城镇污水处理、污泥处理处置、农田退水等污染物排放标准。健全重点行业水污染物特别排放限值、污染防治技术政策和清洁生产评价指标体系。各地可制定严于国家标准的地方水污染物排放标准。（环境保护部牵头，发展改革委、工业和信息化部、国土资源部、住房城乡建设部、水利部、农业部、质检总局等参与）

（十八）加大执法力度。所有排污单位必须依法实现全面达标排放。逐一排查工业企业排污情况，达标企业应采取措施确保稳定达标；对超标和超总量的企业予以“黄牌”警示，一律限制生产或停产整治；对整治仍不能达到要求且情节严重的企业予以“红牌”处罚，一律停业、关闭。自2016年起，定期公布环保“黄牌”“红牌”企业名单。定期抽查排污单位达标排放情况，结果向社会公布。（环境保护部负责）

完善国家督查、省级巡查、地市检查的环境监督执法机制，强化环保、公安、监察等部门和单位协作，健全行政执法与刑事司法衔接配合机制，完善案件移送、受理、立案、通报等规定。加强对地方人民政府和有关部门环保工作的监督，研究建立国家环境监察专员制度。（环境保护部牵头，工业和信息化部、公安部、中央编办等参与）

严厉打击环境违法行为。重点打击私设暗管或利用渗井、渗坑、溶洞排放、倾倒含有毒有害污染物废水、含病原体污水，监测数据弄虚作假，不正常使用水污染物处理设施，或者未经批准拆除、闲置水污染物处理设施等环境违法行为。对造成生态损害的责任者严格落实赔偿制度。严肃查处建设项目环境影响评价领域越权审批、未批先建、边批边建、久试不验等违法违规行为。对构成犯罪的，要依法追究刑事责任。（环境保护部牵头，公安部、住房城乡建设部等参与）

（十九）提升监管水平。完善流域协作机制。健全跨部门、区域、流域、海域水环境保护议事协调机制，发挥环境保护区域督查派出机构和流域水资源保护机构作用，探索建立陆海统筹的生态系统保护修复机制。流域上下游各级政府、各部门之间要加强协调配合、定期会商，实施联合监测、联合执法、应急联动、信息共享。京津冀、长三角、珠三角等区域要于2015年年底前建立水污染防治联动协作机制。建立严格监管所有污染物排放的水环境保护管理制度。（环境保护部牵头，交通运输部、水利部、农业部、海洋局等参与）

完善水环境监测网络。统一规划设置监测断面（点位）。提升饮用水水源水质全指标监测、水生生物监测、地下水环境监测、化学物质监测及环境风险防控技术支撑能力。2017年年底前，京津冀、长三角、珠三角等区域、海域建成统一的水环境监测网。（环境

保护部牵头，发展改革委、国土资源部、住房城乡建设部、交通运输部、水利部、农业部、海洋局等参与）

提高环境监管能力。加强环境监测、环境监察、环境应急等专业技术培训，严格落实执法、监测等人员持证上岗制度，加强基层环保执法力量，具备条件的乡镇（街道）及工业园区要配备必要的环境监管力量。各市、县应自2016年起实行环境监管网格化管理。（环境保护部负责）

七、切实加强水环境管理

（二十）强化环境质量目标管理。明确各类水体水质保护目标，逐一排查达标状况。未达到水质目标要求的地区要制定达标方案，将治污任务逐一落实到汇水范围内的排污单位，明确防治措施及达标时限，方案报上一级人民政府备案，自2016年起，定期向社会公布。对水质不达标的区域实施挂牌督办，必要时采取区域限批等措施。（环境保护部牵头，水利部参与）

（二十一）深化污染物排放总量控制。完善污染物统计监测体系，将工业、城镇生活、农业、移动源等各类污染源纳入调查范围。选择对水环境质量有突出影响的总氮、总磷、重金属等污染物，研究纳入流域、区域污染物排放总量控制约束性指标体系。（环境保护部牵头，发展改革委、工业和信息化部、住房城乡建设部、水利部、农业部等参与）

（二十二）严格环境风险控制。防范环境风险。定期评估沿江河湖库工业企业、工业集聚区环境和健康风险，落实防控措施。评估现有化学物质环境和健康风险，2017年年底前公布优先控制化学品名录，对高风险化学品生产、使用进行严格限制，并逐步淘汰替代。（环境保护部牵头，工业和信息化部、卫生计生委、安全监管总局等参与）

稳妥处置突发水环境污染事件。地方各级人民政府要制定和完善水污染事故处置应急预案，落实责任主体，明确预警预报与响应程序、应急处置及保障措施等内容，依法及时公布预警信息。（环境保护部牵头，住房城乡建设部、水利部、农业部、卫生计生委等参与）

（二十三）全面推行排污许可。依法核发排污许可证。2015年年底前，完成国控重点污染源及排污权有偿使用和交易试点地区污染源排污许可证的核发工作，其他污染源于2017年年底前完成。（环境保护部负责）

加强许可证管理。以改善水质、防范环境风险为目标，将污染物排放种类、浓度、总量、排放去向等纳入许可证管理范围。禁止无证排污或不按许可证规定排污。强化海上排污监管，研究建立海上污染排放许可证制度。2017年年底前，完成全国排污许可证管理信息平台建设。（环境保护部牵头，海洋局参与）

八、全力保障水生态环境安全

（二十四）保障饮用水水源安全。从水源到水龙头全过程监管饮用水安全。地方各级人民政府及供水单位应定期监测、检测和评估本行政区域内饮用水水源、供水厂出水和用户水龙头水质等饮水安全状况，地级及以上城市自2016年起每季度向社会公开。自2018年起，所有县级及以上城市饮水安全状况信息都要向社会公开。（环境保护部牵头，发展改革委、财政部、住房城乡建设部、水利部、卫生计生委等参与）

强化饮用水水源环境保护。开展饮用水水源规范化建设，依法清理饮用水水源保护区内违法建筑和排污口。单一水源供水的地级及以上城市应于2020年年底前基本完成备用水源或应急水源建设，有条件的地方可以适当提前。加强农村饮用水水源保护和水质检测。（环境保护部牵头，发展改革委、财政部、住房城乡建设部、水利部、卫生计生委等参与）

防治地下水污染。定期调查评估集中式地下水型饮用水水源补给区等区域环境状况。石化生产存贮销售企业和工业园区、矿山开采区、垃圾填埋场等区域应进行必要的防渗处理。加油站地下油罐应于2017年年底前全部更新为双层罐或完成防渗池设置。报废矿井、钻井、取水井应实施封井回填。公布京津冀等区域内环境风险大、严重影响公众健康的地下水污染场地清单，开展修复试点。（环境保护部牵头，财政部、国土资源部、住房城乡建设部、水利部、商务部等参与）

（二十五）深化重点流域污染防治。编制实施七大重点流域水污染防治规划。研究建立流域水生态环境功能分区管理体系。对化学需氧量、氨氮、总磷、重金属及其他影响人体健康的污染物采取针对性措施，加大整治力度。汇入富营养化湖库的河流应实施总氮排放控制。到2020年，长江、珠江总体水质达到优良，松花江、黄河、淮河、辽河在轻度污染基础上进一步改善，海河污染程度得到缓解。三峡库区水质保持良好，南水北调、引滦入津等调水工程确保水质安全。太湖、巢湖、滇池富营养化水平有所好转。白洋淀、乌梁素海、呼伦湖、艾比湖等湖泊污染程度减轻。环境容量较小、生态环境脆弱，环境风险高的地区，应执行水污染物特别排放限值。各地可根据水环境质量改善需要，扩大特别排放限值实施范围。（环境保护部牵头，发展改革委、工业和信息化部、财政部、住房城乡建设部、水利部等参与）

加强良好水体保护。对江河源头及现状水质达到或优于Ⅲ类的江河湖库开展生态环境安全评估，制定实施生态环境保护方案。东江、滦河、千岛湖、南四湖等流域于2017年年底前完成。浙闽片河流、西南诸河、西北诸河及跨界水体水质保持稳定。（环境保护部牵头，外交部、发展改革委、财政部、水利部、林业局等参与）

（二十六）加强近岸海域环境保护。实施近岸海域污染防治方案。重点整治黄河口、长江口、闽江口、珠江口、辽东湾、渤海湾、胶州湾、杭州湾、北部湾等河口海湾污染。沿海地级及以上城市实施总氮排放总量控制。研究建立重点海域排污总量控制制度。规范入海排污口设置，2017年年底前全面清理非法或设置不合理的入海排污口。到2020年，沿海省（自治区、直辖市）入海河流基本消除劣于Ⅴ类的水体。提高涉海项目准入门槛。（环境保护部、海洋局牵头，发展改革委、工业和信息化部、财政部、住房城乡建设部、交通运输部、农业部等参与）

推进生态健康养殖。在重点河湖及近岸海域划定限制养殖区。实施水产养殖池塘、近海养殖网箱标准化改造，鼓励有条件的渔业企业开展海洋离岸养殖和集约化养殖。积极推广人工配合饲料，逐步减少冰鲜杂鱼饲料使用。加强养殖投入品管理，依法规范、限制使用抗生素等化学药品，开展专项整治。到2015年，海水养殖面积控制在220万 hm^2 左右。（农业部负责）

严格控制环境激素类化学品污染。2017年年底前完成环境激素类化学品生产使用情况调查，监控评估水源地、农产品种植区及水产品集中养殖区风险，实施环境激素类化学品淘汰、限制、替代等措施。（环境保护部牵头，工业和信息化部、农业部等参与）

（二十七）整治城市黑臭水体。采取控源截污、垃圾清理、清淤疏浚、生态修复等措施，加大黑臭水体治理力度，每半年向社会公布治理情况。地级及以上城市建成区应于2015年年底前完成水体排查，公布黑臭水体名称、责任人及达标期限；于2017年年底前实现河面无大面积漂浮物，河岸无垃圾，无违法排污口；于2020年年底前完成黑臭水体治理目标。直辖市、省会城市、计划单列市建成区要于2017年年底前基本消除黑臭水体。（住房城乡建设部牵头，环境保护部、水利部、农业部等参与）

（二十八）保护水和湿地生态系统。加强河湖水生态保护，科学划定生态保护红线。禁止侵占自然湿地等水源涵养空间，已侵占的要限期予以恢复。强化水源涵养林建设与保护，开展湿地保护与修复，加大退耕还林、还草、还湿力度。加强滨河（湖）带生态建设，在河道两侧建设植被缓冲带和隔离带。加大水生野生动植物类自然保护区和水产种质资源保护区保护力度，开展珍稀濒危水生生物和重要水产种质资源的就地和迁地保护，提高水生生物多样性。2017年年底前，制定实施七大重点流域水生生物多样性保护方案。（环境保护部、林业局牵头，财政部、国土资源部、住房城乡建设部、水利部、农业部等参与）

保护海洋生态。加大红树林、珊瑚礁、海草床等滨海湿地、河口和海湾典型生态系统，以及产卵场、索饵场、越冬场、洄游通道等重要渔业水域的保护力度，实施增殖放流，建设人工鱼礁。开展海洋生态补偿及赔偿等研究，实施海洋生态修复。认真执行围填海管制计划，严格围填海管理和监督，重点海湾、海洋自然保护区的核心区及缓冲区、海洋特别保护区的重点保护区及预留区、重点河口区域、重要滨海湿地区域、重要砂质岸线及沙源保护海域、特殊保护海岛及重要渔业海域禁止实施围填海，生态脆弱敏感区、自净能力差的海域严格限制围填海。严肃查处违法围填海行为，追究相关人员责任。将自然海岸线保护纳入沿海地方政府政绩考核。到2020年，全国自然岸线保有率不低于35%（不包括海岛岸线）。（环境保护部、海洋局牵头，发展改革委、财政部、农业部、林业局等参与）

九、明确和落实各方责任

（二十九）强化地方政府水环境保护责任。各级地方人民政府是实施本行动计划的主体，要于2015年年底前分别制定并公布水污染防治工作方案，逐年确定分流域、分区域、分行业的重点任务和年度目标。要不断完善政策措施，加大资金投入，统筹城乡水污染治理，强化监管，确保各项任务全面完成。各省（自治区、直辖市）工作方案报国务院备案。（环境保护部牵头，发展改革委、财政部、住房城乡建设部、水利部等参与）

（三十）加强部门协调联动。建立全国水污染防治工作协作机制，定期研究解决重大问题。各有关部门要认真按照职责分工，切实做好水污染防治相关工作。环境保护部要加强统一指导、协调和监督，工作进展及时向国务院报告。（环境保护部牵头，发展改革委、科技部、工业和信息化部、财政部、住房城乡建设部、水利部、农业部、海洋局等参与）

（三十一）落实排污单位主体责任。各类排污单位要严格执行环保法律法规和制度，加强污染治理设施建设和运行管理，开展自行监测，落实治污减排、环境风险防范等责任。中央企业和国有企业要带头落实，工业集聚区内的企业要探索建立环保自律机制。（环境保护部牵头，国资委参与）

（三十二）严格目标任务考核。国务院与各省（自治区、直辖市）人民政府签订水污染防治目标责任书，分解落实目标任务，切实落实“一岗双责”。每年分流域、分区域、分海域对行动计划实施情况进行考核，考核结果向社会公布，并作为对领导班子和领导干部综合考核评价的重要依据。（环境保护部牵头，中央组织部参与）

将考核结果作为水污染防治相关资金分配的参考依据。（财政部、发展改革委牵头，环境保护部参与）

对未通过年度考核的，要约谈省级人民政府及其相关部门有关负责人，提出整改意见，予以督促；对有关地区和企业实施建设项目环评限批。对因工作不力、履职缺位等导致未能有效应对水环境污染事件的，以及干预、伪造数据和没有完成年度目标任务的，要依法依纪追究有关单位和人员责任。对不顾生态环境盲目决策，导致水环境质量恶化，造成严重后果的领导干部，要记录在案，视情节轻重，给予组织处理或党纪政纪处分，已经离任的也要终身追究责任。（环境保护部牵头，监察部参与）

十、强化公众参与和社会监督

（三十三）依法公开环境信息。综合考虑水环境质量及达标情况等因素，国家每年公布最差、最好的10个城市名单和各省（自治区、直辖市）水环境状况。对水环境状况差的城市，经整改后仍达不到要求的，取消其环境保护模范城市、生态文明建设示范区、节水型城市、园林城市、卫生城市等荣誉称号，并向社会公告。（环境保护部牵头，发展改革委、住房城乡建设部、水利部、卫生计生委、海洋局等参与）

各省（自治区、直辖市）人民政府要定期公布本行政区域内各地级市（州、盟）水环境质量状况。国家确定的重点排污单位应依法向社会公开其产生的主要污染物名称、排放方式、排放浓度和总量、超标排放情况，以及污染防治设施的建设和运行情况，主动接受监督。研究发布工业集聚区环境友好指数、重点行业污染物排放强度、城市环境友好指数等信息。（环境保护部牵头，发展改革委、工业和信息化部等参与）

（三十四）加强社会监督。为公众、社会组织提供水污染防治法规培训和咨询，邀请其全程参与重要环保执法行动和重大水污染事件调查。公开曝光环境违法典型案件。健全举报制度，充分发挥“12369”环保举报热线和网络平台作用。限期办理群众举报投诉的环境问题，一经查实，可给予举报人奖励。通过公开听证、网络征集等形式，充分听取公众对重大决策和建设项目的意见。积极推行环境公益诉讼。（环境保护部负责）

（三十五）构建全民行动格局。树立“节水洁水，人人有责”的行为准则。加强宣传教育，把水资源、水环境保护和水情知识纳入国民教育体系，提高公众对经济社会发展和环境保护客观规律的认识。依托全国中小学节水教育、水土保持教育、环境教育等社会实践基地，开展环保社会实践活动。支持民间环保机构、志愿者开展工作。倡导绿色消费新风尚，开展环保社区、学校、家庭等群众性创建活动，推动节约用水，鼓励购买使用节水产品和环境标志产品。（环境保护部牵头，教育部、住房城乡建设部、水利部等参与）

我国正处于新型工业化、信息化、城镇化和农业现代化快速发展阶段，水污染防治任务繁重艰巨。各地区、各有关部门要切实处理好经济社会发展和生态文明建设的关系，按照“地方履行属地责任、部门强化行业管理”的要求，明确执法主体和责任主体，做到各司其职，恪尽职守，突出重点，综合整治，务求实效，以抓铁有痕、踏石留印的精神，依法依规狠抓贯彻落实，确保全国水环境治理与保护目标如期实现，为实现“两个一百年”奋斗目标和中华民族伟大复兴中国梦作出贡献。

国务院办公厅关于推进海绵城市建设的指导意见（2015年10月11日 国办发〔2015〕75号）

各省、自治区、直辖市人民政府，国务院各部委、各直属机构：

海绵城市是指通过加强城市规划建设管理，充分发挥建筑、道路和绿地、水系等生态系统对雨水的吸纳、蓄渗和缓释作用，有效控制雨水径流，实现自然积存、自然渗透、自然净化的城市发展方法。《国务院关于加强城市基础设施建设的意见》（国发〔2013〕36号）和《国务院办公厅关于做好城市排水防涝设施建设工作的通知》（国办发〔2013〕23号）印发以来，各有关方面积极贯彻新型城镇化和水安全战略有关要求，有序推进海绵城市建设试点，在有效防治城市内涝、保障城市生态安全等方面取得了积极成效。为加快推进海绵城市建设，修复城市水生态、涵养水资源，增强城市防涝能力，扩大公共产品有效投资，提高新型城镇化质量，促进人与自然和谐发展，经国务院同意，现提出以下意见。

一、总体要求

（一）工作目标。通过海绵城市建设，综合采取“渗、滞、蓄、净、用、排”等措施，最大限度地减少城市开发建设对生态环境的影响，将70%的降雨就地消纳和利用。到2020年，城市建成区20%以上的面积达到目标要求；到2030年，城市建成区80%以上的面积达到目标要求。

（二）基本原则。

坚持生态为本、自然循环。充分发挥山水林田湖等原始地形地貌对降雨的积存作用，充分发挥植被、土壤等自然下垫面对雨水的渗透作用，充分发挥湿地、水体等对水质的自然净化作用，努力实现城市水体的自然循环。

坚持规划引领、统筹推进。因地制宜确定海绵城市建设目标和具体指标，科学编制和严格实施相关规划，完善技术标准规范。统筹发挥自然生态功能和人工干预功能，实施源头减排、过程控制、系统治理，切实提高城市排水、防涝、防洪和防灾减灾能力。

坚持政府引导、社会参与。发挥市场配置资源的决定性作用和政府的调控引导作用，加大政策支持力度，营造优良发展环境。主动推广政府和社会资本合作（PPP）、特许经营等模式，吸引社会资本广泛参与海绵城市建设。

二、加强规划引领

（三）科学编制规划。编制城市总体规划、控制性详细规划以及道路、绿地、水等相关专项规划时，要将雨水年径流总量控制率作为其刚性控制指标。划定城市蓝线时，要充分考虑自然生态空间格局。建立区域雨水排放管理制度，明确区域排放总量，不得违规超排。

（四）严格实施规划。将建筑与小区雨水收集利用、可渗透面积、蓝线划定与保护等海绵城市建设要求作为城市规划许可和项目建设的前置条件，保持雨水径流特征在城市开发建设前后大体一致。在建设工程施工图审查、施工许可等环节，要将海绵城市相关工程措施作为重点审查内容；工程竣工验收报告中，应当写明海绵城市相关工程措施的落实情况，提交备案机关。

（五）完善标准规范。抓紧修订完善与海绵城市建设相关的标准规范，突出海绵城市建设的关键性内容和技术性要求。要结合海绵城市建设的目标和要求编制相关工程建设标准图集和技术导则，指导海绵城市建设。

三、统筹有序建设

（六）统筹推进新老城区海绵城市建设。从2015年起，全国各城市新区、各类园区、成片开发区要全面落实海绵城市建设要求。老城区要结合城镇棚户区和城乡危房改造、老旧小区有机更新等，以解决城市内涝、雨水收集利用、黑臭水体治理为突破口，推进区域整体治理，逐步实现小雨不积水、大雨不内涝、水体不黑臭、热岛有缓解。各地要建立海绵城市建设工程项目储备制度，编制项目滚动规划和年度建设计划，避免大拆大建。

（七）推进海绵型建筑和相关基础设施建设。推广海绵型建筑与小区，因地制宜采取屋顶绿化、雨水调蓄与收集利用、微地形等措施，提高建筑与小区的雨水积存和蓄滞能力。推进海绵型道路与广场建设，改变雨水快排、直排的传统做法，增强道路绿化带对雨水的消纳功能，在非机动车道、人行道、停车场、广场等扩大使用透水铺装，推行道路与广场雨水的收集、净化和利用，减轻对市政排水系统的压力。大力推进城市排水防涝设施的达标建设，加快改造和消除城市易涝点；实施雨污分流，控制初期雨水污染，排入自然水体的雨水须经过岸线净化；加快建设和改造沿岸截流干管，控制渗漏和合流制污水溢流污染。结合雨水利用、排水防涝等要求，科学布局建设雨水调蓄设施。

（八）推进公园绿地建设和自然生态修复。推广海绵型公园和绿地，通过建设雨水花园、下凹式绿地、人工湿地等措施，增强公园和绿地系统的城市海绵体功能，消纳自身雨水，并为蓄滞周边区域雨水提供空间。加强对城市坑塘、河湖、湿地等水体自然形态的保护和恢复，禁止填湖造地、裁弯取直、河道硬化等破坏水生态环境的建设行为。恢复和保持河湖水系的自然连通，构建城市良性水循环系统，逐步改善水环境质量。加强河道系统整治，因势利导改造渠化河道，重塑健康自然的弯曲河岸线，恢复自然深潭浅滩和泛洪漫滩，实施生态修复，营造多样性生物生存环境。

四、完善支持政策

（九）创新建设运营机制。区别海绵城市建设项目的经营性与非经营性属性，建立政府与社会资本风险分担、收益共享的合作机制，采取明晰经营性收益权、政府购买服务、财政补贴等多种形式，鼓励社会资本参与海绵城市投资建设和运营管理。强化合同管理，严格绩效考核并按效付费。鼓励有实力的科研设计单位、施工企业、制造企业与金融资本相结合，组建具备综合业务能力的企业集团或联合体，采用总承包等方式统筹组织实施海绵城市建设相关项目，发挥整体效益。

（十）加大政府投入。中央财政要发挥“四两拨千斤”的作用，通过现有渠道统筹安排资金予以支持，积极引导海绵城市建设。地方各级人民政府要进一步加大海绵城市建设资金投入，省级人民政府要加强海绵城市建设资金的统筹，城市人民政府要在中期财政规划和年度建设计划中优先安排海绵城市建设项目，并纳入地方政府采购范围。

（十一）完善融资支持。各有关方面要将海绵城市建设作为重点支持的民生工程，充分发挥开发性、政策性金融作用，鼓励相关金融机构积极加大对海绵城市建设的信贷支持力度。鼓励银行业金融机构在风险可控、商业可持续的前提下，对海绵城市建设提供中长期信贷支持，积极开展购买服务协议预期收益等担保创新类贷款业务，加大对海绵城市建设项目的资金支持力度。将海绵城市建设中符合条件的项目列入专项建设基金支持范围。支持符合条件的企业通过发行企业债券、公司债券、资产支持证券和项目收益票据等募集资金，用于海绵城市建设项目。

五、抓好组织落实

城市人民政府是海绵城市建设的责任主体，要把海绵城市建设提上重要日程，完善工作机制，统筹规划建设，抓紧启动实施，增强海绵城市建设的整体性和系统性，做到“规划一张图、建设一盘棋、管理一张网”。住房城乡建设部要会同有关部门督促指导各地做好海绵城市建设工作，继续抓好海绵城市建设试点，尽快形成一批可推广、可复制的示范项目，经验成熟后及时总结宣传、有效推开；发展改革委要加大专项建设基金对海绵城市建设的支持力度；财政部要主动推进PPP模式，并对海绵城市建设给予必要资金支持；水利部要加强对海绵城市建设中水利工作的指导和监督。各有关部门要按照职责分工，各司其职，密切配合，共同做好海绵城市建设相关工作。

国家发展和改革委员会　财政部　水利部关于鼓励和引导社会资本参与重大水利工程建设运营的实施意见（2015 年 3 月 17 日　发改农经〔2015〕488 号）

各省、自治区、直辖市、新疆生产建设兵团发展改革委、财政厅（局）、水利（水务）厅（局）：

水利是国民经济和社会发展的重要基础设施。对具备一定条件的重大水利工程，通过深化改革向社会投资敞开大门，建立权利平等、机会平等、规则平等的投资环境和合理的投资收益机制，放开增量，盘活存量，加强试点示范，鼓励和引导社会资本参与工程建设和运营，有利于优化投资结构，建立健全水利投入资金多渠道筹措机制；有利于引入市场竞争机制，提高水利管理效率和服务水平；有利于转变政府职能，促进政府与市场有机结合、两手发力；有利于加快完善水安全保障体系，支撑经济社会可持续发展。根据党的十八届三中、四中全会精神和《国务院关于创新重点领域投融资机制鼓励社会投资的指导意见》（国发〔2014〕60 号）有关要求，结合水利实际，提出如下实施意见。

一、明确参与范围和方式

（一）拓宽社会资本进入领域。除法律、法规、规章特殊规定的情形外，重大水利工程建设运营一律向社会资本开放。只要是社会资本，包括符合条件的各类国有企业、民营企业、外商投资企业、混合所有制企业，以及其他投资、经营主体愿意投入的重大水利工程，原则上应优先考虑由社会资本参与建设和运营。鼓励统筹城乡供水，实行水源工程、供水排水、污水处理、中水回用等一体化建设运营。

（二）合理确定项目参与方式。盘活现有重大水利工程国有资产，选择一批工程通过股权出让、委托运营、整合改制等方式，吸引社会资本参与，筹得的资金用于新工程建设。对新建项目，要建立健全政府和社会资本合作（PPP）机制，鼓励社会资本以特许经营、参股控股等多种形式参与重大水利工程建设运营。其中，综合水利枢纽、大城市供排水管网的建设经营需按规定由中方控股。对公益性较强、没有直接收益的河湖堤防整治等水利工程建设项目，可通过与经营性较强项目组合开发、按流域统一规划实施等方式，吸引社会资本参与。

（三）规范项目建设程序。重大水利工程按照国家基本建设程序组织建设。要及时向社会发布鼓励社会资本参与的项目公告和项目信息，按照公开、公平、公正的原则通过招标等方式择优选择投资方，确定投资经营主体，由其组织编制前期工作文件，报有关部门审查审批后实施。实行核准制的项目，按程序编制核准项目申请报告；实行审批制的项目，按程序编制审批项目建议书、可行性研究报告、初步设计，根据需要可适当合并简化审批环节。

（四）签订投资运营协议。社会资本参与重大水利工程建设运营，县级以上人民政府或其授权的有关部门应与投资经营主体通过签订合同等形式，对工程建设运营中的资产产权关系、责权利关系、建设运营标准和监管要求、收入和回报、合同解除、违约处理、争议解决等内容予以明确。政府和投资者应对项目可能产生的政策风险、商业风险、环境风险、法律风险等进行充分论证，完善合同设计，健全纠纷解决和风险防范机制。

二、完善优惠和扶持政策

（五）保障社会资本合法权益。社会资本投资建设或运营管理重大水利工程，与政府投资项目享有同等政策待遇，不另设附加条件。社会资本投资建设或运营管理的重大水利工程，可按协议约定依法转让、转租、抵押其相关权益；征收、征用或占用的，要按照国家有关规定或约定给予补偿或者赔偿。

（六）充分发挥政府投资的引导带动作用。重大水利工程建设投入，原则上按功能、效益进行合理分摊和筹措，并按规定安排政府投资。对同类项目，中央水利投资优先支持引入社会资本的项目。政府投资安排使用方式和额度，应根据不同项目情况、社会资本投资合理回报率等因素综合确定。公益性部分政府投入形成的资产归政府所有，同时可按规定不参与生产经营收益分配。鼓励发展支持重大水利工程的投资基金，政府可以通过认购基金份额、直接注资等方式予以支持。

（七）完善项目财政补贴管理。对承担一定公益性任务、项目收入不能覆盖成本和收益，但社会效益较好的政府和社会资本合作（PPP）重大水利项目，政府可对工程维修养护和管护经费等给予适当补贴。财政补贴的规模和方式要以项目运营绩效评价结果为依据，综合考虑产品或服务价格、建设成本、运营费用、实际收益率、财政中长期承受能力等因素合理确定、动态调整，并以适当方式向社会公示公开。

（八）完善价格形成机制。完善主要由市场决定价格的机制，对社会资本参与的重大水利工程供水、发电等产品价格，探索实行由项目投资经营主体与用户协商定价。鼓励通过招标、电力直接交易等市场竞争方式确定发电价格。需要由政府制定价格的，既要考虑社会资本的合理回报，又要考虑用户承受能力、社会公众利益等因素；价格调整不到位时，地方政府可根据实际情况安排财政性资金，对运营单位进行合理补偿。

（九）发挥政策性金融作用。加大重大水利工程信贷支持力度，完善贴息政策。允许水利建设贷款以项目自身收益、借款人其他经营性收入等作为还款来源，允许以水利、水电等资产作为合法抵押担保物，探索以水利项目收益相关的权利作为担保财产的可行性。积极拓展保险服务功能，探索形成“信贷＋保险”合作模式，完善水利信贷风险分担机制以及融资担保体系。进一步研究制定支持从事水利工程建设项目的企业直接融资、债券融资的政策措施，鼓励符合条件的上述企业通过IPO（首次公开发行股票并上市）、增发、企业债券、项目收益债券、公司债券、中期票据等多种方式筹措资金。

（十）推进水权制度改革。开展水权确权登记试点，培育和规范水权交易市场，积极探索多种形式的水权交易流转方式，鼓励开展地区间、用水户间的水权交易，允许各地通过水权交易满足新增合理用水需求，通过水权制度改革吸引社会资本参与水资源开发利用和节约保护。依法取得取水权的单位或个人通过调整产品和产业结构、改革工艺、节水等措施节约水资源的，可在取水许可有效期和取水限额内，经原审批机关批准后，依法有偿转让其节约的水资源。在保障灌溉面积、灌溉保证率和农民利益的前提下，建立健全工农业用水水权转让机制。

（十一）实行税收优惠。社会资本参与的重大水利工程，符合《公共基础设施项目企业所得税优惠目录》《环境保护、节能节水项目企业所得税优惠目录》规定条件的，自项目取得第一笔生产经营收入所属纳税年度起，第一年至第三年免征企业所得税，第四年至第六年减半征收企业所得税。

（十二）落实建设用地指标。国家和各省（自治区、直辖市）土地利用年度计划要适度向重大水利工程建设倾斜，予以优先保障和安排。项目库区（淹没区）等不改变用地性质的用地，可不占用地计划指标，但要落实耕地占补平衡。重大水利工程建设的征地补偿、耕地占补平衡实行与铁路等国家重大基础设施建设项目同等政策。

三、落实投资经营主体责任

（十三）完善法人治理结构。项目投资经营主体应依法完善企业法人治理结构，健全和规范企业运行管理、产品和服务质量控制、财务、用工等管理制度，不断提高企业经营管理和服务水平。改革完善项目国有资产管理和授权经营体制，以管资本为主加强国有资产监管，保障国有资产公益性、战略性功能的实现。

（十四）认真履行投资经营权利义务。项目投资经营主体应严格执行基本建设程序，落实项目法人责任制、招标投标制、建设监理制和合同管理制，对项目的质量、安全、进度和投资管理负总责。已通过招标方式选定的特许经营项目投资人依法能够自行建设、生产或者提供的，可以不进行招标。要建立健全质量安全管理体系和工程维修养护机制，按照协议约定的期限、数量、质量和标准提供产品或服务，依法承担防洪、抗旱、水资源节约保护等责任和义务，服从国家防汛抗旱、水资源统一调度。要严格执行工程建设运行管理的有关规章制度、技术标准，加强日常检查检修和维修养护，保障工程功能发挥和安全运行。

四、加强政府服务和监管

（十五）加强信息公开。发展改革、财政、水利等部门要及时向社会公开发布水利规划、行业政策、技术标准、建设项目等信息，保障社会资本投资主体及时享有相关信息。加强项目前期论证、征地移民、建设管理等方面的协调和指导，为工程建设和运营创造良好条件。积极培育和发展为社会投资提供咨询、技术、管理和市场信息等服务的市场中介组织。

（十六）加快项目审核审批。深化行政审批制度改革，建立健全重大水利项目审批部际协调机制，优化审核审批流程，创新审核审批方式，开辟绿色通道，加快审核审批进度。地方也要建立相应的协调机制和绿色通道。对于法律、法规没有明确规定作为项目审批前置条件的行政审批事项，一律放在审批后、开工前完成。

（十七）强化实施监管。水行政主管部门应依法加强对工程建设运营及相关活动的监督管理，维护公平竞争秩序，建立健全水利建设市场信用体系，强化质量、安全监督，依法开展检查、验收和责任追究，确保工程质量、安全和公益性效益的发挥。发展改革、财政、城乡规划、土地、环境等主管部门也要按职责依法加强投资、规划、用地、环保等监管。落实大中型水利水电工程移民安置工作责任，由移民区和移民安置区县级以上地方人民政府负责移民安置规划的组织实施。

（十八）落实应急预案。政府有关部门应加强对项目投资经营主体应对自然灾害等突发事件的指导，监督投资经营主体完善和落实各类应急预案。在发生危及或可能危及公共利益、公共安全等紧急情况时，政府可采取应急管制措施。

（十九）完善退出机制。政府有关部门应建立健全社会资本退出机制，在严格清产核资、落实项目资产处理和建设与运行后续方案的情况下，允许社会资本退出，妥善做好项目移交接管，确保水利工程的顺利实施和持续安全运行，维护社会资本的合法权益，保证公共利益不受侵害。

（二十）加强后评价和绩效评价。开展社会资本参与重大水利工程项目后评价和绩效评价，建立健全评价体系和方式方法，根据评价结果，依据合同约定对价格或补贴等进行调整，提高政府投资决策水平和投资效益，激励社会资本通过管理、技术创新提高公共服务质量和水平。

（二十一）加强风险管理。各级财政部门要做好财政承受能力论证，根据本地区财力状况、债务负担水平等合理确定财政补贴、政府付费等财政支出规模，项目全生命周期内的财政支出总额应控制在本级政府财政支出的一定比例内，减少政府不必要的财政负担。各省级发展改革委要将符合条件的水利项目纳入 PPP 项目库，及时跟踪调度、梳理汇总项目实施进展，并按月报送情况。各省级财政部门要建立 PPP 项目名录管理制度和财政补贴支出统计监测制度，对不符合条件的项目，各级财政部门不得纳入名录，不得安排各类形式的财政补贴等财政支出。

五、做好组织实施

（二十二）加强组织领导。各地要结合本地区实际情况，抓紧制订鼓励和引导社会资本参与重大水利工程建设运营的具体实施办法和配套政策措施。发展改革、财政、水利等部门要按照各自职责分工，认真做好落实工作。

（二十三）开展试点示范。国家发展改革委、财政部、水利部选择一批项目作为国家层面联系的试点，加强跟踪指导，及时总结经验，推动完善相关政策，发挥示范带动作用，争取尽快探索形成可复制、可推广的经验。各省（自治区、直辖市）和新疆生产建设兵团也要因地制宜选择一批项目开展试点。

（二十四）搞好宣传引导。各地要大力宣传吸引社会资本参与重大水利工程建设的政策、方案和措施，宣传社会资本在促进水利发展，特别是在重大水利工程建设运营方面的积极作用，让社会资本了解参与方式、运营方式、盈利模式、投资回报等相关政策，稳定市场预期，为社会资本参与工程建设运营营造良好社会环境和舆论氛围。

水利部　国家发展和改革委员会　财政部　国家卫生和计划生育委员会　环境保护部关于进一步加强农村饮水安全工作的通知

（2015 年 6 月 13 日　水农〔2015〕252 号）

保障农村饮水安全，是以人为本、执政为民的重要体现，是事关亿万农民群众切身利益的民生事业，是统筹城乡发展和全面建成小康社会的重要任务，是各级政府义不容辞的重要职责。近年来，中央和地方不断加大资金支持和政策扶持力度，农村饮水安全工作取得重大进展，有效改善了农村居民生活条件和人居环境，有力促进了农村经济社会持续健康发展。目前，《全国农村饮水安全工程“十二五”规划》（以下简称《规划》）的实施进入最后决战阶段，同时还要巩固已建工程成果、建立良性运行机制，各项任务十分艰巨。为贯彻落实今年《政府工作报告》关于“再解决 6 000 万农村人口饮水安全问题”的要求，进一步加强农村饮水安全工作，经国务院同意，现通知如下。

一、切实落实农村饮水安全保障政府责任

各地区、各有关部门要站在政治和全局高度，充分认识保障农村饮水安全的重要性、紧迫性和艰巨性，加快推进农村饮水安全工作。地方各级人民政府要按照饮水安全保障行政首长负责制和《规划》要求，将农村饮水安全保障工作纳入对政府领导干部考核内容，逐级落实政府主体责任，明确政府责任人、部门责任人和项目责任人，建立健全政府“一把手”负总责、政府分管领导具体负责、部门合力推进的有效机制，层层传导压力，严格跟踪问效，切实强化责任制的刚性约束。各有关部门要加强协调，密切协作，进一步加大工作力度，完善政策支持，加强指导帮扶，强化监督检查，共同做好农村饮水安全保障工作。

二、保质保量完成《规划》任务

2015 年是实施《规划》的最后一年，剩余建设任务重、难啃的“硬骨头”多。各地区、各有关部门要采取有力措施，务必如期完成《规划》任务。发展改革委、水利部已经下达 2015 年农村饮水安全工程建设投资计划，财政部已下达预算。地方各级人民政府要对落实农村饮水安全工程地方建设资金负总责，加大省级财政投入力度，积极利用市场机制鼓励和吸引社会资本投入，引导受益群众筹资投劳，确保工程建设资金及时足额到位。要落实好差别化投资标准和补助政策，对工程建设难度大、投资需求高、经济欠发达的地区，省级政府要予以倾斜，统筹解决资金缺口问题。要制定详细、周密、可操作的进度计划，倒排工期、控制节点，充分利用施工黄金季节，加快工程建设进度，确保 10 月底前基本完成主体工程，年底前全面完成《规划》目标任务。对四省藏区、新疆维吾尔自治区和新疆生产建设兵团、重庆三峡库区、湖南洞庭湖区等四大片区规划外新出现的农村饮水安全问题，各有关地方政府及相关部门也要纳入年度计划统筹安排，确保年底前完成建设任务。对其他地方规划外新出现的农村饮水安全问题，由地方政府负总责，采取有力措施予以解决。

三、强化水源保护和水质保障

各地区要落实农村饮水安全工程建设、水源保护、水质监测评价“三同时”制度，进一步加大农村饮用水水源保护、水污染防治和水质检测监测力度。地方各级人民政府要认真落实《水污染防治行动计划》，建立健全协调工作机制，制定农村饮用水水源保护管理办法，依法规范水源保护区或保护范围划定工作，全面强化农村饮用水水源保护，保障水源安全。对人为因素引起水源变化、水质污染或工程损坏造成群众饮水困难的，要严肃追究责任，督促限期整改。要强化水质净化处理设施建设以及消毒设施设备的安装、使用和运行管理。集中式供水工程，按要求配备安装水质净化和消毒设施设备。“千吨万人”规模以上（日供水量 1 000 m^3 或受益人口 1 万人以上）的供水工程，要尽快建立水质化验室，配备相关检验人员及仪器设备，做好日常水质检测。推广适合农村的供水节水新技术、新材料、新工艺、新设备。依托规模水厂、供水管理机构、卫生疾控和环保等部门现有水质监测机构能力，科学布局和完善县级或区域水质检测中心建设。科学制定水质检测、监测与评价制度，加强人员培训，落实检测、监测与评价经费，加大水质实验室设备投入，提高水质检测监测能力，加快实现县级或区域水质检测和监测全覆盖，加强卫生知识的宣传科普，把水质保障落实到工程建设与管理的各环节和全过程，保障供水水质安全。

四、严格建设项目监督管理

各地区要严格执行发展改革委、水利部、卫生计生委、环境保护部、财政部联合印发的《农村饮水安全工程建设管理办法》（发改农经〔2013〕2673 号），“千吨万人”规模以上工程要按有关规定组建项目建设管理单位，负责工程建设和建后运行管理；其他规模较小工程，可在制定完善管理办法、确保工程质量的前提下，采用村民自建、自管的方式，或以县、乡镇为单位集中组建项目建设管理单位，组织开展工程建设。鼓励推行农村饮水安全工程代建制。要全面推行农村饮水安全项目建设公示制度以及用水户全过程参与工作机制，鼓励和引导农民对工程施工、管材采购等开展民主监督。要严格落实工程质量终身责任制和质量监管责任，按照批准的设计文件和规程规范组织项目建设，加强现场监理和质量监控，把好原材料进口关、设备采购关、施工质量关和竣工验收关，确保建设质量和施工安全。要加强进度控制、质量监督、资金监管，建立全方位、全过程、全覆盖的监督检查机制。要加强农村饮水安全信息化管理，进一步完善进度统计上报制度，落实上报数据逐级签字背书制度。各有关部门要强化对各地农村饮水安全工程实施的指导和监督检查，根据工作需要适时组织开展专项评估、随机抽查、重点稽察等工作，建立健全通报通告、年度考核和奖惩制度，引导和督促各地强化措施，加强管理，确保工程建设资金安全、工程安全、干部安全和生产安全。各地区、各有关部门对国务院重点督查，审计、稽察、专项检查、第三方评估等发现以及媒体监督和群众反映的问题要及时整改。对工作措施不力、工程进展缓慢、不能按期完成任务的，要对有关责任人进行严肃问责。

五、建立健全工程良性运行机制

地方各级人民政府要把工程管护摆在与工程建设同等重要的位置，强化农村供水设施运行管理，确保每一处农村饮水安全工程都能建得成、管得好、用得起、长受益。在强化政府监督和行业指导的基础上，加快建立以县为单元的工程建设管理机构，充实管理人员，负责县域内农村饮水安全工作管理与监督，并加强服务与指导。要强化农村饮水安全工程从业人员培训，提高工程运行管理水平。要逐一明晰工程产权，落实管护主体、责任和经费，健全运行管理制度。在有效监管和保证用水户权益的前提下，允许工程所有权和经营权分离，积极推行企业化经营和专业化管理。要全面落实农村饮水安全工程用地用电税收等优惠政策，按照“补偿成本、公平负担”的原则，建立合理的水价制度，积极推行“基本水价+计量水价”的两部制水价，保障工程正常运行经费。“五保户”等特殊困难群体，由当地政府对其水费给予适当补助。要抓紧研究制定工程运行维护经费定额标准，通过水费提留、财政补贴等多种形式建立工程维修养护基金，确保工程良性运行。

六、持续提高农村饮水安全保障水平

保障农村饮水安全是一项长期、动态的任务。各地区、各有关部门要在全面完成“十二五”规划目标任务的同时，对《规划》实施情况进行总结评估，按照巩固成效、分类指导、积极稳妥的原则和城乡发展一体化的要求，结合推进新型城镇化和社会主义新农村建设，启动“十三五”农村饮水安全巩固提升工作。要进一步落实地方行政首长负责制，创新工作思路和方法，以人为本、保障民生，科学规划、分类实施，区分事权、强化责任，建管并重、改革创新，合理确定水质、水量、方便程度和保障程度等规划标准，科学确定“十三五”规划目标任务，综合采取新建、配套、改造、升级、联网等方式，大力发展规模化集中供水，进一步提高农村自来水普及率、供水保证率、水质达标率。

农村饮水安全保障工作任务艰巨、责任重大。各地区、各有关部门要全面贯彻落实党中央、国务院的决策部署，凝心聚力、攻坚克难、真抓实干，圆满完成各项目标任务，向党和人民交上一份满意的答卷。

水利部　中国农业发展银行关于用好抵押补充贷款资金支持水利建设的通知（2015 年 12 月 30 日　水财务〔2015〕539 号）

今年以来，水利部、中国农业发展银行（以下简称农发行）按照党中央、国务院决策部署，通过发放专项过桥贷款，有力支持了重大水利工程建设全面提速。为充分发挥开发性金融作用，进一步扩大优惠贷款支持水利建设的规模和范围，近日，人民银行批准农发行开办抵押补充贷款业务用于支持水利建设，现就有关事项通知如下。

一、充分认识使用抵押补充贷款资金支持水利建设的重要意义

抵押补充贷款是人民银行新型货币政策工具的重大创新，主要功能是为支持国民经济重点领域、薄弱环节和社会事业发展而对政策性金融机构提供的期限

较长的大额融资，具有显著的长期、稳定、低成本优势。农发行通过抵押信贷资产从人民银行获得优惠利率的资金来源，用于加大对水利行业的信贷支持，实现稳增长、调结构、惠民生的战略目标。使用抵押补充贷款资金项目的贷款利率远低于市场利率，从而有效降低企业和项目融资成本，近期执行利率较中长期贷款基准利率低15%以上。

各级水行政主管部门和农发行分支机构要充分认识此项工作的重要意义，在现有良好合作的基础上，通力协作，认真研究落实抵押补充贷款有关政策要求，增强紧迫感和责任感，用好用足抵押补充贷款政策，充分发挥农发行作为政策性银行在支持水利建设中的骨干和支柱作用，抢抓今冬明春水利建设的有利时机，确保各项水利工程建设顺利推进。

各省（自治区、直辖市）水行政主管部门（以下简称各省水行政主管部门）要主动向农发行省级分行提供本区域内有关水利建设项目情况及资金需求，并与农发行省级分行积极沟通协调，对符合政策范围且需要贷款支持的项目，共同组织承贷主体、农发行分支机构进行对接。各省水行政主管部门、农发行省级分行、承贷主体应明确专门机构和人员，专项办理，确保有序衔接。

二、准确把握抵押补充贷款资金的使用范围

按照人民银行要求，农发行的抵押补充贷款资金只能用于支持国家重点扶持领域的信贷投放。除可继续用于国务院确定的172项节水供水重大水利工程专项过桥贷款外，根据水利部、农发行《全面支持水利建设战略合作框架协议》，抵押补充贷款资金支持范围还包括：重大水利工程、江河治理、枢纽水源工程、抗旱应急水源建设、病险水库（水闸）除险加固、海堤建设、中小河流治理、江河湖库水系连通、农村饮水安全、农田水利设施、灌区建设与节水改造、高效节水灌溉、水土保持、农村水电、合同节水，以及水生态文明、国土江河综合整治、海绵城市等项目中的水利工程建设，并积极加大对京津冀协同发展、“一带一路”、长江经济带等国家重大发展战略规划中有关水利建设的支持力度。

为落实国务院召开的冬春农田水利基本建设电视电话会议精神，今冬明春应突出支持水利部制定的2015—2016年度全国冬春农田水利基本建设实施方案中确定的各项水利建设任务，主要包括：修复水毁灾损水利工程、重大水利工程建设、农村饮水安全工程、大中型灌区建设与配套改造、区域规模化高效节水灌溉、农田水利“最后一公里”、防洪抗旱薄弱环节建设、水生态文明建设等。

三、使用抵押补充贷款资金项目严格实行项目库管理

根据人民银行相关要求，水利部与农发行将联合建立项目库，项目库的日常管理工作由农发行负责，列入项目库的项目才具备使用抵押补充贷款资金的资格。各省入库项目由各省水行政主管部门与农发行省级分行按照本通知明确支持的范围，结合当地实际研究确定项目筛选标准与流程。

各省水行政主管部门和农发行省级分行联合认可的项目清单分别报水利部和农发行总行，由农发行总行商水利部纳入项目库并报人民银行备案，作为使用抵押补充贷款资金的依据。项目库实行动态管理，有进有出。确需调整的，各省水行政主管部门和农发行省级分行应及时申报调整项目清单。

四、做好使用抵押补充贷款资金项目贷款的金融服务和管理工作

为使国家对水利建设的优惠政策尽快落地，取得实效，各级农发行要切实提高工作效率，对使用抵押补充贷款资金的贷款项目提供全方位的优质金融服务。同时，抵押补充贷款资金的使用具有很强的政策性，国家有关部门将对资金使用情况进行后续检查，农发行各级分支机构要准确把握政策要求，严格规范管理。一是对新项目要开辟绿色通道，优先受理、优先评审、优先批贷，严格落实办贷时限要求。二是对已审批项目要优先保证信贷规模，根据工程进度加快贷款投放。三是贷款评审环节要按信贷制度要求独立审贷。四是严格执行抵押补充贷款资金发放贷款的利率水平，不得高于人民银行规定的利率上限。对重大水利工程专项过桥贷款，应从下浮利率和抵押补充贷款利率中就低选用优惠利率。五是要及时向借款人介绍抵押补充贷款资金的使用政策和管理要求，要求借款人配合进行有关工作。六是在贷款发放和贷后管理环节，要密切关注资金使用情况和项目建设进度，严防资金挪用。

各省水行政主管部门和农发行省级分行在实施使用抵押补充贷款资金贷款工作过程中遇到的问题，应及时向水利部和农发行总行反映。

水利部　中国农业发展银行关于专项过桥贷款支持重大水利工程建设的意见（2015年3月9日　水财务〔2015〕126号）

为贯彻落实国务院第83次常务会议精神，发挥中国农业发展银行（以下简称农发行）开发性金融作用，为地方开展水利建设提供过渡性资金支持，加快推进重大水利工程建设，现提出如下意见。

一、充分认识专项过桥贷款支持重大水利工程建设的重要意义

国务院第83次常务会议审议决定农发行通过专项过桥贷款方式，为地方开展重大水利工程建设提供过渡性资金支持，对于缓解地方财政资金到位与重大水利工程建设进度不相匹配的矛盾具有积极作用。农发行重大水利工程专项过桥贷款是指为地方开展水利

建设提供过渡性资金，保证纳入国家投资计划和地方财政预算的172项重大水利工程顺利实施，采用信用方式发放的政策性贷款。各级水利部门和农发行要认真贯彻落实国务院要求，增强紧迫感、责任感和使命感，充分发挥专项过桥贷款的作用，确保重大水利工程建设按期顺利推进。

在用好专项过桥贷款的同时，各级水利部门要继续加强与国家开发银行、中国农业银行等金融机构的沟通协调，增加中长期信贷投入，努力扩大重大水利工程投资来源。

二、抓紧组织承贷主体和农发行有效对接

地方各省级水利部门要把农发行作为重大水利工程建设专项过桥贷款的主办行，应积极向农发行省级分行提供本区域内有关重大水利工程项目情况及资金需求。各省级水利部门、农发行省级分行要积极沟通协调，根据项目前期工作情况，对符合政策范围且需要专项过桥贷款支持的项目，共同组织承贷主体、农发行分支机构进行对接。各省级水利部门、农发行省级分行、承贷主体应明确专门机构和人员，专项办理，确保有序衔接。

三、切实落实专项过桥贷款各项优惠政策

农发行各省级分行应严格执行专项过桥贷款在贷款期限、利率、担保等方面的优惠政策，充分体现开发性金融对重大水利工程的支持力度。凡项目资金已列入地方财政年度预算和中期财政规划，在省级政府或有关部门提供相关证明材料的基础上，采用信用贷款方式，无须担保，过桥贷款既可以按照项目发放，也可以由承贷主体统借统还。贷款期限应依据项目投资实际需求和财政预算等因素综合考虑确定，原则上不超过3年。专项过桥贷款执行优惠利率，在人民银行同期基准利率的基础上，按照西部及东北、中部和东部地区分别下浮20%、15%和10%执行。

四、加快专项过桥贷款办贷进度

各级农发行要根据《中国农业发展银行重大水利工程专项过桥贷款管理办法（试行）》（农发银发〔2015〕44号，详见附件），对专项过桥贷款开辟绿色通道，优先受理、优先评审、优先批贷，确保借款人可在合同约定的期限和贷款额度内用款。农发行总行及各省级分行要按照《办法》规定，严格落实限时办贷要求，提供优质金融服务，在确定受理后，应于15个工作日内办结，并确保信贷资金能及时投放到位；对已经发放贷款的水利项目，要主动做好各种配套金融服务工作。

五、加强专项过桥贷款使用和收回的监督管理

农发行重大水利工程建设专项过桥贷款遵循“政府主导、专款专用、专户管理、封闭运行”的办贷原则。各级水利部门和农发行应加强对专项过桥贷款资金的使用监督，协调、督促开户行与借款人、财政部门、水利部门共同签订资金监管四方协议，并严格监督协议落实到位，严把资金使用关，确保按规定用途使用贷款，各级水利部门要积极协调财政部门，确保按时归还贷款。

各省级水利部门和农发行省级分行在实施重大水利工程专项过桥贷款工作过程中遇到的问题，应及时向水利部和农发行总行反映。

水利部 国土资源部 交通运输部关于进一步加强河道采砂管理工作的通知（2015年7月30日 水建管〔2015〕310号）

为深入贯彻落实党的十八届三中、四中全会精神，进一步加强河道采砂管理，维护河势和航道稳定，保障防洪安全、通航安全、供水安全、生态安全和重要基础设施安全，促进砂石资源的合理开发利用，现就有关事项通知如下。

一、提高认识，加强组织领导

多年来，经过地方各级人民政府，各级水利、国土资源、交通运输和有关部门的共同努力，河道采砂管理取得了良好成效，逐步走向规范化、制度化。但在暴利驱使下，一些地方私采滥挖河道砂石问题仍时有发生，有的地方甚至愈演愈烈，对堤防、航道、桥梁等重要基础设施的安全和河道砂石资源的合理利用带来不利影响，给防洪安全、通航安全、供水安全、生态安全造成威胁，河道采砂管理形势严峻。

党的十八届三中全会提出，要创新社会治理体制，健全公共安全体系；加快生态文明制度建设，有序实现河湖休养生息。党的十八届四中全会对全面推进依法治国和建设社会主义法治国家作出重要部署。各地水利、国土资源、交通运输部门要充分认识依法加强河道采砂管理工作的重要性和艰巨性，充分认识打击河道非法采砂的长期性和复杂性，深入贯彻落实党的十八届三中、四中全会精神，把加强河道采砂管理作为依法治国、建设生态文明和维护公共安全的重要政治任务，在地方人民政府的统一领导下，按照各自职责分工，切实把河道采砂管理工作抓实抓好。

二、统筹规划，依法科学管理

河道砂石是河床的重要组成部分，也是重要的矿产资源，对河道采砂进行统一规划，是依法管理河道采砂的重要依据，是规范河道采砂活动的重要基础。河道采砂管理规划要坚持统筹兼顾、科学论证，处理好保护与利用、当前与长远的关系，符合流域和区域综合规划以及防洪、河道整治规划，航道规划，矿产资源规划等相关规划，严格划定禁采区，明确禁采期，合理确定可采量和可采范围，实行保护优先、总量控制和有序开采，确保河道采砂不影响河势稳定，不损害航道条件和通航安全，不带来防洪隐患，不威胁生态安全。

水利部会同国土资源部、交通运输部正在编制

《全国江河重要河道采砂管理规划》，拟由三部联合印发，各地各有关单位要认真执行，增强规划的约束力。对于其他河道，各地要在地方人民政府的统一领导下，尽快建立健全河道采砂管理统一规划制度。近期，对采砂问题突出、采砂管理任务较重，采砂可能对河势、防洪、供水、通航、生态环境等方面有较大影响的河道，各地水利部门要会同国土资源、交通运输部门按管理权限抓紧编制出台河道采砂管理规划。长江宜宾以下干流河道采砂管理规划按《长江河道采砂管理条例》的规定执行。

三、落实责任，加大监管力度

水利部会同国土资源部、交通运输部等部门负责除长江宜宾以下干流河道之外的全国河道采砂监督管理工作。水利部对河道采砂影响防洪安全、河势稳定、堤防安全负责；国土资源部对保障河道内砂石资源合理开发利用负责；交通运输部对河道采砂影响通航安全负责。各级水利、国土资源、交通运输部门要在地方人民政府的领导下，充分发挥各自监管优势，密切协调配合，齐抓共管，共同维护河道采砂监管良好局面。

各地要根据行政审批制度改革要求和河道径流特点，切实规范采砂许可工作，对同一事项只进行一次许可。非季节性河流（常年流水河道），以确保河势稳定、航道稳定和防洪安全、通航安全为主，在科学规划基础上，河道采砂管理作为河道管理的重要内容，依法实行河道采砂许可。在发放采砂许可证前，水行政主管部门应事先征求国土资源等相关部门意见，涉及航道的，由水行政主管部门会同交通运输主管部门批准。季节性河流，在保障河势稳定和防洪安全、通航安全、生态安全的前提下，在科学规划的基础上，采砂管理以矿产资源管理为主，依法实行采矿许可。在发放采矿许可证前，国土资源行政主管部门应事先征求水行政主管部门等相关部门意见，涉及航道的应事先征得交通运输部门同意。各地季节性和非季节性河流的划分、河道采砂许可的具体方式、审批程序等由各省级人民政府确定。

非季节性河流的采砂管理由水利部门负责。季节性河流的采砂管理主要由国土资源部门负责。航道和航道保护范围内采砂损害航道通航条件的，航道管理部门应按照《中华人民共和国航道法》规定进行执法监管。要加强河道采砂日常巡查和监管，强化重要江河、重点河段、重要区域和重要时段的巡查，强化对禁采区和禁采期、采砂总量和作业方式的监管，对违法违规采砂行为做到早发现，早制止，早处理。加强对涉砂船舶和采砂机具的监管，严厉打击“三无”船只。对重要江河、重点河段、重要区域和重要时段的非法采砂，水利、国土资源、交通运输部门要适时组织开展联合执法打击。

长江宜宾以下干流河道采砂管理按《长江河道采砂管理条例》的规定执行。

四、突出重点，全面排查隐患

自本通知下发之日起，各地要对重要河道、重点河段和重要工程设施水域进行全面排查。重点排查违法违规采砂问题突出、采砂量较大以及防汛任务较重的河段，对无证和不按许可要求的河道采砂行为和涉砂船舶，危及水工程、桥梁、航道、码头、管线等重要基础设施安全以及影响防洪安全、通航安全、供水安全的河道非法采砂行为要进行集中打击，按照有关法律法规从严从重处理，及时消除安全隐患。在各地隐患排查和集中打击的基础上，水利部、国土资源部、交通运输部将联合开展河道非法采砂专项检查行动。

五、密切配合，建立长效机制

水利部、国土资源部、交通运输部建立河道采砂管理合作机制，充分发挥各自优势，密切加强协调配合，推进建立完善的河道采砂管理长效机制。三部成立合作机制领导小组，负责除长江宜宾以下干流河道之外的全国河道采砂管理的重大决策部署，协调解决重大问题，推进河道采砂管理立法工作。

各级水利、国土资源、交通运输部门要在地方人民政府的统一领导下，按本通知精神结合本地实际，明确采砂管理牵头部门和协作部门，落实责任主体，要建立联合监管机制、共同执法机制、定期会商机制、重大问题协调机制和信息资源共享机制。通过强化制度建设、狠抓源头治理、加强日常巡查、严格依法查处、注重教育引导等多种有效形式，始终保持对河道违法违规采砂行为的高压严打态势。

水利部关于全面加强依法治水管水的实施意见（2015 年 7 月 21 日　水政法〔2015〕299 号）

为深入贯彻落实党的十八届四中全会通过的《中共中央关于全面推进依法治国若干重大问题的决定》（以下简称《决定》），全面加强依法治水管水，更好发挥法治在推动水利改革发展中的引领、规范和保障作用，提出以下实施意见。

一、全面加强依法治水管水的总体要求

（一）充分认识依法治水管水的重要性。涉水权益是人民群众的基本权益，涉水安全是公共安全的重要内容，依法规范涉水行为、调节涉水关系是全面推进依法治国的重要内容。近年来，各级水行政主管部门和流域管理机构认真贯彻落实中央治水管水决策部署，深入开展水法治建设，水法规体系逐步完善，水利依法行政深入推进，水行政执法持续加强，水事秩序明显改善，全社会水法治观念不断增强，依法治水管水能力迈上新台阶。但与全面推进依法治国的新要求和加快水利改革发展的新任务相比，水法治建设还存在一些薄弱环节，一些重要领域法律法规尚不健全，水行政执法能力亟待加强，水事矛盾纠纷和涉水行政争议预防处理机制不够完善，全社会水法治观念需要进一步提高。要深刻认识全面加强依法治水管水的重大意义，把思想和行动统一到《决定》的各项部署上来，大力推进水法治建设，切实把全面推进依法治国总目标贯彻落实到治水管水全过程和各方面。

（二）全面加强依法治水管水的指导思想。深入贯彻落实党的十八大、十八届三中、四中全会精神和习近平总书记系列重要讲话精神，紧紧围绕协调推进“四个全面”战略布局和建设社会主义法治国家的总目标，积极践行“节水优先、空间均衡、系统治理、两手发力”的新时期水利工作方针，坚持深化改革和法治建设共同推进，坚持立法、执法、监督、保障一体建设，坚持运用法治思维和法治方式引领规范水利改革发展各项工作，健全完善适合我国国情和水情的水法治体系，为强化水治理、保障水安全提供法治保障。

（三）全面加强依法治水管水的主要目标。构建完备的水法律规范体系，实现覆盖全面、相互配套、有机衔接；构建高效的水法治实施体系，做到有法必依、执法必严、违法必究；构建严密的水法治监督体系，做到权责法定、程序正当、公开透明；构建有力的水法治保障体系，做到责任明确、措施到位、齐抓共管。

二、构建完备的水法律规范体系

（四）完善立法工作机制。加强立法前期工作，积极做好立法项目储备。实行水利立法工作目标责任制，科学制定水利立法规划和年度立法计划，增强指导性和约束力。起草水法规应当深入基层、深入实际开展立法调研，加强必要性、合法性和合理性论证与审查，增强立法的针对性、系统性、操作性和有效性。加强立法协调，妥善处理各方诉求。

（五）突出立法重点。适应经济发展新常态、水资源条件新变化和水利工作新发展的要求，积极开展综合性、战略性水法律制度前期研究，适时启动水法、防洪法等法律的修订工作。适应大力推进民生水利的要求，完善农田水利、饮用水安全保障等方面的水法规。适应推进生态文明制度建设和落实最严格水资源管理制度的要求，完善节约用水、地下水管理、水权交易等方面的水法规。适应加强社会治理的要求，完善河湖管理、河道采砂、水利工程管理与保护等方面的水法规。适应强化流域管理的要求，做好流域综合立法和有关单项立法工作。

（六）提高立法质量。贯彻落实立法法，坚持科学立法、民主立法，把提高立法质量作为加强和改进水利立法工作的关键。完善立法项目征集与论证制度，强化立法项目审查。完善立法程序，扩大公众参与度。建立健全立法后评估制度，及时掌握水法规实施情况。统筹做好水法规立改废释工作。

（七）加强规范性文件的合法性审查与备案管理。将能够反复适用、影响行政相对人权利义务、具有普遍约束力的文件纳入规范性文件合法性审查备案范围。规范性文件未经本机关法制工作机构审查并出具合法性审查意见的，不得印发施行。除依法不得公开的事项外，规范性文件应当向社会公布。定期开展规范性文件清理，及时公布继续有效、确认失效、决定废止的规范性文件目录。

三、构建高效的水法治实施体系

（八）依法履行行政职能。加快转交行政职能，推进简政放权。全面梳理行政职权，建立完善行政许可、行政处罚、行政强制、行政收费等权力清单和责任清单。规范自由裁量权，完善规则和机制。认真做好取消行政审批事项的落实工作，加强事中事后监管，创新监管方式，防止出现管理脱节和监管真空。对保留的行政审批事项，全面实行“一个窗口”对外统一受理制度，积极推进网上审批。加强对行政审批行为的监管，建立健全监督机制。加强水利行业中介服务监管，规范中介服务机构及从业人员执业行为。

（九）依法推进水利建设。健全水利工程规划立项、投资计划、楚设程序、征地移民、统计核查、质量监管、稽察、验收等规章制度。加快完善水利技术标准体系。严格执行项目法人责任制、招标投标制、建设监理制等制度，明确质量和安全责任。创新建设管理模式，积极推进水利工程建设项目代建制。依法加强水利建设市场监管，加快水利建设市场信用体系建设，规范市场准入和市场主体行为，维护水利建设市场秩序。

（十）依法加强水资源管理。全面落实最严格水资源管理制度，强化监督考核，充分发挥“三条红线”的刚性约束作用。严格用水总量控制，加快推进跨行政区江河水量分配，依法实施水资源统一调度，建立健全规划和建设项目水资源论证制度，进一步规范取水许可行为。严格用水效率控制，健全取用水定额标准体系，加快完善节水法规政策和技术标准，进一步提高水资源利用效率和效益。严格水功能区纳污控制，强化水功能区和入河排污口监督管理，切实保护饮用水水源地和地下水资源。积极推进水生态文明建设，扎实开展水权制度建设和水权交易工作。

（十一）依法强化其他水利管理。加强河湖管理，开展河潮管理范围划定和河湖水域岸线登记，严格控制建设项目占用水域，严格规范河道采砂，维护江河湖泊健康生态。加强水利工程管理，落实管护主体、责任和经费，推进水利工程确权划界，落实水库大坝安全责任制，促进水利工程良性运行。加强水土保持、防汛抗旱、水文、安全生产、农村饮用水安全和水电管理，依法开展防汛抗旱调度、水文监测与计量等工作，完善相关应急预案。依法加强国际河流工作。

（十二）依法深化水利改革。坚持改革决策与立法决策紧密结合，把法治方式作为推进水利改革的行为准则，推动水资源管理体制、水权制度和水价形成机制、水利投入稳定增长机制、水生态文明制度、河湖管理与保护制度等重要领域和关键环节的探索和创新，确保重大改革于法有据。对实践条件尚不成熟、需要先行先试的水利改革，要按照法定程序取得授权。要主动适应水利改革发展需要，及时提出立法需求和制定、修改、废止法律法规的建议，确保水利改革在法治轨道上稳步推进。

（十三）完善水行政执法体制。全面推进水利综合执法，加快整合执法职能和执法力量，明确工作职责，健全工作机制，严格落实水行政执法人员持证上岗和资格管理制度，建立执法信息通报共享制度。推动执法重心下移，全面落实执法责任制，依法界定执法职责，加强执法评议考核，切实做到严格规范公正文明执法。

（十四）加大水行政执法力度。地方各级水行政主管部门和流域管理机构要切实落实属地管理职责，加大日常执法巡查和现场执法力度，积极组织开展专项执法和集中整治行动，依法严厉打击破坏水资源、危害水生态、影响水安全等水事违法行为。加强流域与区域、区域与区域、水利部门与其他部门联合执法。流域管理机构和省级水行政主管部门要对管辖地区和下级部门水行政执法工作进行指导和检查，对重大水事违法案件建立挂牌督办和通报制度。

（十五）健全水事矛盾纠纷防范化解机制。坚持预防为主、预防与调处相结合，建立健全水事矛盾纠纷调处责任制，完善属地为主、条块结合，政府负责、部门配合的工作机制。严格执行行政区域边界河流水利规划，落实行政区域边界河道工程建设项目审批等制度。完善水事矛盾纠纷排查化解制度和应急预案，建立健全信息共享和快速处置机制，依法及时有效处置矛盾纠纷。

四、构建严密的水法治监督体系

（十六）健全依法决策机制。坚持依法科学民主决策，建立健全公众参与、专家论证、风险评估、合法性审查、集体讨论决定等重大行政决策程序制度，确保决策制度科学、程序正当、过程公开、责任明确。建立水行政主管部门和流域管理机构内部重大决策合法性审查机制。严格决策责任，建立重大决策终身责任追究制度和责任倒查机制。

（十七）加强对权力的监督制约。建立部门分工负责、相互配合、相互制约机制，加强对权力运行的制约和监督，把权力关进制度的笼子。通过完善的监督管理机制、有效的权力制衡机制、严肃的责任追究机制，确保各级水行政主管部门和流域管理机构依法履职。自觉接受人大监督、民主监督、司法监督、审计监督和舆论监督。加强反腐倡廉工作，完善水利廉政风险防控体系。

（十八）全面推进政务公开。坚持以公开为常态，不公开为例外原则，推进决策公开、执行公开、管理公开、服务公开、结果公开。重点加大防汛抗旱、水资源管理、水利工程建设、水土保持、农村水电开发等领域的信息公开力度，积极推进行政审批、行政处罚、部门预算决算等方面的信息公开，促进行政权力公开透明运行。进一步健全涉水突发事件信息发布机制，及时回应社会关切。

（十九）做好行政复议工作。严格执行行政复议法及其实施条例，提高办案质量，对违法、不当的行政行为予以撤销、纠正，维护行政相对人的合法权益；对行政机关的合法行政，及时给予有力支持，保障正常的行政管理秩序。加强和改进水利信访工作，将涉法涉诉信访纳入法治轨道解决。

五、构建有力的水法治保障体系

（二十）进一步加强对依法治水管水的领导。健全依法治水管水领导机构和办事机构，完善议事规则，研究部署依法治水管水重大问题和重要举措。各级水行政主管部门和流域管理机构要切实履行依法治水管水职责，将水法治建设摆在水利工作的突出位置，与水利改革发展任务同时部署、同时推进、同时检查、同时考核。

（二十一）提高领导干部和机关工作人员依法办事能力。水利系统各级领导干部要做尊法学法守法用法的模范，带头尊崇法治、敬畏法律。健全领导干部和工作人员学法用法制度，把宪法、法律和涉水法规列入党委（党组）中心组学习和水利教育培训的重要内容，建立依法治水管水学习培训长效机制。把能不能守法律、重程序、讲规矩作为考察干部的重要条件，把依法行政情况作为领导班子和领导干部年度述职的重要内容。

（二十二）增强全社会水法治观念。发挥水法治宣传教育的基础性作用，建立普法责任制，明确普法责任主体和职责。坚持集中宣传与经常宣传相结合，制定落实水利普法规划和年度计划，充分利用国家宪法日、世界水日、中国水周等重要时间节点，不断创新普法方式方法，注重发挥大众传媒和新媒体的作用，进一步增强水法治宣传的传播力和影响力。

（二十三）加强水法治队伍建设。加强水利法制工作机构和水政监察队伍建设，使机构设置、人员配备与其承担的职责和任务相适应。加大对水法治干部和人才的培养、使用和交流力度，研究建立有利于加强水行政执法的队伍管理制度和激励制度。全面实施水政监察队伍能力建设规划，加强执法装备建设，充分运用信息技术，全面提升水行政执法的能力和水平。

（二十四）加强依法治水管水监督检查。加强对依法治水管水工作的监督检查，明确监督检查范围、方式和结果运用，对违法行政、行政不作为的，及时提出处理意见或建议，监督整改工作进展情况。对于推进工作不力、存在问题较多的，要严格问责、严肃处理。

（二十五）抓好实施意见贯彻落实。各级水利部门要按照本实施意见抓紧提出工作方案，细化实化依法治水管水目标任务、责任分工和工作要求，确保落实到位。强化依法治水管水工作考核评价，健全考核机制，将考核结果纳入年度工作目标考核体系。水利法制工作机构要充分发挥组织协调、督促指导、考核评价作用，推动形成依法治水管水的合力。

水利部关于加强中小型水利工程建设管理防范廉政风险的指导意见（2015 年 2 月 16 日　水建管〔2015〕92 号）

为进一步加强中小型水利工程（总投资 3 000 万元以下的水利工程建设项目）建设管理，有效防范廉政风险，保障水利建设工程安全、资金安全、干部安全和生产安全，按照水利部《关于加强水利基层单位党风廉政建设的指导意见》要求，结合水利建设实际，提出如下意见。

一、深刻认识加强中小型水利工程建设管理、防范廉政风险的重要意义

近年来，随着大规模水利建设全面推进，中小型水利工程投资强度大幅度增加，已占全部水利投资70%以上，工程项目多、建设任务重、实施基层化、监管难度大，廉政风险不断加大。尤其与大型水利工程的建设管理相比，中小型水利工程建设监管力量不足，围标串标、转包和违法分包现象时有发生，少数地方甚至发生腐败窝案，严重扰乱了水利建设市场秩序，破坏了水利行业形象，影响到广大人民群众的切身利益。因此，加强中小型水利工程建设管理、防范廉政风险是保障大规模水利建设顺利实施的迫切要求，是保障工程建设“四个安全”的基本前提，是推进惩治和预防腐败体系建设的重要举措。必将有利于规范水利建设市场监管各项工作，加快构建统一开放、竞争有序的水利建设市场体系；有利于保障水利工程建设的质量和安全，充分发挥投资效益；有利于进一步深化水利工程建设领域突出问题专项治理工作，从源头上遏制中小型水利工程建设中各种违法违规和腐败行为。各级水行政主管部门要充分认识加强中小型水利工程建设管理、防范廉政风险工作的重要意义，切实增强使命感、责任感和紧迫感，采取有力措施，把中小型水利工程建成优质工程、廉洁工程。

二、采取有力措施加强中小型水利工程建设管理、防范廉政风险

各级水行政主管部门要以防范风险为重点、加强制度建设为基础、深化改革为动力、规范管理为手段、强化监督制约为保证，把加强中小型水利工程建设管理、防范廉政风险的各项措施落到实处。

（一）加强制度建设。注重从制度建设的源头上防范廉政风险，省级水行政主管部门对于国家投资计划由地方实行规模管理的水利建设项目，必须针对工程项目审批、投资计划管理、招标投标、建设实施、资金监管、工程验收等制定健全的规章制度，完善监督制约机制，堵塞制度漏洞，真正把权力关进制度的笼子，构建不敢腐、不能腐、不想腐的廉政风险防范长效机制。

（二）加大执行力度。坚持依法依规，提高各项规章制度执行力。水利部有关司局和省级水行政主管部门要切实加强对制度执行情况的监督指导，及时纠正有法不依、有令不行、有禁不止的行为，任何单位、任何个人不得搞特殊、搞变通、搞例外。省级水行政主管部门对本行政区域内水利工程建设管理贯彻执行法律法规、规章制度情况负总责，并督促市、县水行政主管部门贯彻落实。

（三）实行政企分开。水行政主管部门作为水利工程建设监管主体，不得直接履行项目法人职责；水行政主管部门工作人员在项目法人单位任职期间不得同时履行水行政管理职责，一律不得在施工、监理等企业兼职。与地方水行政主管部门有直接隶属关系的施工、监理等企业应尽快改制脱钩，未改制脱钩的原则上不得参与由该水行政主管部门直接管理水利工程的投标。

（四）落实建设资金。对于由地方实行投资规模管理的水利建设项目，项目批准立项时必须明确建设资金来源和具体数额，凡是建设资金来源不确定、配套资金筹措方案不落实的，不得批准立项、不得开工建设，严防形成“半拉子”工程，严防因资金缺口造成工程质量安全隐患。地方配套资金必须与中央补助投资同步安排并足额到位。对违规审批、未批先建、报大建小等行为，必须严肃查处。

（五）规范招标投标。凡是已建立公共资源交易市场的地方，依法招标的中小型水利工程建设项目必须全部进场交易，大力推行电子招标投标，加强标后动态监管，保证招标投标阳光透明、公平公正。严禁对外地、外行业市场主体设置歧视性条款，严禁以各种形式排斥或限制潜在投标人投标。对出借借用资质投标、围标串标、转包和违法分包行为，必须严肃查处。

（六）完善建管模式。对建设管理能力薄弱、工程技术人员不足的地方，要推行水利工程项目法人招标、代建制、设计施工总承包等模式，充分发挥市场机制作用，积极引入社会力量参与本地的中小型水利工程建设。招标限额以下的小型水利工程，在统一规划和建设标准、强化行业指导和监管、实行群众监督的前提下，推行项目申报、竞争立项、以奖代补、先

建后补、村民自建等模式，由具备条件的乡镇、受益村组集体、农民用水合作组织、新型农业经营主体等组织实施。

（七）加强资金管理。项目法人必须把财经法规作为防范廉政风险的“高压线”，确保各项支出有制度、有标准、有程序，确保水利建设资金实行专项管理、专账核算、专款专用。严禁大额现金支付工程款、白条抵库、虚假票据凭证入账，严禁以虚增工程量和申报虚假项目等方式套取资金，严禁以私设“账外账”“小金库”、隐瞒收入等方式截留、挤占、挪用水利资金。各级水行政主管部门要主动与同级审计部门沟通协调，采取全面跟踪、联网审计等方式，共同建立水利资金动态监控和审计免疫机制，实现对资金资产全过程、全覆盖、全方位的监管。

（八）严格失信惩戒。各级水行政主管部门对市场主体的不良行为必须依法严肃查处，行政处罚决定必须在水利建设市场信用信息平台公布，在招标投标、行政审批等工作中必须查询和应用行贿犯罪档案等信用信息，对出借借用资质投标、围标串标、转包或违法分包、行贿受贿以及对重特大质量安全事故负有直接责任等严重失信的市场主体必须列入黑名单，采取市场禁入或限制等惩戒措施，使失信者在水利建设市场“一处失信、处处受制”。

（九）加强群众监督。小型农田水利、水土保持等小型水利工程建设，全面推行公示制，严格实行开工、完工、违规违纪“三公示”制度，及时公开工程进展情况。引导受益群众全过程参与和监督工程方案制定、建设实施和运行管理。

（十）强化监督检查。水利部有关司局和省级水行政主管部门必须强化水利建设项目监督检查、水利工程建设领域突出问题专项治理和水利建设管理稽察工作。对检查、稽察中发现的问题，地方水行政主管部门对落实整改负主要责任，必须限期整改到位；对问题严重的，要严肃追究责任，加大惩戒力度；对涉嫌违纪的问题线索，要及时移送纪检监察部门严肃查处。纪检监察机关也要注意从检查、稽察中发现违纪违法问题并及时予以查处，涉嫌犯罪的要移送司法机关处理。

三、加强组织实施

（一）落实工作责任。地方各级水行政主管部门要把加强中小型水利工程建设管理、防范廉政风险作为当前亟待加强的一项重要工作，建立主要领导负总责、分管领导具体抓、相关部门协同推进的工作机制，加强组织领导，建立问责机制，明确责任分工，层层抓好落实。

（二）制定实施意见。地方各级水行政主管部门要按照当地党委政府关于党风廉政建设和反腐败工作的统一部署，结合水利建设实际，提出贯彻本指导意见的实施意见，推进加强中小型水利工程建设管理、防范廉政风险工作制度化、规范化。实施意见要以问题为导向，具有针对性和可操作性。各省级水行政主管部门的实施意见，于 2015 年 5 月底前印发并抄送水利部。

（三）突出工作重点。各级水行政主管部门要重点从深化改革、健全制度、完善机制、规范流程和强化监管等方面加强中小型水利工程建设管理、防范廉政风险。要做好水利建设领域惩防体系建设，注重源头治理，努力做到关口前移、防范在先。针对当地中小型水利工程建设的自身特点，对问题多发、易发的项目类别和实施环节加大廉政风险防范力度。

（四）注重查办案件。要以“零容忍”态度严肃查处中小型水利工程建设管理中发生的违纪违法案件，严肃惩治腐败行为，注重从建设项目监督检查中发现案件线索，从工程质量和安全事故背后挖掘和查处违纪违法问题。大力开展警示教育，充分发挥查办案件的震慑作用。

水利部关于进一步加强城市水利规划工作的通知（2015 年 9 月 22 日　水规计〔2015〕363 号）

为贯彻落实习近平总书记关于保障水安全和推进城市规划建设工作的重要讲话精神，按照推进相关规划“多规合一”要求，保障城市供水安全、防洪安全和生态安全，依据《中华人民共和国水法》《中华人民共和国防洪法》《中华人民共和国水土保持法》《中华人民共和国河道管理条例》等法律法规，现就进一步加强城市水利规划工作通知如下。

一、充分认识加强城市水利规划工作的重要意义

（一）水是城市发展不可或缺的重要资源，水利是城市发展的基础保障。新中国成立以来，在党中央、国务院的领导下，各级水行政主管部门高度重视城市水利工作，经过多年的不懈努力，初步建成城市水利保障体系，为城市民生改善、经济发展、社会稳定作出了贡献。但是，随着经济社会的快速发展和新型城镇化进程不断加快，城市防洪排涝标准低、水资源短缺、水环境污染、水生态恶化、开发建设水土流失等问题日益凸显。为保障城市水安全，必须切实加强城市水利基础设施建设和涉水事务管理。

（二）城市水利规划是指导城市水利发展、依法加强城市涉水事务管理的重要基础工作，包括城市规划涉及的防洪排涝、水资源开发利用和节约保护、水土保持、水生态修复、河湖管理等涉水内容。当前，中央提出要积极推动经济社会发展、城乡、土地利用、生态环境保护等规划“多规合一”，形成一个市县一本规划、一张蓝图。为适应“多规合一”要求，城市水行政主管部门应整合涉水相关规划任务，编制城市水利规划，并将涉水相关指标和管理要求纳入城

市总体规划，进一步强化水资源刚性约束，加强城市河湖水域空间管控，提高城市防洪减灾和供水保障能力，推进城市水生态文明建设，切实发挥水利规划在城市“多规合一”中的作用。

二、强化水资源对城市建设发展的刚性约束

（三）确定城市水资源承载能力。在充分考虑与用水总量控制、用水效率控制、水功能区限制纳污“三条红线”指标相衔接的基础上，根据流域、区域水利相关规划，立足当地水资源条件，结合城市过境水、外调水和非常规水资源开发利用潜力，科学确定城市水资源承载能力。

（四）强化水资源的约束引导作用。坚持“以水定城、以水定地、以水定人、以水定产”的原则，切实把水资源作为城市发展、人口规模、土地利用、产业布局的刚性约束，按照城市水资源承载能力，明确城市发展规模的控制性指标，提出城市发展布局和产业结构的建设性意见，作为编制城市总体规划和相关专项规划的重要依据。

三、突出城市河湖水域空间管控要求

（五）明确城市河湖水域管理范围和指标。根据有关法律法规和技术标准，结合河湖规划治导线划定、河湖管理范围划定和水利工程划界确权等有关工作，以及城市总体规划、城市主体功能区划和水功能区划等要求，划定城市河湖管理范围，明确需要管控的河湖岸线、水域和重要水利工程范围，作为城市开发建设的河湖水域控制线。研究提出城市水域面积率、自然岸线保有率、河湖生态流量（水位）等控制性指标。

（六）强化城市河湖水域管理。根据河湖等级和必要性，划定河湖水域岸线保护区、保留区、控制利用区和开发利用区，明确管控目标和要求，落实管护主体、责任，完善管护机制，强化河湖水域岸线资源的有效保护和合理利用，禁止非法侵占河湖水域岸线，并有序实施退地还河还湖，维持城市水循环所必要的生态空间，实现河湖水域不萎缩、功能不衰减、生态不退化。提出规划水利工程建设用地规模需求，划定规划保留区，并与城市总体规划、土地利用总体规划做好衔接。

四、构建城市防洪排涝体系

（七）加强城市与流域区域防洪体系的衔接协调。根据流域或区域防洪规划，统筹城市上下游江河防洪工程、泄洪通道和蓄滞场所的防洪能力，结合城市总体规划确定的城市人口和产业布局，综合考虑洪涝特性和工程条件，妥善安排城市洪涝水出路，合理划分城市防洪排涝分区，确定城市防洪保护范围和防洪排涝工程布局。

（八）科学确定城市防洪排涝标准。依据相关标准规范，考虑城市中远期发展，科学确定城市不同功能区的防洪排涝标准。应保证通讯、供电、供水、供气、交通等“城市生命线”设施的防洪安全，明确保障措施。

（九）统筹谋划城市防洪排涝布局。综合考虑河湖与洼地的调节、滞蓄、外排等作用，规划安排城市堤防护岸、排水管网、抽水泵站等防洪排涝设施，合理布局城市洪涝灾害监测站网，完善城市洪涝灾害预报预警、防洪排涝调度与应急管理系统。结合海绵城市建设，加强雨水径流调蓄和承泄设施的规划建设，增强雨洪径流调控能力。

五、完善城市供水保障体系

（十）大力推进节水型社会建设。加强工业、城镇生活和服务业等行业计划用水管理，制定主要行业用水定额，提出限制高耗水行业发展的建议意见，制定节水技术和设施推广的实施计划。全面落实计划用水和节水“三同时”制度，强化用水计量管理和水资源监控能力建设。建立节水激励机制，加大节水宣传教育。

（十一）制定城市水资源配置方案。推进区域内城乡水资源统一规划、统一配置和统一调度，完善城市不同来水条件、水源结构、用水户在内的供水保障体系。因地制宜确定城市多水源供水方案和多水源调度机制，将非常规水资源的开发利用纳入城市水资源规划与配置体系。制定严重干旱供水应急预案和调度方案，提高城市供水保障能力。

六、加强城市水生态文明建设

（十二）加强城市水资源保护。加强城市饮用水水源地的规划、管理和保护，建立城市饮用水水源地风险防范和应急管理机制。建立水功能区分级分类监管体系，严格按照水功能区进行水资源开发利用、水生态保护和用途管制。规范入河排污口设置，优化入河排污布局，对入河排污口开展监督性监测，清理和整治设置不合理的入河排污口。

（十三）推进城市水生态保护和修复。根据城市水系格局和水资源条件，因地制宜制定河湖水系连通方案，统筹清淤疏浚、连通工程、涵闸调控等措施，保护和恢复河流生态廊道。推进城市河湖生态化治理，修复河滩及滨水带生态功能。规划要注意结合当地实际，水资源条件好的城市，可适当恢复和增加一定比例的水域面积，改善城市水循环条件；水资源短缺城市，要严控人造水景观工程，充分利用雨洪水、再生水等水源，改善城市水环境。严格控制地下水开采，依法划定禁止开采区和限制开采区。

（十四）做好城市水土保持工作。明确城市水土保持目标和任务，将水土保持理念融入城市建设，保护和合理利用水土资源。严格城市各类生产建设活动水土保持管理，控制城市开发扰动总面积，做好城市土石方综合利用和调配，有效控制城市开发建设水土流失。研究提出城市建设项目表土有效利用率、拦渣率和外排水含沙率等控制性指标，减少地表扰动范围和临时裸露面积，降低地表径流外排量，有效控制泥沙进入城市水体和地下管网。推进以生态清洁小流域为重点的水土流失综合治理，改善城市生态环境和居民生产生活条件。合理布局城市水土保持监测站网，建立城市水土保持动态监测和预警机制。

七、加快推进城市水利规划编制工作

（十五）加强组织领导。城市水利规划是区域水利综合规划，依据《中华人民共和国水法》应由城市人民政府水行政主管部门会同同级有关部门和有关地方人民政府编制，报本级人民政府或者其授权的部门批准，并报上一级水行政主管部门备案。各城市水行政主管部门应高度重视，组织力量，创新规划思路和方法，加快编制城市水利规划。城市水利规划编制工作经费由城市人民政府负责落实。

（十六）加强衔接协调。城市水利规划应当符合相关流域和区域综合规划、防洪规划，与国民经济和社会发展规划以及土地利用总体规划、城市总体规划和环境保护规划相协调。城市水利规划的主要内容应纳入城市总体规划。

（十七）加快编制进度。各级城市水行政主管部门要按照本通知要求，力争用1～2年时间，编制完成城市水利规划。“多规合一”试点城市水行政主管部门应进一步加快工作进度，积极参与“多规合一”有关工作，将城市水利规划主要内容纳入城市“多规合一”体系。已编制城市水利规划的城市要根据经济社会发展新格局和新要求，适时修订完善规划。

请各有关单位认真落实本通知精神，抓紧开展相关工作，并将执行中发现的问题及时反馈，以利于进一步完善城市水利规划工作，推动实现相关规划“多规合一”。

水利部关于推进海绵城市建设水利工作的指导意见（2015年8月10日　水规计〔2015〕321号）

为贯彻落实习近平总书记关于保障水安全和推进城镇化建设重要讲话精神，2015年财政部、住房城乡建设部、水利部联合启动了海绵城市建设试点工作。河湖水系和地下水系统是海绵城市建设的重要组成部分，水灾害防治、水资源利用、水环境治理和水生态保护是海绵城市建设的重要内容。为指导和推进海绵城市建设水利工作，现提出以下意见。

一、充分认识水利在海绵城市建设中的重要作用

（一）海绵城市是以低影响开发建设模式为基础，以防洪排涝体系为支撑，充分发挥绿地、土壤、河湖水系等对雨水径流的自然积存、渗透、净化和缓释作用，实现城市雨水径流源头减排、分散蓄滞、缓释慢排和合理利用，使城市像海绵一样，能够减缓或降低自然灾害和环境变化的影响，保护和改善水生态环境。海绵城市建设以水为主线，以城市规划建设和管理为载体，构建城市良性水循环系统，增强城市水安全保障能力和水资源水环境承载能力。

（二）目前，城市水资源短缺、水环境污染、水生态恶化、水灾害加剧等水安全问题日益凸显。一些城市洪涝水宣泄不畅，河湖、湿地萎缩严重，河湖水生态空间被严重挤占，不透水面积不断增加，水体黑臭现象频繁发生，雨洪资源利用程度低，地下水超采和水土流失问题严重，应对干旱和突发水事件能力低。开展海绵城市建设是有效解决城市水安全问题，加快推进生态文明建设的重要举措。

（三）城市河湖水系和地下水系统是蓄积、调节和净化雨洪径流的主要场所，是保障海绵城市建设“渗、滞、蓄、净、用、排”各项措施发挥系统治理效益的重要基础。完善城市防洪排涝体系，统筹调控流域上下游、城市建成区内外洪涝水，合理安排洪涝水出路，是提高城市防洪排涝标准的重要措施。加强城市河湖综合整治和水系连通，保护地下水系统，实施水生态修复，是改善城市生态环境的重要支撑。强化节约用水，优化配置水资源，加强雨水、再生水等水源利用，是提高城市水资源承载力的重要举措。提高城市水管理能力，规范城市水资源管理和河湖水域管控，是建设海绵城市的重要保障。

二、推进海绵城市建设水利工作的总体思路

（四）指导思想。深入贯彻落实党的十八大和十八届三中、四中全会精神，遵循“节水优先、空间均衡、系统治理、两手发力”的新时期水利工作方针，以提升城市防洪排涝、供水保障能力和改善水生态环境为目标，以城市河湖水系和水利工程体系为依托，以加强城市水管理为保障，协同海绵城市建设其他措施，共同构建自净自渗、蓄泄得当、排用结合的城市良性水循环系统，为促进城市水生态文明建设和城镇化健康发展提供基础支撑。

（五）基本原则

——尊重规律，因地制宜。综合考虑城市地形地貌、降水径流、水资源、洪涝灾害、河湖水系分布等自然地理特点，以及城市功能定位、发展建设布局、水利基础设施等因素，坚持问题导向，合理确定海绵城市建设水利工作的目标、指标和对策措施，推动城市发展与水资源水环境承载力相协调。

——科学规划，系统布局。将海绵城市建设水利措施和要求，统一纳入城市规划蓝图，强化与流域和区域综合规划、防洪排涝规划等的衔接，发挥规划的约束和引领作用。统筹协调流域上下游、城市建成区内外、地表水与地下水、防洪排涝与雨水利用的关系，科学布局海绵城市建设，确保发挥系统治理效益。

——保护优先，综合施策。树立山水林田湖是一

个生命共同体的理念，加强城市河湖水域和地下水保护，维持城市良性水循环所必要的空间，促进绿色生态城市发展。统筹各类治理措施，自然和人工措施相结合，注重措施的实用性、经济性和创新性，综合治理，发挥连片效应。

——依法管理，创新机制。坚持依法行政，严格贯彻执行《中华人民共和国水法》《中华人民共和国防洪法》《中华人民共和国水土保持法》及《中华人民共和国河道管理条例》等法律法规，加强城市水管理，创新水管理机制，完善海绵城市建设体制机制。加强城市水资源、河湖水域及岸线、水利工程管理和洪水及供水风险管理，提高城市水管理能力和水平，强化水资源水环境承载力的刚性约束。推行政府和社会资本合作的建设运营模式，激发市场活力。

（六）总体目标。以城市河湖水域及岸线管控和综合整治、防洪排涝体系建设、水资源优化配置和高效利用、水资源保护与水生态修复、水土保持、水管理能力建设为重点，逐步构建“格局合理、蓄泄兼筹、水流通畅、环境优美、管理科学”的海绵城市建设水利保障体系，增强城市防洪排涝、水资源保障、水生态环境等水安全保障能力，与其他海绵城市建设项目和措施统筹衔接，提升城市生态文明建设水平。

（七）水利主要指标。各地应结合当地实际，合理确定海绵城市建设水利工作的目标指标，促进各项水利工作协同推进。水利主要指标如下：防洪标准、降雨滞蓄率、水域面积率、地表水体水质达标率、雨水资源利用率、再生水利用率、防洪堤达标率、排涝达标率、河湖水系生态防护比例、地下水埋深、新增水土流失治理率。指标释义详见附件。

三、海绵城市建设水利工作主要任务

（八）制定海绵城市建设实施方案。加强与财政、住建等相关部门的协调衔接，科学确定海绵城市建设总体布局和目标指标，因地制宜制定海绵城市建设实施方案。研究提出重点水利措施和项目，构建海绵城市建设水利保障体系。加强海绵城市建设的水利技术支撑，提出城市河湖水系重要控制节点的水位、流量、水质等关键技术指标。加强各项水利措施与城市管网设施及其他各类措施的衔接，发挥系统治理效益。

（九）严格城市河湖水域空间管控。严格城市河湖、湿地、沟渠、蓄洪洼淀等自然河湖水域岸线的用途管制，划定河湖管理范围和水利工程管理与保护范围，推进确权划界，设置必要的界桩、界碑和警示设施，依法依规确定水利工程管理范围内的土地使用权属，禁止侵占河湖水域岸线，维持城市水循环所必要的生态空间，保持其滞留、集蓄、净化洪涝水的功能。水资源条件好的城市，可适当恢复和增加一定比例的水域面积，改善城市水循环条件；水资源短缺城市，可利用雨水、再生水等水源，适当构建有限的水域载体，严控人造水景观工程。

（十）因地制宜做好河湖水系连通。根据城市水系格局和水资源条件，通过清淤疏浚、连通工程、涵闸调控、水系调度等措施，恢复河流、湖泊、洼地、湿地等自然水系互通，提高雨洪径流的调蓄容量和调配灵活性，完善城市防洪排涝体系，保护恢复河流绿色生态廊道，提高水体流动性。把握河湖水系演变规律，统筹考虑连通的需求和可行性，坚持恢复自然连通与人工连通相结合，合理有序开展城市河湖水系连通，逐步构建“格局合理、功能完备，蓄泄兼筹、引排得当，多源互补、丰枯调剂，水流通畅、环境优美”的河湖水系连通格局。

（十一）推进城市水生态治理与修复。统筹考虑防洪、供水、生态环境保护等目标要求，完善城市河湖生态调度，保障河湖生态用水，保护和修复水生态系统。推进城市河湖生态化治理，尽量维持河道自然形态，避免盲目裁弯取直；护岸护坡尽量采用生态措施，避免河道过度“硬化、白化、渠化”；修复河滩及滨水带生态功能，合理设置人工湿地、生态浮岛等生态修复措施，发挥其自然渗透、涵养水源、净化水体的作用。采取控源截污、清淤疏浚、生态修复等措施，加大城市黑臭水体治理力度。要严格控制地下水开采，依法划定禁止开采区和限制开采区，恢复地下水水位，防止地面沉降。

（十二）建设雨水径流调蓄和承泄设施。根据城市地形地貌特点、河湖水系分布、岸坡地质条件及雨洪蓄泄关系，在满足防洪排涝安全的前提下，在城市河湖水系沿岸适当位置，因地制宜布设旁侧湖、滞水塘、调蓄池、蓄水池等雨水径流调蓄设施，有条件的可建设地下蓄水储水设施、排洪通道，增加对雨洪径流的滞蓄和承泄能力。

（十三）完善城市防洪排涝体系。与流域、区域防洪规划相衔接，妥善安排城市洪涝水滞蓄和外排出路，统筹布局泄洪通道和蓄滞场所，合理确定城市防洪排涝分区和建设标准。科学谋划城市建成区内外的防洪排涝工程体系，综合考虑河湖调节、滞蓄、外排等措施，完善堤防、涵闸、泵站、蓄滞场所等水利设施，提高城市防洪排涝能力。加强城市水文监测，健全监测站网，加强城市易涝区、城市河湖等洪涝水文信息监测和预警系统建设。处理好城市防洪排涝体系与海绵城市建设各项措施的衔接关系，增强雨洪径流调控能力。加强城市防洪减灾社会管理和应急管理能力建设，完善防洪排涝应急预案，建立应急抢险队伍和应急储备机制，健全预警预报和响应制度，增强群众防洪避险及自救意识，纳入城市安全运行体系。

（十四）强化城市水资源管理与保护。落实最严格水资源管理制度，强化“三条红线”管理和考核。推进规划水资源论证工作，坚持以水定城、以水定地、以水定人、以水定产，切实把水资源作为城市发展、人口规模、土地利用、产业布局的刚性约束。加强城市水资源供需平衡分析，大力推进城乡水资源统一规划、统一配置和统一调度。加强节水型社会建设，全面落实计划用水和节水“三同时”制度，强化用水计量管理和水资源监控能力建设，对工业用水户及其他规模以上用水户进行全面监控。建立水功能区分级分类监管体系，严格按照水功能区进行水资源开发利用、水生态保护和用途管制。规范入河排污口设置，优化入河排污布局，对入河排污口开展监督性监测，清理和整治设置不合理的入河排污口。制定严重干旱供水应急预案和调度方案，确保供水安全。

（十五）加强城市水源保障和雨洪利用。强化城市水源地保护和安全保障达标建设，加强应急备用水源建设，完善城市多水源供水系统和联合调度机制，增强城市供水保障能力和应急能力。加强雨洪、再生水等水源利用，纳入城市水资源统一配置。充分利用河道、沟渠、湿地、洼淀等蓄水功能，完善雨水收集、调蓄、利用设施，推进雨洪资源化。

（十六）做好城市水土保持与生态清洁小流域治理。加强城市开发建设过程中水土保持预防监督管理工作，执行水土保持设施“三同时”制度，减少新增人为水土流失，促进雨水径流源头减排。对城市侵蚀劣地、闲置开发区、裸露土地、坡地及岸坡等采取水土保持措施，提高城市植被覆盖率和雨水下渗能力。根据城市雨水汇流特征，以小流域为单元开展清洁化治理，通过雨水收集存储、雨水花园建设等综合治理措施，削减城市面源污染，提升城市生态品质。

四、海绵城市建设水利工作要求

（十七）加强组织领导。各地区、各单位要高度重视海绵城市建设工作，加强组织领导，明确各项工作责任。各城市水利（水务）部门要在城市人民政府统一领导下，加强与财政、住建等部门沟通协调，按照职责分工，积极主动做好水利相关工作，协同推进海绵城市建设。省级水行政主管部门要加强对海绵城市建设水利工作的指导，做好与水生态文明建设工作的衔接，同时加强与省级相关部门的协调与合作。

（十八）抓好项目实施。根据海绵城市建设实施方案和目标任务，城市水利（水务）部门要与有关部门共同细化制定实施计划，优化项目安排，合理确定项目实施进度。认真做好相关项目前期工作，抓好项目组织实施，严格执行建设程序，加强工程质量与安全管理。加强新技术推广运用，做好技术培训。充分发挥市场机制作用，创新投融资机制，多渠道筹集资金，加强资金整合，积极吸引社会资本投入。

（十九）强化项目运行管理。做好水利项目运行管理和优化调度，利用现代科技和信息化等手段，加强海绵城市各类措施的协同调度，充分发挥综合效益。创新水利项目运行管护机制，落实工程运行管护经费，明确运行管护机构和责任，建立工程良性运行机制。

（二十）做好跟踪监测和评估考核。完善城市水文水资源监测体系，加强对城市水循环系统的跟踪监测。根据海绵城市建设的考核目标和城市水循环系统监测成果，加强水利措施的效果评估工作，对水利措施提出调整和完善建议。与有关部门共同对海绵城市建设的实施效果进行考核评估，对相关技术的适用性进行分析评价。做好海绵城市建设经验总结，完善相关政策法规和技术规范。

附件

水利主要指标释义

防洪标准：以国务院批复的流域防洪规划、流域综合规划确定的城市防洪标准为依据；流域防洪规划、流域综合规划未明确防洪标准的城市，按《防洪标准》（GB 50201—2014）确定。

降雨滞蓄率：规划区域内江河湖库能够有效滞蓄雨洪的调蓄容积与多年平均降水总景的比值，调蓄容积和降水量采用相同单位。

水域面积率：规划区域内的河湖、湿地、塘洼等面积与规划区总面积的比值。

地表水体水质达标率：规划区域内水质监测断面达标个数与总个数的比值，监测断面应包括规划区域河湖进出口及主要取用水、排水、敏感水域控制断面。

雨水资源利用率：雨水资源利用量与多年平均降水总量的比值，雨水资源利用量为经过人工收集处理措施后用于生产、生活、生态的雨水量。

再生水利用率：再生水利用量与污水处理总量的比值，再生水利用量为用于生产、生活、生态的再生水量。

防洪堤达标率：防洪堤防达标长度与现有及规划防洪堤防总长度的比值。

排涝达标率：规划区内排涝达标面积与规划区面积的比值。

河湖水系生态防护比例：生态堤岸长度与堤岸总长主的比值。

地下水埋深：地下水潜水面至地表的距离。

新增水土流失治理率：规划治理区至规划期末的新增水土流失治理面积与现状水土流失面积的比值。

水利部关于进一步加强农村饮水安全工程运行管护工作的指导意见（2015 年 7 月 27 日　水农〔2015〕306 号）

农村饮水安全工程是农村重要的公益性基础设施，对于改善农村居民生活条件、促进农村经济发展、推进城乡一体化具有重要意义。近年来，各地不断加强农村饮水安全工程建设和运行管理，积累了许多丰富的经验，取得了良好的效果。但从历次检查监督情况看，农村饮水安全工程尤其是小型工程管护相对薄弱。为进一步加强农村饮水安全工程的运行管护，确保工程建得成、管得好、长受益，提出以下意见。

一、加强组织领导，确保责任落实到位

要认真落实农村饮水安全保障行政首长负责制，着力抓好农村饮水安全工程运行管护工作。根据国务院批复《全国农村饮水安全工程“十二五”规划》的要求，县级以上地方人民政府是保障农村饮水安全的责任主体，对保障农村饮水安全工作负总责，水行政主管部门负责农村饮水安全工程的建设和运行指导、管理和监督，发展改革、财政、卫生计生、环境保护、城乡建设等部门要按照各自职责做好项目建设、工程运行管护相关政策、资金保障和水质监测、水源保护等工作。要明确领导责任、部门责任，将责任落实到岗、分解到人，一级抓一级，层层抓落实，切实做到认识到位、领导到位、责任到位、管理到位。切实执行农村饮水安全工程用地、用电和税收等优惠政策。积极营造良好的环境，确保工程可持续运行。

二、明晰工程产权，落实管护主体和经费

农村饮水安全工程建成后，工程建设单位应及时组织工程验收，验收合格后，建设单位应及时与供水管理单位办理交接手续。对难以落实管理单位的小型饮水工程，应及时将工程移交给工程所在地农村集体经济组织或农民用水合作组织。各地要按照《水利部、财政部关于深化小型水利工程管理体制改革的指导意见》（水建管〔2013〕169号）文件要求，一是按照“谁投资、谁所有、谁受益、谁负担”的原则，明晰工程产权。以国家投资为主兴建的农村饮水安全工程，产权归国家、农村集体经济组织或农民用水合作组织所有，具体由县级人民政府或其授权的部门根据国家有关规定确定。社会资本投资兴建的工程，产权归投资者所有，或按投资者意愿确定产权归属。二是落实工程管护主体和责任。工程产权所有者是工程的管护主体，应建立健全管护制度，落实管护责任，确保工程正常运行。以国家投资为主兴建的农村饮水安全工程，可由县城公共供水公司或区域规模化供水企业或新组建国有独资管理公司为管护主体，统一负责运行管护。三是落实工程管护经费。农村集中供水实行有偿服务，计量收费。农村饮水安全工程的水价按照“补偿成本、合理收益、优质优价、公平负担”的原则合理确定，向社会公示，接受社会和群众监督，可实行“基本水价＋计量水价”的两部制水价，通过加强水费征收等措施保证工程正常运行及维护经费。对于水费收入低于工程运行成本、维修养护问题较为突出的地区，应以县为单元建立农村饮水工程维修养护基金，所需资金通过财政补贴、水费提留等方式筹集，以确保工程持续运行。

三、建立健全农村饮水安全工程基层管理服务体系

原则上要以县为单位，健全县级农村饮水安全工程管理技术服务体系，按照城乡供水一体化的发展方向，有条件的县区依托县城公共供水公司或区域规模化供水企业，建立县级供水技术服务体系，也可成立县级统管的管理服务公司，建立基层技术维修队伍，落实工程技术维修服务人员，设立服务电话，提供技术和维修服务，重点加强对面广量大的小型农村集中供水和分散供水工程建后运行管护状况的监督管理和技术服务。日供水1 000t或受益人口1万人（以下简称“千吨万人”）规模以上供水工程管理单位应按照专业化管理的相关要求落实专业维修养护人员，实现标准化管理。对“千吨万人”以下小型集中或分散供水工程，可采取政府购买服务、政府与社会资本合作等方式，委托有专业能力的供水单位或专业维修养护服务公司提供维修服务，实现维修、管护服务的社会化、专业化。

四、强化水源保护和水质保障

建立和执行农村饮水安全工程建设、水源保护、水质监测“三同时”制度，按照环境保护部、水利部《关于加强农村饮用水水源保护工作的意见》（环办〔2015〕53号）要求，加大农村饮用水水源保护工作力度。各级地方人民政府要建立健全协调工作机制，制定农村饮用水水源保护管理办法，分类推进水源保护区或保护范围划定工作，全面强化水源保护，保障水源安全。

要加强对农村供水水源和水质监督管理。可依托较大规模水厂、供水管理机构、卫生疾控等部门现有水质检测能力，加快建设和完善县级或区域水质检测中心。科学制定水质检测制度，加强人员培训，落实检测经费，确保满足小型集中和分散供水工程水质抽检需求。加快实现县级或区域水质卫生检测监测全覆盖，保障水质达标。

农村饮水安全工程管理单位是供水水质管理的责任主体，应建立供水水质检测制度。跨乡镇或规模较大的集中供水工程，应按标准要求安装和使用水质净化和消毒设施设备，配备检测设备和人员，按有关规定进行常规水质检测。未安装或使用水质净化和消毒设施设备的小型集中供水和分散供水工程，也要采取水质净化和消毒措施，加强人员培训和消毒药剂投放管理，并按有关规定委托具有相应资质的单位进行水质检验。

五、开展关键岗位技术培训，提高工程管理水平

要高度重视农村饮水安全工程管护责任人、净水员以及水质检测人员等关键岗位人员的技术培训，制定培训计划，落实培训经费，开展多层次、多渠道、多形式技术培训，显著提高关键岗位人员的专业技

能。由省级水利部门负总责，抓好水质检测人员和水厂关键岗位人员培训，建立、健全农村饮水安全工程关键岗位人员长效培训制度。

要加快信息化管理手段的应用步伐，以信息化促进农村供水工程管理的现代化，提高行政监管能力、工程运行效率和水质达标率。推出一批农村饮水安全工程良性运行和水质保障有力的先进典型，每个省（自治区、直辖市）可树立一批先进典型，为本省乃至全国农村饮水安全工程运行管护和水质保障提供可复制、可推广的经验。

六、强化监督检查和宣传科普，确保群众喝上干净水

各级水利部门要切实发挥技术优势，以农村饮水安全工程管理机构、供水技术服务体系为主体，整合辖区内乡（镇）供水站、供水管理单位相关技术力量，加强对农村饮水安全工程运行管护和水质保障工作的监督检查，确保工程运行管护各项工作落到实处。建立健全农村饮水安全工程运行维护督查考核机制，实行跟踪督查制、责任追究制和年度考核制，确保工程运行维护工作落到实处。

要加强宣传科普，提高社会和受益群众对农村饮水安全及运行管护、水费收缴的认知水平。充分利用电视公益广告、新闻报纸、互联网、宣传册、宣传栏、现场会等形式广泛开展多层次、多渠道的农村饮水安全工程长效管理的舆论宣传和科普宣传，着力提高农民对饮水安全的认知水平，引导农民自觉管理和爱护工程设施，主动缴纳水费，增强农民主人翁意识和责任感。

水利部关于水利工程建设项目代建制管理的指导意见（2015 年 2 月 16 日 水建管〔2015〕91 号）

近年来，国家将水利作为基础设施建设和保障改善民生的重要领域，不断加大投入力度，大规模水利建设深入推进，项目点多面广量大，基层建设任务繁重，管理能力相对不足。在水利建设项目特别是基层中小型项目中推行代建制等新型建设管理模式，发挥市场机制作用，增强基层管理力量，实现专业化的项目管理十分必要。为积极、稳妥推进水利工程建设项目代建制，规范项目代建管理，根据《中共中央国务院关于加快水利改革发展的决定》（中发〔2011〕1号）、《国务院关于投资体制改革的决定》（国发〔2004〕20 号）等有关文件及规定，结合水利工程建设项目的特点，制定本指导意见。

（一）水利工程建设项目代建制，是指政府投资的水利工程建设项目通过招标等方式，选择具有水利工程建设管理经验、技术和能力的专业化项目建设管理单位（以下简称代建单位），负责项目的建设实施，竣工验收后移交运行管理单位的制度。

（二）水利工程建设项目代建制为建设实施代建，代建单位对水利工程建设项目施工准备至竣工验收的建设实施过程进行管理。

（三）实行代建制的项目（以下简称代建项目），代建单位按照合同约定，履行工程代建相关职责，对代建项目的工程质量、安全、进度和资金管理负责。地方政府负责协调落实地方配套资金和征地移民等工作，为工程建设创造良好的外部环境。

（四）代建项目应严格执行基本建设程序，落实项目法人责任制、招标投标制、建设监理制和合同管理制，遵守工程建设质量、安全、进度和资金管理有关规定。

（五）各级水行政主管部门按照规定权限负责管辖范围内水利工程建设项目代建制的监督管理工作，受理有关水利工程建设项目代建制实施的投诉，查处违法违规行为。

（六）代建单位应具备以下条件：

(1) 具有独立的事业或企业法人资格。

(2) 具有满足代建项目规模等级要求的水利工程勘测设计、咨询、施工总承包一项或多项资质以及相应的业绩；或者是由政府专门设立（或授权）的水利工程建设管理机构并具有同等规模等级项目的建设管理业绩；或者是承担过大型水利工程项目法人职责的单位。

(3) 具有与代建管理相适应的组织机构、管理能力、专业技术与管理人员。

（七）近 3 年在承接的各类建设项目中发生过较大以上质量、安全责任事故或者有其他严重违法、违纪和违约等不良行为记录的单位不得承担项目代建业务。

（八）拟实施代建制的项目应在可行性研究报告中提出实行代建制管理的方案，经批复后在施工准备前选定代建单位。

（九）代建单位由项目主管部门或项目法人（以下简称项目管理单位）负责选定。招标选择代建单位应严格执行招标投标相关法律法规，并进入公共资源交易市场交易。不具备招标条件的，经项目主管部门同级政府批准，可采取其他方式选择代建单位。

（十）代建单位确定后，项目管理单位应与代建单位依法签订代建合同。代建合同内容应包括项目建设规模、内容、标准、质量、工期、投资和代建费用等控制指标，明确双方的责任、权利、义务、奖惩等法律关系及违约责任的认定与处理方式。代建合同应报项目管理单位上级水行政主管部门备案。

（十一）代建单位不得将所承担的项目代建工作转包或分包。代建单位可根据代建合同约定，对项目的勘察、设计、监理、施工和设备、材料采购等依法组织招标，不得以代建为理由规避招标。代建单位

（包括与其有隶属关系或股权关系的单位）不得承担代建项目的施工以及设备、材料供应等工作。

（十二）项目管理单位的主要职责包括：

（1）选定代建单位，并与代建单位签订代建合同。

（2）落实建设资金，配合地方政府做好征地、移民、施工环境等相关工作。

（3）监督检查工程建设的质量、安全、进度和资金使用管理情况，并协助做好上级有关部门（单位）的稽察、检查、审计等工作。

（4）协调做好项目重大设计变更、概算调整相关文件编报工作。

（5）组织或参与工程阶段验收、专项验收和竣工验收。

（6）代建合同约定的其他职责。

（十三）代建单位的主要职责包括：

（1）根据代建合同约定，组织项目招投标，择优选择勘察设计、监理、施工单位和设备、材料供应商；负责项目实施过程中各项合同的洽谈与签订工作，对所签订的合同实行全过程管理。

（2）组织项目实施，抓好项目建设管理，对建设工期、施工质量、安全生产和资金管理等负责，依法承担项目建设单位的质量责任和安全生产责任。

（3）组织项目设计变更、概算调整相关文件编报工作。

（4）组织编报项目年度实施计划和资金使用计划，并定期向项目管理单位报送工程进度、质量、安全以及资金使用等情况。

（5）配合做好上级有关部门（单位）的稽察、检查、审计等工作。

（6）按照验收相关规定，组织项目分部工程、单位工程、合同工程验收；组织参建单位做好项目阶段验收、专项验收、竣工验收各项准备工作；按照基本建设财务管理相关规定，编报项目竣工财务决算。竣工验收后及时办理资产移交和竣工财务决算审批手续。

（7）代建合同约定的其他职责。

（十四）代建项目资金管理要严格执行国家有关法律法规和基本建设财务管理制度，落实财政部《关于切实加强政府投资项目代建制财政财务管理有关问题的指导意见》（财建〔2004〕300号）有关要求，做好代建项目建账核算工作，严格资金管理，确保专款专用。

（十五）实行代建制的项目，各级政府和项目管理单位应认真落实建设资金，确保资金足额及时到位，保障工程的顺利实施。代建项目建设资金的拨付按财政部门相关规定和合同约定执行。

（十六）代建管理费要与代建单位的代建内容、代建绩效挂钩，计入项目建设成本，在工程概算中列支。代建管理费由代建单位提出申请，由项目管理单位审核后，按项目实施进度和合同约定分期拨付。

（十七）代建项目实施完成并通过竣工验收后，经竣工决算审计确认，决算投资较代建合同约定项目投资有结余，按照财政部门相关规定，从项目结余资金中提取一定比例奖励代建单位。

（十八）代建单位未经批准擅自调整建设规模、内容和标准，擅自进行重大设计变更的，因管理不善致使工程未达到设计要求或者质量不合格的，按照代建合同约定和国家有关规定处理。代建项目决算投资超出代建合同约定项目投资的，按代建合同约定处理。

各地要高度重视水利工程建设项目代建管理工作，加强组织领导，明确责任分工，健全工作机制，完善各项制度，稳妥有序推进，注意积累经验。各省、自治区、直辖市水行政主管部门可依据本指导意见制定本行政区域水利工程建设项目代建管理的具体办法。本指导意见执行过程中如有意见和建议，请及时反馈水利部建设与管理司。

水利部关于大力加强水利智库建设的实施意见（2015年11月5日　水办〔2015〕428号）

为深入贯彻落实党的十八大和十八届三中、四中、五中全会精神以及中办、国办《关于加强中国特色新型智库建设的意见》要求，大力加强水利智库建设，建立健全水利决策咨询制度，进一步提高水利科学民主依法决策水平，提出如下实施意见。

一、大力加强水利智库建设的重要意义

（一）加快水利改革发展迫切需要健全水利决策支撑体系

随着新型工业化、城镇化快速推进和全球气候变化影响加剧，我国水安全呈现出新老问题交织的严峻形势，水资源短缺、水灾害频发、水生态损害、水环境污染等问题愈加凸显，已经成为制约经济社会发展的突出瓶颈。解决我国日益复杂的水问题，推动水利事业又好又快发展，必须依靠制度创新、政策引导、改革驱动，迫切需要健全水利决策支撑体系，以科学咨询支撑水利科学决策，以科学决策引领水利科学发展。

（二）完善现代水治理体系迫切需要加强水利智库建设

水利智库是以水利战略问题和公共政策为主要研究对象、以服务党和政府及其有关部门科学民主依法决策为宗旨的非营利性研究咨询机构，是现代水治理体系的重要组成部分，是水治理能力的重要体现。近年来，我国水利智库建设取得长足发展，为水利改革发展作出了重要贡献。同时，水利智库体系不健全、决策咨询参与机制不完善、领军人物和杰出人才相对缺乏、研究成果转化应用还不够等问题比较突出，亟须站在完善现代水治理体系、保障国家水安全、推动生态文明建设、促进经济社会可持续发展的战略高度，把大力加强水利智库建设作为一项重大而紧迫的任务，采取有力措施，切实抓紧抓好。

二、水利智库建设的指导思想和总体目标

（三）指导思想

深入贯彻党的十八大和十八届三中、四中全会精神，以邓小平理论、“三个代表”重要思想、科学发展观为指导，深入学习贯彻习近平总书记系列重要讲话精神，以服务水利改革发展为宗旨，以水利政策研究与决策咨询为核心，以健全制度和提升能力为重点，以改革创新为动力，加快建设面向现代化、面向世界、面向未来的水利智库体系，为走出一条中国特色的水利现代化道路提供智力支撑。

（四）基本原则

——坚持围绕中心，服务水利大局。坚持中国特色社会主义方向，立足我国国情水情，按照“节水优先、空间均衡、系统治理、两手发力”的新时期水利工作方针，紧紧围绕保障国家水安全，前瞻性、针对性地开展战略及政策研究，提出专业化、建设性的决策咨询建议，着力提高水利战略谋划能力。

——坚持科学精神，鼓励大胆探索。立足当前新老水问题交织的复杂形势，注重理论联系实际，强化问题导向，统筹考虑区域发展差异，因地制宜提出对策建议。提倡不同观点、不同方案的交流切磋、科学比选，创造出有利于智库充分发挥作用的良好环境。

——坚持改革创新，健全体制机制。准确把握水利行业特点，按照公益服务导向和非营利机构属性的要求，结合实际明确不同类型和不同性质水利智库的功能定位，健全制度保障和智库管理机制，加强统筹协调，突出优势特色，促进水利智库全面发展。

（五）总体目标

加快推进水利政策及战略研究机构、科研院所及社会智库协调发展，到2020年，形成定位清晰、特色鲜明、规模适宜的现代水利智库体系，着力打造水利行业国家高端智库，造就一支坚持正确方向、德才兼备、富于创新精神的水利政策研究和决策咨询队伍，建立一套治理完善、充满活力、监管有力的水利智库制度保障和长效管理机制，充分发挥水利智库决策咨询、理论创新、舆论引导、社会服务等重要功能。

三、构建现代水利智库体系

（六）加快水利政策研究机构创新发展

水利部发展研究中心要发挥综合性水利政策研究机构的优势，努力成为具有广泛影响力的专业化、国家级知名智库。要整合优质资源，深化体制机制改革，围绕水利改革发展的重点难点热点问题，强化政策研究、政策评估、政策解读、决策咨询等职能，提出高质量的政策建议和咨询意见，承担水利政策研究与制度建设规划编制和水利政策研究优秀成果评审工作。

（七）建设高水平战略规划和科研院所智库

水利战略规划和科研院所要把智库建设纳入事业发展总体规划，推动规划编制、项目论证、科技研究与决策咨询相互促进、协同发展，努力成为水利智库中坚力量。要结合单位职能、优势和特色，明确决策咨询主攻方向。水利部水利水电规划设计总院要紧紧围绕水利战略问题、规划编制、项目论证等开展研究和咨询工作；中国水利水电科学研究院、南京水利科学研究院等水利科研院所要紧紧围绕水利科技战略、规划、布局开展咨询，提高水利科技创新能力。

（八）促进水利社团高校智库发展完善

水利部科学技术委员会等议事机构和中国水利学会、中国水利经济研究会等水利社团组织要积极开展符合自身特点的咨询工作，充分利用跨行业、跨学科的特点和联系广泛的优势，开展关系水利全局的前沿技术和关键问题研究，参与水利规划、政策法规、科技攻关等方面的咨询论证工作，积极为水利重大决策建言献策。鼓励共建高校建设水利软科学研究基地，培育具有水利特色的高校智库。

（九）发挥行业协会智库咨询服务作用

水利行业协会要围绕水利中心工作，研究行业发展趋势，提出咨询建议，促进行业发展与水利事业发展深度融合。发挥中国水利工程协会、中国水利水电勘测设计协会、中国水利企业协会等协会的行业自律组织优势，重点面向行业产业，围绕国有企业改革、产业结构调整、行业发展规划、行业政策制定以及水利发展重大政策等开展决策咨询研究。

（十）健全流域与地方水利政策研究机构

流域管理机构和省级水行政主管部门要健全或明确政策研究机构，配备研究人员。研究机构要以开展流域或区域水利发展战略、政策法规、体制机制等现实性、综合性问题的研究和决策咨询为主业，注重基层经验总结和问题挖掘，积极承担参与水利部相关机构组织的专题研究。

（十一）吸引系统外高端智库参与水利决策咨询

积极发挥系统外高端智库参与水利决策咨询服务的作用。根据需要安排一定数量的项目和经费，通过项目招标、政府采购、直接委托、课题合作等方式，吸引系统外高端智库承担水利政策研究。鼓励系统外高端智库有突出贡献的专家参与水利重大问题的咨询与建议。

四、健全制度保障及智库管理机制

（十二）建立水利决策意见征集制度

涉及公共利益和人民群众切身利益的水利决策事

项，要采取座谈会、论证会等多种形式，广泛听取智库的意见和建议，增强决策透明度和专家参与度。建立水行政主管部门对智库咨询意见的回应和反馈机制，促进决策与智库建议良性互动。依法主动向社会发布政府信息，方便智库及时获取。

（十三）完善水利决策评估制度

水利重大改革方案、重大政策措施、重大工程项目等决策事项出台前，要进行可行性论证和社会稳定、环境、经济等方面的风险评估，高度重视对不同智库评估报告的综合分析比较。加强对水利政策执行情况、实施效果和社会影响的评估，建立对智库评估意见的反馈、公开、运用等制度。探索水行政主管部门内部评估与智库评估相结合的水利决策评估模式，增强评估结果的客观性和科学性。

（十四）健全舆论引导机制

鼓励水利智库通过多种形式、多种载体阐释治水思路，解读水利政策，研判水利舆情，回应社会关切，营造深化水利改革发展的良好舆论氛围和社会环境。坚持研究无禁区、宣传有纪律，加强对水利智库主办的研讨会、报告会、论坛等研究平台和出版物、微博、微信等宣传载体的管理。

（十五）改进并创新研究机制

鼓励水利智库与决策部门开展合作研究，提高研究工作的针对性和实效性，完善事关水利改革发展重大问题的研究立项机制，建立跟踪研究、持续支持的长效机制。支持水利智库建立基层联系点和水利政策效果观测点。合理编制经费预算，规范经费使用管理，提高经费使用绩效，逐步探索建立符合水利智库运行特点的研究经费管理制度。建立政府购买水利决策咨询服务制度，健全课题招标、委托制度。

（十六）创新成果评价与应用转换机制

以成果创新和实际贡献为导向，完善事关水利改革发展重大问题研究成果评价办法，建立激励与约束机制。完善水利智库成果报告制度，拓宽成果应用转化渠道，提高成果转化效率。坚持内外有别，加强党委和政府委托研究课题和涉密成果管理，未经允许不得公开发布。对不宜公开的成果，建立健全内部报送、传递和运用机制。加强水利智库成果知识产权创造、运用和管理，加大知识产权保护力度。

（十七）完善人才评价与激励机制

探索水利智库人才评价机制。完善智库研究人员的职称评定标准，加大决策咨询报告、领导参阅材料等研究成果在职称评定中的权重。推荐和确定的“百千万人才工程”“享受政府特殊津贴人员”“有突出贡献的中青年科学、技术、管理专家”“中青年创新领军人才”“水利部5151人才工程”“水利青年科技英才”等人选，智库专家要占一定比例。在大禹水利科技奖评选中，决策咨询类成果在各等次奖项中要占一定比例。探索设立全国水利政策研究奖项。探索有利于智库人才发挥作用的多种分配方式，建立健全与岗位职责、工作业绩、实际贡献紧密联系的薪酬制度。

（十八）加大国际交流合作力度

建立与国际知名相关智库交流合作机制。鼓励开展水利政策及战略国际合作项目研究，支持优秀人才到境外学习工作、学术交流，吸纳海外智库专家参与研究。重视水利智库国际复合型人才培养、成果翻译出版和开办外文网站等工作，支持和推荐水利智库专家到有关国际组织任职。简化水利智库外事活动管理、中外专家交流、举办或参加国际会议等方面的审批程序。面向国际前沿，注重治水新理论、新思路、新模式、新成果的学习借鉴。

五、加强组织领导和保障

（十九）高度重视水利智库建设

各级水行政主管部门要充分认识现代水利智库的地位和作用，把智库建设作为推进科学治水、依法治水的重要内容。要把水利智库建设列入重要议事日程，主要领导亲自抓，分管领导具体抓，有关部门各司其职，形成加强水利智库建设、发挥水利智库作用的工作合力。

（二十）着力加强水利智库管理

各级水行政主管部门要明确水利智库的归口管理部门，切实负起管理责任，完善管理制度和措施，确保智库所从事的各项活动符合党的路线方针政策，遵守国家法律法规。加强统筹协调，做好整体规划，优化资源配置，实现水利智库的良性健康发展。

（二十一）加大资金投入保障力度

各级水行政主管部门要研究制定和落实支持水利智库发展的投入保障政策，加强与同级财政部门的沟通协调，争取逐步建立财政经费为主渠道、其他经费为补充，竞争性经费与稳定支持经费相协调的投入机制。

（二十二）切实加快人才队伍建设

加强水行政机关与智库之间人才双向流动，建立公务员到智库单位以及智库专家到水行政机关挂职任职交流机制，加大智库专家参与地方挂职、博士服务团等干部交流锻炼力度，加强水利智库专家职业精神、职业道德建设，引导其自觉践行社会主义核心价值观，牢固树立国家安全意识、信息安全意识、保密纪律意识，大力弘扬“献身、负责、求实”的水利行业精神，不断增强社会责任感和诚信意识，积极主动为水利改革发展贡献聪明才智。

中华人民共和国水利部令（第47号）

《水利部关于废止和修改部分规章的决定》已经

水利部部务会议审议通过，现予公布，自公布之日起施行。

部长　陈雷

2015 年 12 月 16 日

水利部关于废止和修改部分规章的决定

为了依法推进水利行政审批制度改革，促进和保障水利管理由事前审批更多地转为事中事后监管。根据 2014 年 7 月 22 日，2015 年 2 月 24 日、5 月 10 日和 10 月 11 日国务院关于取消调整行政审批项目、清理规范中介服务等事项的决定和国务院关于推进注册资本登记制度改革的决定，水利部对涉及的部门规章进行了清理，经商有关部门，决定废止 1 件、修改 8 件。

一、废止《水文水资源调查评价资质和建设项目水资源论证资质管理办法（试行）》（2003 年 2 月 21 日水利部令第 17 号发布，2005 年 7 月 8 日水利部令第 24 号修改）。

二、删去《建设项目水资源论证管理办法》（2002 年 3 月 24 日水利部、国家发展计划委员会令第 15 号公布）第五条。

第六条改为第五条，修改为："业主单位应当按照建设项目水资源论证报告书编制基本要求，自行或者委托有关单位对其建设项目进行水资源论证。"

第十三条改为第十二条，修改为："业主单位或者其委托的从事建设项目水资源论证工作的单位，在建设项目水资源论证工作中弄虚作假的，由水行政主管部门处违法所得 3 倍以下，最高不超过 3 万元的罚款。违反《取水许可和水资源费征收管理条例》第五十条的，依照其规定处罚。"

三、将《开发建设项目水土保持设施验收管理办法》（2002 年 10 月 14 日水利部令第 16 号发布，2005 年 7 月 8 日水利部令第 24 号修改）第九条第一款修改为："国务院水行政主管部门负责验收的开发建设项目，应当由国务院水行政主管部门委托有关技术机构进行技术评估。"

删去第十条第一款。

四、将《入河排污口监督管理办法》（2004 年 11 月 30 日水利部令第 22 号公布）第十条修改为："排污单位应当按照有关技术要求，自行或者委托有关单位编制入河排污口设置论证报告。"

五、将《水工程建设规划同意书制度管理办法（试行）》（2007 年 11 月 29 日水利部令第 31 号公布）第九条第一款修改为："水工程所在江河、湖泊的流域综合规划或者防洪规划尚未编制或者批复的，建设单位应当就水工程是否符合流域治理、开发、保护的要求或者防洪的要求编制专题论证报告。建设单位可以委托流域综合规划、防洪规划的编制单位或者其他有关单位承担专题论证报告编制工作。"

六、删去《水利工程建设监理单位资质管理办法》（2006 年 12 月 18 日水利部令第 29 号公布，2010 年 5 月 14 日水利部令第 40 号修改）第四条中的"注册资金"。

删去第十一条第一款第（三）项。

删去附件一第一部分第（五）项、第二部分第（五）项、第二部分最后一个自然段中的"（五）"和第三部分第（四）项。

七、将《取水许可管理办法》（2008 年 4 月 9 日水利部令第 34 号公布）第八条第一款修改为："需要申请取水的建设项目，申请人应当按照《建设项目水资源论证管理办法》要求，自行或者委托有关单位编制建设项目水资源论证报告书。其中，取水量较少且对周边环境影响较小的建设项目，申请人可不编制建设项目水资源论证报告书，但应当填写建设项目水资源论证表。"

八、删去《水利工程启闭机使用许可管理办法》（2010 年 10 月 10 日水利部令第 41 号公布）第五条第一款第（二）项和第二款中的"（五）"。

删去附件第二部分。

九、将《水文监测环境和设施保护办法》（2011 年 2 月 18 日水利部令第 43 号公布）第十条第（二）项中的"具有相应等级水文水资源调查评价资质的单位"修改为"自行或者委托有关单位"。

同时，对相关规章的条文顺序作了相应调整。

本决定自公布之日起施行。

水利建设市场主体信用评价管理暂行办法

（2015 年 9 月 29 日　水建管〔2015〕377 号）

第一章　总　则

第一条　为贯彻落实国务院《社会信用体系建设规划纲要（2014—2020 年）》（国发〔2014〕21 号）精神，规范水利建设市场主体信用评价工作，推进水利建设市场信用体系建设，保障水利建设质量与安全，按照《水利部国家发展和改革委员会关于加快水利建设市场信用体系建设的实施意见》（水建管〔2014〕323 号）要求，制定本办法。

第二条　本办法适用于水利建设市场主体信用评价。

本办法所称水利建设市场主体，是指参与水利工程建设活动的勘察、设计、施工、监理、咨询、机械制造、招标代理、质量检测等单位。

本办法所称信用评价，是指依据有关法律法规和水利建设市场主体信用信息，按照规定的标准、程序和方法，对水利建设市场主体的信用状况进行综合评价，确定其信用等级并向社会公开的活动。

第三条　水利建设市场主体信用评价遵循政府主

导、统一评价、自愿参与、社会监督的原则，保守国家秘密，保护商业秘密和个人隐私。

第四条　国务院水行政主管部门统一组织，通过购买服务方式选择相关行业协会（以下简称评价机构）承担具体工作。流域管理机构和地方水行政主管部门参与，负责评价有关市场主体的市场行为并提供对市场主体的奖惩记录。

第五条　水利建设市场主体的信用评价结果记入其信用档案，并在全国水利建设市场信用信息平台上向社会公布。各级水行政主管部门、项目主管部门（单位）、项目法人和有关单位应在招标投标、政府采购、行政审批、市场准入、资质管理、评优评奖、日常监管等工作中，积极应用信用评价结果，实行市场主体信用分类监管，建立健全守信激励失信惩戒机制。省级水行政主管部门可结合本地实际，制定信用评价结果的应用办法或在其他相关规章制度中明确信用评价结果应用的条款。

第二章　评 价 标 准

第六条　国务院水行政主管部门组织制定水利建设市场主体信用评价标准（见附件），明确信用评价的指标体系、评分标准等内容，并向社会公布。

第七条　评价指标分为一级指标、二级指标和三级指标，其中一级指标包括市场主体的综合素质、财务状况、管理水平、市场行为和信用记录。不同评价类型，其评价指标及权重分别设置。

第八条　水利建设市场主体信用等级分为AAA、AA、A、BBB和CCC三等五级，各信用等级对应的评价指标得分 X 分别为：

AAA级：90分 $\leqslant X \leqslant$ 100分，信用很好；

AA级：80分 $\leqslant X <$ 90分，信用好；

A级：70分 $\leqslant X <$ 80分，信用较好；

BBB级：60分 $\leqslant X <$ 70分，信用一般；

CCC级：$X <$ 60分，信用较差。

第三章　评 价 程 序

第九条　水利建设市场主体信用评价工作原则上每年开展1次。

第十条　申请信用评价的水利建设市场主体，应当依法登记从业满3年并在全国水利建设市场主体信用信息平台建立信用档案。

申请人具有多项资质的，可以同时申请两项或者两项以上类型的信用评价。

第十一条　申请人申请信用评价，应当向评价机构提供以下材料：

（一）水利建设市场主体信用评价申请表；

（二）企业营业执照、资质证书复印件，人员和设备材料；

（三）管理制度及质量、安全、环境管理体系认证材料；

（四）人力资源管理、信用管理、技术创新、发展战略等材料；

（五）近3年会计师事务所出具的审计报告；

（六）近3年参建与评价类型对应并在全国水利建设市场信用信息平台记录的水利水电工程项目清单，包括合同名称、合同额、建设地点、项目法人、开竣工时间等；

（七）近3年获得的各种奖励、处罚等材料；

（八）近3年参加工商、税务、金融机构等信用评价材料。

第十二条　申请人对申请材料的真实性、有效性负责。其中，《企业信息公示暂行条例》中规定的市场主体必须公开的内容和水利工程建设领域信用信息基本指导目录中包括的内容，应在全国水利建设市场信用信息平台公开，作为评价依据。

第十三条　评价机构应当成立信用评价委员会，组织信用评价专家组，按照评价标准规定的评价指标及评分标准，在统计有关流域管理机构、省级水行政主管部门对市场行为评分的基础上，计算信用评价分值，提出初评意见。

第十四条　评价机构可根据需要对申请评价的市场主体申报信息进行现场调查核实，相关流域管理机构、地方水行政主管部门、项目主管部门（单位）、项目法人、市场主体应给予配合，提供相关材料。

第十五条　评价机构应将市场主体信用评价初评意见在全国水利建设市场信用信息平台进行公示，接受社会监督，公示期为7天。

第十六条　对市场主体信用评价初评意见有异议的，应当在公示期满前，以书面方式向评价机构提出异议，说明理由并提供相关证明材料。评价机构应当在20个工作日内对提出的异议完成复核。

第十七条　评价机构应当自信用评价结果确定后5个工作日内，将评价结果提交国务院水行政主管部门，在门户网站和全国水利建设市场信用信息平台上发布，并向社会公告。

第四章　动 态 管 理

第十八条　水利建设市场主体信用评价结果有效期为3年。3年期满后，水利建设市场主体应重新申请信用评价，原信用评价结果逾期作废。

第十九条　水利建设市场主体取得信用等级1年后，可申请信用等级升级。升级评价程序按照本办法第三章的规定执行。

第二十条　评价机构应对所评价水利建设市场主体的不良行为记录定期进行汇总，每年对有不良行为记录的市场主体全面复评一次（市场主体应根据评价机构的要求提交材料），按照本办法第三章的规定履行评价、公示和公告程序，重新核定信用等级。

第二十一条　水利建设市场主体信用评价实行一票否决制，凡发生严重失信行为的，其信用等级一律为CCC级；取得BBB级（含）以上信用等级的水利建设市场主体发生严重失信行为的，应立即将其信用等级降为CCC级并向社会公布，3年内不受理其升级申请。上述严重失信行为包括：

（一）出借、借用资质证书进行投标或承接工程的；

（二）围标、串标的；

（三）转包或违法分包所承揽工程的；

（四）有行贿、受贿违法记录的；

（五）对重（特）大质量事故、生产安全事故负有直接责任的；

（六）公开信息隐瞒真实情况、弄虚作假的。

第五章　监督管理

第二十二条　国务院水行政主管部门负责建立全国水利建设市场信用信息平台，组织制定水利建设市场主体信用评价标准并开展评价工作，监督管理全国水利建设市场主体信用评价结果应用工作。各流域管理机构、各省级水行政主管部门依照管理权限，负责建立本流域、本地区水利建设市场主体信用信息平台，提供和评价有关市场主体参与水利建设的相关情况，监督管理水利建设市场主体评价结果应用工作。

第二十三条　水利建设市场主体信用评价结果接受社会监督，任何单位和个人对信用评价中的违规行为有权举报和投诉。有关水行政主管部门负责对举报和投诉进行调查核实，对侵害市场主体权益的实行责任追究。

第二十四条　评价机构在评价活动中违反评价标准和评价程序、有失客观公正的，责令改正；在评价活动中弄虚作假、与市场主体串通操纵评价结果的，禁止继续参与水利建设市场主体信用评价工作。

评价工作人员违反本办法规定的，责令改正；在工作中玩忽职守、弄虚作假、滥用职权、徇私舞弊的，依法依纪给予处分；涉嫌犯罪的，移送司法机关依法追究刑事责任。

中共水利部党组关于贯彻落实全面从严治党要求的实施意见（2015年8月2日　水党〔2015〕29号）

为深入贯彻落实全面从严治党要求，根据中央国家机关工委《中央国家机关贯彻落实全面从严治党要求实施方案》精神，结合水利工作实际，制定如下实施意见。

贯彻落实全面从严治党的总体要求是：深入学习贯彻习近平总书记系列重要讲话精神，紧紧围绕服务中心、建设队伍核心任务，严格执行《中国共产党党和国家机关基层组织工作条例》，强化从严治党主体责任，提高机关党建科学化水平，为加快水利改革发展、协调推进“四个全面”战略布局提供思想政治和组织保证。

一、坚持思想教育和制度约束紧密结合

（一）深入学习贯彻习近平总书记系列重要讲话精神。加强理论武装工作，把学习贯彻习近平总书记系列重要讲话精神引向深入，用中国特色社会主义理论体系的最新成果武装头脑、指导实践、推动工作。深入学习贯彻习近平总书记关于机关党建重要论述，进一步明确机关党建工作思路和重点。深入学习贯彻习近平总书记关于保障水安全的重要讲话精神，不断增强保障国家水安全的思想自觉和行动自觉。加强和改进党组理论学习，坚持党组中心组学习制度、务虚会议制度，提高运用科学理论解决水利改革发展重大问题和难点问题的能力水平。推进学习型党组织建设，深入贯彻《2014—2018年全国党员教育培训工作规划》和我部实施意见，打造学习品牌，充分发挥典型引路作用。

（二）抓好形势任务宣传教育和思想政治工作。加强党的路线方针政策特别是全面深化改革决策部署的宣传教育，及时组织党员干部学习领会中央重大决策部署、重要会议精神。通过举办形势报告会、理论讲座等多种形式，帮助党员干部深刻理解“节水优先、空间均衡、系统治理、两手发力”的中央新时期水利工作方针，准确把握党中央、国务院关于水利改革发展的一系列战略部署。加强思想政治工作，建立机关干部思想动态收集分析制度，完善青年干部思想交流沟通机制。充分利用新媒体，采取党员干部喜闻乐见的新形式，弘扬主旋律，传播正能量。

（三）深入开展法治教育。把学习宣传贯彻党的十八届四中全会精神作为重大政治任务抓紧抓好，充分利用专题培训、学习交流、媒体宣传等多种形式，精心组织好学习宣传教育活动。把学习党内法规和国家法律列入创建学习型党组织的重要内容，纳入党员干部教育培训计划，加大水法宣传普及力度，推动党员干部带头尊法学法守法用法，不断提高运用法治思维和法治方式深化改革、推动发展、化解矛盾、维护稳定的能力。开展建设法治机关活动，弘扬法治精神，培育法治文化。

（四）加强党性和道德教育。深入开展党性党风党纪教育，引导党员干部坚守共产党人精神追求。抓好《关于培育和践行社会主义核心价值观的意见》贯彻落实，引导党员干部从自己做起、从岗位做起、从家庭做起、从点滴做起，自觉做践行社会主义核心价值观的模范。加强中华传统文化和美德教育，加强职业道德建设和政务诚信建设。扎实推进水利精神文明建设。

（五）严格落实《机关基层组织工作条例》。对《条例》明确规定的要严格落实，对《条例》有原则规定但不具体的要制定配套落实措施，切实把《条例》规定的各项要求落到实处。加强对《条例》和部党组实施意见贯彻落实情况的监督检查，重点对责任是否落实、组织是否健全、作用是否发挥、制度是否坚持、保障是否到位、改进作风是否有力、党内生活是否严格等情况进行检查，发现解决基层党建工作中存在的突出问题，总结推广典型经验和支部工作法，推动落实党建工作责任。

二、认真落实从严治党责任

（六）完善党建工作责任制。完善各单位党委（党组）书记负总责、分管领导分工负责、机关党委（党办）推进落实、各部门负责人“一岗双责”的党建工作格局。党组织书记要牢固树立正确政绩观，把抓好党建作为最大政绩，自觉做从严治党书记。各单位党委（党组）书记作为党建工作第一责任人，负责领导本单位党建工作，抓好班子、带好队伍、管好门户；各单位机关党委（党办）负责同志负责谋划和统筹推进本单位党建工作；基层党组织书记特别是支部书记负责组织落实党建各项工作任务。

（七）发挥党委（党组）抓党建的关键作用。各单位党委（党组）作为抓党建的责任主体，重点履行好领导、用人、保障、管理责任。领导责任，就是总负责、总把关，把党建工作列入党委（党组）重要议程，经常听取工作汇报，及时研究提出指导性意见，推进全面从严治党工作；发挥机关党组织的协助和监督作用，机关党组织专职书记或者副书记列席本单位领导班子民主生活会，根据工作需要列席党组（党委）以及本单位负责人召开的有关会议。用人责任，就是严格落实《干部任用条例》，抓好选人用人工作，突出党建导向，优先选任既懂业务又懂党建的优秀干部；关心党务干部成长，进一步完善党务干部正常交流机制。保障责任，就是积极支持基层党组织的工作，切实解决机构编制、人员配备、工作经费等问题。专职党务工作人员的配备，一般占本单位工作人员总数的百分之二；机关工作人员较少或者直属单位和人员较多的单位，可以适当增加比例；基层党组织的活动经费，列入行政经费预算。管理责任，就是从严管理党员干部，督促基层党组织落实党建工作责任制，严守党的纪律规矩，加强党员队伍建设；建立党建工作考核制度，重点抓好对党组织领导班子和党组织书记的考核工作。

（八）成立党建工作领导小组。成立水利部党建工作领导小组，部党组书记、部长任组长，部党组副书记、分管机关党建的部领导（部直属机关党委书记）、驻部纪检组组长任副组长，部办公厅、人事司、直属机关党委（直属机关纪委）、驻部监察局负责同志为成员。领导小组在部党组的领导下开展工作，对党建各项工作实施统一领导、统筹规划、推动落实。办公室设在部直属机关党委，负责具体组织、督促检查。流域机构和较大单位党委（党组）也要结合本单位实际，成立党建工作领导小组。

（九）明确各单位机关党委推进落实全面从严治党要求的责任。重点履行协助、推进、教育、监督和引领责任。协助责任，就是协助本单位党委（党组）完成中心工作，推进机关党的建设。推进责任，就是在本单位党委（党组）领导下主动谋划和推进机关党建工作，推进党建责任落实。按照党组织隶属关系，领导本单位党的工作，对职责范围内的党的建设进行规划和部署。教育责任，就是学习、宣传和执行党的路线方针政策，加强思想政治工作。监督责任，就是严格执行党的纪律，对党员进行监督，参与干部管理监督。引领责任，就是履行以党建带群建的责任，加强对统战和群众工作的领导，支持工、青、妇等群众组织依照各自章程独立负责地开展工作，真正成为党联系和服务群众的桥梁和纽带。

（十）明确党支部具体落实全面从严治党要求的责任。重点履行落实、统筹、教育、监督和管理责任。落实责任，就是在上级党组织领导下，把党建各项工作最终落到支部，落到每个党员干部，使党的工作落地生根。统筹责任，就是把党建工作与业务工作紧密结合起来，实现同步计划、同步部署、同步实施、同步检查、同步考核。教育责任，就是做好党员教育工作，特别是加强党性党风党纪教育，加强廉政教育和廉政文化建设，打牢党员干部廉洁从政的思想基础。监督责任，就是对党员实施监督，加强廉政风险防控机制建设，监督检查党风廉政建设情况。管理责任，就是抓好班子、带好队伍，营造风清气正环境。

（十一）建立健全党建述职评议考核机制。按照述职述党建、评议评党建、考核考党建、任用干部看党建的要求，每年开展一次党建述职评议考核。部直属机关党委向中央国家机关工委述职，直属机关纪委向中央国家机关纪工委述职，接受上级领导部门的考评；各单位所属党支部向本单位上级党组织、支部全体党员述职，上级党组织和支部党员对支部进行考评；党员向支部述职，支部对党员进行考评。各单位机关党委（党办）向党建工作领导小组报告党建述职评议考核情况。

三、严肃党内政治生活

（十二）认真执行民主集中制。坚持“集体领导、民主集中、个别酝酿、会议决定”的原则，集体决策“三重一大”事项。充分发扬党内民主，同时善于进行正确集中，防止议而不决、决而不行。加强对一把手的监督制约，重点加强对执行民主集中制情况的监督检查。

（十三）规范和严格民主生活会制度。贯彻落实部党组《关于进一步提高党员领导干部民主生活会质量的意见》，进一步严格程序、细化要求，做实征求意见、谈心交心、对照检查、整改落实等环节工作，认真开展批评和自我批评，提高各级领导班子发现和解决自身问题的能力。完善上级党组织派员列席下一级单位领导班子民主生活会制度，及时了解和反映领导班子思想政治建设情况。

（十四）规范和严格组织生活制度。严格落实“三会一课”、民主评议党员、党性定期分析等制度，结合实际开展主题党日、警示教育等活动，使每名党员都严格遵守党内政治生活准则、接受党内政治生活教育。党员领导干部要严格执行双重组织生活会制度，既认真参加领导班子民主生活会，又以普通党员身份参加所在党支部的组织生活会。

四、从严管理党员干部

（十五）严格党员发展与管理。贯彻落实中央《关于加强新形势下发展党员和党员管理工作的意见》，严格执行《中国共产党发展党员工作细则》，按照控制总量、优化结构、提高质量、发挥作用的要求，制定和落实党员发展中长期规划和年度计划，及时处置不合格党员。以严的标准要求干部、以严的措施管理干部，严格执行干部管理各项规定。

（十六）发挥机关党组织在干部管理中的作用。各单位机关党委（党办）要协助本单位党委（党组）管理基层党组织和群众组织的干部，配合干部人事部门对本单位行政领导干部进行考核和民主评议，对本单位行政干部的任免、调动和奖惩提出意见和建议。党支部要对所在支部的党员包括领导干部进行民主评议，严格落实考核制度。在有条件的部属单位探索机关党建工作和干部人事工作由同一名领导班子成员分管，以及机关党建工作部门与干部人事部门负责人交叉任职。

（十七）各单位机关党委要落实协助党委（党组）管理所属基层党组织干部的要求。各单位“两委”书记、副书记在任期内调整，按照党组织的隶属关系，由干部人事部门提前征求机关党委的意见。基层党组织换届选举结果，报上级党组织审批、任免。

（十八）加强党务干部队伍建设。把优秀干部放到党务岗位锻炼考验，把经过党务岗位锻炼考验成熟的干部放到重要岗位大胆使用。严把党务干部入口关，坚持德才兼备、以德为先原则，抓好党组织带头人队伍建设，配合干部人事部门做好“两委”书记队伍选配工作。加强党务干部教育培训，选派直属机关“两委”书记、党支部书记参加各类专题培训，组织党务干部开展工作交流研讨，推进党建工作沟通交流。

五、推进作风建设常态长效

（十九）严格贯彻中央八项规定精神等制度措施。坚持领导带头、以上率下，认真贯彻中央八项规定精神、国务院“约法三章”和《党政机关厉行节约反对浪费条例》等制度措施。坚持抓常抓细抓长，巩固和拓展教育实践活动成果，抓好建章立制工作，防止“四风”反弹。建立作风建设督察制度和日常监督机制，将党员干部贯彻中央八项规定精神情况纳入党建工作考核，把违反中央八项规定精神列入纪律审查重点，紧盯重要时间节点，加大违纪查处力度，提高制度执行力，对党员干部定期加压、及时提醒，实现抓小、抓早、抓苗头，防止小毛病变成大问题。围绕水利改革发展的重大问题和人民群众关心的热点问题，每年确定部领导重点调研课题和司局调研课题，组织党员干部深入基层、深入群众开展调查研究，促进调研成果交流共享。

（二十）认真落实党员干部直接联系群众制度。完善联系和服务群众长效机制，落实中央《关于完善党员干部直接联系群众制度的意见》和部党组实施意见，教育引导党员干部增强服务群众意识、创新联系群众方式、提高服务群众能力。认真贯彻中央《关于加强基层服务型党组织建设的意见》，引导基层党组织完善服务内容、创新服务形式、改进服务效果。积极开展党员到社区报到试点工作，总结经验，进行推广。

（二十一）扎实开展“三严三实”专题教育。按照中央统一部署要求，在处级以上领导干部中开展“三严三实”专题教育，推动各级领导干部按照“三严三实”要求，扎实做好讲专题党课、开展专题学习研讨、召开专题民主生活会和组织生活会、整改落实和立规执纪等关键动作，进一步深化思想认识、加强党性修养、解决突出问题、改进工作作风。把“三严三实”作为干部考核评价和选拔的重要依据，引导党员干部经常按照“三严三实”进行对照检查，使之内化于心、外化于行。

六、加强党的纪律建设

（二十二）严明党的各项纪律。把守纪律讲规矩摆在更加重要的位置，严明党的政治纪律和政治规矩，自觉用“五个必须”“五个决不允许”规范言行，坚决贯彻中央决策部署。严明组织纪律，增强党的意识和党员意识，增强组织观念和纪律观念，坚守组织原则，遵循组织程序，服从组织决定。严格工作纪律，严格执行党内生活制度和请示报告制度，对出现的苗头性问题及时批评教育，对违反纪律的人员和单位严肃处理并追究相关责任。

（二十三）强化党风廉政建设主体责任和监督责任。认真贯彻部党组《关于进一步落实党风廉政建设主体责任的意见》《关于水利纪检监察部门进一步落实党风廉政建设监督责任的意见》，明确各级党组织的主体责任和各级纪检机构的监督责任，强化各级党组织书记第一责任人和班子成员责任，层层传导压力，一级抓一级，层层抓落实，推动责任落实。各单位党委（党组）要履行好用人责任、纠正责任、监督责任、支持责任和管理责任；各单位党委（党组）书记要对重要工作亲自部署、重大问题亲自过问、重要环节亲自协调、重要案件亲自督办；各单位机关党委要履行好协助责任、推进责任、教育责任、监督检查和支持责任；基层党组织要履行好落实责任、推进责任、教育责任、监督责任、管理责任；各单位纪检组织要认真履行监督责任，聚焦中心任务，强化监督执纪问责，突出主责主业，转职能、转方式、转作风，集中精力抓好党风廉政建设和反腐败工作。

（二十四）加大反腐倡廉力度。认真落实2013—2017年惩治和预防腐败体系建设工作规划，严格执行党风廉政建设报告制度、承诺制度、约谈制度、检查考核制度和责任追究制度。全面强化领导机关、重要岗位、关键环节、基层单位的廉政风险防控和权力运行监督，坚持以“零容忍”态度惩治腐败。做好信访举报件办理工作，加强对直属机关信访举报和查办案件工作的指导、督促和检查。深入开展理想信念教育、党性党风党纪教育、警示教育和“四个安全”教育，不断增强党员干部的勤政廉洁意识。设立“水利廉政讲堂”，开展廉政文化创建活动。

七、加大监督力度

（二十五）强化党内监督。推进党务公开，采取通报、公示栏、机关内网等多种方式，重点公开党组织决议决定及执行情况、党的思想建设和组织管理情况，领导班子建设情况、干部选任和管理情况、党风廉政建设情况等。督促按期开好党员领导干部民主生活会，定期检查党员参加组织生活情况，并在适当范围内进行通报。了解掌握党员干部的思想、作风和工作情况，如实向上级党组织反映。

（二十六）加强和改进巡视工作。坚持党要管党、从严治党，深入贯彻落实中央巡视工作方针和决策部署，完善制度机制，规范程序内容，创新方式方法，进一步加强和改进巡视工作。紧紧围绕水利中心工作和党风廉政建设各项工作部署开展巡视，通过巡视发现问题、督促整改、形成震慑、遏制腐败，促进和保障水利改革发展。

（二十七）拓宽民主监督。推进政务公开，健全听证、咨询、征求意见制度，依法扩大群众参与。改进窗口单位服务质量，接受人民群众评议。主动接受舆论监督，分析网络舆情，改进工作。规范信访处理程序，做到“件件有落实、事事有回音”。

八、深入把握全面从严治党规律

（二十八）建立健全落实全面从严治党要求的体制机制。研究制约党建工作发展的深层次问题，研究落实从严治党责任制、严格党内政治生活、严明党的纪律、推进党风廉政建设、推进机关党建制度改革和实践创新等重要问题，研究机关党建的特点和规律，探索服务中心、建设队伍的实现途径和有效方式，着力从完善机关党建体制机制层面形成有针对性的、解决问题的思路和办法。

（二十九）做好新形势下的机关党建工作。增强问题意识，围绕事关全局的重大问题、党员干部关注的热点问题，深入基层党组织开展党建调查研究，了解基层党组织工作情况和党员队伍建设情况，提出加强和改进党建工作的意见，不断提高党建工作科学化水平。加强机关党建网站建设，发挥好部门户网站、各单位门户网站作用，积极推进电子党务，注重运用微博、微信、手机客户端开展工作，提高机关党建信息化水平。

中共水利部党组关于进一步加强部属单位纪检监察组织建设的意见（2015年3月19日　水党〔2015〕12号）

为深入贯彻党的十八大、十八届三中、四中全会和十八届中央纪委三次、四次、五次全会精神，全面落实《中共水利部党组关于进一步落实党风廉政建设主体责任的意见》《关于水利纪检监察部门进一步落实党风廉政建设监督责任的意见》《关于加强水利基层单位党风廉政建设的指导意见》，切实推进水利党风廉政建设和反腐败工作，结合水利工作实际，现就进一步加强部属单位纪检监察组织建设提出如下意见。

一、充分认识加强部属单位纪检监察组织建设的重要意义

党的十八大以来，中央对加强党风廉政建设和反腐败工作作出一系列新的重要部署。随着大规模水利建设全面推进和水利管理服务领域不断拓展，水利廉政风险进一步加大，水利党风廉政建设面临严峻形势。落实党风廉政建设责任制，党委负主体责任，纪委负监督责任，但目前部属单位纪检监察组织建设还存在机构设置不健全、班子配备不够强、人员力量不足、业务素质不精等问题。进一步加强部属单位纪检监察组织建设，对于全面落实水利纪检监察部门党风廉政建设监督责任，深入推进水利党风廉政建设和反腐败工作，切实推动水利改革发展，具有十分重要的意义。

二、健全规范纪检监察组织机构设置和人员配备

（1）设立党组（党委）的单位要设立纪检组（纪委），设立党总支（党支部）的单位要设立纪检委员，纪检委员应由单位领导班子成员兼任。

（2）设立纪检组（纪委）且规模较大、党员人数较多、资金量大或主要承担行政职能的单位，要设立纪检监察工作机构并配备专职工作人员，人员编制由单位内部调剂。配备专职纪检组长（纪委书记）的单位，纪检监察工作机构应单设。

（3）没有设立纪检监察工作机构的单位，应明确一个内设机构承担纪检监察工作职责，相应机构中明

确专人负责纪检监察日常工作。

三、切实强化纪检监察组织领导班子建设

（1）设立纪检组（纪委）的单位，必须配备纪检组长（纪委书记），作为所在单位党组（党委）成员，按同级副职配备。党员人数较多的单位，可根据工作需要配备纪检组副组长（纪委副书记），按单位内设机构正职配备。

（2）人员较多或管理链条长、监管任务重、薄弱环节多的单位，经批准，纪检组长（纪委书记）设为专职，作为党组（党委）成员可分管与纪检监察业务相近的工作。其他单位的纪检组长（纪委书记）可兼任，创造条件逐步过渡到专职。兼任的主要职责是做好纪检监察工作。

（3）根据干部管理权限，各单位纪检组长（纪委书记）、副组长（副书记）人选的提名和考察，按照组织人事工作程序、党内有关任免规定和现行干部管理办法管理。专职纪检组长（纪委书记）原则上不从本单位产生，积极探索交流任职。

四、大力加强纪检监察干部队伍建设

（1）选配政治坚定、公正廉洁、纪律严明、业务精通、作风优良的优秀干部担任纪检监察干部。拓宽选人用人渠道，严格用人标准和程序，注重面向基层选调熟悉经济、金融、法律、审计等专业的人才特别是年轻干部充实纪检监察干部队伍，优化纪检监察干部队伍年龄、知识和专业结构。

（2）坚持全员培训和分级管理的原则，加大各级纪检监察干部的业务培训力度。新进纪检监察干部要进行岗前培训，在职纪检监察干部要定期开展继续教育，通过培训不断提高纪检监察干部综合素质和工作能力。

（3）积极推动纪检监察干部和其他岗位干部的轮岗和交流，加大对纪检监察干部的培养和使用力度。坚持以人为本，重视、关心、爱护纪检监察干部，在学习、工作、生活和成长等方面创造好的条件，不断增强纪检监察干部队伍的创造力、凝聚力和战斗力。

中共水利部党组关于在处级以上领导干部中开展“三严三实”专题教育实施方案

（2015 年 5 月 6 日　水党〔2015〕21 号）

在县处级以上领导干部中开展“三严三实”专题教育，是党的群众路线教育实践活动的延展深化，是持续深入推进党的思想政治建设和作风建设的重要举措，是严肃党内政治生活、严明党的政治纪律和政治规矩的重要抓手，对于进一步增强党的创造力凝聚力战斗力，推进全面建成小康社会、全面深化改革、全面依法治国、全面从严治党，具有十分重要的意义。为切实组织开展好“三严三实”专题教育，按照《中共中央办公厅印发〈关于在县处级以上领导干部中开展“三严三实”专题教育方案〉的通知》（中办发〔2015〕29 号）和中央“三严三实”专题教育工作座谈会的部署要求，结合水利部门实际，现制定如下实施方案。

一、总体要求

（一）指导思想。深入学习贯彻党的十八大和十八届三中、四中全会精神，深入学习贯彻习近平总书记系列重要讲话精神，紧紧围绕协调推进“四个全面”战略布局，对照“严以修身、严以用权、严以律己，谋事要实、创业要实、做人要实”的要求，聚焦对党忠诚、个人干净、敢于担当，把思想教育、党性分析、整改落实、立规执纪结合起来，教育引导各级领导干部加强党性修养，坚持实事求是，改进工作作风，着力解决“不严不实”问题，切实增强践行“三严三实”要求的思想自觉和行动自觉，做到心中有党不忘恩、心中有民不忘本、心中有责不懈怠、心中有戒不妄为，努力在深化“四风”整治、巩固和拓展党的群众路线教育实践活动成果上见实效，在守纪律讲规矩、营造良好政治生态上见实效，在加快水利改革发展、构建与全面建成小康社会相适应的水安全保障体系上见实效。

（二）目标任务。坚持从严要求，强化问题导向，真正把自己摆进去，着力解决理想信念动摇、信仰迷茫、精神迷失，宗旨意识淡薄、忽视群众利益、漠视群众疾苦，党性修养缺失、不讲党的原则等问题；着力解决滥用权力、设租寻租，官商勾结、利益输送，不直面问题、不负责任、不敢担当，顶风违纪还在搞“四风”、不收敛不收手等问题；着力解决无视党的政治纪律和政治规矩，对党不忠诚、做人不老实，阳奉阴违、自行其是，心中无党纪、眼里无国法等问题，推动各级领导干部把“三严三实”作为修身做人用权律己的基本遵循、干事创业的行为准则，争做“三严三实”的好干部。

二、基本原则

“三严三实”专题教育作为党的群众路线教育实践活动的延展深化，要融入领导干部经常性学习教育，不分批次、不划阶段、不设环节，不是一次活动，不能以抓集中活动的形式进行。开展专题教育要牢牢把握以下基本原则。

（一）把握教育主题。专题教育的主题就是学习“三严三实”、践行“三严三实”。要深入把握“三严三实”的基本内涵和实践要求，聚焦对党忠诚、个人干净、敢于担当，强化党性原则，增强纪律意识和规矩意识，明确干事创业的行为准则，树立正确的权力观政绩观。

（二）突出问题导向。要把问题意识、问题导向贯穿专题教育的全过程，把发现问题、解决问题作为出发点和落脚点，紧紧盯住“不严不实”的问题和具体表现，着力解决突出问题，从具体事情抓起、改起，既要解决思想问题，又要解决实际问题，以解决问题的成果来检验专题教育的成效。

（三）贯彻从严要求。要发扬讲认真的精神，贯穿严的标准、严的措施、严的纪律，以严促深入、以严求实效。不以抓集中活动的形式开展专题教育，并不意味着可以放松要求、降格以求。

（四）坚持以上率下。领导班子成员特别是党政主要负责同志，要坚持高标准、严要求，紧密联系实际深学细照笃行，带头学习提高，带头查摆解决“不严不实”问题，以坚定的信念、决心、行动作出示范，努力当好忠诚、干净、担当的标杆。

（五）注重讲求实效。要联系实际、务求实效，紧扣“三个见实效”，以从严从实作风开展专题教育，真正在解决具体问题上取得新的进展和突破，保证专题教育不虚不空、不走过场。

三、方法措施

水利部“三严三实”专题教育从今年4月底开始，在水利部机关处级以上领导干部和直属事业单位、国有水利企业中层以上领导人员中开展，各级同步进行。要把握常态化教育的特点，注重经常性教育的要求，突出抓好习近平总书记系列重要讲话精神的学习，读原著、学原文、悟原理，领会核心要义和精神实质，通过扎实做好以下4个关键动作，真正从思想上、工作上、作风上严起来、实起来，把“三严三实”要求体现到履职尽责、做人做事的方方面面。

（一）党组织书记带头讲“三严三实”专题党课。这次专题教育，以领导干部讲党课启动开局。结合专题教育动员部署工作，部党组书记带头讲“三严三实”专题党课，部党组班子成员在分管范围讲党课。各司局各单位党组织书记要紧扣“三严三实”要求，联系本部门本单位实际，联系党员、干部思想、工作、生活和作风实际，带头讲一次党课。各单位党委（党组）班子成员也要在适当范围讲党课。

领导干部讲党课，要领会中央精神，把握实质、得其要义，讲清楚“三严三实”的重大意义和丰富内涵，讲清楚“不严不实”的具体表现和严重危害，讲清楚落实“三严三实”的实践要求，发挥带学促学作用。要联系实际，讲具体、接地气，增强说服力；要剖析根源，抽丝剥茧、抓住实质，增强穿透力。各司局各单位党组织书记讲党课原则上要在今年5月底前完成，其他班子成员讲党课要在10月底前完成。

（二）各级党组织开展“三严三实”专题学习研讨。深入学习习近平总书记系列重要讲话精神，学习党章和党的纪律规定，重点研读《习近平谈治国理政》《习近平关于党风廉政建设和反腐败斗争论述摘编》。学习研讨中要紧扣问题，针对思想困惑、认识模糊的问题，在学习研讨中找到答案、去伪存真；针对习以为常、不以为然的问题，在学习研讨中认清危害、厘清是非；针对工作中的重点难点问题、群众关心关注的问题，在学习研讨中寻求对策、拿出措施，真正把“不严不实”的表现和症结找到，把整改的方向和措施找到。要用好两面镜子，对照《优秀领导干部先进事迹选编》，认真学习焦裕禄、杨善洲、沈浩等先进典型事迹，同时要认真学习蒋志刚、张生贤和曹君等水利先进典型和身边典型，组织观看以蒋志刚为原型的电影《爱在青山绿水间》，找到差距，见贤思齐；对照《领导干部违纪违法典型案例警示录》，从周永康、薄熙来、徐才厚、令计划、苏荣等违纪违法案件中，汲取教训，自警自省。

在个人自学基础上，重点分3个专题开展学习研讨，大体上每两个月1个专题，每个专题安排2—3次集中学习研讨。领导班子成员可以就不同专题轮流发言，把自己摆进去、把职责摆进去、把实际思想和工作摆进去，在研讨中开展互动，交流彼此的观点、分享各自的体会，互相启发、形成共识。

专题一：严以修身，加强党性修养，坚定理想信念，把牢思想和行动的“总开关”。

时间一般安排在2015年5—6月，重点围绕以下3个子专题开展学习研讨。

子专题1：如何坚定马克思主义信仰和中国特色社会主义信念，增强道路自信、理论自信、制度自信。

子专题2：如何站稳党和人民立场，牢固树立正确的世界观、人生观、价值观和公私观、是非观、义利观，忠于党、忠于国家、忠于人民。

子专题3：如何保持高尚道德情操和健康生活情趣，自觉远离低级趣味，树立良好家风，坚决抵制歪风邪气，坚守共产党人精神家园。

专题二：严以律己，严守党的政治纪律和政治规矩，自觉做政治上的“明白人”。

时间一般安排在2015年7—8月，重点围绕以下2个子专题开展学习研讨。

子专题1：如何严明党的政治纪律，重点学习研讨严格遵守党章，落实习近平总书记在十八届中央纪委五次全会上提出的“五个必须”要求，自觉维护党中央权威，任何时候任何情况下都做到在思想上政治上行动上同以习近平同志为总书记的党中央保持高度一致；维护党的团结，做老实人、说老实话、干老实事，不搞团团伙伙，不搞任何形式的派别活动。

子专题2：如何严明党的组织纪律，重点学习研讨遵循组织程序，不超越权限办事，不搞先斩后奏；服从组织决定，不跟组织讨价还价，不欺骗组织、对抗组织；管好亲属和身边工作人员，不让他们擅权干政，不让他们利用特殊身份谋取非法利益。

专题三：严以用权，真抓实干，实实在在谋事创业做人，树立忠诚、干净、担当的新形象。

时间一般安排在2015年9—10月，重点围绕以下3个子专题开展学习研讨。

子专题1：如何坚持用权为民，自觉遵守宪法法律和党的纪律，按规则、按制度、按法律行使权力，敬法畏纪，为政清廉，任何时候都不搞特权、不以权谋私。

子专题2：如何坚持民主集中制，自觉接受监督，不搞大权独揽、独断专行。

子专题3：如何坚持求真务实，围绕涉及水利改革发展的重点工作和难点问题，谋划事业、推动工作，敢于担当、狠抓落实，扎实推进水利各项工作，努力开创水利改革发展新局面。

部党组在开展党组班子成员专题学习研讨的同时，将适时组织部党组中心组“三严三实”专题学习，充分发挥部党组中心组的示范带动作用。适时开展“三严三实”专题学习交流，交流各司局各单位专题学习研讨成果。通过开展“守纪律、讲规矩、促成长”读书交流、水利廉政讲堂、水利职业道德和行为规范体系建设等活动深化专题学习研讨。各司局各单位党组织要安排好专题学习研讨，同时结合职能深入开展专题研究，尽早谋划整改落实和建制度、立规矩，切实增强专题教育的针对性和实效性。

（三）召开“三严三实”专题民主生活会和组织生活会。今年第四季度，各司局各单位处级以上党员领导干部年度民主生活会和组织生活会，要以践行“三严三实”为主题进行。每名处级以上党员领导干部都要对照党章等党内规章制度、党的纪律、国家法律、党的优良传统和工作惯例，对照正反两方面典型，联系个人思想、工作、生活和作风实际，联系个人成长进步经历，联系教育实践活动中个人整改措施落实情况，深入查摆“不严不实”问题，进行党性分析，严肃认真开展批评和自我批评，做到见人见事见思想，达到“坚持真理、修正错误，统一意志、增进团结”的目的。

查摆问题要重点搞好“六查六看”：一查修身严不严，看是否做到提升修养、坚定信念；二查用权严不严，看是否做到用权为民、不搞特权；三查律己严不严，看是否做到慎独慎微、为政清廉；四查谋事实不实，看是否做到实事求是、尊重规律；五查创业实不实，看是否做到脚踏实地、敢于担当；六查做人实不实，看是否做到忠诚老实、公道正派。

（四）强化整改落实和立规执纪。坚持边学边查边改，主要领导干部带头，列出问题清单，一项一项整改，进行专项整治，严格正风肃纪。对存在“不严不实”问题的领导干部，立足于教育提高，促其改进；对群众意见大、不能认真查摆问题、没有明显改进的，要进行组织调整。针对“不严不实”问题，积极探索经常性加强思想政治建设的有效办法和措施，研究制定部党组关于贯彻落实全面从严治党要求实施意见，围绕严肃党内政治生活、加强干部教育管理、加强权力运行制约监督、健全领导干部考核评价制度、巩固拓展教育实践活动成果等方面建制度、立规矩，扎紧制度笼子，强化刚性执行，推动践行“三严三实”要求制度化、常态化、长效化。要建立整改跟踪督查机制，对整改不力的要约谈提醒，对态度消极、虚以应付的要严肃批评。

四、组织领导

各司局各单位党组织要把开展“三严三实”专题教育作为重大政治任务，作为对各级党组织履行党建主体责任的直接检验和现实检验，摆上重要日程，明确责任职责，加强工作指导，坚持上下联动，以从严从实作风开展专题教育，防止形式主义，确保取得实效。

（一）落实工作责任。水利部“三严三实”专题教育在部党组领导下进行，由直属机关党委牵头组织，办公厅、人事司、驻部监察局等部门配合实施。要充分发挥相关司局和工作部门的职能作用，密切配合，协同推进，确保中央部署要求落地见效。各级党组织是抓好专题教育的责任主体，全面负责本单位的专题教育，要结合本单位工作实际安排部署，积极探索有效途径，增强专题教育的实效性。党组织主要负责同志要承担起第一责任人的责任，既要率先垂范，又要靠前指挥，自始至终把责任扛在肩上。要把抓好专题教育作为履行党建主体责任的重要任务，作为党建工作述职评议考核的重要内容。

（二）加强督促指导。采取巡回检查、专项调研、随机抽查等方式加强督促和指导，及时了解掌握专题教育、教育实践活动整改落实、巩固拓展教育实践活动成果、2014年度民主生活会整改措施落实等进展情况，有效传导压力、激发动力。坚决防止和杜绝形式主义，对搞形式、走过场的要严肃问责。

（三）搞好宣传引导。充分运用专题教育网站和简报等多种媒体资源，宣传“三严三实”的丰富内涵，宣传中央的部署要求，宣传专题教育的进展成效，引导广大党员干部把思想和行动统一到中央精神上来。开办“‘三严三实’书记谈”“‘三严三实’大家谈”专栏，推出一批有分量的学习研讨文章，营造良好舆论氛围。征集“三严三实”专题教育典型案例，集中展示专题教育成果，推动专题教育深入开展。

（四）坚持统筹结合。紧紧围绕“四个全面”战略布局，把开展“三严三实”专题教育与做好当前水利改革发展各项工作结合起来，与完成本部门本单位重点工作任务结合起来，与党员干部履职尽责结合起来，摆布好时间和精力，做到专题教育与日常工作有机融合、相互促进，两手抓、两不误。

各司局各单位党组织制定的实施方案要及时报部备案，开展“三严三实”专题教育的有关情况要及时报告部党组。

中共水利部党组关于在淮河水利委员会等五个流域管理机构全面实施纪检监察机构直接管理的通知（2015年10月21日　水党〔2015〕41号）

为切实落实水利部党组党风廉政建设主体责任，进一步加强流域管理机构纪检监察组织建设，深化纪检监察部门转职能、转方式、转作风，深入推进水利党风廉政建设和反腐败工作，按照把纪律和规矩挺在前面的要求，在总结长江水利委员会、黄河水利委员会纪检监察机构直接管理试点经验的基础上，经研究，水利部党组决定在淮河水利委员会、海河水利委员会、珠江水利委员会、松辽水利委员会、太湖流域管理局等其他五个流域管理机构全面实施纪检监察机构直接管理。现将有关事项通知如下：

一、领导体制和机构编制

（一）领导体制。五个流域管理机构的纪检监察机构由所在单位党组领导调整为水利部党组直接领导（以下简称“直接管理机构”）。工作上接受中央纪委驻水利部纪检组、监察部驻水利部监察局（以下简称“驻部组局”）的指导。

（二）机构编制。直接管理机构的名称统一为“中共水利部（流域管理机构名称）纪检组，水利部（流域管理机构名称）监察局”[简称“（流域管理机构简称）纪检组监察局”]，实行两块牌子，一套人马，合署办公。

核定淮委、海委、松辽委纪检组监察局人员编制各8名，珠委、太湖局纪检组监察局人员编制各6名，编制由流域管理机构内部调剂解决。根据工作需要，内设纪检监察一室、纪检监察二室。

直接管理机构分别设纪检组组长（兼监察局局长）（副局级）1名，纪检组副组长（兼监察局副局长）（正处级）1名。纪检监察一室、二室分别设主任（正处级）1名。

各直接管理机构可设副处级纪律检查员、监察员1名，为非领导职务，除此之外不再设置其他处级以上非领导职务。

二、工作职责和工作关系

（一）直接管理机构的主要职责。直接管理机构要把落实中央以及水利部党组党风廉政建设和反腐败工作决策部署作为首要任务，把加强对所在单位党组落实主体责任的监督作为履职重点。

（1）监督检查所在单位及所属系统贯彻执行党的路线方针政策和决议，遵守国家法律法规，执行水利部党组决定、命令的情况。

（2）监督检查所在单位党组和行政领导班子及其成员维护党的纪律，落实中央八项规定精神，坚持民主集中制，选拔任用领导干部，落实党风廉政建设责任制和廉政勤政的情况。

（3）调查所在单位党组管理的干部违反党纪政纪的案件和其他重要案件。

（4）督促所在单位党组和行政领导班子履行党风廉政建设主体责任、抓好所在单位党风廉政建设和反腐败工作。

（5）指导所在单位所属系统纪检监察部门业务工作。

（6）受理对所在单位党组织、党员和行政监察对象的检举、控告，受理所在单位党员和行政监察对象不服处分的申诉。

（7）完成水利部党组、承办驻部组局交办的其他事项。

（二）实行直接管理后的工作关系。

（1）直接管理机构实施监督和查办案件工作直接受水利部党组领导和驻部组局指导，重要情况和问题直接向水利部党组和驻部组局请示、报告。

（2）直接管理机构所在单位党组对本单位及所属系统的党风廉政建设和反腐败工作负主体责任，直接管理机构对所在单位及所属系统的党风廉政建设和反腐败工作负监督责任。

（3）为便于直接管理机构更好履行监督职责，直接管理机构纪检组组长担任直接管理机构所在单位党组成员，并参加所在单位有关行政领导会议；纪检组副组长列席所在单位有关行政领导会议。

（4）直接管理机构纪检组组长不分管直接管理机构所在单位其他工作，集中力量抓好主业，履行好主责。

三、干部管理和后勤保障

（1）直接管理机构纪检组组长（兼监察局局长）由水利部党组全面管理，其任免、考核、交流和管理等执行水利部部管干部的有关规定。

（2）直接管理机构纪检组组长（兼监察局局长）选配，由部人事司商驻部组局并征求直接管理机构所在单位党组意见后提出初步方案，呈报水利部党组同意后实施。

（3）直接管理机构纪检组组长（兼监察局局长）向水利部党组述职述廉，其履行职责和廉政勤政情况由部人事司会同驻部组局考核。

（4）直接管理机构其他干部的招考录用、考察任免、年度考核、交流和奖励等由水利部负责，具体工作由部人事司承担。

（5）直接管理机构干部的教育培训由部人事司、驻部组局和直接管理机构所在单位共同负责。所在单位继续安排直接管理机构的干部参加有关培训和出国（境）考察活动。

（6）直接管理机构干部的档案由部人事司管理，直接管理机构所在单位建立干部档案副本。

（7）直接管理机构干部的工资关系、党（团）组织关系、群团关系由直接管理机构所在单位负责管理。其工资、津贴、补贴及生活福利、住房、医疗、退休等事宜由直接管理机构所在单位负责，享受直接管理机构所在单位同职级干部待遇。直接管理机构的办公经费、工作用车等后勤保障及传阅文件等事项仍由直接管理机构所在单位负责。

四、组织领导

（1）对流域管理机构的纪检监察机构全面实施直接管理，是新形势下水利部党组深入推进党风廉政建设和反腐败工作的重大举措。各有关司局（单位）要切实统一思想，加强领导，精心组织，认真实施，尽快完成领导体制、机构编制调整和领导干部配备工作。

（2）明确部党组成员、中纪委驻部纪检组组长分管直接管理机构的工作。部机关有关司局要适应直接管理体制，改进工作方法，健全工作制度，加强与直接管理机构的联系。

（3）直接管理机构所在单位党组和行政领导班子及其成员要支持直接管理机构履行职责、开展工作，并主动接受监督。

（4）直接管理机构要全面履行监督职责，并在实践中积极探索新体制下履行职责的方式方法。直接管理机构干部要顾全大局，遵守纪律，积极做好各项工作，自觉接受直接管理机构所在单位干部群众的监督。

水利部办公厅关于加强农业取水许可管理的通知（2015年8月19日　办资源〔2015〕175号）

为落实最严格水资源管理制度，保障农业合理用水，促进提高农业用水效率，实现对农业用水的有效管控，根据《中华人民共和国水法》（以下简称《水法》）和《取水许可和水资源费征收管理条例》（以下简称《条例》）等法律法规，现就加强农业取水许可管理有关要求通知如下：

一、充分认识加强农业取水许可管理的重要意义

农业是我国最大的用水行业，其用水量占全国用水总量的60%以上。当前，取水许可制度在农业用水领域尚未全面落实，农业用水管理较为粗放，农业用水效率相对较低，部分地区还存在农业用水被挤占现象。加强农业取水许可管理，促进农业高效用水，保障农业合理用水，已势在必行。

（一）加强农业取水许可管理是依法行政的要求。十八届四中全会进一步全面部署依法行政，要求各级政府及其部门的法定职责必须为。实施取水许可制度是《水法》和《条例》明确规定的水行政主管部门的职责，但目前农业取水许可的落实尚不普及，各级水行政主管部门必须严格落实法律法规规定，切实加强农业取水许可管理。

（二）加强农业取水许可管理是保障国家粮食安全的要求。水资源是粮食生产的基本要素，保证农业用水是保障粮食生产的必要条件。加强农业取水许可管理，明确灌区等农业用水的许可取用水量和用水权益，是确保农业用水不被挤占、保障国家粮食安全的基本要求。

（三）加强农业取水许可管理是落实最严格水资源管理制度的要求。农业是我国用水量最大的行业，实行最严格水资源管理制度，必须在确保粮食安全的前提下，不断提高农业用水效率，对农业用水实行总量控制。加强农业取水许可管理，是严控农业用水总量的重要抓手，是促进农业提高用水效率的重要举措。

（四）加强农业取水许可管理是深化水利改革的要求。建立健全水权制度是深化水利改革的重要任务。加强农业取水许可管理，是探索开展农业水资源使用权确权登记的基础，也是推动水权交易、建立健全水权制度的前提。

二、明确农业取水许可管理的目标要求

到"十三五"末，农业取水许可要基本实现全覆盖，大型灌区和重点中型灌区主要取水口要全面计量监控，信息化管理水平显著提高，日常监督管理明显加强，取水许可制度在农业用水中得到有效落实，农业用水实现有效管控。

近期，要重点推进大中型灌区取水许可管理工作。2016年年底前，北方地区要基本完成大型灌区取水许可工作；2017年年底前，北方地区5万亩以上重点中型灌区、南方地区供水水源集中的大型和重点中型灌区要基本完成取水许可工作。南方地区供水水源分散的大中型灌区，要在探索取得经验的基础上，力争在2018年年底前全面完成取水许可工作。

三、严格农业取水许可审批

严格农业取水许可审批是农业取水许可管理的关键。要在严格总量控制的前提下，全面掌握灌区基本情况，科学核定取水许可水量，保障合理用水，促进高效用水。

（一）严格总量控制。各省级水行政主管部门要依据本区域用水总量控制指标和有关江河水量分配方案等，按照水资源综合规划明确的农业用水水量配置方案，严控农业取水许可审批总量。对用水总量已经超过控制指标的地区，禁止审批农业新增用水；对用水总量接近控制指标的地区，限制审批农业新增用水；对存在地下水超采问题的地区，禁止审批农业新增取用地下水。

（二）科学核定灌区取水许可水量。对新建灌区，要严格进行水资源论证，科学核定取水许可水量。对未办理取水许可或取水许可到期未延续的已有灌区，审批机关应在区域用水总量控制指标和有关江河水量分配的范围内，结合灌区设计文件，全面复核灌区灌

溉面积、定额、水源可供水量、近年来实际取用水量等，严格核定取水许可水量，从严发放取水许可证；非法开荒或未纳入供水范围的灌溉用水，禁止批准取水许可。

（三）明确审批主体和对象。农业取水许可主要由地方水行政主管部门负责审批，各省级水行政主管部门要按照灌区规模、类型等，明确各类灌区的取水许可审批机关，审批机关应能够全面掌握灌区用水情况。按照《条例》和水利部授权文件属于流域机构审批权限的，流域机构应在征得取水口所在地省级水行政主管部门意见后再进行审批。对灌区用水，原则上灌区管理单位是取水许可的审批对象，有关具体要求见附件。

四、完善农业取水计量监控系统

完善农业取水计量监控系统是农业取水许可管理的基本要求。要突出重点，落实建设和维护责任，加快开展农业取水计量监控设施建设，着力提高农业用水信息化管理水平。

（一）加快大型和重点中型灌区监控计量设施建设。各省级水行政主管部门要集中力量，于 2017 年年底前完成北方地区大型和重点中型灌区、南方地区供水水源集中的大型和重点中型灌区取水口的监控计量设施建设；逐步推进南方地区供水水源分散的大中型灌区的监控计量设施建设，力争在 2018 年年底前基本实现主要取水口在线监控。在线监控信息要纳入国家水资源监控管理系统，实时传输至所在省、流域和国家水资源监控管理平台。

（二）落实建设资金和运行维护责任。各省级水行政主管部门要与相关部门积极沟通，落实建设资金，抓紧建立健全农业取水计量监控系统；积极争取监控系统运行维护经费纳入各级财政预算，明确运行维护责任主体，确保监测设施安全稳定运行。

五、加强农业取水许可日常监督管理

加强日常监督管理是落实农业取水许可的重要环节。要明确监管主体，强化监管责任，将农业取水许可审批事项落到实处。

（一）强化监管责任。地方水行政主管部门是辖区内农业用水日常监督管理的责任主体。各省级水行政主管部门要具体明确各灌区取水许可日常监督管理单位，明确监控计量、计划用水、取用水监督检查等具体监管责任。流域机构对流域内各省（自治区、直辖市）的取水许可管理工作予以指导与监督检查。

（二）严格农业用水年度计划管理。地方水行政主管部门应以批准的取水许可量为主要依据，统筹年度用水总量控制目标、年度江河水量分配方案和调度计划、取用水户提出的下一年度用水计划建议，按照综合平衡、留有余地的原则，向获得取水许可的取用水户下达年度用水计划并严格监督执行。流域机构委托省级水行政主管部门下达用水计划的，省级水行政主管部门应及时将上一年度用水计划管理情况和本年度用水计划情况报送流域机构。

（三）健全考核制度。农业取水许可管理作为一项重要内容，纳入最严格水资源管理制度考核，重点考核农业取水许可覆盖程度、监控计量设施建设和日常监管落实情况。各省、自治区、直辖市也应将农业取水许可管理情况纳入考核。

农业取水许可工作涉及面广、情况复杂、任务繁重，为切实做好农业取水许可工作，各省级水行政主管部门要在调查梳理本区域农业取水许可现状情况的基础上，结合本地实际抓紧组织制定工作方案，细化明确目标任务、分工责任和时间要求，于 2015 年 10 月底前将工作方案报水利部，并抄送相关流域机构。各流域机构要于 2015 年 9 月 15 日前将已审批的农业取水许可情况及时提供给相关省（自治区、直辖市）水行政主管部门。在推进农业取水许可管理工作中，要及时总结经验，探索创新管理方式方法，有关问题及建议请及时联系流域机构及水利部。

重 要 讲 话

国务院副总理、国家防总总指挥汪洋在国家防总 2015 年第一次全体会议上的讲话

（2015 年 4 月 7 日）

今天，我们召开国家防汛抗旱总指挥部 2015 年第一次全体会议，主要任务是回顾总结去年防汛抗旱工作，会商分析今年汛情旱情形势，安排部署今年防汛抗旱各项工作。刚才，刘宁同志汇报了去年汛后以来的工作，提出了下一步工作建议，郑国光同志介绍了今年气象预测情况，大家进行了讨论，提出了许多很好的意见和建议。下面，我再讲几点意见。

一、充分肯定 2014 年防汛抗旱工作成绩

去年我国水旱灾害严重。超强台风频繁登陆，华西秋雨持续时间长达 20 天、降水总量较常年偏多 1.5 倍，北方秋粮主产区降雨明显偏少，云南、四川等地汛期发生多次地震灾害，给人民生命财产安全和经济社会发展带来严重威胁。党中央、国务院对防灾减灾工作高度重视。习近平总书记多次作出重要指示，强调要立足长远，深入研究造成灾害的主客观原因，努力把握气候变化新规律，切实加强水资源的合理利用和保护，为科学防灾抗灾提供支撑。李克强总理也多次对抢险救灾、抗旱减灾、台风防御作出批示，并专程到水利部考察调研。在党中央、国务院的正确领导下，国家防总和地方各级党委、政府组织广大军民奋起抗灾，有效减轻了灾害损失，洪涝灾害死亡人数降至新中国成立以来最少，旱区群众基本生活

用水需求得到有效保障，大中型水库汛后蓄水较常年明显偏多。防汛抗旱取得的重大胜利，为实现全国粮食产量“十一连增”、保持经济平稳健康发展提供了有力支撑和重要保障。

回顾去年的防汛抗旱工作，成绩来之不易。归纳起来，主要得益于五个方面：

一是组织指挥有力。中央、流域、省、市、县五级防汛抗旱指挥机构得到加强，以行政首长负责制为核心的防汛抗旱责任制体系进一步健全。对重要工程、重点地区，在汛前逐一落实防汛抗旱行政责任人，并予以公布。地方各级党委、政府认真负责，主要负责同志亲自过问，及时发现并解决问题。去年我在辽宁考察抗旱工作时就看到，旱区各级防汛抗旱责任人下乡入村，组织动员广大干部群众全力抗旱，反应迅速、秩序井然。

二是工程支撑增强。国家持续加大水利建设投入，防汛抗旱工程基础不断增强，防御水旱灾害能力显著提高。目前，我国大江大河主要河段基本具备抵御百年一遇洪水能力，重点海堤设防标准达到50年一遇，抗旱水源工程能够基本保证中等干旱年份的城乡供水安全。像辽宁，去年的大旱之所以没有造成大灾，大伙房水库等骨干工程发挥了重要作用。去年海南的超强台风，使南渡江上游发生百年一遇大洪水，一个松涛水库就让下游基本没受影响。

三是调度管理科学。随着监测网络、预报预警系统的不断完善，现在能够更加全面准确地分析汛情旱情，更好地统筹上下游、兼顾左右岸，更精细地进行工程调度。去年，通过实施水库联调、江河互补和跨流域跨区域应急调水，确保了钱塘江、沅江等重要江河安澜，保障了澳门和平顶山等城市供水安全，化解了南四湖等重点地区生态用水危机，这些都是科学调度的成果。

四是应急准备充分。各地各有关部门不断完善防汛抗旱应急预案，组建了必要的防汛机动抢险队和大量抗旱服务队，储备了充足的防汛抗旱抢险物资，保障了发生险情后的处置措施能够及时到位。像去年在应对超强台风“威马逊”过程中，海南、广东、广西三省（自治区）及时启动应急响应，迅速落实各项防御措施，转移近百万人，最大程度减轻了灾害损失。

五是协调配合顺畅。在各级防汛抗旱指挥部统一指挥下，有关部门各司其职、各负其责，在项目安排、资金下达、物资运输、转移安置、险情抢护、灾后救助、恢复重建等方面积极协作，形成了抗灾救灾的强大合力。人民解放军、武警部队在抢险救灾的关键时刻，承担了大量急难险重任务，发挥了中流砥柱作用。

总之，去年的防汛抗旱成绩是显著的，举措是有效的。各地区各有关部门和军队武警的同志们，特别是防汛抗旱系统基层一线的同志们，为此付出了艰苦努力，作出了重大贡献。对去年的防汛抗旱工作，党中央、国务院是满意的，人民群众也是认可的。在这里我代表党中央、国务院，向国家防总各成员单位和在座的各位，向全国防汛抗旱战线广大干部群众，向人民解放军指战员、武警官兵、公安干警，表示衷心的感谢！

二、今年防汛抗旱形势不容乐观

这些年，我国防汛抗旱减灾能力确实有了明显提高。但也必须看到，随着社会财富的增长，人民群众对生命安全更加重视，很多地方越来越淹不得、旱不起，对防汛抗旱的要求也越来越高。特别是全球气候变暖使极端天气气候事件呈多发趋势。像气象局所说的，小雨日数明显减少，暴雨日数明显增加，台风强度增强，平均最大风速加大。从刚才大家对今年汛情旱情和天气形势的会商分析来看，我国气候状况总体偏差，旱涝灾害较去年偏重。所以，对防汛抗旱的形势，我们一定要清醒认识、准确把握、积极应对。

一是洪涝灾害的威胁仍然存在。气象局预测，今年主汛期长江流域和松花江流域汛情较重，洪水威胁大。另外，黄河、海河已经几十年没发生过流域性大洪水，淮河自2007年后连续枯水，发生大洪水的几率和风险在不断增加。在大江大河工程体系上，也还有不少薄弱环节，部分江河缺乏流域性防洪控制工程，一些江河淤积严重、险工险段多，蓄滞洪区内安全配套设施不足，启用难、转移难、安置难的问题尚未根本解决。很多中小河流防御标准低，局部强降雨带来的灾害点多面广、突发性强，危害大。特别值得注意的是，台风和山洪地质灾害的防范难度大，很容易带来灾难性后果。

二是干旱缺水问题相当突出。我们本来就人多水少、水资源时空分布不均，随着经济社会快速发展和全球气候变化影响加剧，我国水资源短缺日益突出。不仅北方大范围旱灾频发，南方区域性水源短缺现象也呈多发态势，抗旱任务越来越艰巨。当前，华北部分地区已经出现旱情，多条江河水位降至历史新低。气象局预测，今年全国大部分地区气温偏高，华北、西北发生夏旱的概率较大。

三是防汛抗旱和应急管理等工作存在薄弱环节。随着城乡人口流动加速，商贸旅游日趋频繁，突发灾害预警转移难度倍增。农村人口老龄化、空心化越来越明显，自救互救能力不强，传统的防汛抢险组织动员方式难以为继。城镇防洪排涝标准普遍偏低，突发暴雨预报预警水平和应急抢险能力不高。

总之，防汛抗旱必须警钟长鸣，不能因去年的应对成就而骄傲自满，不能因近年来工程建设有所加强而产生懈怠，不能因几年未出问题而心存侥幸。要切实做好防大汛抗大旱的准备，及时应对可能发生的各种灾害，认真整改工作中存在的突出问题，把各项防汛抗旱措施落实到位。

三、扎实做好今年防汛抗旱各项工作

目前，国际经济环境复杂多变，我国经济下行压力加大，各方面的任务很重，越是在这种情况下，防汛抗旱工作越不能出大的问题。要深入贯彻落实中央关于新时期治水兴水的决策部署，坚持以人为本、依法防控、科学防控、群防群控，全面落实防汛抗旱各项措施，确保大江大河、大型和重点中型水库、大中城市防洪安全，努力保证中小河流和一般中小型水库安全度汛，切实保障人民群众生命安全和城乡居民生活用水安全，千方百计满足生产和生态用水需求，为促进经济平稳健康发展、保持社会和谐稳定提供有力保障。

一要强化组织领导和责任落实。各级政府和防汛抗旱指挥部要从大局出发，牢固树立防洪安全、供水安全、粮食安全的红线意识和底线思维，进一步统一思想，增强做好防汛抗旱防台风工作的责任感、使命感和紧迫感，切实把各项工作做实做细。要对汛前准备工作进行再动员、再部署、再督促。要按照防汛抗旱行政首长负责制的要求，将重点区域、重点河段、重要环节的防汛抗旱责任落实到人。各级责任人要强化担当意识，切实履职尽责。对责任不落实、措施不到位的，要严肃问责。

二要及早做好防灾救灾准备。能不能把握住防汛抗旱工作的主动权，关键取决于“早”和“实”。各地区各有关部门要早准备、早部署，确保工程、队伍、预案、物资等各项防汛抗旱措施落实到位。要利用汛期到来前的有限时间，抓紧病险工程除险加固、水毁（震损）工程修复和抗旱应急工程建设，为安全度汛和抗旱供水打下坚实基础。国家防总正在组织开展七大江河流域的汛前检查工作，防总各成员单位要切实做好相关行业备汛检查工作，各地也要认真组织开展全方位、多层次的防汛抗旱检查，确保不留死角、不留隐患。

三要全力保障群众生命安全和供水安全。这是防汛抗旱工作第一位的任务。要围绕江河防洪安全，强化汛期值守、巡坝查险、险情抢护等工作，确保人民群众生命安全。要健全防台风联动机制，完善山洪灾害防治体系和群测群防长效机制，落实好城市防洪排涝应急措施，加强对流动人口、留守人员的安全管理，全力避免人员伤亡。要千方百计增辟抗旱水源，精心组织应急水量调度和调配，细化抗旱用水管理，确保重点地区、重点部位和重要时段的供水安全。

四要搞好监测预报预警和调度管理。这是减少灾害损失、提高防灾水平的有效途径。要完善预报方案，改进监测方法，提高预报精度、延长预见期，为防汛抗旱正确决策、合理部署、科学调度提供可靠依据。要根据雨情、水情、旱情、工程标准和社会经济发展等实际情况，在确保群众生命安全和闸坝安全的前提下，充分发挥水库、闸坝、蓄滞洪区等工程的拦洪错峰、分洪滞洪和水资源调配作用，最大限度地发挥工程的防汛抗旱和防灾减灾效益。

五要继续加强防汛抗旱能力建设。要加强防洪骨干工程和重要蓄滞洪区建设，加快中小河流治理和病险水库水闸除险加固步伐，进一步完善防汛抗旱工程体系。要加大防汛抗旱非工程措施建设力度，抓紧完成重点流域、区域洪水风险图编制工作，搞好防汛抗旱指挥系统二期工程建设。去年水利部与发展改革委、财政部、农业部等联合下发了全国抗旱规划实施方案，要认真抓好落实。在加快抗旱水源等基础设施建设的同时，要大力加强节水技术的推广，特别是要加快水价、水权等制度的改革，建立起节约用水的新机制。

六要加强统一指挥和协同配合。统一指挥、部门协同、社会动员、军地联防、全民参与，是中国特色防汛抗旱减灾的强大制度优势，必须长期坚持并发扬光大。国家防总要切实加强对全国防汛抗旱工作的组织、协调和调度，各成员单位要通力协作。要进一步加强与人民解放军、武警部队和公安消防队伍的紧密联系，强化信息共享和联训联演，充分发挥部队在抗洪抢险和抗旱减灾中的重要作用。要积极主动做好防汛抗旱信息发布、新闻宣传和舆论引导工作，营造全社会关心、支持、参与防汛抗旱工作的良好氛围。

同志们，做好防汛抗旱工作，责任重于泰山。让我们紧密团结在以习近平同志为总书记的党中央周围，凝心聚力，开拓进取，扎实工作，奋力夺取今年防汛抗旱工作的全面胜利，为保障经济社会持续健康发展作出新的更大贡献！

国务院副总理汪洋在全国冬春农田水利基本建设电视电话会议上的讲话（2015 年 10 月 30 日）

昨天，党的十八届五中全会胜利闭幕。习近平总书记在代表政治局向大会报告过去一年工作时，就肯定了加强农田水利基本建设工作。全会对“十三五”时期经济社会发展进行的全面部署中，对水利建设也给予了很大的关注。全会通过的《建议》强调，要加快完善水利基础设施网络，大规模推进农田水利、土地整治、中低产田改造和高标准农田建设，加强粮食等大宗农产品主产区建设，合理制定水价、编制节水规划，实行最严格的水资源管理制度，等等。这充分体现了党中央、国务院对农田水利建设的高度重视。习近平总书记多次强调，要大兴农田水利，下决心补上农田水利方面的欠账。李克强总理在今年政府工作报告中也明确要求，加强农田水利基本建设，大力发展节水农业。刚才，汪洋林同志传达了李克强总理近日对农田水利建设工作所作的重要批示。今天，国务院召开这次全国冬春农田水利基本建设电视电话会议，这次会议是五中全会以后国务院召开的第一个电视电话会议，也是第一个贯彻五中全会有关精神的会议，充分说明了中央对农田水利基本建设的高度重视，会议总结交流各地农田水利建设的经验和做法，深入分析农田水利建设的形势和任务，动员部署今冬明春农田水利基本建设和农业农村工作，就是要以实际行动落实好五中全会精神，为夺取明年农业丰收、实现“十三五”经济社会发展良好开局开个好头。

刚才，江苏、河南、云南三省政府负责同志介绍了农田水利基本建设的成效、经验和下一步工作打算，水利部、发展改革委、财政部负责同志对今冬明春农田水利基本建设作了安排，讲得都很好。三省的经验值得各地学习借鉴，三部委的意见各地要结合实际抓好贯彻落实。下面，我简要讲几点意见。

一、充分认识做好新时期农田水利基本建设工作的重要性和紧迫性

今年是“十二五”收官之年，各地区、各部门认真落实党中央、国务院的决策部署，主动适应和引领经济发展新常态，持续加大强农惠农富农政策力度，在经济下行压力加大、农产品供求形势复杂、主要农产品国内外价格倒挂，以及农民转移就业环境趋紧的大背景下，农业农村发展稳中有进，继续成为经济社会发展中的突出亮点。粮食增产已成定局，农民收入继续保持较快增长。农业农村发展的好形势，为圆满完成经济社会“十二五”规划目标提供了有力支撑，为应对各种困难挑战、维护改革发展大局稳定发挥了重要作用。

“三农”工作取得的好成绩，是全国上下齐心协力、多种力量共同作用的结果。其中一个重要方面是，各地区、各有关部门全面贯彻中央精神，大力开展水利基础设施建设，防灾减灾能力明显增强，农业综合生产能力显著提高。回顾近些年农业发展的历程，我们可以清晰地看到，如果没有中央下大决心推进水利改革发展、各地坚持不懈地开展农田水利基本建设，如果没有粮食稳定增产行动等一系列防灾抗灾、扶持生产的政策措施，就不会有连续多年农业稳定增产、农民较快增收的好形势。

去冬今春以来，各地按照中央决策部署，大力推进农村水利改革，加快创新建设和运行管护机制，农田水利建设组织发动更加有力，投资渠道不断拓宽，节水供水重大水利工程和灌区节水配套改造、抗旱应急水源等中小型项目建设全面提速，全年新增高效节水灌溉面积2 000万亩以上。尽管今年发生多次洪涝灾害，强台风接连登陆，部分地区山洪、城市内涝和干旱严重，但防汛抗旱减灾工作扎实有序推进。与2000年以来同期均值相比，今年水旱灾害死亡人数、受灾人口、受灾面积、倒塌房屋分别偏少74%、46%、44%和86%，其中死亡人数为历史同期最少。在防汛抗旱防灾减灾中，不断健全的农田水利设施和重大水利工程发挥了重要作用。

在充分肯定成绩的同时，必须清醒地看到，农田水利建设滞后仍然是影响农业稳定发展和国家粮食安全的最大硬伤，水利设施薄弱仍然是国家基础设施的明显短板，水资源供需矛盾突出仍然是可持续发展的主要瓶颈。加强农田水利基本建设，是促进农业稳定发展的重大举措，是补齐国家基础设施建设短板的重要措施。我们一定要从战略和全局出发，充分认识发展水利事业、加强农田水利建设的重要性和紧迫性。

第一，加强农田水利基本建设，是稳增长调结构的迫切需要。我国经济发展进入新常态，经济增速放缓，下行压力较大，保持经济平稳健康运行是当前的重大任务。为稳定经济增长、推动发展转型，中央出台了一系列重大举措，并明确把包括农田水利在内的重大水利工程建设作为培育经济发展新动能的一个重要领域。加强农田水利建设，既有利于增加有效投资需求、带动相关产业发展，拉动当前经济增长，又能改善农业生产条件，增强农业发展的后劲，无论对当前还是长远，无论对“三农”工作还是全局工作，都具有重要意义。

第二，加强农田水利基本建设，是提高国家粮食安全保障水平的迫切需要。吃饭问题始终是治国安邦的头等大事。在当前形势下，保障粮食安全最重要的是要确保产能，关键是加强粮食生产能力建设，实行藏粮于地、藏粮于技。而提高粮食产能、做到藏粮于地，农田水利是基础。只有紧紧抓住农田水利这个关键环节，坚持不懈地推进农田水利基本建设，才能不断提高粮食综合生产能力，为国家粮食安全提供强有力的支撑。

第三，加强农田水利基本建设，是促进农业可持续发展、加快建设生态文明的迫切需要。我国人多地少，水资源短缺且时空分布不均。同时，农业用水方式粗放、利用效率低下，总量不足与用水浪费并存。一些地方因干旱缺水，导致草原退化，林木枯死，农田沙化、盐碱化。随着工业化、城镇化的加快推进，用水矛盾还可能加剧，农业生态环境问题将更加严峻。从近十多年的实践看，在农业灌溉用水总量基本稳定的情况下，我国粮食总产和灌溉面积不断增加，充分说明了发展节水灌溉的巨大作用。这次全会上，总书记讲话和全会文件中都再一次强调实施山水林田湖生态维护和修复工程，只有加强农田水利建设，大力推进农业节水增效，促进水资源的高效利用和保护，才能破解人多地少水缺的制约，为调整农业结构、加强生态环境保护和建设提供更大空间。

第四，加强农田水利基本建设，是改善农民生活条件、推进城乡一体化发展的迫切需要。水利工作与人民群众的幸福安康息息相关。目前，我国水源工程严重缺乏，供水能力明显不足，一些地区干旱缺水经常发生，群众生产生活用水比较困难，农村还有不少

人口饮水安全问题没有得到根本解决。同时，防洪设施还不健全，防洪安全体系还不完善，特别是中小河流、病险水库还存在不少隐患。有效保障人民群众生命财产安全，加快改善农村生产生活条件，实现城乡基本公共服务均等化，都迫切需要加强农田水利基本建设。

总之，农田水利是建设现代农业基础条件，是经济社会发展的基本支撑，是生态环境改善的重要保障，我们必须把农田水利基本建设摆到农业农村工作的重要位置。

二、加大工作力度，全面提高农田水利基本建设水平

当前，稳增长政策力度进一步加强，国家用于水利建设的投入增加较多，这为加强农田水利建设提供了难得的机遇。我们要紧紧抓住这个机遇，科学谋划，精心组织，推动水利建设再上新台阶。关于今冬明春农田水利建设，水利部已经印发了工作方案，陈雷同志刚才也作了具体布置，我都赞成。各地区、各有关部门要迅速行动起来，抓好工作落实。要认真研究工作中存在的问题，加大工作力度，加强统筹协调，完善体制机制，全面提高农田水利建设水平。

一要系统治理，完善水利工程体系。协调不够、衔接不紧，是一些水利设施建设综合效能不高的一个重要原因。搞好农田水利建设，必须更加注重山水林田湖的系统治理，积极促进大中小微设施的协调配套。要按照确有需要、生态安全、可以持续的原则，完善县级农田水利建设等相关规划，合理确定年度工作目标任务、实施重点，落实各项保障措施。要加强资金和项目整合，促进规划之间、项目之间的有效衔接。既要加快推进节水供水重大水利工程建设，解决好“最先一公里”问题，也要加快大中型骨干灌排设施建设与更新改造，解决好“中间的N公里”问题，还要加快“五小水利”工程和区域规模化高效节水灌溉工程建设，解决好田间地头的“最后一公里”问题，确保工程和投资整体效益的发挥。

二要协同推进，形成纵横联动工作合力。农田水利基本建设是一个复杂的系统工程，要进一步合理划分中央与地方农田水利基本建设事权，全面强化和落实以行政首长负责制为核心的农田水利建设管理责任制，健全部门分工协作联动机制，切实将规划编制、政策制定、资金筹措、施工组织、监督管理、改革创新、运行管护等责任落实到位，并向社会公示，推动形成政府主导、部门协作、社会支持、受益主体参与的工作格局。各有关部门要进一步强化大局意识、责任意识和服务意识，加强沟通，密切配合，协同作战，形成合力。水利部门要加强组织协调、行业监督和技术指导。

三要深化改革，着力消除体制障碍。这是调动各方面水利建设积极性、管好用好农田水利设施的关键。要抓紧出台《关于推进农业水价综合改革的意见》，指导各地加快完善农业水价形成机制，建立健全农业用水精准补贴和节水奖励机制。要把水利投资作为财政支出的优先保障领域，积极拓宽水利建设基金渠道，落实好土地出让收益计提、过桥贷款、开发性金融、专项债券等金融支持政策，努力缓解水利建设资金不足的矛盾。要通过政府购买服务、以奖代补、民办公助、风险补偿等方式，吸引社会资本特别是农民、用水合作组织和新型农业经营主体参与农田水利建设和管理。要积极探索水生态文明体制机制改革，稳步开展水资源使用权确权登记，不断完善对江河源头区、重要水源地、重要水生态修复治理区的补偿政策和办法。

四要建管并重，促进工程长效良性运行。水利工程“三分建、七分管”。尤其是小型农田水利工程，更要在工程运行管护上舍得下功夫，切实扭转“政府管不到、集体管不好、群众管不了”的局面。要按照分级负责的原则，以明晰所有权、放活经营权、保障收益权为重点，健全管护制度，落实工程管护主体、明确管护责任。要巩固国有大中型水利工程管理体制改革成果，认真总结推广农田水利设施产权制度改革和运行管护机制创新试点经验，加快明晰小型水利工程产权，努力做到大中型水利工程专业机构管理、小型水利设施自主管理全覆盖。要加强基层水利服务体系建设，规范和创新农民用水合作组织多元化发展，积极培育专业化服务队伍，引导社会力量管护农田水利工程。

三、认真贯彻党的十八届五中全会精神，统筹做好当前农业农村各项工作

学习好、宣传好、贯彻好党的十八届五中全会精神，是当前和今后一个时期的首要政治任务。全会明确农业是全面建设小康社会、实现现代化的基础，要大力推进农业现代化。各地区、各有关部门要按照中央的要求和部署，以党的十八届五中全会精神为指导，统筹安排，精心组织，确保全面完成今年的目标任务，为明年和未来五年农业农村稳定发展打下坚实的基础。

一要全面落实农业农村发展的各项任务。各地区、各有关部门要在年终岁尾之前，对年初确定的各项工作任务落实情况进行一次全面的检查。重点是检查今年一号文件和政府工作报告提出的各项任务的完成情况。对于今年应该落实的各项政策措施，一定要在年底前落实到位，确保农业农村工作不拖全局工作的后腿。

二要认真做好秋粮收购。今年我国粮食生产量、进口量、库存量“三量齐增”势头进一步加剧，粮食收储仓容紧张的问题十分突出。加上部分粮食品种收储政策的调整，农民和用粮企业普遍存在等待观望情绪，秋粮收购形势更加复杂严峻。各地要认真落实最

低收购价和临时收储政策，充分发挥多元市场主体作用，千方百计扩大收储能力，努力满足农民售粮需要，坚决防止发生“卖粮难”。要强化市场监测预警，搞好市场信息服务，积极推进产销衔接，科学把握储备调控和进出口调剂的时机、节奏和力度，严厉打击粮食走私进口等违法违规行为，确保国内粮食市场稳定。国务院正组织研究进一步做好收储工作的意见，希望通过共同努力，保护好农民的种粮积极性。

三要扎实推进冬春农业生产。这直接关系到明年农业稳定发展和农民持续增收。要通过强化政策落实和信息服务，引导和鼓励农民积极发展秋冬生产。要在稳定粮食生产的同时，支持农民加快调整和优化种养结构，扩大紧缺农产品生产，更好地满足市场多样化、优质化、特色化的需求。要搞好农机服务，加强技术指导，保障农资供应，帮助农民加强田间管理，为明年夏季粮油丰收打好基础。要抓好今冬明春的植树造林，认真做好组织发动、种苗准备等方面的工作。

四要切实加强动物疫病防控和森林草原防火。秋冬季节是动物疫病防控和森林草原防火的关键期。特别是元旦、春节前后，疫情、火情风险高，一旦发生，则损失重，社会影响大，必须高度重视、严密防范。动物疫病防控要抓好冬前集中强制免疫，强化产地、屠宰、运输检疫监督，完善应急处置机制，确保不发生区域性重大动物疫情。森林草原防火要严格落实责任制，抓好宣传教育、火源管控、隐患排查、预警预报和值班值守，配齐装备物资，提高应急能力，确保不出大的问题，最大限度避免人员伤亡。

五要科学谋划明年和“十三五”的农业农村工作。明年是“十三五”开局之年，“十三五”时期是全面建设小康社会的决胜阶段，做好明年和“十三五”时期的农业农村工作，对于全面建成小康社会、实现我们党第一个百年奋斗目标至关重要。各地各有关部门要认真学习贯彻十八届五中全会精神，深入学习习近平总书记关于“三农”工作的系列讲话，按照创新、协调、绿色、开放、共享的发展理念，认真谋划明年和“十三五”时期农业农村工作。要针对我国农业农村发展重要转型期的特点，研究提出农业农村发展的重大举措，并力争纳入国民经济与社会发展“十三五”规划中去。要认真研究制定农业农村发展各方面的专项规划，确保实现五中全会提出的目标任务。

同志们，加强农田水利基本建设，做好农业农村各项工作，责任重大、任务艰巨。让我们紧密团结在以习近平同志为总书记的党中央周围，攻坚克难，扎实工作，全面提升农田水利基本建设水平，巩固和发展农业农村好形势，为夺取全面建成小康社会决胜阶段的伟大胜利作出应有的贡献！

积极践行新时期治水思路　奋力开创节水治水管水兴水新局面——水利部党组书记、部长陈雷在全国水利厅局长会议上的讲话（2015 年 1 月 9 日）

这次会议的主要任务是：深入贯彻落实党的十八大、十八届三中、四中全会和习近平总书记、李克强总理关于水利工作重要讲话精神，按照中央经济工作会议、中央农村工作会议部署，总结 2014 年水利工作成绩，研究部署今后一个时期水利改革发展任务，安排 2015 年水利重点工作，凝心聚力、攻坚克难，奋力开创节水治水管水兴水新局面。

一、2014 年水利工作成效显著，为经济社会持续健康发展提供了有力保障

2014 年是全面深化改革的开局之年，也是水利改革发展进程中具有里程碑意义的重要一年。习近平总书记就保障国家水安全发表重要讲话，精辟阐述了治水兴水的重大意义，深入剖析了我国水安全新老问题交织的严峻形势，明确提出了新时期治水思路和战略任务；李克强总理主持国务院常务会议专题研究部署加快节水供水重大水利工程建设，亲临水利部考察座谈并对水利工作提出明确要求。一年来，全国水利系统认真贯彻落实党中央、国务院决策部署，开拓创新，扎实工作，治水兴水掀起新高潮，水利工作取得新成效，为全国粮食产量连续增长、经济社会持续健康发展奠定了坚实的水利基础。

第一，防汛抗旱防台风夺取新胜利。科学防范局部频繁发生的严重洪涝灾害，成功防御“威马逊”等超强台风袭击，有效应对部分地区冬春旱和大范围严重夏伏旱，妥善处置鲁甸震区堰塞湖险情，重要堤防无一决口、大中型水库无一垮坝，洪涝灾害死亡人数降至新中国成立以来最少。汛后蓄水调度成效显著，三峡连续 5 年蓄至 175m 水位，丹江口水位创历史新高，小浪底蓄水位居历史第二，大中型水库蓄水较常年明显偏多，为抗旱用水、生态补水和南水北调中线通水奠定了坚实基础。

第二，重大水利工程建设取得新进展。172 项重大水利工程中，东北三江治理等 40 项在建工程加快实施；西江大藤峡、淮河出山店等 17 项工程全面开工建设；2015 年计划开工的 27 项工程全部立项；“十三五”拟开工的 88 项工程前期工作加快推进。统筹其他重点工程建设，新疆叶尔羌河等江河治理工程开工建设，辽宁大伙房输水二期、甘肃引洮供水一期等工程基本建成，中小河流治理、病险水库水闸除险加固、山洪灾害防治和抗旱水源工程建设加快实施。

第三，农村饮水安全工作取得新成效。水利部把解决农村饮水安全问题作为重要政治任务，举全部之力和全行业之力加快推进，建立分片包干、定期督导和约谈通报机制，通过专项稽察、重点抽查、第三方评估等措施，督促地方加快前期工作、计划下达、资金拨付和施工进度，各地也狠抓责任落实、加大工作力度，各项工作总体进展顺利，解决了 6 600 多万农村人口饮水安全问题，群众受益程度进一步提升。

第四，农田水利基础设施再上新台阶。积极实施大型灌区配套改造和大型灌排泵站更新改造，加快建设黑龙江三江平原等一批新建灌区，大力推进东北节水增粮等区域规模化高效节水灌溉，全年新增高效节水灌溉面积 2 000 万亩。小型农田水利重点县建设达到 6 批 2 450 个县次，基本覆盖主要农牧业县。着力加强农田水利终端设施配套建设，因地制宜兴建“五小水利”工程。冬春农田水利建设扎实推进。

第五，全面深化水利改革实现新突破。大力推进简政放权，水行政审批事项由 48 项减至 22 项，对取消事项加强监管和服务。深化水利投融资体制改革，2014 年水利建设投资达到 4 881 亿元，其中中央投资 1 627 亿元，分别较 2013 年增长 11%、15.6%；鼓励社会资本投入重大水利工程建设，引导金融机构加大支持力度，国家开发银行、中国农业发展银行、中国农业银行等水利贷款余额达到 7 286 亿元。着力推进农业水价综合改革，配合做好非农业供水价格调整工作，积极调整水资源费征收标准，全国地表水和地下水征收标准平均提高 45% 和 44%。开展水资源使用权确权登记、水权交易和水权制度建设试点。推动水利工程建设和运行管理专业化、市场化和社会化。基层水利服务体系不断健全。

第六，水生态文明建设取得新成果。最严格水资源管理制度“三条红线”指标已分解到全部省级、地市级和 90% 的县级行政区，完成 2013 年度考核并向社会公告。出台加强河湖管理工作的指导意见，开展河湖管护体制机制创新试点工作。第四批全国节水型社会建设试点通过验收，105 个全国水生态文明城市试点创建以及 175 个全国重要饮用水水源地安全保障达标建设积极开展。完成全国地下水超采区评价，实施河北地下水超采区综合治理试点。治理水土流失面积 5.4 万 km^2，改造坡耕地 400 万亩，建成生态清洁小流域 300 多条，新增农村水电装机容量 200 多万 kW。江河湖库水量调度和应急调水成效显著，水利风景区建设稳步推进。

第七，依法治水和科技兴水迈出新步伐。《南水北调工程供用水管理条例》颁布施行，水政监察、专项执法和水事矛盾纠纷预防调处力度加大。水利发展“十三五”规划编制全面启动，一批重要规划编制完成并付诸实施。组织开展河湖管理范围划定及水利工程确权划界，实施丹江口库区打非治违专项执法行动。水利工程建设管理、资金管理、质量安全管理全面加强，未发生重特大生产安全事故。水利科技创新成果丰硕，“流域水循环演变机理与水资源高效利用”获得国家科技进步一等奖，《水利标准体系表》修订完成，水文监测和水利信息化工作进一步加强。水利国际交流合作不断深化，与 60 多个国家开展了双边水利交流与合作，中欧水资源交流平台等固定合作交流机制逐步拓展。国际河流工作全面加强。滇桂黔石漠化片区扶贫攻坚、水利定点扶贫和对口帮扶、水利援疆援藏援青、水利移民等工作取得新进展。人大建议和政协提案圆满办结。

第八，作风建设和廉政建设呈现新气象。认真学习贯彻党的十八大和十八届三中、四中全会精神，深入学习习近平总书记系列重要讲话精神，在思想上政治上行动上同以习近平同志为总书记的党中央保持高度一致。以贯彻落实中央八项规定和国务院“约法三章”为重点，持之以恒深化群众路线教育实践活动整改落实，调整清理办公用房、停建楼堂馆所、清退违规占用公务用车、清理规范领导干部企业兼职等专项治理扎实有效。着力落实党风廉政建设主体责任和监督责任，加强直属单位、社团组织和基层水利单位廉政建设，将长江水利委员会、黄河水利委员会纪检监察机构调整为水利部党组直接领导，在重点水利工程建设中推行纪检监察派驻制，强化廉政风险防控，加大案件查处力度。认真贯彻执行《党政领导干部选拔任用工作条例》，进一步加强领导班子建设和干部人才队伍建设。行业精神文明建设深入开展，水利新闻宣传力度进一步加大，营造了水利改革发展的良好舆论氛围。离退休干部、后勤保障等工作取得新成效。

在充分肯定成绩的同时，我们也要清醒认识存在的不足，主要是：重大水利工程项目前期工作亟待加快，资金保障需要进一步加强；部分领域水利改革相对滞后，改革的统筹性和协调性需要进一步提高；水资源要素对转变经济发展方式的倒逼机制尚未完全形成，水资源节约保护需要进一步强化；涉水利益主体多元化，依法治水管水能力需要进一步增强。对此，我们要高度重视，切实加以解决。

二、深入贯彻落实习近平总书记和李克强总理重要讲话精神，着力构建国家水安全保障体系

党的十八大以来，习近平总书记和李克强总理多次就治水兴水发表重要论述。习近平总书记关于保障国家水安全的重要讲话，深刻回答了我国水治理中的重大理论和现实问题，为我们做好新时期水利工作提供了强大思想武器和科学行动指南。李克强总理关于水利工作的重要讲话，对集中力量加快水利建设、用改革红利促进水利事业发展提出明确要求。我们要深入学习贯彻习近平总书记和李克强总理重要讲话精神，更加自觉地肩负党和人民赋予的神圣使命，加快构建中国特色水安全保障体系。

第一，以习近平总书记重要讲话精神为指导，积极践行新时期治水思路。我国经过 30 多年高速增长后，经济发展进入新常态，资源环境约束更加趋紧，生态产品需求更加迫切，基础设施互联互通更加重

要，体制机制创新更加关键。加快解决水利公共产品和生态产品供给不足问题，着力提升国家水安全保障水平，是我们面临的重大课题。习近平总书记提出的“节水优先、空间均衡、系统治理、两手发力”的新时期治水思路，对水利工作赋予了新内涵、新任务、新要求。我们要以新时期治水思路为引领，尊重自然规律、经济规律和社会发展规律，把握经济发展新常态，满足人民群众新期盼，围绕生态文明建设新任务，加快实现从粗放用水向节约用水转变，从供水管理向需水管理转变，从局部治理向系统治理转变，从注重行政推动向坚持两手发力、实施创新驱动转变，统筹解决水安全问题，促进人水和谐相处，走出一条中国特色水利现代化道路，保障中华民族永续发展。

第二，以保障水资源可持续利用为核心，全面推进节水型社会建设。节约用水，是解决我国水资源短缺问题的根本出路，也是加快转变经济发展方式的战略举措。要坚持和落实节水优先方针，坚持以水定城、以水定地、以水定人、以水定产，像抓节能减排一样抓好节约用水，切实把节约用水贯穿于“四化同步”发展和群众生产生活全过程。要完善节水政策和标准体系，强化计划用水和定额管理，健全节水技术规范标准和用水产品水效标准，落实节水灌溉设备购置补贴、税收优惠、金融支持、市场准入、研发推广等节水激励政策。要加强重点领域节水工作，加大流域、区域、行业和用户节水力度，全面推进工业、农业、服务业和城市节水，尤其要加强农业、高耗水工业和服务业用水定额管理，加快节水技术应用和节水产品改造。要提高水资源计量监控能力，抓紧完善水资源监测、用水计量与统计制度，尽快实现大中型灌区、市政用水、企业大户用水计量全覆盖，加强省界等重要控制断面、水功能区和地下水监测能力建设，建立中央、流域和地方水资源监控管理平台和信息管理系统。

第三，以加快重大水利工程建设为契机，进一步完善现代水利设施体系。水利是支撑“四化同步”发展的基础性工程、直接拉动经济增长的支柱性工程。要按照党中央、国务院部署，抓住时机加快推进节水供水重大水利工程建设。要强化责任落实。对重大水利工程项目要逐项明确责任主体、前期工作节点、资金筹措方案和建设进度目标，加快落实征地补偿、耕地占补平衡实行与铁路等国家重大基础设施项目同等政策。要抓紧前期工作。逐项梳理前期工作的关键制约因素，协调解决技术、经济、环境、征地、移民等问题，力争尽早开工建设。要加快施工进度。根据项目总体建设目标，制定进度计划，保障施工条件，倒排工期，节点控制，确保工程如期建成并发挥效益。要保障工程质量。牢固树立“质量第一、安全至上”的思想，严格执行项目法人责任制、招标投标制、建设监理制，加强质量、安全、进度、资金管理，确保工程“四个安全”。要强化协调配合。充分利用项目审批部际联席会议制度、投资计划安排会商机制、项目专报制度，加强相关部门、中央和地方、地方之间的协调配合，着力解决立项周期长、配套资金不到位、征地拆迁慢等突出问题，形成抓落实的工作合力。

第四，以解决农村饮水安全问题为重点，着力提高水利泽惠民生的程度。水利是基本的公共产品、重要的民生福祉，必须坚持不懈发展民生水利。在保障农村饮水安全方面，要坚持进度、质量、效益并重，强化地方行政首长负责制，进一步加大督导检查和协调推动力度，督促各地采取超常规措施，全力打好农村饮水安全攻坚战和保卫战，确保圆满完成农村饮水安全工程“十二五”规划建设任务。要加强水源工程建设，推进城镇供水管网向农村延伸，发展规模化集中供水。要强化水源保护和水质保障，健全供水价格机制，完善良性运行机制，确保工程建得成、管得好、长期发挥效益。要抓紧谋划“十三五”农村饮水提质增效工作，进一步提高农村集中供水率、供水保障率、水质合格率和自来水普及率。在完善防洪减灾体系方面，要坚持工程措施与非工程措施相结合，在加强防洪骨干工程建设的同时，同步加快中小河流治理、病险水库水闸除险加固、山洪灾害防治、城市防洪排涝等薄弱环节建设。在增强抗旱减灾能力方面，要加快实施全国抗旱规划，加强小型水库、抗旱应急备用井、引调提水工程、“五小水利”等抗旱应急工程建设，加强水源战略储备和雨水集蓄利用。

第五，以加强农田水利建设为支撑，不断夯实保障粮食安全水利基础。我国农业在“十一连增”的高起点上，面临价格“天花板”、成本“地板”挤压加剧，补贴“黄线”、资源环境“红灯”约束趋紧等重大挑战。加强农田水利建设，是提升农业可持续发展能力的重要途径，是保障国家粮食安全的基础支撑。要以加快转变农业发展方式为导向，全面实施区域规模化高效节水灌溉行动，积极推进牧区节水灌溉饲草料地建设，大力推广喷灌、滴灌、微灌、管道输水等节水灌溉技术，促进水资源节约集约高效利用。要以稳住粮食生产为核心，大力发展有效灌溉面积，加快灌区续建配套、灌排泵站更新改造和现代化灌区建设，在东北平原、长江中上游等水土资源条件具备的地区新建一批灌区，着力提高农业综合生产能力。要以县级农田水利建设规划为依托，整合现有农田水利资金渠道，抓好小型农田水利重点县建设和冬春农田水利兴修，加快末级渠系建设和田间工程配套，加快建设现代农田灌排体系。

第六，以实施最严格水资源管理制度为抓手，统筹推进水生态文明建设。我国基本水情特殊、水资源供需矛盾突出、水生态环境容量有限，必须统筹山水林田湖各生态要素，落实好最严格水资源管理制度，坚持不懈推进水生态文明建设。在水资源保护方面，要坚持以水定需、量水而行、因水制宜，不断强化水资源需求管理，进一步落实水资源论证和取水许可等制度，着力加强“三条红线”落实情况的监督考核。在水环境治理方面，要完善水功能区分级分类管理制度，加强入河湖排污口监管，全面开展饮用水水源地达标建设，大力推进城乡水生态文明建设，着力打造山清水秀、河畅湖美的美好家园。在江河湖库水系连通方面，要以自然河湖水系和大中型调蓄工程为依托，加快推进流域和区域河湖水系连通工程建设，着力构建现代化生态水网，不断优化水资源配置格局，全面提升水资源和水环境承载能力。在水源涵养和生态修复方面，要强化地下水保护，加强华北等地下水严重超采区综合治理，逐步实现地下水采补平衡。落实河湖生态空间用途管制，加强河湖健康评估，有序推动河湖休养生息。推进重点区域水土流失治理，加快坡耕地综合整治和生态清洁小流域建设。

三、全面贯彻依法治国基本方略，在新的起点上大力推动依法治水管水进程

党的十八届四中全会对全面推进依法治国作出重大战略部署。我们要深入贯彻落实党的十八届四中全会精神，全面推进依法治水管水，为加快水利改革发展提供坚强有力的法治保障。

第一，牢牢把握全面推进依法治国总目标，进一步理清水法治建设思路与要求。紧紧围绕建设中国特色社会主义法治体系、建设社会主义法治国家的总目标，大力推进水法治建设，着力形成完备的水法律法规体系、高效的水行政执法体系、健全的依法行政工作机制和有效的法治宣传教育机制。在水利建设中，要依法加强水利建设市场监管，规范市场主体行为，维护水利建设市场良好秩序。在水利管理中，要以严格的法律制度加强水资源管理、河湖管理和水利工程管理，促进水利工程良性运行，保障水资源可持续利用，维护江河湖泊健康生命。在水利改革中，要坚持把法治方式作为推进水利改革的行为准则，及时提出立法需求和制定、修改、废止法律法规建议，切实做到水利各项改革于法有据、有序进行。在防灾减灾中，要完善防汛抗旱防台风预案体系、应急机制和督察制度，依法规范社会经济活动和群体个体行为，切实把防汛抗旱减灾全面纳入法治化轨道。

第二，不断提高水利立法科学化水平，健全完善涉水法律法规体系。要把握立法重点，着眼水利立法需求最为迫切的领域，统筹推进流域管理、河湖管理、水利建设、农田水利、节约用水等方面的立法进程，健全完善适合我国国情水情的涉水法律法规体系。要规范立法程序，建立健全涉水立法论证咨询机制，充分征求利益相关方和专家、公众意见，广泛凝聚社会共识。要提高立法质量，坚持依法立法、科学立法、民主立法，加强与国务院法制机构以及有关部门和地方的沟通协调，促进法律法规之间的衔接统一，增强水法规的系统性、针对性和实效性。

第三，积极创新水行政执法体制，切实增强水行政执法能力和水平。要合理配置水利执法力量，科学划分专职水政监察队伍与其他业务管理部门之间的职责权限，落实执法责任，下移执法重心，提高执法效能。要全面推进水利综合执法，加强流域和区域之间以及水利部门与其他部门之间的联动执法，形成分工明晰、权责明确、协作顺畅、处置高效的水利执法机制。要大力开展重点执法行动，坚持严格规范公正文明执法，全面落实行政执法责任制，加大对非法取水、非法采砂、违法设障、侵占河湖水域岸线等水事案件的查办力度，始终保持对涉水违法行为的高压严打态势。

第四，紧紧围绕加快建设法治政府新要求，深入推进水利依法行政。要依法履行政府职能，继续转变职能、简政放权、加强监管，加快建立权力清单、责任清单，做到法无授权不可为、法定职责必须为，坚决防止“不作为”和“乱作为”，不断提高运用法治思维和法治方式推动水利改革发展的能力。要健全依法决策机制，完善公众参与、专家论证、风险评估、合法性审查和集体讨论决定等决策程序，确保决策制度科学、程序正当、过程公开、责任明确。要全面推进政务公开，加大政府信息公开力度，强化对权力运行的制约和监督，做到有权必有责、用权受监督、违法必追究。

第五，有效防范和化解水事矛盾纠纷，大力提高水利社会管理水平。要修订完善各类应急预案，建立健全洪涝干旱灾害、突发水污染事件、水利安全生产事故等方面的应急反应机制，切实提高应对涉水突发事件的能力。要强化水事纠纷预防排查，针对移民安置、征地补偿、环境保护等涉水领域可能引发的矛盾纠纷，建立健全风险评估、预警研判和排查化解机制。要提高水事纠纷调处能力，坚持属地为主、条块结合的水事纠纷调处机制，综合运用法律、政策、经济、行政等手段和教育、协商、疏导等办法，妥善处理和化解矛盾。要加大水法宣传普及力度，推动水利干部职工带头学法尊法守法用法，广泛开展群众性水法治文化活动，切实增强全社会的水法治意识和水法治观念。

四、进一步深化水利体制机制改革创新，不断激发水利发展生机活力

当前和今后一个时期，水利改革正处在攻坚克难、爬坡过坎的关键阶段。必须按照中央的总体部署，协调推进水利各领域改革，着力建立有利于水利科学发展的体制机制。

第一，进一步抓好职能转变和简政放权。在继续减少水行政审批事项的同时，全面清理非行政许可审批。对保留的水利审批事项，要按照规范、高效、便

民的要求，分类合并实施，优化审批程序，简化审批流程，规范审批行为。对取消的审批事项，要通过规范管理标准、健全信息平台、开展督导检查、跟踪考核评估，切实加强事中事后监管。对行业自律组织承接的水利资质资格认定审批事项，要抓好后续衔接，指导、规范并监督行业自律组织有序承接、高效服务。

第二，健全水利投入稳定增长机制。落实好中央加大水利投入的一揽子政策，挖掘增量，盘活存量，保障公共财政投入的稳步增长。要敞开大门鼓励社会资本投资水利，大力推行 PPP 以及 BOT、TOT 等项目融资和经营模式，通过投资补助、价格机制、税费优惠等政策措施，解决社会资本“进不来”和“不愿进”的问题。要加强与金融机构战略合作，出台水利中长期信贷扶持和财政贴息政策，推动地方政府和水利建设企业开展债券融资，解决好地方水利建设资金不足问题。

第三，加快推进农业水价综合改革。要把农业水价综合改革作为农业节水的重要突破口，开拓改革思路，完善政策措施，全面加快推进。要明晰农业水权，严格农业用水总量控制和定额管理，完善用水计量设施，在保证农民定额内基本用水需求的同时，对超定额用水实行累进加价。要完善农业水价形成机制，对经济作物和粮食作物实行分类水价，并适当提高农业用水价格，力争达到成本水平。要综合采取推广节水灌溉技术、加强末级渠系改造、调整农业种植结构、培育用水合作组织等措施，建立农业用水精准补贴制度和节水激励机制，实现水价虽提但负担不增、用水减少但效益增加，调动农民群众参与和支持改革的积极性。要协调推动水利工程非农业供水价格调整，推进供用水双方协商确定供水价格，推行城镇居民用水阶梯价格和非居民用水超定额累进加价制度，让水价更好地反映市场供求、资源稀缺程度、生态环境损害成本和修复效益。

第四，深化水利工程建设和管理体制改革。在完善水利工程建设项目法人责任制、招标投标制和建设监理制的同时，要因地制宜推行水利工程项目法人招标、代建制、设计施工总承包等模式。要大力推动水利建设项目进场交易和电子招标投标工作，加快建立水利建设市场诚信红黑名单制度，着力清除市场壁垒、地方保护和不正当竞争。要用好中西部地区、贫困地区公益性水利工程维修养护经费中央财政补助政策，探索财政资金购买水利公共服务，推行水利工程专业化物业化社会化管理。

第五，创新农村水利发展体制机制。要落实农田水利建设地方行政首长负责制，通过以奖代补、先建后补、项目扶持、信贷支持等政策措施，调动农民群众参与农田水利建设的积极性。要积极探索适合农田水利工程特点的产权制度和建设管理模式，鼓励农民用水合作组织和新型农业经营主体承担农田水利工程建设与管护。要进一步加强基层水利服务机构能力建设，扶持和鼓励农民用水合作组织向农民水利专业合作社发展，大力培育防汛抗旱、灌溉排水、农村供水等专业化服务队伍。

第六，探索水生态文明体制机制改革。要建立健全规划和建设项目水资源论证制度、水资源水环境承载能力监测预警机制以及国家水资源督察制度，稳步开展水资源使用权确权登记，积极探索多种形式的水权流转方式，逐步建立国家、流域、区域层面的水权交易平台，建立完善归属清晰、权责明确、监管有效的国家水权制度。要建立完善河湖规划约束、水域岸线补偿等制度，强化河湖空间用途管制，开展涉水生态补偿试点。

五、科学编制水利发展“十三五”规划，加快推进水治理体系和能力现代化

“十三五”时期，是实现第一个一百年奋斗目标、全面建成小康社会最后冲刺的五年，也是加快转变水利发展方式、提升国家水安全保障能力至关重要的五年。要按照党中央、国务院决策部署，科学编制水利发展“十三五”规划，统筹谋划今后五年水利改革发展的目标任务、主攻方向、建设布局、体制机制和重大政策，在新的历史起点上努力开创水利工作新局面。

第一，准确把握规划编制的指导思想。深入贯彻落实党的十八大和十八届三中、四中全会精神，积极践行新时期治水思路，紧紧围绕全面建成小康社会宏伟目标和全面深化改革要求，牢牢把握经济发展新常态和水利发展新特征，立足于补短板、破瓶颈、增后劲、上水平、促发展、惠民生，以节水供水重大水利工程和民生水利建设为重点，着力提升水利支撑保障水平；以落实最严格水资源管理制度为抓手，着力构建城乡水生态文明新格局；以深化水利改革和依法治水管水为保障，着力增强水利可持续发展能力，力争通过五年努力，从根本上扭转水利建设相对滞后局面，加快推进水治理体系和水治理能力现代化，构建与全面小康社会相适应的国家水安全保障体系。

第二，科学设置“十三五”发展目标。水利发展“十三五”规划编制，既要明确提出指导性目标，也要科学设置约束性指标。要坚持发展与改革统筹，既要立足于加快解决历史欠账问题，充分考虑反映水利发展速度、规模、结构、效益的目标和指标，又要从保障水利科学发展出发，提出水利体制机制改革攻坚的目标和指标，突出以改革促发展。要坚持建设与管理并重，既要明确江河治理与骨干枢纽、重点水源与引调水工程、供水保障与农村饮水提质增效、现代灌区与农田水利、水土保持与生态治理等方面的目标和指标，又要制定水资源管理、水利建设管理、工程管理、河湖管理等方面的目标和指标。要坚持近期与远

期结合，既要面向今后五年，衔接全面建成小康社会总体目标，又要考虑更长时期的水利发展要求，在打基础、利长远上狠下功夫，加快转变水利发展方式，增强水利发展质量。要坚持需要与可能兼顾，既要适应经济社会发展要求，制定适度超前的目标和指标，增强前瞻性和战略性，又要科学把握宏观经济形势和水利改革发展任务，做到量力而行、尽力而为。

第三，合理确定规划的战略重点。在重大水利工程方面，要按照确有需要、生态安全、可以持续的总体要求，通盘考虑、合理布局“十三五”重大水利工程建设，进一步提高水利对全面建成小康社会、“四化同步”发展的支撑和保障作用。在民生水利方面，要围绕保障供水安全、防洪安全、粮食安全、生态安全，研究提出一批符合国家投资方向和政策定位的兴水惠民项目，进一步提高民生水利保障水平和群众受益程度，促进区域和城乡协调发展。在改革发展政策方面，要找准制约水利科学发展的关键问题，从国家层面研究推出一批重大政策措施，健全完善地方政策配套体系，释放水利改革“红利”，激发水利发展活力和动力。

第四，确保规划编制的质量和进度。编制水利发展“十三五”规划是一项系统工程，要统一思想认识，强化组织领导，健全工作机制，落实责任分工，高起点、高标准、高效率、高质量地完成好各项任务。要扎实做好水利发展“十三五”规划与国民经济和社会发展总体规划、主体功能区规划、区域发展规划以及其他水利规划的协调工作，注意加强规划之间的功能分工和相互衔接。要坚持开门编规划，进一步健全专家咨询和公众参与制度，注重调动流域机构和地方水利部门积极性，充分发挥群众和基层创造精神，最大程度地汇集民智，确保规划编制的进度和质量。

六、进一步落实“两个责任”，深入推进水利系统党风廉政建设和反腐败工作

近年来，随着大规模水利建设全面推进和水利管理服务领域不断拓展，水利廉政风险加大，水利党风廉政建设面临严峻形势。我们要切实增强政治意识、大局意识、忧患意识、责任意识，按照党中央以及中央纪委的重大部署，坚持不懈把水利党风廉政建设和反腐败工作引向深入。

第一，强化担当精神，认真贯彻落实党风廉政建设责任制。水利系统各级党组织要牢固树立“抓好党风廉政建设是本职、抓不好党风廉政建设是失职、不抓党风廉政建设是渎职”的理念，全面强化党组织的主体责任和纪检监察部门的监督责任。要认真落实领导干部“一岗双责”特别是主要负责同志“第一责任人”职责，坚持党风廉政建设与业务工作一同研究、一同部署、一同检查、一同落实、一同考核。要切实贯彻执行党风廉政建设责任分解、承诺背书、逐级报告、定期约谈、沟通会商、问责追究以及领导干部述廉等制度，不断创新党风廉政建设体制机制。水利系统纪检监察机构要切实履行监督职责，对主体责任落实不力、失职渎职、问题严重的单位和领导，要严肃进行问责。

第二，深化源头治理，健全和完善水利廉政风险防控体系。要继续深化水利重要领域和关键环节改革，进一步完善水利行政审批、项目安排、投资计划、基建程序、资金监管、质量监控、安全生产、水政执法等方面的规章制度，扎紧制度笼子，防止权力寻租。要完善党务、政务和办事公开制度，让权力在“阳光”下规范、廉洁、高效运行。要深入落实《水利部党组贯彻落实〈建立健全惩治和预防腐败体系2013—2017年工作规划〉实施办法》，全力抓好水利行业重点领域《廉政风险防控手册》贯彻执行，加快构建覆盖所有水利业务管理领域的廉政风险防控体系。

第三，加强监督管理，规范领导干部和关键岗位权力运行。要落实好民主集中制，凡属“三重一大”事项，都要集体研究决策。要针对当前基层水利单位党风廉政建设的薄弱环节，加强对项目审批、计划安排、招标投标、施工组织、资金使用、物资采购等重要环节和关键岗位的监督管理。要严格执行领导干部个人有关事项报告制度，建立早发现、早提醒、早纠正的监督机制。要充分发挥各级水利纪检监察、行政监督以及内部审计、稽察、财务等专业部门的监督作用，密切与上级和当地纪检监察机关以及审计、稽察等部门的协调与合作，进一步加强和改进巡视监督，不断提高监督的威慑力和实效性。

第四，坚持零容忍态度，坚决查处惩治水利系统腐败行为。要建立健全问题线索管理机制，加强对群众信访举报线索的受理核实工作，注意从巡视、审计、稽察、专项检查中发现案件线索，从工程质量和安全事故背后查找案件线索。各级水利部门主要负责同志要大力支持纪检监察部门的工作，严肃查办发生在重点领域、关键环节和群众身边的腐败案件，切实做到有案必查、有贪必肃。对发生重大腐败案件和严重违纪行为的单位，要实行“一案双查”。要充分发挥案件的警示教育作用，举一反三抓好制度完善工作，努力从体制机制上堵塞漏洞。

第五，构建长效机制，巩固和深化水利系统干部作风建设。要坚持作风建设永远在路上，持续用力深化整改，持之以恒兑现承诺，坚持不懈狠抓落实，推动作风建设常态化制度化长效化。要认真贯彻执行中央八项规定、国务院“约法三章”和中央纪委一系列禁令，坚决纠正有令不行、有禁不止和顶风违纪行为，坚决防止“四风”问题反弹回潮。要引导各级水利部门领导干部牢固树立正确的世界观、人生观、价值观和权力观、事业观、群众观，大力弘扬焦裕禄精

神和水利行业精神，始终保持风清气正、为民务实的良好作风。

七、扎实做好**2015**年水利工作，圆满完成“十二五”水利改革发展任务

2015年是实施水利发展“十二五”规划的收官之年，也是为“十三五”水利发展奠定基础的关键一年。不久前召开的中央经济工作会议和中央农村工作会议，把水利作为基础设施建设的重要支柱、公共财政投入的重要领域、全面深化改革的重要内容。做好今年水利工作，要全面贯彻落实党中央、国务院决策部署，顺应经济发展新常态，坚持稳中求进总基调，以改革创新为主线，以节约保护为先导，以重大项目为支撑，以法治建设为保障，圆满完成水利发展“十二五”规划任务，全面推进民生水利新发展。

第一，全力做好防汛抗旱减灾工作。据气象水文预测分析，今年春季北方降水偏少，汛期全国降水总体偏多，台风生成发展比较活跃，气象年景不容乐观，防汛抗旱防台风任务艰巨。要立足于防大汛、抗大旱、防强台，进一步强化防汛抗旱行政首长负责制、部门责任制和岗位责任制。要尽快修复各类水毁灾损水利设施，抓紧完善重要江河洪水防御方案、水量调度方案和应急响应机制，及早落实组织保障和物资储备。要突出抓好汛前检查、监测预警、指挥调度、人员转移和抢险救灾等关键环节，认真做好江河洪水、山洪泥石流、台风灾害防御以及城市防洪排涝、北方河流防凌等工作，确保重要堤防、水库水电站、在建工程、大中城市防洪安全。要加强抗旱水源工程建设和雨洪资源利用，强化抗旱用水管理和水量应急调度，确保城乡供水安全。

第二，抓紧实施重大水利工程建设。对在建工程，要督促项目责任主体抓紧组织实施，尽快增加实物工程量，发挥投资拉动作用；对今年拟开工的甘肃引洮供水二期等27个项目，要抓紧做好审批和开工准备，争取尽快开工建设；对“十三五”拟开工的安徽引江济淮、云南滇中引水等88个项目，要积极协调解决前期工作中的突出问题，加快前期工作步伐。同时，继续加强西南等工程性缺水地区中型水库建设，统筹抓好中小河流治理、山洪灾害防治等工作，如期完成小型病险水库除险加固规划任务。完善水利精准扶贫工作机制、项目储备机制和水利扶贫工作考核机制，进一步加大水利援疆援藏援青工作力度，切实做好水库移民管理工作。

第三，加快推进农村饮水安全建设。国家发展改革委、水利部已经提前下达了2015年投资计划，各地要抓紧完成今年项目实施方案审查审批等前期工作，及时足额落实配套资金，尽快开工建设。要加强和改进督导检查工作，建立健全督察、稽察、自查、抽查、专业审计和社会监督并重的全方位监督检查机制，确保今年年底前全面完成“十二五”农村饮水安全规划的剩余任务，统筹解决四省藏区、新疆南疆地区、重庆三峡库区、湖南洞庭湖区等规划外新出现的农村人口饮水安全问题。进一步加强水源地保护，完善供水水质净化消毒设施，加快县级水质检测中心建设，逐步增加检测项目、加密检测频次，确保水质安全。继续用好农村饮水安全工程建设运营税收优惠政策，建立健全县级农村饮水安全专管机构，完善水价形成机制和水费计收措施，推动建立县级维修养护基金，落实管护主体、责任和经费。抓紧做好“十三五”农村饮水提质增效规划编制工作，力争尽早启动实施。

第四，继续加强农田水利基本建设。广泛动员群众大力开展冬春农田水利建设，力争超额完成年度建设任务，进一步夯实农业生产基础。年内完成40处大型灌区、200处中型灌区和40处大型灌排泵站更新改造规划投资任务。全面完成东北节水增粮行动总体目标任务，加快实施西北节水增效、华北节水压采和南方节水减排等区域规模化高效节水灌溉，新增高效节水灌溉面积2 000万亩以上。抓好小型农田水利重点县建设，加强输配水渠系、田间终端用水量水设施建设，着力解决农田灌溉“最后一公里”问题。

第五，突出抓好深化水利改革工作。要全面落实水利部《关于深化水利改革的指导意见》及其实施方案，进一步加大水利改革攻坚力度。已经出台的改革举措，要加强分类指导、督办实施和检查评估，确保改革取得成效。尚未出台的改革举措，要抓紧制定实施方案，加强协调推动、试点带动、上下联动，积极稳妥地加以推进。要坚持问题导向，抓紧研究制定今年改革要点和重大举措。要把加快推进农业水价综合改革作为重中之重，5月底前完成改革试点任务，及时总结一批可复制、可推广的经验做法，抓紧制定《关于推进农业水价综合改革的意见》，报请国务院印发后在全国组织实施。要把创新水利投融资机制作为主攻方向，会同发展改革委、财政部抓紧出台《关于鼓励和引导社会资本参与重大水利工程建设运营的实施意见》，并选择典型项目开展试点。要统筹推进水行政审批制度、水资源管理体制、国家水权制度、水利工程建设和管理体制、基层水利服务体系建设等方面改革，并力争实现新的突破。

第六，着力强化水资源管理保护。抓紧完成“三条红线”县级指标分解，做好2014年度考核并强化结果运用，逐步建立国家水资源督察制度。扎实推进跨省江河水量分配，严格取水许可、水资源论证、入河排污口监管，加大节水型社会建设力度。推动规划水资源论证工作，加快建立以县为单元的水资源承载能力预警机制，对水资源超载区域实行限制性措施。加快用水计量监测设施建设，突出抓好农业灌溉用水计量监控。制定水生态文明建设纲要，深入开展水生态文明城市创建，全面实施农村河道堰塘整治。做好

南水北调东中线和黄河、黑河等水量调度工作。加快华北地下水超采区综合治理，实施重点流域水生态修复。加强水土保持生态建设，今年再治理水土流失面积5万km^2、完成坡改梯400万亩。加快农村水电增效扩容改造、水电新农村电气化县和小水电代燃料工程建设，积极发展绿色小水电，强化水利风景区建设监管。

第七，扎实做好水法治和水利科技工作。抓紧制定出台水利部关于全面加强依法治水管水的实施意见，积极推进大中型水利水电工程建设征地补偿和移民安置条例修订以及河道采砂管理条例、农田水利条例等立法进程，加大水行政执法监督力度，强化水事矛盾纠纷排查化解。抓紧完成全国水资源保护规划等重大规划编制和协调报批工作。制定出台河道分级管理意见，开展河湖水域岸线登记。加大对重大水利工程和民生水利工程稽察力度，狠抓水利工程质量监督和安全监管。全面推进水利科技体制改革，抓好重大水利科技项目攻关，加快成果转化和技术推广，全面做好水利技术监督工作。加强水文基础设施建设，加快国家水资源监控能力建设二期、国家防汛抗旱指挥系统二期、国家地下水监测工程（水利部分）等项目建设。积极开展水利对外交流与合作，大力实施“走出去”战略，着力推动水利水电领域先进理念、先进技术、先进设备走向世界，主动参与水领域国际规则制定，进一步提高中国水利的影响力。扎实做好国际河流工作。

第八，进一步加强流域综合管理。适时召开流域机构负责人座谈会，研究制定加强流域管理工作的政策措施。强化流域机构依法治水管水职能，充分发挥流域机构在流域规划管理、项目前期工作、防汛抗旱减灾、“三条红线”监督考核、水资源统一调度、河湖水域岸线管理、流域综合执法等方面的作用。推进以流域为单元的综合管理，统筹防洪与抗旱、开发与保护、开源与节流、建设与管理、电调与水调，切实加强流域水资源的统一规划、统一管理和统一调度。加快建立各方参与、民主协商、共同决策、分工负责的流域议事协调机制和高效执行机制，协调好上下游、左右岸、干支流关系，形成团结治水合力，维护河湖健康生命。

第九，全面落实党的建设各项任务。深入学习习近平总书记系列重要讲话精神，进一步强化理论武装，增强“三个自信”。坚持党要管党、从严治党，严明党的纪律，严肃党内生活，加强基层党组织建设，持之以恒抓好中央八项规定的贯彻落实。进一步加强水利干部队伍建设，深入实施水利人才战略，加大交流和培训力度，强化日常教育和监管。着力强化党风廉政建设“两个责任”，始终保持惩治腐败的高压态势。构建纪检、监察、审计、稽察、财务等部门监督检查联动机制，加快水利审计免疫系统向省、市、县三级延伸，变事后审计为事前事中监督，堵塞资金监管漏洞，管好用好水利资金。深入推进水文化建设和行业精神文明创建，进一步加强水利新闻宣传和水情教育，扎实做好离退休干部、水利社团管理等工作。

同志们，水利改革发展迎来又一个新的春天。我们要紧密团结在以习近平同志为总书记的党中央周围，以更加自觉主动的担当意识、更加奋发有为的精神状态、更加扎实有力的工作举措，不断开创水利改革发展新局面，向党中央、国务院和全国人民交上一份满意答卷，为全面建成小康社会提供更加坚实有力的水利保障！

水利部党组书记、部长陈雷在传达贯彻党的十八届五中全会精神干部大会上的讲话

（2015年11月4日）

举世瞩目的党的十八届五中全会于10月26—29日在京举行。出席这次全会的有，中央委员199人，候补中央委员156人。中央纪律检查委员会常务委员会委员和有关方面负责同志列席了会议。党的十八大代表中部分基层同志和专家学者也列席了会议。全会由中央政治局主持。习近平总书记作了重要讲话。全会听取和讨论了习近平总书记受中央政治局委托所作的工作报告，充分肯定党的十八届四中全会以来中央政治局的工作，审议通过了《中共中央关于制定国民经济和社会发展第十三个五年规划的建议》。今天，我们召开干部大会，传达学习党的十八届五中全会精神，结合水利工作实际，认真抓好贯彻落实，奋力开创治水兴水管水新局面。

刚才，矫勇同志传达了习近平总书记关于《建议》的说明精神，学斌同志传达了《建议》主要精神。党的十八届五中全会，是在全面建成小康社会进入决胜阶段召开的一次极为重要的会议，对于坚持和发展中国特色社会主义，实现“两个一百年”奋斗目标、实现中华民族伟大复兴的中国梦，具有十分重大的意义。习近平总书记所作的工作报告和重要讲话，深刻分析了全面建成小康社会决胜阶段的形势，系统阐释了创新、协调、绿色、开放、共享的重要发展理念，科学回答了一系列事关党和国家长远发展的重大理论和实践问题，为我们谋划“十三五”乃至更长时期的发展提供了强大思想武器和科学行动指南。全会通过的《建议》，从党和国家战略全局出发，坚持目标导向和问题导向相统一、立足国内和全球视野相统筹、全面规划和突出重点相协调、战略性和操作性相结合，明确提出“十三五”规划的指导思想、基本原则、目标要求、基本理念和重大举措，描绘了未来5年国家发展的宏伟蓝图，体现了习近平总书记系列重要讲话精神，反映了党的十八大以来党中央决策部

署，顺应了我国经济发展新常态的内在要求，具有很强的思想性、战略性、前瞻性、指导性，是动员全党全国各族人民夺取全面建成小康社会伟大胜利的纲领性文件。

《建议》集中全党智慧、凝聚各方共识、反映人民心声，主题鲜明，内涵丰富，逻辑缜密，语言精练，文风朴实，有以下几个鲜明特点：一是指导思想高屋建瓴。《建议》深刻分析“十三五”时期我国发展环境的基本特征，紧紧围绕协调推进“四个全面”战略布局和“五位一体”总体布局、确保如期实现全面建成小康社会奋斗目标，明确提出了“十三五”时期我国发展的指导思想，确立了“六个坚持”的重要原则，为“十三五”经济社会发展提供了根本遵循。二是规划目标催人奋进。《建议》在已经确定的全面建成小康社会目标要求的基础上，从五个方面提出了新的目标要求，描绘了我们党领导全国各族人民全面建成小康社会、发展中国特色社会主义的宏伟蓝图，体现了改革、发展、稳定有机统一，速度、质量、效益相互协调，当前、近期、长远统筹兼顾，振奋人心，鼓舞斗志。三是发展理念与时俱进。《建议》强调必须坚持创新、协调、绿色、开放、共享的发展理念，充分体现了我们党认识新常态、适应新常态、引领新常态的重要成果，充分体现了“十三五”时期的发展思路、发展方向、发展着力点，标志着我们党对经济社会发展规律的认识发生了新的飞跃，在实践和理论上有了新的突破。四是战略任务系统全面。《建议》对着力提高发展质量和效益、着力形成平衡发展结构、着力改善生态环境、着力实现合作共赢、着力增进人民福祉作出全面部署，系统提出了一系列重大战略任务，把握了时代发展的新要求，回应了人民群众的新期待，必将有力推动国民经济和社会发展再上新台阶。五是保障措施坚强有力。《建议》坚持发展是第一要务，对加强和改善党的领导、更好推动经济社会发展提出了明确要求，必将有力推动各级党组织提高领导经济社会发展能力，更好激发各族人民建设祖国的主人翁意识，确保“十三五”规划的各项目标任务落到实处。

党的十八届五中全会高度重视水资源问题和水利工作。习近平总书记在作《建议》稿的说明时，把“关于实行能源和水资源消耗、建设用地等总量和强度双控行动”列入九个重点说明问题的第六个，强调这是一项硬措施，这项工作做好了，既能节约能源和水土资源，从源头上减少污染物排放，也能倒逼经济发展方式转变，提高我国经济发展绿色水平。作为文件起草组成员，我全程参加了《建议》的起草工作，感到《建议》把水资源和水利工作放在更加突出的位置，论述十分全面、内容非常丰实、要求极为明确、措施特别给力，尤其是把“水利”列入八大基础设施网络之首，把防范水资源风险纳入九大风险防范的重要内容，更加凸显了水利在经济社会发展全局中的战略地位和重要作用，充分彰显了中央对水利工作的高度重视和鼎力支持。

《建议》已于 11 月 3 日对外发布，我粗略统计了一下，有 30 多处与水利直接相关，涵盖了水利工作的方方面面。一是在水资源节约保护方面确立了新思路。《建议》突出强调要实行最严格的水资源管理制度，以水定产、以水定城，建设节水型社会，并提出实行水资源消耗总量和强度双控行动、开展水效领跑者引领行动、编制节水规划以及实施雨洪资源利用、再生水利用、海水淡化工程等一系列新理念、新观点、新要求，为做好水资源管理工作指明了方向。二是在水利基础设施建设方面部署了新任务。《建议》突出强调要完善水利基础设施网络，并对加强城市防洪防涝和农田水利建设、保障农村饮水安全，以及改善西部地区、贫困地区水利基础设施提出明确要求，必将有力推动现代水利工程体系建设，进一步提高水利对经济社会发展的支撑保障能力。三是在水生态环境保护方面提出了新理念。《建议》从坚持绿色发展的高度出发，对加强水生态环境保护作了大篇幅论述，强调要深入实施水污染防治行动计划，实施山水林田湖生态保护和修复工程，推进荒漠化、石漠化、水土流失综合治理，强化江河源头和水源涵养区生态保护，建设国家地下水监测系统，开展地下水超采区治理，发展水能资源，对推进水生态文明建设、促进人水和谐相处具有重要的指导意义。四是在连通江河湖库水系方面明确了新要求。江河湖库水系连通是近年来部党组推动实施的战略性举措，取得了明显成效，积累了宝贵经验。《建议》第一次把系统整治江河流域、连通江河湖库水系写进了中央全会文件，体现了中央对江河湖库水系连通工作的高度认可，为加快推动江河湖库水系连通、优化水资源配置格局提供了重大机遇。五是在水利改革创新方面谋划了新举措。《建议》提出要合理制定水价，建立健全用水权初始分配制度，推行合同节水管理，建立横向和流域生态补偿机制，为进一步深化水利改革攻坚、完善水利发展体制机制注入了强大动力。此外，《建议》还对加强防灾减灾能力建设、扩大防灾减灾领域对外合作与援助提出明确要求。我们要深入学习贯彻党的十八届五中全会精神，自觉把思想和行动统一到全会精神上来，把智慧和力量凝聚到实现《建议》提出的战略部署和重大任务上来。

下面，我结合水利工作实际，就学习贯彻落实党的十八届五中全会精神讲几点意见。

第一，深入学习领会，准确把握全会精神实质。学习贯彻党的十八届五中全会精神，必须深入学习领会习近平总书记重要讲话和《建议》精神，准确把握全会提出的一系列新思想、新观点、新举措、新要求。一要深刻领会中央对全面建成小康社会决胜阶段的形势判断，充分认识我国发展仍处于可以大有作为的重要战略机遇期，也面临诸多矛盾叠加、风险隐患增多的严峻挑战，进一步坚定发展的决心和信心。二要深刻领会"十三五"时期我国发展的指导思想，深入贯彻习近平总书记系列重要讲话精神，牢牢遵循"六个坚持"的重要原则，确保发展始终沿着正确方向前进。三要深刻领会全面建成小康社会新的目标要求，为如期实现第一个百年奋斗目标不懈努力，为实现第二个百年奋斗目标、实现中华民族伟大复兴的中国梦奠定更加坚实的基础。四要深刻领会创新、协调、绿色、开放、共享的发展理念，以发展理念转变引领发展方式转变，以发展方式转变推动发展质量和效益提升，实现"十三五"时期我国经济社会持续健康发展。五要深刻领会"五个着力"的战略任务，全面推进经济建设、政治建设、文化建设、社会建设、生态文明建设和党的建设，突出抓好薄弱环节和突出短板。六要深刻领会加强和改善党的领导这一实现"十三五"规划的坚强保障，更好发挥党在经济社会发展中的领导核心作用，加快推进国家治理体系和治理能力现代化。

第二，遵循五大理念，科学谋划水利"十三五"蓝图。"十三五"时期，是承接第一个百年目标和第二个百年目标的重要阶段，也是加快水利改革发展的关键时期。要按照党的十八届五中全会部署，以《建议》为指导，在前一阶段工作基础上，进一步完善《全国水利发展"十三五"规划》，切实把创新、协调、绿色、开放、共享的发展理念贯穿于水利改革发展的全过程和各领域。一是在规划思路上，要准确把握国家"十三五"时期改革发展的总体要求，坚持"节水优先、空间均衡、系统治理、两手发力"的新时期水利工作方针，进一步厘清水利"十三五"发展的总体思路。二是在规划目标上，要从全面建成小康社会大局出发，着眼经济发展新常态，科学合理设定水利改革发展目标，切实做到与国家发展战略相衔接，与经济社会发展要求相适应。三是在规划指标上，要紧密联系水利工作实际，深入研究论证，提出约束性指标和指导性指标，切实做到规划可操作、能检查、易评估。四是在规划任务上，要立足于补短板、破瓶颈、增后劲、上水平、促发展、惠民生，统筹谋划好今后五年水利改革发展的重点任务、工程布局、体制机制和重大政策，加快推进水治理体系和水治理能力现代化，着力构建与全面建成小康社会相适应的水安全保障体系。

第三，实施双控行动，切实加强水资源节约保护。实行水资源消耗总量和强度双控行动，是促进水资源可持续利用、保障经济社会可持续发展的重大举措。一要全面落实最严格水资源管理制度。坚持以水定产、以水定城，不断强化水资源需求管理，加快推进江河水量分配，进一步落实水资源论证和取水许可等制度，建立水资源承载能力监测预警机制，着力加强"三条红线"落实情况的监督考核，切实强化红线的刚性约束作用。二要大力推进节水型社会建设。加强用水定额和计划管理，健全取水计量、水质监测和供用耗排监控体系，明确各行业节水要求。积极推广高效节水灌溉技术，大力实施高耗水工业行业和服务业节水技术改造，全面开展节水型单位和居民小区建设，加大雨洪资源以及海水、中水、矿井水、微咸水等非常规水源开发利用力度。三要开展水效领跑者引领行动。健全完善节水技术标准体系，制定用水产品、重点用水行业、城市节水等方面的领跑者指标，带动全社会向"领跑者"学习，加快淘汰不符合节水标准的设备和器具。

第四，统筹当前长远，加快完善水利基础设施网络。加强水利基础设施建设，既是当前稳增长促改革调结构惠民生防风险的重要举措，也是实现全面建成小康社会的基础支撑。一要加快推进节水供水重大水利工程建设，抓紧实施在建工程，扎实做好88项拟开工项目的前期工作，年底前争取再开工一到两项，"十三五"期间成熟一个开工一个，为经济社会持续健康发展提供有力保障。二要在今年年底前全面完成"十二五"农村饮水安全规划任务的基础上，启动实施"十三五"农村饮水安全工程巩固提升工作，进一步提高集中供水率、自来水普及率、水质达标率和供水保证率。三要加快实施灌区节水配套改造和新灌区建设，积极发展东北节水增粮、西北节水增效、华北节水压采、南方节水减排等区域规模化高效节水灌溉，进一步强化小型农田水利建设，抓好冬春水利兴修，解决好农田灌溉"最后一公里"问题。四要抓好防汛抗旱薄弱环节建设，继续实施病险水库（水闸）除险加固、中小河流治理和山洪灾害防治，加强城市防洪防涝设施建设，加快实施全国抗旱规划，提高重点领域和区域水利抗灾减灾能力。五要大力推进水利扶贫攻坚，加强与脱贫直接相关的民生水利项目建设，健全完善贫困地区水利基础设施体系。

第五，坚持绿色发展，着力实施水生态文明建设。水生态文明是生态文明的重要内涵和组成部分。坚持绿色发展、建设美丽中国，必须大力推进水生态文明建设，切实筑牢生态安全屏障。一要实施水污染防治行动计划，全面落实全国重要江河湖泊水功能区划，建立联合防污控污治污机制，强化从水源地到水龙头的全过程监管。二要加快构建江河湖库水系连通体系，因地制宜建设引调水工程和区域水网工程，积极开展国土江河综合整治，不断优化水资源配置格局，进一步提高重点区域水资源水环境承载力。三要加强城乡饮用水源区、重要生态保护区、水源涵养区、江河源头区保护，推进生态脆弱河流生态修复，加强水土流失防治，建设生态清洁小流域，积极发展农村水电。四要落实水域岸线用途管制制度，严格限制建设项目占用自然岸线，积极开展退耕还湿、退养还滩，构建科学合理的自然岸线格局。五要加快建设国家地下水监测系统，严格地下水开发利用总量和水位双控制，加强华北等地下水严重超采区综合治理，逐步实现采补平衡。六要积极开展水生态文明城市创建，大力整治农村河道堰塘，建设自然积存、自然渗透、自然净化的“海绵城市”，打造河畅水清、岸绿景美的“美丽乡村”。

第六，创新体制机制，不断增强水利发展内生动力。坚持政府和市场两手发力，全面深化水利体制机制改革，进一步健全水利科学发展的制度体系。一要进一步深化水利投融资体制改革，加大公共财政投入力度，积极拓宽水利建设资金渠道，落实好土地出让收益计提、过桥贷款、开发性金融、专项债券等支持政策，鼓励和引导社会资本投入水利建设。二要搞好用水权初始分配，稳步开展水资源使用权确权登记。积极培育水权交易市场，探索多种形式的水权流转方式，逐步建立健全国家、流域、区域层面水权交易平台体系，以及水权利益诉求、纠纷调处和损害赔偿机制。创新水生态文明建设机制。三要加快推进农业水价综合改革，建立健全农业用水精准补贴和节水奖励机制，全面推行城镇居民用水阶梯价格和非居民用水超定额累进加价制度。四要推行合同节水管理，培育一批专业化节水管理服务企业，推动企业与用户以契约形式约定节水、治污、非常规水源利用等目标，并向用户提供节水技术改造、节水产品和项目融资、运营管理维护等专业化服务。五要创新水利工程建设管理体制，深化国有水利工程管理体制改革，加快小型水利工程产权制度改革，健全水利建设市场主体信用体系，规范水利建设市场秩序。

第七，精心组织安排，迅速掀起学习宣传贯彻热潮。学习好、贯彻好、落实好党的十八届五中全会精神，是当前和今后一个时期水利系统的重大政治任务。一要周密制定学习计划。部党组已经印发通知，对全国水利系统学习贯彻全会精神作出全面部署，各级党组织要紧密结合本单位实际，抓紧制订系统全面、翔实具体的学习计划，明确目标任务，落实学习措施，保障学习实效。二要发挥领导示范作用。要筹备办好部党组中心组扩大学习班，切实抓好各单位党组（党委）中心组学习，充分发挥党组（党委）中心组学习的导向和引领作用。领导干部要在认真参加集中学习的同时加强自学，力求多学一点、学深一点、做好表率。三要加大教育培训力度。要以处级以上领导干部为重点，发挥好水利部党校的主阵地作用，把学习贯彻全会精神纳入教育培训课程体系，以集中办班、专题研讨、辅导讲座等多种形式组织广大干部职工认真学习、深入学习。四要营造良好学习氛围。要充分发挥传统媒体和新媒体作用，着力做好学习贯彻全会精神的各项宣传工作，在全系统营造浓厚的学习氛围。

第八，加大工作力度，全面完成年度各项目标任务。今年是“十二五”规划的收官之年，水利改革发展任务极为繁重。现在距年底只有不到两个月时间了，各司局、各单位要结合学习贯彻党的十八届五中全会精神，认真对照年初确定的目标任务，采取更加有力的措施，确保“十二五”规划和年度各项目标任务如期圆满完成。一要统筹加快农村饮水安全、重大水利工程和面上民生水利工程建设，加密统计调度频次，加大督导检查力度，督促各地加快投资计划执行进度，确保年底前全面完成“十二五”农村饮水安全工程建设规划和“四大片区”规划外新增任务，确保重大水利工程建设年度中央投资完成90%以上，其他工程完成80%以上。二要深入贯彻国务院电视电话会议精神，组织实施好今冬明春农田水利建设，突出抓好水毁灾损工程修复、农田水利设施建设与配套、高效节水灌溉等工作，着力夯实明年农业丰收的水利基础。三要扎实做好北方河流防凌汛工作，提前防范可能出现的冬春旱情，切实抓好水库汛后蓄水调度、枯水期水量统一调度以及抗旱水源调度，确保防洪防凌安全和城乡供水安全。四要加大监督检查和项目稽察力度，狠抓水利建设质量和安全监管，全面排查水利安全生产事故隐患和管理漏洞，切实加强水库非汛期安全运行管理，严防重大安全事故发生。五要着力落实全面从严治党责任，深入学习贯彻新修订的《中国共产党廉洁自律准则》和《中国共产党纪律处分条例》，扎实推进“三严三实”专题教育各项工作，统筹抓好党的建设、干部队伍建设和党风廉政建设。六要扎实做好年度总结、述职述廉和年末考核工作，筹备开好全国水利厅局长会议、全国防汛抗旱等工作会议，精心谋划好明年和“十三五”水利改革发展、建设管理和防灾减灾各项工作，切实把党的十八届五中全会精神全面贯彻落实到各项水利工作之中。

同志们，党的十八届五中全会吹响了全面建成小康社会决胜的新号角，开启了实现中华民族伟大复兴中国梦的新征程。让我们更加紧密地团结在以习近平同志为总书记的党中央周围，凝心聚力、锐意进取，攻坚克难、扎实工作，在新的历史起点上奋力推进水利改革发展新跨越，为全面建成小康社会、实现“两个一百年”奋斗目标提供更加坚实的水利支撑和保障！

贯彻落实党中央国务院决策部署　坚决打好水利工程建设攻坚战——水利部部长陈雷在加快推进水利工程建设工作视频会上的讲话（2015年3月3日）

党中央、国务院高度重视水利工作。今年2月10日，中央财经领导小组第9次会议听取水利部关于水安全战略贯彻落实情况的汇报；2月25日，国务院第83次常务会议听取水利部关于重大水利工程建设进展情况的汇报，对保障国家水安全、加快推进重大水利工程建设进行再部署、再督促。今天，我们召开加快推进水利工程建设工作视频会，主要是深入贯彻落实党中央、国务院决策部署，进一步落实水利工程建设的工作安排，全面加快水利投资计划执行进度，确保如期圆满完成年度各项建设目标任务。刚才，学文同志通报了《水利部加快推进水利工程建设实施意见》，明确了总体目标、时间节点、主要措施、工作要求和保障机制，各地要着力抓好落实。云南、福建、安徽、河南、河北、贵州、新疆、黑龙江等8个省、自治区水利厅作了典型发言，分别介绍了推进水利工程建设的主要做法和经验，分析了存在的主要困难和问题，提出了完成年度建设任务的举措和打算，讲得都很好。下面，我讲几点意见。

一、深入贯彻党中央国务院决策部署，牢牢抓住加快水利工程建设的重要机遇

2015年，是全面完成水利发展“十二五”规划的收官之年，也是加快推进节水供水重大水利工程建设的关键之年。加快建设一批打基础、管长远、利发展、惠民生的重大水利工程和民生水利工程，有利于拉动有效投资需求、保障经济稳定增长、促进区域协调发展，对增强水安全保障能力、实现全面建成小康社会宏伟目标具有十分重要的意义。

第一，加快重大水利工程建设，是党中央、国务院作出的重大决策部署。去年3月14日，习近平总书记在关于保障水安全的重要讲话中明确要求，统筹谋划重大水利工程建设，根据财力可能有序安排建设。5月21日，李克强总理主持召开国务院第48次常务会议，对加快推进172项节水供水重大水利工程建设作出总体部署。11月24日，李克强总理在水利部考察座谈时强调，加快水利建设是赢民心、稳增长、施德政的工程，要用改革创新的办法加快重大水利工程建设。刚刚召开的国务院第83次常务会议指出，加快重大水利工程建设事关民生福祉，强调要落实目标责任制，用改革的办法筹集水利建设资金，对相关省份和重点项目开展专项督查、挂牌督办，使重大水利工程建设按期保质顺利推进，更好发挥促发展、惠民生的效益。我们要充分认识重大水利工程建设的重要性和紧迫性，进一步加大工作力度，切实把党中央、国务院关于加快水利建设的决策部署落到实处。

第二，加快重大水利工程建设，是稳增长调结构促改革惠民生的重大举措。水利既是保障粮食稳产增产的重要基础，又是加快新型工业化、城镇化和农业现代化的重要支撑。当前，我国经济发展进入新常态，经济增速放缓，下行压力较大。水利是重要的公共产品，水利建设覆盖面广、吸纳投资大、产业链条长、创造就业机会多，不会造成重复建设、产能过剩等问题，是继棚户区改造、中西部铁路之后基础设施建设的又一重要支柱。李克强总理指出，加快水利建设，有利于增加有效投资需求、带动相关产业发展，是保持经济平稳健康发展的重要措施。目前，正是加快推进重大水利工程建设的有利时机，我们要按照国务院加大公共产品供给的部署，把一些群众急需、迟早要干的水利工程尽快建起来，充分发挥水利建设对经济的直接拉动作用，为促进经济稳定增长、增加就业创造新的增长点。

第三，加快重大水利工程建设，是提高水安全保障能力的重大机遇。新中国成立60多年特别是1998年以来，国家出台一系列加快水利建设的政策措施，水利投入大幅增加，水利基础设施不断夯实，在保障防洪安全、供水安全、粮食安全、生态安全等方面发挥了重要作用，取得了巨大效益。但要看到，我国水旱灾害严重、水资源短缺、水生态损害、水环境污染等新老水问题仍然十分突出，水利基础设施还存在不少短板和薄弱环节，保障水安全依然面临严峻挑战。我们一定要紧紧抓住国家加快水利发展的重要机遇，全力推进重大水利和民生水利工程建设，着力补短板、破瓶颈、增后劲、上水平、促发展、惠民生，从根本上扭转水利建设滞后局面，着力构建与全面建成小康社会战略目标相适应的水安全保障体系。

二、重大水利工程建设开局良好，但也存在亟待解决的突出问题

按照党中央、国务院的部署要求，去年以来，水利部会同有关部门和地方，多措并举，狠抓落实，全力推进重大水利工程建设，各项工作进展顺利，取得了初步成效。

第一，前期工作加快推进，项目立项取得重要进展。国务院确定2014年开工的西江大藤峡、淮河出山店、陕西引汉济渭、贵州夹岩、新疆阿尔塔什、西藏拉洛等17项重大水利工程可研全部批复，保证了工程如期开工建设，新增在建投资规模1 521亿元。2015年计划开工的27项重大水利工程全部立项，其中4项可研已批复，17项可研已报送发展改革委，其余6项可研5月底前可报送发展改革委，27项工程总投资规模1 546亿元。同步加快“十三五”拟开工88项工程的前期工作，其中16项工程已批复项目建议书，滇中引水、引江济淮、鄱阳湖水利枢纽等21项工程项目建议书已报送发展改革委，条件具备后将抓紧审批，争取尽快开工建设。

第二，多渠道筹集建设资金，水利投资得到较好落实。2014年水利建设总投资4 881亿元，其中中央水利建设投资1 627亿元，再创历史新高。2014年共安排重大水利工程中央投资382亿元。2015年已落实重大水利工程中央投资600亿元，加上中央财政安排的田间高效节水灌溉工程资金，重大水利工程建设

中央投资将达到700多亿元，较2014年增加300多亿元，年度投资得到较好落实。中国人民银行通过定向降准等措施，加大金融对重大水利工程建设的支持力度。水利部与中国农业银行进一步深化战略合作，落实加大水利信贷支持的政策举措，31个省份水利部门与农业银行分行就合作事宜进行了对接。国家开发银行、农业发展银行等金融机构积极参与西江大藤峡、陕西引汉济渭等重大水利工程建设，增加水利信贷资金。积极鼓励和引导社会资本参与重大水利工程建设运营，发展改革委、财政部、水利部研究制定了《实施意见》和试点工作方案。

第三，工程建设进度加快，部分项目初步发挥效益。172项重大水利工程已开工建设57项。40项在建工程全面提速，吉林中部城市引松供水、青海引大济湟等引调水工程加快推进，云南牛栏江—滇池补水工程建设任务全面完成；江西峡江、河南河口村等控制性工程基本建成并初步发挥效益，湖南涔天河、新疆卡拉贝利等枢纽工程正在抓紧施工；黑龙江、松花江、嫩江防洪治理全面实施，长江中下游治理、黄河下游治理、进一步治淮、太湖流域水环境综合治理、跨界河流开发治理等项目加快建设；大中型灌区续建配套与节水改造、黑龙江“三江平原”等新建灌区建设，以及东北节水增粮、华北节水压采、西北节水增效等区域规模化高效节水灌溉加快推进，2014年新增高效节水灌溉面积2 000万亩。2014年新开工的17项工程进展顺利。

第四，各部门加强协调配合，工作机制逐步健全完善。一是落实责任分工，抓好建设安排。发展改革委、水利部印发《加快推进重大水利工程建设任务分工方案》，细化实化了重大水利工程目标任务、责任分工和保障措施。对“十二五”后两年拟新开工项目，逐项明确责任主体、前期工作关键时间节点和争取开工时间。发展改革委、财政部、水利部先后两次召开全国视频会议，对加快推进重大水利工程建设进行具体部署。今年年初又专门召开会议，对今年拟开工的27项工程和年度建设任务作出全面安排。二是建立工作机制，加强协调会商。发展改革委牵头，建立了由水利、国土、环保、住建等部门参加的重大水利项目审批部际协调机制，优化审批流程，加快审批进度。针对重大水利工程前期论证中的关键和难点问题，加强部门、地方协调会商，先后就加快推进西江大藤峡、引江济淮、滇中引水、黄河黑山峡河段开发等项目进行现场调研和专题研究，及时解决相关问题。三是强化前期工作组织，提高审批效率。积极组织有关地方和单位，优化配置勘测设计和技术审查力量，加快设计文件编制和技术审查。发展改革委委托项目评估与相关部门的前置审批实行并联办理、限时办结。国土、环保、住建等有关部门在用地、环评、规划选址等方面开辟绿色通道，提高审批效率。各地也采取多种措施，千方百计加快项目前期工作进度。

第五，强化动态跟踪问效，监督检查力度不断加大。按月发布重大水利工程建设进展情况专报，对重大工程前期工作开展、中央投资分解下达、地方配套资金落实、投资计划完成等情况逐项进行跟踪。实行前期工作月报制度，逐项通报重点项目各阶段前期工作进展、项目审批前置条件办理、前期工作责任主体和责任人落实情况。加大对水利工程建设进展情况监督检查力度，对农村饮水安全、枢纽水源、江河治理、大型灌区节水改造等项目进行了专项稽察和重点督查，对发现的问题及时下发整改意见，督促地方认真整改落实。同时，加强投资计划执行考核，及时通报考核结果，并与年度投资计划安排挂钩。各地也加强监督检查，组织开展重点督查，督促市县落实责任，加快建设进度，保证工程质量和资金安全。

重大水利工程建设取得的成效来之不易，国务院有关部门给予了大力支持，各地党委、政府和水利等有关部门付出了艰辛努力。在此，我代表水利部向给予水利建设鼎力支持的各有关方面表示衷心的感谢！向奋战在工程建设一线的广大水利干部职工致以诚挚的问候！

当前，重大水利工程建设也还存在一些突出困难和问题。一是前期工作力度仍需进一步加大。重大水利工程前期论证复杂，前置审批要件多，工作周期较长。目前，今年计划新开工的27项工程中，还有一些项目需要进行技术审查和评估，以及环评、土地、移民等前置要件办理。确保工程按计划开工建设，必须进一步加大前期工作力度。二是投资执行进度仍需进一步加快。目前，中央水利建设投资计划完成率虽较以往有所加快，但各类项目之间、地区之间进度不平衡问题仍然较为突出。中央审批的项目，投资完成率超过80%；地方审批并申请中央补助的项目，以及中央切块给地方管理的项目，投资完成率相对较低，且各地进度很不平衡，需要采取有效措施，切实解决水利投资计划执行进度偏慢的问题。三是地方建设投资仍需进一步落实。一些地方水利工程建设任务相对集中，投资需求强度大，年度建设资金存在一定缺口，有的地方配套资金不能及时落实到位，影响了工程顺利实施。四是建设管理能力仍需进一步提高。一些项目建设管理“四项制度”没有完全落实，部分市场主体诚信缺失，建设项目招标投标不够规范，有的基层水利部门存在管办不分、同体监督等情况，水利工程建设管理能力亟待提高。对这些问题务必要高度重视，切实采取措施加以解决。

三、全面落实各项工作措施，不折不扣完成好重大水利工程建设任务

加快推进水利工程建设，事关公共安全和民生福祉，中央十分关心，社会非常关注，群众特别关切。我们一定要举全行业之力，采取更加有力有效的举

措，切实完成好国务院确定的重大水利工程建设任务。

第一，进一步落实目标责任制。根据国务院常务会议的部署和要求，今年重大水利工程建设的总体目标是，确保27项重大水利工程如期或提前开工，当年中央重大水利工程投资计划完成率要达到90%以上，其他水利项目年度中央投资计划完成率要达到80%以上。为实现上述目标，必须进一步落实工作责任制。近期水利部将会同发展改革委、财政部与省级人民政府签订重大水利工程建设责任书，进一步强化地方政府的主体责任，落实年度目标任务、责任分工和工作要求。水利部已成立加快推进水利工程建设领导小组，强化组织领导，及时协调解决水利工程建设推进中的重大问题，检查督促各项目标任务完成。各省级水行政主管部门也要切实加强组织领导，任务重的省份要成立由水利部门主要负责同志亲自挂帅的领导小组，细化工作目标和任务，逐级逐项逐环节落实责任主体和责任人，健全责任追究制度，强化责任意识，提高执行能力，确保各项工作落到实处。

第二，全力做好项目前期工作。各省级水行政主管部门要按照重大水利工程前期工作方案确定的时间表逐项加以推进，把各个工作环节和任务细化到月、旬、周。对于中小河流治理、水土保持、小型农田水利建设等面上水利工程，要提前两年做好项目储备。前期工作各阶段要紧密衔接、压茬推进，并落实好前期工作经费，优化配置勘测设计力量，确保前期工作进度和质量。要充分发挥重大水利项目审批部际协调机制的平台作用，加强纵向和横向联动，与发改、国土、环保、住建等部门密切协调配合，及时并联办理前置要件，加快项目审查审批进度。对于中央立项的项目，水利部有关司局和单位要加强跟踪指导，项目技术审查要提前介入，及时将审查意见报送发展改革委，力争7月底前完成今年新开工27项重大工程的可研审批。要加快新开工项目初步设计编制工作，可研一经批准，立即启动初步设计审批，力争4个月内完成概算核定和初步设计审批，及时开工建设。对“十三五”拟开工项目，要抓紧前期工作，力争尽早开工建设。

第三，切实落实好水利建设投资。水利部将积极商发展改革委、财政部，优化调整中央预算内投资和中央财政投资结构，压缩一般、突出重点，更多向重大水利工程倾斜。今年重大水利工程建设中央投资已经全部落实，省级水行政主管部门要认真分析水利年度投资需求，提前与发改、财政等部门沟通，争取加大地方财政水利投入。要充分利用金融支持水利建设的各项政策，对于符合条件的项目，要尽可能争取贷款支持。国务院第83次常务会议明确提出，要发挥开发性金融作用，通过专项过桥贷款等方式，为地方开展水利建设提供过渡性资金支持。2月28日，水利部与农业发展银行进行了高层沟通会谈，近期将积极商有关部门出台相关管理措施和办法，会同农业发展银行组织各省水行政主管部门和省农业发展银行分行进行对接，落实好开发性金融支持水利的政策。农业发展银行已明确2015年先行安排200亿元信贷规模，支持重大水利工程建设，对西部、中部、东部地区的重大水利工程贷款在同期基准利率基础上分别下浮20%、15%和10%，贷款期限为1～3年，并成立专门内设机构从事专项管理和服务。省级水行政主管部门要会同有关部门做好年度投资缺口分析和利用过桥贷款的具体实施方案，加强与农业发展银行等金融机构的沟通衔接，积极落实地方建设资金，确保重大水利工程建设需要。发展改革委、财政部、水利部近期将印发《关于鼓励和引导社会资本参与重大水利工程建设运营的实施意见》，推出一批社会资本参与重大水利工程建设的试点项目，通过深化水利投融资改革，完善支持政策，鼓励社会资本以多种方式参与重大水利工程建设运营。各地要积极探索，研究制定吸引社会资本的方式、优惠政策和合作机制，推出吸引社会资本参与的项目，更多地争取社会资本投入水利建设。

第四，加快投资计划执行进度。今年水利建设任务重、目标要求高，必须采取有力措施，全力推进投资计划执行进度。一要加快投资计划下达。水利部有关司局要积极商国家有关部门，尽早下达年度中央水利投资计划和资金预算。对重大水利工程项目，中央财政专项资金5月底前全部下达，中央预算内水利投资6月底前下达90%以上；其他项目投资计划也要尽早下达，争取上半年基本下达完毕。今年，中央水利投资计划和资金预算下达进度会早于往年，各省水行政主管部门要及早提出资金分解建议方案，主动加强与发改、财政部门的协调衔接，务必在规定的时间内将投资计划和资金预算下达到具体项目。二要强化计划执行会商。水利部将实行水利投资计划执行月调度制度，安排中央水利建设投资的所有项目纳入调度范围，按省份、工程类型和重大项目三类进行调度，每月10日进行调度会商，对存在问题较多、投资计划执行较慢的省份，及时进行约谈、现场督办并督促整改。各省水行政主管部门主要负责同志要亲自抓水利投资计划执行，发现问题要及时采取措施，立即进行整改。三要加强投资计划执行考核。水利部将进一步强化中央水利投资计划执行考核，根据考核情况落实奖惩措施，对投资执行进度严重滞后的省份和项目，及时商有关部门调整投资计划和资金预算。四要加强水利建设投资统计管理。要确保统计数据上报及时、真实可靠，并加强统计数据分析，发挥好统计监督、信息反馈、决策支持等作用。要把统计数据真实性纳入监督检查和稽察范围，坚决防止在统计数据上弄虚作假，一经发现从严处理。

第五，编制好水利投资三年滚动规划。今年年初，国务院下发了《关于实行中期财政规划管理的意见》，明确由财政部门会同各部门研究编制三年滚动财政规划，对未来三年重大财政收支情况进行分析预测，对规划期内一些重大改革、重要政策和重大项目，研究政策目标、运行机制和评价办法，通过逐年更新滚动管理，强化财政规划对年度预算的约束性。国务院明确要求，在水利投资运营等重点领域开展三年滚动预算试点。目前，水利部已启动三年滚动财政规划编制工作，中央转移支付地方水利资金和部门预算同步编制三年滚动规划，今后凡未纳入三年滚动规划的项目，均不安排年度投资计划和资金预算。各地、各单位要抓住试点机遇，根据有关规划和项目建设工期，科学安排未来三年的建设任务，逐项逐年测算水利投资需求，超前开展前期工作，做好项目储备，切实编制好2016—2018年三年滚动规划。

第六，全面加强工程建设管理。要针对水利工程建设特点和管理中的薄弱环节，强化工程建设管理，严格落实“四制”，确保工程质量和安全。一要抓好项目组织实施。各级水行政主管部门要加强组织指导，逐项落实工程建设进度和时间节点，及时协调解决建设过程中的困难和问题。二要提高项目法人管理水平。各级水行政主管部门要按照有关要求，组建专业项目法人，认真落实项目法人责任制，督促项目法人切实履行法人职责，有条件的地方要积极推进水利工程建设项目代建制。水利部将加强重大水利工程项目法人的培训，力争年内轮训一遍。各省也要加强对重大水利工程项目法人的培训工作，建立岗前培训、定期轮训制度，切实提高项目法人管理能力。三要加强工程建设进度管理。在建项目要制定周密可行的年度实施计划，保障施工条件，严格按照计划和目标完成工程建设任务。新开工项目要抓紧落实工程建设各项条件，提前做好招标投标、施工准备等各项工作，保证工程及时开工建设。四要确保工程质量安全。各级水利部门要强化质量意识，加强质量监督，认真落实项目法人、设计、施工、监理等单位质量和安全责任，规范水利建设市场准入，充分发挥质量检测的作用，确保工程质量安全。

第七，加强和改进督导检查工作。要健全完善水利部、流域机构、省级水行政主管部门三级监督检查机制，切实履行水利工程建设监督检查职责，及时跟踪水利工程建设情况，加强动态监管。一要强化监督检查职能。把监督检查作为推进工程建设的重要手段，层层传导压力，强化工程建设任务完成、工作责任落实等情况的督查督办。水利部已制定了年度监督检查和稽察工作方案，将根据年度投资计划月调度情况，对相关省份和重点项目进行专项督查、挂牌督办。二要增强监督检查实效。强化监督检查人员的责任意识，改进监督检查工作方法，提高监督检查信息化水平。针对不同项目的特点和工作时间节点要求，认真排查存在的突出问题，做到问题发现及时、督促到位、监管有力，避免出现监督检查流于形式、走马观花的现象。三要着力抓好整改落实。对于监督检查发现的问题，要督促责任单位认真分析问题产生的原因，制定切实可行的整改方案，一抓到底、紧盯不放，确保整改工作落实到位。对于因工作推动不力、管理不到位产生的问题，要督促责任单位完善有关工作制度，堵塞管理漏洞；对于工作失职、问题频发的责任人和责任单位，要严肃追究责任。

第八，加强水利廉政风险防控。重大水利工程建设投资强度大，建设任务重，廉政风险高。各单位主要负责同志要切实担负起党风廉政建设第一责任人职责，班子成员要切实履行好“一岗双责”，水利纪检监察机构要切实把监督责任落实到位。要全面贯彻水利部关于加强水利基层单位党风廉政建设的指导意见以及加强中小水利工程建设管理防范廉政风险的指导意见，针对水利工程建设特点，强化各环节廉政风险防控。在审查审批、招标投标、资金管理等方面，要规范程序，完善制度，严格按规定执行并接受监督。水利部将会同审计署、财政部、发展改革委等部门，利用2～3年时间，将水利审计免疫系统向省市县三级拓展和延伸，形成“横向到边、纵向到底”的水利审计免疫体系。2015年将选择基础条件较好的部分省份进行试点，2016年起全面推开。各地要积极配合和推进水利审计免疫系统的拓展和延伸工作，充分利用免疫系统加强水利建设资金监管，确保资金使用规范高效。

同志们，加快水利建设是一项重要的政治任务，是水利系统义不容辞的工作职责。我们一定要以对党、对国家、对人民高度负责的精神，凝心聚力，攻坚克难，只争朝夕，真抓实干，圆满完成今年各项水利建设任务，为增进民生福祉、促进经济社会发展作出新的贡献！

落实责任　强化措施　合力攻坚　确保全面完成农村饮水安全建设任务——水利部部长陈雷在全国农村饮水安全工作视频会议上的讲话（2015年1月29日）

今天，水利部、发展改革委、财政部、卫生计生委、环保部联合召开全国农村饮水安全工作视频会议，旨在深入贯彻党中央、国务院决策部署，认真落实国务院领导同志重要批示精神，进一步明确任务、落实责任、强化措施，确保今年年底前全面完成“十二五”农村饮水安全规划目标任务，坚决打赢解决农村饮水安全问题这场攻坚战。刚才，河北、安徽、山东、河南、湖北、湖南等6个省发了言，念修副主任、刘昆副部长作了重要讲话，对做好农村饮水安全工作作出了全面部署，提出了明确要求，各地、各有关部门要认真抓好贯彻落实。

圆满完成“十二五”农村饮水安全规划任务、让所有农村居民都能喝上干净的水，是李克强总理向全国人民作出的庄严承诺，是党和人民赋予我们的光荣使命，也是各级政府义不容辞的责任。经过各方面共同努力，“十二五”以来，全国已经累计解决了2.4亿农村人口的饮水安全问题，极大改善了农村居民的生活质量和人居环境。2015年是实施“十二五”规划的收官之年，也是解决农村饮水安全问题的决战之年。现在，距完成规划目标任务只有不到一年的时间了，各项工作进入倒计时阶段。行百里者半九十，我们要充分认识肩负的使命和责任，切实把农村饮水安全工作作为当前水利工作的重中之重，采取超常措施，抓实抓细抓好，确保按时保质保量完成年度建设任务，确保如期圆满实现“十二五”农村饮水安全规划目标。

下面，我讲两点意见。

一、牢牢把握2015年农村饮水安全工作目标任务

做好2015年农村饮水安全工作，必须紧紧围绕全面完成“十二五”规划、让所有农村居民都能喝上干净水这一要求，细化实化年度目标，分解落实进度计划，为顺利完成年度建设任务打下坚实基础。

第一，进一步明确年度总体目标。一是确保完成“十二五”规划任务。今年年底前要解决5 163万农村居民和704万农村学校师生饮水安全问题，其中，河北、安徽、山东、河南、湖北、湖南、广西、四川等8个省份剩余人口在300万人以上，剩余人口在100万～300万人的有7个省份，100万人以下的有9个省份。各地要切实把完成规划目标任务作为硬要求，放在突出位置和优先领域来抓。二是统筹解决四大片区规划外饮水安全问题。目前，四省藏区、新疆维吾尔自治区和新疆生产建设兵团、重庆三峡库区、湖南洞庭湖区等四大片区，规划外尚有558万农村人口存在饮水不安全问题，情况特殊、困难突出、亟待解决，而且都是较为难啃的“硬骨头”。五部委已经向国务院报告，今年中央安排36亿元，地方配套部分资金，将解决四大片区规划外558万农村人口的饮水安全问题纳入年度计划任务，确保今年年底前全面完成。三是对地方反映的规划外其他饮水不安全问题，各地要进一步摸清底数、核实情况，按照责任书要求，由地方政府负总责，落实工程建设投资，采取有力措施予以解决。属于提质增效的，可在“十三五”期间统筹加以解决。

第二，抓紧分解落实年度任务。发展改革委、水利部已于去年年底将2015年农村饮水安全工程建设任务分解到24个省份，目前河北、内蒙古、吉林、辽宁、安徽、福建、江西、山东、河南、湖南、重庆、四川、甘肃、宁夏等14个省份已将任务分解到项目县，其中辽宁、河南、福建等省直接分解下达到具体项目，念修副主任刚才也对年度计划分解下达提出了明确要求，各地要抓紧落实。一是省级发展改革、水利部门要尽快将投资计划、解决人数等任务分解下达到县或乡镇，具备条件的省份要将任务同步分解落实到具体项目。二是县级政府和有关部门要尽快把任务落实到乡、到村、到农村学校，把项目落实到具体承担单位，并明确县级有关部门在项目前期、资金落实、招标投标、建设监理、水质保障、竣工验收、监督管理等环节的具体责任。三是各省、自治区、直辖市要以县为单元，按照集中式供水和分散式供水两类工程，因地制宜、一县一策、分类指导。对建设任务重、集中式供水工程多的县，省级层面要加大对口帮扶、技术指导和督促推动力度。

第三，实化细化进度目标要求。今年总的进度要求是，3月底前完成所有项目的招标投标工作并全面开工建设，10月底前基本完成主体工程并实现通水，年底前全面完成建设任务。各省要按照这一进度要求，制定精确详细的阶段目标以及省级、县级进度方案，能提前的要尽量提前，能往前赶的要尽量往前赶。省级方案任务要落实到项目、进度安排要落实到月。县级要以每日为基础、每旬为控制、每月为节点，逐一明确每个工程项目的审查审批、招标投标、项目开工、完工通水、竣工验收等具体时间节点要求，制订可操作、可检查、可考核的进度计划方案。各省要在2月15日前将省级进度计划方案报送水利部，各县要在春节前将县级进度计划方案报送省级有关部门核备。同时各地要按照农村饮水安全月报、旬报要求，及时将工作进展情况报送水利部。

二、多措并举打好农村饮水安全工程建设攻坚战

今年农村饮水安全工程建设目标和任务已经明确，能否保质保量如期全面完成，是对各级政府公信力和领导干部执行力的重要考验。我们一定要以高度负责的精神，以踏石留印、抓铁有痕的劲头，多措并举，攻坚克难，确保如期兑现政府承诺。

第一，加强组织领导，强化责任落实。农村饮水安全工作实践证明，能不能把工程干好，能不能完成任务，能不能让群众满意，关键在领导是否真重视，是否着力抓。一是中央明确要求农村饮水安全保障实行行政首长负责制，地方各级政府都要逐级落实主体责任，明确政府责任人、部门责任人和项目责任人，建立健全政府“一把手”负总责、政府分管领导具体负责、部门各司其职、强力推进的有效机制，逐级落实责任，层层传导压力，严格跟踪问效，切实强化责任制的刚性约束。二是地方各级水利部门要把完成农村饮水安全工程建设任务作为重中之重，动员一切可以动员的力量，采取一切可以采取的措施，全力以赴推进，不折不扣落实。三是建立责任人公示制度，各

省、自治区、直辖市要将责任人、目标任务和进度要求，于2月底前在省级媒体上公示，水利部将在中国水利报和水利部网站上汇总公示。有关市、县也要在所辖范围内公示。通过公示，强化监督考核，确保责任落到实处。

第二，健全工作机制，提高工作效率。农村饮水安全工程建设涉及部门广，工作环节多，施工战线长。打好今年的攻坚战，各部门必须联动配合，完善工作机制，提高工作效率，形成工作合力。一是在计划下达环节，各地要严格按照水利部1月10日印发的《关于尽快分解下达2015年农村饮水安全工程项目投资计划的紧急通知》要求，抓紧于春节前全部完成投资计划分解下达。水利部门要主动加强与发展改革、财政等部门的沟通衔接，尽快将资金落实到项目，以满足工程建设要求。二是在财政评审环节，目前不少地方反映，财政评审时间较长，影响工程建设进度。据了解，有的地方财政评审效率高，一个星期就能完成，有的地方却要长达两到三个月。希望各地按照刘昆副部长的讲话要求，研究缩短财政评审周期的有效措施，为顺利推进农村饮水安全工程建设赢得宝贵时间。三是在项目审批环节，水利部去年已明确要求，2015年度的所有项目要在2014年年底前完成前期工作审批，但目前还有4个省没有完成审批工作，必须加大工作力度、尽快完成审批。同时，四大片区也要加快项目前期工作进度，能够下放给市县审批的要尽可能下放给市县，能够优化的前期工作环节要尽可能优化，切实提高审批工作效率。

第三，积极落实资金，规范使用管理。按照年度中央投资计划，今年需要地方配套投资83亿元，其中配套投资超过5亿元的有6个省份。考虑到一些省份自筹资金解决规划外人口以及实行差别化补助，配套资金规模可能还要更大一些。各地要采取有力措施，确保配套资金足额及时落实到位。一是在地方建设资金方面，各省要负总责，不仅要保证省级配套资金到位，而且要督促市县配套资金落实到位，对中央明确要求取消县级或市级配套资金的集中连片特困地区，缺口部分要由省级负责落实。二是在群众自筹资金方面，要深入细致做好群众工作，用好“一事一议”政策，充分调动农民群众自筹资金的积极性，避免因资金不到位而影响项目建设和任务完成。三是在引导社会资金投入方面，要充分发挥政府主导和市场机制的作用，创新投融资机制，构建多元化的农村饮水安全投融资格局。四是在加强资金监管方面，要严肃财经纪律，对农村饮水安全建设资金实行专款专用，严防截留、挤占、挪用和滞留建设资金，确保农村饮水安全资金使用安全规范高效。

第四，加强建设管理，确保质量进度。农村饮水安全工程关系群众切身利益，各地务必加强建设管理，确保质量和进度。一要加强项目管理，严格执行农村饮水安全工程建设规程规范，千吨万人规模以上工程要严格落实“四制”，小型工程要推行以县为单元组建统一的项目建设管理单位，实行统一管理。要着力强化项目法人的建设主体责任和县级主管部门的监督主体责任，省级水利部门要加强动态跟踪检查。二要加强分类指导，对规模化集中供水工程，要统筹主体工程和配套工程建设，同步开展水厂建设、主管网铺设和入户管网施工，特别是对农村饮水安全工程与城镇管网延伸一并实施的项目，要协调好工程进度。对分散供水工程，要统筹安排、协调推进，组织足够的技术力量进行督促指导、监督管理，调集足够的机械设备安排作业、加快施工，县级主管部门要加大巡查督导力度。三要加强质量管控，按照批准的设计文件和规程规范组织项目建设，加强现场监理力量，健全质量监控体系，切实把好原材料进口关、设备采购关、施工质量关和竣工验收关，决不能因为赶进度而放松质量监管，确保建设质量和施工安全。

第五，强化水源保护，规范水质检测。让广大农村居民喝上放心水，必须保证水源可靠、水质安全。各地水利部门要加强与环保、卫生部门的沟通协调，进一步规范和加强水质保障工作。一是在水源保护方面，要坚持工程建设与水源保护“两同时”制度，依法规范水源保护区或保护范围划定工作，对人为因素引起水源变化、水质污染或工程损坏造成群众饮水困难的，要严肃追究责任，督促限期整改。二是在水质检测方面，要加快建设和完善区域农村饮水安全水质检测中心，规范消毒设施的安装、使用和运行管理。对千吨万人以上规模化供水工程，每个水厂都要配备相应的水质检测设施；对千吨万人以下小型集中式和分散式供水工程，要按规范要求开展水质检测。三是在水质达标方面，要针对一些地方微生物指标特别是大肠菌群超标问题，增装相应的水质处理设备，采取加氯、紫外线和臭氧消毒等措施，进一步提高水质合格率。

第六，完善管护机制，促进长效运行。要坚持建管并重，在落实建设进度目标的同时，同步落实运行管理目标要求，确保工程建得成、管得住、用得好、长期发挥效益。一要按照五部委联合印发的《农村饮水安全工程建设管理办法》，建立以县为单元的工程管理服务机构，负责全县农村饮水安全工程的建设和运行管理，积极引导和扶持村组集体、农民用水合作组织、供水服务组织和新型农业生产经营主体参与工程管护。所有工程都要逐个明晰产权主体和管护主体，逐个落实管护责任和经费渠道。二要按照“补偿成本、公平负担”的原则合理确定水价，有条件的地方要逐步推行两部制水价，规范并加强水费计收，加快建立县级农村饮水安全工程维修养护基金。三要加大工程管护人员培训力度，逐步实行持证上岗，切实强化日常管护，开展定期巡查、维修、养护，制定并落实突发事件应急处置预案，不断提高运营管理水平和供水服务质量。

第七，强化监督检查，严格追究问责。监督检查是及时发现和解决问题的重要举措。一要建立健全稽察、督查、抽查和第三方评估等工作机制，实现全方位全过程全覆盖监督检查。发展改革委已经将农村饮水安全工程作为今年的重点稽察项目，水利部也将继续把农村饮水安全工作作为稽察督查重点，强化对口分片联系制度，进一步落实牵头司局的督导责任，充分发挥流域机构和相关直属单位的作用，突出强化监督检查的针对性和实效性，根据建设节点，对重点目标任务落实情况进行监督检查，对建设进度滞后、问题较多的省份开展专项督查，推动问题及时得到整改解决。二要将农村饮水安全工作纳入各省督查工作重点，省级水行政主管部门要健全常态化监督检查机制，厅领导和相关处室负责同志要采取分片督导、挂牌督办、现场蹲点等方式，动态跟踪建设情况，及时发现问题、督促整改。各市县要建立重点工程现场驻点制度，对任务较重、进展较慢的项目，要明确专人负责盯办督办。三要建立问责机制，对农村饮水安全工作措施不力、工程进展缓慢、不能按期完成任务的，特别是虚报数据、弄虚作假的，要对有关责任人进行严肃处理，绝不姑息迁就。四要进一步完善月报、旬报制度，落实上报数据签字背书制度，各级水利部门主要领导要对上报数据的真实性负责，水利部将定期公示各地上报的 2015 年度项目责任人和进展情况，接受社会监督。

第八，采取超常措施，加快整改落实。去年审计署对 16 个省份的 2014 年农村饮水安全项目进行跟踪审计，发现存在的一些问题。水利部于年前派出 16 个督查组到这些省份开展督查，1 月 9 日再次派出 51 个工作组到 26 个有建设任务的省份进行专项稽察督查，各相关省份也组织力量开展全面检查核查。从水利部专项稽察督查情况和各省、自治区、直辖市上报的自查核查和整改完成情况看，各地高度重视、行动迅速、举措有力，整改工作正在扎实有序推进，多数问题已经整改完成，但也还存在一些亟待加快解决的问题，水利部将于近日分省下达稽察督查整改通知书。各地要按照水利部要求，采取有效措施，抓紧整改落实。当年项目要抓紧收尾、尽快通水入户，跨年度建设项目要抓紧施工、尽量提前完成。配套资金不到位的要抓紧落实，消毒设施不健全的要抓紧安装，运行管护不完善的要抓紧健全完善。相关省份要进一步加大督查力度，确保尽快整改到位。

同志们，农村饮水安全保障工作任务艰巨、责任重大。我们要紧密团结在以习近平同志为总书记的党中央周围，深入贯彻落实党中央、国务院的决策部署，以更加自觉的政治态度、更加有力的工作举措、更加扎实的工作作风，全力打好农村饮水安全攻坚战，圆满完成“十二五”规划建设任务，向党和人民交上一份满意的答卷！

水利部部长陈雷在水利扶贫开发工作视频会议上的讲话（2015 年 12 月 10 日）

这次会议的主要任务是：深入贯彻落实党的十八届五中全会、中央扶贫开发工作会议、全国革命老区开发建设座谈会、全国易地扶贫搬迁工作电视电话会精神，总结“十二五”水利扶贫开发工作，研究部署“十三五”水利扶贫开发任务，为打赢脱贫攻坚战提供更加有力的水利支撑和保障。

不久前召开的中央扶贫开发工作会议，是全面建成小康社会进入决胜阶段、脱贫攻坚进入冲刺期召开的一次具有里程碑意义的重要会议。习近平总书记的重要讲话，从战略和全局的高度，深刻阐述了脱贫攻坚的重要意义、指导思想、目标任务和重大举措，下达了向贫困发起总攻的动员令，为我们做好扶贫开发工作提供了强大思想武器和科学行动指南。李克强总理的重要讲话，深入分析了脱贫攻坚面临的形势，系统部署了当前和今后一个阶段扶贫重点任务，突出强调了打赢脱贫攻坚战采取的重大举措。汪洋副总理的总结讲话，提出了“八个干”的明确要求，部署了近期需要抓紧抓好的五项重点工作。中央印发的《关于打赢脱贫攻坚战的决定》，对未来五年打赢脱贫攻坚战作出系统安排部署，出台了一系列指向明确、含金量高的攻坚之举、非常之策。中央扶贫工作会议对水利工作高度重视，突出强调要加强贫困地区水利基础设施建设，加快破除发展瓶颈制约。我们要切实把思想和行动统一到中央的战略决策和部署安排上来，把扶贫开发工作作为重大政治任务，全力打赢脱贫攻坚战。

下面，我就贯彻落实中央扶贫开发工作会议精神、切实做好水利扶贫开发工作讲几点意见。

一、认清水利扶贫开发工作形势，切实增强打赢脱贫攻坚战的使命感紧迫感

消除贫困、改善民生、逐步实现共同富裕，是社会主义的本质要求，是我们党的重要使命。水利部党组高度重视水利扶贫开发工作，特别是党的十八大以来，按照党中央、国务院的决策部署，举全行业之力加大水利扶贫开发攻坚力度，形成了水利行业扶贫、滇桂黔石漠化片区联系、水利定点扶贫、重点地区对口支援、贵州水利扶贫试点的“五位一体”水利扶贫新格局。

“十二五”期间，中央共安排贫困地区水利投资 2 375 亿元，占中央水利投资总规模的 31.7%，是水利扶贫开发资金投入最多、建设成果最多、群众得实惠最多的五年。一是农村饮水安全工程全面提速。安排贫困县农村饮水安全工程中央投资 481 亿元，累计

解决 10 068 万农村人口和 1 521 万农村学校师生的饮水安全问题，贫困地区自来水普及率、供水保障率和水质达标率明显提高。二是农田水利设施不断完善。安排贫困地区大中型灌区续建配套与节水改造以及小型农田水利建设中央投资 257.6 亿元，涉及 873 个贫困县次。累计新增、恢复和改善灌溉面积 5 300 万亩，新增节水灌溉面积 3 400 万亩，为贫困地区增加旱涝保收基本农田面积、优化农业种植结构、促进农民增收作出了重要贡献。三是重大水利工程扶贫效益显著。已经开工的 84 项节水供水重大水利工程有 60 项在贫困地区，总投资达 5 600 亿元。贵州夹岩水利枢纽、青海湟水北干渠扶贫灌溉工程、西藏拉洛水利枢纽及配套灌区工程、贵州册亨水库等一批工程开工建设，甘肃引洮供水一期等一批工程建成并投入运行，极大地改善了贫困地区群众生产生活条件。四是防汛抗旱减灾能力明显提升。贫困地区共完成 7 700 多座病险水库和大中型病险水闸除险加固，新建或加固江河堤防 3 900 多 km，新增中小河流治理河长 1.45 万 km，建成 700 多套山洪灾害监测预警系统，山洪灾害死亡人数比“十一五”降低了 60% 以上，解决了 5 000 多万人次因旱临时饮水困难。五是水保生态建设步伐明显加快。累计安排贫困地区水土保持中央投资 104.8 亿元，占全国水土保持总投资的 55%，治理水土流失面积 3.8 万 km^2，重点工程覆盖 459 个贫困县，治理区群众生产生活条件和人居环境明显改善。六是农村水电受益面进一步扩大。安排贫困地区中央补助投资 68.77 亿元，新增农村水电装机容量 749 万 kW，解决了 44 万户农民的生活燃料问题，贫困县农村水电装机达到 3 224 万 kW，有效解决了贫困农户用电问题，改善了当地能源结构，促进了贫困地区增收和就业。“十二五”水利扶贫成绩来之不易，得益于党中央、国务院的高度重视，得益于中央有关部门的大力支持，得益于贫困地区各级党委政府的精心组织，得益于各级水利部门的扎实工作。在此，我向奋战在水利扶贫开发战线上的同志们，致以崇高的敬意，表示衷心的感谢！

当前，我国扶贫开发已进入啃硬骨头、攻坚拔寨的冲刺期。中央明确提出，到 2020 年确保我国现行标准下农村贫困人口实现脱贫，贫困县全部摘帽，解决区域性贫困问题。这是我们党向人民作出的郑重承诺。打赢脱贫攻坚战，必须充分发挥水利的基础性、先导性、保障性作用，加快补齐补强贫困地区水利短板。这不仅是贫困地区增强发展能力的治本之策，也是“十三五”时期水利系统的一项重要政治任务。

第一，从脱贫攻坚对水利要求看。我国贫困地区分布与水资源禀赋条件高度相关，“有水难存”“无水可蓄”都是贫困的根源之一。习近平总书记在中央扶贫开发工作会议上指出，要按照贫困地区和贫困人口的具体情况，实施“五个一批”工程，强调在“发展生产脱贫一批”中，要把脱贫攻坚重点放在改善生产生活条件上，着重加强农田水利、交通通信等基础设施和教育医疗等公共服务建设，特别是要解决好入村入户等“最后一公里”问题；在“易地搬迁脱贫一批”和“生态补偿脱贫一批”中，也对水利提出了明确要求。李克强总理强调，解决贫困地区缺水问题，是一项迫在眉睫的任务，必须下大力气抓好，对加快重大水利工程建设，加强小型农田水利、“五小水利”工程等建设，实施农村饮水安全巩固提升工程、全面解决贫困人口饮水安全问题，加强灾害防御体系建设，小水电开发、水生态治理、坡耕地整治、水库移民和库区后续发展等作出重要部署，提出明确要求。现在，距离全面建成小康社会只有五年时间，水利扶贫开发任务十分艰巨。我们要以只争朝夕的精神状态，举全行业之力，全面加快贫困地区水利改革发展。

第二，从贫困地区水利发展现实看。经过改革开放以来特别是“十二五”期间的艰苦努力，贫困地区水利面貌发生了翻天覆地的变化，但要看到，由于自然条件恶劣、历史积累问题较多，贫困地区水利基础设施薄弱的状况仍未彻底扭转，因水受困、因水成疾、因水致贫现象仍然较为突出。一些贫困地区农村饮水工程建设标准偏低、供水保障能力不强、运行机制不完善，群众饮水安全保障不稳固。一些贫困地区农田设施建设标准不高，工程老化失修严重，抵御水旱灾害的能力普遍较低。一些贫困地区受建设条件等多方面因素影响，工程性缺水和资源性缺水问题十分突出，防洪体系不健全。一些贫困地区水土流失严重，还有一些贫困地区盲目开发造成水环境恶化。很多地方穷在水上、难在水上，脱贫的出路和希望也在水上。我们要直面问题、明确目标、苦干实干，精准解决好贫困地区的水利瓶颈制约问题。

第三，从水利扶贫开发工作看。经过多年探索，我们初步建立起以政策为支撑、规划为先导、项目为带动、资金为保障、贫困地区干群为主体，多措并举、上下联动的水利扶贫开发工作体制机制。但在实施过程中，有的地方水利部门领导思想认识还不够到位，对贫困地区的倾斜支持力度不够。主要表现在，重大中型水利项目轻小微型水利项目，导致工程配套衔接不够，效益难以充分发挥；重面上水利扶贫轻精准到户安排，水利扶贫效益的平均数掩盖了少数贫困户的真实困难；重硬件设施建设轻软件设施跟进，贫困地区水利改革发展内生动力不足。这些问题必须引起我们的高度重视，下大力气尽快加以解决。

二、科学谋划“十三五”水利扶贫开发工作，进一步明确工作要求和重点任务

“十三五”时期水利扶贫开发工作的指导思想是：深入贯彻党的十八届五中全会和中央扶贫开发工作会议精神，坚持以习近平总书记关于扶贫开发战略思想

为指导，牢固树立“创新、协调、绿色、开放、共享”的发展理念，遵循“节水优先、空间均衡、系统治理、两手发力”的新时期水利工作方针和精准扶贫精准脱贫方略，充分发挥水利扶贫规划的引领作用，充分调动中央、地方和贫困地区群众的积极性，全面推进行业扶贫、片区联系、定点扶贫、对口支援等水利扶贫工作，夯实贫困地区水利基础设施，为打赢脱贫攻坚战、全面建成小康社会提供坚实的水利支撑和保障。

“十三五”时期水利扶贫开发工作的总体目标是：力争到2020年使贫困地区水利基础设施公共服务能力达到或接近全国平均水平，不合理的水资源开发利用方式得到根本扭转，水利良性发展机制初步建立，水利人才队伍建设全面加强，管理服务能力明显提高，基本建成与全面小康社会相适应的水安全保障体系。

要切实把握以下基本原则：一是坚持问题导向、精准发力。根据贫困地区水利发展程度和贫困群众水利需求，结合新型城镇化、农业现代化，科学确定水利扶贫目标、任务和工作重点，做到项目安排精准、资金投向精准、效益发挥精准。二是坚持突出重点、分类施策。紧紧围绕打赢脱贫攻坚战的目标要求，分类解决水短缺、水灾害、水环境、水生态问题，突出重大水利工程对解决区域性整体贫困的支撑保障作用，突出民生水利建设对精准扶贫脱贫的定向直接效应。三是坚持保护生态、绿色发展。牢固树立绿水青山就是金山银山的理念，把生态保护放在优先位置，在保护中开发、在开发中保护，实现水利扶贫开发与生态建设双赢。四是坚持多措并举、注重实效。按照精准扶贫、精准脱贫、差别化支持的要求，体现“干非常之事、有非常之策”的精神，强化工作机制，提高扶贫实效，让贫困地区共享水利改革发展成果。五是坚持上下联动、合力攻坚。在加大中央倾斜支持力度的同时，进一步强化地方责任担当，发挥贫困地区干群主观能动性，推动水利扶贫开发由偏重“输血”向注重“造血”转变。

要着力抓好以下重点工作：

第一，切实抓好重大水利工程建设，着力增强贫困地区经济社会发展能力。172项节水供水重大水利工程70%位于中西部地区和集中连片特困地区。加快重大水利工程建设，发挥工程覆盖范围大、产业链条长、带动能力强的优势，对于解决贫困地区工程性缺水和资源性缺水、提高防灾减灾能力、促进贫困人口就业增收具有重要意义。当前，要加快贵州夹岩、甘肃引洮二期、西藏拉洛等在建项目建设，力争早日建成并发挥效益。要加快云南滇中引水、贵州黄家湾水库、青海引大济湟西干渠灌区等重大水利工程前期工作进度，做到优先安排，早日开工建设。要按照“确有需要、生态安全、可以持续”的原则，再筹划论证新上一批水利扶贫项目，着力提升集中连片特困地区供水保障能力。

第二，切实抓好饮水用电和防洪安全，着力解决贫困地区民生保障问题。解决好贫困村贫困群众饮水用电和洪涝灾害防治问题，是实施精准扶贫、精准脱贫的基本要求。“十三五”农村饮水安全巩固提升要聚焦中西部贫困地区，在资金和项目安排方面给予重点支持，并做好与建档立卡贫困村贫困户的对接，对分散性供水和水质不达标工程全面实行提质增效改造，确保到2020年贫困地区与全国一道实现自来水普及和集中供水达效目标。大力支持水电新农村电气化县、小水电代燃料和农村水电站增效扩容改造工程。加大贫困地区抗旱水源建设、中小河流治理、山洪灾害防治、病险水库水闸除险加固建设力度，不断提高抵御自然灾害的能力。

第三，切实抓好灌区改造和农田水利建设，着力提高脱贫致富的生产能力。改善贫困地区农业生产条件，是实施“发展生产脱贫一批”的重要保障。要紧密结合脱贫致富产业开发，把农田水利配套工作落实到贫困县、贫困乡、贫困村。要加快贫困地区大中型灌区续建配套与节水改造，推进灌溉排水泵站更新改造和牧区水利工程建设，统筹解决好灌溉水源、农田灌排骨干工程和田间工程“最后一公里”问题。要以建档立卡贫困村为重点，实施“五小水利”工程建设，大力支持有条件的贫困乡镇和贫困村建设一批小型水库和小型灌区，实现旱涝保收、稳产高产。

第四，切实抓好水土保持和水生态修复工程，着力改善贫困地区水生态环境。要贯彻绿色发展理念，加大贫困地区山水林田湖生态保护力度，大力推进生态文明建设。国家水土保持重点工程建设、水土流失综合治理、小流域综合治理等项目，要向贫困地区倾斜支持。实施以贫困村为单元的坡耕地治理项目，有效增加贫困群众收入。加强贫困地区水源涵养与保护、生态补（调）水、江河湖库水系连通、水生态保护与修复等工作，实施水污染防治行动计划，建设生态清洁小流域。大力整治农村河道堰塘，在贫困地区打造一批河畅水清、岸绿景美的美丽乡村。

第五，切实落实最严格的水资源管理制度，着力保障贫困地区水资源可持续利用。要实行水资源消耗总量和强度“双控”行动，全面落实最严格水资源管理制度，强化“三条红线”落实监督考核，建立水资源承载能力监测预警机制，推进贫困地区产业结构调整和区域经济布局优化。在区域产业发展和易地扶贫搬迁中，要充分考虑水资源承载能力，坚持以水定产、以水定居。要加强贫困地区用水定额和计划管理，健全取水计量、水质监测和供用耗排监控体系。要积极推广高效节水灌溉技术，加大雨洪资源等非常规水源开发利用力度，大幅提高贫困地区水资源利用效率和效益。

第六，切实推进水利体制机制改革，着力激发贫困地区水利发展生机活力。要深化贫困地区水利投融资体制改革，落实好过桥贷款、开发性金融、财政贴息等支持政策，争取加大国债和地方债用于贫困地区水利建设的规模，通过PPP模式吸引社会资本投入水利建设。要深化贫困地区国有水利工程管理体制改革，加快小型水利工程产权制度改革，深化农业水价综合改革，加大小型农田水利设施运行维护经费支持力度，保障工程良性运行。要创新水利工程建设管理机制，财政资金用于贫困地区的小型水利项目，可简化建设程序。要落实好水库移民和库区扶持政策，加快贫困移民的脱贫步伐。要建立贫困地区贫困人口在国家财政投入农村水电开发中获得资产收益的政策，探索水生态补偿资金让贫困村贫困人口受益的机制。

第七，切实抓好革命老区、片区联系和定点扶贫工作，着力加快重点区域整体脱贫步伐。老区和老区人民为中国革命作出了重大牺牲和贡献，加快老区发展步伐是我们义不容辞的责任。要抓紧组织编制革命老区水利发展专项规划，水利资金、项目、政策都要对老区给予重点倾斜和扶持，帮助老区发展得更快一点。要进一步加强滇桂黔石漠化片区联系工作，创新片区联系工作机制，修订片区水利扶贫实施方案，推动片区扶贫攻坚规划的实施。要抓紧研究制定并实施新一轮水利定点扶贫工作方案，保障定点扶贫地区率先脱贫摘帽。要继续推动青海贵德、江西宁都、河北阜平、甘肃临夏、安徽金寨以及三峡库区等重点地区水利对口支援工作，加大援藏援疆援青和民族地区、边疆地区水利扶贫工作力度。

第八，切实抓好技术支持和智力帮扶，着力提升贫困地区“造血”发展能力。要针对贫困地区水利人才和技术力量薄弱问题，抓紧编制和实施贫困地区水利职工培训对口支援计划、学历学位教育计划、水利定向招生专项计划，完善向贫困地区派遣水利干部挂职帮扶制度。东部地区各省级水利部门要积极向东西部扶贫协作省份的国家扶贫开发重点县派遣水利干部挂职，建立贫困地区与发达地区水利干部双向交流学习制度。要认真落实贫困地区水利工程建设技术支持工作方案，指导帮助贫困地区做好水利规划、设计等前期工作以及工程建设和技术管理工作。要加强贫困地区水利科技推广应用，不断提高水利科技支撑水平。

三、进一步加强水利扶贫开发工作的组织领导，确保各项工作落到实处

做好水利扶贫工作，是对各级水利部门政治意识、责任担当、工作作风的考验。我们要积极践行“三严三实”要求，用心、用情、用力完成这一历史赋予我们的使命。

第一，加强组织领导，强化工作责任。要发挥各级水利扶贫开发领导小组的组织领导和协调指导职能，及时研究解决水利扶贫开发工作中的重大问题。要强化省级水行政主管部门的水利扶贫开发主体责任，按照中央和地方事权划分，出台和落实向贫困地区倾斜的政策和措施。市县水行政主管部门作为水利扶贫开发实施的责任主体，要把水利扶贫职责扛在肩上、抓在手上，围绕农村贫困人口实现脱贫和贫困县脱贫摘帽目标，统筹资源，搞好规划，强化实施，抓好水利扶贫开发工作。

第二，结合水利实际，编制扶贫规划。要根据中央关于脱贫攻坚的总体部署，紧密结合水利实际，抓紧编制“十三五”水利扶贫专项规划，统筹谋划贫困地区水利工程布局、建设管理和进度安排，研究提出水利扶贫的政策举措，并做到与脱贫攻坚规划、片区扶贫规划、易地扶贫搬迁规划等相关扶贫规划的有效衔接。同时，要在水利发展“十三五”规划中，明确对贫困地区进行项目、资金、技术倾斜的措施和办法，各水利专项规划也要把贫困地区水利工作目标任务作为优先领域、重点任务单独呈列。

第三，完善倾斜政策，加大投入力度。中央和省级水利投资要通过提高投资补助标准、扩大补助范围等措施，进一步加大对贫困地区的支持力度。在国家财力紧张的情况下，饮水安全巩固提升、中小河流治理、中小型水库建设、小水电开发等项目要优先向贫困地区倾斜，过桥贷款、专项基金、信贷资金等要优先支持贫困地区水利建设。要注重运用市场化办法，撬动更多信贷资金、社会资金投入水利建设。要依托水利扶贫专项规划，搞好资金整合，充分发挥资金整体效益。

第四，健全工作机制，确保精准扶贫。要按照精准扶贫、精准脱贫的要求，落实水利需求调查机制，为编制水利扶贫规划、精准安排水利项目创造有利条件；落实水利项目储备机制，扎实做好前期工作，为优先安排水利项目、落实年度计划奠定基础；落实水利投资倾斜机制，确保符合条件的水利扶贫项目优先列入年度投资计划，实现项目落地、资金落地；落实水利扶贫统计工作机制，及时全面掌握贫困地区水利建设进度、水利扶贫开发成效；落实水利扶贫考核机制，引导各级水利部门把扶贫资源集中用于贫困地区。

第五，强化监督检查，全程跟踪问效。要把水利扶贫专项规划实施情况作为监督检查的重点，加大对项目、资金、人才、技术帮扶的跟踪问效，对任务不明确、责任不落实、工作不到位、措施不得力的地方水利部门要及时问责。要加大对水利扶贫开发项目建设和资金使用管理的督导、稽察和审计监督，切实把来之不易的项目建设好、管护好，把贫困群众的“救命钱”使用好、管理好。贫困地区各级水利部门要全面落实党风廉政建设“两个责任”，着力强化廉政风险防控，确保工程安全、资金安全、干部安全、生产

安全。

第六，加强协调配合，凝聚工作合力。要加强与扶贫、发改、财政、国土、环保、农业、林业、卫生等部门的沟通协调，在水利扶贫开发工作中建立“绿色通道”，争取更多的支持。要强化水利扶贫工作机构能力建设，部扶贫办要切实发挥组织协调、参谋助手和监督指导等职能，部机关各司局要做好水利扶贫相关规划、项目、资金及政策的制定和落实工作，各流域机构和部直属单位要配合做好水利扶贫相关工作。省级水行政主管部门要明确水利扶贫开发工作机构和人员，加强与部扶贫办、当地扶贫部门、贫困县水利部门的沟通联系。要加大水利扶贫开发宣传力度，营造全社会关心支持贫困地区水利改革发展的良好氛围。

同志们，做好水利扶贫开发工作，使命光荣、任务艰巨。我们要紧密团结在以习近平同志为总书记的党中央周围，坚定信心、迎难而上、开拓进取、扎实工作，全力做好贫困地区水利工作，为打赢脱贫攻坚战、实现“两个确保”作出新的贡献！

深入落实党风廉政建设主体责任　着力强化水利系统党风廉政建设——水利部党组书记、部长陈雷在水利系统落实党风廉政建设主体责任和监督责任座谈会上的讲话（2015 年 12 月 8 日）

今天，我们召开水利系统落实党风廉政建设主体责任和监督责任座谈会，主要是深入贯彻落实习近平总书记系列重要讲话和十八届中央纪委四次、五次全会精神，学习贯彻不久前中央颁布的《中国共产党廉洁自律准则》和《中国共产党纪律处分条例》，交流水利系统各单位落实主体责任工作情况和经验做法，督促水利系统各单位进一步落实党风廉政建设“两个责任”，深入推进水利系统党风廉政建设和反腐败工作。

刚才，学斌同志通报了一年来水利系统各单位落实“两个责任”情况，田野同志对进一步落实监督责任提出了明确要求，长江委、黄委、规计司、人事司、水文局、澧水公司和上海市、山东省、重庆市、新疆维吾尔自治区水利（水务）厅（局）等 10 个单位就落实主体责任作了交流发言，讲得都很好，希望各单位相互学习借鉴。下面，我讲几点意见。

一、认真总结一年来工作，进一步坚定落实党风廉政建设主体责任的决心

一年来，水利系统各级党组织深入贯彻中央关于全面从严治党的决策部署，认真落实党风廉政建设主体责任，细化责任分解，加强检查考核，严格责任追究，各项工作取得明显成效。

第一，落实职责分工，主体责任意识明显增强。部党组多次召开会议研究部署主体责任落实工作，及时出台《关于进一步落实党风廉政建设主体责任的意见》，制定印发工作要点和任务分工，把主体责任细化为 7 个方面 35 条，明确了党组织、主要负责同志、领导班子成员以及相关部门的职责。通过举办基层党组织书记落实主体责任专题培训班等方式，督促水利系统各单位党组织狠抓主体责任落实，有效解决了落实主体责任“不愿抓、不敢抓、不会抓”的问题，形成了领导高度重视、部门齐抓共管、上下统筹联动的良好格局。

第二，逐级签字背书，主体责任体系更加完善。部党组与 43 个部机关司局和直属单位的党组织签订了党风廉政建设责任书，水利部与 32 个省级水行政主管部门签订了廉政建设承诺书，48 位部机关司局、直属单位的主要负责同志与分管部领导，197 位在京司局级干部与本单位主要负责同志签订了党风廉政建设承诺书。部直属单位各级党组织和部分省级水行政主管部门也组织签订了党风廉政建设责任书或承诺书，形成了“横向到边、纵向到底”的水利党风廉政建设主体责任体系。

第三，健全体制机制，主体责任保障更为有力。部党组建立完善了党风廉政建设承诺、约谈、报告、检查考核、责任追究和领导干部年终述廉等一系列制度，制定印发了《关于加强水利基层单位党风廉政建设的指导意见》《关于加强中小型水利工程建设管理防范廉政风险的指导意见》《关于水利工程建设项目代建制管理的指导意见》等文件。各单位结合自身实际建立完善本单位落实主体责任制度，着力强化制度的执行、检查和考核，推动各项工作走上了制度化、规范化轨道。

第四，强化监督检查，主体责任考核逐步规范。部党组修订印发《关于对违反党风廉政建设责任制规定实施责任追究的办法》，进一步明确了问责对象、问责形式、问责程序。组织修订了《党风廉政建设责任制落实情况民主测评表》和《党风廉政建设责任制落实情况考核评分标准表》，部党组专门下发通知，对党风廉政建设责任制考核工作作出安排部署。部领导亲自带队，组成 8 个检查考核组，对 9 个部直属单位年度落实主体责任工作情况进行了检查考核，对党风廉政建设重视不够、领导不力、主体责任落实不到位的有关单位和领导干部，进行了严肃追责。各单位不断加大党风廉政建设监督检查和追责问责力度，实现了全程跟踪、全力监督、全面检查。

第五，加强组织建设，主体责任基础更为扎实。部党组调整了水利部党风廉政建设领导小组及其办公室，进一步明确了职责任务。整合部直属机关纪委和部廉政办的机构设置、工作职能和人员配备，增强直属机关党风廉政建设和纪检工作力量。印发《中共水利部党组关于进一步加强部属单位纪检监察组织建设

的意见》，要求部直属单位建立健全纪检工作机构，加强纪检组织领导班子和纪检干部队伍建设，对7个流域派驻单位的纪检监察机构实行由部党组直接领导、驻部组局归口指导的管理体制。去年以来，部党组先后调整充实了10个部直属单位的纪委书记（纪检组长），大大加强了直属单位纪检工作力量。

二、准确把握全面从严治党要求，进一步深化对落实党风廉政建设主体责任的认识

党的十八大以来，以习近平同志为总书记的党中央把全面从严治党摆在更加突出的位置，提出一系列新的重要思想，作出一系列新的战略部署，为全面推进党的建设新的伟大工程指明了方向，提供了重要遵循。落实全面从严治党要求，必须充分认识强化党风廉政建设主体责任的极端重要性和紧迫性，坚定不移地把水利系统党风廉政建设和反腐败工作不断引向深入。

第一，落实主体责任，是深入学习习近平总书记重要讲话精神、增强思想和行动自觉的关键举措。党的十八大以来，习近平总书记就党风廉政建设和反腐败斗争发表一系列重要讲话，突出强调党风廉政建设和反腐败斗争是全面从严治党的重要方面，是新形势下进行具有许多新的历史特点的伟大斗争的重要内容，是协调推进“四个全面”战略布局的重要保证。推进党风廉政建设和反腐败斗争，关键是落实主体责任，根本在于担当。我们必须切实把思想和行动统一到中央的决策部署上来，准确把握当前党风廉政建设和反腐败斗争的严峻复杂形势，牢固树立“抓好党风廉政建设是本职、抓不好党风廉政建设是失职、不抓党风廉政建设是渎职”的理念，不断增强落实主体责任的思想坚定性和行动自觉性。

第二，落实主体责任，是贯彻执行《准则》和《条例》、把纪律和规矩挺在前面的必然要求。全面从严治党，最核心的是唤醒党员干部的党章党规党纪意识，最根本的是用纪律和规矩约束党员干部行为，最关键的是落实主体责任。新修订的《中国共产党廉洁自律准则》和《中国共产党纪律处分条例》，坚持思想建党和制度建党紧密结合、依规治党和以德治党有机统一，把党章对党组织和党员的纪律要求具体化，为全体党员树立了道德标杆，划定了纪律底线。我们必须坚持纪在法前、纪严于法，把纪律和规矩挺在前面，推动基层党组织增强主体责任意识，层层传导压力，使党规党纪成为管党治党的尺子、党员不可逾越的红线，把全面从严治党的各项要求落到实处。

第三，落实主体责任，是强化水利干部队伍建设、推动水利事业健康发展的重要保证。党要管党首先是管好干部，从严治党关键是从严治吏。确保中央新时期水利工作方针落到实处，确保党中央、国务院关于加快水利改革发展的决策部署见到实效，需要一支信念坚定、为民服务、勤政务实、敢于担当、清正廉洁的水利干部队伍。选好用好干部，是落实水利部门各级党组织主体责任的重要内容。我们必须坚持党管干部原则，按照习近平总书记提出的好干部标准，严格执行《党政领导干部选拔任用工作条例》和《推进领导干部能上能下若干规定（试行）》，形成良好的用人导向和制度环境，进一步增强水利队伍的凝聚力、创造力和战斗力。

第四，落实主体责任，是一以贯之抓好作风建设、营造风清气正良好氛围的有力手段。从严管党很重要的就是管好作风。近年来，水利系统广大党员干部自觉投身水利改革发展实践，敢于担当、攻坚克难、勤勉务实、无私奉献，展现出良好的精神风貌。特别是经过群众路线教育实践活动和“三严三实”专题教育，“四风”问题得到有效整治，党员干部作风发生明显变化。同时也要看到，作风建设永远在路上，没有休止符。我们必须自觉担负起主体责任，在抓常、抓细、抓长上狠下工夫，坚持以严的标准要求、以严的措施管理、以严的纪律约束，引导水利系统广大党员干部自觉践行“三严三实”要求，始终保持风清气正、干事创业、为民务实的良好作风。

三、深入贯彻中央决策部署，进一步抓牢落实党风廉政建设主体责任的关键

当前，党风廉政建设和反腐败斗争形势依然严峻复杂，水利系统各级党组织要把思想和行动统一到党中央的决策部署上来，始终保持政治定力，以强烈的历史责任感、深沉的使命忧思感、顽强的意志品质，持续抓牢抓好落实主体责任的各项工作。

第一，要以党纪党规党性教育为重点，着力深化廉政教育和廉政文化建设。廉政教育和廉政文化建设是落实党风廉政建设主体责任的重要内容。水利系统各级党组织要以党章党规党纪党性教育为重点，不断丰富廉政教育内容，探索创新教育方式，充分利用党校、网络媒体、手机短信等载体，开展“讲家风家事”“展家训格言”等形式多样的廉政文化创建活动，增强廉政教育的生命力、辐射力、感染力，引导水利系统党员干部自觉讲党性、守党规、严党纪。部党组决定，从今年开始，每年举办两期“水利廉政讲堂”，前两期分别由田野同志和中央纪委常委、副书记杨晓渡同志亲自授课，起点很高、反响很好。部廉政办、直属机关纪委要组织好每期讲座，把水利廉政讲堂打造成水利部直属机关廉政教育和廉政文化建设的响亮品牌。

第二，要以“三严三实”专题教育为契机，着力加强思想和作风建设。开展“三严三实”专题教育，是持续深入推进党的思想政治建设和作风建设的重要举措。要在立根固本、挺起精神脊梁上狠下功夫，始终坚定对马克思主义的信仰、对共产主义和社会主义的信念、对党和人民的忠诚；要在落细落小、注重细节小事上狠下功夫，管住党员干部日常工作、生活、

交友的细节，看住年节、假期等“四风”问题易发多发重要节点，盯紧中央八项规定精神的贯彻执行；要在修枝剪叶、自觉改造提高上狠下功夫，以正反典型为镜子，实行组织力量、班子力量、个人力量、群众力量相结合，认真查找和解决不严不实突出问题；要在从谏如流、自觉接受监督上狠下功夫，进一步完善“三会一课”、民主生活会、领导干部双重组织生活会、民主评议党员、党员党性分析等党内政治生活制度，自觉接受党和人民的监督。要按照《中共中央纪委机关、中共中央组织部关于开好“三严三实”专题民主生活会的通知》要求和部党组的统一部署，开好“三严三实”专题民主生活会，深入查找剖析不严不实问题，严肃认真开展批评和自我批评，扎实抓好问题整改。

第三，要以贯彻执行《准则》和《条例》为抓手，着力严明党的纪律和规矩。《准则》和《条例》为推进全面从严治党提供了有力武器，必须切实抓好贯彻执行。部党组已经印发了《关于学习宣传贯彻〈准则〉和〈条例〉的工作方案》，提出了12项具体工作任务，各单位要抓好贯彻落实。要聚焦党的六大纪律，抓住严守政治纪律和政治规矩这个总纲，真正把纪律严起来、把规矩立起来。要坚持关口前移，抓早抓小抓预防，通过约谈、函询、集体廉政谈话等方式，把问题发现和解决在萌芽状态。要深入贯彻《巡视工作条例》，进一步强化巡视监督，3年内完成对部直属事业单位和直管企业的巡视，实现巡视工作纵向全链接、横向全覆盖，通过巡视发现问题、督促整改、形成震慑、促进工作。要建立健全信访举报协作和问题线索管理机制，准确把握监督执纪的“四种形态”，分别运用批评教育、组织处理、纪律处分、移交司法等方式处理违纪违法问题。要坚持以“零容忍”态度惩治腐败，始终保持惩治腐败的高压态势。要强化“一案双查”，对落实“两个责任”不到位、严重违反纪律的单位和部门，要严肃追究主要领导和相关责任人的责任。

第四，要以深化水利改革攻坚为动力，着力加大权力运行监督制约力度。从根本上铲除腐败滋生的土壤，必须把权力关进制度的笼子里。要通过全面深化改革，积极构建决策科学、执行坚决、监督有力、制约有效的权力运行体系，最大程度减少体制障碍和制度漏洞。要加强水利廉政风险防控体系建设，积极推进水利重点领域《廉政风险防控手册》的贯彻落实工作，努力构建覆盖所有水利业务管理领域的廉政风险防控体系。要进一步深化行政审批制度改革，加强对行政审批的全过程监督；依法保留的行政审批事项，原则上要进入行政审批受理中心统一集中办理。要严格执行水利部预算项目储备、预算执行考核和预算执行动态监控“三项制度”，加强预算执行督导和资金集中支付网上监管，增强财务资金监管的实效。要大力推行政务公开、党务公开、事务公开，积极落实“三重一大”事项集体决策制度，规范评比表彰，使权力在阳光下规范、廉洁、高效运行。

第五，要以强化行业监管为途径，着力推动水利基层单位党风廉政建设。随着大规模水利建设的持续推进，水利基层单位建设项目多、管理资金额度大，廉政风险日益增加，个别地方和基层水利单位腐败现象频发多发。要坚决贯彻落实水利部关于加强水利基层单位党风廉政建设和加强中小型水利工程建设管理防范廉政风险的指导意见，因地制宜推行水利工程项目法人招投标、代建制、设计施工总承包等模式，大力推动水利建设市场诚信体系建设。对重点水利工程建设项目的党风廉政建设，要实行全程跟踪监督和专项检查、巡回督查，确保重点水利工程项目建设全过程不发生腐败问题。要扎实做好中央转移支付地方水利资金和部门预算三年滚动规划编制工作，加快水利审计免疫系统向省市县三级延伸，切实管好用好水利资金。要进一步加强水利社团监督管理，着力抓好社团分类脱钩改革工作，建立完善社团内部管控制度，规范社团各项业务，落实社团党风廉政建设的具体措施。

第六，要以强化党的领导为核心，着力落实水利国有企业党组织主体责任。在水利国有企业改革发展中，必须旗帜鲜明地加强党的领导，进一步规范水利国有企业党组织按照党内议事规则讨论企业重大问题，充分发挥党对国有企业的领导核心作用。要坚决贯彻落党中央、国务院印发的《关于深化国有企业改革的指导意见》和《关于在深化国有企业改革中坚持党的领导加强党的建设的若干意见》，抓紧制定印发《中共水利部党组关于进一步促进水利国有企业落实党风廉政建设主体责任的指导意见》，切实落实水利国有企业党风廉政建设主体责任。要严格贯彻执行《水利部关于加强事业单位投资企业监督管理的意见》，加快企业清理整合，规范企业内部监督管理，规范企业薪酬管理，防止国有资产流失，防范国有企业廉政风险。水利国有企业要认真落实全面从严治党责任，落实党风廉政建设“两个责任”，严格遵守党的纪律和规矩，严格执行中央八项规定精神，积极探索廉政保证金、廉政监督员、合同廉政条款、廉政与企业员工绩效挂钩等制度，强化内部监督，保障企业持续健康发展。

四、狠抓制度和机制保障，进一步夯实落实党风廉政建设主体责任的基础

当前，水利系统纪检监察机构设置不够健全、体制机制不够完善、职责任务不够明确、人员力量比较薄弱等问题依然存在，与新形势新任务新要求还不相适应。水利系统各级党组织要高度重视反腐倡廉法规制度建设和能力建设，为落实党风廉政建设主体责任提供坚强的制度保障和组织保障。

第一，加强组织领导，切实强化党风廉政建设和反腐败斗争工作部署。水利系统各级党组织每年都要召开党风廉政建设工作会议，主要负责同志要亲自出席会议并讲话，对党风廉政建设工作作出专门部署。主要负责同志要定期听取纪检部门有关党风廉政建设工作情况汇报，重要工作要亲自部署、重大问题要亲自过问、重要案件要亲自督办。领导班子成员要参加分管和联系单位的党风廉政建设工作会议，对分管领域的党风廉政建设工作提要求、做部署。各单位每年年初都要制定印发党风廉政建设工作计划，明确工作重点和任务分工。要不定期召开党风廉政建设专题会议，分析研判形势，研究思路举措。对落实党风廉政建设主体责任不力的，要严肃责任追究，坚决进行组织调整。

第二，完善法规制度，严格执行落实党风廉政建设主体责任的各项制度。要认真贯彻落实党中央、国务院印发的党风廉政建设法规制度，按照依法治国、依规治党的要求，清理、修订、完善水利党风廉政建设法规制度体系，抓好与中央反腐倡廉法规制度的衔接配套，确保出台的每项制度行得通、见实效、管长久，确保法规制度可执行、可监督、可检查、可问责。要严格执行部党组提出的党风廉政建设承诺、报告、约谈、考核、责任追究、述廉等党风廉政建设专项制度，让铁规发力、让禁令生威，用制度保障水利党风廉政建设取得实效。根据新形势、新要求，部里已经对党风廉政建设责任书、承诺书进行了修订，这次会上要组织签订 2016 年度党风廉政建设责任书、承诺书，各单位要对照责任书、承诺书认真履责。要加强对各项制度执行情况的监督检查，用监督传递压力，用压力推动落实。要健全问责机制，对违规违纪、破坏法规制度踩“红线”、越“底线”、闯“雷区”的，要坚决严肃查处。要把法规制度执行情况纳入党风廉政建设责任制考核和领导干部述廉范围，把监督检查、年终考核和责任追究有机结合起来，形成法规制度执行的强大推动力。

第三，推行清单管理，全力推动党风廉政建设主体责任落地生根。推行主体责任清单管理是中央纪委今年落实主体责任的重要抓手，是推动主体责任落实的一项新的制度安排，我们要按照中央纪委的统一部署，抓好贯彻落实。各单位要从思想上高度重视，建立主体责任清单，把主体责任逐项细化、实化，明确到岗、落实到人，切实解决好主体责任虚化、泛化问题。长江委、黄委这项工作抓得紧、抓得实，要总结经验、推广借鉴。要通过制定主体责任清单，厘清党组织与个人、主要负责人与领导班子成员、上级党组织与下级党组织之间的责任界限，把主体责任的内容进一步细化为看得见、摸得着、实实在在、量化可控的具体工作任务，为落实主体责任提供可考核、可问责的依据。要把主体责任清单制度与廉政风险防控机制建设结合起来，相互印证、互相补充、共同促进。

第四，健全组织机构，不断加强水利反腐倡廉建设的工作力量。要认真贯彻落实中央办公厅《关于加强中央纪委派驻机构建设的意见》，进一步完善党风廉政建设和反腐败斗争工作机制，实现资源共享、信息共用、工作互动。驻部组局要加强对 7 个流域派驻单位的纪检监察机构的归口指导。部直属单位要按照部党组《关于进一步加强部属单位纪检监察组织建设的意见》要求，尽快健全纪检监察组织机构。设立党组或党委的单位，要设立纪检组或纪委，原则上要配备专职纪检组长或书记；设立党总支、党支部的单位，要设立纪检委员，纪检委员要由单位领导班子成员担任，党支部纪检委员最好由党支部副书记兼任。设立纪检组、纪委且规模较大、党员人数较多、资金量大或承担行政职能的单位，要设立纪检监察工作机构并配备专职工作人员。没有设立纪检监察工作机构的单位，要明确一个内设机构承担纪检监察工作职责，在相应机构中明确专人负责纪检监察工作。各省级水行政主管部门要按照省委、省政府和省纪委的要求，健全完善纪检监察工作机构，实现纪检监察工作机构在水利系统各级党组织的全覆盖。

第五，强化自身建设，倾力打造忠诚、干净、担当的水利党风廉政建设队伍。执纪者必先守纪，律人者必先律己。要选配政治坚定、公正廉洁、纪律严明、业务精通、作风优良的优秀干部担任纪检监察干部，优化纪检监察干部队伍年龄、知识和专业结构，不断加强对水利纪检监察干部队伍的培训，全面提高水利纪检监察干部队伍的整体素质和工作能力。水利纪检监察干部要按照“对党忠诚、自身干净、敢于担当”的要求，紧紧抓住思想政治建设这个根本，强化理论武装，坚定“三个自信”，严明政治纪律，增强大局意识，自觉与以习近平同志为总书记的党中央保持高度一致；紧紧抓住能力建设这个关键，认真学习纪检监察工作理论、政策和业务知识，深入学习了解水利工作相关知识，广泛学习经济、政治、法律等方面的知识，切实提高有效监督、依法执纪的能力；紧紧抓住作风建设这个重点，加强党性修养，注重实践锻炼，弘扬优良作风，坚持原则、秉公执纪，敢于碰硬、刚正不阿，坚决维护党章党规党纪的尊严。

元旦、春节将至，水利系统各级党组织要对照《准则》和《条例》，严格贯彻执行中央八项规定精神，严格遵守中央纪委一系列禁令，领导干部要以身作则、严于律己，过一个风清气正、廉洁祥和的节日。

同志们，落实党风廉政建设主体责任，是党中央关于党风廉政建设的一项重大制度性安排，是推动党风廉政建设的一个有力抓手，是深化党的建设体制改革和纪检工作体制改革的一项重要内容。我们要在以习近平同志为总书记的党中央领导下，把党风廉政建设主体责任扛在肩上、抓在手中、落到实处，以党风廉政建设新成效保障水利事业新发展！

水利部党组副书记、副部长矫勇在全国水利规划计划工作座谈会上的讲话（2015年1月23日）

今天，规划计划司在这里召开全国水利规划计划工作座谈会，深入贯彻党的十八大、十八届三中、四中全会精神，学习贯彻习近平总书记系列重要讲话精神，落实全国水利厅局长会议的部署，安排2015年和今后一个时期水利规划计划工作，十分及时和必要。借此机会，我在这里重点谈谈当前规划计划工作中的几个重点问题，与大家交流。

一、充分肯定水利规划计划工作的成绩

刚刚过去的2014年，是全面深化改革的开局之年，“十二五”规划实施的攻坚之年，也是水利事业迎来重大发展机遇的关键一年。规划计划部门肩负着繁重的改革发展任务，工作很辛苦，成效很突出，主要体现在以下五个“新”上。

第一，落实国家水安全战略工作取得新突破。过去一年，水利规划计划部门认真学习贯彻习近平总书记关于保障国家水安全的重要讲话精神，坚持“节水优先、空间均衡、系统治理、两手发力”的新时期治水思路，通过一系列举措，着力解决现阶段突出的新老水问题。一是把强化节水作为缓解水资源短缺的根本性措施。2014年，水利投资重点向节水工程倾斜，加快大中型灌区节水改造，实施东北节水增粮、华北节水压采、西北节水增效等区域规模化高效节水灌溉，当年新增高效节水灌溉面积2 000万亩，新增节水能力35亿m^3。二是把水资源水环境承载能力作为区域发展的刚性约束。各地开始严格执行区域用水总量控制制度，加强水资源平衡论证，把水资源作为区域发展、城市建设、产业布局等相关规划审批的重要条件，以水定城、以水定地、以水定人、以水定产的水资源约束功能正在经济转型升级和结构优化调整中发挥着重要作用。三是在流域治理中努力保持流域水生态系统的完整性。在江河上中游更加注重水土流失治理，加快生态清洁小流域建设，涵养水源；江河堤防和河道治理工程更加注重河道自然形态和河流生态；控制性工程建设更加注重河流生态基流和水生物的生长环境。保持水系的完整性、江河的流动性、水质的良好性、生态的多样性已经成为流域治理的基本要求。四是坚持政府和市场两手发力拓宽水利投融资渠道。各地在加大公共财政水利投入的同时，积极利用好现有水利投融资平台，不断扩大水利金融贷款规模，探索政府与社会资本合作方式，落实投资补助、贷款贴息、价格机制等政策措施，努力吸引社会资本投入水利建设，为建立健全多元化水利投入稳定增长机制积累了许多经验和做法。

第二，支撑国家重大战略实施工作迈出新步伐。党的十八大以来，中央把京津冀协同发展战略、“一带一路”战略、长江经济带战略提升为新时期新常态下的国家战略。在这三大战略规划中，区域空间主体功能优化配置、产业跨区域的合理分工、运用市场机制促进生产要素充分流动、资源环境的承载能力和约束功能得到高度重视成为新亮点。一年来，结合三大战略规划新特点，规划计划部门积极转变规划思路，重点把握好三大战略规划对水利工作的新要求，创造性开展工作，先后组织开展了“一带一路”战略规划水利专题研究、京津冀协同发展纲要水利专项规划、长江经济带发展纲要水利保障工作方案等编制工作，明确了支撑和保障国家战略实施的水利发展思路、布局和目标任务。这些规划内容已经纳入国家三大战略规划，为推动三大战略顺利实施提供了扎实的水利规划基础。

第三，节水供水重大水利工程建设呈现新局面。加快节水供水重大水利工程建设的决策部署，是党中央、国务院确定的稳增长促改革调结构惠民生的一项重大举措，也是新形势下加快水利发展的又一次重大机遇。水利规划计划部门紧紧抓住机遇，超常规开展工作，在国家有关部门和部相关司局的大力支持下，全力推进重大水利工程前期工作，为重大水利工程的顺利实施奠定了良好的基础。目前，172项重大水利工程中，大江大河治理等40项在建重大水利工程稳步推进。国务院要求2014年开工的17项重大水利工程全部开工建设，其中包括西江大藤峡、淮河出山店、陕西引汉济渭、贵州夹岩、西藏拉洛、新疆阿尔塔什等一批多年期盼的重大水利工程。国务院要求2015年开工的27项重大水利工程已全部立项，计划“十三五”期间开工建设的88项重大水利工程也有15项已经立项。这是重大水利工程建设多年没有过的新局面，也是规划计划部门多年来从未有过的新成绩。

第四，水利建设投资规模迈上新台阶。2014年，全国水利建设投资达到4 881亿元，其中中央投资1 627亿元，分别较2013年增长11%、15.6%，中央、地方水利投资规模均创历史新高。在国家有关部门的大力支持下，积极落实金融支持政策，水利利用银行贷款规模不断增加。进一步优化投资结构，加大对贫困地区的支持力度，安排民生水利、中西部地区的中央水利投资分别占总投资规模的73.5%和83.9%，相比去年有较大提高。积极改进投资计划使用管理方式，将中央财政专项资金按规模切块到地方管理，将责任、权力、资金、任务落实到省。完善社会资本参与政策，会同国家发展改革委研究起草了《鼓励和引导社会资本参与重大水利工程建设运营的意见》，政府主导、社会参与的多元化水利投融资机制正在形成。

第五，为全面深化水利改革做出新贡献。按照中央全面深化改革的总体部署，水利规划计划部门坚持顶层设计与基层实践相结合，在部相关司局大力支持下，勇于创新、不断探索、统筹协调，出台了《水利部关于深化水利改革的指导意见》和2014年工作要点，并通过落实重点改革任务分工等措施，大力推动水利改革各项工作。过去一年水利改革的成果，如加快水行政审批制度改革、强化规划水资源论证、建立水权制度、启动农业水价综合改革试点等，都有你们的心血和汗水。与此同时，各级水利规划计划部门按照改革任务分工，率先推进本领域改革，下放项目审批权限，精简审批程序，保障了大规模水利建设顺利实施；积极推动水利投融资体制机制改革，为扩大水利建设投资规模做出了重要贡献；推动地方改革试点，取得了丰富的改革经验。

过去的一年，水利规划计划部门充分发挥龙头和基础作用，为水利的改革发展做出了重要贡献。在此，我代表部党组向水利规划计划部门的广大干部职工致以崇高的敬意和衷心的感谢！

二、科学编制水利发展“十三五”规划

今年，是“十二五”规划实施的收官之年，也是编制“十三五”规划的关键一年。编制水利发展“十三五”规划，是规划计划工作的重要职责，一定要适应新形势和新要求，科学编制规划，为加快水利改革发展提供扎实的规划基础。

第一，充分认识“十三五”水利发展面临的新要求。“十三五”时期是我国现代化进程中的一个关键时期，也是水利改革发展的一个关键时期。“十三五”期间，我国要实现第一个百年宏伟目标，全面建成小康社会；要在工业化、城镇化、信息化和农业现代化进程中迈出坚实的步伐，为实现第二个百年目标奠定扎实基础；要不断适应经济社会发展新常态，推动经济转型升级和结构优化调整新突破；要全面深化改革、推进依法治国，实现国家治理体系和治理能力的现代化。这些，都对“十三五”时期的水利改革发展提出了新要求。

全面建成小康社会，对水利的新要求就是补齐贫困地区的水利短板。习近平总书记对扶贫工作高度重视，先后11次考察扶贫工作，多次对扶贫工作作出重要指示。最近，总书记再一次指出，全面建成小康社会，扶贫是重点，是实现全面小康社会最艰巨的任务。为了使贫困地区与全国一起进入全面小康社会，国务院专门出台了新10年国家扶贫纲要，开展了14个特别贫困地区的扶贫攻坚，建立了精准扶贫的工作新机制。水利要按照总书记关于扶贫攻坚的重要指示和党中央国务院关于扶贫工作的新部署，工作进一步向贫困地区用力，政策进一步向贫困地区倾斜，投资进一步向贫困地区加大，为贫困地区全面建成小康社会提供更好的水利服务，奠定更扎实的水利基础。实现“四化同步发展”，对水利的新要求就是进一步提高对工业化、城镇化、农业现代化的水利保障能力。要根据国家主体功能区规划，有针对性地解决不同主体功能区的水问题，为国家优化开发区、重点开发区、新型城市群、粮食主产区、县域经济发展等提供更加安全的供水、防洪、生态保障。适应经济社会发展新常态，对水利的新要求就是切实发挥水资源水环境承载能力的约束功能，促进经济转型升级和结构优化调整。各地规划计划部门要按照总书记关于任何资源环境都有物理极限的论述，系统分析本流域、本地区水资源水环境的承载上限，分析水资源水环境承载能力的可用空间，为经济转型升级和结构优化调整提供依据。对水资源水环境承载能力已经超出其物理极限的流域和地区，应提出全面节约水资源和加大污染物减排的意见，加大水资源节约和保护力度，为使人民群众能够享受良好的水资源水环境质量、为生态文明建设做出新贡献。全面深化改革和推进依法治国，对水利的新要求就是要建立健全水利科学发展的体制机制，形成“两手发力”的新格局，在加强政府主导、依法治水的同时，通过深化水利投融资体制改革、水价改革、水权水市场改革、水利建设管理体制改革等，使市场机制在水利发展中释放出更大的活力。

水利规划计划部门要充分认识国家“十三五”时期改革发展的新要求，充分认识编制好水利“十三五”规划的重要意义，善于解放思想，勇于改革创新，研究水利改革发展新问题，把握水利改革发展新规律，把水利“十三五”规划编制好。

第二，准确把握好“十三五”水利改革发展目标和主要任务。全国水利发展“十三五”规划思路报告已经印发给大家，按照思路报告，结合各地经济社会发展和水利改革发展实际，各地都要开始编制本地区水利发展“十三五”规划。在规划编制过程中，科学确定“十三五”水利改革发展的目标和主要任务是规划的关键，对此应把握好以下几个方面。

一是要坚持问题导向。要认真学习领会习近平总书记在保障水安全重要讲话中关于新老水问题的精辟分析，结合不同流域和区域的特点，准确界定各流域和区域“十三五”期间面临的主要水问题。东部地区水利基础设施能力较强，经济发展累积性水资源水环境问题多，要在经济转型升级和结构优化调整中下力气解决好水资源短缺、水环境恶化、水生态损坏等新问题。中部地区多为我国传统水利大省，水旱灾害等老问题尚未全面解决，工业化、城镇化进程中又会加重由此引发的水资源水环境等新问题，必须统筹规划，精准施策，系统解决。西部地区水利基础设施相对落后，防汛和抗旱问题并存，资源性和工程性缺水问题并存，必须下决心解决水利工程能力严重不足的问题；同时又要高度重视水资源水环境等新问题，避免中东部地区向西部地区产业转移过程中对水环境水生态的损伤和破坏。这些新老水问题都要在水利发展“十三五”规划编制中准确定位，把握好问题导向，使规划编制有的放矢。

二是要把握好规划编制总体思路。深入贯彻落实党的十八大、十八届三中、四中全会精神，深入学习贯彻习近平总书记关于水安全的重要讲话精神，真正融会贯通“节水优先、空间均衡、系统治理、两手发力”的治水思路，以节水供水重大水利工程建设为重点，以落实最严格水资源管理制度为抓手，以深化水利改革和依法治水管水为保障，着力增强水利可持续发展能力，力争通过5年努力，从根本上扭转水利建设明显滞后的局面，大幅度修复和减轻水资源水环境的损伤程度，加快推进水治理体系和治理能力现代化，构建与全面建成小康社会相适应的国家水安全保障体系。

三是要合理确定水利发展目标指标。目标确定方向，指标用以考核。规划编制中要合理确定目标和指标，用目标引导指标，用指标量化目标，把目标和指标紧密结合起来。在确定目标指标时，全国水利发展目标指标是外包线，是规定动作，各地区还要结合本地实际，合理确定本地区水利改革发展目标指标，合理界定约束性指标和预期性指标。东部水资源水环境问题严重的地区，要下决心把节水和水环境治理作为约束性指标，西部地区要把提高水利保障能力作为约束性指标，便于考核和问责。目标设定既要有水利建设目标，又要有水利改革管理的目标。对量化目标指标要进行专题分析测算，科学确定防汛抗旱、节水供水、农村水利、水生态环境保护、水利改革管理等规划目标和指标。此外，“十三五”水利发展目标还要与2011年中央1号文件确定的目标相衔接，与国务院已经批复的有关规划目标相衔接。

四是要统筹水利改革发展重点任务。按照党中央国务院的有关部署，“十三五”水利改革发展的主要任务大多已经基本明确。在水利建设方面，以加快推进172项重大水利工程建设为重点，力争“十三五”期间开工一批、建成一批、结转一批，切实在提高水安全保障能力上取得成效。对172项以外的其他重点项目，要按照“确有需要、生态安全、可以持续”的原则，经研究论证后，确有必要的纳入“十三五”规划。对农村饮水提质增效、农田水利、水利扶贫等民生水利建设，按照中央地方事权划分和改进水利投资管理方式等新要求，抓紧编制新一轮专项建设规划，为今后5年实施工程建设提供规划依据。在水利改革方面，要按照十八届三中全会的改革要求和水利部深化水利改革的指导意见，着力推进国家水权制度、农业水价综合改革、创新水利投融资机制等工作，力争在重要领域和关键环节取得突破进展。在水利社会管理方面，要进一步强化依法治水管水，全面提高行业能力建设，重点在落实最严格水资源管理制度、建立规划水资源论证制度、水资源督察制度、水资源水环境监测预警机制、加强河湖管理与保护、水利科技创新、人才队伍建设、提高水利信息化水平等方面提出对策措施。

第三，加强水利发展“十三五”规划衔接和协调。在“十三五”规划编制中，一要注意加强与国民经济和社会发展总体规划、区域发展规划的衔接和协调，加强与发展改革部门的沟通协调，积极争取把“十三五”水利发展主要目标任务纳入全国、各省（自治区、直辖市）国民经济和社会发展总体规划中。二要加强与国务院组织制定的《水污染防治行动计划》（“水十条”）《京津冀协同发展规划纲要》《长江经济带发展规划纲要》《农业突出环境问题治理总体规划》等重大规划衔接，把已经确定的任务纳入全国和各地水利发展“十三五”规划。三要加强与水利各专项规划之间的协调，规划计划部门要做好组织协调工作，发挥各专业司局和处室的作用，充分征求各方面的意见建议，同步做好水利发展规划及各专项规划编制工作，提出高质量的规划成果。

三、全力推进重大水利工程建设前期工作

党中央国务院把加快重大水利工程建设作为保障国家水安全、推动区域协调发展、增加有效投资需求、促进经济稳定增长的一项重要举措。李克强总理去年11月24日亲临水利部视察，明确提出要用改革创新的办法，加快推进关系全局、具有较强辐射带动作用的172项节水供水重大水利工程建设，特别要在中西部地区建设一批重大引调水工程、大型水库和节水灌溉骨干渠网，有效解决中西部地区水利基础设施能力不足的问题，同时为经济增长提供持续拉动力。因此，加快推动重大水利工程前期工作，保障如期开工一批重大水利项目，是规划计划工作面临的一项硬任务。做好重大水利工程前期工作，国家发展改革委和水利部已多次开会部署，这里我再强调几点。

第一，明确目标任务。国务院已经明确2015年要再开工27项重大水利工程，国家发展改革委计划今年安排重大水利工程投资1 242亿元，其中中央投资600亿元。确保27项重大水利工程如期开工，确保完成今年重大水利工程投资任务，就是今年重大水利工程前期工作的目标任务。完成好这一目标任务，重点是抓住前期工作的关键节点。2014年17项新开工项目关键节点是初步设计，目前还有8项初设没有批，影响今年投资计划安排。项目主管部门、设计单位、审批单位要建立无缝对接机制，确保4月份之前完成全部初设审批。今年27项新开工项目的关键节点在可研。国家发展改革委计划今年上半年完成27项中绝大多数可研的批复工作，水利规划计划部门要全力为之，切不可因工作不到位影响项目审批工作目标。有可研任务的单位要按照水利部确定的完成时限如期完成可研报送工作，审查单位按照确定的审查时限如期完成审查，不得延误。其他88项工程也要加快论证，已批项目建议书的要加快可研阶段工作，进度快的可以优先审批，列入今年开工项目。

第二，加大协调力度。为了加快项目前期审批，国家发展改革委牵头已经成立了重大水利项目前期工作部际协调机制，昨天刚刚开了第一次会议，每一个部门都表明态度，领回了任务。各省厅要充分利用这一机制，主动与省发改、环保、国土、住建、林业等有关部门协调，推动各前置审批要件的审批。要有主体责任意识，前置要件批不下来，相关部门有责任，但水利部门要负主要责任，因为你是项目主管部门。大家不要坐在办公室等要件的审批，而是要主动上门汇报，协调沟通，促使项目前期审批工作早落地。

第三，确保前期工作质量。百年大计，质量第一，工程的质量首先体现在设计质量。最近审查部门反映设计部门前期工作粗糙，质量不高，要引起大家高度重视。前期质量不高不仅延缓了审批进度，更重要的是留下了工程质量安全隐患和概算缺口隐患，使工程发挥不了应有的效益。因此，前期工作质量必须引起项目主管部门、项目业主、设计单位高度重视，对工程主体结构、施工方案、征地和移民安置方案、环境评价报告等项目前期工作主要内容，务求充分论证，满足设计深度要求，确保设计质量，使前期工作论证经得起历史考验。对前期工作出现严重质量问题的，要追究相关单位和相关责任人的责任。

第四，保障生态安全和社会稳定。重大水利工程论证一定要建立环境友好和生态安全的理念。习近平总书记在关于国家水安全的重要讲话中，提出了山水林田湖是一个生命共同体的系统思想，尤其深入论证了河流与湖泊、湿地相互依赖、相互补偿的生态关系。重大水利工程建于河流之上，必然会改变天然河流状况，影响河流生态，因此论证过程中要充分考虑左右岸、上下游的生态关系，满足河流生态基流和生物生境的基本要求，维系河流与湖泊、湿地之间的生态平衡。所以，规划计划部门、项目论证单位和项目审查单位，要高度重视项目环境影响评价，让172项重大水利工程项项都能做到保障生态安全。重大水利工程建设征地和移民安置，是决定工程成败的重要因素。移民安置方案要充分征求移民意愿，安置区环境容量要满足移民生活和长远发展需求，安置容量不足的要科学论证多元化安置方式，确保移民能移得出、稳得住、能致富，确保重大水利工程建设过程中不出现因移民安置引发的社会稳定问题。

重大水利工程建设投资需求量大，有不少项目总投资超过百亿元甚至达数百亿元。工程建设能否顺利，能否如期发挥效益，建设资金的落实是前提，各省规划计划部门也很关心。解决这一问题上，要发挥好几个方面的积极性。一是落实好中央投资。对在建的57项工程，要优先保障中央投资安排，资金安排强度上既要考虑工程建设合理工期，又要考虑稳增长扩内需的要求，适度扩大投资规模。对今年计划新开工的27项重大水利工程，可研条件成熟的要加快初步设计审批，争取较大强度的安排年度投资。对下半年才能批复可研的，要预留部分中央投资，保证中央投资对开工项目能有一定的支持。二是落实好地方投资。要积极争取加大省级财政投入力度，利用好地方债券，优化现有的投资结构，更多向重大水利工程倾斜。重大水利工程，尤其是水源工程、引调水工程、流域控制性工程，都有一定的市场融资能力，要利用好省级水利投融资平台，通过发行债券、利用银行贷款等方式，更多地筹集建设资金。三是鼓励社会资本投入。发展改革委、财政部、水利部即将印发《鼓励和吸引社会资本投入重大水利工程建设运营的实施意见》及试点工作方案。各地要按照实施意见的要求，对正在开展前期工作、具有一定经济收益的项目，研究考虑吸引社会资本的方案。要通过投资补助、财政贴息、价格机制等配套政策，积极吸引社会投资主体投资水利建设运营。各地要积极探索，大胆创新，在吸引社会资本投入重大工程建设方面创造典型经验。部规划计划司要抓好试点项目，有好的经验要及时推广。

四、切实抓好水利投资计划执行进度

稳增长扩内需，对加快完成水利投资、形成工程实物量提出新要求。最近，国务院领导同志在几次会议上提出，希望水利部门切实采取措施，加快投资计划执行进度，为稳增长扩内需做出贡献。多年以来，水利年度投资计划完成率一般维持在50%～60%之间。我们习惯于把投资计划完成率低归结于投资计划下达晚、项目审批程序复杂、基层建设管理能力不足、天气影响等。比如，江河治理、枢纽水源等项目汛期难以施工，北方寒冷地区受气候影响，封冻期较长，有效施工期短，都是影响投资计划执行的客观因素。在大家的共同努力下，2014年中央水利投资计划完成率达到66.4%，仍达不到国务院领导的要求，因此我们要从投资计划执行规律中找原因，切实提高投资计划的完成率。

从投资计划执行情况看，不同项目类型投资计划完成情况差异很大。农村饮水安全、枢纽水源、中小河流治理等建设进展相对较快，中央投资完成率均超过80%；江河治理、小农水、灌区建设与节水改造等中央投资完成率均低于50%。尤其是中央投资计划中由地方规模管理的项目，占全部投资计划的70%以上，大部分计划执行进度比较慢。从地区来看，辽宁、山东、云南等省进度相对较快，中央投资完成率超过80%；黑龙江、海南等省进度严重滞后，中央投资完成率低于30%。由此看来，投资完成率不高不仅有客观原因，更有主观原因。有的地方认识还不到位，争项目争投资很积极，推动投资计划执行不上心，措施不得力，也是影响投资计划执行的重要因素。因此，加快投资计划执行进度，规划计划部门必须采取更加有效的措施。

第一，切实提高对加快投资计划执行的认识。按国家计划完成投资，是保障大规模水利建设顺利实施的必然要求，是稳增长扩内需的必然要求，也是确保投资效益的必然要求。规划计划部门要扭转观念，不仅要重视争投资上项目，更要重视投资计划的执行；不仅把本地区水利投资增长作为对规划计划工作的考核内容，更要把完成投资计划作为规划计划工作的考核指标，坚决杜绝只管计划下达，不管计划执行的现象。今后部里安排中央投资，一定要与各地的投资计划完成情况挂钩。年度投资计划完不成，涉及地方水利规划计划部门的诚信问题，难以在中央获得更多的资金支持。

第二，要在完成地方规模管理的投资计划上下功夫。地方规模管理的投资计划占全部中央投资计划的70％以上，这类工程均是中小水利工程，工期短，如能按期完成，对整个投资计划的执行意义重大。但这一类项目均由地方立项、地方审批、地方分解计划、地方财政评审、地方组织招标投标，前置环节非常多。从今年起，国家投资计划将提前下达，这将有利于地方实行投资计划规模管理的中小水利工程当年计划当年完成，各地务必要加强与相关部门沟通协调，在简化投资计划执行前置环节上下功夫，在落实地方配套资金上下功夫，确保地方资金优先用于国家投资计划中的项目，为规模管理项目投资计划的完成提供保障，为提高国家投资计划执行进度做出贡献。

第三，加快重大水利工程年度投资计划执行。今后一个时期，重大水利工程是中央投资安排的重点方向，也是国务院督查的重点内容，一定要抓细、抓实。2015年重大水利工程投资已经落实，基本能够满足建设需要，规划计划司要加强与国家发展改革委和各地沟通，及时将年度投资安排有关信息告知各地。各地规划计划部门要会同相关部门，落实好地方配套资金，组织重大水利工程项目法人制定投资计划执行方案，确保投资计划及时下达，资金及时拨付，保障工程按设计工期顺利实施。从重大水利工程投资计划执行进度看，中央立项的工程投资计划执行相对较好，而地方立项的大型灌区节水改造、江河治理等工程投资计划执行较慢，主要是地方重视不够、盯得不紧、管理松懈。今后要从项目审批、资金下达、招标投标、施工组织、建设环境等各个方面采取有效措施，进一步加快这些项目的计划执行进度。国家发展改革委和水利部已经决定建立重大工程投资完成月调度机制，要求每个省按月报送投资完成情况，不仅报投资完成数，还要报工作措施，投资完成率低的要有原因分析和整改方案，各地要预先准备，建立报送制度，保证投资完成月调度机制成为促进重大工程建设的有效手段。

第四，进一步落实工作责任。加快投资计划执行进度涉及方方面面，如前期工作、计划下达、招标投标、建设进度、征地移民、资金管理等，要把方方面面的责任落实到具体部门和人员。前期工作是计划执行的前提，务必要专人负责，前期审批、设计变更审批及时高效，确保不影响投资计划执行。征地和移民安置是维护良好工程建设环境的关键，要有合理的安置方案，熟悉群众工作的移民干部，保障工程建设顺利实施。要强化考核，严格责任追究，对于影响年度投资任务完成的，要严肃追究该责任部门和责任人的责任。对于年度投资计划执行达不到要求的地区，切实落实惩处措施，暂停或减少重大水利工程之外的新开工项目和投资计划安排。

第五，加强投资统计跟踪分析。年度水利建设投资计划下达后，各地要及时跟踪计划执行情况。对于中央安排年度投资的水利项目，要全部纳入统计范围。水利部已建立了投资统计直报系统，国家安排年度投资计划的所有项目，其投资执行情况都要在直报系统中反映，一个地区、一个项目的统计数据必须是一个“声音”，不能因为管理部门不同、工作职责不同而出现不同的数据。同时要加强统计数据的审核把关，确保数据的准确性、可靠性、及时性，加强统计监督。

五、着力加强规划计划廉政风险防控

规划计划部门是水利工作的核心部门，承担着大规模水利建设投资计划管理和重大水利工程立项审批，属于权力相对集中部门，也不可避免成为各方面关注和“围猎”的对象，廉政风险很大，切不可掉以轻心。多年来规划计划部门能够较好地履职尽责，没有发生大的问题，靠的就是有一整套比较完备的制度约束，靠的就是我们慎用手中的权力，时刻绷紧廉洁自律这根弦。在当前新的形势下，规划计划工作的责任和任务更重，要更加重视党风廉政建设和风险防控，按照习近平总书记提出的严于修身、严于用权、严于律己，谋事要实、创业要实、做人要实的“三严三实”要求，讲信念、讲自律、讲奉献，让廉政的弦始终绷紧，确保水利投资安全、规划计划干部安全。

第一，打铁要靠自身硬。每一个规划计划工作的同志首先要加强自身党性修养，坚定理想信念，树立正确的世界观人生观价值观，筑牢拒腐防变的思想道德防线，在思想上政治上行动上与党中央保持高度一致。要有严守政治纪律和政治规矩的意识，踏踏实实按制度、按政策、按规矩办事。要增强服务意识，多想为基层服务、为群众解决实际困难，少想个人的利益得失，凡事出于公心。要持之以恒落实中央八项规定精神，决不能因一时疏忽触碰高压线，要加强自律，防微杜渐。

第二，把权力装在制度的笼子里。做好规划计划工作，正确行使工作职责，要依靠完善的制度保证。要适应水利行政审批、水利投融资等改革新要求，进一步完善规划计划规章制度，抓紧修订水利前期、投资计划等管理办法，扎紧制度的笼子，用制度形成对权力的有效制约。加强规划计划廉政风险防控，进一步落实管理责任，明确程序要求，强化监管措施。部规划计划司专门制定了规划计划廉政风险防控手册，要将廉政风险防控责任落实到岗、明确到人，逐一排查可能产生的廉政风险点，从源头防治腐败。

第三，减少自由裁量权。做好规划计划工作，要认真贯彻落实中央的方针政策，坚持依法行政，实行责任清单、权力清单制度，规范权力运行流程，推行“阳光审批”“阳光立项”“阳光计划”，防止不作为和乱作为。项目立项和投资计划安排首先要有规划依据，符合国家确定的建设重点。要严格执行基本建设程序，坚持规划计划重大事项集体研究决策制度，形成权力制衡机制，减少个人的自由裁量权。要深入推进行政审批制度改革，优化规范水利前期、投资计划管理，分解落实权力清单，进一步简政放权，提高工作透明度。

第四，强化对地方规模管理投资计划的监管。近年来，面广量大的民生水利工程主要由地方市、县两级政府组织实施，一些地方出现了不少水利系统腐败问题，给水利行业带来了负面影响。随着近两年中央对面上工程的补助投资逐步由项目管理改为规模管理，各省规划计划部门对地方规模管理的项目不能放手，不能投资下达后就什么都不管了。各省要制定相应的管理办法，加强对市、县两级项目审批、计划下达、资金安排的监管和考核，确保投资发挥效益，按时完成建设目标和任务。

第五，加强规划计划队伍建设。规划计划工作任务繁重，近几年人员流动性较大，要加强规划计划干部培训和培养锻炼，提高干部队伍的综合素质和整体水平，打造一支政治过硬、勤奋敬业、风清气正、廉洁务实的水利规划计划干部队伍。规划计划工作的同志要加强自身能力建设，善于把握工作的规律性，善于归纳总结和提炼，善于协调和配合，提高工作效率和质量，为水利中心工作服好务。

同志们，水利事业正面临着重大的发展机遇，规划计划工作重任在肩、使命光荣。我们要深入贯彻落实党的十八大、十八届三中、四中全会和习近平总书记系列重要讲话精神，积极践行新时期治水思路，加大工作力度、锐意开拓进取、不断改革创新，努力推动规划计划工作再上新台阶，为加快水利改革攻坚和跨越式发展作出新的更大贡献！

水利部副部长田学斌在农村饮水安全项目专项稽察督查工作动员会议上的讲话

(2015 年 9 月 1 日)

农村饮水安全是我国政府实施的一项重大民生工程，事关人民群众切身福祉，党中央、国务院高度重视。李克强总理在今年《政府工作报告》中庄重承诺“今年再解决 6 000 万农村人口的饮水安全问题”，国务院领导多次作出重要指示批示，提出了明确要求。今年是全国农村饮水安全“十二五”规划实施的收官之年，水利部将农村饮水安全再次作为水利工作的重中之重，采取多种切实可行的措施强力推进。8 月 26 日，部里专门召开推进水利工程建设视频会，陈雷部长作了重要讲话，专门就不折不扣地完成农村饮水安全等水利工程的年度任务提出了明确要求。部党组在年初就已经明确了今年农村饮水安全督导检查工作方案，提出 9 月份要开展专项稽察督查。

目前距离全面完成目标任务的时限还有 90 多天，农村饮水安全工程建设正处于关键攻坚时段。各级水利部门加强组织领导，采取有效措施，全力推进农村饮水安全工程建设，各项任务总体进展顺利。但在农村饮水安全对口分片联系督导检查和其他检查，以及工程建设进度旬报和月调度中，我们也发现一些地方还存在需要攻克的薄弱环节和关键问题。今天对农村饮水安全项目专项稽察督查工作进行动员部署，就是要进一步贯彻落实国务院的重要指示精神，把水利部党组的决定要求落到实处，确保全面完成农村饮水安全规划建设任务。

下面，就做好这次农村饮水安全项目专项稽察督查工作，我讲几点意见。

一、充分认识开展农村饮水安全项目专项稽察督查工作的重要意义

农村饮水安全工程数量多，分布广，而且实施在基层，对县、乡、村等基层组织协调、建设管理等都是一次很大的挑战。稽察督查既是发现问题和解决问题的重要手段，也是督导地方加快落实和帮助地方提高工程质量的重要举措，对保质保量如期完成规划建设任务具有重要意义和作用。

第一，开展稽察督查是贯彻落实国务院重大决策部署的具体行动。党中央、国务院高度重视农村饮水安全工作。国务院批复了《全国农村饮水安全工程“十二五”规划》，要求在“十二五”时期全面解决农村饮水安全问题。党中央、国务院每年都把解决农村饮水安全问题列入中央一号文件和政府工作报告的重要任务，明确了完成农村饮水安全工程建设任务的具体时限和要求。特别是新一届政府成立以来，对保障农村饮水安全提出了更高的要求。2014 年《政府工作报告》提出要通过今明两年努力，让所有农村居民都能喝上干净的水。李克强总理在去年视察水利部

时，重点检查了农村饮水安全工作，并对做好农村饮水安全保障提出了明确要求。张高丽副总理、汪洋副总理等多位国务院领导同志对农村饮水安全工作多次作出重要批示。去年以来，汪洋副总理亲自主持召开两次专题会议研究部署农村饮水安全工作。这充分体现了农村饮水安全工作的重要性，也体现了国务院对农村饮水安全工作的高度关注。我们即将开展的农村饮水安全专项稽察督查，就是要把国务院的部署要求和殷切期望落实到具体行动上来。必须进一步提高认识，增强使命感、责任感和紧迫感，扎实做好稽察督查，以实际行动抓好贯彻落实，以科学严谨的工作成果向国务院和全国人民交上一份满意的答卷。

第二，开展稽察督查是强化政府监管的重要手段。农村饮水安全工程是公共基础设施，具有很强的公益性和基础性，直接关系到广大人民群众的切身利益，社会各界普遍关注，民众十分期盼，既是重大的民生工程，也是最大的政治工程。因为我们党的宗旨就是全心全意为人民服务。去年以来，党中央、国务院把水利工程建设作为拉动经济增长的重点领域和重要举措。水利部印发了加快推进水利工程建设的实施意见，将172项重大水利工程和农村饮水安全工程建设同等考虑，平行推进。国务院连续两年对农村饮水安全进行专项督查，国家发展改革委将农村饮水安全作为重点稽察项目，国家审计署长期跟踪审计。水利部加大督导检查力度，建立专门机制按季度开展农村饮水安全督导检查，各地人民政府和相关职能部门也加大监督检查力度，有效促进了农村饮水安全规划的顺利实施。对农村饮水安全工程进行稽察督查，是对各地落实责任情况和建设管理情况的一次检验，也是水利部门进一步强化行业监管职能，发挥行业指导和行政监督职责的有力体现。通过稽察督查，督促各级地方政府和相关职能部门进一步履职尽责，加快建设进度、健全体制机制、加强监督检查，对全面完成农村饮水安全工程建设目标任务和强化政府监管具有积极的推动作用。

第三，开展稽察督查是确保全面完成农村饮水安全工程建设任务的重要保障。今年是农村饮水安全工程“十二五”规划实施的最后一年，2014年年底和2015年4月中旬，国家发展改革委、水利部分两批共下达2015年农村饮水安全工程总投资361.9亿元，其中中央投资267.5亿元，地方投资94.4亿元，计划解决6 434万农村居民和学校师生的饮水安全问题，建设2 049处区域水质检测中心。截至8月31日，两批工程全部开工，完成投资330.2亿元，投资完成率89.4%，建成工程解决了4 758万人的饮水安全问题，占计划解决人数的74%，进展情况明显好于往年。总体来看，今年动手早、措施硬，农村饮水安全工程建设进展顺利。但从督导检查、旬报统计和每月调度等情况看，当前农村饮水安全仍存在一些不容忽视的问题。这些问题涉及方方面面，如部分地方政府主体责任没有全面落实，地区间工程建设进度不平衡，区域水质检测中心建设进展缓慢，一些地方建设资金还没有全部到位，部分工程建设质量保障措施不实，资金支付进度偏慢，一些工程运行管护机制还不健全。有的地方对督导检查发现的问题还不够重视，未能及时进行整改，有的地方未能很好地启用问责机制。这些问题都将影响到目标任务的如期完成，如不采取有效措施，将难以确保水利部提出“10月底前完成主体工程建设，年底前全面建成通水”的目标要求。目前完成2015年农村饮水安全任务进入倒计时阶段，时限紧张、任务艰巨。我们在这个节骨眼上组织专项稽察督查，就是要抓住关键时间节点，督促地方更好地利用今年剩余的两三个月，全力加大工作力度，确保完成规划目标任务。这次稽察督查我们派出51个稽察督查组共270余人，利用10天左右的时间，对27个省份和新疆生产建设兵团进行拉网式稽察督查。派出阵容如此强大的稽察督查队伍，进行大范围、广覆盖、全方位的稽察督查，既是水利部对这一重大民生工程敢负责、有担当坚强决心的体现，也是进一步抓好农村饮水安全工作的强有力举措。通过稽察督查，进一步掌握和了解农村饮水安全工程建设任务完成情况，系统查找农村饮水安全工作中存在的问题和差距，找准下一步工作的突破口和着力点，保质保量按时完成党和人民交给我们的任务，让这项关乎亿万农村群众的民生工程真正成为民心工程、德政工程。

二、紧紧抓住农村饮水安全工程建设的关键环节和突出问题

为做好农村饮水安全专项稽察督查，安监司会同农水司、规计司研究制定了工作方案，明确了稽察范围及内容、组织形式和工作方式，印发了专项稽察督查通知。各稽察组密切配合，已选调了工程、财务、水质等方面的专家，有的已经与相关省份进行了初步沟通。应当说，本次稽察督查前期准备工作比较扎实。这里我再强调几个关键环节和重点问题。

一是要督查政府责任落实情况。国务院在批复全国农村饮水安全“十二五”规划时明确了要把规划确定的目标任务纳入政府任期目标考核，实行饮水安全保障行政首长负责制。2012年，水利部、发展改革委、卫生部、环保部等四部委与“十二五”期间有建设任务的省份签订了《农村饮水安全工程建设管理责任书》。今年，《中国水利报》和水利部网站公示了农村饮水安全工作目标和责任人，各省（自治区、直辖市）也在省级媒体进行了公示。从历次督导检查和统计上报情况看，政府责任落实好，农村饮水安全工程建设管理就有保障。但从国家审计和我部多次专项督导检查情况看，一些地方政府虽然层层签订了饮水安全项目建设目标责任书，明确了各级政府的目标责任

和具体要求，但在工程项目建设中，还存在认识不够、敷衍了事、措施不实等问题，责任制落实仅仅停留在纸面上和口头上，没有真正落实到具体行动和工作中，导致工程建设进度和质量达不到规划要求。有的地方水利部门没有及时向政府领导汇报有关情况，没能提出合理解决问题的意见或建议，没能当好政府的参谋；有的地方部门间配合不够密切，造成投资计划分解下达缓慢，地方建设资金迟迟难以到位。我们要通过稽察督查，督促地方严格落实行政首长负责制，逐级落实政府主体责任，明确相关部门的职责，把建设任务、进度计划、时间要求、管护措施逐个项目、逐个工程落实到每个环节、每个岗位，切实把农村饮水安全保障责任真正落到实处。

二是要督查年度目标任务完成情况。有句古话说："有所许诺，纤毫必偿；有所期约，时刻不易。"今年农村饮水安全工程建设既要解决"十二五"规划剩余任务，又要解决四大片区规划外新出现的农村饮水安全问题，还要建成区域农村饮水安全水质检测中心。特别是解决四大片区农村饮水安全问题的投资计划下达相对较晚，而四大片区，特别是藏区施工期非常有限，如期完成年度目标任务困难较大。区域水质检测中心建设涉及实施方案编制与审批、仪器设备招投标和安装培训、项目验收等多个环节，有些地方将区域水质检测中心交由卫生计生或环境保护部门建设管理，具体工作需要水利部门与其他部门协商，工作推进难度大。因此，各位稽察专家要了解熟悉相关负责省份和稽察项目县的年度目标任务，以及各类项目的进展情况，督促各地采取一切可行措施加快工程建设进度。在推进工程建设的同时，必须把工程质量问题作为重要稽察内容。今年一、二季度督导检查发现有些农村饮水安全工程施工不规范，个别工程没有按照设计要求进行施工；一些工程的监理质量控制体系不健全，监理日志难以全面反映工程建设过程，部分重要施工环节没有做到旁站监理。本次稽察督查要针对农村饮水安全工程质量方面的突出问题，特别要检查施工单位、监理单位和质监部门在加强管材管件、隐蔽工程和分部工程等中间环节的质量控制和监管工作，严格保障工程建设质量，决不能因为强调进度而放松质量监管。

三是要督查农村饮水安全工程水质保障情况。通过近10年的农村饮水安全工程建设，农村供水水质达标率持续提高，农村地区涉水疾病发病率大幅下降。但从水质监测情况看，水质安全问题依然是农村饮水安全保障的短板。在我们历次督导检查中，多次发现有的地方虽然设立了水源保护区标志牌，但水源工程缺乏必要的防护措施，有些地方的水源保护区由县级人民政府批复，不符合《中华人民共和国水污染防治法》由省级人民政府划定的规定；一些地方以"群众不习惯消毒后有味道的水"等为理由，没有安装或者安装后没有正常运行水质净化消毒设施设备，特别是小型集中和分散式供水工程的水质安全保障措施较为缺乏；有的地方虽然按规定进行水质检测，但没有对水质未达标的工程提出整改建议，检测工作与水质保障严重脱节；有些地方的水利部门没有主动与卫生计生部门沟通，不掌握水质监测取样地点，直到上级通报才知道辖区农村供水水质达标情况。因此，本次稽察要检查各地对环保部、水利部关于加强农村饮用水水源保护工作指导意见的落实情况，督促各地在2016年年底前全面划定千吨万人规模以上工程水源保护区。同时要认真检查各地是否落实水利部关于加强水质净化和消毒的有关要求，是否规范安装和使用水质净化消毒设施设备。此外，要检查水质卫生监测信息共享机制建设情况，督促各地增强农村供水水质自检、行业监控和政府监管能力，防范因供水水源污染、水质不达标等造成饮水安全事故。

四是要督查工程长效运行机制建立与落实情况。根据各地上报和我们调查核实，截至2014年年底，全国88%的项目县建立了农村饮水安全工程管理机构，47%的项目县建立了县级农村饮水安全工程维修养护基金。各地在工程运行管理方面做了大量工作，取得了一定效果。但总体来看，农村饮水安全工程建后管护依然是制约工程良性运行的薄弱环节，也是造成一些地方农村饮水安全问题被媒体频繁曝光的主要原因。今年3月份，李克强总理、汪洋副总理对"局部农村饮水安全工程出现'末端反复'现象"作出重要批示。经核实，农村饮水安全"末端反复"发生的主要原因就是工程运行管理跟不上。比如一些地方工程建成后没有及时进行竣工验收，没有进行产权移交；一些地方虽然组建了县级管理机构，但管理人员一人多岗；有些项目县农村供水水价不到位，政府没有对农村供水工程的财政补贴，县级维修养护基金没有建立或累计总量较少；有的供水工程缺乏应急预案，近两年督导检查的有些大型供水工程没有建设备用水源，一些项目县的备用水源井建成以来没有定期运行和检修。本次稽察督查要核查已建工程竣工验收与管护主体确定情况，检查农村饮水安全工程县级专管机构建设与运行，以及农村供水水价及收费、县级农村饮水安全工程维修养护基金、应急供水预案建设等情况，督促地方切实落实管理责任和运行管护经费，确保农村饮水安全工程建得成、管得好、用得起、长受益。

五是要督查第二季度督导检查发现问题的整改落实情况。水利部每季度督导检查结束后都向各地"一省一单"正式反馈督导检查发现的问题及整改意见，并将落实整改情况作为下一季度督导检查的重要内容。取得了很好的整改效果。但还存在有些地方没有按照要求及时整改，或者整改不到位的问题。第二季度督导检查结束后，水利部向有关省级人民政府下发了2015年第二季度农村饮水安全督导检查意见的函，指出农村饮水安全工程建设存在的突出问题，要求各地认真研究，加大力度切实解决。希望各稽察督查组提前了解所稽察省份第二季度督导检查发现的有关问题，并将其作为本次稽察的重要内容。要以第二季度发现具体工程建设和管理的有关问题，作为本次检查工程的重要参考，做到举一反三，全面排查，并督促地方加快整改。对于未能完成整改任务的，要督促地方深入查找原因；对玩忽职守、弄虚作假的，要向地方政府提出处理意见和建议，切实保障这次农村饮水安全督导检查工作取得实效。

三、加强领导，严格标准，切实做好农村饮水安全项目专项稽察督查工作

扎实做好农村饮水安全项目专项稽察督查，要把握以下几个关键：

一要认真做好组织安排。安监司会同农水司、规计司、建安中心制定了稽察督查工作方案，一会儿安监司还要详细介绍稽察督查工作具体安排和要求，农水司介绍2015年农村饮水安全工作相关情况。这次稽察督查覆盖了27个省份和新疆生产建设兵团，既要对各省区总体情况进行督查，还要随机抽查3个项目县和一定比例的供水工程，时间紧，任务重，要求高。各单位高度重视本次稽察督查工作，不少单位在自身业务非常繁忙的情况下，单位主要领导亲自带队稽察。大家要认真准备，提前做好功课，了解稽察督查工作方案，熟悉负责省份和项目县的基本情况，梳理第二季度督导检查发现的有关问题。要按照部党组的统一部署和陈雷部长的要求，把本次农村饮水安全专项稽察督查作为一项严肃的政治任务，确保稽察督查工作领导到位，责任落实。安监司要做好统筹协调，主要领导要亲自抓，稽察督查期间要明确专人加强与各稽察督查组的沟通，及时全面了解工作进展情况。稽察督查组实行组长负责制，各稽察督查组长特别是牵头组组长要切实负起组织和领导责任，科学合理做好稽察督查的工作布置和任务落实，对稽察督查期间遇到的重大问题，要及时与安监司沟通。稽察督查组成员要服从组长的统一领导，合理分工，协同配合，提高工作效率，高质量完成本次稽察督查工作。

二要扎实开展工作。这次稽察督查现场工作时间10天左右，9月中旬要完成稽察督查工作。农村饮水安全工程面广量大，点多线长，再加上受资源条件和经济发展水平的限制，各地农村饮水安全工作情况千差万别，水源类型、工程模式、供水方式、运行机制、实施步骤等都有各自的特点，各稽察督查组要按照工作方案提前谋划，及时与被检查地区的水利厅（局）沟通协调。在抽查项目的确定上，要做到随机抽取，力争客观真实。参加稽察督查工作的每一位同志都要沉下身子、静下心来，一丝不苟、扎扎实实地完成每一个项目的稽察督查工作，并从政策法规和专业技术等方面向有关省份和项目县提出切实可行的意见和建议，促进地方更好地做好工作。各稽察督查组要严格按照有关要求，采取听取汇报、查阅资料、查看现场、走访座谈、填写表格等多种方式方法开展工作。常言道，百闻不如一见。特别是要亲自到现场实地查看，听取受益群众对农村饮水安全工作的意见和建议，不能光听汇报。要充分发挥稽察督查专家的技术专长，详细了解农村饮水安全工程建设管理，真实、全面、客观地反映各地区农村饮水安全工作进展情况。

三要强化工作成效。稽察督查只是一种手段，推动农村饮水安全工作顺利实施才是目的和根本。在稽察督查工作中，各稽察督查组一方面要发现问题，并认真进行分析，查明原因，督促整改。对能够现场解决的，要立即提出整改意见；需要政府层面解决的，要在交换意见环节向当地人民政府提出意见与要求。另一方面也希望大家总结各地创造的好做法、好经验。稽察督查结束后，各组要按照要求及时提交稽察督查报告，安监司要会同农水司、规计司和建安中心，对稽察督查整体情况进行系统地汇总与分析。特别是对还没有完成任务的，要列出一个清单，是哪个省的哪个县，有多少处工程点，涉及多少人，完成到什么程度。要提出进度时间表，定期督查。特别后进的要约谈。农村饮水安全工程建设领导小组要及时向部领导汇报稽察督查情况。对于问题突出的省份，视情况约谈政府分管领导，或采取适当方式公开通报。各稽察督查组要按时提交“一省一单”整改意见，经审定后印发相关省级人民政府和新疆生产建设兵团办公厅。有关司局要按照对口分片联系督导的分工机制，加强对整改落实情况的监督检查，督促和协助地方完成整改落实工作，确保各地如期完成规划目标任务。

四要严肃工作纪律。各稽察督查组代表水利部对各省区农村饮水安全工作进行稽察，是一项非常严肃的工作。大家一定要提高思想认识，切实增强稽察督查工作的责任感和使命感，严格把握稽察督查标准，自觉维护稽察督查工作的权威性和严肃性。要认真贯彻执行中央八项规定，践行“三严三实”要求，严格遵守廉洁自律各项规定，做到轻车简从，不得接受被稽察督查地方和单位超标准接待，不得接受礼品和土特产品，不得参加高消费娱乐活动，不得向被稽察督查地方和单位提个人要求。同时，各稽察督查组要注意出行安全。

稽察督查工作责任重大，使命光荣。大家要树立大局意识、责任意识、担当意识，以对党、对国家、对人民群众高度负责的精神，求真务实，团结协作，勤勉尽责，圆满完成农村饮水安全项目专项稽察督查任务，为确保广大农村群众都能够喝上干净水、放心水作出应有的贡献！

深入贯彻落实《全国水土保持规划》努力开创水土流失防治新局面——水利部副部长刘宁在贯彻落实《全国水土保持规划》视频会议上的讲话（2015 年 10 月 27 日）

新中国成立以来我国首部国家级水土保持综合性规划批复实施，标志着水土流失防治工作进入了规划引领、科学防治的新阶段，全面推进新时期水土保持事业发展，顶层设计更臻完善、工作基础更加坚实。今天，我们召开会议，旨在认真学习宣传《全国水土保持规划》，全力推动贯彻《规划》各项目标任务，努力开创水土流失防治新局面。《规划》编制工作历时 4 年，凝聚了有关部委的倾力支持和协同配合、凝聚了大专院校、科研院所众多院士专家的科学才智和严谨论证、凝聚了各级技术单位千余名参编人员的心血汗水和集体智慧，规划来之不易、成果举足轻重。在此，我代表水利部党组和陈雷部长，向对规划工作给予大力支持的中央和国务院有关部门，向在编制过程中对规划给予悉心指导的两院院士、咨询专家组成员，向为规划工作付出辛勤努力的部内有关司局、编制单位和参编工作人员，以及关心、重视、支持规划工作的社会各界人士表示衷心的感谢！

下面，我就《规划》的贯彻落实及近期重点工程建设工作讲三点意见。

一、《全国水土保持规划》一经批复重在落实、意义重大

《规划》是破解水土保持发展瓶颈、指导今后一个时期我国水土保持工作的纲领性文件。贯彻落实《规划》，对促进生态文明建设、保障经济社会持续健康发展具有重要的现实意义。

第一，是践行生态文明建设的具体行动。水土资源是生态环境良性演替的基本要素，水土保持是我国生态文明建设的重要内容。《规划》突出尊重自然、顺应自然、保护自然的生态文明理念，紧密结合生态文明建设的新要求，科学设计了建成与我国经济社会发展相适应的水土流失综合防治体系的路线图、时间表，是落实生态文明总体部署的行动纲领和科学指南。因此，贯彻落实《规划》，就是当前各级水行政主管部门践行生态文明建设的具体行动；保障《规划》目标任务的顺利实现，就是抓住了保护和改善我国生态环境、加快生态文明建设的关键举措。

第二，是实现全面建成小康社会的重要支撑。目前，我国 76%的贫困县和 74%的贫困人口都聚集在水土流失严重区，80%以上的水土流失面积分布在老少边穷地区，是全面建设小康社会的最短板。这些地区的水土流失问题解决的不好，全面建成小康社会就难以实现。《规划》充分考虑水土流失严重地区的治理需求，在有效保护和合理利用水土资源的同时，促进治理区群众脱贫致富、加速实现小康。因此，《规划》的贯彻实施是广大水土流失地区同步建成小康社会的重要支撑，也是实现农村美、百姓富、生态优的基础保障。

第三，是《中华人民共和国水土保持法》赋予的法定职责。新《水土保持法》明确了《规划》的法律地位。法律明确规定《规划》一经批准，应当严格执行，各级人民政府对《规划》确定的任务应当安排专项资金，由水行政主管部门组织实施。《规划》确定了全面预防保护、加强综合治理，强化综合监管的总体方略，并提出明确的建设任务和保障措施，旨在通过“预防、治理 、监管”的协调推动，使我国的水土流失防治真正实现“保护优先、快还旧账、不欠新账”，这与《水土保持法》的法律精髓和目标要求高度吻合，是依法推进水土保持工作的重要依据。因此，贯彻落实《规划》是《水土保持法》赋予各级政府和水行政主管部门的神圣职责，是依法履行政府职能的基本要求，也是推动《水土保持法》全面落实的关键所在。

第四，是提升水土流失防治水平的实现途径。目前，全国仍有 295 万 km^2 的水土流失面积，水土保持工作仍然面临着进程偏缓、标准偏低、监管滞后等问题。《规划》针对这些问题，在凝练多年防治经验的基础上，确立了提升防治水平、强化薄弱环节的总体部署。《规划》更加注重发挥生态修复能力，加快防治进程；更加注重防治的针对性、精准性和科学性，通过区划，明确了不同区域的水土保持主导功能和防治方向；更加注重基础能力的提升，对全方位强化监测、科技和信息化建设，加强监督执法、宣传教育和制度创新都做了明确安排。因此，贯彻落实《规划》是打破瓶颈制约，提高水土保持发展效率、效益和效能的重要手段，也是推动水土流失防治向更高层次、更高水平迈进的实现途径。

二、要从以下几方面推动《规划》实施

第一，加强组织领导，认真宣传贯彻。各地要把学习宣传、贯彻落实《规划》作为当前的首要任务，结合本地区、本单位实际，认真制定学习宣传贯彻《规划》的实施方案，加强领导、精心组织、狠抓落实。要建立并完善政府主导、部门协作、分级负责、分工明确的水土保持工作机制，积极协调发改、财政、国土、环保、农业、林业等多部门，按照部门职责开展好《规划》相关水土保持工作，发挥项目与资金合力，提高投资效益和防治效果。各级水行政主管部门要切实履行好水土保持职责，积极争取有关部门的支持，形成齐抓共促的良好工作局面。省级水行政主管部门要全面把握《规划》的总体要求和工作内容，以《规划》为指导，抓紧编制和完善本省（自治区、直辖市）水土保持规划，主动与《全国水土保持规划》提出的目标和任务衔接。省级规划编制工作应

于 2016 年 6 月底前完成，并积极争取省级人民政府早日批复实施。

第二，细化目标任务，不折不扣落实。《规划》一经批复贵在落实。全面完成《规划》确定的到 2020 年新增 32 万 km^2、到 2030 年新增 94 万 km^2 水土流失治理面积的目标，时间紧、任务重。各省要按照《规划》确定的分省目标任务，层层细化分解，倒排时序工期，加强跟踪检查，建立考核机制，并将近期治理目标纳入各级“十三五”国民经济和社会发展规划，合理安排水土保持工作经费，纳入年度计划和财政预算，保障公共财政对水土保持的投入水平。要坚持突出重点、项目驱动，抓紧开展《规划》明确的重要江河源头区、重要水源地和水蚀风蚀交错区 3 个重点预防项目，以及重点区域水土流失综合治理、坡耕地、侵蚀沟综合治理和示范区建设 4 个重点治理项目的前期工作。规划计划司和财务司要积极协调发改委、财政部，争取重点项目尽早立项实施。水土保持司要会同技术支撑单位，抓紧制定项目专项规划。今后，各级在确定重大工程、重大项目、治理重点和任务安排上都要严格以《规划》为依据，各省要切实按照《规划》，做好重点项目储备论证，及时编制实施方案，夯实项目前期工作基础。

第三，加强制度建设，强化预防监管。各地要按照十八届四中全会关于全面推进依法治国和《水土保持法》的要求，切实落实《规划》提出的配套法规建设任务，推动地方各级政府结合实际出台水土保持法实施条例或实施办法，构建上下衔接、结构合理、规定严密、切合实际的水土保持法律法规体系。要加快构建与生态文明建设要求相适应的水土保持制度体系，抓紧研究制定水土流失重点防治区管理办法、水土保持生态红线管控制度，落实相关规划水土保持内容征求意见制度，建立水土流失重点防治区地方各级人民政府水土保持目标责任制和考核奖惩制度，为有效防治水土流失提供健全的法制保障和严密的制度保障。要大力加强水土保持机构队伍监管能力建设，严格水土保持方案把关，切实强化监督检查，加大执法力度，提高监管效能，坚决制止、依法惩处违法违规行为，做到人为水土流失和生态破坏的源头严防、过程严管、后果严惩。要切实强化水土保持国策宣传教育，把水土保持教育纳入国民教育体系，加强水土保持科技示范园建设管理，发挥新闻媒体作用，营造良好舆论氛围，增强全民水土保持意识。

第四，夯实基础工作，加强督促检查。要大力加强水土保持科技、监测、信息化等基础性工作，进一步提升水土保持科技贡献率，全面强化监测和信息化工作对《规划》实施、政府考核、宏观决策、公众服务的支撑能力。要加强水土流失监控能力建设，改进完善水土流失重点防治区监测方法，加强水土保持效益监测，掌握水土流失动态变化及其防治效果。要统筹先进的科研、技术、仪器和设备优势，充分利用卫星影像和多区域、多门类、多层次的监测手段，逐步实现对国家水土保持重点治理工程的“图斑”化精细管理、对生产建设项目的“天、地一体化”动态监控和监管全覆盖。加快建立监测评价与开发管控、监督执法、考核问责的联动机制。要全面建立《规划》实施的跟踪检查和定期评估机制，做好年度《规划》目标任务落实情况的统计监测，加强监督检查，及时总结经验、解决问题，确保《规划》目标任务如期实现。各省《规划》贯彻落实工作进展情况应于每年 11 月底前报送水利部。我部将定期组织流域机构和部属单位对各地贯彻落实情况及实施成效进行督促检查，进展情况及检查结果将按年度向国务院报告。

三、全面完成国家水土保持重点工程年度目标任务

9 月 7 日国家水土保持重点工程推进会议以来，各地认真贯彻落实水利部关于加快推进水利工程建设的总体部署，按照《加快推进水土保持重点工程建设实施方案》要求，有针对性地采取措施加以推进，重点工程建设进度明显加快，取得了明显成效。根据截至 10 月 20 日的调度情况来看，一是投资计划执行进度明显加快。2015 年共下达水土保持中央投资 55.85 亿元，实际完成 23.84 亿元，中央投资完成率为 42.7%，投资完成情况明显好于往年。二是招投标等施工前准备工作基本完成。中央投资计划已全面下达，中央资金已基本到位，各地招投标工作基本完成，完成率为 87.84%，为尽早开工创造了良好条件。三是开工率较往年大幅提高。2015 年计划实施项目 1 396 个，目前已开工 1 314 个，开工率达 93.59%，为历史同期最高水平。

在看到成绩的同时，我们必须清醒地认识到，工程建设过程中依然存在中央投资未全部到位、部门协调难、配套资金落实难、财政评审时间长、招投标工作滞后等问题，导致国家水土保持重点工程建设进度滞后，投资完成率明显低于全国水利工程建设的平均水平。现在距离年底已经不到 70 天时间，重点工程建设时间紧、任务重，如期圆满完成年度建设目标任务形势仍然十分严峻。各地要紧紧抓住水土保持施工的黄金时期，进一步加大工作力度，采取强有力措施，齐心聚力，迎难而上，确保全面完成 2015 年重点工程建设目标任务。

第一，强化领导，精心组织，确保年底前完成年度目标任务。各级水行政主管部门要按照既定的年度目标任务，进一步强化责任意识，认真梳理和分析存在问题，研究提出有针对性的解决措施，发挥各级协调会商机制，调动各方力量，全力推进重点工程建设。

第二，倒排工期，严控节点，全面加快工程建设

进度。各级水行政主管部门要对照2015年建设计划任务及时间节点要求，把剩余投资和建设任务分解到旬，逐旬提出需要完成的投资计划和治理任务。特别是招投标滞后、开工率低、投资执行进度慢的省份，更要严控时间节点，统筹协调加快工程建设进度各项事宜，快马加鞭，迎头赶上。

第三，多措并举，沟通协调，及时足额落实地方配套资金。省级水行政主管部门要加强与发改、财政等部门沟通，加大省级投入，督促市县及时、足额落实配套资金。特别是要充分用好水土保持补偿费、过桥贷款、开发性金融、专项债券等金融支持政策，多渠道足额落实地方投资。

第四，加强监管，跟踪检查，确保项目建设进度和“四个安全”。要充分发挥好水利部、流域机构和省级水利部门三级监督检查机制，加强调度，对工程进度严重滞后、问题突出的项目县要挂牌督办、专人盯办、重点查办。要切实加强党风廉政建设，强化水土保持工程建设廉政风险防控，规范资金使用管理，杜绝滞留、挪用现象发生。

第五，超前谋划，提前布置，扎实做好2016年项目前期工作。省级水行政主管部门要按照《加快推进国家水土保持重点工程建设实施方案》确定的投资规模，采取有力措施，尽快完成2016年度项目实施方案编制工作，确保年底前全部完成审批，为明年重点工程顺利实施创造条件。

同志们，贯彻实施《全国水土保持规划》、加快重点工程建设进度，时不我待，责任重大。让我们按照党中央总体部署、国务院《批复》精神和部党组要求，全力以赴、扎实工作，确保完成《规划》和年度各项目标任务，努力开创水土流失防治新局面，为加快生态文明建设、实现美丽中国作出新的更大贡献！

切实履行党风廉政建设监督责任 确保全面从严治党要求在水利系统落到实处——水利部党组成员、驻部纪检组组长田野在水利系统落实党风廉政建设两个责任座谈会上的讲话（2015年12月8日）

党风廉政建设主体责任和监督责任是党章赋予我们的重要职责，落实好这“两个责任”，是党的十八届三中全会作出的明确规定，也是当前党要管党、从严治党的重要抓手，是推进各项现代化事业顺利进行的根本保证。在当前水利工作处于抢抓机遇跨越发展、攻坚克难负重前行的关键阶段，只有履行好“两个责任”，扎实推进水利系统党风廉政建设，才能保障水利事业的持续健康发展。因此，部党组今天召开的这个会议十分重要，我们一定要把会议精神学习好、贯彻好。

刚才，学斌同志通报了有关情况，10个单位也做了很好的发言。总的来看，一年来，各级水利部门较好地贯彻了部党组关于水利党风廉政建设工作部署，在落实“两个责任”方面，重视程度不断提高，责任意识不断增强，具体措施不断丰富，工作力度不断加大，取得了明显成效。归纳一下，有以下几个特点：一是党组重视，书记亲自抓。特别是部党组书记、部长陈雷同志率先垂范，自觉履行第一责任人职责，经常听取党风廉政建设工作汇报，研究部署具体工作，走在了中央国家机关的前面。二是措施得力，较快见成效。整个水利系统把党风廉政建设融入水利业务工作，做到同部署、同检查、同考核，层层签订责任状，使“两个责任”的落实力度大、见效快。三是健全机制，驱动能力强。水利部成立了党建工作领导小组，协调部廉政办、机关党委、机关纪委和驻部纪检组联合发力、四轮驱动，按照“管行业必须管行风”的要求，有力推进了水利党风廉政建设。四是敢于担当，领导做表率。部党组和多数单位的领导同志在把主体责任扛在肩上的同时，以身作则，带头拥护并坚决贯彻党中央和水利部党组相关工作部署，政治忠诚、自身干净。

与此同时，各级水利纪检监察部门自身建设在不断加强，从严治党的监督责任也得到很好的落实。主要表现在：一是深化“三转”，聚焦主业准。多数单位纪委和省厅纪检组通过转职能、转方式、转作风，调整职能，明确定位，将精力集中放在党风廉政建设和反腐败斗争上，敢于执纪，从严执纪。二是重点突出，工作措施实。多数单位把执行纪律、贯彻中央八项规定精神的情况作为监督执纪的重中之重，紧紧盯住“三类人”，突出重点领域和关键环节，综合运用多种方式，有效防范了廉政风险。比如针对“四风”问题，驻部纪检组紧紧揪住关键节点，通过印发通知、发送廉政短信进行提醒，对发现的问题及时处理并公开曝光，有力整肃了不良风气。三是挺纪在前，监督执纪严。多数单位能够严格执纪，正确把握监督执纪“四种形态”，对苗头性问题及时提醒教育，对严重违纪问题严惩不贷。比如驻部纪检组今年以来立案查处了8名司局级领导干部，有的水利厅一年内对十多名党员干部做出党政纪处理，形成震慑；还有的单位通过约谈，督促退回违规发放的奖金、劳务费，等等。四是敢于追责，监督效果好。很多单位建立了廉政约谈机制，提醒督促党组成员和下属单位切实履行“一岗双责”，抓好职责范围内党风廉政建设。不少单位坚持“一案双查”，对因履行主体责任、监督责任不力、导致出现严重后果的下属单位党组织和纪检监察部门追究责任，都发挥了很好的作用。

在取得这些成绩的同时我们也要看到，我们履行监督责任的水平与党风廉政建设形势发展的需求还有不相适应的一面，与中央的要求也还有一定差距，下一步要不断提高工作水平，更加深入地抓好“两个责任”的落实。下面，根据部党组要求，我就进一步落实好“两个责任”，特别是水利纪检监察部门落实好监督责任，谈三点意见，供同志们参考。

一、深刻认识当前形势，不断提高履行监督责任的自觉性

形势决定任务，任务要求担当。当前，水利党风廉政建设面临什么样的形势？从全国面上看，水利系统党风廉政建设的总体情况是好的，我在刚才已归纳了几点，同时大家的发言中也有很好的体现。但工作发展还是不平衡的，还存在一些薄弱环节，特别是一些地方和单位腐败问题处在易发多发的状态。主要表现为：一是基层水利单位违纪违法案件还在发生。近几年，一些省区的部分市、县水利系统发生了腐败窝案串案。这些违纪违法案件大多集中在农村中小水利项目上，虽工程规模小、资金数额少，但由于作案时间长、次数多，每个项目都可以吃、拿、卡、要，累积受贿，最终酿成巨贪。这些案件往往发生在群众身边，关系群众的切身利益，直接影响了水利系统在社会上的形象。二是水利管理体制还不健全。有的水利工程项目搞体内循环，内部操纵，地方水利局既是项目业主、项目管理者，又是监督者，既当运动员又当裁判员，这种管理体制上的缺陷，加大了权力寻租风险，“靠水吃水”“管工程吃工程”的浊流不断涌动。三是在监督上还有缺位。一些水利项目中，公平有序的市场竞争机制尚未形成，招投标不够规范，权力的外部监督不到位，造成行业内“潜规则”盛行，暴露出诸多监管漏洞。四是一些重点领域和关键岗位廉政风险还比较高。从近年来发生的水利违纪违法问题来看，主要集中在工程建设领域，往往是在招标投标、工程质量检验、资金管理、物资采购、工程款拨付、设计变更等环节中出现问题。此外，水行政许可、水行政执法、资金使用、干部人事等领域的案件也时有发生。五是纪检监察监督力量还显不足。有的单位没有纪检监察机构，有的较大单位没有专职人员和专职书记，纪检监察监督力量与我们承担的监督执纪问责的任务不相匹配。

在落实“两个责任”方面也存在一些问题，比如，有些单位的领导对落实“两个责任”的重要性认识不足，只挂帅不出征，说起来重要，干起来次要，往下传导压力不够；有的单位抓“两个责任”措施还不够有力，对本单位存在的问题认识不清，处理不力，特别是对“四风”反弹的危害性认识不够，措施不坚决；有的单位领导干部甚至是一把手带头顶风违纪违法，造成领导班子多名干部受到党政纪处分或司法处理的严重后果，破坏了单位的政治生态。这些问题的出现，从根本上讲就是没有把两个责任重视起来、担当起来，只是墙上挂挂、嘴上说说、纸上画画。这些问题虽然出现在少数单位，但处理不好仍可能影响水利改革发展和党风廉政建设的大局，进而影响到全面从严治党和“四个全面”战略布局的顺利推进。因此，我们要切实增强主动性和自觉性，把思想和行动统一到中央和部党组的要求部署上来，把两个责任担当起来，落实到位。特别是水利纪检监察部门，作为专门的执纪机关，必须真正担当起监督责任，协助单位党组织共同推进党风廉政建设，为水利事业持续健康发展提供坚强有力的保障。

二、明确纪检职责定位，切实担当起监督责任

纪委（纪检组）是党内监督的专责机关，根据党章和中央的要求，主要责任就是6个字：监督执纪问责。在这个问题上，我们一定要弄清楚，现在纪委的监督不是具体的水利业务监督，而是党内监督，政治监督。特别是驻部纪检组和部党组直接管理的七大流域纪检组，是代表上级纪委和部党组来监督本单位党员干部执行纪律情况的，要对上级纪委和部党组负责。在这个问题上，我们部党组的意识是明确的，为明确水利纪检监察部门的监督责任，部党组出台了《关于水利纪检监察部门进一步落实党风廉政建设监督责任的意见》，为我们监督执纪问责提供了制度支撑。我本人在部党组班子中除了抓纪检监察工作和协助陈雷部长抓巡视工作之外，不分管其他任何工作。

因此，请各单位纪委、纪检组要聚焦党风廉政建设和反腐败斗争这个主业，转职能、转方式、转作风，把该担的责任担起来，把不该做的事情交出去，集中力量搞好监督执纪问责，种好自己的“责任田”。在方式方法上，要从过去直接参与部门的日常业务检查中退出来，把更多的精力放在督促有关责任部门严格遵守纪律和依法依规履行自身职责上，聚焦监督的再监督，不能越俎代庖。这一点，既是中央的要求，也是实际情况的需要。因为专业所限，纪检监察干部参与业务工作也只是“稻草人”摆样子。在监督主体上，要从过去多数针对“事”转向重点针对“人”，既包括对人的监督，也包括对党组织的监督；既包括对下级党组织的监督，也包括对同级党组织的监督。要特别注意加强对党员干部的日常监督，用纪律和规矩管住党员干部。关注干部的生活圈子，人际圈子以及身边的亲属和工作人员情况，从日常事、具体事抓起，做到权力行使到哪里，日常监督就延伸到哪里。在工作内容上，要突出对党员干部遵守纪律的情况，特别是遵守政治纪律、组织纪律情况的监督检查。前段时间，中央新修订了《廉洁自律准则》和《纪律处分条例》，一个是正面倡导，一个是反面禁止性规定，涵盖了我们监督执纪的主要内容和主要依据，我们一定要学思践悟，真学真懂真用。

当然，突出纪委的监督责任的同时，还要强调协

助党委履行好主体责任。协助党委抓党风廉政建设和组织协调反腐败工作，这是党章赋予纪委的重要职责任务，这一点千万不能含糊。主体责任是党风廉政建设的“牛鼻子”，纪委和纪检组要切实发挥参谋助手作用，积极作为。要经常提醒党组（党委）书记，落实党风廉政建设主体责任是分内之事，也要经常提醒同级党组织班子成员，抓好分管领域党风廉政建设主体责任是职责，不抓就是失职；要认真督促传导，支持党组（党委）书记往下传导压力，层层落实责任，加强对下级党组织落实主体责任情况的监督检查；要多出谋划策，对本单位党风廉政建设方面的问题，早发现，早提建议，切实推动问题的解决。

切实加强纪检机构建设，配齐配强纪检监察干部也是明确职责定位很重要的一个方面。去年以来，水利部党组决定在40家部属正局级以上企事业单位配备专职纪检组长（纪委书记），截至目前，已经有一些单位人员已经到位；在对长委、黄委纪检监察机构实行直接管理试点的基础上，部党组今年又决定对其他五个流域纪检监察机构实行直接管理。这些举措，都增强了直属单位纪检监察监督力量，为各单位纪检监察部门履行监督职能提供了组织保障。希望各直属单位和各省（自治区、直辖市）水利厅（局）也要进一步加强纪检机构建设。

三、强化监督执纪问责，真正完全把监督责任落实到位

监督执纪问责是纪委的主业，各级水利纪检监察部门要继续深化“三转”，聚焦这个主业，真正把监督责任落实到位。

一要把纪律挺在前面。纪律是管党治党的尺子。无数的违纪违法案件表明，破法先破纪。党员干部往往都是从违反纪律和规矩开始，进而逐步走向违法犯罪的，很少有一开始就敢大量贪污受贿的。我们过去面上执纪不严，重视的是大案要案，对党员干部一般违规问题不去处理，一旦处理就是直接移送司法，让“好同志”一下变成“阶下囚”。现在强调把纪律挺在前面，就是要把纪律作为管党治党的尺子，一个标准量下去，只要有问题就要拿纪律规矩对照一下，违纪了就要依纪处理，这样就能管住小问题，管住大多数党员干部。因此，水利纪检监察部门要坚持用纪律衡量党员干部行为，守住纪律这条底线，注意抓早抓小、动辄则咎，发现苗头就及时提醒、触犯纪律就及时处理。

二要将监督执纪问责具体化。要规范问题线索管理，按照中央纪委拟立案、初核、谈话函询、暂存、了结5类标准分类处置。坚持抓早抓小、动辄则咎，对反映党员领导干部的一般性问题，及时进行提醒、警示、诫勉。要认真开展纪律审查工作，以零容忍态度惩治腐败，始终保持利剑高悬、威慑常在。要驰而不息纠正“四风”，看住一个个节点，解决一个个具体问题，严肃执纪，对典型问题公开曝光，坚决防止“四风”反弹。前不久，水利部对2名局级干部违反八项规定精神的情况在水利报和纪检监察报上进行了通报。廉不廉，看过年；洁不洁，看过节。眼下元旦、春节将至，一定要紧紧揪住“四风”问题不放，特别要关注花样翻新、转入地下的“四风”问题，常抓常管，坚决防止松懈和反弹。要坚决落实“一案双查”要求，强化责任追究，既追究当事人的责任，又追究领导责任和落实两个责任不力的责任。今年以来，驻部纪检组已对3个下属单位主要领导和3个单位党组织追究主体责任，也有2个直属单位纪检组因履行监督责任不力受到追究。下一步，要进一步加大追责问责的工作力度。

三要扎紧制度的笼子。要按照部党组工作部署，继续推动相关部门抓好干部人事、资金资产、工程建设、水土保持、水文、国际合作与科技管理等8个重点领域的《水利行业廉政风险防控手册》（试行）的运用，加快推进水政监察和水行政执法、农村水利、水利安全生产监督管理、农村水电及电气化发展4个领域的廉政风险防控工作，争取在2016年基本实现对水利重点领域廉政风险防控制度建设的全覆盖。还要针对廉政风险防控的落实情况，开展督查工作，及时向党组提出工作建议。各单位要坚持建制和执行“两手抓”，不仅要有系统科学完备的制度，而且要提高制度的刚性，严格责任追究，确保制度落实到位。

四要加强纪检干部队伍建设。打铁还要自身硬，我们干的就是打铁的活，自身一定要硬。然而，纪检干部不是生活在真空中，被拉拢腐蚀和“围猎”的风险在不断增加。据统计，党的十八大以来，全国纪检监察系统就有3 500多名干部被处分。水利系统也有两个县水利局的纪检组长因为经济犯罪而被司法处理。因此，我们水利纪检监察干部一定要严格要求自己，努力做到忠诚干净担当。执纪“手电筒”不能只照别人，也要照自己，监督者也要接受监督，一旦出现问题，更要从严查处，坚决防止“灯下黑”。当然，也要关心、培养纪检干部的成长，支持他们忠实履行职责。纪检干部最基本的品质就是要立场坚定，敢于担当。有私心杂念、怕得罪人，就不能做纪检工作。要耐得住寂寞、经得住诱惑，拉得下脸来，站得稳脚跟。要通过加大教育培训力度，不断提升纪检干部履职的能力和水平。驻部纪检组要对明年加大水利系统纪检干部培训力度作出安排，统筹考虑。

总之，全面从严治党永远在路上，强化监督只有进行时。水利党风廉政建设任重而道远。我们要按照中央的部署和水利部党组的要求，聚焦中心任务，认真履行“两个责任”，以坚定不移的态度和坚强有力的措施，扎实推进水利党风廉政建设工作，为水利改革发展不断作出新的贡献！

“十三五”水利改革发展中需要重点解决的几个问题——水利部副部长周学文在中国水利学会2015年学术年会上的主旨报告(2015年10月26日)

水利是国民经济与社会发展的重要支撑和保障，不仅直接关系防洪安全、供水安全、粮食安全，而且关系经济安全、生态安全、国家安全。今天，中国水利学会在这里举办2015年学术年会，以“水安全与水科技”为主题，深入研讨水安全领域的重大战略问题，分享水安全领域的科技创新成果与宝贵经验，机会难得，意义重大。在此，我受水利部陈雷部长的委托，向长期以来关心、重视和支持水利工作的各位领导、各位专家以及各界人士表示衷心的感谢!

党的十八大以来，以习近平同志为总书记的党中央从战略和全局高度，对保障国家水安全做出一系列重大决策部署，明确提出“节水优先、空间均衡、系统治理、两手发力”的新时期水利工作方针，对加快水利改革发展提出了新的更高要求。当前，保障水安全中还存在着一些突出薄弱环节和需要研究解决的重大问题。下面，我就“十三五”水利改革发展中需要重点解决的六个问题谈点认识，与大家交流探讨。

一、关于防洪安全保障问题

洪涝灾害是我国发生最为频繁、灾害损失最重、死亡人数最多的自然灾害之一。新中国成立以来，经过大规模水利建设，基本形成了以堤防、水库、蓄滞洪区等为重点的大江大河干流防洪减灾体系。“十二五”期间洪涝灾害导致的直接经济损失占同期GDP比重为0.4%，与1991年以来1.21%的经济损失比重相比，下降了2/3，因洪死亡人数也是新中国成立以来最少的时期（1950—2013年，全国因洪死亡人数年均4 387人，2014年、2015年分别为486人、319人)。但近年来随着全球气候变化和极端天气事件的增多，局地暴雨洪水呈多发、频发、重发趋势，流域性大洪水发生概率也在增大，严重威胁防洪安全。比如，2007年山东济南市发生了严重城市内涝，2010年甘肃舟曲发生特大山洪泥石流，2012年北京遭遇61年来最强暴雨，2013年黑龙江、松花江、嫩江发生流域性大洪水，这些不仅给经济社会发展和人民生命财产造成巨大损失，同时也暴露出我国防洪除涝体系中还存在不少薄弱环节。中小河流防洪标准低，我国流域面积在200～3 000km^{2}的中小河流有防洪任务的6 800多条，“十二五”期间对4 500余条中小河流的重点河段进行了治理，但绝大多数未经治理的河段和2 300余条没有开展治理的河流只能防御3～5年一遇洪水，有的甚至不设防；蓄滞洪区建设滞后，全国98处蓄滞洪区内仍然居住着1 600多万人，围堤标准低、进退洪控制设施和安全设施缺乏，启用难度大。下一步要加快建设步伐，进一步提升流域和区域防洪减灾保障能力。

（一）进一步强化防洪工程措施。在加快推进江河湖泊治理骨干工程建设的同时，继续加强中小河流治理、山洪灾害防治等防洪薄弱环节建设。一是加快主要支流和中小河流治理，“十三五”期间，继续对防洪任务重、有重点保护对象的重要河流重点河段进行治理，进一步扩大治理范围。同时，以流域为单元，推进江河湖库水系综合整治。二是加大山洪灾害防治力度，完善山洪灾害预警系统，开展群测群防体系建设，加大重点山洪沟防洪治理力度。三是实施病险水闸水库除险加固，对列入规划的2 622座大中型水闸分期分批实施除险加固，恢复水闸功能，对新出现的大中型病险水库进行加固。四是开展重点海堤达标建设。以沿海地区重要城市、重要经济开发区域、重要基础设施为重点，对保护区重要、灾害风险大、防潮要求高，但现状防潮标准低、建设质量差或尚未形成封闭保护的约2 000km海堤进行达标建设，使海堤达标率提高到60%左右。

（二）加强城市防洪排涝能力建设。一是加强河湖水域岸线空间用途管制，防止城市发展侵占河湖、堵塞河道、挤占排涝空间、缩减雨洪调蓄能力，给洪水以出路。二是加强城市防洪排涝工程建设。加快推进城市雨污分流管网改造与排水防涝设施建设，增强雨洪调蓄能力，着力解决城市积水内涝问题。积极推进“海绵城市”建设，提高城市吸水、蓄水、排水、净水和释水功能，增强城市防洪排涝减灾能力。

（三）加强洪水风险管理。要完善洪涝灾害监测预警预报系统，强化信息共享和综合应用，扩大预警信息覆盖面，重点提高学校、旅游景区等人口密集地区的预警能力。编制重点区域洪水风险图，健全超标准洪水应急预案，提高应急管理水平。

二、关于最严格的水资源管理制度实施问题

2012年，国务院出台《关于实行最严格的水资源管理制度的意见》，把实行最严格的水资源管理制度提升为国家战略，摆在与最严格的土地管理制度同等重要的位置。但与最严格的土地管理制度相比，实行最严格的水资源管理制度难度更大。主要表现在，水是流动的且年内年际间变化的资源；使用权多数尚不明晰，权属与管理责任不统一；水资源管理要确保“三条红线”，且有些流域和区域水资源开发利用程度、入河污染物已超过红线控制指标。因此，实行最严格的水资源管理制度是一项长期而艰巨的工作，需要从制度、管理、技术等层面持之以恒地加以推进。

（一）落实总量控制目标，应从明晰水权入手。为强化总量控制，最严格水资源管理制度确立了水资源开发利用控制红线，明确到2030年全国用水总量控制在7 000亿 m^3 以内。要落实这一目标，需要重点开展3个方面工作：一是“三条红线”指标分解，建立覆盖全国省、市、县三级行政区的水资源管理控制指标体系，实行区域用水总量控制。二是主要江河水量分配，在完成第一批25条跨省主要江河水量分配方案基础上，加快编制第二批28条河流水量分配方案，把取用水量落实到河段。三是水资源使用权确权登记，通过完善取水许可制度和开展水权试点，对水资源使用权进行确权登记，将用水权益落实到取用水户。

（二）落实效率控制目标，应加强用水定额管理。最严格水资源管理制度确立了用水效率控制红线，明确到2030年万元工业增加值用水量降低到40m^3 以下、农田灌溉水有效利用系数提高到0.6。要落实这一目标，需做好4个方面工作：一是完善用水定额体系。制定不同地区、不同行业科学的用水定额指标，促进水资源的合理利用。二是实行节水产品认证和市场准入，开展用水效率标识管理。三是推进农业水价综合改革，合理调整农业水价，建立农业用水精准补贴制度和节水激励机制。四是推进工业、服务业和城市居民生活用水价格改革，稳步推行阶梯水价制度。目前，全国已有1/3的城市居民生活用水实行阶梯水价制度 。

（三）落实水功能区限制纳污目标，应狠抓节水减排。要实现最严格水资源管理制度确定的2030年水功能区水质达标率95%的目标，入河污染物限排总量要在现状水平上分别减少24.9%和38.3%。为此，需重点采取3个方面措施：一是加强源头严防。完善水功能区监督管理制度，从严核定水域纳污容量，并将其作为水污染防治和入河污染物减排工作的重要依据。二是加强过程严控。加强水质水量监测，建立水资源水环境监测预警机制，严格入河排污口监督管理。加大城镇污水、工业废水处理力度，执行更为严格的污水处理标准，加强面源污染防治。三是加强后果严惩。建立水生态环境损害责任终身追究制，对因盲目决策造成水生态破坏的领导干部进行责任追究。建立水生态环境损害评估和赔偿制度。

（四）落实管理考核制度，应强化水量水质监测。2013年以来，按照国务院出台的《实行最严格水资源管理制度考核办法》，水利部会同有关部门开展了2013年、2014年度考核工作。下一步，要以强化责任落实和完善监控体系为重点，抓好最严格水资源管理制度考核工作。一是强化责任落实。考核结果经国务院审定后向社会公告，并交由干部主管部门，作为对各省级行政区人民政府主要负责人和领导班子综合考核评价的重要依据。对考核不合格地区，整改期间暂停建设项目新增取水和入河排污口审批。二是完善水资源监控体系。目前，工业年供水5万t、生活年供水1万t规模以上规范计量率分别达到80%和90%以上，但全国800多处重要江河湖泊省界断面具备水量监测能力的不足50%，监控水平总体不高。下一步，在完善取水、排水、入河湖排污口计量监控设施的同时，要重点加强省界等重要控制断面、水功能区和地下水水质水量监测能力建设，逐步建立中央、流域和地方水资源监控管理平台。

三、关于水权制度建设和农业水价改革问题

目前，我国对水资源实行取水许可和有偿使用制度，水资源配置主要依靠行政手段，市场机制作用发挥不够，水资源利用效率和效益总体不高。下一步，水资源领域的改革重点是建立健全水权制度和农业水价形成机制。

（一）推进国家水权制度建设。多年来，我国水权制度建设在理论研究、实践探索等方面取得了积极进展。但目前水权制度建设仍然面临着一些困难和问题，主要表现在以下3个方面：一是认识还不尽一致。比如通过取水许可取得的取水权是否可以通过直接登记确认为水资源使用权。二是制度不健全。取水许可条例规定节约的水资源可以转让，而现实中区域间、用水户间的水交易有的不是节约的水资源；现行取水许可制度是以无偿方式获得取水权，根据实际取用水量缴纳水资源费，一些地方探索对工业、服务业有偿出让水资源使用权，尚缺乏法律法规依据。三是基础工作薄弱。江河水量分配、水资源监控能力建设尚未完成，水权确权、考核的工作难度大。正在开展水量分配的53条跨省重要江河涉及的395处省界监测断面，目前只有约1/3具备监测能力。

下一步，加快推进国家水权制度建设，需要重点做好5个方面工作：一是制定改革方案。研究制定国家水权制度改革总体方案，明确改革思路、目标任务和推进的时间表、路线图。二是完善制度体系。对现行的有关法律法规进行修订，研究制定水资源确权登记、取水权转让、水资源用途管制等基本制度。三是开展确权登记。抓紧建立覆盖省市县三级的用水总量控制指标体系，加快江河水量分配，确定区域取用水总量和权益。在此基础上积极稳妥推进水资源使用权确权登记，将水资源占有、使用、收益的权利落实到取用水户。四是推进水权交易。深入开展水权试点，推进水权交易平台建设，鼓励和引导地区间、用水户间的水权交易，探索多种形式的水权流转方式。五是加强用途管制。在确权登记时，明确水资源用途，保障基本用水权利，特别是农业、生态和居民生活等公益性用水需求。

（二）健全农业水价形成机制。目前，全国水价水平总体上依然偏低，不仅对资源稀缺性和市场供求关系体现不够，甚至不能补偿供水成本。特别是农业水价偏低，全国灌溉水价平均为9.19分/m^3，仅占供水成本的35.5%。导致农业水价不能到位，原因主要有以下3个方面：一是农业是弱质产业，比较效益低，农民对水价的承受能力较弱，提高水价的难度较大；二是在取消两工、农业税，增加种粮补贴等背景下，继续收取农业水费的难度加大，2013 年水费收取率约 76%；三是工程老化失修，灌溉设施不完善，缺乏计量设施，管护主体不到位，导致用水效率低下，服务质量不高。目前我国大型灌区骨干建筑物破损率近 40%，灌区田间工程配套率仅约 50%，大中型灌区斗口计量率不足 30%。

下一步，在全面完成 120 个县农业水价综合改革试点基础上，总结可复制、可推广的经验，制定出台农业水价改革意见，统筹考虑保障国家粮食安全、促进节约用水、建立水利工程良性运行机制和保护农民利益等问题，找准改革的着力点和突破口。一是合理定价。综合考虑供水成本、水资源稀缺程度以及用水户承受能力等因素，科学制定水利工程供水价格，农业水价原则上达到运行维护成本水平。二是精准补贴。根据用水户承受能力、水价对节水的促进作用、地方财力等实际情况，合理确定政府与农民水价分担比例、政府补贴标准和方式。三是建立节水激励机制。推进定额内用水实行优惠水价、超定额用水累进加价。鼓励通过市场转让方式促进农业节水，真正建立起农业用水“节奖超罚”的激励机制。四是加强农业用水计量设施建设。因地制宜加大农业用水计量设施建设，为推行和完善计量供水、按量收费、超定额累进加价制度和水权转让提供条件。

四、关于加强河湖管理与保护问题

河湖是水资源的重要载体。近年来，一些地方违法违规侵占河湖以及一些不合理的建设活动，对河湖利用和生态保护造成威胁。一是过度开发。海河、黄河、辽河流域水资源开发利用率分别高达 134%、73%和 87%，西北内陆河流开发利用已接近甚至超出水资源承载能力。二是河湖污染。全国监测评价的 3 027 个水功能区水质达标率为 67.9%，与 2020 年 80%、2030 年 95%目标相比还有较大差距。三是侵占河道。一些地方受利益驱动，违法违规向河湖要地，甚至打着河道治理的旗号，将堤防改线、束窄河道，把撇出的河滩地用于城镇、工业项目开发。四是非法采砂。非法采砂现象在部分河流和地区仍较突出，严重威胁生态安全、防洪安全和航运安全。加强河湖管理与保护，需重点做好以下 4 个方面工作。

（一）强化规划约束，实行空间用途管制。一是完善规划约束体系。依据水资源综合规划、流域综合规划等，加快江河水量分配，严格区域用水总量控制；加强河道规划治导线管理，整治河道和修建控制引导河水流向、保护堤岸等工程，应当按照规划治导线实施；制定河道采砂、岸线保护等规划，为河湖管理提供规划依据。二是实行空间用途管制。要实行河湖水域岸线、河道采砂、水能资源等河湖开发利用和保护分区管理，划定禁止开发区、保留区、开发利用区，明确河湖开发利用和保护要求，划定管理和保护范围。

（二）开展生态治理和修复，促进河湖休养生息。一是加强重要生态保护区、水源涵养区、江河源头区和湿地的保护，推进生态脆弱河流和地区水生态修复。二是开发利用水资源应维持河流合理流量和湖泊合理水位，充分考虑基本生态用水需求，维护河湖健康生态。加强河湖水资源生态调度，保障重要河湖生态用水。

（三）加强水政执法，制止侵占河湖行为。一是规范涉河建设项目审查审批，严格洪水影响评价，防止建设活动侵占河湖，影响防洪安全。二是加大执法监督力度，制止非法采砂、侵占河湖等违法涉河水事行为，研究将河道非法采砂等严重违法行为纳入刑事制裁范畴。三是严格河湖治理项目审查审批，对堤防改线等方案进行深入论证，严格把关。

（四）创新管理体制，建立河湖管理长效机制。一是制定管理标准。按照河湖的功能定位，明确管理范围和内容，建立健全河湖管护标准体系。二是实行分级管理。明确管护主体，落实管护责任和管护经费，采取政府购买服务方式加强管理。三是创新管护模式。因地制宜推行“河长制”，由地方政府行政首长对河湖的保护负总责。

五、关于重大水利工程建设问题

新中国成立以来，经过几代水利人的艰苦努力，相继建成了一大批重大水利工程，有力支撑和保障了经济社会快速发展。随着“四化同步”和生态文明建设深入推进，对增强水安全保障能力提出了更高要求。下一步，按照党中央、国务院的部署，集中力量有序推进一批全局性、战略性重大水利工程。

（一）加快重大水利工程建设，是由我国基本国情水情决定的。从保障防洪安全的需要看，目前七大江河防洪保护区内，人口约占全国的 1/3，耕地占 22%，经济总量约占一半，对防洪保安要求高，需要建设必要的防洪水库、堤防和蓄滞洪区工程。从保障粮食安全的需要看，现有耕地半数以上仍为没有灌溉设施的“望天田”，还有一些水土资源条件相对较好、适合发展灌溉的地区，由于投入不足，农业生产潜力未能充分发挥，未来还可新发展约 1 亿亩农田灌溉面积，我国农田灌溉面积的阈值可达 10.3 亿亩左右。从保障供水安全的需要看，许多城镇供水水源不稳定、保障程度不高，约 80%的建制城市供水水源主要依靠径流保障程度不高的中小河流供水，与城镇化发展要求不相匹配，迫切需要建设一些水库等调蓄工程。从保障经济安全的需要看，当前，我国经济发展进入新常态，经济增速放缓，下行压力较大。加快水利建设，有利于增加有效投资需求、带动相关产业发展，是保持经济平稳健康发展的重要措施。

（二）加快重大水利工程建设，增强水安全保障能力

“十三五”期间要加快推进 172 项节水供水重大

水利工程建设。一是重大农业节水工程，主要包括大中型灌区续建配套与节水改造骨干工程和田间高效节水灌溉工程。预计可新增灌溉面积 2 300 万亩，形成农业节水能力 260 亿 m^3。二是重大引调水工程，主要包括陕西引汉济渭、甘肃引洮二期、云南滇中引水、引江济淮等工程，可新增年调水规模约 379 亿 m^3。三是重点水源工程，主要包括西藏拉洛、重庆金佛山、湖南涔天河（扩建）等工程，可新增供水能力约 90 亿 m^3。四是江河湖泊治理骨干工程，主要包括西江大藤峡、淮河出山店、黄河古贤等流域控制性枢纽工程，黑龙江、嫩江、松花江，长江、黄河、淮河重要河段治理工程，以及蓄滞洪区建设，可新增防洪库容 208 亿 m^3，同时还可发挥供水、灌溉、发电等综合效益。五是新建大型灌区工程，在东北平原、长江上中游等水土资源条件较好的地区，新建一批节水型、生态型的大型灌区，主要包括嫩江尼尔基水库配套灌区、吉林松原灌区、四川向家坝灌区等工程。截至目前，重大水利工程建设总体进展顺利，到今年底 172 项重大水利工程中在建项目达到 85 项，在建规模超过 8 000 亿元，其余 87 项力争“十三五”期间开工建设。

（三）加快重大水利工程建设，应高度重视征地移民和生态环境问题

随着我国资源环境问题的日益凸显，生态环境、征地移民问题已成为水利工程建设的重要制约因素。据统计，大型水库建设征地移民数量大，征地移民补偿投资占项目总投资比例一般在 50%左右，有的高达 70%～80%。加之一些地方水资源过度开发导致的生态环境问题，越来越受到社会的关注。因此，在规划编制、项目论证、工程建设以及运行管理等各个环节，都应高度重视征地移民工作和生态环境保护。例如，水库建设应把尽量减少水库移民和占用耕地作为工程建设方案优化比选的主要评判要素，同时科学制定调度方案，保证河道生态基流，最大程度降低工程对生态环境的不利影响。引调水工程建设应统筹调入区与调出区的水资源供需分析，合理确定调水规模，避免盲目扩大建设规模，造成“缺水搬家”，促进区域发展与水资源承载能力相协调。河道治理应尽可能保持河流自然形态，注重河湖水系连通，防止随意侵占河道和裁弯取直，避免过度采用“硬化”“渠化”等工程措施，破坏河道自然形态和河道功能。重大水利工程建设是百年大计，在加快工程建设的同时，要始终高度重视工程质量和安全。

六、关于创新水利投融资机制问题

水利是公益性的基础设施，长期以来以公共财政投资为主。近年来，中央和地方加大对水利的财政投入力度，水利财政投资比重 85%左右。下一步，在现有投资来源渠道的基础上，应加快完善多渠道水利投入稳定增长机制。

（一）完善公共财政水利投入政策

重点做好两个方面工作：一是争取进一步增加中央预算内水利投资规模，调整优化政府投资结构，中央预算内水利投资更多向重大水利工程、民生水利工程以及中西部和贫困地区水利工程倾斜。二是考虑“十三五”期间国家重大水利工程建设基金、水利建设基金等将相继到期，应争取延长水利建设基金征收和使用年限。同时，针对目前基金种类多、规模小、政策碎片化等问题，积极研究对基金进行整合，拓宽基金来源渠道。

（二）落实水利金融支持相关政策。由于水利工程建设周期长、资金回报率低，水利项目市场融资能力弱，“十二五”期间水利使用银行贷款规模占水利建设总投资的比重只有 6.5%。2015 年，国家通过专项过桥贷款等方式，为地方开展水利建设提供过渡性资金支持，在人民银行同期基准利率的基础上，按照东、中、西部地区分别下浮 10%、15%和 20%执行；通过建立专项建设基金方式，重点支持具有一定经济效益的重大水利工程、中型水库、江河治理和重点水资源配置工程建设，专项建设基金利息原则上不超过 1.2%。下一步，重点要做好三个方面工作：一是推动建立水利政策性金融工具，加大中央和地方财政贴息力度，为水利工程建设提供中长期、低成本的贷款；二是积极协调金融监管机构，进一步拓宽水利建设项目的抵（质）押物范围和还款来源，允许以水利、水电、供排水资产及其相关收益权等作为还款来源和合法抵押担保物。三是协调发展改革委等有关部门，争取扩大水利使用专项建设基金规模，支持重点领域项目建设。

（三）鼓励和吸引社会资本投入水利建设。从“十二五”以来水利投资结构看，社会资本投资占水利建设总投资的比重只有 7%，参与程度不高。2014 年 11 月，国务院印发了《关于创新重点领域投融资机制鼓励社会投资的指导意见》，鼓励社会资本投资运营水利工程。2015 年 3 月，发展改革委、财政部、水利部制定了《关于鼓励和引导社会资本参与重大水利工程建设运营的实施意见》，通过投资补助、财政贴息、价格机制、税费优惠等政策措施，鼓励社会资本参与重大水利工程建设运营，并选择了 12 个项目开展国家层面联系的试点工作。

下一步，重点做好三个方面工作：一是组织做好试点工作。加强跟踪指导和政策支持力度，督促各地探索建立健全政府和社会资本合作（PPP）机制，形成可复制、可推广的经验。二是细化完善政策措施。完善投资补助、财政贴息、价格机制等方面的具体扶持政策，鼓励社会资本以特许经营、参股控股等多种形式参与重大水利工程建设运营。三是研究设立重大水利工程投资基金。政府通过认购基金份额、直接注资等方式予以支持，实行市场化运作，积极吸引金融

机构、国有企业、民间资本等社会投资人参与，更好带动社会资本参与重大水利工程建设。

各位领导、各位专家，加快水利改革发展，保障国家水安全，离不开社会各界的广泛关注、大力支持和共同努力。中国水利学会是水利部联系广大水利科技工作者的桥梁和纽带，在推动水利科技事业进步中发挥着十分重要的作用。希望大家充分利用这一平台，畅所欲言，深入研讨，为加快水利改革发展积极建言献策，贡献自己的智慧和力量！

最后，预祝本次年会取得圆满成功！谢谢大家！

政　策　法　规

Policies, Laws and Regulations

水利法治建设

2015年，水利法治工作深入贯彻党的十八大、十八届三中、四中、五中全会精神和中央治水兴水决策部署，紧紧围绕水利改革发展大局，大力加强水利立法、水行政执法、水利普法工作，积极深化水利行政审批制度改革，不断推进水事矛盾纠纷预防化解，努力做好行政复议和行政应诉等工作，扎实推进水利法治建设，全面加强依法治水管水，为新时期水利改革发展提供有力的法治保障。

【依法行政】 以出台全面加强依法治水管水实施意见为重点，深入贯彻落实十八届四中全会精神。

（1）印发实施《水利部关于全面加强依法治水管水的实施意见》。为深入贯彻落实《中共中央关于全面推进依法治国若干重大问题的决定》的要求，经过广泛集中调研、认真组织起草、深入征求意见和反复修改完善，研究制定了《水利部关于全面加强依法治水管水的实施意见》（以下简称《实施意见》）（水政法〔2015〕299号），于2015年7月22日正式印发，明确提出了当前和今后一个时期水利法治建设的指导思想、目标任务、总体要求，为全面加强依法治水管水提供了行动指南。2015年8月20日，水利部在郑州专门召开水政工作座谈会，认真学习领会全面加强依法治水管水的重大意义，深刻理解把握《实施意见》的主要内容，研究部署贯彻落实《实施意见》的各项工作，蔡其华副部长出席会议并作重要讲话。全国水利系统积极贯彻落实《实施意见》，绝大多数省级水行政主管部门和流域管理机构相继出台了工作方案或实施方案，积极推动水利法治建设向纵深开展。

（2）落实四中全会重要举措分工方案。按照《中央有关部门贯彻实施党的十八届四中全会〈决定〉重要举措分工方案》（中办发〔2014〕63号）要求，分解任务，加快推进水利法治建设，制定并印发水利部《关于落实〈中央有关部门贯彻实施党的十八届四中全会决定重要举措分工方案〉的通知》，提出水利部内分工意见和有关工作要求。 （刘洁）

【水利立法】 以农田水利、征地移民、节约用水制度建设为重点，加快推进关键领域立法。

（1）积极推进重点立法项目的立法进程。《农田水利条例》是《国务院2015年立法工作计划》力争年内完成的项目，水利部配合国务院法制办完成了征求意见、专家论证、立法调研、立法协调、修改完善等工作，通过了国务院法制办办务会议审议并送有关部门复核，修改完善后即将提请国务院常务会议审议，力争尽快颁布实施。为贯彻落实《中共中央国务院关于加大改革创新力度 加快农业现代化建设的若干意见》（中发〔2015〕1号）关于“节水供水重大水利工程建设的征地补偿、耕地占补平衡实行与铁路等重大基础设施项目同等政策”的决定，结合加快推进重大水利工程建设的实际需要，研究提出了《大中型水利水电工程建设征地补偿和移民安置条例》（修正案草案），征求了有关部门以及省级人民政府的意见，已报送国务院审议。《节约用水条例》已列入《党的十八届四中全会重要举措实施规划（2015—2020年）》和中共中央、国务院印发的《生态文明体制改革总体方案》，《国务院2015年立法工作计划》明确由水利部会同住房城乡建设部、发展改革委起草，水利部加大工作力度，完善工作机制，制定工作方案，组织开展了立法专题调研，对条文进行了反复修改完善；推进部门协作，多次进行部门意见协调，成立了三部委参加的联合起草小组，研究讨论起草工作中的重大问题。按照《国务院2015年立法工作计划》要求，推进《河道采砂管理条例》起草研究，多次修改完善后重点征求国土资源部和交通运输部意见。配合指导有关司局做好《地下水管理条例》《水库大坝安全管理条例（修订）》等项目的立法前期工作。 （刘洁）

（2）完成涉及行政审批制度改革的水法规修改清理。按照国务院关于精简行政审批项目、规范中介服务等决定要求，配合国务院法制办对《中华人民共和国水法》《中华人民共和国防洪法》等6部水法律法规相关条款进行了修改。根据国务院关于取消调整行政审批项目的决定、推进注册资本登记制度改革的决定和清理规范中介服务等事项的决定，组织开展部规章专项清理。陈雷部长于2015年12月16日签发第47号水利部令，决定废止1件、修改8件水利部部规章。

（3）高度重视法律法规征求意见答复和涉水立法协调工作。完成《必须招标的工程项目规定》等法律法规草案复核、征求意见答复等60余件次，根据水利改革发展需求提出意见建议，使之与水法规体系协调衔接，坚决维护法制统一，努力将水利改革发展的新要求体现在相关立法中，保障水利部法定职责有效履行。

（4）组织开展水权交易制度研究。贯彻落实党中央、国务院关于完善水权制度、推行水权交易、培育水权交易市场的决策部署，以鼓励开展多种形式的水权交易，促进水资源的节约、保护和优化配置为目的，跟踪水利部正在开展的水权试点情况，积极总结各地已有实践经验，根据有关法规政策规定，积极开展水权制度建设。经过起草、专家咨询、实地调研、多轮征求意见和反复修改，提出了《水权交易管理暂行办法》。 （倪鹏）

【水行政执法】

1. 以组织专项执法活动为重点，持续加强水行政执法

（1）完成丹江口水库“打非治违”专项执法行动“回头看”。在2014年丹江口水库“打非治违”专项执法行动取得积极成效基础上，2015年汛前组织长江委和陕西、湖北、河南三省开展专项执法行动“回头看”活动，立案查处水事违法案件96起，持续打击非法拦汊筑坝、无序采砂等侵占库容、影响防洪的违法行为，重点治理违规涉河建设、人为造成水土流失的违法行为，水事秩序明显好转，保障南水北调中线工程顺利通水。进一步完善丹江口水库流域与地方的水行政联合执法机制，切实履行好水行政管理职责。

（2）完成水土保持专项执法检查活动。在全国组织开展水土保持专项执法检查活动，以严格查处违法造成水土流失的行为、违反水土保持方案制度的行为以及不依法履行水土流失治理义务的行为等为执法重点，保障水土保持法律制度的全面贯彻实施，推进生态文明建设。共检查涉及水土保持的生产建设项目和有关活动3.96万处，摸清了涉及水土保持的生产建设项目和有关活动的基本情况，下达整改通知书1.05万件，立案查处4 800件，推进了水土流失防治、水土保持方案编制、水土保持设施“三同时”、水土流失治理等制度的落实，促进了水土保持监督管理水平的提升。

（3）配合国家发展改革委联合惩戒违法违规建设生产煤矿。与国家发改委等部门对违法违规建设生产煤矿实施联合惩戒，参加晋陕蒙煤矿建设生产情况抽查，在12个省（自治区）共核实涉嫌违法违规建设煤矿180处，重点督办查处68处，加大对违反《中华人民共和国水法》《中华人民共和国防洪法》和《中华人民共和国水土保持法》的煤矿建设生产行为的惩戒力度。

（4）积极推动建立水行政执法与刑事司法的衔接机制。开展河湖水域刑法保护研究，加强与全国人大法工委的沟通，积极推动《中华人民共和国刑法》增设“非法占用水域罪”。推动“河道非法采砂”严重违法行为适用“非法采矿罪”的司法解释工作，配合最高人民法院开展实地调研，充分听取了地方水利、公安、法院和流域管理机构的意见和建议，开展司法解释修改稿研究论证工作。

（5）公开水利部行政处罚清单。贯彻落实国务院2015年政府信息公开工作要点，梳理了水利部行政处罚项目及依据，公布了水利部独立行使的行政处罚事项清单。

（6）提升水行政执法能力和水平。组织实施2015年流域管理机构水政监察基础设施建设项目，完成中央投资3 000万元，流域管理机构执法能力进一步加强。修订水行政执法统计制度，更加全面、及时、准确地反映水政监察队伍建设、水行政执法工作和水事纠纷调处工作的基本情况，启用“水行政执法统计信息系统”。组织4期水行政执法培训班，提升基层水政监察人员水平。

2. 以规范审批行为为重点，不断深化水利行政审批制度改革

（1）规范和改进水利部行政审批工作。印发《关于规范行政审批行为　改进行政审批工作的通知》和《关于规范和改进部直属单位行政审批工作的通知》，落实统一受理、一次性告知、受理单、办理时限承诺制和申请人满意度评价制度等措施。编制完成行政审批服务指南。逐项制定了行政审批工作细则，将职权分解到业务管理部门，细化为4级审查岗位，明确了各级审批人员的审查内容、审查标准、审查要点，提出审查注意事项及不当行为需要承担的后果等。建设并开通水利部行政审批项目网上预受理和预审查平台。开展“水利部行政审批监管平台”前期调研，推动水利部行政审批网上办理平台建设。2015年，水利部共办结行政审批事项2 495件（水利部本级办结1 764件）。

（2）推进企业投资项目涉水行政审批改革。制定《水利部办理企业投资项目水行政审批工作规则》，从受理环节、技术审查环节、审批决定环节等优化审批流程，建立统一受理、联合审查、分别办理、限时办结的联动审批机制。印发《水利部关于高速公路涉水行政审批改革的通知》，对高速公路项目涉水行政审批涉及的河道管理范围内建设项目工程建设方案审批、非防洪建设项目洪水影响评价报告审批和生产建设项目水土保持方案审批提出了归并审批事项、整合技术报告，减少审批层级、明确实施主体，规范中介服务、统一技术审查，优化审批流程、提高服务质量，明确监管责任、加强监督检查等改革措施。

（3）完成行政审批制度改革其他相关工作。对国务院决定取消的水利行政审批事项，向社会进行公告，接受社会监督。清理规范行政审批中介服务，所有中介服务项目全部取消。开展精简涉水前置审批、清理规范报建审批事项等工作。配合清理中央指定地方实施涉水行政审批事项。

（姚似锦）

【水事纠纷调处】　以北京周边地区为重点，加强水事矛盾纠纷排查化解。

（1）部署水事稳定工作。坚持预防为主，预防与调处相结合，在全国“两会”前召开流域管理机构水政监察工作座谈会，对全国“两会”期间的水事稳定工作进行部署。做好人大代表有关水事矛盾建议意见的实地核查、联系沟通和说明解释工作。

（2）排查北京周边地区水事矛盾纠纷。把做好北京周边地区水事矛盾纠纷排查化解工作视为重中之重，针对近年来漳河上游水资源开发利用活动明显增多的实际情况，会同海委有效调处冀晋浊漳河溯头水电站、冀豫春季灌溉争水等水事纠纷，避免了矛盾纠

纷升级，维护了社会稳定。（姚似锦）

【行政复议及行政应诉】 以审理行政复议案件为重点，扎实推进化解行政争议保障依法行政。

（1）公正审理行政复议案件。充分发挥行政复议的功能作用，始终把行政复议作为依法及时有效化解行政争议、维护群众合法权益、监督保障依法行政的一项重要工作来抓。畅通复议渠道，依法受理、公正审理案件，审理中既注重保护申请人合法权益，又注重保障和监督行政机关依法行使职权，更加注重解决办案中发现的普遍性问题，从根源上防止和减少行政争议，及时提醒纠正违法或者不当的具体行政行为。主动适应新《中华人民共和国行政诉讼法》有关复议决定维持的、复议机关是共同被告的规定，重视复议程序合法，注重相关证据的收集留存。

（2）积极应诉行政诉讼。新《中华人民共和国行政诉讼法》于2015年5月1日正式实施，加大了诉讼权利保护力度，在受案范围、审理程序、复议机关作为共同被告、起诉期限、裁判方式、审理期限等诸多方面，增设了许多新制度、新规定。立案的便利化、受案范围的扩大，对水利部依法行政提出了新的更高要求。我们正视、重视诉讼压力，自觉接受司法监督，充分尊重法庭权威，并以此为契机，加快推进依法行政，努力使各类行政行为经得起法律的检验，经得起法庭的裁判。（倪鹏）

【水法治宣传】 以全面增强社会水法治观念和推进水法治文化建设为重点，加强普法依法治理。

（1）组织有力，普法宣传工作扎实开展。以“节约水资源，保障水安全”为主题组织开展2015年“世界水日”和“中国水周”活动。3月22日，陈雷部长在《人民日报》《中国水利报》发表署名文章《节约水资源 保障水安全》，纪念“世界水日”“中国水周”。同日，水利部就“节约水资源 保障水安全”举行新闻通气会，14家媒体现场采访。组织设计制作主题宣传画，编辑出版《世界水日·中国水周特刊》，编辑制作《人·水·法》普法宣传片集萃。同时，根据全国普法办部署，全面完成水利系统“六五”普法总结验收工作，并在水利全系统举办了“‘十二五’水利法治建设成果展”，系统展示和总结了“十二五”水利法治建设的成果和经验，为全面推进依法治水管水再上新台阶打好基础。

（2）以沿河、沿湖为特色的水法治文化宣传体系逐步建立。加强普法宣传，构建全媒体普法格局，打造水利普法特色品牌，水利法治宣传栏目剧《江豚的微笑（上、下）》等电视剧在2015年CCTV-12“社会与法”频道播出后反响热烈；同时，在《中国水利报》和水利部网站设立“人·水·法”普法专刊和专栏，扩大了普法品牌的覆盖面及影响力。不断做好“世界水日”“中国水周”“国家宪法日”等重大法律节点和水法律法规纪念日活动，举办“发现水利精彩瞬间”创意比赛。打造以法治文化长廊、法治文化主题公园、法治文化主题广场为特色的水法规宣传阵地，逐步实现“宣传方式多样化、宣传内容具体化、宣传力度最大化、宣传效果最佳化”。（刘宇敏）

政策研究

【综述】

1. 战略性问题研究情况 水利部发展研究中心配合开展水利发展“十三五”规划编制工作，承担水利改革与管理调研及专项规划编制。配合起草《水利部关于大力加强水利智库建设的实施意见》。做好甘肃“十二五”水利投融资政策评估与“十三五”融资渠道、广东水利建设与管理机制、广西“十三五”水利政策等研究，为地方水利改革发展提供决策咨询。（杨大杰）

2. 体制机制性问题研究情况 水利部发展研究中心围绕深化水利改革，积极开展体制机制性问题研究。落实节水优先方针，完成“十三五”提高水资源利用效率主要任务研究，开展合同节水管理、水效领跑者制度等研究，配合起草《全面推进节水型社会建设的意见》，做好《节约用水条例》立法支撑工作。开展水生态文明建设制度研究，参与起草中办国办印发的《党政领导干部生态环境损害责任追究办法》，参与生态文明体制改革实施方案、水资源资产产权制度和管理体制改革、湖泊湿地和地下水资源产权制度、国家水资源督察制度论证报告和建议方案等相关工作。加强取水许可有关问题研究，配合制定规范取水许可管理工作方案、取水许可证延续管理办法等制度。做好水利投融资平台发展状况跟踪分析、水利投入稳定增长机制政策实施效果评估等研究。承担内蒙古水权交易制度研究和水资源管理条例立法、新疆吐鲁番退耕还水和用水户水权配置、宜昌黄柏河流域管理和综合执法等课题研究。（杨大杰）

3. 业务支撑工作情况 做好水利改革动态跟踪及改革试点业务支撑。落实水利部领导指示，赴甘肃开展水利改革调研，凝练可复制、可推广的做法与经验。完成浙江、湖南、甘肃、重庆等水利改革试点第三方评估。配合有关司局，开展农村饮水安全建设督导检查，做好水生态文明建设、河湖管理、非居民用水超计划超定额累进加价制度、水行政综合执法等专题调研及相关工作。做好水权水价水利投融资试点业务支撑。开展国家水权水市场建设现状、问题及对策研究，做好甘肃、宁夏、河南等7个省（自治区）水权试点业务支撑。履行农业水价综合改革试点对口联系职责，深入山东、湖北、甘肃等6省22个试点县开展现场调研督导。做好社会资本参与重大水利工程建设运营第一批试点项目跟踪指导。做好水利统计和文献信息业务支撑。编制中央水利建设投资统计月（旬）报，编制2015年《水利统计发展公报》《中国水利统计年鉴》，完成全国水利统计人才发展培训、水行政执法信息管理系统运行维护等工作。维护更新水利文献信息系统，向水利系统提供文献信息服务，全年浏览量突破100万人次。做好水利外交业务支撑。承担联合国水与卫生顾问委员会、世界水理事会、经合组织、世界水论坛、中日韩三国合作机制和发展中国家部长级会议等合作机制的业务支撑和辅助工作。抓好世界水利大国治水思路、国际重大水信息等跟踪分析，参与水利部贯彻落实一带一路实施方案编写。参与起草水利技术标准翻译出版工作管理办法，完成18项水利技术标准英文翻译、审查及出版工作，技术标准被东南亚、拉美地区一些国家认可。

（杨大杰）

4. 能力建设情况　水利部发展研究中心以创新管理机制为动力，以丰富研究载体为平台，不断增强研究能力建设。发挥专家咨询委员会和学术委员会作用，对研究工作指导把关。组织开展2013—2014年度水利发展研究奖评选工作。组织举办水利部发展研究中心首届英语学术交流会。与斯德哥尔摩国际环境研究院SEI共同开展河湖水生态健康评价和水资源保护政策研究，举办“中瑞水管理政策创新圆桌会议”。与英国石油公司共同翻译《能源行业用水引论》。开展海峡两岸水生态文明建设与管理研讨。承办中日韩水管理政策创新青年专家研讨会。派员参加第七届世界水论坛、经济合作与发展组织（OECD）会议。《2015中国水利发展报告》（中、英文版）权威性、时效性增强。《参阅报告》编发52期，前瞻性地提出了一些思路、观点和对策建议。《水利发展研究》围绕水利中心工作开展重大选题策划，《水利水电技术》再次被评为全国中文核心期刊、科技核心期刊。制定完善内部管理办法，不断加强党风廉政建设。

（杨大杰）

【重大课题】　2015年水利部重大课题见表1。

表1　2015年水利部重大课题

序号	项目名称	承担单位
1	国家水权水市场建设现状、问题及对策研究（2014—2015年）	水利部发展研究中心
2	水生态文明建设战略研究（2014—2015年）	水利部水利水电规划设计总院

（李晓晓）

【主要成果】　2015年水利部发展研究中心部分研究成果见表2。

表2　2015年水利部发展研究中心部分研究成果

序号	成果名称
1	贯彻中央水利工作方针重大政策问题研究
2	国家水权水市场建设现状、问题及对策研究
3	中国水利发展形势分析与预测
4	水利投入稳定增长机制研究
5	水价改革研究
6	基层水利改革与发展的现状、问题与对策研究
7	国外重大水政策及水事件研究
8	水利投融资平台发展状况跟踪分析及对策措施研究
9	《农田水利条例》配套政策与制度设计
10	水资源资产管理制度建设
11	我国水利现代化进程评估
12	农村饮用水管理条例立法前期研究
13	国际法涉水条款与中国水法规对比分析
14	蓄滞洪区管理条例立法前期研究
15	中国水利“走出去”对策研究
16	国内外水利发展关键指标对比分析
17	政府向社会购买水利公共服务有关政策研究
18	水资源开发利用控制红线支撑体系建设
19	污水处理回用政策法规与制度体系建设
20	典型河湖入河排污总量控制管理体系
21	取水许可管理政策完善
22	农业水价综合改革跟踪评估与配套政策拟定
23	《节约用水条例》立法推进
24	节水财税优惠政策研究
25	世界水利大国水资源开发利用保护情况及治水思路发展趋势跟踪分析
26	水源地保护监督管理及政策制定
27	非居民用水超计划（超定额）累进加价制度研究
28	水资源使用权用途管制制度方案拟定
29	蚌埠市水生态文明城市建设试点实施方案编制
30	宁夏回族自治区河湖管理规划
31	柴石滩水库灌区工程引入社会资本可行性方案研究
32	开发性金融支持宁波市“五水共治”建设思路对策研究
33	水利工程建设项目稽察及运行管理规范化体系建设
34	北京市水资源资产化管理体系构建有关问题研究
35	《内蒙古自治区水资源管理条例》立法研究

（李晓晓）

综　合　管　理

Comprehensive Administration

规划计划

【水利规划】 2015年，水利规划工作以全国水土保持规划、水情教育规划印发，全国水利发展“十三五”规划、水中长期供求规划、水资源保护规划、地下水利用与保护规划等重大规划编制为重点，加强重点流域和主要支流综合规划督办，进一步完善水利规划体系，加强重大专题研究和规划基础工作，各项工作取得显著成效。

1. 水利规划审批 2015年，中央层面共批复各类水利规划25项。其中，国务院批复了《全国水土保持规划》，批准了《额敏河流域综合规划》；水利部批复或印发了《全国水情教育规划》《农业环境突出问题地表水过度开发和地下水超采治理专项规划》《长江经济带发展水利专项规划》《重庆市五大功能区水利发展战略规划》《云南省临沧市耿马灌区工程规划》《小浪底南岸灌区工程规划》《赵口引黄灌区二期工程规划》《南疆水资源利用和水利工程建设规划》《山西省汾河水库国家水利风景区总体规划》《广西桂西北治旱百色水库灌区规划报告》《衢州市乌溪江国家水利风景区总体规划》《太湖浦江源国家水利风景区总体规划》等16项规划，以及《长江流域片流域管理水利综合监测站网规划》《无定河流域综合规划》《窟野河流域综合规划》《南运河综合治理规划》等7项规划审查意见。

2. 全国水利发展“十三五”规划 组织编制完成《全国水利发展“十二五”规划执行情况评估报告》，并报送国家发展改革委。组织开展全国水利发展“十三五”规划报告及17项专项规划编制和8项重大课题研究。

3. 全国重大水利规划 完成全国水中长期供求规划审查并报送国家发展改革委；完成全国水资源保护规划审查；完成全国地下水利用与保护规划会签并上报国务院；编制完成全国治涝规划初稿；全国水利现代化规划纲要进展顺利。

4. 水利工程建设重点专项规划 完成农村饮水安全巩固提升“十三五”规划编制工作方案和初步报告。编制完成《“十三五”全国水利扶贫专项规划》《全国农村水电发展“十三五”规划》《全国大型灌区续建配套与节水改造实施方案》《西部大开发水利“十三五”规划》《西藏阿里地区水利发展“十三五”规划》《水利部“十三五”对口援阿工作方案》。组织开展《部属小基建“十三五”规划》《全国海堤建设方案》《全国血吸虫病防治水利三期规划》《全国小型水库建设总体实施方案》。组织地方编制完成《新疆生产建设兵团重点中小型水源建设规划》，并报送国家发展改革委。

5. 重要流域和重点支流规划 向国务院上报《关于明确流域综合规划审批权限的请示》。按季度督办重要流域和主要支流综合规划进展，以加快编制、审查和报批进度。完成怒江流域综合规划审查；完成澜沧江、红河流域综合规划环境影响报告书修改完善；组织对岷江、雅砻江、沅江、赣江、湘江、资水、抚河、信江、玉曲河、察隅曲、伊洛河、洮河、沁河、滹沱河、蓟运河、南盘江、韩江、贺江、北盘江、绰尔河、浑江、拉林河、诺敏河、北仑河等综合规划及规划环境影响报告书进行了审查、初审。配合环保部完成黑河流域综合规划环境影响报告书审查、洮河流域综合规划环境影响报告书预审查工作。北洛河、郁江、州河流域水资源与水生态修复规划、通天河及江源区综合规划、太浦河水资源保护规划、滦河河口综合治理规划、辽河口综合整治规划（第二阶段）、珠江中下游重要河道治导线规划等正抓紧编制。赤水河、柳江、嘉陵江、汉江、洞庭湖区、湟水等流域综合规划环境影响评价补充，以及狮泉河、孔雀河流域综合规划等相继立项并开展工作。

6. 重大水利专题研究

（1）配合国家发展改革委，开展珠江流域西江源、东江源生态补偿调研，完成《关于健全生态保护补偿机制的意见》修改完善并上报国务院；配合财政部，完成《关于加快建立流域上下游横向生态补偿机制的指导意见》修改完善并上报国务院。

（2）黄河下游河道与滩区治理研究、长江上游控制性水库优化调度方案编制等专题研究工作已基本完成。新形势下湛江蓄滞洪区启动条件与运用方案研究、我国山区现代灌溉发展模式与建设标准、水生态红线控制指标体系研究工作积极推进。

（3）配合国家发展改革委开展农业环境突出问题总体规划工作，组织编制完成并印发实施《农业环境突出问题地表水过度开发和地下水超采治理专项规划》。

（4）组织编制完成《京津冀协同发展水利专项规划》并报送国家发展改革委，组织编制《京津冀多水源多渠道水资源保障体系总体方案》《京津冀协同发展“六河”“五湖”综合治理与生态保护实施方案》。

（5）印发《长江经济带发展水利专项规划》并报送推动长江经济带发展领导小组办公室，组织编制《长江经济带沿江取水口、排污口和应急水源布局规划》《长江岸线开发利用和保护总体规划》。

（6）完成《水利部贯彻落实〈丝绸之路经济带和21世纪海上丝绸之路建设战略规划〉实施方案》，提出了“一带一路”战略水利重点领域和主要内容、深化和拓宽水利多双边合作、实施水利“走出去”战略等重点任务和保障措施。

（7）完成《水利应对气候变化影响的适应性对策措施研究》验收工作、2012年度清洁基金项目延期申请工作。配合国家发展改革委、中国气象局完成《应对气候变化——中国在行动（2015）》电视宣传片及画册制作等。

（8）配合完成水资源安全政策专题研究、水生态安全政策专题研究、我国重要能源基地中长期供水安全保障方案专题研究，并报送国家发展改革委。

（裴少锋　周智伟）

【水利基建项目立项审批】

1. 重点水利建设项目等批复　2015年，国家发展改革委批复重点水利建设项目57项，总投资4189.9亿元。其中，批复工程规划1项；批复广西左江治旱工程驮英水库及灌区工程、福建省平潭及闽江口水资源配置工程、福建省罗源霍口水库项目、青海省引大济湟西干渠工程、引江济淮工程、云南省滇中引水工程、四川省李家岩水库工程、四川省向家坝灌区北总干渠一期工程、四川省凉山州大桥水库灌区二期工程、四川省龙塘水库及灌区工程、安徽省定远县江巷水库工程、云南省昆明市柴石滩水库灌区工程、云南省车马碧水库工程、内蒙古东台子水库工程、新疆奎屯河引水工程等工程项目建议书16项；批复青海省贵德县拉西瓦灌溉工程、湖南省宜章县莽山水库工程、辽宁省绥中猴山水库工程、金堤河干流河道治理工程（黄委管辖工程）、黑龙江省胖头泡蓄滞洪区建设工程、黄河宁夏段二期防洪工程、松花江干流治理工程、甘肃省引洮供水二期、长江崩岸应急治理工程、新孟河延伸拓浚工程、广西落久水利枢纽工程、重庆市观景口水利枢纽工程、嫩江干流治理工程（黑龙江省、吉林省）、青海省蓄集峡水利枢纽工程、黑龙江省诺敏河阁山水库工程、吉林省月亮泡蓄滞洪区建设工程、新疆车尔臣河大石门水利枢纽工程、广西桂中治旱乐滩水库引水灌区二期工程、湖北省鄂北地区水资源配置工程、贵州省马岭水利枢纽工程、海南省海口市南渡江引水工程、黑龙江省穆棱市奋斗水库工程、湖南省涔天河水库扩建工程灌区、河南省前坪水库工程、广东省韩江高陂水利枢纽工程、引黄入冀补淀工程、黄河甘肃段防洪工程、黄河下游防洪工程、云南省文山壮族苗族自治州德厚水库、黄河青海段防洪工程、沁河下游防洪治理工程、嫩江干流治理工程（内蒙古自治区）、太湖流域水资源监控与保护预警系统、洞庭湖区钱粮湖、共双茶、大通湖东垸蓄洪工程、黄河内蒙古段二期防洪工程、黄藏寺水利枢纽工程、安徽省月潭水库工程等工程可行性研究报告40项。

此外，国家发展改革委核定工程概算7项，包括湖南省洞庭湖区钱粮湖、共双茶、大通湖东垸三垸蓄洪工程安全建设一期工程、新疆叶尔羌河中游渠首农三师前海总干渠配套工程、尼尔基水利枢纽配套项目黑龙江省引嫩扩建骨干一期（一步）工程、广西大藤峡水利枢纽工程、国家地下水监测工程、金堤河干流河道治理工程（黄委管辖工程）、黄河下游防洪工程。

2015年水利部批复重点水利基建项目初步设计36项，总投资2 189.9亿元，包括洞庭湖区钱粮湖、共双茶、大通湖东垸三垸蓄洪工程安全建设一期工程、贵州省夹岩水利枢纽及黔西北供水工程、安徽省下浒山水库工程、陕西省引汉济渭工程、新疆叶尔羌河阿尔塔什水利枢纽工程、河南省出山店水库工程、广西大藤峡水利枢纽工程、国家地下水监测工程、辽宁省绥中猴山水库工程、湖南省宜章县莽山水库工程、安徽省淮河流域西淝河等沿淮洼地治理应急工程、吉林省松花江干流治理工程、黑龙江省松花江干流治理工程、黑龙江省嫩江干流治理工程、吉林省嫩江干流治理工程、引黄入冀补淀工程、吉林省月亮泡蓄滞洪区防洪工程及安全建设项目、甘肃省引洮二期工程、河南省前坪水库工程、海南省海口市南渡江引水工程、广东省韩江高陂水利枢纽工程、贵州省兴义市马岭水利枢纽工程、青海省巴音河蓄集峡水利枢纽工程、云南省文山壮族苗族自治州德厚水库工程、广西落久水利枢纽工程、黑龙江省诺敏河阁山水库工程、重庆市观景口水利枢纽工程、山东省庄里水库工程、新疆车儿臣河大石门水利枢纽工程、湖北省鄂北地区水资源配置工程、金堤河干流河道治理工程（黄委管辖项目）、嫩江干流内蒙古自治区段防洪治理工程、黄河下游防洪工程等。

2. 重点水利项目审查意见报送　2015年，水利部提出审查意见报送国家发展改革委的重点水利项目共54项，总投资2 906.9亿元。其中，报送工程规划1项；报送内蒙古自治区引绰济辽工程乌兰浩特至通辽段输水线路工程、新疆奎屯河引水工程、四川省达州固军水库工程、福建省上白石水利枢纽工程、青海省海西蒙古族藏族自治州那棱格勒河水利枢纽工程、安徽省港口湾水库灌区工程、江西省宜春市温汤河四方井水利枢纽工程、湖南省蓝山县毛俊水库工程、河北省张家口市乌拉哈达水利枢纽工程、吉林省西部地区雨洪资源综合利用河湖连通供水工程等工程项目建议书10项；报送黄河干流甘肃段防洪治理工程、青海省巴音河蓄集峡水利枢纽工程、广西落久水利枢纽工程、青海省黄河干流防洪工程、引黄入冀补淀工程、广西桂中治旱乐滩水库引水灌区二期工程、黑龙江省诺敏河阁山水库工程、黑龙江省穆棱市奋斗水库工程、淮河干流王家坝至临淮岗段行洪区调整及河道整治工程、太湖流域水资源监控与保护预警系统、海南省海口市南渡江引水工程、山东省淮河流域重点平原洼地南四湖片治理工程、黄河内蒙古段二期防洪工程、云南省文山壮族苗族自治州德厚水库工程、黄河下游防洪工程、安徽怀洪新河水系洼地治理工程、黄河粗泥沙集中来源区拦沙工程一期项目、湖北省鄂北地区水资源配置工程、广东省韩江高陂水利枢纽工程、河南省前坪水库工程、新疆车尔臣河大石门水利枢纽工程、黑河黄藏寺水利枢纽工程、四川省蓬溪船山灌区工程、贵州省兴义市马岭水利枢纽工程、河南省淮河流域滞洪区建设工程、安徽省黄山市月潭水库、长江镇扬河段三期整治工程、淮河入海水道二期工程、甘肃省武威市民勤县红崖山水库加高扩建工程、湖北省杜家台分蓄洪区蓄滞洪工程和安全建设工程、黄河东平湖蓄滞洪区防洪工程、黄盖湖防洪治理工程、东太湖综合整治后续工程、四川省达州市土溪口水库工程、青海省湟水北干渠扶贫灌溉二期工程、湖北省荆江分洪区近期重点项目建设、贵州省黄家湾水利枢纽工程、云南省曲靖市阿岗水库工程、四川省巴中市黄石盘水库、青海省引大济湟西干渠工程、引江济淮工程等工程可行性研究报告43项。

此外水利部报送国家发展改革委工程初步设计概算9项，包括新疆叶尔羌河阿尔塔什水利枢纽工程、安徽省安庆市下浒山水库工程、广西大藤峡水利枢纽工程、陕西省引汉济渭工程、贵州省夹岩水利枢纽及黔西北供水工程、河南省出山店水库工程、金堤河干流河道治理工程（黄委管辖）、黄河下游防洪工程等。

（周智伟 马越）

【重点水利工程前期工作】

1. 进一步治淮 进一步治理淮河38项工程中，淮河出山店水库、淮河干流蚌埠—浮山段行洪区调整和建设等14项工程已开工建设；河南、安徽、江苏淮河行蓄洪区和淮河干流滩区居民迁建等3项工程已由各省政府批复规划，分省分年度编制实施方案实施；大型灌区续建配套和节水改造、农村饮水安全等6项工程按有关规划安排实施；淮河干流正阳关—峡山口段行洪区调整和建设等3项可行性研究报告已经国家发展改革委评估，淮河入海水道二期等4项可研审查意见已报送国家发展改革委；河南省重点平原洼地近期治理等3项可行性研究报告水利部正组织技术审查；江苏省黄墩湖滞洪区调整与建设工程可行性研究报告已通过部长办公会审议；安徽行蓄洪区建设等3项可行性研究报告在编。

2. 太湖水环境综合治理 太湖流域水环境综合治理21项工程中，望亭水利枢纽更新改造工程、常熟水利枢纽更新改造工程、太湖污染底泥疏浚试验工程、走马塘拓浚延伸工程、太浦闸除险加固工程、东太湖综合整治工程、淀山湖河网综合整治一期工程、太湖污染底泥生态疏浚工程等8项工程已建成或基本建成。新沟河延伸拓浚工程、太嘉河工程、杭嘉湖地区环湖河道整治工程、扩大杭嘉湖南排工程、平湖塘延伸拓浚工程、苕溪清水入湖河道整治工程、新孟河延伸拓浚工程等7项工程已开工建设。太湖流域水资源监控与保护预警系统可行性研究已批复。望虞河西岸控制工程可行性研究报告审查意见已报送国家发展改革委。太浦河后续（清水走廊）工程、吴淞江行洪工程、望虞河拓宽工程、环太湖大堤后续工程等4项工程正在编制可行性研究报告。

3. 洞庭湖、鄱阳湖治理 湖南省洞庭湖区钱粮湖、共双茶、大通湖东3个蓄洪垸围堤加固工程，湖南省洞庭湖区围堤湖等10个蓄洪垸堤防加固工程，湖南省麻塘垸堤防加固工程、洞庭湖区钱粮湖共双茶大通湖东三垸蓄洪工程安全建设一期工程、洞庭湖区华容河治理工程、湖南省洞庭湖区安化等9个蓄洪垸堤防加固工程等已批复实施。湖北省恩施土家族苗族自治州沅江西水干流重点河段防洪治理工程可研报告、湖北省澧水支流溇水鹤峰段近期防洪治理工程初设报告、湖北省洞庭湖区四河堤防加固工程初设报告已由湖北省发改委审批。湖南省湘、资、沅、澧四水重要河段治理工程可行性研究报告已由湖南省发改委审批，洞庭湖区钱粮湖、共双茶、大通湖东垸蓄洪工程分洪闸工程可行性研究报告已批复，初设报告已由湖南省发改委组织审查，洞庭湖区河湖疏浚近期工程可行性研究报告已报国家发展改革委；洞庭湖区围堤湖、澧南、西官垸安全建设及民主、城西垸安全建设试点工程等5垸可行性研究报告已报水利部。洞庭湖四口水系综合整治工程方案论证报告已安排审查。江西省五河重点段防洪应急整治工程已完工；江西省鄱阳湖区二期防洪工程第6个单项除险加固正有序推进；江西省鄱阳湖蓄滞洪区安全建设工程可行性研究报告已报送国家发改委；江西省五河治理防洪工程可行性研究报告已报江西省发改委；鄱阳湖水利枢纽可行性研究报告正在编制；江西省鄱阳湖五河尾闾疏浚工程可行性研究报告正在修编；鄱阳湖区单退圩堤加固整治，规划报告已经水利部水规总院审查；鄱阳湖1万～5万亩及其他重要堤防除险加固工程可行性研究报告已报水利部。

4. 南水北调工程 根据《南水北调工程前期工作近期工作方案》安排，继续开展南水北调东、中线后续工程规划编制等相关工作，推进南水北调西线一期工程的前期论证工作。（贠元璐 孙凌凯 许鹏）

【水利基本建设前期工作计划】 2015年，中央水利前期工作投资计划总规模4亿元，共安排58个项目。其中，水利规划22项，投资计划1.26亿元，占年度投资计划的31%；项目前期13项，投资计划1.23亿元，占年度投资计划的31%；专题研究7项，投资计划0.23亿元，占年度投资计划的6%；基础工作16项，投资计划1.28亿元，占年度投资计划的32%。

1. 水利规划 重点安排全国水利发展“十三五”规划、主要江河流域水量分配方案制定、全国及流域水资源保护规划、通天河及江源区综合规划、南水北调东线、中线工程补充规划、京津冀协同发展水利专项规划及相关方案、长江经济带发展水利专项规划及相关规划等。

2. 项目前期　重点安排黑河黄藏寺水利枢纽可行性研究、黄河下游“十三五”防洪工程建设可行性研究、黄河黑山峡河段开发功能定位论证、黄河黑山峡河段开发水库淹没及移民安置方案研究、黄河黑山峡河段1：2 000地类地形图测绘、黄河黑山峡河段开发方案环境影响评价、黄河黑山峡河段开发方案比选、黄河禹门口至潼关河段“十三五”治理工程可行性研究、渠村分洪闸等7座病险水闸除险加固工程项目可行性研究、漳卫南运河四女寺枢纽北进洪闸除险加固工程项目可行性研究等。

3. 专题研究　重点安排长江上游控制性水库优化调度方案编制、黄河下游河道与滩区治理研究、新形势下湛江蓄滞洪区启动条件与运用方案研究、我国山区现代灌溉发展模式与建设标准等。

4. 基础工作　重点安排全国蓄滞洪区基础信息测量及复核、长江三峡工程杨家脑以下河段2010—2019年水文泥沙观测研究、西部重要湖泊容积测量、水利技术标准规程规范制定、长江干流重点河段已建和规划建设项目防洪影响综合评价、西江干流生态调度方案制定、南水北调西线水文监测及岩芯库保管等。

（王晶）

【水利基建投资年度计划】　2015年共落实中央水利建设投资1 685.22亿元，较2014年增加58.07亿元，增长3.57%。其中，中央预算内固定资产投资817.11亿元，水利建设基金22亿元，财政专项资金846.11亿元。

1. 投资构成情况　2015年，中央水利建设投资按工程类型划分，防洪工程投资567.48亿元，占33.7%；水资源工程投资1 033.27亿元，占61.3%；水土保持及生态工程投资59.36亿元，占3.5%；专项工程投资25.11亿元，占1.5%。按项目所属区域划分，东部地区255.34亿元，占15.2%；中部地区699.36亿元，占41.5%；西部地区730.52亿元，占43.3%。

2. 投资安排重点　2015年，进一步加大172项节水供水重大水利工程投入力度，加快实施农村饮水安全、灌区建设与节水改造、病险水库（水闸）除险加固、小型农田水利建设、中小河流治理、山洪灾害防治等民生水利项目，继续推进主要支流治理、中型水库、海堤建设、敦煌水资源合理利用与生态保护等工程建设。

（1）节水供水重大水利工程建设。2015年共安排节水供水重大水利工程建设中央投资609.95亿元。其中，重大农业节水工程124.33亿元，用于151处大型灌区续建配套与节水改造、30个省（自治区、直辖市）规模化节水灌溉增效示范；重大引调水工程83.60亿元，用于辽宁观音阁水库输水、安徽淮水北调、陕西引汉济渭、贵州夹岩等9项工程，其中新开工的有海南南渡江引水、湖北鄂北地区水资源配置、甘肃引洮供水二期、河北引黄入冀补淀等4项工程；重点水源工程43.18亿元，用于西藏拉洛、福建长泰枋洋、湖南涔天河、重庆金佛山等11项工程，其中新开工的有重庆观景口、青海蓄集峡、黑龙江奋斗、贵州马岭、山东庄里、湖南莽山、辽宁猴山等7项工程；江河湖泊治理骨干工程190.30亿元，用于淮河行蓄洪区调整和建设、太湖水环境综合治理、长江中下游河势控制和河道整治、松花江干流治理、嫩江干流治理、西江大藤峡、淮河出山店、江西峡江、河南河口村等34项工程，其中新开工的有黑龙江阁山、广东高陂、广西落久、河南前坪、新疆大石门、黄河下游防洪等10项工程；新建大型灌区工程44亿元，用于四川武都引水二期灌区、吉林松原灌区、海南红岭灌区等10处大型灌区建设，其中新开工的有湖南涔天河水库扩建工程灌区、广西桂中治旱乐滩水库引水灌区二期、内蒙古绰勒下游灌区等3项工程；其他重大工程124.54亿元。

（2）民生水利工程建设。2015年共安排民生水利工程中央投资1 105.66亿元，占年度中央投资总规模的65.6%。其中，农村饮水安全267.5亿元，用于解决5 730万农村居民和704万农村学校师生的饮水安全问题；灌区建设与节水改造191.35亿元（含已列入重大水利工程168.33亿元），主要用于151处大型灌区续建配套与节水改造、10处新建大型灌区、10个省（自治区）大型灌排泵站更新改造、30个省（自治区、直辖市）规模化节水灌溉增效示范和12个省（自治区）及新疆生产建设兵团牧区水利项目建设等；病险水库（闸）除险加固72.32亿元，用于新出现的56座大中型病险水库、189座大中型病险水闸、4座直属流域机构小型病险水闸、规划内一般小（2）型病险水库和新出险的小型病险水库除险加固；新建小型水库建设50亿元，用于实施97座《全国抗旱规划实施方案（2014—2016年）》内的新建小型水库建设；农村小水电14亿元，用于水电新农村电气化和小水电代燃料项目建设；小型农田水利建设317.86亿元；水土保持56.36亿元；中小河流治理和重点县综合整治89.27亿元；山洪灾害防治43亿元；水利血防工程2亿元；西藏一江两河和三峡库区水利专项2亿元。

（3）其他重点水利工程建设。2015年共安排主要支流治理等防洪工程中央投资63.67亿元，用于《全国中小河流治理和病险水库除险加固、山洪地质灾害防御和综合治理总体规划》内的吉林浑江、安徽滁河、浙江钱塘江、福建闽江、广西黔浔江、江西五河、湖北荆南四河、湖南四水、陕西渭河、甘肃黑河、新疆塔里木河等河流重点河段治理，以及黄河禹门口—潼关河段、潼关—三门峡大坝河段近期治理工程和国家防汛抗旱指挥系统二期工程等。安排中型水库等水源工程建设中央投资43.38亿元，其中，安排中央投资27.21亿元，用于重庆金鸡、四川合江锁口、贵州魁龙、云南韭菜坝、广西路花等85座西南5省（自治区、直辖市）等地区中型水库建设；安排中央投资16.17亿元，用于甘肃省引洮（博）济合供水、宁夏固原地区（宁夏中南部）城乡饮水安全水源和连通工程等项目建设。安排海堤建设中央投资10亿元，用于实施江苏、浙江、福建、广东、广西等9个省份和宁波、厦门2个计划单列市海堤建设。安排敦煌水资源合理利用与生态保护综合规划项目中央投资3亿元。安排水生态文明城市河湖连通工程建设中央投资5.27亿元。

(4) 行业自身能力建设。2015年共安排行业自身能力建设投资12.61亿元。其中，部属基础设施建设3.11亿元，用于长江委、黄委防汛物资仓库和淮委防汛抢险队伍抢险能力建设，7个流域机构重要信息系统安全等级保护以及科研单位实验室建设和设备购置等共计41个项目，改善了基层单位生产、生活条件；水文水资源项目4亿元，主要包括7个流域机构省界断面水资源监测站网水文站改建、水资源监测能力建设和水文实验站改建、中小河流水文监测系统建设等34个项目建设，以及14个省的大江大河水文监测（一期）、水资源监测能力（一期）工程等地方水文项目建设，进一步提升了水资源监测能力；水政监察基础设施建设0.3亿元，进一步提升了7个流域机构水政执法能力；国家地下水监测工程1.2亿元；前期工作4亿元，主要用于开展水利部直属单位规划编制、项目前期、专题研究和基础工作。

3. 投资计划管理

(1) 积极落实中央水利建设投资。积极与有关部门沟通，通过增加中央预算内水利投资规模、优化调整水利投资结构等措施，增加重大水利工程中央投资300亿元，有效解决了资金缺口问题，保障了重大水利工程建设。积极协调有关部门加快投资计划和资金预算下达，2015年5月底前，中央财政专项资金下达90%以上；6月底前，中央水利建设投资计划下达率超过90%，均比往年提前。

(2) 不断拓宽水利投融资渠道。指导各地充分利用开发性金融、过桥贷款、抵押补充贷款、专项建设基金等金融支持水利政策，同时积极吸引社会资本参与水利建设。全年金融机构实际发放水利项目贷款3 236亿元，水利建设贷款余额9 902亿元，利用专项过桥贷款378亿元，安排专项建设基金491亿元，大大缓解了水利建设的资金压力。水利部联合国家发改委、财政部选择了12个项目开展第一批试点工作，其中湖南莽山水库、广东韩江高陂水利枢纽等项目已经成功完成社会投资人招标，落实了项目投资经营主体，逐步建立了多元化的投入机制。

(3) 加强投资计划管理。制定并印发《加快推进水利工程建设实施意见》，对年度投资计划执行总体目标、项目前期工作、投资计划下达、编制水利投资三年滚动规划、计划执行月调度、加强监督检查、延伸水利审计免疫系统、完善保障机制等8个方面作出总体安排并提出明确要求。组织编制了2015年度中央水利投资计划执行进度方案，进一步细化了投资计划执行月度目标任务。

(4) 加快投资计划执行进度。创新工作机制，实行中央水利建设投资计划执行月调度会商制度，强化精准调度。全年先后召开了11次全国水利系统视频调度会议，在水利建设的关键时点，加密调度频次，加强跟踪分析研判形势，及时发现并解决突出困难和问题；对进度滞后的地区和投资完成率低的项目，采取“一省一单”的方式进行跟踪落实，明确整改事项和要求，有力推动各项任务圆满完成。截至2015年年底，2015年中央投资计划投资完成率94.6%，圆满完成年度目标任务，较往年提高约30个百分点。

(5) 严格投资计划执行考核。修订印发《中央水利投资计划执行考核办法》，定期于6月、9月和12月对有中央投资计划的地区进行常规考核和年度考核，并以正式文件形式通报考核结果。2015年，所有省份均圆满完成年度目标任务。配合做好国办大督查和审计署跟踪审计，对不作为、慢作为的进行严肃处理，督促地方整改到位。联合财政部组织各省对2013年、2014年中小河流治理中央资金开展了绩效评价自评工作；组织流域机构对各省中小河流治理情况开展了2次集中指导检查。

(李明 温鹏 童学卫 霍军军 李森)

【水利改革】

1. 抓好年度水利改革重点任务制定与落实　深入贯彻落实党的十八大和十八届三中、四中全会精神，制定印发了《水利部深化水利改革领导小组2015年工作要点》(水规计〔2015〕213号)，明确了10个方面42项重点任务、部门分工及成果要求，着力推进水权制度建设、农业水价综合改革、水利投融资机制创新、水利建设与管理体制改革和河湖管护体制机制改革等一批重要改革事项。加强重点改革事项的跟踪督促，研究解决改革中遇到的困难和问题，统筹推动年度改革目标任务的落实。截至2015年年底，42项改革任务已完成31项，基本完成11项，出台了《关于水利工程建设项目代建制管理的指导意见》(水建管〔2015〕91号)、《水利部关于高速公路涉水行政审批改革的通知》(水政法〔2015〕431号)等13项政策措施或改革方案，形成了一批阶段性成果。

2. 加快完善水利投入稳定增长机制　积极争取公共财政加大对水利的投入力度，2015年中央水利建设投资规模达1 685.22亿元，创历史最高水平。协调国家开发银行、农业发展银行、农业银行等金融部门持续加大支持水利建设力度，2015年三家银行发放水利建设贷款超过 3 000 亿元，水利建设贷款余额超过 9 000 亿元。联合农发行印发《关于专项过桥贷款支持重大水利工程建设的意见》（水财务〔2015〕126 号），通过专项过桥贷款为地方开展重大水利工程提供过渡性资金支持。利用 4 批共 491 亿元专项建设基金，支持具有一定经济效益的重点水利项目建设。联合国家发展改革委、财政部制定出台了《关于鼓励和引导社会资本参与重大水利工程建设运营的实施意见》（发改农经〔2015〕488 号），通过投资补助、财政贴息、价格机制、税费优惠等政策措施，鼓励社会资本以多种形式参与水利工程建设运营，并选择了 12 个项目作为第一批国家层面联系的试点，探索可复制、可推广的经验。

3. 推进投资项目涉水审批改革　制定印发了《水利部精简前置审批、规范中介服务、实行网上并联审批的实施方案》（办规计〔2015〕123 号），对涉及水利部的企业投资核准项目审批及中介服务进行了全面清理，将 7 项涉水前置审批全部调整为开工前审批，与项目核准实施并联办理。制定了简化整合投资项目涉水行政审批的建议方案和实施办法，考虑按照资源开发利用与管理、防洪安全与工程影响、生态环境保护与治理 3 类，对 7 项涉水前置审批进行分类合并实施。协调发展改革委简化重大水利建设项目审批程序，下放投资审批权限，有效提高了审批办事效率。同时，按照放管结合的要求，制定印发了《水利部关于加强投资项目水利审批事中事后监管的通知》（水规计〔2015〕519 号），通过落实监管责任、创新监管方式、完善监管机制等举措，加强投资项目事中事后监管。设立了水利部行政审批受理中心，加快建设水利在线审批监管平台，已采取“浏览器对接”方式与发展改革委投资项目在线审批监管平台对接，实现“横向联通”。

4. 有序推进加快水利改革发展试点　开展加快水利改革试点总结评估，委托发展研究中心开展了湖南、重庆、浙江、甘肃 4 省（直辖市）的第三方评估工作，在水资源管理体制改革、水利投融资体制改革、水价改革、水利工程管理体制改革等方面总结了一批可复制、可推广的改革经验。印发通知部署开展推进水利现代化试点中期评估工作。做好加快实施最严格水资源管理制度试点有关工作，截至 2015 年年底前，12 个试点项目已有 9 个完成了总结验收。

（杜国志　韩涛　马超　王俊杰　高頔）

财　务

【预算单位情况】　2015 年度水利部所属独立核算单位共有 347 个，按单位性质划分：行政单位 1 个、事业单位 346 个。按预算级次划分：一级预算单位 1 个、二级预算单位 30 个、三级预算单位 95 个、四级预算单位 131 个、五级预算单位 90 个。2015 年年末，水利部及所属单位在职职工 29 372 人，离退休职工 22 905 人，合计 52 277 人。（张琼文）

【中央水利资金投入情况】　2015 年部门预算中央财政一般公共预算拨款 1 086 318.01 万元，政府性基金预算拨款 1 780.00 万元。2015 年，中央水利投资 1 672.97 亿元，其中中央基建投资 817.11 亿元、中央财政专项资金 846.10 亿元、中央水利建设基金 8.25 亿元。下达中央财政贴息资金 1.51 亿元。

（徐慧蕾　陈艺伟）

【资产、负债及净资产情况】　2015 年年末，水利部直属行政事业单位资产总计 11 729 560.8 万元，负债总计 946 639.2 万元，净资产总计 10 782 921.6 万元。

（张琼文）

【预算收支完成情况】　2015 年，水利部全年收入 1 769 425.2 万元，其中 2014 年结转和结余 127 508.7 万元，2015 年收入 1 636 938.6 万元，用事业基金弥补收支差额 4 978 万元。全年累计支出 1 597 476.4 万元，结余分配 37 067.5 万元，年末结转和结余 134 881.4 万元。（张琼文）

【公共预算财政拨款收支完成情况】　2015 年，水利部公共预算财政拨款 1 218 474.6 万元，全年累计支出 1 075 509.2 万元，年末结转和结余 142 965.4 万元。（张琼文）

【预算管理“三项机制”】　2015 年，水利部把贯彻落实预算管理“三项机制”作为一项重要工作来抓。

1. 严格水利预算执行考核　按规定开展月度、季度、年度考核，及时报告考核结果，进行定期通报。及时跟踪项目的执行情况，认真梳理支付迟缓的项目，督促直属单位加快预算执行进度，提高预算执行的主动性。积极与财政部、代理银行沟通，追踪关键节点直接支付资金动向，及时解决资金支付中遇到的具体问题。严格执行考核机制，将前三季度考核结果与下年度预算安排和基建项目计划安排挂钩。截至 2015 年 12 月底，水利部总体预算执行进度达到 98.9%，达到序时进度要求，年度预算执行较为均衡。

2. 强化预算执行动态监控　利用“水利预算执行动态监控系统”等信息化手段，对部属单位国库集中支付资金设定专人进行在线监控，对监控中发现的问题要求及时整改，并建立现场核查和定期通报制度，进一步督促有关单位对存在的问题整改落实，有效防范风险，确保资金安全高效。2015年共监控授权支付资金23.57万笔，金额72.76亿元。通过动态监控，及时发现直属单位财政资金支出中的违规行为，并予以纠正，有效预防和减少了违规支付资金的问题，进一步保障了财政资金支付安全和使用规范。

3. 扎实做好预算项目储备工作　按照财政部的新要求，对水利部现行预算项目进行了梳理和优化整合，研究提出了新的一级项目设置方案并报财政部。完成2016年度第二批预算项目的储备、2016年新增补充项目及中央分成水资源费项目审查等。组织开展九大类水利预算项目基础数据调查工作，加强了水利财务专家库建设，开展了专家征集的前期工作。

（张琼文　徐慧蕾　王怀通）

【水利资金预算管理】

1. 积极强化预算资金保障　积极争取落实财政资金，重点保障了机关事业单位调资、国家水资源监控能力建设、全国县域水资源承载能力监测预警机制及行政审批改革后相关技术服务等重点工作的经费需求。

2. 强化预算绩效管理　组织开展了水利预算绩效管理制度体系建设，制定了部门（单位）整体支出和18个预算项目绩效评价指标体系，开展了单位整体支出绩效评价试点工作，逐步完善第三方中介结构开展绩效评价的工作机制。水利部预算绩效管理工作在财政部对中央部门的评比中名列第二。

3. 完善定额标准　完成了《水土保持业务经费定额标准（试行）》和《水质监测业务经费定额标准（试行）》的出版及《水政执法监督业务经费定额标准》（送审稿）的制订工作。

4. 进一步完善水利部门预算信息公开制度　在水利部门户网上公开了2015年部门预算和“三公经费”预算信息，基本支出内容细化到经济分类款级科目，并增加了对机关运行经费安排使用情况、政府采购信息、国有资产占有使用情况、预算绩效情况等重要事项的说明，预算管理更加程序化、规范化和法治化。

（徐慧蕾）

【基建财务管理】

1. 完善专项资金管理制度　根据财政部完善政府性基金管理，将从地方土地出让收益计提的农田水利建设资金、中央水利建设基金等政府性基金预算项目收支转列一般公共预算的有关要求，修订印发《农田水利设施建设和水土保持补助资金使用管理办法》。发布《小型农田水利工程维修养护定额（试行）》，为规范小型农田水利工程维修养护经费需求测算和预算编制提供了技术支撑，为促进维修养护经费足额落实创造了基础条件。

2. 加快水利建设项目财政投资评审　协调财政部出台加快水利建设项目财政投资评审工作文件，明确对民生水利项目原则上在两周之内完成评审，最长不超过一个月，为加快工程建设进度提供了有力支撑。

3. 编制水利三年滚动财政规划　适应财税体制改革、特别是中期规划管理的新要求，作为首批5个领域试点，率先编制完成《水利投资运营三年滚动财政规划（2016—2018年）》，为水利实现跨年度预算平衡提供了依据。

4. 推进河北省地下水超采综合治理试点工作　配合财政部抓好试点项目组织实施，协调督促河北做好2014年和2015年压采方案、中长期治理规划，指导河北省做好地下水超采综合治理试点工作，加强压采目标考核。据评估，2014年试点区通过实施调整农业种植结构、推行农艺节水、发展高效节水灌溉、井灌区改渠灌区、关停机井、体制机制创新等综合治理措施，形成地下水压采能力7.83亿m^3，达到了试点方案压减农业地下水超采量7.60亿m^3的目标。

5. 落实金融支持水利政策　2015年，水利部继续深化与国家开发银行、中国农业发展银行、中国农业银行的合作，协调推进重大水利工程项目及面上水利项目的融资。贯彻落实国务院第83次常务会议精神，与中国农业发展银行联合印发《关于专项过桥贷款支持重大水利工程建设的意见》，为地方加快推进重大水利工程建设提供过渡性资金支持。重大水利工程专项过桥贷款的贷款对象为中央或省级政府设立的承担重大水利工程建设职能的项目法人，以及省级政府授权的承担负责统贷统还职能的地方政府投融资平台，采用信用方式，无须担保，期限原则上不超过3年，在基准利率基础上分别对东中西部下浮10%、15%和20%，并开辟绿色通道，限时15个工作日内办结，截至2015年年底累计发放专项过桥贷款378亿元，涉及61个项目。落实开发性金融支持水利建设的战略举措，与国家开发银行签署《共同推进重大水利工程建设战略合作备忘录》。2015年，国家开发银行、中国农业发展银行、中国农业银行3家金融机构大口径水利贷款余额9 902亿元（含大水电、城市水务、污水处理），全年实际发放贷款3 236亿元（扣除大水电、城市水务、污水处理3类项目后，3家银行水利贷款余额7 594亿元，全年发放2 967亿元）。

6. 做好基建项目竣工决算审批　在2014年全面清理竣工财务决算的基础上，委托中介机构或组织专家审核，督促部属单位抓紧收尾，全力加速开展审批工作。2015年度完成325项竣工财务决算清理审批工作，涉及概算金额741 214万元，完成了预定的清理审批任务。

7. 加强水利建设资金监督检查　2015年，配合财政部开展了涉农资金专项整治行动，对湖北、湖南、广东、深圳4省（市）涉农资金专项整治行动开展情况进行了督查，组织开展中央农田水利工程维修养护补助经费等中央财政专项资金使用管理的监督检查工作以及部属单位2014年度审批基建项目竣工财务决算批复情况抽查，部署有关地方水利厅局对2014—2015年安排贴息资金的项目进行自查。协调推动水利审计免疫系统延伸。

（蔡泓　陈艺伟　刘婉迪）

【财务管理与监督检查验收】

1. 组织做好决算编报　水利部高度重视决算编报工作，精心组织、加强培训、严格审核、强化分析，确保决算编报全面、真实、准确、及时，部门决算编报工作已连续11年获得财政部通报表扬。

2. 认真做好部门决算和“三公经费”公开工作　按照国务院常务会议的精神和信息公开的有关要求，水利部继续通过门户网站公开了部门决算以及“三公经费”情况，主动接受社会公众监督，取得了较好的效果。

3. 贯彻落实会计制度和相关管理办法　为做好财政部颁布的《党政机关会议定点管理办法》《政府会计准则——基本准则》《财政总预算会计制度》《政府财务报告编制办法（试行）》《政府综合财务报告编制操作指南（试行）》和《政府部门财务报告编制操作指南（试行）》等一系列新会计制度的贯彻落实，水利部深入基层开展调研，针对部属单位执行过程中的问题及预计将出现的问题，结合实际情况制定贯彻落实的具体办法。

4. 加强财政资金使用监管　组织开展住房改革支出检查，督促各单位对检查发现的问题进行整改，规范住房改革支出管理。组织开展2015年预算执行情况和财务收支状况检查，进一步规范部属事业单位、企业单位财务管理。按照财政部监督检查局下达的检查报告，组织有关单位进行整改落实，并报送财政部监督检查局。

5. 配合开展审计工作　配合审计署完成2015年预算执行审计工作，做好审计询问函的回复。

6. 有计划开展项目验收　开展国家水资源监控能力建设项目验收工作，印发《水利部办公厅关于开展国家水资源监控能力建设项目终验工作的通知》。组织开展公益性行业科研项目财务审计和验收工作。对66个到期公益性行业科研项目开展验收前审计。

（张琼文）

【水利国有资产监督管理】

1. 进一步完善资产管理制度体系　发布水利行业标准《水利固定资产分类与代码》（SL 731—2015）；研究制定《水利部行政事业单位固定资产管理办法》；启动事业单位固定资产配置标准研究工作。

2. 着力落实事业单位投资企业监管职责　按照2015年部长办公会议精神，印发了《关于进一步加强事业单位对所投资企业监督管理的通知》（办财务〔2015〕190号），进一步规范事业单位对投资企业监管行为，逐步构建以资本为纽带的国有资产监管体系；印发《关于开展2014年度事业单位投资企业绩效评价考核工作的通知》（办财务〔2016〕121号），组织62家企业134名企业负责人开展企业绩效评价及企业负责人经营业绩考核工作；组织督导检查组，督导事业单位按要求实施企业清理整合和改制工作。

3. 加强资产日常管理　积极推进资产管理与预算管理相结合，完成了2016年部门预算编制资产购置的审核工作，及时纠正了有关单位在预算编制过程中存在的问题，保证了2016年部门预算资产部分编制的质量。完成1—12月企业财务快报编制工作，圆满完成企业财务决算报表、国有资产统计报表等6套报表的编报工作，得到财政部、国管局等有关部门的充分肯定。做好资产评估备案、资产审批事项向财政部集中备案等工作。

（赵海宏）

【农业水价综合改革】　在全国27个省80个县开展深化农业水价综合改革试点工作，采取管理创新、价格调整、财政奖补、工程配套等综合措施，统筹推进改革，圆满完成了各项改革试点任务，实现了预期目标。

（1）试点区全部明晰了农业水权，建立了用水总量控制和定额管理制度。

（2）试点区建立了比较合理的水价机制，改革后水价总体达到工程运行维护成本水平，普遍实行了超定额累进加价制度，因地制宜实行差别水价、协商定价。

（3）探索开展了多种形式的精准补贴和节水奖励。有的试点对供水管理单位、农民用水合作组织等工程运行维护费给予补贴，分担农户的部分用水成本；有的试点对种粮农户定额内用水予以补贴，保护种粮积极性，激励农户采取节水措施将用水控制在定额内。各试点区采取现金奖励、物资奖励等方式对节水的农户和用水合作组织进行奖励。

（4）试点区全部实施了工程产权制度改革，明晰了工程所有权、使用权，一些试点引入社会资本投入农田水利，有的委托专业化公司进行工程管护。

（5）组建了规范的农民用水合作组织，在工程建设、用水管理、水费计收、协调水事纠纷等方面发挥了积极作用。

（6）开展了末级渠系和计量设施配套建设。

（王健宇）

【政府采购管理】 2015年，水利部全年直属预算单位政府采购执行规模26.96亿元。公开招标是政府采购的主要形式，占所有采购方式的79.23%。

1. 扎实推进基础数据管理 按照财政部要求，采取关键节点提醒、实时审核的方式，及时完成了水利部2015年度政府采购计划、政府采购执行和信息统计数据报送，进一步夯实政府采购管理工作基础。

2. 创新实施进口产品集中论证 2015年，继续贯彻落实环保、节能、购买国货、扶持中小企业等政策功能，全年累计受理进口产品及变更采购申报审批66项，所属项目涵盖行政事业类和基建项目，涉及11个二级预算单位。在保护本国企业和产品方面，按照财政部《政府采购进口产品管理办法》相关要求，认真规范进口产品的申报审批程序，严格把好服务器、存储设备等成熟网络产品设备购置的进口关，有效落实政策功能。为提高专家论证质量，2015年首次组织开展了水利部进口产品集中论证试点，采取专家独立论证和集中论证相结合的方式，选取具有水利特色和规模性的水文和水环境类设备进行论证，最终共有119项进口设备获得财政部批复，涉及金额0.98亿元。

3. 继续开展批量集中采购 做好政策宣贯，及时部署财政部批量采购新的工作要求。严格审核，对存在问题的批量采购计划予以退回，提高报送质量。严格执行批量集中采购管理规定，强化批量集中采购计划及执行管理。印发了进一步加强批量集中采购管理工作的通知，进一步明确批量采购的计划及执行管理，对2015年上半年未执行批量采购的事项进行了通报。

4. 做好政府采购与其他财务工作的协同配合 开展2015年水利科技推广专项经费、“948”——引进国际先进农业科学技术计划项目专项资金和全国山洪灾害防治项目预算审核，要求直属预算单位对凡是属于目录以内以及限额标准以上的项目，必须严格编制政府采购预算，确保政府采购预算应编尽编。按季度考核各直属单位政府采购申报审批工作执行进度。加强与国库集中支付衔接，对部直属单位直接支付申请中政府采购部分进行审核。

5. 加强调研和政府采购政策宣贯 面对服务类项目采购资金规模不断扩大的形势，组织开展了对黄河水利委员会等6家流域机构服务类项目2014年政府采购执行情况进行了调研，提出进一步加强水利服务类项目政府采购工作的政策建议。加强与财政部、采购中心等相关部门沟通，积极协调和解决直属单位政府采购工作中遇到的难点问题。积极宣传贯彻《中华人民共和国政府采购法实施条例》，动员直属单位和地方各单位通过积极参加财政部组织的“奔图杯”《中华人民共和国政府采购法实施条例》知识竞赛活动，水利部获优秀组织奖。 （沈桑阳）

【国库支付改革】

1. 进一步深化水利国库集中支付制度改革 2015年当年预算执行数共1 059 605.79万元，其中公共财政预算1 056 346.2万元，政府性基金1 771.59万元，国有资本经营预算1 488万元。

2. 完成用款计划和直接支付申请的审核上报 2015年，水利部当年预算指标1 088 732.67万元，以上金额全部编报用款计划，并由财政部全部核批完毕。2015年共上报直接支付申请1 440笔，金额35.34亿元，其中当年预算31亿元，2014年结余预算4.34亿元。

3. 完成国库集中支付方式和范围划分工作 根据《财政部关于中央预算单位2015年预算执行管理有关问题的通知》，完成水利部2015年国库集中支付方式和范围划分工作，编报了水利部2015年国库集中支付改革范围划分建议表，并对水利部所有的预算项目一一梳理，对所有未按财政部标准划分的项目一一说明，明确了纳入改革的资金范围和支付方式。

4. 完成水利部国库集中支付结余资金申报工作 根据财政部要求和下发的数据，对水利部所有预算单位2015年预算数、已核批国库集中支付用款计划数、国库集中支付实际支出数及年终国库集中支付结余数进行核对，编报2015年度国库集中支付结余资金申报核批表，完成各单位国库集中支付结余核定。

5. 认真做好零余额账户管理工作 2015年共上报变更零余额账户申请2次，为4个基层预算单位变更零余额账户信息，上报开立零余额账户申请1次，为1个基层预算单位开立零余额账户。同时加强对各单位零余额账户使用的咨询和指导，积极与建设银行总行沟通，联系解决各单位账户使用中的实际问题，保证各单位零余额账户的正常使用。 （向梁欢）

【机关财务】

1. 完善制度，严控三公经费 根据公务用车制度改革有关精神，结合部机关出现的会议、培训、外事、重大活动等需要租用社会车辆的新情况，印发了《水利部办公厅关于部机关公务租车有关事项的通知》，对可以租用社会车辆的公务活动范围、审批程序、政府采购、报销手续等方面进行了明确，规范了部机关公务租车。积极落实财政部出台的各项财政新政策，在报销环节严把关。认真贯彻落实中央八项规定，继续压缩三公经费，部机关2015年三公经费预算较2014年减少2.41%。

2. 实行滚动预算管理，盘活机关存量资金 按照财政部、水利部预算改革要求，组织部机关司局认真编制项目文本，逐项测算经费支出，如期高质量上报了部机关2016—2018年部门预算规划和三年滚动规划建议说明，2016年“一上”部门预算、编报说明以及项目绩效目标。按照财政部盘活存量资金的有关要求，按季填报盘活存量资金情况表，认真测算2015年支出情况，充分预计结转结余情况，进行预算调整。

3. 加强机关预算执行管理　对机关司局每月和季度支出情况进行统计和打分，反馈相关支付信息，为机关司局合理安排资金提供数据支撑；在关键节点将机关司局的考核结果与2016年“一上”“二上”挂钩，对未达到进度要求的核减2016年项目经费预算。2015年部机关各时间节点整体支付进度均达到或超过序时进度，年末支付进度达到98.34%。

4. 按时完成机关国库支付和政府采购各项工作　按照国库改革的有关规定，及时完成了划分建议表以及全年用款计划上报工作；根据部门预算批复，对动用净结余项目、年中追加、调减经费进行了用款计划的申报；完成了国库结余核定工作。按照政府采购有关规定，完成了2014年度政府采购预算执行情况及分析报告，2015年政府采购计划、批量采购计划的编报工作，做到了应采尽采，保证了机关各司局工作需要。

5. 积极配合审计　积极配合国家审计署投资司、农林水利审计局2014年、2015年预算执行审计工作，及时提供会计资料，填报相关材料。适应审计署新形势下常态化审计的方式，在日常工作中注重研判审计关注的问题，提出加强财务审核的各项措施，避免出现类似问题，加强监管，严格把关。

6. 组织开展机关项目验收和绩效考评　组织专家完成了2014年机关防汛业务费项目、公务员培训和行政许可项目的验收。按照财政部绩效考评的要求，积极配合部里完成了防汛业务费、公务员培训项目的2014年绩效评价和2015年中期绩效考评有关工作，通过了2014年财政部绩效考核。

7. 开展固定资产清查　继续坚持每年清理盘查资产，确保部机关办公设备账实相符。将清查的基础数据，作为申报预算的审核依据。完成了两批部机关资产处置工作。按照关于贯彻财政部第36号令有关情况的要求，完成了机关资产管理贯彻落实情况报告；向财政部、国管局报送了国有资产决算报表。

（黄岭）

【财务管理信息系统建设】　2015年，水利财务管理信息系统全面进入开发阶段。水利财务管理信息系统建设项目组编制详细实施计划方案，分解工作任务，明确人员分工。通过建立周例会制度等多项措施，督促各承建单位按计划开展各项工作。对系统开发的关键问题进展慢等问题，督促加快开发进度。截至2015年年底，在应用系统开发方面，除个别系统接口、历史数据迁移、决策分析支持模块等正在抓紧开发外，已基本完成了各个功能模块的开发工作；在门户建设方面，以界面原型为基础，完成了门户框架的开发工作；在应用支撑平台建设及系统集成方面，完成了主、分中心主要设备购置、安装，分中心系统部署等工作；在数据库设计方面，完成了基础库、业务库、综合库表结构设计，开展基础数据收集整理；在标准方面，完成了科目指标、项目代码规范的5个标准的编制和专家审查。

（张琼文）

【业务培训和队伍建设】

1. 加强会计制度培训　举办了两期2015年中初级会计人员继续教育培训班，就事业单位会计制度、新旧事业单位会计制度衔接问题的处理、行政事业单位内部控制规范、预算管理、绩效评价和审计监督、科学事业单位会计制度等内容进行了讲解。在京单位中初级会计人员和京外单位部分业务骨干约230人参加了培训。

2. 组织水利财务管理信息系统试运行培训　先后举办11期25个班，共对2 000余名财务人员进行了全面的系统操作培训。

3. 开展会计决算报表编制和软件应用培训　就2015年度部门决算、固定资产投资决算以及住房改革支出决算编报相关要求及软件操作进行了详细讲解，并组织了研讨和答疑，部直属预算单位财务部门主要负责人及部分业务骨干共100人参加了培训。

4. 开展财政资金国库集中支付培训　举办了两期培训班，共培训部直属预算单位从事国库集中支付业务的人员共120人。

5. 开展预算项目管理培训　举办了两期预算项目管理培训班，对200余名部直属单位从事预算项目管理的人员实施培训，讲解财政部、水利部颁发的预算项目管理相关规章制度、项目储备管理办法，总结归纳当前部门预算管理的主要情况及问题，介绍预算项目管理相关业务等。

6. 开展绩效报告编写培训　举办两期培训班，对200余名部直属单位和地方水利部门的绩效管理人员开展专题培训，讲解绩效管理新形势、新要求、新思路，并就绩效目标申报、绩效报告编写等业务进行专项培训。

7. 政府采购培训　2015年针对政府采购实务操作及《中华人民共和国政府采购法实施条例》宣贯，共举办了三期培训班，培训基层政府采购业务人员260余人次。

（张琼文　向梁欢　沈桑阳　毕诗浩　王怀通）

水利风景区

【基础工作】

1. 评审管理

（1）国家水利风景区评审会议召开。8月12—13日，2015年国家水利风景区评审会在北京召开。水利部总工程师汪洪主持会议，水利部水利风景区评审委员会委员参加了会议。会议听取了景区办关于第十五批国家水利风景区申报及考察评价工作汇报。评审委员分组审阅了景区申报资料，并对专家现场考评情况进行复核。会议表决通过了第十五批国家水利风景区建议名单，拟提请水利部水利风景区建设与管理领导小组审议。

（2）2015年水利部水利风景区建设与管理领导小组办公室共派出26组、187人次的专家队伍，赴全国22个省（自治区、直辖市）对申报第十五批“国家水利风景区”的单位进行了现场考察评价。

2. 人才队伍建设　为更好地保护和利用水利风景资源，提高水利风景区规划建设与运营管理水平，共举办5期全国水利风景区建设与管理培训班，培训学员357人，设置39门课程。5期培训班实施情况总结如下：

（1）6月1—4日，在江西省南昌市举办第一期主题为水利风景区经营管理的培训班。60人参加了培训。培训班对水利风景区建设与管理有关政策进行了解读；围绕观光农业、休闲农业与乡村旅游发展对水利风景区的启示、水利风景区科普解说系统设计、PPP项目操作流程设计要点分析、水利风景区投融资建设管理模式等内容授课。培训期间组织了座谈研讨，对水利风景区经营管理过程中遇到的普遍问题进行了广泛和深入的讨论。

（2）6月7—11日，在浙江省杭州市举办第二期主题为水利资源开发与保护的培训班。119人参加培训。培训班分别就水利风景区的生态旅游实践、水生态环境保护技术在水利风景区中的应用、智慧旅游对水利风景区建设管理的推动、公共场所风险控制与安全应急管理、水利风景区与乡村旅游开发模式研究、环境友好型水资源开发利用模式创新等内容为学员授课。期间对水利资源开发与保护过程中遇到的普遍问题进行了广泛和深入的交流。

（3）7月26—30日，在江苏省苏州大学举办第三期主题为水利风景区建设与管理的培训班。60人参加培训。培训就水利风景区有关标准、规范性文件和近期出台相关政策进行了系统解读，对水利风景区发展历程和趋势、水利风景区与水生态文明建设的关系以及未来工作重点进行了全面分析；邀请了国务院发展研究中心等单位的专家，分别就国家公园体制建设政策解读及资金机制研究、水利旅游产业发展趋势分析、水利风景区建设投融资模式、营造人水绿共享的河道空间、河道生态景观设计—文化内涵与功能提升等内容为学员授课。山东竹泉村水利风景区负责人作了景区建设与管理经验交流。

（4）9月15—19日，在福建省漳州市举办第四期主题为水利渔业资源综合开发与保护的培训班。58人参加培训。培训就当前我国水利渔业资源综合开发与保护工作情况进行了介绍；培训就水利风景渔业资源利用、水利风景区水环境修复理论与技术研究、水生态修复理论与途径探讨、水库生态渔业技术等内容授课。四川黄鹤湖水利风景区管理所负责人就如何科学利用水资源与合理发展观赏渔业进行了经验交流。期间组织了座谈研讨，对水利渔业资源综合开发与保护工作过程中遇到的普遍问题进行了广泛和深入的讨论。

（5）10月28—31日，在福建省福州市福建农林大学举办第五期主题为水利风景区规划建设管理的培训班。60人参加培训。培训就水利风景区规划编制工作的现状及下一阶段工作重点进行了介绍，对水利风景规划、建设、管理若干问题进行了解读。培训班就水利风景区水科普文化建设研究、国家生态文明建设与国家公园体制改革对水利风景区发展的机遇和挑战、水利风景区规划要点解读、水利风景区与水利旅游等内容为学员授课。

为培养湿地水环境保护专业技术人才，6月24—26日，在华北水利水电大学举办了湿地水环境保护管理培训。各省级水行政主管部门负责人，湿地水环境保护工作主要负责人，以及典型湿地管理单位负责人等共约93名学员参加了培训。培训班邀请了中国地质大学等专家分别就湿地水环境保护防护技术、湿地水环境治理与修复、湖泊水生态环境保护工程技术体系、湿地水环境监测与管理、湿地水环境保护案例解读进行了专题讲解。会议期间还组织了分组讨论，就湿地水环境保护工作进行交流。

为深入解读水生态文明建设相关政策，推进各试点城市开展符合自身情况的水生态文明建设，提升全国水生态文明建设水平，6月25—26日，在山东省章丘市委党校举办了水生态文明建设培训班。各流域机构、各省级水行政主管部门以及两批水生态文明城市建设试点中开展水生态文明建设的主要技术人员，参加本期培训。培训班邀请了水资源司副司长石秋池、水规总院赵钟楠等专家，解读了水生态文明建设政策及河湖水系连通建设政策，介绍了河湖健康评估工作，讲解水利风景区与水生态文明城市建设的关系，期间，学员们交流了水生态文明城市建设试点经验。

3. 宣传工作

（1）编辑出版第14、第15、第16期《中国山水》。《中国山水》集中展示国家水利风景区的青山绿水、风土人情，向广大民众宣传水利风景区建设与管理工作取得的成效，普及水利资源综合开发与保护管理知识，增强社会公众对水生态环境的保护意识，宣传水利资源综合开发与保护管理的成效，提升水利风景区的社会认知度。杂志每期各印制了 1 600 册，分发各级水利部门和景区管理单位，同时也作为相关会议、论坛和培训班的宣传资料，供与会代表学习。

(2) 依托权威宣传平台，4—5 月，在西单老佛爷百货楼体大屏和王府井百货楼体大屏同期展播“国家水利风景区整体形象宣传片”，集中展示新时期水利工作成就。

(3) “水利风景区促进水生态文明建设展”在中国水博览会上顺利展出。展区面积 1 400m^2，吸引了包括长江委、松辽委以及安徽、重庆、福建、甘肃、河北、湖南、黑龙江、山东、江西等省在内的全国近百家水利风景区参展。展览通过视频、图片、文字、实物等方式，生动展示了水利风景区秀美风光、良好生态、优美环境和多姿文化，体现了水利风景区对水生态文明建设的促进作用。

(4) 在《水利发展研究》(2015 年第 11 期) 刊载“水利风景区建设与发展”专辑。以专家视角，对水利风景区建设开发、生态文明建设、水利风景区水文化等方面的热点、亮点与难点，从理论和实践进行了阐述和剖析。

(詹卫华　司毅兵　李亚伟　连泽俭　韩凌杰)

【行业管理】 (1) 水利部发文公布第十五批国家水利风景区。经水利部水利风景区建设与管理领导小组会议讨论通过，并在水利部网站公示，批准 61 家景区为“国家水利风景区”(见附件)，2015 年 11 月 30 日水利部印发“水利部关于公布第十五批国家水利风景区的通知”(水综合〔2015〕460 号)。

(2) 水利风景区建设与管理领导小组会议召开。11 月 17 日，水利部水利风景区建设与管理领导小组会议在北京召开，水利部副部长田学斌主持会议并讲话。

会议审议批准了第十五批国家水利风景区，并就水利风景区发展思路和工作重点进行了研讨部署。

水利部办公厅、规计司、政法司、水资源司、财务司、人事司、建管司、水保司、农水司、安监司、国家防办、水电局、综合事业局、水规总院等领导小组成员单位负责同志参加了会议。

(3) 全国水利风景区建设与管理工作视频会议召开。12 月 10 日，全国水利风景区建设与管理工作视频会议在北京召开。水利部副部长田学斌出席会议并讲话。水利部总工程师汪洪主持会议。综合事业局局长郑通汉作工作报告。

(董青　陈吉虎　于小迪　张蕾)

【水利风景区建设与管理情况】 (1) 截至 2015 年年底，全国已经批准建立了 719 个国家水利风景区和近 3 000 个省级水利风景区。近几年来，水利风景区不断创新工作，发展态势良好，在建设规划、管理经营、人才培训、社会影响力方面取得了一定成效。

(2)《中国水利风景区发展报告 (2015)》出版发行。作为我国首部关于水利风景区建设与管理的研究报告，对全国水利风景区建设与管理发展情况进行了回顾与评价，全面分析了近年来，特别是党的十八大以来，水利风景区发展动态，系统总结了水利风景区改革发展的成果。该报告由社会科学文献出版社出版。

(李灵军)

附件

第十五批国家水利风景区名单

(共 61 家)

(排名按行政区划)

河北省	邢台七里河水利风景区
	滦县滦河水利风景区
山西省	怀仁鹅毛河水利风景区
内蒙古	巴彦淖尔狼山水库水利风景区
吉林省	松原沿江水利风景区
黑龙江省	伊春回龙湾水利风景区
	泰来泰湖水利风景区
江苏省	江阴芙蓉湖水利风景区
	徐州丁万河水利风景区
	金湖荷花荡水利风景区
	阜宁金沙湖水利风景区
	宿迁六塘河水利风景区
浙江省	景宁畲族自治县畲乡绿廊水利风景区
安徽省	合肥滨湖水利风景区
	六安悠然蓝溪水利风景区
	休宁横江水利风景区
	池州九华天池水利风景区
	望江古雷池水利风景区
福建省	连城冠豸山水利风景区
	永春桃溪水利风景区
	邵武天成奇峡水利风景区
	厦门天竺山水利风景区
	柘荣青岚湖水利风景区
	漳平台湾农民创业园水利风景区
江西省	武宁西海湾水利风景区
	德安江西水保生态科技园水利风景区
	瑞金陈石湖水利风景区
	南城醉仙湖水利风景区
山东省	临朐弥河水利风景区
	邹平樱花山水利风景区
	金乡金水湖水利风景区

	聊城莲湖水利风景区
	泰安徂徕山汶河水利风景区
	夏津九龙口湿地水利风景区
	任城南池水利风景区
	肥城龙山河水利风景区
	成武文亭湖水利风景区
河南省	睢县北湖生态水利风景区
湖北省	郧西天河水利风景区
	荆州北闸水利风景区
湖南省	资兴东江湖水利风景区
	江永千家峒水利风景区
	永兴青山垅—龙潭水利风景区
	蓝山湘江源水利风景区
广东省	广州白云湖水利风景区
重庆市	武隆阳水河水利风景区
四川省	大竹百岛湖水利风景区
	开江宝石桥水库水利风景区
	雅安飞仙湖水利风景区
	内江黄鹤湖水利风景区
	巴中化湖水利风景区
	广安白云湖水利风景区
贵州省	锦屏三江水利风景区
	思南乌江水利风景区
	绥阳双门峡水利风景区
	大方奢香九驿水利风景区
云南省	宜良九乡明月湖水利风景区
	临沧冰岛水利风景区
陕西省	宝鸡太白山水利风景区
	沣东沣河水利风景区
	渭南卤阳湖水利风景区

科 技

【水利科技成果】 继 2010 年“黄河调水调沙理论与实践”、2014 年“流域水循环演变机理与水资源高效利用”荣获国家科技进步一等奖后，2015 年“水库大坝安全保障关键技术研究与应用”再次荣获国家科技进步一等奖，另有“海量数据驱动的水文多要素监测预报关键技术与应用”等 3 个项目荣获 2015 年度国家科技进步二等奖。在目前国家科技奖授奖数量大幅压缩的情况下取得如此成绩，标志着水利科技创新取得长足进展和重大突破，支撑水利改革发展能力不断加强。 （朱寿峰 曾向辉）

【国家级科技项目立项】 新增“规模化农业综合节水技术集成与示范”“大型灌排机械设备研制与开发”等国家科技支撑项目 2 项，以及“基于 3DLIF 技术的大范围水体三维标量场测量仪器研制”国家重大科研仪器研制计划项目 1 项。截至目前，由水利部牵头承担的“十二五”国家科技计划项目已有 19 项，总经费达 6.3 亿元，项目数量和经费总量比“十一五”均有较大增长。2015 年水利部公益性行业科研专项新增项目 37 个，经费 1.9 亿元，全部按计划启动实施。 （曾向辉 田庆奇）

【技术引进与推广转化】 积极落实中央财经领导小组第 5 次会议精神，与科技部联合印发《节水治污水生态修复先进适用技术目录》和《国家水安全创新工程实施方案》。加大节水、治污、水生态修复等先进技术引进与推广转化项目的顶层设计与定向组织，充分利用水利部“948”计划、科技推广计划，持续跟踪国际水利科技前沿，重点引进“堤坝隐患数字化检测设备”等 50 余项先进技术和设备，推广转化“低功耗节能型滴灌及现代管理技术”等 90 余项先进实用科技成果。通过开展各类技术交流推介活动，加大新技术宣传、培训和推广应用力度，水利行业科技含量显著提高。 （朱寿峰 季荣耀）

【涉水重点专项】 积极参与国家科技计划管理改革和任务部署，经费概算达 24 亿元的“水资源高效开发利用”重点专项列入国家 2016 年优先启动的 29 个重点专项之一，水旱灾害监测预警与防范、水土保持等重大科技问题在其他重点专项中也得到充分体现，“十三五”国家重点研发计划涉水重点专项组织工作取得重大突破，为今后一个时期组织开展水资源领域重大科技问题研究奠定了基础。 （朱寿峰 田庆奇）

【科研条件平台建设】 稳步推进国家、流域和地方三个层次科技创新中心建设，编制实施科研能力建设规划，不断强化重点实验室及工程中心建设与管理。在评估基础上，召开重点实验室及工程中心主任座谈会，研究进一步加强运行管理的措施和要求。截至目前，水利系统已建成国家重点实验室 2 个、国家工程技术研究中心 2 个以及部级重点实验室 10 个、部级工程技术研究中心 13 个，部分实验室和工程中心的综合科研能力达到国际先进水平。“流域水循环模拟与调控国家重点实验室”2015 年被科技部评为优秀。 （曾向辉 孙锐）

【科技体制改革】 水利部作为部际联席会议成员单位，积极参与国家科技计划管理改革，研究制订了水利科技体制改革方案，开展了国内外科技管理体制机制政策研究，完善了科研项目立项机制与组织管理。部属非营利性科研机构在学科调整、机制转换、人才培养和制度创新等方面取得明显成效，综合实力显著提高。研究制定部属转制科研机构纳入事业单位分类

改革方案，积极推进转制科研机构重新分类定性。（朱寿峰　曾向辉）

【科技项目管理】　进一步强化科技项目顶层设计，以行业改革发展、流域综合治理和区域协调发展三个层次的重大科技需求为导向，积极引导科研人员聚焦生产应用中的重点难点问题，有针对性地开展研究攻关。继续强化在研项目管理，组织开展各类科技计划项目的中期评估检查，同时委托专业机构对部分重大项目尤其是外协经费进行重点审计，组织项目负责人进行培训，项目延期率大大降低，经费使用更为规范，项目质量明显提高。继续推进项目集中验收和鉴定，进一步提高科学性与公正性。严格执行科研诚信制度，将失信行为记入信用档案，对严重失信科研单位和科技人员采取了约谈、暂停科技项目申请资格等措施。（朱寿峰　曾向辉）

【水利部科学技术委员会活动】　共开展4次重大调研咨询活动：联合民盟中央组织开展“汉江流域水资源可持续利用”专题调研活动，还组织开展了“国土江河综合整治试点”“滇中引水工程”等调研咨询活动，召开城市防洪及模型应用技术研讨会。在调研咨询过程中，专家们深入现场分析问题，多次提出重要意见和建议，有力推动了相关重大问题的解决，为水利科技发展发挥了重要作用。（金旭浩　喻志强）

【水利标准化工作】

1. 制定发布一批重要技术标准　共发布行业标准54项，报批国家标准11项，水利技术标准已覆盖水利工作的所有领域，技术标准对新时期水利改革与发展重点任务的保障力度不断加大。完善并实施标准月报通告制度、重点项目督办制度、严重滞后项目约谈制度，标准制修订项目执行进度不断加快。强化强制性条文、标准名称等英文翻译以及标准化初审工作。完善专家审查论证机制，规范年度计划立项论证会和报批稿审定会。

2. 切实加强标准实施与监督　按照制定实施并重的原则，进一步加大标准宣贯培训和实施力度。共安排标准宣贯培训和示范推广项目6项，培训人数约500人。加强水利工程建设标准强制性条文专项监督检查，强化标准与认证、工程稽查等工作的协同，标准的实施对服务水利中心工作，发挥着日益重要的作用。

3. 大力推进标准国际化　切实加强水利标准国际化调研，编制完成水利技术标准国际化发展规划。19项标准英文版出版发行，中国水利标准在亚非拉部分国家的流域综合规划、工程设计、施工管理等领域得到应用，水利技术标准国际化取得突破性进展，为更好地服务中国水利企业走出去提供有力保障。（刘咏峰　李建国）

【水利计量认证】　组织完成43家检验检测机构的评审任务，派出现场评审组43次、评审员和技术专家约210人次。完成6家质检机构的标准变更审核及19家质检机构人员变更备案工作。完成94家水利检验检测机构资质认定专项监督检查自查和统计工作。推进国家级标准物质开发研制，广泛应用于水环境质检机构水资源监测和质量控制和考核工作。在水量计量量值溯源体系及关键技术标准、渠道流量计量等领域开展了应用基础研究并取得实效。（王伟　王剑影）

国际合作与交流

【对外交流与合作】

1. 水利双边合作广泛开展　牢牢把握“大国是关键，周边是首要，发展中国家是基础，多边是重要舞台”的外交方针，加强与美国、英国、澳大利亚、韩国、厄瓜多尔等20个国家水利部门的友好合作，圆满完成高层互访27次。与德国、秘鲁、厄瓜多尔、爱尔兰等4个国家签署水资源领域合作谅解备忘录。组织召开“中国-南非水资源委员会第4次会议”“第20届中韩水资源交流会”“中法水资源与水务管理联合指导委员会第3次会议”“第四届中澳高层水政策研讨会”等8次双边固定交流机制会议。

2. 水利多边合作富有成效　陈雷部长出席第四届中欧水资源交流平台高层对话会，会议通过了《2015年中欧水资源交流平台高层对话会联合宣言》和《中欧水资源交流平台2015—2017年工作计划》。陈雷部长会见欧盟环境、海洋事务和渔业委员卡梅奴·维拉，双方就进一步加强中欧在水资源领域的交流与合作进行了深入探讨。中日韩三国举行水利部长会议并发表《关于水政策创新合作的联合声明》。举办中日韩青年水利专家交流活动，促进技术和政策交流，为三国进一步推动水利合作奠定良好基础。（吴浓娣　郝钊）

【国际项目合作】　中国巴基斯坦小型水电技术联合研究中心全面建成，习近平主席和巴基斯坦总理为中心揭牌。亚行技术援助“干旱管理战略研究项目”获财政部和亚行杰出成就奖。世行贷款“云贵鄂渝水土保持项目”竣工验收。亚行技术援助“中国水行业发展研究项目”正式启动。全球环境基金“中国小水电增效扩容改造增值”“海河流域水资源与水环境综合管理推广”等项目取得重要进展。中瑞、中法、中荷合作项目进展顺利。（吴浓娣　池欣阳）

【水利“走出去”和援外工作】 水利科研、设计、施工单位在拉美、非洲承担的水资源综合规划、水利水电规划设计、水利水电工程建设项目范围规模不断扩大，工程合同额较2014年增加25%，境外安全不断加强。举办“发展中国家水资源管理及开发规划部级研讨班”，以及13期小水电和水资源培训班，为发展中国家培训300多名技术人员。根据中央总体部署，大力推动水利领域“一带一路”研究，组织制定实施方案，明确部内分工，全面推进项目建设。

（吴浓娣 王晋苏）

【国际会议与交流】

1. *积极参与和组织重要国际水事活动* 陈雷部长出席联合国秘书长水与卫生顾问委员会会议，全方位开展水外交。水利部承办世界水理事会董事会会议，陈雷部长出席并致辞。矫勇副部长出席第七届世界水论坛，主持“水-能源-粮食纽带关系”部长级圆桌会议。刘宁副部长出席第五届河口海岸国际研讨会。水利部、水利水电出版社当选世界水理事会董事，我部连任世界水理事会执行局成员。

2. *紧密围绕2015年后可持续发展议程开展工作* 2015年是联合国2015年后可持续发展议程制定工作的关键时期，我部精心筹划、统筹安排，利用重要国际会议和国际水事活动，积极提出中国的意见和建议。同时，通过外交渠道多次明确提出建议在联合国2015年后可持续发展议程中设立单独水目标的有关考虑和立场建议，并积极推动联合国2030年可持续发展议程设立单独水目标。

3. *大力推动国际组织和中心建设* 民政部批复同意世界水土保持协会秘书处在中国注册，这是继国际小水电联合会、世界泥沙研究协会、国际沙棘协会之后第4个经国务院批准、挂靠水利部管理的国际组织总部。我水利专家已先后担任国际大坝委员会、国际灌排委员会、国际水资源协会、国际沙棘协会、国际小水电网络组织、世界水土保持协会等6个国际水组织主要负责人，这是当今中国水利国际地位的具体体现，充分表明中国水利科技水平走在世界前列。

（郝钊 徐静）

【港澳台工作】 东深供水工程向香港供水50年，为香港繁荣发展作出突出贡献，陈雷部长出席纪念仪式。会同有关部门积极指导福建省水利厅就金门供水开展了11轮会谈，福建向金门供水签订供水合同，工程正式开工。举办10项两岸水利交流活动，交流机制不断深化拓展。根据中央部署，继续会同有关水利厅局有效保障向香港、澳门地区供水安全。经7轮会谈，我部与澳门特区政府就澳门附近水域涉水事务管理达成框架协议。

（郝钊 徐静）

【引智工作】 水利部推荐的英国专家克拉奇教授获得中国政府“友谊奖”。2015年度我部共获批外专局引进国外技术、管理人才项目10项，获资助经费66万元。针对水利工作重点，围绕水资源管理、防洪减灾等主题，精心组织选派100余名技术和管理人员出国（境）培训，学习引进国际先进的技术和理念，提高了参训人员的综合业务能力。

（郝钊 沈可君）

安全监督

【安全生产监督管理】 2015年，水利行业认真贯彻落实党中央国务院的决策部署，按照部党组的总体要求，以控制事故为目标，以信息化、标准化建设为支撑，以建立完善责任体系、隐患排查治理体系和事故处置督导体系为重点，以工作考核、“四不两直”督导、安全教育和典型推动为手段，改进工作方式方法，狠抓监督检查、事故督办和长效机制建设，实现了“四个全覆盖”，即党中央、国务院关于安全生产决策和部党组有关部署在行业的全覆盖、水利安全生产监督制度建设和执行的全覆盖、对在建和运行管理工程有效监督的全覆盖和安全生产监督对象安全生产状况掌控的全覆盖。2015年水利行业共发生生产安全事故6起，死亡10人，较大事故1起，实现事故起数和死亡人数双下降，未发生重特大生产安全事故，部直属单位未发生死亡事故。在全行业的共同努力下，水利安全生产形势保持持续稳定向好。

1. *狠抓工作部署和落实* 为切实贯彻落实好党中央国务院有关安全生产工作的决策和部署，陈雷部长亲自主持召开党组扩大会议，研究部署安全生产工作；矫勇副部长主持召开全国水利安全监督工作会议，分析水利安全生产面临的新形势和新要求，统筹安排水利安全生产工作；刘宁副部长多次召开部长专题办公会议研究安全生产工作；部安全生产领导小组先后召开5次会议，认真落实国务院安委会和部党组的有关工作要求和部署，强化水利安全生产各项工作措施。按照国务院安委会的统一部署，及时印发了《关于全面开展水利安全生产大检查、深化“打非治违”和深入开展危化品易燃易爆物品安全专项整治工作的通知》《关于开展水利工程建设落实施工方案专项行动的通知》《关于切实做好岁末年初及2016年元旦春节期间水利安全生产工作的通知》等一系列文件，并切实抓好落实。

2. *严格落实监管责任* 按照习近平总书记“党政同责、一岗双责、失职追责”“管业务必须管安全、管行业必须管安全、管生产经营必须管安全”的要求，进一步健全和完善行业安全生产责任体系。一是通过压担子、给任务，督促地方加强安全监督机构和队伍建设。目前，所有省级水行政主管部门都成立了水利安全监督职能处室。二是继续深入开展流域机构和省级水行政主管部门安全生产监管工作考核。2015年将以往每年年终对工作结果的考核，调整为3次抽查考核，坚持结果考核与过程考核并重，并对每次考核结果都进行了全国排名通报。三是加强事故督导。对发生较大生产安全事故的，及时派出工作组进行现场指导，并督促有关部门按照“四不放过”原则严肃事故处理。

3. 强化隐患排查治理　按照国务院安委会的统一部署，结合水利实际，深入组织开展水利安全生产大检查、打非治违、落实施工方案专项行动、危化品易燃易爆品安全专项整治等活动。紧紧围绕水利工作重点，先后印发了《关于做好汛期水利安全生产工作的紧急通知》和《关于进一步加强重大水利工程建设项目安全生产工作的通知》等文件，突出强化汛期安全生产和重大水利工程建设安全监管工作，部署部直属单位开展危险源登记、完善应急预案、编制《安全风险防控手册》等“三项工作”。部直属各单位、地方各级水行政主管部门结合本单位、本地区实际，突出在建工程、水库、农村小水电、淤地坝、水文监测、水利勘测、水利试验等重要领域、重点项目和关键时段的安全监管，认真制定工作方案，积极落实各项工作措施，深入开展隐患排查治理，安全生产工作成效明显。全年排查事故隐患29 169条，并实现闭环管理，有效防范了各类生产安全事故发生。

4. 推进“两化”建设　一是水利安全生产标准化。公布水利施工企业、水利工程项目法人及管理单位等45家单位为首批水利安全生产标准化建设一级单位，第二批申报标准化一级单位的71家单位已完成抽查复核工作，拟提交水利安全生产标准化评审委员会评审。出版了《水利安全生产标准化建设实施指南》，是推进水利安全生产标准化建设、自查、自评、整改以及评审的指导用书和培训教材。二是水利安全生产信息化。完成水利安全监督信息化一期工程初步设计；安全生产信息上报系统已有39万座工程登记入库，6万多家水利企事业单位每月按时上报隐患和事故信息。

5. 建立完善长效机制　一是加快完善水利安全生产规章制度。颁布了《水利水电工程施工安全防护设施技术规范》(SL 714—2015) 和《水利工程施工安全管理导则》(SL 721—2015)。二是积极推进水利安全生产信息化建设。水利安全监督信息化一期工程初步设计已形成报批稿；安全生产信息上报系统已有39万座工程登记入库，6万多家水利企事业单位每月按时上报隐患和事故信息。三是应急管理不断加强。水利安全生产应急管理体制机制进一步健全，应急预案体系进一步完善，应急处置能力逐步提高。四是严格水利水电施工企业“三类人员”安全生产考核管理，不断提高从业人员的安全生产管理水平。

6. 深入开展宣传教育活动　以“加强安全法治、保障安全生产”为主题，深入组织开展水利“安全生产月”活动。开展了习近平总书记关于安全生产工作的重要论述和依法治安主题宣传、水利安全生产知识网络竞赛、责任状评比、警示专题教育等活动。开展了重大水利工程建设项目质量与安全管理谈心对话活动，矫勇副部长与64个已开工的重大水利建设项目法人主要负责人进行谈心对话，取得了很好效果。水利安全生产知识网络竞赛有4 335家水利企事业单位参赛，97 287人参与答题，参赛人数和答题次数创历史新高。水利安全生产责任状评比有200多个单位参加，获奖成果在水利安全监督网、中国水利报上进行展示。此外，还录制安全生产警示片、录制远程教育课件、编制安全生产应知应会读本、编制事故分析警示集，强化安全生产宣传教育工作。水利部被国务院安全生产委员会办公室评为全国安全生产月活动先进组织单位，松辽水利委员会被评为全国安全生产月活动优秀单位。

（白银　张龑）

【水利稽察】　2015年，水利稽察工作认真贯彻落实全国水利厅局长会议精神，深化改革，创新发展，完善工作方式，强化整改落实，加强队伍建设、制度建设，加强行业指导，全面发挥三级稽察体系的整体效能，通过稽察，督促各地进一步加快了水利建设进度，促进了地方建设管理水平的全面提高，为保障年度建设任务目标顺利完成提供了重要支撑作用。

1. 水利建设项目稽察

（1）部本级稽察。2015年共组织派出8个批次、265个稽察组（包括部稽察办安排流域机构的稽察任务），对1 240个项目开展了稽察。此外，4月还派出了一批次15个检查调研组，对14个省（自治区）和兵团的中央水利投资计划执行等情况，开展了专项检查及调研。稽察覆盖了除西藏以外的所有省份，与2014年相比，派出稽察组数增加了110个，增长了71%；稽察项目增加了786个，增长了173%。一是突出对重点建设项目的稽察。除对枢纽水源、中型水库和江河治理等重点项目开展稽察外，特别是节水供水重大水利工程，派出稽察组对21个省（自治区、直辖市）的所有重大水利工程进行了全面核查，并选取42个项目进行了重点稽察，及时发现建设管理中的问题，促进工程建设顺利实施。二是突出对国务院有明确时限要求项目的稽察。组织派出两个批次各51个稽察组，对2014年和2015年农村饮水安全项目开展稽察督查，督促各地切实落实责任，全面完成农村饮水安全规划建设任务；对中小河流治理和小型病险水库除险加固项目开展稽察督查，督促各地加快建设进度，圆满完成“十二五”建设任务。三是突出对部党组高度关注建设领域的稽察。组织派出52个检查组，对有投资完成指标要求任务的2015年中央水利建设投资完成情况进行专项大检查，通过“查进度、查质量、查问题”和“核数据、挤水分、保实效”，督促各地提高填报数据准确性、真实性，推进工作建设进度。随后，又派出12个检查组对中央水利建设投资完成情况进行重点督查，确保完成年度建设目标。

（2）地方稽察。地方自主稽察工作在不断探索中逐步完善，稽察体制机制不断完善，方式方法不断优化。据统计，2015年地方共组织派出258个批次、535个稽察组，稽察项目2 096个，与2014年稽察规模相当，稽察工作稳中有进，工作水平、稽察质量不断提升。各地共落实稽察经费2 474.53万元，其中浙江、广东、江西、山西、重庆、湖北、湖南、福建、四川、贵州等10个省（直辖市）稽察经费超过100万元。

2. 稽察队伍建设与业务指导培训　加强稽察队伍建设，夯实水利稽察工作基础。一是加强稽察队伍建设。通过召开2015年水利稽察工作动员会和稽察工作座谈会，以会代培，对稽察人员进行了培训；对参加2015年稽察工作的41名特派员和234名专家工作情况进行了综合测评，同时，根据稽察工作需要，征集了一批新的水利稽察特派员和专家。二是开展业务培训。举办了2期水利稽察培训班，对来自7个流域机构、31个省（自治区、直辖市）、5个计划单列市及新疆生产建设兵团的220多名水利稽察专家开展了培训。同时选派了工作能力强、稽察工作经验丰富的稽察特派员和稽察专家，先后对珠委和太湖局、重庆、浙江、云南等地进行稽察业务培训和重点帮扶，提高了地方的稽察工作能力。2015年各省级水行政主管部门共培训稽察专家2 200余人次，大大提高了地方的稽察工作能力。三是加强实地指导帮助。部稽察办在稽察过程中，适时跟随稽察组深入工程现场，实地了解工程开展情况及存在的问题，听取工程有关单位对水利建设管理及对水利稽察的意见建议，会同稽察专家进行针对性的指导帮扶，切实帮助地方解决了实际问题。

3. 稽察整改　整改是保障稽察成效的重要环节。部稽察办在每批次稽察结束后，针对稽察发现的问题，采取多种措施，强化整改落实工作。一是及时印发整改意见，提出明确的整改要求和整改时限，2015年共下发整改意见200份。其中对问题突出项目，将整改意见通知抄送相关省级人民政府办公厅，特别是对农村饮水安全项目稽察督查和对中央水利建设投资完成情况大检查，水利部直接将稽察情况反馈相关省（自治区、直辖市）人民政府办公厅，督促地方落实主体责任。二是对每批次稽察发现的普遍性问题和突出问题，通过印发《水利稽察要情》等形式通报全国，以点代面，举一反三，带动一个地区、一类问题的全面解决，降低同类问题再次发生的概率，促进建设管理水平的整体提高。三是对存在严重问题的项目开展跟踪督办。对2014年农村饮水安全项目稽察督查中发现未开工的10个县（市、区），进行挂牌跟踪督办，直至整改完成。

4. 稽察制度建设　加强制度建设和基础能力建设，建立和完善稽察工作长效机制。一是加强稽察制度建设。先后印发了《水利部稽察人员廉洁履职责任须知》和《廉洁稽察八项规定》等规章制度，加强对稽察人员廉洁履职管理。编制了《水利行业廉政风险防控手册（安全监督管理分册）》稽察部分内容。二是做好稽察工作调研。赴江苏、浙江、湖北、福建等地开展实地调研，并邀请黑龙江、山西、云南等省稽察负责同志进行座谈交流，了解地方水利稽察开展情况，总结地方自主稽察特色、成效及存在的问题，为下一步指导地方水利稽察工作提供建议意见。三是开展稽察课题研究。组织对2014年稽察成果进行了统计分析研究。编写了《水利稽察成果统计分析报告》，系统梳理2014年稽察发现的问题，并提出针对性的意见建议，为下一步工作提供参考和指导。

（李智红　李鑫）

水利信息化

【行业管理】（1）水利部网络安全与信息化领导小组成立。水利部合并原信息化工作领导小组和网络与信息安全工作领导小组，成立水利部网络安全与信息化领导小组，陈雷部长担任组长，刘宁副部长任常务副组长，领导小组办公室设在水利部水利信息中心，进一步增强水利信息化工作的组织领导和统筹协调。

（2）全国水利信息化工作会议圆满召开。2015年9月23日，水利部信息办在湖北武汉组织召开了全国水利信息化工作会议。会议全面总结了水利信息化“十二五”期间在发展理念、发展状况、应用效果等3方面取得的扎实成效，系统分析了影响“十三五”水利信息化发展的服务中心工作、资源整合共享、水利网络与信息安全、信息新技术应用、建设与管理等5方面问题，明确提出了加强基础设施、信息资源、业务应用、网络与信息安全、信息化保障等五大体系建设的目标，确定了“统筹协调、融合创新、整合共享、安全发展”的基本原则，并部署了近期水利信息化重点任务。会议安排长江委、江苏、上海、浙江和湖北等单位分别就信息资源整合与共享、“十三五”信息化规划思路、重点信息化工程等方面进行了交流发言与成果展示；正式发布了“水利一张图”，开通了“水利信息化”微信公众号，并首次尝试了“无纸化”会议，通过“水利信息化”微信公众号进行议程通知、会议签到、材料发放等，受到与会代表一致好评。

（3）信息资源整合共享取得突破。以水利部文印发《水利信息化资源整合共享顶层设计》，部署省级以上水利部门开展水利信息化资源整合共享实施方案编制。“水利一张图”于2015年9月正式发布，包括国家基础地理、水利基础空间、水利业务专题和水利遥感等基础数据及应用，有效提升水利业务应用服务水平。“国家测绘地理信息局、水利部地理信息共享合作框架协议”于2015年10月正式签署，为“水利一张图”信息实时更新提供制度保障。整合水利部机关已有资源，初步建成了基础设施云、水利门户、安全设施等共享资源，部署了水利规划计划直报等多套应用系统，实现了集约化管理。数据资源开发应用取得成果，利用水利普查数据和高分辨率遥感影像，提供信息共享和数据服务，为172项重大水利工程建设、水旱灾害监测、水资源监测评价、水土保持监测评价、西部测湖等业务提供有力的数据支撑。长江委和江苏省整合共享工作取得了积极成效。

（4）水利网络与信息安全工作开创新局面。建立常态化的网络安全监督检查机制，完成水利部机关及直属单位网络安全自查及现场抽查，开展行业重要门户网站的安全监测；完成国家级重要信息系统和重点网站自查和公安机关的执法检查；完成7个流域机构等级保护改造；启动水利网络安全顶层设计；进一步推进国产密码应用和软件正版化国产化工作。

（5）信息新技术应用成果显著。由河海大学和水利部水利信息中心等完成的“海量数据驱动的水文多要素监测预报关键技术与应用”获国家科技进步二等奖；多项新技术成果获2015年大禹水利科学技术奖，由武汉大学和水利部水利信息中心完成的“水利应急响应遥感智能服务平台”获一等奖，由北京市水务信息管理中心等完成的“城市水资源精细化动态管理方法及立体监测技术研究与示范”和山东省水利信息中心完成的“基于云计算的水利物联网集成在山东的应用研究”获二等奖，由江苏省水文水资源勘测局等完成的“水文自动测报系统集成整合关键技术研究与应用”获三等奖。

（6）水利信息化宣传交流全面加强。完成2014年水利信息化发展状况调查，完成《2014年水利信息化发展报告》的编制出版发行工作。完成4期《水利信息化工作简报》的编撰发行工作。指导完成6期《水利信息化》杂志正常出版，及时通报水利信息化工作进展和取得成果，交流水利信息化工作经验。

（7）水利门户网站连获殊荣。水利部网站在2015年中国政府网站绩效评估中，位居部委网站第四名，并荣获政府透明度领先奖，全国水雨情专栏被评为“2015年政府网站信息公开精品栏目”，网上答题专栏被评为“2015年政府网站政民互动精品栏目”；安徽水利厅网站获安徽省优秀政府网站奖；水利政府网站普查全面深入开展，普查的40个水利网站全部合格。

（8）水利信息系统运行维护保障达到新水平。水利部水利信息中心保障了国家防汛抗旱指挥系统、异地会商视频会议系统、水利信息网络、水利通信系统、水利电子政务系统、水利部网站等的正常运行。完成通信方面检查300多次，受理业务1 000多次，咨询20 000多次，确保水利通信专网的正常运行。全年共处理计算机网络维护事项7 021件，维护邮箱2 430个，完成内外网计算机安全检查1 312台，短信平台共发送短信483.7万条。完成水利部异地会商视频会议系统高清改造，全年共保障本地会议161次，全国异地视频会议34次，约8.7万人次参加异地会议。

（9）水利应急通信保障进一步加强。水利部水利信息中心组织开展了《水利部应急通信保障预案》编制工作，从制度上增强水利应急通信保障能力；组织举办了水利应急通信技术培训班，取得良好效果；新一代水利卫星通信网规模已达610个小站，在偏远地区信息采集、应急抢险通信中发挥重要作用。“流域偏远水文站信息传输卫星通信小站建设”项目得到批复并建设实施，拟在有关流域偏远水文站建设120多个卫星站，提高其应急通信保障水平。组织和配合完成了长江委、黄委、海委及部分省（自治区、直辖市）防汛部门开展的协同应急通信演练工作。

（10）流域和地方信息化管理取得成效。《长江委信息化顶层设计》印发，统筹规划长江委信息化建设，明确建设管理模式，整体、有序推进长江委信息化发展；《黄委信息化建设管理办法》颁布，进一步加强和规范黄委信息化建设；山东省整合建成全省统一的水利门户网站群，实现政务信息共享，建成水利市场信用信息、建设项目公开和工程交易三大平台，实现建设项目一体化监管。（黄藏青）

【项目建设】（1）国家防汛抗旱指挥系统二期工程建设持续推进。为确保项目有序进行和实现互联互通、信息共享，项目加大了工程建设管理力度，强化组织协调，编印各类技术文件和规程规范，项目招投标和合同签订工作顺畅，各单项工程实施进展顺利。

（2）国家水资源监控能力建设一期工程即将完成。项目基本完成三大监控体系和三级信息平台主要建设任务，水利部本级和流域机构建设任务全部完成，即将进行终验，省级项目建设任务完成率约为90%，21个省级项目通过技术评估，该工程成为最严格水资源管理制度的重要支撑平台。

（3）全国农村水利信息化进一步深化。围绕农村水利重点工作开发了“管理与改革模块”，强化对基层水利服务机构、农民用水合作组织和灌溉试验站等信息管理，并定期通报各省（自治区、直辖市）管理信息系统使用情况和考核结果；进一步推动东北四省（自治区）节水增粮行动管理信息系统的深化应用和建设完善；完成了农村饮水安全管理相关系统的升级改造。

（4）水利电子政务系统建设积极推进。水利部行政审批受理中心组建，负责水利部行政审批事项的接收、监控和反馈，行政审批系统的建设和运行管理等，截至2015年12月底完成受理1 429项，办结满意率100%，实现网上预受理预审查，行政审批效能和群众满意度大大提高。组织完成了水利政务内网园区网扩展改造及应用系统完善、水利部水利政务内网及流域园区网加密系统普通密码设备换装、国际合作与科技业务管理信息系统、水利信访系统升级改造等项目；淮委政务内网多园区联网投入运行。

（5）水利财务管理系统正式运行。全面完成系统开发和建设，2015年8月1日已进入全面试运行，并于2016年1月1日正式投入运行。系统采用大集中建设方案，面向水利部5级预算单位，功能覆盖水利财务管理全部业务，实现水利财务工作各领域和各类水利财政性资金的集中统一管理。

（6）水利高分遥感业务应用示范系统（一期）深入应用。完成16项关键技术研究、28项软件模块研发和25种专题产品研制工作，3个业务子系统开发项目通过了验收，并在科研单位进行了安装部署和应用，项目通过了高分办组织的第二次中期检查，其成果已在水资源监测评价和管理业务、水旱灾害监测业务、水土保持监测和评价业务中得到应用，有效保障了2013年黑龙江大洪水、2014年鲁甸红石岩堰塞湖的应急监测。

（7）水利安全生产信息上报系统投入使用。截至2015年12月21日，注册用户达到71 843名，最高同时在线用户达到4 235名，全年系统访问次数达到250万次，系统涉及全国61 131家水利企事业单位、387 075座规模以上水利工程，全年录入了59 898条隐患信息，为“四不两直”安全检查新模式提供了技术支撑，促进了水利基础信息上报和安全生产隐患排查治理工作。（黄藏青）

【前期和标准工作】 （1）《全国水利信息化发展“十三五”规划》通过审查。该规划作为《全国水利发展“十三五”规划》的专项规划之一，目前已通过水利部审查。完成拟纳入《“十三五”国家政务信息化工程建设规划》项目梳理。按照国家发展改革委的要求，对水利部拟纳入《“十三五”国家政务信息化工程建设规划》的项目进行了梳理，形成项目建议并上报。

（2）信息化标准体系基本形成。水利部明确部水利信息中心为水利信息化技术标准归口管理部门，进一步强化信息化标准的统一管理。按照“统一性、基础性、适用性、完整性、稳定性、可操作性”的原则，初步形成具有72项标准的水利信息化标准体系，并将其中16项急需的基础性信息化标准纳入水利技术标准体系。先后出台《水利空间要素图式与表达规范》（SL 730—2015）、《水利空间要素数据字典》（SL 729—2016）、《水资源监控管理系统建设技术导则》（SL/Z 349—2015）、《水利固定资产分类与代码》（SL 731—2015）等标准。

（3）项目前期工作积极推进。组织开展国家水资源监控能力建设（二期）、安全生产监管信息化工程、水利部政务内网接入国家政务内网项目等多个项目前期工作。完成水利部行政审批监管平台和水利部水信息基础平台项目立项。（黄藏青）

建　设　管　理

Construction Administration

规划勘测设计

【水利前期工作计划及进展】 2015年度，中央安排水利前期工作投资计划4亿元，共安排58个项目，其中水利规划1.26亿元，项目前期工作1.23亿元，专题研究0.23亿元，基础工作1.28亿元。

2015年，《全国水土保持规划（2015—2030年）》由国务院批复，《全国地下水利用与保护规划》已上报国务院。《山西省汾河水库国家水利风景区总体规划》《水利支撑福建加快发展工作方案》《全国水情教育规划》《长江流域片管理水利综合监测站网规划》《重庆市五大功能区水利发展战略规划》《青海湖流域水资源综合规划》《无定河流域综合规划》《小浪底北岸灌区工程规划》《南运河综合治理规划》《窟野河流域综合规划》等23项规划经水利部批复。

完成了《全国水利发展“十三五”规划》；为推动京津冀协同发展编制了《京津冀协同发展水利专项规划》《京津冀多水源多渠道保障体系总体方案》《京津冀协同发展“六河”“五湖”综合消费治理与生态保护实施方案》；在推动长江经济发展战略方面印发了《长江经济带发展水利专项规划》《长江经济带沿江取水口、排污口和应急水源布局规划》《长江岸线开发利用和保护总体规划》；在推动“一带一路”战略方面完成了《水利部贯彻落实〈丝绸之路经济带和21世纪海上丝绸之路建设战略规划〉实施方案 》。

《全国水中长期供求规划》上报国家发展改革委（简称国家发改委），《全国水资源保护规划》完成审查，《全国水情教育规划》已印发，完成并印发实施《农业环境突出问题地表水过度开发和地下水超采治理专项规划》；雅砻江、南盘江、蓟运河、诺敏河等20余项流域综合规划通过水利部水利水电规划设计总院（简称水规总院）审查，印发了南运河综合治理规划，无定河、窟野河流域综合规划，以及青海湖流域、青海省三江源区、经碱淖流域水资源综合规划等6项规划审查意见。

《黄河下游河道与滩区治理》《长江上游控制性水库调度方案》等专题研究工作已基本完成；开展了《新形势下滙江蓄滞洪区启动条件与运用方案》《我国山区现代灌溉发展模式与建设标准》《水生态红线控制指标体系研究》等重点专题研究。

大藤峡水利枢纽工程、松花江干流治理工程、嫩江干流治理工程、吉林省月亮泡蓄滞洪区防洪工程及安全建设项目、黄河下游防洪工程等5项初步设计已批复。黑龙江省胖头泡蓄滞洪区建设工程、黄河干流宁夏段二期防洪治理工程、黄河干流甘肃段防洪治理工程、黄河干流青海段防洪工程、黄河干流内蒙古段二期防洪工程等5项可行性研究已经国家发改委批复。进一步治理淮河38项工程中，淮河出山店水库、淮干蚌埠—浮山段行洪区调整和建设等14项工程已开工建设；河南、安徽、江苏淮河行蓄洪区和淮河干流滩区居民迁建等3项工程已由相关省政府批复规划；淮河干流正阳关—峡山口段行洪区调整和建设等3项可行性研究已经国家发改委评估，淮河入海水道二期等4项可行性研究报告审查意见已报送国家发改委。

太湖流域水环境综合治理21项工程中，望亭水利枢纽更新改造工程、太浦闸除险加固工程等8项工程已建成或基本建成；新沟河延伸拓浚工程、太嘉河工程、新孟河延伸拓浚工程等7项工程已开工建设；太湖流域水资源监控与保护预警系统可行性研究已批复，正在编制初步设计报告；望虞河西岸控制工程可行性研究报告审查意见已报送国家发改委；太浦河后续（清水走廊）工程、吴淞江行洪工程、望虞河拓宽工程、环太湖大堤后续工程等4项工程正在编制可行性研究报告。

湖南省麻塘垸堤防加固工程、洞庭湖区钱粮湖共双茶大通湖东三垸蓄洪工程安全建设一期工程等6项工程已批复实施；湖北省恩施州沅江西水干流重点河段防洪治理工程可行性研究报告、湖北省澧水支流溇水鹤峰段近期防洪治理工程初步设计报告、湖北省洞庭湖区四河堤防加固工程初步设计报告已由湖北省发展改革委审批；湖南省湘、资、沅、澧四水重要河段治理工程可行性研究报告已由湖南省发展改革委审批；洞庭湖区钱粮湖、共双茶、大通湖东垸蓄洪工程分洪闸工程可行性研究报告已经国家发改委批复，初步设计报告已由湖南省发展改革委组织审查；洞庭湖区河湖疏浚近期工程可行性研究报告已报国家发改委；洞庭湖区围堤湖、澧南、西官垸安全建设及民主、城西垸安全建设试点工程等5垸可行性研究报告已报水利部。

江西省五河重点段防洪应急整治工程已完工；江西省鄱阳湖蓄滞洪区安全建设工程可行性研究报告已报送国家发改委；江西省五河治理防洪工程可行性研究报告已报江西省发展改革委；鄱阳湖水利枢纽可行性研究报告正在编制；江西省鄱阳湖五河尾闾疏浚工程可行性研究报告正在修编；鄱阳湖区单退圩堤加固整治规划报告已经水规总院审查。

《全国中小河流治理和病险水库加固、山洪地质灾害防御和综合治理总体规划》中的244条流域面积3 000km^{2}以上中小河流治理项目中，水规总院和各流域机构完成了惠济河、新洋港、雅鲁河、大洋河、清涧河、秃尾河、新疆玛纳斯河等19项工程可行性研究技术审查，并提出了审查意见。

根据《南水北调工程前期工作近期工作方案》安排，继续开展南水北调东中线后续工程规划编制等相关工作，推动南水北调西线一期工程的前期论证工作。

（高音）

【技术审查项目】 2015年，水规总院完成的主要审查并提出技术审查意见的项目如下。

1. 长江流域

（1）规划。共5项，分别是长江中下游干流河道治理规划报告、云南省临沧市耿马灌区工程规划报告、云南省陇川县麻栗坝灌区工程规划报告、长江宜宾以下干流岸线利用管理规划报告、长江经济带沿江取水口排污口和应急水源布局规划。

（2）项目建议书。共4项，分别是安徽省港口湾水库灌区工程、宜春市温汤河四方井水利枢纽工程、湖北碾盘山水利水电枢纽工程、安徽省牛岭水库工程项目建议书。

（3）可行性研究。共19项，分别是黄盖湖防洪治理工程、长江镇扬河段三期整治工程、湖北省荆江分洪区近期重点项目建设、湖北省杜家台分蓄洪区蓄滞洪工程和安全建设、西藏自治区拉萨市拉萨河（城区段）河道护岸工程、重庆市长江干流防洪护岸综合整治工程（二期）、西藏阿里地区狮泉河重点河段治理工程、长江马鞍山河段二期整治工程、澜沧江河道治理工程（西藏）、西藏阿里地区狮泉河流域治理工程、湖北省鄂北地区水资源配置工程、四川省蓬溪船山灌区工程、四川省达州市土溪口水库工程、四川省巴中市黄石盘水库、滇中引水工程、四川省李家岩水库工程、湖北碾盘山水利水电枢纽工程可行性研究报告，湖南省洞庭湖区围堤湖、澧南、西官垸安全建设及民主、城西垸安全建设试点工程可行性研究报告和西藏那曲、昌都地区怒江流域河道整治工程可行性研究报告。

（4）初步设计。共7项，分别是洞庭湖区钱粮湖、共双茶、大通湖东垸三垸蓄洪工程安全建设一期工程、贵州省夹岩水利枢纽及黔西北供水工程、陕西省引汉济渭工程、安徽省安庆市下浒山水库工程、湖南省宜章县莽山水库工程、重庆市观景口水利枢纽工程、湖北省鄂北地区水资源配置工程初步设计报告。

2. 黄河流域

（1）规划。共6项，分别是小浪底南岸灌区工程规划、河南省赵口引黄灌区二期工程规划、新疆生产建设兵团重点中小型水源建设规划、窟野河流域综合规划、无定河流域综合规划、汾河流域生态修复规划（2015—2030年）。

（2）项目建议书。1项，即青海省海西蒙古族藏族自治州那棱格勒河水利枢纽工程项目建议书。

（3）可行性研究。共9项，分别是黄河下游防洪工程可行性研究报告、黄河内蒙古段二期防洪工程可行性研究报告、黄河东平湖蓄滞洪区防洪工程建设可行性研究报告、河南黄河渠村分洪闸除险加固工程可行性研究报告、新疆车尔臣河大石门水利枢纽工程可行性研究报告、黑河黄藏寺水利枢纽工程可行性研究报告、甘肃省武威市民勤县红崖山水库加高扩建工程可行性研究报告、青海省湟水北干渠扶贫灌溉二期工程可行性研究报告、青海省引大济湟西干渠工程可行性研究报告。

（4）初步设计。共7项，分别是金堤河干流河道治理工程（黄委管辖工程）、黄河下游防洪工程、新疆叶尔羌河阿尔塔什水利枢纽工程、甘肃省引洮供水二期工程、引黄入冀补淀工程、青海省巴音河蓄集峡水利枢纽工程、新疆车尔臣河大石门水利枢纽工程初步设计报告。

3. 淮河流域

（1）可行性研究。共4项，分别是河南省淮河流域滞洪区建设可行性研究报告、淮河入海水道二期工程可行性研究报告、河南省前坪水库工程可行性研究报告、引江济淮工程可行性研究报告。

（2）初步设计。共4项，分别是安徽省淮河流域西淝河等沿淮洼地治理应急工程、河南省淮河出山店水库工程、河南省前坪水库工程、山东省庄里水库工程初步设计报告。

4. 海河流域

（1）项目建议书。1项，即河北省张家口市乌拉哈达水库工程项目建议书。

（2）可行性研究。共3项，分别是海河流域蓄滞洪区通信预警系统可行性研究报告、恩县洼滞洪区建设工程可行性研究报告、贾口洼蓄滞洪区（河北部分）工程与安全建设可行性研究报告。

5. 珠江流域

（1）规划。共2项，分别是广西桂西北治旱百色水库灌区规划、深圳湾综合治理规划报告。

（2）项目建议书。1项，即海南省南渡江迈湾水利枢纽工程项目建议书。

（3）可行性研究。共9项，分别是广西主要支流桂江治理工程、广西主要支流黔浔江治理工程、广西桂中治旱乐滩水库引水灌区二期工程、云南省文山壮族苗族自治州德厚水库工程、海南省海口市南渡江引水工程、广东省韩江高陂水利枢纽工程、贵州省兴义市马岭水利枢纽工程、云南省曲靖市阿岗水库工程、贵州省黄家湾水利枢纽工程可行性研究报告。

（4）初步设计。共7项，分别是大藤峡水利枢纽工程、湖南省宜章县莽山水库工程、海南省海口市南渡江引水工程、广东省韩江高陂水利枢纽工程、云南省文山壮族苗族自治州德厚水库工程、广西落久水利枢纽工程、贵州省兴义市马岭水利枢纽工程初步设计报告。

6. 松辽流域

（1）规划。共2项，分别是吉林省西部地区雨洪资源综合利用河湖连通供水工程规划报告、洮河流域综合规划。

（2）项目建议书。共2项，分别是黑龙江省鹤岗市关门嘴子水库工程、西部地区雨洪资源综合利用河湖连通供水工程项目建议书。

（3）可行性研究。共11项，分别是内蒙古嫩江流域阿伦河治理工程、内蒙古嫩江流域诺敏河（含格尼河）防洪治理工程、吉林省饮马河重点段治理工程、吉林省东辽河重点段治理工程、内蒙古嫩江流域甘河治理工程、内蒙古辽河流域老哈河（含英金河重点治理段）治理工程、内蒙古嫩江流域音河治理工程、吉林省浑江干流重点段治理工程、黑龙江省诺敏河阁山水库工程、引绰济辽工程可行性研究报告和内蒙古额尔古纳河流域根河、激流河、哈拉哈河河道治理工程可行性研究报告。

（4）初步设计。共9项，分别是黑龙江省松花江干流治理工程、吉林省松花江干流治理工程、吉林省嫩江干流治理工程、黑龙江省嫩江干流治理工程、嫩江干流内蒙古自治区段治理工程、察尔森水库除险加固工程、辽宁省绥中猴山水库工程、黑龙江省诺敏河阁山水库工程、吉林省月亮泡蓄滞洪区防洪工程及安全建设项目初步设计报告。

7. 太湖流域

（1）项目建议书。1项，即福建省泉州白濑水利枢纽工程项目建议书。

（2）可行性研究。共2项，分别是东太湖综合整治后续工程可行性研究报告、安徽省黄山市月潭水库可行性研究报告。（高音）

【水利规划与战略研究】

1.《全国水土保持规划（2015—2030年）》 2015年10月，经李克强总理签批，国务院正式批复同意《全国水土保持规划（2015—2030年）》（简称《水保规划》），这是我国水土流失防治进程中的一个重要里程碑。这部规划是我国首部获得批复的国家级水土保持规划，是今后一个时期我国水土保持工作的发展蓝图和重要依据，也是贯彻落实国家生态文明建设总体要求的行动指南。

《水保规划》编制和技术总负责单位为水规总院，编制工作历时4年，分为区划、规划和审查报批3个阶段。先后召开了4次《水保规划》编制领导小组会议，专门听取阶段成果汇报，解决规划编制中的重大关键问题。开展了多项专题规划，经过深入调查研究、反复论证咨询、专家组严格把关，2014年5月，规划报告通过水利部组织的专家审查，并在广泛征求吸纳中央和国务院相关部门以及公众的意见后，最终形成规划成果报请国务院批复。

《水保规划》要求，全国水土流失防治工作要树立尊重自然、顺应自然、保护自然的生态文明理念，坚持预防为主、保护优先，全面规划、因地制宜，注重自然恢复，突出综合治理，强化监督管理，创新体制机制，充分发挥水土保持的生态、经济和社会效益，实现水土资源可持续利用，为保护和改善生态环境、加快生态文明建设、推动经济社会持续健康发展提供重要支撑。

《水保规划》明确，用15年左右的时间，建成与我国经济社会发展相适应的水土流失综合防治体系，实现全面预防保护，林草植被得到全面保护与恢复，重点防治地区的水土流失得到全面治理。预计到2020年，全国新增水土流失治理面积32万km^2，年均减少土壤流失量8亿t；到2030年，全国新增水土流失治理面积94万km^2，年均减少土壤流失量15亿t。

《水保规划》综合分析了我国水土流失防治现状和趋势，以全国水土保持区划为基础，以保护和合理利用水土资源为主线，以国家主体功能区规划为重要依据，提出了全国水土保持工作的总体布局和主要任务：一是全面实施预防保护，促进自然修复，扩大保护林草植被覆盖，强化生产建设活动和项目水土保持管理，全面预防水土流失，重点突出重要水源地、重要江河源头区、水蚀风蚀交错区水土流失预防。二是在水土流失地区，开展以小流域为单元的山水田林路综合治理，加强坡耕地、侵蚀沟及崩岗的综合整治，重点突出西北黄土高原区、东北黑土区、西南岩溶区等水土流失相对严重地区，坡耕地相对集中区域，以及侵蚀沟相对密集区域的水土流失治理。三是建立健全综合监管体系，强化水土保持监督管理，完善水土保持监测体系，推进信息化建设，建立和完善社会化服务体系。

《水保规划》从加强组织领导、健全法规体系、加大投入力度、创新体制机制、依靠科技进步、强化宣传教育等6个方面，提出了规划实施的保障措施。

（张超）

2. 京津冀协同发展水利专项规划 京津冀协同发展国家战略提出后，按照国家统一部署和要求，在水利部的组织下，水规总院作为技术总负责单位，会同海河水利委员会等有关部门，开展了《京津冀协同发展水利专项规划》（简称《协同发展规划》）编制工作。《协同发展规划》以问题为导向，在实地调查研究和充分听取京津冀3省（直辖市）和有关部门意见的基础上，统筹国土空间布局与功能分区，强化水资源环境的刚性约束；统筹京津冀三地水资源调配，构建一体化的水资源配置格局；统筹山水林田湖，加强水资源保护与河流、湖泊、湿地等的系统治理；创新水利管理机制体制，充分发挥市场对水资源配置和水利建设的重要作用；科学制定了2020年和2030年京津冀水利建设目标与控制性指标，提出了节约用水与水资源配置、水资源保护与水生态修复、防洪排涝减灾体系建设、水利管理体制改革与机制创新等水利发展改革的主要任务。

《协同发展规划》的编制，对充分发挥水利在京津冀协同发展中的约束引导与支撑保障作用，着力破解水资源瓶颈制约，切实提高区域水安全保障程度具有重要意义。（孙素艳）

3. 全国水中长期供求规划 为积极应对我国水供求面临的新形势、新问题和新挑战，依据《中华人民共和国水法》，2011 年 9 月开始，水利部在全国范围内组织了《全国水中长期供求规划》（简称《水中长期规划》）编制工作。《水中长期规划》在全国水中长期供求规划编制工作领导小组的领导下，由领导小组办公室组织协调，水规总院为技术总负责单位，会同水利部各流域机构和各省（自治区、直辖市）有关部门，以及有关科研和规划设计单位的协作而共同完成。《水中长期规划》在深入分析改革开放以来我国水供求状况演变及面临形势的基础上，按照新时期治水方针，研究提出了我国中长期水供求关系调控的总体思路、规划目标与战略布局，制定了重点流域、区域水资源调配与供求保障方案，规划了一批打基础、管长远、惠民生的节水供水重大工程，提出了科学调控水供求关系、保障供水安全和生态安全的制度政策建议。《水中长期规划》于 2015 年 7 月通过了水利部组织的审查，经修改完善后报送国家发改委。

《水中长期规划》的实施对促进我国人口、经济、资源、生态环境相均衡，建成水资源合理配置和高效利用体系，全面提升水资源对经济社会发展和生态文明建设的保障与支撑能力，提高应对气候变化和突发水安全事件的能力具有重要作用。（孙素艳）

4. 全国水利发展“十三五”规划 2015 年，全国水利发展“十三五”规划编制组完成了 8 个重大专题和 15 个重点领域专项规划编制工作。研究提出了“十三五”水利发展目标指标体系，完成指标详细测算。2015 年 8 月，在对各省（自治区、直辖市）和流域机构申报的重点项目进行筛选审核、汇总平衡的基础上，提出重大水利项目安排意见和“十三五”重点项目库。结合专题研究和专项规划成果，提出了《全国水利发展“十三五”规划》报告初稿，并向中央建议起草组报送建议纳入《中共中央关于制定国民经济和社会发展第十三个五年规划的建议》和《国民经济和社会发展第十三个五年规划纲要》（简称《纲要》）的重点水利内容。

2015 年年底，水利部加强与国家发改委有关司局的沟通协调，征求水利部有关司局和单位、各流域机构和省（自治区、直辖市）意见，并结合《纲要》编制情况，对全国水利发展“十三五”规划报告进一步进行了修改完善。此外，还形成了西部大开发水利发展“十三五”规划、全国“十三五”大中型水库建设实施方案等重要成果。

5. 水生态文明建设研究 2015 年，水规总院编制完成了由国家发改委牵头编制的《河湖休养生息专项规划》、水利“十三五”专项规划的《全国城乡水生态文明建设“十三五”规划》，以及国家安全委员会办公室《国家生态安全政策研究》、水利部重大课题《水生态文明建设战略研究》、水利“十三五”规划重大专题《生态文明建设进程中河湖生态保护与修复重点研究》等重要规划和战略研究工作，编制了《河湖连通工程技术指南》等技术标准，完成了《贵阳水生态文明建设规划》等地方水生态文明有关规划的编制。（康立芸）

【重点工程审查】

1.《长江中下游干流河道治理规划》审查 长江中下游干流河道上起宜昌，下迄长江河口，河道全长 1 893km，流经湖北、湖南、江西、安徽、江苏、上海等 6 省（直辖市）。沿江地区经济社会的快速发展，对防洪安全、河势稳定、航道通畅、岸线利用、水生态安全及用水安全等也提出了更高的要求。为满足新的水沙条件下稳定河势的需要，巩固长江中下游河道多年来的治理成果，进一步指导长江中下游河道治理，促进沿江经济社会快速发展，修编长江中下游干流河道治理规划是必要的。

长江中下游干流河道治理规划的任务为：控制和改善河势，保障防洪安全，促进航运发展，规划范围为宜昌至河口干流河段，河道长度 1 893km。河势控制规划总体思路以稳定现有河势为主，对河势处于调整过程中的局部河段因势利导地采取工程措施，控制其发展方向。

水规总院在北京两次召开会议，对长江水利委员会以长规计〔2013〕227 号文上报水利部的《长江中下游干流河道治理规划》进行了审查和复审，并于 2015 年 5 月以水总规〔2015〕614 号文将审查意见报送水利部。

审查意见对下阶段工作提出了建议：规划实施时应结合河势演变的实际情况，进一步分析河道治理与防洪、航运、供水、水生态安全等方面的关系，对各河段规划治理方案的各项工程措施进行分析论证，对治理方案进行深入比选和优化调整。（杨丽英）

2.《洮河流域综合规划》审查 洮河是黄河上游的一级支流，地跨青海、甘肃两省，流域面积 2.6 万 km^2，干流全长 673km，流域多年平均水资源总量 48 亿 m^3。洮河流域位于我国生态安全战略格局的青藏高原和黄土高原—川滇两生态屏障之间，生态环境敏感且较脆弱，经济社会发展水平总体较低。随着经济社会的发展，流域内外对洮河水资源的开发利用需求日益迫切，水资源供需矛盾凸显，局部地区尚存在防洪安全隐患，流域水能资源无序开发、水土流失、水污染加剧等问题日益显现。

洮河流域治理开发与保护的主要任务为提高流域防洪能力、合理进行水资源开发利用、加大流域水生态保护和水土流失防治力度、加强水资源保护、提高流域综合管理能力等。在南水北调西线一期工程生效前，流域内、流域外配置水量分别为2.5亿m^3和5.14亿m^3；西线工程生效后，流域内、流域外配置水量分别为3.98亿m^3和5.51亿m^3。通过构建以堤防、护岸工程为主防洪工程体系，使县城防洪标准达到20年一遇，乡镇防洪标准达到10年一遇。水资源和水生态保护规划重点为强化下游城镇污水处理厂提标改造和排污口布局优化。规划实施时应进一步研究中游段河流连通性恢复措施。

2015年12月，水规总院在北京召开会议，对黄河水利委员会上报水利部的《洮河流域综合规划》进行了复审，并于2015年12月以水总规〔2015〕1647号文将审查意见报送水利部。 （杨丽英）

3.《黄河下游防洪工程初步设计报告》审查 黄河下游目前存在的问题是：下游河道仍然会淤积抬高，地上悬河的不利局面将会长期存在；小浪底—花园口无控区间洪水对下游防洪安全仍然威胁较大；下游堤防仍有部分堤段堤身质量差，堤身堤基隐患多；河道整治工程尚不完善，险工及控导工程改建加固任务依然繁重；防洪非工程措施和工程管理尚需进一步完善等。为保障黄河下游两岸人民生命财产的安全，进一步完善黄河防洪体系，继续对黄河下游进行防洪工程建设是必要的。

本工程治理范围是：黄河干流河南省孟津县白鹤至山东省垦利县渔洼，包括黄河下游干流及西霞院水库以下的中游河道，治理河段长820km。工程建设任务和目标是：在现有防洪工程的基础上，按照黄河右岸孟津堤段防洪标准为50年一遇，左岸孟县堤段防洪标准为25年一遇，防御花园口22 000m^3/s洪水设防的要求，通过本期工程建设，到2020年全面完成黄河下游堤防加固任务，基本解决标准内洪水堤防“溃决”问题。主要建设内容包括加固堤防工程242km、建设堤顶防汛路801km、改建加固险工25处、新续建控导工程35处等。实施时应根据工程实际情况和存在问题，复核、优化工程规模和布置。

2015年9月，水规总院在北京召开会议，对黄河水利委员会上报水利部的《黄河下游防洪工程初步设计报告》（黄规计〔2015〕380号）进行了审查，并于2015年9月以水总规〔2015〕1161号文将审查意见报送水利部。 （杨丽英）

4.《重庆市长江干流防洪护岸综合整治工程（二期）可行性研究报告》审查 长江在重庆江津石蟆镇进入重庆境内，由西向东流经江津等18个区（县），在巫山县培石镇出境。市境内干流河长665km，流域面积8.2万km^2。历史上长江重庆段洪水频繁，经近年来的防洪工程建设，沿江地区防洪能力显著增强，但随着重庆市经济社会的快速发展以及城镇化进程的加快，特别是沿江经济带战略的实施，对防洪工程建设提出了更高要求。

本工程治理范围为上游起于永川区朱沱镇，下游止于涪陵区蔺市场镇，治理河道长77km。大渡口区、南岸区、长寿区段工程及巴南区佛耳岩河段工程的防洪标准采用50年一遇，其他区段的防洪标准为20年一遇，护岸工程的设计标准按设计洪水位加0.5m超高。建设规模为整治岸线77km，新建防护工程长72km、排洪建筑物61座，治理滑坡3处。初步设计阶段应根据河道地形、地质条件，岸坡坍塌情况，对工程治理规模进一步复核和优化。

水规总院在北京召开会议，对重庆市水利局上报水利部的《重庆市长江干流防洪护岸综合整治工程（二期）可行性研究报告》进行了审查和复审，并于2015年6月以水总规〔2015〕806号文将审查意见报送水利部。 （杨丽英）

5.《淮河入海水道二期工程可行性研究报告》审查 淮河入海水道位于江苏省淮安市、盐城市境内，至滨海县扁担港注入黄海，全长162km。淮河入海水道一期工程2006年10月全面建成，工程设计排洪流量2 270m^3/s。二期工程是淮河流域防洪体系的重要组成部分，是扩大淮河下游泄洪能力、提高洪泽湖及其下游防洪保护区防洪标准的关键性工程，入海水道二期工程建成后可使洪泽湖防洪标准由100年一遇提高到300年一遇，有效降低洪泽湖100年一遇洪水位，减少洪泽湖周边滞洪区进洪概率，加快淮河干流中等洪水下泄，减轻淮河干流防洪除涝压力。

本工程项目是在淮河入海水道一期工程的基础上，通过全线扩挖入海水道深槽、扩建入海水道各枢纽泄洪建筑物、加高加固入海水道南北堤防，联合入江水道、分淮入沂、苏北灌溉总渠等工程，使洪泽湖防洪标准达到300年一遇，有效降低洪泽湖100年一遇洪水位。工程建设范围西起洪泽湖二河闸，东至滨海县扁担港，河道全长162km。工程总体布局为在现状工程的基础上，按行洪7 000m^3/s扩挖入海水道泓道，加高加固入海水道南、北堤防，扩建二河、淮安、滨海、海口等枢纽建筑物以及影响处理工程等。

水规总院在北京召开会议，对水利部淮河水利委员会上报水利部的《淮河入海水道二期工程可行性研究报告》进行了预审和审查，并于2015年3月以水总规〔2015〕673号文将审查意见报送水利部。

（杨丽英）

6.《吉林省松花江干流治理工程初步设计报告》审查 松花江北源嫩江发源于大兴安岭伊勒呼里山南，南源第二松花江发源于长白山天池，两江在三岔河口汇合后称松花江干流。干流由西南向东北流至黑龙江省同江市汇入黑龙江，全长939km。第二松花江流域面积为7.34万km^2，干流河道长825km。松花江流域夏秋季雨量集中，经常发生洪涝灾害。随着国家对松花江干流防洪工程建设，基本形成以丰满、白山、尼尔基水利枢纽为骨干的堤库结合的防洪工程体系。经过多年运行，松花江部分堤防仍存在险工隐患、部分堤段渗水严重等问题。为提高流域防洪能力，保障区域人民生命财产安全和当地经济社会发展，因此实施松花江干流治理工程是必要的。

根据《松花江流域防洪规划》，第二松花江干流的防洪任务由干流堤防与丰满水库、白山水库共同承担，松花江干流吉林省段的防洪任务主要由干流堤防承担，并考虑上游水库的削峰作用。本工程治理范围为松花江干流三岔河口至拉林河口段（右岸吉林省侧），河道长126km；第二松花江干流丰满水库坝下至三岔河口段，河道长375km。防洪治理标准为松花江干流吉林省段50年一遇，第二松花江干流松原市城市段100年一遇，第二松花江干流其他保护区50年一遇。主要建设内容为加高培厚堤防37km，新建护坡106处、护岸46处、堤基防渗49km。实施时应进一步优化堤防护坡范围和型式，在保证工程安全的前提下，尽量采用与环境景观相结合的生态型护坡，根据工程区实际情况对工程方案和规模进行复核，必要时可进行适当调整。

2015年6月，水规总院在北京召开会议，对吉林省水利厅以吉水规计〔2015〕901号文上报水利部的《吉林省松花江干流治理工程初步设计报告》进行了审查，并于2015年7月以水总规〔2015〕943号文将审查意见报送水利部。（杨丽英）

7.《广西桂西北治旱百色水库灌区规划报告》审查　百色水利枢纽工程是以防洪为主，兼有发电、灌溉、航运、供水等综合利用水利枢纽工程，总库容56.6亿m^3，自2006年建成运行以来，由于配套灌区工程尚未实施，其灌溉效益未能发挥。兴建百色水库灌区工程，可合理配置当地水资源，有效发挥已建百色水库的灌溉效益，提高灌区农业综合生产能力，改善城镇供水水源条件，对推动革命老区经济社会发展、少数民族地区脱贫致富等具有重要意义，工程建设是必要的。

工程任务为：对百色水库灌区进行配套建设，有效发挥水库的灌溉、供水效益，并为区域脱贫致富创造条件。灌区设计灌溉面积为3.98万hm^2，规划水平年2030年枢纽向百色水库灌区多年平均供水量7 092万m^3，此外还向右江灌区补水3 422万m^3。初拟的工程总体布局为：灌区渠首从百色水库银屯副坝左岸取水，输水工程主要由总干、北干、南干、坛河分干和保群分干渠组成。总干渠首设计流量为8.50m^3/s。按2015年第二季度价格水平，匡算工程静态总投资为41.9亿元。

水规总院在北京召开会议，对广西壮族自治区水利厅以桂水规计〔2014〕41号文上报水利部的《广西桂西北治旱百色水库灌区规划报告》进行了审查，并于2015年8月以水总规〔2015〕1059号文将审查意见报送水利部。

审查意见对下阶段工作提出建议：进一步复核灌区设计规模及百色水库供水量在不同行业的配置结构；优化输水工程总体布局，复核灌区干支渠的设计流量。（李臻）

8.《吉林省西部地区雨洪资源综合利用河湖连通供水工程规划报告》审查　吉林省西部属我国北部半干旱气候区，多年平均径流深仅10～25mm左右。该区域地势平坦，现有大量的天然湖泡湿地，其中莫莫格、向海、查干湖和波罗泡是国家级自然保护区及国际重要湿地。20世纪70年代以来，受人类活动和气候变化的影响，湖泡不断干涸，湿地严重萎缩，草地逐步退化，土壤沙化、盐碱化加重，已威胁到区域的生态安全。为恢复湖泡湿地水源涵养空间，改善区域生态环境，综合利用该地区雨洪资源、实施河湖连通工程是必要的。

工程主要任务为：充分利用现有供水工程体系，在保障区域经济社会用水的基础上，通过实施雨洪资源综合利用河湖连通供水工程，合理调配和利用洪水等资源，向吉林省西部地区的重要湖泡、湿地供水，回补地下水，恢复和改善区域生态环境。工程规划供水范围为吉林省嫩江右岸、松花江左岸平原区，涉及吉林省白城市、松原市和长春市的10个县（市、区），总面积4.46万km^2。2030年规划区多年平均引洪水量为3.33亿m^3（取水口断面）。工程总体布局为：依托现有的引嫩入白供水、哈达山水利枢纽、引洮分洪入向、大安灌区、白沙滩灌区等已建或规划工程，利用松花江、嫩江、洮儿河、霍林河的洪水资源及灌溉回归水量对规划区内的203个（含已利用的7个）湿地、湖、泡、水库进行补水。按2014年第三季度价格水平，匡算工程静态总投资为56.1亿元。

水规总院在北京组织召开会议，对吉林省水利厅以吉水规计〔2013〕1637号文上报水利部的《吉林省西部地区河湖连通工程规划报告》进行了审查，并于2015年1月以水总规〔2015〕46号文将审查意见报送水利部。

审查意见对下阶段工作提出建议：进一步复核以水压碱碱地面积、地下水位控制等规划目标，并分析目标的可达性；结合引洪影响分析和环境影响评价，进一步分析霍林河引洪的可行性，复核引洪方案和可引洪水量；对不同布局方案进行技术经济比较，并分析农安县元宝洼泡等湖泡纳入补水范围的合理性。

（李臻）

9.《湖北省杜家台分蓄洪区蓄滞洪工程和安全建设工程可行性研究报告》审查　杜家台分蓄洪区位于湖北省江汉平原东部，是汉江下游和长江中游防洪体系的重要组成部分，其主要任务是分蓄汉江下游超额洪水，解决汉江上游洪量与下游河道安全泄量不相适应的矛盾。目前，杜家台分蓄洪区存在围堤不达标、穿堤建筑物病险多、安全建设标准低、通信设施落后等问题，不能满足及时启用分蓄洪区的需要。

工程建设任务是在现有工程基础上，通过杜家台分蓄洪区的工程建设和安全建设，为其安全和有效启用创造条件，保障流域防洪安全和杜家台分蓄洪区居民生命财产安全，完善汉江中下游及长江武汉附近区防洪工程体系。分蓄洪区总面积为613.98km^2，蓄洪水位为28.15m，分蓄洪区有效蓄洪容积为28.64亿m^3。杜家台分洪闸、分洪道设计分洪流量仍维持原规划的4 000m^3/s。按2015年第一季度价格水平估算，工程静态总投资为25.6亿元。

2015年3月，水规总院对湖北省水利厅以鄂水利文〔2015〕54号、55号文上报水利部的《湖北省杜家台分蓄洪区蓄滞洪工程可行性研究报告》和《湖北省杜家台分蓄洪区安全建设工程可行性研究报告》进行了审查，并于2015年4月以水总规〔2015〕507号文将审查意见报送水利部。

审查意见对下阶段工作提出建议：进一步复核竹林湖泵站的建设规模和分洪口门的分洪流量、口门宽度等设计指标。（李臻）

10.《大藤峡水利枢纽工程初步设计报告》审查　广西大藤峡水利枢纽工程位于广西桂平市境内的西江黔江干流大藤峡出口弩滩上，下距桂平市约6km。是国务院批准的《珠江流域综合利用规划》《珠江流域防洪规划》确定的流域防洪关键性工程，是2015年开工的国家172项重大节水供水工程之一。工程开发任务为防洪、航运、发电、补水压咸、灌溉等综合利用。水库总库容为34.3亿m^3，防洪库容和调节库容均为15亿m^3。船闸规模按二级航道标准、通航3 000t级船舶确定；水电站装机容量为1 600MW，年发电量61.3亿kW·h；灌区设计灌溉面积为80 400hm^2，其中自流灌区62 333.3hm^2，提水灌区18 066.7 hm^2。

工程为Ⅰ等工程。黔江混凝土主坝（挡水坝段、泄水闸坝段、厂房坝段、船闸坝段、鱼道坝段等）、电站副厂房和开关站等主要建筑物级别为1级，泄水闸导墙、护坦及厂区挡墙等次要建筑物级别为3级；黔江副坝、南木江副坝以及南木江副坝上的灌溉取水口、生态取水口等主要建筑物级别为1级，次要建筑物级别为3级，灌溉渠道级别根据其设计流量确定为4级；船闸闸室和上、下闸首为1级建筑物，导航墙、靠船墩、隔流墙、隔流堤等为3级建筑物；黔江主坝和南木江副坝上的鱼道建筑物级别为1级，鱼道进口、出口和池室等建筑物级别为3级；大坝、厂房、船闸主体段的永久边坡及库内塌滑体开挖后永久边坡级别为1级，船闸上、下游引航道和鱼道永久边坡级别为3级。

枢纽工程总布置为：黔江干流布置黔江主坝，其上布置挡水、泄水、发电、通航、过鱼等建筑物，其中泄水建筑物布置河床中部偏左岸，低孔为主、高低孔结合布置；通航建筑物采用左岸单级船闸集中式布置方案，外侧预留二线船闸；电站厂房采用左、右岸分散布置方案，左岸布置3台机组，右岸布置5台机组；鱼道采用右岸布置方案。左岸高程不足的山脊上布置黔江副坝；南木江河口布置南木江副坝，其上布置挡水、过鱼、灌溉和生态泄水等建筑物。黔江主坝坝型采用混凝土重力坝，最大坝高约80m；黔江副坝和南木江副坝坝型采用黏土心墙石渣坝，最大坝高分别为30.00m和39.8m。

水利部珠江水利委员会、广西壮族自治区水利厅和广东省水利厅联合以珠水规计〔2015〕11号文将中水东北勘测设计研究有限责任公司、中水珠江规划勘测设计有限公司、广西壮族自治区水利电力勘测设计研究院共同编制完成的《大藤峡水利枢纽工程初步设计报告》上报水利部。2015年1月27—30日，水规总院在北京召开会议，对报告进行了审查。会后，设计单位根据会议讨论意见对报告进行了修改和补充。2015年4月，水规总院以水总设〔2015〕339号文将审查意见报送水利部。

按2014年第三季度价格水平，核定工程静态总投资为3 246 587万元，总投资为3 696 672万元（不含送出工程投资）。工程施工总工期为108个月，首批机组发电工期为62个月。（朱峰）

11.《重庆市观景口水利枢纽工程初步设计报告》审查　观景口水利枢纽工程位于重庆市巴南区，坝址位于长江右岸支流五布河干流上，距重庆市中心约55km。工程是水利部和重庆市人民政府联合批准的《重庆市城区水资源规划报告》中确定近期建设以城市供水为主的重点水利枢纽工程，并已列入《全国大型水库建设规划（2008—2012年）》。工程任务为以城市供水为主，兼顾输水干渠沿线小城镇供水、农业灌溉及农村人畜饮水。

水库正常蓄水位281.00m，死水位254.00m，设计洪水位281.32m，校核洪水位283.03m；水库总库容为1.52亿m^3，兴利库容为1.19亿m^3。设计灌溉面积为3 340hm^2；水库多年平均年供水量为10 380万m^3，其中向茶园—鹿角组团供水8 575万m^3，三个乡镇供水688万m^3，农村人畜供水256万m^3，农业灌溉供水861万m^3；输水隧洞渠首设计引水流量4.76m^3/s。

工程包括水库工程及输水工程两部分。水库工程由主坝、开敞式溢洪道、导流兼泄洪放空洞、副坝和输水建筑物进水口等组成，主坝采用钢筋混凝土面板堆石坝坝型，最大坝高63.9m；输水工程自库区左岸取水，输水至重庆市茶园新区，线路总长24.97km，主要由输水建筑物、泵站、控制建筑物和交叉建筑物等组成。主坝为混凝土面板堆石坝，最大坝高63.9m。输水线路总长约24.97km。

工程为大（2）型Ⅱ等工程，大坝、泄水建筑物、输水建筑物（进水口、隧洞、倒虹吸等）、控制建筑物、泵站等为2级建筑物，其他建筑物和次要建筑物为3级。枢纽主要建筑物（含输水建筑物进水口）设计洪水标准为100年一遇，校核洪水标准为2 000年一遇；消能防冲建筑物设计洪水标准为50年一遇；输水工程主要建筑物设计洪水标准为50年一遇，校核洪水为200年一遇。主要建筑物按地震基本烈度Ⅵ度设防。

重庆市水利局以渝水〔2015〕87号文将中水北方勘测设计研究有限责任公司编制完成的《重庆市观景口水利枢纽工程初步设计报告》上报水利部。2015年8月24—26日，水规总院在北京召开会议对报告进行了审查。会后，设计单位根据会议讨论意见对报告进行了补充和修改。2015年10月，水规总院以水总设〔2015〕1231号文将审查意见报送水利部。

按2015年第二季度价格水平，核定工程静态总投资为367 484万元，总投资为375 272万元。工程施工总工期为45个月。　（朱峰）

12.《河南省出山店水库工程初步设计报告》审查　出山店水库是淮河干流上以防洪为主的大型控制性枢纽工程，位于河南省信阳市境内，距信阳市约15km，是淮河干流上游修建的唯一一座大型控制性水库，是2015年开工的国家172项重大节水供水工程之一。该工程开发任务为以防洪为主，结合供水、灌溉，兼顾发电等综合利用。

水库正常蓄水位为88.00m，死水位84.00m，汛期限制水位86.00m，防洪高水位为92.30m，设计洪水位为95.78m，校核洪水位为98.12m；水库总库容为12.51亿m^3，最小供水、灌溉调节库容为1.45亿m^3。多年平均年供水量为16 319万m^3，其中城镇供水量为7 728万m^3，农业灌溉供水量为8 591万m^3；设计灌溉面积为33 733.3hm^2；电站装机容量为2 900kW，多年平均年发电量为757万kW·h。

工程为Ⅰ等工程，主坝（土坝段、混凝土坝段）、副坝、北灌溉洞等主要建筑物级别为1级，次要建筑物级别为3级，电站厂房级别为5级。主坝、副坝设计洪水标准为1 000年一遇，校核洪水标准为10 000年一遇，消能防冲建筑物洪水标准为100年一遇；电站厂房设计洪水标准采用30年一遇，校核洪水标准采用50年一遇。坝址区地震基本烈度为Ⅵ度，大坝在地震基本烈度基础上提高1度，按7度设防。

工程总布置为：主河槽布置混凝土重力坝，左岸滩地布置黏土心墙砂砾石坝，水库上游左右岸地形不足部位布置副坝，右岸混凝土非溢流坝段布置南灌溉洞，北坝头主坝和1号副坝之间布置北灌溉洞。

河南省水利厅以豫水计〔2014〕93号文将河南省水利勘测设计研究有限公司和中水淮河规划设计研究有限公司共同编制完成的《河南省出山店水库工程初步设计报告》上报送水利部。水规总院在河南省郑州市召开会议对报告进行了审查。会后，设计单位根据会议讨论意见对报告进行了修改和补充。2015年4月，水规总院以水总设〔2015〕440号文将审查意见报送水利部。

按2014年第三季度价格水平，核定工程静态总投资为982 018万元，总投资为986 960万元。工程施工总工期为48个月。　（朱峰）

13.《安徽省安庆市下浒山水库工程初步设计报告》审查　安徽省安庆市下浒山水库工程位于长江流域菜子湖水系大沙河上游，地处安庆市潜山县境内，是大沙河干流骨干控制性工程，是2015年开工的国家172项重大节水供水工程之一。工程的开发任务是以防洪、灌溉、供水为主，兼顾发电等。

水库正常蓄水位为115.00m，死水位为90.00m，汛期限制水位为108.90m，防洪高水位为115.70m，设计洪水位为115.70m，校核洪水位为117.69m；水库总库容为1.96亿m^3，防洪库容为0.44亿m^3。2030年水库多年平均年供水量为11 119万m^3，其中农业灌溉供水量为8 983万m^3，城镇供水量为2 136万m^3；设计灌溉面积为23 386.7hm^2；电站装机容量为15MW。

水库工程为Ⅱ等工程，大坝挡水、泄水及发电引水等主要建筑物级别为2级，引水管道、电站厂房及次要建筑物级别为3级。主要建筑物大坝（含电站进水口）设计洪水标准为100年一遇，校核洪水标准为1 000年一遇，消能防冲建筑物洪水标准为50年一遇；电站厂房、引水管道设计洪水标准为50年一遇，校核洪水标准为200年一遇。主要建筑物按地震基本烈度Ⅵ度设防。

工程总布置为：河床布置拦河坝，自左至右依次为左岸非溢流坝段、溢流坝段、发电引水坝段及右岸非溢流坝段；发电引水坝段下游布置坝后式电站厂房；电站引水管接一条旁通管作为生态基流放水管；对存在渗漏问题的右岸上游山体垭口处进行帷幕灌浆防渗处理。碾压混凝土重力坝最大坝高约74m。

安徽省水利厅以皖水基〔2014〕133号文将长江勘测规划设计研究有限责任公司编制完成的《安徽省安庆市下浒山水库工程初步设计报告》上报水利部。水规总院在安徽省安庆市召开会议对报告进行了审查。会后，设计单位根据会议讨论意见对报告进行了修改和补充。2015年2月，水规总院以水总设〔2015〕439号文将审查意见报送水利部。

按2014年第三季度价格水平，核定工程静态总投资为138 689万元，总投资为141 456万元。工程施工总工期为36个月。　（朱峰）

14.《辽宁省绥中猴山水库工程初步设计报告》审查　辽宁省绥中猴山水库位于辽宁省葫芦岛市绥中县境内狗河中游范家乡，距绥中县城约35km，是

2015 年开工的国家 172 项重大节水供水工程之一。工程建设任务以向绥中滨海经济区供水为主，兼顾河道下游防洪，同时改善下游农业灌溉条件，提高下游农业用水保证率。

猴山水库正常蓄水位为 134.00m，死水位为 107.00m，汛期限制水位为 131.50m，防洪高水位为 134.89m，设计洪水位为 134.89m，校核洪水位为 136.27m；水库总库容为 1.60 亿 m^3，兴利库容为 1.28 亿 m^3，防洪库容为 2 797万 m^3。2030 年多年平均向东戴河新区年供水 3 233万 m^3，输水隧洞渠首设计流量为 1.16m^3/s；设计灌溉面积为 5 080hm^2。

本工程为Ⅱ等工程，主要建筑物拦河坝、副坝级别为 2 级，坝后供水管、灌溉及生态供水管、调流阀室、输水隧洞以及次要建筑物级别为 3 级，拦河坝两岸坝肩边坡级别为 2 级。主要建筑物拦河坝、副坝设计洪水标准为 100 年一遇，校核洪水标准为 1 000 年一遇，消能防冲建筑物洪水标准为 50 年一遇；坝后供水管、灌溉及生态流量供水管、调流阀室、输水隧洞设计洪水标准为 30 年一遇，校核洪水标准为 100 年一遇。主要建筑物按地震基本烈度Ⅵ度设防。

工程总布置为：河床布置重力坝，左岸人工开挖缺口处布置副坝；供水总管由引水坝段引出后与输水隧洞相接，输水隧洞进口布置在大坝下游右岸的山坡上，出口布置在大风口水库大坝上游左岸山谷中。主、副坝均为混凝土重力坝，最大坝高约为 51.8m。

辽宁省水利厅以辽水厅〔2015〕19 号文将辽宁省水利水电勘测设计研究院编制完成的《辽宁省绥中猴山水库工程初步设计报告》上报水利部。2015 年 5 月 6—7 日，水规总院在北京召开会议对报告进行了审查。会后，设计单位根据会议讨论意见对报告进行了修改和补充。2015 年 5 月，水规总院以水总设〔2015〕667 号文将审查意见报送水利部。

按 2015 年 4 月价格水平，核定工程静态总投资为 159 418 万元，总投资为 163 345 万元。工程施工总工期为 42 个月。 （朱峰）

15.《湖北碾盘山水利水电枢纽工程可行性研究报告》审查 湖北碾盘山水利水电枢纽位于汉江干流湖北省荆门市的钟祥市境内，是国务院批复的《长江流域综合规划》中推荐的汉江梯级开发方案中的重要组成部分，列入了《全国大型水库建设总体安排意见（2013—2015 年）》，且已纳入国务院确定的 172 项节水供水重大水利工程。工程开发任务以发电、航运为主，兼顾灌溉、供水，为南水北调中线一期工程的引江济汉工程良性运行创造条件。

工程正常蓄水位为 50.72m，死水位为 50.32m，设计洪水位为 50.72m，校核洪水位为 50.84m；水库总库容为 9.02 亿 m^3，调节库容为 0.83 亿 m^3，死库容为 7.94 亿 m^3；电站装机容量为 180MW，多年平均年发电量为 6.16 亿 kW·h；Ⅲ级航道，按 1 000t 级船队通航要求设置航道尺度及船闸规模。

工程为Ⅱ等工程，主要建筑物泄水闸按过闸流量定为 1 级建筑物，混凝土连接坝段（含鱼道坝段）、左岸土石坝、左岸副坝、河床式电站厂房、船闸上闸首为 2 级建筑物，上下游导墙、拦沙坎和拦漂排等次要建筑物为 3 级建筑物；船闸主要建筑物下闸首和闸室级别为 2 级，导航、靠船等次要建筑物级别为 3 级；坝体上下游鱼道建筑物级别为 3 级。根据汉江中下游洪水调度运用要求和上、下游梯级洪水标准，挡水建筑物设计洪水标准为 100 年一遇，校核洪水标准为 300 年一遇，消能防冲建筑物洪水标准与挡水建筑物相同。主要建筑物按地震基本烈度Ⅵ度设防。

枢纽工程总体布置采用一线式布置，自左至右依次布置左岸连接土石坝、22 孔泄水闸、河床式电站厂房、混凝土连接坝段、船闸和右岸混凝土连接坝段；鱼道布置在厂房与船闸间的连接坝段、左岸上游岸边布置土石副坝；供水取水口布置于坝轴线左岸上游约 580m。混凝土坝段最大坝高 29.22m。

湖北省水利厅以鄂水利文〔2015〕215 号文将湖北省水利水电规划勘测设计院编制完成的《湖北碾盘山水利水电枢纽工程可行性研究报告》上报水利部。2015 年 11 月 10—12 日，水规总院在北京召开会议对报告进行了审查。会后，设计单位根据会议讨论意见对报告进行了补充和修改。2015 年 12 月，水规总院以水总设〔2015〕1643 号文将审查意见报送水利部。

按 2015 年第三季度价格水平，核定工程静态总投资为 752 760 万元，总投资为 782 395 万元（不含送出工程投资）。工程施工总工期为 52 个月。（朱峰）

16.《四川省巴中市黄石盘水库可行性研究报告》审查 黄石盘水库位于四川省渠江右岸巴河水系南江支流恩阳河中游河段，是水利部和四川省人民政府批复的《四川省渠江流域防洪规划》中确定近期建设的大（2）型防洪控制性水库工程之一，已列入《全国大型水库建设总体安排意见（2013—2015 年）》和 172 项重大节水供水工程建设计划。工程开发任务为以防洪为主，兼顾发电，改善下游供水条件。

黄石盘水库正常蓄水位为 372.00m，死水位为 357.00m，汛期限制水位为 357.00m，防洪高水位为 372.00m，设计洪水位为 372.00m，校核洪水位为 373.74m；水库总库容为 11 480 万 m^3，防洪库容和兴利库容均为 7 536 万 m^3，死库容为 1 939 万 m^3；电站装机容量为 7MW，多年平均年发电量为 2 212 万 kW·h。

水库工程为Ⅱ等工程。工程主要建筑物由大坝、泄洪消能设施、引水发电系统和鱼道等 4 部分建筑物组成，大坝挡水、泄水、鱼道出口建筑物及河床式电站等主要建筑物级别为 2 级，鱼道进口、鱼室及下游河道护岸以及次要建筑物为 3 级。枢纽主要建筑物设计洪水标准为100年一遇，校核洪水标准为1 000年一遇；消能防冲建筑物设计洪水标准为50年一遇。主要建筑物按地震基本烈度Ⅵ度设防。

工程总布置为：河床布置混凝土重力坝，主河床布置溢流坝段，左岸河床布置电站厂房坝段和鱼道出口坝段，两岸为混凝土挡水坝段；大坝左岸布置对外交通道路。混凝土重力坝最大坝高为36.8m。

四川省水利厅以川水〔2015〕29号文将四川省水利水电勘测设计研究院编制完成的《四川省巴中市黄石盘水库可行性研究报告》上报水利部。2015年6月11—13日，水规总院在四川省成都市召开会议对报告进行了审查。会后，设计单位根据会议讨论意见对报告进行了修改和补充。2015年8月，水规总院以水总设〔2015〕1086号文将审查意见报送水利部。

按2015年5月价格水平，核定工程静态总投资为193 197万元，总投资为193 197万元（不含送出工程投资）。工程施工总工期为47个月。（朱峰）

17.《引绰济辽工程可行性研究报告》审查 引绰济辽工程由文得根水利枢纽和输水工程两部分组成。文得根水利枢纽工程位于松花江流域嫩江支流绰尔河中游，坝址位于内蒙古自治区东部的兴安盟扎赉特旗音德尔镇上游90km处；输水工程涉及兴安盟、通辽市，以文得根水库为水源，末端注入通辽市莫力庙水库。工程开发任务为：自绰尔河引水至西辽河，向沿线城市和工业园区供水，结合灌溉，兼顾发电等综合利用。

文得根水库正常蓄水位为378.00m，死水位为351.00m，设计洪水位为378.60m，校核洪水位为380.50m；水库总库容为20.09亿m^3；电站装机容量为36MW。工程自文得根水库多年平均引水5.65m^3，计入输水损失后，骨干工程末端多年平均年供水量为5.43亿m^3。文得根水库主坝采用黏土心墙砂砾石坝，坝顶长度为1 367.50 m，坝顶高程为382.29m，坝顶宽度为8m，最大坝高48.79m。输水线路总长约389.52km。

文得根水利枢纽主要建筑物主坝、副坝及溢洪道级别为1级，电站进水口、引水发电隧洞、电站厂房、灌溉兼生态放水管级别根据灌溉功能确定为2级，枢纽次要建筑物级别为3级。水库枢纽主要建筑物设计洪水标准为500年一遇，校核洪水标准为5 000年一遇；消能防冲建筑物设计洪水标准为100年一遇；电站厂房设计洪水标准为50年一遇，校核洪水标准为100年一遇。

工程总体布置为：河床布置拦河主坝，右岸布置岸坡溢洪道，左岸垭口布置副坝和鱼道，左岸山体布置引水发电系统和导流洞，输水工程取水口布置在坝址右岸上游约3.2km处。主坝采用黏土心墙砂砾石坝，最大坝高48.79m。输水线路总长约389.52km。

内蒙古自治区水利厅以内水计〔2015〕50号文将中水东北勘测设计研究有限责任公司和内蒙古自治区水利水电勘测设计院共同编制完成的《引绰济辽工程可行性研究报告》上报水利部。2015年6月15—19日，水规总院在内蒙古自治区乌兰浩特市召开会议对报告进行了审查。会后，设计单位根据会议讨论意见对报告进行了补充和修改。水规总院以水总设〔2015〕1464号文将审查意见报送水利部。

按2015年第二季度价格水平，核定工程静态总投资为2 284 591万元，总投资为2 374 811万元。工程施工总工期为62个月。（朱峰）

18.《新疆车尔臣河大石门水利枢纽工程初步设计报告》审查 大石门水利枢纽工程位于新疆巴音郭勒蒙古族自治州（简称巴州）且末县车尔臣河干流中游，坝址下距且末县城约98km。工程可行性研究报告已经国家发展改革委批复（发改农经〔2015〕1724号）。工程开发任务是防洪、发电和灌溉等综合利用。

大石门水库正常蓄水位为2 300.00m，死水位为2 245.00m，汛期限制水位为2 291.00m，防洪高水位为2 300.00m，100年一遇设计洪水位为2 300.00 m，2000年一遇校核洪水位为2 303.36m；水库总库容为1.27亿m^3，调节库容为0.99亿m^3，防洪库容为0.19亿m^3；电站装机容量为60MW，多年平均年发电量为1.765kW·h。

枢纽工程总布置方案为：河床布置大坝，右岸依次布置表孔溢洪洞、引水发电系统和底孔泄洪冲沙洞，大坝左岸布置过鱼设施；底孔泄洪冲沙洞和发电引水洞采用联合进水口的布置方式。大坝为碾压式沥青混凝土心墙砂砾石坝，最大坝高128.8m，坝顶长度205m。

大石门水利枢纽为Ⅱ等工程。大坝建筑物级别由2级提高为1级，表孔溢洪洞、底孔泄洪冲沙洞和发电进水口建筑物级别为2级，发电引水洞、电站厂房及过鱼设施等建筑物级别为3级；大坝、表孔溢洪洞、底孔泄洪冲沙洞和发电进水口建筑物设计洪水标准为100年一遇，校核洪水标准为2 000年一遇，消能防冲建筑物洪水标准为50年一遇；电站厂房设计洪水标准为50年一遇，校核洪水标准为200年一遇；大坝坝肩、泄水建筑物进出口及发电进水口永久边坡级别为2级，发电厂房后边坡、左岸高边坡级别为3级；大坝设计地震标准采用50年超越概率2%。

新疆维吾尔自治区水利厅以新水厅〔2015〕75号文将新疆维吾尔自治区水利水电勘测设计研究院编制完成的《新疆车尔臣河大石门水利枢纽工程初步设计报告》上报水利部。2015年8月13—15日，水规总院在北京召开会议对报告进行了审查。会后，设计单位根据会议讨论意见对报告进行了修改和补充。2015年10月，水规总院以水总设〔2015〕1283号文将审查意见报送水利部。

按2015年第三季度价格水平，核定工程静态总

投资为187 934万元，总投资为190 081万元。工程施工总工期为48个月。（张安）

19.《四川省武都引水工程蓬溪船山灌区可行性研究报告》审查　四川省武都引水工程蓬溪船山灌区主要位于四川省遂宁市蓬溪县、船山区境内，是《嘉陵江流域综合规划报告》及四川省人民政府批复的《四川省涪江流域规划报告》确定由涪江引水灌溉并纳入武都引水工程的灌区工程。工程任务为农业灌溉、城乡生活及工业供水等综合利用。

灌区设计灌溉面积63 133.3hm^2，多年平均年毛供水19 985万m^3；可改善城镇及灌区农村75.31万人供水条件。工程的兴建对充分发挥武都引水工程的灌溉和供水效益，加强区域农业基础设施建设，抗御自然灾害，推进当地社会主义新农村建设，促进经济社会的协调发展，实现区域水资源合理配置具有重要作用。

蓬溪船山灌区通过延长武都引水二期灌区工程的西梓干渠，引水至白鹤林囤蓄水库，水库出库后分别接蓬船干渠和文吉分干渠，经干支渠向灌区供水。主要建设内容包括：新建西梓干渠延长段、白鹤林囤蓄水库、蓬船干渠、文吉分干渠、蓬南分干渠及7条骨干支（分支）渠。白鹤林水库正常蓄水位为418.00m，死水位为392.00m；调蓄库容为7 737万m^3，总库容为8 828万m^3；水库充库设计流量为12.5m^3/s；蓬船干渠设计流量为17.0m^3/s，文吉分干渠设计流量为5.9m^3/s。

蓬溪船山灌区工程为Ⅱ等工程。通过西梓干渠延长段从武引二期西梓干渠末端引水至白鹤林水库；蓬船干渠和文吉分干渠从白鹤林水库取水，蓬船干渠末端分出蓬南分干渠；结合灌区分布，布置支渠和分支渠等灌区骨干工程。西梓干渠延长段、蓬船干渠、文吉分干渠、蓬南分干渠渠道级别为4级，折弓倒虹吸管、鸣凤倒虹吸管、龙马垭渡槽及田家祠渡槽等渠系建筑物级别提高一级为3级，其他渠系建筑物级别为4级，设计洪水标准为20年一遇，渡槽和倒虹吸等建筑物校核洪水标准为50年一遇。吉永支渠和兼有乡镇供水任务的赤大支渠、农兴分支渠渠道及渠系建筑物级别为4级，高同支渠和高常、高任、三风分支渠及渠系建筑物级别为5级，设计洪水标准均为10年一遇，渡槽和倒虹吸等建筑物校核洪水标准为30年一遇。白鹤林囤蓄水库工程挡水建筑物、充库及库内取水建筑物级别为3级，次要建筑物级别为4级；挡水建筑物及库内取水建筑物设计洪水标准为50年一遇，校核洪水标准为1 000年一遇。

工程区地震基本烈度为Ⅵ度或小于Ⅵ度，渠系建筑物和白鹤林水库抗震设防烈度采用地震基本烈度。

四川省水利厅以川水厅〔2014〕130号文将四川省水利水电勘测设计研究院编制完成的《四川省武都引水工程蓬溪船山灌区可行性研究报告》上报水利部。2015年1月14—16日，水规总院在北京召开会议对报告进行了审查。会后，设计单位根据会议讨论意见对报告进行了修改和补充。2015年3月，水规总院以水总设〔2015〕280号文将审查意见报送水利部。

按2014年第三季度价格水平，核定工程静态总投资为370 938万元，总投资为375 796万元。工程施工总工期为41个月。（张安）

20.《甘肃省武威市民勤县红崖山水库加高扩建工程可行性研究报告》审查　红崖山水库位于甘肃省河西走廊民勤县境内石羊河下游，北距民勤县城30km，控制流域面积13 400km^2，是一座以保护和改善民勤生态为主，兼顾灌溉、防洪、旅游和水产养殖等综合效益的中型水库。工程于1964年建成，运用期经历多次改扩建和除险加固，目前水库淤积严重、调节能力下降，难以满足2020年青土湖生态目标需要的补水量和灌区高峰期的灌溉要求。

水库加高扩建工程任务是：对水库进行清淤、加高扩建和风沙治理，增加青土湖的生态补水和保障红崖山灌区的灌溉用水。工程实施后，水库多年平均年增供水量为1 858万m^3，其中向青土湖生态增供补水量960万m^3，灌区（含生态防护林）增供水量898万m^3。工程建设为当地防沙固沙、增加滩地植被、促进民勤盆地地下水位持续回升、控制沙漠化的延伸扩大、解决红崖山灌区用水关键期的缺水问题均具有重要的现实意义。

水库加高扩建后，总库容为1.48亿m^3，兴利库容为0.90亿m^3；水库死水位仍维持原设计死水位1 476.50m；正常蓄水位为1 483.10m，汛期防洪限制水位为1 483.10m，设计洪水位为1 483.30m，校核洪水位为1 484.07m。

水库加高扩建后，工程等别为Ⅱ等，大坝、溢洪道、泄洪洞及输水洞等主要建筑物级别为2级，次要建筑物级别为3级；主要建筑物设计洪水标准为100年一遇，校核洪水标准为2 000年一遇；消能防冲建筑物设计洪水标准为50年一遇。

甘肃省水利厅以甘水厅〔2015〕29号文将甘肃省水利水电勘测设计研究院编制完成的《甘肃省武威市民勤县红崖山水库加高扩建工程可行性研究报告》上报水利部。2015年4月17—19日，水规总院在北京召开会议对报告进行了审查。会后，设计单位根据会议讨论意见对报告进行了修改和补充。2015年6月，水规总院以水总设〔2015〕720号文将审查意见报送水利部。

按2015年第一季度价格水平，核定工程静态总投资为48 576万元，总投资为48 576万元。工程施工总工期为36个月。（张安）

21.《湖北省鄂北地区水资源配置工程初步设计报告》审查　鄂北地区水资源配置工程是从丹江口水

库清泉沟隧洞引水，向湖北省北部襄阳市、随州市和孝感市所属的襄州区、枣阳市、随县、曾都区、广水市、大悟县等县（市、区）供水的大型水利工程。工程任务以城乡生活、工业供水和唐东地区农业供水为主，通过退还被城市挤占的农业灌溉和生态用水量，改善受水区的农业灌溉和生态环境用水条件。

工程供水范围为唐东地区、随州府澴河北区及大悟澴水区，行政区划涉及襄阳市的襄州区、枣阳市，随州市的随县、曾都区及广水市，孝感市的大悟县，国土面积约 1.02km^2。工程以不影响南水北调中线一期工程调水规模为前提，在设计水平年 2030 年清泉沟原规划引水量 11.07 亿 m^3（其中唐西地区分配水量 6.28 亿 m^3）的基础上，通过调剂汉江中下游河道外用水，增加向鄂北地区的引水量 2.91 亿 m^3。2030 年鄂北地区水资源配置工程清泉沟渠首总引水量为 13.98 亿 m^3，在保障唐西引丹灌区供水 6.28 亿 m^3 的基础上，向鄂北地区多年平均年供水量 7.70 亿 m^3，其中城镇生活和工业供水量 5.74 亿 m^3，农业灌溉用水量 1.96 亿 m^3。

输水工程布局方案为：以丹江口水库为水源，以清泉沟输水隧洞进口为起点，线路自西北向东南横穿鄂北岗地，终点为大悟县王家冲水库，线路全长 269.67km；初拟利用受水区当地 36 座水库作为调蓄工程，其中补偿调节水库 17 座、充蓄调节水库 18 座、在线调节水库 1 座（封江口水库）。输水干渠设置分水口门 24 处（含封江口水库、王家冲水库进水闸）、节制闸 19 处；渠首工程设计流量为 38m^3/s，设计水位为 147.70m。王家冲水库正常蓄水位为 100.00m，死水位为 82.50m，兴利库容 112.2 万 m^3，总库容 134 万 m^3。

工程由取水建筑物、输水明渠、暗涵、隧洞、倒虹吸、渡槽、节制闸、分水闸、检修闸、退水闸、排洪建筑物、公路（铁路）交叉及王家冲水库扩建工程等组成。取水建筑物长 0.16km（新建取水竖井前）；明渠 53 段，长 24.01km；暗涵 38 座，长 30.96km；隧洞 55 座，长 119.43km；倒虹吸 11 座，长 76.10km；渡槽 22 座，长 19.01km；节制闸、分水闸（阀）、检修闸和退水闸共计 59 座（不含放空阀），排洪建筑物 20 座；扩建王家冲水库主坝为黏土心墙坝，最大坝高 32m，坝顶长度 240m。

鄂北水资源配置工程为Ⅱ等工程。引水渠首至随州先觉庙水库分水口之间的输水干渠渠道及渠系建筑物级别为 2 级，其中孟楼—七方倒虹吸中白河至唐河段建筑物级别提高为 1 级，设计洪水标准为 50 年一遇，校核洪水标准为 200 年一遇；先觉庙水库分水口至王家冲水库段输水干渠渠道及渠系建筑物级别为 3 级，设计洪水标准为 30 年一遇，校核洪水标准为 100 年一遇。王家冲水库大坝、溢洪道和输水洞等主要建筑物级别为 3 级，设计洪水标准为 30 年一遇，校核洪水标准为 300 年一遇，消能防冲建筑物洪水标准采用 20 年一遇。本工程所在场区地震基本烈度为小于或等于Ⅵ度，主要建筑物不进行抗震计算，对高架大跨度渡槽采取适当抗震措施。

湖北省水利厅以鄂水利文〔2015〕207 号文将湖北省水利水电规划勘测设计院编制完成的《湖北省鄂北地区水资源配置工程初步设计报告》上报水利部。2015 年 9 月 20—23 日，水规总院在北京召开会议对报告进行了审查。会后，设计单位根据会议讨论意见对报告进行了修改和补充。2015 年 10 月，水规总院以水总设〔2015〕1281 号文将审查意见报送水利部。

按 2015 年第二季度价格水平，核定工程静态总投资为 1 774 635 万元，总投资为 1 805 719 万元。工程施工总工期为 45 个月。（胡国志）

22.《贵州省兴义市马岭水利枢纽工程初步设计报告》审查　马岭水利枢纽工程位于贵州省黔西南布依族苗族自治州兴义市境内，坝址位于马岭镇附近的南盘江左岸支流马别河中游，是《贵州省水利建设生态建设石漠化治理综合规划》《珠江流域综合规划》中确定的区域骨干水资源配置工程。工程任务为以城乡供水为主，结合灌溉，兼顾发电等综合利用。

工程供水范围为兴义市中心城区的兴义片和义龙片，以及周边乡镇；设计新增灌溉面积为 880hm^2。设计水平年 2030 年多年平均年供水量为 21 156 万 m^3，其中向兴义市中心城区供水量为 20 498 万 m^3，农村生活供水量为 163 万 m^3，灌溉供水量为 495 万 m^3。

水库正常蓄水位为 1 030.00 m，死水位为 985.00m，设计洪水位为 1 030.27m，校核洪水位为 1 031.89m；兴利库容为 10 720 万 m^3，总库容为 12 892 万 m^3；坝后电站装机容量为 45MW，多年平均年发电量为 1.24 亿 kW·h。

输水工程总体布局为：城乡供水及农业灌溉由库内取水，右岸城市供水分两级泵站提水至规划水厂，左岸城乡供水及农业灌溉共用一级泵站提水后，灌溉供水自流至灌区，城乡供水再经两级泵站输水至高位水池后分散输水至各受水点。右岸城市供水取水口设计流量为 2.82m^3/s，左岸城乡供水及灌溉取水口设计流量为 5.51m^3/s。

工程由水库枢纽工程、右岸城市供水工程和左岸城乡供水及灌溉工程等组成。水库枢纽工程河床布置拦河坝碾压混凝土双曲拱坝，最大坝高 90m，坝顶弧线长度为 238.64m；坝顶设溢流表孔，坝身设泄洪底孔，右坝身布置城市供水坝式取水口，左岸布置城乡供水工程及灌溉工程进水口，右岸布置引水发电系统及电站地下厂房。右岸城市供水工程由两级提水泵站及两条供水管道组成，输水干管总长 9.38km；左岸城市供水及灌溉工程由三级提水泵站、3 座支线加压泵站和灌溉输水渠、供水管道等组成，灌溉渠道总长9.17km，供水干管总长13.48km，输水支管总长19.41km。

本工程为大（2）型Ⅱ等工程。水库枢纽主要建筑物碾压混凝土拱坝、泄洪表孔及底孔、引水发电进水口、左岸供水灌溉取水口及右岸城市供水坝身取水口为2级建筑物，设计洪水标准为100年一遇，校核洪水标准为1 000年一遇；引水隧洞及地下厂房为3级建筑物，设计洪水标准为50年一遇，校核洪水标准为200年一遇。右岸一级泵站、二级泵站及供水管道为3级建筑物，设计洪水标准为30年一遇，校核洪水标准为100年一遇。左岸一级、二级泵站为2级建筑物，设计洪水标准为50年一遇，校核洪水标准为200年一遇；三级泵站及供水干管为3级建筑物，设计洪水标准为30年一遇，校核洪水标准为100年一遇；支线加压泵站及输水支管为4级建筑物，设计洪水标准为20年一遇，校核洪水标准为50年一遇；灌溉工程渠道为5级建筑物，设计洪水标准为10年一遇。主要建筑物抗震设防烈度采用基本烈度Ⅵ度。

贵州省水利厅以黔水呈〔2015〕59号文将中国电建集团贵阳勘测设计研究院有限公司编制完成的《贵州省兴义市马岭水利枢纽工程初步设计报告》上报水利部。2015年9月12—14日，水规总院在北京召开会议对报告进行了审查。会后，设计单位根据会议讨论意见对报告进行了修改和补充。2015年10月，水规总院以水总设〔2015〕1216号文将审查意见报送水利部。

按2015年4月价格水平，核定工程静态总投资为257 280万元，总投资为266 565万元（不含送出工程投资）。工程施工总工期为38个月。 （胡国志）

23.《安徽省黄山市月潭水库可行性研究报告》审查 安徽省黄山市月潭水库位于安徽省黄山市休宁县境内，地处新安江主源率水河中游，坝址距休宁县城约18.5km，距黄山市约29km。开发任务是以防洪为主，结合城镇供水，兼顾发电和灌溉等综合利用。

水库正常蓄水位为165.00m，死水位为157.00m，汛期限制水位为160.50m；50年一遇防洪高水位为168.00m，100年一遇防洪高水位为169.40m，防洪库容为0.82亿m^3；100年一遇设计洪水位为169.40m，1000年一遇校核洪水位为172.00m，总库容为1.55亿m^3；坝后电站装机容量为20MW，多年平均年发电量4 326万kW·h；设计水平年水库多年平均年供水量为6 874万m^3，其中城镇供水量为6 846万m^3。

水库为Ⅱ等工程，枢纽主要由混凝土重力坝挡水坝段、泄水坝段、发电引水坝段及生态放水管等建筑物组成，最大坝高36.6m，坝顶长214m。主要建筑物级别为2级，设计洪水标准为100年一遇，校核洪水标准为1 000年一遇；下游消能防冲建筑物设计洪水标准为50年一遇；主要建筑物抗震设计烈度为6度。

安徽省水利厅以皖水规计〔2015〕12号文将安徽省水利水电勘测设计院编制完成的《安徽省黄山市月潭水库可行性研究报告》上报水利部。2015年3月5—7日，水规总院在安徽省合肥市召开会议对报告进行了审查。会后，设计单位根据会议讨论意见对报告进行了修改和补充。2015年4月，水规总院以水总设〔2015〕495号文将审查意见报送水利部。

按2015年第一季度价格水平，核定工程静态总投资为300 540万元，总投资为304 850万元（不含送出工程投资）。工程施工总工期为40个月。

（胡国志）

24.《云南省曲靖市阿岗水库工程可行性研究报告》审查 阿岗水库位于云南省曲靖市罗平县九龙河上游的篆长河上，距罗平县城约79km，距曲靖市约92km。工程已列入水利部审查通过的《西南五省（自治区、直辖市）重点水源工程近期建设规划》，以及《全国大型水库建设总体安排意见（2013—2015）》。工程开发任务是以城乡生活和工业供水、农业灌溉为主，兼顾改善九龙瀑布景观用水条件、发电等综合利用。

水库死水位为1 838.20 m，正常蓄水位为1 866.00m，设计洪水位为1 866.23m，校核洪水位为1 868.11m；总库容为12 907万m^3，兴利库容为9 938万m^3，死库容为765万m^3。多年平均年供水量为13 537万m^3，其中城乡生活及工业供水2 597万m^3，农业灌溉供水10 223万m^3，九龙瀑布景观补水量为717万m^3；坝后电站装机容量为10.5MW，多年平均年发电量为4 131万kW·h。

工程包括水库枢纽工程及白腊山引水干渠工程。水库枢纽工程总布置为拦河修建黏土心墙堆石坝，左岸布置岸边溢洪道、导流泄洪洞、发电输水隧洞及电站厂房，右岸在挖玉冲河与篆长河交汇点上游修建重力副坝，副坝上游右岸开挖改河隧洞、扩挖改造山洞明渠；白腊山引水干渠工程按原渠道工程布置进行局部改扩建，干渠全长约13km。

阿岗水库工程为Ⅱ等工程。拦河主坝、副坝、泄洪建筑物及发电进水口为2级建筑物，设计洪水标准为100年一遇，土石主坝、泄洪建筑物及发电进水口校核洪水标准为2 000年一遇，重力副坝校核洪水标准为1 000年一遇，消能防冲设计洪水标准为50年一遇；发电输水隧洞及电站厂房为3级建筑物，设计洪水标准为50年一遇，校核洪水标准为100年一遇；挖玉冲改河隧洞为3级，按20年一遇排洪流量规模设计。枢纽工程建筑物抗震设防烈度采用地震基本烈度Ⅶ度。

云南省水利厅以云水规计〔2015〕31号文将云南省水利水电勘测设计研究院编制完成的《云南省曲靖市阿岗水库工程可行性研究报告》上报水利部。2015年5月20—22日，水规总院在北京召开会议对报告进行了审查。会后，设计单位根据会议讨论意见对报告进行了修改和补充。2015年9月，水规总院以水总设〔2015〕470号文将审查意见报送水利部。

按2014年12月价格水平，核定工程静态总投资为216 334万元，总投资为218 980万元（不含送出工程投资）。工程施工总工期为48个月。（胡国志）

25.《贵州省黄家湾水利枢纽工程可行性研究报告》审查　贵州省黄家湾水利枢纽工程位于贵州省西南部安顺市紫云苗族布依族自治县境内，坝址位于珠江流域红水河一级支流蒙江主源格凸河中游。开发任务为以城乡生活和工业供水、农业灌溉为主，结合发电等综合利用。

工程包括水库枢纽工程和供水及灌区骨干工程。水库枢纽工程总布置为河床修建混凝土面板堆石坝，最大坝高81.0m，坝顶长度360.2m；左岸布置开敞式溢洪道和泄洪放空隧洞；右岸布置发电引水系统及岸边式电站厂房，从引水发电隧洞引接灌溉供水支洞；在库内大地头冲沟结合防渗处理布置重力式副坝。供水及灌区骨干工程由干渠、支渠、供水管线，以及渠系建筑物、提水泵站等组成。干支渠共4条，渠线总长95.592km；乡镇供水管线2条，总长8.15km；提水泵站8座。

水库正常蓄水位为1 055m，死水位为1 035m；水库总库容1.573亿m^3，兴利库容0.874亿m^3；电站装机容量为24MW，多年平均年发电量为5 643万kW·h。输水干渠渠首设计流量为6.53m^3/s。

工程为Ⅱ等工程。水库枢纽工程主要建筑物拦河坝、溢洪道、泄洪放空洞、灌溉发电取水口为2级建筑物，设计洪水标准为100年一遇，校核洪水标准为2 000年一遇，下游消能防冲建筑物洪水标准为50年一遇；电站厂房为4级建筑物，设计洪水标准为30年一遇，校核洪水标准为100年一遇；泄洪建筑物边坡级别为2级，其他各主要建筑物边坡级别为3级。供水及灌区工程各提水泵站根据装机规模确定为3～5级建筑物，相应的设计洪水标准分别为30年一遇、20年一遇及10年一遇，校核洪水标准分别为100年一遇、50年一遇及20年一遇；干渠和松白支渠及其渠系建筑物级别为4级，设计洪水标准为20年一遇；其余渠道及其渠系建筑物级别为5级，设计洪水标准为10年一遇。主要建筑物抗震设防烈度采用地震基本烈度Ⅵ度。

贵州省发展和改革委员会与贵州省水利厅联合以黔发改农经〔2015〕381号文将贵州省水利水电勘测设计研究院编制完成的《贵州省黄家湾水利枢纽工程可行性研究报告》上报国家发改委与水利部。2015年4月12—14日，水规总院在北京召开会议对报告进行了审查。会后，设计单位根据会议讨论意见对报告进行了修改和补充。2015年7月，水规总院以水总设〔2015〕880号文将审查意见报送水利部。

按2015年第一季度价格水平，核定工程静态总投资为341 400万元，总投资为345 341万元（不含送出工程投资）。工程施工总工期为48个月。

（胡国志）

26.《湖南省宜章县莽山水库工程初步设计报告》审查　莽山水库位于湖南省郴州市宜章县境内，地处珠江水系北江流域二级支流长乐水河上游，距宜章县城约72km，是国务院批准的《珠江流域防洪规划》和《珠江流域综合规划》中提出的长乐水流域防洪和水资源综合利用的控制性工程，并列入国家发展和改革委员会、水利部联合印发的《全国大型水库建设规划（2008—2012）》和国务院批复的《罗霄山片区区域发展与扶贫攻坚规划（2008—2020）》。工程任务以防洪、灌溉为主，兼顾供水和发电。

水库与下游堤防工程等措施相结合，使长乐水中下游的一六、栗源两镇和沿河低岸农田的防洪标准分别由现状防洪能力提高到20年一遇和10年一遇。水库灌区设计灌溉面积为20 800hm^2，其中新增灌溉面积13 560hm^2，改善灌溉面积1 740hm^2，现有保灌面积5 500 hm^2。设计水平年水库多年平均年供水量为13 178万m^3，其中农业灌溉供水量10 951万m^3，城乡生活及工业供水量为2 227万m^3。水电站装机容量为18MW，多年平均年发电量4 400万kW·h。

水库正常蓄水位为395.00m，死水位为340.00m，汛期限制水位为391.50m，防洪高水位为398.50m，设计洪水位为398.50m，校核洪水位为399.43m；水库总库容为1.33亿m^3，防洪库容为0.24亿m^3，兴利调节库容为1.05亿m^3。下游反调节坝最低运行水位为315.50m，最高运行水位为317.20m，相应调节库容为45万m^3。灌区工程由莽山水库坝下反调节坝库内引水，左、右两条干渠（分别从反调节坝左、右岸取水）设计流量分别为5.3m^3/s和7.4m^3/s。

工程主要建设内容包括水库枢纽和灌区骨干工程两大部分，其中水库枢纽部分包括莽山水库、灌溉引水发电系统和下游反调节坝，灌区骨干工程包括左、右干渠和5条主要支渠。

该工程为Ⅱ等工程，水库枢纽主要建筑物混凝土主坝、土石副坝、发电引水隧洞进水口为2级建筑物，发电引水隧洞、电站厂房、反调节坝及次要建筑物为3级建筑物。混凝土主坝、土石副坝及发电引水隧洞进水口设计洪水标准为100年一遇，混凝土主坝和发电引水隧洞进水口校核洪水标准为1 000年一遇，土石副坝校核洪水标准为2 000年一遇；电站厂房设计洪水标准为50年一遇，校核洪水标准为200年一遇；反调节坝设计洪水标准采用50年一遇，校核洪水标准为500年一遇；混凝土主坝消能防冲建筑物设计洪水标准为50年一遇，反调节坝消能防冲建筑物设计洪水标准为30年一遇。灌区左干渠桩号0+000～9+398段和右干渠桩号0+000～14+960段渠道及其建筑物级别为4级，设计洪水标准为20年一遇；左、右干渠其余段和支渠渠道及其建筑物级别为5级，设计洪水标准为10年一遇。工程场地地震基本烈度小于或等于Ⅵ度。

湖南省水利厅以湘水计〔2015〕41号文将湖南省水利水电勘测设计研究总院编制完成的《湖南省宜章县莽山水库工程初步设计报告》上报水利部。2015年4月21—23日，水规总院在北京召开会议对报告进行了审查，并于2015年6月以水总设〔2015〕810号文将审查意见报送水利部。

按2015年第一季度价格水平，核定工程静态总投资为185 590万元，总投资为189 443万元。工程施工总工期为48个月。（李宁博）

27.《甘肃省引洮供水二期工程初步设计报告》审查　引洮供水工程是以已建九甸峡水利枢纽为水源，从洮河流域调水到严重干旱缺水的甘肃省中部地区，设计多年平均年总引水量5.5亿m^3。工程分两期实施，一期工程已于2014年年底建成通水；二期工程系甘肃省中部干旱地区重要水利基础设施，工程任务是以城乡生活、工业供水为主，兼顾农业灌溉，促进当地群众脱贫致富和生态环境改善；供水范围为定西市安定区、陇西县、通渭县，白银市会宁县，天水市武山县、甘谷县、秦安县及平凉市静宁县共计4市8个县（区）的97个乡镇、1 692个行政村，以及会宁、通渭、静宁、秦安等4个县城。设计水平年多年平均年供水量为31 302万m^3（九甸峡水利枢纽断面），其中城乡生活及工业供水量为21 960万m^3，农业灌溉供水量为9 342万m^3；设计灌溉面积为19 466.7hm^2。

二期工程自引洮供水一期工程总干渠末端马河取水，输水工程沿渭河和祖厉河的分水岭，至会宁党家岘以北的马家河沟，再沿葫芦河与祖厉河分水岭西北侧至会宁县大山川；总干渠渠首设计流量为20m^3/s。建设内容包括引洮二期总干渠、6条干渠、2条分干渠、18条城乡集中供水点输水渠（管）线。总干渠线路长度为95.09km，干渠和分干渠线路长度为299.97km，专用供水管线长度为176.47km。

引洮供水二期工程为Ⅱ等工程。工程总干渠主要建筑物级别为2级，设计洪水标准为50年一遇，校核洪水标准为200年一遇；四、六、七、八、九干渠及渠系建筑物，专用供水管线中的马河供水管线、会宁县城供水管线、叶堡—秦安县城供水管线、锦屏水库输水渠和静宁县城输水渠及渠系主要建筑物（附属建筑物）级别为3级，八干渠1～7号倒虹吸提高一级为2级建筑物，设计洪水标准为30年一遇，校核洪水标准为100年一遇；五干渠、八干一分干渠、八干二分干渠以及祈家湾等13条专用供水管线和渠系主要建筑物（附属建筑物）级别为4级，设计洪水标准为20年一遇，校核洪水标准为50年一遇。八干渠2号隧洞出口至掌里渠段及一分干渠、二分干渠、静宁输水渠工程区地震设防烈度采用7度，其他主要建筑物地震设防烈度采用8度。

甘肃省水利厅以甘水发〔2015〕75号文将甘肃省水利水电勘测设计研究院编制完成的《甘肃省引洮供水二期工程初步设计报告》上报水利部。2015年8月3—5日，水规总院在北京召开会议对报告进行了审查，并于2015年9月以水总设〔2015〕1122号文将审查意见报送水利部。

按2015年上半年价格水平，核定工程静态总投资为717 289万元，总投资为730 609万元。工程施工总工期为70个月。（李宁博）

28.《引黄入冀补淀工程初步设计报告》审查　引黄入冀补淀工程引水线路途经河南省、河北省2省6市（濮阳市、邯郸市、邢台市、衡水市、沧州市、保定市）。工程是国务院批复的《海河流域综合规划（2012—2030年）》确定的水资源配置工程的重要组成部分。工程开发任务是为沿线部分地区农业供水和向白洋淀实施生态补水，缓解沿线地区农业灌溉缺水及地下水超采状况，改善白洋淀生态环境，并可作为沿线地区抗旱应急备用水源。

引黄入冀补淀工程自河南省新、老渠村引黄闸取水入南湖干渠后，沿第三濮清南干渠向西北新开挖渠道经卫河倒虹吸至河北省东风渠，利用现有河道沟渠全程自流输水，最终入白洋淀。主引水线路全长约482km，其中河南境内约84km，河北境内约398km，滏阳河支线全长约27km，各类建筑物518座。

工程为Ⅰ等工程，输水渠道为3级建筑物；穿堤建筑物级别不低于所在堤防级别，引黄闸及金堤节制闸为1级建筑物，卫河倒虹吸、穿漳工程为2级建筑物，其余主要建筑物级别为3级。各建筑物抗震设计烈度为6～7度。

河北省水利厅以冀水规计〔2015〕159号文将黄河勘测规划设计有限公司，河南省水利勘测设计研究有限公司，河北省水利水电第二勘测设计研究院共同编制完成的《引黄入冀补淀工程初步设计报告》上报水利部。2015年9月6—8日，水规总院在北京召开会议对该报告进行了审查，并于2015年9月以水总设〔2015〕1132号文将审查意见报送水利部。

按2015年第二季度价格水平，核定工程静态总投资为424 088万元，总投资为424 088万元。工程总工期为24个月。（李宁博）

29.《河南省前坪水库工程初步设计报告》审查 前坪水库位于淮河流域沙颍河支流北汝河上游，坝址下距河南省洛阳市汝阳县城约9km，是历次淮河流域规划确定的洪水控制性工程，也是沙颍河流域防洪体系的重要组成部分。工程任务是以防洪为主，结合供水、灌溉，兼顾发电等综合利用。

水库正常蓄水位为403.00m，死水位为369.00m，汛期限制水位为400.50m，近期防洪高水位为411.00m，远期防洪高水位为417.20m，设计洪水位为418.36m，校核洪水位为422.41m；水库总库容为5.84亿 m^3，防洪库容为2.1亿 m^3，调节库容为2.61亿 m^3。水库灌区设计灌溉面积为33 866.7 hm^2；多年平均年供水量为16 257万 m^3（出库断面），其中向城镇生活和工业多年平均年供水量为6 159万 m^3，向农业灌溉年供水量为10 098万 m^3。水电站装机容量为6.0MW。

前坪水库为大（2）型Ⅱ等工程，枢纽建筑物由主坝、副坝、开敞式溢洪道、泄洪洞、输水洞、电站厂房、退水闸及灌溉闸等组成。主坝为黏土心墙砂砾石坝，最大坝高90.3m，坝顶长810.0m；右岸垭口副坝为混凝土重力坝，最大坝高11.6m，坝顶长165.0m。主坝建筑物级别提高一级为1级，其他主要建筑物副坝、溢洪道、泄洪洞、输水洞为2级建筑物；电站厂房、退水闸及灌溉闸为3级建筑物。主、副坝设计洪水标准为500年一遇，校核洪水标准分别为5 000年一遇和2 000年一遇，消能防冲建筑物洪水标准为50年一遇；电站厂房设计、校核洪水标准分别为30年一遇和50年一遇。主坝抗震设防烈度提高1度为7度，地震动峰值加速度为0.145g；其他主要建筑物抗震设计烈度为6度，地震动峰值加速度为0.05g。

河南省水利厅以豫水计〔2015〕77号文将河南省水利勘测设计研究有限公司和中水淮河规划设计研究有限公司共同编制完成的《河南省前坪水库工程初步设计报告》上报水利部。2015年8月7—9日，水规总院在北京召开会议对报告进行了审查，并于2015年9月以水总设〔2015〕1120号文将审查意见报送水利部。

按2015年第二季度价格水平，核定工程静态总投资为441 864万元，总投资为446 251万元。工程施工总工期为60个月。 （李宁博）

30.《云南省德厚水库工程初步设计报告》审查 德厚水库位于云南省文山壮族苗族自治州文山市境内，坝址位于红河流域盘龙河上游右岸一级支流德厚河下游，下距文山市31km。德厚水库是《西南五省（自治区、直辖市）重点水源工程近期建设规划》中确定新建的骨干水源工程。工程开发任务为以城乡生活、工业供水和农业灌溉为主，兼顾发电等综合利用。

德厚水库的供水范围涉及平远片区和马塘片区，其供水对象为两片区的城乡生活用水和平远特色农产品加工业园区、马塘工业园区的工业用水；设计灌溉面积为6 186.7hm^2。水库多年平均年供水量为9 449万 m^3，其中城乡生活供水量为2 227万 m^3，工业供水量为4 242万 m^3，农业灌溉供水量为2 980万 m^3。水库电站装机容量为2 200kW，多年平均年发电量为659万kW·h。

德厚水库正常蓄水位为1 377.5m，死水位为1 341.5m，设计洪水位为1 378.10m，校核洪水位为1 380.27m；水库兴利库容为8 975万 m^3，总库容为11 298万 m^3。输水工程总体布局方案为：在德厚水库坝后建设德—平泵站提水，通过德—平输水主管（渠）向平远片区供水；花庄片区的农业供水通过花庄高位水池分水供给；黄龙坝区农业供水利用新建输水隧洞及现有团结大沟进行输水；马塘工业园区供水在引水发电系统预留取水口解决。德—平泵站设计提水流量为2.9m^3/s。

德厚水库工程包括枢纽工程、库区防渗工程和输水工程三大部分。枢纽工程由挡水大坝、开敞式溢洪道、导流泄洪隧洞、引水隧洞、团结大沟输水隧洞以及坝后集中布置的德—平输水泵站、马塘泵站及电站等建筑物组成；大坝采用黏土心墙堆石坝，最大坝高70.9m。库区防渗工程位于咪哩河右岸罗世鲊村至库尾段，采用帷幕灌浆防渗，防渗线路总长2.81km。德—平输水工程采用有压管道接无压渠道输水方式，由输水主管、尾部输水明渠等组成，线路总长13.55km（包括泵站压力管道1.33km）。

德厚水库工程为Ⅱ等工程。枢纽工程主要建筑物大坝、溢洪道和导流泄洪隧洞为2级建筑物，坝后电站、泵站以及引水隧洞和团结大沟输水隧洞级别为3级。大坝及泄洪建筑物设计洪水标准为100年一遇，校核洪水标准为5 000年一遇；坝后电站与泵站设计洪水标准为30年一遇，校核洪水标准为100年一遇；消能防冲建筑物设计洪水标准为50年一遇。输水工程主要建筑物级别为3级，设计洪水标准为30年一遇，校核洪水标准为50年一遇。工程区场地地震基本烈度为Ⅵ度。

云南省水利厅以云水规计〔2015〕104号文将云南省水利水电勘测设计研究院编制完成的《云南省德厚水库工程初步设计报告》上报水利部。2015年9月22—23日，水规总院在北京召开会议对报告进行了审查，并于2015年10月以水总设〔2015〕1212号文将审查意见报送水利部。

按2015年7月价格水平，核定工程静态总投资为224 776万元，总投资227 079万元。工程施工总工期为48个月。 （李宁博）

31.《察尔森水库除险加固工程初步设计报告》审查 察尔森水库位于嫩江支流洮儿河中游，内蒙古自治区科右前旗境内，坝址位于察尔森镇北1.7km

处，距乌兰浩特市 32km。水库现状总库容为 12.53 亿 m^3，是一座以防洪、灌溉为主，结合发电、养殖等综合利用的大（1）型水利枢纽工程，也是洮儿河干流上唯一一座控制性骨干工程。

1998 年嫩江大洪水后，水库虽进行过两次水毁应急修复，部分主体建筑物仍存在安全隐患以及金属结构和机电设备陈旧老化等问题。2011 年 5 月南京水利科学研究院对水库大坝进行了安全鉴定，并于 2011 年 6 月通过了水利部松辽水利委员会组织的水库大坝安全鉴定审查，同年 7 月，水利部大坝安全管理中心对鉴定结果进行了核查，核定大坝为三类坝。

本工程为Ⅰ等工程，同意本次除险加固的主要建筑物大坝、溢洪道、泄洪洞为 1 级建筑物，次要建筑物按 3 级设计。基本同意溢洪道、泄洪洞进口边坡级别为 2 级。主要建筑物设计洪水标准为 500 年一遇，校核洪水标准为 10 000 年一遇，消能防冲建筑物设计洪水标准为 100 年一遇。大坝、溢洪道控制段抗震设计烈度采用 7 度，设计地震动峰值加速度采用 0.1g，其他主要建筑物地震设计烈度为 6 度。

除险加固维持原有枢纽布置方案。根据水库大坝安全鉴定核查意见及工程现状，除险加固主要内容包括：大坝基础防渗处理、坝顶改造、上下游护坡及下游排水棱体加固、下游填塘，溢洪道控制段局部拆除重建、进水渠改造、泄槽和挑流鼻坎加固，泄洪洞进水口清淤、近坝岸坡加固、进水口启闭机室拆除重建、洞身加固，增设生态放水设施，以及交通道路及安全监测系统改造等。

松辽水利委员会以松辽规计〔2014〕370 号文将中水东北勘测设计研究有限责任公司编制完成的《察尔森水库除险加固工程初步设计报告》上报水利部。2015 年 1 月 24—25 日，水规总院在北京召开会议对报告进行了审查，并于 2015 年 3 月以水总设〔2015〕441 号文将审查报送水利部。

按 2014 年第四季度价格水平，核定工程静态总投资为 21 870 万元，总投资为 21 870 万元。

（李宁博）

32.《吉林省西部地区雨洪资源综合利用河湖连通供水工程项目建议书》审查　吉林西部地区位于我国北部半干旱气候区，属嫩江流域和松花江流域，该地区的哈达山、引嫩入白、大安灌区、引洮分洪入向等河湖水系骨干工程体系已基本建成，为实现区域内河湖水系连通创造了良好的基础条件。《吉林省西部地区雨洪资源综合利用河湖连通供水工程规划报告》业经水利部和吉林省人民政府联合批复（水规计〔2015〕103 号），工程是国务院确定的 172 项重大水利工程项目之一。工程任务为充分利用现有供水工程体系，在保障区域经济社会用水的基础上，通过实施雨洪资源综合利用河湖连通供水工程，合理调配和利用洪水等资源，向吉林省西部地区的重要湖泡、湿地供水，回补地下水，恢复和改善区域生态环境。

工程建设任务为：充分利用现有供水工程体系，在保障区域经济社会用水的基础上，合理调配和利用洪水等资源，向吉林省西部地区的重要湖泡、湿地供水，回补地下水，恢复和改善区域生态环境。

工程连通供水范围涉及白城市的镇赉县、大安市、洮南市、通榆县和洮北区，松原市的乾安县、前郭县，长春市的农安县，共 8 个县（市、区）境内的 203 个湖泡及其周边湿地；2030 年规划区多年平均年引洪水量为 3.32 亿 m^3（取水口断面）。

工程总体布局为：依托现有的引嫩入白供水、哈达山水利枢纽、引洮分洪入向、大安灌区、白沙滩灌区、哈吐气灌区、前郭灌区、松原灌区（规划）等工程，利用松花江、嫩江、洮儿河、霍林河的洪水资源及灌溉回归水量对规划区内的 203 个（含已有工程利用的 7 个）湿地、湖、泡、水库进行补水；初拟工程建设内容为：利用现有渠道 602km 和松原灌区待建渠道 305km（总长 907km），扩建改造 345km，新建渠道 110km，新建或重建泵站 9 座、水闸 119 座、倒虹吸 6 座及相关路涵、县乡公路桥、农用桥等。

吉林省水利厅以吉水规计〔2015〕469 号文将吉林省水利水电勘测设计研究院编制完成的《吉林省西部地区雨洪资源综合利用河湖连通供水工程项目建议书》上报水利部。2015 年 5 月 20—22 日，水规总院在北京召开会议对项目建议书进行了审查，并于 2015 年 8 月以水总设〔2015〕1016 号文将审查意见报送水利部。

按 2015 年二季度价格水平，估算工程静态总投资为 444 719 万元，总投资为 444 719 万元。工程施工总工期为 48 个月。（李宁博）

33.《青海省湟水北干渠扶贫灌溉二期工程可行性研究报告》审查　湟水北干渠扶贫灌溉工程位于青海省东部湟水河北岸，是引大济湟工程的重要组成部分，工程以黑泉水库为供水水源，由一条总干渠、三条分干渠、松多反调节水库及支斗渠等田间配套工程组成，主要解决湟水流域北岸浅山干旱地带缺水问题。工程分二期实施，一期工程已于 2006 年 9 月开工建设，建设内容包括总干渠、二分干渠、支渠及田间配套等工程；二期工程建设内容包括一分干渠、三分干渠、干渠支渠（直斗渠）、分干支渠、松多水库及田间配套工程。

工程供水范围包括大通、互助、乐都等 3 县的农田和林草灌溉面积 26 666.7hm^2，以及海东市乐都区城镇供水。二期工程向农业灌溉配置水量为 8 100 万 m^3，向乐都区工业配置水量 1 695 万 m^3。灌区工程总体布局为：一分干水量通过南门峡水库调蓄，共用南门峡西干渠前段（需扩建）后实施供水，新建反调节松多水库位于总干渠后段，可调节总干渠以及三分干灌面供水量。松多水库为小（1）型水库，正常蓄水位为 2 763.10m，兴利库容为 545 万 m^3，总库容为 789.5 万 m^3。一分干渠首设计流量为 $2.02m^3/s$，三分干渠首设计流量为 $3.63m^3/s$。

灌区工程由 2 条分干渠、18 条支渠、7 条干斗和田间配套工程等组成；渠道总长 314km；共有各类建筑物 1 079 座，其中隧洞 65 座，倒虹吸 22 座，渡槽 94 座，其他各类建筑物 898 座。松多水库由壤土心墙堆石坝、左岸开敞式溢洪道、右岸放水洞及与北干渠衔接的放水建筑物，以及库区右岸入库引水隧洞等建筑物组成。

工程为Ⅱ等工程，分干渠、支渠渠道及其渠系建筑物级别为 5 级，设计洪水标准为 10 年一遇，其中 1 号倒虹吸级别提高一级为 4 级；松多水库大坝、溢洪道、引水洞和放水洞等主要建筑物为 4 级，设计洪水标准为 50 年一遇，校核洪水标准为 1 000 年一遇，消能防冲洪水标准为 20 年一遇；松多水库和灌区主要建筑物抗震设计烈度采用工程区地震基本烈度为Ⅶ度。

青海省水利厅以青水规〔2015〕18 号文将青海省水利水电勘测设计研究院编制完成的《青海省湟水北干渠扶贫灌溉二期工程可行性研究报告》上报水利部。2015 年 3 月 23—25 日，水规总院在北京召开会议对该报告进行了审查，并于 2015 年 7 月以水总设〔2015〕812 号文将审查意见报送水利部。

按 2015 年 4 月价格水平，核定工程静态总投资为 337 904 万元，总投资为 337 904 万元。工程施工总工期为 54 个月。（李宁博）

34.《四川省达州市土溪口水库工程可行性研究报告》审查　四川省达州市土溪口水库位于州河支流前河上游峡谷河段，坝址控制流域面积 1 041km^2，主要防洪保护对象为达州市区和宣汉县城。土溪口水库是水利部和四川省人民政府批复的《四川省渠江流域防洪规划》中确定的近期兴建的防洪控制性水库，是国务院确定的 172 项重大供水节水项目之一。工程开发任务以防洪为主，兼顾发电。

水库正常蓄水位为 562.00m，汛期限制水位为 526.00m，防洪高水位为 562.50m，设计洪水位为 562.50m，校核洪水位为 562.80m；防洪库容为 1.05 亿 m^3，兴利库容为 1.03 亿 m^3，总库容为 1.60 亿 m^3；电站装机容量为 51MW，多年平均年发电量为 1.73 亿 kW·h。

枢纽工程由拦河坝和电站厂房组成。拦河坝布置在河床，为碾压式混凝土拱坝，最大坝高 132m，坝身布置泄洪表孔及底孔，下游布置二道坝与水垫塘结合的消能设施；左岸布置发电引水系统及岸边电站厂房，生态放水管从发电钢管引接。

工程为大（2）型Ⅱ等工程，混凝土拱坝坝高已超过 130m，大坝、坝身泄水建筑物级别提高一级为 1 级建筑物，大坝下游水垫塘及二道坝等消能防冲建筑物级别为 2 级；混凝土拱坝设计洪水标准为 100 年一遇，校核洪水标准为 1 000 年一遇；消能防冲建筑物洪水标准为 50 年一遇；发电引水系统及电站厂房为 3 级建筑物，电站厂房设计洪水标准为 50 年一遇，校核洪水标准为 200 年一遇。混凝土拱坝抗震设计烈度提高 1 度，为 7 度，采用 100 年超越概率 2% 的地震动峰值加速度 0.12g；其他主要建筑物抗震设计烈度采用工程区地震基本烈度Ⅵ度。

四川省水利厅以川水〔2015〕15 号文将四川省水利水电勘测设计研究院编制完成的《四川省达州市土溪口水库工程可行性研究报告》上报水利部。2015 年 4 月 17—19 日，水规总院在北京召开会议对该报告进行了审查，并于 2015 年 8 月以水总设〔2015〕965 号文将审查意见报送水利部。

按 2015 年第二季度价格水平，核定工程静态总投资为 392 686 万元，总投资为 394 616 万元（不含送出工程投资）。工程施工总工期为 55 个月。

（李宁博）

35.《引江济淮工程可行性研究报告》审查　引江济淮工程沟通长江、淮河两大流域，穿越皖江城市带、合肥经济圈和中原经济区三大区域发展战略区，地跨皖豫 2 省 14 市 55 县（市、区），是历次淮河流域综合规划和长江流域综合规划中明确提出的由长江下游向淮河中游地区跨流域补水的重大水资源配置工程。工程开发任务为以城乡供水、发展江淮航运为主，结合农业灌溉补水，兼顾改善巢湖及淮河水生态环境等综合利用。

工程供水范围包含安庆、芜湖、马鞍山、合肥、六安、滁州、淮南、蚌埠、淮北、宿州、阜阳、亳州、周口和商丘 14 市 55 县（市、区），其中安徽省 12 市 46 县（市、区），河南省 2 市 9 县（市、区）。2040 年供水人口为 5 117 万人，淮河流域农业灌溉补水面积为 723 333.3hm^2。工程实施后，对有效缓解沿淮及淮北地区长期以来的缺水矛盾，完善江淮航运体系，缓解巢湖及淮河水环境恶化趋势，充分发挥水资源综合利用效益，促进区域经济社会协调可持续发展和水生态文明建设具有重要意义。

工程总体布局方案为：在长江干流左岸西兆河凤凰颈闸、菜子湖枞阳闸取水双线引江；西兆河线再从兆河闸上开口，在巢湖南岸新开挖明渠和箱涵，途中接引菜子湖线引江水后输水至派河口泵站；派河泵站以后，再经蜀山泵站提水开挖平底明渠穿过江淮分水岭，经东淝河入淮；淮河以北利用沙颍河、涡河、西淝河等向安徽、河南受水区供水。

工程建设内容主要为：引江济巢、江淮沟通、江水北送三段输水航运线路、枢纽建筑物、跨河建筑物、跨河桥梁及影响处理工程等。输水线路总长 1 048.68km，其中利用现有河湖长 634.01km，疏浚扩挖 200.01km，新开明渠 114.66km，布设压力管道

100km。控制性节点和枢纽建筑物包括：枞阳引江枢纽、庐江节制闸、凤凰颈引江枢纽、兆河节制枢纽、白山节制枢纽、派河口泵站枢纽、蜀山泵站枢纽以及东淝闸枢纽等8大枢纽工程，江水北送段的12座梯级泵站，以及杭埠河倒虹吸、舒庐干渠高架倒虹吸、庐南分干渠高架倒虹吸、淠河总干渡槽等跨河建筑物。

引江济淮工程为Ⅰ等工程。淮河以南输水干线渠道以及各枢纽主要建筑物为1级建筑物；各枢纽主要建筑物的设计洪水标准为100年一遇，校核洪水标准为300年一遇；利用河道输水的两岸堤防，其洪水标准采用相应被保护区的防洪标准。根据国家发展改革委批复意见，引江济巢段按Ⅲ级航道标准设计，船闸级别为Ⅲ级；江淮沟通段按Ⅱ级航道标准设计，船闸级别为Ⅱ级；闸首、闸室为2级建筑物，导航、靠船建筑物为3级，与枢纽挡水建筑物同轴线布置的闸首为1级建筑物；输水干线交叉建筑物杭埠河倒虹吸为1级建筑物，设计洪水标准为100年一遇，校核洪水标准为300年一遇。跨输水干线的淠河总干渠渡槽、舒庐干渠及庐南干渠倒虹吸为1级建筑物，设计洪水标准为100年一遇，校核洪水标准为300年一遇。江水北送各泵站根据装机流量和装机功率确定为2级、3级、4级建筑物，设计洪水标准分别为50年一遇、30年一遇、20年一遇，校核洪水标准分别200年一遇、100年一遇、50年一遇。工程区主要建筑物抗震设计烈度采用地震基本烈度为Ⅵ～Ⅶ度。

安徽省水利厅以皖水规计〔2015〕88号文将安徽省水利水电勘测设计研究院编制完成的《引江济淮工程可行性研究报告》上报水利部。2015年7月15—17日，水规总院在北京召开会议对报告进行了审查，并于2015年11月以水总设〔2015〕1321号文将审查意见报送水利部。

按2015年第二季度价格水平，审定工程静态总投资为8 474 445万元，总投资为8 729 337万元。工程控制施工总工期为72个月。 （李宁博）

36.《新疆叶尔羌河阿尔塔什水利枢纽工程初步设计报告》审查 阿尔塔什水利枢纽工程位于塔里木河源流之一的叶尔羌河干流山区下游河段的新疆维吾尔自治区克孜勒苏柯尔克孜自治州（简称克州）阿克陶县库斯拉甫乡境内，是一座在保证向塔里木河干流生态供水目标的前提下，承担防洪、灌溉、发电等综合利用任务的大型骨干水利枢纽工程。

水库枢纽工程总体布置为：主河床布置混凝土面板砂砾石堆石坝，最大坝高164.8m，坝顶长795.0m；左岸往山里依次布置2号深孔放空排沙洞、中孔泄洪洞、1号表孔溢洪洞、2号表孔溢洪洞；右岸布置发电引水系统及1号深孔放空排沙洞；引水式地面厂房位于下游克孜拉孜沟南侧1.8km的右岸；生态基流引水发电洞从2号发电洞引接，生态电站厂房布置在坝下右岸；过鱼设施布置在大坝右岸。

水库工程正常蓄水位为1 820.00m，汛期限制水位为1 813.00m，防洪库容为1.14亿m^3，总库容为22.49亿m^3；电站装机容量为755MW。

水规总院在北京召开会议对由新疆维吾尔自治区水利厅报送水利部的《新疆叶尔羌河阿尔塔什水利枢纽工程初步设计报告》（新水厅〔2014〕94号）进行了审查，并于2015年4月以水总设〔2015〕398号文将审查意见上报水利部。

按2014年第三季度价格水平，审定该工程静态总投资为1 013 315万元，总投资为1 098 573万元。工程施工总工期为74个月。 （杨洪洁）

37.《贵州省夹岩水利枢纽及黔西北供水工程初步设计报告》审查 夹岩水利枢纽及黔西北供水工程位于贵州省西北部，主要由水源工程、毕大供水工程和灌区骨干输水工程组成，其中水源工程夹岩水利枢纽坝址位于长江流域乌江一级支流六冲河中游，供水工程受水区及灌区主要涉及黔西北的毕节市和遵义市的西南部区域。工程的开发任务为：以供水和灌溉为主，兼顾发电，并为区域扶贫开发及改善生态环境创造条件。受水区包括毕节—大方城区、遵义市中心城区、黔西县城、金沙县城、纳雍县城、织金县城、仁怀市等7个城镇（区）以及8个工业园区及七星关火电厂、69个乡镇、365个农村集中聚居点。

工程设计灌溉面积为60 020hm^2，其中新增灌溉面积57 013.3hm^2，改善灌溉面积3 006.7hm^2。夹岩水利枢纽多年平均年供水量为6.88亿m^3，其中城市年供水量为3.72亿m^3，乡镇年供水量为0.55亿m^3，农村人畜年供水量为0.28亿m^3，农业灌溉年供水量为2.33亿m^3。坝后电站装机容量为90MW，多年平均年发电量为2.2亿kW·h。

水库正常蓄水位为1 305.00m，水库调节库容为4.52亿m^3，总库容为13.23亿m^3。总干渠渠首设计流量为34m^3/s，毕大提水工程设计流量为6m^3/s。水源工程包括混凝土面板堆石坝（最大坝高154m）、溢洪道、泄洪放空隧洞、坝后引水发电系统以及陈家大沟挡渣坝；上游库尾伏流段大、中天桥处布置两条分洪隧洞，小天桥处布置分洪明渠。毕大供水工程采用有压隧洞库内取水、一级泵站提水，出水池后采用自流无压隧洞接有压管道的方式输水，有压取水隧洞长0.77km；泵站出水池后供水工程线路总长约26.38km。灌区骨干输水工程由总干渠、北干渠、南干渠、金遵干渠、黔西分干渠和金沙分干渠、支渠（管）及灌区泵站等组成。骨干渠道总长648.19km。

2015年2月1—5日，水规总院在贵州省贵阳市召开会议对贵州省水利厅上报水利部的《贵州省夹岩水利枢纽及黔西北供水工程初步设计报告》（黔水呈〔2014〕84号）进行了审查，会后，设计单位根据讨论意见对该报告进行了修改和完善，并于2015年3月以水总设〔2015〕230号文将审查意见报送水利部。

按2014年第三季度价格水平，审定该工程静态总投资1 816 453万元，总投资1 864 890万元。工程施工总工期为66个月。（杨洪洁）

38.《海南省海口市南渡江引水工程初步设计报告》审查　南渡江引水工程位于海南省海口市境内，是海南省“十二五”规划建设的水利项目，是实现海口市水资源优化配置的关键性工程。南渡江引水工程开发任务为以城镇生活工业供水和农业灌溉为主，兼顾改善五源河防洪排涝条件等综合利用。工程供水范围包括海口市主城区、羊山地区，以及云龙产业园、美安科技新城、狮子岭产业园、观澜湖旅游度假区等4个产业园区。设计新增灌溉面积为7 300hm^2。

迈湾水利枢纽建成前，设计水平年2030年南渡江引水工程多年平均年引水量为29 760万m^3。迈湾水利枢纽建成后，设计水平年2030年南渡江引水工程多年平均年引水量为33 665万m^3。

工程建设内容包括：东山取水首部枢纽、水源提水泵站、分水泵站、灌溉泵站、输配水工程、五源河防洪治涝综合整治工程及水库连通工程等。东山闸坝正常蓄水位为15.00m。东山供水、灌溉泵站设计引水流量合计为13.3m^3/s，龙塘左岸泵站设计流量为2.4m^3/s，龙塘右岸泵站设计流量为3.1m^3/s。

工程供水线路总长50.34km；五源河综合整治工程河段长12.57km；永庄水库至沙坡水库连通工程全长3.02km；灌溉工程新建灌区配套泵站10座，灌溉总干管总长5.93km。

2015年8月30日至9月1日，水规总院在北京召开会议对海南省水务厅上报水利部的《海南省海口市南渡江引水工程初步设计报告》（海水函〔2015〕201号）进行了审查，会后，对设计报告进行了修改和完善。水规总院于2015年10月以水总设〔2015〕1166号文将审查意见报送水利部。

按2015年第二季度价格水平，审定该工程静态总投资为353 393万元，总投资为362 105万元。工程施工总工期为48个月。（杨洪洁）

39.《广东省韩江高陂水利枢纽工程初步设计报告》审查　韩江高陂水利枢纽工程位于广东省大埔县境内韩江干流上，距大埔县城约15km，是水利部批复的《韩江干流防洪及梯级开发补充规划报告》及《韩江下游及三角洲河段综合整治开发规划报告》中确定的大型水利枢纽工程。该工程开发任务为以防洪、供水为主，兼顾发电和航运等综合利用。

工程建成后，通过与上游汀江棉花滩水库联合调度，结合下游堤防达标建设，将韩江下游及三角洲地区的韩江南北堤、汕头大围防洪标准由50年一遇提高至100年一遇，上蓬围、一八围、苏溪围、苏北围等堤围防洪标准由30年一遇提高至50年一遇；通过调蓄枯水期径流，与棉花滩水库、潮州水利枢纽及河口五闸等工程联合运用，提高下游及三角洲地区的供水保证率；还可合理利用韩江水力资源，向粤东地区提供电力电量，缓解粤东电网电力供需矛盾，并改善韩江干流的航运条件，对促进粤东原中央苏区经济社会可持续发展具有重要作用。

韩江（高陂）水利枢纽正常蓄水位为38.00m，死水位为28.00m，发电最低运行水位为30.00m，50年一遇防洪高水位为44.67m，100年一遇防洪高水位为47.44m，100年一遇设计洪水位为47.44m，1 000年一遇校核洪水位为47.44m；水库调节库容为0.94亿m^3，死库容为0.04亿m^3，防洪库容为2.67亿m^3，总库容为3.66亿m^3；电站装机容量为100MW，多年平均年发电量为4.01亿kW·h。

韩江高陂水利枢纽工程总体布置为：泄水闸布置在河床中央，包括18孔胸墙式泄洪闸及1孔开敞式排漂孔，泄流总净宽266.0m；泄水建筑物左侧布置船闸，右侧布置电站厂房。两岸采用碾压混凝土重力坝连接，鱼道布置于电站厂房右侧。

2015年8月，广东省水利厅以水建管计〔2015〕75号文将广东省水利电力勘测设计研究院编制完成的《广东省韩江高陂水利枢纽工程初步设计报告》上报水利部。2015年9月9—11日，水规总院在北京召开会议对该报告进行了审查。会后，设计单位对该报告进行了修改和完善。水规总院于2015年10月以水总设〔2015〕1176号文将审查意见上报水利部。

按2015年第二季度价格水平，审定该工程静态总投资为575 815万元，总投资为591 866万元。工程施工总工期为66个月。（杨洪洁）

40.《黑龙江省诺敏河阁山水库工程初步设计报告》审查　阁山水库位于黑龙江省绥化市境内的呼兰河一级支流诺敏河上游，工程已列入《全国大型水库建设总体安排意见（2013—2015年）》。工程的开发任务以灌溉、城镇供水为主，兼顾防洪、发电等综合利用。

阁山水库设计灌溉面积为95 893.3hm^2。2030年阁山水库多年平均年供水量为16 828万m^3（出库断面），同时通过与向阳水库、红兴水库、泥河水库联合调度，可新增城镇供水量5 671万m^3。水库正常蓄水位为230.00m，兴利库容为2.19亿m^3，防洪库容为0.81亿m^3，总库容为4.04亿m^3；电站装机容量为4MW，多年平均年发电量945万kW·h。

2015年9月15—17日，水规总院在北京召开会议对由黑龙江省水利厅上报水利部的《黑龙江省诺敏河阁山水库工程初步设计报告》（黑水呈〔2015〕101号）进行了审查，并于2015年11月以水总设〔2015〕1252号文将审查意见上报水利部。

按2015年第三季度价格水平，审定该工程静态总投资为383 109万元，总投资为385 189万元。工

程施工总工期为 46 个月。（汤洪洁）

41.《陕西省引汉济渭工程初步设计报告》审查　陕西省引汉济渭工程是从陕南汉江干流上游调水至渭河流域关中地区的大型跨流域调水工程。工程建设任务是向陕西省渭河沿岸重要城市、县城、工业园区供水，逐步退还挤占的农业与生态用水，促进区域经济社会可持续发展和生态环境改善。工程由黄金峡水利枢纽、三河口水利枢纽和秦岭输水隧洞组成。

工程 2025 年多年平均年调水量为 10 亿 m^3，在南水北调后续水源工程建成后，2030 年多年平均年调水量为 15 亿 m^3；2025 年和 2030 年分别向受水区供水 9.3 亿 m^3 和 13.95 亿 m^3（黄池沟节点）。

工程总体布局为：在汉江干流兴建黄金峡水库及在其支流子午河兴建三河口水库为水源，由黄金峡泵站自黄金峡水库提水，入秦岭输水隧洞（含黄三段和越岭段）输水至黑河金盆水库下游黄池沟；当黄金峡泵站抽水流量小于受水区需水要求时，由三河口水库通过连接洞补充供水至秦岭输水隧洞；当黄金峡泵站抽水流量大于受水区需水要求时，富余的水量通过连接洞由三河口泵站抽水入三河口水库存蓄。

黄金峡水利枢纽。主河槽布置混凝土溢流坝段，其左侧布置泄洪冲沙底孔坝段，左岸联合布置泵站、电站坝段及坝后泵站厂房和电站厂房，其余布置混凝土挡水坝段，溢流坝段右侧边孔布置通航建筑物，生态放水设施布置在纵向围堰坝段，鱼道布置在左岸。

三河口水利枢纽。河床布置碾压混凝土拱坝，坝顶拱冠布置开敞式溢流堰、底部布置泄流底孔，坝后右岸布置供水发电系统及厂房建筑物，大坝下游右岸通过设置连接洞与秦岭隧洞控制闸相接。下阶段应在复核底孔功能及运行安全要求的基础上，优化底孔布置和结构设计。

秦岭输水隧洞。隧洞由黄三段和越岭段两段组成，中间通过控制闸连接。黄三段隧洞起点接黄金峡水利枢纽泵站出水池，末端通过控制闸与秦岭输水隧洞越岭段和三河口水利枢纽连接洞相接，越岭段隧洞出口位于渭河一级支流黑河金盆水库下游右侧支流黄池沟。秦岭输水隧洞总长 98.26km，其中黄三段隧洞长 16.481km，越岭段隧洞长 81.779km，隧洞最大埋深 2 000m。

引汉济渭工程为Ⅰ等工程。黄金峡水利枢纽主要建筑物混凝土重力坝挡水、泄水坝段为 2 级建筑物；河床式泵站厂房根据装机容量为 1 级建筑物，坝后电站厂房为 3 级建筑物；升船机和过鱼建筑物与坝体结合部分为 2 级建筑物，上、下游升降段为 3 级建筑物，下游导航、靠船建筑物为 4 级建筑物；大坝左岸边坡级别为 1 级，右岸边坡级别为 2 级，2 号滑坡体边坡级别为 5 级。重力坝设计洪水标准为 100 年一遇，校核洪水标准为 1 000 年一遇；泵站厂房设计洪水标准为 100 年一遇，挡水部分校核洪水标准与大坝一致，为 1 000 年一遇，非挡水部分校核洪水标准为 300 年一遇；电站厂房设计洪水标准为 50 年一遇，校核洪水标准为 200 年一遇；下游消能防冲建筑物设计洪水标准为 50 年一遇。

三河口水利枢纽主要建筑物混凝土拱坝及其边坡、供水发电系统流道部分为 1 级建筑物，供水发电系统厂房及坝后消能防冲建筑物为 2 级建筑物，大坝下游雾化区边坡级别为 3 级。大坝设计洪水标准为 500 年一遇，校核洪水标准为 2 000 年一遇；供水发电系统厂房设计洪水标准为 50 年一遇，校核洪水标准为 200 年一遇；下游消能防冲建筑物设计洪水标准采用 50 年一遇，并按 200 年一遇进行校核。

秦岭输水隧洞主要建筑物隧洞主洞、交通洞、检修洞及控制闸为 1 级建筑物；各隧洞出口主要建筑物设计洪水标准采用 50 年一遇，校核洪水标准采用 200 年一遇。

陕西省水利厅、陕西省发展和改革委员会共同以陕水字〔2014〕91 号文将陕西省水利电力勘测设计研究院、长江勘测规划设计研究有限责任公司、黄河勘测规划设计有限公司与中铁第一勘察设计院集团有限公司联合编制的《陕西省引汉济渭工程初步设计报告》上报水利部。水规总院在北京召开会议对该报告进行了审查。会后，设计单位根据会议讨论意见对该报告进行了修改和完善，并提交了修改后的报告。2015 年 4 月，水规总院以水总设〔2015〕401 号文将审查意见报送水利部。

按 2014 年第四季度价格水平，审定工程静态总投资为 1 751 253 万元，总投资为 1 912 549 万元。结合黄金峡水利枢纽、三河口水利枢纽以及秦岭输水隧洞工程施工进度安排，引汉济渭工程施工总工期为 78 个月。（文学鸿）

42.《广西落久水利枢纽工程初步设计报告》审查　广西落久水利枢纽工程位于广西壮族自治区柳州市融水苗族自治县境内的融江支流贝江下游，下距融水县城约 13km，距下游柳州市约 121km。落久水利枢纽工程是国务院批准的《珠江流域综合规划》《珠江流域防洪规划》确定的综合利用水利枢纽工程和柳江防洪控制性工程之一。工程任务以防洪为主，兼顾灌溉、供水、发电和航运等综合利用。

落久水库正常蓄水位为 153.50m，死水位为 142.00m，汛期限制水位为 142.00m，防洪高水位、设计洪水位均为 161.00m，校核洪水位为 161.13m；水库总库容为 3.46 亿 m^3，防洪库容为 2.50 亿 m^3；水库灌区设计灌溉面积为 5 893.3hm^2；多年平均年供水量为 6 292 万 m^3，其中向城镇生活和工业多年平均年供水量为 2 738 万 m^3，向农业灌溉年供水量为 3 554 万 m^3；水电站装机容量为 42MW，多年平均年发电量为 14 177 万 kW·h；榄口灌区干渠渠首设计流量为 6.52m^3/s，向融水县城供水的设计流量为 0.87m^3/s。

工程总体布置为：河床中部布置泄水坝段，右岸布置电站坝段，两岸布置非溢流坝段，右岸布置鱼道，左岸预留升船机位置，右岸坝后布置电站厂房，主坝碾压混凝土重力坝最大坝高为 59.8m；在榄口村小支流分水岭处布置混凝土重力坝副坝，坝前布置灌溉及供水取水塔，坝基埋设灌溉及供水涵管，坝后布置灌溉泵站和供水闸阀室，副坝最大坝高为 15.8m。

工程为大（2）型Ⅱ等工程。主坝挡水与泄水、发电引水与鱼道挡水部分等建筑物，以及副坝挡水和灌溉及供水取水等建筑物级别为 2 级，坝后式电站厂房和鱼道其他部分建筑物级别为 3 级；榄口灌溉泵站主要建筑物级别为 4 级。主坝和副坝设计洪水标准为 100 年一遇，校核洪水标准为 1 000 年一遇；电站厂房设计洪水标准为 50 年一遇，校核洪水标准为 200 年一遇；消能防冲建筑物洪水标准为 50 年一遇。主要建筑物抗震设计烈度为 6 度。

广西壮族自治区水利厅以桂水规计〔2015〕52 号文将广西壮族自治区柳州水利电力勘测设计研究院和广西壮族自治区水利电力勘测设计研究院联合编制的《广西落久水利枢纽工程初步设计报告》上报水利部。2015 年 8 月 7—9 日，水规总院在北京召开会议对该报告进行了审查。会后，设计单位对该报告进行了修改和完善。2015 年 10 月，水规总院以水总设〔2015〕1215 号文将审查意见报送水利部。

按 2015 年第二季度价格水平，核定工程静态总投资为 266 968 万元，总投资为 268 842 万元。工程施工总工期为 40 个月。（文学鸿）

43.《山东省庄里水库工程初步设计报告》审查　庄里水库工程位于山东省南四湖湖东地区十字河流域，地处枣庄市的滕州市和山亭区境内，坝址位于滕州市羊庄镇西江和前台村北。该工程任务为工业供水、防洪、灌溉、发电等综合利用。

水库正常蓄水位为 114.56m，死水位为 101.32m，汛期限制水位为 114.56m，防洪高水位为 116.13m，设计洪水位为 116.72m，校核洪水位为 118.87m，兴利库容为 8 000 万 m^3，总库容为 1.3 亿 m^3。工程供水范围为滕州市木石镇鲁南煤化工基地工业供水和水库以下济枣高速公路以北羊庄镇大部分地区农业灌溉供水，设计灌溉面积为 3 333.3hm^2。设计水平年水库多年平均年供水量为 3 868 万 m^3，其中为煤化工基地供水 2 184 万 m^3，为农业灌溉供水 772 万 m^3，为生态补水 912 万 m^3；坝后电站装机容量为 510kW，多年平均年发电量为 96 万 kW·h。

工程总体布置为：主河床布置混凝土泄洪与连接坝段（含南、北放水洞），两侧滩地和低洼地布置壤土均质坝；北放水洞坝后接地面厂房，电站尾水池设工业、灌溉和生态供水三个出水口。坝轴线总长约 3 124 m，混凝土泄洪坝段最大坝高 43.90m，壤土均质坝最大坝高 32.44m；坝顶高程为 119.90m。

本工程为大（2）型Ⅱ等工程。主要建筑物混凝土重力坝段、壤土均质坝、南放水洞与北放水洞为 2 级建筑物，电站厂房及次要建筑物为 3 级。主要建筑物设计洪水标准为 100 年一遇，校核洪水标准为 2 000 年一遇；泄洪消能防冲建筑物洪水标准为 50 年一遇；电站厂房设计洪水标准为 50 年一遇，校核洪水标准为 200 年一遇。工程主要建筑物抗震设计烈度采用 7 度。

山东省水利厅以鲁水发规字〔2015〕55 号文将山东省水利勘测设计院编制的《山东省庄里水库工程初步设计报告》上报水利部。2015 年 8 月 31 日至 9 月 2 日，水规总院在北京召开会议对该报告进行了审查。会后，设计单位对该报告进行了修改和完善。2015 年 10 月，水规总院以水总设〔2015〕1621 号文将审查意见报送水利部。

按 2015 年第二季度价格水平，核定工程静态总投资为 304 407 万元，总投资为 306 896 万元。庄里水库工程施工总工期为 36 个月。（文学鸿）

44.《河北省张家口市乌拉哈达水利枢纽工程项目建议书》审查　乌拉哈达水利枢纽位于河北省张家口市清水河上，控制流域面积为 2 380km^2，是国务院批复的《海河流域防洪规划》提出的清水河防洪控制性工程，并列入了《全国大型水库建设总体安排意见（2013—2015）》（发改农经〔2013〕1528 号）。

工程由东沟的南地水库和西沟的五十家水库组成，设计总库容为 12 033 万 m^3，防洪库容为 1 604 万 m^3，兴利库容为 3 837 万 m^3。其中南地水库正常蓄水位为 994.00m，死水位为 980.00m，汛期限制水位为 993.00m，防洪高水位暨设计洪水位为 997.07m，校核洪水位为 1 001.76 m，总库容为 6 581 万 m^3，防洪库容为 950 万 m^3，兴利库容为 2 576 万 m^3；五十家水库正常蓄水位为 948.00m，死水位为 943.00m，汛期限制水位为 947.00m，防洪高水位暨设计洪水位为 949.34m，校核洪水位为 951.62m，总库容为 5 452 万 m^3，防洪库容为 654 万 m^3，兴利库容为 1 261 万 m^3；水库多年平均每年向张家口市城区供水 1 980 万 m^3。工程开发任务以防洪为主，结合城市供水，兼顾灌溉等综合利用。

乌拉哈达水利枢纽由东坝和西坝组成，东坝、西坝均主要由拦河坝、溢洪道、泄洪排沙洞和放水洞等建筑物组成。河床布置拦河坝，大坝均为黏性土心墙坝，东坝、西坝最大坝高分别为 54.3m 和 41.0m；右岸坝肩布置开敞式溢洪道；左岸山体布置泄洪排沙洞和放水洞。

乌拉哈达水利枢纽工程为Ⅱ等工程，东坝、西坝及其溢洪道、泄洪排沙洞、放水洞等主要建筑物级别为 2 级，次要建筑物级别为 3 级。大坝设计洪水标准为 100 年一遇；校核洪水标准为 2 000 年一遇；消能防冲建筑物洪水标准为50年一遇。主要建筑物按地震基本烈度Ⅶ度设防。

河北省水利厅以冀水规计〔2014〕14号文将河北省水利水电勘测设计研究院编制的《河北省张家口市乌拉哈达水利枢纽工程项目建议书》上报水利部。2015年1月18—20日，水规总院在河北省张家口市召开会议对该项目建议书进行了审查。会后，设计单位根据会议讨论意见对该项目建议书进行了补充和修改。2015年6月8—10日，水规总院对修改后的项目建议书进行了复审，并于2015年8月以水总设〔2015〕957号文将审查意见报送水利部。

按2015年第一季度价格水平，估算工程静态总投资为307 526万元，总投资为307 526万元。工程施工总工期为48个月。 （文学鸿）

45.《青海省引大济湟西干渠工程可行性研究报告》审查 青海省引大济湟西干渠工程位于湟水流域，输水线路北起大通县黑泉水库，南至湟中县甘河工业园，是引大济湟工程的重要组成部分。工程开发任务为供水和灌溉，并为当地群众脱贫致富创造条件。

青海省引大济湟西干渠工程供水对象为西宁市甘河工业园区和大通县、湟中县西起黑泉水库下游、南至西纳川的农业灌溉范围，设计灌溉面积为20 033.3 hm^2，其中农田灌溉面积为16 706.7hm^2，林地灌溉面积为3 326.7hm^2。2030年多年平均每年配置水量为1.84亿m^3（西干渠取水口断面），其中向甘河工业园区配置水量为1.06亿m^3，农业灌溉配置水量为0.78亿m^3。

西干渠工程从黑泉水库右岸新建取水口引水，输水干渠线路穿越大通、湟中县部分丘陵地区，通过倒虹吸跨越湟水河，自流进入已建成的甘河工业园区，并灌溉沿线耕地。取水口渠首设计流量为11.5m^3/s。工程由渠首取水建筑物、1条干渠和29条支渠、渠系建筑物和田间配套工程组成，干渠总长为123.27km，支渠总长为311.74km。

西干渠工程为Ⅲ等工程，渠首取水建筑物级别为2级，设计洪水标准为100年一遇，校核洪水标准为2 000年一遇；干渠渠道、隧洞、渡槽、倒虹吸等主要建筑物级别为3级，1号、3号倒虹吸建筑物级别提高一级为2级，设计洪水标准为20年一遇，校核洪水标准为50年一遇；支渠及渠系建筑物为5级，设计洪水标准为10年一遇；渠首建筑物边坡级别为4级，其他渠系建筑物边坡级别为5级。工程区主要建筑物地震设计烈度采用7度。

青海省水利厅以青水规〔2015〕186号文将青海省水利水电勘测设计研究院编制的《青海省引大济湟西干渠工程可行性研究报告》上报水利部。2015年5月8—10日，水规总院在北京召开会议对该报告进行了审查。会后，设计单位对该报告进行了修改和完善。2015年8月，水规总院以水总设〔2015〕1070号文将审查意见报送水利部。

按2015年4月价格水平，核定工程静态总投资为466 470万元，总投资为474 199万元。工程施工总工期为60个月。 （文学鸿）

46.《黑河黄藏寺水利枢纽工程可行性研究报告》审查 黄藏寺水利枢纽位于黑河干流上游，坝址上距青海省祁连县城约19km，下距莺落峡约80km。工程开发任务为：合理调配黑河中下游生态和经济社会用水，提高黑河水资源综合管理能力，兼顾发电等综合利用。

黄藏寺水利枢纽建成后，可配合中游引水口门改造工程，有计划地向中下游合理配水，提高中游灌区保证率，并替代中游部分平原水库；可改善正义峡断面来水过程和下游生态供水过程，缩短中游闭口时间，缓解中游灌溉用水和下游生态调水之间的矛盾；同时也可为实现黑河水资源的科学调度、合理配置和高效利用及提高黑河水资源综合管理能力创造条件，具有较好的环境效益和社会效益。

黄藏寺水库正常蓄水位为2 628.00m，正常运用死水位为2 580.00m，极限死水位为2 560.00m，汛期限制水位为2 628.00m，500年一遇设计洪水位为2 628.10m，2 000年一遇校核洪水位为2 629.00m；水库总库容为4.06亿m^3，正常运用死库容为0.61亿m^3，调节库容为3.34亿（淤积前）～2.95亿m^3（淤积50年）。水库控制灌溉面积为122 000hm^2，电站装机容量为49MW，多年平均年发电量为2.08亿kW·h。

黄藏寺水利枢纽工程为Ⅱ等工程，混凝土重力坝（包括挡水坝段、溢流表孔坝段、泄洪底孔坝段和发电引水坝段等）等主要建筑物级别为2级，大坝枢纽次要建筑物级别为3级，电站厂房、发电引水洞和尾水洞级别为4级；大坝边坡级别为2级，电站尾水洞边坡级别为4级。混凝土重力坝主要建筑物设计洪水标准为500年一遇，校核洪水标准为2 000年一遇，消能防冲建筑物洪水标准为50年一遇；电站厂房设计洪水标准为50年一遇，校核洪水标准为100年一遇。坝址区50年超越概率10%场地基岩水平动峰值加速度为0.19g，相应地震基本烈度为Ⅷ度，主要建筑物按地震基本烈度设防。

碾压混凝土重力坝枢纽布置为：河床布置拦河坝，引水发电系统布置在右岸山体内；拦河坝上布置放水、泄洪及发电引水进水口等建筑物，依次为左岸挡水坝段、小底孔坝段、溢流坝段、大底孔及发电引水坝段和右岸挡水坝段；引水发电系统采用一洞4机布置形式，电站厂房采用地下厂房形式。碾压混凝土重力坝最大坝高为122m。

黄河水利委员会以黄规计〔2014〕442号文将黄河勘测规划设计有限公司编制的《黑河黄藏寺水利枢

纽工程可行性研究报告》上报水利部。水规总院在北京召开会议对该报告进行了审查。会后，设计单位根据会议讨论意见对该报告进行了修改和完善，并提交了修改后的报告。2015 年 3 月，水规总院以水总设〔2015〕323 号文将审查意见报送水利部。

按 2014 年第三季度价格水平，核定工程静态总投资为 261 313 万元，总投资为 265 485 万元。工程施工总工期为 58 个月。 （文学鸿）

47.《滇中引水工程可行性研究报告》审查 滇中引水工程是国务院批复的《长江流域综合规划简要报告（1990 年修订）》和《全国水资源综合规划（2010—2030 年）》中提出的解决滇中地区严重缺水问题的特大型跨流域调水工程，实施滇中引水工程，可有效缓解滇中地区较长时期内的缺水矛盾，改善河道及高原湖泊的生态及水环境状况，对促进云南省经济社会协调、可持续发展具有重要作用。

滇中引水工程建设任务为：以城镇生活与工业供水为主，兼顾农业和生态用水。水工程由水源工程和输水总干渠工程两大部分组成，水源拟在金沙江石鼓河段大同取水口引水，采用一级地下泵站提水；输水总干渠经过丽江市、大理白族自治州、楚雄彝族自治州、昆明市、玉溪市，终点为红河州的蒙自，线路总长为 661.06km。滇中引水工程设计年引水量为 34.03 亿 m^3（2040 年，渠首断面），其中城镇生活和工业供水量为 22.31 亿 m^3，灌溉供水量为 5.0 亿 m^3，生态环境补水量为 6.72 亿 m^3。石鼓泵站设计流量为 $135m^3/s$，设计净扬程为 218.83m；输水总干渠设计引水流量为 $135\sim20m^3/s$。

工程沿线共布置输水建筑物 129 座，其中隧洞 63 座，总长为 607.40km；渡槽 18 座，倒虹吸 19 座，暗涵 26 座，消能建筑物 3 座（其中消能电站 2 座）；布置分水口门 25 座（其中 10 座分水闸兼做退水闸）、节制闸 17 座、工作闸 7 座、事故闸 28 座、退水闸 33 座等。

滇中引水工程为Ⅰ等工程。石鼓水源工程主要建筑物以及总干渠水源—新庄段的隧洞、倒虹吸、渡槽、暗涵及沿线控制建筑物为 1 级建筑物，主要建筑物设计洪水标准采用 100 年一遇，校核洪水标准为 300 年一遇；总干渠玉溪红河段的曲江倒虹吸、桥头倒虹吸及绿冲河倒虹吸提高一级为 1 级建筑物，其余隧洞、倒虹吸、渡槽、暗涵、沿线控制建筑物及消能建筑物为 2 级建筑物，设计洪水标准为 50 年一遇，校核洪水标准为 200 年一遇。水源工程主要建筑物地震设防烈度采用地震基本烈度Ⅷ度；输水线路主要建筑物地震设防烈度采用地震基本烈度Ⅶ～Ⅷ度。

云南省发展改革委和水利厅共同以云发改农经〔2015〕991 号文将长江勘测规划设计研究有限责任公司、中国电建集团昆明勘测设计研究院有限公司和云南省水利水电勘测设计研究院联合编制的《滇中引水工程可行性研究报告》上报水利部。2015 年 8 月 15—18 日，水规总院在北京召开会议对该报告进行了审查。会后，设计单位根据会议讨论意见对该报告进行了修改和完善，于 2015 年 12 月提出修改后的报告。2015 年 12 月，水规总院以水总设〔2015〕1583 号文将审查意见报送水利部。

按 2015 年第二季度价格水平，估算工程静态总投资为 8 470 947 万元，总投资为 8 810 059 万元。工程施工总工期为 96 个月。 （文学鸿）

48.《四川省李家岩水库工程可行性研究报告》审查 四川省李家岩水库位于四川省成都市崇州市怀远镇青峰岭社区境内岷江一级支流西河上游文井江山区河段。工程开发任务以城乡供水为主，并为成都市提供应急备用水源，兼顾灌溉、发电等综合利用。

李家岩水库正常蓄水位为 763.00m，正常运行死水位为 727.00m，极限死水位为 695.00m，设计洪水位为 764.33m，校核洪水位为 764.85m；水库总库容为 17 141 万 m^3，兴利库容为 11 384 万 m^3，正常运行死水位相应库容为 4 928 万 m^3，其中应急备用库容为 4 209 万 m^3，极限死水位相应库容为 719 万 m^3；电站装机容量为 12MW，多年平均年发电量为 3 841 万 kW·h。灌溉及生态电站和城乡供水取水口设计流量为 $34m^3/s$，灌溉及生态电站设计引水流量为 $15.48m^3/s$，城乡供水取水口设计引水流量为 $24m^3/s$（考虑应急需求）。水库多年平均年供水量为 27 194 万 m^3，其中崇州市主城区年供水 6 990 万 m^3，乡镇及农村社区年供水 2 140 万 m^3，农业灌溉年供水 3 642 万 m^3，成都市年补水 14 422 万 m^3。

李家岩水库工程总体布置为河床布置混凝土面板堆石坝，最大坝高为 123.0m，坝顶长 373.0m；右岸布置溢洪道和泄洪放空洞；左岸布置城乡供水系统，以及灌溉及生态引水发电系统和坝后电站厂房，生态放水管从引水发电钢管引出。

李家岩水库工程为Ⅱ等工程。大坝建筑物级别提高一级为 1 级；溢洪道、泄洪放空洞、城乡供水系统级别为 2 级，设计洪水标准为 500 年一遇，校核洪水标准为 5 000 年一遇，消能防冲建筑物设计洪水标准为 50 年一遇；灌溉及生态引水发电系统和坝后电站厂房为 3 级建筑物，坝后电站厂房设计洪水标准为 50 年一遇，校核洪水标准为 200 年一遇。各主要建筑物边坡级别与相应建筑物级别相同。工程区地震基本烈度为Ⅶ度，大坝采用 100 年超越概率 2%的地震动参数值进行抗震设计；其他建筑物抗震设防烈度采用 7 度，其中泄洪放空及供水建筑物进水口按照 50 年超越概率 5%的地震动参数值复核结构抗震安全性。

四川省水利厅以川水〔2015〕84 号文将四川省水利水电勘测设计研究院编制的《四川省李家岩水库工程可行性研究报告》上报水利部。2015 年 10 月

11—13 日，水规总院在北京召开会议对该报告进行了审查。会后，设计单位对该报告进行了修改和补充。2015 年 12 月，水规总院以水总设〔2015〕1621 号文将审查意见报送水利部。

按 2015 年第三季度价格水平，核定工程静态总投资为 475 628 万元，总投资为 494 690 万元（不含供水水源送出工程投资）。工程施工总工期为 54 个月。

（文学鸿）

49.《三峡（正常运行期）—葛洲坝水利枢纽梯级调度规程》审查　为有效指导三峡水库的调度运用管理，统筹协调防洪、发电、航运、水资源（水量）等调度的要求与关系，充分发挥工程综合利用效益，在以往工作的基础上，编制《三峡（正常运行期）—葛洲坝水利枢纽梯级调度规程》是十分必要的。

调度规程共包括总则、调度运用参数与指标、水文气象情报与预报、调度控制水位与流量、防洪调度、发电调度、航运调度、水资源调度、水工建筑物安全运行、库区及坝下河道管理、水库调度运行管理等部分。

水规总院先后在北京、宜昌组织召开会议，对中国长江三峡集团公司以三峡枢〔2015〕34 号文报送水利部的《三峡（正常运行期）—葛洲坝水利枢纽梯级调度规程》进行了审查和复审，并于 2015 年 3 月以水总规〔2015〕342 号文将审查意见报送水利部。审查意见对下阶段工作提出建议：在条文说明对中小洪水进行必要的说明，同时抓紧中小洪水调度方案研究，及时补充完善规程内容；补充应急调度方案和调度方式的内容；补充该调度规程的条文说明。（李臻）

【技术标准】

1.《水利工程建设标准强制性条文汇编》修订工作　2015 年，受水利部国际合作与科技司委托，水规总院承担了《水利工程建设标准强制性条文汇编》（以下简称《强制性条文汇编》）的编制工作。此项工作以 2010 年版《强制性条文》篇章框架为基础，汇编收录了水利工程建设标准截至 2015 年 12 月 31 日前批准发布的标准，汇编完成了 2016 版《强制性条文汇编》，共涉及 98 项水利工程建设标准，共有 614 条强制性条文。

为便于水利工程建设技术和管理人员学习、理解、掌握、运用强制性条文，更好地开展监督检查和宣贯培训工作，在水利部国际合作与科技司的指导下，水规总院组织中水北方勘测设计研究有限责任公司、长江勘测规划设计研究院的有关专家，依据 2016 版《强制性条文汇编》，编写了 2016 年版《水利工程建设标准强制性条文实施指南》。

2. 标准化管理工作　2015 年，标准化管理工作主要包括组织标准项目建议书的编制和项目申报、编制工作大纲的审查、征求意见稿的印发、送审稿的审查、报批稿的报送以及标准宣贯培训等工作。

（1）标准编制。①根据水利标准化管理工作和前期项目投资计划管理要求，水规总院组织编制了《混凝土重力坝设计规范》等 7 项水利技术标准制修订项目任务，以及翻译《水电站厂房设计规范》项目申报书，并获得立项批复。②水利部批准发布了 12 项勘测设计技术标准，其中水规总院主持、主编的《水利水电工程天然建筑材料勘察规程》（SL 251—2015）、《水利建设项目环境影响后评价导则》（SL/Z 705—2015）、《水利工程水利计算规范》（SL 104—2015）和《河湖生态保护与修复规划导则》（SL 709—2015）4 项技术标准，批准发布了水规总院主持的《水闸与泵站工程地质勘察规范》（SL 704—2015）、《预应力钢筒混凝土管道技术规范》（SL 702—2015）和《水电站引水渠道及前池设计规范》（SL 205—2015）等 3 项技术标准，另外还发布了其他司局主持、水规总院主编的《江河流域规划编制规程》（SL 201—2015）、《混凝土面板堆石坝施工规范》（SL 49—2015）、《区域供水规划导则》（SL 726—2015）、《水利水电建设工程验收技术鉴定导则》（SL 670—2015）和《水利水电工程制图标准 水土保持图》（SL 73.6—2015）等 5 项技术标准。③水规总院主持完成了《混凝土重力坝设计规范》《混凝土拱坝设计规范》《碾压混凝土设计规范》《溢洪道设计规范》《水利水电工程启闭机设计规范》《水利水电工程施工组织设计规范》《混凝土工程施工设计规范》和《水工混凝土结构耐久性评定规范》等 8 项标准编制工作大纲的审查，并印发了审查纪要。印发了《水工隧洞设计规范》《水工建筑物荷载设计规范》和《水利水电工程等级划分及洪水标准》等 3 项标准征求意见函，并向有关单位和专家征求意见。审查了《水工隧洞设计规范》和《水闸设计规范》两项标准送审稿。向水利部报送了《治涝标准》《工程泥沙设计规范》和《水工隧洞设计规范》等 3 项标准报批稿。

（2）标准宣贯。2015 年，水规总院根据水利部培训计划安排，为贵州省、西藏自治区专门举办了《工程建设标准强制性条文》培训班，共培训学员 158 人次。

（3）全文检索系统。2015 年，3 次更新了《水利水电技术标准全文检索系统》，这是连续第 15 年升级换版。此次升级更新了 88 项标准，新增标准、法律法规 300 项，系统共收录了 1 207 项标准。

3. 专题研究　2015 年，“治涝标准及关键技术研究”已完成验收；“水库汛期水位动态控制方案编制关键技术研究”已提交报请验收报告验收。（崔忠波）

【水利工程定额】　2015 年，水利部水利建设经济定额站完成了部分水利工程定额修编，使水利工程定额体系得到进一步完善。完成了《水利建筑工程预算定额》《水利建筑工程概算定额》《水利设备安装工程预算定额》《水利设备安装工程概算定额》《水利工程施工机械台时费定额》《水利工程设计概（估）算编制规定》（工程部分）的修编工作，待批准发布。

（王朋基）

【安全鉴定】

1. 江西省峡江水利枢纽工程（正常蓄水位46.00m蓄水）安全鉴定　受江西省峡江水利枢纽工程建设总指挥部委托，水规总院承担了江西省峡江水利枢纽工程（正常蓄水位46.00m）蓄水安全鉴定工作。2015年9月6—11日，水规总院组织专家组查勘工程现场，查阅工程建设资料，了解工程建设情况。在与有关参建单位充分交流、沟通的基础上，编制完成了《江西省峡江水利枢纽工程（正常蓄水位46.00m蓄水）安全鉴定报告》，并于2015年10月11日以水总计〔2015〕1190号文将《江西省峡江水利枢纽工程（正常蓄水位46.00m蓄水）安全鉴定报告》送交江西省峡江水利枢纽工程建设总指挥部。

2. 贵州省黔中水利枢纽一期工程平寨水库下闸蓄水安全鉴定　受贵州省黔中水利枢纽工程建设管理局委托，水规总院承担了贵州省黔中水利枢纽一期工程平寨水库下闸蓄水安全鉴定工作。2014年3月，水规总院组织专家组查勘工程现场，查阅工程资料，了解工程建设和初期运行情况。在参建各方提交的工作（自检）报告、建设管理工作报告的基础上，编制了《黔中水利枢纽平寨水库下闸蓄水安全鉴定报告（初稿）》，提出了下闸蓄水的必要条件。

2015年3月中旬，水规总院组织专家组再次赴工程现场，进行查勘，查阅有关工程建设资料，并召开了座谈讨论会议，就水库下闸蓄水相关问题进行了深入讨论。在此基础上，专家组对《黔中水利枢纽平寨水库下闸蓄水安全鉴定报告（初稿）》进行了补充、修改、完善。在征求建设各方意见后，完成了《黔中水利枢纽一期工程平寨水库蓄水安全鉴定报告》。2015年4月10日，水规总院以水总计〔2015〕379号文将《贵州省黔中水利枢纽一期工程平寨水库下闸蓄水安全鉴定报告》送交贵州省黔中水利枢纽工程建设管理局，作为工程下闸蓄水验收的必要依据。

3. 湖南渫水皂市水利枢纽工程竣工验收技术鉴定　受湖南澧水流域水利水电开发有限责任公司委托，水规总院承担了湖南渫水皂市水利枢纽工程竣工验收技术鉴定工作。2015年8月24—30日，水规总院组织专家组查勘了现场，查阅了工程资料，了解了工程建设和初期运行情况。在参建各方提交的工作（自检）报告、建设管理工作报告的基础上，专家组就工程建设和初期运行中有关情况进行了交流和沟通，编制了《湖南渫水皂市水利枢纽工程竣工验收技术鉴定报告（初稿）》。

2015年9月，水规总院组织专家组根据《湖南渫水皂市水利枢纽工程竣工验收质量抽检及补充检测检测报告》《湖南渫水皂市水利枢纽工程竣工验收安全监测资料分析报告》，经对工程运行和相关问题处理进行了复检，补充、修改、完善了竣工验收技术鉴定报告初稿，编制完成了《湖南渫水皂市水利枢纽工程竣工验收技术鉴定报告》。2015年10月28日，水规总院以水总计〔2015〕1308文向湖南澧水流域水利水电开发有限责任公司提交了《湖南渫水皂市水利枢纽工程竣工验收技术鉴定报告》。

4. 南水北调中线工程一期惠南庄泵站工程安全评估　受南水北调中线干线工程建设管理局委托，水规总院承担了南水北调中线一期工程惠南庄泵站工程安全评估工作。2015年11月12—16日，水规总院组织专家组查看了工程现场，查阅了工程建设资料，了解了工程建设情况。在听取工程建设情况介绍并与有关参建单位充分交流、沟通的基础上，编制完成了《南水北调中线一期工程惠南庄泵站工程安全评估报告》。水规总院于2015年12月31日，以水总计〔2016〕2号文将该《南水北调中线一期工程惠南庄泵站工程安全评估报告》提交给南水北调中线干线工程建设管理局。

（杜崇玲）

水　文

【综合管理】

1. 水利部召开水文工作视频会议　3月11日，水利部召开2015年水文工作视频会议，水利部副部长刘宁在北京主会场出席会议并讲话，各流域机构、各省（自治区、直辖市）和新疆生产建设兵团等的水文部门中层以上干部分别在40个分会场参加会议。刘宁在讲话中充分肯定了2014年全国水文工作取得的成绩，从依法治国、水利改革发展、公共服务均等化、科技创新等方面，深入分析了水文工作面临的新形势和新要求，并对2015年水文重点工作提出明确要求。水利部水文局副局长蔡建元、林祚顶分别通报了水文基础设施建设管理和国家地下水监测工程项目建设情况。河北、辽宁、江苏、山东、湖南、青海、长江委等7个单位交流发言，分别围绕水文管理体制改革、基层水文服务体系建设、基础设施建设管理、水文情报预报服务和拓展水文服务领域等方面介绍了经验。

（吕珊）

2. 政策法规体系建设

(1) 成立水利部行政审批受理中心。5月，经水利部领导批准，部人事司印发《关于设立水利部行政审批受理中心的批复》（人事机〔2015〕6号），确定水利部水文局（水利信息中心）内设行政审批受理处，对外称“水利部行政审批受理中心”（以下简称“受理中心”），主要职责为承担部机关行政审批事项的接收、审批进程的监控和督导、审批结果的送达等工作，承担水利部电子政务行政审批系统的建设、管理和运行维护工作，业务上接受办公厅、政法司的指导。水利部水文局随后将4名工作人员落实到位。6月15日，水利部行政审批受理中心投入试运行，各项工作扎实推进，受理工作有序开展。

（2）规范行政许可审批事项。按照《国务院关于取消和调整一批行政审批项目等事项的决定》（国发〔2015〕11号），取消“水文、水资源调查评价机构资质认定”行政审批项目的要求，印发了《水利部办公厅关于做好取消水文、水资源调查评价机构资质认定行政许可事项相关工作的通知》（办水文〔2015〕105号）。资质认定事项取消后，有关水文、水资源调查评价单位的水平评价工作由中国水利水电勘测设计协会开展。

按照统一部署，水利部保留的涉及水文的4项行政审批事项中，由水利部本级实施审批的“外国组织或个人在华从事水文活动的审批”和由水利部水文局实施审批的“国家基本水文测站设立和调整审批”，纳入到水利部行政审批服务窗口集中受理，实行受理单制度。“国家基本水文测站上下游建设影响水文监测工程的审批”列入水利部7个前置审批事项之一，整合为“洪水影响评价审批”，并纳入水利部投资项目在线审批监管平台，实行并联办理。同时根据国家清理规范行政审批中介服务有关精神，对“国家基本水文测站上下游建设影响水文监测工程的审批”涉及的中介服务事项予以取消。涉及水文的4项行政审批事项见表1。

表1　涉及水文的4项行政审批事项

项目编号	项目名称	审批层级和部门
16020	外国组织或个人在华从事水文活动的审批	国务院水行政主管部门
16021	国家基本水文测站设立和调整审批	国务院水行政主管部门直属水文机构、省级水行政主管部门
16022	专用水文测站的审批	流域管理机构、省级水行政主管部门直属水文机构
16023	国家基本水文测站上下游建设影响水文监测工程的审批	流域管理机构、省级水行政主管部门

（3）贯彻水文条例加强水文执法。全国水文系统学习宣传《中华人民共和国水文条例》，依法开展水文工作，维护水文合法权益，促进了水文法规的贯彻落实，保障了水文站网的稳定发展，同时也向社会宣传了保护水文监测环境和水文设施的重要意义。

（4）推进地方水文法规制度建设。各地水文部门加大推进水文法规建设和行业管理工作力度。7月6日，山东省政府第60次常务会议通过《山东省水文管理办法》，于10月1日实施；7月30日，吉林省第十二届人民代表大会常务委员会第十八次会议通过《吉林省水文条例》，于10月1日实施。截至12月31日，全国共有26个省（自治区、直辖市）出台了地方水文条例或管理办法。

3．水文体制机制建设

（1）水文机构设置。截至12月31日，全国有20个省（自治区）级水文机构为副厅级单位或配备副厅级领导干部，其中内蒙古、吉林、黑龙江、浙江、安徽、江西、山东、河南、湖南、广东、广西、贵州、新疆13个省（自治区）省级水文机构为副厅级单位；辽宁、湖北、海南、四川、云南、陕西、甘肃7个省级水文机构配备副厅级领导干部。全国有23个省（自治区）地市级水文机构规格问题得到理顺，为正处级或副处级单位，包括河北、山西、内蒙古、辽宁、吉林、黑龙江、江苏、安徽、福建、江西、山东、河南、湖北、湖南、广东、广西、四川、贵州、云南、西藏、陕西、甘肃、新疆等。省级和地市级水文机构规格自2012年以来保持稳定不变。

截至12月31日，全国共有地市级水文机构291个，其中，河北、辽宁、吉林、江苏、浙江、福建、山东、河南、湖北、湖南、贵州、西藏、宁夏、新疆等14省（自治区）实现按照地市行政区划设置地市水文机构。全国共有北京、辽宁、上海、江苏、福建、山东、河南、湖北、湖南、广西、重庆、陕西等12个省（自治区、直辖市）建立312个县级水文机构。其中，广东省成立清远市水文分局（正处级），结束了长期以来清远水文工作一地分属两局管辖的历史；辽宁省编委办批复成立辽宁省水环境监测中心，为辽宁省水文局下设的副处级独立法人单位，批复增加事业编制162名（辽编办发〔2015〕88号）；海南省城乡供水排水水质监测中心与北部水文巡测基地合署共建获海南省发改委批准（琼发改投资函〔2015〕320号）；新疆水行政主管部门成立了新疆水资源管理中心，部分剥离了新疆水文局的水资源管理监测职能，10月1日“新疆维吾尔自治区水文水资源局”更名为“新疆维吾尔自治区水文局”。

（2）事业单位分类改革。按照国家事业单位分类改革有关精神，截至12月31日，全国有20个省（自治区、直辖市）机构编制办公室或事业单位改革领导小组办公室正式批复了水文机构分类改革方案。其中，北京、天津、内蒙古、黑龙江、安徽、福建、江西、山东、河南、湖北、湖南、海南、广西、四川、贵州、云南、西藏、甘肃、新疆等19个省（自治区、直辖市）明确为公益一类事业单位，广东省省级机关明确为行政类单位。从批复方案总体情况看，各单位承担的原有水文业务和管理职责基本上没有发生明显变化，水文事业和人员队伍保持稳定发展。全国有内蒙古、上海、安徽、福建、江西、湖北、湖南、广东、广西、重庆、贵州、新疆等12省（自治区、直辖市）水文机构部分或全员实行参照《中华人民共和国公务员法》管理。

（3）水文双重管理体制情况。地市水文双重管理方面，全国已建立地市水文机构291个，2015年，辽宁锦州市和西藏那曲地区2个地市水文机构，水文工作实行由省级水行政主管部门和地市级人民政府双重管理体制，全国有137个地市水文机构实行双重管理；县级水文机构建设方面，全国已建立县级水文机构312个，其中湖南省新增桂东县、常宁市、湘阴县、长沙市城区、长沙县、通道侗族自治县、娄底市城区、涟源市、新化县、龙山县、武陵源区、衡阳市城区、邵阳市城区、衡东县、祁东县、绥宁县、江华县、新田县、宁远县、郴州市城区、资兴市、临武县、怀化市城区、新晃侗族自治县、永定区、益阳市城区、临湘市、常德市城区、湘潭县、湘潭市城区、岳阳市城区、株洲市城区、南岳区、汉寿县等34个县级水文机构，其水文工作实行由省级水文部门和县（市）人民政府双重管理，全国有279个县级水文机构实行双重管理。

（4）基层水文服务体系建设。山东省水利厅批复了《山东省基层水文管理服务体系建设规划》（鲁水发规字〔2015〕49号），明确以县级水文局为主体，负责县级行政区域内的水文工作，实行地市水文机构与县人民政府双重管理，县级政府拨付一定比例资金用于水文管理，人员由地市水文机构和县级政府统筹解决；乡镇水文服务中心主要依托乡镇水利站设立，在水利站加挂水文服务中心牌子，实行县级水文局与乡镇政府双重管理，负责乡镇区域内的水文管理与服务；农村水管员负责有关站点的管理维护和信息报送，以及所在村的供用水信息报送。全省17个地市水文机构编报了《基层水文服务体系建设实施方案》。全省已设立县级水文局27个（其中24处配备了干部，22处正式挂牌运行），乡镇水文服务中心150个，聘用水管员583人，初步形成了“省、市、县、乡、村”5级管理服务体系，实现了横向到边、纵向到底的双理顺。2015年完成7个县级水文局的干部任命及8个县级水文局的挂牌，并正常开展工作，实现了人员、办公场所和经费的“三到位”。上海市、湖北省、广西壮族自治区积极探索用人用工制度改革，尝试政府向社会购买服务新模式，将水文测报业务中社会化程度较高的辅助性工作实行向社会购买服务。云南省还依据人力资源和社会保障部、财政部《关于调整地质勘探职工野外工作津贴标准等有关问题的通知》（人社部发〔2014〕46号），针对发放范围和标准大幅调整，积极向水利厅、人事厅等相关部门申请相应调整水文系统野外津贴标准并得到批复，机关职工野外津贴和全系统的巡测津贴，野外津贴标准全省由原来每年151万元，提高到每年834万元。

4. 水文经费投入　2015年，全国水文系统各项经费投入总额为88.34亿元（按年底决算数）。其中事业经费56.41亿元，基建经费25.79亿元，其他经费61.43亿元。在投入总额中，中央投资20.98亿元，约占24%；地方投资67.36亿元，约占76%。数据显示，随着水文工作服务地方逐步深入，地方投资在全国水文经费投入中的比重逐年加大，绝大多数省（自治区、直辖市）水文事业经费实现了持续稳定增长。（杨建青　吴梦莹）

5. 国际交流与合作

（1）积极参与国际会议和重大水事活动。10月，联合国教科文组织在印度尼西亚召开第23届联合国教科文组织国际水文计划（UNESCO - IHP）亚太地区区域指导委员会会议暨联合国教科文组织国际水文（UNESCO - IHP）50周年纪念会，本届大会上，为表彰IHP中国国家委员会秘书长朱晓原女士20多年来对IHP工作及国际水文事业作出的贡献，联合国教科文组织代表和UNESCO - IHP RSC主席向朱晓原颁发“UNESCO - IHP亚太地区水文杰出冠军奖”和“UNESCO - IHP亚太地区水文突出贡献奖”。

11月，水利部水文局邓坚率中美地表水水文科学技术合作与交流代表团赴美，与美国地质调查局签署双边合作意向书，启动了新一轮中美水文合作协议修订，并就水文监测等领域开展了广泛深入的技术交流。

水利部水文局还先后组团参加联合国教科文组织第38届大会，国际标准化组织水文测验技术委员会第30届工作会议，台风委员会第47届年会、第十届综合研讨会、第四次水文工作组会议等国际会议；派员参加第七届世界水论坛暨世界气象组织二区协水文工作组会议，赴意大利学习中长期水文预测预报技术，赴俄罗斯参加防洪预报技术交流；组织中国水文专家代表团访问朝鲜，并组织朝鲜水文专家赴珠委水文局进行培训交流等。

黄委水文局与来访的“亚专资气候变化适应与水资源管理培训团”进行交流，与来访的德国SEBA水文测验公司专家就水文仪器及水文缆道技术等交流座谈，组织“海峡两岸水文技术合作交流团”赴台湾开展水文技术合作交流，协助举办“第18届海峡两岸多砂河川整治与管理研讨会”。海委水文局派员赴德国波茨坦气候影响研究所（Potsdam Institute for Climate Impact Research）和量子水文公司（Quantum Hydrometrie GmbH）等相关单位进行技术交流，学习德国应对气候变化及开展流域水资源管理的先进技术与成功经验，研究探讨中德合作开发海河流域降雨径流预测模型；派员赴美国参加“水利高层次专业技术人才培训团”。福建省邀请德国专家开展了以“欧美水文信息化建设经验交流”为主题的学术交流，就水资源数据中心、数据云的安全策略以及Wiski软件在水文业务系统的耦合、数据通信方式等问题进行分析探讨。太湖局与到访的荷兰水管理总司代表商讨中荷水利合作事宜，探讨优先启动的浮游植物流式细胞仪合作项目，派员赴荷兰、芬兰参加湖泊富营养化、流式细胞仪等的技术交流，赴美国、加拿大参加开展水生态监测与评价等的技术交流。山东省组织参加在北京举办的第十二届国际水利先进技术（产品）推介会，并成功引进一艘水面无人船在济南试点应用；邀请法国里尔科技大学专家到山东作学术交流，围绕智慧水务（Smart Water），交流讨论了现代水务面临的挑战，如何以智慧水务的理念、技术和方法应对挑战以及在智慧水务方面取得的研究成果，拓展了职工视野。吉林、辽宁水文局派员赴朝鲜进行语言培训，为中朝、中韩等交流合作机制储备朝鲜语翻译人才，推动中朝水文合作。

（2）不断推进国际河流水文合作。我国同俄罗斯、哈萨克斯坦、蒙古、朝鲜、越南、印度、孟加拉和湄公河委员会等周边国家和国际组织，围绕跨界河流水文报汛、水文资料交换与对比分析、水资源联合科研、防洪预测预警信息交换和水文业务交流等事项开展了一系列活动。中俄双方共同制定了“中俄黑龙江流域水文信息交换计划联合方案”，进一步完善了中俄水文报汛合作机制；中哈双方共同开展了“中哈跨界河流全流域水资源评价”并取得初步成果。根据我国同周边国家和国际组织签订的协议，2015年，相关省（自治区）水文部门完成了向多个国家的国际水文报汛任务，为发展我国同周边国家的睦邻友好合作关系作出了贡献。（匡键　熊珊珊）

6. 水文行业宣传

（1）开展主题宣传活动。水利部水文局印发《2015年水文宣传工作要点》，提出了年度水文宣传工作重点，并对创新宣传手段、提升宣传效能、加强舆论引导等方面提出要求。完成《中国水文志》（1991—2015）编纂前期准备工作。举办“情系中国梦　共筑水文情”全国水文主题摄影比赛。水利部水文情报预报中心6月18日接受中央电视台采访，在中央电视台新闻直播间频道以“国家防总专家：厄尔尼诺影响或延至秋季”为题进行播放。7月25日，中央电视台《焦点访谈》节目播出《激流中的生死营救》，报道了贵州省黔南州水文水资源局下湾水文站水文职工利用测流缆道成功营救抗洪抢险落水民警的事迹，引起社会反响。

（2）丰富多种媒体宣传。全国水文系统积极发挥多种新媒体的宣传作用。《中国水利报》全年发表水文稿件173篇，图片107张；中国水文信息网发稿1 280篇，水利部网站推荐发布稿件162篇，制作专题3个；《江河潮》杂志由季刊改为双月刊，全年刊发各类稿件120多篇（包括照片、书画等），每期刊发文字近10万字，得到全国水文系统好评，湖南省《江河潮》杂志编辑部同时还将1990年《江河潮》创刊以来的所有期刊进行汇集成册。（祝明）

【水文站网】

1. 水文站网发展　全国水文系统共有各类水文测站99 575处，包括国家基本水文站3 151处、专用水文站2 555处、水位站11 180处、雨量站49 403处、蒸发站14处、墒情站1 856处、水质站14 560处、地下水站16 800处、实验站56处，水文测站总数比2014年度增加6%。其中，向县级以上防汛指挥部门报送水文信息的水文测站45 863处，发布预报的水文测站1 247处。随着《全国水文基础设施建设规划（2013—2020年）》的全面实施，以及中小河流水文监测系统和国家水资源监控能力等项目建设完工，新建水文测站大量投入使用，水文站网在保持稳定发展的同时，得到进一步充实和加强，提升了站网整体功能，拓展了资料收集范围，增强了服务支撑能力。

2. 站网基础工作

（1）水文站网规划。各地水文部门不断推进站网前期基础工作，优化站网布局、提升站网功能。长江委水文局牵头组织编制完成《长江流域片流域管理水利综合监测站网规划报告》；海委组织召开海河流域水文站网管理工作会议，流域内各省（自治区、直辖市）水文部门对站网管理工作中的经验成效和存在问题进行认真交流和讨论，提出了下一步工作意见，推进了流域水文站网管理的规范化建设；广西壮族自治区开展并完成了中小河流水文监测系统建成后的全区水文站网情况复核和《广西水文站网分布图（2015年）》编制工作；江西省8月中旬成立水文站网规划工作协调小组和规划工作组，部署开展站网规划编制工作；湖南省截至12月31日新建或依托原有测站建设水文中心站共75处，极大地提高了水文巡测能力，初步形成了以县级水文中心站为核心的全省水文巡测模式，解决了部分长期驻守在偏远测站职工的生活难题。

（2）规范年报统计制度。5月8日，《国家统计局办公室关于同意全国水文情况统计报表制度备案的函》（国统办函〔2015〕119号），将全国水文统计年报纳入备案管理，建立了国家水文行业统计报表制度。9月，水利部水文局组织召开全国水文统计年报技术讨论会议，对《全国水文情况统计报表制度》进行专题培训，并就近年来各地水文统计年报填报工作中出现问题进行沟通说明，进一步明确了年报统计工作要求，促进了水文统计工作的规范化、制度化管理。

3. 水文站网管理

(1) 规范水文站网管理。规范对国家基本水文测站设立和调整的行政审批工作，2015 年先后对吉林省珲春水文站迁建、长江委西洞庭湖水生态监测站设立、太湖局 5 处省界断面水文站、云南省鸦勒水文站迁建更名等 4 项国家基本水文测站设立和调整进行审批，以及 1 项西藏自治区更樟水文站迁建备案工作。7 个流域机构全年受理审批国家基本水文测站上下游建设影响水文监测工程的审批事项 12 项、专用水文测站的审批事项 1 项。

浙江省按照《浙江省水文管理条例》，对 5 个国家基本水文站的设立和调整进行了批复。河南省严格遵循《水文站网管理办法》，依法履行水文测站报批报备工作，对全省已建设完成的中小河流 240 处水文站和 136 处水位站，以豫水文〔2015〕61 号文向水利部水文局进行了报备管理。

(2) 推进水文站网管理系统建设。组织对全国水文站网管理系统进行安装调试，部署到水利业务网投入使用，在此基础上，召开全国水文站网管理系统工作会议，对水文站网管理系统进行了应用培训，要求各地水文部门及时更新补充测站基础信息，逐步完善站网基础信息，以规范水文站网管理、支撑水文业务工作。大部分省（自治区、直辖市）和流域机构已着手开展站网管理系统建设工作。（杨建青）

【测验与新技术】

1. 水文测报

(1) 水文测报及安全生产。3 月，水文局印发《关于做好 2015 年水文测报汛前准备工作的通知》和《关于开展 2015 年水文测报及安全生产汛前检查的通知》，对全国水文测报汛前准备及安全生产的有关工作进行部署；4—6 月，水利部水文局会同各流域机构水文局组织 6 个检查组，分别对长江、珠江等 6 个流域进行了水文测报及安全生产汛前检查。9 月，以水利部水文局副局长蔡建元为组长的抽查组完成对四川、贵州两省年度水利安全生产工作第二次考核抽查工作。

长江委、黄委、珠委、福建、湖南、陕西、河南、黑龙江、辽宁等流域（省）由主要领导带队，深入全流域（省）各水文勘测队和水文测站进行汛前检查，通过自检自查方式，发现问题、找出隐患、及时整改，做到从“思想、技术、组织、物资、安全”五落实，许多地方还组建了洪水测验督导组，各地市水文分局相应成立汛期机动测洪预备队，制定完善《洪水测报方案》《抗洪抢险应急预案》和《突发事件应急预案》等，采取多种措施保障汛期安全测报。

(2) 水文测验方式改革。在做好常规水文测验基础上，各地水文部门积极开展分析研究，优化水文测验方式。黄委水文测验方式优化工作遵循“水文站功能不改变，水文测报精度不降低，整编资料满足规范要求，技术方法适度超前”的原则，根据测站特性和资料情况，提出水文测验方式优化方案，为减少在站驻守人员、降低水文站测报运行成本、提高测站现代化水平提供技术支持，截至 12 月 31 日，有 25 个水文站实施水文测验方式优化监测方案。吉林省结合新技术应用，研究创新测验管理模式，推进“驻测巡测相结合”的测验方式和“有人看管、无人值守”的巡测管理模式。江西省采取走出去、引进来的方式，开展《中小河流水文监测系统测验指导意见》《关于深化水文监测改革指导意见》等技术标准编制工作，推进水文监测技术研究，有效解决了受水利工程影响大水深、小流速流量测验难题，提高了测验工作质量，降低了劳动强度。江苏、河南、湖北、广东等地也积极开展水文测验方式和测验模式优化分析工作，减轻工作压力，提升测验效率。

2. 水文应急监测

(1) 做好突发水事件水文测报工作。6 月 1 日，重庆东方轮船公司所属旅游客船“东方之星”轮在由南京驶往重庆途中，突遇龙卷风发生翻沉，水利部水文局迅速组织长江委水文局紧急开展东方之星旅游客船翻沉事件应急救援水文工作，加强干支流水文监测、开展滚动预报应急分析，实时提供三峡水库调度方案分析，为长江防总调度三峡水库、沉船救援与应急处置提供决策依据；松辽委按照察尔森水库除险加固工程项目施工需要开展洪水预报 40 余次，为水库除险加固期防洪调度及供水调度提供技术保障；3 月 16 日窟野河和 4 月 1 日汉江上游支流冷水河非汛期分别发生突发洪水，由于陕西省反应迅速，预警及时，各方指挥有当，使得两次突发洪水均无一人伤亡，为应对突发性暴雨洪水积累了经验；云南省 2015 年建立省级应急监测队，完成了应急监测预案的修订和完善工作，9 月 15 日晚至 16 日凌晨，丽江市华坪县境内鲤鱼河上游发生特大暴雨，华坪田坪雨量站 24h 降雨量达 231.5mm，引发严重洪涝和泥石流灾害，应急监测队立即赶赴灾区组织开展应急监测，第一时间向指挥部报送了“9·15”特大暴雨、洪水信息，为防汛救灾提供有力支撑；11 月 23 日，甘肃省陇南西汉水尾矿发生泄漏水污染事件，水文局迅速行动，开展应急监测工作，在西汉水干支流上设置临时断面，加强水情监测，加密信息报送次数，为陇南西汉水尾矿泄漏水污染应急处置提供了决策依据。

(2) 加强水文监测应急演练。4 月，水利部水文局组织长江委水文局、重庆市水文水资源勘测局、河南省水文水资源局和南京水利水文自动化研究所，首次开展全国水文应急测报演练，全面检验水文部门应急测报综合业务能力，为处置堰塞湖等突发性水事件提供技术储备。9月，松辽委组织所属黑龙江上游中心、中游中心和嫩江中心进行水文应急演练，提高了技术人员对新设备的操作能力，通过实战发现问题、总结经验，印制了《水文职工安全生产必备常识》。太湖局分别于4月在太浦河水文基地、10月在长兴泗安水库组织两次水文应急监测演练，以技能竞赛的形式，提高职工技术能力。在长兴泗安水库的应急演练中，采用水陆两用船、便携式应急监测设备、ADCP遥测船、ADV流速仪、应急卫星小站等先进设备，完成了应急救援、水雨情测报、通信架设、水文监测、水质监测、地形测绘、现场会商等10个项目的应急演练。内蒙古在成立防汛应急监测队基础上，有针对性地开展实战练习，增强紧急应对能力，确保每个测站职工不仅要会抢测，还要掌握所在河道的防洪、测洪标准。吉林省利用汛前检查时机，分别选取各地市分局的重点水文站进行测洪演习。山东省组织水文测报应急队在小清河高官寨大桥进行ADCP流量测报实战演练。湖南省为尽快发挥新仪器的效能，结合年度测站达标活动，举办新仪器应用及技能培训活动，开展应急演练和测洪演习，提高了基层人员的业务技术水平和新仪器应用水平。甘肃省汛前组织开展水文应急抢险演练，利用桥测车、电波流速仪、声学多普勒流速剖面仪进行流量测验，利用全站仪进行纵横断面测量、查找洪水痕迹，利用车载应急监测小平台进行录像等现场操作，同时用视频传输设备将现场工作画面及河流变化情况实时传输至甘肃省局水情会商平台，提高了水文应急监测队伍的工作能力，为应对突发水事件做好了准备。

3. 水文监测管理

（1）水文监测技术标准建设。组织完成《降水量观测规范》（SL 21—2015）、《河流冰情观测规范》（SL 59—2015）、《感潮河段水文测验规范》（SL 732—2016）、《水文巡测规范》（SL 195—2015）、《水文数据目录服务规范》（SL 736—2016）等5项标准制修订工作并正式颁布实施；完成《水文测站考证技术规范》《水道观测规范》《水文应急监测技术导则》《翻斗式雨量计计量检定规程》《转子式流速仪》《水面蒸发器》《浮子式水位计》《水文仪器基本参数及通用技术条件》《水文仪器系列型谱》《水文仪器信号与接口》等10项标准的大纲审查、初稿和标准征求意见；针对《水文基础设施建设及技术装备标准》《水文仪器显示与记录》《基础水文数据库表结构及标识符标准》编制进度滞后问题进行了项目结题。

黄委先后编制完成《泥沙分析室标准化质量管理体系》《水文站测洪及报汛方案编制细则》《黄委水文局水文测验质量管理办法》《黄委水文局测验质量检查计分标准》《水文站测验方式优化方案编制技术导则（试行）》等制度办法，结合黄河泥沙颗粒分析工作实际，推进泥沙分析室质量管理体系建设，实现颗粒分析规范化、标准化管理。

（2）开展水文计量工作。水利部水文局9月在南京召开全国水文计量管理工作座谈会，交流总结全国水文系统水文计量管理工作经验，研究部署水文计量管理工作；组织完成国产ADCP测流设备、高分辨面雨量监测系统等技术成果鉴定和产品鉴定，加大产品的推广使用力度；水利部8月印发《水利部关于加强水文计量管理工作的通知》（水文〔2015〕342号）。水利部水文仪器及岩土工程仪器质量监督检验测试中心（水利部水文仪器质检中心）获得国家计量认证的检测项目包括水文仪器和岩土工程仪器的29个产品单元111个品种，其中水文仪器主要包括14个产品单元54个产品品种。在河北、山东、湖南、新疆等省（自治区）水文部门4个区域中心获得流速仪检测国家计量认证（CMA）基础上，四川省水文局挂牌成立"四川省量水设施设备计量检测中心"，并获得四川省质监局机构授权，开展相关量水设施设备的计量检测工作，其"水位计（尺）检定装置"通过四川省质监局计量标准装置考核。山东省质监局批复同意山东省水文局获得机构授权，开展流速仪计量检定工作，"转子式流速仪检定装置"通过标准装置考核。

（3）水文测验新技术新仪器研究应用。水利部水文局成立高分辨率面雨量监测系统应用推广工作组，加强高分辨率面雨量监测系统示范应用工作的组织领导和推广应用力度；组织有关单位开展国产声学多普勒流速剖面仪的比测工作和转子式流速仪检定误差的成因分析；举办"全国水文监测新技术应用学术研讨会暨第二届国际水文监测仪器设备推介会"；组织出版了《全国水文监测新技术应用学术研讨会论文集》和《第二届国际水文监测仪器设备推介会会刊》，初步建立水文仪器档案管理系统，完成水文监测新技术应用培训教材的出版工作，开展了第三、第四期全国水文监测新技术应用培训工作。

4. 水文资料管理

（1）完成水文年鉴整汇编工作。2014年度75册《中华人民共和国水文年鉴》的整汇编、刊印和验收工作顺利开展。

（2）国家水文数据库建设。7月，水利部批复《国家水文数据库可行性研究项目任务书》。水利部水文局组织各流域机构、各省（自治区、直辖市）水文局开展国家水文数据库数据源统计、系统功能设计、可研报告编制等的前期工作。截至12月31日，全国水文系统共有水文整编资料575万站年表，其中各地水文部门基础水文数据库累计已入库395万站年表。

（胡建伟 熊珊珊）

【水资源监测与评价】

1. 水资源监测

（1）国家地下水监测工程。3月，水利部、国土资源部联合委托中国国际工程咨询公司对《国家地下水监测工程初步设计报告》进行审查。6月8日，国家发改委以《国家发展改革委关于国家地下水监测工程初步设计概算的批复》（发改投资〔2015〕1282号）批复国家地下水监测工程概算，工程总投资222 218万元，其中水利部门110 262万元，国土资源部门111 956万元。在此基础上，6月10日，水利部、国土资源部以水总〔2015〕250号《水利部、国土资源部关于国家地下水监测工程初步设计报告的批复》联合批复了《国家地下水监测工程初步设计报告》。根据国家发改委批复的概算和水利部、国土资源部联合批复的初步设计，按照“分别实施、信息共享”的原则，结合国家地下水监测工程建设总体要求，2015年下达水利部门工程建设资金12 000万元，占水利部门工程总投资的10.9%。

工程批复后，水利部和国土资源部成立了由两部领导任组长的项目协调领导小组，并由水利部水文局和中国地质环境监测院作为两部项目法人组建国家地下水监测中心管委会。

国家地下水监测工程2015年共完成各项工作招标金额约21 677万元。其中，监测井土建一年来，在完成项目立项批复基础上，按照国家发改委要求，通过招标方式完成国家地下水监测中心大楼采购；启动14个省（自治区、直辖市）监测井土建招投标工作，共27个标段，涉及39个地市、1 821眼监测井，钻井进尺约90 610m，招标金额约8 426万元；委托水利部质检中心开展两批次地下水监测仪器产品的实验室检测和野外模拟比测工作，合格产品名录在指定网站发布；完成项目资金支付，2015年中央预算内投资1.2亿元，完成支付1.19亿元，支付比例99.2%。新疆维吾尔自治区经过认真准备和筹划，于11月20日第1标段正式开工，截至年底，完成9处新建监测井建设工作，为第1标段工程量的40%，基本完成年度合同建设任务。

（2）省界断面水资源监测。为支撑最严格水资源管理“三条红线”考核，长江委编制完成《长江流域重要控制断面水资源监测通报（2014年）》，内容包括流域重要水系节点控制站水资源概况、长江流域重要水库蓄水量、长江流域主要调水工程调水量、省界监测断面（93个水文测站）水资源监测信息等；组织通报监测单位13个省（直辖市）水文部门编制完成2015年每月月报。江苏省继续开展30处苏南行政区界断面水文监测工作，其中镇江市1处、常州市8处、无锡市13处、苏州市8处，监测项目为流量、流向，监测频次为每周1次。贵州省人民政府出台《贵州省清水江流域水污染补偿办法》，由贵州省环保部门和水利部门共同实施，对清水江流域、红枫湖流域和赤水河流域实施水污染防治生态补偿。清水江流域主要考核黔南州和黔东南州之间2个跨界断面和黔东南州1个出省断面；红枫湖流域主要考核安顺市和贵阳市之间2个跨界断面；赤水河流域主要考核毕节市和遵义市之间8个跨界断面。其中贵州省水文水资源局负责上述13个断面的水量监测工作。为落实首都水资源可持续利用规划实施目标，2015年山西省册田水库、河北省友谊水库、响水铺水库、云州水库向北京市集中输水，输水量5 430万m^3，海委全力以赴，完成调水水量监测实施方案编制、水量协测、信息发布各项工作，保障了调水工作的顺利进行。

2. 水资源监测信息服务

（1）全国地下水动态信息网。“全国地下水动态信息网”（http：//sqqx.hydroinfo.gov.cn）作为水利部地下水监测中心向各级水行政部门、社会公众信息发布与共享的一个平台，定期发布北方主要平原区地下水动态信息及分析成果，介绍地下水相关知识。一年来，北京、天津、内蒙古、辽宁、吉林、黑龙江、河北、山西、河南、山东、陕西、甘肃、宁夏、江苏、江西、湖北、青海、新疆等18个省（自治区、直辖市）每月向水利部地下水监测中心报送2 800余处地下水监测站点地下水位动态信息，为地下水动态信息网上发布提供了重要数据支撑。2015年系统进行了更新改造和重新部署，实现了云平台数据存储及处理功能，增强了成果批量发布功能。

（2）地下水动态月报。2015年，水利部地下水监测中心组织对《地下水动态月报》内容进行调整，完成《地下水动态月报》改版编制工作大纲；在收集整理我国北方19个省（自治区、直辖市）平原区的浅层地下水监测动态信息基础上，编制完成《地下水动态月报》12期，向全国水文系统及各有关部门发放《地下水动态月报》纸介质2 100余册，《地下水动态月报》电子版可在水利部主页全文浏览。

（3）中国河流泥沙公报。在水利部水文局、各流域机构和各省（自治区、直辖市）水文部门以及国际泥沙研究培训中心的共同努力下，完成《中国河流泥沙公报（2014）》的编制工作，8月，在内蒙古赤峰市召开《中国河流泥沙公报（2014）》审查会，经修改完善，于11月正式出版发行。《中国河流泥沙公报（2014）》电子版可在水利部主页上全文浏览。（戴宁）

3. 水质监测

（1）流域地下水水质监测工作。水利部水文局召开流域地下水水质监测工作会议，总结经验、分析问题，研究部署下一阶段工作。各流域机构结合实际，会同有关省（自治区、直辖市）水文部门编制完善年度实施方案，完成采送样和分析检测工作，根据工作情况适时开展各种技术培训，提高基层监测部门的地下水水质监测分析能力和技术水平。在各方面的共同努力下，2015 年，全年共组织完成近 6 000 个样品的采集、送样和分析化验工作，获得地下水水质监测数据 15.9 万多个，编制完成《2014 年度流域地下水水质状况报告》和《2015 年上半年流域地下水水质状况报告》，监测成果首次纳入《2014 年中国环境状况公报》和《2014 年中国水资源公报》，取得了良好的社会效益。

（2）水生态监测工作。全国水文系统大力推进水生态监测工作。水利部水文局加强水生态监测队伍建设，通过短期业务培训和在职学位教育等多种方式，全面提高业务人员的水生态监测技术水平。2015 年，按照与北大环境学院《水生态监测能力建设基地合作共建协议书》，水利部水文局 4 月在北京召开黄河流域水文生态环境同步监测技术交流培训会，对黄委水文局、黄河流域水资源保护局等单位近 30 名学员进行水生态监测系统培训，与水利部人事司 9 月在武汉联合举办了为期 6 天的全国水生态监测技术高级研修班，培训水生态监测部门领导和技术骨干 87 人次。

在完成 2014 年长江流域干支流水环境要素通量分布特征与生态环境状况调查工作基础上，水利部水文局组织北京大学环境学院、黄委水文局和黄河流域水资源保护局，分别于 5 月、9 月在黄河干流和主要支流实施水质、底泥、微生物、有机物、气体、纳米颗粒和重金属等项目同步监测，开展黄河主要干支流全物质通量分布特征与生态环境质量状况评价研究工作，获得了大量水生态基础性数据。

（3）水利系统水质监测质量管理工作。水利部水文局组织对原《水质监测质量管理监督检查考核评定办法》等 7 项制度（水文质〔2011〕8 号）进行了修订，于 2015 年 6 月以“水文质〔2015〕101 号”文件印发修订版，进一步规范水利系统水质监测质量管理工作。在此基础上，继续开展水利系统水质监测机构能力验证工作，将全国重要江河湖泊水功能区水质达标考核的主要控制项目以及集中式生活饮用水地表水源地水质检验的特定项目：化学需氧量、总磷、铜、1，2-二氯乙烷和百菌清，列为年度能力验证计划，全国共 285 个实验室参加了 2015 年度能力验证计划。继续组织开展各级水质监测机构人员岗位技术考核与证书换证工作，针对部分人员岗位证书满 5 年有效期的情况，开展分级复核验证与换发证书。

（4）服务最严格水资源管理制度考核。根据水功能区管理和最严格水资源管理制度考核的需要，全国水文系统积极开展全国重要江河湖泊水功能区水质达标考核资料的技术复核和监督性监测。

2015 年，长江流域完成流域片 16 个省（自治区、直辖市）、1 070 个重要水功能区达标评价成果的复核，编制《复核工作报告》作为纳污红线考核的重要依据，并组织开展 1 294 个重要水功能区的监测，水功能区监测覆盖率达到 84%，选择对 63 个水功能区开展了监督性监测，覆盖流域片全部 16 个省（自治区、直辖市），涉及 31 个实验室。黄河流域建立流域机构与各省（自治区、直辖市）监测成果的定期交流制度，完成对省（自治区、直辖市）报送的水功能区监测方案的审查，流域内绝大多数省（自治区、直辖市）重要水功能区监测覆盖率均达到 100%。淮河流域每月完成流域内 394 个全国重要江河湖泊水功能区中 50 个水功能区断面的监督性监测，定期向流域各省人民政府通报水功能区水质达标状况，并与各省相关监测机构开展比对监测，取得了预期效果。珠委 2015 年完成曹渡河黔桂缓冲区、澳门附近水域缓冲区等 14 座重要水功能区确界立碑工作，经过几年的努力，目前已全面完成流域重要河流源头、省国界、高原湖泊等重要敏感水域的 68 座界碑建设任务，对进一步明确水功能区管理界限，提升公众水资源保护意识，督促地方政府部门积极主动采取措施保护水资源发挥了重要作用。

（5）开展标准规范制（修）订工作。2015 年完成《内陆水域浮游植物监测技术规程》《水质　有机磷农药的测定　固相萃取-气相色谱法》等标准的报批，以及《水质　丙烯醛、丙烯腈和乙醛的测定　吹扫捕集-气相色谱法》等标准的征求意见，按照水利部统一部署，参与组织《地下水质量标准》（GB/T 14848）修订工作。

（6）有关报告的编制。全国水文系统积极参与《2014 年中国水资源公报》编制工作，组织编制了《2014 年中国地表水资源质量年报》，先后对全国 10 个水资源一级区 170 个水系的 2 400 余条河流、121 个重点湖泊、661 座重要水库、527 个省界断面、5 551 个水功能区及 606 个集中式饮用水水源地的水质状况进行了评价，共评价河流长度 21.6 万 km、湖泊面积 2.9 万 km^2。

水利部水文局在各级水环境监测机构提交的质量管理工作报告基础上汇总编写了《水利系统水环境监测质量管理年度工作报告（2014）》，报告新增了水功能区监测质量管理及水质评价与资料整汇编工作的内容，完善了监测站网和监测能力建设等统计数据，呈现了全国水利系统水环境监测质量管理工作的全面成果，对于各级监测机构查找工作不足，有针对性地提升水环境监测工作质量具有积极意义，以更好地为实施最严格水资源管理制度服务。

此外，水利部水文局还编发了《全国地表水资源质量状况月报》《全国部分重点湖泊水库藻类试点监测简报》和《流域地下水水质状况报告》，及时向有关部门提供客观的全国地表水资源质量状况信息、重点水域藻类监测信息和流域地下水水质状况，拓展了

水质监测的服务领域，提高了水质监测评价信息的时效性。（彭辉　潘曼曼）

4. 城市水文　2月，水利部水文局转发财政部、住建部、水利部联合印发的《关于组织申报2015年海绵城市建设试点城市的通知》（财办建〔2015〕4号），要求结合2015年海绵城市建设试点城市申报，加强城市水文工作，争取地方财政支持。7月，水利部水文局通报了全国水文系统开展城市水文试点工作进展情况，截至7月初，30个省（自治区、直辖市）54个城市纳入城市水文试点。（戴宁）

【水情气象与减灾效益】　2015年，全国降水接近常年，空间分布南多北少，江淮、江南、西南东部和南部、华南大部偏多1～4成，西北东部、华北西部、黄淮、东北东部和南部偏少1～3成。全国出现38次强降雨过程，西江、太湖、淮河和336条中小河流发生超警洪水，15条中小河流发生超历史洪水，有6个台风登陆，部分地区暴雨山洪、城市内涝灾害严重，江南、华南发生罕见冬汛，华北、东北、西南等地发生夏旱。强降雨过程多，台风登陆风力强，冬汛来势猛，汛期持续时间长，受旱区域集中。

1. 水文信息服务再上新台阶　全国水文系统加强基础数据建设，狠抓信息报送工作。2015年，各流域机构、各省（自治区、直辖市）水文部门向国家防总报送雨水情信息达7.1亿条，较2014年增长80%。其中，各类水库报汛数量增至9 600余座，大中型水库基本上全部实现向中央报汛，全国近6 000座小型水库实现实时信息报送；19个省（自治区、直辖市）1 128个墒情站点实现墒情信息报送。水利部水文局编写各类雨水情分析材料700多期，发送雨水情短信约20万条，台风影响关键期实行1h短信发送制度，每旬编发水文干旱短信息。各地水文部门分析补充了1.4万处水文测站降水量多年同期均值，延长了1 518处水文测站水位流量年极值和3 865处水文测站均值系列数据，完成了1 370个墒情站点的田间持水量信息。

2. 水文预报工作取得新进展　水利部水文局落实专项经费，组织修订了5单位27个主要江河重要断面洪水预报方案，组织广西、湖南、宁夏、河北等省（自治区）开展20多次洪水预报技术培训。全国有1 700多个国家基本水文站实现预报工作常态化，200多个大江大河大湖控制断面和700多个中型水库实现洪水预报日常化，预见期延长至3～7天。据统计，全国水文系统汛期每天制作发布重要江河湖库断面洪水预报5 800余站次，台风影响期发布水情预报近600站次。

珠委在冬汛期间，提前预测武宣站流量将超过大藤峡水利枢纽一期导流工程围堰子堰枯水期10年一遇洪水设计标准（6 720m^3/s），并及时向珠委防办、大藤峡公司发出预警，为大藤峡工程应急度汛赢得先机。太湖局开发太湖二维水文模型，在台风“灿鸿”“苏迪罗”登录期间，太湖平均水位预报日误差不超过1cm。

7月14日贵州省铜仁市松桃河流域出现大面积降雨过程，根据上游降雨情况，结合当前河道水情，水文部门于7月15日3时发布洪水预报，预报洪峰时间为15日6时40分，水位、流量分别为359.92m和1 730m^3/s，实际洪水到达时间为15日7时，洪峰水位为360.52m，相应流量为1 880m^3/s，及时准确的洪水预报及雨水情预警信息，为松桃县城低洼地带商铺及群众转移赢得了宝贵时间。

3. 旱情信息服务工作　各地水文部门向国家防总报送墒情信息的省份增至19个，报送站点1 128个，人工墒情信息基本实现每旬一报。水利部水文局与中国气象局共享墒情站监测信息达1 000个，墒情站点覆盖范围进一步扩大。水利部水文局还增加了基于分布式水文模型的土壤墒情预测产品，组织研发了单站降雨-土壤增退墒预测模型。

淮委及时收集旱情资料，分析流域前期墒情分布、地下水态势、江河湖库蓄水情况，根据后期的降水预测，研判未来旱情发展趋势，向各级水利部门提交《淮河流域旱情简报》12期，完成《2014年淮河流域旱情年报》。河北省加强枯季值班值守，开展枯季主要河库来水量预测，为全省抗旱减灾及水资源管理提供决策依据。辽宁省在夏旱期间启动全省水文抗旱应急响应，建立土壤墒情旬、侯、日报制度，并派出5个工作组，督导检查全省旱情监测工作。广东省针对雷州半岛严重旱情，收集分析降雨、水库蓄水和地下水资料，及时编发抗旱周报，为抗旱工作提供决策依据。安徽省加强土壤墒情变化规律研究，采用人工观测值与退墒曲线相结合的方法矫正墒情自动测报数值，减轻了人工测量的频次；开展增墒曲线研究，建立以前期土壤含水量为参数的次降雨量与土壤含水率增加值相关的三参数增墒相关图，取得初步成果并投入使用。湖北省在完成全省墒情监测站点的田间持水量测定工作基础上，结合土壤墒情卫星遥感监测技术，实时监视全省土壤墒情变化，为湖北省防汛抗旱指挥部门提供全省旱情发生范围、严重程度等信息，取得良好效果。

4. 推进水情预警发布工作　各地水文部门加强并开展了水情预警发布管理办法编制、平台建设、技术培训和预警信息发布等项工作。截至12月31日，长江委、黄委、海委、淮委、太湖局、珠委等6个流域机构以及广西、广东、福建、江西、湖南、湖北等20个省（自治区、直辖市）共26家单位出台地方水情预警发布管理办法，共计654个断面制定了预警指标；长江委、淮委、珠委等12个水利门户网站以及松辽委、浙江、福建等18个水文门户网站实现水情预警信息在线订阅和发布。近3年来，全国共发布水情预警信息1 102条，其中2015年发布667条。

《河北省水情预警发布管理办法（试行）》经河北省防汛抗旱指挥部批准，自12月28日起正式实施。江苏省依据《江苏省水情预警发布管理办法》，受江苏省防汛抗旱指挥部委托，在汛期首次通过江苏省水利厅外网、水文局外网向社会公众发布3期水情预警信息；部分地市水文分局也利用中国水文信息网先后发布洪水蓝色、黄色预警，提醒有关单位和社会公众加强防范、及时避险，全省先后共发布水情预警信息24期。福建省在"5·19"闽江支流沙溪上游大洪水和"7·22"龙岩连城大洪水期间，提前数小时发布洪水预警信息，为社会公众提前做好避险防御以及有关部门防汛减灾指挥决策提供了信息支撑。河南省根据《河南省水情预警发布管理办法（试行）》，在抗御"6·28"史灌河暴雨洪水过程中，及时启动洪水预警服务，发布洪水黄色预警，提请河南省防办、信阳市防办、固始县防办等有关单位及沿河群众密切关注雨水情变化，加强防范，同时将公告内容发至河南省委办公厅、河南省政府办公厅、水利部水文局、河南省广播电台、河南日报社等部门和单位，河南省防汛抗旱指挥部适时启动防汛Ⅳ级应急响应，固始县防汛抗旱指挥部启动防汛Ⅱ级应急响应，及时安全转移山洪灾害区群众360人，无人员伤亡。湖南省在洪水期间，省、市两级水文部门及时启动洪水预警发布机制，共发布洪水预警57次，其中红色预警1次、橙色预警5次、黄色预警38次、蓝色预警13次，经当地电视、电台、报刊、网络等相关媒体及时转载，为高洪水位河道沿岸有关单位和社会公众避险救灾提供信息支撑。

（侯爱中　朱春子）

水资源

【水资源开发利用】

1. 水资源总量　2015年，全国平均降水量660.8mm，折合降水总量为62 569.4亿m^3，比多年平均年降水量偏多2.8%。从水资源分区看，北方6个水资源一级区（指松花江、辽河、海河、黄河、淮河和西北诸河区，下同）面平均降水量322.9mm，比多年平均偏少1.6%；南方4个水资源一级区［指长江（含太湖）、东南诸河、珠江和西南诸河区，下同］面平均降水量1 260.3 mm，比多年平均偏多5%。

2015年全国水资源总量为27 962.6亿m^3，比多年平均偏多0.9%。当年人均水资源量为2 039m^3。全国产水总量占降水总量的44.7%，平均每平方千米产水量为29.5万m^3。从水资源分区看，北方6个水资源一级区水资源总量4 733.5亿m^3，占全国的16.9%；南方4个水资源一级区水资源总量为23 229.1亿m^3，占全国的83.1%。

2. 供水量　2015年全国总供水量6 103.2亿m^3。其中，地表水源供水量4 969.5亿m^3，占总供水量的81.4%；地下水源供水量1 069.2亿m^3，占总供水量的17.5%；其他水源供水量64.5亿m^3，占总供水量的1.1%。在总供水量中，水资源一级区之间的跨流域调水量约为173.08亿m^3。

3. 用水量　2015年全国总用水量6 103.2亿m^3。其中，生活用水793.5亿m^3，占总用水量的13.0%；工业用水1 334.8亿m^3，占总用水量的21.9%；农业用水3 852.2亿m^3，占总用水量的63.1%；人工生态环境补水122.7亿m^3（不包括太湖的引江济太调水9.6亿m^3、浙江的环境配水25.5亿m^3和新疆的塔里木河向大西海子以下河道输送生态水、阿勒泰地区向乌伦古湖及科克苏湿地补水共10.2亿m^3），占总用水量的2.0%。与2014年比较，全国总用水量增加8.2亿m^3。其中，生活用水增加26.5亿m^3，工业用水减少21.2亿m^3，农业用水减少16.8亿m^3，人工生态环境补水增加19.7亿m^3。

4. 消耗量　2015年全国用水消耗总量3 217.0亿m^3，耗水率（消耗量占用水量的百分比）为52.7%。农业灌溉耗水量2 475.0亿m^3，占用水消耗总量的77.0%，耗水率64.3%；工业耗水量310.1亿m^3，占用水消耗总量的9.6%，耗水率23.2%；生活耗水量332.8亿m^3，占用水消耗总量的10.3%，耗水率41.9%；人工生态环境补水耗水量99.1亿m^3，占用水消耗总量的3.1%，耗水率80.8%。

5. 用水指标　2015年，全国人均综合用水量为445m^3，万元国内生产总值（当年价）用水量为90m^3。农田实际灌溉亩均用水量394m^3，万元工业增加值（当年价）用水量58.3m^3，城镇人均生活用水量每日217L（含公共用水），农村居民人均生活用水量每日82L。

6. 污水排放量　2015年，全国废污水排放总量770亿t，其中大于30亿t的有江苏、浙江、安徽、福建、江西、河南、湖北、湖南、广东、广西、四川11个省（自治区），小于10亿t的有天津、山西、内蒙古、海南、西藏、甘肃、青海、宁夏和新疆9个省（自治区、直辖市）。

7. 河流湖库水质状况　2015年，对全国约23.5万km河流进行水质状况评价，全年Ⅰ类水河长占评价河长的8.1%，Ⅱ类水河长占44.3%，Ⅲ类水河长占21.8%，Ⅳ类水河长占9.9%，Ⅴ类水河长占4.2%，劣Ⅴ类水河长占11.7%。对全国530个重要省界断面进行了监测评价，Ⅰ～Ⅲ类、Ⅳ～Ⅴ类、劣

Ⅴ类水质断面比例分别为 66.0%、16.5%和 17.5%。对 116 个湖泊进行了水质评价，全年总体水质为Ⅰ～Ⅲ类的湖泊有 29 个，Ⅳ～Ⅴ类湖泊 60 个，劣Ⅴ类湖泊 27 个，分别占评价湖泊总数的 25.0%、51.7%和 23.3%。对 736 座水库进行了水质评价，全年总体水质为Ⅰ～Ⅲ类的水库有 596 座，Ⅳ～Ⅴ类水库 104 座，劣Ⅴ类水库 36 座，分别占评价水库总数的 81.0%、14.1%和 4.9%。（刘国军）

【最严格水资源管理制度】

1. 年度考核工作　2015 年 2 月，水利部商考核工作组成员单位制定了《2014 年度实行最严格水资源管理制度考核工作方案》，按照工作方案要求，各省（自治区、直辖市）人民政府组织开展自查，考核工作组成立由水利部、工业和信息化部、财政部、国土资源部、环境保护部、住房城乡建设部、农业部、统计局等带队的 15 个检查组，赴全国 31 个省（自治区、直辖市）开展重点抽查与现场检查，形成年度考核结果，经国务院审定后向社会公告，并报送中组部作为省级主要负责人和领导班子综合考核评价依据。各省（自治区、直辖市）人民政府高度重视，积极整改落实。

从 2014 年度考核结果看，全国 30 个省（自治区、直辖市）用水总量为 5 513 亿 m^3，比 2013 年减少近 83 亿 m^3；万元工业增加值用水量比 2010 年下降 31.9%，降幅比 2013 年扩大 7.5 个百分点；农田灌溉水有效利用系数为 0.531，比 2013 年提高 0.007；重要江河湖泊水功能区水质达标率为 67.5%，比 2013 年提高 4.5%，4 项考核指标均达到年度控制目标。

2. 水资源管理“三条红线”控制指标分解　12 月，水利部办公厅印发《关于进一步做好市县级行政区水资源管理“三条红线”控制指标分解确定工作的通知》（办资源〔2015〕279 号），加强对各省区的市县级指标分解确认工作指导和督促，推动省区指标分解确认工作。

4 月，水利部部署开展各省级行政区 2020 年用水效率控制指标分解确定工作。组织水利水电规划设计总院、中国灌溉排水发展中心在综合分析各省级行政区用水效率现状、“十三五”时期经济社会发展情况、用水总量控制要求和节水潜力等因素基础上，提出各省级行政区农田灌溉水有效利用系数、万元工业增加值用水量、万元 GDP 用水量三项指标的 2020 年控制目标。6 月，印发《关于征求对用水效率有关指标分解意见的函》，征求了各省级水行政主管部门意见，通过调研、研讨、座谈会等方式推进了用水效率控制指标分解确认工作。在与省级水行政主管部门达成一致意见基础上，征求了省级人民政府意见。

3. 最严格水资源管理制度试点　12 个加快实行最严格水资源管理制度试点地区按照“四个率先”要求，加快推进各项试点任务，深圳、山东、上海等 9 个试点已完成验收，对于示范带动全国加快落实最严格水资源管理制度作用明显。深圳建立节水型产业经济发展机制，引导城市产业结构调整，实现计划用水管理全覆盖。山东出台用水总量控制管理办法，对地表水、地下水、外调水和非常规水源统一规划、调度和配置。上海创新机制，将国家下达的“三条红线”4 项指标扩展到 6 项，并分解到区县，纳入市委组织部对区县党政领导班子年度绩效考核评价体系。天津要求取用公共自来水的项目，在可研阶段编制用水报告书，前移用水控制关口。河北省政府出台水功能区管理规定，严控入河湖排污总量。泉州实施“七库连通”工程，完善供配水网络体系。张家港对 95%以上取水实现在线监控。汉江流域建立了流域联席会议制度和水资源调度会商制度。（王华　郭志阳）

【水资源配置】

1. 跨省江河流域水量分配　截至 2015 年年底，第一批 25 条江河流域水量分配成果已全部提出。其中，第二松花江等 16 条江河流域水量分配方案与相关省（自治区、直辖市）人民政府取得一致或基本一致意见，具备报批条件。第二批有 17 条河流水量分配方案完成初稿。

2. 水量调度

（1）南水北调工程。组织南水北调规划设计管理局、流域机构和各有关省市编制东、中线一期工程水量调度计划。组织编制完成《南水北调东、中线一期工程水量监测工作方案》。组织开展东、中线一期水量调度及水量监测工作调研，会同国务院南水北调工程建设委员会办公室建立中线一期工程水量监测共享机制，建立了南水北调水量调度日报月报制度。2014—2015 年度，东线一期工程调入山东省水量为 2.25 亿 m^3（入东平湖），基本完成向山东年度供水任务。中线一期工程 2014 年年底建成通水后，水利部全面启动中线一期工程水量调度，2014—2015 年度陶岔渠首供水量 20.2 亿 m^3，受水区累计收水 18.58 亿 m^3，其中，北京 7.07 亿 m^3，天津 3.33 亿 m^3，河北 0.83 亿 m^3，河南 7.35 亿 m^3。

（2）重要江河水量调度。黄河、黑河年度调度计划任务圆满完成。黄河干流连续十六年不断流，河流水质平稳，沿河及河口生态系统开始改善。强化黑河水量调度，实现东居延海连续 11 年不干涸，进入下游的水量明显增加，平均断流天数减少了 100 多天。2014 年 11 月 11 日至 2015 年 11 月 10 日，莺落峡水文断面来水 20.66 亿 m^3，较历年同期均值偏多 23.5%，黑河共组织实施了三次“全线闭口、集中下泄”措施、二次洪水调度措施，一次限制引水措施，正义峡水文断面下泄水量12.78亿m^3，较好地完成了全年水量调度任务。

实施山西、河北向北京集中输水。根据首都水资源规划和永定河干流水量分配方案，水利部批复海委上报的《2015年度山西、河北两省向北京集中输水方案》，2015年度山西、河北两省水库下泄水量5 741万m^3（其中山西册田水库下泄2 018万m^3），北京市集中净收水量3 844万m^3，为保障首都供水安全发挥了重要作用。

3. 水资源论证管理

（1）规划水资源论证。完善规划水资源论证政策和技术标准体系，起草完成《关于加快推进规划水资源论证工作的意见》，征求各流域机构和省级水行政主管部门的意见；组织修订《规划水资源论证技术要求（试行）》，起草完成《城市总体规划水资源论证技术要求》。开展矿区规划、灌区规划水资源论证技术要求研究工作。

积极开展城市新区、煤电基地、化工基地规划水资源论证，推动国家重大经济布局与水资源条件相适应。先后组织哈尔滨新区等10个规划水资源论证报告书的技术审查，向有关省（自治区）人民政府或部门出具规划水资源论证审查意见，根据水资源条件，提出了规划布局、用水规模、取水水源调整意见，对鄂尔多斯煤电基地2020年核减装机规模6 940MW，连云港石化产业基地2030年核减取水量3 300万m^3。全国累计审查规划水资源论证报告书102个。

（2）建设项目水资源论证。组织完成《建设项目水资源论证报告书行政审批工作细则》、《建设项目水资源论证报告书行政审批服务指南》制订工作，编制《水资源论报告书审批与取水许可整合合并方案》，出台规范水资源论证水平评价文件。完成地源热泵、采矿业水资源论证技术标准制订，提出农业灌溉项目论证技术要求阶段成果，启动《建设项目水资源论证导则》国家标准制订工作。

完成田湾核电站扩建工程5号、6号机组项目、广西防城港核电二期工程、漳州核电厂一期工程等重大项目论证审查工作。指导开展全国建设项目水资源论证，全国累计审查建设项目水资源论证报告书2 978个。

4. 水资源承载能力监测预警机制建设　会同国家发展改革委等部门联合印发《开展资源环境承载能力监测预警工作方案》。启动建立全国水资源承载能力监测预警机制工作，组织水规总院制定编制完成《建立全国水资源承载能力评价与监测预警机制工作总体方案》，明确了工作目标、主要内容、进度安排、组织分工等。

5. 非常规水源开发利用　编制将非常规水源纳入水资源统一配置的指导意见，积极指导各地加大非常规水源利用力度。全国再生水年利用量达57.28亿m^3，其中北京再生水年利用量达8.6亿m^3，占用水总量的23%；安徽要求火力发电、钢铁等工业企业优先利用再生水，年利用量近1亿m^3。全国海水年直接利用量达713.5亿m^3，其中广东达286.7亿m^3。

（丁昊　郭志阳）

【水资源管理】

1. 取水许可监督管理　加强对重点行业、重要取用水户取用水审批和监督管理，从严核定许可取水量。组织流域机构开展年度取水许可监督检查，规范取水许可管理。印发加强农业取水许可管理的通知，推动提高农业取水许可管理覆盖范围。研究优化取水许可审批权限和证表结构，制定延续审批技术要求。积极推进取水许可管理信息化，全国保有的34.4万套取水许可证中90%以上已纳入取水许可台账系统。全国31省（自治区、直辖市）按计划完成了水资源费征收标准调整工作。

2. 地下水管理　组织完成全国地下水超采区评价，向各省（自治区、直辖市）人民政府印发加强地下水管理和保护的函，通报了各省（自治区、直辖市）地下水超采范围，存在超采问题的21个省（自治区、直辖市）中已有20个划定禁采、限采区。组织编制地下水开发利用与保护规划，落实南水北调东中线一期工程受水区地下水压采总体方案，受水区6省（直辖市）累计压采地下水总量约为2.78亿m^3。全力推动河北地下水超采区综合治理试点，2015年度试点范围扩大到5个设区市63个县（市、区），将新增农村地下水压采能力7.22亿m^3。启动实施国家地下水监测工程。积极推进《地下水管理条例》立法进程。

3. 水权试点工作　深入推进宁夏、江西、湖北、内蒙古、河南、甘肃和广东水权试点工作，探索水资源使用权确权登记和交易流转。河南省出台《南水北调水量交易管理办法（试行）》，组织平顶山市与新密市开展南水北调水量交易，年交易水量2 200万m^3。内蒙古出台《闲置取用水指标处置实施办法》，成立水权收储转让中心，开展鄂尔多斯市和巴彦淖尔市等跨区域水权转让。宁夏率先建立自治区、市、县三级行政区水权分配体系。开展水权确权、水资源用途管制等水权制度研究。

（刘国军）

【水资源保护】

1. 水功能区监督管理　修订完成《"十三五"重要江河湖泊水功能区达标评价技术方案》，提出了"十三五"时期考核的重要水功能区名录。编制完成《水功能区监督管理办法》（送审稿）、《全国水资源保护规划》和《长江经济带沿江取水口、排污口和应急水源布局规划》（送审稿）。完成《全国重要江河湖泊水功能区纳污能力核定和分阶段限制排污总量控制方案》。组织各流域将近600个省界断面纳入常规监测，按月向省人民政府办公厅通报水质状况。

2. 重要饮用水水源地保护　印发《全国重要饮用水水源地安全保障评估指南》，组织完成2014年度全国重要饮用水水源地安全保障达标建设检查和评估，形成全国评估报告。初步完成供水人口20万以上重要饮用水水源地名录复核，联合环保部印发《加强农村饮用水水源保护的指导意见》，对陕西、宁夏农村饮水安全进行了4次检查督导。初步提出潘大水库网箱养鱼清理工作方案，完成人大水污染防治法质询工作。

3. 水生态文明建设　完成第二批试点城市实施方案审查，督促地方政府加快试点实施方案批复。水资源司组织有关司局、直属单位和流域机构对第一批试点城市进行了调研检查，完成《全国水生态文明城市建设试点情况调研报告》。编制完成《水生态文明城市建设评价导则》和《水生态保护与修复关键技术及应用》，提出《全国水生态文明建设工作指南》（初稿），指导编制出台水利行业标准《河湖生态修复与保护规划编制导则》，启动了《河湖水系连通工程建设技术指南》编制。协调财政部落实中央资金对20个试点城市22个河湖水系连通项目给予资金补助。加强补助项目的建设和资金使用管理，印发了《关于做好全国水生态文明城市建设试点有关河湖水系连通项目工作的通知》，制定了《全国水生态文明试点城市河湖水系连通项目管理办法》。

4. 重大水污染事件应对　编制完成《流域突发水污染事件应急能力建设实施方案》，强化突发水污染事件应急监测、分析、会商和处置能力。加强突发水污染舆情监测与信息报送，重大节假日期间实行重大事件“零报告”制度。

5. 水污染防治行动计划落实　印发《水利部办公厅关于印发水利部落实水污染防治行动计划任务分工方案的通知》和《水利部落实〈水污染防治行动计划〉主要任务实施方案》，明确了重点任务、责任分工和完成时限要求。建立工作督促落实和信息报送机制，每月及时向环保部提供进展情况。参与黑臭水体治理、不达标水体整治、重点流域水污染防治“十三五”规划编制、《水十条》考核等工作。　（李云成）

【节约用水】

1. 节水政策法规　组织编制节水型社会建设“十三五”规划。国家发展改革委办公厅、水利部办公厅、住房城乡建设部办公厅联合印发《关于请提供编制〈节水型社会建设“十三五”规划〉相关内容的通知》，建立三部门联合编制规划的工作机制，指导各省级行政区开展节水型社会建设“十三五”规划编制工作。

推进节水立法。《节约用水条例》列入国务院立法计划。水利部开展了《节约用水条例》立法调研，联合国家发展改革委、住房城乡建设部，成立条例联合起草小组。10月，召开了《节约用水条例》联合起草工作会议。

高耗水工艺淘汰目录。制定发布《高耗水工艺、技术和装备淘汰目录（第一批）》，收录钢铁、纺织、造纸、建材等4个高耗水行业的16项用水工艺、技术和装备，引导工业企业加快淘汰高耗水工艺、技术和装备。

2. 用水定额管理　组织制订完成堆积型铝土矿生产、铜冶炼生产、铅冶炼生产、化纤长丝织造产品、丝绸产品、淀粉糖制造、柠檬酸制造等7项取水定额国家标准，其中铜冶炼生产、铅冶炼生产、柠檬酸制造等3项取水定额国家标准已经国家标准化委员会颁布。截至2015年年底，累计颁布19项高耗水工业行业取水定额国家标准。

组织编制《用水定额评估技术要求》，印发《关于做好用水定额评估工作的通知》，部署开展了省级用水定额评估工作，组织各流域机构按照《用水定额评估技术要求》，对省级用水定额进行摸底调查和分析评估，编制完成用水定额评估分析报告。

3. 节水监督管理

（1）制订国家重点用水监控单位名录。在国家水资源管理系统基础上，提出了《国家重点监控用水单位名录（第一批）》，选取800家工业和服务业企业、公共机构和公共供水企业纳入名录。

（2）推进水效领跑者引领行动和合同节水管理。配合国家发展改革委，起草《水效领跑者引领行动实施方案》，研究在灌区、用水企业、产品等领域开展水效领跑者引领行动。配合国家发展改革委，研究制定《关于推行合同节水管理促进节水服务产业发展的意见》，开展合同节水管理专题研究，推动合同节水管理。

（3）加强计划用水管理。8月，在吉林省长春市召开计划用水管理工作座谈会，总结各地计划用水管理工作经验，推动各流域机构和省级行政主管部门贯彻落实《计划用水管理办法》。完成年度计划用水管理情况备案管理工作。

4. 节水载体建设　工业和信息化部、水利部、全国节约用水办公室联合公告《国家节水标杆企业和标杆指标（第一批）》，向社会公布太原钢铁（集团）有限公司等12家国家标杆企业及相关产品用水标杆指标，引导各地开展工业企业用水效率对标达标活动。水资源司联合国家机关事务管理局节能司召开公共机构节水型单位建设座谈会，交流各地节水型单位建设工作经验，研究制定公共机构节水标杆单位遴选标准，引导各地积极创建公共机构节水型单位。水利部、全国节约用水办公室印发《关于授予第四批全国节水型社会建设示范区称号的通知》（水资源〔2015〕

48 号），授予北京市怀柔区等 18 个地区“全国节水型社会建设示范区”称号。（付潇然）

【水资源管理能力建设】

1. 城乡水务一体化管理体制改革 截至 2014 年年底，全国已组建水务局或由水利局承担水务管理职能的县级以上行政区共计 2 684 个，其中水务局共 1 536 个，包括省级（含副省级）水务局 12 个，地市级水务局 230 个，县级水务局 1 294 个。

2. 国家水资源监控能力建设 国家水资源监控能力建设中央和流域一期项目资金支付和建设任务全部完成，通过水利部组织的项目审计和成果验收；省级建设任务完成 86%，9 个省通过水利部组织的技术评估。2015 年完成重要取用水户、水功能区、省界断面等 13 600 多个监控点监测设施和中央、流域、省三级信息平台建设，初步实现信息共享、互联互通和业务协同。二期省级项目的技术筹备和建设内容复核工作已经完成。

3. 水资源宣传培训 组织两期最严格水资源管理制度行业培训班，培训流域和地方基层水资源管理人员 500 余名。组织制作最严格水资源管理制度、节约用水、水生态文明建设等公益广告，并在中央电视台播出；制作节水动漫宣传片、节水教育读本等宣传品，在“世界水日”“中国水周”向中小学生免费发送。组织“节水中国行”“节水在路上”公益宣传活动。

组织召开全国中小学节水教育社会实践基地管理工作座谈会，对各基地建设情况进行了总结，对下阶段工作进行了部署安排。水利部水资源司、教育部基础教育一司在河北省石家庄市联合举办第四届节水辅导员培训班，对由河北省教委推荐、来自河北省各市县的一线 80 名教师进行了节水培训。

（付潇然 郭志阳）

农村水利

【农田水利基本建设】 全国冬春农田水利基本建设累计完成投资 4 257.1 亿元，其中，中央投资 1 642.5 亿元，地方财政和社会各方投资 2 614.6 亿元。农民投入工日 38.3 亿个，机械投放 3.4 亿台（套），完成土石方量 120.8 亿 m^3，修复水毁灾损工程 17.9 万处，新增旱涝保收面积 163.7 万 hm^2，新增、改善灌溉面积 993.0 万 hm^2，改造中低产田面积 141.6 万 hm^2，新增节水灌溉工程面积 315.3 万 hm^2，新修、加固水库 11 635 座，新增供水受益人口 6 760 万人。

2015 年 10 月，国务院召开全国冬春农田水利基本建设电视电话会议，李克强总理对会议作出重要批示，汪洋副总理出席会议并作重要讲话。水利部把贯彻落实国务院电视电话会议精神作为水利重点工作大力推进，印发了《全国冬春农田水利基本建设实施方案》，并向社会进行了公示，会同有关部门进一步强化对冬春水利建设的政策支持和监督指导，在强化和健全对各地水利建设旬统计上报、月调度会商、季督导检查、年考核奖惩工作机制的同时，在关键节点对各地冬春农田水利建设重点进行跟踪检查。同时，水利部依托中央主流媒体、水利报社与水利部门户网站、简报、政务信息、网络等平台开展专题报道，营造了良好氛围。

各地多措并举，组织和凝聚各方资源与力量开展冬春水利兴修。

（1）加强组织领导。各地进一步强化农田水利建设管理行政首长负责制，普遍健全了政府领导牵头负责、相关部门协同推进的联动机制，将组织发动、进度控制、技术把关和监督管理主体责任层层落实到岗位、环节和步骤，形成了强大的工作合力。

（2）强化政策引导。各地在统一规划建设标准、强化行业管理和监督的前提下，对政府重视程度高、各方参与意愿强、工作落实力度大的地方，在政策上重点扶持，在项目上优先安排，在资金上奖励倾斜。不少地方采取“先建后补、以奖代补”等建设模式，允许和鼓励农村集体经济组织、农民、农民用水合作组织、新型农业经营主体等申报、建设、持有和管护小型农田水利工程。

（3）追踪问责问效。各地建立完善了农田水利基本建设追踪问责问效机制，对政府重视不够、建设进度滞后、质量效益不好的，采取通报批评、核减下年度投资和暂停项目安排等进行惩戒，辽宁、安徽等地还实行“一票否决”。“红旗渠杯”“黄河杯”“大禹杯”“江淮杯”等农田水利基本建设竞赛活动持续开展，山东、四川等地典型标杆县、乡、村（片区、流域、灌区）创建活动不断深入，形成了农田水利建设“比、学、赶、超”的大好局面。

（4）完善多元投入机制。各地在发挥财政资金主渠道作用、强化县级农田水利建设规划对各类支农涉水项目和资金统筹整合的同时，落实发展改革委、水利部、财政部等有关部门鼓励和引导社会资本参与重大水利、农田水利、水土保持工程建设运营的办法，通过投资补助、财政贴息、金融支持、价格税收优惠等政策措施，吸引社会资本投入，有效缓解了农田水利建设资金不足的矛盾。云南、山东等地引入社会资本参与农田水利建设、管理与运营的改革试点，形成了可复制、可推广的经验和做法。据统计，河北、山西、黑龙江、江苏、浙江、安徽、江西、山东、河南、湖北、湖南、广东、广西、重庆、四川、贵州、云南等 17 个省（自治区、直辖市）年度农田水利基本建设投资均超过 100 亿元。

各地还按照建管并重的要求，加快创新和完善农田水利工程运行管护机制。在巩固水管体制改革成果、推广农村饮水安全工程县级“三项机制”的同时，全面深化小型农田水利工程产权制度改革。总结推广安徽、山东等地“两证一书”制度，将产权主体、管护主体、管护责任落实到位。全国100个县的农田水利设施产权制度改革和创新运行管护机制试点工作取得阶段性成果，部分农田水利工程实现了“产权明晰、权责落实、经费保障、管用得当、持续发展”的目标。各地普遍加大了农田水利设施产权明晰以及管护主体、责任和经费落实力度，江苏、浙江等地推行“以大带小、小小联合”的专业化集中管理以及管养分离、政府购买服务等社会化管理。山西、辽宁、江苏、浙江、安徽、湖北、陕西等地普遍采取财政适当补助、水费计提以及受益者分摊等方式，落实工程管护经费。目前，全国已有近800万处小型农田水利工程完成产权制度改革。全国80个县的农业水价综合改革试点工作全面完成，国务院办公厅印发《关于推进农业水价综合改革的意见》，对当前及今后10年的农业水价综合改革作出顶层设计。基层水利服务机构能力建设得到加强，全国29 351个基层水利服务机构，近95%的水利站工作经费纳入县财政预算，13个省推行了村级水管员制度。有26个省份以直接投资、民办公助、政府购买服务等方式，支持农民用水合作组织成为农田水利项目的申报、实施和管护主体，全国发展农民用水合作组织8.34万个，管理灌溉面积1 960万 hm^2。着力培育发展防汛抗旱、灌溉排水等专业化服务队伍，积极探索农田水利工程专业化物业式管理模式。《农田水利条例》已颁布施行，为加快解决农田水利建设滞后和管理薄弱问题提供了坚实的法治保障。　（周玉）

【农村饮水安全】　李克强总理在2015年《政府工作报告》提出再解决6 000万农村人口饮水安全问题。水利部会同各地各有关部门全力推进农村饮水安全工作，提前超额完成年度任务，全面实现“十二五”规划目标。

2015年，国家发展改革委和水利部分两批计划共下达农村饮水安全总投资361.9亿元。第一批投资计划于2014年年底下达298.07亿元，其中中央投资215.1亿元、地方投资82.97亿元，用于解决规划内剩余5 867万农村人口（5 163万农村居民和704万学校师生）饮水安全问题。第二批投资计划于2015年4月下达，总投资63.8亿元，其中中央投资52.4亿元、地方投资11.4亿元。中央投资中，安排36.21亿元专门用于解决四省（四川、云南、甘肃、青海）藏区、新疆和新疆生产建设兵团、重庆三峡库区、湖南洞庭湖区等特殊困难地区规划外新出现的566.6万农村人口饮水安全问题，安排16.19亿元用于补助28个省份建设2 049处区域水质检测中心。

截至2015年12月底，完成总投资397亿元，其中中央投资266.68亿元、地方投资130.32亿元，超出国家下达地方投资计划35.92亿元。建成集中式供水工程5.38万处、分散式供水工程12.87万处，解决了6 434万农村居民和农村学校师生的饮水安全问题，超额完成2015年《政府工作报告》提出的目标任务。

“十二五”期间，实际完成农村饮水安全工程总投资1 768亿元，累计解决3.04亿农村居民（含国有农林场职工813万人）和11.4万所农村学校（涉及4 133万师生）的饮水安全问题，共安排建设2 326个区域水质检测中心。

到2015年年底，全国农村集中式供水人口比例从2010年的58%提高到82%，农村自来水普及率提高到76%。根据卫生计生部门统计，在扩大监测范围、增加检测指标的情况下，水质合格率显著提高。全国68%的千吨万人以上集中供水工程划定了饮用水水源保护区；88%的项目县成立了县级农村供水专管机构，70%的项目县出台了农村供水工程运行管理办法，近一半的项目县设立县级农村供水工程维修养护专项资金，认真落实农村饮水安全工程用电用地税收优惠政策，农村饮水安全工程长效运行管护机制加快建立和完善。

为确保完成“十二五”农村饮水安全工程建设任务，水利部会同有关部门采取了一系列有效措施，进一步加大各项工作力度，全力打好农村饮水安全攻坚战和保卫战。

（1）加强组织领导，狠抓责任落实。2015年水利部部长陈雷先后8次主持召开部长专题办公会议，及时安排部署推进各项工作。在《中国水利报》和水利部网站向社会公告各有关省（自治区、直辖市）政府责任人和有关部门责任人以及工作进度安排。经国务院同意，水利部等5部委向各省级人民政府印发《关于进一步加强农村饮水安全工作的通知》，督促各地将此项工作纳入政绩考核内容。

（2）超前做好准备，赢得工作主动。提前做好前期工作，及时下达中央投资计划，足额落实地方建设资金，财政部发文要求各地简化财政评审程序，水利部印发加快推进农村水利工程建设实施细则。各地按要求制定详细的实施进度方案，明确了审查审批、招标投标、项目开工、完工通水等各环节时间节点。

（3）强化督导检查，确保进度质量。2015年水利部全年开展了5次全方位、全覆盖的监督检查，共派出176个检查组、873人次，前往28个省份进行督导检查，其中，部领导带队的有33人次。各地也加大督导检查力度，每季度派出检查组深入各地开展督导检查，以“一省一单”文件向各有关省级政府反馈意见，实现农村饮水安全工程建设拉网式检查全覆盖，有效促进了各地工程建设进度等各项工作。

（4）加强水源保护，狠抓水质检测。2015年环境保护部和水利部联合印发了《关于加强农村饮用水水源保护工作的指导意见》，水利部印发了《关于进一步强化农村饮水工程水质净化消毒和检测工作的通知》，指导和推动各地配套完善净水消毒设施。推动各地建设区域水质检测中心 2 049 处。卫生部门进一步扩大水质监测覆盖面，2015 年覆盖 70%的乡镇。

（5）创新管护机制，促进长效运行。大力推广以县为单元成立农村饮水安全专管机构，全国 88%的项目县都建立了县级专管机构。鼓励各地采取城镇供水管网延伸，建设规模化集中供水工程，全国农村千吨万人以上工程供水人口比例达到 39%。指导各地建立合理水价形成机制，保证水厂基本运行费用。对于水费收入难以弥补工程运行管理经费的，各地积极探索建立地方财政补贴办法。加强信息化建设和关键岗位人员培训，加大宣传和舆论引导工作力度，群众自觉参与农村饮水安全工程建设管理的积极性和主动性。（张敦强）

【节水灌溉】

1. 大力推进区域规模化高效节水灌溉发展 2015 年，中央财政小型农田水利设施建设补助资金项目落实高效节水灌溉建设资金 119 亿元，支持各地按照东北节水增粮、西北节水增效、华北节水压采、南方节水减排区域规模化高效节水灌溉总体方案，开展高效节水灌溉建设。

（1）东北四省区节水增粮行动进展顺利。2015 年，中央财政安排东北四省区节水增粮行动资金 110 亿元，其中中央财政小型农田水利设施建设补助资金安排 34 亿元。计划完成 73.3 万 hm^2 高效节水灌溉面积，其中内蒙古 16 万 hm^2、辽宁 12 万 hm^2、吉林 17.3 万 hm^2、黑龙江 28 万 hm^2。截至 2015 年年底，东北节水增粮行动已建成高效节水灌溉面积 170 万 hm^2，显著提高了项目区粮食综合生产能力。为确保东北节水增粮行动总体方案确定目标如期实现，水利部联合财政部、农业部，在内蒙古通辽市召开东北四省区节水增粮行动工作座谈会，挖掘典型，剖析问题，动员部署下一步工作，并印发了《关于做好 2015 年东北四省区节水增粮行动工作的通知》，对项目各项工作提出了明确要求；印发《东北四省区节水增粮行动绩效考评工作大纲》，对东北四省区节水增粮行动绩效情况进行考评赋分；组织开展了东北四省区节水增粮行动项目年度评估，完成了《2014 年度东北四省区节水增粮行动项目执行情况评估报告》；加强监督检查和交流，水利部会同财政部、农业部组织开展了四省区项目建设管理情况调研，全面推动节水增粮工作机制创新、管理创新和效益发挥，并召开座谈会，交流四省区项目验收及工程运行管护情况，研究解决验收工作中发现的问题；加强信息化工作，分四批组织所有项目县水利局技术人员进行节水增粮行动管理信息系统应用技术培训，集中开展数据填报、校核，实现数据入库、设备上图。

（2）西北节水增效、华北节水压采、南方节水减排行动全面推进。水利部先后印发了《华北地区节水压采高效节水灌溉发展总体方案》《西北地区节水增效高效节水灌溉发展总体方案》《南方地区节水减排总体实施方案》，指导各省按照总体方案修订完善省级方案，有序推进区域规模化高效节水灌溉工作。为指导各地做好高效节水灌溉项目建设管理工作，按南方地区、华北地区和西北地区举办了高效节水灌溉项目建设管理培训班，对 500 多位高效节水灌溉规划设计技术骨干进行了培训。

（3）开展全国高效节水灌溉“十三五”规划编制工作。为做好全国高效节水灌溉“十三五”规划编制工作，采取“自上而下、自下而上、上下结合、同步编制”的方式开展工作。规划编制小组提出基础数据和资料需求，组织各省（自治区、直辖市）填报相关资料，在整理分析的基础上，结合有关调研，形成规划报告初稿。2015 年 7 月，水利部分南、北两片召开了高效节水灌溉“十三五”规划工作座谈会，就“十三五”发展思路、发展规模和布局与各省（自治区、直辖市）进行面对面的沟通协调，对各省上报基础数据的合理性、协调性等进行深入讨论，并对有关数据进行了进一步复核。目前，全国高效节水灌溉“十三五”规划编制已基本完成。

（4）评定首批国家高效节水灌溉示范县。按照《国家高效节水灌溉示范县评估办法（试行）》要求，通过各地自主申报、初审、第三方评估、复审委员会复核和网上公示等程序，评定山东省肥城市、岱岳区，甘肃省民勤县，新疆维吾尔自治区吉木萨尔县、呼图壁县、阜康市等 6 个县（市、区）为首批国家高效节水灌溉示范县，并在全国范围公布，起到了良好的带动作用，推进全国高效节水灌溉向“设施先进、管理科学、服务到位、运行良好”发展。

2. 规模化节水灌溉增效示范项目 依据《规模化节水灌溉增效示范项目“十二五”总体建设方案》，2015 年国家发展改革委、水利部安排中央预算内投资 24.33 亿元，用于 120 个示范项目建设，新增节水灌溉工程面积 19.5 万 hm^2，新增节水能力 1.4 亿 m^3，新增粮食综合生产能力 2.5 亿多 kg。同时，通过项目实施可建成一批高标准节水灌溉示范区、现代化农业产业园等，示范带动周边地区发展节水灌溉，为当地粮食增产、农民增收提供基础保障。2015 年在规范项目建设管理的前提下，加快工程建设进度。2015 年 6 月，在湖北省武汉市举办了规模化节水灌溉增效示范项目专题培训班，重点推介了江苏、浙江、湖北、陕西、新疆等地项目建设管理的好经验和好做法；2015 年 9 月，在江西省南昌市和宁夏回族自治区银川市分南、北两片举办了规模化节水灌溉增效示范项目建设研讨会，从施工组织协调、资金投入保障、强化监督检查等方面，进一步明确了推进2015年规模化节水灌溉增效示范项目的保障措施；加强跟踪督导检查和月报通报，督促指导各地按照《加快推进农村水利工程建设实施细则》和部月调度会商会的要求，严格执行投资计划，加快前期工作审批，及时开工建设和完工验收，实现了当年投资当年完成80%以上的目标；按照《规模化节水灌溉增效示范项目建设管理办法》要求，组织开展了2014年度项目绩效考评工作。

同时，完成了全国农田灌溉水有效利用系数测算与分析工作，到2015年年底全国农田灌溉水有效利用系数达到0.536。 （王晓玲 王欢）

【灌区、泵站建设与管理】

1. 大型灌区续建配套与节水改造项目建设与管理 2015年，中央继续加大对大型灌区续建配套与节水改造项目的投入力度，安排中央投资计划130.08亿元，其中中央投资100亿元，为历年投资最高，用于19个省（自治区、直辖市）及新疆生产建设兵团151处大型灌区续建配套与节水改造，又有41处大型灌区完成规划中央投资任务，规划内累计有291处大型灌区完成规划中央投资任务。2015年，通过大型灌区续建配套与节水改造，新增恢复灌溉面积14.3万hm^2，改善灌溉面积200万hm^2，新增年节水能力12.4亿m^3，新增粮食生产能力13.2亿kg。

为进一步做好大型灌区续建配套与节水改造工作，采取了多项措施：

（1）完善管理制度。国家发展改革委与水利部联合印发了《大中型灌区续建配套节水改造项目建设管理办法》，重点对项目前期工作环节及审批程序等进行了优化简化，加快了前期工作审批进度。印发了《大型灌区续建配套与建设管理年度绩效考评办法》，对项目评价评估作出了规范要求。

（2）加强建设管理。为推进大型灌区续建配套与节水改造项目顺利实施，编制完成了《全国大型灌区续建配套与节水改造实施方案（2016—2020年）》。从2015年开始，进一步提高了大型灌区续建配套与节水改造中央投资补助比例，东、中、西部地区中央投资补助比例分别达到60%、70%、80%，减轻了地方配套压力。2015年，强化大型灌区续建配套与节水改造项目建设进度旬报、月报工作，按照水利部重大水利工程建设调度会商要求，采取现场督导、召集约谈、公告通报等，督促各地加大投资落实力度，加快建设进度，实现了当年中央投资计划当年完成90%以上的目标。开展了2015年度大型灌区续建配套与节水改造项目建设管理绩效考评，并对考评结果进行了通报。

（3）组织调研交流。开展了加快大型灌区续建配套与节水改造提升灌区管理水平的专题调研，对灌区管理水平进行了全面摸底。召开了加快推进大型灌区续建配套与节水改造项目建设及农民用水合作组织工作座谈会，总结交流项目建设管理以及引导和扶持农民用水合作组织多元化发展的经验，互相学习、共同提高。加强灌区工作人员培训工作，举办了大型灌区信息技术推广应用和南方水稻灌区节水防污技术培训班。

（4）强化基础研究。印发了《全国灌溉试验站网建设规划》，并组织开展了灌溉试验站网建设管理培训班。为科学、合理反映各地农田灌溉用水管理水平，促进最严格水资源管理制度的贯彻落实，制定并印发了《农田灌溉水有效利用系数测算分析工作考评办法》，举办了农田灌溉水有效利用系数测算分析技术交流培训班、灌溉试验技术与管理培训班。

2. 大型灌排泵站更新改造项目建设与管理 2015年，中央继续支持大型灌排泵站更新改造项目建设，安排中央投资计划10.8亿元，其中中央投资7亿元，用于10个省（自治区）61处大型灌排泵站更新改造，又有21处大型灌排泵站完成规划投资任务，目前，纳入全国大型灌排泵站更新改造实施方案的251处泵站已有183处完成规划投资。2015年大型灌排泵站更新改造，恢复和改善排涝面积27.2万hm^2、灌溉面积36.6万hm^2。

为全方位评价大型灌排泵站更新改造项目工作情况，出台了《大型灌排泵站建设及运行管理年度绩效评价办法》，对各地2015年大型灌排泵站建设管理情况开展了绩效考评，并对考评结果进行了通报。为提高泵站管理人员建设管理水平，举办了大型灌排泵站更新改造技术与建设管理培训班，培训人员112人次。 （王适）

【小型农田水利】 2015年，中央财政小型农田水利设施建设补助资金项目总投资380多亿元，其中中央财政资金180.08亿元，带动省级和市（县）投入达200多亿元。2015年中央资金按因素法切块到省，除继续实施好第五批、第六批重点县续建项目外，由各省根据实际情况，按照“整合资金、集中投入、竞争立项、连片推进”的要求，自行选择项目县，自行组织实施。项目县的数量和实施年限由各省自行确定，原则上中央财政补助资金每个县不低于1 000万元。2015年，全国共新增256个项目县。预计当年项目完成后，可发展高效节水灌溉面积135万hm^2，新增、恢复有效灌溉面积80万hm^2，改善有效灌溉面积150万hm^2，新增粮食生产能力50亿kg。

（1）狠抓小型农田水利建设管理。一是强化绩效考评。水利部、财政部对各省2014年度小农水项目建设管理工作进行了考评，有23个省（自治区、直辖市）考评成绩为优秀，比2013年度增加3个。二是开展建设管理情况调查。针对农田水利重建轻管问题，水利部于2015年5月对全国所有县（市、区）农田水利建设与管理情况进行了全面调查，深入总结分析农田水利建设与管理中存在的问题，研究提出解决对策措施，进一步加强农田水利建后管护工作。三是加快项目建设进度。水利部采取督导检查、专题会议、电话沟通等方式，加强对各地中央财政小型农田水利设施建设补助资金项目的跟踪督促，切实加快建设进度。截至2015年年底，2015年度中央财政小型农田水利设施建设补助资金项目中央投资完成率96.5%，实现了既定目标。四是加强农田水利工程维修养护。水利部于2015年8月印发《关于做好农田水利工程维修养护工作的通知》（办农水〔2015〕172号），进一步明确农田水利维修养护经费使用范围和条件，要求各地规范使用管理，加强监督检查，促进工程良性运行。五是提前谋划2016年项目建设管理工作。印发有关通知，要求各地于2015年9月底前完成2016年项目有关前期工作，确保中央财政预拨资金指标下达后1个月内分解下达到项目县，组织项目县及时做好招投标及项目实施工作。

（2）稳步推进小型农田水利改革。一是农田水利设施产权制度改革和创新运行管护机制试点工作取得初步成效。水利部、财政部、国家发展改革委于2015年1月在全国确定了100个改革积极性高、县级人民政府重视、有一定工作基础与经验的县开展试点工作。经过近一年的实施，100个试点县在改革项目实施方式、明晰和移交工程产权、创新运行管护模式等三个方面取得了阶段性成果，初步实现农田水利设施“产权明晰、权责落实、经费保障、管用得当、持续发展”的目标。二是积极推进引入社会资本建设管理农田水利工程试点工作。水利部采取完善制度设计、强化协调督导、及时解决困难等措施，指导云南陆良县、澄江县，山东齐河县有序推进引入社会资本建设和管理农田高效节水灌溉工程试点。截至2015年年底，陆良、澄江县试点已基本完成并取得预期成效，齐河县试点已完成招商比选，正在积极推进工程建设。三是加强基层水利服务机构能力建设。督促各地抓紧制定加强基层水利服务机构能力建设的具体工作方案，落实责任，加大投入。目前全国已有19个省（自治区、直辖市）出台了建设标准或落实了能力建设经费。为发挥中央资金的引领带动作用，明确中央财政补助的农田水利维修养护经费可用于基层水利服务体系开展农田水利维修养护所必要的仪器设备购置。2015年落实基层水利服务机构能力建设中央补助资金0.71亿元。（王欢 袁晓奇）

【牧区节水灌溉示范项目】 2015年国家发展改革委、水利部继续安排中央预算内投资2亿元，用于内蒙古、新疆、西藏、青海、四川、甘肃、宁夏、黑龙江、吉林、辽宁、河北、云南等11个省（自治区）和新疆生产建设兵团等60多个牧区、半牧区县（旗、团场）实施牧区节水灌溉示范项目建设，新增节水灌溉饲草料地1.5万 hm^2，可为约70多万个羊单位提供补饲，结合舍饲圈养、草原围栏和禁牧、轮牧、休牧等措施，可使约45万 hm^2 天然草原得到保护，生态环境和牧民生产生活条件得到明显改善。

为加强牧区节水灌溉示范项目建设与管理，2015年6月在四川省成都市举办了牧区节水灌溉培训班。12个省份水利厅及新疆生产建设兵团水利局牧区节水灌溉示范项目管理人员及部分2015年项目县项目负责人70余人参加了培训，就牧区水利发展新形势、牧区水草畜平衡分析和牧草品种科学灌溉、牧区节水灌溉工程建设与运营管护，以及管理信息系统等进行了培训；2015年9月，组织有关专家赴内蒙古开展了牧区节水灌溉饲草料地建设与工程管理调研，并在宁夏召开了牧区节水灌溉示范项目建设管理专题研讨，对创新体制机制，促进工程建设与运行管护进行了部署。2015年，牧区节水灌溉示范项目当年投资完成率达96.4%，超额完成既定目标。（王晓玲）

【农业综合开发中型灌区节水改造】 继续推进实施《全国中型灌区节水配套改造“十二五”规划》，部署并指导地方编制2015年农业综合开发中型灌区节水配套改造项目实施计划。2015年共安排立项中型灌区节水改造项目150个，涉及27个省（自治区、直辖市）以及新疆生产建设兵团，计划总投资24.72亿元，其中，中央财政农发资金15.3亿元（当年拨付5.51亿元），地方财政资金7.38亿元，其他筹集资金2.04亿元。项目建设完成后，预计可新增和恢复灌溉面积10.3万 hm^2，改善灌溉面积36.3万 hm^2，增加供水能力及节约灌溉用水量约10.16亿 m^3，新增粮食综合生产能力约5.12亿kg。

会同国家农发办制定并印发《2016年农业综合开发中型灌区节水配套改造项目滚动计划编报要求》，布置2016年农业综合开发中型灌区节水配套改造项目滚动计划编报工作。

组织并配合国家农发办开展中型灌区节水改造项目验收及综合检查工作，督促地方加快中型灌区节水改造项目建设进度，按计划推进项目建设。推进中型灌区现代化改造试点项目，实行工程改造、测控及管理信息系统同步建设实施、同步发挥效益，打造成工程设施配套完善、测控及管理调度技术先进的现代化中型灌区，为今后建设现代化灌区探索路子、积累经验。（阎存立 李召祥）

【农村水利技术与交流】

1. 农村水利技术标准 2015年，颁布了《灌溉水利用率测定技术导则》（SL/Z 699—2015）、《灌溉与排水工程施工质量评定规程》(SL 703—2015),完成了《灌溉渠道系统量水规范》(审定稿)和《牧区草地节水灌溉工程技术规范》(报批稿)。12月,在浙江省杭州市举办了农村水利技术标准培训班,对《节水灌溉项目后评价规范》(GB/T 30949—2014)、《灌溉与排水工程施工质量评定规程》(SL 703—2015)、《灌溉水利用率测定技术导则》(SL/Z 699—2015)等标准进行了宣贯。

2. 海峡两岸农田水利技术交流研讨会及农村水利专业委员会学术年会　2015年9月,在重庆市举办了第十三届海峡两岸农田水利技术交流研讨会,共有15位专家围绕"农田节水灌溉技术"进行了论文交流,收录论文38篇,会后台湾农田水利会联合会组团赴湖北、湖南进行了参访考察。同时,农村水利专业委员会在重庆市召开了年会,讨论确定了专委会今后的发展方向和目标任务。

3. 国际灌排委员会(ICID)现任主席来访中国　2015年7月,ICID现任主席赛义德·纳瑞兹及秘书长阿瓦纳什·塔亚盖一行来中国访问,时任水利部副部长李国英会见了纳瑞兹一行。中国国家灌排委员会主席王爱国与纳瑞兹一行就具体合作事项进行了深入讨论,纳瑞兹一行还访问了中国水利水电科学研究院。

4. 国际灌排委员会第66届执理会暨第26届欧洲与地中海区域会议　中国国家灌溉排水委员会组团参加了2015年10月11—17日在法国蒙彼利埃市召开的主题为"通过创新改善灌溉效率"的第66届执理会暨第26届欧洲与地中海区域会议,中国有7位专家在大会上作了交流发言。中国广西灌溉试验中心站站长李新建荣获ICID节水灌溉技术奖,也是中国专家第10次获得ICID节水奖。中国推荐的浙江宁波它山堰灌溉工程、诸暨井灌工程、安徽寿县芍陂等3项水利工程全部入选世界灌溉工程遗产名录。

(王晓玲　王适)

水 土 保 持

【水土保持法配套制度建设】　2015年,北京、山西等6省(自治区、直辖市)修订出台了省级水土保持法实施办法(条例);陕西等8省(自治区、直辖市)出台了省级水土保持补偿费征收使用管理办法(标准)。全国累计有27个省(自治区、直辖市)修订出台了水土保持法实施办法(条例),17个省(自治区、直辖市)出台了省级补偿费征收使用管理办法(标准)。

结合各地实际,6省(自治区、直辖市)实施办法(条例)进一步深化和细化了新法重点条款,提出了一些具有地方特色、有实质性内容和操作性强的规定。一是深化水土保持目标责任制和考核奖惩制度,北京明确市和区、县人民政府将水土保持任务完成情况纳入考核内容,考核结果作为考核奖惩的重要依据。山西、内蒙古规定每年由上一级人民政府对下一级人民政府水土保持责任制落实情况进行考核奖惩。二是细化水土流失重点预防区和重点治理区的划定原则和范围,内蒙古、海南、湖北结合实际提出了具体要求,为省、市、县划分"两区"奠定了基础,大部分省份规定了以5年为周期的水土流失调查频率。三是明确生产建设项目水土保持方案编报范围,北京将涉及土石方挖填的生产建设项目或者其他生产建设活动全部纳入水土保持方案编报范围,内蒙古要求在水土流失重点预防区和重点治理区内开办的生产建设项目应当编制水土保持方案。四是强化水土保持后续设计,宁夏要求生产建设单位在主体工程初步设计和施工图设计中同时进行水土保持设计。五是突出水行政主管部门水土保持设施验收的主体地位,北京、山西、内蒙古、湖北明确规定由水行政主管部门组织水土保持设施验收。六是强化生产建设项目水土保持监测工作,北京、山西设置了相应罚则,北京规定将编制水土保持方案的生产建设项目纳入开展监测工作范围,海南明确各类新建产业园区管理机构应当对生产建设活动造成的水土流失进行监测。七是细化法律责任,规范自由裁量权,山西、内蒙古、海南在新法确定的处罚范围内进行了两到三挡细化。

水利部印发了《水利部流域管理机构生产建设项目水土保持监督检查办法(试行)》,不断加强事中事后监管;出台了《关于贯彻落实国发〔2015〕58号文件进一步做好水土保持行政审批工作的通知》,提出了进一步规范行政审批中介服务、简化优化审批流程、提高审批效率的水土保持行政审批重点工作;印发了水土保持设施验收程序、验收工作要点、验收技术评估工作要点,进一步规范和优化了设施验收工作;出台了《生产建设项目水土保持监测规程(试行)》及监测工作检查要点,全面强化生产建设项目水土保持监测。

(尤伟)

【水土保持监督管理】

1. 全面推进水土保持法贯彻实施情况专项检查　2015年3月,全国人大环资委将水土保持法贯彻实施情况专题调研纳入2015年度监督工作计划,水利部印发《关于开展水土保持法贯彻实施情况专项检查的通知》,全面部署和启动水土保持法贯彻实施情况专项检查工作。9月,全国人大环资委听取了水利部关于水土保持法贯彻实施情况的介绍,举办了"中国水土流失与综合防治"专题讲座。10—11月,全国人大环资委主任委员陆浩,副主任委员王云龙、黄小晶、黄献中,水利部副部长刘宁、总工程师汪洪等组成检查组，分赴内蒙古、陕西、山西开展实地调研。调研组听取了当地政府及相关部门的情况汇报，现场检查了水土保持示范工程、小流域综合治理工程、生产建设项目水土流失防治等，进一步推动了水土保持法的贯彻实施。2015年，15个省人大开展了水土保持法执法检查，10个省人大列入2016年工作计划。

2. 不断深化水土保持行政审批改革　根据国务院深化行政审批制度改革精神和简政放权、放管结合、优化服务的要求，在继续保留生产建设项目水土保持方案审批和设施验收为两项独立行政许可的基础上，不再将水土保持方案审批作为企业投资项目核准的前置条件，改为与项目核准及其他行政审批实行并联办理。将水土保持设施验收申请材料由4项简化为2项，降低了企业的工作量和成本。编制公布水土保持方案和设施验收审批事项服务指南和审查工作细则，将水土保持方案和设施验收审批事项纳入水利部行政审批受理中心大厅。生产建设项目水土保持方案编制和监测两项中介服务不再作为强制中介，由市场自主选择；水利部水土保持设施验收技术评估中介服务转为水利部委托开展的技术性服务。

3. 进一步规范水土保持方案管理　为切实落实水土保持"三同时"制度，水利部依法行政，规范审批，加强事中事后监管，严格控制人为水土流失，全年共审批水土保持方案258个，完成172个大中型生产建设项目的水土保持设施验收，组织流域管理机构检查生产建设项目628个。加快办理水利、铁路等92个国家重点工程水土保持方案审批，缩短了所涉项目前期工作周期。同时，地方水土保持方案审批和设施验收工作取得积极进展，各级水行政主管部门共审批水土保持方案2.3万余个，开展监督检查近万次，开展水土保持设施验收近7 000多个。（季玲玲）

【水土保持重点工程建设】　2015年，国家水土保持投入继续保持较高水平，工程管理不断强化，继续以长江和黄河上中游、珠江上游、东北黑土区、南方崩岗等水土流失严重地区为重点，推进水土流失综合治理。

1. 水土保持投资规模稳步增长　2015年全年小口径水土保持中央投资规模达到56.35亿元。其中，中央预算内水利基本建设投资27亿元，较2014年减少5亿元；中央财政水利资金29.35亿元，较2014年增长5亿元。农发资金与2014年持平。加上京津风沙源治理、岩溶地区石漠化治理、巩固退耕还林成果等生态综合治理项目相关水保投入，中央层面用于水土保持的投入达80亿元以上。

2. 水土流失治理任务全面完成　2015年，全国共完成水土流失综合防治面积7.4万km^2，其中综合治理面积5.4万km^2，实施生态修复面积2万km^2，实施坡改梯400万亩，建设生态清洁型小流域300多条。

3. 建设管理工作不断加强　按照水利部党组关于加快国家水土保持重点工程中央投资计划执行进度的部署，圆满完成黄河以北地区中央投资计划完成率80%以上和黄河以南地区中央投资计划完成率90%以上的年度进度目标。全面强化重点工程督查，建立水利部、流域机构和省级三级督查机制，组织流域机构等单位对国家水土保持重点工程进行专项督查。开展了黄土高原地区淤地坝安全运用专项检查。配合有关部门开展农发水保项目专项检查、丹江口库区及上游水污染防治和水土保持一期工程评估工作、京津风沙源二期工程等水利水保工程专项核查、巩固退耕还林成果专项规划实施情况联合督查等。

4. 基础工作稳步推进　启动丹江口库区及上游地区水污染防治与水土保持"十三五"规划编制，编制完成《全国水土保持"十三五"发展改革规划》，编制完成中央投资三年滚动计划（2016—2018年），编制完成《黄土高原淤地坝除险加固规划》。加快重点工程管理信息系统建设，完成了国家水土保持重点建设工程、国家农业综合开发水土保持项目等系统重要模块的开发和各省相关信息录入。（惠波）

【国家水土保持生态文明建设工程】　国家水土保持生态文明综合治理工程，是以创建生态文明工程为契机，通过树立一批水土保持生态文明样板，发挥其示范带动作用，推动全国水土流失防治和生态建设工作。生态文明工程创建以来，改善了人居环境，改变了城乡面貌，提升了城市、县和工程的品位形象，充分体现了示范、宣传、推广、观光等多重功能，将水土保持生态建设与地方发展紧密结合，形成了特色产业，大幅度增加居民收入，取得了良好的经济效益、社会效益和生态效益，提高了水土保持的社会影响力。

2015年，水利部在全国范围大力推进国家水土保持生态文明工程的创建工作，各地方政府、水利水保等相关部门积极开展申报工作。水利部组织专家对有关省（自治区、直辖市）申报工程进行评估。2015年，共完成5个国家水土保持生态文明综合治理工程、13个生产建设项目国家水土保持生态文明工程和5个国家水土保持生态文明清洁小流域建设工程的评估和审核认定工作。

与2014年相比较，2015年创建工作范围更大，示范性、影响力更为广泛，工程覆盖了北京、天津、河北、山西、上海、福建、安徽、湖北、湖南、江苏、广西、重庆、四川、云南、陕西、甘肃和新疆等17个省（自治区、直辖市）。各地方党委、政府和水利水保部门高度重视，加强领导、提高意识，充分依靠政策调动各方面积极性，形成多部门参与配合、共同推进生态文明工程的良好氛围，加快工程创建工作的步伐。利用多种形式广泛开展水土保持生态文明工程创建工作的宣传，发挥生态文明综合治理工程的示范带头作用，扩大水土保持生态建设的社会影响。

（李柏）

【水土保持监测】　2015年，水土保持监测和信息化工作重点是全面加强全国水土流失动态监测与公告项目工作，加快推进水土保持信息化工作，组织开展水土流失监测技术调研，组织开展重要监测点的升级改造。

1.“全国水土流失动态监测与公告项目”　组织编制形成2018—2022年项目规划（初稿），为项目三年规划储备工作打下了良好的基础；组织完成了2013年、2014年监测成果汇编，包括总卷、监测点卷、小流域卷、土壤侵蚀野外调查单元卷、重点治理区卷、重点预防区卷和生产建设项目集中区卷等7卷，两年共14卷20册；实施完成了35个重点区（18个重点治理区、16个重点预防区、晋陕蒙接壤煤炭生产建设项目集中区）136个县份、各土壤侵蚀类型区58条典型小流域和91个典型监测点的水土流失动态监测；举办了水土流失地面观测技术、重点防治区野外抽样单元调查技术、重点区土壤侵蚀定量评价技术等多期培训班，培训210余人次；编写了《风蚀监测点监测手册》（初稿）；开展项目宣传，印发项目通讯6期，在各级水利及相关网站多次进行项目实施情况报道。地方水土流失动态监测与预报工作有序推动，目前，北京、辽宁、江苏、浙江、安徽、福建、江西、湖北、重庆、贵州、云南、西藏、青海、宁夏和新疆等15个省（自治区、直辖市）开展实施了全省或重点地区的水土流失动态监测工作，全面提升了监测工作的服务能力，为各地全面开展水土保持公告和编制水土保持规划提供了基础数据。

2. 水土保持信息化工作　水利部印发了《全国水土保持信息化工作2015—2016年实施计划》，明确了2015—2016年信息化工作的总体目标、主要任务、进度安排和组织实施等；组织各流域机构和各省（自治区、直辖市）开展了生产建设项目“天地一体化”监管示范和综合治理项目“图斑化”精细管理示范，组织各省（自治区、直辖市）实施了2015年度及“十二五”以来国家水土保持重点工程项目前期、计划、实施和检查验收等相关数据的入库工作；水利部水土保持监测中心组织完成了水土保持信息管理系统升级，主要包括监督管理和综合治理管理系统升级、监测点数据上报系统（风蚀）、全国水土流失动态监测与公告项目数据发布模块和监督管理信息移动采集系统和重点工程移动检查验收系统开发等；组织完成了2007—2010年生产建设项目水土保持方案入库工作，共录入686个方案。

3. 水土保持重要监测点升级改造　组织高等院校、研究所的专家，对全国水土保持监测网络的水土保持监测点进行了全面调研；开展了监测设备推介交流和测试工作，完成了泥沙采样与径流泥沙自动监测设备的测试；提出了《水土保持重要监测点建设标准》，主要内容包括建设目标、建设内容、监测指标、监测设备、特殊监测设施设备、监测用房、监测人员、监测经费、综合管理等；完成了东北黑土区鹤北小流域和西北黄土高原区南小河沟小流域2个监测点的设备采购、安装、技术培训等，对促进监测指标规范化、采集方法标准化、数据处理系统化及信息传输自动化等发挥了积极作用。

4. 国家科技重大专项之一“高分辨率对地观测系统重大专项（民用部分）高分水利遥感应用示范系统（一期）——水土保持监测和评价系统建设”　按照面向土壤水力侵蚀定量评价、水土保持治理措施监测与评价、生产建设项目水土保持监测与评价等需求，根据GF-1到GF-2卫星数据载荷特点，构建了合适的水土保持业务分类体系，完成基于高分数据的水土保持监测与评价指标快速提取关键技术攻关研究，完成了水土保持监测土地利用、植被盖度、生物治理措施、工程治理措施等因子分析、土壤侵蚀模型计算模块以及生产建设项目扰动土地整治率、水土流失总治理度、林草植被恢复率、林草覆盖率提取分析等10个软件模块研发，研制了土地利用因子、植被盖度、土壤侵蚀量、土壤侵蚀强度、治理措施、生产建设项目水土保持等6类专题数据产品及其生产技术规程，综合集成形成水土保持监测与评价示范系统平台，探索和建立了一套完整、实用、高效的高分辨率遥感应用技术体系，推动高分遥感水土保持应用主体业务，形成基于高分辨率对地观测系统的水土保持业务应用的综合信息服务能力，有力支撑我国水土保持行业健康快速发展。

5. 行业管理规范　发布了《2014年中国水土保持公报》，为全社会提供了年度全国水土流失状况、水土保持预防保护和综合治理等基础信息；完成了国家标准《生产建设项目水土保持技术规范》和《生产建设项目水土流失防治标准》修订报批稿，完成并发布了行业标准《水土流失危险程度分级标准》（SL 718—2015）和《水土流失重点防治区划分导则》（SL 717—2015），正在修订国家标准《生产建设项目水土保持设施验收技术规程》。

（凌峰）

【全国水土保持规划】　2015年10月，经李克强总理签批，国务院正式批复同意《全国水土保持规划（2015—2030年）》（以下简称《水保规划》），这是我国水土流失防治进程中的一个重要里程碑。这部规划是我国首部获得批复的国家级水土保持规划，是今后一个时期我国水土保持工作的发展蓝图和重要依据，也是贯彻落实国家生态文明建设总体要求的行动指南。2015年10月27日，水利部召开贯彻落实《水保规划》视频会议，传达贯彻国务院批复精神，全面部署《水保规划》学习宣传和贯彻实施工作。2015年12月，水利部、国家发展改革委、财政部、国土资源部、环境保护部、农业部、国家林业局等7部门联合印发《水保规划》。

《水保规划》要求，全国水土流失防治工作要树立尊重自然、顺应自然、保护自然的生态文明理念，坚持预防为主、保护优先，全面规划、因地制宜，注重自然恢复，突出综合治理，强化监督管理，创新体制机制，充分发挥水土保持的生态、经济和社会效益，实现水土资源可持续利用，为保护和改善生态环境、加快生态文明建设、推动经济社会持续健康发展提供重要支撑。

《水保规划》明确，用15年左右的时间，建成与我国经济社会发展相适应的水土流失综合防治体系，实现全面预防保护，林草植被得到全面保护与恢复，重点防治地区的水土流失得到全面治理。预计到2020年，全国新增水土流失治理面积32万km^2，年均减少土壤流失量8亿t；到2030年，全国新增水土流失治理面积94万km^2，年均减少土壤流失量15亿t。

《水保规划》综合分析了水土流失防治现状和趋势，以全国水土保持区划为基础，以保护和合理利用水土资源为主线，以国家主体功能区规划为重要依据，提出了全国水土保持工作的总体布局和主要任务：一是全面实施预防保护，促进自然修复，扩大保护林草植被覆盖，强化生产建设活动和项目水土保持管理，全面预防水土流失，重点突出重要水源地、重要江河源头区、水蚀风蚀交错区水土流失预防。二是在水土流失地区，开展以小流域为单元的山水田林路综合治理，加强坡耕地、侵蚀沟及崩岗的综合整治，重点突出西北黄土高原区、东北黑土区、西南岩溶区等水土流失相对严重地区，坡耕地相对集中区域，以及侵蚀沟相对密集区域的水土流失治理。三是建立健全综合监管体系，强化水土保持监督管理，完善水土保持监测体系，推进信息化建设，建立和完善社会化服务体系。

《水保规划》从加强组织领导、健全法规体系、加大投入力度、创新体制机制、依靠科技进步、强化宣传教育等6个方面，提出了规划实施的保障措施。

（蔡昕）

【水土保持科技示范园区建设】 继批准第五批21个国家水土保持科技示范园区后，2015年，在继续完善已有水土保持科技示范园区的基础上，积极开展国家水土保持科技示范园区创建、建设国家水土保持科技示范园区网上专题，组织开展首批全国中小学水土保持社会实践教育基地中期评估，进一步推动了全国水土保持科技示范园区建设，充分其多重功能和作用，提升了水土保持的社会影响力。

1. 积极开展国家水土保持科技示范园区创建 2015年，水利部组织专家对陕西、海南、福建、江西等4个省（自治区、直辖市）申报的5个基础条件较好和配套设施成熟、兼具水土保持科研示范、科技推广、科普教育、辐射带动等多种功能的科技园区进行了现场评定。陕西省延川县梁家河和米脂县高西沟水土保持科技示范园区获批国家水土保持科技示范园区定。国家水土保持科技示范园区已达104个。

2. 建设国家水土保持科技示范园网上专题 在中国水土保持生态建设网站开设国家水土保持科技园专题，建成2007年以来批准、分布于全国28个省（自治区、直辖市）的104个国家水土保持科技示范园区专题。通过网上专题报道，不仅扩大了国家水土保持科技示范园区的影响，提供了园区面向公众服务的窗口，而且推动水土保持典型示范、宣传教育、科学普及等方面发挥。

3. 组织开展首批全国中小学水土保持社会实践教育基地中期评估 全国中小学水土保持社会实践教育基地是在国家水土保持科技示范园区基础上的提升与发展，突出科普教育，着力强化中小学社会实践教育功能。为促进中小学水土保持社会实践教育基地健康发展，更好地发挥水土保持社会实践的功能和作用，培育中小学水土保持生态文明理念和意识，水利部办公厅印发了《关于开展全国中小学水土保持教育社会实践基地中期评估的通知》（办水保函〔2015〕462号），会同教育部共同组织完成2012年获批的首批24个全国中小学生水土保持社会教育基地中期评估工作。通过评估，总结了经验，查找了问题，提出了建议，促进了教育的良性运行和维护管理。据不完全统计，三年来，共有500多所学校、23万多人次中小学生到教育基地开展了社会实践活动。

4. 全面推进水土保持科技示范园区建设 一是习近平总书记考察调研了陕西省延川县梁家河水土保持示范园。二是各地不断加强科技园建设，陕西编制完成了陕西省水土保持科技园区规划，批准了16个省级水土保持科技示范园。三是组织科技园区之间的考察、交流学习，共同提高园区的建设与管理水平。四是西安汉城湖水土保持科技示范园区的水土保持科普体验馆获得第七届中国水土保持学会科学技术二等奖。

（屈创）

农村水电

【总体情况】 2015年，在水利部党组的正确领导和地方党委政府的关心重视下，农村水电行业全力推进民生水电、平安水电、绿色水电、和谐水电建设，全年完成投资308亿元，新投产电站360座，新增发电设备容量 241 万 kW，农村水电总装机容量达到 7 583 万 kW，年发电量 2 351 亿 kW·h，农村水电各项工作取得明显成效。

1. 农村水电电源建设

(1) 装机容量。2015 年，农村水电全年新增加发电设备容量 241 万 kW，其中，新投产装机容量 158 万 kW，技改净增发电设备容量 84 万 kW。新投产发电设备主要集中在我国西南、西北和华中地区，技改净增发电设备主要集中在我国华中、西南、华南和华东地区，详见图 1。

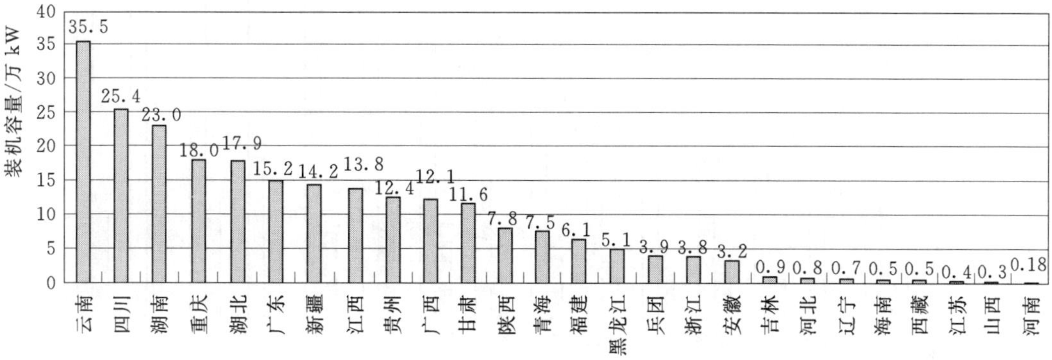

图 1　2015 年各省份农村水电新增装机容量示意图

2015 年农村水电新增装机按规模划分 1 万（含）～5 万 kW（含）占新增装机总量的 48%；0.1 万（含）～1 万 kW 占总量的 37%；0.1 万 kW 以下占总量的 15%。

截至 2015 年年底，全国共有农村水电站 47 340 座，农村水电装机容量达到 7 583 万 kW，占全口径水电总装机容量（31 900 万 kW）的 23.8%，占全国电力总装机容量（150 700 万 kW）的 5.03%。农村水电广泛分布在 31 个省（自治区、直辖市）和新疆生产建设兵团，从各省年末发电设备拥有量看，云南省和四川省分别达到 1 142 万 kW 和 1 110 万 kW，位列全国前 2 名，广东省和福建省超过了 700 万 kW，详见图 2。

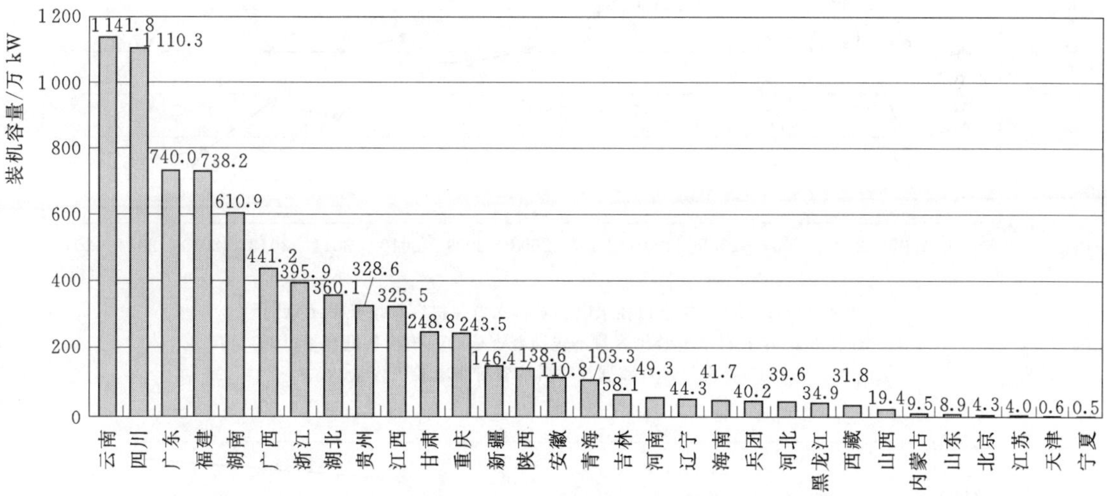

图 2　2015 年各省份年末农村水电装机容量示意图

全口径水电装机容量在 2015 年年末达到 3.1 亿 kW，较 2005 年年末增长了 172%，详见图 3。农村水电自 2005 年以来，从 3 853 万 kW 增加到 7 583 万 kW，增长了 97%。“十一五”期间，农村水电装机容量平均增长率达到 9.0%，进入“十二五”期间增速放缓，农村水电装机容量平均增长率为 5.1%，详见图 4。

(2) 发电量。2015 年，全国农村水电发电量达 2 351 亿 kW·h，占全口径水电发电量的 21.1%，占全国总发电量的 4.2%（比 2014 年上涨 0.09 个百分点），详见图 5。2015 年农村水电发电量较 2014 年增加近 70 亿 kW·h，同比增长 3.1%。农村水电年平均利用小时数为 3 101h，和 2014 年基本持平。

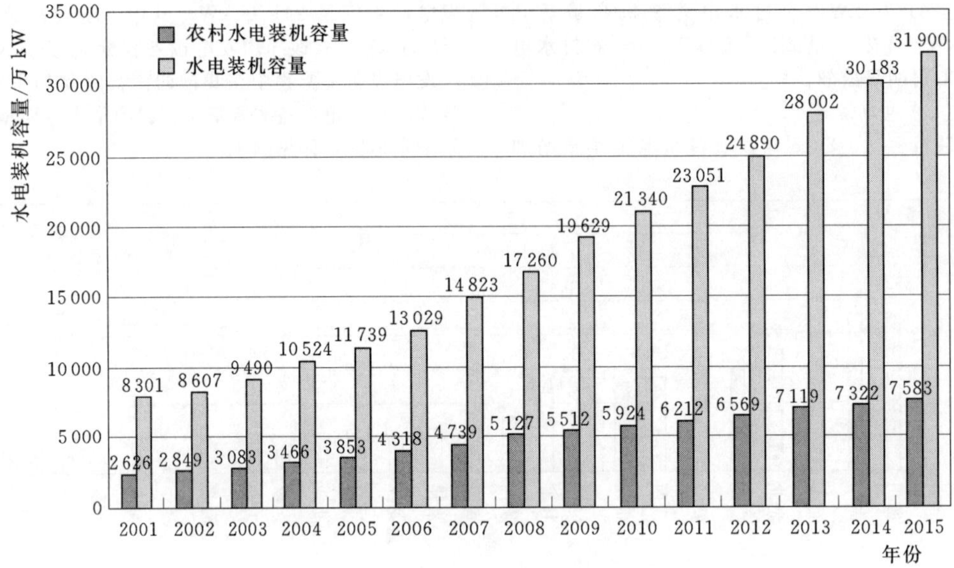

图 3　2001—2015 年全口径水电和农村水电装机容量增长示意图

（注：图中所示 2015 年全口径水电数据来源为中电联 2015 年全国电力统计快报）

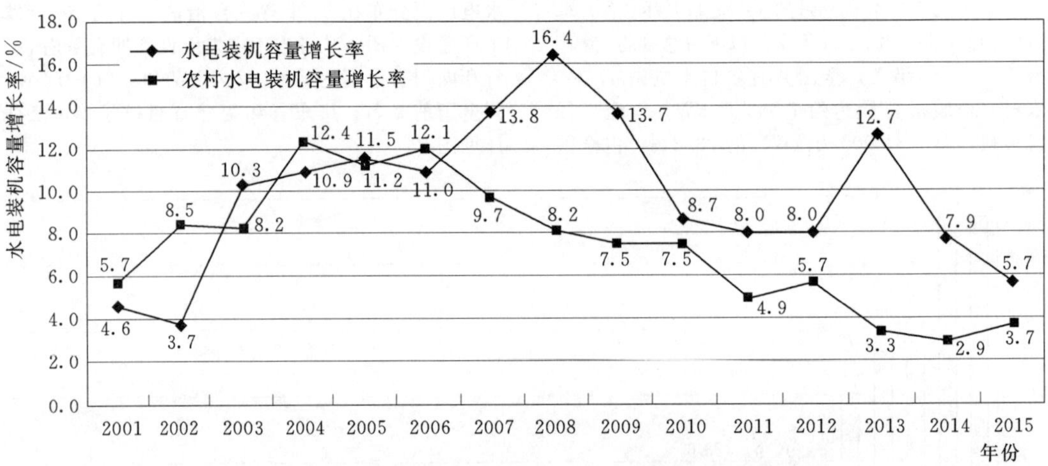

图 4　2001—2015 年全口径水电和农村水电装机容量增长率示意图

（注：图中 2013 年农村水电装机容量不包括普查核增、核减装机容量；2014 年、2015 年为与普查数据校对后的农村水电装机容量）

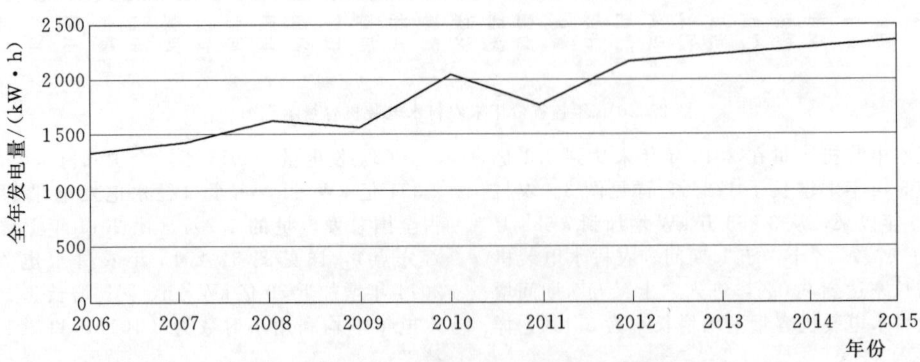

图 5　近年农村水电站全年发电量增长示意图

中电联2015年全国电力工业统计快报显示，全口径水电发电量为11 143亿kW·h，同比增长5.1%，占全国总发电量的19.9%，比2014年增加7个百分点。水电设备年平均利用小时数为3 489h，比2014年减少164h。

(3) 开发率。截至2015年，全国农村水电已开发量占我国农村水能资源技术可开发量的59.2%，较2014年增长了2个百分点。开发率较高的省份主要集中在我国华东、华南、华中地区；而我国西南、东北、华北和西北地区开发程度相对较低，其中西藏、黑龙江、内蒙古、山西、新疆、河北、吉林等7个省（自治区）开发率尚不足40%。

2. 农村水电配套电网建设

(1) 设施建设。2015年，全国农村水电配套电网新增110kV及以上变电站35座，变电容量295万kVA；新增35（63）kV变电站88座，变电容量177万kVA；新增配电变压器14 551台，容量455万kVA。新投产10kV及以上高压线路1.7万km，低压线路3万km。

截至2015年年底，全国农村水电配套电网已投入运行110kV及以上变电站560座，变电容量2 994万kVA；35（63）kV变电站2 770座，变电容量1 988万kVA；配电变压器38万台，容量4 302万kVA；10kV及以上高压线路49万km，低压线路111万km。

2015年全国农村水电新增110kV及以上变电容量较2014年增加17.1%，新增35（63）kV变电容量较2014年减少8.9%，新增配电变压器容量较2014年减少15.4%。

(2) 供用电。2015年，全国有农村水电的县共1 534个。有农村水电的县主要集中在我国的西南、华南和华中地区，四川省最多，有159个，云南省117个，广西壮族自治区93个，湖南省91个。有农村水电网的县437个，其中县城电网为农村水电网的县109个，农村水电网供电乡镇4 788个。

2015年，农村水电上国家电网电量1 592亿kW·h，上农村水电网电量222亿kW·h。全国农村水电上国家电网平均电价为0.344元/(kW·h)，较2014年上涨0.027元/(kW·h)。上国家电网电价高于全国平均水平的地区有贵州、浙江、广东、天津、河北、江苏、黑龙江、安徽、吉林、西藏、山东、湖南等12个省（自治区、直辖市）。全国上农村水电网平均电价为0.255元/(kW·h)，较2014年下降0.001元/(kW·h)。

2015年全国电价涨幅高于3%的地区有贵州、宁夏、安徽、黑龙江、福建、陕西；与2014年持平的地区有天津、山东、河南。

2015年，农村水电网全年网内发电量达559亿kW·h。农村水电网全年输出网外电量144亿kW·h，购电量1 046亿kW·h，其中购入网外电量494亿kW·h。全年购电的平均电价为0.32元/(kW·h)，与2014年相比，下降了0.019元/(kW·h)。农村水电供电区县城居民平均到户电价0.449元/(kW·h)；农村居民平均到户电价0.453元/(kW·h)。

3. 完成投资　2015年，全国农村水电建设完成投资308亿元，其中农村水电站建设完成投资244亿元。农村水电站完成投资按区域分布：东部45亿元，占14.6%；中部69亿元，占22.43%；西部194亿元，占62.97%。从各省农村水电建设完成投资看，四川省完成投资51.4亿元，云南省完成投资45.2亿元，位列全国前2名，贵州、广西、湖北、湖南等4个省（自治区）都超过了20亿元。

在2015年完成总投资中财政资金达到71.3亿元，占23.1%。从完成投资的财政资金构成看，中央资金57.1亿元（图6），占80%；省级资金12.8亿元，占18%；市（县）财政资金1.5亿元，占2%。

图6　农村水电近年中央补助投资情况示意图

4. 经营　2015年，全国农村水电全年发售电总收入1 270亿元，上交税金103亿元。截至2015年年底，农村水电固定资产6 286亿元，其中，农村水电站5 588亿元，农村水电配套电网698亿元，比

2014 年增加 799 亿元，增长 12.7%。

截至 2015 年年底，全国农村水电独立核算单位共 28 502 个，其中有 90.5%的企业为非国有企业。农村水电从业人数达到 62 万人，其中，技术人员 19 万人。 （曲鹏）

【水能资源管理】

1. 扎实推进中小河流水能资源开发规划工作

（1）加强了规划环境影响评价技术指导。多次与环保部沟通中小河流水能资源开发规划环评工作及环评技术要点编制工作情况，组织指导长江水资源保护科学研究所编制环评技术要点，形成了文本建议稿。

（2）不断加大规划工作督导力度。完成中小河流名录的调整工作，按期编制了规划工作进展情况简报、季报，以办公厅函的形式对四川省中小河流水能资源开发规划工作进行了督促，召开规划工作座谈会，研究解决掣肘规划修编过程的实际问题和困难，推广好的经验及做法。

（3）开展了规划工作典型培育工作。赴西藏、云南、湖北、福建等地调研水能资源开发规划情况，查看通过规划修编调整优化河流水能资源开发布局的典型，指导当地做好典型的培育和推广工作。

截至 2015 年年底，全国共落实规划修编经费 9 800 多万元，近 2 600 条中小河流水能资源开发规划报告业已修编完成，其中 1 000 多条河流的规划报告通过审查，400 多条河流的规划批复实施。河北、辽宁两省率先完成本轮中小河流水能资源开发规划修编工作。

2. 积极推动绿色小水电建设工作

（1）抓紧《绿色小水电评价标准》编制工作。召开了《绿色小水电评价标准》大纲审查会，确定了标准的基本框架。随后，形成标准征求意见稿，并广泛征求水利、环保系统单位及专家意见。11 月又专门召开编制组工作会议，认真研究征求意见建议的采纳情况，并对标准条款进行了具体修改。至 2015 年年底前，评价标准已具备召开送审稿审查会的条件。

（2）探索河流生态修复工作。浙江 2015 年利用省级财政补助资金 1 000 万元，采取增设生态流量泄放设施、生态友好型设备设施改造、报废退出等措施，修复下游河流生态。福建结合增效扩容改造，2015 年安排省级财政补助资金 2 000 万元，在长汀、永春两县通过“改、转、退”（改造升级、转变运行方式、报废退出）开展老旧电站河流生态修复试点。

（3）开展绿色小水电建设宣传工作。在《中国水能及电气化》杂志开设绿色小水电建设专栏，共刊出 7 期专栏 16 篇文章，并在水利部农村水电及电气化发展局网站上连载，全面介绍现阶段绿色小水电建设的工作思路、国际经验以及地方绿色小水电建设实践探索情况。

3. 全力做好全球环境基金增值项目申请工作

成立了项目指导委员会和项目管理办公室，明确了职责分工。印发项目选点通知，提出了选点的现状条件和改造后的目标要求。召开了两次项目指导委员会，研究决定了增值项目设计思路和主要内容，明确了赠款分配原则、项目调整机制和配套资金承诺等主要问题，确定了湖北等 7 个省（自治区、直辖市）的 24 座增值项目试点电站名单。召开增值项目专家评审会，完善了增值项目建议书各项内容和试点水电站可研报告编制要求，增值项目建议书即将编制完成进入国内国际报批程序。 （何峰）

【农村水电技术标准】 2015 年，水利部农村水电及电气化发展局主持编写的农村水电技术标准共 11 项（见表 1），其中 2015 年新增 2 项，截至 2015 年年底，农村水电现行有效标准达 52 项，在编标准详情见表 1。根据《水利标准化工作管理办法》要求和 2015 年水利技术标准制（修）订计划安排，组织召开了《小型水轮机控制系统技术规程》等 2 项标准的工作大纲审查会，对《绿色小水电评价标准》等 5 项标准发文征求意见；组织召开了《箱式水电站》等 4 项标准的送审稿审查会；完成了《小型水电站施工安全规范》的报批工作。

表 1 农村水电在编标准情况表

序号	标 准 名 称	编制	性质	当前状态
1	整装微型水轮发电机组	制定	国标	报批
2	小型水电站机电设备导则	修订	国标	报批
3	小水电水能设计规范	制定	国标	报批
4	小型水电站施工安全规范	制定	国标	报批
5	小型水电站机组运行综合性能质量评定标准	制定	国标	报批稿审定
6	小型水轮发电机组启动试验规程	制定	行标	送审稿审查
7	箱式水电站	制定	行标	送审稿审查
8	水力自控翻板闸门技术规范	制定	行标	征求意见

续表

序号	标 准 名 称	编制	性质	当前状态
9	小型水轮机现场验收试验规程	修订	国标	送审稿审查
10	绿色小水电评价标准	制定	行标	征求意见
11	小型水轮机控制系统技术规程	制定	行标	大纲审查

（孙亚芹）

【农村水电行业安全监管】 2015年，农村水电安全监管水平不断提高，农村水电行业安全生产形势持续好转，首次实现安全生产责任事故零报告。

1. 深化责任落实，巩固安全“双主体”责任全覆盖成果　各地在农村水电安全监管全覆盖的基础上，继续逐站落实安全生产“双主体”责任，并将责任分解，督促电站逐级、逐岗、逐人落实安全生产责任。河北、江西、湖北等省调整责任人后，及时将调整后的农村水电站安全生产“双主体”责任落实情况，在省级水利网站上进行了公示。2015年，全国农村水电安全“双主体”责任实现全覆盖，“双主体”责任体系得到深化巩固。

2. 加大监管力度，首次实现人身伤亡责任事故零报告　2015年水利部出台《农村水电安全生产监督检查导则》，对安全生产监督检查行为进行了明确和规范。下发《水利部办公厅关于开展农村水电安全生产大检查的通知》《关于进一步做好农村水电站安全度汛工作的通知》，组织各地开展农村水电安全生产大检查。水利部全年共开展了16次农村水电安全生产工作督查，针对存在问题提出了整改建议。各省（自治区、直辖市）水利（务）厅（局）也组成多个工作组，深入基层和项目开展安全督查检查，2015年首次实现农村水电人身伤亡责任事故零报告。

3. 组织排查整改，彻查消除各类安全生产隐患　各地结合安全大检查和专项整治行动，扎实开展了隐患排查治理和专项整治。加强问题导向，重点加强了汛前、汛中水电站大坝、前池、高边坡、引水渠、压力管道、机电设备等设备设施隐患排查，各地共排查治理一般隐患6 000余项；对排查出的隐患都下发了整改通知书，督促一般隐患限期整改，重大隐患实行挂牌督办；安全隐患建立规范台账，落实整改措施和责任，实行隐患排查整改“闭环”管理，确保排查出的隐患整改到位。

4. 开展试点建设，推进安全生产标准化达标评级　下发《水利部办公厅关于开展农村水电站安全生产标准化评审工作的通知》，规范农村水电站安全生产标准化评审流程，公布了54家农村水电安全生产标准化一级评审机构名单。正式出版了《农村水电安全生产标准化评审标准释义》和《农村水电站安全生产标准化达标指导手册》。在浙江温州召开全国农村水电站安全生产标准化建设现场会，推广先进地区、先进单位好的做法和经验。2015年年底，全国已有河北、山西等26个省份和新疆生产建设兵团开展了1 300多座试点电站建设，20余座电站已完成农村水电安全生产标准化一级电站外部评审公示，建成农村水电安全生产标准化二级、三级电站近500座。

5. 强化应急指导，增强农村水电站安全生产应急能力　各地认真做好度汛预案和应急预案的编制工作，落实抢险队伍和抢险物资，开展应急培训和演练。湖南指导电站编制和完善事故应急预案，装机1万kW及以上的水电站防汛责任制在省水利厅备案；陕西组织编写《农村水电站安全生产应急预案编制指南》，召开全省农村水电站防汛、地震等突发事件预案编制专题会议，重点加强防汛、地震等预案的演练；贵州编制《贵州省农村水电安全生产事故应急预案》，指导全省农村水电安全事故应急处置，并建立安全生产月报和重大事故专报制度。

6. 加强教育培训，提高农村水电站安全管理能力　各地结合实际制定培训计划，加强了各级安全管理人员和电站负责人员的安全生产业务培训，并强化了特种作业人员和新员工等一线从业人员安全培训。黑龙江、浙江、安徽、广西、福建、江西、河南、重庆等省组织培训水电站从业人员和安全生产标准化建设人员3 000余人；湖南编制40多个关于农村水电站运行、维护管理等方面的相关规程，组织水电站从业人员学习，保障运行安全。（吕燕）

【水电新农村电气化建设】

1. “十二五”水电新农村电气化建设情况　2015年度安排水电新农村电气化建设投资37.43亿元，其中中央补助投资7亿元，涉及173个县的280个项目。截至2015年年底，当年投资累计完成35.0亿元，其中中央补助投资6.8亿元。

“十二五”期间，国家发展改革委、水利部下达农村小水电项目2011—2015年中央预算内投资29亿元，涉及26个省（自治区、直辖市）和新疆生产建设兵团的323个县、1 075个建设项目。截至2015年年底，全国已完工项目737个，有300个水电新农村电气化县主要指标基本完成，累计完成投资188.47亿元，其中中央补助投资27.9亿元、地方财政配套资金19亿元。

2. 加强电气化项目建设管理

(1) 进一步完善了水电新农村电气化项目统计工作，要求各地按季度报送当年和上一年度项目中央投资计划执行情况，提高了统计信息报送的及时性、完整性，对2011—2015年下达的电气化项目计划分解、配套资金落实和建设进展情况进行了统计汇总。

(2) 对未完成中央投资的17个省（自治区）和新疆生产建设兵团印发了《关于加快推进水电新农村电气化和小水电代燃料项目建设进度的通知》，提出了整改要求，要求加快建设进度，按规定完成中央投资。

(3) 对重庆、江西等省（直辖市）进度滞后项目进行了现场督查，了解了电气化建设进展情况、存在的问题、资金拨付情况以及项目储备情况，对督查中发现的问题提出督查整改要求，督促了项目建设进度。

(4) 指导各地按照《关于印发水电新农村电气化和小水电代燃料项目绩效评价暂行办法的通知》要求，完成2014年电气化项目绩效评价工作。

3. 开展了电气化县验收总结有关工作

(1) 印发《关于做好"十二五"水电新农村电气化县建设验收工作的通知》，要求各地在2015年10月底前完成验收工作，指导有关省份开展验收和总结工作。

(2) 完成了《全国水利发展"十二五"规划》(农村水电部分）评估报告，总结和评价了"十二五"农村水电工作。 （程骏）

【小水电代燃料工程建设】 为从源头上解决国家大规模生态建设工程实施后山区农村居民的生活能源问题，2003年，党中央、国务院从保护生态环境、解决农民燃料和长远致富的战略高度，作出了实施小水电代燃料工程的决策，通过在农村水能资源丰富的地区由国家资金扶持和政策支持建设代燃料电站，为电站周边的农村居民提供低价电能做饭、取暖，替代砍树烧柴、烧煤，从而保护森林植被和生态环境，改善农民生产生活条件，提高农民生活水平，促进人与自然和谐发展。经过试点、扩大试点和2009年以来的全面建设，小水电代燃料工程既解决了退耕还林等地区农村居民的生活燃料问题，巩固了生态建设成果，保护了生态环境，又规范了农村水能资源开发，增加了清洁可再生能源供应，带动了投资，拉动了内需，同时改善了农民生产生活条件，促进了农民增收和地方经济发展，成为一项利国惠民、一举多得的生态富民工程。

1. 工程建设进展 2015年，国家下达小水电代燃料建设投资计划14.3亿元，其中中央投资7亿元。新开工建设23个小水电代燃料项目，计划新增代燃料装机容量8万kW，解决6.7万户、25万农村居民的生活燃料问题，保护森林面积94万亩。自2009年小水电代燃料生态保护工程全面实施以来，国家累计下达中央补助资金35亿元，累计安排了325个项目，涉及24个省（自治区、直辖市）和新疆生产建设兵团的247个县（市、区、旗），项目计划总投资89.7亿元，建成后可实现代燃料装机容量94.6万kW，解决80万户、320万农村居民的生活燃料问题，保护森林面积1 120万亩。截至2015年年底，已有249个项目建成发电，投产代燃料装机容量67万kW，解决了59万户、224万农村居民的生活燃料问题，保护森林面积800多万亩。

2. 工程建设成效

(1) 巩固了退耕还林成果，促进了生态文明建设。小水电代燃料工程实施后，项目区农民家家户户用上了电饭锅、电水壶和电磁炉，替代烧柴烧煤做饭、取暖。2009年以来建设的325个项目，每年可减少薪柴消耗570万m^3，减少和吸收二氧化碳1 600万t，有效巩固和保护退耕还林区、天然林保护区、自然保护区和水土流失重点治理区林草植被面积1 120多万亩，减少大量有毒有害气体的排放，生态效益非常显著。小水电代燃料改善了农村能源结构，从源头上控制了砍树烧柴这一消耗森林资源、破坏生态环境的行为，项目区形成"以林蓄水，以水发电，以电护林"的良性发展机制，保护生态建设成果的效果明显，项目区山更青、水更绿、天更蓝、草更翠了，云南省玉溪市新平县代燃料项目区群众反映，多年不见的野猪又回来了。

(2) 增加了可再生能源供应，有效拉动了内需。2009年以来实施的小水电代燃料项目共建设代燃料装机容量94.6万kW，每年可增加发电量31.5亿kW·h，可有效增加清洁可再生能源供应，改善农村能源结构。小水电代燃料工程建设产业链长，既可增加建材、机电设备需求，又可增加就业机会和农民收入，促进家电下乡，繁荣农村市场。2009年以来，全国小水电代燃料工程累计安排中央补助投资35亿元，拉动小水电代燃料项目完成总投资89.7亿元，相当于中央投资1元，拉动社会投资1.6元。小水电代燃料工程实施后，项目区农户每度电平均可降低0.2元，电价降低了，山区农村居民也敢用电了，各种现代家用电器也进入了山区百姓家。

(3) 解放了农村劳动力，增加了农民收入。小水电代燃料项目大多在贫困山区，据统计，项目区农户平均每户每年砍柴、运煤所花费工日约需50个，农户烧柴烧煤做饭，三餐围着灶台转，需要四五个小时。现在农户用电饭煲预约煮饭，从田里干活回来香喷喷的饭就煮熟了，方便、快捷、省时、省力。从砍柴烧火做饭中解放出来的农民，通过外出务工、开展手工编织、搞特种养殖、从事农副产品加工和开展特色旅游等，平均每户每年可增加收入近万元，加快了脱贫致富步伐。小水电代燃料工程实施后，项目区农户每度电平均可降低 0.2 元，按户均年代燃料用电量 1 500kW·h计算，每户年均可减少电费支出 300 元，有效减轻了农民负担。据测算，2009 年以来实施的项目全部建成后每年可减少项目区农民电费总支出 2.4 亿元，农民减支效果十分可观。

（4）改善了农村基础设施条件，促进了新农村建设。各地在项目实施过程中将工程建设和新农村建设、扶贫开发等有机结合起来，统筹规划，整合农村扶贫、卫生、交通、水利等有关资金，发动项目区农户投工投劳，在政府的扶持和指导下，自己动手改厨、改厕、改圈，通电、通水、通路，改善自己的生产生活条件，使农村人居环境和村容村貌发生了巨大变化。农户生活条件得到了极大改善，缩小了城乡差距，农村居民过上了现代文明的新生活。吉林省长白朝鲜族自治县结合新农村建设，举全县之力，集中推进项目区配套建设，由交通、城建、供电、林业、通信等部门组成项目区配套建设领导小组，按部门工作职责，分类承担相应的建设任务，投入资金 1 500 多万元对项目区进行了改路、改房、改电、改厨、改厕、环境整治等配套工程建设，老百姓居住条件、生活环境得到极大改观，村民主动添置了电饭锅、电炒锅、电磁炉等现代化炊具，传统的火炕也由电热板替代了。项目区果园村成为吉林省内知名的新农村建设小康示范村和全省小水电代燃料示范村，长白县也在全国率先建成小水电代燃料生态示范县。

3. 工程建设管理　国家发展改革委和水利部高度重视小水电代燃料工程建设，先后于 2009 年 8 月、2012 年 10 月在吉林省长白朝鲜族自治县和安徽省休宁县召开全国小水电代燃料生态保护工程建设现场会，统一思想，明确任务，落实责任，全面部署小水电代燃料建设工作。为加强和规范项目建设管理，先后发布了一系列制度、标准和办法，多次组织赴各地对小水电代燃料项目实施情况进行督查、检查和指导，研究和解决项目实施过程中存在的问题，及时总结推广典型经验和做法。周密的部署、系统的管理和强有力的监督检查，保障了小水电代燃料工程建设的顺利实施。

（1）加强了制度建设，规范了项目建设管理。2009 年，国家发展改革委和水利部联合印发了《关于加强小水电代燃料和水电农村电气化建设与管理的通知》，明确了小水电代燃料项目前期工作、工程建设管理、体制机制、资金筹措、项目监督检查和验收等方面的要求。水利部出台了《小水电代燃料项目技术进步和标准化管理指导意见》，明确了项目技术进步和标准化管理具体要求。2012 年，国家发展改革委和水利部又联合出台了《小水电代燃料项目管理办法》，进一步系统规范了小水电代燃料项目管理。陆续发布了《小水电代燃料标准》（SL 468—2009）、《小水电代燃料工程规划编制规程》（SL 469—2009）、《小水电代燃料项目验收规程》（SL 304—2011）、《小水电代燃料生态效益计算导则》（SL 593—2012）等一系列技术标准。2014 年，水利部出台了《水电新农村电气化和小水电代燃料建设项目绩效评价暂行办法》（办水电〔2014〕233 号），强化了项目资金使用和绩效考核。各地也因地制宜出台了相应实施细则或管理办法，把中央的要求进一步落到了实处。

（2）出台了扶持政策，确保项目顺利实施。国家发展改革委和水利部明确了小水电代燃料建设的中央补助比例，对中西部地区给予重点支持。中国农业发展银行出台了《关于做好小水电代燃料等农村水电建设贷款管理的意见》（农发银发〔2013〕87 号），要求各地分支行对纳入国家投资计划的小水电代燃料项目给予信贷支持，并实行优惠政策。财政部、国家税务总局联合出台《关于简并增值税征收率政策的通知》（财税〔2014〕57 号），将小水电增值税征收率统一下调为 3%。云南、江西、湖北、河南、广西、吉林等省（自治区）先后出台代燃料政策，明确项目省级配套资金补助比例，对各级财政补助资金形成的国有资产及其收益的使用范围和管理作出明确规定，建立了代燃料电站上网电价激励机制等。重庆市出台了土地、税收、过网等一系列优惠政策。一些省把小水电代燃料作为全省水利建设目标考核的重要内容，建立激励补助政策；一些县也出台文件积极支持小水电代燃料项目建设。

（3）完善了体制机制，确保工程长效运行。各地在小水电代燃料工程实施过程中因地制宜探索完善了“国家所有、企业独立经营、农民低价使用”的所有权、经营权、使用权三权分设的管理体制和“政府主导、企业运作、农民参与、协会监督”的运行机制。一是国家出资部分形成的资产所有权属于国家，地方政府明确出资人代表，负责国有资产监管和代燃料公益目标的实现。二是企业独立经营。代燃料电站按政企分开的原则，实行独立经营，保本微利运行。项目法人具体负责电站的经营管理，依法行使自主经营权。三是项目区农户享有低价的代燃料电使用权，同时承担保护森林植被、不再砍伐森林的责任和义务。项目区都与代燃料农户签订了协议，规定代燃料农户的权利和义务。通过完善的管理体制和运行机制有效保证了代燃料电站的公益性质不变，确保代燃料项目长期发挥效益。

（4）加强了监督管理，确保农民得到实惠。为确保小水电代燃料项目顺利实施，水利部每年都组织开展项目监督检查，建立了项目建设进度季报制度，实时掌握项目建设进展，分类提出整改建议，加快推进项目建设。为提高财政资金使用效益，制定了项目绩效评价办法，定期开展项目绩效评价。为科学评估规划执行情况和项目实施效果，先后组织开展了规划中期评估和项目后评价工作。在国家有关部门对项目的实施依法开展监督检查的基础上，项目区还建立以代燃料用户代表为主体、项目业主、乡村和有关部门代表参加的小水电代燃料用户协会，对代燃料项目建设、运营和代燃料电量、电价以及森林植被保护等进行监督，维护代燃料户的正当权益。项目法人向代燃料农户发放用户证书，在项目区定期张榜公布代燃料电价和代燃料户的用电量，接受群众监督。 （赵虹）

【农村水电增效扩容改造】

1. 全面完成了“十二五”农村水电增效扩容改造任务 2013—2015 年农村水电增效扩容改造全面实施工作圆满完成，共改造 26 个省份的 3 600 多座电站，改造后装机容量达到 660 万 kW，年发电量达到 210 亿 kW·h。“十二五”期间全面改造了 29 个省份的 4 300 多座农村水电站，改造后装机容量达到 900 万 kW，年发电量达到 350 亿 kW·h，分别比改造前增加 20%和 40%以上；改造总投资 240 多亿元，其中中央补助资金 85 亿元。通过改造，有力促进节能减排，提升了水电站能效和发电能力，全面消除了各类安全隐患，保障了公共安全和生产安全。

2. 开展了对河北等 14 个省份（包括新疆生产建设兵团）的绩效评价抽查和审定工作 2015 年 9—10 月，水利部联合财政部组成 5 个工作组，对 2014 年年底完成改造任务的河北等 13 省份和新疆生产建设兵团绩效评价结果进行抽查和审定，河北、山西、安徽、河南、陕西等 5 省份绩效评价抽查结果为优秀，天津、江苏、云南、新疆等 4 省份和新疆生产建设兵团为合格，吉林、黑龙江、甘肃、宁夏等 4 省份为不合格。上述省份实际改造电站 460 座，改造后装机容量达到 157 万 kW，年发电量达到 63 亿 kW·h，分别比改造前增加 23%和 53%；改造实际总投资 42.6 亿元，根据绩效评价结果核算的中央财政补助和奖惩资金 16.7 亿元。

3. 形成了“十三五”农村水电增效扩容改造工作思路 水利部组织多次调研并召开专家座谈会，认真总结“十二五”增效扩容改造实施经验和成效，根据十八届五中全会确定的“创新、协调、绿色、开放、共享”五大发展理念，提出了“十三五”以河流为单元同步开展河流生态修复和电站增效扩容改造的思路。加强与财政部的沟通协调，财政部明确“十三五”期间中央财政继续支持以河流为单元实施农村水电增效扩容改造。 （陈岩）

【农村水电国际交流与合作】

1. 进一步加强政府间水利水电科技合作 水利部农村电气化研究所积极开展小水电领域的多边技术合作，与巴基斯坦、越南、印度尼西亚、美国等国家成功开展了技术联合研究与示范。完成了对发展中国家科技援助项目和多个政府间水利科技合作项目。2015 年 4 月，习近平主席在对巴基斯坦进行国事访问期间同巴基斯坦总理纳瓦兹·谢里夫共同为“中巴小型水电技术联合研究中心”揭牌。

2. 水利水电援外培训力度进一步加大 2015 年，农村电气化研究所和国际小水电中心陆续举办了十多期国际培训，为 41 个国家培训了近 300 名水资源、小水电及农村电气化领域的政府官员和技术人员。2015 年 7 月，成功举办商务部首批“走出去”培训班的首个项目——卢旺达小水电技术海外培训班，培训班在海外进一步宣传了中国小水电领域的成熟技术和适用设备，取得良好效果；2015 年 10 月，成功举办了全国水资源领域唯一的部级研讨班，水利部及浙江省领导高度重视，水利部副部长矫勇、浙江省副省长黄旭明出席研讨班开幕式并致辞。

3. 全球环境基金（GEF）中国小水电增效扩容改造增值项目前期工作进展顺利 该项目是 GEF 在小水电领域资助的第一个绿色增值项目，总经费约 1 000 万美元。国际小水电中心与联合国工业发展组织密切合作，开展了该项目前期工作启动会及国际专家研讨会，就项目建议书、项目选点等进行了详细讨论并落实了具体工作方案。完成 15 座试点电站的选点和可行性研究，并已向 GEF 报送了项目建议书。

4. 积极推进发展中国家小水电开发 国际小水电中心积极响应联合国工业发展组织倡议，参与援助欠发达国家的小水电开发。联合国工业发展组织已批准国际小水电中心上报的在发展中国家成片开发小水电的项目文件，目前已确定 5 个试点国家，召开了多方参与的项目启动会。

5. 启动中非可再生能源南南合作技术转移项目 国际小水电中心牵头实施联合国开发计划署安排的中非可再生能源南南合作技术转移项目，对该项目提供必要的技术支持。2015 年，对赞比亚及肯尼亚进行技术访问，深入了解了当地需求，辨识了技术转移障碍，并在赞比亚开展了可再生能源技术示范和能力建设，在肯尼亚开展了小水电项目合作。该项目下一步将继续把中国可再生能源技术转移推广到非洲其他国家。

6. 积极开展小水电技术咨询及设备成套供货服务 2015 年，农村电气化研究所顺利为塞尔维亚提供水能资源前期规划，协助进行开发选址；为土耳其、肯尼亚等多个水电站提供机电设备供货及安装服务等。这些技术咨询与设备成套供货服务，不仅契合其他发展中国家的实际需求，真正惠及当地政府和人民，也向国际社会展示了中国水利、水电领域的技术实力，推动了水利水电技术与机电设备“走出去”，促进了产能国际合作，具有良好的社会效益与经济效益。 （曲鹏）

工程建设与管理

【重点水利工程建设】 2015年，新开工建设28项节水供水重大水利工程，包括黄河上游防洪治理、黄河宁蒙河段防洪治理、黄河下游防洪、河北引黄入冀补淀、内蒙古绰勒下游灌区、辽宁猴山水库、月亮泡胖头泡蓄滞洪区、黑龙江奋斗水库、阁山水库、安徽月潭水库、山东庄里水库、河南前坪水库、湖北鄂北水资源配置、湖南莽山水库、涔天河水库扩建工程灌区、广东韩江高陂水利枢纽、广西落久水利枢纽、桂中治旱乐滩水库引水灌区二期、海南南渡江引水、重庆观景口水库、贵州马岭水库、云南德厚水库、甘肃引洮供水二期、青海蓄集峡水库、新疆大石门水库等工程。

在建重点工程进展顺利。太湖流域水环境综合治理骨干引排工程中的走马塘拓浚延伸等7个项目和黄河下游近期防洪治理、河南河口村水库、江西峡江水利枢纽、云南牛栏江—滇池补水、青海引大济湟总干渠等工程建成并发挥效益；进一步治理淮河工程中的淮河入江水道整治、分淮入沂整治等7个项目和天津永定新河治理二期、广东省重点围堤加固、安徽淮水北调、青海湟水北干渠扶贫灌溉一期等工程基本完工；贵州黔中水利枢纽、新疆生产建设兵团肯斯瓦特水利枢纽等工程下闸蓄水；湖南涔天河水库扩建工程大坝填筑完成，安徽下浒山水库、江西浯溪口水利枢纽、河南出山店水利枢纽、新疆阿尔塔什水利枢纽等工程实现截流，黑龙江三江治理、荆江大堤综合整治、洞庭湖治理等工程加快建设。

1. 黄河下游防洪工程 治理范围为黄河下游干流河南省孟津县白鹤至山东省垦利县渔洼河段，治理河段长820km。建设内容包括加固堤防242.30km，建设堤顶防汛路801.34km，建设防浪林80.32km，改建加固险工25处、坝垛（护岸）731道，新建、续建控导工程35处19.07km，加固控导工程14处、坝垛235道等。总投资66.99亿元，总工期60个月。

2015年8月，可行性研究报告获批；11月，工程开工建设；12月，初步设计报告获批。当年完成投资1亿元。

2. 淮河干流蚌埠—浮山段行洪区调整和建设工程 2015年1月，花园湖行洪区开工。至2015年年底，16个排泥场中，13个开工，其中7个建成使用；需疏浚的74km河道中，40km正在施工；堤防退建、老堤加固全面开工；花园湖进、退洪闸等10座建筑物正在施工。累计完成土方2 280万m^3，石方2万m^3，混凝土5.9万m^3。累计完成投资30.8亿元，占概算总投资的57.2%。

3. 淮河入江水道整治工程 至2015年年底，淮河入江水道整治工程基本完工。累计完成投资32.65亿元，占概算总投资的96.2%。

4. 太湖流域水环境综合治理新沟河延伸拓浚工程 至2015年年底，江边枢纽工程基本完工；遥观北枢纽主体工程完工，遥观南枢纽主体工程基本完工；西直湖港南枢纽地涵主体工程完工，船闸主体工程基本完工；西直湖港北枢纽范围内京沪铁路路基加固完成，工作井下沉到位；沿线河道、跨河桥梁、口门、水系调整及影响处理工程正在实施。累计完成土方挖填503.6万m^3，混凝土浇筑29.34万m^3，钢材用量2.05万t。累计完成投资46亿元，占概算总投资的81%。

5. 太湖流域水环境综合治理苕溪清水入湖河道整治工程 至2015年年底，湖州市区段导流港清淤基本完成，主体工程完成30%的工程量；德清段导流港清淤累计完成土方235万m^3，导流西岸堤防完工15.5km，东大堤完成路面浇筑7km；长兴段堤防应急段完成土方工程，三乡联合斗段、长城联合斗段完成40%的工程量；安吉段浑泥港整治Ⅰ标、Ⅱ标主体工程基本完工；东林矿区段已开工；余杭区段6个标段均开工。累计完成投资37.85亿元，占概算总投资的52.6%。

6. 河北省双峰寺水库 2014年12月，河北省发展改革委将工程概算投资调整为37.5亿元。2015年9月，工程实现二期导流，铁路改线工程通车运行。至2015年年底，大坝一期工程完工，二期工程基础开挖完成。累计完成土石方开挖65.25万m^3，混凝土浇筑32.94万m^3，金属结构安装172.11t。累计完成投资27.43亿元，占概算总投资的73.1%。

7. 引黄入冀补淀工程 工程输水线路途经河南濮阳和河北邯郸、邢台、衡水、沧州、保定等6市23县。主要任务是向工程沿线部分地区农业供水，缓解沿线地区农业灌溉缺水及地下水超采状况；为白洋淀实施生态补水，保持白洋淀湿地生态系统良性循环等。工程为自流引水，多年平均年引水量9亿m^3，总干渠渠首设计引水流量100m^3/s，线路总长482km，其中河南省84km，河北省398km。建设内容包括引水闸、分水枢纽、沉沙池、节制闸、引排水建筑物、桥梁、倒虹吸等。总投资42.4亿元，总工期24个月。

2015年7月，可行性研究报告获批；9月，初步设计报告获批；10月，工程开工建设。至2015年年底，已开工项目包括项目法人直管段3条渠道、5座闸涵、25座桥梁，邯郸委托段1座卫河倒虹吸、1座穿漳枢纽、4座闸涵、3座桥梁、1座橡胶坝，以及河南段金堤河倒虹吸。当年完成投资8.23亿元。

8. 山西省中部引黄工程 2015年完成隧洞掘进160.32km，其中主洞138.57km，支洞21.75km。累计完成隧洞掘进324.81km，完成投资35.98亿元，占概算总投资的43.1%。

9. 辽宁省观音阁水库输水工程 2015年10月，输水管线开始安装。截至2015年年底，累计完成隧洞进尺31.4km，其中，主洞22.9km，支洞8.4km；完成输水管线铺设26.5km；调度管理中心主体土建完工，9处铁路穿越工程完工。累计完成土石方开挖49.94万m^3，混凝土浇筑4.0万m^3，钢材用量2 404t。累计完成投资8.67亿元，占概算总投资的51.6%。

10. 吉林省中部城市引松供水工程 至2015年年底，总干线一、二、三、四、五、六标段及长春干线、冯家岭分水枢纽工程已开工。累计完成隧洞开挖支护29.16km，土方56.32万m^3，石方180.15万m^3，混凝土11.33万m^3。累计完成投资22.49亿元，占概算总投资的22.1%。

11. 黑龙江省松花江干流治理工程 工程治理范围包括松花江干流三岔河口至松花江与黑龙江汇合口段。建设任务是乡村堤防防洪标准由10～20年一遇提高到20～50年一遇，城区堤防防洪标准由20～30年一遇提高到50～100年一遇。建设内容包括新建堤防48.02km，加高培厚堤防567.86km，改线堤防8.60km，修建防浪墙5.43km，修建护坡904.01km，渗控处理319.73km，修建涵闸54座、泵站29座，修建护岸112.45km，修建堤顶道路1 006.96km，修建防汛专用路118.33km等。总工期48个月，总投资80.20亿元，其中应急工程投资4.78亿元。

2015年6月，松花江干流治理工程可行性研究报告获批；8月，黑龙江省工程初步设计报告获批，并开工建设。至2015年年底，累计完成土方填筑2 404.9万m^3、开挖974.7万m^3，石方212.5万m^3，混凝土8.5万m^3。累计完成投资32.8亿元。

12. 黑龙江省阁山水库 该工程位于绥化市境内、呼兰河右岸支流诺敏河上游。建设任务以灌溉、城镇供水为主，兼顾防洪、发电等。水库总库容4.04亿m^3，设计灌溉面积9.59万hm^2，年城镇供水量5 671万m^3，电站装机容量4MW，多年平均年发电量945万kW·h。建设内容包括拦河坝、溢洪道、灌溉输水洞、电站厂房和鱼道等。拦河坝为黏土均质坝，最大坝高18.1m。总投资38.52亿元，总工期46个月。

2015年7月，可行性研究报告获批；9月，工程开工；10月，初步设计报告获批。当年完成投资3.9亿元。

13. 安徽省青弋江分洪道工程 至2015年年底，新建及加固堤防共66km，65km已开工，34km基本完工；新（重）建及加固建筑物共55座，其中53座基本完工；分洪道三埠管以上段实现贯通；十甲任节制闸二期工程开工，船闸主体、上下游导航墙和泄水闸底板、闸墩、上下游翼墙、上游铺盖、消力池等完工。累计完成堤防填筑2 329万m^3、土方开挖2 528万m^3、混凝土浇筑11.36万m^3，分别占总工程量的91%、72%、71%。累计完成投资28.23亿元，占概算总投资的99.8%。

14. 福建省长泰枋洋水利枢纽工程 2015年，溪口闸坝主体工程完工，引水隧洞贯通，上存水库截流。至2015年年底，上存水库大坝已浇筑至119m高程；尚吉电站引水发电隧洞开挖完成，厂房正在进行基坑开挖及垫层浇筑。累计完成投资12.7亿元，占概算总投资的55.2%。

15. 江西省峡江水利枢纽工程 2015年，末台机组发电运行，工程具备正常蓄水条件。至2015年年底，主体工程基本完工，鱼类增殖站、枢纽区管理房等项目正在实施；库区抬田工程完工，防护工程主体土建项目完工，9座电排站均具备运行条件；征地拆迁和移民安置任务全面完成。累计完成土方7 444.57万m^3，石方1 018.17m^3，混凝土139.99万m^3，钢筋4.60万t。累计完成投资85.52亿元，占概算总投资的86.2%。

16. 江西省浯溪口水利枢纽工程 2015年8月，导流明渠截流。至2015年年底，左、右岸非溢流坝段已浇筑至65.50m的设计高程；厂房坝段一期混凝土浇筑基本完成；低孔溢流12～17号坝段完成65.50m高程以下混凝土浇筑；表孔溢流坝段完成混凝土浇筑总量的73%。30个移民安置点建设均启动，已开工建房1 100余户，完工460户。累计完成混凝土浇筑38.76万m^3，土石方开挖74万m^3，钢筋制作安装9 100t，固结灌浆15.3km，帷幕灌浆2.6km。累计完成投资16.08亿元，占概算总投资的51.6%。

17. 河南省出山店水库 2015年8月，主体工程开工；10月，工程首次截流。至2015年年底，土坝段清基、临时道路修筑、排水沟开挖、营地建设等已完成，黏土心墙碾压试验完成，挤密砂桩生产性试验正在进行；混凝土坝段基坑开挖和拌和系统建设基本完成。累计完成土石方开挖169万m^3，土石方填筑28万m^3，铅丝石笼护砌5.6万m^3。完成征地952.6hm^2，拆迁房屋234户，搬迁1 053人。累计完成投资30.23亿元，占概算总投资的30.6%。

18. 河南省前坪水库 工程位于洛阳市境内淮河流域沙颍河支流北汝河上游。建设任务以防洪为主，结合供水、灌溉，兼顾发电等综合利用。水库总库容5.84亿m^3，设计灌溉面积3.39万hm^2，年均城镇供水0.63亿m^3，电站装机容量6 000kW，多年平均年发电量1 881万kW·h。建设内容包括主坝、副坝、溢洪道、输水洞、泄洪洞、电站等。主坝为心墙砂砾（卵）石，最大坝高90.3m。总投资44.63亿元，总工期60个月。

2015年7月，可行性研究报告获批；9月，初步设计报告获批；10月，工程开工。当年完成投资2.3

亿元。

19. 湖北省鄂北地区水资源配置工程　工程以丹江口水库为水源，途经襄阳市、随州市，止于孝感市王家冲水库。主要任务是城乡供水、工业供水和农业供水。输水线路总长 269.67km，设计年均供水量 7.7 亿 m^3，供水人口 482 万人，灌溉面积 24.2 万 hm^2。建设内容包括取水建筑物、输水明渠、暗涵、隧洞、倒虹吸、渡槽、节制闸、分水闸、检修闸、退水闸、排洪建筑物及王家冲水库扩建工程等。总投资 180.57 亿元，总工期 45 个月。

2015 年 7 月，可行性研究报告获批；10 月，工程开工；11 月，初步设计报告获批。当年完成土方 360 万 m^3，石方 8.73 万 m^3，混凝土 1.12 万 m^3，钢材 365t，完成投资 11.5 亿元。

20. 湖南省涔天河水库扩建工程　至 2015 年年底，大坝填筑至 320.30m 高程，开始基础灌浆；1 号泄洪洞完成开挖支护，进口闸墩浇筑至 278m 高程，2 号泄洪洞完成 271m 高程以上开挖支护，进水口浇筑至 290m 高程；引水发电洞检修闸门竖井、洞室完成开挖支护，进水口边墩浇筑至 265.90m 高程，厂房排架柱基本完成，1～4 号机支管，1 号、2 号机组座环、蜗壳，3 号、4 号机组座环安装完成；左、右岸灌溉引水洞进水塔分别浇筑至 284m、288m 高程，洞室开挖分别完成 52.2%、66.7%。6 个移民安置点场地平整、主干道路基及管网建设基本完成；移民安置房共 1 200 栋，789 栋已开工，321 栋封顶。累计完成投资 41.73 亿元，占概算总投资的 69.6%。

21. 湖南省涔天河水库扩建工程灌区　工程位于永州市境内南岭山脉中段。建设任务以农业灌溉为主，兼顾改善当地农村生活供水条件。灌区总设计流量 48.5m^3/s，设计灌溉面积 7.43 万 hm^2。建设内容包括灌溉渠首、渠首电站、输水干支渠等。左总干、右总干渠首电站、左总干跌水电站装机容量分别为 5MW、5MW、2MW；干渠包括左总干渠、白芒营提干渠、左干渠、右总干渠、西干渠、东干渠，总长 240.04km；骨干支渠 13 条，总长 169.61km。总投资 40.18 亿元，总工期 42 个月。

2015 年 7 月，可行性研究报告获批；10 月，工程开工；11 月，初步设计报告获批。当年完成投资 1.02 亿元。

22. 广东省韩江高陂水利枢纽工程　工程位于梅州市境内韩江干流。建设任务以防洪、供水为主，兼顾发电、航运等综合利用。水库总库容 3.66 亿 m^3，电站总装机容量 10 万 kW，船闸为 500t 级。建设内容包括泄水闸、电站厂房、船闸、鱼道和左、右岸连接坝等。泄水闸包括 18 孔胸墙式泄洪闸及 1 孔开敞式排漂孔，泄流总净宽 266m；左、右岸连接坝均为碾压混凝土重力坝，最大坝高分别为 36.5m、51m。总投资 61.54 亿元，总工期 66 个月。

2015 年 7 月，可行性研究报告获批；10 月，初步设计报告获批，工程开工。当年完成投资 5.72 亿元。

23. 广西大藤峡水利枢纽工程　2015 年 5 月，初步设计报告获批；9 月，主体工程开工。至 2015 年年底，船闸闸室段开挖至 16m 高程，上游引航道右侧边坡 69m 高程以上浇筑完成，1 号拌和楼主楼安装完成，2 号拌和楼完成基础浇筑；一期导流工程子堰填筑、高喷防渗墙完工，纵向围堰上游基坑开挖基本完成；砂石系统工程标段完成临时营地建设、临时备料系统建设、江口料场复勘等。累计完成投资 44.28 亿元，占概算总投资的 12.4%。

24. 广西壮族自治区落久水利枢纽工程　工程位于柳州市境内柳江流域支流贝江河上。建设任务以防洪为主，兼顾灌溉、供水、发电和航运等综合利用。水库总库容 3.46 亿 m^3，电站装机容量 4.2 万 kW，灌区渠首设计流量 6.515m^3/s，城乡供水 7.5 万 m^3/d。建设内容包括主坝、副坝、灌溉及供水取水建筑物、发电引水建筑物、坝后式电站厂房和鱼道等。主坝为碾压混凝土重力坝，最大坝高 62.8m；副坝为常态混凝土重力坝。总投资 26.88 亿元，总工期 40 个月。

2015 年 7 月，可行性研究报告获批；9 月，工程开工；10 月，初步设计报告获批。当年完成投资 4.37 亿元。

25. 海南省万泉河红岭水利枢纽工程　至 2015 年年底，主坝基本完工；坝后厂房除 1 号机组未安装外，全部完工；副坝下游排水沟及护坡附属工程、总干渠和溢流侧堰完工。累计完成投资 23.6 亿元，占概算总投资的 94.0%。

26. 重庆市金佛山水库工程　2015 年 11 月，工程截流。至 2015 年年底，左岸边坡 865m 高程以上开挖完成，右岸坝肩开挖至 780m 高程；溢洪道引渠段右挡墙基础开挖完成，开始混凝土浇筑；泄水放空洞贯通；发电引水洞掘进 220m，占总长的 47%；渠系工程马鞍山隧洞掘进 6 525m，其中主洞 5 709m。累计完成投资 8.78 亿元，占概算总投资的 43.1%。

27. 四川省武都引水第二期灌区工程　工程涉及绵阳、遂宁、广元、南充 4 市 6 县。主要任务是农业灌溉、城乡生活及工业供水。设计灌溉面积 7.02 万 hm^2。建设内容包括武都水库直灌区取水工程、西梓干渠、金峰水库、灌区骨干渠系及配套建筑物等。西梓干渠长 108.1km；金峰水库总库容 0.98 亿 m^3，最大坝高 88m；中小骨干渠系总长 333.3km。总投资 49.14 亿元，总工期 47 个月。

2011 年 12 月，可行性研究报告获批；2012 年 12 月，初步设计报告获批；2013 年 6 月，工程开工。至 2015 年年底，武都水库右支渠取水口的引水渠等已完工，引水隧洞贯通，左支渠取水口完工，引水隧洞掘进完成总长的93.6%；西梓干渠第一至第十四标段均开工；金峰水库大坝上游临时挡水断面填筑至425m高程，填筑高度约34m；中小骨干渠系中，金龙分干渠、石黑支渠、大宝支渠和仁柏支渠开工。累计完成投资20.31亿元，占概算总投资的41.3%。

28. 四川省都江堰灌区毗河供水一期工程　工程涉及成都、资阳、遂宁三市有关县（区），具有供水、灌溉和生态保护等综合利用效益。多年平均年供水量4.33亿 m^3，设计灌溉面积8.33hm^2，供水人口225万人。建设内容包括苟家滩引水枢纽、输水总干渠一期工程、新生水库充水渠、十里河水库充水渠、鲤鱼水库充水渠、乐阳干渠及骨干渠道配套工程等。骨干输水渠道总长381km，渠系建筑物共1 156座。总投资66.35亿元，总工期48个月。

2012年5月，可行性研究报告获批；2013年6月，工程开工；2013年7月，初步设计报告获批。至2015年年底，已开工193处。累计完成土石方挖填331.32万 m^3，钢筋制作安装0.24万t，混凝土浇筑3.1万 m^3，征地864hm^2。累计完成投资20.78亿元，占概算总投资的31.3%。

29. 嘉陵江亭子口水利枢纽工程　至2015年年底，左岸灌溉渠首完工；航运工程的机电、金结、装修及航道清理正在施工。2015年完成土石方6.6万 m^3，混凝土浇筑3.2万 m^3，完成投资8.78亿元，累计完成152.9亿元，占概算总投资的90.73%。

30. 贵州省黔中水利枢纽一期工程　2015年4月，水源工程平寨水库蓄水。至2015年年底，平寨水库挡水建筑物、泄水建筑物、库首防渗等项目主体完工，电站机组安装调试完成，具备发电条件；渠首电站机组正在安装调试；总干渠主体工程基本完工，具备通水条件；桂松干渠除贵安新区段及局部渠段外主体工程基本完工，革寨1号、2号泵站机电设备安装完成，正在进行厂房装修；支渠工程正在进行施工准备和招标。累计完成投资69.68亿元，占概算总投资的95.4%。

31. 贵州省夹岩水利枢纽及黔西北调水工程　至2015年年底，"三通一平"一期工程完工，二期工程永久交通桥完成桩基开挖及水面以下桩基浇筑，进场公路完成土石方开挖及边坡支护，35kV维夹线输电线路及变电站具备供电条件。累计完成土石方明挖305.05万 m^3、洞挖41.42万 m^3、回填15.06万 m^3，砌石2.06万 m^3，混凝土16.21万 m^3，钢筋制作安装2 982t。累计完成投资22.88亿元，占概算总投资的12.3%。

32. 西藏自治区旁多水利枢纽工程　至2015年年底，大坝工程、发电引水工程、厂房及升压变电站工程完工；灌溉输水洞Ⅱ标完成TBM掘进1 200m，Ⅲ标出口段完成钻爆法掘进400m。累计完成土石方开挖513.38万 m^3、填筑1 095万 m^3，沥青心墙5.82万 m^3，混凝土浇筑29.19万 m^3，混凝土防渗墙14.50万 m^2，金属结构安装3 050t。累计完成投资45.48亿元，占概算总投资的99.5%。

33. 西藏自治区拉洛水利枢纽及配套灌区工程　2015年4—7月，枢纽工程、主干渠、分干渠相继开工。至2015年年底，枢纽工程德罗隧洞1号、2号、3号支洞口、交通洞进口、德罗隧洞进、出口开挖完成，1号、3号支洞及交通洞与主洞贯通，2号支洞进尺355m，主洞进尺1 342m；泄洪洞贯通；大坝左、右坝肩分别完成4 305.00m、4 325.00m高程以上开挖支护；溢洪道进口段4 295.65m高程以上开挖完成；拉洛厂房开挖完成，发电洞进尺64m。灌区工程渠道开挖成型99.4km，垫层混凝土浇筑53.9km，底板混凝土浇筑44.5km，整体浇筑成型42.8km。累计完成土石方开挖283.6万 m^3，混凝土浇筑11.46万 m^3，钢筋制作安装9 232t。累计完成投资16.37亿元，占概算总投资的33.0%。

34. 陕西省引汉济渭工程　2015年11月，三河口水利枢纽截流。至2015年年底，秦岭输水隧洞越岭段累计掘进75.32km，其中主洞51.5km，占总长的63%，完成拱墙衬砌18.31km、仰拱衬砌23.57km；黄三段开始支洞开挖。三河口水利枢纽前期准备一期工程完成左、右坝肩开挖支护。黄金峡水利枢纽前期准备工程开工。累计完成投资80.95亿元，占概算总投资的46.2%。

35. 甘肃省引洮供水二期工程　工程任务以城乡生活、工业供水为主，兼顾农业灌溉。供水范围包括定西、白银、天水、平凉4市8县（区）。总调水量3.13亿 m^3，新发展灌溉面积1.95万 hm^2，受益人口267.76万人。建设内容包括1条总干渠，长95.09km；6条干渠及2条分干渠，总长299.97km；18条供水管（渠）线，总长176.47km。总投资73.06亿元，总工期70个月。

2015年7月，可行性研究报告获批；8月，工程开工；9月，初步设计报告获批。当年完成投资6.79亿元。

36. 青海省湟水北干渠扶贫灌溉一期工程　至2015年年底，干渠完工，二分干及支渠完成136.3km。2015年完成混凝土1.7万 m^3，完成投资1.36亿元，累计完成投资19.26亿元，占概算总投资的88.9%。

37. 新疆叶尔羌河阿尔塔什水利枢纽工程　2015年6月，大坝开工；11月，工程截流。至2015年年底，导流洞、13号临时道路延伸段、左岸交通工程完工；大坝工程正在进行土方开挖和围堰填筑；大坝基础防渗完成一期防渗墙施工；左岸泄水建筑物完成中孔泄洪洞进口施工道路、出口土方开挖及支护；发电洞1号、2号支洞分别进尺300m、230m；2号深孔放空排沙洞贯通，"龙抬头"直线段完成支护。累计完成土石方开挖 425.05 万 m^3，砂砾料填筑 69.9 万 m^3，混凝土浇筑 25.62 万 m^3。累计完成投资 21.17 亿元，占概算总投资的 19.3%。

38. 新疆卡拉贝利水利枢纽工程　2015 年 9 月，工程截流。至 2015 年年底，工程完成金属结构制造、安装，左岸泄水建筑物完工并投入使用，联合进水口高边坡完工，生活管理区 5 个单体工程、进场道路改线工程及 1 号路工程完工，鱼类增殖站基本建成。累计完成土方 632.81 万 m^3，石方 235.8 万 m^3，混凝土 20.98 万 m^3，钢材 9 588t，金属结构 1 097t。累计完成投资 8.97 亿元，占概算总投资的 51.5%。

39. 新疆生产建设兵团肯斯瓦特水利枢纽工程　2015 年 12 月，首台机组发电。至 2015 年年底，主体工程全部完工。累计完成土石方 290.67 万 m^3，混凝土 30.31 万 m^3，钢材 1.2 万 t。累计完成投资 11.78 亿元，占概算总投资的 73.7%。

（王殊　陈维维）

【重点水电工程建设】

1. 三峡工程建设

（1）概况。2015 年，三峡工程连续第 12 年实现高效稳定运行，10 月 28 日，连续第 6 次成功实现 175m 试验性蓄水目标，有效减轻了中下游防汛压力，防洪、发电、航运、抗旱、补水等综合效益全面发挥。

2015 年三峡工程投资计划 7.66 亿元，实际完成投资 4.62 亿元，占年度计划的 60.36%。其中，建筑安装工程完成投资 0.98 亿元，比计划投资（2.08 亿元）减少 1.1 亿元；设备费完成投资 0.54 亿元，比计划投资（2.74 亿元）减少 2.2 亿元。

2015 年三峡地下电站投资计划 0.43 亿元，实际完成投资 0.23 亿元，占年度计划的 52.83%。

截至 2015 年年底，三峡工程累计完成投资 1 702.03 亿元，其中：枢纽工程完成静态投资 495.93 亿元，占枢纽工程概算 500.9 亿元的 99%；库区移民完成静态投资 530.02 亿元，占库区移民静态投资 530.02 亿元的 100%；价差 524.74 亿元；贷款利息 151.33 亿元。静态、动态投资均控制在国家批准的概算及预测的投资范围内。

（2）梯级电站运行管理。加强设备巡检维护和诊断分析，确保机组满发稳发，采取了水位上浮运行、提前蓄水等优化调度措施。7 月 1 日最大入库洪峰流量 39 000m^3/s，最大出库流量 31 000m^3/s，洪水资源全部实现有效利用，水资源利用率首次达到 100%。2015 年三峡电站年发电量 870 亿 kW·h，完成年计划发电量的 97.8%。

（3）通航运行管理。2015 年三峡船闸共运行 10 657 闸次，通过船舶 4.4 万艘次，通过旅客 48 万人次。过闸船舶实载货运量达到 1.1 亿 t，较 2014 年增长 159 万 t（增长 1.46%），继 2011 年后第 3 次超过 1 亿 t。三峡船闸通航率为 97.99%，高于 84.1% 的设计指标，主要运行设备完好率 100%，设备设施处于良好工况。

（4）质量管理。升船机土建与金属结构安装工程质量共评定 528 个单元，一次合格率 100%。

（5）主要工程形象进度。三峡升船机工程建设取得重大进展，土建及安装工程全部完成，进入全系统调试阶段，年内顺利实现全流程带船调试试验，即将进入试运行。枢纽管理区规划项目实施有序推进，顺利实现质量、安全“双零”管理目标。

2. 溪洛渡水电站工程建设

（1）概况。2015 年是溪洛渡水电站开工的第 10 年，也是全部机组投产运行的第一个完整年。9 月 29 日，溪洛渡水库成功蓄水至 600m 正常蓄水位。电站开始全面发挥防洪、发电等社会经济效益，年发电量 552 亿 kW·h。

溪洛渡水电站工程 2015 年计划投资 39.56 亿元，实际完成投资 28.84 亿元，占计划的 72.91%。其中，建筑安装工程完成投资 3.57 亿元，比计划投资（5.58 亿元）减少 2.01 亿元；设备费完成投资 3.80 亿元，比计划投资（4.91 亿元）减少 1.11 亿元；建设征地和移民安置完成投资 18.08 亿元，比计划投资（26.61 亿元）减少 8.53 亿元。

截至 2015 年年底，溪洛渡水电站工程自开工累计完成投资 830.75 亿元。其中，建筑安装工程完成投资 232.80 亿元，永久设备完成投资 98.94 亿元，建设征地及移民安置费完成投资 230.59 亿元，其他费用完成投资 108.83 亿元，贷款利息 159.60 亿元。

（2）质量管理。2015 年全年共评定土建、金属结构单元工程 1 015 个，验收合格 1 015 个，验收合格率 100%。

（3）主要工程形象进度。汛前完成大坝土建和金属结构安装工程尾工项目施工，6 月 20 日完成水垫塘排干检修；10 月底完成下游河道及雾化边坡整治工程施工；汛前完成 2 号交通洞永久安全度汛补充设施工程施工。

3. 向家坝水电站工程建设

（1）概况。2015 年是向家坝水电站开工的第 9 年，也是全部机组投产运行的第一个完整年，主体工程（除升船机外）施工及消缺工作基本收尾，顺利实现汛末 380m 蓄水。电站开始全面发挥防洪、发电等社会经济效益，年发电量 307 亿 kW·h。

向家坝水电站 2015 年计划投资 41.67 亿元，实际完成投资 24.64 亿元，占全年计划投资 59.13%。其中，建筑安装工程完成投资 3.95 亿元，比计划投资（9.28 亿元）减少 5.33 亿元；设备费完成投资 3.31 亿元，比计划投资（2.82 亿元）增加 0.49 亿元；建设征地及移民安置费完成投资 14.80 亿元，比计划投资（26.08亿元）减少11.28亿元。

截至2015年年底，向家坝水电站工程自开工累计完成投资717.79亿元。其中，建筑安装工程完成投资155.75亿元，永久设备完成投资68.14亿元，建设征地及移民安置费完成投资322.99亿元，其他费用完成投资67.22亿元，贷款利息103.68亿元。

（2）质量管理。2015年共评定单元工程2 636个，一次合格单元2 633个，一次合格率99.89%；优良单元数2 503个，优良率94.95%。

（3）翻坝转运。2015年，翻坝转运系统安全运行338天，转运总量297.39万t。其中，磷矿271.41万t，占年转运量的91%；煤矿25.98万t，占年转运量的9%；最高日转运量1.5万t，日均转运量8 798.56t。

（4）主要工程形象进度。

1）升船机工程。下游引航道主导航墙混凝土浇筑至设计高程286.40m。升船机螺母柱二期埋件安装至设计高程388.40m，螺母柱设备安装至高程305.01～323.10m（设计高程386.15m），齿条二期埋件安装至设计高程384.97m，齿条设备安装至设计高程383.20m，船厢纵向导轨安装至设计高程381.50m，对接锁定导轨安装至设计高程383.00m。11月21日，启动了三期围堰拆除施工，年内完成了经济断面以外的挖除，同步开展船厢单机和分系统调试。

2）翻坝转运横江大桥工程。2015年2月14日正式开工建设，完成水富岸和宜宾岸主拱桥台施工；完成水富岸引桥1～4号桥墩施工；完成水富岸第一跨（跨地方简易公路及天然气管道）现浇箱梁施工。

4. 乌东德水电站工程建设

（1）概况。2015年，乌东德水电站通过国家核准，并计划“十三五”末首批机组投产发电，是中国三峡集团在金沙江下游水电开发中的又一重大里程碑。

乌东德水电站2015年计划投资87.81亿元，实际完成投资75.04亿元，占全年计划投资的85.46%。其中，建筑安装工程完成投资41.81亿元，比计划投资（45.64亿元）减少3.83亿元；成昆铁路补偿完成投资15亿元，与计划投资一致；建设征地及移民安置费完成投资2.78亿元，比计划投资(12.14亿元）减少9.36亿元。

截至2015年年底，乌东德水电站工程自开工累计完成投资236.90亿元。其中，建筑安装工程完成投资130.99亿元，建设征地及移民安置费完成投资14.00亿元，成昆铁路补偿完成投资30.5亿元，其他费用完成投资38.88亿元，贷款利息22.53亿元。

（2）主要工程形象进度。左岸拱肩槽开挖至高程885.00m，右岸拱肩槽开挖至高程875.00m；左、右岸地下电站主厂房大面已开挖到高程770.00m；左岸会河公路具备全线通车条件；右岸对外交通明线路基基本形成，主要桥梁——打基沟大桥正进行墩身施工，主要隧道——老鹰窝隧道（长4 564m）剩230m还未贯通，锅圈岩隧道（长1 943m）剩577m还未贯通，龙头山隧道（长3 834m）75%已贯通。

（乔仁贵）

【南水北调工程建设】

1. 概述　2015年是南水北调东、中线一期工程由建设管理期向运行管理期全面转型的第一年。一年来，在党中央、国务院的坚强领导下，在中央有关部门、沿线各省（直辖市）的大力支持配合下，南水北调工程通水运行开局良好，供水保障、生态保护、环境改善、抗旱减灾等方面的综合效益逐步显现，南水北调工作在一些重点领域、重要方面实现了新突破，呈现出稳中向好、难中有进的良好态势。

（1）工程建设管理和进度。

1）中线运行安全平稳。中线一期工程2014年12月12日正式通水，全面通水运行一年来，经受了汛期运行、冰期输水等考验，工程运行安全平稳，机电设备运转正常，干线调度协调顺畅，累计为沿线北京、天津、河北、河南4省（直辖市）调水25.8亿m^3。

2）东线运行安全平稳。东线一期工程自2013年11月通水以来连续两年圆满完成调水任务，江苏累计抽江水95.6亿m^3，向山东供水6亿m^3。

3）西线调研持续进行。2015年，国务院南水北调办组织对西线水源区四川、青海两省和受水区山西、陕西、甘肃、宁夏、内蒙古5省（自治区）分别进行了专题调研，了解有关省（自治区）对南水北调西线用水需求和有关工作开展情况，组织对西线前期工作成果、地方提出的问题建议进行了专题分析研究。

4）水价政策落实积极。南水北调中线建管局与北京、天津、河北、河南4省（直辖市）分别签订了2014—2015年度供水补充协议，共收到水费25.4亿元，其中，北京19亿元，天津5.1亿元，河南1亿元，河北0.3亿元；与天津、河北、河南3省（直辖市）签订了2015—2016年度供用水合同，与北京也达成一致。东线总公司与山东签订了2014—2015年度供用水合同，协商签订了2016—2018年度的供用水合同，共计收到水费6.4亿元。

截至2015年12月底，工程建设项目累计完成土石方159 649万m^3，占在建设计单元工程设计总土石方量的99%；累计完成混凝土浇筑4 280万m^3，占在建设计单元工程设计混凝土总量的99%。

（2）水源地保护、水质保护和节水。2015年，中线水源区水质持续向好，陶岔取水口、汉江干流水质达到Ⅱ类，主要入库支流水质符合水功能区水质目标要求。东线沿线各控制断面水质均能达到目标要求，通水期间水质保持在Ⅲ类。

1）水源地保护工作持续加力。北京、天津两市与水源区河南、湖北、陕西3省开展对口协作，两市已安排财政资金15亿元，签订合作项目500多亿元，一大批绿色产业项目在水源区落地。沿线各省推进中线干线生态带建设，累计完成生态带建设374km。生态补偿机制逐步确立，中央财政自2015年起连续5年给予汉江中下游影响区每年6亿元的专项补助，东线南四湖区2015年获得了6.7亿元财政专项补助用于湖泊保护。

2）水质保护工作不断加强。东、中两线建成水质自动监测站17座，完善了水质监测体系。中线跨渠桥梁进行了全面评估排查，消除了桥面污染隐患。湖北、河南、天津等省（直辖市）划定了水源区和干线保护区范围，陕西制定了《陕西省南水北调水源地保护行动方案》，江苏严格航运监管，确保水源区和调水沿线水质安全。

3）地下水压采和节水工作稳步落实。受水区各省（直辖市）推进地下水压采和节水工作，北京市通过向水源地补水、地下水压采等措施，地下水位16年来历史性首次回升。天津市2015年减少地下水开采许可0.1亿 m^3，回填机井110余眼。河北省制定受水区关停自备井行动方案，受水区内新改建项目一律不得取用地下水。河南省直5部门制订了受水区地下水压采实施方案。山东省印发地下水超采区综合整治实施方案和区域综合水价改革指导意见，开展全民节水行动。

（3）征地移民。2015年，征地移民扫尾、移民后扶、临时用地复垦退还、协调用地手续办理等各项工作扎实推进，移民生活水平逐步提高，生产条件不断改善。

河南、湖北两省组织编制了南水北调移民后续帮扶发展规划。湖北省创新推广“一站三民”移民村社会治理模式，河南省推进实施“强村富民”发展战略，帮助34.5万库区移民开展技能培训，加强创业扶持。

截至2015年年底，临时用地复垦退还工作已完成退还4.98万亩耕地。

（4）工程效益。

1）供水保障方面。中线受水区30座城市的供水保证能力得到改善，3 800多万居民喝上了南水北调水。北京市城区供水中南水北调水占比超过70%，1 100万市民喝上了南水北调水，中心城区供水安全系数由1.0提高到1.2。天津市中心城区生活用水已全部使用南水北调水，超过800万人受益。河北省2015年降水偏少，工程通水使得沿线大中城市供水保障率明显提升。河南省南水北调供水范围涵盖了10个市，受益人口1 400余万人。湖北省通过引江济汉工程向下游河道补水15.7亿 m^3，889万人受益。

2）水质改善方面。北京市自来水集团的监测显示，使用南水北调水后自来水硬度由原来的380mg/L降至120～130mg/L，水质明显改善，水碱减少、口感变甜。河南省受水区水质亦明显改善。河北省沧州市开始告别祖祖辈辈饮用苦咸水、高氟水的历史。

3）生态效益方面。北京市利用南水北调水每天向城市河湖补水17万～26万 m^3，增加水面面积约550hm^2，城市河湖水质明显改善。天津市用南水北调水置换出的引滦水和本地水向河道实施补水，改善了城市环境，补充了农业和生态环境用水。河南省利用南水北调工程向郑州西流湖和鹤壁淇河进行生态补水；郑州等14座城市地下水水源得到涵养，地下水位得到不同程度回升。许昌市借助南水北调供水，打造全国水生态文明试点城市。河北省利用南水北调工程先后两次向滹沱河、七里河生态补水0.16亿 m^3，使该区域缺水状况得到有效缓解，河道重现生机。山东省通过南水北调工程向南四湖、东平湖补水，改善了“两湖”的生产、生活和生态环境。湖北省兴隆水利枢纽改善了区域生态环境，省内绝迹多年的中华秋沙鸭、黑鹳等国家一级保护动物先后出现在兴隆水域。

4）防灾减灾方面。江苏境内刘山站、解台站、金湖站、淮安三站、淮安四站投入抗旱排涝运行，累计抽水5.8亿 m^3，为缓解淮北地区旱情和宝应湖周边排涝发挥了积极作用。引江济汉工程在湖北省2015年抗旱中发挥显著作用，多次向沿线河湖补水，满足了204万亩农田灌溉用水及水产养殖需求。

（5）党的建设。2015年，南水北调系统贯彻中央管党治党要求，落实全面从严治党责任，认真开展“三严三实”专题教育，筑牢从严治党的思想基础，将党建工作与业务工作同部署、同推进、同落实，严格遵守党章和基层组织工作条例，全面推进思想、组织、作风、反腐倡廉和制度建设，为工程建设和运行管理提供坚强的思想政治保障。

2015年年末，中央巡视组对国务院南水北调工程建设委员会办公室进行了专项巡视。

（何韵华　张栋　潘新备）

2. 南水北调工程前期工作　2015年，南水北调规划设计管理局组织相关单位继续积极推动东、中线后续工程补充论证，以及西线第一期工程项目建议书阶段前期工作。

（1）南水北调东线工程补充规划。为落实部长办公会关于“南水北调东线后续工程补充规划要进行全面论证和规划”的要求和指示精神，水利部规划计划司会同南水北调规划设计管理局组织淮河水利委员会、海河水利委员会召开了东线工程补充规划工作讨论会。会议形成了东线后续工程补充规划编制采取两步走的工作计划，即2015年年底前完成核心内容的研究工作，编制完成《南水北调东线二期工程规划总体方案》；2016年在此基础上重点完成规划环境影响评价报告书以及治污规划等专题研究，2017年6月底前提交完整的规划报告。

根据京津冀协同发展规划的框架要求，水利部组织有关单位编制了“东线工程补充规划向北京供水专项论证任务书”并予批复，将该项工作一并纳入东线二期工程规划。

9月，南水北调规划设计管理局会同淮河水利委员会组织沿线有关省（直辖市）召开东线工程补充规划协调推进会，就供水范围、需调水量、调水线路等方面进行了协调讨论，提出相关建议意见，并对规划编制工作进度作出进一步明确。

工作过程中，规划计划司会同南水北调规划设计管理局组织开展东线工程补充规划工作检查指导。目前淮河水利委员会会同海河水利委员会已提出初步成果。（王彤彤）

（2）南水北调中线工程补充规划。1月长江水利委员会会同海河水利委员会组织相关专家召开了南水北调中线工程补充规划咨询会。会后，根据专家意见进行了补充完善，于5月完成了《南水北调中线工程补充规划（送审稿）》。

为全面听取受水区、水源区各省（直辖市）对补充规划成果的意见，6月长江水利委员会组织召开了中线工程补充规划工作座谈会，听取了受水区、水源区各省（直辖市）对补充规划中涉及的调水量、供水范围、调蓄工程以及后续水源工程等方面的意见，并书面征求相关省份意见。根据各有关省（直辖市）反馈意见，对成果进行了修改完善。

根据规划计划司要求，9月水利水电规划设计总院组织召开中线补充规划沟通讨论会，对中线补充规划进行技术讨论。（王彤彤）

（3）西线第一期工程项目建议书阶段前期工作。为进一步深化对南水北调西线工程有关问题的认识，根据水利部工作部署，黄河水利委员会结合西线一期工程项目建议书编制的实际和面临的新形势新要求，在对已有成果梳理的基础上，开展西线第一期工程若干重要专题补充研究工作，重点对黄河上中游地区节水潜力、新形势下黄河流域水资源供需分析、调入水量配置方案细化、调水对长江流域水力发电影响，以及调水对调出区生态环境及水资源配置影响等6项专题进行研究，12月底已形成初步成果。

5月，南水北调规划设计管理局会同黄河水利委员会就西线调水对四川影响的有关问题进行了调研，与四川省发改委、水利厅等相关部门座谈讨论，并赴四川省规划中的引大济岷工程进行了现场查勘。

（王彤彤）

（4）南水北调东、中线一期工程水量调度。

1）制定南水北调东、中线一期工程年度水量调度计划。受水利部水资源司委托，南水北调规划设计管理局组织专家分别于2015年9月24日、10月24日对淮河水利委员会、长江水利委员会报送的东、中线一期工程2015—2016年度水量调度计划进行了审查。会后会同水资源司、淮河水利委员会、长江水利委员会，根据专家意见修改完善了年度水量调度计划，并于9月25日、10月25日将审查意见和修改后的年度水量调度计划报水利部。水利部分别于9月30日、10月31日正式批复下达了东线一期工程、中线一期工程2015—2016年度水量调度计划。

（牛万军）

2）南水北调东线一期工程2015—2016年度水量调度计划方案调整。2015年11月山东省水利厅向水利部提出东线一期工程2015—2016年度增加向山东省供水2亿m^3的要求。受水资源司委托，南水北调规划设计管理局组织有关单位对淮河水利委员会上报的东线一期工程2015—2016年度水量调度计划调整方案组织有关单位进行了协调，并于12月1日将调整方案的意见报水利部。水利部于2015年12月8日正式批复下达了东线一期工程2015—2016年度水量调度计划调整方案。（牛万军）

3）年度水量调度计划执行情况调研及监督检查。水资源司、南水北调规划设计管理局会同有关单位于2015年1月13—16日赴南水北调中线总干渠邯郸以北段现场调研冰期输水情况，于2月3—5日、2月9—10日分别与长江委长江勘测规划设计研究院和武汉大学水电学院、中水北方勘测设计研究有限责任公司进行座谈，讨论冰期输水问题。4月13—15日、5月6—9日分别赴现场对东、中线一期工程年度水量调度计划执行情况进行了监督检查。8月13日到南水北调东线总公司调研东线输水情况。（牛万军）

3. 工程建设及重要进展情况

（1）南水北调中线初期供水价发布。1月7日，国家发展改革委下发《关于南水北调中线一期主体工程运行初期供水价格政策的通知》，中线工程各口门价格（即“出渠价”）分区段制定，共划分为6个区段，同一区段内各口门执行同一价格，水价随输水距离递增。

根据通知，水源工程综合水价为0.13元/m^3（含税，下同），干线工程河南省南阳段、河南省黄河南段（除南阳外）、河南省黄河北段、河北省、天津市、北京市各口门综合水价分别为0.18元/m^3、0.34元/m^3、0.58元/m^3、0.97元/m^3、2.16元/m^3、2.33元/m^3。

通知明确，中线工程实行两部制水价，基本水价按照合理偿还贷款本息、适当补偿工程基本运行维护费用的原则制定；计量水价按补偿基本水价以外的其他成本费用以及计入规定税金的原则制定。中线工程通水3年后，将根据工程实际运行情况对供水价格进行评估、校核。

口门价格并非南水入户价格，居民用水综合水价还包括配套工程费用、水资源费、污水处理费等，沿线各省（直辖市）将根据实际情况制订最终水价方案。

（2）“南水”进京水量超1亿m^3，水质全部达标。自2014年年底南水正式进京以来，截至2015年3月23日，南水北调水累计进京已超1亿m^3。经检测，北京各水厂生产的自来水全部符合国家生活饮用水卫生标准，供水管网水质安全稳定。

截至2015年3月23日，南水累计进京水量达到10 062.82万m^3。其中，累计向全市7座水厂供水7 297.49万m^3，占来水量的72.5%，供水范围覆盖了城六区以及门头沟区、大兴区的局部地区，900万市民顺利用上南水北调水。

北京市全市出厂水、管网水161处监测点水质合格，无“黄水”报修。除用于市民饮用，还有部分江水存蓄进入北京的水库和回补地下水。

（3）张高丽在南水北调工程建设管理工作座谈会上强调：确保工程安全平稳运行，不断造福民族造福人民。中共中央政治局常委、国务院副总理、国务院南水北调工程建设委员会主任张高丽4月22—23日在河南调研南水北调工程建设管理有关工作。22日，张高丽巡视了丹江口水库，察看现场提取的水样，了解库区水环境保护情况；深入到河南淅川县陶岔村实地考察南水北调中线渠首枢纽工程，察看大坝，了解并听取通水有关情况介绍；走进九重镇桦栎扒移民新村调研和看望村民。23日上午，在河南南阳召开南水北调工程建设管理工作座谈会，传达学习习近平总书记和李克强总理关于南水北调建设管理的重要指示批示精神，听取南水北调工程工作情况汇报，研究部署下一阶段工作。

张高丽表示，党中央、国务院高度重视南水北调工程建设和管理，历届中央领导集体都非常关心和支持。习近平总书记指出，南水北调工程功在当代，利在千秋。要继续坚持先节水后调水、先治污后通水、先环保后用水的原则，加强运行管理，深化水质保护，强抓节约用水，保障移民发展，做好后续工程筹划，使之不断造福民族、造福人民。李克强总理要求继续精心组织、科学管理，确保工程安全平稳运行，移民安稳致富。我们一定要认真学习领会，坚决贯彻落实，优化我国水资源配置，促进经济社会可持续发展。

在充分肯定南水北调工程建设取得的显著成绩后，张高丽强调，要再接再厉、科学管理，扎实做好新阶段的南水北调工作。要抓紧组建运行管理机构，加快配套工程建设，加强工程设施管理和保护，确保工程安全有序、高效科学运行。要把水污染治理和生态环境保护放到更加重要的位置，建立长效机制，加强水质监测，强化沿线污染源防控和水污染应急处置能力，确保水质稳定达标，一渠清水送往北方。要合理调配各种水源，强化节约用水，坚决限采地下水，建立良好的调水、用水分配机制，把所调之水用到最该用的地方。要视移民如亲人，加大移民后期帮扶力度，促进移民就业创业，帮助移民增收致富，确保移民群众安居乐业。要搞好对口协作，以保水质、强民生、促转型为主线，通过政策扶持和体制机制创新，增强水源区自我发展能力。要按照国务院批复的南水北调工程总体规划，抓紧谋划南水北调后续工程建设。

张高丽最后指出，做好南水北调工作责任重大，使命光荣。要在以习近平同志为总书记的党中央坚强领导下，紧紧围绕“四个全面”战略布局，改革创新，扎实工作，为全面建成小康社会、实现中华民族伟大复兴的中国梦作出贡献。

（4）山东实施南水北调东线通水以来最大规模调水。根据南水北调东线工程2015年调水安排，山东段工程自4月21日开始，进行通水以来最大规模的一次调水，计划调入山东水量3.28亿m^3。主要用于沿线枣庄、济宁、济南、淄博、烟台、青岛和德州等市（地）的工业和城市生活用水，其次满足一部分沿途和河流的生态用水，还有一部分用于沿线的航运用水。

山东南水北调工程在境内形成“T”字形的东西和南北两条输水大动脉，全长1 191km，设有7座大型泵站和3座调蓄水库。长江水自枣庄进入山东，在补充南四湖、东平湖两湖的水量后，从东平湖分成两路，一路向北，穿黄河入德州大屯水库；一路向东，通过济南、潍坊，到达胶东地区。这次调水首次实现向胶东片区的烟台和青岛供水，调水水量、时长、用户分布和输水线路长度都超过之前任何一次调水运行。

（5）南水北调首次反向输水进入北京怀柔水库。南水北调密云水库调蓄工程于5月29日顺利完成6级泵站单台机组联合调试工作，入京南水从团城湖通过泵站逐级提升，最终抵达73km外的怀柔水库。

密云水库调蓄工程为反向输水工程，起点为团城湖调节池，终点为密云水库，全长103km，由低向高总扬程133m。其中，团城湖至怀柔水库73km，利用现有的京密引水渠输水，并新建6座提升泵站。怀柔水库至密云水库段30km，利用8km京密引水渠、新建22km直径2.6m的输水管道以及新建3座加压泵站，帮助南水一路爬升，最后由北端调节池进入密云水库。

（6）丹江口水库向北方供水累计突破10亿m^3，水质保持优良。自2014年南水北调中线一期工程试通水以来，截至2015年6月13日，丹江口水库已累计向北方供水10.1亿m^3，供水的水质均优良。丹江口水库供水已经完成《南水北调中线一期工程

2014—2015 年度水量调度计划》的 24.9%，水库在向北方供水的同时，通过发电已累计下泄向汉江中下游供水 177.5 亿 m^3，通过清泉沟渠首向襄阳引丹灌区提供灌溉用水 5.5 亿 m^3，满足汉江中下游生产、生活用水需求和湖北引丹灌区灌溉用水需求。

南水北调中线工程通水以来，陶岔渠首枢纽供水安全、平稳、有序，日均出库流量为 $52.3m^3/s$。另外，供水的水质均优于或符合Ⅱ类水质标准，其中有 72.7%的天数符合Ⅰ类水质标准。

(7) 南水北调中线泵站首次加压输水迎战首都用水高峰。7 月 13 日，南水北调中线工程总干渠唯一一座大型加压泵站——惠南庄泵站启动机组试运行并取得成功，这标志着南水北调中线工程建成通水后，首次进入加压输水模式。

进入 7 月以来，北京市迎来用水高峰，城区日供水量持续在 300 万 m^3 以上的高位运行状态。9 日北京市日供水量突破历史纪录，达到 313.2 万 m^3，逼近城区日供水能力。

进入加压输水模式后，入京流量从自流输水状态下约 $24m^3/s$ 提升至加压输水后的 $38m^3/s$，北京市南水北调工程调水能力从 207 万 m^3 提升至 328 万 m^3，向全市自来水厂的日供水量从 177 万 m^3 增加至 200 万 m^3。南水北调来水在城市总供水量的占比将超过 60%，有效缓解首都夏季用水高峰压力。

南水北调中线干线工程利用丹江口水库陶岔出水口和各省（直辖市）之间的落差，实现全线自流输水。由于干线工程入京后全部采用地下管涵，为满足北京段供水需求，我国在南水入京处北京房山区惠南庄建设了中线唯一的一座大流量、高扬程的加压泵站。

惠南庄泵站具备小流量重力自流输水和大流量水泵加压输水两种供水方式。结合城市需求，当供水流量小于 $20m^3/s$ 时，南来江水自流通过泵站，节约能源；反之，则启动水泵机组进行加压输水，提高供水能力。

截至 7 月 13 日，北京市南水北调入京江水累计超过 3 亿 m^3，近 80%来水供给自来水三厂、自来水九厂、郭公庄水厂等 7 座水厂，占市区供水一半以上。

(8) 南水进京 5 亿 m^3，北京地下水位 16 年首次回升。9 月，北京市 885 个地下水位监测点数据显示，北京市地下水埋深较 6 月底回升 15cm，地下水储量增加 8 000 多万 m^3。其中，大兴区地下水位回升最多，从 19.89m 到 19.47m，回升 0.42m。水位回升主要是南水北调缓解了水资源紧张，同时，也有开源节流、严控地下水开采的成效。

南水北调中线一期工程正式通水以来，输水管网运行稳定，调水量不断加大。2015 年 7 月、8 月用水高峰期，南水北调向北京市城区日供水量达 300 万 m^3 以上。截至 9 月 6 日，南水进京水量超过 5 亿 m^3，其中 72%供给全市自来水厂，其余来水补存水库和地下水。

调水 8 个月来，水质稳定达标。南水北调中线建管局水质中心监测显示，各断面水质指标均达到或优于国家地表水Ⅱ类水质标准。

据介绍，由于水资源短缺，从 1999 年起北京年均超采地下水 5 亿 m^3 左右，形成大面积超采区。长期超采造成地下水位不断下降，从 1999 年起，连续 15 年年均下降近 1m。

截至 9 月 10 日 8 时，南水北调中线一期工程干渠全线累计分水量约 14.30 亿 m^3。

(9) 南水北调中线工程输水逾 17 亿 m^3，惠及约 3 400 万人。10 月 13 日，由国务院南水北调办组织的中线工程考察活动正式启动，60 多名来自北京、天津的市民代表及媒体在 4 天时间内参观了中线备调中心、沙河渡槽、陶岔渠首、丹江口水库等南水北调中线关键工程及移民新村，了解工程建设及治污环保工作成果。

截至 2015 年 10 月 14 日，南水北调中线一期工程全线供水已超过 17 亿 m^3，工程运行安全平稳，水质稳定达标，惠及沿线北京、天津、河北、河南 17 个大中城市，约 3 400 万人口。

其中，向北京市输水 6.42 亿 m^3，天津市 3.11 亿 m^3，河北省 0.77 亿 m^3，河南省 6.72 亿 m^3。南水北调供水水量分别占北京、天津城区用水量的 70%和 80%以上。受水区经济效益、社会效益、生态效益逐步凸显。

通水近一年，工程运行安全平稳，水质稳定达标。从地表水 36 项检测指标看，干渠水质大部分指标达到Ⅰ类水标准，少数指标为Ⅱ类，水质总体为Ⅱ类水。

(10) 北京南水北调通州配套工程全面开工。11 月，南水北调工程北京通州地区配套工程全面开工。配套工程主要由通州支线工程与通州水厂工程组成。通州支线主体工程与通州水厂一期工程计划于 2016 年 6 月底同步完工。

(11) 南水北调中线工程通水一周年：调水超 20 亿 m^3，润泽四省（直辖市）3 800 万人。截至 12 月 4 日，南水北调中线一期工程累计分水水量 21.7 亿 m^3，工程运行安全平稳，水质稳定达标。其中，向北京市输水 8.22 亿 m^3，天津市 3.73 亿 m^3，河北省 1.25 亿 m^3，河南省 8.47 亿 m^3。北京、天津、河北、河南 4 个省（直辖市）沿线约 3 800 万人直接受益。

在北京市，南水进京后，北京市主力水厂逐步使用江水置换密云水库水，水库蓄水量稳定维持在 10 亿 m^3 左右，已基本覆盖北京中心城区、丰台河西地区及大兴、门头沟等新城，南水北调来水已占到北京市城市用水的 70%，超过中线工程调水总量的 1/3，惠及人口超过1 000万人。借助“南水”润泽，北京市人均水资源量由原来的$100m^3$提升到$150m^3$，增加50%，首都中心城区城市供水安全系数也由1.0提升至1.2。

在天津市，一半城市居民吃“南水”。引江通水一年来，向城市供水3.45亿m^3，供水区域覆盖中心城区、环城四区、静海区和滨海新区部分地区，面积达1 $200km^2$，超过常住人口数量一半的天津居民从中受益，较好地满足了城市生产生活用水需求。引江供水系统整体运行平稳、水质良好，水质常规监测24项指标一直保持在地表水Ⅱ类标准及以上。

在河南省，累计有29个口门及3个退水闸开闸分水，占中线工程总供水量的40%。供水目标涵盖南阳、漯河、平顶山、许昌、郑州、焦作、新乡、鹤壁、濮阳和邓州市，受益人口达1 400多万人，农业有效灌溉面积115.4万亩。在水质方面，以许昌市周庄水厂为例，以前水源北汝河的水质为《地表水环境质量标准》（GB 3838）Ⅲ类标准，而来自丹江口水库的南水北调水源则更优质，水质硬度低，偏弱碱性，符合Ⅱ类标准，很多指标甚至达到Ⅰ类标准。

在河北省，受水地区包括邯郸、邢台、石家庄、保定、衡水、沧州等地市，受益人口约500万人。

正式通水以来，各断面监测结果均达到或优于地表水Ⅱ类水质标准，硫酸盐浓度远低于国家规定的浓度限值，水质稳定达标，满足供水要求。

（何韵华　张栋　潘新备）

4. 南水北调工程建设投资计划进展情况　截至2015年12月底，国务院南水北调办公室和水利部累计下达南水北调东、中线一期工程投资2 617.8亿元。其中，中央预算内投资254.2亿元，中央预算内专项资金（国债）106.5亿元，南水北调工程基金196.5亿元，国家重大水利工程建设基金1 584.8亿元，贷款475.9亿元。

工程建设项目（含丹江口库区移民安置工程）累计完成投资2 590亿元，占在建设计单元工程总投资2 619.5亿元的99%，其中东、中线一期工程分别累计完成投资327.9亿元和2 143.5亿元，分别占东、中线在建设计单元工程总投资的97% 和99%；过渡性资金融资费用117.8亿元，其他0.9亿元。

工程建设项目累计完成土石方159 649万m^3，占在建设计单元工程设计总土石方量的99%；累计完成混凝土浇筑4 280万m^3，占在建设计单元工程设计混凝土总量的99%。

南水北调工程1—12月完成投资46.8亿元。其中，东线一期工程完成6.3亿元，中线一期主体工程15.6亿元，丹江口库区移民安置工程1.5亿元，过渡性资金融资费用23.4亿元。

骨干工程前期工作完成情况：骨干工程共计53项。其中，北京市6项，天津市5项，河北省11项，河南省11项，山东省20项。53项骨干工程总投资709.8亿元，累计完成投资658.6亿元，完成比例为93%。

（何韵华　张栋　潘新备）

【水利工程质量安全管理】　(1) 开展首次水利建设质量工作考核。制定《2014—2015年度水利建设质量工作考核评分细则》，建立考核专家库，印发考核通知进行工作部署。加强与国家质检总局相关部门的沟通，将水利建设质量考核结果纳入国务院对省级人民政府的考核内容，分值在100分总分中占3分。在各地完成自我评价的基础上，水利部派出17个考核组对32个省级水行政主管部门进行了实地考核。上海、江苏、湖北等10个省级水行政主管部门考核结果为优秀等级；22个省级水行政主管部门考核结果为良好等级。考核结果向全社会公告，报全国质量工作部级联席会议办公室，并采取“一省一单”形式，向各省级水行政主管部门通报考核结果，抄送同级人民政府，指出当地质量管理存在的问题和薄弱环节，提出整改意见建议，督促限期完成整改。

(2) 加大质量监督工作力度。贯彻落实水利部《关于进一步明确水利工程建设质量和安全监督责任的意见》，大力推动质量监督机构建设，县级质量监督机构建设取得明显成效，有建设任务的县（区）建立专门质量监督机构的从2013年的36%提高到2015年年底的57%。组织召开全国水利工程质量监督现场座谈会，总结2015年质量考核工作，对做好下一步质量监督工作进行研究部署。

(3) 完善质量管理制度标准体系。完成《水利工程质量检测技术规程》报批，启动《水利水电工程施工质量检验与评定规程》修订工作，开展《水利工程质量监督规程》编制前研究工作。督促完成13项水利建设技术标准编制相关工作。印发《关于加强农村饮水安全项目质量管理工作的通知》。

(4) 开展部领导与重大水利工程建设项目法人质量与安全谈心活动；积极引导水利建设领域争创优质工程，重庆玉滩水库扩建工程荣获2014—2015年度国家优质工程鲁班奖。

（戚波）

【水利建设市场监管】　(1) 扎实开展水利建设领域突出问题专项治理。印发《2015年水利工程建设领域突出问题专项治理工作方案》，提出以水利建设市场信用体系建设和水利建设项目监督检查为重要抓手，加大对重点领域、重点环节的治理力度。

(2) 规范招标投标管理。继续大力推动水利建设项目进入公共资源交易市场进行交易，全国水利工程建设项目进场交易率为98.6%，进场交易额占总交易额的97%。配合国家发展改革委做好公共资源交易平台建设工作，积极开展电子招标试点。与最高人民检察院、住房城乡建设部、交通运输部联合印发

《关于在工程建设领域开展行贿查询工作的通知》。加强标后履约监管，开展水利工程建设转包、违法分包界定标准及对策研究工作。认真处理关于招标投标的投诉举报。

(3) 开展水利建设领域廉政防控工作。印发《关于加强中小型水利工程建设管理防范廉政风险的指导意见》，针对当前水利建设领域存在的突出问题，提出加强制度建设、加大执行力度、实行政企分开、落实建设资金、规范招标投标、完善建管模式、加强资金管理、严格失信惩戒、加强群众监督、强化监督检查等10条具体措施。

(4) 规范行政许可审批。完成质量检测单位资格认定和监理单位资质审批行政许可的服务手册、审查细则编制工作。开展2015年甲级水利工程质量检测单位和水利建设监理单位资质评审工作。配合住房城乡建设部完成施工企业资质审核工作和水利水电专业一级建造师注册初审工作，完成水利水电专业二级建造师考试用书修订工作。 (戚波)

【加快水利建设市场信用体系建设】 (1) 出台《水利建设市场信用评价管理暂行办法》，同时编制勘察、设计、施工等8类市场主体信用评价标准，作为评价办法附件一并印发。信用评价办法的出台引起社会各界高度关注，其新闻稿被中国政府网转载并列为当周国家出台的13项重大政策之一。

(2) 开展2015年水利建设市场主体信用评价工作。发布《关于开展2015年水利建设市场主体信用评价工作的公告》，委托中国水利水电勘测设计协会、中国水利工程协会和中国水利企业协会分别承担相关具体工作。共有1 257家水利建设市场主体申请参加信用评价，其中被评为AAA级的占32.8%，AA级的占35.6%，A级的占26.1%，BBB级的占5%，CCC级的占0.5%。评价结果向社会公布。

(3) 加大信息公开力度。组织中国水利工程协会等单位，结合信用评价工作需要，完成对全国水利建设市场信用信息平台的改版和进一步完善。加大信息公开工作力度，大力推动市场主体信用档案建设，至2015年年底，全国水利建设市场信用信息平台共发布信息50.78万条，包括4 363家从业单位、41.68万名从业人员的信息，发布良好行为2.76万条、不良行为记录239条。 (戚波)

【河湖管理】

1. 河道采砂管理

(1) 组织开展了骆马湖采砂专项整治。5月28—31日，水利部会同交通运输部、南水北调办组成督导组，赴骆马湖对打击整治非法采砂进行了专项督导。6月14日，水利部、江苏省人民政府在江苏宿迁组织召开骆马湖采砂专项整治会议，就打击非法采砂、建立骆马湖采砂管理长效机制等进行了部署。7月，水利部、国土资源部、交通运输部和江苏省人民政府、山东省人民政府联合印发了《关于在南水北调东线输水干线洪泽湖骆马湖至南四湖段全面禁止采砂活动的通知》(水建管〔2015〕316号)。9月14—18日，水利部再次对骆马湖采砂整治工作进行督导，确保各项整治措施落到实处。

(2) 强化长江、淮河等河道采砂监管。深化水利部、交通运输部长江河道采砂管理合作机制，2015年年初组织召开了两部合作机制领导小组办公室会议，制定印发了2015年两部合作工作要点。“两会”前，指导督促长江委开展巡江检查。5月，印发通知组织开展了长江、淮河河道采砂管理专项检查，并对各地检查情况进行了抽查。11月初，水利部与交通运输部组成联合检查组，对水利部长江委、交通运输部长航局和江苏、安徽、江西、湖北、湖南5省长江河道采砂管理情况进行了专项检查。

(3) 加强采砂管理部际合作。6月，水利部、国土资源部、交通运输部联合印发《关于进一步加强河道采砂管理工作的通知》(水建管〔2015〕310号)，进一步明确了三部在河道采砂管理方面的职责，建立三部河道采砂管理合作机制。11月16日，水利部与交通运输部在京召开座谈会，水利部部长陈雷、交通运输部部长杨传堂签署了两部推进水利交通事业持续健康发展的合作备忘录。

2. 涉河建设项目管理

(1) 加大涉河建设项目监管。每季度定期公告各流域机构涉河建设项目审批情况，全年共向社会公告了7个流域机构审查的257项涉河建设项目。组织开发了涉河建设项目信息报送系统。

(2) 及时调查处理涉河违法违规项目。对山东日照防潮堤垮塌进行现场调查，对河南涡河破坏堤防、山东平度盗采河砂等11起涉河违规建设项目及时发文督促地方进行调查处理。

(3) 开展高尔夫球场清理整治工作。配合国家发展改革委开展高尔夫球场清理整治工作。完成水利部负责重点督办的两个高尔夫球场取缔任务，印发通知督促各省(自治区、直辖市)水行政主管部门加快整改类球场涉水问题的清理整治工作。

3. 病险水闸除险加固

(1) 落实工作责任制。指导督促各地落实病险水闸除险加固责任制，明确责任单位和相关责任人。2月，印发了《水利部关于公布全国大中型病险水闸除险加固工作责任单位和责任人名单的通告》(水建管〔2015〕101号)，将各地责任单位和责任人向社会公布，接受社会和群众监督。

(2) 建立信息报送制度。为适应水利部重点工程月调度会的需要，在2014年建立信息报送制度基础上，自2015年3月1日起，要求各地按月报送工作进展情况。

（3）推进工程进度。截至2015年12月底，列入规划的2 597座大中型病险水闸除险加固项目中，883座完成初步设计批复，549座完成招投标，544座主体工程开工建设，402座已完工，225座完成主体工程投入使用验收。累计下达资金118.2亿元，累计到位资金98.6亿元，累计完成投资97.2亿元。

4. 河湖管理改革

（1）建立健全湖泊湿地和地下水资源产权制度。在专题调研、研究、广泛征求意见的基础上，起草了专题报告，提出健全完善湖泊湿地和地下水资源产权制度的意见建议，报送中央财经领导小组办公室。

（2）做好推动长江经济带发展水利有关工作。一是启动编制《长江岸线开发利用和保护总体规划》。为贯彻落实党中央、国务院关于推动长江经济带发展的战略部署，由水利部、交通运输部、国土资源部牵头，相关部委参加，编制完成了《长江岸线开发利用和保护总体规划》。二是制定《关于加强长江中下游干流河道洲滩管理的指导意见》。在充分调研论证、征求沿江各地意见的基础上，水利部组织制定了《关于加强长江中下游干流河道洲滩管理的指导意见》。

（3）开展河湖管理范围划定和水域岸线登记工作。组织制定了中央直管河湖和水利工程划界确权总体方案，2016年中央直管河湖管理范围划界工作将正式启动。水利部办公厅印发了《河湖管理范围和水利工程管理与保护范围划定工作实施方案编制大纲》（办建管〔2015〕59号），指导督促各地积极开展河湖管理范围划定工作，开展调查摸底，编制工作方案。组织制定了《河湖水域岸线登记办法》，开发了河湖水域岸线登记信息管理系统。

（4）推进河湖管护体制机制创新试点，制定“河长制”指导意见。水利部公布了第一批46个河湖管护体制机制创新试点县（市）名单，组织对各试点县实施方案进行了审查，实施方案由试点县（市）政府批复，目前试点工作已进入实施阶段。总结推广“河长制”经验，制定了《关于总结推广“河长制”经验加强河湖管理的意见》。

（5）制定河道等级划分办法。赴江苏、浙江、湖北等地开展了河道等级划分和河道分级管理调研，开展专题研究，组织起草完成了《河道等级划分办法（试行）》。

5. 加强制度建设

（1）推法规制度建设。积极推进全国《河道采砂管理条例》制订工作；配合最高人民法院、最高人民检察院开展了非法采砂入刑调研工作。

（2）加快规划编制。组织编制完成了七大流域重点河段（湖泊）岸线利用管理规划、《全国河湖管理与保护“十三五”规划》《长江岸线开发利用和保护总体规划》。建管司配合规计司积极推动《全国江河重要河道采砂管理规划》，征求了有关部委意见。

（李春明　孟祥龙）

【水库管理】

1. 病险水库除险加固

（1）部署小型病险水库除险加固年度工作。2015年2月3日，印发《水利部办公厅关于做好新增小型病险水库除险加固的通知》（办建管〔2015〕36号），要求各地明确目标任务，抓紧前期工作，尽快编制项目表和实施方案，严格资金管理使用，强化建设管理，做好信息报送。2月11日，组织召开专门会议，听取各地除险加固工作情况汇报，分析问题，研究对策，并做出安排部署。5月15日全国水利建设与管理会议强调，各省要按照“一省一方案，一库一对策”的要求，制定除险加固工作方案。10月14日，印发文件要求各地抓紧做好小型水库除险加固工作总结。

（2）积极推进小型病险水库除险加固项目。3月24日，分别向前期工作严重滞后、总体进展慢的湖南、江西、黑龙江3省政府办公厅印发督办函。6月16日，再次向进度严重滞后的湖南、江西2省政府办公厅印发《切实做好小型病险水库除险加固工作的函》。11月11日，第三次向如期完成目标任务难度较大的湖南省政府办公厅致函督办。9月、10月，组织3个调研督导组赴湖南、江西、安徽、河南、山东、四川和湖北等省督导小型病险水库除险加固工作。11月17日，专门召开座谈会督促指导进展滞后的10个省份加快小型病险水库除险加固建设。

（3）小型病险水库除险加固目标任务基本完成。截至12月31日，列入水利部、财政部与各省（自治区、直辖市）、计划单列市签署责任书的25 378座一般小（2）型病险水库除险加固项目中，除通过其他措施解决491座外，其余24 887座全部开工建设，已完工23 375座，完成蓄水验收19 224座；4 073座新增小型病险水库除险加固项目中，除通过其他措施解决2座外，其余4 071座全部开工建设，已完工3 562座，完成蓄水验收2 330座。

（4）继续推进大中型病险水库除险加固。列入《全国中小河流治理和病险水库除险加固、山洪地质灾害防御和综合治理总体规划》的新出现大中型病险水库共320座，涉及29个省（自治区、直辖市）、计划单列市和新疆生产建设兵团，规划总投资110亿元。截至2015年10月，累计下达中央预算内投资建议计划61亿元，已有180座水库主体工程完工，99座水库完成蓄水验收。

2. 强化水利工程安全管理

（1）落实水库大坝安全责任制。年初部署各地落实以地方各级政府行政首长负责制为核心的水库大坝安全责任制。5月印发《水利部关于公布全国大型水库大坝安全责任人名单的通告》，对全国660座大型水库大坝安全责任人名单予以公布，要求各地进一步完善水库大坝安全责任制，逐库落实政府责任人、水库主管部门责任人和水库管理单位责任人，省级水行政主管部门要公布全省中型水库责任人名单，县级水行政主管部门要公布全县小型水库责任人名单。

（2）组织开展水利工程运行管理督查。组织水利部建设管理与质量安全中心制定并实施2015年度水利工程运行管理督查工作计划，全年累计派出7批次、28个督查组，对海委、太湖局2个流域管理机构和云南、广西等27个省（自治区、直辖市）、计划单列市的93个水利工程开展了现场督查。派出3个复查组，对2014年督查的长江委3座水库、辽宁省2座水闸、陕西省2段河道堤防等7处水利工程进行了现场复查。12月组织召开会议，总结回顾2015年工作，并对2016年工作进行安排部署。

（3）扎实开展水利工程管理考核。督促指导各地认真开展水利工程管理考核工作，根据工程管理情况制定考核计划。组织中国水利工程协会、中国灌溉排水发展中心启动了水利工程管理考核办法修订工作，开展现场调研，提出修订意见。委托中国水利工程协会和相关流域机构开展水利工程管理考核、复核，全年累计考核、复核了34家水管单位，其中新申报的12家水管单位通过水利部验收。

（4）积极做好水库安全管理基础工作。举办培训班，对《小型水库土石坝主要安全隐患处置技术导则（试行）》进行宣贯培训。组织开展水库大坝注册登记和复查换证工作，截至2015年年底，全国大中型和小（1）型水库大坝注册登记和复查换证工作已基本完成，正抓紧推进小（2）型水库大坝注册登记工作。组织水利部建设管理和质量安全中心编印《小型水库管理实用手册》，已出版发行。会同水利部大坝安全管理中心编制《水库大坝管理实践与探索》，已形成初稿。

（5）组织开展信访件现场调查核实。根据部领导在《张德江、汪洋、杨晶在全国人大常委会办公厅呈报“2014年1月份群众给张德江委员长来信情况”上的批示》上的批示精神，2015年1月组织两个调研督导组分赴四川、重庆和海南、湖北，现场查看群众来信反映的水利工程情况，与有关县（市）水利部门、乡镇和村组负责人及群众代表、信访人员进行座谈沟通，全面核查群众来信反映的情况，并提交了督导报告。

3. 加强重大水利工程管理

（1）加强三峡工程运行管理工作。一是经过与交通运输部、国家电网公司、国务院三峡办和中国长江三峡集团公司的多次沟通协调，9月19日，三峡水库调度规程批复文件经交通运输部、国土资源部、国务院三峡办及国家电网公司等单位和部门会签印发实施。二是积极配合国家发展改革委做好长江三峡枢纽正常运行期通航建筑物管理体制方案研究工作，提出了水利部意见。

（2）加强南水北调工程运行管理工作。一是积极做好南水北调工程运行管理机构组建方案研究与协调工作，向国务院做好汇报，并向国务院正式提交《水利部关于南水北调中线工程管理机构组建方案的请示》。二是督促指导加快丹江口水库调度规程编制与审查工作，指导做好丹江口蓄水试验相关工作。三是批复同意淮河水利委员会关于南水北调一期苏鲁省际工程管理设施专项工程和调度运行管理系统工程变更建设单位的申请，协调解决陶岔渠首工程管护经费问题。

（王健　赵建波）

【蓄滞洪区建设管理】

1. 蓄滞洪区前期工作　截至2015年年底，《全国蓄滞洪区建设与管理规划》已实施开展了60项前期工作，其中15项蓄滞洪区建设项目可研报告已由国家或省（直辖市）发改委批复，11项蓄滞洪区建设项目可研报告已通过水利部审查，18项蓄滞洪区建设项目可研报告已经水利部审查或报水利部待审。

2. 蓄滞洪区建设　2015年，国家共安排蓄滞洪区建设资金35.18亿元，其中，中央资金22.73亿元，地方配套资金12.45亿元。长江流域安排资金18亿元，其中，中央资金11亿元，地方配套资金7亿元，用于洞庭湖区蓄洪垸安全与堤防加固工程建设；黄河流域安排中央资金2.51亿元，用于黄河下游滩区治理工程；淮河流域安排资金8.99亿元，其中，中央资金5.99亿元，地方配套资金3亿元，用于淮河干流蚌埠—浮山段行洪区调整和建设工程，以及河南省淮河干流滩区居民迁建；海河流域安排资金0.68亿元，其中，中央资金0.23亿元，地方配套资金0.45亿元，用于天津市永定河泛区工程与安全建设；松辽流域安排资金5亿元，其中，中央资金3亿元，地方配套资金2亿元，用于月亮泡、胖头泡蓄滞洪区防洪工程与安全建设。

3. 蓄滞洪区管理　国家防总办公室印发了《关于做好2015年蓄滞洪区运用准备工作的通知》，对蓄滞洪区运用准备工作进行安排部署。有关省（直辖市）进一步完善蓄滞洪区运用预案，对辖区内蓄滞洪区居民财产情况进行登记和核实，认真做好蓄滞洪区运用的各项准备。

4. 蓄滞洪区运用　2015年6月下旬，受强降雨过程影响，滁河干流水位迅猛上涨，6月28日襄河口闸上水位上涨至14.27m，超过保证水位0.77m。为确保滁河沿岸主要堤防防洪安全，按照《滁河洪水调度方案》的有关规定，经长江防总批准，安徽省防指于6月28日启用荒草二圩、荒草三圩两处国家级蓄滞洪区滞洪，蓄洪面积10余km^2，蓄洪水量5 000

余万 m^3，转移人员 179 人。蓄滞洪区的及时运用，对降低滁河干流洪峰水位，减轻滁河干流堤防防洪压力，确保人民群众生命安全，发挥了显著作用。

（郭健玮）

【水利工程管理体制改革】

1. 深入推进国有水管体制改革　根据各地报送情况，2015 年年初对全国各地水管体制改革进展情况进行了通报。指导各地继续深化水管体制改革，足额落实两项经费，推广政府购买服务，推进管养分离，深入开展内部改革，不断提高水利工程管理水平。据统计，2015 年全国 13 115 个水管单位共落实两项经费 217.4 亿元，落实率达 83%。其中，落实公益性人员基本支出 125.9 亿元，落实率 92%；落实公益性工程维修养护经费 91.5 亿元，落实率 74%。着力推进流域机构水利工程管养彻底分离，指导开展编制水利工程维修养护技术质量标准，进一步规范中央直管水利工程维修养护行为。

2. 扎实做好中西部维修养护资金项目工作　按照财政部有关文件要求，2015 年度中央财政对中西部地区、贫困地区县级管理的国有公益性水利工程维修养护补助纳入中央财政农田水利工程维修养护经费支持范围。7 月 15 日，印发《水利部办公厅关于做好 2015 年中西部地区贫困地区公益性水利工程维修养护有关工作的通知》（办建管〔2015〕1024 号），对补助资金的使用与管理提出明确要求，据统计，中西部地区 22 个省（自治区、直辖市）安排用于公益性水利工程维修养护的中央补助资金共 76 857 万元。10 月 30 日，印发《水利部办公厅关于做好 2016 年公益性水利工程维修养护有关工作的通知》（办建管〔2015〕1568 号），对 2016 年县级以下公益性水利工程维修养护工作进行部署，要求地方切实做好中央财政维修养护补助资金项目管理工作。

3. 积极推进小型水利工程管理体制改革　2015 年年初督促各地进一步做好小型水利工程管理体制改革和全国改革示范县的改革试点总结验收工作，在此基础上对 2014 年改革工作进行了总结并报告水利部领导。选取具有较好改革基础的小型水库作为突破口，将“年内小型水库管理体制改革取得明显进展，全面落实管护主体和责任”列入 2015 年水利建设与管理工作要点。9 月 16 日，在山东莒县组织召开了全国深化小型水利工程管理体制改革现场会，总结交流做法与经验，分析困难和问题，研究推进改革的有效举措，部署下一步工作，确保如期完成年度目标任务。10 月 14 日，印发《水利部办公厅关于做好深化小型水利工程管理体制改革年度总结工作的通知》，要求地方做好总结，并将书面材料和进展情况报表及时上报。据各地上报数据统计，截至 12 月底，全国纳入改革的小型水利工程达 1 808 万处，有 1 232 万处明确了工程产权，占已摸底工程总数的 68%；915 万处明确了管护主体，落实了管护责任；865 万处建立健全了各项管护制度；2015 年共落实管护经费 91 亿元。其中，小型水库管理体制改革方面，全国 84 927 座小型水库纳入改革，66 907 座明晰了工程产权，64 836 座明确管理主体和责任，46 648 座建立了财政补助经费奖补机制，2015 年共落实管护经费 13.2 亿元。

（王健　赵建波）

【水利工程管理考核】

1. 组织对新申报单位进行考核验收　2015 年 1 月 14 日，以办建管〔2015〕9 号文件对 2014 年度通过水利部水利工程管理考核验收的江苏省连云港市赣榆区小塔山水库管理处、苏州高新区堤闸管理所等 2 个水管单位进行了全国通报。

根据黄河水利委员会、江苏省水利厅、安徽省水利厅申报，依据《水利工程管理考核办法》（水建管〔2008〕187 号）规定，水利部委托中国水利协会组织专家组，分别于 4 月、8 月、10 月、11 月对河南省罗山县石山口水库灌区管理局、山东省莒县仕阳水库管理处、章丘黄河河务局、江苏省江都水利工程管理处、安徽省蚌埠闸工程管理处等 5 个水管单位进行了水利工程管理考核验收。根据考核验收结果，经水利部审查和公示，分别以办建管函〔2015〕842 号和办建管〔2015〕206 号、243 号、259 号文件对上述 5 个单位通过水利部水利工程管理单位考核验收予以通报。

根据浙江省、辽宁省、安徽省、湖南省水利厅申报，依据《水利工程管理考核办法》（水建管〔2008〕187 号）规定，水利部建设与管理司委托中国水利工程协会组织专家组，2015 年 10—12 月分别对浙江省宁波市周公宅水库管理局和奉化市横山水库管理局、辽宁省大伙房水库管理局和柴河水库管理局、安徽省响洪甸水库管理处、湖南省江垭水库管理处和长沙县桐仁桥水库管理所等 7 个水管单位进行了水利工程管理考核验收，考核验收结果已经水利部审查和公示，拟于 2016 年年初以水利部办公厅文件的形式予以全国通报。

2. 组织对原国家一级水管单位进行复核　2015 年 1 月、2 月，以办建管〔2015〕26 号、39 号文件对 2014 年度通过水利部水利工程管理考核复核验收的云南省文山暮底河水库开发有限公司、大连市碧流河水库管理局、浙江省宁波市白溪水库管理局、江苏省苏州市胥口水利枢纽工程管理处、江苏省常熟市长江河道管理处、江苏省太仓市堤闸管理处、江苏省泰州引江河管理处、江西省南昌市南隔堤堤防工程管理处等 8 个水管单位进行了全国通报。

根据《水利工程管理考核办法》（水建管〔2008〕187 号）规定，受水利部建管司委托，中国水利工程协会、长江委、淮委、海委对湖北省漳河工程管理局、重庆市万州区新田水库管理处、重庆市璧山区壁中水利水库管理中心（同心水库）、淮委骆马湖水利管理局灌南河道管理局、黄委济南槐荫黄河河务局、黄委滨州邹平黄河河务局、黄委淄博高青黄河河务局、黄委焦作博爱沁河河务局、黄委开封第二黄河河务局、安徽省临淮岗洪水控制工程管理局水闸管理处、天津市引滦工程潮白河管理处、天津市引滦工程宜兴埠管理处、新疆维吾尔自治区乌鲁瓦提水利枢纽管理局、河北省唐山市陡河水库管理处、河北省唐山市陡河河道管理处、山西省漳泽水库管理局、浙江省绍兴市汤浦水库管理局、浙江省余姚市四明湖水库管理局、江苏省淮河入海水道工程管理处、江苏省宜兴市横山水库管理所、江苏省无锡市太湖闸站工程管理处、江苏省盐城市射阳河闸管理所等22个水管单位进行了复核验收。湖北省漳河工程管理局等12个水管单位复核验收结果经水利部审查和公示，分别以办建管函〔2015〕841号和办建管〔2015〕191号、243号、259号文件进行了全国通报。对新疆维吾尔自治区乌鲁瓦提水利枢纽管理局等10个水管单位，拟于2016年年初以水利部办公厅文件的形式予以全国通报。委托淮河水利委员会、太湖流域管理局复核的江苏省三河闸管理所、浙江省赋石水库管理局，拟推后至2016年进行复核验收。　（王健　李春明）

水库移民和水利扶贫

【重点水利工程移民安置】

1. 夹岩水利枢纽工程　夹岩水利枢纽工程位于乌江左岸一级支流刘冲河中游贵州省毕节市七星关区与纳雍县界河段，是一座以城乡供水和农田灌溉为主要任务并兼顾发电的综合利用的大（1）型水利枢纽工程。工程由水源工程、毕大供水和灌区骨干输水工程3个部分组成。水库总库容13.25亿m^3，设计灌溉面积97.43亩，电站装机容量7.5万kW。工程总投资186.49亿元，其中移民投资61.39亿元。2014年11月国家发展改革委批复了可行性研究报告，2015年4月水利部批复了初步设计。水库淹没影响涉及毕节市七星关、纳雍和赫章等3县（区）16乡（镇）59村311组，毕大供水区和灌区骨干输水区涉及毕节市七星关、大方、黔西、金沙、织金、纳雍和金海湖新区等7县（区）34乡（镇）。工程永久征地54 042亩（其中耕地31 933亩、园地4 762亩、林地3 594亩），临时占地13 805亩，拆迁各类房屋766 105m^2，规划搬迁人口25 838人，规划生产安置人口21 068人。　（徐之青）

2. 马岭水利枢纽工程　马岭水利枢纽工程位于贵州省黔西南州兴义市境内，是一座以城乡供水为主，兼顾灌溉、发电等综合利用的大（2）型水利工程。工程由水源工程和供水灌溉工程两部分组成。水库总库容1.28亿m^3，电站装机容量3.6万kW，工程总投资26.66亿元，其中移民投资5.03亿元。2015年7月国家发展改革委批复了可行性研究报告，2015年10月水利部批复了初步设计。水库淹没影响涉及贵州省黔西南州兴义市、义龙试验区、兴仁县、普安县的7个乡（镇）12个村44个组。工程征地9 245.53亩（其中耕地2 584.16亩，园地2 025.972亩，林地2 601.87亩），规划搬迁人口922人，规划生产安置人口1 342人。　（徐之青）

3. 出山店水库　出山店水库位于河南省信阳市境内，为大（1）型水库，是淮河干流上的大型防洪控制工程和历次淮河流域规划中列为淮干上游的唯一一座防洪控制工程。出山店水库是一座以防洪为主，结合供水、灌溉、发电等综合利用的大型水利枢纽工程。水库总库容12.51亿m^3，工程总投资98.7亿元，其中征地移民补偿投资82.9亿元（库区78.7亿元，坝区4.2亿元）。2014年9月国家发展改革委批复了可行性研究报告，2015年4月水利部批复了初步设计报告。水库淹没影响涉及信阳市浉河、平桥等2区7乡（镇、办事处）44村（居委会）。工程永久征地99 599.95亩，规划搬迁人口3.87万人。2015年征地移民完成投资25.83亿元，完成坝区过渡搬迁移民1 093人，征地9 601亩。2016年计划投资29.5亿元，搬迁移民22 646人，征地39 688亩。（林晖）

4. 前坪水库　前坪水库位于淮河流域沙颍河支流北汝河上游汝阳县城西9km的前坪村，是一座以防洪为主，结合灌溉、供水，兼顾发电等综合利用的大（2）型水利枢纽。水库总库容5.8亿m^3，电站装机容量0.6万kW。工程总投资44.63亿元，其中移民安置总投资25.72亿元，计划总工期60个月。2015年7月国家发展改革委批复了可行性研究报告，2015年9月水利部批复了初步设计。水库淹没影响涉及河南省洛阳市汝阳、嵩县等2县的5乡（镇）20村，规划搬迁人口13 489人，规划生产安置人口11 152人，建设集中安置点12个。2015年完成征地移民投资1.4亿元，永久征地721亩，临时用地111亩，完成坝区1 072人的过渡搬迁。2016年征地移民计划投资6.8亿元，搬迁移民4 334人。　（林晖）

【水库移民后期扶持政策】　按照《国务院关于完善大中型水库移民后期扶持政策的意见》（国发〔2006〕17号）精神，结合新形势新要求，推动水库移民后期扶持工作创新开展。一是积极推动各地加快推进移民脱贫解困工程、美丽家园建设行动和移民增收计划。顺利完成全国第二批16个省级水库移民避险解困试点方案审查审核工作，帮扶特困移民32万人，核拨中央补助金近61亿元。各地建设改造移民新村1 500多个，有效改善了部分老水库移民的生活环境，许多地方的移民新村成为当地新农村建设的样板和美丽乡村的典型。二是进一步加强后期扶持工作管理。根据形势发展需要，组织召开全国水库移民工作座谈会推动工作开展，研究印发了《关于进一步加强大中型水库移民后期扶持工作的通知》，研究后期扶持资金绩效资金考核办法，着手修订结余资金使用管理办法，进一步夯实后期扶持工作管理机制。三是安排部署后期扶持“十三五”规划编制工作。下发“十三五”规划编制大纲，切实加强对各地科学编制规划的指导，全面启动实施后期扶持政策实施情况中期评估工作。四是完成2014年度新建水库后期扶持人口核定工作。核定新增后期扶持人口25万人，截至2015年年底，全国大中型水库移民后期扶持人数已达2 449万人。五是加强水库移民后期扶持政策实施监督管理。将2015年确定为“加强监督管理年”，动员各方力量，完成14省28县后期扶持稽察任务和山东、陕西2省稽察整改情况复核，提出整改意见建议195条，组织完成云南等10个省避险解困项目专项检查和湖南五县试点专项稽察，按照中央推进地方盘活财政存量资金的决策部署，约谈10省后期扶持资金结转较大的省级移民管理机构负责同志，督促11个省开展项目和资金管理专项检查及抽查工作。目前，全国水库移民后期扶持政策实施深入推进，库区和移民安置区总体稳定，移民生产生活条件明显改善，呈现出增收致富奔小康的新气象。 （殷海波）

【水库移民法规制度建设】 2015年，以法规制度建设促进管理，不断完善水库移民工作顶层设计。一是开展移民条例修订前期工作，进行征收耕地补偿标准有关条款修订的相关测算分析和修订草案研究工作，为完成条例修订提供了技术支持和基础保障。二是推进移民技术标准体系建设，颁布《水利水电工程移民安置监督评估规程》（SL 716—2015）和《大中型水库移民后期扶持规划编制规程》（SL 728—2015）等两部技术标准。三是开展移民理论研究，组织开展全国水库移民工作典型案例分析与总结、创新水利工程移民安置方式和水库移民后期扶持生产开发项目管理研究，协助国家发展改革委开展移民政策调整课题研究，为研究制定政策文件打下了基础。 （殷海波）

【水利行业扶贫和片区联系】 2015年，水利系统认真落实习近平总书记扶贫开发战略思想和水利部党组的安排部署，把水利扶贫作为一项重要的政治任务，举全行业之力，动员各方力量，狠抓各项工作落实。一是学习贯彻中央扶贫工作决策部署。2015年7月31日和11月30日，陈雷部长两次主持召开部党组扩大会议，传达学习习近平总书记在贵州等地调研扶贫开发工作时的重要讲话精神和中央扶贫开发工作会议精神，并提出贯彻落实意见。8月11日和12月16日，矫勇副部长两次主持召开部扶贫领导小组会议，贯彻落实中央扶贫工作有关会议和国务院扶贫开发领导小组会议精神。12月10日，水利部召开的全国水利扶贫开发工作视频会议，对“十三五”水利扶贫开发工作作出全面部署，这是我部首次召开全行业全系统的水利扶贫工作会议，规格之高、影响之大前所未有。二是落实水利精准扶贫工作机制。推动水利扶贫需求调查、项目储备、投资倾斜、扶贫统计、扶贫考核等5项精准机制落实，为开展水利精准扶贫提供制度保障。三是推动全国水利行业扶贫工作。2015年，部机关各有关司局认真落实部党组的安排部署，落实年度投资计划，加强工作督促指导，加快推进贫困地区重大水利工程建设、农村饮水安全、农田水利建设、防洪抗旱减灾、水保生态建设、农村水电开发等工作，贫困地区水利改革发展步伐明显加快。据统计，2015年832个贫困县累计完成水利投资1 192亿元，其中中央水利投资403亿元，解决了1 800多万农村居民饮水安全问题；开展了403座病险水库和25座病险水闸除险加固；实施了111个江河治理项目，新建（加固）堤防1 100多km；安排对85个大中型灌区、灌排泵站进行续建配套与更新改造；治理694条中小河流，治理河长3 300多km；新增治理水土流失面积1 450 km^2；安排农村水电工程建设8.42亿元，解决了部分无电人口的用电问题。四是组织开展“10·17”扶贫日活动。印发水利扶贫调研报告集和典型案例，开展机关青年扶贫调研实践、水利扶贫征文、扶贫捐款活动，在部机关利用图片集中展示“十二五”水利扶贫成果，组织召开“十二五”水利扶贫工作新闻通气会，通过中央媒体、水利报、网站、简报和重点时间节点工作等宣传水利扶贫。五是加强滇桂黔石漠化片区联系工作。创新联系工作机制，充分发挥片区联系单位交流沟通、调查研究、督促指导等职能，与国家林业局共同组织召开了滇桂黔石漠化片区扶贫攻坚会，部署安排下一步片区扶贫攻坚工作，推动片区扶贫攻坚规划实施。六是做好水利扶贫保障工作。组织开展了水利扶贫重大政策、水利精准扶贫、易地扶贫搬迁等方面的专题调研，矫勇副部长先后带队到云南怒江和重庆市开展水利扶贫专题调研。组织开展了“十三五”水利扶贫专项规划编制工作，帮助贫困地区开展水利工程前期工作、建设管理等技术服务和指导。继续向石漠化片区选派挂职扶贫干部17人，选派一名机关年轻干部到重庆市担任贫困村第一书记，配合其他10个片区牵头联系单位协调推进片区水利项目实施。 （殷海波）

【水利部定点扶贫和对口支援工作】 2015年，水利部继续在重庆、湖北、贵州、云南、广西等5省（自治区）的 13 个县开展定点扶贫工作，对青海贵德、江西宁都等重点地区开展对口支援，推动当地水利建设和经济社会发展。一是坚持把项目帮扶作为水利定点扶贫的主渠道，推动水利定点扶贫工作，确保定点扶贫县每年水利投资增幅超过所在省（自治区）平均水平的 20%～30%。据统计，全年安排水利投资 27.3 亿元，其中中央水利投资 14.7 亿元，解决了 45.8 万农村人口和学校师生的饮水安全问题，新增农村水电装机容量 41.15 万 kW，治理水土流失面积 351.1 万亩。二是大力实施人才帮扶、产业帮扶和形式多样的捐资助学、“送温暖、献爱心”等活动，为 13 个定点扶贫县解决实际困难。据统计，全年投入定点扶贫县资金 530.47 万元，捐赠物资价值 44.75 万元，其中投入基础设施建设资金 244 万元，捐赠 84.89 万元。资助了 1 282 名家庭贫困学生上学，向贫困家庭送去慰问金和救济款 11.17 万元，帮助定点县引进项目资金 3.89 亿元。三是开展智力帮扶，选派 6 名优秀干部在定点扶贫地区挂职，加强了对定点贫困县的指导以及与帮扶单位之间的联系，有效推动了贫困县的水利改革发展和扶贫工作。专门针对定点扶贫县举办培训班或在相关水利行业培训中对定点扶贫县给予特殊照顾，举办了 19 期农村供水、水利建设、水利管理等方面的培训班，培训基层水利干部和业务骨干 1 055 人次。四是推动青海贵德、江西宁都、河北阜平、安徽金寨、甘肃临夏以及革命老区等重点地区水利对口支援工作。（虞泽）

防　汛　抗　旱

Flood Control and Drought Relief

防 汛

【洪水】 2015年，全国七大江河中西江、太湖、淮河发生编号洪水，其他江河均未超警。全国有336条中小河流发生超警洪水，74条河流发生超保洪水，15条河流发生超历史实测记录洪水。11月，南方地区发生罕见冬汛，江南、华南有30余条河流发生超警洪水，其中广西桂江和湖南湘江等河流发生建站以来历史同期最大洪水。西北太平洋（含南海）共生成台风27个，其中6个在我国沿海登陆。与常年相比，台风生成个数偏多，登陆个数偏少，但台风登陆强度大、影响范围广。

1. 冰凌洪水

(1) 黄河。2014—2015年度凌汛期，黄河封开河期间水情平稳。2014年11月30日内蒙古河段开始流凌，12月3日首封；2015年3月24日黄河全线开河，累计封冻112天，累计最大封河长度约707km，其中上游宁蒙河段650km，中游河段57km，下游河段未封河。封河期槽蓄水增量略小于常年。

2015年度黄河凌情有4个特点：

1）首凌日期偏晚。内蒙古河段2014年11月30日出现流凌，较常年（11月19日）偏晚11天；12月3日出现首封，较常年（12月2日）偏晚1天；3月24日黄河全线开河，较常年（3月25日）偏早1天。

2）封河长度短。2015年度黄河宁蒙河段最大封河长度仅650km，为2000年以来最短。

3）封河流量大。首封前3天内蒙古河段平均流量为847m^3/s，比常年均值（567m^3/s）偏大280m^3/s。

4）开河洪峰小。黄河石嘴山至头道拐河段最大槽蓄水增量为13.2亿m^3，略少于常年。由于气温缓慢回升，槽蓄水量均匀释放，开河过程平稳。开河期头道拐水文站最大流量920m^3/s，较常年（2 230m^3/s）偏小近6成。

(2) 松花江和黑龙江。2014—2015年度凌汛期，嫩江、松花江及黑龙江自2014年11月4日开始相继封江，嫩江12月1日全线封冻，尼尔基水库以上石灰窑江段、嫩江江段及水库以下江段封冻日期较常年偏早1～4天，其他江段偏晚1～16天；松花江干流12月2日全线封冻，哈尔滨江段封冻日期与常年相同，通河至佳木斯江段偏晚1～4天，富锦江段偏早10天；黑龙江12月3日全线封冻，漠河、呼玛、奇克、嘉荫和抚远江段封冻日期偏晚1～11天，其他江段偏早1～7天。

2015年3月下旬至4月底，松花江、嫩江及黑龙江先后顺利开江，除个别江段开江时间较常年偏晚外，大部分江河较常年提前1～12天。其中松花江4月15日开江，较常年提前2～7天；嫩江4月26日开江，较常年提前2～12天；黑龙江干流4月28日开江，较常年提前1～4天。开江期间乌苏里江部分江河、松花江依兰江段、黑龙江北红、兴安、开库康江段等出现冰凌卡塞，但未出现灾害性冰坝。

2. 暴雨洪水

(1) 珠江流域。2015年汛前，西江水情总体平稳。汛期，西江、北江、桂江、贺江等主要江河发生超警洪水，其中北江、西江分别出现2015年第1号洪水，北江支流连江发生超20年一遇大洪水。汛后，西江发生历史罕见冬汛，广西洛清江、桂江中下游及西江干流武宣江段发生建站以来历史同期最大洪水。

5月下旬北江出现2015年第1号洪水，桂江、洛清江等河流发生超警洪水。**北江** 支流连江高道（昂坝）水文站（广东清远）5月21日23时洪峰水位30.12m，相应流量7 060m^3/s，重现期接近50年；中游干流英德水文站（广东清远）20日23时洪峰水位29.08m，超过警戒水位（26.00m）3.08m；下游干流清远水位站（广东清远）24日18时洪峰水位12.41m，超过警戒水位（12.00m）0.41m；控制站石角水文站（广东清远）24日18时洪峰水位9.58m，相应流量13 100m^3/s，为北江2015年第1号洪水，重现期接近10年。**桂江** 月内发生4次超警洪水，以5月20—21日为最大；中游支流恭城河恭城水文站（广西桂林）20日20时洪峰水位134.76m，超过警戒水位（131.30m）3.46m，相应流量5 050m^3/s，为1953年建站以来第二大洪水（历史最高水位135.27m，最大流量6 290m^3/s，1971年5月17日），重现期50年；中游干流控制站平乐水文站（广西桂林）21日4时30分洪峰水位102.88m，超过警戒水位（99.00m）3.88m，相应流量8 620m^3/s，为2008年以来最大洪水。**洛清江** 支流西河永福水文站（广西桂林）5月20日14时50分洪峰水位143.02m，超过警戒水位（139.00m）4.02m，相应流量3 400m^3/s，重现期接近20年；干流控制站对亭水文站（广西柳州）21日6时洪峰水位84.31m，超过警戒水位（81.70m）2.61m，相应流量6 730m^3/s。

6月中旬西江出现2015年第1号洪水。**西江** 黔江武宣水文站（广西来宾）6月16日5时洪峰水位57.51m，超过警戒水位（55.70m）1.81m，相应流量28 500m^3/s；干流控制站梧州水文站（广西苍梧）16日23时洪峰水位19.30m，超过警戒水位（18.50m）0.80m，相应流量30 800m^3/s，为西江2015年第1号洪水，是2010年以来首次超警。

11月南方罕见冬汛。广西洛清江、蒙江、桂江及西江干流桂平江段，广东贺江、北江上游支流武江等30余条河流发生超警洪水，其中广西洛清江、桂江中下游及西江干流武宣江段发生建站以来历史同期最大洪水，桂江下游发生2008年以来最大洪水。**洛**

清江 干流控制站对亭水文站（广西柳州）11月12日20时洪峰水位82.43m，超过警戒水位（81.70m）0.73m，相应流量5 200m^3/s，为1954年建站以来历史同期最大洪水。**桂江** 中游控制站平乐水文站（广西桂林）11月13日8时洪峰水位102.14m，超过警戒水位（99.00m）3.14m，相应流量7 400m^3/s，为1936年建站以来历史同期最大洪水；下游控制站京南水文站（广西梧州）13日23时洪峰水位27.79m，超过警戒水位（22.00m）5.79m，相应流量8 670m^3/s，为2008年以来最大洪水。**西江** 干流武宣水文站（广西来宾）11月14日10时洪峰水位52.61m，相应流量20 400m^3/s，为1935年建站以来历史同期最大洪水。

（2）长江流域。2015年汛前，流域水情总体平稳。汛期，长江上游嘉陵江支流闻溪河和雍河，渠江支流州河，乌江中游支流独木河，沅江上游支流清水江、马尾河，汉江支流冷水河，湖南湘江上中游干流及下游部分支流、资水，江西信江、饶河、修河及赣江上中游部分支流等发生超警洪水，滁河、秦淮河等部分支流发生超历史记录洪水，鄱阳湖星子水位站持续超警10天。

6月下旬长江上游嘉陵江支流雍河、乌江支流独木河，中游汉江支流冷水河，下游沿江支流滁河、秦淮河发生超历史记录洪水，鄱阳湖星子水位站持续超警10天。**嘉陵江** 支流雍河三川水文站（四川苍溪，集水面积303km^2）6月28日11时56分洪峰水位18.58m，超过保证水位（18.20m）0.38m，超过历史最高水位（18.23m，2010年7月）0.35m，相应流量2 440m^3/s，重现期30年。**乌江** 支流独木河下湾水文站（贵州黔南州，集水面积1 433km^2）6月8日11时洪峰水位979.10m，流量2 760 m^3/s，列1959年有实测资料以来第1位（历史最大流量2 110 m^3/s，1970年7月12日）。**汉江** 上游支流冷水河三华石水文站（陕西南郑，集水面积578km^2）6月28日15时30分洪峰水位522.35m，超过保证水位（520.10m）2.25m，超过历史最高水位（522.10m，2012年7月9日）0.25m，相应流量1 840m^3/s，重现期50年。**滁河** 上游干流襄河口闸（安徽马鞍山）6月28日9时24分洪峰水位14.39m，超过保证水位（13.50m）0.89m，超过历史最高水位（14.23m，2008年8月2日）0.16m；下游晓桥水位站（江苏南京）28日13时洪峰水位11.89m，超过警戒水位（9.50m）2.39m。**秦淮河** 东山水位站（江苏江宁，集水面积2 400km^2）6月27日20时35分洪峰水位11.17m，超过警戒水位（8.50m）2.67m，超过历史最高水位（10.74m，1991年7月11日）0.43m。**鄱阳湖** 星子水位站（江西九江）6月19日1时水位19.01m，超过警戒水位（19.00m），23日21时洪峰水位19.47m，超过警戒水位（19.00m）0.47m，28日15时退至警戒水位以下，持续超警10天。

（3）太湖及浙闽地区。2015年汛前，流域水情总体平稳。汛期，太湖出现2015年第1号洪水，太湖周边及杭嘉湖平原多个水位站出现有实测记录以来最高水位；浙江钱塘江上游干流、支流浦阳江，福建闽江支流等发生超警洪水。

6月下旬太湖出现2015年第1号洪水，太湖周边及杭嘉湖平原地区多个水位站发生超警以上洪水，其中无锡、琳桥、金坛、青阳水位站均出现有实测记录以来最高水位；浙江钱塘江上游干流、福建闽江部分支流等发生超警洪水。**太湖周边河网地区** 大运河无锡水位站（江苏无锡）6月27日21时洪峰水位5.11m，超过保证水位（4.53m）0.58m，超过历史最高水位（4.88m，1991年7月2日）0.23m；琳桥港琳桥水位站（江苏苏州）28日16时洪峰水位4.59m，超过保证水位（4.20m）0.39m，超过历史最高水位（4.48m，1999年7月13日）0.11m；丹金漕河金坛水位站（江苏常州）28日2时洪峰水位6.54m，超过保证水位（6.00m）0.54m，超过历史最高水位（6.37m，1991年7月4日）0.17m；锡澄运河青阳水位站（江苏江阴）27日19时洪峰水位5.32m，超过保证水位（4.85m）0.47m，超过历史最高水位（5.06m，1991年7月2日）0.26m。**太湖平均水位** 6月28日8时3.80m，与警戒水位（3.80m）持平，是2012年以来首次达到警戒水位，为太湖2015年第1号洪水；7月14日12时最高水位4.19m，超过警戒水位（3.80m）0.39m，为1999年以来最高水位（4.97m，1999年7月8日）；8月1日20时，太湖平均水位退至警戒水位；自6月28日超过警戒水位至8月1日退至警戒水位，超警历时长达35天。**钱塘江** 上游控制站兰溪水位站（浙江兰溪）6月19日7时洪峰水位29.88m，超过保证水位（29.14m）0.74m，相应流量10 100 m^3/s。**闽江** 上游支流建溪干流控制站七里街水文站（福建建瓯）6月12日0时洪峰水位95.27m，超过警戒水位（95.00m）0.27m，相应流量5 280m^3/s；另一支流富屯溪干流控制站洋口水文站（福建顺昌）6月11日23时洪峰水位110.21m，超过警戒水位（109.30m）0.91m，相应流量3 980m^3/s。

（4）淮河流域。2015年汛前，流域水情总体平稳。汛期，淮河出现2015年第1号洪水，淮河上游干流和部分支流、江苏里下河等河流发生超警洪水。

6月下旬淮河出现2015年第1号洪水，淮河上游支流白鹭河、中游支流史河，淮河干流王家坝至正阳关河段，江苏里下河等河流发生超警洪水。**白鹭河** 北庙集水文站（河南固始）6月29日1时洪峰水位31.30m，超过警戒水位（31.00m）0.30m，相应流量948m^3/s。**史河** 蒋家集水文站（河南固始）6月29日2时洪峰水位33.01m，超过警戒水位

(32.00m) 1.01m，相应流量 3 080m^3/s。**淮河** 干流王家坝水文站（安徽阜阳）6 月 30 日 15 时 12 分洪峰水位 27.83m，超过警戒水位（27.50m）0.33m，相应流量 3 320m^3/s，是 2010 年以来淮河干流首次超警，为淮河 2015 年第 1 号洪水；润河集水文站（安徽六安）7 月 2 日 4 时 24 分洪峰水位 25.53m，超过警戒水位（25.30m）0.23m，相应流量 4 500m^3/s；正阳关水位站（安徽六安）7 月 3 日 2 时 11 分洪峰水位 24.06m，超过警戒水位（24.00m）0.06m。**里下河地区** 南官河兴化水位站（江苏兴化）6 月 30 日 19 时洪峰水位 2.46m，超过警戒水位（2.00m）0.46m。

(5) 黄河流域。2015 年汛期，黄河流域主要江河未出现大的洪水过程，水情总体平稳，仅甘肃党河、陕西渭河下游支流大峪河等河流发生较大洪水。**党河** 党城湾水文站（甘肃肃北）7 月 3 日 9 时洪峰水位 2 178.57 m，超过保证水位（2 178.30 m）0.27m，相应流量 201m^3/s，流量列 1972 年有实测资料以来第 4 位（历史最大流量 295m^3/s，2006 年 7 月），重现期超过 20 年。**渭河** 下游支流大峪河大峪水文站（陕西西安，集水面积 54km^2）8 月 3 日 18 时 50 分洪峰流量 102m^3/s，相应水位 809.50m，流量列 1955 年有实测资料以来第 2 位（历史最大流量 107m^3/s，1957 年 7 月），重现期超过 30 年。

(6) 海河流域。2015 年汛期，海河流域各大水系均未发生超警洪水，各主要江河来水明显偏少，潮白河、滦河偏少 5～7 成，桑干河、滹沱河、漳河、南运河偏少 8～9 成，拒马河曾一度断流。

(7) 松辽流域。2015 年，松辽流域水情总体平稳，汛期主要江河未超警，仅黑龙江上游支流盘古河等部分中小河流发生超警洪水。

(8) 西部河流。2015 年汛期，新疆和田河上游喀拉喀什河和玉龙喀什河，塔里木河支流叶尔羌河和阿克苏河，伊犁河支流匹里青河和哈什河，天山北坡木垒河、开垦河等河流发生超警洪水，其中和田河支流喀拉喀什河、木垒河发生超历史记录洪水。**和田河** 支流喀拉喀什河托满水文站（新疆墨玉）7 月 31 日 3 时洪峰流量 1 460m^3/s，超过保证流量（1 000 m^3/s)，列 1956 年有实测记录以来第 1 位（历史最大流量 1 270m^3/s，1999 年 8 月 2 日）。**木垒河** 干流木垒水文站（新疆木垒，集水面积 461km^2）10 日 3 时 30 分洪峰流量 320m^3/s，超过保证流量（100m^3/s），列 1963 年有实测记录以来第 1 位（历史最大流量 198m^3/s，2007 年 7 月 18 日）。**开垦河** 干流开垦河水文站（新疆奇台，集水面积 371km^2）10 日 5 时洪峰流量 190m^3/s，超过保证流量（150m^3/s），列 1957 年有实测记录以来第 4 位（历史最大流量 357m^3/s，1987 年 6 月 3 日）。

【洪涝灾情】

1. 概况 2015 年，除天津外全国 30 省（自治区、直辖市）发生不同程度的洪涝灾害，有 1 759个县（市、区）1.7 万个乡（镇）7 641人受灾，因灾死亡 319 人、失踪 81 人，倒塌房屋 15 万间，城市进水受淹 168 座，农作物受灾 613.2 万 hm^2、成灾 305.4 万 hm^2、绝收 68.0 万 hm^2，因灾减产粮食 1 250万 t，经济作物损失 187 亿元，死亡大牲畜 20 万头，水产养殖损失 415 万 t，停产工矿企业 5.5 万个，铁路中断 400 条次，公路中断 2.8 万条次，机场、港口关停 207 个次，供电中断 1.8 万条次，通信中断 3.7 万条次。全国因洪涝灾害损坏水库 318 座、堤防 2.8 万处、护岸 4.1 万处、水闸 7 234座、塘坝 3.2 万座、灌溉设施 11 万处、机电井 4 880眼、水文测站 440 个、机电泵站 2 846座、水电站 588 座。洪涝灾害直接经济损失约 1 660.8亿元，其中水利工程设施损失约 253.6 亿元。

2. 洪涝灾害特点

(1) 灾害损失总体偏轻。2015 年洪涝灾害主要指标与 2000 年以来均值相比，受灾人口、受灾农作物面积、倒塌房屋和直接经济损失占当年 GDP 的百分比分别偏少 46%、45%、85%和 55%。

(2) 因灾死亡人数历史最低。2015 年因洪涝灾害死亡 319 人（另失踪 81 人），为新中国成立以来最低，其中因滑坡泥石流掩埋死亡 76 人，洪水冲淹死亡 117 人，房屋倒塌致死 72 人，落水、高空坠物等其他原因致死 54 人。

(3) 受灾地区较为集中。江苏、浙江、安徽、福建、江西、湖北、湖南、四川、贵州、云南等 10 省多次遭受强降雨袭击，部分地区重复受灾，灾害损失约占全国总损失的 6 成左右。

(4) 台风灾害较为严重。2015 年台风风力强、影响范围广、致灾重，第 9 号台风“灿鸿”为 1949 年以来 7 月登陆浙闽地区最强台风（最大风力 14 级），第 22 号台风“彩虹”登陆广东时风力达 15 级，第 13 号台风“苏迪罗”福建沿海登陆后深入内陆影响 10 省（直辖市）。全年登陆的 6 个台风共造成上海、江苏、浙江、安徽、福建、江西、山东、湖北、广东、广西、海南等 11 省（自治区、直辖市）2 536 万人次受灾，死亡 29 人、失踪 12 人，倒塌房屋 1.9 万间，直接经济损失达 686 亿元。

(5) 南方发生罕见冬汛灾害。11 月中旬，江南、华南先后发生 4 次强降水过程，广西、湖南、江西 3 省（自治区）出现罕见冬汛，有 30 多条河流发生超警戒水位洪水，76 县 85 万人受灾，失踪 4 人，直接经济损失近 15 亿元。

(6) 城镇内涝损失大。南京、苏州、无锡、武汉、福州等 168 座城市发生严重暴雨内涝，城市正常运行受到严重影响，直接影响人口 236 万人，直接经济损失 84 亿元。

3. 2015 年主要洪涝灾害过程

(1) 5 月 18—21 日，江南、华南及西南东部出现一次移动性强降雨过程，湖南、江西、安徽南部、浙江、福建等地降大到暴雨，局部大暴雨，最大点降雨量江西瑞金上长洲 470mm、福建宁化隆陂 450mm。受强降雨影响，湖南湘江、江西赣江上游及昌江、福建闽江上游支流等 23 条河流发生超警洪水。其中江西赣江上游支流梅川发生超历史特大洪水，福建闽江上游九龙溪发生 50 年一遇特大洪水，湘江上游全州江段发生超保洪水。受暴雨洪水影响，浙江、安徽、福建、江西、湖北、湖南 6 省 121 县（区、市）384.7 万人受灾，因灾死亡 21 人、失踪 5 人，农作物受灾 31.01 万 hm^2，倒塌房屋 0.98 万间，紧急转移安置 23.2 万人，直接经济损失 77.6 亿元，其中水利损失 18.9 亿元。

(2) 6 月 6—8 日，受冷暖空气共同影响，浙江、江西、湖南、安徽、湖北等 5 省出现大到暴雨，局部大暴雨，累积最大点雨量江西婺源汪口 296mm。受强降雨影响，江西昌江、乐安河、修水，湖南资水、湘江支流涟水、汨罗江，安徽长江南岸支流秋浦河，浙江钱塘江上游等 20 多条河流发生超警以上洪水。受暴雨洪水影响，浙江、安徽、江西、湖北、湖南 5 省 229 县（区、市）512.08 万人受灾，因灾死亡 15 人、失踪 5 人，农作物受灾 40.923 万 hm^2，倒塌房屋 0.80 万间，紧急转移安置 23.28 万人，直接经济损失 63.37 亿元，其中水利损失 16.88 亿元。

(3) 6 月 26—30 日，太湖流域、淮河流域及长江中下游等地发生一次大范围的较强降水过程，过程最大点雨量江苏无锡江阴 452mm、镇江卧龙水库 311mm、安徽金寨铁冲乡 386mm。受强降雨影响，淮河上游支流白鹭河、中游支流史河及干流王家坝至南照集河段以及长江下游支流滁河、秦淮河等 20 多条河流发生超警洪水，其中滁河、秦淮河发生超历史洪水。王家坝水文站 6 月 29 日 14 时 48 分水位超过警戒水位，是 2010 年以来淮河干流首次超警，为淮河 2015 年第 1 号洪水；太湖周边河网有 21 个水位站超警，其中 7 站超过保证水位，苏州、无锡、常州三市境内有 3 站超过历史最高水位，系 2012 年以来太湖首次超警，为太湖 2015 年第 1 号洪水。受暴雨洪水影响，江苏、浙江、安徽、湖北、湖南 5 省 157 县（区、市）679.97 万人受灾，因灾死亡 6 人，农作物受灾 71.820 万 hm^2，倒塌房屋 0.60 万间，紧急转移安置 19.62 万人，直接经济损失 143.26 亿元，其中水利损失 16.54 亿元。

(4) 6 月 15—18 日、24—25 日，重庆市开县、城口、巫溪、云阳、梁平、万州等地两次出现大雨到暴雨、局地大暴雨，最大雨量开县芭蕉 222mm。暴雨洪水导致重庆市 9 个区（县）60.09 万人受灾，因灾死亡 9 人、失踪 3 人，倒塌房屋 0.25 万间，紧急转移安置 1.1 万人，直接经济总损失 6.92 亿元，水利设施损失 1.72 亿元。

(5) 6 月 27—30 日，四川省遭遇强降雨袭击，广元、巴中、绵阳、广安部分地方降大暴雨，广元市剑阁县降特大暴雨，最大降雨点为剑阁上寺 309mm。受强降雨影响，嘉陵江、渠江、涪江部分支流出现超警或超保洪水。暴雨洪灾造成全省 11 市（州）48 县（市）148.95 万人受灾，因灾死亡 10 人，失踪 5 人，农作物受灾面积 7.48 万 hm^2，倒塌房屋 0.61 万间，紧急转移 38.39 万人，直接经济损失 48.27 亿元，其中水利设施损失 5.44 亿元。

(6) 6 月 26—30 日，陕西省中南部出现大范围降雨过程，其中宁强、南郑、城固、洋县、佛坪等县降大暴雨，局地出现超过 300mm 的特大暴雨。受强降雨影响，佛坪县发生严重山洪泥石流灾害导致 6 人死亡、11 人失踪。全省 23 县 53.15 万人受灾，倒塌房屋 0.15 万间、紧急转移 4.3 万人，农作物受灾 2.445 万 hm^2，直接经济损失 10.14 亿元，其中水利损失 2.16 亿元。

(7) 7 月 9—13 日，受“灿鸿”和“莲花”双台风登陆影响，华南东部、江南东北部、江淮和东北南部先后出现强降雨，过程累积最大点降雨量浙江余姚百丈岗水库 411mm。浙江钱塘江支流浦阳江、黄泽江，甬江支流姚江、古林河，椒江支流朱溪，独流入海河流温岭溪，广东韩江上游支流琴江和粤东沿海榕江等 13 条河流发生超警以上洪水，其中钱塘江支流浦阳江、萧绍平原，甬江支流姚江、东江、古林河和温岭溪等 6 条河流发生超保洪水。台风暴雨洪水造成广东、福建、浙江、江苏、上海、山东 158 县 1 091 万人受灾，农作物受灾 67.745 万 hm^2，倒塌房屋 0.18 万间，紧急转移 148.58 万人，直接经济损失 119.04 亿元，其中水利损失 12.88 亿元。

(8) 7 月 19—23 日，福建省普降暴雨到大暴雨，局部突发特大暴雨，过程累积最大点降雨量云霄 404mm。受强降雨影响，全省部分中小河流发生较大洪水，龙岩市连城县城关站洪峰水位超保证 2.30m，洪水漫堤，城区因外江入水和内涝受淹，历时 7h，最大水深 2m；连城县交通、通信、供电和供水中断，冠豸山机场关停。暴雨洪水造成全省 7 个设区市 30 个县（市、区）45.54 万人受灾，因灾死亡 15 人、失踪 1 人（均在龙岩市连城县），倒塌房屋 1.05 万间，紧急转移 17.63 万人，农作物受灾 2.778 万 hm^2，直接经济总损失 44.89 亿元。

(9) 8 月 16—19 日，受冷暖空气的共同影响，西南、西北东南部、江淮、江南出现了移动性强降雨天气过程，过程最大点降雨量为四川凉山锦屏二级 591mm。云南西江、金沙江，贵州乌江，四川永宁河、涪江等河流发生超保洪水。暴雨洪水造成四川、重庆、贵州3省（直辖市）71县161.8万人受灾，因灾死亡20人、失踪11人，倒塌房屋0.92万间，紧急转移3.81万人，农作物受灾6.66万hm^2，直接经济损失15.4亿元，水利设施损失2.45亿元。其中8月16—18日，四川省泸州市叙永县强降雨引发山洪泥石流灾害造成15人死亡、10人失踪。

（10）8月7—10日，受2015年第13号台风“苏迪罗”影响，浙江南部、福建北部、江西北部、安徽南部、江苏大部地区普降暴雨到大暴雨，局地降特大暴雨，最大过程点雨量温州东坑岭水库871mm（最大24h雨量692mm，重现期100年）。福建、浙江、江西、江苏4省43条中小河流发生超警洪水，其中浙江椒江支流朱溪、始丰溪，鳌江支流瑞平塘河、横阳之江等4条河流发生超保洪水，福建鳌江支流霍口溪、栏溪及交溪支流七步溪等3条河流发生有实测记录以来第二大洪水；福建白岩潭潮位站出现1955年有实测记录以来第三高潮位。台风暴雨洪水造成浙江、福建、安徽、江西、广东、江苏、湖北7省197县858.1万人受灾，因灾死亡25人、失踪7人，倒塌房屋1.32万间，紧急转移97.2万人，农作物受灾60.97万hm^2，直接经济损失264.8亿元，其中水利损失35.3亿元。

（11）10月2—5日，受2015年第22号台风“彩虹”登陆影响，广东、广西、海南、湖南、贵州东部和南部等地出现一次强降雨过程，最大点雨量广东阳春三甲镇山口672mm。广西西江支流桂江、蒙江、北流河及桂南沿海南流江，广东西江支流罗定江、粤西沿海漠阳江支流西山河和潭水河等26条河流发生超警洪水，广东、海南沿海有6个潮位站超警，其中广东湛江博茂站出现超10年一遇的高潮位。台风暴雨洪水造成广东、广西、海南3省（自治区）99县789.72万人受灾，因灾死亡4人、失踪5人，倒塌房屋0.37万间，紧急转移50.2万人，农作物受灾63.837万hm^2，直接经济损失256.21亿元，其中水利损失29.52亿元。（张葆蔚）

【防汛抗洪】 2015年全国平均降雨量与常年基本持平。江淮、江南、西南东部和南部、华南大部降雨偏多1～4成，西江、太湖、淮河发生超过警戒水位的洪水，一些中小河流发生超过历史记录的大洪水，有6个台风登陆，江南华南发生罕见冬汛，部分地区暴雨山洪、城市内涝灾害严重。在党中央、国务院的坚强领导下，国家防总、各流域防总超前部署、科学调度，地方各级党委、政府和防汛抗旱指挥部精心组织、全力应对，各有关部门通力协作、密切配合，广大军民团结奋战、合力抗灾，最大程度减轻了洪涝灾害损失，夺取了2015年防汛抗洪工作的全面胜利。

1. 防汛准备

（1）及时动员部署。党中央、国务院高度重视防汛抗洪工作。习近平总书记、李克强总理和汪洋副总理等中央领导多次作出重要指示批示。汪洋副总理4月7日、5月23日和7月25日先后主持召开1次国家防总全体会议、2次国家防总专题会议，全面安排部署防汛抗旱工作。2015年1月20日国家防总在国家防总指挥中心和各地分会场召开2015年全国防汛抗旱工作视频会议，国家防总副总指挥、水利部部长陈雷4月15日主持召开全国水库安全度汛工作电视电话会议。

（2）组织汛前检查。3月下旬至5月中旬，国家防总共组织8个汛前检查组，对大江大河重点区域的防汛抗旱防台风工作进行了检查。与此同时，工业和信息化部、民政部等15个国家防总成员单位也对本部门、本行业防汛抗旱工作进行了自查和抽查。国家防办汇总形成了国家防总防汛抗旱检查总报告并上报国务院。

（3）落实责任制。4月3日，国家防汛抗旱总指挥部对全国大江大河、大型及防洪重点中型水库、主要蓄滞洪区、重点防洪城市地方政府防汛行政责任人和抗旱行政责任人名单进行了通报。各地按照分级管理的原则，也先后公布了各类防汛抗旱行政责任人。举办第8期地市级防汛抗旱行政首长培训班。

（4）完善预案。2015年，国家防总组织制订了《长江防御洪水方案》并经国务院批复，印发了《城市防洪应急预案管理办法》，批复了《长江口咸潮应对工作预案》《黄河洪水调度方案》《三峡—葛洲坝水利枢纽2015年汛期调度运用方案》《三峡水库2015年试验性蓄水实施计划》《2015年度长江上游水库群联合调度方案》《太湖抗旱水量应急调度预案》《淮河干流水量应急调度预案》等。

（5）拨款兴修应急度汛工程。汛前财政部、国家防总办公室共安排重点度汛应急项目资金5.59亿元，用于大江大河堤防水毁修复、险工险段处理，病险水库、涵闸应急处理，水文、通信设施水毁修复、重点防洪非工程措施完善等项目。中央财政下达补助资金43亿元，用于开展全国山洪灾害防治项目建设，全面提高山洪灾害综合防御能力。中央财政补助50亿元，用于抗旱规划项目建设，完善抗旱供水保障体系，着力提升重点旱区抗旱保障能力。

（6）储备防汛物资。2015年，29个中央防汛抗旱物资仓库储备防汛抗旱物资价值6亿元。各省级防汛部门（含流域机构）主要防汛抗旱物资储备价值120亿元。市、县级防汛部门也根据需要储备了一定数量的防汛物资。

（7）培训宣传。制定《防汛抗旱宣传工作方案》。汛期，国家防办共编发《防汛抗旱简报》233期、《防汛抗旱信息》66期、各类水旱灾害报告和经济形势分析材料40余期。与央视启动了防汛抗旱新闻直播连线，向中央主流媒体提供汛旱情通报109期，及时召开新闻通气会，中央各新闻媒体报道相关新闻3 000多次。各流域和各省级防办共向国家防办报送防汛抗旱信息3 483件。地方各级党委、政府和防汛指挥部紧紧围绕防汛抗洪工作重点，及时发布洪涝灾害消息和防御工作情况。

2. 抗洪抢险　汛期，国家防总先后召开10余次防汛抗旱异地视频会商会。全年启动国家防总防汛抗旱应急响应9次，其中Ⅱ级应急响应2次，先后发出调度命令和部署通知60多个，派出160多个防汛、抗旱和防台风督察组、工作组和专家组，商财政部及时安排度汛应急资金和特大防汛抗旱补助费29.14亿元，有力地支持和指导地方防汛抗洪和应急抢险救灾工作。各流域防总及地方各级防指科学研判雨情、水情、汛情，及时启动应急响应，强化一线指导支持，全力投入抗洪抢险救灾。各省（自治区、直辖市）防指及时启动应急响应，根据防汛抗洪工作需要，组织转移危险地区群众628万人次，解救被洪水围困群众49万人次，减少洪涝受灾人口1565万人。

(1)“4·25”尼泊尔8.1级地震西藏日喀则水利抗震救灾。2015年4月25日14时11分，尼泊尔发生8.1级地震。当日17时17分西藏自治区日喀则市定日县发生5.9级地震，震源深度20km；次日1时42分日喀则市聂拉木县发生5.3级地震，震源深度10km。日喀则市聂拉木、吉隆等18个县（区）及阿里地区普兰县受灾严重。

1）组织领导。习近平总书记、李克强总理等中央领导对西藏自治区抗震救灾工作多次作出重要批示和指示，对抗震救灾和灾后重建等工作提出明确要求，国务院派出工作组指导西藏自治区抗震救灾工作。陈雷部长多次电话了解情况，并召集有关部门负责同志会商，对西藏震区水利抗震救灾工作作出安排部署。西藏自治区党委书记陈全国、政府主席洛桑江村等主要领导亲临一线指挥，常务副主席丁业现坐镇日喀则抗震一线，自治区其他领导也都全力投入抗震救灾。地方防汛、水利部门全力开展水利抗震救灾工作。

2）迅速部署。国家防办震后即商请总参谋部、国土资源部等部门提供航拍和卫星资料，以尽快做好水利设施排查和堰塞湖排险工作。西藏自治区水利厅多次召开水利抗震救灾紧急会议，研究部署抢通水、抢通电等水利抗震救灾工作。自治区防指立即启动防汛Ⅲ级应急响应，紧急从自治区防汛抗旱物资仓库调运柴油发电机、汽油发电机、汽油桶、编织袋、铅丝、彩条布等1 500多万元的防汛抢险物资支援抗震救灾。自治区防办启动24h值班制度。受灾地区防汛抗旱指挥部门及时开展各项应急处置工作。

3）加强指导。地震发生后，国家防总派出水利抗震工作组，协助指导西藏自治区做好农村水电应急处置、应急供水、震损水库、堤防等险情排查和应急处置、冰湖险情处置和灾后恢复重建规划编制等工作。自治区防指派出4个工作组于地震当天赶赴灾区，帮助指导水利抗震救灾。

4）加强排查。国家防总、水利部加强应急值守，及时了解工程震损和堰塞湖情况，全力提供技术支持。组织技术人员对震区范围内的水利工程类别和冰湖危险等级进行分析统计研判，及时反馈给西藏防汛部门和前方工作组。西藏自治区防指第一时间下发紧急通知，了解水库、水电站等水利设施及冰湖受损情况，排查水利工程安全隐患、河岸山体滑坡和堰塞湖等。受地震影响的市、县水利部门成立多个工作组，对水库、水电站、供水工程、河道滑坡险情等进行拉网式排查，落实应急处置措施。

5）应急处置。西藏自治区水利厅工作组成功抢通了吉隆县城供电和吉隆镇高压线输送电工作。对灾区临时安置点全面完善供水、供电设施，完善灾区居民临时安置点管道，加强水质检测，解决灾区临时安置点生活用水困难问题。共抢通饮水设施及供电设施的村102个，涉及约2.32万人的用水用电问题。

6）编制灾后重建规划。西藏自治区水利厅组织相关市、县做好水利工程灾情调查和灾后损失评估，编制完成了《尼泊尔“4·25”地震日喀则市水利设施震损情况报告》，为灾后恢复重建做好准备。及时召开水利灾后恢复重建规划工作会议，对规划编制工作进行了全面部署，国家防总水利抗震工作组对规划编制工作进行了指导。

(2)“东方之星”号客轮翻沉事件水利应急处置。2015年6月1日晚，由南京驶往重庆的旅游客轮“东方之星”号在行至长江中游湖北监利水域时翻沉。国家防总、水利部迅速派出水利应急工作组赶赴监利，组织开展沉船附近区域水文应急监测，加密长江流域水雨情会商和水文预测预报，开展长江三峡及上游水库联合调度，迅疾压减三峡水库下泄流量，有效降低沉船区域河道水位、减缓流速，全力以赴做好水文保障服务和水库应急调度工作，为救援打捞创造了有利条件。

1）组织领导。习近平总书记、李克强总理等中央领导对“东方之星”号客轮翻沉事件多次作出重要指示和批示，李克强总理率领国务院工作组急赴监利，指挥救援和应急处置工作。陈雷部长6月2日一早陪同李克强总理赶赴现场，并指示应急调度三峡工程，尽可能压减三峡水库泄量，尽最大努力为人员搜救工作创造有利条件。

2）紧急调度三峡水库。国家防总、水利部和长江防总6月2日晨紧急启动三峡水库应急调度预案，统筹考虑救援打捞和中下游最小航深，迅速协调航运部门和电网公司等，调整三峡水库发电计划和汛前大流量预泄腾库计划，长江防总自6月2日上午7时30分起，连发三道调度令，3h内将三峡水库下泄流量由 17 200m^3/s 逐步压减至 10 000m^3/s、8 000m^3/s 和 7 000m^3/s，下调三峡—葛洲坝梯级电站负荷 927 万 kW。长江干流宜昌至监利江段水位迅速止涨转落，6 月 3 日 2 时监利站水位最高涨至 30.05m 后开始回落并持续降低。据分析，由于三峡水库控泄作用，监利站水位最大下降 2.75m，沉船区域流速明显减缓，流态更加稳定，为沉船救援打捞创造了有利条件。此后三峡水库维持 7 000m^3/s 的出库流量整整 5 天，库水位最高涨至 154.06m。6 月 4 日，根据长江上游来水情况，长江防总实施了上游水库联合调度，乌江构皮滩、思林、沙沱、彭水水电站适时拦蓄，减缓三峡水库水位上涨。

3）水文保障。国家防总、水利部 6 月 2 日派出水利应急工作组迅速赶赴监利，6 月 3—11 日，根据救援工作需要，水利应急工作组每天 2 次以上会商，研究分析沉船区域水文条件及未来趋势，同时加强长江干支流水文滚动预报分析，及时提供宜昌、沙市、石首、监利、城陵矶、螺山和汉口等干流主要控制站水位流量和三峡水库出入库流量与水位实时信息及未来预报信息，以及洞庭湖水系洪水预报信息，为沉船救援与处置和三峡水库调度工作提供水文信息保障。6 月 2 日 7 时开始，向国务院前线救援指挥部和有关部门提供沉船区域降雨、水位、水深、流量、流速、水温等实时监测信息，共编报信息 18 期，发送短信 1.2 万余条。

4）沉船区域水文应急监测。水利部长江委水文局及时启动了应急响应，并抽调荆州、监利等附近水文站技术骨干成立水文应急监测队，制定了应急监测方案，落实了各班次监测人员。相关人员于 6 月 2 日一早赶赴沉船区域建立应急监测断面，昼夜坚守在沉船地点上游 400m 处，根据救援需要开展水位、流量、流速、水温等多要素水文应急监测。自 6 月 2 日 7 时开始向有关部门持续滚动提供监利水文站每小时水位、流量和降雨实况信息，以及沉船区域降雨、水位、流量、流速、水深、水温等监测信息，对沉船区域水流流态及水下地形进行探测，为救援工作提供支持。6 月 2—11 日，水文应急监测共投入人力 130 余人，应急监测车辆 16 台，水文测船 3 艘、巡测快艇 1 艘、冲锋舟 1 艘，仪器设备 18 台（套）。应急监测期间，监测人员克服恶劣天气影响，连续作战，轮班作业，快速高效地开展监测分析。及时提供监利站断面及沉船河段荆 146～荆 150 固定断面图表、地形图、河道演变资料；完成监利站流量测报 29 次，水温测报 18 次，泥沙测验 4 次，水位及相应流量报汛 317 次，降水量测报 218 次。

（3）抗御滁河超历史记录洪水。2015 年 6 月底，长江下游支流滁河流域发生超历史记录洪水，防汛形势严峻，荒草二圩、荒草三圩蓄滞洪区紧急分洪进水。国家防总、长江防总加强会商和调度，安徽、江苏两省紧急行动，全力以赴做好滁河防汛抗洪工作。

1）组织领导。李克强总理、汪洋副总理等中央领导作出重要批示。陈雷部长、刘宁副部长分别了解汛情并作出指示。安徽省王学军书记、李锦斌代省长多次部署防汛抗洪工作，李锦斌代省长赴滁河一线指导，副省长、省防指总指挥梁卫国坐镇安徽省防指指挥。江苏省副省长徐鸣坐镇江苏省防指，部署落实各项防汛抗灾措施。受灾市、县党政主要负责同志亲自安排部署，分管负责同志坐镇指挥，牢牢把握防汛工作主动权，确保防汛抗洪各项工作有力有序有效开展。

2）应急值守。国家防总加密会商，启动防汛Ⅲ级应急响应，派出 2 个工作组紧急赶赴滁河一线协助指导防汛抗洪工作。长江防总启动防汛Ⅱ级应急响应。安徽、江苏两省防指及时启动防汛Ⅲ级、Ⅱ级应急响应，紧急派出工作组赴一线检查指导防汛抗洪工作；加密会商，对强降雨防范工作进行专题部署，就预测预报预警、工程调度、中小河流水库巡查防守、山洪灾害防御、应急值班值守等工作，分片分区域进行工作指导；对各地防汛值班情况进行抽查，督促各地强化应急值守。

3）科学调度。为减轻滁河干流沿线防洪压力，根据《滁河洪水调度方案》，长江防总要求安徽、江苏两省将滁河节制闸全部敞开泄洪，充分发挥滁河干流和驷马山、马汊河等通江水道泄洪作用。经国家防总、长江防总同意，安徽省防指于 6 月 28 日上午启用滁河荒草二圩、荒草三圩蓄滞洪区分蓄洪水，至 30 日荒草二圩、荒草三圩蓄滞洪区基本蓄满，共进洪 5 500万 m^3，据初步分析，两处蓄滞洪区运用最大消减滁河襄河口闸上峰时水位 0.80m，减少超保时间 8h；降低汊河集闸上峰时水位 0.20m，避免了干支流堤防决口，防洪减灾效益显著。安徽省防指调度压缩滁河上游黄栗树、沙河集两座大型水库泄量，以遏制滁河干流水位上涨过快势头，水库削峰率分别达 91.6%、63.9%；针对蓄滞洪区运用后襄河口闸上水位止落回涨至保证水位以上的严峻态势，为减轻滁河襄河口闸以上堤段防守压力，29 日、30 日两次调度滁河上游晋集闸，30 日调控压缩上游刘桥坝泄流；进一步压缩黄栗树、沙河集两大水库泄洪，直至两库泄流设施全部关闭；分阶段要求暂停滁河襄河口闸上所有泵站向滁河干流排涝。

4）防守抢险。各地迅速行动，各级各类责任人迅速上岗到位，全力应对。安徽省滁州市南谯区紧急转移城市低洼区群众 900 人，全椒县紧急转移荒草二圩、荒草三圩蓄滞洪区和沿滁河圩区低洼地带群众 1 500人。沿滁各地组织 2 万余名人员严防死守，岗区群众大力支援平原圩区抢险，军民齐心协力奋战在抗洪一线，及时发现处置各类险情。滁河联圩含山段发生 100m 塌方后，含山县立即调用武警 30 人、民兵 150 人、民工 350 人，动用挖机 3 台、运输车 15 辆投入抢险；和县滁河善厚横河大堤背水坡两次发生严重滑坡险情，善厚镇组织 300 名民工上堤抢险，和县防指调集 120 名防汛应急人员驰援。各类险情均得到有效处置。

（4）三峡水库调度。2015 年，国家防总、长江防总科学调度三峡水库，汛期对三峡水库下发 20 道调度令，为“东方之星”翻沉客轮救援打捞创造了有利条件，沙市、城陵矶站水位均未超警戒水位，充分发挥了水库的综合效益。汛末统筹协调，连续第 6 年实现 175m 试验性蓄水目标。

1）防洪调度。三峡水库 2015 年进行了配合“东方之星”号翻沉客轮救援打捞应急调度和多次中小洪水调洪运用，累计拦蓄洪水 181.16 亿 m^3，7 月 1 日出现 2015 年最大入库洪峰流量为 39 000m^3/s。

第一阶段（6 月 2—5 日）。配合“东方之星”救援，减小水库下泄流量。“东方之星”号客轮翻沉事件发生时，正值三峡水库大流量预泄腾库之时，长江防总向中国长江三峡集团公司发布了 3 道调度令，6 月 2 日 7 时 30 分要求三峡水库出库流量按照 10 000m^3/s 控制。之后，2 日 10 时、12 时将三峡水库出库流量逐步减至 8 000m^3/s 和 7 000m^3/s。受三峡水库减小下泄影响，宜昌至监利河段水位全线下降，宜昌、沙市、监利站水位分别降低 3.37m、2.43m、0.73m。

第二阶段（6 月 6—19 日）。在不影响救援工作的前提下，尽快将水库水位消落至汛限水位。长江防总向中国长江三峡集团公司发布了 4 道调度令，6 月 6 日要求三峡水库从 7 日 12 时起出库流量按 10 000m^3/s 控制，18 时起出库流量按 13 000m^3/s 控制，8 日 8 时起出库流量按 16 000m^3/s 控制。8 日 15 时出库流量进一步加大到 19 000m^3/s，16 日 16 时继续加大到 22 000m^3/s，19 日 12 时要求维持当前出库流量，在水库水位降至 145m 之后，按出入库平衡调度。在此期间，水库水位最高涨至 154.06m（6 月 8 日 2 时），至 6 月 21 日 14 时降至 145.09m。

第三阶段（6 月 29 日至 7 月 3 日）。应对 2015 年第一次 30 000m^3/s 以上洪峰，长江防总向中国长江三峡集团公司发布了 3 道调度令，6 月 29 日要求三峡水库出库流量按日均 25 000m^3/s 控制，30 日 12 时起逐步加大出库流量，至 30 日 14 时按 31 000m^3/s 控制，7 月 3 日 14 时起按出入库平衡控制。在此期间，水库水位基本在 146.50m 左右波动。

第四阶段（7 月 4 日至 8 月 17 日）。应对 2015 年第二次 30 000m^3/s 以上洪峰，主要为中小洪水调度。长江防总向中国长江三峡集团公司发布了 1 道调度令，8 月 17 日 12 时要求三峡水库出库流量 17 日 20 时加大至 18 000m^3/s，之后按日均 18 000m^3/s 下泄。8 月 19 日 8 时出现入库洪峰流量 36 000m^3/s，出库流量 18 800m^3/s，削峰率 48%，水库水位缓慢上涨，但控制在 153m 以下。

2）汛末蓄水调度。汛末国家防总、长江防总统筹考虑防洪和蓄水需求，先后 7 次发出调度令，适时调整下泄流量，分阶段逐步抬升水位，确保了防洪安全，充分利用了汛末洪水资源，10 月 28 日 9 时，三峡水库连续第 6 年成功蓄至 175m，工程将全面发挥防洪、供水、发电、航运等综合效益。

第一阶段（9 月 10—30 日）。长江防总 9 月 8 日 12 时要求中国长江三峡集团公司逐步加大出库流量，8 日 20 时加大至 21 000m^3/s，9 日 8 时加大至 24 000m^3/s，之后维持日均出库流量 24 000m^3/s。9 月 10 日 8 时，三峡水库水位 156.07m，蓄水量 235.06 亿 m^3。9 月 12 日 14 时，出现入库洪峰流量 36 500m^3/s，水库水位缓慢上涨。9 月 14 日，长江防总要求中国长江三峡集团公司从 14 日 20 时起逐步减小三峡水库下泄水量，15 日 8 时之后日均出库流量按 20 000m^3/s 控制。随着上游来水的逐步减小，根据水库蓄水进程及后期来水预测情况，9 月 25 日，长江防总进一步减小三峡水库日均出库流量至 18 000m^3/s。9 月 30 日 20 时，水库蓄水至 166.37m。

第二阶段（10 月 1—30 日）。根据上游来水情况，调整水库下泄流量，实现 175m 蓄水目标。进入 10 月，鉴于来水逐步减小，长江防总调度三峡水库相应减小下泄流量。9 月 30 日发出调度令，要求三峡公司从 10 月 1 日起，日均出库流量按 15 000m^3/s 下泄，10 月 11 日起按日均 13 000m^3/s 控制。10 月 19 日再次发出调度令，要求中国长江三峡集团公司 20 日起将三峡水库的日均出库流量按 10 000m^3/s 控制。经过精细调度，三峡水库于 10 月 28 日 9 时连续 6 年蓄至 175m，2015 年三峡水库汛末蓄水任务顺利完成，为后期发电、供水、航运提供了有力保障。

3）生态调度。2015 年，长江防总继续组织开展了两次生态调度试验，调度效果明显。5 月上旬宜昌江段水温达到 18℃，满足四大家鱼自然繁殖基本条件，之后水温持续增加，至 6 月 7 日宜昌江段水温维持在 21.8℃左右，在四大家鱼自然繁殖最适水温范围内。6 月 7—10 日，长江防总组织三峡水库实施了 2015 年第一次生态调度，出库流量由 6 400m^3/s 逐步增加至 20 000m^3/s 左右。6 月 9 日，宜都断面监测到大规模四大家鱼自然繁殖，四大家鱼鱼卵密度为调度前最大鱼卵密度的 5 倍以上。6 月 25 日至 7 月 2 日，实施了 2015 年第二次生态调度，三峡水库出库流量自 13 200m^3/s 逐步增加到 31 400m^3/s，日均流量增加 2 200m^3/s；自 6 月 26 日开始宜都断面漂流性鱼卵数量逐渐增加，6 月 27 日漂流性鱼卵总量及四大家鱼鱼卵数量达到高峰，此次产卵高峰中四大家鱼鱼卵约占漂流性鱼卵总量的 30%。两次生态调度期间，宜都断面同时监测到铜鱼、鳡、副沙鳅、鳊、银鲴等多种鱼类进行自然繁殖，生态调度对产漂流性卵的其他鱼类繁殖同样起到了较好的促进作用。

(5) 防御第 9 号台风“灿鸿”和第 10 号台风“莲花”。第 9 号台风“灿鸿”6 月 30 日 20 时在西北太平洋上生成，7 月 10 日 12 时在我国东海海域强度达到鼎盛，风力 17 级（58m/s）；11 日 10 时减弱为强台风，16 时 40 分在浙江省舟山市朱家尖镇沿海登陆，登陆风力 14 级（45m/s），为 1949 年以来同期登陆我国浙闽地区的最强台风。登陆后强度逐渐减弱，12 日 23 时 50 分前后在朝鲜黄海南道沿海再次登陆（8 级），13 日 5 时停编。第 10 号台风“莲花”7 月 2 日 20 时在菲律宾东部海域生成，5 日 4 时在菲律宾吕宋岛登陆，登陆风力 10 级（25m/s），9 日 12 时 15 分在我国广东省陆丰市甲东镇沿海再次登陆，登陆风力 12 级（35m/s），10 日 5 时停编。

1）组织领导。7 月 8 日，李克强总理和汪洋副总理分别作出重要批示，要求充分做好应对准备和防范工作，切实防御强风、狂潮和暴雨对沿海及内陆地区造成严重灾害。7 月 8 日下午，陈雷部长主持召开异地视频会商会，民政部、国土资源部、交通运输部、农业部、中国气象局、国家海洋局、解放军总参谋部、武警总部有关负责同志及台风可能影响的广东、浙江、上海、江苏、福建等 14 个省（直辖市）防指，以及长江、淮河、海河、珠江、松花江、太湖等 6 个流域防总的负责同志参加了会议。7 月 10 日，在强台风“灿鸿”登陆前，陈雷部长再次主持召开专题会商会，并同浙江防指和太湖防总负责同志通电话，提出防御要求。中共中央政治局委员、广东省委书记胡春华 7 月 9 日上午赶赴粤东一线指挥防台风工作，省长朱小丹对防台风工作作出指示，副省长邓海光主持召开视频会议部署台风防御工作，省防指共派出 5 个工作组赴重点区域协助防汛防风。中共中央政治局委员、上海市委书记韩正 7 月 10 日深夜到上海市防指检查指导防台风工作，市长杨雄 11 日上午再次部署全市防台风工作。浙江省委书记夏宝龙、省长李强多次召开全省防台风视频会议，部署防御工作，随时电话了解情况并作出具体安排。江苏省委书记罗志军对防台风工作作出指示，省长李学勇主持召开防台风会商会，部署台风防范工作，派出两个工作组分赴苏、锡、常及南通等地协助指导防御工作。福建省委书记尤权对台风防御工作提出明确要求，省长苏树林赴省防指了解台风动态、部署防御工作，副省长陈荣凯主持召开全省视频会议，并派出工作组和专家组赴有关地区检查指导。安徽省代省长李锦斌对防汛防台风工作作出指示，副省长梁卫国主持召开全省防台风视频会议。各地党政主要领导深入一线，靠前指挥，突出抓好船只回港避风和受威胁地区群众转移安置。

2）预报预警。各级气象、海洋、水文等部门密切监视台风、海浪、暴潮和水雨情变化，及时发布预测预报预警信息。气象部门密切监视台风动向，对台风的强度、走向、登陆地点以及降雨等及时作出滚动预报，中国气象局发布了台风红色预警。海洋部门加强海洋环境观测，密切监视风暴潮、海浪的发展动态，国家海洋预报台及时加密测报频度，2015 年首次同时发布海浪和台风风暴潮红色警报。水文部门精心组织水文测报，及时对降雨、河道来水、太湖水位等作出滚动预报。各地有关部门按照职责分工切实做好灾害预警，加强监测力量，加密监测频次，实现预警信息多渠道、高密度、广覆盖，及时到乡、到村、到户、到人。国土资源部门加强地质灾害隐患点和多发区的监测巡查。交通运输部门及时向有关海域发出通航预警信息。水利部门加强水库、涵闸、海塘、堤防等的巡查，落实工程险情预警措施。

3）部门协作。民政部 8 日启动了救灾预警响应，并发出通知要求有关省（直辖市）民政部门加强应急值班，做好救灾准备。11 日又启动了国家Ⅳ级救灾应急响应，并派出工作组协助浙江开展救灾工作。交通运输部启动防抗台风Ⅲ级应急响应，副部长何建中主持召开异地视频会商会对海上航运、公路及港口等防台风工作进行部署。中国气象局及时启动应急响应，密切监视台风动向，滚动预测预报。国家海洋局滚动播报海浪和风暴潮预警信息。农业部及时发出通知，部署出海渔船回港避风和渔业、农业防台减灾措施。总参谋部和武警部队发出通知，要求密切掌握台风动向，做好部队协助地方抢险救灾工作。南京军区共前推预置 1 380人、备现役部队 3 万人、民兵预备役 4.7 万人，成立 9 个防汛应急指挥部。武警水电二总队启动Ⅱ级应急响应，部署 1 200余名兵力、320 套设备在太湖流域各地。驻闽部队和公安武警集结兵力 4 500人，随时准备支援地方抢险救灾。

4）应急处置。国家防总启动了防台风Ⅱ级应急响应，先后派出 8 个工作组赴广东、浙江、福建、上海、江苏等省（直辖市）指导和协助地方开展台风防御工作。浙江省防指启动Ⅰ级应急响应，太湖防总、珠江防总以及广东、上海、福建防指启动了防汛防台风Ⅱ级应急响应，长江防总和江苏、安徽等防指启动了防汛防台风Ⅲ级应急响应。广西、山东、吉林、黑龙江等省（自治区）防指发出通知，落实防汛防台风各项措施。各省（自治区、直辖市）还利用电视、广播、报纸、网络和短信等媒体，广泛向群众发布台风、暴雨、海浪等预警信息，提醒广大群众增强自我防范和避险意识。广东省组织受影响地区按照防台风“五个百分百”工作要求，执行县领导联系镇、镇领导联系村、村干部联系户的“三对接”制度，分片包干，责任到人，重点做好船只和人员的转移避险。浙江省针对部分水库河网水位较高的情况，重点加强调度管理，做好预泄预排工作，全省水库预泄 4.27 亿 m^3，河网预排 1.27 亿 m^3。浙江省防指对 85 座小型水库巡查值守情况进行抽查。上海市排水部门对近 400 座排水泵站等设施进行检查，全市 56 支防汛排水突击队集结完毕，348 个圩区和 1 700多座排涝闸泵全力排水 1.5 亿 m^3；市容部门绑扎加固行道树 3 万余棵，加固广告牌 7 000处；公安部门安排 2 200余名警力备勤，确保城市正常运行。江苏省进一步落实江河湖海堤防、闸坝等重要水利工程的防台抗台措施，强化巡堤查险，对病险工程和险工患段严格落实看护人，重点防守。江苏省防指加强太湖流域沿江口门，滁河、秦淮河流域沿江口门，里下河地区沿海四大港闸等工程的调度，抢潮排水，千方百计降低河网水位，减轻流域防洪压力。安徽省调度滁河节制闸、凤凰颈、裕溪闸、新桥闸等水利枢纽全力降低河湖水位，调度黄栗树、梅山、佛子岭等水库预泄洪水。福建省加强应急值守，对台风影响重点区域部分乡镇、村组进行值班抽查。太湖防总会同浙江、江苏防指加强太浦闸、望亭立交、常熟水利枢纽等及沿长江北排和沿杭州湾南排工程的调度，加大排水力度，有效减缓了太湖及周边河网水位的上涨速度，减轻太湖流域防洪压力。

5）人员转移。台风影响地区重点抓好出海船只回港避风和危险地带人员转移等工作，共转移危险区域群众 150.4 万人，组织 9.06 万艘船只回港避风。广东省组织受影响海域 10 558艘渔船全部提前回港避风，8 361名海上养殖和渔排作业人员全部上岸，紧急转移 10.51 万人；福建省组织受影响海域 3 860 艘渔船全部提前回港避风，紧急转移或疏散 10.49 万人；浙江省组织全省 29 641艘渔船全部回港避风，紧急转移疏散 106 万人；江苏省组织全省 33 977 艘在长江口及海上作业船只回港避风，紧急转移 4.27 万人；上海市组织 3 000余艘船只回港避风，紧急转移或疏散 17.74 万人；安徽省组织 9 600艘渔船回港避风。受台风影响区域内各省充分利用已建山洪灾害防治县级非工程措施项目，及时发布转移预警短信 46.8 万多条，启动预警广播 997 次，有效避免了因山洪灾害造成人员伤亡。

（6）防御第 13 号台风“苏迪罗”。第 13 号台风“苏迪罗”7 月 30 日 20 时在西北太平洋洋面生成，8 月 3 日 14 时加强为超强台风，4 日风力达 17 级以上（风速 65m/s），一度减弱后，7 日 20 时再次加强，8 日 4 时 40 分在台湾花莲县秀林乡沿海登陆，登陆风力 15 级（风速 48m/s）；8 日 22 时 10 分在福建莆田秀屿区沿海再次登陆，登陆风力 13 级（风速 38m/s），9 日 23 时在江西南昌境内减弱为热带低压，10 日中午前后在安徽境内减弱消失。

1）组织领导。8 月 5 日，李克强总理和汪洋副总理分别作出重要批示，要求抓好各项防御措施落实，最大限度减少损失。8 月 6 日晚，陈雷部长主持召开异地视频会商会，民政部、国土资源部、交通运输部、农业部、中国气象局、国家海洋局、解放军总参谋部、武警总部有关负责同志及台风可能影响的福建、浙江、上海、广东等 13 个省（直辖市）防指，以及长江、淮河、珠江、松花江、太湖等 5 个流域防总的负责同志参加了会议。8 月 8 日和 10 日，在“苏迪罗”登陆前和登陆后深入内陆的关键时期，陈雷部长两次主持召开专题会商会，对台风防御工作进行再安排、再部署，并同江西省省长鹿心社通电话，通报情况，提出建议。福建省委书记尤权到省防指主持召开视频会议，省长苏树林到福州晋安区检查指导城市防涝排水工作，两次到省防指部署各项工作；省委副书记于伟国到省防指检查指导防御工作，副省长黄琪玉坐镇省防指会商部署；12 位省委常委和副省长分赴全省各市指导防台风工作。浙江省委书记夏宝龙、省长李强到省防指检查指导抗洪救灾工作，副省长黄旭明主持召开全省防台风工作视频会议。江西省委书记强卫、省长鹿心社分别对防台防汛工作作出批示。安徽省长李锦斌对防台防汛工作作出批示，副省长梁卫国主持召开防台风工作视频会议。

2）预报预警。各级气象、海洋、水文等部门密切监视台风、海浪、风暴潮和水雨情变化，及时作出预测预报，及时发布预警信息。中央气象台发布台风、暴雨双橙色预警。国家海洋预报台发布了海浪Ⅰ级（红色）警报和台风风暴潮Ⅲ级（黄色）警报。水文部门实时分析台风影响地区降雨情况，滚动提出江河汛情、水库工情、土壤墒情等预测预报意见，及时发送台风及雨水情信息 5 000多条，编写分析材料 20 期，滚动制作台风影响区内 79 条主要江河 1 000多站次洪水预报。福建省累计发送防台风公益短信 4 788 万条次，浙江、安徽、广东等省充分利用电视、广播、电信、网络等媒体发布预警提示和公益短信。国土资源部门加强地质灾害隐患点和多发区的监测巡查。交通运输部门及时向有关海域发出通航预警信息。水利部门加强水库、涵闸、海塘、堤防等的巡查，落实工程险情预警措施。新闻媒体滚动播报台风动态，及时发布台风预警信息。

3）部门协作。民政部紧急启动国家Ⅳ级救灾应急响应，派出两个工作组赴福建、浙江灾区协助指导受灾群众的生活救助工作。交通运输部启动防台风Ⅱ级应急响应，副部长何建中主持召开交通系统防台风视频会议，部署防御工作。农业部及时发出通知，部署出海渔船回港避风和渔业、农业防台减灾措施。中国气象局启动重大气象灾害（台风）Ⅲ级应急响应，加密台风监测预警，滚动预测预报。国家海洋局启动海洋灾害Ⅱ级应急响应，召开“苏迪罗”风暴潮、海浪灾害防御部署会，滚动播报海浪和风暴潮预警信息。福建省军区、31 集团军、武警福建省总队、武警二总队等提前向沿海重点地区预置抢险救灾兵力，协助地方做好船只回港避风和人员转移安置等工作。解放军和武警部队共出动兵力 2 299人，组织民兵预备役 4 520人，在福建福州、宁德、莆田和浙江温州等地支援抢险救灾。

4）应急处置。国家防总启动了防台风Ⅲ级应急响应，先后派出9个工作组赴福建、浙江、江西、安徽、江苏、上海、广东等省（直辖市）指导和协助地方开展防汛防台风工作。先后5次发出通知，有针对性地部署“苏迪罗”防御工作。长江、淮河、珠江、太湖防总及时派出工作组赴防台风一线强化督导。福建省防指启动防台风Ⅰ级应急响应，派出58个工作组分赴各县指导，组织7个专家组会商工程调度。浙江省防指启动防汛防台风Ⅱ级应急响应，受台风影响严重地区温州、丽水分别启动Ⅱ级应急响应，台州启动防台风Ⅲ级应急响应。长江防总、太湖防总、珠江防总以及江西、安徽、江苏防指启动了防汛防台风Ⅲ级应急响应，淮河防总和广东防指启动了防汛防台风Ⅳ级应急响应。江西、安徽两省防指还分别派出7个和5个工作组赴有关市检查指导防汛防台风工作。太湖防总适时压减太浦闸下泄流量，为杭嘉湖南排工程泄水创造有利条件。淮河防总加强了胜利堰、新沭河、刘家道口闸等骨干水利工程的调度。福建省防指科学调度山仔水库，将入库洪峰5 250m^3/s削减为3 000m^3/s，削峰率达43%。浙江省加强水库、闸坝、泵站的调度，台风影响前预泄预排2.73亿m^3，台风登陆影响期内拦蓄洪水6.26亿m^3。江苏省加强常熟水利枢纽、武定门节制闸、沿海四港、洪泽湖三河闸等工程的调度。安徽省防指对淮河以南17个市（县）、26座中小水库防汛值班情况进行抽查。

5）人员转移。台风影响地区突出抓好出海船只回港避风、海上作业和养殖人员上岸避险工作，并对低洼易涝地区、中小水库及尾矿库下游区、建筑工地、高空构筑物、地下空间、危房校舍、简易工棚、敬老院、旅游景区等防灾薄弱环节进行拉网式排查，落实安全措施，及时转移受威胁群众。各地共转移危险区域群众约98万人，组织7万余艘船只回港避风。福建省组织受影响海域3.22万艘渔船全部提前回港避风，紧急转移51.39万人；浙江省组织受影响海域2.56万艘渔船全部提前回港避风，紧急转移或疏散23.35万人；广东省组织全省1.23万艘渔船全部回港避风，8 347名渔排人员全部上岸避险；江西省紧急转移5.15万人；安徽省紧急转移安置17.25万人。其中各地依托已经建成的山洪灾害监测预警系统，及时发布预警信息7 347万条，转移山丘区山洪灾害危险区域群众69万人。

（7）防御第22号台风“彩虹”。第22号台风“彩虹”10月2日凌晨生成，3日14时加强为台风，3日23时加强为强台风，风力15级（风速45m/s），4日10时风力15级（风速50m/s），14时10分在广东省湛江市坡头区沿海登陆。5日9时在广西南宁市境内减弱为热带低压，14时停止编号。

1）组织领导。10月3日和5日，李克强总理和汪洋副总理分别作出重要批示，要求切实做好救灾减灾工作。10月3日上午，陈雷部长主持召开异地视频会商会，民政部、国土资源部、交通运输部、农业部、中国气象局、国家海洋局、解放军总参谋部、武警总部有关负责同志，台风可能影响的海南、广东、广西、湖南、云南、贵州等6省（自治区）防指及珠江防总的负责同志参加了会议。4日晨，陈雷部长同广东省省长朱小丹通电话，了解台风防御工作情况，提出防御建议。4日上午，国家防总再次召开会商会。10月5日，陈雷部长对贯彻落实李克强总理重要批示精神提出要求。国家减灾委、民政部启动了Ⅳ级救灾应急响应，中国气象局启动重大气象灾害Ⅱ级应急响应，农业部发出通知要求切实做好台风防御和灾后生产恢复工作。解放军、武警部队积极支援地方抢险救灾。中共中央政治局委员、广东省委书记胡春华作出指示，要求台风影响地区各级领导干部全部取消休假，立即上岗到位，落实针对性防御措施；省长朱小丹赴湛江防台风一线检查指导防御工作。海南省委书记罗保铭作出批示，对台风防御工作提出明确要求；省长刘赐贵坐镇省防汛指挥中心，安排部署防御工作。广西壮族自治区党委书记彭清华、政府主席陈武批示要求采取有力措施及时应对，最大限度减少损失；党委副书记危朝安到自治区防汛抗旱指挥部坐镇指挥。

2）预报预警。各级气象、海洋、水文等部门密切监视台风、海浪、暴潮和水雨情变化，及时发布预测预报预警信息。气象部门密切监视台风动向，对台风的强度、走向、登陆地点以及降雨等及时作出滚动预报，中国气象局发布了台风红色预警。海洋部门加强海洋环境观测，密切监视风暴潮、海浪的发展动态，国家海洋预报台发布海浪和台风风暴潮红色警报。水文部门精心组织水文测报，及时对降雨、河道来水作出滚动预报。国土资源部门加强地质灾害隐患点和多发区的监测巡查。交通运输部门及时发出通行通航预警信息。水利部门加强水库、涵闸、海塘、堤防等的巡查，落实工程险情预警措施。

3）应急处置。10月3日10时，国家防总启动防汛防台风Ⅲ级应急响应，派出3个工作组分赴广东、广西、海南协助地方开展防御工作。10月4日1时，将防汛防台风应急响应提升为Ⅱ级。6日商财政部紧急安排特大防汛抗旱补助费1.8亿元（广东1亿元、广西0.5亿元、海南0.3亿元）。广东省防指4日9时将防风应急响应由Ⅱ级提升为Ⅰ级。海南省防指4日凌晨1时将防台风应急响应提升为Ⅰ级，派出7个工作组分赴各市（县）。广西壮族自治区防指4日10时将防台风应急响应提升为Ⅱ级，派出8个工作组赴各地检查督导。珠江防总4日11时启动防台风Ⅰ级应急响应，并派出工作组赶赴防台风一线。

4）人员转移。台风“彩虹”影响期间恰逢国庆长假旅游旺季和南海渔业捕捞生产旺季，广东、海南、广西等省（自治区）防指及时向有关市（县）发出通知，落实防汛防台风各项措施；广泛利用互联网、电视、广播、短信等多种媒介，向公众发布台风、暴雨、海浪等预警信息；突出抓好危险地带人员转移避险和出海船只回港避风工作。各地共及时转移受威胁地区群众50.15万人、组织77 164艘船只回港避风。广东省紧急转移18.95万人，组织受影响海域38 900艘渔船全部回港或就近避风；海南省共转移撤离群众21.03万人，全省25 584艘渔船于3日16时10分前全部提前进港避风；广西壮族自治区紧急转移10.17万人，全区12 680艘渔船于4日11时前全部进港避风。

3. 抗洪抢险投入 2015年中央财政共下达特大防汛补助费18亿元，全部用于各省、自治区、直辖市。

2015年全国大江大河防汛行政责任人名单见表。

2015全国大江大河防汛行政责任人名单

流域	河流	省（自治区、直辖市）、堤段		责任人	职务
长江	长江干流	四川	长江干堤总负责	曲木史哈	副省长
			宜宾市	李 敏	宜宾市副市长
			泸州市	张文军	泸州市副市长
		重庆	长江干堤总负责	刘 强	副市长
			巴南区防洪堤	陈 刚	巴南区区长
			九龙坡区堤防	马 超	九龙坡区副区长
			渝中区防洪堤	蔚传忠	渝中区副区长
			南岸区防洪堤	叶自玫	南岸区副区长
			江北区防洪堤	周 勇	江北区副区长
			大渡口区长江防洪护岸综合整治工程	舒 莉	大渡口区副区长
			万州区防洪堤	张国建	万州区副区长
			涪陵城区移民迁建防护工程（长江段）	黄 华	涪陵区副区长
			永川区朱沱松溉段	杨 华	永川区副区长
			江津区防洪堤	肖文军	江津区副区长
			长寿区防洪堤	汤晓强	长寿区副区长
			丰都县王家渡、名山、双桂山河堤	罗全良	丰都县副县长
			忠县防洪堤	甘 露	忠县副县长
			云阳新县城护岸	汤洪涌	云阳县副县长
			巫山县防洪堤	曹邦兴	巫山县县长
			长江奉节段	黄清槐	奉节县副县长
		湖北	长江干堤总负责	王国生	省长
			荆江大堤	李建明	荆州市市长
			洪湖监利长江大堤	李建明	荆州市市长
			松滋江堤	李 恒	松滋市市长
			南线大堤	李忠诚	公安县县长
			荆南长江干堤	李建明	荆州市市长
			咸宁长江干堤	丁小强	咸宁市市长
			汉南至白庙长江干堤仙桃段	郑章均	仙桃市副市长
			汉南至白庙长江干堤汉南段	李 忠	武汉市汉南区区长、武汉市经济技术开发区主任
			武汉市江堤	万 勇	武汉市市长

续表

流域	河流	省（自治区、直辖市）、堤段		责任人	职务
长江	长江干流	湖北	鄂州粑铺大堤	叶贤林	鄂州市市长
			鄂州昌大堤	叶贤林	鄂州市市长
			黄石长江干堤	董卫民	黄石市市长
			阳新长江干堤	朱宏伟	阳新县县长
			黄广大堤	陈安丽	黄冈市市长
			黄冈长江干堤	陈安丽	黄冈市市长
			黄州长孙堤	骆志勇	黄州区区长
			枝江下百里洲江堤	李奎阳	枝江市副市长
		湖南	长江干堤总负责	赵　伟	副省长
		江西	长江干堤总负责	赵　伟	九江市副市长
			九江市	赵　伟	九江市副市长
		安徽	无为大堤、芜湖江堤	陈树隆	副省长
			池州江堤	李建中	副省长
			同马大堤、安庆城市防洪堤、广济圩江堤、枞阳江堤、铜陵江堤	杨振超	副省长
			和县江堤、马鞍山江堤	花建慧	副省长
		江苏		徐　鸣	副省长
		上海		蒋卓庆	副市长
	汉江	湖北	汉江干堤总负责	梁惠玲	副省长
			汉江遥堤钟祥段	林长洲	钟祥市市长
			汉江遥堤天门段	吴　锦	天门市市长
	洞庭湖	湖南		张硕辅	副省长
黄河	黄河干流	青海		严金海	副省长
		甘肃		王玺玉	副省长
		内蒙古		王玉明	自治区副主席
		宁夏		屈冬玉	自治区副主席
		山西		郭迎光	副省长
		陕西		祝列克	副省长
		河南		谢伏瞻	省长
		山东		郭树清	省长
淮河	淮河	河南		王　铁	副省长
		安徽	淮河干流（蚌埠市以下）、蚌埠境内涡河	方春明	副省长
			淮河干流（淮南市以上）、颍河	詹夏来	常务副省长
			亳州境内涡河	谢广祥	副省长
		江苏		徐　鸣	副省长
	沂沭泗	山东		赵润田	副省长
		江苏		徐　鸣	副省长

续表

流域	河流	省（自治区、直辖市）、堤段	责任人	职务
海河	海河干流、独流减河、子牙新河	天津	尹海林	副市长
	北运河、永定新河、潮白新河、蓟运河		王宏江	副市长
	永定河	北京	林克庆	副市长
		天津	王宏江	副市长
		河北	杨崇勇	常务副省长
	大清河	河北	沈小平	副省长
		天津	尹海林	副市长
	子牙河	河北	姜德果	副省长
	漳卫南运河	河南	王　铁	副省长
		河北	张杰辉	副省长
		山东	孙　伟	常务副省长
	滦河	河北	许　宁	副省长
松花江		吉林	隋忠诚	副省长
		黑龙江	吕维峰	副省长
辽河		辽宁	赵化明	副省长
珠江	西江	广西	唐仁健	自治区副主席
	北江	广东　北江大堤	朱小丹	省长
太湖		江苏	徐　鸣	副省长
		浙江	黄旭明	副省长
		上海	蒋卓庆	副市长

（褚明华）

抗　旱

【旱情与旱灾】　2015 年我国旱灾总体上属于偏轻年份，但部分地区旱情较重。全国作物受旱面积 2.8 亿亩、受灾面积 1.51 亿亩、成灾面积 8 366万亩、绝收面积 1 508万亩，因旱造成粮食损失 1 444万 t、经济作物损失 145 亿元、直接经济总损失 579 亿元，共有 836 万人、807 万头大牲畜因旱发生饮水困难。

1. 旱情　2015 年，我国旱情发展主要经历了冬春旱和夏伏旱两个阶段，其中冬春旱主要发生在河北、河南、山西、山东、陕西、甘肃等北方冬麦区以及重庆、四川、云南、广东、海南等南方地区，夏伏旱主要发生在内蒙古、辽宁、吉林、河北、山西、山东等北方地区。8 月下旬以后，西北东部、东北南部、华北、黄淮及南方部分地区出现明显降水过程，耕地墒情显著改善，旱情陆续缓解。秋冬种期间，冬麦主产区大部土壤墒情适宜，秋播秋种比较顺利。

2015 年旱情的主要特点：

（1）旱情总体偏轻但局部较重。全国耕地受旱面积及因旱人畜饮水困难数量一直较多年同期平均值偏少，旱情高峰期全国耕地受旱面积 7 133万亩，有 190 万人、273 万头大牲畜因旱饮水困难，分别较多年同期平均值偏少 56%、62%和 32%。但辽宁、内蒙古等省（自治区）旱情较重。辽宁省从 7 月初旱情露头并迅速发展，在不到1个月的时间内，作物受旱面积一度发展到2 100多万亩，约占全省耕地面积的1/3，是多年同期平均值的3倍以上。

（2）全国大部分江河来水偏枯。2015年以来，除嫩江接近常年外，全国重要江河来水均偏少，其中长江来水较常年偏少1～2成，进入10月后长江水位持续下降。黄河上游来水较常年偏少近2成，中游偏少3～5成。淮河上中游来水较常年偏少1～3成，特别是自9月以来淮河干流来水持续偏枯，其来水量较常年同期偏少7～8成，淮南支流偏少6成至1倍，淮北支流偏少9成至1倍，沂沭河水系偏少7成至1倍。海河流域来水较常年偏少9成。松花江来水较常年偏少近4成，辽河偏少近7成。

（3）北方主汛期发生夏伏旱。6—7月，内蒙古中部、山东中北部和辽宁中南部等地降雨量较多年同期偏少5～8成，特别是辽宁省7月面平均降水量仅28mm，较多年同期偏少79%，是1961年有资料记录以来同期最小值。北方部分江河来水量明显偏少，其中黄河中游来水偏少2～3成，辽河偏少4成。7月下旬旱情高峰时全国受旱面积4 886万亩，有190万人、273万头大牲畜因旱饮水困难。

（4）部分城镇出现供水紧张。2015年以来，北方部分地区水利工程蓄水明显偏少，造成部分城镇供水受到影响。辽宁省遭遇严重夏伏旱，辽西地区降雨偏少8成以上，大连市主要供水水库碧流河及英那河水库蓄水严重偏少，大连市供水一度紧张，通过大伙房输水工程向大连市应急供水，日均供水40万m^3，并采取压减庄河灌区农业供水的措施，全力确保大连市城乡供水安全。山东省牟山、吴家楼、马宋3座水库一度干涸，白浪河、王吴、符山3座水库在死水位以下运行，影响潍坊、烟台等城市的供水。

2. 灾情　与2000年以来多年平均值相比，2015年全国作物受旱面积、受灾面积、因旱粮食损失、人饮困难数量分别偏少38%、52%、51%和65%。综合分析，2015年我国旱灾总体上属于偏轻年份。

【防旱抗旱】　党中央、国务院高度重视抗旱工作。旱区各级党委、政府加强领导、强化措施，全力以赴组织广大干部群众抗旱减灾。据统计，2015年全国投入抗旱劳力3 005万人次，开动机电井310万眼、泵站3.6万处、机动抗旱设备1 928万台（套），出动各类运水车484万辆次，累计完成抗旱浇地面积2.5亿亩，抗旱挽回粮食损失2 260万t、挽回经济作物损失201亿元，临时解决了691万人、653万头大牲畜的因旱饮水困难。

2015年抗旱工作的主要做法：

（1）加强组织领导，安排部署有力。国家防总先后组织召开两次全体会议，以及全国防汛抗旱工作会议和防汛抗旱异地视频会议，有序安排部署防汛抗旱工作。7月25日，中央政治局委员、国务院副总理汪洋主持召开东北4省（自治区）抗旱专题会议，研究部署抗旱防汛工作。国家防总先后派出20多个工作组深入辽宁、内蒙古、山东、山西、河北、云南等重旱区，协助指导地方开展抗旱减灾工作。中央政治局委员、广东省省委书记胡春华就做好湛江市抗旱工作作出专门批示，省长朱小丹亲赴雷州半岛重旱区视察旱情。辽宁省省委书记李希、省长陈求发多次召开会议研究部署抗旱工作，并多次赴旱区检查指导抗旱工作，辽宁省防指启动抗旱Ⅳ级应急响应，并先后派出13个由副厅级以上领导带队的抗旱督察组全面核查旱情灾情，督查饮水解困、应急调水等工作。海南省针对严重春旱启动抗旱Ⅳ级应急响应，省委书记罗保铭、省长刘赐贵对抗旱工作作出部署。云南省副省长张祖林亲赴大理白族自治州旱区察看旱情，省财政安排1 000万元经费支持重旱区抗旱。河北省省长张庆伟亲临省防办调研指导防汛抗旱工作，主管领导多次深入防汛抗旱一线检查调度工作。甘肃省省委书记王三运、省委副书记、省长刘伟平等领导多次作出批示指示，并赴有关市（县）检查指导。陕西省防指组织10余次抗旱会商会，3次下发抗旱工作通知进行安排部署，先后派出6个工作组20余次深入旱区检查指导工作。

（2）完善应急预案，主动防御干旱。国家防总根据旱情发展态势及时启动抗旱预案，指导各地积极主动抗御干旱灾害。根据旱情变化情况，农业、民政等部门也及时启动预案，相关部委负责同志多次带领工作组深入旱区检查指导抗旱，帮助基层解决实际困难。为保障流域生活用水，协调生产和生态用水，满足流域突发水安全事件处置的要求，国家防总组织淮河防总、海河防总、太湖防总编制了《淮河干流水量应急调度预案》《海河流域水量应急调度预案（滦河部分）》《太湖抗旱水量应急调度预案》，国家防总在11月批复了《淮河干流水量应急调度预案》《太湖抗旱水量应急调度预案》，进一步规范流域抗旱应急管理工作。北京市根据近年来京津冀一体化和南水北调通水的新形势，结合北京市自然地理、经济社会、气象水文、水资源开发利用、旱情旱灾、抗旱能力等，分析北京市旱情旱灾特点和抗旱减灾需求，组织修订完善了新的抗旱应急预案。甘肃省印发了《2015年全省抗旱防汛工作安排意见》和《2015年抗旱工作指导意见》，确定了年度抗旱防汛目标和任务，全面安排部署全年抗旱工作。贵州省按照“事前指导、事中检查、事后补助”的原则，大力推进抗旱预案体系建设，已完成省、市（州）、县3级抗旱总体应急预案以及贵阳市等13个建制城市抗旱专项预案，保障了抗旱工作的有序、有力、有效开展。天津市针对南水北调中线正式通水、城市供水形成引江引滦双水源的格局，修订完善了城市供水应急预案，有效应对突发供水事件，保障城乡供水安全。

（3）加强工程调度，保障用水需求。国家防总组织黄河防总、海河防总实施了2014—2015年度引黄入冀应急调水，通过渠村、潘庄、位山三条线路累计向河北省供水8.41亿m^3，有效缓解了河北省供水危机。太湖防总组织实施引江济太水量调度，通过常熟枢纽调引长江水7.4亿m^3，通过望亭枢纽引水入湖3.2亿m^3，保障了供水安全。为缓解南四湖干涸危机，黄河防总会同山东省组织实施南四湖补水工作，利用国那里引黄灌区经梁济运河向南四湖上级湖应急调水，累计引黄河水量2 514万m^3，累计入南四湖水量1 580万m^3，有效遏制了南四湖水位快速下降的局面。旱区各地强化抗旱水源调度，千方百计多引、多提、多拦、多蓄，全力保障抗旱用水。辽宁省充分发挥全省骨干水利工程连通联调的优势，累计从东部调水8.57亿m^3，保证了水库供水范围内369万亩水田的用水需求，通过大伙房水库输水工程，向供水紧张的大连市应急供水1.42亿t。山东省沿黄地区早部署、早动员、早引水，2015年共引蓄黄河水78.34亿m^3。吉林省防指3次协调丰满水库加大下泄流量，保证了松花江沿岸100万亩水田补水需要。河南省鲇鱼山、南湾、石山口、鸭河口、泼河、五岳、陆浑等12座大型水库根据抗旱需要，加大下泄流量，保证秋作物灌溉，抗旱期间水库累计放水8.24亿m^3，抗旱浇灌面积460万亩。湖北省襄樊市提前引丹江口库水充库充塘，有力有序应对干旱灾害，枣阳市为保证城区30万人饮水安全，联合调度石梯、沙河、吉河、北郊4座水库，一个月调水400多万m^3。江苏省充分发挥跨流域调水工程作用，全力引江淮水北上，其中江水北调工程累计引水42.7亿m^3，补入骆马湖水量5.92亿m^3，江水东引工程向里下河及沿海地区调水31.4亿m^3，并为骆马湖补水3.25亿m^3，将骆马湖水位从补水前的22.10m左右抬高至22.80m左右，保证了周边地区生产生活用水和河湖通航水位需求。

（4）坚持以人为本，保障饮水安全。2015年部分偏远山丘区因旱人饮困难问题十分突出，且持续时间较长。甘肃省组织动员抗旱服务队、驻地部队、厂矿企业等为缺水的部分学校、缺少劳力的困难户和孤寡老人拉运送水，保证受旱群众有水喝。白银市对已建成的130处人饮工程进行全面检修维护，确保受益区群众的饮水保障。山东省淄博、莱芜、济南、临沂等市对因水源枯竭造成饮水困难的村庄，组织力量采取拉水送水、新打维修机井、对接临近水源等方式，保障群众生活用水需求。青岛市在南村、兰底、万家、古岘等地实施新打机井、修建水塘、小型供水站等240个小型水源工程，有效缓解了饮水困难情况。广东省雷州市适时组织跨区域调水，从鹤地水库开闸放水4.5m^3/s，经东运河补水至雷州西湖水库，西湖水库日进水20万m^3，有效保障雷州城区的人饮安全。广西壮族自治区按照不漏一户、不漏一人的原则，组织旱区各级干部和市政、消防、水利部门专业力量采用车拉、打井、铺设临时供水管道等方式，为饮水困难群众解决饮水问题。全区共动员3万余人次，累计派出5 490车次、用油281t、送水8 848t。

（5）发挥队伍作用，服务抗旱一线。旱区各级抗旱服务队深入田间地头，出动流动抗旱设备全力开展抗旱浇灌，为群众拉水送水，得到旱区干部群众的赞扬。内蒙古自治区组织牧区各级抗旱服务队深入重旱区，为农牧民拉水送水，累计出动抗旱劳力5.2万人次、出动拉水车1.78万车次，为牧民拉送水21万t，解决了5万多人和部分大牲畜的饮水困难。锡林郭勒盟阿巴嘎旗利用草原送水服务队重点解决偏远牧区人畜饮水困难问题，将广大牧民从天天拉水的困境中解脱出来，深受牧民的欢迎。甘肃省各级抗旱服务队充分发挥重要的抗旱突击队作用，进一步转变观念，坚持服务与经营相结合，积极拓宽服务领域，增强自我"造血"功能，2015年抗旱期间累计投入抗旱设备3.8万台套、机动运水车辆2万辆次，解决了23万缺水群众的临时吃水困难。山西省抗旱服务队共新建、维修各类设施367眼（处），维修各类抗旱设备2 444台（套），出动抗旱设备1 900台（套），拉运水4.7万m^3，抗旱扩浇面积11万亩，浇灌果树221万株，累计解决11.3万人、4.8万头大牲畜临时性饮水困难，挽回粮食损失82.7万kg，挽回经济损失124.1万元，抗旱减灾成绩显著。安徽省大力开展水利专业灌溉合作组织建设，与抗旱服务队配合形成解决抗旱"最后一公里"的两手发力局面，目前全省已发展各类水利专业灌溉合作组织940个，是2014年的3.7倍，灌溉服务面积746.4万亩，是2014年的2.4倍。重庆市把制度建设作为抗旱服务组织发展壮大的重要保证，指导和督促各区（县）制定了《抗旱服务队管理暂行办法》《岗位责任制》《财务管理制度》《收费制度》《设备管理制度》等制度和职责，将抗旱服务组织纳入了规范化管理。

（6）推进规划实施，提升抗旱能力。党中央、国务院高度重视抗旱规划项目实施工作，中央政治局委员、国务院副总理汪洋在7月25日国家防总抗旱工作专题会议上，强调要认真做好当前抗旱应急水源项目建设和"十三五"抗旱规划实施工作。为推动项目建设工作，7月和12月，国家防办先后在武汉、长沙召开全国抗旱规划实施工作会议，对工作作出安排部署，先后派出9个督导组，对25个有建设任务的省（自治区、直辖市）进行了两次全覆盖督导，先后4次对工程进度滞后的省（自治区、直辖市）进行了约谈，研究存在问题，推动建设进度。总体来看，全国抗旱规划项目实施工作总体进展基本顺利。截至

2015年11月底，2014年度抗旱规划项目中央投资完成率98%，2015年度抗旱规划项目中央投资完成率68%，已建成项目在2015年云南、内蒙古、宁夏等省（自治区）抗旱工作中发挥了效益。

各有关省（自治区、直辖市）强化措施，扎实推进项目建设。一是精心组织部署。山东省水利厅建立起由相关处室、单位共同参与配合的工作机制，及时研究解决项目实施中的困难和问题。安徽省水利厅分别与合肥等6市政府签订了《抗旱应急水源工程项目建设责任书》，明确相关责任。二是规范前期工作。河北省水利厅下发了《关于做好抗旱应急水源工程建设和前期工作的通知》，并制定印发了《抗旱应急水源工程项目县级实施方案编制大纲》，进一步规范引调提水项目的前期组织和方案编制工作。广西壮族自治区防办向31个项目县水利局发出了《关于加快完成抗旱应急水源工程前期工作的函》，进一步明确前期工作时间要求，有力推动了2015年度和2016年度项目的前期工作进度。三是严格建设程序。山东省制定印发了《山东省抗旱应急水源工程项目建设管理办法》，对项目前期工作、建设管理、竣工验收、监督检查等作出具体规定，确保项目建设有章可循。湖南省实行项目公示制度，每个项目设立公示牌，将项目基本情况向社会公布，接受群众监督。四是推进建设进度。重庆市水利局、市财政局联合发出《关于加快推进抗旱应急水源工程建设工作的通知》，并先后派出20多个督查组多次对抗旱规划实施工作进行现场督导检查，现场发现问题，立即发出整改通知书，要求限时整改到位。针对部分县（区）项目建设进度滞后等问题，陕西省防指多次召开抗旱规划项目建设进度促进会，扎实推动项目建设进度。甘肃省采取工作组现场查看、电话了解督查、重点单位约谈等方式，督促指导各地加快项目建设进度。

（7）加大抗旱投入，强化保障措施。中央和地方各级政府多措并举，千方百计增加抗旱投入。2015年全国累计投入抗旱资金100亿元，其中中央和地方各级财政投入22.7亿元。水利部商财政部安排中央特大抗旱补助费2.75亿元支持旱区开展抗旱减灾工作。另外，中央财政下达100亿元中央补助资金，用于抗旱应急水源工程建设，其中小型水库补助50亿元，抗旱应急备用井及引调提工程补助50亿元。河南省共投入抗旱资金4.5亿元，高峰时日最高出动劳力103万人，开动机电井71万眼、泵站668处，投入机动抗旱设备71万台（套），全年累计抗旱浇地2 441万亩次，抗旱挽回粮食375万t、挽回经济作物损失22亿元，确保了人民群众饮水安全，把旱灾损失减小到了最低限度，为河南省粮食产量连创新高作出了不可替代的贡献。山东省投入抗旱资金30.2亿元，抗旱劳力811万人，开动机电井62万眼、机动抗旱设备390万台（套），完成抗旱浇地面积6 477.4万亩，抗旱挽回粮食损失833.5万t、挽回经济作物损失44亿元，预计全年粮食总产468.5亿kg，实现了粮食生产“十三连增”。重庆市以“抗旱保供水，抗旱保春耕”为目标，组织人员、物资、装备投入抗旱保供水工作，全市累计投入抗旱人数1.87万人次，启动泵站38座，出动机动抗旱设备0.31万台次，累计抗旱浇地33.56万亩，累计解决2.37万人次临时饮水困难，确保了群众生活和大春作物生产用水，保证了受旱地区社会稳定，人心安定。辽宁省向旱区调拨省级抗旱设备277台（套）、输水管带25.6km，总价值250多万元，并向重灾区紧急调配变压器1 441台、电杆3 150根，组织全省电力系统共架设10kV临时供电线路656km，临时架设及更换配变电设备466台。湖北省构建了抗旱专项资金保障机制、落实了泵站抗旱电费补贴政策，全省113支省、市、县抗旱服务队初步建立良性运行机制。黑龙江省大力开展“节水增粮”行动，配备了指针式、卷盘式等大型喷灌设备3.5万台（套），在2015年抗御夏伏旱攻坚战役中，旱区各类大型喷灌设备全部启动，抢时间昼夜浇灌，充分发挥了设备的最大潜能。青海省春播期间向西宁、海东、海南、海北、黄南等地的15个县分发旱地龙45t，用于45万亩耕地的抗旱拌种播种。

（8）强化基础工作，提升管理水平。河北省加强了统计人员的培训工作，严格执行报旱制度，启动了旱情信息系统的建设，为扎实高效做好抗旱工作奠定了基础。重庆市开展抗旱专题宣传，向过往群众现场展示抽水泵、旱地龙等抗旱物资，发放《重庆市防汛抗旱防灾减灾小册子》等宣传资料，耐心地向大家讲解抗旱减灾和生活节水常识。辽宁省召开全省水旱灾害统计培训工作视频会议，对全省水旱灾害统计人员进行系统培训，提高了旱情统计人员的技术水平。甘肃省发挥10个干旱区土壤墒情监测试点项目效益，进一步分析对比校核旱情墒情数据，修订完善墒情监测站点管理办法，为抗旱减灾提供科学依据。贵州省依托国家防汛抗旱指挥系统二期项目移动旱情监测设施建设，在毕节、铜仁、都匀、遵义、贵阳、修文等地建立旱情墒情监测站点，初步形成局地旱情墒情监测网络。浙江省杭州市水文部门率先建立墒情监测系统，已建成15个墒情监测站点，开展了作物旱情等级评价研究，建立旱情指标体系，运用遥感、数字模拟等先进技术，研发了墒情分析、预测与发布平台，系统采用的8节点土壤墒情监测技术，填补了浙江省土壤墒情监测站网的空白。

2015年全国旱灾面积统计情况见下页表。

2015年全国旱灾面积统计表

单位：万 hm^2

地　区	受灾面积	成灾面积	绝收面积
合　计	1006.71	557.70	100.54
北　京	0.00	0.00	0.00
天　津	9.11	6.31	0.90
河　北	127.48	63.05	8.17
山　西	77.53	47.77	8.72
内蒙古	247.71	120.28	17.99
辽　宁	118.70	78.14	26.69
吉　林	34.67	32.95	12.81
黑龙江	48.41	18.00	0.51
上　海	0.00	0.00	0.00
江　苏	1.69	0.45	0.20
浙　江	0.00	0.00	0.00
安　徽	0.00	0.00	0.00
福　建	1.82	0.89	0.07
江　西	5.55	3.08	0.20
山　东	118.28	63.35	10.27
河　南	3.34	0.38	0.05
湖　北	17.94	4.63	0.42
湖　南	1.78	1.37	0.10
广　东	16.67	8.59	1.88
广　西	16.00	7.90	0.38
海　南	0.38	0.31	0.07
重　庆	0.64	0.61	0.03
四　川	22.29	7.77	0.96
贵　州	0.00	0.00	0.00
云　南	45.38	30.07	4.20
西　藏	0.00	0.00	0.00
陕　西	20.01	9.89	1.35
甘　肃	41.00	25.31	1.94
青　海	1.67	1.67	0.00
宁　夏	10.41	8.43	1.97
新　疆	12.89	12.89	0.46
新疆兵团	5.35	3.62	0.19

江河治理与开发

Regulation and Exploitation of Rivers

长江流域

【水政】

1. 依法行政和推进行政审批改革工作

(1) 根据《水利部关于全面加强依法治水管水的实施意见》精神，结合长江水利委员会（简称长江委）实际，编制完成《长江委全面加强依法治水管水工作方案》，明确了总体要求、58条工作任务和分工安排，提出了保障措施。

(2) 根据水利部行政审批制度改革的要求，清理确认了长江委保留的行政审批事项目录，组织编制了保留的11项行政审批事项的相关文件，进一步规范了长江委行政审批行为。对长江委各项行政权力的实施依据、责任事项进行梳理，开展相关调研，提出了《长江委行政权责清单》和行政职权运行流程图建议稿。

2. 水法规宣传教育　长江委围绕2015年“世界水日”和“中国水周”活动宣传主题，开展系列宣传纪念活动。

(1) 3月22日，长江委主任刘雅鸣发表“节约水资源保障水安全　为流域经济社会可持续发展提供支撑”署名文章。

(2) 设立法制宣传站，播放水利法制宣传栏目剧《人·水·法》，在办公场所张贴主题宣传画，悬挂宣传标语，营造法制宣传氛围。

3. 水法规建设

(1) 配合全国人大和水利部就《长江法》立法开展专项调研工作；与相关院校合作，完成《长江法立法论证》等报告的编制。

(2) 提出《长江干支流水库统一调度与管理条例》初稿；完成《长江上游水库群联合调度管理办法》送审稿；组织完成《汉江流域水资源管理与保护条例》《汉江流域水量调度管理办法》征求意见稿。

(3) 代水利部起草《关于加强长江中下游干流河道洲滩民垸管理的意见》《关于长江岸线资源有偿使用的指导意见》两件规范性文件。

(4) 开展流域立法论证，组织完成长江流域干支流水库群统一调度与管理立法论证、岸线有偿使用机制研究等报告的编制。

4. 省际水事纠纷调处

(1) 组织开展2015年长江流域省际水事纠纷集中排查化解活动，对重点水事纠纷开展现场督查、协调，促进矛盾纠纷的解决。

(2) 协调川黔两省通过修建分水工程成功解决边界骑龙河（福宝河）水事纠纷，已向水利部报送总结报告。

(3) 跟踪、督导川滇两省落实长江委主持召开的韭菜坝水事纠纷协调会会议纪要精神，协调双方在计量设施安装位置上存在的分歧，促进双方协商解决分歧，争取达成一致意见。

(4) 派员赴鄂豫边界丹江河道水事纠纷现场查勘、座谈，提出纠纷处理意见。

(5) 召开鄂渝边界老龙洞（千丈岩）省际水事纠纷协调会，开展现场监督检查，提出分水方案，促进双方协商处理纠纷。

5. 水行政执法

(1) 联合鄂豫陕3省水利厅，开展丹江口水库打非治违专项执法行动“回头看”活动。运用卫星遥感动态监测系统排查丹江口水库水事活动，对重点违法建设项目进行现场核查和督办，排查涉水建设项目（行为）515个，取缔入河排污口94处，查处非法采砂淘金36起，查封、关停各类采砂点（砂场）20处，纠正和处理各类水事违法行为27起。

(2) 开展三峡库区水事活动专项执法检查，核查涉水建设项目19处，督促相关地方核实查处2起水事违法行为。

(3) 采砂管理现场执法支队2015年在长江干流省际边界重点河段巡江1 821次，开展联合执法36次，立案查处非法采砂案16起，罚没款项111.438万元。

(4) 建立、完善丹江口水库联合执法、日常巡查、信息通报等工作机制；出台《长江省际边界重点河段采砂管理联席会议制度》《水行政执法巡查报告制度》。

(季卫　王宏)

【水资源】

1. 江河水量分配工作稳步推进，流域水量统一调度管理不断强化　配合水利部完成了长江流域第一批汉江、嘉陵江、岷江、沱江、赤水河流域水量分配方案修改完善和审批；第二批金沙江、乌江、牛栏江3条河流水量分配方案成果征求相关省（直辖市）意见后，正式报水利部审批；开展了澜沧江梯级水电站水资源管理调研，组织召开了澜沧江第四次联席会议，协调梨园、金安桥、阿海、龙开口、鲁地拉、观音岩水电站水量调度，实施了金沙江中游河段2015年度3—4月枯水期统一调度，保障了攀枝花市供水安全；实施了南水北调中线工程通水后的汉江流域水资源统一调度；提出了南水北调中线一期工程2015—2016年度可调水量，编制完成的南水北调中线一期工程2015—2016年度水量调度计划已获水利部批准正式实施。

2. 最严格水资源管理制度加快落实，长江委在考核中的作用逐步加强　参加了水利部组织的江西、湖北等5个省2014年度最严格水资源管理制度的考核工作。按照水利部的部署，开展了西藏、重庆等6

个省（自治区、直辖市）2015年度取水许可管理和计划用水监督现场检查，其结果为各省2015年度最严格水资源管理制度提供考核的参考依据。

3. 汉江流域试点工作扎实开展，各项任务取得阶段成果　2015年10月底，汉江流域加快实施最严格水资源管理制度试点顺利通过水利部组织的中期评估；完成了南阳、谷城县城市总体规划水资源论证、汉中市航空工业园区规划水资源论证和陕西省典型灌区水平衡测试；建立了汉江流域水资源调度配置模型，完成了2015年度汉江水量调度方案制定。长江委会同流域内相关省政府及其相关行业主管部门、重要水利水电工程建设运行管理单位、电网管理单位等部门，协调建立了汉江流域水资源调度会商机制和汉江流域水资源管理与保护联席会议制度，组织召开了汉江流域水资源管理与保护第一次联席会议。

4. 取水许可管理进一步强化，流域节水工作逐步深入　严格建设项目水资源论证报告书的审查和取水许可申请的审批，落实计量设施安装方案和水资源监测方案与制度，细化蓄水工程取用水合理性分析要求，严格水利水电蓄水工程最小下泄流量的确定和保障措施的落实。2015年审查了35个建设项目的水资源论证报告书，批复了33个建设项目的取水许可申请；从严核定长江委管取水户延续取水，完成了34家取水户延续取水申请的延续取水评估与换发证工作；实施了建设项目跟踪管理制度；继续规范水利水电工程施工期取用水管理，2015年共完成了33个新建项目取水工程（设施）的现场核验，颁发了41个新建项目取水工程的取水许可证和1个水电站首批投产机组取水许可证；落实了全部新发证取水户的取水许可日常监督管理单位。开展了11家无证取用水户和2家发证取用水户的取水许可监督检查；对重庆市工业用水定额进行了审核，完成了流域内6个省（自治区、直辖市）用水定额摸底调查分析。

5. 长江流域水资源监控能力建设一期工程全面完成，水资源监控能力初步形成　组织完成了国家水资源监控能力建设项目2012—2014年度长江委建设内容，实现了流域平台与中央平台的基础数据和省界断面水量水质监测数据的贯通。　（马拥军　王宏）

【前期工作】

1. 察隅曲流域综合规划　根据水利部新要求，长江委于2014年10月进一步征求西藏自治区政府意见，2015年1月，西藏自治区政府办公厅向长江委反馈了意见。根据西藏自治区政府意见，长江委对规划报告进行了修改完善。2015年12月，水利部水利水电规划设计总院（简称水规总院）在北京召开会议，对《察隅曲流域综合规划》进行了审查，长江委根据审查和会议精神，对规划报告进行了修改完善。

2. 帕隆藏布流域综合规划　根据水利部新要求，长江委于2014年10月进一步征求西藏自治区政府意见，2015年1月，西藏自治区政府办公厅向长江委反馈了意见。根据西藏自治区政府意见，长江委对规划报告进行了修改完善。2015年7月，长江委将《帕隆藏布流域综合规划》报送水利部待审。

3. 朗钦藏布流域综合规划　2015年1月完成《朗钦藏布流域综合规划》（征求意见稿），并发文征求西藏自治区政府意见。2015年3月，西藏自治区政府办公厅向长江委反馈了对《朗钦藏布流域综合规划》的意见，长江委组织相关单位对报告内容进行了补充修改与完善，于2015年6月形成《朗钦藏布流域综合规划》（送审稿），并提交水利部待审。

4. 赣江流域综合规划　2014年11月，水规总院在北京召开会议，对《赣江流域综合规划》进行了审查。2015年12月水规总院对报告进行了复审，长江委根据审查和会议精神，对规划报告进行了修改完善。

5. 抚河流域综合规划　2014年10月，长江委发文分送江西省和福建省征求各省政府意见。根据各省政府反馈意见，长江委于2015年3月形成《抚河流域综合规划》（送审稿）。2015年9月，水规总院在北京召开会议，对《抚河流域综合规划》进行了审查。12月，水规总院对报告进行了复审，长江委根据审查和会议精神，对规划报告进行了修改完善。

6. 信江流域综合规划　2014年10月，长江委发文分送江西省、浙江省和福建省征求各省政府意见。根据各省政府反馈意见，长江委于2015年3月形成《信江流域综合规划》（送审稿）。2015年9月，水规总院在北京召开会议，对《信江流域综合规划》进行了审查。12月，水规总院对报告进行了复审，长江委根据审查和会议精神，对规划报告进行了修改完善。

7. 雅砻江流域综合规划　长江委发文征求了流域各省政府意见，根据反馈意见，于2015年2月形成《雅砻江流域综合规划》。2015年6月，水规总院在北京召开会议，对《雅砻江流域综合规划》进行了审查。2016年1月水规总院对报告进行了复审，长江委根据审查和会议精神，对规划报告进行了修改完善，并于2016年3月送水规总院，下一步工作主要是配合水利部审批。

8. 沅江流域综合规划　2015年3月，水规总院于北京对规划报告进行了审查，基于报告基准年更改为2013年，会后编制单位收集整理相关资料，对规划报告进行补充修改完善；2015年11月，长江委规计局以《长江委办公室关于报送沅江流域综合规划的函》报送水规总院，水规总院于12月7日对规划报告进行复审，会后编制单位对规划报告进一步修改完善，于12月底提出规划报告，规划报告正征求各部委意见。

9. 资水流域综合规划 2015年6月，长江委以《长江委关于审批资水流域综合规划的请示》报送水利部，8月，水规总院于北京对规划报告进行了审查，基于报告基准年更改为2013年，会后编制单位收集整理相关资料，对规划报告进行补充修改完善；12月，水规总院对规划报告进行复审，会后编制单位对规划报告进一步修改完善，于12月底提出规划报告，规划报告正征求各部委意见。

10. 湘江流域综合规划 2015年6月，长江委以《长江委关于审批湘江流域综合规划的请示》报送水利部。根据水利部的安排，水规总院于2015年8月12—14日在北京召开会议，对报告进行了审查。根据审查意见，编制单位将基准年调整为2013年，并对报告进行了修改完善。12月，水规总院对规划报告进行了复审，会后编制单位对规划报告进一步修改完善，于12月底征求各部委意见。

11. 长江中下游干流河道治理规划修订 2014年11月3—5日，水规总院对规划报告进行了复审。会后长江委根据审查意见对报告进行了最后的修改完善，修改后的报告已于2014年12月底提交了水规总院。2015年5月水规总院印发了《水规总院关于长江中下游干流河道治理规划审查意见的报告》，基本同意该报告。

12. 南水北调中线工程补充规划 2015年1月5日，长江委在北京组织召开了补充规划报告专家咨询会。会后，长江委会同海委根据专家咨询意见组织编制单位对补充规划的研究内容进行补充修改，于2015年6月完成补充规划征求意见稿。2015年6月，长江委在武汉召开座谈会，征求陕西省、重庆市、湖北省、北京市、天津市，河南省、河北省对补充规划的意见，会后，长江委会同海委结合各省（直辖市）意见组织编制单位对补充规划的研究内容进行补充完善，于2015年7月完成了补充规划报告送审稿，并上报水利部。

13. 长江流域（片）水利发展"十三五"规划 2014年7月，长江委成立长江流域（片）水利发展"十三五"规划编制工作领导小组和工作组，并印发《长江流域（片）水利发展"十三五"规划工作大纲》，正式开展长江流域（片）水利发展"十三五"规划工作。2014年8月至2015年10月，规划编制组通过对长江流域（片）"十二五"时期水利发展的调研，提出了《长江流域（片）水利发展"十三五"规划思路报告》，并进行了两次流域各省重点项目筛选，编制完成《长江流域（片）水利发展"十三五"规划报告》（征求意见稿）。

14. 通天河及江源区综合规划 2014年9月，长江委规计局组织了通天河流域综合规划调研及查勘，长江勘测规划设计研究院（简称长江设计院）牵头全面开展了通天河及江源区综合规划的编制工作。2015年10月长江设计院编制完成《通天河及江源区综合规划》（征求意见稿）；11月初，长江委规计局带队前往青海省水利厅，就规划情况进行了座谈和交换意见，长江设计院根据青海省水利厅有关意见对规划报告进行补充和完善。

15. 岷江流域综合规划 岷江系长江上游左岸的重要一级支流，干流全长735km，流域面积13.54万km^2。2010年长江委组织开展流域规划工作，2013年4月至2015年2月，规划编制组经征求意见以及水规总院初审后提出了《岷江流域综合规划》（修订稿）。2015年7月，水规总院对报告修订稿进行了复审。根据《关于印送岷江流域综合规划复审会议纪要的函》，规划编制组对报告进行了修改完善。2015年12月，水规总院对报告进行了第二次复审和复核后，基本同意该规划。

16. 长江经济带沿江取水口、排污口和应急水源布局规划 2015年6月，水利部批复了《长江经济带沿江取水口、排污口和应急水源布局规划》（简称《规划》）；7月，长江委向沿江11个省（直辖市）水利（水务）厅（局）及长江委各有关部门和单位印发了规划编制工作大纲，全面启动《规划》编制；在多次技术交流、会议研讨和成果汇总基础上，编制完成了《规划（征求意见稿）》；10月，征求了沿江11个省（直辖市）政府意见，并做了进一步修改完善；11月，水规总院组织对《规划》进行了专家审查，并予以通过。

17. 全国主要江河流域水量分配方案 2015年2月，长江委组织专家对金沙江、乌江、牛栏江水量分配报告进行了咨询。6月，长江委向金沙江、乌江、牛栏江流域所在省级行政区水利厅（局）下发了征求意见的函。8月初流域内各省级行政区水利厅（局）全部正式行文反馈了意见。长江委根据该意见修改完善后于2015年10月将长江流域第二批水量分配方案、编制说明及与各省协调处理说明提交至水规总院。

18. 洞庭湖区钱粮湖、共双茶、大通湖东垸三垸蓄洪工程安全建设工程初设 根据水规总院的初审意见，设计单位于2014年8月提出了《洞庭湖区钱粮湖、共双茶、大通湖东垸三垸蓄洪工程安全建设一期工程初步设计报告》（修订本）（简称《初设报告》）。2014年10月14—19日，国家投资项目评审中心受国家发展和改革委员会（简称国家发改委）委托在湖南长沙市对《初设报告》进行了概算评审，会后，设计单位根据会议评审意见对概算等进行了调整，于2015年1月提出了《初设报告》（审定本），水利部于2015年2月进行了批复。该项目一期工程正按照国家下达的投资计划进行实施。

19. 华阳河蓄滞洪区近期治理工程可行性研究报告　2015 年 1 月 7—9 日，水规总院在北京召开会议，对湖北、安徽两省水利厅联合报送水利部的《华阳河蓄滞洪区建设工程可行性研究报告》进行了审查。根据初审意见，设计单位结合长江平垸行洪、退田还湖规划以及长江流域蓄滞洪区建设与管理规划成果，在征求两省意见的基础上编制完成了《华阳河蓄滞洪区蓄洪水位和进退洪闸规模分析专题报告》。2015 年 8 月 7 日，长江委召开会议，对两省水利厅报送的专题报告进行了技术讨论，形成了《华阳河蓄滞洪区蓄洪水位和进退洪闸规模分析专题报告讨论会会议纪要》。12 月上旬水规总院专家组听取了设计单位的汇报，并查勘了现场，又在望江县召开了座谈会。长江委对该可行性研究报告开展修改工作。

（王小玲　何子杰　周翔）

【工程建设】

1. 三峡工程　三峡水利枢纽工程竣工验收。长江设计院编制完成《长江三峡水利枢纽工程竣工验收设计报告》及图册、《长江三峡水利枢纽工程竣工验收安全鉴定安全监测资料分析报告》。参与三峡水利枢纽工程整体竣工验收预验收配合工作、完成三峡大坝抗震复核工作、配合完成枢纽工程竣工验收工作。编制完成《三峡升船机试通航前安全鉴定设计自检报告》《三峡升船机运行管理手册》已完成初稿、三峡坝区其他项目设计、三峡科学调度及其他专题研究。

三峡水运新通道及葛洲坝船闸扩能项目。编制完成交通运输部关于长江三峡水运新通道调研汇报材料，编制完成深化前期研究工作三个课题的项目实施方案，编制完成三峡水运新通道和葛洲坝航运扩能预可行性研究工作大纲，完成《三峡水运新通道及葛洲坝船闸扩能工程预可行性研究报告》（送审稿）。

三峡水利枢纽竣工验收总报告编制。受三峡建设委员会办公室委托，长江设计院编写完成《长江三峡工程整体竣工验收报告》以及《三峡工程建成情况汇报》。

2. 南水北调中线一期工程　穿黄工程开展缺陷处理研究及设计工作。完成《穿黄工程上游线穿黄隧洞内衬混凝土裂缝处理设计报告》并完成各类缺陷处理设计图纸及技术要求，完成《南水北调中线一期穿黄工程退水洞及导水渠区域治理专题设计报告》。

总干渠工程维护及抢险设施设计方案于 2015 年 2 月底前完成报告修改并予以上报，国调办对总干渠工程维护及抢险设施设计变更技术方案进行批复。5—6 月完成总干渠河南段工程抢险储备物质技术要求及河南段抢险物资仓库招标设计报告编制，并开展陶岔至鲁山段、荥阳段设备仓库的建筑结构施工图及现场备料点施工图设计。

根据中线局要求，2015 年 2 月完成《南水北调中线一期工程总干渠 2015 年 1—10 月通水运行实施方案》，3 月根据审查意见修订后予以上报。4 月中线局印发《南水北调中线一期工程总干渠 2015 年 1—10 月通水运行实施方案》。

兴隆水利枢纽工程的勘测设计供图已全部完成，2015 年主要根据业主的工程验收要求，及时编制兴隆水利枢纽各单位工程验收设计报告，跟踪工程的进程，配合业主的主体工程验收和机组调试工作，确保兴隆水利枢纽工程建设计划顺利完成。

引江济汉进口段工程的勘测设计供图已全部完成，根据业主的 2015 年建设计划，长江设计院制定了引江济汉进口段工程 2015 年勘测设计工作按施工控制性节点要求需提交的专题报告、工程验收设计报告和机组调试及现场配合工作。

丹江口大坝加高工程完成《丹江口水库蓄水试验研究报告》《南水北调中线水源工程待运行期管理维护方案丹江口大坝加高混凝土表面防护工程补充报告》。组织相关专家对《南水北调中线水源工程丹江口大坝加高安全监测相关报告》进行专题审查。完成《南水北调中线水源工程丹江口水利枢纽大坝加高工程 3 右—3 左坝段及升船机工程单位工程验收设计工作报告》；完成《丹江口土石坝强震监测合同验收设计报告》；完成《丹江口水利枢纽调度规程（试行）及专题》。

编制完成了《湖北省丹江口水库农村移民主要实物指标及安置任务变化处理专题报告》（报批稿）、《河南省丹江口水库农村移民主要实物指标及安置任务变化处理专题报告》（报批稿）、《南水北调中线一期工程丹江口水库移民后续帮扶发展规划》（征求意见稿）。受国务院南水北调工程建设委员会办公室委托，编制完成《南水北调工程丹江口水库移民总体验收工作方案》。湖北省移民局委托长江设计院编制《湖北省南水北调中线工程丹江口水库移民总体验收工作大纲》（简称《验收大纲》），2015 年 10 月 30 日，国务院南水北调办正式批复了《验收大纲》。修订了《南水北调中线一期工程湖北省丹江口水库建设征地移民安置规划设计工作总结报告》。

3. 其他在建工程

（1）构皮滩水电站。完成并提交了构皮滩水电站通航建筑物监造标等多项招标文件，构皮滩水电站通航建筑物 2015 年图纸提交情况良好，完成了构皮滩水电站及通航建筑物设代工作。

（2）三里坪水电站工程。三里坪水电站大坝工程已全面施工至 420.00m 高程，电站厂房土建及安装工程均已施工完毕；2 台机组已全部开始送电，现大坝已蓄水至 412.00m。

（3）嘉陵江亭子口水利枢纽。2015 年的主要工作是升船机部位的施工详图供应以及现场服务并进行各单项工程验收。亭子口公司委托长江设计院开展相关勘察设计工作，现已完成鱼类增殖站初步设计工作，并通过了水规总院组织的审查；普安镇城市生活污水处理厂也已完成方案设计。

(4) 银江水电站。2015年12月完成了《金沙江银江水电站可行性研究阶段勘察设计科研工作大纲》。

(5) 金沙江乌东德水电站。按照三峡集团公司要求，可行性研究工作于2015年12月16日乌东德项目完成核准；现场工作重点是河床截流及坝肩开挖，同时做好边坡治理及施工环境的进一步规范等工作，为2016年四季度大坝混凝土浇筑创造良好条件。

(6) 滇中引水工程。《滇中引水工程项目建议书》已通过水利部批复；2015年8月完成了可行性研究报告，并上报水利部，12月，可行性研究报告通过了水规总院审查；8月底提出香炉山隧洞试验性工程初步设计报告，11月云南省政府投资项目评审中心对该报告进行技术咨询，现已按咨询意见提出修订后的初步设计报告；10月，试验性工程正式开工。

(7) 江西省鄱阳湖水利枢纽。根据国家发改委《关于加快做好鄱阳湖水利枢纽工程前期论证有关工作的函》要求，长江设计院进一步开展了相关重大问题补充研究工作，修改了项目建议书，2015年2月提出《项目建议书补充研究报告》。2015年11月，提出《项目建议书补充研究报告（修订本）》，并报国家发改委。

(8) 青海省引大济湟调水总干渠。2015年6月30日，全长24.17km的引大济湟调水总干渠引水隧洞实现贯通。从进口施工累计完成16.00km。从出口施工累计完成8.17km。除二期施工的左岸河床土坝以外，引水枢纽施工已完成95%工程量，除鱼道外已进行分部工程验收。

(9) 金沙江旭龙水电站。根据国家电网云南公司要求，2015年3月，《金沙江旭龙水电站预可行性研究报告》通过审查；2015年7月，下达"封库令"；2016年12月完成项目核准工作；2018年11月截流。为项目工作控制性节点进行相应的可行性研究工作安排，编制了旭龙水电站2015年度可行性研究报告及相关专题总体工作计划表。

(10) 西藏玉曲河扎拉水电站。2015年编制完成了扎拉水电站可行性研究阶段正常蓄水位选择专题，并于2015年4月17日通过了水规总院组织的审查，根据审查意见修改后提交了审定本。现正根据业主要求开展扎拉水电站可行性研究阶段坝址坝线及枢纽布置格局专题和施工总布置专题的编制工作。

(11) 雅鲁藏布江中游河道综合治理。该项目正在开展进行初步设计阶段勘测设计工作。2015年先后提交了林芝段和山南段的初步设计报告，已通过了西藏自治区水利厅组织的审查并按意见修改了报告。长江委对林芝、山南地区后续的施工图开展设计工作。日喀则段的工程初设工作，已完成补充地形测量和地质勘察等工作，并完成了初步设计阶段的河道治理工程的布置、断面设计、工程量计算等工作。

（徐纬　周翔）

【汛情与防汛】　2015年，长江流域汛期降水量基本正常，来水量正常略偏少；干流汛情基本平稳，但部分支流发生严重汛情，其中长江下游支流滁河、秦淮河出现超历史最高水位洪水，嘉陵江、汉江上游部分支流出现超保证水位洪水，洞庭湖水系部分支流出现超警洪水，湘江、赣江等支流还发生了历史罕见的冬汛。汛期，局地山洪灾害严重，登陆台风影响大；云南等省还发生了局地干旱，人畜饮水出现困难。但人员伤亡和财产损失近20年最低。

1. 汛情　2015年长江防汛抗旱总指挥部办公室（简称长江防总）启动防汛Ⅳ级应急响应3次，Ⅲ级应急响应4次，Ⅱ级应急响应1次，累计响应时间26天，推动防汛抗旱工作的全面展开。长江防总先后派出工作组和专家组22个72人次，深入西藏、云南、四川、重庆、陕西、湖南、湖北、江西、安徽、江苏等省（自治区、直辖市）灾区一线，协助指导抢险救灾工作。组织防汛抗旱会商47次，下发调度令23道，防汛抗旱工作取得显著成效。

2. 防汛　面对流域出现的复杂汛旱情，长江防总密切监视雨情、水情和汛情变化，强化应急值守，加密会商频次，统筹兼顾，科学调度三峡、丹江口、陆水等重要水库，实施长江上游水库群联合调度，有效应对流域出现的汛情旱情险情灾情。

(1) 防汛抗旱调度实现新成效。2015年汛期，长江防总精心实施长江上游水库群联合调度，三峡水库连续第6年顺利实现175m试验性蓄水目标，上游其他控制性水库基本蓄满。6月，长江防总和安徽省防指及时启用荒草三圩、荒草二圩等分蓄洪工程，有效降低滁河干流主要控制站水位0.50～0.80m，成功应对了滁河发生的较大洪水。2015年，在丹江口水库来水前期偏多、后期特枯的情况下，长江防总适时调整方案，科学调度丹江口水库，果断压减下泄流量，尽最大可能基本维持了丹江口水库的蓄水。

(2) 水利应急处置作出新贡献。2015年6月1日"东方之星"号客轮发生沉船事件后，国家防总、水利部、长江防总派出水利应急工作组赶赴监利，与气象部门有关人员一起组成气象水文工作组，加密水雨情会商和预测预报，组织开展沉船附近区域水文应急监测，全力配合做好救援打捞工作。长江防总应急调度三峡水库，将三峡水库下泄流量由1.72万m^3/s逐步压减至7 000m^3/s，有效降低监利站水位近3m，相应减缓了沉船区域流速，为"东方之星"号沉船救援创造条件。国家防总、长江防总通过与国家电网公司沟通，紧急调整了相关电站的发电计划和运行方式，在3h内紧急下调三峡、葛洲坝电站负荷927万kW。应急调度期间，长江防总适时调度乌江构皮滩、思林、沙沱、彭水水电站拦蓄，有效减缓三峡水库水位上涨。该次三峡水库应急调度和水文应急监测在沉船搜救打捞和处置工作中发挥了重要作用，得到各方充分肯定，社会反响良好。

（3）防汛抗旱基础工作获得新进展。2015年，长江防总加强了防汛抗旱基础研究和预案方案修订编制工作，继续深化以三峡水库为核心的上游水库群联合调度研究，组织编制的《长江防御洪水方案》已经国务院批复执行，《2015年长江上游水库群联合调度方案》和《长江口咸潮应对工作预案》获得国家防总批复；《长江流域水库群联合调度研究顶层设计》编制完成，已上报水利部审查。组织开展了《汉江洪水和水量调度方案》修编和《南水北调中线水量调度应急预案》编制工作；《丹江口水利枢纽调度规程（试行)》编制和专题研究基本完成，将上报水利部审批。长江上游控制性水库优化调度方案编制研究取得明显进展，溪洛渡、向家坝和三峡梯级水库联合调度方案研究项目已通过专家评审和项目验收，乌江、嘉陵江等重要支流梯级水库联合调度研究正组织开展，三峡水库优化调度关键技术研究2015年度课题研究已启动。山洪灾害防治、重点地区洪水风险图编制、抗旱规划实施项目建设也取得明显进展。

（4）防汛抗旱能力建设有新举措。长江防总办公室坚持以信息化为抓手推进能力建设，立足于长江防汛抗旱管理需要，通过信息化手段提高管理水平和业务工作水平，将信息系统与业务管理深度融合。抓住国家防汛抗旱指挥系统二期工程建设有利时机，在《长江水利委员会信息化建设顶层设计》的指导下，加强“三个一”条件下防汛抗旱业务系统开发，加快长江防总会商系统升级改造，推进预报调度一体化，促进防洪调度与水量调度系统兼容，实现信息系统平台整合集成。推进水库群调度信息报送与共享，完善长江上游水库群联合调度信息共享平台，纳入联合调度的21座控制性水库水雨情监测和调度运行基本实现信息共享。积极推进长江流域控制性水利工程综合调度系统建设。（于晶晶　冯莹）

【水土保持】

1. 生产建设项目水土保持监督管理

（1）2015年，长江委联合青海、西藏、云南、贵州、四川、重庆、甘肃、陕西、湖北、湖南、河南、江西、安徽、江苏、广西等15个省（自治区、直辖市）水行政主管部门和生产建设项目主管部门，对公路、水利、水电、铁路等10个行业的175个部批大型生产建设项目开展了水土保持监督检查，对35个存在问题的项目下发了整改意见。

（2）积极参与生产建设项目水土保持设施验收、方案审查等监督管理工作。全年代水利部主持了33个部批生产建设项目水土保持设施验收工作；派员参加了石家庄至武汉铁路客运专线、龙开口水电站、阿海水电站等6个部批生产建设项目水土保持设施验收工作。参加了水利部组织的雅砻江牙根二级水电站等16个生产建设项目水土保持方案审查会。

（3）开展新《中华人民共和国水土保持法》贯彻实施情况专项检查工作。根据水利部要求，派出6个检查组分别对湖北、湖南、江西、重庆、四川、西藏6个省（自治区、直辖市）新《中华人民共和国水土保持法》贯彻实施情况进行了专项检查。

2. 流域水土保持重点工程督查工作

（1）组织开展了流域内国家水土保持重点工程督查工作。先后派出7个督查组，对西藏、四川、重庆、湖北、湖南、江西、陕西、河南8个省（自治区、直辖市）50个抽查县的项目督查工作，对存在的问题提出了整改要求及建议，完成了分省督查报告上报水利部。

（2）完成岩溶地区石漠化综合治理工程水利水保项目核查工作。按照水利部要求，派出5个核查组分别对云南省、四川省、重庆市、湖北省和湖南省的6个县（区）2013年度、2014年度岩溶地区石漠化综合治理工程水利水保项目进行了核查。

3. 水土保持监测和信息化管理

（1）组织开展了湖北、湖南、江西、四川、重庆5省（直辖市）2015年全国水土流失动态监测与公告项目现场检查；对《全国水土流失动态监测与公告项目长江流域2014年度监测成果》《全国水土流失动态监测与公告项目长江流域2015年度实施方案》《全国水土流失动态监测与公告项目规划长江流域（2016—2021年)》进行了审查，提出了审查意见和咨询意见。

（2）2015年8月，组织开展了“十二五”期间长江流域水土保持情况统计工作会，收集了流域“十二五”期间水土保持信息，分析处理后录入长江流域水土保持管理信息系统。

4. 基础工作

（1）云贵鄂渝水土保持世行贷款项目中央执行办支持服务体系项目通过水利部验收。2015年3月，水利部在武汉市召开验收会，对长江委负责的云贵鄂渝水土保持世行贷款项目中央执行办支持服务体系进行了验收，同意该项目通过竣工验收。

（2）组织开展了丹江口库区及上游水土保持“十三五”规划编制工作。组织编制完成了规划调查工作大纲，开展了规划资料收集及外业调查工作；召开了《丹江口库区及上游水土保持“十三五”规划工作大纲》审查会，国务院南水北调办公室环境保护司、水利部水土保持司领导参加了会议。

5. 水土保持法宣传、培训

(1) 落实《水利部办公厅关于开展水土保持法施行四周年宣传活动的通知》要求，制定了长江委宣传活动方案，利用《中华人民共和国水土保持法》颁布日、世界水日、中国水周、“12・4”普法日开展多种宣传活动。在长江委办公大楼滚动播放新《中华人民共和国水土保持法》施行4周年纪念宣传视频，在机关大院内外悬挂水土保持宣传横幅，在长江水土保持网开辟纪念专题等。全年在水利部、长江委网站等新闻媒体上共发表信息100多条。

(2) 举办了西藏自治区水土保持监督管理及监测技术培训班。2015年5月，在西藏自治区林芝市举办了西藏自治区水土保持监督管理及监测技术培训班，对来自西藏自治区水利厅、交通厅、地市和部分重点县水利局的水土保持管理人员60余人开展了为期一周的水土保持监督管理及监测技术培训。

(3) 举办了长江流域国家水土保持重点工程建设管理研讨培训班。2015年9月，在西藏自治区林芝市举办了长江流域国家水土保持重点工程建设管理研讨培训班，流域14个省（自治区、直辖市）水土保持处（局）和西藏有关地市水利局水土保持工作主要负责人和重点工程管理人员共50余人参加了培训。

（蒲勇平　冯莹）

【工程管理】

1. 流域河道管理范围内建设项目管理　2015年，长江委办理河道管理范围内建设项目许可122项。其中，码头工程56项，穿、越江工程37项，河道综合整治项目26项，造船项目3项。按行政区划统计，云南1项、贵州1项、陕西1项、河南1项、四川17项、重庆24项、湖南6项、湖北28项、江西4项、安徽11项、江苏26项、上海2项。开展了三峡库区、丹江口库区水行政执法检查；对湖南省沅江市有关建设项目损坏堤防、污染水质事件和重庆市南岸区东岸集装箱码头公司有关违规涉河行为进行调查处理。

2. 流域重点水利工程建设管理　2015年4月，长江委会同贵州省水利厅主持完成了贵州黔中水利枢纽一期工程平寨水库导流洞下闸蓄水阶段验收。6月，长江委会同西藏自治区水利厅主持完成了旁多水利枢纽首末台机组启动阶段验收。主持完成了丹江口库区及上游水土保持监测项目竣工验收。完成了湖北省荆州市新滩口闸加固工程竣工总结工作。

3. 流域节水供水重大水利工程建设督导检查　2015年4月，长江委组织开展了第一次流域内节水供水重大水利工程建设督导检查工作。对江西、湖南、重庆、四川等省（直辖市）的节水供水重大水利工程进行了现场督导检查。9月，组织开展了第三次流域内节水供水重大水利工程建设督导检查工作。对湖北、湖南、重庆、四川等省（直辖市）的节水供水重大水利工程进行了现场督导检查。

4. 水利工程安全度汛　2015年5月，长江委向长江工程建设局、汉江水利水电（集团）有限责任公司转发了《水利部关于做好2015年在建水利水电工程安全度汛工作的通知》，要求项目法人做好在建水利水电工程安全度汛工作。

5. 质量与安全监督　2015年4月，长江委对江西省浯溪口水利枢纽工程开展了质量与安全生产监督巡查工作。5月，对湖北荆江大堤综合整治工程开展了2015年度质量监督巡查工作。8月和9月，长江委组成的水利部水利建设质量工作考核第六、第七考核组，对北京、河北、广东和海南等4个省（直辖市）2014—2015年度水利建设质量工作进行了考核。12月，开展了湖南省洞庭湖区治理近期实施方案项目2015年度质量监督巡查工作。全年开展了江西峡江、浯溪口水利枢纽工程，贵州夹岩水利枢纽工程，湖北荆江大堤综合整治工程，湖北堵河潘口、小漩水电站，湖南省洞庭湖区综合治理近期实施工程等项目的质量监督工作。

6. 水库管理　2015年6月，长江委组织委属陆水、丹江口水库管理单位编制完成水库划界确权工作实施方案。8月，完成了陆水、丹江口水库运行管理工作的现状和运行管理经费落实情况调查和总结工作。完成了《陆水水库维修养护技术标准（试行）》的编制工作。12月，完成了陆水试验枢纽管理局水管体制改革情况统计工作。（梁伟　张彬彬）

【污染治理】

1. 规划、环评工作　“十二五”期间，长江流域水资源保护局（简称水保局）进一步创新水资源保护规划理念，拓展规划内容，完善规划体系。截至2015年，以水资源和水生态环境保护为重要内容的《长江流域综合规划（2012—2030年）》获国务院批复；牵头完成的《长江流域片水资源保护规划》《长江经济带沿江取水口、排污口和应急水源布局规划》《三峡库区水资源保护规划》通过水利部审查；负责编制完成了澜沧江、怒江、雅鲁藏布江、洞庭湖区等21项流域综合规划环境影响报告书，其中10余项成果通过水利部审查；负责编制了汉江、嘉陵江、赤水河、鄱阳湖区及赣江、抚河、信江等30余项流域综合规划中水资源保护、水生态与环境保护规划。

2. 工作机制建设　2015年，水保局创新工作机制，与环保部华东督查中心构建首个流域性跨部门水资源保护与水污染防治联合工作机制，为落实“水污染防治行动计划”起到推动作用；组织召开南水北调中线工程水源区水资源保护和水污染防治第四次联席会议，增进流域机构与地方政府的协作联系与信息共享。

3. 水功能区管理 2015 年，水保局完成了流域片 1 521 个重要江河湖泊水功能区复核，完成了流域片重要江河湖泊水功能区纳污能力核定和分阶段限制排污总量方案制定，并将水功能区达标率分解至流域片内各省（自治区、直辖市）。组织开展 1 070 个水功能区达标评价成果技术核查，对 24 个重要水功能区进行了监督检查，会同地方对 63 个水功能区进行监督比测，实现了重要水功能区监督检查工作的常态化；全面完成了流域片 95 个省界缓冲区 229 个标志牌（碑）的确界立碑，开展了省界缓冲区水质专项调查。

4. 入河排污口监督管理 “十二五”期间，建设项目入河排污口设置审批、验收及监督管理进一步规范，工业园区和城市规划入河排污论证逐步推进。实行流域机构直管入河排污口全覆盖监督检查和监测，对 103 个重要入河排污口进行了监督检查；推进入河排污口信息统计工作，并在江西、重庆试点推广。

5. 水生态文明建设 “十二五”期间，水保局共对 56 个国家重要饮用水水源地组织开展安全保障达标建设检查与评估；组织实施了陆水水库重要饮用水源地安全保障达标示范工程建设；依法协调鄂、豫两省开展南水北调中线丹江口水库饮用水水源保护区划分工作，保护区分别由两省政府批复；组织开展了丹江口水库、汉江中下游、鄱阳湖的健康评估试点；按照水利部安排，完成对西藏那曲等 21 个全国水生态文明城市建设试点方案的审查，并跟踪做好中间检查和评估工作。有效应对甘肃西和县陇星尾矿库尾砂泄漏锑污染等突发水污染事件。

6. 水资源保护监测 “十二五”期间，长江流域水资源保护监测支撑能力不断加强，流域监测站网进一步完善，成员单位发展至 116 个，监测断面覆盖长江流域片干支流达 3 500 多个；实现了流域片 194 个省界和国界断面的全覆盖监测，80%以上的断面实现了月测月报；组织开展了 1 294 个重要水功能区监测，水功能区监测覆盖率达到 84%；组织开展长江干流重庆至上海江段巡测；组织开展了江苏、河南和湖北三省 35 个监测点的地下水监测；在丹江口水库水源地实现了 109 项全指标水质监测，开展了生物监测预警应用示范；在三峡库区等敏感水域开展富营养化调查监测。

7. 科技支撑 2015 年，水保局夯实科技支撑，主编的《内陆水域浮游植物监测技术规程》经水利部颁布实施，开展了多源生物监测预警技术研究，2015 年获“大禹水利科学技术奖”二等奖 1 项、“测绘科技进步奖”二等奖 1 项、发明专利 1 项、实用新型专利 3 项。

（刘昊 张彬彬）

【科技与教育】

1. 科技

（1）加强治江科技工作。长江委国际合作与科技局（简称国科局）组织编制《长江控制性水利水电工程及跨流域调水工程运行的影响与对策研究滚动规划（2015—2030 年）》与《长江委水利科技推广与标准化项目三年滚动财政规划》，提出长江委“十三五”水利科技需求建议。组织长江委所属有关单位开展科研项目申报，积极跟踪国家重点专项“水资源高效开发利用”等的申报工作。2015 年，长江委申请并获批“973”、水利部公益性行业科研专项、“948”科技推广、国家级湖北省自然科学基金等项目共计 52 项，科研经费 7 660 万元。继续加强科技平台申报组织工作，科技创新平台建设取得新突破。截至 2015 年年底，长江委共建有 1 个国家大坝安全工程技术研究中心，4 个省部级重点实验室，3 个省部级工程技术研究中心和 2 个省部级科技推广中心。继续协调组织对已建国家及省部级重点实验室、工程技术研究中心的运行管理，开展科技平台能力建设年终考核。协调组织长江委技术监督与知识产权保护工作，组织长江委所属有关单位编制完成水利标准化项目“十三五”规划，承办水利部国科司水利标准国际化工作交流座谈会、水利技术标准编写与审查培训班。积极发布相关情况通报。2015 年，长江委获批各类专利 94 项，其中发明专利 40 项，实用新型专利 54 项。

（2）科研成果丰富。强化科研全过程管理，继续开展科技项目中期评估，着力提高科技项目成果质量。整合优势科技资源，规范长江委内国家科学技术奖培育申报工作，发布《长江委 2016—2020 年国家科学技术奖培育申报工作指导意见》。开展年度长江委科技奖和青年科技奖评选工作，组织长江委所属有关单位积极申报国家级、省部级科技奖项。2015 年，长江委牵头完成的项目共有 13 项获国家级和省部级奖励，其中“水工岩体特性评价与工程利用关键技术”获得“国家科技进步奖”二等奖，6 项成果获“大禹水利科学技术奖”（一等奖 2 项、二等奖 3 项、三等奖 1 项），5 项成果获“湖北省科学技术奖”（一等奖 2 项、二等奖 2 项、三等奖 1 项），1 项成果获“湖北省科技型中小企业创新奖”；长江委参与项目获得国家级、省部级奖励 4 项。长江设计院牵头完成的白鹤梁水下博物馆工程获“2015 年度 FIDIC 国际咨询工程项目”优秀奖，沐若水电站获“第三届碾压混凝土坝国际里程碑奖”。

（3）科技讲座、论坛工作。组织长江委领导干部科技讲座，邀请中国科学院的专家院士作了题为“大数据时代下的水利”的科技讲座。组织举办主题为“长江流域综合管理”的长江委第四期青年科技论坛，一批青年科技专家走上论坛，发表见解，展示风采，营造了青年科技工作者投身治江科技工作的良好氛围。

2. 教育　2015 年，长江委培训职工 49 169 人次。其中，举办各类培训班 604 期，培训职工 28 455 人次；上级调训干部 97 人次；选送职工出国培训 11 人次；开展各类自主选学活动，培训职工 20 606 人次。

培训实施过程中，坚持科学理论武装，加强党性党风党纪教育，在注重能力建设的同时加强作风建设，全面提升干部素质。在培训内容上，要求各单位将党的十八大及十八届三中、四中、五中全会精神，以及习近平总书记系列讲话精神和反腐倡廉作为干部培训的必学内容，同时根据干部的不同需求设置差异化培训内容。在培训对象上，突出培训重点，重点做好处级及以上干部领导能力培训、参公人员履职能力培训、专业技术人员知识更新培训、青年人才综合素质培训和技能人才岗位培训，积极推进全员培训。在培训方式上，探索更加高效的培训模式，逐步建立起脱产培训与党委（党组）中心组学习、网络培训、在职自学等方式相结合的参训机制。在培训师资上，就地就近取才，推动领导、专家上讲台的常态化，政治理论和业务培训的实效性增强。在培训管理上，严格培训管理，严肃培训纪律，加强培训考核，切实将从严治校、从严治教、从严治学的要求落到实处。教育培训的不断创新满足了干部职工多样化、个性化的培训需求，提高了广大干部职工参训积极性，培训的参训率和达标率实现提升。

在完成全委职工培训任务的同时，联合水利部人才资源开发中心举办参公人员及管理干部的示范性培训，联合有关部门以讲座形式举办了 1 期廉政纪律教育暨落实主体责任培训班，联合有关部门举办了 2 期文化建设讲座。举办行业培训班 11 期，培训 2 018 人次。受水利部委托举办援疆、援藏培训，培训新疆、西藏水利干部 189 人。

（周刚炎　涂江南　万茜婷）

【国际（地区）交流与合作】

1. 规范外事管理　长江委国科局贯彻落实中央关于进一步加强因公出国管理的有关规定，按照中央从严从紧的要求，对出国团组严格把关，注重实效。加强因公出国（境）统筹协调，确保科研人员出国（境）开展科研活动。实行因公出国（境）经费先行审核制度，建立因公出国（境）联席会议机制和外事联络员机制，外事工作有章可循，严谨规范。

2. 不断拓宽国际（地区）交流合作渠道　2015 年，柬埔寨、老挝、孟加拉、墨西哥、美国、德国等国家的高层代表团相继访问长江委；长江委与美国、韩国等有关机构签署多项合作交流协议。中瑞金沙江水资源风险综合管理项目按计划实施，第九届中韩水技术交流会在丹江口成功举办。积极组织申报科技部合作专项项目，其中 3 个项目处于实施阶段，1 个科技援外项目已履行科技部组织的立项答辩程序，拓展了长江委科技对外合作的渠道和资金来源。

3. 积极支持海外业务拓展，实施“走出去”战略　大力支持长江委所属企事业单位开拓国际市场，承接海外工程项目，从而提高了中国水利的国际影响力。2015 年，长江设计院新签国际项目合同额 5.5 亿元，实现国际项目营业额 2.2 亿元，分别比 2014 年增长 30％和 10％，主要包括巴基斯坦 KAROT 水电站项目，印度尼西亚卡杨Ⅰ级水电站项目，马来西亚沐若水电站项目，尼泊尔西塞提水电站勘察设计项目，缅甸孟东水电站勘察设计项目，秘鲁南部水资源评估、规划和管理研究项目等。

4. 国际河流管理开创新局面　根据水利部部署，以长江委为主要技术支撑单位，为西南跨界河流涉外谈判提供技术支持。启动澜沧江梯级水库建设运行影响和统一调度研究课题。配合中国对东盟外交战略，成功申报中国—东盟海上合作基金“澜沧江—湄公河水资源合作项目”。在继续做好对湄水文报汛工作的基础上，编制对湄应急信息通报规程并开展应急信息通报。举办山洪地质灾害防控技术国际培训班，开展缅甸防洪应急咨询，向湄公河流域国家宣传长江委治水理念和成功经验，促进相互了解，增进友谊。

5. 继续加强与台湾水利同行的交流　积极推进长江委与台湾逢甲大学建立的海峡两岸水利科技交流机制。2015 年 11 月，台湾水利参访团一行 10 人，先后与长江委长江科学院、长江设计院和长江流域水资源保护局就抗磨材料与铺设工法开展了技术交流与考察活动，为解决台湾石门水库泥沙问题提供了借鉴。通过交流，增进了两岸水利同仁的感情和友谊，服务了长江委治江事业和国家的对台政策。

（周刚炎　万茜婷）

黄河流域

【水政】

1. 水法规建设　2015 年，黄委在水法规建设方面主要做了以下几项工作：

（1）积极推进《黑河流域管理条例》立法前期研究工作，完成了《现行涉水法律规范在黑河流域实施中的问题及其对策研究》报告，并通过验收。

（2）开展《黄河河口管理办法》修订工作，在征求山东省东营市人民政府及相关部门、山东河务局意见和开展专家咨询论证的基础上，形成了修订意见。

（3）开展《黄河下游浮桥建设管理办法》修订工作，组织开展了浮桥管理专题调研，印发了《黄河下游浮桥防汛监督管理指导意见》。

(4) 积极推进有关黄河管理的地方性立法工作。《河南省黄河防汛条例(草案)》通过了河南省政府第五十七次常务会议审议,已报河南省人大常委会。山东黄河河务局组织制定了《山东省黄河条例立法实施方案》,已报山东省政府和省人大,并开展了相关立法前期工作。

(5) 对2011年以来制订印发的规范性文件进行了清理,初步确认有效的黄委规范性文件12件。

2. 水行政执法工作

(1) 加大河道巡查和执法力度,组织开展河道专项执法检查、冬春季节河道专项巡查、汛前执法检查等活动,依法查处各类水事违法案件1 430起,取缔非法采砂场112个,责令整改采砂场95个,清除采淘铁砂船25只,清除违章建筑119处,制止违章取土39处,清除阻水片林10万余株,维护了正常的水事秩序。建立了禹门口以下67座浮桥的管理档案。

(2) 有效遏制了滩区光伏发电项目建设。自2014年以来,山西、陕西、河南等地相继提出拟在黄河滩区建设光伏发电项目。黄委对此高度重视,先后召开4次主任专题办公会议,充分论证了对黄河防洪和项目自身安全的影响,5月,向水利部有关司局专题汇报,以黄河防总办文件要求山西、陕西、河南、山东4省防指禁止在黄河滩区建设光伏发电项目。

3. 省际水事纠纷调处 2015年,黄委继续组织开展常态化省际水事纠纷预防排查化解活动,督促甘肃省庆阳市宁县落实在泾河陕甘界河段违规建设引发的省际水事纠纷的处理意见;组织甘肃、陕西两省水利厅和有关单位赴现场进行处理;配合有关部门开展泾河陕甘边界河段治理规划编制工作,规范该河段的治理开发。

4. 水行政执法队伍建设 9月15—18日,黄委水政局在洛阳举办黄委2015年水政监察干部培训班。黄委所属具有水行政管理职能的单位及其二级管理单位,水利部水利综合执法示范点建设单位,山西、陕西三门峡库区管理局和三门峡市黄河河务局,小浪底库区管理中心等单位分管水政业务负责人或水政部门负责人、水政监察队伍负责人总计70余人参加了培训。培训采取理论授课与经验交流、座谈研讨相结合的方式。河南省人民检察院职务犯罪预防处负责人、河南财经政法大学教授、黄委信息中心专家莅临授课。培训内容包括职务犯罪预防、依法行政、水政信息化建设与应用、黄河河道管理、水利综合执法、水行政执法责任制等。 (于自力)

【水资源】

1. 主要来水区来水 根据报汛资料统计,2014年7月至2015年6月,黄河流域主要来水区合计来水380.96亿m^3,较多年同期均值(采用2010年以前资料系列,下同)偏少18%。其中,上游280.17亿m^3,偏少6%;中游100.79亿m^3,偏少39%。非汛期(2014年11月至2015年6月)黄河流域主要来水区合计来水168.37亿m^3,较多年同期均值偏少10%。其中,上游114.99亿m^3,偏少4%;中游53.38亿m^3,偏少20%。

2. 干流河段省(自治区)耗水 根据引退水资料统计,2014年7月至2015年6月,青海、甘肃、宁夏、内蒙古、陕西、山西、河南、山东、河北等省(自治区)干流合计耗水量为243.82亿m^3,较年度计划分配指标多30.64亿m^3。其中,2014年11月至2015年6月,合计耗水量为164.23亿m^3,较年度计划分配指标多23.67亿m^3。

3. 水库运行 2015年7月1日,龙羊峡、刘家峡、万家寨、三门峡、小浪底五大水库蓄水总量231.14亿m^3,较2014年7月1日五大水库蓄水总量214.31亿m^3多16.83亿m^3。其中,2014年7—10月五大水库合计蓄水增量106.6亿m^3,2014年11月至2015年6月,五大水库合计补水量89.77亿m^3。

2015年7月1日,龙羊峡水库蓄水量为168.38亿m^3,较2014年7月1日蓄水量165.07亿m^3多3.31亿m^3。其中,2014年7—10月蓄水增量44.36亿m^3,2014年11月至2015年6月补水量41.05亿m^3。

2014年11月到2015年6月,龙羊峡、刘家峡和小浪底水库下泄水量分别为108.51亿m^3、146.60亿m^3和188.90亿m^3。

4. 汛前调水调沙引水与黄河下游生态调度 为保证2015年汛前调水调沙效果、满足下游正常的用水需求以及配合调水调沙安全运行,黄委成立各级计划引水管理小组,加强计划引水管理的领导和组织。调水调沙期间,加强实时调度,强化监督检查,保障及时信息沟通和协调。为做好引水引沙统计工作,要求山东黄河河务局、河南黄河河务局每日10时前报送引水引沙统计日报表,密切跟踪水情及引水引沙情况。据统计,本次引水引沙期间,黄河下游累计引水量11.54亿m^3,累计引沙量356.08万t。利用调水调沙后期河道水位回落且含沙量较小的时机,适时对河南、山东河段共19座涵闸实施了拉沙冲淤,冲淤时间30h,用水量54.9万m^3,为今后涵闸引水运用提供了保障。

连续8年成功实施基于汛前调水调沙的黄河下游生态调度,持续促进河口三角洲湿地生态系统良性恢复。据统计,2015年黄河生态调度共向河口生态补水3 165.3万m^3。其中刁口河流路补水1 486.6万m^3,现行流路自然保护区补水1 678.7万m^3。通过对遥感监测数据分析,本次生态调度后,河口三角洲湿地水面面积共增加1.18万亩,为进一步促进河口地区生态环境的良性发展发挥重要作用。

5. 引黄入冀应急调水　为缓解河北省缺水局面，同时兼顾沿线农业用水，在共同协商的基础上，实施了2015年引黄入冀应急调水。2015年引黄入冀应急调水采用河南渠村、山东位山和潘庄三条线路实施，合计向河北供水4.12亿m^3。

引黄入冀位山线路2015年4月8日开闸，2015年4月25日关闸，累计引水量1.19亿m^3。

引黄入冀潘庄线路第一阶段于2015年9月17日18时开始，9月29日18时结束，累计引水量5 202万m^3。2015年11月19日9时再次开闸，截至2015年12月31日，累计引水量1.45亿m^3，潘庄线路共计引水量1.97亿m^3。

引黄入冀渠村线路供水时段为2015年1月31日至2月12日、2015年3月1—13日、2015年3月16日至4月30日、2015年7月1日至8月1日和2015年9月14日至10月11日，渠首渠村闸累计供水0.96亿m^3。　（于自力）

【前期工作】

1. 前期工作投资　2015年，治黄前期工作投资14 365万元，全部为中央预算内资金。共安排前期工作22项，其中，规划及专题研究5项，计划投资938万元，主要安排黄河下游河道与滩区治理战略研究、黄河流域水量分配方案制定、黄河流域（片）水利发展"十三五"规划、黄河流域水资源保护规划、HSLYZHGH环境影响评价补充；项目前期12项，计划投资11 433万元，主要安排黑河黄藏寺水利枢纽可行性研究、黄河下游"十三五"防洪工程建设可行性研究、黄河禹门口至潼关河段"十三五"治理工程可行性研究、十里堡等7座闸除险加固工程可行性研究、省界断面水资源监测站网新建工程可行性研究、黄河黑山峡河段开发功能定位论证、黄河黑山峡河段开发水库淹没及移民安置方案研究、黄河黑山峡河段1∶2 000地类地形图测绘、黄河黑山峡河段开发方案环境影响评价、黄河黑山峡河段开发方案比选、国家水文数据库建设工程可行性研究、H河引水枢纽上游泥石流防护工程前期工作；基础工作5项，计划投资1 994万元，主要安排全国蓄滞洪区基础信息测量及复核、黄河流域泥沙成果研究修订、黄河托克托以下重点区域GPS控制网测量、流域水利前期规范化管理等。截至2015年年底，完成本年度计划投资14 005万元，占计划投资的97.49%。

2. 重大项目前期工作取得新成效　黄委从全面提高流域水安全保障能力的高度，依据《黄河流域综合规划》及实施意见，积极争取将黄河下游防洪工程、黑河黄藏寺水利枢纽工程、黄河古贤水利枢纽工程、黄河黑山峡河段开发治理工程、南水北调西线工程等5个项目列入国家加强推进的172项重大水利工程；并把黄河粗泥沙集中来源区拦沙工程一期、金堤河干流河道治理工程、沁河下游河道治理工程、东平湖蓄滞洪区防洪工程、黄河下游"二级悬河"近期治理工程、黄河禹门口至潼关河段"十三五"治理工程、黄河下游沿河光纤环网建设工程等7个项目与前5个项目同步推进，共同组成黄委加快推进的12项重大水利工程。为抢抓加快水利发展重大机遇，在重大项目前期工作推进中，制定推进计划、细划责任分工、建立和运行6项推进机制。12项重大项目，黄河下游防洪工程、黑河黄藏寺水利枢纽工程、沁河下游河道治理工程、金堤河干流河道治理工程等4项获国家发改委批复，投资规模达110亿元；粗泥沙拦沙工程一期、黄河下游"二级悬河"近期治理等2项通过国家发改委评估；黄河古贤水利枢纽项目建议书通过水利部审查；东平湖蓄滞洪区项目等5项按计划积极推进。

3. "三水"项目前期进展情况　2015年1月，黄委对《黄河上中游水政监察基础设施建设项目（一期）遥感遥测监控工程初步设计报告》进行了批复，批复概算总投资1 170万元。2015年2月，黄委对《黄委11处水文测站改建项目初步设计报告》进行了批复，批复概算总投资2 302万元。2015年11月，黄委对《黄河流域省界断面水资源监测站网新建工程（一期）可行性研究报告》进行了批复，12月对《黄河流域省界断面水资源监测站网新建工程（一期）初步设计报告》进行了批复，批复概算总投资419万元。

（于自力）

【工程建设】　2015年，黄委各有关部门及单位紧紧围绕建设总体目标，大力推进防洪工程建设，黄河下游近期防洪工程56个单项、禹门口至潼关河段近期治理工程18个单项、17座病险水闸除险加固工程全面完工，工程建设圆满收官。

11月5日，黄河下游防洪工程新乡防洪工程第一标段、焦作防洪工程第一标段开工；7日，黄河下游防洪工程东平湖防洪工程、河口防洪工程第一标段工程也先后开工，标志着黄河下游防洪工程正式开工。工程建设主要内容包括：加固堤防242.30km；建设堤顶防汛路801.34km；改建上堤防汛路9条、42.58km；恢复上堤辅道378条、68.18km；建设防浪林80.32km；处理穿堤建筑物4处；临黄山口隔堤防渗加固1.45km；改建加固险工25处、坝垛（护岸）731道；新建、续建控导工程35处、19.07km，加固控导工程14处、坝垛235道；改建控导工程防汛道路7条、15.24km。工程施工总工期为60个月，工程总投资为669 902万元。项目法人分别为山东黄河河务局工程建设中心、河南黄河河务局工程建设中心。

黄委高度重视黄河下游防洪工程开工工作，多次召开专题会议安排部署工程开工相关事项，要求所属有关单位及时做好招标等各项准备工作，积极推进

“三通一平”等施工准备工程进展，压茬推进招标投标、征地拆迁等各环节工作。 （于自力）

【汛情与防汛】

1. 雨情 2015年汛期，黄河流域面平均雨量225mm，较多年均值偏少约29.4%。与多年同期均值相比，兰州以上、兰托区间、山陕区间、伊洛河偏少20%～30%，泾渭河、北洛河、汾河、龙三干流、三小区间、沁河、小花干流、黄河下游、大汶河偏少30%～42%，详见表1。

表1 黄河流域 **2015** 年 **7—10** 月降雨实况统计表

区 域	雨量/mm	距平/%	最大雨量	
			量值/mm	地点
兰州以上	199.4	-27.52	351.50	吉迈
兰州—托克托区间	132.3	-22.74	256.90	店上村
山西—陕西区间	211.9	-27.55	426.60	杏河
泾渭河	210.7	-34.22	570.10	大峪
北洛河	222.9	-34.17	498.60	黄陵
汾河	199.3	-37.06	287.20	桑坪
龙门—三门峡干流	235.9	-31.94	391.60	三门峡
三门峡—小浪底区间	272.8	-32.24	379.40	石寺
伊洛河	281.0	-27.80	607.20	张坪
沁河	244.1	-37.34	428	追山
小浪底—花园口干流	240.1	-33.60	445.20	紫院
黄河下游	257.6	-33.62	429.20	孙口
大汶河	294.7	-42.20	473	彭家峪
全流域	225.0	-29.4	607.2	张坪

注 “距平”计算所依据的多年均值资料截至2010年。

2. 汛情 2015年汛期，黄河流域各区间没有出现较大的暴雨洪水过程，个别区间出现了较小洪水过程。

7月，受持续降雨和电站调峰影响，黄河上游唐乃亥站发生多个小洪水过程，7月4日13时最大洪峰流量为2 230m^3/s，7月19日回落至1 000m^3/s以下。黄河最大支流渭河6月下旬阵性降雨多，因雨强较小，下游出现一次小洪水过程，7月2日14时，华县站洪峰流量630m^3/s，大于500m^3/s流量级的过程持续27h。

8月，兰托区间、山陕区间和泾渭洛河出现较强降雨过程。8日18时35分兰托区间红柳沟鸣沙洲站发生了1981年建站以来第二大洪水，洪峰流量334m^3/s，仅次于2010年8月11日的430m^3/s。2日6时24分山陕区间湫水河林家坪站洪峰流量1 400m^3/s，为2010年以来最大洪水。同日9时12分，干流吴堡站洪峰流量2 280m^3/s，最大含沙量241kg/m^3。3日4时30分龙门站洪峰流量1 980m^3/s，4日2时最大含沙量124kg/m^3。该洪水过程演进至潼关站，4日14时洪峰流量1 900m^3/s，5日12时最大含沙量36.4kg/m^3。三门峡水库提前敞泄运用，4日11时24分出库站洪峰流量2 680m^3/s，14时最大含沙量410kg/m^3。8月12日14时54分泾河支流马连河雨落坪站洪峰流量610m^3/s，13日13时48分桃园站洪峰流量662m^3/s，14日0时最大含沙量700kg/m^3；12日2时45分北洛河吴旗站洪峰流量628m^3/s，12日11时48分刘家河站洪峰流量610m^3/s，为2010年以来最大。由于该过程历时短、洪量小，14日18时演进至北洛河状头站时流量仅73.9m^3/s。8月12日10时18分渭河支流千河千阳站也发生了一个小洪水过程，流量395m^3/s。汇入渭河干流后，13日20时18分临潼站最大流量688m^3/s，14日1时最大含沙量450kg/m^3；14日14时24分华县站洪峰流量568m^3/s，15日15时30分最大含沙量330kg/m^3。

9月23—26日，受中游地区降雨及万家寨水库和天桥水电站调节影响，黄河中游出现一次洪水过程。23日12时府谷站洪峰流量2 570m^3/s，24日14时12分吴堡站洪峰流量1 910m^3/s，25日5时54分龙门站洪峰流量1 930m^3/s，26日14时洪水通过潼关站，流量2 040m^3/s。

3. 来水来沙

（1）来水情况。根据报汛资料统计，7—10月，黄河干流主要站实测径流量与多年同期均值相比均偏少。其中，唐乃亥、兰州站和头道拐站径流量分别为83.2亿m^3、107.1亿m^3和48.55亿m^3，偏少30.5%、36.9%和56.2%；黄河中游龙门站和潼关站径流量分别为51.68亿m^3和61.23亿m^3，均偏少66.9%；黄河下游花园口站、高村站和利津站径流量分别为70.7亿m^3、66.5亿m^3和50.8亿m^3，偏少66.3%、66.6%和72.8%（高村站多年同期径流量均值为199.3亿m^3）。主要支流渭河华县站偏少69.9%，汾河河津站偏少83.4%，北洛河状头站偏少84.1%，伊洛河黑石关站偏少73.3%，沁河武陟站偏少90.3%。

（2）来沙情况。根据报汛资料统计，7—10月，黄河干流主要站实测输沙量与多年同期均值相比均偏少。其中，黄河上游兰州站、头道拐站分别为0.0678亿t和0.1119亿t，偏少88.9%和84.5%；中游龙门站、潼关站、三门峡站分别为0.4066亿t、0.285亿t和0.5069亿t，偏少93.9%、96.4%和93.8%；下游花园口站、高村站、利津站输沙量为0.0433亿t、0.1458亿t和0.1902亿t，偏少99.4%、97.7%和96.8%（高村站多年同期输沙量均值为6.386亿t）。主要支流渭河华县站偏少94%，北洛河状头站偏少98.6%，汾河河津站、伊洛河黑石关站、沁河武陟站基本无输沙。

4. 防汛　2015年，黄河防汛总指挥部办公室深入贯彻落实全国防汛抗旱工作会议和国家防总第一次全体会议精神，以防御历史大洪水、确保防洪安全和人民生命安全为目标，立足于防大汛、抗大洪、抢大险、救大灾，按照“抓早、抓严、抓细、抓实”的原则，扎扎实实做好防汛各项工作。提早谋划年度防汛工作，2月10日，召开汛前防办主任会议，研究部署了责任落实、预案修订、防汛管理及水文通信等21项重点任务；5月11日，黄河防总在郑州召开黄河防汛抗旱视频会议，安排部署黄河防汛抗旱任务；6月24日，黄河防总常务副总指挥、黄委主任陈小江主持召开调水调沙和防汛动员会，要求各单位和部门要把防汛工作摆在首要位置，坚持问题导向，以薄弱环节为突破点，对防汛准备工作再梳理、再检查、再落实。全面落实各项责任，6月15日，公布了重要堤段、重点水库、重点城市和主要蓄滞洪区防汛行政责任人；明确了黄委领导防御大洪水责任分工，落实黄委防御大洪水职能组和人员责任分工。编制完成的《黄河洪水调度方案》，顺利通过国家防总审批；组织修订黄河中下游洪水调度方案和龙羊峡、刘家峡水库联合防洪调度方案、汛前黄河调水调沙预案；细化完善滩区蓄滞洪区运用、迁安救护、工程抢险、通信保障、物资运输、洪水预报等专项预案。强化应急处置能力，组织开展汛前河势查勘，对黄河防守重点制订应急抢护方案；落实石料296万m^3，铅丝2 093 t，麻绳1 017t，编织袋633万条；组建完成16支机动抢险队，落实大中型抢险设备1 321台（套）。抓好防汛队伍建设，组织指导河南、山东黄河河务局开展了群防队伍改革试点工作。组织实施了汛前调水调沙。加强汛情研判，提前于8月初调度各水库分阶段向正常蓄水位过渡，为流域抗旱用水储备水源。按照国家防办总体要求，积极推动黄委国家防汛抗旱指挥系统二期工程、洪水风险图编制项目等重点项目建设；基本完成黄河流域山洪灾害监测预警平台建设；组织完成流域片5省（自治区）及新疆兵团2015年度山洪灾害防治项目实施方案合规性审核工作；完成黄河特大洪水防御情景构建工作，圆满完成了防汛抗旱工作。

5. 防凌

（1）防凌工作开展情况。2015年11月24日黄河内蒙古三湖河口河段开始流凌，12月15日头道拐站断面以上4km处首封，2016年2月3日，黄河干流累计最大封冻长度1 242 km，其中宁蒙河段888km、中游河段144km、下游河段210km。3月24日封冻河段全线开通，历时122天。

2015年度凌汛特点：一是气温变化异常剧烈，前期气温偏高，后期气温低，1月下旬，山东济南、滨州等地局部最低气温分别为1958年、1971年以来历史极值。二是上、中、下游全河段流凌，1月27日流凌封河长达2 532 km，占黄河总长的46%，黄河下游流凌长度为2000年以来最长。三是首封日期偏晚。宁蒙河段首封日期较常年（1970—2010年，下同）偏晚13天，下游河段首封日期较常年偏晚12天。四是封河长度为近5年来最长，2月3日全河累计封冻长达1 242 km。五是封河流量小、冰期河道水位低。宁蒙河段首封河段首封前3日平均流量为567m^3/s，较近10年均值偏小20%；下游河段首封前3日平均流量为208m^3/s，较近10年均值偏小19%。六是宁蒙河段槽蓄水增量较小，石嘴山—头道拐河段最大槽蓄水增量约为9亿m^3，较常年均值偏少29%。七是开河凌水释放集中，包头、头道拐断面同一天先后开河，凌峰较大，头道拐断面最大凌峰2 010 m^3/s，为12年来最大。

按照国家防总、水利部的统一部署，黄河防总认真贯彻落实全国水利厅局长会议和全国防汛抗旱视频会议精神，严密防控，狠抓落实，扎实开展了各项防凌工作。黄河防总常务副总指挥、黄委主任岳中明对各阶段黄河防凌工作有针对性地提出具体要求，在封开河期间，多次主持召开防凌专题会商会，对防凌保安全工作进行安排部署，开河关键期带队实地检查内蒙古河段防凌工作。黄河防总秘书长、黄委副主任苏茂林每周主持召开防凌会商会，分析研判防凌形势，安排部署防凌工作。黄河防总超前部署，周密安排，扎实开展各项防凌工作。

一是全面落实各项防凌责任制。提早召开防凌会议，安排部署防凌工作，先后7次派出工作组检查指导有关省（自治区）防凌预案修订、河道清障、涉河在建项目的防凌准备、浮桥拆除、应急抢险等工作。二是突出以人为本，确保人民群众生命财产安全。按照有关预案，多次提前转移安置内蒙古清水河县、托克托县和山西万荣县受凌汛洪水威胁群众78人次。三是精细调度干流骨干水库。首次将大通河、洮河部分重要支流水库水电站调度纳入管理，适时调控河道流量，确保封河平稳。科学调度刘家峡和海勃湾水库泄流，控制河道流量平稳变化，开河期压减刘家峡水库出库流量，运用海勃湾水库蓄水并启用三盛公水利枢纽应急分凌，及时降低万家寨水库水位，确保排凌顺畅，为平稳开河创造了有利条件。四是强化监视监测和会商研判。整合、共享了60多处视频点，通过视频监视系统严密监视水情凌情和部分跨河建筑，充分利用卫星遥感、无人机、地面巡测、驻测等立体监测手段，全面掌握关键河段凌情发展变化，为防凌指挥调度提供可靠依据。开河关键期，内蒙古防指利用轰炸机、气垫船对卡冰结坝河段提前实施冰凌爆破，疏通冰凌下泄通道。五是强化应急值守和涉河工程安全监督管理。内蒙古河段流凌当日起，黄河防总办公室和沿黄各级防指及时启动防凌运行机制，实行24h带班值班制度，加强应急值守、工程巡查、防凌信息报送。强化浮桥、涉河施工项目日常监督管理，督促有关方面及时清除行凌障碍。

(2) 水库防凌调度。龙羊峡、刘家峡、海勃湾水库联合承担宁蒙河段的防凌任务；万家寨、龙口水库联合承担库区河段和北干流河段的防凌任务；小浪底、西霞院水库联合承担黄河下游防凌任务；特殊情况下，三门峡水库配合小浪底水库承担黄河下游的防凌调度任务。

1) 刘家峡水库调度。根据《2015—2016年度黄河防凌调度预案》安排，2015年11月调度刘家峡出库流量（小川站）按690m^3/s控制。11月上旬调度主要考虑满足宁蒙冬灌、水库发电和预留防凌库容等需求，一方面对出库流量进行控制，按925m^3/s控泄，另一方面库容控制，要求其10日将水位降至1 721m左右；11月中、下旬调度，主要是考虑宁蒙河段封河流量，兼顾尚未停灌的宁夏灌区冬灌，中旬分5段调度，旬平均按695m^3/s控泄。11月下旬原定按450m^3/s控泄，24日实时调整为530m^3/s。12月至2016年2月，水库泄流主要考虑河道封河发展和稳定封河的调度，流量是逐步减少的一个过程，水库泄流量分别为2015年12月430m^3/s，2016年1月400m^3/s，2016年2月350m^3/s，旬内基本按30～50m^3/s递减或维持不变（2016年2月中下旬），同时兼顾兰州市枯水期城市供水安全底限要求。3月，随着宁蒙河段自上而下开河，月平均泄流量按450m^3/s调控，旬内逐渐加大，上、中、下旬的实况调度分别为350m^3/s、370m^3/s、400m^3/s。

2) 海勃湾水库调度。黄河海勃湾水利枢纽为第二个年度参与防凌调度，主要任务是就近调蓄刘家峡水库在凌汛期难以控制的水量。根据防凌预案，2015—2016年度海勃湾水库运用方案为：流凌封河期，水位不超过1 070.00 m；稳封期控制库水位1 070.00～1 071.00m运行；开河期最高运用水位按不超过1 073.50 m控制。遇特殊凌情，按不超过1 076.00m运用；当库区出现严重凌情时，随时降低库水位。对于海勃湾凌期的调度，主要是根据内蒙古河道水情实时调度。2015—2016年度调度过程：2015年12月5日逐步将库水位降至1 070.00m；12月15日内蒙古河段出现首封后，黄防总办16日发出调令，要求库水位回蓄至1 071.00m之后按进出库平衡运用。2016年2月29日，宁夏封冻河段即将开通，开河水量将集中释放并进入内蒙古境内，为防止开河期间内蒙古河段不测，黄防总办调度水库降低水位运用，自2016年3月1日8时起，在每日进库流量基础上加大50m^3/s流量下泄，直至库水位至1 070.00 m，之后按进出库平衡运用。2016年3月11日8时水库转入蓄水运用，日均蓄水100m^3/s，控制水库最高水位不超过1 073.50m。2016年3月24日8时，黄河内蒙古河段全线开通后，水库转入正常发电运用。

3) 万家寨、龙口水库调度。万家寨水库防凌调度主要是控制水库水位，封河发展期，按控制库水位970m左右运行；稳定封河期，按控制库水位972m左右运行，当头道拐小流量过程结束后可提高至975m左右运行；开河期，按控制库水位不超过970m运行；遇特殊凌情，水库要随时降低水位。龙口水库是万家寨水库反调节水库，凌期主要是要求其泄流平稳。2015年11月26日8时，万家寨库水位974.63m，此时，三湖河口至头道拐河段已全线流凌，为确保防凌安全，同日，黄防总办要求其尽快将水位降至970m左右运行。2015年12月4日，包头至头道拐河段接近封河前流凌密度，为防止万家寨库尾河段堆冰，溯源影响附近河段防凌安全，黄河防总办调令要求其12月7日8时降至972m以下运用，待河道首封时降至970m。由于内蒙古河段流凌时间较长，库区弯道、桥梁多，加之库水位高，库尾河段大量堆冰，冰凌下泄受阻，致使库区末端水位不断攀升，危及库区沿河公路及移民新村安全。基于此，2015年12月9日、10日，黄河防总办连续向万家寨水利枢纽有限公司发出调令，要求尽快将库水位降至965m。12月15日，内蒙古十四份子封河后，万家寨库区堆冰险情得到缓解，之后调度20日8时前按不超过968m运用，8时后按控制库水位不超过970m运用。内蒙古河段进入稳定封河期后，黄河防总办调度自1月5日8时起按库水位不超过972m运用。头道拐小流量过程结束后，2016年1月14日8时，调整水库按975m控制运用。3月中旬，内蒙古河段开河进入关键期，3月12日8时起再次将库水位降至970m运用，在出库流量的调度上提出了日平均出库流量不小于200m^3/s的要求。在万家寨库尾喇嘛湾段堆冰、河道水位骤升2m，即将影响准格尔旗沿河前房子村和小榆树湾村一带安全的情况下，黄河防总办加大水库泄流量，从2016年3月22日4时起按2 200 m^3/s下泄，紧急降低库水位至960m运用。2016年24日8时，万家寨水库转入正常运用。

4）三门峡、小浪底、西霞院水库调度。三门峡水库为特殊情况时配合小浪底水库防凌控制运用，由于小浪底水库防凌库容大，一般情况下，不使用三门峡水库进行凌期调节，预案要求库水位不超过318m运用。2015年12月至2016年2月，三门峡水库平均运用水位317.65m。小浪底、西霞院水库凌汛期实施联合调度，主要是根据河道实时凌情和下游引水来确定水库泄流量，预案原在利津站封河流量100m^3/s推出的小浪底水库凌期3个月泄流量分别为230m^3/s、230m^3/s和470m^3/s，但在实际调度中，结合不同时期凌情3次对水库控泄指标进行调整，即2015年12月25日8时起，按日均出库流量400m^3/s控泄；2016年1月18日8时起调整为按日均出库流量300m^3/s控泄；2016年2月26日8时起，按日均出库流量500m^3/s控泄。据报汛资料统计，2015年12月至2016年2月，小浪底水库实际泄水总量26.7亿m^3，高于预案值2.60亿m^3，各月实际下泄流量分别为316m^3/s、367m^3/s、335m^3/s。利津站总水量为14.3亿m^3，各月平均流量分别为151m^3/s、192m^3/s、205m^3/s。（于自力）

【水土保持】

1. 水土流失治理　2015年，黄河流域8省（自治区）共计完成水土流失综合治理面积1.20万km^2，其中，基本农田建设15.92万hm^2，造林49.93万hm^2，种草13.71万hm^2，封禁治理39.86万hm^2。完成总投资约48亿元，其中中央投资30亿元。

2015年，国家下达黄河流域国家水土保持重点工程项目总投资20.95亿元，其中中央投资15.12亿元。年内完成综合治理面积2 997.13km^2，建设水利工程425处，节水灌溉工程253处。项目主要包括中央预算内水土流失重点治理工程、坡耕地水土流失综合治理工程、国家水土保持重点建设工程、国家农业综合开发水土保持项目、京津风沙源治理二期工程水利水保项目等5大类316个项目。涉及青海、甘肃、宁夏、内蒙古、陕西、山西、河南、山东8省（自治区）的211个县（市、旗、区）。

2. 水土保持监督与检测

（1）2015年，黄委对流域内283个在建水利部批复水土保持方案的生产建设项目进行了监督检查。这些项目覆盖流域（片）9省（自治区）和新疆生产建设兵团，涉及行业10余个，其中，煤矿项目73个，电力项目57个，高速公路项目24个，铁路项目45个，水利项目25个，油气管道及开采项目8个，输变电项目22个，机场项目10个，其他（含化工、钢铁、有色金属开采与冶炼等）项目19个。项目检查具体分工为：青海7项，甘肃11项，宁夏8项，内蒙古15项，陕西8项，山西9项，河南8项，山东6项，新疆23项，新疆生产建设兵团9项；黄河上中游管理局负责检查项目140项，主要包括晋陕蒙接壤地区的全部以及跨省（自治区）的在建部批项目；黄委重点跟踪检查项目39项，主要是跨省（自治区）、规模大、存在问题多、地方监管难度大的项目。

（2）2015年，按照水利部《生产建设项目水土保持监测工作检查要点（试行）》，黄委在开展年度生产建设项目水土保持监督检查时，把对监测工作的检查放在更为突出的位置，重点予以安排。监测检查要求各水土保持监测单位，要积极配合水行政主管部门开展监测检查工作。对本单位承担的生产建设项目监测工作，要逐项核实工作内容，认真进行查漏补缺，分类整理监测资料，如实报告相关情况。同时，要按照《要点》要求，不断加强自身管理，从监测工作组织、实施和成果提交等方面，规范监测行为，提高监测水平，发挥监测作用，为生产建设项目水土流失防治工作提供重要支撑。

（3）为贯彻落实《中华人民共和国水土保持法》，推动水土保持监督管理工作的信息化、科学化和规范化发展，提高管理能力和水平，黄委以黄河流域生产建设项目水土保持监督管理联动机制为基础，以转变监督方式、提高管理效率、促进沟通交流、改善服务水平为目的，利用QQ网络平台，充分发挥其应用广泛、快捷迅速、使用方便、成本低廉等优势，面向流域机构、省（自治区）各级水行政主管部门、生产建设单位和水土保持技术服务单位，分类构建全面、有序、高效、便捷的水土保持工作群组，实现各类生产建设项目水土保持相关单位之间信息发布、工作联系、业务咨询、资料报送、建议征集、技术培训等工作的在线互动交流，推进了对生产建设项目水土保持工作全方位、多层次、跟踪式监督管理。（于自力）

【工程管理】　（1）为进一步规范水利枢纽工程管理，维持工程完整，保证安全运用，充分发挥水利枢纽工程的综合效益，黄委建设与管理局（以下简称建管局）组织相关技术人员，依据《水库大坝安全管理条例》等有关规定，研究制定了《黄委水利枢纽工程管理办法》。该办法从管理职责、组织管理、枢纽运用管理、工程巡查与检查、工程观测、维修养护、安全管理、工程管理区和保护区管理、资料管理、经费管理等方面对水利枢纽工程管理进行了详细规定，并于8月31日以黄建管〔2015〕370号文印发实施。

（2）为不断改善工程面貌，充分发挥示范带动作用，持续提高黄河工程管理水平，2015年，各单位按照黄委统一部署，结合年度工程维修养护实际，围绕新时期工程管理要求，通过精心管理与维护，创建了一批精品工程。2015年10月，按照《黄河工程管理考核标准》及《黄河示范工程管理办法》要求，黄委组织专家对各单位推荐的“示范工程”进行了认真考核，共确认黄委工程管理“示范工程”37处，其中，新创建20处，通过复核17处。

（3）2015年10月，建管局开展了《黄河防洪工程建设质量检测管理规定》（以下简称《规定》）执行情况专项检查，重点检查工地试验室建设情况、见证取样与送检情况、平行检测开展情况等方面工作内容，查阅了有关资料，查看了在建工程现场，及时就检查发现的问题与相关单位进行反馈交流。从检查结果看，《规定》颁布实施后，提升了从业人员质量意识，规范了质量检测管理行为。针对检查中发现的问题，检查组提出，下一步项目法人、质量监督机构等有关单位要进一步加大核查与检查工作力度，促进各项建设质量管理制度的贯彻落实。

（4）根据水利部工作部署和黄委党组2015年贯彻落实惩治和预防腐败体系重点工作任务分工，建管局继续组织开展黄河水利工程建设领域突出问题专项治理工作。一是组织召开了专项治理领导小组会议，编制印发了黄委《2015年黄河水利工程建设领域突出问题专项治理工作要点》；二是要求各级单位以黄河下游近期防洪工程、病险水库除险加固、禹潼河段近期治理等为重点领域，以招标投标、工程质量安全、资金使用管理等为重点环节，以水利建设市场信用体系建设和水利建设项目监督检查为重要抓手，全面推动黄河水利工程建设领域突出问题专项治理；三是对存在的突出问题进行集中整治，同时严格落实廉政风险防控主体责任、落实廉政风险防控措施、强化责任追究，取得了显著成效。11月底，向水利部专项治理领导小组办公室报送了黄委专项治理工作总结。

（于自力）

【污染治理】 （1）完善“黄河流域突发水污染信息通报与沟通协作机制”，做好突发水污染事件应急处置和隐患排查，严格落实突发水污染事件节假日零报告制度，严密监控枯水期流域水质变化，组建充实突发水污染事件应急处置梯队，成功组织突发水污染事件应急监测演练，举办“首届突发水污染事件应急处置业务培训与知识竞赛”活动，进一步提高了突发水污染事件应急处置能力和应急工作意识，规范了应急监测工作程序。

（2）2月12日，接到黄委中游水资源保护局报告，称2月河曲、后大成断面水质出现异常。其中，黄河干流河曲断面、三川河支流后大成断面化学需氧量、挥发酚、氨氮、石油类4项指标出现超标。黄河流域水资源保护局启动应急预案，开展污染源排查，在黄河干流万家寨、河曲、府谷、吴堡、三川河后大成断面、三川河入黄口下游1 000m处布设监测断面进行监测，并将有关水质异常情况分别通报山西省环保厅、水利厅及陕西省环保厅、水利厅。由于此次水质异常情况发现及时、处置得当，对黄河干流水质安全未构成明显影响。

（3）3月5日，从媒体报道得知兰州自来水再现异味，黄委水资源保护局立即责成黄委上游水资源保护局开展调查核实及监测，结果表明，黄河干流兰州自来水公司取水口上、下游断面氨氮均满足水功能区规定，符合水质标准；自来水中氨氮均小于0.25mg/L，符合饮用水水质标准。所有水样苯均未检出。同时应甘肃省和兰州市人民政府紧急请求，黄委在确保防凌安全的基础上，增加了刘家峡水库下泄流量。

（于自力）

【科技与教育】

1. 科技

（1）国家科技支撑等重大科研项目申请立项。黄委国科局积极组织国家科技支撑等重大科研项目立项申请，2015年度“黄河泥沙资源利用成套技术研发与示范”“黄河河龙区间洪水泥沙测报关键技术及应用”“水闸工程安全评价及除险加固关键技术研发”3个水利部公益性行业专项项目、“小浪底水库模型水沙测控及三维重构平台建设”“纳米瞬变电磁仪和GV6C型地质雷达”2个“948”计划项目、“黄委水利科技成果推广应用暨科技管理培训”等2个水利部科技推广计划培训项目获批立项，国拨经费3 076万元。其中“黄河泥沙资源利用成套技术研发与示范”项目国拨经费1 347万元，是水利部迄今最大的行业专项。针对国家全面深化科技体制改革的新形势，征集委属10个单位25项“十三五”水利科技需求建议，审查整合为“黄河水沙变化研究”等9类并报水利部。

（2）科技项目管理和组织实施。2015年，黄委国科局配合科技部，对有关“十二五”国家科技支撑计划项目进行了现场检查和指导；对年底到期的项目督促做好结题验收准备工作，组织专家进行了初步验收。督促有关单位做好“十二五”国家科技支撑计划项目“黄河水沙调控技术研究及应用”5个到期课题的验收材料及验收申请工作；对在研科研项目专项检查，归口管理的“重复组装式导流桩坝应急抢险技术研究与示范”等12个公益性行业科研专项项目顺利通过水利部组织的验收；配合水利部对在研的“利于黄河下游滩区防护和河道输沙的治理技术”等 4 个公益性行业科研专项项目、“全波列声波测井系统关键技术研究及国产化”等 4 个“948”计划项目、“堤坝及其土石结合部除险加固高聚物注浆技术推广应用”等 2 个水利部科技推广计划项目开展了中期评估工作，并提交了整改报告。

（3）科技成果奖励。

1）积极组织省部级科技奖励推荐。黄科院参与完成的“水库大坝安全保障关键技术研究与应用”获得国家科技进步一等奖；黄河勘测规划设计有限公司（以下简称黄河设计公司）等单位完成的“黄河水沙调控体系建设规划关键技术研究”、黄河水利科学研究院等单位完成的“黄河冲积性河段主槽演变机理及治理措施”等 5 项成果获得大禹水利科学技术奖；黄河设计公司等单位完成的“河流泥沙数值模拟系统开发及应用”获得河南省科技进步三等奖。

2）积极组织黄委科技进步奖评审。黄委科技进步奖面向全河，重点表彰治黄工作取得的重大科技成果，对促进治黄科技发展起到了重要作用。2015 年，进一步改革了网络评审和会议评审，完善了评审信息系统，经过受理、网络评审、会议评审及公示，共有 30 项成果获得 2015 年度黄委科技进步奖（其中一等奖 9 项，二等奖 13 项，三等奖 8 项），以黄国科〔2015〕508 号文件公布，并颁发了获奖证书。

3）组织了黄委新技术、新方法、新材料及其推广应用成果认定工作。首次聘请两名委外专家参与评审。经受理、形式审查、认定委员会评审，2015 年共有 212 项“三新”成果通过认定，并以国科〔2015〕3 号文件公布。

4）组织召开治黄科技成果鉴定（评审）会议。受河南省科技厅委托，全年组织了 18 项科技成果鉴定会。7 月组织召开了黄委科技成果集中评审会，完成了 6 个委属单位的 18 项科技成果评审。

（4）海峡两岸科技交流与合作。在国务院台办和水利部台办的指导下，海峡两岸多砂河川整治与管理研讨会已成为海峡两岸水利及相关部门交流合作的重要平台之一。2015 年 9 月在宁夏银川举办了第十八届海峡两岸多砂河川整治与管理研讨会，水利部总工程师汪洪，宁夏回族自治区副主席郝林海，黄委副主任徐乘、苏茂林，以及台湾“水利署署长”王瑞德先生和台湾大学李鸿源教授等共 150 余名代表出席了会议。本届研讨会以“河川整治与水管理”为主题，来自海峡两岸的水利专家学者围绕河流整治与管理、节水型社会建设、水土保持生态建设和农村水利管理 4 个专题开展学术交流。

2. 教育

（1）为深入贯彻党中央关于新一轮大规模培训干部的战略部署，不断提高黄委职工队伍的素质，规范职工教育培训管理工作，印发了《黄委 2015 年度职工教育培训计划》，涉及委机关及委直属单位举办各类培训班共计 213 个班次。

根据水利系统部署的 2015 年度职工教育情况统计，黄委 2015 年全河在职职工共计 25 854人，参加职工学历教育 73 人，参加各类培训共计 69 925人次。参加国外短期培训 2 人次，参加国内长期培训 30 人次，参加国内短期培训 69 893人次；党校、行政院校、干部学院培训 250 人次；部门、行业培训机构 68 044人次，大专院校 155 人次，社会培训机构 1 476人次；政治理论培训 21 005人次，专门业务培训 47 817 人次，技能研修 1 103 人次。共培训 1 407 622学时，人均受训 54 学时，培训总投入金额 1 460.3万元，人均投入金额 565 元。

2015 年，黄委共选派学员参加水利部等各种调训班 13 个，参训 85 人次。分别为：11 人参加水利部直属单位人事处长培训班，1 人参加全国干部监督专题培训班，11 人参加水利部党校春季班培训班，1 人参加第 35 期纪检监察案件审查业务提高班，2 人参加中组部推进干部能上能下专题培训班，10 人参加水利部党校秋季班，6 人参加水利部处级干部综合管理培训班，1 人参加中央党校生态文明建设专题班，6 人参加水利部处级干部综合管理培训班，15 人参加青年公务员更新知识培训班，2 人参加水生态文明与水利现代化建设高级研修班，7 人参加水利高层次经营管理人才研修班，15 人参加青年公务员培训班，2 人参加水利高层次专业技术人才研讨班。

（2）为帮助新招录人员及时了解黄河基本河情和治理开发工作重点，熟悉和掌握履行岗位职责所需的基本知识与技能。2015 年 10 月，黄委在河南黄河河务局干部学校举办新招录人员通用能力培训班，来自委机关和委属单位的部分新录用公务员及新招录高校毕业生共 84 人进行了为期 5 天的集中脱产培训。在本次培训中，学员们开展了为期 1 天的素质拓展培训，学习了黄河流域综合规划、水行政管理与执法、公文写作及新闻宣传、公务员行为规范及公务礼仪和党的十八大以来的若干重大问题的研究等课程，对治黄工作有了进一步的了解，提升了自身的综合素质。在实地学习环节，学员们参加了模型黄河试验基地、黄河博物馆、武陟第一黄河河务局标准化堤防以及嘉应观等地的实地现场教学，对黄河及治黄事业有了更为直观的认识。培训结束后，还举办了人事工作座谈会及专业技术座谈会，在座谈会上，人劳局负责人及各处负责同志、来自委属单位的优秀中青年科技人才代表分别与学员们进行了互动沟通，解答了学员们在工作中遇到的问题，交流了工作经验和方法。

（3）高层次专业技术人才是治黄事业的骨干技术力量，针对他们的能力培训和知识更新对黄河水利事业的发展具有重要意义。2015 年 11 月，黄委在郑州举办高层次人才研修班。此次培训采用专题讲授与现场教学相结合的培训方式，对 41 名来自机关部门、委属单位的学科带头人和青年科技人才进行了为期 4 天的集中脱产培训。黄委邀请了水利部国科司原司长董哲仁、浪潮公司执行总裁王柏华、郑州大学教授王复明、河南省航港办处长李迎伟等，重点讲授了河流生态修复原理与规划方法、大数据与社会治理、水利交通基础设施安全防护技术应用、国家“一带一路”发展战略、“十三五”黄河流域重大水利工程等课程，使学员们进一步加深了对十八届五中全会的社会热点问题及水利生态建设热点的理解和认识。培训班还组织学员们赴许昌市生态水利工程及河南联通信息生活馆进行现场教学，使学员们更为直观地认识到水利工程与生态景观的结合，并近距离地体验了“互联网+”与公共服务、日常生活的影响和融合，进一步开拓了学员们的眼界和思路。

(4) 2015 年 10 月 21—24 日，黄委在乌鲁木齐市举办了水利工程运行管理及建设管理培训班，对新疆塔里木河流域管理局、新疆伊犁河流域开发建设管理局、新疆生产建设兵团水利局等单位的 50 名从事水利工程运行管理及建设管理工作的业务骨干进行了专项培训。黄委山东河务局、河南河务局和黄河水利科学研究院的专家讲授了水管体制改革、建设工程项目管理、防汛抢险新技术、堤防工程安全管理、大坝及水闸安全鉴定、水利工程质量检测等方面的课程。参训学员普遍反映课程专业性强、可操作性强，学习到了中原地区水利工程运行管理和建设管理的先进理念和先进经验，开阔了视野，对更好地完成本职工作、促进新疆维吾尔自治区水利事业发展具有重要的指导意义。培训班结束后，黄委根据学员要求，除提供了所有培训课件外，还免费为参训各单位发放了《黄河防汛抢险技术画册》600 余本。 （于自力）

【国际合作与交流】

1. 国际合作

(1) 2015 年，黄委国科局围绕流域管理、堤防安全及洪水预警研究等重点工作，积极开展中欧水资源交流、中荷合作堤防安全监测试点项目、中美水库生态调度项目前期等科技合作项目。鼓励并规范黄委有关单位积极申报实施国际合作项目，为委相关单位提供信息咨询、技术支持、协助沟通等多方位服务，推动国际交流与合作。

(2) 落实国家“走出去”和“一带一路”战略部署，积极支持和服务黄委水利企业（黄河设计公司、黄河建工集团、明珠集团等）走向国际市场，做好涉外管理，增强境外安全意识。目前黄委有关单位的海外工程项目涉及亚洲、非洲、美洲等 30 多个国家和地区，包括厄瓜多尔科卡科多辛克雷水电站设计、赤道几内亚 BATA 城市电网Ⅱ期供电入户改扩建工程设计与技术服务等项目。

2. 国际交流

(1) 2015 年，黄委国科局组织黄委代表团参加了中欧水资源交流平台高层对话会，参加第七届世界水论坛、第三十六届国际水利学大会、第三十届国际标准化组织水文测验技术委员会工作会议、第一届先进材料技术结合国际会议、第十八届国际河流会议和国际水资源协会气候变化对干旱及半干旱地区水资源影响学术会议等国际重大水事活动。黄委黄科院还举办了第一届国际黄河三角洲学术研讨会等学术交流活动。

(2) 2015 年 10 月，黄委国科局组织了外交部亚洲区域合作专项资金“气候变化适应与水资源管理培训”项目。项目对来自印度尼西亚、泰国、柬埔寨、越南、缅甸、菲律宾、不丹、尼泊尔、孟加拉和巴基斯坦等 10 个国家的 10 多名水利技术与管理人员进行了水资源管理相关培训。2015 年 12 月，受水利部委托，组织了中日韩水管理政策创新青年专家代表团赴黄河流域的交流考察活动，取得了良好的效果。

（于自力）

淮河流域

【水政】

1. 立法工作　组织开展淮委水行政处罚自由裁量权细化及量化分析、淮委重大水事违法案件处置及制度编制、淮委采砂管理关键问题及办法制定等多项研究；对《水利部关于高速公路涉水行政审批改革的通知》（征求意见稿）、《水利系统通过法定途径分类处理信访投诉请求清单》等水利部规范性文件草案提出修改意见；对《治淮建设文明工地创建管理办法》《淮河水利委员会外事管理工作规定》等淮委规范性文件提出修改意见并进行合法性审核。

2. 水法规宣传　组织开展“世界水日”“中国水周”和“12·4”国家宪法日暨全国法制宣传日系列宣传活动，印发 2015 年普法依法治理工作要点，推进淮委系统“六五”法制宣传教育总结验收。

3. 水行政许可　进一步完善“统一受理、分头办理、全程跟踪、专人反馈、实时查询”的行政许可工作模式；加快推进行政许可信息公开，组织编制了《行政审批事项受理单样表》《行政许可服务规范》《行政许可服务指南》《行政审批事项审查工作细则》《申请人满意度评价样表》。

2015 年度，淮委累计受理行政许可事项 95 项。其中，水工程建设规划同意书 5 项；建设项目水资源论证报告审批 6 项；取水许可 13 项；河道范围内建设项目工程建设方案审查 43 项；河道管理范围内有关活动（不含河道采砂）审批 2 项；河道采砂 24 项；利用堤顶、戗台兼作公路审批 2 项。

4. 水行政复议与诉讼　受理了中国石油天然气股份有限公司西气东输管道分公司不服邳州河道管理局征收河道堤防工程占用补偿费复议案件，作出了维持行政征收决定的复议决定。之后，该公司提起诉讼，最终审理判决维持淮委行政征收决定。

积极应对连云港新沂河枢纽船闸管理所起诉淮委和灌南河道管理局征收河道堤防工程占用补偿费案件，该案仍在审理中。

应对邳州市视享广告公司拟在河道管理范围内建设高立柱广告牌申请行政许可等向水利部申请的行政复议案件。

5. 水行政执法与监察　组织开展淮河干流执法巡查、水土保持专项执法检查、水行政执法案卷评查等活动，进一步增强执法能力水平。举办淮委系统水政监察人员和采砂管理培训班，为淮委本级水政监察人员购置人身意外伤害险，对水政监察人员证件进行审验、办理、换发和补发，不断推进执法能力建设。组织召开淮河流域水政工作会议和淮委水行政执法和采砂管理工作会议，总结交流执法工作经验。

6. 淮河流域省际边界水事　继续强化省际边界水事纠纷预防与排查工作；依法调处苏鲁边界龙王河水事纠纷和皖苏边界时湾水库水事纠纷；治淮 19 项骨干工程之一的治淮其他工程（含淮河流域“边界水利工程”）通过验收。

7. 水利安全生产与监督

(1) 强化组织领导。调整淮委安全生产领导小组，一把手担任组长。召开安全生产工作会议和安全生产领导小组会议，传达学习习近平总书记等中央领导同志关于安全生产工作的重要指示批示精神和水利部的相关部署，进一步统一思想，强化底线思维和“红线”意识。

(2) 明确目标责任。制定年度安全生产工作方案，明确工作要点；严格落实“党政同责、一岗双责、失职追责”，逐级签订安全生产责任状，层层分解落实责任，抓牢抓实“两个责任”；开展委属企事业单位安全生产考核，通报考核结果，促进安全责任落实。

(3) 健全安监机构。逐步完善安全管理机构建设，在工程建设、直管工程运行、工程施工、勘察设计等安全生产的重点领域，实现了安全管理由专门机构负责、专职人员管理的目标。

(4) 严格隐患排查。坚持“四不两直”方式，开展汛期等重要时段和打非治违、危化品易燃易爆品等专项整治，排查隐患 209 项。严格执行“谁检查、谁签字、谁负责”，做到有检查、有记录、有整改、有落实、有总结的闭环管理。

(5) 强化应急能力。建立健全生产安全事故应急预案，开展防汛抢险、火灾疏散、交通事故、危化品中毒救援演练等活动，提高职工安全意识和应急处置能力。全面摸排、登列危险源，注重事前、事中、事后全过程管理。

(6) 注重安全文化。依托安全生产月，组织开展安全生产知识网络竞赛、安全生产责任制评比活动，举办“加强安全法治，保障安全生产”图片展，在《治淮》杂志设立安全生产专栏，发放安全监督知识读本，开展新《中华人民共和国安全生产法》宣贯，开展安全监督、质量安全、消防安全、车辆安全等安全教育培训。营造安全文化氛围，提高全员安全意识。

(7) 开展安全评价。选取部分直管水闸开展安全评价，辨识危险源，分析评价运行安全管理情况，查找存在的薄弱环节和安全隐患，提出相关对策措施，促进工程运行安全。

(8) 履行流域职责。按照水利部部署，对安徽、山东省水利安全生产工作进行检查与指导；召开淮河流域水利安全监督管理工作会议，共商流域安监工作，提升流域安监工作整体水平。

(9) 开展水利稽察。承办农村饮水安全、小型水库除险加固、中央投资水利建设项目完成情况等专项稽察和检查，编印了《水利工程建设稽察工作指南》和《水利工程建设稽察法规汇编》，更新淮委水利稽察专家库，组织开展了稽察专家培训。

（杜森　戴飞　马天旗　张方坤）

【水资源】

1. 水资源管理

(1) 淮河流域跨省河流水量分配工作。淮河流域第一批跨省河流水量分配方案基本具备国务院批复条件。按照水利部统一安排，淮委多次组织召开淮河、沂河、沭河水量分配方案行政协调会议，并将修订后的水量分配方案上报水利部。配合完成水利部与流域 5 省政府层面的行政协调工作，淮河、沂河、沭河水量分配方案已经 5 省原则同意，基本具备了国务院批复条件。

淮河流域第二批跨省河流水量分配方案基本完成技术协调工作。积极推进淮河流域第二批跨省河流水量分配工作，编制完成沙颍河、涡河、洪汝河、史灌河水量分配方案，淮委 5 次与河南、安徽两省水利厅分别开展技术成果协调，并于 2015 年 12 月 16 日在徐州市组织召开第二批跨省河流水量分配工作协调会，淮委分管主任分别与两省水利厅分管厅长签订了水量分配方案协调会议纪要，两省原则同意基于 2030 年规划工况下的沙颍河、涡河、洪汝河、史灌河水量分配方案。2015 年 12 月 30 日，淮委主任肖幼向水利部副部长周学文报告了跨省河流水量分配工作进展情况及下一步工作计划。

（2）淮河流域国家水资源监控能力建设项目。从2012年开始，淮委按照国家水资源监控能力建设实施方案和淮委水资源监控能力建设项目技术方案要求，到2015年年底组织完成3 315.27万元项目总投资，建成了淮河流域水资源监控平台和信息服务、业务管理、调配决策、应急管理等四大信息系统，全面完成了国家水资源监控能力淮委建设项目任务，通过了淮委组织的验收和水利部组织的项目审计，并以淮委文件提请水利部组织终验。

（3）南水北调东线一期工程年度水量调度计划编制及省际段监督监测工作。

南水北调东线一期工程年度水量调度计划及调整方案编制工作。2015年9月底，淮委组织完成了《南水北调东线一期工程2015—2016年度水量调度计划》，并由水利部水资源函〔2015〕427号文批准实施。2015年11月中旬，山东省人民政府向水利部申请增加2015—2016年度水量调度计划2亿m^3，按照水利部要求，淮委又组织编制完成了《南水北调东线一期工程2015—2016年度水量调度计划调整方案》，由水利部水资源函〔2015〕538号文批准实施。

南水北调东线一期工程省际段水量调度监督管理工作。组织编制了《南水北调东线一期工程2014—2015年度水量调度计划》监督管理方案，组织开展了省界断面水量水质监测、工程沿线取用水情况巡查，保障了2014—2015年度向山东省调水3.28亿m^3任务的有序实施。

南水北调东线一期工程应急调度预案编制工作。按照水利部的要求，组织开展了南水北调东线一期工程应急调度预案编制工作，该项成果已通过国家防办审查，正在征求相关部委和省（直辖市）意见。

（4）水资源论证和取水许可管理工作。规范水资源论证工作。规范建设项目审查和批复。依法受理并组织审查项目业主提出的前坪水库等6项建设项目水资源论证报告书，向项目业主批复了5份建设项目水资源论证报告书行政许可意见；完成华盛江泉集团工业园供水工程水资源论证后评估工作；按照水利部要求积极推进规划水资源论证工作，组织开展对连云港石化产业基地总体发展规划水资源论证报告书进行评审并向水利部报送了初审意见，该项目已进入水利部审查批复程序。

完善水资源论证专家库建设。在2014年水利部专家选聘工作的基础上，组织开展淮委水资源论证报告书评审专家选聘工作，共聘任15位淮委水资源论证报告书评审专家进入淮委专家库，截至2015年年底，淮委系统专家库共有62名水资源论证专家。

强化取水许可管理工作。依法办理了华能济宁热电、枣庄十里泉电厂等8项取水许可申请书审批，核发淮浙煤电田集电厂、华能临沂电厂、江苏连云港新海电厂等5个项目取水许可证。完成314个取用水户“淮委取水许可台账系统”数据录入、核查和修正工作，组织开展沂沭泗直管区水资源管理专项执法检查。

（5）节水型社会建设。根据水利部水资源函〔2013〕268号文，组织完成了淮河流域江苏省用水定额合理性评估，为江苏省加快完善用水定额标准体系提供参考。

根据水利部办资源函〔2015〕820号文，组织完成河南、安徽、山东3省重点高耗水工业及服务业用水定额摸底调查，并形成《河南、安徽、山东省用水定额摸底调查报告》上报水利部，为流域各省及时修订用水定额及最严格水资源管理制度考核提供依据。

组织完成徐州市节水型社会建设后评估工作，全面分析徐州市节水型社会建设效果，对落实最严格水资源管理制度，推进水生态文明建设具有重要的实用价值。

（6）最严格水资源管理制度考核工作。按照国务院实施最严格水资源管理制度的考核要求，淮委参加了国务院办公厅组织的安徽、江苏两省2014年度三条红线、四项制度实施情况的核查工作并提出了核查意见。

参加了水利部组织的对山东、湖北两省实施最严格水资源管理制度试点验收。

按水利部水资源司要求，为做好2015年国务院最严格水资源管理制度考核工作，组织开展对河南、安徽、山东3省30家重点用水户取水许可、计划用水和用水定额情况进行监督检查，并对3省存在的问题提出了整改意见，该项检查结果作为2015年“三条红线”考核的参考依据。

（7）水资源管理基础工作。组织编发《2014年度淮河片水资源公报》和《2014年度淮河流域水资源管理年报》。举办淮委水资源管理人员培训班、淮河流域节水型社会建设培训班，完成对淮委系统水资源管理人员的业务培训工作。召开淮河流域水资源管理工作会议，交流流域各地水资源管理工作经验和工作体会。

（8）调查研究工作。按照工作需求，组织赴太湖局和黄委相互交流水量分配、水量调度和计划用水管理等工作经验；实地考察沂沭河流域及南四湖流域水资源开发利用现状及水资源管理等工作；完成“南水北调东线一期工程运行初期水量调度实施情况”和“淮河流域国家级节水型社会建设示范区成效”两项重点调研课题，并编写了调研报告。（曹炎煦）

2. 水资源保护

（1）水功能区监督管理。水功能区监督管理与达标评估。2015年，淮河流域水资源保护局配合水利部完成了2014年度流域各省水功能区限制纳污红线评估考核工作，淮河流域在全国率先实现了全国重要江河湖泊水功能区的全覆盖考核。2015年，淮河水保局组织流域湖北、河南、安徽、江苏、山东5省水利部门完成淮河区394个全国重要河湖水功能区水质监测12次，并向流域各省人民政府通报水功能区水质达标状况。同时，在各省负责监测的355个水功能区中选择26个水功能区开展同步监督监测，为2015年淮河区水功能区复核工作提供了依据。

2015年淮河区全国重要江河湖泊水功能区达标率为64.6%，基本达到了2015年64.9%的控制目标。

省界缓冲区水质监督管理。2015年，对流域47条跨省河流51个省界断面实施了监督管理，每月开展水质监测2次，编发通报2期。同时，利用29座水质自动监测站实时监测水质变化状况。定期通报省界断面水质情况和列入重点流域"十二五"水污染防治规划的27个省界断面水质达标情况。对黑茨河、南洺河、包河等省界断面水质严重超标问题进行了调查或通报，并要求地方环保部门采取措施，避免污染加剧。

(2) 入河排污口监督管理。入河排污口设置审批。规范和完善了入河排污口审批流程和办事指南，加强对已批复的入河排污口的监督监测和巡查，重点推进蚌埠市第三污水处理厂和南水北调新沂市尾水导流工程入河排污口验收工作。

入河排污口核查及纳污量通报。组织完成了淮河流域及山东半岛1716个重要入河排污口的核查和水质水量同步监测工作，并向流域4省人民政府通报了2015年入河排放量。2015年淮河流域废污水入河排放量为53.94亿t，主要污染物化学需氧量(COD)和氨氮入河排放量分别为38.55万t和3.53万t。与2014年相比，全流域废污水入河排放量略有增加，化学需氧量和氨氮入河排放量均有所减少。

重要入河排污口监督监测。全年共对557个(次)重要入河排污口实施监督监测，发布通报12期。先后向地方环保部门通报了菏泽市牡丹区沙土开发区入河排污口、淮北市烈山区宝迪食品工业园入河排污口、连云港市振海路桥西北生活入河排污口、宿州市埇桥区朱仙庄永兴纸业入河排污口和济宁市兖州区大安太阳纸业泗河工业入河排污口的严重超标情况，提出了治理意见。地方环保部门积极响应，采取措施，有效遏制了超标排污行为。

与环保部门建立联合督查机制。为落实国务院《水污染防治行动计划》，2015年10月，与环保部华东督查中心首次开展跨部门、跨行业联合督查，对淮河干流淮南市重要入河排污口、重要饮用水水源地、大型电厂和大型化工企业污水处理设施和污水排放情况进行现场精准督查，取得了显著成效。2015年11月，与环保部华东督查中心签订了淮河流域水环境保护协作机制协议，明确了双方在协调会商、考核联动、联合督查、应急协作、信息和资源共享、联络机制等方面进一步加强合作，共同促进淮河流域水环境改善和水生态修复。

(3) 淮河水污染联防及应急处置。2015年，淮河水保局印发了《2015年淮河水污染联防工作方案》。按照方案要求，组织对37个断面实施污染联防动态监测和信息传报，对沙颍河槐店闸、颍上闸和泉河李坟闸进行了13次防污调度，河南、安徽两省环保部门对84家企业实施限产限排。2015年，沙颍河、涡河安全下泄水量10.72亿m^3，淮河干流水质主要污染指标基本保持在Ⅲ类。

按照规定认真做好突发水污染事件信息报告工作，淮河流域2015年未发生重大流域性水污染事件。

(4) 水生态文明建设。按水利部部署，2015年淮委组织完成了淮南市、蚌埠市、全椒县第二批全国水生态文明城市建设试点实施方案审查。淮河流域第二批8个全国水生态文明城市建设试点实施方案全部获得所在省级人民政府批准，试点进入全面实施阶段。扬州市形成"治城先治水"的理念获得全国点赞，临沂市"污水变清水、滨水生态城"的水生态文明建设开创了崭新的城市综合发展道路。

完成了沙颍河、洪泽湖的健康评估报告并报送水利部；进一步完善了《淮河流域河湖健康评估技术方案》；继续开展洪泽湖、骆马湖和淮干的生态监测。

积极配合做好建设项目水资源论证和重大水利工程建设环境影响报告书审查和环保验收，当好维护淮河生态健康的代言人。

(5) 饮用水水源地和地下水保护。按照水利部要求，编制完成了2014年淮河流域20个重要饮用水水源地安全保障达标建设评估报告。2015年对淮河流域20个饮用水水源地开展了水质巡查和水质全指标监测，并组织开展水源地安全保障达标建设检查和评估工作，完成淮河流域52个供水人口20万以上地表水水源地和设计供水量2 000万m^3的地下水水源地名录的复核工作。

进一步优化地下水监测站网，2015年组织开展全流域重要地区442眼井的地下水水质调查评价工作。

(6) 水质监测。各类水质监测任务。淮河流域水环境监测中心全年对51个省界断面每月监测2次，50个全国重要江河湖泊水功能区每月监测1次，26个南水北调东线输水干线水质监测断面每月监测1次，并对20个重要饮用水水源地开展全指标监测；完成了557个(次)重要入河排污口的监督监测，442个地下水井的监测。此外，还完成了洪泽湖、骆马湖藻类和淮干水生态监测，污染联防动态监测和南水北调东线调水期水质监测；组织开展1次应急演练监测。全年共取得监测数据近10万个，采样行程45万km。

质量控制。淮河流域水环境监测中心进一步完善了中心质量体系文件，2015 年顺利通过国家计量认证复查评审。全年各类质控样品的测定占所有监测样品的 30%以上，合格率超过 99%；2015 年监测了各类空白实验样品 250 多个，合格率 100%。

行业管理。淮河流域水环境监测中心全年组织流域各中心 50 多名监测人员进行了技术培训，完成了安徽、山东省中心 18 人、200 项参数上岗考核工作，完成了流域 4 省监测中心 36 人、329 项参数的换证工作。召开了 2015 年度淮河流域水质监测工作交流会。

(7) 基础能力建设。2015 年，完成了省界水质监测断面 30 个标志碑建设任务，淮河流域水环境监测中心趸船建设工程通过竣工验收，全面完成了水资源监测能力建设项目年度建设任务。

(8) 规划科研。完成了《淮河流域水资源保护规划报告》(送审稿)，组织开展“淮河流域水质-水量-水生态联合调度关键技术研究与示范”等“十二五”国家重大水专项课题研究工作。2015 年，淮河流域水资源保护局参与的“复杂河网多目标水力调控关键技术与应用”项目获国家科学技术进步奖二等奖。

2015 年，完成了淮河干流蚌埠—浮山段行洪区调整和建设工程、新沟河延伸拓浚工程等 8 项工程的施工期环保监测；完成了前坪水库、淮河干流蚌埠至浮山段行洪区调整和建设工程等 11 项重大工程的环境影响评价；完成走马塘拓浚延伸工程等 2 项竣工环境保护验收调查。 (姜永生 尚小川)

【前期工作】

1. 规划工作 2015 年，淮委组织开展了淮河流域水利发展“十三五”规划、南水北调东线工程补充规划和淮河流域及山东半岛水中长期供求规划、水资源保护规划等规划的编制工作，完成了扬州市、徐州市城市防洪规划的审查以及安徽省居民迁建修编规划的审核。

(1) 淮河流域水利发展“十三五”规划。2015 年 2 月，淮委召开主任专题会学习全国水利发展“十三五”规划思路报告，研究、修改淮河流域水利发展“十三五”规划思路报告；4 月，淮委组织召开淮河流域水利发展“十三五”规划重点项目筛选和投资规模测算审核汇总会，对流域“十三五”重点项目和投资规模逐项进行了合规性审核和初步汇总，提出了项目筛选和排序意见；5 月，淮委以淮委规计〔2015〕78 号文将淮河流域水利发展“十三五”规划重点项目筛选和投资规模测算成果报送水利部；7 月，参加全国水利发展“十三五”规划重点项目筛选和汇总；12 月，组织编制完成《淮河流域水利发展“十三五”规划》。

(2) 淮河流域及山东半岛水中长期供求规划。规划编制工作由中水淮河规划设计研究有限公司承担。继续配合水规总院开展全国水中长期供求规划的编制、审查、修改完善工作。完成流域规划报告编制，2015 年 10 月，中水淮河公司组织专家对流域规划报告进行了咨询；11 月，对规划提出的重点供水保障工程进行了梳理、筛选。

(3) 淮河流域水资源保护规划。规划编制工作由淮河流域水资源保护局组织，具体由成立的淮河流域水资源保护规划编制组负责编制。2015 年 7 月，淮河流域水资源保护规划编制组参加了全国水资源保护规划报告修改及专家讨论会议；8 月，淮河流域水资源保护规划编制组按照全国水资源保护规划编制领导小组意见对淮河流域水资源保护规划进行了修改；11 月，淮河流域水资源保护规划编制领导小组对淮河流域水资源保护规划进行了技术审核。

(4) 南水北调东线工程补充工程规划。南水北调东线工程补充规划编制工作主要任务包括：复核东线工程供水区水资源供需平衡分析成果；分析评价东线治污规划实施效果以及南四湖、东平湖水质状况；论证东线后续工程合理供水范围、调水规模及其水量配置方案；研究东线后续工程总体布局。

2015 年 3 月 12 日，淮委会同海委向水利部部长专题会汇报了南水北调东线工程补充规划初步成果；4 月 9 日，水利部规划计划司会同水利部南水北调规划设计管理局组织召开了南水北调东线工程补充规划编制工作讨论会，会后，淮委会同海委编制完成南水北调东线工程补充规划工作方案。5 月，水利部规划计划司向矫勇副部长等部领导呈送《关于南水北调东线工程补充规划编制工作有关问题的请示》，提出规划编制工作分两步进行：第一阶段原则上以《南水北调工程总体规划》确定的供水范围为基础，进一步论证东线后续工程的供水目标、供水范围、水资源供需分析、调水规模以及工程总体布局等核心内容，2015 年年底前编制完成《南水北调东线后续工程规划总体方案》(即东线工程补充规划任务书批复的工作内容)；第二阶段在此基础上开展工程规划环境影响评价、治污规划等。9 月，淮委会同海委召开了由东线工程沿线各省(直辖市)参加的南水北调东线后续工程协调推进会。12 月，淮委会同海委组织编制完成《南水北调东线后续工程规划总体方案》；7—8 日，水利部南水北调规划设计管理局组织召开南水北调东线后续工程规划总体方案成果协调讨论会；18 日，淮委会同海委向水利部部长专题会汇报了南水北调东线后续工程规划总体方案。

(5) 其他规划审查审核。2015 年 5 月，淮委以淮委规计函〔2015〕91 号文将扬州市城市防洪规划审查意见发送江苏省水利厅。8 月，淮委组织对徐州市城市防洪规划进行了审查。2015 年 1 月，淮委组织对安徽省淮河行蓄洪区和淮干滩区居民迁建修编规划进行了审核；12 月，以淮委规计函〔2015〕250 号文将审核意见发送安徽省水利厅。

2. 专题研究和基础工作 继续开展冯铁营引河开挖对洪泽湖影响、淮河中常洪水防御对策、临淮岗洪水控制工程综合利用、淮干整治淮北平原除涝水文计算等研究；组织开展淮河上中游水库群、行蓄洪区和控制性工程联合调度方案、淮河流域水文设计成果修订、淮河流域蓄滞洪区基础信息测量及复核项目、流域水利前期规范化管理等工作。主要项目情况如下：

(1) 淮河流域蓄滞洪区基础信息测量及复核项目。组织完成了洪泽湖周边滞洪圩区和河南省老王坡、泥河洼、蛟停湖、杨庄等4个滞洪区的基础信息测量及复核项目的招标工作，分别选取了中水淮河规划设计研究有限公司和中水北方勘测设计研究有限责任公司承担上述项目，并于2015年年底提交了初步成果。

(2) 淮河上中游水库群、行蓄洪区和控制性工程联合调度方案。中水淮河规划设计研究有限公司已组织完成淮河上中游水库群、行蓄洪区和控制性工程联合调度方案工作大纲的编制并通过淮委审查，根据审查意见，中水淮河公司完成工作大纲修订并提交初步成果。

(3) 淮河流域水文设计成果修订。中水淮河规划设计研究有限公司组织完成淮河流域设计洪水和设计径流成果修订并通过淮委审查，提交了相关成果。

3. 项目前期工作

(1) 进一步治理淮河。进一步治淮38项前期工作2015年取得重要进展。出山店水库、前坪水库、安徽省西淝河等沿淮洼地治理应急及淠河治理工程初步设计分别由水利部及安徽省发改委批复，工程已全面开工；前坪水库及河南省史灌河治理、淠河治理工程可行性研究报告分别由国家发改委及河南、安徽省发改委批复。至2015年年底，进一步治淮38项工程中，已批复可行性研究报告项目总投资411亿元，可行性研究报告已报国家发改委、水利部待审批项目总投资约671亿元。2015年主要前期工作进展情况如下：

1) 淮河行蓄洪区调整和建设。①淮河干流王家坝—临淮岗段行洪区调整及河道整治工程。2015年2月，水利部将可行性研究报告审查意见报送国家发改委。②淮河干流正阳关—峡山口段行洪区调整和建设工程。2015年2月，中国国际工程咨询公司对可行性研究报告进行评估。③淮河干流峡山口—涡河口段行洪区调整和建设工程。2015年1月，淮委对可行性研究报告进行初审；11月，淮委将可行性研究报告初审意见报送水利部。④淮河干流浮山以下段行洪区调整和建设工程。2015年3月，淮委会同安徽省水利厅、江苏省水利厅对可行性研究报告进行初审；6月，征求安徽、江苏两省意见；8月，淮委将可行性研究报告报送水利部；11月，水规总院对可行性研究报告进行审查。⑤河南省淮河流域滞洪区建设工程。2015年4月，水利部将可行性研究报告审查意见报送国家发改委。⑥江苏省黄墩湖滞洪区调整与建设。受水利部委托，2015年1月，淮委对可行性研究报告进行审查；5—7月，淮委对水保、移民大纲、环保3个专题报告进行了审查（预审）；9月，淮委将可行性研究报告及水保、移民大纲、环保3个专题审查（预审）意见报送水利部。

2) 重点平原洼地治理。①河南省淮河流域重点平原洼地治理工程。受水利部委托，2015年5月，淮委对可行性研究报告进行审查；12月，淮委对水保、移民大纲、环保3个专题报告进行了审查（预审）。②安徽省淮河流域西淝河等沿淮洼地治理应急工程。2015年8月，水利部以水总〔2015〕330号文批复工程初步设计，批复投资10.95亿元。年度工程已于2014年开工建设。③安徽省怀洪新河水系洼地治理工程。2015年2月，水利部将可行性研究报告审查意见报送国家发改委。④江苏省淮河流域重点平原洼地近期治理工程。2015年11月，淮委对可行性研究报告进行初审。⑤山东省淮河流域重点平原洼地南四湖片治理工程。2015年2月，水利部将可行性研究报告审查意见报送国家发改委。

3) 堤防达标建设和河道治理。①淮河入海水道二期工程。2015年7月，水利部将可行性研究报告审查意见报送国家发改委。②河南省淮干一般堤防加固工程。2015年12月，河南省发改委将可行性研究报告报送国家发改委。③安徽省淮干一般堤防加固工程。2015年12月，安徽省发改委将可行性研究报告报送国家发改委。④沂河、沭河上游堤防加固工程。2015年4月，淮委将可行性研究报告报送水利部；6月，淮委将水保、移民大纲、环保3个专题报告报送水利部；7月，水规总院对可行性研究报告及水保、环保专题报告进行审查（预审）。⑤洪汝河治理工程。2015年8月，水规总院对可行性研究报告进行复审，淮委将水保、移民大纲、环保3个专题报告报送水利部；9月，水规总院对移民大纲、水保专题进行审查。⑥史灌河治理工程。2014年12月，安徽省发改委以皖发改设计函〔2014〕1222号文批复安徽省史灌河初步设计，批复投资2.21亿元；2015年9月，河南省发改委以豫发改农经〔2015〕838号文批复河南省史灌河可行性研究报告。⑦淠河治理工程。2015年9月，安徽省发改委以皖发改农经〔2015〕526号文批复工程可行性研究报告；10月，安徽省发改委以皖发改设计函〔2015〕819号文批复工程初步设计，批复投资17.47亿元。

4) 上游防洪水库。①出山店水库。2015年4月，水利部以水总〔2015〕201号文批复工程初步设计，批复投资98.70亿元。②前坪水库。2015年3

月，水利部将可行性研究报告审查意见报送国家发改委；7月，国家发改委以发改农经〔2015〕1733号文批复工程可行性研究报告；9月，水利部以水规计〔2015〕367号文批复工程初步设计，批复投资44.63亿元。

5）淮河行蓄洪区及淮干滩区居民迁建。①河南省淮干滩区居民迁建。2014年12月，淮委组织对2013年度实施方案进行了审核；2015年4月，将实施方案审核意见发送河南省水利厅。9月，淮委组织对2015年度实施方案、2011年度工程实施方案罗山县部分变更设计报告进行了审核，同月，将2015年度实施方案审核意见发送河南省水利厅。②安徽省淮河行蓄洪区及淮干滩区居民迁建。2015年9月，淮委组织对安徽省2012年度、2013年度实施方案进行了审核，同月，将2012年度、2013年度实施方案审核意见发送安徽省水利厅。2015年1月，淮委组织对安徽省淮河行蓄洪区及淮干滩区居民迁建规划修编进行了审核，12月，将居民迁建规划修编审核意见发送安徽省水利厅。2015年1月，淮委组织对淮南市谢家集区唐山镇保庄圩工程可行性研究报告进行了审核，6月，将可行性研究报告审核意见发送安徽省水利厅。

（2）引江济淮工程。引江济淮工程项目建议书、可行性研究报告由安徽省引江济淮工程领导小组办公室牵头组织编制，安徽省水利水电勘测设计院牵头汇总，中水淮河规划设计研究有限公司等单位参加。2015年1月，受国家发改委委托，中国国际工程咨询公司对项目建议书进行了咨询评估；3月，国家发改委以发改农经〔2015〕373号文将项目建议书报送国务院，同月，国务院批复引江济淮工程项目建议书。2015年7月，水利部水规总院组织对引江济淮工程可研报告进行了审查；8月，安徽省水利厅、河南省水利厅、淮委联合发文将可研报告报送水利部；12月，水利部以水规计〔2015〕482号文将引江济淮工程可研报告审查意见报送国家发改委。

（3）3 000 km^2 以上中小河流治理。淮河流域纳入《全国中小河流治理和病险水库除险加固、山洪地质灾害防御和综合治理总体规划》中需治理的3 000 km^2 以上中小河流共23条，除了在进一步治淮项目中安排的沂沭河、史灌河、涡河等12条外，还有池河、射阳河、新洋港、灌河、北胶莱河、弥河、潍河、支脉河、小颍河、惠济河和涡河等11条。2015年，淮委将惠济河重点河段治理工程可行性研究报告审核意见发送河南省水利厅，将新洋港整治工程可行性研究报告审核意见发送江苏省水利厅。

（4）其他。2015年共完成2条中小河流（200～3 000 km^2）省际河段、1座中型病险水库初步设计复核工作；按照水利部要求，淮委组织对豫皖苏鲁4省及青岛市中小河流治理及重点县综合整治实施情况进行了两次检查。（万枫　王琳琳　苏文松）

【工程建设】

1. 治淮19项骨干工程建设情况　1991年国务院治淮会议确定的治淮19项骨干工程，根据前期工作最新进展情况估算总投资465.58亿元，截至2015年年底，治淮19项骨干工程共下达投资计划462.76亿元，累计完成462.15亿元，占已安排投资的99.93%；累计完成土石方17.39亿 m^3，混凝土940.95万 m^3。至2015年底，治淮19项骨干工程已全面建成。其中，淮河干流上中游河道整治及堤防加固、怀洪新河续建、入江水道巩固、分淮入沂续建、洪泽湖大堤抗震加固、防洪水库、包浍河初步治理、淮河入海水道、淮河中游临淮岗洪水控制、汾泉河初步治理、洪汝河河道近期治理、大型病险水库除险加固、奎濉河近期治理、涡河近期治理、沙颍河近期治理、治淮其他等16项工程通过竣工验收；行蓄洪区安全建设、沂沭泗河洪水东调南下、湖洼及支流治理等3项工程全面完成，因专项验收未完成等原因，尚未竣工验收。

2. 进一步治理淮河工程

（1）蚌埠至浮山段行洪区调整和建设。工程批复总投资53.81亿元。至2015年年底，工程累计完成投资30.79亿元，占批复总投资的57.2%。

至2015年年底，已完成46个标的招标任务，征地拆迁工作正在开展；临北段行洪区1号、2号、3号排泥场、方邱湖行洪区凤阳排泥场的围堰填筑基本完成，正在进行河道疏浚；花园湖退洪闸正在进行闸室底板混凝土浇筑，进洪闸正在进行基坑和上下游引河土方开挖；香浮段正在进行围堰和新堤填筑。

（2）世行贷款淮河流域重点平原洼地治理工程。工程批复总投资41.44亿元。至2015年年底，工程累计完成投资39.35亿元，占批复总投资的95%，其中，流域4省及淮委分别完成投资2.85亿元、16.2亿元、16.3亿元、1.86亿元、2.14亿元。①河南省实施项目。信阳市境内2010年度实施的6座提排站已全部完成，2011年度工程中除王大台、刘小集排涝泵站正在进行主、副厂房和管理房屋工程建设外，其余已基本完成；驻马店市境内2010年度工程已完成杨岗河段25.3km河道疏浚、31座涵闸以及9座桥梁，2011年度工程已完成41座涵闸以及1座桥梁，正在进行河道疏浚，2012年度工程已完成19座涵闸主体工程，正在进行荆河桥梁梁板安装、河道疏浚等工作；周口市境内2010年度工程已基本完成，2011年度工程中除西华县重建沟1座交通桥正在实施外，其余已基本完成，2012年度工程正在进行丰收河清淤疏浚、重建沟涵闸施工等。②安徽省实施项目。阜阳市境内河道疏浚正在实施，已完成17座涵闸、16座桥梁。淮南市境内工程已基本完成。蚌埠市境内除姚郢截水沟疏浚正在施工外，其他已基本完成。宿州市、亳州市、滁州市、淮北市、六安市境内工程基本完成。安徽省灾情评估及决策支持子系统除焦岗湖洼地水位监测设施、阜阳巡测基地尚未实施外，其他已基本完成。③江苏省实施项目。泰东河工程泰州、东台境内工程河道疏浚、河坡防护基本完成；淤溪大桥、草舍大桥、梁台广大桥已基本完成。淮安市治理工程的越河、内衣、西小闸、清隆桥和西郊等5座泵站已完成。徐州市治理工程已全部完成。泰州市治理工程五叉港闸和九龙河闸基本完成。④山东省实施项目：滨湖洼地已开工的老赵王河、微山老运河和老泗河治理，以及新建、重建、加固排灌站等工程基本完成。沿运洼地台儿庄区一期5个项目均基本完成，峄城区一期共4个项目均基本完成，薛城区一期共2个项目均基本完成，滕州市一期5座泵站基本完成。郯苍洼地一期项目的白马河治理、苍山县吴坦河治理、建筑物工程已基本完成。⑤淮委实施项目。信息采集系统除沂沭泗河洪涝灾情巡测基地生产用房正在进行开工前的各项准备工作外，其他已基本完成；灾情评估系统灾情评估中心基本完成；淮河防洪除涝减灾实体模型试验控制楼已完成；试验大厅及模型试验配套设施基本完成，淮河防洪除涝减灾实体模型研制工作已基本完成。

(3) 安徽西淝河等沿淮洼地治理应急工程。工程批复总投资10.95亿元。至2015年年底，已累计完成投资6.29亿元，占批复总投资的57.4%。亳州市实施项目主体工程已基本完成；阜阳市、蚌埠市2015年新开工项目已基本完成，正在准备实施部分项目续建工程；淮南市正在实施西淝河站、高塘湖站。

(4) 江苏里下河川东港整治。工程批复总投资27.29亿元。至2015年年底，累计完成投资26.83亿元，占批复总投资的98.3%。丁溪河工程河道土方已全部完成，正在进行老川东港工程河道开挖。

(5) 淮河入江水道整治工程。工程批复总投资33.95亿元。至2015年年底，淮河入江水道整治工程已完成投资32.65亿元，占批复总投资的96.2%。安徽省实施部分已基本完成，江苏省实施部分除防汛道路、新老王港闸等少量尾工外，其他已基本完成。

(6) 洪泽湖大堤除险加固。工程批复总投资3.11亿元。至2015年年底，洪泽湖大堤除险加固工程累计完成投资3.06亿元，占批复总投资的98.4%。

工程主体已基本完成，正在进行防汛道路、管理房施工。

(7) 分淮入沂整治。工程批复总投资6.57亿元。至2015年年底，分淮入沂整治工程累计完成投资6.29亿元，占批复总投资的95.8%。工程主体已基本完成，正在进行刘河桥偏泓生产桥、防汛道路、管理房施工。

(8) 泗河上游堤防加固。工程批复总投资1.43亿元。至2015年年底，工程累计完成投资0.63亿元，占批复总投资的44.1%。招投标工作已全部完成，正在实施砌石护坡工程。

(9) 史灌河治理。河南省史灌河2015年度工程批复投资2亿元，安徽省史灌河批复总投资2.21亿元。至2015年年底，河南省史灌河治理2015年度工程累计完成投资0.46亿元，占2015年度投资计划的23%；安徽省史灌河治理已累计完成投资1.35亿元，占批复总投资的61.1%。河南省史灌河治理2015年度工程正在进行堤防截渗处理；安徽省史灌河治理2014年度工程除部分草皮护坡和路肩土回填正在实施外，其他已基本完成，2015年度工程已全面开工。

(10) 北汝河重要河段治理工程。2015年下达年度投资计划0.9亿元。至2015年年底，累计完成投资0.82亿元，占2015年度投资计划的91.1%。2015年度工程主体已基本完成，正在进行防汛道路施工。

(11) 淠河治理。工程批复总投资17.47亿元。至2015年年底，已累计完成投资12.14亿元，占批复总投资的69.5%。2012—2014年度工程已基本完成，2015年度工程已全面开工，正在进行堤防填筑、抛石护岸施工等。

(12) 新汴河治理。江苏省新汴河治理工程批复总投资0.51亿元，安徽省新汴河治理工程批复总投资9.74亿元。至2015年年底，江苏省新汴河治理工程已累计完成投资0.51亿元，占批复总投资的100%；安徽省新汴河治理工程已累计完成投资9.61亿元，占计划投资的98.6%。江苏省新汴河治理工程已完成；安徽省新汴河治理工程除堤顶道路工程正在实施外，其他已基本完成。

(13) 洙赵新河治理工程。工程批复总投资6.65亿元。至2015年年底，洙赵新河治理工程累计完成投资6.39亿元，占批复概算总投资的96.1%。已完成21个施工标和4个监理标的招标任务，建筑物和河道疏挖复堤工程已全部完成，防汛道路正在实施中。

(14) 出山店水库。工程批复总投资98.70亿元。至2015年年底，出山店水库累计完成投资29.53亿元，占批复总投资的29.9%。导流明渠已通过验收，混凝土坝段拌和系统建设基本完成，正在进行土坝段挤密砂桩生产性试验。

(15) 前坪水库。工程批复总投资44.6亿元。至2015年年底，前坪水库累计完成投资2.2亿元，占批复总投资的4.9%。前期工程导流洞工程已实现洞挖50m，泄洪洞工程进、出口正在进行土石方开挖。

3. 工程建设管理

(1) 招标投标。继续加大招标投标行政监督管理力度，监督检查开标、评标、定标过程是否合法以及是否符合规定、招标文件等，全年共完成 28 个项目招标计划和总结报告的备案审核，并按规定履行了行政监督职责。

（2）质量管理。2015 年，对蚌埠至浮山段行洪区调整和建设、淮河入江水道整治等治淮在建工程开展质量与安全监督检查；对省界水文站建设等工程进行质量监督检查；委托淮河流域水工程质量检测中心对淮河入江水道整治等工程进行质量评估、安全评估；组织召开治淮工程质量与安全监督暨建设管理工作会议；开展《工程建设标准强制性条文》《水利水电工程单元工程施工质量验收评定标准》等宣贯培训；制定印发《治淮工程质量监督管理办法》《淮委直属基础设施建设项目质量监督管理办法》；完成质量与安全监督网络信息平台建设。

（3）工程验收。2015 年，沂沭泗河洪水东调南下续建工程南四湖湖东堤工程、沂沭泗河洪水东调南下续建工程南四湖湖西大堤加固工程（山东实施段）、南四湖二级坝闸下西股引河上段剩余工程、沂沭泗防汛抢险仓库建设及设备购置、沂沭泗河洪水东调南下续建工程新沭河治理工程（江苏段）、淮河流域水环境监测中心趸船建设工程、中运河临时性水资源控制设施、淮委基层七里墩通信站应急迁建工程等 8 项工程通过竣工验收。（王海明）

【汛情与防汛】 2015 年汛期，淮河流域降雨总体偏少，但受梅雨期连续强降雨影响，淮河干流王家坝至正阳关段出现超警戒水位洪水，这也是 2010 年以来淮河干流首次发生超警戒水位洪水过程。在国家防总、水利部的正确领导下，淮河防总和流域 4 省防指认真贯彻国家防总指令，团结协作，及早准备，全面部署，科学调控，全面完成了各项防汛抗旱任务。

1. 汛情、旱情综述

（1）天气形势。2015 年汛期，淮河流域 6 月 15 日入梅，7 月 1 日出梅。与常年梅雨期（6 月 19 日至 7 月 14 日）相比，入梅、出梅均偏早。梅雨期间，流域降水量为 193.6mm，比常年同期（216mm）偏少近 1 成。汛期，西北太平洋和南海共有 15 个台风生成，有 5 个台风登陆我国。受第 9 号台风“灿鸿”沿海北上外围环流影响，7 月 11—12 日，淮河流域东部出现中到大阵雨降水；受第 13 号台风“苏迪罗”登陆福建后倒槽影响，8 月 9—10 日，淮河流域沿淮及以南出现暴雨到大暴雨降水过程。2015 年汛期，影响淮河流域的台风个数接近常年（常年均值 1.7 个）。

（2）雨情和水情。2015 年汛期（6—9 月），淮河流域降雨量为 509.6mm，较历年同期平均（568mm）偏少 10%。其中，淮河水系和沂沭泗水系平均降雨量分别为 549.2mm 和 412.4mm，分别比历年同期平均偏少 4%和 27%。受降雨影响，淮河干支流发生 5 次明显涨水过程。其中，6 月 30 日 15 时 12 分王家坝站出现洪峰水位 27.83m，超警戒水位 0.33m，为 2010 年以来淮河干流水位首次超警。

1）主要降雨和水情。6 月 23—30 日，淮河流域出现较强降水过程，流域平均降水量为 155.7mm，淮河水系平均降水量为 175.3mm，沂沭泗水系平均降水量为 107.7mm。其中，淮河干流息县至洪泽湖沿淮两侧及里下河地区中部超过 200mm，王家坝站 378mm 最大。淮河干流王家坝至正阳关段出现超警戒水位的洪水，6 月 30 日 15 时 12 分王家坝站出现洪峰水位 27.83m，超警戒水位 0.33m，为汛期最高水位。淮河南岸支流白鹭河、史灌河、池河，里下河地区兴化站等主要控制站水位出现超警戒水位，宿鸭湖、鲇鱼山、梅山等 8 座大型水库出现超汛限水位。

7 月 14—16 日，淮河流域发生了一次较大降雨过程，流域面平均雨量为 37mm。其中，淮河水系面平均雨量 44.9mm，沂沭泗水系面平均雨量 17.3mm。8 月 18—19 日，淮河流域出现一次降雨过程，降雨主要集中在淮河水系，淮河水系面雨量 34.6mm。受两次降雨影响，淮河干流及南部支流相应出现小幅涨水过程。

2）主要湖泊水情。①洪泽湖。洪泽湖蒋坝站，汛期超汛限水位约 109 天。6 月 8 日 2 时汛期最高水位 13.46m，超汛限水位 0.96m；汛期，洪泽湖最大出湖流量（三河闸、二河闸、高良涧闸、高良涧电站）7 370 m^3/s，总出湖水量约 233.57 亿 m^3。②南四湖。南四湖上级湖南阳站汛期水位均在汛限水位以下，8 月 9 日 6 时出现汛期最高水位 33.48m。6 月 16 日水位降至死水位（33.00m），6 月 23 日湖水位 32.85m 为汛期最低，低于死水位 0.15m。南四湖下级湖微山岛站汛期水位均在死水位（31.50m）以下，7 月 2 日 6 时出现汛期最高水位 31.45m。下级湖 6 月 22 日水位降至最低生态水位（31.05m），6 月 23 日 6 时水位 31.03m 为汛期最低，低于最低生态水位 0.02m。汛期，上级湖、下级湖主要出湖控制闸全关，总出湖水量为零。③骆马湖。汛期，骆马湖杨河滩站水位基本低于汛限水位，仅有 6 月 1—14 日水位在汛限水位以上，汛期超汛限历时 14 天。6 月 2 日 22 时出现汛期最高水位 22.76m，超汛限水位 0.26m。汛期，骆马湖主要出湖控制闸全关，总出湖水量为零。

（3）旱情。2015 年 1—9 月，淮河流域总体降雨量偏少 1 成左右，流域大部分地区没有发生明显的旱情。除了淮河上游、沙颍河上游及沂沭泗地区出现局部轻到中旱，其余地区均保持正常至过湿状态，全流域未出现重旱。

（4）洪涝灾情。2015 年汛期，受暴雨洪水和台风的影响，淮河流域河南、安徽、江苏、山东 4 省部分地区发生了不同程度的洪涝灾害。据统计，全年淮河流域河南、安徽、江苏、山东4省共有17个市70个县（市、区）、713个乡（镇）受灾，农作物洪涝受灾面积72.748万hm^2，成灾面积34.533万hm^2，受灾人口722万人，因灾死亡14人，转移人口20.40万人，倒塌房屋0.91万间，直接经济总损失87.95亿元，其中水利设施直接经济损失14.16亿元。

汛期主要有一次洪涝过程：6月23—30日，淮河流域出现持续强降雨，最大点降水量王家坝站378mm，最大24h降雨量为6月27日安徽金寨红石嘴站256mm，受强降雨影响，淮河干流王家坝—正阳关河段发生超警洪水，淮河干流发生2015年第1号洪水。暴雨洪水造成淮河流域河南、安徽、江苏3省12个市、43个县（市、区）、437个乡（镇）受灾，农作物受灾面积34.295万hm^2，成灾面积16.568万hm^2，受灾人口332万人，因灾死亡14个，紧急转移7.81万人，倒塌房屋0.59万间，直接经济损失35.59亿元，其中水利损失6.61亿元。

（5）汛情特点。

1）降雨特点。2015年汛期，淮河流域降雨呈现出降雨过程多、强度弱，前多后少，南多北少的特点。汛期，流域共出现12次中等以上降雨过程，但降雨强度普遍偏弱，6月淮河流域降水偏多77%，7—9月淮河流域降雨偏少8%～49%。汛期，流域降水整体呈自北向南递增趋势，沙颍河上中游、涡河上中游、南四湖大部降水量不足400mm，淮河沿淮及以南、里下河、下级湖局部及邳苍地区大部降水量500mm以上，其中史灌河中游局部、淠河中游局部及里下河大部超过800mm，里下河川东港站1 317mm为最大降水量点。

2）水情特点。2015年汛期，淮河干支流主要控制站汛期来水量与历年同期相比，淮干上中游偏少，下游偏多；淮北支流及沂沭泗偏少，淮南支流偏多。淮干息县至润河集段来水量偏少9%～28%，正阳关至蚌埠段偏多3%～7%；淮北支流主要控制站偏少74%～80%，淮南支流主要控制站偏多44%～74%；沂沭河主要控制站偏少83%～99%。

3）蓄水特点。水库及湖泊汛末蓄水量少于常年。截至2015年10月1日，大型水库及主要湖泊共蓄水90.79亿m^3，较历年同期平均蓄水量偏少7%，其中，淮河水系偏多18%，沂沭泗水系偏少50%，沂沭泗水系大型水库及主要湖泊蓄水量为近13年来最小汛末蓄水量。

2. 防汛抗旱工作　按照国家防总的统一部署，淮河防总始终坚持“早”字当头，早谋划、早部署、早动员的工作方针，针对淮河流域不同时期防汛抗旱工作的特点，着重做好了以下几项工作：

（1）全面部署流域防汛抗旱。3月13日，淮委召开2015年防汛抗旱工作会议，全面部署落实防汛抗旱工作，明确各部门和单位的任务分工。4月24日，淮河防总在江苏省召开了2015年工作会议，会议总结了流域去年防汛抗旱工作，分析研判了面临的形势，全面部署了2015年各项防汛抗旱工作任务。4月14日，淮河防总印发了调整淮河防总机构组成人员的通知，进一步明确了防汛抗旱职责。流域4省防指先后印发了各省政府领导防汛抗旱责任分工及相关的防汛抗旱工作职责要求。

（2）认真开展汛前检查。国家防总、水利部高度重视淮河流域防汛抗洪工作，4月11—14日，国家防总秘书长、水利部副部长刘宁率领国家防总防汛抗旱检查组，对安徽、江苏两省防汛抗旱工作进行检查。淮河防总认真贯彻落实国家防总指示精神，分片分点开展了一系列汛前准备工作。4月11—14日，淮河防总常务副总指挥、淮委主任钱敏参加国家防总防汛抗旱检查组，对安徽、江苏两省防汛抗旱工作进行检查。3月18—20日，淮河防总秘书长、淮委副主任汪斌率淮河防总检查组对河南省淮河流域重要防洪地区进行了汛前检查。

（3）做好台风防御工作。在国家防总的统一部署下，淮委认真做好了各项台风防御工作。8月9日、21日，淮委先后在分会场参加国家防总防御“苏迪罗”和“天鹅”台风工作视频会议，会后及时召开防汛防台风会商，密切关注天气变化。为做好第13号台风“苏迪罗”的防御工作，淮河防总于8月8日11时启动防汛防台风Ⅳ级应急响应。8月10日，派出了防台风联合工作组赴江苏省检查指导台风的防御工作。

（4）全面做好淮河洪水防御工作。6月23—30日，淮河流域出现较强降水过程，使淮河干流发生2010年以来首次超警洪水。汛情发生后，国家防总第一时间作出工作部署，淮河防总和河南、安徽、江苏3省密切配合，精心调度防洪工程，沿淮政府全力投入防汛抗洪，做好了洪水防御工作。6月15—28日，国家防总连续下达4个通知文件，要求认真贯彻落实李克强总理重要批示精神，全力做好强降雨防范和防汛抗洪工作。淮河防总全面响应，6月24日，淮河防总办发出《关于做好强降雨防范工作的紧急通知》，要求沿淮各省和相关部门做好防汛工作。汛情发生后，淮河防总加强会商，密切关注天气，于29日11时启动防汛Ⅳ级应急响应，并及时发布洪水黄色预警和淮河2015年1号洪水信息，同时派出工作组赴一线检查指导地方做好防汛工作。30日7时，淮河防总将防汛应急响应提升为Ⅲ级。

面对强降雨和迅速上涨的洪水，淮河防总和河南、安徽、江苏3省加强会商沟通，科学调度水利工程。针对洪泽湖水位一度较高的情况，淮河防总协调江苏省防指及时开启三河闸，并逐步加大下泄流量，降低了洪泽湖水位，洪泽湖有效容蓄了上游和区间来水。针对大别山区发生的强降雨，淮河防总协调河南、安徽省防指科学调度鲇鱼山、梅山等大型水库，统筹上下游、左右岸等因素，尽可能拦洪错峰，努力减轻史灌河等淮南支流防洪压力。

（5）积极推进非工程措施建设。近年，水利部、国家防办高度重视防办能力、抢险队伍和防灾减灾非工程措施体系建设。淮委认真落实国家防办布置的各项工作任务，2015年组织实施了淮委国家防汛抗旱指挥系统二期工程、淮委2015年山洪灾害防治、淮河流域洪水风险图编制等项目的招投标和建设工作。联合安徽省淮河河道管理局，组织2015年淮河防汛抢险演习，加强流域机构抢险队伍建设。

（6）及时报送防汛抗旱相关信息。汛期，淮河防总继续加强与国家防总、流域各省防指信息沟通，及时掌握最新雨水情。主动与新闻媒体联络，严格执行新闻发布和稿件送审制度，提前向社会发布防汛信息，为社会了解汛情和领导决策提供了快速准确的信息。据初步统计，淮委防办共印发简报26期，淮委水文部门共发布有关淮河汛情的手机短信1.7万余人次，发布重要天气、台风预警、暴雨预报短信1.5万余人次；发布雨水情简述、水情简报、水情分析等133期，水情月报10期，旱情简报（专报）10期，水情预报16期；发布短期天气预报151期，中期（旬）天气预报15期，长期（月）天气预测6期。

3. 问题及建议

（1）流域抗旱能力建设需要进一步加强。2015年淮河流域降雨总体偏少，主要湖库汛末蓄水量也较常年偏少，沂沭泗流域部分地区已经出现干旱现象，今冬明春抗旱压力较大。从近年来的抗旱工作实际来看，流域抗旱工作还存在许多突出问题和薄弱环节，流域机构缺少有效抗旱手段。建议加大流域旱情监测预警工作，加快流域抗旱信息化平台建设与信息共享，加强抗旱基础研究，不断提高流域抗旱减灾工作水平。

（2）淮河流域支流防洪标准偏低。目前，淮河干流中游河道和沿淮重要城市的设计防洪标准已经达到100年一遇，洪泽湖以下主要堤防设计防洪标准也已经达到100年一遇，沂沭泗流域骨干河道基本达到50年一遇的防洪标准，但流域大部分支流防洪标准仍然偏低。2015年淮河发生超警戒洪水期间，淮河以南上中游，部分支流水位持续偏高，防洪压力较大，建议进一步加快支流治理步伐。

［《治淮汇刊（年鉴）》编辑部］

【水土保持】

1. 综合治理　根据《水利部办公厅关于开展国家水土保持重点工程督查工作的通知》（办水保〔2015〕82号），淮委负责对河南、安徽、山东（含青岛市）3省中央资金安排的国家水土保持重点工程进行督查。2015年5月19日，淮委印发《淮委国家水土保持重点工程督查工作方案的通知》，2015年5月下旬至6月下旬，淮委组织有关专家组成督查组，对河南、安徽、山东（含青岛市）3省国家水土保持重点工程省级工作落实情况进行第一次督查，督查的主要内容为：复核2013年国家水土保持重点工程督查整改落实情况；督查2014年中央投资安排的国家水土保持重点工程；督查2015年中央资金安排的国家水土保持重点工程前期工作进度情况。并随机抽查项目县（区）国家水土保持重点工程，按要求完成《河南、安徽、山东（含青岛）省2013年国家水土保持重点工程督查整改落实情况复核报告》《河南、安徽、山东省2014年国家水土保持重点建设工程督查报告》《河南、安徽、山东（含青岛）省2014年中央预算内投资水土保持项目督查报告》《河南、安徽、山东省2015年中央资金安排的国家水土保持重点工程前期工作进度情况督查报告》，上报水利部水土保持司。

根据《水利部办公厅关于开展国家水土保持重点工程督查工作的通知》及水利部水土保持司《关于开展2015年国家水土保持重点工程督查工作的补充通知》要求，2015年10月下旬至11月上旬，淮委组织有关专家组成督查组，对河南、安徽、山东（含青岛市）3省国家水土保持重点工程省级工作落实情况进行第二次督查，督查的主要内容为：2015年度国家水土保持重点工程项目建设情况和2016年度项目前期储备工作落实情况。并随机抽查项目县（区）国家水土保持重点工程，按要求完成《河南、安徽、山东省（含青岛）2015年国家水土保持重点工程督查报告》，上报水利部水土保持司。

根据《水利部水土保持司关于开展国家水土保持重点工程专项督导的通知》要求，2015年4月19—21日由淮河水利委员会肖幼副主任带队对山东省2014年国家水土保持重点工程建设情况和2015年项目前期工作进展情况进行了督导。督导工作采取召开座谈会、查阅档案资料、现场抽查的方式进行。督导组听取了山东省水利厅关于国家水土保持重点工程有关情况的汇报，实地查看了山东省沂水县2014年国家水土保持重点建设工程、中央预算内水土流失治理工程任务完成情况和质量情况，查阅了省级相关文件、县级2014年项目档案资料和资金支付账目以及2015年实施方案编制等。督导组及时与省、市、县（区）各级水行政主管部门座谈及反馈意见，并提出意见和建议。

继续实施安徽省岳西县大滑岭小流域坡面径流调蓄利用试点示范工程，通过实施水土保持工程地表水径流控制工程和节水灌溉等措施，探索坡面径流调蓄利用及节水型水土保持途径。

2. 预防监督　2015年年初对淮河流域及山东半岛区域部批大型生产建设项目水土保持方案落实情况

年度跟踪检查进行了任务分解，明确了与省级水行政主管部门的工作分工，制定了《淮河流域及山东半岛部批大型生产建设项目水土保持方案落实情况检查分工表》，2015年5月编制并印发《关于开展淮河流域及山东半岛2015年部批大型生产建设项目水土保持监督检查的通知》，以此作为年度开展预防监督工作依据，并确定监督检查分工、内容、时间及有关要求。

在2014年监督检查的基础上，经认真摸排和仔细核对每个项目水土保持工作的开展情况，编制并发布《淮河流域及山东半岛区域部批大型生产建设项目水土保持方案落实情况监督检查公报（2014）》。

2015年，通过对流域内2004年以来水利部批复水土保持方案的280多个大型开发建设项目进行全面登记和梳理，按照统一部署、分工协作、突出重点、落实责任的原则，进行了任务分解，淮委采取实地检查、发函检查、电话跟踪等方式，抽取了50个项目进行检查，其他项目由各省（直辖市）水利厅（局）组织开展检查，实现了部批水土保持方案生产建设项目监督检查全覆盖。2015年，淮委将部批治淮工程水土保持方案落实情况作为检查重点，先后对江苏省境内淮河入江水道整治工程、洪泽湖大堤除险加固工程、分淮入沂整治工程、淮河流域重点平原洼地治理工程外资项目、淮河流域重点平原洼地治理工程里下河川东港工程，安徽省境内淮河干流蚌埠至浮山段行洪区调整和建设工程、新汴河治理工程、淠河治理工程、淮河流域西淝河等沿淮洼地治理应急工程、淮河流域重点平原洼地治理工程外资项目等10个在建治淮工程开展了监督检查。同时，对河南、安徽、山东3省境内的铁路、公路、机场、电力等9个建设项目水土保持工作落实情况开展监督检查，并印发监督检查意见。

按照国家和水利部深化水土保持行政审批制度改革要求，依据生产建设项目水土保持设施验收有关规程、规范和要求，参加或代部主持完成南水北调东线第一期工程江苏和安徽两省境内洪泽湖抬高蓄水位影响处理工程、山东境内南四湖至东平湖段输水与航运结合工程、江苏淮安涟水机场工程、华电六安电厂二期扩建工程等15个大型生产建设项目水土保持设施现场验收。

参加山西—江苏±800kV特高压直流输电工程、淮河干流浮山以下段行洪区调整和建设等18个涉及流域内的大型生产建设项目水土保持方案报告书审查。

根据《水利部关于开展水土保持专项执法检查活动的通知》和《水利部关于开展水土保持法贯彻实施情况专项检查的通知》要求，淮委于2015年5—11月对流域内涉及跨河流、湖泊、水库以及国家水土流失重点预防区和重点治理区的大中型生产建设项目，开展淮河流域水土保持专项执法检查活动，并按要求完成《淮河流域水土保持专项执法检查工作情况总结报告》上报水利部政策法规司。

举办淮河流域水土保持重点工程建设管理培训班，组织召开淮河流域水土保持工作会，总结交流了流域内各地“十二五”期间水土保持工作成效，结合贯彻落实国务院批复的《全国水土保持规划（2015—2030年）》，对“十三五”期间流域内各地水土保持重点工作进行了研讨和部署。

3．监测预报　组织实施沂蒙山国家级重点治理区和桐柏山大别山国家级重点预防区2015年度水土流失监测工作，获取基础数据与图件，完成2015年度淮河流域内全国水土流失动态监测与公告项目实施技术方案、淮河流域国家级重点防治区沂蒙山重点治理区与桐柏山大别山重点预防区2015年度水土流失监测成果报告与技术报告等。完成沂蒙山国家级重点治理区39个国家土壤侵蚀野外调查单元的调查与复核工作。

组织完成淮河流域不同土壤侵蚀类型区典型小流域和典型监测点2015年度定位观测工作，组织完成汛前工作检查及数据成果审核、整编与上报工作。

组织完成《中国水土保持公报（2014）》淮河流域基础资料的整编工作，配合水利部水土保持监测中心完成《中国水土保持公报（2015）》河南、安徽、江苏、山东4省成果资料的审核。

完成安徽华电六安电厂2×600MW级扩建工程、大唐淮北发电厂虎山项目上大压小（2×660MW）工程、新建阜阳至六安铁路水土保持监测总结报告，并通过上级主管部门组织的验收。持续对南水北调东线一期长江至骆马湖段其他工程、安徽省世行贷款淮河流域重点平原洼地治理工程、淮河干流蚌埠至浮山段行洪区调整和建设工程、青荣城际铁路等30余个项目进行水土保持监测；开展华塑杨家岭矿山、无为磊达水泥、新桥矿业、明光鲁山风电、天然气江南联络线、江南集中区等20余个项目水土保持技术评估工作。

完成淮河流域水土保持监测设备购置项目实施，购置三维激光扫描仪、无人机、地理信息系统（Arc GIS）、遥感影像处理（ERDAS）等软硬件设备18台(套)，极大提升了中心站水土保持监测能力水平。

依据《中国水土保持公报（2015年）》公布的数据，淮河流域2014年度水土流失动态监测成果：桐柏大别山预防保护区的监测范围为安徽省金寨县，总面积3 917.67 km²。调查表明，金寨县土地利用结构以林地为主，林地面积占土地总面积的72.50%；林草地中以高覆盖林草地为主，覆盖度大于75%的林草地占林草地总面积的52.83%；区内地形以丘陵为主，地面坡度8°～15°和15°～25°的土地面积分别占土地总面积的28.13%和30.43%；区内水土流失面积为 1 319.45km^2，占土地总面积的 33.68%，以水力侵蚀为主，轻度侵蚀面积占水土流失面积的 74.61%，中度侵蚀面积占水土流失面积的 23.23%。沂蒙山重点治理区的监测范围包括山东省蒙阴县和沂水县，土地总面积 4 010.50km^2。调查表明，区内土地利用以耕地为主，耕地面积占土地总面积的 45.53%；林草地以中高覆盖林草地为主，覆盖度 60%～75%的林草地占林草地总面积的 69.22%；区内地形以平缓坡为主，坡度小于 5°的土地面积占土地总面积的 48.02%；区内水土流失面积为 1 583.14 km^2，占土地总面积的 39.47%，以水力侵蚀为主，轻度侵蚀面积占水土流失面积的 68.85%，中度侵蚀面积占水土流失面积的 21.17%。

4. 前期工作和基础研究　2015 年，完成淮海丘岗区土壤侵蚀分布格局调查、淮河流域国家水土保持重点工程区水土流失存在问题及防治对策调查（伏牛山区）、黄泛区风力侵蚀调查、土地流转后水土保持工程建管机制调研等课题研究工作。

5. 水土保持国策宣传　根据《水利部办公厅关于开展水土保持法施行四周年宣传活动的通知》要求，淮委积极组织筹划，开展一系列形式多样的宣传活动，悬挂“提高水土保持意识　遵守水土保持法规”“依法保护水土资源　促进社会和谐发展”等宣传横幅，增强社会公众水土保持法律意识。组织开展水土保持科普教育入学堂主题宣传活动，购买全国水土保持科普宣传教育系列丛书《水土保持读本（小学版）》，向贫困山区小学生免费发放。组织举办“淮委水土保持杯”排球赛。（胡续礼　吴畏　毕旸　吴迪）

【工程管理】

1. 流域涉河建设项目管理

（1）涉河建设项目审查服务。按照部署，结合工作实际，淮委编制了涉河建设项目方案审查等服务指南，修订了涉河建设项目方案审查等工作细则，绘制了涉河建设项目方案审查等流程图。

（2）涉河建设项目审查许可。依法依规，认真做好涉河建设项目方案审查的受理、征求意见、行政许可等工作，并在淮委网站实时公布办理状态。据统计，淮委全年办理了涉河建设项目方案审查 52 项。

（3）涉河建设项目防汛检查。汛前，在各相关单位自查的基础上，淮委组织对淮河干流及沂沭泗直管河湖在建涉河建设项目进行了防汛情况抽查，就检查发现的问题，限期整改，并进行了通报。

2. 河湖管理　河湖确权划界。淮委复核、完善了直管河湖及水利工程划界确权调查数据，直管河湖及水利工程应完成划界面积 422.56 万亩，已完成 52.18 万亩，未完成 370.37 万亩，应完成确权面积 20.76 万亩，已完成 14.13 万亩，未完成 6.63 万亩，划界确权静态总投资为 22.62 亿元。

3. 水利工程管理

（1）水利工程管理体制。南四湖湖东堤工程是沂沭泗河洪水东调南下续建工程的重要组成部分，建设完成后，淮委配合水利部建设与管理司协调解决了该段湖东堤的运行、管理、维护、水行政管理等问题。

（2）水利工程管理考核。按照规定，淮委组织对安徽省临淮岗洪水控制工程管理局水闸管理处、江苏省淮河入海水道工程管理处、盐城市射阳河闸管理所进行了国家级水利工程管理单位复核，配合水利部完成了灌南河道管理局国家级水利工程管理单位复核工作。

（3）水闸安全鉴定。在 2014 年对江风口分洪闸等 10 座直管水闸进行安全鉴定的基础上，印发了水闸安全鉴定报告书，鉴定江风口分洪闸等 4 座水闸为一类闸，二级坝水利枢纽第二节制闸等 3 座水闸为二类闸，蔺家坝节制闸等 3 座水闸为三类闸。

（4）水闸日常管理。南四湖局二级坝局、蔺家坝局、上级湖局分别完成了二级坝第一、二、三节制闸，蔺家坝节制闸，复新河节制闸闸门及启闭机设备管理等级评定工作，闸门和启闭机设备均被评为一类单位工程。各直属局开展并完成了 2015 年直管水闸工程观测工作。

（5）水利工程维修养护。2015 年，淮委完成直管工程维修养护经费 12 887.16万元。其中，堤防工程 1 726.2km，维修养护经费 7 709.14 万元；控导工程 734 处，维修养护经费 1 790.82 万元；水闸工程 819 座，维修养护经费 3 363.12万元；泵站工程 1 座，维修养护经费 24.08 万元。

4. 其他　9 月，淮委以“淮河流域国家级水管单位风采”为题，制作展板，对淮河流域国家级水管单位进行了专题宣传，反映水利人敬业奋斗的足迹，宣扬流域现代化、专业化管理成效。10 月，淮委在江苏省扬州市组织召开了淮河流域水利管理暨河道管理范围内建设项目联系人会议，举办了淮河流域防洪评价规范管理培训班。继续开展淮河干流涉河工程（群）防洪影响诊断评估及决策支持项目，项目选取淮河涉河建筑物密集、防洪任务重、对淮河干流防洪有重要作用的蚌埠段作为典型河段，开展原型观测、资料分析，以探索跨河建筑物对河道及防洪工程影响，搭建淮河干流涉河工程（群）防洪影响诊断评估及决策支持的审查管理平台。（张才庭）

【水污染联防】　2015 年淮河水污染联防区域内水质平稳，未发生重大的水污染事故。沙颍河、涡河安全下泄水体 10.72 亿 m^3，淮河干流水质基本维持在Ⅲ类。

1. 水情水质动态监测　2015 年淮河水污染联防期间，河南、安徽省水文部门按照《2015 年淮河水污染联防工作方案》的要求，开展每周 1 次的常规水质动态监测。淮河出现第一场洪水期间，安徽省水文部门按照淮河水保局要求开展加密监测。为开展水闸防污调度工作提供了有力的技术支撑。

（1）水质水情监测。2015年淮河水污染联防区域共设置水质水情测站37个。其中，河南省水文部门承担16个测站的监测任务，安徽省水文部门承担18个测站的监测任务，江苏省水文部门承担3个测站的监测任务。全年获得水质水情动态监测数据约1.4万个。

1）水情监测：沙颍河槐店闸、阜阳闸、颍上闸，泉河李坟闸，涡河付桥闸、蒙城闸，惠济河东孙营闸，大沙河包公庙闸，沱河张桥闸，淮河王家坝、润河集、鲁台子、蚌埠闸等13个重要控制断面水情逐日监测。其他24个控制断面水情根据需要进行实时监测。监测指标为流量和水位。

2）水质监测：沙颍河黄桥闸（上）、槐店闸（上）、耿楼闸（上）、阜阳闸（上）、颍上闸（上），泉河李坟闸（上）、杨桥闸（上），涡河付桥闸（上）、大寺闸（上）、涡阳闸（上）、蒙城闸（上），惠济河东孙营闸（上），大沙河包公庙闸（上），沱河张桥闸（上）和淮河干流王家坝、润河集、鲁台子、蚌埠闸（上）等18个控制断面水质每周监测1次，其他19个测站水质两周监测1次。监测指标为水温、pH值、溶解氧（DO）、高锰酸盐指数、氨氮（NH_3-N）、色度等6项。

2015年淮河出现第一场洪水期间，安徽省水文部门按照淮河流域水资源保护局要求，在污染水体下泄过程中开展了2次加密监测，取得监测数据约140个，及时掌握了水质变化情况，为防污调度提供了依据。

（2）水质情况。2015年淮河干流水质平稳；沙颍河干流阜阳闸以下断面水质较好；涡河干流水质明显好转；洪汝河水质较2014年有所好转；黑茨河6月底发生一次污染过程。

淮河干流王家坝以下河段水质基本保持在Ⅲ类，个别断面个别测次水质较差。田家庵断面2015年全年51个测次中，劣Ⅴ类水质有3测次，Ⅴ类水质有5测次，Ⅳ类水质有3测次，Ⅲ类水质有40测次。蚌埠闸上水质全年保持在Ⅲ类。

沙颍河干流耿楼闸以下河段水质总体好转。槐店闸上、界首断面全年监测水质基本为Ⅳ类，2月份水质为Ⅴ～劣Ⅴ类；耿楼闸上断面全年53个测次中，Ⅳ类水质有7测次，Ⅴ类水质有2测次，Ⅲ类水质有44测次；阜阳闸上、颍上闸上断面全年监测结果基本为Ⅲ类。沙颍河支流贾鲁河全年监测水质平均为Ⅳ类，其中1月、2月、11月、12月水质为劣Ⅴ类；沙颍河支流泉河李坟闸、杨桥闸断面全年监测水质平均为Ⅳ类，但杨桥闸个别月份水质污染仍然较重；沙颍河支流黑茨河6月底发生一次污染过程，造成阜阳市第二水厂取水口（茨淮新河）氨氮超标，第二水厂短期停止供水，主要是受上游降雨影响，南洺河污水通过黑茨河进入茨淮新河所致。

涡河干流水质稳定。大寺闸上全年监测水质基本为Ⅳ类；涡阳闸上、蒙城闸上全年监测水质基本为Ⅲ类。涡河支流惠济河东孙营闸上水质稳定，全年监测水质基本为Ⅳ类，但个别月份水质污染仍然较重，其中12月水质为劣Ⅴ类；沱河张桥闸上断面全年监测水质基本为Ⅲ类；大沙河包公庙闸上断面自2014年4月份以来一直处于干涸状态。

2. *闸坝防污调度*　淮委防污调度办按照《2015年淮河水污染联防工作方案》的有关规定，积极做好水闸防污调度工作。

联防期间淮委防污调度办根据上游来水及水质情况，积极稳妥调度沙颍河槐店闸、颍上闸、泉河李坟闸、淮河蚌埠闸，先后对沙颍河槐店闸、颍上闸、泉河李坟闸进行了13次防污调度。淮委防污调度办按照《涡河水闸防污调度意见（试行）》（淮委水资保〔2004〕531号）加强与地方水利部门沟通，及时掌握涡河付桥闸、大寺闸、涡阳闸、蒙城闸及惠济河东孙营闸等重要水闸的防污调度情况。

联防期间沙颍河、涡河安全下泄水体约10.72亿m^3，沙颍河、涡河水体下泄未对淮河水质产生明显影响，淮河干流水质平稳。

通过有效的防污调度，淮河干流蚌埠闸上水质全年基本维持在Ⅲ类，为沿淮城乡供水安全提供了保障。

3. *污染源限排工作*　河南、安徽2省环保厅按照《2015年淮河水污染联防工作方案》中污染源限排要求，分别制定了省辖淮河流域联防区污染源限排实施方案，2015年共确定84家限产限排企业。其中，河南省41家，安徽省43家。并要求辖区内各地环保部门精心组织，周密部署，加大对重点排污企业的监察力度，确保污染源限排工作落到实处，保质保量完成限排任务。

淮河流域水资源保护局进一步加大了联防区域内入河排污口的监督监测工作力度，并将结果及时向有关部门进行通报，对超标严重的入河排污口以文件形式向环保部门进行通报，要求加强监管，确保达标排放。2015年4月28—29日淮河水保局联合河南省环保部门对沈丘县、项城市和郸城县重点限排企业进行了检查，督促落实限排方案。

通过联防区内各级环保部门的通力合作，淮河水污染联防污染源限排工作取得了明显成效，有效地减少了枯水期污染物入河排放量，减轻了水污染压力。

（程绪水　黄永生）

【科技与教育】

1. *学术研讨活动*　2015年10月14日，中国水利学会与水利部淮河水利委员会主办，河南、安徽、江苏、山东省及青岛市水利学会协办的“2015 年治淮论坛暨淮河研究会第六届学术研讨会”在安徽省蚌埠市召开，会议主题为“新时期治淮发展战略”。中国工程院院士茆智、中国科学院院士刘昌明、中国水利学会理事长胡四一、水利部科技委名誉主任索丽生、水利部淮河水利委员会主任钱敏，流域 4 省及青岛市有关领导与专家、河海大学等高校专家、与会论文作者等共 230 余人参加会议。15—16 日，部分与会代表分赴淮河中游、下游考察临淮岗洪水控制、淮河入海水道淮安枢纽等工程。

2. 科研平台建设 2015 年 8 月 3 日，河海大学和水利部淮河水利委员会共建的“水资源高效利用与工程安全国家工程研究中心——淮委合肥水利科研基地分中心”在合肥淮河模型基地挂牌，河海大学校长徐辉、水利部淮河水利委员会主任钱敏为中心揭牌，水利部淮河水利委员会副主任刘玉年、河海大学副校长唐洪武等参加。工程研究中心主要为淮河流域防洪除涝减灾、水资源综合开发利用、重大工程建设方案论证等重大决策提供科学研究平台。

3. 成果鉴定与奖励 2015 年，共有 12 项科研成果通过了淮委组织的科学技术评审。依据《淮河水利委员会科学技术奖奖励办法（修订)》，评审出 12 项获“2015 年淮河水利委员会科学技术奖”成果。其中，特等奖 1 项，一等奖 2 项，二等奖 4 项，三等奖 5 项。

2015 年，淮委组织完成 1 项大禹水利科学技术奖和 1 项安徽省科学技术奖推荐申报工作。其中，“淮河中游枯水期水资源配置及调度研究”获大禹水利科学技术奖三等奖，“变化环境下淮河洪涝预测及应对”获安徽省科学技术奖三等奖。

4. 重点科研项目

(1) 新立项项目。淮河流域防洪工程体系多目标协同调控研究。水利部公益性行业科研专项经费项目，总研究经费 650 万元，执行期为 2015 年 1 月至 2017 年 12 月，项目承担单位为河海大学，协作单位包括淮河水利委员会水文局（信息中心)、南京水利科学研究院和中水淮河规划设计研究有限公司。项目以提高淮河流域防洪工程体系多目标综合效益为目的，主要研究内容包括：以淮河防洪工程体系为背景，构建集“工程—河网—区域”的复杂水系水动力模拟技术；开发河—湖—库—闸多工程与防洪—供水—生态多目标的协同调控决策模型；建立多元扰动下的主要河流水动力特征分析及行蓄洪区群科学运用等方法；研发淮河流域多目标协同模拟与调控平台并进行典型区调控示范。

(2) 在研项目。淮河群库连溃演化模拟和集合应对研究执行进展。2014 年水利部公益性行业科研专项经费项目，截至 2015 年年底的阶段性成果包括：建立水库群溃坝水槽模型，揭示了梯级水库连锁溃坝机制以及溃坝洪水在下游水库的演进机理，构建了坝面波浪荷载计算模型，完善溃坝洪水演进模式划分，识别洪水涌浪的动态特征；建立可捕捉溃坝波流自由液面紊流模型，开发洪水计算软件，获得不同水库群溃坝工况下的洪水演进过程、淹没范围等；建立淠河水库群大尺度物理模型，获得淠河磨子潭水库不同溃坝工况下下游各站点洪水水位过程、各站点洪峰到达时间及衰减过程，揭示了水库群溃坝洪水（以淠河为例）的演化过程及叠加效应；建立大别山淠河水库群以及下游淹没区（自大别山库群至洪泽湖区域）的信息资料体系，构建了水库群溃坝安全评价指标体系；提出水库溃决应对等级指标体系，制定水库群溃决的应急组织体系与预警机制、应急响应级别、应急响应措施和应急响应信息发布等。

(3) 已完成项目。淮河复合河道洪水概率预报方法研究。2013 年水利部公益性行业科研专项经费项目，至 2015 年 12 月，项目已全面完成任务书规定的内容并报水利部验收。主要成果包括：基于贝叶斯理论，提出了不确定性因素识别与定量描述方法，解决了洪水预报成果可靠性量化评估难题；建立了研究地区的综合数据库系统，解决数据标准不统一，不能协同使用的难题；开发基于 SWAT 的分布式流域物理性水文模型软件，解决了洪水预报成果不确定性因素传播过程量化分析和敏感性量化分析难题；初步建立了淮河复合河道地区洪水概率预报系统软件 FEWS-HUAIHE，对洪水预报不确定性变化过程进行量化分析，可延长洪水预报预见期 3 天以上；获得水利部行业标准 1 项、水利部科技推广技术 1 项、2 项软件著作权，培养了 10 余名硕士研究生；发表论文 10 篇（其中 SCI、EI 论文各 1 篇)，出版专著 2 部。

基于风险可控行蓄洪区运用决策支持关键技术。2013 年水利部公益性行业科研专项经费项目，至 2015 年 12 月，项目已全面完成任务书规定的内容并报水利部验收。主要成果包括：建立了濛洼蓄洪区二维水流模型，模拟濛洼蓄洪区分泄不同量级洪水时区内水深的变化及分布情况，研究行蓄洪区损失快速评估方法、步骤，利用快速评估指标和洪灾损失率计算模型对损失率快速调查方法等进行了研究；研究基于网格模型的淹没分析方法和基于 GIS 的社会经济数据空间网格化方法，给出了数据库建设方法和内容以及数据的采集、加工和更新模式；建立行蓄洪区运用的风险因子评价指标，编制了濛洼蓄洪区洪水风险图；对淮河干流行蓄洪区运用风险分别进行聚类、排序、相对水平值计算等三种评价，提出濛洼蓄洪区蓄洪期间居民临时安置标准与供给保障机制；分类别、分层次界定行蓄洪区预警的功能，形成分级—分区—分时的预警模式，实现了行蓄洪区精细化预警；培养硕士研究生 9 名，发表论文 11 篇。

便携式声波钻机引进与应用。2013 年水利部“948”项目，于 2015 年 11 月通过水利部验收，项目质量评定为“优秀”。项目引进加拿大便携式声波钻机并应用于淮干王家坝至临淮岗段环境监测、引江济淮工程西淝河输水线路、凤阳县石英砂生产区濠河水系综合治理、明光市池河原化肥厂引水渠口封闭等工程中，通过设备取样能力、环境适应能力、应用范围、试验成果对比分析、效能试验对比等方面的应用研究，研发创新半合管取样系统装置，解决了取样过程中人为扰动问题并提高了效率，拓展了设备应用技术条件，解决了软土分层取样难以及夹层、薄层取样难、易扰动的技术难题，解决了多移动浅孔钻探效率低、成本高和场地适应能力差的问题，解决了河、湖、海岸等地环境地质勘探中取样无污染、高保真、分层检测技术难题。该设备对多移动浅孔类钻探等工作具有很高的应用推广价值，对设备进一步国产化和技术改进，可显著提升我国工程地质勘察设备研发与制造水平。

5. 职工教育培训

(1) 新进职工入委培训。组织对 2015 年新进人员（驻皖）共 38 人进行了为期一周的入委培训，通过培训淮委基本情况、淮河的规划与治理、淮河流域水情与防汛、政务内网安全保密等内容，采取专家授课、拓展训练、实地考察等多种形式，培训达到预期效果，对新进职工深入了解淮委、淮河流域，转变角色尽快履职尽责起到了很好的引导作用。

(2) 教育培训监督检查。组织编制并印发淮委 2015 年干部教育培训计划，根据中央、水利部对培训工作的要求，结合淮委教育培训工作实际，对培训形式、培训内容、培训经费使用、培训组织纪律等进行明确，提高培训的针对性、时效性和规范性。加强办班管理，根据工作需要，适时抽取个别培训班次派员全程参加，并对培训费使用、老师授课、培训效果等进行监督检查，保证培训计划的顺利实施。2015 年委机关处室举办各级各类培训班共 25 个。

6. 淮委—河海大学研究生培养基地建设　继续做好淮委—河海大学研究生培养基地建设有关工作。完成 2015 年基地导师遴选工作，推荐 1 名硕士生指导老师。完成 2015 年基地研究生培养计划，7 名学生进入基地学习。继 2014 年淮委—河海大学研究生培养基地被全国工程专业学位研究生教育指导委员会评为“全国示范性工程专业学位研究生联合培养基地”之后，2015 年淮委—河海大学研究生培养基地顺利通过全国工程专业学位教指委的复核。

（张志刚　张彦奇）

【国际交流与合作】

1. 国际合作与外事接待　2015 年 5 月 12 日，淮委派员出席了水利部在北京召开的中芬水资源管理合作指导委员会第一次会议暨第一届中芬水管理研讨会，了解了中芬水利技术合作备忘录的内容，为拓展淮委国际合作领域做准备工作。

2015 年 5 月 21—27 日，荷兰基础设施与环境部公共工程与水管理总司（Rijkswaterstaat，RWS）中荷水利合作协调人何然冰，专家范·登·伯格、范·德·哈门，三角洲研究院徐敏访问淮委，双方就堤防安全实时评估技术、洪水预报技术进行了交流。荷兰专家一行现场考察了蚌埠至浮山段行洪区调整和建设工程沫河口工地、新沂河大堤沭阳段、沭阳水文站。在沂沭泗局防办参观了其洪水预报系统，并进行座谈，交流了以新沂河大堤为示范区建设堤防安全评估软件的具体技术问题，讨论了淮委 2015 年下半年组织 4 人技术代表团赴荷兰接受为期三周培训的具体安排。考虑到此次双边合作协议即将到期，双方还讨论了未来继续合作的必要性、合作领域和初步计划。

2015 年 5 月 28 日，淮委派员出席了由水利部国际合作与科技司和荷兰 RWS 联合主办、南京水利科学研究院承办的中荷城镇化背景下的水挑战圆桌会议和中荷水利合作纪念活动。中方水利部国际合作与科技司刘志广巡视员、南京水科院院长张建云院士等领导出席了会议，荷方 RWS 总司长琼克斯、副司长斯特瑞克、中荷水利合作协调人何然冰，三角洲研究院院长史密斯，代尔夫特技术大学董事会主席范德伯格、教授斯达维，联合国水教育学院教授马奈特，荷兰王国驻上海总领事安妮珂·阿德玛（女）等 31 位外宾出席了会议。中荷专家就城镇化背景下的水挑战进行了技术交流，并对中荷水利合作历史进行了回顾，为中荷水利合作纪念碑揭幕。

2015 年 5 月 29 日，淮委主任钱敏出席了由中国工程院主办，中国工程院土木、水利与建筑工程学部和南京水利科学研究院等单位共同承办的“水安全与可持续发展国际工程科技发展战略高端论坛”，水利部部长陈雷出席论坛并作主旨报告，中国工程院副院长刘旭，江苏省委常委、副省长徐鸣出席论坛并讲话。来自美国、英国、加拿大、荷兰等国际知名学者、专家出席了论坛并作学术报告。

2015 年 9 月 22 日，淮委派员出席了水利部在北京召开的第四届中澳高层水政策研讨会，了解了中澳水利技术合作备忘录规定的合作领域。会后，淮委提交了中澳合作意向，计划就河流健康管理与生态修复、水量统计与预测两个方面与澳洲环境部有关单位展开合作。

2015 年 12 月 4 日，淮委派员参加了水利部国际合作与科技司在长春举办的 2015 年外事处长培训班，了解了 2015 年全国水利系统在对外交流、国际重大水事活动、跨界河流、外事管理等方面的成绩，接受了关于推进政府间交流合作、参与国际水事活动、深化与国际组织合作、跨界河流管理、与港澳台交流与引智、国际项目成果管理等方面的培训。

2. 外事咨询与服务　2015 年，水利部批复淮委 8 个出国团组计划。其中，淮委独立组团 1 个，参团 7 个，出国人数 13 人（含部管司局级干部 3 人）。截至 11 月底，出国计划全部完成。其中，技术团组“中荷合作赴荷兰 FEWS－DAM 开发培训团”由淮委组织，人数 4 人，于 10 月赴荷兰接受为期 3 周的技术培训。培训的主要内容为洪水风险管理的理论与方法、洪水早期预报系统（Delft－FEWS）和堤防安全评估系统（DAM）软件应用和二次开发等，出访任务圆满完成，所学知识在业务上得到了应用，出访报告通过了水利部外事管理部门的审查。

因淮委与荷兰 RWS 技术合作项目而于 2013 年 10 月派往荷兰联合国水教育学院攻读硕士学位的石英杰，于 2015 年 4 月获得理学硕士学位，如期归国。

（万燕军）

海河流域

【水政】

1. 水利立法　完成《天津市水污染防治条例》（送审稿）意见回复工作。6 月，海委以《海委关于〈天津市水污染防治条例〉（送审稿）的意见》，向天津市人民政府法制办公室反馈相关修改意见。结合流域管理机构工作实际，海委共提出修改建议 7 条，建议天津市在水污染防治立法中充分考虑流域管理机构职能和工作实际，补充完善流域管理机构相应的管理权限。

2. 法制宣传

（1）完成水利普法依法治理年度工作任务。海委围绕“节约水资源，保障水安全”主题开展了一系列活动：依托水信息网开展了海委系统网络知识答题活动；设立纪念“世界水日”“中国水周”专栏，印发专刊，放映法制宣传片，张贴宣传画和标语，悬挂宣传横幅，树立宣传牌，出动宣传车；按照“法律六进”要求，赴学校、社区开展主题宣传活动；设立宣传站和宣传展板，并建立普法宣传平台，宣传节水理念，普及法律知识。

“国家宪法日”宣传活动期间，海委系统各单位通过设立宣传站和宣传展板，放映《黄克功案件》宣传片，散发宣传品，发送普法短信等形式，向委系统干部职工宣传法治理念。

（2）完成“六五”普法成果检查验收。7 月下发《海委办公室关于开展“六五”普法总结验收工作的通知》。8 月，赴海委直属各管理局检查“六五”普法工作，听取各管理局工作汇报，查阅普法工作档案和相关资料，与各管理局普法办及基层单位负责人和工作人员进行了座谈交流。10 月，全面完成海委直属各管理局“六五”普法工作验收。

3. 水行政执法

（1）水事违法案件查处情况。2015 年，海委直属管理范围内共立案查处水事违法案件 54 件，结案 56 件（含 2014 年遗留 12 件案件中的 10 件），遗留案件 10 件。

（2）印发《海委关于全面加强基层水行政执法工作的意见》和依法治水管水工作方案。4 月，印发《海委关于全面加强基层水行政执法工作的意见》，从依法履行职责、健全规章制度等 8 个方面对基层单位水行政执法工作提出要求。海委紧密结合海河流域水资源管理特点，编制完成《海委全面加强依法治水管水工作方案》，明确到 2020 年基本形成完备的流域水法律规范体系、高效的水法治实施体系、严密的水法治监督体系和有力的水法治保障体系。

（3）开展水土保持专项执法检查活动。6—11 月，海委下发《海委关于开展水土保持专项执法检查的通知》，明确检查范围、组织形式、重点工作、时间安排，并重点检查了京津冀等区域涉及扰动剧烈、水土流失隐患多的矿产、铁路、公路、水利、民航、风电等行业的建设项目。根据检查结果，海委就 45 个生产建设项目水土保持工作对流域内 33 家单位进行约谈，集中解决大型生产建设项目水土保持工作存在的突出问题。同时，联合地方水行政主管部门，先后对流域内 7 个省（自治区、直辖市）的机场、铁路等 33 个项目的水土保持工作开展情况进行督查，针对每个项目存在的问题，提出了整改要求，印发了督查意见。

4. 水行政许可归口管理

（1）行政许可审批情况。2015 年海委批复行政许可共计 47 项，其中水工程建设规划同意书 1 项；取水许可 17 项（其中延续取水许可证 3 项），核发取水许可证 4 件；建设项目水资源论证报告书审批 17 项；非防洪建设项目洪水影响评价报告审批 12 项（其中延续 1 项）。

（2）推进海委行政审批改革。海委积极推进海委行政审批改革工作：一是梳理行政职权，明晰审批职责；二是加强组织领导，完善规章制度；三是统一窗口管理，开展便民服务。9 月 1 日“海委行政审批服务窗口”正式对外运行，实现了水行政许可“一个窗口受理，一个窗口回复”。

5. 水政监察

（1）完成年度水政监察队伍工作考核。12 月，海委按照分级考核的原则，对委系统水政监察队伍所开展的水法规宣传、水行政执法、队伍建设、执法保障等工作进行年度考核，评出 12 支“优秀”队伍，其他 55 支水政监察队伍考核等次均为“良好”。

(2) 水政监察基础设施建设。2015年，海委完成水政监察基础设施建设项目（一期）遥感遥测监控工程和执法巡查监控工程的部分建设。遥感遥测监控工程完成350万元年度投资，主要工作包括初步设计报告编制、公开招投标工作、遥感影像采集等。海委各级水政监察队伍执法工作经费已纳入同级财政预算，水政监察人员全部办理了人身意外伤害保险。

6. 水事纠纷调处　2015年，海河流域没有发生新的省际水事矛盾纠纷，通过加强对原有纠纷的日常监管，年内未发生较大的群众事件，态势相对平稳。开展了北京周边地区和漳河上游地区等重点敏感区域水事矛盾纠纷隐患排查工作，密切关注晋冀豫溯头水电站纠纷和辛安泉供水改扩建工程等矛盾纠纷，跟踪纠纷工程建设情况。同时建立健全纠纷防控长效机制，针对敏感区域形成纠纷排查常态，建立完善与京、津、冀、晋、豫等省（直辖市）有关部门的信息沟通机制，发现纠纷苗头及时通报，协调处理，保障了海河流域特别是北京周边地区水事和谐稳定。

（张翊　陶桂荣）

【水资源】

1. 水资源配置与调度

(1) 直管水库来水供水情况。2015年，海委直管3座大型水库总来水量16.69亿m^3，出库水量20.27亿m^3，供水总量11.03亿m^3。其中，供天津市4.49亿m^3，供河北省5.84亿m^3，供河南省0.70亿m^3。年末蓄水量13.88亿m^3，年末可供水量9.18亿m^3。

(2) 推进跨省河流水量分配方案协调工作。2015年，海委继续大力推进流域跨省河流水量分配工作。就第一批4条跨省河流水量分配方案与相关省（直辖市）开展协调，8—10月，先后组织开展了卫河、潮白河水量分配工作咨询协调、征求意见和方案完善等工作。9月和11月，先后将编制完成的滹沱河、北运河、滦河、潮白河和卫河等第二批河流水量分配方案成果上报水利部。

(3) 完成引滦工程年度水量调度。海委引滦工程管理局实施了引滦工程向天津市和唐山市年度供水调度工作。2014—2015水利年度计划分配水量19.70亿m^3，实际用水量12.31亿m^3。其中，天津市计划分配水量10.11亿m^3，实际用水量7.69亿m^3，控制断面入津闸计划控制流量60m^3/s；河北省唐山市计划分配水量9.59亿m^3，实际用水量4.62亿m^3，控制断面入唐闸计划控制流量30m^3/s。

(4) 完成漳河上游水量调度。海委漳河上游管理局实施了2015年漳河上游水量调度工作。年度计划分配水量4.76亿m^3，实际用水量5.63亿m^3。其中，河北省计划分配水量2.78亿m^3，实际用水量4.08亿m^3（发电退入河道约1亿m^3）；河南省计划分配水量1.98亿m^3，实际用水量1.55亿m^3。

(5) 完成年度山西、河北向北京集中输水。在海委组织协调下，2015年度山西省、河北省向北京市集中输水自10月15日正式实施，至11月23日结束。计划调水0.53亿m^3，实际输水0.57亿m^3，北京市净收水量0.38亿m^3。输水期间，水质均稳定正常，有效缓解了首都水资源供需紧张局面。

(6) 完成2014—2015年度南水北调中线一期工程水量调度。2014年12月12日，南水北调中线一期工程正式通水，长江水穿行1 432km，流经河南省、河北省，到达北京市、天津市用水户。至2015年10月31日首个水量调度年度结束，累计供水21.67亿m^3。其中，向北京市输水8.22亿m^3，向天津市输水3.73亿m^3，向河北省输水1.25亿m^3，向河南省输水8.47亿m^3。河南、河北、北京、天津受益人口3 500多万人。

2. 水资源论证和取水许可管理

(1) 水资源论证和取水许可审批。2015年，海委共批复建设项目水资源论证报告17项，审批水量共计6 063.44万m^3；批复取水许可申请13项，审批水量共计7 453.50万m^3；发放取水许可证7套，其中新发取水许可证4套，延续取水许可证3套，审批水量共计6 484.09万m^3；完成了取水许可证台账的复核与录入工作。

(2) 取水口取水量。2015年海委年终保有有效取水许可证共159套，许可水量共计79.00亿m^3。其中，河道外用水取水户144套，许可水量共计32.21亿m^3；河道内用水取水户15套（水力发电），许可水量共计46.79亿m^3。

3. 节水型社会建设

(1) 开展海河流域农业节水技术评估工作。通过采取资料收集整理分析、重点调查等方法，对海河流域农业节水技术现状进行了评估。利用层次分析法，对海河流域第三批全国节水型社会建设试点区域进行了农业节水技术综合评估。

(2) 开展北京市用水定额评估。在调查分析的基础上，对北京市用水定额标准的覆盖性、合理性、实用性和先进性进行了全面评估。

4. 水资源基础工作

(1) 开展跨省河流水权交易平台建设研究。2015年，海委委托中国水利经济研究会开展"漳河流域水权交易平台建设框架制订"项目，梳理漳河流域水资源管理现状与水量调度工作实践以及存在问题，分析推进漳河流域水权交易的必要性、可行性、主要任务并提出相关建议，为推进漳河流域水权交易提供参考。

(2) 开展2014年海河流域省级用水总量和用水效率指标以及管理制度建设情况核定工作和水功能区水质达标率指标核定工作，加快推进海河流域水资源"三条红线"管理工作。

（3）完成2012—2014年国家水资源监控能力建设项目（海委部分）建设任务，2015年5—9月，先后完成项目整体试运行、档案专项验收和初验；12月25日通过水利部终验专家组的验收。

（4）完成海河流域2014年度水资源公报和水资源管理年报编制工作。（韩鹏 陶桂荣）

【前期工作】

1. 规划 《海河流域水利发展“十三五”规划》《京津冀协同发展水利专项规划》《南水北调东、中线工程补充规划》等16个规划编制取得重大进展；《海河流域水利发展“十三五”规划》及3个专项规划已完成征求意见稿，并配合水规总院完成流域重点项目筛选；编制完成《京津冀协同发展水利专项规划》；配合完成《南水北调东线后续工程规划总体方案》《南水北调中线工程补充规划》；《南运河综合治理规划》获水利部批准；《滹沱河、蓟运河、滦河流域综合规划》上报水利部审批；《内蒙古高原内陆河区东部流域水资源规划》《州河流域水资源与水生态修复规划》《流域非常规水资源利用规划》《河湖渠系连通工程规划》编制完成；《漳河石梁、下交漳至观台河段综合治理规划》《滦河河口综合治理规划》、流域水文设计成果修订、海河流域蓄滞洪区基础信息测量及复核等稳步推进。

2. 前期工作

（1）流域重点项目。会同水规总院进一步完善《京津冀协同发展水利专项规划》，开展《京津冀协同发展六河五湖综合治理与生态修复总体方案》和《京津冀多水源多渠道水资源保障体系总体方案》两个总体方案的编制工作，组织开展南水北调东线工程向北京供水专项论证工作。

卫河干流治理工程可行性研究报告已经中国水电工程顾问集团有限公司评估，海河流域蓄滞洪区通信预警系统可行性研究报告通过水规总院审查并上报水利部，完成北京、天津、河北、河南、山东等5省（直辖市）社会稳定风险评估，海河防潮闸除险加固工程可行性研究报告已经水规总院审查，漳卫南运河四女寺枢纽北进洪闸除险加固工程可行性研究报告编制完成并上报水利部，漳卫新河河口治理工程可行性研究编制工作稳步推进。

中小河流治理。对全国各省（自治区、直辖市）推荐上报的80余项的中小河流治理工程初步设计进行筛选汇总，针对中小河流治理模式、水文地质、工程结构型式等内容，结合初步设计中的实际案例进行分析总结，编制完成《中小河流典型工程设计分析研究》报告；对《全国中小河流治理重点县综合整治和水系连通试点项目典型项目区实施方案汇编》成果进行内容编辑、复核和修订。

（2）海委直属单位基础设施建设。潘家口水库大坝安全监测自动化改造工程，2014年11月28日，水利部以《水利部关于潘家口水库大坝安全监测自动化改造项目建议书的批复》批复项目建议书，2015年1月4日，海委批复初步设计，总投资1 275万元。海委水政监察基础设施建设工程，2015年1月7日，批复《海委水政监察基础设施建设项目（一期）遥感遥测监控工程初步设计报告》，总投资902万元；2015年11月17日，批复《海委水政监察基础设施建设项目（一期）执法巡查监控工程初步设计报告》，总投资433万元。漳河及岳城水库水源地水资源实时监测工程，2014年11月24日，水利部批复该工程项目建议书，2015年1月4日，海委批复该项目初步设计报告。海河流域水环境监测中心水资源监测能力建设及5处自动监测站改建工程，2014年11月25日，水利部批复该项目可研报告，2015年1月4日，海委批复该项目初步设计报告。

3. 投资安排 2015年落实水利投资20 209万元，其中委属重点水利工程投资13 000万元，安排卫运河治理工程；委直属单位基础设施建设投资4 284万元，实施潘家口水库大坝安全监测自动化改造、海河流域水环境监测中心水资源监测能力建设及5处自动监测站改建、漳河及岳城水库水源地水资源实时监测工程等7个工程；水利前期工作投资2 925万元，主要开展《滦河河口综合治理规划》《内蒙古高原内陆河区东部流域水资源规划纲要》和《海河流域水利发展“十三五”规划》等12项前期工作，其中5个项目进行公开或邀请招标；组织编制完成《海河流域2016年中央水利前期工作投资建议计划和2016—2018年前期工作投资滚动计划》以及《漳河干流岳城水库至徐万仓治理规划》等8个项目任务书并报水利部。

（王道坦 陶桂荣）

【工程建设】

1. 重点工程 卫运河治理工程于2014年10月28日开工。2015年下达投资计划13 000万元，资金全部到位并完成支付。

（1）工程进度（截至2015年12月25日）：除路庄至馆陶堤顶防汛道路工程、老武城镇至四女寺镇堤顶防汛道路工程、外部观测设备采购等3个标段计划2016年3月开工外，其余8个标段均已开工建设。2015年招标项目已完成43个分部工程验收及385个单元工程质量评定，工程质量全部合格，其中43个分部工程、307个单元工程质量优良。

（2）项目法人：漳卫南运河水利工程建设管理局。

（3）设计单位：中水北方勘测设计研究有限责任公司。

（4）施工单位：天津市水利工程有限公司等。

（5）监理单位：天津市华朔水利工程咨询监理有

限公司。

2. 建设管理

(1) 建设管理体制。严格履行基本建设程序，强化工程开工后续监管工作，完善信息报送制度，及时掌握工程建设动态，确保工程顺利实施。规范验收管理，督促项目法人制定并落实了项目法人验收工作计划，对已完工程及时组织验收，在验收前对验收条件逐项审核，严把验收关，保证验收质量。卫运河治理工程2014年度项目4个单位工程验收，通过严格验收管理，确保工程效益的发挥。推进第三方质量抽样检测工作，对漳河上游局病险水闸除险加固工程、卫运河治理工程河道清淤项目的质量抽测方案进行了审核批复。

(2) 市场监督管理。落实水利工程建设项目招标投标进入地方公共资源交易市场要求，卫运河治理工程（2015）施工标、监理标等全部进入山东省公共资源交易市场进行交易，交易额1.636亿元。强化招标投标行政监督，联合监察部门对“卫运河治理工程2015年施工标”等项目的评标专家抽取、开标和评标过程进行全过程监督。对海委招标评标专家库进行系统升级和扩充完善，并推进水利工程建设项目信息公开和诚信体系建设工作，卫运河治理工程于2015年7月1日按要求实现了信息公开。

(3) 行业管理。加强市场主体和从业人员的资格审查，完成水利工程造价工程师和监理工程师的注册、变更审查及网络初审手续。其中，水利工程造价工程师延续注册5人，水利工程建设监理工程师变更注册1人，延续注册5人。对天津市华朔水利工程咨询监理有限公司提交的水土保持工程施工监理丙级的申请材料进行了初审并上报水利部。

(4) 质量管理。出台《海委办公室关于进一步加快卫运河治理工程建设进度的通知》《卫运河治理工程监管工作方案》。在工程建设过程中，海委领导多次带队赴工程现场检查指导工作。强化对工程建设全过程的监管，全面加强工程质量、安全、进度、投资管理，海委建管处联合有关部门，按照《卫运河治理工程监管工作方案》的要求开展6次“飞检”和1次安全度汛检查，并配合国家发改委开展1次专项稽察，积极推进工程建设进度，及时发现存在的问题，并督导项目法人及时整改，确保安全。

(5) 督导检查。4月和9月，海委分别对流域内北京、天津等6个省（直辖市）及委属共计7项节水供水重大水利工程进行了2次督导检查，重点检查投资计划执行、质量与安全等情况，进一步推进流域重大水利工程建设。8月，完成对江苏省水利厅、新疆维吾尔自治区水利厅、新疆生产建设兵团水利局有关水利建设质量工作考核，充分发挥质量考核的引导和激励作用，促进质量管理水平的全面提升，保障重大水利工程建设的实施。（刘慧　陶桂荣）

【工程管理】

1. 水利工程管理体制改革　全面落实《海委关于进一步推进水利工程维修养护工作的意见》，以“管养分离”为重要抓手，督导委直属各管理局开展维修养护目标考核及物业化管理工作试点，推进维修养护市场化、集约化、专业化和社会化工作。2015年度，漳卫南运河管理局各水管单位完成了维修养护物业化标准和考核程序制定；引滦工程管理局制定了《潘家口水利枢纽日常维修养护物业化管理试点工作标准（试行）》《潘家口水利枢纽日常维修养护物业化管理试点考核办法（试行）》等制度并印发实施；海河下游管理局已实行维修养护物业化管理模式。

2. 河道管理

(1) 涉河建设项目审批。按照《中华人民共和国防洪法》《中华人民共和国河道管理条例》和《海委河道管理范围内建设项目审查工作制度手册》等法律、法规、制度的要求，全年批复涉河建设项目12项。坚持依法行政，完善涉河建设项目行政许可审批制度。进一步梳理完善涉河建设项目管理编程，先后制定《审查工作细则》《审批工作流程》《审批服务指南》等，规范涉河项目管理涉河项目行政许可行为。

(2) 涉河建设项目检查。加强涉河建设项目审批后的监管，2015年7月8—14日，开展河道管理专项执法检查活动，针对检查发现的问题现场要求限期整改。2015年7月29日印发《海委办公室关于进一步加强海委直管河道管理工作的通知》，督促各河道主管机关切实履行河道管理职责，确保直管河道行洪安全。2015年9月2日印发《海委关于处置漳卫新河盐山段违法丢弃化工废弃物事件的意见》，督促漳卫南运河管理局积极应对漳卫新河滩地内倾倒化工废弃物事件，维护河道权益。

(3) 采砂采煤管理。继续落实《关于直管河道全面禁止采砂的通告》，加强河道采砂巡查执法，2015年海委累计查处9起非法采砂案件，其中8起已结案。督导有关单位加大岳城水库及周边采煤巡查力度，做好岳城水库及周边采煤安全监测系统运行管理工作。

3. 维修养护管理　规范维修养护管理。根据有关标准、办法要求，重点强化对专项维修养护项目的设计审查工作，完成了委直属各管理局2016年水利工程专项维修养护项目设计审查工作；开展了直属水利工程维修养护技术质量标准编制工作，2015年初完成编制工作并印发实施。

2015年在经常性水利工程维修养护费中安排水利工程专项维修养护经费共计8 632.58万元，其中漳卫南运河管理局6 921.08万元，引滦工程管理局937.43万元，海河下游管理局552.41万元，漳河上游管理局221.66万元。

4. 工程安全管理　进一步落实水库大坝安全管理责任制，逐库明确直管水库大坝安全管理责任人，落实安全管理责任。强化水利工程日常巡查和运行维护，配合水利部完成了直属河道堤防运行管理督查工作，组织完成西河节制闸等6座水闸安全鉴定报告审查审定工作，确保工程安全运行及效益充分发挥。

（刘慧　陶桂荣）

【汛情与防汛】

1. 汛情

（1）概况。2015年海河流域汛情呈以下特点：一是流域汛期降水总体偏少，多集中在前汛期和后汛期；二是流域降水分布不均，多为阵性降水，雨强小；三是河道未出现较大汛情，水势基本平稳；四是流域大部省（直辖市）水库蓄水较2014年偏少。

（2）河道水情。受降雨影响，流域部分河系出现小幅涨水，闸坝出现较大泄流。

1）滦河河系。滦河支流老牛河下板城站7月31日2时31分出现洪峰，流量为212m^3/s；伊逊河围场站7月30日16时42分出现洪峰，流量为184m^3/s；滦河乌龙矶站7月31日7时出现洪峰，流量为131m^3/s；滦河郭家屯站7月27日23时出现洪峰，流量为106m^3/s。

2）北三河系。凉水河榆林庄站7月28日8时最大泄流量为145m^3/s。潮白河赶水坝站（吴村闸）7月17日11时50分最大泄流量为230m^3/s；温榆河北关分洪闸7月18日11时最大泄流量为228m^3/s；青龙湾减河土门楼（青）闸7月29日21时10分最大泄流量为196m^3/s。

3）徒马河系。徒骇河堡集闸站8月5日6时最大泄流量为550m^3/s；徒骇河宫家闸站8月3日21时30分最大泄流量为288m^3/s；马颊河大道王闸站8月5日6时30分最大泄流量为336m^3/s；徒骇河刘桥站8月4日12时最大泄流量为123m^3/s。

（3）水库水情。截至10月1日8时，32座山区大型水库蓄水总量为48.28亿m^3，比6月1日少蓄1.03亿m^3，较2014年同期少蓄11.52亿m^3，较多年同期平均少蓄18.64亿m^3。流域内各大型水库蓄水与2014年同期相比，北京市少蓄0.23亿m^3，天津市少蓄0.47亿m^3，河北省少蓄4.35亿m^3，河南省少蓄0.24亿m^3，山西省少蓄0.89亿m^3，海委直属水库少蓄5.33亿m^3。

海河流域向北京供水的密云和怀柔两座水库蓄水总量为9.47亿m^3；向天津和唐山供水的潘家口和大黑汀两座水库蓄水总量为12.08亿m^3；向石家庄供水的岗南和黄壁庄两座水库蓄水总量为3.55亿m^3；大清河系王快和西大洋水库蓄水总量5.04亿m^3。

（4）灾情。2015年汛期，海河流域未发生大的洪涝灾情，但局地性暴雨洪水仍造成了一定的灾害损失。据统计，全流域共有34个县（市）、255个乡（镇）遭受不同程度的洪涝灾害，受灾人口106.6万人，死亡5人，农作物受灾面积15.8374万hm^2（其中成灾面积7.3626万hm^2），损坏堤防29.56km、护岸93处、水闸39座、机电井31眼。全流域直接经济损失约10.36亿元，其中，农林牧渔业7.68亿元，工业运输业0.075亿元，水利设施0.518亿元。

2. 防汛

（1）防汛准备。6月12日，海河防总在河北省石家庄市召开2015年海河流域防汛抗旱工作会议。会议对2015年汛期防汛抗旱工作进行了部署，调整了海河防总组织机构有关成员。海河防总总指挥、河北省省长张庆伟和国家防总秘书长、水利部副部长刘宁出席会议。6月15日，海委在天津召开2015年海委系统防汛抗旱工作视频会议，调整海委防汛抗旱组织机构成员，落实各单位防汛抗旱工作责任制，研判流域防汛抗旱工作形势，安排部署海委系统防汛抗旱重点工作。

（2）防汛检查。3月，海河防总办公室组织北京、天津、河北3省（直辖市）进行了永定河联合防汛查勘。5月，针对南水北调中线顺利通水开展了河南段穿河工程查勘。5月12—14日，配合国家防总海河流域防汛抗旱检查组，对北京、河北、天津3省（直辖市）的防汛抗旱工作进行了检查。6月16—19日，国家防办督察专员束庆鹏对漳卫南运河四女寺枢纽、岳城水库、盘石头水库等防洪工程进行了查勘。7月1—3日，海河防总秘书长、海委副主任翟学军率队对海河流域北片防汛抗旱工作进行检查。6月24—26日，海委派出3个检查组分赴海委直属各管理局，对重要防洪工程和汛前准备工作进行了全面深入的检查。

（3）预案演练。汛前，结合防洪工程查勘和国家防汛抗旱指挥系统二期建设，对流域洪水调度方案进行了认真梳理讨论，对各河系的洪水调度重点、难点及背景进行了再研究，组织编制了《海河流域主要河系洪水调度方案汇编（2015年版）》《海河流域中小河流防洪应急调度预案》《海河流域洪水预警发布管理办法（试行）》（征求意见稿）等。

组织开展了2015年防汛应急演练和防汛预报调度技术演练，配合北京市防指完成了2015年永定河流域防汛综合演练。

（4）会商调度。7月28日至8月4日全流域普降中到大雨，局部降大到暴雨，部分河系出现小幅涨水过程，闸坝出现较大泄流。海河防总办公室及时向海委直属各管理局下发通知，要求各有关单位加强防汛应急值守，加强工程隐患排查。7月29日，海委主任任宪韶率防办及有关河系组，实地查看了北运河、潮白河及滦河堤防工情、水情。7月30日，海委主任任宪韶、副主任翟学军召集水文、防办和有关职能组、河系组紧急会商，根据未来天气形势及雨水情，全面分析流域防汛重点并提出明确工作要求。7

月 30 日 11 时，海委启动防汛黄色应急响应。8 月 2 日，滦河河系组赴滦河滦县站查看河道水情。8 月 4 日，徒骇马颊河系各河道排涝通畅，水势平稳且趋回落，各河洪水均未超过警戒水位。8 月 4 日 10 时海委防汛应急响应解除。 （王建刚 陶桂荣）

【水土保持】

1. 水土流失治理

（1）治理概况。2015 年，海河流域共完成水土流失治理面积 2 607.34 km^2，其中建设基本农田 9 391.99 hm^2、水保林 59 469.59 hm^2、经济林 25 626.21hm^2、种草 2 171hm^2、封禁治理 148 629.80 hm^2；水源工程 1 728处，节水灌溉 1 320处。

（2）重点工程。京津风沙源治理二期工程水利水保项目。2015 年，海河流域完成水土流失治理面积 435.62km^2，其中基本农田 287.53hm^2、水保林 11 736.05hm^2、经济林 1 562.42hm^2、种草 2 171hm^2、封禁治理 26 959.40hm^2、谷坊 627 座；水源工程 1 673 处、节水灌溉 1 320处。

坡耕地水土流失综合治理工程。2015 年，海河流域完成水土流失治理面积 30.45km^2，建设基本农田 3 045hm^2、谷坊 116 座。

国家水土保持重点建设工程。2015 年，海河流域完成水土流失治理面积 1 629km^2，包括基本农田 5 334.13hm^2、水保林 39 044hm^2、经济林 20 220.73 hm^2、封禁治理 94 826.2 hm^2、其他 3 474.94 hm^2、谷坊 2 109座。

新增中央预算内投资项目。2015 年，完成水土流失治理面积 132.08km^2，包括基本农田 122hm^2、水保林 3 881 hm^2、经济林 1 098hm^2、封禁治理 7 385hm^2、其他 722hm^2、谷坊 148 座。

2. 生态清洁小流域建设 2015 年，北京市建成生态清洁小流域 31 条，治理水土流失面积 280km^2。其中，京津风沙源治理项目 100km^2，国家水土保持重点建设工程 57km^2，土地出让金项目 123km^2，涉及延庆等 10 个区（县）的 28 个乡镇、75 个村，服务人口 7.1 万人。完成整修梯田 285.65hm^2、节水灌溉 237hm^2、绿化美化 36hm^2，建设污水处理设施 42 处、垃圾处理设施 2 065个，修防护坝 7.3km，治理河库滨带 13 万 m^2，沟道治理 6.6km，沟道清理 4 万 m^3。河北省建设生态清洁小流域 6 条，治理水土流失面积 16.92km^2，投资 546.26 万元。山西省建设生态清洁小流域 1 条，治理水土流失面积 10.93km^2，投资 491 万元。山东省建设生态清洁小流域 4 条，治理水土流失面积 5.36km^2，投资 586.74 万元。

3. 水土保持重点工程监督管理

（1）京津风沙源治理二期工程水利水保项目年度核查。海委于 1 月、2 月、7—8 月，分别对山西省、北京市、内蒙古自治区 2013 年度工程进行了核查，抽查了 13 个项目县（旗），共抽查小流域综合治理 4 599.34hm^2、水源工程 4 152 处、节水灌溉工程 3 539处。形成县级核查意见 13 份，省级核查报告 3 份，并汇总黄委核查结果（陕西省、内蒙古自治区西部）形成国家核查报告报水利部水土保持司。

6 月，海委印发《关于开展 2014 年度京津风沙源治理二期工程水利水保项目核查工作的通知》，8 月、11—12 月，分别对天津市、河北省 2014 年度工程进行了核查，抽查了 9 个项目县，共抽查小流域综合治理 1 961.03hm^2、水源工程 395 处、节水灌溉工程 290 处。形成县级核查意见 9 份、省级核查报告 2 份。受工程实施进度影响，北京市、山西省、内蒙古自治区 2014 年度工程的核查工作将于 2016 年完成。

（2）21 世纪初期首都水资源可持续利用规划水土保持项目竣工验收。根据水利部《21 世纪初期首都水资源可持续利用规划水土保持项目管理办法》，该项目单项工程竣工验收由海委主持。海委于 3 月完成密云水库上游沽源县榛子沟项目区榛子沟、老掌沟小流域水土流失综合治理工程和官厅水库上游崇礼县东沟项目区门扇川、三道河、南地小流域水土流失综合治理工程 2 个首都水资源可持续利用规划水保项目单项工程竣工验收，两个项目共完成投资 5 783 万元，治理水土流失面积 269.81km^2。

（3）国家水土保持重点工程督导。海委于 4 月、10 月分别对河北省 2014 年、2015 年国家水土保持重点工程建设和投资计划执行情况进行了 2 次专项督导。明确要求河北省有关单位要切实加快工程建设和中央资金支付进度，确保 2014 年项目于 5 月底前全面完工，2015 年项目于年底前完成中央投资的 80%，顺利实现各项建设目标。

（4）国家水土保持重点工程督查。海委组织成立督查组，制定督查方案，于 5—6 月，对北京市、天津市、河北省国家水土保持重点工程，晋陕蒙砒砂岩区十大孔兑沙棘生态减沙工程 2014 年建设情况进行了全面督查。6 月 15—19 日，海委对北京市、天津市、河北省整改情况进行了跟踪督查，并形成了督查报告。

7 月、10—11 月，海委分别对晋陕蒙砒砂岩区十大孔兑沙棘生态减沙工程，北京市、河北省 2015 年国家水土保持重点工程进行了督查，抽取了 8 个项目县进行现场核查，并提出了整改意见。

4. 生产建设项目水土保持监督检查

（1）大中型生产建设项目水土保持督查。3—4 月，海委制订并印发了年度督查工作方案和督查通知。4—11 月，联合地方水行政主管部门，采取查阅资料、现场检查和召开座谈会相结合的方式，按省份、分阶段对流域内 33 个项目水土保持工作进行了督查，并针对每个项目存在的问题提出了整改要求，印发了督查意见。

(2) 大中型生产建设项目水土保持集中约谈。海委对流域内90余个在建大型生产建设项目工程建设进度、水土保持工作开展情况、历次督查整改落实等情况进行了调查摸底，共确定了需要进行集中约谈的3类项目，即所属项目即将进入水土保持设施验收程序的生产建设单位、对海委近年印发的水土保持督查意见未回复整改情况的生产建设单位和所属项目未列入海委2015年现场督查计划的生产建设单位。6月29日至7月3日，海委在天津市对流域内33家生产建设单位、45个大中型生产建设项目进行约谈，并形成约谈会议纪要，落实各项整改要求。

(3)《中华人民共和国水土保持法》贯彻实施情况专项检查。9—11月，海委先后对北京市、天津市、河北省、山西省《中华人民共和国水土保持法》贯彻实施情况开展专项检查。检查组先后赴河北省沙河市、易县，山西省平鲁区、宁武县，天津市蓟县，北京市大兴区现场检查，根据各省（直辖市）工作实际情况，提出了具体意见和要求，并形成正式检查报告报水利部水土保持司。

(4) 生产建设项目水土保持设施验收。海委制定了海河流域部批生产建设项目水土保持设施现场验收方案，组织开展了10个大中型生产建设项目水土保持设施现场验收工作，按要求认真复核各项验收报告，起草验收鉴定书上报水利部水土保持司。

5. 试验示范　完成了蓟县生态清洁小流域、保定市土石山区水土保持2个试验示范区项目建设工作并通过验收。通过试验示范，掌握各项工程措施建设模式及防治效果等，为同类地区水土流失治理提供基础数据和借鉴参考。　（夏青　陶桂荣）

【污染治理】

1. 水质监测与评价　2015年，完成海河流域70个省界断面、230个水功能区、22个重要水源地、12个水生态监测断面、598个地下水测站水质监测工作，编制发布《海河流域水资源质量公报》等各类水质信息50余期，同时整理编制了2014年度水质资料。

(1) 流域水功能区水质状况。2015年全年监测水功能区230个，其中河干及断流的水功能区19个，实际评价水功能区211个。水功能区年度水质综合评价见表1。

表1　海河流域重要水功能区年度水质综合评价表

水质类别	Ⅰ类	Ⅱ类	Ⅲ类	Ⅳ类	Ⅴ类	劣于Ⅴ类	合计
水功能区个数	0	38	30	18	11	114	211
百分比/%	0	18.0	14.2	8.5	5.2	54.0	100

(2) 海河流域省界水体水质（全年期、汛期、非汛期）状况。根据2015年海河流域省界水体水质监测及评价成果，全年期达到或优于Ⅲ类水质的断面有16个，占参评断面总数（64个）的25%。省界水体监测断面水质综合评价见表2。

表2　海河流域省界水体监测断面水质综合评价表

时段	评价断面/个	Ⅰ～Ⅲ类水质断面/个	占评价断面比例/%	Ⅳ～Ⅴ类水质断面/个	占评价断面比例/%	劣于Ⅴ类水质断面/个	占评价断面比例/%
全年	64	16	25	7	10.9	41	64.1
汛期	64	15	23.4	9	14.1	40	62.5
非汛期	64	16	25	8	12.5	40	62.5

(3) 流域主要地表水源地水质状况。根据2015年海河流域主要地表水源地水质监测及评价成果，达到或优于Ⅲ类水质评价标准的水源地13个，蓄水量29.19亿m^3，分别占评价总数的59.1%和60.9%，9座水库未能达到Ⅲ类水标准。主要地表水源地年度水质综合评价见表3。

(4) 流域主要地表水源地富营养化状况。根据2015年海河流域主要地表水源地水质监测及富营养化评价成果，11座水库为中营养水平，11座水库为富营养水平。主要地表水源地富营养化程度评价见表4。

表3　海河流域地表水源地年度水质综合评价表

水质类别	水源地数量		水源地蓄水量	
	数量/个	百分比/%	蓄水量/亿m^3	百分比/%
Ⅰ类	0	0	0	0
Ⅱ类	7	31.8	21.18	44.3
Ⅲ类	6	27.3	8.01	16.7
Ⅳ类	3	13.6	3.85	8.0
Ⅴ类	2	9.1	11.32	23.6
劣于Ⅴ类	4	18.2	3.54	7.4
总计	22	100	47.90	100

表4　海河流域主要地表水源地富营养化程度评价表

营养状态评价		水源地数量		水源地蓄水量	
		数量/个	百分比/%	蓄水量/亿m^3	百分比/%
贫营养		0	0.0	0.0	0.0
中营养		11	50.0	25.71	53.7
富营养	轻度富营养	6	27.3	9.80	20.5
	中度富营养	5	22.7	12.39	25.8
	重度富营养	0	0.0	0.0	0.0
	小　计	11	50.0	22.19	46.3
合计		22	100	47.90	100

（5）流域藻类监测工作情况。海河流域水环境监测中心于2015年5—10月对白洋淀、潘家口水库、大黑汀水库、岳城水库进行藻类监测，共鉴定出蓝藻门、绿藻门等7门藻类，共计75种。其中，绿藻门的种类最多，共37种，分别占所鉴定种数的49.3%；其次为蓝藻门和硅藻门的种类，分别为19种和7种，分别占总种数的25.3%和9.3%；其他门类种数均为3种。

2. 水功能区管理　完成了2014年度155个水功能区达标评价技术核查工作，编报了《海河流域2014年度水功能区限制纳污红线考核复核工作报告》，配合国家考核组完成海河流域最严格水资源管理制度考核；完成流域各省（直辖市）47个省界缓冲区和海委直管水功能区月度监测数据通报并上报水利部；组织完成11个水功能区比对监测工作，编报了《海河流域2016年度重要水功能区水质监测方案》。配合环保部开展《重点流域“十二五”水污染防治规划》考核工作。

完成水功能区年度达标评估工作。组织开展了流域230个重要水功能区监督性监测，编发季度和年度《海河流域重要水功能区达标评估通报》共5期。完成10个省界缓冲区和35个省界监测断面确界立碑工作，共制作和埋设62个标志碑，编制了《海河流域省界缓冲区和省界监测断面确界立碑基础信息图册》。

3. 入河排污口监督管理　完成潘家口、大黑汀水库上游入河排污口监测工作，监测入河排污口34个，基本掌握了滦河上游入河排污情况及入河污染物总量。严格执行入河排污口设置审查制度，完成权限范围内水行政许可相关工作。

4. 饮用水水源保护

（1）达标建设与评估。编制了《海河流域重要饮用水水源地安全保障达标建设评估指南》，组织了海河流域重要饮用水水源地安全保障达标建设评估工作培训交流，完成了16个重要饮用水水源地达标建设检查评估工作。

（2）联合检查。组织开展了水源地保护联合检查，完成潘家口、大黑汀水库和岳城水库等海委直管重要水源地自评估，编报了《海河流域国家重要饮用水水源地安全保障达标建设2014年度检查评估报告》。复核完善了全国重要饮用水水源地名录，编报《海河流域重要饮用水水源地名录复核报告》。编报《海河流域重要饮用水水源地水质简报》12期，编制了《潘家口、大黑汀水库达标建设方案》。

（3）引滦水资源保护。开展引滦水资源保护联合检查，配合编制了国土江河综合整治滦河试点方案，按季度编发《引滦水质简报》4期。提出了《引滦水源地保护达标建设总体方案》，全面推进引滦水资源保护工作。

5. 水生态系统保护与修复　完成蓟县、承德、延庆、门头沟、焦作等第二批5个水生态文明城市建设试点方案的审查。开展2014年流域重要湿地现状调查，完成漳河、滦河、白洋淀、于桥水库、岳城水库等5个试点河湖健康评估工作。（孙凯艳　陶桂荣）

【科技管理】

1. 科研项目

（1）1项水利公益性行业科研专项经费项目启动。“海河平原区地下水资源保护与修复治理模式”项目由水利部海委水资源保护科学研究所主承担，中国地质科学院水文地质环境地质研究所、中国水利水电科学研究院和华北水利水电大学为协作单位，总经费494万元，研究周期为2015年1月至2017年12月。该项目主要研究内容为：调查分析海河平原区地下水资源开发利用和水质污染时空格局，划分不同治理单元，制定保护与修复目标，研究典型单元不同污染源对地下水水质的影响程度和过程，提出地下水保护与修复治理模式和对策措施。

（2）3项水利公益性行业科研专项经费项目结题。2013年立项的“渤海湾造陆工程对海河流域主要河口防洪影响”“海河流域骨干入海尾闾数字河流模型技术研究”和“地面沉降对滨海地区防洪能力影响及对策研究”3个项目于2015年10月结题，并按期向水利部提交验收申请。

（3）1项水利部科技推广计划项目和1项水利部“948”计划项目结题。水利部科技推广计划项目“高效固化微生物综合治理河道污水技术的示范与推广”和水利部“948”计划项目“VOC和水中油监测系统”分别由海委漳卫南运河管理局水文处和海河流域水环境监测中心承担，均于2015年12月结题，并按期向水利部提交验收申请。

（4）4项水利公益性行业科研专项经费项目通过

验收。“变化环境条件下海河流域水资源评价技术研究”项目于8月通过水利部验收；“基于‘三生’用水安全的海河流域水资源调控技术”和“海河流域生态环境变化与驱动力分析研究”项目于10月通过水利部验收；“海河流域典型河流生态水文效应研究”项目于2015年7月通过水利部验收。

2. 成果推广

(1) 海河流域水利科技共享系统建设完成。2015年7月，海委启动海河流域水利科技共享系统开发建设，依托水利部海河水利委员会门户网站，在“水利数据库”栏目下设“海河流域水利科技共享系统”入口链接，于2016年3月25日投入试运行。共享系统面向社会公众和专业技术人员开放，现阶段共享内容包括223项海河流域科研成果、110篇海委优秀科技论文、59项省（直辖市）和海委科技进步奖获奖成果、42个科研团队简介、34项科技法规与管理办法以及12个国家（国际组织）水资源概况。

(2) 漳卫南运河水环境与生态修复科技推广示范基地挂牌成立。海委组织漳卫南运河管理局申报“漳卫南运河水环境与生态修复科技推广示范基地”，实施方案通过水利部审查，于7月挂牌成立，并编制完成《漳卫南运河水环境与生态修复科技推广示范基地建设规划》。漳卫南运河水环境与生态修复科技推广示范基地位于漳卫南运河四女寺枢纽管理局。漳卫南运河管理局在该基地先后实施完成“喷微灌技术的推广应用”和“高效固化微生物综合治理河道污水技术的示范与推广”2项水利部科技推广计划项目。

（杨婷　陶桂荣）

【国际合作】

1. 国际合作项目

(1) 中法海河项目合作。2015年，中法海河项目合作签订第三阶段合作框架协议。3月、6月、9月共开展3次中法技术研讨交流会，11月完成《州河流域水资源与水生态修复规划》定稿。国际合作专项《饮用水源保护生态修复成套关键技术合作研究》进入收尾关键期，法方多名技术专家来华，针对生物监测、面源污染、模型应用等方面提供技术指导，项目取得明显成果。2015年，法方专家4次来访，中方1次回访，双方100余人获得交流培训。

(2) 中德水资源合作项目。2015年中德双方进一步明确了合作方向，初步确定具体合作项目和合作方式。1月和5月，德方波茨坦气候影响研究所与应用淡水生态公司研究所等单位代表来海委访问；6月，海委组织3家合作单位完成中德合作需求表；9月中旬海委组团出访德国，明确拟合作的3个项目及合作方式；11月，德方代表来海委访问，就河湖健康评价、大黑汀水库底泥和POPs项目合作开展交流研讨。

(3) 2015年3月，海委与瑞典环境科学研究院在天津签订水资源领域合作协议，确定在流域水资源管理与水生态系统保护与修复、气候变化对水资源的影响及适应气候变化的相应措施、饮用水安全、持久性有机污染物研究等领域开展合作，通过学习考察、培训座谈、项目合作等多种形式达到互利共赢的目的。

(4) 引智项目。海委组织完成2015年“海河流域重要河湖健康评估”引智工作，协助项目单位邀请1名德国专家来华提供技术支持，加强了引智专家对在研项目的技术支撑和引领作用。

2. 国际交流

(1) 出访团组。2015年海委完成2个出国团组和6个参观考察团共计18人次的出访任务。完成赴法国流域管理规划与饮用水源保护生态修复技术交流团和赴德国水源地保护与地下水监测管理技术交流团的组团出访与归国管理任务，完成海委随团出访的组织和管理工作。出访人员认真学习法国、德国的先进水利技术、经验和理念，有效推进了中法、中德双边国际合作的务实开展。

(2) 参加国际重大水事活动。选派专家参加联合国气候变化大会、第七届世界水论坛、第五届河口海岸国际研讨会等国际会议，开展国际交流，有效宣传了海河及海委国际合作工作的有关理念、做法和经验。

（袁媛　陶桂荣）

珠 江 流 域

【水政】

1. 水法规建设和服务　编制完善了《珠江流域水法规体系建设方案》；印发了《珠江委关于全面落实依法治水管水实施意见的工作方案》，推进网上在线审批监管平台建设，逐步实现网上办理。

2. 水法规宣传教育　“六五”普法规划收官。珠江委总结“六五”普法工作，谋划“七五”普法规划开篇，以“世界水日”“中国水周”“12·4”全国宪法日为契机，组织开展题为《认真贯彻新时期治水思路　全面落实最严格水资源管理制度》《领导干部法治思维和法治方式》的系列法制专题讲座；根据广东省普法办的安排，开展了珠江委普法考试等普法宣传活动。

3. 水行政案件应诉　珠江流域东江干流中游稔坑水电站位于广东省龙川县黄石镇新联管理区境内，是东江干流梯级规划中枫树坝水库以下第二个梯级。珠江委于2013年1月出具行政许可决定书，稔坑村村民以水库淹没利益受损为由向广州市中级人民法院提起四宗行政诉讼。珠江委依据有关法律法规，积极应诉并胜诉了第一宗，第二宗案件因原告不服广州中院判决，提出上诉进入二审阶段；第三、第四宗案件法院已审结尚未判决。珠江委以此案件为契机，加强全委对《中华人民共和国立法法》《中华人民共和国行政诉讼法》和《中华人民共和国行政许可法》等法律法规的学习，推进依法治水管水。

4. 水政监察与执法

（1）2015年年初召开珠江委水政监察工作会议，对2014年的工作经验进行认真总结，部署2015年总队和各支队的执法工作。以“学习《中华人民共和国行政诉讼法》”为主题组织开展了2015年珠江委水政监察业务培训。

（2）组织召开2015年珠江流域片水政综合执法工作座谈会，总结、交流和讨论近年来流域各省（自治区）水政监察工作取得的成效、经验及存在问题，对新形势下如何推进水利综合执法，加强水行政执法能力建设以及行政审批制度改革等方面进行探讨。

（3）开展流域内重点区域水政监察执法巡查和执法检查工作。遥感监测工作站开展珠江河口、省际边界河流和国际河流的遥感动态监测，编写遥感工作动态简报。水政监察总队和各专业支队根据遥感监测提供的水事活动信息，有针对性地开展流域水事巡查、水资源专项检查和河湖专项执法检查、水土保持监督检查以及开展水事矛盾纠纷排查和调处等工作，并做好河湖专项执法检查活动中发现的违规项目整改工作，如柳州帆船码头和水上运动中心、百色河道内违规建设项目、广州环海鸥岛狮子洋西岸防洪堤堤内河道一侧围垦填土超范围种植红树林，深圳前海和深圳湾的河道及岸线整治工程等。

（4）水事纠纷调处。2015年共接到两宗群众来信，一是广西壮族自治区梧州市长洲区竹湾村30多名群众反映西江河水污染；二是广东省揭阳市群众反映的侵占河道等情况。经分析研究后，组织工作组并联系地方水行政主管部门分别进行调查处理，切实维护正常的水事秩序。

（5）水政监察基础设施建设。完成珠江委水政监察基础设施建设项目（2009—2015年）验收工作。开展2013—2017年水政监察基础设施项目，主要是水政码头、跟踪巡查监控工程、遥感监察等三方面建设项目的基础建设。

5. 水行政审批　按照《进一步规范珠江委水行政许可审批工作方案》的要求，规范珠江委水行政许可审批工作，实现一个窗口对外，限定各环节办理时间，加强行政审批信息公开，推进行政审批事项分类合并办理。一是制定《珠江委办理企业投资项目水行政审批工作规则》，做好企业投资项目前置审批事项对接发改委监管平台工作。二是制定《珠江水利委员会技术审查管理办法》《珠江委技术审查专家库管理办法》，明确技术审查职责、审查实施、审查要点及成果质量等管理要求。三是制定各项许可审查工作细则，细化明确各项许可的审查环节、内容、标准、要点等，规范行政审批自由裁量权。四是统一规范各类许可文书办理程序及格式文本。五是制定印发《珠江委水行政审批工作规则（2016年版）》，进一步规范珠江委各行政审批事项的审批流程、办理时限、归档要求，明确各类许可决定书中有效期及届满后的有关规定。（徐雁　吕树明　李宏伟）

【水资源】

1. 水资源管理

（1）继续构建落实最严格水资源管理制度的总体框架体系，制定了《珠江委水资源管理近期重点工作任务框架》《珠江委委属单位水资源管理技术支撑工作的指导意见》。

（2）水资源论证管理。办理建设项目水资源论证报告书审查事项共14项，出具审查意见10项，涉及火电项目6个、水利水电项目7个、采矿项目1个。

（3）取水许可管理。办理31个取水管理事项，其中新批准取水申请20项，取水变更4项，延续取水换证7个。年终保有取水许可证的项目为69个，除了灌区农业取水外，均进行年度取水计划管理。

（4）继续推进珠江流域跨省河流水量分配工作。第一批5条河流北江、北盘江、黄泥河、东江和韩江的水量分配成果，完成了省区行政协调及意见征询等工作，具备报批条件；第二批5条河流西江、柳江、右江、桂江、贺江水量分配方案成果，开展了省区水行政主管部门意见征询及协调，相关厅领导签字确认。

（5）继续完善国家水资源监控能力建设。加快推进系统试运行，进一步完善基础数据库和系统功能，积极筹备并开展项目的整体验收工作。

（6）水资源费项目。珠江委中央分成水资源费项目及水资源管理节约保护专项项目共计11项，涉及珠江流域水量分配组织实施及后评估、北盘江水量调度方案编制与实施、珠江流域计划用水管理、珠江流域用水定额合理性评估、珠江流域重要饮用水水源地安全保障达标状况评估、珠江流域水功能区水质达标评价、重要水功能区确界立碑、珠江流域水生态文明示范区建设方案编制、相关省（自治区）年度水资源管理考核指标核算等方面。

（7）推进流域节水型社会建设。组织开展珠江流域节水型社会建设试点计划用水后评估，对流域内节水试点进行现场调研、检查指导，重点监督，提出整改意见和建议。强化用水定额管理，开展用水定额评估，组织完成云南、贵州、广西、广东、海南等5省（自治区）的用水定额现状摸底调查及贵州省用水定额评估，提出定额修编的意见和建议。（徐雁　张强）

2. 水资源保护

(1) 水功能区管理。①根据水利部开展水功能区限制纳污红线达标考核工作要求，组织完成 2014 年度珠江流域片重要江河湖泊水功能区限制纳污红线考核复核及水功能区监测方案编制工作，按照《全国重要江河湖泊水功能区水质达标评价技术方案》和《珠江重要江河湖泊水功能区水质达标评价技术细则》，结合珠江流域内各省（自治区）水功能区监测方案和重点水功能区历史水质情况，对流域内各省（自治区）上报的水功能区达标评价成果进行复核，编制完成珠江流域水功能区限制纳污红线考核“一省一策”复核报告及《2015 年度珠江重要江河湖泊水功能区监测方案》。②完成曹渡河黔桂缓冲区、澳门附近水域缓冲区等 14 个重要水功能区确界立碑工作。③在多年水质监测数据基础上，建设完成珠江流域片重要省界缓冲区水质变化数据库，实时监控省界水质变化情况，为省界动态监管提供有力支撑。

(2) 入河排污口管理。①按照水利部进一步规范水行政许可审批工作的要求，完善入河排污口设置审批相关事项，修订完成入河排污口设置申请审批指南。②开展云南滇东雨汪能源有限公司雨汪煤矿二井及选煤厂、广西华电玉林热电联产、贵州盘南电厂等 7 项入河排污口设置审批及验收工作；完成贵州黔西南州兴义电厂退水情况调查。③开展贵州马岭水利枢纽、广东阳江核电工程 1 号机组等 13 项建设项目水资源论证审查和取水设施验收工作；开展云南、贵州、广西、广东、海南取水许可和计划用水监督检查。④联合云南省水文水资源局及曲靖水行政主管部门对珠江源区部分重点入河排污口进行现场监督检查；组织开展珠江源区、东江源区等 16 个重点入河排污口监督性监测。

(3) 突发性水污染事件应急处置。2015 年 3 月，珠江委积极应对“梧州亿人屠宰厂污染西江”和“东江源头支流受到污染”两起水污染事件，及时与相关省（自治区）水行政主管部门联络，收集相关资料，调查核实污染情况及污染原因，开展应急水质监测，保障人民群众饮水安全。

(4) 饮用水水源地保护。①2015 年 6—7 月，珠江委会同广西、广东及海南等省（自治区）水利（水务）厅，对珠江流域列入水利部全国重要饮用水水源地名录的广州市西江引水水源地等 18 个水源地开展了安全保障达标建设年度检查评估工作，并编写年度检查评估报告报水利部。②根据《水利部办公厅关于做好全国重要饮用水水源地保护有关工作的通知》要求，组织开展了对云南、贵州、广西、广东、海南等省（自治区）全国重要饮用水水源地名录复核工作。经复核，珠江流域（片）符合要求建议列入全国重要饮用水水源地名录的共有 107 个。

(5) 水生态保护与修复。组织开展了阳宗海、异龙湖、抚仙湖、星云湖、磨刀门水道以及省界试点水库的水生态监测工作；在东江流域、湘粤、桂粤等省界以及珠江三角洲等水域的重点水功能区、省界断面开展硅藻监测。

开展珠江流域重要河湖健康评估工作，完成两期桂江、百色水库水质、水生态监测，编制完成《珠江流域桂江健康评估（试点）报告（2015 年）》《珠江流域百色水库健康评估（试点）报告（2015 年）》，并通过了珠江委组织的技术审查。

(6) 水生态文明建设。①根据水利部水生态文明城市建设试点工作总体安排，完成贵阳市、黔南州、珠海市、惠州市、玉林市、海南保亭黎族苗族自治县等全国水生态文明城市建设试点（第二批）的实施方案审查工作。②根据水利部办公厅《关于开展全国水生态文明城市建设试点调研工作的通知》要求，2015 年 10—11 月，会同相关省（自治区）水行政主管部门及水利部水资源司有关专家，对广州、琼海等 6 个试点城市开展工作调研，全面掌握试点城市各项建设任务进展情况，梳理存在的问题，提出相关建议，为将来试点验收打好基础。

(7) 水资源保护科学研究成果。在 2015 年 9 月举办的广东省直单位第三届工作技能大赛中，珠江委水源局（水文局）“南国水卫士”团队凭借点子“创新水源地在线预警技术，切实保障南粤饮水安全”从 462 个参赛点子中脱颖而出，荣获大赛冠军。“红水河综合利用规划环境影响回顾性评价研究”和“珠江流域底栖动物监测评价技术体系构建与应用项目”获珠江委科技进步二等奖。取得了《湖泊水库内源污染物负荷评估方法》和《藻类检测标准物质制备方法》两项发明专利，翻译完成《淡水无脊椎动物系统分类、生物及生态学》并正式出版。 （高卫平）

【前期工作】

1. 水利规划 全面推进珠江水利发展“十三五”规划编制工作，组织开展珠江水利发展“十二五”规划总结评估、流域片“十三五”重点项目筛选与复核工作，并在统筹谋划流域重大水利工程建设的基础上提出了《珠江水利发展“十三五”规划》和《珠江委基础设施建设“十三五”规划》；顺利完成珠江水土保持规划相关工作，流域规划成果已纳入 2015 年 10 月国务院批准的《全国水土保持规划（2015—2030 年）》；基本完成《珠江片水资源保护规划（2015—2030）》；红河、柳江、南盘江、北盘江、贺江、北仑河、韩江、深圳湾等一批重要干支流规划和区域规划均已提出成果并上报水利部；郁江流域综合规划基本完成，珠江中下游重要河道治导线规划正在进行。

2. 项目前期 2015 年 1 月，《大藤峡水利枢纽工程初步设计报告》编制完成并正式上报水利部，5 月国家发展改革委和水利部先后批复了大藤峡水利枢纽工程初步设计概算和初步设计报告。

3. 专题研究和基础工作　澳门习惯水域管理范围划定防洪与水环境专题论证顺利完成，根据党中央、国务院对明确澳门习惯水域管理范围工作的统一部署和总体要求开展工作，研究成果已通过水利部国科司审查；澳门内港海傍区防洪排涝治理方案专题研究已完成报告初稿；新形势下湛江蓄滞洪区调度与运用方案研究初步成果基本完成；西江干流生态调度方案制定工作顺利开展，各项工作稳步推进；珠江流域重要河道地形测量（三期）已基本完成西江、北江、东江干流河道地形测量。

4. 技术审查　组织完成青山头水闸等 6 座病险水闸除险加固工程、大埔县梅潭河等 2 项中小河流治理工程的复核，组织完成溪口水库等 9 座新建中型水库的审核，同时对流域内 4 项主要支流治理工程、1 座病险水库除险加固工程及广西壮族自治区界河治理二期规划等进行了审查。2015 年共出具审查、复核、审核意见 23 份。

5. 基础设施建设　重点开展珠江流域省界断面水资源监测站网 4 处水文站改建工程、珠江流域水环境监测中心资源监测能力建设及 2 处自动监测站改建、珠江委水政监察基础设施建设项目水政监察码头扩建工程、珠江委水政监察基础设施建设项目遥感遥测及执法巡查监控工程、河口水文站建设、珠江河口整体物理模型试验厅改造工程、珠江委重要信息系统安全等级保护、珠江水利科学研究院珠江河口模型试验设备购置、中小河流水文监测系统建设等 9 项基础设施建设。

6. 中小河流治理监督检查　完成珠江流域（片）5 省（自治区）中小河流治理项目的监督检查、技术指导和督促整改工作。牵头组织了 10 批次共计 43 个项目的监督检查工作，及时将检查意见反馈各省（自治区），并积极督促落实整改工作。组织完成珠江流域内 17 个项目的技术指导工作。同时，对广东、海南共 4 个中小河流治理重点县的综合整治工作进行了巡查。

（徐康　杨明海　邓苏懿）

【工程建设与管理】

1. 建设管理

（1）大藤峡水利枢纽工程。大藤峡水利枢纽初步设计报告 2015 年 5 月 20 日获水利部批复。9 月，船闸、左岸厂坝段、砂石料系统三大主标陆续按期开工，一期导流围堰子堰于 10 月 26 日合龙。截至 2015 年年底，工程共完成 18 个项目 20 个标段招标工作，中标金额约 65 亿元；完成坝区土地丈量公示约 1.3 万亩，可使用土地约 7 200亩，移民临时搬迁 2 188人，库区移民安置工作已全面启动；累计完成土石方开挖 788 万 m^3、土石方填筑 29 万 m^3、混凝土浇筑 0.93 万 m^3；累计完成投资 44.28 亿元，其中 2015 年完成投资 38.28 亿元，年度完成率 91.14%。工程建设领导小组第一次会议确定的工作目标基本完成。

围绕上述目标的完成，珠江委和大藤峡公司密切配合，抓住招标监督管理工作中的关键环节，加强专家库动态管理和信用信息平台建设，2015 年全年共完成 194 家投标单位的信用信息备案审核工作，派出专家 120 多人次，优化专业结构规模，扩充专家库人数至 676 人，协助公司组织开展制度建设顶层设计和具体编制工作，参与工程重大专项技术问题讨论和现场突发事件的处置，完成多项专项检查和配合调研任务。加强在建工程安全度汛措施，科学决策、有效应对了 2015 年“冬汛”两场超历史同期洪水，把损失降至最低。

（2）百色水利枢纽工程。大力推进百色水利枢纽工程竣工验收工作，协商解决影响竣工验收工作的关键问题，发文协调广西和云南省政府加快推进移民专项验收工作，敦促地方有关部门配合做好移民专项验收。主持完成云南库区剥隘镇四、七、九片区滑坡应急抢险工程的竣工验收工作。参与汪甸防护堤应急抢险方案会商工作及后续工作的督促检查，组织完成抢险修复应急工程设计报告的审查、审批工作。

（3）珠江流域节水供水重大水利工程建设。在国务院确定的 172 项节水供水重大水利工程中，珠江流域占 24 项，总投资约 1 950 亿元。其中 2015 年计划开工 7 项，包括云南德厚水库、贵州马岭水库、广西落久水利枢纽等，已全部开工。组织对珠江流域（片）6 省（自治区）开展 2 次全面督导检查和不定期专项检查，按月跟踪珠江流域节水供水重大水利工程建设进度，协调建立有效的联络沟通、信息报送和跟踪督办机制。通过采取帮扶与督导结合、快速办理前置要件审批等措施，积极推进流域重大水利工程建设工作。

（4）珠江委委属基建项目。完成南沙基地、中央直属水文基础设施项目、技术中心机房更新改造项目和防汛会商系统 4 宗项目竣工验收。组织完成委职工食堂、档案等配套基础设施建设项目的竣工决算工作。规范招标监督，全年对 18 个标段的招标过程进行监督管理。

2. 河湖管理　开展 15 宗涉河项目的测量验线工作。对北江干流（飞来峡枢纽至思贤滘河段）开展河湖管理专项执法检查。组织开展流域内重点河段防洪综合影响研究和累积影响评价研究。2015 年共出具河道管理范围内建设项目水行政许可决定书 27 宗。

3. 质量监督　完成珠江流域分站领导班子成员调整。与水利部质量监督总站联合设立大藤峡质量监督项目站，开展大藤峡水利枢纽工程质量监督和质量检测工作。主持完成山东省和重庆市质量管理考核工作，派出专家参加水利部赴青海和甘肃的质量管理考核工作。全年组织现场监督 27 次，派出监督人员 83 人次，出具监督意见 27 份。

4. 制度建设　出台《珠江委质量监督管理办法》和《珠江流域水利工程质量监督标准化工作手册（试行）》。《珠江委质量监督管理办法》包括质量监督依据、管理体制、机构和人员、机构职责、监督内容、监督检测等内容，为珠江流域质量监督工作提供指导。工作手册强调实用性，涵盖了质量监督手续的办理、质量监督检查、质量等级核备（定）、档案管理等各个环节。（石祺智）

【汛情与防汛】

1. 雨情　2015 年汛期，珠江降雨总体正常。5 月 5 日珠江达到入汛标准，较常年偏晚近 1 个月，共发生 34 场强降雨过程，珠江流域（片）面平均降雨量 1 237.3mm，与多年同期均值相比基本持平略偏多。珠江流域面平均降雨量 1 239.2mm，其中西江流域 1 178.7mm，北江流域 1 320.1 mm，东江流域 1 485.0 mm，珠江三角洲 1 611.7mm，与多年同期均值相比均基本持平略偏多。韩江 1 389.1mm，粤东、粤西、桂南及海南等其他独流入海河流 1 184.5mm。

2015 年汛期，珠江降雨时空分配不均，降雨量主要集中在 5—8 月，约占汛期降雨总量的 84%。降雨大致呈自东向西递减的趋势，各地区面平均降雨量为 600～ 1 600 mm，局地降雨量超 1 600 mm。

2015 年 11 月中旬，流域大部出现强降雨过程，多地累积雨量突破历史同期极值，历史罕见。累积面雨量超过 50mm 的笼罩面积占珠江流域面积约 50.5%，累积面雨量超过 100mm 的笼罩面积占珠江流域面积约 18.2%，黔江、柳江、桂江一带，黔江、柳江累积面雨量 122.4mm，桂江累积面雨量 141.7mm。

2. 水情　2015 年汛期，西江、北江均出现一次编号洪水，其中西江干流 2010 年来首次超警，北江干流发生 5 年一遇中等洪水；中小河流洪水量级大，其中桂江支流恭城河、良丰河分别发生 50 年一遇和近 20 年一遇洪水，北江支流连江发生超 20 年一遇洪水，柳江支流阳江发生超 10 年一遇洪水，洛清江发生 5 年一遇洪水，南盘江支流峨山大河峨山站出现 2001 年建站以来第二高水位，红河元江支流扒河阿姑站出现历史最高水位。2015 年汛期共有 59 条河流 31 个河道报汛站点出现超警戒水位。2015 年 11 月，珠江流域出现罕见“冬汛”，西江干流黔江河段、西江支流柳江和桂江均发生建站以来 11 月同期最大洪水，西江干流梧州站出现 11 月同期第二大洪水，西江支流贺江发生超 10 年一遇中等洪水。

5 月中下旬，流域大部地区出现了一次较强降雨过程。受强降雨影响，北江干流石角站 5 月 24 日 6 时流量为 12 000 m^3/s，达到国家防总《全国主要江河洪水编号规定》的标准，编号为“北江 2015 年第 1 号洪水”；24 日 18 时出现洪峰水位 9.58m（警戒水位 11.00m），相应流量 13 100 m^3/s。北江支流连江高道（昂坝）站 5 月 21 日 22 时出现洪峰水位 34.34m，洪峰流量 7 060 m^3/s，重现期超 20 年。柳江支流阳江小长安站 5 月 20 日 12 时出现洪峰水位 108.14m，相应流量 2 750 m^3/s，重现期超 10 年一遇。洛清江支流西河永福站 5 月 20 日 16 时出现洪峰水位 141.68m，为 2008 年建站以来第二大洪水，重现期接近 20 年一遇。

6 月中旬，受冷暖空气共同影响，西江流域中北部出现一次强降雨过程，其中红水河、柳江、桂江等地普降大雨到暴雨。受强降雨影响，西江干流梧州站 6 月 15 日 14 时水位涨至 18.58m，超过警戒水位（18.50m）0.08m，相应流量 28 000m^3/s，达到国家防总《全国主要江河洪水编号规定》的标准，编号为“西江 2015 年第 1 号洪水”，系 2010 年以来西江干流首次超警。6 月 16 日 23 时梧州站出现 19.30m 的洪峰水位，超过警戒水位 0.80m，相应洪峰流量 30 800 m^3/s。

11 月 10—13 日，强降雨过程导致西江干流黔江河段、西江支流柳江和桂江均发生建站以来 11 月同期最大洪水，黔江武宣水文站于 11 月 14 日 10 时出现 52.61m 的洪峰水位（警戒水位 55.70m），相应流量 20 400m^3/s，为 1935 年以来 11 月同期最大洪水。西江梧州水文站于 11 月 14 日 15 时 30 分出现 17.26m 的洪峰水位（警戒水位 18.50m），相应流量 24 700m^3/s，为 1900 年建站以来 11 月同期第二大洪水（11 月同期最大：2008 年 11 月 9 日，17.46m，25 900m^3/s）。柳江柳州水文站于 11 月 13 日 16 时 30 分出现 79.43m 的洪峰水位，相应流量 10 600m^3/s，为建站以来 11 月同期最大洪水。贺江贺州水文站于 11 月 14 日 2 时出现 105.55m 的洪峰水位，超警 2.05m，洪峰流量 1 680m^3/s，重现期略超 10 年一遇，为 2000 年建站以来第二大洪水。桂江昭平站于 11 月 13 日 14 时出现 61.73m 的洪峰水位，超警 3.73m，相应流量 9 110m^3/s，桂江京南水文站于 11 月 13 日 23 时出现 27.79m 的洪峰水位，超警 5.79m，相应流量 8 670m^3/s，重现期均达 5 年，为建站以来 11 月同期最高洪水位，亦为 2009 年以来最大洪水。

3. 热带气旋　2015 年，西北太平洋和南海共生成热带气旋 23 个，影响或登陆珠江的热带气旋 6 个，其中 1522 号强台风“彩虹”是 1949 年以来 10 月登陆我国的最强台风，给广东、广西、海南等地造成了严重的灾害损失，共造成广东、广西、海南等省（自治区）共 99 个县（市、区）980 个乡镇 775.28 万人受灾，农作物受灾面积 660.4km^2，倒塌房屋 3 860

万间，因灾死亡 12 人，失踪 8 人，其中山洪地质灾害死亡 6 人，直接经济损失 261 亿元，其中水利直接经济损失 30 亿元。

4. 旱情　2015 年 1—4 月，流域降雨量偏少 5～6 成，云南、贵州、广西、广东、海南等地局部地区出现不同程度旱情，导致流域部分地区人畜饮水和工农业生产用水出现困难。云南省干旱主要集中在滇西大部和滇中局部地区，库塘蓄水严重不足。广东省雷州半岛遭遇 60 年罕见旱灾，近 8 个月未出现有效降雨，主要供水水库蓄水严重不足，部分水库干涸，雷州市主要供水水源南渡河出现 1951 年以来最低水位。海南省三亚市多座供水水库蓄水不足，城市出现供水紧张情况。2015 年汛期，珠海、澳门等珠江三角洲地区降雨量偏少，珠澳供水水库蓄水明显不足，汛期结束时，珠澳供水水库蓄水仅 2 995 万 m^3，珠海南北库群蓄水距离满库差 1 300 多万 m^3，增加了保障澳门等地供水安全的风险。

5. 灾情　2015 年珠江暴雨、山洪泥石流及中小河流洪水多发、热带气旋等给流域造成严重的洪涝灾害损失。据统计，2015 年，流域内云南、贵州、广西、广东、海南、福建等 6 省（自治区）258 个县（市、区）2 425 个乡（镇）受灾，受灾人口为 1 635.63万人，农作物受灾面积 1 179.31km^2，倒塌房屋 2.4 万间，因灾死亡 37 人，失踪 10 人，21 座城市进水受淹或发生严重内涝，紧急转移人口 108.52 万人，直接经济损失 388.22 亿元，其中水利设施直接经济损失 49.20 亿元。

6. 防汛抗旱

（1）汛前准备。珠江流域各级防汛抗旱部门在国家防办的指导下，提早部署，认真落实，积极做好汛前各项准备工作。一是认真做好流域汛前检查工作，珠江防总共派出 5 个汛前检查组，于 2015 年 4 月中旬完成了对流域内云南、贵州、广西、广东及海南的检查和部署工作。二是强化与各省（自治区）的汛前沟通协调。召开了珠江防总防汛抗旱工作会议，全面部署流域防汛抗旱工作；召开了棉花滩水电站调度协调例会、粤桂两省（自治区）跨境河流（贺江）安全度汛工作会议、长洲水利枢纽安全度汛工作会议，加强了水库防洪调度的协调工作。三是审查批复了鲁布革、天生桥一级、龙滩、百色、长洲水利枢纽（水电站）2015 年汛期运行计划。四是各地各部门认真做好预案、物资、队伍各项准备工作，为做好防汛工作打下了坚实的基础。

（2）防灾减灾。在防御 2015 年洪涝、台风、干旱灾害过程中，珠江防总积极向国家防总汇报有关情况，并加强与有关省（自治区）防汛部门的沟通协调，密切监视雨水风情变化情况，加密会商分析汛旱情发展趋势，适时启动应急响应并及时发出台风暴雨和山洪灾害预警。2015 年，珠江防总共启动Ⅰ级应急响应 1 次，Ⅱ级应急响应 1 次，Ⅲ级应急响应 2 次、Ⅳ级应急响应 2 次。珠江防总按照国家防总的统一部署，及时派出或参加国家防总工作组督察和指导地方防汛救灾工作，2015 年珠江防总共派出或参加国家防总工作组 19 批次。

（3）科学调度。2015 年汛期，珠江防总密切关注珠江流域水利工程的水情形势，珠江防总提前介入，密切监视，强化监测、预报，科学调度流域骨干水库，组织实施了贺江合面狮防洪调度、西江骨干水库群联合调度，有效拦洪削峰，大大减轻了下游防洪压力，确保了流域防洪安全。汛末，珠江防总组织实施了龙滩、天生桥一级、长洲等骨干水库汛末蓄水，科学拦蓄雨洪资源。经科学调度，龙滩、百色、天生桥一级 3 座骨干水库增蓄水量近 20.89 亿 m^3，有效蓄水率达 98%，为实施枯水期水量调度储备了充足水源。11 月中旬，柳江、黔江发生历史同期罕见的暴雨洪水，严重危及大藤峡水利枢纽工程施工安全，珠江防总组织实施红水河龙滩、岩滩和柳江红花等水电站削峰错峰调度，有效削减了大藤峡坝址洪峰流量，为大藤峡施工进度和安全度汛争取了时间，确保了工程施工人员和设备安全，最大限度减少了工程损失。

（4）能力建设。在做好珠江流域防汛抗旱工作任务的同时，围绕基础工作、水库调度研究、信息化规范化建设三方面内容进一步推进防汛抗旱能力建设。以国家防总批复的《珠江洪水调度方案》为主线，大力推进主要干支流洪水调度方案的基础研究。收集、核对、充实珠江防汛抗旱信息库，修订和完善珠江防总、珠江防总办公室的各项规章制度。组织实施山洪灾害防治、洪水风险图、国家防汛抗旱指挥系统二期工程等项目，不断提升珠江防汛抗旱信息化水平。

（5）枯水期水量调度。按照国家防总批复的《珠江枯水期水量调度预案》的要求，珠江防总于 2015 年 7 月启动枯水期水量调度工作，编制完成并上报了《2015—2016 年枯水期水量调度实施方案》，基于汛末上游骨干水库蓄水较好，珠澳供水水库蓄水不足、澳门及珠海用水量增加的形势，制定了“重在当地前蓄、强化风险管理、确保供水安全”的调度思路，重点做好上游骨干水库和珠海供水水库前期蓄水工作，组织实施了西江骨干水库汛末蓄水调度，为实施枯水期水量调度储备水源，督促珠海增加水库蓄水，要求上游各水电站按照枯水期调度的要求控制出库流量，同时做好上游来水特枯或其他突发事件应急预案，经科学论证、周密准备、精细调度，确保了珠海、澳门等地的供水安全。　（徐爽）

【水土保持】

1. 水土保持综合治理　2015 年 3—4 月，组成 3 个核查组对贵州、广西、广东三省（自治区）的 11

个县（市）2013年度岩溶地区石漠化综合治理工程水利水保项目建设任务完成情况进行了国家核查。5月下旬至6月中旬，组成5个督查组分别对云南、贵州、广东、广西、海南5省（自治区）2014年国家水土保持重点工程建设进行了督查，重点对云南省会泽县等17个县（市、区）实施的国家水土保持重点工程进行了现场检查；10—11月，组成5个督查组对云南、贵州、广东、广西、海南等5省（自治区）的14个项目县（市、区）实施的2015年国家水土保持重点工程进行督查，重点对2015年国家水土保持重点工程实施情况和2016年度项目前期储备情况进行了督查。根据《水利部水土保持司关于开展国家水土保持重点工程专项督导的通知》（水保生函〔2015〕1号）要求，2015年4月，组成两个督导组，对海南、广西两省（自治区）国家水土保持重点工程进行了专项督导，实地查看了海南省的琼中、昌江和广西壮族自治区的柳江等3县（市）工程建设现场，并形成了督导报告上报水利部。10月，根据水利部水土保持司的要求，再次派出工作组对广西壮族自治区2015年国家水土保持重点工程进行督导。

2. 水土保持预防监督管理　对云南、贵州、广东、广西、海南等5省（自治区）32个大中型生产建设项目开展了现场监督检查，并对流域内64个在建的生产建设项目进行了发文检查，各建设单位基本按要求完成了材料报送工作。珠江委对2015年珠江流域各在建生产建设项目水土保持方案实施的相关情况进行了收集及分析整理，在委网站进行了公布。2015年5—10月，组成5个检查组对云南、贵州、广西、广东、海南等5省（自治区）《中华人民共和国水土保持法》贯彻实施情况进行了检查。7月，整合水保和水政监察力量，对大庆至广州高速公路粤境连平至从化段项目新丰段开展了联合检查。主持完成了糯扎渡电站500kV交流送出工程、华能海门煤炭中转基地起步工程等25个生产建设项目的水土保持设施竣工验收工作。

3. 水土保持规划　根据全国水土保持规划相关内容，整理了珠江流域片水土保持分区、重点防治区、水土流失面积等基础数据库，编辑了《珠江流域水土保持（内部资料）》，完成了全国水土保持规划宣贯论文。

（谢莉）

【科技与教育】

1. 科技　积极贯彻水利科技体制改革思路，推动流域科技创新工作。科技计划申报方面，组织编制了珠江水利科技发展“十三五”规划，申报国家科技重点研发计划2项，成功申报水利部科技推广计划项目1项，广东省科技创新项目1项，完成财务三年滚动规划项目储备工作。科研成果奖励方面，珠江水利科学研究院完成的“珠三角城镇水生态修复关键技术与示范”获大禹水利科学技术奖”三等奖，珠江水利科学研究院下属广东华南水电高新技术开发有限公司完成的“采砂动态监管装置”获17届中国专利优秀奖（实用新型专利）。评选出2015年度珠江委科学技术奖9项，包括一等奖1项，二等奖5项，三等奖3项。其中，珠江水利科学研究院完成的《整体物理模型流场PIV实时测量系统》获一等奖；珠江水资源保护科研所完成的《重金属现场快速检测技术的研究及应用》、珠江委技术中心完成的《珠江委财政预算执行监管系统》、珠江设计公司完成的《系统工程地质勘察方法研究及在广东省平远县仁居稀土矿水文地质勘察中的应用》等8项成果分获二等奖、三等奖。

科技交流与培训方面，组织召开了第六届珠江中青年学术报告会，邀请刘昌明院士作了水生态研究相关专题报告，收到论文77篇，评选出优秀论文21篇。组织召开了珠江流域科技工作座谈会，邀请水利部国科司有关负责同志作了《水利科技改革与发展》专题讲座，并就流域机构与各省（自治区）之间科技协作和交流共享开展了交流座谈。组织科技成果奖励培训1次，共60余人参加了培训。

2. 教育培训　2015年，珠江委认真贯彻落实中央《干部教育培训工作条例》，加强培训能力建设，加大四支人才队伍培训力度，健全干部职工参训机制，落实培训激励约束机制，拓宽干部职工培训渠道，全年培训干部职工22 855人次，累计取得241 088学时，人均受训103学时，参训率100%，达标率81.4%，比2014年提高12.3%；其中参加党校、行政学院培训13人次，高校培训364人次，境外培训27人次，培训共计投入321.7万元，人均投入1372元。大力开展自主选学活动，其中干部选学取得119 823学时，网络选学取得53 476学时。依托珠江水利水电培训中心，面向全委完成培训计划26项，举办专题讲座29场，组织完成了香港水资源与公共管理、珠江流域水生态、青年干部、企业监管等培训班。

（王萍　郑艳萍）

【与港澳交流与合作】

2015年珠江委先后接待了澳门特别行政区政府工务运输司、海事及水务局等代表团前来访问、考察、技术咨询和科技交流活动，共计约30人次。

2015年珠江委继续履行与澳门特别行政区政府海事及水务局签订的《合作协议》，根据澳门特别行政区政府提出的需求，开展科学研究或勘察设计工作，提出解决方案，为澳门各类水利问题提供技术支撑和服务。开展澳门习惯水域管理范围划定研究，提出加强澳门附近水域管理的建议。同时，和香港科技大学等高校保持良好互动，继续选派优秀技术骨干去参加短期培训，效果良好。

【国际交流与合作】

2015年珠江委派出40多人次分别赴美国、德国、澳大利亚、法国、瑞典、缅甸等国家执行公务，参加国际会议、技术培训和履行合作协议。还接待了朝鲜气象水文局前来访问、考察。通过国际交流与合作，开阔视野，增进了解，拓展了对外合作的渠道。

珠江委委属企业积极拓展海外业务，参加国际市场竞争并取得新突破，依托国内大型企业开展海外项目，现已涉及亚洲、非洲、南美洲、东欧、中东等多个地区的数十个国家。 （麦伟光）

松花江、辽河流域

【水政】

1. 依法行政　贯彻《水利部关于全面加强依法治水管水的实施意见》，编制松辽委工作方案，着力构建完备的水法律规范体系、高效的水法治实施体系、严密的水法治监督体系和有力的水法治保障体系。全年共办理行政许可37项，会同地方水行政主管部门联合开展河道管理、水资源管理等执法检查10次。积极开展规范行政审批行为改进行政审批相关工作，按照《松辽委规范行政审批行为改进行政审批工作方案》，组织编制《松辽委办理企业投资项目水行政审批工作规则》（2015年版）和10项许可项目的服务指南、审查工作细则等规范性文件，推动行政审批在线监管平台建设工作，在松辽委主楼大厅设置统一受理窗口，开展行政许可事项梳理工作，调整完善松辽委政务外网行政审批事项目录。制定并印发了《松辽委2015年水利普法依法治理工作要点》，组织实施松辽委2015年“世界水日”“中国水周”“国家宪法日暨全国法制宣传日”等法制宣传系列活动，完成“六五”普法规划收官工作，梳理普法工作成果，展示普法工作成效，总结报告通过水利部验收。

2. 水政监察　按照2015年松辽委水行政执法工作计划，全面开展执法活动，召开2015年水行政执法经验工作交流会，全面总结交流水行政执法经验。组织实施水政监察基础设施建设项目（一期）2015年度建设工作，对黑龙江水文支队趸船建设进度进行监督检查。组织编制的《松辽水利委员会水政监察基础设施建设（2016—2017年）初步设计报告》通过水利部审批，完成水政监察基础设施建设项目、政研项目三年滚动计划编制工作。开展松辽委行政执法责任制实施情况专题调研工作，配合水利部政策法规司在长春组织召开流域机构水行政执法工作座谈会，对水政监察人员进行培训。

3. 水事纠纷调处　全面开展省（自治区）际水事矛盾纠纷集中排查化解活动，以列入《全国省际重点水事矛盾敏感地区水利规划》的12条河流为重点，对松辽流域52条重要跨省（自治区）界河全部进行排查。组织召开松辽流域水政工作座谈会，通报2015年松辽流域省（自治区）际水事矛盾纠纷集中排查化解活动工作情况，调整松辽流域省（自治区）际水事协调领导小组成员，进一步健全流域水事纠纷信息沟通交流机制。妥善解决辽宁省、吉林省际边界河流小梨树河涉河有关问题，相关工程已开工建设，组织开展老哈河玉皇段水源地综合治理工程有关问题调查工作，召开现场协调会议，形成会议纪要，并已妥善处理相关问题。开展松辽流域水事纠纷解决机制及创新研究和诺敏河省际河段取水及河道下泄流量整编分析等基础工作。 （孙磊）

【水资源】

1. 流域主要江河流域水量分配工作　完成松辽流域第二批8条江河流域水量分配方案技术协调，开展诺敏河、雅鲁河、绰尔河和牡丹江等4条流域水量分配方案行政协调并签署纪要。11月，水利部在北京组织召开了诺敏河、雅鲁河、绰尔河和牡丹江流域水量分配方案审查暨行政协调会议，对诺敏河、雅鲁河、绰尔河、牡丹江等4条江河流域水量分配方案成果进行了技术审查和行政协调，形成了行政协调会议纪要。

2. 水行政许可及监督管理工作　依法审批8项建设项目水资源论证报告书，签署2份水工程建设规划同意书，审批了7项取水许可申请，完成2套取水许可证的核发及9批次40个取用水户水资源专项执法检查工作。对中电投白城电厂新建工程等3个已建项目进行水资源论证后评估。

3. 流域水资源调度　继续开展嫩江干流和洮儿河流域水资源调度工作，组织召开嫩江干流和察尔森水库2015年度调度工作协调会议，印发实施2015年度嫩江干流水量调度计划和察尔森水库2015年度兴利调度计划；完成嫩江、东辽河流域水量调度方案编制工作。

4. 继续开展节水增粮水资源管理工作　针对节水增粮行动中部分项目县在建设过程中的实施方案的变化情况，2015年对相关项目县重新编报的48份水资源论证报告书进行复审，并对30个项目进行了批复；组织开展4省（自治区）“节水增粮行动”试点县的水资源论证后评估工作。

5. 流域节水型社会建设　组织编纂《松辽流域节水型社会建设实践与理论探索》，系统总结回顾流域节水型社会建设成绩和经验；开展松辽流域用水定额调查分析工作，完成《松辽流域用水定额调查分析报告》。

6. 流域相关省（自治区）年度水资源管理考核　按照落实最严格水资源管理制度要求，配合水利部对黑龙江省、吉林省和辽宁省2014年度水资源管理考核自查材料进行复核，完成松辽流域相关省（自治区）2014年度用水总量和用水效率评估报告。

7. 水资源监控能力建设　完成松辽流域水资源监控能力建设平台整体试运行工作，以及松辽流域水资源监控管理信息平台的试运行和数据集成工作，实现48个省界水量断面、83个水质断面、59个水功能区的数据入库；完成松辽流域水资源监控能力建设项目委本级、水保局、水文局三个预算单位2012—2014年预算自验，以及项目档案验收等工作。

（董红）

【前期工作】　2015年，水利部共下达松辽委水利前期工作投资计划771万元，重点开展松辽流域（片）水利发展“十三五”规划、主要江河流域水量分配方案、松辽流域水资源保护规划、辽河口综合整治规划（第二阶段）、省界断面水资源监测站网新建工程可行性研究、松辽流域蓄滞洪区基础信息测量及复核等6项水利规划、项目前期和基础工作。

1. 规划编制　根据全国水利发展“十三五”规划编制总体部署，组织召开松辽流域（片）重点项目筛选及汇总会议，对各省（自治区）上报的重点项目进行了审核和筛选，在此基础上参加了全国重点项目汇总，组织编制完成松辽流域（片）水利“十三五”规划报告初稿。协调汇总松辽流域水资源保护规划成果，参加全国成果汇总和咨询，规划成果已纳入全国规划，并通过水利部审查。组织对辽河口综合整治规划（第二阶段）进行现场踏勘，与当地水利相关部门进行了座谈，收集规划相关基础资料，完成规划环境影响评价第一次公众参与，在规划各专业成果基础上，提出辽河口综合整治规划（第二阶段）初稿。

2. 重大节水供水水利工程建设　组织完成松花江、嫩江干流治理前期收尾工作，积极组织、协调有关单位开展移民安置规划、水土保持方案、环境影响报告书等可行性研究审批前置要件编制和报批工作，保障工程及时开工。如期完成察尔森水库除险加固工程初步设计审查审批工作，为工程2015年顺利开工奠定了基础。完成大洋河等重要支流治理和国境界河防护等30项工程前期工作的审查审核。

3. 基础设施建设　开展省界断面水资源监测站网新建工程可行性研究，开展现场踏勘和基础资料收集整编，确定工程建设任务、规模和建设方案，编制完成工程可行性研究报告。对松辽流域蓄滞洪区基础信息测量及复核进行工作任务分解，就有关技术问题与项目承担单位充分沟通，进行了基础信息的收集、复核和高程模型搭建，开展了月亮泡蓄滞洪区地形测量工作。

（杨添凯）

【工程建设】　2015年，松辽流域水利基本建设计划投资451.45亿元，其中，中央投资283.65亿元，地方投资167.80亿元。截至2015年年底，水利基本建设到位资金412.04亿元，中央到位资金284.88亿元，地方到位资金127.16亿元。完成水利基本建设投资607.93亿元，其中完成中央投资382.54亿元，地方投资225.39亿元；完成土方56 891.87万m^3、石方4 091.52万m^3、混凝土580.26万m^3、金属结构160 945.41t。按照水利基本建设投资项目类型，分别完成了防洪工程投资227.21亿元、灌溉工程投资199.95亿元、除涝工程投资1.38亿元、供水工程投资153.55亿元、水电开发工程投资8.67亿元、水保及生态环境建设投资11.18亿元、机构能力建设投资1.01亿元、前期工作投资2.07亿元、其他投资2.91亿元。

1. 江河湖泊治理工程　对松花江干流、嫩江干流、辽河干流、月亮泡蓄滞洪区等江河湖泊进行治理，安排投资110.49亿元，完成投资157.59亿元，其中，完成中央投资111.87亿元，地方投资45.72亿元；完成土方6 640.43万m^3、石方854.14万m^3、混凝土72.75万m^3、金属结构31 400.28 t。

2. 农村饮水安全工程　2015年，流域在建农村饮水安全项目治理工程226处，安排投资33.20亿元，到位资金33.69亿元，完成投资33.21亿元，完成土方9 134.95万m^3、石方180.84万m^3、混凝土5.21万m^3、金属结构2 299.75 t。

3. 病险水库除险加固工程　对吉林省李梁、马家城子，辽宁省佛寺、王家楼，内蒙古自治区察尔森、阿拉坦、阿旗哈日朝鲁等90座水库进行除险加固，安排投资7.91亿元，完成投资10.38亿元，其中，完成中央投资4.06亿元，地方投资6.32亿元；完成土方922.38万m^3、石方271.50万m^3、混凝土33.52万m^3、金属结构8 543.75 t。

4. 大型灌区节水改造工程　对内蒙古自治区尼尔基下游灌区、英金河灌区、辽河灌区，辽宁省灯塔灌区，吉林省松原灌区，黑龙江省青龙山灌区、德龙灌区等30个灌区和39个节水灌溉项目进行续建配套及节水改造，安排投资49.05亿元，完成投资110.30亿元，其中，完成中央投资67.33亿元，地方投资42.97亿元；完成土方5 688.07万m^3、石方348.43万m^3、混凝土61.87万m^3、金属结构8 666.53t。

5. 察尔森水库除险加固工程　全面启动察尔森水库除险加固工程，成立工程建设领导小组，及时解决工程建设中的重大问题，提前完成溢洪道拆除和进口两侧边墙护砌工程，工程建设有序进行。工程总投资2.09亿元，工期3年，全部为中央投资。工程于2015年开工，当年安排投资0.66亿元，完成投资0.58亿元，完成土方0.71万m^3、石方2.24万m^3、混凝土0.41万m^3、金属结构51t。

6. 省界断面水资源监测站网改建工程　对松花江、辽河流域省界断面水资源监测站网28处水文站测验河段基础设施、水位观测、流量测验、降水蒸发观测、生产业务用房以及供电、给排水、采暖、通信等进行设备更新和改造。工程总投资0.40亿元，完成投资0.40亿元，全部为中央投资。（李玉）

【汛情与防汛】

1. 汛情　2015年汛期，松辽流域降水总量较历年同期偏少17%。降水过程少、局地性较强、笼罩面积小、累积雨量小，降水时空分布异于常年。松辽流域主要江河干流水势总体平稳，部分中小河流发生超警超保洪水，部分河流出现干涸断流状态。松辽流域大型水库蓄水量较历年同期少蓄45亿m^3。

（1）雨情。松辽流域平均降水量319.8mm，较历年同期偏少17%。降水时空分布异于常年，空间分布呈东多西少格局；时间分布呈现以6月、8月正常或略多，7月、9月偏少的特征，特别是流域南部7月、8月、9月持续偏少。

（2）水情。汛期松辽流域主要江河来水量总体偏少。除乌苏里江部分支流来水量偏多1倍外，其他主要江河来水均偏少，以第二松花江、辽河偏少明显。受降雨少、时空分布异常影响，松辽流域共43条河流出现干涸断流状态，集中分布在西辽河、松花江干流、辽河干流等水系。主要江河干流水势总体平稳，部分中小河流发生超警超保洪水。受局地强降水影响，松辽流域共13条支流、14处水文站发生超警洪水，其中1处水文站发生超保洪水。汛末，松辽流域大型水库蓄水总量316亿m^3，比2015年汛初多蓄50亿m^3，比2014年同期多蓄17亿m^3，比历年同期少蓄45亿m^3。（尤晓敏）

2. 防汛

（1）汛前准备。汛前，编制完成2015—2017年主汛期白山、丰满水库的防洪联合调度预案，审批《2015年察尔森水库除险加固工程度汛方案》。组织召开松花江流域防汛抗旱汛前工作会议，黑龙江省、吉林省和内蒙古自治区分别交流了防汛抗旱汛前准备工作情况，通报了嫩江、松花江省界河道围堤阻水以及丰满水电站重建、察尔森水库除险加固有关情况。5月，参加了国家防总松辽流域防汛抗旱检查工作组，对松辽流域内的黑龙江、吉林、辽宁三省防汛抗旱工作进行检查；组织对察尔森水库和尼尔基水利枢纽汛前防汛准备工作进行检查。5月27日，组织召开松花江防汛抗旱总指挥部年度视频工作会议，部署2015年松花江流域防汛抗旱工作。6月3日，召开松辽委年度防汛抗旱工作会议，全面安排部署2015年松辽委防汛抗旱工作。

（2）防汛工作。为保障察尔森水库除险加固工程施工期安全度汛，组织开展防汛会商，决定自6月16日起加大水库放流，降低库水位，经25天放流，水库弃水3.44亿m^3，期间最大放流量240m^3/s。7月7日8时水库水位回落至350.95m，降至施工控制水位以下。汛期，派出4个工作组，督导检查黑龙江和吉林两省防汛准备工作，并专程查勘尼尔基水库2013年水毁工程修复情况；赴辽宁省对防御台风"天鹅"工作进行检查指导。

（3）抗旱工作。受持续高温少雨气候影响，6月下旬至7月下旬，黑龙江、吉林、辽宁3省和内蒙古自治区部分地区出现不同程度的旱情，局部地区旱情严重，大连市等地人畜出现临时饮水困难。7月23—24日，分别派出两个工作组赴辽宁省和吉林省查看当地旱情灾情，详细了解水库、输水工程调度，水利设施投入和抗旱浇地情况，指导地方做好抗旱工作。

（4）防汛基础工作。完成嫩江、松花江省界河段2013年大水洪痕测量和围堤核查工作，对全国山洪灾害防治项目省级年度实施方案和大江大河重要控制断面防汛特征水位复核成果进行审查审核。编制完成《松花江流域防汛手册》，积极推动松辽委国家防汛抗旱指挥系统二期工程建设，完成计算机网络与安全系统、防洪工程数据库、洪灾评估、综合信息服务系统和应用整合等5个项目招标和合同签订工作，以及水情、工情信息采集系统，洪水预报系统等3个项目初步验收工作。（崔桂凤）

【水土保持】

1. 国家水土保持重点治理工程管理　对黑龙江省、吉林省、内蒙古自治区和黑龙江省农垦总局2014年国家水土保持重点治理工程进行了专项督导，分两批次对2015年国家水土保持重点治理工程的24个项目县进行全面督查，针对存在问题的项目县印发了督查整改意见。组织召开松辽流域水土保持工作会议，安排部署重点工作，积极开展察尔森水库水土保持科技示范园前期工作，并在全国范围内广泛征集建设方案。

2. 生产建设项目监督管理　开展生产建设项目水土保持联合检查，首次引入约谈机制，对存在违法违规行为的3家建设单位进行现场约谈，对所有在建项目单位起到警示督导作用。起草《松辽流域大中型生产建设项目水土保持验收工作手册》，制定检查的评价对象及评价标准，明确验收工作程序，首次出现生产建设项目未通过水土保持设施验收的案例，维护了水土保持法律的严肃性。全年，共完成25项水利部批生产建设项目督查和15个项目水土保持监测考核，代水利部完成24项生产建设项目水土保持设施的竣工验收。应用无人机技术对内蒙古乌努格吐山铜钼矿、沈丹铁路客运专线、部分高速公路等水土流失隐患较大的取、弃土（渣）场现场进行检查，不断加大监察力度。

3. 水土流失动态监测工作　继续推进松辽流域年度水土流失动态监测与公告项目实施和流域历年重点监测点地面观测工作。圆满完成国家级重点治理区、重点预防区、不同土壤侵蚀类型区的2015年度水土流失动态监测任务，涉及20个县（市、旗）12.25万km^2。启动了跨年度公益性科研项目“典型黑土区坡耕地土壤侵蚀潜在危险程度研究”（2015—2017年）、“无动力坡面水土流失自动监测仪在典型监测点的应用与推广”（2015—2016年）工作。完成“东北黑土区水土保持措施效益评估及侵蚀沟防治技术”科研成果，并通过水利部验收。（陈光）

【工程管理】

1. 工程建设管理　2015年，共派出8个督导检查组对松辽流域内4省（自治区）节水供水重大水利工程建设进行督导检查，对农村饮水安全、大型灌区续建配套与节水改造等141项民生工程进行监督检查和稽察，对湖南、陕西两省和西藏自治区水利厅2015年度水利工程建设质量管理工作进行考核。严格规范招投标管理，委属建设项目全部纳入吉林省人民政府政务大厅进行公开招投标，全年共审批、监督公开招标10项，审批非招标申请5项。加强委属建设项目诚信体系建设，改版“松辽委水利工程建设领域项目信息公开和诚信体系建设专栏”，对相关内容定期更新，参与全国水利建设市场主体信用评价工作，按标准对信用评价申请单位的市场行为部分进行评分。

2. 河道管理基础工作　将河道管理范围内建设项目工程建设方案审批归并为洪水影响评价类审批，进一步简化审批流程，规范审批程序。以规划为依据，指导和约束河道管理范围内建设项目审查许可，全年审查河道管理范围内建设项目工程建设方案并准予水行政许可14项，会同黑龙江省水利厅河道主管部门组成联合水行政执法检查组，开展黑龙江逊克县及以上江段河道管理范围内建设项目执法检查，对未按照水行政许可文件要求建设的工程项目提出了整改要求。组织编制松辽委河道管理范围内建设项目技术审查规定，对工程建设方案审查要点及重要技术参数进行研究并提出明确规定。

3. 水库及水闸工程管理　制定印发《察尔森水库工程维修养护技术质量标准》，对察尔森水库管理局维修养护工作进行现场检查，按照水利部开展河湖及水利工程划界确权情况调查工作要求，完成察尔森水库划界确权资料的调查、审核和修订等工作，按期编制上报工作实施方案、项目储备文本等材料。组织完成尼尔基、察尔森水库调度规程编制、审查。按水库大坝注册登记和复查换证工作要求，及时上报察尔森、尼尔基水库大坝注册登记和复查换证相关材料，2015年年底取得新证。（鞠晔）

【污染治理】

1. 水功能区限制纳污红线考核　编制《松辽流域2014年度水功能区限制纳污红线考核复核工作报告》，完成流域2014年度考核。联合环保部东北督查中心、相关省（自治区）水利厅、环保厅对重要水功能区开展了监督检查，组织开展了源头水功能区本底值监测和受背景值、潮水、上下游水功能区影响的水质达标评价方法研究。

2. 入河排污口监督管理　严格执行入河排污口设置同意制度，全年审批入河排污口设置申请3项。组织对470个重要入河排污口信息进行了统计，开展流域审批的3个入河排污口执法检查，对省界缓冲区22个重要入河排污口开展了监督性监测。

3. 饮用水水源地保护　全面完成2014年度松辽流域重要饮用水水源地安全保障达标建设检查评估，对流域重要饮用水水源地进行复核，并建议将供水规模20万人口以上的53个饮用水水源地列入全国名录。

4. 流域水资源保护与水污染防治协作　协调黑龙江省、吉林省、辽宁省、内蒙古自治区人民政府，重新确认了松辽水系保护领导小组组长及成员。与环保部东北督查中心签署合作协议，就水资源保护与水污染防治领域合作达成共识，约定建立协调联动、资源共享、信息互通三项机制，在联合督查、应急协作、专项课题研究等9方面开展合作。注重发挥松辽流域省界断面水质会商机制作用，组织各省（自治区）水利、环保部门开展了省界缓冲区水质达标考核会商。贯彻落实《水污染防治行动计划》，组织制定《松辽委落实〈水污染防治行动计划〉任务分工及实施方案》。

5. 水资源保护能力建设　组织对87个重要水功能区监测断面、20个国际界河监测断面和452个地下水水质站进行监测，完成省界及重要水功能区120个断面界碑和89个水质监测断面标识碑设立，5个水质自动站通过竣工验收，不断完善流域水环境监测网络。组织突发水污染事件应急演练，认真查找应急预案、应对措施中的薄弱环节，进一步提高应急处置能力。

6. 流域水生态文明建设　全面完成松辽流域两批共11个水生态文明城市建设试点实施方案审查，实施方案现已获各省（自治区）人民政府批复实施。开展水生态文明城市建设试点调研，总结试点推进、方案落实、河湖水系连通项目储备等方面的经验。开展松辽流域第三期重要河湖健康评估、松花江流域河湖连通特征及修复技术研究公益性科研项目、水利部“948”项目水生态风险监控系统技术引进项目研究等工作，促进流域水生态保护与修复。（吴东芳　苗莹）

【科技与教育】

1. 科技

（1）科研项目管理。顺利启动“典型黑土区坡耕地土壤侵蚀危险程度研究”和“松花江流域粮食生态安全水供求若干关键技术”项目。加强“松花江流域河湖连通特征及修复技术研究”和“西辽河平原风沙河流沙化治理关键技术研究”批复项目实施管理，组织编制中期检查报告和项目年度执行情况报告。“东北黑土区水土保持措施效益评估及防治技术”“三江平原水土资源生态经济综合调控技术研究”和“松花江流域骨干工程水量调度与高效利用研究”项目顺利通过水利部验收，至此，“十二五”期间松辽委申报并归口管理的8个结题项目全部通过水利部验收。2015年初如期启动“无动力坡面水土流失自动监测仪在典型监测点的应用与推广”项目，“水生态风险监控系统技术引进”项目进展顺利，已进入成果梳理阶段。

（2）科研成果评选和申报。组织完成松辽委2014年度科技进步奖的评审工作，最终20项成果（论文）获奖，其中一等奖2项，二等奖10项，三等奖8项，进一步提升松辽委科技创新能力，为流域管理工作提供更加有力的科技支撑。

（3）其他日常科技管理工作。积极参与中国水利协会、中国大坝协会、吉林省水利学会等协（学）会组织的国内外水事活动。组织松辽委相关部门参加2015年度（第十二届）国际水利先进技术（产品）推介会。完成19项水利行业标准的发布以及规范、标准的意见征求工作。（王蔷）

2. 教育 认真贯彻落实教育培训有关文件要求，以提升松辽委干部职工的政治理论水平和综合管理能力为目标，以为松辽流域水利跨越发展提供坚强的人才保障和智力支持为宗旨，不断加强干部教育培训工作。紧密结合松辽委人才队伍建设，分层次分专题举办培训，围绕“三严三实”专题教育活动，举办“三严三实”专题党课、党的十八届五中全会精神（扩大）学习班等，提升干部职工的政治理论水平；举办公文处理工作培训、水文援藏技术培训等30余个专题培训班，提升干部职工的业务能力；持续加强青年人才培养，组织新职工入委培训、午休微课堂讲座系列活动，提高青年职工的综合素质和能力。2015年共组织开展专题培训40余次，累计培训近5 000人次，进一步提升了干部队伍的综合素质及工作能力。按照《松辽委干部自主选学方案》，全面推行干部自主选学，开展自选培训班、专题讲座、集体学习、书目选学等选学活动，建立以组织调训为主、自主选学为辅的培训机制，有效缓解了工学矛盾。全面落实水利部教育培训激励约束机制意见，按照水利部有关要求加强培训管理，注重学风建设。加强培训考核和评估，不断总结培训经验提高培训质量。建立培训管理员管理模式，定期开展职工培训登记，不断提高工作效率和成果质量。（祖蕾）

【国际交流与合作】 根据水利部批复的2015年度因公临时出国（境）团组计划，严格出国（境）团组管理，做好出国（境）团组行程设计、出国（境）人员的出国（境）前教育培训，加强信息公开，按照要求对出国（境）人员进行出国（境）前和归国（境）后公示，全年共组织或参与因公出国（境）团组12个，出国（境）人员13人次，在水利部《2012—2014年度水利系统因公临时出国（境）优秀出访报告选编》中，松辽委入选优秀出访报告2篇。积极开拓渠道，结合松辽委中心工作及流域水利发展重点，制定松辽委2016年度因公出国（境）团组计划。增进国际交流与合作，参加第8届水资源可持续管理国际会议、巴西大坝委员会第30届大坝学术会议、中俄跨界水资源管理工作组第六次会议、中瑞（士）合作“大坝安全加固项目”第三期赴瑞士培训团等。组织专家、青年业务骨干等积极参加第四届中澳高层水政策研讨会，并认领相关领域合作任务，参加中国大坝协会2015学术年会暨第七届碾压混凝土坝国际研讨会，参加世界水电大会、第十九届海峡两岸水利科技交流研讨会等会议或论坛。（余莉）

太湖流域

【水政】

1. 水法规 召开流域片依法治水管水工作座谈会，推动地方制定修订配套制度；以贯彻《太湖流域管理条例》（以下简称《条例》）为重点制定印发太湖局依法治水管水工作方案。积极推动将《条例》贯彻纳入水环境综合治理年度任务和上海地方性法规修改建议。以《条例》为依据完成20余项行政许可的合法性审查。按部统一部署组织审批制度改革，清理复核审批事项，制订工作细则等，配合开展太湖局审批系统改造和水利部审批监管平台建设。配合水利部开展高速公路项目涉水许可合并、投资项目取水许可和水资源论证简化整合工作。承担长江委《长江法》立法调研接待工作。

2.《条例》宣贯 深入贯彻《条例》，组织召开配套制度建设推进会，总结交流配套制度建设及贯彻实施情况等。2015年“世界水日”“中国水周”期间，以贯彻实施《条例》为主题，组织开展系列宣传活动，举办法治能力培训，结合贯彻条例解读新诉讼法；以“加强太湖管理保护，建设流域生态家园”为主题，会同江苏渔管会组织放鱼节宣传。央视播出突出宣传《条例》的栏目剧《江豚的微笑》、参加司法部和全国普法办 H5 说“六五”普法创意大赛、多幅作品入围水利部普法办“十二五”水利法治建设成就展。法制宣传工作受到水利部“六五”普法现场检查验收组好评。同时，将普法宣传贯穿于水事违法行为查处的全过程，处罚与教育相结合，处理一个、教育一批、规范一片。

3. 水事纠纷调处　协调边界跨省取水，充分考虑流域水资源配置，开展金泽水库、湖州水厂等项目取水协调，维护边界稳定；继续强化水事矛盾纠纷预防排查，通过会同江苏、浙江两省水利、渔业现场检查、召开协调会、行文通报政府及渔业部门等方式，持续敦促处理江苏、浙江边界太湖水域违法搭建渔业用房案，维护边界地区和谐稳定。加强对省际边界河流的巡查，开展水事纠纷排查化解工作，完成水事纠纷月报工作。

4. 水政监察　印发《条例》执法联合巡查通知，全面部署流域年度执法巡查和案件查处；与江苏、浙江省水政监察总队开展联合巡查，参加江苏省太湖片二季度执法巡查会商，检查督促已列入名录的水事违法案件，严格查处新发现的违法项目。克服重重困难，将涉嫌违反《治安管理处罚法》的 104 国道违法案件移送公安部门并持续督办；依法处理苏州园博会菱湖渚片区环境综合整治提升工程并处罚 5 万元；敦促地方完成吴江七都渔政避风港等多起违法项目依法整改；依法查处太湖新天地公园改造工程等涉水违法项目。召开流域《条例》执法联合巡查联席会议，加大执法力度，推进执法合作。

印发《太湖流域管理局水政监察工作考核办法（试行）》，举办太湖局系统水政监察员培训班暨水政监察工作座谈会。组织完成巡查监控系统等初步设计，协助完成卫星遥感遥测监控工程年度任务。协助项目法人完成 2014 年实时监控项目验收。参加水利部行政执法责任制实施情况调研、执法统计制度修订及指标解释。（宋琪　曾霞　徐梦瑶）

【水资源】

1. 强化用水总量控制管理　配合水利部开展太湖流域水量分配方案省级行政协调和审批，与省（直辖市）沟通协调，组织完善修订方案。针对新安江流域水量分配诉求多元的情况，多次协调浙、皖两省及电力部门，编制完成新安江流域水量分配方案（征求意见稿）。落实《条例》重点河湖取水总量控制制度，完成太湖等重点河湖 2014 年取水总结和 2015 年取水计划下达，并对苏州、无锡、湖州、嘉兴等地区开展监督检查。按地级行政区划定太湖流域用水总量控制等“三条红线”控制指标，协同长江水利委员会完成《长江经济带水资源管理“三条红线”制定报告》和《长江经济带沿江取水口、排污口和应急水源布局规划》报告并分别通过水规总院审查。

2. 贯彻节水优先方针　实行取水节水全过程监督管理，创新建立取水许可监督与执法责任制，开展流域片建设项目取水设施核验、发证与延续、取水计量和节水设施落实及运行、取水计划下达等全覆盖监督检查，建立取水单位负责人及联系人联络平台。完成直管取水户 2014 年度取水总结和 2015 年取水计划审核、下达及监管，实现取水户全过程的节约用水管理。完成宁德核电、中化泉州石化等国家重点项目和霍口水库、平潭及闽江口水资源配置（一闸三线）等列为 172 项重大节水供水工程的水资源论证报告书和取水许可审查审批。组织完成江苏等 4 省（直辖市）用水定额现状摸底调查报告。

3. 夯实最严格水资源管理考核基础　提前谋划省级行政区 2015 年度落实最严格水资源管理制度期末考核评估，参加国家考核组对江苏、浙江、上海等省（直辖市）的重点抽查与现场检查及评分；参与水利部对上海市以及张家港市、永康市、泉州市加快实施最严格水资源管理制度试点验收工作；参与国家水资源监控能力建设上海市、浙江省、福建省项目技术评估工作；组织完成 2014 年度江苏等 4 省（直辖市）用水总量与用水效率考核指标技术复核，连续第五年向社会发布考核口径 2014 年度太湖流域片水资源公报。完成太湖流域水资源监控能力建设一期项目初验和水利部验收准备。完成太湖流域片典型市（县）基层水资源管理能力调研，推动地方加强最严格水资源管理制度保障体系建设。（耿清蔚　汪向兰　徐梦瑶）

【规划前期】

1. 流域水利规划　《太湖流域片水利发展“十三五”规划报告》基本编制完成，《太湖流域水资源保护规划》《东南诸河水资源保护规划》通过规划编制领导小组审议并报水利部，《太浦河水资源保护规划》完成阶段成果。

2. 流域重大水利工程前期工作　太湖水环境综合治理骨干引排工程是列入全国 172 项重大水利工程的打捆项目，共含 21 个子项。至 2015 年年底，太浦闸除险加固工程、走马塘延伸拓浚工程等 8 个项目已全面建成；新沟河延伸拓浚工程、扩大杭嘉湖南排工程、杭嘉湖地区环湖河道整治工程、太嘉河工程、平湖塘延伸拓浚工程、苕溪清水入湖河道整治工程等 6 个项目继续全力推进建设；新孟河延伸拓浚工程已开工建设；太湖流域水资源监控与保护预警系统可行性研究已经国家发改委批复；望虞河西岸控制工程可研已报送国家发改委，正待审批；太浦河后续（清水走廊）工程、吴淞江工程、望虞河后续（拓宽）工程、环湖大堤后续工程等 4 个项目可研正在编制。（邵潮鑫　徐海洋　徐梦瑶）

【工程建设】　太浦闸除险加固工程全面完工并组织

完成竣工验收。完成水文基础设施2013年度应急建设工程、水政监察基础设施建设项目（一期）重点区域实时监控工程、水事管理船坞码头建设工程等3个项目的竣工验收。

加强太湖局直属建设项目建设管理，召开建设管理工作会和建设项目推进会，组织对在建项目进行工程建设和质量管理检查，指导项目法人做好建设管理和验收工作；举办工程建设与质量管理培训班，提高太湖局直属工程建设管理水平。

对太湖流域片在建的节水供水重大水利工程进行督导检查，推进流域节水供水重大水利工程建设。按照水利部对水利建设质量工作考核的部署和要求，组织完成对山西省和天津市水利建设质量工作的年度考核。 （邓越　徐梦瑶）

【汛情与防汛】

1. 雨情　2015年，太湖流域年降水量1 540.6 mm，较常年偏多30%，且时空分布不均。全年降水空间分布总体呈北部大于南部、上游大于下游。最大3日、7日、15日降雨主要发生在梅雨期，主要集中在流域北部地区，湖西区和武澄锡虞区最大15日降水量均位列1951年以来第一位，重现期分别超50年和100年。

汛前（1—4月），流域降水较常年同期偏多11%；汛期（5—9月），较常年同期偏多34%；汛后（10—12月），较常年同期偏多48%。其中，2—4月降水量持续偏多9%～26%；6月偏多112%，位列1951年以来第二位，仅次于1999年流域性大洪水年份同期降雨；11月降水量偏多117%。

太湖流域6月7日入梅，7月13日出梅，梅雨期36天，梅雨量415.8mm，较常年偏多90%。入梅偏早，梅雨期偏长，降雨偏多。

2. 水情　2015年，太湖流域发生春汛、梅汛和冬汛，北部地区发生超历史记录的洪水。太湖年最高水位4.19m（7月14日），超过警戒水位（3.80m）0.39m；年最低水位2.97m（2月23日），未低于太湖旱限水位（2.80m）。2月下旬至入汛前，太湖流域河湖水位均居历史同期最高，4月10日太湖水位涨至3.62m，位列1954年以来同期第一位，流域发生明显春汛。入梅后，受集中强降雨影响，太湖水位持续上涨，7月14日涨至年最高水位4.19m，累计涨幅达0.92m；地区河网水位全面超警戒水位，流域北部区域普遍超保证水位，有6个站点水位创历史新高，其中常州（钟楼闸）两次刷新纪录，最高超历史记录达到0.91m。汛后期，太湖及地区河网水位长时间位于历史同期前列，并一度超过防洪控制水位，流域发生明显冬汛。

3. 台风　2015年，西北太平洋（含南海）共生成热带气旋27个（常年27个），登陆或影响太湖流域片的主要有6个，其中3个登陆浙闽地区，第9号台风“灿鸿”登陆浙江省，第13号台风“苏迪罗”和第21号台风“杜鹃”均登陆福建省。“灿鸿”为1949年以来7月登陆浙江省强度最强的台风。

4. 灾情　太湖流域片灾情重于常年，台风损失严重。流域片受灾人口1 050.1万人次，因灾死亡42人，失踪7人，直接经济损失513.3亿元，是常年的2倍。

5. 防汛抗旱工作　2015年，太湖流域防汛抗旱总指挥部（以下简称太湖防总）组织召开太湖流域防汛抗旱总指挥部指挥长会议和太湖局系统防汛抗旱工作会，调整太湖防总组成人员；开展流域片4省1直辖市及太湖局直管工程汛前检查；完成《太湖抗旱水量应急调度预案》报批和《太湖超标准洪水应急处理预案》报备；印发《太湖防总防汛抗旱应急响应工作制度》《太湖局防汛抗旱应急预案》《太湖防总办（太湖局）防汛抗旱值班工作制度》《太湖防总防汛抗旱专家库管理办法》等；完成流域片134个站防汛特征值复核；稳步推进国家防汛抗旱指挥系统二期工程、全国洪水风险图（二期）、太湖流域重点防洪保护区洪水风险图编制和山洪灾害防治项目等工作。

太湖防总、太湖局科学调度流域骨干水利工程，全年常熟水利枢纽排水28.65亿m^3，望亭水利枢纽排水13.73亿m^3，太浦闸泄洪33.18亿m^3，分别是2002年以来平均排水量的3倍、3倍、4倍，其中太浦闸排水量创历史新高，工程效益十分显著。

全年累计启动防汛防台应急响应4次，响应时间39天，组织防汛会商54次，发布防汛防台调度指令42份，编写防汛抗旱简报31期、防汛抗旱专题舆情简报9期、太湖水位预报208期，在中国水利报发表报道11篇，在水利部网站发布动态信息28条，累计派出或参加国家防总、太湖防总工作组20个，有效应对了梅雨洪水和台风暴雨。

（李鹏　姜桂花　徐梦瑶）

【水土保持】　坚持法定职责必须为，强化水土保持监督管理。结合新《中华人民共和国水土保持法》贯彻落实情况专项检查、水土保持专项执法检查活动，采取多种方式完成流域片85个在建部批建设项目全覆盖监督检查，强化整改落实、巩固检查效果；对40个新开工与即将开工项目开展会议检查暨培训。推进水土保持生态文明建设，完成江苏等3省的国家水土保持重点工程两次现场督查；完成流域片生态脆弱区划分并提出监督管理措施。按照水土保持设施验收新要求协调地方及评估单位细化要求、规范程序并印发备忘录；代水利部完成12个项目验收。组织开展2015年度太湖流域片水土保持动态监测工作，并参与水利部《全国水土保持公报》（2014

年）编制工作等。开展太湖局水土保持基础设施建设“十三五”规划编制，生产建设项目监管示范和综合治理项目管理示范工作。完成江苏省第二批能力县抽查复验以及水土保持法实施四周年宣传、国家水土保持生态文明工程验收、援藏等有关工作。

（杨斌 徐梦瑶）

【农村水利】 按季度组织完成江苏、浙江、福建等省2015年度大型灌区、大型泵站、规模化高效节水灌溉、农田水利项目督查；参加江苏、浙江、福建等省农村饮水安全项目专项稽查督查、季度督导和节水供水重大水利工程专项督导检查。协同完成江苏、福建省农业水价综合改革月度督导及验收工作。完成流域片最严格水资源管理制度农业用水考核评估及测算分析，开展灌溉水利用系数测算分析。完成太湖流域典型地区高效节水灌溉现状与发展调查、精确灌排模式减少面源污染分析；完成浙江省农水资料收集分析与基本情况调查；参与冬春农田水利建设动员、灌溉试验技术与管理、小型农田水利管理体制改革、农田水利基本建设信息报送等有关工作。（杨斌 徐梦瑶）

【工程管理】

1. 推进直管工程运行管理规范化建设 指导管理单位完善管护制度，批复《望亭水利枢纽技术管理实施细则》《太浦闸工程技术管理实施细则》；组织编制并印发《太湖局直管工程维修养护技术质量标准(试行)》，提高直管工程维修养护技术水平；加快整改落实水利部对太湖局水闸管理督查和望亭水利枢纽运行管理中发现的问题，指导太湖流域管理局苏州管理局开展水管单位达标创建准备工作。组织完成太湖局直属水利工程划界确权和直管工程范围统计报水利部。

2. 推进流域水管单位考核创建 开展流域水管单位复核工作，组织完成绍兴市汤浦水库管理局、余姚市四明湖水库管理局、宜兴市横山水库管理处和无锡市太湖闸站管理处等4个单位的国家级水管单位复核工作，并对上海市堤防（泵闸）设施管理处国家级水管单位创建工作进行指导。 （邓越 徐梦瑶）

【河湖管理】 积极探索河湖管护模式创新。开展“河长制”实施情况调研，充分发挥“河长制”在河湖管理与保护中的作用。召开河湖管理会议，组织开展培训，提高河湖管理水平；配合水利部组织召开全国河湖管理座谈会，与会代表对流域河湖管理工作给予充分肯定。

依法审批授权范围内的涉河建设项目。通过防洪评价报告和建设方案评审，严格限制占用水域，避免或减小涉河建设项目的不利影响。许可批复沪通铁路望虞河特大桥、苏州西部生态城山旺村湿地整理工程、湖州太湖水厂取水口工程和黄浦江上游水源地连通管穿太浦河工程等近10项涉河建设项目。

强化水域岸线和涉河建设项目监管。依托各级水行政主管部门，加强日常监管和督查，确保占用补偿、防汛度汛等措施落实到位。协调无锡市政府对梅梁湖生态清淤太湖白旄湾堆场加大清退力度；规范苏州吴江区庙港太湖暂养箱整治工程，坚决制止非法搭建占湖等行为。

积极完善河湖岸线规划体系。赴淀山湖调研岸线管理现状，组织编制《淀山湖岸线利用管理规划》任务书并通过水利部水规总院审查。参与完成公益性项目《建设项目对流域骨干工程防洪累积影响及对策》的研究。 （邓越 徐梦瑶）

【安全监督】 继续加强水利工程安全监督管理，执行水利部部署的水利安全生产大检查督查和省级水行政主管部门年度安全监管工作考核任务4次，督查和考核范围涉及江苏、浙江、江西、陕西、湖北、甘肃、北京、天津、河北等9个省（直辖市），22个地市（区）、31个县的60余个项目，现场检查时间60天以上，现场排查各类安全隐患40余条，形成检查报告6份；组织完成福建省2014年度农村饮水安全项目专项稽察督查、新疆生产建设兵团小型病险水库除险加固项目稽察督查、福建省2015年度农村饮水安全项目专项稽察督查、上海市2015年中央水利建设投资完成情况专项检查等4批次稽察（督查）任务，实地检查7个重点工程，派出专家26人次，现场检查时间超过35天，形成4份总报告和12个分项报告；组织开展太湖局系统6批次安全生产自查自纠和相关检查、抽查工作，累计下发书面整改意见30余条，提交检查报告5份。深入探索流域片水利安监和稽察工作的业务交流模式，搭建平台，创造契机，先后举办太湖流域片安全生产和稽察工作座谈会、太湖流域片水利工程建设现场教学培训班和太湖流域片水利稽察业务培训班等3次面向流域片的交流培训活动，参与受训120余人次。促进流域内各省（直辖市）安监和稽察部门的工作提升。 （张程 徐梦瑶）

【水资源保护】

1. 水资源保护规划体系和协作机制建设有序推进 继续推进太湖流域水资源保护规划和东南诸河区水资源保护规划编制工作，在征求省（直辖市）意见的基础上修改完善规划报告并上报水利部，目前正在编制规划相关图集。

参与编制《长江经济带水资源管理“三条红线”制定》《长江经济带沿江取水口、排污口和应急水源布局规划》报告，完成太湖流域纳污红线控制指标分解、排污口布局和整治、应急水源布局规划等工作内容。

加快推进太浦河水资源保护规划编制工作，组织开展基本情况调查并形成阶段成果。组织省（直辖市）水利环保部门召开座谈会，就建立太浦河水资源保护省际协作机制达成共识；在第二次环太湖城市水利工作座谈会中，与省（直辖市）水行政主管部门及环太湖六市（区）人民政府共同探讨深化流域区域在水资源保护方面协作事项。

2. 水源地供水安全得到有效保障　积极做好引江济太水质管理，加强望虞河、太浦河沿线水质监测组织工作，确保入湖水质安全。组织开展太湖流域片全国重要饮用水水源地名录修订，对太湖流域4个列入名录的水源地开展一次109项全指标分析，为水源地管理与保护提供支撑。继续加强太湖重点湖区及水源地蓝藻调查监测工作，全面掌握太湖及主要水源地蓝藻水华情况，为实现“两个确保”目标提供基础信息支持。

积极做好突发水污染事件应对，针对太浦河锑浓度异常等情况，及时启动应急响应采取措施，组织开展现场调查和应急监测，及时上报水利部并通报地方相关部门，督促做好污染源整治和水源地供水安全保障工作，最大限度减少突发性水污染事件造成的影响。

3. 水功能区限制纳污红线管理逐步深化　协调省（直辖市）做好2014年度水功能区限制纳污红线考核工作，制定《太湖流域及东南诸河水功能区达标评价技术细则》，参加水利部组织的重点抽查和现场检查，针对省界上游入境水质对下游区域的影响问题开展专题研究。

加强水功能区开发利用情况调查，会同相关地方水政队伍组织开展了两次水政联合执法巡查活动，针对巡查中发现的太浦河吴江段平望垃圾场、望虞河东岸松枝村无证塑料造粒作坊、太湖无锡市梅梁湖大浮段水上餐饮等违反《太湖流域管理条例》规定的行为，发函要求地方环保部门进行查处，得到地方积极回应。

进一步规范和完善入河排污口设置审批程序，办理完成浙江浙能兰溪发电有限责任公司1项新建入河排污口申请事项。强化入河排污口监督管理，确定太湖流域重点区域监督管理名录，每季度开展一次监督性监测，并及时将排污口水质情况通报地方水利、环保部门。

不断推进流域片水功能区监测工作，实现太湖流域片614个重要江河湖泊水功能区监测全覆盖。组织做好每月的重点水功能区、省界水体、入太湖河道控制断面水质监测，编制发布各项水质通报。进一步加强水质信息规范管理，完成年度水功能区水质资料整编。

4. 水生态保护试点与科研项目进展顺利　稳步推进太湖流域片水生态文明城市试点建设，组织开展湖州、宁波、青浦、温州、丽水、闵行区、嘉兴、莆田、南平等9个水生态文明城市建设试点的实施方案审查；召开工作座谈会，加强流域片各省（直辖市）和试点城市水生态文明建设经验信息的沟通交流。

继续深化科研攻关与技术交流，完善协调太湖健康评估指标体系，编制发布《太湖健康状况报告》；开展太湖上游入湖河道有毒有机物监测、东太湖综合整治与健康状况调查评价、太湖水生高等植被遥感调查以及新安江水生态监测与现状评价等工作；积极协助开展国际合作项目基础工作，中芬合作有序推进。

（汪传刚　徐梦瑶）

【主要水体水质】

1. 太湖水质及富营养化状况　按照《地表水环境质量评价标准》（GB 3838—2002），2015年太湖水质总体评价为Ⅴ类，其中19.1%水域为Ⅳ类，62.4%为Ⅴ类，18.5%为劣于Ⅴ类，未达到地表水Ⅲ类标准的指标主要为总氮、总磷。太湖主要水质指标中，高锰酸盐指数年均值为4.28mg/L，氨氮为0.15mg/L，总磷平均浓度为0.082mg/L，总氮为1.85mg/L，对照国务院批复的《太湖流域水环境综合治理总体方案（2013年修编）》2015年水质目标，除总磷外，高锰酸盐指数、氨氮、总氮均达到目标要求。

2015年太湖总体呈中度富营养状态，全湖平均富营养化指数为61.0，叶绿素a平均浓度为25.17mg/m^3，比2014年均有所降低。各湖区中，东太湖、东部沿岸区、南部沿岸区和五里湖为轻度富营养，轻度富营养面积为809.2km^2；其余湖区为中度富营养，中度富营养面积为1 528.8 km^2。

2. 太湖水源地水质　2015年，太湖的6个主要饮用水水源地（贡湖的南泉水厂、锡东水厂和金墅港水源地，东部沿岸区的渔洋山、浦庄寺前水源地，东太湖的吴江水厂水源地）水质总体较好，以年均值评价，溶解氧、高锰酸盐指数、氨氮达到或优于地表水环境质量标准的Ⅲ类标准；总磷为Ⅱ～Ⅳ类；总氮浓度均低于2.0mg/L（Ⅴ类标准值）。全年未发生影响饮用水安全的突发性水污染事件。

3. 太湖入湖河流水质　按照《太湖流域管理条例》要求，太湖局每月对22个主要入太湖河道控制断面进行了水质监测，其中江苏省入湖河流15条，浙江省入湖河流7条。按年均值评价，22个入湖断面中，达到或优于Ⅲ类标准的有9个，占总数的40.9%；Ⅳ类7个，占31.8%；Ⅴ类6个，占27.3%。与2014年相比，达到或优于Ⅲ类标准的入湖断面比例下降了4.5%，Ⅳ类比例上升了27.3%，Ⅴ类比例下降了18.2%，已无劣于Ⅴ类入湖断面（2014年为1个）。

4. 太湖主要污染物入湖总量　2015年环太湖河

流入湖污染负荷量中，高锰酸盐指数为 5.70 万 t，总磷为 0.204 万 t，总氮 4.77 万 t，氨氮 1.25 万 t。

5. 太湖流域省界河流水质　2015 年太湖流域 34 个省界河流断面中，按年均值评价，11 个断面水质达到或优于Ⅲ类，占 32.4%；其余断面均未达标，其中水质Ⅳ类的断面有 17 个，占 50%；Ⅴ类的断面有 1 个，占 2.9%；劣于Ⅴ类的断面有 5 个，占 14.7%。

6. 引江济太入湖水质　2015 年引江济太期间，望虞河干流沿线主要水质指标均达到地表水Ⅲ类标准。望亭立交闸下引水期间溶解氧平均浓度为 8.78mg/L（Ⅰ）、高锰酸盐指数 3.04mg/L（Ⅱ）、氨氮 0.62mg/L（Ⅲ）、总磷 0.132mg/L（Ⅲ），入太湖水质满足调度要求。

（芦炳炎　徐梦瑶）

【科技与教育】　开展水利科研攻关，提高科技支撑保障水平。“太湖流域综合调度及河湖有序流动技术研究”和“城镇化快速发展背景下的太湖流域防洪关键问题”年初正式立项；“太湖流域水资源综合利用指标体系及试点应用”“流域骨干水利工程水生态修复关键技术研究”项目顺利通过水利部验收；“建设项目对流域骨干工程防洪累积影响及对策”等项目全面完成研究任务。

圆满完成第十九届海峡两岸科技交流会议承办工作。会议参会人数逾 240 人，收集论文 200 余篇，均超历届规模，会议组织得到与会代表及秘书处好评。

（诸发文　徐梦瑶）

【国际交流与合作】　稳步推进国际科技合作。与荷兰水管理总司共同商议形成合作意向书，积极推进在线监测流式细胞仪项目的启动。启动与芬兰交流合作，“基于水资源综合管理的湖泊生态修复”主题被中芬联合指导委员会第一次会议列为合作优先推荐项目，形成合作项目建议书框架。与瑞典合作的“城市化背景下水与能源纽带关系的应用与示范——以太湖流域为案例”项目启动并顺利开展。

多双边交流丰富活跃。太湖局领导参加荷兰国王、首相访沪会见。参加第四届中澳高层水政策研讨会、中丹技术交流会等；来自美国陆军工程师兵团、芬兰、印度等水利代表团到访并进行技术交流；发展中国家部级研讨班结业典礼在太湖局举办，太湖局有关专家为部级研讨班、乍得研修班作专题报告；配合水利部，做好瑞士国家自然灾害防治委员会代表团、丹麦环境与食品部代表团在沪安排等。

（姚淑君　徐梦瑶）

【引江济太】　太湖局分别于 1 月 1 日至 2 月 16 日和 10 月 26 日至 11 月 24 日两次组织实施引江济太。全年望虞河常熟水利枢纽共计引水 103 天，调引长江水 9.61 亿 m^3 入流域，其中泵引 63 天，泵引水量 6.32 亿 m^3；望亭水利枢纽引水入湖 60 天，入湖 3.89 亿 m^3，入湖期间入湖率 53%；通过太湖调蓄，结合雨洪资源利用，经太浦河向下游地区增加供水 10.80 亿 m^3。

引江济太期间，望虞河干流水质总体良好，沿线各断面主要水质指标均稳定在Ⅰ～Ⅲ类，望虞河入湖断面望亭水利枢纽闸下水质达到或优于Ⅲ类；太浦河主要水质指标均达到了Ⅱ类，其中太浦闸下断面水质稳定在Ⅰ～Ⅱ类，松浦大桥断面氨氮指标是近年来最好的一年。

通过引江济太调水，有效维持了太湖及周边河网水位，增加了流域水资源供给，促进了河湖有序流动，抑制了太湖蓝藻的生长和聚集。据初步估算，全年引江济太增供水经济效益达 37.29 亿元。

国庆节期间，太湖局有效处置太浦河锑浓度异常事件；结合太湖水专项项目实施，组织开展杭嘉湖区调水试验；全年组织引江济太会商 42 次，发布引江济太调水动态 78 期。

（冯大蔚　张昊　徐梦瑶）

地　方　水　利

Provincial Water Conservancy

地方水利　279～395 页

北 京 市

【概况】 2015年，北京水务系统主动适应经济发展新常态，紧紧围绕落实首都城市战略定位、推进京津冀协同发展、有序疏解非首都功能，以水资源安全保障为中心，以供水安全、防洪排涝安全、水生态环境改善为主线，加快推进“六个根本性转变”，全面深化水务改革，全面推进依法治水，全面提高水安全保障能力，圆满完成了“十二五”各项任务，有力保障了首都经济社会持续健康发展。全市总用水量38.2亿m^3，万元GDP水耗较2014年降低4%，农业灌溉水有效利用系数达到0.71，污水处理率87%，再生水利用量9.5亿m^3。（刘琼）

【水政】 完成《北京市水土保持条例》立法工作，该条例由北京市第十四届人民代表大会常务委员会第十九次会议于2015年5月29日通过，自2016年1月1日起实施。启动《北京市水文管理办法》《北京市城乡供水条例》等法规立项的前期调研、法律制度设计的基础性研究，做好立法项目储备。组织开展河湖水环境、排水等专项行政执法活动，共制止违法水事行为3 680起，立案查处427起，罚款620.39万元。其中市级查处违法水事案件116件，罚款189.84万元；各区查处违法水事案件311件，罚款430.55万元。坚持以“零容忍”的态度严肃查处污水、污泥违法排放等行为，维护了正常的水事秩序。（刘琼）

【水资源概况】 全市平均年降水量583mm，比2014年降水量439mm多33%，与多年平均年降水量585mm基本持平。全市地表水资源量为9.32亿m^3，地下水资源量为17.44亿m^3，水资源总量为26.76亿m^3，比多年平均值37.39亿m^3少28%。全市入境水量为4.49亿m^3，比多年平均值21.08亿m^3少79%；出境水量为14.32亿m^3，比多年平均值19.54亿m^3少27%。全市18座大、中型水库年末蓄水总量为16.23亿m^3，可利用来水量为4.34亿m^3（含南水北调输水0.53亿m^3）。全市平原区年末地下水平均埋深为25.75m，地下水位比2014年年末下降0.09m，地下水储量相应减少0.5亿m^3，比1998年年末减少71.1亿m^3，比1980年年末减少94.8亿m^3，比1960年年末减少115.6亿m^3。（刘琼）

【水资源开发利用】 全市总供水量38.2亿m^3，比2014年的37.5亿m^3增加0.7亿m^3。其中地表水为2.9亿m^3，占总供水量的8%；地下水18.2亿m^3，占总供水量的47%；再生水9.5亿m^3，占总供水量的25%；南水北调水7.6亿m^3，占总供水量的20%。全市总用水量为38.2亿m^3，比2014年增加0.7亿m^3。其中生活用水17.5亿m^3，占总用水量的46%；环境用水10.4亿m^3，占总用水量的27%；工业用水3.8亿m^3，占总用水量的10%；农业用水6.5亿m^3，占总用水量的17%。（刘琼）

【水质监测】 全市地表水监测总河长2 545.6km，其中有水河长2 325.9km。有水河长中符合Ⅱ类水质标准的河长998.5km，符合Ⅲ类水质标准的河长195.2km，符合Ⅳ类水质标准的河长154.8km，符合Ⅴ类水质标准的河长53.5km，劣于Ⅴ类水质标准的河长923.9km。监测大中型水库18座。大、中型水库除官厅水库水质为Ⅳ类外，其他均符合Ⅱ～Ⅲ类水质标准。监测湖泊面积719.6hm^2，符合Ⅱ～Ⅲ类水质标准的湖泊面积571.6hm^2，符合Ⅳ～Ⅴ类水质标准的湖泊面积148.0hm^2，达标面积625.6hm^2。浅层地下水水质（评价区面积为6 400km^2）符合Ⅱ～Ⅲ类水质标准的面积3 530km^2，符合Ⅳ～Ⅴ类水质标准的面积为2 870km^2。深层地下水水质（评价区面积为3 435km^2）明显好于浅层地下水水质，符合Ⅱ～Ⅲ类水质标准的面积为2 729km^2，符合Ⅳ～Ⅴ类水质标准的面积为706km^2。基岩水基本符合Ⅱ～Ⅲ类水质标准。（刘琼）

【利用南水北调来水】 统筹推进南水北调市内配套工程建设，建成郭公庄水厂并投入运行，建成第十水厂主体工程，启动城市副中心（通州区）供水保障体系建设，置换停用城区自备井157眼，加强水源调度、水质监测、优化配置和运行保障；建成南水北调来水入密云水库调蓄工程并投入运行，开展了密怀顺地下水源地试验性补水；累计利用江水8.8亿m^3，受益人口超过1 100万人。（刘琼）

【节水型社会建设】 制定了全面推进节水型社会建设的意见，制定并颁布实施了高尔夫、滑雪场等4项取水定额；持续开展节水型单位建设和试点示范，实施社会单位和居民家庭高效节水器具换装工程；探索推进“细定地、严管井、上设施、增农艺、统收费、节有奖”的农业节水模式，在“两区一镇多园”开展了试点，建设高效节水灌溉工程5万亩。（刘琼）

【污水处理和再生水利用】 建成昌平阳坊北区再生水厂主体工程并试运行，完成肖家河污水处理厂升级改造，基本建成中心城区清河第二、定福庄等再生水厂主体工程，全市污水处理率达到87%，其中中心城达到97%。全市污水排放总量为16.4亿m^3，污水处理量为14.4亿m^3，污水处理率为87.9%，其中，城六区污水处理率为96.8%。全市利用再生水

9.5 亿 m^3，河湖生态环境、园林绿化、市政杂用不断加大再生水用量，热电厂冷却用水全部使用再生水。（刘 琼）

【水环境综合治理】 开展河湖生态环境综合整治行动，联合市政市容、环保、城管等部门加强河湖周边环境秩序监督执法。全市共清理河湖垃圾渣土 4.2 万 m^3，打捞水面漂浮物 6 000 m^3，治理污水口 25 个，河湖补水 2 亿 m^3，查处私接乱排、倾倒垃圾的违法行为 67 起，为申办 2022 年冬奥会和世界反法西斯战争胜利 70 周年纪念活动营造整洁优美的河湖生态环境。（刘 琼）

【水土保持】 全市山区坡地共产生地表径流 6.28 亿 m^3，流失土壤 391.5 万 t，流失总氮 1 622.0t，流失总磷 88.1t，流失 COD_{Mn} 3 554.3t。山区各项坡地水土保持措施共涵养水量 5 050.2万 m^3，减少土壤流失 253.8 万 t，减少总氮流失 13.8t，减少 COD_{Mn} 流失 488.3t。全市共审批生产建设项目水土保持方案 255 个，审批涉及生产建设项目水土保持方案的水影响评价文件 417 个，73 个生产建设项目水土保持设施通过验收。（刘 琼）

【生态清洁小流域建设】 以水源保护为中心，养山保水、进村治水、入川护水，构筑"生态修复、生态治理、生态保护"三道防线，将污水、垃圾、厕所、河道和村镇环境等纳入小流域综合治理内容，建设完成 38 条生态清洁小流域建设工程，治理水土流失面积 400km²。截至 2015 年年底，全市 1 085条小流域共实施了 316 条生态清洁小流域建设工程。（刘 琼）

【防汛安全保障】 统筹推进中小河道第三、第四阶段 500km 治理任务，继续推进完成中心城区 25 座立交桥雨水泵站改造；完成西郊雨洪调蓄工程建设，新增蓄水能力 700 万 m^3，提高了对西山洪水的防御能力；推进"海绵城市"建设，完成 150 处雨洪利用工程。进一步完善了防汛应急指挥体系，着力提升防汛决策指挥、预报预警、社会动员"三个能力"，汛期启动全市范围Ⅲ级响应 1 次、Ⅳ级响应 12 次，实现全市安全度汛，有力保障了冬奥申办、世界田径锦标赛举办、纪念中国人民抗日战争暨世界反法西斯战争胜利 70 周年活动顺利进行。（刘 琼）

【水务工程管理】 规范工程质量监督管理，印发《北京市水务局关于进一步加强质量监督注册管理工作的通知》，进一步明确工程质量监督手续的办理范围和程序。加强水利工程日常维护管理，加大市属水利工程日常维护资金投入，全面实行水工设施标准化维护管理。严格工程维护项目招标程序，引入第三方监理、造价咨询机构，加强工程维护项目监管。（刘 琼）

【水行政审批制度改革】 取消"水文、水资源调查评价机构乙级资质认定"和"水文、水资源调查评价机构甲级资质认定初审"2 项行政许可，取消"水利工程建设监理单位资质初审"1 项非行政许可，市级审批事项精简为 21 项。组织开展中介服务事项清理工作，促进涉水中介服务市场健康发展。（刘 琼）

【水务改革发展】 全面推行水影响评价审查制度，制定出台了《北京市建设项目水影响评价文件技术审查控制要素（试行）》《建设项目节水设施方案审查办理指南（试行）》，进一步明确了市和区分级管辖权限；严格实施水环境区域补偿制度，细化完善相关配套制度和实施细则；制定《北京市海淀区河湖管护体制机制创新实施方案》《北京市门头沟区河湖管护体制机制创新实施方案》，探索推行河湖生态环境管理地方行政首长负责制。（刘 琼）

天 津 市

【概况】 2015 年，天津市委、市政府批准组建水务集团，整合引滦、引江和城市供水资产，构建城市水务统一运营平台。水行政管理职能进一步理顺，建立起"法无授权不可为、法定职责必须为"的权责清单制度，绘制了行政职权运行流程图。全年完成水务建设投资 94.74 亿元，一般水务项目完成投资 57.55 亿元，清水河道行动项目完成投资 37.19 亿元。

1. 城乡供水 全年引滦、引江向城市供水 8.13 亿 m^3，农村饮水提质增效工程全面展开，6 个区（县）、96.8 万农村居民受益，建成 5 个区（县）农村饮水水质检测中心，全年城市供水水质综合合格率 99.5%以上，农村供水合格率提高到 70%。

2. 防洪工程 永定新河治理二期工程基本完工，完成独流减河、蓟运河、还乡新河、外环河等河道治理和永定河泛区安全建设年度任务，海河口泵站年底建成主体工程。提升城乡排涝能力，新建、改造 8 座雨水泵站，提升改造沿河口门 127 处；完成中小河流治理重点县 27 个项目区、230km 河道治理，更新改造国有扬水站 15 座，维修改造农用桥闸涵 334 座，清淤农村排沥河道 304km。

3. 水资源管理 全年用水总量控制在 26.77 亿 m^3 以内，再生水利用量 2.46 亿 m^3、淡化海水利用量 0.41 亿 m^3、生态补水量 3.99 亿 m^3，深层地下水开采量降至 2.01 亿 m^3。贯彻节水优先战略，出台了计划用水管理办法和超计划用水累进加价管理规定，制定2个行业和60种产品用水定额，节水型企业和居民小区覆盖率分别提高到44.9%和18.2%，新增农田节水灌溉面积1.67万hm^2。全市万元GDP用水量降至16.2m^3，万元工业增加值取新水量降至7.6m^3，农田灌溉水有效利用系数提高到0.687，主要节水指标保持全国领先水平。

4. 城乡水环境面貌持续改善　完成清水河道行动年度治理任务，治理废水直排企业135家、工业渗坑底泥92个、规模化养殖场293家、入河排污口门36个，新建、扩建污水处理厂26座，一般城镇污水处理设施26处，改造中心城区25条道路雨污合流管网30km、区（县）合流制地区10片，治理区（县）二级河道27条、234km，城乡水环境面貌显著改善，中心城区劣Ⅴ类水体基本被消除。“河长制”管理不断深化，2015年新纳管河道361条（段）、3 027km，全市69座城镇污水处理厂全部纳入考核监管，出台了城镇污水处理厂污泥处置工作指导意见，建成津南污泥处置厂，城镇污水集中处理率、出水水质主要指标达标率分别提高到91.5%和90%。（丛英）

【水政】

1. 法规建设　2015年出台了《天津市津河等河道管理办法》《天津市再生水利用管理办法》和《天津市超计划用水累进加价收费征收管理规定》3件市政府规范性文件。出台5件水务局规范性文件，分别为《天津市水务工程扬尘污染防治实施按日连续处罚办法》《天津市取水井工程管理办法》《天津市重要工程地面沉降专项监测技术规定（试行）》《天津市水务工程建设安全生产管理办法》和《天津市城市二次供水设施清洗消毒管理规定》，均已向天津市政府备案（津水规备〔2015〕1号、2号、3号、4号、5号）。按照天津市政府办公厅《关于做好市政府文件清理工作的通知》的工作部署，经对33件水务市政府规范性文件进行全面梳理，建议继续执行19件，宣布失效14件，需重新修订4件。

2. 法规宣传　制定《2015年天津市水务系统普法依法治理工作要点》，组织处级以上领导干部网上学习，开展无纸化考试，共有241人参加学习考试，考试数据汇总报市依法治市领导小组办公室。举办2015年度水行政执法中期推动会暨执法骨干培训会，采取网上实名制学习与考试的方式，完成527名执法人员证件审验注册。

3. 水行政执法　2015年有针对性地开展了潮白新河治理、永定新河违章建房等专项执法巡查，全年累计巡查52次。指导宝坻区、宁河区水务局开展街镇综合执法工作。成功处理潮白新河（宝坻段）河道内阻水渔具清理工作，蓟运河（宁河段）治理工程中违章构筑物拆除工作。全年累计审查案件11起，立案查处2起，指导各支队即时处置水事违法行为百余起。（丛英）

【水资源】　2015年，天津市以最严格水资源管理制度试点验收为抓手，着力推进地下水压采为重点，落实多水源综合利用优化配置，对全市16个区（县）实行最严格水资源管理制度年度考核。强化地下水资源管理，编制地下水水源转换实施方案，确定转换水源，布设转换工程，制定分年度实施计划。规范水资源费的征收使用，调整水资源费征收标准，出台《再生水利用管理办法》《取水井工程管理办法》《超计划用水累进加价收费征收管理规定》。完成《天津市水权制度建设框架方案》，提出天津市实施水权制度建设的主要任务与实施路径，建立天津市地下水确权登记推进方案和外调水确权登记推进方案，系统分析了天津市水权转让的可能性，提出天津市建立有偿获得水资源使用权制度的推进路径。

1. 水资源量　2015年，天津市属于平水年，全市平均年降水量536.2mm，折合降水总量63.91亿m^3，比2014年偏多26.7%，全市水资源总量12.82亿m^3，比常年偏少18.3%，比2014年偏多12.8%。其中，全市地表水资源量8.70亿m^3，比常年偏少18.3%，比2014年偏多4.4%；地下水资源量4.87亿m^3，比常年偏少17.5%，比2014年偏多32.7%；地下水与地表水资源重复量4.12亿m^3。全市14座大中型水库年末蓄水量4.82亿m^3，比年初蓄水量减少1.64亿m^3。平原淡水区浅层地下水年末存储量比年初增加0.19亿m^3。全市入境水量21.65亿m^3，比2014年增加0.28亿m^3。其中，引滦调水量4.5130亿m^3（隧洞入口统计数），引江调水量3.9991亿m^3。天津市出境水量除蓟运河山区泃河流入北京市外，其他均注入渤海。全市出境、入海水量合计为13.05亿m^3。其中，泃河出境水量为0.07亿m^3，入海水量12.98亿m^3。

2. 水资源开发利用　2015年，完善再生水供水工程设施，将中心城区污水处理厂达标出水用于生态环境，市污水处理厂逐步提高了污水处理厂出水标准，已经达到一级A或一级B标准。汛期，天津市上游地区来水较少，在确保天津市防洪安全的前提下，抓住汛期上游地区洪沥水经天津市宣泄入海的时机，共计拦蓄雨洪水资源3.1亿m^3。全年再生水利用量达到2.46亿m^3，其中，深处理再生水利用量0.29亿m^3；淡化海水利用量0.41亿m^3。天津市16个区（县）全部建成节水型区（县），万元GDP用水量降至16.2m^3，万元工业增加值取水量降至7.6m^3，新增和改善节水灌溉面积2.348万hm^2，全市节水灌溉面积达到20.733万hm^2，农田灌溉水有效利用系数提高到0.687。

3. 水资源保护　2015年，加强全市水功能区和入河排污口监督管理，加大中心城区生态调水力度，实施水生态修复示范工程，建立完善的河长制监管考核机制，有效地改善了天津市水生态环境，全市主要河道劣Ⅴ类水质比例79%，城市河道基本消除劣Ⅴ类水体，重要江河湖泊水功能区达标率5.3%。按照全市落实“水十条”整体部署，完成相关现状基础数据调查、城市建成区黑臭水体排查和公布，开展天津市水务局水污染防治行动实施方案和基于生态水量保障的水量调度方案、天津市城市黑臭水体整治方案两个专项方案的编制工作。组织实施“中心城区水生态修复”项目，该项目通过公开招标的方式选定水环境治理企业，治理企业采取生态清淤、生物膜曝气、生态浮床、投加生物制剂等多种生态治理技术组合，对护仓河（津塘路至郑庄子雨水泵站段）进行1年治理和3年养护，实现消除水体黑臭、水华现象，主要指标达到Ⅴ类的目标，该模式将对全市黑臭水体整治起到良好的示范作用。

4. 水质监测　对引滦沿线、引江及海河干流每月采样并监测1次；全年对于桥水库和尔王庄水库进行藻类监测，6—9月对水库及海河进行了藻类应急加测；对水功能区每月采样监测1次；水文水资源中心与供水处联合对城市安全供水进行第三方水质监督监测工作；正常监测地下水共采样监测2次；对排污口在第2—4季度每季度各采样监测1次；承担“河长制”河道（河段）水体水质监测任务，确定其监测范围、监测内容、监测方法及监测频次，并进行打分；常规监测项目为30～40项，基本满足了供水、调水的要求。（丛英）

【水利规划】

1. 规划设计　天津市水务局主要完成的规划成果有：《天津市水务发展战略规划》《天津市水务发展“十三五”规划》《天津市中心城区排水防涝综合规划》等14项。完成项目前期工作主要如下：

（1）重要支流治理工程建设方面。《潮白新河治理工程乐善橡胶坝至宁车沽防潮闸段初步设计报告》已经天津市水务局批复。

（2）大中型病险水闸除险加固工程建设方面。天津市有15座病险水闸列入《全国大中型病险水闸除险加固专项规划》，2015年，东赵各庄泄洪闸、中泓排洪闸除险加固工程初步设计报告已经天津市发展改革委批复。

（3）海堤（挡）工程建设方面。2015年天津市海挡工程（南港工业区东围堤段二期桩号2＋180～3＋700）初步设计报告已经天津市发展改革委批复，工程批复投资29 880万元。

（4）清水河道行动建设方面。青龙湾减河、南运河治理工程、外环河综合治理河道及阻水建筑物工程初设已批复；中心城区水系连通工程初设已批复；重点县综合整治工程试点规划4个区县21个项目已批复、水环境水生态建设重点治理工程实施方案已批复、引滦水源保护项目建议书已批复等9类95项。

2. 项目审批　全年主要审批项目有：中小河流治理重点县综合整治和水系连通试点天津市西青区独流减河截流沟王稳庄镇项目区、中泓排洪闸除险加固工程、东赵各庄泄洪闸除险加固工程、2015年海挡工程、引滦水源保护工程黎河河道治理工程、中心城区广开四马路等7片合流制地区市管排水设施雨污分流改造工程2015年一期工程、北辰区河岔泵站更新改造工程、宝坻区尔王庄水库移民安置区基础设施项目等100余项。（丛英）

【基本建设】

1. 工程建设　2015年，天津市水务建设项目计划总投资105.38亿元，完成投资94.74万元，为计划的89.9%。主要建设工程包括：永定新河治理二期工程，海河口泵站工程，金钟河闸防汛抗旱水利设施工程（一期），永定河泛区工程与安全建设一期工程，潮白新河治理工程（乐善橡胶坝至宁车沽防潮闸段），2015年海堤建设工程，大三庄节制闸除险加固工程，魏甸闸除险加固工程，还乡新河治理工程，机场排水河治理工程（镇南泵站至郎庄子），病险塘坝治理工程，应急度汛工程，南水北调市内配套工程北塘水库完善工程和宁汉供水工程，于桥水库入库河口湿地工程，尔王庄暗渠泵站更新改造和引滦明渠环境整治工程，2015年国有扬水站更新改造及农用桥闸涵维修改造工程，农村饮水提质增效工程，农田水利设施维修养护工程，京津风沙源治理二期工程，水土保持生态治理工程，武清区聂庄子闸拆除重建工程，宝坻区导流河（0＋000～6＋000）治理工程，宁河区后棘坨排渠清淤工程，蓟县罗庄子镇三道岭村山洪沟险段治理工程，中心城区排水泵站供配电系统改造工程（一期），华盛道污水管道工程电冰箱厂泵站改扩建工程，中心城区及环城四区水系连通工程，中心城区沿河口门提升改造工程，外环河综合治理工程，中心城区雨污混接串接及改造工程，农村坑塘水系水污染治理工程，七里海国家湿地抗旱应急补水工程等。

2. 建设管理　组织召开天津市水务工程扬尘治理动员会，与各项目法人签订扬尘污染治理目标责任书，先后对12个在建项目进行了明察暗访，加强扬尘控制管理。主要编制修订了《天津市水利工程施工和监理单位不良行为记录认定标准》《天津市水务工程项目法人履职行为标准》《工程竣工验收鉴定书》《天津市水利工程建设文明施工标准化建设范本》等。累计对15项水利工程建设的项目法人单位履职行为进行了检查。全年完成水务工程项目法人组建备案105项、报建备案96项、施工图审查备案50项、开工备案40项，完成87个建设项目的228份合同备案工作，完成46个建设项目的财政评审报审工作。

2015年，水务有形市场共完成361个项目，543个批次，622个标段的公开招标，其中勘察设计160个标段、监理92个标段、设备采购及服务26个标段、施工344个标段，总交易金额达66.67亿元，公开招标率100%，建安投资68.81亿元，中标价为64.34亿元，招标节余率6.50%，受理投标报名3 932家次，随机抽取评标专家2 707人次，均符合国家和天津市招标投标的管理规定和要求。全年完成70个建设项目的203份合同备案工作，共退回违规合同6份，提出合理化建议10项。天津市具备监理资质的企业共有6家，具备水利施工监理甲级资质的3家，水利施工监理丙级的3家。工程监理率达到100%。2015年完成验收项目50项，工程质量一次性验收合格率100%，重点水务工程单元工程优良率90%以上，工程外观质量得分率85%以上，一般水务工程单元工程优良率80%，全市水务工程建设没有发生质量与安全事故，实现了质量与安全监督覆盖率100%。

（丛英）

【防汛抗旱】

1. 防汛　天津市汛期平均降雨量为322.8mm，较常年同期偏少近2成，6—8月较常年同期偏少4成，9月较常年同期偏多2成。汛期内没有发生高强度、大范围、长历时的强降雨过程，降雨多以局部暴雨、阵性降雨为主。北部、东部沿海地区降雨较南部、中西部地区偏多，累积最大点雨量为宝坻区大口屯站459mm，较常年同期基本持平；最小点雨量为宝坻区张头窝站194mm，较常年同期偏少近6成。汛期最大降雨过程为9月5日，降水空间分布不均，主要集中在天津市津南和北辰区，地区平均降雨量65mm左右。最大点雨量出现在滨海新区宁车沽，为131.8mm。中心城区全年共形成径流降雨60次，累积平均降雨量为696mm，较2014年雨量偏多。2015年天津市汛期比较平稳，无明显洪涝灾害过程。

根据人事变动调整充实了防汛组织指挥机构，落实以行政首长负责制为核心的市、区（县）、乡（镇）三级防汛责任制，汛前向全市公布主要行洪河道堤防、重要蓄滞洪区和重点水库防汛责任人名单，接受社会监督。全市各防汛部门、各区（县）坚持一级抓一级，熟悉掌握防汛工作的组织管理和运作程序，明确各自职责，责任到人、到岗，落实各项措施，保证防汛责任和安全度汛措施的有效落实。修订《天津市防汛预案》中的13个分预案，并向全市下发，编制了《市防指防汛应急工作简明操作手册》，印发全市防汛各有关单位。

2015年天津市财政拨付防汛物资专项资金700万元，购置的防汛物资储备主要为救生、抢险、机具三大类，包括冲锋舟（含外挂机）、橡皮船、移动泵、发电机、潜水泵、钢管、充水式橡胶子堤、救生绳、强光手电、救生衣、救生圈、电动托盘搬运车、覆膜土工布、移动照明车、操舟机机架等。另外向天津警备区和武警天津市总队调拨23个品种、价值214.9万元的防汛物资。

2015年安排应急度汛项目主要有泃河小平安段挡墙护砌工程、蓟运河右堤网户段应急护砌工程、马营闸清淤工程、蓟运河右堤左家铺段（0＋200～0＋400）护砌工程、潮白新河右堤（69＋301～71＋267）段堤顶硬化工程、北京排污河左堤（40＋050～40＋390）段应急护砌工程、北大港水库2015年应急度汛工程、北运河左堤津浦铁路桥段应急度汛工程、海堤白水头段应急度汛工程、于桥水库2015年应急度汛工程等10余项，工程于6月底全部按要求完成，并通过竣工验收。

2. 防潮　督促指导市海洋、气象、商务、交通、水产等成员单位和滨海新区防办在了解防潮形势、工程状况和保障能力的基础上，将预案措施与本单位职责和业务特点结合，规范预案启动终止、处置措施、后勤保障等环节，修订完善了《防潮分部防潮预案》。组建了9 000人的民兵防汛抢险队伍、115人的防汛应急抢险救援分队和870人的抢险突击队，开展抢险业务知识培训，举行军地联合抢险演练。集中定点储备移动泵站等38类价值1 428万元的区级防汛抢险物资，保证各类应急工作需要。2015年防潮分部办公室共接收国家海洋预报台和天津市海洋环境监测预报中心发布的风暴潮警报4次，全年最高潮位4.55m（海图基面），未超过蓝色警戒潮位值4.80m，潮情总体平稳，没有出现台风风暴潮或大的温带风暴潮。

3. 抗旱　2015年天津市降雨总体呈现春秋两季降雨偏多、夏季偏少的特点。1—5月全市平均降雨量117.7mm，较常年同期偏多5成。6—9月全市平均降雨量378.3mm，较常年同期偏少近2成，且时空分布不均。由于农业蓄水储备不足，受高温干旱影响，全市部分农田出现不同程度干旱，受旱面积7.333万hm^2，成灾面积5.333万hm^2，绝收1万hm^2，直接经济损失5亿元。8月30日，全市出现明显降雨，天津市防办紧紧抓住有效降雨，抢抓蓄水，科学调度，旱情基本缓解。结合天津市2015年旱情特点，积极向市财政申请抗旱资金，市财政局下达2015年相关区（县）市级抗旱补助资金1 000万元，用于蓟县、宝坻区、武清区、宁河区、静海区5个涉农区（县）20个易旱乡镇抗旱服务组织购置小型应急抗旱设备。全年天津市累计开动机井1.7万眼、泵站1 624座，开动临时泵8.7万台套，机动运水车900辆，全力对麦田及春播地实施灌溉。抗旱服务队深入田间地头，指导农民进行农业抗旱，适时采取抗旱措施，千方百计保证春播生产有序进行。充分抓住降雨有利时机，及时为白地、麦茬地补墒、造墒，抢播各种作物。

（丛英）

【农村水利】

1. 农村水利建设　2015 年主要围绕清水河道行动区（县）二级河道治理、农村饮水提质增效、排沥除涝、节水灌溉、生产生活保障、水土保持等 6 个方面，实施 19 项农村水利工程建设，全年累计完成投资 353 143万元。完成清水河道工程中的河道清淤 234km，更新改造国有扬水站 15 座；完成农村排沥河道清淤工程中的河道清淤 304.4km；中小河流重点县治理 22 个项目区；新增节水灌溉面积 1.67 万 hm^2，改善节水灌溉面积 6 780hm^2；维修改造农用桥闸涵 334 座；解决 105.97 万农村居民饮水提质增效问题。

2. 农村水利管理　以统筹规划、合理安排、突出重点、量力而行为原则，理顺农村水利管理体制，明确工程责任主体，提高管理人员水平，实现“建、管、用”各环节的有效衔接，推动农村水利工程建设进一步由分散投入向集中投入转变，由重建轻管向建管并重转变。编制完成了《天津市农田水利发展“十三五”规划》，为“十三五”时期天津市农村水利发展提供规划支撑。积极开展农村水利科技推广和灌溉试验研究，在蓟县开展智能灌溉系统的推广应用 45 台套；依托蓟县、宁河县的灌溉试验站，在 14 个灌区进行灌溉基础数据调查及整理分析工作；在蓟县开展了不同灌溉制度对玉米根系生长及水分利用效率的影响试验；在武清区开展双机井汇流试验；在宁河县开展塑料温室大棚雨水高效利用技术研究及棉花节水增产灌溉技术试验研究。结合改革，在武清区河北屯开展水价改革水价测算及灌溉用水量测算试验。

3. 农村水利改革　2015 年，组织推动武清区农业水价综合改革试点和继续深化农村小型水利工程管理体制改革两项改革工作。其中，武清区农业水价综合改革试点项目区位于该区的白古屯镇、泗村店镇和崔黄口镇，地表水灌区，共涉及 14 个行政村，总规模 1 430hm^2。通过农业水价综合改革试点工作，武清区编制完成了《武清区农业水价综合改革试点工作实施办法（试行）》（以下简称《实施办法》），经武清区政府批复，并将《实施办法》印发给相关部门和项目镇试行。《实施办法》中，以水权证的形式明确了村级水权和个体用水户水权；以产权证的形式明确了各村灌溉工程的所有权和管理责任；规定了用水者协会选举、村委会委托管水员负责制的工程管理形式，以及用水计量和计价收费制度；提出了精准补贴和节水奖励的具体落实和条件等。

农村小型水利工程管理体制改革中涉及的宝坻国家级试点县改革工作基本完成，通过深化改革，明晰了工程产权，落实了管护主体和责任，落实了管护经费，探索工程管理模式，建立健全科学的管理体制和良性运行机制，确保工程安全运行和效益充分发挥，基本扭转宝坻小型水利工程管理体制机制不够健全的局面，建立适应试点区区情、水情与本地农村经济社会发展要求的小型水利工程管理体制和良性运行机制。对全区二级河道、涵闸、扬水点、机井等全部登记造册，落实了小型水利工程产权 7 157项，落实率达到 100%。蓟县官庄镇等 9 个乡镇作为市级改革试点，区县水务局也成立了小型水利工程管理体制改革领导小组，明确责任分工，正在组织推进相关工作。

（丛英）

【水土保持】　2015 年，天津市完成审批生产建设项目水土保持方案 22 项，水土保持方案总投资 1.5 亿元，对天津港华北石化原油管道工程等工程项目开展监督检查，累计征缴水土保持补偿费 600 余万元。组织开展天津华电武清分布式能源站工程等 9 个项目的水土保持设施验收工作。2015 年度京津风沙源二期治理工程（水利项目）涉及蓟县、宝坻两个区（县），总投资 1 367.84万元，建设水源工程 108 处，节水灌溉工程 118 处，小流域综合治理 4km^2。水土保持生态治理工程，涉及蓟县、宝坻、静海、东丽、津南、滨海新区等区（县），2015 年完成山丘区水土流失治理 20km^2，开展平原区沙化土地、盐碱地及坡面水土流失治理面积 44hm^2。加强水土保持监督管理，印发《天津市水土保持专项执法检查活动实施计划》《天津市贯彻实施水土保持法专项检查工作方案》。（丛英）

【城乡供水】　2015 年天津市有供水单位 34 家，其中公共供水单位 32 家，自建设施供水单位 2 家。按经济性质分，国有供水单位 28 家，中外合作经营单位 6 家，公共供水单位均获得城市供水行政许可。全行业供水设施产水能力 405.35 万 m^3/d，全市供水管网长度 17 575.06km，全年售水量 68 024.11万 m^3，其中，居民生活用水量 28 694.21万 m^3，非居民用水量 39 329.90万 m^3。全市用水人口 891.1 万人，供水普及率 100%，人均日综合生活用水量 121.92L。城市公共供水单位管网漏损率 13.36%。

全年供水建设项目 13 个，其中，新开工项目 5 个，续建项目 8 个，完成建设资金投入 1.77 亿元。供水水质监管。依据《生活饮用水卫生标准》（GB 5749），2015 年督促供水单位严格执行出厂水 9 项的水质自检，每月通过有资质的水质监测单位对全市各供水单位的出厂水 9 项指标、管网水 7 项指标进行检测，每月对供水能力在 10 万 m^3/d 以上的供水单位出厂水常规 42 项指标进行检测；每季度对供水能力在 10 万 m^3/d 以下的供水单位出厂水常规 42 项指标进行检测；每年对非常规 64 项指标进行检测，全年行业水质抽检水样 1 051余个，增幅达 35.8%。2015 年全市供水行业水质综合合格率 99.6%，优于《生活饮用水卫生标准》（GB 5749）中规定的 95%要求。

1. 引滦调水与供水水质　5月20日，天津市开始实施年度内引滦调水，由于环境水用量增加，引滦调水除遇特殊情况外一直持续进行。2015年汛期，在保证城市防洪安全的前期下，大黑汀分水闸维持小流量引水，2015年9月15日，由于引滦来水水质较差，引滦调水暂时停止。2015年12月17日再次恢复引滦调水，至2016年1月19日停止。2015年度共计引滦调水5.34亿m^3。引滦沿线水质监测。上游黎河隧洞出口至果河桥段，6月、7月、9月共监测3次，6月隧洞出口和果河桥水质均达到Ⅲ类水标准，其余各断面均劣于Ⅲ类水标准，主要污染指标为铁、锰、总磷等。引滦沿线下游于桥水库至尔王庄水库段，在1—3月、8—11月，主要因总氮、pH值、挥发酚、总磷、锰、硫化物超标，水质劣于Ⅲ类，其余月份水质基本符合Ⅱ类、Ⅲ类水标准，水质基本良好。

2. 引江调水与供水水质　2014—2015年度，天津市累计引江调水量3.13亿m^3（流量计未经率定核准），其中，子牙河北分水口门实际调水2.45亿m^3，曹庄分水口门实际调水0.68亿m^3。南水北调中线工程天津市供水水质监测纳入常规监测，依照《国家地表水环境质量标准》（GB 3838—2002），参考《地表水环境质量评价办法（试行）》环办（2011）对12个月监测结果进行评价，南水北调天津干渠水质均优于Ⅲ类。2015年对南水北调天津干渠子牙河北分流井和曹庄泵站前池、西河泵站前池3个断面水质进行采样监测8次，监测结果显示3个断面水质均符合地表水Ⅱ类水标准。

3. 环境供水　2015年，天津市全年实施中心城区、环城四区水循环工作。3月3日于桥水库放水进入海河，开始水循环，改善城市水环境，整个水循环工作于11月7日结束，累计补水天数为25天，城市环境用水总量达3.93亿m^3（大黑汀分水闸计量），补水天数与2014年相同、补水总量较2014年偏少3%，河道水质得到显著改善。7月6—13日提起西河闸，倒向运用，向西河闸上游调水438万m^3，改善了上游水质状况。中心城区从海河取环境水1.66亿m^3，西青区环境用水0.8亿m^3，东丽区环境用水0.036亿m^3，津南区环境用水0.065亿m^3，北辰区环境用水0.098亿m^3。　（丛英）

【地方水电】　2015年，于桥水库通过于桥水电站输水约6.4亿m^3，开机10 928台时，发电1 525万kW·h，实现销售收入666万元。先后完成1号至4号机组春季小修和钢管放空阀更换工作、1号和2号机组部分高压开关大修和渗漏排水泵更新改造以及厂区生活供水泵更新维修工作。完成于桥水电站增效扩容改造工程，工程于4月10日完成项目单位工程验收，9月18日，通过水利部、财政部绩效考核组对增效扩容改造工程绩效考评。

根据《天津市水务局关于做好天津市于桥水力发电有限责任公司股权无偿转让工作的通知》和《天津市财政局关于同意天津市水利经济管理办公室将持有的天津市于桥水力发电有限责任公司71.43%股权无偿划转给天津市引滦工程于桥水库管理处的批复》，完成所持有的天津市于桥水力发电有限责任公司28.57%股权转让挂牌工作。　（丛英）

【工程管理】

1. 工程维修养护　2015年，天津市完成河道维修专项工程43项，投资6 019.5万元，其中完成河道护砌2.35km，灌浆6.46km，堤防整修23.64km，堤防路31.92km，护坡维修11.72km，闸涵维修加固113座，管理用房除险加固256m^2，闸站管理设施改造1座。全年日常维修养护项目投资1 975万元，包括：维修养护行洪河道堤防（含海堤）2 270km，其中重点堤防（含海堤）养护1 003.98km（含中心城区行洪河道堤防68.82km、外环河堤防135.8km），一般堤防（含海堤）养护1 265.75km；维修养护市属水闸57座，市属泵站9座；北运河及北洋园、御河园、娱乐园、怡水园等绿地维护90万m^2。结合“达标创建”工作，安排重点闸站亮点和堤防建设14项，对4座重点闸站进行维修养护，在潮白新河、子牙河、马场减河、海堤沿线等增设警示、宣传、公里桩等各类标牌（管理桩）及观测设施，提高河道管理水平。巡视检查行洪河道堤防2 201.827km，批复巡视检查资金319万元。完成涉河建设项目审批86项。全年批复树木更新砍伐163件，同意砍伐树木136 088株，蓄积量10 950m^3。

2. 排水设施养护管理　全年完成养护疏通管道3 799km，排水管道维修3 787m，掏挖检查井93万座、雨水井77万座，维修检查井4 722座、雨水井6 448座、泵站机组361台，清运河道垃圾量24 754m^3。设施、设备维修率检查井5%、雨水井10%、管道1‰、泵站机组35%。通挖质量合格率100%；管道畅通率100%。完成大中修维修项目总投资6 600万元。其中，塌管应急抢险投资800万元，泵站设施应急抢险项目投资400万元，泵站高压应急抢险项目投资50万元，防汛临时站安装项目投资90万元，检雨井改造项目投资100万元，泵站直流操作系统维护更新项目投资20万元，泵站设备更新大修项目投资1 257万元，科技信息化建设项目投资166.4万元，防汛设备检修项目投资100万元，全市污水处理行业管理及特许经营监测项目投资150万元，水环境在线监测系统扩容完善项目投资60万元，实验仪器更新购置项目投资116万元，防汛抢险检修中心库区终端系统建设项目投资80万元，防汛物资应急储备项目投资200万元，设施养护机械更新项目投资395万元，唐口泵站设备更新大修项目投资125万元，科技信息化建设项目投资364.1万元，机械设备购置项目投资135万元，河道水环境应急修复项目投资90万元，泵站除臭设备维修改造项目投资50万元，密云一支路、南丰路泵站闸门维修项目投资18万元，复兴河临时取水泵站工程建设项目投资323.5万元，陈台子排水河水循环（临时）运行项目投资100万元，卫津河、月牙河出水口清淤工程项目投资180万元，复兴门泵站出水闸井改造工程项目投资120万元，天津理工大学、河北工业大学排水泵站刮篦机更新改造工程项目投资90万元，宾水道污水管线应急维修工程项目投资200万元，津沽污水处理厂进水系统流量监控系统建设项目投资57.3万元，全市污水处理厂在线监测上传系统建设完善项目投资19万元，津塘一泵站出水管道及出水池应急维修项目投资250万元，防汛应急指挥系统设备更新项目投资19万元，四新桥泵站维修改造项目投资23万元，购置机械设备税费项目投资14万元，泵站天车维修及年检项目投资55万元，涪水道（陈塘庄热电厂段）压力管道应急维修工程投资80万元，涪水道污水泵站整修改造工程投资50万元，千米防汛库房整修改造项目投资87.7万元，塌管应急抢险补充项目投资165万元。

3. 水库移民　2015年共批复于桥水库、尔王庄水库、北大港水库库区和移民安置区基础设施项目321项，投资10 577万元，项目涉及蓟县、滨海新区、宝坻区和西青区4个区（县）。截至2014年年底，全市水库农村移民人口共有122 253人。其中，采用发放资金（直补到人）形式扶持的移民人口117 253人，每人每年发放600元，年内共发放直补资金7 035.18万元；采用项目扶持形式的移民人口为5 000人，其项目扶持方式与水库库区和安置区基础设施建设项目扶持统筹安排。主要项目如下：

（1）农田水利设施配套项目，改善了42个村庄的农田、林地及果树的灌溉条件，有效保障了农业生产安全，并对库区农业种植结构的调整起到了有效的促进作用，有利于发展高效农业、加快农业产业化进程、增产增收。

（2）村内道路硬化项目，改善了105个村庄133.455km道路设施条件。方便了移民的出行，美化了村庄，改写了“晴天一身灰，雨天一身泥”的历史，提高了生产运输效率，加强了本地区和外界的商贸往来，促进了本地区农产品的流通和增值。

（3）农业供电项目，改善了27个村庄农业供电设施条件，提高了农业灌溉中水源及输水工程电力保障能力。

（4）库区经济生产开发项目，引进了金蝉、金银花，建立户用沼气池服务网络，促进了农业种植结构调整，加快了农业产业化进程；引进了生态床养殖新技术，实现了畜禽粪便无污染零排放，提高了养殖效益，增加了农民收入。后期扶持政策的实施，提高了移民生产生活水平，使水库移民安居乐业，社会稳定。

（丛英）

【清水河道】　2015年度，天津市清水河道行动完成7类，679项工程（含结转2014年13项）的建设任务，占年计划的100%。主要包括：治理工业污染源废水直排企业135家，治理工业渗坑（底泥）92个，治理规模化养殖场293家，治理入河排污口门36个，建成污水处理厂25座（规模9.33万t/d），建成一般镇污水处理厂23座（规模4 105t/d），铺设配套管网307.2km，改造合流制地区69.2km^2，铺设管道254.7km，治理河道29条、282.1km，建成万家码头泵站、改造独流减河尾闾大港电厂段、十米河清淤等中心城区及环城4区水系连通工程；计划外新增建成津沽污泥处置厂1座（规模800t/d），新增治理完成农村坑塘1 293.33hm^2，治理沟渠533条、433km。经过治理，全市河道水环境持续改善。

（1）全市河道水质改善。2015年12月监测数据，全市19条一级河道达到或优于Ⅴ类的河道共12条，占一级河道总数的63.2%，比2014年上升5.3个百分点，氨氮平均浓度由2.19mg/L下降至2.12mg/L，比2014年下降3.2%；高锰酸盐指数平均浓度由8.0mg/L下降至6.7mg/L，比2014年下降16.3%。中心城区河道（除受施工影响河道和污水处理厂排水河道外），水质均达到或优于Ⅴ类水标准。

（2）水污染物减排成效明显。经过治理工业污染源，累计减少工业废水排放约420万t，削减化学需氧量约580t、氨氮约63t；实施工业渗坑治理，共处理积存废水约470万t，削减化学需氧量约8 600t，氨氮约230t；基本控制住水污染事件高发势态，有力支撑了天津市重点流域水污染防治规划、重金属污染综合防治规划和主要污染物总量减排指标的完成。

（3）污水处理厂出水水质达标率上升。各有关区（县）采取有效措施，加大污水处理厂运营管理和出水水质的监管，截至2015年12月底，全市已运行的69座污水处理厂平均出水水质主要指标（COD、BOD、氨氮和总磷）达标率由2014年的86%提高到90%，提高了4个百分点。

（4）城区排水设施不断完善。通过实施合流制地区改造工程，进一步完善了雨、污水设施建设，提高了雨、污水管网的覆盖率，便于雨水收集利用和集中管理排放，有效避免或减少污水对河道造成污染，降低了降雨对污水处理厂的冲击，提高污水处理效率，降低了能源消耗，节约污水处理成本，保障雨水、污水更加有序排放，改善了城市地表水体质量。

（5）农村坑塘、沟渠的功能逐步恢复。通过实施农村坑塘水系污染治理工程，清除周边生活垃圾等废物，置换污染水体，清理淤积污泥，生态护坡，水域种植水生植物等工程措施，消除水体黑臭和脏乱差现象。治理后的坑塘沟渠达到无垃圾、无污染、水体干净、环境整洁的要求，并保持雨季调蓄沥水的原有功能不变，生态景观、水源调蓄、生产养殖等功能得到进一步发挥，改善了农村水生态环境面貌。 （丛英）

【科技与教育】

1. 科技　2015 年，列入天津市水务局计划的科研项目共 25 项，其中新立 14 项，结转 11 项，年内结题的科研项目共 19 项，其中《微过滤机水处理系统的引进、研究与应用》《浮标式河道水质实时监测技术研究》等 18 项通过验收，《天津市二次供水工程技术标准》1 项通过评审。在已有的成果中，《新型复合自粘止水带的研发及生产工艺、施工方法研究》《咸化水体水生植物生态修复关键技术研究》《天津市行洪河道巡查关键技术及应用平台研究》3 项获天津市科技进步三等奖；《咸化水体水生植物生态修复关键技术研究》《城市水环境改善与水源保护技术推广应用》等 13 项获天津市水务局科学技术奖，其中一等奖 4 项、二等奖 4 项、三等奖 5 项。《船载式微过滤除藻系统及除藻方法》和《太阳能水面除藻系统及水面除藻方法》获国家知识产权局授权发明专利，《地下管道修复系统》获国家知识产权局授权实用新型专利。

2. 职工教育　2015 年，全局职工各类培训共 16 261人次。主要包括：2014 年新招录 7 名公务员参加初任培训并考核合格，7 月举办局属事业单位 2015 年新录用职工培训班，培训 63 人；12 月委托天津职业技术师范大学举办 2015 年度天津市水务局岗位技能培训班，分为维修电工班和电气技术班，全脱产培训 55 人；组织全市水利系统水利特有工种的劳动技能鉴定及特有工种技术工人的技术等级晋级培训和考试工作，对河道修防工、泵站运行工、闸门运行工等 3 个水利特有工种的 42 名技术工人进行了等级认定和晋级培训考试，其中高级工 6 人，中级工 12 人，初级工 24 人。 （丛英）

河　北　省

【概况】　2015 年，河北省认真贯彻落实习近平总书记新时期治水方针，按照水利部和河北省委省政府决策部署，抓改革求创新，抓规划谋长远，抓项目惠民生，抓法治重规范，各项工作取得显著成效：南水北调配套工程 4 条干渠全部完工，7 市输水管道工程基本完工，建成引江水厂 86 座；引黄入冀补淀工程 10 月 26 日开工，完成投资 8.23 亿元；94 条（段）中小河流、109 座小型病险水库实施了除险加固，抗旱浇地 971.2 万 hm^2 次，临时解决因旱饮水困难人口 24 万人；在 5 市 63 个县开展地下水超采综合治理试点，107 个水利项目总投资 52.6 亿元；《河北省地下水管理条例》《河北省水功能区管理规定》正式公布施行，《河北省南水北调配套工程供用水管理规定》经省政府常务会研究通过；解决了 565 万农村人口饮水安全问题，发展节水灌溉面积 452 万亩，全省农田灌溉水有效利用系数提高到 0.67，农村水电站发电量达到 3.7 亿 kW·h，治理水土流失面积 2 333km^2。

（孔更辉）

【水政】

1. 立法和规范性文件审查　河北省政府通过《河北省南水北调配套工程供用水管理规定》，2016 年 2 月起施行，从南水北调配套工程管理体制、管理原则、管理规范作了规定；对河北省政府出台的涉水规范性文件提出废止意见 3 件、修改 1 件，河北省水利厅制定的规范性文件废止 30 件、修改 19 件、保留 58 件。

2. 执法与宣传　开展了水资源、入河排污口和水土保持专项执法，出台了《河北省水利厅全面加强依法治水管水的工作方案》《领导干部学法制度》《法律顾问制度》，督办了廊坊市固安县、沧州市黄骅市、任丘市等 4 起涉河案件，全省 70 多名水政执法人员参加了军训和业务培训；印发了《2015 年度全省河道采砂专项整治实施方案》，启动为期 3 个多月的河道采砂专项治理工作；“世界水日”“中国水周”期间，组织河北省水文局、石家庄市水务局等单位举办了以“节约水资源、保护地球母亲”为主题的儿童绘画比赛、骑行爱好者、大学生志愿者义务宣传等活动。

3. 审批制度改革　编制了《河北省水利厅行政权力清单》，共梳理出 10 大类行政事项、167 项行政职权，编制了《河北省水利厅责任清单》，及时在网站公示，制定了直观清晰的流程图；全面取消了非行政许可审批和监管事项，河北省水利厅年底保留行政许可事项 15 项。

（孔更辉）

【水资源管理】

1. 水资源总量　2015 年，河北省平均年降水量 513mm，较常年偏少 2%，属平水年份。全省水资源总量约 113.05 亿 m^3，地表水资源量约 43.81 亿 m^3，省管大、中型水库蓄水 23.24 亿 m^3，比年初减少 2.23 亿 m^3；年末平原区浅层地下水平均埋深 17.48m，与 2014 年同期相比下降 0.37m，地下水蓄存量减少 22.11 亿 m^3；深层地下水平均埋深邢台中东部平原 66.60m、衡水 67.20m、沧州 61.64m。全省用水总量控制在 187.2 亿 m^3，万元工业增加值取水量减少到 15.4m^3。

2. 水资源管理　省市水行政主管部门审批水资源论证项目285项，基本实现全覆盖。省级发放取水许可证22套；建设在线监测点5 755处，在线监测覆盖率达到42.4%；省对各市（含定州、辛集市）落实最严格水资源管理制度情况进行考核，考核结果由河北省政府予以通报；顺利通过水利部和河北省政府联合组织的实行最严格水资源管理制度试点验收。

3. 水资源保护　对7个国家重要水源地进行评估，水利部验收全部达标，公布了全省第二批饮用水水源地名录，将全省供水人口在10万～20万人之间的饮用水水源地纳入该名录；列入国家考核的重要水功能区水质达标率提高到57.5%；国家水资源监控能力项目全部完成建设任务，结合地下水超采综合治理试点工作，在南水北调受水区建设地下水监测站网，布设地下水监测站1 690处，新建非农取用水监测点2 290个；在石家庄市启动了自备井关停行动仪式，全省关停自备井843眼。（孔更辉）

【地下水超采综合治理】

1. 试点工作开展　编制了《河北省地下水超采综合治理试点方案（2015年度）》，试点区扩大到5个设区市63个县（市、区），总投资82.6亿元，工程全部完工后形成压采能力14.80亿m^3；河北省政府办公厅印发《河北省地下水超采综合治理规划》，明确了到2020年、2030年的目标任务和工作措施；6—7月，国家相关部委对2014年度地下水超采综合治理工作进行考核，认定试点形成地下水压采能力7.83亿m^3；9月28日，河北省政府主要负责同志在邢台威县召开2015年度地下水超采综合治理试点暨引黄入冀补淀工程建设推进会。

2. 水利项目建设　2015年度试点水利工程计划实施河渠整治2 693.2km，渠道防渗1 250.2km，清淤整治坑塘227座，新建泵站264座、扬水点2 460处，安装计量设施11 338套，发展节水灌溉面积283.4万亩。

3. 体制改革和机制创新　试点区53个单位全部编制水权确权方案，475万农业用水户拿到了水权证；河北省水利厅等部门联合印发了《农业水价改革及奖补办法》，8个先行试点县编制了实施方案；试点区中41个县建立了工程管护保障机制，发放“两证一书”13.6万份。（孔更辉）

【规划计划】

1. 水利规划　河北省委于3月7日印发《河北省保障水安全实施纲要》，为推动保障河北省水安全提供了政策依据；省政府办公厅印发《河北现代水网规划》，开展河北省水利发展“十三五”规划编制工作；做好京津冀协同发展水利事宜以及张家口申奥涉水项目相关工作。

2. 项目审查审批　乌拉哈达水利枢纽工程项目建议书已报国家发改委；批复了296座一般小（2）型和58座新增小型病险水库除险加固项目的初设；列入国家172项重大水利工程的8个蓄滞洪区项目中，永定河泛区工程开工建设，其余7个项目可研报告全部编制完成。

3. 投资计划　2015年全省累计下达水利项目投资253亿元，实际完成投资364亿元，其中中央投资110亿元，地方配套254亿元（含南水北调配套工程和地方投资）；省财政全部落实“十二五”以来省级配套资金缺口5.88亿元；通过利用农发行过桥贷款和国家专项基金等金融政策解决南水北调配套工程、双峰寺水库等重点项目配套资金缺口69.4亿元。（孔更辉）

【工程建设管理】

1. 重点工程建设　2015年7月，国家发展改革委正式批复引黄入冀补淀工程可行性研究报告，批复总投资44.78亿元，引水量7.37亿m^3，10月正式开工建设，年底完成投资8.23亿元；双峰寺水库主体工程完成投资6.13亿元，累计完成投资27.43亿元。

2. 水利建设管理　研究制定了《关于进一步规范全省水利工程招标投标和承包发包若干行为的指导意见》，对14家水利施工企业、1家质量检测单位、1家招标代理机构和7个评标专家的不良行为予以通报；配合水利部开展稽察8次，稽察项目45个，省内稽察51个项目。

3. 工程运行管理　调整了大型水库大坝安全责任人；全省国家级水利风景区数量新增2处，达到18处。省级新增1处，达到8处；在全面完成13个小型水利工程管理体制改革试点县改革的基础上，2015年又有90个县印发了改革实施方案，核发了“两证一书”。

4. 涉河事务管理　完成汇水面积200km^2以上、353条河道、总长2.27万km的划界竖桩任务；完成了27个河道管理范围内建设项目防洪评价报告审批。

5. 水利工程质量和安全生产管理　制定出台了《河北省水利工程质量管理办法》《河北省水利建设质量工作考核实施细则》；对原有安全生产监督机构进行调整，组建了由厅长任主任的新一届厅安委会，在全省水利系统开展了水利工程建设落实施工方案专项行动。（孔更辉）

【防汛抗旱】

1. 防汛　2015年河北省平均年降水量513mm，较常年偏少2%，属正常年份。汛期全省平均降水量仅364mm，比常年同期偏少13%。年末全省大中型水库共蓄水23.24亿m^3，比2014年同期少蓄水2.32亿m^3，比常年同期少蓄水3.96亿m^3；全省洪涝灾害损失较小，受灾人口 23.98 万人，因灾死亡 1 人，农作物受灾面积 27 350hm^2，因洪涝灾害造成的直接经济损失 3.52 亿元，其中水利设施直接经济损失 2 347.7万元；河北省防汛抗旱指挥部新增武警水电第一总队和河北省南水北调工程建设委员会办公室为成员单位。汛前检查出各类安全隐患 1 937处，主汛前全部整改完成；重新修订了《河北省防汛抗旱应急预案》；争取中央和省级应急度汛资金 4 300万元，安排了 95 项水毁工程修复和应急度汛项目；组织开展各类培训演练 170 多期；市、县新增防汛物资 1 871 万元，全省防汛物资总价值达 2.4 亿元；各地疏浚城市排水管网沟渠 2 780km，维护排水泵站 214 座，增强了城区排水能力。

2. 抗旱　2015 年发生了较重夏伏旱，全年作物受旱面积 247.33 万 hm^2，成灾面积 63 万 hm^2，粮食因旱减产 139 万 t，25.04 万人、6.24 万头大牲畜因旱发生临时性饮水困难，因旱直接经济损失达 45.39 亿元；全省投入抗旱人数 480 万人，开动机电井 66 万眼，泵站 1 411处，机动抗旱设备 30.7 万台套，最大程度地减轻了干旱影响；编制旱情、墒情简报 172 期，发布旱情信息 232 条，为抗旱组织决策提供了有力依据；国家和河北省安排 0.6 亿元建设抗旱应急工程；争取中央资金 18 500万元，落实省级补助资金 2 774万元，安排 51 项抗旱应急水源工程建设任务。

（孔更辉）

【农村水利】

1. 农田水利基本建设　2015 年河北省投入农田水利基本建设资金 107 亿元，农民投劳 4 811万个工日，新修防渗渠道 4 045km，更新机井 12 281眼，维修旧井 21 051眼，新修加固小型水源工程 7 377处，新增节水灌溉面积 452 万亩。修订了《河北省农田水利基本建设"海河杯"竞赛评比办法》，评比工作改为每两年一次。

2. 农村饮水安全　解决了 565.74 万农村人口饮水安全问题，其中规划内 476.13 万人，规划外 89.61 万人。水质检测中心建设总投资 1.22 亿元，建设 153 处工程，年底已完成设备采购招标。

3. 农业节水灌溉　截至 2015 年年底，小农水重点县方面，2014 年度项目完成投资 9.31 亿元，发展节水灌溉面积 92.72 万亩。2015 年度项目完成投资 5.03 亿元，发展节水灌溉面积 40.38 万亩；2015 年度大型灌区项目完成投资 4.16 亿元，恢复、改善灌溉面积 64 万亩；中型灌区方面，2013 年度项目完成投资 5 028.2万元，2014 年度项目完成投资 5 548万元，国家下达 2015 年度 7 处中型灌区项目计划；规模化节水与牧区水利方面，2014 年度项目完成投资 0.8 亿元，发展节水灌溉面积 7.2 万亩。2015 年度项目完成投资 0.67 亿元，发展节水灌溉面积 8.4 万亩。

4. 维修养护和产权制度改革　国家下达河北省农田水利设施维修养护资金 1.87 亿元，在 142 个县实施维修养护项目，累计完成投资 1.51 亿元；水利部等部委确定河北省元氏县、兴隆县、沧县、成安县、临西县、枣强县为全国农田水利设施产权制度改革和创新运行管护机制试点县。

（孔更辉）

【水土保持】

1. 水土保持工程　2015 年共完成水土流失治理面积 2 333km^2，投入省级以上资金 5.1 亿元；河北省水利厅将中央预算内水土流失治理项目年度实施方案批复、验收权限下放到设区市、省直管县；组织编制了《河北省密云水库上游生态清洁小流域建设规划（2015—2017 年）》，10 月，北京市水务局和河北省水利厅组织对 5 个县的试点实施方案进行了审查。

2. 水土保持监督管理　河北省水利厅联合省财政厅等部门制定出台了《河北省水土保持补偿费征收使用管理办法》，分类、分区对生产建设项目水土保持补偿费的征收范围、权限、方式及收费办法、管理使用进行了明确；省水利厅全部取消水土保持非行政许可，将省级审批的风电项目、部分光伏项目等生产建设项目水土保持行政许可权限下放到设区市和省直管县；将秦皇岛市卢龙县作为第一批生产建设项目监管示范县；在石家庄、承德两市党校开展水土保持国策宣传教育活动，在《河北日报》和河北水利网开展了水土保持知识竞赛。

3. 水土流失监测　新建张北试验站、平泉辽河源监测点，升级改造易县崇陵观测场、平山县岗南水库径流场等监测设备；购买 2 架无人机用于水土流失监测。

（孔更辉）

【水库移民】

1. 移民后扶项目　2015 年度，河北省共有大中型水库农村移民 742 544 人，共兑现直补资金 52 093.66万元；河北省移民办分组对全省 9 个市 35 个县的后期扶持项目进行了监督检查；编制完成了《河北省 2014 年度大中型水库移民后期扶持政策实施情况监测评估报告》，上报国家发改委；10 月 8 日，水利部移民局核定第二批大中型水库移民避险解困试点共涉及平山、磁县 2 个试点县。

2. 水库移民信访稳定　7 月 31 日，河北省联席办在唐山市召开潘大桃三库移民信访稳定工作调度会，3 市及 17 个县参加了会议；下半年，河北省移民办人员参加省联席办组织的专项督导行动，推进移民信访突出问题；深入推进潘家口、大黑汀、桃林口移民遗留问题处理方案实施。

（孔更辉）

【农村水电】　2015 年新增农村水电站 3 处，装机容量 7 800kW；减少水电站 1 处，装机容量 1 000kW。

截至2015年年底，水电站发电设备拥有量248处，装机容量395 528kW。全年发电量共4.2亿kW·h，发售电收入1.8亿元，上缴税金771万元，共完成投资5 066万元；《河北省中小河流水能资源开发规划(河北省小水电发展规划)》正式实施；25座水电站被评为安全生产标准化二级单位，10座水电站被评为三级单位。

（孔更辉）

【科技外事】　2015年河北省共下达水利科研计划120项，其中2014年延续项目58项，新立申报项目62项；组织完成了2015年度水利科技进步奖的评审，评出3项一等奖、6项二等奖、9项三等奖；水利科研成果荣获2015年度河北省科技进步三等奖2项，山区创业奖三等奖1项，农业技术推广合作奖1项；6月初，派代表团赴荷兰等国就水资源管理和水生态修复科技合作项目进行了技术交流。6月下旬派代表团对德国易北河和萨迪纳湖生态修复工程和法国小塞纳河流域污水人工湿地处理系统进行考察。6月3日，德国勃兰登堡州政府代表团访问河北省水利厅，针对河流湖泊生态治理模式进行了交流讨论。

（孔更辉）

山　西　省

【概况】　2015年，山西省累计完成水利投资433.67亿元。全省已建成水库596座，其中大型水库10座，中型水库67座，现有大中型水库库容48.56亿m^3。全年实际灌溉面积153.547万hm^2。小型水利设施累计达到8 646处。小型水利灌溉面积10.068万hm^2。累计除涝面积8.913万hm^2。万亩以上灌区187处，万亩以上机电灌站70处，防渗长度13 331.22km。累计堤防长度10 413.42km。水利工程总供水量69.90亿m^3。当年地下水开采量32.56亿m^3，水土流失累计治理面积577.911万hm^2，新增水土流失累计治理面积22.735万hm^2。当年改善和提高农村饮水安全标准人口36.10万人。城乡供水工程年供水量14.25亿m^3。全省小水电全年发电量3.24亿kW·h；水产品总量52 427t，较2014年增长2.3%。

（王秀芬）

【水政】

1. 法规建设　《山西省实施〈中华人民共和国水土保持法〉办法》经山西省十二届人大常委会第二十一次会议表决通过，于2015年10月1日起实施。为保证汾河流域生态修复重大战略工程顺利启动，着手制定出台《山西省汾河流域生态修复与保护条例》，该项工作已完成资料收集、立法调研、立法论证等准备工作，初稿即将报送山西省政府法制办。12月31日，山西省政府颁布《关于加强地下水管理与保护工作的通知》。

2. 水行政执法　开展水土保持专项执法检查活动。联合山西省人大农工委、法工委赴临汾市、吕梁市和忻州市就高速公路、露天煤炭、铁矿等重点行业开发建设项目人为水土流失情况开展了监督检查；联合山西省交通运输厅对阳盂高速、河运高速、太佳高速等11条高速公路进行了现场监督检查，人为水土流失问题得到整改，有力地推动了水土保持监督执法工作。

规范水利执法行为。严格执法人员准入。严格执行办证分级审批制度，为1 200多人办理了水政监察证件；加强人员执法能力建设，组织各级执法人员培训达900余人次，参加水利部、流域机构组织的行政执法人员培训40余人次；为执法队伍配备了水政监察移动执法装备，完成了水政移动执法系统软件初步开发，实现了数据资料查询、上传、共享等功能。

3. 水法规宣传　深入开展“六五普法”“世界水日”“中国水周”“12·4国家宪法日”等水利法制宣传纪念活动；按照“谁执法谁普法”原则，创新普法的针对性、有效性和覆盖面，不断增强全社会水忧患意识和水法治观念。在“依法行政宣传月”活动期间，邀请山西省委党校教授作法治专题讲座。

（王秀芳）

【水资源】

1. 完成了国家、省两级最严格水资源管理考核工作　1月，市、县两级均完成了“三条红线”指标分解任务，出台了相应的实施意见和考核办法。上半年，联合相关部门完成了国务院对山西省政府2014年度最严格水资源管理考核工作。

2. 推进以晋祠泉复流为代表的水生态系统保护与修复工作

(1) 水生态保护治理。全省积极推进五大河流地表水、六大盆地地下水和19处岩溶泉域水保护与修复。通过实施汾河清水复流、“三河”(沁河、汾河、桑干河)水污染控制工程、汾河流域地下水超采区治理等工程，汾河流域水生态环境明显改善。汾河连续多年不断流，流域地下水位止降回升。同时，加强了娘子关泉域岩溶水保护工程和生物多样性保护与修复工程建设，神头、霍泉、龙子祠等岩溶泉域综合整治和泉源生态修复工程有序推进。运城市对涑水河、姚暹渠等重要河流进行治理，重点保护古堆泉等岩溶大泉以及地下水，把古堆泉域10km^2作为治理重点范围，计划3年内完成垃圾集中处理、农村污水集中排放、旱厕改造和绿化等工作，对汾河、涑水河、姚暹渠51个排污口进行了水质化验，启动了涑水河流域生态修复与保护规划编制工作。11月，在水利部安排下，水规总院在北京召开了《汾河流域生态修复规划》审查会，邀请30位专家院士为规划把脉会诊。规划经审查通过后，将由水利部会同山西省政府联合批复。2015年山西省政府还同步启动了桑干河、滹沱河、漳河、沁河等省内其他四大河流的生态修复规划编制工作。

(2) 晋祠泉复流工程。2015年以来，积极采取汾河水库生态用水调度、汾河二库提高蓄水水位加大地下水补给、泉域范围内关井压采、地表水源置换地下水、煤矿禁采限采、晋祠泉域岩溶地下水观测等措施，晋祠泉难老泉水位上升到6.34m，比年初的7.38m上升了1.04m。按照《山西省泉域水资源保护条例》的有关规定和《晋祠泉复流工程实施方案》要求，对在晋祠泉域重点保护区内井田面积占总井田面积36.9%、吨煤排水量远高于其他煤矿的白家庄矿，不同意其采矿许可证延期。对部分井田面积位于泉域重点保护区范围内的东于、南峪及梅园永兴煤业3座整合矿井，要求不许开采重点保护区范围内煤田，并在保护范围外留出保护圈。

3. 落实最严格水资源管理制度　山西省把实行最严格的水资源管理作为解决山西水问题的重要举措全力推进，建立了省对市的水资源管理考核体系，将万元工业增加值用水量降幅和地下水压采量作为对各市的考核指标，全面落实“三条红线”，积极推进五大河流地表水、六大盆地地下水和19处岩溶泉域水保护与修复，加快建设节水型社会。同时，着力强化用水需求和用水过程管理，逐步完善水资源管理规章制度，新修订的山西省地方标准《山西省用水定额》从2015年7月1日起正式实施，《山西省水资源规划》已编制完成并进入省级专家审定阶段，制定出台了全省取水许可管理、用水计划管理、重要江河湖泊水功能区水质达标监测等一系列规范性文件，地下水管理与保护工作扎实推进。2015年，山西省万元工业增加值用水量预计可较2014年度下降4.6%，并保持连续6年呈下降趋势；强力推进地下水关井压采和引黄水原水直供、分质供水，全年压采地下水1.5亿 m^3，全省地下水位连续8年持续回升；实施江河湖泊重要水功能区河道生态水量调度，汾河连续7年不断流、河水长流常清，流域生态环境得到有效改善。

4. 完成压减地下水开采量1.5亿 m^3 责任制目标　上半年，编制了《山西省地下水超采区评价报告》和《山西省地下水关井压采实施方案》，对地下水超采区进行了评价与复核，划定了禁采和限采范围。规划到2020年，全省地下水开采量控制在30亿 m^3 以内，关闭农业、工业、城市管网覆盖区地下水井11 709眼，压采地下水量6.5亿 m^3。全省全年关井520眼，压采地下水6 500万 m^3，加上水源置换、节水和中水利用等措施，共关井压采和置换地下水1.55亿 m^3。

5. 低热值煤电规划及项目取水许可和水资源论证　编制了《山西煤电基地规划水资源论证报告》《山西低热值煤发电项目规划水资源论证报告》，4月20日、6月10日，水利部组织专家论证会进行了两次审查。该项目批复后，将为山西省煤电基地建设和低热值煤发电项目起到支撑作用。2015年，山西省政府重点推进29个低热值煤电项目实施，到9月底，29个项目水资源论证已全部批复，其中，黄委、海委批复12个，省级批复17个。根据统计和预测，2015年，全省用水总量70.34亿 m^3，其中，地表水34.4亿 m^3，地下水32.52亿 m^3，矿坑水及中水3.42亿 m^3，分别占总量的49%、46%和5%。省级审查建设项目水资源论证报告、泉域水资源影响评价报告95个。

6. 农村水价改革　2015年年初，制订了《关于深化农村水权制度改革的意见》(初稿)，并报山西省委、省政府。意见提出：要积极实施农村水权制度改革，充分发挥水权制度在资源利用中的市场驱动与调节作用，力争到2017年年底，全省农业灌溉地下水用量在一般水平年实现采补平衡，超采区地下水水位止降回升，农业灌溉用水效率明显提高。　(王秀芳)

【水利规划】

1. 水利规划

(1) 汾河流域生态修复规划通过水利部审查。4月14日，山西省政府第79次常务会议审议通过《汾河流域生态修复规划纲要（2015—2030年)》。7月11日，山西省委、省政府以晋发〔2015〕10号文正式印发这一纲要。10月8日，山西省政府在平遥汾河三坝举行开工仪式，标志着山西省以汾河生态修复为标志的生态文明建设全面启动。编制完成了《汾河流域生态修复规划（2015—2030年)》。11月5—7日，水利部水规总院组织30多位院士、专家在京对该规划进行审查，用一个月时间完成了规划修改和复审工作。12月16日，水规总院出具审查意见上报水利部。

(2) 古贤水利枢纽前期工作取得新进展。一年来，书记王儒林、省长李小鹏、副书记楼阳生、副省长郭迎光以及新上任的黄委主任岳中明先后4次赴古贤坝址实地调研。7月20日，郭迎光带领水利厅有关人员赴水利部黄河水利委员会就古贤水利枢纽等工程有关情况进行沟通对接。10月13日，由黄委会牵头，会同山西和陕西省发改委、水利厅5家联合向水利部和国家发改委上报了古贤水利枢纽项目建议书。12月7—8日，水利部水规总院对《古贤水利枢纽项目建议书》进行了审查，黄河勘测设计公司已按照专家意见对项目建议书进行了修改完善并报水规总院。古贤水利枢纽项目建议书顺利通过审查，标志着古贤项目前期工作取得重大进展，为快速推进工程建设奠定了坚实的基础。

（3）启动桑干河、滹沱河等六河生态修复规划工作。11月3日，山西省政府第102次常务会议安排部署了桑干河、滹沱河、漳河、沁（丹）河、涑水河、御河等6条河流的生态修复与保护规划编制工作。11月19日，山西省水利厅召开了桑干河、滹沱河、漳河、沁河、涑水河和御河等河流生态修复与保护规划编制工作会议，安排布置6条河生态修复与保护规划编制工作。成立了桑干河、滹沱河、漳河、沁河、涑水河及御河生态修复与保护规划工作领导小组。山西省水利厅在参照山西省汾河流域生态修复工作领导小组组建的基础上，起草了《关于成立山西省桑干河、滹沱河、漳河、沁河及涑水河、御河等河流生态修复与保护规划工作领导小组的通知》（代拟稿）。

2. 前期工作

（1）全力推进汾河流域生态修复试点工程。7月初，山西省水利厅启动了汾河流域生态修复试点工程12个项目。其中，西范灌区东扩工程，禹门河汾阳市段河道治理工程，介休市龙凤河河道治理，潇河城区段河道治理工程（东郝桥—西郝桥、汇通桥—108桥段），汾河下游河津、万荣段生态修复生物措施，禹门口东扩襄汾支线供水工程等6个项目的前期工作完成；古交市汾河市区段滩上桥至铁磨沟河道综合治理工程可研立项批复；汾河太原段综合治理三期工程（水利工程部分）、汾河静乐县城段生态综合治理工程、汾河干流稷山城区段综合治理工程等3个项目的可研报告报山西省发改委待批；汾河中下游干流生态修复湿地工程的可研报告正在编制，太榆退水渠改扩建工程太原市段正在编制可研报告。

（2）小型水库更新建设前期工作。山西省小型水库更新建设项目可行性研究报告编制完成70座，组织专家评审65座。其中，52座水库可行性研究报告出具审查意见并报送山西省发改委，省发改委批复31座，21座水库由所在县（市、区）正在办理土地预审、环境影响评价等前期立项支撑文件；其余13座水库可行性研究报告正在修改完善。初步设计审查了18座，批复了17座。（王秀芳）

【基本建设】

1. 大水网建设　大水网四大骨干工程（中部引黄工程、东山供水工程、小浪底引黄工程、辛安泉供水改扩建工程）已全面进入建设高峰，中标承建的国字号水利、中铁施工队伍22家，省级施工队伍5家，近万名施工人员24h奋战在工程一线。截至年底，完成隧洞掘进205km，管道铺设150km；完成投资54.2亿元，占年度建设及投资任务的101%，超额完成年度建设任务。9月28日辛安泉供水工程襄垣支线通水，实现向天脊和王桥工业园区供水目标。

2. 在建重点水利工程　汾河、滹沱河和涑水河三条重要支流治理工程累计完成新建及堤防加固229km。沁源县永和水电站主体工程已完工；石楼坪底供水枢纽工程完工并通过竣工验收。昔阳松溪供水工程口上水库完工实现下闸蓄水，输水工程完成通水验收。禹门口东扩二期和柏叶口龙门供水主体工程完工。临汾市引沁入汾浮山供水工程隧洞开挖6.5km。娘子关供水二期工程3座泵站土建和机电安装完成，城市配水管网完成4.6km。张峰水库一干阳城供水工程隧洞开挖2km，渡槽、箱涵正在施工。北赵引黄灌区二期工程完成干渠40.2km，隧洞开挖2.5km。大同守口堡水库大坝基础垫层浇筑及固结灌浆已经完成，开始坝体混凝土浇筑。垣曲县瓦舍水库、阳高县堡子湾水库已完成监理及施工招标，施工单位已进场；平陆县五龙庙水库初设已批复，正在进行招标及施工准备工作；蒲县刁口水库已进行了初步设计报告审查会，并根据专家意见进行了修改。（王秀芳）

【防汛抗旱】

1. 防汛

（1）重点河流防洪。主汛期前，全省开展了为期20天的集中清障专项行动，共清理阻水林木及高秆作物572亩、违章房屋2 386m^2、其他违章建筑物3 167m^2，清理违章桥梁63座、非法采砂59处，清理违章堆积物454万m^3，投入清障人工12.8万工日，投入清障机械6.9万台班，投入资金1.34亿元。对黄河、汾河、沁河等大河流的防洪安全，明确了以县为单元，按河段全面落实以行政首长负责制为核心的责任制，逐级落实隐患整改、清淤清障、巡堤查险、抢险物料、队伍、迁安救护等措施。

（2）完成省、市、县、乡（镇）、村五级预案修编。以《山西省防汛应急预案》专项预案为核心，完善了11个市级和115个县级的防汛应急专项预案，在受山洪威胁区制定了1 758个乡镇和13 033个村级山洪灾害防御预案，形成了较为完整的省、市、县、乡、村5级上下联动、部门协调的预案体系。

（3）加强监测预警建设，实现群测群防全覆盖。在前期初步实现了山洪监测预警全覆盖的基础上，2015年对山洪预警工程进行了补充完善，新建自动雨量站130个，简易雨量（报警）器5 261个，无线预警广播2 224套，手摇警报器3 661个，锣、鼓、哨6 881套，县级平台延伸到乡镇1 305处，移动巡查设备575套，完善县级预案115个、乡镇预案1 201个、村级预案15 879个，制作警示牌4 471个、宣传栏4 607块、明白卡45.7万张、宣传手册29.03万册，培训1.42万人次，演练129场次等。据统计，全省已建成的山洪灾害体系共发布预警信息上万条，全省安全转移受山洪地质灾害威胁群众6万余人。

（4）山洪灾害防御。山西省共有10 084处地质灾害隐患点和1 843条山洪沟道，重点对河道两岸、沟道两旁、土崖之下、削坡附近、填方之上、坝库下游、采空区域、低洼地带等薄弱环节加强防范。乡村等基层部门严格执行山洪防治群测群防“九个一”制度，同时加强巡查值守，密切监视山洪预警平台变化，第一时间将预警信息通知到村、到户、到人。

2. 抗旱

（1）水利工程设施抗旱。为保障全省抗旱灌溉工作的顺利开展，山西省防指在2014年10月初和2015年5月底分别下达了冬、春、夏浇的建议指标，要求各地各水管单位扎实做好抗旱灌溉工作。大型灌区和机电灌站作用显著，汾河灌区农业灌溉用水1.07亿m^3，灌溉面积79万亩；运城市沿黄的尊村、夹马口、大禹渡、北赵、禹门口等大型机电灌站农业灌溉水量2.65亿m^3，灌溉面积206.87万亩、362.92万亩次，在山西省抗旱灌溉中发挥极大作用。据统计，全省开动各类水利设施近3.2万眼（处），投入抗旱人员30万人，全省完成冬春浇1 779万亩、1 851万亩次，确保全省夏粮丰收。完成夏浇面积1 254万亩、1 594万亩次，超额完成山西省的夏浇计划，为降低干旱损失奠定良好基础。

（2）抗旱服务队深入一线，全力开展抗旱减灾工作。各县级抗旱服务队利用自身有设备、有技术、有人员的优势，组织技术人员积极开展小型水利设施的维修配套工作，在有水源条件的区域，全力开展旱地扩浇工作，通过拉运水的方式，为旱区群众送水解困。全年全省抗旱服务队共新建、维修各类设施367眼（处），维修各类抗旱设备2 444台（套），出动抗旱设备1 900台（套），拉运水4.7万m^3，抗旱扩浇面积10.48万亩，浇灌果树221万株，累计解决11.3万人、4.8万头大牲畜临时性饮水困难。挽回粮食损失82.7万kg，挽回经济损失124.1万元，抗旱减灾成绩显著。

（3）加快推进抗旱应急水源工程建设，确保抗旱规划实施工作顺利完成。2014年度70处抗旱应急引调提水全部开工建设，2015年年底全面完成工程建设任务。2015年度70处抗旱应急水源工程，年底前已有47处工程项目开工建设，其余23处工程项目全部挂网公告，预计11月初可全面完成招投标工作，进入工程建设，年底完成总投资的80%。10月底，山西省对2016年抗旱应急水源工程建设工作进行安排部署。

（王秀芳）

【农村水利】

1. 农业灌溉　依托中央安排的灌区节水改造、泵站更新改造和小型农田水利重点县、项目县建设，山西省因地制宜大力实施农田水利建设，全面推进农田水利标准化建设，加快膜下滴灌示范工程项目实施。同时，继续推进和实施山西省政府确定的农业灌溉电价水价补贴、末级渠系建设补贴等一系列强农惠农政策，各项补贴资金已全部下达到位。2015年，全省农田实灌面积将达到2 300万亩，如期实现“十二五”末全省农业人口人均一亩水浇地的目标。

2. 农村水利改革

（1）小型水利工程产权制度改革试点工作取得阶段性成效。4月，组织清徐、临猗、稷山、汾阳等4个改革试点县分管县长、水利局长赴安徽省定远、怀远两县进行了为期一周的学习调研。7月，组织召开了全省改革工作经验交流会。年底，各试点县已完成改革试点方案编制、改革领导机构组建和清产、核资、登记等工作，部分设施核发了证书。此外，为全面推进山西省产权制度改革和创新运行管护机制工作，山西省将运城市列为全省产权制度改革试点市，所辖13个县（市、区）实施方案均已完成批复，正在进行清产核资工作。

（2）基层水利服务体系能力建设进一步加强。山西省财政安排专项资金用于乡镇水管站能力建设，有效改善乡镇水管站基础设施条件，提高了基层水利服务保障能力；全省农民用水合作组织达到近1 200个，管理灌溉面积超过500万亩，有效弥补了农田水利工程“最后一公里”的管理缺位，激发了农民投资办水的热情和用水积极性。

（王秀芳）

【城乡供水】　按照“提质增效、攻坚克难”的原则，坚持把采煤沉陷区和山庄窝铺作为主攻方向，加快解决连片采煤区因水源变化大、山老区工程标准低、提质增效区工程效益不稳定等出现的饮水安全问题。截至10月底，山西省已新建和改扩建农村饮水安全工程1 311处，改善和提高了54.48万农村居民和10.74万农村学校师生的饮水问题，农村自来水普及率提高到95%，提前两个月超额完成水利部下达的全年目标任务。

（王秀芳）

【节水型社会建设】

1. 节水建设　2015年，水利部、全国节约用水办公室授予山西省阳泉市第四批“全国节水型社会建设示范区”称号。全省各市积极开展市、县两级节水机构建设，已有6个市成立了专门的市级节水管理机构，其他各市正在编制批复之中。运城市的河津市、闻喜县、夏县、绛县等4个县批准成立了县级节约用水办公室，为全省节约用水工作的顺利开展提供了有力保障。

2. 膜下滴灌示范区建设　在巩固和发展原有成果的基础上再发展膜下滴灌示范区面积10万亩，以大同、朔州、忻州等北部3市为重点，在全省推广膜下滴灌技术，种植作物以粮食和蔬菜为重点，并逐步向经济林、小杂粮等特色品种推广。

3. 世行贷款节水灌溉二期项目　2015年世行贷款节水灌溉二期项目开工建设的项目区有介休兴地灌区工程、橡胶坝引水工程、临县阳坡水库灌区、榆社云竹水库灌区、交城县项目区。各项目区共完成铺设骨干输水管线11.96km，建设各类水工建筑物51座，在建橡胶坝、橡胶坝充排水泵站各1座，改建井1座；组建农民用水户协会7个，发展和改善节水灌溉面积3 081.33hm^2，其中，防渗渠灌529hm^2，管灌2 499.33hm^2，滴灌53hm^2。（王秀芳）

【水土保持】

1. 加快推进重点工程建设进度　山西省采取多种措施，加快各水土保持重点工程建设进度。通过下放项目审批权限，减少审批中间环节，强化市（县）相关部门责任，省对市、省（市）对项目县定期督导检查，严格责任追究等各种措施，国家水土保持重点建设工程、国家水土流失重点治理工程、坡耕地水土流失综合治理工程、国家农业综合开发水土保持项目等4个国家水土保持重点工程共完成2015年度计划总投资的96.73%，其中，中央投资完成99.06%，超额完成水利部关于中央投资当年完成80%的规定任务，在全国33个省、自治区、直辖市、单位中排名第7。同时，山西省还批复完成4个国家水土保持重点工程的2016年度实施方案。

2. 全面贯彻落实《中华人民共和国水土保持法》　2015年7月30日，《山西省实施〈中华人民共和国水土保持法〉办法》由山西省第十二届人民代表大会常务委员会第二十一次会议修订通过，自2015年10月1日起施行，山西省水土保持法律法规体系进一步完善。全年省、市、县三级共开展生产建设项目水土保持监督执法检查2 469次，检查项目1 890个；审批水土保持方案214个，涉及水土流失防治责任范围1.8万hm^2，拦挡防治弃土、弃渣2 205万m^3；验收水土保持设施开发建设项目82个；征收水土保持补偿费11 469.9万元。按照水利部安排部署，制定了山西省水土保持监督检查专项行动实施方案，对25个部批、102个省批项目的《中华人民共和国水土保持法》贯彻落实情况进行了监督检查；按照山西省水利厅的安排部署，开展了水土保持监督执法专项整治活动，对2014年度批复的所有生产建设项目进行了全覆盖监督检查，对97个存在问题的生产建设项目下达了整改通知，并督促其全部进行整改。

3. 实现淤地坝全年安全运用　2015年，山西省从责任落实、经费保障、宣传培训等方面采取了一系列有力措施，确保了全省2014座大中型淤地坝平稳度汛、安全运行。2015年汛期，明确了2 014座大中型淤地坝的防汛行政责任人、技术责任人和管护人，并在当地媒体进行公示，接受社会监督；开展了全省淤地坝安全大检查，对淤地坝防汛预案、防汛责任制、防汛值班制等逐项检查落实，及时排查安全隐患；全年落实淤地坝管护经费500万元，其中，省级经费300万元，市（县）经费200万元，所有大中型淤地坝按照骨干淤地坝1 500元/座、中型坝800元/座的标准落实了管护经费；举办了淤地坝安全培训，全年共培训施工单位负责人490人、项目管理人员236人、安全生产管理人员550人；完成了1 020座大中型病险淤地坝的核定工作，为下一步开展淤地坝除险加固工作奠定了基础。（王秀芳）

【地方水电】

1. 水电新农村电气化项目建设　泽州县三姑泉二级水电站是"十二五"水电新农村电气化县电源工程之一，12月完成了该工程的机组启动验收工作。长治市平顺县和晋城市泽州县是山西省"十二五"水电新农村电气化县，在电源工程完成批复建设任务的基础上，2015年10月30日和12月22日分别完成了平顺县和泽州县水电新农村电气化县的验收工作。按照《水利部办公厅关于印发水电新农村电气化和小水电代燃料建设项目绩效评价暂行办法的通知》（办水电〔2014〕233号）要求，2015年12月完成了2个水电新农村电气化项目绩效评价工作。

2. 小水电代燃料工程建设　2015年，全省在建的小水电代燃料项目共3个，分别为：左权县苏公、灵丘县上沿河和交城县沓旯项目，总装机容量4 410 kW，总投资7 266万元，发展代燃料户3 527户。

3. 农村水电增效扩容改造项目建设　2015年，完成了国家批复的31个农村水电增效扩容改造项目建设任务，完成投资16 353万元。改造前水电装机容量77 635kW，改造后新增水电装机容量1 725kW，技改水电装机容量达到79 360kW。31个农村水电增效扩容改造项目均进行了完工验收。（王秀芳）

【渔业】

1. 渔业生产　2015年全省水产品总产量预计达到5.25万t，较2014年增长2.3%。全省渔业经济总产值较2014年小幅增长，全年达到8.98亿元，较2014年增长0.33%。全省渔民人均纯收入达到7 988元，较2014年增长9.89%。

2. 水产健康养殖示范场创建活动　2015年，山西省继续将开展水产健康养殖示范场创建活动作为推进水产健康养殖，转变渔业发展方式，加快渔业现代化建设的有力抓手。经申报筛选、考核验收，向农业部申报的2家农业部水产健康养殖示范场创建单位中，有1家创建单位通过考核验收；13家省级水产健康养殖示范场创建单位中有9家创建单位通过考核验收。经复查，2015年底有效期到期的1家农业部第一批示范场通过复查，16家2012年省级示范场中有10家通过复查，其余6家取消其省级水产健康养殖示范场资格。

3. 池塘标准化改造建设　按照《山西省池塘标准化改造建设标准》和《山西省池塘标准化改造建设项目考核验收暂行办法》的要求，结合中央财政扶持渔业标准化健康养殖项目的实施，继续投入省级财政支渔资金600万元，重点扶持具有较大养殖规模、较好基础条件、较高管理水平、较强辐射带动能力的养殖生产单位实施池塘标准化改造建设工程，通过完善升级池塘养殖设施装备，进一步提升池塘养殖标准化水平和安全有效供给能力。全年改造老旧池塘3 960亩，比2014年增加668亩；新建池塘1 613亩，比2014年减少106亩。

4. 水产品质量安全工作　配合农业部完成了4次市场水产品例行监测和2次产地水产品质量安全监督抽查任务。水产品质量安全抽查覆盖11个地市，47个市、县，产地水产品苗种合格率达到了97%以上。全年共完成了17个无公害水产品产地环境检测及29个无公害水产品药残检测工作，水质检测涉及硫化物、挥发酚、石油类、有机磷、重金属等共11个项目，共检测水样300样次。选择山西省水产技术推广站和具备一定基础条件的4个市级水产站、2个养殖场共7个建设点开展了水产养殖病害测报与鱼病远程辅助诊断系统建设试点。

5. 渔业科技创新　完成了山西省科技农村承包项目“鲟鱼规模化人工繁殖及养殖技术示范”，并获得2015年度山西省农村科技承包一等奖。申报了山西省2015年度科技进步奖及中国水产科学研究院2015年度科技进步奖。先后与中国水产科学研究院渔业机械与信息研究所、中国水产科学研究院黑龙江水产研究所等多家科研院校进行了合作交流，并就名特优品种的人工繁育、利用生态模式解决池塘水质问题达成了合作意向。由山西省水产技术推广站承担的盐碱地南美白对虾高效生态养殖技术项目，养殖总面积达到1 100亩，超出项目指标10%，虾苗成活率由预计的50%提升到了60%。

6. 渔业资源环境保护　按照农业部统一部署，6月6日，与太原市人民政府联合组织开展了汾河太原段水生生物增殖放流活动，放流经济鱼类1 021.9万尾，山西省委常委、太原市委书记吴政隆及省、市有关部门干部职工代表和游园群众参加了活动，提高了增殖放流活动的层次及质量。

7. 渔政渔船管理　一是与各地市渔业主管部门签订了安全生产责任状，实行一把手负责制，建立了工作台账。二是召开了渔政管理人员和渔民代表会议，对达不到登记要求的渔船一律不予登记办证，已登记但不符合安全生产要求的渔船，签证时限期整改到位。三是发布了《山西省渔政监督管理局关于2015年实施春季禁渔的通知》，对黄河干流偏关老牛湾到河曲娘娘滩段、黄河干流河津到垣曲段、沁河安泽段实施了禁渔制度管理。同时组织开展了春季禁渔专项执法活动，共出动执法人员100人次，印刷宣传资料5 000份，没收违规渔具15套，教育违法违规人员23人次。四是安排渔政执法人员对太原市五龙口等几家大型农贸市场水产品经营单位开展了水产品药物残留进行抽测，严禁病死水产品上市销售。五是在全省范围内继续广泛开展渔船检验、执法、监督三大行动，严厉打击非法捕捞以及使用禁用渔具等违法行为，维护渔民合法权益，保障人民生命安全，进一步完善渔船安全监管长效机制。（王秀芳）

【水利科技】

1. 科研项目获奖情况　山西省禹门口水利工程管理局完成的“预应力钢筒混凝土顶管技术研究”获山西省科技进步二等奖；山西省水利科学研究院完成的“非充分供水条件下灌溉预报研究”获山西省科技进步三等奖；山西省水产科学研究所完成的“鲟鱼规模化繁育及养殖技术”获山西省科技厅农村科技承包奖一等奖；6个项目获山西省水利科技优秀成果奖。

2. 科研项目鉴定情况　山西省水利水电勘测设计研究院承担的“山西省水利普查成果应用及水利资源信息共享服务平台”和山西省汾河水库管理局承担的“面向大水网汾河水库综合自动化系统开发研究”通过山西省科技厅鉴定，鉴定结论分别达到“国际领先水平”和“国际先进水平”。

3. 科研项目验收情况　山西省水利科学研究院承担的水利部“948”项目“环保型除氟装置在农村饮水安全中的应用”已向水利部提交验收申请；5个项目通过山西省科技厅验收，44个项目通过山西省水利厅验收。（王秀芳）

【党的建设】　2015年，山西省水利厅以党的十八大和十八届三中、四中、五中全会精神为指导，深入学习贯彻习近平总书记系列重要讲话精神，认真落实中央关于加强党风廉政建设和反腐败斗争的一系列新部署、新要求，切实做好新形势下党的建设工作。一是以多种形式组织开展“三严三实”专题教育，进一步巩固拓展群众路线教育实践活动和“学习讨论落实”活动成果，不断完善制度建设，深入推进专项整治和问题整改，坚决贯彻执行中央“八项规定”，持续推进水利系统作风建设常态化、长效化。二是严格执行“好干部”标准和党管干部原则，树立正确的选人用人导向，注重从工程一线、生产一线选拔任用干部，强化干部教育培训，创新人才发展机制，努力营造公道正派、弊革风清的用人环境。三是认真落实管党治党主体责任，深入开展“基层组织规范建设年”活动，把从严治党要求贯穿到水利工作全过程，切实提高党内生活的政治性、原则性和战斗力。四是坚持把纪律挺在前面，狠抓党风廉政建设“两个责任”落实，加大查处违纪违规案件力度，在全系统持续保持严惩腐败的高压态势，做到有案必查、有贪必肃、有腐必惩。五是扎实推进机关文化和精神文明建设，着力构建“六型机关”，努力营造团结向上、干事创业、风清气正的水利发展氛围。 （王秀芳）

【法治建设】 2015年，山西省水利厅把法治建设摆到了更加突出的位置，运用法治思维和法治方式，全面推进依法治水各项工作。一是认真贯彻落实山西省委“六权治本”决策部署，坚持分类指导和问题导向，科学编制并公布了水利厅权力清单、责任清单，促进依法行政、依法用权。二是进一步加强水法制体系建设，强化依法治水，2015年7月30日，《山西省实施〈中华人民共和国水土保持法〉办法》由山西省人大常委会修订通过，并从10月1日起正式施行。《山西省水利厅关于全面推进依法治水的实施意见》已制定出台。三是加快推进政府部门职能转变，简化行政审批程序，认真落实政务公开制度。四是强化法治培训，全年共组织开展执法培训940余人次，查处各类河湖、水保违法案件200余次，限期整改120余起。（王秀芳）

内蒙古自治区

【概况】 2015年，内蒙古自治区（以下简称自治区）各级水利部门认真贯彻落实中央、自治区加快水利改革发展的决策部署，开拓进取，攻坚克难，扎实工作，全年下达水利投资计划98亿元，落实中央投资53.2亿元、地方投资44.8亿元，全社会水利投入突破180亿元，再创历史新高。12项节水供水重大水利工程，在建4项，新开工3项，推进前期工作5项。完成节水灌溉面积32万hm^2。组织实施呼伦湖水生态监测工程、乌梁素海水循环工程，全区地下水自动化监测井达到500眼。完成水土流失综合治理面积50.18万hm^2。 （李建国）

【水政】 《内蒙古自治区水土保持条例》经自治区人民代表大会常务委员会第十七次会议审议通过，自2015年10月1日起正式实施。出台《内蒙古自治区水利厅加强依法治水管水工作方案》。水利投资项目网上联合审批取得阶段性成果。开展自治区本级水行政审批中介服务清理与规范工作，共梳理出19项行政审批中介服务事项。开展自治区本级行政执法主体清理和委托执法工作，确认内蒙古自治区水利厅（以下简称水利厅）和内蒙古自治区水文总局（以下简称水文总局）为自治区本级涉水行政执法主体。将水行政处罚权按执法领域分别委托给内蒙古自治区水政监察总队和内蒙古自治区水利工程建设质量与安全监督中心站行使。

对自治区未核准的24处煤矿违反水法规情况进行调查核实。配合黄河上中游管理局开展了黄河上中游河道专项水行政联合执法检查。加大阿拉善盟腾格里沙漠地区污染问题整改落实工作的督查力度。对存在防洪隐患的赤峰市和通辽市新开河界河段违法违规围垦河道、修建工程、河道严重设障情况进行调查取证。配合松辽委调处赤峰市元宝山区和辽宁省建平县在老哈河上的水事纠纷。对赤峰市水利局反映的老虎山河池家湾子省界河段违法采砂威胁防洪堤工程安全的情况进行了调查并上报松辽委协调解决。按照松辽委要求，调查并报送了内蒙古、辽宁两省（自治区）在东辽河上违规修建浮箱桥情况。 （李建国）

【水资源】

1. 水资源管理

（1）制度建设。编制完成《内蒙古自治区地下水超采区及禁采区和限采区范围划分》《内蒙古自治区水功能区管理办法》《内蒙古自治区实行最严格水资源管理制度考核办法》，并由自治区人民政府印发实施。修订了《内蒙古自治区行业用水定额》（GB15/T 385—2015），2015年12月20日起实施。修编了《城市饮用水水源地保护规划》，并经自治区人民政府同意后批复实施。印发了《自治区级重要饮用水水源地名录并开展安全保障达标建设的通知》，对全区12个自治区级重要饮用水水源地开展了安全保障达标建设工作。编制完成《内蒙古自治区水权交易管理办法》（征求意见稿）。继续推进行政审批制度改革，制定了《取水许可办事指南》《取水工程核验办事指南》。

（2）最严格水管理制度考核。完成对全区12个盟市人民政府实行最严格水资源管理制度的考核工作。开展了自治区党委政府“三位一体”年度目标考核水资源管理与保护指标考核工作 。

（3）水量调度管理。2014年7月至2015年6月，内蒙古自治区黄河分配水量51.47亿m^3，经黄河水利委员会复核后实际用水量52.95亿m^3，其中干流50.30亿m^3，支流2.65亿m^3，超水比例2.8%，满足黄河水量调度超水比例不超过5%的要求。

在黑河水调工作方面，2014—2015年度向东居延海补水2 977万m^3，水域面积达40.5km^2，蓄水量5 820万m^3，上游下泄水量欠账6.25亿m^3，东居延海连续11年不干涸。在确保黑河尾闾生态逐步恢复的基础上，推进黑河水量欠账偿还工作，保证生态下泄水量及生态恢复成果。

（4）水权转换工作。2015年盟（市）间黄河干流水权转让试点工作顺利实施，解决了内蒙古北控京泰能源发展有限公司煤制天然气项目、中海油新能源投资有限责任公司准格尔旗煤炭清洁高效综合利用示范项目、新蒙能源投资股份有限公司煤制天然气项目等8个项目和鄂尔多斯煤电基地的用水问题，盟(市)间水权转让二期前期工作全面开展。经自治区人民政府同意，1.2亿 m^3 盟(市)间一期水权转让水量指标已经分配给有关地区，其中，鄂尔多斯市1.15亿 m^3，阿拉善盟0.05亿 m^3。

(5) 取水许可管理。开展了取水许可核查工作，对荣信化工有限公司年产180万t煤制甲醇及转化烯烃一期年产60万t甲醇项目完成了取水工程核验工作，并核发了取水许可证。

(6) 水资源管理信息化建设。基本完成黄河水量调度系统建设任务并进行了合同验收；完成了国控监测能力建设项目2013年度项目和2014年度项目的初验工作；编制完成《自治区水利厅与盟市水资源数据集成实施方案》，并确定包头市和锡林郭勒盟为集成试点。

(7) 节约用水工作。自治区水利厅继续与自治区少工委联合在少先队组织中开展"节约保护水资源、养成节水好习惯"主题队会活动，继续与经济和信息化工作委员会、自治区直属机关事务管理局联合开展节水型企业和单位创建工作。评比表彰了25家节水型企业、机关、学校、幼儿园和服务业单位，安排500万元水资源费以"以奖代补"的方式对受表彰单位进行了奖励。与自治区直属机关事务管理局共同开展了自治区本级公共机构节水型单位创建工作，有34家自治区级机关单位、109家自治区级事业单位被评为自治区节水型单位。自治区水利厅与自治区直属机关事务管理局联合印发了《关于开展合同节水管理试点的通知》，并在内蒙古大学、内蒙古农业大学、内蒙古工业大学开展了"合同节水"试点工作。

2. 水资源保护　编制完成《自治区重要江河湖泊水功能区纳污能力核定和分阶段限制排污总量控制方案》。开展了2015年水功能区监测工作和重点水功能区的本底值研究工作。编制完成《2016年全国重要江河湖泊水功能区监测方案》《自治区水资源保护规划》和《自治区重要水源和地下水超采区水量与水位双控制方案》。 (李建国)

【水利规划】　完成黄河内蒙古段二期防洪工程及嫩江干流内蒙古段治理工程前期工作并进入建设实施阶段。抓紧推进自治区列入全国病险水闸除险加固规划的78座中型病险水闸前期工作。 (李建国)

【基本建设】

1. 重点水利工程建设　西辽河防洪治理工程初步设计已批复，批复投资4.19亿元，已下达投资2.17亿元，完成投资2.28万元，投资完成率105%。东辽河防洪治理工程初步设计已批复，批复投资0.92亿元，已下达投资0.83亿元，完成投资0.80亿元，投资完成率96%。

2. 病险水库除险加固工程　开工建设自治区列入规划的一般小(2)型病险水库66座和新增小型病险水库44座。自治区列入规划内新增大中型病险水库11座，规划外2座，其中，12座水库初步设计已获批复。

3. 防洪治理工程　内蒙古自治区27条重要支流治理项目中，雅鲁河、洮儿河、霍林河、大黑河、西拉木伦河等16项治理工程初步设计共88段，已经自治区发改委和水利厅联合审查批复，开工建设76段，已完成投资17.05亿元。

中小河流2013—2015年规划治理项目120项，截至2015年年底，初步设计已经审批119项，完成工程建设招标110项，106项开工建设，完成投资13.42亿元。 (李建国)

【防凌防汛抗旱】

1. 黄河防凌工作　黄河内蒙古段开河历时52天，没有发生大的险情，全线呈现文开河。

2. 防汛抢险工作　2015年汛期，内蒙古自治区发生了19次降水过程，其中17次造成了不同程度洪涝灾害，202 103人受灾，因灾死亡15人，紧急转移人口762人，倒塌房屋788间。农作物受灾面积85 551.7 hm^2，成灾面积68 433.2 hm^2，绝收面积20 856.7 hm^2，因灾减产粮食15.9405万t，造成直接经济损失6.6526亿元。

全区各地投入抢险人数8 232人次，其中，部队官兵479人次，地方人员7 497人次，防汛机动抢险队员256人次。投入编织袋14.38万条，砂石料2.344万 m^3，钢材0.5t，救生衣126件，抗灾用油24.86t，抗灾用电0.96万kW·h，其他抢险救灾物资消耗26.70万元。动用抢险设备545台(班)次。通过防汛抢险，实现减淹面积5 450 hm^2，避免粮食减收3 050t，减少受灾人口3 710多人，解救洪水围困群众247人，减灾经济效益1 589万元。

3. 抗旱减灾工作　2015年，内蒙古自治区农作物受旱面积278.67万 hm^2，受灾面积247.72万 hm^2，成灾面积120.27万 hm^2，绝收18万 hm^2。可利用草场受旱面积2 666.67万 hm^2，其中有200万 hm^2 遭受蝗灾；因旱累计造成82.8万人、311万头牲畜临时饮水困难。西部牧区牧草产量减产50%左右。全区因旱粮食损失455.5万t，因旱直接经济损失64.53亿元。

内蒙古自治区各级党委、政府采取抗旱措施，国家投入4 000万元抗旱经费，自治区动用主席预备金3 000万元用于抗旱工作，保障农牧民和牲畜的基本用水及农牧业生产用水，减轻旱灾损失。

4. 抗旱服务组织建设　截至2015年年底，自治区已组建各级抗旱服务组织315个，从业人员4 752

人，固定资产 36 671万元。（李建国）

【农田水利】

1. 农村水利 2015 年完成节水灌溉面积 32 万 hm^2，其中高效节水灌溉面积 15.8 万 hm^2，灌溉水利用系数由“十一五”末的 0.47 提高到 0.52。

2015 年大型灌区续建配套与节水改造项目的 8 个大型灌区建设完成总投资 9.5015 亿元。尼尔基水利枢纽下游内蒙古灌区建设完成 2015 年度投资计划 3.41 亿元，绰勒水利枢纽下游内蒙古灌区项目完成投资 2.2 亿元。完成中型灌区建设投资 1.1337 亿元，可新增和恢复灌溉面积 5 893 hm^2，改善灌溉面积 13 240 hm^2，新增节水能力 3 029万 m^3，增产 1 532 万 kg。

完成“节水增粮行动”投资 24 亿元，发展节水灌溉面积 16 万 hm^2；自治区重点县（农区）项目下达 12 个旗（县）自治区财政投资 1.8 亿元，可发展节水灌溉面积 14 667 hm^2，新增节水能力 2.2 亿 m^3；7 个旗（县）规模化节水灌溉项目投资 3.16 亿元，可发展节水灌溉面积 16 480 hm^2。

推进 3 个国家农田水利设施产权制度改革和创新运行管护试点工作。继续推进、创新小型水利工程管理体制改革，9.73 万处小型水利工程进行了产权界定并颁发产权证书。

2. 牧区水利 2015 年牧区节水灌溉示范项目 15 个，投资 6 250万元，新增及改造饲草料地节水灌溉面积 3 760 hm^2；14 个自治区重点县（牧区）投入 3.36 亿元，可发展节水灌溉饲草地 23 333 hm^2。

（李建国）

【水土保持】 实施了坡耕地水土流失综合治理试点工程、面上治理工程、国家农业综合开发东北黑土区水土保持项目、国家水土保持重点建设工程和京津风沙源二期等工程，完成水土流失治理面积 50.18 万 hm^2。编制完成《内蒙古自治区水土保持补偿费征收使用实施办法》。举办两次水土保持条例宣传培训班，培训人员约 300 名。继续在赤峰市、鄂尔多斯市和包头市推动水土保持“进校园”工作。着重开展水土保持“进党校”工作，鄂尔多斯市和乌兰察布市卓资县成为内蒙古自治区首批水土保持进党校工作的试点地区后，已连续 3 次在当地党校开展水土保持的党校宣讲。

（李建国）

【城乡供水】 解决了 79.2 万农牧民和 4.59 万学校师生的饮水安全问题，覆盖 12 个盟（市）的 72 个旗（县）。解决了赤峰市翁牛特旗 8.3 万农村居民的饮水安全问题，建设 90 个区域水质检测中心。（李建国）

【农村水电】 持续发展农村小水电。编制完成农村水电“十三五”规划初稿。（李建国）

【工程管理】 推进水利工程建设管理体制改革，通过出台、印发《关于开展水利工程建设项目设计施工总承包（试点）工作的通知》《内蒙古自治区水利工程建设项目招标投标行政监督管理办法》《内蒙古自治区水利厅关于水利工程建设项目招标审批改变为备案管理的通知》《水利厅关于深化水利改革实施方案》《河道管理巡查办法》《内蒙古自治区水利厅关于建立全区水利建设市场主体信用档案的通知》等一系列方案及文件，不断加强水利工程管理、招标管理及河道管理。落实全区所有水库的以行政首长负责制为核心安全管理责任制，2015 年从自治区水利建设基金中安排 2 000万元，用于大中型水利工程的维修养护，确保水利工程安全运行。

（李建国）

【科技与教育】 由内蒙古自治区水利科学研究院承担的水利部公益性科研专项“灌区水资源总量控制技术及多维临界调控模式”取得成果，国家重点推广计划项目“西北地区减蒸增效化控协同技术规模化示范推广”通过了水利部的项目中期评估。自治区财政部门下达水利科研经费 1 530万元，其中，“引黄滴灌高效节水”“四个千万亩节水灌溉”重点科技项目 1 000 万元。“内蒙古自治区新增‘四个千万亩’节水灌溉工程科技支撑”项目完成鉴定验收，创建了适宜不同区域、不同水源条件的主要作物综合节水技术集成模式图 15 套，制定了相关地方标准 17 项，编制完成《内蒙古河套灌区渠道衬砌和渠系建筑物设计图集》。

（李建国）

【多种经营】 2015 年，内蒙古自治区成功申报巴彦淖尔市狼山水库水利风景区为国家级水利风景区，评定乌海市乌海湖水利风景区为自治区级水利风景区。

（李建国）

辽 宁 省

【概况】 2015 年，全省落实水利投资 144.11 亿元，其中争取中央投资 89.77 亿元，占计划（72.3 亿元）的 124.2%；全省完成投资 165 亿元。重点工程建设有序推进，辽西北供水、猴山水库、观音阁水库输水等重点工程完成或超额完成年度建设计划；节水灌溉、农村饮水、移民扶持等大批民生工程完成建设并投入运行。科学应对严重旱情，通过大伙房水库输水工程实施应急调水 9.7 亿 m^3，科学调度省直水库为水田补水 2 亿多 m^3，临时解决了 32.02 万人因旱饮水困难，将干旱损失降到了最低程度。深化水利改革，组建了省水资源管理集团，推进了农业水价综合改革试点、农村水利工程产权制度改革试点工作。进一步完善和落实水利法规，推进简政放权和依法行政；继续落实最严格水资源管理制度，抓好“三条红线”管理；全面加强水利工程质量管理、安全生产管理、农村水利资产管理、水利建设市场管理、基层服务体系建设和科技研发推广等工作。（徐德伟）

【水利改革】 按照“政企分开、政资分开”和推进事业单位分类改革的要求，按照辽宁省委、省政府的安排部署，辽宁省水利厅提出了厅属国有资产进一步强化监管与理顺管理体制、组建省水资源管理集团的方案，经省政府常务会议和省委会议审议通过。组织盘山县、铁岭县完成了农业水价综合改革试点工作并通过验收。在绥中等4个县开展了农村水利工程产权制度改革试点，在“实行建管一体化”“建立项目管理公开制度”“产权确定和移交”等方面取得初步成效。（徐德伟）

【水政】

1. 完善水利法规 起草了《辽宁省水利工程管理条例》并列入省人大2016年立法论证项目计划；印发了《农村水利工程建设管理办法实施细则》《河道管理范围内建设项目管理工作指导意见》等规范性文件。各级水利部门集中开展了“世界水日”“中国水周”宣传教育活动。

2. 推进简政放权工作 编制了辽宁省水利厅权力清单和责任清单；经省政府同意，水利厅保留45项行政职权。水利厅24项行政许可、确认、收费及其他行政审批事项全部进入省政务服务中心，实行“一个窗口”办理。沈阳、大连、锦州等市涉水行政许可和审批全部进入审批大厅，实行一站式服务。

3. 加强水政执法能力建设 完成了水政执法监督管理平台建设，省本级水政执法信息平台进入试运行阶段。全年查处水事违法案件843起，其中立案367件，结案218起，处罚470万元。（徐德伟）

【水资源】

1. 水资源“三条红线”管理 全年用水总量为140.75亿m^3；万元工业增加值用水量为17.11m^3，较2014年下降2%；农田灌溉水有效利用系数提高到0.587，较2014年提高0.86%；全年压采地下水1.02亿m^3，占计划的139%；主要水功能区、主要饮用水源保护区水质达标率分别达到85%和100%。

2. 水功能区管理和饮用水源保护 按月对350个主要水功能区和10个重要水源保护区进行了水质监测；自4月开始，对16个主要供水水库和12个重要输供水工程水质开展了周监测；对287个入河排污口开展了3次水质监测。累计采检水样13 090个，出具监测数据36.4万个。

3. 节水型社会建设 完成了《辽宁省行业用水定额》修订工作，由省质量技术监督局以地方标准发布。编制了全省节水型社会建设“十三五”规划，联合省发展改革委、省工业和信息化委、省住房城乡建设厅、环保厅组织各市开展了重大节水项目填报工作。

4. 水资源监控能力建设 组织开展了全省城镇、工业、服务业取水许可证换（补）发工作。继续开展国家水资源监控能力项目建设，开展了第二批取用水监控点和水质在线监测站建设，启动了项目技术评估和验收准备工作。（徐德伟）

【水利规划】

1. 水利规划编制 《辽宁省水利发展“十三五”规划》经省政府常务会议审议通过；全力推进17项水利专项规划和实施方案编制审批工作，其中水电新农村电气化规划、农村水电发展规划、治涝规划3项已完成初稿并报水利部审查，完成重点河流河道生态建设规划、水资源配置调度管理规划、水土保持规划、农田水利规划、中小河流设计暴雨洪水计算方法修编初稿。

2. 项目前期工作 辽宁省重点输供水二期、猴山水库、清河水库供水取水头部及输水改造、佛寺水库除险加固工程初设报告已完成审批；大伙房水库输水二期二步可研报告已报水利部待批，二期抗旱应急供水和盘锦应急供水初设报告已完成审批。（徐德伟）

【基本建设】

1. 水资源配置体系建设 辽宁省重点输供水一期工程全年完成隧洞开挖45.46km，衬砌120.5km，生产PCCP管材45.56km、钢管3.83万t，安装管道162.31km，分别占年度计划的124.2%、116%、100%、100%、100%；开挖二期一步工程隧洞14.93km，占年度计划的160%。大伙房水库输水洞改造工程已投入运行。观音阁水库输水工程完成隧洞开挖15.84km，大雅河水利枢纽浇筑混凝土7万m^3，猴山水库浇筑混凝土23.5万m^3，均超额完成年度计划。

2. 防灾减灾体系建设 四道号水库、清河闸和六股河闸除险加固工程已竣工验收，开工建设了观音阁水库改造、佛寺水库除险加固和5座大中型水闸除险加固，完成25座小型水库除险加固。修复水毁和应急度汛工程1 525处。46项河道治理工程全部开工建设，其中山洪沟治理工程全部完工。

3. 惠民工程建设 完成了大伙房水库漂浮物清理平台、水源区3条河流生态治理工程，累计植树228万余株，设置围栏59.75km。开展了大型河流堤防维护、占河垃圾清理等专项活动。新建农村饮水安全工程 2 032处，解决了 129 万农村群众的饮水安全问题；新建县级农村饮水水质检测中心 71 个，检测水样 3.5 万个。发放移民直补资金 3 亿元，完成移民扶持项目 900 项。 （徐德伟）

【防汛抗旱】

1. 防汛抗旱准备工作　落实了以行政首长负责制为核心，由 4 万余人组成的防汛抗旱责任网络体系，并向社会公布。4 月中旬派出 8 个检查组对全省防汛抗旱准备情况进行了全面检查，针对 272 项防汛薄弱环节责成各地限期完成整改。组织做好防汛抗旱物资的储备管理、维修养护等工作。组织开展了抢险救生分队及各市防汛抢险骨干培训。组织编制了《2015 年防御洪水方案》《省管九大水库及桓仁、回龙山、太平哨水库汛期调度运用计划和防汛抢险应急预案》。

2. 抗旱减灾工作　2015 年全省遭遇严重旱灾，截至 7 月 24 日，全省作物受旱面积达到最大值 145 万 hm^2，其中干枯 9.6 万 hm^2、重旱 48.7 万 hm^2；22.7 万人、2.56 万头大牲畜因旱临时饮水困难。省防指组织各地区、各部门全力做好抗旱减灾工作，通过大伙房水库输水工程调水 9.7 亿 m^3，保证了大连等中南部城市的安全供水；科学调度省直水库，为水田抗旱补水 2 亿多 m^3。全省累计投入 179.7 万人、18.27 万眼机电井、1 152处泵站、24 万台套机动设备、13.28 万辆送水车参与抗旱，累计投入资金 4.98 亿元、用电 0.83 亿 kW·h、用油 1.78 万 t；累计浇灌面积 53.5 万 hm^2，临时解决了 32.02 万人、3.81 万头大牲畜因旱饮水困难，将干旱损失降到了最低程度。 （徐德伟）

【农田水利】

1. 节水灌溉工程　2014 年实施的 13.3 万 hm^2 节水灌溉工程已在春耕前投入运行，在 2015 年春播和抗旱中发挥了突出作用；2015 年又完成 14 万 hm^2 节水灌溉工程建设任务的 96%。全年新增农田有效灌溉面积 5.95 万 hm^2，恢复和改善灌溉面积 14.4 万 hm^2，治理涝区面积 8.4 万 hm^2。综合治理水土流失面积 14.7 万 hm^2。

2. 大中型灌区续建配套与节水改造工程　开工建设了浑蒲、浑沙、灯塔 3 座大型灌区改造工程。完成了凌海、辽阳、海滨、浑北、西四中型灌区改造项目主体工程；开工建设了腰堡、浑河、爱河、柳壕中型灌区改造工程。

3. 灌排泵站更新改造工程　开工建设了新民、辽中辽浑蒲、辽中浑蒲 3 处大型泵站改造工程；完成了 150 座小型灌排泵站改造工程。

4. 其他农田水利工程　开工建设了义县、黑山县、彰武县、建平县规模化节水灌溉增效示范项目及建平县牧区节水灌溉示范项目。完成省级小农水项目 331 个，完成水田节水改造 2 万 hm^2。

5. 农田基本建设工作　全省完成农田基本建设投资 95.4 亿元、投劳 1.3 亿个工日。通报表扬了 2014 年度农建"大禹杯"竞赛先进单位，颁发以奖代补资金 1 920万元；制定了《"十三五"期间全省农田基本建设"大禹杯"竞赛活动方案》，开展了 2015 年度农建"大禹杯"竞赛绩效考评工作。 （徐德伟）

【水土保持】

1. 水土流失综合治理　全年完成水土流失综合治理面积 14.7 万 hm^2，占年度治理任务的 100%。

2. 水土保持监督执法工作　完成了《辽宁省水土保持补偿费征收使用管理办法》和《辽宁省水土保持补偿费征收标准》初稿，并与物价、财政等相关部门进行多次沟通。对丹东、抚顺、锦州、阜新、朝阳、营口、本溪等 11 个市的 29 个生产建设项目开展水土保持专项监督检查，下发整改意见 15 项。完成水土保持方案审查 38 项、水土保持方案批复 34 项、水土保持设施验收 18 项。 （徐德伟）

【城乡供水】

1. 供水　2015 年全省总供水量 140.75 亿 m^3。其中地表水源供水量 78.04 亿 m^3，占 55.4%；地下水源供水量 58.56 亿 m^3，占 41.6%；其他水源供水量 4.15 亿 m^3，占 3.0%。在地表水源供水量中，蓄水工程供水量 47.46 亿 m^3，引水工程供水量 13.43 亿 m^3，提水工程供水量 17.15 亿 m^3；在地下水源供水量中，浅层地下水供水量 58.18 亿 m^3，深层地下水供水量 0.38 亿 m^3；在其他水源供水量中，污水处理回用 4.04 亿 m^3，海水淡化 0.11 亿 m^3。

2. 用水　2015 年全省总用水量 140.75 亿 m^3。其中居民生活用水量 17.42 亿 m^3，占 12.4%；生产用水量 117.71 亿 m^3，占 83.6%；生态环境（河道外）补水量 5.62 亿 m^3，占 4.0%。在居民生活用水量中，城镇居民生活用水量 13.11 亿 m^3，农村居民生活用水量 4.31 亿 m^3。在生产用水量中，第一产业用水量 88.76 亿 m^3，其中农田灌溉用水量 78.76 亿 m^3，林、牧、渔、畜用水量 10.00 亿 m^3；第二产业用水量 23.43 亿 m^3，其中工业用水量 21.39 亿 m^3，建筑业用水量 2.04 亿 m^3；第三产业用水量 5.52 亿 m^3。 （徐德伟）

【农村水电】

1. 水电新农村电气化建设　完成了 6 个水电新农村电气化县建设县级自验工作和省级验收工作。完成了辽宁省农村水电发展"十三五"规划和"十三五"水电新农村电气化规划的编制工作。

2. 农村水电增效扩容改造　11 个农村水电增效

扩容改造项目完工，完成投资 4 400万元，其中中央补助 1 693万元全部完成。 （徐德伟）

【工程管理】

1. 工程质量管理 制定了《辽宁省水利厅直属水利工程质量检测管理办法（试行）》《辽宁省水利厅直属水利工程质量责任追究实施办法（试行）》《辽宁省水利厅直属水利工程建设质量责任管理办法（试行）》，市（县）工程参照执行。对省直工程和省重点工程实行了质量责任书、责任碑（牌）和信息档案制度。进一步加强对辽宁省重点输供水、猴山水库、观音阁水库输水等重点水利工程质量的监督检查。全年评定省属单元工程 3.95 万个，优良率 94.8%。出台了《辽宁省水利厅贯彻实施质量发展纲要提升水利工程质量 2015 年工作方案》《水利工程质量奖励实施方案》。全年检查检测市（县）工程 429 项，评定单元工程 12.47 万个，优良率 73.6%。开展了市级水利部门质量工作考核，14 个市及 2 个试点县考核结果均为 A 级；向质量考核先进的 25 个市（县）发放以奖代补资金 1 500万元。配合做好水利部对辽宁省水利厅 2014—2015 年度水利建设质量工作考核，考核成绩在全国获评 A 级。

2. 安全生产管理 修订了《辽宁省水利厅安全生产目标管理考核办法》，下达了《2015 年度安全生产目标管理责任书》，公布了安全生产责任人名单。开展安全生产百日专项治理、落实施工方案、汛期水利安全生产大检查等专项行动。组织参加全国水利安全生产知识网络竞赛，辽宁省水利厅获得组织奖。

3. 水利建设市场管理 创新建管模式，在佛寺水库除险加固工程中实行设计施工总承包。推进诚信体系建设，完成了全省水利建设项目动态管理系统建设并试运行，推动水利建设项目信息公开和信用信息共享。加大守信激励、失信惩戒力度，对 1 人次失信行为、2 家单位不良行为给予曝光，对 5 家整改有效的市场主体缩短不良公告时限 6 个月。印发了《关于加强和改进辽宁水利工程施工招标合理最低投标价法的通知》，避免不合理低价中标。

4. 农村水利资产管理 对 7 类、30 余万处农村水利工程进行核查登记，落实管护主体，明确管护责任；建立了农村水利资产管理档案，推进农村水利工程信息系统建设，为实现农村水利工程的专业化、信息化管理奠定基础。实施维修养护项目 7 000余处，改善了全省农村水利工程运行状况。 （徐德伟）

【科技与教育】

1. 科研工作 启动了“辽宁省水工混凝土结构质量控制和耐久性提升技术研究项目”，印发了实施方案和实施细则，开展了资料收集、整理等基础工作。完成了河流生命理论与治理保护技术专题研究工作，并完成了 9 个子题和总研究报告。“辽宁北中南三线跨流域调水联合调度模式研究”“辽西北农业干旱防御与抗旱减灾关键技术研究”分别通过水利部组织的结题验收。“小型水库防洪抗旱减灾技术研究与应用”和“特大地震中小型水库应急除险修复理论与技术”“辽宁省浅层地下水超采区评价与治理保护研究”分获辽宁省政府科技进步一等奖、三等奖。

2. 科技推广工作 组织完成中央财政农业科技推广示范项目“高效灌溉新技术推广”“水稻节水新技术推广”实施工作，并通过省级验收。 （徐德伟）

【多种经营】 省直水库完成农业供水 17.45 亿 m^3，占计划供水量 15.4 亿 m^3 的 113%，其中泡插期供水 10.22 亿 m^3，补水期供水 7.23 亿 m^3；省直水库完成生活和工业供水 15.94 亿 m^3。全年完成省直水库水费收入 3.6 亿元。 （徐德伟）

吉林省

【概况】 2015 年是多年来吉林省水利建设要求最高、任务最重、时间最紧、压力最大的一年，面对国家要求当年中央水利投资计划农村饮水安全完成 100%、重大水利工程完成 90%、面上水利工程完成 80%刚性目标的压力，面对中共吉林省委、吉林省人民政府把农村饮水安全纳入全省民生实事、把河湖连通工程纳入全省推进实施的“五大工程”、把水利基础设施建设纳入“四大工程包”等工作压力，面对抗旱夺丰收和推进水利现代化的压力，紧紧围绕全省工作大局，全面贯彻落实上级决策部署，克难攻坚，科学组织，经过艰苦努力，全省水利改革发展取得了新的成绩。 （张臣）

【水政】 立项水利、渔业地方标准 12 部。各项业务培训深入实施。《吉林省水文条例》经吉林省人大常委会审议通过并颁布实施。取消、暂停行政审批 7 项，依法建立 142 项行政职权责任清单。扎实开展水土保持专项执法检查活动，查处违法案件 68 起。与吉林省检察院联合印发《关于在水行政监管工作中加强协作配合的若干意见》，与吉林省检察院、财政厅、国土厅、环保厅、住建厅、审计厅、林业厅、药监局等 10 个部门共同印发《重大行政执法信息移送暂行办法》，推动工作信息共享平台建设，实现有关行政违法案件、行政公益诉讼等司法信息互联互通。

（张臣）

【水资源】 全省用水总量控制在 134 亿 m^3 以内，

农田灌溉水有效利用系数达到 0.563，万元工业增加值用水量和重要江河湖泊水功能区水质达标率等指标，均符合国家控制要求。完成了地下水超采区治理方案编制，启动了全国重要饮用水水源地安全保障达标建设评估。（张臣）

【水利投资】 2015 年，完成全口径水利投资 161.8 亿元，创历史最高水平，比 2014 年增长 57.7%，其中中央投资完成 87.72 亿元，增长 55.5%，完成 2015 年以前结转项目资金 23.5 亿元。（张臣）

【执行中央投资计划】 吉林省纳入国家考核的中央投资计划综合完成率达到 97.91%，其中重大水利工程投资完成率 102.37%，其他面上工程投资完成率 88.8%，都超过国家规定当年投资完成目标，综合完成率和重大水利工程完成率分别高出全国平均水平 2 个和 4 个多百分点。水利部致函吉林省人民政府，吉林省 2015 年水利工程建设在国家考核中评为优秀。（张臣）

【重大水利工程建设】 大力推进中部城市引松供水、西部地区河湖连通等 15 项重大水利工程建设，新开工松原灌区、松花江干流治理、嫩江干流治理、月亮泡蓄滞洪区 4 项工程，共完成投资 91.95 亿元，比年初计划增加 3.45 亿元，进一步强化了水利工基础设施支撑能力。（张臣）

【防汛抗旱】 2015 年汛期，受厄尔尼诺事件持续影响，吉林省气候异常，东南部降雨多，局部遭遇洪涝灾害，中西部降雨少。总体上，呈现旱涝交替、旱涝并存的局面。全省各地、各有关部门坚决贯彻吉林省委、省政府的决策部署，迅速行动，全力抗洪抢险救灾。通过各方面的共同努力，确保了群众无一人伤亡，水库无一座垮坝，主要江河堤防无一处决口，将灾害损失降到了最低限度。抗旱工作中，实施丰满、白山水库联调，配套完善农田水利设施，开展 36 个大中型灌区节水改造，在受旱区增打抗旱井 3 019眼，维修加固蓮水坝 6 座，西部河湖连通工程引蓄雨洪资源 12.5 亿 m^3，投入资金 2.65 亿元，为全省粮食产量创 364.5 亿 kg 历史最高水平提供了水利保障。（张臣）

【农村饮水安全】 国家下达吉林省农村饮水安全工程建设计划投资 6.01 亿元，累计完成投资 7.65 亿元，其中，中央投资 4.81 亿元，省级投资 1.2 亿元，地方及群众自筹 1.64 亿元，建成水源工程 958 处、管网工程 1 109处，解决了 98.12 万人饮水安全问题。（张臣）

【工程质量监管、安全生产及水利扶贫工作】 狠抓工程质量监管，在水利部首次组织的考核中，吉林省被评为优秀等级。强化安全生产责任落实、隐患排查、重点领导监管等措施，实现连续 6 年安全生产“无事故”“零死亡”，持续巩固了安全生产平稳态势，分别在水利部、吉林省政府安全生产目标责任制考核中被评为优秀等次。突出水利项目扶贫，注重扶贫效果，在水利部通报全国水利扶贫工作考核结果中，吉林省被评为优秀，并明确在年度中央水利资金分配中给予吉林省适当倾斜。（张臣）

【水利改革】 2015 年吉林水利面向社会融资迈出较大步伐，共落实贷款及企业资本 18 亿元，比 2014 年翻了一番多。在桦甸市万两河水利枢纽工程开展了 PPP 模式试点。吉林省节水灌溉发展股份有限公司通过改制、面向资本市场融资、壮大发展实力迈出实质性一步，成为吉林省水利行业第一家上市公司。农业水价、小型水利工程建设管理体制、基层水利服务体系改革稳步推进。（张臣）

【渔业】 实现渔业产值 41 亿元（不含水产品加工业产值），比 2014 年增长 17%。稻渔综合种养示范效果明显，亩均增收 408 元。珲春海产品贸易和加工实现产值 31 亿元，出口创汇额居全国内陆省份第 3 名。产地水产品合格率在国家和省抽检中，分别达到 97.89%和 99.47%，农业部对吉林省水产品监测提出表扬。镇赉县成为全国首批 5 个水立健康养殖示范县之一，全省 7 家养殖场被授予“农业部水产健康养殖示范场”称号。（张臣）

【科技兴水】 水利科研成果获吉林省科技进步二等奖 1 项、三等奖 2 项，柔塑拼装水渠技术开展成果转化和市场化运作。水利电力学校升入高职取得重要进展，新校区建设实现开工。（张臣）

【党风廉政建设】 2015 年吉林省水利厅党组把抓好党好廉政建设摆上重要位置，强化党风廉政建设主体责任，狠抓日常监管和执纪问责，年内没有发生违纪违法案件，全厅党风廉政建设整体态势良好。压紧压实党风廉政建设责任。明确厅直各单位领导班子对党风廉政建设负全面领导责任，各处室、各单位支部书记是党建第一责任人，廉政建设实行党政同责、一岗双责、失职追责。切实加强组织和机制建设。圆满完成机关党委、纪委、工会的换届，成立了 5 人小组，定期研判出现的新情况、新问题，把问题消除在萌芽状态；重新修订了党组工作规则，完善了厅长办公会决策程序，扎紧制度笼子，特别是针对水利工程项目多、资金多、廉政风险点多、监管难度大的实际，制定廉政风险防控手册，排查出廉政风险点 247 个，落实防控措施635年，强化源头预防和监督检查；在春节等重要节日节点实行定期督促提醒制度，仅在2015年中科、国庆节前就与各处室及单位主要负责同志共59人签署了廉洁自律承诺书。始终加大执纪问责力度。保持问责高压态势，对存量案件进行了处理，共处分3人，诫勉谈话3人，通报批评1人，达到问责一个、震慑一批、教育一片的效果。同时，按照中共吉林省委要求，扎实开展“三严三实”专题教育，把专题教育激发出的干劲和热情转化为推动水利工作的强大动力。（张臣）

【水文】 2015年汛期，吉林省降水普遍少于历年，场次降雨少，降雨强度小，中部降雨严重少于历年。

吉林省水情的总体趋势是江河来水少于历年，中部河流缺水严重。但汛初西部河流有小规模来水；主汛末期受台风影响，东部山区河流有较明显来水过程，鸭绿江、图们江以及第二松花江源头共有8条、大、中、小河流出现洪峰。

1. 雨情 2015年汛期，全年平均降雨量370.3mm，比历年同期均值偏少17.8%，比2014年同期多19.3%。从空间分布上看，全省各地降雨普遍少于历年同期均值，其中四平、辽源、长春、吉林、通化降雨量分别较历年同期均值少36.1%、30.1%、29.7%、27.2%、26.7%；松原和白山分别较历年同期均值少16.3%和11.4%；白城和延边程度相对较轻，分别较历年同期均值少6.5%和3.7%。

2015年汛期，吉林省降雨场次少，场次降雨少，其中四平地区降雨量最少，平均降雨量274.5mm；白山降雨量最多，491.6mm。其中汛期全省最大降雨量点发生在长白山管委会白头山口站，降雨量887.4mm。整个汛期全省日平均降雨量大于5mm的有27天，其中大于10mm的仅有3天。主汛期7—8月全省平均降雨量238.3mm，占整个汛期降雨量的64.4%，比历年同期均值294.3mm少19%。

2. 江河水情 2015年汛期，吉林省多数江河来水偏少，除东部地区的鸭绿江和图们江出现过短暂的洪水过程外，其他江河没有发生过较大洪水过程。

3. 水库水情

(1) 大型水库。汛初（6月1日），全省19座大型水库总蓄水量为114.4亿m³，比历年同期均值少7.88亿m³，少6.44%。比2014年同期少23.04%。汛末（10月1日），全省19座大型水库蓄水量为145.19亿m³，比历年同期均值167.89亿m³少蓄水22.70亿m³，少13.52%；比2014年同期多17.41%。

(2) 中型水库。汛初（6月1日），全省100座中型水库蓄水量为10.264亿m³，比历年同期均值11.068亿m³少蓄水0.804亿m³，偏少7.26%。汛末（10月1日），全省与历年同期可比的100座中型水库蓄水量为10.85亿m³，比历年同期均值11.80亿m³少蓄水0.95亿m³，偏少8.06%；比2014年同期10.72亿m³多蓄水0.13亿m³，偏少1.2%。（张臣）

黑龙江省

【概况】 2015年是黑龙江省水利建设史上国家投资最多、建设任务最重、组织实施最难、取得成绩最显著的一年。2015年，黑龙江省“十二五”水利规划目标圆满完成。

2015年，国家下达黑龙江省年度水利投资计划213.2亿元，位列全国第一，加上以前3年结转投资，全省水利建设总规模为334亿元。全年累计完成水利投资338亿元。其中，2015年度投资累计完成216.7亿元，完成率达101.60%。重大水利工程、非重大水利工程和农村饮水安全工程投资完成率分别超出应完成目标的12.70%、16.50%和1%。

2015年，黑龙江省有14个项目列入国家172项重大水利工程，已开工10项。国家要求2015年开工的奋斗、阁山、胖头泡等3项工程全部开工。三江治理、引嫩扩建骨干一期、奋斗、阁山、胖头泡等5项工程取得突破性进展，分别完成年度投资计划的101.40%、107.10%、192.80%、177.80%和111.70%。完成“节水增粮”行动等高效节水灌溉工程面积546 667hm²。

2015年，黑龙江省水利改革创新实现新突破。水利招投标体制改革、水利投融资体制改革取得新进展。水权制度、农田水利设施产权制度改革积极推进。完成2个国家农业水价综合改革试点任务。4个农田水利设施产权制度改革和4个灌区管理改革稳步推进。经黑龙江省人民政府同意，印发了《黑龙江省河道清障工作方案》《黑龙江省河道清障工作实施方案》《关于河湖管理和水利工程管理与保护范围划定的工作方案》及《黑龙江省河湖管理范围和水利工程管理与保护范围划界确权实施方案编制大纲》，河湖违法设障、违法采砂和破坏水利设施行为得到有效制止。（田中雨）

【水政】 2015年，黑龙江省按照新时期治水管水工作方针和要求，结合全省水利改革发展实际，创新思路，积极实践，全面加强水利法治建设。继续推进水利立法工作，《黑龙江省水土保持条例》和《黑龙江省防洪条例》被列为黑龙江省人民政府预备项目，起草了《黑龙江省地下水管理办法》草案，启动了《黑龙江省节水条例》立法前相关工作，印发实施了《黑龙江省水利厅关于进一步加强法治水利建设工作的实施意见》及《黑龙江省水利厅法律顾问工作规则》等。进一步强化执法能力建设，开展执法队伍培训，不断健全水政监察机构体系，加大执法力度，落实执法责任制，开展了一系列专项执法行动和水事矛盾纠纷排查化解活动，维护了良好的水事秩序。持续开展行政审批事项清理和权力下放工作，建立权力清单和责任清单，实施网上审批，提高审批效率，切实推进水行政管理职能转变。努力加强水利普法和水法规宣传教育工作，创新手段和方式，依托各种载体和平台，营造了良好的依法治水管水环境。深入推进各项水利改革，发挥统筹、协调、综合、督办作用，加强检查和指导，各项水利改革任务有序稳步推进，取得良好成效。（田中雨）

【水资源】 2015年，黑龙江省完成了对2014年度各市（地）人民政府（行署）、省直管县人民政府实行最严格水资源管理制度考核工作。根据《黑龙江省人民政府办公厅关于印发黑龙江省实行最严格水资源管理制度考核办法的通知》（黑政办发〔2014〕45号），组织完成了对各市（地）人民政府（行署）实行最严格水资源管理制度考核工作，对哈尔滨市、佳木斯市、绥化市、黑河市和绥芬河市进行了现场检查，并在2015年5月末将考核结果上报黑龙江省政府，由省政府对各地进行了通报。

1. 加强取用水管理基础工作　组织各地水行政主管部门进行水资源信息汇总和审核，完成2014年度水资源公报、水资源管理年报编制工作，为实行最严格水资源管理制度考核工作提供了基础支撑；规范用水统计工作，下发了《黑龙江省用水统计方案》，组织各地用水台账信息填报工作，完成了全省重点用水户用水台账的汇总。

2. 开展河流水量分配工作　配合松辽委开展松花江干流、牡丹江、绰尔河、雅鲁河、诺敏河水量分配方案和2015年度尼尔基水库水量调度方案编制工作；组织完成了乌裕尔河、讷谟尔河、双阳河、牡丹江（黑龙江省内）、倭肯河水量分配方案（初稿）编制工作。

3. 加强水功能区监督管理工作　完成黑龙江省2015年重要江河湖泊水功能区水质监测方案编制工作，对国家重要江河湖泊水功能区实现监测全覆盖；加强入河排污口监测和管理工作，监测入河排污口460个。

4. 推进水生态文明试点城市建设工作　在第一批国家水生态文明城市建设试点哈尔滨市、鹤岗市实施方案批复的基础上，推进第二批水生态文明城市建设试点牡丹江市实施方案编制工作，该实施方案已通过水利部审查，并被黑龙江省人民政府正式批复实施。

5. 完成黑龙江省水利厅的生态文明体制改革专项工作　按照黑龙江省生态文明体制改革专项小组办公室要求，组织省水利厅有关处室编制了2015年生态改革重点工作及计划，并上报生态改革有关进展情况。

配合黑龙江省环保厅完成全省加快生态文明建设的实施意见，组织黑龙江省水利厅有关处室、单位对涉及省水利厅的工作进行分解落实，就生态文明建设完成的目标和任务多次进行沟通协调，形成省水利厅落实生态文明建设的有关意见，报送到省环保厅。

6. 完成黑龙江省水污染防治规划相关工作　根据国家水污染防治工作计划和黑龙江省水利厅职能，提出落实水污染防治规划的有关意见，配合省环保厅完成黑龙江省水污染防治规划实施方案编制工作。

（田中雨）

【水利规划】 2015年，编制完成了《黑龙江省治涝规划》，基本编制完成了《黑龙江省水土保持规划（2015—2030年）》《黑龙江省中小河流水能资源开发规划》《黑龙江省水利发展“十三五”规划》及17个水利“十三五”专项规划。配合松辽委基本编制完成了《拉林河流域综合规划》《绰尔河流域综合规划》和《诺敏河流域综合规划》。

启动了《黑龙江省水资源保护规划》《呼兰河流域综合规划》《黑龙江省西部河湖连通工程规划》《黑龙江省边海防地区水利建设专项规划》《黑龙江省牡丹江莲花水电站以下水电梯级开发调整规划》和《黑龙江省阁山水库灌区规划》。（田中雨）

【基本建设】

1. 松花江干流治理工程　完成投资32.8亿元，完成堤防工程573km、防渗工程202km、护坡工程246.9km、护岸工程15.97km、建筑物14个、堤顶道路118.458km。

2. 嫩江干流治理工程　完成投资9.145亿元，完成护坡工程56.85km，新建堤防工程9.13km，堤防加高培厚127.56km。

3. 尼尔基引嫩扩建骨干一期续建工程　2015年完成投资18.2亿元，完成了扩建工程渠道固脚、护底、混凝土构造物基础工程建设和7个灌区骨干工程土方备料、部分混凝土构造物基础工程。

4. 胖头泡蓄滞洪区建设工程　胖头泡蓄滞洪区防洪工程及安全建设工程完成投资4.469亿元，完成了蓄洪安全区围堤土方工程、部分桥梁水下工程、部分涵（闸）工程。

5. 两座大型水库工程开工建设　奋斗水库于2015年9月17日开工建设，完成投资1.82亿元，完成了准备工程施工和部分主体工程开挖工作；阁山水库于2015年10月5日开工建设，完成投资3.9亿元，完成部分桩基、破冰体、墩柱的施工工作。

6. 病险水库除险加固工程　2015年完成投资5.1亿元。有171座一般小（2）型病险水库除险加固工程完成主体工程建设；中型水库中，木兰香磨山水库全面完工，巴彦江湾水库完成清基工程、风化料填筑工程、固脚工程和部分护坡工程。

7. 主要支流治理工程　2015年完成投资1.6085亿元，汤旺河、穆棱河、倭肯河、牡丹江、呼玛河、呼兰河、拉林河、讷谟尔河等8条主要支流的43个项目全部开工，累计工程进度过半。（田中雨）

【防汛抗旱】　2015年，全省防汛抗旱形势总体平稳，夏汛期（6—9月），全省平均降雨337.5mm，较常年同期（386.5mm）偏少13%。降雨时空分布不均，短时局地强降雨频发。受局地强降雨影响，部分中小河流发生超警戒水位洪水。受持续高温少雨天气影响，局部地区旱情较重。据不完全统计，全省因洪涝灾害共有36个县（市、区）143个乡镇37.53万人受灾，紧急转移人口7 963人，损毁倒塌房屋728间，农作物受灾面积20.16万hm^2，其中成灾面积11.23万hm^2；损坏堤防332处，长86.88km，损坏护岸48处、水闸16座、塘坝45座、灌溉设施187处；直接经济损失11.44亿元，其中水利设施估算经济损失1.48亿元。

在国家防总、水利部和黑龙江省委、省政府的正确领导下，全省各级防汛抗旱指挥部团结一致，严格落实各项防汛抗旱责任制，组织各地迅速开展水毁工程修复、预案方案修订，扎实推进各项防洪减灾项目建设，有效应对防凌、防汛、抗旱工作，防汛抗旱工作实现了预期目标，汛期主要江河无一溃堤，水库无一垮坝，人员无一因汛伤亡。

凌汛期，组织漠河、塔河、呼玛三县在易形成冰坝卡塞的6处江段23个作业区实施了主动防凌破冰，确保黑龙江顺利开江。夏汛期，及时组织气象、水文部门进行雨前会商，科学进行预报预警，及时组织各地开展各项防汛抢险工作，有效防范了强降雨影响，确保了人民群众生命财产安全。据不完全统计，各地防汛抢险投入编织袋24万条、编织布4万m^2，砂石料9万m^3，钢材6t，救生衣5 145件，抗灾用油151t，出动抢险人数4.5万人次、抢险舟（船）、运输设备及机械设备等6 800多台次，减灾效益达1.3亿元。春旱期，协调尼尔基、莲花水库加大放流，解决返青期沿江水田渴水问题。夏旱期，集中人力、财力和机械力量对重旱地块浇灌保苗，全省抗旱浇灌面积62.8万hm^2。2015年全省累计投入抗旱资金4.2亿元，出动抗旱人数21.5万人次，投入钻机588台（套），启动大中型喷灌设备2万多台（套），新打各类抗旱水源井12 611眼，新建小型水源工程47处，新购抗旱设备7 684台（套），为抗旱夺丰收创造了有利条件。（田中雨）

【农田水利】　2015年，全省农村饮水安全工程建设中央预算内投资14.46亿元，其中中央投资115 660万元，地方投资28 915万元，解决217.91万农村居民饮水安全问题。

2015年度，黑龙江省水利部门负责的节水增粮行动工作，投资86.93亿元，建设高效节水灌溉工程面积546 667hm^2（包括旱田和水田）。规模化节水灌溉增效示范项目投资20 487万元，建设高效节水灌溉工程面积12 539.6hm^2。

2015年，黑龙江省开展了4处大型灌区续建配套和节水改造、7处大型灌排泵站更新改造、28个水田节水增粮项目建设。全省水稻节水控制灌溉技术推广面积达到71.93万hm^2。完成全省农业灌溉水有效利用系数测算工作，2015年全省农业灌溉水有效利用系数达到0.5897。

2015年，黑龙江省深化农村水利体制改革。一是开展了五常市、庆安县、克山县和依安县4个农田水利设施产权制度改革和创新运行管护机制试点建设。二是开展了五常市龙凤山灌区和庆安县柳河灌区两个农业综合水价改革试点建设，全省有122处大中型灌区完成了农业综合水价改革。（田中雨）

【水土保持】　（1）2015年，黑龙江省加快水土流失治理进程。开展4类65项国家水土保持重点工程，完成水土流失治理524km^2，完成投资4.38亿元，其中，中央投资3.23亿元。全省新增水土流失治理面积2 538km^2，为历年之最，圆满完成了年度水土流失治理任务。

（2）2015年，黑龙江省强化水土保持监督管理。严格规范开发建设项目水土保持行政审批，省级审批水土保持方案63项，验收水土保持设施17项。开展14个县（市）水土保持法贯彻实施情况专项检查。加大水土保持补偿费征收力度，完成65个建设项目的水土保持补偿费征收核定和执法检查工作，向19个生产建设单位下达了水土保持补偿费征收通知书。全年征收水土保持补偿费3 020万元。

（3）2015年，黑龙江省完成了水土保持行政权力及责任梳理工作。明确12项行政权力及其对应行政责任，其中行政许可1项、行政处罚7项、行政强制3项、行政监督检查1项，取消行政审批所需附件材料3项，切实减轻了行政相对人的负担。

（4）2015年，黑龙江省水土保持基础体系进一步夯实。编制完成了《黑龙江省水土保持规划（2015—2030年）》和《黑龙江省“十三五”水土保持规划》，储备水土保持工程项目103项。配合致公党、农工党中央对黑龙江省典型黑土区侵蚀沟调研工作，提出了“重视黑土地保护，加强黑土地侵蚀沟治理”的建议。

(5) 2015 年，黑龙江省加大水土保持宣传力度。深入开展修订后的《中华人民共和国水土保持法》颁布实施 4 周年系列宣传活动。将牡丹江市和鹤岗市列为水土保持国策宣传教育进党校试点。在水土保持官方网站发表宣传报道 20 余条。黑龙江省水利厅组织拍摄的《保护黑土地，筑牢北大仓》获水利部水土保持电视宣传作品一等奖。 (田中雨)

【地方水电】 2015 年，黑龙江省完成 37 座农村水电站增效扩容改造，新增装机容量 16 675kW；东升水电新农村电气化建设项目建成投产，新增装机容量 33 000kW；保流水电站纳入行业管理，装机容量 3 200kW；修正 2014 年度统计漏报装机容量 1 255 kW。截至 2015 年年末，黑龙江省建成农村水电站 84 座，装机容量达 34.86 万 kW，全年发电量 7.43 亿 kW·h。 (田中雨)

【工程管理】 2015 年，黑龙江省共组织实施了 28 个中小河流治理项目，完成治理河长 208km，保护人口 29 万人。

全省共有 23 座大中型病险水闸被纳入国家专项规划。截至 2015 年年底，已基本完成了项目初步设计报告编制和审查审批工作，完成建设任务 19 座。

按照黑龙江省人民政府关于减少行政审批事项，提高行政审批效率的要求，进一步取消或下放行政许可审批事项，由原来的 12 项精简到 3 项。2015 年，共完成河道范围内建设项目、洪水影响评价报告等各类行政许可审查审批项目 30 项。

按照国家第十五批水利风景区的申报要求，2015 年，黑龙江省新增 2 个国家级水利风景区，分别是齐齐哈尔市泰来县“泰湖湿地水利风景区”和伊春市“伊春回龙湾水利风景区”。 (田中雨)

【科技与教育】 2015 年，黑龙江省编制了水利科技“十三五”规划。规划涉及水资源、防灾减灾、农村水利、水土保持、水生态文明、寒区水利水电工程、现代水利管理等 7 个研究领域需求，包括 16 项重点研究课题、26 项储备课题，提出了技术引进、转化推广以及重点试验室、示范区建设任务，规划水利科技投资 9 900万元。

2015 年，全省水利系统获黑龙江省科技进步奖 2 项，其中“自动称重式蒸渗仪系统”获二等奖，“季节冻土区装配式混凝土农田小闸的材料及结构应用研究”获三等奖。

2015 年，黑龙江省水利系统加强培训，强化队伍建设。选拔任用处级干部 14 人；完成了 26 名处级干部的交流工作；完成了 9 名聘用期满和 1 名试用期满干部的考察工作；完成 41 名科级干部备案管理工作；完成 9 名副厅级后备干部和中长期培养干部、14 名新提拔干部和 20 名随机抽查干部的个人事项报告抽查核实工作；开展了厅机关及厅属单位工作人员自愿到三江工程治理一线挂职锻炼工作，有 35 人到三江治理工程一线挂职；举办各类培训班 86 个，培训 7 375人次；举办了第四期全省县、市水务局长和第三期全省乡镇水利站长培训班，历时 14 天，160 多人参加培训；完成了 1 名公务员、1 名参公管理人员的考试录用和 1 名公务员的选调工作；组织厅属部分事业单位到国内重点院校“直招”毕业生 42 人；面向社会公开招聘人员工作，共计招聘 187 人；进一步优化了专业技术队伍的学历、人员结构。改革创新，强化服务。推荐研究员级高级工程师 2 名；组织开展全省水利系统特有工种和普通工程的培训和鉴定工作，推荐 2 人被评为全国水利行业技术能手；完成了 89 名工程师、383 名高级工程师的评审工作；开展了推行权力清单和责任清单制度相关工作，保留行政权力 71 项；认定了厅管干部档案复审工作，清查档案 337 本；推进黑龙江省引嫩工程管理处、黑龙江省大庆地区防洪工程管理处、黑龙江省泥河水库管理处编制实名制管理工作，配合黑龙江省人社厅完成 353 名在职干部的身份认定。 (田中雨)

上 海 市

【概况】 2015 年，上海市水务局围绕上海全市大局，贯彻落实党的十八大和十八届三中、四中、五中全会精神，以及习近平总书记系列重要讲话精神，统筹推进水务改革发展各项工作，全市供水服务保持平稳有序，防汛安全保障能力得到增强，水环境综合治理不断深化，加快实施最严格水资源管理制度试点任务全面完成，依法行政能力有新提高，较好完成了年度各项目标任务。 (谷鸿鹤)

【水政】 全面梳理政府行政职权，形成部门权力清单和责任清单并将对社会公布。进一步推进简政放权，依法取消行政审批事项 4 项，积极稳妥做好向自贸区、浦东新区下放行政审批事项工作。扩大第三方复核复测覆盖面，建立复测成果数据库，行政审批事中事后监管进一步加强。积极推进政府信息公开和网上政务大厅建设，行政效能和透明度进一步提高。 (谷鸿鹤)

【水资源】

1. 城镇污水处理 2015 年，全市城镇污水处理率达到 92.8%，完成“十二五”规划目标。全市共完成直排污染源纳管改造 8 266个，其中完成纳管工程7 315个，结合产业结构调整关闭953个。城镇污水处理厂提标改造加快推进。2015年，全市城镇污水处理厂共处理污水25.73亿m^3，年化学需氧量（COD_{Cr}）、氨氮（NH_4-N）和总磷（TP）削减总量分别为63.07万t、4.80万t和0.91万t，较2014年分别增加－3.1%、1.3%和7.1%。（杨立新）

2. 城乡河道治理　实施"三水"行动（以"洁水""畅水""活水"为重点的河道水环境治理计划），把镇村河道整治纳入市对区的补贴范围，河道整治完成150km、启动150km，中小河道轮疏完成2 400km。（谷鸿鹤）

3. 加快推进最严格水资源管理制度试点工作　全面完成加快实施最严格水资源管理制度试点任务，建立最严格水资源管理制度的体系框架和运行机制，用水总量得到有效控制，用水效率显著提升，水功能区限制纳污控制进一步加强，形成全覆盖、系统化、规范化的监测统计和考核体系，为全国最严格水资源管理制度的实施探索经验，已通过水利部和上海市政府的联合验收。（谷鸿鹤）

【水务规划】　重点推进城市总规配套水务专项规划、水务发展"十三五"规划、骨干河湖蓝线方案等编制和报批工作。完成河道水网等全市城市总体规划9个涉水专项规划纲要，主要内容已纳入经住建部审查通过的《上海市城市总体规划（2016—2040）纲要》。完成20余个"十三五"专题规划，在此基础上形成水务发展"十三五"规划送审稿报上海市发展改革委。完成全市骨干及支级河湖蓝线方案水务系统的编审工作，并与上海市、区规划和国土资源管理局分级分批开展对接。（谷鸿鹤）

【基本建设】

1. 水务基础设施建设投资　2015年，上海水务基础设施建设在水利、供水和排水3个方面完成投资150.39亿元，其中水利94.97亿元（含滩涂造地项目7.85亿元）、供排水55.42亿元。

2. 陈行原水嘉定支线并网通水　11月26日，陈行原水嘉定支线正式并网通水。并网后，优质的陈行原水进入永胜水厂、嘉定水厂、安亭水厂和嘉北水厂，这4家水厂出厂水水质得到进一步改善。此次原水切换受益区域约392km^2，受益人口约110万人。（谷鸿鹤）

【防汛防台】　2015年汛期（6—9月），上海市共遭受了3场特大暴雨和10余场暴雨、大暴雨的袭击，台风"灿鸿""天鹅""杜鹃"的外围影响以及多次超警戒水位的高潮影响。共发布了防汛防台橙色预警3次、黄色预警15次、蓝色预警7次，汛期特征明显。一是降雨集中、总量偏多。汛期上海市降水量为967.6mm，较常年同期（684.4mm）偏多41.4%，较2014年同期（927.4mm）偏多4.3%；汛期的降雨日数为69天，较常年汛期平均的48天明显偏多。二是台风个数偏多、影响程度较大。共有3个台风影响上海市，影响个数较常年平均2.2个有所增加。特别是超强台风"灿鸿"为1949年以来同期登陆浙江地区的最强台风，7月10—12日台风影响期间，全市普降大到暴雨，同时，市区普遍出现7～9级大风，长江口区和沿江沿海地区风力达9～12级。台风期间，全市累计转移撤离18.2万人，船舶进港避风3 000余艘，树木倒伏4万余棵，50余条道路积水，直接经济损失2.2亿元，给本市道路交通、市民出行带来了一定影响。三是汛期潮位偏高、超警次数增多。汛期共有9次天文大潮汛，潮位较往年明显偏高。黄浦江吴淞口3次超警戒水位，9月29日午潮最高4.99m，超警戒水位0.19m；黄浦江苏州河口4次超警戒水位，9月29日午潮最高4.85m，超警戒水位0.30m；黄浦江上游米市渡73次超警戒水位（3.5m），9月30日子潮最高4.19m，超警戒水位0.69m。（陈程）

【农田水利】　2015年，上海各郊区县扎实推进中央财政农田水利项目、农林水联动项目、小型农田水利项目、低洼圩区达标治理、农村生活污水处理、拆坝建桥沟通水系等工程建设。年内，实施了以高水平粮田、设施菜田水利设施完善为重点，以圩区达标治理和面上小农水设施建设为主要内容的小型农田水利基础设施建设。加快推进1 140km排灌沟渠优化配套，更新改造了127座灌溉泵站以及50个圩区，进一步巩固提升1.5万亩农田的灌排保障能力。开展中央财政农田水利项目建设，共更新改造灌溉泵站14座、低压管道29.6km，建设节水灌溉面积6 052亩。组织实施《2015—2017年农林水三年行动计划》，启动了25个都市现代农业示范片项目。实施拆坝建桥沟通水系工程，涉及闵行、嘉定、奉贤、松江等4个区，共拆除坝基52座，新建桥梁51座、箱涵20座、泵闸4座，新开河道9 335m，疏拓河道3 445m，新建护岸6 668m等。推进农村生活污水处理工作，工程涉及闵行、嘉定、宝山、奉贤、松江、金山、青浦、崇明等8个区（县），全年共计实施了2.2万户农村生活污水处理设施建设的计划任务。（谷鸿鹤）

【城乡供水】

1. 取水量　2015年上海市取水总量76.64亿m^3，比2014年下降2.7%，其中地表水取水量为76.60亿m^3，比2014年下降2.7%；地下水取水量为0.04亿m^3，比2014年下降24.9%。（杨立新）

2. 用水量　2015年上海市用水总量为76.64亿m^3，比2014年下降2.7%。按用水性质分，农业用水14.24亿m^3，占用水总量的18.6%；火电工业用水 26.69 亿 m^3，占用水总量的 34.8%；一般工业用水 10.75 亿 m^3，占用水总量的 14.0%；城镇公共用水 11.63 亿 m^3，占用水总量的 15.2%；居民生活用水 12.51 亿 m^3，占用水总量的 16.3%；生态环境用水 0.82 亿 m^3，占用水总量的 1.1%。与 2014 年相比，全市用水总量减少 2.13 亿 m^3。其中，农业用水比 2014 年下降 2.2%，火电工业用水比 2014 年下降 5.0%，一般工业用水比 2014 年下降 1.8%，城镇公共用水比 2014 年增长 0.2%，居民生活用水比 2014 年减少 1.9%。（杨立新）

3. 自来水供应量 2015 年年底，上海市共有自来水厂 37 座，比 2014 年减少 30 座。全市自来水厂供水能力为 1 137万 m^3/d，与 2014 年持平。年供水总量为 31.22 亿 m^3，比 2014 年下降 1.6%。售水总量为 24.58 亿 m^3，比 2014 年下降 1.0%。其中工业用水 4.94 亿 m^3，比 2014 年下降 4.2%；城镇公共用水 9.13 亿 m^3，比上年增长 0.9%；居民生活用水 9.88 亿 m^3，比 2014 年下降 1.3%；生态环境用水 0.63 亿 m^3，比 2014 年增长 4.3%。2015 年全市最高日供水量达 979 万 m^3。（杨立新）

4. 节水型社会（城市）建设 建成 18 家节约用水示范小区、5 家节约用水示范学校（校区）、3 家节约用水示范企业（单位）、2 家节水型工业园区、1 家节水型农业园区、163 家节水型小区、51 家节水型学校（校区）、20 家节水型企业（单位）和 2 家节水型机关。浦东新区、青浦区、金山区被授予全国节水型社会建设示范区荣誉称号。万元生产总值用水量为 $31m^3$，比 2014 年下降 6.1%；万元工业增加值用水量为 $53m^3$，与 2014 年持平；全市地下水开采量 430 万 m^3，比 2014 年下降 24.9%，回灌量 2328 万 m^3，比 2014 年上升 10.8%，地下水采灌比达到 1∶5.41。（谷鸿鹄）

5. 节约用水日常管理 进一步规范用水指标的核定与考核，做好超计划加价水费征收工作。全年新增用水计划考核户 293 户，市管计划用水考核户达到 16 280户；完成各类节水措施 480 项，最高日节水量 3.24 万 m^3，其中：完成水平衡测试企业（单位）备案 108 家，落实水平衡节水整改项目 311 项，完成节水工程 11 项，查漏 206 次，企业（单位）安装各类节水器具 21 件（套）；完成 2 万套居民小区老式水嘴更换。（谷鸿鹄）

【科技与教育】 全年启动水务科研项目 15 项，中间检查 4 项，结题 14 项，完成科技成果登记 4 项；编制完成《上海市水务科技“十三五”规划》《上海市水务信息化“十三五”规划》2 个专项规划；深入开展“太湖流域上海饮用水安全保障技术集成与示范”“风暴潮洪影响下的排水内涝防治标准体系研究”等课题研究，取得了 8 项科研成果；组织开展水务局系统 2015 年度上海市数据资源向社会开放工作；组织编制了《上海市水务局（上海市海洋局）标准化管理办法》和《上海市水务标准体系》，颁布实施了《上海市排水管道设施养护维修预算定额》《上海市分流制排水地区雨污混接调查技术导则》《上海市排水管道设施养护维修年度经费定额》《上海市排水泵站、污水处理厂设备维修估算指标》《上海市排水泵站、污水处理厂设备维修预算定额》等 5 项技术标准。（谷鸿鹄）

江 苏 省

【概况】 2015 年，江苏省水利系统深入贯彻党的十八大、十八届三中、四中、五中全会精神，积极践行习近平总书记新时期治水思路，认真落实省委省政府决策部署，着力加快建设，持续深化改革，不断创新管理，水利改革发展和现代化建设稳步推进，为全省经济平稳运行、生态文明有序推进、人民生活持续改善提供了有力的水利基础支撑和保障。（任伟刚）

【水政】

1. 法治水利建设 发布了《江苏省水利厅关于法治水利建设的实施意见》。研究制定了法治水利建设指标体系，5 项一级指标和 25 项二级指标，细化为 76 项具体工作及相应分值，进一步明确了量化标准和评估办法。组织开展法治水利示范点建设。编制完成“十三五”水利法治建设专项规划。持续推进行政审批制度改革，将取消 2 项资质类审批项目，转移行业协会审批。进一步健全水法规体系，开展《江苏省节约用水条例》立法调研、修改、协调等工作，进行《江苏省河道管理条例》立法起草，组织《江苏省南水北调条例》《江苏省农田水利条例》立法前期调研工作。《江苏省节约用水条例》9 月通过省人大一审。稳步推进“两法衔接”，对已经省政府确认并公布的 131 项水行政处罚事项，研究确定可能构成刑事犯罪的涉嫌罪名以及追究刑事责任的依据，经省“两法衔接”办公室审核通过，作为第二批印发执行。抓好省级依法行政示范点创建，修订了《江苏省水利厅重大行政决策程序规定》，全面完成 10 件厅规范性文件制定任务，强化水利普法宣传。

2. 水政执法

（1）综合执法改革深入推进，遴选南京市江宁区等 7 个县（市、区），开展水利综合执法重点县建设，取得明显成效。

（2）开展专项执法。开展水资源管理专项执法活动，全年全省共出动执法检查人员 3 万多人次，检查涉水单位 4 100多家，检查取水口（井）4 290个，发现违法行为1 000多起，立案查处291件，封填取水井444口，追缴水资源费800多万元。开展水行政执法“推进月”活动，立案76件，作出行政处罚决定31起，执行到位24起。

（3）长江河道采砂管理取得新进展。开展统一巡江、边界水域整治、“护江—2015”等多次专项行动。全年共出动执法人员28 200人次，执法船艇3 887航次，执法车5 765辆次，开展联合打击行动378次，查处采砂船违停、非法采砂行为109起，会同公安机关侦查非法采矿团伙案件2起，拘留涉刑非法采砂人员25名。

（4）两湖禁采取得阶段性成效。认真贯彻水利部、国土资源部、交通运输部、江苏省、山东省联合发布的《关于在南水北调东线输水干线洪泽湖骆马湖至南四湖段全面禁止采砂活动的通知》精神，建立禁采责任制，强化禁采执法。全年沿湖各地共派出执法巡查人员9 700多人次，执法船艇1 520余航次，查处非法采砂船只1 200多艘次，摧毁非法采砂机具2 532台套，配合公安机关抓获涉刑非法采砂人员30名，立案2起。

（5）强化执法管理。开展“单元化”执法巡查，每季度组织一次联合巡查。全省共派出执法巡查人员11万多人次，车船1.2万台次，发现各类违法行为2 970起，现场处理2 385起，协助公安机关查处涉刑案件7起，有11人被判处有期徒刑或拘役。出台《江苏省水行政执法人员行为规范》《江苏省水行政执法工作规范》，强化执法规范和纪律约束，三是推进阳光执法。

（6）狠抓队伍建设。开展3G无线执法指挥系统二期建设，有10套单兵、21艘执法船纳入3G无线指挥系统，配置了18套手提式执法箱。加强洪泽湖、骆马湖等苏北重点河湖执法能力建设。 （任伟刚）

【水资源】 完善最严格水资源管理制度体系，落实水资源消耗总量和强度双控制，江苏省连续两年获全国最严格水资源管理制度考核优秀等次。落实水污染防治行动计划，启动全省取水许可确权登记。全力落实调水引流、蓝藻水草打捞、生态清淤等水利措施，逐日巡查太湖主要水源地和湖泛易发区水面，全面监控太湖蓝藻爆发，太湖应急治理实现“两个确保”。全面开展节水型社会示范区和载体建设，全省用水总量稳定在500亿m^3以内，实现省政府下达的万元GDP和万元工业增加值用水量年度下降4%和6%的目标。建成10个省级节水型社会示范区、245个省级节水载体、13个节水型机关。出台用水效率控制指导意见，修订发布江苏省用水定额。突出农业节水管理，出台《江苏省灌溉用水定额》，印发《关于加强农村水利工程计量设施建设的通知》，实施量水工程与主体工程同时设计、同时施工、同时发挥效益。9个国家级和18个省级水生态文明城市试点建设全面实施，苏北8市压采方案完成报批。水生态文明城市试点建设全面实施，“美丽库区、幸福家园”、水美乡村、水利风景区建设扎实开展。 （任伟刚）

【水利规划】 （1）组织编制江苏省“十三五”水利发展规划。完成了6个重大问题研究以及14个专题规划（意见）编制工作，形成了《江苏省“十二五”水利发展规划评估报告》和《江苏省“十三五”水利发展规划》，经厅办公会审议并征求了省相关部门、市县水利局及厅内老专家意见。

（2）全面启动区域治理规划编制工作。组织召开了区域水利治理规划与治涝规划推进会，进行了全省骨干河湖治理现状与需求调研，16个片区规划全部启动，其中已批1项，已审2项，完成初稿4项，通过规划大纲审查6项。

（3）组织完成多项国家部署规划。水中长期供求规划形成送审稿报部待审；水资源保护规划主要成果已提交水利部流域机构，完成省内规划咨询稿；全省治涝规划正在梳理重点工程项目报水规总院汇总；《江苏省小型水库工程建设实施方案》阶段成果已报部审查汇总。 （任伟刚）

【基本建设】 2015年全省水利重点工程建设完成投资129亿元，超额完成125.7亿元的年度投资任务。列入国家172项重大节水供水工程的项目进展顺利。**新一轮治淮** 入江水道、分淮入沂整治、洪泽湖大堤加固及重点平原洼地治理主体工程基本建成，新沭河工程通过竣工验收，川东港拓浚工程加快建设，淮河入海水道二期工程可研报告已上报国家发展改革委。**太湖治理** 走马塘工程通过竣工验收，新孟河工程先导段开工建设，新沟河工程全面实施。**长江治理** 新济洲河段、老海坝节点、天星洲等河道整治及水阳江治理全面加快，滁河治理工程基本完成，长江崩岸应急防护工程有序推进。**沿海水利** 泰州引江河二期主体工程基本完成，九圩港泵站全面实施。**黄河故道** 中泓贯通徐州境内工程基本完成，淮安、宿迁、盐城境内工程全面实施。海堤加固工程有序推进，重要江河支流及中小河流治理、大型泵站水闸加固改造进展顺利，重点区域治理、水资源水环境、城市防洪及各市县自办项目持续推进。 （任伟刚）

【防汛防旱抗台】 2015年，江苏省降雨南多北少，水情总体平稳，呈现时段性南涝北旱特征。汛期，淮北地区降雨偏少，主要湖库蓄水不足，出现气象干旱和用水紧张；淮河以南地区尤其沿江苏南部分地区降雨集中，苏南运河、秦淮河部分河道水位突破历史极值，发生较重洪涝灾害，局部涝情严重。南京、无锡、常州等地发生坍江险情。全省水利系统按照“安全第一，常备不懈，以防为主，全力抢险”方针，立足防大汛、抗大旱、抢大险，严格防汛责任制落实，及时部署汛前检查，认真抓好险工患段处置和安全度汛措施落实。凭借较为完善的水利防灾减灾工程体系，通过科学组织与优化调度，成功抗御江苏省沿江及苏南地区暴雨、特大暴雨袭击，妥善处置多地坍江险情。科学调度三大调水系统抽水超过 200 亿 m^3，保障了全省农业、航运、城市等供水需求。夺取了防汛抗旱工作的全面胜利，保障了全省人民生命财产安全和经济社会发展。全年实现减免灾效益 61.6 亿元。

（任伟刚）

【农村水利】 2015 年全面完成农村水利建设投资 108 亿元，提前开工 2016 年度部分项目，完成投资 49 亿元。年度新增有效灌溉面积 3.4 万 hm^2，旱涝保收农田面积 6.9 万 hm^2，节水灌溉面积 16.7 万 hm^2。江苏省小型农田水利重点县项目连续 6 年获得全国绩效考评优秀，2015 年获得第一名。江苏省政府实事工程进度加快，新增解决 345 万农村居民饮水安全问题，超额完成 2015 年国务院政府工作报告确定的目标任务；疏浚农村河道土方 3.2 亿 m^3；新建、改造农村小型桥梁 6 551座。基层水利服务体系健全完善，全省 91%的乡镇水利站明确为县水利局派出机构，70%明确为公益性全额拨款事业单位；规范组建农民用水合作组织 667 个，其中 311 个大中型灌区建成农民用水者协会 557 个。六大重点片区整体帮扶工作全力推进，水库移民政策扶持项目和资金落实到位，特困移民解困试点全面开展，三峡工程外迁移民安置通过国家终验，水利民生工程取得实效。

（任伟刚）

【水土保持】 在国务院批复《全国水土保持规划》之后，《江苏省水土保持规划》通过江苏省政府批复，居全国前列。高淳桠溪、溧水环山河和江宁石塘三个项目成功申报为国家水土保持生态文明清洁小流域示范工程。全面共完成 72 项水土保持行政许可的审批工作，较 2014 年多 16 项；完成生产建设项目水土保持验收 24 项。综合防治水土流失面积 600km^2。

（任伟刚）

【城乡供水】

1. 水源地达标建设 会同住房城乡建设厅、环保厅建立达标通报机制，并请省政府进行专项督办，年内完成 38 个水源地达标建设任务，基本完成省政府下达的县城以上集中式饮用水源地达标建设任务；推进全国重要饮用水源地和省第四批集中式饮用水源地名录发布。

2. 农村饮水安全工程 2015 年，围绕省政府确定农村饮水安全工程目标任务要求，江苏省水利厅、财政厅、住房城乡建设厅与各县（市、区）人民政府签订年度目标任务责任书。按照城乡统筹区域供水工程与农村饮水安全工程同步实施的要求，投资 13.5 亿元，解决了 345 万农村居民饮水问题，超额完成《政府工作报告》确定的目标任务。（任伟刚）

【工程管理】 贯彻落实山水林田湖系统治理思路，建立分管省长担任召集人的全省湖泊管理与保护工作联席会议，健全省、市、县三级“河长制”管理组织体系，97%以上省骨干河道落实“河长”、管护单位和人员。推进河湖与水利工程管理范围划定，先行试点的 13 个县（区）完成实施方案编制与符合性审查，以县和市直管工程为主的 112 个实施单元加紧编制实施方案。严格执行河湖水域占用补偿制度，实行水域占补平衡，强化涉河建设项目监管。常态化实施河湖水域岸线遥感动态监测、河湖水域面积监测，定期发布重点河湖健康评价报告。推行重要河道水库专项规划，完成泰州引江河管理与保护、大中型水库两线管理试点、长江江苏段岸线开发利用和保护等规划，强化水域岸线资源管理和空间管控。9 个退圩还湖规划获省政府批复，规划新增湖泊自由水面积 251km^2。全面实施洪泽湖、骆马湖禁采。基本完成洪泽湖非法圈圩清除年度任务，恢复调蓄库容 1 亿多 m^3。完善水利工程省级维修养护项目管理制度，落实水库大坝安全责任制，推进水利工程规范化管理，强化国家级、省级规范化水管单位创建。（任伟刚）

【科技与教育】

1. 水利科技 修订完善《江苏省水利科技项目管理办法》，并与省财政厅联文发布。开展江苏省重大水利科技问题征求活动，形成《江苏省重大水利科技问题》报送省科技厅；梳理、汇总 178 项江苏省水利科技需求建议，形成 2016 年江苏省水利科技项目申报指南。改革项目评审办法，邀请相关领域国内有影响力的 26 位专家采用网评形式，确定 7 个重大技术攻关课题。做好项目申报组织工作，2015 年获水利部科技推广项目、“948”项目各 1 项，资助经费共 410 万元。会同徐州市贾汪区水利局、江苏省水利工程建设局召开煤矿塌陷地水生态修复技术交流会、水利工程建设新技术新材料推介会，加强了水利科技成果的推广。组织优秀成果推荐，2015 年获得省部级优秀成果奖 4 项，其中水利部大禹奖 3 项、省农业科技推广奖 1 项。

2. 教育培训 组织厅系统全体处级干部参加全省“四个全面”战略布局研修班暨“876 计划”培训；选拔推荐优秀年轻干部参加科技镇长团、重点水利工程建设和到市级水利部门、全省首批软弱涣散村党组织“第一书记”等挂职锻炼；接收东台、句容等市（县）水利局一批优秀年轻干部到省水利厅学习锻炼。开展江苏省“333”等高层次人才培养服务，评审通过研究员级高级工程师、高级工程师和工程师13名、317名和73名。会同省人社厅、省总工会组织开展2015年全省水利系统闸门运行工职业技能竞赛。选送市（县）18名同志参加水利部举办的全国县（市）水利局长和乡镇水利站长示范培训；举办了2期全省市（县）水利局长培训班、2期4班次乡镇水利站长培训班、2期基层工程管理所长培训班，全年开展各类继续教育培训88期，参训人员7 000多人次；会同河海大学组织开展水利专业工程硕士班和基层单位推荐考核择优入学学历教育培训，全年入读工程硕士班92人，入读学历教育425人；完成2015年度厅系统新进人员岗前培训。（任伟刚）

【水利改革】 水行政职能加快转变，制订行政权力清单与责任清单，完成与行政审批制度改革有关水利地方性法规规章的清理，起草行政审批事项事中事后监督管理实施方案。在全国水利系统率先出台全面推进法治水利建设的实施意见和法治水利建设指标体系，并在13个县开展省级示范点建设。省政府办公厅发文，联合省国土资源厅、财政厅部署，全面开展河湖和水利工程划界确权工作。高邮、宿豫两个国家级农业综合水价改革试点完成改革任务，并通过省级竣工验收，农业水价差别化形成机制健全完善。高淳、洪泽两个国家级小型水利工程管理体制改革试点初步建立较为稳定的管护资金筹集渠道，12个省级试点和3个小型水库试点完成改革，半数以上地区完成产权明晰和管护模式确定。21个农田水利设施产权制度改革试点完成改革，75个涉农县全部制定农田水利管护制度。研究推进政府购买服务、鼓励和引导社会资本参与水利工程建设运营，获江苏省农行、农发行三年综合授信1 200亿元，年度新增利用银行贷款400亿元。研究提出水利基建项目省级以上投资补助政策，并印发执行。对中小型水利工程建设项目实施集中监理制、加强廉政风险防范的指导意见分别制定出台。江苏省南水北调工程运行管理意见经省政府审定。（任伟刚）

【党风廉政建设】 从严落实党风廉政建设主体责任，制定党风廉政建设年度工作要点和任务分工，实行条目化管理；组织签订责任书和承诺书，强化督查考核。规范基层党组织建设，开展党员组织关系排查工作。从严推进作风行风建设，扎实开展“三严三实”专题教育，从严从实落实规定程序；继续巩固落实群众路线教育实践活动成果，不断深化“四风”整治，认真组织开展“三解三促”驻点调研活动。从严抓好学习型党组织建设，抓好党组中心组学习，广泛开展党内法规知识学习竞赛，积极开展“党员大家讲”，组织参加省级机关工委“每日一题”答题竞赛。从严抓好文明单位创建，水利厅机关高分通过水利部文明单位复审，2个水利管理单位获得“全国文明单位”，7个水利单位获得“全国水利文明单位”荣誉称号。（任伟刚）

浙 江 省

【概况】 2015年是浙江省实施“五水共治”（治污水、防洪水、排涝水、保供水、抓节水）的巩固年、关键年、深化年、冲刺年。全省“五水共治”水利完成投资416.7亿元，同比增长19.7%。全省水利完成投资536.5亿元，同比增长12.2%，其中中央投资重大水利项目完成率达98%，面上项目达到94%。（金潇）

【水政】《浙江省水土保持条例》正式颁布实施，明确了水土保持工作以县（市、区）人民政府属地管理为主，实行水土保持目标责任制和水土流失责任终身追究制。印发《浙江省水利厅关于全面加强依法治水依法管水的工作方案》，修订《浙江省滩涂围垦管理条例》《浙江省海塘建设管理条例》。加快水法规配套制度建设，进一步完善适合浙江省省情水情的水法规体系。以“创建无违、美化环境”为重点，进一步深化“三改一拆”工作，全省共排查出涉水违章建筑400.61万m^2，拆除涉水违章建筑399.06万m^2，是2015年年初计划完成数的3倍。充分利用“世界水日”“中国水周”等有利时机，开展“省市联动植树护水”“人与水”主题文章和漫画作品征集、在宁波市文化广场举行广场宣传等活动；利用网络平台积极宣传，在浙江在线设置浙江水网专栏，发布报道7 665篇，点击量达124万次；开通“浙江水利普法”微信平台，发布55期信息。按照新任人员、执法骨干两个层次，有针对性地培训全省水政监察人员，共培训3期392人，共392人参加上岗资格证考试，386人通过；举办水利厅系统水法制集中培训，共培训1期142人，其中128人通过考试。主动适应法律法规变动与审批改革要求，进一步深化行政审批制度改革，2015年，浙江省水利厅共受理水行政许可项目59件，作出水行政许可决定59件，许可数量比2014年下降35%。（金潇）

【水资源】 完成2014年度落实最严格水资源管理制度情况自查，组织对各设区市2014年度最严格水资源管理制度落实情况检查。经国务院审定，浙江省2014年度落实最严格水资源管理制度情况考核结果等级为优秀。对11个市进行了工作考核，其中温州、湖州、衢州3市考核等次为优秀，其余8个市为良好。指导和推动各地节水型社会建设，该省第一批28个节水型社会建设县（市）全部完成达标验收。其中，舟山（含嵊泗、普陀、定海）、玉环、义乌、余姚等6县（市）先后通过国家验收，岱山、温岭、开化3县通过省级验收，并被授予“全省节水型社会建设先行示范区”称号。积极推进节水型载体建设，开展了节水型企业、节水型单位、节水型灌区创建工作，31家企业被授予“浙江省节水型企业”称号，64个灌区被授予“节水型灌区（灌片、园区）”称号。开展全省水资源管理培训班2期，共有320余人参加。积极推进水生态文明试点建设，湖州、宁波、温州、嘉兴、衢州、丽水6市先后被水利部列为国家水生态文明建设试点城市。积极推进省级水生态文明建设试点县创建工作，安吉县、仙居县、浦江县试点建设取得了阶段性成效。完成全省水功能区划修编工作，同时发布了全省第一批83个水源地名录，主要为县级以上在用供水水源地。地下水监测网络建设总体进展顺利，2015年已完成39个监测站点的建设。（金潇）

【水利规划】 坚持问题和需求导向、标杆导向和效果导向，有序开展“十三五”规划编制工作。累计完成56条中小流域规划评审工作，其中29条已获批复。完成省域国土空间总体规划水利部分，完成流域防洪规划编制技术导则项目、浦阳江流域防洪规划以及姚江治理西分西排工程方案的基础工作，完成全国三四级涝区及省内涝情程度的制图工作，完成鳌江、曹娥江、飞云江三大流域省级复审基础工作。完成全省性的钱塘江、瓯江和杭嘉湖流域（区域）综合规划的宣贯工作。完成《“十三五”时期浙江省水资源保护利用和水利基础设施建设研究》和《浙江省农业农村基础设施建设思路和对策研究——水利部分》。（金潇）

【基本建设】 2015年是浙江省实施“五水共治”的巩固年、关键年、深化年、冲刺年，浙江省“五水共治”水利建设计划完成投资348亿元，实际完成投资416.7亿元，同比增长19.7%。其中，“强库工程”病险水库除险加固完工125座。新建的防洪水水库中，平阳县顺溪水利枢纽基本建成，在防御2015年“苏迪罗”台风中，拦蓄上游来水2 300万 m^3，降低下游水头镇洪水位1.10m，杭州青山水库、金华安地水库已经完工。“固堤工程”海塘河堤加固完工745km，其中，独流入海干堤加固完成244.4km，中小河流加固堤防完成478.3km，海塘配套完成22.5km。完成圩区整治44.5万亩。“扩排工程”开工建设29个重点项目，新增入海强排能力104.4万 m^3/h。其中，重大项目浙江省太湖流域水环境综合治理五大水利工程完成投资66.9亿元；杭州三堡泵站于2015年汛前投入试运行，汛期累计排水4 400万 m^3，相当于3.6个西湖的水量，大大缓解了杭州城区的排涝压力；余姚陶家路江泗门泵站在防御“灿鸿”台风中充分发挥了效益，累计排水600万 m^3。7个“开源工程”和6个“引调工程”全部开工在建。“提升工程”完成31.3万人的农村饮水安全提升，新增改善灌溉面积88.25万亩。同时，“治污水”中，河道综合整治完工3 487km；“抓节水”中，完成高效节水面积23万亩，提前完成年度目标；19个县级节水型社会建设通过中期评估。结合城镇环境整治和美丽乡村建设，新增河岸绿化543km，治理水土流失面积682km²，建成了一批集生态景观、文化休闲于一体的河道和小流域治理示范工程。（金潇）

【防汛抗旱】 2015年，浙江省梅雨期偏长，梅雨量偏多，梅雨期末遭受台风影响；台风影响个数偏多，1个台风在浙江省登陆，2个台风在闽中北沿海登陆后严重影响浙江省；局地强降雨较频繁，引发山洪地质灾害和平原内涝；汛后，11月出现了连阴雨天气。1月1日至12月31日，全省平均降水量为2 060.6mm，比多年平均年降水量偏多28.5%，其中汛期（4月15日至10月15日）降水量为1 283mm，较常年同期偏多17.3%。入梅早、出梅迟、梅台交织，梅雨量偏多。6月7日入梅，7月12日出梅，梅雨期35天，较常年偏长13天；梅雨期末第9号台风“灿鸿”登陆，全省平均梅雨量455.5mm，较常年偏多81.8%，其中宁波、绍兴分别偏多约150%，杭州、金华、丽水、衢州、台州和舟山偏多50%～100%。台风来得早、个数多，遭受正面袭击，相继遭受了第9号台风“灿鸿”、第13号台风“苏迪罗”、第15号台风“天鹅”、第21号台风“杜鹃”4个台风影响。短历时强降雨频繁，局部山洪与内涝严重。全省洪涝台灾害直接经济损失224.8亿元，其中，农林牧渔业91.1亿元，工业交通运输业66.5亿元，水利设施23.5亿元。与常年比较，全省灾害损失为中等偏重，其中温州、宁波、台州、舟山等市灾情相对比较严重。在浙江省委、省政府高度重视和坚强领导下，在国家防总、水利部的关心指导下，全省各级防汛水利部门全力以赴防汛防台抗旱，把灾害损失降到最低程度。据统计，全省共投入抢险人员45.6万人次，消耗防汛袋371.7万条、砂石料169.3万 m^3、木材4.1万 m^3，用油281.9t，用电277.5万 kW·h；减少受淹耕地3.69万 hm^2，减少受灾人口163.8万人，避免可能造成伤亡事件1 093起27 064人次。初步估算，防灾减灾直接经济效益290亿元。（金潇）

【农田水利】 2015年，浙江省积极实施中央财政小型农田水利重点县建设、大中型灌区续建配套改造与节水改造、杭嘉湖圩区综合整治和百万亩喷微灌工程建设，继续保持农村水利发展较好势头。2015年浙江省共实施第五、第六、第七批重点县（项目县）38个，总投资10.86亿元。全年新增旱涝保收面积52万亩，扩大灌溉面积56万亩，新增固定式喷微灌面积19万亩。杭嘉湖圩区整治完成投资6.8亿元，整治圩区面积44万亩。综合整治万立方米以上山塘1 064座。加强全省农田水利标准化建设考核，45个县（市、区）被评为2014年度省级考核优秀单位。继续推进中央财政小型农田水利重点县建设，经财政部、水利部组织的绩效考评，浙江省中央财政小型农田水利重点县绩效考评结果为优秀。（金潇）

【水土保持】 贯彻实施《浙江省水土保持条例》，对全省水土保持规范性文件进行了全面清理，废止相关的规范性文件40项，修订6项，停止执行相关内容2项，新出台规范性文件2项。32个试点县（其中省本级9个）开展试点工作，天台等地已经取得初步试点成果。开展全省水土保持法贯彻实施情况暨执法专项检查，对九景衢铁路等12个项目进行现场监督检查，对杭州等5市贯彻实施水土保持法律法规情况进行了抽查，对存在问题较多的13个项目发出了整改通知，并跟踪落实。规范开展水土保持设施验收工作，省本级完成水土保持设施专项验收51项。规范水土保持补偿费征收，省本级做到应收尽收。创新生产建设项目水土保持监督检查方式，探索社会化技术服务支撑生产建设项目监督管理，有针对性地开展建设单位、施工单位、监理单位有关人员的水土保持培训。创新城市弃土弃渣管理，在部分市（县）开展城市新区水土保持生态示范园区试点，推行市区钻渣泥浆集中处置，消除随意弃置的乱象。不断推进生态清洁型小流域建设、经济林地水土流失治理，2015年完成水土流失治理600多km^2。编制完成《水土流失治理工程和水土保持监督管理实施指导意见》。编制完成《浙江省水土保持规划》，经浙江省政府批复同意，由浙江省水利厅会同浙江省发改委向全社会发布，并同时公布了省级水土流失重点预防区和重点治理区。市、县两级水土保持规划编制工作基本完成，38个县（市、区）水土保持规划已经政府审批，并公布了市、县级水土流失重点预防区和重点治理区。编制完成《浙江省“十三五”水土保持工程建设规划》，拟定了2016—2018年水土保持工程建设实施计划。（金潇）

【农村供水】 2015年，浙江省继续实施“农村饮水安全提升工程”，完成30万人的农村饮水安全提升。同时，针对浙江省农村供水工程水质检测能力弱的特点，建设26个“区域水质检测中心”，覆盖26个县（市、区），截至12月底，水质检测中心项目累计完成投资5 098万元。（金潇）

【农村水电】 2015年，浙江省水电建设完成投资3.7亿元，新增装机容量8.05万kW，完成改造项目31个。其中，做好中央农村水电新农村电气化县建设工作，改造电站6座，改造后新增装机容量700kW，完成投资6 834万元；按照“保安全、保质量、保进度”的要求，抓好其他在建水电项目建设，新建水电站7座，装机容量5.67万kW，改造电站25座，改造后新增装机容量2.31万kW，全年完成投资2.79亿元。2015年，浙江省水利厅联合浙江省发改委对10个电气化县进行了验收，并完成电气化县建设项目的绩效评价工作。扎实开展农村水电安全生产大检查，全省共查出各类大小安全隐患693起，在各级水行政主管督促下全部完成整改。对装机容量1 000kW及以下的农村水电站开展第三轮年检工作，投入专项资金55万元，对金华、衢州等地区127座运行25年以上水电站进行安全检测，及时督促整改，消除老电站安全隐患，确保全省农村水电站安全运行。2015年，浙江省累计完成安全生产标准化达标创建和评级电站250座，其中文成县靛青山等20座电站通过水利部一级评审，一级达标电站数量占全国总数的90%以上，达标电站数量名列全国前茅。完成《浙江省农村水电增效扩容实施方案》《浙江省农村水电站安全生产标准化创建指导手册》及《浙江省“十三五”农村水电发展规划》。（金潇）

【河道水环境综合治理】 继续推行“河长制”管理，浙江省水利厅作为曹娥江“河长制”联系单位，具体承担了曹娥江流域水环境治理的监督、指导和服务工作，制定下发了曹娥江“一河一策”治理方案及《曹娥江水环境综合治理2015年工作计划》，2015年，曹娥江流域水环境治理完成投资约146亿元，曹娥江流域10个省控以上地表水监测断面全面达标（达到Ⅰ～Ⅲ类水质）。2015年，浙江省继续加强对全省河道保洁的监督检查，进一步巩固河道保洁全覆盖成果，重点做好了世界互联网大会外围水体管护工作。成功申报桐庐县、北仑区、平阳县、湖州市本级、桐乡市、遂昌县等6市（县）为全国第一批河湖管护体制机制创新试点。组织开展了全省河湖管理范围划界、水利工程确权划界现状调查，完成了1 225km省级河道管理范围的划界工作。浙江省水利厅和浙江省发改委联合印发了《浙江省水域保护规划》，初步建成了集水域动态监测、项目审批及事后监管为一体的水域管理信息系统，健全并完善了水域保护与管理制度。组织河道采砂专项整治“回头看”行动，进一步规范采砂管理。（金潇）

【工程管理】

1. 水利工程管理考核 修订《浙江省水利工程

管理考核办法》，出台《浙江省大中型水利工程管理考核办法》，开展2014年度全省水利工程管理考核省级抽查考核工作并进行了通报。2015年，浙江省完成了周公宅水库管理局和横山水库管理局国家级水管单位创建，浙江省通过水利部验收的水管单位增至11家，约占全国总数的20%。配合水利部太湖流域管理局完成汤浦水库管理局和四明湖水库管理局的国家级管理单位复核工作。指导温州、杭州、定海、桐庐等地水利工程物业化管理，完善相关政策，积极培育水利工程物业化管理市场。

2. 着力加强水库管理　2015年，浙江省完成中央新增61座小型病险水库加固，中央项目投资计划全部完成；全年病险水库除险加固累计开工195座，完工验收125座；开工加固海塘57km，完成18km海塘加固任务；组织完成兰溪高潮、义乌岩口等9座大中型水库除险加固项目的竣工验收，全省完成130座水库和50km海塘加固工程竣工验收。各地认真落实安全管理责任制，加强应急管理和非水利系统水库的安全监管，落实在建工程度汛措施，深入开展隐患排查，及时整改检查发现的问题。

3. 水利风景区建设　景宁畲族自治县畲乡绿廊水利风景区获“国家水利风景区”称号。（金潇）

【滩涂围垦和低丘红壤治理开发利用】

1. 滩涂围垦工程建设　2015年，全省沿海地区大力推进围垦工程建设，完成滩涂围垦建设投资64亿元，占年度投资计划的160%。全省在建重点围垦工程21个，设计围垦总规模63万亩，其中象山鹤浦水糊涂二期正式开工建设。全年完成建塘江两侧（一期西区）、洞头环岛西片、三门洋市涂、定海金塘北部西片、普陀朱家尖西南涂等5项（片）省重点项目圈围，全省完成围垦圈围6万亩。为确保在建围垦工程在设计标准内安全度汛，积极开展“大排查、大整治”，全省已圈围项目未发生溃堤，在建围垦工程全部实现安全度汛。强力推进围垦工程竣工验收工作，2015年完成平阳西湾南片、绍兴口门治江围涂等4个工程竣工验收。编制完成《浙江省滩涂使用布局研究》《浙江省滩涂围垦“十三五”规划》，修订完成《浙江省滩涂围垦管理条例》。

2. 低丘红壤项目建设　大力推进低丘红壤治理开发，全年完成治理开发面积80 008 029亩，建立了全省“十三五”低丘红壤项目库。深入基层，加强指导服务，督促项目质量和进度，按照面上水利专项资金因素法分配的要求，制定并下发了《浙江省低丘红壤治理开发项目实施指导意见》（浙水围〔2015〕1号）。编制完成《浙江省低丘红壤治理开发“十三五”规划》和“十三五”全省滩涂围垦和低丘红壤治理开发发展思路调研报告。（金潇）

【科技与教育】　2015年，围绕全省水利中心工作，水利科研项目取得重要突破，全省下达科技计划项目94项，评选浙江省水利科技创新奖18项。2个项目喜获2014年度浙江省科学技术进步奖三等奖，1个项目喜获2014年度大禹水利科学技术奖二等奖。抓好水利科技创新服务平台建设，围绕“五水共治”“千人万项”等重点工作，该平台为基层单位免费提供技术咨询服务70项，帮助解决技术难题22项。举办了有重大项目法人、基层水利科技管理人员共150余人参加的全省水利科技工作培训班，培训工作紧密结合全省水利发展和科技创新，效果良好。承办了世界水理事会第55次董事会，提升了浙江水利的国际影响力。全年共组织15批123人次赴境外集中开展“防汛防灾”“水资源”“农田水利”等方面的专题培训。以“千人万项”蹲点指导服务活动为载体，把干部培养与推进工程项目建设相结合，全省三级水利机关落实了1 778名干部专家蹲点指导1 108项重点工程，带动上万项水利项目。高层次与高技能人才培养取得新成果，浙江省水利系统2人获政府特殊津贴，2人入选省“151”第三层次，2人荣获省“五一”劳动奖章，1人获全国水利技能大奖，4人获“全国水利技术能手”称号。（金潇）

安　徽　省

【概况】　2015年，全省水利系统继续实施“水利安徽”战略，统筹抓好水利改革、水利建设、防汛抗旱、水利管理、扶贫攻坚等重点工作，落实省以上重点水利投资计划103亿元，完成重点水利项目投资137.52亿元，连续4年落实水利项目投资、完成重点项目投资“双超百亿”。（寇思超）

【水政】　完善涉水法规体系，《安徽省节约用水条例》经安徽省人大审议通过，于2015年10月1日起正式施行。开展重大事项决策合法性审查。建立水行政处罚自由裁量基准制度，制定出台《安徽省水行政处罚自由裁量权适用规定》《安徽省水行政处罚自由裁量权实施标准（试行）》。创新省境长江淮河干流河道采砂管理机制，保持对非法采砂的高压严打态势。继续开展以“三线三边”为突破口的城乡环境综合治理，全省水利部门共整治长江、淮河干流及主要支流沿线1 200km，治理乱建码头150处，清理违章耕种330hm^2，绿化美化河湖渠道5 300km。（寇思超）

【水资源】　完成国家对安徽省最严格水资源管理制度考核，开展省对各市实行最严格水资源管理制度考核，通过考核促进最严格水资源管理制度落实。完善

"三条红线"控制指标体系，实行行政区域总量控制和用水户用水定额管理。开展全省地下水超采区治理，省政府办公厅印发《关于公布地下水超采区、限采区范围的通知》，省水利厅、省发展改革委等6部门出台《安徽省地下水超采区治理方案》。省物价局、财政厅、水利厅联合印发《安徽省物价局、财政厅、水利厅关于调整水资源费征收标准的通知》，合理调整水资源费征收标准。规划水资源论证工作全面推进，国家水资源监控能力省级平台建设基本完成。

（寇思超）

【水利规划】 推进安徽省水利发展"十三五"规划编制，淮河行蓄洪区及淮干滩区居民迁建修订规划通过淮委审查，全省治涝规划、血吸虫病防治水利三期规划、"十三五"水利扶贫规划等专项规划编制完成。完成淮河干流蚌埠以下河段治理等专题研究。省政府办公厅印发《关于加快推进治淮工程建设的通知》，对进一步治淮工程进行安排部署。完成引江济淮、江巷水库工程项目建议书和月潭水库、长江崩岸应急治理等工程可研批复，批复总投资达900多亿元。引江济淮工程可研通过水利部技术审查，淮河干流正阳关至峡山口段行洪区调整和建设、长江铜陵河段综合治理、巢湖环湖防洪治理3项工程可行性研究报告通过国家发改委委托评估。（寇思超）

【基本建设】

1. 新一轮治淮建设 淮河干流蚌埠至浮山段行蓄洪区调整与建设工程加快实施，洪泽湖抬高蓄水位影响处理工程基本完成，重点平原洼地治理外资项目主体工程完成，西淝河等洼地治理应急工程开工建设，新汴河、淠河、史河治理等项目加快推进。淮水北调干线工程基本建成，具备通水条件。

2. 其他重点水利工程 长江干、支流治理加快推进，青弋江分洪道、滁河治理完成工程量70%以上。长江崩岸应急治理工程开工建设。新开工中小河流治理项目70个，完成大中型病险水库加固15座，实施大中型病险水闸加固40座，实施大型灌溉排水泵站更新改造工程22处。（寇思超）

【防汛抗旱】 2015年，安徽省洪涝、台风暴雨等自然灾害频繁。王学军书记、李锦斌省长、梁卫国副省长等省领导多次就防汛防台风工作作出批示。安徽省防指、省水利厅加强研判、科学调度，受灾地区积极应对、有效防抗，成功战胜春汛和汛期11次强降雨过程，特别是面对滁河流域严重洪涝灾害、"灿鸿""苏迪罗"等高强度台风和7月下旬沿江江南高强度暴雨洪涝灾害，两次紧急启动全省防汛应急预案Ⅲ级响应，科学调度长江、淮河及滁河防洪工程，启用滁河荒草二圩、三圩滞蓄洪水5 500万 m^3，确保了滁河大堤安全和长江主要支流、中小水库防洪安全。在做好防汛工作的同时，全省累计农业灌溉供水60亿 m^3，有力保障了各地农业用水。全年防汛抗旱减灾效益达137亿元。

（寇思超）

【农田水利】 2015年，安徽省以小型水利工程改造提升为重点，加强农田水利基本建设，完成小型水利工程改造提升投资101亿元，年度计划任务全面完成。持续实施大中型灌区续建配套，完成年度投资计划的90.7%。加快小型农田水利重点县建设，建设高标准农田水利6.67万 hm^2。推进小型农田水利工程产权制度改革，创新小型水利工程新型管护组织，全省共成立各类管护组织1.07万个，管护受益农田6.67万 hm^2，年筹集管护经费2.19亿元，颁发"两证一书"72万份。（寇思超）

【水土保持】 围绕生态建设主线，坚持预防保护优先、治理监管并重，编制《安徽省水土保持规划》，划定省级水土流失重点预防区和重点治理区。全年累计下达资金计划1.96亿元，治理小流域56条，治理水土流失面积353 km^2，治理坡耕地1 250 hm^2，实施生态修复405 km^2。（寇思超）

【城乡供水】 统筹抓好农村饮水安全工程建设，完成2015年度农村饮水安全工程建设任务，新解决492.67万农村居民和36.8万农村学校师生饮水安全问题。建成80个县级农村饮水安全工程水质检测中心，完成投资1.52亿元。（寇思超）

【农村水电】 加强农村水电规划管理，科学谋划"十三五"农村水电发展。完成57个农村水电增效扩容改造项目验收，全年新增农村水电装机容量3.16万kW，累计装机容量达110.79万kW，年发电量27.63亿kW·h。抓好水电新农村电气化县建设，完成水电供区农网改造投资3.2亿元，完成10个水电新农村电气化县（区）建设竣工验收。（寇思超）

【工程管理】

1. 水利工程管理 提升水利工程管理规范化、标准化水平，新增国家级水管单位2个、省级水管单位16个，新增国家级水利风景区5个、省级水利风景区8个。完善和规范涉河建设项目审查审批，提高审查审批效率与服务质量，全年审查审批涉河建设项目37个。

2. 水利基本建设管理 推进水利工程招投标改革，确保水利工程招投标工作平稳过渡。加强水利建设市场监管，持续推进水利建设市场诚信体系建设，实现水利市场主体信用管理信息化。开展水利工程质量考核，加强质量安全监督管理队伍和能力建设。开展水利工程建设“铸安”行动及“严执法、排隐患、强管理”专项行动，加大安全隐患治理督办力度，全省水利行业安全生产态势平稳。（寇思超）

【科技与教育】

1. 水利科技　围绕水利发展，强化科技支撑，全年获科技部、水利部和安徽省科研立项9项，完成重大科研项目13项，完成科技成果鉴定5项，获得安徽省科学技术奖二等奖2项，获得大禹水利科学技术奖三等奖1项。制定出台安徽省地方标准13项。国家防汛抗旱指挥系统二期工程建设加快推进，工程信息采集系统、视频监控系统建设基本完成。

2. 推进水利人才队伍建设　研究编制《安徽省水利人才队伍建设“十三五”规划》，完成水利部《全国基层水利职工队伍建设研究》课题。新增水利水电专业正高级专业技术任职资格8人、高级专业技术任职资格198人、中级专业技术任职资格87人。组织干部职工培训23班次，培训人员2 400人次。

（寇思超）

【多种经营】　变品牌优势为经济优势，支持全省水利系统发展实体经济。开展水利风景资源调查评价工作，指导协调大别山区水利风景区参加政府旅游推介活动。利用“互联网+”开展水利风景区推介营销，联合百度旅游网开展梅山水库、淠史杭灌区横排头水利枢纽等景区采风摄影活动，展示水利风景区和水生态文明建设成就。加强水利旅游人才培养，举办水利风景区建设和水利旅游知识培训班。（寇思超）

【全面深化水利改革】　制定《安徽省水利厅深化水利改革领导小组2015年工作要点》，推进重点水利改革攻坚。在水利专业灌溉服务组织方面，发展各类水利专业灌溉合作组织940个，灌溉服务面积50万hm^2。在水生态文明建设方面，抓好6个国家级、10个省级“水生态文明城市（县城）”和28个“水环境优美乡村”建设试点，完成7个“水环境优美乡村”试点建设验收。在水利投融资制度改革方面，投融资渠道不断拓宽，全省各级水利部门年度利用各类融资平台取得贷款和专项债券基金达136亿元，江巷水库被列为全国重点推进的12个PPP试点项目之一。在创新试点方面，定远县等6个县全国农田水利设施产权制度改革和创新运行维护机制试点取得积极进展，芜湖县、蒙城县全国河湖管护体制机制创新试点稳步推进。水价改革方面，完成六安市金安区、裕安区农业水价综合改革试点。（寇思超）

【水利扶贫攻坚】　水利扶贫工作扎实推进，研究起草《关于水利建设扶贫工程的实施意见》，在政策、资金等方面重点向贫困地区倾斜，进一步加快贫困地区饮水安全工程、“八小”水利工程、重点水利工程、水土保持工程建设。首次招募102名水利“三支一扶”服务生到基层水利单位工作。（寇思超）

福　建　省

【概况】　2015年，福建省全面贯彻党的十八届四中、五中全会精神，积极践行新时期治水方针，水利事业迈上新台阶，为“十二五”水利改革发展画上了圆满的句号。是年，全省水利投资再创新高，重大水利项目建设全面提速，万里安全生态水系治理启动实施，水土流失治理超额完成任务；农村水利设施日益完善，依法治水管水能力明显提升，防汛防台风工作取得全面胜利，党风廉政建设持续加强，全员参与的区域工作责任制初步形成，人人抓项目、全体下基层的工作氛围十分浓厚。是年，全省完成水利投资333.36亿元，比2014年增长31.76%；推进384个重大水利项目建设，新开工104个，完工78个；解决农村饮水不安全人口91.46万人；除险加固小型水库355座、海堤60km；综合治理中小河流108条；综合治理水土流失面积17.34万hm^2，超额30.05%；恢复灌溉面积0.45万hm^2，发展节水灌溉面积5.26万hm^2；完成农村水电增效扩容改造276座，退出老旧水电站31座；建成水利科技推广示范基地55个。

（张智杰）

【水政】

1. 水资源管理

（1）福建省效能办首次将最严格水资源管理制度考核作为一项重要指标纳入绩效考评内容，福建省最严格水资源管理制度考核通过国务院考评。

（2）河长制全面落实，三条蓝线划定工作开始启动，生态补偿办法出台实施，重要流域水生态环境进一步改善。

（3）福建省水资源管理系统在全国率先建成，并通过水利部技术评估。泉州最严格水资源管理制度试点通过水利部验收；莆田、南平全国水生态文明试点城市创建方案已经水利部批复实施。（张智杰）

2. 水利地方性法规立法进程加快　《福建省节约用水管理办法》《福建省水利风景区管理办法》于9月6日通过福建省政府常务会议审议，并分别于2015年11月1日、2016年1月1日实施；《福建省河道保护管理条例》于11月27日通过省人大常委会审议，2016年1月1日正式实施。（张智杰）

3. 水行政执法力度持续加大

（1）3—5月组织开展全省涉河安全专项执法活动，重点查处破坏水工程、违法采砂等行为，全省共组织巡查、执法活动324次，出动执法人员3 544人次，下发责令停止违法行为通知书160份，查扣、拆解违法采运砂船舶96艘，强制拆除非法采砂点和堆砂场178处，处理和暂扣作业铲车和运输车103辆，捣毁非法采运砂设备380件，移送公安部门的非法采砂刑事案件8起；查处河道、水库、渠道违法行为类案件61起，组织清除占河土方3 750m³、占河建筑物12处250m²、非法养殖点13处2 100m²、非法种植点101处4 000多m²；查处破坏水工程类案件14起。

（2）开展水土保持监督检查1 651次，处理水保违规（法）案件13起。（张智杰）

4. 水利规费征收落到实处

（1）全省共审核取水许可证297本，征收水资源费3.8亿元，其中省级1.43亿元。

（2）使用重大水利建设基金9.95亿元、土地出让收益6.97亿元。

（3）建立河道采砂资料库，核发采砂许可证507本，许可采砂量444.77万m³，采砂管理费各地应收尽收。（张智杰）

【水资源】 2015年，全省水资源总量为1 325.93亿m³，人均拥有水资源量3 454m³。其中，地表水1 324.67亿m³，地下水332.33亿m³，地下水和地表水不重复量1.26亿m³。行政分区中，地表水资源量最多的是南平市，为325.25亿m³，最少的是平潭综合实验区，为2.04亿m³，分别占全省地表水资源量的24.6%、0.15%；地下水资源量最多的是南平市，为71.97亿m³，最少的是平潭综合实验区，为0.49亿m³，分别占全省地下水资源总量的21.7%、0.15%。地表水资源量中，闽江为672.87亿m³、九龙江141.45亿m³、汀江100.96亿m³、晋江41.02亿m³、交溪61.87亿m³、木兰溪17.80亿m³。其中，闽江地表水资源量最多，占全省主要江河水资源量的65 %。全年外省入境水量30.68亿m³，本省出境水量143.86亿m³。全省入海水量为1 156.07亿m³（不含过境水量）。（张智杰）

全省主要江河总体水质状况同2014年相比略有好转。通过对全省630个断面的水质监测，采用国家《地表水环境质量标准》（GB 3838—2002）对11 298.4km河长进行评价，其中，水质符合和优于Ⅲ类水的河长为9 021.7km，占评价河长的79.9%；污染（Ⅳ、Ⅴ类和劣Ⅴ类）河长为2 276.7km，占20.1%；水体主要超标项目为氨氮、总磷、溶解氧和五日生化需氧量。评价大型水库21座，全年期水质符合Ⅰ～Ⅱ类标准的17座、符合Ⅲ类标准的3座、符合Ⅳ类标准的1座，分别占总数的81%、14.3%、4.7%。评价9个设区市15个主要集中式生活饮用水水源地，水质较好的有泉州晋江北渠的北峰、东湖桥、龙岩富溪的凤凰水厂和福州塘坂水库水源地，年测次合格率为100%；水质较差的是九龙江西溪的洋老洲、闽江北港的鳌峰洲和闽江南港的城门浚边3个供水水源地，主要超标项目为铁、锰、溶解氧和氨氮。（张智杰）

【水利投入】

1. 各级财政水利投入稳定增长 ①全省共完成水利投入333.36亿元，比2014年增长31.76%。②省级财政投入水利34.10亿元，比2014年增长10%。③水利规费和政府性基金征收足额到位，全省共征收51.98亿元，其中省级20.28亿元。（张智杰）

2. 水利融资力度持续加大 ①银行融资。福建省水利厅与福建省农行签订《战略合作协议》，与福建省农发行联合出台《专项过桥贷款支持我省重大水利工程建设的实施方案》，全年新增贷款61.5亿元，是2014年7.7亿元的8倍，其中，国开行30.09亿元，农发行21.77，农行9.64亿元。②社会融资。鼓励和吸引社会资本81.95亿元投入水利，比2014年增长13%。③平台融资。福建省水投集团发挥投融资平台作用，新增资本金9亿元，争取各类银行授信贷款200亿元。（张智杰）

3. 各地千方百计筹措资金 ①莆田市从农发行、农行、国开行等银行贷款到位14.5亿元，占全省总量约1/4，用于乌溪水库、东圳水利枢纽引水配套和木兰溪防洪工程华亭段等重大水利项目建设。②厦门市从农发行到位专项过桥贷款3亿元，用于枋洋水利枢纽工程建设。③龙岩市利用亚行贷款，建设闽西红土地水土保持生态园项目，已落实1 000万美元贷款。（张智杰）

【水利规划】 ①基本完成全省水利发展"十三五"总体规划和9个专项规划编制。"十三五"规划完成水利投资1 803亿元，约比"十二五"规划翻一番；策划重大水利项目938个，比"十二五"增加了455个。②编制完成水利投资运营3年滚动、海堤建设专项、水中长期供求、水土保持、重要独流入海河流防洪治理等5项全省规划。③全省治涝规划、边海防地区水利建设专项规划和小型水库工程建设实施方案取得阶段性成果。④启动《闽江流域综合规划》《全省河道岸线和河岸生态保护蓝线规划》《原中央苏区革命老区抗旱水源工程实施方案》《节水减排实施方案》等4项规划。（张智杰）

【基本建设】

1. 384个重大水利项目建设全面提速 福建省水利厅在全省开展重大水利项目攻坚突击战，共组织1 533人次，深入84个县（市、区），实地察看2 546个（次）项目，现场召开892场（次）会议，全力推进重大水利项目建设，完成投资225.86亿元，超额完成省定任务，比 2014 年增长 50.57。其中，新开工项目 104 个，是年计划 32 个的 3.3 倍；累计建成或部分建成项目 78 个，是年计划 28 个的 2.8 倍；76 个重大水利项目前期工作进展顺利。7 个国家级重点项目取得重大进展：金门供水实现历史性突破，7 月 20 日金门签约，10 月 12 日晋江开工，习近平总书记、俞正声主席作出重要批示；长泰枋洋水利枢纽工程实现大江截流；平潭防洪防潮工程可研待批，平潭及闽江口水资源配置工程和罗源霍口水库项目建设已批，可研通过水利部部长办公会议研究。这三大工程省内立项项目已动工建设。泉州白濑水库可研启动编制，省政府下达了库区停建令；宁德上白石水利枢纽工程正在抓紧编制可研。 （张智杰）

2. 万里安全生态水系治理项目启动实施　福建省委书记尤权作出批示，省政府在莆田召开现场会进行动员部署，计划 5 年投资 300 亿元，完成 5 000km 以上安全生态水系建设。2015 年，制定了实施意见、建设指南和建设标准、补助标准、验收标准，组织了一系列技术培训，启动了 12 个试点项目建设，筛选确定了 2016 年 72 个治理项目。至 2015 年年底，安全生态水系治理工作已在全省各地全面展开，生态理念正为广大干部群众所接受，安全与生态并重的治理方式正在全省各类水利工程中运用。2015 年，厦门市安排 30 亿元专项资金用于生态水系治理，并按生态理念对各类涉水项目的规划设计方案进行逐一调整。莆田市成立安全生态水系治理有限公司，筹措资金 40 亿元。福州市、泉州市在省级补助基础上，再给予一定比例补助。漳州市提出跨界融合、集成打造九龙江流域安全生态水系治理先行示范区的构想。三明市提出建设“九湾十八溪大美沙溪河”的思路。

（张智杰）

【防汛抗旱】

1. 灾情概况　2015 年，福建省降雨总量偏多，极端暴雨多发；登陆台风偏强，危害十分严重；江河径流略多，蓄水大幅增加；灾害多发频发，经济损失较重。全省共遭受 27 场暴雨和 9 个台风（或热带风暴）的袭击或影响。第 13 号超强台风“苏迪罗”和第 21 号超强台风“杜鹃”先后在莆田登陆，登陆时强度均超 12 级，其中，“苏迪罗”台风登陆时风力达 13 级，导致沿海各地普降暴雨，尤其是福州、宁德、莆田等地，福州市区严重内涝，宁德周宁等城区部分浸水；“杜鹃”台风恰逢八月十五天文大潮，造成“风、雨、潮”三碰头，福建沿海潮位全线超过橙色警戒线。“5·18”“7·22”特大暴雨也造成严重洪涝灾害。全省共有 84 个县（市、区）448.33 万人（次）受灾，房屋倒塌 2.47 万间，直接经济总损失 234.86 亿元，其中水利损失 42.16 亿元。全省发生春旱灾情，作物受旱面积 33.97 万亩，因旱人饮困难 26.02 万人。 （张智杰）

2. 防汛备汛　①逐级调整落实防汛指挥部组成人员和职责分工，逐级落实公布防汛责任人。②举办 120 多人参加的防汛指挥长培训班，组织省、市、县、乡、村 5 级联动防灾应急演练，继续向群众发放防灾宣传读本，增强群众自救意识和抗灾救灾能力。③组织 1.45 万人次开展安全度汛大检查，检查各类工程 1.27 万处，及时消除安全隐患。④修订完善各类应急预案，并完成 3 608座水库汛期防洪调度应用计划审批。⑤储备防汛物资价值 1.32 亿元，组建防汛抢险队伍 8 332支 23.56 万人。 （张智杰）

3. 抢险救灾　全省上下同心同德，党政军民合力抗灾，坚持一要跑二要早三要实，采取递次扩大会商范围、逐级提升响应级别、递次组织群众转移、持续跟进舆论宣传、提前用兵科学用兵等精准防御措施，先后战胜了“5·18”“7·22”特大暴雨洪灾、第 13 号台风“苏迪罗”和第 21 号台风“杜鹃”的正面袭击，安全转移危险区域群众 137.48 万人次、海上船只 10.03 万艘次，因灾损失降到最低限度，特别是防御第 21 号超强台风“杜鹃”正面袭击实现零伤亡。同时，实施人工增雨作业 125 次，发射火箭弹 345 发，有效缓解了旱情。 （张智杰）

4. 基础建设　①有序推进山洪灾害防治项目建设，基本完成 8 条重点山洪沟防洪治理和山洪灾害防治非工程措施补充完善项目。②有序推进国家防汛指挥系统二期工程建设，建成水情、旱情、工情和视频监控系统。③有序推进洪水风险图编制工作，编制完成闽江下游防洪保护区、闽江南平段、闽江支流沙溪三明段、晋江泉州段等重点洪水风险图。④编制了村级预案操作指南和防汛案例培训教材，着手编制以连城县为试点的防汛指挥地图制作，为全省 929 个乡镇配备了应急卫星电话，防灾减灾精准水平不断提升。

（张智杰）

【农田水利】　①组织实施 37 个小型农田水利重点县建设，完成投资 8.82 亿元。②继续推进南靖、永春 2 个规模化节水灌溉增效示范县建设，完成投资 3 361万元。③加快 9 个重点中型灌区续建配套与节水改造，完成投资 5 859.9万元，其中大田文桃、泰宁朱龙等灌区通过验收。④全省新增、恢复灌溉面积 0.45 万 hm^2，发展节水灌溉面积 5.26 万 hm^2，分别超额 13.3%、12.8%；农田灌溉水有效利用系数提高到 0.533。⑤组织完成 2015 年度冬春水利建设，完成投资 60.89 亿元，投入劳力 14 379万工日，完成土石方 13 402万 m^3，修复水利水毁工程 7 062处。

（张智杰）

【水土保持】

1. 综合治理　持续推进国家水保重点工程、22

个重点县和100个重点乡镇等水土流失治理项目建设，创建完成水土保持生态村30个，继续联合驻闽部队在长汀、上杭等地开展水土流失综合治理，采取以水投集团为主的水土流失治理企业化运作新举措，加快水土流失综合治理。提前实施“十三五”规划治理任务，全省完成投资17.6亿元，其中，中央水保专项补助2.19亿元，省级财政水保专项资金3.36亿元，治理水土流失面积17.34万hm^2、坡耕地0.61万hm^2；“十二五”累计治理水土流失面积80万hm^2，占规划60万hm^2的133.3%；至2015年年底，全省水土流失率降至8.87%，水土保持生态建设在全国处于领先水平。武夷山市、光泽县及紫金铜业项目通过“国家水土保持生态文明工程”专家评审。

（张智杰）

2. 治理模式 长汀、连城两县探索改“崖”为“坡”，变崩岗区为生态种养区、工业园区、生态移民安置区，开发建成一批油茶、无患子、蓝莓等林下特色产业基地；大田县深入探索矿山水土流失治理“五园模式”，对不同的矿山实行分类治理，逐步将矿山打造成公园、工业园、物流园、田园、家园等。各地还通过持续打造坡改梯等精品工程，有效推动安溪生态茶业、宁化茶油、平和蜜柚、建宁黄花梨等国家地标的农业产品、产业不断发展壮大。宁化县创建国家水土保持科技示范园区通过水利部专家评审。

（张智杰）

3. 预防监督 审批生产建设项目水土保持方案1 452项，其中省级118项；完成34个生产建设项目水土保持设施竣工验收。全省共征收水土保持补偿费20 303万元，其中省级5 791.7万元，分别比2014年增加39.62%、11.39%。联合福建省国土资源厅、环保厅、林业厅等部门，邀请省人大农工委和部分省人大代表，开展水土保持专项执法检查，省级累计检查40个在建项目，有力遏制人为水土流失行为。制定并出台《水土保持补偿费收费标准》《福建自贸试验区水土保持事中事后监管办法》，持续推进水土保持改革。突出开展水土保持进党校活动，南平、泉州、龙岩市委党校入选水利部试点；同时，举办了“十二五”水土流失治理成效展和海峡两岸水土保持学术交流会。

（张智杰）

【城乡供水】 福建省委省政府继续把农村饮水安全列入为民办实事项目，各级采取团队挂钩、密集督导，集体约谈、鞭策后进，建立通报、营造氛围，落实配套、确保投入等举措，全面完成年度建设任务。全省共投资4.57亿元，解决了91.46万农村居民和3.73万学校师生的饮水不安全问题，建成水质检测中心74个。

（张智杰）

【农村水电】 完成农村水电增效扩容改造276座，2013—2015年完成投资18亿元。新启动3座中央电气化项目建设，完成5个水电农村电气化县达标验收和58座水电站标准化试点工作。以长汀、永春2个县3条流域为试点，采取“限制、调整、退出”3种计量方式，退出老旧水电站31座，恢复河流52km，改善河流生态107km。

（张智杰）

【工程管理】 ①突出“五江一溪”防洪工程建设，全面推进中小河流治理和水利工程除险加固，全省共投资22.81亿元，完成中小河流治理项目112个，治理河长417.3km；投资5.12亿元，继续推进9个中小河流治理重点县建设，治理河长297.2km；投资5.41亿元，完成除险加固小型水库407座；投资3.25亿元，强化加强海堤60km。②强化水库大坝安全管理，逐级公示水库大坝安全责任人名单；在全省范围内公示到期应进行安全鉴定的水库1 508座，并编印成“白皮书”分发各级防汛、水利及相关部门，重点监管，限期完成。③持续做好闽江流域水葫芦整治保洁工作，闽江水口大坝以上流域内各水库库区水面分布水葫芦成片面积保持小于6.67hm^2。④组织开展河湖管理范围和水利工程管理与保护范围划定，河湖及水利工程划界确权情况调查工作，并在长汀开展河湖管护体制机制创新试点工作。⑤全面加强质量监管，实现在建水利工程全过程实时网络在线动态监管和质量监督全覆盖。⑥全面落实安全生产责任制，部省组织开展水利稽察8批次，涉及县（市、区）27个，完成问题整改285个。

（张智杰）

【水利改革】

1. 福建省水投集团深化改革发展方案经省政府批复启动实施 整个方案包括1个总体方案和7个行动计划。2015年，福建省水务投资集团并购重组取得成效，与26个县（市）建立了合作关系，10个设区市（含平潭）全部覆盖；投资计划超额完成，实施了46个重大项目，完成投资30.69亿元；集团总资产达到60亿元。

（张智杰）

2. 农田水利管护机制创新 ①福建省政府办公厅印发实施《福建省小型农田水利工程管理办法（试行）》。②530个乡镇水利工作站完成标准化建设。③永春、泰宁、武夷山等3个全国农田水利设施产权制度改革和创新运行管护机制试点取得重大进展，永春县和泰宁县2014—2015年新颁发小型农田水利工程产权证书305本，永春县还以岵山镇为试点，成立岵山镇华春顺水利工程维护中心统一管理，并在全省率先推行农村小型水利工程抵押贷款。④省级扶贫开发重点县农田水利建后管护试点启动实施。⑤龙海、宁化、明溪等农业水价综合改革3个试点县通过水利部验收。

（张智杰）

3. 水利投融资机制改革 ①7个水利项目列入国

家和福建省 PPP 试点库，并在洛江安全生态水系、东山岛外第二引水工程中成功实践。②6 个县试点开展水土流失治理企业化运作。（张智杰）

4. 水利建设管理机制改革　①借助项目信息公开和建设市场主体信用信息管理平台，公告了 21 家企业不良行为记录、公示了 271 家福建省水利建设市场主体信用信息。②水利工程电子招投标系统投入运行，省级水利建设项目管理平台开始筹建。③福建省水利、住建、交通等厅（局）联合出台《关于推进交通、水利、通信工程企业资质并联审批的实施方案》，完成了 49 家设计、24 家监理[illegible] 6 家检测企业资质申报材料的初审及审定工作。④[illegible]成小型水利工程管理体制改革试点验收，9 个试点[illegible]成了 4 699处小型水利工程的改革工作；福建省[illegible]厅、省财政厅联合出台了实施方案，在全省范围内[illegible]进小型水利工程管理体制改革工作。（张智杰）

5. 建立了全员参与的区域工[illegible]责任制　在坚持原有工作机制的基础上，围绕工[illegible]实，组建了 5 个重点工作领导小组、5 个区域协[illegible]和 58 个县级推进组，分区包片，组团攻坚，人人[illegible]项目，全体下基层。福建省水利系统形成了一种[illegible]落后、积极向上、团结一致、竞相发展的浓厚工[illegible]围。（张智杰）

【科技与教育】

1. 科技　①强化水利科技创[illegible]广平台建设，挂牌成立了福建省水工程材料检测[illegible]中心，推进了福建省水工程水动力研究中心九龙[illegible]中心建设，全面完成“十二五”3 个省级水利科[illegible]平台建设任[illegible]，并依托 3 个平台开展了“福建[illegible]感潮区涉河[illegible]程破坏机理及其影响”等 8 项重[illegible]技研究。②举[illegible]福建省第三届水利及水生态文明[illegible]先进适用技术[illegible]品）推介会，推广先进适用[illegible] 55 项；发布 20[illegible]年度福建省水利先进适用[illegible]（产品）推广指导目[illegible]项，挂牌并推进第[illegible]3 个基层水利科技推广示[illegible]设。③组织[illegible]水利部公益性科研专项、“948”[illegible]项[illegible]点推广计划项目各 2 项，水利厅水[illegible]项。评出 2014 年度福建水利科技奖 19 项；获得 2015 年度福建省科学技术奖 4 项。④组织完成赴西班牙、丹麦防汛抗旱减灾技术交流团，赴澳大利亚、韩国生态水利技术磋商团，赴荷兰、波兰生态与农村水利建设磋商团组，赴德国、英国学习水源地水质水量监测技术团组，赴尼泊尔的上马相迪 A 水电站工程项目勘测设计咨询服务团组，赴台湾水资源管理交流团、农田水利技术和河流建后管护技术培训团的出访工作。⑤加强两岸交流与合作，会同福建省民革在莆田市举办了第七届海峡论坛——两岸农田水利建设交流会，推进莆田市水利水电学会与中华农业暨水利事业发展协会签订了农田水利交流合作协议。（张智杰）

2. 教育　按照《党政领导干部选拔任用工作条例》和《干部教育培训工作条例》，福建省水利厅提任、轮岗了 12 名处级干部，选调、考录了 38 名干部，选派了 25 名干部挂职服务、驻村蹲点。举办安全生态水系建设等各类培训班 46 期，参训人员 4 500 多人。推荐了一批省级百千万工程领军人才、“5151”部级人选、全国水利技术能手。推荐 3 位专业技术人员参加 2015 年享受教授、研究员待遇高级工程师评审，完成 145 名中高级专业技术人员职称和 36 名技师评审。（张智杰）

【水利宣传】　①借助《人民日报》、人民网、新华网、《中国水利报》、《福建日报》、福建电视台等主流媒体，采用文字、图片、视频等不同方式，通过报刊、广播、电视等传统媒体和网络、短信、微信等新媒体，对万里安全生态水系治理、重大水利项目攻坚等工作进行全方位、立体式、渐进式地系列宣传，做到有文字、有声音、有图像、有互动，营造了各级领导更加重视水利、各部门更加支持水利、全社会更加关心水利的大环境。②加大水利宣传信息力度，开通了手机快线，改造了门户网站，应用了一楼大屏幕，出版了《寻访福建水文化遗产》《我家门前那条河》，印发了《2015 年手机快线追踪——重大水利项目攻坚突击战》《媒体追踪 2015 年福建水利》等书籍；信息工作位居全国、全省前列，党务信息、政务信息工作均被评为先进单位。（张智杰）

【多种经营】　水利风景区建设取得新突破，全省共创建省级以上水利风景区 23 家，其中国家级 6 家，比 2014 年增长 50%；建立激励机制，首次安排专项资金用于景区建设。（张智杰）

江　西　省

【概况】　2015 年，江西省进一步深化水利改革，全面对接江西省生态文明先行示范区建设工作，全面实施“河长制”。制定《江西省水利厅关于加快推进水生态文明建设的指导意见》和《江西省水生态文明建设五年（2016—2020 年）行动计划》，水生态文明建设成效初显。深化水利改革稳步开展，在完成 10 个省级小型水利工程管理体制改革试点基础上，出台《江西省全面铺开深化小型水利工程管理体制改革实施方案》，并在全省全面推开。赣州全国水土保持改革试验区建设初见成效。全年水利总投入突破 150 亿元，继续保持高位运行。重点水利工程建设进展顺利，民生水利工程快速推进，水资源管理、水土保持、水利法治等工作亮点突出。（钟建平）

【水政】　(1) 推进水法规体系完善。2015 年 8 月，《江西省水资源条例（修订草案）》由江西省政府常务会议审议，计划于 2016 年 3 月第二次审议。做好 2016 年立法项目储备，向江西省人民政府申报《江西省河道采砂管理条例》立法项目，建议纳入省政府 2016 年立法工作计划。完成《江西省河道采砂管理条例（草案）》起草工作并正式呈报省人民政府。

(2) 进一步做好简政放权工作。继续精简行政审批事项，取消行政审批事项 3 项，部分下放 5 项，保留行政审批事项 19 项，并向社会公布行政许可事项清单，接受社会监督。

(3) 加强法制队伍建设。组建厅本级法律顾问队伍，吸收部分省内高等院校法律专家、律师以及全省水利系统内受过法律专业教育或通过国家司法考试的人员，打造一支懂法、懂行的高水平法律顾问队伍。围绕依法行政、规范执法、增强技能开展业务培训。组织 405 名执法人员完成考试并申报领证。

(4) 大力夯实采砂管理工作。全面完成"五河一湖"采砂规划修编。继续推动南昌市、九江市、丰城市、余干县等地开展采砂船切割淘汰工作。2013 年起至今，全省共完成采砂船切割 648 条，各地财政投入切割资金共约 6.55 亿元，省本级补助各地财政资金 2 亿元。扩大铺开采砂"政府统管"模式，推动九江市由鄱阳湖采砂统管向长江延伸，南昌市由赣江下游采砂统管向抚河、抚河故道、锦江、潦河延伸，余干县对信江采砂实行政府统管。严厉打击内湖内河非法采砂，推动各地联合开展多次打击非法采砂专项整治行动，维护饶河和赣江中下游水域采砂管理秩序。综合整治长江非法采砂，共查处非法采砂船 17 艘、非法过驳吊机 1 艘、非法运砂船 84 艘，打掉非法采砂团伙 4 个、非法过驳市场 1 个，拆除没收 1 艘吸砂王涉砂动力 2 台、吸砂泵头一套，保障长江江西段河势稳定和安全。提升运砂流动检查点检查执法力度，共查处 59 起违法运砂案件，收缴罚款 118.5 万元。

（刘祖红）

【水资源】　(1) 加快落实水资源管理考核制度。国家考核取得"良好"等次。编制 2015 年度国考备考方案初稿。启动江西省 2020 年"三条红线"指标分解划定工作。

(2) 深入开展水生态文明建设。积极配合开展全省流域生态补偿机制建设。制定《江西省水利厅关于加快推进水生态文明建设的指导意见》和《江西省水生态文明建设五年（2016—2020 年）行动计划》。萍乡市全国水生态文明建设试点实施方案通过水利部审查，获江西省政府批复。南昌、新余顺利通过中期调研评估。首批命名授牌 5 个省级水生态文明乡（镇）和 14 个村；确定第二批试点（乡）镇 26 个、试点村 133 个，遴选厅领导挂点指导试点村名单，并下达补助经费。组织修订水生态文明建设管理办法和评价办法，制定省级水生态文明建设资金管理办法。

(3) 水权改革试点取得阶段性成果。《江西省水权试点方案》获水利部和江西省政府联合批复。印发《江西省水利厅推进水权试点工作方案》，指导东乡、新干、高安 3 个试点县（市）推进试点工作，《实施方案》均获所在县（区）政府批复实施。萍乡市山口岩水库水权交易协议正式签订，成为江西省乃至南方丰水地区首例政府和企业多主体参与的跨流域水权交易实例。

(4) 进一步规范水资源监督管理。水资源论证质量进一步提高。2015 年省级审查审批 12 个建设项目水资源论证报告。完成 2 个项目取水验收。下发《关于规范取水许可验收工作的通知》。全年新发取水许可证 3 套、变更 1 套、延续 6 套。制订《江西省推进农业取水许可工作的实施方案》。基本完成新余水务集团取水许可评估，启动新余钢铁有限公司取水许可评估。完成第三阶段水资源费征收标准调整工作，省级水资源费征收额达到 1.545 亿元，较 2014 年增涨 34%。

(5) 稳步推进节水型社会建设。正式命名两批共 10 个县（区）为"全省节水型社会建设示范区"。完成第一批 9 家省级公共机构节水型单位验收，并正式命名。3 个行业用水定额修订完成初稿，《江西省产能过剩行业节水市场准入标准》列入 2015 年度地方标准立项计划。对纳入取水许可管理的取用水户开展计划用水管理工作。组织编印《节水知识科普读物》获江西省委莫建成副书记作序，并正式出版。（吴涛）

【水利投入】　2015 年江西省水利投入共计 146.34 亿元，其中中央投资 73.27 亿元，省级投资 34 亿元，市（县）投资 39.07 亿元。按投资方向分，2015 年全省水利基本建设投入共计 130.13 亿元，其中水库枢纽项目 28.08 亿元，堤防、江河湖泊治理、病险水库（闸）除险加固等防洪项目 39.52 亿元，小农水、灌区、泵站、新建小型水库等灌溉除涝项目 34.03 亿元，供水项目 12.96 亿元，水土保持项目 5.33 亿元，水电开发利用项目 3.93 亿元，水利血防项目 0.63 亿元，机构能力及其他水利项目建设投资 3.65 亿元，水利建设融资贴息 2 亿元。　（胡莎莉）

【基本建设】　(1) 病险水库。江西省列入规划的小(2) 型病险水库共 7 212座，其中中央资金承担的 2 284座重点小 (2) 型水库已于 2013 年完工。地方资金承担的 4 928座一般小 (2) 型水库于 2015 年 12 月完工。7 212座水库规划总投资 96.03 亿元，累计到位资金 87.23 亿元，其中中央资金 54.82 亿元，地方资金 32.41 亿元，累计完成投资 85.85 亿元，占到位资金的 98%。江西省列入新增规划的小型病险水库共252座，其中小（1）型153座，重点小（2）型99座，批复工程投资7.17亿元，已下达资金6.96亿元，工程于2015年9月陆续开工建设，到2015年12月主体工程已基本完工，累计完成投资5.75亿元，占到位资金的83%，工程计划2016年汛前全面完工。

（2）五河治理。将2015年以前的五河治理防洪工程分解落实到128个项目或标段，其中已开工的有120个，全省开工率为95%。累计完成投资30亿元，其中2015年度完成投资6亿元。

（3）中小河流治理。2013—2015年国家规划内中小河流治理项目282个，已开工276个，开工率98%。完工项目129个，完工率46%。累计完成投资45.6亿元。完成2013年年底前下达中央资金及项目的绩效评价。

（4）中小河流治理重点县。全省8县有关的87个项目区，项目实施方案已审查65个，批复60个，批复率69%。已开工36个，完工6个，完成投资4.7亿元。（黎凤赓　刘波）

【防汛抗旱】　2015年，江西省气候异常，洪涝灾害频发多发：汛前降雨偏少，汛期及汛后降雨偏多，出现历史罕见冬汛，全年降雨量达2 106mm，1—4月偏少，5—12月偏多，其中1月偏少4成，11月、12月均偏多约2.2倍；降雨过程多，且集中，共发生41次降雨过程，5月下旬至6月上旬接连出现4次强降雨；局地暴雨强度大，5月中旬赣南强降雨及台风“苏迪罗”期间，瑞金市、宁都县、庐山区24h分别出现388mm、383mm、443mm降雨站点，雨量重现期最高为300年；江河超警站次多，共24条河45个站66次发生超警戒洪水，赣江支流梅川江出现超历史实测记录的洪水位，超警幅度4.50m。鄱阳湖水位波动大，5—6月在53天内上涨近8m，随后，水位又下落达6m，波幅十分明显。汛期鄱阳湖星子站一度超警戒水位，超警幅度最高为0.47m，为近3年首次出现超警戒水位。灾情总体接近常年，局部灾情重，共有421万人受灾，因洪灾死亡19人，失踪3人。因洪涝灾害造成的直接经济总损失达66.88亿元，其中于都、宁都、瑞金等8县灾情最为严重。（郑文龙）

【农田水利】　2015年国家下达江西省大型灌区续建配套与节水改造投资计划1.7亿元，用于6座大型灌区改造，新增灌溉面积5.92万亩，改善灌溉面积18.77万亩。下达永丰县恩将渠灌区等9座农发中型灌区改造，计划投资14 415万元，其中中央资金9 000万元，省级配套4 500亿元，县级915万元。下达龙南、安远、信丰3个县规模化节水项目投资计划3 356万元，其中中央资金2 349万元，地方配套资金1 007万元。

2015年江西省共有71个县实施小农水重点县建设（其中第五批26个），新增农田水利项目县19个（其中中央项目县10个，省级项目县9个），开展小型农田水利工程维修养护财政奖补试点工作。全省共投入小农水专项资金19.623亿元，包括小农水重点县、新增农田水利项目县建设资[illegible]资金6.95亿元，省级配套6.75亿元，县级配套2.87亿元），从土地出让收益中计提用于农田水利专项的财政资金0.607亿元，省级财政专项资金2.446亿元（省级资金1.82亿元，县级资金0.626亿元）

全年小农水项目共新增和恢复灌溉面积43万亩，改善灌溉面积82万亩，新增粮食生产能力16万t，有力保障全省粮食生产安全。（陈强）

【工程管理】　（1）小型水库和小型堤防管理进一步加强。建立小型水库和小型堤防安全管理员制度，按照每座小（1）型2名、小（2）型1名、每公里堤防1名安全管理员的标准，全省共聘用安全管理员17 611名。省级财政每年按每座小（1）型水库补助1 000元、每座小（2）型补助600元、每公里堤防补助600元的标准对安全管理员进行补助，市、县两级按1∶1进行配套。对小型水库按照分级负责、分级管理的原则，逐座建立和落实以地方政府行政首长负责制为核心的安全管理责任制。

（2）加强河湖管理与改革。11月1日，江西省委办公厅、省政府办公厅联合出台《江西省实施“河长制”工作方案》。公布省级“河长”名单，由省委书记亲自担任总河长，省长担任副总河长，党政四套班子分管或联系农口、环保的省领导分别担任赣江、抚河、信江、饶河、修河、鄱阳湖、长江江西段的河长，并确定20%水质不达标河湖“河长”名单及督办限期治理。有序推进河湖管护体制机制创新试点工作。快速推进靖安、星子县列入水利部河湖管护体制机制创新试点县。完成全省流域面积50km^{2}及以上河流、常年水面面积在1km^{2}及以上湖泊管理范围划定和规模以上水利工程划界确权情况调查工作。按长江委的统一部署，编制完成长江江西段及赣江和鄱阳湖岸线保护和开发利用规划。（韩志宇）

【城乡供水】　2015年，江西省集中供水比例达到77%，自来水普及率为65%，农村供水保障程度和安全程度明显提高。2015年，江西省安排农村饮水安全工程总投资11.43亿元，其中，中央资金7.87亿元，省级资金1.78亿元，市（县）配套资金1.78亿元，建设1 057处农村饮水安全工程，全面解决“十二五”规划内剩余的197.04万农村居民和48.88万农村学校师生的饮水安全问题。安排资金9 174.42万元，其中中央补助资金7 200万元，地方配套资金1 975.4万元，用于全省95处共108个水质检测中心实验室的能力提升建设。安排省级财政资金1 600万元，给全省所有千吨万人规模以上近700处农村供水水厂配置7～9项常规水质检测项目的快捷式检测仪器设备，提高规模水厂的日检能力，确保供水水质达标。

（陈强）

【水土保持】 2015年全年共落实中央水土保持投资3.4787亿元，比2014年增加8 045万元。全面完成2 200km^{2}的水土保持年度综合防治任务。将实施方案审查下放给设区市，制定《江西省国家水土保持重点工程实施方案审查指导意见和审查要点（试行）》。省级完成审批生产建设项目水土保持方案39个，水土保持设施验收15个。加大水土保持监督执法力度，省级检查生产建设项目177个，检查182次，编写整改意见122份，提出整改意见350余条。配合推进赣州全国水土保持改革试验区建设。江西省水利厅与赣州市政府联合下发《赣州水土保持改革试验区实施方案》，取得阶段性成效。宁都县水保科技示范园顺利通过国家专家组评审，水土保持各项工作成效显著。

（刘茂福）

【农村水电】 江西省共有农村水电站3 925座，装机容量325.5万kW，全年发电量92.63亿kW·h，2015年新增农村水电站3 889座，新增装机容量15.1万kW。对全省485处农村水电增效扩容改造电站实行进度动态旬报送制度，加强项目督导。分解下达两批省级配套资金共6 937万元，组织开展“十二五”项目的验收和绩效评价。持续推进电气化县建设，分解下达2015年中央补助资金4 500万元及省级配套资金1 350万元，完成22个水电新农村电气化建设县（市）的省级验收。继续开展小水电代燃料工程建设，分解下达中央补助资金2 550万元及省级配套资金568万元，完成3个项目的省级验收，并向水利部上报《江西省2009—2015年小水电代燃料项目总结报告》。逐站落实3 925座农村水电站安全生产“双主体”责任人，实现农村水电站“双主体”责任全覆盖。组织开展90座列入全国农村水电安全生产标准化试点电站的标准化建设和达标评级工作；编印《江西省农村水电站安全生产标准化建设指导手册》《江西省农村水电站安全生产初级标准化建设指导手册》及《江西省农村水电站安全生产标准化建设制度汇编》。

（尹镜明）

【科技与教育】 5个国家自然科学基金项目、1个水利部科技推广项目、2个水利部“948”项目、1个中国博士后科学基金项目获批立项。1个国家自然科学基金项目、1个水利部公益性行业科研专项项目通过验收。2个承担项目荣获大禹奖三等奖、1个协作项目荣获大禹奖二等奖，2个项目分别荣获江西省科技进步奖二、三等奖，1个项目荣获中国水土保持学会科学技术奖三等奖，3个项目荣获中国农业节水科技奖三等奖，1个项目荣获全国优秀水利水电工程勘测设计奖一等奖。荣获2项国家发明专利、6项国家实用新型专利。面向全国部分水利科研院所和高校，继续开展江西省重大水利科技竞争性项目申报工作。与江西省委农工部、省农业厅、省林业厅联合举办三期全省水土保持实用技术培训班，培训人数450多人。

（彭冬水）

【水利经济】 根据《江西省水利经济发展省级资金管理办法》要求，联合江西省财政厅下发《关于开展2015年度水利经济项目省级专项补助资金申报工作的通知》。从全省上报的72个水利经济项目中，评审出26个，下达水利经济项目省级专项补助资金1 000万元。其中水利风景区及水利旅游开发项目20个，共计720万元；水资源开发利用项目6个，共计280万元。同时，对各地开展水利经济项目的情况加强检查调研，对省级资金支持的水利经济项目进行定期检查调度。

（李青）

山东省

【概况】 2015年，山东省全社会完成水利建设投资314.50亿元，较2010年翻一番。全省共完成中央水利建设投资83.53亿元，完成率达到102%，位列全国前列；省级投资计划完成率达到100.9%，实现年度投资规模历年最高、投资计划下达历年最早、项目审批周期历年最短、市（县）配套落实历年最好、完成投资计划历年最快。编制完成《山东省水情教育“十三五”规划》，这是全国水利系统第一个省级水情教育规划。累计创建国家级水利风景区86处，省级水利风景区185处，连续8年居全国首位。山东省水利厅机关连续7年保持“全国文明单位”称号。

（张昊鹏）

【水政】

1. 法规政策 2015年4月1日，山东省第十二届人民代表大会常务委员会第十三次会议通过《山东省南水北调条例》（以下简称《条例》），自2015年5月1日起施行，《条例》主要对南水北调工程管理、水量调度、用水管理、水质保护、监督保障等方面进行规范和调整，这是全国南水北调系统首个地方性法规。7月6日，山东省政府第60次常务会议通过《山东省水文管理办法》（以下简称《办法》），自2015年10月1日起施行，《办法》主要规范水文管理体制、规划与建设、监测与预警预报、资料的汇交与管理、保障措施以及法律责任等内容。11月11日，山东省政府正式批复山东省水利厅上报《山东省地下水超采区综合整治实施方案》（以下简称《方案》），该《方案》成为山东省政府重大行政决策合法性审查第一例，标志着全省地下水超采区综合整治工作正式拉开序幕。

2. 水利普法　在2015年“世界水日”“中国水周”宣传活动期间，山东省水利厅统一印制、发放世界水日宣传画2.2万张；在山东广播电视台农科频道连续7天播放《人·水·法》公益宣传广告，并向17市发放光盘组织全省水利系统干部职工收看；制作《缺水大省市场开源寻活水》《借市场之手提升水资源利用效率》《世界水日：节约水资源，保障水安全》三个系列专题报道，并在山东新闻联播播放；在山东水利网建立世界水日宣传专题，及时报道各地宣传动态。

3. 水利执法与水行政服务　全省95%以上市、县实行水利综合执法，90%以上重点水管单位建立水政监察机构，建立水利警务机构240多个。按照水利部统一部署，4—10月在全省开展水土保持专项执法检查活动，重点检查违反法律法规规定造成水土流失的情况、水土保持方案制度落实情况、生产建设活动造成水土流失治理情况，全省共出动执法人员1.36万余人次，对2012年以来批复的1.1万多个生产建设项目进行现场排查，全省共查处违法行为290余起，严厉打击水土保持违法行为。全年全省共发生水事纠纷124起，全部为省内水事纠纷，其中102起通过协商解决，22起通过上级人民政府或水行政主管部门调处解决。按照山东省政府统一部署，对规范性文件进行全面清理，废止56件，修订8件，目前保留规范性文件11件。省级行政许可网络运行系统正式启用，全年共办理行政许可项目276件。（张昊鹏）

【水资源】

1. 水资源量　2015年，山东省平均年降水量575.7mm，比2014年518.8mm偏多11.0%，比多年平均年降水量679.5mm偏少15.3%，属偏枯年份。全年全省水资源总量168.44亿m^3，比2014年偏多13.5%，比多年平均水资源总量偏少44.4%，其中地表水资源量84.30亿m^3，地下水资源与地表水资源不重复量84.14亿m^3。

2. 水质　2015年，山东省实测294个水功能区（5个功能区全年河干），其中，年均值全参数评价水质达到Ⅱ类标准的有37个，Ⅲ类标准的有112个，符合Ⅳ类标准的有58个，符合Ⅴ类标准的有22个，水质为劣Ⅴ类的有65个。监测评价河流总河长10 022.2km，河流全年期水质符合和优于Ⅲ类水河长4 859.3km，占总评价河长的48.5%；超过Ⅲ类水标准河长5 162.9 km，占51.5%；劣Ⅴ类河长2 145.5km，占21.4%。对山东省8个湖泊年均值进行全参数水质评价，南四湖上级湖和下级湖、东平湖和东昌湖全年期水质评价均为Ⅲ类，大明湖、白云湖为Ⅳ类，芽庄湖、麻大湖为劣Ⅴ类；营养状态评价为轻度富营养湖泊5个，中度富营养湖泊2个，芽庄湖不参评。对62座水库进行监测评价，全年期水质符合和优于Ⅲ类水质的水库有61座，劣于Ⅲ类水质的水库有1座；营养状态评价为21座水库中营养，41座水库轻度富营养。

3. 水资源开发利用　2015年，山东省总供水量212.77亿m^3，其中，地表水源供水量122.00亿m^3，地下水源供水量83.11亿m^3，其他水源供水量7.65亿m^3。全年全省总用水量212.77亿m^3，低于250.6亿m^3（以上均不含非常规水）年度用水控制目标，其中，农田灌溉用水量123.41亿m^3；林牧渔畜用水量19.88亿m^3；工业用水量29.59亿m^3；城镇公共用水量7.33亿m^3；居民生活用水量25.66亿m^3，生态环境用水量6.89亿m^3。全省万元工业增加值用水量（按2010年不变价计）9.63m^3，比2010年下降32.3%，超额完成下降25%控制目标。农田灌溉水有效利用系数达到0.63。全年全省各级共征收水资源费15亿元，全省17个设区市基本完成水资源费征收标准调整工作，地表水平均征收标准均不低于0.4元/m^3，地下水平均征收标准均不低于1.5元/m^3。

4. 水资源管理　山东省严把计划用水关、论证许可关、计量收费关，启动城乡建设规划水资源论证和水资源资产负债表编制工作，探索建立水资源承载能力监测预警机制。2015年，省级共审批建设项目取水申请33份，全省县级以上水行政主管部门审查水资源论证项目1 000余项。山东省水利厅联合省委宣传部等17个省直部门以鲁水资字〔2015〕17号文印发《关于开展全民节水行动的通知》，动员全社会参与全民节水行动。确定济宁、东平、宁津、沂源1市3县为水权水市场制度试点。9月9日，山东省率先通过水利部组织的加快实施最严格水资源管理制度试点省验收。在2015年国务院组织的实行最严格水资源管理制度考核中连续两年获优秀等次。（张昊鹏）

【基本建设】　2015年，山东省26个中小河流治理项目，累计下达投资5.4亿元，完成投资4.67亿元，完成率86%。10个河道治理重点县下达投资11.4亿元，累计完成投资9.47亿元，完成率83%。列入新一轮大中型病险水库除险加固规划26个项目，22个项目下达投资计划，累计下达投资10.7亿元，其中12个项目已完工，累计完成投资10.84亿元，占下达投资计划的101.3%。列入《全国大中型病险水闸除险加固总体方案》的197座大中型病险水闸除险加固项目，23个项目下达投资计划，累计下达投资5.67亿元，12个项目完工，3个项目验收，累计完成投资5.59亿元，完成率99%。防潮堤工程累计下达投资 2.7 亿元，完成投资 1.97 亿元，完成率 73%。2015 年山东省安排实施的雨洪水资源利用 17 个项目初步设计已全部批复，16 个已下达投资计划，累计下达投资 53.35 亿元，其中，中央投资 3 亿元，省级投资 11.4 亿元，市（县）投资 38.95 亿元；13 个项目已开工建设，完成投资 21.55 亿元，占下达投资计划的 40%，完成年度建设任务的 81%。（张昊鹏）

【防汛抗旱】 2015 年，全省平均年降水量 576mm，较历年平均值偏少 14.9%，较 2014 年偏多 12.3%。汛期，全省平均降水量 349.3mm，较历年同期平均值偏少 29.4%，较 2014 年同期偏少 0.2%，为 2003 年以来最少年份。受降水偏少影响，大部地区出现了四季连旱。全省作物受旱面积 350.76 万 hm^2，主要分布在潍坊、菏泽、青岛、烟台、临沂、滨州等市；作物受灾面积 118.28 万 hm^2，其中成灾 63.35 万 hm^2、绝收 10.27 万 hm^2；粮食因旱损失 74.16 亿元，经济作物因旱损失 34.8 亿元，其他行业因旱直接经济损失 19.92 亿元；累计有 158.3 万人因旱临时性饮水困难。

1—3 月，由于降雨量偏少，南四湖蓄水量仅为历年同期平均的一半，再次面临全湖干涸的风险，山东省启动南四湖补水工作，利用国那里引黄灌区经梁济运河向南四湖上级湖应急调水，3 月 4—19 日，累计调引黄水 2 514万 m^3，累计入上级湖水量 1 580万 m^3，有效遏制水位快速下降局面。5 月 5 日，山东省召开省防总成员（扩大）会议，省长郭树清、副省长赵润田出席会议并对抗旱工作提出明确要求。2015 年，国家下达山东省重点旱区抗旱应急水源工程建设任务 25 处，涉及 16 个受旱县，总投资 1.34 亿元；投入抗旱资金 30.25 亿元，投入抗旱劳力 811.07 万人，开动机电井 61.80 万眼、机动抗旱设备 389.80 万台（套），完成抗旱浇地面积 431.82 万 hm^2，抗旱挽回粮食损失 833.49 万 t，挽回经济作物损失 43.6 亿元，确保全省未发生群众喝不上水的情况。

2015 年山东省未出现大范围强降雨洪水过程，仅个别区域出现暴雨过程，汛情共造成山东省济南、东营、威海、日照、德州、滨州 6 市 20 个县（市、区）、191 个乡镇不同程度受灾，受灾人口 123.98 万人，紧急转移安置 3 960人；倒塌房屋 1 638间，农作物受灾 24.31 万 hm^2，其中成灾 9.35 万 hm^2；堤防决口 3 处 30m，冲毁塘坝 40 座，损坏水库 9 座、堤防 103 处 8.78km、护岸 42 处、灌溉设施 520 处、机电井 237 眼、水闸 49 座、机电泵站 4 座、水文测站 1 个等。汛情共导致全省直接经济损失 9.06 亿元，其中水利设施直接经济损失 8 050万元。全省防汛工作继续实行省领导分片负责制，包括省长、副省长在内 4 位省领导分片分工包流域防汛工作。建设完成中小河流水文预报预警系统省级洪水预报平台，完成 83 条河流洪水预报方案详审，修订各类防汛预案 3 120 个，修订完善 12 条骨干河道防洪预案、防台风预案和村级预案，调整 184 座大中型水库控制运用指标。全省 412 座一般小（2）型水库全部通过蓄水验收，511 座新出险小型病险水库除险加固全部完成加固任务，并通过蓄水验收。落实一线抢险所需要编织袋 1 114万条，橡胶子堤 770km，铅丝 482t，砂石料 53 万 m^3，救生衣 4.4 万件，抢险舟船 521 只。

（张昊鹏）

【农田水利】 2015 年，山东省提前超额完成去冬今春农田水利基本建设规划任务，建成“旱能浇、涝能排”高标准农田 38.67 万 hm^2，完成投资 301 亿元。编制完成《2015—2016 年度全省冬春农田水利基本建设实施方案》，规划投资 288.5 亿元，再创历史新高。完成全省小农水重点县建设投资 28.4 亿元，连续 6 年在国家绩效考评中获得优秀等次。基本完成全省 31 处大中型灌区续建配套和节水改造项目，完成投资 9.62 亿元，新增和恢复改善灌溉面积 12.80 万 hm^2，新增粮食生产能力 10 万 t，农田灌溉水有效利用系数达到 0.63。高标准建成汶上、曲阜 2 处粮食作物和章丘、栖霞、钢城 3 处经济作物高效节水灌溉试验区。启动齐河县引入社会资本建设和管理农田高效节水灌溉试点。肥城市、岱岳区 2 个县（市、区）被命名为首批国家高效节水灌溉示范县。推进农田水利设施产权制度改革和创新运行管护机制试点，全省 30 个试点县均由县级政府牵头成立试点工作领导小组，16 个试点县落实县级农田水利设施运行管护资金。

（张昊鹏）

【水土保持】 2015 年，山东省新增国家级水利风景区 9 处，省级水利风景区 12 处，新增国家级水利风景区分别是：临朐县弥河水利风景区、济宁市南池水利风景区、金乡县金水湖水利风景区、泰安市徂徕山汶河水利风景区、肥城市龙山河水利风景区、夏津县九龙口湿地水利风景区、聊城市莲湖水利风景区、邹平县樱花山水利风景区、成武县文亭湖水利风景区。编制完成《全省水土保持规划（2016—2030 年）》并通过专家论证。3 月 1 日，山东省财政厅、发改委、物价局、水利厅和人民银行济南分行联合颁布《山东省水土保持补偿费征收使用管理办法》，建立矿产资源开采类项目建设期按面积、生产期从量计征体系，并就水土保持补偿费的征缴、使用管理等若干重要事项作出明确要求；3 月 15 日，山东省财政厅、物价局、水利厅联合发布《山东省水土保持补偿费收费标准（试行）》。下达沂蒙山区国家水土保持重点工程、坡耕地综合治理工程、省财政补助水土保持综合治理项目等省以上项目 47 个。综合治理水土流失面积 1 657km^2。

（张昊鹏）

【城乡供水】 2015年，山东省完成农村饮水安全工程建设投资19.55亿元，解决412.32万农村人口饮水安全问题，全省农村自来水普及率达到95%。推行“一县一网”“一县两网”及“一流域一网”供水模式，延伸城市自来水供水管网，改扩建、整合联网小规模供水工程，全省“千吨万人”以上规模化集中供水工程覆盖人口所占比率达到56%，覆盖人口3 370万人，53个县（市、区）基本实现城乡供水一体化。新建49处县级水质检测中心，累计建成118处，新建供水工程全部配备消毒设施，“千吨万人”规模以上供水工程配套建设标准化水厂对常规指标实行每日一检。安排省级资金3亿元，解决1 000个重点贫困村饮水问题。 （张昊鹏）

【农村水电】 山东省多年降雨70%以上集中在汛期，水资源主要依靠水库和河道拦蓄。结合汛期降雨丰沛的水情特点以及水利工程的具体用水情况，依托山丘区水库和河道等水利工程，建设了一批水电站。截至2015年年底，全省共建成5万kW及以下小型水电站129座，主要分布在济南、淄博、枣庄、烟台、潍坊、威海、济宁、泰安、日照、莱芜、临沂等11市，总装机容量8.90万kW，年发电量615kW·h。全省农村水电增效扩容改造项目共有23个，改造前总装机容量3.22万kW，改造后总装机容量3.81万kW，总投资8 480万元。 （张昊鹏）

【工程管理】 2015年，山东省水利系统新增国家级规范化管理单位1个、省级规范化管理单位17个，全省省级以上管理单位总数达到130个，其中国家级7个，数量居全国前列。全省小型水库管理体制改革试点县总数达到27个；列入全国重点小（2）型水库除险加固规划的222座小型水库加固任务已全部完成；412座一般小（2）型水库和551座新增小型病险水库全面完成加固任务，并通过蓄水验收；年底基本完成全省水库大坝注册登记和复查换证工作。

（张昊鹏）

【科技】 2015年，山东省水利系统共有459项成果申报或推荐申报科技奖励，申报成果总数同比增加41%。439项成果获得奖励，获奖成果总数同比增加55.7%。其中，山东省水利厅推荐成果获2015年省科学技术进步奖2项；山东省水利信息中心完成的“基于云计算的水利物联网集成在山东的应用研究”获水利部2015年大禹水利科学技术二等奖1项，是“十二五”以来的第一次，该项目研制的新型水利物联网智能终端获得3项实用新型专利，2项软件著作权，申请2项发明专利；获山东省水利科学技术进步奖39项；获山东省水利软科学优秀成果奖397项。

（张昊鹏）

【行业能力建设】 2015年，制定出台《深化水利改革实施方案》，确定“水利改革20条”。基本完成农业水价综合改革试点和区域综合水价改革试点，编制完成《山东省农业水价综合改革实施方案》，山东省水利、物价、财政部门联合印发《关于加快推进山东省区域综合水价改革工作的指导意见》。深入推进基层水文服务体系建设，批复成立21个县级水文局，设立乡镇水文服务中心150处。鼓励和引导社会资本参与水利工程建设，向社会发布第一批28个政府和社会资本合作“PPP”水利项目，总投资152.8亿元；与国家开发银行、农业发展银行、农业银行、工商银行等金融机构签署战略合作协议，注重发挥山东水务发展集团公司、中国水务等水利投融资平台的作用，加快建立以政府投入为导向、社会资本为重要来源的投融资机制，山东水务发展集团公司实现跨越式发展。省级以上主要媒体刊发水利报道460多篇，其中人民日报、中央电视台、新华网等中央媒体100多篇，山东卫视、《大众日报》等省级媒体360余篇，《中国水利报》、中国水利网400余篇。 （张昊鹏）

河 南 省

【概况】 2015年，在河南省委、省政府的正确领导下，在水利部的关心指导下，河南省水利厅把稳增长、保态势作为突出任务，牢牢把握水利发展新机遇，全面推进水利建设、管理和水利扶贫等各项任务，水利工作取得新成效。一批事关全局的大事要事取得重大突破，水利发展的基础更加坚实，支撑更加有力，前景更加广阔，为河南省经济社会持续健康发展、为保障粮食安全作出了应有贡献。全年下达水利项目投资计划144.6亿元，超额完成了140亿元的年度目标，中央水利投资计划执行进度一直保持在全国前列。

（牛聚才）

【水政】 研究制定了《河南省水利厅关于全面推进依法治水的实施意见》，在全省部署开展了依法行政依法治水学习月活动。完成了《河南省小型水库管理办法》立法工作，2015年12月22日，河南省政府171号令正式颁布，自2016年2月1日起施行。组织完成了《河南省南水北调供用水管理办法》起草拟定任务，并列入了河南省政府年度立法计划。研究制定了全面落实行政执法责任制、重大水行政处罚备案审查办法等规章制度，加快推进了服务型行政执法建设。对全省22处急需解决的水事纠纷采取工程措施进行综合治理，有效地缓解了省际、市际边界地区的水事纠纷矛盾，保持了边界地区正常的水事秩序。

（牛聚才）

【水资源】 组织编制了《2014年度河南省实行最严格水资源管理制度考核工作自查报告》和《2014年度河南省实行最严格水资源管理制度考核工作自查报告复核技术资料》，以省政府文件上报国务院，并协调有关市（县）完成了国家检查组对河南省的现场检查工作，确定河南省属于良好等级。会同有关部门制定印发了《河南省南水北调交易管理办法（试行）》《关于南水北调水量交易价格的指导意见》，为开展水权交易试点提供了水量指标依据。水资源监控体系建设进度位居全国第四，基本建成取用水户、水功能区、市界重要断面三大监控体系和水资源业务管理信息系统建设，覆盖全省2 000个取用水监测点、482个水功能区、177个应用平台，为实施最严格水资源管理奠定了扎实的基础。对249个重要江河湖泊水功能区、400个重点入河排污口、222眼地下水井进行水质监测，同时做好有关监测评价资料、重要水功能区入河排污口的核查资料等基础资料的收集整理工作。2015年度共核查监测淮河流域入河排污口453个。组织相关地市对列入国家重要水源地名录的13个水源地编写安全自评估报告。对《河南省用水定额》进行了第三次修订完善；对纳入取水许可管理的单位和其他用水大户实行计划管理，计划管理用户数为19 665户，计划管理水量133 349.594万 m^3。

（牛聚才）

【规划及前期】 完成了《河南省水利发展总体纲要》《河南省水资源综合利用规划》，基本完成《河南省水利发展“十三五”规划》。基本编制完成了《河南省治涝规划》《河南省小型水库工程建设总体实施方案》等专业规划。启动编制了《北汝河治理规划》《河南省水利高程控制网建设规划》《河南省中小河流治理规划》《河南省小型病险水闸除险加固规划》等。严格落实《河南省〈水工程建设规划同意书制度管理办法〉实施细则（试行）》，对多项工程建设规划同意书进行了审查并批复。赵口二期、小浪底南岸、小浪底北岸、西霞院水利枢纽等灌区工程前期工作加快推进。小浪底北岸、小浪底南岸、赵口灌区二期工程规划分别于2015年2月、6月、7月经水利部批复。小浪底北岸灌区工程可研报告已经编制完成，赵口灌区二期、小浪底南岸灌区工程可研报告正在编制；西霞院水利枢纽输水及灌区工程项目建议书已经水利部审查。 （牛聚才）

【工程建设】 充分利用中央和省加大水利投入的有利时机，切实加快水利基础设施建设步伐，不断提高防洪减灾能力。

（1）重点水利项目取得关键性突破。河口村水库完成年度投资2.64亿元，已累计完成投资27.75亿元，下闸蓄水验收已完成，工程建设任务已基本完成。出山店水库工程完成年度投资26.53亿元，围堰土方填筑和施工临时营地建设基本完成，防渗墙钻孔灌浆和土坝坝基挤密砂桩生产性试验已开始施工。前坪水库工程完成投资2.3亿元，前期工程35kV输电线路已基本完工，完成对外交通临时道路1 519m，泄洪洞出口段开始开挖。海河流域蓄滞洪区完成投资8 110万元，投资完成率81%。

（2）防洪薄弱环节得到进一步巩固。2座大中型水库、5座大中型水闸、233座小（2）型水库除险加固基本完成，重要支流治理和中小河流治理及重点县综合整治项目稳步推进，区域防洪能力和河道防洪除涝标准不断提高。防汛指挥系统二期、中小河流水文监测系统、山洪灾害防治、洪水风险图编制等顺利实施，154处抗旱应急引提调水工程建成并投入运行，防灾应急能力明显增强。 （牛聚才）

【防汛抗旱】 早部署、早准备、早行动，为夺取2015年防汛抗旱全面胜利打下坚实基础。汛前，先后组织召开河南省防指第一次工作会议、全省防汛抗旱工作会议、水库安全度汛视频会议等一系列会议，安排部署防汛抗旱工作。河南省政府与18个省辖市、10个省直管县政府签订了防汛抗旱责任书。明确了全省重点防洪工程防汛抗旱行政责任人名单，并在《河南日报》上进行了公布。河南省政府印发了《河南省2015年防汛抗旱工作方案》；修订、完善了河南省大型及重点中型水库2015年汛期调度运用计划及主要河道防洪任务；督促市（县）对分类预案方案进行修订完善，并印发执行。省防办邀请中央电视台和河南日报等18家新闻媒体参加新闻通气会，及时通报河南省防汛抗旱工作有关情况，营造了良好的防汛抗旱工作氛围。6月下旬，河南省淮河流域出现暴雨洪水，省防办启动防汛Ⅳ级应急响应，各级各部门加强组织领导，全力防范应对，河道堤防没有发生大的险情，有效地保护了人民群众生命财产安全，取得了防汛减灾工作的胜利。2015年汛期，河南省利用已建成的山洪灾害预警平台，向317个乡（镇）、3 624个村责任人发布预警短信66万多条，涉及群众247.8万人，有效避免了人员伤亡。 （牛聚才）

【农田水利】 （1）小农水重点县及农田水利项目县年度任务圆满完成。全面完成了第四、第五、第六批68个重点县2014年度工程建设任务。第五、第六批47个小农水重点县和19个农田水利项目县2015年度项目，共完成总投资14.93亿元，占年度总投资的78.5%。

（2）大中型灌区续建配套和节水改造项目积极推进。2014年度21处大型灌区续建配套与节水改造项目投资8亿元，全部完成了工程建设任务。2015年度13处大型灌区续建配套与节水改造工程项目投资 11.5 亿元，已完成投资 90%。2014 年下达的 7 处农业综合开发中型灌区节水配套改造项目投资 1 亿元，已完成投资的 80%；2015 年下达的 9 处农业综合开发中型灌区节水配套改造项目投资 1.3 亿元，已批复 9 处项目实施方案、9 处项目正在进行项目财政评审。

(3) 规模化节水灌溉增效示范项目扎实实施。2014 年度规模化节水灌溉增效示范项目投资 6 567万元，已全面完成。2015 年度规模化节水灌溉增效示范项目投资为 1.4 亿元，已完成投资 90%。

(4) 农田水利设施维修养护资金项目稳步实施。2014 年度中央农田水利设施维修养护资金项目投资 1.4 亿元，已全部完成，并进行了省级抽查验收工作，报水利部备案。2015 年度中央农田水利设施维修养护资金项目投资 1.8 亿元，已完成前期工作。

(5) 冬春农田水利基本建设持续加强。进一步加强领导，创新机制，增加投入，整合资源，强化管理，广泛动员全社会力量，计划投资 320.18 亿元、农民投工投劳 1.6 亿个工日、出动机械台班 985.99 万台（套）大兴农田水利建设，加快构建“大中小微并举、蓄引提排并重”的水利工程体系和完善的管理体系。积极做好农田水利基本建设“红旗渠精神杯”竞赛评比及表彰活动。（牛聚才）

【水土保持】 2015 年，河南省共争取到水土保持综合治理投入资金 3.25 亿元，治理水土流失面积 $800km^2$、坡耕地改造 5 万亩、淤地坝除险加固 9 座，超标准完成年度目标任务。共审批生产建设项目 550 个（其中省级 56 个），开展监督检查 300 余次，验收生产建设项目水土保持设施 120 个，省级征收水土保持补偿费 2 465.27万元，超额完成全年 1 800万元的收缴目标。“丹治”二期水土保持防治工程建设成效明显，2015 年 4 月，河南省人民政府表彰水土保持处为“南水北调工程建设先进单位”。围绕新《中华人民共和国水土保持法》颁布施行 4 周年纪念活动，全方位做好宣传工作，编印了 2 200套水土保持法图解宣传画，免费发放到市（区）、县、社区和相关生产建设企业。截至 2015 年年底，河南已拥有 7 个“国家水土保持生态文明县（市、工程）”，国家级水土保持科技示范园 11 家，其中 3 家被评为全国中小学水土保持教育社会实践基地，无论在数量上还是在种类上，均居全国第一。（牛聚才）

【城乡供水】 河南省水利厅把解决饮水安全问题作为重要政治任务，建立分片包干、定期督导和约谈通报机制，通过明察暗访、重点抽查、核查评估等措施，督促各地加快建设进度。全省各地狠抓责任落实，加大工作力度，按期完成了建设任务。全年完成投资 38.7 亿元，解决了 682 万农村居民和 153 万农村学校师生的饮水安全问题，完成任务量居全国第一。工程涉及 17 个省辖市的 117 个县（市、区）、1 182个乡（镇、办、区）、4 512个行政村（农、林场）和 4 247所学校，向河南省委、省政府和人民群众交上了满意答卷。（牛聚才）

【农村水电】 2015 年国家下达河南省的 15 个水电新农村电气化建设项目投资 9 440万元，已成投资 80%以上。对 2013 年以来实施的 32 个农村水电增效扩容改造项目进行了机组启动验收、完工验收和项目绩效评价工作。截至 2015 年年底，全省已建成小水电站 530 座，装机容量 49.30 万 kW。（牛聚才）

【水利移民】 出山店、前坪水库征地移民稳步推进，丹江口库区、河口村水库和黄河下游防洪工程移民征迁进入验收准备阶段，大中型移民避险解困第一批试点任务，以及南水北调干线临时用地退还、土地复垦等后续工作基本完成，盘石头水库第三期移民安置有序开展。“强村富民”战略深入推进，全年下达移民后期扶持资金 14.73 亿元，移民群众生活水平进一步提高。移民信访稳定工作取得新成效，移民来信和到省赴京上访批次、人次显著下降。（牛聚才）

【水利改革】 (1) 列入省委深化改革领导小组工作重点的 3 项改革任务顺利完成。水权交易试点建设迈出重要一步，平顶山市与新密市签订水量交易意向书，开创了全国跨流域水权市场化交易的首例，标志着河南进入利用市场机制优化配置水资源的新时期。两个国家级、7 个省级小型水利工程改革示范县顺利完成，12 个农田水利设施产权制度改革和创新运行管护机制试点县全面启动。

(2) 水利投融资改革取得新进展。水利厅出台了《关于创新水利领域投融资机制的实施意见》，与河南省农业银行、农业发展银行签订金融支持水利建设战略合作协议，达成未来 5 年内贷款 1 200亿元的意向。大力推行 PPP 模式，发布第一批 27 项试点工程名录。河南水利投资集团有限公司完成融资 43 亿元，投资 32 亿元。

(3) 简政放权进程进一步加快。深化水行政审批制度改革，制定水利厅权力清单、责任清单和行政职权运行流程图，并向社会公布。一些长期制约水利发展的矛盾问题正在逐步破解，水利发展的内生动力和活力进一步释放。（牛聚才）

【工程管理】 加大对重大水利工程和民生水利工程的稽察力度，狠抓工程质量监督和安全监管，确保工程建设“四个安全”。印发了《关于进一步明确水利工程建设项目招标投标活动中异议和投诉有关事项的通知》《河南省水利工程建设项目招标投标行政监督规定》等文件，出台了《河南省水利建设质量工作考核办法》《河南省水利工程质量监督规程》等制度。进一步加快市、县水利质量监督机构建设，完善质监体系；加强实体质量巡检力度，确保项目类型全覆盖；强化市场监管，规范水利建设市场秩序；明确了各级水利工程质量与安全监督范围、事权划分和责任分工，建立了水利建设工程质量考核制度。同时，加强水利工程运行管理，认真落实小水库管理办法，狠抓管理主体、人员、经费和责任落实，保障工程良性运行。（牛聚才）

【科技与教育】 扎实做好科技成果鉴定、评审和推荐，2015年完成了14项科技成果鉴定，评选出2014年度河南省水利科技进步一等奖12项、二等奖6项；推荐7项省科技进步奖，其中2项获得二等奖，3项获得三等奖。积极推进重大水利科技攻关，2015年省级水利新技术推广经费由2014年的120万元增加到370万元，增长2倍多。河南省财政厅同意水利新技术推广项目可以参与省级农业科技推广项目公开竞争立项，拓宽了水利科技推广经费来源渠道。2015年结合不同区域，重点推广了高效节水灌溉、工程检测和农村安全饮水等13项新技术，及时向有关单位申报2016年度新技术推广项目和农业科技创新推广项目。2015年共有25名优秀教师及教育工作者受到河南省水利厅表彰，4位教师分获"全国水利职教名师"和"全国水利职教教学新星"荣誉称号。厅属学校精神文明建设成绩突出，河南水利与环境职业学院被水利部确认为全国水利文明单位，被省委高校工委、省教育厅授予"河南省2014—2015年度文明学校"荣誉称号。（牛聚才）

【多种经营】 完成了第十五批国家水利风景区申报推荐工作，睢县北湖生态水利风景区被水利部正式批准为国家水利风景区，至此河南省国家水利风景区达到36家。组织了第十二批河南省水利风景区申报、审查和审批工作。批准汝州市洄山口水库、郑州市樱桃沟金水源水利风景区、汝阳县恐龙谷水利风景区3家景区为河南省水利风景区。同时，按照水利部有关建立水利风景区退出机制的精神，决定撤销唐河县虎山湖"河南省水利风景区"称号，这是全国首个省级水利风景区退出案例。（牛聚才）

湖 北 省

【概况】 2015年，湖北省水旱灾情总体偏轻，局部洪涝灾害严重。全省平均年降水量为1 058mm，较常年平均年降水量偏少12%。其中黄冈、仙桃等地偏多1～2成，襄阳、十堰、荆门、神农架、天门、孝感、宜昌、恩施等地偏少1～3成，随州、荆州、武汉、黄石、咸宁等地与常年均值持平。汛期，湖北局地降雨强度大，累计造成全省17个市（州、林区）的85个县（市、区）受灾。洪涝灾害直接经济损失57.9亿元，其中水利水毁14.4亿元。全年全省有17个市（州、林区）发生干旱灾害，0.51万人、0.84万头大牲畜因旱发生临时饮水困难，直接经济损失9.49亿元。

全省用水总量控制在315.51亿 m^3 以内，万元工业增加值用水量比2010年下降35%以上，农田灌溉水有效利用系数提高到0.496以上；重要江河湖泊水功能区水质达标率提高到78%。完成了《湖北省县（市、区）水生态文明建设规划编制大纲》，确定了13个县（市、区）省级水生态文明城市建设试点。全省创建合格的公共机构节水型单位达139家。

全省完成病险水库加固1 638座，完成加固资金21.2亿元。其中，一般小（2）型水库主体工程958座，投资7.5亿元；新增小型病险水库667座，投资9.8亿元；大中型水库加固13座，投资3.9亿元。全年共建成水雨情自动测报站点2 000座，占全省水库总数的1/3。

国家有关部委下达2015年度湖北省洞庭湖区四河堤防工程投资计划6亿元，完成投资48 957万元。国家有关部委下达2015年度荆江大堤综合整治工程投资计划84 229万元，完成投资76 094万元。2015年，涉及全省中小河流治理工程建设纳入国家规划共41个项目，完成投资43 243万元，综合治理河长206km。2015年，全省有48个县（市、区）发布了县级山洪预警，预警642次，发布预警短信1.7337万条，涉及防汛责任人6 485人，启动预警广播658次。

全省实施坡改梯368km^2，治理水土流失面积2 190km^2，占年度计划任务的109.5%。全省共完成农村水电（装机容量5万kW及以下）建设投资264 954万元。新增农村水电站16处、装机容量27.6155万kW。全省新建和续建小水电代燃料项目32个，总装机容量9.788万kW，代燃料户8万户。解决349.79万农村居民和62.93万学校师生饮水不安全问题。全省共完建各类水利工程31.5万处，出动机械台班810万台套，完成土石方10.5亿 m^3，完成投资252.6亿元。恢复、改善灌溉面积600万亩、改善除涝面积500万亩，建设高标准农田100万亩，改造渍害中低产田100万亩。（张陆）

【水政】 2015年11月26日，《湖北省实施〈中华人民共和国水土保持法〉办法》（以下简称《实施办法》）经湖北省十二届人大常委会第十八次会议审议通过，于2016年2月1日起施行。《实施办法》明确了政府主导、部门配合、建设单位和个人自行负责、社会参与的责任体系，突显了水土保持规划的作用和地位，细化了水土流失预防治理措施，强化了水土保持监测和监督检查工作。2015年，湖北省水利厅对省级水行政许可审批事项进行了清理，调整、下放2项省级许可事项。将部分省级“河道管理范围内修建建设项目许可”权限下放给市（州）水行政主管部门，下放并简化了涉河建设项目开工手续，切实优化了投资发展环境。完成了水行政审批市、县通用目录的清理、公告工作。 （许燕飞）

【水资源】 2015年，湖北省拟定了《湖北省落实国家实行最严格水资源管理制度考核工作方案》。印发《湖北省实施最严格水资源管理制度考核实施细则》《湖北省实行最严格水资源管理控制目标和工作计划》，组织了对各市（州）实行年度最严格水资源管理制度考核工作，确定了年度水资源管理控制目标和工作任务，考核结果和考核指标通报各市（州）人民政府考核办，基本建立了最严格水资源管理责任和考核体系。湖北省政府批复了《湖北省重要饮用水水源地安全保障规划》，划定了全省县城以上集中式水源地保护区，实施了重要饮用水源地安全保障达标建设。

湖北加快开展全省水生态文明城市建设试点工作，水利部批准确定咸宁市、鄂州市、武汉市、襄阳市、潜江市为全国水生态文明建设城市试点。完成了《湖北省县（市、区）水生态文明建设规划编制大纲》，确定了13个县（市、区）省级水生态文明城市建设试点。国家水资源监控能力建设项目省级建设任务全部完成并通过评估。全省省管以上取用水户实施了取水许可监督检查，规范了取水许可台账建设，加强了农业取水许可管理工作。

全省积极推进水价改革和阶梯式水价改革工作，武汉市出台《武汉市城市节约用水条例》《关于调整改革中心城区供水价格的批复》，先后5次调整城市居民生活用水、行政事业用水、工业用水、非居民用水等用水价格。荆州市、黄冈市、天门市、恩施市、咸宁市也相继调整了城区供水价格，提高了污水处理费收费标准，全省阶梯水价与超定额累进加价制度初步形成。 （黄春红）

【水利规划】 全年组织完成“十三五”规划重大项目筛选和投资规模测算培训会议，开展了重点项目策划与筛选工作，并对汉江中下游干流河道治理、“一江三河”水系连通、洞庭湖四口水系整治等重大项目进行现场查勘，会同各地和机关处（室）开展了“十二五”规划总结评估，完成了“十三五”规划初稿。完成汉江中下游河道治理规划审查，批复网湖、赤东湖水利综合治理规划，钟祥、天门等13个试点县水生态文明建设规划先后审查批复。梁子湖水利综合治理规划、汉江生态经济带生态水利专项规划、湖泊保护总体规划陆续获湖北省政府批复。完成省级水利三年滚动财政预算规划编制工作。切实加强规划审批管理与评估，继续实施水利规划管理和水工程建设规划同意书制度。 （周发超）

【基本建设】

1. 湖北省洞庭湖区四河堤防加固工程　国家有关部委下达2015年度湖北省洞庭湖区四河堤防工程投资计划6亿元，其中中央投资4亿元，地方配套2亿元。截至2015年年底，共完成投资48 957万元，主要建设内容为：加高培厚堤防64km，护坡护岸13km，堤身堤基防渗墙61km，堤身锥探灌浆91km，涵闸处理30座。完成主要工程量：土方189万m^3，石方18万m^3，混凝土3万m^3。 （李峰）

2. 中小河流治理　2015年，涉及全省中小河流治理工程建设纳入规划共41个项目。国家有关部委下达2015年度中小河流治理中央资金36 310万元，省级下达地方配套12 974万元。截至2015年12月底，共完成投资43 243万元，完成主要建设内容：新建堤防38km，加固堤防119km，清淤213km，护坡护岸126km，完成小型闸、站等工程123处。完成主要工程量：土方783万m^3，石方79万m^3，混凝土30万m^3。综合治理河长206km。 （李峰）

3. 重要支流治理　2015年，下达投资计划的主要支流治理项目涉及堵河治理工程竹山段、当阳市沮漳河近期防洪治理工程、澧水治理工程鹤峰段等3个。国家有关部委下达投资计划29 700万元，其中中央投资14 800万元，地方配套14 900万元。截至2015年12月底，共完成投资23 500万元，完成主要建设内容：新建堤防2km，堤防加固6.3km，护坡护岸3.8km。完成主要工程量：土方217万m^3，石方69万m^3、混凝土4万m^3。 （李峰）

【防汛抗旱】 2015年汛期，湖北省发生23场暴雨，局地降雨强度大，引发渍涝、山洪、滑坡等自然灾害，累计造成全省17个市（州、林区）的85个县（市、区）受灾。受灾人口538.7万人，农作物53.12万hm^2；倒塌房屋9 533间，临时转移80 037人，死亡8人，失踪2人；停产企业177家，中断公路2 958条次，供电386条次，通信167条次，损坏堤防3 817处、359.71km，护岸4 175处，水闸280座，机电井14眼，机电泵站202座，水文设施17个，塘坝3 901座，灌溉设施2 474处，水电站5座。洪涝灾害直接经济损失57.9亿元，其中水利水毁损失14.4亿元。全年全省有17个市（州、林区）发生干旱灾害，作物因旱受灾面积17.944万hm^2，其中成灾面积 4.635 万 hm^2、绝收面积 4 200hm^2；0.51 万人、0.84 万头大牲畜因旱发生临时饮水困难。因旱粮食损失 26.87 万 t，经济作物损失 1.82 亿元；直接经济损失 9.49 亿元。 （姚黑字）

【农田水利】

1. 农田水利基本建设 2015 年，全省共完建各类水利工程 31.5 万处，出动机械台班 810 万台套，完成土石方 10.5 亿 m^3，完成投资 252.6 亿元。恢复、改善灌溉面积 600 万亩，改善除涝面积 500 万亩，建设高标准农田 100 万亩，改造渍害中低产田 100 万亩。 （马礼平）

2. 灌区续建配套与节水改造 全省 20 处大型灌区续建配套与节水改造工程 2015 年度项目投资 13.84 亿元，其中中央投资 9.84 亿元，地方投资 4.0 亿元，2015 年度项目主体工程已基本完工。2015 年，共完成 18 个中型灌区的年度建设任务，完成年度财政资金 1.22 亿元，其中中央资金 0.87 亿元，省级配套 0.35 亿元。湖北省水利厅与省发办联合组织了 4 个中型灌区的省级验收，并报水利部农发办和国家农发办备案。组织了全省农业综合开发重点中型灌区节水配套改造项目法人培训班。 （汪小龙 甘先锋）

3. 小农水重点县 全年完成全省第五、六批中央小农水重点县、2015 年中央农田水利项目县共 60 个项目县及 25 个现代农业省级小农水重点县、22 个省级小农水建设资金项目县 2015 年度建设任务，完成投资 18.09 亿元，共新增、恢复、改善灌溉面积 180.2 万亩，新增粮食生产能力 25.7 万 t。（陈小宝）

4. 灌排泵站更新改造 全省 2015 年共下达 9 处大型灌溉排水泵站投资计划 1.23 亿元，其中中央投资 0.74 亿元，地方配套 0.49 亿元，共改造泵站 76 座，5.94 万 kW，设计流量 526.66m^3/s。共完成混凝土 2.34 万 m^3，石方 0.73 万 m^3，完成主机组 82 台套，电气设备 164 台套，进出水管 1 363m，金属结构 655t。年度计划任务全部完成，改善和新增灌溉面积 134 万亩、排涝面积 195 万亩，新增粮食生产能力 2 860.6万 kg。 （刘正军）

【水土保持】

1. 水土流失治理 2015 年，湖北积极开展水土流失综合治理，全年共实施 6 个县的坡耕地水土流失综合治理、11 个革命老区县水土保持治理，推进 2 个水土保持科技示范园建设、14 个县的水土保持重点治理和 8 个县（市、区）的“丹治”二期工程建设。突出清洁型小流域治理重点，工程、生物和耕作措施优化配置，不断提高水土流失综合防治能力。2015 年，实施坡改梯 368km^2，种植水保林 284km^2、经果林 511km^2，封禁治理及其他 1 027km^2。截至 12 月底，全省治理水土流失面积 2 190km^2，占年度计划任务的 109.5%。水土流失重点治理区普遍呈现产业结构调整，农业增产、农民增收，农村面源污染有效控制，生态环境得到极大改善的可喜局面。治理后丹江口水库库区天更蓝、山更绿、水更清，为确保“一库清水永续北送”奠定了良好基础。 （卢继苟）

2. 重点小流域治理 2015 年，全省在 11 个国家水土保持重点建设工程、8 个丹江口库区及上游水土保持重点防治工程二期的 35 条小流域进行了重点治理，累计治理水土流失 470km^2。其中，坡改梯 827hm^2，经果林 3 724hm^2，水保林 6 238hm^2，封禁治理和其他措施 36 227hm^2。建设小型水利水保工程 1 107处，修建沟渠作业道路 197km。各地在重点小流域治理过程中，在措施设计、工程实施上主动与新农村整村推进、扶贫攻坚工作对接，扩大了水土流失防治的效果。蕲春县在姜冲河小流域建设中，将治山治水与脱贫致富相结合，综合治理山、水、田、林、路，使流域内生态环境和老百姓的生产、生活条件得到明显改善。 （卢继苟）

【农村饮水安全】 2015 年，国家发改委、水利部下达湖北省农村饮水安全工程总投资 194 936万元，其中中央投资 135 958万元，地方配套 58 978万元。全省按照“村村通”总体要求及大水源、大水厂、大管网的建设思路，大力推进城乡供水一体化和集中供水工程建设，建成集中工程 2 546处、分散工程 13 277 处，计划下达的 349.79 万农村居民和 62.93 万学校师生饮水问题已全部解决。县级供水管理服务体系进一步健全，建始、赤壁等 35 个县成立了县级供水服务机构，潜江、钟祥等 60 多个县实施了两部制水价，安陆、黄梅等 88 个县出台了运行管理办法，仙桃、应城、松滋等 20 个市（县）落实了维修养护财政补贴。省级财政启动了小型农村饮水工程维修养护补助，2015 年共落实补助资金 2 962万元。湖北省按至少具备 42 项常规指标检测能力对全省水质检测中心进行布点建设，全省 2015 年度有 71 个水质检测中心基本建成并投入使用，还有 15 个正在进行设备安装调试工作。全省有 83 个水质中心设立了机构，共落实了管理费用 1 736万元，落实检测人员 308 人。

（宋孝忠）

【农村水电】

1. 水电建设 2015 年，湖北省共完成农村水电（装机容量 5 万 kW 及以下）建设投资 264 954万元，其中财政资金 52 420万元。当年新增农村水电站 16 处、装机容量 27.6155 万 kW，当年减少水电站 7 处、装机容量 9.4455 万 kW。至年底，全省农村水电站累计达到 1 765处、容量 367.6222 万 kW。水电站固定资产总值累计达到 4 345 411万元。全年发电量 901 577万 kW·h，发电设备平均年利用小时数为

2 452h。 （胡兆文）

2. 水电新农村电气化建设 2015年，国家下达湖北省水电新农村电气化建设项目18项、中央投资4 650万元。“十二五”共安排电气化建设项目66项、中央投资21 080万元，完成电气化建设项目56项。截至2015年年底，全省22个水电新农村电气化县完成建设任务，并通过省级验收。累计新增农村水电装机容量89.83万kW，新增年发电量30.8亿kW·h，完成投资66.78亿元。通过电气化建设，有效提高了农村用电水平，促进农村产业结构调整，取得了良好的综合效益。 （吴卉）

3. 农村水电增效扩容改造扩大实施 2013—2015年，国家批复湖北省增效扩容改造项目电站座数为303处，装机容量54.4万kW，年发电量18.19亿kW·h，概算总投资为140 427.58万元。其中2015年中央下达结余资金2 692万元。截至2015年年底，项目已按初步设计要求完成改造任务并通过完工验收，资金到位107 596.61万元，占概算总投资的79.4%，完成支付设备预付款88 047.74万元。

（杜榉林）

4. 小水电代燃料生态保护工程 2015年，全省新建和续建小水电代燃料项目32个，总装机容量9.788万kW，代燃料户8万户，项目总投资规模10.22亿元，其中中央投资45 254万元。当年争取中央投资1.19亿元，完成投资1.57亿元。有10个小水电代燃料项目完成建设任务并通过省级验收。

（袁晓红）

【工程管理】 湖北全力推行水利工程建设管理专业化、社会化。在2014年远安县付家河水库工程建设实施代建制的基础上，2015年仙桃市泽口灌区续建配套与节水改造工程等4个水利项目正式实施代建。为进一步规范代建制操作流程，指导代建制工作全面开展，组织编写了《湖北省水利工程代建制操作实务指南》，并通过了专家评审，印发各地。指导鄂北地区水资源配置工程在取水建筑物工程、纪洪隧洞工程等7项工程采用设计—施工总承包模式。完善了湖北省水利建设市场主体信用信息系统平台。分两批次信用等级评定工作，各类市场主体在信用信息平台建立了信用档案，各级水行政主管部门在信用信息平台发布了对市场主体或从业人员的（不）良行为记录以及在建项目信息，接受社会监督。 （刘树庶）

【科技管理】

1. 水利新技术应用力度加大 湖北省水利厅与水利部科技推广中心联合举办了全省水利新技术应用设计大赛座谈交流会。在水利部科技推广中心举办的首届“环能德美杯”水利新技术应用设计大赛中，湖北省设计团队应用生物基质混凝土技术、生态格网技术、堆石混凝土技术、高集成多光谱在线水质快速监测技术设计提交的5项设计成果喜获大奖。

2. 科技创新能力进一步提升 承担的水利部科技推广计划项目《河湖连通生态水网构建技术在武昌大东湖项目中的示范推广》、水利部公益性行业科研专项经费项目《入河（湖）污染物的控制方法与湿地修复技术》顺利通过验收。组织安排了湖北省水利重点科技项目11项，完成了《超大型平面对开弧形三角闸门关键技术》成果鉴定。 （骆思捷）

湖 南 省

【概况】 2015年，湖南水利坚决贯彻湖南省委、省政府决策部署，锐意改革，扎实工作，圆满完成了年度各项工作任务。

1. 防汛抗旱 2015年，全省遭受13次强降雨过程和11月湘江流域60年未遇的罕见冬汛，全省上下严密防守、科学抗灾，未垮一库一坝，未溃一堤一垸，杜绝了群死群伤，最大限度地减少了人员伤亡和财产损失，防灾减灾成效显著。全年紧急转移群众46.69万人次，避免粮食减收46.9万t，减少受灾人口61.4万人，避免部分县级以上城市受淹，减灾经济效益达18.6亿元。

2. 水利建设 全年国家累计下达湖南省中央水利建设计划投资135亿元，其中，中央投资85.2亿元，省级配套是近年最多的一年，达35.08亿元，加上社会和群众投入，全年总投入超过200亿元。截至12月底，完成中央计划项目投资131亿元，投资完成率达到97%。年度计划完成的707万人饮水安全建设，实际完成715.6万人建设任务；4 036座一般小（2）型病险水库除险加固全部开工建设；洞庭湖治理、涔天河水库扩建等6个重大项目进展顺利，莽山水库、涔天河水库灌区工程按期开工，中小河流治理、农田水利、“五小”水利、抗旱水源工程、水土保持、农村水电等项目年度任务全面完成。

3. 水利改革 切实贯彻落实湖南省委、省政府和水利部深化改革部署要求，提出了2015年深化水利改革工作要点和重点，责任分解到水利厅领导和责任部门。一年来，54项省委及厅改革任务顺利完成，共形成48项改革成果，出台文件24件，各项改革均取得较好成效。莽山水库PPP试点取得成功，被水利部作为典型经验在全国推介；湖南省水利工程电子招标投标系统在全省率先建成投放使用，第一个与全国水利建设市场信用信息平台实现互联互通、实时对接；水利发展投资基金在全国率先成立，并贷款支持洞庭湖治理。

4. 水利管理 坚持建管并重，全面强化涉水事务管理。湖南省水利厅牵头推进湘江保护省政府“一号重点工程”，“抓源头、畅河道、建制度”近期治理取得初步成效。牵头推进河道保洁工作，建成了覆盖全省的河道保洁监控系统。完成省政府对市（州）政府实行最严格水资源管理制度情况的考核，不断强化节约用水、水资源论证、取水许可管理等工作。建立了全省乡镇水利部标准化建设项目库，组织100个站开展建设，支持农民用水户协会建设，加大水利工程管理维护资金投人。

5. 水利科技　全年共有21项优秀成果获得“湖南省水利水电科技进步奖”（包括一等奖5项、二等奖7项、三等奖9项）。3项优秀成果获得湖南省科技进步奖，其中“可控压密注浆桩技术的研究与应用”获湖南省科技进步二等奖，“紫鹊界梯田原生态自流灌溉系统研究与应用”和“ADCP专用遥控测量船研制”两项成果获湖南省科技进步三等奖。“洞庭湖四口河系防洪、水资源和水环境研究”成果于2015年10月18日参加了湖南省科技进步一等奖答辩。（熊云科）

【水政】　根据水利部出台的《关于全面加强依法治水管水的实施意见》，迅速制定了实施意见，作为今后一个时期全省水利依法行政的纲领性文件。参与推进行政审批制度改革，按照简政放权的基本原则，对由水利部门负责审批的行政许可事项进行了清理、梳理，并将权力清单、责任清单公布上网。严格政府合同管理，制定《湖南省政府合同管理规定》，凡单项政府采购合同金额在50万元以上的合同必须经过合法性审查。加强规范性文件管理。2015年共出台规范性文件5个，均按要求进行了合法性审查、备案，同时也对所有已出台的规范性文件进行清理，对即将到期的规范性文件，及时通知主管单位及时进行修订或者予以废止，严格执行了“三统一”制度。开展湘江流域水行政专项执法活动，于2014年5月至2015年5月，协调组织开展了湘江流域水行政执法活动，依法打击流域河道内乱建、乱采、乱排、乱围、乱占、乱弃等“六乱”行为，专项执法活动期间共查处各类水事违法行为1 005起。长沙市水政监察支队经湖南省编委批建为副处级机构，编制60人。衡阳水政监察支队编制30人，另配20名公安协警，并将海事、渔政、环保联合集中办公，联合执法。长沙、衡阳两市水事秩序有明显改观。（李铮）

【水资源】　2015年，湖南省水资源总量1 919亿 m^3（其中地下水非重复计算资源量6.9亿 m^3），比多年平均偏多13.6%，属平均水偏丰年份。全省大、中、小蓄水工程年末蓄水总量245.6亿 m^3，比2014年年末增加25.9亿 m^3；全省用水总量323.2亿 m^3，比2014年减少9.2亿 m^3；用水净消耗量131.5亿 m^3。

2015年全省供水总量323.24亿 m^3，其中，地表水供水量307.05亿 m^3，占总供水量的94.99%；地下水供水量16.16亿 m^3，占总供水量的5.00%；其他水源供水量0.03亿 m^3，占总供水量的0.01%。在地表水供水量中，蓄水、引水、提水分别为126.67亿 m^3、41.14亿 m^3、117.94亿 m^3，分别占地表水供水量的41.25%、13.40%、38.41%。2015年全省各部门实际用水总量323.24亿 m^3。各部门用水量：农业188.09亿 m^3（其中牲畜6.03亿 m^3）、工业90.21亿 m^3（其中火电32.76亿 m^3）、居民生活30.84亿 m^3（其中城镇居民生活19.70亿 m^3）、城镇公共11.40亿 m^3（其中服务业9.39亿 m^3）、生态环境2.70亿 m^3。2015年人均综合用水量为477 m^3，比2014年略有下降。万元GDP和万元工业增加值用水量分别为111 m^3 和81 m^3（均为当年价）。按2010年可比价计算，万元GDP用水量为127 m^3，比2014年降低9.3%，比2010年降低37.7%；万元工业增加值用水量为82 m^3，比2014年降低3.5%，比2010年降低42.7%。水田实灌亩均用水量508 m^3，比2014年减少43 m^3。城镇居民生活（不含公共用水）日用水量156L，与2014年基本持平；农村居民生活（不含牲畜用水）日用水量92L，较2014年略有增加。（李永刚）

【水利规划】　2015年，配合水利部完成了《全国治涝规划》《全国中小河流水能规划》《小型水库实施方案》编制，完成了《湖南省水利发展“十三五”规划》《湖南省县级水利规划》编制。完成了《水利发展“十二五”规划实施评估报告》《洞庭湖水安全保障实施方案》《湘江岸线利用管理规划》《湖南省节水减排高效节水灌溉总体方案（2014—2018年）》《水利血防三期规划》《“十三五”水利扶贫专项规划》《农村安全饮水工程现状与需求调查及“十三五”规划》《长江岸线开发利用与保护总体规划》编制；配合完成了《湘江、资水、沅江、贺江流域综合规划》《洞庭湖综合规划》及《长江经济带水利专项规划》《长江经济带取水口、排污口及应急水源规划》编制工作；组织开展了全省江河湖库综合整治实施方案编制，启动了城市水利规划编制工作，经过遴选，选择了8个有代表性的市、县正在开展试点。与湖南省发改委积极协商，完成了全省水利投资建议计划编制工作，10月19日，向国家发展改革委、水利部上报了《关于申报2016年中央水利投资建议计划的请示》（湘发改〔2015〕443号），并首次在网上公示。（姚丹）

【病险水库（水闸）除险加固】

1. 大、中型病险水库项目建设　全省有34座大、中型水库列入国家增补规划（大型3座，中型31座）。全省大、中型病险水库除险加固增补规划内

34座水库项目已全部完成前期工作，并已上报水利部和国家发改委。2015年，国家下达资金计划的水库有9座。

2. 大、中型病险水闸项目建设　全省共有311座水闸列入国家除险加固规划，其中大型109座，中型202座。2015年，国家下达大型水闸资金计划的有23座。

3. 小（2）型病险水库项目建设　全省有9 049座列入国家小（2）型病险水库除险加固规划，总投资260亿元，其中，重点项目2 824座，一般项目6 225座，争取中央补助资金67.776亿元。2015年，全省小（2）型病险水库除险加固规划内项目下达实施计划的水库有4 036座，共计安排省级补助资金约13.6亿元。

4. 新出险小型水库治理　2015年，国家对湖南省补助新出险小型病险水库除险加固资金4.19亿元，全省共计安排216座小型病险水库除险加固。（杨健）

【水土保持】

1. 注重生态建设　2015年，湖南省水土流失综合治理实现了连续6年正增长，全年共争取国家投资24 196万元，其中中央投资达22 145万元，同比增加29.8%。治理项目涉及全省14个市（州）49个县（市、区），治理水土流失面积695.97km²。在项目实施中始终坚持以下4项制度：

（1）坚持约谈制。湖南省人民政府对5个进度滞后县的县长进行了约谈，其中包括水土保持重点治理工程进度滞后的县，分管厅领导、水土保持处处长分别对有关落后县进行了约谈。

（2）实行督办制。9月8—21日，湖南省水利厅联合其他部门组成7个检查组，对2015年度项目进行了督查；同时坚持按旬对水土保持重点工程进行调度，对进度慢的项目县进行了多次督查，有效推进了建设进度。为加快水土保持重点工程建设，11月19日还组织召开了全省国家水土保持重点工程建设进度集中督办会。

（3）实行通报制。对进度落后的项目县进行通报，同时对进度明显滞后的项目县进行一市一通报。

（4）实行承诺制。为贯彻水利部2015年下半年国家水土保持重点工程推进会议精神，印发了《关于进一步加快水土保持重点工程建设的函》，要求项目县签订承诺书，明确不能按期开工的将由分管厅领导约谈项目县政府主要负责人。

邵阳市新宁县水土保持生态文明建设成效显著，示范作用明显，达到了国家水土保持生态文明综合治理工程评定标准，经水利部评审，成为了全国第33个、湖南省第二个“全国水土保持生态文明县”。同时，靖州县也全面启动了国家水土保持生态文明综合治理工程创建的各项工作，邵阳市、涟源市启动了“国家级水土保持科技示范园区”争创工作，各项工作有序开展，进展顺利。

2. 加强预防监督

（1）制度建设有新成果。2015年，出台了《湖南省生产建设项目水土保持监督管理办法（试行）》，进一步规范了各级水行政主管部门水土保持监督管理行为。各地也纷纷采取措施，切实强化本级水土保持工作制度建设，如永州出台了《永州市2015年度水土保持工作目标考核办法》，全面强化全市水土保持工作；怀化出台《怀化市城市规划区建设项目集中收费管理办法》，沅陵县下发了《沅陵县人民政府办公室关于印发沅陵县水土保持设施补偿费和水土流失防治费征收使用管理办法的通知》，进一步规范了水土保持补偿费征收使用管理，减少了行政干预，夯实了依法行政基础。

（2）行政许可有新进展。2015年，全省各级共完成水土保持审批1 620项、水土保持设施验收479项，其中，省本级审批水土保持方案135项，验收水土保持设施23项，为服务生产建设单位、控制水土流失、改善生态环境、建设生态湖南作出了积极贡献。湘潭市及所辖县（区）级均将水土保持行政许可纳入了同级政府政务服务中心，进一步强化了高效便民服务意识；株洲市水务局在市政府暂停水土保持方案编制及审批的不利情况下，加强与环保部门协作，对需要编制水土保持方案的项目，会同环保部门同步进行审批，市本级仍完成水土保持方案批复70个；衡山、常宁等县（市）水利系统率先落实《中华人民共和国水土保持法》要求，将水利建设项目纳入水土保持管理，全面落实水土保持“三同时”制度，推动了境内生产建设项目的监督管理。

（3）监督管理有新举措。2015年，全省共开展水土保持监督检查847次，检查生产建设项目1 368个，查处违法案件171起，其中省本级开展检查26次，检查生产建设项目42个；协助完成了长江委、珠江委对湖南省境内黔张常铁路等项目的监督检查。切实强化风电建设项目水土保持工作，组织所有风电建设单位进行现场集中办公，并下发了《关于进一步加强湖南省风电建设项目水土保持工作的意见》；强化重点督察，对两家风电建设单位限批新项目3个月，对6个项目下达限期整改通知。娄底市把监督管理与“创卫”工作相结合，加强饮用水源保护区执法，加大对河道内乱排、乱弃、乱占现象的巡查力度，全年查处河道违规弃渣120起，督促清理渣土3 216m³；湘西土家族苗族自治（简称湘西州）州共组织12次联合执法检查，印发通报52份，下达整改通知12份，查处违法案件8起，督促14家单位补报水土保持方案。益阳市对拒缴水土保持补偿费的行为立案2起，摧毁违法采砂点14处，整改大型采砂场10处。韶山市、石门县、安化县、衡南县、鼎城区等县（市、区）重点强化对采矿、采砂行为的执法督察，如衡南县重点整治非法采洗山砂活动，立案查处27个非法洗砂场，申请人民法院强制执行17个、处罚11个，全县36处山砂场全被拆除；鼎城区为彻底解决雷灌走廊矿山企业造成的水土流失问题，经区政府统一调度，将雷灌走廊煤矿企业全部关停到位。

(4) 能力建设有新进步。2015年，全省第三批共17个水土保持监督管理能力建设县，均已按照能力建设实施方案完成了年度建设任务。岳阳市各县（市、区）配置了听证室，申购了执法车辆，添置了监督执法取证设备，提高了执法效率和履职能力；永州市多次组织县（区）水利局分管局长、水保局长到湘西州、长沙等地学习，举办执法培训班25次，培训人数达500人；湘西州组织各县（市）水土保持局主要负责人、州水利局相关领导及水保科（站）全体干部进行了水土保持监督管理培训，邀请专家并结合永吉高速建设工地进行户外教学，提高了监督管理水平；衡阳市组织全市水利水保部门业务骨干58人参加了市法制办举办的行政执法培训；张家界多次组织区（县）水保人员专门赴江西、福建等地进行监督管理的考察学习，加强了队伍建设，提升了监管能力。

(5) 规费征收有新突破。2015年，全省各级征收水土保持补偿费1.56亿元，其中省本级达到了4 131万元，是历年之最，为治理水土流失、开展水土保持宣传和加强能力建设工作提供了有力的资金支持。石门县、桃源县、澧县水土保持补偿费征收已经纳入县政务服务中心窗口“一费制”收费。

3. 严格监测预报

(1) 切实抓好水土流失动态监测。2015年，继续强化监测预报工作，积极组织各分站、各监测点开展全省水土流失动态监测，及时上报了湖南省纳入全国水土流失动态监测及公告项目的5个监测站点的监测数据。同时，科学总结2014年度工作，完成了《2014年湖南省水土保持公报》。

(2) 圆满完成土壤侵蚀遥感调查。2015年，开展了全省第三次土壤侵蚀遥感调查，调查顺利完成并在《湖南日报》予以公布，为全面掌握全省水土流失现状，从而更加科学、合理地确定全省水土流失防治重点区域，制定水土保持防治措施打下了扎实基础。

(3) 重点开展长株潭生态绿心区土壤侵蚀遥感调查。科学完成了调查任务，并编制了《湖南省长株潭生态绿心地区水土流失动态监测报告》和《长株潭生态绿心地区土壤侵蚀分布图》。

(4) 着力加强技术培训。在衡东县举办了一期水土保持监测培训班，对监测人员进行操作技术培训；在宁乡县举办了监测站网建设培训班，进行了新建、改建站点设计和建设管理培训，切实提高了基层管理人员的业务能力和综合素质。 (左双苗)

【防汛抗旱】

1. 水旱灾情

(1) 雨水情。2015年，全省降雨1 537mm，较历年均值偏多6%。汛期（4月1日至9月30日），全省先后发生13轮较强降雨过程，累计降雨1 010mm，较历年同期均值偏多6.4%。11月中旬湘江流域发生了1961年有资料记录以来的最大冬汛，湘江干流中上游全线大幅超警。

1) 降雨时空分布不均。时间分布上，4月、8月降雨相对较少，其中4月较历年同期偏少近4成；5—7月、9月降雨偏多，其中9月较历年同期偏多近4成。空间分布上，沅江流域、湘江中上游、东北洞庭湖地区为雨量集中地区；长沙、湘潭两市降雨较历年同期分别偏少3.8%、3.1%，邵阳、常德、衡阳、郴州、永州、湘西州、张家界等市（州）基本持平，其他各市降雨均较历年同期均值偏多1成。

2) 局部暴雨强度大。部分站点时段雨量集中，有的甚至超过当地记录。5月26—28日降雨过程中，累计点最大降雨为岳阳县柏祥镇站256.9mm，其中6h（26日22时至27日4时）降雨量202.7mm；其次为该县月田镇站247.3mm，其中6h（27日0—6时）降雨量205.1mm。上述两站6h降雨量重现期均达到100年一遇。6月1日20时至2日8时，岳阳市北部地区普降中到大雨，部分地区暴雨到大暴雨，局部地区特大暴雨，时段雨量华容县江洲站255.5mm、友谊机埠站252.5mm，两站12h降雨重现期达到200年一遇；临湘市、云溪区、华容县部分站点6h降雨重现期超过50年一遇。

3) 部分干支流暴雨洪水突出。汛期，湘江、资水、沅江、澧水部分支流及湖区共发生超警水位32站次。时间分布上，5月10站次、6月19站次、7月3站次。流域分布上，湘江、资水、沅江及洞庭湖湖区分别发生了20站次、6站次、2站次、4站次，其中资水一级支流蓼水绥宁县红岩站6月18日13时38分洪峰水位105.80m，比2001年6月19日历史实测最高水位104.08m高出1.72m。在5—7月的几次洪水过程中，湘江、资水、沅江及洞庭湖区超警戒水位站点总数达26站。其中，湘江8站，分别为干流老埠头、归阳站、支流道县、双牌、大西滩、衡东、涟源、湘乡站；资水6站，分别为干流桃江站，支流洞口、红岩、高沙、黄桥、塘渡口站；沅江2站，分别为支流陶伊、红岩溪站；洞庭湖区2站，分别为汨罗江平江站、资水尾闾沙头站。

(2) 水灾。汛期，强降雨共造成全省14个市（州）117个县（市、区）1 644个乡镇741.16万人次受灾，紧急转移人口46.69万人次，因灾死亡14人、失踪 3 人，倒塌房屋 0.97 万间，农作物受灾面积 51.281 万 hm^2，直接经济总损失 94.65 亿元，其中水利设施直接经济损失 22.44 亿元。永州、怀化、湘西州、岳阳、邵阳、郴州等地灾害损失较重。

冬汛期间，强降雨共造成永州、郴州、衡阳、邵阳等 4 市 41 个县（市、区）362 个乡镇 51.22 万人受灾，倒塌房屋 632 间，紧急转移人口 3.93 万人，因灾死亡 2 人、失踪 2 人，直接经济总损失达 8.94 亿元，其中水利设施直接经济损失 1.99 亿元。

（3）旱情。2015 年全省农作物受旱面积 93.83 万亩，其中，成灾面积 20.56 万亩，绝收 1.55 万亩，因旱造成粮食损失 5.04 万 t、经济作物损失 1.29 亿元，其他行业直接经济损失 0.41 亿元。全年共有 1.48 万农村人口、0.71 万头大牲畜因旱发生饮水困难。

2. 防汛抗旱工作　2015 年，党中央、国务院高度重视湖南省防汛抗灾工作，李克强总理、汪洋副总理等中央领导同志多次作出批示。国家防总副总指挥、水利部部长陈雷亲临湖南检查指导。国家防总和长江防总多次派出工作组进行指导。湖南省委、省政府早在 1 月 28 日全省农村工作会议上就明确提出了防汛抗旱“五个确保”的工作目标，并与 14 个市（州）签订了防汛抗旱责任状。省委书记徐守盛、省长杜家毫亲自部署、靠前指挥。每当强降雨来临之际，省防指都根据气象预报，研判汛情趋势，提前部署抗灾，牢牢把握抗灾工作的主动权。省防指下达洪水调度令 68 条次，科学调度五强溪、双牌等大型水库，充分发挥水库拦洪、削峰、发电、灌溉等综合作用，避免了双牌、桃江等 5 个县级以上城市进水受淹，挽回直接经济损失 4.17 亿元。省防指有关成员单位先后派出 67 批次工作组赶赴一线指导救灾；各部门服从和服务于防汛抗灾，形成抗灾合力。省军区出动现役官兵 1 400人次、民兵预备役人员 5 万人次，武警湖南省总队出动兵力 800 人次，支援防汛抗灾工作。30 个县（市、区）先后启动Ⅳ级、Ⅲ级、Ⅱ级应急响应 33 次、50 次、5 次。各地通过山洪灾害预警系统发布预警短信 34.9 万条次，启动预警广播 4.46 万站次，指导转移 46.7 万人次，许多地方实现了零伤亡。全省共投入编织袋 73.25 万条、编织布 23.11 万 m^2、砂石料 16.11 万 m^3、救生衣 1.13 万件，投入抢险人数 24.97 万人次。在湖南省委、省政府的正确领导下，各级各部门通力合作、团结抗灾，全省未垮一库一坝，未溃一堤一垸，杜绝了群死群伤，极大地减少了人员伤亡和财产损失，汛期因灾死亡人数为 1998 年以来最少，取得了防汛抗灾工作的全面胜利。

（张志鹏）

【农村水利】

1. 农村饮水安全工程建设　2015 年，中央下达湖南省农村饮水项目总投资 34.48 亿元，其中，中央预算内投资 23.41 亿元，地方投资 10.48 亿元；计划解决农村饮水不安全人口 685.42 万人，其中，居民 644.13 万人，学校师生 41.29 万人。截至 2015 年年底，已完成全部目标任务，累计完成投资 35.35 亿元，其中，中央投资 23.14 亿元，地方投资 9.33 亿元，其他投资 2.88 亿元；建成供水工程 3 038处，其中，集中供水工程 2 978处，分散供水工程 60 处；解决农村饮水不安全人口 715.60 万人，其中，农村居民 374.31 万人，学校师生 41.29 万人。

全省农村自来水普及率由 2005 年的不足 15%，提高到 2015 年年末的 63.27%，100%的乡镇政府所在地通自来水，70%以上的行政村通自来水，湖区 90%以上行政村通自来水。建成 78 处县级（区域）水质检测中心，配备专业技术人员 311 人，基本建成覆盖全省所有县（市、区）的水质检测站网。

2. 大中型灌区（灌溉泵站）工程建设　2015 年，中央下达湖南省 10 处大型灌区续建配套与节水改造项目投资计划 44 400万元，其中，中央投资 32 601万元，地方配套 11 799万元，计划在 2016 年 3 月底完成项目建设任务。落实到位资金共计 42 166万元，其中，中央资金 32 601万元，地方配套资金 9 565万元。年度实施计划任务为骨干渠道防渗衬砌总长度 405.8km，建筑物加固改造 762 处。截至 2015 年年底，已完成全部到位资金 42 166万元的建设任务，共完成骨干渠道防渗衬砌加固改造总长度 383.2km，建筑物加固改造 700 处。项目完成后，预计可新增和恢复灌溉面积 7.3 万亩、改善灌溉面积 24 万亩，年新增粮食生产能力 3 500万 kg，年新增节水 7 200万 m^3。

2014 年，中央下达湖南省 7 处农业开发中型灌区节水配套改造项目投资计划为 10 364万元（其中中央投资 7 000万元，地方配套 3 364万元），本项目分两年实施，计划 2016 年年底完成。计划完成干支渠道防渗衬砌加固改造 101.71km，渠系建筑物改造 545 处。项目实施完成后，可新增和恢复灌溉面积 4 万亩、改善灌溉面积 8.7 万亩，年新增粮食生产能力 1 539万 kg，年新增节水能力 2 821万 m^3。到 2015 年年底，该 7 处灌区共完成投资 9 800万元（其中中央投资 7 000万元，地方配套 2 800万元），占计划总投资的 93.2%，共完成干支渠道防渗衬砌加固改造 99.65km，主要渠系建筑物改造 578 处。

2015 年，中央下达湖南省 9 处农业开发中型灌区节水配套改造项目投资计划为 13 546万元（其中中央投资 9 000万元，地方配套 4 546万元），2015 年度项目分两年实施，计划 2017 年年底完成。计划完成干支渠道防渗衬砌加固改造 114.16km，渠系建筑物改造 872 处。项目实施完成后，可新增和恢复灌溉面积 5.3 万亩、改善灌溉面积 12.4 万亩，年新增粮食生产能力 2 242万 kg，年新增节水能力 2 502万 m^3。

截至2015年年底，该9处灌区已完成2015年度项目建设任务，完成投资4 418万元，完成干支渠道防渗衬砌加固改造59.31km，渠系建筑物改造434处。

2015年全省大型灌排泵站更新改造项目17处，总投资1.40亿元，其中，中央资金0.84亿元，地方配套0.56亿元。计划完成土石方2.4万m^3，混凝土2.31万m^3，更换机组172台套，购置更换机电设备373台套，更换进出水口管7.75km、金属结构0.16万t。截至2015年年底，完成总投资1.14亿元，其中，完成中央投资0.84亿元，地方配套资金0.30亿元；完成土石方2.13万m^3，混凝土1.91万m^3，更换机组134台套，购置更换机电设备224台套，更换进出水口管5.79km、金属结构0.11万t，购置监控设备154台套，完善信息系统建设3套。17处大型泵站更新改造实施完成后，将新增灌溉面积6万亩，改善灌溉面积16万亩，新增排涝面积3万亩，改善排涝面积16万亩，增加粮食产能2 506万kg，年节约能耗78万kW。

3. 节水示范项目建设　2015年，国家下达湖南省规模化节水灌溉增效示范项目投资10 691万元，其中，中央投资7 484万元，地方配套3 207万元，用于桃源县、衡东县、绥宁县以及双峰县规模化节水灌溉增效示范项目建设。项目实施完成后，4县共计新增高效节水灌溉面积11.35万亩，其中，渠道防渗灌溉面积9.86万亩，低压管道灌溉面积0.89万亩，喷灌面积0.47万亩，微灌面积0.13万亩。

根据《水利部办公厅关于进一步做好农田灌溉水有效利用系数测算分析工作按时报送2015年系数成果的通知》（办农水〔2015〕272号）精神，组织完成了2015年农田灌溉水有效利用系数测算分析工作。经水利部专家审查核定，全省农田灌溉水有效利用系数测算分析成果为：平均0.496，较2014年提高0.009。其中，大型灌区为0.501，较2014年提高0.013；中型灌区为0.488，较2014年提高0.011；小型灌区为0.504，较2014年提高0.006。（谢沙沙）

【农村水电】　2015年年末，全省已建农村水电站4 472座，装机容量610.88万kW，年发电量达198.87亿kW·h。2015年全省农村水电站建设共完成投资22.33亿元，新增装机容量24.1万kW。争取中央投资6.476亿元，省财政配套资金0.65亿元。全省共安排小水电代燃料项目9个，其中，新建6个，续建3个，建设规模2.81万kW，争取中央投资0.844亿元。完成以前年度安排建设的14个代燃料生态电站的验收。新增代燃料装机容量4.13万kW，新增以电代燃户3.2万户，每年减少薪材砍伐5.49万m^3，保护森林植被38.4万亩。共安排31个水电新农村电气化项目，项目总投资3.532亿元，其中中央投资0.742亿元。总体进度达到预期目标，完成了2015年建设任务。会同湖南省发改委对申请验收的30个“十二五”水电新农村电气化县进行了达标验收，全部达到《水电新农村电气化标准》（SL 30—2009）规定的要求。30个县的农村水电站装机容量由基准年的2 139座30.56万kW增加到2015年的2 283座35.11万kW，发电量由基准年的874 952万kW·h增加到2015年的1 134 589万kW·h，乡、村、户通电率分别达到100%、100%、99.98%。“十二五”期间，30个电气化县累计完成投资85.53亿元，其中电气化中央补助资金2.63亿元，实施电气化项目149个。电气化建设不仅解决了农村用电问题，还推动了农村经济发展，促进了农民收入增长，加快了社会主义新农村建设，提高了农村水电现代化水平，保护了农村生态环境，产生了良好的经济、社会和生态效益。据统计，30个电气化县的GDP由基准年的2 340.98亿元增长到2015年的3 883.59亿元，森林覆盖率由基准年的61.08%增加到2015年的64.23%，通过电站建设新建和改建乡村公路6 700 km，改善和增加灌溉面积38.77万亩。争取农村水电增效扩容改造中央财政补助资金4.89亿元，省级配套资金0.65亿元。项目近65%的投资覆盖贫困地区，在促进农民增收、改善农村生产生活条件等方面惠农效益明显。（张锐）

【水利科技】　2015年，组织项目申报，全年共获批水利部项目2个、湖南省科技厅项目2个，超额完成年度绩效考核规定的目标任务，其中“湖南丘陵区水源地面源污染防控技术体系研究”项目获水利部2015年度公益性行业科研专项经费计划立项批复（国拨资金460万元），“小型农田水利工程建设规范化、生态化培训推广”项目获2015年度水利部水利科技推广培训计划立项批复（国拨资金25万元），“湖南省大坝安全与病害防治工程技术研究中心”获得湖南省科技创新平台与人才计划立项（经费资助50万元），“湖南省小型农田水利工程投资效益分析与评价研究”获得省重点研发计划支持（经费资助10万元）。组织开展2015年度湖南省水利科技项目申报立项工作，提前发布申报指南，召开立项审查会，对2015年度征集到的96项科研项目进行立项审查，最终确定55个项目列入计划，共筹措到位水利科技经费1 720万元。抓紧做好2016年立项的“湖南丘陵区水源地面源污染防控技术体系研究”项目各项前期准备，4月启动了该项目的研究工作；对正在实施的水利部公益性行业科研专项经费项目——变化环境下七里山水域高洪水位研究，组织开展了项目中期、年终检查，及时协调解决项目实施过程中出现的问题；做好“小型农田水利工程建设规范化、生态化培训推广”工作，7月如期完成了2期400多人的推广培训任务；在永州市召开“SWY-Ⅰ数字式钻孔水位测量仪”项目推介会，成功签约销售20余台测量仪，超额完成项目合同规定的推广销售任务。对湘西自治州水利局承担的水利部科技推广计划“湘西州重点水库（河流）动态监管系统”项目，督促、帮助项目单位做好验收准备工作，项目已于10月底顺利通过水利部的验收。全年共完成“大通湖垸河湖水网连通研究”“山塘水库清淤关键技术研究”“砌石拱坝超载安全边界优化域研究与应用”等30多个省本级项目的验收（鉴定）工作，逐步解决历史欠账问题，从2016年起实施所有新的项目一律到期验收。

（邓柳枝）

【多种经营】 2015年，完成《2014年度湖南省水利经济发展情况表》编制工作。全省水利经济实现总收入154.32亿元，较2014年度增长7.35亿元，增长幅度为5.1%；全年实现利税7.73亿元，较2014年度增长0.37亿元，增长幅度为5%。湖南省水利厅所属企业经营收入连续三年实现稳步增长，2015年经营收入达到50 605.63万元，创历史最高水平，利润达1 175.14万元，整体国有资产保值增值率为1.8%。厅属企业资产整合并入湖南省水利发展投资有限公司，相关厅属企业完成工商变更登记。成功组建省级水利投融资平台，为省内重大水利项目专项过桥贷款5亿元。资金募集总额为12亿元的湖南水利发展投资基金设立方案通过湖南省政府审批。完成厅属企业“政企分开、政资分开”工作，湖南省水利发展投资有限公司由湖南省政府委托湖南省水利厅监管，湖南省疏浚有限公司与湖南省水利水电工程建设监理咨询公司移交湖南省国资委管理。

（刘添）

广 东 省

【概况】 2015年，广东省平均年降水量1 875.7mm，折合降水总量3 330.8亿 m^3，比常年偏多5.9%，属偏丰水年。汛期（4—9月）全省降水1 384.3mm，占全年总量的73.8%。全省水资源总量1 933.4亿 m^3，比常年偏多5.7%。地表水资源量1 923.4亿 m^3，折合径流深1 803.1mm，比常年偏多5.7%。全省人均水资源量1 782.1m^3。

广东省37座大型水库和309座中型水库年末蓄水总量201.42亿 m^3，较年初增加20.5亿 m^3，其中，大型水库年末蓄水总量158.16亿 m^3，较年初增加10.5亿 m^3；中型水库年末蓄水量43.26亿 m^3，较年初增加9.98亿 m^3。

广东省年供水总量443.1亿 m^3（按国家考核口径，扣除2000年后投产的火核电直流冷却水21.72亿 m^3，总供水量为421.38亿 m^3，未含对香港、澳门供水量）。其中地表水供水量426亿 m^3，占供水总量的96.1%；地下水供水量15.3亿 m^3，占供水总量的3.4%；废污水回用及海水淡化等其他非常规水源供水量1.7亿 m^3，占供水总量的0.4%。

广东省用水总量443.1亿 m^3（按国家考核口径，扣除2000年后投产的火核电直流冷却水用水量21.72亿 m^3，总用水量为421.38亿 m^3，未含对香港、澳门供水量）。其中，农业（即第一产业）用水227亿 m^3，比2014年增加1.2%；工业用水112.5亿 m^3，比2014年减少3.8%；生活（包括居民生活、生态环境、建筑业和第三产业）用水103.6亿 m^3，比2014年增加2.4%。农业、工业、生活用水量分别占用水总量的51.2%、25.4%和23.4%。

（郑恒静）

【水政】 广东省颁布实施了《广东省实施〈中华人民共和国水法〉办法》和《广东省东江水量调度管理办法》，并在《南方日报》开设“问水广东”专版连续5天对新出台的《广东省实施〈中华人民共和国水法〉办法》进行宣传；《广东省水土保持条例》已经广东省政府常务会议审议通过并将进入省人大常委会审议阶段；《广东省防汛防旱防风条例》征求了水利系统和广东省有关部门意见；《广东省节约用水管理办法》被列为广东省政府2015年规章制订计划预备项目。严厉打击、查处水事违法行为，全省共查处河湖案、水工程案、水资源案、水土保持案等各类水事违法案件2 069宗。广东省水利厅水利水政监察局共组织联合执法行动或单独开展执法检查、暗访巡查60余次，出动执法人员200多人次，执法总里程10 000多km。

（郑恒静）

【水资源】 深入实施最严格水资源管理制度。完成了各地级以上市2014年实行最严格水资源管理制度省级考核工作，考核结果经广东省政府同意向各市政府进行了通报。组织实行最严格水资源管理制度考核办法和考核细则修订工作，并对2015年以后全省各地级以上市最严格水资源管理“三条红线”指标进行分解。持续推进水权交易试点工作，《广东省水权试点方案》于2015年6月获水利部和广东省政府联合批复，组织制订的《广东省水权交易管理试行办法》已上报广东省政府，并纳入了2015年省政府规章立法计划。加快推进广州、东莞和珠海、惠州全国水生态文明试点城市建设。广东省水资源监控能力建设项目于2015年1月经广东省发展改革委批复立项，2015年10月完成初步设计技术审查工作，被列为广东省政府《实施珠三角规划纲要2015年重点工作任

务》的重点项目，并于2015年年底前基本完成国家水资源监控能力建设中相应的建设内容。（郑恒静）

【水利规划】 根据国家、广东省政府的总体部署以及《广东省水利发展“十三五”规划编制大纲》的要求，在完成思路报告和重大项目筛选的基础上，基本完成《广东省水利发展“十三五”规划》的编制，并已通过专家评审。编制完成并报广东省政府批准了《广东省山区五市中小河流治理实施方案》和《练江流域综合整治规划（水利部分）》。组织编制了《广东省“十三五”抗旱规划实施方案》《广东省海堤建设总体方案》《广东省水土保持规划》《广东省水资源保护规划》《广东省治涝规划》《广东省水中长期供求规划》《广东省中小河流水能资源开发规划》《江河湖库水系综合整治规划》等规划，水利规划体系进一步完善。（郑恒静）

【水利重点项目建设】 2015年，广东省全面启动实施清远、韶关、河源、梅州、云浮等山区5市中小河流治理专项行动，完成治理河长2 121.86km，占年度治理任务（1 700km）的124.80%；汕头大围和揭阳榕江大围达标加固工程建设任务基本完成；韩江高陂水利枢纽工程于2015年10月13日召开开工建设动员会，主体工程于11月28日开工，完成投资6.7亿元；韩江粤东灌区改造工程可行性研究报告于2015年12月4日经广东省发展改革委批复立项，启动实施的安揭灌区应急段完成投资过半；高州水库灌区和雷州青年运河灌区续建配套与节水改造工程完成投资11.43亿元和10.07亿元，分别占总投资的94.7%和69.0%；珠江三角洲水资源配置工程前期工作有序推进，项目建议书上报水利部审查；启动了西江干流治理工程、潖江滞洪区建设项目前期工作；圆满完成惠东县稔平半岛供水工程、饶平县引韩济饶供水工程等一批引调水工程前期工作，有效缓解区域水资源供需矛盾。（郑恒静）

【基本建设】 至2015年年末，广东省列入民生水利4项工程建设方案的项目累计完成前期工作4 298宗，开工建设3 692宗，完工2 953宗，累计完成投资323.63亿元。

（1）农田水利万宗工程。新增节水灌溉面积1.3万 hm^2。通过列入省级水利建设示范县和面上推进实施，23宗中型灌区、956宗山区小型灌区改造工程已基本完工；完成中央财政小型农田水利重点县前三批29个县、第4批12个县及省级小型农田水利重点县前两批20个县和88个省级财政小型农田水利示范镇的建设任务；启动农村中型及重点小型机电排灌工程681宗，开工416宗，其中完工263宗。

（2）千宗治洪治涝保安工程。纳入中央规划内的269宗中小河流治理项目，完成审批262宗，开工建设232宗，其中57宗完成治理任务；列入规划的178宗中小河流治理重点县综合整治及水系连通试点建设项目已完成实施方案编制162宗，完成审批125宗，开工68宗，其中22宗已完工；推进90个小流域综合治理项目建设，已动工59宗（其中17宗已完工或基本完工）；列入全国病险水库除险加固实施方案的117宗小（1）型病险水库、312宗中央全额投资的重点小（2）型水库、944宗一般小（2）型病险水库和282宗新增小型病险水库除险加固项目已基本完成建设任务；列入全国大中型病险水闸除险加固总体方案的项目165宗，开工建设7宗，完成审查108宗、审批31宗；列入全国改造规划的11处大型泵站，5处基本完工，6处在建；实施完成了博罗和安、佛冈荷田2宗涝区整治试点工程；80个县山洪灾害防治非工程措施建设任务基本完成。

（3）千里海堤加固达标工程。全省116宗列入千里海堤加固达标工程建设方案的项目，完成初步设计审批75宗，开工建设68宗，累计完成投资约42.8亿元。其中，广州、珠海、阳江、潮州等市的海堤推进情况较为顺利，阳江平冈海堤、汕尾东关联安围海堤主体工程完成建设任务。

（4）农村饮水安全工程。完成纳入国家规划的建设任务，共建成饮水工程4 129宗，解决1 795.5万农村居民和177.6万农村学校师生的饮水安全问题，完成投资92.93亿元（中央补助资金21.44亿元，地方资金71.49亿元）。其中“十二五”期间，共解决755万农村居民、159.6万农村学校师生饮水安全问题，完成投资41.57亿元（中央补助资金13.25亿元，地方资金28.32亿元）。94个农村饮水安全工程建设任务县（市、区）全部建立了县级农村供水专管机构，建立了47个县级水质检测中心，切实抓好工程维护管理工作。

（5）村村通自来水工程。启动了汕头潮阳区等6个示范县和汕头南澳县等88个县（区）面上推进村村通自来水工程建设，共下达省级补助资金48.16亿元。（郑恒静）

【水利投入】 充分发挥公共财政在水利建设中的主渠道作用，通过盘活财政存量资金、发行地方政府债券、全面落实土地出让收入提取10%用于农田水利建设的资金政策、广泛引入社会资本参与重大水利工程建设、积极筹措落实地方配套投资等措施，水利投入连续保持高位，有力保障广东省水利建设的资金需求，2015年争取中央水利投资22.47亿元，落实省级水利投资146.95亿元，创历史新高。争取发行地方政府债券25亿元、专项建设基金1.53亿元投入水利建设。制定了鼓励民间资本参与农田水利和水土保持工程建设等多项配套政策措施。韩江高陂水利枢纽工程作为国家联系的社会资本参与重大水利工程建设运营第一批试点项目，其 PPP 方案已成功招标，实现了广东省重大水利工程引入社会资本的重大突破。水利建设和水利投资计划执行进一步加快，2015 年，广东省水利建设累计完成投资 276.17 亿元（含 2014 年度结转，下同），其中，完成中央投资 38.41 亿元、省级投资 111.19 亿元、市县自筹完成投资 126.58 亿元。 （郑恒静）

【防汛抗旱】 2015 年，广东省经历了 25 场强降雨和 4 个台风正面登陆或严重影响。其中，5 月中下旬“龙舟水”期间强降雨范围广、时间长、强度大，特别是“5·19”（5 月 19—24 日）特大暴雨导致北江、西江流域部分河流出现大洪水，北江支流滃江出现 10 年一遇洪水；5 月下旬北江支流连江出现近 50 年一遇洪水，北江干流出现近 10 年一遇洪水。继 7 月台风“莲花”正面袭击粤东地区，10 月强台风“彩虹”以 15 级（50m/s）风力登陆湛江市，横扫湛江人口集中、产业密集的主城区，阵风超过 17 级，是 1996 年以来正面袭击湛江市区的最强台风。受强台风“彩虹”影响，罗定江、小东江、漠阳江支流西山河和潭水河等中小河流出现超警洪水，深圳至雷州半岛东岸一带沿海出现 59～300cm 的风暴增水，其中湛江博茂站于 10 月 4 日 13 时 20 分出现 346cm 实测最高潮位，超警戒 56cm，重现期超 10 年。据统计，2015 年，台风、洪涝灾害共造成全省 19 个地市 109 个县（市、区）820.84 万人受灾，因灾死亡 9 人、失踪 6 人，直接经济损失 288.85 亿元，其中水利设施直接经济损失 28.86 亿元。损坏堤防 1 519 处 1 753.629km，堤防决口 265 处 1 820.345km，损坏护岸 3 172处，损坏大、中、小型水库 55 座，损坏水闸 683 座，损坏水电站 51 座，损坏水文测站 50 个。受降雨持续偏少、降雨时空分布不均等影响，广东省湛江、潮州、汕头、韶关、河源、惠州、江门、阳江、茂名、清远、云浮、汕尾等 12 个地市陆续出现不同程度的旱情；特别是雷州半岛地区高温、少雨特征明显，旱情尤其严重。湛江雷州市、徐闻县大部分中、小型水库的水位一度接近或达到死水位，大部分中小河流出现断流，农作物受旱面积不断增大，旱坡地、望天田以及灌区失效的耕地作物几乎绝收，城镇供水、农村人畜饮水、工农业用水形势严峻。据统计，2015 年广东省农作物受旱面积 403.78 万亩，累计因旱饮水困难人口 54.85 万人，大牲畜 5.75 万头。面对严峻的汛情灾情，在全省上下共同努力下，水旱风灾害损失得到有效控制，全省大江大河堤围无一决口，大、中、小型水库无一垮坝，因洪涝灾害死亡失踪人数和直接经济损失较 2014 年同期分别下降 58.3%和 8.5%。 （郑恒静）

【水土保持】 2015 年，完成水土流失治理面积 726km^2。省级共批复水土保持方案 77 个，对 61 个生产建设项目水土保持设施进行了专项验收（其中委托地方验收项目 26 个）。根据水利部的统一部署和要求，组织全省各市（县）开展水土保持法贯彻实施情况专项检查工作。推动基层单位监督管理能力建设，12 个省级水土保持监管能力建设县完成自查。“广东省水土保持管理信息系统”全面投入应用，其中水土保持方案监督管理子系统的开发应用成果位于全国前列。按照水利部的要求开展遥感图像动态监控的试点工作，花都及梅县两个试点县的阶段性工作取得良好成效。 （郑恒静）

【农村水电】 着力推进农村水电增效扩容改造项目实施，至 2015 年年末，广东省 702 宗项目全部完成机电设备招投标工作，701 宗项目机电设备开始改造，改造率 99.9%；394 宗项目完成机电设备改造，完成率 56.1%。积极推动中小河流水能资源开发规划编制工作。组织 10 宗绿色小水电试点电站开展试点评价工作，经水利部现场复审，选定 1 宗试点电站开展全球环境基金 GEF 项目。全面推进水电新农村电气化和代燃料项目实施，至 2015 年年底，共实施电气化项目 121 宗，涉及 9 个县（市），小水电代燃料项目 3 宗，总装机容量 3 175kW，项目建成后可实现代燃料 2 144户。实施完成博罗和安、佛冈荷田 2 宗涝区整治试点工程，完成投资 3 550万元。 （郑恒静）

【水库移民】 取“一村一策、整村推进”的方式推进安居工程建设，着重抓好特困移民的住房改造工作，部分特困移民已经列入国家水库移民避险解困试点计划，第一批核定帮扶对象 810 户 3 347人，纳入避险解困试点的 7 县（市）12 个村，移民住房工程已开工建设。至 2015 年年末，完成省、市、县 3 级信息中心站建设，完成村级文化与信息服务站建设 2 310个，主要增加信息平台服务功能。推进水库移民“双转移”基地持续发挥效益，东源县和廉江市积极办理基地产权手续，制定了收益分配等制度。开展了征地移民安置资金稽察；逐步完善了全省水利工程建设用地专项管理。三峡外迁移民安置通过了国家验收。 （郑恒静）

【水利改革】 印发了《广东省水利厅全面深化水利改革 2015 年工作要点》，积极协调推动水行政职能转变、水生态文明体制改革、农业综合水价改革、水利工程建设管理模式创新、农田水利设施产权制度改革和创新运行管护机制试点等各改革任务取得一定成效。农业综合水价改革试点取得初步成效，体制机制基本建立。创新河湖管理机制，积极推进河湖及水利工程管理范围划界确权工作和河湖管护体制机制创新试点工作，建立山区五市中小河流“河长制”。

（郑恒静）

【科技与教育】 建立和完善防汛抗旱指挥系统、水资源管理系统、水利数据中心、水利电子政务、水利网络与信息安全保障系统，健全水利科技创新体系，加快先进科技成果的转化和应用，推进水利系统办公服务模式的云端化、移动化变革。重点推进水利科技创新基层平台建设、河道地形测量和同步水文测验、北江流域防洪和水资源调度中心、珠江三角洲河网区数学模型研究等。“河口水利技术国家地方联合工程实验室”作为全国水利系统第一家由国家发展和改革委员会批准建设的国家级工程实验室，自获批建设以来，已申请到纵向科研课题 58 项，承接横向生产项目 883 项。广东省水科院申报的博士后科研工作站获得国家人力资源和社会保障部、全国博士后管委会批准并设立。2015 年，广东省水利厅直属系统新增 1 名水利部“5151 人才工程”部级人选、1 名“有突出贡献中青年专家”、17 名教授级高工。 （郑恒静）

广西壮族自治区

【概况】 2015 年，广西壮族自治区紧紧围绕“稳增长、调结构、促改革、惠民生、防风险”的工作总要求，把抓投入、稳增长、促发展作为水利改革发展的中心任务，奋力推进水利各项工作，保持和扩大了水利发展良好势头，全区水利工作取得了新的喜人成绩，为广西“十二五”水利改革发展画上圆满句号。全年完成规模以上水利水电固定资产投资 188.6 亿元，同比增长 35.4%，成为拉动广西经济发展的重要力量。总投资 27.88 亿元的落久水利枢纽和总投资 30.38 亿元的桂中治旱二期工程实现开工建设，驮英水库及灌区工程可研报告已经水利部水规总院审查。全面推进大藤峡水利枢纽、桂林市防洪及漓江补水枢纽工程、桂中治旱乐滩水库引水灌区一期工程、邕宁水利枢纽等在建重大水利工程建设。全面完成小型农田水利重点县、农村饮水安全解困、中小河流治理和小型病险水库除险加固等水利为民办实事项目，最严格水资源管理制度考核、水生态文明城市建设、农村水电建设、水土流失综合治理等取得新进展。 （黄华军 陆平）

【水政】 2015 年，广西壮族自治区十二届人民政府第 61 次常务会议审议《广西壮族自治区河道采砂管理条例》，并提请自治区人大常委会审议；完成《广西壮族自治区抗旱条例》的立法调研和起草工作。年内组织开展全区水利执法“春雷”行动，共巡查河道 20 000多 km，查处违法设障案件 500 多件，取缔非法围垦养殖 1 万多处；组织开展水资源专项执法检查，建立了水资源执法管理基础数据库，查处拖欠水资源费、不安装取水计量等违法案件 100 多件，追缴拖欠水资源费 500 多万元；组织开展全区河道采砂专项执法检查，查处涉河违法案件 173 件，罚没款 278.3 万元；组织实施河道清障项目 25 项，恢复畅通河道 4 000多 km。全年共查处各类水事违法案件 1 237件，结案 1 237件，结案率 100%。

（饶广春 陆平）

【水资源】 2015 年，广西壮族自治区继续开展实行最严格水资源管理制度考核工作，在国家的考核中，广西考核等级为良好，排名全国第 9 位。南宁市、桂林市、玉林市全国水生态文明城市试点实施方案获自治区政府批复实施。开展贵港市、宜州市、蒙山县自治区级水生态文明建设试点工作。编制完成广西水资源保护规划、广西水量分配方案、广西节水型社会建设“十三五”规划、广西水功能区纳污能力核定和分阶段限排总量控制方案汇总报告，其中广西水资源保护规划获自治区政府批复。自治区政府批复北海市和宾阳县黎塘镇地下水超采区治理方案，对地下水超采区禁采和限采范围进行了重新复核划分，确定超采区治理方案。自治区机关事务管理局、水利厅、节水办联合开展第二批公共机构节水型单位创建工作，对达到创建标准的 60 家单位予以公布，并授予牌匾和荣誉证书。 （何素萍 陆平）

【水利规划】 2015 年，广西壮族自治区开展广西水利发展“十三五”规划的编制工作并完成报告初稿；初步完成全国海堤建设总体方案（广西部分）、全国小型水库工程建设总体实施方案（广西部分）表、“十三五”全国水利扶贫专项规划广西项目库建设、广西血吸虫病防治水利专项规划、广西治涝规划等的编制工作，并报送水利部和珠江委技术归口部门汇总。同时，有序推进了广西入河排污口治理实施规划、广西中小河流水能资源开发规划、大藤峡水利枢纽灌区工程规划、广西生态清洁型小流域专项实施规划（2015—2020 年）、广西水土保持信息化规划（2014—2020 年）、广西水利信息化发展规划（2014—2020 年）、广西大中型水闸自动化监控系统规划等一批综合或专项规划编制工作。

（闭祖良 陆平）

【基本建设】

1. 重大水利工程建设 列入全国 172 重大水利工程的广西落久水利枢纽和桂中治旱乐滩水库引水灌区二期工程分别于 2015 年 9 月、10 月正式开工建设。桂林市防洪及漓江补水小溶江水利枢纽工程主体工程完工并通过下闸蓄水验收，工程下闸蓄水。斧子口水库实现三次大江截流。

2. 水库除险加固　2015 年，新开工小型病险水库 378 座，完成 497 座，如期完成规划内一般小（2）型及新增小型病险水库除险加固建设任务，可保护耕地 153 万亩，保护人口 356 万人，恢复和新增灌溉面积 78.56 万亩，恢复和新增灌溉效益 41 728万元，年增加城镇供水量 758 万 m^3，年新增或恢复供水效益 1 364万元，年新增或恢复养殖效益 2386 万元。

3. 中小河流治理　2015 年，完成中小河流治理固定资产投资 10.24 亿元，完成河堤护岸 224km、标准海堤 11.05km。

4. 农村饮水安全　连续 11 年将农村饮水安全工程列为为民办实事项目，全面完成了 340.36 万人的农村饮水安全工程建设年度任务。

5. 小农水重点县建设　全年共实施两批中央财政小型农田水利重点县 48 个、中央财政小型农田水利项目县 18 个，资金总投入达 19.3 亿元，新增恢复改善灌溉面积 141 万亩；在财政部、水利部联合实施的绩效考评中连续 4 年荣获“优秀”等次。

6. 建设管理　2015 年，广西壮族自治区积极探索工程建设管理新模式：

（1）鼓励各市因地制宜地采用符合本地实际的建管模式，推进工程总承包、代建制、BT 模式等建设管理模式，凌云县那追水库及钦州市青年水闸除险加固工程实施总承包模式并开工建设。

（2）为改进和加强小型水利建设项目施工管理，出台了《关于改进和加强小型水利工程建设项目施工管理的意见》。

结合广西壮族自治区实际出台《加强中小型水利工程建设管理防范廉政风险的实施意见》，制定《水利工程建设管理督查检查制度》和《水利工程建设管理约谈制度》，规范广西壮族自治区水利建设管理行为。调整广西壮族自治区现行定额人工预算单价，人工预算单价从 5.25 元/工时调整为 7.46 元/工时，调增幅度达 42.1%。积极推进电子招标工作，形成水利项目电子招标平台框架。　（孙梦联　陆平）

【防汛抗旱】

1. 防汛

（1）雨情。2015 年广西壮族自治区降雨正常偏丰，平均年降雨量 1 937.0mm，比多年平均年降雨量偏多 26%。降雨高峰期集中在 5—7 月。9—12 月比历年同期均偏多，尤其 11 月、12 月较常年同期分别偏多 2.8 倍、3.1 倍，均为 1951 年以来同期最多。11 月全区平均降雨量 200.9mm，36 个县（市）的月雨量突破当地建站以来 11 月历史极值，大范围强降雨致发生罕见冬汛。

汛期局地降雨强度大，雨量集中。最大 24h 降雨量为柳江县穿山镇华侨农场 389mm；7 月 28 日大新县日降雨量 225.1mm，打破了当地历史日降雨量极大值纪录；7 月 22—31 日，东兴市累积雨量达 1 121 mm，比当地整个 7 月多年平均降雨量偏多 7 成，超过了当年上半年的总降雨量。全年有 2 个热带气旋影响，分别是 2015 年第 8 号“鲸鱼”（热带风暴级）、第 22 号“彩虹”（强台风级），其中第 22 号强台风“彩虹”造成了严重影响和重大灾害损失。

（2）水情。2015 年，广西壮族自治区有 55 条河流 219 站次发生不同程度超警戒洪水，其中西江干流 5 年来首次发生超警洪水。桂江支流恭城河恭城水文站出现 1953 年建站以来第二大洪水，重现期达 50 年；驮娘江、洛清江支流西河及桂江支流良丰河出现 20 年一遇大洪水；11 月，桂北、桂中、桂东出现冬汛，湘江、桂江干流中上游、西江等 16 条河流 28 个站次发生大幅超警洪水，其中贺江贺州水文站出现 2000 年建站以来第二大洪水（重现期超 10 年）。

（3）洪涝灾情。2015 年，广西壮族自治区发生 15 次洪涝灾害，造成 14 个市、102 个县（市、区）、960 个乡（镇、街道）共 580.507 万人受灾，因灾死亡 14 人，倒塌房屋 0.848 万间；农作物受灾面积 39.68 万 hm^2，其中成灾 16.35 万 hm^2、绝收 2.96 万 hm^2，经济作物损失 7.81 亿元；停产企业 168 家，公路中断 751 条次，供电中断 409 条次，通信中断 346 条次；损坏水库 7 座，损坏堤防 1 180 处、126.78km，损坏水闸 178 座；因洪涝灾害造成的直接经济损失 54.185 亿元，其中水利工程直接经济损失 10.248 亿元。

（4）防汛工作。2015 年，广西壮族自治区紧紧围绕行政首长负责制为核心的责任体系，全面抓好《重大气象信息和重要汛情旱情报告各级党政主要负责人的规定（试行）》等 7 个重要文件的落实，不断完善防汛抗旱工作长效机制，制定印发了有关水库水电站防洪抢险指挥机构组建、防汛工作组和专家组管理暂行办法等 10 个文件，进一步规范防汛抗旱管理。积极开展应急处置、加强防洪调度、全力推进山洪灾害防治、抗旱规划实施、水毁灾损等专项建设工作。在应对 1949 年以来 10 月进入广西内陆的最强台风“彩虹”过程中，启动了防御台风Ⅱ级应急响应，全区上下超前行动，积极防御，1 万多艘渔船全部回港避风，实现了海上渔船（排）作业人员零伤亡。全年因灾死亡人数比 2000 年以来的年平均数偏少 7 成，直接经济损失占 GDP 为 0.32%。累计减淹耕地 4.134 万 hm^2，避免粮食减收 35.83 万 t，减少受灾人口 111.91 万人，减灾经济效益 10.37 亿元。

2. 抗旱

（1）旱情。2015 年广西壮族自治区发生了局地春旱。3月至5月初，全区大部地区降水量偏少，其中3月1日至4月30日全区平均降雨量为1951年以来同期最少。4—5月桂西北的百色、河池和桂东南的梧州、玉林等市先后出现旱情，部分地区农作物受旱严重，一些群众因旱饮水困难，并持续至5月才得到有效缓解。全年共有南宁、柳州、梧州、防城港、贵港、玉林、百色、贺州、河池、来宾、崇左等11个市的部分地区受旱，农作物累计受旱面积239.98万亩，其中成灾118.51万亩、绝收5.71万亩；因旱累计造成13.17万人、4.68万头大牲畜饮水困难；造成直接经济总损失7.14亿元，其中粮食减产13.35万t（约3.20亿元），经济作物损失3.54亿元。

(2) 抗旱工作。2015年，全区累计投入抗旱人数达134.43万人、机电井1.3万眼、泵站2 224处、机动抗旱设备12.9万台套，累计抗旱浇灌面积达197.52万亩、366.02万亩次，挽回粮食损失7.48万t（合1.96亿元）和经济作物1.46亿元；累计临时解决了12.94万人和4.35万头大牲畜的饮水困难问题。

（周凌芸　陆平）

【农田水利】

1. 农田水利建设　2015年，广西壮族自治区坚持突出政府主导、高位推动和社会协同，开展了声势浩大的冬修水利主题活动，2014—2015冬修年度，30位省级领导、50多个单位、30多万机关职工参加兴修水利劳动，完成投资150.43亿元，全区累计投入劳动工日1.33亿个，清淤渠道4.13万km，新增渠道防渗7 796km，实现新增恢复灌溉面积131.2万亩，改善灌溉面积468万亩。冬春水利建设实现投入和成效"七连增"。

2. 农田灌溉　2015年，广西壮族自治区农田灌溉面积达到166.51万hm^2，占全区耕地面积的38.06%。全区工程节水灌溉面积达到87.96万hm^2，占全区农田有效灌溉面积的52.83%，其中低压管灌溉面积3.33万hm^2，微、喷灌面积5.6万hm^2。

（罗利环　兰春福　陆平）

【水土保持】

1. 水土流失综合治理　2015年，广西壮族自治区继续实施水土保持重点工程，统筹石漠化综合治理等相关生态建设项目，年内完成水土流失治理1 755km^2。加快推进水土保持工程项目实施，年内对90条重点小流域开展了水土流失综合治理，共计完成投资4.43亿元，完成水土流失综合治理面积828km^2，改造坡耕地4 760hm^2，种植水保林12 969hm^2、经果林6 536hm^2，种草325hm^2，实施封禁治理58 200hm^2，并建设完成一批项目配套小型水利水保工程。

2. 水土保持预防监督　2015年，广西壮族自治区依法履行水土保持方案审批和水土保持设施验收两项独立审批许可，并根据中央和自治区关于行政审批下放的部署安排，将征占地面积大于10hm^2不足20hm^2且挖填土石方总量大于10万m^3不足20万m^3的生产建设项目水土保持方案行政审批职能下放至市级水行政主管部门。全区全年批复生产建设项目水土保持方案1 814个，其中自治区本级87个，比下放前减少30%左右；全年全区对102个生产建设项目的水土保持设施进行了验收，其中自治区45个，验收率逐年提高；全年全区共计收取水土保持设施补偿费1.05亿元，其中自治区本级管理生产建设项目缴纳水土保持设施补偿费共计3 121万元，实现了逐年增长。

（瞿翼　陆平）

【城乡供水】　2015年，广西壮族自治区累计完成农村饮水安全工程投资23.7亿元，建成农村饮水安全工程5 719处，解决了340.36万人的农村饮水安全问题，当年新增农村饮水日供水能力20万m^3；大力发展规模化集中供水工程，全年实施千吨万人以上集中供水工程29处。

（韦春梅　陆平）

【工程管理】

1. 工程检查　2015年，广西壮族自治区完成了全区水库、堤防汛前和汛末安全检查。汛期开展3次强降雨后水库安全管理隐患排查，自治区、市两级共抽查水库1 252座，抽查率29%。

2. 水库管理　2015年，广西壮族自治区完成26座大型水库和179座中型水库大坝注册登记和复查换证工作。指导全区水利系统4 316座水库完成防洪抢险应急预案编制，23座大中型水库完成调度规程编制。完成全区水库进库交通道路状况调查，实施77座无进库公路水库交通道路建设。

3. 管理体制改革　2015年，广西壮族自治区出台《广西深化小型水利工程管理体制改革工作指南》和《广西深化小型水利工程管理体制改革试点县验收办法（试行）》，完成2个全国试点县验收和12个自治区试点县改革任务，全面启动非试点县改革工作。争取到中央水利工程维修养护专项经费3 293万元，自治区安排专项经费3 000万元。国营水管单位人员经费落实6.15亿元，落实率95%；落实工程维修养护经费1.5亿元，落实率67%。全区水利系统管理的201座中型以上水库有116座水库实现了水库工程管理人员经费财政兜底。启动33个水管单位安全生产标准化建设试点工作。2个水利工程管理单位通过了自治区级示范性水利工程管理单位考核。

4. 水利风景区管理　2015年，编印《发展中的广西水利风景区》《广西水利风景区创建工作指南》，完成《广西水利风景资源开发利用模式研究》科研课题并通过验收，完成《广西水利风景区发展总体规划》和《广西水利风景资源调查报告》收尾工作。广西贺州翡翠湖水利风景区获得自治区批准成立。

（刘敏娴 陆平）

【科技与教育】

1. 科技 2015年，广西壮族自治区落实自治区本级水利科技专项经费1 880万元。开展广西“十三五”水利科技专项规划编制工作。依托桂林灌溉试验中心站组建的“广西农业灌溉排水工程技术中心”通过验收。制定出台《广西水利科技项目资金使用管理暂行办法》《广西水利中青年科技人才评选暂行办法》。“广西干旱监测评价创新与应用”科技成果获2015年广西科学技术进步奖二等奖，“广西北部湾经济区水资源开发利用控制红线制定与动态管理关键技术研究”等24个科技成果获第四届广西天湖水利科学技术奖。《大石山区小微型人饮工程技术导则》《糖料蔗高效节水灌溉工程设计导则》《糖料蔗灌溉定额及灌溉技术规程》3个广西地方标准发布实施。

2. 教育 2015年，广西壮族自治区以提高水利干部职工队伍的思想政治素质和科学发展能力为目标，大力实施党政干部人才培养工程、青年干部人才培养计划、高技能专业技术人才培养计划、基层水利人才专业能力提升工程，统筹安排面向水利行业和厅属单位干部职工培训，有计划、分领域、分类别、分层次开展各类专题培训，全面推进大规模培训干部工作。全区水利系统人才队伍26 134人，培训总人数22 283人，培训率达85%。其中，培训党政干部4 617人，培训率达99.4%；培训专业技术人才6 825人，培训率达96%；培训经营管理人才1 057人，培训率达92%；培训技能人才9 784人，培训率达74%；培训基层人才13 965人，培训率达81%。全年培训总投入2 117.3万元，人均810元。

（叶晓丹 区莹 陆平）

海 南 省

【概况】 2015年，海南省水务厅贯彻落实海南省委、省政府的决策部署，围绕“抓项目、立规矩、打基础、上台阶”的工作思路，抓好水务投资项目“百日大会战”，通过建立公开、考核、激励、督导和问责5项机制，加快推动水务工程项目建设，较好地完成了水利建设任务。全年全省水务项目共安排投资40.52亿元（其中中央投资19.07亿元），完成投资27.78亿元，项目包括红岭灌区、海口市南渡江引水工程4项重大水利工程和214项农村饮水安全工程，以及小型农田水利重点县项目。完成大、中、小病险水库除险加固16座，新增江海堤防29.26km，新增水土流失治理面积1.58万hm^2，新增节水灌溉面积1 910余hm^2。至2015年年底，全省有1 105座水库，总库容111.38亿m^3，水电站338座，装机容量41.69万kW。

（陈寒松）

【重点水利项目建设】 2015年，海南省继续推进重点水利项目建设。全省安排重点水利项目4个，包括红岭灌区工程、南渡江引水工程、迈湾水利枢纽工程、天角潭水利枢纽工程。

1. 红岭灌区工程 2月28日开工建设。至年底，完成投资14亿元。总干渠、东干渠、西干渠及琼海分干渠共210km渠线的80%征地工作完成；完成总干渠、东干渠、西干渠及琼海分干渠共9个标段的招投标工作；总干渠1号隧洞开挖810m。

2. 南渡江引水工程 11月开工建设。至年底，完成投资3.50亿元。永久征地完成95%，剩余征地、租地均进入协议签订阶段。澄迈县段东山闸坝101亩占用土地完成征地权属确认，正在进行临时设施及东山闸坝围堰施工。

3. 迈湾水利枢纽工程 12月提出《海南省南渡江迈湾水利枢纽工程可行性研究报告》。

4. 天角潭水利枢纽工程 6月，编制完成项目建议书并上报水利部；9月，海南省政府批复海南省发展控股有限公司担任项目业主；正在编制天角潭水利枢纽工程可研报告、开展移民测量，至年底均已完成60%工作量。

（陈寒松）

【农田水利建设】 2015年，海南省继续抓好农田水利建设。

1. 松涛灌区 根据海南省发改委批复的2014年度松涛分局片区、澄迈片区和临高片区、儋州片区实施方案，4个片区均开工建设。同时，完成2012年度松涛灌区澄迈片区续建配套与节水改造工程（渠道部分）的验收。

2. 大广坝灌区 干渠工程的建设任务基本完成，其中4座渡槽、4座排洪渡槽、14座渠下涵、11座暗涵全部完成，完成35座交通桥、7座水闸、5座倒虹吸；支渠工程基本完工；那文隧洞工程5月开工建设，累计掘进549.5m。

3. 红岭灌区 总干渠土建施工第一标段2月正式开工，已完成120m涵身混凝土浇筑；渠下涵完成竖井混凝土浇筑和涵身段全部涵管安装；1号隧洞掘进417.6m。红岭灌区累计完成投资12.39亿元，其中2015年完成投资11.53亿元。

4. 临高波莲灌区和乐东长茅灌区2个中型灌区 2个项目计划修建防渗渠道31.09km，配套改造建筑物291宗，总投资共3 191.43万元，其中中央投资2 000万元。至2015年年底，2个项目均开工建设，共完成投资478万元。

5. 小型农田水利重点县项目 涉及琼海、五指山、定安、海口、儋州、澄迈、乐东、东方、昌江、临高、琼中、白沙12个市（县），总投资共3.83亿元。其中，中央财政1.35亿元，省级财政2.03亿元，市（县）配套3 626万元，群众自筹951.07万元。建设内容包括防渗配套渠道401.80km，加固改造排沟37.20km，配套建筑物5 428宗，铺设供水管道180km，建设整治塘坝及引水堰闸188处、小型泵站28处，建设高效节水工程面积1.11万亩（其中低压管灌3 100亩，微灌8 000亩）。至12月底，所有项目全部开工建设，共完成投资3.14亿元。（陈寒松）

【水利中央投资项目建设】 2015年，国家在海南省安排水利中央投资15.50亿元，项目88个；至年底，完成投资14.04亿元，建成项目49个。为加快水利中央投资项目建设，采取一系列措施：

（1）通过建立省水务厅领导分片包干、各处室分工负责的工作机制，加强督查与协调，着力解决项目进度慢等问题。针对水务项目遗留问题多、建设任务繁重的实际，海南省水务厅领导每月到分片包干的项目现场督导不少于2次，各处（室）抓住关键项目和进度滞后市（县），到项目现场驻点，加强协调、指导、督办，推动项目建设。

（2）建立工程项目台账，明确项目开工时限、完工节点，着力解决项目推进慢问题。对项目进行分类管理，对未完工项目，督促市（县）水务局逐个倒排工期，将工程细化到每天。省水务厅派出工作组到市（县）帮助抓开工、抓进度、抓验收、抓项目储备，做好技术和业务指导，优化项目施工设计和施工组织，及时解决建设过程中遇到的问题。

（3）加强宣传，利用网络平台公布水利投资百日大会项目进度情况，让公众监督、社会评议。在省厅办公大楼一楼建立水务项目建设宣传橱窗，在海南省水务厅网站开辟百日大会战专栏，宣传和推广推进较快项目、先进的项目管理理念。（陈寒松）

【农村饮水工程】 2015年，海南省计划建设农村饮水安全工程166处，项目总投资8 651万元，解决15.82万农村人口饮水安全问题。至11月底，166处农村饮水安全工程全部完成，15.82万农村人口的饮水安全问题得到解决。（陈寒松）

【江海堤防建设】 2015年，海南省安排江海堤防建设项目13个，计划总投资4.05亿元，完成投资3.17亿元；新增江海堤防29.26km。中小河流治理，中央专项投资12 464万元，省级配套6 000万元，开工项目10个，完工5个，完成投资1.57亿元；海堤建设项目3个，计划投资2.20亿元，完成投资1.60亿元。（陈寒松）

【水土保持】 2015年，海南省继续加强水土保持工作。编制完成《海南省加快推进国家水土保持重点工程建设实施方案》。加快推进当年国家水土保持重点工程项目和历年未完工项目建设，新增水土流失治理面积347.38km^2。其中，完成2015年度4个建设项目，总投资3 992万元；完成2013—2014年未完工项目32个，总投资1.22亿元。（陈寒松）

【水库移民后期扶持】 2015年，海南省安排移民后期扶持资金项目103项，总投资5 519.28万元，受益村庄129个，人口6.53万人。其中，为16个村庄解决饮水困难，受益人口1 536人；为39个村庄解决行路难，受益人口2 730人；为11个村庄修建灌溉渠道，受益人口880人；为13个村庄新建文化室。全省核定水库移民农村人口9.92万人，安排直补资金5 950.50万元，已全部发放到个人。（陈寒松）

【城镇供水项目建设】 2015年，海南省继续推进城镇供水项目建设。按照《海南省城镇供水规划“十二五”实施方案》，推进16个供水项目建设。至12月底，16个项目全部动工，完工15个，新增供水规模18万t/d，敷设供水管网185km，完成投资6.50亿元。推进供水水质检测能力建设，投资500万元，由珠江委水科院建设“海南省水质监控与监测管理系统”，正在实施当中。至2015年年底，全省城镇投入运营的供水厂32座，供水规模279.63万t/d，管网长度7 123km，服务人口420万人，城镇供水普及率93.0%。（陈寒松）

【污水处理项目建设】 2015年，海南省继续推进污水处理项目建设，特别是39个已规划并未完成的城镇污水处理项目建设。以海南省政府办公厅名义出台《2015年度各市县城镇污水处理及再生利用设施建设项目分解实施方案》，海南省水务厅联合省发改委、省环保厅制定《2015年海南省城镇污水处理设施项目建设任务分解方案》，推进市（县）“十二五”污水处理设施项目建设。开展建设项目“百日大会战”，制定《海南省水务项目百日大会战工作方案》，把36个城镇污水处理设施项目列入百日大会战内容，采取加强督促检查、现场蹲点、约谈、下发督办函、签订责任书等措施，推进项目建设。至11月底，36个项目中有35个项目开工建设，其中中央投资的15个污水处理设施项目全部开工建设，35个项目完成投资9.01亿元。推进国家责任书项目建设，至12月底，7个项目共完成投资5.68亿元，其中，昌江棋子湾、澄迈金江（二期扩建）、琼海官塘污水处理厂通水试运行，文昌清澜、定安南丽湖、临高新盈污水处理厂基本建成，琼海博鳌污水处理厂形象进度达到60%。加快实施减排专项行动，海南省水务厅组织工作组到市（县）对“截流并网、提高负荷”减排专项行动进行检查指导，并约谈文昌、万宁、陵水、临高、昌江5个市（县）的分管领导和水务局主要负责人，要求加快推进。至年底，昌江、澄迈、琼中、乐东、陵水、保亭等市（县）“截流并网、提高负荷”减排专项项目开工建设，其余市（县）正在推进中。推进污泥无害化处理处置项目建设，三亚污泥无害化处理处置项目建成投入试运行；海口污染综合利用示范中心项目已开工建设，至年底已完成投资4 300万元。海南省政府出台《关于进一步加强我省城镇污水处理厂污泥处理处置工作的意见》，要求推进全省污泥无害化、减量化、资源化利用工作。至2015年年底，全省正常运营的污水处理厂31座，总污水处理能力109.9万t/d，污水集中处理率80%，污水处理厂运行负荷率79.5%。 （陈寒松）

【水生态环境保护】 2015年，海南省继续加强水生态环境保护工作。

（1）定期开展水功能区、饮用水源地监测评价。督促指导海南省水环境监测中心，对66个水功能区和29个城市水源地实现全指标、全覆盖监测评价，其中纳入国家考核的15个重点水功能区达标率100%。

（2）配合珠江委开展水质抽查、监测。主要对水源地水功能区进行水质抽查、监测，每月都进行。

（3）加强地下水管理保护。根据《海南省地下水超采区评价报告》，指导儋州市编制完成《儋州市新英湾地下水超采区治理方案》，并上报水利部。2015年，海南省政府颁发《海南省人民政府办公厅关于公布地下水超采区禁采和限采相关范围的通知》（琼府办函〔2015〕293号）。

（4）开展五大河流水环境调查。海南省水务厅于8月中旬派出6个工作组，对南渡江、昌化江、万泉河、宁远河的水环境状况进行调查，根据现场调查和水质采样化验结果，综合分析了五大河流水环境污染原因及存在问题，提出了结合全省城镇内河水污染治理三年行动计划、统筹推进五大河流水生态环境治理工作的措施，并将调查报告上报海南省政府。

（陈寒松）

【防汛防风工作】 2015年，影响海南省的热带气旋共5个，其中登陆海南岛的有强热带风暴“鲸鱼”。年内全省平均降雨量1 212.2mm，较常年同期偏少25%。在6月中旬以后，全省出现6次强降雨。强热带风暴和强降雨给一些地区造成严重影响，一些城市街道、低洼地区出现积水，农作物受淹，水产养殖、水利设施损毁严重，部分道路、供电和通信线路中断。据统计，全省19个市（县）（含农垦系统）141.9万人受灾，71间房屋倒塌，直接经济损失12.89亿元。为减少强热带风暴和强降雨造成的损失，海南省抓好防汛防风工作。

（1）加强组织领导。海南省省委书记罗保铭多次作出批示和指示，要求密切关注台风，严格落实渔船、水库、景区等重点区域防风责任，及时启动应急预案，保障人民群众生命财产安全。省长刘赐贵多次批示，并4次到省“三防”总指挥部检查部署防风防汛工作。省委常委、常务副省长毛超峰和省军区副司令员毕重峰两次到省“三防”总指挥部检查防风措施落实情况。海南省“三防”总指挥部总指挥、副省长何西庆在防风防汛紧急期驻守省“三防”总指挥部会商室，密切关注台风、降雨动向，指导督促市（县）逐项落实有关工作部署和措施。各市（县）、各乡镇和村（居）委会党员领导干部带头坚守岗位，落实人员转移等措施。省纪检监察机关主动介入，对防风防汛期间各级党政主要领导和“三防”责任人到岗情况进行抽查。

（2）及时启动应急预案。海南省政府和各市（县）政府建立24h值班责任制，组织、协调、指挥相关部门做好准备工作。省“三防”总指挥部召开防风防汛视频会议10多次，发出防风防汛紧急通知61个，派出工作组23批次，启动和发布防风防汛应急响应9次，部署做好防风防汛工作。各级“三防”办加强值班备战，指定领导带班，确保决策和信息畅通。有关部门督促美兰机场、凤凰机场、琼州海峡轮渡、游船游艇码头等交通运输企业做好停运停航防风工作。全面排查各类地质灾害隐患点，妥善处理各类突发险情。主动优化电网运行方式，制定“保全网不垮、海口不黑”的分区调度运行方案。各市（县）落实供电、供油、供气、通信等应急保障措施，加强市场监测和预测预警，加大蔬菜岛外调运力度，做好应急投放准备，努力稳定市场供应。

（3）抓好船舶防风工作。在强热带风暴影响期间，全省抓好渔船回港工作，全省2.56万艘渔船安全回港避风。渔船回港后，做好人船分离工作，派出人员加强值守、巡查。

（4）抓好水库防洪安全工作。加大对水库尤其是病险水库的巡检排查力度，强化各类隐患的应急处置。对于超过汛限水位或高水位蓄水的水库，提前泄洪腾出库容纳洪；对在建水库，安排专人24h盯守，落实各项度汛措施。

（5）做好旅游防风工作。及时向旅游企业和社会发布旅游预警信息，要求旅游企业及时关闭涉山、涉水、涉海、涉高空、探险、攀岩、热带雨林、露营等旅游项目，在景区主要路口悬挂告示牌，妥善处理游客撤离、安置工作。旅行社应及时调整行程计划，向游客做好解释工作。加大景区景点的排查力度，派出检查组监督检查。

（6）做好城市防洪排涝工作。启动城市应急排涝预案，提前疏通城市排水管网，做好地下车库、地下商场、地下配电站及低洼易涝区域的防洪排涝准备工作。及时发布预警信息，实施交通管制措施，合理疏导交通，对积水路段进行全面清理。

（7）做好人员转移安置工作。全省累计转移撤离渔船渔排、居住在低洼地带、危房和临时工棚的群众30.70万人。

（8）做好应急抢险救援工作。在防御强台风“彩虹”期间，海南省军区出动部队、民兵1万余人次，公安边防部队出警4 548人次，抢险救灾和转移群众。

（9）加强信息通报和新闻宣传。海南省“三防”总指挥部全年印发防汛防风简报、专报38期，防御强台风“彩虹”期间协调移动、联通、电信利用手机短信平台发布台风预警短信2 827.10万条。海南日报社和海南广播电视台派出50批记者，实时跟踪报道防台风工作情况，引导群众主动防风避险。（陈寒松）

【抗旱】　2015年4月，海南省各地陆续出现气象干旱。6月中旬旱情最为严重，农作物受旱35.87万亩，人畜临时饮水困难15.34万人和2.89万头。9月中旬，旱情有效缓解。旱情发生后，省长刘赐贵多次到省气象局、省水务厅调研，了解全省受旱情况，对做好抗旱工作作出批示。副省长何西庆多次到受旱严重的市（县）检查指导抗旱工作。省“三防”总指挥部启动抗旱Ⅳ级应急响应，采取系列措施抗旱。

（1）编制完成《海南省2015年抗旱工作方案》《海南省2015年防汛防风防旱工作实施方案》，针对旱情提出人工增雨、打井、控水、调水、送水等抗旱措施。

（2）强化督导检查。省“三防”办印发《关于做好春季旱情监测预报及抗旱准备工作的通知》，37次派出工作组到市（县）检查指导，督导抗旱措施落实。农业部门组织4个抗旱工作组，到市（县）加强指导。

（3）开展人工增雨作业。4—10月，海南省人工影响天气中心在海口、三亚、昌江、东方、儋州等16个市（县），开展人工增雨作业473次，在一定程度上缓解了旱情。

（4）开展水库调水工作。6月中旬，根据省领导指示，省“三防办”与三亚、保亭两市（县）协调，从保亭报导水库向三亚市赤田水库引水补充，缓解三亚市城市供水紧张问题。

（5）做好抗旱工作。水利部、财政部及时拨付中央抗旱补助资金1 500万元，海南省政府拨出1 531.53万元，支持受灾市（县）开展抗旱救灾。保亭投入机动运水车辆221辆、机动抗旱设备1 380台；临高投入抽水机、抽水泵等抗旱机具1 350台（套）次，维修抽水泵站2座，抗旱浇灌面积2.19万亩次；陵水投入抽水设备510台次；白沙购置4台24马力抽水机用于南伟灌区抽水浇灌；昌江调配25部抽水机配发到乡镇，支持抽水抗旱；儋州安排15台抽水机、潜水泵给农民抽水抗旱；东方购买抽水机13台，安排燃油费47万元，支持旱区农民抗旱保苗；三亚安排水车对用水困难小区开展应急送水，保障居民不间断供水。

（6）做好控水工作。水务部门对渠道及时维修清淤，编制用水计划，科学调配水资源，做好水库蓄水保水；海南省水利灌区管理局按照优先保障人畜饮水、统筹生产用水的原则，加强松涛分局、大广坝分局的用水管理；三亚市根据城市用水的特点，采用错峰供水、定量供水、减少水上高耗水娱乐项目等措施，缓解城市供水紧张状况。（陈寒松）

重庆市

【概况】　2015年，重庆市到位中央水利投资71.3亿元，完成各类水利投资219亿元。截至2015年年底，全市已建成水库3 003座，总库容120.14亿m^3。其中大型水库17座（水利行业外管理的水库占15座），总库容77.10亿m^3；中型水库93座，总库容24.53亿m^3；小型水库2 893座，总库容18.51亿m^3。水利工程年供水量达到76.4亿m^3。新增有效灌溉面积15.89万亩，有效灌溉面积累计达到1 030.78万亩；新增节水灌溉面积24.65万亩，节水灌溉面积累计达到300.72万亩。（陈亮亮）

【水政】　全面完成《重庆市水资源管理条例》《重庆市河道管理条例》修订工作，两部《条例》均于2015年10月1日起正式实施。《重庆市村镇供水条例》列入2016年市人大农委直接立法项目，并启动立法起草工作。重庆市水利局直接查办6起水事违法案件，罚款金额130万元；各区（县）查处水事违法案件320件，罚款543.7万元。开展了水土保持专项执法监督检查活动，全市共下达责令停止违法行为423起，限期整改通知238份，查处水保案件147件。深化水行政审批体制改革，在2015年版市级权力清单中，水行政审批项目精简为19项，其他行政权力由原来的143项减少为52项，减少比例达到63%。办理行政复议案件9件，行政应诉2件，实现零败诉。组织开展2015年纪念“3·22世界水日”“中国水周”宣传活动，全市共举行大型集中宣传活动8场，张贴宣传画16 000余张，刷写宣传标语2 400余条，举行各类讲座、演讲、座谈会70余场。（陈亮亮）

【水资源】 全市建立起从上至下的最严格水资源管理制度考核体系，强化考核推动作用，确保将最严格水资源管理制度落到实处。加快推进水资源监控基础能力建设，全面完成全市水资源管理监控能力系统阶段性建设任务并正式运行，水资源管理现代化能力大幅提升。全市水功能区水质监测实现全覆盖，成为全国第一个区（县）均建立水质实验室的省份；全面推进86处水源地水资源涵养保护及水生态修复和水源地达标建设；以流域为单元的丰都县包鸾河、合川区南溪河中小河流水生态文明建设试点工作稳步推进，水生态环境质量持续改善。 （陈亮亮）

【水利规划】 加快推进重大水利工程前期工作，巴南观景口水库完成初设审批并开工建设，南水北调大宁河调水工程项目建议书、藻渡和御临河大型水库前期阶段性论证工作基本完成，重庆市长江干流防洪护岸综合整治工程（二期）整体可研通过水利部水规总院审查。25座中型水库前期工作有序推进，4座完成初设审批，4座完成可研批复，6座完成长江委审核，6座完成可研审查。城市防洪工程可行性研究报告审批24处，初设审批8处。中小河流治理初设审批63处。同时，紧紧围绕中央、市委重大战略部署，推进和组织开展了一批水利规划，主要包括《重庆市五大功能区域水利发展战略规划》《重庆市水利发展“十三五”规划》《重庆市水中长期供求规划》《重庆市治涝规划》《重庆市市域水资源管控及设施布局规划》《重庆市主城区水资源管控及设施布局规划》《重庆市都市区防洪规划（2016—2030年）》《重庆市河道岸线保护与利用规划》等20多个规划。 （陈亮亮）

【基本建设】 全市重点水利工程建设以骨干水源、城市堤防、中小河流治理为主，列入全市重点水利工程计划实施项目188个，完成投资76.1亿元，占年度计划的101%。重点推进骨干水源工程41座，玉滩水库扩建工程获中国建设工程鲁班奖，成为近两年来全国水利工程建设获得的唯一鲁班奖工程，也是重庆水利工程首次获此殊荣；观景口水利枢纽工程先后通过可行性研究、初步设计批复，工程开工建设；金佛山水库工程现已截流成功。在建33座中型水库迭次推进。全市在建江河治理工程46个，建成堤防45km，江津区支坪防洪护岸综合整治工程（长江段）护岸部分二标段等3个项目荣获水利部2013—2014年度全国水利建设工程“文明工地”表彰。中小河流治理工程加紧建设，年内中小河流治理工程完工51处。开工建设万州鱼背山、涪陵八一桥两座中型病险水库除险加固项目，完成20座规划内一般小（2）型水库和91座新增小型病险水库除险加固项目建设任务。 （陈亮亮）

【防汛抗旱】

1. 洪旱灾情 2015年全市水雨情及洪旱灾情呈现4个特点：一是降雨总体偏多，地域分布不均，全市平均年降雨量1 120.5mm，较常年偏多12.2%，3个区（县）超过1 300mm，7个区（县）不足1 000mm；二是暴雨过程多，局部强度大，全市先后出现9次区域性暴雨天气过程，最大小时降雨量达106.3mm；三是涨水过程多，个别江河出现历史最高水位，5条河流出现6次超警戒水位洪水，小安溪铜梁虎峰站出现自2003年建站以来最大洪水，洪峰水位265.73m；四是灾害影响范围广，洪涝灾害造成34个区（县）、158.84万人受灾，倒塌房屋9 040间，直接经济损失22.70亿元，其中水利设施损失3.64亿元；去冬今春部分区（县）出现不同程度旱情，高峰时有6.27万人、1.5万头大牲畜临时饮水困难。

（陈亮亮）

2. 防灾减灾 重庆市委书记孙政才多次对防汛抗旱工作作出重要批示，并在重要会议上多次强调防汛安全；水利部部长陈雷、副部长刘宁、长江委主任刘雅鸣均莅临重庆检查指导防汛抗旱工作；市长黄奇帆在市政府第95次常务会议上就抓好防洪救灾工作作出专门部署；副书记张国清、常委张鸣、副市长刘强等市领导也多次作出批示，高度重视防灾减灾工作。2015年，全市进一步修订完善防汛抗旱督查等规章制度，修编审批了各类防汛抗旱应急预案；对防汛抗旱“三个责任人”进行了媒体公示；开展了全市首次警地抗旱应急演练；先后召开全市防汛抗旱工作电视电话会议、水库安全度汛视频会议、防汛视频会议。重庆市水利局局长王爱祖等局领导率23个工作组，先后开展了汛前安全抽查、汛中防汛安全督查，并对发现的安全隐患按“分级分部门负责”原则逐一及时整改到位。科学调度，全市各类水利水电工程拦蓄洪水超过20亿 m^3，减少受灾人口80万人，减淹耕地2.3万 hm^2，防灾减灾效益达6亿元，累计增发电量近1亿 kW·h。汛末，重庆市防汛抗旱指挥部指导各区（县）在保证防洪安全前提下，利用有利时机强化蓄水保水，全市水利工程实际蓄水27.58亿 m^3，占应蓄水量的80%，为抗御可能发生的冬春旱情打下坚实基础。强化值守，有序应对“8·17”等9次区域性暴雨洪灾，成功处置了3起工程险情；投入抗旱人数1.87万人次，出动机动抗旱设备3 100余台次，累计解决2.37万人次临时饮水困难。合力抗灾，市防指累计召开会商会54次，发布暴雨洪灾预警信息3次，第一时间派出40余个工作组或专家组，调度武警水电第八支队出动官兵100余人次、救灾装备50余台（套）；重庆警备区对325名抗洪抢险队伍骨干进行集训，共出动民兵预备役人员500余人次。各区（县）充分利用已建成的山洪灾害监测预警系统，及时发布预警300余次，发布预警短信15万余

条，累计转移危险区群众16 787人，避免人员伤亡13 770人。（陈亮亮）

【农田水利】 加快小型农田水利建设，全市除渝中区外的37个区（县）及万盛经济技术开发区实施小型农田水利项目，完成总投资17.88亿元。整治、新建山坪塘29 017口，兴建蓄水池556口，配套、改造小泵站18处，配套、整治小渠道61km，新建、整治排涝沟道18km，发展高效节水灌溉面积106.7hm^2。2013—2015年全市重点民生实事“完成7.4万口山坪塘整治”在2015年5月提前、超额完成。推进濑溪河、龙溪河、璧南河、三峡库区中部4个大型灌区续建配套及节水改造建设，下达投资计划32 796万元，涉及大足、荣昌等11个区（县），建成后可整治改造和续建配套渠道320km、建筑物1 994座，新增及恢复灌溉面积62.53km^2，改善灌溉面积108.93km^2，年增节水能力3 962万m^3，年新增生产能力5 477万kg。推进铜梁响伍、云阳凤鸣、黔江诸佛江、南川鱼泉河、潼南瓦漩沱5个中型灌区节水配套改造项目，批复总投资8 108万元，建成后可整治改造和续建配套渠道114.09km、建筑物587处，新建及更新改造提灌站10座，总装机容量1 041kW，新增及恢复灌溉面积46.27km^2，改善灌溉面积65.13km^2，年增节水能力3 388万m^3，年新增生产能力3 053万kg。推进规模化节水灌溉增效示范项目建设，下达投资计划11 734万元，涉及巴南、永川、潼南3个区，项目建成后可完成节水灌溉面积48.33km^2。（陈亮亮）

【水土保持】 推进水土保持建设，完成全市水土流失重点防治区划分，并由市政府办公厅公告；发布2014年水土保持公报；完成水土流失治理面积1 560km^2，其中：水利系统治理面积480km^2；完成水保方案审批895个（市级76个），水保设施竣工验收160个（市级20个），水土保持补偿费征收7 250万元（市级1 668万元），违法案件查处32个；废止规范性文件16个，新出台规范性文件3个；出台重庆市水土保持补偿费征收使用管理实施办法和标准；下放国家投资额度较小的中央预算内和农发两类重点工程审批权限；完成2010年以来近180个重点水保工程、生产建设项目数据资料入库，开展开县、渝北区水土保持重点项目和生产建设项目预防监督信息化建设试点。（陈亮亮）

【城乡供水】 2015年，全市农村饮水安全工程累计完成总投资15.71亿元，建成工程3 144处，其中集中式供水工程1 628处、分散式供水工程1 516处，解决了198.49万人（规划内95.63万人、规划外102.86万人）的饮水安全问题，占国家计划198.27万人（规划内95.42万人、规划外102.85万人）的100.1%，提前圆满完成年度和“十二五”规划建设任务。建成36个县级水质检测中心，均达到常规42项指标检测能力，现已进入运行阶段；建成1 017处500m^3/d以上水厂水质常规9项化验室。印发《重庆市水利行业水质监测工作指导意见的通知》，规范水利行业水质检测制度。市水利局与市卫生计生委建立合作机制，实现了资源共享、信息互通，共同保障农村供水水质安全，不断提高全市农村供水水质达标率。同时，通过除险加固等措施增加工程蓄水能力，加强水库调度管理，做到应蓄尽蓄，切实保障城乡供水需求。截至2015年年底，全市水利工程蓄水量26.68亿m^3，工程可供水量为21.20亿m^3。（陈亮亮）

【农村水电】 2015年争取电气化和代燃料中央补助资金13 050万元，做到连续5年增加，约占全国总资金的1/10；农村水电中央投资计划完成率达147.83%，全年新增农村水电装机容量17.33万kW；完成18个“十二五”水电新农村电气化县验收工作；初步完成《重庆市农村水电“十三五”发展规划》《重庆市“十三五”水电新农村电气化规划》和《中小河流水能资源开发规划》编制工作；完成18个贫困区（县）农村水电扶贫专项规划项目筛查和上报工作；完成2016年电气化、代燃料和增效扩容申报项目前期工作；绿色小水电试点建设工作全面完成，稳步推进电站安全生产标准化试点工作。（陈亮亮）

【工程管理】

1. 加强工程建设管理 通过争取市领导召开专题会议、及时下达年度施工计划、对新开工项目召开现场预备会、加强现场检查督查，有效推进工程建设进度。定期与市水利工程质量监督中心站、市水利稽察中心建立了联系制度；定期对建设管理工作进行全市通报；进一步简政放权、提高工效，推行水利工程新型管理模式。加强廉政风险防控，印发《关于落实加强中小型水利工程建设管理防范廉政风险的实施意见》，督促所有水利工程全部进入各级工程交易中心进行交易、建立“管理办法+评价标准+运行平台+招标投标运用”的水利诚信体系。狠抓常态督查，通过每季度召开重点水利工程安全工作专题会议、督促区（县）落实属地监督责任和参建单位落实施工安全主体责任、加强远程视频监控等措施确保施工安全。出台全市首部水利质量标准《重庆市水利水电工程外观质量检测与评定规程》（DB50/T 576—2014）、《重庆市水利建设质量工作考核办法》《重庆市水利工程建设质量评价及预警办法》《加强施工质量检测方案评审工作通知》《重庆市水利工程质量结论核备及核定办法》等规范性文件，加强工程质量控制，全市质

量考核排全国第六位。（陈亮亮）

2. 加强河道管理　截至2015年年底，完成长江、嘉陵江和乌江以及城镇重要河流6 381km岸线河道划界；完成长江经济带重庆市重要河道和城市及区（县）县城规划区内集水面积$1km^2$以上河道岸线保护与利用规划；涉河建设项目许可纳入市政府第一批网上审批，市级全年办理涉河审查审批107个、组织涉河事项验收7个；执行《长江上游干流宜宾以下河道采砂规划（2015—2019年）》，实行采砂船舶挂牌公示制度，征收砂石资源费1.5亿元。（陈亮亮）

3. 强化安全监管　将《重庆市水利工程建设安全生产合同》纳入招标文件附件，作为投标单位必须响应的前置条件。严格执行新开工水利工程安全生产监督属地备案制度。强化危险性较大分部分项工程安全监管，组织开展水利工程建设落实施工方案专项行动和"两防"专项行动；认真执行安全生产巡检制度，每季度、每月对3～4个县的重点水利工程和农村水电站开展安全巡检；对重点水利工程采取"四不两直"方式进行检查督查，强化隧洞、深基坑、高边坡、围堰及易燃易爆、危险品等重点部位和关键环节的安全检查。（陈亮亮）

4. 加强移民征地前期工作管理　开展了忠县黄欣、涪陵黑塘等3座中型水库建设征地实物调查通告审核，完成了南川鱼剑、黔江罗家堡、梁平左柏等6座中型水利工程移民安置规划大纲和规划审查（审核），完成了潼南大石桥、巴南高洞子等4座中型水库工程初设阶段移民安置规划审查；加强在建水利工程征地移民安置监督管理，推进巴南观景口、南川金佛山等23座在建大中型水库征地移民安置工作；按照市政府出台新的征地移民补偿政策，开展了云阳青衫等4座大中型水库建设征地补偿安置标准调整工作；开展了垫江盐井溪、璧山盐井河等4座水利工程移民安置验收工作。（陈亮亮）

【水利改革】　《重庆市加快水利改革试点自评报告》通过水利部评估，圆满完成以建立水利投入稳定增长机制和水价改革为重点的水利部加快水利改革试点工作任务。巴南观景口大型水库列入社会资本参与重大水利工程建设运营国家第一批PPP水利项目试点范围；同步推进重庆凤升、龙虎两座中型水库PPP试点。支持两江新区悦来新城成功申报国家海绵城市建设试点，启动市级海绵城市试点申报工作。按时完成荣昌区、璧山区、梁平县、垫江县农业水价综合改革试点任务，初步建立农田水利设施基本运行维护经费财政补贴机制。重庆市水利局与重庆市农发行、重庆市农行签订《战略合作协议》，分别获得授信额度300亿元。全市37个涉农区（县）及万盛经济技术开发区对38.43万处农村集体水利工程进行了清产核资，开展了每个区（县）两个乡镇、每个乡镇两个村组的量化确权改革试点。推进荣昌、云阳两个全国深化农田水利工程产权制度改革和创新运行管护机制试点县建设。建立市级农田水利设施维修管护专项资金，全市安排2.23亿元用于对小型水利设施维修管护经费适当补助。推动基层服务体系标准化建设，投入市级资金4 975万元，按照统一标识标志、统一规划布局、统一规章制度、统一办公条件、统一仪器设备"五统一"标准，先后两批次完成了460个基层水利站所标准化建设，在全国考评中重庆获优秀等次。将取水许可和建设项目水资源论证报告书审批两项整合为"取水许可审批"；荣昌区水权交易试点工作稳步推进；新修订《重庆市水资源管理条例》，为贯彻落实最严格水资源管理制度、加强分散式饮用水水源地管理等方面提供了法制保障，在全国具有创新示范作用。以荣昌区创建全国河道体制机制创新县为试点，探索建立覆盖全市的以"河长制"为核心的河道管护机制，"十三五"末全市重要江河"河长制"覆盖率达到85%。完成涪陵、梁平、云阳、武隆4个市级改革试点县深化小型水利工程管理体制改革试点工作，并在全市范围内推开。出台《重庆市水利工程物业化管理指导意见（试行）》，启动南岸、潼南、荣昌、垫江、忠县5个区（县）物业化管理试点工作，积极探索各类工程管理模式。进一步简政放权，下放中小河流综合治理工程验收、设计变更、招投标监管等建设管理权限，有序进行EPC、PMC建管新模式的推行，对观景口水利枢纽工程、秀山茨竹水库工程等项目试行EPC总承包模式给予大力支持。提出《关于建立水利工程施工承包商预选库制度的建议》，加快小型工程建设。（陈亮亮）

【科技与教育】　积极推进水利科研工作，起草印发《重庆市水利科技项目管理办法》，组织修改《加快重庆水利科技创新体系建设实施方案》，加强对云阳县水务局《水库大坝监测技术推广》项目的指导。以市水利学会为平台，完成了2015年度全市水利科技进步奖评审工作，评出2个一等奖、6个二等奖和8个三等奖。加大干部教育培训力度，紧扣水利工作实际，丰富培训内容，灵活培训形式，开展各类培训共计6项7个班次，调训人员1 044人次。（陈亮亮）

【多种经营】　全市共有87座水库、38万hm^2养殖水面开展生态养殖，年产优质、生态的水产品2 500t以上，每年增加经营收入1.3亿元以上。2015年重庆市武隆阳水河成功申报国家级水利风景区，建成荣昌荣峰河市级水利风景区，目前共建成国家级水利风景区13个、市级水利风景区16个。（陈亮亮）

四 川 省

【概况】 2015年，四川省为“十二五”水利改革发展画上了圆满句号。全省水利紧紧围绕“再造一个都江堰灌区”核心目标，着力建设一批既解决当前急需又事关长远发展的水利项目，完成了水利部确定的农村饮水安全工程100%完成，重大水利工程完成90%以上，其他面上项目完成80%以上的年度目标任务，为全省经济社会发展提供了坚实的水资源保障。在水利投资方面，全年完成投资316亿元（比2014年增长10.48%），新增和恢复蓄引提水能力4.2亿m^3，新增有效灌溉面积108万亩。在骨干工程建设方面，红鱼洞水库及灌区、毗河供水一期等67处大中型水利工程加快建设，建成（基本建成）自贡小井沟、大竹龙潭等7处工程，新开工前锋龙滩水库、昭化大寨水库等8处中型枢纽工程。宣汉土溪口水库、恩阳黄石盘水库等10处拟建重大工程前期工作加快推进，资中两河口水库、平昌纸厂沟水库等一批中小型水库前期工作有序开展。在民生水利发展方面，立下军令状，锁定硬指标，全面解决了418.11万农村居民和51.89万学校师生及藏区规划外新增86.99万农牧民的饮水不安全问题，圆满完成水利部、四川省委省政府下达的目标任务。深入推进农田水利基本建设，全面完成2014年度小农水重点县项目建设任务，在水利部、财政部绩效考核中荣获“六连优”。在防灾减灾方面，有效应对“6·25”“8·17”等16次洪涝灾害，转移群众36.25万人次，避免了2.8万人伤亡，死亡失踪人数为新中国成立以来第二少，将洪涝灾害损失降到了最低。早期临时解决了73.18万人、89.22万头牲畜饮水困难。在水资源管理方面，分解下达市（县）水资源管理“三条红线”指标，实行最严格水资源管理制度考核，在国务院考核组考核中名列全国第8位；深入推进30个节水型社会重点县和成都、泸州、遂宁、乐山水生态文明建设试点城市建设。在水利脱贫攻坚方面，以秦巴山区、乌蒙山区、高原藏区、大小凉山彝区四大集中连片特殊困难地区88个县（市、区）88个村为重点，制定了“四大片区”88个贫困县及其88个贫困村的水利脱贫规划，大力实施饮水安全、水源保障、产水配套、水生态治理、人才支撑5项水利脱贫行动。 （四川省水利厅）

【水政】 2015年，全省水政工作坚持以科学发展观为指导，全面贯彻落实党的十八大精神，积极践行可持续发展治水思路，坚持依法治水、科学管水，在建立健全水法规体系，深入推进依法行政，加强水法规宣传等方面取得显著成绩，圆满完成了各项目标任务，保障了四川省水利事业的持续健康发展。

1. 水利法制建设取得新进展

（1）完成了年度立法工作。四川省水利厅配合四川省政府法制办和四川省人大农委、法工委、法制委等进行了立法调研和多次易稿，圆满完成了《四川省河道采砂管理条例》的立法任务。该条例于2015年10月1日起施行。

（2）开展了2016年的立法前期工作。2016年四川省水利厅立法工作的重点是《四川省水利工程管理条例》。为此，四川省水利厅多次召开立法座谈会，深入开展立法调研和立法评估，并作为2016年的立法项目已报送四川省政府、省人大。

（3）推进了规范性文件的审查备案工作。四川省水利厅政策法规处审查了10余件规范性文件，依据法律法规作出了修改完善。

（4）积极开展政策法规课题调研工作。2015年，四川省水利厅开展了《四川省水土保持补偿费征收使用管理情况调研报告》《四川省河道砂石资源费征收标准和解缴使用办法调研》《推行综合执法可行性调研》等专题调研。召集有关部门召开了座谈会，深入基层开展调研工作，并完成课题调研报告。

2. 依法行政工作开创新局面

（1）制定了依法治水实施方案和工作要点。根据《四川省依法治省纲要》的要求，四川省水利厅制定了《依法治水2015年工作要点》，并印发各市（州）水务局和厅机关各处室、厅直各单位执行。

（2）建立了法律顾问制度。四川省水利厅继续聘请北京德恒（成都）律师事务所的律师为四川省水利厅的法律顾问。四川省水利厅在作出重大决策和出台重要政策等方面，法律顾问发挥着重要作用。

（3）深化了行政审批制度改革。按照中共中央、国务院关于地方政府职能转变和机构改革要求，对行政审批项目进行全面清理，分期分批公布取消调整的行政审批项目目录。目前，除去暂停的行政审批项目，四川省水利厅正在实施的行政审批项目精简到12项。

截至2015年12月30日，政务服务中心水利厅窗口共计受理442件，办结435件，无超时未办结件和超时办结件。行政审批事项、公共服务事项现场办结率100%，按时办结率100%，办件群众满意率达100%，全年无投诉，受到各项目业主的好评，全年没有各项目业主投诉。

（4）积极办理立法意见征求工作。完成了《四川省港口条例实施办法》《四川省依法治省评价标准》《四川省人民政府办理行政赔偿和裁决案件程序的规定》《四川省国家投资工程建设项目招投标条例》《四川省大中型水利水电工程移民条例》《四川省世界遗产条例》等30余件地方性法规、政府规章的立法意见征求工作。协助四川省水利厅建设管理处回复处理招投标的投诉件10余件。 （陈旭东）

【水资源】 2015年，四川省全面贯彻落实国家最严格水资源管理制度，建立了水资源管理的“三条红线”，开展了最严格水资源管理制度考核，大力推进水务管理体制改革，深化水资源管理，坚持水资源有偿使用，全面开展节水型社会建设，狠抓水生态文明建设，强化水资源保护，持续提升国家水资源监控能力，在水资源的管理、节约、保护等方面取得了成效，为四川省水利建设、发展、管理和改革提供了水资源支持和保障。

四川省位于我国西南部，地处长江上游。全省幅员面积48.5万km^2，总人口8 140万，辖21个市(州)、183个县（市、区)，全省多年平均水资源总量2 616亿m^3，人均水资源占有量2 919m^3。

1. 水资源管理的“三条红线”全部建立 多次与水利部和长江委沟通协调，积极争取有利于四川省的水资源管理“三条红线”控制目标。四川省“三条红线”指标已分配到市（州)，各市（州）也完成了区域内县（市、区）的“三条红线”指标分配工作。

2. 严格水资源论证和取水许可管理 积极开展规划水资源论证工作。截至2015年年底，开展了市、县级城市总体规划、岷江中游航电规划以及广安奎阁工业园区等45个规划和产业布局的水资源论证，促进了规划和重大产业布局与区域水资源承载能力相适应。2015年审查了《广元市城市总体规划水资源论证报告书》《内江市城市总体规划水资源论证报告书》等两个规划水资源论证报告书。绵阳市、乐山市等地还按照相关要求，制定了城市总体规划中开展水资源论证的管理办法。

严格执行建设项目水资源论证制度。把水资源论证作为转变经济发展方式的重要手段和取水审批的重要依据，对不符合国家产业政策、水资源综合规划、水量分配方案（或协议）或列入国家产业调整目录中禁止类的建设项目及在饮用水源保护区排污的水资源论证报告书，一律不予批准。对未开展水资源论证的建设项目，责令限期整改，按规定补做水资源论证。2015年省级以上发展改革部门审批、核准、备案的建设项目均按要求开展了水资源论证工作，全省各级水行政主管部门共审批建设项目水资源论证报告书85个。

3. 国家水资源监控能力建设通过水利部评估 全面完成四川省国家水资源监控能力建设项目(2012—2014年）建设任务，并于2015年12月14日顺利通过水利部技术评估。监测许可水量30.47亿m^3，实现8个全国重要饮用水水源地和271个水功能区巡测，四川省水资源监控管理平台基本建成，为水资源动态管理、精细管理、定量管理和科学管理创造了条件。

4. 严格水资源有偿使用 水资源费征收使用规范。水资源费成功调标后，全省水资源费在2014年征收的基础上增加了40%，使四川省水资源管理、节约和保护工作将有更多的资金保障。2015年，全省共征收水资源费13.8亿元，上缴中央1.38亿元，入缴省级金库8.36亿元，入缴市（州)、县（市、区）金库4.06亿元。

2015年，共下达省级水资源费37 064.79万元。其中，节水型社会重点县25 710万元，民族地区返还6 285万元，瀑布沟电站移民后扶持水利项目建设资金1 300万元，水库水资源保护项目850万元，河道治理项目300万元，饮用水水源地保护项目311.79万元，省本级1 175万元等。省级水资源费均主要用于水资源管理、节约和保护工作。

5. 强化水资源统一调度 编制蓄水引水工程水资源调度方案、应急预案、调度计划，并全面落实到水资源管理各个环节。制定了岷江中游《都江堰灌区水资源调度计划》，涪江中游《武都引水灌区水资源调度计划》《玉溪河水资源调度计划》等。建立了雅安、乐山、眉山3市青衣江流域水库水电站调度联席会议机制。开展了嘉陵江水污染事件应急调度及沱江水资源调度工作。区域水资源调度服从流域水资源统一调度。

6. 全面推进节水型社会建设

(1) 抓好四川省节水型社会重点县建设。根据四川省政府《关于全面推进节水型社会建设的意见》(川府发〔2011〕39号）精神，分3批启动100个节水型社会重点县，30个第一批节水型社会建设重点县通过整合涉农项目资金，全面推广灌区末级渠系节水改造、建设高效节水工程、建设田间集雨设施等，使项目区节水灌溉面积逐年增加、灌溉水利用率逐年提高，改善灌区生产生活用水条件，增强了当地群众农业节水意识，促进当地节水型农业发展，受到当地群众好评，为再造一个都江堰灌区助力增辉。预计2015年项目建成后，受益乡镇98个，受益村176个，受益人口19.58万，新增灌溉面积8.12万亩，恢复灌溉面积7.96万亩，改善灌溉面积8.35万亩，新增补灌面积0.36万亩，新增蓄引提水能力602万m^3，新增节水能力1 522万m^3，新增粮食生产能力1 360万kg，新增经济作物产值2 265万元，增加农民人均纯收入207元/人。

(2) 强化用水定额管理。加大了用水定额使用管理，现行用水定额广泛应用于各类城市总体规划需水预测、水资源综合规划水资源供需平衡分析、产业布局论证、计划用水管理、建设项目水资源论证、取水许可审批、节约用水考核、节水型企业和节水型单位(学校、社区）创建等工作，为实行最严格水资源管理制度考核工作提供了重要技术支撑。启动了用水定额修订工作，并将用水定额列入2016年四川省地方标准制订计划，积极督促省级相关部门按时完成了典型企业用水情况调查工作，目前已基本形成用水定额

修订成果（初稿），下阶段将按程序征求意见和送审报批。（张爱博）

【水利规划】 2015年，按照四川省委、省政府和水利部要求，在四川省水利厅党组的正确领导下，规计处积极组织开展水利规划工作，为水利建设和发展打下坚实基础。

1. 全省“十三五”水利发展规划 根据四川省政府办公厅《关于开展“十三五”省级重点专项规划和区域规划编制工作的通知》（川办函〔2015〕115号），全省“十三五”水利发展规划是省级重点专项规划之一。四川省水利厅在开展调查研究、召开座谈会等工作的基础上，编制了《四川省水利发展“十三五”规划思路报告》《“十三五”水利发展规划编制提纲》，并印发各市（州）水务局，按水利部要求认真梳理“十三五”规划重点项目和面上项目，组织有关单位加快编制全省“十三五”水利发展规划报告。

2. 全省水利扶贫实施方案（2016—2020年） 根据四川省委十届六次全会精神和四川基础扶贫专项方案要求，围绕“到2020年，全面消除绝对贫困，全省498万农村贫困人口全部脱贫，11 501个贫困村和88个贫困县全部摘帽”的目标，为进一步加强贫困地区水利基础设施建设，四川省水利厅组织编制了《四川省水利扶贫实施方案（2016—2020年）》，以秦巴山片区、乌蒙山片区及大小凉山彝区、四川藏区88个贫困县为重点，加快实施饮水安全巩固提升、产水配套、水源保障、水生态治理等重点任务，为同步全面建成小康社会提供坚实的水利支撑。

3. 全省小型水库建设总体实施方案 根据水利部办公厅《关于开展全国小型水库工程建设总体实施方案编制工作的通知》（办规计〔2014〕244号）要求，四川省水利厅组织四川省水利水电勘测设计研究院及各市（州）水务局认真开展全省小型水库工程建设总体实施方案编制工作。四川省水利厅在地方上报项目的基础上，组织专家对项目进行了现场查勘和复核，向水利部水规总院报送了全省小型水库工程建设总体实施方案项目表。

4. 全省水利血防三期规划 根据长江水利委员会办公室《关于召开全国血吸虫病防治水利三期规划编制工作会议的通知》（办规计函〔2015〕116号），四川省水利厅组织编制了《四川省血吸虫病防治水利三期规划任务书》，收集当地经济社会现状、血吸虫病流行现状及防治情况等资料，编制了《四川省血吸虫病防治水利三期规划》，已上报长江水利委员会汇总。（白绍斌）

【防洪抗旱】

1. 2015年雨情、汛情、旱情、灾情

（1）雨情。2015年汛期，全省共出现16次明显降雨过程，其中区域性暴雨过程有“6·25”“8·17”两次。汛期全省平均降水量为732.0mm，较常年同期偏少2%。与常年同期相比，盆地西部和东北部、川西高原北部边缘偏少1～2成；川西高原大部、攀西地区、盆地南部和中部偏多1～2成。总降雨量以峨眉山市本站1 473mm为最大。

（2）汛情。渠江支流州河及巴河支流南江、嘉陵江支流东河及雍河、长江支流永宁河出现大洪水，大渡河上游干流及部分支流、嘉陵江支流闻溪河、涪江下游支流郪江出现中等偏高洪水，雅砻江上游、大渡河下游、嘉陵江干流、渠江干流出现中等洪水，岷江、青衣江、沱江、涪江、渠江支流巴河、大渡河部分支流出现中等偏低或小洪水。

汛期最大流量与多年同期均值比较：渠江州河偏大70%，大渡河上游偏大25%，雅砻江、大渡河下游、嘉陵江、渠江干流接近常年，渠江支流巴河偏小17%，岷江上游、沱江、涪江下游、长江干流偏小20%～40%，岷江中下游、青衣江、涪江上游偏小40%以上。汛期最大流量与2014年同期比较：嘉陵江、渠江支流州河、涪江下游大于2014年，其余江河都小于2014年最大值。汛期主要江河来水量：雅砻江上游、大渡河上游接近常年，雅砻江下游、岷江上游和下游、大渡河下游、沱江上游、渠江偏少1～2成，岷江中游、青衣江、沱江中游、嘉陵江中游偏少3～4成，涪江上中游、嘉陵江上游偏少4～5成，仅少数小支流偏多。

（3）旱情。

1）冬干。全省作物受旱面积91.1万亩（其中轻旱72.19万亩，重旱18.91万亩），有1.97万人、1.64万头牲畜饮水困难。

2）春旱。全省春旱达到轻旱标准，整体偏轻，局地较重，干旱主要分布在攀西及盆周部分地区。4月降雨过程后，盆周地区旱情基本得到缓解，但攀西地区旱情并未得到有效改善。春旱中，全省作物受旱124.05万亩（其中轻旱91.37万亩，重旱29万亩，干枯3.68万亩），有23.54万人、25.58万头牲畜因旱饮水困难。

3）伏旱。全省伏旱达到轻旱标准，局地中等以上干旱。主旱区主要分布在四川省绵阳、德阳、遂宁、南充、宜宾、资阳、广安、达州等市的28个县（市、区）。其中安县、北川、营山、蓬安等县二台土以上墒情均在40%以下，旱情较重。9月以来，全省伏旱逐步缓解。全省作物受旱面积395.45万亩（其中重旱105.36万亩，干枯18万亩），因旱48.8万人、69.3万头牲畜饮水困难。

（4）灾情。

1）洪涝灾情。全省有绵阳、德阳、广元、攀枝花、乐山、宜宾、内江、泸州、南充、广安、达州、遂宁、雅安、眉山、巴中、资阳、甘孜、阿坝、凉山等共19个市（州）131县（市、区）2 271个乡镇711.67万人受灾，因灾转移47.27万人，倒塌房屋2.37万间，死亡34人（其中因山地灾害死亡30人），失踪17人；农作物受灾面积22.482万 hm^2，成灾面积11.095万 hm^2，绝收面积2.923万 hm^2，减产粮食43.43万t；公路中断3 520条次，供电中断710条次，通信中断556条次；损坏水库137座，损坏堤防770处286.92km。共造成直接经济损失111.61亿元，其中水利设施直接经济损失14.1亿元。

2）干旱灾情。全省作物受旱面积610.59万亩，其中作物受灾501.6万亩、成灾174.93万亩、绝收21.68万亩，有75.38万人、96.52万头牲畜因旱饮水困难。全年粮食损失23.04万t，折合损失6.46亿元，经济作物损失5.56亿元，共计损失达12.02亿元。

2. 工作情况

（1）省委、省政府高度重视。四川省委、省政府高度重视防汛抗旱减灾工作，特别将防汛保安工作作为“生命任务”来进行强调部署。四川省政府分别于汛前、主汛前召开全省防汛抗旱工作电视电话会议，全面部署防汛减灾工作。四川省委书记王东明多次在全省及省委重要会议上专门强调防汛工作，副省长、省防指指挥长曲木史哈汛初即带队检查渠江流域、紫坪铺、溪洛渡等防汛重点区域、部位。主汛期间，四川省委、省政府主要领导就防汛工作作出近20条批示。“8·17”洪水过程中，王东明书记、曲木史哈副省长坐镇省防汛指挥中心，指挥督战抢险救灾工作。汛中，各地党委、政府将做好防汛减灾、确保群众安全作为第一要务，21个市（州）中有6个由书记亲自带队、15个由市（州）长或分管副市（州）长带队检查督促防汛工作，市、县、乡逐级划定责任区域，分片包干负责。

（2）防汛准备充分扎实。牢固树立“防范胜于救灾”的理念，立足于“防”，扎实做好各项准备工作。

1）提前做好安排。四川省从2015年3月已开始着手安排汛前准备各项工作，并于汛前组织专题会商，分析研判全省汛期天气趋势、防御重点。四川省防指于5月制定了《四川省2015年防汛工作方案》，明确了防汛工作的重点区域、重点部位、重点环节和各级防指的责任分工，进一步落实工作职责。

2）全面落实责任。全面落实了以行政首长负责制为核心的各项防汛责任制，于汛前落实了江河、水库、城镇、山洪危险区、在建工程等各类防汛安全责任人，并分级向社会进行了公布。

3）强化检查督导。3月初开始，各地开展了防汛全面排查。3月中旬至4月中旬，四川省防指全体成员单位组成10个工作组分赴21市（州）开展了防汛大检查。陈雷部长来四川检查时充分肯定了四川省汛前准备工作。

4）完善各类预案。结合实际修订完善了江河城镇防洪、水库防汛、山洪灾害防御、群众转移避险等预案，并分级开展了防汛演练。

5）提升工作水平。四川省防办先后举办了灾情统计和山洪灾害防治项目建设等工作培训会，进一步强调相关工作规定、制度和要求，提升防办自身工作水平。

6）备齐队伍物资。汛前全省落实防汛抢险队伍10 700支、近42万人，储备了各类防汛物资总值4.1亿元。

（3）转移避险有力有序。坚持把确保人民群众生命财产作为第一要务，切实做好人员转移避险工作。在洪涝灾害隐患排查中，坚持“降雨三查”的做法，即“雨前排查，雨中巡查，雨后核查”，第一时间发现灾害隐患，及时采取应对措施；在群测群防体系构建上，坚持做到“三个100%”，即坚持做到预案覆盖率、群测群防网络覆盖率和隐患告知率100%，最大程度增强基层防灾意识和能力；在受威胁群众转移避险时，坚持“三避让”的原则，即“主动避让，预防避让，提前避让”，最大程度减少人员伤亡。各地充分发挥已建成的山洪灾害防治非工程措施系统作用，实时监测汛情，及时发布预警，适时启动预案，提前转移人员。据统计，全省121个县共产生预警信息6 245条，发送预警短信45.6万条，启动预警广播2.1万次，简易雨量报警器报警3 000余次，涉及相关责任人13.8万名，转移群众36.25万人次，避免2.8万人伤亡。在2015年6月21日，凉山州盐源县盐塘乡发生较大山洪泥石流灾害，造成大量耕地和基础设施损毁。尽管当时正值端午假期，但盐源县防办通过系统密切监测雨情，及时向盐塘乡发布预警，当地乡党委、乡政府立即启动应急预案，拉响手摇报警器，组织受威胁群众按照预案和演练的既定路线撤离，受威胁的480余名群众全部安全转移。此外，甘孜州理塘县、泸定县等地也依靠预警系统和群测群防实现人员避险“零伤亡”。

（4）抗旱减灾卓有成效。坚持防汛抗旱两手抓，坚持抗旱工作抓早、抓扎实。始终把解决城乡群众因旱饮水困难放在首位，通过进一步加强预案完善和责任落实，强化水资源的统一管理，优化安排用水计划和水量调度方案，细化抗旱保栽措施，落实各项蓄水保水举措，狠抓抗旱应急水源工程建设，确保了人饮安全和春灌用水。实现抗旱浇地面积115.89万亩，临时解决了73.18万人、89.22万头牲畜饮水困难，挽回农业经济损失约2.87亿元，保证了旱区群众生产、生活和社会秩序稳定。同时，2014年、2015年抗旱应急水源工程（引调提、备用井部分）实施后，预计可在严重及以上干旱年新增供水量7 270万 m^3，保障约300万人、55万亩基本口粮田的早期用水。

（四川省水利厅）

【农田水利】 2015年，始终坚持抓项目就是抓发展的理念，按照“好中求快、稳中求进”的工作思路，狠抓农田水利工程建设。农业灌溉保障能力显著增强。

（1）2014年度小农水重点县项目建设按期完成建设任务，在水利部、财政部考核中获得“优秀”。至此，四川省小农水重点县建设已荣获“六连优”。

（2）积极组织2015年度重点县项目遴选，通过竞争立项确定了30个省级小型农田水利重点县与72个中央财政重点县。按照“当年任务、当年完成”的要求，加快前期工作，加强施工组织，顺利完成建设任务。共新增有效灌溉面积91.65万亩，新增节水灌溉面积142.25万亩，超额完成四川省政府下达的年度民生目标任务。

（3）“五小水利”工程、光伏水源工程、大型灌区维修养护、县级国有工程维修养护、中央财政农田水利维修养护、牧区节水灌溉、规模化节水等工程项目基本完工，农田水利基础设施日趋完善，全省农业灌溉水利用率提升至0.446。 （四川省水利厅）

【大中型水利工程基本建设】

1. 大型水利工程 四川省正在建设的大型水利工程包括嘉陵江亭子口水利枢纽、小井沟水利工程、武引二期灌区、毗河供水一期、升钟灌区二期、红鱼洞水库及灌区和向家坝灌区首部取水隧洞工程，其中有4座（处）列入了国务院172项重大节水供水工程，分别是武引二期灌区、毗河供水一期、升钟二期灌区、红鱼洞水库及灌区工程。各项目建设进展和投资情况如下：

（1）嘉陵江亭子口水利枢纽。已完成水库正常蓄水位阶段验收，2015年年内基本完成大坝消缺和剩余装修等工作，正抓紧实施航运工程。累计完成投资152.9077亿元，占批复总投资的90.73%，其中2015年完成8.7767亿元。

（2）小井沟水利工程。大坝已填筑至设计坝顶高程，于2015年完成面板浇筑工作，计划2016年上半年开展大坝蓄水阶段验收。输水干渠完成总工程量约95%。累计完成投资25.8453亿元，占批复总投资的93.55%，其中2015年完成1.7897亿元。

（3）武引二期灌区工程。灌区内的金峰水库导流放空洞已建设完成，于2015年6月组织了导截流阶段验收，大坝填筑工作正式启动并安全度汛，西梓干渠全面开工，中小配套工程陆续开工建设。累计完成投资20.3084亿元，占批复总投资的41.33%，其中2015年完成8.15亿元。

（4）毗河供水一期工程。于2015年4月启动建设控制性工程龙泉山隧洞，截至12月底已累计入场施工193处，其中18个隧洞已贯通。累计完成投资20.78亿元，占批复总投资的31%，其中2015年完成15亿元。

（5）升钟二期灌区工程。南充干渠1标、2标、3标等陆续开工建设，剩余标段招投标工作全面启动；赵子河水库放空隧洞已贯通，坝基开挖正紧张进行，应家沟水库启动建设并完成放空洞掘进。累计完成投资7.302亿元，占批复总投资的25.81%，其中2015年完成6.166亿元。

（6）红鱼洞水库及灌区工程。于2015年6月正式启动主体工程建设，并完成了灌区渠系1标施工、监理招标工作，现导流隧洞已贯通，大坝基坑、溢洪道闸室等正在开挖，S101线复建工程也正紧张建设。累计完成投资11.468亿元，占批复总投资的35.95%，其中2015年完成9.268亿元。

（7）向家坝灌区首部取水隧洞工程。南、北隧洞洞室开挖紧张进行，截至2015年年底，北隧洞主洞洞室开挖累计完成8 979.4m，南隧洞洞室开挖累计完成5 134m，目前主洞开挖累计完成14 113.4m。累计完成投资3.5552亿元，占批复总投资的40.72%，其中2015年完成0.9466.5亿元。

上述7处大型水利工程建设总体顺利，其中列入全国加快推进的4处重大水利工程顺利完成国务院下达的完成当年投资计划90%的目标任务。

2. 中型水利工程

（1）建设概况。截至2015年年底，四川省有在建中型水利工程建设项目共计80处（指已启动建设但尚未竣工验收的项目），其中，2009年及以前开工的有17处（黄鹿、高堰沟、大洋沟、黑龙凼、龙爪河、观音岩、燕儿河、惠泽、新华、龙潭、永定桥、二郎庙、大海子水库；斯觉大堰、党仲水库扩建工程；玛依河、白松—茨巫水利工程），2010年开工的有10处（大竹河、黄桷坝、金王寺、双桥、解元、白岩滩、刘家拱桥、王家沟水库；洛须、打火沟引水工程），2011年启动建设的有8处（东风、九龙潭、寨子河、开茂、天星桥、锁口、关刀桥、七一水库），2012年启动（开工）建设的有12处（东山、狸狐洞、倒流河、三仙湖、龚家堰、马鞍山、铜头、梅子箐、乐园、新坝、九龙、八角水库），2013年确定开工建设的有15处（湾潭河、双峡湖、观文、龙滚滩、曲河、和平、油房沟、蟠龙湖、沉水水库；观音岩、顺河堰、力曲河、巴楚河、崇化、易日河水利工程），2014年确定开工建设的有10处（华强沟、祥凤寨、联合、石峡子、土地滩、猫儿沟、回龙寺、楼房湾、大坡上、群英水库），2015年确定开工建设的有8处（向阳桥、龙滩、二龙滩、金鸡沟、大寨、石泉、雷家河、双河口水库）。

上述80处中型水利工程建设项目分布在全省21

个市（州）、76个县（市、区），设计灌溉面积577.7万亩，总库容13.94亿m^3，总投资409.71亿元，已完成总投资约183.3亿元。80处项目中，枢纽工程已通过竣工验收、渠系工程仍在建的有3处（天池湖、关门石、牛角坑），主体工程进入竣工验收阶段的有9处（黄鹿、龙爪河、新华、惠泽、龙潭、玛依河、燕儿河、党仲、观音岩水库）；主体工程基本完成的有19处（白松茨巫、二郎庙、永定桥、斯觉大堰改扩建、大竹河、黄桷坝、白岩滩、王家沟、金王寺、双桥、刘家拱桥、解元、九龙潭、东风水库扩建、天星桥、锁口、倒流河、龚家堰水库扩建、三仙湖），主体工程在建的有41处，枢纽主体工程尚处于招标阶段的有6处（土地滩、向阳桥、龙滩、双河口、大寨、雷家河），初设已审待批的有2处（二龙滩、石泉）。

（2）2015年新开工项目情况。2015年以来，根据年初四川省政府《关于做好2015年省重点项目工作的通知》（川府发〔2015〕7号）和四川省水利厅绩效考核目标要求，年内重点推进了8处拟开工中型水库工程开工建设。水利厅先后3次召开开工建设推进会，组织项目所在地县级政府、市县两级水务局和项目法人研究拟开工项目开工准备工作中存在的问题和下步工作计划，提出指导性工作意见和措施，协调解决制约年内开工的问题和困难。至12月上旬，前锋区龙滩水库、邻水县向阳桥水库、高县二龙滩水库、营山县金鸡沟水库、中江县石泉水库、昭化区大寨水库、广元市雷家河水库、通川区双河口水库8处中型水利工程全部开工建设（含“三通一平”“移民安置”等），完成既定目标任务。

（3）烟区水源项目情况。2015年及时对什邡市湔江牛栏堰拦河堰闸水源工程初步设计报告进行了审批；对纳坪、朝门水库等工程进行了现场督查，对工程质量、安全、进度等建设管理工作进行了行业指导。

（四川省水利厅）

【大中型工程管理】

1. 抓好在建水利项目建设管理

（1）狠抓在建项目安全度汛工作。督促在建项目特别是在建中型枢纽工程按《四川省水利厅关于切实做好2015年在建水利工程安全生产和安全度汛工作的通知》（川水函〔2015〕489号）各项要求狠抓安全度汛工作，并下发了《关于切实做好全省在建大中型重点水利工程导（截）流验收工作的通知》（川水函〔2015〕465号），主汛前由四川省水利厅厅领导带队，重点对大海子、观文、曲河、乐园等30余处在建中型枢纽工程进行了安全检查和建设指导，及时完成狸狐洞等项目导（截）流验收工作，确保了在建重点项目安全度汛。

（2）加大了对在建项目的现场督导力度。加强现场检查力度和频度。多次前往大中型工程、抗旱小水库工程项目中推进长期迟缓的项目建设现场进行督促指导，梳理制约工程建设的问题和原因。对存在技术困难的项目派专家予以指导，尽快解决问题。2015年以来，配合水利部3次、长江委2次对在建重大水利工程开展现场督查，配合审计部门对毗河供水一期工程违规分包等问题进行整改落实；组织工作人员和技术专家对在建大中型水利工程、纳坪、朝门水库等烟区水源工程和范家沟、七一水库等抗旱小水库工程进行现场督导检查60余次，形成现场工作会议纪要22份，组织研究了沐川金王寺水库大坝渗漏处理等问题。截至11月10日，2015年已现场检查指导中型项目40余项次，形成现场检查纪要10余份，督促相关市（县）水务局加强工程建设管理，确保了工程质量安全。

2. 积极推进验收工作　出台《四川省水利厅关于切实加快全省大中型水利工程竣工验收工作的通知》（川水函〔2015〕236号），10月对大桥水库灌区一期工程进行了竣工技术预验收。组织永定桥蓄水验收并印发蓄水验收鉴定书。派遣工作人员和技术专家组到工程现场对18处大中型项目开展了蓄水阶段验收或竣工验收督导工作（分别为高堰沟水库复建、牛角湾大堰、新华水库枢纽、黑龙凼水库、燕儿河水库、闫家沟水库大洋沟补水工程、大桥水库灌区一期工程，白桥、团结水库枢纽除险加固工程，欧洲投资银行优惠紧急贷款上游、团结、双河口、响滩子、继光、黄鹿水库震损加固工程，鲁班水库枢纽工程灾后重建项目等16处项目竣工验收工作；以及党仲水库扩建、大竹河水库2处项目蓄水阶段验收工作）。

完成了牛角湾大堰、高堰沟水库复建、闫家沟水库大洋沟补水工程3处新建中型水库竣工验收；完成白桥水库、通川区石莲花水库、渠县柏林水库、达川区沙滩河水库、明星水库除险加固工程5处项目的竣工验收工作；完成大桥水库灌区一期工程、鲁班水库枢纽工程灾后重建项目及欧洲投资银行优惠紧急贷款中江县双河口、响滩子、继光、黄鹿水库共6处项目的竣工技术预验收工作；完成大竹河水库、党仲水库扩建、永定桥水利工程等3处项目的蓄水阶段验收工作；完成甘孜州、达州市、彭州市的14处中小河流项目竣工验收工作。

3. 河道管理全面加强

（1）出台《四川省河道采砂管理条例》。2014年11月24日，四川省人民政府第68次常务会议审议通过《四川省河道采砂管理条例（草案）》后，提交四川省人大常委会进行审议。2015年，四川省人大通过三次审议，最终于2015年7月22日通过了《四川省河道采砂管理条例》，并以第41号公告进行了公布，自2015年10月1日起施行。2015年9月14—15日，在成都组织了《四川省河道采砂管理条例》

宣贯培训班，对全省21个市（州）、25个县（区）、四川省水利厅直属有关单位、四川省水利厅机关有关处室等单位分管负责人及科室负责人进行了培训，并要求各级水行政主管部门要大力加强宣传，认真贯彻落实。

（2）建立规划约束机制。组织召开四川省长江岸线开发利用和保护总体规划编制工作会议，邀请四川省发展改革委、交通运输厅、国土资源厅、环境保护厅、农业厅及宜宾市、泸州市等9个市（州）参加会议。完成了四川省内长江干流（含溪洛渡以下金沙江）、岷江干流、嘉陵江干流河段的岸线开发利用和保护总体规划，规划成果提交长江委后，长江委征求四川省政府意见，代征求省级相关部门及有关市（州）意见，并提出代拟稿。截至12月底前，规划成果已通过了水利部审查。

4. 加强水利质量和安全生产管理　按照中央、省级的工作安排部署，2015年对全省1 000余个省级监管的水利工程在建项目、19 000余个已建成水利工程的运行管理安全生产进行监管，深入开展了全省水利安全生产大检查、水利工程落实施工方案专项行动、安全生产月、汛期安全生产检查等专项行动20余项，接受水利部安全考核3次。全省水利安全生产大检查专项行动中进行自查自纠的工程单位数量达10 261个次，水利系统抽查检查数量达1 082个次，发现一般安全隐患数量854个，整改落实数量854个，隐患整改率达100%。2015年的“安全生产月”活动中，各地各单位举办演讲25场次、安全展览94场次、知识竞赛42场次，干部职工和群众参与培训、知识讲座、警示片观看人数共计3 392人，排查出安全生产隐患数41处。截至2015年已连续7年未发生死亡及以上安全生产事故，全省水利行业安全生产形势持续稳定。

2015年5月5日，四川省水利厅建设与管理处因水利安全监督工作成绩突出，被水利部办公厅以《关于表扬全国水利安全监督工作先进集体和先进个人的通报》（办人事〔2015〕98号）表扬为“全国水利安全监督工作先进集体”。

2015年8月，水利部组织质量考核组代表国务院对四川省2014—2015年度水利工程建设质量进行了全面考核，考核合格。（四川省水利厅）

【城乡供水】　2015年是“十二五”农村饮水安全工作的决胜之年。截至2015年年底，全省新建供水工程8.7万处，其中集中供水工程1.17万处。集中供水能力从71.32万t增加到288.61万t，新增供水能力217.29万t，累计解决了规划内2 411万人和藏区规划外新增87万人的饮水不安全问题，圆满完成水利部下达的建设任务。其中，2011年、2012年、2013年获得水利部绩效考评“三连优”。建成水质检测中心179处，落实检测人员799人，落实运行经费3 086万元，水质保障能力得到有效提升。

（四川省水利厅）

【水土保持】　2015年全省水土保持工作紧紧围绕新时期水利工作方针，认真落实四川省委、省政府关于“建设长江上游生态屏障”的重大决策部署，积极开展国策宣传教育、深入推进水土流失综合治理、不断加强水土保持预防保护和监督管理、全面深化水土保持改革创新，水土保持工作成效显著。

1. 加快水土流失综合治理步伐　持续做好国家农发水保工程、革命老区水保工程、中央预算内投资水保工程（含坡耕地水土流失综合治理工程）及省级财政专项资金水保工程建设。全年水土保持重点工程建设项目共涉及21个市（州）92个县（市、区），项目总投资50 148.6万元，较2014年增幅达8%。项目实施过程中，重点抓好了三个方面的工作：

（1）加快推进项目前期工作。按照水利部下达的前期工作和项目储备要求，督促各项目县尽快启动小流域实施方案编制工作，顺利完成国家水土保持重点工程小流域实施方案批复工作。

（2）着力推进重点工程建设。制定工程建设时间表，倒逼工程进度。在宣汉县和汉源县组织召开水土流失综合治理工程推进会。配合水利部完成对宣汉县、安县等6县（市、区）2013年重点工程督查整改工作。完成长江委水土保持局对大英县、营山县等4县（市、区）2015年重点工程建设管理进度情况现场督查。协同四川省政协开展对口扶贫工作。

（3）强化水土保持项目验收。完成2013年国家水土保持重点建设工程验收工作。适时开展2014年农发水保项目验收工作。委托相关市（州）组织完成2013年、2014年的面上资金项目和省级财政水土保持项目验收。

2. 强化水土保持预防保护工作

（1）强化方案审查审批管理工作。健全方案技术审查、报批受理登记和批文办理工作制度。出台《四川省水利厅关于印发四川省生产建设项目水土保持措施变更管理办法（试行）的通知》。举办生产建设项目水土保持编制技术培训班。组织四川省水利水电勘测设计研究院、中国电建集团成都勘测设计研究院、四川省公路规划勘察设计研究院等方案编制单位专题探讨方案编制和技术审查工作。

（2）强化专家库管理和技术审查。择优选取具有高级职称并有丰富经验的人员进入水土保持方案评审专家库。组织召开2015年度省级评审专家培训会，探讨方案编制质量管理，条款理解、执行与运用。

（3）加强案件的法律研究和应用。就四川省水土保持法实施办法具体条件和相关内容进行研讨，协调和指导水行政主管部门处理具体案件，对拒不编制水土保持方案的建设单位实施行政处罚。会同成都市水务局、青白江水务局妥善解决了水土保持行政案件。

3. 持续推动水土保持监督管理

(1) 规范水土保持监督管理。建立健全水土保持管理制度和监督检查联动机制，建立健全大中型生产建设项目水土保持工作报告制度、公示制度、约谈制度和黑名单制度。进一步明确水土保持设施验收相关要求。

(2) 加大补偿费征收的力度。印发《四川省水利厅关于水土保持补偿费征收有关事项的通知》。清理2014年6月30日前审批的项目，建立台账。对2014年下半年已验收但未缴纳补偿费的项目进行催缴。

(3) 完成专项执法检查活动。开展水土保持专项执法检查以及2015年大中型生产建设项目水土保持监督检查工作。共检查大中型生产建设项目44个，印发书面检查意见37份，提出190多条整改要求。

（张颖）

【地方电力】 多年来，四川省地方电力坚持治水与办电结合，开发与保护统一，新建与改造统筹，建设与管理并重，以农村水电增效扩容、小水电代燃料和水电新农村电气化项目为载体，以农村水电安全生产标准化建设为重要抓手，积极推进“民生水电”“平安水电”“和谐水电”“绿色水电”4个水电建设，农村水电行业得到稳步发展。

1. 着力夯实农村能源基础，有效促进地方经济发展 5年来，全省以三大项目为重要抓手，新增农村水电装机容量338.43万kW；截至2015年年底，全省已建农村水电总装机容量超过1 030万kW，年新增发电量145.05亿kW·h，累计完成投资421.9亿元；共争取中央投入10.84亿元，有效带动地方政府和社会投资农村水电411.06亿元，整体拉动了农村水电建设产业链条发展，引导农村水电企业建立了“开发当地，反哺当地”的良性机制，在促进农民就业、农村增收以及地方经济发展中发挥了重要作用。其中，2015年全省地方电力新增装机容量30万kW，完成地方电力发电量410亿kW·h，实现销售收入128亿元，创利税13.5亿元。

2. 精心打造农村清洁能源，切实改善当地生态环境 近年来，结合国家退耕还林、“天保”工程、水土流失治理，按照整村整乡整县集中连片推进的思路，实施小水电代燃料项目，大力发展“电炊户”，推广“以电代柴、以电代煤”。自2009年以来，全省累计开工项目5个，装机容量3.73万kW，涉及28个乡、236个村，直接受益农户1.9万户，“以林涵水，以水发电，以电兴工，以电护林”的良性循环得到了有力促进，实现了小水电开发和生态环境的和谐发展。2015年年底，四川省也是全国藏区第一个小水电代燃料生态示范县——乡城县小水电代燃料生态示范县建设任务全面完成，当年共计发放补贴电费105.66万元，得到全县农牧民的热烈欢迎。

（游元奎）

【农村水电监管】 狠抓农村水电安全生产运行。按照水利部、四川省政府和四川省水利厅的部署和安排，四川省地方电力局延伸工作重心，注重抓源头、严规章，认真开展“百安活动”“汛前安全生产大检查”等安全生产活动，由电力局领导带队组成督查组对各市（州）地方电力安全生产大检查情况进行了督查，全年地方电力行业未发生重特大安全事故，各项安全生产指标均在控制指标以内。对80座农村水电站进行了安全生产标准化达标评级，全年共实地检查农村水电站539座，查处安全问题并督促整改率达90%。

严格地方电力工程质量监督。在四川省水利地方电力建筑质检中心站和四川省地方电力机电质检站的大量配合和支持下，采取检查施工现场、查阅质量记录资料、听取现场工作人员介绍的方法，对地方电力工程开展严格的质量监督，并提出意见和建议。2015年以来，共对70余个电站400余万kW装机容量的中、小水电站工程实施了政府质量监督。（游元奎）

【水电新农村电气化和小水电代燃料项目建设】 水电新农村电气化和小水电代燃料建设有力推进。完成了2016年农村小水电建议计划申报，指导和督促各有关单位按时完成了水利部统一部署的各类报表系统的填报工作。加大对项目建设的督查力度，先后对7个市（州）的电气化县、小水电代燃料拟建和在建项目建设情况进行督导检查，对部分因客观原因无法实施的项目，经商四川省发展改革委，按照国家规定的程序进行了调整；对部分实施较差的项目以文件督促和现场督导的形式，加强指导，解决项目建设中存在的具体问题，积极推动项目建设。积极争取并商四川省发改委及时下达项目中央预算内资金，确保了项目顺利实施，共完成电气化中央预算投资2 700万元。其中，藏区农村水电项目1个，中央投资1 400万元；“大小凉山”地区农村水电项目2个，中央投资1 300万元。（游元奎）

【中小河流水能资源开发规划】 全省中小河流水能资源开发规划大纲的编制工作已完成，河流梳理进入核实阶段。本次规划涉及全省大于50km^{2}小于3 000km^{2}的中小河流共2 795条，全省共清理河流986条，其中2013年前已批中小河流水电规划的河流有486条；2013年以来已审或已编规划的中小河流有177条，2013—2016年拟编制河流水电规划的有323条，修订河流水电规划的有86条。

（游元奎）

【农网升级改造及无电地区建设】 完成了农网改造

升级项目和无电地区2015年度建议计划编制和审查工作，协调组织相关部门对四川省地方电力农网完善工程进行了督导检查。2015年农网改造升级工程下达计划投资9.79亿元，实际完成工程投资44 415万元，占下达计划的45.38%；2013—2014年无电项目下达计划23 686万元，2014年无电项目实际完成3 547万元，占投资计划的44.34%。 （游元奎）

【科技与教育】

1. 科技项目 全年共申报部、省属科技项目25项，立项11项，资金共计约300万元。"汶川地震区新生水土流失环境效应分析研究""箱式整装小水电站技术的推广应用""灌区供水计量自动化系统推广应用"等部、省属项目通过验收。

2. 示范推广 四川省水利厅印发《四川水利先进实用技术推广指导目录》300余本，推广先进适用技术50余项；"低山丘陵区农田雨水高效集蓄利用""水利工程数据管理系统""新型农村污水处理一体化技术"等在四川省典型县（区）得到推广应用；"悬臂式掘进机"新工艺在武引二期、毗河一期工程砂泥岩、泥质粉砂岩、粉砂质泥岩隧洞施工中首次运用；"挖孔桩机械"在武引二期渡槽工程中得到推广运用；"阿尔益复合硅酸铝水处理剂"等4项四川省企业技术参加水利部第十二届国际水利先进技术（产品）推介会；在"都江堰灌区水利现代化技术推广示范区"组织四川省灌区水利先进适用技术（产品）推介会1次。

3. 科技成果 四川省水利厅承担四川省人民政府科学技术进步奖水利电力专业组评审，水利电力专业组获四川省科技进步二等奖3项、三等奖6项；完成"猪场养殖废水灌溉对土壤里化性质的影响"科技报告撰写，并被"四川省科技报告共享服务平台"收录。

4. 技术标准 新增四川省地方标准制修订项目3项；四川省水利水电勘测设计研究院参编行业标准《水利水电工程天然建筑材料勘察规程》（SL 251—2015）和《混凝土面板堆石坝施工规范》（SL 49—2015）均发布实施；主办《工程建设标准强制性条文》宣贯培训班1期，培训人数120余人。

5. 国际合作、技术交流 开展四川省水利厅岷江流域管理人员赴英国培训项目；完成新加坡职业教育专项能力提升研修班赴新加坡培训项目；组织参加第十二届国际水利先进技术（产品）推介会；接待以色列驻成都总领馆总领事蓝天铭先生一行来厅拜访；完成四川省政府办公厅关于水利行业中德合作项目调查。四川省水利科学研究院开展全省灌溉水利用系数培训、水资源管理年报培训；组织人员参加了第十三届中国水论坛、MIKE 11成都专场公开课培训、2015城市景观河湖小流域综合治理与生态修复论坛等技术学术交流。 （李永丽）

6. 教育 加快干部培养。全年选派3名干部参加递进人才培养班学习，向四川省委组织部推荐提任厅级干部1名，提任处级领导干部15人，试用期满7人，免去1名干部职务。举办十八届四中全会精神调训班、甘孜州水利专业技术骨干培训班等，累计培训820余人次。编制《甘孜水利人才队伍建设"十三五"规划》和"十三五"干部教育培训计划。

7. 加强干部管理 对9名同志给予记三等功奖励，对38名同志给予嘉奖奖励，开展了芦山地震灾后重建先进个人评选推荐工作。完成四川省水利厅处级干部及厅机关公务员近400人的人事档案专项审核。按照四川省委巡视组的要求，对四川省水利厅公职人员企业（社团）兼职任职、对四川省水利厅直属单位办企业情况、对四川省水利厅直属单位超职数配备干部情况进行了集中清理。

8. 开发引进人才 办理公务员（参公人员）转任2名，办理事业单位工作人员调动11名。考核招聘事业单位工作人员28名，其中博士1名。公开招考公务员（参公人员）9名。公开考试招聘60名事业单位工作人员。266人通过高级职称评审，221人通过中级职称评审。 （贾凌）

【水文】 洪水水情预警、预报服务 2015年，四川省水文水资源勘测局水情预报中心承担着全省近200个区（县）的防汛报汛服务任务。3 688处水情报汛站随时监测着各条江河的水情状况，及时将水情信息报送给省、市、县各级防汛抗旱救灾部门及长江下游省份和流域机构。

汛期中，四川省水文水资源勘测局向政府实时提供了全省各报汛站的雨情、水情信息。共发布81期水情简报；向国家防总办公室、四川省防汛办、水利厅领导和四川省抗旱办及地方政府提供四川省主要江河每月洪水趋势分析报告、场次洪水分析报告、阶段水情分析报告、汛期洪水特点分析等文字材料104次。

在汛期的抗洪救灾战斗中，四川省水文水资源勘测局下属达州水文局、南充水文局、阿坝水文局、内江水文局及四川省水文水资源勘测局预报处的技术人员充分发扬吃苦耐劳的传统，努力奋战，严密监视雨情、水情，及时分析发布预报，为四川省防洪决策提供了技术依据，为防汛减灾作出了贡献。仅阿坝局水情预报减淹面积2.7hm²，减少受灾人口4 277人，避免人员伤亡2 443人，解救洪水围困群众15人，减灾经济效益0.19亿元。为保护人民生命财产提供了保障。

除对政府部门提供水情预报服务外，四川省水文水资源勘测局还对部分水电站、能源及交通等工程部门提供了准确的水文情报预报，减少了不必要的损失，增加了其经济效益。如：长江三峡工程、乐山龚嘴电厂、岷江汉阳坝电站、石板滩电站、白马电厂、明台电站、金银台航电工程、江口电站、富流滩电站、太平驿电站、天龙湖电站、槽渔滩电站等，根据水情信息，申请次日发电负荷，做好生产调度运行，利用上游来水，最大限度产生经济效益。施工单位根据预报信息，及时调整施工计划。常常在洪水的准确水位到底多高、是否搬迁施工设备等关键问题上，水情预报人员果断作出判断，发出预报，为工程部门避免了经济损失，避免了延误工期。沿江各电站根据四川省水文水资源勘测局情报预报合理调度，充分利用来水，既保证了正常发电，又保证了大坝的安全。为此，四川省水文水资源勘测局多次受到服务单位的好评。 （范家惠）

贵 州 省

【概况】 2015年，贵州省累计完成水利投资331亿元，为年度目标任务220亿元的150%，新增解决316.82万人的农村饮水安全问题，治理水土流失面积2 300km²，新增机井2 129口，新增地方小水电装机容量14.78万kW，实施中小河流综合治理项目50个，新增保护人口39.68万人，保护农田15.57万亩。为全省守底线、走新路、奔小康提供可靠的水利保障。 （朱湖）

【水政】 研究出台了《贵州省黔中水利枢纽工程管理条例》《贵州省水土保持补偿费征收管理办法》。修改了《贵州省防洪条例》《贵州省取水许可和水资源费征收管理办法》，制定了新的水土保持补偿费征收标准。拟定了省级水行政权力清单，水行政权力由原来的181项减少到47项，并根据权力清单，编制了责任清单。制定了《贵州省水利厅规范性文件制定程序》，对水利厅已有的38件和新增的8件规范性文件进行了清理、审查、登记和备案。组建了法律顾问室，印发了《建立法律顾问室有关制度的通知》。出台了《贵州省水利厅合同审查管理办法（暂行）》，加强对以水利厅的名义与第三方签订的民事合作协议的审查。加大了水行政执法队伍能力建设，全年累计培训执法人员200余人，提高了基层水行政执法人员的执法能力和水平。充分利用“世界水日”“中国水周”开展水法律法规宣传，向群众发放有关水法律法规的宣传品2 000余份，增强了社会各界的水法制和节约用水意识。 （邹永强）

【水资源】 把实施最严格的水资源管理制度作为转变经济发展方式来抓，对市（州）和省直管县实行最严格水资源管理制度情况进行了考核，并将考核结果在有关媒体上向社会公布。印发了《贵州省生态文明体制改革实施方案》《贵州省水污染防治行动计划工作方案》《贵州省八大流域生态文明制度改革工作方案》和《关于全面推进节水型社会建设的意见》。安排专项资金启动了清镇市等12个省级水生态文明建设试点、息烽县等10个省级节水型社会建设试点创建工作，开展了全省93个重要饮用水水源地安全保障达标能力建设工作。全省9个市（州）、贵安新区和88个县（市、区）均组建了水务局，实现了水务管理体制改革的重大突破。完成了《贵州省水资源保护条例》立法调研、起草工作。印发了《贵州省入河排污口监督管理细则》，制定了《贵州省建设项目取水工程或者设施验收管理暂行规定》。2015年最严格水资源管理制度考核中贵州位居全国第七，国家水资源监控能力建设项目位居全国第五，全省用水总量95.41亿m³，万元GDP用水量和万元工业增加值用水量降到90m³和71.8m³。 （刘剑）

【水利规划】 规划编制工作围绕民生水利这一中心，按照深化水利改革和解决工程性缺水问题的要求，编制完成了《贵州省水利发展“十三五”规划》（初稿）。通过下放审批权限、购买社会技术服务、开放勘测设计市场加快了前期工作步伐，全年共完成了45个中小型骨干水源工程初步设计审批、52个可研报告审批、37个项目建议书批复；签署43项规划同意书、办理46项防洪影响评价。此外，还完成了19个中小河流初步设计方案审批，纳入规划的628个中小河流项目已审批627个。坚持政府与市场两手发力，在积极争取中央加大对全省水利建设投入的同时，通过提取土地出让收益用于农田水利建设、发行地方政府债券、信贷融资和吸引社会资本参与水利建设等模式加大投入。2015年，全省共落实水利（水务）投资373.56亿元（其中中央74.79亿元、地方298.77亿元），较2014年的228.5亿元增长63.48%。全年累计完成水利投资330.94亿元，为目标任务220亿元的150%，较2014年完成投资211.3亿元增长56.6%。 （刘真羽）

【基本建设】 骨干水源工程建设总体进展顺利，黔中水利枢纽一期工程水源枢纽工程已全部完工，总干渠和桂松干渠施工完成总工程量的98%。夹岩水利枢纽及黔西北供水工程共完成36个标段招标，水源工程“三通一平”工程一期已全部完成，“三通一平”二期、潘家岩脚复建、水源、毕大供水、总干渠、北干渠等标段正式进入施工阶段。马岭水利枢纽工程于2015年9月25日宣布开工建设，目前“三通一平”工程已进场施工，主体工程施工供电标段正在进行招标。开工建设的64座中型水库有16座已通过蓄水验收，初步发挥效益；8座已基本完工正在进行蓄水验收准备，25座正在进行坝体填筑，15座正在开展截流前施工准备或已完成截流。90座小型水库有4座已全面完工，13座基本完工正在进行蓄水验收准备，25座正在进行大坝主体填筑，48座正在开展施工准备或截流工作。以监管促质量，以监管促进度，以监管促安全，全年组织开展3次骨干水源工程专项检查，11座中型骨干水源工程质量巡回检查和专项质量稽察，10座小型骨干水源工程的稽察和专项审计等工作，及时发现问题并督促整改。积极推进中型水库蓄水阶段验收和竣工验收工作，全年完成18座中型水库蓄水验收和2座中型水库竣工验收。同时，指导各地做好小型水库工程验收工作。（李玉霖）

【防汛抗旱】 2015年，全省平均年降雨量较多年平均年降雨量偏多10%，4月上中旬，全省平均降水较常年同期偏少70%，贵州省中部、西南部、南部及东南部部分县（市）发生春旱；4月下旬，全省各地陆续进入雨季。2015年入汛以来，全省境内先后出现24次强降雨过程，出现特大暴雨2县次、大暴雨160县次、暴雨300县次，影响范围涉及全省88个县（市、区）。贵州省防总、水利厅会同有关部门超前安排部署，有效防控应对，全省1 410个乡（镇）均成立了防汛抗旱指挥部，15 975个行政村有15 321个成立有防汛抗旱指挥中心（所），基本做到全覆盖。先后16次组织召开全省防汛异地视频会商会，针对性下发紧急通知30余次，3次启动防汛Ⅳ级应急响应，发出暴雨洪水预警信息10万余条，派出9个工作组赴地方指导协助防灾救灾，夺取了防汛抗旱全面胜利。启动了88个县山洪灾害调查评价、非工程措施及15条重点山洪沟防治项目建设，累计完成中央补助项目资金5.73亿元。在51个县先后动工兴建抗旱应急备用井842眼、乡镇抗旱应急引提调水工程137处，累计完成中央补助项目资金9.16亿元。全年紧急转移受洪水威胁群众10.7万人，防洪减灾效益50.8亿元，因灾死亡人口为1950年以来的最少年份之一。水库水电站等重要工程设施安全度汛，未发生一起防汛安全事故，达到年初制定的工作目标。（成聪聪）

【农田水利】 2015年中央财政安排贵州省小型农田水利建设项目55个，专项补助资金7.06亿元。投资项目包括重点县、项目县。其中第五批重点县项目22个，建设年限为2013—2015年，每年中央补助0.15亿元，省级补助0.08亿元；第六批重点县项目23个，建设年限为2014—2016年，每年中央补助0.12亿元，省级补助0.08亿元；农田水利设施建设项目县10个，每个县中央财政补助0.1亿元。重点县和项目县建设项目均通过竞争立项遴选产生，严格管理考核，建立健全退出机制，建设过程中严格实行建设工程四制管理，注重项目资金的整合实施，注重与农业园区建设相结合，注重工程质量和安全。2015年计划建设的55个项目已全面完工，新建和改造灌溉渠道1 453.2km，新增灌溉面积30.96万亩，改善灌溉面积11.73万亩，恢复灌溉面积30.79万亩。保障了项目区粮食生产，促进农业经济发展。（彭尧尧）

【水土保持】 完成了《贵州省水土保持补偿费征收管理办法》及《水土保持补偿费收费标准》制定工作，对4 000余个在建项目开展了水土保持专项执法检查，全年共审批省级水土保持方案135个，完成30余个省级生产建设项目水土保持设施的专项验收，水土保持监督管理不断强化。全年实施水土保持项目37个，治理水土流失面积491.6km^2，占计划面积的100.4%，水土流失重点治理工程再上新台阶。全省7个市（州）15个县（区）组建了水土保持监测站，赤水河流域水土保持动态监测工作已完成了区域遥感调查、侵蚀单元调查、生产建设项目调查等内容。启动了全省水土保持公告（2010—2015年）编制工作，《贵州省水土保持区划成果》《贵州省水土流失重点防治区划分成果》已广泛应用于生产实践，水土保持监测、规划等基础工作取得新成效。（杨勇）

【城乡供水】 围绕人人喝上安全水，以“小康水”行动为抓手，举全省之力、全行业之力打好城乡供水安全攻坚战，建立和完善省、市（州）、县（市、区）三级组织网络，每季度开展1次督促检查。进一步强化保障饮水安全地方行政首长负责制，层层签订责任书，明确政府责任人、部门责任人、项目责任人，建立约谈通报机制，通过专项稽查、重点抽查、第三方评估等措施，督促地方加快前期工作、计划下达、资金拨付和施工进度。协调有关部门落实城乡供水工程建设优惠政策，加快前期工作审查审批。严格工程建设管理，加强水源保护和检测，确保工程质量和供水安全。全年计划解决270.22万农村居民和学校师生的饮水安全问题，实际解决316.82万人口，为计划的117.2%。2015年年底，全省自来水普及率达71%，集中供水率达80%，水质合格率达62.91%。（方启斌）

【农村水电】 编制完成了全省农村水电发展“十三五”规划及“十三五”水电新农村电气化规划。纳入规划的110个农村水电增效扩容改造项目已完成97个，每年可增加可再生能源发电量2.9亿kW·h。列入全国“十二五”水电新农村电气化建设的17个县全部建成达标验收，17个电气化县人均年用电量由2010年的724kW·h增加到1 025kW·h，户均年生活用电量由2010年的715kW·h增加到1 053kW·h，解决了20万无电、缺电人口的用电问题。1 400多座农村水电站落实了安全生产和安全监管“双主体”责任，对45座试点电站的安全生产进行了达标评级并颁发了证书。2015年新建8个小水电代燃料项目，实现代燃料总装机容量2.24万kW，完成总投资2.28亿元。全年完成新增农村水电装机容量15.03万kW，累计完成农村水电投资22亿元，超计划完成年度任务。 （熊烈）

【工程管理】 修订了《贵州省水利工程管理条例（草案）》，启动了《贵州省河道管理条例》修编起草工作，完成了9个省级和13个市（州）级小型水利工程产权制度改革试点县（区）改革验收，明晰产权的工程已超过15万处，8个水库管理单位完成了省级水利工程管理单位创建工作的自查、初验工作，2个完成了省级验收。完成了349座一般小（2）型病险水库治理蓄水（竣工）验收、2 124座小（2）型以上水库大坝注册登记电子注册阶段的文档核查、10个涉河项目的审查审批和水利工程管理与保护范围划界确权情况调查工作。对242座新增病险水库项目的大坝安全进行了鉴定核查。新增建立72个片区水务站。综合整治病险水库98座，完成投资22 360万元，占任务的100%。 （任延鸿）

【科技与人事】 修订完成《贵州省水利科技发展中长期规划》，并根据贵州省实际情况提炼《新型城市化基于退水规则的水资源合理配置研究及应用示范》等4个课题，获省科技厅资助1项。对2013年以来立项的水利部公益性行业专项、省重大科技专项等20个项目进行推广。完成了“新型城镇化水资源安全保障及区域水环境演变规律研究”等75个储备项目和贵州山区中小河流治理中的研究与应用等28项科研及技术推广项目。邀请中国科学院刘昌明院士等专家到贵阳和望谟举办“生态文明建设与水生态若干问题研究的商榷”等3期技术讲座。组织推荐贵州省水利水电勘测设计院“贵州夹岩水利枢纽工程规划”等3个项目申报2015年全国优秀水利水电工程设计奖、工程勘察设计奖。组织申报了2016年度培训计划——海绵城市建设的水资源综合管理培训团，启动《砌石坝设计规范》（SL 25—2006）的英文翻译工作，并完成初稿。开展了贵州省水利标准化技术委员会的申报与筹建工作，初步完成水利标准体系建设“十三五”规划贵州部分的相关工作。首次召开水利信息化先进技术推广会，推广会针对贵州省水利信息化建设实际，对大数据发展、山洪灾害治理、水资源监控能力建设等方面的先进技术和产品进行介绍和宣传。

认真学习贯彻新修订的《干部任用条例》及有关干部法规，以能力建设为核心，加强水利系统队伍建设。全年组织举办厅直系统人事干部学习《干部任用条例》专题培训班2期，水利专业人才继续教育培训班1期，乡镇水务站（所）长业务培训1期，累计培训人员300余人。完成了贵州省水利科学研究院1名书记、1名院长，贵州省水利水电建设管理总站1名书记、主任配备和水利厅机关4名正处级干部的交流工作。对贵州省水文水资源局7名正处级领导干部试用期满进行了考核。按照《领导干部个人有关事项报告抽查核实办法（试行）》，完成了水利厅党组管理干部18名同志的随机和重点抽查及委托查询工作。对厅直单位申报工程系列高级专业技术职务63人资料进行了初审，组织完成了中级专业技术职务57人初审及评审工作。审核完成了156本干部人事档案，对98人年龄、工龄、党龄进行了重新认定。全年成功引进紧缺急需水利人才4名，协调落实好水利部选派9名干部到贵州挂职工作。 （杨晓春）

云 南 省

【概述】 2015年是云南水利发展中极不平凡的一年。面对错综复杂的发展形势和艰巨繁重的工作任务，全省水利系统在云南省委、省政府的正确领导下，在水利部等国家部委的支持帮助下，主动适应新常态，积极抓住新机遇，坚持行稳致远的工作总基调，攻坚克难，锐意进取，一大批事关全局的重点水利工作强力推进，使云南水利在经济下行的压力下逆势上扬，成为全省稳增长的重要基础，促发展的强劲动力，惠民生的重要支撑，推改革的突出标志。全年完成水利投资341亿元，超额完成云南省政府下达的300亿元投资目标任务；开工建设43件重点水源工程，如期完成小型病险水库除险加固和中小河流治理目标任务；全面完成“十二五”规划内剩余的207万农村人口和农村学校师生及4州（市）新增藏区19.5万人饮水安全建设任务；新增有效灌溉面积90万亩，发展高效节水灌溉面积33.78万亩，完成中低产田地改造345.2万亩；建成50万件以“爱心水窖”为重点的山区“五小水利”工程，新增水土流失治理面积3 488km^2以上，开展干支渠防渗1 946km；对州（市）、县（市、区）最严格水资源管理制度实施情况进行了考核，在国务院2014年度实行最严格水资源管理制度考核结果中，云南位列全国第六名；率先在洱海开展试点，对入湖河道进行系统治理；水利改革总体推进有力有序有效，农田水利改革走在了全国前列；全省库塘蓄水达到85.4亿m^3，再创历史新高。 （闵磊）

【水资源管理】 2015年，云南省水利厅按照水利部和云南省委、省政府的要求，进一步推进最严格水资源管理制度，以考核为重要抓手促进水资源管理工作。

（1）完成了国家对云南省的最严格水资源管理制度现场考核的有关工作。按照最严格水资源管理制度考核要求，云南省水利厅成立了最严格水资源管理制度考核工作小组，多次召开省级最严格水资源管理制度考核领导小组工作协调会，撰写考核报告，编制技术复核资料，做了大量的精心准备。代云南省人民政府组织编制了《2014年云南省实行最严格水资源管理制度工作自查报告》，于3月27日上报国务院。2015年5月27—31日，国务院实行最严格水资源管理制度考核工作组第十一检查组对云南省实行最严格水资源管理制度进行了现场检查和重点抽查。27日下午，云南省人民政府有关领导向国家现场考核组作了专题汇报。随后，国家考核组到昆明市、保山市、西山区、腾冲县、隆阳区进行了重点抽查，听取了市、县的工作汇报，复核了相关技术资料，抽查了云南云天化股份有限公司三环分公司、昆明市滇池卫城住宅小区、云南云天化国际银山化肥有限公司、云南腾冲火山热海投资开发有限公司和保山北庙水库等5个重点取用水户和螳螂川西山—安宁工业景观用水区，盘龙江景观、农业用水区，槟榔江源头水保护区（猴桥段），怒江保山—龙陵保留区，北庙水库饮用水源区等5个水功能区。5月31日，国家考核工作组反馈了重点抽查和现场检查意见，建议本次重点抽查与现场检查结果为优秀。最后国家考核结果为优良，全国排名第六。

（2）完成云南省政府对州（市）政府最严格水资源管理制度考核。按照云南省人民政府的授权，云南省水利厅会同省发改委、工信委、财政厅、国土厅、环保厅、住建厅、农业厅、审计厅、林业厅、统计局等部门组成云南省实行最严格水资源管理制度考核工作组（以下简称“考核工作组”），印发了《关于印发云南省实施最严格水资源管理制度考核工作实施方案的通知》（云水资源〔2014〕47号）和《云南省水利厅关于印发2014年度实行最严格水资源管理制度考核工作方案的函》（云水函〔2015〕21号）。综合各州（市）的自查、核查、重点抽查和现场检查情况，对目标完成情况、制度建设和措施落实情况进行综合评价打分。经考核工作组研究，审核确定了考核结果，16个州（市）考核平均得分为85.36分，其中昆明市考核等级为优秀、丽江市等14个州（市）考核等级为良好、怒江州考核等级为合格。（闵磊）

【水利规划】 云南省水利厅按照“依法治水、深化改革、突出民生、加快发展、行稳致远”的总体思路，坚持稳中求进、改革创新，通过继续深入实施兴水强滇战略，以规划为前提，强化前期工作，2015年，圆满完成水利规划和项目前期工作。

（1）完成《云南省水利发展“十三五”规划》和《云南供水安全保障网规划》初稿编制，并及时将成果报水利部。在云南省列入国务院172项中的10项重大节水供水工程基础上，组织筛选出20件具有一定投资规模和供水规模的项目作为新增重大项目向水利部申报，包括金沙江干流治理、滇中引水配套工程等大型水库7件、水电站水资源综合利用工程4件、连通工程5件、新建大型灌区1件、水利扶贫灌溉工程2件、湖泊生态治理工程1件，从反馈信息，大部分进入全国规划。

（2）开展小型水库建设实施方案、中小河流治理、九大高原湖泊入湖河道综合治理等29个专题研究。

（3）结合全国水利“十三五”规划编制，将需要调增的中型水库、中小河流治理等项目纳入“十三五”规划向水利部申报。共向水利部申报中型水库89座，其中《全国中型水库建设总体安排意见（2013—2017年）》规划外新增83件；中小河流治理379件，其中规划外新增206件。

（4）配合长江委完成了长江经济带水利专项规划，完成了云南省长江岸线利用规划编制；配合长江委、珠江委开展了澜沧江、怒江、伊洛瓦底江、红河、南盘江、北盘江、雅砻江、赤水河流域综合规划的完善工作。

（5）严格执行水工程规划同意书制度，全年共办理水工程规划同意书9份；配合流域机构完成德厚水库、滇中引水等项目水工程规划同意书；指导州（市）开展好水工程规划同意书管理。（闵磊）

【水源工程建设】 2015年，云南省水利厅重点水源工程建设全面推进，多措并举抓好水利工程建设管理，严格控制质量、安全事故，全省214件续建重点水源工程没有出现重大质量安全事故，做到了质量、安全、进度、效益的高度统一。计划完成投资70亿元，实际完成投资70.26亿元。按计划完成了昌宁立觉河等8件中型水库工程竣工验收任务，2014年开工的40件水库工程（中型10件，小型30件），已有30件在2015年实现截流进入主体工程施工，重点工作目标任务全面完成。

【防汛抗旱救灾】 2015年，云南省水利厅做好防汛抗旱各项工作，科学管理洪水，全面主动抗旱，努力降低洪旱灾害给人民群众生命、财产造成的损失。组织抓好国界河流、大江大河和中小河流治理工作，完成治理堤防、护岸长度400km的建设任务。科学合理调度用水，确保县级以上城市居民生活用水，最大限度地保证农村人畜饮水安全，努力满足生活、生产、生态用水的需求。实现全省年末库塘蓄水76亿m^3。

围绕提高防汛抗旱减灾能力和水利信息化能力“两个目标”，通过整合各类水利信息化项目，以山洪灾害防治非工程措施项目为抓手，督促各地加快骨干网络建设，完善省级与16个州（市）、129个县专线联网水利信息化骨干网络。积极开展重点水利工程视频系统建设，推动已建成或具备建设条件的视频监控工程点开展联网建设。2015年全省共完成48座水库视频监控项目，完成率为100%。（闵磊）

【农村水利】 2015年，云南省水利厅认真贯彻落实国务院副总理汪洋考察调研云南水利工作时的重要指示精神，理清思路，全面推进各项农村水利建设管理和改革工作，并取得明显成效。

1. 重点县建设 全面完成2014年度结转的70个小型农田水利重点县建设任务，完成投资9.35亿元，实现新增和改善灌溉面积104.15万亩，其中发展高效节水灌溉面积19.1万亩。有序推进续建55个重点县和新立项9个重点县及3个专项县，总投资15.65亿元，截至12月底，完成投资14.65亿元，占年度投资计划的94%，超额完成了国家80%的目标任务。全省符合条件的县（市、区）已实现全覆盖。

2. 大中型灌区建设 全面完成2014年度结转的11个大型灌区节水改造与续建配套项目任务，完成投资3.93亿元，新增和改善灌溉面积24.55万亩；完成2014年度5个中型灌区节水配套改造建设任务，完成投资0.45亿元，新增和改善灌溉面积19.93万亩。2015年国家下达云南省9个大型灌区投资计划7.36亿元，是2014年投资的近2倍。截至2015年12月底，完成投资7.06亿元，占年度投资计划的96%，超额完成了国家90%的目标任务；2015年度5个中型灌区节水配套改造建设，截至12月底，完成投资0.24亿元，占年度投资计划（0.28亿元）的86%。

3. 高效节水灌溉建设 继续抓好华宁和姚安规模化节水灌溉示范项目。2015年共下达投资计划0.59亿元，其中中央投资0.47亿元，地方投资0.12亿元。截至12月底，已累计完成投资0.59亿元，占年度投资计划的100%。2015年立项实施高效节水项目10个，总投资2.66亿元，发展高效节水灌溉面积9.88万亩。

4. “五小水利”建设 以“爱心水窖”建设为重点，全面推进山区“五小水利”工程建设，截至12月底，全省累计建成50.33万件山区“五小水利”工程（其中“爱心水窖”40.13万件），占计划数50万件的101%。依托中央财政统筹土地出让收益金，坚持“坝区与山区并重”的思路，积极借鉴推广“碑格模式”，进一步以村为单元整体推进山区“五小水利”工程建设，完成2014年15个整村推进项目，投入资金0.987亿元。

5. 基层水利服务体系建设 筹措资金3 750万元，启动实施150个乡镇水利（水务）站（所）建设。组织开展二期基层水利工作人员的业务培训。

6. 中低产田地改造 2015年水利部门主要依托小农水重点县、大中型灌区工程建设，全年累计完成18.9万亩中低产田地改造任务，占计划任务（10万亩）的189%，累计完成投资3.78亿元。（闵磊）

【农村饮水安全】 2015年，云南省水利厅解决了226.86万农村人口和农村学校师生的饮水安全问题，超额完成年度目标任务。其中，规划内解决了农村人口和农村学校师生207.35万人、规划外解决了藏区农村人口19.51万人的饮水安全问题。在2014年探索群众参与农村供水工程建设管理工作的基础上，2015年3月18日印发了《云南省水利厅关于群众参与农村供水工程建设管理的指导意见（试行）》，从2015年起全面试行群众全程参与农村供水工程建设管理工作。各地在2015年规划内农村饮水安全工程和规划外藏区饮水安全工程建设中，群众从项目的立项、设计、建设管理到运行管理全程参与，并不断总结和优化群众参与工作。

【水土保持】 2015年，云南省水利厅重点抓好坡耕地水土流失综合治理试点工程、小流域水土流失重点治理工程、国家农业综合开发水土保持项目、生态清洁型小流域建设项目的实施。加强建设管理，努力提高工程项目建设管理水平。通过全省各级、各有关部门根据各自职能职责通力协作，并积极引导、支持民间资本投入到水土流失治理中来，全省共完成水土流失治理面积3 488km^2，完成目标任务数3 200km^{2}的109%，超额完成了年度防治任务。（闵磊）

【农村水电】 2015年，云南省水利厅强力推进农村水电建设，完成和超额完成农村水电建设的各项任务。

（1）2015年年底，完成农村水电投资46亿元，占计划（30亿元）的153%；新增装机容量52万kW，占计划（48万kW）的108%；农村水电发电量527亿kW·h，占计划（525亿kW·h）的100%，全面超额完成了全年目标任务。

（2）认真贯彻云南省委、省政府大中型水电站水资源综合利用的决定，完成了那兰、弄另、苗尾等项目的可行性研究报告批复工作；加强对已开工项目的建设管理，毛家村项目累计完成投资6 392万元，龙开口一期项目累计完成投资39 800万元，那兰项目于2015年年底开工建设。

（3）2015年，国家下达云南省水电新农村电气化投资计划4.24亿元，其中，中央预算内投资8 900余万元，省级配套4 455万元，中央预算内投资较2014年的8 165万元增加9%。年底，已完成投资投资7.0759亿元。按水利部要求，完成了27个“十二五”水电新农村电气化县验收工作。

(4) 3月底，101座电站完成改造建设、完工验收和绩效评价工作，完成投资11.9269亿元，其中，中央财政补助资金3.8966亿元，省级财政配套资金1.9483亿元，项目业主自筹6.082亿元。101座电站改造后装机容量达35.868万kW，年发电量达19.0719亿kW·h，不仅巩固原有的23.9071万kW装机容量和11.1311亿kW·h年发电量，还新增装机容量11.9609万kW，新增年发电量7.9408亿kW·h，以电量计算的增效潜力达71.3%，年新增发电收入1.86亿元。101座改造电站执行新电新价政策，实际每千瓦时上调了约0.05元，每年企业增收2.41亿元。10月，云南省农村水电增效扩容改造项目绩效评价工作顺利通过水利部、财政部的抽查。

(5) 2015年小水电代燃料中央投资计划1.1703亿元全部完成；完成了永胜县双河、金平县苦竹林坝后、陇川县南宛河3个代燃料项目的省级验收工作。镇康县、红河县小水电代燃料示范县试点建设有序推进，镇康县完成了哈里代燃料项目的建设任务。

（闵磊）

【水利改革】 2015年，云南省水利厅圆满完成全国农田水利改革试点，得到了国务院、水利部和云南省委、省政府领导的充分肯定。云南省委、省政府《全面深化农村改革总体方案》和《深化水利改革专项方案》得到有效落实，水价改革、水利投融资、水资源管理体制、参与式水利建设与管理、水利安全发展体制机制改革扎实推进，做到改有所进、改有所成。

农业水价综合改革试点全面完成；推进财政资金在水利发展中的资本化运作；完善公共财政水利投入政策，执行按土地出让收入的5%计提专项水利建设专项资金、重大水利基金等水利投入政策，形成公共财政对水利的持续稳定投入机制。2015年全省高效节水灌溉项目引入社会资本达1.85亿元。完成了对州（市）落实最严格水资源管理制度进行年度考核；积极推进水务改革，2015年，全省已有11个州（市）进行了水务改革。支持农民群众、专业合作组织、专业大户、各类企业等投资农田水利设施建设、运营和管理，形成社会力量多元化参与农田水利设施建设、运营和管理的新格局。健全重大水资源管理工作的群众有序参与、有效监督机制，进一步在各类调水工程、跨界水源工程中结合移民安置、环评等公众参与开展试点工作。

（闵磊）

【工程管理】 2015年，云南省水利厅按照水利部的要求，全面完成水利工程管理的各项任务。

(1) 2015年，列入《云南省小（2）型病险水库除险加固项目规划》的2 208座一般小（2）型项目、2014年新增规划外的562座小型病险水库除险加固项目，主体工程基本完工，面上工作进入扫尾阶段。

(2) 依据《云南省大中型水库安全监测及水情自动化系统规划设计报告》，与州（市）、县、水库等相关单位具体研究开展试点工作的步骤措施，分析破解试点工作中可能存在的困难问题，确保试点工作正常开展。2015年，文山壮族苗族自治州初步设计方案已通过专家评审，临沧市完成招投标工作，普洱市实施方案于12月底编制完成。

(3) 严格落实公益性、准公益性工程人员经费及维修养护经费，2014年下达实施的360件维修养护项目已基本完成，完成中央补助资金5 700万元，省级补助资金5 000万元，带动地方自筹及社会投资超过5 000万元。下达2015年度中央维修养护资金5 756万元，涉及358个公益性水利工程项目。编制完成2015年度省级维修养护项目计划5 000万元；提前下达2016年度中央维修养护资金5 000万元。

(4) 组织各州（市）尽快实施2014年度下达的106个水库干支渠防渗连通工程项目；兼顾高效节水灌溉项目，下达2015年度干支渠项目74个，统筹各级各部门多渠道投入资金，共计完成干支渠防渗工程1 945.837km，超额完成2015年云南省政府工作报告确定的1 000km的干支渠防渗工程建设任务。

(5) 根据《水库大坝安全鉴定办法》有关规定，对玉溪市易门县大谷厂水库、红河州红河县俄垤水库、临沧市沧源县勐董水库等6座中型水库率先完成的《大坝安全评价报告》进行省级鉴定，并通过了《水库大坝安全鉴定报告书》。经水利部建管司委托大坝中心组织专家进行了现场复核，6座水库均为三类坝。现已按照相关程序开展前期工作。另指导保山市昌宁县河西水库开展灾后大坝安全评价，近期进行省级鉴定。组织开展水库大坝注册登记和复查换证工作，按照水利部要求，全省已完成新增和已注册水库进行注册换证工作。

（闵磊）

【水资源节约与保护】

1. 水资源节约

(1) 计划用水，加强管理。

1) 落实节水优先，突出节水型社会管理机制建设。贯彻落实《全面实施〈云南省节约用水条例〉》和《云南省人民政府关于加强节水型社会建设的意见》（云政发〔2014〕71号），逐步建立省级节水型社会管理机制，建立健全节水型社会管理联席工作制度。

2) 推进计划用水、定额用水和计量用水管理，全面按照水利部《计划用水管理办法》，按分级负责职责，组织推进年度计划用水下达和用水总结制度，加强区域和重点用水户的计划用水管理。按水利部统一部署，组织推进农业用水取水许可清理工作，建立农业用水计量与统计管理体系。

3）配合共青团云南省委开展节水护水志愿服务活动，面向全省发起“人人节水、志愿先行”的倡议，大力推进节水型社会建设。

4）面向全省广泛开展“节水、爱水、护水”宣传工作，任命云南省水利水电学校黄代宗等4人为“云南省节水宣传形象大使”。

5）配合水利部，摸底调研云南省非常规水源开发利用情况，并提交报告。参加全国非常规水源开发利用情况研讨会议。

（2）建立机制，抓好示范。

1）将节水型单位纳入文明单位评选条件，将创建节水型单位相关内容纳入文明单位测评体系，作为创建文明单位的考核内容。

2）建立健全重点用水户监控和节水型单位考核评定工作机制，加强节水型单位创建活动，联合云南省政府机关事务管理局制定节水单位评定标准，完成省级第一批35家节水型单位考评工作。对达标单位实行“以奖代补”支持节水工作，建成一批“制度完备、宣传到位、设施完善、用水高效”的节水型单位，带动全省各级各类公共机构加强节水管理和技术改造，引导全社会提高节水意识，推进节水型社会建设。

3）发挥昆明市、丽江市等节水型城市的示范带动作用；加强曲靖市、玉溪市国家级节水型社会示范建设；推进安宁等5个省级示范县建设。编制、完善试点实施方案，完成方案评审，推进滇中缺水城市非常规水资源利用试点示范工程建设。

4）推进典型行业水平衡测试工作和农业灌溉用水效率利用系数试点监测工作。通过连续3年对比试验研究，提出各类作物建设灌溉制度及其田间灌溉水有效利用系数成果，为提高农业用水效率，全面推行用水定额管理及考核提供科学依据。

5）加强组织研究，基本确定了全省2020年用水效率控制指标。

2. 水资源保护

（1）完成全省水资源保护规划。组织了昆明市、普洱市、玉溪市、丽江市、保山市、大理市、文山壮族苗族自治州、红河州、西双版纳州、临沧市等10个州（市）开展全省20个清水城镇、清水乡村、清水湖库、清水河道试点工作。协调推进了普洱、丽江、玉溪等3个全国水生态文明城市，腾冲、富宁、盘龙、勐腊、弥勒、临翔等6个省级水生态文明城市建设试点，其中，普洱市大中河水库思茅坝区引水工程和丽江市丽江坝区水资源循环利用（再生水）提水工程已获水利部资金支持。丽江和玉溪两市水生态文明城市建设试点实施方案均通过了水利部组织的评审，已上报云南省人民政府待批。印发了腾冲、富宁、抚仙湖流域片区、弥勒市、临翔区等5个省级第一批试点实施方案评审意见。盘龙、勐腊、弥勒、临翔等4个省级第二批水生态文明建设试点的实施方案编制基本完成。

针对丽江坝区出现的水危机，启动了化解丽江坝区水危机实施方案、丽江生态水网建设规划的编制，及时向云南省委、省政府主要领导上报了丽江水危机的报告。启动了洱海入湖河道综合整治试点河流实施方案的编制，已完成工作大纲。完成9个国家级重要饮用水水源地2014年度安全保障达标建设评估，评估报告已上报水利部。编制完成了云南省集中式饮用水水源地安全保障达标建设实施方案。

（2）全面推进国家重要饮用水水源地和部分县级以上城市集中式供水水源地达标建设，完成9个国家级重要饮用水水源地2014年度安全保障达标建设评估，评估报告已上报水利部。编制完成了云南省集中式饮用水水源地安全保障达标建设实施方案，实现了国家级、省级水功能区、集中式饮用水水源地全覆盖监测。全省县城以上水库型集中式供水水源地达标建设，纳入了水管单位督查检查考核管理。（闵磊）

【水利科技】 云南省水利厅按时向水利部组织申报2016年有关云南的重大科技项目。云南省水利科学研究院申报的《滇中高原特色节水农业水肥高效利用技术研究与示范》项目正式获云南省重点新产品开发计划立项支持，项目总经费413万元。2015年省水利厅有部省在研项目6项（部4项、省2项），省水利厅科技项目立项10余项，总经费610万元。围绕可持续发展水利和民生水利的科技需求，科研项目更加紧密地围绕水利中心工作，更加直接地惠及民生，特别在农村水利方面，围绕“作物需水测算、农业水肥高效利用与节水减排、农业节水模式与效益评价”三个方面开展研究，取得一批实用成果。2015年，云南省水利水电勘测设计研究院一项目获科技进步二等奖，为2008年后又一次获二等奖。

以提高水利实用技术水平与服务管理能力为目标，开展了乡镇水利站所长培训班；以落实水利工作方针政策为重点，开展了县（市）水利局长培训班；以基层有培养潜力的水利专业技术人员和乡镇水利员为对象，开展了水利技术骨干培训班；同时开展了水利部石漠化项目管理培训班。4期共培训500余人。

按照水利部与越南和湄公河委员会报汛的相关协议和水利部国科司的安排，严格履行相关报汛协议规定工作内容，2015年圆满完成了对越、对湄公河委员会的国际报汛任务。（闵磊）

西藏自治区

【概况】 2015年西藏水利深入贯彻落实党的十八大

和十八届三中、四中、五中全会精神以及中央第六次西藏工作座谈会精神，全年建设项目205个，完成投资74亿元，超出年初计划的48%，圆满完成水利部"三项指标"任务。高标准编制完成"十三五"规划，启动300余个项目前期工作，储备项目200余项，资金量达80亿元。水利重点领域改革不断深化，初步建立了权力清单、责任清单和负面清单制度。最严格水资源管理制度有效落实，"三条红线"逐渐被各级政府接受，启动水生态文明建设和水生态补偿机制试点。实施水利精准扶贫，大骨节病区水质安全受到更多关注，资金项目向偏远、边境、高海拔地区倾斜力度进一步加大。

【水政】 配合自治区法制办完成《西藏自治区抗旱条例》(送审稿)，印发执行《西藏自治区人民政府关于调整水资源费征收范围和标准的通知》和《西藏自治区水土保持补偿费征收标准和使用管理办法实施细则》，编制《2015年西藏自治区水行政执法监督检查工作方案》，对全区26个县37个涉及水力发电、专用水文站建设、水保工程等重点项目开展专项执法监督检查工作。

【水资源管理】 落实最严格水资源管理制度，西藏自治区2014年实行最严格水资源管理制度工作通过国家考核。印发了《西藏自治区取水工程（设施）验收管理办法》，向自治区人民政府呈报《西藏自治区水利厅关于〈西藏自治区2015年度实行最严格水资源管理制度考核办法〉的请示》，安排部署全区7地（市）考核工作。西藏国家水资源监控能力建设项目通过国家项目办技术评估，配合开展全区2015年度取水许可和计划用水监督现场检查。完成10项建设项目水资源论证报告书现场复核、评审和6个取水工程（设施）验收。办理4个取水许可延续审批。那曲地区水生态文明城市试点方案经自治区人民政府批复，成立了建设工作领导小组。仲巴、察雅及安多三县水生态补偿试点工作正式启动并下达2015年补偿项目资金，上报2016年度项目及2016—2018年全区水生态文明河湖水系连通项目库，赴内地参加水生态文明试点城市考察学习活动。

【水利规划】 编制完成《西藏自治区水利发展"十三五"规划》，启动"十三五"重大水利建设项目前期工作，配合水利部调研组完成对宗通卡水利枢纽、易贡湖综合治理等6个重大水利骨干工程以及"十三五"援助阿里水利发展实地调研。湘河水库可行性研究报告通过水利部技术审查并上报自治区发改委。雅鲁藏布江、澜沧江、怒江3条流域综合规划完成技术审查，帕隆藏布、玉曲河、察隅曲流域综合规划上报水利部，完成32条重要河流流域综合规划编制。水工程建设规划同意书制度严格执行，编制完成《西藏自治区农村水电发展"十三五"规划》《西藏自治区水电新农村电气化"十三五"规划》和《西藏自治区农村电力发展"十三五"规划》，50条中小河流水能资源规划通过审查并上报水利部，2015年计划新开工项目前期工作全部完成，2016年建设项目完成可研批复41个。

【基本建设】 自治区"十二五"规划的19个涉水项目全部开工建设，全年建设项目196个，其中续建项目81个，新开工项目115个，完成投资74亿元，是年初计划的148%。拉洛水利枢纽及配套灌区工程、雅砻水库等一批重点项目加快建设，旁多水利枢纽大坝主体工程完工，发电引水系统全部建成并投入使用。拉洛水利枢纽及灌区配套工程累计完成投资15.5亿元，"一江两河"综合开发、重点灌区续建配套、小型农田水利基础设施建设加快推进。

【防汛抗旱】 2015年西藏水利集中精力抓防汛抗旱工作，会同有关部门编制印发了防汛抗旱工作方案，强化水库蓄水，广辟抗旱水源，深入基层调研和指导抗旱工作。积极安排部署防汛抗旱工作，先后16次召开防汛抗旱视频会议，并签订防汛抗旱责任书，派出17个工作组分赴各地（市）检查指导防汛抗旱工作，加强防汛抗旱物资储备，为有效应对后期可能出现的旱涝急转奠定了良好基础。水利抗震救灾取得阶段性重大胜利。"4·25"地震发生后，按照自治区党委、政府和抗震救灾指挥部的统一安排部署，第一时间派出了4个工作组赶赴震区抢险救灾，启动三级应急预案，自治区、市、县水利部门三级应急联动，共派出1 600多人次技术人员赶赴灾区开展安全隐患排查，紧急调运1 500多万元防汛抗旱物资支援地震重灾区，以最快速度抢通了灾区近4 000个临时帐篷安置点的用水和用电，保障了几十万灾区群众的饮水和用电安全。

【农田水利】 2015年全区重点灌区续建配套、小型农田水利基础设施建设加快推进，农田有效灌溉面积达到345万亩。安排牧区水利建设资金2 000万元，实施牧区试点饲草灌溉项目4个，草场灌溉面积2.03万亩。强布水库及配套灌区工程等3项工程完成投资6 960万元。遴选了第七批中央和自治区财政小型农田水利重点县、专项县建设项目9个，总投资1.13亿元，对第一、二、三、四批的重点县、专项县进行了自治区级验收。2014年安排的5项重点灌区工程完成投资7 583.1万元，江北灌区完成投资1.9亿元，协同有关部门联合出台了《西藏自治区农牧民建筑施工队伍管理办法》，优先选择农牧民施工队伍承担水利工程建设任务。

【水土保持】 颁布实施《西藏自治区水土保持补偿费征收使用和管理办法实施细则》，征收水土保持补偿费 2 550万元。山南、林芝市实现征收“零的突破”。先后组织 3 次大规模水土保持专项监督检查，检查重点项目 162 个，对 52 个项目进行“回头看”，约谈了 3 个建设单位，项目覆盖 7 地（市）、64 个县（市、区）。生产建设项目水土保持“三同时”制度落实情况明显好转，审批水土保持方案报告 168 项，大中型项目编制水土保持报告书实现全覆盖。水土保持监理、监测工作逐步落实。完成 34 个项目水土保持专项验收，其中，重点公路项目首次进行水土保持专项验收，填补了历史空白。水土保持 2014 生态建设项目全面收尾，2015 年项目完成投资 2 654万元。2016 年项目前期工作完成概算批复，储备投资 1 亿元。“十三五”水土保持规划通过专家评审，西藏自治区中长期水土保持规划完成初步成果。

【城乡供水】 开展农村饮水工程现状与需求调查工作，组织专班编制农村饮水“十三五”规划，率先启动各县编制农村饮水提质增效“十三五”规划。启动西藏农村饮水安全工程水质检测中心建设项目，总投资 5 279万元，建设农村饮水安全工程水质检测中心 15 个，其中县级 8 个，地（市）级 7 个。寺庙供水验收方面，按照《西藏自治区寺庙饮水安全工程竣工验收管理办法（试行）》要求，启动寺庙供水验收工作，完成拉萨市、日喀则市、山南地区、昌都市、那曲地区的自治区级验收工作。昌都市卡若区俄洛镇饮用水源地综合整治工程、卡若区加卡新城区饮用水源地综合整治工程完成投资 3 613万元。

【农村水电】 2015 年全区农村水电建设项目完成投资 9.56 亿元，其中无电地区电力规划项目完成投资 9.27 亿元，增效扩容、农村电气化县及小水电代燃料项目完成投资 0.33 亿元。无电地区电力建设工程自治区下达投资 15.6 亿元。水电新农村电气化建设项目贡觉县布堆水电站完成投资 1 000 万元。全区 4 地（市）14 个县 25 座水电站为增效扩容改造项目，项目总投资 6 441万元，其中中央补助资金 2 324万元，自治区配套资金 2 790万元，自筹 1 327万元。全区 57 条中小河流水能资源规划报告通过审查并上报水利部。完成《西藏自治区农村水电发展“十三五”规划》《西藏自治区水电新农村电气化“十三五”规划》和《西藏自治区农村电力发展“十三五”规划》并上报水利部和国家能源局。边坝、洛隆、丁青 3 县的农村水电管理体制改革试点工作成效显著，形成了《关于发电成本的调研及对规范发供电市场的建议》。

【工程管理】 制订《西藏自治区水利厅关于严格工程招标投标管理工作的意见》等规章制度，调整水利工程评标专家 184 人。截至 2014 年年底，在西藏自治区建设工程交易中心共完成 178 项各类水利工程建设项目招标投标工作，交易额达 46.14 亿元。对江北灌区结巴水库、雅砻水库、恰央水库、强布水库进行专项检查，将拉萨市林周县和山南地区贡嘎县作为改革试点单位。印发《西藏自治区水利厅 财政厅关于深化小型水利工程管理体制改革的实施意见》，积极推进昌都市作为代建制试点工作，对厅直属单位项目和投资超过 5 000万元的水利项目进行了竣工验收。申请到位 2014 年度中央财政补助中西部地区、贫困地区公益性水利工程维修养护经费 1 348.89万元。下达 2015 年度中央补助资金 2 405万元。完成 2014 年度旁多、多布水电站工程农村移民后期扶持人口核定登记成果，申请了 2015 年大中型水库移民后期扶持结余资金 163 万元用于林周虎头山等 8 座水库库区和移民安置区基础设施建设。对项目法人实行备案制，积极推进全区水利建设市场主体信用信息管理工作和信誉档案工作，对进藏参与水利建设市场的施工监理单位及招标代理机构进行备案，并及时在西藏水利网发布，2015 年在藏水利施工企业资质备案 153 家，备案招标代理机构 35 家，在藏水利监理企业资质备案 36 家，在藏水利设计资质备案 11 家，设备供应企业 7 家。完成了中央防汛抗旱物资拉萨仓库项目社会稳定风险评估报告、自治区饮用水水源地监控体系建设一期工程社会稳定风险评估报告、湘河水利枢纽及配套灌区工程社会稳定风险评估报告等 10 个项目社会稳定风险评估报告审查工作。做好全区水利工程建设领域拖欠工程款和民工工资专项排查工作。

【科技与教育】 开展了“雅鲁藏布江水资源近期开发利用涉外对策研究”工作，完成了“藏东南水灾害危险性评估及减灾对策研究”和“西部高寒地区水利工程裂化防护措施研究”，完成了水利部行业公益项目“西藏典型冰湖溃决机理研究及水灾害风险评估”和“948”项目“西藏高原水利工程深覆盖层勘探新技术引进”的结题验收，完成了《西部高寒地区水利工程劣化防护措施研究》和《拉萨市工业用水调查》等 11 项重点项目科研和报告编撰，申报自治区重点科研项目 2 项。

陕 西 省

【概况】 2015 年，在经济下行压力加大形势下，陕西省全年累计完成水利投资 245 亿元，为年度目标任务的 102.1%，较 2014 年增长 5.6%。“十二五”全省累计投资达到 1 050亿元，是“十一五”的 3.5 倍，保障了水利建设的资金需求，为全省促投资、稳增长作出了积极贡献。全年改造新修基本农田 51 万亩，为年度目标任务的 102%；农村饮水投资 15.5 亿元，建成各类饮水工程 3 033处，有效解决农村安全饮水人口 1 230万人的目标；治理水土流失面积 6 636.4 km^2，为年度目标任务的 102%。全年建设淤地坝 1 027座，为年度目标任务的 103%；全年新建国家水利风景区 3 家，省级水利风景区 8 家；全省实现水产品产量 17.6 万 t、渔业经济总产值 65.1 亿元。渔民纯收入从 2014 年度的 1 万元增加到了 2015 年度的 1.3 万元，全面超额完成了“十二五”期间渔业持续增效、渔民持续增收的各项预定目标。继续加大水产品质量安全专项督查检查和执法，全年组织开展各类水产苗种 151 批次，合格率为 98%以上。 （王青）

【水政】 2015 年，陕西省水利厅研究制定了《2015 年全省水利系统依法行政暨水政工作要点》，同时制定出台了陕西省水利厅《关于全面加强水利法治建设的实施意见》。组织力量开展了水利厅权力清单和责任清单清理编制工作，保留了行政权力 259 项。按照简政放权要求和执法重心下移的改革方向，下放给市（县）水行政主管部门行政权力 31 项。向水利部和陕西省委政研室报送了 2014 年度参评调研报告，《关于丹江口库区水行政综合执法的思考》被评为水利部优秀调研报告。组织相关人员对“十二五”水利政策法规实施情况进行了全面调研，完成了《关于陕西省水利政策法规体系建设和深化水利改革问题研究》报告，在此基础上，编制完成了《陕西省“十三五”水利政策法规建设规划》。制定下发了陕西省水利厅《2015 年深化水利改革工作要点》。同时，为切实抓好《2015 年深化水利改革工作要点》的贯彻落实，制定了《2015 年深化水利改革任务分解落实方案》。开展了非行政许可事项清理工作，对水利厅 4 项非行政审批项目提出了具体的清理意见。加快行政审批项目办理进度，全年共受理行政许可申请 21 项，办结 16 项，并及时在陕西水利网上公示了受理和办理情况。2015 年年初，提出了水利厅 2015 年度立法计划，其中《陕西省地下水管理条例》列入陕西省人大立法审议项目，《陕西省取水许可和水资源费征收管理办法》列入陕西省政府立法调研计划。3 月 18 日《陕西省实施〈抗旱条例〉细则》通过陕西省政府 2015 年第 3 次常务会议，自 5 月 1 日起施行。《陕西省地下水管理条例》于 2015 年 11 月 19 日陕西省人大常委会第 23 次会议审议通过，自 2016 年 4 月 1 日起施行。组织对陕西省水保局起草的拟以陕西省财政厅、省发改委、省水利厅名义联合下发的《陕西省水土保持补偿费征收使用管理办法》（送审稿）进行了合法性审核，提出了合法性审核意见。对中央和省级转来的《农田水利条例》《陕西省消防水源管理规定》《西咸新区条例》等 15 部有关法律法规草案征求意见稿，进行了认真研究，提出了修改意见和建议，有效维护了法制的统一。按照陕西省法制办的统一安排，在水利厅直系统进行了新版陕西行政执法证件执法人员法律培训考核和申办工作，共培训执法人员 419 人。全年共计为全省水政监察人员办理执法证件 350 余个。对 2014 年度水行政执法案卷评查情况进行了通报，对 11 份优秀和良好案卷进行了表彰。 （王青）

【水资源】 2015 年，陕西省各行业实际用水量 91.16 亿 m^3，比 2014 年增加 1.35 亿 m^3。其中，农业灌溉用水量 57.95 亿 m^3，占总用水量的 63.57%，比 2014 年增加 0.09 亿 m^3；工业用水量 14.22 亿 m^3，占总用水量的 15.59%，比 2014 年增加 0.20 亿 m^3；居民生活用水量 13.26 亿 m^3，占总用水量的 14.55%，比 2014 年增加 0.51 亿 m^3；城镇公共及生态环境用水量为 5.73 亿 m^3，占总用水量的 6.29%，比 2014 年增加 0.55 亿 m^3。全省“三条红线”控制指标全面完成，制度建设和措施落实相比 2014 年有较大进展，在 30 个省（自治区、直辖市）中获得第 12 名，位于西北地区第 1 名的较好成绩。截至 12 月底，全省累计征收入库水资源费 6.14 亿元，完成年度计划的 120%，较 2014 年增收 7.7%。 （王青）

【水利规划】 2015 年，按照《陕西省国民经济与社会发展第十三个五年规划纲要》的总体部署，编制完成了《陕西省“十三五”水利发展规划》初稿。为贯彻《中共中央 国务院关于加快推进生态文明建设的意见》精神，落实陕西省委、省政府“尽可能聚集水、留住水、涵养水，形成良好的水生态，让水资源真正成为造福人民群众的宝贵财富”的重大战略部署，按照陕西省副省长冯新柱主持召开的专题会议要求，省水利厅于 2015 年 10 月及时启动了《全省水系规划》编制工作，计划 2016 年 6 月将完成规划报告。按照水利部的统一要求，陕西省水利厅于 2014 年 2 月全面启动了全省治涝规划编制工作。该规划对指导全省加快推进大规模的涝区治理工程建设提供重要依据。截至 2015 年年底，全省治涝规划报告已编制完成并上报水利部和水规总院平衡汇总审核。《引汉济渭输配水干线工程总体规划》已经陕西省政府同意，由陕西省发改委和省水利厅联合印发。《陕西省水中长期供求规划》初稿已编制完成，正在与全国规划成果协调衔接。《陕西省水资源保护规划》编制完成，初步成果已报相关流域机构和水利部汇总。《陕西省小型水库工程建设总体实施方案》编制完成，已报送水利部参与全国汇总。 （王青）

【重点水源工程建设】 2015 年，陕西省在建重点工程有引汉济渭调水工程、东庄水库枢纽工程、洞河水库工程、云镇水库工程等 4 个。

引汉济渭调水工程是将汉江水穿秦岭调入渭河流域，向关中大中城市和工业园区供水的跨流域调水工程，年调水量15亿m^3。2015年4月30日水利部批复了《陕西省引汉济渭工程初步设计报告》（水总〔2015〕198号）。经陕西省政府同意，9月7日，陕西省发改委、水利厅联合印发了《引汉济渭输配水干线工程总体规划》，为输配水干线工程尽快开工建设奠定了基础。11月，水利部水利水电规划设计总院在西安召开会议对《陕西省引汉济渭二期工程项目建议书》进行了审查。

东庄水库是一座以防洪减淤为主，兼顾供水、发电及改善生态环境的大（1）型水利工程，也是渭河流域重点治理的骨干防洪工程。2015年1月，泾河东庄水利枢纽工程可行性研究报告编制完成并报送国家发改委、水利部。7月3日，泾河东庄水利枢纽工程可行性研究报告通过了水利部水规总院技术审查。12月设计单位按照审查意见完成可研报告补充修改。同时，陕西省水利厅及时安排部署23项专题专项研究工作，组织开展防洪减淤、岩溶渗漏等8项技术专题研究，取得重大技术突破，解决了多年来困扰东庄水库的泥沙、坝址地质及开发任务三大技术难题。同时编制完成了可研审查要求的全部16个前置要件。

洞河水库工程位于安康市汉阴县境内汉江二级支流洞河下游，洞河水库最大坝高65.5m，总库容4 506万m^3，扩灌农田3.31万亩，补灌农田0.19万亩，年向村镇和企业供水2 273万m^3，坝后式电站装机容量3 430kW，年发电量827万kW·h。2015年，陕西省发展改革委以陕发改农经发〔2015〕1159号文批复了洞河水库工程初步设计，工程进入全面建设阶段。

云镇水库位于镇安县境内乾佑河一级支流县河，水库总库容950万m^3，碾压混凝土重力坝最大坝高75.5m，年向城镇供水427.4万m^3，烟田灌溉供水量为553.8万m^3。2015年2月商洛市发展改革委以商发改发〔2015〕44号文批复了《镇安县云镇水库工程初步设计报告》，工程进入全面建设阶段。

（王青）

【农田水利建设】 2015年，陕西省各级党委和政府带领广大干部群众和水利职工，大搞农田基本建设，抓紧基本农田项目实施，取得了显著成绩，全年新修改造基本农田51万亩，占任务50万亩的102%。2015年省补小型农田水利建设项目计划于5月下达，共计划新修基本农田5.5万亩、改造提高基本农田2.3万亩、建设小型水利设施382余处、衬砌改造渠道（含暗管）446.8km、新增灌溉面积2.78万亩、改善灌溉面积4.89万亩。此项目总投资2.68亿元，截至2015年年底，已完成项目建设任务的70%，预计2016年4月全面完成建设任务。2016年省补小农水项目申报指南已于2015年8月下发各县（市、区），争取及早安排全省2016年省补小农水项目建设。2015年年底已建成基本口粮田21.61万亩，完成投资16 554万元。2015年口粮田项目建设任务的投资计划于7月中旬下发各市，共涉及7市50个县（区），计划全省建设口粮田为54.55万亩，中央专项投资27 275万元。2015年，全省主要实施已批复的2015年度小农水项目和2014年度小农水项目的收尾，共涉及第四～七批的62个小农水重点县、项目县及44个第一、第二批中央统筹资金农田水利建设项目，全年共完成项目投资11.35亿元，占年度计划9.5亿元的121.4%。共改造衬砌各类小型渠道1 005km，建成机井等“五小水源”工程7 089处，建设高效节水灌溉面积65万亩，年度总体建设任务超额完成。全年争取落实2015年新增第七批小农水项目县建设指标9个、2016年新增第八批项目县建设指标36个，共争取2015年中央财政小农水专项资金5.88亿元，2016年中央财政小农水专项资金7.75亿元，较2014年增长31.8%，协调落实了2015年省级财政配套资金3.57亿元，初步落实2016年省级财政配套资金2.24亿元，使2016年全省小型农田水利建设项目达到了64个。

（王青）

【防汛抗旱】

1. 防汛 2015年陕西省汛期降雨过程7次，汛期全省面平均降雨量376mm。累积降雨量陕北62～477mm，关中92～772mm，陕南145～967mm，43条河流64站出现洪峰196次，其中有9条河流9站出现超警戒洪峰13次，2条河流2站出现超保证洪峰2次。汉江支流冷水河出现50年一遇实测最大洪水，汉江支流子午河、渭河南山支流大峪河分别出现实测第2大洪水。汛期，全省9市59个县（区）391个乡镇83.01万人不同程度受灾，紧急转移4.58万人，山洪泥石流造成17人死亡、11人失踪；农作物受灾面积7.238万km^2，成灾面积4.326万km^2，绝收面积1.116万km^2，减产粮食631万t；停产企业39家，铁路中断2次，公路中断582条次，供电中断89条次，通信中断40条次；损坏堤防321处101.24km，损坏护岸18处，损坏水闸5座，损坏机电井22眼，损坏机电泵站1座，损坏水文设施5个。直接经济损失18.14亿元。

陕西省防总年初针对气候变化和厄尔尼诺现象影响，认真研判面临的复杂形势。全省落实县级以上行政责任人3 569人、技术责任人3 299人，修编防汛应急预案1 881个，落实应急抢险队伍4 130个、17.8万人，巡查队伍2 288个、11.3万人，储备防汛抗旱物资1.4亿元，全面检修维护防汛监测预警和指挥通信设备。气象水文部门加强监测预报预警，省水文局7次发布洪水预报、31次发布水情预警。省防总坚持每日汛情日报，22 次组织汛情会商，29 次发出通知安排，实时跟踪防范措施落实，对大的过程及时进行评估总结。省防总先后 8 次抽查了市、县（区）486 次、乡镇 364 次、单位 96 次的防汛值班。汛期，全省 49 个县通过山洪灾害监测预警平台，发布预警 1 153次，发送短信 37 万条，启动无线预警广播 4 835次，提前撤离 2.827 万人，解救洪水围困人员 1 260人。

2. 抗旱　2015 年，全省共发生两次干旱：一是冬春连旱，二是局地夏伏旱。冬春连旱时间自 2014 年 12 月下旬至 2015 年 3 月底，持续 3 个多月时间，主要发生在关中的渭南、西安、咸阳、宝鸡等冬麦区，旱情最重时全省作物受旱面积达 340 万亩次，均为轻旱，全省有 1.03 万人饮水受到影响，旱情等级为轻度干旱；夏伏旱主要发生在 6 月下旬至 7 月底，主要集中在陕北两市及渭南、咸阳、宝鸡局地，旱情呈现“插花旱”的特点，关中地区作物均为轻旱，陕北地区出现中重度干旱及干枯现象，7 月底夏伏旱发展到高峰期，全省作物受旱面积达 531 万亩，其中，中旱以上 205 万亩，干枯 1.5 万亩，缺墒 21.5 万亩，进入 8 月上旬降雨旱情有所缓解，但榆林、渭南地区仍有部分作物受旱，全省有 3.72 万人饮水受到影响。冬春连旱对粮食生产影响不大，没有形成一定的灾情，夏粮生产与历年相比稳中有升；夏伏旱对陕北地区杂粮作物造成一定的灾害损失，但对粮食主产区秋粮作物产量影响不大，与 2014 年相比，秋粮主产区产量稳中有升。全省农作物累计受旱面积 871 万亩，受灾面积 300.09 万亩，成灾面积 148.28 万亩，绝收面积 20.18 万亩，粮食因旱损失 26.76 万 t，经济作物因旱损失 9.27 亿元，其他行业因旱经济损失 2.41 亿元，干旱造成全省直接经济总损失 18.03 亿元。累计有 4.75 万人、0.21 万头大牲畜因旱临时饮水困难。

国家防总高度重视陕西省旱情及抗旱工作，多次派出工作组检查指导。在冬春旱期间，支持 3 000万元专项抗旱经费用于全省抗旱减灾。陕西省防总 3 次下发通知，10 余次会商研判，密切关注旱情发展趋势，科学指导旱区各地积极抗旱减灾。旱区各级党委、政府把抗旱减灾作为阶段性中心工作，主要领导深入一线，靠前指挥，组织带领广大干部群众积极行动，全力确保旱区群众饮水安全和粮食丰收。省防总在抗旱期间共派出 6 个工作组 20 余次深入旱区检查指导，并协助省财政厅及时下达 4 800万元抗旱资金支持旱区抗旱减灾及抗旱设备购置。为增强旱区群众抗旱灌溉意识，多次在陕西省广播电视台、陕西省电视台等主流媒体对抗旱工作进行宣传报道。全省 13 个大中型灌区积极发挥抗旱主力军作用，抓旱动快，充分利用抗旱水源组织抗旱灌溉。全年全省累计灌溉作物 2 026万亩次（其中冬春连灌 1 076万亩次，夏灌 950 万亩次），大中型灌区抗旱灌溉 1 160万亩次，占全省灌溉面积的 57.3%。　（王青）

【水土保持】　2015 年以来，陕西省共治理水土流失面积 6 636.4km^2，占计划任务的 102%。全省重点项目共下达资金 14.46 亿元，其中，中央投资 8.11 亿元，省级投资 2.80 亿元。特别是 2015 年 2 月 13—16 日习近平总书记在延川县梁家河水土保持示范园考察调研时指出：“淤地坝是流域综合治理的一种有效形式，既可以增加耕地面积、提高农业生产能力，又可以防止水土流失，要因地制宜推行。”这是习近平总书记十八大以来，首次针对水土保持工作作出的重要指示，充分体现了总书记对水土保持事业的高度重视和关心支持，极大地鼓舞了全省水土保持干部职工，也为陕西省水土保持工作指出了新的方向。

2015 年，编制完成了《陕西省黄土高原地区淤地坝建设（2016—2035 年）总体规划》和《陕西省黄土高原地区淤地坝建设“十三五”规划》。全年建设淤地坝 1 027座（骨干坝 34 座，中型坝 354 座，小型坝 639 座），占计划任务的 103%，其中，新建 83 座，加固维修 944 座。完成总投资 8 784.15万元，总库容 12 891.77万 m^3。切实搞好病险淤地坝认定和除险加固初步设计编制工作，共完成除险加固初步设计 700 座。据统计，全省累计投资近 2.3 亿元，开展了 460 座病险淤地坝除险加固，有效提高了工程防洪标准，促进了淤地坝工程的运行安全。5 月，对汉中、安康、商洛 3 市 18 县（区）的第四批 30 条小流域实施方案进行了技术审查。各项目县抢抓秋冬治理的有利时节，完成水土流失治理面积 1 061.2km^2，占年度计划任务的 85%；完成总投资 41 952.44万元，占年度计划任务的 81%。2015 年，国家水土保持重点建设工程投资规模再次扩大，中央投资达 2.25 亿元，增长幅度为 34%。全年共下达治理任务 654.98km^2，总投资 3.25 亿元，落实省级配套资金 4 263万元，涉及 27 个县 28 个项目区 59 条小流域。全年共完成治理面积 552.72km^2，占年度计划的 84.39%；完成中央投资 18 411万元，占计划的 82%。坡耕地项目中央投资由 1.3 亿元增加到 1.4 亿元，全年完成坡改梯 51.86km^2，占计划任务的 83.55%，完成总投资 1.38 亿元，其中完成中央投资 11 460万元，占计划投资的 82%，均超额完成目标任务。按照考核指标要求，结合水土保持重点工程布局，将 200 条小流域建设任务分解到“丹治”工程、坡耕地工程等各类水土保持重点工程项目中，进一步落实领导、资金、技术力量，确保治理效果和水平。据统计，200 条重点小流域综合治理全面完成，共治理水土流失面积 1 798.00km^2。3 月 30 日，联合陕西省财政厅、省物价局、省地税局、中国人民银行西安分行发布了《陕西省水土保持补偿费征收使用管理实施办法》，从

2015 年 5 月 1 日起正式施行。截至 11 月底，全省煤油气水土保持补偿费通过地税代征达 10.68 亿元。10 月 15 日，下达了 2015 年补偿费使用项目计划，全省总投资 35 478万元，其中省级投资 21 368万元，涉及项目 202 个，治理水土流失面积 330.46km²。（王青）

【库区移民】 2015 年，全年共下拨大中型水库移民后期扶持直补资金 3.6 亿元，项目资金 1.2 亿元。审查批复了大中型水库移民后期扶持、小水库后期扶助、中央应急资金，中央结余资金、库区基金及省级应急资金，累计安排项目 2 531个，中央、省级投资 6.98 亿元。扎实推进第一批 6 个县（区）避险解困试点工作，13 个安置点中 9 个已完成住房和配套基础设施建设，4 个正在进行安置住房建设，361 户 1 403人已迁入新居，218 户 796 人已签订安置协议或购房合同，2015 年年底前完成搬迁。积极与水规总院协调沟通，完成了东庄水库移民安置规划大纲的技术审查工作，并顺利通过了水利部和陕西省联合审批。同时，提早部署移民安置规划编制工作，并已通过了水规总院的技术审查。组织完成了西安李家河水库工程下闸蓄水阶段移民安置验收。为使搬迁移民早日享受国家后期扶持政策，对延安市南沟门水库移民 2 388人进行了严格核定，并上报水利部，现已纳入后期扶持范围。编制完成了《陕西省大中型水库移民后期扶持政策实施情况监测评估手册》，完成了 2014 年 37 个县（市、区）监测评估成果的验收汇总上报工作，并下发了整改通知。同时部署完成 2015 年 25 个县（市、区）的监评任务。2015 年计划共下达小型水库移民后期扶助资金项目 5 大类 124 个项目，总投资 2 360.6万元。全年共接待移民群众来信来访 46 人次，比 2014 年下降 54%，对于符合政策的均妥善解决，不符合政策或不属于水库移民管理范畴的给予了详细政策解释，有效维护了移民群众的合法权益。

（王青）

【城乡供水】 2015 年，陕西省城乡供水工作全年完成总投资 21.3 亿元，其中，农村饮水投资 15.5 亿元，县城供水投资 5.8 亿元，建成一大批城乡供水工程并相继投入使用，全省城乡群众的饮水安全条件得到了根本改善。

1. 农村饮水 2015 年，全年农村饮水投资 15.5 亿元，建成各类饮水工程 3 033处，有效解决了 253 万农村居民和学校师生的饮水安全问题，分别超国家下达解决 212 万人目标的 19%和陕西省委、省政府确定解决 220 万人目标的 15%。“十二五”期间，全省累计解决了 1 429万农村人口的饮水安全问题，分别超国家规划目标（1 161万人）268 万人和全省规划目标（1 230万人）199 万人，实现了“十二五”规划任务圆满收官，如期兑现了党和政府对人民群众的庄严承诺。全年共组织完成了 3 100多个项目前期设计和审查批复。同时，提早谋划 2016 年项目前期工作，5 月下发了《关于做好农村饮水安全项目前期工作的通知》。全年共落实中央和省级资金 11.79 亿元，满足了项目建设资金需求，保证了工程建设顺利实施。同时，于 2 月 11 日、12 日先后分解下达了中央和省级专项资金计划，涉及总投资 14.82 亿元，建设各类工程 3 033处，可解决 253 万农村群众的饮水安全问题。先后深入 10 市 50 多个县（区）开展调查研究，形成了《加快推进农村饮水安全工程建设，如期兑现政府对人民群众的庄严承诺》《陕西农村饮水安全工程发展现状及对策思考》和《陕西农村饮水工程现状与需求调查》等 3 篇调研报告，为编制“十三五”发展规划提供了科学依据。同时，在认真总结“十二五”经验成效的基础上，4 月召开了“十三五”规划编制布置会议，编制形成了《全省农村饮水安全巩固提升“十三五”规划》（初稿）。全年复核检查了 48 处省批项目，完成了 11 处省级项目竣工验收。各地共完成 3 000多处项目竣工验收，为工程顺利交付和良性运行奠定了基础。全年新增县级专管机构 3 个，新出台运行管理办法 19 个，新建立维修养护基金制度 4 个。高起点配置、高质量完成了 74 个县级水质检测中心建设，并于 4 月和 10 月先后举办了 3 期培训班，对 416 名水质检验人员进行了操作技能培训。至此，全省 104 个县级水质检测中心全部建成投入运行，在全国率先实现了县级水质监测网络全覆盖。

2. 县城供水 2015 年，全年完成县城供水投资 5.8 亿元，新增设施供水能力 7 万 t。乾县“引羊济乾”、凤县第二净水厂等一批骨干工程建设，进一步提高了县城供水保证率。截至 2015 年年底，全省 85 个县（区）的县城供水设施供水能力达到 158.4 万 m^3/d，供水人口达到 617 万人，年供水量 2.63 亿 m^3，行业年经营收入 7.55 亿元。组织编写了《陕西省“十三五”县城供水设施建设规划》，明确了“十三五”县城供水设施建设和运营管理目标任务。全年共审批 2014 年度县城供水省级财政专项资金项目实施方案 25 个，并组织开展了 2015 年度省级财政专项资金项目实施方案审查工作。协调陕西省财政厅下达了 2015 年度县城供水省级财政专项资金项目建议计划，计划总投资 3.3 亿元，其中省级专项资金 2 亿元，共涉及 41 个县（区）的县城供水水源、水厂及管网建设。配合陕西省发改委下达了 2015 年度县城供水项目省级预算内基建资金 8 900万元，共涉及 18 个县（区）的县城供水设施建设。联合国家水质监测网西安检测站开展了 30 个县城供水水质检测工作，通过对出厂水、管网末梢水进行严格检测，受检水厂出厂水水质合格率为 99.58%，管网末梢水水质合格率为 97.17%，水质基本符合国家水质安全标准，实

现了国家要求“三年内完成县城供水水质督查任务”的目标。（王青）

【农村水电】　2015年，全省全年发电量39.6962亿kW·h，年平均利用小时2 866h。全年发售电收入124 871万元，上缴税金6 803万元，固定资产1 052 268万元。全省新增农村水电20处，76 942kW。全省农村水电站累计679处，总装机容量达到1 385 054kW。严格执行《关于小水电站并网有关问题的通知》，杜绝建设程序不合法、验收程序不完善、安全生产运行不符合要求的水电站并网运行。农村水电无功考核问题已解决，农村水电上网电价从4月20日起得到上调，平均上调1.5分，上网价格达到0.325元/(kW·h)，全省农村水电年产值增加6 000余万元。按照水利部要求，编制完成了《陕西省“十三五”水电新农村电气化规划》，为“十三五”做好了项目储备。全年共争取中央补助资金3 250万元。“十二五”14个水电新农村电气化县共新建电站54处，技改29处，新增装机容量33.46万kW，新增年发电量9.5亿kW·h，完成投资38.3261亿元，其中中央预算内投资1.321亿元。在项目法人自评、县级复评、市级审核的基础上，陕西省水利厅与省财政厅在4月联合对全省2013—2014年实施的50处增效扩容改造工程逐项目、逐指标、逐内容定性定量分析，进行了全省增效扩容改造项目绩效评价工作。50处改造项目建设及财务管理规范，配套资金足额落实，质量及安全管控到位，所有项目均实现了既定改造目标，达到或超过了预期效果，在财政部、水利部组织的全国农村水电增效扩容改造绩效评价中再次被评为“优秀”等级。（王青）

【水利科技】　2015年，全省全年共组织申报省部级水利科技计划项目10项。开展了2014年度省级水利科技项目实施方案、任务书审查签订及计划资金下达工作，共下达省级补助资金1 330万元；开展了2015年度省级水利科技计划项目征集、评审、任务书签订及计划下达工作，其中36个项目通过评审，25项列入2015年度科技项目计划，获批省级财政资金850万元。开展了2016年度省级水利科技计划项目的征集、评审和计划上报工作。争取到水利部科研及推广项目3项。争取到陕西省科技厅科学技术研究发展计划项目6项，获补助资金203万元，获批项目数和资助资金均达历年之最。全年共申报省质量技术标准项目计划5项。其中《主要水产品种标准》《用水总量统计规程》《水功能区达标考核技术规程》3项列入陕西省质量技术监督局地方标准制修订项目计划。完成3项水利行业技术标准的编制工作，其中《水土保持经济林营造技术规范》（DB61/T 948—2014）、《行业用水定额》（DB61/T 943—2014）已由陕西省质量技术监督局批准执行。全年共组织开展6项科技计划项目的验收。鉴定科技成果2项，完成省级科技成果登记2项。其中“大鲵资源保护与开发技术研究”项目成果达到国内领先水平，“陕西省水土保持监测关键技术研究与应用”项目成果总体达到国际先进水平。“陕西省水土保持监测关键技术研究与应用”获2015年度陕西省科学技术奖二等奖。完成了《陕西省水利科技“十三五”发展规划》编制工作。在对“十二五”期间水利科技工作进行总结的基础上，提出了“十三五”期间需开展的96项科研和32项水利科技推广项目，规划总投资3.17亿元。（王青）

【水利经济】　2015年，陕西省水利厅直单位共完成水利经济总收入143 135万元，占全年目标任务92 000万元的155%。全面超额完成了年度目标任务。全年共实现供水、发电、水利水电建筑施工、勘测设计等非农灌经营收入134 791万元，占全年目标任务87 481万元的154%，同比增长6%。

全年陕西省水利厅直五大灌区冬、春灌期间墒情较好，春灌用水与往年持平，但进入夏灌以来，气温偏高，底墒不足，灌溉用水量较往年增加5个百分点。据统计，全年全省五大灌区共完成斗口引水量53 899万m^3，同比增长5%，占全年目标任务35 900万m^3的150%；实现农灌水费收入8 344万元，同比增长6%，占全年目标任务5 709万元的146%。厅直单位非农灌收入实现134 791万元，城市供水收入7 252万元，发电收入6 426万元，建筑施工收入87 572万元，勘测设计收入23 226万元，监理咨询收入9 758万元，物资供应、渔业、水利旅游等其他经营收入9 648万元。厅直石头河、桃曲坡两单位共完成城市及工业供水量10 227万m^3，占全年目标任务7 000万m^3的146%；实现供水收入7 252万元，占全年目标任务3 780万元的191%。全年水利厅直单位共完成上网发电量20 731万kW·h，同比增长−8%，占全年目标任务14 500万kW·h的142%；实现发电收入6 426万元，同比增长−8%，占全年目标任务4 450万元的144%。下降的主要原因是二、三季度关中大部分地区出现夏伏旱，降雨量相比较少，河源来水少，发电用水不足。2015年，厅直单位共实现建筑施工收入87 572万元，同比增长33%，监理咨询收入9 758万元，同比增长6%，勘测设计收入23 226万元，同比增长2%，其他经营收入9 648万元，同比增长15%。全省全年新建国家水利风景区3家，省级水利风景区8家，全省省级以上水利风景区累计达61家，其中国家水利风景区32家。全省水利风景区年接待游客1 900多万人次，部分精品景区高峰期日接待游客达11万人次。实现经营性收入2.1亿元，旅游综合收入37.2亿元，利润3 665万元。全省共有水利风景区从业人员5 293人，其中在编正式职工 1 771人，安置社会就业 3 522人。

（王青）

【水利渔业】 2015 年，陕西省渔业工作完成水产品总产量 17.6 万 t，渔业经济总产值 65.1 亿元，分别超额完成全年目标任务的 17.3%和 30.2%，分别高出 2014 年度 1.1 万 t 和 3.6 亿元。全省共产销淡水鱼苗 10.23 亿尾，虾类鱼苗 71 万尾，大鲵苗 635.8 万尾，良种覆盖率达到 60%以上。

按照陕西省政府要求，编制并经陕西省政府审核公示渔业权责清单 45 项，公共服务事项 1 项，并逐一列出了责任事项、责任流程表和运行流程图。扎实开展了“打非治违”、清理“绝户网”、设定“禁渔期”和水产品质量安全整治等专项执法行动，专项行动共出动渔政执法人员 15 000余人次，查处非法捕捞及电、炸、毒鱼案件 250 余起，收缴销毁违规网具 1 500张（套），电鱼设备 230 台（套），没收违法渔船 70 只。制定了《2015 年陕西省水产品质量安全监督管理工作方案》，印发了《陕西省水产品质量安全重点工作安排的意见》，签订了《水产品质量安全目标责任书》。配合农业部完成产地水产品例行抽检 80 个样品，合格率 100%。本省产地水产品例行抽检 240 个样品，合格率 97%。各市（县）产地水产品定性检测总样品 2 000多个。截至 2015 年年底，全省已完成无公害产地认定 78 个，无公害产品认证 200 多个，认证面积 7 000多 hm^2，全省已建省、市级渔业园区 80 多个，专业合作经济组织 200 多个，健康养殖示范场 60 多个。组织对 5 个水生生物自然保护区增殖放流珍稀濒危物种大鲵 21 400尾，在渔业重要水域放流经济鱼类 944 万尾。在继续做好鲤春病毒血症（SVC）专项监测工作基础上，对新增加的虹鳟病毒病（IHN）监测工作扎实部署，全年共采集样品 30 个。认真开展渔业病害测报、预警工作，通过对全省 28 个测报县（区）、66 个测报点、3.76 万亩养殖面积的渔业病害开展为期 8 个月的测报。加强和控制渔业疫病和污染事故，全省共检疫各类水产苗种 151 批次、6.4 亿尾，合格率 98%，超年度计划任务 128.6%。出具增殖放流水产苗种检疫报告 10 余次。

（王青）

甘 肃 省

【概况】 2015 年，甘肃省下达各类水利项目投资计划 154 亿元，较 2014 年增长 35%，再创历史新高；完成投资 131 亿元，有效发挥了投资拉动作用，为稳增长作出了积极贡献。解决了 180.56 万农村人口和 26.08 万学校师生的饮水不安全问题，农村自来水普及率达到 80%，完成高效节水灌溉面积 7.33 万 hm^2，新修梯田 8.48 万 hm^2，治理水土流失面积 2 057km^2，新增农村水电装机容量 11.57 万 kW，全面或超额完成了甘肃省政府、水利部确定的目标任务。按照甘肃省委省政府对新常态下大规模水利建设的部署和要求，研究起草了《甘肃省“6363”水利保障行动方案》，经省委常委会议审议后省政府印发实施，计划自 2015 年起用 6 年时间实现水利在建规模 3 000亿元，构建“六大体系”，实现供水安全、防洪安全、水生态安全“三大目标”，从根本上扭转水利建设明显滞后的局面。

（李国荣）

【水政】 按照甘肃省政府关于建立“三张清单一张网”的工作部署，积极开展行政职权清理工作，梳理出 82 项行政权力及责任清单，向社会公布。大力推进简政放权，结合实际下放了饮水安全、农田水利、水土保持等项目审批权限，行政许可事项减少 1 项。全面宣传贯彻新修订的《甘肃省水土保持条例》和《甘肃省河道管理条例》，不断规范生产建设项目水土保持、涉河建设项目行为。强化水行政执法，依法查处水事案件 1 207件。《甘肃省农村饮用水供水管理条例》经省人大颁布，自 2016 年 1 月 1 日起施行，将农村饮水纳入法制化管理轨道。

（李国荣）

【水资源】 2015 年全省总供水量 118.6043 亿 m^3，其中地表水工程供水 88.5377 亿 m^3，占 74.6%；地下水工程供水 27.6972 亿 m^3，占 23.4%；其他水源供水 2.3694 亿 m^3，占 2.0%。全省总用水量 119.1663 亿 m^3，其中生产用水 110.7739 亿 m^3（其中第一产业用水 96.1919 亿 m^3，第二产业用水 11.5793 亿 m^3，第三产业用水 3.0027 亿 m^3），占 93.0%；生活用水 5.2552 亿 m^3，占 4.4%；生态环境用水 3.1372 亿 m^3，占 2.6%。加快实施最严格的水资源管理制度，覆盖全省的用水总量、用水效率、水功能区限制纳污“三条红线”控制指标体系全面建立。万元工业增加值用水量为 63m^3，万元 GDP 用水量为 175m^3，重要江河湖泊水功能区水质达标率达到 73.2%，均实现国家控制指标之内。建成了国家水资源监控能力项目和黄河水量调度甘肃子项目，全省 70%以上取水许可水量纳入实时监控体系。

（李国荣）

【水利规划】 完成了“十二五”规划总结评估、“十三五”规划思路报告编制、重点项目筛选、面上项目梳理上报等工作，根据《甘肃省委关于制定国民经济和社会发展第十三个五年规划的建议》和《甘肃省国民经济和社会发展第十三个五年规划纲要》，研究制定了《甘肃省水利发展“十三五”规划》和防洪减灾、病险水库（水闸）除险加固、农村饮水安全巩固提升等 15 个专项规划。编制完成了甘肃省中央预算内固定资产水利投资和江河湖库水系综合整治财政专项资金三年滚动规划并上报水利部。先后配合黄河水利委员会、长江水利委员会和水利部水利水电规划设计总院，完成甘肃省重大水利工程项目的筛选、审核工作；结合甘肃省政府印发的“6363”水利保障行动，完成全省面上水利项目的梳理和上报工作。

（李国荣）

【基本建设】 (1) 重点水利工程。引洮一期工程建成投入运行，甘肃中部地区123万群众吃上了干净甘甜的洮河水。列入国家172项节水供水重大水利工程范围的引洮供水二期、黄河甘肃段防洪工程分别于8月6日、10月10日开工建设，是近年来甘肃省前期工作推进最快、立项建设时间最短的两个项目，水利部给予充分肯定。靖远双永供水和古浪黄花滩水利骨干工程已通水运行，开始发挥效益。会宁北部供水、引洮入渭、引洮济合、积石山引水、天水市城区供水等区域性水资源配置工程按计划加快推进。

(2) 重点流域治理。石羊河流域重点治理项目提前5年实现远期规划目标，民勤蔡旗断面平均年下泄水量保持在2.5亿 m^3 以上，青土湖形成了 $22km^2$ 的季节性水面，地下水位埋深小于3m的旱区湿地面积达到 $106km^2$。敦煌水资源合理利用与生态保护项目年度任务基本完成，月牙泉周边地区水位下降趋势减缓。

(3) 病险水库（水闸）除险加固。列入国家和省级规划的4座中型、20座小（1）型、50座重点小（2）型和56座一般小（2）型病险水库除险加固项目全部完工。新出险的疏勒河双塔水库已开工建设，高台县小海子中型水库已完成初设批复，12座小（1）型水库已全部开工建设，完工11座。列入全国规划的37座大中型病险水闸已全部批复，安排实施项目35个，主体工程基本完成。

(4) 中小河流、江河主要支流治理。加快推进41个中小河流治理项目和15个江河主要支流治理项目，年度建设任务全面完成，治理河长695km，修建堤防751km，有效保障了沿河居民和农田防洪安全。

(5) 抗旱防汛专项项目。完成2013—2015年度山洪灾害调查评价、非工程措施补充完善、重点山洪沟道治理及2014—2015年度130处抗旱引调提工程建设任务，13个洪水风险图编制项目和国家防汛抗旱指挥系统二期工程甘肃省项目建设进展顺利。

（李国荣）

【抗旱防汛】 2015年天时总体平稳，水旱灾害损失较轻，全省旱情主要发生在冬季和夏秋季两个时段，造成40.4万人饮水困难，农作物受旱面积89.35万 hm^2。汛期全省共出现8次局地强降水过程，造成33.64万人受灾，农作物受灾面积2.72万 hm^2。年初，印发了抗旱防汛工作安排意见和工作要点，向社会公示了48座大中型水库、38段重点河段和5座重点防洪城市的安全责任人，提早安排部署抗旱防汛工作。干旱高峰期，实行旱情信息动态管理，采取“四级联报”和周报制的方法，加强旱情分析预测；及时派出工作组赴旱区指导检查抗旱减灾工作，各级投入大量人力物力保人饮、保灌溉，累计解决了29.14万人的临时饮水困难，完成春灌38.53万 hm^2、夏灌98.67万 hm^2、秋灌62.37万 hm^2、冬灌86万 hm^2，全膜双垄沟播面积101.58万 hm^2，挽回粮食损失21.79万t。汛期，全面落实抗旱防汛责任制，坚持24h值班值守，突出强化预测、预报、预警、预防、预案“五预”能力，发送预警短信0.5万条，减淹耕地0.21万 hm^2，避免粮食损失0.55万t，保障了群众生命财产安全。

（李国荣）

【农田水利】 落实甘肃省政府批转的《关于深化农业节水建设工作的意见》，确立了高效节水工程建设与水权、水价、节水量、土地规模经营、农业产业布局、农田节水措施、农村合作组织及小型水利工程产权制度改革相结合的工作思路。坚持先建机制、后建工程，建立以建促管、以管促建、建管结合的高效节水建设管理新机制，加快推进河西走廊高效节水灌溉、陇中东南部特色农业产业高效节水灌溉“两个示范区”建设，累计发展高效节水灌溉面积7.33万 hm^2，年新增节水能力4亿 m^3，实现了农业节水和农民增收的双赢。完成了4处重点中型灌区节水改造、11个大型泵站更新改造、7个牧区和5个规模化节水示范项目，“五小水利”工程建设进度加快。

（李国荣）

【水土保持】 依托国家水土保持重点建设工程、国家水土保持农业综合开发项目和中央预算内水土保持重点工程建设，整合其他部门生态建设任务，完成水土流失综合治理面积2 $057km^2$，水土流失治理程度达到27.38%。组织47个重点县（区）开展标准化梯田建设，完成建设任务6.69万 hm^2。 （李国荣）

【城乡供水】 甘肃省政府将饮水安全列为“1+17”精准扶贫头号方案，省水利厅瞄准2015年解决180万人、2017年前解决建档立卡的1 107个贫困村118万人的饮水安全问题两大攻坚目标，扎实推进精准扶贫饮水安全支持计划的落实。共投入资金19.9亿元，建成集中供水工程1 101处，场窖式供水工程2万余处，区域水质检测中心88处，解决了180.56万（规划内126.58万人，藏区规划外新增13.49万人，省内自筹资金解决规划外40.49万人）农村人口和

26.08万学校师生的饮水安全问题，农村自来水普及率达到80%，群众生产生活条件得到明显改善。

（李国荣）

【农村水电】 完成了40座农村水电增效扩容改造项目验收工作。安排实施的6个水电新农村电气化建设项目、5个小水电代燃料项目基本建成，全省新增农村水电装机容量11.57万kW。（李国荣）

【工程管理】 出台了《关于加强全省水利工程建设管理的指导意见》《关于加强全省水利工程建设项目招标投标行政监督工作的意见》《关于加强中小型水利工程建设管理防范廉政风险的实施意见》，严格项目建设法人责任制、招投标制、监理制、合同制“四制”管理，切实规范全省水利工程建设管理工作。派出4轮57路工作组蹲点驻守14个市（州）和2个厅属单位，开展了水利建设项目督查工作，有力促进水利工程建设进度和质量安全管理。制定印发了《甘肃省水利建设示范创建活动方案》，围绕水土保持综合治理、农村饮水安全工程建设运行管理、农业高效节水灌溉等10个主题20个示范点开展示范创建活动，充分发挥点上经验的示范引领作用，推进水利建设管理水平整体提升。建立了诚信红黑名单和守信激励失信惩戒机制，完善了市场主体不良记录发布制度，维护良好的水利建设市场秩序。（李国荣）

【水利改革】 坚持以投融资改革添活力、以水权改革奠基础、以水价改革增动力、以水管改革促激力和“项目搭台、改革唱戏”的改革思路，推进各项措施落实，各项试点任务圆满完成。

（1）投融资改革。甘肃省水投公司于2014年3月底组建后，充分发挥改革示范引领作用，在多渠道筹措水利建设资金、创新水利建管体制机制、推动水务一体化发展等方面迈出关键步伐、取得显著成效，成为水利改革发展的先行者和助推器。2015年8月，省水利厅与省农发行签署了2 000亿元的战略合作框架协议；10月，联合省发改委、财政厅下发了《关于创新投融资机制加快水利工程建设的实施意见》。

（2）水权改革。加快落实最严格的水资源管理制度，以用水总量刚性约束指标，倒逼开展水权改革。疏勒河流域全国水权制度改革试点稳步推进，水资源确权发证、交易平台建设等工作有序推进。为配套推进改革，甘肃省在疏勒河灌区开展了农业用水实行超定额累进加价改革工作。

（3）水价改革。国家确定的凉州、民勤、民乐、高台、白银5县（区）全国农业水价综合改革试点工作全面完成，5县（区）农业水价在原水价基础上平均提高了50%以上，其中高台、民乐提高了1倍，达到成本水价。2015年年底，研究选择安排金塔、甘州、永昌、榆中、靖远5县开展省级农业水价综合改革。遵照国务院办公厅2号文件，研究起草了《关于推进农业水价综合改革的实施方案》，已上报甘肃省政府。

（4）水管改革。全省建管站、质安站、抗旱服务队覆盖到县，基层水利站覆盖到乡。18.8万个小型水利工程明晰了产权，占到总数的98%。凉州、白银、武都3个全国农田水利产权制度改革和创新运行管护机制试点工作稳步推进，陇南市小型水利工程产权制度改革全面推开。

（5）国企改革。深入贯彻落实甘肃省委省政府关于推进国企改革的决策部署，成立了领导小组，制定了厅属企业深化改革的指导意见和一企一策工作方案。坚持分类推进，理顺政企关系，增强企业活力，改革任务基本完成。

甘肃省各项水利改革工作取得了阶段性成效，积累了有益经验，得到了国家的高度重视和关注。汪洋副总理作出重要批示：“要在可复制可推广的区域复制推广”。水利部工作组专程到甘肃省调研，形成了4个专题调研报告，在全国农田水利改革现场会上进行了交流。（李国荣）

【科技与教育】

1. 科技 加大水利科技项目申报实施力度，20个项目列入水利部、甘肃省科技计划；编制下达了2015年度全省水利科研项目计划，组织开展了水利科技项目年度检查、科普调查、科研成果评审奖励等工作，9个项目获得省科技进步奖、22个项目获得水利科技进步奖。制定了《甘肃省水利技术推广与服务专项资金使用管理办法》，编制完成了《“十三五”水利科技发展规划》。

2. 教育 按照中央和甘肃省委的统一部署，组织水利厅系统295名县处级以上党员领导干部扎实开展“三严三实”专题教育，紧密结合水利工作实际，专题研究拟定了实施方案，举办了3个专题6次研讨会，广泛征求意见，深入查摆问题，召开高质量专题民主生活会，细化制定了40条整改措施，立说立行、即知即改，用实际行动践行严实要求。认真学习贯彻《中国共产党廉洁自律准则》和《中国共产党纪律处分条例》，集中举办了10场次主题宣讲大会，做到了党员全覆盖，切实强化了“四个必须”“八个规范”“六大纪律”的刚性要求。举办了甘肃省乡镇水利站（所）长培训班，培训人员80余名。组织水利厅系统263名处级干部和处以下公务员完成了以贯彻落实“四个全面”“坚持依法行政，提升公共管理能力”“发展循环经济理论与实践”为主题的远程网络培训。

（李国荣）

青 海 省

【概况】 2015年，在青海省委省政府的坚强领导下，全省广大水利干部职工奋发有为，真抓实干，水利改革发展成效显著、亮点纷呈，为“十二五”完美收官增添了新彩。全年共落实各类水利投资66.02亿元，其中中央投资23.36亿元，省级投资34.56亿元（含过桥贷款10亿元），地方自筹及社会投资8.1亿元。省级资金较2014年增长3.7亿元，其中下达地方债券资金8.8亿元，再创历史新高。 （王绒艳）

【重点工程】 (1) 引大济湟调水总干渠全线贯通并试通水成功。调水总干渠是引大济湟的“龙头”工程，由引水枢纽、引水隧洞、出口明渠3部分组成，为大(2)型水利工程。调水总干渠隧洞全长24.17km，隧洞洞径5m，设计流量$35m^3/s$，工程总投资15.86亿元。

(2) 湟水北干一期干渠主体全面建成，石头峡、扎毛水库建成蓄水，蓄集峡水利枢纽、黄河干流防洪工程开工建设，黄河沿岸4大水库灌区、马什格羊等8座中小水库、湟水河等3条重要支流、17项中小河流治理项目加快实施。 （王绒艳）

【规划及前期工作】

1. 规划工作 ①编制完成青海省水利发展“十三五”规划，并于2015年12月30日通过第9次青海省水利厅党组会研究审议。②青海省水资源综合规划（报批稿）、青海小型水库规划修编报告及实施方案已通过厅技术评审中心审查，并组织对小型水库规划环评进行了技术咨询。③柴达木盆地水资源配置、湟水南岸水利扶贫灌溉、三滩引水生态治理等3大工程规划初稿已完成，并通过水规总院组织的技术论证。

2. 前期工作 ①贵德拉西瓦水库灌溉工程可行性研究报告、初设已批复，工程开工建设。②青海省黄河干流防洪、蓄集峡水利枢纽工程国家立项审批，工程开工建设。③湟水北干渠扶贫灌溉二期、引大济湟西干渠项目建议书国家发改委已批复，可行性研究报告水利部完成审查后报送国家发改委。④那棱格勒河水利枢纽项目建议书已通过国家发改委评估。⑤诺木洪水库项目建议书通过黄委复核，编制完成了哇洪水库可行性研究报告。⑥西纳川中型水库和尕干、东吾羊、满坪3座小型水库及湟水河、格尔木河、澜沧江3项河道治理工程可行性研究报告经青海省发改委批复，部分工程已开工建设。⑦编制完成了泽林峡、柏木峡、和日、羊倌沟、下水磨沟、大麦沟、浩门等水库可研报告，其中曲卜藏、浪加已审待批，其余水库已审查。⑧通天河、布哈河、岷江流域班玛县3项河道治理工程可研报告已通过水利厅技术审查中心审查。⑨三岔河水库项目建议书已编制完成。⑩大通河、隆务河及泽曲河2项河道治理工程完成可研报告批复，初设已审待批。⑪格尔木市农场灌区引水枢纽水闸重建工程可研报告已审待批，黄河源水电站除险加固工程可研报告已通过审查。⑫完成了柴达木盆地水资源配置、“三滩引水”生态综合治理、湟水南岸水利扶贫3项重大水利工程项目建议书。 （王绒艳）

【饮水安全】 2015年积极向水利部、青海省省发改委、青海省财政厅等部门汇报，共落实各类农村水利项目投资17.65亿元，及时分解下达了省内分解投资计划，为大规模农村水利建设提供了资金保障。①落实农村牧区饮水安全工程总投资9.53亿元，其中，中央预算内5.27亿元，省级配套3.98亿元，地方自筹0.28亿元。②落实农田水利项目投资8.12亿元，其中，中央投资5.29亿元，省级配套资金2.68亿元，地方自筹0.15亿元。③全面完成青海省农村牧区饮水安全“十二五”规划剩余10.9万人的工作任务，统筹解决藏区特殊原因新增33.9万人饮水不安全问题。采取的主要措施如下：

(1) 牢牢把握“适应新常态”“水生态文明建设”和“深化水利改革”的工作主线，加强项目前期工作，加大汇报衔接工作力度，细化工作措施，强力推进工程进度。突出调查研究，加快简政放权。饮水安全工程和农田水利工程进一步下放审批权限，减少审批环节，缩短审批时限，提高了办事效率。

(2) 提出科学的符合实际的农村牧区饮水安全、大中型灌区续建配套与节水改造、草原节水灌溉示范、小型农田水利重点县、规模化节水灌溉增效示范等项目的年度建设计划。

(3) 切实强化饮水安全工程的督导检查工作，配合水利部督导组完成了4个季度的督导检查工作，对存在问题及时整改，并将每期整改情况上报水利部。

(4) 印发了《关于全面加强2015年度农村水利工作的通知》，制定了《青海省农田水利工程维修养护资金使用管理办法》，有力推进了工程建设和管理工作。

(5) 组织开展农村饮水安全县级水质检测能力建设工作。按照《青海省农村饮水安全水质检测能力总体建设方案》，督促各市（州）完成了县级水质检测能力建设项目实施方案审查审批，并全面落实了办公场所、运行经费和专业人员配备。 （王绒艳）

【灌区续建配套及节水改造】 2015年改善灌溉面积2.21万hm^2，发展高效节水灌溉面积1.07万hm^2，其中农业综合开发中型灌区节水配套改造项目改善灌溉面积3 473.33hm^2；小型农田水利重点县项目改善灌溉面积 1.56 万 hm^2，牧区节水灌溉示范项目改善草原灌溉面积 1 753.33hm^2；规模化节水灌溉增效示范项目改善灌溉面积 1 240hm^2，发展高效节水灌溉面积 1 240hm^2；发展高效节水灌溉面积 8 946.67hm^2；设施农业水利配套项目发展高效节水灌溉面积 473.33hm^2。（王绒艳）

【水土保持生态建设】 2015 年共落实各类水土保持建设资金 22 535.38万元。其中小流域综合治理建设资金 13 918万元，基本口粮田建设资金 1 400万元，祁连山生态保护和建设资金 2 800万元，水土保持监测资金 131.2 万元，长岭沟绿化管护费 14.4 万元，开发建设项目资金 4 271.78万元。完成水土流失治理面积 233.46km^2，其中坡改梯 3 056 hm^2，造林 8 951.29hm^2，封禁治理 10 959.14hm^2，种草 380hm^2；建成谷坊 188 座，田间道路 129.22km，排水沟 76.66km。青海省水土保持局被黄委授予"'十二五'期间黄河流域（片）水土保持监督执法先进集体"称号。

1. 重点工程 ①新建湟中县共和乡等 4 项国家水土保持重点工程，续建民和县北山乡坡耕地水土流失综合治理工程，建设坡改梯 3 055.6hm^2。②续建乐都区岗子沟瞿昙镇等 10 项小流域综合治理工程，新建平安区石灰窑乡处处尔沟等 3 项小流域综合治理工程。③建设基本口粮田 1 466.67hm^2。④全面开工建设祁连山生态保护与建设综合治理工程。

2. 监测预报 ①完成了青海三江源生态保护和建设二期工程生态监测等 4 个项目的水土保持野外监测和数据采集工作。②完成了青海省重点生态功能区的土壤侵蚀遥感解译工作；完成了青海省重点生态功能区生态环境监测与评估等 3 个项目的土壤侵蚀遥感专题解译技术报告。③完成了三江源生态监测综合服务水土保持分平台、青海湖流域生态环境科学数据水土保持分平台建设和数据录入工作，并正式启用。

3. 法制监督 ①继续加大监督执法力度，对水利部审批的23 个生产建设项目落实水土保持"三同时"制度情况进行了全面检查，监督检查率达到 100%。②对水利、水电、矿产、公路、光伏和风电等省级批复水土保持方案的生产建设项目进行了检查，监督检查率达到 30%。③全年督促编报生产建设项目水土保持方案 113 个，批复水土保持方案 98 个，验收生产建设项目水土保持设施 33 项，共征收省级水土保持补偿费 939.81 万元。④出台了《青海省水土保持补偿费征收标准》《青海省水土保持补偿费征收使用管理实施办法》。⑤编制完成了《青海省实施〈中华人民共和国水土保持法〉办法》（修订稿），并通过了青海省人大常委会第二十三次会议审议。

4. 淤地坝工程 ①对互助县毛尔刺沟骨干坝、连大沟骨干坝，民和县前头沟骨干坝进行了现场督导检查。②对病险淤地坝进行了认定及初设工作。核查认定 162 座中型以上病险淤地坝，各项目县已经完成初步设计 54 座。③对全省淤地坝工程按照运行、非汛期、汛期等不同要求不定期开展安全生产检查，确保了淤地坝安全度汛。

5. 长岭沟建设 ①完成 2015 年度春季造林面积 520 亩，栽植行道树 600 株。②完成 2016 年春季造林 500 亩的整地任务。③开展了长岭绿化区病虫害防治和新造林地灌溉等绿化抚育工作。④开展了长岭水土保持监测点的观测工作。⑤完成了城郊生态清洁型小流域构建技术的推广应用项目验收工作。

6. 宣传教育 通过《中华人民共和国水土保持法》颁布纪念日、世界水日、环境日、赛马会、物资交流会等广场宣传活动，采取知识竞赛、现场宣讲、展板、现场知识讲解、手机群发公益宣传信息和发放各种宣传资料等形式，宣传水土保持法律法规。编印了中小学《水土保持科普教育知识》读本，制作了《青海小流域综合治理纪实》《生态公园、绿色长岭》宣传片。（王绒艳）

【防汛抗旱】

1. 防汛 2015 年严格落实全省各级防汛抗旱责任制，强化预测、预报、预警，有效应对了海西、海南等地的汛情灾情。建成堤防（护岸）635km，规划内病险水库除险加固任务基本完成。全年共落实防汛资金 1 700万元。其中，中央特大防汛补助费（应急度汛）1 200万元，省财政防汛抗旱应急补助费 500 万元。

2015 年汛期，省级山洪灾害监测预警平台接收雨水情信息 12 万余条，26 个县级山洪灾害监测预警平台发布内部和外部预警 1 849次，启动预警广播站 154 次，发送预警短信 14 371条，涉及相关防汛责任人 2 167人，紧急转移危险区群众 286 人，信息报送的时效性和准确率明显改善，防洪减灾效率和效益得到明显提高，有力保障了人民群众生命安全。

2. 抗旱 2015 年全省实施 17 项抗旱引、调、提应急水源工程，推广"旱地龙"应用面积 45 万亩，灾害损失明显降低。全年共落实抗旱资金 38 050万元。其中，2015 年中央特大抗旱补助费 1 500万元，抗旱引、调、提水工程建设专项补助费 6 900万元，配套资金 29 650万元。

青海省防汛抗旱办公室在春播期间购置"旱地龙"抗旱剂 45t，分发到西宁、海东、海南、海北、黄南等地的 15 个县，用于抗旱拌种播种，应用面积 3 万 hm^2。（王绒艳）

【水利改革】 2015 年青海省水利厅 245 项权、责清单全面向社会公开，接受监督。及时出台意见，强化对审批权限下放后的监管和服务，着力解决好审批事项“放得下，接得住”的问题，简化了规划内省管项目前期工作环节。提出了组建水利投融资平台框架方案，加强与省农发行、省农行的战略合作，协议融资规模达300亿元，湟水干流供水工程PPP建设模式积极推进。小型水利工程管理体制改革扩大到全省开展，全省纳入小型水利工程管理体制改革的工程5 444项，颁发产权证5 444本，产权明晰率100%。2015年完成改革工程2 464项，占总改革工程的45%，其中落实管护主体2 910个，发放管护权证2 428本，签订管护协议2 287份。18个项目县审查通过《县级国有公益性水利工程维修养护2015年度项目实施技术方案》，积极争取中央财政补助资金380万元。贵德县农业水价综合改革试点工作圆满完成。

（王绒艳）

【水利管理】 （1）印发了《2015年全省水利工程运行管理工作要点》，对全省水利管理27项具体工作进行了安排部署。督导各地积极做好秋冬季蓄水和冬灌保墒工作，全省累计完成冬灌111.9万亩，蓄水4.1亿m^3。

（2）对全省基层水利服务机构进行调研，编制完成《青海省基层水管单位基础设施现状调查报告》《关于加强基层水利服务机构能力建设的实施意见》。印发《青海省基层水管单位更新改造项目分年度实施计划》，分解下达2015年度1 000万元基层水管单位基础设施建设资金投资计划。共组建农民用水户协会248个，较2014年增加18个。

（3）完成了水利部门管理的153座水库大坝的注册登记和复查换证工作。汛前、汛中对50余座重点水库安全管理责任制落实、规章制度健全、隐患排查及处置、汛期调度运行、安全生产等进行检查和指导。

（4）依法对省管3家采砂厂进行了年审换证工作，积极调处涉河水事纠纷2件。汛前、汛中、汛后对黄河、湟水河等省管河道的重点河段及各州（市）、县管河道重点河段进行巡查和执法情况督查，全年累计巡查派员78人次，行程4 000余km。

（5）最大限度发挥东大滩水库的综合效益。春季抗旱调水540万m^3，有效缓解下游旱情；汛期调洪13次，拦蓄洪水890万m^3，有效缓解下游防洪压力。2015年发电上网236.7万kW·h，蓄水2 400万m^3，全年安全运行无事故。

（王绒艳）

【农村电气化县建设和农村水电增效扩容工程】 2015年，加强与水利部和省有关部门的沟通联系，积极协调落实电气化县、农村水电增效扩容项目建设资金，全年共落实各类农电项目建设资金2 730万元。其中，电气化中央预算内投资共计650万元，省财政电气化项目配套建设资金400万元，省财政农村水电增效扩容改造配套资金1 680万元。

（1）电气化县建设。2015年，基本完成“十二五”水电新农村电气化7县10个子项目建设任务。湟中县云谷川二级水电站、大通县俄博图水电站、贵德县瓦家一级水电站改造完成，已试运行发电；同仁县羊智沟峡口水电站、囊谦县苏莽水电站正在调试并网；刚察县沙柳河镇红山村、大青麻10kV输电线路，刚察县沙柳河镇恩乃、藏贡麻10kV输配电线路，曲麻莱县约改镇长江村、巴干乡代曲村10kV输电线路已投入运行；2015年开工建设的刚察县哈尔盖10kV输电线路、曲麻莱县约改镇格欠10kV输电线路也建设完成。

（2）水电增效扩容工程。全省15座农村水电增效扩容改造项目全面开工实施。2015年计划下达省级财政配套资金1 680万元，累计下达中央补助资金5 995万元，省财政配套3 330万元。基本完成大通东风、黄西，黄南年都乎、郭末日，海西小干沟、乃吉里，诺木洪一、二级，德令哈黑石山一、二电站等项目改造工作。

（3）完成《青海省中小河流水能资源开发规划》的编制工作和技术审查并报水利部。

（4）编制完成农村水电发展“十三五”规划、“十三五”水电新农村电气化规划。规划涉及全省15个县31座水电站，其中水电新农村电气化新建项目5个，农村水电增效扩容改造项目24个，小水电代燃料分散实施项目2个。规划总投资9.38亿元。

（王绒艳）

【水资源管理】 （1）落实最严格水资源管理制度。青海省水利厅会同省直相关部门组成实行最严格水资源管理制度考核工作组，首次对各地2014年度水资源管理控制指标完成、制度建设和措施落实情况进行了综合考核，省政府通报了考核结果：优秀地区为西宁市，其他地区为良好。经核查，2014年青海省用水总量为26.3亿m^3，万元工业增加值用水量较2010年下降48.9%，农田灌溉水有效利用系数为0.47，重要江河湖泊水功能区水质达标率83.8%。“三条红线”控制指标全部实现年度控制要求。

（2）严格取水许可和水资源论证制度。下达了2015年全省用水计划，深入一线，对青海省流域、区域的取水许可情况进行详细核查，核准了青海省取水许可办证及取水量情况。其中，青海省已办理取水许可证1 268套，合计取水量327.302亿m^3；黄河流域办证832套（不含水力发电），取水量11.370861亿m^3。二是对省级发证并实行监督管理的57套取水许可证进行了核验，全年共审批水资源论证报告书9套。

（3）水生态文明建设试点工作扎实推进。西宁市以清水入城工程为依托，计划投资65.35亿元，完成投资53.20亿元。主要开展水资源管理体制建设、水文化建设、河道治理、水土保持、水源配置、民生水利等工程。

海北州作为全国唯一的水生态文明建设试点自治州，以实施青海湖湟鱼洄游通道、西海镇金银湖水生态长廊项目、湟水河源头水源水质保护、祁连县环八宝河流域水生态综合治理以及其他防洪、饮水、造林等工程为支撑，积极推进水生态文明建设，计划投资64亿元。2014年以来落实项目建设资金3.97亿元。

（4）节水型社会建设取得新突破。①西宁、格尔木、德令哈市被水利部和全国节约用水办公室授予“全国节水型社会建设示范城市”荣誉称号；省直机关事务管理局、西宁市机关事务管理局等5家机关单位获得“全省节水先进单位”称号。②西宁特钢、青海铝业、盐湖集团3家企业进入全国节水企业试点；完成《青海省用水定额》修编工作，并批准发布。

（5）健全水资源监控体系，加强饮用水源地保护工作。①对青海省3处全国重要饮用水水源地开展了监测评价，水质良好。②完成青海省水资源监控能力国控点建设一期（2012—2014年）工作任务。实现了水利部、流域机构信息平台的贯通。③编制完成《青海省节水型社会建设“十三五”规划》《青海省重要饮用水水源地保护“十三五”规划》。④组织编制了《青海省水功能区监督管理办法》《青海省入河排污口监督管理办法》《青海省用水定额管理办法》《全国重要水功能区2016年监测方案》《青海省水功能区纳污能力核定及分阶段限制排污总量报告》《青海省水资源保护规划》《青海省典型农业灌区耗水系数研究项目》等一系列办法、方案，并通过专家审查验收。

（6）协调综合治理工作有序推进。受青海省人大委托，组织省水文局、水保局、水管局分赴西宁、海东、海西、海北就饮用水源地、河道排污口、水电开发及河道采砂、水污染防治、水土保持等对生态环境影响情况和违法行为查处整改及建设项目情况进行了重点督查。按照青海省委省政府要求，抽调3名处级干部轮流进驻木里矿区，督查木里矿区综合整治工作情况。

（7）河湖健康评估工作稳扎稳打。编制完成了《青海省河流健康评估指标体系》（初稿）和《青海省湖泊健康评估指标体系》（初稿）。

（8）水资源费征收及使用取得新突破。2015年下达省级水资源费专项资金10 666万元（其中5 000万元专项用于西宁市水生态文明建设试点项目），青海省省级水资源费下达额度首次超亿元，更好地促进水资源节约、保护和管理工作。（王绒艳）

【信息化建设】（1）配合青海省防汛办完成国家防汛抗旱指挥系统青海省二期项目省级平台建设、防汛骨干网改造，协助完成青海山洪灾害预警系统二期项目的年度建设任务，完成了设备集成、IP地址分配、网络调试等工作。结合水利信息化重点应用系统建设，推进市（州）、县水行政主管部门局域网及全省水利信息网建设。

（2）加强网络信息安全防控管理，积极推进电子政务系统应用建设与维护。①加强青海水利信息网、涉密网及省级平台的安全监控。②年内投资25万元，实施了水利厅综合办公系统和水利信息网站改版工作。③对全厅非涉密应用系统和70余台工作计算机进行全面的安全检查。④进一步加大软件正版化推进工作，机关工作人员电脑正版化率达90%以上。

（3）做好水利厅（内网、外网）门户网站的维护管理，加强网站信息保障管理，全年发布和转载信息1 200条以上，制作专题3个。

（4）做好水利厅（内网、外网）网络维护工作；加强各业务系统的维护，保障正常运行；协调做好厅虚拟网通信系统的运行维护工作，完成防汛骨干网络升级、改造及网络机房环境改造。（王绒艳）

【党建和精神文明建设】深入学习领会习近平总书记系列重要讲话精神，扎实开展“三严三实”专题教育、“三基”建设。认真履行全面从严治党“两个责任”，层层签订党风廉政建设责任书，广泛开展《中国共产党廉洁自律准则》《中国共产党纪律处分条例》和廉政警示教育，引导党员干部守纪律讲规矩。加强中小型水利工程建设廉政风险防范，加大监督执纪力度。持续改进工作作风，大力推行一线工作法，厅领导班子成员集体带队深入基层，研究问题、对接项目、指导服务，激发了广大党员干部干事创业的内生驱动力。领导班子建设和干部队伍建设不断加强。水利精神文明建设深入开展，水利宣传、老干部和群团工作、美丽乡村、定点扶贫等工作取得新成效。

（王绒艳）

宁夏回族自治区

【概况】2015年，宁夏回族自治区水利工作以建设现代水利为目标，以节水型社会建设为核心，以深化改革、推进依法治水为动力，着力打造现代水利、民生水利、生态水利、廉洁水利。2015年，落实各类水利投资50.52亿元，较2014年同比增长27.4%，超额完成全年目标任务，人均争取中央水利投资名列全国前列。中南部城乡饮水安全工程超额完成年度建设任务，黄河宁夏段二期防洪工程（总投资30.03亿元）超额完成年度投资5亿元的计划任务。全区发展高效节水灌溉面积34万亩，改善灌溉面积220万亩，改造中低产田38.5万亩，建设高标准农田57万亩，旱作基本农田30万亩；治理水土流失面积1 086km^2。 （鲍旺勤）

【水政】 2015年，全区依法查处各类违法103起。依法拆除黄河河道管理范围内违规建筑物2个54m^2、湖泊和泄洪区内违法建筑物20 000余m^2。青铜峡黄河楼、中卫市二湖隧道、银川市军事博物馆等重大黄河河道管理范围内的违法建设项目依法得到及时处理。与自治区环保厅建立联动执法机制，定期组织开展入河排污口、地下水源地保护、水污染防治联合执法活动，先后否定在石嘴山、平罗县饮用水水源地建设农发项目和建设酒庄的申请，保护了水源地安全。严格按照《中华人民共和国行政复议法》的规定依法受理、按时办结行政复议案件，办理的公民诉石嘴山水务局水资源案和区水土保持案等及时给予了答复，违法和不当的行政行为及时得到纠正，依法履行职能给予了及时支持。印发《全区水利系统2015年普法依法治理工作要点》，开展纪念"世界水日""中国水周"宣传活动，水事法律法规知识进机关、进社区、进灌区、进学校、进企业、进单位、进社会组织和宗教活动场所宣传教育活动。 （史燕斌）

【水资源】

1. 水资源状况 2015年，宁夏年降水总量149.103亿m^3，折合降水深288mm，与多年平均年降水量持平，较2014年偏少21%，属平水年。其中引黄灌区年降水总量11.004亿m^3，折合降水深167mm，较多年平均年降水量偏少6.5%，较2014年偏少4.1%。

2015年，宁夏当地地表水资源量7.083亿m^3，比2014年偏少13%，比多年平均地表水资源量偏少25%；地下水资源量20.882亿m^3，水资源总量9.155亿m^3，地下水资源量与地表水资源量之间的重复计算量18.810亿m^3。

2. 水资源管理

(1) 严格三条"红线"管理。2015年全区用水总量70.3亿m^3，严格控制在红线指标以内。农业灌溉水有效利用系数达到0.501（计入冬灌为0.027）。对用水总量超过控制指标的市（县、区），采取新增用水全部通过辖区内节水措施解决，未新增用水指标。全区水功能区达标率达到75%，高于67%的目标值。

(2) 完善规划和提升能力建设。自治区人民政府以宁政函发〔2015〕164号文印发《宁夏水资源配置保障规划》。水利厅协调自治区发改委下发文件把水资源管理纳入地方"十三五"规划。组织实施了水资源监控能力建设项目一期工程，水利部已完成评估，并将银川市列入2016年水资源承载能力监控预警建设试点。 （王东）

【水利规划】

1. 进一步完善水利规划体系 全面启动《宁夏水利发展"十三五"规划》《宁夏农村饮水安全工程"十三五"规划》《宁夏高效节水灌溉"十三五"规划》等20个专项规划编制工作。加快推进《宁夏水利现代化规划》《宁夏水资源配置规划》《宁夏水生态文明建设规划》《宁夏水土保持规划》《清水河综合治理规划》等专项规划编制工作。完成水利发展"十二五"规划执行情况总结评估。配合做好自治区"三规合一"和"多规融合"相关工作。完成了对市（县、区）"多规融合"成果水利部分的4次审查。

2. 开展重点项目前期工作 黄河宁夏段二期防洪工程初步设计报告已经自治区发改委批复，已全面开工建设。盐环定扬黄共用泵站更新改造工程可行性研究报告已通过技术审查，并报自治区发改委待批。贺兰山东麓生态保护水源（跃进渠）工程初设报告已经自治区发改委批复，工程已全面开工建设。中南部城乡饮水安全连通工程各片区初步设计报告已全部批复，工程已全面开工。编制完成六盘山连片特困地区扶贫开发水资源综合利用工程实施方案，并征求了自治区发改委和市（县、区）水务局的意见，并报自治区发改委审批。

3. 加快推进项目审查审批 印发《2015年项目前期工作指导意见》和《2015年水利项目前期工作责任分工方案》，明确年度水利项目前期工作完成时限及责任。2015年审查审批项目75项、报告91个，投资额67.77亿元。 （马晓林）

【防汛抗旱】

1. 防汛 2015年汛期，宁夏共发生大范围降雨45次，局地暴雨64场，受降雨影响，红柳沟、折死沟、清水河、汝箕沟、寺口子沟、红果子沟、兵沟、水洞沟等沟道发生洪水过程达94场次。实测最大为8月8日中卫市中宁县清水河鸣沙洲水文站，洪峰流量334m^3/s，调查最大为8月8日吴忠市红寺堡区大河子水沟（红柳沟支沟），洪峰流量366m^3/s。据统计，2015年汛期因暴雨洪水共造成20个县（区）75个乡镇198个行政村11.1万人受灾，2人遇难，紧急转移安置受威胁群众980人；81间房屋倒塌，316户院落进水，死亡大家畜500头，6.9万亩农作物受灾，绝产3.2万亩；3处路基涵洞冲毁、交通中断，203km道路不同程度受损；7座中小型水库、38座水保骨干坝不同程度受损，3座泄洪闸、11座渡槽涵洞水毁严重，60.6km沟道堤防、25处护岸坍塌破坏，30.6km渠道冲刷淤积、9座泵站进水，151座灌排设施、8座水文观测设施受损、毁坏。造成直接经济损失3.44亿元，其中防洪工程损失1.51亿元。为做好2015年的防汛工作，自治区防汛抗旱指挥部及时召开全区防汛抗旱视频会议，研究部署防汛抗旱工作，调整指挥部组成人员，签订防汛目标责任书。汛期严格执行24h值班制度和领导带班制度，及时上传下达信息指令，做到了信息畅通、指令到位。全区27个市（县、区）完成预案修编，储备足量防汛物资储备，落实防汛抢险队219支。筹措各类防汛维修资金近1.2亿元，重点解决堤防老化失修、堤岸及丁坝坍塌严重以及水库坝坡老化失修、水毁严重等问题。争取中央特大防汛（防凌）补助费1 000万元、中央特大防汛补助（应急度汛）费1 200万元和自治区财政配套防汛岁修费600万元，资金计划已全部分配下达。2013年山洪灾害调查评价、非工程措施和洪水风险图项目已全部完成并通过完工验收，2014年、2015年项目已完成整体建设进度的90%。2013年、2014年两个山洪沟治理项目已完工。

2. 抗旱　2015年入春以来，宁夏气温偏高，降水偏少且时空分布不均，“十年九旱”的根本规律没有变化，多地出现严重的春夏连旱的情况，夏旱重于常年同期，农业旱情困难尤为突出。据统计，春夏连旱共造成全区农作物受旱面积182万亩，其中，重旱96万亩，干枯25万亩；草原受旱面积310万亩，65万只羊畜缺草、缺料。因旱造成全区10个县（区）、42乡（镇）、102个行政村、6.4万人、18万头大家畜、65万只羊饮水受到影响。有近2万人饮水要靠远距离拉水解决，主要分布在中部干旱带的盐池、同心、海原、红寺堡及南部山区的西吉、原州区、彭阳、隆德等县（区）。针对旱情，自治区防汛抗旱指挥部先后3次进行抗旱会商，制定应对措施；先后派出6个工作组赴旱区进行实地调研指导抗旱工作。提前制订应急调度方案和抗旱应急预案。加大抗旱应急水源工程建设力度。已建成运行的盐池、灵武等地抗旱应急水源工程在6月持续发展的旱情中成为当地群众生活、生产的“救命水”，得到当地百姓的普遍赞誉，有效缓解了全区干旱季节用水困难，维护了社会稳定。（马晓林）

【农田水利】　2015年，是宁夏连续开展农田水利基本建设“黄河杯”竞赛的第12年。一年来，全区各地以“三严三实”专题教育和自治区“从严从实抓落实，大干实干100天”活动为契机，坚持继承和创新相结合，紧紧围绕高标准农田建设、高效节水灌溉、农村饮水安全、银北百万亩盐碱地改良、中小河流治理、病险水库除险加固和水土保持生态环境建设、农田水利管理、农村水利改革等重点工作，创新机制，注重实效，创造性地推进农田水利基本建设，超额完成了年度目标任务，实现了声势规模、质量标准、综合效益的新突破。坚持以农业节水为重点，把以滴灌、喷灌为主的高效节水灌溉作为一项革命性措施，以中部干旱带和贺兰山东麓为重点，结合土地流转、种植结构调整和现代农业发展，采取项目倾斜、科技支撑、典型示范等措施，加大民间资本投入，鼓励支持家庭农场、农民合作组织和土地流转企业等新型经营主体连片发展以滴喷灌和水肥一体化为主的高效节水灌溉。抢抓时机，强化措施，全力推进银北地区百万亩盐碱地改良骨干排水沟道治理工程建设，全年完成骨干沟道治理64条339.5km，完成面上盐碱地治理12片20万亩，完成投资3.77亿元，完成计划投资2.40亿元的157%，超额完成了年度建设任务。2015年，全区农田水利基本建设共投入资金42亿元、劳力1 205万工日、机械115万台班，完成土石方2.65亿m^3，清挖整治沟渠3.75万km，整修农路2.21万km；发展高效节水灌溉面积34万亩，改善灌溉面积220万亩，改造中低产田38.5万亩，建设高标准农田57万亩、旱作基本农田30万亩，治理水土流失面积1 086km^2，建成集中供水工程44处，面上和中南部城乡饮水安全工程共解决了45.7万农村群众的饮水安全问题。与往年相比，2015年农田水利基本建设不断创新完善、升级增效。（何锋）

【水土保持】　2015年，自治区安排实施水土保持项目30个，其中，坡改梯和流域治理项目29个，新建骨干坝1座，完成水土流失治理面积1 086km^2，争取投资1.76亿元。出台了《宁夏实施〈中华人民共和国水土保持法〉办法》；拟定水土保持补偿费征收使用管理办法和标准并提交自治区政府。配合自治区人大对全区《中华人民共和国水土保持法》贯彻执行情况进行检查。自治区、市、县三级全面启动专项检查工作，共检查各类生产建设项目393项，下发整改通知书78份。全年共审查生产建设项目水土保持方案79个，批复76个，完成水土保持设施验收43个，征收水土保持补偿费1 194万元。督促各项目县严格执行项目管理规定和要求，2014年度重点工程全面完成，2015年度项目在2015年底前完成建设任务的80%以上。组织开展病险淤地坝技术认定与复核工作，完成《宁夏中型以上病险淤地坝认定核查报告》并上报水利部。2015年度国家水土保持重点工程投资计划均于6月下达，共下达总投资17 567万元，其中，中央资金11 504万元，省级配套资金3 481万元，县级配套及群众自筹2 582万元。完成《宁夏水土保持规划》《宁夏水土保持“十三五”规划》《黄土丘陵区水土流失综合治理实施方案》（初稿）等规划。（张虎威）

【城乡供水】　2015年自治区供水总量70.367亿m^3，其中，黄河水63.969亿m^3，占总供水量的90.9%；地下水5.137亿m^3，占总供水量的7.3%；当地地表水 1.074 亿 m^3，占总供水量的 1.5%；污水处理回用量 0.187 亿 m^3，占总供水量的 0.3%。在分项供水量中，农业供水量最多为 63.682 亿 m^3（包括湖泊补水 2.100 亿 m^3），占总供水量的 90.5%；工业供水量 4.353 亿 m^3，占总供水量的 6.2%；城镇生活供水量 1.667 亿 m^3，占总供水量的 2.4%；农村人畜供水量 0.665 亿 m^3，占总供水量的 0.9%。在供地下水量中，农业 1.253 亿 m^3，占地下水总量的 24.4%；工业 1.847 亿 m^3，占地下水总量的 36.0%；城镇生活 1.500 亿 m^3，占地下水总量的 29.2%；农村人畜 0.537 亿 m^3，占地下水总量的 10.5%。各行政分区供水量中，银川市最多，为 18.185 亿 m^3，占全区总供水量的 25.8%；吴忠市次之，为 17.050 亿 m^3，占 24.2%；中卫市 11.784 亿 m^3，占 16.7%；石嘴山市 11.003 亿 m^3，占 15.6%；农垦系统 7.318 亿 m^3，占 10.4%，其他（包括劳改农场、学校、企事业单位等）2.091 亿 m^3，占 3.0%；固原市为 1.546 亿 m^3，占 2.2%；宁东 1.390 亿 m^3，占 2.0%。工业和城镇生活取水量最多的是银川市，分别为 1.029 亿 m^3 和为 0.959 亿 m^3，分别占总取水量的 23.6%和 57.5%；农业和农村人畜取水量最多的是吴忠市，分别为 16.178 亿 m^3 和 0.199 亿 m^3，分别总取水量的 25.2%和 29.9%。（朱迎胜）

【农村水电】 中宁泉眼山水电站是宁夏纳入全国农村水电增效扩容改造第二批试点的唯一一座水电站。中宁泉眼山水电站始建于 1985 年 3 月，1987 年 9 月建成，同年 11 月并网发电试运行。该电站利用引黄干渠七星渠 29.5km 处 12.50m 水头落差发电，设计水头 12.50m，设计装机容量 3 200kW（2× 1 600 kW），更新改造后电站总装机容量 4 000kW（2× 2 000kW）。泉眼山水电站增效扩容项目批复投资 1 050.59万元，其中，中央财政补助资金 520 万元，省级配套资金 450 万元，县级配套资金 80.59 万元。由于县级财政困难，自治区水利厅与财政厅协调，将省级配套资金争取到 500 万元，减轻了县级筹资负担。2015 年 11 月 2 日，由自治区水利厅、财政厅联合主持开展中宁县泉眼山水电站增效扩容改造工程项目完工验收工作。验收委员会在听取了工程建设、设计、监理、施工、供货及运行管理单位的情况汇报后，分工程质量检查组和内业资料检查组两个验收组，分别对该工程进行了现场工程质量、完成情况和有关文件及相关档案资料的检查验收。验收后立即召开验收整改工作会议，与项目法人、建设、施工、监理等单位负责人研讨，要求各单位负责人按照验收委员会提出的意见建议限期逐项整改。整改后加强日常安全生产监督管理，完善安全生产检查和隐患排查治理责任制，狠抓各项安全措施落实，夯实安全工作基础，确保电站运行安全。2015 年 11 月 9 日，由自治区财政厅和水利厅联合发文向财政部和水利部上报《宁夏农村水电增效扩容改造绩效评价报告》。（方涛）

【工程管理】

1. 水利建设市场监督管理 2015 年，水利厅对 169 家施工企业和 48 家监理单位的信用状况进行评价，并将评价结果在宁夏水利网上公示，发放企业信用证书 217 份，全年发布信用公告 3 期，对 24 家施工企业、10 家监理单位、1 家招标代理机构及 83 名从业人员的违规行为给予信用处罚。

2. 水利工程质量监督管理 2015 年，质量监督机构组织开展工程质量巡查 97 次，工程质量第三方检测遴选 21 次，召开质量监督工作例会 2 次，下发质量问题整改通知 11 期。通过建立质量安全问题台账，督促项目法人组织整改，坚持整改一个销号一个的原则，水利工程建设取得了安全生产伤亡事故零发生的好成绩。

3. 工程稽察和监督检查 2015 年建设主管部门、自治区质量监督、安全监督机构联合第三方检测单位开展在建工程质量安全专项检查 3 次，检查工程 18 项；共发现前期设计、建设管理、质量安全等方面问题 145 个，督促项目法人落实整改问题 131 个，问题整改率 90.3%。

4. 水库安全运行监督管理 进一步落实水库主管和地方政府负责人责任；印发《宁夏中小水库安全运行管理工作导则（试行）》；组织开展 6 期水库管理培训，10 个县（区）的 300 多名水库基层管理和技术人员强化了水库安全责任意识、法律意识和专业技能；完成 26 座一般小（2）型水库除险加固任务；沈家河、郝家台中型水库除险加固改造已获批建设，南部山区 12 座重点中型水库除险加固改造前期工作积极推进；全年组织和督促完成 126 座水库的蓄水验收、12 座水库的安全鉴定和 105 座水库的竣工验收。（鲁小清）

【科技与教育】 2015 年宁夏水利科技计划安排重点项目 8 项，支持项目 4 项，延续项目 30 项，其中水利部、宁夏回族自治区科技厅重大项目 4 项。涉及节水灌溉、机泵改造、渠道及建筑物、水处理、水利信息化等重点领域和关键技术研究。启动实施了 2015 年水利部科技推广项目《宁夏引黄灌区经济作物滴灌技术集成示范》和自治区科技攻关《特色林果精量灌溉与水肥一体化技术研究与示范》项目，试验点建设全部完成，并开展相关研究。水利部公益性科技专项《宁夏引黄自流灌区输配水关键技术研究》完成年度研究任务。《黄土高原扬黄灌区（宁夏）增粮增效技术研究与示范》和《设施园艺作物新型高效节水技术与集成》已经分别纳入 2016 年国家、自治区科技计划。开展科技合作项目 4 项。与宁夏大学开展《同心县下马关枸杞滴灌灌溉制度研究》，与西安理工大学开展《宁夏淤地坝运行风险评估研究》，与同济大学开展《鸭子荡水库水源水质风险监测及安全保障系统研究及应用》，与日本岛根县合作《艾依河多段土层污水处理应用技术》研究，并完成年度工作。安排宁夏水利科学研究院5名副高以上科技人员到同心王团、吴忠孙家滩、盐池等高效节水示范区等技术推广一线蹲点。发布了2013—2014年度宁夏水利科技进步奖，共有获奖成果20项，其中一、二、三等奖分别为5项、8项和7项。2015年落实水利基层专业技术人员培训财政资金45万元，重点对全区1 000多名基层水管人员进行培训。开展了节水灌溉、灌溉管理、防汛抗旱等培训48期，共培训4 340人。（张晓玲）

【多种经营】 2015年，宁夏回族自治区水利厅厅属渠道管理单位多种经营总收入达4.81亿元，较2014年减少2.8%；实现利润1 479万元，较2014年增长6.9%。其中，施工企业实现产值达4.53亿元，较2014年减少3.6%；施工企业实现利润1 042万元，较2014年增长8.3%；农、林、牧、渔及第三产业实现产值2 845万元，较2014年增加15.2%；农、林、牧、渔及第三产业实现利润437万元，较2014年增长4.30%。经营土地40 950亩，出租房面积25 038m²。（马健全）

新疆维吾尔自治区

【概况】 2015年，新疆维吾尔自治区（以下简称自治区）水利厅认真贯彻落实党中央、国务院和自治区党委、自治区人民政府的一系列重大决策部署，积极适应和牢牢把握经济发展新常态，坚持以改革创新为主线，以节约保护为先导，以重大项目为支撑，以法治建设为保障，不断加快水利改革发展步伐，推动各项水利工作取得了新的成绩。水利改革迈出了新步伐，水资源管理工作取得新进步，投资计划执行进度实现重大历史性突破，出台了十项强有力的措施，加强组织协调，加大工作力度，推进水利工程建设实现了年度投资规模历年最高、投资计划下达时间历年最早、项目审批周期历年最短、地方投资落实历年最好、完成投资计划历年最快的新纪录。全疆水利建设完成总投资175亿元。（王荣）

【水政】

1. 立法工作 2015年，新疆维吾尔自治区水利厅组织完成《自治区水能资源开发管理条例》《自治区地下水资源管理条例》《自治区水文管理暂行办法》《新疆维吾尔自治区水资源应急调度管理办法》立法前期调研论证工作，并委托新疆大学法学院开展相关的立法调研和后评估工作。初稿起草工作已全部完成，目前，正在征求意见和修改完善中。（狄瑞）

2. 法规宣传 在“世界水日”和“中国水周”期间，以“节约水资源，保障水安全”在全区开展宣传活动，并与邮政、移动、联通公司共同制作宣传彩铃，举办专题讲座，印发宣传小册等活动。（狄瑞）

3. 推进依法行政 ①积极组织开展行政审批清理工作，对水利厅实施的非行政许可事项进行全面清理。②积极开展了水利厅权力清单和责任清单制度建立工作，加快建立各级水行政主管部门的权力清单、责任清单，做到法无授权不可为、法定职责必须为，深入推进依法行政。（狄瑞）

【水资源】

1. 严格水资源管理制度 ①“三条红线”控制指标分解到县（市）、团场工作基本完成。②《新疆实施最严格水资源管理制度考核办法》发布执行。2015年8月20日，自治区党委办公厅、自治区人民政府办公厅联合发文《自治区党委办公厅 自治区人民政府办公厅关于发〈自治区实行最严格水资源管理制度考核方案（试行）〉的通知》（新党办法〔2015〕32号）发布执行。③国家发改委批复了《新疆水资源平衡论证报告》，启动《新疆用水总量控制方案》编制工作。2015年完成了《新疆水资源平衡论证报告》并经国家发改委批复。现已启动了《新疆用水总量控制方案》编制工作，预计2016年完成，并上报。（狄瑞）

2. 取水许可证发放和水资源费征收 ①全疆共发放取水许可证37 107套，许可总水量223.640亿m³，其中，地表水145.944亿m³，地下水77.696亿m³。取水许可台账录入29 861套，录入率为95%。②按照《自治区水资源费征收管理办法》，2015年度全疆各级水行政主管部门及流域管理机构共征收水资源费约20 300万元。③印发了《关于调整我区水资源费征收标准有关问题的通知》（新发改农价〔2015〕1724号），调整后的取用水标准自2016年1月1日起执行。（狄瑞）

3. 水资源论证 ①着力推进规划水资源论证工作。2015年，已完成4个工业园区、城市总体规划水资源论证工作。②强化重大建设项目水资源论证。严把受理关，不符合受理条件的一律不予受理；严格审查审批，对于高耗水、高污染、低效益的建设项目一律不予批准。2015年，批复水利、电力、煤炭、煤化工等行业建设项目水资源论证20余项。（狄瑞）

4. 节水型社会建设 根据国家发改委、水利部、住房城乡建设部联合下发的《关于请提供编制〈节水型社会建设“十三五”规划〉相关内容的通知》的要求，自治区发改委、自治区住建厅、自治区水利厅联合委托新疆水利水电科学研究院，启动了《新疆“十三五”节水型社会建设规划》编制工作。（狄瑞）

【水利规划】 在形成全疆水利发展“十三五”初步规划思路的基础上，全面开展全疆水利发展“十三五”规划编制及相关项目筛选、复核及申报工作。先后组织开展了全疆“十三五”大中型水库建设规划、全疆“十三五”沿边地区水利建设专项规划、全疆江河湖库水系综合整治实施方案、全疆“十三五”全疆水利扶贫专项规划、水利援疆“十三五”规划等一批重大水利专项规划。继续推进塔里木河流域综合规划的报审以及白杨河流域规划的编制工作。（洪毅）

【基本建设】

1. 重点水利工程建设 2015年，塔里木河流域近期综合治理项目建设已全面完成；建成27项“定居兴牧”骨干水源工程和212项配套水利工程并已发挥效益；卡拉贝利水利枢纽工程、阿尔塔什水利枢纽工程顺利实现截流；且末大石门水利枢纽工程已开工；全面开工建设了南疆各族群众期盼已久的叶尔羌河防洪工程；吉音水利枢纽工程大坝已填筑至坝顶高程；照壁山水库、克孜尔水库除险加固工程、开普太希水利枢纽工程已通过竣工验收；布仑口—公格尔水电站工程、塔日勒嘎水电站工程、吉勒布拉克水电站工程、哈德布特水电站工程已经通过机组启动阶段验收；努尔加水库、阿拉沟、二塘沟水库、煤窑沟水库、柯柯亚二库、阜康白杨河水库工程已通过下闸蓄水阶段验收；齐古水库、碧流河水库已通过截流阶段验收；阿不都拉水库、吉尔格勒德水利枢纽、乌拉斯特水库、喀英德布拉克水库工程已开工建设。

（武克龙）

2. 小型病险水库除险加固 全面完成2座小（1）型、1座小（2）型病险水库除险加固工作，总投资3 100万元，其中，中央投资2 700万元，县级财政配套400万元。（赵健）

3. 病险水闸除险加固 自治区有291座大中型病险水闸（大型27座，中型264座）列入《全国大中型病险水闸除险加固总体方案》。截至2015年年底，安全鉴定核查工作已全部完成，出具核查意见262个，剩余29座因不符合条件暂不出核查意见。2015年国家对9座大中型病险水闸下达投资计划11 637万元，其中，中央投资9 310万元，地方配套投资2 327万元。截至2015年年底，9座水闸投资完成率97.9%，其中，中央投资完成率达97.99%，地方配套投资完成率达97.85%。（轧文倩）

【防汛抗旱】

1. 水雨情 2015年，全疆年降水量为201.3mm，较常年偏多30.7mm。全年降水以偏多为主。全疆来水量与历年同期平均值相比：北疆正常，东疆偏多12%，南疆偏多10%。汛期，全疆有23条河流出现了超警戒流量或保证流量的洪水。叶尔羌河出现冰川湖溃坝型洪水，库玛拉克河河堤发生决口。

2. 洪涝灾情 据统计，2015年全疆有10个地州、75个县（市、区）、36.45万人受灾，倒塌房屋0.89万间，农作物受灾面积108.38万亩，死亡大牲畜1.25万头，铁路、公路中断115条次，损坏堤防（护岸）691处、452.47km，水闸1 347座，冲毁淤积渠道518.78km，损坏灌溉设施919处。直接经济损失26.94亿元，其中水利直接经济损失114 300万元，因灾死亡6人，失踪1人。

3. 旱灾情 2015年旱情主要集中在南疆。自治区农作物受旱面积达760万亩；因旱成灾面积达190万亩。草场受旱达1 900万亩，同比减少40%；因旱造成临时性饮水困难人口10万人、大牲畜116万头（只）。

4. 防汛行动 各级党委、政府和有关部门高度重视防汛抗旱工作，及时部署，落实防汛抗旱责任制，提前进行洪旱情形势会商，确定工作重点，制定各项有效措施。在防汛抗旱防灾减灾的各阶段，自治区防总、水利厅下派了30余批次工作组分赴南北疆，对防汛准备、防洪抢险、防旱抗旱工作、水库安全度汛、防洪抗旱工程建设等工作进行检查和督促。

（张廷）

【农田水利】 2015年，全区共完成农村水利建设投资485 500万元，新建防渗渠道1 333.6km，更新改造渠道2 230km；新增农业高效节水面积302万亩；清淤沟渠30 744.6km；恢复改善灌溉面积202万亩；改造中低产田面积41.6万亩；新增饲草料地灌溉面积13.7万亩；新增供水受益人口48.5万人。

（黄振东）

1. 农业节水与灌溉 2015年，自治区水利厅与自治区财政厅共同出台了《新疆维吾尔自治区农业高效节水工程建设补助资金管理办法》，对进一步规范和完善农业节水灌溉项目和资金的建设与管理将起到重要的作用。2015年国家下达规模化节水示范项目国家投资11 518万元，6个项目已建设高效节水灌溉面积10.15万亩。中央下达自治区牧区节水灌溉示范项目22个，总投资5 781万元，其中，中央投资4 500万元，地方配套1 281万元，工程已建设完成。

（黄振东）

（1）节水管理。新增节水灌溉面积20.13万hm^2，其中，喷灌面积0.22万hm^2；微灌面积19.28万hm^2；低压管灌面积0.63万hm^2；灌溉水利用系数0.52。渠道防渗面积33.58hm^2。膜上灌面积87.17万hm^2。全疆沟、畦灌溉面积213.0万hm^2。

全疆地方系统干、支、斗三级渠系水利用系数0.628，灌溉水利用系数0.52。　（黄振东　加帕尔）

(2) 灌溉管理。实际灌溉面积421.31万hm^2，复播作物面积41.14万hm^2。全疆地方系统累计灌溉2 101.96万hm^2次，年平均毛用水量9 465m^3/hm^2，平均毛灌水定额1 893m^3/hm^2；作物平均灌水5.0次。（加帕尔）

2. 小型农田水利建设　制定出台了《关于做好自治区2015年度小型农田水利重点县申报工作的通知》。2015年国家下达自治区第五、第六批小型农田水利重点县中央补助资金52 500万元，中央农田水利维修养护资金12 500万元。（黄振东）

3. 节水工程　2015年在中央立项的农业综合开发中型灌区节水配套改造部门项目7个，项目计划总投资10 633万元，其中，国家投资7 000万元，地方配套资金2 800万元，其余为县级水利部门和收益乡镇自筹资金。项目实施方案水利部已批复，各项目县已完成2015年下达中央投资4 200万元。（黄振东）

4. 农村饮水安全工程　2015年全区实施农村饮水安全项目150项，建设区域水质检测中心65座，总投资73 900万元（其中，中央投资51 800万元，自治区配套17 800万元，地县及群众自筹4 300万元），解决了60.34万农牧民和139所农村学校5.23万师生的饮水安全问题。（周军苍）

【水土保持】

1. 配套制度建设　5月20日自治区财政厅、发展改革委和水利厅联合印发《自治区水土保持补偿费征收使用管理办法》，4月23日自治区发展改革委和水利厅联合印发《自治区水土保持工程建设管理办法》。

2. 水土保持行政许可　依法行政，做好水土保持方案审批和设施验收工作，自治区审批水土保持方案120多个，完成100多个项目的水土保持设施验收。

3. 生产建设项目监督管理　自治区水利厅向各地下达了水土保持监督检查工作任务，各地积极开展工作，全区水行政主管部门对400多个项目开展监督检查，针对存在的问题，下达了整改意见。

4. 水土保持工程建设　8月，举办了“自治区水土保持工程建设管理培训班”，全面完成2014年度水土保持工程建设任务，截至2015年年底共完成投资4 900万元，其中，中央投资4 000万元，地方配套900万元，完成水土流失治理面积120km^2。按照水利厅安排部署，对吐鲁番、哈密两地市进行了水利工程建设督导，两地市已完成年度全部建设任务。

5. 水土保持宣传　3月，在新疆电视台播放了水土保持公益广告，对天池、南山、吐鲁番3处水土保持宣传牌更换了版面，各地也开展了形式多样的宣传活动，克拉玛依市列入“水利部水土保持国策宣传教育进党校试点”。（尹云鹏）

【城乡供水】　据统计，截至2015年年底，全区已建水库530座，其中，大型水库20座，中型水库106座，小型水库404座；已建水库总库容161.36亿m^3；水闸总座数24 812座，其中，大型水闸21座，中型水闸210座，小型水闸24 581座；总井数225 610眼；渠道总长18.09万km，其中已防渗7.51万km，衬砌防渗率41.5%。

水利工程年供水量457.19亿m^3，其中，农业灌溉409.20亿m^3，工业生产9.11亿m^3，居民生活（城镇、农村）9.42亿m^3，生态环境14.14亿m^3，其他用水1.11亿m^3；向区域外供水量14.21亿m^3。（加帕尔）

【地方水电】　2015年，全区新投产发电机组容量再次突破1 000万kW，全年新投产发电装机容量1 487.8万kW，年末全区发电装机总容量6 952.1万kW，比2014年增长27.2%，增幅位居全国第一，发电能力位居全国西北第1位、全国第10位。其中，水电573.4万kW，同2014年持平，占全区发电装机总容量的8.2%；火电4 198.6万kW，占全区发电装机总容量的60.4%，比2014年增长10.8%；风电1 651.4万kW，占全区发电装机总容量的23.8%，比2014年增长113%；太阳能光伏电站528.7万kW，占全区发电装机总容量的7.6%，比2014年增长62.1%。（李军）

【工程管理】

1. 工程管理　2015年，自治区和各地均成立了水利工程建设工作领导小组，为工程建设提供了强有力的组织保证；督促指导各级水利部门、各重大水利工程项目法人研究制定工程建设实施方案，推动了工程建设有序进行；第一时间召开了加快推进水利工程建设工作会议，及时进行了动员部署；自治区及水利厅逐级签订推进责任书，层层传导压力，落实责任；出台了“五制”管理办法，形成了有力鞭策；进一步简政放权，提高了工作效率，为加快工程建设赢得了宝贵时间；建立了厅领导和各主要职能处室分片包干负责的工作推进机制，强化了责任落实；建立了月（旬）调度机制，及时发现并协调解决存在的问题；高度重视横向沟通协调，凝聚了团结治水合力，强化了纵向督导检查，狠抓了问题整改落实。

进一步强化了对水利工程质量安全及建设市场的监督管理。建立健全了“项目法人负责、监理单位控制、施工单位保证、政府监督相结合”的质量管理体制；全面推行了施工图审查和第三方质量检测制度；加强了对各工程项目法人、施工、监理、质量检测等从业单位的稽察和监督检查，严格行业自律，严肃查处了违反工程建设法律、法规、规程、规范和技术标准的行为；对各地州水行政主管部门及重点水利工程项目开展了质量考核，并将考核结果通报地方政府，以此作为评先选优的重要依据；建立了新疆水利工程建筑市场从业单位和人员基本信息库，为诚信体系建设及治理围标、串标、出借挂靠资质投标、非法转包和违法分包等违法违规行为奠定了基础；建立了从业单位的信用档案，为企业信用评价、招标评标提供重要依据，完善了守信激励，失信惩戒机制。（武克龙）

2. 大型灌区续建配套与节水改造　新疆维吾尔自治区有 18 处大型灌区列入 2015 年度国家投资计划，共下达投资 158 500 万元。其中，中央投资 126 800万元，地方配套 31 700万元，已全部完成建设任务，累计完成渠道改造 1 014km，建筑物配套 1 832座，改善灌溉面积 747 万 hm^2，节水 25 000万 m^3。

（赵健）

3. 水费　应收水费 198 700万元，实际征收水费 194 700万元，水费实收率为 98%。水费返还工程维修 21 500万元，水费用于灌溉工程维护的返还率为 11%。（加帕尔）

【科技与教育】

1. 科技　2015 年，自治区水利厅组织完成了《“十三五”新疆水利科技创新重点规划》。提出了“十三五”期间 7 个水利建设相关领域的重大科技需求，筹划了 55 项重点科研项目及其主要研究内容；共有 18 个项目在国家、自治区立项，落实科研经费约 700 万元；对 2 项水利部行业公益专项项目进行了验收；共有 28 项水利科研成果完成科研成果登记，获自治区科技进步奖一等奖 1 项、三等奖 2 项；完成了 24 个项目参与 2014 年度新疆水利科学技术奖评审，16 个项目获奖；组织编写了维汉双语新疆农业节水技术宣传画册和 24 块系列宣传版面，重点对南疆开展农业节水科普宣传活动。

2. 教育　2015 年，自治区水利厅累计举办 8 期水利专业技术人员和技能人才培训班，共培训 1 874 人；举办 1 期自治区水利工程建设管理高级研修班和一期新疆高效节水灌溉技术人员能力建设高级研修班，共培训 150 人；举办 1 期水利部援助新疆乡镇水利站所长示范培训班，共培训 56 人；承办现代农牧业人才支撑工程项目，培养水利科研骨干 9 人。

（陈华萍）

【多种经营】　2015 年，新疆渔业持续稳步健康发展，渔业综合生产能力显著提高，渔业经济结构不断优化，渔政管理和渔业资源养护水平不断提升，渔业基础设施不断完善，水产品质量、渔业生产、渔业项目“三大安全”管理能力得到加强。2015 年水产品总产量为 15.13 万 t，比 2014 年增加 7 354t，增长 5.11%；渔民人均纯收入 15 368元，比 2014 年增加 1 664元，增长 12.14%，水产品人均占有量 6.9kg；养殖产量占总产量的 72%，优质水产品产量占总产量的 48%；生产各类鱼苗 25.5 亿尾。共有水产品加工企业 9 个，规模以上加工企业 4 个；渔业村 3 个，渔业户 4 058户，渔业人口 18 641人，渔业从业人员 14 174人。博斯腾湖的池沼公鱼、赛里木湖的高白鲑等产品持续出口到日本、欧盟。地产水产品质量安全抽检合格率达 99%以上，渔业在保障粮食安全、促进农（渔）民增收和农村经济稳步发展中的作用日益凸显。

（杨福平）

新疆生产建设兵团

【水利管理】　截至 2015 年年末，新疆生产建设兵团（以下简称兵团）水利系统实有人数 11 134人，其中师水利局机关 13 个，人员 115 人；场外水管机构 18 个，人员 3 951 人；团场水管单位 175 个，人员7 068 人。水利综合经营总产值 224 653.88 万元。当年兵团实灌面积 144.18 万 hm^2，较 2014 年增加 1.28 万 hm^2。其中，农田 107.73 万 hm^2，增加 1.28 万 hm^2；草场 1.80 万 hm^2，减少 0.20 万 hm^2；园林 31.93 万 hm^2，增加 0.46 万 hm^2；其他 2.70 万 hm^2，减少 0.26 万 hm^2。农业引用水量 113.89 亿 m^3，增加 2.35 亿 m^3。其中，种植业用水 113.14 亿 m^3，增加 2.48 亿 m^3；养殖业用水 0.75 亿 m^3，减少 0.13 亿 m^3。2015 年，兵团实收水费 20.95 亿元，增加 1.14 亿元；水费标准 0.18 元/ m^3，增加 0.01 元/ m^3；地方向兵团缴水费 811.66 万元，兵团向地方缴水费 24 085.22万元。

（蔡建丽）

【水政】

1. 水资源监控能力建设　2015 年，完成了水资源监控监测站点和水环境监测中心实验室招标，完成了项目空间数据复核、取水许可台账复核；编制完成内网建设调整方案，外网平台整合方案，水环境监测中心实验室变更设计方案，并报水利部国控项目办备案；补充完善项目相关审批文件、设计支付等相关手续；信息管理平台整合后依托兵团云平台，在建设过程中与兵团信息中心、兵团机要局进行了反复沟通协调，确保设备和软件及时安装部署。11 月，审查通过兵团水资源监控能力建设项目水资源应用系统。12 月初完成项目初步验收。

2. 水事调处　2015 年 11 月，兵团水利局配合信访部门对八师 143 团 1 土地承包户有关机井鉴定事宜进行调处。

（张卫国）

【水资源】 2015年，联合水利厅组成督导组赴和田、喀什、巴州、塔城、克拉玛依、昌吉协调、督导兵地加快“三条红线”分解工作，联合水利厅多次召开协调会推进分解工作；8月，局主要领导带队参加自治区政府副秘书长主持召开的昌吉、第六师水资源“三条红线”协调会。联合自治区水利厅督导二师、十四师与相关地州完成“三条红线”分解方案并联合予以批复。配合水利部对二师、十三师开展2014年度实行最严格水资源管理制度考核重点抽查和现场检查工作。配合自治区水利厅完成《新疆水资源平衡论证报告》修改完善和报批工作，完成《新疆维吾尔自治区实行最严格水资源管理制度考核办法》意见征求和反馈工作。会同自治区水利厅上报人民政府开展编制《新疆用水总量控制方案》的建议，联合自治区水利厅下发文件指导各师开展编制工作并组织各师积极开展对接工作。（张卫国）

【水利工程】 截至2015年年末，兵团已建成水库141座，其中，大型水库11座，中型水库31座，小型水库99座。已建成塘坝13座。已建成水电站99座，其中，中型水电站2座，小（1）型水电站14座，小（2）型水电站83座。已建成泵站（含节水工程首部）3 667座，按规模分：中型泵站4座，小（1）型泵站1 040座，小（2）型泵站2 623座；按功能位置分：河湖取水泵站36座，水库取水泵站51座。已建成水闸5 703座，按规模分：大（2）型水闸4座，中型水闸40座，小（1）型水闸292座，小（2）型水闸5 367座；按功能位置分：河湖引水闸279座，水库引水闸116座。已建成农村集中式供水工程1 105处，其中，千吨万人以上农村集中式供水工程102处，Ⅳ型农村集中式供水工程117处，Ⅴ型农村集中式供水工程886处。已建成机电井28 354眼（均为浅层地下水机电井），其中，规模以上机电井19 448眼，规模以下机电井8 906眼。2015年，兵团水利工程供水量126.02亿m^3（含向区域外供水4.48亿m^3），按工程类型分：水库供水12.14亿m^3，河湖引水闸工程供水87.36亿m^3，河湖取水泵站工程供水0.53亿m^3，机电井供水25.35亿m^3，其他工程供水0.64亿m^3；按供水用途分（不含向区域外供水）：向农业灌溉供水110.15亿m^3，向工业生产供水4.02亿m^3，向城镇生活供水1.34亿m^3，向乡村生活供水0.63亿m^3，向生态环境供水4.66亿m^3，向其他用途供水0.74亿m^3。（卢昊）

【水利基本建设】 2015年，兵团水利建设计划投资56.11亿元，其中，中央投资39.64亿元，配套及自筹资金16.47亿元。全兵团全年完成水利建设总投资63.08亿元。按投资来源划分：中央投资44.96亿元，配套及自筹资金18.12亿元（其中国内贷款0.29亿元）。2015年，兵团水利建设主要安排了枢纽及水源、内陆河流治理、中小河流治理、农村饮水安全、灌区续建配套与节水改造、病险水库除险加固、水土保持、农村小水电、小型农田水利、抗旱服务队建设、农业综合开发等建设项目。（卢昊）

【工程管理】

1. *水利工程质量监督* 2015年，办理新开工项目质量监督手续13项；全年质量监督重点水利工程20多项，发现问题和隐患60多个，形成稽察报告10份。制定了《2015年兵团水利质量效益年活动方案》，编制印发了《兵团水利工程建设质量与安全监督分级管理指导意见》，进一步明确了兵、师水利局质量与安全监督管理职责。（汪自江 曹振锋）

2. *水利安全监督* 2015年，兵团水利局编制印发了《水利安全生产工作计划》，明确了总体思路和目标，签订了安全生产责任书。在兵团水利行业深入开展隐患排查、专项治理等一系列安全生产工作，2015年度兵团水利系统未发生质量与安全事故，水利安全生产形势总体平稳。（汪自江 曹振锋）

3. *病险水库除险加固* 2015年，经安全鉴定及安全鉴定核查，确定新增小型病险水库34座，其中，小（1）型31座，重点小（2）型3座。34座病险水库除险加固项目批复总投资13 817.12万元，其中，中央补助资金13 290万元，自筹资金527.12万元。7月中旬完成34个新增小型病险水库除险加固项目初步设计批复，8月底全部开工建设。为督促各师加快除险加固进度，兵团水利局与财务局联合下发了《关于加快推进小型水库除险加固工作的通知》，要求积极加快项目建设进度，切实强化项目建设管理，同时，自9月起，实行新增小型病险水库除险加固进度旬报制度，每10天报送一次除险加固报表。截至2015年年底，34个新增小型病险水库除险加固项目共完成投资13 565.35万元，其中，中央补助资金13 038.23万元，自筹资金527.12万元。34座新增小型病险水库全部实现主体工程完工，其中，全面完工30座，投入使用验收32座。（李玲）

4. *大中型病险水闸除险加固* 2015年，国家继续下达3个大型病险水闸除险加固项目投资计划7 822万元，其中，中央投资6 257万元，地方配套1 565万元。完成2016年5个中型病险水闸的项目资金申报，投资预计12 549.22万元。另有5个中型水闸除险加固项目初步设计已完成待审查。（邵海鹰）

5. *友谊联合引水枢纽工程* 2015年，督促运行管理单位第四师霍尔果斯河流域管理处按照工程管理和运行实施细则，做好中方一侧工程维护、管理、运行记录等工作，同时与哈方沟通协调，做好工程共同调度及日常会晤工作。（李玲）

6. *重点水利工程建设* 2015年年底，玛纳斯河肯斯瓦特水利枢纽工程主体工程已基本完工，发电厂房已具备发电条件；且末垦区新建38团水源工程导流洞、泄洪洞、灌溉发电洞土石方开挖全部完成，溢洪道完成75%工程量，大坝填筑完成40%工程量，2015年完成投资20 369万元，累计完成投资70 026万元；叶尔羌河中游渠首三师前海总干渠配套工程完成渠道53.83km，土方开挖填筑47.99km，建筑物30座的建设任务，完成投资5.97亿元。 （李玲）

【农业灌溉】 2015年，兵团总灌溉面积152.224万hm^2，其中，耕地灌溉面积114.529万hm^2，林地灌溉面积16.097万hm^2，园地灌溉面积18.297万hm^2，牧草灌溉面积1.462万hm^2，其他灌溉面积1.84万hm^2。节水灌溉面积125.298万hm^2，按节水方式划分：喷灌面积1.021万hm^2，微灌面积118.171万hm^2，低压管灌面积220hm^2，渠道防渗节水面积6.084万hm^2。建成2 000亩以上灌区108处，其中，50万亩以上灌区12处，30万～50万亩灌区13处，10万～30万亩灌区24处，5万～10万亩灌区21处，1万～5万亩灌区25处，0.2万～1万亩灌区13处。2 000亩以上灌区中渠道（干、支、斗）长度37 679.55km，其中，衬砌防渗渠道23 469.24km。 （卢昊）

1. 大型灌区 2015年，兵团15个大型灌区节水改造总投资147 588万元。其中，中央投资118 000万元，防渗改建骨干渠道756km，新建压力输水管道83km，排渠改造3.2km，配套改造渠系建筑物1 729座。截至2015年11月底，总投资完成率和中央投资完成率分别为93%和97%，达到了国家要求的完成总进度90%的目标要求。 （王新梅）

2. 中型灌区 2015年，国家下达兵团3个续建农业综合开发重点中型灌区节水配套改造项目和3个新立项农业综合开发重点中型灌区节水配套改造项目，年度总投资4 599.79万元。其中，中央投资3 000万元，自筹资金1 599.79万元。截至2015年12月31日，累计完成渠道防渗改建13.44km，骨干输水管道40.3km。 （蒋林涛）

3. 节水灌溉 截至2015年年底，兵团高效节水技术应用面积达104万hm^2，其中，微灌应用面积103万hm^2，喷灌应用面积1万hm^2，新增高效节水应用面积10万hm^2，高效节水自动控制灌溉技术应用面积达到2.953万hm^2。另外还采用简易节水灌溉措施——软管灌面积1 330余hm^2，使全兵团的节水灌溉应用面积达到了104.133万hm^2（不含渠道防渗面积）。高效节水灌溉技术已经广泛应用于棉花、番茄、马铃薯、小麦、玉米、甜菜、葡萄、红枣、核桃、香梨、瓜类等农作物和特色经济林果的农业生产。

2015年12月，兵团办公厅印发《兵团节水灌溉示范基地评价指标（试行）》，以全面实现建成农业节水灌溉示范基地的目标任务，科学评价兵团节水灌溉示范基地建设及管理水平。 （郑子文）

【农村水电】 2015年，国家下达兵团4个水电新农村电气化县和1个小水电代燃料项目建设资金10 381万元，其中中央资金3 947万元，用于3座水电站的新建和改造及配套输配电设施建设，新增农村水电装机容量0.9万kW。2015年，兵团农村水电增效扩容改造项目全面完工，并通过水利部和财政部的绩效评价，完成总投资2.8亿元。22座增效扩容改造水电站累计增容1.56万kW。 （蒋林涛）

【小型农田水利】 2015年，兵团中央财政小型农田水利建设补助资金项目总投资13 931.3万元。其中，中央财政投资11 000万元，师团自筹资金2 188.6万元，团场职工集资742.7万元。安排项目团场19个，建设内容为高新节水灌溉建设项目。建设规模为新建高效节水灌溉面积13.2万亩，其中配套高效节水灌溉自动化面积4.94万亩，建设骨干管道7.37km。截至2015年年底，建设项目已完工11个。

“十二五”期间，兵团中央财政小农水项目投资为68 347.18万元。其中，中央财政补助资金54 200万元，团场配套及职工集资14 147.18万元。新建高效节水灌溉面积55.18万亩，配套高效节水灌溉自动化面积13.12万亩。建设支斗渠防渗429km，配套各类建筑物2 292座，新建骨干输水管道7.37km。治理盐碱地1.7万亩。 （韩晓玲）

【饮水安全】 2015年，国家下达兵团2015年规划外28.8万人饮水安全项目投资计划，涉及7个师的9个项目。计划投资42 379万元，其中，中央资金33 408万元，兵团本级配套资金5 300万元。兵团将此项工程建设列入2015年“十件实事”内容。截至2015年10月底，7个师9个项目全部完工通水，投资完成率为100%，圆满完成了“十二五”规划任务。 （蒋林涛）

【防汛抗旱】

1. 防汛 2015年，兵团第二、三、四、六、七、九、十、十二、十三、十四师等10师的32团场51个连队遭受了不同程度的洪灾，受灾人口8 752人，倒塌房屋1 130间，农作物受灾面积10.66万亩，成灾7.99万亩，绝收0.95万亩，因灾减产粮食16.75万t，死亡大牲畜0.063万头，经济作物损失2 062.33万元，农林牧渔业直接经济损失7 341.98万元。损坏堤防253处72.71km，堤防决口56处24km，损坏护岸516处，损坏大小水闸35座，损坏灌溉设施86处，冲毁塘坝1座，损坏水文测站1个，造成经济总损失2.05亿元，其中水利工程设施损失0.81亿元。山洪灾害转移1 314人，减少受灾人口15 582人，减淹耕地13.433万亩，减灾经济效益0.81亿元。2015年，兵团二、三、五、六、七、十、十二、十三、十四等9个师94.12万亩作物受旱，其中成灾74.26万亩、绝收19.86万亩；因旱造成1.36万人和1.86万头大牲畜临时饮水困难，粮食因旱损失2.70万t，经济作物1.84亿元，因旱造成直接经济总损失3.08亿元。（张裕）

2. 抗洪抢险　2015年5月21日，十三师柳树泉农场突降大暴雨，兵团山洪灾害防治项目三道沟3号雨量站监测显示2h累积降雨量87mm（此地区历年年平均年降雨量50mm），短时强降雨形成山洪。山洪暴发前，兵团山洪灾害防治项目发挥了预警作用，第一时间发出预警预报，为转移群众及防洪抢险工作争取了宝贵的时间，极大地降低了灾害损失。2015年6月9日，六师奇台农场开垦河发生212m^3/s特大洪水，该场开垦河中小河流防洪工程抵御了此次特大洪水，保护了奇台农场场部、开发区、学校等重点单位的安全。据灾后统计，此次洪水造成6 107亩农田受灾，直接经济损失0.18亿元，较2007年7月奇台农场开垦河发生200m^3/s的洪水造成损失0.94亿元减少灾害损失0.76亿元，减灾效益明显。灾情发生后，兵团防总各成员单位和有关部门积极配合，形成合力，从防汛工作指导、道路修复、卫生防疫、灾后重建等方面开展了大量工作。兵团领导、防总领导多次安排水利局派出工作组，赴灾情较重师指导抗洪救灾工作，落实各项抗洪抢险措施。同时，积极向国家申请中央水利建设基金1 300万元，用于水毁工程修复和保障抗洪救灾需要。各师及受灾团场在灾情发生后，不等不靠、靠前指挥，及时启动抢险预案，做到了无人员因洪灾伤亡，无一座水库垮坝，切实把灾害损失降到了最低程度。据统计，2015年各师抗洪抢险消耗编织袋15.675万条，纺织布0.6万m^2，挡水设施4 885.3延米，砂石料9.797万m^3，木材0.062万m^3，钢材14.85t，抗灾用油130.8t，抗灾用电12.6万kW·h，总物资消耗折算资金641.1万元。投入防汛人数37 492人次，机械设备1 115台班，运输设备1 065班次。（张裕）

3. 抗旱　2015年，受厄尔尼诺现象影响，全疆极端天气频发，初步统计，兵团二、三、五、六、七、十、十二、十三、十四等9个师不同程度受旱。旱情出现后，兵团及兵团防总领导十分重视，迅速调整工作部署，全力组织发动广大干部职工抗旱救灾，水利、农业等防总成员单位结合工作实际做了大量卓有成效的工作，千方百计减少灾害损失，确保了社会稳定、经济发展和职工增收。抗旱期间，全兵团共启动机井3 290眼，累计投入机动抗旱设备4 015台套，机动运水车4 220辆；抗旱用电2 707.8万kW·h，用油213.64t。（张裕）

【水土保持】

1. 水土保持生态建设　2015年，兵团争取国家中央预算内水利投资水土保持项目3 799万元，其中，国家资金3 000万元，配套资金799万元。兵团选择了以治理流动风沙危害、生态自然修复为重点的8个水土保持生态治理项目，8个项目完成治理水土流失面积179km^2，其中封育保护面积152km^2。截至12月10日，8个项目全部开工建设，按照要求完成了目标任务。实际完成中央投资2 961万元，中央投资完成率98.7%，实际完成配套投资598万元，配套资金完成率74.9%，已完成防治水土流失面积166km^2。（许文华）

2. 水土保持预防监督管理　积极落实《新疆生产建设兵团实施〈中华人民共和国水土保持法〉办法》（新兵发〔2014〕44号）。

（1）做好宣传工作。通过举办培训、发文、召开水土保持专项工作会议，对兵团、师两级水土保持工作的监督管理、技术编制、监测等单位的近300人的相关人员进行了宣贯。

（2）落实水土保持规划编制工作。5月启动了《兵团水土保持规划》，年底完成了《兵团水土保持规划》初稿。

（3）加大了对生产建设项目水土保持方案审批、生产建设项目水土保持监督检查和水土保持设施验收工作力度。2015年共完成生产建设项目水土保持方案审批数量162个（其中兵团本级审批64个，各师审批98个）。兵团两级水行政主管部门审批的方案共投入水土保持防治资金24 281万元，防治责任范围4 929hm^2。在全兵团范围内开展生产建设项目水土保持监督检查工作，对“兵团新建团场38团—且末垦区苏塘灌区水利工程（一期）——输水工程、灌区工程”等106个生产建设项目开展了监督检查，项目涉及12个师，并对各师水利局和项目单位下发了整改通知，提出了具体的整改要求。推进了水土保持设施竣工验收和师监督管理能力建设工作。按照《开发建设项目水土保持设施验收规程》（GB/T 22490）和验收政策要求，规范了验收程序，开展了兵团本级审批的验收前实施技术评估工作，2015年兵团本级验收水土保持设施项目10个。（许文华）

3. 水土流失动态监测　2015年，兵团水土保持监测总站按照黄河流域水土保持生态环境监测中心安排，组织第四师70团水土流失综合观测场开展了黄河流域片水土流失动态监测与公告项目的实施，报送了2015年度动态监测数据和监测总结资料。（李宁）

【节水型社会建设】　2015年，组织五家渠市成功申报全国第二批水生态文明城市建设试点，并配合水利部于5月完成《五家渠市水生态文明城市试点建设实施方案》审查。9月，组织各师上报水生态文明试点城市河湖水系连通2016—2018年项目申报文本，并及时将四师可克达拉市、六师五家渠市、十师北屯市申报文本上报水利部审查。10月，安排中央分成水资源费260万元开展兵团节水型单位建设，涉及兵团机关综合楼、三师第一中学、七师天北新区管委会机关和130团完全中学。（张卫国）

【水利科技】 2015年，兵团申报水利部各类科技项目和科研课题，加强对科技项目的后期管理和验收工作，梳理了兵团“十三五”水利科技需求，并上报水利部，申报的“新疆内陆河中下游水生态安全关键技术研究”被水利部列入2015年水利公益性行业科研专项经费项目，项目总经费427万元。（郑子文）

【水利管理体制改革】 2015年，兵团水利管理体制改革工作全面推进，取得突破性进展。兵团水利局研究制定了《深入推进兵团水利管理体制改革工作方案》，并以兵团水利管理体制改革领导小组的名义印发各师，建立了水利管理体制改革工作进度月报制度，通过电话沟通、现场督导等方式督促各师加快完成水利管理体制改革工作，定期通报各师水利管理体制改革进展情况。

截至2015年年底，13个师大部分师水利管理体制改革实施方案已出台；9个师的师级水利服务机构组建已经师编委批复，其中4个师的师级水利服务机构已经组建到位，机构已经挂牌成立，人员已经招录，正式开始运转；师直属水管单位定岗定编、水利工程维修养护经费测算、管养分离、社会职能剥离等各项改革措施正在全力落实中。（李玲）

【水利工程前期工作】

1. 水利工程前期工作审查 2015年，兵团水利水电规划设计管理中心共组织完成了175个不同阶段的水利项目审查工作，对27个小型病险水库除险加固项目进行了现场安全鉴定工作，复审项目23个，共计225个项目。审查设计文本修改后及时出具了162个水利项目的技术审查意见。较好地满足了各类水利项目的申报、资金的落实和开工建设的需要，同时也为争取今后国家建设投资储备了项目。

2015年审查项目的主要类型包括大型灌区续建与节水配套改造工程项目、中型灌区节水配套、中小水源工程项目、小型病险水库除险加固、内陆河防洪、农村安全饮水项目、山洪沟治理、抗旱应急水源工程、工业园区及工业项目水资源配置规划和水资源论证报告及其他各类项目。

2015年兵团水利水电规划设计管理中心继续开展了水利项目设计产品质量评定工作，对于每个项目均由专家重点从7个方面对其设计质量进行评价，并认真填写了质量评定表。2015年主要对25个大型灌区续建配套与节水改造项目、7个内陆河防洪项目、37个小型水库除险加固工程项目、7个人饮项目、11个山洪沟治理项目、13个抗旱应急项目及9个中型灌区等109个水利项目进行了设计产品质量评定工作。（王宝卿）

2. 水利项目审查管理工作 根据《兵团各类评审活动管理和评审费发放暂行办法》新兵办发〔2014〕58号文的要求，2015年兵团水利水电规划设计管理中心将《兵团水利水电工程规划设计项目审查管理办法》进行了多次的修改、补充和完善，并以兵团水利局的名义即兵水发〔2015〕360号文下发各师和兵团设计院试行。在水利项目审查工作中严格控制各类评审费用的发放范围和严格控制各类评审费用的发放标准。（王宝卿）

台湾省

【防灾抗旱】

1. 2015年初台湾地区面临67年最严重旱灾，全民共同节水抗旱 2015年1—6月台湾地区面临严重旱灾，自2014年8月后台风及暴雨的次数少，许多地区的水库蓄水率皆跌破3成。自2015年4月8日起实施第三阶段限水，采取供水5天停水2天的措施，以延长水库供水期程。并采取多元措施节约用水或增加水源，包括民生用水总量控管，工业用水减量供应，充分运用埤塘水于农业用水，加强节约用水宣传，调度新店溪水源支援等，将旱灾损失降至最低。

2. 员山子分洪道启用10年，2015年9月台风“杜鹃”来袭时创下单次分洪纪录 员山子分洪道2005年启用，至今已分洪33次，累计分洪量1.8亿m^3，将近一座石门水库之蓄水量，确保了近10年来大台北地区800万人口免于水患威胁。

2015年9月台风“杜鹃”侵袭台湾，员山子分洪道分洪量及水位皆创下新高，高水位达66m，分洪量达932m^3/s，分洪水量为2 021万m^3。（许秀慧）

【水政】

1. 推动《重要河川环境营造计划（2015—2020年）》《区域排水整治及环境营造计划（2015—2020年度）》及《海岸环境营造计划（2015—2020年）》 为持续办理台湾河川及区域排水尚未完成之防灾减灾、排水改善及海岸环境营造等工作，研拟2015—2020年中长期计划，执行计划有《重要河川环境营造计划（2015—2020年）》《区域排水整治及环境营造计划（2015—2020年度）》及《海岸环境营造计划

(2015—2020年)》。

(1)《重要河川环境营造计划(2015—2020年)》。共办理26水系河川之防灾减灾、环境营造及维护管理等工作，预定办理201.6km防灾减灾工程，改善150km水岸景观及栖地环境，加强重要河川防洪减灾功能，营造良好河川景观及栖地环境，保护居民生命财产安全，并营造亲水、休闲、游憩、安全及具永续性的河川环境。

(2)《区域排水整治及环境营造计划(2015—2020年度)》。办理如塔寮坑溪、客雅溪、旱溪排水、曾文溪等排水改善工程、环境营造及维护管理等工作。预期可降低洪涝受灾面积5 589hm^2，保护居民免受洪涝灾害，增加区域排水的亲水空间及环境修复等效益。

(3)《海岸环境营造计划(2015—2020年)》。办理台湾地区、澎湖、金门及马祖等一般性海堤区域海岸防护及环境改善工程，预计提升78.8km既有海堤防灾功能，改善417hm^2海堤环境，强化海堤防灾功能，降低灾害损失，营造友善海堤空间，展现优良的海岸环境，并将海岸防护工法的研发应用加以落实，以维护海堤设施功能。

2. 实施“绿美化水岸土地维护管理要点”，提高水岸认养维护成效　为加强水岸土地认养维护的成效，实施“绿美化水岸土地维护管理要点”，重点内容如下：

(1) 认养维护范围不限于公告开放之休闲场地，扩及辖管绿美化水岸土地，包括河川区域内、管排水设施范围内或辖管水库周边土地已辟设完成之绿美化场地。

(2) 酌情提供维护所需物资及提供认养团体办理意外事故险等，维护所需物资内容物含植栽、工具、材料、物品及所需耗品等。

(3) 与企业合作提供认养维护所需经费予认养团体，并开放认养单位或资助企业可于认养范围内设置其企业或单位标志。

3. 金门自大陆引水计划于2015年7月20日完成契约签订　2013年6月21日两岸第九次高层会议达成推动金门自大陆引水共识后，自2013年9月起召开9次推动会议，8次技术会谈及3次工作商谈，达成供水水源、水量、水质标准、合作方式及购水契约期限等多项共识。

引水计划契约签订期限为30年，前3年金门县自来水厂购水量为1.5万m^3/d，第4～6年购水量为2万m^3/d，第7～9年购水量为2.5万m^3/d，第10年以后购水量为3.4万m^3/d，预期可确保金门地区中长期发展用水所需，并达到减抽地下水的效益。购水水质须符合饮用水水源水质标准，亦须符合大陆法规规定，采水质标准较高者共114项作为水质检验标准。未来将于晋江引水点、田埔接水点及洋山净水场进行监测检验。　(许秀慧)

【水库清淤】

1. 阿姆坪防淤隧道工程启动　石门水库于1964年营运至今，多次台风洪水挟带大量泥沙进入水库造成水库严重淤积，虽已执行《石门水库及其集水区整治计划》，并将原有电厂发电专管及永久河道放水口改造为水力排沙设施，2014年9月1日核定通过阿姆坪防淤隧道工程计划，于2015年起启动，预计于2017年前完成工程设计、用地取得及发包作业，2018－2021年完成工程施工作业，预计完工后水库每年可除淤64万m^3，提高水库排洪能力600m^3/s，有效维持水库库容量，降低极端气候对水库防洪安全的影响。

2. 曾文水库年度清淤量达163万t　为能延长曾文水库使用年限，南区水资源局依《曾文南化乌山头水库治理及稳定南部地区供水计划》，办理蓄水范围抽泥、清淤、水力排沙、主流河道疏通及拦沙坝清淤等工作，并依据《河川野溪及水库疏浚后续计划》(第3期)拟定2015年清淤目标为主流河道疏通40万m^3，防沙坝清淤5万m^3，蓄水范围清淤10万m^3，库区抽泥清淤30万m^3，合计年清淤目标量为85万m^3，南区水资源局利用2015年上半年枯水期加速清淤工作，2015年全年清淤量达163万t。

3. 乌山头水库实施淤泥水排放清淤试验计划　乌山头水库从1930年启用营运，原建设库容量为1.5亿m^3，目前库容仅剩7 982万m^3，淤积量已达7 000余万t，为延长乌山头水库使用年限，嘉南农田水利会在不影响农田灌溉的前提之下实施淤泥水排放清淤试验计划，采用抽泥船抽泥方式，搭配水库内灌溉用水一并排入水库发电厂前的尾水道，含淤泥的灌溉水会排入嘉南大圳，提供农民灌溉用水，2015年10月实施一个月后清淤量达2万t，预计2016年下半年将再度实施。　(许秀慧)

【环境水利】　2015年2月4日《海岸管理法》公布实施。因气候变迁，为了防治海岸灾害、确保自然海岸零损失、保护与修复海岸资源等，于2015年2月4日公布实施《海岸管理法》，办理包括海岸侵蚀、洪泛溢淹、暴潮溢淹、地层下陷等4项海岸灾害的防护工作。　(许秀慧)

【水资源管理】

1. 2015年3月推动台中福田水资源回收中心放流水供应台中港工业专区使用的合作意向书　2015年初台湾地区面临67年来最严重旱灾，从而意识到多元水资源管理的重要性，2013年时台湾地区经济部及内政部提出《公共污水处理厂放流水回收再利用示范推动方案》，预计在2013—2020年期间投入总经费151.6亿元（台币），推动高雄市凤山溪及临海、台中市丰原与福田、台南市永康与安平共6座公共污水处理厂作为示范启动案例，并于2013年11月由台湾地区经济部、内政部及高雄市政府三方共同签署合作意向书，兴建台湾第一座再生水厂——高雄凤山溪再生水厂。

台中市福田水资源回收中心将放流水经二次过滤及消毒处理后，提供台中港工业区使用，目前处理放流水量为7万 m^3，预估2020年时每日处理放流水量可达13万 m^3，将可稳定供应台中港工业区的用水需求。

2. 乌嘴潭人工湖工程计划2015年4月10日核定实施　为改善彰化地区长期超用地下水造成地层下陷，拟定乌嘴潭人工湖工程计划，于2015—2020年间投入199亿元（台币）于乌溪上游草屯镇开发人工湖，预计未来每日可增供地面水25万 m^3，其中17万 m^3 供应给彰化地区使用以减抽地下水，剩余的8万 m^3 则作为稳定南投及彰化地区供水用途。

人工湖为离槽式设计，在台风洪水河川高浊度期间可不引水，因此不会造成河道淤沙等影响库容，同时营造周边水域景观及绿地生态，创造优质生态环境，并串连邻近景点，提升地方观光旅游业发展，带动地方产业发展及繁荣。

3. 2015年纳管水井复查作业共完成115 563件　为有效管理地下水资源，彰化、云林地区2013年12月31日完成既有水井315 783件申报纳管作业，并自2014—2016年由彰化及云林县政府规划完成纳管水井复查工作，2014年已完成包括彰化3乡镇与云林6乡镇共100 559件，2015年则以彰化12乡镇为重点，搭配云林4乡镇共115 563件，2016年将接续完成彰化11乡镇及云林10乡镇共99 661件水井复查作业。

（许秀慧）

【工程建设】

1. 曾文水库防淤隧道工程荣获2015年第九届公共工程金安奖工程类优等奖　曾文水库防淤隧道工程施工期为2013—2017年，总预算为40.98亿元（台币），工程目标是减缓曾文水库坝前淤泥、延长水库寿命，完工后1年可节省近7亿元（台币）清淤成本，主要工程项目包括：象鼻引水钢管、竖井及隧道闸室段、隧道段、隧道消能池段及水工机械等五大部分。其工程特色如下：

（1）无围堰工法。

（2）全世界首创的象鼻引水钢管水运拖曳及安装。

（3）香菇头工法。消能池为大跨度地下坑室开挖，最大开挖深度约47m，宽度约29m。使用香菇头工法将避免传统搭架高空作业与避免大量使用支撑架，提高施工安全性。

（4）出水口采用双洞口方案。顺应洞口地形，采用双洞口及中间岩柱设计，减少偏压，缩小开挖跨度，降低出水口因稳定性不足而崩塌之风险。

2. 宜兰河永金1号桥下游段河川环境改善工程荣获2015年公共工程优质奖　宜兰河永金1号桥下游段河川环境改善工程于2015年10月8日完工，主要以“人水和谐、生态永续”为主轴进行河道空间之绿美化，营造优质的亲水环境，结合周边环境与人文特色，并吸收民众意见参与设计。此工程特色如下：

（1）既有堤防以蜂巢格框铺设完成后覆土夯实，能有效抑制土壤流失，增加植物生长绿化面积。

（2）采用管式透水架构结合纸模压花绿建材铺面工法施设人行步道，施工简易快速，并且具有涵养水分、透水、透气的功能，雨水通过孔隙渗入路基，达到减少地表水、降低地表温度及提升水质等效果。

（3）与当地居民充分沟通，结合头份广场、自行车停车平台均很好地融入当地文化与地面景观。

（4）保留滨水植生带，维持河岸与高滩地的稳定，维护自然生态环境平衡。

3. 湖山水库于2015年12月底完工，预计2016年正式蓄水启用　为解决云林地区地层下陷问题，台湾地区经济部水利署于1979年起规划兴建湖山水库，核定2001年实施，历时14年。

水库由湖山主坝、湖山副坝及湖南坝组成，并在南投县桶头建设桶头拦河堰，为典型离槽式水库，启用后将和集集拦河堰联合运用，有效蓄水量为5 347万 m^3，每日最高供水量43.2万 m^3，预计每年可供应1.6亿 m^3 用水，将优先供给云林地区的民生用水，有效减缓云林地区地层下陷的状况。　（许秀慧）

【疏浚】

2015年河川野溪及水库疏浚，疏浚量达4 177.1万t，达标率为122.8%。为确保河防安全及水库正常营运，台湾地区水利署与水土保持局、林务局及地方政府等，研究制订出2015年度河川、野溪及水库疏浚共同目标为3 400万t，分配如下：

（1）河川2 580万t（包含兰阳溪、大安溪、乌溪、浊水溪、高屏溪、花莲溪及其他河川）。

（2）水库480万t（含石门水库、曾文水库、集集拦河堰、高屏溪拦河堰及其他水库、堰、坝等）。

（3）上游野溪340万t（含水土保持局240万t、林务局100万t），此目标于2015年10月9日完成，并以疏浚无上限为目标积极疏浚，以提升河防安全及水库蓄水量，于2015年12月14日达到4 177.1万t的疏浚量。

（许秀慧）

【学术交流】

1. 第22届水利工程研讨会暨2015气候变迁研讨会于11月5日、6日在逢甲大学成功举行　为应对极端气候，建立台湾水环境面对气候变迁的调适能力，邀请来自日本、泰国等4位学者及9位气候变迁计划主持人进行演讲，共同研商气候变迁相关议题，参加人数近600名。

2. 第19届海峡两岸多砂河川整治与管理研讨会 5月11日在逢甲大学隆重举行“第19届海峡两岸多砂河川整治与管理研讨会”，由逢甲大学海峡两岸科技研究中心主办。除了集结台湾地区水利单位、农田水利会、技师公会、水利系所、研究中心和工程顾问公司，也邀请大陆水利技术专家，针对海峡两岸共同面临的水利关键问题，提出前瞻性的技术经验。以“治水、利水、亲水、活水、保水”“气候变迁治水及用水调适策略”“塑造优质水文化及水环境”“流域治理及管理”“水利发展综合规划与管理”等五大课题，特邀海峡两岸水利专家进行了现场发言。

（许秀慧）

（数据来源：台湾地区经济部水利署网站、台湾地区经济部水利署电子报、台湾地区联合知识库）

人 力 资 源

Human Resources

【重要任免】

1. 水利部党组干部任免

(1) 2015年2月11日，部党任〔2015〕2号文通知，免去游赞培同志的中水珠江规划勘测设计有限公司董事长、党委书记职务。

(2) 2015年3月3日，部党任〔2015〕3号文通知，任命马铁民同志为中共水利部松辽水利委员会党组成员。

(3) 2015年2月11日，部党任〔2015〕4号文通知，免去叶寿仁同志的中共水利部太湖流域管理局党组成员职务。

(4) 2015年2月11日，部党任〔2015〕5号文通知，免去孙荣博同志的中水东北勘测设计研究有限责任公司副总经理职务。

(5) 2015年2月11日，部党任〔2015〕6号文通知，免去陈祥建同志的中共中国水利水电科学研究院委员会副书记、纪委书记、常委、委员职务。

(6) 2015年3月3日，部党任〔2015〕7号文通知，免去王海同志的中共水利部发展研究中心委员会副书记、纪委书记、委员职务。

(7) 2015年5月6日，部党任〔2015〕8号文通知，免去于琪洋同志的中共水利部海河水利委员会党组成员、中共水利部海河水利委员会漳河上游管理局委员会书记职务。

(8) 2015年4月16日，部党任〔2015〕10号文通知，免去郭国顺同志的中共水利部黄河水利委员会党组成员职务。

(9) 2015年3月24日，部党任〔2015〕11号文通知，免去张学明同志的中共水利部黄河水利委员会山东黄河河务局党组副书记职务。

(10) 2015年4月16日，部党任〔2015〕12号文通知，任命肖卫国同志为广西右江水利开发有限责任公司副总经理、党委委员（试用期一年）。

(11) 2015年3月24日，部党任〔2015〕13号文通知，任命齐玉亮同志为中共水利部松辽水利委员会党组副书记。

(12) 2015年3月24日，部党任〔2015〕14号文通知，任命王海军同志为嫩江尼尔基水利水电有限责任公司副总经理、党委委员（试用期一年）。

(13) 2015年4月16日，部党任〔2015〕15号文通知，任命黄卫良同志为中共水利部太湖流域管理局党组成员。

(14) 2015年3月24日，部党任〔2015〕16号文通知，任命沈凤生同志为中共水利部水利水电规划设计总院委员会副书记，免去王治明同志的中共水利部水利水电规划设计总院委员会副书记、纪委书记职务。

(15) 2015年4月16日，部党任〔2015〕17号文通知，任命苑润保同志为中水东北勘测设计研究有限责任公司副总经理、党委委员（试用期一年）。

(16) 2015年4月9日，部党任〔2015〕19号文通知，任命陈琴同志为中共水利部长江水利委员会党组成员，免去陈晓军同志的中共水利部长江水利委员会党组成员职务。

(17) 2015年4月29日，部党任〔2015〕21号文通知，免去李志群同志的中共松辽流域水资源保护局委员会书记职务。

(18) 2015年4月29日，部党任〔2015〕22号文通知，任命陈明同志为中共水利部松辽水利委员会党组成员、中共松辽流域水资源保护局委员会书记。

(19) 2015年5月6日，部党任〔2015〕23号文通知，任命刘学峰同志为中共水利部海河水利委员会党组成员、中共水利部海河水利委员会漳河上游管理局委员会书记。

(20) 2015年5月26日，部党任〔2015〕24号文通知，任命李晓琳同志为中共广西大藤峡水利枢纽开发有限责任公司纪检组组长、党组成员（试用期一年）。

(21) 2015年5月26日，部党任〔2015〕25号文通知，任命袁建军同志为中共黄河万家寨水利枢纽有限公司委员会书记（试用期一年）；任命董德中同志为中共黄河万家寨水利枢纽有限公司委员会副书记；任命李明太同志为中共黄河万家寨水利枢纽有限公司委员会委员；免去陈永志同志的中共黄河万家寨水利枢纽有限公司委员会书记职务；免去王鹏同志的中共黄河万家寨水利枢纽有限公司委员会委员职务；免去李光辉同志的中共黄河万家寨水利枢纽有限公司委员会纪委书记、委员职务。

(22) 2015年5月26日，部党任〔2015〕26号文通知，免去董德中同志的中共水利部小浪底水利枢纽管理中心委员会委员职务。

(23) 2015年6月12日，部党任〔2015〕27号文通知，经任职试用期满考核合格，任命常继成同志为中水北方勘测设计研究有限责任公司副总经理、党委委员。

(24) 2015年6月12日，部党任〔2015〕28号文通知，经任职试用期满考核合格，任命石伯勋同志为中共长江勘测规划设计研究院委员会书记。

(25) 2015年6月12日，部党任〔2015〕29号文通知，经任职试用期满考核合格，任命李恒山同志为嫩江尼尔基水利水电有限责任公司副总经理、党委委员。

(26) 2015年6月23日，部党任〔2015〕30号文通知，经任职试用期满考核合格，任命赵国训同志为中共水利部黄河水利委员会纪律检查组组长。

(27) 2015年6月24日，部党任〔2015〕31号文通知，经任职试用期满考核合格，任命王道席同志为中共水利部黄河水利委员会黑河流域管理局党组书记。

(28) 2015年6月29日，部党任〔2015〕32号文通知，经任职试用期满考核合格，任命李雪辉同志为湖南澧水流域水利水电开发有限责任公司纪检组长、党组成员。

(29) 2015年7月10日，部党任〔2015〕33号文通知，经任职试用期满考核合格，任命刘传虎同志为广西右江水利开发有限责任公司副总经理、党委委员。

(30) 2015年7月10日，部党任〔2015〕34号文通知，经任职试用期满考核合格，任命辛永刚同志为广西大藤峡水利枢纽开发有限责任公司副总经理、党组成员。

(31) 2015年7月31日，部党任〔2015〕35号文通知，免去牛金凤同志的中共水利部三门峡温泉疗养院委员会书记职务。

(32) 2015年8月7日，部党任〔2015〕36号文通知，免去孟秀玲的中水东北勘测设计研究有限责任公司党委副书记、纪委书记、党委委员职务。

(33) 2015年8月11日，部党任〔2015〕38号文通知，任命张明俊同志为中共水利部综合事业局委员会委员、纪律检查委员会书记（试用期一年）；免去王杨群同志的中共水利部综合事业局委员会委员职务；免去成京生同志的中共水利部综合事业局纪律检查委员会书记职务。

(34) 2015年8月11日，部党任〔2015〕39号文通知，任命胡玉强同志为中共水利部水利水电规划设计总院委员会委员、纪律检查委员会书记（试用期一年）。

(35) 2015年8月11日，部党任〔2015〕40号文通知，任命夏连强同志为中共中国水利水电科学研究院委员会委员、常委、纪律检查委员会书记（试用期一年）。

(36) 2015年8月11日，部党任〔2015〕41号文通知，任命姜永生同志为中共水利部淮河水利委员会党组成员。

(37) 2015年8月11日，部党任〔2015〕42号文通知，经任职试用期满考核合格，任命康福贵同志为中共水利部海委海河下游管理局委员会书记。

(38) 2015年8月11日，部党任〔2015〕43号文通知，任命刘云杰同志为中共水利部综合事业局委员会委员，免去其中共水利部小浪底水利枢纽管理中心委员会委员职务。

(39) 2015年10月15日，部党任〔2015〕44号文通知，任命孟祥岩同志为中共黄河万家寨水利枢纽有限公司委员会委员、纪律检查委员会书记（试用期一年）。免去陈永志、杨启祥同志的中共黄河万家寨水利枢纽有限公司委员会委员职务。

(40) 2015年8月26日，部党任〔2015〕45号文通知，李孝振同志任中水北方勘测设计研究有限责任公司总经理、党委委员（试用期一年），免去张和平同志的中水北方勘测设计研究有限责任公司总经理职务。

(41) 2015年11月28日，部党任〔2015〕47号文通知，免去袁纯山同志的嫩江尼尔基水利水电有限责任公司副总经理、总经济师、党委委员职务。

(42) 2015年11月30日，部党任〔2015〕49号文通知，任命肖幼同志为中共水利部淮河水利委员会党组书记；免去钱敏同志的中共水利部淮河水利委员会党组书记职务。

(43) 2015年12月3日，部党任〔2015〕50号文通知，任命束庆鹏同志为中共水利部珠江水利委员会党组书记；免去岳中明同志的中共水利部珠江水利委员会党组书记职务。

(44) 2015年12月1日，部党任〔2015〕51号文通知，经任职试用期满考核合格，任命闫晓春同志为中共嫩江尼尔基水利水电有限责任公司委员会副书记、纪委书记。

(45) 2015年12月28日，部党任〔2015〕52号文通知，任命苏艳林同志为中共水利部海委海河下游管理局纪律检查委员会书记。

(46) 2015年12月28日，部党任〔2015〕53号文通知，任命杨士坤同志为中共水利部海委漳河上游管理局纪律检查委员会书记。

(47) 2015年12月21日，部党任〔2015〕55号文通知，任命金海同志为中共水利部发展研究中心纪律检查委员会书记。

(48) 2015年12月21日，部党任〔2015〕56号文通知，免去梅锦山同志的中共水利部水利水电规划设计总院委员会委员职务。

(49) 2015年12月21日，部党任〔2015〕57号文通知，任命齐玉亮同志为中共水利部松辽水利委员会党组书记，免去党连文同志的中共水利部松辽水利委员会党组书记职务。

(50) 2015年12月28日，部党任〔2015〕58号文通知，免去程夏蕾同志的中共水利部农村电气化研究所委员会书记职务。

(51) 2015年12月28日，部党任〔2015〕59号文通知，任命肖翔同志为中共水利部长江水利委员会纪检组、水利部长江水利委员会监察局副局级纪律检查员、监察专员。

(52) 2015年12月28日，部党任〔2015〕60号文通知，任命杨胜同志为中共水利部黄河水利委员会纪检组、水利部黄河水利委员会监察局副局级纪律检查员、监察专员。

(53) 2015年12月29日，部党任〔2015〕63号文通知，经任职试用期满考核合格，任命王厚军同志为中共中国水利水电出版社纪律检查委员会书记。

(54) 2015年12月29日，部党任〔2015〕64号文通知，经任职试用期满考核合格，任命王辉同志为湖南澧水流域水利水电开发有限责任公司副总经理、党组成员。

(55) 2015年12月29日，部党任〔2015〕65号文通知，经任职试用期满考核合格，任命王方清同志为中共长江流域水资源保护局党组书记。

(56) 2015年10月5日，部党任〔2015〕66号文通知，免去郭玉同志的中共水利部中国科学院水工程生态研究所委员会书记职务。

2. 水利部干部任免

(1) 2015年3月3日，部任〔2015〕1号文通知，任命马铁民为水利部松辽水利委员会副主任，免去其松辽流域水资源保护局副局长职务。

(2) 2015年2月11日，部任〔2015〕2号文通知，免去叶寿仁的水利部太湖流域管理局巡视员、副局长职务。

(3) 2015年2月11日，部任〔2015〕3号文通知，免去郭潇的水利部综合事业局总工程师职务，免去丁双跃的新华水利控股集团公司总经理职务。

(4) 2015年2月11日，部任〔2015〕4号文通知，任命齐献忠为水利部审计室主任（副局级）。

(5) 2015年2月11日，部任〔2015〕5号文通知，免去齐献忠的水利部建设管理与质量安全中心副主任职务。

(6) 2015年2月11日，部任〔2015〕6号文通知，任命于琪洋为中国水利学会秘书长（正局级）；任命李赞堂为中国水利学会副秘书长（副局级），免去其中国水利学会秘书长（正局级）职务。

(7) 2015年5月6日，部任〔2015〕7号文通知，免去于琪洋的水利部海河水利委员会副主任、水利部海河水利委员会漳河上游管理局局长职务。

(8) 2015年2月11日，部任〔2015〕8号文通知，任命段红东为水利部发展研究中心副主任（正局级）。

(9) 2015年2月11日，部任〔2015〕9号文通知，免去段红东的建设管理与质量安全中心主任职务。

(10) 2015年3月3日，部任〔2015〕10号文通知，免去王海的水利部发展研究中心副主任职务。

(11) 2015年3月6日，部任〔2015〕11号文通知，免去贾庭欣的水利部离退休干部局副局长职务。

(12) 2015年3月24日，部任〔2015〕12号文通知，免去曾大林的水利部人事司巡视员职务。

(13) 2015年3月24日，部任〔2015〕14号文通知，任命贺良铸为长江水利委员会监察局副局长（试用期一年）。

(14) 2015年3月24日，部任〔2015〕15号文通知，任命来建军为黄河水利委员会监察局副局长（试用期一年）。

(15) 2015年4月16日，部任〔2015〕16号文通知，免去于琪的水利部淮河水利委员会巡视员职务。

(16) 2015年4月16日，部任〔2015〕17号文通知，任命林泽新为水利部太湖流域管理局巡视员，免去其水利部太湖流域管理局副局长职务；任命黄卫良为水利部太湖流域管理局副局长（试用期一年）；免去曹正伟的水利部太湖流域管理局副巡视员职务。

(17) 2015年3月24日，部任〔2015〕18号文通知，任命沈凤生为水利部水利水电规划设计总院副院长（正局级）。

(18) 2015年3月24日，部任〔2015〕19号文通知，明确李晶的职级为正局级，免去其水利部发展研究中心副主任职务。

(19) 2015年3月24日，部任〔2015〕20号文通知，任命杨国华为水利部建设管理与质量安全中心副主任（试用期一年）。

(20) 2015年3月24日，部任〔2015〕21号文通知，任命牛志奇为水利部预算执行中心主任（正局级，试用期一年），任命刘鹏鸿为水利部预算执行中心副主任（副局级，试用期一年）。

(21) 2015年3月24日，部任〔2015〕22号文通知，明确吴伯健的职级为副局级。

(22) 2015年3月31日，部任〔2015〕23号文通知，任命汪大丁为水利部人事司副司长（试用期一年）。

(23) 2015年4月9日，部任〔2015〕24号文通知，按照中央组织部、中央统战部、国家民族事务委员会关于西部地区和其他少数民族地区干部挂职锻炼工作安排，经中共水利部党组研究，任命：闫九球为水利部建设与管理司副司长（挂职一年）；胡朝碧为水利部农村水利司副司长（挂职一年）。

(24) 2015年4月9日，部任〔2015〕25号文通知，任命陈琴为长江水利委员会副主任（试用期一年），免去陈晓军的长江水利委员会副主任职务。

(25) 2015年4月9日，部任〔2015〕26号文通知，任命陈晓军为水利部政策法规司副司长（正司级），免去陈琴的水利部政策法规司副司长职务。

(26) 2015年4月21日，部任〔2015〕27号文通知，任命曹淑敏为水利部综合事业局总工程师（试用期一年）。

(27) 2015年4月29日，部任〔2015〕28号文通知，免去李志群的松辽流域水资源保护局局长职务。

(28) 2015年4月29日，部任〔2015〕29号文通知，任命陈明为松辽流域水资源保护局局长（试用期一年）。

(29) 2015年4月29日，部任〔2015〕30号文

通知，免去陈明的水利部水资源司副司长职务。

(30) 2015 年 5 月 6 日，部任〔2015〕31 号文通知，任命刘学峰为水利部海河水利委员会副主任、水利部海河水利委员会漳河上游管理局局长（试用期一年）。

(31) 2015 年 5 月 6 日，部任〔2015〕32 号文通知，免去刘学峰的国家防汛抗旱总指挥部办公室副主任职务。

(32) 2015 年 5 月 19 日，部任〔2015〕33 号文通知，经任职试用期满考核合格，任命郑通汉为水利部综合事业局局长。

(33) 2015 年 5 月 19 日，部任〔2015〕34 号文通知，免去张克忠的水利部海河水利委员会巡视员职务。

(34) 2015 年 5 月 26 日，部任〔2015〕35 号文通知，经任职试用期满考核合格，任命祁志峰、张建生为黄河水利水电开发总公司副总经理。

(35) 2015 年 5 月 26 日，部任〔2015〕36 号文通知，免去袁建军的水利部精神文明建设指导委员会办公室和水利部党风廉政建设领导小组办公室副主任职务。

(36) 2015 年 5 月 26 日，部任〔2015〕37 号文通知，免去董德中的水利部小浪底水利枢纽管理中心副主任职务。

(37) 2015 年 5 月 26 日，部任〔2015〕38 号文通知，董德中任黄河万家寨水利枢纽有限公司总经理（试用期一年）；袁建军任黄河万家寨水利枢纽有限公司副总经理；李明太任黄河万家寨水利枢纽有限公司总会计师（试用期一年）；免去陈永志的黄河万家寨水利枢纽有限公司总经理职务；免去曹均尧的黄河万家寨水利枢纽有限公司总会计师职务；免去王鹏的黄河万家寨水利枢纽有限公司副总经理职务；免去李光辉的黄河万家寨水利枢纽有限公司副总经理职务。

(38) 2015 年 6 月 5 日，部任〔2015〕39 号文通知，经任职试用期满考核合格，任命李玉强为水利部淮河水利委员会治淮工程建设管理局（水利水电工程建设管理中心）局长（主任）。

(39) 2015 年 6 月 9 日，部任〔2015〕40 号文通知，经任职试用期满考核合格，任命于洪民为松辽流域水资源保护局副局长。

(40) 2015 年 6 月 9 日，部任〔2015〕41 号文通知，任命李光辉为水利部综合开发管理中心常务副主任。

(41) 2015 年 6 月 24 日，部任〔2015〕42 号文通知，经任职试用期满考核合格，任命张俊峰为水利部黄河水利委员会山东黄河河务局局长，王道席为水利部黄河水利委员会黑河流域管理局局长。

(42) 2015 年 8 月 7 日，部任〔2015〕43 号文通知，免去刘秀华的水利部机关服务中心（局）副主任（副局长）职务。

(43) 2015 年 8 月 7 日，部任〔2015〕44 号文通知，免去王杨群的水利部综合事业局副局长职务。

(44) 2015 年 7 月 31 日，部任〔2015〕45 号文通知，免去牛金凤的水利部三门峡温泉疗养院院长职务。

(45) 2015 年 8 月 7 日，部任〔2015〕46 号文通知，任命王鹏为水利部建设管理与质量安全中心专职稽察特派员（副局级）。

(46) 2015 年 8 月 7 日，部任〔2015〕47 号文通知，免去史光前的长江流域水资源保护局巡视员职务。

(47) 2015 年 8 月 7 日，部任〔2015〕48 号文通知，免去周月鲁的水利部黄河水利委员会山东黄河河务局巡视员职务。

(48) 2015 年 8 月 7 日，部任〔2015〕49 号文通知，任命许德志为水利部农村水电及电气化发展中心（局）副主任（副局长）（试用期一年）。

(49) 2015 年 8 月 11 日，部任〔2015〕50 号文通知，任命张程为水利部财务司副巡视员。

(50) 2015 年 8 月 11 日，部任〔2015〕51 号文通知，任命周振红为水利部直属机关党委副巡视员。

(51) 2015 年 8 月 11 日，部任〔2015〕52 号文通知，任命姜永生为水利部淮河水利委员会副主任（试用期一年）。

(52) 2015 年 8 月 11 日，部任〔2015〕53 号文通知，经任职试用期满考核合格，任命康福贵为水利部海河水利委员会海河下游管理局局长，苏艳林为水利部海河水利委员会海河下游管理局副局长。

(53) 2015 年 8 月 11 日，部任〔2015〕54 号文通知，任命刘云杰为水利部综合事业局副局长，免去其黄河小浪底水资源投资有限公司总经理职务。

(54) 2015 年 8 月 24 日，部任〔2015〕55 号文通知，任命尚全民为国家防汛抗旱总指挥部办公室副主任；李兴学为国家防汛抗旱总指挥部办公室副巡视员。

(55) 2015 年 8 月 24 日，部任〔2015〕56 号文通知，任命李国隆为水利部办公厅副主任（试用期一年）。

(56) 2015 年 8 月 24 日，部任〔2015〕57 号文通知，任命石秋池为水利部水资源司副司长（试用期一年）。

(57) 2015 年 8 月 24 日，部任〔2015〕58 号文通知，任命张汝石为水利部安全监督司巡视员，免去其水利部安全监督司副司长职务；任命祝瑞祥为水利部安全监督司副司长（正司级）。

(58) 2015 年 10 月 15 日，部任〔2015〕59 号文通知，任命董德中为黄河万家寨水利枢纽有限公司董事长；免去陈永志的黄河万家寨水利枢纽有限公司董事长职务；免去杨启祥的黄河万家寨水利枢纽有限公司副总经理职务。

(59) 2015年8月24日，部任〔2015〕60号文通知，确定尹迅飞的职级为副局级。

(60) 2015年9月2日，部任〔2015〕61号文通知，确定石玉波的职级为副局级。

(61) 2015年9月22日，部任〔2015〕62号文通知，经任职试用期满考核合格，任命陈光临为水利部淮河水利委员会沂沭泗水利管理局副局长。

(62) 2015年9月22日，部任〔2015〕63号文通知，经任职试用期满考核合格，任命孙金华为水利部大坝安全管理中心主任。

(63) 2015年10月8日，部任〔2015〕64号文通知，任命钱水祥为水利部预算执行中心副主任。

(64) 2015年10月30日，部任〔2015〕65号文通知，经任职试用期满考核合格，任命章四龙为水利部水文局（水利信息中心）副局长（副主任）；刘志雨为水利部水文情报预报中心主任。

(65) 2015年10月31日，部任〔2015〕66号文通知，任命陆桂华为水利部南水北调规划设计管理局局长（试用期一年）；免去祝瑞祥水利部南水北调规划设计管理局局长职务。

(66) 2015年11月28日，部任〔2015〕67号文通知，经任职试用期满考核合格，任命王章立为水利部淮河水利委员会副主任。

(67) 2015年11月28日，部任〔2015〕68号文通知，经任职试用期满考核合格，任命王翔为国家防汛抗旱督察专员（正司级）。

(68) 2015年11月28日，部任〔2015〕69号文通知，免去吴待有的水利部淮河水利委员会沂沭泗水利管理局巡视员职务。

(69) 2015年11月28日，部任〔2015〕70号文通知，任命姜辅腊为水利部机关服务局（中心）副局长（副主任）（试用期一年）。

(70) 2015年12月3日，部任〔2015〕71号文通知，任命刘湘宁为水利部建设管理与质量安全中心副主任（试用期一年），张文洁为水利部建设管理与质量安全中心总工程师（试用期一年）。

(71) 2015年11月30日，部任〔2015〕72号文通知，任命肖幼为水利部淮河水利委员会主任（试用期一年）；任命汪斌为水利部淮河水利委员会巡视员，免去其水利部淮河水利委员会副主任职务；免去钱敏的水利部淮河水利委员会主任职务。

(72) 2015年12月3日，部任〔2015〕73号文通知，任命张志彤为水利部总规划师，免去周学文的水利部总规划师职务。

(73) 2015年12月3日，部任〔2015〕74号文通知，任命汪安南为水利部规划计划司司长（试用期一年）；任命高敏凤为水利部规划计划司副司长（试用期一年）；免去周学文的水利部规划计划司司长职务。

(74) 2015年12月3日，部任〔2015〕75号文通知，任命王磊为国家防汛抗旱督察专员（正司级，试用期一年），免去其水利部规划计划司副司长职务；任命张家团为国家防汛抗旱督察专员（正司级，试用期一年），免去其国家防汛抗旱总指挥部办公室副主任职务；任命徐宪彪为国家防汛抗旱总指挥部办公室副主任（试用期一年）；免去邱瑞田、束庆鹏的国家防汛抗旱督察专员职务。

(75) 2015年12月3日，部任〔2015〕76号文通知，任命束庆鹏为水利部珠江水利委员会主任；免去岳中明的水利部珠江水利委员会主任职务；免去崔伟中的水利部珠江水利委员会巡视员职务。

(76) 2015年12月28日，部任〔2015〕77号文通知，任命徐锦才为水利部农村电气化研究所所长（试用期一年），免去程夏蕾的水利部农村电气化研究所所长职务。

(77) 2015年12月28日，部任〔2015〕78号文通知，任命程夏蕾为国际小水电中心主任（试用期一年），免去刘恒的国际小水电中心主任职务。

(78) 2015年12月21日，部任〔2015〕79号文通知，免去王震宇的水利部黄河水利委员会河南黄河河务局巡视员职务。

(79) 2015年12月21日，部任〔2015〕80号文通知，免去梅锦山的水利部水利水电规划设计总院副院长职务。

(80) 2015年12月21日，部任〔2015〕81号文通知，任命齐玉亮为水利部松辽水利委员会主任（试用期一年），免去党连文的水利部松辽水利委员会主任职务。

(81) 2015年12月21日，部任〔2015〕82号文通知，任命周苗建为长江流域水资源保护局巡视员。

(82) 2015年12月29日，部任〔2015〕83号文通知，经任职试用期满考核合格，任命王方清为长江流域水资源保护局局长。

3. 临时和议事协调机构人员调整

(1) 2015年2月16日，水人事〔2015〕90号文通知，撤销水利部对口援青工作领导小组，将其职能并入水利部扶贫领导小组，增加综合事业局、水文局作为扶贫领导小组成员单位，新一届水利部扶贫领导小组组成人员如下：

组　长：矫　勇　水利部副部长

常务副组长：唐传利　水库移民开发局局长

副组长：王　磊　规划计划司副司长

成　员：陈茂山　办公厅巡视员

陈　明　水资源司副司长

赫崇成　财务司副司长

孙高振　人事司副司长

李　戈　国际合作与科技司副司长
骆　涛　建设与管理司副司长（正司级）
蒲朝勇　水土保持司副司长
顾斌杰　农村水利司副司长
王　翔　国家防汛抗旱督察专员（正司级）
邢援越　农村水电及电气化发展局巡视员
朱闽丰　水库移民开发局副巡视员
王杨群　综合事业局副局长
蔡建元　水文局（水利信息中心）副局长（副主任）
李原园　水利水电规划设计总院副院长

领导小组办公室设在移民局，办公室主任由唐传利兼任，办公室副主任由朱闽丰兼任。

（2）2015年7月20日，水人事〔2015〕296号文通知，对水利部巡视工作领导小组成员调整如下：

组　长：陈　雷　水利部部长、党组书记
副组长：矫　勇　水利部副部长、党组副书记
田　野　水利部党组成员、中纪委驻水利部纪检组组长
成　员：刘建明　水利部办公厅主任
汪安南　水利部规划计划司常务副司长
李　鹰　水利部政策法规司司长
吴文庆　水利部财务司司长
侯京民　水利部人事司司长
孙继昌　水利部建设与管理司司长
武国堂　水利部安全监督司司长
刘学钊　水利部直属机关党委常务副书记
张志刚　监察部驻水利部监察局局长

巡视工作领导小组办公室主任由张志刚同志兼任，副主任由人事司副司长汪大丁、直属机关党委副书记、纪委书记罗湘成、监察部驻水利部监察局副局长李肇桀兼任。

（3）2015年9月30日，水人事〔2015〕382号文通知，第五届大禹水利科学技术奖奖励委员会组成人员如下：

主任委员：胡四一　中国水利学会理事长
副主任委员：汪　洪　水利部总工程师
高　波　水利部国际合作与科技司司长
顾　浩　中国水利学会常务副理事长
委　员：王　浩　中国工程院院士
张建云　中国工程院院士、南京水利科学研究院院长
钮新强　中国工程院院士、长江勘测规划设计研究院院长
陈茂山　水利部办公厅巡视员
汪安南　水利部规划计划司常务副司长
吴文庆　水利部财务司司长
侯京民　水利部人事司司长
吴宏伟　水利部国际合作与科技司副司长
刘伟平　水利部水利水电规划设计总院院长
匡尚富　中国水利水电科学研究院院长
杨得瑞　水利部发展研究中心主任
武文相　水利部科技推广中心主任
陈　楚　水利部人才资源开发中心主任
徐　辉　河海大学校长
于琪洋　中国水利学会秘书长

（4）2015年12月28日，水人事〔2015〕523号文通知，对水利部精神文明建设指导委员会组成人员调整如下：

主　任：陈　雷　水利部部长
副主任：矫　勇　水利部副部长
田学斌　水利部副部长
成　员：刘建明　办公厅主任
汪安南　规划计划司司长
李　鹰　政策法规司司长
陈明忠　水资源司司长
吴文庆　财务司司长
侯京民　人事司司长
孙继昌　建设与管理司司长
刘　震　水土保持司司长
王爱国　农村水利司司长
武国堂　安全监督司司长
刘学钊　直属机关党委常务副书记
杨昕宇　机关服务局局长

水利部精神文明建设指导委员会办公室设在直属机关党委，主任由刘学钊同志兼任。

（5）2015年12月29日，水人事〔2015〕530号文通知，对水利部安全生产领导小组成员调整如下：

组　长：刘　宁　水利部副部长
副组长：武国堂　安全监督司司长
孙继昌　建设与管理司司长
成　员：李国隆　办公厅副主任
吴　强　规划计划司副司长（正司级）
赫崇成　财务司副司长
刘祥峰　人事司副巡视员
吴宏伟　国际合作与科技司副司长
徐元明　建设与管理司副司长
蒲朝勇　水土保持司副司长

李远华　农村水利司巡视员
钱宜伟　安全监督司副司长
王　翔　国家防汛抗旱督察专员（正司级）
刘仲民　农村水电及电气化发展局副局长
李兰奇　综合事业局副局长（正局级）
蔡建元　水文局副局长
刘　斌　机关服务局副局长
刘志明　水利水电规划设计总院副院长
刘之平　中国水利水电科学研究院副院长
吴春良　建设管理与质量安全中心副主任
王厚军　中国水利水电出版社纪委书记

领导小组办公室设在安全监督司，办公室主任由安全监督司副司长钱宜伟兼任，办公室副主任由安全生产处处长马建新担任。（王新跃　唐晓虎　张建民）

【机构编制】　(1) 水利部以水人事〔2015〕31号文成立部属企业负责人薪酬制度改革工作领导小组。

组　长：李国英　水利部副部长
成　员：侯京民　人事司司长
吴文庆　财务司司长
刘祥峰　人事司副巡视员
赫崇成　财务司副司长
罗湘成　直属机关党委副书记、机关纪委书记

领导小组下设办公室，承担领导小组的日常工作，办公室设在人事司，办公室主任由刘祥峰兼任。

(2) 水利部以水人事〔2015〕60号文成立水利部全国党员干部现代远程教育专题教材制播工作领导小组。

组　长：周学文　部党组成员、总规划师
副组长：侯京民　人事司司长
陈茂山　办公厅巡视员
董自刚　水情教育中心负责人、中国水利报社社长
成　员：王　磊　规划计划司副司长
杨　谦　政策法规司副巡视员
陈　明　水资源司副司长
周明勤　财务司副巡视员
孙高振　人事司副司长
李　戈　国际合作与科技司副司长
祖雷鸣　水利建设管理督察专员（正司级）
张新玉　水土保持司巡视员
倪文进　农村水利司副司长
张汝石　安全监督司副司长
张家团　国家防汛抗旱总指挥部办公室副主任
罗湘成　直属机关党委副书记、纪委书记
陈大勇　农村水电及电气化发展局副局长
朱闽丰　水库移民开发局副巡视员
蔡建元　水文局（水利信息中心）副局长（副主任）
陈梦晖　新闻宣传中心副主任（正局级）
营幼峰　水利报社党委委员（副局级）

领导小组办公室设在水情教育中心，承担领导小组的日常工作，办公室主任由董自刚兼任，副主任由营幼峰兼任。

(3) 水利部以水人事〔2015〕89号文成立水利部水权交易监管办公室。办公室设在财务司，日常工作由财务司价格处承担。办公室组成人员如下：

主　任：吴文庆　财务司司长
副主任：王　治　政策法规司副司长（正司级）
石秋池　水资源司副巡视员
赫崇成　财务司副司长
成　员：乔建华　规划计划司改革处处长
许　维　政策法规司规章处副调研员
齐兵强　水资源司水资源管理处处长
姜　楠　财务司价格处处长
党　平　农村水利司灌溉节水处处长

(4) 水利部以水人事〔2015〕117号文成立水利部加快推进水利工程建设领导小组。

组　长：陈　雷　水利部部长
副组长：矫　勇　水利部副部长
李国英　水利部副部长
周学文　水利部党组成员、总规划师
汪　洪　水利部总工程师
成　员：刘建明　办公厅主任
汪安南　规划计划司常务副司长（正司级）
李　鹰　政策法规司司长
陈明忠　水资源司司长
吴文庆　财务司司长
侯京民　人事司司长
高　波　国际合作与科技司司长
孙继昌　建设与管理司司长
刘　震　水土保持司司长
王爱国　农村水利司司长
武国堂　安全监督司司长
张志彤　国家防汛抗旱总指挥部办公室主任
张志刚　中纪委驻水利部纪检组副组

长、监察部驻水利部监察局局长
田中兴　农村水电及电气化发展局局长
唐传利　水库移民开发局局长
邓　坚　水文局局长
刘伟平　水利水电规划设计总院院长

领导小组下设办公室，承担领导小组的日常工作。办公室设在规划计划司，汪安南兼任办公室主任，规划计划司王磊副司长、财务司高军巡视员、建设与管理司骆涛副司长（正司级）、农村水利司倪文进副司长、安全监督司赵卫水利建设管理督察专员担任办公室副主任。

（5）水利部以水人事〔2015〕140 号文成立水利部外事工作领导小组。

组　长：陈　雷　水利部部长
副组长：矫　勇　水利部副部长
成　员：刘建明　办公厅主任
汪安南　规划计划司常务副司长
陈明忠　水资源司司长
吴文庆　财务司司长
侯京民　人事司司长
高　波　国际合作与科技司司长
张志彤　国家防汛抗旱总指挥部办公室主任
刘学钊　直属机关党委常务副书记
刘伟平　水利水电规划设计总院院长

领导小组下设办公室，承担领导小组的日常工作。办公室设在国际合作与科技司，高波兼任办公室主任。

（6）水利部以水人事〔2015〕238 号文成立黄河黑山峡河段开发专门工作小组。

组　长：矫　勇　水利部副部长、党组副书记
副组长：陈小江　水利部黄河水利委员会主任
成　员：汪　洪　水利部总工程师
陈学斌　国家发展和改革委员会农村经济司副司长
周建春　国土资源部规划司副司长
刘　薇　环境保护部环境影响评价司副司长
章林伟　住房和城乡建设部城市建设司副巡视员
刘北桦　农业部发展计划司副司长
韦开波　中国地震局震害防御司副司长
汪安南　水利部规划计划司常务副司长（正司级）
陈明忠　水利部水资源司司长
唐传利　水利部水库移民开发局局长
刘伟平　水利部水利水电规划设计总院院长
赵　勇　水利部黄河水利委员会副主任
王　砚　甘肃省发展和改革委员会副主任
栾维功　甘肃省水利厅副厅长
刘晓黎　甘肃省黑山峡领导小组办公室副主任
吴洪相　宁夏回族自治区水利厅厅长
郭秉晨　宁夏回族自治区发展和改革委员会副主任
朱　云　宁夏回族自治区大柳树前期工作领导小组、办公室副主任
何　平　中国国际工程咨询公司农村经济与地区、发展部主任

工作小组下设办公室，承担工作小组的日常工作，办公室设在水利部黄河水利委员会，主任由赵勇兼任。

（7）水利部以水人事〔2015〕269 号文成立水利部推进职能转变协调小组。

组　长：陈　雷　水利部部长、党组书记
副组长：矫　勇　水利部副部长、党组副书记
周学文　水利部党组成员、总规划师
成　员：刘建明　办公厅主任
汪安南　规划计划司常务副司长（正司级）
李　鹰　政策法规司司长
陈明忠　水资源司司长
吴文庆　财务司司长
侯京民　人事司司长
孙继昌　建设与管理司司长
刘　震　水土保持司司长
王爱国　农村水利司司长
张志彤　国家防汛抗旱总指挥部办公室主任
邓　坚　水文局局长

协调小组下设办公室和行政审批改革组、投资审批改革组、职业资格改革组、收费清理改革组 4 个专题组。

（8）水利部、国土资源部、交通运输部以水人事〔2015〕311 号文成立河道采砂管理合作机制领导小组。

组　长：矫　勇　水利部党组副书记、副部长
汪　民　国土资源部副部长
何建中　交通运输部副部长
成　员：孙继昌　水利部建设与管理司司长
祖雷鸣　水利部水利建设管理督察专员（正司级）
陈晓军　水利部政策法规司副司长（正司级）
姚华军　国土资源部矿产开发管理司

司长
鞠建华 国土资源部规划司巡视员兼副司长
王少波 国土资源部矿产资源储量司副司长
解曼莹 交通运输部水运局副局长
吴建平 交通运输部公安局副局长
李世新 交通运输部海事局副局长

领导小组办公室设在水利部建设与管理司，承担领导小组的日常工作，其主要职责是研究提出需领导小组决策的建议方案，督促落实领导小组议定事项，加强部门间沟通协调，承办领导小组交办的其他事项。办公室主任由孙继昌兼任，办公室副主任由祖雷鸣、薄志平（国土资源部矿产开发管理司副司长）、解曼莹担任，成员由三部业务主管司局和相关司局处级干部担任。

（9）水利部以水人事〔2015〕331号文成立行业协会与行政机关脱钩工作组（行业协会协调指导委员会）。

组 长（主 任）：矫 勇 水利部党组副书记、副部长
副组长（副主任）：董 力 原中纪委驻水利部纪检组组长
成 员：刘建明 办公厅主任
汪安南 规划计划司常务副司长
陈明忠 水资源司司长
吴文庆 财务司司长
侯京民 人事司司长
高 波 国际合作与科技司司长
孙继昌 建设与管理司司长
王爱国 农村水利司司长
刘学钊 直属机关党委常务副书记
郑通汉 综合事业局局长
匡尚富 中国水利水电科学研究院院长
刘伟平 水利水电规划设计总院院长
李仰斌 中国灌溉排水发展中心主任
张严明 建设管理与质量安全中心临时党委书记

脱钩工作组（协调指导委员会）办公室设在人事司，承担脱钩工作组（协调指导委员会）的日常工作，与水利部社团管理办公室合署办公。办公室主任由侯京民同志兼任，副主任由人事司副司长段虹同志担任。办公室成员视情况可从相关挂靠单位、社团中抽调。

（10）水利部以水人事〔2015〕361号文成立水利部国务院文件清理工作协调小组。

组 长：周学文 水利部党组成员、总规划师
副组长：刘建明 办公厅主任
李 鹰 政策法规司司长
成 员：李国隆 办公厅副主任
吴 强 规划计划司副司长（正司级）
王 治 政策法规司副司长（正司级）
程晓冰 水资源司巡视员
赫崇成 财务司副司长
段 虹 人事司副司长
李 戈 国际合作与科技司副司长
祖雷鸣 水利建设管理督察专员（正司级）
张新玉 水土保持司巡视员
倪文进 农村水利司副司长
王 翔 国家防汛抗旱督察专员（正司级）
许德志 农村水电及电气化发展局副局长
朱闽丰 水库移民开发局副巡视员
杨燕山 水文局（水利信息中心）党委副书记
尹宏伟 南水北调规划设计管理局副局长

协调小组下设办公室，负责协调小组的日常工作。办公室设在办公厅，刘建明同志兼任办公室主任。

（11）水利部以水人事〔2015〕508号文成立水利部节约用水立法工作领导小组。

组 长：矫 勇 水利部副部长
副组长：田学斌 水利部副部长
周学文 水利部副部长
成 员：高敏凤 规划计划司副司长
李 鹰 政策法规司司长
颜 勇 水资源司副巡视员
赫崇成 财务司副司长
段 虹 人事司副司长
倪文进 农村水利司副司长
杨得瑞 发展研究中心主任

领导小组下设办公室，承担领导小组的日常工作。办公室设在政策法规司，办公室主任由李鹰兼任。

（12）水利部以水人事〔2015〕509号文成立水利部地下水管理立法工作领导小组。

组 长：矫 勇 水利部副部长
副组长：田学斌 水利部副部长
周学文 水利部副部长
成 员：高敏凤 规划计划司副司长
王 治 政策法规司副司长（正司级）
陈明忠 水资源司司长
赫崇成 财务司副司长
段 虹 人事司副司长
李远华 农村水利司巡视员

顾洪波　综合事业局副局长（正局级）
林祚顶　水文局副局长
李原园　水利水电规划设计总院副院长

领导小组下设办公室，承担领导小组的日常工作。办公室设在水资源司，办公室主任由陈明忠兼任。

(13) 水利部以水人事〔2015〕513 号文成立水利部网络安全与信息化领导小组。

组　　长：陈　雷　水利部部长
常务副组长：刘　宁　水利部副部长
副 组 长：汪　洪　水利部总工程师
张志彤　水利部总规划师、国家防汛抗旱总指挥部办公室主任
刘建明　办公厅主任
邓　坚　水文局（水利信息中心）局长（主任）
成　　员：汪安南　规划计划司司长
李　鹰　政策法规司司长
陈明忠　水资源司司长
吴文庆　财务司司长
侯京民　人事司司长
高　波　国际合作与科技司司长
孙继昌　建设管理司司长
刘　震　水土保持司司长
王爱国　农村水利司司长
武国堂　安全监督司司长
蔡　阳　水文局（水利信息中心）党委书记、副局长（副主任）

领导小组下设办公室，承担领导小组的日常工作。办公室设在水文局（水利信息中心），办公室主任由蔡阳同志担任。

(14) 水利部以水人事〔2015〕249 号文将水利基建项目初步设计文件审批、水利工程启闭机使用许可证核发等两项行政审批职责划回部机关行使。

(15) 水利部以水人事〔2015〕304 号文印发 2015 年推进简政放权放管结合转变政府职能工作方案。

(16) 中共水利部党组以水党〔2015〕12 号文印发《关于进一步加强部属单位纪检监察组织建设的意见》。

(17) 中共水利部党组以水党〔2015〕41 号文在淮河水利委员会等五个流域管理机构全面实施纪检监察机构直接管理。

(18) 水利部以〔2015〕水人事办字第 50 号文答复政协十二届全国委员会第三次会议第 2917 号（农业水利类 256 号）提案。

(19) 水利部以水人事函〔2015〕92 号文向中央机构编制委员会办公室报送水利部所属事业单位分类意见。

(20) 水利部以水人事函〔2015〕269 号文向国务院审改办反馈取消 5 项中央指定地方实施行政审批事项的意见。

(21) 水利部以水人事函〔2015〕284 号文向国务院审改办反馈 1 项中央以其他形式指定地方实施具有许可性质事项意见。

(22) 水利部以水人事函〔2015〕589 号文向民政部报送中国土工合成材料工程协会脱钩试点实施方案。

(23) 水利部以办人事〔2015〕257 号文明确黄河黑山峡河段开发专门工作小组办公室组成人员及联系人。

主　任：赵　勇　水利部黄河水利委员会副主任
成　员：马永来　黄河水利委员会规划计划局局长
王　敏　黄河水利委员会规划计划局副局长
连　煜　黄河流域水资源保护局副局长
王　砚　甘肃省发展和改革委员会副主任
栾维功　甘肃省水利厅副厅长
刘晓黎　甘肃省黄河黑山峡水电开发工程领导小组、办公室副主任
郭秉晨　宁夏回族自治区发展和改革委员会副主任
吴洪相　宁夏回族自治区水利厅厅长
朱　云　宁夏回族自治区大柳树水利枢纽工程前期工作领导小组办公室主任

(24) 水利部以办人事函〔2015〕52 号文向国务院国有资产监督管理委员会办公厅提供国有企业改革情况及有关政策文件。

(25) 水利部以办人事函〔2015〕409 号文向国务院审改办协调司报送深化行政审批制度改革有关工作情况。

(26) 水利部以办人事函〔2015〕617 号文向中央机构编制委员会办公室综合司反馈《国务院办公厅关于印发水利部主要职责内设机构和人员编制规定的通知》初步清理意见。

(27) 水利部以办人事函〔2015〕695 号文开展行政审批中介服务清理规范工作。

(28) 水利部以办人事函〔2015〕753 号文转发国务院审改办关于严肃纪律巩固行政审批制度改革成果的通知。

(29) 水利部以办人事函〔2015〕769 号文向国务院审改办报送行政审批中介服务清理规范意见。

(30) 水利部以办人事函〔2015〕891 号文向国务院审改办重新报送行政审批中介服务清理规范意见。

(31) 水利部以办人事函〔2015〕897号文向国务院审改办报送水利部贯彻落实全国推进简政放权放管结合职能转变工作电视电话会议精神、扎实做好行政审批制度改革工作有关情况。

(32) 水利部以办人事函〔2015〕923号文向国务院审改办报送对取水许可和水利工程建设监理单位资质认定2项行政许可的研究意见。

(33) 水利部以办人事函〔2015〕934号文向国务院审改办报送水利部行政审批制度改革工作自查报告。

(34) 水利部以办人事函〔2015〕980号文向国务院推进职能转变协调小组办公室报送简政放权调查问卷。

(35) 水利部以办人事函〔2015〕1015号文向国家发展改革委办公厅、财政部办公厅征求对《国务院办公厅关于成立国务院治淮领导小组的通知》的初步清理意见。

(36) 水利部以办人事函〔2015〕1016号文向国家发展改革委办公厅、财政部办公厅、国务院三峡办综合司征求对《国务院办公厅关于国务院三峡工程审查委员会组成人员的通知》的初步清理意见。

(37) 水利部以办人事函〔2015〕1451号文请各省、自治区、直辖市水利(水务)厅(局),新疆生产建设兵团水利局报送推进简政放权放管结合职能转变工作情况总结材料。

(38) 水利部以办人事函〔2015〕1753号文向国务院安全生产委员会办公室申请调整国务院安全生产委员会组成人员。

(39) 水利部以人事机〔2015〕2号文印发做好事业单位法人2014年度报告工作的通知。

(40) 水利部以人事机〔2015〕3号文在部属部分单位配备专职纪检组长(纪委书记)。

(41) 水利部以人事机〔2015〕4号文批复中国水利水电科学研究院内设机构调整。

(42) 水利部以人事机〔2015〕5号文批复同意中国水利学会召开第十次会员代表大会。

(43) 水利部以人事机〔2015〕6号文批复设立水利部行政审批受理中心。

(44) 水利部以人事机〔2015〕7号文进一步加强直属机关纪委和廉政办机构能力建设。

(45) 水利部以人事机〔2015〕8号文规范水利社团收费行为、进一步整治乱摊派。

(46) 水利部以人事机〔2015〕9号文批复组建黑河黄藏寺水利枢纽工程建设项目法人。

(47) 水利部以人事机〔2015〕10号文向民政部民间组织管理局报送水利行业协会脱钩试点建议名单。

(48) 水利部以人事机〔2015〕11号文批复核增水利水电规划设计总院副总工程师、副总经济师职数。

(49) 水利部以人事机〔2015〕12号文批复在水资源管理中心增设地下水保护处(非常规水源处)。

(50) 水利部以人事机函〔2015〕1号文向中国科技协会学会学术部反馈联合开展学会有序承接政府转移职能扩大试点项目的意见。

(51) 水利部以人事机函〔2015〕2号文向财政部综合司反馈关于水利部发展研究中心等4家事业单位分类意见。

(52) 水利部以人事机函〔2015〕3号文印发关于做好2014年度机构编制统计工作的通知。

(53) 水利部以人事机函〔2015〕4号文向中央机构编制委员会办公室综合司报送2014年度机构编制统计年报。

(54) 水利部以人事机函〔2015〕5号文征求对十二届全国人大三次会议第3659号建议的意见。

(55) 水利部以人事机函〔2015〕6号文向中央机构编制委员会办公室监督检查司反馈机构编制核查有关意见。

(56) 水利部以人事机函〔2015〕7号文商请协助填写"全国水利行业社会组织发展状况"调查问卷。

(57) 水利部以人事机函〔2015〕8号文向国务院审改办协调司报送对中央设定地方实施行政审批事项审核及清理意见。

(58) 水利部以人事机函〔2015〕9号文向国家发展改革委办公厅反馈十二届全国人大三次会议第3659号建议的协办意见。

(59) 水利部以人事机函〔2015〕10号文修订(明确)部分事业单位主要职责。

(60) 水利部以人事机函〔2015〕11号文向国务院审改办协调司报送对中央指定地方实施行政审批事项"二下"清单的意见。

(61) 水利部以人事机函〔2015〕12号文向国务院审改办协调司反馈群众"点菜"事项的意见。

(62) 水利部以人事机函〔2015〕13号文对水利行业协会基本情况进行摸底。

(63) 水利部以人事机函〔2015〕15号文印发关于做好2015年度机构编制统计工作的通知。

(王健 翟伟锋 王超)

【教育培训】

1. 持续推进干部教育培训工作

(1) 进一步推进干部教育培训工作改革创新。①贯彻落实《干部教育培训工作条例》,通过举办专题培训,深入学习领会条例精神内涵。②加强理论武装培训,组织开展党的十八大及十八届三中、四中、五中全会精神和习近平总书记系列重要讲话精神学习培训,不断提高干部政治理论素养。

（2）加强部管干部和公务员调训。①通过“一校五院”组织调训和中央国家机关在京司局级干部自主选学，加大部管干部培训力度，全年共调训部管干部100人次。②通过举办处级干部综合管理培训班、青年公务员知识更新培训班、新录用公务员初任培训班等，全年共调训公务员200人次。③通过举办理论学习讲座，及时传达中央有关政策精神，着力提高干部理论素养和综合素质，全年共举办5场学习讲座，参训人员达1 300人次。

（3）积极开展地方政府分管水利工作的领导干部调训。按照中组部调训计划，4月20—24日，在福建省福州市举办了“调训地方行政领导防汛抗旱专题研究班”，共有来自25个省、自治区、直辖市重点防汛抗旱地区分管防汛抗旱工作的行政领导以及武警部队的42名学员参加了培训。

（4）积极开展水利专业技术干部培训。组织举办列入人社部专业技术人才知识更新工程高级研修项目的“全国水生态监测技术高级研修班”和“水旱灾害管理高级研修班”，共培训全国各省区、部属各单位高级专业技术人员150人。组织举办以“加快推进水利改革发展”为主题的水利高层次人才研讨班，大力开展专业技术人员知识更新培训。组织开展水利规划计划、防汛抗旱、水文勘测、农村饮水安全等专业领域针对性培训，举办加快推进水利工程建设、水生态监测技术、防汛抗旱风险管理等培训班8期，培训600余人次。

（5）继续深入推进万名县市水利局长和万名乡镇水利展所长培训计划。通过举办示范培训班、与地方水利厅局联合举办培训班，全年共举办县市水利局长和乡镇水利站所长培训班30期，培训基层水利干部3 000多人，有力提高了基层水利干部业务能力和综合素质。

（6）全面推进干部自主选学工作。①制定实施了2015年水利部机关公务员自主选学工作方案，开展了网络选学、书目选学、社会选学、集中学习、讲座选学等多种形式的选学活动，在部机关营造了良好的学习氛围。②部直属单位进一步加强自主选学工作管理，建立选学制度，创新选学方式，丰富选学教材和内容，推动自主选学工作的全面开展。

（7）积极面向中西部地区开展支援性对口培训。以中西部地区和石漠化地区为重点，继续为新疆、西藏、青海、宁夏、云南、广西、贵州、重庆等中西部地区安排帮扶培训，全年安排专题培训班29期，培训人员1 500多人次。组织有关司局、单位举办定点扶贫地区水利工作业务培训班近50期。

2. 加强教育培训基础建设

（1）做好培训计划管理。编制并印发了水利部2015年培训班计划，认真做好计划备案管理，加强培训监督检查。

（2）完善干部培训档案。完成了200余名部管干部和330余名部机关公务员2015年的培训登记和信息入库工作，进一步完善了干部学习档案。

（3）加强全国党员干部现代远程教育卫星专用频道“民生水利”专栏建设，协调水情教育中心承担课件制播工作，成立制播领导小组，加强组织力量，印发制播办法，拓宽水利培训范围，全年制播34门810min课件，课件质量稳步提高，获中组部16万现金奖励。

3. 加强行业指导与协调

（1）围绕“高效用水”，协调组织全国大学生水利创新设计大赛，69所水利院校的177件作品参赛，努力培养学生的创新能力、协作精神和理论联系实际的学风。开展全国水利优秀毕业生和全国水利院校十佳未来水利之星评选，评选出20名全国水利优秀毕业生和10名全国水利院校十佳未来水利之星，积极引导院校学生热爱水利、献身水利。

（2）指导开展了第九届“闽水杯”水利高职院校技能大赛和第五届“西夏杯”水利中职院校技能大赛，共有34所水利职业院校400余名学生参加9个水利专业的比赛，积极营造院校学生热爱技能、钻研技能，不断提高技能的良好氛围。

（3）协调组织开展水利职业院校青年教师微课大赛，组织开展全国水利职教名师、职教教学新星和水利职业教育教学成果奖评选，评出全国水利职教名师31名，职教教学新星24名，促进了教育科研新发展，激励了广大水利院校教师提高教学质量和管理水平，有力促进了水利职业院校师资队伍建设。

（4）结合水利专业发展现状和需求情况，围绕水利行业规划教材体系建设，组织专家研究编写、出版8本水利专业教材。组织开展水利类重点专业实习实训基地建设，遴选15个优秀实习实训基地，不断引导和推动院校教学基础建设。

（5）指导开展第三批全国水利职业教育示范建设项目验收评估工作，有效推动行业职业教育院校的能力建设。

（孙斐　陈业平　史涛）

【职称工作】　（1）为适应职称制度改革发展需要，科学评价专业技术人员，修订印发了政工、经济、会计3个系列的职称评审条件。

（2）2015年水利部职称考试共有4 104人次参加，其中计算机1 437人次，专业理论2 667人次；共有3 193人次通过考试，占考试总人次的77.8%。

（3）2014年度水利部职称评审，共申报632人（包括自行评审和委托评审），其中正高级408、副高级213人、中级11人（详见表1），涉及水利工程等6个专业系列。

表1 水利部2014年度专业技术职务任职资格评审人数统计表 单位：人

任职资格	合计	水利工程	经济	会计	翻译	政工	社会科学
正高	408	371			2		35
副高	213	16	71	41	1	81	3
中级	11					11	
合计	632	387	71	41	3	92	38

（4）2014年度水利部职称评审，自行评审了水利工程、经济、会计、政工4个专业系列共583人，其中：部属单位申报人员575人，外单位委托评审8人。各系列评审通过率保持在65%左右。部属单位申报人员的评审结果见表2。

表2 水利部2014年度水利工程等4个系列专业技术职务任职资格评审情况

系列	水利工程	政工		经济	会计	合计
级别	正高	副高	中级	副高	副高	
申报数/人	371	81	11	71	41	575
通过数/人	241	51	7	45	30	374
通过率/%	65.0	63.0	63.6	63.4	73.2	65.0
		63.0				

（孙斐 王国栋 张玉卓）

【专家管理】（1）根据《人力资源社会保障部关于确认2015年国家百千万人才工程入选人员名单的通知》（人社部发〔2015〕91号），水利部胡少伟、严登华2人入选，并被授予“有突出贡献中青年专家”荣誉称号。以人事培函〔2015〕61号转发通知，并对加强入选对象培养使用提出要求。

（2）根据《中央宣传部办公厅关于印发2014年文化名家既“四个一批”人才入选名单的通知》（中宣办发〔2015〕49号），水利部汤鑫华、别道玉入选2014年文化名家既“四个一批”人才。

（3）根据国管局财务管理司通知，以人事培函〔2015〕2号同意彭碧雷同志入选中央国家机关会计领军人才培养工程，支持并为其学习培训创造良好条件。

（4）根据《中央宣传部办公厅 中央组织部办公厅关于做好2014年文化名家暨“四个一批”人才、万人计划哲学社会科学领军人才推荐选拔工作的通知》（中宣办发〔2014〕32号）要求，开展了人选推荐工作，经民主推荐、讨论酝酿、专家评议等环节，以人事培函〔2015〕9号推荐3名候选人。

（5）根据《人力资源社会保障部办公厅关于开展2015年国家百千万人才工程人选选拔工作的通知》（人社厅函〔2015〕35号）要求，以人事培函〔2015〕15号文组织开展推荐，部属单位共推荐候选人选15名。经专家评审，确定推荐人选3名。

（6）根据中共中央组织部、共青团中央《关于开展第16批博士服务团成员选派工作的通知》（组通字〔2015〕32号）要求，以人事培函〔2015〕39号文组织开展推荐，经单位推荐、资格审核、遴选研究，共推荐5名人选，分赴内蒙古、江西、湖南、宁夏和新疆挂职服务锻炼。

（7）根据《水利部5151人才工程实施意见》（水人教〔2006〕564号）要求，以办人事函〔2015〕1357号组织开展第五批部级人选推荐，部属单位和地方省厅共推荐50名候选人。经专家评审，确定31名部级人选。

（8）根据《科技部关于开展2015年创新人才推进计划组织推荐工作的通知》（国科发政〔2015〕200号）要求，以人事培函〔2015〕37号组织开展推荐，部属单位共申报中青年科技创新领军人才24名、重点领域创新团队6个、创新人才培养示范基地3个。经专家评审，确定推荐12名中青年科技创新领军人才人选、4个重点领域创新团队和1个创新人才培养示范基地。

（9）根据中共中央组织部、人力资源和社会保障部、中国科学技术协会《关于开展第十四届中国青年科技奖候选人推荐和评选工作的通知》（科协发组字〔2015〕81号）要求，以办人事函〔2015〕1581号组织开展推荐，经专家评选，确定中国青年科技奖候选人9名，其中1人为重点宣传的优秀青年科学家典型。

（10）根据国家海洋局《关于请推荐金融促进海洋经济发展专家的函》要求，组织开展推荐，确定推荐5名专家为国家海洋局金融促进海洋经济发展专家库人选。

（11）根据《住房城乡建设部办公厅关于协助推荐第八批全国工程勘察设计大师评选委员会委员的函》（建办质函〔2015〕1095号）要求，推荐水规总院刘伟平院长作为水利部代表担任第八批全国工程勘察设计大师评选委员会委员。

（12）根据人力资源和社会保障部《关于开展2015年度留学人员科技活动项目择优资助经费申报工作的通知》（人专司函〔2014〕104号）要求，以人事培函〔2015〕37号组织开展申报，共报送申请资助项目15个，经人社部审核批复，其中11个项目获得资助，共资助经费33万元。

（孙斐 陈业平 史涛）

【职业技能开发】（1）2015年8月，水利部人事司组织派出4个调研组分赴河南、山东、甘肃、湖北、安徽、浙江、河北、北京等地，对水利部第一批首席技师及工作室在三年聘期内工作室建设、技术技能创新、技术培训与传帮带、技术技能成果总结与交流、第一批首席技师所在单位水利高技能人才队伍建设等情况开展调研与实地考察，撰写了调研报告。

（2）根据《水利部办公厅关于推荐第九届全国水利技能大奖、全国水利技术能手候选人和全国水利行业技能人才培育突出贡献奖候选单位的通知》（办人事函〔2015〕489号），2015年11月，水利部人事司召开"第九届全国水利技能大奖、全国水利技术能手候选人和全国水利行业技能人才培育突出贡献奖"评选会。评选出第九届全国水利行业技能大奖获得者10人、第九届全国水利行业技术能手67人、第九届全国水利行业技能人才培育突出贡献奖获奖单位12家。

（3）2015年11月，水利部人事司召开水利行业技能人才评审委员会会议，对2015年申报高级技师任职资格的277名技术工人进行了评审，175人取得高级技师任职资格，并以办人事〔2015〕263号文印发了备高级技师任职资格的通知。

（4）2015年11月，水利部人事司在扬州举办全国水利行业首席技师及高技能人才交流研讨班，对水利技术技能创新方法与实践、饮水安全工作的形势与任务等内容进行了培训，安排现场教学，邀请水利行业中华技能大奖获得者、首席技师进行经验交流发言并开展研讨等活动。

（5）根据《水利部办公厅关于开展水利行业职业技能鉴定站质量管理体系认证试点工作的通知》（办人事函〔2014〕1178号），2015年4月，水利部人才资源开发中心组织召开水利职业技能鉴定站质量管理体系认证试点评选会，经现场答辩、专家评审，评选出3家水利行业特有工种职业技能鉴定站为2015年水利职业技能鉴定站质量管理体系认证试点单位。指导3家试点单位编制了水利职业技能鉴定质量管理体系文件，并对其试运行工作情况进行监督检查，完善了质量管理体系试点认证相关工作。

（6）2015年9月、12月，水利部人才资源开发中心在扬州、开封和杨凌分别举办了泵站运行工行和闸门运行工、河道修防工、灌排工程工4个工种的技能人才培训班，培训了297名技术工人，对他们的理论、业务能力和操作技能有了进一步的提升。

（7）2015年5月、7月、8月和11月，水利部职业技能鉴定指导中心在扬州、长春、厦门、呼和浩特、成都分别举办全国水利行业职业技能鉴定考评员、高级考评员资格培训班、督导员、内审员培训班和管理人员培训班，共培训450余人。

（8）2015年7—12月，水利部职业技能鉴定指导中心组织3个督导组分赴黄委河南河务局、长江委人才资源开发中心、安徽水利职业技术学院等5家职业技能鉴定站进行质量督导，进一步提高职业技能鉴定质量。

（9）在2015年度水利行业技术工人职业技能鉴定中，共17 266人取得职业资格证书，其中初级工1 153人，中级工9 339人，高级工6 037人，技师562人，高级技师175人。 （孙斐　王国栋　崔浩）

【工资福利与社会保险】（1）水利部党组以水党〔2015〕34号对中共中组织部报送了《关于刘福等同志提高享受按副省级（部）长级标准报销医疗待遇的请示》。

（2）水利部以水人事〔2015〕383号印发了《关于进一步严肃工资纪律加强事业单位工资收入管理的通知》。

（3）水利部以水人事函〔2015〕370号对国务院深化国有企业负责人薪酬制度改革工作领导小组报送了《中国水利水电出版社负责人薪酬制度改革文件的函》，并以水人事〔2015〕359号印发《中国水利水电出版社负责人薪酬制度改革文件的通知》。

（4）水利部以水人事函〔2015〕204号对人力资源社会保障部、财政部报送了水利部所属企业2014年工资总额同经济效益挂钩方案。

（5）水利部办公厅以办人事〔2015〕113号开展了部直属机关事业单位工作人员及工资收入清理核查工作。

（6）水利办公厅以办人事〔2015〕155号印发了《关于进一步规范部机关专家咨询费和劳务费发放和申领的通知》。

（7）水利部办公厅以办人事〔2015〕209号、办人事〔2015〕210号、办人事〔2015〕211号、办人事〔2015〕212号、办人事〔2015〕213号、办人事〔2015〕215号、办人事〔2015〕216号分别批复了水利水电规划设计总院、综合事业局、淮河水利委员会、黄河水利委员会、长江水利委员会、珠江水利委员会、中国灌溉排水发展中心所属企业2014年工效挂钩方案。

（8）水利办公厅以办人事〔2015〕223号印发了《关于做好企事业单位领导干部2015年度收入管理工作的通知》。

（9）水利部办公厅以办人事函〔2015〕106号对人力资源社会保障部办公厅、财政部办公厅、教育部办公厅报送了《水利部所属义务教育学校绩效工资实施方案》。

（10）水利部办公厅以办人事函〔2015〕214号印发了《关于做好2014年水利企业工资总额与经济效益挂钩工作的通知》。

（11）水利部办公厅以办人事函〔2015〕866号对人力资源社会保障部办公厅、财政部办公厅报送了

《水利部关于贯彻落实〈国务院关于机关事业单位工作人员养老保险制度改革的决定〉的工作方案》。

(12) 水利部办公厅以办人事函〔2015〕1111号商请江苏省人力资源和社会保障厅接收水利部驻苏机关事业单位纳入江苏省机关事业单位工作人员养老保险参保统筹。

(13) 水利部办公厅以办人事函〔2015〕1419号对人力资源社会保障部办公厅、财政部办公厅报送了水利部所属事业单位调整基本工资标准津贴补贴(奖金)扣转纳入工作实施情况。

(14) 水利部人事司以人事综〔2015〕3号批复了建设管理与质量安全中心退休人员津贴补贴项目分类。

(15) 水利部人事司以人事综〔2015〕16号印发了《关于2013—2014年度事业单位领导干部工资收入管理有关问题的通知》。

(16) 水利部人事司以人事综〔2015〕19号批复了中国水利水电出版社2014年度工资总额。

(17) 水利部人事司以人事综〔2015〕23号转发中共中央组织部、中共中央政法委员会、人力资源社会保障部、国家公务员局《关于进一步做好机关事业单位工作人员被采取强制措施和受处分处罚后工资待遇处理工作的通知》。

(18) 水利部人事司以人事综〔2015〕24号转发国家机关事务管理局《关于调整中央国家机关工作人员遗属生活困难补助标准的通知》。

(19) 水利部人事司以人事综〔2015〕25号转发人力资源社会保障部、财政部《关于调整野外地质勘探队工作人员基本工资标准的通知》。

(20) 水利部人事司以人事综〔2015〕26号印发了《关于做好机关事业单位养老保险经办准备工作的通知》。

(21) 水利部人事司以人事综〔2015〕28号转发《关于调整副部级和副厅局级事业单位部分管理人员岗位工资标准问题的通知》。

(22) 水利部人事司以人事综〔2015〕31号转发人力资源社会保障部、财政部《关于调整测绘地理信息系统测绘队工作人员基本工资标准的通知》。

(23) 水利部人事司以人事综〔2015〕33号批复同意提高张善臣退休费比例。

(24) 水利部人事司以人事综〔2015〕36号转发中共中央组织部《关于提高抗战时期参加革命工作的部分离退休干部医疗待遇的通知》。

(25) 水利部人事司以人事综〔2015〕37号转发中共中央组织、部财政部《关于为抗战时期及以前参加革命工作的离休干部发放一次性慰问金的通知》。

(26) 水利部人事司以人事综〔2015〕43号转发《国家机关事务管理局关于转发中共北京市委组织部等四部门调整去世离休干部无工作配偶生活困难补助费标准有关文件的通知》。

(27) 水利部人事司以人事综〔2015〕44号转发人力资源社会保障部、财政部《关于为抗日战争及以前参加革命工作的退休老工人发放一次性慰问金的通知》。

(28) 水利部人事司以人事综〔2015〕45号、人事综〔2015〕46号、人事综〔2015〕47号、人事综〔2015〕48号、人事综〔2015〕49号、人事综〔2015〕50号、人事综〔2015〕51号、人事综〔2015〕52号、人事综〔2015〕53号、人事综〔2015〕54号、人事综〔2015〕61号、人事综〔2015〕62号、人事综〔2015〕63号、人事综〔2015〕64号分别批复同意了长江水利委员会刘原正等9名同志、黄河水利委员会霍岳五等22名同志、淮河水利委员会吴坚明同志、海河水利委员会肖金峰等5名同志、珠江水利委员会陈德和等6名同志、太湖流域管理局李益同志、水利水电规划设计总院王士贤等3名同志、中国水利水电科学研究院徐志江同志、发展研究中心陈明同志、南京水利科学研究院苏建华等2名同志、黄河水利委员会姜圣俊同志、中国水利水电科学研究院旺沁扎布同志、长江水利委员会王英绍同志、海河水利委员会霍瑞庆同志按副省(部)长级标准报销医疗费。

(29) 水利部人事司以人事综〔2015〕65号转发人力资源社会保障部、财政部《关于做好2015年企业工资总额同经济效益挂钩工作的通知》。

(30) 水利部人事司以人事综〔2015〕66号转发人力资源社会保障部办公厅《关于开展在京中央国家机关养老保险数据采集相关工作的通知》。

(31) 水利部人事司以人事综函〔2015〕11号对人力资源社会保障部工资福利司报送水利部《机关、事业单位工作人员工资统计报表》。

(32) 水利部人事司以人事综函〔2015〕21号转发人力资源社会保障部办公厅、财政部办公厅《关于对中央国家机关所属京外单位属地参加机关事业单位养老保险有关情况进行调查摸底的通知》。

(33) 水利部人事司以人事综函〔2015〕25号对人力资源社会保障部工资福利司申请福利费。

(巩劲标　项新锋　喜洋)

【表彰奖励】 (1) 人力资源社会保障部、水利部以人社部发〔2015〕2号联合印发了《关于表彰全国水利系统先进集体、先进工作者和劳动模范的决定》(见附件)。

(2) 水利部办公厅以办人事函〔2015〕366号印发了《关于开展全国水利安全监督工作先进集体和先进个人通报表扬活动的通知》,并以办人事〔2015〕98号通报表扬了全国水利安全监督工作先进集体和先进个人。

（3）水利部办公厅以办人事〔2015〕169号转发了全国绿化委员会、人力资源社会保障部、国家林业局《关于开展全国绿化先进集体、劳动模范和先进工作者评选的通知》。

（4）水利部办公厅以办人事函〔2015〕740号印发了《关于做好第九届中华宝钢将推荐工作的通知》。

（5）水利部人事司以人事综〔2015〕22号转发并开展《民政部关于开展"全国先进社会组织"评选表彰活动的通知》的通知。

（6）水利部人事司以人事综〔2015〕34号转发全国绿化委员会《关于开展全国绿化模范单位全国绿化奖章评选工作的通知》。

（7）水利部人事司以人事综函〔2015〕15号对民政部民间组织管理局报送水利部"全国先进社会组织"候选对象推荐材料。（巩劲标　项新锋　喜洋）

【劳动统计】（1）水利部办公厅以办人事〔2015〕278号印发了《关于做好2015年度水利系统人事统计工作的通知》。

（2）水利部人事司以人事综函〔2015〕9号对人力资源社会保障部人事管理司报送水利部《事业单位工作人员统计报表》。

（3）水利部人事司以人事综函〔2015〕10号对人力资源社会保障部规划财务司报送水利部《公有经济企业经营管理人才、专业技术人才统计报表》。

（4）水利部人事司以人事综函〔2015〕13号对人力资源社会保障部社会保险事业管理中心报送水利部在京机关事业单位和人员调查情况。

（巩劲标　项新锋　喜洋）

附件

人力资源社会保障部　水利部
关于表彰全国水利系统
先进集体、先进工作者和劳动模范的决定

（人社部发〔2015〕2号）

各省、自治区、直辖市及新疆生产建设兵团人力资源社会保障厅（局）、水利（水务）厅（局）：

近年来，在党中央、国务院的正确领导下，全国水利系统广大干部职工以邓小平理论、"三个代表"重要思想、科学发展观为指导，坚持发展民生水利、构建和谐人水关系的工作理念，恪尽职守、勤奋敬业，积极创新、勇于担当，各项水利事业取得显著成绩，为支撑经济持续健康发展与全面建成小康社会提供了坚实有力的水利保障，涌现出一大批先进集体和先进个人。

为表彰先进，树立典型，弘扬"献身、负责、求实"的水利行业精神，激励广大水利干部职工以更加饱满的热情做好新时期水利工作，人力资源社会保障部、水利部决定，授予北京市水土保持工作总站等80个单位"全国水利系统先进集体"荣誉称号；授予蒋志刚等175名同志"全国水利系统先进工作者"荣誉称号；授予孙景亮等22名同志"全国水利系统劳动模范"荣誉称号；追授张生贤同志"全国水利系统劳动模范"荣誉称号。被授予"全国水利系统先进工作者"和"全国水利系统劳动模范"荣誉称号的人员享受省部级先进工作者和劳动模范待遇。希望受表彰的先进集体和先进个人珍惜荣誉，谦虚谨慎，再接再厉，再建新功，更好地发挥模范带头作用。

全国水利系统广大干部职工要以受表彰的先进集体和先进个人为榜样，深入学习贯彻党的十八大和十八届三中、四中全会精神，紧密团结在以习近平同志为总书记的党中央周围，认真贯彻落实党中央、国务院的决策部署，以更加强烈的责任感、使命感肩负起治水兴水重任，在推动水利改革、推进依法治水、建设民生水利、构建和谐人水关系等方面取得更加突出成绩，为实现中华民族伟大复兴的中国梦作出新的更大贡献！

附件1

全国水利系统先进集体名单

（80个）

北京市
　　北京市水土保持工作总站
天津市
　　天津市水务局水源调度处
河北省
　　河北省水利水电第二勘测设计研究院
　　河北省邯郸市水利水电勘测设计研究院
山西省
　　山西省太原市清徐县水务局
　　山西省水利水电勘测设计研究院
　　山西省万家寨引黄工程管理局总工程师办公室
内蒙古自治区
　　内蒙古自治区黄河工程管理局
辽宁省
　　辽宁省朝阳市水务局
　　辽宁省东水西调工程建设局阜新工程建设局
吉林省
　　吉林省通化市柳河县水利局
　　吉林省人民政府防汛抗旱指挥部办公室
黑龙江省
　　黑龙江省鹤岗市水务局
　　黑龙江省齐齐哈尔市依安县水务局
上海市

上海市水务局执法总队

江苏省

江苏省苏州市水利局

江苏省常州市武进区水利局

江苏省水文水资源勘测局扬州分局

浙江省

浙江省金华市婺城区水务局

浙江省宁波市水利水电规划设计研究院

浙江省温州市水利局

浙江省水库管理总站

安徽省

安徽省芜湖市水务局

安徽省广德县水务局

安徽省安庆市太湖县方洲水库管理所

福建省

福建省南平市人民政府防汛抗旱指挥部办公室

福建省水利厅直属机关党委

江西省

江西省南昌市昌北防洪排涝工程管理处

江西省水土保持科学研究院

山东省

山东省济宁市梁济运河管理处

山东省临沂市莒南县水利局

山东省聊城市人民政府防汛抗旱指挥部办公室

山东省水利科学研究院

河南省

河南省济源市水利局

河南省河口村水库管理局

河南省防汛抗旱指挥部办公室

湖北省

湖北省宜昌市水利水电局

湖北省咸宁市咸安区水利局

湖北省王英水库管理局

湖南省

湖南省长沙市宁乡县水务局

湖南省岳阳市水务局

湖南省郴州市嘉禾县水务局

湖南省株洲市酒埠江灌区管理局

广东省

广东省河源市东源县水务局

广东省清远市清新区水务局

广东省佛山市顺德区国土城建和水利局

广西壮族自治区

广西壮族自治区贺州市富川瑶族自治县水利电力局

广西壮族自治区广西水利水电勘测设计研究院

广西壮族自治区防汛抗旱指挥部办公室

海南省

海南省防汛防风防旱总指挥部办公室

重庆市

重庆市云阳县水务局

四川省

四川省达州市宣汉县水务局

四川省眉山市仁寿县水务局

四川省雅安市水务局

贵州省

贵州省铜仁市思南县水务局

贵州省遵义市水利局

贵州省水利电力学校

云南省

云南省红河哈尼族彝族自治州开远市碑格乡水利水土保持管理站

云南省昭通市水利局

云南省牛栏江—滇池补水工程协调领导小组办公室

西藏自治区

西藏自治区旁多水利枢纽管理局

陕西省

陕西省铜川市宜君县水务局

陕西省防汛抗旱总指挥部办公室

甘肃省

甘肃省平凉市庄浪县水务局

甘肃省抗旱防汛指挥部办公室

青海省

青海省水文水资源勘测局

宁夏回族自治区

宁夏回族自治区固原市水务局

新疆维吾尔自治区

新疆维吾尔自治区吐鲁番地区鄯善县水务局

新疆维吾尔自治区塔里木河流域喀什管理局

新疆生产建设兵团

新疆生产建设兵团伊犁哈萨克自治州奎屯河流域水利工程灌溉管理处

水利部及直属单位

汉江水利水电（集团）有限责任公司丹江口水力发电厂

黄河水利委员会黄河流域水资源保护局黄河水资源保护科学研究院

中水淮河安徽恒信工程咨询有限公司

海河水利委员会下游局独流减河进洪闸管理处

珠江水利委员会防汛抗旱办公室

太湖流域管理局太湖流域水文水资源监测中心（太湖流域水环境监测中心）

水利部水文局水文情报预报中心气象处

小浪底水利枢纽管理中心黄河水利水电开发总公司运行部

水利部水资源司水资源保护处

水利部水库移民开发局水利扶贫工作处

附件 2

全国水利系统先进工作者名单

（175 名）

北京市

杨忠山　北京市水文总站主任

赵永宏　北京市京密引水管理处前辛庄水文站站长

天津市

李金中　天津市水利科学研究院副总工程师

秦继辉　天津市引滦工程于桥水库管理处工程技术管理科科长

河北省

衣志国　河北省秦皇岛市石河水库管理处处长

杨林中　河北省张家口市涿鹿县水务局局长

杨奎元（回族）　河北省承德市滦平县水务局局长

刘建民　河北省定州市水利局局长

刘子庆　河北省岗南水库管理局工程管理处高级工

郭永晨　河北省水利科学研究院水资源研究所教授级高级工程师

韩尚柱　河北省水利厅水土保持处处长

山西省

张学会　山西省运城市夹马口引黄管理局局长

赵明亮　山西省晋城市水务局规划基建科科长

王雁宽　山西省大同市水利信息中心主任

谭文瑞　山西省晋中市和顺县水利局副局长

张金凯　山西省水利水电勘测设计研究院院长

张　帆（女）　山西省水利建设开发中心副主任

内蒙古自治区

李延庆　内蒙古自治区赤峰市水利局党组书记、局长

白显金　内蒙古自治区通辽市水务局总工程师

徐宏伟　内蒙古河套灌区管理总局科技文化处副处长

张世侃　内蒙古自治区水利规划设计研究院副院长

辽宁省

陈长山　辽宁省丹东市水利勘测设计研究院院长

李洪双　辽宁省辽阳市辽阳县水务局隆昌镇水利服务站站长

刘广顺　辽宁省铁岭市铁岭县水利局党委副书记、副局长

赵海鹏　辽宁省东水西调工程建设局副总工程师

齐云飞（满族）　辽宁省水利水电勘测设计研究院规划分院副院长

王福东（满族）　辽宁省农村水利建设管理局局长

梁凤国　辽宁省水文局水情处处长

吉林省

仲伟刚　吉林省白城市水利局局长

李忠友　吉林省通化市水利局总工程师

张宇庆　吉林省白山市临江市水利局局长

李志安　吉林省农村水利建设管理局旱田节水科科长

黑龙江省

矫志军　黑龙江省黑河市孙吴县水务局副局长

崔广臣　黑龙江省佳木斯市水利勘测设计研究院院长

张丽民　黑龙江省哈尔滨市水文水资源勘测总站技师

葛文军　黑龙江省农垦总局宝泉岭管理局水管站副站长、防汛抗旱指挥部办公室主任

于　宁　黑龙江省水利水电勘测设计研究院高级工程师

焦唳学　黑龙江省防汛抗旱指挥部办公室主任

上海市

陈　升　上海市防汛信息中心水情科科长

江苏省

马　静（女）　江苏省徐州市排水管网养护管理处下水道四班副班长

孙明辉　江苏省南京市长江河道管理处水政科科长

孙发林　江苏省盐城市盐都区防汛防旱指挥部副指挥

虞旭升　江苏省镇江市丹阳市九曲河枢纽管理处主任

边晓阳　江苏省无锡市太湖闸站工程管理处蠡湖所所长

冯小忠　江苏省水利工程建设局项目处主任科员

刘明智　江苏省淮沭新河管理处主任

浙江省

周雪军　浙江省嘉兴市海盐县水利局河道管理所所长

郑知金　浙江省湖州市吴兴区埭溪镇农业综合服务中心副主任

孙国政　浙江省绍兴市诸暨市水利水电局设计院院长

董文军　浙江省舟山市普陀区桃花镇人民政府农业办水利员

叶永棋　浙江省水利河口研究院（浙江省海洋规划设计研究院）院长

沈贵华　浙江省水利水电勘测设计院副总工程师

安徽省

常　勇　安徽省阜阳市颍泉区水务局党组书记、局长

苏贤玉 安徽省宿州市泗县水利局屏山水利站站长
郭昌兵 安徽省六安市防汛抗旱指挥部办公室副主任
赵　春 安徽省宣城市泾县水务局总工程师
徐建辉 安徽省长江河道管理局水政监察支队支队长
王家先 安徽省水利厅水资源处处长

福建省

黄建新 福建省龙岩市水利局局长
苏打铁 福建省漳州市龙海市水利局局长
邓　引 福建省宁德市霞浦县长春镇水利工作站站长
郑娟娟（女） 福建省厦门水文水资源勘测分局汀溪水文站站长

江西省

彭元旦 江西省上饶市鄱阳县谢家滩镇水管站站长
廖永武 江西省赣州市大余县防汛抗旱指挥部办公室副主任
夏美龙 江西省峡江水利枢纽工程管理局库区施工处副处长
吴兆福 江西省鄱阳湖水文局都昌棠荫水文站副站长

山东省

潘皋正 山东省德州市丁东水库管理处副主任
吴同春 山东省泰安市东平县水利局党委书记、局长
张俊法 山东省安丘市水利局局长
孔令潭 山东省菏泽市定陶县水务局局长
张树太 山东省威海市荣成市水利局党委书记、局长
杨咏杰 山东省青岛市水政监察支队水政监察一科科长
刘丕昌 山东省济南市章丘市水务局局长
陈海霞（女） 山东省东营市水利局农村水利科科长
刘长余 山东省水利勘测设计院院长

河南省

郭朝坤 河南省安阳市水利局农村水利科科长
王卫宁 河南省商丘市水利建筑勘测设计院院长
邵翠霞（女） 河南省郑州市巩义市水利局总工程师
冯跃华 河南省豫东水利工程管理局惠北水利科学试验站站长
彭公明 河南省燕山水库管理局纪检监察员
余金洲 河南省水文水资源局信阳水文水资源勘测局淮滨水文站站长
朱明献 河南省水利厅移民规划处调研员

湖北省

蒋志刚 湖北省孝感市孝昌县水务局副局长
辛启玉 湖北省武汉市蔡甸区水务局副局长
聂传华 湖北省潜江市幸福电排站副站长
杨国宏 湖北省黄冈市水文水资源勘测局马家潭水文站站长
江　蛟 湖北省襄阳市南漳县水利局党组书记、局长、防汛抗旱指挥部办公室主任
李昌骨（土家族） 湖北省恩施土家族苗族自治州鹤峰县容美镇水利水产管理站站长
刘道荣 湖北省黄石市阳新县防汛抗旱指挥部办公室主任、水利局副局长
姚晓敏 湖北省水利水电规划勘测设计院水工处处长
唐　俊 湖北省水利厅人事处处长

湖南省

陈安生 湖南省常德市水利局局长、党组书记
张新元 湖南省衡阳市水利局水土保持科科长、水土保持监测站站长
秦仁秋 湖南省娄底市新化县水利局局长
谢雪武 湖南省张家界市慈利县水务局党组书记、局长
范金海 湖南省邵阳市六都寨灌区隆回县供水管理所职员
杨竣驿（侗族） 湖南省怀化市芷江侗族自治县红星电灌站站长
贺松林 湖南省永州市水文水资源勘测局大路铺水文站站长
杨志明 湖南省水利水电勘测设计研究总院涔天河水库扩建工程设计总负责人
曹　希 湖南省水利厅政策法规与安全监督处处长

广东省

黄旭晖 广东省江门市台山市水务局党组书记、局长
赵　国 广东省湛江市徐闻县水务局水政水资源股股长
周孝平 广东省广州市流溪河灌区总管理处工程管理科副科长
李华峰 广东省韶关市水务局水资源管理科副科长
杨剑祥 广东省惠州市水政监察支队支队长
莫雪峰 广东省东莞市水务局水利工程管理科科长
赵伟雄 广东省珠海市斗门区水资源和水质监测中心副主任
何海平 广东省水文局广州水文分局飞来峡水文站副站长
杨光华 广东省水利水电科学研究院副理事长

广西壮族自治区

莫建英（女） 广西壮族自治区桂林市水文水资源局桂林水文站站长

陈 健 广西壮族自治区河池市水利局局长

王伟斌 广西壮族自治区北海市合浦水库工程管理局小江水库管理所所长

石惠柳（女，壮族） 广西壮族自治区百色市田东县水利局副局长

陈伟珍（女） 广西壮族自治区广西水利电力职业技术学院教授

黄 凯 广西壮族自治区广西水利科学研究院水资源与节水灌溉技术研究所副所长

何少刚 广西壮族自治区水利厅农村水利处主任科员

海南省

张秀标 海南省三亚市水务局副局长

刘青松 海南省水利灌区管理局松涛灌区管理分局跃进管理区洋通段段长

重庆市

李常智 重庆市涪陵区水利管理站副站长

谢成奎 重庆市水资源管理站工程师

李峥嵘（女） 重庆市水文水资源勘测局两河水文站站长

四川省

盘光寿 四川省南充市蓬安县大深沟水库管理处主任

卢豫祥（藏族） 四川省阿坝藏族羌族自治州壤塘县水务局局长

陈大凯 四川省广元市苍溪县水务局局长

江東洪 四川省成都市都江堰市水务局总工程师

李元建 四川省遂宁市水务局党组书记、局长

石子明 四川省绵阳武都引水工程建设管理局武都水库管理中心主任助理

贵州省

伍廷阳（布依族） 贵州省安顺市水利水电勘测设计院副院长

杨治富（土家族） 贵州省黔东南苗族侗族自治州水文水资源局岑巩水文监测站站长

张 亚（苗族） 贵州省水利科学研究院中心试验所副所长

云南省

范 文 云南省玉溪市水利局水利管理站站长

邹 蓉（女） 云南省昆明市水务局办公室副主任

洪世祥 云南省水文水资源局昭通分局渔洞水文站站长

张惠仙（女） 云南省纪委省监察厅派驻省水利厅纪检组、监察室正处级纪律检查员、监察员

西藏自治区

普 布（藏族） 西藏自治区拉洛水利枢纽及灌区管理局副局长

刘海超 西藏自治区水利电力规划勘测设计研究院水工处处长

陕西省

邱存元 陕西省汉中市石门水库管理局局长、党委副书记

张小明 陕西省榆林市水务局党组书记、局长

卫芳琴（女） 陕西省西安市临潼区水利工作队队长

郝宗刚 陕西省安康市防汛抗旱办公室河库科科长

吴增文 陕西省渭南市涧峪水库工程建设管理局副局长

刘世华 陕西省延安市延川县水利局局长

倪德强 陕西省渔船检验管理局副调研员

甘肃省

赵正鑫 甘肃省平凉市水务局规划计划科科长

马 彬（回族） 甘肃省天水市张家川县水务局局长

张 福 甘肃省张掖市临泽县水务局副局长、总工程师

马国华（东乡族） 甘肃省临夏回族自治州水务水电局规划计划科科长

张秀山 甘肃省疏勒河流域水资源管理局财务处处长

青海省

项周多杰（藏族） 青海省海南州共和县恰卜恰水管所所长

蔡有仓 青海省大通县水土保持工作站站长

宁夏回族自治区

刘胜利 宁夏回族自治区固原市彭阳县水务局局长

李慧萍（女） 宁夏回族自治区吴忠市盐池县水务局党支部书记

曹 君 宁夏回族自治区盐环定扬水管理处四泵站站长

新疆维吾尔自治区

李红彦 新疆维吾尔自治区昌吉回族自治州玛纳斯县水利局党委书记

汤红川 新疆维吾尔自治区吐鲁番地区鄯善县水务局局长

帕米尔・买买提明 新疆维吾尔自治区塔里木河流域和田管理（维吾尔族）局水量调度科科长

年自力 新疆维吾尔自治区水利管理总站总经济师

新疆生产建设兵团

李兆东 新疆生产建设兵团第六师水利局主任

科员

水利部及直属单位

程展林　长江水利委员会长江科学院副总工程师

苏金超　黄河水利委员会山东黄河河务局菏泽黄河河务局鄄城黄河河务局第一专业机动抢险队副队长

王晓梅（女）　淮河水利委员会骆马湖水利管理局灌南河道管理局长茂河道管理所所长

王海兵　淮河流域水资源保护局淮河流域水环境监测中心水质监测室主任

付贵增　海河水利委员会海河流域水土保持监测中心站主任

宁方贵　松辽水利委员会水文局（信息中心）副局长（副主任）、纪委书记

巩维屏　松辽水利委员会察尔森水库管理局副总工程师

徐兆安　太湖流域水文水资源监测中心（太湖流域水环境监测中心）水质分析科科长

李　宁　太湖流域管理局苏州管理局太浦河枢纽管理所所长

温续余　水利部水利水电规划设计总院副总工程师

刘　钰（女）　中国水利水电科学研究院水利所副总工程师

翟平国　水利部新闻宣传中心职员

张卫东　中国水利报社副总编辑

吴玉芹（女）　中国灌溉排水发展中心节水灌溉处处长

刘九夫　水利部交通运输部国家能源局南京水利科学研究院水文水资源研究所所长

颜庭国　水利部办公厅信访处处长

王　鹏　水利部直属机关党委组织处处长

附件 3

全国水利系统劳动模范名单

（23 名）

河北省

孙景亮　河北省水利水电勘测设计研究院院长

山西省

傅建生　山西省水利建筑工程局局长助理、第一分局局长

内蒙古自治区

赵　清　内蒙古水务投资（集团）有限公司总经理助理

辽宁省

李晓晗　辽宁西北供水有限责任公司副总工程师

吉林省

安京云（朝鲜族）　吉林省水利水电工程局高级工程师

江苏省

时爱祥　江苏省水利建设工程有限公司总经理

浙江省

蓝承豪（畲族）　浙江省江山市水利水电开发有限公司检修班长

安徽省

骆克斌　安徽省水利水电勘测设计院副总工程师

江西省

江庆华　江西省景德镇浯溪口水利枢纽工程开发有限公司副总经理

山东省

韩文韬　山东省淄博市自来水公司组宣处处长

河南省

李东森　河南省水利第一工程局项目部经理

甘继胜　河南省水利第二工程局项目部经理

湖北省

陈振文　湖北省荆门市汉江堤防管理处采石厂职工

湖南省

李春良　湖南省湘潭中环水务有限公司总经理

广东省

张生贤　原广东省水利电力规划勘测设计研究院工程咨询部总工程师

广西壮族自治区

江　波　广西水利电业集团新疆克州水利发电有限公司总经理

四川省

董蜀良　四川省水利电力工程局副局长

陕西省

刘　斌　陕西省水利水电勘测设计研究院副院长、总工程师

甘肃省

张　东　甘肃省水利水电勘测设计研究院副总工程师

新疆维吾尔自治区

宋永忠　新疆维吾尔自治区新疆江河水利水电工程技术施工总队高级工

水利部及直属单位

柯于义　长江勘测规划设计研究院经营计划部副主任兼西藏分公司经理

牛书安　黄河勘测规划设计有限公司地质工程院副总工程师

王　伟　广西右江水利开发有限责任公司水力发电厂副厂长

新闻宣传、信息、出版、学术团体

News Publicity, Information, Publications and Academic Societies

新闻宣传、信息、出版、学术团体　　419～449页

新闻宣传

【水利宣传】 2015年，水利宣传工作按照全国宣传部长会议和全国水利厅局长会议、全国水利新闻宣传工作座谈会的部署要求，坚持围绕中心、服务大局，着力抓好宣传管理和舆论引导，取得了新进展、新成效。

1. 新闻宣传工作制度建设 完善新闻宣传例会制度，加强宣传信息工作机制建设。建立了会商研判机制，深入分析舆情趋势，每月提前研究落实宣传重点任务。建立了策划研讨机制，及时跟进水利重点工作进展，进一步增强水利宣传策划的针对性。建立了协调联动机制，宣传工作的力量和资源得到整合，向重点报道任务倾斜。建立了信息协同报送机制，第一时间反映水利工作动态进展，适时组织调研类信息报送工作。宣传信息工作机制不断完善并初见成效，宣传信息工作的预见性、灵活性和系统性进一步增强。

2. 水利宣传规划和策划 联合中宣部、教育部、团中央制定印发《全国水情教育规划（2015—2020年）》，这是我国第一部水情教育规划，是未来一段时期全国水情教育工作的指导性文件。针对《水污染防治行动计划》和《中共中央 国务院关于加快推进生态文明建设的意见》，分别制定了宣传工作方案，明确了宣传报道和水情教育的工作目标、重点措施和任务分工等。印发了《关于加强重大水利工程宣传工作的通知》《关于进一步加强农田水利工作宣传报道的通知》等通知，要求各地水利部门提前搞好策划，形成宣传合力。围绕水利中心工作和阶段性重点任务，制定了《全国水利厅局长会议采访报道方案》《节水供水重大水利工程宣传方案》《鼓励和引导社会资本参与重大水利工程建设运营宣传工作方案》《水利援藏宣传方案》《“十二五”水利改革发展成就宣传工作方案》等一系列宣传方案。通过规划先行和策划引领，水利宣传和水情教育的科学性、系统性得到增强，各项重点任务有计划、分步骤推进。

3. 水利重点工作宣传报道 制定印发《2015年水利宣传工作要点》，明确了学习贯彻宣传习近平总书记系列重要讲话和党的十八届四中全会精神宣传、防汛抗旱减灾宣传、重大水利工程建设宣传、民生水利宣传、深化水利改革宣传、实行最严格水资源管理制度宣传、依法治水管水宣传等重点任务。围绕防汛抗旱防台风、节水供水重大水利工程建设、民生水利、最严格水资源管理制度、水生态文明建设、水利扶贫等重点工作，开展了“防汛备汛行”“节水中国行”“水生态文明建设巡礼”“大江大河流域环境治理”等主题采访活动，组织行业内外媒体深入采访报道，有力宣传了水利为稳增长、扩内需作出的重要贡献，以及在保障和改善民生方面发挥的重要作用，收到了很好的舆论引导效果。

4. 水利新闻发布 落实国务院新闻办“4.2.1＋N”新闻发布模式要求，认真策划和选择水利新闻发布的主题、内容、时机，精心组织，围绕水利中心工作和媒体公众关注的热点问题，2015年共举行13场新闻发布活动，为历年之最。在国务院新闻办举行节水供水重大水利工程建设情况新闻发布会。围绕防汛抗旱防台风、重大水利工程建设进展、实行最严格水资源管理制度、农田水利建设等主题，在部机关举行了12场新闻发布会，及时通报水利工作措施进展，主动回应社会热点问题，大力宣传水利惠民生促发展的举措经验和成效，牢牢把握了舆论引导的主动权和主导权。积极利用中国政府网发布平台，第一时间发布了部党组落实中央治水兴水决策部署的各项举措和对社会关切的回应，进一步加强权威发布的力度和频次。

5. 政务信息报送 制定印发《2015年水利政务信息工作要点》，对加强政务信息工作进行了安排部署。水利政务信息工作坚持围绕中心、紧跟中心、服务中心，做到时效更快、内容更实、效果更好。围绕不同阶段水利工作重点，及时向党中央、国务院报送防汛抗旱防台风、农村饮水安全、节水供水重大水利工程建设、水资源管理与水生态保护等重点工作进展，向水利部领导反映地方水利改革发展动态，向各地推广基层水利工作的好做法、好经验。全年共编报水利政务信息530期，其中向中办、国办报送512期，被采用164期。中央领导在《节水供水重大水利工程建设情况》《长江省际边界采砂管理联席会议制度建立》《台风“莲花”停止编号 广东省防风工作有序进行 无人员伤亡报告》《西藏自治区“十二五”期间解决所有注册寺庙的饮水安全问题》等信息上作出重要批示。精心遴选修改各地报送的改革发展经验简报，利用《水利简报》宣传推广好思路好经验好做法，国务院领导在“甘肃省水利改革工作取得新成效”上作出重要批示。

6. 行业指导管理和能力建设 组织召开中国水利报社记者站工作座谈会，并印发通知，进一步提升中国水利报社记者站的履职能力和工作水平。召开江河水利志工作座谈会，加强对江河水利志工作的指导。根据国办关于做好第一次政府网站普查工作的要求，进行水利部门网站检查和调研，督促有关单位对存在的问题进行了整改。组织开展了出版物质量专项检查、学术期刊认定及清理、报刊核验等工作。举办全国水利新闻宣传培训班，进一步提高了新闻宣传员的宣传能力和水平。

7. 舆情监测研判 继续加强水利舆情信息24h监测和分析研判，广泛搜索收集国内外涉水信息，进一步提升舆情综合研判质量。全年编发《水利舆情快报》245期，《水利舆情急报》13期，推出专题报2期，为水利部领导和部机关司局及直属单位及时掌握水利舆情信息提供重要参考。（李洁 李格）

【中国水利报】 2015年，中国水利报社紧紧围绕部党组中心工作，在部办公厅的指导下，加快推进媒体转型升级和水利主流媒体集群的构建，连续第三年开展“深入基层报道年”活动，扎实做好水利新闻宣传工作。全年实施重点报道策划近200个，报、刊、网、手机报共发稿3.3万条，为促进水利改革发展营造了良好的舆论氛围。

1. 坚持紧贴中心，服务水利大局 《中国水利报》编辑部紧紧围绕新时期中央水利工作方针和水利部党组中心工作，唱响水利改革主旋律，打好舆论引导主动仗。认真宣传贯彻习近平总书记、李克强总理关于水利工作的重要讲话精神，针对国务院确定的172项重大水利工程建设，以及全国水利厅局长会议、农村饮水安全、深化水利改革、农田水利建设保障粮食安全、最严格水资源管理制度落实、节水型社会建设、水生态文明建设、依法治水等水利中心工作，精心组织，主动策划，深入采访，多平台联合发力，形成多渠道、多样化传播态势。特别是在2015年年初的全国水利厅局长会议召开前，报纸推出36个版的“深化水利改革特别策划”，生动展示了各地水利改革取得的巨大成就。开设《聚焦172重大水利工程建设进行时》等栏目，对重大水利工程进行了系统、充分的报道，做到全部工程开工建设无遗漏、全覆盖。针对社会公众关注的热点、焦点问题，牢牢把握第一时间的舆论引导权和深度解释权，通过社论和系列评论等方式，进行全面、准确、客观、权威的深度解读，积极打好行业主流媒体舆论引导主动仗。

2. 坚持使命担当，强化应急报道 入汛前，报社及时组建了防汛抗旱应急采访团队，确定了防汛抗旱会商社领导和记者值守、节日突发事件采访等应急机制。进入主汛期，报纸编辑部提前策划，先后组织采写了《领略风云，安顿江河——中央地方各级防汛工作者有力应对暴雨洪水》等7篇防汛抗旱深度系列报道。推出了系列评论和《防汛备战忙》《防汛抗旱一线报道》等专栏专题，发表了《防御双台风，何以零伤亡？——我国成功防御“莲花”“灿鸿”透视》《福建：大雨无大灾的启示》《从头到尾话“天鹅”》等一批现场感强的一线报道和新闻综述。其中，《福建：大雨无大灾的启示》被《人民日报》等多家媒体转载。据统计，中国水利报报社领导在主汛期参加防汛抗旱会商值班51人次，记者参加会商会68人次，累计派出记者103人次奔赴防洪抗灾一线采访，充分展示了水利媒体人勇于献身、敢于负责的责任担当，打赢了一场又一场应急抢险救灾宣传报道硬仗，陈雷部长、刘宁副部长多次作出批示或提出表扬。

3. 坚持反映基层，突出深度报道 按照陈雷部长在地方调研时提出的加强典型经验报道的要求，中国水利报报社上下以扎实的作风深入基层单位调研采访。报纸编辑部坚持全年开展“改革攻坚，惠泽民生——深入基层报道年”活动，社领导30余人次、记者259人次深入治水一线，持续关注各地深化水利改革典型做法和经验，陆续采写了一批有分量的基层水利深度报道，下基层调研采访人数为历年最多。在水利援藏宣传报道中，报社组织多媒体联动、跨省跨站联合采访，深入藏区，历时9天驱车3 000多km，推出水利援藏专号、西藏走笔系列报道、电视专题片、宣传画册等，并送达水利援藏工作大会会场，直观立体地反映了西藏水利改革发展的成就和水利援藏的成效。报纸编辑部还陆续组织采写了《打造生态经济的思南模式——贵州山区现代化水利建设透视》《扬名天下水当先——江苏扬州水生态文明试点实践观察》《血脉——写在甘肃省加快精准扶贫全力攻坚农村饮水安全工程建设之际》《莽山模式：PPP的探索范本》等一批反映基层水利改革发展成效的深度报道，陈雷部长多次批示予以表扬。

4. 坚持文化引领，弘扬行业精神 报社高度重视行业主流媒体的思想文化引领作用，充分发挥《中国水利报》在宣传水利系统精神文明建设、推动反腐倡廉方面的重要作用，大力宣传先进人物的典型事迹。为深切缅怀因病离世的水利部原副部长敬正书同志，报社及时组织采写了长篇通讯《德盛源正气，智高于书海》，收到了很好的宣传教育效果。与此同时，报社倾力打造水文化传播平台，积极办好《水利内参》和《水文化专刊》，开办了《筑梦2015》新闻专栏，讲好水利人的故事，传播水利好声音，为促进水利改革发展提供了强大的精神动力。

5. 坚持创新驱动，推进媒体融合 按照中央《关于推动传统媒体和新兴媒体融合发展的指导意见》，以及水利部党组关于加强行业主流媒体建设的要求，报社在全力做好传统媒体的同时，不断强化互联网思维，加快推进媒体转型升级与持续创新。2015年，报社数字全媒体新闻传播平台一期工程项目建设顺利完成，二期移动互联平台建设完成招投标，新网络机房建成投入使用。中国水利手机报播发频次提高到每周两期，数字报纸试开通，APP移动客户端开发完成，《中国水利》杂志、中国水利网、《江河》杂志官方微信运行有序，初步形成了以“中国水利”为品牌的传统媒体与新兴媒体融合发展的行业主流媒体集群。（孟志康）

【《中国水利》杂志】 2015年，《中国水利》杂志编辑部深入宣传中央新时期水利工作方针和水利部党组治水思路，围绕中心，服务大局，立足办刊宗旨，突出杂志特色和优势，坚持内容为王，做水利改革发展的智库，做水利人的益友，杂志首次成功入选全国“百强科技期刊”。

1. 紧紧围绕水利中心工作抓好选题策划，形成专题报道强势 邀请专家解读2015年中央1号文件中的水利元素，推出“两会”视点：《水利备受各界瞩目 治水承载更多期待》，出版了以“新思路 新作为 新突破——这五年，我们共同走过”为主题的《回眸“十二五”专辑》及《节水型社会建设特刊》《水生态文明论坛特刊》。开展了“实施水利精准扶贫，全面支撑小康建设”和水资源论证制度建设两项主题征文及评选活动。

2. 追踪理论和科技前沿，加大水利科技创新报道力度 杂志首次在《特别关注》栏目推出虚拟现场报道《对话王浩院士：寻根施策缺水流域水“渴”望》。加强国际水事报道，先后推出第七届世界水论坛、第十五届世界水资源大会报道专题，及时解读刚获表决通过的联合国2030年可持续发展议程水领域目标。开设了《国家三大战略中的水利支撑》栏目。

3. 贴近基层报道民生水利，反映治水安邦惠民新发展 杂志开设《聚焦172项重大水利工程》栏目，推出以“引汉济渭 梦想穿越”为主题的《陕西引汉济渭工程建设特刊》，组织“福泽高原 治水兴藏”水利援藏专题，派记者深入北京、江苏、湖南、福建、黑龙江、广东等地进行调研采访，先后采写了《碧水美京城 畅流保民安》《扬名天下水当先》《林邑之城‘水文章’》等一批深度报道。

4. 加强杂志媒体融合发展，开拓信息传播新渠道 通过《中国水利》杂志微信公众平台推出了《体验秦岭地下1 500米深处》《长江防总连发三道调度令 降低监利水位3米 全力协助东方之星沉船救援》《渴，关于农村饮水安全——一个沉甸甸的话题》《水乐，来自音乐大师谭盾》《秒懂合同节水管理机制要点 看首个试点河北工程大学》《都来听听浙江省委书记力荐的大禹纪念歌》《走近福建万里安全生态水系建设》等一批有特色、受到广泛关注的微信图文音视频消息。 （张智吾）

信 息

【水利水电决策咨询信息工作】

1. 水利文献信息系统建设进展 水利文献信息系统持续向水利行业提供专业化文献信息服务，单位用户数量已超60家，主要包括水利部机关、长江委、黄委、海委、珠江委、中国水科院、南科院及其下属单位。在资源建设方面，为了满足广大用户对文献资源的需求，2015年，水利文献信息系统除了更新中文期刊、博士论文、水利事件、各国水概况、国外水信息、国内外水利机构等数据库内容外，还对2014年新增的万方数据库、CNKI硕士论文全文和年鉴数据库进行了更新，更新数据达450余万条，水利文献信息系统数据总量已超过22TB。在系统运行维护方面，完成服务器、磁盘阵列、不间断电源等关键性设备的续保工作，逐步对淘汰设备进行更换，加强对机房硬件设备及软件平台运行的监控力度，切实保障系统的安全运行。在用户服务方面，通过多种渠道收集水利文献信息系统使用中存在的不足，关注用户需求，及时解决用户在文献检索和下载过程中的问题，并着手对系统的访问界面进行了改版，以增进系统界面的友好性。 （虞玉诚）

2. 中国水利学会水利水电信息专业委员会组织工作 水利部发展研究中心承担了中国水利学会水利水电信息专业委员会组织工作。2015年，专委会秉承学会宗旨，突出专业特色，多次组织会员单位开展交流活动，交换工作思路，谋划发展方向。专委会组织召开了信息服务专题研讨会，长江委、黄委、海委、珠江委、中国水科院、南科院、长科院、发展研究中心等21位单位代表参加会议。会议就近年水利文献信息共建共享工作进行梳理，就出现的问题进行讨论，确定了下一步的工作计划。为进一步开拓专委会的服务及沟通渠道，专委会经过多次沟通，确定并建立了“水信息”微信公众号，定期向专委会单位人员推送水利精华文萃，进一步发挥水利水电信息专委会作用。 （虞玉诚）

【水利系统报刊管理】 水利部主管正式期刊31份、报纸1份（见表），水利部办公厅作为归口管理部门负责对部属报、刊进行业务指导，水利部发展研究中心负责日常管理工作。

各级管理部门在报、刊管理中，认真贯彻落实中央有关宣传和出版的方针政策，遵守国家报、刊出版的管理规定；定期对部属报纸和期刊的样刊进行审查；组织部属报纸和期刊参加新闻出版和广电总局的报纸期刊年度核验；协助期刊编辑部办理期刊变更手续；处理临时性的相关工作。同时，管理部门与期刊编辑部建立了通顺的工作关系，及时为编辑部解决办刊中的问题。

2015年，水利部部属报纸及期刊编辑部在主管单位及管理部门的指导下，认真贯彻执行国家有关政策文件，严格遵守国家期刊管理各项规定，编辑出版工作正常有序进行，全部通过了年度核验。 （赵博）

水利部部属报纸及期刊一览表
（截至 2015 年 12 月 31 日）

序号	刊 名	主办单位	刊期	刊 号	创刊年	联系人	编辑部地址	邮编	电话	传真
1	中国水利报	中国水利报社	周二、四、六	CN11－0156	1986.10	徐 涛	北京市海淀区玉渊潭南路 3 号	100038	010－63205270	010－63205044
2	中国水利	中国水利报社	半月	CN11－1374/TV ISSN1000－1123	1955.8	轩 玮	北京市海淀区玉渊潭南路 3 号	100038	010－63205043	010－63205044
3	水利水电技术	水利部发展研究中心	月	CN11－1757/TV ISSN1000－0860	1959.9	郭利娜	北京市海淀区玉渊潭南路 3 号	100038	010－63205981	010－63205971
4	水利发展研究	水利部发展研究中心	月	CN11－4655/TV ISSN1671－1408	2000.8	张闻笛	北京市海淀区玉渊潭南路 3 号	100038	010－63205983	010－63205971
5	水文	水利部水文局、水利部水利信息中心	双月	CN11－1814/P ISSN1000－0852	1956.6	郭 莉	北京市西城区白广路二条 2 号	100053	010－63203599	010－63204559
6	水利建设与管理	中国水利工程协会	月	CN11－4446/TV ISSN1005－4774	1980.9	闫 宇	北京市石景山区八角东街 65 号融科产业创意中心 A－1304	100043	010－88934865	
7	水利技术监督	水利部水利水电规划设计总院	双月	CN11－3918/TV ISSN1008－1305	1993.1	王荣珍	北京市西城区德外六铺炕北小街 2－1 号	100011	010－63206743	
8	国际泥沙研究（英）	国际泥沙研究培训中心	季刊	CN11－2699/P ISSN1001－6279	1986.3	陈月红	北京市海淀区车公庄西路 20 号	100044	010－68786579	010－68411174
9	中国水利年鉴	中国水利水电出版社	年	CN11－3065/TV ISSN1009－7376	1991.5	王若明	北京市海淀区玉渊潭南路 1 号 D 座	100038	010－68545944	010－88388603
10	水利规划与设计	水利部水利水电规划设计总院	双月	CN11－5014/TV ISSN1672－2469	2003.1	王荣珍	北京市西城区德外六铺炕北小街 2－1 号	100011	010－63206743	
11	中国水利水电科学研究院学报	中国水利水电科学研究院	季刊	CN11－5020/TV ISSN1672－3031	2003.4	周 洁	北京市海淀区复兴路甲 1 号 A 座 1117 房间	100038	010－68786238	010－68786262
12	水资源开发与管理	中国水利工程协会	季刊	CN10－1326/TV ISSN2096－0131	2003.5	闫 宇	北京市石景山区八角东街 65 号融科产业创意中心 A－1304	100043	010－88934865	
13	中国水能及电气化	水利部农村水电及电气化发展局、中国水利工程协会、中国大坝协会、四川省地方电力局	月刊	CN11－5543/TK ISSN1673－8241	2005.1	闫 宇	北京市石景山区八角东街 65 号 A－1304	100043	010－88934865	
14	水电站机电技术	中国水利水电科学研究院、中国水力发电工程学会、全国水利水电机电技术信息网	双月	CN11－5130/TV ISSN1672－5387	2003.5	贾彦博	北京市海淀区复兴路甲 1 号老结构楼 310	100044	010－68523870	010－68523870

续表

序号	刊 名	主办单位	刊期	刊 号	创刊年	联系人	编辑部地址	邮编	电话	传真
15	国际水土保持研究(英)	中国水利水电出版社、国际泥沙研究培训中心	季刊	CN10－1107/P ISSN2095－6339	2013.1	张 潭	北京市海淀区车公庄西路20号国际泥沙中心402	100044	010－68545912	
16	人民长江	长江水利委员会	月	CN42－1202/TV ISSN1001－4179	1955	郑 毅	湖北省武汉市汉口解放大道1863号	430010	027－82828680	027－82828680
17	水利水电快报	长江水利委员会	半月	CN42－1142/TV ISSN1006－0081	1980	唐湘茜	湖北省武汉市汉口解放大道1863号	430010	027－82828669	027－82828680
18	长江科学院院报	长江科学院	双月	CN42－1171/TV ISSN1001－5485	1984.10	刘运飞	湖北省武汉市汉口赵家条九万方	430010	027－82829904	027－82820002
19	水生态学	水利部中国科学院水工程生态研究所	双月	CN42－1247/S ISSN1003－1278	1983	江 峰	湖北省武汉市雄楚大街578号	430079	027－87189555	027－87189622
20	人民黄河	黄河水利委员会	月	CN41－1128/TV ISSN1000－1379	1979.2	朱 宏	河南省郑州市金水路11号黄委会综合楼12层	450003	0371－66023331	0371－66022219
21	中国水土保持	黄河水利委员会	月	CN41－1144/TV ISSN1000－0941	1980.8	闫 耕	河南省郑州市金水路11号黄委会综合楼12层	450003	0371－66022619	
22	灌溉排水学报	水利部中国农科院农田灌溉研究所、中国水利学会	双月	CN41－1135/S ISSN1672－3317	1982	刘春成	河南省新乡市牧野区宏力大道380号	453003	0373－3393346	0373－3393308
23	人民珠江	珠江水利委员会	双月	CN44－1037/TV ISSN1001－9235	1986.6	李圆圆	广东省广州市天寿路80号	510611	020－87117933	020－87117927
24	海河水利	海河水利委员会	双月	CN12－1064/TV ISSN1004－7328	1982.6	张俊霞	天津市河东区龙潭路15号	300170	022－24103770	022－24102614
25	水利水电工程设计	中水北方勘测设计研究有限责任公司、天津市水力发电工程学会	季	CN12－1246/TV ISSN1007－6980	1982	王晓红	天津市河西区洞庭路60号	300222	022－28702854	022－28702854
26	水利水运工程学报	南京水利科学研究院	季	CN32－1613/TV ISSN1009－640X	1979.9	王兴会	江苏省南京市虎距关34号	210024	025－85829135	025－85829130
27	水科学进展	南京水利科学研究院、中国水利学会	双月	CN32－1309/P ISSN1001－6791	1990.12	贺瑞敏	江苏省南京市虎踞关34号	210024	025－85829770	025－83737861
28	水资源保护	河海大学	双月	CN32－1356/TV ISSN1004－6933	1985.8	彭桃英	江苏省南京市西康路1号	210098	025－83786642	025－83787381

续表

序号	刊　名	主办单位	刊期	刊　号	创刊年	联系人	编辑部地址	邮编	电话	传真
29	水利经济	河海大学、中国水利经济研究会	双月	CN32-1165/F ISSN1003-9511	1983.11	陈玉国	江苏省南京市西康路1号	210098	025-83786350	025-83787381
30	水利水文自动化	水利部南京水利水文自动化研究所	季刊	CN32-1711/TV ISSN1672-3279	2002.11	陆　燕	江苏省南京市雨花台区铁心桥街95号	210012	025-52898331	025-52891891
31	小水电	水利部农村电气化研究所	双月	CN33-1204/TV ISSN1007-7642	1984	赵建达	浙江省杭州市学院路122号	310012	0571-88082848	0571-88082848
32	长江年鉴	长江水利委员会、中国长江三峡集团公司、交通运输部长江航务管理局	年	CN42-1386 ISSN1006-3706	1992年	冯　莹	湖北省武汉市江岸区解放大道1863号	430010	027-82828350	

（赵博）

出　版

【水利水电技术标准出版要目】

中国水利水电出版社2015年出版的水利水电技术标准

SL 652—2014　水库枢纽工程地质勘察规范

SL 670—2015　水利水电建设工程验收技术鉴定导则

SL 214—2015　水闸安全评价导则（替代SL 214—98）

SL/Z 679—2015　堤防工程安全评价导则

SL 682—2014　水利水电工程移民安置验收规程

SL 196—2015　水文调查规范（替代SL 196—97）

SL 201—2015　江河流域规划编制规范（替代SL 201—97）

SL/Z 712—2014　河湖生态环境需水计算规范

SL 704—2015　水闸与泵站工程地质勘察规范

SL/T 180—2015　水文自动测报系统设备　遥测终端机（替代SL/T 180—1996）

SL 317—2015　泵站设备安装及验收规范（替代SL 317—2004）

SL 210—2015　土石坝养护修理规程（替代SL 210—98）

SL 13—2015　灌溉试验规范（替代SL 13—2004）

SL 230—2015　混凝土坝养护修理规程（替代SL 230—98）

SL/Z 705—2015　水利建设项目环境影响后评价导则

SL 703—2015　灌溉与排水工程施工质量评定规程

SL 251—2015　水利水电工程天然建筑材料勘察规程（替代SL 251—2000）

SL 61—2015　水文自动测报系统技术规范（替代SL 61—2003）

SL 702—2015　预应力钢筒混凝土管道技术规范

SL 109—2015　农田排水试验规范（替代SL 109—95）

SL 715—2015　水利信息系统运行维护规范

SL 316—2015　泵站安全鉴定规程（替代SL 316—2004）

SL/Z 699—2015　灌溉水利用率测定技术导则

SL 205—2015　水电站引水渠道及前池设计规范（替代SL/T 205—97）

SL 706—2015　水库调度规程编制导则

SL 713—2015　水工混凝土结构缺陷检测技术规程

SL 714—2015　水利水电工程施工安全防护设施技术规范

SL 716—2015　水利水电工程移民安置监督评估规程

SL/Z 349—2015　水资源监控管理系统建设技术导则（替代SL/Z 349—2006）

SL 52—2015　水利水电工程施工测量规范（替代SL 52—93）

SL 718—2015　水土流失危险程度分级标准

SL 717—2015 水土流失重点防治区划分导则
SL 104—2015 水利工程水利计算规范（替代 SL 104—95）
SL 49—2015 混凝土面板堆石坝施工规范（替代 SL 49—94）
SL 726—2015 区域供水规划导则
SL 721—2015 水利水电工程施工安全管理导则
SL 722—2015 水工钢闸门和启闭机安全运行规程
SL/Z 720—2015 水库大坝安全管理应急预案编制导则
SL/Z 719—2015 水工程建设规划同意书论证报告编制导则（试行）
SL/Z 727—2015 流域综合规划后评价报告编制导则
SL 728—2015 大中型水库移民后期扶持规划编制规程
SL 711—2015 水利统计通则
SL 709—2015 河湖生态保护与修复规划导则
DB 21/T 2442—2015 水利工程质量检测管理规范
DB 21/T 2481—2015 水利工程单元工程施工质量检验与评定标准——农村水利工程
DB44/T 1461—2014 广东省用水定额
SL 326—2015 Code for Engineering Geophysical Exploration of Water Resources and Hydropower
SL 274—2001 Design Code for Rolled Earth-Rock Fill Dams（碾压式土石坝设计规范 英文版）
SL 282—2003 Design Specification for Concrete Arch Dams（混凝土拱坝设计规范 英文版）
SL 168—2012 Code for Acceptance of Small Hydropower Station Constructionl（小型水电站建设工程验收规程 英文版）
SL 172—2012 Technical Specification for Construction of Small Hydropower Stations
SL 77—2013 Hydrological Computation Specification for Small Hydropower Stations
SL 493—2010 Seabuckthorn Seed Oil（沙棘籽油 英文版）
SL 191—2008 Design Code for Hydraulic Concrete Structures（水工混凝土结构设计规范 英文版）

【水利水电科技图书出版要目】

1. 中国水利水电出版社 2015 年出版的水利水电科技图书

中国水情读本（加快中国水利改革发展学习辅导丛书） 姜文来 编著

中国水利史典 淮河卷二 《中国水利史典》编委会 编

中国水利史典 太湖及东南卷三 《中国水利史典》编委会 编

中国水利史典 黄河卷三 《中国水利史典》编委会 编

中国水利史典 太湖及东南卷二 《中国水利史典》编委会 编

中国水利史典 长江卷二 《中国水利史典》编委会 编

石羊河流域行业取耗水总量控制与水资源保障方案研究 张永明 侯慧敏 何玉琛 编著

水电能源系统最优调控的先进理论与方法 杨俊杰 等 著

定居兴牧水源工程及技术支撑 邓铭江 等 编著

广西壮族自治区水利水电工程概（预）算补充定额 广西壮族自治区水利厅 发布

水库塌岸预测 中国电建集团成都勘测设计研究院有限公司 陈卫东 等 著

引黄灌区泥沙承载力和高效配置关键技术研究 胡健 著

城市地下水管理高级仿真与建模——UGROW（全球城镇化水问题丛书） ［塞尔维亚/英国］Dubravka Pokrajac（杜布拉夫卡·波克拉贾克） ［加拿大］Ken Howard（肯·霍华德） 著 郭晓晨 等 译

北美跨界河流管理与合作 水利部国际经济技术合作交流中心 编著

最严格水资源管理考核制度文件汇编 水利部水资源司 水利部水资源管理中心 编

气动盾形闸门系统技术研究与应用 陈东清 著

高标准农田工程设计图集 刘群昌 等 编著

渠道衬砌与防渗工程技术手册 何武全 等 编著

无限深透水地基上土石坝渗流控制 侍克斌 等 著

地下水管理制度学习辅导读本 李国正 等 主编

苦咸水高含沙水利用与能源基地水资源配置关键技术及示范 王建华 等 著

计算流固耦合动力学及其应用（水科学博士文库） 王文全 等 著

南水北调中线穿黄工程大型深埋环锚预应力隧洞施工技术研究 张登柱 等 编著

北方土石山区水土流失综合治理范式及环境效应研究 和继军 著

水利安全生产标准化建设实施指南（水利安全生产标准化系列丛书） 钱宜伟 等 编著

2014年水电移民政策 技术 管理论坛论文集 中国水电工程顾问集团有限公司 编

小型农田水利工程产权制度改革的理论与实践 王冠军 等 著

径流小区和小流域水土保持监测手册 水利部水土保持监测中心 编著

水文测验若干理论问题研究（院士文丛） 韩其为 著

水利工程设计概（估）算编制规定 工程部分 水利部水利建设经济定额站 主编

水利工程设计概（估）算编制规定 建设征地移民补偿 水利部水利建设经济定额站 主编

大坝安全风险模型及防洪标准研究 黄灵芝 等 著

广东省径流小区水土流失监测技术手册 广东省水利水电技术中心 编著

高效节水系列新技术应用与实践 张雷 等 编著

观音岩水电站混合坝施工技术 于涛 等 编著

水利法制研究论文选编（2003—2013年） 水利部发展研究中心法制研究处 编

抗旱管理制度和政策研究 王建平 等 编著

大型调水工程受水区水价理论研究 徐鹤 等 编著

大型综合利用水利工程资产效益发挥理论与实践 赵玉红 等 著

中国水利发展战略文集（2005—2014） 张岳 著

小型水库管理手册 庞毅 等 编著

水利水电工程现场管理指南 浙江省水利厅 编

喷微灌技术及设备 袁寿其 等 编著

农村水电站安全生产标准化达标指导手册（农村水电站安全生产标准化丛书） 刘仲民 等 编著

水文模拟预测方法和应用（The Method and Application of Hydrological Modeling） 王宇晖 等 著

农村水电站安全生产标准化评审标准释义（农村水电站安全生产标准化丛书） 刘仲民 冯玉禄 等 编著

大规模地形实时动态多分辨率显示关键算法研究 张俊峰 著

矢量要素协调一致性模式匹配方法研究 赵东保 著

HEC-HMS水文建模系统原理·方法·应用（附光盘1张） 李向新 等 主编

土石坝漫顶溃决模拟与抢护 李云 宣国祥 王晓刚 黄岳 著

巴西电力行业改革 ［巴西］毛里西奥·T·托马斯金 著 葛卫红 代文 兰姗 译

水利技术标准国际化理论与探索 郑寓 等 著

水利水电土石方工程单元工程施工质量验收评定表实例及填表说明 李恒山 等 编著

水文监测体系创新及关键技术研究 王俊 等 著

泵站混凝土施工期温控和湿控防裂方法研究 郭利霞 著

混凝土坝孔口结构施工期裂缝成因及防裂方法研究 陈守开 著

水文化职工培训读本（水文化教育读本丛书） 左其亭 等 主编

水文化大众读本（水文化教育读本丛书） 李宗新 等 主编

水文化研究生读本（水文化教育读本丛书） 李可可 编著

图说水与衣食住行（图说中华水文化丛书） 李红光 等 编著

图说水与风俗礼仪（图说中华水文化丛书） 史鸿文 王瑞平 陈超 编著

图说古代水利工程（图说中华水文化丛书） 王英华 等 著

图说诸子论水（图说中华水文化丛书） 靳怀堾 著

图说水与战争（图说中华水文化丛书） 武善彩 等 著

图说水与文学艺术（图说中华水文化丛书） 朱海风 等 著

图说治水与中华文明（图说中华水文化丛书） 贾兵强 等 著

图说中华水崇拜（图说中华水文化丛书） 向柏松 著

水库调度方式与泥沙淤积形态关系研究 陈建 著

山东省水利水电设备安装工程预算定额［山东省水利水电工程预算定额及设计概（估）算编制办法］ 山东省水利厅 发布

山东省水利水电工程施工机械台班费定额［山东省水利水电工程预算定额及设计概（估）算编制办法］ 山东省水利厅 发布

山东省水利水电工程设计概（估）算编制办法［山东省水利水电工程预算定额及设计概（估）算编制办法］ 山东省水利厅 发布

水利生产经营单位安全生产标准化建设与达标指

导书（第二版）（水利安全生产教育和培训系列丛书）
贺小明 杜受富 章龙文 陈耀元 编著

黄河三角洲水资源适应性管理技术
李福林 杜贞栋 史同广 等 著

贵州省水利工程建设质量和安全监督指南
贵州省水利工程建设质量与安全监测中心 编著

深覆盖层上面板堆石坝三维有限元应力变形计算分析研究 赵寿刚 等 主编

水库有效库容保持 刘孝盈 等 编著

咸水灌溉对作物及土壤水盐环境影响研究
蒋静 著

水电新能源发电企业技术监督实施细则（试行）
中国华电集团公司 主编

南京水利科学研究院学科发展与学术成就
张建云 主编

水土保持业务经费定额标准（试行）
中华人民共和国水利部 编

水质监测业务经费定额标准（试行）
中华人民共和国水利部 编

现代水利法治体系构建
刘勇毅 傅维香 彭学军 编著

北京市水文基础设施建设管理法规制度汇编
北京市水文总站 编

海滦河流域下游治理技术与对策 贾军 等 编著

河北省北部山区水土资源协调利用技术研究
周亚岐 等 编著

黄河下游堤防淤筑工程安全保障理论与实践
沈细中 等 编著

准噶尔盆地南缘水资源合理配置及高效利用技术研究 何新林 等 著

喷灌与微灌技术应用 郑耀泉 等 编著

珠三角城镇水生态修复理论与技术实践
陈文龙 等 编著

区域水资源优化调控理论与实践 郭文献 等 著

水电工程节能降耗分析应用研究
中国电建集团华东勘测设计研究院有限公司 组织编写
任金明 金珍宏 等 编著

农村饮水安全关键岗位培训丛书——村镇供水水质检测
水利部农村水利司 水利部农村饮水安全中心 组织编写
李仰斌 等 主编

瀑布沟砾石土心墙堆石坝关键技术
姚福海 等 主编

作物精量灌溉智能控制技术 张兵 著

碾压混凝土研究与工程实践 席浩 等 著

河流演变学（Fluvial Processes）
M. SelimYalin，A. M. Ferreira da Silva 著
戴文鸿 唐洪武 闫静 译

南水北调典型项目前期工作对投资控制影响的实践研究 郭磊 秦克丽 著

地方水利技术的应用与实践（第25辑）
浙江省水利学会 浙江省水力发电工程学会
浙江省水利科技推广与发展中心 编

水利水电工程岩溶勘察与处理
沈春勇 等 主编

现代河道实用管理 武长征 编著

水利水电工程施工组织设计指南（第二版）
刘百兴 等 主编

锦屏一级水电站特高拱坝工程施工技术
申茂夏 等 著

农村安全供水技术研究 杨继富 等 编著

黄壁庄水库志 河北省黄壁庄水库管理局 编

水利工程识图与CAD（中央财政支持专业提升服务能力项目课程建设） 韩敏琦 等 主编

供水管道工1 基础知识及常用管材、设备（村镇供水行业专业技术人员技能培训丛书）
尹六寓 等 主编

南水北调工程建设新闻集（2014年卷）
国务院南水北调工程建设委员会办公室综合司 编

渠道工程（南水北调工程建设技术丛书）
国务院南水北调工程建设委员会办公室建设管理司 编

地区差异视角下农村水利建设公共财政投入分担机制 华坚 张长征 著

深覆盖层上修建土石坝筑坝材料和坝基处理研究
本书编委会 著

2014水情年报 水利部水文局 编著

2015中国水利发展报告 李国英 主编

China Water Development Report 2015
Editorial Board of China Water Development Report 主编

中国水资源公报2014
中华人民共和国水利部 编

China Water Resources Bulletin 2014
Ministry of Water Resources People's Republic of China 编

中国水旱灾害公报2014 国家防汛抗旱总指挥部
中华人民共和国水利部 编

中国河流泥沙公报2014
中华人民共和国水利部 编

区域水资源水环境保护理论与实践 代堂刚 著

渔洞水库水资源保护研究与应用 代堂刚 等 著

夏可风灌浆技术文集 夏可风 著

湖南生态水资源系统脆弱性评价及其可持续利用研究 邹君 著

水电站薄壁式分层取水口结构动力响应评价
黄虎 著

水利水电建筑工程专业人才培养方案（国家骨干

高职院校工学结合创新成果）　陆克芬　等　主编

水生态文明城市投融资与建设管理　王森　等　著

建设工程交易费用、交易机制及其绩效　李慧敏　著

三川河流域河道信息系统管理技术开发与研究　张志强　等　著

大坝老化与退役　彭辉　等　编著

环境模拟：一个不确定的未来？（水利科技专著译著出版项目）　［英］Keith Beven 基思·贝文　著　刘艳丽　许钦　王国庆　陈星　等　译

北方井渠结合灌区地表水地下水联合调度研究与示范　李道西　张亮　著

小型农田水利工程维修养护定额（试行）　中华人民共和国水利部　发布

大坝基础帷幕体防渗效果及其时效性研究　张宏洋　彭鹏　著

察实情　求真知　出良策——水利部2014年调研报告集　水利部直属机关党委　编

水利标准化理论与实践　胡孟　著

黑河流域张掖市水资源合理配置及水权交易效应研究　李永中　庹世华　侯慧敏　编著

小型水库管理实用手册　水利部建设与管理司　水利部建设管理与质量安全中心　编著

江西省水利工程维修养护预算定额（试行）　江西省水利厅　发布

农业节水补偿理论、方法与实践　李铁　王海丽　詹小米　著

水利水电工程建设基层单位移民资金管理　石学厚　董鲁疆　文涛　等　编

水稻节水高产控制灌溉实用技术　彭世彰　罗玉峰　王卫光　编著

波浪作用下临底高含沙层输沙研究　王玉海　著

洪水风险图编制问答　张大伟　徐美　王艳艳　等　著

Technical Specification for Construction of Concrete Cutoff Wall for Water and Hydropower　中华人民共和国水利部　发布

Technical Specification for Slip-form Construction of Hydraulic Structures　中华人民共和国水利部　发布

多轴应力下塑性混凝土力学性能及破坏特征　王四巍　著

水土流失综合治理成效（东北黑土区水土流失综合防治技术丛书）　张兴义　回莉君　编著

生产建设项目水土流失防治技术（东北黑土区水土流失综合防治技术丛书）　卢建利　郭晞尧　编著

中国水库大坝风险标准研究　彭雪辉　蔡跃波　等　著

内蒙古河套灌区渠道衬砌和渠系建筑物设计图集　程满金　等　主编

中国水利高等教育100年　姚纬明　等　主编

2015水利水电地基与基础工程　赵存厚　肖恩尚　主编

供水管道工2　常用工具及安全操作知识（村镇供水行业专业技术人员技能培训丛书）　尹六寓　等　主编

汶川特大地震水利抗震救灾志　《汶川特大地震水利抗震救灾志》编纂委员会　编著

实用水力瞬变过程（第三版）（精品经典译著）　［美］M. Hanif Chaudhry　著　程永光　杨建东　赖旭　张健　译

水利实用技术推广手册（江西水问题研究与实践丛书）　江西省水利科学研究院　编

南方岩溶区集雨水柜节水灌溉100问　何令祖　等　编著

小型水电站安全生产标准化管理模式　夏建军　编著

高扬程灌区水盐运移监测与模拟　徐存东　著

水利水电工程施工技术全书　第三卷混凝土工程　第十一册　混凝土工程安全监测　魏平　等　编著

钢筋混凝土框排架结构的平扭耦联多维地震反应分析　白晓红　著

变化环境下妫水河流域生态水文过程模拟　张静　等　著

无损射流插拔桩专用设备研制　吴林峰　著

混凝土统计损伤力学　白卫峰　等　著

治淮那些事儿　陆煜　著

供水机电运行与维护3　供水泵站机电设备运行维护管理（村镇供水行业专业技术人员技能培训丛书）　庄中霞　主编

东丽区水务志（1991—2010年）（天津水务志丛书）　天津市水务局　天津市东丽区水务局　编

水利GIS——地下水地理信息系统（国际水资源译丛）　［美］Gil Strassberg Norman L. Jones David R. Maidment　著　李娜　丁志雄　刘之平　译

江河写春秋——成都院建院60周年纪念文集　中国电建集团成都勘测设计研究院有限公司　编著

土石坝工程——面板与沥青混凝土防渗技术　关志诚　主编

水利工程质量监督理论与实践指南（第三版）　石庆尧　等　编著

2015年水利水电混凝土坝信息网技术交流会议论文集　王仁坤　主编

遥感技术在水环境评价中的应用　水利部海河水利委员会漳河上游管理局　河北工程大学　编著

温州市水文水资源 陈才明 等 编著

水利水电建设项目经济评价及案例分析 王以圣 等 编著

中国干旱特征变化规律及抗旱情势 顾颖 等 著

水工隧洞衬砌混凝土温控防裂技术创新与实践（水科学前沿学术丛书） 樊启祥 等 著

水系生态建设关键技术研究与应用 齐春三 郑良勇 编著

2015年全国水利系统优秀产品招标重点推荐目录 本目录水利专家评审委员会 中国水利水电出版社 编著

珠江河口治理研究文献指引 广东省西江流域管理局 编

高寒山区降水规律及融雪径流模拟（水科学博士文库） 穆振侠 姜卉芳 著

流域水文过程对极端气候事件敏感性研究（水科学博士文库） 胡彩虹 等 著

高含沙水流模拟关键技术问题研究 邓安军 著

勘测定界三维建模技术在南水北调工程中的应用 王显勇 等 编著

南水北调工程东平湖生产开发项目管理与实践 施国庆 等 编著

浙江省第一次水利普查成果之四 水土保持 浙江省第一次水利普查领导小组办公室 编

大型灌区信息化建设与实践 张穗 等 著

珠江河口涉水工程阻水效应及其防洪影响控制关键技术 何用 等 编著

基于智能计算技术的水资源配置系统预测、评价与决策 刘卫林 刘丽娜 著

福建水利改革发展研究调研报告集 福建省水利政策研究编委会 编

额尔齐斯河流域水文地理特征分析及人类活动影响研究 夏自强 黄峰 郭利丹 等 著

大型水利工程费用/进度集成控制 刘英杰 著

中小型防洪工程简明技术指南［中小型水工程简明技术丛书（六）］ 廖小永 等 编著

潘、大、桃水库群防洪调度与洪水资源相关问题研究及应用 徐冬梅 等 著

峡谷地区碾压混凝土筑坝技术与实践（高山峡谷岩溶地区水电工程实践技术丛书） 范福平 等 著

干旱半干旱牧区饲草料作物高效用水技术研究与实践 魏永富 等 编著

水土保持经济与生态文明建设 郭廷辅 段巧甫 著

锦屏二级水电站引水隧洞施工技术 马文波 陈东 主编

岁月流金——“我与南水北调中线”作品集 侯纯辉 主编

浙江省第一次水利普查成果之二 河湖开发治理保护 浙江省第一次水利普查领导小组办公室 编著

浙江省第一次水利普查成果之三 灌区 浙江省第一次水利普查领导小组办公室 编著

浙江省第一次水利普查成果之一 水利工程 浙江省第一次水利普查领导小组办公室 编著

河川径流时间序列研究方法及应用 赵雪花 著

土壤水分动态变化与径流响应机理研究 于福亮 等 著

潮流环境下垂直浮射流实验研究与三维数值模拟 赵懿珺 著

三峡水库试验蓄水期综合利用调度研究 长江防汛抗旱总指挥部办公室 著

国家水资源监控能力建设项目（2012—2014年）标准汇编目录 国家水资源监控能力建设项目办公室 编

水城一百研究 张建松 著

水库管理手册（水库管理丛书） 喻蔚然 等 编著

水利投资风险控制理论与实践 温鹏 等 著

国家标准GB 26861—2011电力安全工作规程高压试验室部分培训考核指导书 《国家标准电力安全工作规程培训考核指导书》编写组

国家标准GB 26860—2011电力安全工作规程发电厂和变电站电气部分培训考核指导书 《国家标准电力安全工作规程培训考核指导书》编写组

国家标准GB 26859—2011电力安全工作规程电力线路部分培训考核指导书 《国家标准电力安全工作规程培训考核指导书》编写组

国家标准GB 26164.1—2010电业安全工作规程热力和机械部分培训考核指导书 《国家标准电业安全工作规程培训考核指导书》编写组

风力发电系统的建模与仿真（风力发电工程技术丛书） 王毅 朱晓荣 赵书强 编著

电力设备异常运行及事故处理手册（附光盘） 陈化钢 主编

液压启闭机设计及应用 中国电建集团华东勘测设计研究院有限公司 汪云祥 沈燕萍 著

配电网故障抢修指挥业务学习题库 本书编委会

电子工艺与电子产品制作 主编 舒英利 温长泽

箱式变电站通用标准工程图集（设计·加工安装·材料）（附CAD光盘） 刘文武 刘亚岚 徐晨 编著

循环流化床锅炉控制与自抗扰控制器 马强 著

配电自动化系统测试技术（现代电力系统测试技术丛书） 刘健 刘东 张小庆 陈宜凯 著

电力产业节能减排机制设计模型与方法　李莉　著
特高压输电线路施工与运维检修　毕雪昱　主编
风电场技术经济分析（风力发电工程技术丛书）　顾圣平　李晓英　王社亮　主编
农村水电站安全生产标准化达标评级必备法规标准　《农村水电站安全生产标准化达标评级必备法规标准》编委会　编
发电厂直接空冷系统散热特性研究　赵万里　著
电机电气控制系统与线路图集（上册）　金续曾　主编
电机电气控制系统与线路图集（下册）　金续曾　主编
真空开关电器及其成套装置　熊泰昌　编著
电气自动化技术专业人才培养方案（国家骨干高职院校工学结合创新成果）　姚开武　主编
电力科学导论　张楠　编著
海上风电场防腐工程（风力发电工程技术丛书）　马爱斌　江静华　等　编著
机电一体化技术专业人才培养方案（国家骨干高职院校工学结合创新成果）　梁建和　主编
发电厂及电力系统专业人才培养方案（国家骨干高职院校工学结合创新成果）　邓海鹰　主编
电力系统继电保护及自动装置（第2版）　李斌　赖勇　杨红静　等　主编
第六届现代电力系统自动化和保护国际会议论文集　中国电机工程学会继电保护专业委员会　编
智能电网与智慧城市　王子琦　拜克明　王海明　主编
水电设备的研究与实践——第20次中国水电设备学术讨论会论文集　中国水力发电工程学会水力机械专业委员会　中国电机工程学会水电设备专业委员会　中国动力工程学会水轮机专业委员会　编
发电厂继电保护及自动控制技术应用研究（2015年）　中国水力发电工程学会电力系统自动化专业委员会　中国水力发电工程学会继电保护专业委员会　编
“六统一”继电保护装置典型项目调试指南　张华　张晓春　主编
电网企业培训工作典型经验与案例　国网河北省电力公司人力资源部　编
第十五届保护和控制学术研讨会论文集　中国电机工程学会继电保护专业委员会　编
110kV变电站电气设备检修技术（变电站运行与检修技术丛书）　郝力军　陈文通　主编
最美电建人风采录　中共中国电力建设集团有限公司委员会　主编

2. 黄河水利出版社2015年出版的水利水电科技图书

水利工程安全监测与养护修理　奚立平　主编
工程地质分析技术　严容　等　主编
区域水土流失监测与评价　杨勤科　等　著
工程水文　潘妮　主编
信息同化融合技术在旱情评估预警中的应用　顾颖　等　编著
工程地质　郭荣朝　主编
余姚市节水型社会建设实践　奕永庆　等　著
河南省绿色建筑评价标准　河南省建筑科学研究院有限公司　等　主编
雷电灾害风险评估报告编制规范　河南省气象局　编
中原东部地下水质演化特征及有机物来源分析研究　郭东兴　编著
黄河中游多沙粗沙区水土保持动态监测　黄河水利委员会水土保持局　编
工程地质资料整理　杨照祥　主编
水利水电工程专业案例（水土保持篇）　本书编委会　编
特大地震中小型水库应急除险修复理论与技术　王丽学　著
坎儿井地下水资源涵养与保护技术　邢义川　等　著
小浪底水库拦沙后期下游河道响应态势预测及对策　江恩惠　等　著
河道工程抢险　山东黄河河务局　编
凌汛与防凌　山东黄河河务局　编
堤防工程抢险　山东黄河河务局　编
防汛指挥调度　山东黄河河务局　编
引黄灌区管道输水灌溉工程技术　张庆华　等　著
南四湖流域水资源供需格局与对策研究　董洁　等　著
黄河水沙变化特点研究　张晓华　等　编著
水土保持综合治理对小流域水沙变化的影响定量分析　张攀　等　编著
山前平原区地表水与地下水交互机理与耦合模拟研究　曹淑敏　等　主编
青海湖流域水资源利用与保护研究　赵麦换　等　著
中小河流监测和仪器设备　蓝标　著
岳城水库除险加固工程建设管理综述　李瑞江　主编
小浪底水库高滩深槽塑造及支流库容利用研究　李文学　等　著
础砂岩与沙复配成土稳定性及可持续利用研究　罗林涛　等　著
水利水电工程文件整编与管理　王勤香　等　主编
人机交互系统直通优化与随机分析　薛鹏　著
白龟山水库防洪减灾理论与实践　苏嵌森　等　主编

第五届黄河国际论坛论文集（英文） 尚宏琦 等 主编

分布式水文模型参数空间变异模拟研究 张升堂 著

黄河中游暴雨产流产沙及水土保持减水减沙回顾评价 张胜利 等 编著

黄河调水调沙体系的风险研究 赵晶 主编

水库大坝渗漏探测技术与应用 李广超 著

河南省豫北地区安林式及鞍山式铁矿成矿规律综合研究 孙越英 等 主编

南水北调东线八里湾泵站建设管理与施工关键技术 钟传利 主编

河南省淮河流域城市战略地下水源地建设研究 吕志涛 等 著

郑州市水务志 郑州市水务志编纂委员会 编

水工建筑物设计理论与方法 李道西 著

长垣县水利志 长垣县水利局 编著

跨流域调水工程补偿机制研究 刘建林 著

河湖水下抛石护岸工程综合物探数值模拟与应用 余金煌 等 编著

黄河流域水资源利用效率综合评估 管新建 等 著

水工监测工 钟汉华 主编

3. 科学出版社2015年出版的水利水电科技图书

水电系统预报、优化及多目标决策方法及应用 王文川 著

汾河流域水利与防洪工程 孟万忠 著

水利工程项目参与方信任及其绩效 汪伦焰 李慧敏 著

水沙水质类水利工程问题数值模拟理论与应用 李春光 等 著

卫星遥感水利监测模型及应用 蔡阳 孟令奎 等 著

水利·信仰·族群：宋代长江中游的环境与社会 陈曦 著

气候变化对水文过程的影响评估及其不确定性 许月萍 等 著

遥感水文 杨胜天 赵长森 编著

生态水文学前沿 余新晓 等 著

历史时期以来汉江上游极端性气候水文事件及其社会影响研究 殷淑燕 等 编著

灌区水文模型构建与灌溉用水评价 崔远来 著

岩溶水文地质学 韩行瑞 著

若尔盖湿地沙化的生态水文过程研究初探 王焱 贺亮 胡蓉 著

确定性水文模型的贝叶斯概率预报：理论与方法 邢贞相 等 著

实验水文地质学 周志芳 窦智 等 著

海河流域地下水年龄测定与水文地质过程分析 秦大军 著

面向对象模块化的水文模拟模型——MODCYCLE设计与应用 陆垂裕 等 著

岩溶水文地质学方法 ［瑞士］Nico Goldscheider 等 编 陈宏峰 等 译

西藏高原水文特征及其数学模拟 程根伟 王小丹 等 著

洱海全流域水资源环境调查与社会经济发展友好模式研究 董利民 等 著

汾河流域水资源与水安全 任世芳 著

水资源管理研究 刘秀丽 陈锡康 著

海河流域二元水循环模式与水资源演变机理 王建华 王浩 秦大庸 等 著

黄淮海流域水资源配置模型研究 赵建世 著

塔里木内陆河流域水资源合理配置 黄强 等 著

海河流域水循环演变机理与水资源高效利用 王浩 王建华 等 著

澜沧江中下游与大香格里拉地区水资源与水环境研究 李丽娟 李九一 等 著

深层卤水资源的生态高效开采关键技术研究与应用 崔兆杰 著

太湖流域水资源保护与经济社会关系分析 徐雪红 主编

松辽流域水资源保护监管体系建设与探索 郑国臣 等 著

气候变化对水资源影响的模拟研究 ［英］冯辉 等 著 杨志勇 等 译

流域水环境风险管理与实践 郑丙辉 等 著

湖泊水环境质量演变与水环境质量基准 吴丰昌 等 编著

滇池水环境 王圣瑞 编著

世界湖泊水环境保护 王圣瑞 编著

洱海流域水环境承载力计算与社会经济结构优化布局研究 董利民 著

资源性缺水地区水环境承载力研究及应用 周孝德 吴巍 著

4. 河海大学出版社2015年出版的水利水电科技图书

环境水文学 韩龙喜 计红 编著

田间灌溉试验设计及统计分析 郝树荣 主编

滦河流域水资源优化配置与承载能力研究 董增川 等 著

阎诗武教授科学论文集 阎诗武 著

江苏海岸变迁之遥感解析 康彦彦 著

里下河地区湖泊湖荡沉积环境初步探索 张颖 鲁程鹏 著

平原河网地区微污染饮用水源生态净化：盐龙湖

湿地建设与研究论文集
何玉良　李巍　朱雪诞　主编
碧水丹心：南京水利科学研究院建院八十周年纪念文集　南京水利科学研究院　编
传承历史再铸辉煌：南京水利科学研究院发展纪事续一 2008—2014　张建云　主编
连云港市水利建设管理与水生态文明论文集
连云港市水利学会　编
江苏沿海建港自然条件集成及数值模拟技术应用
王昌保　王仙美　等　著
江苏南黄海辐射沙脊群建港条件及关键技术
王昌保　王仙美　等　著
江苏入海河口航道开发研究
王昌保　王仙美　等　著
小水电代燃料建设对社会及脱贫作用的影响研究
张长征　等　著
长江深水航道对沿江区域经济影响研究
杨东利　林志奇　著
武进供水志　本书编纂委员会　编
水生态文明与制度建设研究　彭岳津　著
中国水利发展评价体系与战略构想　吴丹　著
岩溶含水系统泉流量与水动力特征研究
刘丽红　著
高桩码头地震灾害的三维数值模拟与动力灾害评估技术　沈才华　陈晓峰　等　著
实用河网水流计算　王船海　等　著
河海大学年鉴（2014）　姚纬明　朱宏亮　主编
缺水地区找水定井技术指南
邓正栋　王大庆　编著
中国水利学会 2015 学术年会论文集（上、下册）
中国水利学会　编
杰出校友张闻天（河海大学百年办学成果丛书）
戴锐　余达淮　主编
河海大学百年专业发展史（河海大学百年办学成果丛书）　姚纬明　等　主编
河海大学百年教学纵览（河海大学百年办学成果丛书）　阮怀宁　等　主编
河海大学百年育人巡礼（河海大学百年办学成果丛书）　陆国宾　等　主编
河海大学百年科技发展（河海大学百年办学成果丛书）　徐军海　等　主编
河海大学名师录（河海大学百年办学成果丛书）
张烨　等　主编
河海大学校友风采（河海大学百年办学成果丛书）
黄林楠　等　主编
图说河海（河海大学百年办学成果丛书）
王泽华　等　主编
话说河海（河海大学百年办学成果丛书）
潘静　等　主编
百年河海发展史　郑大俊　等　主编
小型农田水利工程设计图集　赵胜　主编
神经网络与智能算法在水文水资源系统中的应用
崔东文　著
工程表面变形多尺度监测及结构多层次分析
王润英　方卫华　闫海青　著
港口-产业-城市复合系统空间演化分析与模拟研究
蒋柳鹏　张艳　编著
南黄海泥质区形成的动力控制过程研究
周春艳　编著
全国水文监测新技术应用学术研讨会论文集
邓坚　主编
江苏沿海开发产业发展研究　王英　著
基于反应谱法的大型渡槽减震耗能设计
聂利英　郑立平　闫海青　著
连云港海域水环境调查与数值模拟研究
吕海滨　田慧娟　周立　著
农业水土资源保护与自然农法研究与实践
邵孝侯　张展羽　常婷婷　主编
盐城市水资源管理实践　冯兆云　等　编著
水生态安全：水务高峰论坛 2015 年度优秀论文集
刘燕　李素君　钱红莉　主编
光伏产业废水处理技术研究　陆继来　等　著
江苏省第一次全国水利普查成果汇编（水闸、农村供水工程分册）　叶健　主编
江苏省第一次全国水利普查成果汇编（水库、水电站、塘坝、窖池、泵站分册）　叶健　主编
中国特型水闸关键技术研究
陈发展　严根华　著
水稻控制灌排原理与稻田资源环境效应
肖梦华　缪子梅　胡秀君　著
不同收入水平农户视角的农田水利设施供给效果研究　王蕾　著
经略海洋互联共享：“郑和与 21 世纪海上丝绸之路”论坛文萃　徐宁　主编
南京治江 60 年　南京水利学会　编

【水利水电教材出版要目】

1. 中国水利水电出版社 2015 年出版的水利水电类教材

供水站综合管理员（村镇供水行业专业技术人员技能培训丛书）　危加阳　主编
材料力学（普通高等教育“十二五”规划教材）
张学科　李光范　主编
水文学原理（第二版）（普通高等教育“十二五”规划教材　全国水利行业规划教材　高等学校水利学科专业规范核心课程教材·水文与水资源工程）
西安理工大学　沈冰　等　主编
节水灌溉实用技术（全国中等职业教育水利类精

品教材 全国农村水利技术人员培训教材）

汪宝会 郑丽娟 等 主编

雨水利用技术与管理（全国中等职业教育水利类精品教材 全国农村水利技术人员培训教材）

郑丽娟 汪宝会 等 主编

水工建筑物（中等职业学校项目化教学改革教材）

刘幼凡 主编

现代水利科技形势（国家中等职业教育改革发展示范校建设系列教材） 杨言国 等 主编

工程测量（第二版）（“十二五”职业教育国家规划教材） 王金玲 等 主编

水闸设计与施工（第二版）（“十二五”职业教育国家规划教材） 宋春发 等 主编

水工建筑物基础（第二版）（“十二五”职业教育国家规划教材） 郭振宇 等 主编

工程地质与土力学（第二版）（“十二五”职业教育国家规划教材） 王启亮 主编

农村水利工程建设与管理（全国水利行业职工培训教材） 汪绍盛 等 主编

水利水电工程项目管理（国家中等职业教育改革发展示范校建设系列教材） 康喜梅 等 主编

测量工实训（国家中等职业教育改革发展示范校建设系列教材） 张小旸 等 主编

绘图员实训（国家中等职业教育改革发展示范校建设系列教材） 徐锦 等 主编

砌筑工实训（国家中等职业教育改革发展示范校建设系列教材） 李芳 等 主编

水利中专生职业道德与就业指导（国家中等职业教育改革发展示范校建设系列教材）

许贵之 等 主编

模板工实训（国家中等职业教育改革发展示范校建设系列教材） 李小琴 等 主编

水资源规划及利用（第三版）（原水利水能规划）（普通高等教育“十二五”规划教材）

河海大学 方国华 主编

节水灌溉技术（普通高等教育“十二五”规划教材 示范院校重点建设专业系列教材）

刘建明 等 主编

测绘基础课间实训（普通高等教育“十二五”规划教材 示范院校重点建设专业系列教材）

李开伟 等 主编

建设工程施工监理实务（普通高等教育“十二五”规划教材 示范院校重点建设专业系列教材）

张智涌 等 主编

水文信息采集与处理（普通高等教育“十二五”规划教材 示范院校重点建设专业系列教材）

于建华 等 主编

干旱灾害及供水危机应急管理技术（广东省水利行业专业技术人员培训系列教材）

曾越 刘青娥 编著

地下水利用（普通高等教育“十二五”规划教材）

李海燕 主编

水利工程识图与绘图（中等职业学校项目化教学改革教材） 蒋永红 等 主编

水工建筑物（新一版）（普通高等教育“十二五”规划教材） 马文英 等 主编

水处理工程技术（高职高专教改系列教材）

张思梅 等 主编

水资源优化配置与调度（普通高等教育“十二五”规划教材 全国水利行业规划教材）

邱林 王文川 主编

地质灾害防治技术（普通高等教育“十二五”规划教材 高等职业院校重点建设专业系列教材）

杨绍平 等 主编

岩土工程勘察技术（普通高等教育“十二五”规划教材 高等职业院校重点建设专业系列教材）

杨绍平 等 主编

水工建筑物（第三版）（“十二五”职业教育国家规划教材） 焦爱萍 等 主编

电气设备及控制（水利工程启闭机专业技术人员培训系列教材） 水利部综合事业局 组织编写

梅华锋 主编

机械设计及制造（水利工程启闭机专业技术人员培训系列教材） 水利部综合事业局组织编写

盛旭军 主编

水工建筑物抗震计算基础（普通高等教育“十二五”规划教材） 张运良 李建波 编著

水文与工程地质专业实训指导书（普通高等教育“十二五”规划教材 高等职业院校重点建设专业系列教材） 杨绍平 等 主编

水文地质勘察技术（普通高等教育“十二五”规划教材 高等职业院校重点建设专业系列教材）

杨绍平 等 主编

水利水电工程造价（全国水利类高职高专教育规划教材） 陈金良 等 主编

岩土测试技术（普通高等教育“十二五”规划教材 高等职业院校重点建设专业系列教材）

杨绍平 等 主编

水闸设计与施工（第二版）（“十二五”职业教育国家规划教材） 丁秀英 等 主编

水文水利计算（普通高等教育“十二五”规划教材 全国水利行业规划教材） 李继清 等 主编

水工钢结构（第二版）（“十二五”职业教育国家规划教材） 王建伟 等 主编

堤防工程设计（普通高等教育“十二五”规划教材 示范院校重点建设专业系列教材）

田明武 等 主编

水利工程经济（全国水利类高职高专教育规划教材）　余周武　等　主编

工程力学（第二版）（全国水利水电高职教研会规划推荐教材　中国高职教研会水利行业协作委员会规划推荐教材　高职高专土建类专业系列教材）　满广生　等　主编

工程水力计算（国家骨干高职院校工学结合创新成果系列教材）　刘中宽　等　主编

水利工程造价与招投标（全国水利类高职高专教育规划教材）　张梦宇　等　主编

水利水电工程施工组织与管理（第三版）（普通高等教育"十一五"国家级规划教材）　刘能胜　等　编著

小型农田水利工程维修养护定额（试行）实用教材　中国灌溉排水发展中心　主编

焊接工艺及技术（水利工程启闭机专业技术人员培训系列教材）　胡木生　主编

基础知识与实践（水利工程启闭机专业技术人员培训系列教材）　盛旭军　主编

岩土力学（普通高等教育"十二五"规划教材）　龚成勇　等　主编

地下水开发与利用（普通高等教育"十二五"规划教材）　戴长雷　等　编著

供水机电运行与维护 2　供水泵站电气设备及其使用（村镇供水行业专业技术人员技能培训丛书）　庄中霞　等　主编

海堤设计与施工（全国水利类高职高专教育规划教材　浙江省优势专业建设教材）　苏孝敏　等　编著

供水水质净化 1　水厂常规处理工艺（村镇供水行业专业技术人员技能培训丛书）　赵奎霞　等　主编

电气控制与 PLC（普通高等教育高职高专"十二五"规划教材　电气类）　刘文贵　主编

电工技术（第二版）（普通高等教育"十二五"规划教材）　任振辉　李东明　主编

电气二次部分（普通高等教育高职高专"十二五"规划教材　电气类）　祝敏　毛幸远　主编

电机与拖动（普通高等教育高职高专"十二五"规划教材　电气类）　许娅　王志勇　主编

电路分析与检测项目化教程（全国高职高专院校"十二五"规划教材　自动化技术类）　安海霞　主编

电力系统基础（普通高等教育高职高专"十二五"规划教材　电气类）　李玉清　李燕　主编

线路带电作业技术（普通高等教育"十二五"规划教材）　李盛林　主编

电路与电工技术（国家骨干高职院校工学结合创新成果系列教材）　蔡永强　主编

电子技术基础（全国高职高专"十二五"规划教材）　杨云英　邹红艳　主编

变电站综合自动化技术及应用（国家骨干高职院校工学结合创新成果系列教材）　李波　主编

机电一体化技术应用（国家骨干高职院校工学结合创新成果系列教材）　陈炳森　陈吉祥　主编

电气设备安装调试与运行维护（国家骨干高职院校工学结合创新成果系列教材）　粟小平　主编

高等学校毕业设计（论文）指导教程——电气工程类专业（普通高等教育实践教学系列规划教材）　华莹　董婷　主编

电机技术与应用（普通高等教育高职高专"十二五"规划教材　电气类）　马爱芳　谭振宇　主编

高电压技术应用（国家骨干高职院校工学结合创新成果系列教材）　黄志先　主编

通信原理（第三版）同步辅导及习题全解（高校经典教材同步辅导丛书）　王颖惠　主编

电气设备安装与运行维护（国家示范校建设成果教材　中等职业学校项目化教学改革教材）　汪春艳　主编

电气读图及 AutoCAD（国家示范校建设成果教材　中等职业学校项目化教学改革教材）　简菁涓　主编

电工基础（国家示范校建设成果教材　中等职业学校项目化教学改革教材）　沙莎　王树清　主编

新能源发电技术（普通高等教育高职高专"十二五"规划教材　电气类）　李家坤　黄莉　主编

常用电气控制线路安装调试（国家骨干高职院校工学结合创新成果系列教材）　殷芬　主编

电路与电子技术实验教程（普通高等教育"十二五"规划教材）　张静秋　主编

电工与电气测量实训教程（普通高等教育"十二五"规划教材）　徐晓莹　主编

电力系统分析技术及应用（国家骨干高职院校工学结合创新成果系列教材）　邓海鹰　左江林　主编

配电系统自动化（普通高等教育高职高专"十二五"规划教材　电气类）　张志刚　熊巍　主编

风力发电机组安装与调试（全国高职高专新能源类"十三五"精品规划教材）　方占萍　主编

2. 黄河水利出版社 2015 年出版的水利水电类教材

电气控制技术（国家示范性高等职业院校建设规划教材）　蓝旺英　主编

测量学基础实训教程（中等职业学校工程测量专业实训教材）　马亮　等　主编

控制测量实训任务指导书　王炜栋　等　主编

工程测量实训任务指导书　韩一星　等　主编

工程测量综合实训教程（中等职业学校工程测量专业实训教程）　罗星罡　等　主编

数字化测图实训教程　王朝林　主编

全站仪实训任务指导书（中等职业学校工程测量专业实训教程）　马亮　等　主编

数控加工技能强化综合训练（山东省高等教育名校建设工程课程改革教材） 高晓萍 主编

水利工程制图 张多峰 主编

水利工程制图习题集（山东省高等教育名校建设工程课程改革教材） 龚景毅 主编

水利工程施工监理技能训练（山东省高等教育名校建设工程课程改革教材） 周长勇 主编

水利工程建设监理实务（国家示范性高等职业院校建设规划教材） 王飞寒 主编

水利水电工程施工项目管理实务（国家示范性高等职业院校建设规划教材） 梁建林 等 主编

建筑工程施工员实务（国家示范性高等职业院校建设规划教材） 周磊 主编

GPS测量技术（第2版） 周立 等 主编

电机与电力拖动（山东省高等教育名校建设工程课程改革教材） 张水利 等 主编

电气运行（全国高职高专机电类专业规划教材） 侯德明 主编

工程水文水力学（山东省高等教育名校建设工程课程改革教材） 肖汉 主编

房屋建筑与装饰工程计量与计价（全国高职高专建筑类专业规划教材） 包永刚 等 主编

电工基础（国家示范必等职业院校建设规划教材） 孔德胜 主编

电工电子技术（山东省高等教育名校建设工程课程改革教材） 时会美 等 主编

计算机文化基础（第2版） 杨辉 等 著

计算机文化基础实训教程 杨辉 等 主编

计算机组装与维护实训教程 何永太 主编

水工建筑物（山东省高等教育名校建设工程课程改革教材） 冷爱国 等 主编

园林工程招投标及预决算（第2版）（全国高等职业教育园林类专业“十三五”规划教材） 许桂芳 等 主编

草坪建植与养护（第2版）（全国高等职业教育园林类专业“十三五”规划教材） 周鑫 主编

园林苗圃（第2版）（全国高等职业教育园林类专业“十三五”规划教材） 龚维红 等 主编

【水利水电工具书出版要目】

1. 中国水利水电出版社2015年出版的水利水电工具书

水利水电工程英汉图文辞典（水工卷） 中国电建集团成都勘测设计研究院有限公司 编著

汉英水电工程常用词汇 中国水电工程顾问集团有限公司 编

实用水文学词典 宋鸿涛 王春雷 赵秀娟 等 编

中国水利年鉴2015 《中国水利年鉴》编纂委员会 编

中国水利统计年鉴2015 中华人民共和国水利部 编

2014全国水利资讯通鉴 《全国水利资讯通鉴》编撰委员会 编

2. 河海大学出版社2015年出版的水利水电工具书

汉英水科学词典 吴志才 编

江苏水利年鉴（2015） 江苏省水利厅 编著

学术团体

【中国水利学会】

1. 学会建设

（1）荣获中国科协“学会创新和服务能力提升工程”二类“优秀科技社团”。7月，中国科协启动了“学会创新和服务能力提升工程优秀科技社团”项目的申报和评选。拟从中国科协所属204家全国性学会中，通过自由申报、现场答辩、专家投票的方式，选出50个优秀学会进行连续三年的奖励资助。学会秘书处积极组织申报，精心准备会评答辩。胡四一理事长多次听取申报工作专题汇报，并亲自参加评审答辩会，最终荣获二等奖（二类）。

（2）召开中国水利学会第十次会员代表大会。6月30日，中国水利学会在京召开了第十次会员代表大会。大会选举172人组成了中国水利学会第十届理事会。

（3）召开2015年单位会员学会工作负责人工作座谈会。9月21日，中国水利学会在陕西西安举办了2015年单位会员学会工作负责人工作座谈会，来自会员单位的50余位代表参加了座谈会，加强了与会员单位的沟通交流，了解其需求，进一步提高学会服务能力和水平。

（4）召开中国水利学会2015省级秘书长工作座谈会。12月3日，学会在广东深圳召开了2015省级秘书长工作座谈会，于琪洋秘书长作了工作报告，分析了学会当前面临的机遇与挑战，总结过去一年学会的各项工作，并对下一步工作进行安排部署。各省级学会50余名代表参加了会议并进行了交流研讨。

（5）召开中国水利学会专委会工作座谈会。2015年学会分别于4月和12月召开了两次专委会工作座谈会，进一步加强了对专委会工作的领导和各专委会之间的沟通交流。同时针对专委会下一年的学术活动计划进行了讨论、交流，并研究部署《水利学科发展报告》及《参阅信息》的编写等工作。

2. 学术交流

(1) 成功召开中国水利学会 2015 学术年会。10 月 26—28 日，中国水利学会 2015 学术年会在南京召开，主题为“水安全与水科技”。水利部党组成员、副部长周学文出席年会开幕式并作题为《“十三五”水利改革发展中需要重点解决的几个问题》的主旨报告。特邀来自清华大学、国家防办等单位的 8 位专家作特邀报告。学会十届理事，各分支机构、省级学会、单位会员代表，有关高等院校、科研院所，设计、施工和管理等单位的技术骨干以及加拿大、韩国、日本及新加坡等国外友好学会代表 670 余人参加了此次年会。年会还设 5 个分会场（包括一个国际分会场），分别围绕饮用水安全、跨流域调水工程运行调度、地下水、疏浚淤泥处理利用及变化环境下的水科学与水安全等内容展开交流研讨。会议共收到论文 500 余篇，经专家评审，256 篇水平较高的论文入选论文集。

(2) 成功举办 2015 年城市水生态环境建设研讨会。7 月 23—24 日，学会在南宁举办了 2015 年城市水生态环境建设研讨会。主题为“城市水生态环境建设的理论与实践”。会议由中国水利学会主办，中国水利学会城市水利专委会、广西水利学会承办。来自科研院所、高校、设计院及施工单位等 100 余名专家学者参加了此次研讨会。研讨会邀请了来自中国水利水电科学研究院、中国科学院生态环境研究中心等单位的 6 位专家作特邀报告，10 位优秀论文作者围绕海绵城市建设、水生态修复与保护等方面的内容进行了交流研讨。会议共征集论文 51 篇，经专家评审，19 篇论文被评为优秀论文，并在开幕式上为优秀论文作者颁奖。

(3) 成功举办 2015 年治淮论坛暨淮河研究会第六届学术研讨会。10 月 14 日，2015 年治淮论坛暨淮河研究会第六届学术研讨会在安徽蚌埠举办。会议由中国水利学会与水利部淮河水利委员会主办，中国水利学会淮河研究会承办，与会领导、专家、学者及代表 230 余人。会议围绕“新时期治淮发展战略”主题开展了多场丰富多彩、形式多样、特点鲜明的学术交流与研讨，邀请了知名学者与水利专家先后作了专题发言，部分专家及青年学者结合自身工作科研实际作了学术交流。同期还举行了新时期治淮发展战略座谈会，会上各位代表围绕治淮规划与重大水利工程建设、水资源节约保护与利用、水旱灾害防治、水生态文明建设、深化水利改革与流域综合管理等议题座谈交流，大家积极建言献策，提出了许多好的意见与建议，将为未来淮河治理提供了强大的智力支持。会后，学会就会议中专家的观点和意见，凝练成了第二期《参阅信息》。

(4) 成功举办中国近代水利史学术研讨会。11 月 27—28 日，学会在四川绵阳举办了中国近代水利史学术研讨会。会议由中国水利学会水利史研究会、绵阳市水务局联合承办。这是自 1990 年以来，由中国水利学会组织召开的又一次以近代水利史为主题的学术研讨会。来自海峡两岸高校、科研单位、流域机构，以及地方水利厅局的 100 余位专家和学者参加了会议。会议围绕抗战时期水利事业及其对现代水利的影响，近现代水利规划、科研及教育起源与变革，以及近代水利工程及水利遗产保护与利用等议题开展研讨，16 位专家进行了学术交流，内容涉及河流规划、文献考证、技术探讨、工程建设、遗产保护等，会议代表身临其境地感受到了近代水利的活力与动力。会议共收到学术论文 40 多篇，内容了涵盖民国期间的国家工程、地方工程建设，流域规划制定，水利法规制定，水利思想演变，水利科学探讨以及水利文化遗产保护等诸多方面。

(5) 参与举办第五届中国湖泊论坛。9 月 22—23 日，以“湖泊湿地与绿色发展”为主题的第五届中国湖泊论坛在吉林省长春市举行。学会作为协办单位推荐中国水利水电科学研究院水资源所王芳教授作报告，并组织了论文征集相关工作。

(6) 专委会学术交流活跃。2015 年，学会所属专委会开展了大量的学术交流活动。如环境水利专委会在南京举办了“中国水利学会环境水利专委会 2015 年年会暨学术研讨会”；减灾专委会在杭州举办了“第五届信息化及应急抢险技术论坛”；农村水利专委会在重庆举办了“第十三届海峡两岸农田水利技术交流研讨会”；雨水利用专委会在兰州举办了“海峡两岸雨水利用学术交流”等，反映了各专业领域的学科发展方向和水平，体现了学会作为水利科技社团的学术引领作用。

(7) 省级学会学术交流活动活跃。各省级学会围绕国家水利中心工作并结合当地社会经济发展对水利的需求，开展了形式多样的学术交流活动。江苏省水利学会在南京举办了“第十二届长三角科技论坛水生态分论坛”；湖北省水利学会在武汉举办了“第八届湖北科技论坛分论坛——湖北省首届生态文明与节水论坛”；宁夏水利学会在银川举办了“中国（宁夏）国际水资源高效利用论坛”；北京水利学会在京举办了“京津冀一体化水务管理高级研修班”；甘肃、大连、辽宁等省级水利学会都结合地方水利工作重点，举办了形式多样、内容丰富的学术交流活动。

中国水利学会 2015 年主要学术活动见表。

中国水利学会2015年主要学术活动一览表

序号	会议名称	主办单位	时间	规模/人	地点
1	中国水利学会2015学术年会	中国水利学会	10月	670	南京
2	第十届中国（国际）水务高峰论坛	中国水利学会法兰克福展览（上海）有限公司	11月	1 866	北京
3	2015年治淮论坛暨淮河研究会第六届学术研讨会	中国水利学会 水利部淮河水利委员会	10月	230	蚌埠
4	2015年城市水生态环境建设研讨会	中国水利学会	7月	100	南宁
5	中国近代水利史学术研讨会	中国水利学会	9月	100	绵阳
6	2015年全国水利水电地基与基础工程学术研讨会	地基与基础工程专业委员会	11月	140	成都
7	2015泵及泵站专业委员会年会	泵及泵站专业委员会	10月	100	银川
8	海峡两岸雨水利用学术交流	雨水利用专业委员会	7月	100	兰州
9	中国水利学会环境水利专业委员会2015年年会暨学术研讨会	环境水利专业委员会 水利部水利水电规划设计总院	10月	130	南京
10	全国城市防洪排涝与减灾学术年会	减灾专委会	1月	150	南京
11	第五届信息化及应急抢险技术论坛	减灾专委会 风险专委会	4月	80	杭州
12	河口海岸泥沙运动专题研讨会	泥沙专业委员会 华东师范大学河口海岸学国家重点实验室	11月	50	上海
13	第十三届海峡两岸农田水利技术交流研讨会	农村水利专业委员会 中国灌溉排水发展中心	9月	60	重庆
14	深化电力体制改革研讨会	水力发电专委会 中国水力发电工程学会小水电专委会 国际小水电联合会	6月	55	杭州
15	农村水电"十三五"发展学术交流会	水力发电专委会 中国水力发电工程学会小水电专委会 国际小水电联合会	11月	125	南京
16	中国水利学会水利统计专业委员会2015年年会	水利统计专业委员会	12月	50	福州
17	第十二届长三角科技论坛水生态分论坛	江苏省水利学会	10月	80	徐州
18	第八届湖北科技论坛分论坛——湖北省首届生态文明与节水论坛	湖北省水利厅 湖北省节水办 湖北省水利学会	10月	180	武汉
19	中国（宁夏）国际水资源高效利用论坛	宁夏水利学会	5月	260	银川
20	海峡两岸多沙河川整治与管理研讨会	宁夏水利学会	9月	180	银川
21	城市水生态文明建设与城市生活节水专题	宁夏水利学会	5月	300	银川
22	辽宁省水利学会2015年学术年会	辽宁省水利学会	11月	180	沈阳
23	广西糖料蔗高效节水灌溉技术研讨会	广西水利学会	1月	100	广西崇左
24	海上风电技术研讨会	福建省水利学会	9月	80	莆田
25	甘肃省水利学会2015年学术年会	甘肃省水利学会	12月	130	兰州
26	大连市水务学会2015学术年会	大连市水务学会	12月	400	大连
27	河流生态修复专题讲座	厦门市水利学会	6月	80	厦门
28	京津冀一体化水务管理高级研修班	北京水利学会	10月	110	北京

3. 科普活动

5 月 12—14 日，以“节水护水，保障水安全”为主题，中国水利学会联合北京水利学会举办了水利科技周活动暨北京节水周活动，旨在呼吁全社会增强爱水节水护水理念，引导广大群众在生产、生活中科学用水，全面建设节水型社会，保障国家水安全。系列活动共 3 场，分别选取农民、大学生和小学生群体代表作为对象，把宣讲课堂拓展到田间地头、学术讲堂和实验室。主要活动包括在北京顺义北郎中村的节水灌溉田间大课堂，北京师范大学南水北调名师大讲堂及联合宣武区青少年科技馆举办的“饮水思源”——水科学课堂，300 余人参与了此次水利科技周活动。

11 月 19 日，由中国水利学会组织，北京市水利学会、中国水利水电科学研究院、中国水利水电出版社等单位人员参与的“小水滴　大课堂”水利科普进校园活动在西城区白纸坊小学举行。来自中国水利学会、中国水利水电科学研究院等单位的老师们为学校四年级两个班 60 名学生上了生动的水知识科普课。活动受到学校老师好评和学生的热烈欢迎。这也是中国水利学会组织开展的水利科普进校园系列活动的一个探索和实践。活动还将在北京其他中、小学中推广，努力打造水利科普活动品牌。

7—10 月，中国水利学会、中国环境科学学会、中华预防医学会、中国气象学会、中国测绘地理信息学会联合开展了“生态文明，我知我行”——2015（首届）资源与环境网络知识大赛和“战略决策，情报支撑”主题征文活动，全国生态环保、水利、气象、地震、海洋、国土资源管理、地质勘察、测绘地理信息、冶金等行业的 600 余家相关机构、3 万余人次参与了该项活动，共征集论文 257 篇。评选出 3 个奖项：一是优秀组织奖，一等奖 10 个、二等奖 50 个；二是网络竞赛奖，一等奖 10 名、二等奖 50 名、三等奖 500 名，三是征文奖，一等奖 5 篇、二等奖 12 篇、三等奖 30 篇。

2015 年，中国水利学会水力学专委会城市河流学组与人大附中翠微学校联合开设了“水专题选修课”，以水生态、水文化为题材，通过专家说水、说母亲河历史、说水文化及治理、老师讲实景作文等形式举办了多场讲座。水利部原副部长王守强亲自带队走上中学的讲台，为学生讲水利人多彩人生。

4. 国际民间科技交流及外事管理　学会将“对外友好学会”交流作为开展国际民间科技交流的一个重要抓手，已形成固定交流机制。5 月 27—31 日，应韩国水文水资源学会邀请，学会派出 3 人代表团赴韩国参加韩国水资源学会 2015 年会。3 位代表的两篇论文被大会论文集收录并在会议上进行了交流。

9 月 8—12 日，应日本水文水资源学会邀请，学会派出 3 人代表团赴日本东京参加日本水文水资源学会 2015 年会，3 位代表的两篇论文在会上进行了交流并被大会论文集收录，两位专家在国际分会上作了主旨报告及特邀报告。

5. 学术期刊管理　学会一直高度重视科技期刊管理，多渠道支持期刊的编辑出版工作和编辑部的能力建设，充分发挥科技期刊在学术交流中的重要作用。目前，由学会主办的科技期刊共计 6 种。《水利学报》和《水科学进展》继续获得中国科协精品科技期刊资助，继续荣获“中国国际影响力优秀学术期刊”称号。《水利学报》连续 14 年荣获“百种中国杰出学术期刊”称号，被国家新闻出版广电总局推荐为 2015 年“百强报刊”称号，荣获“2015 期刊数字影响力 100 强”称号。根据中国科技信息所最新的检索报告，《水利学报》综合排名在水利类科技期刊持续保持第一名。

9 月 19—21 日，学会在西安举办了第二届水利科技期刊发展研讨会，并同期召开了学会主办的 6 种期刊的工作座谈会。来自学会分支机构和省级水利学会主管（办）科技期刊（或内部刊物）的 40 余家科技期刊单位编辑部负责人共 70 余人参加了会议。会议邀请中国农学会专家作专题报告，各期刊与会代表作交流发言。座谈会上 6 种期刊代表就网络化和数字化环境下，水利科技期刊发展的困惑与出路等问题进行认真讨论。学会对提高期刊办刊质量和水平也提出了明确要求。

6.《中国水利学会通讯》与网站管理　《中国水利学会通讯》是了解水利和科技重要信息的载体，是反映水利学会工作动态的窗口，是水利学会专业委员会和省级学会交流工作的平台，每月一期，2015 年发行 12 期。

学会网站运行良好，内容充实，信息及时准确。

7. 科技奖励与人才举荐

（1）大禹水利科学技术奖奖励工作。2015 年，完成了 2015 年度大禹水利科学技术奖的评审，40 项成果获奖。其中特等奖 1 项，一等奖 7 项，二等奖 15 项，三等奖 17 项。

（2）水利部、中国水利学会联合确定“第十四届中国青年科技奖”有关候选人。11 月 13 日，学会组织了 10 余名业内资深专家对申报候选人进行评审选拔，共评选出 9 名涉水行业的“第十四届中国青年科技奖”候选人报中国科协。

（3）“青年人才托举工程”和“青年人才助力计划”。12 月 13 日，学会召开了“青年人才托举工程”和“青年人才助力计划”推荐候选人评选会。经专家委员会评审评议，评选出“青年人才托举工程”6 人，“青年人才助力计划”5 人。

（4）第十一届光华工程奖候选人推荐工作。9 月，经推荐及遴选，中国水利学会推荐贾金生申报第十一届光华工程奖候选人。

（5）刘光文水文科技教育基金奖励工作。根据《刘光文水文科技教育基金管理办法》及《刘光文科技奖奖励办法实施细则》的规定，经过刘光文水文科技教育基金管理委员会组织专家评审，共评选出获2014年度“刘光文奖学金”本科优秀学生奖一等奖3名、二等奖18名，研究生优秀学生奖一等奖3名、二等奖9名。

8．水利标准化工作　2015年，受水利部委托，中国水利学会承担水利部标准化日常工作，全年共完成了156项在编标准项目管理、239项水利技术标准复审、109项项目立项论证、101项会签材料审查、34项报批稿审定等工作。2015年学会被选定为国家标准化管理委员会和中国科协团体标准研制试点单位，完成了《中国水利学会团体标准管理办法》制定和多项团体标准的选题、编制工作；完成国家标准复审和国家标准转化为团体标准的试点工作。学会主办了两期SL 1及GB 1.1标准化培训班，并承办两期水利部国科司主办的标准编写与审查培训班，共培训约300人。

9．技术职称考试及工程教育专业认证

（1）职称考试工作。2015年，学会配合水利部人事司、水利部职称工作改革办公室，组织完成了2015年度水利部专业技术人员职称考试工作，共有3 032人报名，4 628人次参加考试。学会负责考试报名受理、组织试卷命题、考试组织、阅卷登分、成绩统计以及合格证制作与发放等考务工作。

（2）工程教育专业认证工作。截至2015年年底，水利类专业认证专家共有68名，已对25所高校的32个水利类专业点进行了认证。至此，水利类的4个专业均已开展了认证，已认证专业点占全部水利类专业点的16.9%，在全国各认证专业类中处于较高水平。

（3）技术培训工作。2015年，学会多层次多途径参加和举办水利类工程教育专业认证培训。70余名水利类专家和教师参加了中国工程教育专业认证协会组织的3次培训班，其中培训新专家19名。分别于9月、10月和12月对学校专业点教师、西安理工大学水利水电学院、郑州大学水利与环境学院的部分教师共100余名进行了培训。

10．举办大型展会　11月18—20日，学会与法兰克福展览（上海）有限公司在北京共同举办2015中国水博览会。博览会设立海绵城市建设、水利风景区等七大展区，首创股份、韩建河山、新兴铸管等国内上市公司及来自德国、比利时等国家的涉水企业参展，2015年度大禹水利科技奖获奖成果设立专区展出。展会面积2万m^2，26个国家和地区的328家企业参展，42个国家和地区的20 411位专业观众参观水博会，其中包括来自挪威和莫桑比克共和国等56个海内外专业观众团。1 866位代表出席了水博会同期举办的中国第十届水务高峰论坛等学术活动。水博会和水务高峰论坛得到人民日报、新华社、中央电视台、中国日报英文版等30多家国内媒体的关注与报道。开幕式当天中央电视台新闻联播对水博会进行了报道。

11．党建强会　2015年，中国水利学会党支部在水利部党组和部直属机关党委领导下，团结和带领学会秘书处党员干部，以“三严三实”专题教育活动为契机，狠抓政治建设、思想建设、组织建设、作风建设、制度建设和反腐倡廉建设，全面落实从严治党要求，认真履行党建工作责任制、党风廉政建设“两个责任”，坚持以党建促发展，把全面从严治党要求贯穿到学会工作各方面，学会秘书处党员队伍的思想政治、组织作风建设进一步加强，党组织的凝聚力和战斗力进一步增强，为党建强会提供了坚实的组织保证。学会党支部坚持促进党建与业务工作的有机结合，坚持以党建促发展。一年来，党支部带领全体干部职工，充分发挥党员的先锋模范作用，励精图治，开拓创新，扎实工作，学会各项事业取得长足进展。

（王琼）

【中国水力发电工程学会】　2015年，中国水力发电工程学会主动适应经济新常态，积极谋划发展新思路，充分发挥学会的桥梁和纽带作用，着力搭建好行业科技交流和合作的平台，认真履行“三服务一加强”的工作职能，较好地完成了全年工作任务。

1．学会建设　本学会现有团体会员单位206个（包括下设的31个专委会和1个工作委员会），联系指导22个省级学会。

（1）1月，在北京召开了全国各省级水电学会和各专业委员会秘书长及管理员工作会议，近80人参加了会议。会议对2014年工作进行总结，对2015年学会重点工作作出了部署安排，强调要切实转变工作作风、打好基础、提升水平，并对下列工作提出了具体要求：①组织机构的建立和专业人员的配备；②科技论坛和科技鉴定的召开和推广；③为会员服务的质量和水平；④建设好网站以巩固宣传阵地；⑤做好单位会员和个人会员的信息管理；⑥组织好水电科普宣传活动；⑦收缴好会费和搞好科技创收以维持正常运作；⑧尽最大能力做好水电公益事业；⑨办好年鉴报刊杂志；⑩发挥好专委会作用以推动各专业领域科学技术均衡发展。

（2）10月，在北京召开了中国水力发电工程学会七届四次理事会，185名理事和代表出席会议。张基尧理事长作《适应经济新常态，谋划发展新思路，努力促进我国水力发电事业可持续发展》的工作报告，全面总结成绩，提出未来一年的目标和8个方面的主要工作任务，要求抓好改革创新，搭好服务平台，做好各项工作，维护学会健康可持续发展。

（3）进一步加强对专委会的管理和领导。按照理事会的要求，认真抓好组织建设，要求按照届次年限规定，做到按期换届。充分发挥专委会的专业学科带头作用和组织能力，促进专委会活动高水平、经常化。2015 年，有两个专委会完成了换届工作。

（4）努力加强秘书处自身能力建设。不定期召开秘书长办公会和秘书处全体人员工作会议，检查落实和完成好年度各项工作任务；对各会员单位通信联系方式等进行更新，保证了学会与会员单位和理事的联络通畅；进一步加强内部管理，完善规章制度，提高人员整体素质、服务能力和水平，推动学会的组织建设、制度建设和能力建设；加强财务管理，较好地完成了全年会费收缴工作，并且努力做好课题项目创收，保证了学会活动和秘书处工作正常运转；开展好"三严三实"专题活动和党员民主生活会，认真做好秘书处党支部工作，深入开展"党建强会"活动，充分发挥党员先锋模范作用，带动群众爱岗敬业，为学会发展和水电事业多作贡献。力争经过努力，早日通过民政部的评估，为顺利承接政府有关转移职能工作夯实基础。

2. 服务经济社会发展

（1）联合国务院发展研究中心、华能西藏发电有限公司、华电金沙江上游水电开发有限公司、国电大渡河流域水电开发有限公司、雅砻江流域水电开发有限公司、四川大学共同开展"新常态下中国水电可持续发展政策研究"课题，主要针对西南，重点是藏区水电开发成本上升的矛盾，探讨建言具有可操作性的国家对水电开发的财税金融政策的支持渠道，提升水电作为清洁能源的市场竞争力，提高水电企业开发水电的积极性，促进我国特别是西南水电开发的健康可持续发展。

（2）顺利推进完成了"澜沧江上游（西藏段）梯级水电开发经济性研究"课题。期间组织召开了相关高层论坛，并向有关部门提交了政策建议，积极为澜沧江上游（西藏段）水力资源的科学、合理、有效开发，为政府有关部门制定能源发展政策提供决策参考，推动相关项目的建设进展。

（3）开展了"四川大渡河大岗山水电站机组启动试运行技术咨询"课题，为电站机组能够按期安全高效投入商业运营提供技术支撑。此外，完成了"瀑布沟及以下梯级水电站群智能调度技术研究""嘉陵江亭子口水利枢纽电站运行风险综合评估研究"等课题的结题或扫尾工作。

（4）为进一步提高水电工程在地质灾害防范方面的可操作性，学会和所属风险管理专委会共同组织编制《大中型水电站地质灾害预警及应急管理技术标准》，2015 年已完成大纲审查并按分工陆续进行编写工作，力争 2016 年完成编写任务并上报有关部门审批和发布。

（5）9 月，学会和所属梯级调度控制专委会在成都举办了《流域梯级水电站集中控制规程》（DL/T 1313—2013）培训班，帮助行业有关单位学习和掌握梯级水电站集中控制相关要求，促进该规程在实践中更好地贯彻实施和推广，共有 33 家单位的 120 余名代表参加了培训。

各专委会共举办各类培训班 14 期，参加培训人员 1 530 人次。

（6）8 月，学会与美国大自然保护协会（TNC）、国际水电协会（IHA）共同在成都举办了第 2 期《水电可持续性评估规范》（以下简称《规范》）培训班，近 50 人参加了培训。该《规范》综合考虑水电开发的技术、经济、环境和社会要素，提出了一套水电可持续性的量化评估方法，并适用于水电工程规划、准备、建设、运行和更新改造的全生命周期，体现了国际水电界对水电可持续发展的最新认识，已在多个国家进行了试点和推广。2011 年，该《规范》在中国发布。

3. 建言献策

（1）7 月，组织召开了"澜沧江上游西藏段梯级水电开发经济性研究"高层论坛，国务院有关部门、西藏自治区，以及多家企业集团、流域公司、设计院、高校、媒体等单位 70 多名领导和专家就澜沧江上游水电开发、远距离输电、电力消纳中的工程成本、社会成本、生态成本等进行了广泛交流和研讨，积极为促进藏东南水电开发和推动藏区社会稳定、经济可持续发展献计献策，为中央开好第六次西藏工作会议、政府有关部门制定"十三五"规划和能源发展政策提供决策参考。会后，形成了《关于澜沧江上游（西藏段）梯级水电开发经济性研究成果的报告》，报送国家发展和改革委、国家能源局、财政部、税务总局等有关部委和部门。

（2）8 月，组织召开了水力发电弃水问题座谈会，针对近 3 年来我国西南地区（主要为四川、云南两省）水电弃水问题进行座谈研讨。来自政府部门、电网企业、水力发电企业、研究机构、行业协会、新闻媒体等单位的领导和专家参加了会议。与会人员分析原因，提出了减少弃水的建议，多家主流媒体进行了连续报道。会后学会形成了有关建议报告，报送国家发展和改革委和能源局，同时通过《电力决策与舆情参考》送有关领导和部门参阅。

（3）坚持办好学会的品牌活动——一年一度的"中国水电发展论坛"（原称"中国水电新春联谊会"），为行业搭建沟通交流和相互合作的平台。2 月初，学会与中国能源建设集团共同举办了"2015 年中国水电发展论坛暨水力发电科学技术奖颁奖典礼"，来自全国水力发电战线 80 多个单位的 300 余名新老水电工作者代表欢聚一堂，共话水电发展成就，共叙团结合作友情，共谋长远发展大计。

4. 学术交流

(1) 成功联合举办了2015世界水电大会。2015年5月19—21日，以“塑造未来，推动水电可持续发展”为主题的世界水电大会在北京隆重召开，来自60多个国家和地区的政府、企业、民间团体、研究机构和金融机构等800多名全球水电行业领袖、专家和代表集聚一起，共商世界水电发展大计。大会由国际水电协会（IHA）主办，在中国国家能源局和中国科学技术协会支持下，由中国水力发电学会、中国长江三峡集团公司、中国大坝协会和中国水利水电科学研究院4家单位联合承办。会议发表了《北京水电宣言》，提出“2050年2050GW”的世界水电发展目标，并确认“中国水电发展处于全球领先地位，在国际上发挥着越来越重要的作用”。这次世界水电大会取得了丰硕的成果，展示了中国水电的发展成就、卓越技术和良好形象，提升了中国水电的国际地位和影响力，加快了中国水电企业“走出去”，推动了中国水电和世界水电可持续发展。

(2) 7月底，在四川石棉县组织召开了全国高拱坝及大中型水电工程建设管理经验交流会，多名院士及来自全国的水电开发、设计、施工企业、科研院和高校的100余名专家学者，围绕高拱坝及大中型水电工程的枢纽布置和坝工设计、高拱坝设计分析的新理论和新方法、高拱坝的动力特性和抗震设计、高拱坝建设的生态环境效应等专题进行了广泛研讨与深入交流，取得了积极成果。

(3) 2015年学会各专业委员会贯彻学术活动“高水平、经常化”的要求，召开了形式多样、内容丰富的学术交流和学术研讨会或学术年会。据不完全统计，31个专业委员会和1个工作委员会共举办各种学术交流活动31次，参加人数3 900人次。

(4) 各地方水力发电学会发挥自身优势，活动内容丰富、形式多样，湖南、广东、福建、陕西、贵州、四川、河北等学会活动频繁且办得有声有色，其他地方学会活动也是亮点纷呈，各有特色，生机勃勃。南方片区和北方片区水电学会联络会和学术交流会越办越好，水平不断提高。联合办会新模式得到有效推广，如云、贵、川、粤、桂、湘6省（自治区）学会联合召开“水电站运行管理及检修技术研讨会”，甘、湘、宁、津4省（直辖市）学会联合召开“水电站扩容改造和自动控制技术交流会”，青、湘、粤3省学会联合召开“水电站施工技术与建设管理经验交流会”等，都取得了很好的效果。

(5) 继续加强海峡两岸的友好往来，促进学术交流。5月，在北京召开世界水电大会期间，张基尧理事长会见了来访的台湾中兴工程科技研究发展基金会欧晋德理事长一行。双方互赠了学术资料书籍，表达了进一步增进友谊、加强往来、密切合作的强烈愿望和美好愿景

5. 科普活动

(1) 2013年学会组建了首支水电科普传播专家团队，近两年来在世界水日、全国科普日等期间组织的科普论坛中发挥了积极作用，取得了较好的宣传效果，获得了中国科协2014年、2015年的专项经费资助。为进一步扩大水电科普专家队伍，充分发挥老科技工作者的作用，2015年又积极筹划组建一支以离退休老专家为主的水电科普传播团队。由于首席传播专家需要一位院士来担任，正抓紧协调有关人选，争取尽早组建第二支传播团队，以增加水电科普传播的强度和频率。

(2) 3月22日，在第23届“世界水日”和第28届“中国水周”到来之际，为响应联合国确定的“节约水资源，保障水安全”活动主题，中国水力发电工程学会和大坝协会联合在清华大学举办了“水安全科普论坛”，邀请行业知名专家作了《转变思路，加强水资源开发，为打造天蓝地绿水净的美好家园作出贡献》《龙头水电站的水安全保障作用》《中国水安全的关键科技问题》等精彩报告。10余家主流媒体记者，以及清华水利学院的学生共40多人参加论坛。围绕我国水库大坝、水电站建设和保障水安全的问题，以及当前大众比较关心的清洁能源发展、雾霾治理等社会热点，与会媒体踊跃提问，几位专家的专业回答赢得了大家的一致认可。会后各大媒体持续进行了宣传报道，大量网站进行了转载，宣传效果明显。

(3) 9月20日，在一年一度的全国科普日到来之际，学会联合中国科普作家协会举办了“小水电的生态作用科普论坛”，邀请有关专家作了小水电的历史作用与现实担当、发展小水电提升绿色能源影响力、世界小水电的发展状况与趋势、站在人类文明的高度看小水电的生态作用等精彩报告，解答与会20多家媒体提问。通过交流，大家一致认为小水电不仅是一个为人民谋福祉、为农村带来光明的伟大事业，而且也是联合国所倡导的应对气候变化、减排温室气体的一个重要手段，同时还是我国实现减排承诺的重要保障。会后多家媒体进行了宣传报道。

(4) 及时组织科普传播专家撰写文章，对社会上针对水电的歪曲和不实言论正面进行有力澄清，就有关热点舆论进行释疑解惑，以正视听，传递水电正能量。为正确引导社会舆论，中国三峡集团公司正委托香港卫视拍摄一部《中国大坝》的科普宣传片，水电科普传播团队的多名专家积极协助、支持和参与其中，力图借此机会进一步增加水利水电科学传播力度和效果。

(5) 继续维护好“中国水电网”网站。2015年对网站栏目和功能设置作了进一步完善，致力打造我国水电行业门户网站，发挥好网络宣传主阵地的重要作用，大力推动水电科普和舆论宣传。紧跟“互联网+”网络发展新常态，开通了微信公众号“中国水力

发电工程学会”（CSHE1980），加强掌中舆情宣传力度。

6. 科技奖励与人才举荐

（1）积极参与科技奖励第三方评价。为提升社会科技奖励的整体水平，国家科学技术奖励办公室于2015年8月委托中国科学技术信息研究所对各社会科技奖励进行了第三方评价。评价采取定性（统计数据）和定量（汇报答辩）相结合的方式，评价结果与推荐国家奖资格挂钩。学会秘书处于9月精心准备并申报了“水力发电科学技术奖”有关评价材料，12月进行了现场汇报和答辩。

（2）继续办好“水力发电科学技术奖”。2015年是该奖第六个年度开展评奖工作，5月组织申报，先后经过奖励工作办公室的形式审查、近70位专家的网络初审、30多位专家的会议二审和25位奖励委员会委员的会议终审，从申报的136个项目中评审出49个拟授奖项目，其中特等奖1项，一等奖12项，二等奖14项，三等奖22项。评审结果经在“中国水电网”公示无异议后印发了奖励通报，并编印了《水力发电科学技术奖获奖项目成果汇编（2015年度）》。

（3）积极开展科技成果评价工作。全年共受理承担了12个单位的22项成果的鉴定评价工作，还有20多个项目是由行业内大的企业集团组织、学会参加（主要专家由学会选派）鉴定的。

（4）认真做好科技人才举荐工作。组织专家对通过学会渠道申报的两院院士人选进行了评审，推荐中国工程院院士候选人2人（经科协进一步推荐，成为了有效候选人）和中国科学院院士候选人1人。在中国科协领导下开展了世界工程组织联合会（简称WFEO，由联合国教科文组织赞助成立）杰出工程奖，哈西布·萨巴格（Hassib J. Sabbagh）杰出工程建设奖和杰出工程教育奖评选工作，学会组织对三个奖项的申报材料进行了评审和推荐。12月3日在日本举行的世界工程师大会上，陆佑楣院士荣获2015 WFEO杰出工程奖，“锦屏水电工程项目团队”荣获2015 WFEO杰出工程建设奖。组织开展了第11届光华工程科技奖推选工作，评选推荐光华工程奖和光华青年奖候选人各1名，并上报至中国科协。

7. 学术期刊

（1）重视做好会刊《水力发电学报》管理和出版工作。在新一届编委会领导下，《水力发电学报》由双月刊变更为月刊，2015年共收到论文稿件560篇（比2014年增加109篇），录用刊登277篇。《水力发电学报》核心影响因子0.641，比2014年有所提升，在21种水利工程类刊物中排名第三。《水力发电学报》不断寻求新突破，自2015年第7期起，采用特邀专家撰写论文作为首篇论文刊登，通过对新常态下中国水电建设新阶段面临的关键问题进行探讨，起到从学科理论上引领的作用。完成了“2015年度《水力发电学报》优秀论文奖”评定工作，共评出一等奖2篇，二等奖3篇，三等奖5篇。

（2）保证了《中国水力发电年鉴》（第十九卷）和《中国水力发电信息（2015年报）》的编撰和按时出版，在中国水电发展论坛和理事会上赠送，以及邮寄各会员单位、理事和有关领导，并且将2015年报挂网供会员下载。

8. 创新激励平台　潘家铮水电科技基金于2008年由学会发起设立，在行业各有关单位的大力支持下，2015年本金规模已达4 644万元，捐资成员已扩大至55家单位和9名个人。学会通过科学管理，防范风险、有效运作，确保潘家铮基金每年理财所得收益能够支撑基金当年度的奖励和管理成本支出，保障基金可持续发展。至2015年年底，已有340多名学子获“潘家铮水电奖学金”，9位水电专家获“潘家铮奖”，290个水电科研项目获“水力发电科学技术奖”。

2015年12月，在清华大学隆重举行了“第七届潘家铮水电奖学金颁奖典礼”，奖励来自18所高校和科研院的优秀学生61名。

为促进潘家铮水电科技基金发展壮大，不断创新扩大基金支持活动范围，更好地服务于水电公益事业，自2013年起组织开展大学生暑期水电社会实践教育活动，选取典型骨干水电工程项目，使参加活动的学生通过工程实践和亲身体验，激发工程创造和创新活力。“2015大学生暑期水电社会实践教育活动”于7月下旬在四川雅砻江流域的锦屏一级、二级水电站顺利举行，共有来自清华大学、浙江大学等全国15所高等学府的23名“潘家铮水电奖学金”获奖学生和其他优秀学生参加。该水电社会实践活动得到了有关高校和科研院的拥护和支持，已成为培养优秀水电水利学子的平台之一。（雷定演）

【中国水土保持学会】

1. 概况　中国水土保持学会（Chinese Society of Soil and Water Conservation）是由全国水土保持科技工作者自愿组成依法登记的全国性、学术性、科普性的非营利性社会法人团体。于1985年3月由国家体改委批准成立，并加入成为中国科学技术协会团体会员。

中国水土保持学会于1986年5月、1992年5月和2006年1月在北京分别召开了第一、第二、第三次全国会员代表大会，杨振怀任第一、第二届理事会理事长，鄂竟平任第三届理事会理事长。2010年12月14日在北京召开了第四次全国会员代表大会，水利部副部长刘宁当选为第四届理事会理事长。

中国水土保持学会下设14个专业委员会，29个省（自治区、直辖市）成立了省级水土保持学会。

（郑慧）

2. 服务创新型国家和社会建设　2015年，学会受理了220家水土保持方案编制单位和监测单位的证书变更申请，其中水土保持方案编制证书单位210家，水土保持监测证书单位10家。

1月，学会印发了《生产建设项目水土保持监测单位水平评价管理办法（试行)》。根据新发布的管理办法，学会对持有水利部颁发的水土保持监测资质证书单位完成了换发和延续工作。2015年全年，共93家甲级单位、335家乙级单位获得了中国水土保持学会颁发的水平评价证书。

4月，学会进行了水土保持方案编制甲级持证单位延续工作，共24家水土保持方案编制甲级持证单位申请延续，经过专家评审进行了延续，1家甲级持证单位进行了降级延续，2家甲级持证单位因不符合管理办法要求未予延续。

11月，学会组织专家召开了《生产建设项目水土保持方案编制资质管理办法》《生产建设项目水土保持方案监测单位水平评价证书管理办法（试行)》制定和修订专家咨询会，就生产建设项目水土保持技术服务单位水平评价管理办法的制定和修订思路进行了咨询讨论；12月，学会又组织专家召开了管理办法制定和修订研讨会，提出了具体的思路。

启动了“生产建设项目水土保持技术服务单位水平评价管理系统”的开发工作。该系统可实现评价单位信息自动数量化、根据评价标准和评价方法自动评价等级的功能、信息查询以及监督举报等功能。

4月，学会召开第一次《水土保持行业从业人员培训系列丛书》主编工作会，会议确定丛书编写范围为基础理论与法规标准、调查与规划、治理与开发、预防与监督、监测与评价、施工与监理、信息管理、廉政与风险防控8大类，共计17册；6月，学会召开了《水土保持行业从业人员培训系列丛书》大纲专家审定会；截至2015年12月，《水土保持概论》《水土保持监督管理》《生产建设项目水土保持方案编制指南》和《水土保持规划与设计》已完成初稿。

1月26—29日，受水利部委托，针对2014年学会向水利部推荐的52家国家级生产建设项目水土保持设施验收技术评估单位的技术人员，学会在南宁举办了生产建设项目水土保持设施验收技术评估培训班，培训学员300余人。

9月10—16日，学会根据人力资源和社会保障部“2015年度专业人才知识更新急需人才培训项目和岗位培训项目”的要求，面向社会水土保持技术服务人员，在成都举办了生产建设项目水土保持设施验收技术评估研修班，培训学员400余人。

学会于10月和12月分别在西安和武汉举办了水土保持工程设计规范培训班。为各省（自治区、直辖市）培养水土保持规划设计技术人员，培训学员500余人。

4月9—11日，黄河专委会在陕西杨凌举办黄土高原典型小流域原型观测技术培训班，培训学员50余人。

10月16—20日，泥石流滑坡防治专委会在四川成都举办了地震灾区地震次生灾害预警及防治技术高级研修班。研修班特邀10名专家与120名学员共同进行了研修。

12月14—18日，防护林专委会在河南济源举办了长江流域等防护林体系工程建设技术培训班，培训学员82人。（宋如华　方若柃）

3. 学会建设　2015年，学会组织力量积极申请中国科协开展的项目，共申报项目14项，获批9项，获得项目资助137万元。

学会圆满完成了水、林、农三部（局）委托项目，中国科协2014年统计年报工作，民政部2014年年检工作，以及各业务主管部门年鉴报送工作。

学会在中国科协信息中心2014卷《中国科学技术协会年鉴》编纂工作中表现优异，分别获得单位及个人表彰。

学会获得中国科协计划财务部“2014年度全国学会财务决算工作先进单位”荣誉称号。

学会对网站进行了改版，优化了网站栏目，提高了信息发布的便捷程度和宣传效率，新版网站已于2015年底正式上线。

学会选派人员参加中国科协、中国科协学会服务中心、民政部、中科院和国家新闻出版广电总局等举办的各级各类研修与培训班，提升学会工作人员的专业水平、业务能力和综合素质。

4月17—18日，在江西水土保持生态科技示范园召开秘书长工作会议。14个专委会、29个省级学会的秘书长、尚未成立省级学会的3个省份主管水土保持工作的领导和学会秘书处人员72人参加了会议。

2015年，城市水土保持生态建设专业委员会、预防监督专业委员会、水土保持规划设计专业委员会3个专委会完成了换届选举工作。（郑慧）

4. 国际学术交流　10月16—18日，学会与世界水土保持学会共同主办的首届国际水土保持青年论坛在南昌召开。会议主题为“青年——水土保持的未来”。来自20个国家和地区的150名代表出席论坛，中国、英国、美国等不同国家的15名知名专家、学者作了特邀报告，22位青年学者进行了学术交流。论坛评选出10篇“国际水土保持优秀青年论文奖”，并颁发了总计10 000美元的奖励，覆盖美国、中国、意大利等国家的青年学者。

3月20日，学会与北京林学会、美国森林趋势等单位联合举办的大都市饮用水源地保护基金研讨会在北京召开。会议主题为“大都市饮用水源地保护：水源地保护基金的机遇”。来自环境保护部、美国K&A咨询公司、中国达能饮料等在内的65名政府机构、社会团体和知名企业的相关领导和专家代表出席了研讨会，与会代表分3个小组就水源地基金建立的策略、机制和科学3个方面展开了深入细致的讨论，并将讨论结果向大会作了汇报。

5月31日至6月4日，以学会副理事长刘震为团长的一行5人参加了在美国得克萨斯州埃尔帕索召开的第18届国际土壤保持组织学术研讨会。会议主题为“在全球变化的背景下通过水土保持实现水土资源的可持续利用”。共有来自22个国家的86位学者参加会议，中国水土保持学会3名代表进行了学术交流。会后，代表团与国际土壤保持组织举行洽谈，双方初步形成了合作意愿与框架协议。

2015年，泥石流滑坡专委会赴尼泊尔加德满都参加中科院—美国航天局联合举办的兴都库什—喜马拉雅地区冰川及其灾害对地观测学术研讨会，赴日本筑波参加第六届国际泥石流防治学术研讨会，并接待了美国密西根州立大学的张伟教授和瑞典隆德大学的张铁林教授。 (郑慧)

5. 两岸学术交流 9月1—3日，学会与台湾中华水土保持学会在山西太原共同主办海峡两岸水土保持学术研讨会。会议主题是“水土保持与生态文明建设”。来自大陆和台湾地区的200余名专家、学者参加了会议，9位专家作了主题报告，84位代表进行了专题交流，108篇学术论文汇编成集，其中37篇论文被评为优秀论文。

7月10—16日，学会协办的第十六届海峡两岸三地环境资源与生态保育学术研讨会在台北召开。会议主题是“环境资源、生态保育与人文发展的和谐共荣”。来自大陆和台湾地区的130余名专家、学者参加了会议，48名专家、学者作学术报告。

10月13—17日，水土保持规划设计专委会组织代表团赴台湾开展了两岸水土保持规划设计学术交流。内容包括水土保持规划编制、泥石流防治、小流域治理等新技术、新方法。 (郑慧)

6. 国内学术交流 12月12—13日，学会与教育部“自然保护与环境生态类”教学指导委员会联合主办的水土保持人才培养、科学研究与生态文明建设论坛在北京召开，论坛主题为“研讨新形势下水土保持与荒漠化防治学科建设目标及方向、人才培养体系及模式、科研发展方向和重点任务”。以及来自全国47家大专院校及科研院所的130余名代表出席论坛，28名专家学者作了主旨发言和学术交流。

9月25日，学会主办的“首届水土保持青年（博士）学术论坛”在北京召开，论坛主题为“水土保持、荒漠化防治与生态环境建设”。来自全国20家大专院校与科研院所的60余名代表参加了论坛，27位学者作了学术报告。论坛共收到论文42篇，12篇论文获优秀论文奖。

9月22—23日，学会协办的第五届中国湖泊论坛在长春召开，论坛主题为“湖泊湿地与绿色发展”。中国湖泊论坛是中国科协设立的全国性的学术品牌活动，论坛共征集论文136篇，精选辑录了97篇论文汇编成集，由吉林人民出版社出版发行。论坛形成了《关于东北粮食主产区松嫩—三江平原湖泊与湿地水安全保障及合理开发利用的对策建议》。

5月22—23日，经学会推荐，中国科学院水利部成都山地灾害与环境研究所的“震后大规模泥石流防治技术”作为环保技术类60项创新成果之一，参加了第一届中国创新科技成果交流会。

生态修复专委会分别于6月15日和9月28日在北京师范大学和北京林业大学举办了第四届和第五届水土保持生态修复沙龙，与会代表共计100余人次。

9月18日，科技协作工作委员会2015年年会在陕西杨凌召开。会议主题为“水土保持实用技术与效益评价”。有关高等院校、科研院所和各大流域机构、重点省（自治区、直辖市）水土保持主管部门等80多个委员单位代表参加会议并进行了交流。

10月8—10日，城市水土保持生态建设专业委员会2015年年会暨学术研讨会在陕西西安召开。会议主题为“城市水土保持的传承与创新”。与会专家围绕“一带一路”建设与水土保持，城市水土保持监督管理等议题开展了广泛的交流和讨论，并评选出20篇优秀论文。会上，对专委会举办的以“生态城市，美丽水土”为主题的首届城市水土保持摄影大赛评选出的39组（幅）作品获奖者和获得优秀论文的作者进行了表彰。

11月17—18日，预防监督专业委员会第九次会议暨学术研讨会在海南海口召开，会议主题为“新时期水土保持预防监督工作面临的形势和要求”。来自全国各地水土保持监督管理部门以及技术服务单位的200余名代表参加了会议，20余名专家学者进行了交流和探讨。会议评选出16篇优秀论文并进行了表彰。

12月3—5日，水土保持规划设计专业委员会2015年年会暨换届选举和学术研讨会在云南省昆明市召开，会议主题为“水土保持与景观生态规划设计”。来自全国各地的水土保持规划科技工作者169人参加会议，与会专家和代表开展了为期1天半的交流和讨论。会议论文集共收录论文70篇，其中12篇被评为优秀论文。会上，对2014—2015年度优秀会员单位和先进个人进行了表彰。

12月6日，工程绿化专业委员会2015年工作年会在北京召开，专委会主任委员、副主任委员等17人参加会议。会议主要对专委会2015年工作进行总结，并对2016年年会、换届选举以及专委会工作机制进行研讨，对《水土保持设计手册·生产建设项目卷》中工程绿化设计相关内容的工作分工进行了布置。

(郑慧)

7. 学术期刊 2015年，经学会四届九次常务理事会会议审议通过，学会聘任周心澄教授和朱清科教授分别为《中国水土保持科学》主编和副主编。

2015 年，学会会刊《中国水土保持科学》出版正刊 6 期，总印数 6 000 册，收到来稿 420 多篇，刊出文章近 130 篇。

在现有期刊网站基础上，进一步充实期刊英文网站的内容，并实现发表文章全文在线免费阅读和下载。

2015 年，《中国水土保持科学》入选北京大学《中文核心期刊要目总览》，继续入选中科院 CSCD 2015—2016 年度来源期刊核心库。 （程云）

8. 科普工作　2015 年 6 月，学会和北京水土保持学会在北京九十四中学朝阳新城分校共同开展了“水土保持法进校园”主题活动。该校校长、书记、教师代表和 180 多名小学生参加了活动。

结合《中华人民共和国水土保持法》宣传月活动，2015 年 7 月，学会与宁夏回族自治区水土保持学会联合推进《水土保持读本（小学版）》进校园活动，赠发读本 1 万册。

2015 年，城市水土保持生态建设专业委员会利用周末及法定节假日，在深圳市水土保持科技示范园开展了形式多样的科普宣讲和青少年教育社会实践活动，举办了多场水土保持专题展览，受众人数超过 1 000 人。 （方若柃）

9. 评优表彰与举荐人才　学会评选第七届中国水土保持学会科学技术奖 9 项，其中一等奖 2 项、二等奖 3 项、三等奖 4 项。

学会成功推荐中国水利水电科学研究院秦伟为中国科协青年人才托举工程项目人选。

学会推荐北京林业大学牛健植、中国水利水电科学研究院张晓明和中国水利水电科学研究院秦伟等 3 人为中国青年科技奖候选人。

水土保持规划设计专业委员会举办了“水土保持与生态景观设计”评奖活动，主题为“水清岸绿　美丽中国”，共评选获奖作品 21 部，并在水土保持规划设计专业委员会 2015 年年会暨换届选举和学术研讨会上进行了表彰。 （郑慧）

【中国水利企业协会】　中国水利企业协会（简称协会）在部党组的正确领导下，在综合事业局和部有关司局的指导下，贯彻“节水优先、空间均衡、系统治理、两手发力”的新时期治水方针，围绕水利中心工作，做好政府支撑，强化行业管理，开拓服务领域，提高服务能力，圆满完成了 2015 年各项工作计划。

1. 服务政府

（1）推进行业安全生产标准化建设。在指导水利生产经营单位安全生产标准化创建、规范评审机构评审方面成效显著。编著出版了《水利安全生产标准化建设实施指南》，制定了安全生产标准化自评报告模板，规范统一了评审报告格式内容。认真把关，严格评审方案审核，指导评审机构制定科学、合理、有效的评审方案，客观、完整、准确地开展评审，有力地推进了安全生产标准化建设工作。

扎实做好安全生产标准化评审组织管理工作。完成 122 家水利（含农村水电站）安全生产标准化申请材料审核、评审方案和评审报告审查；组织了第二批水利安全生产标准化抽查复核工作；完成 22 家水利安全生产标准化评审机构申报材料初审并报水利部审批；完成全国水利安全生产责任状评比工作，共计 211 家单位参赛，37 家单位获奖。

（2）开展水利建设市场主体（机械制造单位）信用等级评价。为加快推进水利建设市场信用体系建设，保障大规模水利建设顺利实施和水利工程质量安全，2014 年水利部、国家发展改革委联合印发了《关于加快水利建设市场信用体系建设的实施意见》（水建管〔2014〕323 号），提出推进信用评价工作。2015 年 9 月又印发了《水利建设市场主体信用评价管理暂行办法》，明确水利建设市场主体信用评价由水利部统一组织，通过购买服务方式选择相关行业协会承担评价工作。协会承担了水利机械制造单位的信用评价。

完成水利技术标准《水利建设市场主体（机械制造单位）信用评价标准》制定、征求意见和修改完善工作；拟定了信用评价工作规范，组建了信用评价委员会和专家库；开发建设了机械制造单位信用评价系统，布置了水利机械制造单位登录信用信息平台，建立完善信用档案，并组织申报、接收申报材料；制定了《节水与水处理企业信用评价工作总体方案》，将信用评价工作推广到节水与水处理行业，总体方案已报送商务部、国资委行业办备案。

（3）协助完成部属事业单位投资企业绩效评价考核。为规范和加强部属事业单位投资企业监管，按照《水利部所属事业单位投资企业绩效评价考核工作启动方案》要求，继续协助部财务司开展 2014 年度企业绩效评价和负责人经营业绩考核，收集、整理绩效评价考核有关工作材料并提出工作建议，协助组织绩效评价考核监督检查。圆满完成了 13 家部属事业单位投资的 62 家企业绩效评价考核报告接收、整理和分析工作，撰写了年度绩效评价考核年度报告。还参与了《水利部关于加强事业单位投资企业监督管理的意见》落实情况的督导检查，并撰写了督导检查报告。

2. 服务行业和企业

（1）开展行业表彰。组织开展 2013—2014 年度全国优秀水利企业、企业家评选表彰。制定评选方案报备，修订评选办法，认真做好定量评价和管理定性评价等工作。完成 87 家申报企业、58 名企业家的综合评价，并召开专家审查会审查，组织评审委员会会议审定，确定获奖企业 58 家、企业家 30 名，于 12

月公示并表彰。

本次评选历时8个月，有较大改革和创新。首先是创新评选标准。在原财务定量指标和管理定性评价指标之外，增加了营业收入这个规模指标和社会评价指标。规模指标的设置有效弥补了财务相对指标的不足；社会评价指标的设置则增加了评价的全面性。其次是改革评选程序。在评选方案中明确按照分类由高到低排序原则确定候选企业，增加了专家审查环节，对评选工作和初选结果进行审查。在企业管理定性评价和企业家评价方面，对定性评价指标细化、量化，易于把握，减少主观因素；对企业家评价时，在企业党组织、纪检监察和工会意见外，还增加了经营层评价和员工满意度调查两份问卷。第三是注意与部内表彰、考核工作的协调，发挥协同作用。安全生产标准化建设、绩效评价考核结果、信用等级评价结果和大禹奖等，均按等级获得加分。

在做好"双优"评选工作的同时，还广泛加强与相关行业组织的联系与合作，推荐会员单位参加全国性行业组织的评选表彰活动。全年有12家企业、54位个人获得"中国建筑业优秀职业经理人""优秀施工企业""工程建设优秀项目经理"等奖项。

(2) 推进国际交流。一是继续做好中欧水资源交流平台商务合作工作。二是在中芬水资源管理合作联合指导委员会第一次会议暨第一届中芬水管理研讨会上组织了中芬科研机构和企业对口交流论坛。三是与芬兰水协会建立合作关系，探讨合作方向和重点。

(3) 办好委托业务培训。为适应水利部对行业培训管理提出的新要求，同时满足会员企业的需求，协会创新了培训模式。一是大力推进网络培训。与河海大学继续教育学院合作，创建了水利安全生产教育培训远程教育平台。目前平台已完成水利安全生产标准化系列、水利水电施工企业"三类人员"继续教育等相关视频课程，共计4类15项。参加学习人员完成网络教育后将获得协会培训证明。二是承接地区、企业委托培训。为湖北水总水利水电建设股份有限公司、中国水电建设集团第十五工程局有限公司等单位提供了定制服务，为西藏自治区水利厅举办全区水利水电施工企业"三类人员"培训班。三是规范培训业务。承办了水资源管理中心的《水资源管理年报》编制技术大纲、用水定额管理等6期培训班，培训410余人次。对所有培训业务，协会都严格按照水利部的培训管理规定，规范做好教学内容设计、教学组织、教学评估、效果评估、培训档案建立和管理等工作。

(4) 分支机构努力开展专业性服务。贯彻落实社会组织管理一系列新政策，下大力气规范分支机构运行。脱盐分会成功举办广州国际水展，承办青岛国际脱盐大会。机械分会协助、配合主管部门开展水利工程永久设备质量安全监督管理工作；对申请水利工程启闭机使用许可证的相关申请材料进行初审，并协助水利部产品质量监督总站开展了水利工程永久设备质量安全监督管理工作。灌排设备企业分会编辑出版《2015中国灌溉企业年鉴》，组织了"2015中国灌排行业发展论坛"。

3. 加强党建和综合能力建设

(1) 党建和党风廉政建设。认真开展"三严三实"专题教育活动。根据水利部党组的部署和综合事业局党委的安排，协会党支部制定了"三严三实"专题教育实施计划并认真完成。

进一步落实党风廉政建设责任制。认真落实党支部的主体责任，坚持领导干部"一岗双责"；坚持党风廉政建设与业务工作"五个一同"；切实做好党风廉政建设责任分解、签订承诺书、逐级报告、定期约谈、沟通会商等工作；逐级签订了党风廉政建设承诺书；严格执行重大事项报告制度。

规范协会业务工作流程，把握廉政风险关键环节，健全廉政风险防控体系；印发实施培训、会议和委托业务廉政风险控制图；党支部按季度对廉政情况进行检查；规范领导干部和关键岗位权力运行，特别是分支机构、内设机构负责人的权力运行。

(2) 成立合同节水管理专业委员会。为贯彻新时期治水方针和十八届五中全会精神，推行合同节水管理，引导社会资本参与节水事业，规范合同节水管理商务模式，经常务理事会批准，决定成立合同节水管理专业委员会。2015年11月13日召开了合同节水管理专业委员会成立大会。

(3) 召开常务理事会和理事会审议机构设置等事项。以通信方式召开了中国水利企业协会理事会第三、第四次会议和常务理事会第六、第七次会议，审议批准了协会人事、分支机构设置和分支机构负责人等事宜。12月18日，协会第五届理事会第五次会议在武汉召开，审议通过了《中国水利企业协会2015年工作报告》和《节水与水处理企业信用评价工作总体方案》；表彰了2013—2014年度全国优秀水利企业、企业家。

(4) 强化内部管理。一是廉政风险防控建设。分析、评估主要业务工作（培训、会议、专题项目）廉政风险关键点和防控措施，绘制防控图。二是规范分支机构和严格财务管理。印发《中国水利企业协会分支机构管理办法》《财务报销的补充规定》；完成按水利部要求开展涉企收费专项清理规范工作。

(5) 脱钩改革准备。组织学习行业协会商会与行政机关脱钩政策，向员工讲解改革形势和政策，做好宣传动员，统一思想认识。加强队伍建设，提高服务能力，努力做好承接政府职能转移和政府购买服务的相关准备。积极配合部人事司做好行业协会商会脱钩基本情况摸底，完成水利行业协会脱钩试点单位基本情况汇报。

（王丽）

【中国水利经济研究会】 2015年，中国水利经济研究会认真贯彻落实党的十八届三中、四中、五中全会精神和水利部党组的决策部署等，紧紧把握深化水利改革的新形势，依托指导司局、挂靠单位以及其他有关司局的大力支持和帮助，团结广大会员和理事，开拓创新、扎实进取，各项工作取得积极进展。

1. 进一步明确发展思路 2015年5月召开八届八次常务理事会，提出了“精品服务、智慧支撑”的发展目标、“一个主线、两个突破、三个保障、四个着力点、五个依靠”的发展思路和“学术研究立会、改革创新强会、咨询服务兴会”的发展路径。6月和9月陈雷部长先后两次作出重要批示，提出了“积极践行新时期治水思路，按照中央行政审批制度改革和社团改革的决策部署，进一步明确职能定位，创新发展思路，突出研究重点，努力建成特色鲜明、影响广泛、支撑有力的水利经济研究智库”的新要求。12月召开的水利经济研究会成立35周年学术研讨会进一步明确了“十三五”时期学会的发展方向、服务对象、支撑重点和工作方式。

2. 紧紧围绕水利经济主线开展研究工作 积极培育水利经济研究特色，以研究解决政府关心、社会关注、会员关切的水利经济领域问题为主线，组织开展了多项课题研究。课题研究中，注重发挥水利经济研究平台作用，注重专家咨询与自身研究结合，注重深入基层调研。

(1) 承担漳河流域水权交易平台建设框架制订课题，顺利通过验收。研究报告梳理了漳河流域水资源管理现状与水量调度工作实践，分析了存在的问题；分析了推进漳河流域水权交易的必要性，从法规、国内水权交易实践、漳河水资源调度实践等方面分析了漳河水权交易的可行性；开展了典型调研，总结了内蒙古、广东、河南等省份或典型地区的水权交易实践，梳理了美国、澳大利亚等国家的水权交易实践；明确了漳河流域水权交易平台建设的指导思想和基本原则，分析了交易平台应实现的功能，提出了总体架构；从组织机构、交易流程、交易规则、交易审批监管制度等方面分析了交易平台建设的主要任务，提出了相关建议。

(2) 承担水利行业固定资产投资结构与效益关系研究课题，顺利通过验收。研究报告梳理了典型地方项目、中央项目的投资规模及其结构；在典型地方项目和中央项目中选取具有代表性的不同类型水利工程，分析了项目建成后发挥的效益；分析了典型地方项目建成后所产生效益对其投资用途和资金来源的引导作用；从创造有利的水利投资环境、优化水利投资用途结构、促进资金来源多元化、提高建设与运行管理水平等方面提出了对策建议。研究报告对完善水利投资结构、提高水利投资效率具有较高的参考作用。

(3) 承担精简涉水前置审批规范中介服务，实行企业投资项目网上并联审批有关问题研究课题，顺利通过验收。研究报告分析了投资审批改革的现状、问题和形势，开展了典型案例调研，明确了涉水前置审批改革的思路，从精简前置审批、规范中介服务、加强全过程监管等方面提出了政策建议，为相关业务主管部门提供了重要参考。

(4) 承担《岸线利用和保护管理办法》立法前期研究课题，顺利通过验收。研究报告梳理了岸线管理的相关法律规定，开展了典型调研，分析了岸线开发、利用、管理和保护现状，论述了岸线管理立法的必要性，研究提出的岸线管理立法思路与制度需求、立法实现途径及相关建议，具有较强的针对性。

(5) 承担农业现代化进程对小型水利工程运行管理的影响课题，顺利通过验收。研究报告总结了小型水利工程运行管理中取得的成效与存在的问题，归纳了国内典型地区农业现代化进程中加强小型水利工程运行管理的经验做法，分析了农业现代化进程对小型水利工程运行管理的影响，提出了建立健全小型水利工程运行管理的建议，为完善小型水利工程管理体制机制提供了参考。

3. 积极开展绩效评价评估业务 与部机关司局和单位积极沟通，拓展中央财政水利专项资金绩效评价、水利企业绩效评价跟踪研究等新领域的评估评价业务。

(1) 配合财务司完成了中央财政水利专项资金绩效试评价前期工作。完成了编制总体实施方案、代财务司草拟试评价通知、细化绩效评价个性指标等前期准备事宜。

(2) 承担了两个水利专项资金绩效试评价工作。包括2013年度江苏省中央财政小型农田水利设施建设专项资金、陕西省国家水土保持重点建设工程补助专项资金的绩效试评价工作，编写了两个试评价分报告和试评价总报告，提出了修订完善送审稿、改进专项资金绩效评价工作的意见和建议。绩效试评价工作得到了水利部财务司领导的高度肯定，为正式出台《中央财政水利专项资金绩效评价管理暂行办法》、全面推进中央财政水利专项资金绩效评价提供了有力支撑。这项工作的顺利开展，不仅为水利经济研究会今后开展评估评价工作进行了有益探索，也为水利部今后开展相关评价评估工作积累了经验。

4. 有效组织学术交流

(1) 为研究和探讨水利改革与发展中的热点经济问题，聚焦水权、水价、PPP等热点，组织开展了“2015年度水利经济热点问题”主题征文活动。在会员和理事单位中广泛征集论文，经专家评审，评选出《破解水价改革难题的经济学分析》《社会资本参与重大水利项目建设运营模式探索》《宁夏内蒙古广东水权交易水市场调研》等6篇论文为优秀论文。

(2) 组织召开了水利经济研究会成立35周年学术研讨会。总结回顾了学会35年发展历程，围绕"公共服务与公私合作""水权交易与水市场培育""农业水价综合改革""社会资本参与水利工程建设和运营"等水利经济热点话题设置了专题报告、热点对话与分组讨论，为水利经济研究工作者搭建了交流观点、学术探讨的平台，会议反响良好。

(3) 组织开展了2015年度水利经济研究优秀成果奖评选。为更好地调动水利经济研究工作者的积极性和创造性，深入开展水利经济研究，不断提高研究水平，经自愿申报、材料审核、专家评审，评选出《大中型水利水电工程移民安置长期补偿机制研究》《我国水利改革的总体框架研究》《准公益性大中型水利工程投入产出有关问题研究》等6项优秀研究成果，促进了水利经济研究优秀成果的宣传与应用。

5. 不断强化能力建设

(1) 谋划顶层设计。启动了《水经会五年发展纲要（2016—2020年）》的编制工作，明确新时期水经会发展的目标、任务和路径。

(2) 健全制度体系。制定、修订了《中国水利经济研究会学组管理办法》《中国水利经济研究会会员管理办法》《中国水利经济研究会项目管理办法》《中国水利经济研究会会议管理办法》等相关制度，进一步规范内部管理。

(3) 编纂完成35年大事记。在20年大事记的基础上，详细回顾梳理了水经会成立35年来的各项工作，编纂完成35年大事记。

(4) 加强宣传工作。指导会刊《水利经济》栏目设置调整、通过简报及时报道学会重要活动、充实完善网站信息等，积极推进会刊、简报和网站等媒介载体协同发挥宣传作用，扩大学会影响力。

6. 加强党风廉政与精神文明建设

组织职工通过集体学、自学等形式，学习习近平总书记系列讲话和党的十八届三中、四中、五中全会和中央经济工作会议等重要精神，以及《中国共产党廉洁自律准则》《中国共产党纪律处分条例》等党内法规制度，深入贯彻落实中央关于群众路线教育实践整改活动和"三严三实"活动的有关要求，切实增强践行"三严三实"的思想自觉和行动自觉，提高党风廉政自律意识。加强团队精神文明建设，促进大家心往一处想、劲往一处使，提升团队凝聚力和向心力。

（张瑞美）

水 利 统 计

Statistics on Water Conservancy

水利综合指标

2015 年灌溉面积（按地区分）

单位：$\times 10^3 hm^2$

地区	灌溉面积总计					耕地实灌面积
		耕地	林地	园地	牧草地	
全国总计	**72 060.79**	**65 872.64**	**2 211.11**	**2 433.34**	**1 079.16**	**56 739.42**
北京	237.56	137.35	56.47	38.77	1.04	118.97
天津	326.62	308.87	11.49	6.26		283.44
河北	4 790.29	4 447.98	114.60	214.20	9.32	3 642.90
山西	1 560.32	1 460.28	40.98	46.38	5.00	1 433.61
内蒙古	3 684.83	3 086.90	84.26	9.60	504.07	2 458.56
辽宁	1 662.96	1 520.31	14.69	92.60	6.38	1 351.14
吉林	1 836.40	1 790.87	2.62	8.40	13.97	1 182.51
黑龙江	5 551.30	5 530.84	5.91	7.81	5.05	4 565.54
上海	302.00	188.21	47.17	16.81	1.36	188.21
江苏	4 247.64	3 952.50	117.14	124.78	8.87	3 782.48
浙江	1 552.11	1 432.15	29.74	68.62	0.89	1 347.72
安徽	4 482.65	4 400.34	31.82	45.19	0.82	3 469.78
福建	1 188.21	1 061.65	38.49	76.04	4.36	900.34
江西	2 094.57	2 027.67	17.80	41.85		1 771.97
山东	5 571.88	4 964.43	202.90	347.63	6.41	4 491.04
河南	5 333.90	5 210.64	63.58	46.39	0.05	4 495.50
湖北	3 153.84	2 899.15	67.32	71.20	2.75	2 442.73
湖南	3 210.04	3 113.32	30.32	42.35	0.51	2 628.36
广东	2 066.64	1 771.26	55.27	238.32		1 649.06
广西	1 693.06	1 618.79	12.56	61.71		1 396.22
海南	331.64	263.99	44.52	18.91	0.87	197.48
重庆	691.38	687.19	0.03	4.16		421.24
四川	2 963.37	2 735.09	88.28	126.05	8.97	2 178.61
贵州	1 071.88	1 065.43	1.70	3.30	0.08	896.90
云南	1 854.09	1 757.71	17.49	60.29	4.36	1 552.00
西藏	445.96	247.80	27.55	29.22	140.34	221.59
陕西	1 358.96	1 236.77	10.63	96.02	1.35	1 023.04
甘肃	1 501.76	1 306.72	146.83	31.51	16.70	1 165.78
青海	269.00	196.99	30.08	4.50	37.43	177.92
宁夏	593.44	506.53	44.69	23.43	15.37	488.42
新疆	6 432.49	4 944.92	754.18	431.04	282.84	4 816.39

（张岚）

2015年灌溉面积（按水资源一级区划分） 单位：$\times 10^3 hm^2$

水资源一级区	灌溉面积总计					耕地实灌面积
		耕地灌溉	林地	园地	牧草	
总计	**72 060.79**	**65 872.64**	**2 211.11**	**2 433.34**	**1 079.16**	**56 739.42**
松花江区	7 924.45	7 790.86	11.44	16.23	83.70	5 972.36
辽河区	2 996.19	2 675.28	36.70	91.57	163.66	2 346.40
海河区	8 160.06	7 522.84	269.52	313.93	29.14	6 595.17
黄河区	6 094.04	5 462.04	206.70	212.92	185.83	4 853.95
淮河区	12 779.45	12 047.77	246.62	416.36	6.79	10 310.49
长江区	17 930.46	16 911.15	346.71	404.12	22.58	14 303.64
东南诸河区	2 304.35	2 078.13	63.37	137.12	5.20	1 855.14
珠江区	4 704.53	4 258.73	109.97	327.41	1.00	3 726.43
西南诸河区	1 443.87	1 196.21	32.84	67.45	140.28	1 068.33
西北诸河区	7 723.38	5 929.64	887.25	446.23	440.98	5 707.53

（张岚）

2015年耕地灌溉面积（按地区分） 单位：$\times 10^3 hm^2$

地区	本年耕地灌溉面积		本年耕地灌溉面积减少原因				
	新增	减少	建设占地	水源不足	工程损毁	退耕	其他
全国总计	**1 797.66**	**463.94**	**56.63**	**67.47**	**95.64**	**25.07**	**219.15**
北京	0.79	6.54	1.83			4.36	0.36
天津							
河北	74.54	30.78	4.32	7.30	6.59	1.29	11.28
山西	66.92	14.79	0.33	0.17	0.98		13.31
内蒙古	71.08	0.94	0.61	0.33			
辽宁	56.96	10.62		3.79	0.16		6.67
吉林	164.68	2.25		2.25			
黑龙江	328.01	102.37	1.73	12.23	30.89	0.06	57.46
上海	4.12						
江苏	92.14	30.17	2.72		1.40		26.05
浙江	17.15	10.37	1.38	0.24	0.68	0.41	7.66
安徽	71.30	2.65	1.54		0.93	0.18	
福建	13.15	60.58	1.93	1.06	0.80	0.01	56.77
江西	28.16	2.07	0.67	0.10	0.11	0.01	1.18
山东	87.58	25.10	2.37	8.06	6.57	0.88	7.22
河南	197.29	82.90	7.40	22.04	36.21	1.83	15.41
湖北	49.78	5.96	1.92				4.04
湖南	12.49	0.87	0.32	0.17	0.38		
广东	0.27						
广西	19.74	0.95	0.02	0.55	0.38		
海南	6.44	2.37	0.95			0.95	0.47
重庆	10.59	0.55	0.47	0.02	0.03	0.03	
四川	79.59	10.82	5.79	0.78	2.09	0.21	1.95
贵州	77.05	0.18	0.04		0.05		0.09
云南	60.94	12.25	5.65	3.14	1.09	1.51	0.86
西藏	16.49	3.39				3.39	
陕西	30.28	19.98	4.78	4.44	6.23	0.25	4.28
甘肃	10.07	0.23	0.07		0.06		0.10
青海	5.47	0.30	0.30				
宁夏	8.87	1.25	1.00				0.25
新疆	135.74	22.72	8.49	0.80		9.70	3.73

（张岚）

2015年耕地灌溉面积（按水资源一级区划分）

单位：$\times 10^3 hm^2$

水资源一级区	本年耕地灌溉面积		本年耕地灌溉面积减少原因				
	新增	减少	工程设施损坏报废	建设占地	水源不足	退耕	其他
总计	**1 797.66**	**463.94**	**56.63**	**67.47**	**95.64**	**25.07**	**219.15**
松花江区	549.86	104.82	1.93	14.48	30.89	0.06	57.46
辽河区	60.87	9.96		3.13	0.16		6.67
海河区	132.15	52.19	7.52	11.71	9.11	5.65	18.21
黄河区	114.78	36.51	6.73	4.88	7.56	1.83	15.51
淮河区	324.06	91.76	8.88	18.78	35.10	1.05	27.95
长江区	333.02	59.64	14.08	9.47	9.86	0.68	25.55
东南诸河区	28.44	69.11	3.14	1.29	1.47	0.40	62.80
珠江区	55.48	6.84	4.12	0.57	0.53	1.02	0.60
西南诸河区	54.52	10.06	1.73	2.03	0.95	4.68	0.67
西北诸河区	144.48	23.05	8.49	1.13		9.70	3.73

（张岚）

2015年节水灌溉面积（按地区分）

单位：$\times 10^3 hm^2$

地区	节水灌溉面积合计	喷灌	微灌	低压管灌
全国总计	**31 060.44**	**3 747.97**	**5 263.60**	**8 911.76**
北京	197.23	37.02	14.93	133.57
天津	207.55	4.48	2.71	146.83
河北	3 139.98	193.37	108.34	2 518.30
山西	895.44	76.78	45.37	541.42
内蒙古	2 474.79	504.08	618.32	552.84
辽宁	806.46	142.30	341.70	173.35
吉林	668.75	359.62	134.39	123.42
黑龙江	1 696.85	1 404.80	86.48	10.60
上海	143.33	3.53	0.84	72.55
江苏	2 336.09	65.64	54.13	265.43
浙江	1 094.22	54.41	49.19	61.94
安徽	906.89	99.24	15.98	56.99
福建	575.17	89.78	32.43	97.12
江西	500.34	20.81	33.43	27.18
山东	2 919.31	139.28	73.02	1 912.73
河南	1 672.16	161.09	28.03	1 015.51
湖北	383.22	111.48	65.36	130.53
湖南	348.18	4.39	1.09	10.55
广东	295.86	8.52	6.82	20.98
广西	951.37	27.67	39.35	47.95
海南	83.44	8.63	13.09	25.19
重庆	205.74	12.11	1.88	43.15
四川	1 567.89	47.32	15.90	93.34
贵州	325.58	23.96	19.86	72.89
云南	724.51	16.00	35.40	108.08
西藏	23.54			16.77
陕西	877.22	31.44	43.94	292.06
甘肃	920.67	25.36	170.16	156.93
青海	135.80	2.20	5.72	29.11
宁夏	310.93	35.99	84.33	37.29
新疆	3 671.93	36.68	3 121.42	117.17

（张岚）

2015年节水灌溉面积（按水资源一级区划分）

单位：$\times 10^3 hm^2$

水资源一级区	节水灌溉面积合计	喷灌	微灌	低压管灌
总计	**31 060.44**	**3 747.97**	**5 263.60**	**8 911.76**
松花江区	2 736.09	1 994.97	265.15	208.74
辽河区	1 570.48	206.90	731.67	435.29
海河区	4 967.27	317.28	183.98	3 642.26
黄河区	3 859.86	275.77	303.40	1 343.54
淮河区	4 997.23	351.64	87.93	1 998.13
长江区	5 310.61	303.86	211.79	684.59
东南诸河区	1 333.18	137.91	73.78	117.60
珠江区	1 562.62	62.88	80.85	162.42
西南诸河区	340.95	6.24	8.06	56.47
西北诸河区	4 382.15	90.52	3 316.99	262.70

（张岚）

2015年除涝面积（按地区分）

单位：$\times 10^3 hm^2$

地区	除涝面积				本年除涝面积新增
	合计	3～5年	5～10年	10年以上	
全国总计	**22 712.71**	**9 796.27**	**8 539.12**	**4 377.32**	**368.53**
北京	1.20			1.20	
天津	369.32	104.84	201.45	63.03	
河北	1 641.14	806.88	761.38	72.88	1.81
山西	89.13	60.06	28.84	0.23	
内蒙古	277.00	157.76	84.87	34.37	
辽宁	911.53	179.73	387.77	344.03	2.55
吉林	1 031.14	148.45	353.86	528.83	4.61
黑龙江	3 385.25	2 435.40	885.01	64.84	3.19
上海	60.17	16.08	14.61	29.48	1.35
江苏	3 017.69	662.87	1 107.93	1 246.90	56.15
浙江	537.65	122.72	203.30	211.63	14.18
安徽	2 334.31	958.05	1 278.51	97.75	18.47
福建	145.62	82.73	47.70	15.19	4.13
江西	404.82	195.58	185.81	23.43	12.01
山东	2 930.23	1 419.66	1 357.33	153.24	50.15
河南	2 074.64	1 556.09	496.93	21.62	77.83
湖北	1 313.93	207.65	481.58	624.69	27.06
湖南	425.43	134.47	223.26	67.70	1.44
广东	536.53	60.72	96.73	379.08	4.10
广西	234.50	126.17	98.19	10.14	3.06
海南	13.30	9.49	2.61	1.20	0.50
重庆					
四川	103.08	53.22	44.27	5.59	2.37
贵州	97.56	31.79	52.55	13.22	6.86
云南	270.77	181.29	74.84	14.64	6.73
西藏	338.73	0.30	2.43	336.00	68.04
陕西	132.72	74.10	53.20	5.42	1.54
甘肃	13.60	4.98	1.63	6.99	
青海					
宁夏					
新疆	21.73	5.19	12.53	4.01	0.40

（张岚）

2015 年除涝面积（按水资源一级区划分） 单位：$\times 10^3 hm^2$

水资源一级区	除涝面积				本年除涝面积新增
	合 计	3～5 年	5～10 年	10 年以上	
总 计	**22 712.71**	**9 796.27**	**8 539.12**	**4 377.32**	**368.53**
松花江区	4 418.77	2 660.90	1 191.71	566.16	6.07
辽河区	1 142.85	233.30	504.14	405.41	4.28
海河区	3 281.17	1 585.34	1 512.76	183.07	26.90
黄河区	583.29	374.19	175.25	33.85	8.23
淮河区	7 137.00	3 354.59	2 840.69	941.71	137.04
长江区	4 367.07	1 088.36	1 856.32	1 422.39	87.17
东南诸河区	412.24	171.57	158.12	82.55	13.28
珠江区	903.27	248.85	259.30	395.12	13.37
西南诸河区	445.32	73.97	28.30	343.05	71.78
西北诸河区	21.73	5.19	12.53	4.01	0.40

（张岚）

2015 年水土流失治理面积（按地区分） 单位：$\times 10^3 hm^2$

地 区	水土流失治理面积	小流域治理面积	合计	新增水土流失治理面积（按措施分）								
				基本农田				水土保持林	经济林	种 草	封禁治理	其他
				小计	梯田	坝地	其他					
全国总计	**115 578.4**	**37 882.6**	**5 384.6**	**589.5**	**483.0**	**13.2**	**93.3**	**1 408.2**	**556.0**	**323.1**	**1 855.5**	**652.3**
北 京	710.8	710.8	40.0	0.8	0.8				0.2		38.6	0.4
天 津	97.3	48.9	2.4	0.0	0.0			0.1	0.0		0.5	1.8
河 北	5 061.5	2 803.3	233.3	12.7	10.0		2.8	55.9	40.8		102.0	21.8
山 西	5 846.4	565.0	331.3	17.6	13.1	1.2	3.3	99.0	24.7	3.6	77.4	109.1
内蒙古	12 597.2	3 091.3	500.1	14.7	14.6	0.1		218.2	6.4	117.6	143.2	
辽 宁	4 857.8	2 299.5	170.7	24.1	6.7		17.4	41.0	20.9	0.2	57.6	26.9
吉 林	1 793.5	190.6	123.3	9.4	8.4		1.0	74.3	2.6	1.1	2.1	33.8
黑龙江	3 834.2	1 134.0	135.5	11.0	8.9	0.2	1.9	54.0	1.7	4.3	30.1	34.4
上 海												
江 苏	893.8	306.6	32.4	13.2	6.0	0.0	7.2	9.4	0.5	0.3	0.4	8.6
浙 江	3 655.4	655.4	54.6	6.4	3.6	0.0	2.7	8.3	4.6	2.8	26.1	6.5
安 徽	1 857.4	716.8	139.4	4.0	3.7		0.3	16.9	17.9	2.3	76.8	21.6
福 建	3 399.3	747.1	161.2	16.6	11.5	0.8	4.2	39.7	2.7	2.0	70.6	29.6
江 西	5 577.9	1 135.9	226.3	8.7	3.8	0.4	4.6	40.3	20.2	3.9	137.3	15.8
山 东	3 776.7	1 428.7	163.6	43.9	35.7	0.2	7.9	34.1	21.3	0.7	42.2	21.5
河 南	3 559.8	2 057.2	139.7	22.8	14.1	0.7	8.1	22.8	15.3	0.7	73.6	4.5
湖 北	5 634.3	1 826.3	219.0	22.9	15.2		7.7	25.8	22.2	2.4	101.3	44.4
湖 南	3 259.8	906.8	150.8	13.8	13.0		0.8	57.5	6.1	0.1	10.9	62.4
广 东	1 457.5	127.3	72.6	1.0	0.4		0.6	18.1	7.6	6.0	32.5	7.5
广 西	2 107.3	438.2	175.6	5.9	5.9			53.7	23.4	2.9	88.1	1.6
海 南	74.6	36.6	15.8	2.1	0.9	0.2	1.1	4.7	0.9	4.1	3.0	1.0
重 庆	3 070.0	1 490.2	160.5	53.3	51.5		1.8	33.6	39.4	1.3	15.2	17.7
四 川	8 510.3	4 362.8	351.2	71.6	59.6	4.7	7.4	43.3	45.6	43.2	82.3	65.2
贵 州	6 297.8	2 807.1	251.4	19.4	16.4	0.9	2.1	58.1	52.4	8.1	96.7	16.7
云 南	8 074.4	1 945.9	343.2	46.8	37.5	1.3	8.0	65.8	69.3	9.6	117.5	34.3
西 藏	498.0	60.0	11.9	0.0	0.0			6.4	0.0	0.5	2.3	2.7
陕 西	7 288.3	2 783.4	663.6	37.4	33.5	1.8	2.1	206.0	85.9	75.3	255.9	3.1
甘 肃	7 702.2	2 024.6	307.7	85.3	84.8		0.4	50.4	13.0	9.2	110.8	39.1
青 海	898.7	381.3	35.3	3.4	3.4			20.4	0.2		10.1	1.3
宁 夏	2 057.2	611.0	97.4	20.8	20.1	0.7	0.1	33.1	2.3	17.8	21.0	2.4
新 疆	1 128.9	190.4	74.9	0.0	0.0	0.0	0.0	17.6	8.1	3.2	29.4	16.6

（张岚）

2015年水土流失治理面积（按水资源一级区划分）

单位：$\times 10^3 hm^2$

水资源一级区	水土流失治理面积		合计	水土流失治理面积新增（按措施分）								
		小流域治理面积		基本农田				水土保持林	经济林	种草	封禁治理	其他
				小计	梯田	坝地	其他					
总计	**115 578.44**	**37 882.58**	**5 384.59**	**589.51**	**483.01**	**13.18**	**93.32**	**1 408.22**	**555.99**	**323.06**	**1 855.49**	**652.32**
松花江区	7 695.82	1 665.25	322.12	26.25	23.97	0.19	2.09	144.44	3.63	25.42	54.21	68.18
辽河区	8 247.69	3 264.28	312.83	29.65	11.46		18.19	75.02	23.64	49.26	108.44	26.81
海河区	9 408.37	4 474.74	466.31	26.46	18.26	0.74	7.46	107.79	49.91	2.57	197.52	82.06
黄河区	22 857.59	6 455.56	1 262.98	153.10	143.13	3.93	6.05	429.04	92.70	123.32	365.73	99.09
淮河区	5 690.08	2 406.01	262.65	52.01	37.07		14.94	47.29	29.26	0.59	101.21	32.29
长江区	39 581.30	15 272.23	1 861.45	232.40	194.30	6.50	31.61	374.67	249.61	69.15	676.82	258.79
东南诸河区	6 750.26	1 357.11	212.22	22.32	14.54	0.83	6.95	47.62	6.89	3.83	95.74	35.82
珠江区	6 979.83	1 602.40	384.43	28.47	24.42	0.96	3.08	101.74	56.19	16.71	163.35	17.97
西南诸河区	4 177.81	752.08	153.66	17.69	14.71	0.02	2.96	34.42	35.56	5.06	46.17	14.76
西北诸河区	4 189.71	632.94	145.94	1.16	1.16			46.18	8.60	27.15	46.29	16.56

（张岚）

2015年已建成水库（按地区分）

地区	已建成水库 数量/座	已建成水库 总库容/亿 m³	大型水库 数量/座	大型水库 总库容/亿 m³	中型水库 数量/座	中型水库 总库容/亿 m³	小型水库 数量/座	小型水库 总库容/亿 m³
全国总计	**97 988**	**8 581**	**707**	**6 812**	**3 844**	**1 068**	**93 437**	**701**
北京	87	52	3	46	17	5	67	1
天津	28	26	3	22	11	3	14	1
河北	1 082	206	23	182	47	17	1 012	8
山西	601	69	12	40	68	20	521	9
内蒙古	613	103	15	61	89	31	509	11
辽宁	803	364	35	334	77	20	691	10
吉林	1 624	325	19	284	102	28	1 503	14
黑龙江	1 139	268	28	220	97	31	1 014	17
上海								
江苏	1 079	35	6	13	47	13	1 026	10
浙江	4 334	444	33	370	158	46	4 143	28
安徽	5 877	325	16	263	113	31	5 748	31
福建	3 683	194	21	116	184	49	3 478	29
江西	10 815	306	28	176	260	64	10 527	66
山东	6 418	212	38	128	205	49	6 175	35
河南	2 653	420	25	367	121	32	2 507	21
湖北	6 556	1 263	77	1 135	282	79	6 197	48
湖南	14 097	497	43	334	358	92	13 696	71
广东	8 397	448	37	290	342	94	8 018	64
广西	4 545	658	57	547	229	64	4 259	48
海南	1 112	75	10	42	74	21	1 028	12
重庆	3 003	120	17	77	93	25	2 893	19
四川	8 093	381	36	277	196	57	7 861	47
贵州	2 343	292	22	240	103	31	2 218	21
云南	6 230	742	34	637	257	64	5 939	40
西藏	105	29	7	26	12	2	86	1
陕西	1 095	87	11	48	76	28	1 008	11
甘肃	381	96	9	80	42	11	330	6
青海	203	319	10	314	13	3	180	2
宁夏	321	29	1	7	34	14	286	8
新疆	671	195	31	136	137	46	503	13

（张岚）

2015年已建成水库（按水资源一级区划分）

水资源一级区	已建成水库 数量/座	已建成水库 总库容/亿 m³	大型水库 数量/座	大型水库 总库容/亿 m³	中型水库 数量/座	中型水库 总库容/亿 m³	小型水库 数量/座	小型水库 总库容/亿 m³
总计	**97 988**	**8 581**	**707**	**6 812**	**3 844**	**1 068**	**93 437**	**701**
松花江区	2 738	613.53	49	521.21	200	61	2 489	31
辽河区	1 101	421.31	45	372.85	121	34	935	14
海河区	1 963	334.31	36	271.45	160	45	1 767	18
黄河区	3 176	830.35	37	721.11	220	70	2 919	39
淮河区	9 627	508.16	59	372.93	292	79	9 276	56
长江区	52 079	3 244.07	254	2 530.80	1 494	400	50 331	314
东南诸河区	7 663	627.43	50	480.58	333	92	7 280	55
珠江区	16 201	1 226.46	111	887.90	724	200	15 366	139
西南诸河区	2 490	556.01	30	506.87	129	32	2 331	17
西北诸河区	950	219.14	36	146.10	171	56	743	17

（张岚）

2015年万亩以上灌区数量和耕地灌溉面积（按地区分）

地区	万亩以上灌区		50万亩以上灌区		30万～50万亩灌区	
	数量/处	耕地灌溉面积/(×10³hm²)	数量/处	耕地灌溉面积/(×10³hm²)	数量/处	耕地灌溉面积/(×10³hm²)
全国总计	**7 773**	**32 302**	**176**	**12 024**	**280**	**5 663**
北京	10	54			1	23
天津	80	188			1	28
河北	149	1 147	6	413	15	310
山西	186	817	5	275	6	87
内蒙古	211	1 397	10	900	4	97
辽宁	85	514	6	210	5	101
吉林	137	401	5	81	5	81
黑龙江	386	1 022	3	125	22	284
上海	1	2				
江苏	316	2 243	7	272	28	643
浙江	207	596	4	132	8	131
安徽	499	2 050	7	1 043	3	101
福建	151	249			4	96
江西	314	787	5	175	13	179
山东	506	3 245	19	1 487	34	568
河南	330	2 398	18	1 497	19	305
湖北	566	2 647	15	793	25	562
湖南	683	1 601	5	132	17	370
广东	488	770	2	113	1	7
广西	354	676	3	77	8	126
海南	46	114	1	99		
重庆	125	152				
四川	373	1 290	6	831	4	47
贵州	117	103				
云南	333	780	2	59	10	168
西藏	83	61			1	19
陕西	186	811	8	445	4	72
甘肃	239	1 184	4	202	19	418
青海	89	29				
宁夏	32	547	4	462	1	21
新疆	491	4 405	31	2 202	22	820

（张岚）

2015年万亩以上灌区数量和耕地灌溉面积（按水资源一级区划分）

水资源一级区	万亩以上灌区		50万亩以上灌区		30万～50万亩灌区	
	数量/处	耕地灌溉面积/(×10³hm²)	数量/处	耕地灌溉面积/(×10³hm²)	数量/处	耕地灌溉面积/(×10³hm²)
总计	**7 773**	**32 302**	**176**	**12 024**	**280**	**5 663**
松花江区	562	1 472	9	225	27	366
辽河区	183	934	9	284	9	177
海河区	457	3 514	20	1 759	25	497
黄河区	745	3 807	30	2 260	20	357
淮河区	951	5 781	24	2 152	64	1 212
长江区	5 512	8 531	40	2 565	70	1 396
东南诸河区	295	740	3	93	12	226
珠江区	980	1 818	7	331	11	172
西南诸河区	251	418			4	71
西北诸河区	593	5 288	34	2 354	38	1 189

（张岚）

2015年累计达标堤防长度（按地区分）

单位：km

地区	合计	按等级分					本年新增达标堤防长度
		1级堤防	2级堤防	3级堤防	4级堤防	5级堤防	
全国总计	**196 536**	**9 160**	**22 004**	**23 513**	**63 361**	**78 497**	**8 005**
北 京	1 311	120	396	156	542	98	5
天 津	973	246	521	38	168		26
河 北	4 666	263	1 343	922	1 022	1 116	132
山 西	4 820	160	354	410	1 634	2 262	129
内蒙古	4 703	178	999	1 137	1 694	695	487
辽 宁	10 285	734	1 573	508	1 539	5 932	318
吉 林	4 183	181	1 221	180	1 521	1 080	285
黑龙江	5 150	166	762	400	2 368	1 454	307
上 海	1 910	836	60	538	476		104
江 苏	40 042	1 151	3 514	4 482	9 020	21 875	224
浙 江	15 406	291	744	2 111	8 862	3 398	748
安 徽	13 100	1 056	1 694	1 912	4 500	3 937	177
福 建	3 493	132	103	697	958	1 603	280
江 西	3 916	67	256	134	1 584	1 875	274
山 东	16 937	1 052	2 698	1 503	7 049	4 635	95
河 南	10 618	725	797	551	4 221	4 324	144
湖 北	5 016	200	1 143	939	802	1 932	139
湖 南	4 102	297	778	692	874	1 460	229
广 东	12 298	551	1 682	3 211	4 806	2 049	408
广 西	1 637		119	22	657	839	206
海 南	466	31	5	67	188	174	19
重 庆	1 767	1	58	180	519	1 010	217
四 川	4 736	100	94	596	1 974	1 971	402
贵 州	2 570	120	87	104	425	1 834	222
云 南	5 196	35	46	291	1 072	3 752	478
西 藏	1 441	13	85	540	122	681	269
陕 西	4 257	407	353	745	1 238	1 514	384
甘 肃	5 690	47	245	60	810	4 527	598
青 海	1 299		150	108	857	183	197
宁 夏	817			23	648	146	14
新 疆	3 731	2	123	254	1 211	2 141	489

（张岚）

2015年累计达标堤防长度（按水资源一级区划分）

单位：km

水资源一级区	合计	按等级分					本年新增达标堤防长度
		1级堤防	2级堤防	3级堤防	4级堤防	5级堤防	
总 计	**196 536**	**9 160**	**22 004**	**23 513**	**63 361**	**78 497**	**8 005**
松花江区	10 436	368	2 131	859	4 440	2 638	679
辽河区	11 884	734	2 025	966	2 123	6 037	443
海河区	13 075	1 038	3 531	1 515	3 827	3 163	231
黄河区	15 498	1 334	1 395	1 445	4 913	6 411	994
淮河区	53 629	2 501	4 808	4 591	16 212	25 516	414
长江区	54 562	2 346	5 532	7 217	19 037	20 430	2 395
东南诸河区	11 554	218	456	2 426	4 242	4 212	773
珠江区	16 627	582	1 823	3 564	5 979	4 678	787
西南诸河区	3 932	13	85	578	791	2 465	566
西北诸河区	5 338	25	217	352	1 797	2 946	723

（张岚）

2015年堤防保护人口和耕地（按地区分）

地区	长度/km	保护耕地/($\times10^3hm^2$)	保护人口/万人
全国总计	**291 417**	**40 844**	**58 608**
北京	1 425	205	342
天津	2 164	376	1 326
河北	10 141	3 794	4 235
山西	6 393	575	975
内蒙古	6 314	1 619	1 206
辽宁	12 230	1 461	1 938
吉林	7 355	1 297	1 017
黑龙江	12 971	3 632	1 567
上海	2 091	188	861
江苏	50 149	2 827	4 822
浙江	18 675	1 321	3 558
安徽	21 339	2 777	3 538
福建	4 446	596	1 504
江西	7 320	907	1 832
山东	22 699	4 048	4 472
河南	15 611	3 524	4 622
湖北	17 796	3 008	3 672
湖南	12 393	1 703	2 232
广东	21 580	1 133	5 384
广西	2 488	268	1 073
海南	661	120	325
重庆	1 874	136	732
四川	5 262	809	2 248
贵州	2 630	302	749
云南	6 154	492	924
西藏	1 599	32	72
陕西	5 090	599	1 081
甘肃	6 024	422	876
青海	1 341	52	127
宁夏	888	166	211
新疆	4 311	2 453	1 090

（张岚）

2015年堤防保护人口和耕地（按水资源一级区划分）

水资源一级区	长度/km	保护耕地/($\times10^3hm^2$)	保护人口/万人
总计	**291 417**	**40 844**	**58 608**
松花江区	21 197	5 152	2 820
辽河区	15 088	2 046	2 438
海河区	22 618	6 039	7 740
黄河区	18 141	2 575	3 433
淮河区	71 124	9 082	11 015
长江区	90 765	9 745	17 947
东南诸河区	14 448	1 504	4 132
珠江区	27 448	1 708	7 167
西南诸河区	4 343	293	498
西北诸河区	6 243	2 699	1 419

（张岚）

2015 年水闸（按地区分） 单位：座

地　区	规模以上水闸总数	按过流量大小分			按　作　用　分				
		大型	中型	小型	分洪闸	节制闸	排水闸	引水闸	挡潮闸
全国总计	**103 964**	**888**	**6 401**	**96 675**	**10 817**	**54 687**	**18 800**	**14 296**	**5 364**
北　京	642	10	60	572	42	415	101	84	
天　津	1 091	13	55	1 023	54	492	246	287	12
河　北	2 885	10	249	2 626	247	1 564	438	608	28
山　西	731	3	54	674	66	444	93	128	
内蒙古	1 742	7	97	1 638	269	939	59	475	
辽　宁	1 422	38	301	1 083	80	504	239	527	72
吉　林	465	21	62	382	61	225	89	90	
黑龙江	1 283	6	67	1 210	237	366	370	310	
上　海	2 179	0	63	2 116		1 821	1	11	346
江　苏	21 646	36	461	21 149	502	15 306	2 357	3 354	127
浙　江	8 972	18	318	8 636	360	4 685	2 066	390	1 471
安　徽	4 590	58	343	4 189	660	1 973	1 126	821	10
福　建	4 334	49	263	4 022	2 384	471	667	103	709
江　西	4 467	25	242	4 200	948	1 769	1 190	560	
山　东	5 125	93	600	4 432	331	2 907	773	1 055	59
河　南	3 615	39	326	3 250	167	1 639	1 250	559	
湖　北	6 781	22	154	6 605	644	2 919	1 895	1 323	
湖　南	12 001	151	1 121	10 729	1 011	9190	937	863	
广　东	8 304	144	727	7 433	821	1 482	3 443	388	2 170
广　西	1 562	49	144	1 369	243	276	513	170	360
海　南	112	3	23	86	49	22	31	10	
重　庆	52	2	18	32	13	12		27	
四　川	1 359	49	101	1 209	372	671	54	262	
贵　州	33	1	2	30	1			32	
云　南	1 551	4	183	1 364	103	1 259	37	152	
西　藏	5	0	3	2		3		2	
陕　西	433	2	8	423	44	148	125	116	
甘　肃	1 327	4	72	1 251	436	498	278	115	
青　海	141	6	18	117	19	32	10	80	
宁　夏	444	0	16	428	70	186	100	88	
新　疆	4 670	25	250	4 395	583	2 469	312	1 306	

（张岚）

2015 年水闸（按水资源一级区划分） 单位：座

水资源一级区	规模以上水闸总数	按过流量大小分			按　作　用　分				
		大型	中型	小型	分洪闸	节制闸	排水闸	引水闸	挡潮闸
总　计	**103 964**	**888**	**6 401**	**96 675**	**10 817**	**54 687**	**18 800**	**14 296**	**5 364**
松花江区	1 869	25	140	1 704	305	647	480	437	
辽河区	2 117	39	363	1 715	281	832	251	681	72
海河区	7 135	59	542	6 534	616	3 653	1 170	1 634	62
黄河区	2 863	23	149	2 691	217	1 520	491	635	
淮河区	22 765	179	1 276	21 310	671	14 246	4 211	3 489	148
长江区	41 289	268	2 096	38 925	3 815	26 002	6 178	4 905	391
东南诸河区	8 935	67	513	8 355	2 712	2 283	1 444	335	2 161
珠江区	10 617	199	967	9 451	1 163	2 263	4 014	645	2 530
西南诸河区	248	1	40	207	22	198	8	20	
西北诸河区	6 126	28	315	5 783	1 015	3 043	553	1 515	

（张岚）

水利建设情况

2015年水利建设施工和投产项目

单位：个

地区	本年施工项目	本年新开工项目	本年全部投产项目
合计	**25 184**	**16 702**	**13 816**
北京	50	30	20
天津	76	47	59
河北	1 087	737	769
山西	349	204	149
内蒙古	495	287	302
辽宁	691	503	318
吉林	584	476	151
黑龙江	839	161	66
上海	258	144	134
江苏	637	346	319
浙江	1 448	904	453
安徽	432	159	43
福建	718	492	302
江西	1 238	783	942
山东	974	676	736
河南	481	282	320
湖北	1 362	1 265	975
湖南	1 358	1 057	992
广东	1 584	952	534
广西	1 318	657	527
海南	237	205	31
重庆	1 003	709	719
四川	1 661	1 199	1 114
贵州	1 281	995	807
云南	1 715	1 032	854
西藏	141	95	80
陕西	1 064	811	727
甘肃	738	469	521
青海	401	340	264
宁夏	181	149	59
新疆	783	536	529

注 本表只包括水利工程设施项目和机构能力建设项目，不包括建设投资计划安排的水利前期、规划及专题研究等项目。

（张岚）

2015 年水利建设投资规模及进展

单位：万元

地 区	在建项目实际需要总投资	累计完成投资	累计新增固定资产	本年新增
合 计	**225 806 790**	**145 906 522**	**89 799 183**	**43 734 768**
北 京	470 304	339 649	161 383	67 220
天 津	555 185	481 748	379 881	374 321
河 北	9 858 390	6 410 848	6 054 976	3 345 092
山 西	6 194 052	3 610 332	2 364 882	916 734
内蒙古	4 298 098	3 278 342	2 254 374	837 042
辽 宁	7 475 653	4 744 157	4 146 967	1 480 575
吉 林	5 166 537	2 000 832	1 673 919	711 112
黑龙江	8 696 486	6 408 100	6 397 151	3 093 860
上 海	3 453 213	1 695 963	697 464	514 038
江 苏	11 512 135	5 939 961	4 216 335	2 583 622
浙 江	27 541 737	14 034 512	7 976 687	2 840 574
安 徽	5 912 095	5 414 510	3 368 367	803 809
福 建	7 962 280	4 637 360	3 030 520	1 483 973
江 西	5 393 255	3 561 475	2 908 993	1 151 310
山 东	8 227 399	6 714 615	3 696 647	2 491 322
河 南	18 955 141	17 322 096	2 416 021	1 409 299
湖 北	9 556 487	9 191 921	1 157 529	998 068
湖 南	2 162 715	1 735 557	1 688 399	1 345 829
广 东	14 034 507	7 054 519	3561499	1 375 365
广 西	9 025 462	4 667 400	4 607 950	1 847 045
海 南	1 784 397	894 424	564 797	368 564
重 庆	6 050 390	3 982 830	2 559 521	1 593 681
四 川	5 900 713	3 665 700	3 126 943	1 634 438
贵 州	3 603 851	2 289 568	2 156 320	1 450 856
云 南	10 142 847	6 313 526	5 248 877	3 109 151
西 藏	1 240 559	685 016	611 180	498 235
陕 西	9 522 709	6 150 572	5 099 589	1 590 948
甘 肃	5 243 249	2 928 742	2 130 565	1 368 497
青 海	1 015 902	752 104	392 073	333 507
宁 夏	1 410 025	863 050	859 960	411 989
新 疆	13 441 020	8 137 091	4 289 413	1 704 694

注 本表只包括 2015 年正式施工的水利工程设施项目和机构能力建设项目。

（张岚）

2015年水利建设投资到位及完成情况

单位：万元

地区	本年计划投资	本年到位资金	中央政府投资	地方政府投资	本年完成投资	中央政府投资	地方政府投资
合计	**48 263 718**	**47 401 460**	**18 632 804**	**22 782 082**	**54 522 165**	**22 312 410**	**10 547 144**
北京	107 094	126 358	60 752	65 606	167 089	72 570	32 260
天津	283 897	288 432	85 352	171 811	329 999	102 627	27 197
河北	2 533 870	2 586 138	933 481	1 184 460	3 639 755	1 105 828	292 939
山西	1 603 633	1 311 610	381 248	610 029	1 467 048	459 011	168 653
内蒙古	796 559	773 542	461 093	286 822	1 132 799	685 940	256 223
辽宁	1 383 555	1 099 667	795 313	225 299	1 514 051	875 490	660 092
吉林	729 824	645 978	440 633	113 761	909 428	553 719	205 662
黑龙江	2 027 612	2 027 842	1 400 591	577 251	3 092 561	2 058 264	1 480 628
上海	1 305 299	1 044 436	30 862	1 003 172	937 565	40 654	28 193
江苏	2 078 153	2 144 711	397 544	1 735 504	2 385 669	502 990	172 650
浙江	5 006 101	5 100 016	292 775	3 185 252	5 432 448	350 992	84 434
安徽	1 203 609	1 166 712	636 198	530 514	1 501 905	799 136	534 788
福建	2 348 398	2 296 918	406 605	1 687 860	2 297 437	426 499	217 027
江西	1 301 336	1 217 507	577 080	548 295	1 509 264	790 688	279 661
山东	2 440 202	2 342 607	488 296	1 853 447	2 910 771	607 946	249 243
河南	1 435 062	1 453 848	1 049 965	375 645	1 566 448	1 066 628	461 957
湖北	1 648 766	1 641 247	1 216 339	412 679	1 610 726	1 153 463	409 934
湖南	1 272 809	1 286 877	783 347	451 261	1 476 353	939 150	437 193
广东	2 849 057	2 749 347	425 653	2 298 275	2 478 818	484 111	104 929
广西	1 321 859	1 286 359	745 650	341 249	1 877 842	1 058 546	512 540
海南	397 448	400 385	166 856	160 319	467 061	255 483	87 595
重庆	1 665 083	1 708 835	505 083	806 866	1 883 644	648 359	298 851
四川	1 645 087	1 688 895	1 134 623	491 691	1 895 872	1 334 634	497 955
贵州	1 265 736	1 291 980	762 974	447 101	1 356 491	860 556	261 550
云南	3 108 762	3 180 755	802 075	1 732 907	3 413 860	860 200	273 828
西藏	638 650	637 225	568 398	53 003	526 128	479 911	409 894
陕西	1 723 437	1 723 918	915 371	410 934	1 949 416	1 023 602	552 894
甘肃	1 345 595	1 428 674	569 566	258 042	1 589 331	817 506	461 911
青海	228 693	228 715	149 734	73 768	366 481	225 663	115 636
宁夏	388 529	357 050	252 297	104 753	413 273	288 045	114 716
新疆	2 180 003	2 164 875	1 197 049	584 506	2 422 635	1 384 199	856 112

注 2015年投资来源中只单列中央和地方政府投资，利用外资、企业和私人投资以及贷款等投资只包含在合计项目中。

（张岚）

2015 年水利建设投资完成额（按中央、地方项目分） 单位：万元

地区	本年完成投资合计	中央项目完成投资	国家预算内投资	预算内拨款	地方项目完成投资	国家预算内投资	预算内拨款	财政专项
合计	**54 522 165**	**1 090 890**	**855 888**	**332 828**	**53 431 275**	**20 912 499**	**10 214 315**	**10 675 623**
北京	167 089	30 460	30 460	30 460	136 629	35 410	1 800	33 610
天津	329 999	5 078	5 078	5 078	324 921	97 549	22 119	75 430
河北	3 639 755	1 727	1 727	1 727	3 638 028	1 104 101	291 212	812 834
山西	1 467 048	7 196	6 656	325	1 459 852	427 565	168 328	259 237
内蒙古	1 132 799	6 460	6 460	6 460	1 126 339	605 482	249 763	354 840
辽宁	1 514 051	301	301	301	1 513 750	848 577	659 791	188 786
吉林	909 428	1 442	1 442	1 442	907 986	514 845	204 220	310 626
黑龙江	3 092 561	1 446	1 446	1 446	3 091 115	2 056 818	1 479 182	577 636
上海	937 565	23 909	23 909	23 909	913 656	16 745	4 284	12 461
江苏	2 385 669	28 750	28 750	11 099	2 356 919	458 105	161 551	294 154
浙江	5 432 448				5 432 448	350 392	84 434	264 929
安徽	1 501 905	6 493	5 806	5 806	1 495 412	793 330	528 982	264 348
福建	2 297 437				2 297 437	377 286	217 027	160 259
江西	1 509 264				1 509 264	789 196	279 661	509 536
山东	2 910 771	97 727	97 727	31 233	2 813 044	510 219	218 010	292 209
河南	1 566 448	185 988	185 982	25 446	1 380 460	880 645	436 511	444 073
湖北	1 610 726	289 337	289 337	20 622	1 321 389	851 741	389 312	462 429
湖南	1 476 353	1 400	1 400	1 400	1 474 953	937 750	435 793	501 957
广东	2 478 818	8 419	8 419	8 419	2 470 398	456 719	96 510	360 209
广西	1 877 842	382 820	150 051	150 051	1 495 021	908 495	362 489	546 006
海南	467 061				467 061	255 483	87 595	167 888
重庆	1 883 644				1 883 644	640 137	298 851	331 898
四川	1 895 872				1 895 872	1 307 221	497 955	805 533
贵州	1 356 491				1 356 491	860 281	261 550	598 732
云南	3 413 860	430	430	430	3 413 430	800 557	273 398	526 639
西藏	526 128				526 128	479 911	409 894	70 017
陕西	1 949 416	9 265	8 265	4 933	1 940 151	944 987	547 961	392 531
甘肃	1 589 331	1 441	1 441	1 441	1 587 890	773 810	460 469	313 341
青海	366 481	800	800	800	365 681	224 663	114 836	109 826
宁夏	413 273				413 273	269 443	114 716	154 727
新疆	2 422 635				2 422 635	1 335 034	856 112	478 922

注 国家预算内投资包括预算内拨款（指财政预算内经营性或非经营性资金支出）、预算内专项资金、中央财政专项、水利建设基金、重大水利建设基金。中央项目是指隶属中央管理的项目，其他为地方项目。

（张岚）

2015年水利建设投资完成额（按资金来源分） 单位：万元

地区	本年完成投资合计	政府投资			利用外资	企业和私人投资	国内贷款	债券	其他投资
			中央	地方					
合计	**54 522 165**	**47 858 836**	**22 312 410**	**25 546 426**	**75 704**	**1 879 054**	**3 386 394**	**4 461**	**1 317 716**
北京	167 089	167 089	72 570	94 519					
天津	329 999	281 973	102 627	179 346		47 626			400
河北	3 639 755	2 525 245	1 105 828	1 419 417	9 858	532 459	493 528		78 666
山西	1 467 048	1 353 439	459 011	894 427	5 885	17 458	56 763		33 504
内蒙古	1 132 799	1 073 731	685 940	387 791		7 574	3 881		47 613
辽宁	1 514 051	1 361 456	875 490	485 966		3 091	146 588		2 917
吉林	909 428	805 240	553 719	251 521		7 679	75 456		21 054
黑龙江	3 092 561	3 042 561	2 058 264	984 297			50 000		
上海	937 565	927 163	40 654	886 510		7 695	2 707		
江苏	2 385 669	2 370 675	502 990	1 867 685	2 212		4 853		7 928
浙江	5 432 448	3 782 437	350 992	3 431 445	16 064	132 099	1 322 123		179 725
安徽	1 501 905	1 501 218	799 136	702 081	687				
福建	2 297 437	2 174 088	426 499	1 747 589		44 273	70 671	1 861	6 544
江西	1 509 264	1 398 942	790 688	608 253	10 848	71 966	312		27 196
山东	2 910 771	2 898 784	607 946	2 290 838			9 765		2 223
河南	1 566 448	1 534 262	1 066 628	467 635			3 343		28 843
湖北	1 610 726	1 592 201	1 153 463	438 737		15 014	2 050		1 461
湖南	1 476 353	1 425 389	939 150	486 239			50 000		964
广东	2 478 818	2 450 571	484 111	1 966 461		22 099	1 293		4 855
广西	1 877 842	1 684 695	1 058 546	626 149		33 739	158 990		417
海南	467 061	434 426	255 483	178 942		18 408	8 700		5 527
重庆	1 883 644	1 418 515	648 359	770 157	380	225 556	29 563		209 629
四川	1 895 872	1 787 208	1 334 634	452 575	9 000	31 659	51 387		16 617
贵州	1 356 491	1 312 269	860 556	451 713	400	16 991	23 436		3 394
云南	3 413 860	2 638 807	860 200	1 778 607	7 959	224 683	108 688		433 723
西藏	526 128	518 514	479 911	38 603		7 614			
陕西	1 949 416	1 463 273	1 023 602	439 671		93 384	287 607		105 153
甘肃	1 589 331	1 120 127	817 506	302 621		55 617	324 834		88 754
青海	366 481	358 895	225 663	133 232					7 586
宁夏	413 273	412 796	288 045	124 750					477
新疆	2 422 635	2 042 849	1 384 199	658 649	12 411	262 372	99 856	2 600	2 547

注 政府投资指中央及地方各级政府用于水利建设的各项财政资金（包括预算内非经营性基金、国债专项资金和水利建设基金等）和政府部门自筹投资等。

（张岚）

2015年中央政府完成水利建设投资额（按资金来源分） 单位：万元

地区	本年完成投资合计	预算内拨款	预算内专项（国债）	财政专项资金	水利建设基金	重大水利工程建设基金	土地出让收益	自筹资金	其他资金
合 计	**22 312 410**	**10 547 144**	**3 698**	**10 675 623**	**66 673**	**475 248**	**403 205**		**140 819**
北 京	72 570	32 260		33 610			6 700		
天 津	102 627	27 197		75 430					
河 北	1 105 828	292 939		812 834	55				
山 西	459 011	168 653		259 237	6 331		24 790		
内蒙古	685 940	256 223		354 840	879		62 777		11 221
辽 宁	875 490	660 092		188 786			26 612		
吉 林	553 719	205 662		310 626			37 432		
黑龙江	2 058 264	1 480 628		577 636					
上 海	40 654	28 193		12 461					
江 苏	502 990	172 650		294 154	2 400	17 651	16 135		
浙 江	350 992	84 434	62	264 929	940	27	600		
安 徽	799 136	534 788		264 348					
福 建	426 499	217 027		160 259			794		48 420
江 西	790 688	279 661		509 536			1 492		
山 东	607 946	249 243		292 209	20 971	45 523			
河 南	1 066 628	461 957	61	444 073	24 704	135 832			
湖 北	1 153 463	409 934		462 429		268 715	12 385		
湖 南	939 150	437 193		501 957					
广 东	484 111	104 929		360 209			18 507		465
广 西	1 058 546	512 540		546 006					
海 南	255 483	87 595		167 888					
重 庆	648 359	298 851		331 898	1 888	7 500	8 222		
四 川	1 334 634	497 955		805 533	3 733		26 100		1 313
贵 州	860 556	261 550		598 732			275		
云 南	860 200	273 828		526 639	520		26 904		32 309
西 藏	479 911	409 894		70 017					
陕 西	1 023 602	552 894	3 575	392 531	4 252		57 410		12 940
甘 肃	817 506	461 911		313 341			41 054		1 200
青 海	225 663	115 636		109 826			200		
宁 夏	288 045	114 716		154 727			18 602		
新 疆	1 384 199	856 112		478 922			16 214		32 951

（张岚）

2015年地方政府完成水利建设投资额（按资金来源分） 单位：万元

地区	本年完成投资合计	预算内拨款	预算内专项资金	财政专项资金	水利建设基金	重大水利工程建设基金	土地出让收益	水资源费	自筹资金	其他资金
合计	**25 546 426**	**4 949 487**	**138 296**	**8 245 790**	**1 354 664**	**328 895**	**448 265**	**677 313**	**5 731 487**	**3 672 229**
北京	94 519	52 721		27 792	260					13 746
天津	179 346		33 761	55 956	8 703		21 258		59 668	
河北	1 419 417	240 784		158 341					867 552	152 739
山西	894 427	80 037	4 512	91 549	1 248	21 616		558 866	49 954	86 645
内蒙古	387 791	7 894		11 356	240 819	54 534			57 653	15 535
辽宁	485 966	44 142		325 380		40 000	460		20 514	55 469
吉林	251 521	63 251	2 129	82 603	74 424				15 569	13 545
黑龙江	984 297	26 662		122 244				1 659	833 732	
上海	886 510	649 772	695	232 503	3 540					
江苏	1 867 685	1 156 423	2 223	236 577	62 183		5 889		402 401	1 989
浙江	3 431 445	726 806		1 197 877	607 367	53 813	118 551		390 286	336 745
安徽	702 081	72 866	3 750	221 621	12 741			38 599	238 674	113 830
福建	1 747 589	529 328	13 934	385 720	15 162	4 249	188 685		16 905	593 606
江西	608 253	72 598	10 447	317 240	1 384		4 496		31 793	170 296
山东	2 290 838	11 491	18 381	537 248	184				1 309 310	414 222
河南	467 635	1 259	603	360 400					581	104 792
湖北	438 737	11 733	5 003	257 055	31 256		1 016	30 556	48 326	53 792
湖南	486 239	320 542		118 376	48				22 630	24 643
广东	1 966 461			1 397 353	1 334		2 515	299	262 084	302 876
广西	626 149	69 624		296 203	160 389	21 423			78 511	
海南	178 942	34 462		131 413		13 068				
重庆	770 157	9 569	2 994	290 642	4 975	78		3 501	56 249	402 150
四川	452 575	78 847	6 250	219 123	2 880	33 860		3 257	72 410	35 947
贵州	451 713	232 489	1 579	158 668	3 403	19 070		555	18 329	17 619
云南	1 778 607	112 957	32 034	228 417	6 338	21 648	100 396	30 492	738 670	507 654
西藏	38 603	11 347		16 989					8 795	1 472
陕西	439 671	40 407		176 106	73 580	15 500	2 832		17 619	113 626
甘肃	302 621	17 637		140 279	32 366	30 025	1 587	9 528	10 922	60 276
青海	133 232	43 293		44 383					3 724	41 833
宁夏	124 750	9		120 881	2 600		579		565	116
新疆	658 649	230 538		285 495	7 480	11			98 060	37 065

注 本表的国家预算内专项资金是通过其他渠道下达的中央转贷地方国债资金。

（张岚）

2015 年水利建设投资完成额（按用途分）

单位：万元

地　区	本年完成投资合计	防洪	灌溉	除涝	供水	水电	水保及生态	机构能力建设	前期工作	其他
合　计	**54 522 165**	**18 791 182**	**13 917 741**	**511 348**	**13 165 716**	**1 520 851**	**1 929 413**	**292 403**	**1 019 151**	**3 374 362**
北　京	167 089	76 383	48 678				10 559	16 449	15 020	
天　津	329 999	151 061	51 554		67 158		1 883	2 483	2 595	53 265
河　北	3 639 755	822 004	811 307	5 193	1 807 366	4 752	132 033	19 577	22 619	14 906
山　西	1 467 048	178 816	330 487		665 848	7 104	83 952	19 839	31 394	149 608
内蒙古	1 132 799	309 825	502 094	6 375	172 806	28 977	68 645	14 641	13 201	16 235
辽　宁	1 514 051	185 504	202 952	12 048	1 064 230	4 839	36 645	2 857	363	4 615
吉　林	909 428	306 196	274 615	1 775	244 940	52 943	10 514	4 673	7 771	6 002
黑龙江	3 092 561	1 601 411	1 248 027		190 179	11 050	40 448	1 446		
上　海	937 565	660 292	164 652	55 310			45 415	2 229	9 437	230
江　苏	2 385 669	1 326 727	526 105	88 434	98 599		234 229	12 870	40 607	58 098
浙　江	5 432 448	2 645 535	254 682	199 953	415 956	26 847	259 960	7 034	448 975	1 173 507
安　徽	1 501 905	665 874	251 801	6 563	358 092	11 374	25 370	11 612	4 523	166 696
福　建	2 297 437	1 111 785	522 421	19 877	390 878	11 529	80 460	198	42 786	117 503
江　西	1 509 264	620 959	301 481	6 505	207 527	91 595	63 932	5 945	10 017	201 303
山　东	2 910 771	637 150	400 585	12 804	1 647 463	1 472	39 830	53 375	96 272	21 820
河　南	1 566 448	590 016	290 276	2 000	587 284	9 490	40 448	8 925	12 304	25 705
湖　北	1 610 726	437 867	370 307	21 948	364 409	48 015	50 591	21 355	13 976	282 258
湖　南	1 476 353	651 015	246 013	18 201	395 981	71 558	51 069	4 796	14 351	23 369
广　东	2 478 818	1 296 881	545 960	37 396	166 433	154 415	42 306	3 551	8 337	223 540
广　西	1 877 842	628 345	482 737		366 529	195 782	51 370	3 646	32 000	117 434
海　南	467 061	190 952	92 372		16 846	18 087	8 648	2 232	3 222	134 702
重　庆	1 883 644	504 595	545 539	6 727	344 020	142 335	119 294	27 306	35 168	158 660
四　川	1 895 872	296 457	883 026	1 316	522 501	34 951	56 590	12 877	26 470	61 684
贵　州	1 356 491	583 541	280 167	2 117	356 022	49 554	42 570	4 136	4 604	33 781
云　南	3 413 860	630 042	1 923 798	4 501	583 239	75 213	57 042	3 249	29 287	107 488
西　藏	526 128	72 087	272 167		13 886	149 239	5 690	223	1 084	11 753
陕　西	1 949 416	595 065	409 032	150	563 773	64 074	148 662	3 624	20 387	144 649
甘　肃	1 589 331	253 730	418 578		732 684	56 748	72 242	2 250	44 942	8 158
青　海	366 481	84 009	126 269		117 483	12 356	19 052	1 199	729	5 384
宁　夏	413 273	133 600	134 532		117 874	80	15 438			11 748
新　疆	2 422 635	543 460	1 005 526	2 156	585 710	186 474	14 528	17 806	26 711	40 263

（张岚）

2015年水利建设投资完成额（按流域分）

单位：万元

地区	本年完成投资合计	松花江区	辽河区	海河区	黄河区	淮河区	长江区	珠江区	东南诸河	西南诸河	西北诸河
合计	**54 522 165**	**4 289 576**	**1 781 125**	**5 337 197**	**5 123 493**	**5 064 550**	**16 972 501**	**5 681 482**	**4 581 784**	**2 642 098**	**3 048 358**
北京	167 089			167 089							
天津	329 999			329 999							
河北	3 639 755			3 639 755							
山西	1 467 048			454 051	1 012 997						
内蒙古	1 132 799	306 307	248 833	5 971	493 682						78 006
辽宁	1 514 051	12 970	1 500 602	479							
吉林	909 428	877 738	31 690								
黑龙江	3 092 561	3 092 561									
上海	937 565						937 565				
江苏	2 385 669					1 136 243	1 249 425				
浙江	5 432 448						3 144 336		2 288 113		
安徽	1 501 905					858 463	642 741		700		
福建	2 297 437						4 465		2 292 972		
江西	1 509 264						1 509 264				
山东	2 910 771			667 372	157 689	2 037 503	48 207				
河南	1 566 448			72 481	201 983	1 032 340	259 644				
湖北	1 610 726						1 610 726				
湖南	1 476 353						1 415 554	60 799			
广东	2 478 818							2 478 818			
广西	1 877 842						15 239	1 862 603			
海南	467 061							467 061			
重庆	1 883 644						1 883 644				
四川	1 895 872						1 895 872				
贵州	1 356 491						1 012 216	344 275			
云南	3 413 860						841 171	467 927		2 104 763	
西藏	526 128									526 128	
陕西	1 949 416				1 564 405		385 011				
甘肃	1 589 331				1 031 451		108 712				449 169
青海	366 481				248 014		8 711			11 207	98 549
宁夏	413 273				413 273						
新疆	2 422 635										2 422 635

（张岚）

2015年水利建设投资完成额（按隶属关系分）

单位：万元

地 区	本年完成投资合计	中央属	省属	地市属	县属	其他
合 计	**54 522 165**	**1 090 890**	**12 009 713**	**8 324 721**	**32 395 780**	**701 061**
北 京	167 089	30 460	50 970	85 659		
天 津	329 999	5 078	201 788	123 133		
河 北	3 639 755	1 727	1 636 450	328 688	1 066 485	606 405
山 西	1 467 048	7 196	770 063	115 256	574 533	
内蒙古	1 132 799	6 460	203 058	265 999	657 282	
辽 宁	1 514 051	301	827 322	187 268	498 258	902
吉 林	909 428	1 442	145 827	181 358	574 891	5 911
黑龙江	3 092 561	1 446	1 066 311	252 665	1 772 139	
上 海	937 565	23 909	900 665	12 991		
江 苏	2 385 669	28 750	435 523	763 069	1 121 076	37 250
浙 江	5 432 448		169 537	1 197 633	4 065 228	50
安 徽	1 501 905	6 493	588 031	586 471	320 909	
福 建	2 297 437		482 205	577 337	1 237 895	
江 西	1 509 264		331 277	131 442	1 041 383	5 162
山 东	2 910 771	97 727	115 644	452 084	2 245 317	
河 南	1 566 448	185 988	379 386	293 949	707 125	
湖 北	1 610 726	289 337	253 045	117 857	950 487	
湖 南	1 476 353	1 400	202 689	193 262	1 079 002	
广 东	2 478 818	8 419	101 304	486 480	1 856 604	26 010
广 西	1 877 842	382 820	370 603	167 263	957 156	
海 南	467 061		72 714	41 277	353 070	
重 庆	1 883 644		60 805	1 145	1 821 694	
四 川	1 895 872		197 230	280 348	1 418 294	
贵 州	1 356 491		230 000	88 133	1 038 358	
云 南	3 413 860	430		297 636	3 115 795	
西 藏	526 128		177 115	123 432	225 581	
陕 西	1 949 416	9 265	696 715	290 563	952 873	
甘 肃	1 589 331	1 441	223 171	287 730	1 076 989	
青 海	366 481	800	39 885	24 547	300 774	475
宁 夏	413 273		227 244	12 326	173 703	
新 疆	2 422 635		853 136	357 722	1 192 881	18 896

（张岚）

2015年水利建设投资完成额（按规模分）

单位：万元

地区	本年完成投资合计	大中型	小型	其他
合计	**54 522 165**	**8 599 941**	**45 402 114**	**520 110**
北京	167 089		157 296	9 792
天津	329 999	26 677	300 727	2 595
河北	3 639 755	143 701	3 483 899	12 155
山西	1 467 048	587 051	877 689	2 308
内蒙古	1 132 799	59 705	1 063 044	10 050
辽宁	1 514 051	988 447	520 248	5 356
吉林	909 428	148 272	750 047	11 109
黑龙江	3 092 561	1 171 244	1 919 871	1 446
上海	937 565		913 656	23 909
江苏	2 385 669	282 723	2 102 946	
浙江	5 432 448	169 723	5 258 115	4 610
安徽	1 501 905	136 898	1 359 067	5 940
福建	2 297 437	84 495	2 212 942	
江西	1 509 264	274 406	1 234 843	15
山东	2 910 771	668 796	2 233 552	8 424
河南	1 566 448	485 845	1 069 218	11 385
湖北	1 610 726	203 974	1 104 315	302 437
湖南	1 476 353	167 200	1 291 487	17 666
广东	2 478 818	92 816	2 370 070	15 932
广西	1 877 842	431 108	1 446 683	51
海南	467 061	67 428	399 581	51
重庆	1 883 644	74 842	1 783 194	25 608
四川	1 895 872	397 067	1 498 805	
贵州	1 356 491	240 000	1 101 558	14 933
云南	3 413 860	25 923	3 380 617	7 321
西藏	526 128	146 355	379 773	
陕西	1 949 416	328 187	1 615 310	5 919
甘肃	1 589 331	244 196	1 344 635	500
青海	366 481	48 743	317 527	210
宁夏	413 273		412 951	322
新疆	2 422 635	904 119	1 498 450	20 066

（张岚）

2015年水利建设投资完成额（按建设阶段分） 单位：万元

地区	本年完成投资合计	筹建	本年正式施工	本年收尾	全部停缓建	单纯购置	前期工作
合 计	**54 522 165**	**665 889**	**53 323 533**	**8 625**	**9 457**	**144 340**	**370 321**
北 京	167 089	4 970	152 564			571	8 983
天 津	329 999		327 404				2 595
河 北	3 639 755		3 627 911			11 845	
山 西	1 467 048	851	1 453 756	2 089	8 657	1 320	375
内蒙古	1 132 799		1 123 437			1	9 361
辽 宁	1 514 051	25 714	1 483 282			5 055	
吉 林	909 428		908 657				771
黑龙江	3 092 561		3 092 561				
上 海	937 565	47 538	889 630				397
江 苏	2 385 669	24 479	2 360 480	710			
浙 江	5 432 448	91 482	5 282 160			2 504	56 302
安 徽	1 501 905	163 439	1 333 226			855	4 385
福 建	2 297 437	139 991	2 157 446				
江 西	1 509 264	1 000	1 508 249			15	
山 东	2 910 771	1 400	2 907 111			10	2 250
河 南	1 566 448	536	1 554 521	6			11 385
湖 北	1 610 726		1 314 391	513		52 981	242 841
湖 南	1 476 353	1 981	1 467 228			7 044	100
广 东	2 478 818	31 711	2 418 823			23 052	5 232
广 西	1 877 842	45 654	1 832 188				
海 南	467 061	5 485	461 524			51	
重 庆	1 883 644	17 576	1 838 873		374	7 179	19 643
四 川	1 895 872		1 895 872				
贵 州	1 356 491		1 352 490			3 228	772
云 南	3 413 860	47 063	3 359 906			6 891	
西 藏	526 128		526 128				
陕 西	1 949 416	9 393	1 929 085	5 019		5 594	325
甘 肃	1 589 331	2 000	1 586 831				500
青 海	366 481	345	365 667	288		181	
宁 夏	413 273	2 377	409 469			322	1 104
新 疆	2 422 635	905	2 402 662		426	15 642	3 000

（张岚）

2015年水利建设投资完成额（按建设性质分）

单位：万元

地区	本年完成投资合计	新建	扩建	改建	迁建	恢复	单纯购置	前期工作
合计	**54 522 165**	**40 077 117**	**2 920 473**	**10 667 646**	**14 165**	**328 103**	**144 340**	**370 321**
北京	167 089	136 866	20 277	391			571	8 983
天津	329 999	175 203	86 808	65 393				2 595
河北	3 639 755	2 821 459		806 452			11 845	
山西	1 467 048	1 145 045	121 862	197 833		613	1 320	375
内蒙古	1 132 799	539 019	89 781	493 437		1 200	1	9 361
辽宁	1 514 051	1 386 631	8 869	107 834		5 662	5 055	
吉林	909 428	738 855	4 158	165 364		280		771
黑龙江	3 092 561	3 007 259	17 896	67 406				
上海	937 565	590 383		346 785				397
江苏	2 385 669	1 250 357	494 290	626 822	1 551	12 648		
浙江	5 432 448	3 973 353	204 429	1 109 238	2 850	83 772	2 504	56 302
安徽	1 501 905	819 919	9 043	664 622	565	2 515	855	4 385
福建	2 297 437	2 096 331	48 987	152 119				
江西	1 509 264	804 939	85 547	610 157		8 606	15	
山东	2 910 771	2 328 186	328 859	238 466		13 000	10	2 250
河南	1 566 448	1 200 278	17 163	326 628	6	10 988		11 385
湖北	1 610 726	130 312	197 254	987 258	40	40	52 981	242 841
湖南	1 476 353	675 427	344 860	420 935		27 987	7 044	100
广东	2 478 818	1 334 108	402 377	642 931	9 153	61 965	23 052	5 232
广西	1 877 842	1 374 934	69 252	419 856		13 800		
海南	467 061	411 271	14 512	40 701		526	51	
重庆	1 883 644	1 649 471	48 422	158 930			7 179	19 643
四川	1 895 872	1 747 221	42 995	104 405		1 250		
贵州	1 356 491	1 274 856	15 311	39 399		22 925	3 228	772
云南	3 413 860	2 929 537	43 897	389 352		44 183	6 891	
西藏	526 128	522 389	469	3 270				
陕西	1 949 416	1 099 785	33 513	804 911		5 289	5 594	325
甘肃	1 589 331	1 380 453	42 731	161 753		3 894		500
青海	366 481	326 594	9 996	24 271		5 439	181	
宁夏	413 273	338 941	53 154	19 617		134	322	1 104
新疆	2 422 635	1 867 736	63 760	471 110		1 387	15 642	3 000

（张岚）

2015 年水利建设投资完成额（按构成分） 单位：万元

地 区	本年完成投资合计	建筑工程	安装工程	设备工器具购置	其他费用
合 计	**54 522 165**	**41 508 222**	**2 287 941**	**1 987 101**	**8 738 901**
北 京	167 089	88 772	3 570	7 518	67 229
天 津	329 999	240 593	5 159	20 514	63 732
河 北	3 639 755	2 482 428	371 075	164 860	621 391
山 西	1 467 048	911 672	80 358	133 285	341 733
内蒙古	1 132 799	808 377	60 814	125 639	137 969
辽 宁	1 514 051	1 332 206	39 234	40 862	101 749
吉 林	909 428	757 610	44 960	29 526	77 332
黑龙江	3 092 561	2 990 199	101 405	784	173
上 海	937 565	813 293	639	1 397	122 236
江 苏	2 385 669	1 971 106	85 262	44 167	285 134
浙 江	5 432 448	3 723 523	93 442	52 163	1 563 319
安 徽	1 501 905	1 177 800	19 426	51 986	252 693
福 建	2 297 437	1 861 369	29 603	21 294	385 171
江 西	1 509 264	1 075 622	41 471	57 267	334 904
山 东	2 910 771	1 923 749	165 867	180 448	640 707
河 南	1 566 448	1 024 314	60 855	35 783	445 497
湖 北	1 610 726	1 101 936	73 773	70 651	364 365
湖 南	1 476 353	1 157 250	101 982	115 665	101 456
广 东	2 478 818	2 202 327	73 219	39 328	163 943
广 西	1 877 842	1 438 756	3 401	44 706	390 979
海 南	467 061	294 974	10 684	6 491	154 911
重 庆	1 883 644	1 357 310	108 424	92 392	325 518
四 川	1 895 872	1 529 963	96 446	108 415	161 049
贵 州	1 356 491	1 034 724	43 764	50 391	227 612
云 南	3 413 860	3 001 056	148 072	45 380	219 352
西 藏	526 128	295 226	68 238	40 644	122 020
陕 西	1 949 416	1 679 592	361 16	35 443	198 265
甘 肃	1 589 331	997 675	159 075	154 087	278 493
青 海	366 481	320 595	12 216	5 582	28 088
宁 夏	413 273	351 920	40 806	6 408	14 138
新 疆	2 422 635	1 562 283	108 585	204 025	547 742

（张岚）

2015 年水利建设本年完成工程量

单位：万 m^3

地区	本年计划			本年完成		
	土方	石方	混凝土	土方	石方	混凝土
合计	**377 838**	**66 159**	**8 492**	**376 411**	**59 603**	**8 181**
北京	386	3	3	932	28	4
天津	2 195	19	61	2 436	32	60
河北	21 167	582	188	21 907	581	294
山西	29 571	1 311	174	30 278	1 255	164
内蒙古	29 411	707	198	29 337	700	191
辽宁	20 448	5 652	97	14 238	1 211	283
吉林	15 511	2 095	110	14 393	1 971	100
黑龙江	9 619	658	135	8 843	615	125
上海	12 737	5 351	112	11 775	2 810	67
江苏	24 824	5 981	454	24 805	5 851	455
浙江	10 173	4 569	871	11 538	4 577	542
安徽	5 118	260	103	7 249	218	108
福建	4 486	1 602	306	4 430	1 585	304
江西	10 994	3 468	501	11 259	3 093	480
山东	28 730	987	252	30 246	1 063	270
河南	11 130	576	257	11 296	548	278
湖北	8 891	1 100	280	9 198	1 139	287
湖南	5 520	1 682	349	5 554	1 679	309
广东	12 960	1 766	626	14 507	2 020	440
广西	1 983	1 214	106	1 943	1 205	103
海南	3 055	44	49	3 023	42	46
重庆	6 251	2 858	549	6 224	2 924	567
四川	6 308	4 235	481	6 183	4 432	440
贵州	2 931	2 941	318	2 713	2 298	300
云南	9 343	3 211	530	9 470	3 170	527
西藏	1 429	349	202	1 315	283	198
陕西	21 427	1 653	169	20 597	1 580	158
甘肃	22 582	4 351	344	22 850	4 322	393
青海	5 398	1 842	76	5 323	1 824	97
宁夏	9 745	894	47	8 969	880	42
新疆	23 515	4 199	544	23 580	5 668	550

（张岚）

2015年水利建设累计完成工程量

单位：万 m^3

地区	全部计划			累计完成		
	土方	石方	混凝土	土方	石方	混凝土
合计	**1 088 102**	**195 655**	**30 249**	**847 858**	**153 399**	**18 791**
北京	2 330	58	12	2 228	51	12
天津	7 359	54	77	6 238	47	61
河北	42 952	5 086	667	35 845	2 201	509
山西	74 627	5 845	801	66 888	5 066	377
内蒙古	102 904	4 108	1 156	90 985	2 889	613
辽宁	40 049	8 960	1 107	34 856	8 485	654
吉林	21 303	8 776	202	18 948	6 953	150
黑龙江	43 507	1 516	441	18 202	1 019	255
上海	14 943	5 949	243	12 946	5 881	167
江苏	61 552	13 280	842	51 472	10 217	694
浙江	60 664	34 127	2 496	41 785	30 032	1 199
安徽	38 715	5 767	502	35 332	4 146	375
福建	25 873	2 429	683	22 297	2 054	435
江西	43 138	7 108	1 382	31 205	5 613	993
山东	73 752	2 925	719	53 240	2 700	621
河南	37 753	2 971	1 466	30 665	1 990	1 253
湖北	12 212	1 439	406	11 077	1 263	349
湖南	6 750	1 908	434	6 412	1 825	364
广东	46 980	6 084	2 768	31 170	3 915	1 803
广西	11 133	3 875	694	6 756	1 576	409
海南	5 707	373	139	4 988	301	100
重庆	12 185	8 452	1 443	10 129	6 347	1 076
四川	12 882	9 845	1 690	10 113	6 433	1 002
贵州	7 679	5 191	1 201	3 968	3 105	523
云南	26 272	11 329	1 562	19 869	7 675	1 003
西藏	3 460	599	212	2 294	327	228
陕西	63 988	3 676	1 010	40 154	3 108	411
甘肃	39 835	6 962	1 207	34 233	5 975	841
青海	8 000	2 725	185	7 389	2 129	169
宁夏	11 387	946	67	10 113	912	57
新疆	128 210	23 293	4 436	96 059	19 164	2 084

（张岚）

2015 年水利建设本年施工规模

地区	水库总库容/亿 m^3	有效灌溉面积/万亩	除涝面积/万亩	发电装机容量/MW	排灌装机容量/MW	供水能力/(万 t/d)	改善灌溉面积/万亩	改善除涝面积/万亩	新建及加固堤防/km	水土保持治理面积/万亩	安全饮水达标人口/万人	节水灌溉面积/万亩	渠道防渗长度/km	河道整治长度/km
合计	**108.14**	**1 740.75**	**414.06**	**4 377.84**	**207.64**	**2 283.06**	**6 508.72**	**1 113.25**	**10 061.26**	**3 283.19**	**7 278.42**	**1 734.72**	**22 553.59**	**17 250.40**
北京		1.06					2.00			28.19		12.38		82.45
天津						11.60	4.72		109.40	2.85		27.10	171.44	82.06
河北	0.04	8.44	44.26	2.75	2.30	108.46	294.71	3.35	326.01	201.53	431.42	176.41	494.55	856.08
山西	1.05	24.38	1.39	2.05	28.46	140.51	214.14	1.99	211.99	193.62	234.59	69.23	352.07	212.28
内蒙古	6.95	68.82		98.68	1.43	85.14	260.97	13.32	1 108.21	260.49	94.73	177.53	932.29	132.21
辽宁	6.62	59.37	11.25	20.88		13.87	161.58	58.81	217.72	131.06	197.25	74.37	135.15	400.48
吉林		2.03	8.10	46.60		1.29	66.40	1.43	109.94	24.02	98.12	7.25	38.64	187.91
黑龙江		242.59					143.37		335.22		214.59	13.71		38.55
上海		0.59	21.10				18.58	7.36	15.02	0.01		0.29	419.69	293.68
江苏	1.07	100.88	87.92	3.70	48.92	205.53	755.03	367.44	444.12	43.87	36.21	68.51	2 550.19	2 764.91
浙江	0.03	0.53	9.82	3.67	8.72	25.35	40.63	64.30	486.60	127.51	19.38	8.49	696.99	1 805.83
安徽	0.01	0.03	151.26	3.36	17.55		95.21	141.40	141.44	35.39	632.47	25.30	72.48	402.23
福建	0.77	12.55	6.45	9.56	0.01	40.18	33.14	1.60	181.53	75.65	212.66	16.87	571.70	358.95
江西	13.07	35.75	2.52	190.70	11.08	29.07	102.58	4.31	494.31	30.80	257.86	2.79	1 368.35	606.06
山东	6.53	15.95	7.41	6.19	2.86	210.94	453.79	68.66	337.48	208.12	437.13	109.12	326.38	590.49
河南	0.21	326.26	3.00			10.08	322.76	43.76	265.96	48.40	662.48	19.53	279.75	516.73
湖北	0.56	66.16	17.81	112.45	3.10	28.79	364.35	115.05	168.59	220.91	255.20	54.62	943.28	2 779.59
湖南	0.17	50.95	1.82	65.02	4.29	6.17	150.95	3.48	249.68	85.73	650.70	33.52	1 103.38	262.34
广东	3.73	132.05	21.23	323.00	61.07	148.79	264.93	103.26	1 583.97	67.84	101.27	23.23	3 226.71	2 145.30
广西	3.59	34.04					6.46		386.89		593.15	2.81	3.03	377.46
海南	0.85	0.09		7.20		0.05	9.91		8.71	6.93	19.88	0.62	66.50	6.34
重庆	2.90	88.02	1.46	322.44	2.24	62.01	205.24	33.65	281.21	135.59	323.10	12.69	560.62	208.98
四川	2.50	74.63	3.05	57.72	10.00	8.51	132.90	20.41	316.02	77.03	414.59	34.95	1 512.77	96.46
贵州	1.91	122.51	5.10	43.35		43.63	28.18	1.06	117.25	144.33	320.08	5.48	373.82	160.51
云南	7.34	119.75	6.20	205.82	1.08	85.92	194.66	7.65	470.14	94.57	278.65	15.45	1 609.15	624.22
西藏	0.22	44.90		6.69		4.61	45.38		229.87	91.87			554.46	185.96
陕西	0.25	44.67		72.64	4.54	38.32	259.20	2.64	389.88	539.25	298.54	134.95	1 340.91	97.83
甘肃	0.86	20.08		128.99		15.00	209.42	1.63	512.11	173.94	294.48	199.98	291.82	260.21
青海		42.55		60.50		71.98	110.67	1.94	140.67	80.24	51.79	23.40	241.92	108.77
宁夏	0.27	1.12					19.70	19.65	5.63	93.61	48.11	10.79	116.00	285.21
新疆	46.58	0.00	2.93	2 583.88	0.00	887.24	1 537.16	2.13	415.69	59.84	100.01	373.38	2 199.56	330.74

（张岚）

2015 年水利建设新增效益

地区	水库总库容/亿 m^3	有效灌溉面积/万亩	除涝面积/万亩	发电装机容量/MW	排灌装机容量/MW	供水能力/(万 t/d)	改善灌溉面积/万亩	改善除涝面积/万亩	新建及加固堤防/km	水土保持治理面积/万亩	饮水安全达标人口/万人	节水灌溉面积/万亩	渠道防渗长度/km	河道整治长度/km
合计	**26.26**	**1 053.66**	**366.19**	**1 534.06**	**133.94**	**778.88**	**4 860.37**	**891.30**	**5 824.10**	**3 016.74**	**6 708.63**	**1 537.85**	**16 418.59**	**11 423.54**
北京		1.06					2.00			28.19		12.32		82.45
天津						11.60	4.72		81.40	2.85		27.10	171.44	82.06
河北	0.04	6.94	44.26	2.75	2.30	13.45	251.19	1.30	142.55	197.68	427.00	151.34	412.13	676.99
山西	0.69	17.70		1.73	1.51	2.37	136.65	1.99	78.82	189.02	55.51	50.83	161.12	90.28
内蒙古	0.12	12.53		3.78	0.26	21.25	196.19	5.45	493.58	166.98	94.73	118.77	442.82	93.64
辽宁	0.01	56.51	11.25	20.88		10.40	153.45	26.66	126.53	119.30	162.42	68.84	86.83	271.73
吉林		2.03	8.10	46.60		1.07	60.48	1.43	61.89	23.87	98.12		31.10	167.28
黑龙江									12.32		214.59			
上海			3.73				17.27	6.34	13.57			0.20	46.30	87.55
江苏	1.06	77.31	85.77	3.70	47.98	205.49	746.00	361.06	425.01	29.17	36.21	67.97	2 509.85	2 682.43
浙江	0.03	0.05	9.82	3.67	8.72	22.68	37.39	6.00	448.71	126.31	12.72	6.76	579.89	1 602.86
安徽		0.03	143.76	3.36	3.91		90.23	111.64	63.00	32.98	597.23	21.70		134.87
福建	0.71	6.87	4.45	8.76		26.05	30.73		140.29	75.65	212.66	15.71	437.35	310.60
江西	1.20	30.38	2.47	75.91	9.13	12.92	60.90	1.71	321.88	23.81	256.93	2.01	1 058.63	276.52
山东	6.33	15.95	7.36	6.19	2.86	210.94	434.11	67.32	235.14	204.30	437.13	104.77	311.31	576.13
河南	0.21	326.26	3.00			10.08	269.41	43.76	261.78	44.37	662.48	12.32	181.58	482.07
湖北	0.39	61.01	17.81	110.55	3.10	25.59	287.15	113.85	147.26	220.40	233.96	54.62	692.92	1 051.96
湖南	0.10	50.71	1.82	62.72	4.29	4.17	142.66	3.09	192.54	80.21	566.74	33.47	884.77	230.88
广东		0.27	3.87	54.43	33.46	26.36	72.25	50.27	265.66	13.71		9.59	732.02	618.46
广西		22.39					6.46		93.59		589.31			65.66
海南							2.52		2.71	6.93	19.58		48.97	3.01
重庆	1.28	39.72	1.46	156.53	0.81	36.15	183.57	33.65	204.58	116.77	276.94	5.14	529.12	159.89
四川	0.51	48.56	3.05	53.99	10.00	8.51	132.22	20.41	205.77	76.93	402.45	34.09	1 512.77	95.56
贵州	0.91	104.75	5.10	39.95		18.44	24.14	1.06	107.60	124.72	304.76	5.43	267.92	151.28
云南	1.99	58.37	6.20	160.92	1.08	37.55	162.78	6.93	271.21	89.58	264.93	15.30	1 393.48	356.98
西藏	0.00	38.44		6.19		4.61	39.40		218.91	80.37			206.73	185.96
陕西	0.21	42.07		67.84	4.54	37.20	225.02	2.64	331.49	535.75	296.39	127.09	1 054.30	69.97
甘肃	0.60	20.08		122.54		15.00	199.40	1.63	476.80	173.94	294.47	192.32	288.31	255.97
青海		12.55		52.00		1.98	77.05	1.94	96.15	80.00	47.90	19.30	241.92	62.81
宁夏	0.10	1.12					13.69	19.65	5.63	93.13	48.11	10.63	116.00	248.81
新疆	9.76	0.00	2.93	469.08	0.00	15.02	801.32	1.53	297.75	59.84	95.36	370.25	2 019.02	253.24

（张岚）

水利系统电力工业指标

2015 年各地区农村水电装机容量及年发电量

地　　区	年末装机容量 /kW	全年发电量 /(万 kW·h)	新增装机容量 /kW
合　计	**75 829 591**	**23 512 813**	**2 412 664**
北　京	42 920	2 046	
天　津	5 800	1 556	
河　北	395 658	42 078	7 930
山　西	193 911	32 425	3 390
内蒙古	95 145	16 853	
辽　宁	442 554	55 440	7 311
吉　林	581 285	131 114	9 005
黑龙江	348 555	74 281	51 000
江　苏	39 631	5 784	3 785
浙　江	3 959 191	1 156 688	37 745
安　徽	1 107 925	276 334	31 900
福　建	7 381 901	2 503 915	61 350
江　西	3 255 002	926 272	138 044
山　东	89 014	616	
河　南	492 742	89 186	1 755
湖　北	3 600 722	865 115	178 815
湖　南	6 108 835	1 988 720	229 533
广　东	7 400 257	1 883 727	151 906
广　西	4 412 031	1 437 663	120 870
海　南	416 945	92 613	5 285
重　庆	2 435 364	681 142	179 580
四　川	11 103 042	3 972 823	253 764
贵　州	3 286 201	1 074 656	124 229
云　南	11 418 315	3 784 567	355 150
西　藏	318 109	85 976	4 690
陕　西	1 385 629	396 987	77 892
甘　肃	2 487 836	859 026	115 675
青　海	1 032 565	395 224	74 700
宁　夏	5 440	460	
新　疆	1 463 781	505 128	142 410
新疆生产建设兵团	402 385	123 998	38 950
水利部直属	120 900	50 401	6 000

注　2015 年，农村水电全年新增加发电设备装机容量 241.2 万 kW，其中，新投产装机容量 157.6 万 kW，技改净增发电设备装机容量 83.6 万 kW。

（曲鹏）

2015年各地区年末输变配电设备

地 区	变电所总容量/kVA	变压器总容量/kVA	高压线路/km	低压线路/km
合 计	**49 818 716**	**43 016 152**	**485 786**	**1 110 845**
北 京		19 175	66	34
天 津				
河 北				
山 西	193 680	140 095	2 437	2 214
内蒙古	72 450	5 845	169	50
辽 宁				
吉 林	958 310	998 237	6 691	4 476
黑龙江				
江 苏	6 750	9 770	12	
浙 江	400 000	1 119 310	658	1 232
安 徽	362 635	367 077	6 433	15 136
福 建				
江 西				
山 东		660	2	
河 南	117 850	189 175	6 114	11 660
湖 北				
湖 南	3 192 680	2 152 643	30 667	63 899
广 东	1 004 890	149 013	3 573	12 333
广 西	11 323 230	13 144 310	115 929	151 210
海 南	137 100	70 410	975	103
重 庆				
四 川	18 313 470	14 345 196	186 292	724 565
贵 州	643 650	498 398	7984	15 219
云 南	2 624 900	2 127 640	15 398	29 941
西 藏	102 885	272 511	19 385	7 667
陕 西	1 262 862	639 565	8 924	12 345
甘 肃	3 887 849	3 159 974	48 072	45 793
青 海	8 000	27 675	529	242
宁 夏				
新 疆				
新疆生产建设兵团	5 136 225	3 503 185	25 373	12 648
水利部直属	69 300	76 288	103	78

（曲鹏）

2015年各地区新增输变配电设备

地区	变电所总容量 /kVA	变压器总容量 /kVA	高压线路 /km	低压线路 /km
合计	**4 717 816**	**4 549 311**	**16 604**	**30 058**
北京				
天津				
河北				
山西		1 270	10	245
内蒙古				
辽宁				
吉林	19 580	100 668	155	74
黑龙江				
江苏				
浙江		103 435	39	16
安徽	11 850	31 749	45	96
福建				
江西				
山东				
河南				
湖北				
湖南	135 950	21 685	1 739	3 025
广东				
广西	1 251 135	1 154 334	3 429	3 800
海南	36 400		139	
重庆				
四川	2 833 590	2 411 149	7 465	9 501
贵州		1 000	30	120
云南	96 000	448 465	632	11 862
西藏	23 765	42 060	2 130	1 026
陕西	111 906	91 059	57	222
甘肃	89 140	29 035	288	51
青海				
宁夏				
新疆				
新疆生产建设兵团	108 500	107 872	447	21
水利部直属		5 530		

（曲鹏）

2015年各地区农村水电电网供电情况

地区	网内发电设备容量/kW	网内发电量/(万kW·h)	厂用电量/(万kW·h)	售电量/(万kW·h)	购入网外电量/(万kW·h)	输出网外电量/(万kW·h)
合计	**9 408 566**	**5 585 158**	**56 156**	**9 844 554**	**4 934 788**	**1 441 345**
北京						
天津						
河北						
山西	88 560	21 750	432	26 952	7 086	11 239
内蒙古						
辽宁						
吉林	146 710	73 110	561	127 446	58 714	13 964
黑龙江						
江苏						
浙江	3 695	1 966	19	164 723	173 728	
安徽	145 454	35 822	637	36 559	5 267	
福建						
江西	14 000	1 649		1 649		10 000
山东						
河南						
湖北						
湖南	591 975	389 032	5 510	783 626	446 963	159 254
广东	24 000	550	3	547		
广西	2 133 397	736 099	2 053	1 669 552	1 045 825	189 364
海南	320	549	19	530		
重庆						
四川	3 791 326	3 176 536	32 467	5 217 084	2 435 643	626 682
贵州	40 880	81 065	803	165 932	99 174	42 320
云南	786 080	348 230	1 835	658 827	341 761	
西藏	153 629	37 428	1 452	33 014		7 628
陕西	93 070	256 951	3 638	402 578	162 338	
甘肃	950	385 146	5 675	376 118		374 646
青海	15 090	3 896	52	3 457		
宁夏						
新疆						
新疆生产建设兵团	211 700	35 380	1 002	175 962	158 288	6 249
水利部直属	1 167 730					

（曲鹏）

大　事　记

Memorabilia

2015年中国水利大事记

1月

9—10日 水利部在京召开全国水利厅局长会议，全面贯彻落实党的十八届三中、四中全会精神和习近平总书记、李克强总理关于水利工作重要讲话精神，按照中央经济工作会议、中央农村工作会议要求，总结2014年水利工作成绩，研究部署今后一个时期水利改革发展任务，安排2015年水利重点工作。水利部党组书记、部长陈雷在会议上强调，要紧密团结在以习近平同志为总书记的党中央周围，以更加自觉主动的担当意识、更加奋发有为的精神状态、更加扎实有力的工作举措，不断开创水利改革发展新局面，向党中央、国务院和全国人民交上一份满意答卷，为全面建成小康社会提供更加坚实有力的水利保障。会议讨论了《关于加强中小型水利工程建设管理防范廉政风险的指导意见》《关于鼓励和引导社会资本参与重大水利工程建设运营的实施意见》和《关于水利审计免疫系统向省市县三级延伸的意见》等3份文件征求意见稿。

10日 水利部和中国农业银行在京召开深化战略合作座谈会，研究进一步深化战略合作、加大水利信贷支持的政策举措，并组织31个省（自治区、直辖市）水利部门与农业银行分行就具体合作事宜进行对接。水利部部长陈雷主持会议并讲话，中国农业银行董事长刘士余出席并讲话。

12日 水利部部长陈雷在京会见英国环境、食品和农村事务部国务大臣伊丽莎白·特拉斯一行。双方就水资源领域的交流与合作深入交换意见。英国驻华使馆代大使安勇参加会见。

19日 黄河内蒙古段全线平稳封河。黄河内蒙古段自2014年11月30日开始流凌。截至1月19日，历时47天，累计封河长度650km，总槽蓄水量12.46亿m^3。

当日，黄河宁夏封冻河段已全部开通。

20日 国家防总在京召开全国防汛抗旱工作视频会议。国家防总副总指挥、水利部部长陈雷出席会议并讲话。他强调，当前和今后一个时期，是全面建成小康社会的决胜时期、全面深化改革的攻坚时期、全面推进依法治国的关键时期。各级防指要认真贯彻落实中央决策部署，牢牢把握并主动适应形势的发展变化，以改革创新精神，努力推动防汛抗旱防台风工作再上新台阶。

20日 水利部部长、武警水电指挥部第一政委、党委第一书记陈雷出席武警水电指挥部党委三届九次全体（扩大）会议并讲话。他强调，要深入学习贯彻习主席系列重要讲话精神，以更加自觉的担当意识、更加昂扬的精神状态、更加扎实的工作作风，在新的起点上奋力开创水电部队全面建设新局面。

21日 水利部党组召开全国水利系统党风廉政建设工作会议。水利部党组书记、部长陈雷强调，要紧密团结在以习近平同志为总书记的党中央周围，以坚定不移的态度和坚强有力的措施，扎实推进水利系统反腐倡廉工作，为水利又好又快发展提供更加坚实有力的保障。

21—23日 按照水利部党组的统一部署，水利部党组书记、部长陈雷率组对长江水利委员会、黄河水利委员会落实党风廉政建设主体责任开展重点检查考核，并同步开展部管领导班子和部管干部年度考核、干部选拔任用“一报告两评议”、党建工作考核等工作。期间，陈雷还分别对湖北、河南两省农村饮水安全工作开展督导。

29日 水利部、发展改革委、财政部、卫生计生委、环保部联合召开全国农村饮水安全工作视频会议。水利部部长陈雷出席会议并讲话，强调要深入贯彻落实党中央、国务院的决策部署，进一步明确任务、落实责任、强化措施，全力打好农村饮水安全攻坚战，确保2015年年底前全面完成“十二五”农村饮水安全规划目标任务，向党和人民交上一份满意的答卷。

2月

3日 水利部办公厅印发《关于做好新增小型病险水库除险加固工作的通知》，对2015年做好新增小型病险水库除险加固工作作出安排。全国水利第一次普查中又发现一定数量的小（1）型及小（2）型病险水库。财政部、水利部决定由中央财政定额补助，地方统筹使用，对新增小型病险水库实施除险加固，于2015年年底前完成除险加固建设任务。

9日 水利部直属机关2015年党的工作会议在京召开。水利部党组书记、部长陈雷出席会议并讲话。他强调，要紧密团结在以习近平同志为总书记的党中央周围，深入贯彻中央全面从严治党要求，不断开创机关党建工作新局面，为加快水利改革发展提供坚强保证。

10日 习近平总书记主持召开中央财经领导小组第九次会议，听取中央财经领导小组确定的新型城镇化规划、粮食安全、水安全、能源安全、创新驱动发展战略、发起建立亚洲基础设施投资银行、设立丝路基金等重大事项贯彻落实情况的汇报。习近平指出，保障水安全，关键要转变治水思路，按照“节水优先、空间均衡、系统治理、两手发力”的方针治水，统筹做好水灾害防治、水资源节约、水生态保护修复、水环境治理。

12日 水利部召开离退休老同志水利工作情况

通报会暨迎新春团拜会，水利部部长陈雷向离退休老同志通报当前水利改革发展形势和有关工作。

16日 水利部印发《关于加强中小型水利工程建设管理防范廉政风险的指导意见》，对进一步加强中小型水利工程建设管理，提出了10条具体措施，有效防范廉政风险。

水利部印发《关于水利工程建设项目代建制管理的指导意见》，对开展项目代建进行规范管理。

25日 李克强总理主持召开国务院常务会议，对加快推进重大水利工程建设进行再部署、再督促。会议指出，加快建设重大水利工程事关民生福祉，有利于促进区域协调发展，对当前稳增长也有重要意义。会议强调，一要落实目标责任制，加快项目审批和资金下达，力争2015年7月底前完成新开工项目的可研审批，中央财政用于续建项目的专项资金5月底前全部下达，中央预算内水利投资6月底前下达90%以上。二要发挥开发性金融作用，通过专项过桥贷款等方式，为地方开展水利建设提供过渡性资金支持。地方政府也可通过调整支出结构筹措建设资金。三要用改革的办法，通过财政贴息或其他市场化融资渠道，鼓励社会资本参与重大水利工程建设。四要对相关省份和重点项目开展专项督查、挂牌督办，进度严重滞后的要及时调整投资计划和资金预算，并督促整改、相应问责。使重大水利工程建设按期保质顺利推进，更好发挥促发展、惠民生的效益。

为做好大中型病险水闸除险加固工作，水利部印发通告，公布全国大中型病险水闸除险加固工作责任单位和责任人名单。

3月

2日 《中国河湖大典》出版座谈会在北京召开。水利部部长陈雷出席会议并讲话。他强调，《中国河湖大典》是中华民族文化宝库的重要水利典藏，广大水利工作者要珍惜珍爱珍视这部大典，读好用好这部大典，充分发挥水利图书典籍的教育、启迪和激励功能，为加快推进中国特色水利现代化作出新的更大贡献。

3日 水利部召开加快推进水利工程建设工作视频会议，深入贯彻落实国务院常务会议决策部署，进一步督促落实水利工程建设各项工作安排，切实加快水利投资计划执行进度。水利部部长陈雷出席会议并讲话，他强调，要以对党、对国家、对人民高度负责的精神，采取更加有力有效的举措，凝心聚力，攻坚克难，只争朝夕，真抓实干，坚决打好水利工程建设攻坚战，确保如期圆满完成年度各项建设目标任务。

9日 水利部与中国农业发展银行联合印发了《关于专项过桥贷款支持重大水利工程建设的意见》。该《意见》指出，贷款采用信用方式，无须担保。贷款期限应依据项目投资实际需求和财政预算等因素综合考虑确定，原则上不超过3年。专项过桥贷款利率在人民银行同期基准利率的基础上，按照西部及东北、中部和东部地区分别下浮20%、15%和10%执行。

12日 国家防总副总指挥、水利部部长陈雷主持召开抗旱会商会，分析当前旱情及抗旱形势，研究部署当前抗旱减灾工作。截至3月11日统计，全国耕地受旱面积3 625万亩，较常年同期偏少近8成；有62万人因旱饮水困难，较常年同期偏少9成。受旱地区主要集中在黄淮海冬麦区及华北北部，其中河北、河南两省受旱面积超过全国总数的一半。

17日 国家发展改革委、财政部、水利部联合印发了《关于鼓励和引导社会资本参与重大水利工程建设运营的实施意见》，通过政府投资引导、财政补贴、价格机制、金融支持等政策措施，鼓励和引导社会资本投入参与重大水利工程建设运营，并将推出一批吸引社会资本参与的试点项目，探索政府与社会资本合作（PPP）的机制。

水利部部长陈雷在京会见爱尔兰环境、社区和地方事务部部长阿伦·凯利一行。双方围绕水领域面临的挑战和任务深入交换意见，并就尽快签署两部在水资源领域合作谅解备忘录、全面深化双边水利合作达成一致。爱尔兰驻华大使康宝乐参加会见。

18日 水利部和国家开发银行在京召开座谈会，签署《共同推进重大水利工程建设战略合作备忘录》。水利部部长陈雷、国家开发银行董事长胡怀邦出席会议并讲话。

水利部部长、加快推进水利工程建设领导小组组长陈雷主持召开领导小组第一次全体会议，听取有关工作情况汇报，审议领导小组及其办公室工作规则，并就加快推进水利工程建设有关工作进行专题研究部署。

19日 水利部党组印发了《关于进一步加强部属单位纪检监察组织建设的意见》。该《意见》对部属单位健全规范纪检监察组织机构设置和人员配备、强化纪检监察组织领导班子建设、加强纪检监察干部队伍建设提出了明确要求。

24日 黄河内蒙古封冻河段全部顺利开通，开河过程平稳，2014—2015年度黄河防凌工作圆满结束。黄河内蒙古河段2014年11月30日开始流凌，12月3日出现首封，黄河干流最大封河长度707km，封开河历时112天。

24日 水利部召开解决四大片区规划外新出现农村饮水安全问题座谈会，对加快四省藏区、新疆维吾尔自治区和兵团、重庆三峡库区、湖南洞庭湖区等四大片区农村饮水安全工程建设进行再部署、再督促、再落实。水利部部长陈雷出席会议并讲话。

25日 水利部公布有建设任务的24个省（自治区、直辖市）和新疆生产建设兵团2015年农村饮水安全工作目标和责任人名单。

25—29 日 国家防总副总指挥、水利部部长陈雷率国家防总检查组，深入湖北省、湖南省、重庆市、四川省，检查长江流域防汛抗旱责任制和各项备汛措施落实情况，同时，督导重大水利工程建设和农村饮水安全保障工作。

26 日 财政部印发《关于进一步加快水利建设项目财政投资评审工作的通知》，要求各级财政部门高度重视，进一步规范水利项目财政投资评审工作，确保财政投资评审工作不影响水利项目建设进度。

29—31 日 水利部在京举办基层党组织书记党建暨落实主体责任专题培训班。水利部党组书记、部长陈雷作开班动员讲话。他强调，要紧密团结在以习近平同志为核心的党中央周围，着力落实中央关于全面从严治党重大战略部署，不断强化基层党组织书记主体责任和“一岗双责”意识，努力开创基层党建和党风廉政建设工作新局面，为推进水利改革发展新跨越作出新的更大贡献。

4 月

3 日 国家防总通报全国大江大河、大型及防洪重点中型水库、主要蓄滞洪区、重点防洪城市的地方政府防汛行政责任人和各地抗旱行政责任人名单。

7 日 国家防汛抗旱总指挥部召开 2015 年第一次全体会议，安排部署 2015 年防汛抗旱各项工作。中共中央政治局委员、国务院副总理、国家防汛抗旱总指挥部总指挥汪洋出席会议并强调，要紧密团结在以习近平同志为总书记的党中央周围，凝心聚力，开拓进取，扎实工作，奋力夺取 2015 年防汛抗旱工作的全面胜利，为保障经济社会持续健康发展作出新的更大贡献。国家防总副总指挥、水利部部长陈雷就贯彻会议精神提出明确要求。

9 日 水利部与国土资源部在京召开座谈会，促进水利和国土资源事业全面协调可持续发展，更好地发挥水利、国土资源对经济社会发展的支撑保障作用。水利部部长陈雷、国土资源部部长姜大明出席会议并讲话。水利部副部长矫勇和国土资源部副部长汪民分别代表水利部和国土资源部签署合作备忘录。

9 日 瑞典副首相兼环境和能源部气候与环境大臣艾莎·罗姆松到访水利部，并与水利部部长陈雷进行会谈。双方就在两国水资源合作谅解备忘录和中欧水资源交流平台框架下加强合作深入交换了意见。瑞典驻华大使罗睿德参加会见。

12—17 日 第七届世界水论坛在韩国大邱和庆州隆重举行。经国务院批准，水利部副部长矫勇率团出席水论坛系列活动，并在有关活动上发言。本届世界水论坛的主题是“未来之水”。与会代表就制订全球未来水发展目标、实施水资源可持续发展战略、创新水管理技术等重要问题开展研讨，并发表了《第七届世界水论坛部长宣言》。期间，矫勇出席了联合国秘书长水与卫生顾问委员会第 24 次会议暨高层政治对话会并作专题发言。

14 日 水利部党组书记、部长陈雷深入水利水电规划设计总院，看望慰问总院干部职工，调研项目前期、规划编制、水规总院自身建设等工作，听取水规总院班子工作情况汇报，并与水规总院中层以上干部进行座谈，现场解决水规总院反映的重点难点问题。

15 日 国家防总副总指挥、水利部部长陈雷主持召开全国水库安全度汛视频会议，贯彻落实李克强总理重要批示和国家防总 2015 年第一次全体会议精神，分析研判 2015 年水库安全度汛形势，进一步安排部署水库安全度汛工作。陈雷强调，要以对党、对国家、对人民高度负责的态度，强化责任落实，细化工作预案，实化应对措施，着力做好 2015 年水库安全度汛工作，让党中央、国务院放心，让全国人民安心。

20 日 嫩江、松花江干流已全线平稳开江，开江期间没有出现大的险情灾情。

20 日 全国水利精神文明建设工作会议在京召开。水利部党组书记、部长、部文明委主任陈雷出席会议并讲话。会议通报了中央文明委授予水利系统的第四届全国文明单位名单、第七届全国水利文明单位和 2013—2014 年度水利工程建设文明工地名单。

23 日 以水利先进典型蒋志刚同志为原型的电影《爱在青山绿水间》在湖北武汉举办首映式。

25 日 西藏自治区日喀则市定日县发生 5.9 级地震，震源深度 20km；26 日，日喀则市聂拉木县发生 5.3 级地震，震源深度 10km。地震造成水库、人饮工程等水利设施受损，形成 1 处堰塞湖。国家防总副总指挥、水利部部长陈雷第一时间对西藏震区水利抗震救灾工作作出安排部署，要求有关司局全力协助震区做好水利设施震损情况排查、应急处置、转移避险等各项工作，最大程度减少灾害损失。

28 日 黑龙江干流上游呼玛县欧浦江段开江。至此，嫩江、松花江、黑龙江干流均已全线平稳开江，开江期间没有发生大的险情灾情，防凌工作取得全面胜利。

29 日 水利部党组书记、部长陈雷主持召开党组会议，传达学习中央“三严三实”专题教育工作座谈会精神，研究部署水利部开展“三严三实”专题教育工作。会议讨论审议了《中共水利部党组关于在处级以上领导干部中开展“三严三实”专题教育实施方案》。

30 日 水利部党组书记、部长陈雷深入中国水利工程协会，看望慰问协会干部职工，调研水利行业自律、诚信体系建设和协会自身建设等工作，并与协会全体干部职工座谈，研究部署协会下一步改革发展工作。

27日 全国水利办公室工作座谈会在小浪底召开。水利部部长陈雷作出重要批示，充分肯定了各级水利部门办公室在服务水利改革发展全局中的地位和作用，对进一步做好水利办公室工作提出明确要求，对办公室战线的同志们寄予殷切希望。

5月

4日 水利部在京举行“守纪律 讲规矩 促成长”青年读书演讲比赛暨读书文化活动，纪念中国共产主义青年团成立93周年和“五四”运动96周年。水利部党组书记、部长陈雷出席活动并讲话。

5日 水利部印发修订后的《中央水利投资计划执行考核办法》，进一步规范水利投资计划管理，加快中央水利投资计划执行，提高中央水利投资效益。

6日 三峡水利枢纽工程整体验收工作启动。

13日 国家防总召开会商会议，分析研判当前防汛抗旱形势，进一步安排部署南方强降雨防范工作。

12—13日 第四届中欧水资源交流平台高层对话会在丹麦首都哥本哈根举行。来自中国、欧盟、经济合作与发展组织以及丹麦、芬兰、荷兰、爱尔兰、瑞典、瑞士等欧盟16个国家的水资源或环境部长等高级别官员、专家学者和丹麦企业界代表共200多人与会。会议通过《2015年中欧水资源交流平台高层对话会联合宣言》和《中欧水资源交流平台2015—2017年工作计划》。水利部部长陈雷出席对话会并作主旨讲话。会议期间，陈雷会见了丹麦环境大臣布罗斯博女士，实地考察了哥本哈根现代化供水厂，出席了中丹水技术交流与合作对话会，并先后会见了欧盟、瑞士、荷兰、芬兰、瑞典、爱尔兰等国家和国际组织官员。

17日 李克强总理就近期南方强降雨过程造成洪涝、风雹等灾害作出重要批示，要求国家防总加强对地方减灾工作的指导支持，切实保障群众生命安全。国家防总副总指挥、水利部部长陈雷立即作出安排部署。13—16日，江南、华南、西南东部出现2016年以来最强降雨过程。湖北、安徽、江苏、浙江、江西、湖南、贵州、广西、广东、重庆等省（自治区、直辖市）部分地区降雨100～200mm，广西桂江、广东贺江、湖南湘江上中游及汨罗江、江西修河等21条河流发生超警洪水。

19日 国家发展改革委、财政部、水利部联合印发《关于开展社会资本参与重大水利工程建设第一批试点工作的通知》，选择黑龙江奋斗水库、安徽江巷水库、福建上白石水库、广东韩江高陂水利枢纽、贵州马岭水利枢纽等12个项目作为国家层面联系的试点，启动第一批社会资本参与重大水利工程建设运营试点工作。

22日 水利部党组书记、部长陈雷以“自觉践行‘三严三实’要求，以优良作风加快推进水利改革发展”为题，为水利部党员干部讲“三严三实”专题党课。

23日 国务院副总理、国家防汛抗旱总指挥部总指挥汪洋在京主持召开国务院防汛救灾专题会议。他强调，要认真贯彻落实习近平总书记、李克强总理关于做好防汛救灾工作的重要指示批示精神，切实增强责任感和使命感，以确保群众生命财产安全为核心，立足于防大汛、抗大洪、抢大险、救大灾，各项预案要周全详尽，措施要具体可行，工作要扎实有效，最大程度减轻洪涝灾害损失。

26日 国家防总副总指挥、水利部部长陈雷主持召开会议，传达贯彻国务院防汛救灾专题会议精神和汪洋副总理重要讲话，进一步会商研判当前雨情水情汛情灾情，对防汛抗旱防台风工作进行再部署再督促再落实。

28日 广东省政府、香港特别行政区政府在香港特区政府总部举行东江水供港50周年纪念仪式。香港特别行政区行政长官梁振英、水利部部长陈雷、广东省省长朱小丹出席活动并致辞。东深供水工程于1964年2月20日正式动工，1965年1月竣工，同年3月1日正式从东江向香港供水。1974—2003年间，广东省先后耗资近百亿对工程进行三次扩建和一次全面改造，每年供港水量占香港年饮用水量的70%～80%，供水水质优于国家Ⅱ类水标准。

29—30日 由中国工程院主办，中国工程院土木、水利与建筑工程学部和南京水利科学研究院等单位共同承办的“水安全与可持续发展国际工程科技发展战略高端论坛”在南京召开。水利部部长陈雷出席29日论坛开幕式并作主旨报告。

29日 在南京水利科学研究院建院80周年之际，水利部部长陈雷深入该院，看望慰问水利科研一线干部职工，调研南科院改革发展工作，并与大家座谈交流，共商推动水利水电科技创新大计。

30日 水利部部长陈雷赴江苏省南京市、扬州市等地，深入调研江苏水利工作，督导江苏重大水利工程建设，并与江苏省政府座谈，共商进一步加快江苏水利改革发展大计。

6月

1日 全国进入主汛期。国家防总副总指挥、水利部部长陈雷主持召开会商会议，分析研判当前防汛抗旱形势，进一步安排部署主汛期防汛抗旱防台风工作。

当晚，由南京驶往重庆的旅游客船“东方之星”号在湖北监利水域倾覆。事件发生后，陪同国务院总理李克强赶赴现场的国家防总副总指挥、水利部部长陈雷立即指示应急调度三峡工程，加强事发江段水文应急监测预报，全力配合做好救援打捞工作。三峡水库下泄流量由 17 200m^3/s 逐步压减至 7 000m^3/s，为救援打捞创造条件。

9日 水利部党组决定成立水利部党建工作领导小组，进一步推动"两个责任"落实。部党组书记、部长陈雷同志任党建工作领导小组组长。

11日 水利部召开加快推进水利工程建设暨2015年第4次中央水利建设投资计划执行月调度会议。水利部部长陈雷出席会议并讲话。他强调，要进一步增强使命感、责任感和紧迫感，凝心聚力，开拓进取，扎实工作，确保圆满完成全年各项水利建设任务。

12日 水利部部长陈雷到水利部行政审批受理中心检查指导工作。受理中心目前投入试运行，依法保留的水利部本级的行政审批项目，都将进入受理中心，实行统一、集中办理，实现一个窗口对外，标志着水利部行政审批工作进入了新阶段。

13日 经国务院同意，水利部、国家发展改革委、财政部、国家卫生计生委、环境保护部联合印发《关于进一步加强农村饮水安全工作的通知》。

14—16日 水利部部长陈雷赴宁夏回族自治区固原市、中卫市等地，深入调研宁夏水利工作，督导宁夏重大水利工程建设、农村饮水安全等工作，并与自治区党委书记李建华、主席刘慧会谈，共商进一步加快宁夏水利改革发展大计。

15日 国家防总于16时启动防汛Ⅳ级应急响应，做好西江洪水防御工作。6月13—14日，受冷暖空气共同影响，广西中北部普降大到暴雨，西江发生2015年第1号洪水。

17日 国家防总副总指挥、水利部部长陈雷主持召开国家防总、水利部、中国气象局联合会商，贯彻落实国务院领导同志重要批示精神，研究安排下一阶段防汛抗旱工作。

18日 水利部党组中心组以"严以修身，加强党性修养，坚定理想信念，把牢思想和行动的'总开关'"为主题，开展"三严三实"专题教育集中学习研讨。

21日 国家防总11时启动防汛防台风Ⅳ级应急响应，做好2015年第8号台风"鲸鱼"防御工作。国家防总副总指挥、水利部部长陈雷要求进一步贯彻落实李克强总理、汪洋副总理重要批示精神，落实防台风工作各项措施，确保人民生命安全。

22日 2015年第8号强热带风暴"鲸鱼"18时50分在海南万宁登陆，登陆时中心风力10级（风速25m/s），是2015年登陆我国的首个台风，较常年偏早4天。

24—27日 水利部部长陈雷深入四川甘孜藏族自治州稻城、理塘、雅江、康定等县（市），检查督导四川藏区规划外农村饮水安全工程建设，实地考察调研四川藏区水利工作，并与四川省政府座谈，共商进一步加快四川及其藏区水利改革发展大计。

25日 水利部批复并印发《三峡—葛洲坝梯级水利枢纽调度规程》。

28日 李克强总理针对当前防汛抗洪工作作出重要批示，强调要加强防范，做好应对工作。28日下午，国家防总副总指挥、水利部部长陈雷主持召开会商会，深入贯彻落实李克强总理重要批示精神，分析研判当前太湖流域、长江下游及淮河流域雨情、水情、汛情和灾情形势，安排部署当前防汛抗洪工作。国家防总将防汛应急响应Ⅳ级提升至Ⅲ级。

29日 水利部部长陈雷在京会见了瑞士联邦环境署署长布鲁诺·奥贝利一行，双方就水资源领域的交流与合作深入交换了意见。

30日 中国水利学会第十次会员代表大会在京召开。水利部党组书记、部长陈雷出席会议并讲话。陈雷强调，要积极践行中央新时期水利工作方针，求真务实、开拓进取、凝心聚力、扎实工作，不断开创中国水利学会工作新局面，努力把中国水利学会建设成为国内外具有较大影响力的特色新型智库。大会审议通过了中国水利学会第九届理事会工作报告和财务报告，以及《中国水利学会章程》修改草案和《中国水利学会会费标准及管理办法》修订草案，选举产生了中国水利学会第十届理事会、常务理事会。

7月

1日 国家防总副总指挥、水利部部长陈雷与长江、淮河和太湖防总进行视频连线会商，深入贯彻落实中央领导重要指示精神，分析研判主汛期防汛抗洪形势，进一步安排部署主汛期防汛抗洪工作。入汛以来，南方地区共发生15次强降水过程。6月15日以来，珠江、太湖和淮河均发生编号洪水，其中西江干流、淮河干流和太湖相继超警。有197条河流发生超警洪水，较2000年以来同期偏多57条。2015年以来西北太平洋共生成9个台风，较常年同期偏多3.3个。全国洪涝灾害受灾人口、死亡人口、倒塌房屋、受灾面积等指标虽比2000年以来同期均值偏少，但全国8成以上的灾害损失集中在江苏、安徽、江西、湖北、湖南、广东、广西、重庆、四川、贵州等地，南京、常州、苏州、无锡等城市内涝问题突出。

2日 水利部党组成员、中央纪委驻水利部纪检组组长田野以"切实践行'三严三实'关键在'严'"为题，围绕"三严"的具体要求为水利部党员干部讲"三严三实"专题党课暨"水利廉政讲堂"第一期廉政讲座。

8日 国家防总副总指挥、水利部部长陈雷主持召开异地视频会商会，深入贯彻落实李克强总理和汪洋副总理重要批示精神，进一步研判2015年第9号台风"灿鸿"、第10号台风"莲花"和第11号台风

“浪卡”的发展态势，分析可能带来的影响，安排部署防御工作，并决定国家防总于8日16时启动防汛防台风Ⅱ级应急响应。

9日 第10号台风“莲花”12时15分在广东陆丰沿海以12级风力登陆，之后向西偏南方向移动，强度不断减弱，晚10时在广东深圳境内减弱为热带低压，10日早晨5时停止编号。

10日 国家防总副总指挥、水利部部长陈雷再次主持召开专题会商会，进一步贯彻落实李克强总理、汪洋副总理等国务院领导同志重要批示精神，对第9号超强台风“灿鸿”防御工作进行再安排、再部署。

11日 第9号强台风“灿鸿”于16时40分在浙江省舟山市朱家尖镇沿海登陆，登陆时风力14级(风速45m/s)，为1949年以来7月登陆浙闽地区的最强台风。

16日 世界水理事会第55次董事会会议在浙江杭州召开，水利部部长陈雷出席开幕式并致辞。他强调，面对全球水安全挑战，中国水利部愿与世界水理事会一道，致力于将世界水论坛所倡导的行动计划变为美好现实，引领和推动全球水治理进程。

16—17日 水利部部长陈雷深入浙江省，实地调研浙江防汛防台风工作情况，看望慰问奋战在防灾减灾一线的基层干群和水利干部职工，并与浙江省政府座谈，共商进一步做好防汛防台风工作、加快浙江和舟山水利改革发展大计。

15日 水利部与中国气象局就联合发布山洪灾害气象预警事宜签订备忘录。

《全国水中长期供求规划》在京通过专家审查。

20日 福建省供水有限公司、金门县自来水厂在金门正式签署福建向金门供水项目合同。根据工程规划，福建向金门地区供水水源来自泉州市晋江流域，经海底管道输送至金门。金门供水工程设计流量为日供水3.4万m^3，输水线路总长约27.56km。

21日 水利部党组书记、部长陈雷主持党组扩大会议，研究部署水利部2015年巡视工作。部署水利部党组于9月派出两个巡视组，对两个部直属单位开展巡视。

水利部出台《关于全面加强依法治水管水的实施意见》，全面加强依法治水管水，更好发挥法治在推动水利改革发展中的引领、规范和保障作用。

23日 水利部和中国农业发展银行联合召开全面支持水利建设融资工作座谈会，加快推进重大水利工程和民生水利建设融资工作。水利部部长陈雷、农发行董事长解学智出席座谈会并讲话。

24日 国务院批复了国家防总组织制定的《长江防御洪水方案》。

水利部部长陈雷会见美国陆军工程师兵团司令托马斯·博斯蒂克中将一行，双方就加强水利领域合作交换了意见。

新疆维吾尔自治区党委、政府与水利部在乌鲁木齐举行座谈会，共商推进新疆水利改革发展大计。中共中央政治局委员、新疆自治区党委书记张春贤，水利部部长陈雷出席会议并讲话。

25日 水利部在新疆乌鲁木齐召开水利援疆工作座谈会，水利部部长陈雷出席会议并讲话。他强调，要深入贯彻落实中央关于新疆工作的大政方针和决策部署，进一步加大水利援疆工作力度，加快推进新疆水利改革发展，为维护新疆社会稳定和实现长治久安提供更加坚实的水利支撑和保障。陈雷还亲切看望慰问水利援疆干部，并与大家座谈，听取对水利援疆工作的意见和建议。

26日 水利部与新疆兵团在乌鲁木齐举行座谈，深入贯彻落实第二次中央新疆工作座谈会精神，共商加快“十三五”兵团水利改革发展大计。水利部部长陈雷、兵团政委韩勇主持会议，兵团司令员刘新齐出席会议并讲话。

27日 水利部印发《关于进一步加强农村饮水安全工程运行管护工作的指导意见》，要求各地采取措施，进一步加强农村饮水安全工程运行管护工作。

30日 水利部、国土资源部、交通运输部联合印发《关于进一步加强河道采砂管理工作的通知》，要求各地各有关单位进一步加强河道采砂管理，维护河势和航道稳定，保障防洪安全、通航安全、供水安全、生态安全和重要基础设施安全，促进砂石资源的合理开发利用。

水利部、国土资源部、交通运输部和江苏省人民政府、山东省人民政府联合印发通知，要求在南水北调东线输水干线洪泽湖骆马湖至南四湖段全面禁止采砂活动。

8月

3—6日 水利部部长陈雷深入甘肃省，调研督导甘肃重大水利工程建设和藏区农村饮水安全工作，并分别与甘肃省委书记王三运、省长刘伟平座谈，共商进一步加快甘肃水利改革发展大计。

6日 甘肃省引洮供水一期工程正式运行暨二期工程开工建设动员大会在定西市陇西县举行。水利部部长陈雷出席会议并讲话。2013年2月，习近平总书记专程到引洮供水工程工地考察，明确要求民生为上、治水为要，要尊重科学、审慎决策、精心施工，把这项惠及甘肃几百万人民群众的圆梦工程、民生工程切实搞好，让老百姓早日喝上干净甘甜的洮河水。引洮供水工程是跨流域调水工程，受益区人口422.41万人。

当晚，国家防总副总指挥、水利部部长陈雷主持召开异地视频会商会，贯彻落实李克强总理和汪洋副总理重要批示精神，分析研判第13号强台风“苏迪罗”发展态势及可能带来的影响，安排部署防御工作，并决定国家防总于22时启动防汛防台风Ⅲ级应急响应。

水利部印发《水利行业廉政风险防控手册（试行）》水资源管理分册和防汛抗旱管理分册。

8日 第13号台风“苏迪罗”于4时40分在台湾花莲沿海登陆，登陆时中心附近最大风力15级（风速48m/s）。“苏迪罗”于9日夜间在福建沿海再次登陆。

10日 国家防总副总指挥、水利部部长陈雷主持召开会商会，分析研判“苏迪罗”发展态势和雨情水情汛情灾情，进一步安排当前防汛防台风工作。

14日 水利部党组中心组以“严以律己，严守党的政治纪律和政治规矩，自觉做政治上的‘明白人’”为主题，开展“三严三实”专题教育集中学习研讨。

17日 中国水利工程协会成立10周年座谈会在京召开。水利部党组书记、部长陈雷出席会议并讲话。他勉励水利工程协会广大会员和干部职工，凝心聚力，开拓进取，扎实工作，不断开创协会工作新局面，为加快水利改革发展、全面建成小康社会提供更加有力的支撑和保障。

17日 国家防总副总指挥、水利部部长陈雷主持召开会商会，分析研判第15号台风“天鹅”、第16号台风“艾莎尼”发展态势和新一轮强降雨过程，安排近期强降雨和台风防御工作。

18日 水利部党组书记、部长陈雷主持召开党组扩大会议，深入学习贯彻习近平总书记、李克强总理关于安全生产工作的重要指示批示以及全国安全生产电视电话会议精神，进一步研究部署水利安全生产工作。陈雷强调，要牢固树立安全发展理念，以对党、对人民高度负责的精神，全面抓好水利安全生产工作，坚决防止重特大事故发生，不断推进水利安全生产形势持续稳定向好。

18—19日 水利部党组召开2015年巡视工作动员暨培训会。水利部党组书记、部长、部党组巡视工作领导小组组长陈雷出席会议并做动员讲话。

19—23日 水利部部长陈雷深入云南省迪庆藏族自治州，督导云南藏区规划外农村饮水安全工程建设，实地调研云南藏区水利工作，并与云南省委书记李纪恒、省长陈豪会谈，共商进一步加快云南水利改革发展大计。

22日 水利部、国家林业局在云南省文山自治州联合召开滇桂黔石漠化片区区域发展与扶贫攻坚推进会。水利部党组书记、部长陈雷出席会议并讲话。

24日 国家防总副总指挥、水利部部长陈雷再次主持召开会商会，分析研判超强台风“天鹅”发展态势和雨情水情汛情变化，进一步安排当前防汛防台风工作。

26日 水利部召开进一步加快推进水利工程建设视频会议。水利部部长陈雷出席会议并讲话。

31日 上午，水利部在京举办以“铭史承志筑梦中国”为主题的朗诵大赛，纪念中国人民抗日战争暨世界反法西斯战争胜利70周年。水利部党组书记、部长陈雷出席会议并讲话。

9月

1日 水利部党组书记、部长陈雷，部党组成员、副部长蔡其华参观“铭记历史 缅怀先烈 珍爱和平 展望未来”纪念抗战胜利70周年书法作品展。

9日 在庆祝西藏自治区成立五十周年之际，中央代表团阿里分团副团长，水利部党组书记、部长陈雷亲切看望慰问阿里地区水利干部职工。

12日 水利部党组书记、部长陈雷实地调研拉萨水利改革发展情况，并与拉萨市委、市政府进行座谈。

13日 水利部在西藏自治区拉萨市召开第七次援藏工作会议。水利部党组书记、部长陈雷出席会议并讲话，强调要深入贯彻落实中央第六次西藏工作座谈会精神，全力做好水利援藏工作，为进一步推进西藏经济社会发展和长治久安奠定更为坚实的水利基础，为谱写中华民族伟大复兴中国梦的西藏篇章作出新的贡献。陈雷还专门到西藏自治区水利厅机关和水利援藏干部驻地，亲切看望慰问奋战在雪域高原的西藏水利干部职工和水利援藏干部，并与大家进行座谈。

21日 水利部召开推进“三严三实”专题教育工作座谈会，水利部党组书记、部长陈雷出席会议并讲话。

27日 李克强总理对第21号超强台风“杜鹃”防御工作作出重要批示，要求国家防总指导地方扎实做好防范工作。汪洋副总理也作出批示，提出明确要求。

国家防总副总指挥、水利部部长陈雷主持召开异地视频会商会，贯彻落实中央领导重要批示指示精神，分析研判第21号超强台风“杜鹃”发展态势及可能带来的影响，安排部署防御工作，并决定国家防总于10时启动防汛防台风Ⅲ级应急响应。

28日 国家防总副总指挥、水利部部长陈雷再次主持召开会商会，进一步安排部署防汛防台风工作。17时45分，第21号强台风“杜鹃”在台湾花莲沿海登陆，登陆时中心附近最大风力15级（风速48m/s）。29日8时50分，“杜鹃”在福建莆田秀屿区沿海再次登陆，登陆时中心附近最大风力12级（风速33m/s）。

29日 水利部印发《水利建设市场主体信用评价管理暂行办法》。

10月

3日 国务院副总理、国家防总总指挥汪洋对当前防台风工作作出重要批示。国家防总副总指挥、水利部部长陈雷主持召开国家防总异地视频会商会，分析研判第22号台风“彩虹”和第23号台风“彩云”发展趋势和可能造成的影响，安排部署防汛防台风工作，并决定国家防总于10时启动防汛防台风Ⅲ级应急响应。

当晚，国家防总决定将防台风Ⅲ级应急响应提升为Ⅱ级。

4日 第22号台风“彩虹”14时10分在广东省湛江市坡头区沿海登陆，登陆时中心附近最大风力15级（强台风级）。

12日 福建向金门供水工程正式开工。受陈雷部长委托，水利部副部长刘宁出席并讲话。

13日 广东省高陂水利枢纽工程开工建设动员会在梅州市大埔县举行。水利部部长陈雷出席并讲话。高陂水利枢纽工程是广东省历史上单项投资最大的水利工程，水库总库容3.66亿m^3，电站装机容量10万kW，总投资61.54亿元。在粤期间，陈雷还实地查看了梅州市梅江区中小河流治理、梅县区农村集中供水工程以及梅州大堤，详细了解工程建设和运行管护情况，并与广东省省长朱小丹、副省长邓海光等进行座谈。

14日，水利部部长陈雷在京会见了欧盟环境、海洋事务和渔业委员卡梅奴·维拉一行，双方就进一步加强中欧在水资源领域的交流与合作进行了深入探讨。

14—16日 水利部部长陈雷深入青海省，调研督导青海藏区农村饮水安全和水利工程建设情况，并与青海省政府进行座谈，共商进一步加快青海水利改革发展大计。

19日 国家防总副总指挥、水利部部长陈雷主持召开国家防总会商会，分析研判全国雨情、水情和第24号台风“巨爵”发展趋势，研究安排台风“巨爵”防御和汛末重点工作。

20日 水利部党组中心组以“严以用权，真抓实干，实实在在谋事创业做人，树立忠诚、干净、担当的新形象”为主题，开展“三严三实”专题教育集中学习研讨。

21—23日 水利部部长陈雷深入湖北省，调研督导重大水利工程建设、农村饮水安全、深化水利改革等工作，出席22日上午在孝感市大悟县举行的鄂北地区水资源配置工程全面建设动员会，并与湖北省政府座谈。鄂北地区水资源配置工程自丹江口水库清泉沟取水，自西北向东南横穿鄂北岗地，输水线路总长269.34km，将有效解决襄阳、随州、孝感三市482万人的生活用水问题，总投资179.5亿元。

28日 三峡水库水位达到175m，蓄水量393.7亿m^3，标志着2015年三峡水库汛末蓄水任务顺利完成，这也是三峡水库连续6年圆满实现175m试验性蓄水目标，为三峡工程竣工验收，转入正常运行，全面发挥防洪、供水、发电、航运等综合效益奠定了坚实基础。

29日 湖南涔天河水库扩建工程灌区工程开工。至此，2015年《政府工作报告》中提出的“今年再开工27个重大水利工程项目”目标提前两个月实现。

30日 水利部党组书记、部长陈雷主持召开党组会议，传达学习党的十八届五中全会精神。党的十八届五中全会高度重视水资源问题和水利工作，把“水利”列入基础设施网络之首，把防范水资源风险纳入风险防范的重要内容，对加快完善水利基础设施网络、大规模推进农田水利建设、实行最严格的水资源管理制度、开展水资源消耗总量和强度双控行动、推行合同节水管理、加强水生态保护、系统整治江河流域、连通江河湖库水系、合理制定水价、建立健全用水权初始分配制度、培育和发展交易市场等工作作出安排部署。

11月

4日 水利部党组书记、部长陈雷主持召开干部大会，传达学习贯彻党的十八届五中全会精神。陈雷强调，要更加紧密地团结在以习近平同志为总书记的党中央周围，深入学习贯彻党的十八届五中全会精神，在新的历史起点上奋力推进水利改革发展新跨越，为全面建成小康社会、实现“两个一百年”奋斗目标提供更加坚实的水利支撑和保障。

5日 水利部印发《关于大力加强水利智库建设的实施意见》。

6日 国家防总副总指挥、水利部部长陈雷主持召开国家防总会商会，分析研判全国雨情、水情、汛情和旱情，研究安排强降雨防范和下一阶段防汛抗旱重点工作。2015年以来，我国水旱灾害多发、频发。全国降水较常年同期略偏少，南方地区连续出现多次强降雨过程，淮河、西江干流发生超警洪水，太湖出现2009年以来最高水位。有336条中小河流发生超警洪水，74条发生超保洪水，15条发生超历史记录洪水。西北太平洋和南海共生成25个台风，其中6个登陆我国。部分地区暴雨山洪、城市内涝等灾害严重。东北、北方冬麦区及南方部分地区发生冬春旱，华北、东北、西南等地发生夏旱。

9日 水利部举办2015年第二期“水利廉政讲堂”，学习贯彻新修订的《中国共产党廉洁自律准则》和《中国共产党纪律处分条例》。中央纪委常委、副书记杨晓渡作专题讲座。

11日 水利部部长陈雷会见德国联邦环境、自然保护、建设和核反应堆安全部部长芭芭拉·亨德瑞克斯一行，双方就加强水资源领域的交流与合作深入交换意见，并签署两部在水资源领域合作谅解备忘录。德国驻华大使柯慕贤出席会见。

12 日 水利部部长陈雷在京会见澳大利亚农业和水资源部部长巴纳比·乔伊斯一行，双方就在水资源领域继续增进友谊、深化合作交换了意见。

水利部部长陈雷在京会见了丹麦环境和食品大臣伊娃·克耶·汉森一行，双方就加强中丹双边水利合作、推进中欧水资源交流平台合作交换了意见。丹麦驻华大使戴世阁参加了会见。

13 日 水利部部长陈雷在京会见了英国环境、食品和农村事务部国务大臣伊丽莎白·特拉斯一行，双方就进一步加强中英在水资源领域的交流与合作深入交换了意见。

16 日 水利部与交通运输部在京召开座谈会，进一步深化两部合作。水利部部长陈雷、交通运输部部长杨传堂签署两部合作备忘录并讲话。

18—20 日 联合国秘书长水与卫生顾问委员会第 25 次会议在纽约联合国总部召开。会议的主要任务是总结顾问委员会成立以来的工作，研究提出顾问委员会使命结束后落实 2030 年可持续发展水与卫生目标相关建议，正式向联合国秘书长、联合国成员国以及国际社会提交了顾问委员会工作总结报告。水利部部长陈雷出席会议并代表顾问委员会作主旨发言。会议期间，陈雷与联合国秘书长潘基文、荷兰国王威廉·亚历山大进行了深入交流。联合国秘书长水与卫生顾问委员会于 2004 年成立，其使命是就水与卫生千年发展目标进程向联合国秘书长提供咨询建议，是联合国历史上存在时间最长的独立咨询机制。会议结束后，应美国陆军工程师兵团司令托马斯·博斯蒂克中将邀请，水利部部长陈雷访问考察了纽约市桑迪飓风灾后重建防洪工程、新奥尔良挡潮闸、西部封闭泵站系统、河道封闭泵站以及佛罗里达艾维格蕾湿地保护工程。

19 日 进入 11 月以来，受冷暖空气持续交绥影响，江南、华南地区连续发生 3 次强降水过程，广西、广东、湖南、江西等地出现罕见冬汛。李克强总理和汪洋副总理、王勇国务委员等领导同志分别作出重要批示。国家防总副总指挥、水利部部长陈雷多次主持专题会商，要求相关流域防总和地方各级防指全力以赴做好冬汛防范和应对工作。

12 月

1 日，水利部党组召开 2015 年第二轮巡视动员暨培训会。部党组书记、部长、部巡视工作领导小组组长陈雷出席会议并做动员讲话。部党组将再次派出两个巡视组分别巡视两个直属单位。

4 日 水利部召开加快推进水利工程建设视频会议。水利部部长陈雷出席会议并讲话。陈雷指出，全面完成“十二五”和 2015 年水利工程建设各项目标任务已经进入最关键的冲刺阶段，必须准确把握当前水利建设存在的突出问题，坚定信心，狠抓不懈，采取更加有力的举措，全力打好 2015 年水利建设攻坚战。

4 日 中国水利经济研究会举行成立 35 周年学术研讨会，回顾中国水利经济研究会 35 年发展历程，研讨水利经济热点问题。水利部部长陈雷作出批示。

7 日 黑龙江、松花江干流已全部封江，嫩江干流除齐齐哈尔段外，其他江段均已封江。封江期间凌情总体平稳，没有发生大的险情灾情。

8 日 上午，水利部党组召开水利系统落实党风廉政建设主体责任和监督责任座谈会。水利部党组书记、部长陈雷出席会议并作重要讲话。会上，部机关司局和直属单位党政主要负责同志代表本单位党组织与部党组签订了 2016 年度党风廉政建设责任书，各省级水行政主管部门主要负责同志代表本单位与水利部签订了 2016 年度党风廉政建设承诺书，机关司局、直属单位主要负责同志与分管部领导签订了 2016 年度党风廉政建设承诺书。

10 日 水利部召开全国水利扶贫开发工作视频会议，贯彻中央扶贫开发工作会议精神，总结“十二五”水利扶贫开发工作，研究部署“十三五”水利扶贫开发任务。水利部党组书记、部长陈雷出席会议并讲话。他强调，要全力做好贫困地区水利工作，为打赢脱贫攻坚战、实现“两个确保”作出新的贡献。

13—14 日 水利部部长陈雷深入广西壮族自治区桂平市，现场调研大藤峡水利枢纽建设情况，亲切看望慰问工程一线建设者，并听取大藤峡公司工作汇报。

15 日 黄河内蒙古河段头道拐水文站以上 4km 处开始封河，封河长度 6km。

21 日 国家防总副总指挥、水利部部长陈雷主持召开国家防总会商会，传达贯彻落实中央领导在中央经济工作会议和中央城市工作会议上的重要讲话精神，分析研判当前全国雨情、水情、汛情和旱情，研究安排近期强降雨防范和防汛抗旱重点工作。

16 日 陈雷部长签发水利部令第 47 号，公布《水利部关于废止和修改部分规章的决定》，废止了《水文水资源调查评价资质和建设项目水资源论证资质管理办法（试行）》，修改了《建设项目水资源论证管理办法》等 8 件规章。

22 日 水利部党组书记、部长陈雷主持召开党组扩大会议，传达贯彻中央经济工作会议和中央城市工作会议精神。中央经济工作会议和中央城市工作会议对水利工作高度重视。中央经济工作会议对加大农田水利建设支持力度、加快在建水利工程建设进度、实施农业水价改革、加强流域水环境综合治理、推进节水行动计划、建立用水权初始分配制度、实施山水林田湖生态保护和修复等工作提出明确要求。中央城市工作会议把水资源承载能力和环境容量作为确定城市规模的重要指标，把划定水体保护线摆在控制城市开发强度的首要位置，对建设海绵城市、健全城市防洪排涝体系、开展水生态修复、加强水循环利用、加大水资源节约力度等作出重要部署。

28 日 水利部党组书记、部长陈雷主持召开党组扩大会议，传达贯彻中央农村工作会议精神。中央农村工作会议把水利放在“三农”工作的突出位置，作为加快农业现代化和农民奔小康进程的重要支撑，对农田水利、农村饮水安全巩固提升、重大水利工程、灌区建设、节水灌溉、江河湖库水系连通、地下水保护、水土流失综合防治、荒漠化石漠化治理、提高防灾减灾能力等作出重要部署，对农业水价综合改革、水权水市场、水资源管理、水生态修复、发展绿色小水电等提出明确要求。

名　　录

Directory

水利机关、事业单位通讯录

表 1

单　位	办公室电话	单　位	办公室电话
办　公　厅			
综合处	010-63202651	宣传信息处	010-63203103
部长办公室	010-63203477	信访处	010-63202670
秘书处	010-63202634	档案处	010-63202611
规 划 计 划 司			
综合与统计处	010-63202107	计划一处	010-63202968
规划一处	010-63202649	计划二处	010-63203668
规划二处	010-63202766	司秘	010-63202786
政 策 法 规 司			
法规处	010-63202931	政策处	010-63202063
规章处	010-63204778	司秘	010-63202891
水政监察处	010-63202919		
水资源司（全国节约用水办公室）			
水资源规划处	010-63202913	节水处	010-63202910
水资源管理处	010-63202909	城市水务处	010-63202614
水资源保护处	010-63202998	司秘	010-63202901
财　务　司			
资产管理处	010-63202803	基建财务处	010-63202999
价格处	010-63202764	机关财务资产处	010-63202257
资金预算处	010-63202796	司秘	010-63202756
财务处	010-63202759		
人　事　司			
综合与劳资处	010-63202739	机构编制处	010-63202777
公务员处	010-63202731	人才与培训处	010-63202734
干部处（干部监督处）	010-63202718	司秘	010-63202722
国 际 合 作 与 科 技 司			
综合与质量监督处	010-63202699	国际合作二处	010-63202387
科技处	010-63203616	国际河流处	010-63202389
国际合作一处	010-63202708	司秘	010-63202825

续表

单　位	办公室电话	单　位	办公室电话
建设与管理司			
综合处	010-63202686	基本建设处	010-63202709
河湖管理处	010-63202801	市场监管处	010-63202711
水库管理处	010-63202687	司秘	010-63202686
水土保持司			
监督管理处	010-63202852	监测协调处	010-63202851
生态建设处	010-63202845	司秘	010-63202839
农村水利司			
农田水利处	010-63204520	农田水利基本建设办公室	010-63202205
灌溉节水处	010-63202838	司秘	010-63202869
供水排水处	010-63202967		
安全监督司			
综合处	010-63203205	稽察处	010-63202832
安全生产处	010-63202589	司秘	010-63202225
国家防汛抗旱总指挥部办公室			
综合处	010-63202509	抗旱一处	010-63204562
防汛一处	010-63202676	抗旱二处	010-63202176
防汛二处	010-63204526	减灾处	010-63202165
防汛三处	010-63202489	技术信息处	010-63204777
防汛四处	010-63203770	司秘	010-63202492
直属机关党委			
办公室	010-63202895	直属机关团委	010-63204978
组织处	010-63202903	直属机关妇委会	010-63202896
宣传处	010-63202905	部审计室	010-63202816
直属机关工会	010-63202104		
中央纪委监察部驻部纪检组监察局			
综合室	010-63202310	纪检监察二室	010-63202735
纪检监察一室	010-63202860		
离退休干部局			
综合处	010-63202146	医疗保健处	010-63202265
党委办公室	010-63202081	老部长秘书处	010-63202197
财务处	010-63202177	秘书	010-63202139
行政福利处	010-63202141		

续表

单 位	办公室电话	单 位	办公室电话
农村水电及电气化发展局			
综合处	010-63203365	农村电气化处	010-63205225
水能资源处	010-63202947	小水电代燃料处	010-63202944
农村水电处	010-63202940	秘书	010-63202887
水库移民开发局			
办公室（人事处）	010-63203341	稽察处	010-63203345
政策法规处	010-63203344	计划财务处（审计处）	010-63203339
移民安置处	010-63203646	水利扶贫工作处	010-63204707
后期扶持处	010-63203643		

表 2

序号	部直属事业单位	地 址	邮编	区号	微波	办公室
流 域 机 构						
1	长江水利委员会	湖北省武汉市解放大道 1863 号	430010	027	9270	82828245
2	黄河水利委员会	河南省郑州市金水路 11 号	450003	0371	93710	66022160
3	淮河水利委员会	安徽省蚌埠市东海大道 3055 号	233000	0552	95520	3093719
4	海河水利委员会	天津市河东区龙潭路 15 号	300170	022	9220	24102327
5	珠江水利委员会	广东省广州市天河天寿路 80 号	510611	020	9200	87117780
6	松辽水利委员会	吉林省长春市解放大路 4188 号	130021	0431	94310	85607066
7	太湖流域管理局	上海市虹口区纪念路 480 号	200434	021	9210	65425171
在 京 单 位						
8	水利部综合事业局	西城区南线阁 58 号院	100053	010		63204497
9	水利部水文局（水利部水利信息中心）	西城区白广路 2 条 2 号	100053	010		63202423
10	水利部南水北调规划设计管理局	海淀区玉渊潭南路 3 号 D 座	100038	010		68781209
11	水利部机关服务局	西城区白广路 2 条 2 号	100053	010		63202077
12	水利部水利水电规划设计总院	西城区六铺炕北小街 2－1 号	100120	010		62387584
13	中国水利水电科学研究院	海淀区复兴路甲 1 号	100038	010		68785301
14	水利部新闻宣传中心	西城区白广路 2 条 2 号	100053	010		63202656
15	水情教育中心（中国水利报社）	海淀区玉渊潭南路 3 号 C 座	100038	010		63205200
16	中国水利水电出版社	海淀区玉渊潭南路 1 号 D 座	100011	010		68317638
17	水利部发展研究中心	海淀区玉渊潭南路 3 号 C 座	100038	010		63205081

续表

序号	部直属事业单位	地　址	邮编	区号	微波	办公室
18	中国灌溉排水发展中心	西城区广安门南街 60 号	100053	010		63203366
19	水利部建设管理质量安全中心	海淀区复兴路甲 1 号	100038	010		
20	水利部预算执行中心	西城区白广路 2 条 2 号	100053	010		63202359
21	中国水利学会	西城区白广路 2 条 2 号	100053	010		63202163
		京 外 单 位				
22	南京水利科学研究院	江苏省南京市广州路 223 号	210029	025		85828113
23	国际小水电中心	浙江省杭州市南山路 136 号	310002	0571		87079113
24	小浪底水利枢纽建设管理局	河南省郑州市紫荆山路 68 号	450000	0371		65362118
25	三门峡疗养院	河南省三门峡市陕县	472143	0398		3866000
26	中国水利博物馆	浙江省杭州市萧山区水博大道 1 号	311215	0571		86660678

表 3

单　位	地　址	邮编	区号	总机	电话	传真
北京市水务局	北京市海淀区玉渊潭南路 5 号	100038	010	68556688	68556606	68556648
天津市水务局	天津市河西区围堤道 210 号	300074	022		23333606	23333605
河北省水利厅	河北省石家庄市裕华区富强大街 3 号	050011	0311		86045596	86060478
山西省水利厅	山西省太原市新建路 45 号	030002	0351		4666309	2028223
内蒙古自治区水利厅	内蒙古自治区呼和浩特市呼伦贝尔南路 119 号	010020	0471		5259680	5259605
辽宁省水利厅	辽宁省沈阳市和平区十四纬路 5 号	110003	024		23863046	23862421
吉林省水利厅	吉林省长春市卫星路 3726 号	130033	0431		84994025	84994099
黑龙江省水利厅	黑龙江省哈尔滨市南岗区文中街 4 号	150001	0451		82622902	82640251
上海市水务局	上海市江苏路 389 号	200050	021	23111111	52398596	52398622
江苏省水利厅	江苏省南京市上海路 5 号水利大厦	210029	025	86338888	86338030	86616315
浙江省水利厅	浙江省杭州市梅花碑 7 号	310009	0571		87806153	87808508
安徽省水利厅	安徽省合肥市九华山路 48 号	230022	0551	2128114	2128008	4651790
福建省水利厅	福建省福州市鼓楼区东大路 229 号	350001	0591		87552325	87521455
江西省水利厅	江西省南昌市中山西路 68 号	330009	0791		8825678	8825677
山东省水利厅	山东省济南市历山路 127 号	250013	0531		86974222	86974007
河南省水利厅	河南省郑州市纬五路 10 号	450003	0371		65571001	65951296
湖北省水利厅	湖北省武汉市武昌中南路 17 号	430071	027	87221114	87221618	87221626

续表

单 位	地 址	邮编	区号	总机	电话	传真
湖南省水利厅	湖南省长沙市韶山北路370号	430071	0371		85483197	85551084
广东省水利厅	广东省广州市天寿路116号广东水利大厦	510835	020	81815362	38356290	38356001
广西壮族自治区水利厅	广西壮族自治区南宁市建政北路12号	530023	0771		5621596	5622454
海南省水利厅	海南省海口市海府路72号	570203	0898		65333082	65342321
重庆市水利局	重庆市渝北区龙溪街道新南路3号	410047	023		89079000	89079350
四川省水利厅	四川省成都市方武路69号	610017	028		86933694	86943009
贵州省水利厅	贵州省贵阳市西湖巷29号	550001	0851	5928985	5936302	5933280
云南省水利厅	云南省昆明市五华山光复楼	650021	0871		3631975	3621771
西藏自治区水利厅	西藏自治区拉萨市色拉路78号	85000	0891		6372247	6376319
陕西省水利厅	陕西省西安市尚德路150号	710004	029		87463020	87424604
甘肃省水利厅	甘肃省兰州市城关区广场南路13号	730000	0931		8824221	8823653
宁夏回族自治区水利厅	宁夏回族自治区银川市解放西街426号	750001	0951		5045503	5043009
青海省水利厅	青海省西宁市昆仑路18号	810001	0971		6161004	6161005
新疆维吾尔自治区水利厅	新疆维吾尔自治区乌鲁木齐市黑龙江路19号	830000	0991		5851639	5853903
大连市水务局	辽宁省大连市中山区丹东街135号	116001	0411	83981666	82712518	82712628
宁波市水利局	浙江省宁波市卖鱼路64号	315016	0574		87362041	87285586
厦门市水利局	福建省厦门市湖里区枋钟路216号	361009	0592		5766816	5766818
青岛市水利局	山东省青岛市香港中路17号	266071	0532		85916197	85916100
深圳市水务局	广东省深圳市福田区莲花路1098水源大厦	518036	0755		83072888	83072266
新疆生产建设兵团水利局	新疆维吾尔自治区乌鲁木齐市光明路196号	830002	0991		2890210	2890884

国内外水事网站摘录

网站名称	网　　址	中文名称、简介
Ministry of Water Resources, the Peoples Repubic of China	www. mwr. gov. cn	中华人民共和国水利部
	www. chinawater. com. cn	中国水利网
	www. waterinfo. com. cn	中国水势
China Institute of Water Resources and Hydropower Research	www. iwhr. com	中国水利水电科学研究院
Nanjing Hydraulic Research Institute	www. nhri. cn	南京水利科学研究院
Changjiang River Scientific Research Institute	www. crsri. cn	长江水利科技网——长江水利委员会长江科学院
Yellow River Institute of Hydraulic Research	www. yrihr. com. cn	黄河水利科学研究院，黄河科研网
Changjing Water Resources Commission of the Ministry of Water Resources	www. cjw. com. cn	水利部长江水利委员会，长江水利网
Yellow River Conservancy Commission of the Ministry of Water Resources	www. yellowriver. gov. cn	水利部黄河水利委员会，黄河网
	www. hrc. gov. cn	水利部淮河水利委员会，淮河水利网
	www. hwcc. gov. cn	水利部海河水利委员会，水信息网
	www. slwr. gov. cn	水利部松辽水利委员会，松辽水利网
Pearl River Resources Commission of the Ministry of Water Resources	www. pearlwater. gov. cn	水利部珠江水利委员会
	www. tba. gov. cn	水利部太湖流域管理局，大湖网
	www. hydroinfo. gov. cn	中国水文信息网
	www. eco. gov. cn	生态中国网
	www. chinawater. net. cn	中国水利 国际合作与科技网
	www. china5e. com	中国能源网 涵盖能源领域各方面信息的综合网站，积极倡导新能源、新技术的推广，推动中国经济、社会可持续发展
	xwxc. mwr. gov. cn	水利宣传与水文化网
	www. giwp. org. cn	中国水利水电勘测设计网
	www. jsgg. com. cn	中国节水灌溉网
	www. waterpub. com. cn	中国水利水电出版社，水电知识网
	www. icshp. org	国际小水电中心
	www. nwmc. cn	中国水利博物馆
American Institute of Hydrology (AIH)	www. aihydrology. org	美国水文研究所

续表

网站名称	网址	中文名称、简介
American Society of Civil Engineers (ASCE)	www. asce. org	美国土木工程师学会
American Water Resources Association (AWRA)	www. awra. org	美国水资源协会
Association of Water Technologies	www. awt. org	水技术协会
Australian Water Association	www. awa. asn. au	澳大利亚水协会
British Hydrological Society (BHS)	www. hydrology. org. uk	英国水文协会
Canadian Water Resources Association (CWRA)	www. cwra. org	加拿大水资源协会
Centre for Water Research	www. cwr. uwa. edu. au	澳大利亚水研究中心
Global Rivers Environmental Education Network (GREEN)	www. green. org	全球河流环境教育网
Global Water	www. globalwater. org	全球之水，全球性非营利慈善机构
Global Water Partnership	www. gwp. org	全球水伙伴，联合国支持下的国际民间组织，旨在促进水资源的综合管理，实现水资源的可持续利用
GWP China	www. gwpchina. org	GWP 中国，全球水伙伴中国，为地区级水伙伴组织
Institute of Water Research, Michigan State University	www. iwr. msu. edu	密歇根州立大学水研究所，负责地表水、地下水水质与水量方面的研究与教学项目
International Association for Environmental Hydrology	www. hydroweb. com	国际环境与水文学协会
International Association of Hydraulic Engineering and Research	www. iahr. net	国际水力学研究协会，由从事水力学工程、研究人员及其有关的专家、学者组成的国际民间学术组织
International Association of Hydrogeologists (IAH)	www. iah. org	国际水文地质学家协会
International Commission on Irrigation & Drainage (ICID)	www. icid. org	国际灌溉排水委员会，国际民间学术性组织，旨在通过改善水、土、环境、灌溉、排洪、抗旱等管理，提高全球粮食产量
International Hydrological Programme (IHP)	www. unesco. org/water/ihp	国际水文项目，联合国教科文组织水资源政府间科技合作项目
International Hydropower Association (IHA)	www. hydropower. org	国际水力发电协会
FAO water	www. fao. org/nr/water	联合国粮农组织农业用水管理机构，旨在提高用水效率、生产率及可持续利用
International Soil Conservation Organization (ISCO)	www. tucson. ars. ag. gov/isco	国际土壤保护组织，旨在提倡水土资源的可持续高效利用

续表

网站名称	网址	中文名称、简介
International Water Management Institute (IWMI)	www. iwmi. cgiar. org	国际水资源管理研究所，重点研究农业水资源利用和发展中国家的水资源需求问题
Environment Canada National Water Research Institute	www. ec. gc. ca/inre-nwri	加拿大环境部水研究所，加拿大最大的淡水研究机构，致力于持续利用及水生态科学研究
U. S. Environmental Protection Agency Office of Water	www. epa. gov	美国环保署水办公室，提供水质、管理、河口、志愿者监督、饮用水和地下水、湿地、流域等方面的信息
Stockholm International Water Institute (SIWI)	www. siwi. org	斯德哥尔摩国际水研究所，政策性智囊团，为国际社会解决日益严重的水危机提供咨询
Sydney Water	www. sydneywater. com. au	悉尼水网站
The World's Water	www. worldwater. org	世界之水，专门向从事全球淡水问题研究的组织、机构和个人提供与水有关的最新信息、数据和网站资料
U. S. Water News	www. uswaternews. com	美国水通讯，提供最新的水资源、污水处理及相关技术和产品信息
UNESCO-IHE Institute for Water Education	www. unesco-ihe. org	联合国教科文组织水教育机构
World Water Assessment Programme	www. unesco. org/water/wwap	联合国教科文组织水质评定计划
Universities Council on Water Resources	www. ucowr. org	大学水资源理事会，在水资源教育研究及公共服务方面处于领先地位的大学和机构
Urban Water Institute	www. urbanwater. com	城市水研究所，1993年成立于美国加州的非盈利性公共教育组织，提供水经济学、水管理和资源政策有关的信息
Water Education Foundation	www. water-ed. org	水教育基金会，提供水资源信息及研究资助
Water Environment Federation	www. wef. org	水环境联合会，国际性水环境教育与技术组织
Water Environment Research Foundation	www. werf. org	水环境研究基金会，提供资金，提供水质改善、污水处理及雨洪利用的独立科学研究
Water Infrastructure Network (WIN)	www. win-water. org	水基础设施网，由官员、相关专业的学者、专家及服务提供商组成的联盟
Water Online	www. wateronline. com	水在线
Water Quality Association	www. wqa. org	水质协会，设计制定水质安全标准

续表

网站名称	网 址	中文名称、简介
Water Recycling	www. waterrecycling. com	水回收，污水、雨水处理再利用
Water Resources Consulting Services	www. waterengr. com/wrcs	水资源咨询公司，提供地表水资源、水文学、水力学及相关污染诉讼的咨询服务
Water Science School	ga. water. usgs. gov/edu	校园水科学，为孩子们提供有关水的多方面信息、图片和数据
Water Technology Online	www. watertechonline. com	水技术在线
Water UK	www. water. org. uk	英国水网站
WL Delft Dydraulics	www. deltares. nl/nl	荷兰王国的水利科学研究和开发咨询机构
World Association of Soil and Water Conservation	waswc. ait. ac. th	世界水土保持协会
World Water Council	www. worldwatercouncil. org	世界水理事会，向世界各国提供有关水问题论坛场所的全球性组织
World Wide Water	www. world-wide-water. com	全球水网站，主要从事水及污水处理，尤其是脱盐处理方面的咨询服务
GEMS-Water Global Environment Monitoring system	www. gemswater. org	全球环境监测系统之水环境监测

附　　录

Appendices

2015年中国水资源公报（摘录）

中华人民共和国水利部

一、综述

2015年，全国平均降水量660.8mm，折合降水总量62 569.4亿m^3，比多年平均偏多2.8%。全国地表水资源量26 900.8亿m^3，地下水资源量7 797.0亿m^3，地下水资源与地表水资源不重复量为1 061.8亿m^3，水资源总量27 962.6亿m^3，比多年平均偏多0.9%。

2015年，全国624座大型水库和3 378座中型水库年末蓄水总量比年初增加56.0亿m^3。北方平原地下水开采区年末浅层地下水储存量比年初减少66.3亿m^3。

2015年，全国总供水量和总用水量均为6 103.2亿m^3。其中，地表水源供水量4 969.5亿m^3，占81.4%；地下水源供水量1 069.2亿m^3，占17.5%；其他水源供水量64.5亿m^3，占1.1%。生活用水793.5亿m^3，占13.0%；工业用水1 334.8亿m^3，占21.9%；农业用水3 852.2亿m^3，占63.1%；人工生态环境补水122.7亿m^3，占2.0%。全国用水消耗总量3 217.0亿m^3，耗水率52.7%。全国废污水排放总量770亿t。

2015年，全国人均综合用水量445m^3，万元国内生产总值（当年价）用水量90m^3。耕地实际灌溉亩均用水量394m^3，农田灌溉水有效利用系数0.536，万元工业增加值（当年价）用水量58.3m^3，城镇人均生活用水量（含公共用水）217L/d，农村居民人均生活用水量82L/d。按可比价计算，万元国内生产总值用水量和万元工业增加值用水量分别比2010年下降30%和37%，比2014年下降6%和7%。2015年，全国水质评价河长23.5万km，Ⅰ～Ⅲ类水质河长比例为74.2%，与2014年同比上升2.0个百分点。评价湖泊116个，Ⅰ～Ⅲ类水质湖泊个数比例为25.0%，78.3%的湖泊处于富营养状态。评价水库736座，Ⅰ～Ⅲ类水质水库座数比例为81.0%，36.5%的水库处于富营养状态。评价全国重要江河湖泊水功能区3 048个，符合水功能区限制纳污红线主要控制指标达标要求的有2 158个，达标率为70.8%。评价省界断面530个，Ⅰ～Ⅲ类水质断面比例为66.0%。

二、水资源量

（一）降水量

2015年，全国平均降水量660.8mm，折合降水总量62 569.4亿m^3，比多年平均偏多2.8%，比2014年增加3.7%。

从水资源分区看，松花江区、辽河区、海河区、黄河区、淮河区、西北诸河区6个水资源一级区（以下简称北方6区）平均降水量为322.9mm，比多年平均偏少1.6%，比2014年增加1.9%；长江区（含太湖流域）、东南诸河区、珠江区、西南诸河区4个水资源一级区（以下简称南方4区）平均降水量为1 260.3mm，比多年平均偏多5.0%，比2014年增加4.6%。10个水资源一级区中，辽河区、西南诸河区、黄河区、海河区和淮河区降水量比多年平均偏少，其中辽河区偏少12.2%；松花江区降水量与多年平均基本持平；其他水资源一级区降水量比多年平均偏多，其中东南诸河区和珠江区分别偏多23.8%和12.7%。与2014年比较，除黄河区、西南诸河区和松花江区降水量减少外，其他水资源一级区降水量均有不同程度的增加，其中海河区和东南诸河区分别增加21.0%和15.6%。从行政分区看，降水量比多年平均偏多的有12个省（自治区、直辖市），其中上海、浙江、江西、江苏和广西5个省（自治区、直辖市）偏多20%以上；与多年平均接近的有湖北、宁夏和青海3个省（自治区）；比多年平均偏少的有16个省（自治区、直辖市），其中海南、辽宁和山东3个省偏少15%以上。

（二）地表水资源量

2015年，全国地表水资源量26 900.8亿m^3，折合年径流深284.1mm，比多年平均偏多0.7%，比2014年增加2.5%。从水资源分区看，北方6区地表水资源量为3 836.2亿m^3，折合年径流深63.3mm，比多年平均偏少12.4%，比2014年增加0.8%；南方4区为23 064.6亿m^3，折合年径流深675.8mm，比多年平均偏多3.3%，比2014年增加2.7%。在10个水资源一级区中，东南诸河区、珠江区、长江区和西北诸河区地表水资源量比多年平均偏多，其中东南诸河区和珠江区分别偏多27.8%和13.1%；其他水资源一级区地表水资源量均比多年平均偏少，其中海河区、辽河区和黄河区分别偏少49.8%、44.5%和28.9%。与2014年比较，黄河区、松花江区和西南诸河区地表水资源量分别减少19.3%、8.8%和8.0%；其他水资源一级区地表水资源量均有不同程度的增加，其中辽河区和淮河区分别增加35.5%和19.0%。

从行政分区看，地表水资源量比多年平均偏多的有11个省（自治区、直辖市），其中上海和江苏分别偏多127.2%和74.8%；与多年平均接近的有黑龙江省；比多年平均偏少的有19个省（自治区、直辖市），其中河北、山东、辽宁和北京4个省（直辖市）偏少40%以上。

2015年，从国境外流入我国境内的水量213.6亿m^3，从我国流出国境的水量5 139.7亿m^3，流入界河的水量1 061.2亿m^3。

2015年，全国入海水量17 600.9亿m^3，比2014年增加1 271.2亿m^3。其中，辽河区入海水量58.8亿m^3，海河区28.4亿m^3，黄河区126.6亿m^3，淮

河区 389.1亿 m^3，长江区 9 658.0亿 m^3，东南诸河区 2 362.5亿 m^3，珠江区 4 977.5亿 m^3。辽河区和海河区入海水量分别约占当地地表水资源量的 26%，黄河区入海水量约占当地地表水资源量的 29%，淮河区入海水量约占当地地表水资源量的 64%，长江区、东南诸河区和珠江区入海水量占当地地表水资源量的比例均超过 90%。

（三）地下水资源量

全国矿化度小于等于 2g/L 的浅层地下水计算面积为 841 万 km^2，2015 年地下水资源量 7 797.0亿 m^3，比多年平均偏少 3.3%。其中，平原区浅层地下水计算面积 165 万 km^2，地下水资源量 1 711.4亿 m^3；山丘区浅层地下水计算面积 676 万 km^2，地下水资源量 6 383.5亿 m^3；平原区与山丘区之间的地下水资源重复计算量 297.9 亿 m^3。

我国北方 6 区平原浅层地下水计算面积占全国平原区面积的 91%，2015 年地下水总补给量 1 446.2亿 m^3，是北方地区的重要供水水源。北方各水资源一级区平原地下水总补给量分别是：松花江区 266.0 亿 m^3，辽河区 103.1 亿 m^3，海河区 156.0 亿 m^3，黄河区 150.3 亿 m^3，淮河区 292.0 亿 m^3，西北诸河区 478.8 亿 m^3。在北方 6 区平原地下水总补给量中，降水入渗补给量、地表水体入渗补给量、山前侧渗补给量和井灌回归补给量分别占 50.2%、36.5%、7.7%和 5.6%。黄淮海平原和松辽平原以降水入渗补给量为主，占总补给量的 70%左右；西北诸河平原区以地表水体入渗补给量为主，占总补给量的 72%左右。

（四）水资源总量

2015 年，全国水资源总量为 27 962.6亿 m^3，比多年平均偏多 0.9%，比 2014 年增加 2.6%。地下水与地表水资源不重复量为 1 061.8亿 m^3，占地下水资源量的 13.6%（地下水资源量的 86.4%与地表水资源量重复）。全国水资源总量占降水总量的 44.7%，平均单位面积产水量为 29.5 万 m^3/km^2。

北方 6 区水资源总量 4 733.5亿 m^3，比多年平均偏少 10.1%，占全国的 16.9%；南方 4 区水资源总量为 23 229.1亿 m^3，比多年平均偏多 3.5%，占全国的 83.1%。

2015 年各省级行政区水资源量见表 1。与多年平均比较，全国各年代水资源总量变化不大，1990—1999 年偏多 3.9%，2000—2009 年偏少 3.9%，2010—2015 年接近多年平均值。南、北方地区水资源总量的年代变化差异显著，其中，南方 4 区水资源总量的年代变化趋势与全国基本一致，1990—1999 年偏多 4.8%，2000—2009 年偏少 3.2%，2010—2015 年接近多年平均值；北方 6 区水资源总量年代变化较为显著，1990—1999 年接近多年平均值，2000—2009 年偏少 6.9%，2010—2015 年则偏多 3.0%。

表 1　**2015 年各省级行政区水资源量**　单位：亿 m^3

省级行政区	降水量	地表水资源量	地下水资源量	地下水与地表水不重复资源量	水资源总量
全　国	**62 569.4**	**26 900.8**	**7 797**	**1 061.8**	**27 962.6**
北　京	95.7	9.3	20.6	17.4	26.8
天　津	63.9	8.7	4.9	4.1	12.8
河　北	958.7	50.9	113.6	84.2	135.1
山　西	751	53.8	86.4	40.1	94
内蒙古	3 134.4	402.1	224.6	134.8	537
辽　宁	822.1	152	83.2	26.9	179
吉　林	1 107.2	272	127.4	59.3	331.3
黑龙江	2 528.2	686	283	128	814.1
上　海	103.7	55.3	11.7	8.7	64.1
江　苏	1 281.5	462.9	142.4	119.2	582.1
浙　江	2 137.8	1 390.4	269.8	16.7	1 407.1
安　徽	1 900.8	850.2	193.7	63.9	914.1
福　建	2 468.2	1 324.7	332.3	1.3	1 325.9
江　西	3 464.8	1 983	465	18.3	2 001.2
山　东	901.9	84.3	133.1	84.1	168.4
河　南	1 165.5	186.7	173.1	100.4	287.2
湖　北	2 188.1	986.3	279.6	29.3	1 015.6
湖　南	3 409.8	1 912.4	432.4	6.9	1 919.3
广　东	3 330.8	1 923.4	461.4	10	1 933.4
广　西	4 494.1	2 432.2	467.3	1.3	2 433.6

续表

省级行政区	降水量	地表水资源量	地下水资源量	地下水与地表水不重复资源量	水资源总量
海 南	479.4	195.9	50.6	2.3	198.2
重 庆	863.8	456.2	103.3	0	456.2
四 川	4 332.3	2 219.4	584	1.2	2 220.5
贵 州	2 212.9	1153.7	282.2	0	1153.7
云 南	4 751	1871.9	607.5	0	1871.9
西 藏	6 093.7	3 853	803	0	3 853
陕 西	1 295.5	309.2	120.6	24.2	333.4
甘 肃	1 074.1	157.3	100.9	7.5	164.8
青 海	2 067.2	570.1	273.6	19.2	589.3
宁 夏	149.1	7.1	20.9	2.1	9.2
新 疆	2 942.1	880.1	544.9	50.2	930.3

三、蓄水动态

（一）大中型水库蓄水动态

2015年对全国624座大型水库和3 378座中型水库进行统计，水库年末蓄水总量4 037.3亿m^3，比年初蓄水总量增加56.0亿m^3。其中，大型水库年末蓄水量为3 587.2亿m^3，比年初增加14.4亿m^3；中型水库年末蓄水量450.1亿m^3，比年初增加41.6亿m^3。

在各水资源一级区中，黄河区、淮河区和海河区3个水资源一级区水库年末蓄水量减少，其中黄河区减少66.8亿m^3；其他7个水资源一级区均有不同程度的增加，其中东南诸河区增加55.2亿m^3。北方6区水库年末蓄水量比年初共减少51.4亿m^3，南方4区水库年末蓄水量比年初共增加107.4亿m^3。

各省级行政区水库年末蓄水量与年初比较，浙江、吉林和四川等14个省（自治区、直辖市）水库蓄水量增加，共增加蓄水量198.0亿m^3；河南、湖北和青海等16个省（自治区、直辖市）水库蓄水量减少，共减少蓄水量142.0亿m^3。

（二）北方平原区浅层地下水动态

2015年，北方16个省级行政区对74万km^2平原地下水开采区进行了统计分析，年末浅层地下水储存量比年初减少66.3亿m^3。其中，上升区（水位上升0.50m以上）面积占8.6%，地下水储存量增加31.3亿m^3；下降区（水位下降0.50m以上）面积占23.2%，地下水储存量减少88.8亿m^3；相对稳定区（水位变幅在正负0.50m以内）面积占68.2%，地下水储存量减少8.8亿m^3。按水资源一级区统计，北方6个水资源一级区地下水储存量均有不同程度的减少，其中，海河区、辽河区和松花江区分别减少27.2亿m^3、11.8亿m^3和11.4亿m^3。

按省级行政区统计，地下水储存量增加的有3个省（自治区、直辖市），其中江苏增加6.3亿m^3；储存量减少的有13个省（自治区、直辖市），其中河北和河南分别减少22.1亿m^3和11.3亿m^3。

（三）平原区地下水位降落漏斗

2015年，18个省级行政区对地下水位降落漏斗（以下简称漏斗）进行了不完全调查，共统计漏斗66个，年末总面积5.5万km^2。年末漏斗面积大于500km^2的有29个，其中天津第Ⅳ含水组漏斗、河南安阳—鹤壁—濮阳漏斗、天津第Ⅲ含水组漏斗、山东淄博—潍坊漏斗和莘县—夏津漏斗面积超过了4 000km^2，分别达7 897km^2、7 300km^2、6 548km^2、5 720km^2和4 185km^2。年末漏斗中心水位埋深大于50m的有25个，以陕西西安城区严重超采区、甘肃山丹城关镇漏斗、山西太原漏斗和运城漏斗、河北冀枣衡漏斗和南宫漏斗、天津第Ⅳ含水组漏斗较深，超过了100m。

2003年以来，部分平原区地下水位降落漏斗总体状况有所好转。其中，江苏苏锡常漏斗面积由4 151km^2减少至1 011km^2，中心水位上升30m；山东单县漏斗面积由1 156km^2减少至270km^2，中心水位上升10m；辽宁首山漏斗面积由318km^2减少至146km^2，中心水位上升4m。

四、水资源开发利用

（一）供水量

2015年，全国总供水量6 103.2亿m^3，占当年水资源总量的21.8%。其中，地表水源供水量4 969.5亿m^3，占总供水量的81.4%；地下水源供水量1 069.2亿m^3，占总供水量的17.5%；其他水源供水量64.5亿m^3，占总供水量的1.1%。

在地表水源供水量中，蓄水工程供水量占33.9%，引水工程供水量占32.1%，提水工程供水量占30.5%，水资源一级区间调水量占3.5%。全国跨水资源一级区调水主要分布在黄河下游向其左、右两岸的海河区和淮河区调水，以及长江中下游向淮河区、黄河区和海河区的调水。其中，海河区从黄河区引水 43.28 亿 m^3，从长江区引水 13.79 亿 m^3；黄河区从海河区的漳卫河引水 0.13 亿 m^3，从长江区引水 9.13 亿 m^3；淮河区从长江区、黄河区分别引水 54.50 亿 m^3 和 42.76 亿 m^3；长江区从淮河区、珠江区、西南诸河区的澜沧江流域分别引水 5.60 亿 m^3、0.27 亿 m^3 和 0.74 亿 m^3；珠江区从长江区引水 0.48 亿 m^3；西北诸河区的甘肃河西走廊内陆河从黄河区引水 2.40 亿 m^3。在地下水供水量中，浅层地下水占 91.1%，深层承压水占 8.5%，微咸水占 0.4%。在其他水源供水量中，主要为污水处理再生利用量和集雨工程量，分别占 81.5%和 17.4%。

2015 年全国海水直接利用量 814.8 亿 m^3，主要作为火（核）电的冷却用水。海水直接利用量较多的为广东、浙江、福建、辽宁、江苏、山东和河北，分别为 317.3 亿 m^3、174.8 亿 m^3、70.2 亿 m^3、59.4 亿 m^3、51.3 亿 m^3、40.9 亿 m^3 和 39.8 亿 m^3，其余沿海省份大都也有一定数量的海水直接利用量。各水资源分区中，南方 4 区供水量 3 341.0亿 m^3，占全国总供水量的 54.7%；北方 6 区供水量 2 762.2亿 m^3，占全国总供水量的 45.3%。南方 4 区均以地表水源供水为主，其供水量占总供水量的 95%以上；北方 6 区供水组成差异较大，除西北诸河区地下水供水量只占总供水量的 22.4%外，其余 5 区地下水供水量均占有较大比例，其中海河区和辽河区的地下水供水量分别占总供水量的 56.5%和 50.5%。

各省级行政区中，上海、浙江、重庆、江苏等 11 个省（自治区、直辖市）地表水源供水量占其总供水量比例在 95%以上；河北、河南地下水源供水量占总供水量的比例分别为 71%和 54%；北京、天津其他水源供水量占总供水量的比例分别为 25%和 11%。2015 年各省级行政区供水量和用水量见表 2。

表 2　　2015 年各省级行政区供水量和用水量　　单位：亿 m^3

省级行政区	供水量				用水量					
	地表水	地下水	其他	总供水量	生活	工业	其中：直流火（核）电	农业	生态环境	总用水量
全　国	**4 969.5**	**1 069.2**	**64.5**	**6 103.2**	**793.5**	**1 334.8**	**480.5**	**3 852.2**	**122.7**	**6 103.2**
北　京	10.5	18.2	9.5	38.2	17.5	3.8	0.0	6.5	10.4	38.2
天　津	17.9	4.9	2.9	25.7	4.9	5.3	0.0	12.5	2.9	25.7
河　北	48.7	133.6	4.9	187.2	24.4	22.5	0.1	135.2	5	187.2
山　西	37.1	33.2	3.3	73.6	12.3	13.7	0.0	45.2	2.3	73.6
内蒙古	95.2	88.3	2.3	185.8	10.4	18.8	0.0	140.2	16.4	185.8
辽　宁	78	58.6	4.2	140.8	25	21.4	0.0	88.8	5.6	140.8
吉　林	88.9	44	0.7	133.6	12.8	23.2	5.1	90.2	7.4	133.6
黑龙江	196.7	157.7	0.8	355.3	16.2	23.8	8.6	312.6	2.6	355.3
上　海	103.8	0	0	103.8	24.1	64.6	53.8	14.2	0.8	103.8
江　苏	558	9.1	7.4	574.5	54.5	239	189.9	279.1	2	574.5
浙　江	183.4	1.7	1	186.1	44.4	51.6	1	84.7	5.5	186.1
安　徽	253.9	32.5	2.3	288.7	32.8	93.5	51.4	157.5	4.9	288.7
福　建	194.7	6	0.6	201.3	32.2	72.5	12.3	93.3	3.3	201.3
江　西	235.6	8.2	2	245.8	27.9	61.6	16.8	154.1	2.1	245.8
山　东	122	83.1	7.7	212.8	33	29.6	0.0	143.3	6.9	212.8
河　南	100.6	120.7	1.6	222.8	35.4	52.5	5.7	125.9	9.1	222.8
湖　北	292.2	9.1	0	301.3	49.2	93.3	39.5	158	0.8	301.3
湖　南	314.2	16.2	0	330.4	42.2	90.2	30	195.3	2.7	330.4
广　东	426	15.3	1.8	443.1	98.3	112.5	36.6	227	5.3	443.1
广　西	286.4	11.7	1.2	299.3	39.7	55.5	20.5	201.7	2.4	299.3
海　南	42.9	2.7	0.1	45.8	7.9	3.2	0.0	34.3	0.3	45.8
重　庆	77.4	1.4	0.1	79	19.6	32.5	5.4	25.9	1	79
四　川	250.4	13.3	1.8	265.5	48.3	55.4	1.7	156.7	5.1	265.5
贵　州	92.4	3	2.1	97.5	17	25.5	2.2	54.2	0.7	97.5
云　南	144.7	4.3	1.2	150.1	20.2	23	0.1	104.6	2.3	150.1
西　藏	27.7	3.1	0	30.8	1.3	1.4	0.0	28	0.1	30.8
陕　西	56	33.4	1.8	91.2	16.1	14.2	0.0	58	2.9	91.2
甘　肃	90.1	26.9	2.2	119.2	8.3	11.6	0.0	96.2	3.1	119.2
青　海	22.2	4.5	0.1	26.8	2.6	2.9	0.0	20.8	0.5	26.8
宁　夏	65	5.1	0.2	70.4	1.8	4.4	0.0	61.9	2.2	70.4
新　疆	456.9	119.4	0.9	577.2	13.2	11.8		546.4	5.8	577.2

注　人工生态环境补水不包括太湖的引江济太调水 9.6 亿 m^3，浙江的环境配水 25.5 亿 m^3 和新疆的塔里木河向大西海子以下河道输送生态水、阿勒泰地区向乌伦古湖及科克苏湿地补水 10.2 亿 m^3。

（二）用水量

2015年，全国总用水量6 103.2亿 m^3。其中，生活用水793.5亿 m^3，占总用水量的13.0%；工业用水1 334.8亿 m^3［其中直流火（核）电用水量为480.5亿 m^3］，占总用水量的21.9%；农业用水3 852.2亿 m^3，占总用水量的63.1%；人工生态环境补水122.7亿 m^3（不包括太湖的引江济太调水9.6亿 m^3、浙江的环境配水25.5亿 m^3 和新疆的塔里木河向大西海子以下河道输送生态水、阿勒泰地区向乌伦古湖及科克苏湿地补水共10.2亿 m^3），占总用水量的2.0%。

按水资源分区统计，南方4区用水量3 341.0亿 m^3，占全国总用水量的54.7%，其中生活用水、工业用水、农业用水、人工生态环境补水分别占全国同类用水的66.9%、77.9%、45.0%、31.0%；北方6区用水量2 762.2亿 m^3，占全国总用水量的45.3%，其中生活用水、工业用水、农业用水、人工生态环境补水分别占全国同类用水的33.1%、22.1%、55.0%、69.0%。

按各省级行政区统计，用水量大于400亿 m^3 的有新疆、江苏和广东等3个省（自治区），用水量少于50亿 m^3 的有天津、青海、西藏、北京和海南等5个省（自治区、直辖市）。农业用水占总用水量75%以上的有新疆、西藏、宁夏、黑龙江、甘肃、青海和内蒙古等7个省（自治区），工业用水占总用水量35%以上的有上海、江苏、重庆和福建等4个省（直辖市），生活用水占总用水量20%以上的有北京、重庆、浙江、上海和广东等5个省（直辖市）。

根据1997年以来《中国水资源公报》统计，全国总用水量总体呈缓慢上升趋势，其中生活用水呈持续增加态势，工业用水从总体增加转为逐渐趋稳；农业用水受气候和实际灌溉面积的影响上下波动。生活和工业用水占总用水量的比例逐渐增加，农业用水占总用水量的比例则有所减少。

按居民生活用水、生产用水、人工生态环境补水划分，2015年全国城镇和农村居民生活用水占9.2%，生产用水占88.8%，人工生态环境补水占2.0%。在生产用水中，第一产业用水占总用水量的63.1%，第二产业用水占22.6%，第三产业用水占3.1%。

（三）耗排水量

1. 用水消耗量

2015年，全国用水消耗总量3 217.0亿 m^3，耗水率52.7%。农业灌溉耗水量2 475.0亿 m^3，占用水消耗总量的77.0%，耗水率64.3%；工业耗水量310.1亿 m^3，占用水消耗总量的9.6%，耗水率23.2%；生活耗水量332.8亿 m^3，占用水消耗总量的10.3%，耗水率41.9%；人工生态环境补水耗水量99.1亿 m^3，占用水消耗总量的3.1%，耗水率80.8%。

在各省级行政区中，耗水率较高的有西藏、山西和河北3个省（自治区），耗水率最低的为上海市。

2. 废污水排放量

2015年，全国废污水排放总量770亿t，其中大于30亿t的有江苏、浙江、安徽、福建、江西、河南、湖北、湖南、广东、广西、四川等11个省（自治区），小于10亿t的有天津、山西、内蒙古、海南、西藏、甘肃、青海、宁夏和新疆等9个省（自治区、直辖市）。

（四）用水指标

2015年，全国人均综合用水量445m^3，万元国内生产总值（当年价）用水量90m^3。耕地实际灌溉亩均用水量394m^3，农田灌溉水有效利用系数0.536，万元工业增加值（当年价）用水量58.3m^3，城镇人均生活用水量（含公共用水）217L/d，农村居民人均生活用水量82L/d。

从水资源分区看，各水资源一级区中，人均综合用水量最高的是西北诸河区，最低的是海河区；万元国内生产总值用水量最高的是西北诸河区，较低的是海河区、东南诸河区、辽河区和淮河区；万元工业增加值用水量较高的是西南诸河区和长江区，较低的是海河区、辽河区、淮河区和黄河区。

因受人口密度、经济结构、作物组成、节水水平、气候因素和水资源条件等多种因素的影响，各省级行政区的用水指标值差别很大。从人均综合用水量看，大于600m^3 的有新疆、宁夏、西藏、黑龙江、内蒙古、江苏和广西等7个省（自治区），其中新疆、宁夏、西藏和黑龙江分别达2 478m^3、1 058m^3、959m^3 和929m^3；小于250m^3 的有天津、北京、山西、山东、河南和陕西等6个省（直辖市），其中天津最低，仅168m^3。从万元国内生产总值用水量看，新疆最高，为619m^3；小于50m^3 的有天津、北京、山东、上海、浙江和辽宁等6个省（直辖市），其中天津、北京分别为16m^3 和17m^3。2015年各省级行政区主要用水指标见表3。

根据1997年以来《中国水资源公报》统计，用水效率明显提高，全国万元国内生产总值用水量和万元工业增加值用水量均呈显著下降趋势，耕地实际灌溉亩均用水量总体上呈缓慢下降趋势，人均综合用水量基本维持在400～450m^3 之间。2015年与1997年比较，耕地实际灌溉亩均用水量由492m^3 下降到394m^3；按2000年可比价计算，万元国内生产总值用水量由702m^3 下降到155m^3，18年间下降了78%；万元工业增加值用水量由363m^3 下降到78m^3，18年间下降了78%。与2010年相比，农田灌溉水有效利用系数提高0.034，万元国内生产总值用水量和万元工业增加值用水量分别下降30%和37%（按可比价计算）。

表3　**2015年各省级行政区主要用水指标**

省级行政区	人均国内生产总值/万元	人均用水量/m^3	万元国内生产总值用水量/m^3	耕地实际灌溉亩均用水量/m^3	农田灌溉水有效利用系数	人均生活用水量/(L/d)			万元工业增加值用水量/m^3
						城镇生活	居民	农村居民	
全　国	**4.935**	**445**	**90**	**394**	**0.536**	**217**	**135**	**82**	**58.3**
北　京	10.628	177	17	227	0.71	239	133	101	10.5
天　津	10.796	168	16	218	0.687	95	65	50	7.7
河　北	4.026	253	63	213	0.67	150	100	55	17.8
山　西	3.502	201	57	186	0.53	123	92	54	31.3
内蒙古	7.19	741	103	327	0.521	140	91	73	23.6
辽　宁	6.552	321	49	389	0.587	192	122	83	18.4
吉　林	5.185	485	94	351	0.563	173	125	72	35.9
黑龙江	3.946	929	236	442	0.59	158	120	57	58.8
上　海	10.314	429	42	431	0.735	301	150	82	90.9
江　苏	8.8	721	82	427	0.598	232	140	98	85.4
浙　江	7.764	337	43	355	0.582	272	148	117	30
安　徽	3.6	472	131	282	0.524	205	136	85	96.8
福　建	6.797	527	77	617	0.533	297	163	118	66
江　西	3.672	540	147	547	0.49	235	164	96	88.2
山　东	6.417	217	34	177	0.63	113	77	64	11.4
河　南	3.913	236	60	165	0.601	147	112	63	32.6
湖　北	5.065	516	102	430	0.5	350	164	72	80.9
湖　南	4.297	489	114	517	0.496	247	156	92	81.3
广　东	6.75	411	61	753	0.481	300	194	135	37.3
广　西	3.519	627	178	873	0.465	335	189	131	87.5
海　南	4.082	505	124	995	0.563	348	198	105	66.7
重　庆	5.233	263	50	339	0.48	238	167	84	58.5
四　川	3.684	325	88	406	0.454	240	165	89	45.8
贵　州	2.985	277	93	384	0.451	228	121	63	76.9
云　南	2.902	318	109	393	0.451	176	124	71	58.5
西　藏	3.2	959	300	612	0.417	247	100	53	206.6
陕　西	4.802	241	50	282	0.556	145	107	83	18.6
甘　肃	2.617	459	175	497	0.541	150	77	39	65.1
青　海	4.125	457	111	565	0.489	185	85	52	32
宁　夏	4.381	1 058	242	753	0.501	114	72	28	44.4
新　疆	4.004	2 478	619	617	0.527	225	148	88	43.9

注　1. 万元国内生产总值用水量和万元工业增加值用水量指标按当年价格计算。

2. 本表计算中所使用的人口数字为年平均人口数。

3. 本表中“人均生活用水量”中的“城镇生活”包括居民家庭生活用水和公共用水（含第三产业及建筑业等用水），“居民”仅包括居民家庭生活用水。

五、水资源质量

（一）河流水质

2015年，对全国23.5万km的河流水质状况进行了评价。全年Ⅰ类水河长占评价河长的8.1%，Ⅱ类水河长占44.3%，Ⅲ类水河长占21.8%，Ⅳ类水河长占9.9%，Ⅴ类水河长占4.2%，劣Ⅴ类水河长占11.7%。主要污染项目是氨氮、总磷、化学需氧量。全国Ⅰ～Ⅲ类水河长比例为74.2%，与2014年河流水质评价结果比较分析表明（同比18.7万km河长），Ⅰ～Ⅲ类水河长比例上升2.0个百分点，劣Ⅴ类水河长比例持平。

在各水资源分区，Ⅰ～Ⅲ类水河长占评价河长比例为：西北诸河区、西南诸河区在97%以上；长江区、东南诸河区、珠江区为79%～85%；黄河区、松花江区为66%～70%；辽河区、淮河区、海河区分别为52%、45%和34%。

在各行政分区，Ⅰ～Ⅲ类水河长占评价河长比例为：重庆、新疆、西藏、湖南等8个省（自治区、直辖市）在90%以上；四川、云南、北京、贵州等10个省（自治区、直辖市）为70%～90%；陕西、吉林、黑龙江、安徽、河南等5个省为50%～70%；天津、山西、江苏、宁夏等8个省（自治区、直辖市）不足50%，其中，山西和天津分别为27%和9%。

（二）湖泊水质

2015年，对116个湖泊共2.8万km^2水面进行了水质评价。全年总体水质为Ⅰ～Ⅲ类的湖泊有29个，Ⅳ～Ⅴ类湖泊有60个，劣Ⅴ类湖泊有27个，分别占评价湖泊总数的25.0%、51.7%和23.3%。主要污染项目是总磷、五日生化需氧量和氨氮。

115个湖泊的营养状况评价结果显示，处于中营养状态的湖泊有25个，占评价湖泊总数的21.7%；处于富营养状态的湖泊有90个，占评价湖泊总数的78.3%。在富营养湖泊中，处于轻度富营养状态的湖泊有50个，占富营养湖泊总数的55.6%；处于中度富营养状态的湖泊有40个，占富营养湖泊总数的44.4%。

与2014年湖泊水质评价结果比较分析表明（水质同比116个湖泊，营养状态同比115个湖泊），Ⅰ～Ⅲ类水质湖泊的个数比例下降3.0个百分点，富营养状态湖泊比例上升0.9个百分点。

1.“三湖”水质状况

(1) 太湖：总氮不参加评价，全湖总体水质为Ⅳ类。其中，东太湖和东部沿岸区水质为Ⅲ类，占评价水面面积的18.8%；五里湖、贡湖、湖心区、西部沿岸区和南部沿岸区为Ⅳ类，占64.4%；梅梁湖、竺山湖为Ⅴ类，占16.8%，主要污染项目为总磷和五日生化需氧量。总氮参加评价，全湖总体水质为Ⅴ类。其中，五里湖、东太湖、东部沿岸区水质为Ⅳ类，占评价水面面积的19.1%；梅梁湖、湖心区和南部沿岸区为Ⅴ类，占62.4%；其余湖区均为劣Ⅴ类，占18.5%。

太湖总体处于富营养状态。各湖区中，五里湖、东太湖东部沿岸区和南部沿岸区处于轻度富营养状态，占湖区评价面积的34.6%；其余湖区处于中度富营养状态，占65.4%。

(2) 滇池：耗氧有机物及总磷、总氮污染均十分严重。无论总氮是否参加评价，水质均为Ⅴ类，处于中度富营养状态。

(3) 巢湖：西半湖污染程度重于东半湖。无论总氮是否参加评价，总体水质均为Ⅴ类。其中，东半湖水质为Ⅳ～Ⅴ类，西半湖为Ⅴ～劣Ⅴ类。湖区整体处于中度富营养状态。

2. 省界湖泊水质状况

上海—江苏交界处的淀山湖总体水质为Ⅴ类，处于中度富营养状态；山东—江苏交界处的南四湖总体水质为Ⅲ类，处于轻度富营养状态；江苏—安徽交界处的石臼湖总体水质为Ⅴ类，处于轻度富营养状态；安徽—湖北交界处的龙感湖、南太子湖总体水质分别为Ⅳ类、劣Ⅴ类，分别处于轻度和中度富营养状态；四川—云南交界处的泸沽湖总体水质为Ⅱ类，处于中营养状态。

3. 面积在100km^2以上的湖泊水质状况（略）

（三）水库水质

2015年，对全国289座大型水库、424座中型水库及23座小型水库，共736座水库进行了水质评价。全年总体水质为Ⅰ～Ⅲ类的水库有596座，Ⅳ～Ⅴ类水库104座，劣Ⅴ类水库36座，分别占评价水库总数的81.0%、14.1%和4.9%。主要污染项目是总磷、高锰酸盐指数、五日生化需氧量等。

2015年进行营养状况评价的水库有710座，处于中营养状态的水库有451座，占评价水库总数的63.5%；处于富营养状态的水库259座，占评价水库总数的36.5%。在富营养水库中，处于轻度富营养状态的水库有210座，占富营养水库总数的81.1%；中度富营养水库47座，占富营养水库总数的18.1%；重度富营养水库2座，占富营养水库总数的0.8%。

与2014年水库评价结果比较分析表明（水质同比627座水库，营养状态同比601座水库），Ⅰ～Ⅲ类水质水库个数比例基本持平，富营养状态水库个数比例上升0.8个百分点。

（四）水功能区水质达标状况

2015年全国评价水功能区5 909个，满足水域功能目标的3 257个，占评价水功能区总数的55.1%。其中，满足水域功能目标的一级水功能区（不包括开发利用区）占61.4%；二级水功能区占50.7%。

评价全国重要江河湖泊水功能区3 048个，符合水功能区限制纳污红线主要控制指标要求的2 158个，达标率为70.8%。其中，一级水功能区（不包括开发利用区）达标率为72.9%，二级水功能区达标率为69.3%。

（五）省界断面水质

2015年，各流域水资源保护机构对全国530个重要省界断面进行了监测评价，Ⅰ～Ⅲ类、Ⅳ～Ⅴ类、劣Ⅴ类水质断面比例分别为66.0%、16.5%和17.5%。主要污染项目是氨氮、总磷、化学需氧量。与2014年评价成果比较分析表明（同比517个省界断面），Ⅰ～Ⅲ类断面比例无变化，劣Ⅴ类断面比例下降1.1个百分点。

各水资源一级区省界断面水质状况：西南诸河区、珠江区为优，松花江区、东南诸河区、长江区为良，黄河区、辽河区、淮河区为差，海河区为劣。

（六）集中式饮用水水源地水质

2015年，29个省（自治区、直辖市）共监测评价618个集中式饮用水水源地。全年水质合格率在80%及以上的水源地有488个，占评价总数的79.1%。与2014年集中式饮用水水源地水质评价结果比较分析表明（同比551个集中式饮用水水源地），全年水质合格率在80%及以上的水源地比例上升7.4个百分点。

165个参与评价的国家重要饮用水水源地中，水量、水质均基本满足要求。

（七）地下水水质

2015年，长江、黄河、淮河、海河和松辽等流域机构按照水利部统一部署，开展了流域地下水水质监测工作，对分布于松辽平原、黄淮海平原、山西及西北地区盆地和平原、江汉平原重点区域的2103眼地下水水井进行了水质监测，监测对象以易受地表或土壤水污染下渗影响的浅层地下水为主，水质综合评价结果总体较差。水质优良、良好、较好、较差和极差的测站比例分别为0.6%、19.8%、0.0%、48.4%和31.2%。“三氮”污染较重，部分地区存在一定程度的重金属和有毒有机物污染。

2015年全国水利发展统计公报（摘录）

中华人民共和国水利部

一、水利固定资产投资

2015年，全年水利建设完成投资5 452.2亿元，较2014年增加1 369.1亿元，增加33.5%。其中，建筑工程完成投资4 150.8亿元，较2014年增加34.5%；安装工程完成投资228.8亿元，较2014年增加23.7%；机电设备及工器具购置完成投资198.7亿元，较2014年减少3.6%；其他完成投资（包括移民征地补偿等）873.9亿元，较2014年增加44.3%。

在全年完成投资中，防洪工程建设完成投资1 930.3亿元，水资源工程建设完成投资2 708.3亿元，水土保持及生态工程完成投资192.9亿元，水电、机构能力建设等专项工程完成投资620.7亿元。七大江河流域完成投资4 425.0亿元，东南诸河、西北诸河以及西南诸河等其他流域完成投资1 027.2亿元。东部、中部、西部、东北地区完成投资分别为2 104.7亿元、913.2亿元、1 882.7亿元和551.6亿元，占全部完成投资的比例分别为38.6%、16.7%、34.6%和10.1%。

在全年完成投资中，中央项目完成投资109.1亿元，地方项目完成投资5 343.1亿元。大中型项目完成投资860.0亿元，小型及其他项目完成投资4 592.2亿元。各类新建工程完成投资4 007.7亿元，扩建、改建等项目完成投资1 444.5亿元。

全年水利建设新增固定资产4 373.5亿元。截至2015年年底，在建项目累计完成投资14 590.7亿元，投资完成率为64.6%；累计新增固定资产8 980.0亿元，固定资产形成率为61.5%，比2014年增加2.7个百分点。

当年施工的水利建设项目25 184个，在建项目投资总规模22 580.7亿元，较2014年增加15.7%。其中，有中央投资的水利建设项目21 437个，较2014年增加42.1%；在建投资规模15 119.5亿元，较2014年增加41.2%。新开工项目16 702个，较2014年增加23.6%；新增投资规模5 389.0亿元，比2014年增加26.0%。

全年水利建设完成土方、石方和混凝土方分别为37.6亿m^3、6.0亿m^3、0.8亿m^3。截至2015年年底，在建项目计划实物工程量完成率分别为：土方77.8%、石方78.4%、混凝土方62.3%。

二、重点水利建设

江河湖泊治理。全年在建江河治理工程5 730处。其中，堤防建设600处，大江大河及重要支流治理803处，中小河流治理4 029处，行蓄洪区安全建设及其他项目298处。截至2015年年底，在建项目累计完成投资3 281.4亿元，投资完成率54.5%。全年实施河道整治长度17 250km，当年完成11 424km。

水库及枢纽工程建设。全年在建枢纽工程296座，截至2015年年底，在建项目累计完成投资1 635.9亿元，项目投资完成率55.6%。全年在建病险水库除险加固工程2 622座，截至2015年年底，累计完成投资239.5亿元，项目投资完成率77.0%。当年在建小型病险水库除险加固工程2 413处。

水资源配置工程建设。全年水资源配置工程在建投资规模4 634.3亿元，累计完成投资3 429.6亿元，项目投资完成率74.0%。南水北调东、中线一期工程在建规模2 619.5亿元，累计完成投资2 590.0亿元，全年完成投资46.8亿元。

2015年水资源配置工程建设进展顺利。安徽淮水北调工程主体基本完工；贵州黔中水利枢纽工程下闸蓄水，夹岩水利枢纽及黔西北调水工程“三通一平”一期工程全部完工；陕西引汉济渭三河口水利枢纽工程实现截流，黄金峡水利枢纽工程开工建设；青海引大济湟调水总干渠隧洞工程全线贯通并试通水成功；甘肃引洮供水一期工程全线正式通水试运行；甘肃引洮供水二期、湖北鄂北水资源配置、海南南渡江引水和河北引黄入冀补淀等工程相继开工建设。

农村水利建设。全年农村饮水安全工程在建投资规模1 063.9亿元，累计完成投资893.8亿元。全年解决6 709万农村居民和农村学校师生的饮水安全问题。截至2015年年底，农村集中式供水受益人口比例82.4%。当年中央安排预算内投资191.4亿元（含已列入重大水利工程168.3亿元），主要用于151处大型灌区续建配套与节水改造、10处新建大型灌区建设、10个省（自治区、直辖市）大型灌排泵站更新改造、30个省（自治区、直辖市）规模化节水灌溉增效示范和12个省（自治区、直辖市）及兵团牧区水利项目建设等；安排中央财政资金317.9亿元用于小型农田水利建设。全年新增有效灌溉面积179.8万 hm^2，新增节水灌溉面积272.5万 hm^2。安排实施水利血防工程2.0亿元。

农村水电建设。全年全国农村水电站建设完成投资244.0亿元，新增水电站360座，新增发电设备容量241万kW。全国农村水电配套电网建设共完成投资64亿元，新增110kV及以上变电站容量295万kVA；新增35（63）kV变电站容量177万kVA；配电变压器容量455万kVA。新投产10kV及以上高压线路1.7万km，低压线路3万km。

水土流失治理。全年水土保持及生态工程在建规模366.0亿元，累计完成投资277.8亿元。全国新增水土流失综合治理面积5.4万 km^2，其中，国家水土保持重点工程新增水土流失治理面积1.6万 km^2。全年新增封育保护面积1.9万 km^2。实施1 934条小流域水土流失综合治理，兴建黄土高原淤地坝236座。全年新修基本农田59.0万 hm^2（其中：新增梯田48.3万 hm^2，坝地1.3万 hm^2），新栽种水保林面积140.8万 hm^2，新增种草面积32.3万 hm^2。

行业能力建设。全年水利行业能力建设完成投资33.3亿元。其中，防汛通信设施投资9.4亿元，水文建设投资9.9亿元，科研教育设施投资1.3亿元，水利前期投资9.4亿元，其他投资3.3亿元。

三、主要水利工程设施

堤防和水闸。全国已建成五级以上江河堤防29.14万km（2011年以前各年堤防长度含部分地区五级以下江河堤防），累计达标堤防19.65万km，堤防达标率为67.4%。其中，1级、2级达标堤防长度为3.12万km，达标率为78.2%。全国已建成江河堤防保护人口5.86亿人，保护耕地4 080万 hm^2。全国已建成流量为 $5m^3/s$ 及以上的水闸103 964座，其中大型水闸888座；按水闸类型分，其中：分洪闸10 817座，排（退）水闸18 800座，挡潮闸5 364座，引水闸14 296座，节制闸54 687座。

水库和枢纽。全国已建成各类水库97 988座，水库总库容8 581亿 m^3。其中，大型水库707座，总库容6 812亿 m^3，占全部总库容的79.4%；中型水库3 844座，总库容1 068亿 m^3，占全部总库容的12.4%。全国大中型水库大坝安全达标率为93.3%。

农业灌溉。全国设计灌溉面积大于2 000亩及以上的灌区共22 573处，耕地灌溉面积3 634.1万 hm^2。其中，50万亩以上灌区176处，耕地灌溉面积1 202.4万 hm^2；30万～50万亩大型灌区280处，耕地灌溉面积566.3万 hm^2。截至2015年年底，全国灌溉面积7 206.1万 hm^2，耕地灌溉面积6 587.3万 hm^2，占全国耕地面积的48.7%。全国节水灌溉工程面积3 106.0万 hm^2。其中，喷灌、微灌面积901.2万 hm^2，低压管灌面积891.2万 hm^2。

机电井和泵站。截至2015年年底，全国已累计建成日取水大于等于 $20m^3$ 的供水机电井或内径大于200mm的灌溉机电井共483.2万眼。全国已建成各类装机流量 $1m^3/s$ 或装机功率50kW以上的泵站91 795处。其中，大型泵站368处，中型泵站4 178处，小型泵站87 249处。

农村水电。截至2015年年底，全国共建成农村水电站47 340座，装机容量7 583万kW，占全口径水电装机容量的23.8%。全国农村水电年发电量2 351亿kW·h，占全口径水电发电量的21.1%。

水土保持工程。截至2015年年底，全国水土流失综合治理面积达115.58万 km^2，累计封禁治理保有面积达80万 km^2，建成生态清洁型小流域640条。在18个国家级重点治理区、16个国家级重点预防保护区和1个生产建设项目集中区开展了水土流失动态监测，完成抽样监测面积约58.61万 km^2，对不同土壤侵蚀类型区的65条典型小流域和91个典型监测点实施了定位观测。

水文和信息化。截至2015年年底，全国共有各类水文测站99 575处。其中，国家基本水文站3 151处，专用水文站2 555处，水位站11 180处，雨量站49 403处，蒸发站14处，墒情站1 856处，水质站14 560处，地下水监测站16 800处，实验站56处。全国共有向县级以上防汛指挥部门报送水文信息的各类水文测站45 863处，发布预报的各类水文测站1 247处。已建成水环境监测（分）中心311个，水质监测基本覆盖了全国主要江河湖库，水生态监测逐步开展。2015年，省级以上水利部门配置各类服务器4 567套，其中，内网服务器1 311套，外网服务器3 256套；配备各类联网计算机（PC）84 503台，其中，内网17 827台，外网66 676台。省级以上水利部门已配备的各类在线存储设备存储能力达到5 545 750.87GB。目前，全国已配置水利卫星小站426个，其他卫星设施1 535套，便携式卫星小站47套，无线宽带接入终端1 921个，集群通信终端1 222个。省级以上水利部门可接受信息的各类水利信息采集点140 482处，其中自动采集点110 622处。

四、水资源利用与保护

2015年全国水资源总量27 962.6亿 m^3，比多年平均偏多0.9%；全国平均年降水量660.8mm，比多年平均偏多2.8%，较2014年增加3.7%。截至2015年年底，全国624座大型水库年末蓄水总量3 587.2亿 m^3，比年初增加14.4亿 m^3；3 378座中型水库年末蓄水量为450.1亿 m^3，比年初增加41.6亿 m^3。全年全国总供水量6 103.2亿 m^3，其中，地表水源占81.4%，地下水源占17.5%，其他水源占1.1%。全国总用水量 6 103.2亿 m^3。其中，生活用水 793.5 亿 m^3（其中城镇生活占 77%），占总用水量的 13.0%；工业用水 1 334.8亿 m^3，占总用水量的 21.9%；农业用水 3 852.2亿 m^3，占总用水量的 63.1%；人工生态环境补水 122.7 亿 m^3，占总用水量的 2.0%。与2014年比较，用水量增加 8.3 亿 m^3。其中，生活用水增加 26.9 亿 m^3，工业用水减少 21.3 亿 m^3，农业用水减少 16.8 亿 m^3，人工生态环境补水增加 19.5 亿 m^3。全国人均用水量为 445m^3。万元 GDP 用水量 90m^3（当年价），按可比价计算比 2010 年下降 30%；万元工业增加值用水量 58.3m^3（当年价），按可比价计算比 2010 年下降 37%。

根据对全国 23.5 万 km 河流水质评价结果，水质符合和优于Ⅲ类水的河长占总评价河长的 74.2%。

五、防洪抗旱

2015 年，全国洪涝灾害总体偏轻。全国农作物受灾面积 613.2万 hm^2，成灾面积 305.4万 hm^2，受灾人口 7 600万人，因灾死亡 319 人，失踪 81 人，倒塌房屋 15 万间，县级以上城市受淹 168 座，直接经济损失 1 661亿元，其中，水利设施直接经济损失 254 亿元。江苏、浙江、安徽、福建、江西、湖北、湖南、四川、贵州、云南等省受灾较重。全国因山洪灾害造成人员死亡占全部死亡人数的 71%，因台风造成经济损失占全国洪涝灾害直接经济损失的比例为 41%。全国旱灾总体偏轻。内蒙古、河北、辽宁、山东等省（自治区）旱情比较严重。全国农田因旱受灾面积 1 006.7万 hm^2，成灾面积 557.7万 hm^2，直接经济损失 579 亿元。全国因旱累计有 836 万城乡人口、807 万头大牲畜发生临时性饮水困难。

全年中央下拨特大防汛抗旱经费 29.1 亿元。其中，特大防汛经费 23.6 亿元，特大抗旱经费 5.5 亿元。2015 年防洪减淹耕地 113.4 万 hm^2，避免城市受淹 77 座次，防洪减灾经济效益 422 亿元。解决了 691 万城乡居民和 653 万头大牲畜因旱临时饮水困难，全年完成抗旱浇地面积 1 655.6万 hm^2，抗旱挽回粮食损失 226 亿 kg。各地防汛抢险累计投入 344 万人次，出动舟船 1 万艘次、运输设备 15.3 万班次、机械设备 16.5 万班次，消耗物资价值 13.1 亿元，紧急组织转移群众 628 万人次，解救洪水围困群众 49 万人次；抗旱投入劳力 3 005万人次，开动机电井 310 万眼、泵站 3.6 万处、机动抗旱设备 1.928 万台套，出动各类运水车 484 万辆次。

六、水利改革与管理

水利规划和前期工作。2015 年，中央层面批复水利规划 25 项。其中，国务院批复《全国水土保持规划》等 2 项，水利部批复《南运河综合治理规划》《青海省三江源区水资源综合规划》等 23 项。组织开展《全国水利发展“十三五”规划》及专项规划编制工作。编制完成《长江经济带岸线利用与保护规划》《长江经济带沿江取水口、排污口和应急水源布局规划》等。重点流域和主要支流综合规划编制加快推进。2015 年，水利部报送国家发展改革委项目共 63 项，投资规模 4 025.58亿元。国家发展改革委批复项目 64 项，其中项目建议书 16 项、可行性研究报告 40 项、核定概算 7 项、工程规划 1 项，总投资 4 742.33亿元。水利部批复初步设计 36 项，总投资 2 189.92亿元。

水利立法与水政管理。2015 年，水利部共计准予（含延续）水行政审批事项 1 155件。其中，水利基建项目初步设计文件审批 36 件，建设项目水资源论证报告书审批 3 件，非防洪建设项目洪水影响评价报告审批 3 件，生产建设项目水土保持方案审批 258 件，生产建设项目水土保持设施验收审批 172 件，水利工程启闭机使用许可证核发 67 件，国家基本水文测站设立和调整审批 5 件，水利工程建设监理单位资质认定（含延续）483 件，水利工程质量检测单位资质认定（含延续）128 件。全国共立案查处水事违法案件 30 188件，已结案 27 588件，结案率 91.4%。全国共调处水事纠纷 3 206件，已解决 3 079件。2015 年共办结行政复议案件 19 件。

水务管理。全国组建水务局或由水利局承担水务管理职能的县级以上行政区共计 2 684个，占全国县级以上行政区总数的 83.2%。在组建的 1 536个水务局中，省级水务局（厅）4 个，副省级水务局 8 个，地级水务局 230 个，县级水务局 1 294个。水务系统共有自来水厂 2 551座，供水管道总长 47.6 万 km，自来水供水能力 17 375亿 m^3/d，年供水总量 325.9 亿 m^3。污水处理厂 4 082座，排水管道总长 39.5 万 km，污水处理能力 20 245万 m^3/d，年污水处理总量 439.2 亿 m^3。

建设与管理改革。继续深化国有水管单位体制改革，足额落实两项经费，推进政府采购水利工程管护服务，不断提高水利工程管理专业化、集约化、社会化。2015 年，全国 13 115个水管单位共落实两项经费 217 亿元，落实率 83%。其中，落实公益性人员基本支出 126 亿元，落实率 92%；落实公益性工程维修养护经费 91 亿元，落实率 74%。实行管养分离（包括内部管养分离）的水管单位 9 402个，占水管单位总数的 72%。全年新批准取得水利工程施工监理专业甲级资质单位 34 个、乙级资质单位 93 个、丙级资质单位 144 个；取得水土保持工程施工监理专业甲级资质单位 13 个、乙级资质单位 30 个、丙级资质单位 40 个；取得机电及金属结构设备制造监理专业甲级资质单位 1 个、乙级资质单位 6 个；取得水利工程建设环境保护监理专业资质（不分级）单位 22 个。全年新增取得岩土工程类质量检测甲级资质单位 21 个，取得混凝土工程类质量检测甲级资质单位 18 个，取得金属结构类质量检测甲级资质单位 5 个，取得机械电气类质量检测甲级资质单位 3 个，取得量测类质量检测甲级资质单位 8 个。截至 2015 年年底，累计批准国家级水利风景区 719 个。其中，水库型 340 个，自然河湖型 147 个，城市河湖型 140 个，湿地型 39 个，灌区型 27 个，水土保持型 26 个。

农村水利改革。深化小型农田水利工程产权制度改革，推动全国 100 个县的农田水利设施产权制度改革和运行管护机制创新取得阶段性成果，部分农田水利工程实现“产权明晰、权责落实、经费保障、管用得当、持续发展”的目标。57 个试点县进一步健全完善了“以奖代补、先建后补”机制；61 个试点县健全了财政补助农田水利工程维修养护制度；71 个试点县新型农业经营主体自建自管、政府购买公共服务、农民用水合作组织管理等多元化建管模式创新涌现；17 个试点县工程产权进一步明晰，产权抵押取得突破。全国已有近 800 万处小型农田水利工程完成产权制度改革。大型灌区管理单位公益性人员基本支出和公益性工程维修养护经费落实率分别达到 69% 和 48%。全国共恢复或新设乡镇（流域）水利站 29 351个。全国发展农民用水合作组织 8.34 万个，管理灌溉面积 2.94 亿亩，占全国耕地灌溉面积的 29.7%。

水土保持管理。全国共审批生产建设项目水土保持方案 2.9 万个，涉及防治责任范围 3 117km^2；全年完成生产建设项目的水土保持设施验收 0.59 万个。2015 年，全国有 6 个省（自治区、直辖市）出台了水土保持法实施办法（条例），8 个省（自治区、直辖市）制定了省级水土保持补偿费征收使用管理办法（标准）。截至 2015 年年底，全国累计有 27 个省（自治区、直辖市）出台了水土保持法实施办法（条例），17 个省（自治区、直辖市）制定了省级水土保持补偿费征收使用管理办法（标准）。

水价改革。采取管理创新、价格调整、财政奖补、工程配套等综合措施统筹推进农业水价综合改革，完成了全国 27 个省份（西藏、海南、浙江和上海除外）80 个县的试点任务，建成试点区面积 202 万亩，平均每县 2.5 万亩。通过改革促进了农业节水增效，试点区亩均节水约 100m^3，灌溉周期平均缩短约 20%。

农村水电管理。全国 17 个省（自治区、直辖市）开展了水能资源使用权有偿出让，16 个省（自治区、直辖市）出台了水能资源管理的规范性文件，12 个省明确由水行政主管部门负责水能资源统一管理。全国 30 个省（自治区、直辖市）和新疆生产建设兵团全面落实农村水电安全生产“双主体”责任，并分解落实。

水利安全监督。2015 年，水利行业共发生生产安全事故 6 起，死亡 10 人。开展各类水利安全生产大检查和专项整治工作，全年共排查治理隐患 2.9 万余项，整治违法违规行为 5 000余项。补充更新水利安全生产信息上报系统信息，已有 60 947家水利企事业单位、386 949座水利工程、66 193条安全隐患的基础信息填报入库，有 53 445家水利企事业单位坚持每月按时上报安全隐患月报表、安全事故月报表。有 45 家水利生产经营单位通过了首批水利安全生产标准化建设一级评审。考核水利水电工程施工企业主要负责人、项目负责人和专职安全生产管理人员 4 185 人。全年共派出 8 个批次、265 个稽察组，对 1 240 个项目开展了稽察，以“一省一单”形式对突出问题项目印发稽察整改意见 200 份。通过项目稽察、专项稽察和专项大检查等多种方式，重点突出了对节水供水重大水利工程、枢纽水源、中型水库和江河治理等重点建设项目以及农村饮水安全、中小河流治理和小型病险水库除险加固等国务院有明确任务完成时限要求的项目的稽察，稽察范围覆盖了除西藏以外的所有省份。推动省级水行政主管部门开展自主稽察，共派出 535 个稽察组，稽察项目 2 096个。

水利移民。据不完全统计，2015 年在建的大中型水库 169 座，开工建设集中安置点 309 个，新建集中安置住房 195 万 m^2。搬迁人口 10.08 万人。其中，农村移民搬迁 8.91 万人，城集镇移民搬迁 1.17 万人。生产安置 7.92 万人。其中，农业生产安置 4.44 万人，逐年补偿 0.5 万人，货币补偿安置（自行安置）2.21 万人，养老保障安置 0.29 万人，投亲靠友安置 0.06 万人，其他安置 0.42 万人。

水利科技。全年共安排 3 亿元资金用于水利科技项目。其中，组织立项国家科技支撑计划 2 项，水利公益性行业科研专项 37 项，“948”计划、国家农业科技成果转化资金专项、水利部科技成果重点推广计划等各类科技计划项目 55 项。水利科技项目成果获国家科技进步奖 4 项。截至 2015 年年底，水利系统共有国家级和部级重点实验室 12 个，工程技术研究中心 15 个。落实中央级科学事业单位修缮购置专项资金 10 890万元。水利行业现行有效标准达 835 项，在编水利技术标准 160 项，列入《水利技术标准体系表》拟编水利技术标准 106 项。

国际合作。成功举办或参与多双边国际交流活动 70 次，签署双边水利合作协议 3 份，组织召开双边政府固定交流机制会议 7 次。目前正在执行国际金融组织贷款项目 2 个，贷款金额 2.8 亿美元。利用世行贷款 2 亿美元开展淮河流域重点平原洼地治理项目，已完成世行评估。正在执行的政府间合作项目 4 个，获得立项的国家国际科技合作专项项目 2 个，专项资金 540 万元人民币；正在执行的国家国际科技合作专项项目 9 个，专项资金 2 101万元人民币。

七、水利行业状况

职工与工资。全国水利系统从业人员 97.4 万人，比 2014 年减少 2.6%。其中，全国水利系统在岗职工94.7万人，比2014年减少2.5%。在岗职工中，部直属单位在岗职工6.6万人，比2014年减少1.6%；地方水利系统在岗职工88.1万人，比2014年减少2.6%。全国水利系统在岗职工工资总额为529.4亿元，全国水利系统在岗职工年平均工资55 870元。

水利建设。全国共有水利水电工程施工总承包特级资质企业15家，水利水电工程施工总承包一级资质企业215家，一级注册建造师水利水电工程专业资格17 538人。

全国水利发展主要指标（2010—2015年）

指 标 名 称	单位	2010年	2011年	2012年	2013年	2014年	2015年
1. 灌溉面积	$\times10^3hm^2$	66 352	67 743	67 780	69 481	70 652	72 061
2. 耕地灌溉面积	$\times10^3hm^2$	60 348	61 682	62 491	63 473	64 540	65 873
其中：本年新增	$\times10^3hm^2$	1 722	2 130	2 151	1 552	1 648	1 798
3. 节水灌溉面积	$\times10^3hm^2$	27 314	29 179	31 217	27 109	29 019	31 060
4. 万亩以上灌区	处	5 795	5 824	7 756	7 709	7 709	7 773
其中：30万亩以上	处	349	348	456	456	456	456
万亩以上灌区耕地灌溉面积	$\times10^3hm^2$	29 415	29 748	30 087	30 216	30 256	32 302
其中：30万亩以上	$\times10^3hm^2$	15 658	15 786	11 260	11 252	11 251	17 686
5. 当年解决农村饮水安全人口	万人	6 717	6 398	7 294	6 343	6 600	6 709
6. 除涝面积	$\times10^3hm^2$	21 692	21 722	21 857	21 943	22 369	22 713
7. 水土流失治理面积	万km^2	106.8	109.7	103.0	106.9	111.6	115.5
8. 水库	座	87 873	88 605	97 543	97 721	97 735	97 988
其中：大型水库	座	552	567	683	687	697	707
中型水库	座	3 269	3 346	3 758	3 774	3 799	3 844
水库总库容	亿m^3	7 162	7 201	8 255	8 298	8 394	8 581
其中：大型水库	亿m^3	5 594	5 602	6 493	6 529	6 617	6 812
中型水库	亿m^3	930	954	1 064	1 070	1 075	1 068
9. 全年水利工程总供水量	亿m^3	6 022	6 107	6 142	6 183	6 095	6 103
10. 堤防长度	万km	29.4	30.0	27.2	27.7	28.4	29.1
保护耕地	$\times10^3hm^2$	46 831	45 418	42 597	42 573	42 794	40 844
堤防保护人口	万人	59 853	59 697	56 566	57 138	58 584	58 608
11. 水闸总计	座	43 300	44 306	97 256	98 192	98 686	103 964
其中：大型水闸	座	567	599	862	870	875	888
12. 年末全国水电装机容量	万kW	21 157	23 007	24 881	28 026	30 183	31 937
全年发电量	亿kW·h	6 813	6 507	8 657	9 304	10 661	11 143
13. 农村水电装机容量	万kW	5 924.0	6 212.3	6 568.6	7 118.6	7 322.1	7 583.0
全年发电量	亿kW·h	2 044	1 757	2 173	2 233	2 281	2 351
14. 当年完成水利建设投资	亿元	2 319.9	3 086.0	3 964.2	3 757.6	4 083.1	5 452.2
按投资来源分：							
（1）预算内拨款	亿元	918.1	898.8	1 291.5	1 136.8	1 282.1	1 549.7
（2）预算内专项	亿元	94.8	29.2	25.4	12.7	2.4	14.2
（3）财政专项	亿元	—	564.8	1 004.2	937.5	1 159.3	1 892.1
（4）水利建设基金	亿元	215.2	79.6	120.0	108.1	132.4	142.1
（5）重大水利工程建设基金	亿元	—	437.8	434.9	425.0	136.8	80.4
（6）土地出让收益	亿元	—	12.1	25.8	30.6	87.1	85.1
（7）水资源费	亿元	—	18.2	21.5	38.5	57.5	67.7
（8）国内贷款	亿元	337.4	270.3	265.6	172.7	299.6	338.6
（9）利用外资	亿元	1.3	4.4	4.1	8.6	4.3	7.6

续表

指标名称	单位	2010年	2011年	2012年	2013年	2014年	2015年
（10）自筹资金	亿元	316.2	406.8	350.4	360.7	339.9	573.1
（11）企业和私人投资	亿元	48.0	74.9	113.4	160.7	89.9	187.9
（12）债券	亿元	2.5	3.9	5.2	1.7	1.7	0.4
（13）其他投资	亿元	386.5	285.1	302.4	364.0	490.1	513.3
按投资用途分：							
（1）防洪工程	亿元	684.6	1 018.3	1 426.0	1 335.8	1 522.6	1 930.3
（2）水资源工程	亿元	1 070.5	1 284.1	1 911.6	1 733.1	1 852.2	2 708.3
（3）水土保持及生态建设	亿元	85.9	95.4	118.1	102.9	141.3	192.9
（4）水电工程	亿元	105.4	109.0	117.2	164.4	216.9	152.1
（5）行业能力建设	亿元	19.6	40.2	59.6	52.5	40.9	29.2
（6）前期工作	亿元	24.9	42.0	40.7	40.7	65.1	101.9
（7）其他	亿元	329.1	496.9	291.1	328.2	244.2	337.5

说明：1. 本公报不包括香港特别行政区、澳门特别行政区以及台湾省的数据。

2. 节水灌溉面积2013年数据与第一次全国水利普查数据进行了衔接，其他水利发展主要指标2012年统计数据已与第一次全国水利普查数据进行了衔接。其中，堤防长度与水利普查成果衔接后，进一步明确为5级及以上堤防。

3. 2011年及以前万亩以上灌区处数及灌溉面积按有效灌溉面积达到万亩进行统计，2012年按设计灌溉面积达到万亩以上进行统计。对2015年30万亩以上灌区耕地灌溉面积进行了更正。

4. 农村水电的统计口径为单站装机容量5万kW及5万kW以下的水电站及其配套电网。其中，2015年年末全国水电装机容量和全国水电全年发电量数据来源于中电联发布的2015年电力工业统计快报。

中华人民共和国2015年国民经济和社会发展统计公报（摘录）

中华人民共和国国家统计局

2015年，面对错综复杂的国际形势和艰巨繁重的国内改革发展稳定任务，党中央、国务院团结带领全国各族人民，按照“五位一体”总体布局和“四个全面”战略布局的总要求，牢固树立和贯彻落实创新、协调、绿色、开放、共享的发展理念，适应经济发展新常态，坚持改革开放，坚持稳中求进工作总基调，坚持稳增长、调结构、惠民生、防风险，不断创新宏观调控思路与方式，深入推进结构性改革，扎实推动大众创业万众创新，努力促进经济保持中高速增长、迈向中高端水平，转型升级步伐加快，改革开放不断深化，民生事业持续进步，经济社会发展迈上新台阶，实现了“十二五”圆满收官，为“十三五”经济社会发展、决胜全面建成小康社会奠定了坚实基础。

一、综合

初步核算，全年国内生产总值676 708亿元，比2014年增长6.9%。其中，第一产业增加值60 863亿元，增长3.9%；第二产业增加值274 278亿元，增长6.0%；第三产业增加值341 567亿元，增长8.3%。第一产业增加值占国内生产总值的比重为9.0%，第二产业增加值比重为40.5%，第三产业增加值比重为50.5%，首次突破50%。全年人均国内生产总值49 351元，比2014年增长6.3%。全年国民总收入673 021亿元。

年末全国大陆总人口137 462万人，比2014年年末增加680万人，其中城镇常住人口77 116万人，占总人口比重（常住人口城镇化率）为56.10%，比2014年末提高1.33个百分点。全年出生人口1 655万人，出生率为12.07‰；死亡人口975万人，死亡率为7.11‰；自然增长率为4.96‰。全国人户分离的人口2.94亿人，其中流动人口2.47亿人。人均预期寿命76.34岁。

年末全国就业人员77 451万人，其中城镇就业人员40 410万人。全年城镇新增就业1 312万人。年末城镇登记失业率为4.05%。全国农民工总量27 747万人，比2014年增长1.3%。其中，外出农民工16 884万人，增长0.4%；本地农民工10 863万人，增长2.7%。

全年全员劳动生产率为76 978元/人，比2014年提高6.6%。

全年居民消费价格比2014年上涨1.4%，其中食品价格上涨2.3%。固定资产投资价格下降1.8%。工业生产者出厂价格下降5.2%。工业生产者购进价格下降6.1%。农产品生产者价格上涨1.7%。

年末70个大中城市新建商品住宅销售价格月同比上涨的城市个数为21个，比年初增加20个；下降的为49个，减少20个。

全年全国一般公共预算收入152 217亿元，比2014年同口径增加8 324亿元，增长5.8%，其中税收收入124 892亿元，增加5 717亿元，增长4.8%。

年末国家外汇储备33 304亿美元，比2014年年末减少5 127亿美元。全年人民币平均汇率为1美元兑6.2284元人民币，比2014年贬值1.4%。

二、农业

全年粮食种植面积11 334万 hm^2，比2014年增加62万 hm^2。棉花种植面积380万 hm^2，减少42万 hm^2。油料种植面积1 406万 hm^2，增加1万 hm^2。糖料种植面积174万 hm^2，减少16万 hm^2。

全年粮食产量62 144万t，比2014年增加1 441万t，增产2.4%。其中，夏粮产量14 112万t，增产3.3%；早稻产量3 369万t，减产0.9%；秋粮产量44 662万t，增产2.3%。全年谷物产量57 225万t，比2014年增产2.7%。其中，稻谷产量20 825万t，增产0.8%；小麦产量13 019万t，增产3.2%；玉米产量22 458万t，增产4.1%。

全年棉花产量561万t，比2014年减产9.3%。油料产量3 547万t，增产1.1%。糖料产量12 529万t，减产6.2%。茶叶产量224万t，增产6.9%。

全年肉类总产量8 625万t，比2014年下降1.0%。其中，猪肉产量5 487万t，下降3.3%；牛肉产量700万t，增长1.6%；羊肉产量441万t，增长2.9%；禽肉产量1 826万t，增长4.3%。禽蛋产量2 999万t，增长3.6%。牛奶产量3 755万t，增长0.8%。年末生猪存栏45 113万头，下降3.2%；生猪出栏70 825万头，下降3.7%。

全年水产品产量6 690万t，比2014年增长3.5%。其中，养殖水产品产量4 942万t，增长4.1%；捕捞水产品产量1 748万t，增长0.5%。

全年木材产量6 832万 m^3，比2014年下降17.0%。

全年新增耕地灌溉面积158万 hm^2，新增节水灌溉面积254万 hm^2。

三、工业和建筑业（略）

四、固定资产投资（略）

五、国内贸易（略）

六、对外经济（略）

七、交通、邮电和旅游（略）

八、金融（略）

九、人民生活和社会保障（略）

十、教育、科学技术和文化体育（略）

十一、卫生和社会服务（略）

十二、资源、环境和安全生产

全年全国国有建设用地供应总量53万 hm^2，比2014年下降12.5%。其中，工矿仓储用地12万 hm^2，下降15.2%；房地产用地12万 hm^2，下降20.9%；基础设施等其他用地29万 hm^2，下降7.1%。

全年水资源总量28 306亿 m^3。全年平均年降水量644mm。年末全国监测的614座大型水库蓄水总量3 645亿 m^3，与2014年末蓄水量基本持平。全年总用水量6 180亿 m^3，比2014年增长1.4%。其中，生活用水增长3.1%，工业用水增长1.8%，农业用水增长0.9%，生态补水增长1.7%。万元国内生产总值用水量104 m^3，比2014年下降5.1%。万元工业增加值用水量58 m^3，下降3.9%。人均用水量450 m^3，比2014年增长0.9%。

全年完成造林面积632万 hm^2，其中林业重点生态工程完成造林面积242万 hm^2，占全部造林面积的38.2%。截至年底，自然保护区达到2 740个，其中国家级自然保护区428个。新增水土流失治理面积5.4万 km^2，新增实施水土流失地区封育保护面积2.0万 km^2。

全年平均气温为10.5℃，共有6个台风登陆。

初步核算，全年能源消费总量43.0亿t标准煤，比2014年增长0.9%。煤炭消费量下降3.7%，原油消费量增长5.6%，天然气消费量增长3.3%，电力消费量增长0.5%。煤炭消费量占能源消费总量的64.0%，水电、风电、核电、天然气等清洁能源消费量占能源消费总量的17.9%。全国万元国内生产总值能耗下降5.6%。工业企业吨粗铜综合能耗下降0.79%，吨钢综合能耗下降0.56%，单位烧碱综合能耗下降1.41%，吨水泥综合能耗下降0.49%，每千瓦时火力发电标准煤耗下降0.95%。

十大流域的700个水质监测断面中，Ⅰ～Ⅲ类水质断面比例占72.1%，劣Ⅴ类水质断面比例占8.9%。十大流域水质总体为轻度污染，水质保持稳定。

近岸海域301个海水水质监测点中，达到国家一、二类海水水质标准的监测点占70.4%，三类海水占7.6%，四类、劣四类海水占21.9%。

在监测的338个城市中，城市空气质量达标的城市占21.6%，未达标的城市占78.4%。

在监测的321个城市中，城市区域声环境质量好的城市占4.0%，较好的占68.5%，一般的占26.2%，较差的占0.9%，差的占0.3%。

年末城市污水处理厂日处理能力达到13 784万 m^3，比2014年末增长5.3%；城市污水处理率达到91.0%，提高0.8个百分点。城市生活垃圾无害化处理率达到92.5%，提高0.7个百分点。城市集中供热面积64.2亿 m^3，增长5.1%。城市建成区绿地面积189万 hm^2，增长3.7%；建成区绿地率达到36.3%，提高0.05个百分点；人均公园绿地面积13.16 m^2，增加0.08 m^2。

全年农作物受灾面积2 177万 hm^2，其中绝收223万 hm^2。全年因洪涝和地质灾害造成直接经济损失920亿元，因旱灾造成直接经济损失486亿元，因低温冷冻和雪灾造成直接经济损失89亿元，因海洋灾害造成直接经济损失72亿元。全年大陆地区共发生5级以上地震14次，成灾12次，造成直接经济损失180亿元。全年共发生森林火灾2 936起，森林火灾受害森林面积 1.3 万 hm^2。

全年各类生产安全事故共死亡66 182人。亿元国内生产总值生产安全事故死亡人数 0.098 人，比 2014 年下降 8.4%；工矿商贸企业就业人员 10 万人生产安全事故死亡人数 1.071 人，下降 19.4%；道路交通事故万车死亡人数 2.1 人，下降 4.5%；煤矿百万吨死亡人数 0.162 人，下降 36.5%。

2015 年中国国土资源公报（摘录）

中华人民共和国国土资源部

一、土地资源

严守耕地保护红线，大力推进土地整治，划定重点城市永久基本农田，提升耕地数量质量管护水平。保障稳增长重点建设项目用地，创新产业用地政策，促进新产业新业态发展，推动形成经济发展新动能。

截至 2014 年年底，全国共有农用地 64 574.11 万 hm^2，其中耕地 13 505.73万 hm^2（20.26 亿亩），园地 1 437.82万 hm^2，林地 25 307.13万 hm^2，牧草地 21 946.60万 hm^2；建设用地 3 811.42万 hm^2，其中城镇（村）及工矿用地 3 105.66万 hm^2。

2014 年，全国因建设占用、灾毁、生态退耕、农业结构调整等原因减少耕地面积 38.80 万 hm^2，通过土地整治、农业结构调整等增加耕地面积 28.07 万 hm^2，年内净减少耕地面积 10.73 万 hm^2。

全国土地利用数据预报结果显示，截至 2015 年年末，全国耕地面积为 20.25 亿亩，2015 年全国因建设占用、灾毁、生态退耕、农业结构调整等原因减少耕地面积 450 万亩，通过土地整治、农业结构调整等增加耕地面积 351 万亩，年内净减少耕地面积 99 万亩；全国建设用地总面积为 5.78 亿亩，新增建设用地 760 万亩。

2015 年，中央累计下达高标准农田建设和土地整治重大工程等资金 212.8 亿元。开展并验收土地整治项目 9 535个，土地整治总规模为 161.23 万 hm^2，通过土地整治新增耕地 15.68 万 hm^2。

全国耕地质量等别年度更新评价成果显示，2014 年全国耕地平均质量等别为 9.97 等，总体偏低。优等地面积为 386.5 万 hm^2，占全国耕地评定总面积的 2.9%；高等地面积为 3 577.6万 hm^2，占全国耕地评定总面积的 26.5%；中等地面积为 7 135.0万 hm^2，占全国耕地评定总面积的 52.9%；低等地面积为 2 394.7万 hm^2，占全国耕地评定总面积的 17.7%。

2015 年，共批准建设用地 39.48 万 hm^2，同比下降 2.2%，其中批准占用耕地 15.94 万 hm^2。批准单独选址建设用地 15.36 万 hm^2，同比增长 8.9%；批准城镇（村）建设用地 24.12 万 hm^2，同比下降 8.2%。

2015 年，国有建设用地供应 53.36 万 hm^2，同比减少 17.7%，其中工矿仓储用地、商服用地、住宅用地和基础设施等其他用地供应面积分别为 12.48 万 hm^2、3.71 万 hm^2、8.26 万 hm^2 和 28.91 万 hm^2，同比分别减少 16.5%、26.1%、20.9%和 15.9%。

2015 年，出让国有建设用地 22.14 万 hm^2，出让合同价款 2.98 万亿元，同比分别减少 20.2%和 13.3%。其中，招标、拍卖、挂牌出让土地面积 20.44 万 hm^2，占出让总面积的 92.3%；招标、拍卖、挂牌出让合同价款 2.86 万亿元，占出让合同总价款的 96.0%。

2015 年四季度末，全国 105 个主要监测城市综合地价、商服地价、住宅地价和工业地价分别为 3 633元/m^2、6 729元/m^2、5 484元/m^2 和 760 元/m^2，同比分别增长 3.2%、2.7%、3.9%和 2.4%，环比分别增长 0.7%、0.6%、1.1%和 0.3%。

截至 2015 年年底，84 个重点城市处于抵押状态的土地面积为 49.08 万 hm^2，抵押贷款总额为 11.33 万亿元，同比分别增长 8.8%和 19.1%。全年土地抵押面积净增 3.87 万 hm^2，抵押贷款净增 1.78 万亿元，同比分别下降 17.1%和 1.3%。

二、矿产资源

持续推进找矿突破战略行动，重要和紧缺矿种新增资源储量保持较快增长，国内矿产资源保障能力增强。地勘投入持续下滑，部分矿产品产量减少，煤炭等矿种去产能压力较大。

截至 2014 年年底，主要矿产查明资源储量保持增长。其中，能源矿产查明资源储量稳定增长，页岩气首次探获地质储量；铅矿、镍矿、钼矿、锑矿、金矿和钾盐等矿产查明资源储量快速增长，铁矿、铜矿、铝土矿、磷矿等矿产查明资源储量也均有不同幅度的增长。

2015 年，全国地质勘查投资总额为 899.3 亿元。其中，油气矿产勘查投资 573.2 亿元，非油气地质勘查投资 326.1 亿元。

“十二五”期间，全国地质勘查累计投资为 5 652.1万亿元，较“十一五”期间增长 52.4%。

矿产资源勘查取得显著成果，新发现主要固体矿产大中型矿产地 144 处。长庆姬塬油田、西南安岳气田、南方涪陵页岩气田、河北滦南县长凝铁（金）矿等取得重要找矿成果。钨矿、金矿和磷矿等重要矿产均获得较多的新增查明资源储量。

“十二五”期间，我国主要矿产资源查明资源储量有较大增加。石油勘查新增探明地质储量超过 60 亿 t，天然气近 4 万亿 m^3，页岩气 5 000多亿 m^3；煤炭勘查新增查明资源储量近 3 000亿 t，铁矿石约 150 亿 t，铜矿超过 2 000万 t，铝土矿超过 6 亿 t，金矿超过 4 500t，钾盐近 1 亿 t。

全国部分矿产品产量减少，矿产品消费保持较高水平。

矿产品对外贸易活跃度下降，进出口总额为

8 338亿美元，比2014年减少23.6%。其中，进口额减少30.8%，出口额减少11.2%。

原油、铁矿石、铜矿、铝土矿等矿产品进口量较2014年保持增长，特别是铝土矿进口量增长超过50%，而煤炭、镍矿等矿产品进口量有较大幅度减少。

2015年，出让探矿权948个，同比下降25.4%；出让价款13.70亿元，同比下降77.0%。出让采矿权2 524个，同比增长8.6%；出让价款87.83亿元，同比增长39.6%。

招标、拍卖、挂牌出让探矿权360个，出让价款13.34亿元；招标、拍卖、挂牌出让采矿权2 050个，出让价款45.86亿元。

三、海洋资源

海洋事业稳步发展，海洋经济保持良好发展态势，海域海岛资源科学配置，海洋生态环境基本稳定，科技兴海力度加大，海洋防灾减灾能力稳步提升，海洋行政执法力度不断加大。

初步核算，2015年全国海洋生产总值64 669亿元，比2014年增长7.0%，海洋生产总值占国内生产总值的9.6%。其中，海洋产业增加值38 991亿元，海洋相关产业增加值25 678亿元。海洋第一、第二、第三产业增加值占海洋生产总值的比例分别为5.1%、42.5%和52.4%。2015年全国涉海就业人员约3 589万人。

从区域上看，环渤海地区海洋生产总值23 437亿元，占全国海洋生产总值的比例为36.2%；长江三角洲地区海洋生产总值18 439亿元，占全国海洋生产总值的比例为28.5%；珠江三角洲地区海洋生产总值13 796亿元，占全国海洋生产总值的比例为21.3%。

2015年，我国海洋生态环境状况基本稳定。近岸局部海域污染依然严重，冬季、春季、夏季和秋季劣于第四类海水水质标准的海域面积分别为67 150km²、51 740km²、40 020km²和63 230km²。海洋保护区生态状况基本保持稳定，海水增养殖区环境质量基本满足增养殖活动要求，旅游休闲娱乐区环境状况总体良好。

河流排海污染物总量居高不下，陆源入海排污口达标率为50%。监测的河口海域、海湾和珊瑚礁生态系统中86%处于亚健康或不健康状态。赤潮灾害影响面积较2014年明显减小，绿潮灾害影响面积较2014年有所增加。渤海、黄海和东海局部滨海地区海水入侵和土壤盐渍化加重，砂质海岸和粉砂淤泥质海岸侵蚀严重。

2015年，我国海洋灾害总体灾情偏轻，各类海洋灾害共造成直接经济损失72.74亿元，死亡（含失踪）30人。其中，造成直接经济损失最严重的是风暴潮灾害，占总直接经济损失的99.8%；造成死亡（含失踪）人数最多的是海浪灾害，占总死亡（含失踪）人数的77%。

2015年，我国沿海海平面较常年高90mm，较2014年低21mm，为1980年以来的第四高位。1980—2015年，我国沿海海平面平均上升速率为3.0mm/年，高于同期全球平均水平。

全年颁发了海域使用权证书8 480本。其中，初始登记颁发海域使用权证书3 606本，新增确权海域面积25.36万hm²。

核报国务院批准的重大用海项目共计32个，批准用海面积合计3 310.94hm²，总投资规模为1 642.69亿元。

颁布《区域建设用海规划管理办法（试行）》，全面开展县级海域动态监管能力建设，完善国家、省、市、县4级海域动态监视监测体系。

推进海岛生态修复工作，利用中央海岛与海域保护资金支持10个地区开展海岛生态修复。

组织开展海岛监视监测，完成了2 240个海岛的监视监测，编制形成了《全国海岛及其周边海域生态环境评价报告》，县级以上常态化海岛监视监测体系建设工作稳步推进。组织开展远岸岛礁调查工作，完成海岛及其周边海域现场调查面积1.55万km²，布设测线7.8万km，有效填补了部分海岛高精度测量数据的空白。

推动无居民海岛开发利用，共批准无居民海岛开发利用项目用岛3个。指导地方政府开展领海基点保护范围选划，山东、上海、福建完成了11个领海基点保护范围选划。

大力推进科技兴海，启动《全国科技兴海规划（2016—2020）》编制。大力推动海洋高技术产业示范基地和科技兴海基地建设，积极推动海洋战略性新兴产业集聚发展。支持山东等10个海洋经济创新发展区域示范试点省（直辖市）新立项项目27个，"十二五"期间共支持设立项目452个。推动"海洋环境安全保障"重点专项和"深海关键技术与装备"重点专项立项启动。

海洋系列卫星成独立体系纳入国家卫星发展规划，完成海洋一号C/D卫星和海洋二号B卫星3颗业务卫星的立项论证，新一代水色卫星和海洋盐度新型科研卫星预研项目获立项，在研卫星"中法海洋卫星"和"高分三号"研制工作顺利推进。

发布24项海洋国家标准和行业标准，组织完成4项海洋国家计量技术规范报批工作。继续开展"全球变化与海气相互作用"专项。在南海、西太平洋完成了4个调查航次，调查内容涉及物理海洋与海洋气象、海洋生物、海洋化学、海洋地球物理。

2015年，开展资源环境监督检查45 430次，检查项目9 024个，发现违法行为694起，作出行政处罚决定642起。组织开展海洋工程和保护区执法示范工作，大力加强执法能力建设，各示范单位共查处违法案件 153 起。

共开展海域执法检查 71 766次，检查各类用海项目 24 519个，作出处罚决定 359 件。开展“海盾 2015”专项执法行动，加大对“三边工程”打击力度，加强对区域用海规划实施情况和各类用海项目的监督管理。

开展海岛执法检查 16 259次，检查海岛 14 834个次。发现违法行为 39 起，作出行政处罚决定 20 起。在做好定期巡航执法的基础上，首次组织开展无居民海岛专项执法行动，强化无居民海岛及领海基点海岛保护，有效遏制毁灭性使用无居民海岛的趋势蔓延。

四、法治国土建设（略）

五、国土资源领域改革（略）

六、国土资源节约集约利用（略）

七、地质调查（略）

八、地质环境

扎实做好地质灾害防治，着力推进矿山地质环境恢复和综合治理，认真做好地下水监测和地面沉降防治，努力推动古生物化石保护和地质公园建设，地质灾害防治和地质环境保护成效显著。

2015 年，全国共发生各类地质灾害 8 224起。其中，滑坡 5 616起，崩塌 1 801起，泥石流 486 起，地面塌陷 278 起，地裂缝 27 起，地面沉降 16 起。造成 229 人死亡、58 人失踪、138 人受伤，直接经济损失 24.9 亿元。与 2014 年相比，地质灾害发生数量、造成死亡失踪人数和直接经济损失均有所减少，分别减少 24.6%、28.3%和 54.0%。地质灾害主要发生在江西、湖南、云南、安徽、浙江和四川等省。

中央投入特大型地质灾害防治专项资金 55 亿元，成功预报地质灾害 452 起，避免人员伤亡 20 465人，避免直接经济损失 5.0 亿元。“十二五”期间，中央累计投入特大型地质灾害防治专项资金约 210 亿元，成功预报地质灾害 6 561起，避免人员伤亡 316 192 人，避免直接经济损失 57.38 亿元。

利用“4·22”世界地球日、“5·12”防灾减灾日宣传周等活动，大力宣传地质灾害防治，提高公众防灾减灾意识。全国组织地质灾害应急演练 1.4 万场，参加演练 105 万人，组织培训 150 万人次。继续推进省际地面沉降防治工作，分别召开长江三角洲、汾渭盆地地面沉降防治省际联席会议，推动重点地区地面沉降防治联防联控机制建设和防治规划编制实施。

2015 年，中央财政投入矿山环境治理资金 30.85 亿元。利用中央财政资金累计安排项目 1 954个，累计治理面积超过 80 万 hm^2。其中，2012 年以来，“矿山复绿”行动累计治理矿山 3 310个，治理面积 10.3 万 hm^2。

全国 202 个地市级行政区开展了地下水水质监测工作，监测点总数为 5 118个，其中国家级监测点 1 000个。依据《地下水质量标准》（GB/T 14848—93），综合评价结果为：水质呈优良级的监测点 466 个，占监测点总数的 9.1%；水质呈良好级的监测点 1 278个，占 25.0%；水质呈较好级的监测点 236 个，占 4.6%；水质呈较差级的监测点 2 174 个，占 42.5%；水质呈极差级的监测点 964 个，占 18.8%。主要超标组分为总硬度、溶解性总固体、铁、锰、“三氮”（亚硝酸盐氮、硝酸盐氮和氨氮）、氟化物、硫酸盐等，个别监测点水质存在砷、铅、六价铬、镉等重（类）金属超标现象。

与 2014 年度比较，有连续监测数据的水质监测点总数为 4 552个，其中水质综合变化呈稳定趋势的监测点有 2 837个，占监测点总数的 62.3%；呈变好趋势的监测点有 795 个，占 17.5%；呈变差趋势的监测点有 920 个，占 20.2%。总体来看，在全国有连续监测数据的水质监测点中，地下水水质综合变化趋势以稳定为主，呈变好趋势和变差趋势的监测点比例相当。

九、科技与信息化（略）

十、测绘地理信息（略）

2015 年中国水旱灾害公报（摘录）

国家防汛抗旱总指挥部
中华人民共和国水利部

一、综述

2015 年，全国平均降水量 645mm，较常年偏多 3%。降水空间分布呈南多北少态势，珠江北江和西江流域、长江流域中下游大部、太湖流域较常年偏多 1～4 成，淮河流域上游地区、黄河流域、海河流域西部、松花江及辽河流域大部较常年偏少 1～3。2015 年，全国七大流域中珠江干流西江、太湖、淮河发生编号洪水，太湖水位持续超警戒 35 天。全国有 336 条中小河流发生超警戒水位洪水，74 条中小河流发生超保证水位洪水，15 条中小河流发生超历史实测记录洪水。全年西北太平洋（含南海）共生成 27 个台风（含热带风暴，下同），6 个登陆我国，较常年偏少。第 22 号强台风“彩虹”登陆广东时最大风力达 15 级，为 1950 年以来 10 月登陆我国大陆的最强台风。2015 年，全国干旱总体偏轻，全年作物因旱受灾面积、人畜因旱饮水困难数量均较常年同期明显偏少。北方冬麦区发生冬春旱，西南、华南局部地区出现春旱和夏旱，华北大部、东北大部发生夏旱。

2015 年，全国水旱灾害总体偏轻，局部较重。全国 30 省（自治区、直辖市）发生不同程度的洪涝灾害（天津未受灾）。与 2000—2014 年受灾指标均值相比，2015 年全国因洪涝受灾人口、死亡人口、农作物受灾面积、倒塌房屋、直接经济损失占当年

GDP的百分比等主要洪涝灾害指标均偏少40%以上，其中因洪涝死亡人口为1950年以来最少。云南、四川、福建、贵州、陕西、重庆等6省（直辖市）因洪涝死亡失踪人口占全国的60.0%；广东、福建、浙江、江苏、四川等5省因洪涝直接经济损失占全国的60.7%。全国26省（自治区、直辖市）发生干旱灾害（北京、上海、浙江、安徽、西藏未受灾）。与2000—2014年受灾指标均值相比，作物因旱受灾面积、粮食损失、经济作物损失、饮水困难人口均偏少50%以上，因旱直接经济损失占当年GDP的百分比为2006年以来最低。内蒙古、河北、辽宁、山东等4省（自治区）受灾较重，作物因旱受灾面积占全国的60.8%。干旱造成海河、辽河流域部分水库蓄水不足，对山东、辽宁等省部分城镇居民正常供水以及内蒙古中西部牧区等地生态环境造成一定影响。

在党中央、国务院的正确领导下，国家防汛抗旱总指挥部（以下简称国家防总）和水利部超前部署、科学调度、及时响应，国家防总各成员单位密切配合、通力协作，各流域防总和地方各级防汛抗旱指挥机构（以下简称防指）精心组织、全力应对，及时有序地开展各项防汛抗旱工作，最大限度地减轻了水旱灾害影响和损失。全国重要堤防无一决口，大中型水库无一垮坝，旱区群众饮水安全得到保障。防汛抗旱工作扎实有效，为国民经济持续健康稳定发展奠定了坚实基础。

二、洪涝灾害

（一）基本情况

2015年，全国30省（自治区、直辖市）1 759县（市、区）16 697乡（镇）遭受洪涝灾害，受灾人口7 640.85万人，因灾死亡319人、失踪81人，紧急转移627.51万人，倒塌房屋15.23万间，168座城市进水受淹或发生内涝，直接经济损失1 660.75亿元，占当年GDP的0.25%。

1. 农业受灾情况

全国因洪涝农作物受灾613.21万hm^2。其中，成灾305.384万hm^2，绝收68.04万hm^2。因灾粮食减产125.01亿kg，经济作物损失186.93亿元，大牲畜死亡20.28万头，水产养殖损失41.46亿kg，农林牧副渔直接经济损失642.87亿元。

2. 工业、交通运输业受灾情况

全国因洪涝停产工矿企业55 160个，铁路中断400条次，公路中断28 274条次，机场、港口临时关停207个次，供电线路中断17 617条次，通信中断36 643条次。

3. 水利设施受灾情况

全国因洪涝损坏大中型水库4座、小型水库314座、堤防27 709处计6 798.52km、塘坝31 503座、护岸40 601处、水闸7 234座、灌溉设施113 472处、水文测站440个、机电井4 880眼、机电泵站2 846座、水电站588座，水利设施损失253.55亿元。

（二）灾情特点

1. 灾害损失总体偏轻

2015年，全国因洪涝受灾人口、死亡人口、农作物受灾面积、倒塌房屋、直接经济损失占当年GDP的百分比等主要洪涝灾害指标分别较2000—2014年的平均值偏少42.4%、76.3%、44.7%、85.3%、55.4%，其中2015年因洪涝死亡人口为1950年以来最少。

2. 受灾地区较为集中

云南、四川、福建、贵州、陕西、重庆等6省（直辖市）因灾死亡、失踪240人，占全国的60.0%；广东、福建、浙江、江苏、四川等5省因洪涝灾害直接经济损失1 008.79亿元，占全国的60.7%，部分地区重复受灾严重。

3. 南方发生罕见冬汛灾害

11月中旬，江南、华南发生罕见冬汛，先后出现4次强降水过程，30余条河流发生超警戒水位洪水，其中广西西江干流、洛清江、桂江以及湖南湘江发生建站以来同期最大洪水，江西、湖南、广西3省（自治区）76县（市、区）受灾，受灾人口85.10万人，转移人口4.92万人，因灾失踪4人，农作物受灾面积6.23万hm^2，倒塌房屋0.08万间，直接经济损失13.30亿元。

4. 台风灾害较为严重

2015年，有6个台风登陆我国。第9号强台风“灿鸿”登陆浙江时最大风力达14级，是1950年以来7月登陆浙江、福建地区最强台风；第13号台风“苏迪罗”是继2008年台风“凤凰”之后影响范围最广的台风，影响福建、浙江、江苏、安徽、江西、广东、上海、湖南、湖北、河南等10个省（直辖市）；第22号强台风“彩虹”登陆广东时最大风力达15级，是1950年以来10月登陆我国大陆的最强台风。2015年，台风带来的强风、暴雨和风暴潮造成福建、广东、浙江、安徽、江苏、海南、广西、江西、吉林、上海、湖北、山东等12省（自治区、直辖市）567县（市、区）受灾，受灾人口2 536.04万人，因灾死亡29人、失踪12人，直接经济损失685.52亿元，占2015年洪涝灾害损失的1/3以上。

（三）主要过程（略）

三、干旱灾害

（一）基本情况

2015年，全国有26省（自治区、直辖市）发生干旱灾害，作物因旱受灾面积1 006.71万hm^2。其中，成灾557.70万hm^2，绝收100.54万hm^2。836.43万人、806.77万头大牲畜因旱发生饮水困难。因旱粮食损失144.44亿kg，经济作物损失144.97亿元；直接经济损失579.22亿元，占当年GDP的0.08%。

（二）灾情特点

1. 灾害损失总体偏轻

2015 年，全国作物因旱受灾面积、成灾面积、绝收面积、粮食损失、经济作物损失、饮水困难人口及饮水困难大牲畜数量均明显低于 2000—2014 年平均值，其中作物因旱受灾面积、粮食损失、经济作物损失、饮水困难人口分别少 51.8%、50.9%、56.8%、65.3%。直接经济损失占当年 GDP 的比值为 2006 年以来最低。

2. 受灾区域相对集中

2015 年，我国旱情发展主要经历了冬春旱和夏旱两个阶段，受灾区域主要集中在北方。其中，河北、山东、山西、甘肃、陕西等省发生冬春旱，内蒙古、河北、辽宁、山东、山西、吉林等省（自治区）发生夏旱；华南和西南局部地区出现了阶段性春旱和夏旱，但范围较小。受灾严重的地区主要包括内蒙古、河北、辽宁、山东等 4 省（自治区），作物因旱受灾面积 612.17 万 hm^2、因旱饮水困难人口 301.28 万人，分别占全国总数的 60.8%、36.0%。

3. 部分城镇供水受到影响

2015 年，北方局部地区水利工程蓄水明显不足，部分城镇供水受到影响。夏旱期间，山东潍坊市承担着城区供水任务的 6 座大中型水库，一度有 3 座干涸、3 座处于死水位以下，城市供水形势严峻；辽宁大连市主要水源地碧流河水库及英那河水库来水量比常年同期少 5～7 成，导致蓄水严重不足，城市供水紧张。

4. 干旱影响行业较多

干旱不仅威胁到粮食生产，造成人畜饮水困难，还影响到河湖与牧区生态、水力发电、水产养殖等。1—3 月，山东南四湖蓄水量仅为常年同期的一半，水量亏缺导致湖面缩小、水质下降，湖区及周边生态环境受到影响，生物多样性受到严重威胁。8 月底，内蒙古可利用草场受旱面积 2 666.67万 hm^2，其中西部牧区牧草减产 50%左右，对牧业生产和牧区生态环境造成极大影响。9 月底，辽宁浑江流域的水力发电减少 12.59 亿 kW·h，发电企业损失效益 4.49 亿元。10 月，鄱阳湖出现低枯水位，对农业灌溉及蔬菜、果业、苗木等经济作物供水影响较大。

（三）主要过程（略）

四、防汛抗旱行动与防灾减灾成效

党中央、国务院高度重视防汛抗旱工作。习近平总书记、李克强总理等中央领导多次作出重要批示，国务院副总理、国家防总总指挥汪洋主持召开国家防总全体会议和 2 次专题会议，对防汛抗旱防台风工作进行全面部署，多次就汛情旱情的防范和应对提出明确要求。国家防总副总指挥、水利部部长陈雷多次主持召开会商和异地视频会议，贯彻落实党中央、国务院关于防汛抗旱工作的部署和要求，分析研判汛情、旱情、灾情形势，全面部署防汛抗旱工作。国家防总秘书长、水利部副部长刘宁主持日常会商，研究落实各项防范措施。国家防总各成员单位、各流域防总和地方各级防指认真贯彻落实中央领导指示精神，按照国家防总的统一部署，积极开展防汛抗旱减灾工作，成功应对了江河洪水、山洪、城市内涝和高温干旱等灾害。

（一）防汛抗旱行动（略）

（二）防灾减灾成效

1. 保障了防洪安全

2015 年，全国共投入抗洪抢险人员 344 万人次、抢险舟船 1 万艘次、运输设备 15.30 万班次、机械设备 16.50 万台班，消耗物资价值 13.10 亿元，全年紧急转移群众 628 万人次，其中山洪灾害防御转移 169 万人次，台风防御转移 376 万人次，组织 39.80 万艘船只回港避风，累计解救洪水围困群众 49 万人次。全国重要堤防无一决口，大中型水库无一垮坝。2015 年汛期，各地利用已建山洪灾害监测预警系统发布预警信息 3.70 万余次、预警短信 855 万条，启动预警广播 28 万次，全国因中小河流和山洪灾害死亡人数为 2000 年以来最低，是 2000—2014 年平均值的 23%。

2. 保障了旱区供水

2015 年，全国累计投入抗旱劳力 3 005万人次，开动机电井 310 万眼、泵站 3.60 万处、机动抗旱设备 1 928万台（套），出动各类运水车 484 万辆次，解决了 691 万人和 653 万头大牲畜的因旱饮水困难，保障了旱区群众生活用水安全。旱区各级抗旱服务组织累计投入抗旱人员 15 万人次，出动抗旱设备 8 万台次、拉水车 6 万辆次，累计应急打井 1.80 万眼，维修、租赁抗旱设备 15 万台（套），拉水送水 2 亿 kg，解决了 30 多万人的因旱饮水困难。通过珠江枯水期水量调度、引黄入冀、引江济太、南四湖补水、引江济汉、大伙房水库输水工程及其他跨流域调水工程等应急调水，保障了澳门特别行政区、广东珠海、河北东南部地区、太湖流域的供水安全，南四湖生态安全及湖北、内蒙古、河北、辽宁、山东、河南、吉林等省（自治区）的抗旱用水。

3. 减少了灾害损失

2015 年，全年防洪减淹耕地 113.40 万 hm^2，避免粮食损失 41.10 亿 kg，避免 77 座次城市受淹，减少受灾人口 1 565万人，防洪减灾效益 422 亿元。完成抗旱浇地 1 655.48万 hm^2，挽回粮食损失 226.00 亿 kg，挽回经济作物损失 201 亿元，为促进国民经济平稳发展提供了有力支撑。2015 年洪涝灾害直接经济损失与因旱直接经济损失占当年 GDP 的百分比均低于十年来的平均值。

2015年中国河流泥沙公报（摘录）

中华人民共和国水利部

本期《泥沙公报》的编报范围包括长江、黄河、淮河、海河、珠江、松花江、辽河、钱塘江、闽江、塔里木河和黑河11条河流及青海湖流域。内容包括河流主要水文控制站的年径流量、年输沙量及其年内分布，重要河段的冲淤变化，重要水库的淤积和重要泥沙事件。

本期《泥沙公报》所编报的主要河流代表水文站2015年总径流量为14 510亿m^3，与多年平均年径流量13 940亿m^3基本持平，较近10年平均年径流量12 980亿m^3增加12%，与2014年基本持平；代表站总输沙量为2.33亿t，较多年平均年输沙量15.0亿t偏小84%，较近10年平均年输沙量3.54亿t减少34%，与2014年基本持平。其中，2015年长江和珠江代表站的径流量分别占代表站总径流量的63%和23%；长江和黄河代表站的输沙量分别占代表站总输沙量的50%和24%；2015年黄河和塔里木河平均含沙量较大，分别为2.79kg/m^3和1.87kg/m^3，其他河流代表水文站平均含沙量均小于0.30kg/m^3。

长江流域干流主要水文控制站2015年水沙特征值与多年平均值比较，汉口站和大通站实测年径流量基本持平，其他站偏小7%～25%；各站实测输沙量偏小53%～100%。与近10年平均值比较，2015年大通站实测径流量偏大9%，直门达站和石鼓站分别偏小34%和23%，其他站基本持平；各站实测输沙量偏小6%～99%。与2014年比较，2015年向家坝站和大通站实测径流量基本持平，其他站减小6%～44%；大通站实测输沙量基本持平，其他站减小22%～73%。2015年三峡水库库区淤积泥沙0.278亿t，水库排沙比为13%；1968—2015年，丹江口水库库区淤积泥沙14.103亿t。2008年9月至2015年12月，重庆主城区河段累积冲刷量为0.156亿m^3。2002年10月至2015年10月，荆江河段河床持续冲刷，平滩河槽总冲刷量为8.318亿m^3。2003年11月至2015年11月，城陵矶至汉口河段总体为冲刷，平滩河槽总冲刷量为2.011亿m^3。2015年长江流域继续实施国家水土保持重点工程，长江干流、主要支流及尾闾河道局部地点发生崩岸。

黄河流域干流主要水文控制站2015年水沙特征值与多年平均值比较，实测径流量偏小14%～54%，实测输沙量偏小69%～98%。与近10年平均值比较，2015年各站实测径流量偏小12%～27%，实测输沙量偏小46%～82%。与2014年比较，2015年花园口、高村、艾山和利津各站实测径流量增大7%～17%，其他站减小14%～23%；龙门站实测输沙量增大37%，利津站基本持平，其他站减小7%～60%。2015年度内蒙古河段典型断面均表现为淤积；黄河下游河道冲刷量为0.793亿m^3，引水量和引沙量分别为116.0亿m^3和0.190亿t。2015年三门峡水库淤积0.215亿m^3，小浪底水库淤积0.445亿m^3。2015年进入黄河下游河道的实测年输沙量首次为零。

淮河流域主要水文控制站2015年水沙特征值与多年平均值比较，淮河干流蚌埠站实测径流量基本持平，其他站偏小7%～97%；实测输沙量偏小25%～100%。与近10年平均值比较，2015年颍河阜阳站和沂河临沂站实测径流量分别偏小56%和96%，干流息县站基本持平，干流鲁台子站和蚌埠站分别偏大23%和24%；鲁台子站和蚌埠站实测输沙量分别偏大41%和123%，其他站偏小33%～100%。与2014年比较，2015年临沂站实测径流量减小53%，其他站增大9%～50%；淮河干流息县站实测输沙量减小29%，临沂站输沙量仍接近于零，其他站增大51%～313%。

海河北部水系主要水文控制站2015年水沙特征值与多年平均值比较，实测径流量偏小46%～88%；桑干河石匣里站实测输沙量偏小99%，其他站偏小均接近100%。与近10年平均值比较，2015年永定河雁翅站和潮河下会站实测径流量分别偏小15%和21%，其他站偏大6%～145%；石匣里站实测输沙量偏大43%，其他站偏小均接近100%。与2014年比较，2015年石匣里、洋河响水堡和白河张家坟各站实测径流量增大11%～119%，海河闸站减小9%，其他站基本持平；石匣里站实测输沙量增大551%，其他站接近于零。2015年引黄入冀调水1.665亿m^3，挟带泥沙3.50万t。

珠江流域主要水文控制站2015年水沙特征值与多年平均值比较，南盘江小龙潭站和东江博罗站实测径流量分别偏小6%和22%，郁江南宁站基本持平，其他站偏大8%～44%；柳江柳州站实测输沙量偏大87%，其他站偏小17%～91%。与近10年平均值比较，2015年博罗站实测径流量偏小22%，其他站偏大10%～51%；南宁、石角和博罗各站实测输沙量偏小12%～64%，其他站偏大17%～137%。与2014年比较，2015年南宁站和博罗站实测径流量分别减小6%和17%，其他站增大13%～42%；石角、小龙潭、南宁和博罗各站实测输沙量减小13%～45%，浔江大湟江口站基本持平，其他站增大31%～347%。

松花江流域主要水文控制站2015年水沙特征值与多年平均值比较，嫩江江桥站和大赉站基本持平，其他站偏小22%～57%；江桥站和大赉站实测输沙量分别偏大35%和43%，其他站偏小42%～93%。与近10年平均值比较，2015年江桥站和大赉站实测径流量分别偏大20%和21%，其他站偏小8%～59%；各站实测输沙量偏小11%～89%。与2014年比较，2015年各站实测径流量减小10%～56%，实测输沙量减小31%～81%。

辽河流域主要水文控制站2015年水沙特征值与多年平均值比较，实测径流量偏小15%～90%；实测输沙量偏小37%～100%。与近10年平均值比较，2015年西拉木伦河巴林桥站实测径流量偏大18%，其他站偏小24%～66%；巴林桥站实测输沙量偏大18%，其他站偏小40%～92%。与2014年比较，2015年各站实测径流量减小38%～60%，实测输沙量减小11%～89%。

钱塘江流域主要水文控制站2015年水沙特征值与多年平均值比较，实测径流量偏大24%～57%；兰江兰溪站实测输沙量偏大84%，其他站偏小7%～29%。与近10年平均值相比，2015年各站实测径流量偏大24%～ 44%；曹娥江上虞东山站实测输沙量偏小7%，其他站偏大9%～38%。

闽江流域主要水文控制站2015年水沙特征值与多年平均值比较，大樟溪永泰（清水壑）站实测径流量偏小22%，其他站偏大14%～35%；沙溪沙县（石桥）站实测输沙量偏大81%，其他站偏小8%～80%。与近10年平均值相比，2015年永泰（清水壑）站实测径流量基本持平，其他站偏大13%～29%；沙县（石桥）站实测输沙量偏大75%，其他站偏小44%～56%。

塔里木河流域主要水文控制站2015年水沙特征值与多年平均值比较，开都河焉耆站实测径流量偏小7%，其他站偏大9%～25%；叶尔羌河卡群站和玉龙喀什河同古孜洛克站实测输沙量分别偏大45%和91%，其他站偏小13%～87%。与近10年平均值比较，2015年卡群站和同古孜洛克站实测径流量基本持平，其他站偏大6%～19%；干流阿拉尔站实测输沙量基本持平，焉耆站偏小59%，其他站偏大17%～44%。

黑河干流莺落峡站和正义峡站2015年水沙特征值与多年平均值比较，实测径流量分别偏大28%和23%；实测输沙量分别偏小86%和33%。与近10年平均值比较，2015年莺落峡站和正义峡站实测径流量分别偏大6% 和 8%；莺落峡站实测输沙量偏小59%，正义峡站偏大26%。

青海湖流域主要水文控制站2015年水沙特征值与多年平均值比较，布哈河布哈河口站实测径流量偏大30%，依克乌兰河刚察站偏小14%；布哈河口站实测输沙量基本持平，刚察站偏小70%。与近10年平均值比较，2015年布哈河口站实测径流量基本持平，刚察站偏小29%；布哈河口站和刚察站实测输沙量分别偏小13%和67%。

一、长江

2015年长江干流主要水文控制站实测水沙特征值与多年平均值比较，除汉口站和大通站年径流量基本持平外，其他站偏小7%～25%；各站年输沙量偏小53%～100%。与近10年平均值比较，2015年大通站年径流量偏大9%，直门达站和石鼓站分别偏小34%和23%，其他站基本持平；各站年输沙量偏小6%～99%。与2014年度比较，2015年向家坝站和大通站年径流量基本持平，其他站减小6%～44%；大通站年输沙量基本持平，其他站减小22%～73%。

2015年长江主要支流水文控制站实测水沙特征值与多年平均值比较，雅砻江桐子林站和乌江武隆站年径流量基本持平，其他站偏小17%～23%；各站年输沙量偏小43%～96%。与近10年平均值比较，2015年桐子林站和武隆站年径流量分别偏大6%和10%，其他站偏小8%～22%；各站年输沙量偏小38%～75%。与2014年度比较，2015年汉江皇庄站年径流量增大69%，桐子林站基本持平，其他站减小15%～21%；皇庄站年输沙量增大149%，其他站减小20%～80%。

2015年洞庭湖区和鄱阳湖区主要水文控制站实测水沙特征值与多年平均值比较，洞庭湖区湘江湘潭站和沅江桃源站年径流量分别偏大18%和12%，澧水石门站基本持平，其他站偏小7%～96%；各站年输沙量偏小28%～100%。鄱阳湖区各站年径流量偏大19%～52%；抚河李家渡、饶河虎山和湖口水道湖口各站年输沙量分别偏大8%、310%和15%，修水万家埠站基本持平，赣江外洲站和信江梅港站分别偏小77%和46%。与近10年平均值比较，2015年洞庭湖区湘潭、桃源、石门和洞庭湖湖口城陵矶各站径流量偏大12%～22%，桃江站基本持平，其他站偏小14%～73%；湘潭、桃源、石门和城陵矶各站年输沙量偏大7%～26%，其他站偏小64%～94%。鄱阳湖区各站年径流量增大21%～56%；李家渡、虎山、万家埠和湖口各站年输沙量偏大7%～164%，其他站偏小9%～26%。与2014年度比较，2015年洞庭湖区湘潭站和石门站径流量分别增大22%和7%，城陵矶站基本持平，其他站减小9%～74%；湘潭站和城陵矶站年输沙量分别增大90%和8%，其他站减小37%～85%。鄱阳湖区各站年径流量增大17%～54%；除湖口站年输沙量基本持平外，其他站增大20%～116%。

2015年三峡水库继续进行175m试验性蓄水，库区淤积泥沙0.278亿t，水库排沙比为13%；1968—2015年，丹江口水库库区淤积泥沙14.103亿t。2008年9月至2015年12月，重庆主城区河段累积冲刷量为1 557.0万 m^3。2002年10月至2015年10月，荆江河段河床持续冲刷，平滩河槽总冲刷量为8.318亿 m^3。2003年11月至2015年11月，城陵矶至汉口河段总体为冲刷，平滩河槽总冲刷量为2.011亿 m^3。

2015年主要泥沙事件包括长江流域继续实施国家水土保持重点工程，长江干流、主要支流及尾闾河道局部地点发生崩岸。

二、黄河

2015年黄河干流主要水文控制站实测径流量与多年平均值比较，各站偏小14%～54%；与近10年平均值比较，各站偏小12%～27%；与2014年度比较，花园口、高村、艾山和利津各站分别增大7%、9%、9%和17%，其他站减小14%～23%。2015年实测输沙量与多年平均值比较，各站偏小69%～98%；与近10年平均值比较，各站偏小46%～82%；与2014年度比较，龙门站增大37%，利津站基本持平，其他站减小7%～60%。

2015年黄河主要支流水文控制站实测径流量与多年平均值比较，各站偏小30% ～100%；与近10年平均值比较，各站偏小6%～98%；与2014年度比较，各站减小8%～97%。2015年实测输沙量与多年平均值比较，各站偏小87%～100%；与近10年平均值比较，各站偏小61%～100%；与2014年度比较，泾河张家山站增大13%，窟野河温家川站、无定河白家川站和渭河华县站基本持平，其他站减小38%～100%。

2014年10月至2015年10月，内蒙古河段典型断面均为淤积；黄河下游河道总体为冲刷，总冲刷量为0.793亿m^3。2015年黄河下游全年引水量为116.0亿m^3，引沙量为1897万t。

2014年10月至2015年10月，三门峡水库总体表现为淤积，总淤积量为0.215亿m^3；潼关高程汛前为328.13m，汛后为327.63m。2015年度小浪底水库总淤积量为0.445亿m^3，库容为96.289亿m^3。2015年进入黄河下游河道的实测年输沙量首次为零。

三、淮河

2015年淮河流域主要水文控制站实测径流量与多年平均值比较，淮河干流蚌埠站基本持平，其他站偏小7%～97%；与近10年平均值比较，颍河阜阳站和沂河临沂站分别偏小56%和96%，干流息县站基本持平，干流鲁台子站和蚌埠站分别偏大23%和24%；与2014年度比较，临沂站减小53%，其他站增大9%～50%。

2015年淮河流域主要水文控制站实测输沙量与多年平均值比较，各站偏小25%～ 100%；与近10年平均值比较，淮河干流鲁台子站和蚌埠站分别偏大41%和123%，其他站偏小33%～100%；与2014年度比较，淮河干流息县站减小29%，临沂站输沙量接近于零，其他站增大51%～313%。

淮河干流鲁台子水文站和蚌埠水文站测验断面冲淤变化不大。

四、海河

2015年海河北部水系主要水文控制站实测水沙特征值与多年平均值比较，实测径流量偏小46%～88%；桑干河石匣里站实测输沙量偏小99%，其他站偏小均接近100%。与近10年平均值比较，2015年永定河雁翅站和潮河下会站实测径流量分别偏小15%和21%，其他站偏大6%～145%；石匣里站年输沙量偏大43%，其他站偏小均接近100%。与2014年度比较，2015年石匣里、洋河响水堡和白河张家坟各站实测径流量分别增大11%、119%和43%，雁翅站和下会站基本持平，海河闸站减小9%；石匣里站实测年输沙量增大551%，其他站输沙量接近于零。2015年引黄入冀调水1.665亿m^3，挟带泥沙3.50万t。

五、珠江

2015年珠江流域主要水文控制站实测水沙特征值与多年平均值比较，南盘江小龙潭站和东江博罗站实测径流量分别偏小6%和22%，郁江南宁站基本持平，其他站偏大8%～44%；柳江柳州站实测年输沙量偏大87%，其他站偏小17%～91%。与近10年平均值比较，2015年博罗站实测径流量偏小22%，其他站偏大10%～51%；南宁、石角和博罗各站实测年输沙量分别偏小12%、15%和64%，其他站偏大17%～137%。与2014年度比较，2015年南宁站和博罗站实测径流量分别减小6%和17%，其他站增大13%～42%；大湟江口站实测年输沙量基本持平，石角、小龙潭、南宁和博罗各站实测年输沙量分别减小13%、39%、41%和45%，其他站增大31%～347%。

1985年以来，天河水文站测验断面总体为冲刷，2015年断面冲淤变化不大，相对稳定。

六、松花江与辽河

（1）松花江。2015年松花江流域主要水文控制站实测径流量与多年平均值比较，嫩江江桥站和大赉站基本持平，其他站偏小22%～57%；与近10年平均值比较，江桥站和大赉站分别偏大20%和21%，其他站偏小8%～59%；与2014年度比较，各站减小10%～56%。

2015年松花江流域主要水文控制站实测输沙量与多年平均值比较，江桥站和大赉站分别偏大35%和43%，其他站偏小42%～93%；与近10年平均值比较，各站偏小11%～89%；与2014年度比较，各站减小31%～81%。2015年度嫩江江桥水文站测验断面右岸冲刷，左岸淤积，总体以淤积为主。

（2）辽河。2015年辽河流域主要水文控制站实测径流量与多年平均值比较，各站偏小15%～90%；与近10年平均值比较，西拉木伦河巴林桥站偏大18%，其他站偏小24%～66%；与2014年度比较，巴林桥站增大42%，其他站减小38%～60%。

2015年辽河流域主要水文控制站实测输沙量与多年平均值比较，各站偏小37%～100%；与近10年平均值比较，巴林桥站偏大18%，其他站偏小40%～92%；与2014年度比较，巴林桥站增大183%，其他站减小11%～89%。2015年度柳河新民水文站测验断面没有明显变化。

七、东南河流

(1) 钱塘江。2015年钱塘江流域主要水文控制站实测径流量与多年平均值比较，各站偏大24%～57%；与近10年平均值比较，各站偏大24%～44%；与2014年度比较，各站增大24%～54%。2015年钱塘江流域主要水文控制站实测输沙量与多年平均值比较，兰江兰溪站偏大84%，其他站偏小7%～29%；与近10年平均值相比，曹娥江上虞东山站偏小7%，其他站偏大9%～38%；与2014年度比较，兰溪站减小27%，其他站增大6%～40%。2015年兰江兰溪站测验断面局部略有冲刷。

(2) 闽江。2015年闽江流域主要水文控制站实测径流量与多年平均值比较，大樟溪永泰（清水壑）站偏小22%，其他站偏大14%～35%；与近10年平均值相比，永泰（清水壑）站基本持平，其他站偏大13%～29%；与2014年度比较，闽江干流竹岐站和富屯溪洋口站基本持平，永泰（清水壑）站和建溪七里街站分别减小5%和8%，沙县（石桥）站增大38%。2015年闽江流域主要水文控制站实测输沙量与多年平均值比较，沙县（石桥）站偏大81%，其他站偏小8%～80%；与近10年平均值相比，沙溪沙县（石桥）站偏大75%，其他站偏小44%～56%；与2014年度相比，沙县（石桥）站增大136%，其他站减小34%～72%。2015年闽江竹岐水文站测验断面左岸局部冲刷，右岸淤积。

八、内陆河流

(1) 塔里木河。2015年塔里木河流域主要水文控制站实测径流量与多年平均值比较，开都河焉耆站偏小7%，其他站偏大9%～25%；与近10年平均值比较，叶尔羌河卡群站和玉龙喀什河同古孜洛克站基本持平，其他站偏大6%～19%；与2014年度比较，卡群站基本持平，其他站增大12%～132%。2015年塔里木河流域主要水文控制站实测输沙量与多年平均值比较，卡群站和同古孜洛克站分别偏大45%和91%，其他站偏小13%～87%；与近10年平均值比较，干流阿拉尔站基本持平，焉耆站偏小59%，其他站偏大17%～44%；与2014年度比较，各站增大48%～329%。

(2) 黑河。2015年黑河干流莺落峡站和正义峡站实测径流量与多年平均值比较，分别偏大28%和23%；与近10年平均值比较，分别偏大6%和8%；与2014年度比较，莺落峡站减小5%，正义峡站基本持平。2015年两站实测输沙量与多年平均值比较，分别偏小86%和33%；与近10年平均值比较，莺落峡站偏小59%，正义峡站偏大26%；与2014年度比较，莺落峡站减小68%，正义峡站增大37%。

(3) 青海湖流域。2015年青海湖流域布哈河口站和依克乌兰河刚察站实测水沙特征值与多年平均值比较，布哈河口站实测径流量偏大30%，刚察站偏小14%；布哈河口站实测输沙量基本持平，刚察站偏小70%。与近10年平均值比较，2015年布哈河口站实测径流量基本持平，刚察站偏小29%；布哈河口站和刚察站实测输沙量分别偏小13%和67%。与2014年度比较，2015年布哈河口站实测径流量增大20%，刚察站减小32%；布哈河口站实测输沙量增大30%，刚察站减小60%。

索　　引

Index

索 引

T

W

X

Y

Z

其他

《中国水利年鉴 2016》编辑出版工作人员

总　编　辑	陈东明
编辑部主任	黄会明
编辑部副主任	李丽艳
责任编辑	李丽艳　王若明　孙瑞刚　邹　静　李丽辉
美术编辑	冯　强
微机排版	中国水利水电出版社微机排版中心
责任校对	张　莉　梁晓静　吴翠翠　黄　梅
出版印制	帅　丹　孙长福　王　凌

全国水利水电
企事业单位风采

宁夏水务投资集团有限公司

宁夏水务投资集团有限公司（以下简称水投集团）是经自治区人民政府批准设立的国有独资公司。公司于2008年11月29日挂牌成立，注册资本金11.41亿元，主要职责是承担自治区部分公益性、准公益性、经营性水利项目的市场化开发、建设、运营和管理工作，通过资本运作，拓宽宁夏水利投融资渠道，加快水利基础设施建设步伐，提高水资源利用效率和效益。

——积极发挥国企作用，助力自治区经济腾飞

近年来，在自治区党委、政府的关心支持下，水投集团紧紧围绕自治区加快经济社会发展的重大战略部署，以推进工业化、城市化和改善民生为重点，积极搭建投融资平台，投资开发和建设运营了宁东能源化工基地供水、太阳山工业园区供水、红墩子·上海庙基地供水等十余项重点基础设施项目，为自治区“一号工程”——宁东能源化工基地建设，以及区域工业发展提供了强有力的供水保障。目前集团公司承建的宁东供水二期工程主体已经建成，宁东供水项目供水能力达到90万m^3/d，同步实施宁东、滨河新区、太阳山3个片区供水管网联通工程，大宁东供水保障体系逐步完善，银川滨河新区及灵武供水工程、太阳山供水管网延伸（二期）工程、宁夏立德慈善产业园区供水工程金积水厂续建等项目正在积极推进，将为该区域经济发展提供更加优质的水务支撑。

经过8年的励精图治，水投集团取得了长足发展，集团公司“十二五”期间完成项目投资45亿元，超额完成投资计划；目前已拥有14个子、分公司和1个海外项目部（1 500余名员工），资产总额达95亿元，净资产16亿元；日供水能力近200万m^3，年供水量超2亿m^3，占全区工业和城镇供水总量一半以上，供水范围覆盖全区大部分县（区），受益人口过百万。水投集团的实力和经营状况在自治区监管企业中名列前茅，已成为推进自治区重点水利项目建设，拉动经济增长和固定资产投资的重要力量，为促进自治区经济社会发展、服务地方招商引资、工业产业布局、特色农业发展、改善区域生态环境以及推进民生建设提供着有力的水务支撑。

——推进城乡供水一体化，服务城市化和城乡协调发展

2011年，水投集团在严重缺水的固原地区成功推进城乡供水一体化工作，在全区率先实现了地市级水务一体化，随后组建了宁夏六盘山水务有限公司，建立了固原水资源统一管理、联合调度、高效利用与保护的新机制，固原城乡缺水问题得到了有效缓解，固原城市水质明显改善，居民饮用水达到国家标准。这一创新惠民之举不仅赢得了当地政府和人民群众的一致好评，也为集团发展找到了新出路。

此后的几年里，集团公司积极响应2011年中央一号文件精神，按照“统筹城乡、改革创新、节水高效、开放治水”要求，相继在中宁县、吴忠市红寺堡区、西吉县、平罗县、海原县推进水务一体化工作，通过整合涉水资产和新建项目、加强水资源开发建设和统筹调度、运用先进技术提升供水水质等方式逐步实现当地水务“一龙管水、团结治水、合力兴水”的崭新格局。这些项目的实施，促使区域治水方式从局部治理向系统治理转变，用水方式从粗放用水向高效节约、精细管水用水转变，投入方式从政府投资为主向多元投资、市场化运营转变，实现了区域水资源合理配置与高效利用，进而推动当地城市供水、农村饮水安全、工业供水等项目一体化运营管理，有效解决了地区发展用水需求，改善了群众生产、生活及生态用水条件。

——致力民生项目，彰显国企责任

作为自治区国有企业，水投集团致力于自治区重点民生项目建设，将构建人水和谐、改善人居环境视为己任，相继开发建设了同心东部综合供水工程、红寺堡鲁家窑供水工程、盐环续建宁夏专用人饮总干管优化完善工程、中宁县河南六乡镇农村饮水安全工程等多个事关百姓生产生活用水的项目，有效改善了当地群众生产生活用水条件。目前，集团供水业务已覆盖近122万城乡居民，约占全区660万人口的18%。

此外，集团公司还承担起自治区头号民生水利项目——宁夏中南部城乡饮水安全工程的开发建设和运营管理重任。宁夏西海固地区是全国自然条件最恶劣、贫困程度最深、缺水最严重的地区之一，年均降水量仅300mm左右，干旱少雨、沟壑纵横、生态脆弱，水资源短缺是区域经济社会发展的最大瓶颈，当地群众长期以来喝不上安全水。为彻底解决中南部城乡居民饮水水源不安全的问题，2009年自治区党委、政府决定建设

中南部城乡饮水安全工程，从六盘山东麓水量相对较丰沛的泾河跨流域调水。工程自1972年提出以来，经过40年的研究论证，在历经“四上三下”的波折后，于2012年获得国家发改委批复全面开工建设。这项工程牵动着党中央、国务院、全国人大领导的心，4年来，国家领导人多次亲赴一线视察项目进展；自治区党委、政府及相关部门给予大力支持，固原市各级政府和相关单位全力配合；水投集团作为项目法人，团结带领70多家单位、近万名工程建设者披星戴月、攻坚克难，历时4年终于高标准、高质量、高效率地完成了建设任务，于2016年10月8日提前实现了通水目标，预计年底将实现从根本上解决113万回汉群众饮水安全问题的目标。

经过8年的励精图治，年轻的水投集团在企业规模、综合实力上大幅提升，在彰显国企责任、助推经济发展中大显身手，取得了经济效益、社会效益双赢的良好成绩，获得了自治区党委、政府，以及社会各界和人民群众的充分认可。

关山初度尘未洗，策马扬鞭再奋蹄。目前，水投集团已步入稳健成长期，我们将认真贯彻落实十八届六中全会精神，在全面深化改革的大背景下，主动融入国家“一带一路”和新一轮“西部大开发战略”实施中，秉持“务实创新、和谐发展”的企业精神，倾力服务全区经济社会发展大局，努力在建设“和谐富裕新宁夏”进程中发挥国有企业的引领和表率作用，为自治区经济社会发展提供更加坚强的水务支撑。

北京京水建设集团有限公司

北京京水建设集团有限公司的前身是成立于1966年的北京市水利工程基础处理总队（隶属于北京市水务局），目前是一家具有水利水电工程施工总承包一级、市政公用工程施工总承包一级、地基与基础工程专业承包一级、桥梁工程专业承包二级资质的建筑施工企业。公司注册资金8 280万元，拥有各类机械设备1 500多台（套），设备资产达2.3亿元。

京水建设集团是“质量/环境/职业健康安全”三合一体系认证单位。2015年被水利部评为水利安全标准化一级企业、水利建设市场主体信用评价AAA施工企业；是全国优秀施工企业、全国优秀水利企业、南水北调工程建设质量管理先进单位、南水北调工程建设安全生产管理优秀单位、中国人民银行认可的AAA企业；被国家工商总局评为2012年度和2013年度“重合同、守信用”单位；连续15年被北京市工商行政管理局授予“重合同、守信用”称号；是“全国五一劳动奖状”获得者。

京水建设集团在全国26个省（自治区、直辖市）承担过500余项工程，在所承建的工程中，工期履约率100%，工程合格率100%，工程优良率92%，经济效益连续几年递增20%，其中多项工程获得“中国水利工程优质（大禹）奖”“北京市优质工程长城杯奖”等。京水建设集团取得的突出成绩，根源于以坚持改革为动力，以开创市场为主导，以先进管理和技术为优势，以党的领导和先进企业文化为保证，从而使企业充满了生机与活力，形成了强有力的竞争优势。

一、转变观念，提升能力，实施创新发展

2001年公司成功改制后，严格按照《公司法》管理，产权更加清晰，权责更加明确，管理上实现了由“老三会”向“新三会”的过渡，管理体制和机制更加主动灵活，企业决策程序更加严谨快捷。2013年，企业从有限责任公司更名为集团公司，企业框架重新搭建，整合和调整现有工作流程，提出“大项目、大部室、大平台”建设，机构改革、战略规划，管理创新、流程规范，各项改革新举措为公司的发展增添了无限活力。

创新项目管理模式及体系建设。在项目经营中建立明确的业绩考核、奖励、约束与问责机制，形成了以项目经理责任制和项目成本核算制的项目“两制”管理，结合公司多个南水北调大施工项目的管理经验，完成了管理制度统一、业务流程统一、运行机制统一、考核平台统一、薪酬体系统一“五个统一”的项目管理模式。在新的项目管理模式下，推进资产管理、财务管理与预算管理的有效结合，进一步完善资产管理制度，通过资产动态管理，有效提高资产使用率。深化合同管理，以目标成本为依据从预算收入、主要实物量、价格、分项成本和资金等方面入手，定期开展对项目成本的稽查工作；严格工程项目的事前、事中和竣工审计，采取有效措施，制止项目亏损。

集团公司逐步实现集成化系统和共享化平台。公司以管理标准化和流程化为突破口，按现有管理体系量身定制了综合项目管理系统、财务管理系统、协同办公平台。公司以项目管理手册和三大体系文件为依据，量身定制了综合项目管理系统，通过系统实时记录项目发生的业务数据，通过通达办公自动化平台进行业务审批。

2015 年 3 月，在系统应用的同时，公司对管理体系进行标准化、流程化再造，在此基础上对信息系统进行升级，系统中对招投标、收入和成本确认、资金支付等核心流程固化形成刚性约束，并整合流程引擎，实现数据流和业务审批流的无缝连接。

二、突出主业，适度多元，推动转型发展

京水建设集团根据自身的特点和优势，制定了“立足北京，扩大既有外埠市场（安徽、云南、辽宁、广州等），下大力气攻关并占领具有良好发展潜力的浙江和湖北市场”的方针。通过优化股权结构，鼓励骨干技术和管理人员多持股，积极引进有实力分公司领导进入职工持股会，充分发挥改革产生的强大激励作用，推动各分公司、各项目经理部去开拓市场。同时发挥集团公司人才优势，采取新建、合并、入股等方式组建咨询、设计、监理、检测、工程管理、物业、租赁、园林绿化等公司，提高企业抗风险能力，增加集团公司新的利润增长点。2015 年在国家经济“新常态”下，集团公司提质增效，转型升级，在“政府购买服务”政策引导下，入选“北京市水务局水利工程日常维修养护项目实施单位备选库”和“北京市水务局水利应急工程队伍储备库”，承担了南水北调密云水库调蓄工程泵站运行维护和干线工程（卢沟桥暗涵至团城湖明渠段）运行维护等政府采购服务项目。

三、以人为本，共建文明，促进和谐发展

京水建设集团坚决贯彻“以人为本，科技兴企”的方针，把引进人才、培养人才放在企业发展重中之重的地位上。仅 2013 年、2014 年两年中，公司就每年支出培训费 55 万元，对员工进行学历培训、岗位培训、职业教育培训、继续教育培训；公司还兴建了开展文体活动的多功能厅，支持工会先后投资 40 万元建设职工之家和藏书近万册的工会图书室，为职工提供服务。公司新建成的家属区到处都整洁有序，树绿花红，环境优美，被评为“北京市绿化美化花园式单位”。

京水建设集团党委充分发挥工会在落实职工当家做主和维护职工切身利益方面的重要作用，工会主席进入党委会，工会工作列入党委议事日程，从政治上坚持对工会的领导。为保证工会从源头参与企业经营管理活动，明文规定公司董事会有员工代表参加、公司高管层会议有工会主席参加，有关公司发展和员工切身利益的重要事项，均提交职代会或职工持股会讨论通过后执行。

京水建设集团一面提高经济效益，一面勇于承担社会责任。每年组织职工为希望工程捐款；在云南巴达福慧杨书美小学开展捐资助学；积极完成汶川“5·12”灾后援建任务、北京“7·21”抢险救灾任务，并为受灾群众捐款。

今后，京水建设集团将以高度的责任感、强烈的竞争意识和更加优质的施工和服务质量，投入到城市综合治理等工程建设中去，与时俱进，和谐发展，再创辉煌！

山东水利工程总公司

山东水利工程总公司（简称山东水总）成立于 1992 年 12 月，是经山东省人民政府批准的大（一）型国有企业，现隶属于山东省国资委和山东省国有资产投资控股有限公司。

公司注册资金 10 235 万元，具有水利水电施工总承包壹级、市政公用工程施工总承包贰级、港口与航道工程施工总承包贰级、地基与基础工程专业承包壹级、钢结构工程专业承包贰级等多项资质，并取得对外公司承包资格，可承接国内外各类大中型水利水电工程、市政公用工程、港口与航道工程、地基与基础处理工程以及金属结构、机电设备制造与安装工程。

公司现有职工 1 583 人，其中各类专业技术人员 711 人，中级、高级职称 385 人，国家注册建造师、造价工程师、安全工程师等 122 人。公司总部设办公室、投资发展部、技术中心等职能部门，下设 4 个工程事业部和 12 个直属分公司，拥有山东水总基础工程有限公司、山东省第二水利工程局、山东省水工机械厂、山东水总劳务、山东水总置业有限公司等 5 家全资（控股）子公司。

公司成立 20 余年来，先后参与长江干堤加固、黄河大堤加固、淮河入海水道、南水北调、引黄济青、东调南下、胶东调水以及大中型水库除险加固等国家和省重点水利工程建设，为水利及其他行业发展作出了突出贡献。近年来，公司所承建项目先后荣获“中国水利工程优质（大禹）奖”“山东省建筑工程质量泰山杯奖”“山东省大中型病险水库除险加固十大经典工程”“山东省大中型病险水库除险加固十大优质工程”“山东省优

质水利工程鲁水杯”等奖项，极大地提升了公司的社会信誉和综合业绩。与此同时，公司经营规模和业务范围逐年增长，综合效益不断提升，2015 年总产值达到 37 亿元，中标合同额达到 45 亿元，上缴各种税金 9 000 多万元，实现利润 5 000 多万元。

公司一贯注重质量安全管理和技术装备创新升级，先后通过质量/环境/职业健康安全三体系认证，并被水利部授予全国首批“水利安全生产标准化一级单位”。公司承建项目均未发生较大以上安全、质量事故，工程优良率达到 95%，合格率达 100%，顾客满意度 90%以上。公司通过鼓励技术创新，健全企业工法和成果管理体系，先后申报并取得水利行业、山东省建筑业等优秀 QC 成果 20 余项，获得省（部）级工法 10 余项，获得国家发明专利 4 项。近年来，公司通过技术引进和装备升级，在引调水渠道机械化衬砌、水库大坝防渗、深基坑支护以及城市地铁建设等业务领域牢牢占据行业领先地位。

公司始终坚持营造和谐企业文化氛围，注重和强化企业“软件”建设，积极履行国企社会责任。通过树立“团结拼搏，创业奉献，敬业爱岗，争创一流”的企业精神，开展“水总是我家”员工教育活动，极大地增强了团队凝聚力，获得了客户的广泛赞誉，赢得了“山东水利龙头企业”的美誉。公司积极履行国企社会责任，提升企业良好社会信誉，多年来一直被山东省农行评为“AAA 信用企业”，被国家工商总局授予“守合同重信用企业”称号，是中国水利建设主体市场信用评价 AAA 级施工单位，多次获得“全国优秀施工企业”“全国优秀水利企业”和“山东省优秀水利企业”，并成功跻身“山东省建筑企业 50 强”。公司还被山东省人民政府任命为“山东省抗洪救灾第三支队”，积极担负全省防洪抢险重任。

当前，面对国企改革发展大趋势，按照总体工作要求和部署，公司正处在公司制改革的关键时期，为实现公司所确立的“多元化、集团化”发展中长期战略目标，山东水总人将在新一届领导班子带领下，以崭新的面貌，高昂的斗志，积极投身到水利建设中去，将一如既往地坚持“信守合同，科学管理，质量第一，安全第一，顾客满意”的管理原则，积极实施名牌战略，争创一流工程、一流企业，与各界朋友团结合作，共同开创美好明天，为实现企业梦、中国梦而努力奋斗！

江苏省水利建设工程有限公司

素有“水乡”之称的江苏大地湖泊港汊密布，长江、淮河横穿东西，古老运河纵贯南北。作为全国闻名的水利大省，在江苏治水发展历程中，始终活跃着一支有着 60 多年光荣历史的治水铁军——江苏省水利建设工程有限公司（以下简称江苏水建）。公司是国家水利水电工程施工总承包壹级资质企业，拥有资产总值 11 亿元，各类中高级以上专业技术、管理人员 600 余名，一级、二级建造师 130 名，各类大中型施工设备 1 300 余台（套）。

公司积极履行企业社会责任，积极承担水利基础设施建设任务，实现了科学、平稳、和谐的发展。被评为全国水利建设先进集体、全国优秀水利企业、全国安全生产先进单位、中国建筑业成长性 200 强企业、江苏省建筑业百强企业、劳动保障诚信示范单位，荣获江苏省“五一劳动奖章”。

近年来，公司按照“工程是基础，技术是保障，人才是关键，文化是灵魂”的发展思路，创新机制，做专做强，不断成就发展新格局。

一、突出主业，围绕“专”字树品牌

江苏水建作为江苏水利系统一支骨干施工队伍，始终坚持明确的发展方向，准确把握自己的专业定位。近年来，通过充分发挥自身的业绩优势、专业优势、品牌优势，积极承担水利基础设施建设任务，先后建设了以淮河入海水道、淮河入江水道、南水北调东线多个梯级泵站以及沂沭泗流域、太湖流域整治工程等为代表的多项体量大、技术复杂、施工难度高的大中型项目，以优良的质量、合理的工期、先进的管理和诚恳的服务，让业主放心，用业绩说话，不断拓展和丰富“江苏水建”的品牌内涵。

公司始终坚持“质量为先”的理念，贯彻 ISO 9001 质量管理体系标准，并率先通过了质量、环境、职业健康安全“三合一”管理体系认证。施工中，遵循人水和谐的理念，要求项目部除注重工程内在质量外，将生态工程和景观工程结合起来，不断提高外观质量水平。近年来，公司承建的工程无质量事故，无环境污染事故，工程合格率 100%，优良率 95%。先后获得中国建筑工程“鲁班奖”、中国土木工程“詹天佑奖”、中国水利工程“大禹奖”、江苏省“扬子杯”优质工程奖等省部级以上优质工程奖 19 项。

公司高度重视安全生产工作，安全责任做到全员覆盖，安全教育、培训、会议正常化、制度化，危险源排查严谨细致，安全检查不留情面，严格整改事故隐患，深入有效开展安全专题活动，全面推进安全生产标准化建设。公司未发生过等级以上安全生产事故，连年被评为“扬州市安全生产目标管理优秀单位”。2015 年 5 月，经水利部安全生产标准化评审委员会审定，公司被授予第一批“水利安全生产标准化一级单位”。

二、服务民生，围绕“优”字作贡献

水利工程直接关系到工农业生产发展和人民的生命财产安全。公司牢固树立“工程报国”的理念，以过硬的工程质量服务社会。承建的常熟水利枢纽加固改造工程是引江济太的关键性工程，一期工程工期不到 2 个月，工期要求特别紧、安全要求特别严、质量要求特别高。在临近春节人手特别紧缺的情况下，公司勇挑重担，发扬敢打硬仗、善打硬仗的铁军精神，举全司之力，50 天时间内高质量、高效率地完成了施工任务，为保障太湖水安全提供了工程保障。

公司充分发挥专业优势和技术优势，积极参加了江苏省援建四川绵竹地震灾区恢复重建工作，高质量、高速度地完成了官宋硼工程的援建任务，用血肉之躯筑起了一座包含江苏和绵竹人民“心连心一家亲”深厚情谊的大型水利工程。工程荣获江苏省“扬子杯”优质工程奖和中国水利工程“大禹奖”。在四川省水利厅致江苏省水利厅的感谢信中，公司的官宋硼堰工程在整个援建四川的水利工程中最突出、最具亮点，树立了江苏水利在全国水利系统的良好形象。

三、科技开发，围绕“新”字增实力

几十年的工程施工积累，使得江苏水建逐步形成了自己独特的技术风格。以淮河入海水道工程为例，其中就包含了超大超深基坑降水、沉井群施工、大体积混凝土防裂、深淤土段筑堤等多项先进技术。公司依托科技进步，实施实用新型技术，多项关键技术不断取得新的突破。

近年来，公司针对高、精、新等大型工程的技术难点，开展重大技术、关键技术和装备技术的科技攻关，有计划、有针对性地选择课题，在混凝土温控、优化配合比设计、泵站流道施工、群井下沉控制、顶管、基础工程施工等技术工艺上开展相关研究。公司成立了国内水利系统首家企业院士工作站；先后有 6 项科技成果获大禹水利科学技术奖、江苏省政府科技进步奖和江苏水利科技成果奖；实施了 4 项省水利科技重点项目；完成了国家级工法 2 项，省级工法 6 项；获得国家实用新型专利 15 项；国家优秀质量管理奖 13 项。

四、开发人才，围绕“精”字建队伍

公司始终把人才培养开发作为公司发展的关键要素来抓，围绕“精简、精干、精诚”这“三精”建设职工队伍。制定了人才开发战略和开发规划，完善多项制度，采取多种措施，使公司的整体文化和业务素质大幅提升，也为公司的发展积累了后劲。近 3 年先后招聘大学生 100 余名，分配到项目部工程一线锻炼培养，一年一个台阶，经过 4～5 年，相当一部分大学生逐步走上了项目管理的关键岗位。

通过实施“人才强企”战略，建立起经营管理者队伍、技术人才队伍、技术工人队伍 3 支骨干队伍，给公司带来了勃勃生机和活力。高层次人才队伍在数量和质量上有了前所未有的改善，为公司持续、稳定发展提供了充分的人才保证和智力支持。

在分配制度改革上，公司始终坚持“以人为本”的理念，建立健全了重视业绩、倾向一线的分配激励机制。结合市场劳动力价位和效益水平，通过突出岗位责任与风险、工作效率与业绩相挂钩的分配管理体系，较好地发挥分配机制的激励和约束作用。目前公司员工收入平均水平位居扬州地区中上游行列，并且做到每年不低于 10%的增长率。

五、文明建设，围绕“和”字做文章

在改制企业中，如何加强和改进党组织建设，一直是公司不断思考和探索的问题。公司党委在江苏省水利厅党组的正确领导下，以科学的发展观为指导，紧密结合企业生产经营工作实际，加强党的思想、组织、作风建设，努力增强党组织的凝聚力和战斗力，领导工会、共青团创造性地开展工作，促进公司和谐、持续发展。公司党委针对施工工地多、人员流动分散的特点，坚持将临时党支部建立在一线项目部的做法，确保施工队伍到哪里，基层党支部、党小组就建到哪里，为重点工程建设提供强有力的思想组织保证。

公司坚持以先进的企业文化建设促发展、促和谐，展示现代水利施工企业新形象。以凝聚公司精神，塑造公司形象为抓手，先后对司标、司旗、文字标识、文明工地环境布置等进行了统一的形象策划；建立了公司门户网站，编辑印制了公司宣传画册，创作了反映公司业绩的《治水壮歌》专题片，规范了工程施工现场布置标准，使公司的外观形象得到了进一步提升。

公司注重将企业文化理念融入到文明工地创建活动中，以大后方为创建基地，以企业文化为宣传载体，以生产一线为创建窗口，开展了一系列富有企业特色的文明单位创建活动，各工程项目紧密结合施工生产实际积极争创“文明工地”，牢固树立“创质量精品工程、安全样板工程、企业形象工程”的观念，科学管理，文明施工。近几年，有十多个工地被评为省部级文明工地，公司被评为全国水利建设先进集体、江苏省文明单位、南水北调文明施工单位，文明之花结出了累累硕果。

和谐的企业文化凝聚了人心，员工的社会责任感和爱心奉献意识不断增强。汶川大地震发生后，公司党委及时组织党员干部和员工向灾区献爱心捐款 8.2 万元，191 名党员缴纳特殊党费 4.35 万元，100 名团员青年缴纳特殊团费 1 万元。近年来，公司向台湾地震灾区、玉树地震灾区、舟曲地震灾区捐款达 22.5 万元。2013 年组织员工参加团体义务献血活动，80 人献血总量达 28 200mL，向公司困难职工捐款 21.2 万元，扬州市困难职工帮扶慈善基金、慈善总会、姐妹爱心互助基金等捐款 5 万余元。2014 年组织员工 43 人献血总量达 14 900mL，各类捐款、慰问、送温暖、送清凉达 286 万余元。树立了一个有责任感的公益企业形象。

创新成就新格局，改革铺就腾飞路。目前江苏水建公司已形成了一个专业优势突出、专业技术独特、专业市场明显的发展格局，站到了一个新的发展起点。公司上下将团结一致，进一步解放思想，振奋精神，坚持发展的目标不变，发展的重点不松，发展的力度不减，在水利基础设施建设中再立新功！

湖北大禹水利水电建设有限责任公司

近年来，湖北大禹水利水电建设有限责任公司牢牢把握水利大发展机遇，主动适应发展要求，继续发扬大禹铁军精神，不断谱写着中国水利水电行业的新篇章。

一、企业基本情况

湖北大禹水利水电建设有限责任公司是湖北省水利水电施工龙头企业，是市场资信 AAA 企业。公司前身为湖北省水利厅工程二团，创建于 1955 年，2003 年与湖北省水利水电建设总公司一公司合并组建新的湖北大禹水利水电建设有限责任公司，是经国家有关主管部门审定的水利水电施工总承包壹级企业，先后通过 ISO 9001：2008、GB/T 50430—2007 质量体系和 GB/T 28001—2011 职业健康安全管理体系以及 ISO 14001：2004 环境管理体系认证。

公司现有员工 1 400 余人，其中各类技术经济管理人员 614 人，具有正高、高级、中级职称的有 318 人，一级、二级建造师 170 余人；拥有各类大中型专业机械设备 387 台（套）；拥有专业的工程质量检测甲级试验室。公司下设土建施工、金属结构制作安装、机电安装、机械器材租赁、物业开发、工程质量检测及商贸等 11 家分公司或子公司，年施工能力达 20 多亿元人民币。自成立以来，先后建成国内外大中型水利水电工程 800 多项，创造了巨大的社会效益和经济效益，成为湖北省水利水电工程施工的骨干力量，是湖北著名企业和全国优秀水利企业。

二、近两年来发展状况

近两年来，公司深入贯彻落实中央关于加快水利改革发展的战略部署，积极践行中央新时期治水思路，加强科学管理，增强核心竞争力，在实现管理创新、企业文化建设、党风廉政建设、员工收入增长、安全生产管理及承担社会责任等方面，扎实工作，持续深化，公司整体实力得到进一步夯实，综合竞争力进一步提升，实现了公司的跨越式发展，取得了具有历史意义的不俗成绩。

2013—2014 年，公司以生产经营为中心，一方面努力承接枢纽项目、大型重点项目，实施分公司负责的区域市场开拓和项目跟踪机制；另一方面抢占扩大市场份额，积极开拓海外市场，年均产值达 13 亿元。

在工程建设中，公司因善打硬仗、作风顽强、积极肯干而著称，被湖北水利行业誉为“水利铁军”，先后荣获“鲁班奖”“大禹奖”“江汉杯”等多项国家、省内工程质量优质奖项。

三、管理创新工作持续深入

公司以恩施木桥河水库项目为试点，实行了新的项目目标责任管理模式，着力变革项目管理模式，增强经营效益内生能力。

公司通过严格各项程序形成了股权改革方案，完成了员工持股委托工作，形成新的以股权为核心基础的股权结构和股东会制度，夯实了公司发展的根本制度基础。

公司还组建专班、落实责任，培训骨干，积极推动安全生产标准化创建，构建了新的安全管理责任体系；同时还强化人力资源、财务、质量、合同等各项管理责任，公司科学精细管理进一步增强。

四、企业文化创建成果丰硕

公司坚守“大禹传人、水利铁军”的企业精神和核心价值，文化创建成果丰硕。一是组织员工开展管理知识竞赛，进行评优创优，奖励劳动模范和先进个人，推动项目部优质文明建设。二是坚持困难员工帮扶，创建员工困难帮扶基金，开展困难员工慰问活动。三是蓬勃开展丰富多样的文体活动。

公司先后荣获“全国优秀水利企业”“全国水利建设系统先进单位”“湖北省委、省政府先进集体”“湖北省水利建设表扬单位”“湖北省文明单位”“湖北省企业文化建设优秀企业”等荣誉称号，连续多年被国家、湖北省及武汉市工商局授予“守合同重信用”企业。

五、党风廉政建设效果突出

公司积极学习中共中央关于开展党的群众路线教育实践活动的相关精神，大力加强领导干部的作风建设。一方面，从严管理企业，严格制度落实，保证政令畅通、令行禁止。另一方面，在公司全范围内开展“讲团结、讲大局、讲纪律、讲担当、讲奉献”干部作风建设要求的学习活动，全体员工实事求是地自我剖析、查找不足，进一步加强了担当意识，转变了工作作风。

六、员工收入逐渐增长

公司坚持人才兴企战略，改善人才结构，提升人才素质。加强青年干部培养，选聘 35 岁以下年轻、实干的青年骨干充实分公司经理班子；制定分公司经理（厂长、部长）助理制度，组织推荐、考察合适人选；继续实施核心人才制度、建造师津贴制度，实行一本、二本毕业生核心人才津贴制度，2013—2014 年年员工人均工资增长 10%以上。

坚持开展员工培训，先后组织新员工入职培训，建造师、安全考核再教育培训，“五大员”、特殊工种等培训 1 700 余人次，促进员工业务能力和管理水平的提升。

七、安全生产状况良好

公司大力推行安全生产专项责任制，深入开展安全隐患排查和职业健康安全与环境体系、质量体系内部审核活动及安全生产标准化创建工作。

公司承担的各项重大工程及国外项目等建设，施工项目的工期、质量全部达到合同要求，没有施工质量、安全重大责任事故发生，取得了零安全事故的好成绩。2013 年，荆江大堤综合整治工程被评为“全国水利系统文明建设工地”，引江济汉荆江大堤防洪闸项目部荣获“南水北调工程建设安全生产管理优秀单位”和“南水北调办青年文明号”称号。

2013 年，公司承建的红安县火连畈水库除险加固工程等 4 个项目获得湖北省水利工程优质奖（江汉杯），武汉东西湖白马泾泵站和随州白云湖水库双双荣获中国水利工程优质（大禹）奖。

八、社会责任积极承担

在大力发展的同时，也不忘积极承担社会责任。公司踊跃参加“三万”活动，向竹溪县蒋家堰镇捐助“三万”活动资金十万元整，帮助改善生态环境。同时按规定积极纳税，注重环保，热衷公司所在辖区的公益事业，积极向地震灾区捐献物资，每年不断接收大专、本科毕业生就业，安排残疾人就业的比例高于在职员工总数的 1.5%，以多种形式帮助残疾人就业。

北京翔鲲水务建设有限公司

北京翔鲲水务建设有限公司是国企改制企业，前身为 1958 年兴修密云水库的机械队，1980 年正式组建为北京市水利机械施工处，隶属于北京市水务局，是一支专业化水利施工队伍。目前公司注册资金 1 亿元，总资产达 7 亿多元，年施工能力近 20 亿元。是通过质量、环境和职业健康安全管理体系认证的 AAA 级信用等级认证企业，全国首批水利安全生产标准化一级单位，具有国家水利水电工程施工总承包和市政公用工程施工总承包双壹级资质。主营业务以水利水电和市政公用工程施工为主，兼营工程质量检测、建筑设备及材料租赁、物业管理、工程技术咨询、园林绿化等多种产业。同时具有防腐防水保温工程专业承包贰级、钢结构工程专业承包叁级及建筑工程施工总承包叁级等多项资质，是拥有雄厚的经济技术实力和市场竞争能力的综合化施工企业。

一、扎扎实实塑造优质工程，真诚服务打造翔鲲品牌

公司始终以“注重合同守信誉，文明施工见管理，扎扎实实创优质，真诚服务为用户”为宗旨，努力争创一流，精心打造优质工程。可承担水库大坝、电站厂房及附属水工建筑物修建、导截流工程、堤防加固、河道疏浚、泵站、输水管线铺设、隧道暗涵及倒虹吸工程，高速公路、市政道路、市政管线及桥梁建设、城市水系治理、污水处理、水源净化及景观工程，房屋建筑及防水保温、钢结构制作及闸门制作安装、天然气工程、地铁城铁建设工程等多领域多专业工程施工。

多年来，曾先后承建了北京市密云水库、官厅水库、白河堡水库等大中型水库的修建加固、京城水系综合治理、地铁城铁及市政公路道桥、天然气进京、南水北调主干线及各类配套系列工程等重点工程，出色地完成了所有施工任务，塑造出多项优质工程。白河堡水库工程被水利电力部评为“优质工程”，获国家银质奖章；首都机场高速公路道桥工程获建设部优质样板工程，北京市西四环阜石路立交工程获中国市政工程协会市政金杯示范工程，引潮入城工程获水利部优质工程等多项优质工程。中南海护岸清淤工程及钓鱼台工程曾受到中央领导的表扬；是北京市南水北调及配套工程建设的主要参建单位，获得长城杯、质量管理、安全管理先进单位、安全文明工地及施工技术奖一等奖等众多奖项，各项工程在合同、质量、工期、安全及环保等方面都受到了各业主单位的肯定和赞誉，北京市领导多次到翔鲲施工现场参观视察，受到了社会各界的普遍赞誉，是值得信赖的合作伙伴，在业内具有良好的口碑。

截至目前，公司共获得各类奖项百余项，其中有“大禹奖”、北京水利系统优质工程及北京市水利及市政工程结构长城杯等数十项奖项，是国家工商总局公布的“重合同　守信用”企业，被评为“部级先进企业”，中国施工企业管理协会授予“全国先进施工企业称号”，中国水利企业协会授予“全国优秀水利企业”称号，被北京市建筑业联合会评为“北京市优秀建筑企业”，是连续多年的海淀区和谐劳动关系单位、北京市地方税务局纳税信用 A 级企业、北京市政行业协会诚信企业，同时注重提高企业科技实力，拥有多项专利及工法，并获得多项科学技术奖，用综合实力在业内叫响翔鲲品牌。

二、多元化布局促持续发展，强化管理助转型升级

立足建筑施工主营业务，不断增加市场占有率并扩大业务范围，公司的市场布局已延伸到十几个省（自治区、直辖市），为主营业务的持续发展奠定了良好的基础。同时注重多元化发展，工程质量检测、物资租赁、仓储物流、物业管理、劳务输出管理、工程技术咨询、园林绿化及水利设施维护管理等多种产业稳步协同发展，不断提高业务水平、扩大业务范围、提升资质等级，与战略合作伙伴强强联合，筑牢三产根基。并制定了与公司同步的发展规划，形成主业引领多业并举的经营格局。

加强施工管理，协调总体资源调配。安全文明施工，做好安全和环保管控预案，确保施工生产顺利进行。同时加强综合管理，建立现代企业制度，全方位规范企业管理。落实 QEO 标准化管理，全面提升专业管理水平。加强检查督促，加强制度执行力；完善企业内部控制措施，建立财务风险管理体系，制定内部审计计划和目标，加强经营监管；制定公司人才战略，建立人才库，进行有计划、大规模的人员培训，提升整体人员素质，制定符合企业发展要求的薪酬制度，激发员工劳动积极性；成立科技委员会，制定科技创新目标；完成年度 QC 和工法申报。不断提升公司的科技实力。以落实《公司信息化发展规划》为主线，从办公应用系统开发，提升网络安全，基础设施建设及加强信息化培训等方面入手，全面促进企业管理的信息化、规范化工作。采取有效措施挖掘潜能降低办公成本。提高服务水平，全面服务一线生产。

三、弘扬优秀企业文化，勇于承担社会责任，创新共赢追求卓越

充分发扬工会组织作用，把关心员工生活落到实处，增加团队凝聚力和员工的企业归属感。加强企业文化建设，充分挖掘数十年积淀的深厚文化底蕴，传承并弘扬艰苦奋斗、敢打敢拼的优良传统。

勇于承担社会责任，在抗击非典及汶川援建的重要工程中发挥专业优势，被北京市建委授予“抗击非典英雄集体”，并荣获“北京市抗震援建过渡安置房先进集体”，并积极投入各项抢险工程，第一时间冲在房山“7·21”救灾抢险一线，排险解困，是可信赖的北京市水务局系统专业抢险队伍。

秉承诚信、优质、创新、共赢的核心价值观，翔鲲公司将一如既往，脚踏实地，拼搏进取，大胆创新，追求卓越，打造致力生态建设、服务社会、造福一方的现代企业建设集团。

湖北华夏水利水电股份有限公司

湖北华夏水利水电股份有限公司（以下简称华夏水利）系从事水利工程施工和房地产综合开发的专业队伍，具有水利水电工程施工总承包一级、房地产综合开发二级等专业资质，获有水工金属结构大型许可证、ISO 三体系管理认证证书和安全生产许可证书。

华夏水利成立于 1958 年，时称荆州地区水利工程处，2014 年在荆州市政府的支持下，由荆州市国资委主导完成了公司的资产改革重组工作。引进中国环境出版集团有限责任公司，建立起了新型的现代企业管理体制（混合所有制），完善并优化了产业、人员、组织结构，提升了公司的核心竞争力。

公司注册资本金 1.2 亿元，现有从业人员 445 人，其中：中级、高级技术职称 133 人，水利水电一级建造师 17 人，水利水电二级建造师 18 人。设有七大职能部室：党群办公室、董事会办公室、综合办公室、经营管理部、安全生产部、稽核审计部、财务核算中心；下设五家分公司：第一、二、三、四工程公司、金属结构制作与安装分公司；设两家子公司：湖北正源建设工程劳务分包公司、荆堤房地产综合开发公司，并在全国主要省市成立了分公司或分支机构。

近年来，公司发扬“做一个工程，树一座丰碑，拓一片市场，交一帮朋友，育一批人才”的管理理念，坚持诚信履约，重视质量和安全，依靠自身雄厚的技术力量、精良的施工设备、过硬的人才队伍和科学规范的管理，先后参加了国家重点工程南水北调、洪湖防洪排涝、荆江分蓄洪区配套工程建设，其中参与修建的高滩口泵站曾荣膺国家银质奖；参与了漳河、溈水、惠亭、温峡水库等项目施工；兴修了高潭口、新滩口、田关等数十处大中型泵站，新堤、福田寺等十多座退水闸、排水闸、节制闸工程；承建了高速公路太湖港大桥、沙洪铁路桥、五叉河公路桥、鹅港、曾口、木马寺、观音寺等分洪转移桥，承接了长委重要堤防隐蔽工程石首鱼尾洲、北辗子湾治理和黄石耙铺大堤以及荆江干堤四个市县的堤防加固工程。公司所建工程，合格率 100%，优良工程率 60%以上，在社会上享有良好的声誉。公司足迹遍布湖北、广东、西藏、广西、江西、云南、贵州、四川等省，在水工施工领域及房屋建筑工程、地基与基础工程等多个领域取得了令人瞩目的成就。

公司不断提升管理水平，不断营造和谐企业文化氛围，注重职工素质培养，提倡思维创新，激励拼搏进取。公司被评为“全国优秀水利企业”“荆州市文明单位”“荆州市安全生产先进单位”湖北省“安康杯”优胜企业、荆州市劳动保护工作示范工会；荆江大堤综合整治工程 4 标段荣获“2015 年度湖北省水利建设工程文明工地”，南水北调引江济汉渠道 8 标工程于 2015 年 1 月获得湖北省南水北调管理局颁发的“先进施工单位”，公安东港垸泵站更新改造工程获得“2013 年度湖北省水利优质工程奖（江汉杯）”，荆南长江干堤加固工程获得“2011 年度湖北省水利优质工程奖（江汉杯）”；信誉方面，公司被授予农行湖北分行“AAA 信用企业”称号、中国水利施工和湖北省水利施工“AA 信用企业”称号。被分别认定为国家级、省级、市级“守合同重信用”企业；资质方面，公司取得湖北省安全生产标准化二级证书，通过国家级安全生产标准化一级公示，水工金属结构资质小型升大型成功。

公司多年秉承“诚信、奉献、和谐、进取”的核心价值观，大力弘扬“质量是生命，安全是效益”的诚信理念，全面推进“立足荆楚，挥师九州，打拼强势华夏战舰”的发展愿景。每建必优，铸就精工，真正做到诚信经营、回报社会、造福人民。

如今的华夏水利正朝气蓬勃，蓄势待发。在新起点上，公司将力争水利、房地产两翼齐飞，积极进军环保工程领域，努力发展未来市场。以扎根湖北，稳固全国，迈向国际的势头，力创行业标杆。

湖北水总水利水电建设股份有限公司

湖北水总水利水电建设股份有限公司成立于 2003 年 12 月，位于武汉市硚口区建一路 51 号，为水利水电施工总承包壹级企业。主要业务为：水利水电、工业与民用建筑、市政、港口航道、环保、质量检测等工程施工。

2014 年中国环境出版集团有限责任公司入股后，公司成为央企控股，民营资本参股的混合制企业，新的体制带来了新的活力，公司的发展翻开了崭新的一页。

一、面对挑战，抓住机遇，生产经营取得历史性突破

2013 年，面对湖北省内水电项目开发日益减少，公司董事会分析形势，紧紧抓住国家扩大内需，加大水利基础建设投资的机遇。2013 年公司新承接工程突破 10 亿元，2014 年继续保持良好发展势头达到 11.76 亿元，2015 年中环控股后，公司调整了经营战略，立足省内水利水电，积极拓展省外和国际市场，中标合同额达到 32.59 亿元，比 2014 年增长了近 2 倍。公司无论是在经营开拓还是项目实施方面，都取得了历史性的突破。在狠抓生产经营工作的同时，公司以优良的工程质量和信誉在市场中树立了“湖北水总”的品牌形象。2013—2015 年，公司先后荣获“全国优秀水利企业”“全国优秀施工企业”“湖北省文明诚信示范企业”“湖北省南水北调工程建设先进施工单位”“湖北省守合同重信用企业”“中国水利工程协会信用等级 AAA 企业”“湖北省银行资信等级 AAA 企业”等。

二、转变观念，提升能力，实施创新发展

公司不断创新管理方式，提高管理效率。首先以“安全、经营、资金”三大风险控制为抓手，通过制度与流程的梳理和完善，逐步建立起以组织结构科学、流程管理顺畅、制度设置规范、控制程序精细为特征的全面风险管理体系。在安全生产上，认真落实安全生产责任制，确保安全生产。近几年来，安全生产、文明生产取得较好成绩，3 年来未发生一起较大安全事故，2013—2015 年安全生产年检一次性合格。在经营上，着重规避源头风险，实行项目风险评估制度、合同评审和集中管理制度，注重经营品质的有效提升，同时坚决杜绝市场不良行为的发生。在资金管理上，强化资金、财务主管双集控管理，加强资金全面预算管理和财务电算化管理，扩大网上银行的覆盖面，实现公司资金的集中管理，统一调度和有效监控。同时，做好重大投资的可行性研究、集体决策，有效规避了投资风险。在项目管理上，以提高工程合同履约能力为抓手，加强工程项目管理，制定并较好地执行了《工程项目管理手册》，增强了对工程项目成本、进度、质量、安全的控制力，提升了项目品牌和利润空间。

大力推行科技创新，提高公司核心竞争力。公司成立了技术中心，以重点、重大工程项目为依托，开展技术研发，目前已取得 2 项国家级专利，1 项省级工法。技术中心还与有关高校和科研单位合作，编制了施工实用手册，为公司提供了强大的技术支撑。

三、以人为本，共建文明，促进和谐发展

为构筑公司全体员工认同的价值体系，公司充分发挥党委和工会积极主动的作用，利用简报、专刊、互联网等工具做好正确舆论导向，将“团结、开拓、诚信、创新”的水总精神深入人心。2015 年中环控投后，为进一步统一思想，增强凝聚力，公司开展“水总未来在我手中”“三严三实”等思想教育活动，广大干部员工积极参与，为公司发展献计献策。相关论点还集结成册，在公司内部发行交流。

公司制订了新的薪酬分配方案，使薪酬与业绩和岗位挂钩，让普通员工的薪酬有了大幅度提高，平均增长达 20%，极大地调动了员工的工作积极性。公司积极纳税，在社保缴费基数和比例逐年提高的情况下，按时足额为员工缴纳“五险一金”，保障了员工的基本权益。同时帮助员工加入武汉市总工会职工医疗互助体系，为广大员工分忧解难；持续参保水利工会组织的女职工防癌险，让大家庭的观念深入人心，增加了全体员工的凝聚力。

湖北水总作为中国环境出版集团控股的企业，肩负央企社会责任，秉承大力推动生态文明和环境教育的宗旨，不仅在日常经营业务中大力推广环境保护，还积极参与环境保护公益活动，2015 年 11 月 3 日，公司参加了由共青团湖北省委、省水利厅、省志愿者协会、省湖泊局及省水利企业协会联合举办的湖北省青年志愿者公益项目交流推介会——“爱我千湖”湖泊保护活动，通过此次活动带动了更多青少年参与到保护环境的公益事业中来，让生态文明和环境保护深入人心。

未来 3 年，是公司再创辉煌的重要时期，在大股东中国环境出版集团有限公司的带领下，积极探索混合所有制的改革，在水利水电产业发展的基础上，立足大股东资源平台优势，转型环保工程施工，充分发挥企业经营团队及全体员工的智慧和才干，充分发挥党委的政治核心作用、工会组织的桥梁纽带作用和共青团组织的生力军作用，在整体布局、内部团结、员工努力的形势下，湖北水总水利水电建设股份有限公司正为着更加光辉灿烂的明天而努力奋斗！

滕州市水利建筑安装公司

滕州市水利建筑安装公司地处科圣始祖墨翟的故乡，自 1976 年批准成立以来，始终秉承“外树形象拓市场，内抓管理强素质，改革机制注活力，降本增效求发展”的企业发展理念，凭借先进机械设备和雄厚的技术人才优势，始终坚持“守合同、重信用、讲质量、求效益”，积极实施“占据内部市场和挺进外部市场相结合”的企业发展战略，兴水活企，以管理创新和自身变革积极应对市场竞争，不断调整经营管理方式，积极开拓水利施工和建筑安装市场。

目前，公司具有水利水电工程施工总承包贰级、公路工程施工总承包贰级、房屋建筑工程施工总承包叁级、地基与基础工程专业承包贰级资质，同时具有提供找水定井、打井配套，工程地质及水文地质勘探、洗井等资质。主要承揽水利水电建筑安装工程施工、公路桥梁施工、地基与基础工程处理、桥梁及钢筋混凝土构件预制安装等工程施工任务。

多年来，公司本着以技术为导向，凭质量信誉求进步，规模不断发展壮大。截至目前，公司职工由成立之初的十几人增长至 680 余人，其中中级、高级职称人员 122 人，一级注册建造师 7 人，二级注册建造师 28 人。拥有各类大、中、小型机械设备 298 余台（套），总功率达 15 520kW。

近年来，共参与各类投标活动 165 余项，中标 51 项工程施工项目，总中标合同金额达 23.6 亿元，先后承建滕州市小农水重点县工程、滕州市人饮安全工程、滕州市秀美荆河水系综合治理、南水北调东线枣庄市续建配套工程（滕州供水单元）引水、山东省滕州市北沙河滕西段治理、滕州市秀美荆河水系综合治理巩庄、新丰橡胶坝、南水北调东线枣庄市续建配套工程（滕州供水单元）输水主管道、滕州市移民工程等一大批水利工程施工项目，工程施工合格率均达到 100%，优良率在 96%以上，其中 7 项被评为优质工程，3 项被评为文明工地。滕州市城河（滕西段）治理工程荣获山东省设立的水利基建工程建设项目最高荣誉“鲁水杯”奖。积极拓宽市场渠道，主动参与交通、农业、房屋建筑等多行业市场竞争，完成现代农业示范区建设项目、级索镇中低产田改造、千亿斤粮食项目田间工程、山东省水文监测系统建设及薛城区道路建设等工程项目。

在以水利工程施工为经营主线的基础上，公司谋求多元化、多行业并举，依托单位专业技术和设备优势，经营开发水文地质物探定井和打井配套、洗井及工程地质勘察业务。两年来，利用先进科学物探仪器等专业设备完成物探定井任务 205 眼，配备 10 余部钻机，先后完成了市内 13 个镇（街）、周边地区及 20 个厂矿企业的凿井施工任务近 300 眼，总进尺达 60 000 余 m，完成产值 3 000 万元。

公司内抓管理，外强素质，全力冲击市场，全方位开展各类经营活动，围绕“守合同，重信用，讲质量，求效益”的方针，坚持“质量重于生命，责任重于泰山”的原则，承担的水利、公路、桥梁及工程地质勘察与水文地质、打井配套等工程项目，工程合格率 100%，优良率 98%，并有 40 余项被评为省、市级优良工程，连续 21 年被山东省工商局命名为“守合同重信用”企业，多次被山东省水利厅授予“优秀施工企业”称号，公司竭诚与社会各界广泛合作，并诚心诚意提供优质服务，努力走出一条多元化、专业化的企业发展的道路。

包头市供水总公司

包头市供水总公司（以下简称包头水司）始建于 1956 年，隶属于包头市水务（集团）有限公司，担负着包头市 180 多万城市居民及 51 000 多户企事业单位、服务行业的供水重任，现有在职职工 1 916 人。企业资产总额 5.26 亿元，用户在装水表 65 万余块，供水管网长度约 1 560km，日均供水量 34.5 万 m^3，下设 20 个基层单位，负责包头市城区自来水的供应、销售和服务工作。

2013 年以来，包头水司以科学发展观为统领，以构建“和谐企业”为主线，紧紧围绕“政府放心、用户满意”的经营宗旨，坚持“优质供水、诚信服务”的质量方针，抢抓发展机遇，勇于迎接挑战，取得了显著的社会效益和经济效益，企业保持了健康、稳定的发展势头。2014 年包头水司实现营业收入 3.2 亿元，比 2012 年的 2.83 亿元增长了 0.37 亿元；资产总额 5.26 亿元，比 2012 年的 3.63 亿元增长了 1.63 亿元；职工人均年收入较 2012 年增加 0.8 万元。两年来荣获“全国优秀水利企业”“全国守合同重信用企业”“中国企业党建文化十强单位”“中国供水行业企业文化建设典范单位”“自治区文明单位标兵”“自治区诚信企业”等荣誉十余项。在“2013 年中国 100 个城市供水服务满意度指数”调查中排名第 14 位。

一、创新服务理念，完善服务体系，打造“包头供水”服务品牌

坚持客户至上的服务理念，采用中国供水服务促进联盟的供水服务评级指标体系进行自评，逐步完善服务体系和“一站式”服务流程，提高了服务质量和服务效率；开通了建设银行、中国银行电子渠道代收水费业务，满足了用户交费方式的多元化需求；深入实施客户服务行动计划，多次组织“进社区、进广场”服务活动，为包头第二热电厂等大用户提供 VIP 服务，积极为北梁棚户区改造、新都市区和工业园区建设等重点项目开设“绿色通道”，提供超前服务和跟踪服务，保障了重点项目的用水需求；主动为低压或停水区域居民无偿送水共计 212 车（次）；每年召开行风特邀监督员座谈会，坚持通过行风热线、政府热线、政府信箱、供水服务热线、企业网站等渠道接受社会各界的监督，有力地促进了服务水平和服务形象的全面提升，使“包头供水”的品牌形象深入到每位用户的心中。2013 年在全市十大服务行业公众满意度调查中供水行业排名第 2。

二、强化管理创新，堵塞管理漏洞，确保城市的供水安全

（1）强化安全生产管理，确保城市供水安全。积极开展安全生产宣传教育活动，强化日常管理、责任监督和隐患治理，设立了包头市公安局治安支队供水总公司警务室，将相关重点部位的视频监控系统纳入“平安包头”视频监控联网系统，两年来未发生任何安全责任事故；充分发挥供水调度监控系统的作用，科学合理调度水源，最大限度地满足了城市的用水需求；认真组织开展日常水质检验和水质突发事故的应急检测工作，积极做好水质在线监测仪器的数据信息统计分析工作，建立健全了水质短期超标的实时反馈机制和持续超标的应急机制，成功应对了黄河包头段多次原水水质异常事件，深受市政府和上级部门的好评；两年来共投入大修技术更新改造资金 870 多万元，有效地提高了安全供水保障率。

（2）强化管网管理，降低管网漏损。认真做好管网、闸阀等管网地理信息的采集和整理工作，启动了管网地理信息系统建设，推动了供水管网管理的规范化、现代化；加大对供水管网设施的巡检、维护、抢修力度，完善了报修、报漏快速处理机制，积极推进抢修装备集成化，增强了管网应急处理能力，提高了工作效率和工作质量；大力推行管网检漏绩效考核制度，两年来检出暗漏累计瞬时流量达 57.1L/s。

（3）强化营销管理，堵塞管理漏洞。开通了收费系统违约金计收功能，提高了水费回收及时率；加强计划用水管理，制定了《计划用水管理办法》；完善区域责任制管理模式，对各营业分公司收费区域进行了重新划分，使区域划分清晰、合理，便于管理；在新建小区安装计量考核表，推行动态量化考核；在市五区全面推广抄表机抄表，提高了见表率和抄表准确率；加强换落表管理，推行换落表网上工作程序；制定了卡表使用、维护、更换方案，解决了智能卡表电池更换困难的问题；加大查漏补收工作力度，依法打击各类违章用水行为，维护企业的合法权益。充分调动各环节的积极因素，多措并举，将产销差率控制在了合理范围。

三、积极争取资金，推进管网建设，最大限度地满足城市经济社会发展的用水需求

积极抓住包头市加大供水设施投入的历史性机遇，全力推动供水设施这一市政基础设施的延伸配套工作。主动配合北梁棚户区搬迁改造，编制了《北梁棚改给水工程规划的建议》及各安置区供水方案，组织实施了 7 条道路供水管线建设工程，为北梁拆迁区域内供水管线堵漏、迁移、维修、设立临时取水点，有力地确保了北梁棚户区搬迁改造的顺利推进，被评为“2014 年度支持北梁棚户区搬迁改造先进集体”。同时积极推进市政道路改造供水管网配套工程、老旧小区二次供水管网改造项目、全市老旧小区综合整治工作和企业债券项目，两年来共新建和改造供水管线 79km。充分利用本企业优势，拓展供水市场，顺利完成了包头生态铝业园区、九原绿色园区供水设施及用户整体移交工作。

四、加强水务合作，吸纳先进经验，提升企业管理水平

包头水司历来注重与国内外同行的交流与合作，将其作为开阔视野，增强核心竞争力的重要途径。2013 年包头水司与澳大利亚墨尔本城西水务公司开展实施的包头铁西试验区项目行动计划取得圆满成功，应邀在“第八届中国城镇水务发展国际研讨会与新技术设备博览会”上，作了与澳方结对合作项目的专题报告，受到国内供水行业的关注和好评，包头水司顺势而为与墨尔本城西水务公司签署了开展长期技术与管理交流合作备忘录，将双方的合作关系提升到了一个新水平。2014 年 9 月，包头水司作为华北地区供水行业唯一的发起单位，加入中国供水服务促进联盟，引入了当前先进的供水服务指标评价体系，促进了服务管理水平的提升。

五、加强企业文化建设，营造和谐氛围，促进城市供水事业持续健康稳定发展

按照打造“润”品牌企业文化的思路，制定了《企业文化建设规划》，开展了全员《企业文化理念识别系

统问卷调查》，形成了《企业文化理念识别系统方案》，组建了“文化社团”，开展了丰富多彩的文体活动，营造出积极进取、和谐向上的企业文化氛围；全面贯彻上级纪委全会精神，严格落实“两个责任”，自觉推行“一岗双责”，党风廉政建设不断深化；积极健全职工三级培训体系，采取“送出去、请进来”的模式，有计划、分层次地开展员工培训工作，荣获全国职工教育培训示范点称号。热心社会公益事业，履行环保职责，按期足额上缴企业应缴税金及其他应缴款项，吸纳39名职工子女就业，多次受到上级部门的表彰。

近年来，包头水司取得了可喜的成绩，但发展永无止境，今后包头水司将在上级部门的领导下，在水利企业协会的指导和帮助下，团结带领广大职工依法治企，实干兴业，为促进供水事业科学发展而努力奋斗！

苏州优德通力科技有限公司

苏州优德通力科技有限公司成立于2001年9月，法人代表王黎明，注册资本3 116万元。公司位于经济发达、交通便捷、风景秀美的太湖之滨——苏州市吴中经济开发区内。公司主要自主研发、生产各类高端智能排污泵及分散式污水处理系统。

公司自成立以来一直致力于科研创新，拥有省级技术研发中心及苏州市分散式污水处理系统研发中心，设立了水质检测试验实验室、流体力学实验室及动力检测实验室等3个专业实验室，研发中心由“国家千人计划”和“姑苏领军人才”专家领衔，集聚了来自美国、德国及国内的行业领域精英人士，并与西安交通大学，江苏大学，苏州大学等高校建立紧密、务实的产学研合作，实现科技研发与成果转化的优势互补。公司于2011年成功获得国家高新技术企业认定。

目前公司产品主要出口美国、加拿大，市场领域涵盖北美的各大专业零售超市、专业安装市场、批发商、零售商、国际知名生产企业等，被北美业内称为最具竞争力的水处理制造商。近几年公司经营遵循“整体规划、分步实施、效益驱动”的原则，通过对市场开拓的积极进取，对工艺技术的持续研究，对企业管理的不断创新，实现了企业的快速发展。2013年公司实现主营业务收入1.07亿元，2014年实现主营业务收入2.35亿元，2015年实现主营业务收入2.68亿元，年平均增长率达到66.8%。

公司坚持依靠人才战略，不断致力于高端技术的创新研发，产品技术上不断创新，经营管理上引进先进理念，积极推进公司的全面转型升级。近两年公司成功申请并获得发明专利及实用新型专利共72项，获得国际发明专利授权2项；“分散式固定床生物膜污水处理系统”等9款产品获得省高新技术产品认定。

在国际市场上，公司通过在美国设立销售分公司、物流中心及售后服务团队，摆脱了原来依靠国外中间商的被动模式，实现了本土化经营的模式转型升级，2014年以来公司“EVERBILT”和“AQUAPRO”自主品牌的29款新产品全部进入美国一线市场，在美国各大五金连锁超市中全面取代美国本土产品，成为零售超市的主要供应商，公司也成为全球最大五金零售超市HOMEDEPOT的全球二十家战略合作伙伴之一，也是唯一一家非美国本土公司。

在社会环保方面，企业更具有社会使命感，首先在公司的新厂区建设中，添设了先进的污水处理、中水回用系统、雨水收集利用系统和太阳能发电系统，打造节能减排的绿色现代化工业生产基地。在经营产品上，利用公司在智能泵方面与美国等发达国家污水处理系统配套的有利条件，积极引进国外先进的污水处理技术和人才，并于2010年引进德国先进的固定床生物膜技术，结合国内生活污水的特性，创新、优化了脱氮除磷技术，开发出了适合中国生活污水的分散式固定床生物膜污水自净化系统。该系统采用全地埋式安装，占地面积小，可因地制宜、因户制宜地组合安装，实现了对生活污水的源头处理；同时系统具有“高效、稳定的脱氮除磷能力；抗冲击负荷、耐寡营养能力强；全自动运行、远程监控、免维护；纯自然处理、无需投加任何化学药剂、无噪音、无异味、无二次污染、不扰民；扩容灵活；减少管网铺设”等显著优势。系统使用寿命达30年以上，出水水质稳定达到国家一级A，免维护、微动力运行成本低，可分散式处理安装，十分适合出水水量、水质波动大的国内农村、小型集镇、山区、小岛、旅游景区、高速公路服务区及其他无法铺设管网或管网投入大、不经济的各种生活污水治理。截至2015年，该系统已在太湖周边的东山镇、金庭镇、光福镇、横泾街道、角直镇等区域共25个自然村安装使用，合计日处理生活污水量2 000t以上，各项出水指标均达到国家一级A标准，受益村民7 500人左右，有效地解决了这些地区村民生活污水直排太湖造成太湖水质富营氧化的环保问题，在吴中区的新农村连片整治和美丽乡村建设中取得显著成效。2015年，系统在青海省民和县的官亭、马营等5所中小学进行了安装使用，用于学校餐厨废水和生活污水的处理，改变了原来学校因污水无法排放只能使用旱厕的尴尬，现在安装系统的这5所学校近5 000名师生都用上了卫生、干净的卫生间、淋浴房，大大提高了师生的生活、卫生条件，解决了住宿师生夜间上厕所的安全问题，也给学校每年节省了3万～5万元的旱厕清理费用，受到学校师生和青海教育部门的一致好评，2016年将在更多的学校推广应用。目前，公司的分散式固定床生物膜污水自净化系统，获得了苏州、镇江丹阳、安徽歙县、青海等地方的全面推广应用。

公司将用先进技术、可靠产品保护水资源，打造中国的美丽乡村，为中国的环境生态保护尽一份力，还人民一个绿水青山。优德通力公司将会一直秉承自己的发展理念，愿做“地球清道夫”，做让老百姓满意的良心企业。

宁夏青龙管业股份有限公司

宁夏青龙管业股份有限公司始建于1975年，由原水电部投资建成，前身是宁夏水利制管厂，隶属于宁夏回族自治区水利厅，是国有企业。1998年5月企业改制，2010年8月在深交所挂牌上市。

40年来，公司专注于高品质预应力钢筋混凝土、PVC和PE塑料输水管道及相关产品的研发、设计、制造、安装和服务，并能积极提供智能节水灌溉整体解决方案和城市综合管廊的设计与制造。

公司现有资产近25亿元，员工2 500余人，专业技术人员500余人，高级技术管理人才50余人。近3年来，公司销售额持续增长，平均年销售额10多亿元。公司下辖子（分）公司近20家。

公司现为中国水利协会常务理事单位，中国混凝土与水泥制品协会副会长单位，预应力钢筋混凝土质量联盟首届理事长单位，中国塑料管道专业委员会副理事长单位。公司先后多次荣获水利部“企业技术进步奖”“全国水利系统先进企业”“全国优秀水利企业”和“全国守合同重信用”单位，宁夏回族自治区“思想政治工作先进单位”“诚信纳税单位”“自治区百强企业”。青龙产品预应力钢筋混凝土输水管、预应力钢筒混凝土、PVC、PE塑料输水管荣获宁夏著名商标。公司注册商标“青龙 BLUE DRAGON 及图”荣获“中国驰名商标”，企业和产品均获得多项荣誉。子公司宁夏青龙塑料管材公司多次被认定为“高新技术企业”、中国轻工业塑料加工十强企业。

公司始终坚持以技术研发和产品创新为先导，不断加大技术与创新的投入，近些年先后自主研发新产品、新工艺、专利技术100多项。

公司主要产品有：预应力钢筒混凝土输水管及专用管件、预应力钢筋混凝土输水管、钢筋混凝土排水管、硬聚氯乙烯和抗冲改性聚氯乙烯给水管、高密度聚乙烯给水管和钢丝网骨架塑料复合给水管及聚乙烯埋地燃气管、耐热聚乙烯直埋供热管，节水灌溉器材及各种配套的塑料管件、钢塑管件等。

公司始终秉承“质量为本、精益求精”的质量理念，承接了上百项国家级、省市级的重点工程项目，优质的产品和良好的服务赢得了政府和用户的信赖和好评。公司主要生产的预应力钢筋（钢筒）混凝土输水管及塑料管材等产品在西北、华北及中原地区均具有较高的市场占有率。

近年来，公司产品主要用于宁夏宁东能源化工基地工程、宁夏中南部地区城乡引水安全水源工程、甘肃供水工程、陕西渭南抽黄供水工程、甘肃引洮供水工程、天津滨海新区临港工业区道路排水工程等重点工程项目。2012—2013年，公司在南水北调中线天津、河北、河南工程建设中，先后承接了天津滨海新区、河北廊涿干渠、邢清干渠、保仓干渠和河南安阳、南阳、鹤壁、周口、焦作11个标段管道制造任务，制造管道总长度230多km，占整个南水北调中线总长度的近1/3，中标总金额10多亿元，大部分PCCP管道的口径超过了2m。公司在产品、质量、安全生产、供货进度、施工协调等方面的评比中名列第一。其中2013年至2014年年初获得10多项荣誉及奖励。

2015年12月，公司中标“2015年度我国最有影响力的十大水利工程”之一的湖北省鄂北地区水资源配置工程，管材口径3.8m，管道总长度47km。

公司目前在宁夏、甘肃、陕西、新疆、北京、天津、河北、山西、内蒙古、河南、湖北等地设有多家子公司和生产基地，产品和服务被广泛应用于水利、电力、城市供排水、灌溉、工矿企业、城市天然气输配、供热和交通等多个领域。

未来，公司将始终秉承“追求一流，持续进步”的企业精神，坚持专业化的发展战略，在输水管道制造技术、智能节水的研发与设计领域继续努力奋斗，向着世界一流管道公司的目标奋进，为国家建设和社会进步贡献力量。

长江勘测规划设计研究院

一、企业基本情况

长江勘测规划设计研究院（以下简称长江设计院）隶属于水利部长江水利委员会，是从事工程勘察、规划、设计、科研、咨询、建设监理及管理和总承包业务的科技型企业。具有工程设计综合甲级、工程勘察综合甲级、对外承包工程资格等一批高等级资质。综合实力长期位居全国勘察设计单位百强、全国水利水电勘察设计单位第一，全国服务业企业500强。

长江设计院现有各类专业技术人员近2 000人，拥有中国工程院院士3人，全国工程勘察设计大师4人，教授级高级工程师227人，高级工程师907人，各类注册工程师1 100余人。

二、两年发展状况

近两年来，面对严峻的市场形势，长江设计院大力实践提能转型的发展战略，积极拓展多元化业务，营业收入两年分别为36.3亿元、40.9亿元，改企以来12年增长12倍。2013年，三峡工程设计获国际咨询工程师联合会（FIDIC）百年重大土木工程杰出项目奖；2014年，南水北调中线工程成功通水；乌东德水电站、滇中引水工程、拉洛水利枢纽、巴基斯坦卡洛特水电站等重大项目进展顺利。长江设计院先后荣获“湖北省最佳文明单位”“全国勘察设计行业创新型优秀企业”“水利援藏工作先进集体”“2014年全国实施用户满意工程先进单位”“2014年水利行业用户满意企业”“全国水利建设市场主体AAA级信用企业”“中国对外承包工程行业AAA级信用企业”等称号。

三、管理创新

集团化转型、多元化发展。根据党的十八大精神以及业务主管部门对勘察设计企业发展的指导意见，长江设计院提出“集团化转型、多元化发展”战略。按“专业化分工”的指导思想，成立了交通院、建筑院、移民院，推动各单位向自主经营转变，向市场开拓的主体转变；业务已拓展到水利水电、市政交通、建筑、新能源、环境、总承包、施工、软件、生态、房地产等10个专业领域，打造的土木工程、生态工程、新能源工程、软件开发、地产开发等五大业务板块基本成型。

内部管理务实规范。不断完善办公总务及宣传、人力资源、生产经营、国际工程与外事合作、财务资产、科技研发、质量安全、党建企业文化及其他等共八大类制度体系；持续完善质量、环境和职业健康安全管理体系，修编并重新发布《质量、环境和职业健康安全管理体系文件》；积极推行电子政务，院网综合行政办公系统稳定运行，目标管理、人力资源管理、财务管理、合同管理、经营管理、档案管理等信息系统功能不断提升。

四、企业文化建设

工会、共青团工作围绕企业生产经营中心，服务大局、创新方式，文化体育活动激发正能量。组织劳模和技术骨干疗休养，落实员工带薪休假、体检、劳保、文体活动等保障措施，青年人围绕中心开展丰富活动。企业年金覆盖全院近3 000名职工。研究提高职工医疗标准。全面落实离退休人员“两个待遇”。两年对困难职工发放慰问金60余万元。

荣获“全国实施用户满意工程先进单位”“2014年水利行业用户满意企业”“水利档案工作规范化管理特级单位”“全国水利系统职工文化建设先进单位”等荣誉。

五、党风廉政建设

认真开展党的群众路线教育实践活动，班子成员深入9个基层单位开展调研，广泛听取各方意见。针对“四风”突出问题，提出并落实整改“两方案一计划”，干部作风进一步转变，群众总体满意率100%。

落实党风廉政建设责任制，推行“全员防腐”责任体系建设，扎实开展廉洁风险防控工作，“一岗双责”责任落实到位。严格落实中央八项规定精神，制定八项规定实施办法、厉行节约反对浪费规定。全院接待、会议、公车等各类支出大幅下降，公车实行集中管理，90%安装GPS。院领导班子遵守“三重一大”决策制度，充分发挥院务会、党委会、职代会作用，集体研究讨论决定院重大事项。

六、职工收入增长及培训情况

长江设计院从2003年开始执行工资总额同经济效益挂钩政策，通过不断完善内部分配制度，职工收入与单位效益和个人业绩紧密挂钩，实现了收入增长与单位效益同步发展。近两年，长江设计院分别组织各类培训90多项，包括院领导干部综合管理培训班（国家行政学院）、第四期国际工程项目管理培训（美国杜克大学）、第三期国际工程项目管理参训人员交流培养（三峡集团交流工作1～2年）以及各类岗前、转岗、特殊工种等基础培训。在岗员工年参训率超过90%。新制订《员工培训管理办法》，对培训的组织、管理、实施、预算等进一步规范。

七、安全生产情况

三峡工程已安全运行11年；南水北调中线工程2014年正式全线通水；乌东德水电站、拉洛水利枢纽、滇中引水工程、马来西亚沐若水电站等项目均高质量完成生产任务。全面落实新安全生产法，完善安全责任体系，做好人员安全培训，做实隐患排查治理，夯实安全基础。

2013年度、2014年度内无较大（含）以上安全事故，无重大质量事故，无环境污染责任事故。

八、企业社会责任

2013年度、2014年度长江设计院共派出29批次、313人次参加西藏、云南、四川等地抗洪抗震救灾，受到各方赞誉；积极参加水利部援藏、援疆、援黔活动，编制完成了援藏《西藏昌都地区水利发展“十三五”规划》、积极开展贵州望谟县乐康中型水库论证等工作，派出4名技术骨干赴贵州、新疆水利厅、云南楚雄州挂职进行技术援助，圆满完成各项任务；向乌东德坝区、新村小学、新马乡中心小学、乌东德镇中心小学等捐赠物资累计金额8.8万元，向近百名贫困学生捐款累计金额19.8万元，2014年捐资100万元援建贵州望谟希望小学；按国家有关法律法规上缴各项税费，无偷、漏税情况，两年上缴各类税费约4.4亿元。

江苏省水利勘测设计研究院有限公司

江苏省水利勘测设计研究院有限公司（原江苏省水利勘测设计院）成立于1957年，是国内同行业省级勘察设计院中较早进行所有制结构调整，组建为股权多元化的科技型企业。

公司现持有水利行业工程设计、工程咨询、工程造价咨询、水文与水资源调查评价、水土保持方案编制、建设项目水资源论证、工程监理等7项国家甲级资质和水运行业工程设计、建筑行业工程设计、市政公用行业专业工程设计、建设项目环境影响评价、水土保持监测、工程勘察等6项国家乙级资质，以及电力行业专业工程设计丙级资质和启闭机设计、工程招标代理机构资质。2000年通过ISO 9001标准质量管理体系认证。2014年被认定为高新技术企业。

公司主要承担江苏省内淮河、长江等流域和区域水利规划、工程设计、工程咨询；先后承担江苏省内外众多大型泵站、水闸、水库、船闸、桥、涵，工业与民用建筑工程设计和工程建设监理以及10多个国外项目；主（参）编水闸、泵站、水工挡土墙等多个设计规范、规程和标准。在平原地区低水头闸站枢纽工程、软土地基处理和低扬程泵站设计等方面积累了丰富的经验。近年来，公司承担的主要工程有南水北调东线一期工程、淮河入海水道、入江水道、分淮入沂、洪泽湖大堤加固、沂沭泗河洪水东调南下、通榆河北延、太湖水环境综合治理、重点区域治理，以及船坞、码头等省内外涉水项目。

公司现有在职员工202人，各类专业技术人员197人，其中硕士研究生以上学历66名，高级职称以上人员113名（其中21人为研究员级高级工程师），拥有江苏省优秀工程勘察设计师2名，各类注册执业资格技术人员140人次，各类上岗资格人员61人次。

1978年以来，公司先后荣获国家、水利部、江苏省级奖励100多项，其中获国家级优秀工程设计金质奖4项、银质奖1项、铜质奖4项。近年来，公司承担设计的“淮河入海水道近期工程”获新中国成立60周年100项经典暨精品工程和中国土木工程詹天佑奖，其河道工程、滨海及海口枢纽工程获全国优秀设计金质奖；“江苏省望虞河常熟枢纽工程”“泰州引江河高港枢纽工程”获全国优秀工程设计铜质奖；“新沂河整治工程”获全国优秀水利工程设计银质奖，“新沭河大浦抽水站工程”和“嶂山闸除险加固工程”获全国优秀水利工程设计铜质奖。

公司先后获得中华全国总工会“模范职工之家”、江苏省“开发苏北有功单位”、江苏省精神文明建设指导委员会“江苏省文明单位”、江苏省总工会“江苏省五一劳动奖状”、江苏省和国家工商行政管理总局“守合同重信用”企业、水利部“南水北调工程规划设计先进集体”和“全国水利系统勘测设计先进集体”、中国农林水利工会全国委员会“全国水利系统和谐企事业单位”、中国水利企业协会“全国优秀水利企业”、江苏省勘察设计协会“江苏省勘察设计行业优秀企业”等荣誉称号。

近两年来，公司在江苏省水利厅的大力指导下，在董事会的正确决策下，以党的十八大和十八届三中、四中全会精神为指导，以经济建设为中心，抢抓机遇，奋力拼搏，不断进取，突出抓好江苏水利建设前期工作，进一步加强生产经营管理，充分调动和发挥各方面积极性，经过全体员工的共同努力，实现了经济持续稳步增长，三个文明建设同步发展，公司运作平稳高效。一是认真开展和完成水利前期工作，基本满足了项目的审查、立项和开工建设的需要，为全省水利工程建设安排提供了项目储备，得到了顾客（业主）的肯定和好评。二是以市场为主导，承接了一批行业外涉水项目，市场占有率和信誉度不断提高。2014 年公司实现总收入 15 423.02 万元，税前利润 1 608.3 万元，全员劳动生产率 79.04 万元，人均收入 18.97 万元。三是认真贯彻质量方针和质量目标，强化全体员工的质量意识，质量管理体系有效运行，无一起重大质量和安全事故发生。四是鼓励专业技术人员在工程设计中开展技术创新，优化设计。公司两年内获软件著作权授权 3 项，实用新型专利授权 5 项，全国优秀水利水电勘测设计奖银奖 1 项，中国水利工程优质（大禹）奖 2 项，江苏省科学技术一等奖 1 项，江苏省第十六届优秀工程设计一等奖和二等奖各 1 项。五是政治文明、精神文明建设取得新成效。两年内公司在获得全国模范职工之家等荣誉的同时，建筑设计分公司和南水北调新沂市尾水导流工程项目组获得“江苏省工人先锋号”荣誉称号，新沟河延伸拓竣工程设计项目组获得全省住房城乡建设系统“工人先锋号”，建筑设计分公司获得“2013—2014 年度省级机关青年文明号”，设计一处被重新确认为“2013—2014 年度省级机关青年文明号”。

中水三立数据技术股份有限公司

中水三立数据技术股份有限公司（原合肥三立自动化工程有限公司，简称中水三立）是国家重点布局水利行业软件企业，国家高新技术企业，全国水利行业 AAA 信用等级企业，公司已通过 ISO 9001 质量管理体系认证和 ISO 14001 环境管理体系证书。公司承建的水利信息化项目遍及全国 25 个省（自治区、直辖市），公司在 15 个省（自治区、直辖市）设立了分公司及运营维护中心。

中水三立创立于 1997 年，成立 18 年来秉承“立人、立制、立行”的经营发展理念，一直专注并服务于中国水利信息化、自动化领域。公司企业注册资金 5 000 万元，员工 300 余人，其中具有中级、高级技术职称近 200 余人；本科以上学历员工占总人数的 95%以上，其中硕博士以上学历员工近 15%。

公司是国家级先进院士专家工作站，省级创新型企业，省两化融合示范企业，省专精特新企业，省企业技术中心，省、市两级水务自动化工程技术中心；多次主持或参与国家水利信息化、自动化行业技术规范和标准的编制。

公司提供水利信息化、自动化全行业的系统解决方案，其中包括系统平台、主要设备产品、软件及运营维护支持。公司提供的系统解决方案涵盖的领域包括：长距离输水调度运行管理、水资源综合调度管理、水资源能力监控、水质自动监测、地下水监测、中小河流治理水文监测、预警预报及服务、水雨情自动测报、水文水资源信息管理、水利枢纽（泵站、水闸、船闸、水库等）综合自动化系统、大坝安全自动监测、省（市）级农水信息化、防汛调度管理、防汛抗旱指挥、城市防洪（涝）预警预报等。此外，公司自主研发的设备产品主要有 RTU 水雨情遥测终端、一体化雨量计、一体化水位计以及相关自动化控制柜和仪表等。

目前，公司在长距离输水调度运行管理、防汛调度管理、水文水资源信息管理、水利信息化软件综合平台等领域具有市场领先地位。公司是国内长距离输水调度信息化、自动化项目最主要的承建单位，所承建项目的数量和规模在全国同行业企业中排名第一。

公司拥有技术能力强、覆盖范围广、响应能力快的运营维护团队。能高效地处理公司在建、已建项目及产品的运营养护工作；公司有较强的专业技术团队，能对非公司承建项目的技术难题、运营维护提供有力的支持和保障。

公司历经 18 年专业的水务信息化、自动化产品的研发，积累了丰富的经验，具有多项显著优势。公司拥有 1 个省级、1 个市级专业的水务自动化工程技术研究中心，1 个省级企业技术中心和 1 个国家先进院士专家工作站，同时配备有一批专业的、向心力极强的研发队伍。目前公司已经获得了近 20 项国家发明、实用新型专利，以及 40 多项软件著作权；拥有近 30 项国家、省级重点新产品和省级自主创新产品；20 多项科技成果先后荣获省、市科学技术进步二等奖，国家火炬计划、国家中小企业发展专项等国家、省、市重点科技攻关计划专项项目，其中自主研发产业化的“大中型泵站（群）综合自动化系统”项目被水利部列入 2011 年度水利部先进实用技术重点推广指导目录，自主开发“SUN－2000 中小河流洪水预报预警系统”“SUN－2000 水资源综合调度管理系统”“RTU200 水利行业专用数据终端”“YYL200 一体化雨量站”被水利部列入 2014 年度全国水利系统优秀产品招标重点推荐目录。

公司连续多年被授予“国家火炬计划重点高新技术企业”“省先进民营企业”“省创新型企业”“安徽省优秀软件企业”“安徽省软件十强企业”等荣誉称号，2013 年被列为合肥市首批科技小巨人企业，2014 年被列为合肥市知识产权示范企业；现拥有包括计算机信息系统集成二级资质、安全技防资质一级、电子工程一级、建筑智能化一级、机电安装二级、环境污染治理设施运营资质、水文水资源调查评价乙级、防雷丙级资质等多项专业资质，是全国同行业中拥有专业资质最为齐全的企业。公司参与承建的项目多次荣获“大禹奖”“詹天佑奖”“鲁班奖”等国家水利建设领域的最高奖项。此外，公司全体人员尤其是项目部人员一直坚持立人、立志、立行的“三立”精神，参与实施的项目多次获得业主的高度表扬。

随着公司业绩的不断增长，发展规模逐渐扩大，公司人员数量也在按照公司制定的人力资源规划稳步增长，人均收入水平也逐年提高。除了物质上的激励，公司行政人事部通过组织各项培训活动及业余文化活动，提高了员工的综合素质水平，丰富了业余精神生活，让每一个三立人都能够在公司舒心愉快地工作。此外，行政人事部帮助员工制定职业生涯规划，让他们明确自己的努力空间和发展方向，在三立实现自己的事业理想。

随着公司规模的扩大，公司也在与时俱进地建立健全各项管理制度，以适应业务的发展和时代的变迁，提高了公司的管理规范化水平。

近年来，公司党支部高度重视党风廉政建设和反腐败工作，坚持以十八届三中、四中全会以及习近平总书记系列讲话精神为指导，遵循“标本兼治、综合治理、惩防并举、注重预防”的战略方针，在企业中建立健全教育、制度、监督并重的惩治和预防腐败的体系，使企业的党风建设和反腐倡廉工作步入科学化、制度化、规范化轨道。

公司发展到今天，除了公司内部员工的自身努力之外，也离不开政府及社会的大力支持。公司每年严格按照国家税收制度按时纳税，2014 年公司共纳税总额 1 217 万元。公司自成立以来，在获得稳健发展的同时，公司高层领导始终坚持以成功企业家的高度社会责任感，情系民生，饮水思源，用真情和爱心回馈社会各界的厚爱，积极参与社会公益事业、光彩事业和思源工程。近年来，公司通过安徽省残疾人联合会对残疾人尤其是残疾儿童捐资捐物，帮助他们走向专业学校，走出心理阴影，共同迎接美好的生活。

中水三立将继续担负水利信息化、自动化行业发展的重任，成为水利信息化、自动化领域既具有前瞻性理论架构，又具有成熟广泛的项目建设、运维网络体系的“中国水利信息化、自动化系统解决方案专家”。

北京恒宇伟业科技发展有限公司

一、企业基本情况

北京恒宇伟业科技发展有限公司（Beijing HYWY Technology Development Co.，Ltd.）成立于 2002 年 6 月，是专业从事水利信息化技术研发、生产和销售的高科技企业，注册资金 2 000 万元，先后通过了高新技术企业和双软企业认证等多项资质证书，拥有多项软件产品登记证书和软件著作权。公司承担国家级、省（部）级重大科技项目 20 余项，市场项目 400 余项。在项目的规划、组织实施和维护方面积累了丰富的经验，具有按期、高质量地完成复杂项目，并提供完善的培训和服务的能力。

在水利信息化领域的建设中，公司的项目内容涵盖水务综合平台、水利信息化、水资源实时监控与管理、地下水模拟、现代农水、饮水安全、大型调水工程、流域监测、水土保持、水利移民等各个领域。除拥有强大的软件开发和硬件集成能力外，公司还拥有各方面水利专业研究和规划人员，可以进行了水利专业科研相关工作，包括模型研究、计算公式推导、标准制定、部门和地区的总体规划等工作。

二、近两年发展状况

公司坚持专注水利信息化咨询服务、工程实施、产品研发，近两年取得了累累硕果，主要包括以下两项。

（1）洪水防洪预报软件研究。公司防洪预报系统软件顺利通过国家测评，并获得最高等级“优良”。凭借在防洪预报调度方面的深厚积累，中标中小河流水文预警预报系统、杉木寨水库信息化项目（含防洪预报软件）、白岩河水库信息化项目（含防洪预报软件）等项目，其专业成果获得用户好评。

（2）江河断面水文监测及水资源自动化监控系统建设。公司在水文遥测、水资源流量监测等领域获得不俗业绩。完成山洪预警、中小河流监测、国家防汛抗旱建设、国家水资源能力建设、城市水资源建设项目多个。

三、管理创新情况

公司把“以为客户服务创新为原则”作为了首要的工作原则，全部工作围绕该目标，从岗位职责出发，一点一滴做起，从“管理创新、文化创新、技术创新、制度创新、营销创新”5大方面开展。有序组织开展了“争先创优活动”。活动历时9个月，各部门共形成了40余项流程制度，涵盖了项目、技术、服务、纪律等各个方面，为我公司严谨科学的管理形成了良好的基础。

四、企业文化建设

企业文化决定企业的高度，“以德立企”是公司企业宗旨，是企业文化的灵魂。公司自成立以来，始终十分重视企业文化建设，把文化建设作为提高员工素质，树立企业良好的形象，增强企业核心竞争力的重要工作来抓。公司成立了企业文化建设领导小组，由公司总经理亲自任组长，并且配备了多名专职行政人员负责企业文化建设工作。

公司在逐步夯实企业文化基础的同时，积极开展企业文化活动。公司开通了宣传栏、新闻角、企业期刊、职工之家平台，使员工通过多渠道了解了公司内外的新闻。

五、党风廉政建设

公司积极响应党的号召，拥护党的方针，获得了中共北京市海淀区委海淀园工委的批准，成立了中国共产党北京恒宇伟业科技发展有限公司支部委员会。我公司坚持落实党风廉政建设，努力构建和谐经济，积极开展一系列宣传教育活动，建设廉政制度规范。

六、职工收入增长及培训情况

公司秉持“尊崇知识、尊重人才”的理念，始终把员工福利待遇、培训培养当成是企业的重要大事来抓。我公司根据员工岗位级别、绩效表现、贡献成绩等，制定并认真执行薪酬管理制度，通过晋升、奖励、普调等多种形式每年对员工上调工资，公司所有员工平均每年加薪2次。

七、安全生产情况

（1）规章制度措施。安全生产规章制度是公司安全管理的基础，根据公司安全工作实际情况，对公司安全生产规章制度进行了重新修订、汇编，形成了一套完整的安全制度体系，从而使公司的安全生产有章可循，安全管理实现制度化、标准化。

（2）安全教育措施。公司坚持入职员工安全教育，坚持对调岗和换岗员工的安全教育，提高员工的安全意识。

八、企业社会责任（税收、环保、公益事业、吸纳就业）

“企业为社会而生，社会因企业而幸”，公司在艰苦创业历程中也深刻体会到，企业是社会的企业，事业是国家的事业，不论何时何地，都不能忘记企业的发展壮大离不开国家的政策扶持与社会各界的热心帮助。最终的经营目的不是为了一己私利，而是为了推动经济、回馈社会。

公司不仅关爱自己企业的员工，也满怀慈善之愿，热心参加公益和捐赠活动。四川、青海、云南等省几次地震发生后，公司立刻向北京市红十字会捐款10余万元。公司所做的这一切，无不表达了一个有爱心的企业对社会民生的强烈关注与赤子情深。

山东黄河顺通集团有限公司

近日，在山东黄河顺通集团有限公司的荣誉室里，又增添了一枚熠熠生辉的“全国优秀水利企业”奖牌。这是公司第三次获此殊荣，公司全体干部职工为此深感自豪。

山东黄河顺通集团有限公司（以下简称公司）的前身是济南黄河西外环浮桥有限公司，公司于2000年成立。多年来，他们坚持以十八大和十八届三中、四中、五中全会精神为指导，以经济效益为中心，以创新发展为重点，以实现一流的团队、一流的管理、一流的服务、一流的效益为奋斗不懈的追求目标。做到了业绩成果行业领先、单位和谐稳定、职工富裕安乐、安全事故为零。天心不负人辛苦，孤注崎岖有大成。经过16年的积极打拼，公司从一个只有几十名员工、年收入几百万元的小浮桥公司，打造成了拥有445名员工、年创收突破亿元、涉足浮桥经营、大桥托管、仓储物流、媒体广告等多种业态、拥有4个子公司的综合性企业集团。先后荣获了“全国水利系统先进集体”“全国优秀水利企业”“省级文明单位”“山东省富民兴鲁劳动奖状先进单位”“山东省交通港航系统先进集体”“济南市安全生产先进单位”等120多项殊荣。被水利部黄河水利委员会和山东省交通厅树为全河、全省跨河交通企业的一面旗帜。

一、狠抓企业并购整合，促进企业升级换挡

2013年年初，济南河务局为了救活3个资不抵债、濒临倒闭的企业，责成原来的西外环浮桥公司负责并购整合。他们站位全局，勇于担当，经过大半年的不懈努力，终于破解了众多难题，圆满完成了企业整合并购任务，成功注册了山东黄河顺通集团有限公司。同时，他们还对整合并购的企业进行了深度整改，取得了显著成效。整改前有的企业职工曾连续7个月发不出工资，欠缴5年多的住房公积金。整改后3个深陷泥潭的企业浴火重生，当年就扭亏为盈，不到两年时间，集团公司年收入就达到了1.3亿多元，比原来提高了3倍，职工收入翻了3番。原黄委会主任陈小江前来考察调研时，对公司的企业整合并购工作给予了充分肯定，赞扬他们走在了全河的前头，为深化全河企业改革创造了很好的经验。

二、狠抓自主创新工程，增强企业发展活力

公司秉承“抓创新就是抓发展，谋创新就是谋未来”的理念，在经营管理中狠抓了创新工程。一是对管理制度进行了创新。不断对各项规章制度进行深化、细化和补充完善，形成了可操作性很强的现代企业管理制度体系。公司制定的“浮桥企业规章制度汇编”被山东省交通厅作为范本在全省跨河交通行业中进行了推广。二是对科学技术进行了创新。近年公司荣获黄委会应用技术类创新成果一等奖3项、山东黄河应用技术类重大创新成果奖3项、科技进步奖6项，创新成果在山东全河名列前茅。三是对企业经营策略进行了创新。他们抓住机遇，和山东建邦集团签订了25年的黄河大桥托管协议。无需投入一分钱，就可为公司增创经济效益3亿多元，每年收入大桥托管费1 000万元以上，并可分流黄河职工和吸纳就业人员155名。这一黄河企业经营战略的重大创新，首开了黄河内部企业走出黄河管理外部企业的历史先河，成为黄河内部企业向社会拓展的一个成功范例。四是对企业管理模式进行了创新。该公司针对企业整合并购后的实际情况，重点创新了“统一管理，预算控制，分级核算，目标考核”的企业核心管理模式；“靠制度管人、靠流程管事、靠管理提升效益、靠团队发展企业、靠细节决定成败、靠诚信铸造品牌、靠学习塑造人生、靠创新成就未来”的“八靠”企业管理规则；“产权清晰、权责明确、协调运转、有效制衡”的企业法人治理结构和企业内部控制管理体系。为实现企业经营战略有效实施、资源配置更加优化、企业价值不断提升、经营队伍和谐稳定打牢了基础。

三、狠抓优质服务　强力打造企业品牌

公司坚持以服务求生存发展，视服务为企业的生命。要求广大员工认真践行“胸怀服务社会的理想、坚守诚信为本的理念、铸造客户满意的品牌”的服务理念、突出“以人为本”的服务特色。真正把优质服务作为第一职责，把客户需求作为第一要求，把客户呼声作为第一信号。认真履行了“用我百分之百的努力换您百分之百的满意”的服务承诺。深入开展了“四比”“三零”“四声”“三个一”“三不让”优质服务活动。用先进的服务理念、良好的职业道德、丰富的服务内容、科学的服务机制、快捷的服务方式为客户提供了优质服务。从而用真情、诚信和汗水收获了信任、赞誉和市场，打造了响当当的企业品牌，连续三届被评为“山东省消费者满意单位”。

四、狠抓文明创建，促进企业和谐发展

公司坚持把党建和精神文明建设工作摆到突出位置，建立健全了精神文明创建工作组织领导体系、保障机制、考核奖励机制、服务标准体系和社会监督体系。坚持抓理论武装头脑、始终坚定理想信念，抓思想道德素质、大力弘扬企业精神，抓文明创建工作、提升企业文明程度，抓企业文化建设、提供有力文化支撑，抓思想政治工作、促进单位健康发展，抓文体公益活动、树立良好的社会形象。使党建和精神文明建设在促进企业发展中发挥了重要作用，连续13年保持了省级文明单位。

春华秋实十六载，扬帆鼓浪再起航。时光如梭，星河浩瀚。转回头、忆往昔他们豪情满怀。十六年风雨兼程，十六年岁月峥嵘，十六年成绩斐然，十六年铸就辉煌。抬望眼、展未来他们信心百倍。他们决心把荣誉作为新起点，主动把握和积极适应经济发展新常态，努力打造企业跨越发展新业态，以更加积极作为、创新创业的责任担当，以更加勇立潮头、追求卓越的奋斗激情，以更加披荆斩棘、勇往直前的勇气毅力，以更加雷厉风行、抓铁有痕的工作作风，追梦筑梦，再创辉煌。

上海环保（集团）有限公司

一、企业基本情况

上海环保（集团）有限公司（简称环保集团）创立于1999年5月14日，是中国水务投资有限公司的全资子公司，公司注册资本金为2.65亿元人民币。

公司定位为中国水务投资有限公司所属固废处理项目投资平台和污水处理项目技术支撑平台，致力于环保领域项目的投资、建设、运营和管理，主要经营水处理与固废处理。

公司本部组织架构设“五部一室”及三家子公司，“五部一室”即人力资源部、财务计划部、工程管理部、技术运营部、固废项目部、办公室；三家子公司分别为：上海嘉定环境建设管理有限公司、上海奉锦环境建设管理有限公司、温岭瀚洋资源电力有限公司。

公司现在员工共计260人，其中公司本部30人，子公司230人。

二、企业经营情况

2013年度和2014年度，公司生产经营状况良好，企业严格遵照中国水务投资有限公司的一系列管理制度，并根据自身的工作特点和要求，全面抓好管理，生产责任制落实到人，生产状态持续稳定。

子公司上海嘉定环境建设管理有限公司污水处理规模10万t/d，污泥处理规模80t/d，垃圾处理规模500t/d。

子公司上海奉锦环境建设管理有限公司污水处理规模12万t/d。

子公司温岭瀚洋资源电力有限公司于2013年底开始进行技术改造，于2014年5月顺利竣工，垃圾处理规模从700t/d，扩大至1 100t/d，同时实现了施工安装期间无任何安全事故的优异业绩。

目前公司的污水处理能力为22万t/d，垃圾处理能力为1 600t/d，污泥处理能力为80t/d。公司所有经营状况稳定，各项指标符合国家相关标准。

目前企业总资产97 622万元，2013年度和2014年度分别实现利润总额3 800万元和4 400万元。

三、企业文化建设

公司的经营理念是做到四个“最”：做政府最信赖的、社会最尊重的、环保最专业的、员工最幸福的公司。

公司积极组织员工开展各项有益身心的活动。如参加“读一本书，写一篇心得”活动，健身跑活动，同时还发起了“走出去、请进来”活动，积极组织员工访问兄弟企业，交流工作经验，并不定期邀请专家来公司为员工讲课。

四、党风廉政建设

环保集团在中国水务投资有限公司党群工作部的带领下，积极参与党风廉政的各项自查自检，学习习近平总书记的讲话，学习李克强总理的政府工作报告，党员同志自觉自律，在各方面起模范带头作用。

五、劳动保障和培训

环保集团人力资源部严格依照《中华人民共和国劳动法》的要求，与全体职工签订用工合同并依法缴纳五险一金，无一遗漏。着眼于企业的长远发展，公司重视人才的培养，将各类培训工作当成工作重点，开展包括新员工入职培训、岗位技能培训、职业资格培训、职称晋级、执业资格证书等多方面的培训工作，并做到有计划、有记录、有评估、有效果。收入上确保员工每年有6%～8%的增长。

六、企业的社会责任

企业是社会的一分子，环保集团按照税务要求照章纳税，2013—2014年间各种税收的纳税额累计达到4 390.42万元，没有任何偷税漏税现象。此外，还积极参与社会的公益活动，参加上海市“企业诚信创建”活动，并于2014年荣获了“四星级诚信创建企业”的称号。

七、技术创新

公司积极开展技术创新，对新技术、新工艺、新设备的研发给予大力扶持和奖励，2012年，营养物自我补偿及剩余污泥减量化污水处理方法及系统获得了国家知识产权局核发的发明专利和实用专利；2013年，获得了“污泥高温好氧发酵处理方法”实用专利；2014年又获得了“污泥高温好氧发酵处理方法”发明专利。温岭公司获得了ISO 14000和ISO 18000体系认证证书。

公司紧密与同济大学城市污染控制国家工程研究中心开展合作，并加入同济大学倡导的国家污泥产业联盟，充分体现“产、学、研”一体化优势。

八、获奖情况

作为技术创新型企业，公司多次获得科技创新类奖项。并于2013年、2014年连续获得水利部综合事业局颁发的昆仑科技奖二等奖与三等奖。

九、安全情况

环保集团下属子公司涉及污水处理、垃圾处理、污泥处理等领域，涉及硫化氢中毒、溺水、高空坠落、高温高压、易燃易爆、触电、粉尘、化学品等重大危险源，安全生产形势十分严峻。污水处理、垃圾处理、污泥处理均涉及公共安全和社会责任，公司全力做好安全生产工作，保障各厂、各车间、各单元正常有序运行，各项指标均保质保量达标处理。

除平时日常检查外，公司多次接受了水利部综合事业局和中国水务投资有限公司的安全生产检查，总体安全情况正常，没有出现一例生产安全事件。

山东黄河顺通集团有限公司　马汉平

在山东黄河河务局，一提起马汉平大家都赞扬他是一位有胆识、有谋略、有境界、有担当、有威望、懂经营、善管理、作风民主、清正廉洁的优秀企业家。马汉平现年 59 岁，中共党员，大学本科毕业，经济研究员，于 2000 年 8 月任济南黄河西外环浮桥公司董事长兼总经理，2013 年任山东黄河顺通集团有限公司董事长兼总经理。他带领公司全体干部职工经过十几年的辛勤耕耘和积极打拼，从一个起初只有 56 名员工、年收入几百万元的小浮桥公司，发展成了拥有 445 名员工、年创收过亿元、涉足浮桥经营、大桥托管、仓储物流、媒体广告等多种业态、拥有 4 个子公司的综合性企业集团。企业管理水平、社会效益和经济效益在全省、全河行业领先。先后荣获了"全国水利系统先进集体""全国优秀水利企业"等 120 多项殊荣。马汉平也多次被评为"全国优秀水利企业家"。并先后荣获了"黄委会劳动模范""黄委会'十一五'经济工作先进个人""山东省富民兴鲁五一劳动奖章""山东省交通港航系统先进个人"等诸多殊荣。

一、带头刻苦学习，努力创建学习型企业

读书学习在马汉平的生活中形成了习惯，不管工作多么忙碌，他总是见缝插针地努力学习，如饥似渴地汲取知识营养。特别是涉及企业管理、工商税务、法律法规等方面的书籍，他更爱不释手、孜孜不倦的苦心研读。同时，他还紧密联系实际，把国家和世界前沿的企业管理理念、经营策略等运用到自己的企业管理工作中，并取得了众多研究成果。他撰写的 42.3 万字的《浮桥建设与管理》专著，由中国北京言实出版社以正规书号出版发行。他撰写的《企业经营风险的管理措施与防范策略》等许多论文，分别在《中国商贸》《中国市场》等国家著名刊物上发表。

由于他造诣颇深，被山东省交通厅特聘为客座教授专家，负责全省港航系统和跨河交通行业高级管理人才培训。同时，他还作为主要骨干参加了《山东省水路运输管理办法》《山东省渡运管理办法》等省级行业规范性文件的制定。另外，山东省交通厅还特聘他为山东省港航协会常务理事和山东省浮桥专业委员会主任委员，主持全省浮桥专业委员会工作。

在马汉平的影响带动下，该公司广大干部职工学习蔚然成风，中层以上管理人员 90％以上达到了大专以上学历，60％以上获得了中级、高级职称，100％的特殊工种人员做到了持证上岗，职工队伍整体素质显著提高，成了名副其实的学习型企业。

二、带领团队艰苦奋斗，努力创建标杆型企业

马汉平有句口头禅："不干则已，干就要干好，就要争先进、创一流"。他不但经常拿这句话教育员工，自己也坚持这样做。他任公司"一把手"16 年来，视事业如生命，为了企业的发展，殚精竭虑、呕心沥血、夙夜为公、带头实干，没节没假没日没夜，"白加黑""五加二"成了他的工作常态。

他善于攻坚、善解难题、善打硬仗，是上级领导的得力干将。济南黄河河务局党组每逢遇到难办的事情，第一个想到的就是他。如 2012 年冬，济南黄河东郊浮桥公司突然发生了意外沉舟事故，两对承压舟和两辆大货车沉入黄河之中。市局领导把这一急难险重的救援任务交给了马汉平。他虽然知道这次救援任务相当艰巨，但没有丝毫的犹豫，冒着河道内零下十七八度的低温和刺骨的寒风，昼夜盯在现场指挥救援。经过十多个昼夜的鏖战，终于将沉入河底的承压舟和车辆成功打捞出水，创造了山东黄河跨河交通行业抢险救援的历史奇迹，得到了山东省交通厅领导和专家的赞叹。就在大家弹冠相庆的时候，他却因操劳过度身体极度透支住进了医院，至今落下了腰腿疼的病根，但他从没后悔过。从 2015 年开始，济南市局又让马汉平兼任经济工作领导小组、改革领导小组等三个副组长，他一马当先、敢于担当、攻坚克难、运筹帷幄，为促进济南黄河经济发展作出了突出贡献。

三、奋力开拓与时俱进，努力创建创新型企业

马汉平始终坚持以创新促发展，下大力气狠抓企业创新工程，形成了突出的工作亮点。一是对企业文化进行了创新。马汉平经常讲：十年企业靠制度，百年企业靠文化。他坚持把企业文化建设与创新作为企业经营管理的核心，以企业文化引领员工思想观念的转变。在传承优秀传统文化精髓的基础上，积极打造了“以人为本、科技兴企、自主创新、科学发展”“宁可少挣钱、也要保安全”等具有鲜明特色的企业文化。做到了用文化铸魂，促进企业健康发展。二是对管理制度进行了创新。马汉平力主不断深化企业管理制度创新，形成了全覆盖企业、可操作性强的现代企业管理制度体系。他领导制定的《浮桥企业规章制度汇编》，被山东省交通厅作为范本在全省跨河交通行业中进行了推广。三是对科学技术进行了创新。马汉平带头搞科研、攻难关。他主持完成的“全自动、组合式浮桥防凌安全破冰装置研究与应用”等3项科技创新成果，均被评为黄委会全河应用技术类创新成果一等奖和山东黄河重大创新成果奖。另有6项科技成果荣获山东黄河科技进步奖。四是对企业经营战略进行了创新。马汉平经过大胆设想、缜密策划和艰苦谈判，主持签订了25年的建邦大桥托管合同。他们公司无需投入一分钱，每年可收入托管费1 000多万元，累计可为公司创造3亿多元的经济效益。这一企业经营战略的重大创新，首开了黄河内部企业走出黄河托管外部企业的历史先河，为探索创新黄河企业的经营战略作出了重要贡献。五是对企业管理模式进行了创新。马汉平针对企业整合并购后的实际情况，重点创新了“统一管理，预算控制，分级核算，目标考核”的企业核心管理模式；“靠制度管人、靠流程管事、靠管理提升效益、靠团队发展企业、靠细节决定成败、靠境界塑造人生、靠服务打造品牌、靠创新成就未来”的“八靠”企业管理规则；“产权清晰、权责明确、协调运转、有效制衡”的企业法人治理结构和企业内部控制管理体系。为促进企业依法经营、合规运行、科学发展打牢了基础。

四、注重精神文明建设，努力创建和谐型企业

马汉平坚持把党建和精神文明建设摆到突出位置，准确把握创建新要求，积极探索创建新途径，努力满足职工新期盼，不断提升公司文明程度，为促进企业跨越发展提供了强有力的精神支撑。

他牢记党的宗旨，理想信念坚定，始终坚持与以习近平为总书记的党中央和上级党组织保持高度一致。他遵纪守法、诚实守信，认真践行社会主义核心价值观和党的群众路线，关心员工生活，维护员工权益，主动为员工排忧解难，千方百计提高员工的获得感。他严格落实中央“八项规定”和“三重一大”制度，坚持作风民主、民主决策、企务公开，在职工中树立了很高的威望，任职16年来，年终考评优秀票都是百分之百。

他牢固树立了“廉为美、贪为耻”的人生坐标，坚持律己廉为首，立世德在先。心中有戒、克己慎行，清清白白做人，干干净净做事。秉公办事，廉洁奉公，不谋一己私利。在他以上率下的带动下，公司党员干部都做到了头脑有武装、脚下有底线、管钱不眼红、管物不贪占。形成了领导廉洁、职工团结、单位和谐、惠风和畅的良好氛围，荣获了黄委会“廉政建设示范点”的殊荣。

他坚持依法治企、守法经营、回报国家、奉献社会，热心公益事业，积极履行社会责任。他领导的集团公司慷慨解囊，先后出资500多万元，支援当地贫困村修建了沥青路、架设了照明线路和桥梁，并累计为当地贫困村民减免过桥费3 600多万元，为帮助困难群众脱贫致富和促进地方经济发展作出了突出贡献。

包头市供水总公司　刘治学

刘治学，男，汉族，水利工程硕士，中共党员，高级工程师，自1992年参加工作以来，一直奋斗在供水战线上，具有扎实的业务知识、丰富的管理经验和高超的领导才能，现任包头市水务（集团）有限公司副总经理兼包头市供水总公司总经理、党委副书记。多年来，刘治学同志以高度的责任感、务实高效的工作作风、开拓创新的进取精神，在企业技术创新和管理创新中作出了杰出贡献，2010年被评为内蒙古自治区劳动模范。

2012年刘治学同志任包头市供水总公司（以下简称包头水司）总经理、党委副书记以来，凭借过人的魄力和胆识，在全市经济低位运行的形势下，以科学发展观为统领，以构建“和谐企业”为主线，抢抓发展机遇，勇于迎接挑战，企业取得了

显著的社会效益和经济效益，保持了健康、稳定的发展势头。

一、创新经营思路，敢于深化改革，增强企业经济效益

2012年以来由于全市经济低位运行，包头水司工业供水量持续大幅度下降，面对此种情形，刘治学同志提出了精干主业、搞活辅业的经营思路：即有效发挥企业在行业内的优势，开拓区域供水运营管理市场，同时积极稳妥地推进辅业市场化，提高辅业对企业经营的贡献率。通过近两年的推行，包头水司形成了以主促辅、以辅补主、主辅协调发展的经营格局。

企业人力资源配置的优化与否，决定着企业发展的效率。包头水司由于历史原因，存在着较为严重的人浮于事问题。刘治学同志上任后，经过深入细致的调研，果断决定实施企业内部组织架构与人力资源配置改革，并委托经验丰富的咨询公司协助推进，目前此项改革已取得初步成果，机关部室由原来21个减少到13个，机关一般管理人员减少近1/4。

二、保障安全供水，堵塞管理漏洞，提高经营效益

“安全供水问题事关重大，直接涉及广大群众切身利益，确保安全供水是我们的首要任务。”刘治学同志是这样说的也是这样做的，他积极组织开展安全生产宣传教育活动，强化日常管理、责任监督和隐患治理，推动设立了包头市公安局治安支队供水总公司警务室，将相关重点部位的视频监控系统纳入“平安包头”视频监控联网系统，有效地提升了供水设施的安全保障能力，近年来未发生任何安全责任事故。认真组织开展日常水质检验和水质突发事故的应急检测工作，推动健全了水质短期超标的实时反馈机制和持续超标的应急机制，成功应对了黄河包头段多次原水水质异常事件，受到市政府和上级部门的好评。为保证城市安全供水，刘治学同志积极推进新技术、新设备的使用，两年间共投入资金870多万元，用于大修技术更新改造，提高了供水系统运行安全保障率。此外，刘治学同志还特别重视管网巡视、抢修、维护工作，组织完善了工作制度、程序和考核奖惩办法，做到责任到人，积极推进抢修装备集成化，增强了管网应急处理能力，最大限度地减少了因抢修给用户带来的不便。针对全市二次供水管网管理不规范的问题，刘治学同志积极协助主管部门推进《包头市二次供水管理办法》出台，规范二次供水的管理。

营销管理是企业管理的重点内容，刘治学同志坚持以营销管理为重点，组织完善业务流程，强化各项制度的落实，加强计划用水管理，组织制定了《计划用水管理办法》。开通了收费系统违约金计收功能，提高了水费回收及时率。组织完善了区域责任制管理模式，对各营业分公司收费区域进行了重新划分，使区域划分清晰、合理，便于管理。在新建小区安装计量考核表，推行动态量化考核。在市五区全面推广抄表机抄表，提高了见表率和抄表准确率。加强换落表管理，推行换落表网上工作程序。组织制定了卡表使用、维护、更换方案，解决了智能卡表电池更换困难的问题。加大查漏补收工作力度，依法打击各类违章用水行为，维护企业的合法权益，2013—2014年共查收和追缴水费831.25万元。

产销差率是衡量供水企业内部管理水平的标杆，是影响供水企业经济效益增长的突出问题，刘治学同志积极调动生产、营销、管网等各环节的积极因素，通过加强区域责任制管理、实施科学经济的水源调度、提高计量准确性等多种措施，来降低产销差率，将产销差率控制在了合理范围；大力推行管网检漏绩效考核制度，两年来检出暗漏累计瞬时流量达57.1L/s。

三、创新服务理念，完善服务体系，打造“包头供水”服务品牌

刘治学同志多次强调，提升服务是时代的需求，群众的期盼，也是国有供水企业应尽的社会责任，包头水司在发展的过程中必须秉承“政府放心、用户满意”的经营宗旨和“优质供水、诚信服务”的质量方针，坚持客户至上的服务理念，打造服务型企业。在他的强力推动下，该公司成功加入中国供水服务促进联盟，并采用中国供水服务促进联盟的供水服务评级指标体系进行自评，逐步完善服务体系和“一站式”服务流程，提高了服务质量和服务效率。开通了建设银行、中国银行电子渠道代收水费业务，满足了用户交费方式的多元化需求。刘治学同志还深入推动该公司客户服务行动计划的实施，多次组织“进社区、进广场”开展便民服务活动，主动走访包头第二热电厂等大用户，为他们提供VIP服务，积极为北梁棚户区改造、新都市区和工业园区建设等重点项目开设“绿色通道”，提供超前服务和跟踪服务，保障了重点项目的用水需求，国际水协(IWA)中国区代表李涛博士对包头水司实施的“客户服务行动计划”给予了高度赞许，表示这不但在国内同行业走在了前头，即使是在全球同行业中也是极具前瞻性和先进性的。刘治学同志坚持开门纳谏，每年组织召开行风特邀监督员座谈会，通过行风热线、政府热线、政府信箱、供水服务热线、企业网站等渠道收集并改进服务，有力地促进了服务水平和服务形象的全面提升，使“包头供水”的品牌形象深入到每位用户的心中。

2013 年在全市十大服务行业公众满意度调查中供水行业排名第二。

北梁棚户区搬迁改造项目是自治区、包头市重点民生工程。刘治学同志心系北梁棚改，密切关注棚改动态，主动深入到相关项目规划区进行调研，要求相关部门以解决北梁棚改项目供水需求为出发点和落脚点，按照“一事一办、特事特办”的原则，开辟绿色通道，简化办事程序，为用户提供上门服务。同时在企业自有资金十分困难的情况下，专门购置了 4 台抢修车、2 台应急供水车服务北梁，确保了北梁棚改的顺利进行，该公司被评为“2014 年度支持北梁棚户区搬迁改造先进集体”。

四、务实合作，博采众长，创新思路谋发展

2011 年 11 月 22 日，在中国城镇供水排水协会的极力推荐和亚洲开发银行的援助下，包头水司与澳大利亚墨尔本市城西水务公司结为亚太地区水运营商援助伙伴关系。“澳大利亚城西水务公司是亚太地区管理先进的供水企业，结对合作有助于包头水司以更加开阔的思维和视野探索企业发展之路。”在结对项目洽商会上刘治学同志如是说。开阔视野、博采众长，是刘治学同志一贯的发展理念，为获取与澳方结对合作的机会，得到对方的技术指导和援助，他不辞劳苦，四处奔走，锲而不舍地向中国水协极力争取、不失时机地与亚行代表积极会谈、百折不挠地同相关各方努力磋商，在他的直接推动和不懈努力下，包头水司作为中国水协首次推荐参与水运营商伙伴关系活动的供水企业，成功地与澳大利亚城西水务公司结对，在积极寻求供水管理国际交流合作方面取得了重大突破。

“既然做，就要善始善终、善做善成。”这是刘治学同志对结对工作提出的明确要求，2012 年双方顺利进行交流互访，成功签署合作备忘录，实施了包头铁西试验区项目行动计划。刘治学同志对每一个细节都亲自审核过问，多次到铁西试验区实地了解计划进程，在他的指导下该计划取得圆满成功。刘治学同志顺势而为与墨尔本城西水务公司签署了开展长期技术与管理交流合作备忘录，将双方的合作关系提升到了一个新水平。

多年来，刘治学同志从未停止学习，专业学术水平和政治理论素质不断提高，2013 年完成西北农林科技大学水利与建筑工程学院水利工程硕士的攻读，现为中国土木工程学会水工业分会给水委员会第五届委员会委员、全国给水排水技术信息网专家组成员、中国城镇供水排水协会第二届理事会常务理事、中国水利企业协会第五届理事会理事。在刘治学同志的积极推动和倡导下，该公司健全职工培训体系，采取“送出去、请进来”的模式，有计划、分层次地开展员工培训工作，在全公司营造出立足岗位比学习、强本领、作贡献的浓厚氛围，该公司荣获全国职工教育培训示范点称号。

五、民主决策，勤政廉洁，造就过硬领导班子和干部队伍

作为班子的一班之长，刘治学同志具有很强的团队意识，他根据班子成员的个人专长和性格特点进行了合理分工，确保班子成员各负其责，分工不分家，使班子的整体效能得到了充分发挥，打造出一个团结共进、和谐共事、开拓创新、务实高效的领导班子。他严格执行民主集中制，凡涉及全局的重要工作，都必须由领导班子集体研究讨论，集中多数同志的意见做出决定，提高了决策的民主性和科学性，他注重加强企业的管理，按照 ISO 9000 质量管理体系标准要求，加强各项基础管理工作，强化制度落实，规范管理行为，从严、从细、从实管理，建立起“人人有职责、事事有程序、工作有标准、体系有监督”的良好运行机制，打造出工作纪律严明、工作作风务实、服务水准上乘的干部队伍。刘治学同志始终牢记宗旨，时刻按照严以修身、严以用权、严于律己的要求，牢固树立清正廉洁意识，始终保持清醒的头脑，做到艰苦奋斗、克己奉公、不沾不染。

六、加强党的建设，关爱职工群众，凝心聚力促和谐

作为党委副书记，刘治学同志认真协助党委书记抓好企业党的建设和精神文明建设工作，他充分运用多种载体，在广大党员干部职工中广泛开展了以十八大以来党的创新理论为重点的学习教育活动，为企业的发展奠定了思想和理论基础。认真组织开展了党的群众路线教育实践活动，较好地解决了党员领导干部在“四风”方面存在的突出问题及联系服务群众“最后一公里”的问题。实施了基层党组织分类定级工作，开展了创先争优、“我是党员、让我来”等主题活动，有效地发挥了党组织和党员的先锋模范作用。深入推进群众性精神文明创建活动，包头水司被评为“自治区文明单位标兵”。他非常关注职工的冷暖，把职工的工作、收入、生活和其他切身利益记在心里，抓在手上，努力克服生产经营中的诸多困难，积极创造条件，为职工解决实际问题，实现了企业的发展成果最大限度地惠及广大职工。同时，他还特别注重企业文化的建设和传播，在他的积极推动下，该公司制定了《企业文化建设规划》，开展了全员《企业文化理念识别系统问卷调查》，形成了《企

业文化理念识别系统方案》，开办了《包头供水》企业报，组建了“文化社团”，开展了丰富多彩的文体活动，营造出积极进取、和谐向上的企业文化氛围。

几年来，刘治学同志开拓创新，善谋实干，与时俱进，执着奉献，将自己的聪明才智、心血汗水毫不保留地倾注到包头市供水事业的发展上。

湖北水总水利水电建设股份有限公司　李建林

李建林，男，汉族，1965 年 9 月出生，中共党员，高级工程师，一级建造师，现任公司总经理，法定代表人，先后从事过工程施工、项目管理、企业生产经营管理等工作，曾获得过“全国优秀水利企业家”“全国优秀项目经理”“湖北青年创业奖”等荣誉。

一、深化股权改革，从战略层面把握公司发展方向

2014 年由于中国环境出版集团有限责任公司的入驻，公司的发展翻开了崭新的一页。李建林出任公司法人代表和总经理，他按照“以市场为主线，改革为动力，为谋求公司更大的发展奠定基础”的思路，带领全体员工解放思想、锐意改革、大胆创新。

转制之初，公司面临的困难很多，许多历史遗留问题没有得到根本解决，激励机制、组织结构、改革政策不配套，以及职工多年形成的僵化思想观念等问题，这一切都严重阻碍了改革和发展的步伐。李建林花了近 3 个多月的时间，在领导班子成员的大力支持、职工全力配合下，从员工观念入手，在体制、机构、制度等方面实施了“改革、创新、管理、人才”四大措施，逐步出台《经营管理办法》《项目管理办法》和《绩效考核实施细则》等规章制度，按现代企业的标准建章立制，为公司的改革发展奠定了坚实的基础。

二、走多元化发展道路，开创工作新局面

为加快公司经济发展方式的转变，通过调研分析，李建林提出公司要生存、要发展，只靠传统的、单一的水利水电业务很难支撑公司的可持续发展，因此在巩固发展传统水利水电优势产业的同时，必须开拓新业务，充分运用公司的房建、市政、航道等二级资质，大力发展土地整理、施工爆破、水环境修复、环保等行业。他与领导班子成员一起研究国内外企业成功的经验和发展模式，带领全体员工从实际出发，展开了内部机制体制创新，为新兴产业设立部门，配备必要的机构和专业，先后组建了 7 个分公司和 3 个具有独立法人资格的子公司，为公司的发展壮大搭建了适应新形势的组织架构。

三、狠抓工程质量管理，树良好企业形象

李建林分管生产经营工作 10 多年来，深知质量是企业保持长青基业的根本保障，安全是企业顺利发展的前提基础。他积极贯彻执行“百年大计、安全至上、质量第一”的方针，狠抓工程质量管理，近几年来，安全生产、文明生产取得较好成绩，未发生一起较大安全事故，2013 年、2014 年安全生产年检一次性合格。在他的带领下，多项工程分别荣获国家优质工程鲁班奖、中国水利优质工程大禹奖、全国水利建设工程文明工地、湖北省水利优质工程江汉杯、湖北省水利建设工程文明工地等荣誉称号。

四、引进人才，提高企业核心竞争力

李建林坚持以人为本，根据公司发展的需要，推行“生产经营考核”“项目经理责任制”和“中层干部竞争上岗制”，完善岗位工资考核制度和绩效考核制度，做到人尽其才，才尽其用，把每个人放在最合适的岗位上去，激励人才多作贡献。在他的领导下，一大批中青年干部脱颖而出，各层次干部结构基本合理，人才梯次正逐渐形成，同时公司“传、帮、带”气氛也日渐浓郁，这些都为公司长远发展提供了有利的人才保证。

他重视人才，深知人才是企业核心竞争力的关键因素。近几年来，公司以优惠政策引进优秀的项目管理人才，同时根据公司业务发展需要，采取与高等院校联合办学、内部组织培训等方式培养人才，着重培养和引进

具有施工管理经验的人才、工程技术人才、高级技能人才，每年投入近百万进行各类专业培训，使企业经营管理水平得到不断提高。

五、重视企业文化，加强党组织和精神文明建设

近两年，公司党委大力开展两个“倡导”：倡导创优争先做先锋、倡导急难险重讲奉献。在创先争优活动中，党委、党支部、党员结合自身岗位，公开承诺，创建了“党员示范岗”“党员先锋岗”，做工作的带头人。工作中，他对自己严格要求，讲原则，顾大局，廉洁守纪，带头自觉遵守公司的各项规章制度和党风廉政建设的各项规定，是公司管理层和员工的表率。

他支持公司的群众性文体活动，为举办职工运动会、文艺活动、职工文体兴趣小组、开展解放思想大讨论等活动提供财力保障。他支持创办企业内部刊物，使水总精神深入到企业内部，成为联系员工、宣传员工和团结员工的纽带，为广大员工营造了一个积极向上、团结友爱、轻松的工作氛围。

李建林，这位勇锐的改革者和创新的实践者，正带领着“湖北水总”1 000 多名员工，为把公司建成组织体系科学化、市场结构多元化、生产经营集约化、企业管理现代化的跨地区、跨行业、跨国经营的一流股份制企业而努力奋斗着，我们相信，这个目标一定会实现！

湖北大禹水利水电建设有限责任公司　余中平

一、基本情况

余中平，男，中共党员，1962 年 10 月出生，湖北黄梅人。1982 年 7 月毕业于武汉水利电力学院水利水电建筑本科专业，正高职高级工程师，湖北省水利专业拔尖人才、有突出贡献的中青年专家和武昌区人大代表，现任湖北大禹水利水电建设有限责任公司董事长、总经理兼党委书记，湖北省水电企业协会副会长。

二、担任领导以来的业绩

余中平担任公司董事长兼总经理以来，始终保持着高度的事业心和强烈的奉献精神，用自己的智慧和魄力带领着公司全体员工创造出了骄人的成绩，让公司内质、外形建设都发生了翻天覆地的变化。

近年来，公司经营业绩节节攀升，2014 年度更是创下了产值高达 13.8 亿元的新业绩，员工年均收入也以 10%的速度递增。公司先后获选全国优秀水利企业、全国水利建设系统先进单位、湖北水利行业龙头企业、湖北水利建设先进单位、湖北著名企业、湖北省级文明单位，连续多年被国家、湖北省及武汉市工商局授予“守合同重信用”企业。他本人也曾获得湖北省科学技术进步二等奖，被评为湖北水利专业拔尖人才、湖北省有突出贡献的中青年专家、湖北省水利先进工作者、湖北省企业文化建设功勋人物、武汉市经济保卫工作先进个人，当选为武汉市武昌区人大代表。

三、个人能力

(1) 善于学习，实施市场经营优先战略，加强市场开发巩固和发展。他一方面制定公司三年发展规划，实施生产经营单位目标责任考核以及“大项目战略”“大项目直管”管理机制等；另一方面带领公司参与众多重大工程项目及国外项目等建设，创造了巨大的社会效益和经济效益。公司先后获得中国建筑工程鲁班奖、中国水利优质工程（大禹）奖、湖北省水利工程优质奖（江汉杯）等多项国家、省内工程质量优质奖项，被誉为“水利铁军”。

(2) 把控全局，推动公司股权制度改革，构建体制竞争优势。他多方调研、聘请专业咨询团队，克服改革阻力，反复征求员工意见，充分尊重员工民主意愿，严格依法依程序决策，形成了大家高度认同的股权改革方案。并完成了员工持股委托工作，公司已经形成新的以股权为核心基础的股权结构和股东会制度。

(3) 创新管理，进一步构建目标化、责任化、精细化管理体系，形成具有管理优势的核心竞争力。他做好公司顶层设计，强化对分公司、中层人员、项目及资金的管理和控制，进一步完善目标化、责任化、精细化管理模式，形成具有管理优势的市场核心竞争力。

他积极开展科技创新，出台科技创新的奖励制度，想用科技优势提升经济效益；充分发挥公司专业技术人才的技术优势，大力推广应用新技术、新材料、新工艺。同时，他还积极推动安全生产标准化创建，构建了新的安全管理责任体系；同时还强化人力资源、财务、质量、合同等各项管理责任，公司科学精细管理进一步增强。

四、精神文明建设效果突出

余中平主动倡导水利铁军核心价值，文明创建丰富多样，连续多年放弃春节休息，看望慰问坚守施工一线的员工；坚持员工困难帮扶，倡导员工互助互爱；开展丰富多样的文体活动，建设、引导积极向上的主流文化。继续保持“省级文明单位”“AAA 级信用企业”和国家级“守合同重信用单位”称号。

五、员工收入水平稳步增长

在余中平的带领下，社保、公积金缴存即时合规，保持基数持续增长，员工医保、大病保险及时核查申报；他坚持人才兴企战略，加强青年干部培养，选聘 35 岁以下年轻、实干的青年骨干充实分公司经理班子；制定分公司经理（厂长、部长）助理制度，组织推荐、考察合适人选；继续实施核心人才制度、建造师津贴制度，实行一本、二本毕业生核心人才津贴制度，落实员工调增工资方案，员工人均工资增长 10%。

六、团队凝心聚力，积极向上

余中平积极创建人才竞争机制，实施中层干部民主推荐、公开竞聘和民主考核制度，首次建立起了管理层能上能下，制度规范、程序透明、民主开放的干部任用新机制；完善核心人才津贴制度，提高核心人才和建造师等津贴待遇，形成了人人向上，人人团结的良好氛围。

七、廉洁自律，尽职尽责

余中平担任公司党委书记以来，积极学习中共中央关于开展党的群众路线教育实践活动及党风廉政建设责任制的相关文件，大力加强领导干部的作风建设。他要求从严管理企业，严格制度落实，保证政令畅通、令行禁止，并在公司全范围内开展“讲团结、讲大局、讲纪律、讲担当、讲奉献”学习活动，以“五讲”为精神纲领、行动指南，实事求是地自我剖析、查找不足，加强自身担当意识，转变工作作风，推动公司改革发展。

八、热心公益，心系社会

余中平在日积月累的步行途中，听到了辖区居民的真实意见，积累了几份酝酿已久的议案，并联合其他代表提出《关于加快黄鹤楼周边地区更新改造步伐，推进武昌古城振兴的议案》《关于加快滨江文化商务区建设的议案》《关于进一步加大对科技企业以及中小型企业扶持力度，提升竞争力、促进武昌区域经济发展的议案》《关于积极推进城市网络形象建设的建议》等，全力推动武昌区的发展。

每逢“八一”建军节来临前，他总会抽出时间前往武警武昌守桥部队慰问全体官兵，向他们表示节日的祝贺并赠送慰问金。他还把爱心播撒到辖区的居民，为群众解难，为政府分忧。2013 年 8 月，余中平不顾夏日炎炎，他第一时间赶去看望了身患白血病儿童张家瑞及家人，赠送慰问金，鼓励他们坚定信心，早日战胜病魔。2014 年 7 月，他还代表公司踊跃参加“三万”活动，向竹溪县蒋家堰镇捐助“三万”活动资金十万元整，帮助改善生态环境，惠及百姓，服务民生。

宁夏水务投资集团有限公司　杨国

凭着对水利事业的执着追求，带着对宁夏回汉各族群众的深厚感情，他带领水投集团全体员工转战宁夏的山山水水，在宁南山区和中部干旱带这片最缺水、最贫穷的地方，全力推进水利项目开发建设和运营管理，以强有力的水务支撑，为促进当地经济社会发展，维护民族团结和谐大局作出了重要贡献。他就是宁夏水务投资集团有限公司董事长、党委书记杨国。

一、“血脉”畅通促发展

吴邦国委员长在视察宁夏时曾说过：宁夏成也在水、煤，败也在水、煤。对此，杨国同志有着深刻的理

解。他常说："水既是民生之本，更是经济社会发展的血液。作为水利人，眼中要看到全局，心中要装着百姓，肩上要扛起责任。"杨国带领集团公司全体员工先后开发了宁东供水工程、太阳山供水工程、红墩子·上海庙能源化工基地供水等工业供水项目，构建了自治区多个工业园区发展的"血脉网"，成为了工业园区招商引资的"奠基石"，入驻客商的"定心丸"；推动实施了固原、中宁、吴忠红寺堡区等6个区域水务一体化项目，使得当地水量保障、水质改善、水资源高效利用和节约保护等获得极大改善；承担起自治区头号民生水利项目——宁夏中南部城乡饮水安全工程的建设管理重任，结束了113万回汉群众喝水难的历史。这些供水工程的建成投运，在服务全区经济社会发展、改善民生、维护生态中扮演着越来越重要的"角色"，也使水投集团成为资产总额达95亿元，供水业务覆盖全区，日供水能力近200万 m^3，惠及人口过百万的现代化水利投融资企业，综合实力和社会影响力大幅提升。

二、多方融资筑"基石"

集团公司成立以来，先后承担了多个自治区公益性、准公益性水利项目开发建设与管理任务，造福了宁夏中部干旱带和南部山区百万群众，但其特殊性也决定了项目融资难问题。作为水利项目投融资企业，如何解决资金问题，是摆在杨国面前的一项事关企业生死存亡的大事。几年来，他东奔西走、多方筹措，一方面落实财政资金、项目建设资本金，靠实税收减免、运营补贴等国家及自治区给予的各项优惠政策，通过土地作价注资盘活集团存量资产；另一方面提升企业社会影响力与信誉度，先后与国家开发银行、农业发展银行等多家金融机构签订合作协议，逐步建立起一套与金融机构共同发展的银企战略合作模式。杨国的努力没有白费，多方面的融资有效保证了企业运营和项目建设顺利实施。

如今，他又以十八届三中全会精神为指引，紧贴实际推进国有企业改革工作，探索引进民营资本、发展混合所有制、实施"走出去"战略，并积极推进企业上市融资，吸引民营资本进入，进一步拓宽融资渠道，推动水利事业发展。目前，在他的引领下，水投集团以推进"互联网+"水务为根本目标，与厦门飞华环保器材有限公司以"智慧水务"合作开发为契机，组建了首家混合所有制企业——宁夏飞华水务环保科技有限公司；以发展多元水务为目标，与国家海洋局天津海水淡化与综合利用研究所合作，开展海水淡化、宁夏区域内苦咸水、矿井疏干水处理再利用等业务，为集团发展开辟新路径。

三、同心谱就"和谐曲"

杨国同志在企业管理上奉行"以人为本"原则，建立了一套"以事业激励人，以待遇吸引人，以感情凝聚人，以成就鼓舞人"的现代企业管理体系和企业文化，围绕企业发展核心扎实苦干，奋力拼搏，短短几年，就让企业步入了跨越式发展的快车道，企业规模逐步扩大，综合实力不断提升，社会影响力日益凸显。他常说，"人才是企业发展的核心资源，员工是企业最大的财富"。工作中，无论是岗位安排、职称待遇、评先选优，他都一视同仁对待员工，坚持做到以德行识人，凭实绩选人，用心灵育人；在各个项目建设、运行一线，经常能见到他的身影，与长期驻守一线的员工谈工作、聊生活，及时解决员工工作、学习、生活中的困难，赢得了员工们的一致赞誉。

四、身正为范树新风

作为一名共产党员，他在工作中时刻铭记党的教导，遵守党的纪律，实现着自身价值的同时，也激励着周围的人，率先垂范，以实际行动影响着周围的人。他始终相信，领导廉洁，班子才有凝聚力，才有威信，企业才会长盛不衰。在他的带领下，班子成员保持和发扬艰苦奋斗的精神，不以权谋私，在工程建设等重要事务中坚持民主决策，按规章制度办事，加强内审监督机制，广泛听取员工意见，自觉接受监督。严格的办事程序，严明的工作纪律，使企业内部形成了风清气正的用人环境与发展环境。

身正为范，不令而行，他要求别人做到的，自己首先做到。项目建设严格执行国家基建程序和法规，项目管理严格坚持"四制"。党内行风正不正，关键在领导，勤政之风浓不浓，关键在领导，杨国坚持用铁的纪律约束自己、管理团队、身体力行、率先垂范，创造了一个领导廉洁自律，员工奋发向上，企业阳光运行的良好氛围。

沧海横流方显英雄本色。凭着对水利事业的挚爱，杨国同志取得了突出业绩，先后获得"宁夏优秀青年企业家""自治区诚信经营企业家""水利部水量调度先进个人""自治区五四贡献奖""宁夏十佳优秀企业家"等多项荣誉，他主持和参与的多个专业课题研究项目获得自治区科技进步奖。他以一个共产党员的高度责任感和使命感，用实际行动谱写了一曲忠于人民、忠于事业，推动宁夏水利事业发展，促进区域经济社会腾飞的时代主旋律。

江苏省水利勘测设计研究院有限公司　陆小伟

陆小伟同志现任江苏省水利勘测设计研究院有限公司董事长、党委书记，本科学历、中共党员、研究员级高级工程师、注册土木工程师。陆小伟同志作为单位的掌舵人，认真学习党的十八大、十八届三中、四中全会和习近平总书记系列重要讲话精神，贯彻执行党和国家的各项方针、政策、法规，牢固树立科学发展观，身体力行带领公司全体员工出精品、创效益，为单位健康、持续、稳定发展，为江苏水利建设的前期工作做出了显著成绩。

一、谋发展，稳步提高单位经济效益

陆小伟同志主持单位工作以来，重视把发展作为第一要务，带领公司全体员工抓住发展机遇，艰苦创业，努力开拓，积极承担和完成国家和省重点工程水利前期工作，不断探索市场经营的新路子，使公司的综合实力、社会信誉、员工收入水平等各项指标实现了跨越式发展，取得了显著的经济效益和社会效益。一是主持制定和实施公司《2011—2015 年发展纲要》，指导制定《公司经营层三年任期工作目标》，明确目标思路和实现目标的具体措施。二是带领公司全体员工认真开展和完成水利前期工作，基本满足了项目的审查、立项和开工建设的需要，为全省水利工程建设安排提供了项目储备，得到了顾客（业主）的肯定和好评。2014 年公司实现总收入 15 423.02 万元，税前利润 1 608.3 万元，全员劳动生产率 79.04 万元，人均收入 18.97 万元。三是努力适应市场竞争，积极开拓市场。近年来，公司以市场为主导，积极闯市场，承接了一批行业外涉水项目，市场项目所占份额有较大增加。注重做大做强公司的特色专业，在水土保持方案、洪水影响评价和水资源论证等方面的项目比例明显增加，取得的效益明显，市场占有率和信誉度不断提高。

二、抓改革，努力塑造单位良好形象

近两年来，陆小伟同志始终把改革作为单位不断前进发展的动力。在他的主持下，公司开展了生产组织形式、机构设置和项目核算调研，增设了三维协同设计研发中心和勘测分公司，出台和修订了《项目管理与核算办法》《中层以上干部任用管理暂行规定》和《科技创新、创优资助与管理办法》等管理制度，并严格执行。2010 年 10 月，积极组织南水北调洪泽站工程代建，探索工程代建制模式。

近年来，公司先后获得中华全国总工会“模范职工之家”、江苏省“开发苏北有功单位”、江苏省精神文明建设指导委员会“江苏省文明单位”、江苏省总工会“江苏省五一劳动奖状”、江苏省和国家工商行政管理总局“守合同重信用”企业、水利部“南水北调工程规划设计先进集体”和“全国水利系统勘测设计先进集体”、中国农林水利工会全国委员会“全国水利系统和谐企事业单位”、中国水利企业协会“全国优秀水利企业”、江苏省勘察设计协会“江苏省勘察设计行业优秀企业”等荣誉称号。

三、求信誉，注重产品质量科技水平

陆小伟同志坚持科技振兴单位战略，努力提高产品的质量，增加产品的科技含量，提高单位的信誉。在他的主持下，多年来公司质量管理体系有效运行，无一起重大质量和安全事故发生，精品、优品不断。近两年来，公司获软件著作权授权 3 项，实用新型专利授权 5 项，全国优秀水利水电勘测设计奖银奖 1 项，中国水利工程优质（大禹）奖 2 项，江苏省科学技术一等奖 1 项，江苏省第十六届优秀工程设计一等奖和二等奖各 1 项。

四、勤学习，努力提高思想业务素质

陆小伟同志作为一个知识密集科技型设计单位的主要负责人，深感肩上的责任重大。在坚持政治学习的同时，认真钻研水利技术，力求在理论上有突破，技术上有创新。南水北调东线一期工程与青藏铁路、西气东

输、西电东送一起被称为“中国世纪工程”。公司作为设计单位之一，在他的主持下，从前期规划论证开始，就提出并实践着“创造品质、设计未来”的新理念，在设计中注意正确处理人与自然的关系，防洪工程与环境改善、生态修复的关系，流域与区域的关系。在提高工程安全性和功能的同时，还注重了工程建设与经济发展、城市交通、城市供水、城市景观、生态旅游、新农村建设以及地方文化特色相结合，设计做得有特色、有内涵、有品位。

陆小伟同志作为水利专家，积极协助省、市防汛指挥部工作，只要哪里有汛情和险情，就出现在哪里，及时提供有关地区防汛技术资料，现场提出解决问题的建议和方案，为省、市防汛决策提供技术支撑，在全省防汛抗洪工作中作出了贡献。

五、创文明，构建和谐高效工作氛围

陆小伟同志在加强单位生产经营管理的同时，充分调动各方面积极性，不断促进公司物质文明和政治文明、精神文明同步发展，逐步探索建立适合公司特点的企业文化，努力创造公司“协调为先、和谐为本、轻松愉快、高效廉洁”的和谐工作氛围。近两年来，在他的主持下，公司的政治文明、精神文明建设取得了新成效。在公司获得全国模范职工之家等荣誉的同时，建筑设计分公司和南水北调新沂市尾水导流工程项目组获得江苏省工人先锋号荣誉称号，新沟河延伸拓竣工程设计项目组获得全省住房城乡建设系统“工人先锋号”，建筑设计分公司获得 2013—2014 年度省级机关青年文明号，设计一处被重新确认为 2013—2014 年度省级机关青年文明号。

北京翔鲲水务建设有限公司　袁伟宏

袁伟宏，男，48 岁，中国民主建国会会员，1988 年 7 月毕业于北京理工大学工业企业管理专业，工作中先后就读于北京农业工程大学水利系、中国科技大学研究生院企业管理专业，高级经济师。

现任北京翔鲲水务建设有限公司董事长兼总经理、中国民主建国会全国工商联支部副主委。并担任北京市水利工程协会理事、中国施工企业管理协会理事、中国水利企业协会理事、中国施工企业管理协会信息化工作委员会委员等社会职务。北京市市政行业优秀企业家；全国优秀施工企业家；全国优秀水利企业家；全国工程建设优秀高级职业经理人；民建北京市委优秀会员。

他脚踏实地从基层工作做起，对工程安全、质量、进度、成本各方面统筹管理，形成独具风格的管理特点。主持承建的奥运承载区水环境治理工程荣获中国水利工程最高奖项大禹奖，并被授予大禹奖主要贡献人；承建的国道主干线北京绕城公路工程荣获北京城乡建设集团科技示范工程；在承建京包高速公路（五环—六环）工程中被北京市首发高速公路建设管理有限责任公司授予优秀项目管理工作者。曾荣获北京市政行业协会优秀项目经理、北京市青年岗位能手、北京城乡建设集团优秀青年突击队标杆及北京市公安局先进个人等多项荣誉。

他在危急时刻挺身而出，参加防治非典设施建设，被北京市建委授予北京市抗击非典先进个人。是具有较高的政治理论素养和业务水平、工作勤勉、作风过硬的优秀企业家。

在担任公司董事长以来，他着力贯彻先进的管理理念，建章立制，全面推行标准化管理模式，达到管理水平较大提升，办公效率大幅提高。善于经营，带领公司秉承诚信、创新、优质、共赢的经营理念，锐意改革，开拓创新，大力开拓市场，弘扬公司优良传统和企业文化，成绩显著。创造年生产经营总额近 30 亿元。目前，公司注册资金已达到 1 亿元，获评全国优秀施工企业、全国优秀水利企业。多年来为海淀区税收作出了较大贡献，连续多年被评为纳税 A 级企业，海淀区和谐劳动关系单位。连续多年被评为北京市政行业诚信企业；中国施工企业管理协会 AAA 信用等级企业；中国水利工程协会 AAA 信用等级企业；北京市建筑行业协会 AAA 诚信企业；并获评北京市水利工程协会 AAA 信用评级第一名。

多年来，公司先后承建白河堡、密云、官厅、十三陵等多座大中型水库修建加固工程、应急供水工程、市政道路桥梁工程，包括奥运工程、京城水系治理工程、南水北调配套工程、园博园工程及中南海清淤等多项国家重点工程在内的各类工程数百项。先后荣获北京市水务局“优质工程奖”“建设部优质样板工程”“水利部优

质工程”及中国市政工程协会“市政金杯示范工程”。他继续带领公司将塑造精品工程精神发扬光大，近年承建的北环水系亮马河段综合治理工程、永定河园博园水源净化工程等多项工程荣获中国水利工程最高奖项“大禹奖”；南水北调配套工程、京包高速公路十一标工程等多项工程获得北京市政工程“长城杯金质奖”工程。并且大力提倡开拓创新，在工程建设中申报了多项发明专利和国家级工法。创新意识深入员工心中，创新工作贯穿始终，成为中关村高新技术企业。

在发展企业的同时，他带领员工积极承担社会责任。公司在抗击非典、汶川援建及北京7·21抗洪等多项救援抢险工程中表现突出，是北京市防汛办指定的专业防汛抢险队伍。曾被北京市建委授予“抗击非典突出贡献英雄集体”；汶川地震援建“北京市援建过渡安置房先进集体”。并积极向房山、门头沟灾区捐款，支援灾区建设。在业界及社会上具有良好的口碑。

在他的带领下，公司留下迎难而上，开拓进取，艰苦奋斗，顽强拼搏的坚实足迹。继续发扬志存高远、脚踏实地、敬业奉献、超越自我的企业精神，致力于生态建设和环境保护，用全身心的付出倾力回报社会；在他的带领下，翔鲲公司如腾跃出水之鲲鹏，翱翔搏击于天水之间。为推进人水和谐的水利事业，作出更大贡献。把公司建设成为国内一流的现代化建设企业集团。

江苏省水利建设工程有限公司　夏国春

夏国春同志于1994年参加工作，历任工程项目经理，分公司副经理、经理，省水建总公司工程部主任、副总经理，2008年4月起任江苏省水利建设工程有限公司总经理，2014年3月，任董事长。他带领领导班子一班人对内狠抓企业管理，不断创新管理机制；对外树立江苏水建品牌形象，积极开拓经营渠道，壮大企业综合实力。公司生产经营取得了突破性进展，企业管理与各项经济技术指标达到历史最好水平。公司荣获全国水利建设先进集体、全国守信用重合同企业、全国优秀质量管理企业、全国优秀安全管理企业、全国优秀水利企业、江苏省文明单位、江苏省建筑业百强企业等多项荣誉称号。

夏国春主持施工了多项国家、省市重点工程，工程质量优良，效益显著。其负责的工程先后获得“鲁班奖”1项、“詹天佑奖”1项、江苏省“扬子杯”优质工程奖2项、中国水利工程“大禹奖”3项。

夏国春同志大胆探索创新，多项关键施工技术取得突破，多篇学术论文在国家核心期刊发表。其作为主要完成人之一，开展了“水工混凝土温控防裂技术研究”，获得江苏省水利科技优秀成果一等奖，其本人荣获全省水利科技工作先进个人称号。其组织实施了模袋混凝土、铰链沉排护岸等施工工艺的研究，论文被评为中国水利学会年会优秀论文。他引进了多种地基处理、混凝土生产、疏浚施工新设备，为公司发展打下坚实的基础。

一、锐意改革，强化管理，创新管理机制

夏国春深深体会到，一个好的企业家不仅要勇于创新，还要善于创新，他始终把公司管理机制创新和制度创新作为重点来抓，为企业搭建一个快速发展的平台。2014年，夏国春担任董事长后，着力推进公司的组织体系建设，优化调整了公司的组织结构。年初成立了3个土建分公司，明确了其管理模式、经营责任片区和经济责任指标。并将多名年轻同志推上了分公司管理岗位，给其施展才华的更大空间。新成立的3个土建分公司齐头并进，分别打开了经营局面，当年落实亿元以上的工程任务8项，实现利润2 400万元，管理机制改革的优势得到了充分的体现。2014年下半年，组建了江苏筑宇工程技术有限公司，优化了子公司的股权结构，给子公司更广阔的发展空间，以充分发挥子公司在设计、试验、检测方面的优势，进一步发展勘探、测量等综合业务。

二、开拓经营，抢占市场，创新经营机制

夏国春同志始终站在企业经营发展的战略高度，推行“全方位、全员经营”的开放式思路，带领班子成员站前台、唱主角、抓经营、跑市场，多方落实生产任务。公司以江苏水建的品牌效应和综合配套的整体优势，以省内市场为重点，带动和突破周边地区及省外市场。近2年来，公司紧紧抓住淮河入江水道整治、太湖流域

新沟河拓浚延伸、城市防洪等重点水利工程和沿江沿海开发、能源、市政等国家和地方政府建设投资项目，不断扩大经营规模。

在对外经营活动中，他分析市场行情，研究经营形势，多方面掌握第一手资料。无论是与业主谈判，还是研究经营决策，他都认真筹划，多谋善断，取得了丰硕的经营成果。每次重大工程投标，他从标书评审、方案编写、报价编制、最终方案确定每一个环节抓起，宛如一名战场指挥员，指挥、协调工程投标。投标前夕，常常通宵达旦仔细研究确定最终投标方案，确保以最优的方案、最合理的报价投好每一个标。人忙瘦了，嗓子说哑了，他不辞辛苦，以认真仔细的态度和百折不挠的精神广交朋友，争取主动，建立了多方面的良好关系。

三、科技领先，铸造精品，全面提升工程管理水平

夏国春同志重视工程管理和技术开发工作，在工程技术领域有着较高的造诣。他善于把扎实的理论知识与施工实践相结合，先后主持和参加了“模袋混凝土、铰链沉排等护岸工程施工工艺研究”“工程基坑降水设计与施工技术研究”“江苏省水工混凝土温控防裂技术研究”等技术创新和工法开发工作，促进了南水北调东线多个泵站工程、走马塘拓浚延伸张家港枢纽、泰州引江河二期工程、淮河入江水道整治工程等大型水利工程施工技术的发展，为重点工程建设作出了突出贡献。公司成立了国内水利系统首家企业院士工作站；先后有6项科技成果获大禹水利科学技术奖、江苏省政府科技进步奖和江苏水利科技成果奖；实施了4项省水利科技重点项目；完成了国家级工法2项，省级工法6项；获得国家实用新型专利15项；国家优秀质量管理奖13项。

夏国春同志在抓好经营管理的同时严把质量关，他以创精品工程、放心工程为目标，制订了明确的质量目标。同时，他加大科技创新力度，大力开展QC小组活动。近2年，公司在手重点工程多，工期短，任务重。夏国春动员各方力量，多次在工地召开进度推进协调会，从人力、资金、设备等资源配置上全力保证工程需要。他除了安排公司分管领导联系指挥外，还挤出时间多次到工地督战，帮助项目部分析施工难点，布置抢工措施，处理疑难问题。近年来，公司承建的工程无质量事故，无环境污染事故，工程合格率100%，优良率95%。先后获得中国建筑工程“鲁班奖”、中国土木工程“詹天佑奖”、中国水利工程“大禹奖”、江苏省“扬子杯”优质工程奖等省部级以上优质工程奖19项。公司未发生过等级以上安全生产事故，连年被评为“扬州市安全生产目标管理优秀单位”。2015年5月，经水利部安全生产标准化评审委员会审定，公司被授予第一批“水利安全生产标准化一级单位”。

四、关心职工，培养人才，开发人力资源

夏国春同志始终把人才问题作为战略问题来抓，确立了“以人为本”的人才开发理念，树立了以人才优势赢得竞争和发展优势的观念，注重人才专业结构、知识结构、年龄结构的优化，建立了以业绩为重点，由品德、知识、能力等要素构成的人才评价指数体系，紧密配合公司发展战略实施人才资源配备，促进人才资源与公司发展相协调。公司大胆启用青年项目管理人才，让工程项目成为培养人才的基地。同时夏国春还注重学习型干部队伍的培养，通过内部培养、外部深造，全面提升企业管理人员综合素质，塑造企业全新形象。

五、超越自我，勤政廉政，谱写人生新的篇章

夏国春同志在统筹管理公司各项生产经营工作的同时，挤出时间来学习、探索企业管理的新方法、新思路。他坚持向书本学习，平时翻阅了大量的现代企业管理资料，做好剪辑、笔记，全面提高自己的管理水平。他坚持向广大员工学习，与他们广交朋友，以诚相待。在制定和实施各项方案的前后，他反复征求各方意见，进行分析比较和修改完善。他坚持向实践学习，自任职以来，经过他深入细致地调查、研究、分析，理清了公司的发展思路，规范了项目管理行为，无论是企业管理，还是工程管理，均走上了规范化、科学化的轨道。

夏国春同志以身作则，身体力行，坚持以公司利益为重，把全部精力投入到公司各项工作中。带头执行党风廉政建设的各项规定，不搞特殊化，狠刹奢侈风，形成了勤俭办企业的良好风气，为广大职工做出了表率。他敢于坚持原则，为人正派，讲究民主，大度容人。强烈的事业心和责任心，塑造了一个共产党员、企业领导者的良好形象和较高的威信，深得广大职工信任和拥戴。

丹阳市九曲河枢纽管理处

丹阳市九曲河水利枢纽是国家太湖治理十大工程之一“湖西引排工程”的重要组成部分。工程由泵站、节制闸、船闸3座主要水工建筑和相应配套工程组成，总投资1.56亿元。“十二五”时期，丹阳市九曲河枢纽管理处紧紧围绕防汛减灾保安全的工作中心，认真贯彻上级决策部署，积极开展制度化、规范化、科学化、现代化建设，不断提升管理和服务水平，各项工作取得许多新成绩，为经济社会发展作出了新贡献。

一、防汛防旱科学化

九曲河枢纽作为丹阳市的主要通江口闸，担负着防洪排涝、灌溉供水、航运、水环境改善等多种任务。枢纽管理处坚持把防汛防旱工作放在首位，牢固树立防大汛、抗大灾意识，全面做好防汛防旱各项工作。“十二五”期间，每年认真开展汛前、汛后检查，及时消除度汛隐患，严格执行上级调度指令，坚持24h值守，根据水情、雨情、工情，及时抢潮引水、排水。汛期，使九曲河水位保持在4.3m左右；枯水期，做到每潮必引，使九曲河水位保持在3.5m左右，年均引排水达5亿多m^3，为丹阳市乃至湖西工农业生产和群众生活提供了防汛防旱安全保障和水资源保障。

二、工程管理现代化

“十二五”期间，按照“务实、高效、创新”的要求，九曲河枢纽人瞄准国内一流的目标，规范管理工作，加快科技创新，各项管理工作走上了制度化、规范化、科学化、现代化的轨道。目前管理处通过综合自动化系统，利用计算机对泵站主辅机、变压器、节制闸、船闸进行数据采集和网络控制，全方位对枢纽工程进行视频监控，先后更新改造了船只过闸管理信息系统、泵站和节制闸自动化控制系统、内部网络办公系统等，实现了工程控制运用自动化、日常管理无纸化、信息传输网络化、调度决策科学化，促进了工程效益的充分发挥。同时，加强各类制度建设，重点完善了《工程检查制度》《调度运用制度》《票据管理规定》；修订了《工程维修养护制度》《九曲河枢纽船闸通航管理规定》《工程技术管理细则》；新增《工程管理、保护范围规定》等规章制度。

三、工程维修养护规范化

管理处按照国家级水管单位工作要求，扎实抓好建筑物、机电设备的日常检查、观测、保养、试验和等级评定等工作，及时做好工程设备的维修和更新改造工作，全面推行社会化养护，严格泵站、绿化、环境卫生、保安等合同考核管理，使工程设备和单位环境面貌始终保持在良好状态。5年来，投入1 800余万元，先后完成了船闸大修、泵站自动化控制系统更新改造、泵站4台机组和主变大修、水政执法码头新建、节制闸及泵站液压系统大修、内河调度站新建、道路黑色化改造、篮球场移建和新增车棚、闸站厂房屋面改造、船闸自动化改造（省水利科技项目）、网络中心机房升级改造、新增船闸电梯等一批重点工程项目。

四、通航服务优质化

牢固树立服务意识，坚持公平公开的原则，努力为船民提供高效和优质服务。一是坚持以同一尺度、标准对过往船只进行丈量、登记、喷号、制卡和建档，每年对已登记船舶进行年检；二是通过枢纽网站、移动短信、电子宣传屏、宣传牌、告船户书等形式，及时通报水情工情，进行安全通航宣传教育；三是严格值班制度，及时掌握水位高低，潮水变化，不分昼夜，做到能开则开，有船就放，保证船只航行不受影响；四是抓好规范收费，所有收费人员照片及工号现场公示，接受监督，坚决杜绝乱收费、乱罚款等现象发生；五是海事部门合作，发挥各自优势，共同维护过闸秩序，当过往船只出现险情时，全力组织抢险，努力减少船民的损失。通过不断强化管理和优化配套，简化了过闸程序，提高船只过闸效率，维护了良好的通航环境。

五、党政工团制度化

5年来，管理处党支部认真抓好支部建设，积极开展以“增强党员意识”为主题的党建活动，以丰富的党组织活动为载体，开展革命传统和理想信念教育，先后带领党员同志参观台儿庄战役纪念馆、茅山新四军纪念馆、黄桥战役纪念馆，缅怀老一辈革命家的丰功伟绩，接受爱国主义和革命传统教育。以党员志愿服务为抓手，积极实施“四前四责”工程、“争先创优”和“党的群众路线教育”等活动，实现了党建与发展互促双赢。2015年度获得丹阳市法治型、服务型“四星”党支部荣誉称号。管理处工会和团支部每年举办职工运动会，丰富职工文化生活，展现单位职工积极向上的精神风貌，增强职工团队合作精神。

“十二五”期间，在上级的正确领导和社会各界的关心支持下，全处干部职工恪尽职守，充分发挥枢纽的工程效益、经济效益、社会效益和生态效益，为促进区域经济和社会发展作出了积极的贡献。同时也多次受上级的表彰，分别获得江苏省文明单位、江苏省水利系统文明标兵单位、江苏省水利工程管理先进单位等荣誉称号，并被河海大学确定为大学生社会实践基地，2013年通过国家级水利工程管理单位复核、2015年通过江苏省水利风景区复核。

湖南涔天河工程建设投资有限责任公司

一、企业简介

湖南涔天河工程建设投资有限责任公司成立于 2011 年 12 月 15 日，是涔天河水库扩建工程的项目法人，为国有独资企业，注册资本金人民币 10 亿元整，经营范围包括水利水电工程等投资和建设。2015 年获得“湖南省重点建设项目管理优胜单位”“湖南省重点建设劳动竞赛考核先进单位”“永州市先进基层党组织”“湖南省文明工地”荣誉。

二、工程概况

湖南涔天河水库扩建工程，包含的枢纽和灌区两个项目，均被国务院确定为 172 项节水供水重大工程，也是“十二五”“十三五”期间湖南省水利建设“一号工程”。2015 年度被评为全国最具影响力十大水利工程之一。该项工程位于湘江干流潇水流域上游的永州市江华瑶族自治县境内，最大坝高 114m，坝长 328m，正常蓄水位 313.00m，总库容 15.1 亿 m^3；装机容量 20 万 kW，设计灌溉面积 111.46 万亩，两个项目总投资 100 亿元。工程竣工后，可基本解决江华、江永、道县、宁远四县农田灌溉和人畜饮水问题，提高沿河城镇的防洪标准，是一处具有灌溉、防洪、下游补水和发电，兼顾航运等功能的大型水利工程。

三、工程进展

枢纽工程于 2012 年 8 月前期工程开工，2013 年 11 月主体工程开工。2014 年 12 月通过导（截）流阶段验收，大坝开始填筑。2015 年 4 月 27 日，大坝临时断面填筑至百年一遇拦洪高程 277.00m，提前 3 天完成了第一个枯水期的建设任务，确保了工程工地安全度汛。2015 年 11 月 28 日，大坝填筑至 320.30m 高程，填筑量 300 万 m^3，比初设批复的工期提前 153 天完成大坝堆石体填筑任务。质量和安全生产实现了“零事故”“零伤亡”目标。战胜了 2015 年“5·20”“11·11”两次特大洪水的袭击，确保了在建工程和移民平安度汛。2015 年枢纽工程完成投资 244 133.74 万元（其中枢纽 40 512 万元，移民 203 621.74 万元），占水利部年度任务 18 亿元的 135.63%，占永州市政府年度任务 22.61 亿元的 107.98%。自开工以来截至 2015 年年底，累计到位资金 41.95274 亿元，累计完成投资 41.7345 亿元（枢纽工程投资 9.8032 亿元，拨付移民资金 31.9313 亿元），占水利部批复概算 60.0068 亿元的 69.5%。整个工程按照建设计划，朝着 2016 年“防汛、下闸蓄水、机组无水调试”三大目标迈进。

灌区工程在 2015 年 10 月 29 日胜利开工，比国务院要求提前了 2 个月。完成投资 10 245 万元，超额完成了 2015 年度水利部 1 亿元的年度投资任务。

2015 年 12 月 7 日，涔天河新坝与老坝对比

风好正是扬帆时　勇立潮头竞风流

——沂沭泗水利管理局“十二五”工作回眸

“十二五”时期，是沂沭泗水利事业承前启后、继往开来的重要历史时期，也是直管工程面貌改善大、管理水平提升快、自身能力建设成效显著的5年，在沂沭泗水利发展历程中写下了浓墨重彩的一笔。5年来，在水利部、淮委党组的正确领导下，沂沭泗局深入贯彻落实中央兴水惠民决策部署，积极践行新时期治水思路，履职尽责，锐意进取，扎实工作，圆满完成了“十二五”目标任务，各项工作都取得了丰硕成果，为实现沂沭泗流域经济社会持续健康发展提供了更加坚实的水利支撑和保障。

一是防汛抗旱取得全面胜利。“十二五”时期，沂沭泗流域气候整体平稳，气象灾害损失总体偏轻。面对局部地区发生的洪涝干旱灾害，积极实践“两个转变”，坚持以人为本、统筹兼顾，科学调度水利工程，安全防御了沂沭河“12·7”洪水，夺取了防汛抗旱的全面胜利。合理调配抗旱水源，成功实施南四湖生态应急调水。统一调配南四湖上下级湖蓄水，实施“引沂济淮”，彰显了流域机构在水资源统一管理调度方面不可替代的作用，为地方粮食生产连续丰收和城乡用水安全作出了重要贡献。

二是工程管理水平有力提升。“两个创建”工作取得重大突破。灌南局、刘家道口局、嶂山局先后通过国家级水管单位考核验收；刘家道口枢纽水利风景区获国家水利风景区称号。工程维修养护管理工作成效显著。健全完善了工程维修养护管理制度，进一步促进了维修养护工作规范化。工程管理基础工作进一步加强。直管工程划界确权工作实现阶段性目标，推动解决了争议多年的南四湖湖东堤工程运行管理体制和搁置多年的韩庄闸分洪鱼嘴土地确权划界问题。

三是依法治水管水深入推进，水政执法扎实开展。深化河湖专项执法检查，不断加大水政执法巡查力度，依法打击破坏水利工程、侵占水域、非法采砂、违章建设等水事违法行为。涉河建设项目监管力度不断加大。完善了涉河建设项目管理制度。加强与地方政府及有关部门的沟通和联系，坚持关口前移，积极引导项目建设单位履行水行政许可手续。河道采砂管理成效明显。联合地方政府及相关部门开展了一系列巡查和集中打击违法活动，始终保持对非法采砂的高压严打态势。依法管水基础工作扎实开展。大力开展法制教育，全面完成“六五”普法工作，干部职工法治意识和依法办事能力不断提高。

四是水资源管理不断加强。水资源管理基础工作扎实推进。建立健全了水资源管理机构，建立健全相关制度。严格落实最严格水资源管理制度。加强建设项目水资源论证、取水许可审批和监督管理，深入开展水资源专项执法检查。科学实施防汛、抗旱、排涝、减污联合调度，有效改善流域水环境，有力助推了地方水生态文明建设。

五是基本建设取得积极进展。“十二五”时期累计完成基建投资计划1.27亿元，一批防洪重点工程和基础设施相继建成投入使用。沂沭河上游堤防加固工程、南四湖二级坝加固整治工程前期工作取得积极进展。沂沭泗河流域防汛调度设施和档案管理用房建成投入使用。

六是水利科技与信息化建设取得新突破。防汛抗旱调度决策支持水平不断提高。先后建成了沂沭泗水情信息服务系统、水文预报系统、异地视频会商系统、防汛调度设施信息化系统。水利管理现代化水平显著提升。建成了以4G传输为核心技术的沂沭泗局直管重点工程监控及自动控制系统。科技创新和应用屡创佳绩。6项科技成果获得淮委科学技术奖，10项技术获得国家知识产权局授予的实用新型或发明专利证书。

七是内部管理与改革不断深入。财务管理、监察审计监督水平不断提高。主动适应财政管理制度改革要求，贯彻执行水利预算管理“三项机制”，全局财政保障程度显著提高。不断强化财务管理，充分发挥监察审计监督作用，促进了各单位的内部控制和自我约束。企业经营提质增效。深入推进企业清理整合，企业发展势头良好。水土资源开发利用综合效益显著，规费征收有效开展。

八是党的建设、队伍建设和精神文明建设扎实推进。党的建设得到加强。扎实开展党的群众路线教育实践活动和“三严三实”专题教育，作风建设取得明显成效。加强党风廉政建设，坚持全面从严治党，严格落实“两个责任”，充实基层纪检监察力量。干部队伍建设成效明显。开展领导干部竞争上岗、公开遴选和岗位交流。持续开展专业技术与技能人才选拔鉴定，1人获全国水利行业技能大奖，7人获全国水利技术能手称号。精神文明建设成果丰硕。截至2015年年底，全局共有23家单位获市级以上文明单位称号，其中8家单位获省部级文明单位称号。

“十三五”时期，沂沭泗局将全面贯彻落实党的十八大、十八届三中、四中、五中全会和习近平总书记系列重要讲话精神，积极践行新时期水利工作方针，按照水利部、淮委的总体部署，推进水利管理改革创新，加快提升依法治水管水、防汛抗旱保障、工程规范化和信息化管理、水资源调配能力，进一步提高沂沭泗局水利管理和公共服务水平，着力构建制度标准健全、队伍结构合理、工程运行安全、管理水平先进、行政执法高效、综合效益显著，与流域全面建成小康社会相适应的水利管理体系。

回顾过去　展望未来
奋力开创"十三五"淮河水文事业新局面

"十二五"期间，淮委水文局（信息中心）认真贯彻落实治淮决策部署，围绕中心，服务大局，各项工作取得了新突破，为实现流域水利改革和经济社会发展提供了坚实的技术保障。

防汛抗旱减灾取得新胜利。5年里，建立了水情预警发布和洪水编号制度，成立了淮河流域水文应急机动测验队，开展了流量自动监测和雷达测雨试验，完成正阳关以上流域短时段水文预报方法研究，实现洪水实时概率预报，预报优良率提高到90%以上。在2012年沂沭河大洪水、2014年南四湖干旱、2015年淮河干流超警戒洪水等汛旱情处置中准确预报，提供了可靠的决策依据。

水利信息化迈出新步伐。坚持以水利信息化推动水利现代化，建成了淮委政务内网，实现内网互联，新版综合办公系统上线运行。实施了淮委重要信息系统安全等级保护工作，建成集淮河水利数据异地安全存储、实时备份、快速恢复功能于一体的数据容灾备份中心。"十二五"初期，淮河流域实现水文自动测报系统信息共享，流域水情信息采集、传输的时效性大大提高。

水文专项工作再上新台阶。实施并完成了省界河流水资源监测断面水文站改造建设。五道沟水文试验站改建工程取得阶段性成果。利用技术优势，较好地完成了第一次全国水利普查、淮委水资源监控能力一期工程建设。淮河流域水文年鉴会审工作稳扎稳打，成果质量在全国七个流域机构中名列前茅。

科研开发取得新成果。5年来，共获得省部级科技进步奖11项，获得软件著作权9项、实用专利2项，在公开刊物发表论文、著作百余篇，其中SCI和EI论文4篇。依托中荷河流合作项目，把现有淮河常用的洪水预报模型嵌入FEWS系统，初步构建了淮河中上游洪水预测预警系统FEWS - Huaihe，该系统已进入世界FEWS用户名录。

"十三五"时期是加快水利改革发展的关键时期。在当前的新形势下，淮河水文工作要继续发挥技术支撑优势，按照"补短板、破瓶颈、增后劲、上水平、促发展、惠民生"的总体要求，进一步开拓思路，明确"强基础、上水平、成事业、惠民生"的未来发展目标，增强水文和信息化技术支撑能力，更好地服务治淮和民生水利，让改革的成效促进流域经济社会发展。为此，要在以下领域打开新局面：

一是不断拓宽水文水资源监测、预测及预报的范围，继续树立"防大汛、抗大旱"的思想准备，进一步完善淮河流域洪水预报调度系统、气象数值预报系统、水文气象耦合系统、旱情信息系统、灾情评估系统等，建成以"3S"技术为基础、以流域数据中心为支撑的水文气象服务平台，基本实现流域水文气象管理数字化。

二是以淮河省界断面水资源监测站网为基础，建设以水资源管理业务应用平台、决策支持环境为核心的流域水资源管理系统，掌握流域内水资源及其开发利用状况，从而实现水资源优化配置、调度利用和科学保护，为落实最严格水资源管理提供技术支撑。

三是以国家加强信息化工作战略实施为契机，加快流域水利信息化顶层设计和建设，从信息化基础设施建设、应用系统整合开发以及流域管理数字化等方面寻求新的突破，逐步整合各类信息系统，丰富流域水利数据库，进一步提升流域管理数字化水平。

展望未来，淮委水文局（信息中心）将继续做好继承和传承，大力践行新时期治水思路，勇于担当，狠抓落实，奋力开创淮河水文和信息化事业新局面，为治淮和流域经济社会发展作出新的贡献！（供稿人：邓映之）

长江流域水土保持监测中心站

承载着建设生态文明的中国梦，承载着绘就绿色长江的新希望，长江流域水土监测中心站（以下简称“中心站”）乘风破浪“十二五”，砥砺前行！

“十二五”期间，中心站紧紧抓住监测主业，强化技术支撑，拓展服务领域，推进流域协作，加强自身管理，不断改革，勇于进取，全面完成各项任务，为把脉流域生态，维护健康长江，建设生态文明提供坚强的技术支持。

一、立足监测主业，摸清水土流失现状

在持续开展水土流失动态监测的基础上，中心站克难攻坚，特别是从 2013 年开始启动全国水土流失动态监测与公告项目以来，长江流域水土流失动态监测工作由此进入了持续推进的新阶段。先后对三峡库区、丹江口库区及上游等 12 个国家水土流失重点治理区的 53 个国家重点治理区县、39 个典型小流域和监测点开展了连续性监测，监测面积 36.37 万 km^2。中心站先后在流域内 10 个重要支流（片区）开展水土流失本底监测，并完成三峡库区、丹江口库区及上游对比监测，累计开展水土流失监测面积 138.6 万 km^2，基本摸清了长江流域水土流失“家底”，为流域水土保持工作科学决策提供依据，为发布中国水土保持公报提供基础数据。

二、做好技术支持，描绘治江事业蓝图

积极参加流域和行业规划的编制，参加了全国水土保持规划编制，负责长江流域（片）三级区划方案制定、调研及 19 个三级区概述编写及报告编写工作。参加了长江经济带发展水利专项规划、长江流域（片）水利发展“十三五”规划、全国及流域水资源保护规划、长江流域（片）流域管理水利综合监测站网规划等 4 项流域专项规划的编制。承担完成了通天河及江源区等 10 条长江流域重要支流水系综合规划水土保持篇章的编写。协助重庆市、湖北省完成了三峡库区后续工作实施规划的编制，为水利改革发展和实施治江战略提供有力保障。

三、实施重点攻关，推动水利科技创新

秉承“技术立站、创新发展”理念，积极争取公益性科研专项，保持科技创新的活力。承担完成了南方片坡耕地调研、“十二五”水专项课题河南丹库汇水流域水土保持研究、花岗岩地区马尾松林地水土流失规律试验研究、崩岗侵蚀规律研究等 4 项科研课题研究工作。先后引入无人机、三维激光扫描、核素示踪技术、远程监控技术在监测领域的运用，丰富水土保持监测手段。参加了《长江流域水土保持》专著的编写，编纂完成《中国崩岗及防治》画册并已出版发行。

四、发挥技术优势，服务生态文明建设

突出流域监测机构协调作用，参与全国水土保持监测网络运行管理和流域行业管理。参与长江委信息化顶层设计和制度建设，完成了长江流域水利信息化“十三五”及水土保持信息化规划的编制。做好全国水土保持公告相关工作，汇编“十二五”长江流域水土保持公报数据。参与行业规范规程的调研和编写，完成《水土保持工程概算定额》等 7 项规范和手册的调研和编写，完成《全国水土流失动态监测与公告项目管理办法》等 6 项制度的制定。配合国家六部委对丹库水源区三省人民政府的技术考核和行政考核，完成丹治工程水土保持评估调查工作。积极做好汉江流域最严格水资源管理制度试点水土保持项目前期工作，启动全国水土保持普查、水土流失动态监测数据资料的存储和管理工作，为流域水生态文明建设提供技术支撑。

五、着眼持续发展，拓宽技术服务领域

服务于国家大型工程建设，继续为金沙江梯级开发溪洛渡、向家坝、白鹤滩、乌东德水电站等重大水利工程开展水土保持监测。把技术服务与主管部门管理需要有机结合，推动一批国家重点项目创建水土保持生态文明工程。加强技术总结和质量控制，推进水土保持技术服务规范化。先后开展 364 项技术服务工作，增强了单位综合实力，弥补事业费不足，稳定了职工队伍。通过技术服务，有效促进了生产建设单位落实好水土保持“三同时”制度，为开展流域监督管理提供了科学依据。

六、注重能力建设，增强履职发展实力

适应流域监测机构面临的形势，逐步建立起符合单位实际的管理体制和运行机制，职能定位日益明晰。坚持以制度建设为抓手，先后出台 26 项内部管理规定，构建较为完善的管理体系。推进人事制度改革，完成“新三定”调整，形成良好发展格局。加强干部队伍建设，加强职工教育和培训，不断壮大人才队伍。做好岗位聘用管理，形成岗位成才、共同成长的良好工作氛围。加强党建和廉政建设，认真落实中央八项规定，创新基层党组织活动方式，围绕中心推动事业发展。

“十三五”新的征程已经开启，全体水保监测人以强烈的责任意识和担当精神，凝心聚力，求真务实，开拓创新、扎实工作，与绿色长江同行。

长江水利委员会水文局

长江水利委员会水文局（以下简称长江委水文局）是具有一定管理职能的完全公益类事业单位（正局级），成立于1950年2月，总部位于湖北省武汉市，所辖7个水文水资源勘测局（水环境监测中心）分布在重庆、宜昌、荆州、襄阳、武汉、南京和上海等地。在长江干流及重要支流控制断面设有水文站118个、水位站264个、雨量站25个、蒸发试验站2个、水质监测断面226个、河道固定断面4 200多个。

“十二五”期间，水文局攻坚克难，有效发挥水文技术优势，坚持服务治江大局、服务水利发展、服务国民经济建设。精心收集水雨情资料，加强预报分析和会商，建成长江上游水库群信息共享平台，凸显了在流域防汛抗旱、发电、航运、生态调度方面的技术支撑作用；多次参加应急抢险任务，实施16起突发水污染事件的调查监测，特别是在2014年云南鲁甸地震抢险、平顶山应急调水以及2015年“东方之星”号客船翻沉事件中的出色表现，受到国家防总、水利部的充分肯定，凸显了应对公共突发事件方面的快速反应能力；全面完成国家水资源监控能力一期建设任务，编制完成《长江流域片流域管理水利综合监测站网规划报告》，开展汉江流域最严格水资源管理试点、长江流域8条跨省河流的水量分配分析工作，完成长江中游及两湖地区等水量调度、水资源管理指标核算，取水许可日常监督管理工作转入常态化、规范化等，凸显了为最严格水资源管理服务的职能；累计完成4 000余站年的观测与资料整编，施测河道固定断面2.81万km、河道地形1.37万km^2和1.16万km^2的7个无史料记载的青藏高原湖泊地形测量，获取水质断面、地下水、水生态试点的水质数据200余万个，开展专题研究300余项，涉水工程技术报告500余项，凸显了在水利工程建设和国民经济建设等方面的技术支撑作用。

“十二五”期间，长江委水文局共获得省部级科技进步奖14项，国家和省部级优秀测绘工程奖15项；获发明专利3项，实用新型专利9项，计算机软件著作权18项。3人获得国务院政府特殊津贴，2人获湖北省政府专项津贴，1人获“刘光文工程技术奖”、2人获长江委重大成就奖，18人分别入选湖北省新世纪高层次人才工程和水利部5151人才工程。1人获“全国五一劳动奖章”，1人获“全国五一巾帼标兵”，1人获“全国民族团结进步模范”，1人获“湖北省五一劳动奖章”等。连续12年被评为长江委绩效考核先进集体。

立足市情抓谋划　抢抓政策促发展

——全力建设庆阳山清水秀的自然生态

“十二五”期间，庆阳市水土保持生态建设以科学发展观为指导，以民生水保建设为重点，认真贯彻落实中央、甘肃省有关水保生态建设政策和庆阳市委、市政府决策部署，按照“稳中求进、项目支撑、创新突破、攻坚克难、大干快干”的指导思想，扎实开展水土保持生态建设，全面完成了“十二五”规划确定的各项目标任务，全市水土保持生态建设取得了显著成效。

一、流域治理步伐明显加快

“十二五”期间，庆阳市坚持塬、梁、峁、沟、坡综合治理，山、水、田、林、路、村“六位一体”，大力开展流域综合治理和生态项目建设，全市共完成投资 17.5 亿元，较“十一五”增加 7.5 亿元。治理小流域 42 条，完成水土流失治理面积 1 832.4km²，占规划任务 1 700km² 的 107.8%，水土流失治理程度提高 7.3%，累计达到 46.1%，其中：新修梯（条）田 146.39 万亩，完成规划任务 130 万亩的 112.6%；营造水保林 451.07km²，完成规划任务 400km² 的 112.8%；人工种草 188.07km²，完成规划任务 180km² 的 104.5%；生态修复 152.4km²，完成规划任务 253km² 的 60.23%；建成各类小型水保拦蓄工程 1 084 处（座），完成规划任务 1 000 处（座）的 108.4%。这些措施的完成，有效地控制了局部地区的水土流失，减少了入黄泥沙，改善了生态环境，确保了生态安全。

二、水保项目实施成绩显著

“十二五”期间，庆阳市深化市情认识，研判发展形势，明确着力重点，抢抓政策机遇，先后争取实施水保生态建设项目 67 个，总投资 17.5 亿元，治理水土流失治理面积 1 832.4km²。实施的重点项目共 6 个：一是董志塬区固沟保塬综合治理工程。规划治理面积 200km²，总投资 2 亿元，已完成 220km²，完成投资 2.5 亿元；二是坡耕地水土流失综合整治项目。规划治理面积 1 080km²，总投资 12.4 亿元，已完成 1 162.4km²，完成投资 12.2 亿元；三是中央预算内小流域综合治理项目。规划治理面积 80km²，总投资 0.5 亿元，已完成 100km²，完成投资 0.63 亿元；四是国家水土保持重点建设工程。规划治理面积 240km²，总投资 1.2 亿元，已完成 245km²，完成投资 1.25 亿元；五是国家农业综合开发水土保持项目。规划治理面积 100km²，总投资 0.5 亿元，已完成 105km²，完成投资 0.52 亿元；六是淤地坝除险加固工程。争取并完成淤地坝除险加固工程 110 座，总投资 0.4 亿元。这些重点项目的实施，为助推全市水保生态建设快速发展起到了积极引领作用。

三、坡改梯田建设全力推进

“十二五”期间，庆阳市依托全市百万亩梯田建设和陇东百万亩土地整治工程，按照“修梯田、调结构、兴产业、促增收、奔小康”的基本思路，坚持把梯田建设与流域治理、退耕还林口粮田、土地整理、农业综合开发、水土保持综合治理、扶贫整村推进、新农村建设等项目相整合，采取“统一规划、集中连片、五轮驱动、整体推进”等措施，共建成万亩连片坡改梯示范工程 35 处，千亩精品示范工程 170 处，建成特色林果、草畜、小杂粮等生产基地 68 处。“十二五”期间，全市共新修梯（条）田 146.39 万亩，受益人口达 92.6 万，人均新增梯田 1.58 亩。通过大力整修梯田，为全市精准扶贫和山区群众致富奔小康奠定了坚实基础。

四、淤地坝工程安全运行

“十二五”期间，在淤地坝除险加固方面，庆阳市按照“抓质量、促进度、严管理”的工作要求，认真开展淤地坝除险加固，共争取省级专项资金 2 960 万元，地方自筹资金 1 557 万元，对 120 座病险坝进行了除险加固；在日常防汛管理方面，坚持以“零溃坝、零事故、无伤亡、保安全”为目标，全面实施三级预警管理，严格执行三级责任追究，主抓安排部署、领导责任、排查整改、应急抢险“四个到位”，使全市形成了“上下联动、齐抓共管”的防汛保安网络体系。在运行机制创新方面，积极探索坝沟联治模式，大力推行产权制度改革，鼓励社会各界参与淤地坝建设运营管理，建成了集养殖垂钓、休闲度假、观光旅游为一体的综合开发示范景点 72 处，确保了淤地坝稳定、安全、持续运行，无事故发生。“十二五”期间，全市共建成各类淤地坝 847 座（其中骨干坝 306 座，中型淤地坝 258 座，小型淤地坝 283 座），总库容达到 3.19 亿 m^3，蓄水 1 545.68 万 m^3，拦泥 1.5 亿 t，淤成坝地 2.8 万亩，解决山区 5.8 万人、8.7 万头牲畜的饮水安全问题，同时也为庆阳市建设大型能源化工基地提供了用水支撑。

五、“固沟保塬”工程进展顺利

董志塬是世界上面积最大、土层最厚、保存最完整的黄土塬面。以董志塬为代表的 37 条塬，是中华农耕文化和黄河文明的重要发源地，是世界上黄土地质地貌最为独特的地区之一，是庆阳市自然条件最好的区域和粮食供给的重要保障基地，是国家能源化工基地、西电东送基地、西气东输基地和全国重要的战略能源开发接替基地，是陕甘宁革命老区的重要组成部分和土地革命战争后全国“两点一存”的革命根据地。由于塬区生态环境脆弱、土壤质地疏松、降雨比较集中，加之近年来资源开发力度加大、城镇拓展步伐加快及各类生产建设项目的扰动，水土流失不断加剧，生态环境明显恶化，已严重威胁到塬区城镇、村庄、民宅、道路等基础设施和 170 万人民生命财产安全及城市的健康发展。“十二五”期间，庆阳市委、市政府提出创建“三个生态”，突出把“固沟保塬”列为创建“山清水秀自然生态”的“两大工程”之一。2014 年以来，庆阳市及时组织力量对全市大于 1 万亩以上的 37 条塬区进行了实地勘测和计算分析，编制完成了《庆阳市固沟保塬综合治理实施规划》（以下简称《规划》）和可行性研究报告，并对 118 条抢救性沟道、634 条潜在性沟道、7 511 条常规性沟道，在多年探索实践总结的基础上，创造性地提出了“塬面径流调控、沟头加固防护、坡面植被恢复、沟道水沙集蓄”四道综治防线具体措施，将有效解决黄土高原水土流失、塬面持续萎缩的严重问题。目前，该《规划》已得到省政府批复，庆阳市委、市政府已召开了黄土高原董志塬区“固沟保塬”工程启动大会，在该项目国家未正式启动实施前，由市县两级政府筹集资金对 118 条抢救性沟头沟道开展先期治理。该项目将是黄土高原流域水土流失综合治理工作中规模最大、要求最高、投资最多的民生工程，是从根本上解决黄土高原塬面长期不断萎缩流失问题的重大工程。

六、水保监督执法依法从严

“十二五”期间，庆阳市严格按照新修订的水土保持“一法一例”要求，充分发挥水保监督执法、方案编报审批、补偿费征收“三项”基本职权，以石油煤炭、铁路公路、城乡建设、房地产开发“四大领域”生产建设项目为重点，加大法规宣传力度，强化执法措施，规范执法程序，补齐执法短板，破解执法难点，着力扭转水保监督执法难、方案编报落实难、补偿费征收难“三难”局面，全市水保执法监督工作取得了突破性进展。“十二五”期间，全市共审批大中型生产开发建设项目水土保持方案 1 044 个，查处水保违法案件 60 起，征收水土保持补偿费 6 031.65 万元，是“十一五”的 6.18 倍。通过加大执法力度、补偿费收缴和督促恢复治理，有效地保护了生态环境，人为水土流失得到明显遏制。

“十三五”期间，庆阳市将以“固沟保塬”为主战场，以沟道沟头治理保护为重点，以“一法一例”为红线，坚持山、水、田、林、路综合治理，塬、梁、峁、沟、坡立体防御，计划 5 年完成水土流失治理面积 3 000km^2，到 2020 年年末，全市水土流失治理程度达到 59%，较“十二五”期末提高 12.9%，基本实现山清水秀的自然生态目标。

回顾“十二五”　永宁水利事业蓬勃发展惠民生

“十二五”期间是永宁水利项目投资最多、建设规模最大、综合效益最好的5年，是永宁水利事业突飞猛进、跨越发展的5年。5年来，一大批事关国计民生和发展全局的水利工程相继建成，永宁县水利局连续多年荣获全区农田水利基本建设“黄河杯”竞赛一等奖，自2013年以来连续3年获得全区农田水利基本建设“黄河杯”竞赛特等奖。

一、农田水利基本建设取得新战绩

坚持不懈地大搞农田水利基本建设，始终把改造中低产田、建设高标准农田和节水灌溉作为农业增产和农民增收的措施来抓，农业综合生产能力不断提高，生产条件不断改善，群众生产、生活中的灌溉难、排水难、行路难、吃水难的问题得到有效解决。5年来，全县累计投入农田水利基本建设资金38.3亿元，沟渠田林路综合治理、水利工程设施全面配套，改造中低产田12.6万亩，建设高标准农田32.55万亩，发展高效节水灌溉面积8.9万亩，为加快全县现代农业发展奠定了坚实的基础。

二、重点农水工程建设取得新成效

5年来，投入资金80 061万元，全县80%主干沟道得到恢复治理，70%的农毛渠得到彻底改造，90%的农田路得到整修，今后每年可减少劳务用工22.5万个，节约劳务投入900万元，增加粮食产量1 687t，节水4 000万m^3。

三、高效节水灌溉工程建设取得新突破

“十二五”期间共争取了7个高效节水项目，改善灌溉面积8.923万亩，共争取项目资金15 273万元。实施完成了永宁县2013年度高效节水灌溉重点县项目闽宁镇项目Ⅱ区葡萄滴灌（一期）工程、2014年度中央财政小型农田水利项目闽宁镇Ⅱ区葡萄滴灌（二期）工程、2014年度第六批小型农田水利重点项目（高效节水灌溉工程）等，正在组织实施永宁县2015年度第一、二、三批小型高效节水灌溉项目和2015年新增农田水利设施建设补助资金项目等。全县高效节水灌溉面积达到12万亩以上，年节约水量2 000多万m^3，较大程度提高永宁县的农业水利用系数，助推永宁县经济社会全面发展。

四、防汛抗旱工作取得新成效

5年来，按照“东治河汛，西防山洪，中理盐碱涝水”的工作思路，不断完善《永宁县防汛抗旱应急预案》及各项制度，加强防汛抗旱队伍建设，基本建成了反应迅速、可靠完备的防汛抗旱减灾保障体系。一是完成雷台、东和等黄河塌岸险工段治理，护岸4.6km，联坝300m，修建垛坝24座。二是建设了闽宁镇北五沟拦洪库、新桥滞洪库及三沙源水库等3座蓄滞洪水库，形成了拦、导、滞、排相结合的防洪体系，完善了永宁县境内贺兰山东麓防洪体系，提高了山洪灾害防御能力。三是实施闽宁镇二旗沟水库除险加固工程，完成闽宁镇北二山洪沟中段治理工程，治理山洪沟1 582m；完成贺兰山东麓永宁县闽宁镇防洪及洪水资源综合利用工程

建设，新建及加固导洪堤长度 16km，完成北五沟拦洪库清淤整治工程建设；每年及时核查兑付水库移民补助资金。四是实施第一排水沟、永清沟、中干沟、永二干沟中小河流综合治理，治理沟道总长 86.7km。五是建设了防汛会商预警系统。六是更换闽宁镇 18 眼机井配套设施，进一步增强了闽宁地区抗旱能力。

五、农村饮水安全工程取得新进展

实施了永宁县南部及生态移民等农村饮水安全工程，解决了 17 万人农村饮水安全问题，在全区率先实现了全县农村饮水安全全覆盖。新建 9 个中心村加压泵站及配套设施。铺设改造饮水管道 75km，配套建筑物 100 多座。为农村供水工程配套安装 11 台消毒设备，通过水厂消毒和中心村、小城镇加压泵站出水管紫外线消毒及二次供水消毒的“三保险”，确保了南部水厂供水范围内 9 万农村居民饮水安全。实施闽宁镇应急供水工程，建设净化水厂、清水池和送水泵房等主体工程。积极探索农村饮水安全工程建后管理办法，农村饮水安全工程建后管理已初步走上自主经营、自负盈亏、滚动发展、以水养水的良性循环道路。

六、水资源综合利用取得新突破

实施了西部水资源综合利用工程，这项集防洪排涝、挡浸降渍、灌溉调蓄供水、交通观光九大功能为一体的重大民生工程，彻底解决了闽宁镇、玉泉营、征沙渠等沿山地区内暴雨、西干渠洪水下泄及沿线近 10 万亩农田挡浸排涝问题，同时对下泄、渗漏近 2 000 万 m^3 的水资源进行再利用，通过三沙源水库和望远银子湖调蓄，既可解决 3 万亩农田高效节水灌溉，又可为望远工业园区补充水源，还可通过新建溢流堰将水导入艾依河生态补水。完成新华湖扩整工程，银子湖扩挖和整理工程，新增湿地面积 200 多亩。

七、深化水利改革取得新成果

一是全面实施农村水费改革。全面推行农业供水管理体制和水价形成机制改革，建立和完善了“农民＋用水者协会＋水管单位”三位一体的管理体制。实行“三费合一”和“一票收费到户”的水价政策。农业灌溉用水实现了粗放式管水到精细化管水，被动节水到主动节水的两个转变。二是完成了深化小型水利工程管理体制改革方案制定，对全县所有小农水工程摸底调查，开展行政村维管试点维修养护经费测算工作。三是贯彻落实自治区《关于深化改革保障水安全的意见》安排部署，制定《永宁县关于深化改革保障水安全实施方案》，明确责任分工和落实措施，完成阶段性工作。四是水利建设管理程序进一步规范。全面推行水利建设项目法人责任制、招投标制和项目监理制，制定完善各项建设管理制度，强化水利工程建设管理工作。

八、水政水资源管理开创新局面

一是以依法治水、科学管水，提供安全的水资源保障为主要内容，狠抓了水资源管理体系建设，提高水资源的利用效率，推进由供水管理向需水管理的转变。二是严格取水申报、审批程序，依法发放取水许可证，实施取水许可管理制度；对各工业企业用水实行总量控制、定额管理、科学核定水量。重点加强了用水大户的节水管理。三是加大水资源费征收力度，对重点用水企业安装自备井水表，工业用水实现了定额取水、精确计量、明白缴费。四是加强对全县饮用水水源地的保护和入河入沟排污口的管理，坚决杜绝排污口的增加，严格执行水土保持“三同时”制度，加强水土保持管理，有效遏制水土流失。五是每年开展声势浩大的“世界水日”“中国水周”纪念宣传活动，使群众加强水法制观念，全民节约用水意识深入人心。同时，加大水事违法案件的查处力度，加强水政监察，实施依法治水，为全县经济社会跨越式发展提供保证。

卢龙县水务局深化小型水利工程管理体制改革成果

2013年，卢龙县被确定为全国深化小型水利工程管理体制改革示范县。2014年，根据水利部、财政部《关于深化小型水利工程管理体制改革的指导意见》（水建管〔2013〕169号），在河北省水利厅和秦皇岛市水务局的帮助指导下，卢龙县结合县情、水情，搞好调查研究，加强组织领导，上下联动，全面推进小型水利工程管理体制改革工作。

一、成立专门组织机构

成立以县长为组长，主管县长为副组长，财政、发改、水务、国土、环保、监察等相关部门和12个乡镇主要负责人为成员的深化小型水利工程管理体制改革领导小组，全面负责小型水利工程管理体制改革工作。领导小组办公室设在县水务局，办公室主任由水务局局长兼任，负责深化小型水利工程管理体制改革（以下简称小水改）的日常工作。

二、制订实施方案

卢龙县政府组织召开政府常务会议研究小水改实施方案，之后县委、县政府又专门召开党政联席会议，对小水改实施方案再次上会进行研究部署，并以县委、县政府的名义印发了《卢龙县小型水利工程管理体制改革实施方案》（卢字〔2014〕27号），方案从指导思想、基本原则、目标任务、改革范围、改革内容、实施步骤、进度安排、保障措施等8个方面进行详细的说明，对小水改工作进行政策支撑，指明改革方向。

三、明晰工程产权

在2012年水利普查数据的基础上，深入12个乡镇及局属单位进行调查摸底，确认小型水库工程、中小河流及堤防工程、饮水安全工程、小型农田水利工程四大类工程的产权，发放所有权证，保障发证率达到100%。其中，涉及小型水库121座、6条中小河流及其所属堤防、168处集中式供水工程、机井塘坝等数千处。

四、落实管护主体和责任

在明晰小型水利工程所有权的基础上，以不同形式落实管护主体和责任。①小型水库工程，依据工程规模，由河道水库工程管理处、乡镇人民政府分管；②中小河流及堤防工程，由河道水库工程管理处管理，所在地流域片站协管；③饮水安全工程管理包括村集体管理、用水者协会管理、个人承包三种形式，均需签订管护责任书；④小型农田水利工程中的机电井、大口井、塘坝按需选择村集体管理、用水者协会管理等不同形式。

五、落实管护经费

建立稳定的运行管护经费保障机制与奖补机制，出台《卢龙县小型水利工程管护办法》。其中，小型水库和中小河流及堤防工程的管护经费来源主要包括：中央国有公益性工程维修养护经费，省级维修养护经费、度汛资金，市级农村面貌改造及环境提升资金及应急度汛资金等；农村饮水安全工程及小型农田水利工程的管护经费来源主要包括：工程受益者收取水费、水面承包费用、筹集管护资金等。

六、创新管理模式

卢龙县水务局制定了《卢龙县小型水利工程养护标准》，对全县小型水利工程的管理养护等工作提出了量化指标和具体要求；印发了《卢龙县水务局责任目标考核及奖惩办法》，对局属水管单位进行全面考核。同时，为打击非法占河、侵河及河道采沙专项整治和打击非法取用地下水，印发了《卢龙县严厉打击非法采砂及占河侵河专项行动实施方案》（卢政办发〔2016〕13号）、《卢龙县地下水专项整治行动方案》（卢政办发〔2016〕9号）；为加大河流污染防治力度，推进水环境综合治理，改善水环境质量和河道生态环境面貌，制定了《卢龙县河长制管理实施方案》（卢办字〔2016〕21号）、《卢龙县河流污染防治实施方案》（卢办字〔2016〕23号）；为解决畜禽养殖业发展过程中产生的环境问题，提升生态环境质量，制定了《卢龙县畜禽养殖禁养区、限养区划分方案》（卢政办〔2016〕27号）。

福建省九龙江北溪管理局

福建省九龙江北溪管理局是“九龙江北溪引水工程”（福建省最大水闸工程）的管理单位，是福建省水利厅直属的全额拨款正处级事业单位，主要负责九龙江北溪水资源的优化配置和综合治理，编制和实施厦门、漳州水量分配方案以及九龙江北溪引水工程的运行管理等工作。

“十二五”以来，管理局以中央精神为指导，按照水利部、福建省水利厅的部署，积极践行新时期治水方针，以筑牢工程设施为保障、以提升综合管理水平为导向开展工作，在平安供水、工程建设、运行管理、文明创建等方面做出了突出业绩，实现了工程和供水两安全、管理水平上台阶、各项工作有序推进的良好局面。

（1）平安供水效益显著。供水是管理局当前主要业务，抓好平安优质供水工作是我们的职责所在。目前在北引工程库区内取水的主要有厦门水务集团、龙海自来水公司、漳州招商局水务公司、漳州台商投资区、华阳电业有限公司等。常年水质监测统计数据显示，北溪引水库区水质一般稳定在Ⅱ～Ⅲ类，达到饮用水源保护区水质保护目标。

（2）工程设施逐步加固。管理局先后进行左干渠一期、二期改造工程建设，其中左干渠二期改造工程荣获2012年度“福建省重点建设项目优胜奖”，并且随着二期改造工程的完成，标志着原来全长44km的敞开式明渠供水，实现了全封闭式输水，保证了水量的同时，大大改善了水质。而水闸枢纽除险加固的全面完成，工程库区正常蓄水位与以前相比明显提高，库容量也得以大幅提升，保证了漳厦两地日益增长的供水需求。

（3）运行管理不断加强。管理局认真做好工程日常运行管理工作，扎实开展每年度的防汛防台风工作，科学进行水闸枢纽调度，成功完成历次入库洪水调度，实现工程运行安全；注重提高自动化水平，建成综合自动化系统，初步实现工程管理现代化；加强水质监测和水域管护工作，提高应急处置能力，确保水质安全。

（4）文明创建成绩喜人。管理局扎实开展精神文明单位及各种标准化创建活动，获得了水利部、省委省政府、省厅及漳州市委市政府等授予的多项荣誉称号，主要有“全国水利系统水利管理先进集体”“福建省水利科技工作先进集体”“漳州市精神文明单位”“第七届全国水利文明单位”“安全生产标准化（二级）单位”及“省级水利风景区”。

新时期，为认真贯彻习近平总书记的治水新思路，落实中共中央、国务院提出的《国家生态文明试验区（福建）实施方案》及福建省委省政府作出的生态省建设新部署，管理局将顺应群众对生态水系建设的新期待，立足单位实际，秉承坚毅、拼搏、奋进的传统，发扬团结、务实、创新、奉献的精神，抓住机遇，积极作为，力争为九龙江流域内经济社会发展作出新的更大贡献。

凝心聚力谋发展、奋发有为开新篇

——山西水务投资集团有限公司

山西水务投资集团有限公司（以下简称水务集团）2007 年 11 月注册成立，2009 年正式运行，2010 年组建集团。自成立以来，按照山西省委、省政府“以市场化办法解决山西水资源短缺问题”的战略要求，全力以赴做好重点水利工程建设投融资工作，紧扣主业扎实推进多元化经营，为全省水利建设和经济社会发展作出了积极贡献。截至 2016 年 10 月 31 日，注册资本 12 亿元，资产总额 171.68 亿元，负债总额 44.11 亿元，所有者权益 127.57 亿元，资产负债率 25.7%。拥有全资子公司 14 个、控股公司 9 个、参股公司 18 个，经营业务包括投资融资、水利建设与管理、多元经营等。

一是全力开展融资业务，确保全省重点水利工程建设顺利推进。2009 年以来，共取得银行授信 358 亿元，为全省应急水源工程、大水网工程等重点水利项目融资 64 亿元，偿还银行贷款 33.83 亿元，争取农发重点建设基金 4 亿元，长期以来保持了良好的资信水平。同时，经省国资委批复拟发行不超过 20 亿元的银行间私募债。通过深入研究创新投资模式，在对全省水务市场调研的基础上，探索发展混合所有制，运用特许经营、政府购买服务等模式参与地方水利建设。

二是加大自主建设投资规模，壮大集团资产体量。近年来，共完成项目投资 16.62 亿元。自主投资建设的海子湾水库、唐河水电站、坪底供水枢纽工程、泽城西安水电站和松溪供水工程 5 座水利工程全部完工，李家河引水工程正在建设中。同时，不断加强对在建和投入运行水库的安全检查，实现了零伤亡、无安全事故发生。

三是坚持多元化发展，保持不断做大做强的发展态势。截至 10 月 31 日，集团 2016 年实现收入总额 3.26 亿元，利润总额 6 729 万元。在做好供水发电、农业灌溉等公益性任务的同时，大力发展施工监理、装备制造、科技文化、物资贸易、旅游开发、综合咨询等多种经营业务，一批新技术、新设备、新材料成果得以转化应用，全方位增强了服务水利建设的能力。

四是切实强化公司治理，规范权力运行。在修改完善《集团内部控制流程和制度汇编》基础上，新制定了公开招聘、业绩考核、融资服务费、财务管理等一系列管理制度，保证了集团各项工作规范有序开展。内部决策严格坚持“三重一大”事项集体决策制度和法律、经营顾问咨询制度，为依法科学决策提供参考；在规范董事会建设上，成立了 4 个董事会专门委员会，进一步提升董事会决策的效率和质量。全面落实省属企业财务等重大信息公开，权力运行更加阳光透明。近年来，集团荣获“山西省五一劳动奖状”“山西省直文明单位”等多项荣誉。

五是全面加强党的建设，确保风清气正良好局面。高度把握“坚持党的领导，发挥国有企业党组织的政治核心作用”重大原则，按照“三严三实”“两学一做”专题教育要求，不断加强各基层党组织建设，从严落实“两个责任”，切实加强作风建设，为各项决策部署提供强有力的政治保证。

水务集团战略定位是，经过艰苦卓绝的奋斗，把山西水务投资集团打造成为省级国有水务资本资产的投资者和运营者；山西（全国）涉水产业发展的导引平台；省政府开展水务资产公私合作的授权主体。

“十三五”期间水务集团工作思路：认真贯彻落实党的十八大和十八届三中、四中全会精神和习近平总书记系列重要讲话精神，按照山西省委、省政府要求，牢固树立并贯彻落实新的发展理念，紧紧围绕全省国企国资改革和水利改革发展大局，充分发挥集团党委的领导核心作用和政治核心作用，确定公益性企业总定位，不断提高公共服务的效率和能力，着力增强创新能力和市场竞争力，为全省水利水务建设再立新功，为实现全省振兴崛起作出新的更大的贡献。

南瑞集团公司

南瑞集团公司（国网电力科学研究院）是国家电网公司直属单位，实行一体化运行管理，是中国最大的电力系统自动化、超/特高压直流输电、柔性交流输电、水利水电自动化、轨道交通监控技术、设备和服务供应商。主要从事电力系统自动化、信息通信、超/特高压直流输电设备、柔性交流输电设备、智能化中低压电气设备、发电及水利自动化设备、工业自动化设备、非晶合金变压器及电线电缆的研发、设计、制造、销售、工程服务与工程总承包业务。

南瑞集团公司是国内最早从事水利自动化和信息化领域的水情水调自动化系统、闸（泵）站及水电厂自动控制、工程安全监测、网络系统集成及安全研究工作的单位之一，拥有水文、遥测、工程安全监测、通信、计算机、网络、数据库、自动控制、施工组织管理等多学科专业人才和高效协作团队，具有较强的解决复杂系统问题的能力和多专业信息系统集成能力，先后承担了辽宁大伙房输水工程信息自动化系统、南水北调大型闸泵站自动化系统、上海浦东区水资源监测系统、甘肃省引洮供水一期工程运行管理信息系统、湖南长沙市水务综合信息化平台及国内多省市（区）的山洪灾害防治非工程措施、中小河流治理、灌区信息化等一大批水利自动化、信息化系统的建设，较好地解决了工程运行和行业管理需求，得到了用户的广泛好评。

产品系列及整体解决方案：

为水利领域客户提供包括水利工程综合管控、水文水资源监测与管理、水务综合信息化、灌区信息化4个专业方向的系统集成、产品销售、方案咨询和总包服务。

（1）销售类产品包括：能提供从传感器、测控装置至系统软件平台全系列的水利水电工程自动化核心自主知识产权产品，主要包括：

1）系统平台软件产品：计算机监控系统软件、安全监测系统软件、水质监测系统软件、水文水资源监测与管理软件、山洪灾害监测预警平台、智慧城防系统、水务综合信息化平台、灌区监测与管理软件、水利工程一体化综合管控软件等。

2）测控装置类产品：MB系列智能可编程控制器（PLC）、ACS系列数据采集器、NDA系列数据采集智能模块、节水灌溉电磁阀及控制器、SJ-22D测速装置、一体化积水监测装置、SJ-30智能通信管理装置、SJ-40D温度巡检装置等。

3）传感器类产品：UF-911型多声路超声波流量计；超声波水位计、正弦式水位计、压阻式水位计、一体化水位流量计；差动电阻式、振弦式、电容式、电位器式等多种形式安全监测传感器，测斜（测角）安全监测仪器，压阻式压力传感器，光纤光栅类传感器，分布式光纤测温系统；水质电导率等多种水质传感器。

（2）系统集成类产品：可提供水利水电工程相关的各类自动化、信息化系统，包括：泵站自动化系统、闸门自动化系统、船闸综合自动化系统、水处理厂综合自动化系统、水情水调自动化系统、工程安全监测系统、灌区信息化系统、水量调度管理系统、气象监测系统、水质及水环境监测系统、视频监控系统、计算机网络系统、通信传输系统、生产管理及办公自动化系统等。

（3）典型的解决方案：可提供水利工程综合管控、水资源监控与管理、水务综合信息化、灌区信息化、洪涝灾害防治与预警等整体解决方案咨询、集成与总包服务。

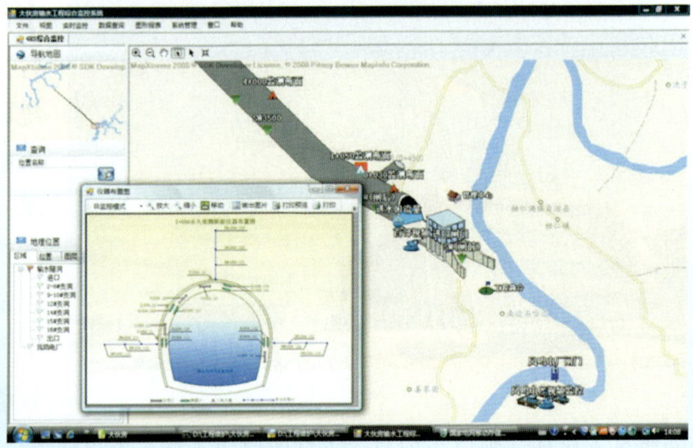

1）水利工程综合管控整体解决方案。针对长距离引供水、水库/水利枢纽、泵站、闸站等综合性水利工程，采用一体化管控的设计思路，根据水利工程各类资源数据信息类型，制定水利工程统一建模与规范标准，实现在一个平台上对闸泵站监控、水雨情遥测、工程安全监测、视频监控、工程调度运行、工程运行管理等不同业务的统一管控，达到信息化资源高效整合和充分共享的目标，避免不同业务之间的条块分割，有效提高系统运行效率，提升水利工程管理水平。

2）水资源综合监控与管理整体解决方案。以建设节水型社会、保障供水安全、提高水资源管理能力为出发点，利用遥测、通信及计算机网络、自动控制、数据库、地理信息系统、决策支持系统等技术手段，构建涵盖水资源的信息采集、传输、处理、存储、管理、服务、应用、决策支持等过程和覆盖整个城市水资源取水、供水、用水、排水、污水处理与中水回用等环节的水资源实时监测网络体系，建立和完善以供、用、排水实时监测设施为基础、通信系统为保障、计算机网络系统为依托、决策支持系统为核心的水资源业务管理和决策支持系统，实现对水资源的实时监测、实时调度和实时管理，逐步达到“信息采集自动化、传输网络化、信息资源数字化、管理现代化、决策科学化”的目标。

本解决方案可广泛应用于流域、省级、地市级和县级水利行政管理单位。

3）水务综合信息化整体解决方案。以水务管理现代化，城市运行智能化，社会管理精细化、公众服务便捷化为出发点，构建涵盖水资源、水安全、水环境、水生态、水文化等领域的信息采集、传输、处理、存储、管理、服务、应用为一体的智能和谐水务系统，对雨情、水情、墒情、工情、水量、水质、图像、生态、社会、经济、文化等信息进行汇集存储、预测预警、决策支持和共享服务，实现水业务的“全面感知、可靠传递、智能处理、高效协同、便捷应用”，为城市水务管理部门提供先进的技术支撑手段。

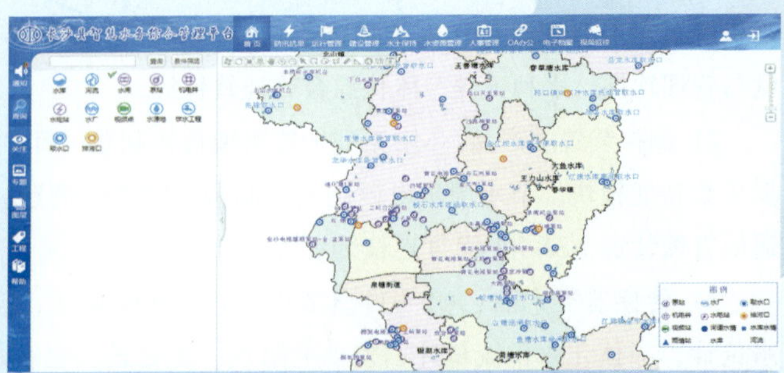

4）灌区信息化解决方案。针对各类大中小型灌区及农田信息化，在标准结构体系框架下，融

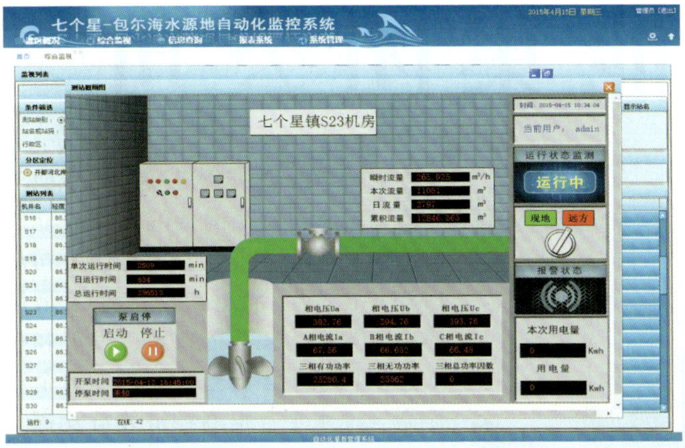

合现代通信、自动控制、传感器、自动灌溉、人工智能、数据库等技术，通过对灌区水文信息、墒情信息、工情信息、气象信息等的采集以及对闸门、泵站的远程自动控制，构建灌区基础自动化系统，并在此之上完成灌区水资源优化配置和调度、灌区运行管理等应用功能，实现测、控、监、管的一体化，达到节水灌溉和水资源优化配置与调度的目标，不断提升灌区管理部门的决策能力和管控能力，提升灌区现代化管理水平。

5）山洪灾害防治与预警整体解决方案。南瑞山洪灾害监测预警系统MTS2000功能覆盖在线监测、预警分析、山洪动态演进、风险分区制图、决策支持、应急响应、信息服务等具有完整山洪灾害监测预警以及决策支持功能的系统，并进行了多项新技术的开发和应用，集成了调查评价成果及应用，解决了山洪区恶劣野外环境下的一体化数据采集、低功耗视频图像采集传输、山洪态势预演、预测预警、灾情预测分析和实时指挥调度等国内山洪灾害防治领域的重大难题，为承担山洪灾害防治任务的山洪易发区构建了科学、准确、及时的山洪灾害数字防御体系。

6）城市防汛决策指挥系统解决方案。通过水情、雨情、积水、视频等在线监测设备实时感知城市防汛系统的基本信息，并采用可视化的方式有机结合气象、水文、交通等部门的防汛相关信息，形成“城市城防物联网”，并可将海量防汛信息通过一体化综合平台进行综合展示，并进行及时分析与处理，通过城市暴雨洪水、城市闸泵站联合调度等模型分析，为防汛作出相应的处理结果辅助决策进行支持，以更加精细和动态的方式管理城市防汛调度流程，从而令城市防汛达到“智慧”的状态。

中国华能集团公司

中国华能集团公司

华能藏木水电站

中国华能集团公司（简称华能集团公司）是国务院批准成立的国有重要骨干企业。华能集团公司从1985年创立至今，在20多年的发展历程中，为电力工业的改革、发展和技术进步积累了丰富经验；为电力企业提高管理水平、提高经济效益发挥了示范作用；为满足经济与社会发展的用电需求、实现国有资产的保值增值作出了重大贡献。华能集团公司致力于建设具有国际竞争力的大企业集团。截至2015年年底，公司境内外全资及控股电厂装机容量16 062万kW，其中水电装机容量2 089万kW，占13%，在建筹建水电规模约1 000万kW。

"十二五"时期是华能集团公司建设具有国际竞争力世界一流企业的重要时期，也是公司水电开发进入大型水电跨越式高速发展的阶段，期间共投产水电装机容量997.5万kW，主要分布在云南、四川、西藏、新疆、甘肃等省（自治区），并已经在缅甸、柬埔寨实现了"走出去"。

华能澜沧江公司投产了糯扎渡、功果桥、龙开口、果多、觉巴等水电站，继续引领华能集团大型水电项目的开发。华能糯扎渡水电站位于澜沧江中下游河段，是国家“西电东送”“云电外送”的重要骨干项目，电站装机容量585万kW，水库库容237亿m^3，其拦河大坝、溢洪道、地下厂房多项技术指标在国内外名列前茅，掺砾黏土直心墙堆石坝最大坝高261.5m，国内同类坝型第一，糯扎渡水电站多项具有中国自主知识的创新性成果取得应用，引领我国300m级超高心墙堆石坝筑坝技术。华能龙开口水电站位于金沙江中游河段，挡水建筑物为碾压混凝土重力坝，最大坝高116m，总装机容量180万kW，水库库容5.58亿m^3，其大规模使用白云岩人工骨料、骨料高落差和长距离转弯高速运输、GPS全过程对碾压混凝土施工实时监控等多项施工技术在国内首次采用，恶劣气象条件下碾压混凝土层间结合及温控等技术取得良好的施工质量，获得国家优质工程金奖。华能功果桥水电站，总装机容量90万kW，水库库容3.2亿m^3，在国内首次倡导并实践水电景观工程建设，建精品、树丰碑，把电站建成当地地标性景点，荣获国家优质工程奖、国家水土保持生态文明工程、中国美丽电厂等荣誉。澜沧江上游西藏段的华能果多、觉巴水电站投产，果多水电站装机容量16万kW，觉巴水电站装机容量3万kW，电站对满足当地居民用电需求，推进西藏科学发展和长治久安有重要意义。

华能古城水电站

华能别迭里水电站

华能糯扎渡水电站

华能四川公司投产了红岩、古城、飞仙关、拉拉山等水电站。古城闸坝混凝土精细化施工，制定了用清水混凝土建设并全部实现免装修的质量标准，实体质量和外部观感在同规模和同类型水电工程中位居前列，获得了四川省建筑工程“天府杯”金奖。

华能西藏公司投产了雅鲁藏布江干流第一座大型电站——华能藏木水电站，装机容量51万kW，成为西藏中部电网中心电源，揭开了雅鲁藏布江水电开发的序幕。华能集团公司援建西藏墨脱县无电地区骨干电源——华能墨脱亚让水电站投产，墨脱县各族同胞就此结束严重缺电历史，进入清洁、安全、可靠的电网供电时代。

新疆最大扶贫惠民工程——华能别迭里水电站投产发电，别迭里水电站位于托什干河流域，采用引水式开发分两级发电，总装机容量24.8万kW，平均年发电量达8.67亿kW·h，别迭里水电站采用结冰盖运行创新技术，设置壅水闸降低流速形成冰盖，水流在冰下流动，保证电站冬季运行，别迭里水电站自投产以来为阿合奇县增加了4.5万亩饲草料基地，灌溉面积达到38万亩，解决900户牧民的定居问题。

“十二五”期间，华能集团公司水电工程科技创新、基建创一流工作不断取得新的进步。集团公司水电工程管理经过近年来各类型工程的磨炼，形成了遵守基本建设程序、规范筹建、规范开工、规范转序、有序推进的工程进度管理机制。积累了具有华能特色的“数字大坝”技术“一局

华能龙开口水电站

两站”管理模式、关键工程引入设计监理、主要设备和原材料驻厂监造、机电安装复核检测、代表业主的三大中心（测量、实验、物探）检测机制、重要隐蔽工程第三方检测、探索民技工一体化管理的“架子队”施工模式、过程达标、过程创优等行之有效的管理经验。保护与开发并重，公司投入巨资建立各类鱼类增殖站、过鱼设施、野生动植物保护基地，加强水土流失治理和植被恢复，切实保护当地的生态环境和生物多样性。

华能果多水电站

近年来，电力市场全面供大于求，弃水几率增加，水电开发逐步向高海拔偏远地区转移，水文气象、地震地质、交通条件复杂，生态环境脆弱，建设周期更长，建设成本增加，继续发展水电的风险和难度增大。但水电作为技术最成熟、成本相对较低的低碳清洁能源，在非化石能源中占比最大，具有举足轻重的作用，对于提升非化石能源比重，减少二氧化碳排放和治理大气污染具有重要意义，在技术可靠性、调度灵活性方面水电具有不可替代的优势，从合理性、必要性看其发展前景长期看好。“十三五”时期，华能集团公司将继续保持清洁能源投资力度，稳步推进水电开发，建设具有国际竞争力的世界一流企业。

华能觉巴水电站

华能功果桥水电站

中国华电集团公司

华电集团已建装机容量最大水电站——构皮滩水电站

柬埔寨最大水电项目——装机容量33.8万kW额勒赛下游水电项目

中国华电集团公司（简称中国华电）是2002年年底国家电力体制改革组建的全国性五家国有独资发电企业集团之一，属于国务院国资委监管的特大型中央企业，主营业务为电力生产、热力生产和供应；与电力相关的煤炭等一次能源开发以及相关专业技术服务。近年来，公司深入贯彻落实科学发展观，认真践行价值思维理念，全力保增长、调结构、推改革、提效益，由单一发电集团转型为综合性能源集团，综合实力不断增强，行业地位明显提升，2016年世界500强排名第331位。

截至2015年年底，中国华电发电装机容量13 471万kW，其中水电装机容量2 522万kW，居五大发电集团首位。“十二五”期间，中国华电加快电源结构和资产布局优化，大力发展水电，水电装机容量增加984万kW。依托国内第一家梯级流域水电公司——乌江公司，完成贵州乌江干流水电开发；成立黔源电力股份有限公司，完成贵州北盘江、芙蓉江水电开发；控股金沙江中游水电开发有限公司，完成所属梨园、阿海、鲁地拉水电站开发；组建华电金沙江上游水电开发有限公司，全力推进金沙江上游川藏段水电开发前期工作，已实现首个电站——苏洼龙水电站的项目核准；积极拓展海外水电开发，成功开发并建成投产柬埔寨最大水电项目——额勒赛下游水电项目。

光照水电站荣获第六届国际RCC里程碑奖和国家优质工程金质奖

中国华电贵州区域水电开发由贵州乌江水电开发有限责任公司（简称乌江公司）和贵州黔源电力股份有限公司（简称黔源公司）负责。乌江公司是1992年经国务院批准组建的国内第一家流域水电开发公司，主要任务是借鉴国际流域水电开发的成功经验，按照“流域、梯级、滚动、综合”开发方针，负责乌江干流贵州境内河段梯级水电站的开发建设。黔源公司是贵州省唯一的电力上市企业，是中国华电集团公司控股的七家上市公司之一，负责贵州“两江一河”（北盘江、芙蓉江、三岔河）流域梯级水电开发。

马马崖一级水电站是贵州省大型水电收官工程

“十二五”末，乌江公司完成贵州乌江干流水电开发任务，比国家审定开发规划提前12年，开创性走出了一条绿色、创新、和谐、可持续的流域水电开发道路，共9座大中型水电站，装机容量869.5万kW；黔源公司完成“两江一河”流域全部开发任务，共建成投产9座电站，总装机容量323万kW，4个水电项目CDM在联合国EB成功注册。贵州区域水电工程建设质量优良，其中洪家渡水电站获得中国建设工程鲁班奖，光照水电站获得国家优质工程金奖和第六届国际RCC里程碑奖，洪家渡、索风营、董箐水电站获得中国土木工程詹天佑奖。贵州区域水电开发遵循“绿色环保”理念，光照水电站首次采用叠梁门分层取水，缓解低温水对下游水生生物影响；乌江、北盘江流域共建成3座鱼类增殖放流站，“十二五”期间共投放鱼苗760万尾。同时积极响应贵州省委、省政府要求，全力推进贵州省重点水运工程——乌江流域通航工程建设，切实履行企业社会责任。

贵州省重点水运工程——乌江流域通航工程

乌江干流龙头水电站——洪家渡水电站，荣获中国建设工程鲁班奖和第八届中国土木工程詹天佑奖

金沙江中游梨园水电站

中国华电云南区域水电开发由云南华电金沙江中游水电开发有限公司（简称金中公司）和云南华电怒江水电开发有限公司（简称怒江公司）负责。金中公司（中国华电控股33%）负责金沙江中游河段“一库八级”水电站的开发任务，总装机容量2 058万kW，其中龙盘、两家人、梨园、阿海水电站由公司全资开发建设，金安桥、龙开口、鲁地拉、观音岩水电站由公司参股建设。怒江公司负责怒江中下游“两库十三级”水电站的开发任务，规划总装机容量2 132万kW，目前主要开展规划及前期工作。

“16118移民补偿安置方式”荣获联合国“促进社会发展最佳实践奖”

金中公司除龙盘、两家人水电站正在开展前期工作外，其余6个梯级电站1 376万kW已全部建成投产，公司直接管理的梨园、阿海、鲁地拉水电站装机656万kW。由公司主导并参与制定的“16118移民补偿安置方式”，创新了国内水电开发移民安置的新体制，并荣获联合国“促进社会发展最佳实践奖”；在国内成立首个流域环境保护监测管理中心，开创了流域环保管理机制先河；同时积极履行企业社会责任，配合云南省推进滇中引水工程。

阿海水电站

中国华电四川区域水电开发由华电金沙江上游水电开发有限公司（简称金上公司）和中国华电集团公司四川分公司（简称四川公司）负责。金上公司成立于2006年4月，主要负责金沙江上游川藏段水电及风光电资源开发建设和管理。四川公司成立于2003年3月，是中国华电在四川设立的分公司，履行区域公司管理职责，主要负责白龙江、周公河、杂谷脑河、西溪河、木里河流域及大渡河泸定水电站的开发建设和运行管理。

苏洼龙水电站效果图

金上公司负责建设的金沙江上游川藏段水电项目规划8级水电站，总装机容量963万kW，分别为岗托、岩比、波罗、叶巴滩、拉哇、巴塘、苏洼龙和昌波电站。“十二五”期间，金沙江上游流域规划环评和水电规划取得国家有关部委批准，并同意开展苏洼龙、叶巴滩、拉哇和岗托、波罗、巴塘、昌波共7级电站前期工作。2015年11月，金沙江上游首个电站——苏洼龙电站通过国家发展改革委核准，标志着我国“西电东送”接续基地建设和藏电外送正式拉开了序幕，同时金沙江上游装机最大电站——叶巴滩电站已列入计划2016年开工的西南水电基地重大工程。

泸定水电站库区全景

叶巴滩水电站效果图

中国长江三峡集团公司

鸟瞰溪洛渡电站

向家坝水电站全貌

2015年，中国长江三峡集团公司（以下简称三峡集团）"十二五"发展实现圆满收官。5年来特别是新领导班子组建以来，三峡集团紧紧围绕"新三峡梦"谋篇布局，高质量建成一批世界级水电工程，成功实施一系列重大资本运作，装机规模比2年前增长40%，比5年前增长171%；年发电量比2年前增长51%，比5年前增长96%；资产总额比2年前增长30%，比5年前增长96%；主营业务收入比2年前增长49%，比5年前增长114%；利润总额比2年前增长60%，比5年前增长143%。

装机容量、营业收入、利润总额等主要经营指标再创历史新高，公司规模、经营业绩、发展质量再次迈上新台阶，三峡集团成功实现由单一水电开发向水电流域滚动开发和风电、太阳能等清洁能源同时开发，由单一国内市场向国内市场与国际市场两个市场同时并举，由单一工程建设向工程建设与资本运作两种手段同时并重"三大转变"，综合实力、核心竞争力、可持续发展能力和抗风险能力持续提升，品牌知名度、美誉度、认可度和影响力不断增强，成功迈入快速做强做优做大的崭新阶段，初步具备国际一流清洁能源集团雏形，为"十三五"发展奠定

坚实基础。

截至2015年年底，三峡集团可控装机、在建装机、权益装机总规模约1.1亿kW。全球已建成70万kW以上水轮发电机组99台，其中58台由三峡集团建设、运行、管理。通过高质量建成溪洛渡、向家坝两座巨型水电站，三峡集团相当于为国家成功建成了第二座三峡电站。溪洛渡水电站2013年投产924万kW，刷新了单个电站年投产装机的世界纪录。2015年，乌东德水电站成功通过国家核准，金沙江水电开发迈上新征程。

“十二五”期间，三峡、葛洲坝、溪洛渡、向家坝等枢纽运行，发挥了巨大的综合效益。其中，三峡工程累计拦蓄洪水831亿m^3，累计为长江中下游补水1 204亿m^3，三峡船闸累计运行52 358闸次，通过货物50 349万t。“十二五”期间，三峡集团向社会提供清洁电力7 514.2亿kW·h，相当于减少二氧化碳排放量6.2亿t，减少二氧化硫排放量293万t，减少烟尘排放量82.7万t。

巴基斯坦卡洛特水电站效果图

作为中国水电行业的领军企业，三峡集团紧紧围绕党中央提出的“走出去”和“一带一路”倡议，加强国际业务发展的顶层设计，整合中国水电全产业链，致力于打造中国水电产业“走出去”升级版。截至2015年年底，三峡集团在“一带一路”区域的老挝、马来西亚、菲律宾、印度尼西亚、巴基斯坦、尼泊尔、哈萨克斯坦、马其顿、塞尔维亚等近45个国家和地区设有驻外机构或项目部，建成多个在双边经贸关系中具有重要地位的大型水利水电项目，拥有在建投资和国际工程承包项目80多个，业务涵盖发电、输变电线路、供水、灌溉、高速公路等多个领域。

几内亚凯乐塔水利枢纽工程（EPC）

三峡工程全景

国电大渡河流域水电开发有限公司

国电大渡河大岗山水电站全景

国电大渡河流域梯级水电站集中控制中心

国电大渡河流域水电开发有限公司为中国国电集团公司所属特一类企业，是集水电开发建设与运营管理于一体的大型流域水电开发公司。公司坚持"流域、梯级、滚动、综合"的开发方针，科学有序地推进四川大渡河干流及西藏帕隆藏布干流水电资源开发，现有水电项目43个，水电资源约3 000万kW。其中大渡河干流约1 800万kW，帕隆藏布干流约1 200万kW。"十二五"期间，大渡河公司投产装机716万kW。截至2016年10月，国电大渡河公司共投产7座电站，发电装机容量达966万kW，资产总额890亿元，累计发电3 104亿kW·h，缴纳税费超过137亿元。

近年来，国电大渡河公司率先提出建设智慧企业构想，吸纳当今世界先进的信息技术、工程技术和管理技术，用信息化改造提升企业智慧化管理水平，致力于实现风险识别自动化、企业运营智能化、决策管理智慧化，实现自动管理目标，加快构建更加扁平、高效的管理模式，着力将公司打造成为具有世界影响力的国际一流水电企业、智慧清洁能源综合服务商。

按照"业务量化、统一平台、集成集中、智能协同"的建设路径，目前已有序铺开智慧工程、智慧电厂、智慧检修、智慧调度"单元脑"建设，云计算中心、经济运行中心、财务共享数据中心、库坝安全监测中心、售电服务中心、碳资产管理中心等"专业脑"已建成投用，公司智慧企业建设取得阶段性成果。

国电大渡河瀑布沟水电站泄洪全貌

福建向金门供水工程

经过20年的技术研讨和协商磋商，2015年7月20日项目业主双方福建省供水有限公司、金门县自来水厂在金门正式签署福建向金门供水项目合同，成为海峡两岸民生交流的一项创举。工程起点为晋江龙湖，跨海至金门田埔水库。工程设计流量为3.4万m^3/d，远期预留可扩大至5.5万m^3/d，输水线路总长约27.62km，其中陆地管段长度11.68km，采用管径为800mm的球墨铸铁管，海上管段15.74km，采用管径为800mm的高密度聚乙烯管，工程总投资3.88亿元。2015年10月12日，金门供水工程开工，工期1年。在福建省水利投资开发集团的领导下，金门供水工程进展顺利并取得阶段性成效，确保2016年10月基本具备通水条件。福建向金门供水工程被评选为沃源杯2015年有影响力十大水利工程之首，工程建成后，两岸同胞共饮一江水的美好愿景将成为现实。

福建省水利投资集团有限公司简介：2011年10月福建省政府批复组建福建省水利投资集团有限公司，2014年7月划转移交福建省国资委。集团公司注册资本10亿元，经营范围：水利建设投融资；水务、水能运营；水利水电工程建设；物资供应、招标代理、监理、设计；土地、旅游资源综合开发利用等。目前，集团公司总资产近70亿元，净资产近45亿元，权属二级企业31家，职工人数近2 900人。

鄂北工程奋力前行精彩纷呈

2015年10月22日，水利部部长陈雷、湖北省委书记李鸿忠、省长王国生、省委副书记张昌尔、省人大副主任王建鸣、副省长任振鹤出席鄂北地区水资源配置工程全面建设动员大会

建鄂北调水工程，圆人民盼水之梦。鄂北地区泛指湖北襄阳、随州、孝感三市北部地区。该地区由于旱灾频发，严重影响当地居民生活和工农业生产，供水不足已成为制约经济社会可持续发展的重要因素。为从长远解决鄂北地区缺水困扰，2012年7月29日，湖北省委、省政府提出鄂北地区水资源配置工程（以下简称"鄂北工程"）战略构想。经过三年的不懈努力、快速推进，鄂北人民的百年盼水梦在2015年终于开花结果。

鄂北工程以丹江口水库为水源，以丹江口水库清泉沟隧洞为起点，自西北向东南横穿鄂北岗地，止于孝感市大悟县王家冲水库，总长269.67km，总投资180.57亿元，工期45个月。工程建成后，将向鄂北地区年均调水量7.7亿m^3，有效解决鄂北地区482万人、469万亩耕地的生活和工农业用水，促进鄂北地区经济社会发展和生态环境改善。被国务院确定为全国重点推进、优先实施的172项全局性、战略性节水供水重大水利工程之一。

2015年8月10日，湖北省副省长任振鹤在襄阳市襄州区试验段现场调研鄂北地区水资源配置工程建设

2015年10月，鄂北工程这项湖北省地方水利史上工程规模最大、覆盖面积最广、受益人口最多的"一号工程"正式全面开工建设。我们相信，这一年努力所取得的成绩必将载入鄂北工程建设史册，必将被鄂北人民永远铭记。

一、前期工作开创新纪录

2015年1月，鄂北局正式组建运行后在国家有关部委、省内相关单位的大力支持下，迅速采取"倒排工期、压茬推进"的方式，完成28项专题报告编制审批。7月29日工程可研报告获得国家发改委批复，11月2日工程初步设计报告获水利部批复，提前全部完成了项目前期工作，创造了国内重大水利工程前期工作审批新纪录，开创了湖北地方水利建设的先河，创造了"鄂北工程速度"。

2015年8月20日，湖北省水利厅组织召开鄂北地区水资源配置工程全面开工建设动员部署会议，厅党组书记、厅长王忠法作全面部署

二、工程全面建设迅速推进

10月22日，湖北省委、省政府召开鄂北工程全面建设动员大会，迅速掀起建设施工的高潮。截至2015年年底，工程现场共有35个单位参与建设，建设人员达2 811人，大型机械设备达587台（套），工程投资累计完成金额11.5亿元，超额完成11亿元的中央投资计划。

鄂北工程5km试验段开工建设现场

三、工程建设管理开拓创新

深入开展设计创新、施工创新、建设模式和管理方法创新，把新技术、新工艺、新材料、新设备运用到工程施工建设中。采取EPC总承包、施工总承包、设计施工总承包、代建制等新型建管模式，确保工程施工进度、质量控制、安全生产、生态环保等措施落实和目标实现。成立技术委员会深入开展TBM工法、CRD工法、膨胀土技术研究等专题研究，为鄂北工程建设提供坚实技术支撑保障。

四、质量安全高标定位精准落实

坚持把“绿色生命工程”和“一流示范工程”的要求贯穿于工程建设管理的始终，建立健全质量和安全工作机构，明确职责，完善责任体系，签订责任状，全面开展安全生产标准化建设，严格落实质量和安全工作各项措施，在工程建设的每个环节都用创优质工程的一流标准来要求，牢固树立安全生产的“底线”思维和“红线”意识，2015年工程建设当中没有发生一起安全生产事故。

鄂北地区水资源配置工程生产性试验段项目生产的PCCP管

五、党建和党风廉政建设务实真抓严管

通过签订《党风廉政建设责任书》、出台一系列规章制度、建立完善党风廉政建设体系，开展反腐警示教育、建立参建单位廉政建设责任体系等措施，切实抓好党风廉政建设的落实，用严的纪律、好的作风保证资金安全、工程安全和干部安全，全力打造廉洁示范工程。

施工单位对PCCP混凝土浇筑现场进行质量控制

六、机构队伍建设不断增强

不断创新人才引进机制，拓展用人渠道，截至12月底，通过组织选调、公开选聘、公开招聘、借用聘用、劳务派遣等形式，不断充实壮大工程建设管理人员队伍。积极组织开展了包括业主、设计、监理、代建、施工等在内的各参建单位人员的业务技能培训，先后派出20多批次人员参加国家、省、厅组织的专业培训，不断提高全局工作人员履职能力和建设管理业务水平，满足工程建设管理的需要。

2016年，鄂北局将牢固树立“创新、协调、绿色、开放、共享”发展理念，紧盯“三年通水、五年建成”目标任务，紧紧围绕质量优良、生产安全、生态环保、进展快速四大中心任务，把工程打造成为一流示范工程和绿色生命工程，不断刷新“鄂北工程速度”，不断创造“鄂北工程奇迹”！

广东省韩江高陂水利枢纽工程

广东省韩江高陂水利枢纽工程位于广东省梅州市大埔县境内，是韩江下游及三角洲防洪、供水体系中的控制性工程；是以防洪、供水为主，兼顾发电和航运等综合利用的大型水利枢纽工程；是国务院常务会议部署的全国172项节水供水重大水利工程中2015年拟开工建设的27项工程之一；是国家发改委、财政部、水利部确定的第一批国家层面联系的社会资本参与重大水利工程建设运营的12宗试点项目之一。

本枢纽工程设计正常蓄水位为38.0m，100年一遇设计洪水位、1 000年一遇校核洪水位均为47.44m；水库调节库容为0.94亿m^3，防洪库容为2.67亿m^3，总库容为3.66亿m^3；电站装机容量为100MW，多年平均年发电量为4.01亿kW·h。

本项目经国家发改委同意立项（发改农经〔2015〕1784号，2015年7月31日），初步设计由水利部批复（水规计〔2015〕392号，2015年10月14日）。工程总投资59.19亿元（不含送出工程）。通过公开招标，引进广东水电二局股份有限公司参与工程建设运营，引进社会资本19.56亿元（其中企业资本金10.05亿元、银行贷款9.51亿元）。

该PPP模式主要具有以下特点：

一是探索实行了准公益性大型水利枢纽的建设运营模式，充分发挥了政府和企业的积极性。既提高了政府财政资源的配置效率，又充分发挥了社会资本参与建设运营的积极性。

二是通过实行全周期的建设运营管理模式，使政府的补贴从"补建设"到"补建设加补运营"，有效保证了社会资本的合理收益率，使社会资本能够得到长期的补贴，有利于保障枢纽的长期良性运营。同时，如运营期取得超出预期的利润率，则由工程项目法人与项目公司商定合理的利润分成比例进行收益分配，从而确保了社会资本的保底运营和分配公平。

三是积极探索水库移民征地长期安置方式，并创新性地融入到PPP方案中。即将部分耕地补偿费（1.28亿元）投入电站建设，按固定年收益率6.5%从电站发电收入中提取资金进行补偿（年限从被征地开始至枢纽报废止），从而实现了"迁得出、稳得住、有发展"的移民工作目标。

莽山水库工程

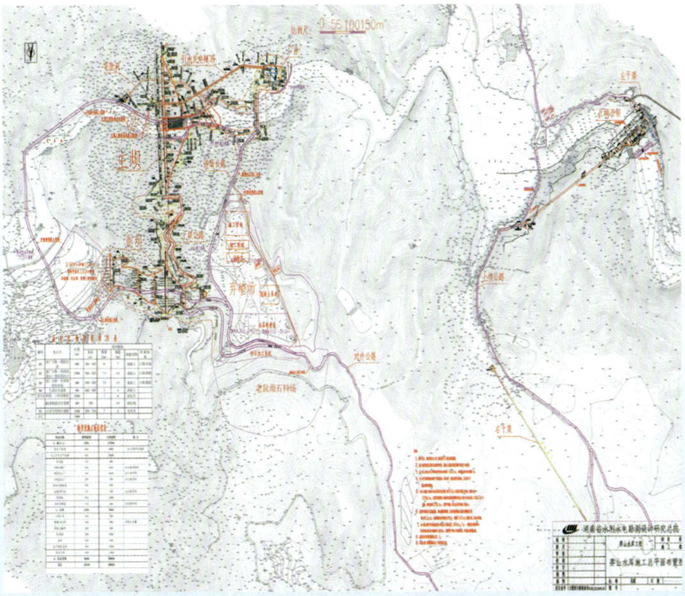

莽山水库工程施工总平面布置图

莽山水库工程地处湖南省宜章县南部的莽山瑶族乡和天塘镇境内，坝址位于珠江水系北江二级支流长乐水上游的天塘镇菜子冲村下燕。是一座以防洪、灌溉为主，兼顾城镇供水和发电等综合利用的水利枢纽工程。水库总库容1.33亿m^3，防洪库容2 400万m^3，设计灌溉面积31.20万亩，设计城镇年均供水量2 227万m^3，坝后电站装机1.8万kW，工程由水库枢纽工程和灌区骨干工程两部分组成，水库枢纽为大（2）型，工程等别为II等。枢纽工程包括主坝、副坝、发电引水隧洞、坝后电站厂房、反调节坝等建筑物。主坝坝顶高程399.80m，最大坝高101.3m，为碾压混凝土重力坝，副坝为沥青混凝土心墙土石坝，最大坝高41.1m，坝顶高程400.6m。灌区骨干工程包括左右干渠、5条主要支渠、隧洞、渡槽等主要建筑物，干渠总长77.334km，水库淹没影响涉及东风、莽山两乡两村，迁移人口271户1 232人，拆迁房屋5.87万m^2，淹没影响土地5162.77亩，永久征地8 578.8亩，征地移民补偿投资5 0324万元。施工总工期48个月，工程总投资18.94亿元。莽山水库工程实行国家投资与引入社会资本建设相结合的模式，水库枢纽工程采取项目法人“投融资—建设—经营—移交”的模式，特许经营期为44年（含建设期4年），灌区骨干工程建设采取“建设—移交—付款”的模式，竣工后移交县政府管理。2013年9月公开招标由广东水电二局股份有限公司、郴州市坤之源矿业有限公司、深圳市金群园林公司组建的联合体中标，中标单位在宜章注册成立莽山水库开发建设有限公司，为莽山水库建设、经营、管理的项目法人。

莽山水库

水利部综合事业局全力服务支撑水利深化改革发展取得新成效

山东临朐弥河水利风景区

江苏省阜宁金沙湖水利风景区

2015年，按照部党组统一部署，综合事业局认真贯彻党的十八大、中央系列全会和全国水利厅局长会议精神，积极践行新时期治水思路，锐意进取、改革创新，全力服务支撑水利深化改革发展取得新成效。

一、落实两手发力，重点业务拓展呈现新亮点

（1）加快推进国家水权交易平台建设与政策研究取得实质性进展。全力推进水权交易所的申请报批工作，召开中国水权交易所发起人大会；扎实开展相关筹备工作，编制完成《中国水权交易所组建方案》等重要基础性文件；积极开展水权水市场课题研究，完成《水权交易模拟试点研究》。

（2）合同节水管理新模式落地生根。创新提出合同节水管理新模式，提出"合同节水管理"新理念、新模式；系统性开展实施要素构建工作，成立节水服务公司，搭建技术的"技术池"、资本的"资金池"；率先在京津冀地区成功开展试点；合同节水产业政策研究工作取得重大进展，正式写入中央"十三五"规划建议。

（3）加快推进非常规水源开发利用取得新成效。加快摸清我国非常规水源开发利用现状，完成全国31个省份城市污水处理回用情况的调研工作；探索非常规水源利用长效机制，协助制定城市污水处理回用设施建设"以奖代补"方案等研究工作；充分发挥非常规水源工程技术研究中心平台作用，加强非常规水源开发利用政策研究和标准化建设，成功举办第二届全国非常规水源管理与技术研讨会。

二、全面履行工作职能，有力支撑水利中心工作

（1）全力支撑水生态文明建设迈开新步伐。水生态文明城市建设试点和创建工作加快推进，全面实施第一批46个试点城市建设，指导11个省开展省级水生态文明城市创建；水利风景区规模质量全面提升，新增61个国家水利风景区，100多个省级水利风景区。

（2）全力支撑落实最严格水资源管理制度取得新进展。最严格水资源管理制度考核和试点工作步入规范，组织对31个省区市自查情况进行全面核查；国家水资源监控系统实现试运行；水资源论证审查管理更加规范，制定工作细则、技术要求等；取水许可管理成效明显，完成1 000余份取水许可台账信息的核查入库、15万套取水许可证的需求核查、30余万套取水许可证制发；节水型社会建设取得实质性进展，全面完成100个全国节水型社会建设试点的建设和验收；水资源保护

工作得到加强。

（3）水利科技计划、研发与成果推广有序开展。推动科技创新和科研能力建设，建成水利行业第一个基于纳米技术的热喷涂技术实验室；加强科技成果管理，编制印发2014年度《水利科技成果公报》；大力推广先进实用技术，举办“第十二届国际水利先进技术（产品）推介会”和“第二届国家水文监测仪器设备推介会”。

（4）水利人才资源开发与培养成果丰硕。人才培训业务品牌优势进一步增强，组织完成92期培训班；大力开展人才评价标准和职业技能鉴定工作，组织开展“第九届全国水利技能大奖、全国水利技术能手候选人和全国水利行业技能人才培育突出贡献奖”评选；水利人才研究取得系列成果。

（5）水利国际河流业务支撑水外交能力明显提升。国际河流业务不断深化，开展界河水利工程调查评价工作，首次获取境外350多项界河工程信息；水利外资利用稳步发展；国际合作交流扎实推进，完善多边合作交流机制。

（6）水土保持生态建设顺利实施取得扎实成效。水土保持监测工作有序开展，组织实施全国水土流失动态监测与公告项目；开展水土保持信息化顶层设计，编制《全国水土保持信息化工作2015—2016年实施计划》。推进实施“晋陕蒙砒砂岩区十大孔兑沙棘生态减沙工程”；推进高效水土保持植物资源配置与示范，收集药用、食用、提取食品添加剂等方面的植物40多种，承办第七届国际沙棘协会大会。

（7）水利产品质量监督管理得到明显加强。加大水利工程启闭机使用许可证核发、监管、培训力度，完成水工金属结构产品生产许可证审检和水利新产品鉴定任务，开展行业信用管理。

（8）水利国有资产质量和效益明显提升。全力防控企业风险，确保了全局经济运行的总体稳定；国有资产投资监管措施更加完善，企业总部科学决策和监管能力明显提升；企业安全生产管理明显加强。2015年，局属企业实现经济收入56.37亿元、净利润5.26亿元。

三、全面落实从严治党要求，党风廉政建设和队伍建设呈现新局面

（1）党风廉政建设得到进一步加强。以问题为导向抓好“三严三实”专题教育，以落实“两个责任”为纲开展全面督导检查，全面部署党风廉政建设。

（2）党员干部队伍建设得到进一步加强。加强党员领导干部的思想政治建设；从严加强党内政治生活管理。

（3）基层组织和基础性工作更加稳固。积极研究学习型党组织创建工作，加强党的基层组织建设，着力推进法治单位建设。

（4）群团组织活力充分激发，文化体系建设持续推进。

充分发挥工会组织的职能，持续组织开展多项群众性文体活动。大力激发局团委、青联、妇联等群团组织活力，全年举办6期青年讲坛、第2届青年读书荐书活动，组织青年干部参加“根在基层·青春担当”实践调研、“中国青年志愿者节水护水志愿服务”及原创家风故事和家训格言等特色活动。加强文化阵地建设，丰富综合事业局图书资料室书籍，编制完成《综合事业局职工手册》，推进全局文化建设。

支持挂靠社团发展，水利企协成立合同节水管理专业委员会，有序推进行业安全生产标准化建设，完成2014年度13家部属事业单位投资的62家企业绩效评价，组织开展了2013—2014年度全国优秀水利企业、企业家评选表彰。政研会组织开展了课题研究，专题调研和理论研讨，通过网站、媒介大力传播思想政治和水文化研究新成果。

云南宜良九乡明月湖水利风景区

强化支撑能力 提升服务水平 水文和水利网信工作再谱新篇章

水利部水文局（水利信息中心）

中小河流水位站

水质水量移动监测

"十二五"期间，全国水文和水利网信部门以中央新时期水利工作方针为指引，紧密围绕水利中心任务，按照"大水文"和"以水利信息化带动水利现代化"的总体思路，开拓创新，扎实工作，全面推进水文和水利网信各项工作，取得显著成效。

一、突出重点，拓展服务，水文工作迈上新台阶

全国水文部门积极践行"大水文"发展理念，贯彻落实"三夯实、五强化"要求，水文事业步入了快速发展的轨道，从传统的行业水文，加快向立足水利、面向全社会服务的社会水文转变，在水利改革发展进程中，发挥了不可或缺的支撑保障作用。总体来看，"十二五"是水文有史以来投资规模最大、能力提升最快、服务效益最好、社会认可最高的5年，在水文发展进程中具有重要意义。

在水文基本建设方面，"十二五"期间，全国水文经费投入超过400亿元，其中水文基础设施建设投资达181.2亿元，是"十一五"时期基建投资的4倍。中小河流水文监测系统建设总投资约161.5亿元，已基本完工，成效逐步显现；国家地下水监测工程建设开局良好。经过多年建设，全国水文系统共有各类水文测站99 575处，是"十一五"末期的2.4倍，初步形成覆盖江河湖库、布局较为合理、观测项目齐全、整体功能较为强大的水文站网体系，实现了对基本水文情势的有效控制。

在水文情报预报方面，"十二五"期间，我国洪涝干旱灾害等极端水文事件多发并发重发，水文部门迎难而上，精心测报，强化预报预警，为我国水旱灾害损失明显减少作出了重要贡献！与2010年相比，2015年全国水文部门向水利部报汛的站点增加13倍，达9.7万个；雨水情信息增加25倍，达7.1亿份；全国主要江河洪水预报断面增加到1 700个，关键期洪水预报合格率提高到90%以上；墒情站增加了4倍；大部分流域机构和20个省（自治区、直辖市）出台了地方预警发布管理办法；水文应急测报能力快速提升。

在水文服务领域方面，针对日益突出的水问题，水文部门积极拓展服务功能和领域，加强水文资料公开和信息共享，为水资源管理、水生态文明建设、城市化发展等多方面提供服务。《全国水资源保护监测规划》编制完成，国控水功能区监测覆盖率达到90%，覆盖全国的水质监测体系初步形成。在藻类监测常态化的基础上，不断拓展浮游生物、底栖生物、鱼类、水生植物等水生态监测内容，水生态监测能力不断提升。印发《加快推进城市水文工作的指导意见》，组织推动30个省的54个城市开展城市水文试点，城市水文服务能力不断提升。通过河湖普查、重要湖泊测量等工作，取得了宝贵的实测资料，填补了基本国情信息的空白。

在保障体系建设方面，全国已有26个省（自治区、直辖市）出台了地方水文条例或管理办法，形成较为完善的水文法规体系。已有20个省级水文机构升格为副厅级单位或配备副厅级领导干部，有23个省（自治区）的地市级水文机构为正处级或副处级单位，312个县（市）成立了县级水文机构。地方水文购买服务试点取得可喜进展。稳步推进水文监测改革，初步形成驻测、巡测、水文调查、应急监测相结合的水文监测模式。水文科技和交流合作成果丰硕，人才队伍建设不断强化。

二、推进共享，强化安全，水利信息化水平全面提升

水利部党组高度重视网络安全和信息化工作。“十二五”期间，全国水利系统深入贯彻落实中央“四化同步”发展战略，按照部党组提出的“以水利信息化带动水利现代化”的总体要求，全面推进水利网信工作，有效促进了水利信息化从局部单一发展向整体全面推进转变、从信息技术驱动向应用需求带动转变、从信息资源分散使用向共享利用转变、从重建设轻管理向建设与管理并重转变、从注重应用向统筹应用和安全管理转变，水利网信水平大幅提升、面貌焕然一新，为加快传统水利向现代水利转变提供了引领带动和基础支撑。

在基础设施能力建设方面，由综合信息采集体系、高速网络通信设施、高性能计算存储平台、海量数据资源等组成的高效水利信息化基础设施，为各项水利工作的顺利开展提供了坚实支撑。2015年，全国各类水利信息采集点超过14万处，自动采集率达80%；省级以上水利部门存储数据量比“十一五”增长了10倍多；省级与地市业务网联通率提高到90%以上,骨干网带宽提升了4倍，新一代水利卫星通信网规模达630个；视频会议分会场增加到8 194个，是“十一五”末的5倍。

在业务应用系统建设方面，覆盖县级以上水利部门防汛抗旱指挥调度的信息保障体系初步形成，水资源监控管理三级信息平台基本建成，全国水利建设市场信用信息平台、水利财务管理信息系统、农村水利管理信息系统、水库移民管理信息系统等业务应用系统建设成效显著。水利电子政务系统持续推进，综合办公、规划计划、人事管理、行政审批、科技管理、国际合作、远程教育、水政执法等政务应用在各级水利部门不断深入，范围日渐广泛，提升了工作效能和公众服务水平，水利部网站屡获殊荣，日益成为服务社会、宣传水利的重要窗口。

在资源整合共享和网络安全建设方面，印发《水利信息化资源整合共享顶层设计》，初步建成基础设施云、水利共享应用平台和安全设施等共享资源。覆盖全国省级以上水利信息系统的网络安全保障格局基本形成，网络安全防护能力明显提升。水利部机关基础设施云初步搭建，水利部无锡物联网示范基地挂牌运行，移动互联、卫星遥感等技术应用不断深化。

在保障环境方面，水利部成立了网络安全与信息化领导小组，陈雷部长任组长、刘宁副部长任常务副组长，进一步强化了水利网信工作的组织领导和统筹协调。随着各级水利部门对网信工作重视程度的不断提升，管理体制、机制不断强化，建设投资不断加大，制度标准更加健全，工作环境有了较大改善，为水利网信工作提供了有力保障。

水利网信事业的快速发展，推进了现代信息技术与水利业务工作的深度融合，促进了水利部门职能转变，增强了水利行业管理能力，提升了水利服务群众的水平，有力推动了水利现代化进程。

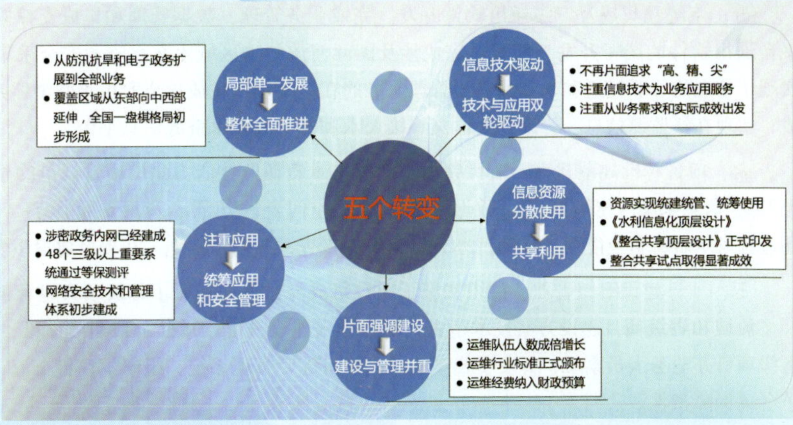

水利网信工作以“五个转变”为抓手，深入落实发展理念

国家水资源监控能力建设项目（2012—2014年）顺利通过终验

国家水资源监控能力建设是落实2011年中央一号文件精神，实行最严格水资源管理制度的重要技术支撑和主要工作抓手，是水利信息化建设的龙头工程。项目分两期开展，其中国家水资源监控能力建设项目（2012—2014年）为一期项目，自2012年启动，经过各级项目建设单位4年多的努力，于2015年年底完成了全部建设任务，实现了预期目标，并于2016年7月20日顺利通过终验。

为保障项目顺利实施，水利部成立了国家水资源监控能力建设项目办公室，负责国家水资源监控能力建设管理工作。各流域机构，各省（自治区、直辖市）管理机构均成立了本地区国家水资源监控能力建设项目办公室，负责本流域和本省（自治区、直辖市）项目的建设管理工作。

一期项目建成了取用水、水功能区、大江大河省界断面等三大监控体系，水利部、流域和省等三级水资源监控管理信息平台，实现了对全国75%以上河道外颁证取水许可水量的在线监测、80%以上国家重要江河湖泊水功能区的水质常规监测；已核准公布的全国重要地表水饮用水水源地基本实现水质在线监测；实现大江大河省界断面水质监测全覆盖，水量监测覆盖率大幅提高；实现了水利部、流域和省等三级信息平台的水资源管理业务在线处理和互联互通。一期项目建设丰富了水资源监控管理信息，规范了水资源业务管理程序，提高了水资源业务管理效率，提升了水资源应急管理水平，强化了水资源考核技术支撑，对水资源管理工作意义重大。

一、重要取用水监测体系建设。项目完成7 800个取用水户16 721个监测点建设，可监测河道外取水许可水量2 431亿m^3，约占2014年全国水资源管理年报统计全国总颁证许可水量3 226亿m^3的75%。

二、水功能区监测体系建设。项目完成4 376个水功能区的水质常规监测信息和244个水质在线监测站建设，实现对4 493个全国重要江河湖库水功能区的80%以上进行水质常规监测；对列入《全国重要饮用水水源地名录》（水资源函〔2011〕109号）的地表水饮用水水源地基本实现水质在线监测全覆盖。

三、大江大河省界断面监测体系建设。项目实现对616个省界断面进行水质常规监测，其中592个为纳入《全国省际河流省界水资源监测断面名录》（水资源〔2014〕286号）的水质断面；实现对451个省界断面进行水量监测，其中有334个为纳入名录的水量断面。纳入名录的水量、水质断面监测数据均已上传到水利部信息平台。

四、水利部、流域和省等三级水资源监控管理信息平台建设。项目完成平台全部硬件、商业软件采购，建设了水资源基础、监测、业务、空间和多媒体等五大数据库，完成水资源信息服务和水资源业务管理等软件系统开发，完成水资源调配决策支持和水资源应急管理的系统框架构建，建立了水资源监控管理水利部信息平台、7个流域信息平台、31个省（自治区、直辖市）级信息平台和新疆生产建设兵团信息平台。

五、系统总集成及三级通用软件开发。完成业务管理、数据管理和集成支撑等水利部、流域和省等三级平台通用软件的统一开发与部署，完成涉及国际河流特殊区域水文水资源安全采集系统的统一开发与部署，实现了信息的互联互通和水资源主要管理业务的在线处理；完成重要取用水监测体系和水功能区监测体系的集成，实现在线监测信息、管理业务信息等接入水利部及流域水资源信息平台。

六、项目标准规范建设。项目完成25部国家水资源监控能力建设项目规范的建设任务。具体包括：基础类3部、信息采集与传输类6部、数据资源类7部、空间表达类2部、应用支撑类5部、管理类2部。项目规范全部通过国家水资源监控能力建设项目办公室组织的审查，并发布实施，在项目建设中发挥了重要作用。

七、项目建设组织管理。组织实施了项目集成与监理，开展了各级项目建管工作协调、督查和指导，开展了流域和省级项目建设方案技术审查，积极推进建设进度；举办了13期培训班，培训1 800余人次，提高了各级项目办业务人员素质；开发了档案管理、项目综合管理系统，组织了宣传交流，为项目管理工作开展提供了各项保障条件。

水利部于2016年4月正式印发了《国家水资源监控能力建设项目实施方案（2016—2018年）》，启动二期项目建设。目前各地正开展查勘和三年技术方案编制与2016年度建设任务实施工作。

开拓进取求真务实
为水利改革发展提供坚强有力技术支撑

“十二五”期间，水利部水利水电规划设计总院（以下简称“水规总院”）在水利部党组的正确领导下，认真贯彻新时期治水方针，坚决落实中央和水利部各项决策部署，攻坚克难、锐意进取，科学谋划水利改革发展，加快推进水利工程建设，为水利改革发展提供了坚强有力的技术支撑。

一、编制了一批重要水利规划，继续完善水利规划体系

编制完成了一大批事关全局的全国性、战略性重大水利规划，不断完善水利规划体系。主要包括《全国水利发展“十三五”规划》《全国水中长期供求规划》《全国水资源保护规划》《全国现代灌溉发展规划》《全国水土保持规划（2015—2030年）》《全国地下水利用与保护规划》《南水北调受水区地下水压采方案》《全国江河重要河道采砂管理规划》《京津冀协同发展水利专项规划》等。

二、开展了一批重大战略研究，不断加强顶层设计

紧紧围绕水利中心工作，开展了水利现代化、河湖水系连通、中小河流治理、生态文明建设、海绵城市、干旱区划和风险管理、气候变化影响、地下水压采与管理等重大战略研究，取得了一批研究成果；围绕主要跨省江河流域水量分配方案、洪水风险图编制、河流等级划分、全国蓄滞洪区基础信息测量等开展了一系列重大基础技术工作。

三、全力推进水利规划和工程项目审查，满足发展需要

水规总院以“保证质量、提高效率、优化服务”为重点，突出做好重大水利工程建设项目技术审查，统筹做好各类规划和其他水利建设项目审查，审查中注重引导和推动行业设计理念更新，满足了重大水利工程建设的需要。“十二五”期间，水规总院共提出项目审查意见1 917项，年均383项。

四、加强水利勘测设计行业管理，促进行业健康发展

以标准化、设计质量监督、市场准入、技术培训为主要抓手，引导水利勘测设计行业健康发展。一是制修订了《防洪标准》（GB 50201）等79项标准，技术培训5 400余人。二是对210项前期工作成果进行了质量评价，对27家勘测设计单位、303个水利工程项目开展了设计质量监督。三是组织开展了全国优秀水利水电工程勘测设计奖评选，积极做好注册水利水电工程师考试工作并有8 751人取得执业资格，开展了水利水电勘测设计行业信用等级评价并有143家单位取得了信用等级。

五、强化内部建设，不断提高自身能力和水平

水规总院积极践行“科学、严谨、求实、创新”的总院精神，强化人才队伍建设与业务能力建设，不断加强党风廉政建设，注重文化建设，全力推动水规总院可持续发展。“十二五”期间，共有3人享受国务院特殊津贴，1人入选新世纪百千万人才工程国家级人选，3人入选5151人才工程部级人选，1人被评为张光斗优秀青年科技奖，1人被评为水利青年科技英才，1人被评为全国水利系统先进个人，1人荣获“全国三八红旗手”荣誉称号；获得全国优秀勘察设计银奖1项，大禹科学技术奖一等奖3项、二等奖2项，全国优秀水利水电工程勘测设计奖金奖3项，全国优秀工程咨询成果一等奖1项。2014年，水规总院荣获“全国文明单位”称号。

“十三五”期间，水规总院将在部党组的领导下，认真贯彻落实中央治水兴水决策部署，在加快项目前期工作、服务水利长远发展、改进和加强行业管理、夯实干部队伍建设、落实“两个责任”上下功夫，为加快构建国家水安全保障体系提供有力技术支撑。

贯彻新精神 增强新驱动 为水利改革发展新跨越提供科技支撑

2015年，是“十二五”收官之年，也是“十三五”谋划之年，中国水利水电科学研究院（以下简称水科院）在水利部党组的正确领导下，在部机关司局及相关单位的大力支持下，全院干部职工深入贯彻落实新时期中央水利工作方针和水利部党组决策部署，锐意进取、努力拼搏，圆满完成了“十二五”各项任务，水科院“十二五”期间的“六个一”目标全面实现，五年间新增了一位院士、新增了一位国际组织主席、新增了一个国家重点实验室、新增了一个国家工程研究中心、新获得了一项国家科技进步一等奖、新建了一个试验基地。全院创新能力显著提升，科研事业不断发展壮大，全院发展迈上了新台阶，主要体现在以下几个方面。

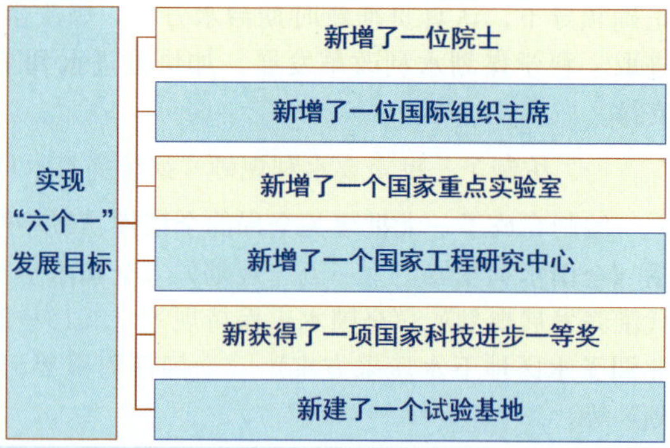

提前完成水科院“十二五”期间的“六个一”目标

一、科研合同稳步增长

积极争取国家科技支撑计划、国家自然基金、公益类行业专项等重大纵向项目，地方水利水电重大工程建设等横向项目，全年新签合同总额11.59亿元，其中纵向合同总额2.29亿元，占合同总额的19.8%；横向合同总额9.30亿元，占合同总额的80.2%。“十二五”期间，全院合同总额达57.21亿元，较“十一五”（36.45亿元）增长了57.0%，科研项目增多，研究领域扩大，发展实力增强。

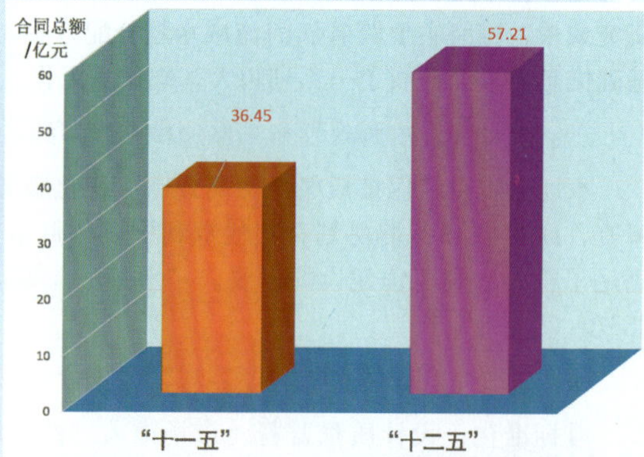

“十一五”与“十二五”期间合同额对比

成果	“十一五”	“十二五”	增幅
国家奖	12	14	14%
省部级奖	92	118	28%
论文、专著、专利、标准、报告	6 263	7 554	21%

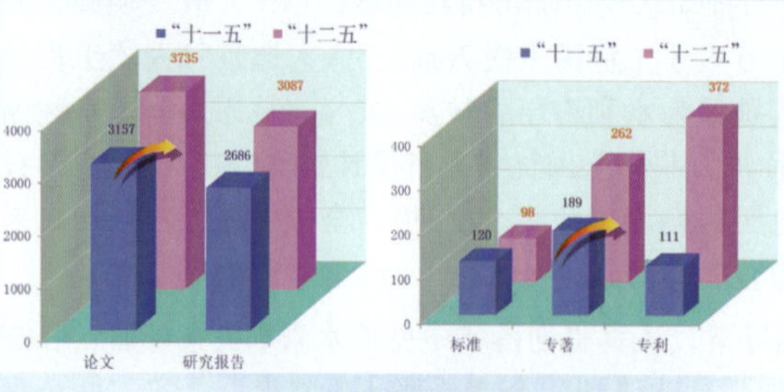

科技成果丰硕

二、科研创新取得新成果

加强重大项目研究，注重科研质量，2015年共提交研究报告478份、发表论文566篇、出版专著52部、授权专利116项、制修订标准18项。创新成果获得省部级以上奖励25项，其中国家奖4项。“十二五”期间，全院共提交研究报告3 087份、发表论文3 735篇、出版专著262部、获得专利372项、制修订标准98项，成果总量较“十一五”增长了20.6%；创新成果共荣获省部级以上科技奖励132项，较“十一五”增长了26.9%，其中“流域水循环演变机理与水资源高效利用”

荣获2014年度国家科技进步一等奖，填补了21年来水科院未获得国家科技进步一等奖的空白，科研成果取得数量和质量双丰收。

三、人才队伍获得新增强

2015年，水科院坚持实施人才强院战略，不断完善人才工作体制机制，创新人才培养模式，健全干部选拔任用机制，全院人才实力不断增强，入选科技部“创新人才培养示范基地”。全院现有职工1 438人，总人数与“十一五”末基本一致（1 432人），其中专业技术人才占88%，硕士以上学历占68%，较“十一五”末分别提高了10%和14%；“十二五”期间，全院共计新增1名院士、2名国家百千万人才工程人选、5名国务院政府特殊津贴专家、2名科技部中青年科技创新领军人才、1名中组部万人计划青年拔尖人才以及一批专家入选部级人才等。全院现有院士6人、百千万工程国家级人选11人，高级工程师以上共有701人，形成了以院士领衔、高层次高水平专家牵头、中青年科技骨干为主的科研队伍。

四、科研条件取得新提升

“流域水循环模拟与调控国家重点实验室”自2011年经科技部批复筹建以来，各项建设高效推进、成绩显著，2015年以“优秀”佳绩通过科技部评估，成为第一个由行业科研院所作为依托单位建设的评估获得优秀的国家重点实验室。“十二五”期间，水科院新增的“国家能源水能高效利用与大坝安全技术研发中心”和“水利部水工程抗震与应急支持工程技术研究中心”开始运行。全院形成了1个国家重点实验室、2个水利部重点实验室、18个院级实验室组成的试验平台体系；4个国家级工程中心、8个水利部部级中心、11个研究所、4个科技企业组成的研发机构平台体系。

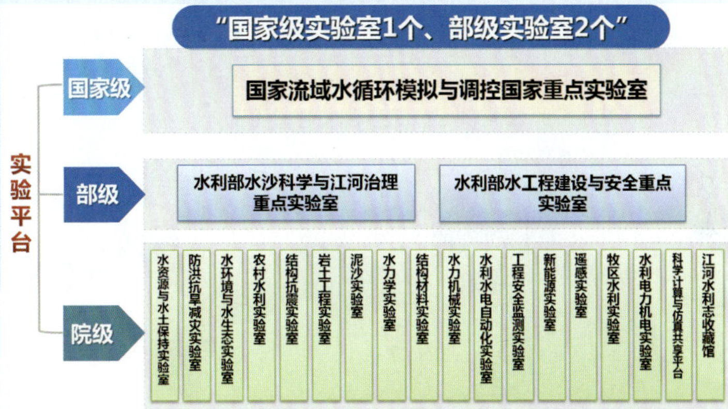

实验平台体系不断健全

加强对外交流与合作

五、对外发展扩大新空间

水科院高度重视国内外的交流与合作，尤其是抓住了当前国际化进程不断加快的新机遇，有计划、全方位、多途径地加强了国际间交流与合作，国际影响不断提升，为对外发展扩大了新的空间。“十二五”期间，共计与32家国内相关单位、32家国际组织或机构签订了长期稳定的合作协议，形成了固定的往来机制。全院现承担了世界泥沙研究学会、国际大坝委员会（ICOLD）、国际灌排委员会（ICID）等8大涉水组织秘书处工作，还加入了世界水理事会（WWC）和世界水电协会（IHA），不断扩大国际影响，促进交流合作。现有12位资深专家在国际专业组织担任名誉主席、副主席、秘书长等重要职务，极大提升了水科院在国际涉水事务的话语权和影响力。

传承辉煌八十载 跨越发展新篇章

——南京水科院"十二五"发展回顾

承办"水安全与可持续发展国际工程科技发展战略高端论坛"，陈雷部长出席论坛并做主旨报告

80年栉风沐雨，80年春华秋实。刚刚过去的"十二五"，是南京水科院80年历史征程中极不平凡的5年，全院干部职工团结奋进，开拓创新，取得了优异成就。

一是科研和科技开发总量最高的5年。"十二五"时期，南京水科院科研和科技开发保持着高速的发展，科研和科技开发总量达63.43亿元，为"十一五"时期的2.2倍。年均总产值达12.69亿元，保持着年均8%以上的增长率。2015年全院科研和科技开发总产值已达14.62亿元，比2010年的9.79亿元增长了4.83亿元，年均增长近1亿元。5年中，科研合同额稳步增长，2015年全院科研合同额已达5.87亿元，是2010年科研合同额3.66亿元的1.6倍，年平均增长速度超过10%；"十二五"期间，全院科技产业整合资源，改革发展，呈现出与科研比翼齐飞的良好局面。

二是科研创新成果最丰硕的5年。"十二五"时期，全院注重科研成果的总结和凝练，一批创新成果获得国家和省部级奖励。由我院作为第一完成单位主持完成的"水库大坝安全保障关键技术研究与应用"成果在多项技术指标和理论方法上取得重大突破，显著提升了我国大坝安全管理技术水平，是我国水利行业又一项重大标志性科研创新成果，荣获2015年度国家科学技术进步奖一等奖。5年中，全院共获国家和省部级科技奖116项，其中国家科技进步一等奖2项、国家二等奖9项，省部级科技进步特等奖12项、一等奖26项。专著57部，公开发表论文2 186篇，获得发明专利和实用新型专利196项。

三是基础和应用基础研究发展最迅速的5年。"十二五"时期，南京水科院着重加强了公益性、基础性和应用基础性研究。5年中，承担了国家重点基础研究发展计划（"973"计划）、国家科技支撑计划、高技术研究发展计划（"863"计划）、国家自然科学基金、水利部公益性行业专项等纵向科研项目1 230项，是"十一五"期间纵向合同数的3.53倍。5年中，共获得国家自然科学基金项目115项，其中2013年和2014年连续两年获得国家杰出青年基金资助项目。承担以解决重大工程关键技术为主的横向科研项目4 671项，比“十一五”时期增长2.29倍。

四是科技平台建设成效最显著的5年。“十二五”时期，南京水科院的科研平台建设全面提速。南京水科院依托大坝中心成立“水利部水闸安全管理中心”获得水利部正式批准，新增“国家能源水电工程安全与环境技术研发中心”，是水利行业首家“国家级水科学与水工程国际联合研究中心”。新增水利部重点实验室1个、部级工程研究中心1个。依托南京水科院建设的国家和省部级重点实验室和工程研究中心在历次评估中均名列前茅。加大了科研基地建设力度，在安徽当涂、江苏无锡分别征地建设新的物理模型实验基地。恢复重建了安徽滁州水文实验基地，该基地同时作为国家防洪抢险基地，成功进行了多次世界上坝高最高的实体溃坝试验。

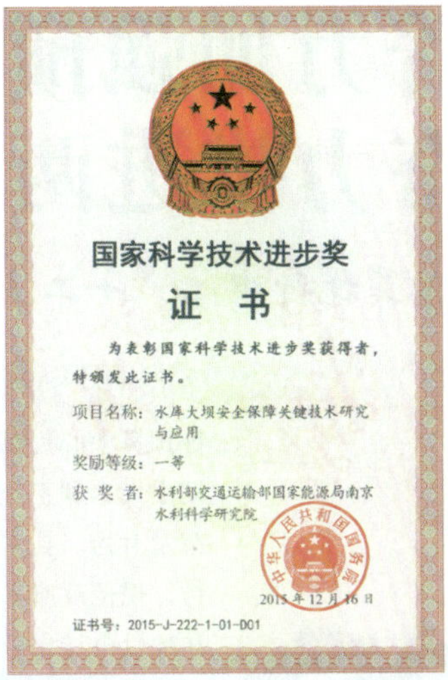

国家一等奖证书：水库大坝安全保障关键技术研究与应用

国家国际科技合作基地认定证书

五是人才培养取得新突破的5年。“十二五”时期，南京水科院加大人才引进和培养力度。1人当选为英国皇家工程院外籍院士，院聘国外专家1人当选为中国工程院外籍院士并获中国政府友谊奖。6人入选国家级人才培养工程，40余人入选部省级人才培养工程，应对气候变化中心入选国家科技创新团队。2014年，南京水科院入选国家“创新人才培养示范基地”，荣获“全国专业技术人才先进集体”称号。

六是党的建设和精神文明建设最有成效的5年。南京水科院认真学习贯彻党的十八大及十八届三中、四中、五中全会精神和习近平总书记系列讲话精神，深入开展党的群众路线教育实践活动，“三严三实”专题教育，认真落实党风廉政建设两个责任，党的建设、党风廉政建设和精神文明建设取得显著成效。多次荣获“全国文明单位”“江苏省文明单位标兵”等称号。

南京水科院将秉承南科院80年的光荣传统，朝着建设“一流的学科、一流的人才、一流的平台、一流的管理、一流的成果、一流的服务”的国际一流水利科研院所的目标，快马加鞭，阔步前行。

专业技术人才先进集体

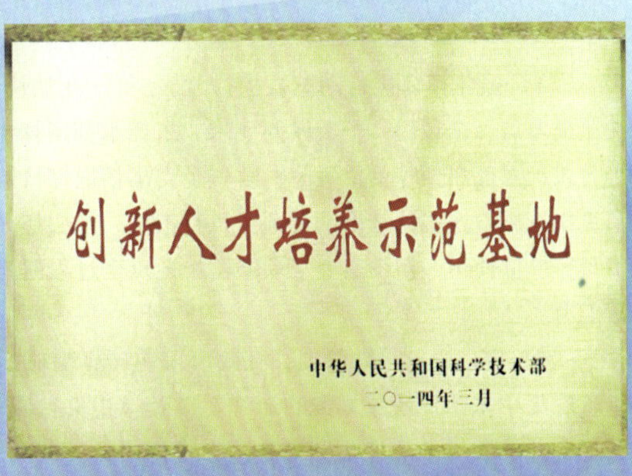

创新人才培养示范基地

围绕中心 着力加强预算执行保障
不忘初心 奋力推进两个文明建设

——水利部预算执行中心"十二五"工作回眸

年度总结会

"十二五"期间，水利部预算执行中心（以下简称预算中心）在部党组的正确领导下，积极践行新时期中央水利工作方针，紧紧围绕水利中心工作大局，奋发有为、扎实工作，保证水利财政资金安全顺畅支付，规范政府采购管理，全面推进水利预算绩效管理和项目全过程管理，加强水利内部审计监督，以丰硕的成果向部党组交上了一份满意的答卷。

一、围绕中心工作，着力强化预算执行保障

（1）深入落实预算管理"三项机制"。"十二五"期间，预算中心认真落实并不断完善预算管理"三项机制"，不断加强预算执行、动态监控和项目储备工作的精细化和规范化，督促各单位进一步提高预算执行的权责意识、效率意识和风险意识。在实施过程中不断总结预算单位的工作经验，结合财政改革的新形势和水利预算编制、执行、管理、监督的新情况，进一步研究加强预算执行管理的新措施，为进一步深化完善预算管理"三项机制"打下良好的基础。

（2）着力做好预算执行工作考核。按照序时、均衡、安全、有效的要求，在部有关司局的指导和帮助下，从预算执行管理、资金安全、预算执行进度等方面对各单位进行考核打分，按照月度、季度和年度分别进行考核，同时建立考核结果运用机制，对考核结果进行通报，年度考核与预算及评先评优挂钩。过去5年我部在每个关键节点上的预算执行进度均达到规定要求。

（3）全力做细国库支付关键环节。紧盯国库支付的关键环节，切实做细做实有关工作，确保水利财政资金顺畅安全支付。一是完成支付方式和范围划分。认真对每个预算项目进行梳理，对未按财政部标准划分的项目逐项说明，并及时向财政部报告。遇追加预算时，第一时间与财政部及有关单位沟通，报送说明，提前确定追加项目的支付方式和范围划分情况，为各单位及时支付做好准备。二是顺利完成结余资金核定。每个年度都及时组织各单位完成上年结余核定，积极协调财政部为我部下达收回存量资金指标，多方协调解决出现的问题，确保各单位存量资金收回准确无误，保证了正常用款不受影响。三是严格直接支付审核。建立国库支付与政府采购联审机制，不符合政府采购要求的一律不报送支付申请。

二、发挥保障作用，着力推进预算执行改革

（1）强化预算执行动态监控。过去5年，在加快预算执行进度的同时，坚持把资金安全放在突出位置。按照全覆盖、全过程、全天候的要求，依托水利预算执行动态监控系统，采取自动预警、在线研判、现场核查等方式，对部属预算单位每笔财政资金支出情况每日监控，及时纠正不规范操作和违规问题，有效防范和化解预算执行风险，监控结果纳入预算执行考核。中心还开发了应急监控系统，在试点运行的基础上推行至全部二级预算单位使用，初步实现了动态监控疑点全过程网上处理，进一步提高了监控工作效率，加强了数据统计分析能力。

（2）规范政府采购管理。在政府采购预算编制环节，认真贯彻落实《国务院办公厅关于印发2013—2014年政府集中采购目录及标准的通知》以及《中央行政单位通用办公设备家具购置费预算标准（试行）》等有关规定，加强对各单位政府采购预算进行审核，做到应编尽编，编制合理，严禁超标申报采购预算；在政府采购计划审核环节，严禁超预算、超标准编制采购计划，不允许有指定特定供应商的采购需求。车辆采购必

须符合控制标准；通用设备采购严控配置标准，并且与资产购置计划相衔接；在采购组织形式和采购方式实施环节，严格变更采购方式和进口产品的审核，配合财务司印发了《水利部办公厅关于规范部属单位政府采购进口产品管理工作的通知》，对进口产品申报审批的范围、专家论证、申报材料等进行了明确。水利部申报审批材料报送的质量连续5年明显提高，财政部对项目的审核通过率也大大提高。

牛志奇主任在《中华人民共和国政府采购法》发布十周年活动上讲话

（3）完善项目验收和绩效管理。在项目验收方面，验收前首先组织力量对二级单位自行验收的项目进行抽查复验，对不符合验收条件或存在问题的项目不提交验收，并督促项目单位抓紧进行整改。对由水利部组织的验收项目，精心组织专家进行验收，严格落实验收专家责任制；在绩效管理方面，参与完成部门预算绩效管理制度建设，连续5年组织开展部门试点项目绩效评价工作，共涉及“防汛业务”“水质监测业务”等数十个项目，组织完成了所有部直属预算单位14个试点项目和2个试点单位整体支出绩效目标运行情况的中期检查工作。完成水利部2016年度“防汛抗旱减灾”“水文测报”等14个一级项目、5个其他项目、7个通用一级项目、421个二级项目及9个试点单位整体支出绩效目标申报表审核工作，首次实现部门预算项目绩效目标管理全覆盖。2015年水利部预算绩效管理工作再次荣获中央部门考核第二名。

三、注重改革创新，着力完善预算执行体系和监督机制

（1）加强财务管理与制度建设。一是加强财务管理制度建设。制定印发了《水利部预算执行中心委托业务费管理办法》，严格执行财政部会议费、差旅费、培训费等管理办法和公务卡结算制度，严把财务报销关。二是严格控制“三公”经费。认真贯彻落实中央八项规定精神和部党组制定的实施方案，厉行节约，严格贯彻落实财政部有关“三公”经费的管理规定，实现中心“三公”经费只减不增。严格会议计划，会议规模和时间均得到进一步控制，效率和质量进一步提高，会议费保持逐年下降。中心举办的培训班坚持勤俭办班、简约高效。在文件管理方面也进一步加强，未发现没有实质性内容和具体工作安排的文件。三是加强中心预算管理。强化预算项目管理，科学编报预算和决算，采取有效措施保证预算执行进度，认真组织各处的预算项目验收工作。

（2）加强队伍建设和单位内部管理。一是完善内部管理制度。按照人事司批复的岗位设置方案，为更好地加强中心岗位管理，进一步调动职工积极性，预算中心制定印发了《预算执行中心管理岗位聘任办法》《水利部预算执行中心专业技术岗位聘任管理办法》。同时，考虑到机构和人员情况的变化，中心对现有内部管理制度进行了全面梳理和修订，进一步提高了中心内部管理水平。二是落实各项工作责任。组织签订了安全生产、保密工作等年度责任书，并不定期组织对中心安全生产、保密工作等专项检查。进一步加强网络管理和安全保密工作，完成各项专项自查工作，均未发现问题。三是加强干部教育培训。继续做好干部教育培训工作，选派职工参加中央团工委组织的“根在基层”系列调研实践活动和部机关公务员专题培训，在组织业务培训的同时鼓励不同处室的职工相互培训，不断提升综合素质和业务水平。

调研大藤峡工地

（3）加强预算执行信息化建设。及时对“水利财政资金国库集中支付信息系统”“水利部政府采购管理信息系统”和“水利部中央级预算项目管理信息系统”等进行升级改造，强化了系统的安全性和保密性。为满足动态监控的要求，新开发了“水利部预算

调研大藤峡公司

教育实践活动动员会

执行动态监控系统”，在选择黄委、海委、水科院开展试运行的基础上，已经正式上线运行，初步实现动态监控疑点全过程网上处理。这些信息系统强化了监控功能和数据分析功能，进一步提高了工作效率，增强了预算执行的支撑能力。配合财务司开展了水利财务信息系统开发的前期工作。

四、强化执纪监督，着力提升审计工作水平

（1）健全审计机构，夯实工作基础。按照部党组要求，根据预算中心机构调整安排，2015年水利部审计室重新组建，设立了审计一处和审计二处，审计力量得到加强。组织完成了《水利行业内部审计工作规定》（报审稿）《水利审计项目质量控制办法》（送审稿），汇总编制《水利审计工作手册》，促进了审计管理、审计行为和审计方式方法的制度化、规范化和科学化。

（2）狠抓审计业务，注重提升实效。受水利部经济责任审计联席会议办公室委托，组织完成了部直属单位6位领导干部的离任经济责任审计，发挥了经济责任审计在加强干部监督管理和健全内部监督制约机制中的积极作用。组织完成了国家水资源监控能力建设项目11个单位的验收审计和部直属单位64个项目竣工决算审计。组织开展了对湖南皂市水利枢纽竣工决算审计和广西大藤峡建设项目的跟踪审计，为项目竣工验收和财务决算审批工作提供依据。

（3）加强协调配合，强化监管责任。参加了部党组对小浪底建管中心、海委等单位的巡视工作，对农村饮水安全项目进行了专项稽察督查工作。协助配合审计署对水利部的预算执行审计等相关工作。对驻部监察局移交的线索进行调查核实，开展专项审计，发挥了审计监督力，提升了审计影响力。坚持关口前移，强化日常监督，完成对部机关经济合同审签124份，金额2 686.35万元，针对合同签章不规范、内容不完整、条款不明晰、大额一次支付等问题及时提出修改意见，促进加强合同管理，防范合同风险。

五、落实党风建设主体责任，着力推进精神文明建设

（1）严格落实党风廉政建设责任制。一是落实从严治党和党风廉政建设责任，将主体责任扛在肩上，强化“一岗双责”。主要负责人与班子其他成员、与预算中心各处室分别签订了廉政建设责任书和承诺书，严格执行中心廉政风险防控措施，坚持任务到岗、责任到人，坚持将党风廉政建设与业务工作同部署、同考核。党员领导干部严格遵守《中国共产党廉洁自律准则》，认真如实填报个人事项。过去5年，没有发现中心干部职工有违法违纪情况。二是贯彻执行八项规定。根据中央八项规定和水利部实施方案，预算中心认真研究制定了落实八项规定实施细则，进一步明确措施，落实责任。进一步加强了会议和培训班管理、精简了文件、严控“三公”经费。三是加强廉政风险防控工作。在认真梳理工作流程的基础上，制定了《廉政风险点及防控措施一览表》，进一步明确风险防控点、具体防控措施和责任主体，有效提升了廉政风险防控工作的可操作性和实效性。

（2）建立践行群众路线长效机制。按照中央要求和部党组的统一部署，预算中心党支部认真组织开展党的群众路线教育实践活动，紧紧围绕查摆“四风”方面的问题，着力解决群众反映的突出问题。向作为服务对象的各流域机构、直属事业单位和结对共建的基层单位发放了书面征求意见函，又通过电话、面谈、专

题讨论等不同形式征求意见；与财务司党支部开展了联学联查联改活动；广泛开展谈心活动。按照边学边查边改的要求和部督导组的谈话提醒，领导班子认真查找“四风”方面存在的问题，深入剖析问题产生的根源，研究制定整改措施，反复讨论修改对照检查材料，通过召开专题民主生活会和专题组织生活会，达到了预期效果。在此基础上，预算中心党支部认真讨论制定了整改方案，对查摆出来的问题逐一提出整改措施，明确了责任人、责任处室和完成时限，为抓好整改落实，建章立制，建立长效机制奠定了基础。

参观廉政展览

(3) 扎实开展“三严三实”专题教育。按照水利部党组的要求，预算中心党支部科学制定学习方案，完成好规定动作，安排好自选动作，坚持集中学习与自学相结合、理论学习与实践相结合。领导班子带头参与学习讨论，预算中心主任以“以‘三严三实’精神，筑牢预算执行保障”为题为全体党员讲授党课，班子成员分别围绕“严以修身”“严以律己”“严以用权”作了专题发言。在领导班子的带领下，中心党支部组织集中学习7次，观看《信仰》《筑梦中国》等系列专题教育片，观看廉政警示教育片，组织赴地道战遗址参观学习，参观廉政主题展览，并分发《习近平谈治国理政》《习近平关于党风廉政建设和反腐败斗争论述摘编》等专题学习材料供全体党员自学，党员干部结合工作实际撰写了学习心得。

(4) 加强精神文明建设。一是强化“严谨、务实、高效、创新”的中心文化建设，积极组织干部职工开展丰富多彩的文体活动，参加了水利部“银球杯”乒乓球比赛，组织了中心义务植树活动，参加我部纪念建团90周年青年歌曲演唱会和职工运动会等。通过这些活动，职工的文化生活进一步丰富，中心朝气蓬勃、奋发向上的精神风貌得以展示，干部队伍的凝聚力也进一步增强。二是坚持服务基层，奉献基层。2012年，帮助黄委部分防洪工程、综合事业局水资源管理、太湖局实验室迁建等5个单位5个项目协调变更划分方式，保证了这些项目的用款支付和工程进程。2013年深入长江委、珠江委、淮委、太湖局、南科院等单位开展调研，及时了解基层单位在预算执行工作中存在的问题和困难，有针对性地提出了加强预算执行管理的意见和建议。常年组织开展了国库集中支付、政府采购和项目管理业务培训，系统培训预算执行的新政策、新思路、新要求、新系统应用等，培训至四级预算单位共1 680人次，增强了基层从业人员对各项政策及要求的理解和把握深度，提高了基础工作水平。三是加强中心文化建设，积极组织干部职工开展丰富多彩的文体活动。利用中心青年职工多的优势，成立了青年小组，积极参加部团委组织的各种活动，并结合预算中心实际开展了“拍下我的中国梦”主题活动。中心工会组织了义务植树活动和迎新春扑克牌比赛，组织参加我部游泳、乒乓球等比赛和健康讲座，丰富了职工精神文化生活。

“十三五”期间，预算中心将在部党组的领导下，继续配合财政改革提升预算执行管理水平，应对财政改革新要求、新情况，继续坚持围绕中心、服务大局，为水利改革发展提供坚实的预算执行保障。

参加社会主义核心价值观知识竞赛

植树活动

水利部长江水利委员会

紧急会商"东方之星"号客轮翻沉事件应急处置

长江委联合地方水利部门查扣非法采砂船

"十二五"期间，在水利部的正确领导下，长江委认真贯彻新时期水利工作方针，不断完善治江工作思路，认真履行流域管理职责，各项工作亮点纷呈。

流域防汛抗旱减灾能力显著提升。大力加强防洪减灾工程措施，控制性枢纽工程建设取得突破性进展，蓄滞洪区建设明显加快，大江大河、重点中小河流和山洪灾害防治区治理成效显著，流域主要防洪城市、两湖等重点地区、西南诸河重要城镇防洪标准基本达标，重点低洼地区和粮食主产区排涝能力明显提高。加快推进非工程措施建设，应急预案、信息化、队伍保障和物资储备等全面加强。不断强化防洪调度管理，长江上游21座水库实现联合调度，科学调度和应急处置能力显著提升。"十二五"期间，流域综合防洪减灾体系基本建成，成功应对了三峡建库以来最大洪水、西南地区连续大旱等水旱灾害，洪灾死亡失踪人数为新中国成立以来最少。

流域水利规划体系更加完善。着力强化流域规划体系建设，完成了以国务院批复的《长江流域综合规划（2012—2030年）》为主的43项水利规划，内容涵盖长江流域干流、重要支流、西南诸河重要跨界河流等河流综合规划，洞庭湖、鄱阳湖区等区域规划，以及多项专业规划和专项规划。《长江经济带发展水利专项规划》已由水利部印发实施，以流域综合规划为龙头、专业规划为骨干、专项规划为补充的流域水利规划体系进一步完善。

重点工程建设取得突破。"十二五"期间，长江流域（片）共完成水利投资8 361亿元，流域重点工程建设全面提速。南水北调中线工程完成主体工程建设任务并顺利通水；三峡工程整体竣工验收枢纽工程、移民工程验收完成，以三峡为核心的长江上游控制性水库群基本形成。西藏旁多、江西峡江等水利枢纽基本建成，洞庭湖蓄洪垸堤防等重点河段治理项目顺利推进，陕西引汉济渭等一批工程开工建设，乌东德等控制性枢纽获得核准，流域水利工程体系进一步完善，水资源调控能力大幅提升。

水生态文明建设加快推进。“十二五”期间，流域水资源管理与保护进入全新阶段，组织机构、人员队伍和经费保障全面加强，汉江流域水资源调度会商机制等跨部门跨地区的协作协商机制逐步建立，最严格水资源管理制度行政区域“三条红线”基本划定，汉江流域试点初见成效，河流水量分配和水资源统一调度取得突破性进展，水功能区和入河排污口监督管理不断强化，河湖健康评估积极推进，水生态文明城市建设有效开展，流域水质总体良好。水土保持工作成效显著，5年共治理水土流失面积7.08万km^2，流域侵蚀模数不断下降，水生态保护和修复不断加强。

流域管理能力明显增强。积极推进改革发展，规范行政许可审批和监管，不断探索完善流域管理和内部运行体制机制，全委政事企团结协作、高效运行，流域管理和公共服务水平大幅提升。积极推进流域水法规体系建设，加强水政监察队伍建设，切实强化水行政执法，依法履职能力不断提升。大力实施科技立委、人才强委战略，加强科技平台建设，围绕重大问题开展科技攻关，加大人才培养力度，5年共获省部级以上科技奖励73项，新增中国工程院院士、全国勘察设计大师等一大批高级科技人才，科技创新能力和人才队伍水平不断提升。加快推进流域管理基础工作，第一次全国水利普查圆满完成，流域水资源监控能力不断增强，信息资源整合与共享深入推进，流域信息管理系统不断完善，基础保障能力明显提升。

党的建设全面加强。坚持全面从严治党要求，坚持用中国特色社会主义理论和党的十八大精神武装干部职工头脑，全面加强党的思想、组织、作风、反腐倡廉和制度建设，相继开展了创先争优、群众路线教育实践活动和“三严三实”专题教育，党建工作再上新台阶，为治江事业发展提供了坚强政治保障和强大精神动力。各级党组织和广大干部职工大力弘扬“团结、奉献、科学、创新”精神，勇于开拓、敢于担当，呈现出风清气正、干事创业的良好氛围。文明创建、宣传出版和水文化建设不断加强，长江委荣获“全国文明单位”、湖北省“最佳文明单位”“党建工作先进单位”等一系列荣誉称号。

开展汉江流域最严格水资源管理制度试点工作

开展省界缓冲区监督巡查

抢抓机遇　锐意进取　"十二五"治黄改革发展再著华章

水利部黄河水利委员会

黄河下游近期防洪工程建设

持续改善的黄河河口生态系统

"十二五"期间，在水利部党组正确领导下，黄委深入贯彻落实中央兴水惠民决策部署，以"治河为民、人水和谐"为主线，圆满完成了各项目标任务。

一、防汛抗旱取得新胜利

坚持把确保人民生命安全放在第一位，战胜了2011年中游严重秋汛、2012年上游30年来最大洪水。连续4年实现宁蒙河段平稳开河、下游河段不封河，确保了防凌安全。统筹防汛抗旱，有效应对了2011年冬旱和2014年中下游地区历史罕见伏旱。优化调水调沙，下游主槽最小过流能力提高至4 200m^3/s。

二、水生态文明建设取得新成效

实现黄河连续16年不断流，黑河东居延海连续11年不干涸。黄河干流向流域及相关地区直接供水1 160亿m^3，河口湿地生态系统持续得到修复。流域省（自治区）"三条红线"控制指标细化分解到市（县），启动内蒙古跨盟（市）水权转让。妥善处置20余起水污染事件，建成10个共建共管水环境监测分中心，全面实现对75个省界断面的水质监测。新增水土流失治理面积5.5万km^2，实现部批生产建设项目水土保持监督全覆盖。

三、规划和重大项目前期取得重大突破

黄河流域综合规划等2项规划得到国务院批复，黄河下游滩区综合治理等16项规划通过水利部审查。黄河下游防洪工程、金堤河干流河道治理工程开工建设，黑河黄藏寺水利枢纽可研、沁河下游河道治理工程可研获国家发改委批复，古贤水利枢纽项目建议书上报水利部，黄河粗泥沙集中来源区拦沙工程一期等5项前期工作取得阶段成果。

四、工程建设与管理取得新成绩

完成黄河治理投资43亿元。黄河下游近期防洪工程和禹潼河段近期治理工程全面完工。加强工程维修养护管理，完成土方2 328万m^3、石方251万m^3，植树746万株，开展质量督导检查100余次。新创建黄委示范工程89处、国家级水管单位3个，12个国家级水管单位通过水利部复核验收。

五、依法治河管河深入推进

制定出台《黄委全面推进依法治河管河实施方案》和《黄河下游河道采砂管理办法》。黄委

“六五”普法顺利通过水利部、司法部验收。依法查处各类水事违法案件4 500多起，全面完成24项国家审计署提出的违规占用河道建设项目整改验收。化解水事纠纷苗头和隐患34处。

六、科技兴河取得新成果

完成黄河水资源调度管理系统、国家水资源监控能力一期建设任务。73项课题获国家支撑计划及省部级科技计划立项，2项成果获国家科技进步二等奖，27项成果获大禹水利科学技术奖，8项成果获河南省科技进步奖。圆满完成第一次黄河流域（片）水利普查任务。成功举办第五届黄河国际论坛。

七、深化治黄改革初见成效

涉河水行政审批事项由18项减至13项。批复两个市级河务局试点实施方案，推进养护企业与水管单位脱钩。全委240家企业清理整合为172家。配合做好水利部党组对黄委纪检组监察局直接管理，开展了基层单位纪检监察体制改革试点。黄藏寺水利枢纽项目采用EPC总承包模式。

八、全面从严治党扎实推进

自觉与以习近平同志为总书记的党中央保持高度一致。认真贯彻中央八项规定精神，扎实开展群众路线教育实践活动和“三严三实”专题教育。严格落实党风廉政建设责任制，全面实行“五个一同”，对“两个责任”进行清单化管理，建立“会商式”监督机制。深入学习党的准则条例，严格执行水利行业重点领域《廉政风险防控手册》。对18起典型案件进行全河通报。认真贯彻执行《党政领导干部选拔任用工作条例》，全面加强领导班子建设和干部人才队伍建设。新增全国文明单位3个、省部级文明单位21个。

九、自身建设进一步加强

圆满完成预算支付任务，完成各类审计项目3 419个。解决了344个基层单位、9 071名职工饮水安全问题，新建一线班组房屋45 238m^2。救助患大病职工共1 065人，使用救助资金1 070万元，慰问困难职工2 400人次，使用资金500多万元。圆满完成援疆援藏援青和水利扶贫任务。

今后5年，我们将积极践行新时期水利工作方针，自觉用五大发展理念统筹谋划事业发展，乘势而上、攻坚克难，努力实现“十三五”治黄改革发展的各项目标任务。

黄委党的群众路线教育实践活动动员会

践行治水新思路 谱写治淮新篇章

水利部淮河水利委员会

淮干蚌浮段工程

南四湖生态调水场景

"十二五"时期，是治淮投资规模大、开工项目多、自身能力建设提升快的五年。在水利部的正确领导下，淮委认真贯彻落实中央水利决策部署，大力推进淮河治理，不断强化流域水利管理，治淮事业各项工作都取得了新成果，为实现流域经济社会持续健康发展提供了坚实的水利支撑和保障。

淮河流域综合规划已经国务院批复，淮河流域水中长期供求规划、水资源保护规划等一批重要规划编制基本完成。进一步治淮可研已批项目总投资411亿元，38项工程已开工建设23项，其中世行贷款重点平原洼地治理、入江水道整治、洪泽湖大堤加固、分淮入沂整治等5项工程基本完成，一批工程加快实施。南水北调东线一期和中线工程建成运行，引江济淮工程项目建议书已经国务院批复。

"十二五"期间，淮河流域洪涝干旱频繁，淮委坚持以人为本、统筹兼顾，科学调度水利工程，成功防御2012年沂沭河大洪水、2015年淮河干流较大洪水，成功实施2014年南四湖生态应急调水，19天累计调入南四湖下级湖水量8 069万m^3，极大缓解了南四湖地区旱情，取得了良好的社会效益和生态环境效益，彰显了流域机构在流域水资源统一管理和调度方面不可替代的重要作用。

淮河流域全面建立省、市、县三级水资源管理"三条红线"控制指标体系，淮河、沂河、沭河水量分配方案具备报批条件，沙颍河、涡河、洪汝河、史灌河水量分配方案已完成技术层面协调。流域7个全国节水型社会建设试点全部通过验收，14个全国水生态文明城市建设试点全面实施。淮河流域水资源保护局与环保部华东督查中心合作，在淮河流域建立首个跨部门水环境保护协作机制。淮河流域在全国率先实现了全国重要江河湖泊水功能区全覆盖考核和监测，水质监测结果已成为流域水污染防治考核和水功能区纳污红线考核的重要依据。成功处置淮河干流苯污染事件和惠济河、涡河等多起跨省河流水污染事件。"十二五"期间，淮河水质明显好转，干流水质基本保持在Ⅲ类。

淮河流域水资源保护局与环保部华东督查中心合作

扎实开展河道采砂专项整治、河湖专项执法检查，大力推进南水北调东线输水干线洪泽湖至骆马湖南四湖全面禁采，有力维护了流域水事秩序。3个基层单位通过国家级水管单位验收，1个枢纽水利风景区被评为国家级水利风景区。淮河科研中心建成投入使用，淮河实体模型基地基本建成，一批治淮科研成果获奖，其中荣获国家科技进步二等奖1项、省部级以上科技奖21项。

持续加强自身建设，治淮基础支撑进一步夯实，流域管理能力进一步增强，为加快推进新时期治淮提供了重要保障。精神文明建设成果丰硕，2011年淮委（机关）荣获"全国文明单位"，2015年蚌联"全国文明单位"和"全国水利文明单位"，淮委多次荣获"安徽省文明单位"。

东线输水干线洪泽湖至骆马湖南四湖全面禁采巡查

深入落实中央新时期治水方针 加快完善海河流域水利保障体系

潘家口水库泄洪

卫运河治理工程施工现场（该工程为国家172项节水供水重大水利工程之一）

"十二五"期间，海委认真贯彻党的十八大和十八届三中、四中、五中全会精神，深入落实中央新时期治水方针，按照水利部要求部署，加快完善流域水利保障体系，为流域经济社会持续健康发展提供了坚实保障。

防洪供水保障扎实有力。充分发挥海河防总职能，有效防范应对2012年滦河、北三河、大清河洪水及多次强降雨过程。流域水资源配置工程体系进一步完善，总供水能力达到492亿m^3。委直管水库、河道实现安全供水引水96亿m^3，组织实施向北京输水调水和引黄济津、入冀调水34亿m^3，有力保障了流域城乡供水安全。

水利基础设施建设加快推进。完成501项中小河流治理和495座小型、5座大中型病险水库除险加固，蓄滞洪区安全建设加快推进。南水北调东中线一期工程和引黄入晋北干线工程建成通水，引黄入冀补淀工程开工建设。编制了京津冀协同发展水利专项规划。实施了岳城水库除险加固等9项委属工程项目。

水资源管理显著加强。落实最严格水资源管理制度，确定了"三条红线"控制指标体系，积极开展年度考核。编制完成9条跨省河流水量分配方案。建成海河流域水资源监控管理信息平台，完成14处省界断面水资源监测站网水文站改建工程。大力推进节水型社会建设，流域国家级节水型社会试点城市（区）达到13个。

水生态保护与修复成效明显。编制了京津冀协同发展"六河五湖"综合治理与生态修复总体方案。组织开展重要水功能区监测和达标评估工作，流域水功能区水质达标率达到45%。加大引滦水资源保护力度，妥善应对了浊漳河等突发水污染事件。推进9个水生态文明城市试点建设，启动华北地下水严重超采区综合治理。流域新增水土流失治理面积1.5万km^2。

依法治水管水能力明显提升。海河流域综合规划、蓄滞洪区建设与管理规划获国务院批复。全面规范和改进行政审批工作，开设"海委行政审批服务窗口"。累计查处水事违法案件377起，成功调处省际水事纠纷20起，保持了流域水事秩序稳定。

综合管理与改革工作不断深化。积极推进水利工程建设与管理体制改革，委属3家单位成为国家级水管单位。取得6项国家和省部级科研成果，中法、中德等国际交流合作深入推进。保持安全生产零事故。稳步推进各项改革。全面推进从严治党，深入推进和谐海委建设，文明单位创建成果丰硕。

"十三五"时期，海委将紧紧围绕"四个全面"战略布局，牢固树立五大发展理念，积极践行新时期水利工作方针，全面提升水安全保障能力，奋力开创流域水利改革发展新局面。

实施生态补水后重新焕发生机的衡水湖

贯彻新思路 珠江水利改革发展成效显著

水利部珠江水利委员会

大藤峡工程一期导流工程围堰子堰顺利合龙

"十二五"期间，珠江委围绕"维护河流健康、建设绿色珠江"总体目标，不断深化流域治水思路，完善防洪减灾体系，加快重大水利工程建设，加强水资源管理和保护，推进依法治水管水，为珠江流域经济社会可持续发展提供了有力的水利支撑和保障。

流域治水理念进一步丰富和完善。在分析珠江特点和总结多年治江实践的基础上，珠江委提出了《绿色珠江建设战略规划》，从绿色理念与可持续发展的战略高度提出流域治理、保护、开发的总体布局，着力构建"绿源、绿廊、绿网、绿景"四大战略格局，最终实现"山清水秀、人水和谐、生机盎然"的绿色珠江愿景。

流域防洪减灾体系进一步完善。乐昌峡、老口、大藤峡等防洪控制枢纽相继开工，完成645条中小河流近6 100km河道治理任务，建成山洪灾害监测站16 951个。成功防御20个台风登陆袭击，有效抵御2013年8月北江大洪水及2015年历史罕见的西江上中游冬汛。2011—2014年流域洪涝灾害年均损失率约0.52%，低于1.2%的规划目标；干旱灾害年均损失约0.17%，低于1.1%的规划目标。从2005年起连续11次成功组织实施珠江枯水期水量统一调度，有效保障澳门、珠海等地区饮水安全。

重大水利工程建设取得新突破。在水利部坚强领导下，在广西、广东两省（自治区）及澳门特区政府的大力支持下，珠江委举全委之力，大力推进大藤峡工程前期工作，仅可研阶段就完成了55份专题报告，形成了600多万字成果，召开了120多次工作协调、咨询及审查会议。通过不懈努力，2014年10月可研获国务院批准，2015年5月水利部批复了工程初设，工程全面开工建设。此外，国务院确定的172项节水供水重大水利工程，珠江流域共24项，截至2015年年底已开工12项。

水生态文明建设稳步推进。开展10条跨省河流水量分配，完成8个全国节水型社会建设试点评估和验收工作，16个全国水生态文明城市建设试点实施方案审查。珠江片万元GDP、万元工业增加值用水量分别由2010年的142m^3、81m^3，降到2014年的88m^3、47m^3。珠江上中游水土流失和石漠化得到有效治理，新增治理面积1.46万km^2，生态环境明显改善。

流域依法治水管水能力上新台阶。《珠江流域综合规划》通过国务院批准，重要干支流综合规划基本完成。规范改进行政审批工作，大幅提高审批效率。全面推进水利综合执法，查处一批侵占河道水域的违法行为。流域机构自身能力进一步提升，珠江压咸补淡关键技术与实践等一批优秀成果获省部级奖励。

"十三五"时期，珠江委将紧紧围绕"四个全面"战略布局，坚持五大发展理念，按照新时期水利工作方针，着力提高流域综合管理能力，绿色珠江建设初见成效，初步实现"打造流域水生态文明建设典范"目标。

科学谋划发展 积极开拓创新
"十二五"流域水利改革发展实现新跨越

水利部松辽水利委员会

科学实施尼尔基水库调度，抵御2013年流域性大洪水

察尔森水库除险加固工程溢洪道爆破拆除

"十二五"时期，松辽委深入贯彻落实水利部决策部署，以新时期水利工作方针为指引，以建设流域"三大体系"为目标，认真履职尽责，为流域水利改革发展作出了重要贡献。

防汛抗旱减灾成效显著。经批准成立了辽河流域防汛抗旱协调领导小组，完善了松辽流域防汛抗旱组织机构工作规则和规程。《松花江防御洪水方案》等3项方案预案获国务院、国家防总批复。重要防洪工程调度系统、洪水风险图和山洪灾害防治等基础工作逐步夯实。不断提升水雨情预测预报精度，先后派出57个工作组全力指导地方抢险救灾，通过科学实施骨干水库联合调度，成功战胜了2013年嫩江、松花江和黑龙江流域性大洪水。

最严格水资源管理制度全面落实。建立了覆盖流域和省、市、县三级的"三条红线"控制指标体系。积极推进诺敏河等13条江河水量分配方案编报。严格水资源论证和取水许可审批，核发取水许可证54套，累计开展19批次专项执法检查。完成长春等10个全国节水型社会建设试点评估和验收，有效实施嫩江流域和洮儿河流域水资源统一调度，流域水资源利用效率和效益进一步提高。

水生态文明建设深入推进。加强水功能区分级分类管理，建立水质达标评价体系，强化入河排污口管理和省界缓冲区巡查，实现缓冲区监测全覆盖。开展19个重要饮用水水源地安全保障达标建设检查评估和11座水生态文明城市试点方案审查。与环境保护部东北督查中心签署合作协议，开创水资源保护与水污染防治合作新局面。推动水土保持重点工程建设，加强生产建设项目水土保持监督检查和水土流失动态监测。实施"引察济向"和扎龙湿地生态补水，河湖生态环境得到逐步改善。

重大水利工程建设步伐加快。编制松花江、嫩江干流治理和辽河三江口省界堤防等工程可研，对中小河流治理等108项工程进行技术审查。完成102项节水增粮行动项目水资源论证审批和33个项目县的评估检查。督导流域重大水利工程建设，对农村饮水安全等民生工程进行检查稽察。开工建设察尔森水库除险加固和水电站增效扩容改造工程，积极推进尼尔基水利枢纽新增和遗留问题处理前期工作。新（改）建省界和国境界河水文站32处以及水质自动监测站8处。

流域综合管理能力持续提升。松花江、辽河流域综合规划获国务院批复，4条跨省（自治区）河流综合规划通过技术审查，4条国境界河综合规划报部待审，累计编制24项水利规划。出台4项流域管理规范性文件，批复各类水行政许可480余项，开展河道管理等联合执法检查90次，妥善处理拉林河长山坝等7起省际水事纠纷。建成水资源监控能力、防汛抗旱指挥系统一期等7项系统，2项科研成果获大禹奖，流域第一次全国水利普查全面完成。

"十三五"时期，松辽委将牢固树立五大发展理念，加快构建流域水安全保障体系，为东北老工业基地振兴、国家粮食安全等战略的实施和流域水生态文明建设提供更有力的水利支撑。

继往开来谋划新发展 凝心聚力开创新局面

水利部太湖流域管理局

2012年海葵台风到来之际，陈雷部长检查指导太湖流域防汛工作

"十二五"期间，太湖流域管理局（以下简称太湖局）不断深化流域水利改革，持续强化依法管水治水，"贴心、贴身、贴切"服务流域经济社会可持续发展。

紧盯工作目标，太湖流域水环境综合治理成效显著。认真落实《太湖流域水环境综合治理总体方案》，会同流域两省一市水行政主管部门积极组织实施水源地建设与保护、引江济太、河湖生态修复、重点水利工程建设、流域管理立法、水资源监测等水利工作。2015年太湖水体继续保持改善态势，太湖连续七年实现"两个确保"目标。

科学精细调度，有力保障"三个安全"。充分发挥太湖防总平台作用，科学有效应对了2011年钱塘江流域性洪水和2015年太湖洪水，成功防御了多个强台风袭击。同时，积极开展引江济太水资源调度， 2011年以来累计引水98亿m^3，入太湖48亿m^3，向下游地区增加供水近45亿m^3。成功抵御了2011年和2013年严重干旱，有效应对了2013年、2014年突发水环境事件。

突出问题导向，进一步强化规划引领。《太湖流域综合规划》《太湖流域水环境综合治理总体方案（2013年修编）》等流域基础性规划经国务院批复实施；太湖流域片水中长期供求规划、水土保持规划等一批专项规划编制完成，流域"多位一体"的水利规划体系基本形成并得到了有效实施。编制完成《太湖流域片"十三五"水利发展规划》。

坚持节水优先，全面落实最严格水资源管理制度。分解落实"三条红线"控制指标，做好考核工作。太湖流域水量分配方案通过水利部审查，研究提出新安江流域水量分配初步方案。全面实施太湖、太浦河、望虞河等流域重点河湖取水总量控制制度。实行取水户全过程节水管理，审批项目的用水指标均达到或优于国内先进水平；加强水质监测和入河排污口的监督检查。

加强组织督导，全力推进重大水利工程和民生水利建设。加强对流域水环境综合治理重点水利工作的组织协调和统筹推进，21项骨干工程中 8项已建成或基本建成，8项已开工建设，1项可研待批，4项可研在编。积极协调推进流域片项目建设，分类加强督促指导，有力服务流域民生水利建设。

依法治水管水，着力维护良好的水事秩序。2011年11月1日，《太湖流域管理条例》正式颁布施行，太湖局加强对该条例的宣贯培训，并加快配套水法规建设。进一步加强河湖管理，建立了流域与区域水行政执法联合巡查机制，定期开展"一湖两河"专项联合执法巡查和河湖管理专项执法检查，有力维护了良好的水事秩序。

注重务实高效，夯实流域综合管理基础。提出"智慧太湖"总体构想。加快推进水资源监控能力等重点信息化项目建设。一批水文水资源监测和水政监察基地相继建成。加强流域水量水质模型等重大水利科技攻关。同时，完善预案体系。

完善协调机制，提升综合治理管理能力。充分发挥水环境综合治理省部际联席会议、水利工作协调小组、流域防汛抗旱总指挥部等已建平台作用，初步建立了环太湖城市水利工作联席会议制度，积极推动建立太浦河地区水资源保护省际协作机制，团结治水兴水已成为全流域的共识。

全面贯彻落实中央新时期治水方针奋力推进"十三五"山西水利改革发展再上新台阶

张峰水库大坝

"十二五"期间，在山西省委、省政府的坚强领导和水利部的大力支持下，山西水利改革发展取得重大成就。5年来，全省完成水利投资1 257亿元，是"十一五"全省水利投资的3.3倍，是山西水利史上投入最多、成效最好、群众得实惠最多的5年。

（1）以大水网为龙头的重大水利工程建设全面提速。大水网工程是"十二五"省委、省政府决策的重大基础设施建设项目，也是水利部确定的河湖水系连通试点工程。到2015年年底，隧洞掘进总公里数已达500km，完成大水网隧洞总长74%的建设任务。与此同时，其他重点工程也有力推进。

（2）民生水利建设取得新发展。"十二五"期间，通过加大农田水利投入和实施灌溉电价水价补贴等强农惠农政策，全省农田实灌面积达到2 303万亩，如期实现"十二五"末全省农业人口人均一亩水浇地的目标。农村饮水安全新建和改扩建工程9 685处，解决了523万农村人口、58.6万农村师生的饮水安全问题，农村自来水普及率由"十一五"末的75%提高到95%左右，118个市县水质检测中心基本建成，全省农村饮水安全状况得到根本性好转。

（3）水生态文明建设全面启动。认真贯彻落实中央新时期治水方针和推进生态文明建设的战略部署，突出"综合治理、自然修复"理念，启动了汾河流域生态修复治理。过去5年，全省治理水土流失面积1 822万亩，累计达到5.89万km^2，累计治理度达到54.5%。

（4）最严格的水资源管理制度全面实施。我省把实行最严格的水资源管理作为"十二五"解决山西水问题的重要举措全力推进，万元工业增加值用水量连续6年呈下降趋势，降幅达30.8%。通过实施原水直供、水源置换和关井压采，减少地下水开采3.2亿m^3。全省地下水位持续回升，晋祠泉系的清徐平泉在断流10余年后重新出流。汾河连续7年不断流，流域水生态环境得到初步改善。

（5）水安全保障体系进一步加强。我们把水库、河道、淤地坝、边山峪口和山洪灾害防治作为防汛工作的重中之重，全力推进"防、撤、抢"防洪体系和山洪灾害预警预报体系建设。全省5年内有100多条河流得到治理，重点河段防洪标准提高到10~20年一遇，全省因洪灾伤亡人数及洪灾造成的经济损失降至历史最低。

（6）水利改革试点取得新进展。按照省委、省政府全面深化改革的决策部署和水利部《关于深化水利改革的指导意见》，重点推进以清徐县和运城夹马口灌区为试点的农村水权、小型水利工程产权、农业水价改革。"水随地走，以亩定水，按农户灌溉面积分配用水权"和"小型水利工程产权、管理权，与用水权相一致"的农村水利改革模式基本成形。

（7）依法治水管水和科技兴水迈出新步伐。省人大审议通过《山西省节约用水条例》《山西省实施〈中华人民共和国水土保持法〉办法》等重要法规，省政府先后出台《关于实行最严格水资源管理制度的实施意见》《关于加强水库安全管理工作的实施意见》《关于加强地下水管理与保护工作的通知》等多个规范性文件，新的《山西省用水定额》地方标准正式实施。按照省委实施"六权治本"的要求，科学编制完成水利厅行政权力清单、责任清单，绘制了权力运行流程图和风险防控图，通过减少、下放与规范许可审批，强化行政职权运行制约监督，有力推进依法治水、依法行政。

天津市现代农村水利建设管理SIS体系构建完成

"十二五"时期，天津市农村水利取得了长足的发展。全市农村水利从2006年迈进年投资2亿元的门槛，到2009年拉动内需以来，投资规模急速扩张，年均超过25亿元。在天津农村水利高速发展的同时，农村水利管理改革与基础工作同步推进，天津市农村水利部门从思路、措施、人员等方面积极探索谋划农村水利建管发展的新模式，搭建完成了具有天津特色的现代农村水利建设管理SIS体系。

该系统分为目标层、子系统层、系统需求层及系统要素层4个层级。其中，目标层就是搭建起现代化建设管理体系为天津农村水利发展提供有力支撑；子系统层分为战略（Strategy）、执行（Implementation）和保障（Supporting）；系统需求层为子系统层提供支撑，其中，战略子系统包括战略谋划、规划先行、政策引领3个需求层面，执行子系统包括管理规范、技术支撑、改革示范、标准控制、法规荟萃、基础强化6个需求层面，保障子系统包括文化建设、机构完善、人才培训3个需求层面，共计划分为12个需求层面；系统要素层与12个需求层面相对应，包含了政策规划、管理办法、典型设计、法规文件、组织文化等120多项要素，共同搭建起天津市现代农村水利建设管理SIS体系。

近几年，按照SIS体系目标及总体架构，与子系统层相对应，从系统需求层切入，不断构建和丰富系统要素层的相关内容。先后就"战略子系统S"组织开展了3项需求层的搭建工作，即战略谋划——编制完成"1264"《天津市农村水利现代化发展战略》，坚持农村水利现代化一个目标，抓住农村水利工程建设与管理硬件和软件两条主线，推动清水河道治理、农村饮水提质增效、农业水源开发及节水灌溉、除涝骨干设施维修改造、环境治理及再生水回用、水土保持等6方面工程建设，构建基础工作、发展改革、规划设想、专题研究等4大块基础板块共27个子项，该思路的提出进一步明确了今后一个时期天津市农村水利工作的发展方向、指标体系和行动路线；规划先行——编制完成《天津市农村水利发展规划》《天津市农业灌溉节水规划》等10多项农村水利整体和专项规划并获得批准实施，为农村水利工程建设提供规划支撑；政策引领——起草《关于加快天津市农村水利发展的决定》等多项政策文件，并由市政府转发执行，为农村水利发展提供了政策依据。

就"执行子系统I"组织开展了6项需求层的搭建工作，即管理规范——组织编制并出台近20项农村水利工程建设管理及资金使用办法，并由市水务局、市财政局等发布执行，对项目审批、资金使用、建设管理及验收等多个农村水利建设关键环节进行了明确规定，使农村水利建设有章可循；技术支持——完成天津市农村水利管理信息系统开发，并投入试运行，利用电子化、数字化、网络化技术，加快农村水利管理、建设和文档等信息化建设，规范农村水利项目管理流程，实现网上审查、程序化监管；基础强化——编制和印刷《天津市农村水利工程建设管理系列蓝皮书》，共6个系列、100多万字，实现农村水利建设管理的“一张表、一张图、一本账”，为提升农村水利管理水平打下坚实的基础；改革示范——完成宝坻区农村小型水利工程管理体制改革试点工作，提出了小型农田水利工程的产权归属方案，为7 157个项目颁发了产权证和使用证。完成武清区农业水价综合改革试点任务，总结出适用于地下水、地表水灌区农业水价改革可复制经验。启动蓟县作为天津市农村水利现代化试点县建设，为我市农村水利现代化发挥先行先试、典型引路的作用。三项改革的成果，将在全市范围内复制推广；标准控制——编制完成《天津市小型农田水利工程典型设计图集》，共计45种典型工程，可为全市不同灌区类型区域的工程设计提供借鉴和参考，已由中国水利水电出版社出版，在全国范围内发行；法规荟萃——编纂完成《天津市现代农村水利建设管理实务》，收录了近年来我们会同有关部门起草并出台的天津市相关管理办法、规范性文件、政策法规及部分中央及国家部委相关法规、政策文件等，近40万字，已由天津市科技出版社出版，在全国范围内发行。

就“保障子系统S”组织开展了3项需求层的搭建工作，即文化建设——创建农水文化，凝练提出了“破解水制约三农发展难题，建设都市型现代农村水利”的目标愿景，“情寄农水，心系三农，践行宗旨，成就人生”的价值理念，以及“上善若水，乐以和声，自强不息，和而不同”的农水精神，并构建了与之相应的制度文化、行为文化等；机构完善——建立完善农村水利基层服务体系，完成155个乡镇水利站的建立，118个用水协会总会和3 148个分会建设，聘用农村管水员3 583人；人才培训——编制完成《农村水利工程建设与管理》培训教材近60万字，已由中国水利水电出版社出版发行，并被列为全国水利行业培训教材，同时制定了基层水利工作人员培训计划，并启动了培训工作，实现了农村水利技术人员培训的建管理论与实践的结合。

“SIS”体系的构建和完善有力地推动了天津市农村水利事业的发展。“十二五”期间，天津农村水利共完成投资约140亿元，是“十一五”期间完成投资58.3亿元的2.4倍，是“十五”期间完成投资12.96亿元的10.8倍。全面推进了清水河道治理、农村饮水提质增效、农业水源开发及节水灌溉、除涝骨干设施维修改造、环境治理及再生水回用和水土保持等6方面工程，解决了147.84万农村居民饮水水质问题；新增和改善农业节水灌溉面积125.81万亩，全市灌溉水有效利用系数达0.678，居于全国领先；小水窖等小型蓄水工程1 507座，增加蓄水能力734万m^3；再生水回用工程新增能力5 300万m^3；三类泵站更新改造82座，总规模达到1 301.2m^3/s；清淤治理农村骨干河道236条（段）、长度1 721.74km；维修改造农用桥闸涵1 597座；治理水土流失面积近200km^2。这些成果的取得，为天津农村经济社会的发展提供了有效的水利支撑。

SIS体系的构建及完善，贯彻了中央精神，适应了农村需要，落实了部门责任，理顺了资金渠道，规范了建设程序，保证了工程质量，提高了工作标准，推进了事业发展，为加速实现天津市农村水利现代化奠定了基础。

目标层	子系统层	系统需求层	系统要素层
天津市现代农村水利建设管理SIS体系	战略	战略谋划	编制完成“1264”《天津市农村水利现代化发展战略》6方面工程
		规划先行	编制完成10多项农村水利发展建设整体和专项规划并获得批准实施，“十二五”投资完成140亿元
		政策引领	起草《关于加快天津市农村水利发展的决定》等多项政策文件，并由市政府转发执行
	执行	管理规范	编制完成近20项工程建设管理及资金使用办法，并由市水务局、市财政局等发布执行
		技术支持	完成天津市农村水利管理信息系统开发，并投入试运行，实现网上程序化审查监管，电子监察
		改革示范	完成工程管理体制和农业水价改革试点县工作，启动天津市农村水利现代化试点县建设，全市推广
		标准控制	编制完成《天津市小型农田水利工程典型设计图集》共计45种工程，已出版并在全国发行
		法规荟萃	编纂完成《天津市现代农村水利建设管理实务》近40万字，已出版并在全国发行
		基础强化	编制完成建设管理系列蓝皮书，共6册100多万字,实现一张表，一张图，一本账
	保障	文化建设	创建农水文化提出了天津农村水利人的：目标愿景，价值理念，精神文化，制度文化，行为文化
		机构完善	完成155个乡水利站、118个用水协会总会和3 148个分会建设，聘用农村管水员3 583人
		人才培训	编制完成《农村水利工程建设与管理》近60万字，已出版并被列为全国水利培训教材，启动培训

工程效益：“十二五”期间，天津市农村水利完成投资140亿元，实施农村饮水安全及提质增效工程，解决147.84万人饮水问题；农业节水灌溉工程，新增、改善节水灌溉面积125.81万亩，节水系数达0.687，位居全国前列；小水窖等蓄水工程1 507座，增加蓄水能力734万m^3；再生水回用工程新增能力5 300万m^3；三类泵站更新改造82座，总规模1 301.2m^3/s；清淤治理农村骨干河道236条，总长1 721.742km；维修改造农用桥闸涵1 597座；治理水土流失面积近200km^2。

攻坚克难 凝心聚力 上海水务事业发展呈现新局面

上海市水务局

亚洲最大的污水处理厂——白龙港污水处理厂

农田水利设施建设成效——鲜花港顶部喷灌设施

"十二五"期间，上海水务发展体系进一步完善，各项约束性指标全面完成，为全市经济社会可持续发展提供了有力支撑。

一是水源地建设和郊区集约化供水成效显著。建成青草沙水源地、东风西沙水源地一期工程，开工建设黄浦江上游水源地，"两江并举、多源互补"的原水供应格局不断完善。完成12家水厂新建、扩建工程和8家水厂深度处理建设，新建和改建小口径管网约3 300km，郊区集约化供水目标总体完成。推进二次供水设施改造，累计完成中心城区改造面积近1亿m^2，同步推进供水企业管水到户，供水服务保障水平进一步提高。

二是防汛安全保障体系不断完善。基础设施建设力度持续加大，"十二五"重大水利项目实现全面开工，一批水利重大工程发挥效益，千里海塘、千里江堤、区域除涝和城镇排水"四道防线"进一步巩固。防汛工程、组织指挥、预警预案、信息保障和抢险救援体系得到进一步完善，有力保障了城乡防汛安全。

三是城乡水环境面貌持续改善。完成12座城镇污水处理厂新建、改扩建和1 200km污水管网建设，基本完成截污纳管攻坚战目标任务，全市污水处理率达到92.8%，完成"十二五"规划目标。建成竹园污泥干化焚烧等一批污泥处理工程及深度脱水应急工程，污泥有效处理率达到82%。累计实施1 209km并完成617km河道整治，完成6 300km河道轮疏和23.5万户农村生活污水处理工程，城乡水环境得到明显改善。

四是水资源管理和滩涂资源开发利用再上新台阶。圆满完成最严格水资源管理制度试点任务，并通过水利部和市政府联合验收，考核结果在全国排名第一。持续深化节水型社会创建，万元工业增加值用水量、地下水年开采量分别较"十一五"末下降46.7%和78.2%，年回灌量同比增长30%，采灌比达到1:5.41。同时，合理开发利用滩涂资源，为全市耕地占补平衡及重大项目建设提供了有力支持。

崇明县瀛东村河道全景图

水利大跨越 再创新辉煌

——内蒙古"十二五"水利改革发展成效显著

水利报副部长刘宁检查指导内蒙古水保工作

"十二五"是内蒙古自治区水利改革发展进程中具有里程碑意义的时期。5年来，在自治区党委、政府的正确领导下，全区各级水利部门认真贯彻落实中央、自治区加快水利改革发展决策部署，开拓进取，攻坚克难，扎实工作，全社会水利投入累计达到665亿元，较"十一五"增长227%，可拉动GDP增长1 600亿元，圆满完成"十二五"规划确定的目标任务，水利改革发展亮点纷呈，成效显著。

重大水利工程建设全面提速，水资源支撑保障能力显著增强。加快推进自治区22项重大水利工程建设，全力推进列入国家规划的12项节水供水重大水利工程，辽河干流治理工程、尼尔基水利枢纽下游灌区、绰勒水利枢纽下游灌区、黄河二期防洪工程、嫩江干流治理工程开工建设，大型灌区续建配套与节水改造工程、田间高效节水灌溉工程加快实施，"引绰济辽"、东台子水库等前期工作加快推进；自治区确定的10项重大水利项目，9项开工建设，1项加快推进前期工作。红花尔基、德日苏宝冷、黄河近期防洪工程、海勃湾水利枢纽、扬旗山水利枢纽等重点工程相继建成并发挥效益，我区水利工程体系进一步完善，水资源调控能力大幅提升。

水利重点领域改革成果丰硕，水治理体制机制逐步完善。水行政审批制度改革深入推进，审批事项由25项减少到19项。出台水利建设基金筹集使用、土地出让收益计提、鼓励社会资本投入等多项政策措施。重新搭建了自治区水利建设融资平台，成立了自治区水利基础设施建设融资担保公司。水资源管理制度进一步完善，出台了《自治区水资源费征收标准及相关规定》，修订了《自治区行业用水定额标准》，编制了《自治区水资源保护规划》《自治区城市饮用水源地安全保障规划》《自治区重要江河湖泊水功能区纳污能力核定和分阶段限制排污总量控制方案》和《全区重要水源和地下水超采区及禁采区的水量水位双控制方案》。农村牧区小型水利工程管理体制改革全面推进，农业综合水价改革试点取得阶段性成果。水资源资本化改革稳步推进，内蒙古自治区被确定为全国水权试点7个省（自治区）之一，组建了国内首家水权交易平台，启动了黄河干流盟市间水权转让工作。

最严格水资源管理制度加快落实，水生态文明建设深入推进。最严格水资源管理"三条红线"控制指标实现自治区、盟市、旗县三级行政区全覆盖，并列入自治区党委、政府对盟市党政领导班子年度考核体系，开展了落实最严格水资源管理制度考核工作。全区用水总量得到有效控制，万元工业增加值用水量（按2010年不变价计）比"十一五"末下降52.7%，重要江河湖泊水功能区水质达标率达到54.8%。建设项目水资源论证和取水许可管理全面强化，工业园区和规划水资源论证工作有序推进。落实地下水保护行动计划，关闭自备水源井和地下水超采区机电井3万余眼。启动乌海市、呼伦贝尔市全国水生态文明城市试点建设，包头市、呼和浩特市、鄂尔多斯市、二连浩特市全国节水型社会建设试点通过水利部验收，包头市、呼和浩特市、鄂尔多斯市被评为全国节水型社会建设示范区。探索建立水库调蓄与湖泊补水结合、水量与水质并重的水调新模式，圆满完成黄河年度水量调度任务。五年累计向东居延海补水3.37亿m^3，实现东居延海连续11年不干涸。实施呼伦湖水生态监测体系建设方案，建成呼伦湖水生态综合治理“引河济湖”二期工程、新开河疏通工程，取得了水位回升、湖面增大、水质变好的初步成效。对乌梁素海实施生态补水约7亿m^3，湖区水质由劣Ⅴ类达到Ⅴ类标准，局部达到Ⅳ类标准。累计治理水土流失面积3 450万亩。

黄河二期防洪工程开工现场

防凌防洪抗旱取得重大胜利，防汛抗旱减灾体系不断完善。有效应对了历年黄河凌汛，成功抵御了2012年黄河内蒙古段1981年以来最大洪水，2013年东部地区严重融雪性洪灾、嫩江流域超50年一遇洪水、额尔古纳水系重要支流超100年一遇洪水，科学防范了近年来局部地区发生的不同程度干旱灾害。防汛抗旱薄弱环节得到加强，全面完成51座小（1）型、61座重点小（2）型病险水库除险加固，基本完成66座一般小（2）型、新增44座小型病险水库除险加固，积极推进78座中型病险水闸除险加固，开展27条大江大河主要支流、内陆河治理和205条中小河流重要河段治理。大力实施147条中小河流水文预警预报系统、山洪灾害防治非工程措施项目及山洪沟治理、抗旱水源建设，防汛抗旱减灾能力显著增强。

黄河海勃湾水利枢纽

农村牧区水利设施加快完善，农牧业发展水利基础不断夯实。大力实施农村牧区饮水安全工程全覆盖，全面解决了“十二五”规划内501.7万农牧民和34.8万学校师生的饮水安全问题，同步解决了规划外翁牛特旗贫困山区、沙化区10.3万人的饮水安全问题。农村自来水普及率由“十一五”末的60.8%提高到70%。农田草牧场水利建设全面提速，实施12处大型灌区续建配套与节水改造，深入开展40个中央财政小型农田水利重点县建设，大力实施牧区节水灌溉示范项目，全面完成国家“节水增粮行动”建设任务。全区完成节水灌溉面积2 118万亩，其中高效节水灌溉面积1 218万亩，年新增节水能力12亿m^3，农田灌溉水有效利用系数由“十一五”末的0.47提高到0.52，为自治区粮食产量“十二连增”提供了有力支撑。

依法治水管水迈出坚实步伐，水利行业管理能力显著提升。《自治区节约用水条例》《自治区水土保持条例》《自治区地下水管理办法》《自治区水功能区管理办法》等一批地方性法规、政府规章、规范性文件出台。全面推进水利依法行政，建立了水行政权力清单、责任清单。积极推进水利综合执法；一批重要水利综合、专项规划编制完成；自治区水利建设市场信用信息平台建立，水利建设市场信用体系逐步健全；水利工程建设领域突出问题专项治理成效显著；基层水利服务机构实现乡镇全覆盖，组建了87支县级抗旱服务队。水利科技创新取得突破，开展了“内蒙古新增四个千万亩节水灌溉工程科技支撑”和“引黄灌区多水源滴灌高效节水关键技术研究与示范”两项重大科研项目，出台了水利地方标准19项，超过历史总数。水文站网布局进一步完善，水文监测能力不断加强，水文监测方式改革稳步推进。水利业务信息系统建设取得显著成效，自治区水资源管理系统一期工程、国家水资源监控能力建设项目、国家防汛抗旱指挥系统二期工程、中小河流水文监测系统基本建成，水利信息化支撑和服务水利改革发展能力显著提升。第一次全区水利普查圆满完成。

"十二五"龙江水利铸辉煌

黑龙江省水利厅

七台河市桃山水库

黑龙江东宁九佛沟水库

"十二五"期间，黑龙江省水利投资规模最大、建设进度最快、改革力度最强、综合效益最好、群众受益最多、取得成绩最辉煌。5年来，全省水利累计投资836.05亿元，较"十一五"增加479亿元，增长134%。5年完成的投资额是改革开放30年总和的60%。其中，中央投资494亿元，占投资总额的59%，谋划和建设了一大批关乎全省经济社会发展的大项目。

一、防汛抗洪抢险取得重大胜利，水旱灾害损失明显减少

2013年汛期，黑龙江省嫩江、松花江、黑龙江发生1998年以来最大洪水。在省委省政府的坚强领导下，我们坚持以人为本，精心组织，科学调度，全省总动员、全社会参与，全厅干部职工冲锋在前，全力以赴投入到抗洪抢险工作中。我们组织力量深入分析、科学研判汛情发展趋势，适时启动了防汛应急响应，及早确立了嫩江、松花江和黑龙江抗洪抢险"两条战线"总体战略。组织技术专家编制了洪水风险图和人员转移预案，制定了《黑龙江干流堤防工程防洪抢险预案》，划定并绘制了沿江6处可能溃口的最危险区域洪水淹没图。科学调度大顶子山航电枢纽、莲花水库等防洪工程，协调尼尔基、丰满水库减少下泄流量，建立中俄两国雨情水情信息交换和会商机制，发挥俄方结雅水库和布列亚水库削峰拦洪作用，最大限度地减轻了嫩江、松花江和黑龙江黑河以下江段的防洪压力。特别是在抗洪紧要关头，做出了死守肇源保哈尔滨和大庆，抢筑同江市和萝北县二道防线，并在汛情趋缓情况下抓紧溃口封堵合龙以减少损失等决策，有效地保护了同江市、绥滨县16万多人和350多万亩耕地安全。全省上下军民同力，奋战50个昼夜，安全转移群众34.3万人，实现了确保人民生命财产安全、城镇安全和农田安全的目标，全省无一人因灾死亡，得到了党中央、国务院的充分肯定。5年来，我们还有效防御了"布拉万""天鹅"等台风北上影响，最大程度减轻了2011年秋冬连旱、2012年特大春旱和2015年夏伏旱影响。全省抗旱浇地面积1亿多亩，抗旱打井12.7万眼，挽回粮食损失405.5亿kg，减淹耕地9 900万亩，安全转移42.52万人，减少直接经济损失98.37亿元，因洪灾死亡失踪人数为新中国成立以来最少。

二、突出三江治理工程建设，重大水利工程建设全面突破

三江治理工程建设全面推进，完成达标工程投资101.53亿元，占工程总投资的55%；完成三江应急度汛工程375km堤防建设。引嫩扩建骨干一期渠首枢纽主体工程建成并发挥调节功能。三江平原14个灌区中的绥滨、勤得利、八五九、兴凯湖4个灌区基本建成并发挥效益。完成"节水增粮"行动建设任务1 124万亩。大力推进三江连通工程前期工作，该项工程初步估算总投资约623亿元，

灌溉总面积可发展到1 471万亩，省委省政府领导多次到水利部沟通协调，我厅组织20余家省内外设计单位、200名设计人员、封闭作业8个月，保证了前期工作质量。

三、农村饮水安全任务超额完成，民生水利建设成效显著

解决了800.59万农村居民饮水不安全问题，全省1 902万农村居民喝上了安全放心水，比“十一五”末增长73.9%。农村集中式供水率达到90%，农村自来水普及率达到85%。哈尔滨、齐齐哈尔、牡丹江等3座重点城市堤防防洪标准基本达到50~100年一遇。完成229个中小河流治理、270座小（1）型和260座小（2）型病险水库、19座病险水闸除险加固工程和110个山洪灾害防治县级非工程措施建设任务。8条主要支流治理工程建设持续推进。新建改建水文、水位和雨量等站点1 868处，是“十一五”末期的2.4倍。

黑龙江五常磨盘山水库

四、农田水利基础设施持续加强，粮食安全、供水安全和生态安全水利基础不断夯实

完成12处大型灌区续建配套与节水改造项目、10处大型灌排泵站更新改造项目、15处农发重点中型灌区项目和66个小型农田水利重点县项目建设。新增有效灌溉面积2 211万亩。水稻控制灌溉推广面积达到1 067万亩，节水39亿m^3；新增水田面积1 607万亩，水田达到6 009万亩，成为全国水田灌溉第一大省。新增旱田高效节水灌溉面积1 407万亩，旱田达到3 000万亩，全省总灌溉面积达到9 009万亩，灌溉率提高了15个百分点。农田灌溉水有效利用系数由0.55提高到0.5814。新增供水能力48.57亿m^3，水库兴利库容由“十一五”期末的86亿m^3提高到120亿m^3。新增水土流失综合治理面积1 462万亩，年均治理水土流失面积292.4万亩，是“十一五”时期的119%。建成4座水电站，完成37座水电站增效扩容改造，新增装机6.53万kW。水电站总数达到86座，装机总容量114.51万kW。

五、水利重点领域改革取得突破，水治理体制机制逐步完善

覆盖省市县三级行政区的水资源管理“三条红线”指标体系基本建立，依法治水和科技兴水迈上了新台阶，水价改革、水利建设管理体制改革、水利投融资体制改革和基层水利服务体系建设扎实推进。对36项行政审批事项进行清理，保留10项行政审批事项和1项省级初审项目。保留行政权力71项。对11项中介服务事项进行了清理规范。厅属6个企业全部划转省建设集团。完成事业单位岗位设置和厅所属41个事业单位重新分类工作。

六、全面从严治党扎实推进，水利党风政风行风呈现新气象

落实从严治党主体责任，党的群众路线教育实践活动和“三严三实”专题教育扎实开展，认真贯彻执行中央八项规定、省委省政府九项规定和省水利厅十项规定，驰而不息反“四风”，领导班子和干部队伍建设全面加强。层层压实党风廉政建设主体责任和监督责任，严肃查办违纪违法案件。特别是要真正做到防止重点工程重点犯罪问题，厅长办公会要求，有关处室和人员，要像严谨研究专业一样，研究招投标制度，全面规范，彻底堵死后路，同时，厅领导带头不插手招投标事项。群众在“行风热线”直播节目反映的369个问题全部得到解决，群众满意率100%，实现了全省水利系统工程安全、资金安全、干部安全。省水利厅荣获“全国文明单位”“全国先进基层党组织”“全国水利系统先进集体等荣誉称号，荣获全省推进“八大经济区”“十大工程”建设贡献奖、“军警民共建共育先进集体”、粮食生产贡献奖、防汛抗洪工作先进集体等奖项。连续12年被评为全省责任制目标考核优秀单位、“关注民生、服务发展”最佳单位和群众满意单位。68个集体和166名个人被省委省政府评为2013年全省抗洪救灾先进集体和先进个人。全省水利行业44个单位晋升为省级以上文明单位（标兵），7个单位荣获全国水利文明单位称号，厅直单位全部晋升为省级文明单位标兵。

全面深化水利改革 深入推进依法治水 "十二五"江苏水利现代化建设成果丰硕

江都水利枢纽鸟瞰

江苏省水利系统"十二五"时期，是水利投资规模最大、综合效益最好、行业发展最快、百姓得益最多的5年。

（1）水利减灾兴利能力显著提升。成功应对2012年沂河洪水、2013年沂沭泗局部洪涝、2015年苏南沿江地区超历史强降雨，科学防范2011年新中国成立以来最严重全省干旱、2013年高温伏旱，有效抵御"海葵""达维""菲特"等11次台风袭击，实现减免灾效益550亿元。三大调水系统抽引江水985亿m^3，不仅满足了全省经济社会用水需求，而且大大提升了水环境保障能力。

（2）水安全保障基础不断夯实。全省全社会水利投入达1 800亿元，较"十一五"实现翻番。一批重点水利工程相继建成并发挥效益。新一轮治淮工程基本完成，长江干流南京段堤防和重要河段、节点河势控制得到提升，太湖治理走马塘、东太湖综合整治工程建成投运，黄河故道干河中泓贯通基本完成，列入国家两轮规划的中小河流治理全面完成，病险闸站库除险加固扎实推进。南水北调一期工程建成通水，并向省外调水6.1亿m^3；泰东河、泰州引江河二期工程基本建成。

（3）农村水利发展成果惠及更多人民群众。完成投资471亿元，比"十一五"增长一倍。中央财政小型农田水利重点县项目实现75个涉农县全覆盖，有效灌溉面积达6 039万亩，旱涝保收田面积达5 365万亩，占耕地面积比例分别提高到89%和79%，居全国之首，农田灌溉水利用系数提高到0.59。提前两年完成国家规划内农村饮水安全建设任务，共解决1 667万人饮水安全问题。综合防治水土流失面积600km^2。完成六大片区水利帮扶任务，投入31.34亿元推进水库移民后扶项目实施，建成一批惠及民生水利项目。

（4）水生态文明建设深入推进。初步形成覆盖省、市、县的水资源管理"三条红线"控制体系。全省用水总量稳定在500亿m^3左右，万元GDP用水量和万元工业增加值用水量较"十一五"末分别下降47%、32%，超额实现国家考核和省政府降耗控制目标；水功能区水质达标率提高至66%，地下水超采面积占国土面积比例控制在6%以内，集中式饮用水源地水质达标率达到99%，85%以上城市集中式饮用水源地完成达标建设，2/3以上市、县建成第二水源或应急备用水源。完成7个国家级和21个省级节水型社会示范建设，建成各类节水载体1 299个，节水型高校建设经验在全国推广。启动9个国家级、18个省级水生态文明城市试点和1个全国生态文明先行示范区建设，建成50个国家级、63个省级水利风景区，建成一批"水美乡村""美丽库区、幸福家园"。

（5）河湖与工程管理重建轻管得到初步扭转。"十二五"时期省级水利工程管理经费投入较"十一五"增长1.8倍。基本建立省、市、县三级"河长制"管理体系，97%以上省骨干河道落实"河长"、管护单位和人员。9个省管湖泊退圩还湖规划经江苏省政府批复实施，基本完成6个省管湖泊退圩还湖，恢复水域面积92km^2。太湖水质持续改善。长江采砂管理形势基本稳定可控，洪泽湖、骆马湖全面禁采。洪泽湖恢复调蓄库容1亿多m^3。建成国家级水管单位17个，居全国前列。

（6）水利发展体制机制更加完善。全面推进深化水利改革一批重点改革任务取得阶段性成果。水行政审批、"两法衔接"河湖工程划界确权、小型水利工程管理体制改革、21个农田水利设施产权制度改革全面开展。

（7）依法治水迈出坚实步伐。出台《江苏省水库管理条例》等3部省级和6部市级法规规章，推动《江苏省节约用水条例》立法，全省制定规范性文件206件。水利综合执法全面推进，实行重大水事案件分级挂牌督办制度，水行政执法网络基本建成。在全国率先全面实行电子招标、投标。

（8）全面从严治党扎实推进，水利政风行风呈现新气象。

实施“水利安徽”战略 服务“美好安徽”建设

“十二五”时期是安徽全面加快崛起进程的关键时期，也是全面加快水利改革发展的重大战略机遇期。在安徽省委、省政府的坚强领导下，全省水利系统系统谋划，推动“水利安徽”上升为省级战略，构建“畅通淮河”，建设“安澜皖江”，提高综合水利工程防洪减灾能力；构建以长江、淠史杭—驷马山、淮河为横，以引江济淮、淮水北调、引淮济亳为纵的“三横三纵”骨干输配水线路格局，提高水资源保障能力；着力推进民生水利建设，实施小型水利工程改造提升“5588”行动计划，提高了群众生活健康水平，解除了威胁群众生命安全的重大隐患，提高人民群众生产生活基础水利支撑；大力推进生态水利建设，实施生态修复2 000km^2，治理水土流失面积2 150km^2；依法治水管水，提高水利综合管理能力，圆满完成“十二五”规划的目标任务，走出了一条富有安徽特色的水利改革发展之路，书写了安徽水利史上的恢宏篇章。全省累计完成重点水利项目投资1 073亿元，是“十一五”的2.4倍；累计完成面上农田水利投资465亿元，是“十一五”的2.24倍。

淮水北调之淮北四铺闸工程

水润皖南

渠水潺潺保丰收

浙 江 水 利

杭州市三堡排涝枢纽

慈溪市郑徐水库

衢州市生态河道治理

"十二五"以来，浙江省认真贯彻习近平总书记新时期治水方针和浙江省委、省政府"五水共治"重大决策部署，坚持不懈治水害、兴水利，不断加快水利改革发展。全省水利建设累计投入2 038亿元，是"十一五"的1.9倍。全省现有水库4 324座，主要江河堤防1.47万km，海塘2 723km，规模以上水闸泵站6.3万座，众多水利工程在防御历次水旱灾害中发挥了巨大作用，有效地保障了人民群众的生命财产安全和浙江经济社会的快速发展。

防洪排涝方面：以"强库、固堤、扩排"为重点，加固病险水库856座、主要江河堤防606km、海塘436km；建成了杭州三堡泵站、萧山钱江枢纽等一批骨干防洪排涝工程；大力推进扩大杭嘉湖南排、苕溪清水入湖河道整治等"治太五大项目"建设。全省逐步建成了主要江河流域"上蓄、中防（分）、下排"的防洪减灾工程体系，80%以上的市（县）城市核心区防洪能力达到50年一遇以上，主要江河堤防规划达标率达70%。

水资源保障方面：以"开源、引调、提升"为重点，大力推进新昌钦寸等大中型水库建设，建成长兴合溪等水库；着力推进杭州第二水源千岛湖配水等重大引调水工程建设，建成浙东引水萧山枢纽、舟山大陆引水二期等工程并投入运行，有效缓解了萧绍宁舟地区水资源短缺的矛盾。全省基本形成了以水库型水源地为主的多源供给、联网联调的水资源保障格局，以水库型水源地为主的供水人口占比达70%，农村自来水覆盖率由原来的63%提高到99%。

水生态环境方面：以中小河流、农村河道整治为重点，整治河道1.4万km，治理水土流失面积3 561km^2，同步开展湖州等6个国家级和安吉等3个省级水生态文明建设试点。落实最严格水资源管理制度，狠抓节水减排，2014年度获国家最严格水资源管理考核"优秀"。

水利管理改革方面：建立健全水法规体系，颁布实施《浙江省河道管理条例》等3项法规。依法推进涉水"三改一拆"，加大各类水事违法案件查处力度，仅2014—2015年拆除涉水违章建筑面积1 156万km^2，2015年水事违法案件查处率和水事纠纷发生率比2014年分别下降19%和85%。深化水行政审批制度改革，水利工程建管体制、建立健全基层水利服务体系两项水利部改革试点取得成功，依法治水管水得到加强。

"十三五"期间，浙江将认真贯彻五大发展理念，按照新时期治水方针和"五水共治"总体部署，以防汛防台、水资源保障、水生态建设、水利工程标准化管理为重点，以改革创新为动力，以依法治水为保障，力争完成水利投资3 000亿元，年均增长6%以上，为"两富""两美"现代化浙江建设和高水平全面建成小康社会奠定坚实的水利保障。

福建省水利厅

"十二五"是福建水利投入最多、建设规模最大、惠及面最广、成效最为明显的时期。五年来，福建省把水利作为稳增长、调结构、促改革、惠民生的重要领域，作为进一步加快经济社会发展、建设生态文明先行示范区的重要保障，采取强有力措施，加快水利改革发展，为建设"机制活、产业优、百姓富、生态美"的新福建提供了强有力的水利支撑。

2015年启动实施万里安全生态水系建设，7月15日在莆田召开现场会，图为莆田泗华陂优美的生态水系

长泰枋洋水利枢纽工程大江截流

一、抢抓机遇，以更高的站位引领水利改革发展

围绕福建科学发展跨越发展目标，提升站位、融入大局、主动作为，从更高层面上审视、引领水利改革发展。紧紧抓住2011年中央一号文件和2013年中央支持福建进一步加快科学发展跨越发展的有利时机，推动福建省委、省政府出台了加快水利改革发展的实施意见，制定了水利三年行动计划等纲领性文件，提出了提前2年完成10年2 000亿元水利投资目标，全力打造放心水、平安水、高效水、生态水。

二、加大投入，以更高的强度掀起水利建设高潮

突出项目带动，拓宽融资渠道，加快水库、引调水、防洪防潮、流域综合治理等工程建设，着力构建可靠的水利工程支撑体系。在积极争取中央专项资金的同时，持续加大各级财政投入，落实土地出让收益10%用于农田水利建设，建立了重大水利项目建设基金，出台了水利建设项目省级贴息和前期补助政策，成立了省水投集团和4个市级、16个县级水利投融资平台，采取PPP、BOT、TOT等方式鼓励社会资本投入水利。"十二五"全省累计完成水利投资1 153亿元，是"十一五"282亿元的4倍，其中省级财政投入128.22亿元，年均增幅8%。

三、与时俱进，以更高的标准推进水生态文明建设

全面贯彻习总书记治水新思路，把生态文明理念融入水资源开发、利用、治理、配置、节约、保护的各个方面，全力打造水生态文明。坚持治理与致富、治理与美化、治理与持续、治理与预防相结合，通过领导挂钩帮扶，部门对口负责，持续推进22个重点县、100个重点乡镇水土流失治理，并在全国率先开展水土保持生态村建设。"十二五"，全省累计治理水土流失面积1 201万亩，长汀、德化、永春、尤溪、武夷山、光泽等6个县（市）成为水利部命名的国家水土保持生态文明县（工程）。

四、开拓创新，以更高的效率提升水利建管水平

坚持以改革创新为主线，以依法治水为保障，积极争取政策支持、机制创新、法规配套，不断提升水利建设与管理水平。颁布实施了《福建省水土保持条例》《福建省河道保护管理条例》《福建省节约用水管理办法》等5部水法规规章；另有2部法规报请省人大审议。同时，组织开展综合执法、联合执法，严厉打击非法采砂等水事违法行为，维护良好水事秩序。

五、精准防御，以更高的要求做好防汛保安工作

全面落实"预警到乡、预案到村、责任到人"工作机制，坚持防汛抗旱齐抓、防灾抗灾并重、工程措施与非工程措施并举，不断提高精准预测、精准预警、精准处置水平。成功抵御了46场灾害性暴雨、37个台风、425站（次）的超警戒洪水和多地的局部干旱，累计转移危险区域群众442.92万人次，有力保障群众生命财产安全。特别是2012年成功抵御9场灾害性暴雨和7个台风袭击，全年实现"零伤亡"；2013—2015年防抗正面登陆台风"苏力""菲特"和"麦德姆""杜鹃"，实现"零伤亡"，因灾损失降至最低程度。

江西水利为打造美丽中国"江西样板"添彩

江西峡江水利枢纽工程机组全部具备发电条件

回眸"十二五"，江西水利持续保持了大投入、大建设、大发展的良好势头，共落实水利投资888亿元，是"十一五"的3倍多。水利融资能力显著增强，累计融资达139.5亿元，有效保障了江西水利建设的顺利实施，为保障全省的防洪安全、供水安全、粮食安全和生态安全打下了坚实基础。

一是治水兴水思路进一步完善。积极践行习近平总书记提出的"节水优先、空间均衡、系统治理、两手发力"治水新思路，从我省水情出发，省委、省政府出台《关于加快我省水利改革发展的实施意见》，提出力争通过5~10年努力，基本建成"五大水利保障体系"，从根本上扭转水利建设明显滞后的局面。省水利厅出台《关于加快推进水生态文明建设的指导意见》，提出高举生态文明大旗，以水生态文明建设统领水利改革发展。江西省水利工作思路更趋完善，目标更加明确。

二是防汛抗旱减灾能力显著提高。有效抗御了多次特大洪水和干旱，保障了人民群众生命财产安全和城乡供水安全。"十二五"我省水旱灾害损失率平均值为0.55%，较"十一五"的1.28%有大幅下降。

三是水利基础设施进一步夯实。峡江、伦潭、山口岩、浯溪口等大型水利枢纽工程开工建设或建成，全面完成47座重点圩堤应急防渗加固、五河重点段防洪应急整治工程。累计解决1 408万农村人口安全饮水问题，完成7 297座病险水库除险加固，基本完成396个中小河流治理项目，在全国率先实现小农水重点县建设全省覆盖。

四是水生态文明建设进一步推进。水生态文明建设理念逐渐深入人心，最严格水资源管理制度开始落实，初步建立覆盖省、市、县三级的"三条红线"控制指标体系，178个全国重要水功能区实现全覆盖监测，市、县、乡、村四级联动水生态文明建设格局基本形成，新增水土流失综合治理面积1万km^2，新增农村水电装机53万kW。

五是水利管理能力进一步提升。出台了农田水利条例、水文管理办法等法规规章。第一次水利普查圆满完成。推进全省水利工程公共资源网上交易平台建设，水利电子招投标实现全覆盖。水利建设信用体系基本建立。成立水利工程建设项目稽察专门机构。创新河道采砂管理模式，处置过剩采砂船舶，河道采砂管理实现入刑责任追究。

六是水利重点领域改革进一步深化。省委、省政府出台《关于深化水利改革的意见》，从10个重要方面提出具体改革意见。创新"河长制"为核心的河湖管护体制机制，省委书记、省长担任省级正副总河长，省四套班子领导分别担任7条大江大河大湖的流域省级河长。市、县、乡、村四级也陆续建立"河长制"。江西"河长制"河湖管理体制在全国规格最高、力度最大。小型水利工程管理体制、水权制度、国有水利工程物业化管理、政府购买水利服务、农业水价、农田水利设施产权制度及管护机制等改革快速推进。

七是水利建设投资规模进一步加大。"十二五"全省共落实水利投资888亿元，是"十一五"的3倍多。水利融资能力显著增强，通过金融授信、险资债权、企业债券、中期票据、外资融资等多种融资方式，累计融资达139.5亿元，有效保障了江西省水利建设的顺利实施。

八是基层水利服务体系基本建立。恢复或新建乡镇水务站1 474个，全部覆盖有水利建设任务的乡镇。现有农民用水户合作组织7 463家，参与农户达到484万户。出台基层水利专业技术人员三定向培养政策，4年时间共定向培养841名基层水利技术人员。建立小型堤防安全管理员制度。

“十三五”期间，江西将力推水生态文明建设“365行动计划”。按照“一年见行动、二年见初效、五年见实效”的总体要求，转变治水管水理念，高举生态文明大旗，统筹水利建设、管理和改革“三驾马车”，完善水生态文明建设格局，优化水资源配置，逐步建立水生态文明建设制度体系，促进水利可持续发展，逐步实现“人水和谐”的水生态文明建设总目标。

一是加快“三大安全”建设。加快防洪安全工程建设：推进流域控制性枢纽工程建设，开展长江干流综合整治，继续实施五河及支流治理，开展鄱阳湖综合治理，继续实施病险水库、水闸除险加固，加快蓄滞洪区安全建设，加强城镇防洪建设，推进治涝工程建设。推进供水安全工程建设：加快重点水源工程建设，开展应急备用水源建设，推进农村饮水安全巩固提升工程建设，开展水源地达标建设，加大农业节水灌溉力度，推动节水型、现代化、生态型灌区建设试点。实施生态安全工程建设：推进江河湖库水系综合整治，加大水土流失综合防治力度，推动农村水电清洁能源建设，加快农村水环境综合治理。

二是强化“六大管理”。强化水资源红线管理：落实最严格水资源管理制度，推进规划水资源论证制度，规范取水许可管理，规范水资源费征收与使用，建立水功能区水质达标评价体系，完善水资源管理考核制度。强化河湖管理：规范涉河建设项目管理，强化河道堤防管理，开展河湖水域岸线保护和利用规划编制工作，探索建设项目占用水域补偿制度，严厉打击涉河违法违规行为，加强河湖管理动态监控。强化水利建设管理：优化水利工程前期工作，强化水利工程建设管理制度建设，构建水利建设市场主体信用体系。强化水利工程管理：明确水利工程管理责任主体，严格执行水利工程运行管理规章制度，以信息化推进水利工程管理现代化。强化节水管理：加快建设节水型社会，加强农业、工业、城市生活节水，加强计划用水和定额管理。强化应急监测管理：加快洪涝旱灾害监测、预警预报和应急能力建设，加强水文监测与服务能力建设、水资源监控能力建设、水土保持能力建设，建立健全突发水事件预警调度机制、水资源水环境承载能力监测预警机制和区域限批制度。

新余城防袁河南片防洪堤工程

三是全力推进“五大改革”。建立健全水权制度：开展水资源使用权确权登记，探索研究水权交易制度。推进“河长制”工作：完善“河长制”组织体系，建立“河长制”工作机制，抓好“河长制”水利职能范围工作。深化水利工程管理体制改革：推行国有水利工程“管养分离”，深化小型水利工程管理体制改革，开展农田水利设施产权制度改革和创新运行管护机制工作，建立公益性小型水利工程管护经费补助机制。建立水生态文明建设市场化机制：积极探索水生态文明建设市场化机制，推广政府和社会资本合作的PPP模式，扩大政府购买服务范围，积极探索政府引导、公共财政适当补助、企业介入的市场化机制，鼓励各地先行先试，真正实现政府、市场两手发力。推动水利科技创新：打造区域性水利科研中心，加强水生态文明建设重大科学技术问题研究，推进水生态文明建设技术普及与推广示范。

“十三五”江西水利改革发展要坚持“五大发展理念”，围绕生态文明先行示范区建设，打造生态文明建设的“江西样板”，加快推进水生态文明建设，保障江西水安全，形成人水和谐发展新局面。

承前启后 继往开来 山东水利为全面建成小康社会提供强有力支撑保障

"十二五"期间，山东省水利系统认真贯彻落实习近平总书记新时期治水方针，持续推进现代水利示范省建设，加快构建具有山东特色水安全保障体系，在山东省治水史上留下浓墨重彩的一笔。

回眸"十二五"：拼搏进取 积极践行新时期治水思路

"十二五"期间年均下达投资185.8亿元，是"十一五"年均投资的2.3倍。2015年，中央水利投资计划完成率达到102%，位列全国各省区市前列。

山东省率先颁布实施《山东省用水总量控制管理办法》，"三条红线"控制指标体系初步建立。

山东省狠抓雨洪资源利用，通过大中型水库增容等七种途径，努力增加水资源有效供给。工程匡算总投资642.87亿元，规划新增兴利库容35.14亿m^3，新增供水能力38.64亿m^3。2014年、2015年共安排实施项目38个，工程完工后可新增供水能力近12亿m^3，这项工作实现当年决策、当年启动、当年批复、当年投资、当年全面开工建设。

辐射全省T形水网骨干框架逐步形成。南水北调东线一期山东段工程提前完成干线主体工程建设任务；胶东调水工程实现全线通水。

跋山水库除险加固

南水北调东线山东段济平干渠

山东省第一个省级水生态文明城市——临沂

山东省154条中小河流重点河段治理任务全面完成。完成12座大中型和1 348座小型病险水库除险加固任务。成功抵御多次水旱灾情，最大限度减轻水旱灾害损失。

山东省累计完成农村水利建设投资99.4亿元，全省农村自来水普及率达到95%。水利部评价是："山东为全国推进农村饮水安全工程建设管理树立了典范，起到了引领和示范作用"。

山东省治理水土流失面积8 085km²。累计创建国家水利风景区86处、省级水利风景区185处，位居全国首位。

山东省水利行业能力进一步提升。省级以上规范化管理单位达到130个，数量居全国前列；历时三年完成第一次水利普查工作；共获得大禹水利科学技术奖4项、省科学技术进步奖23项、软科学优秀成果奖50项，实施省部级以上水利科技项目181项；初步形成山东水利私有云，实现信息互联、资源共享。

展望"十三五"：站在新的历史起点上，实现水利工作新跨越

"十三五"时期山东水利要基本建立起与全面建成小康社会相适应、具有山东特色现代水安全保障体系。"十三五"期间，山东省要新增供水能力20亿m³；重要河道、海堤达到国家规定防洪（潮）标准，重点城市、重要乡镇防洪能力提升，抗旱应急供水能力明显增强；不断巩固农田水利基础设施网络，初步建立起农田水利发展良性机制；新增水土流失治理面积6 300km²；实现水利全方位感知，搭建水利全业务云海，打造水利全时空智能；基本建立权责统一省、市、县三级水利事权管理体系和精简高效水行政审批体系；建立合理水价形成机制和充分发挥市场决定性作用水权水市场制度体系；实现水利工程质量安全监管政府和社会两手发力；实现水利工程承接主体多元化；深化农田水利设施产权制度改革，开展河湖确权划界；健全完善与水利改革发展要求相适应的水利立法、执法、监督、保障体系；健全完善水利科技创新体系，着力提高水利现代化、信息化水平；创新移民扶持方式，提高水库移民扶持成效。

农村饮水——四世同堂迎甘露

正在实施的雨洪资源利用工程——峡山水库

开工建设三大水库 河南省水利出彩"十二五"

前坪水库鸟瞰图

"十二五"时期是河南水利实现跨越式发展的五年，是全省水利建设大事最多、社会关注度最高、环境氛围最为浓厚、各方力量最为凝聚的五年，也是水利工程体系完善提升最快、人民群众受益最多的五年。五年间，河南群众翘首以盼、水利人为之夙夜兴寐的河口村、前坪、出山店三个大型水库陆续上马，且河口村水库已基本建成，建设规模、建设速度在河南历史上绝无仅有。

河口村水库：位于济源市克井镇境内，黄河一级支流沁河最后一段峡谷出口处。水库控制流域面积9 223km^2，总库容3.17亿m^3，设计防洪标准为500年一遇，校核标准为2 000年一遇，是一座以防洪、供水为主，兼顾灌溉、发电、改善河道基流等综合利用的大（2）型水利枢纽工程，总投资27.75亿元，计划总工期60个月。河口村水库工程坝高，地质条件复杂，技术难度高，首次在国内高坝大库（混凝土面板堆石坝）中采用高压旋喷桩坝基处理技术。

水库建成后，可完善黄河下游防洪工程体系，使沁河下游防洪标准由20年提高到100年，保证南水北调中线穿沁工程100年一遇的防洪安全，还可向济源市城市生活和工业生产及沁北电厂等能源基地供水，为广利灌区提供灌溉水源。通过水库调节，还可为黄河干流调水调沙创造条件，可以保持枯水季节的下泄流量，改善河道基流，利用水利资源发电，为促进本地区经济社会发展发挥积极作用。

2011年2月，河口村水库可行性研究报告通过国家发改委批复。2011年4月底主体工程开工，2014年9月通过下闸蓄水验收并蓄水，2015年12月主体工程全部完工。计划2016年8月底完成所有工程，年底具备竣工验收条件，2017年上半年进行竣工验收。建设期间，实现了当年主体工程开工、当年截流的超前目标，被评为2011年全国水利十大新闻之一。

前坪水库：位于淮河流域沙颍河支流北汝河上游，洛阳市汝阳县城西9km的前坪村附近，坝址以上控制流域面积1 325km^2，总库容5.84亿m^3，主坝、副坝设计洪水标准为500年一遇，校核洪水标准分别为5 000年一遇和2 000年一遇，是一座以防洪为主、结合供水、灌溉，兼顾发电等综合利

出山店水库第一次截流

用的大（2）型水库，总投资44.6亿元，总工期为60个月。主坝为黏土心墙砂砾（卵）石坝，最大坝高90.3m，坝顶长810m，电站装机容量6 000kW。

水库建成后，北汝河防洪标准由10年一遇提高到20年一遇；配合已建的其他工程，可使漯河以下沙颍河干流防洪标准由20年一遇提高到50年一遇，减少向湛河洼和北汝河与吴公渠之间分洪的概率，对保障水库下游焦枝铁路、京珠、二广等国家重大基础设施和人民生命财产的防洪安全，具有十分重要的作用。同时，可发展灌溉面积50.8万亩，年均向城镇供水6 300万m^3，发电量1886万kW·h。

2014年4月前坪水库工程项目建议书通过国家发改委批复，2015年7月可研报告通过国家发改委批复，2015年9月初步设计报告通过国家水利部批复。2015年10月，前坪水库导流洞及对外交通道路工程同时开工、全面进入实施阶段，计划于2019年12月底前完成全部建设任务。前坪水库当年批复可研、当年批复初设、当年开工建设，可研报告到初设批复时间之短、速度之快，开创全国大型水利工程建设之先河。

出山店水库：位于信阳市浉河区三官村及平桥区孔庄村附近，是以防洪为主，结合灌溉、供水、兼顾发电等综合利用的大型水利枢纽工程。水库控制流域面积2 900km^2，总库容12.51亿m^3，设计防洪标准为千年一遇，校核标准为万年一遇洪水，是一座以防洪为主，结合灌溉、供水、兼顾发电等综合利用的大（1）型水库，总投资98.7亿元，总工期48个月，是河南省有史以来单体投资量最大的水利工程。出山店水库大坝为混合坝型，主坝由混凝土坝与土坝连接混合组成，主坝轴线长3 690.57m，最大坝高35.4m。坝后式电站装机容量2 900kW，多年平均年发电量757万kW·h。

前坪导流洞洞身衬砌

水库建成后，可使淮河干流王家坝以上的防洪标准由目前的不足10年一遇提高到20年一遇，对水库下游保护区内的220万亩土地和170万人的防洪安全具有重要作用，还可为信阳市提供城市生活和工业用水8 000万m^3/年。

2011年7月出山店水库工程项目建议书通过国家发改委批复，2014年9月可研报告通过国家发改委批复，2015年4月初步设计通过水利部批复。2015年9月前期准备工程导流明渠顺利完工，2015年8月主体工程于全面开工建设，计划于2019年4月底完成全部建设任务。

河口村水库全景

广东水利

"十二五"期间建成乐昌峡水利枢纽，并发挥防洪效益

中小河流治理——韶关市乳源县重阳水治理工程治理后

"十二五"时期，是广东水利史上投资规模最大、建设进度最快、综合效益最高、防灾减灾效果最好、群众受益最多的五年。广东省认真贯彻落实党中央、国务院和广东省委、省政府关于加快水利改革发展的决策部署，推进水利事业发展取得显著成效，规划主要目标任务基本实现。

一是水利防灾减灾工作卓有成效，成功防御多次强台风袭击和严重洪涝干旱灾害。相继建成乐昌峡水利枢纽、北江大堤加固达标工程、珠江三角洲地区五大堤围加固达标工程等重大防洪工程，基本完成汕头大围、榕江大围达标加固工程。中小河流治理累计完成治理河长3 765km，特别是山区五市2015年治理河长2 121.86km。完成海堤加固达标300km、水库除险加固1 290座。有效防御超强台风"威马逊"、强台风"彩虹"、台风"天兔""尤特"，成功应对"13·5""13·8""14·5"特大暴雨洪水。与"十一五"时期相比，全省因灾死亡失踪人数和经济损失占GDP比重分别下降55.9%、23.3%。全省洪涝、台风和干旱灾害损失明显减少。

二是农村水利建设等惠民利民举措加快落实，农民生产生活条件得到显著改善。解决了916.57万农村居民和学校师生饮水不安全问题。全面启动了94个县（市、区）的村村通自来水工程建设。完成了53.43万人的水库移民安居工程建设任务。开工建设了1 153宗中小型灌区改造工程，基本完成了

加固后的北江大堤

29个中央财政小农水重点县建设任务。全省改善灌溉面积850万亩，新增有效灌溉面积60万亩。

三是水资源优化配置和节约保护进一步加强，水生态文明建设成效明显。水资源配置工程建设方面，相继建成了鉴江供水枢纽、珠海竹银水源工程等重点供水工程。韩江高陂水利枢纽工程于2015年10月正式开工建设。潮阳引韩供水工程、南澳供水工程等一批区域性水资源配置工程加快实施。全省蓄、引、提、调相结合的供水工程体系初步建成。2015年年末新增供水能力17.15亿m^3，城乡供水保障能力进一步提高，港澳地区供水安全得到有效保障。水生态文明建设和水资源节约保护方面，率先在全国出台实行最严格的水资源管理制度实施方案及考核办法。广州、东莞、珠海、惠州四个全国水生态文明城市试点建设深入开展。中小河流治理重点县水系连通试点建设加快推进。治理水土流失面积2 669km^2。全省农业用水量、工业用水量、用水总量和人均综合用水量连续5年下降。大江大河干流和珠江三角洲主要干流水道水质保持优良，重要江河湖泊水功能区主要水质指标达标率从“十一五”的45.8%提高到65.4%，水环境质量持续改善。

四是水利改革和行业管理进一步创新优化，水利事业实现跨越式发展。韩江高陂水利枢纽工程PPP方案成功招标，标志着广东省重大水利工程引入社会资本实现重大突破。基层水利服务体系建设全面完成。小型水利工程管理体制改革取得初步成果。《广东省水文条例》《广东省实施〈中华人民共和国水法〉办法》等法规规章颁布实施。查处各类水事违法行为35 000余起，水事秩序进一步好转。稽察、审计和安全生产监管等工作不断加强。市场信用体系建设和市场主体履约行为动态监管系统实现全覆盖。水利科技创新和信息化能力进一步提高。

中小河流治理——梅州梅江区白宫水

中小河流治理——梅州五华矮车河

中小河流治理——梅州梅江区白宫河

治水兴水惠泽民生 依法管水谋划未来

靖西县城区河道防洪整治工程

"十二五"期间，广西紧紧围绕中央水利工作方针，攻坚克难，开拓创新，全面加快水利改革发展，全区累计完成固定资产投资797亿元，相当于"十一五"时期的1.75倍；其中落实中央和自治区两级财政资金534亿元，为"十一五"时期的2.5倍，书写下广西水利建设新纪录。"十二五"成为广西水利建设进度最快、改革力度最强、综合效益最好、群众受益最多的5年，水利改革发展亮点纷呈。

一、防汛抗旱成效显著

"十二五"期间，广西防汛抗旱工作取得丰硕成果，共抵御洪涝灾害57次，尤其是成功抵御了2011年的较大范围旱灾和2014年的超强台风"威马逊"。"十二五"期间，全区累计减淹面积60.898万hm^2，避免粮食减收154.78万t，减灾经济效益69.70亿元。受灾人口、农作物受灾面积、房屋倒塌、经济及水利损失总体呈平稳下降趋势。与"十一五"受灾情况相比，受灾人口、死亡或失踪人口、农作物受灾面积分别降低了51.71%、53.1%和44.64%。

二、重大项目大戏连台

"十二五"期间，广西桂林防洪及漓江补水工程小溶江、斧子口水库基本建成。大藤峡水利枢纽、邕宁水利枢纽、桂中治旱乐滩水库引水灌区工程（一期、二期）、落久水利枢纽等工程陆续开工建设，在建项目总投资550亿元。驮英水库及灌区、洋溪（含梅林）水利枢纽工程、西江干流治理、其他江河治理等列入国家172项节水供水的重大工程前期工作加快推进。这些重大工程的实施，对保障区域水安全、推进区域经济社会发展、拉动有效投资需求发挥重要作用。

二、民生水利覆盖广泛

"十二五"期间，广西采取非常措施、非常力度、非常政策，加快民生水利发展。累计下达投资119.49亿元，安排解决1 779.97万农村人口饮水安全问题；累计投入资金89亿元，全面完成规划内3 379座水库除险加固，新增或恢复防洪库容5.1873亿m^3，保护耕地29.06万亩，保护人口18.3万人；累计落实资金67.63亿元，实施项目556个，治理中小河流267条，保护两岸人口962万人、耕

地532万亩。

四、农田水利效益显现

组织开展全区严厉打击水事违法“春雷行动”

“十二五”期间，广西重点推进桂西北旱片、桂中旱片、左江旱片、右江旱片和其他旱灾易发县区的小型农田水利建设，共下达投资85亿元，新增配套渠系7 278km，新增恢复灌溉面积103万亩，改善灌溉面积99.3万亩，新增高效节水灌溉面积40.2万亩，新增粮食生产能力42.04万t；全力推进冬春水利建设，工作力度、投资强度、规模声势不断加大，综合效益不断显现，冬春水利建设实现投入和成效的“五连增”；建立完善有关标准和办法，整合水利、国土、农业、农机等项目，优质高产高糖糖料蔗示范基地建设试点顺利推进。

五、治水管水依法落实

“十二五”期间，修订后的《广西实施〈中华人民共和国水土保持法〉办法》颁布施行，自治区政府出台《广西实行最严格水资源管理制度 推动产业转型升级的实施意见》《广西实行最严格水资源管理制度考核办法》，自治区、市、县三级水资源考核指标体系全面建立，万元GDP用水量和万元工业增加值用水量分别下降了44.2%、39.7%；开展深化小型水利工程管理体制改革，实施完成2个全国试点县和12个自治区试点县的改革，探索构建适合广西实际的农村小型水利工程管理体制与运行机制；水利厅联合发改委、财政厅制定了《关于改进和加强小型水利建设项目施工管理的意见》，对招标规定限额以下的小型水利建设项目，采取更加灵活、简便、高效的管理模式，充分发挥市场机制作用，有效调动受益群众自主建设项目的积极性，加快推进小型水利项目建设。

六、坚持以发展的理念引领“十三五”水利改革发展

“十三五”时期是我国全面建成小康社会、全面深化改革、全面推进依法治国、全面从严治党“四个全面”战略布局的重要时期，也是加快水利改革发展的关键时期。广西将按照党的十八届五中全会部署和要求，把创新、协调、绿色、开放、共享的发展理念贯穿于水利改革发展的全过程和各领域，立足“补欠账、强基础”这一基本定位，始终坚持建设与管理并重，着力抓投资、抓项目、抓完成，切实解决好水利基础设施薄弱、水旱灾害频发、水资源调配能力不足、水生态环境恶化、工程管护和行业管理水平低等方面突出问题，加快推进水治理体系和水治理能力现代化，力争通过5年努力，从根本上扭转广西水利建设和管理相对滞后局面，确保到“十三五”末基本建成防洪抗旱减灾体系、水资源合理配置和高效利用体系、水资源保护和河湖健康保障体系、有利于水利科学发展的制度体系“四大体系”，为深入实施广西“双核驱动、三区统筹”发展战略、加快实现“两个建成”目标提供更加坚实的水利支撑和保障。

除险加固后的灵山县灵东水库

湖南水利"十二五"实现跨越式发展

湖南嘉禾县城乡供水一体化中心水厂——盘江水厂鸟瞰

"十二五"以来，湖南省水利工作紧紧围绕湖南省委、省政府"四化两型"建设、"小康社会"的总体部署，大力推进水利建设，创新水利发展，防汛防旱工作取得全面胜利，重大水利工程加快建设，民生水利取得显著成效，水利改革全面推进，最严格的水资源管理制度初步建立，水利减灾兴利能力再上新台阶，基本完成了规划确定的主要目标和任务，为改善民生促进全省经济社会平稳较快发展提供了重要的基础保障。

(1) 防汛抗旱减灾取得重大胜利。全省上下牢牢把握防汛抗旱"两个转变"的总体思路和"六个主动适应"的工作要求，坚持"防汛抗旱并举，兴利除害结合"，成功抗击了2011年洞庭湖区春夏连旱、2013年全省性特大干旱，有效应对了2012年洞庭湖长时间超警戒水位洪水、2014年沅水中下游超历史洪水、2015年湘江中上游罕见冬汛，积极抵御每年多发频发的局部山洪灾害。与"十一五"相比，"十二五"期间全省受灾人口减少35%、农作物受灾面积减少38%、倒塌房屋减少78%、死亡（失踪）人口减少76%、直接经济损失减少24%，全省洪涝、干旱灾害年均损失率分别为0.8%、0.6%，低于"十二五"规划确定的1%与0.7%的目标，实现了省委、省政府提出的"五个确保"目标。

(2) 重大水利工程建设全面提速。一批打基础、管长远、利发展、惠民生的江河治理骨干工程、大型水库、节水灌溉渠网加快建设，纳入国务院确定的172项节水供水重大水利工程的12项已开工建设8项。洞庭湖近期治理项目进展顺利，蓄洪垸堤防加固2016年可全面完工，钱粮湖、共双茶、大通湖东三垸安全建设工程和分洪闸工程启动实施。涔天河、莽山等大型水库与灌区陆续开工，毛俊、宜冲桥、金塘冲、犬木塘等大型水库项目前期工作加快推进。洮水、高家坝、富岭等防洪控制性枢纽以及沤菜、江源等11座骨干中型水源工程相继建成，湘、资、沅、澧四水23条主要支流治理全面启动实施。区域防洪体系、水资源配置格局不断完善，全省防灾减灾和应急保障能力稳步提升。

(3) 民生水利发展取得显著成效。坚持以人为本，以农村饮水安全、防洪薄弱环节治理、农田水利建设为重点，全面实施了惠及民生的中小型水利工程建设。至2015年年底，全省解决2 480万农村人口饮水安全问题，全面实施纳入规划的10 109座小型病险水库和56座大中型水库（水闸）除险加固，圆满完成中央有明确要求的两大民生水利建设任务。稳步推进了330条中小河流治理、8个中小河流治理重点县综合整治及水系连通、山丘区35个城市防洪工程项目。初步建成110个县山洪灾害监测预警系统和群测群防体系，建立了省、市、县乡四级防汛抗灾指挥体系，防洪薄弱环节明显加强。实施了规划内20处大型灌区、32处中型灌区续建配套、27处大型灌排泵站更新改造以及104个中央财政小农水重点县。整合资金大兴"五小水利"，着力解决农田灌溉"最后一公里"问题，新增、恢复灌溉面积252.8万亩，改善灌溉面积273.6多万亩，新增高效节水灌溉面积127.7万亩。全省有效灌溉面积达4 670万亩，占耕地总面积的75%，高效节水灌溉面积达522万亩，占有效灌溉面积的11.2%，为湖南省粮食连年增产和农民增收提供了有力支撑。实施了水电新农村电气化县、小水电代燃料和农村水电增效扩容试点项目，新增农村水电装机容量980.5MW。加强了缺水地区24个县（区、市）小型抗旱应急水源建设，武陵山区、罗霄山区等贫困地区水利扶贫工作全面推进。

（4）涉水事务管理不断加强。全面实行最严格的水资源管理制度，建立了省、市、县三级水资源开发利用、用水效率、水功能区限制纳污的“三条红线”控制指标体系，并将其纳入了政府考核。以实行最严格的水资源管理制度作为重要抓手，全面推进节水型社会建设，促进经济社会发展与水资源承载能力相协调。水资源利用效率与质量进一步提升，全省万元GDP用水量从“十一五”末的229m^3减少到111m^3。水生态环境逐步改善，重要江河湖泊水功能区水质达标率从“十一五”末的61.2%提高到90.4%。河道湖泊管理保护不断加强，积极推进河道采砂专项整治、湘江保护和河道保洁工作，河湖的行洪、排涝、灌溉、供水、生态等综合功能得到有效发挥。水生态文明建设加快推进，实施重点区域水土流失防治，开展坡耕地整治和清洁小流域治理，完成水土流失治理面积5 267km^2，全省水土流失面积从4.27万km^2减少到3.74万km^2。建成国家级和省级水利风景区72个。加强了以湘江为重点的水污染防治。开展了节水型社会、水生态文明城市、水土保持生态文明县等系列国家试点工作，完成了4个国家级和7个省级节水型社会试点建设，开展了长沙市、郴州市等5个国家级水生态文明城市创建试点和常德市海绵城市建设试点。并以试点为契机，大力推进城市生态水利建设。实施了洞庭湖区13条河流水利血防工程。第一次全省水利普查工作圆满结束，成果丰硕。水利信息化水平加快提升，全省防汛抗旱决策系统、中小河流水文监测系统初步建成，水资源实时监测系统、水土保持监测系统加快建设。全省96%的乡镇已建立乡镇水利站。实施了基层水利人才素质提升工程，“十二五”累计培训水利职工6万余人次。水利管理能力进一步提升，有力推动了全省经济发展方式转变和生态文明建设。

（5）深化水利改革取得积极进展。作为全国唯一的水利改革综合试点省，在水资源管理体制机制、投融资体制、水利工程建设和管理体制、基层水利服务体系和水价等5个方面为全国探路，取得了明显成效。水法规体系不断完善，率先制定出台了全国第一部流域地方法规《湖南省湘江保护条例》，率先出台了《小型农田水利条例》《湖南省河道采砂管理试行办法》等。创新流域综合治理机制，全力推动湘江治理与保护省政府“一号重点工程”和全省河道保洁工作，有效改善流域生态环境。探索完善了以公共财政投入为主体的水利多元投融资模式，组建了省级水利投融资平台，在全国率先成立水利发展投资基金，莽山水库在全国率先运用PPP等投融资模式。积极推行农业水价改革和水权水价综合改革试点，取得明显成效。在全省工程建设领域率先推进电子招标投标，推进完善了“以奖代补、先建后补”的小型农田水利建设管理新机制。这些改革措施的有力推进，为加快水利发展提供了强劲动力。

（6）水利投资再创新高。“十二五”水利投入创历史新高，是改革开放以来湖南水利发展最快、投资强度最大、目标完成最好的5年。湖南省紧紧抓住国家加大水利投入的有利时机，充分发挥公共财政的主导作用，努力加大多元化水利投融资力度，以大投入推动全省水利大发展，为全省稳增长、惠民生作出了重要贡献。全省“十二五”水利规划总投资1 471亿元，实际投入1 290亿元，其中争取中央资金443亿元，连续5年位居全国前列，省级投入141亿元，市县地方投入706亿元，超过“十一五”总投资的2倍多。

经过“十二五”时期水利改革发展，全省的水利基础设施网络进一步补强加密，河湖水生态环境逐步改善，节水洁水的意识明显增强，深化重点领域改革和依法管水治水有序推进，各级党委政府对水利的重视程度和推动力度空前高涨，全省水安全保障进一步增强，为“十三五”水利发展再上台阶奠定了良好的基础。

节水护水湖南省水利厅志愿者服务队在行动

湖南涔天河水库扩建工程经受住半个世纪最大冬汛考验

湖北水利这五年

鄂北地区水资源配置工程紧张施工中

“十二五”时期是湖北治水思路转变最快、投资规模最大、重大项目最多、改革力度最强、能力建设最优的五年，必将浓墨重彩载入湖北治水兴水管水光辉史册。

防洪薄弱环节显著加强，水旱灾害防御能力有了大幅提高。长江、汉江干流防洪体系进一步完善，荆江大堤、荆南四河堤防加固工程全面建设，汉江下游堤防、沮漳河重点河段等17条重要支流治理工程加快推进，荆江、洪湖东分块和杜家台等分蓄洪区建设工程正式启动。成功应对了2011年江汉平原地区旱涝急转重大灾情，有效减轻了2012年局部地区百年一遇的暴雨洪灾损失，全力抗御了鄂北、鄂中地区2010—2014年连续5年严重干旱。

水利体制机制改革稳步推进，部分重大改革项目有了重点突破。制定“湖北深化水利改革三年（2014—2016年）行动要点”，明确20个方面的改革举措。扎实推进实行最严格水资源管理制度、创新水生态文明建设模式、建立河湖长制、创新水利工程建设与管理体制等方面的改革，抓紧抓实水生态文明城市建设、小型水利工程管理体制改革、农业水价综合改革、水权改革等国家级试点工作。

鄂北等一批重大水利项目相继开工，水资源优化配置总体布局有了明显改善。鄂北地区水资源配置、荆江大堤综合整治、碾盘山水利水电枢纽、引江补汉、洪湖东分块及杜家台分蓄洪区、大型灌区节水改造等9项工程列入国家172个重大节水供水项目。

农村饮水安全“村村通”取得明显进展，民生水利发展使人民群众有了更多获得感。共完成投资1070.6亿元，比“十一五”的567.2亿元增长88%；年均完成投资214.1亿元，是“十一五”的1.9倍。

加快实施最严格水资源管理制度国家级试点顺利完成，推进“千湖之省碧水长流”有了重要抓手。省、市、县三级水资源管理指标体系全面建立。组织节水型企业、灌区及公共机构创建活动。开展重点河流纳污能力核定，严格化工园、工业园排污口审批。将水功能区达标率纳入省管干部考核。国家水资源监控能力建设项目基本完成。我省加快实施最严格水资源管理制度试点工作顺利通过水利部验收。治理水土流失面积10 142km²。

治理后的武汉市沙湖风景宜人

回顾“十二五”
四川水利改革发展实现历史性突破

山区百姓喜用自来水

“十二五”时期，四川水利紧紧围绕“再造一个都江堰灌区”核心目标，成功应对频繁的自然灾害和繁重的建设任务，一大批关系长远的重大项目纳入国家规划，一大批期盼多年的重点工程开工建设，水利投资实现历史性增长，水利建设实现历史性突破，水利抗灾减灾取得重大胜利，依法治水管水能力进一步增强。

“十二五”时期，全省累计落实水利投资1 276亿元，占目标的108%，是“十一五”的3.9倍（不含“5·12”地震灾后重建210亿元）；新增和恢复蓄引提水能力72亿m^3，占目标的103%，是“十一五”的1.8倍；解决规划内农村2 411万人及藏区规划外新增87万农牧民饮水安全问题，占目标的104%，是“十一五”的1.6倍；新增有效灌溉面积660万亩，占目标的102%，是“十一五”的2.8倍；治理水土流失面积1.8万km^2，占目标的100%，是“十一五”的1.6倍。“十二五”是四川水利建设和发展最快的时期，也是历次五年规划完成最好的时期，主要有四个特点：水利投资实现历史性增长；水利建设实现历史性突破；水利抗灾减灾取得重大胜利；依法治水管水能力进一步增强。

展望“十三五”
为全面实现小康社会提供坚实水安全保障

“十三五”时期，四川水利将按照中央“四个全面”战略布局和“创新、协调、绿色、开放、共享”发展理念，紧紧围绕四川省“三大发展战略”和“两个跨越”总体部署，加快推进“再造一个都江堰灌区”工程，以节水供水重大水利工程建设为重点，全面提升水利基础保障能力；以农村饮水巩固提升、农田水利建设等民生水利为基础，努力提供基本公共服务产品，改善群众生活生产条件；以落实最严格水资源管理制度为抓手，促进经济社会发展方式转变；以江河湖库系统治理和生态修复为着力点，大力推进水生态文明建设；以深化水利改革为突破口，强化依法治水和科技兴水，构建现代水治理体制机制，努力实现四川省从水利大省向水利强省的跨越，为全面建成小康社会提供更加坚实的水安全保障。

攀枝花重点水利工程建设现场

贵州破解工程性缺水步伐加快

治理后的涟江河

前　言

黔山大地，山因水而秀，水因山而灵，山与水的相融相依，孕育出神秘多彩的贵州风貌。在贵州人民生存发展的历史长河中，水，无疑是最活跃、最核心的自然要素。

翻开贵州水史，“十二五”这一页，水在激情高歌、一路奋进！

5年时间，贵州水利投入达到1 122亿元，是新中国成立以来到“十一五”末水利总投资的3.1倍，是“十一五”水利总投资的4.8倍。一时间，一座座水库拔地而起，在黔山大地星罗棋布，水利工程新增年供水能力18亿m^3；一股股清泉流进千家万户，1 500万农村人口及学校师生喝上了放心水；一条条沟渠穿梭乡村原野，466万亩农田告别“望天水”；一片片绿洲奇迹般重生，1.15万km的水土不再流失。

无疑，这5年，是贵州历史以来水利投资强度最大、建设速度最快、改革力度最强、人民受益最多的5年。

这些成绩的取得，得益于党中央、国务院的倾力关怀，得益于省委、省政府的重视和决策，得益于广大水利人的实干和拼搏，更得益于社会各界和广大人民群众的参与和支持。

回味“十二五”，满满的拼搏与感动，我们要为自己点赞！

直面新征程，硬硬的责任与担当，我们要为自己加油！

抢抓水利大机遇

贵州不缺水。贵州地处云贵高原的东斜坡带，属亚热带高原季风湿润气候，年均降雨量1 200mm左右，多年平均径流量为1 062亿m^3，人均占有水资源量为2 800m^3，高于全国2 091m^3的平均水平。

贵州缺水。贵州属典型的喀斯特岩溶山区，山地和丘陵占国土面积92.5%，是全国唯一没有平原支撑的省份。贵州发展滞后，水利工程欠账严重，水资源开发利用率仅为10%左右，不及全国平均水平22.1%的一半，人均供水量为263m^3，也只有全国平均水平的58%，是一个典型的工程性缺水省份。

“十一五”末，贵州没有一座建成的大型水利工程，建成的中型水库也仅有34座，水利工程

年供水能力仅有92亿m^3。据测算，到2020年，贵州同步小康的用水需求在150亿m^3以上，贵州水缺口达到60亿m^3。因此，工程性缺水成为制约贵州经济社会发展的重要短板。

2009年7月至2010年5月，贵州遭受了百年不遇的特大旱灾，1 869万人、1 272万亩农作物受灾，直接经济损失达132亿元，贵州的灾情引起了党中央、国务院的高度重视。

2011年1月，中央出台一号文件，同年2月，水利部与贵州省人民政府签订了《贯彻落实中央一号文件共同推进贵州水利改革发展合作备忘录》，中央的战略部署和国家有关部委的关心，给贵州水利带来了千载难逢的发展机遇。

贵州省委、省政府迅速行动，于同年3月9日出台了《关于加快水利改革发展的意见》，决心举全省之力打赢这场工程性缺水的攻坚战，贵州水利大建设、大改革、大发展的战略行动从此拉开序幕。

群众用上放心的自来水

黔中水利枢纽总干渠青年队渡槽

水利跑出加速度

为加快解决工程性缺水问题，中央对贵州的关怀接踵而至。2011年7月，国务院为贵州批复了《贵州省水利建设生态建设石漠化治理综合规划》（简称“三位一体”规划），这是贵州首个国家级层面的综合规划，总投资1 472亿元，其中水利建设投资954亿元，规划到2020年水利工程年供水能力达到159.4亿m^3，基本解决贵州工程性缺水问题。

在“三位一体”规划的总布局下，贵州省委、省政府又相继于2013年启动了水利建设“三大会战”、小康水行动计划，2015年启动了水利建设“三年行动计划”等一系列水利战略部署，水利建设一再加快。

“十二五”是我省水利历史以来投资强度最大、建设速度最快的5年。全省累计投入水利建设资金达到1 122亿元，是新中国成立以来到“十一五”末水利总投入的3.1倍，是“十一五”水利总投入的4.8倍。

5年时间，贵州新开工骨干水源工程156座，其中大型水库2座、中型水库64座，小型水库90座，新开工数是“十一五”的9倍。实施抗旱引提调水工程137个。续建的“滋黔”一期18座中型水库基本建成。黔中水利枢纽工程一期建成并下闸蓄水，夹岩水利枢纽工程、马岭水利枢纽工程开工

黔中水利枢纽工程大坝全景图

普定县2012年坡耕地项目区效益

水土保持项目助农民增收致富

建设，黄家湾水利枢纽工程完成初设批复并启动三通一平。

全省年供水能力从原来的92亿m^3提高到110m^3。解决了1 500万农村人口及学校师生饮水安全问题，新增农田有效灌溉面积466万亩，新增农村水电装机112万kW，934座病险水库得到除险加固，454条中小河流重新焕发生机，1.15万km的水土流失面积得到治理。全省防洪减灾效益达119.86亿元，因洪灾死亡人数为1950年以来最少，抗旱挽回粮食123.5万t。全省万元工业增加值和万元GDP用水量分别从“十一五”末的233m^3、219m^3下降到85m^3、96m^3。

改革创新水动力

改革创新是贵州水利发展史上最为注目的关键词，其决心之大、力度之强前所未有。强有力的改革驱动改变了贵州水利人的思维，冲破了陈旧的体制机制障碍，助推了贵州水利的大发展、大提速。

根据水利部的统一部署，2014年年初，贵州全面启动了水行政管理体制、水利投融资管理体制、水资源管理体制、水利工程建设管理体制、水利工程运行管理体制、水利基层管理体制以及水价和水权8个方面19个专题的改革行动。

在八大改革行动的牵引下，贵州坚持“先建机制、再建工程”的建管并重思路，坚持“月检查、季调度、半年通报、全年考核”的工作机制，各级水利部门始终保持一种“思想求实、作风务实、工作落实和全行业创新、各项工作创新、各单位创优”的“三实三创”新常态，改革课题逐个破解，机关效能迅速提升，水利项目加速推进，水利工程健康管理，整个行业呈现出创新驱动的新活力。

——大力推进简政放权，省级水行政许可事项由46项减少到13项，省级水行政权力由219项减少到34项，均为周边省份最少。

——新成立64家水利投融资公司，签订贷款合同542亿元，累计提款300亿元，穷省干大水利的资金缺口难题得到解决。

——打破传统体制格局，成功探索出以灌区或小流域为单元组建片区水务（站、所、分局）模式，新建水务站（所、分局）182个，基层水利服务能力得到提升。

——实施小型水利工程产权制度改革，分类明晰工程权属，15万处小型水利工程明晰了产权，13万处落实了管护主体和管护责任，一大批小型水利工程重新发挥效益。

——强力推进水资源管理体制改革，市、县两级水务一体化管理实现全覆盖，13个水生态文明建设试点、10个首批节水型社会创建活动有序推进，“三条红线”控制指标、实时监控、考核评估“三个体系”框架基本建立，2015年最严格水资源管理制度考核居全省第七、国家水资源监控能力建设项目居全国第五。

——依法治水成效明显，新颁布、修订6部省级水法规，启动3部法规的制定和修订工作，新颁布、修订的地方水法规数量居全国前列。

——探索水利工程“建管养用”一体化的山区现代水利模式，17个山区现代水利项目已成功实践，有力牵动山区现代农业发展，成为贵州水利的新品牌。

——创新水利职业教育办学模式，由贵州水投（集团）公司控股的贵州水利职业学院新基地已具雏形，着力打造贵州水利人才孵化基地，“校企合作”模式已成为现代职业教育发展的新典型。

——依托贵州大数据平台，以防汛抗旱指挥系统、山洪灾害监测系统、水文水资源监测系统、水利工程智能化监管系统等为支撑的贵州“水利云”已显雏形。

扶贫攻坚水先锋

贵州因水而美，但又因水而贫，特别是滇桂黔石漠化片区、武陵山区和乌蒙山区，是贵州水利设施最薄弱、生态环境最脆弱、贫困程度最严重的地区。

扶贫攻坚，水利先行。贵州在统筹推进水利建设的同时，结合地区贫困差异，以三大片区为主战场，以规划先行为引领、项目扶持为载体、政策优先为支撑，瞄准短板，精准扶贫。

“十二五”时期，全省累计投入乌蒙、武陵、滇桂黔石漠化三大片区70个贫困县省级以上水利资金达422.05亿元。

——建成“滋黔”一期11座中型水库，黔中水利枢纽工程一期下闸蓄水，开工2座大型水库、51座中型水库、73座小型水库。新开工水库可解决贫困地区207.49万农村人口和315.06万库耕地灌溉面积。

——累计解决了1 327.7万农工人口及学校师生饮水安全问题。

——新增及恢复耕地灌溉面积294万亩，农田灌溉水有效利用系数从0.419提高到0.451。

——治理了394条中小河流和2个大江大河支流共1 084.1km，保护人口457.8万人，保护耕地面积109.1万亩。

——治理水土流失面积9 987km^2，森林覆盖率增加5个百分点。

——835座病险水库得到除险加固。

——新增小水电装机87万kW。

展望未来水担当

“十三五”是贵州扶贫攻坚、同步小康的决胜期，也是贵州破解工程性缺水的最后冲刺阶段。

根据水利部的要求和贵州省委、省政府的规划部署，“十三五”期间，贵州要打造县县有中型水库、乡乡有稳定水源的现代水利工程网，实现新增年供水能力40亿m^{3}以上，到2020年贵州水利工程年供水能力达150亿m^{3}以上，基本解决工程性缺水问题。

围绕这一艰巨的目标任务，贵州将按照“五位一体”总体布局和“四个全面”战略布局，深入贯彻落实五大发展理念和新时期水利工作方针，加快推进水利建设“三大会战”、小康水行动计划和水利建设“三年行动计划”，全面深化水利各领域改革，加大水利扶贫攻坚步伐，全面推进依法治水进程，着力构建与贵州同步小康相适应的水安全保障体系。

决战水困能否胜利，关系到贵州同步小康进程，关系到4千万群众的福祉。贵州水利人决心为使命而战，铿锵前行，为责任担当，奋斗不止！

山区现代水利喷灌

水土保持项目助农民增收致富

云南省水利厅

云南省委书记李纪恒、省长陈豪带队到水利部汇报工作

陈坚厅长深入施甸县老麦乡杨柳村了解群众真实需求

“十二五”时期是云南水利发展最快，改革力度最大，群众得到实惠最多的时期。在省委、省政府高度重视、高位推动下，全省水利系统锐意创新，扎实苦干，推动云南水利取得了巨大成就。

水利建设　云南省5年水利投资累计完成1 466亿元，是“十一五”的3.5倍。全省新增水库总库容21.7亿m^3，新增供水能力26亿m^3。陇川麻栗坝枢纽、楚雄青山嘴2座大（2）型水库建成投入运行。“十一五”续建的小中甸大型水库、罗汉坪等23件中型水库，布都河等31件小（1）型水库基本建设完成。“十二五”新开工建设大中小型骨干水源工程261件，牛栏江—滇池补水工程2013年年底正式投产运行，一水多用综合效益明显。滇中引水工程项目建议书获国家批复立项，勘察性试验工程动工。全省有效灌溉面积达2 650万亩，占常用耕地的41.4%。曲靖、蒙开个等12个大型灌区完成91%灌区骨干工程续建配套与节水改造任务，新立项了柴石滩、麻栗坝两个大型灌区；共实施完成重点中型灌区节水配套改造项目31个；开展了125个小型农田水利重点县建设，基本实现全覆盖。建成高效节水灌溉面积近210万亩，实施了5 765km的干支渠防渗，立项实施了8个中央财政小农水高效节水灌溉重点县，建成高产稳产农田1 745万亩。

民生水利　云南省5年解决了1 259.5万农村居民和110万农村学校师生的饮水安全问题，如期完成13座中型、251件小（1）型和3 990件小（2）型病险水库除险加固任务，实施了269个重点地区中小河流河段治理。建成山区“五小水利”工程240万件，其中“爱心水窖”168万件。开展了香格里拉等3个县牧区水利，大理等7县（市）水利血防建设。实施27个水电新农村电气化县、25个小水电代燃料项目和101座农村水电站增效扩容改造，全省农村水电装机达1 144万kW，成为全国农村水电装机规模首个突破千万千瓦的省份。

刘刚书记听取牛栏江—滇池补水工程介绍

“润滇”标志性工程——文山市暮底河水库，2011年荣获水利“大禹”奖

防汛抗旱减灾 云南省成功抗击了连续5年严重干旱，有效应对了“威马逊”台风、红石岩堰塞湖等一系列自然灾害，保障了城镇公共设施、水库、水电站、江河堤防等生命线工程的安全运行。初步建成129个县（市、区）山洪灾害监测预警系统和群测群防体系。全省洪涝、干旱灾害年均损失率分别为0.35%、0.92%，实现了“十二五”规划确定的低于1%的目标。

云南省勐腊县傣族村民用上了自来水

水生态文明建设 云南省最严格水资源管理制度体系全面建立，“三条红线”控制指标全部分解下达到州（市）、县（市、区），责任考核纳入省委集中考核内容。全省万元GDP用水量、万元工业增加值用水量分别比“十一五”末下降了47.5%和41.8%，农田灌溉水利用系数由0.48提高到0.52，重要江河湖库水功能区主要水质达标率为78%。曲靖市、玉溪市被水利部评为全国节水型社会示范区。滇池、洱海等高原湖泊和南盘江等重要流域水环境综合治理继续推进。普洱、丽江、玉溪被列入国家水生态文明城市建设试点，腾冲、富宁等省级水生态文明建设试点逐步展开，水功能区监督管理和重要饮用水水源地安全保障达标建设不断强化。累计新增治理水土流失面积1.72万m^2，水土保持生态修复3万m^2，水土保持监测网络初步建成。

水利改革 云南省全国农田水利改革试点圆满完成，走在全国前列。水价改革、水利投融资、水资源管理体制、参与式水利建设与管理、水利安全发展体制机制改革扎实推进，做到改有所进、改有所成。具有云南特色的地方性水法规体系初步建立，取消了所有非行政许可项目审批，大力推进水利依法行政工作，在连年干旱、水资源分配紧张的情势下，没有发生因水事纠纷引发的重大群体性事件。水利工程质量与安全监督管理不断加强，在全省大规模、高强度水利建设进程中，没有发生较大以上的安全生产事故和重大质量事故。

云南省大研镇义尚文林村用水协会成立

抢抓机遇 砥砺奋进
努力开创西藏水利改革发展新局面

——“十二五”西藏水利发展综述

水利部2015年在拉萨召开第七次援藏工作会议

“十二五”期间，西藏180多万农牧民群众共享水利改革发展成果，全区农田有效灌溉面积达到345万亩，新增和改善灌溉面积150万亩，林草地灌溉面积100万亩，新增供水能力7亿m^3，解决了近93万城乡人口饮水安全问题，农牧区饮水安全覆盖率达95.3%。新增农村水电装机容量7.2万kW，新增和改善无电地区42.4万人用电问题，农村电力人口覆盖率达到95%以上。农田灌溉水有效利用系数达0.417，征收水资源费和水土保持补偿费近6 000万元。一是水利投资实现快速增长。“十二五”全区落实水利投资227.8亿元，超额完成“十二五”规划投资近50亿元。二是水利基础设施建设取得新突破。中央支持西藏发展的19类水利项目全部落地，新开工水利项目821个。建成农村饮水工程点7 000多个，小型农田水利重点县和专项县实现全覆盖，治理了雅江等9条大江大河和90条中小河流，建成防洪堤1 600多km。三是依法治水管水取得新进展。修订实施《西藏自治区实施〈中华人民共和国水法〉办法》《西藏自治区实施〈中华人民共和国水土保持法〉办法》等地方性水利法规及规范性文件17项，出台计提15%土地出让收益金用于农村水利等政策，重要江河湖泊水功能区纳污能力和分阶段限排总量进一步明确。四是深化水利改革迈出新步伐。审批事项由25项减少到9项，投资3 000万元以下项目审批权限下放到地（市），水利项目全部进入自治区建设工程交易中心公开招标，启动区地事权划分、水生态文明、水生态补偿等改革试点。五是水利基础工作取得新成绩。编制完成《自治区水利发展“十三五”规划》等5个专项规划，全面启动“十三五”重大水利建设项目前期工作，完成了雅江、藏东“三江”江河流域规划，开展了44条中小河流流域综合规划、57条河流水能资源开发规划，储备项目786个。六是防汛抗旱保障能力得到新提升。成功应对了那曲忠义冰湖溃决、尼泊尔“4·25”地震等水利抗震救灾工作，完成了中央防汛物资储备库拉萨一期仓库建设和70个县山洪灾害非工程措施建设。七是水利援藏形成新格局。水利部领导多次带队进藏检查指导工作，先后三次召开水利部援藏工作会议，派出援藏干部81人，援藏培训人员1 366人（次），赴内地交流82人（次）。八是水利行业能力建设取得新突破。组建了区水电院等部门，建设各类水文、水资源、水保监测等站点2 328处，与农、林部门共建414个乡镇农牧综合服务中心。落实全面从严治党主体责任，扎实开展群众路线教育实践活动和“三严三实”专题教育。

丰收的雅砻灌区

陕 西 水 利

2015年，在省委、省政府的坚强领导下，省水利厅认真贯彻习近平总书记两次来陕视察时提出的"要在生态保护上算大账、长远账、整体账、综合账，围绕山青、水净、坡绿目标，抓好山河江坡综合治理"重要指示，抢抓机遇，埋头苦干，大力推进"五大体系""十大工程"建设，顺利完成了年度各项目标任务。

水利投资持续稳定增长。在经济下行压力加大形势下，陕西水利工作不断加强与国家部委、省级相关部门和金融机构的沟通协调，努力通过中省专项资金、金融机构融资、专项债券等多渠道筹资，全年累计完成水利投资245亿元，为年度目标任务的102.1%，较上年增长5.6%。"十二五"全省累计投资达到1 050亿元，是"十一五"的3.5倍，保障了水利建设的资金需求，为全省促投资、稳增长作出了积极贡献。

重大水利工程突破进展。渭河综合整治工程全年建成堤顶道路硬化绿化214km，为年度目标任务的107%。引汉济渭工程全年完成投资29.57亿元、隧道掘进16.23km。泾河东庄水利枢纽可研报告批涉及的16个前置要件已经全部编制完成。同时各地其他重点工程建设步伐加快，陕北黄河引水工程加紧实施，汉江、丹江综合整治步伐加快，引红济石引水枢纽完工，榆林王圪堵、延安南沟门、西安李家河水库已蓄水发挥效益，咸阳亭口、西咸新区斗门水库有序推进，年度完成投资41亿元。

民生水利项目建设成效显著。全年改造新修基本农田52.47万亩，为年度目标任务的104.9%，发展节水灌溉面积90.6万亩，为年度目标任务的113.3%。农村安全饮水完成投资15.5亿元，累计解决了253万农村饮水不安全人口，为年度目标任务的115%。同时率先在全国实现了县级水质监测网络全覆盖。编制完成《陕西省黄土高原地区淤地坝建设（2016—2035年）总体规划》和《陕西省黄土高原地区淤地坝建设"十三五"规划》。全年建设淤地坝1 027座，为年度目标任务的102.7%，治理水土流失面积6 636.4km^2，为年度目标任务的102.1%。全省实现水产品产量17.0万t、渔业经济总产值63.3亿元，分别为年度目标任务的113.3%、126.6%。扎实做好移民和水电工作，全年共下拨移民后期扶持直补资金3.6亿元，项目资金1.2亿元，新增装机容量6.8万kW。

水利改革助推水利发展。制定下发《2015年深化水利改革工作要点》和《任务分解落实方案》，对34项年度改革任务明确分管领导，明确承办处室和单位，形成整体推进合力。狠抓机构改革、水价改革、水权制度改革、落实最严格水资源制度、小型水利产权改革等方面重点领域工作，加快破解制约水利科学发展的体制机制障碍。坚决落实中央、省简政放权要求，及时组织编制上报权力清单和责任清单，下放市县水行政主管部门行政权力31项，在省政府网站向全社会公布。全年受理行政许可申请14项、办结14项，全部上网公示受理和办理情况，接受全社会监督。

行业自身作风建设有力进展。认真学习贯彻落实中央和省委重大决议，切实领会习总书记一系列重要讲话的深刻内涵，身体力行改进作风抓落实。成立督查组对全省水利系统《中国共产党纪律处分条例》贯彻与"三严三实"专题教育开展情况进行逐一督查。深入开展"对标定位、晋级争星"活动，不断培育和践行社会主义核心价值观，广泛开展精神文明建设工作。狠抓"四风"纠正和"八项规定"推进，集中组织学习新颁布的《中国共产党廉洁自律准则》和《中国共产党纪律处分条例》。坚持有案必查、有腐必惩，依纪依规调查核实信访件23件，对相关人员进行警示提醒谈话。多形式开展大规模"学党章、讲规矩、守纪律"主题学习教育活动，教育引导党员干部自觉增强政治意识、规矩意识和纪律意识。

苦干实干创新发展，"十二五"宁夏水利事业取得显著成就

黄河宁夏段二期防洪工程治理效果初现

宁夏固原市原州区万亩马铃薯高效节水灌溉示范基地

"十二五"以来，宁夏水利事业迈入新一轮大投入、大建设、大发展的新时期，是水利投资最高、水利保障能力提升最快、发展目标实现最好、人民群众得到实惠最多的5年，取得了令人瞩目的成果。

——水利项目投资再创历史新高。全区"十二五"水利投资达211.83亿元，是"十一五"的2.2倍，其中争取中央投资121.46亿元，是"十一五"的2.4倍。一大批事关全区发展和民生改善的重点水利工程相继建成，"山川统筹、南北调剂、丰枯补给"的现代水利基础设施网络体系进一步完善。

——农村饮水安全任务超额完成。全面解决了139.3万农村群众和12.5万师生的饮水安全问题，自来水入户率达80.7%，全区316万城乡居民告别了"水贵如油"的苦涩历史，农村饮水安全和基本安全人口接近100%。

——各业供水服务作出巨大贡献。加快青铜峡、沙坡头灌区节水改造，开展"美丽渠道"建设，保证了860万亩农田灌溉均衡受益，为全区粮食生产"十二连丰"和农民持续增收作出了重要贡献。不断加大工业供水能力建设，确保了宁东等工业园区和固原等城市用水安全，走出了一条从传统农业供水向工业、城市、生态各业供水的发展之路。

——农田水利基本建设成为全国一面旗帜。坚持不懈发动群众大搞农田水利基本建设，新增防渗渠道5.7万km、节水灌溉面积465万亩、旱作基本农田120万亩，改造中低产田297万亩，建设高标准农田269万亩，在中部干旱带发展高效节水补灌155万亩。启动实施银北百万亩盐碱地改良，综合治理取得明显成效，58万亩昔日盐碱滩变身"金银滩"。灌区实现了改革开放以来第一轮农田水利基本建设全覆盖。

——节水型社会建设成效显著。率先在黄河流域开展水权制度改革，初步建成最严格水资源管理制度体系，实现区、市、县三级水资源管理“三条红线”控制指标全覆盖，节水考核工作扎实开展。灌溉水利用系数从0.42提高到0.50，万元GDP用水量从440m^3下降到255m^3，万元工业增加值用水量从64m^3下降到51m^3，低于全国平均水平。引黄水量由最高年份的89亿m^3稳定在65亿m^3左右，宁夏回族自治区成为全国唯一省级节水型社会建设示范区。

除险加固后的大闸

——水利防灾减灾能力大幅提升。建成覆盖全区的山洪灾害预警体系，完成黄河宁夏段综合治理工程建设，全线开工二期防洪治理，“黄河金岸”在抗击2012年黄河大洪水中确保了黄河安澜，搭建起沿黄经济区发展重要平台。加快实施清水河、苦水河综合治理和69条中小河流治理，对全区206座水库进行了除险加固，新建引调提水工程69处，新增和恢复库容4.24亿m^3，保障了人民生命财产安全。

2015中阿博览会——中国（宁夏）国际节水展览会

——水生态环境建设成绩斐然。新增治理水土流失面积5 633km^2，治理程度达到46%。黄河宁夏段水质稳定保持在Ⅲ类，重要水功能区水质达标率提高到75%，依法关闭公共管网覆盖范围内工业企业自备井407眼。依托水利工程实施沟渠湖库连通扩整，扎实推进水生态环境保护，沙湖、鸣翠湖等5个湖泊湿地获评国家水利风景区，“黄河金岸”“艾依春晓”入选“宁夏新十景”。

——水利改革不断深化。水权转换、水价改革得到汪洋副总理充分肯定，宁夏回族自治区党委、政府在全国率先出台《关于深化改革保障水安全的意见》，围绕水资源管理体制机制等新一轮水利改革号角已经吹响，开启了全面深化改革的新征程。

——依法治水管水迈出坚实步伐。颁布施行《宁夏实施〈水法〉办法》《宁夏实施〈中华人民共和国水土保持法〉办法》等5部地方法规和政府规章及11项规范性制度。率先在全国建立水利建设市场信用体系，进一步规范水利工程建设管理，部分经验做法被水利部在全国推广。水利安全生产态势稳定向好，连续多年荣获水利部和自治区先进。水文基础设施和监测能力不断增强，科技兴水战略深入实施，13项成果获省部级科技进步奖。水利电子公共应用平台首家迁入自治区政务云，水利信息化建设开启新局面。

——水利党建党风廉政建设取得新成效。落实全面从严治党主体责任，扎实开展群众路线、“三严三实”专题教育，着力推进水利党风廉政建设，全系统形成了风清气正、人和心顺、心齐劲足的发展环境。水利精神文明建设和水文化建设深入开展，共创建自治区以上文明单位30个，市、县级文明单位基本全覆盖，工青妇、学会等团体作用进一步发挥，水管职工曹君同志成为全国水利标兵。水利厅群众评议机关和干部作风工作连续4年在政府组成部门中名列前茅，取得3个第一名。

已建成的中庄水库航拍图

跨越发展显成效　打牢基础惠民生

——青海水利"十二五"改革发展成就辉煌

陈雷部长在青海省省长郝鹏、副省长严金海等领导陪同下调研青海水利工作

引大济湟调水总干渠隧洞全线贯通

"十二五"以来，青海省水利部门深入贯彻落实中央和青海省委、省政府新时期治水思路，吃透水情，把握方向，科学谋划，开拓进取，水利改革发展取得了显著成效。"十二五"期间是水利投入强度最大、项目实施最多、计划执行最好、农牧民群众从水利建设中得到实惠最多，对全省经济社会建设的支撑和保障能力提高最快的时期。也是群众受益最多的5年，为"十三五"扬帆起航打下了坚实的基础。

这5年，水利工作呈现5大亮点。一是水利投入实现新突破。5年全社会水利投入达283亿元，是"十一五"的3倍，初步形成了以政府投资为主导，社会投资、利用外资、金融信贷为补充的水利投融资机制，有力支撑了水利事业又好又快发展。二是规划执行实现新突破。纳入《全省经济社会发展"十二五"规划纲要》的两项水利指标全部实现，列入《全省水利发展"十二五"规划》的11项约束性指标和预期性指标均超额完成，是新中国成立以来规划目标完成最好的5年。三是前期工作实现新突破。编制完成了一批事关全省经济社会发展全局的重点水利规划，湟水北干二期、西干渠、那棱格勒水利枢纽等10个重点项目列入国务院172项重大节水供水工程建设计划；柴达木盆地水资源配置、"三滩"引水、湟水南岸水利扶贫灌溉等10个重点项目进入水利部"十三五"规划盘子；4个重大项目明确写入中央24号文件予以支持。四是重点改革实现新突破。省级层面水利审批事项由原来的16项减至8项，向西宁、海东、柴达木3个工业园区下放了4项水行政审批权限，把中小型水利项目审查审批权限全部下放至市州。温泉水库移交海西州管理。多渠道、多元化投融资机制建设迈出实质性步伐。开展了盘道水库向甘河工业园区水权置换试点。小型水利工程管理体制改革试点成效明显，互助、贵德两县农业水价综合改革试点任务如期完成。五是水管理实现新突破。水资源论证、取水许可、有偿使用、总量控制和定额管理等制度得到有效落实，2015年全省用水总量较2010年减少25.5%、万元工业增加值用水量下降49%、农田灌溉水有效利用系数提高22.5%，重要江河湖泊水功能区水质达标率83.8%，"三条红线"全部实现国控目标。

这5年，水利工作得到5个显著提升。一是不断深化治水兴水思路，水利地位作用显著提升。中央和省委省政府高度重视水利工作，作出了加快水利改革发展的重大决策部署，把水利提升到关系经济安全、生态安全、国家安全的战略高度，摆在八大基础设施网络建设的首要位置，纳入九大风险防范的关键领域，列为拉动经济增长的重点行业，提出了明确要求。在一系列政策引领下，我们坚持以生态文明建设理念统领水利改革发展事业，明确提出了东西部开源节流并重、南北部保护修复并举的水利发展思路，初步形成了以水保生态、以水惠民生、以水促发展的水利发展格局，水利为全省经济社会发展和人民安居乐业作出了突出贡献。二是加快推进水利工程建设，供水保障能力显著提升。引大济湟“两贯通一蓄水”目标全面实现，标志着这项跨流域调水项目主体工程基本建成。解决了162.4万农牧民的饮水安全问题，基本实现了农牧区饮水安全工程全覆盖。完成了河湟谷地、海南台地、柴达木绿洲等13处大中型灌区节水改造，实施了97个小农水重点县及项目县、37项草原节水灌溉示范等项目。5年新增供水能力6亿m^3，新增有效灌溉面积59.8万亩，发展高效节水面积63.8万亩，改善灌溉面积157.4万亩，支撑保障能力进一步提高，人民群众得到了更多实惠。三是着力夯实防汛抗旱基础，防灾减灾能力显著提升。健全了防汛抗旱行政首长负责制，完善了防汛抗旱预案体系，加强了防汛抗旱信息化建设，新建和加固堤防、护岸1 000多km，完成75座病险水库除险加固，实施了上百项抗旱引提调应急水源工程，有效应对了局部地区水旱灾害，最大程度减轻了灾害损失。圆满完成了玉树地震水利灾后恢复重建任务。四是扎实推进水生态文明建设，水资源管理能力显著提升。以实行最严格水资源管理制度为核心的水管理制度体系框架基本建立，以全省水资源综合规划为主体，重要区域和流域水资源规划为补充的规划体系基本形成，“三条红线”控制指标基本实现省、州、县三级行政区全覆盖，严格制度约束，强化规划引领，加大监管考核，倒逼用水结构优化。西宁、海北积极开展全国水生态文明城市试点建设，西宁、格尔木、德令哈三市被命名为全国节水型社会示范区。统筹推进东部黄土高原、三江源、祁连山等重点区域水土保持生态治理，治理水土流失面积4 200km^2，新增农村水电装机容量3.06万kW，新建6处国家水利风景区。五是全面推进依法治水管水，行业管理能力显著提升。颁布施行《青海省饮用水水源保护条例》《青海省实施〈中华人民共和国抗旱条例〉办法》等20多件地方水法规、规章和规范性文件。依法查处水事违法案件467件，调处水事纠纷202起。圆满完成了第一次全国水利普查，基本摸清了水利行业家底。加强水利建设市场监管，严格建设程序，规范市场秩序，全面推行“四项制度”，加大在建水利项目监督检查、稽察和安全生产监管力度，确保了工程质量和安全。基层水利服务体系逐步健全，314个基层水利机构和230个农民用水户协会服务在田间地头。水利干部职工继续教育、岗位培训和挂职交流力度持续加大，职工队伍整体素质明显提高。

这5年，水利工作获得5点重要启示。一是必须坚持科学发展，积极践行中央新时期治水方针，不断丰富完善水利改革发展思路，广大水利干部职工忠实履职、勇于担当，攻坚克难、锐意进取，生动诠释了“献身、负责、求实”的水利行业精神。二是必须坚持统筹兼顾，注重兴利除害，促进协调发展，集中力量补短板、强基础、破瓶颈，着力提升水利支撑保障能力。三是必须坚持民生优先，解决好群众最关心最直接最现实的水利问题，加强贫困地区、藏区水利基础设施建设，推动民生水利新发展。四是必须坚持人水和谐，把生态文明理念融入到水资源开发、利用、治理、配置、节约、保护各个方面，贯穿于水利规划、建设、管理各个环节，全面推进水生态文明建设，实现生态、经济、社会效益的多赢。五是必须坚持改革创新，加快重点领域和关键环节水利改革攻坚，破解长期制约水利发展的深层次矛盾和问题，不断增强水利可持续发展的活力和能力。

小流域综合治理后的西宁长岭沟水保示范区

湟海渠渡槽

兴水惠民 治水兴陇
"十二五"甘肃水利改革发展实现新跨越

北湖鸟瞰图——庆阳市雨水集蓄利用工程

"十二五"期间，甘肃省积极践行可持续发展治水思路，水利事业获得长足发展。全省水利总投资达516亿元，其中中央投资308亿元，分别是"十一五"水利总投资201亿元的257%，中央水利投资115亿元的268%，是甘肃省水利投资规模最大、建设进度最快、改革力度最强、综合效益最好、群众受益最多的5年。

治水思路更为清晰，目标任务更加明确。深入贯彻"节水优先、空间均衡、系统治理、两手发力"的新时期水利工作方针，牢牢把握和主动适应经济发展新常态，着力破解水利发展中"八个不相适应"的问题，坚持政府市场两手发力、建设发展与改革推进双轮驱动，着力扭转就水论水、重建轻管、重建轻改的水利发展局面。甘肃省委、省政府决策启动了"6363"水利保障行动，为今后一个时期全省水利改革发展提供了重要遵循。

水利建设成效显著，支撑保障更加有效。全省人民期盼半个多世纪的引洮一期工程建成投入运行，为中部地区经济社会可持续发展提供了重要水资源保障。盐环定扬黄续建甘肃专用供水工程、靖远双永供水工程、古浪黄花滩骨干水利工程、天祝县石门河引水和南阳山片供水工程基本建成投入运行。全省新增水利工程供水能力6.1亿m^3，有效保障了经济社会发展用水需求。

民生水利长足发展，基础条件持续改善。甘肃省政府每年将解决农村饮水安全问题列为为民办实事事项，5年累计解决了991万农村人口的饮水安全问题，农村自来水普及率达到80%。全力推进河西及沿黄高效节水增效、陇中东南部特色农业高效节水灌溉项目建设，全省新增农田有效灌溉面积55万亩，发展高效节水灌溉面积410万亩，为现代农业发展创造了有利条件。全省累计兴修梯田739万亩，实施了59个水电农村电气化及小水电代燃料项目，新增小水电装机容量79万kW。累计实施了106个江河主要支流、184个中小河流及14个山洪沟道治理项目，新建加固堤防3 265km，堤防达标率达到78%；完成了4座中型、138座小型病险水库及35座病险水闸除险加固任务；建成83个县级山洪灾害防治非工程措施项目，有效增强了抗灾保安能力。

流域治理加快推进，生态建设成效明显。石羊河流域重点治理蔡旗断面过水量、地下水控制开采量两大约束性规划目标提前实现，青土湖形成22km^2人工季节性水面，北部湖区形成106km^2旱区湿地，流域生态环境明显改善。巩固黑河流域近期治理成效，连续5年圆满完成了黑河调水任务。敦煌水资源合理利用与生态保护规划加快实施，月牙泉周边地下水位下降趋势减缓。

大力开展水生态文明建设 积极构建泉城特色现代水利

济南市水利局

小清河

济南市是水利部确定的全国第一个水生态文明建设试点市。“十二五”期间，济南市通过大力开展水生态文明建设，全面提升现代水利发展水平。试点期间，按照《济南市水生态文明建设试点实施方案》，健全组织机构，完善推进机制，强化资金保障，加大宣传力度，形成了“政府主导、部门合作、社会参与”的强大合力。试点工作开展以来，实施了河湖水系连通、水生态修复与保护、节水减排体系建设和泉城水文化培育等建设任务410余项，完成投资309亿元，构建起了“科学严格的水管理体系、健康优美的水生态体系、安全集约的水供用和先进特色的水文化体系”，全面完成了试点建设任务，实现了预期目标，取得了显著成效。

一是多措并举，依法管控，构建了科学严格的水管理体系。以实行最严格水资源管理制度为抓手，强化依法治水管水，试点期间，在生产总值年均增长8.8%的同时，全市取用水总量由17.5亿m^3下降到15.2亿m^3，农业灌溉有效利用系数提高到0.65，水功能区水质达标率由42.6%提升到78.6%，在山东省最严格水资源管理制度考核中，济南连续被评为优秀等次，并顺利通过“国家节水型城市”复查考核。

二是彰显特色，系统治理，形成了健康优美的水生态体系。坚持空间均衡，强化系统治理，南部生态保护区，以保护和修复为主，大力实施水源涵养与水环境保护，治理水土流失面积400km^2，森林覆盖率达到60%以上，“补”的功能进一步加强。城市泉水景观区，实施名泉保护、城区水系治理，打造了洪山溪、历阳湖、百花洲等水景观，创建了“天下第一泉”5A级景区，“景”的特色进一步彰显。沿河湿地保育区，开展湿地保护、修复和建设，济西湿地公园形成了22km^2的湿地风貌区；鹊山龙湖湿地、遥墙清荷湿地、白云湖湿地形成了“杨柳依依，荷叶田田，鸟飞鱼翔”的泉城特色湿地风光，“净”的作用进一步发挥。北部平原水网区，实施牧马河、商中河等河道生态治理；邢家渡、葛店等引黄灌区续建配套与节水改造，“网”的效益进一步提高。

三是城乡统筹，优化配置，完善了安全集约的供用水体系。完成了玉清湖引水、玉符河卧虎山水库调水等十余项河湖水系连通工程，年调水能力达3.0亿m^3，实现了长江水、黄河水、当地地表水的互联互通、联合调度；大力推进水源置换，东联供水工程日均置换地下水9万m^3，泉域补给区高标准农田建设，年最大可减少地下水开采1.5亿m^3；完成玉清、鹊华水厂工艺改造提升、趵突泉泉水先观后用等工程，提高了城市供水保障能力和饮水品质；大力开展农村饮水安全工程，商河县率先实现城乡供水一体化，全市农村自来水普及率达到98.5%。

四是丰富内涵，提升品位，打造了先进特色的水文化体系。编制完成了名泉申遗文本和管理规划，成功举办了三届济南泉水节；开展了水生态文明关键技术研究与示范，与省水利厅、山东黄河河务局签订战略合作框架协议，共同推进济南水生态文明建设；成立济南市水生态文明研究与促进会；编写了《济南水生态文明读本》，拍摄了《天下泉城》《小清河》等专题片，组织“水生态保护志愿者行动”“泉城环保世纪行”“生态济南 水韵泉城”摄影大赛等，为推进水生态文明建设营造了良好氛围。

通过3年试点建设，区域水生态保护格局得到确立，河湖湿地水生态系统质量状况得到改善，水功能区达标率明显提高，重点区域生物多样性和栖息环境得到改善，水土流失状况得到治理。在近年连续干旱少雨的情况下，趵突泉实现13年持续喷涌，城乡水景观靓丽和亲水指数得到提升，水生态文明理念不断深入，全社会水资源节约保护意识显著增强，构建了“河湖连通惠民生，五水统筹润泉城”的水资源配置格局，“泉涌、湖清、河畅、水净、景美”的总体目标正在成为现实。

科学治水　依法管水　合力兴水
保障发展　惠泽民生

青岛市水利局

水库除险加固

严厉打击非法采砂行为

高新区防潮坝工程

“十二五”期间，青岛市水利系统认真贯彻落实习近平总书记“节水优先、空间均衡、系统治理、两手发力”新时期治水方针，在青岛市委市政府的正确领导下，持续推进全国水利现代化城市和水生态文明城市试点建设，实现了生态效益、经济效益与社会效益的多赢，为经济社会发展提供了有力的支撑和保障。“十二五”是水利投资规模最大、建设进度最快、改革力度最强、综合效益最好、群众受益最多的5年，在青岛市治水史上写下了浓墨重彩的一笔。

一、重点水利建设取得新跨越

大沽河治理工程全面竣工，实现了“洪畅、堤固、水清、岸绿、景美”的治理目标。加快构建库河联通、工程联网的现代水网体系，完成了棘洪滩水库至黄岛引水复线、棘洪滩水库向即墨挪城水库调水、产芝水库向即墨—城阳—崂山调水、白马河向董家口港区调水等8项调水工程建设，新河水库顺利开工；积极协调推进客水调引工程建设，引黄济青改扩建一期工程建设提前竣工通水，2015年5月上旬长江水通过南水北调东线工程顺利抵达棘洪滩水库，青岛市水资源调配能力进一步提升。

二、防汛抗旱减灾取得新胜利

开展了52条中小河流重要河段治理，完成了21座病险水闸、107座小型病险水库除险加固和89项水毁工程修复任务，建成5个区市级山洪灾害监测预警系统。成功防御了“达维”“布拉万”“麦德姆”等强台风和洪涝灾害，重要河道堤防、重点水库闸坝安全度汛，青岛市防御“麦德姆”台风的做法得到了省领导的充分肯定并作为经验在全省转发；全力应对连续3年干旱，加强抗旱应急水源工程建设和水源调度，建设灌溉机井2 572眼，有效保证了人民群众生活用水和区域发展用水需求，最大限度减轻了水旱灾害损失。

三、民生水利取得新成效

农村规模化供水列入市办实事，建成各类供水工程82处，解决了2 047个村庄、160.2万农村居民饮水安全问题，农村规模化供水人口覆盖率达到95%，并对山丘、海岛等偏远村庄实施了供水工程改造，青岛市农村居民全部喝上了放心水。实施了501个农田水利项目，恢复改善灌溉面积16.2万亩，发展节水灌溉面积74万亩，为实现全市粮食产量“十三连增”提供了有力保障。投入水利移民专项扶持资金5.83亿元，完成606个扶持项

目，深入开展移民扶持科技下乡活动，带动移民增收致富，经验被水利部推广。375个移民村纳入生态专项补助范围，为两个移民村1 636名移民实施避险解困。

四、水生态文明建设取得新成果

全面推进节水型社会建设，水资源管理“三条红线”控制指标实现各区市全覆盖，“十二五”末，青岛市万元工业增加值用水量5.57m^3，万元GDP用水量9.42m^3，农田灌溉水有效利用系数达到0.6576。水生态文明城市试点建设扎实推进，完成52个小流域综合治理项目，治理水土流失面积424km^2；城乡沿河环境综合治理成效明显，治理后的大沽河被评为省级水利风景区，全市主要水功能区水质均优于省政府下达的控制指标，在全省实行最严格水资源管理制度考核中连续两年获优秀等次。

五、依法治水管水开创新局面

出台了6件涉水法规和规范性文件，修订了《青岛市大沽河管理办法》《青岛市河道管理条例》，水法规体系逐步健全完善。编制权责清单，大力简政放权，严格规范和公开权力运行流程，全局工作人员依法行政、依法办事的意识和能力不断提高。深入开展水法宣传活动，全面推进高效、规范、有力的水利综合执法工作，有效维护了良好的水事秩序。水利建设市场信用体系逐步建立，水利工程建设管理、资金管理、质量安全管理全面加强，未发生重大生产安全事故。

六、水利改革迈出新步伐

全面推进水利工程管护体制改革，实现了产权有归属、管理有主体、维护有经费、效益长发挥，经验被水利部转发。采取有力措施，加快推进水利项目前期工作，中央水利投资计划完成率达到 99.3%，位列全国各省（自治区、直辖市）前列。水利多元化投融资机制加快建立，采取PPP融资模式，建设了一批水源工程和调水工程。实行以奖代补、先建后补等措施，有力推进了小型水利工程建设。严格实行水利工程建设项目法人负责制、招投标制、工程监理制和合同管理制，积极开展水利工程代建制试点，确保了工程质量，打造了一批优质精品工程。

“潮平两岸阔，风正一帆悬”，水利实践永无止境，水利发展任重道远。青岛市水利局全体工作人员将牢记“献身、负责、求实”的水利精神，凝心聚力，开拓进取，奋力推进水利事业跨越发展，为把青岛建设成为宜居幸福的现代化国际城市作出新的更大贡献！

胶州胶莱镇微电脑控制移动式喷灌

抗旱服务

大沽河移风闸鸟瞰

玉溪市"十二五"水利建设再创佳绩

水利部调研玉溪市澄江县农村水利建设改革工作

玉溪市水利局庆祝建党90周年大会

"十二五"期间，全市完成水利水电总投资105亿元，完成规划投资的95.5%，比"十一五"增长143.2%。中央和省级投资26.49亿元，同比增长114.8%；市级投资9.41亿元，比"十一五"增长71.1%；县级投入6.7亿元，自筹、贷款及社会资金达到62.2亿元。5年来，我们成功抗击了连续5年的严重干旱，保障了全市城乡居民的生产生活用水安全。先后完成玉溪市东片区暨"三湖"生态保护水资源配置应急工程主体工程建设并试通水成功，建成10座小（1）型水库，完成341座中、小型水库和8座病险水闸的除险加固；建成"爱心水窖"44 000口；建设农村安全饮水工程1 266件，其中抗旱应急供水工程30件；完成54件干支渠建设工程；实施9个小农水重点县建设和6件小农水专项建设工程。新增库容1.02亿m^3，恢复库容2.89亿m^3；全市水库总库容从"十一五"末的7.48亿m^3，提高到"十二五"末的8.5 m^3，增长13.6%；年供水能力从12.01m^3，提高到13.5m^3，增长11.57%。新增灌溉面积64.64万亩，改善灌溉面积41.75万亩，解决和改善39.67万农村人口饮水不安全问题。

除险加固后的玉溪市东风水库风光秀丽

玉溪市域内红河段防洪治理工程已竣工的新平县漠沙镇大沐浴段景观，其防洪标准提高到10年一遇

玉溪市澄江县抚仙湖北岸600亩生态湿地景观

上海市浦东新区水务局

2011年以来，浦东新区水利工作以科学发展观为指导，坚持水安全、水资源、水环境协调发展，坚持区域与流域联动发展，坚持城乡水利统筹发展，按照新区区委"建设文明生态和谐区"的要求和新区人大"创建国家生态区"的决议，实现资源节约有新举措、环境友好有新突破、人水和谐有新亮点，以水利可持续发展支撑浦东新区经济社会又好又快发展。

一、农田水利配套设施建设

"十二五"期间，为了推进农田水利建设，逐步建立稳产高产、旱涝保收、节水高效的高标准农田水利现代化工程体系，主要开展以下工作：一是对老化失修的农田水利设施进行改造，完成了328km地下渠道维修改造任务；二是对项目区范围内的河道水系、道路系统、排灌系统、排水设施等进行统一规划和改造，建立与都市农业、生态农业和高效农业相应的现代农业节水技术体系，完成了7.18万亩农田的配套水利基础设施建设。通过对农田水利设施的逐年改造，节水灌溉面积覆盖率达到75%以上，农田灌溉水有效利用系数达到0.73以上。

二、雨污水设施进行改造

有序推进街镇旧小区雨污分流项目的实施，"十二五"期间完成98个小区的雨污水分流改造，共涉及街镇15个、居民32 517人。并加快推进雨水泵站旱流截污改造工作，截流初期雨水和部分混接污水，以减少水环境污染。完成黄山、春塘河等7座雨水泵站旱流截污改造工程。项目建成后，预计可截流旱流污水约3万m^3/d。同时，运用闭路电视、声呐等检测技术进一步加强管道检测，及时发现和处理市政雨、污水管道的各类病害，保证雨、污水排放设施正常运行，防范因雨污水管道损坏引发的次生事故。自2012年起，每年检测雨、污水管道约120km，其中采用闭路电视检测方式约90km、采用声呐检测方式约30km。

三、积极推进水环境治理工作

"十二五"期间，加强了对骨干河道、中小河道、生态河道的综合整治力度。一是结合新区商飞、迪斯尼、大型居住区建设等重大项目，积极推进骨干河道综合整治工作，开展周边配套水系建设，提高区域防洪除涝能力，涉及河道总长度121km，湖泊面积0.872km^2。二是结合浦东新区村庄改造五年行动计划，积极推进村庄改造河道整治工程，完成2 121km河道整治（轮疏）任务，通过对镇村级河道清淤疏浚、拆坝建桥沟通水系、种植水生植物等工程措施的实施，使得水环境面貌得到明显改善。

四、完善了长效水利监管机制

坚持依法行政，深化水行政许可审批制度改革。加强了水务设施运行养护管理，重点加强河道保洁和河道设施养护两个全覆盖，实现引清调水和水质监测两个常态化，加强农田水利工程设施长效管理。提高应急管理能力，强化预案预测预警体系建设，完善防汛调度统一指挥、分级负责、部门协作、反应迅速、协调有序、运转高效的应急管理机制；完善各级防汛抢险物资储备体系，建立专业化与社会化相结合的应急抢险救援队伍；以防止突发性污染、咸潮入侵等为重点，进一步完善水利公共突发事件快速发现和多部门联动应急处置机制。

五、健全专项规划体系

完成了《浦东新区水利规划（2012—2020）》《浦东新区农田水利规划（2011—2020）》《浦东新区镇村级中小河道轮疏规划（2013—2020）》《浦东新区污水处理系统专业规划》等专项规划，会同区规土局完成《浦东新区河道蓝线方案》规划的编制工作。定期对水面积遥感统计，发挥规划的先导作用，强化三条红线对涉水活动的管理和约束作用。

六、提升了水务科技创新驱动能力

积极开展水文水动力学模型和城市暴雨积水模型的建立与应用，建立浦东水利片水文水动力学模型和惠南老城区暴雨积涝模型及成果网页发布，为上海国际旅游度假区环保景观信息系统建立水安全应急系统，为新区重点项目保驾护航。

盘活水资源 做好水文章

——高青县水务局"十二五"风采录

高青县高效节水灌溉试点县工程成效显著

组织开展防汛抗旱演练

水是生命之源、生产之要、生态之本，兴水利、除水害，历来是治国安邦的大事。"十二五"期间，高青县水务局始终坚持把农田水利建设作为治水兴水的重点任务，把严格水资源管理作为加快推进水利改革发展的战略举措，突出科学治水、依法治水、综合用水，着力完善防汛抗旱减灾体系、城乡供水保障体系、水系生态保障体系、水利良性运行管理体系，为高青县全面建设节水型社会、小康社会和构建社会主义和谐社会提供了有效的水利支撑。

强力抓好重点水利工程建设。抓好重点水利工程建设，是经济社会持续快速健康发展的重要后盾。高青县水务局坚定不移地贯彻习近平总书记提出的"节水优先、空间均衡、系统治理、两手发力"治水新思路，科学谋划，统筹协调，整体跟进，着力完善水利基础设施体系。2011—2015年，累计投资7亿元以上，建设完成2010—2015年度高效节水灌溉试点县项目，建成高效节水灌溉面积18.1万亩，新建扬水泵站33座，安装变压器90台套，新打维修配套机井1 460眼，铺设管线1 430km，疏浚排水沟203km；建设完成2010—2014年度农村饮水安全工程，建设农村饮水安全工程15处，铺设供水管线356km，解决了322个村、30所学校共计17.2万人的饮水安全问题；建设完成北支新河综合治理项目，治理河道42.02km，两岸筑堤41.9km，改建生产桥5座，加固生产桥6座；推进实施现代水网工程，治理河渠30条，治理长度136.38km，维修改造建筑物95座；建设完成城区供水管网扩展工程，建设大芦湖—黄河水厂引水管道11km，扩建城区配水管网18km；推进实施灌区续建配套与节水改造项目，对境内马扎子和刘春家两大引黄灌区分别实施了三期续建配套与节水改造，其中，马扎子灌区共清淤渠道15.7km，维修、改建建筑物41座，衬砌渠道80.7km，刘春家灌区共清淤渠道11.3km，维修、改建建筑物60座，衬砌渠道33km，更换南干渠衬砌板17.7km；推进实施天鹅湖湿地项目，项目实施以来，完成土方开挖外运280万m^3、形成绿化面积28万m^2，栽植乔灌木2.5万株，目前已形成水生植物荷塘王国、怪坡、荷塘醉鱼、白鹭洲、生态湿地鸟岛、木栈道等局部景观。高青县水务局通过不断加强民生水利基本建设，进一步提高了水利保障能力。

着力提高水资源开发利用率。在水资源管理中，高青县水务局坚守"三条红线"不放松，深入落实最严格的水资源管理制度。强化用水总量控制，积极开展水资源论证，建立地下水位动态观测网，严格审批取水许可，实现需水管理。强化用水效率控制，积极开展水平衡测试、节水技改与节水器具推广，严格用水计量设施管理，执行超计划累进加价征收水资源费，提高用水效率。强化水功能区限制纳污控制，加强水资源保护监控、取用水远程计量管理、水资源费征收管理，开展服务业取用水整治专项行动，提高水资源保护能力。2014—2015年，共完成14家企业水资源论证登记，办理换发取水许可证56份，完成6家企业、1所学校的水平衡测试工作。从技术、经济、行政、法律等方面制定有关水资源管理及水事行为规范与调节的制度与措施，抑制水资源不合理需求，增加有效供水，保护生态环境，全方位开展水资源优化配置，水资源开发利用率一直位居淄博市前列。2014年，高青县被命名为山东省第二批水资源规范化建设示范县。

全力做好防汛抗旱和引黄供水管理。防汛抗旱，事关人民群众切身利益，事关经济发展和社会稳定。高青县水务局认真落实以行政首长负责制为核心的各项防汛工作责任制，进一步健全完善各项规章制度，科学编制修订防洪度汛预案，明确各级防汛责任，细化完善各项防汛措施，强化物资储备、技术服务等重点环节，全面提高防汛抗洪的快速反应能力。汛期坚持做到汛前检查到位、领导靠前指挥到位、值班人员到位、抢险队伍到位、防汛物资到位，确保了政令畅通，取得了防汛抗旱工作的全面胜利。在引黄供水工作中，积极协调黄河部门，争取用水计划，合理调度水量，及时解决用水矛盾。为加强抵御旱涝灾害的能力，每年对全县骨干河道进行治理，清淤土方超过60万m^3。并通过现代水网、农田水利项目县项目等工程的效益发挥，使95%以上的农田得到了有效灌溉，保证了大旱之年粮食逐年增产增收，抗旱效果前所未有。2014—2015年，刘春家、马扎子两引黄闸共计引水7.7亿m^3，切实保证了全县工农业生产及居民生活用水需求。

大力推进依法治水。高青县水务局紧紧围绕水利工程、河道管理、水资源管理及水土保持等重点工作，加大监督监察和执法力度，积极调解水事纠纷，维护了良好的水事秩序。加强对涉水法律法规的宣传贯彻，不断提高广大群众参与水利建设和保护的积极性和社会认知程度。加强水政执法规范化建设，形成完整的水政执法体系。建立水利、公安联动执法工作机制，设置专门工作场所，配备专用车辆，配齐配全执法器材，及时查处各类水事违法案件。大力推进依法行政，对所有持有行政执法证人员进行了执法资格培训和考核，编印《水政执法规范化建设材料汇编》，进一步规范执法文书整理。积极开展水法规宣传，紧紧围绕“世界水日”“中国水周”的宣传主题，在全县范围内开展内容丰富、形式多样的水法规宣传活动，为依法治水创造良好的舆论环境。2015年8月，通过了省级水政执法规范化建设示范县验收。

稳步推进水土保持和河道环境综合治理。努力加强水土保持监督管理能力建设。对全县范围内油、气生产井的数量、占地面积进行实地测量。编制高青县水土保持业务手册和服务指南，进一步规范行政审批制度。积极对上争取水土保持治理项目，总投资234万元，实施省财政补助水土保持项目高青县常家镇风沙片综合治理工程。2015年，通过水利部全国第二批水土保持监督管理能力建设县验收。河道管理工作中，坚持由政府主导，克服管理瓶颈，探索实施“河长制”。高青县共有县管河道11条，全长240km，附属桥梁187座、水闸18座，为从根本上克服“管理责任难以落实到位”“沿河群众环保意识薄弱”等问题，维护好河道生态环境建设，提高河道综合管理水平，高青县人民政府办公室于2015年10月印发了《〈高青县河道“河长制”管理办法（试行）〉的通知》。高青县水务局作为责任主体单位，勇于担当，积极作为，认真落实“河长制”主体责任，取得了显著成效，河道管理工作走在了淄博市前列。2014年12月，高青县水务局被评为省级河道执法规范化管理单位。

组织开展安全生产宣传

夯实水政执法队伍建设

2016年是“十三五”规划的开局之年，也是全面深化改革、谋求水利建设长远发展的奠基之年。高青县水务局将以更加饱满的热情、更加扎实的作风、更加有力的举措，努力发扬“献身、负责、求实”的水利行业精神，朝着建设“生态水利、和谐水利”的目标奋力迈进，以实际行动努力做好水文章。

冀州"十二五"水利展宏图

正在军齐干渠项目区施工的反推式全自动渠道衬砌机

时隔30年，冀州西部又恢复了石津灌区地上水灌溉

河北省冀州市地处黑龙港流域，下辖6镇4乡382个行政村，34.8万人，耕地面积85.72万亩。"十二五"期间，冀州市立足本地实际，主动作为，坚持开源与节流并举，建设与管理并重，先后承担了"全国小农水重点县""全国地下水超采综合治理试点县"工程，实施了"南水北调地表水厂建设""灌区恢复""农田高效节水""农村自来水厂建设"四个"划时代"项目。该市还以"节水优先、空间均衡、系统治理、创新驱动"为导向，实施了"引黄入冀补淀""中小河流治理""应急抗旱"等工程。累计完成水利设施总投资10.8亿元，超过新中国成立以来全市水利投资的总和，是水利建设高投入、广覆盖、大发展、铸辉煌的5年。

"十二五"期间，冀州的"地下水超采综合治理"项目代表河北省顺利通过财政部等四部委的绩效考评；"小农水"项目代表水利部迎接国务院选派的中科院做第三方项目评估，得到好评，共获国家奖补资金1 380万元。全国人大农委、国务院南水北调办、水利部农水司、海委以及河北省人大、政府等上级领导多次给予高度评价与肯定，工作做法入选《地下水超采综合治理试点典型案例》，在河北省乃至全国推广。

积极争取　强力推进　全国小农水重点县项目效果显著

"十二五"开局年，冀州农民踊跃投工"小农水"

在"十二五"开局之年，冀州市就被列入全国小农水重点县，因"第一批"工作突出，得到上下普遍称赞，经水利部批准，获得连续"两批"持续6年的工程项目。经过几年努力，完成了以喷灌、滴灌、微灌、管灌为主的节水工程8个，总投入达到1.25亿元。全市10个乡镇143个村的21.2万亩农田基本实现了地下管道防渗输水灌溉，其中完成喷灌、滴灌和微灌高效节水面积4.46万亩。在小寨乡、官道李镇的

1.5万亩农田范围内建成电子智能井房48座，实现了灌溉智能控制。5年共减少地下水开采408.21万m^3，冀州地下水静水位下降态势趋于缓和，相当于封停深层机井340眼。

节水灌溉　农民受益——智能井房控制农田喷灌

创新驱动　石津灌区地表水恢复工程多赢收官

冀州市西部的官道李、门庄、码头李、西王等乡镇57个村，有18万亩耕地，在20世纪70年代属岗南水库石津灌区。因为水库缺水，80年代断供，原有水利设施基本毁废。2014年度和2015年度，国家为控制地下水开采，在冀州投入 4.3亿元恢复地表水灌溉，建设水泥衬砌标准节水渠道。自2014年3月项目启动至2015年年底，冀州在罗口东分干渠和军齐南干七、八、九分干渠两个工程项目区，开展了新中国成立以来从未有过的水利灌溉工程大会战，59个工程标段同时开工，修建桥、闸、涵等渠系建筑34 382座，完成干、支、斗、农渠水泥衬砌715km，整个工程修筑长度相当于从邯郸修到承德的距离。

石津灌区恢复工程——冀州斗渠、农渠普遍实现了机械自动化衬砌

在灌区恢复工程中，冀州水务局“以创新实现多赢”统揽工程全局。一是规划设计创新。为兼顾水利工程的排、灌、路、林、电、井与乡村田间种植业、养殖业协调发展，科学调整38个渠系设计走向，保全了15万株林木、13 000株果树和一个养殖

大型干渠开槽　实现了机械一次成型作业

场。二是招标方法创新。采用公开程序、封标报价、动态标底、随机系数，避免了人情干扰，使投标各方心服口服。三是作业流程创新。桥、闸、涵等可以做预制件的均优选施工场地提前做，冬季施工采取保温增温措施，实现了小型建筑物“室外工程室内做”，大型建筑物“搭棚增温就地做”，加快了施工进度。四是施工机械创新。从做渠道基础到开槽，再到渠道水泥衬砌，均实现了机械化、标准化作业。冀州市发明创新的“全自动反推式多用渠道衬砌机”，在2015年获“两项国家专利”，确保了工程质量，加快了施工进度。五是培养锻炼新人。两年的水利工程大会战，从工程监理到机械制作和设备操作维修，冀州培训锻炼出200多名年轻的优秀水利项目管理人才和技术人才，为今后的水利事业发展夯实了基础。

引黄截汛　蓄灌益彰　大寨坑塘蓄水项目实现灌溉、生态双赢

冀州市区西10km，以小寨乡大寨村为中心的近1 000多亩荒洼盐碱废弃地。涉及西岳、东王、

2014年前淤塞荒芜的大寨村西坑塘

开挖改造后，蓄灌两利的大寨村西坑塘

大寨、小寨、南尉迟和北尉迟共6个行政村。冀州市水务局争取国家项目投资3 089万元，开展以黄河水为源头，以当地汛期水为补充，替代地下水开采的坑塘蓄灌工程。2015年，共挖土181万m^3，建成小型蓄水库4个、扬水点泵站28座，铺设引水管道65km，实现地表水灌溉面积1.56万亩，年压采地下水347万m^3，封停机井38眼。为当地改善水生态、绿化美化环境、建设美丽乡村，发挥了重要作用。

集中供水　供达标水　冀州城乡饮用水普遍改善

2010年以前，冀州工业和生活用水全部依赖抽取地下淡水。使淡水严重匮乏且水质没保障，已危及当地社会经济发展和人民群众正常生活需求。“十二五”期间，冀州市水务局积极争取上级支持，启动城乡生活用水集中采供。投资2亿元完成贯穿全境的南水北调输水主管线80km。

建设中的城乡饮用水集中供水厂

在市区，以长江水为水源，建成供水规模为5万m^3/d的地表净水厂，项目总投资8 772万元。由河北建设集团采用BOT模式完成建设，使冀州城市工业和人饮用水逐步由深层地下淡水向长江水过渡。

在农村，完成了总投资11 365万元的农村饮水安全工程。建成冀州镇等10个集中供水厂，实现了每个乡（镇）一个水厂，解决了248个村庄18.92万农民和2.3万学校师生的饮水安全问题。

（供稿：赵世鹏　张步峰　杨明芳　赵书格　赵秋瑞；供图：薛明坤）

南水北调工程冀州段，铺设引水管道施工现场

冀州市水务局与冀西市政公司联合创新
全自动液压反推驱动式渠道衬砌机

2014年，冀州市水务局与冀西市政公司联合，对原有牵引式渠道衬砌机创新改造，研制出全自动液压反推驱动式渠道衬砌机。

冀西市政公司原来使用的渠道衬砌机，采用的是牵引行移和自重进料方式，在水利项目施工中混凝土成型效果一直不理想。在石津灌区恢复工程开工后，冀州水务局就帮助他们重新设计图纸，进行技术攻关和创新。研发出新一代全自动液压反推驱动式渠道衬砌机，可对开口宽度9m、深度3m以内的干渠、支渠、斗渠、农渠实现全断面现浇一次性成型自动化衬砌。

（1）比原有衬砌机械用工减少一半，作业效率提高60%。

（2）改变原有机械进料的自重下落方式，改用液压振动强制进料，保证了内在混凝土密实度、外观平洁度的高标准要求。

（3）衬砌作业机械变牵引式移动为反推式移动，只有衬砌断面达到作业标准，机械才能行进。正所谓“砌不好，不挪窝；达标后，才移动”。

（4）干、支渠作业机械加装了平移进料斗、履带行进和自动割缝等装置，渠道整体性好，断面标准，渗透率低，振动密实，滑膜自动收面，断面成型后粗糙率得到有效控制。结束了开口6m以上渠道只能半机械加人工衬砌作业的历史。

2015年，冀西市政公司创造的全自动液压反推驱动式渠道衬砌机，已经定型，并推广应用于河北、山东、河南等省水利工程。其中液压反推驱动式渠道衬砌机和衬砌机反推结构的技术发明（发明人：张学术、兰卿良、赵世鹏、娄光辉。专利号：ZL 2015 2 0395978.2；ZL 2015 2 0396071.8）于2015年10月28日获得国家两项专利。

（供稿：赵世鹏　张学术　张超；供图：薛明坤）

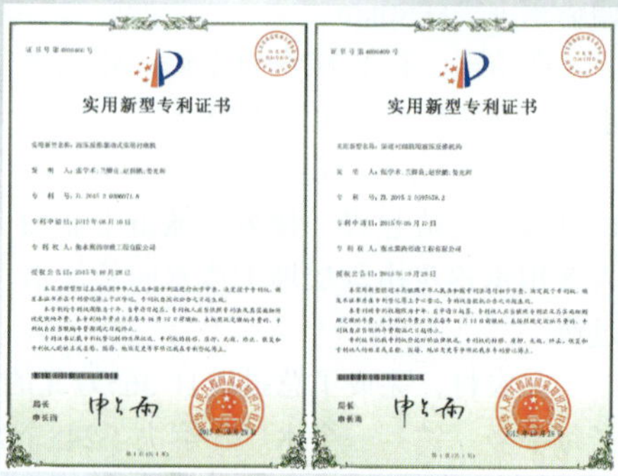

全自动衬砌机专利证书

开口9m的反推式液压全自动渠道衬砌机作业现场

即墨市水利局

治水润泽民心，兴水服务发展

棘洪滩水库向即墨调水应急工程

即墨市农村规模化供水华山水厂建设项目

2015年，即墨市水利工作坚持防洪抗旱并举、开源节流并重，突出抓好水安全保障工作，加快推进民生水利建设，全力保障城乡供水安全，为全市经济社会健康快速发展提供了坚实的水利支撑和保障。

一、远水解近渴，即墨人民用上黄河水

即墨连续多年干旱少雨，2015年又受强厄尔尼诺现象影响遭遇极端干旱天气，是1951年以来的第二个特殊干旱年份，面对严峻旱情，统筹当前和长远，高效快速完成棘洪滩水库向即墨调水等多项应急水源工程，并积极争取上级支持，提前引入棘洪滩水库引黄水，缓解了城区供水紧张局面。同时加大水源联合调度，科学调配有限水资源，最大限度利用大沽河、产芝水库、青岛供水暗渠及棘洪滩水库引黄水等客水资源，有效保障了群众生活用水和重点区域发展用水需求。为保障农村饮水安全，完成7项规模化供水工程，农村规模化供水覆盖率达到95%，在农业抗旱中，采取塘中挖井、河中挖渠、广打地头井等措施增辟新水源，最大程度减少严重旱灾造成的影响和损失。

二、实事润民心，民生水利成果彰显

围绕民生水利和生态水利建设，不断夯实全市水利基础设施建设。历经三年努力，完成大沽河治理及堤外渠系配套工程，治理后的大沽河成为贯穿西北部的防洪安全屏障和生态景观长廊。继续实施防洪治理工程，完成年度小水库除险加固和水毁修复工程建设任务。持续加快农田水利建设，重点实施小农水重点县项目建设，改善灌溉面积约7万亩。扎实推进城乡水环境治理提升工程，加大对农村河道、沟渠和湾塘的整修保护力度，完成小流域综合治理工程任务，城乡水生态环境进一步改善。

三、创新促改革，行业发展实现新突破

持续推进依法治水管水工作，强化水政执法力度，深化最严格水资源管理，从严抓好建设项目水资源论证、取水许可和计划用水管理；深化中小型水利工程管理体制改革，全市990处小型水利工程落实了管护主体、管护责任和管护经费，切实解决"重建轻管"问题；强化农村集中供水建设和管理，整合农村供水水厂组建新的水务公司，推进城乡供水一体化，确保群众饮水安全。

即墨市担山小流域综合治理工程

荒漠绿洲高效节水结硕果

——新疆生产建设兵团第八师石河子市节水滴灌技术推广应用概况

滴灌阀门控制器

滴灌玉米

新疆生产建设兵团第八师石河子市位于天山北麓中段、古尔班通古特沙漠南缘，地处天山北坡经济带，面积6 007km^2，其中耕地2 456km，人口63.26万人，2015年实现生产总值415.01亿元，人口和经济总量均占新疆生产建设兵团的1/4左右。1950年，中国人民解放军二十二兵团进驻人迹罕至的戈壁荒原——石河子，屯垦戍边。半个多世纪以来，几代军垦人牢记历史使命，弘扬兵团精神，创造了戈壁建新城、荒原变绿洲的人间奇迹，赢得了"戈壁明珠"的美誉。

干旱荒漠的自然环境，水资源短缺时空分布不均，严重制约了第八师石河子市经济社会发展和生态环境建设。干旱灾害是第八师最主要的自然灾害之一，每年都给第八师居民生活和工农业生产造成不同程度的影响。据统计，1990—2007年的18年间，第八师发生中等干旱11年，严重干旱6年，旱灾损失率平均

滴灌哈密瓜

11.93%，因旱平均每年粮食减产量1 475万kg，占每年粮食总产量的7.88%，平均每年农业直接经济损失21 649万元，占每年农业总产值的8.03%。

超声波水表

为了解决水资源短缺问题，第八师推广应用节水滴灌技术经历了小区试验、应用推广和巩固提高三个阶段，摸索出适合本地的滴灌设计参数、管网布置方式、轮灌方式、灌溉制度和建设管理模式，积累了较好的经验，取得了显著的效益。实现了由传统沟畦灌溉向现代滴灌转变，由粗放灌溉方式向节水灌溉方式转变，这些转变都是质的飞跃。“十二五”期间，第八师全面贯彻党的“十八大”“十八届三中、四中、五中全会”精神和习近平总书记“节水优先，空间均衡，系统治理，两手发力”的重要论述，进一步充分认识节水的必要性和紧迫性，积极践行可持续发展治水思路和民生水利理念，突出把握好“稳政策、增投资、夯基础、促改革、强管理、惠民生”的总体要求，把农田水利作为团场基础设施建设的重点任务，大力发展节水灌溉，节水滴灌技术推广取得了新成绩。

（1）“十二五”期间，第八师石河子市滴灌面积大幅度增加，滴灌面积在总灌溉面积中比例逐年提高。2015年滴灌面积348.5533万亩，比2010年增加滴灌面积73.7856万亩，2015年滴灌面积占全部灌溉面积的89.27%，比2010年滴灌面积在总灌溉面积中比例提高8.33个百分点。2015年滴灌系统共计4 901套（其中地表水滴灌系统2 462套，占滴灌面积的68.45%，地下水水滴灌系统2 439套，占滴灌面积的31.55%）。

（2）“十二五”期间，高效节水灌溉自动化建设取得初步成果，2015年滴灌自动化面积5.46万亩。滴灌自动化控制与常规滴灌方式相比，更具有节水、节肥、省人工等特点，可以适时、适

自动反冲洗过滤器（立式）

自动反冲洗过滤器（卧式）

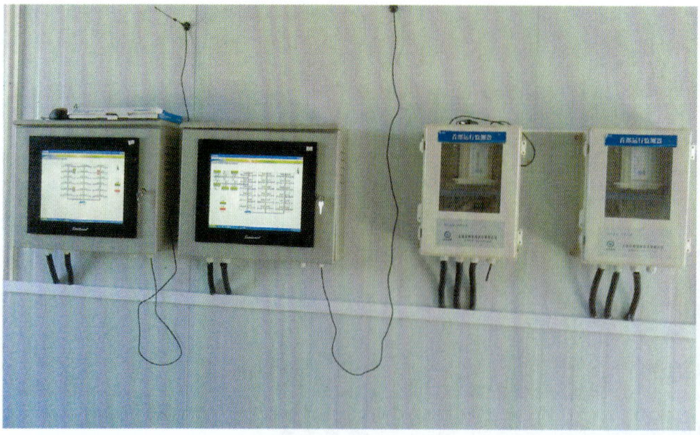

自动灌溉控制器

量灌水和施肥，提高灌溉均匀度，进行灌溉过程的科学管理，杜绝人为因素造成的轮灌顺序、灌水时间混乱，有利于实现作物高产稳产。

（3）“十二五”期间，在新建滴灌系统的同时，师团两级克服无财政税收，资金筹措压力大的困难，下大力气实施滴灌系统的改造提升工程。经第八师水利局2010年对全师滴灌工程摸底，需改造滴灌灌溉面积201.9278万亩，第八师采取师团两级贷款及职工筹资模式投入6.606亿元，完成滴灌系统地埋管道、出地桩和地面支管改造，更新水泵、过滤器等设备，转变轮灌方式由支附管轮灌改造为支管轮灌和长短管轮灌。滴灌系统改造提升后，减少了田间阀门开启频率，降低农工的劳动强度，减少了管网水头损失，起到了节能、节水效果。

（4）“十二五”期间，滴灌技术全面推广应用到各类作物，从单一的棉花滴灌发展到滴灌小麦、西红柿、葡萄、打瓜、大豆、玉米、瓜菜、牧草、旱稻和林果等，改变了初期滴灌技术局限于棉花灌溉的状况。

第八师节水滴灌技术推广应用取得了显著的社会效益、经济效益和生态效益，为贯彻执行最严格水资源管理制度，促进水资源可持续利用取得了初步成果。

一是灌溉水利用系数逐年提高，灌溉定额逐年降低。农业灌溉水有效利用系数2015年达到0.65，比2010年提高0.034；毛灌溉定额2015年317.1m^3/亩，比2011年降低68.93m^3/亩。

二是有利于水资源合理高效使用，在供水总量中，农业用水比重开始下降，工业生产、生活用水和生态环境用水增加。农业灌溉用水比例2015年为84.41%，比2010年下降8.58个百分点，工业生产用水比例2015年为7.65%，比2010年增加3.89个百分点，生活用水比例2015年为3.58%，比2010年增加1.27个百分点，生态环境用水比例2015年为4.42%，比2010年增加3.48个

滴灌自动施肥机

百分点。

三是有利于改善水生态环境。第八师夹河子水库向下游泄出水量增加，20世纪60—90年代玛纳斯河夹河子水库下游河段干涸的局面不复存在，“十二五”期间夹河子水库共向玛纳斯河下游河道泄出水量2.16亿m^3，年平均泄出水量0.432亿m^3，占玛纳斯河同期径流量的15.27%。与此同时，灌区避免了田间水深层渗漏，地下水位下降，耕地土壤盐渍化面积大幅度减少，中低产田得以改造，灌区生态环境有所改善。

四是促进经济发展，农业增产，职工增收。2015年第八师石河子市生产总值415.01亿元，比2010年增长120.15%，年均增长17.1%。

2015年农业生产总值160.71亿元，比2010年增长45.97%，年均增长7.86%；粮食总产量15.87万t，单产507.4kg/亩，与2010年比年均增长均为3.47%；棉花总产量45.19万t，单产186.4kg/亩，与2010年比年均增长分别为6.68%和4.2%。2015年团场居民人均可支配收入16 147元，比2010年增长58.1%，年均增长9.6%。

五是带动了相关产业发展，实现了节水器材设备本地化。在石河子市有新疆天业集团、石河子金土地节水设备有限责任公司等多家节水器材设备生产企业。

六是高效节水灌溉推动了农场职工文化技术水平的提高。

新疆生产建设兵团第八师石河子市推广应用节水滴灌技术虽然取得了一定的成绩，但是，面临水资源短缺的严峻形势和经济社会发展对水资源的迫切需求，节水建设任重道远。我们将牢固树立和贯彻落实创新、协调、绿色、开放、共享的新发展理念，坚决贯彻实行最严格水资源管理制度，加快节水型社会建设，促进水资源可持续利用，为第八师石河子市经济社会可持续发展，提供可靠的水资源支撑。

滴灌棉花

服务民生 创新发展 谱写"河海安澜、水韵盐阜"新华章

盐城市水利局

城市防洪工程串场河闸站

盐城市地处江淮沿海平原，境内河网密布，纵横交错，享有"百河之城"的美誉。她以水为脉，因水而美，因水而灵，因水而秀，水是"东方湿地之都，水绿生态盐城"建设的重要基础支撑和资源保障。"十二五"以来，盐城水利紧紧围绕经济社会发展大局，以贯彻2011年中央和省、市三个1号文件精神为主抓手，以实施"十二五"水利发展规划和水利现代化规划为主线，强力推进水利建设、管理和服务工作。据统计，"十二五"期间，盐城市水利建设完成投入214.62亿元，占计划投资的115.8%，是"十一五"水利投资的2.6倍。

防洪减灾工程建设加快推进。加快实施海堤达标完善项目，下迁川东港闸、王港闸，沿海堤防挡潮标准进一步提高。实施了川东港拓浚、射阳河整治、灌河治理等重点水利工程。市区城市防洪累计新建、加固、改造闸站工程152座，新增排涝流量398m^3/s，完成投资91 691.7万元。

水资源保障体系不断完善。组织实施泰东河拓浚、通榆河北延、南水北调水源调整等水源工程建设，提高了里下河地区的引江能力和通榆河输水能力。解决了343万农村居民饮水不安全问题，到"十二五"期末，全市基本实现了城乡供水一体化全覆盖。建成全国首个平原开挖水库——市区饮用水源地盐龙湖水库。创建各类节水型载体369个，完成节水减排技改项目50个。加强水利工程运行调度，共调引江水、淮水351.78亿m^3。

水生态保护成效显著。成立了全省首家市级水资源管理委员会。盐城市试点建设全国水生态文明城市，阜宁、东台、建湖三县（市）开展全省第一批水生态文明试点县（市）建设。启动实施城乡河道综合整治工程，截至2015年年底，集中整治了市区核心区46条（段）、148.8km河道，疏浚了全市农村河道土方6 085万m^3，大沟127条、664km；中沟528条、1 567km；小沟638个村、12 485条。推动水环境工程建设，组织实施盐城市区核心区保水活水工程、市区通榆河段集中整治工程等水环境保护工作。

农村水利建设快速推进。"十二五"期间，全市共完成投入140.94亿元（含社会投资40亿元），疏浚农村河道土方3.2亿m^3，兴建灌溉泵站2 098座、排涝泵站1 151座、圩口闸1 241座、防渗渠1 317km、涵洞等小型田间建筑物28 696处、建设农村桥梁5 175座，加固圩堤1 769km。

水利管理服务水平不断提高。科学调度水利工程，沿海"四大港"闸累计开闸6 539潮次、排水491.79亿m^3。市区保水活水工程常态化运行，共开机翻水2.5亿m^3。先后抗御了60年来最严重的干旱、梅雨期旱涝急转、"8·10"响水特大雨涝等水旱灾害袭击、强台风"达维"正面登陆等台风侵袭以及成功抵御第13号台风"苏迪罗"造成的风雨影响。全市各地乡镇（街道、园区）已成立防汛指挥机构144个。防汛防旱指挥系统实现省、市互连，防汛视频会商系统基本实现省、市、县（区）三级连通。水利改革不断深入，9个县（市、区）132个乡镇水利（务）站全部改革到位，新增农民用水户协会23个。

全国首个平原开挖水库盐龙湖全景

芜湖市水务局

梦里水乡——芜湖市田园风景如画

芜湖市位于安徽省东南部，地处长江下游，跨江带河。芜湖市域面积5 988km^2，人口384.51万，其中市区面积1 491km^2、人口144.98万，下辖无为、芜湖、繁昌、南陵4县和镜湖、弋江、鸠江、三山4区，拥有2个国家级开发区、11个省级开发区。全市境内河流众多，水网密布，山丘圩俱全。长江从北岸无为县灰河口入境至南岸横埂头出境，自西南向东北横贯市境，境内河道长度115km，将全市划分为江南和江北两大片。其中，江南片的长江主要支流有青弋江、漳河、水阳江、黄浒河等；江北片的长江主要支流有裕溪河、牛屯河等。长江以北支流入江口均已建闸控制，长江以南支流入江口目前尚无控制性工程。

2015年，芜湖市水务局以在全省率先实现水利现代化为目标，以水生态文明城市建设为抓手，锐意进取，开拓创新，凝心聚力，奋勇争先，各项工作取得新成绩，改革发展取得新突破。2015年，市水务局被人社部、水利部评为"全国水利系统先进集体"，被水利部授予"全国水利文明单位"。

芜湖市水生态文明建设项目总投资223亿元，其中试点期内投资113.92亿元。项目涵盖水生态建设方方面面，涉及水利、住建、环保等系统和各县（区）政府。重大防洪骨干工程青弋江分洪道和重要水资源配置工程澛港闸（桥）等均全面开工建设，沿河路水生态景观示范工程正式建成。2年来，水生态文明建设项目完成投资逾50亿元。其中试点示范项目16个，总投资17.54亿元，累计完成投资8.3亿元，其中试点期完成投资7.1亿元。部分项目建成并投入运行，初期运行效益良好。全面推进"水生态文明城市""水环境优美乡村"建设试点。2015年9月1日，《中国水利报》以《因水而兴　与水共舞——芜湖市水生态文明城市建设掠影》为题，对芜湖市水生态文明城市建设全方位进行报道，并发表了微评，对我市水生态文明城市建设成就给予了高度评价。水生态建设已深入人心，得到各级政府和社会各界的支持。

水环境优美乡村——芜湖县六郎镇北陶村

把水留住 把水连通 把水用活 把水管好

——定远县积极探索小型水利建管机制改革新路径

定远县大余水厂

2012年新建已投入运行的池河水利水产技术服务中心站

定远县位于安徽省东部，地处江淮分水岭脊背，土地面积2 998km^2，以岗丘为主，降雨时空不均，年均940mm，主要集中在6—8月，全县247万亩耕地有70万亩处于水利死角，缺水易旱成为制约该县经济和社会发展的最大瓶颈。2011年开展水利改革以来，县委、县政府敏锐地抢抓政策机遇，围绕“把水留住、把水连通、把水用活、把水管好”的“四把”治水目标，按照“产权有归属、管理有载体、运行有机制、工程有效益”原则，大胆探索实践，勇于改革创新，不断深化小型水利工程建管机制和产权制度改革。2014年被列为全国第二批农村改革试验区承担农田水利设施产权制度改革和创新运行管护机制试点任务，改革工作得到国家水利部和安徽省委、省政府的充分肯定，全省、全国水利现场会相继在此召开。

“十二五”期间，全县累计完成小型农田水利建设投资4.85亿元，其中县级财政资金1.56亿元，省级以上财政资金1.84亿元，社会投资1.45亿元。累计完成了4 858口塘坝扩挖，更新改造178处4 283kW的农村集体泵站，清淤258条676.2km的沟渠，小型水库除险加固142座，改造中小灌区15处，全县新增和恢复有效灌溉面积26.3万亩，有效灌溉率由原来的61.4%提高到72.5%。主要做法是：

落实“一金一费”，激发小型水利工程自主投资热情。“一金”，即水利建设奖补资金。坚持“先干后补、考核奖补”原则，对自主建设的小型水利工程，由县财政按审计决算工程造价的2/3予以补助。“一费”，即：工程管护补助经费。县财政每年安排800万元专项资金，用于小型水利工程管护经费奖补，对经考核验收符合标准的工程支付管护经费。通过“一金一费”有力撬动了社会资本参与农田水利建设管理，由单纯依靠政府向政府、市场“两只手”并用转变，迅速推动小型水利工程建设，取得了显著成效。

颁发“两证一书”，明晰产权事权激发改革活力。坚持“谁投资、谁所有、谁管理、谁受益”原则，积极开展“两证一书”改革，即对社会各类主体新建和改造的小型水利工程颁发所有权证、使用权证并签订管护协议书。规定财政投入的2/3所有权归乡镇或村集体，其余1/3所有权归投资人所有并由投资人负责经营管护。“两证一书”抓住了改革的“牛鼻子”，让投资者吃了“定心丸”，激发了改革活力，使投资者有了合理的回报。截至目前，全县已发放“两证一书”2 449处。2015年，定远县委、县政府又先后与金融部门合作，在全国率先探索启动了小型水利工程所有权证、使用权证抵押贷款融资模式，解决了水利建设资金短缺问题。目前金融部门共向全县38个投资主体发放小型水利工程抵押贷款2 080万元。

创新管护机制，着力构建小型水利工程管护新模式。为建立管护长效机制，该县积极探索创新管护模式。2015年对小型水库等公益性小型水利工程采取政府购买社会化服务的方式，打捆向社会招标，交由专业化公司负责管护，经过考核验收，对符合标准的工程支付管护经费；对社会投资主体自主建设的小型水利工程管护经费直补管护主体，从而逐步建立“工程产权所有者筹集为主，政府绩效考核奖补为辅”落实工程管护经费的长效机制。

探索“泵站串塘”，打通农田水利“最后一公里”。针对全县70万亩农田水利死角现状，探索出“一个泵站+压力管道+数个塘坝（水库）”的“泵站串塘”小型水利工程建设模式，把星罗棋布的沟、渠、库、塘等水体和农田连接贯通，形成一个个1 000~3 000亩的小灌区，通过泵站提取河道“花水”，利用压力管道调节塘坝蓄水，实现了“水系相连、把水连通，以丰补歉、把水用活”，打通了农田水利最后一公里，成为成功解决缺水易旱问题的小型水利工程建设模式。“十二五”期间，全县共建“泵站串塘”工程140处，计划再用3~5年时间通过“泵站串塘”将全县中小灌区全面串通。

完善“三员四级”，努力打造农村基层水利便民服务新体系。按“功能清晰化、职责明确化、管理规范化、运行长效化、服务便民化”改革目标，着力构建以“中心站水利员、村级水管员、用水协会会员”的“三员”为主体，以“县水利部门指导、乡中心站负责、村水管员配合、农民及用水者协会等用水主体参与”的“四级”基层水利便民服务体系，成立6大乡镇水利水产技术服务中心站，统一配备了办公设施、专业仪器设备、职工宿舍等。通过对技术人员集中配置，改变了以前一个乡镇一名水利技术人员单打独斗的局面，实现了水利工作重心下移、关口前移、“零距离”便民服务。

推行“六化模式”，着力走出农村安全饮水工程建设新路径。即推行全域化布局。树立“农村供水城镇化，城乡供水一体化”的建设目标，依托全县中型水库水源分布，科学规划水厂建设。推行市场化动作。创新投入机制，走出一条以国家投资为引导、地方配套为辅助、社会投入为补充的多元化投入机制，激发社会投资办水厂的热情。推行项目化建设。将项目机制引入农村安全饮水工程建设，建立目标管理考评体系，逐级细化量化目标，推进工程建设。推行企业化经营。成立农村供水工程管理总站，作为独立的事业法人单位，与外来投资者以股份制形式组建水厂项目法人，负责本水厂的日常经营管理，做到建管合一，长效运行。推行公益化服务。实行公益性入户价和公益性水价，在听证、公示的基础上，合理确定入户安装材料费和自来水厂价格，并免费将自来水接至农村中小学校、敬老院、五保户、残疾人家庭、贫困户等特殊人群。推行规范化管理。制定规章制度管理和约束水厂运行。利用远程监控技术对全县农村安全饮水工程相关指标进行在线监测，做到规范管理。通过几年努力，全县新建规模自来水厂16个，铺设各类供水管道3 800多km，覆盖全县22个乡镇，解决253个行政村约65万农民不安全饮水问题。建设成效受到水利部及省市各级领导的充分肯定，中央多家主流媒体进行了宣传报道。

2015年除险加固的张桥镇东小吴水库

2015年新建的张桥镇南册桥和朱圩“泵站串塘”工程

以点滴汇集江河，浩荡奔流
以些微润泽桑黎，荣光绽放

资阳市雁江区水务局

新建的引水渠

综合治理后的坡耕地效果

以点滴汇集江河，以些微润泽桑黎。这是雁江水务人一直以来践行的水务工作核心价值理念。点滴，是点点滴滴时光的累积，天长日久汇聚成为浩荡的江河，浇灌着雁江1 633km^{2}的土地。山川秀美，水草丰茂，一派盎然生机。些微，是些些微微工作的铺展，日积月累保障着人饮安全，滋润着雁江109万人民的心田。都说岁月的激情在燃烧，在这个为雁江经济社会发展努力做着贡献的生动实践过程中，荣誉感在激荡、责任感在驱使、紧迫感在鞭策，一个个朴素的水利工程在雁江大地上奔跑。

与产业发展同规划，致富一方百姓

在水利设施的布局和规划中主动融入全区经济社会发展大局，全区的产业发展布置在哪里，水利设施建设就跟随在哪里，使水利设施建设成为了全区产业发展的助推剂。

我区充分发挥公共财政对水利发展的保障作用，形成了政府主导、社会参与、群众配合的协同兴水治水大格局。在坡耕地治理中拓宽投资渠道，建立多层次、多渠道、多元化的投资体系，走"社会办水保，水保为社会"的路子，积极鼓励民间资本投入水土保持生态建设。"十二五"期间民间资本投入达427.93万元，治理水土流失面积2.33km^2。在项目区丹山镇，按照"水保建基地，业主壮产业"思路，创建了"政府+合作社+产业龙头"的公共服务社会化治理模式和群众"参与式"管理、村委会"一事一议"机制，引进禾邦药业等龙头企业，在项目区投入建池、建园、建路等资金达到4 970万元。积极调整产业结构，实行集约化规模经营，集中连片种植红参、丹参、半夏、沙根、大棚反季节蔬菜、西瓜和粮食经济作物，建成了现代农业产业示范基地，大大推动了全区"三农"工作的开展。

在移民工作中，突出产业开发，扶持移民脱贫致富。进一步加大对库区特色产业开发的扶持力度，培育移民经济实体，壮大移民经济，努力增加移民收入。通过近年来的发展，库区与移民安置区已形成了"三瓜二椒"（西瓜、冬瓜、南瓜和藤椒、辣椒）的特色种植，仅藤椒种植面积就达到了2 404亩。目前，种植规模仍在不断扩大，"三瓜二椒"特色种植业带动了库区移民增收致富。十二五以来，上级下达各项移民资金4 239.365万元，直发直补1 007.165万元，解决库区移民生产、生活、交通、饮水困难。其中渠道渠系整治维修8.9km，新建、维修、养护公路284km，新建、维修碎石路6.8km、提灌站7座、蓄水池42口，维修整治囤水田埂24根，有效改善了库区基础设施和移民生活。

水产养殖致力于打造"一村一品"的特色。着力实施"211兴村工程"（即"两引导一优化一平台"），促进水产发展助农增收。"两引导"即专业培训和政策法规引导。注重专业培训引导，帮助群众掌握水产生产实用技能，注重政策法规引导，提供政策法律咨询，鼓励民间资本投入水产规模养殖。"一优化"即优化养殖结构。开展健康养殖，精心打造品牌，真正实现"一村一品"，提升市场竞争力。"一平台"即搭建融资平

台。优化投资环境，依靠融资平台，先后与工商银行、邮政储蓄银行等金融机构多次接触商讨融资，有效地解决养殖户的融资瓶颈。2011年以来，全区新成立水产专业合作社60个，累计达到了78个；成立水产养殖协会2个；创建农业部健康养殖示范场4个；省级无公害基地14个，省级示范合作社3个；50亩以上集中连片水产养殖基地71处，养殖面积7 500余亩，占全区养殖水域总面积的16.15%；开展稻、藕鳅种养模式示范200亩。水产品总产量达到10.29万t，实现渔业总产值16.098亿元。

与新村建设同实施，彰显川南特色

坚持“把水留住、把水连通、把水用活、把水管好”的基本治水理念，坚持科学发展观，坚持以人为本，坚持把农村水利建设作为改善农业生产条件、农民生活条件、农村生态条件的基本方针，按照建设社会主义新农村的工作目标，立足雁江实际，积极探索具有丘陵地区特色的新路子和农村税费改革新形势下的新机制，理出了“围绕发展、创新机制、激活主体、注重效益”的农村水利建设思路，探索出了“多元化融资、规模化治理、机械化施工、企业化经营、科学化管理”的模式，从而走出了一条“政府引导、业主主体、市场运作、规范经营”的路子，极大地调动了农民群众的积极性，提高了后期综合效益，为农村水利建设注入了活力，实现了工作的良性发展。努力做实小农水重点县项目建设这篇大文章，让水利建设的成果更好地惠及全区人民，使项目区构建起“库塘池田相通，路堰渠系配套，集雨节灌互补”的区间水利体系，达到引得进，蓄得起，排得出效果。实现了山、水、田、林、路综合治理，为加快雁江新村建设解决了“水”的问题。2011年以来，我局小农水工程在省财政厅、水利厅组织的年度绩效考评中年年被评为全市第一，三年获全省优秀。2013年10月，水利部特派员房玲娣率专家稽查验收小型农田水利，充分肯定了我区“小农水”建设工作。“十二五”期间，小农水重点县建设总投资2.77亿元，项目涉及14镇119村，新建整治渠系540km，整治山坪塘623座，新建及整治石河堰50处，改造泵站15处，新建蓄水池2 015口，新增灌溉面积10.67万亩，恢复改善灌溉面积13.18 万亩，新增蓄引提水能力3 025万m^3，新增节水能力3 902万m^3。

大力推进农村安全饮水项目建设，按照“先急后缓、先重后轻、突出重点、分步实施”的原则，严控时间节点、紧盯项目重点、抓住项目难点，稳步推进项目建设。五年来，共投入资金1.2亿元，新建了伍隍、中和2个大型的片区水厂，铺设管网150km，实现了沱东片区伍隍、南津、中和等12个镇乡场镇、学校、企业及沿途村民集中供水。同时，结合我区实际，采取集中供水与分散供水相结合的方式，实施散户井工程8 959处，共解决农村饮水不安全人口25.44万。实现了全域饮水安全目标，保证了全区农村饮水安全。

与生态环境同步伐，优美万顷山川

为加快构筑雁江水生态屏障，再现碧水青山蓝天，提高群众幸福指数，按照生态建设的总体要求，精心组织实施水土保持项目建设。总投资2 500万元对保和镇、丹山镇共11个村进行了坡耕地水土流失治理，治理水土流失面积1.25万亩，建成小型水土保持工程238处。总投资803.7万元的国家农业综合开发水土保持项目，治理水土流失面积22.17km^2。坡改梯86.45hm^2，新建蓄水池25口，沉沙凼65个，截排水沟9.93km，田间道路9.07km，发展经济林194.51hm^2，水土保持林108.68hm^2，保土耕作1 242hm^2，封禁治理585.36hm^2。取得了良好的生态效益和经济效益，实现了农业增产、农民增收的目标。2012年，坡耕地水土流失综合治理试点工程在全国现场会上作交流发言，陈雷部长给予“全国领先”的高度评价。

“江天一色无纤尘，皎皎空中孤月轮。江畔何人初见月？江月何年初照人？”张若虚在遥远年代那个不可考的背景里创作的这首“诗中的诗，顶峰上的顶峰”，为我们描绘了一幅江天一色、人水合一的至高图景。新时代的水务是什么？是发展，让河苗饱满地喝水；是民生，让百姓放心地喝水；是图画，让山川秀美；是诗歌，让旋律流畅。沿着水文化的方向，我们走向水文明。那么，就让我们——任水意浸润，让文明飞扬！ （资阳市雁江区水务局秦田兵供稿）

建成后的梯田与坡面水系工程

双峰县积极开展农田水利设施管理体制改革

双峰县小型水利工程管理体制改革试点工作动员大会主席台左起：杨维（县长）、阳雄绪（县委常委）、邓辅平（副县长）

双峰县小型水利工程管理体制改革试点工作业务培训班主席台左起：贺银华（县水利局党委委员）、郭加林（县水利局原局长）

双峰地处湖南省中部，是晚清名臣曾国藩、中共早期卓越领导人蔡和森故里，是典型的农业大县、水利大县。连续10次荣获全国粮食生产先进县称号，2006年以来5次被评为湖南省"芙蓉杯"水利建设先进县。2013年10月被水利部确定为全国55个深化小型水利工程管理体制改革试点县，试点工作已顺利通过湖南省水利厅验收，考核得分名列全省第一。2014年11月又被列为全国100个农田水利设施产权制度改革和创新运行管护机制试点县，改革试点时间3年。已取得了阶段性成果，其改革经验在湖南省改革现场会上推介，并得到水利部领导的肯定。

一、领导重视，上下联动

双峰将农田水利管理体制改革试点工作作为深化农村改革的"一号工程"，建立了县、乡、村三级行政一把手负总责，党政领导共同抓，水改工作班子具体抓的工作机制，县委书记吴德华任改革试点工作领导小组顾问，县委副书记、县长杨维任改革领导小组组长，分管县团领导为副组长，乡镇长及县直有关局长为领导小组成员。县水利局、各乡镇、村均成立了改革专项领导小组，上下联动。县政府将水利改革试点工作纳入年度目标管理考核，日报月结，加大督查力度，逐日逐件抓落实。

二、营造氛围，两手发力

为提高效率，双峰一手抓宣传发动，一手抓业务培训。充分利用会议、广播、电视、简报及新闻媒体多形式、全方位宣传水利改革。同时对镇、村干部进行专题培训，引导全民参与改革，全县共召开群众大会1万多次，印发宣传资料8万多份，标语3 000多条，编发简报30多期，举办培训班1 200多期，参训人员3万多人，水利改革新闻信息在全国各级各类媒体刊发稿件千多篇，其中中国水利报16篇、中国水利网30多篇、湖南日报及湖南水利网100多篇，双峰水改办主任戴圣友同志撰写的长篇通讯《务实创新，勇于探索——双峰县农田水利改革试点侧记》获水利部"深化改革、兴水惠民"有奖征文比赛全国三等奖，受到水利部表彰和奖励，全面提升了双峰水利改革的氛围。

三、多头并举，创新机制

为解决农田水利工程重建、轻管，权责不清，经费短缺，效益衰减的问题，双峰多头并举，多管齐下，明晰农田水利工程产权，创新运行管护新机制。

（1）明晰工程产权。双峰组织全县5 000多名镇、村干部深入田间地头，对全县各类水利工程现场踏界、摸底登记，确定全县57 977处水利工程列入改革范围。根据产权界定的原则确定产权人及权属性质。由县人民政府委托县水利局统一颁发产权证书。对一个村民小组同一产权人，同一类工程（将该类工程合并成一个附件，插入证书），只发一本产权证书，节约了成本，提高了效率，全县共发产权证书23 250份，发证率100%。

（2）落实管护主体及责任。产权明晰后，确定工程产权所有者或经营者是工程的管护主体，所有小型水利工程均明确了专人负责，县水利局及各乡镇均制订了《小型水利工程管理办法》，各村都有分类工程管护制度、运行细则及管护公约。产权人与管护责任人签订了管护合同，落实了管护责任人，全县共签订管护合同39 816份，签订率100%，颁发管理权证书2.85万本，全面落实了管护责任。

（3）筹措管护经费。为使改革落到实处，双峰多渠道筹集工程管护、养护经费，完善“民办公助”“一事一议”等机制：中型水库管护费用仍按受益面积每亩收取水费25元，县财政从2014年开始每年追加专项管护经费100万元，以后逐年增加；小型水库年看护费3 000~5 000元1座，纳入财政预算；农村安饮工程及小型水电站实行企业化管理；县政府还出台了《双峰县小型农田水利工程维修、养护奖励办法》，规定山塘及河道清淤每亩奖1 000元，河堤、塘坝混凝土防渗及浆砌石挡土墙奖励12元/m^2，明确了县财政奖补范围及标准；以村为单位，设立农田水利工程维修、养护基金，每个村不少于5 000元，在乡镇经管站设立专账，专款专用。

（4）创新管护机制。针对不同类型水利工程，因地制宜地采取专业化集中管理及社会化管理等多种管护方式，推行管养分离，健全完善基层水利服务机构，成立专业维修养护队伍，组建农民用水合作组织，建立村级水利员网络。全县由基层水利服务机构集中管理的工程达1 535处，实行专门管理单位管理的工程180处，实行承包、租赁、拍卖等管理模式的工程3万多处，实行股份合作模式的260处，解决了水利工程“有人建、无人管”的问题。双峰甘棠镇、走马街镇积极探索，创新小型水利工程管护“协会+公司”模式，委托乡镇用水户协会组建乡镇级水利工程管护专业队伍，承担全镇小型水库的维修、养护、清淤扫障工作，队员实行合同制管理，一年一聘，工资按劳计酬，经费来源为水费收益、政府补助、社会捐助三条途径。青树坪镇培育新型管护主体农民专业合作社对农田水利工程进行托管。

通过改革，全县农田水利设施产权更加明晰，权责得到落实，农民利益得到保障，实现了政治效益、经济效益、社会效益“三赢”，形成了多元化的农田水利设施产权制度和有利于农田水利发展的建设、管理新机制，探索出了在其他地区可复制、可推广的改革经验。

副县长邓辅平（左）、县水利局局长彭亮（右）在水利改革督战会上讲话

水利部农水司副司长倪文进来双峰视察农水设施产权制度改革试点工作

前排左：倪文进；右：双峰县县长杨维

后排左一：娄底市副市长刘益丈

盐池县2015农田水利基本建设工作取得新成效

宁夏盐池县水务局

2015年，盐池县坚持农建工作与全县整体工作相结合，与产业结构调整相结合，与增加群众收入相结合，与建立长效机制相结合，科学谋划、精心组织、强力推进，着力打造独具山区特色的盐池农建模式。

一、总体工作完成情况

2015年以来，新增高效节水灌溉4.2万亩，建设高标准农田6.4万亩，完成激光平地3万亩，整修农路496km，清挖沟渠279km，新建水库1座，新增蓄水能力395万m^3。治理水土流失面积260km^2，新增水平梯田3万亩，修筑洪漫坝435条，完成旱地机深翻22万亩、春秋覆膜18万亩，改造低产田1.4万亩、改善灌溉面积13.7万亩，完成测土配方施肥37.2万亩、冬小麦种植3万亩。扎设草方格1万亩，实施萌城延伸及城西滩等农村饮水改造工程。完成农村环境综合整治庄点109个，拆除各类废弃建筑物6.2万m^2，清理垃圾4.5万t等工作。累计完成投资5.7亿元。

胡记圈高效节水蓄水池

高沙窝乡草方格治理

二、主要做法

一是因地制宜、统筹规划。着眼提高农业综合生产能力和可持续发展，解决实际问题，坚持山川有别，分区治理。将全县南部黄土丘陵区、中部扬黄、库井灌区、北部沙区，分区治理。二是创新机制、强化保障。坚持“问题导向、项目捆绑、以奖代补、群众主体”四项机制，用实干来赢得群众的支持和参与。三是加强督导，协同推进。坚持三个到位：①安排部署到位。②宣传发动到位。③督查指导到位。④严格标准，保证质量。按照“规模要大、质量要高、机制要活、工作要实”的要求，突出重点，示范带动，整体推进。集中打造了一批精品示范工程，有效带动全县农建工程整体质量水平提升。

三、主要特点及成效

总体来看，盐池县今年的农田水利建设，立足当前、着眼长远，更加注重因地制宜，更加注重实事求是，更加注重解决问题，主要呈现出几个方面的特点。一是规模大，内容丰富。集中实施小流域治理、高效节水灌溉、高标准农田建设、防沙治沙、环境整治等各个方面，打造了24个万亩以上综合治理片区，形成了一条长500多km的综合治理带。二是标准高，效益明显。高标准打造了城西滩高效节水灌溉、牛皮沟小流域综合治理、施记圈草方格治沙、惠安堡激光平地等一批示范区和精品工程，积极推进高效节水灌溉实行统耕、统种、统浇水、统施肥、统收割的“五统一”管理。三是机制好，整治透彻。通过建立问题导向、项目捆绑、以奖代补、群众主体、以促推建等机制，有力地推动了环境卫生整治、农田水利建设以及整体工作的顺利进行。

平庄村新修梯田

平庄梯田

秋覆膜

辉煌"十二五"璀璨万家寨

黄河万家寨水利枢纽有限公司

2016年5月5日，水利部党组书记、部长陈雷来万家寨视察工作并作重要指示

一、单位概况

万家寨水利枢纽工程于1993年开工建设，2000年完工，2002年通过竣工验收。水库总库容8.96亿m^3，调节库容4.45亿m^3，水库最高蓄水位980.00m，正常蓄水位977.00m，水库采用"蓄清排浑"的运用方式。大坝为混凝土重力坝，最大坝高105m，坝顶长443m。电站总装机容量108万kW，设计多年平均年发电量27.5亿kW·h。设计年供水量14亿m^3。

龙口水利枢纽为万家寨水利枢纽的配套工程，坝址距上游万家寨大坝25.6km，水库总库容1.96亿m^3，调节库容7 100万m^3。大坝为混凝土重力坝，最大坝高51m，坝顶长408m，电站总装机容量42万kW，设计年发电量13.02亿kW·h。工程于2006年6月开工建设，2010年完工，2014年通过竣工验收。

万家寨公司因万家寨水利枢纽工程的开发建设而设立。1993年水利部成立"水利部万家寨工程建设管理局"，负责工程建设及建成后的运行管理工作。1996年改制组建了黄河万家寨水利枢纽有限公司。公司现有正式在册职工368人，设有9个职能部门、2个直属单位和5个全资子公司。

二、取得成就

万家寨工程是黄河流域重要的控制性水利枢纽，是山西、内蒙古等地沿黄地区最大的民生水利工程，在黄河治理开发大局中具有重要地位。工程建成运行以来，在防洪、防凌、供水、发电

2016年3月24日，山西省委书记王儒林视察万家寨水利枢纽

2015年7月8日，武警内蒙古总队马建海司令员一行到万家寨调研指导工作

以及改善下游生态环境等方面发挥了极为重要的作用，取得了显著的社会效益、经济效益和生态效益，造福了沿黄两岸广大人民群众。

一是水库调度管理取得新成效。公司坚持民生优先理念，认真贯彻“水、沙、电”一体化调度运行原则，坚决执行“兴利服从防洪、区域服从流域、电调服从水调”的要求，优化调度方式，强化万家寨和龙口联合调度，工程综合效益得到充分发挥。严格执行流域管理机构调度指令，积极参与黄河防总利用凌汛期洪峰冲刷潼关高程试验，全力配合黄河主汛期调水调沙工作，认真履行工程周边和沿黄地区防洪、防凌、供水、发电等社会责任，为黄河治理开发、流域经济社会发展和人民群众生活水平提高作出了突出贡献。

二是安全生产运行再创新佳绩。公司坚持把安全生产作为重要的政治责任，摆在各项工作重中之重的位置来抓，认真履行安全生产主体责任，全面落实“党政同责、一岗双责、齐抓共管”的安全生产责任制，扎实开展安全大检查和隐患排查治理，注重从源头上消除安全生产隐患，确保了安全生产，保障了水库健康运行。截至2015年12月31日，万家寨和龙口水电站实现连续安全生产分别为3 916天和2 295天，保持了安全生产无事故纪录。

三是经营管理水平迈上新台阶。公司按照现代企业管理要求，加强内部规范管理，制定出台了强化劳动纪律、规范工作程序、加强工作督办、落实中央八项规定精神等多项制度，企业运行的规范化、制度化水平明显提高。全面清理规范津补贴和职工福利，严格项目立项审批管理，强

2015年11月23—26日公司董事长、总经理董德中在枢纽工地调研指导工作

万家寨电站5号机组厂内黑启动演练

万家寨水库冲沙运行

2015年6月24日，公司党委举办“三严三实”专题党课

化预算项目全过程动态控制，严格招标采购程序，规范子公司经营管理，实现了挖潜降耗、提质增效，公司经营管理水平明显提高。

2015年8月，公司举办纪念抗战胜利70周年歌咏演唱会

四是班子队伍建设呈现新气象。公司从改革发展稳定大局出发，认真落实部党组的各项决策部署和股东各方的经营管理要求，坚持集体领导和个人分工负责相结合，严格执行民主集中制，全面落实“三重一大”事项决策规则和程序，有效防范了决策风险。董事会、经营层和党委各司其职，互相支持，形成合力。注重干部管理和人才培养，强化全员考核、绩效评定以及考核结果运用，公司员工的思想观念、工作作风进一步转变，干部职工干事创业的主动性和积极性得到充分发挥。

五是党风廉政建设得到新加强。公司坚持党建工作和业务工作两手抓、两手都要硬，充分发挥党组织的政治核心作用，认真贯彻落实中央八项规定精神和水利部党组实施办法，扎实开展党的群众路线教育实践活动、“三严三实”专题教育，大力推进作风建设常态化、长效化。全面强化党风廉政建设“两个责任”，着力加强廉政风险防控，规范权力运行，扎紧制度篱笆，强化监督执纪问责，党风廉政建设取得新的明显成效。

2016年是“十三五”规划的开局之年，公司将团结一心，励精图治，攻坚克难，认真践行新时期中央水利工作方针，部党组决策部署，确保枢纽安全稳定运行，努力开创公司各项工作新局面。

公司获得2015年度AAA级信用企业称号

西藏自治区旁多水利枢纽管理局

自治区房灵敏副主席对旁多施工现场进行调研

"十二五"以来，在水利部的高度重视和自治区党委、政府的关心支持下，在区水利厅的直接领导下，西藏自治区旁多水利枢纽管理局（以下简称管理局）认真学习贯彻党的十七大、十八大和十八届三中、四中、五中全会精神，深刻领会中央第五次、第六次西藏工作座谈会精神，全面贯彻水利部第六次援藏工作会议精神，全面落实中央一号文件和自治区6号文件精神，按照水利事业改革发展的总体思路，紧紧围绕西藏旁多水利枢纽工程（以下简称工程）建设及发电任务，不断加强和完善内部管理，团结带领参建各方抗缺氧、斗严寒，通过加强工程质量、进度、资金控制和内外协调，加强安全生产体系建设和有序运转，加强党建工作和组织保障，加强人才队伍建设和技术支撑，不仅使工程成为高原水利建设史上第一个按期截流、按期下闸蓄水、机组提前投产发电的水利水电项目，而且创造出了最深大坝基础防渗墙、海拔最高库容最大、海拔最高防渗墙最深、海拔最高单机容量最大、海拔最高隧洞最长等多项世界纪录。

2011年5月，管理局荣获水利部授予的"全国水利建设与管理先进集体"；2012年1月，荣获自治区安全生产委员会办公室、安全生产监督管理局授予的"2011年度全区安全生产先进企业"；2012年9月，荣获自治区政府授予的"全区环境保护先进集体"；2014年7月，局党支部荣获水利厅授予的"水利厅系统先进基层党组织"；2014年，荣获"2014年优秀驻村（居）工作队"荣誉；2015年1月，荣获水利部授予的"全国水利系统先进集体荣誉称号"；2015年4月，工程荣获水利部授予的"2013-2014年度全国水利建设工程文明工地"。

一、旁多水利枢纽工程建设及发电运行总体顺利

（一）主体工程建设有序推进

"十二五"既是工程建设的高峰期，也是工程的完建期，通过组织"和谐库区"建设和"大干一百天，确保旁多工程按期截流""大干一百天，确保旁多发电厂按期投产发电"等活动，2011年10月26日如期实现大坝截流；2013年10月11日正式下闸蓄水运用；2013年12月10日首台机组并网发电；2014年7月26日末台水轮发电机组并网发电。

截至目前，旁多工程主体工程除灌溉输水洞工程外，大坝、大坝基础处理、泄洪兼导流洞、泄洪洞、发电厂房系统及机电设备安装等主体工程已全部建设完成并投入正常运行。

（二）发电厂平稳运行

自首台机组并网发电以来，截至2016年6月30日，累计完成发电量8.5亿kW·h，机组安全运行935天。

二、新工艺、新技术、新材料运用广泛

工程具有高寒缺氧、覆盖层深、地质条件复杂、施工难度大等特点，在施工过程中，为保证工程质量，参建各方大力开展技术攻关和科技创新，积极探索改进新型钻机、混凝土冬季保温系统、帷幕灌浆保温系统、高原型正电胶泥浆、152m钻孔取芯及泥浆下深孔聚能爆破、沥青混凝土心墙试验、TBM机掘进技术的研发和有效应用，成功解决了高寒缺氧、深覆盖层、复杂地质条件下施工等诸多难题。

在今后的工作中，旁管局全体干部职工将继续深入贯彻落实党的十八大、十八届三中、四中及五中全会精神，按照水利部的总体部署和自治区水利厅党组的工作安排，内强素质、外树形象，致力于把旁多工程建设成为功在当代、利在千秋、福泽人民的民生工程，为西藏水利的改革和发展作出新的更大贡献。

在改革创新中 持续拓宽发展之路

山西省万家寨引黄工程管理局（总公司）

2015年8月20日，局党委召开扩大会议，集体进行"严守党的政治纪律和政治规矩"专题辅导

2015年6月8日，局领导在施工一线调研，研究加快原水直供工程进度

2015年，山西省引黄工程管理局（以下简称省引黄局）在山西省委、省政府正确领导下，突出深化改革主题主线，确保安全稳定供水，努力推进分质供水、原水直供，大力推进工程建设，全力提升经营效益，以"三严三实"专题教育为契机，以推进引黄体制改革为重点，一手抓安全稳定供水，一手抓工程项目建设，各项工作取得新进展。

一、工程建设与供水运营安全稳定

紧紧围绕运营供水的中心工作，抓安全、保供水、降成本，积极探索改革发展的路子，统筹推进工程建设，积极拓展水务市场，全力提升经营效益，圆满完成了各项任务。

（1）生产运行安全稳定。全年完成输水3.2亿m^3，完成供水3.09亿m^3，其中，生态供水1.6亿m^3，生活和工业供水1.49亿m^3（太原0.92亿m^3，大同0.35亿m^3，朔州0.22亿m^3）。生产运行系统以安全、经济、高效为目标，不断强化管理。

一是成功实现引黄工程投运以来的首次四机联合运行，既考验了设备、锻炼了队伍，为顺利完成年度任务奠定了基础，也为今后扩大供水积累了经验。

二是完成了连接段电源改造、泵站机组报警、水力学仿真系统恢复、3台机组大修等一系列技改大修工作，进一步提升了生产效率。

三是继续深入研究全线输水系统的经济运行方式，总干线、南干线单方水耗电量较2014年下降0.04%，进一步节能降耗。

四是制定《备品备件管理办法》，合理保持备品备件库存，减少增量、盘活存量，进一步降低成本。

（2）工程建设有序推进。一期工程竣工验收准备就绪。北干线工程已基本完成工程结算验收，审计和财政评审正在进行。总干线、南干线泵站二期扩机工程，可研和初设获得批复，完成了泵站消防、清水等配套系统升级改造的主体工程。"分质供水、原水直供"建设项目取得新进展：清徐原水直供工程已完成全部40km的PCCP管道生产，管道安装完成34.6km，占合同总量的

83%；阳曲供水工程可研、初设已获批复，正在进行招标工作；左云供水工程可研、移民安置规划大纲获得批复，初设正在优化；晋泉复流项目可研通过水利厅专家审查，已上报发改委；规划的神池五寨供水、平鲁北坪工业园区供水、科技创新城供水工程等项目，前期工作有序推进。

二、改革发展各项工作稳步推进

按照山西省委、省政府对引黄市场化改革的要求，省引黄局与省国资委、省财政厅联系协调，核定批复年度经营业绩考核指标，研究制定战略发展规划，讨论起草投资预算等各项内控管理制度。按照省委、省政府对引黄市场化改革的要求，把体制改革作为2015年的头等大事，组织专门力量，实地调研，分析论证，与有关部门协调沟通，多次咨询水务、投资、企业管理等有关方面的专家，充分征求意见，起草形成改革方案初稿，并于8月26日上报省政府。10月17日、11月2日李小鹏省长两次召开会议，专题研究引黄工程体制改革。11月3日、11月20日，山西省政府第102次常务会议和山西省委深改领导组第十四次会议审议通过了《山西省万家寨引黄工程体制改革方案》。

三、党的建设扎实开展

2015年，省引黄局认真贯彻党的十八届三中、四中、五中全会精神，深入开展学习讨论落实活动和“三严三实”专题教育，坚持问题导向，边学习、边讨论、边落实，要求干部职工践行“三严三实”，聚精会神抓党建，一心一意谋发展，全力打造一支简简单单、干干净净、利利索索的引黄队伍。局党委坚决落实主体责任，局纪委坚决落实监督责任，落实中央“八项规定”，坚决把纪律和规矩挺在前面，纠“四风”、树正风，党风廉政建设和反腐败斗争取得明显成效，全系统没有发生大的违反八项规定和廉洁自律规定的事件。贯彻民主集中制原则，不断完善党委议事规则和决策程序，“三重一大”事项一律经集体研究决定。

2015年3月16日，局领导在施工一线现场办公，加强一线施工保障，确保施工质量

省引黄局始终坚持党建工作、精神文明建设与中心工作同步推进，在全局上下营造风清气正、积极进取的良好环境，将党的思想政治优势、组织优势转化为发展资源和工作优势，实现了党建工作与中心工作相互交融、同频共振，不断开创改革发展新局面。2015年，已连续8年被评为省级文明单位，连续14年被评为省直文明单位标兵。

2015年8月17日，清徐原水直供工程紧张施工中

经过几十年艰苦奋斗，省引黄局已经站在了新的历史起点上。新的形势孕育新的机遇，新的任务充满新的挑战。省引黄局全体干部职工将以真抓实干的工作作风、勇于变革的创新精神，凝心聚力、开拓创新、奋发进取、扎实工作，为引黄事业改革发展作出新的贡献！

汉江水利水电（集团）有限责任公司

汉江集团的“十二五”，注定被历史铭记。五年间，南水北调中线丹江口大坝加高工程完工，中线工程顺利通水，几代汉江人的调水之梦已然实现；总部搬迁到武汉，汉江集团迈向新的辉煌、打造百年汉江的关键一步得以实施。汉江集团以“管好水利枢纽、确保防洪安全、保障中线供水、保持平稳发展”为己任，忠实履行水管单位、水利企业的政治责任、经济责任和社会责任，步履铿锵、砥砺前行，实现了企业的平稳健康运行。

一江清水永续北送

“漂亮大坝、美丽坝区”建设稳步推进

汉江集团总部进驻武汉

汉江集团公司荣获第四届“全国文明单位”荣誉称号

防汛供水 保障有力

“十二五”期间，汉江集团将确保丹江口水利枢纽防汛安全、供水安全作为企业的头等大事，全力做好水库调度运行和大坝维护管理。“十二五”期间，丹江口水库总体来水偏枯，汉江集团不惜牺牲企业利益，果断采取措施，全力保障供水，圆满完成了中线工程首个调水年度的任务。2014年，汉江集团全力支持河南平顶山市应急调水工作，及时向白龟山水库供水5 010万m^3，有效缓解了平顶山市60年不遇的旱情。

水电开发 稳步推进

水电产业是汉江集团发展的原点和根基。“十二五”期间，汉江集团充分发挥水利企业优势，明确“坚定不移、汉江优先、合作开发、争取支持、量力而行、择机而动”的水电发展思路，以汉江流域水电开发为重点，做大做强水电产业。到“十二五”期末，汉江集团控股、参股的水电站达11个，总装机容量407万kW，其中权益装机205万kW。水电产业“再造一个丹江口”的阶段性发展目标已经实现并在不断地做大做强。

服务产业 蓬勃发展

“十二五”期间，汉江集团原有的以福利性、服务性为主的房地产业，物业管理、园林绿化、工程咨询、医疗服务等服务产业，积极闯市场，蓬勃发展，为汉江集团的发展注入了新鲜血液。房地产业以自我积累、滚动发展为主，不断提升项目品质、扩大品牌影响。加快推进“漂亮大坝、美丽坝区”建设，积极推进旅游产业发展。园林绿化以坝区绿化为工作重点，发展触角已遍布全国各地。加快整合水利水电人才、资质、装备等资源，水利水电工程服务业务蓬勃开展。

党建工作 卓有成效

“十二五”期间，汉江集团党的建设紧跟时代步伐，以中央精神为指引，以基层组织建设为抓手，扎实开展党的群众路线教育实践活动和“三严三实”专题教育，党委的政治核心作用、党支部的战斗堡垒作用、党员的先锋模范作用得到充分发挥。2015年2月，汉江集团公司被授予第四届“全国文明单位”荣誉称号。汉江集团以“两个文明”协调发展的步履叩响圣洁的文明之门，书写出文明创建的新篇章。

“十三五”号角已经吹响，汉江集团将立足在全新的发展坐标之上，在打造百年汉江的舞台上奋力拼搏，在集团转型发展的新征程上实现新跨越。

丹江口水利枢纽

黄河水利委员会河南黄河河务局

2013年5月10日，原黄河防汛抗旱总指挥部总指挥、河南省省长谢伏瞻到河南黄河检查工作

河南黄河河务局是河南省区域内黄（沁）河水行政主管机构，隶属于黄河水利委员会，受黄委和河南省政府双重领导，承担黄（沁）河河南段的防洪治理、水行政管理、水资源管理与调度、工程建设与管护等任务。

"十二五"期间，河南黄河各项工作始终坚持新时期治水工作方针，坚持把上级精神与河南治黄实际相结合，坚持改革创新和发展经济不动摇，坚持紧紧依靠广大干部职工干事创业，努力构建和谐河南治黄新局面，为维持黄河健康生命和促进河南经济社会又好又快发展作出了积极贡献。

"十二五"期间，河南黄河河务局战胜各类洪水险情4 938次，河道最小过流能力稳定在4 000m^3/s以上；强化河道巡查和水政执法，对重点案件进行挂牌督办，查处各类水事案件2 380起，依法治河管河能力进一步增强；5年累计引水155亿m^3，为河南经济社会发展、粮食产量实现十二连增作出了重要贡献，受到河南省委、省政府的表扬。

防洪工程建设与管理水平进一步提高，荣获黄委"十二五"工程管理先进集体称号；经济发展质量进一步提升，实现经济总收入202亿元；积极配合黄河滩区居民迁建试点工作，协助完成黄河滩区居民扶贫搬迁总体方案和试点方案的编制，首批试点3个县16 718名群众正按计划外迁；强化审计监督，获得全国内部审计工作先进集体称号；精神文明创建成果丰硕，局机关、焦作河务局荣获第四届全国文明单位称号。河南各项治黄事业健康发展，被中华全国总工会授予"全国五一劳动奖状"，连续4年被河南省政府评为目标管理先进单位。　（摄影：于澜　李庆文；文字：李锟）

大坝雄姿

长江水利委员会陆水试验枢纽管理局"十二五"亮点工作回眸

主坝

长江水利委员会陆水试验枢纽管理局（以下简称陆管局）因兴建三峡试验坝——陆水水利枢纽于1958年成立，是陆水水库［大（2）型］的管理单位，负责枢纽运行管理与维护，水库防洪抗旱调度、水库水资源管理与保护，承担有关水电工程科学试验，负责国有资产的运营或监督管理等。"十二五"期间，陆管局在急难中担当，在挑战中前行，在艰辛中拼搏，在希望中开拓，承受了一次又一次的磨炼，经历了一场又一场的考验，也收获了跨越发展的累累硕果。

一、科学防控保安澜

"十二五"期间，面对极端气候事件给陆水水库防汛抗旱工作带来的新挑战，历经考验的陆管局，以人为本，从容应对，科学调度，为陆水安澜和流域人民安康提供了重要保障。五年来，陆管局不断提升枢纽工程运行管理水平，确保防洪安全，加强工程维修养护和日常管理，完成了陆水水库除险加固后的大坝安全鉴定工作，加强枢纽工程信息化建设，推进精细化管理，不断提高科学管理运用水平。结合水资源水环境保护等工程措施和其他防洪非工程措施相配套的综合防洪体系，防洪保安能力显著提高，从而为流域经济、社会可持续发展创造一个安全可靠的环境。初步建立了水情信息采集系统、防洪预警系统、防洪调度系统、大坝安全监测系统及各种先进管理手段等非工程管理措施，现代管理技术逐步完善。

二、从严管水惠民生

"十二五"期间，陆管局严守"三条红线"，全面实施最严格水资源管理制度，陆水流域和陆水水库水资源、水环境管理与保护掀开新的一页。实施水库水资源管理与保护及水政执法监督项目，进一步加强了水库水资源管理与保护及水政监察的日常工作。组织编报了各年度取用水总结和取用水计划，开展了取水许可专项监督检查。推进陆水水利枢纽工程确权划界基础性工作及进程，编制了《陆水水库划界确权情况的调查报告》《陆水水利工程管理与保护范围划定工作实施方案》。通过实施2015年水源地达标

水利安全生产标准化一级单位

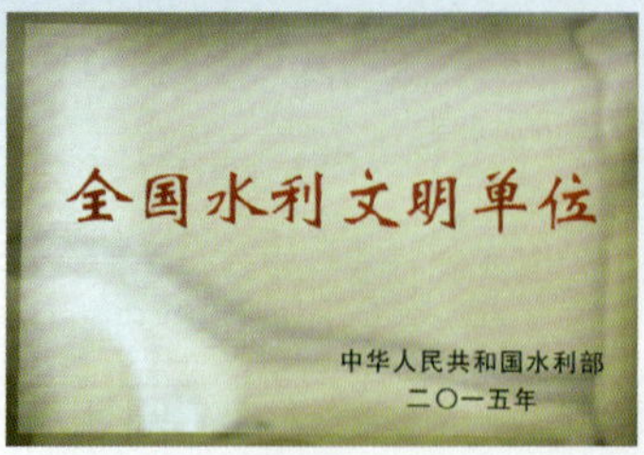

全国水利文明单位奖牌

全国离退休干部先进集体

电力安全生产标准化二级企业

项目，探索入库排污口生态治理技术和经验。通过不断加强水资源水环境管理与维护，确保了几十万人城市生活用水和工农业用水、生态用水安全，为赤壁市城镇工业及居民生活、特大型企业提供优质的水源，提升了当地城乡居民生活水平，促进了地方经济的发展。

三、深化改革促发展

“十二五”期间，面对国际国内经济形势的重大变化和巨大压力，陆管局上下戮力同心，以改革促发展，赢得了协调共进的良好局面。五年来，陆管局所属企业积极开拓市场，努力突破管理、地域、经营和人才等制约发展“瓶颈”问题，市场业务不断拓展，企业收入逐年递增，取得了较好的生产经营业绩。据统计“十二五”期间总创收是“十一五”的2.5倍，诚信纳税年年增加。同时取得水利工程建设监理甲级资质，为开辟监理业务创造了条件。五年来，陆管局积极推进内部改革，理顺事企管理体制。完成了事业单位岗位设置方案并上报获批，制定了事企深化改革方案。落实事业单位经费包干、企业单位经济目标和全局安全生产、防汛、党风廉政建设、信访、环保、消防、综合治理等责任制。加强预算执行，做好绩效目标考核、任期及离任经济审计。建立了安全生产及治安保卫体系，2015年5月被水利部评为水管单位和施工企业安全生产标准化一级达标。

四、文明花开别样红

“十二五”期间，陆管局坚持以高标准推进文明单位创建工作，大力弘扬陆水精神、丰富陆水工程文化，创建水文化建设有效载体。大力弘扬“团结、求实、开拓、奉献”精神和艰苦创业、无私奉献传统，坚持把水文化建设融入单位改革发展顶层设计之中，从水利改革发展全局出发，谋划陆水工程水文化发展战略，把水文化建设与水生态文明建设、水利工程建设管理结合起来，与学习型党组织建设、“红旗党支部”、青年文明号、工人先锋号等创建活动结合起来，与群众性精神文明创建和国家级水管单位考核达标活动结合起来，明确发展重点，突出工作特色，落实工作措施，更加自觉、主动地推进水文化建设。同时，陆管局着力构建陆水工程水文化建设格局，利用三峡试验坝展览馆、陆水水库水土保持科技示范园等示范教育基地，大力开展水文化知识的普及与教育；注重高校实习实训基地和中小学生社会实践基地的水文化阵地建设，广泛传播正能量，使水文化传播与爱国主义教育、国情水情教育相结合，不断增强单位文化软实力。

一分耕耘，一分收获。5年来，陆管局坚持“两个文明”一起抓，先后获得几十项荣誉称号或奖项。荣获各年度“湖北省直机关工委文明单位”称号，所属7个企事业单位实现委级文明单位全覆盖，获得“湖北省五一劳动奖状”“全国水利文明单位”“中国水利优质工程大禹奖”“全国离退休干部先进集体”“全国模范职工之家”“湖北省机关工委思想政治工作优秀单位”“水利系统质量管理小组活动优秀企业”“安全生产一级达标单位”“施工企业诚信建设3A企业”等荣誉称号和实绩，树立起了良好的社会信誉和单位形象。

水力发电厂增效扩容改造

文体活动

嫩水安澜铸辉煌　兴水惠民促发展

——嫩江尼尔基水利水电有限责任公司"十二五"回眸

尼尔基水利枢纽

尼尔基发电厂

"十二五"时期，是嫩江尼尔基水利水电有限责任公司（以下简称"尼尔基公司"）建设发展史上具有里程碑意义的一个重要时期，尼尔基公司坚持民生水利理念，充分发挥尼尔基水利枢纽民生保障作用，为嫩江流域经济社会发展提供了有力水利支撑。

枢纽社会效益和经济效益显著。"十二五"期间，尼尔基水利枢纽作为嫩江干流大型控制性工程发挥出巨大的防洪减灾和蓄水兴利效益。2013年成功抗御了嫩江上游超50年一遇特大洪水，将嫩江中下游河段洪水削减至20年一遇，松花江干流洪水削减至10~20年一遇，有效减轻了下游防洪压力，为保障下游经济社会发展、服务民生作出了重要贡献；水库累计向下游放流583亿m^3，为下游灌溉提供了充足的水资源条件，保障了下游齐齐哈尔、大庆等沿岸大中城市的工业生产用水和居民生活用水需求，有效改善了扎龙、连环湖等湿地的生态环境；累计发电量32亿kW·h，向东北电网输送了大量清洁电力能源。

枢纽运行管理能力显著提升。一是统筹抓好枢纽防洪度汛、水库调度和发电运行工作能力不断提升。2013年汛期，尼尔基水利枢纽首次开启溢洪道泄洪，首次启用了防洪库容，首次超正常蓄水位运行，大坝各项关键指标稳定，经受住了高水位严峻考验；发电机组经受住了连续满负荷安全稳定运行122天的高强度考验，刷新了行业最高记录；年累计发电量接近10亿kW·h，创造自投产发电以来最高记录。二是应急管理水平不断提升，先后编制完成了《尼尔基水利枢纽防洪抢险应急预案》等48项应急预案和处置方案，进一步完善了应急管理体系。三是工程竣工验收工作有力推进，"十二五"期间，尼尔基水利枢纽工程档案、水土保持、环境保护等3个专项先后通过验收，工程档案被国家档案局确定为第一批"全国建设项目档案示范工程"。主体工程竣工决算通过了水利部审计。

安全生产持续保持良好形势。"十二五"期间，尼尔基公司未发生一起重大安全生产责任事故，成功实现了第三个"千日安全生产"目标。安全生产标准化建设成果显著，2015年，尼尔基公司顺利通过电力安全生产标准化二级达标评审和水利安全生产标准化评审机构现场评审。

"十二五"期间，尼尔基公司先后荣获第七届全国水利文明单位、黑龙江省省级文明单位、省级青年文明号、抗洪救灾先进集体等荣誉称号。

继往开来谋发展 扬帆起航谱新篇

110kV变电站

新疆布仑口水库

都安瑶族自治县水利供水有限公司“花园式”水厂

广西农村投资集团有限公司（以下简称“集团公司”）的前身是广西水利电业集团有限公司，成立于1998年。2015年，自治区党委、政府以广西水利电业集团有限公司为基础，组建了集团公司，注册资金47.91亿元，专事全区农村经济开发建设投融资工作的大型国有企业，主要承担政府易地扶贫搬迁项目融资服务，从事农村经济开发建设以及原广西水利电业集团有限公司的供电、发电和供水等业务工作，拥有广西水利电业集团有限公司、广西农投农业发展有限公司、广西农投第一分公司等7家二级子公司以及分布在全区40个县的108家三级子公司，并受自治区财政厅委托代管广西农业信贷担保有限公司。目前集团公司总资产384.07亿元，系统员工3.1万人。

2015年，为加快推进广西易地扶贫搬迁工作，集团公司成立了与自身其他业务物理隔离、独立封闭运行的第一分公司，专门从事广西易地扶贫搬迁资金统贷统还工作；成立了广西农投农业发展有限公司，专门从事广西农业产业开发，推动广西农村农业经济快速发展；成立代管广西农业信贷担保有限公司，建立健全覆盖全区的政策性农业信贷担保体系，为广西农业尤其是粮食适度规模经营的新型经营主体提供信贷担保服务。与此同时，集团公司加大措施夯实原广西水利电业集团有限公司的产业，做好供电、供水和发电等业务工作。“十二五”末，实现供电量177.22亿kW·h，售电量165.28亿kW·h，发电量34.14亿kW·h，完成供水量7.266万t，营业总收入94.62亿元。先后荣获中国企业集团纳税500强、中国最具创新力企业、中国服务业企业500强、全国优秀水利企业、中国企业文化百强单位、中国企业文化建设示范单位、广西强优工业企业、广西企业100强、自治区文明单位等多种省级以上荣誉称号。

今后一个时期，集团公司将秉承“引领农村基础设施建设，推动农村经济开发建设，带动农民增收致富，保障社会和谐发展”的企业使命，以“精细化管理，专业化经营，市场化运作，推动现代三农经济社会发展”为发展战略，积极打造战略服务能力和项目储备核心平台、服务农村的支农资金融资核心平台和强大的农村发展运营管理核心平台，通过易地扶贫搬迁等五大支柱板块业务，为广西扶贫开发和农村产业提供持续健康的“四大动力”，即金融动力、能源动力、绿色动力、市场动力。至“十三五”末，集团公司力争实现资产总额1 027.5亿元，营业收入186亿元的目标，逐步打造成为全区农村领域的龙头企业，全国服务农村发展的典范企业。

北京市“十二五”时期节水型社会建设成效

水日活动现场向居民讲解节水器具常识

节水课堂生动有趣

“十二五”时期，通过优化调整产业结构、加快基础设施建设、强化监督管理、引导公众参与等措施，努力建设节水型社会。

一、践行“三要水”理念取得显著成效

“十二五”期间，北京市深入贯彻落实“向观念要水、向机制要水、向科技要水”理念，全力推进节水型社会建设。

2015年与2010年相比：北京市万元GDP用水量由24.94m^{3}降至16.63m^3，累计下降了24.54%；万元工业增加值用水量由18.54m^{3}降至10.50m^3，累计下降了23.5%，工业用水重复利用率由89.7%提高到94.9%；农田灌溉水有效利用系数由0.684提高到0.71；城镇居民家庭节水器具普及率由92.7%提升到96.5%。用水效率各项指标位于全国先进行列。

二、最严格水资源管理制度落到了实处

在全国率先建立了水影响评价制度。2014实施“水影响评价审查”制度，并作为建设项目立项的前置条件，强化水资源在经济社会发展中的约束和引导作用。

强化节水设施“三同时”管理。加强节水设施方案审查、工程建设过程监管与竣工验收，确保建设工程全部使用节水器具、建设雨洪滞蓄与利用设施。

“三条红线”指标得到分解落实。从2012年起，将用水总量、用水效率和水功能区限制纳污“三条红线”指标分解到各区（县），并纳入市政府绩效考核体系。

三、节水型社会建设体制机制日臻完善

管理体系进一步健全。各部门加强联动，建立了职责明确、分工协作、统分结合的市级节水用水管理体系。区县节水管理机构不断健全，建成市—区—乡镇（街道）—村庄（社区）4级节水管理体系。

法规制度进一步完善。“十二五”期间，修订了《北京市节约用水办法》，出台了《关于全面推进节水型社会建设的意见》《关于调结构转方式发展高效节水农业的意见》和《关于进一步加强城市雨洪控制与利用工作的意见》等，建立了高耗水行业退出机制，出台了《北京市新增产

业的禁止和限制目录》和《北京市工业污染行业、生产工艺调整退出及设备淘汰目录》，调整、退出三高企业1 000多家。

价格约束机制进一步增强。2014年北京市实施了居民家庭阶梯水价，年可节水1 000万m^3左右，同时大幅度提高特殊行业用水价格，特殊行业新水用量同比下降了20%以上，经济杠杆促进节水作用明显。

财政投入力度进一步加大。2014年出台了节水与水资源财政转移支付考核奖补政策，每年安排4亿元用于节水和水资源保护。

考核监管进一步加强。建立节水执法监管体系，加强重点行业节水检查，加大对浪费用水和其他违法用水行为处理力度；强化落实计划用水管理，全市3万多社会单位纳入用水计划管理，计划用水覆盖率达到90%以上。

四、科技对节水的支撑能力进一步提高

科技研发蓬勃开展。围绕雨洪控制与利用、园林绿地清水零消耗、都市农业高效用水、城市公共供水管网漏损控制、再生水安全利用等方面开展研究与示范推广，有力地推动了节水领域的科技进步。

科技产品日益丰富。节水型水龙头、便器、花洒等生活用水器具用水效率不断提升。通过开展节水产品质量提升与推广行动，累计推广节水器具89.9万套，其中由市级财政补贴推广2级水效以上节水型生活用水器具13.8万套。

标准规范进一步完善。发布实施了公共服务业14个行业取水定额地方标准和三个主要行业的城镇节水评价标准。进一步规范了计划用水管理工作，为实施总量控制，定额管理，行业节水评价提供了科技支撑。

信息化技术广泛应用。建成了北京市节水管理综合信息平台，实现了主要用水效率远程实时监控，区域用水总量控制和用水效率考核结果得以形象展示，实现了更广阔范围的信息共享。

五、节水载体创建的示范带动作用突显

典型区县先行完成节水型社会试点建设。海淀区、大兴区、怀柔区率先建成全国节水型社会示范区。

社会单位积极开展节水创建。"十二五"期间，全市共创建节水型企业（单位）1 863个，创建节水型社区（村庄）853个。全市累计创建节水型企业（单位）、社区（村庄）12 000多个，其中在京的150余个中央国家机关部本级单位已全部达到节水型单位标准。节水型企业（单位）覆盖率达到25.83%，节水型社区（村庄）覆盖率达到34.01%，节水载体覆盖率不断提高。

"十三五"期间，我们将进一步提升对首都节水工作重要性和紧迫性的认识，充分调动社会公众参与节水的积极性，广泛凝聚全社会爱水、护水、惜水、节水的强大合力，加快推进北京节水型城市建设，为建设国际一流的和谐宜居之都提供坚实的水务支撑。

北京市2016年全国节约用水宣传周活动

"十二五"天津节水普佳绩

天津市节约用水事务管理中心

宝坻善水园

"十二五"期间，天津市节约用水管理中心以计划用水管理为龙头，加强了法规制度建设，建立了用水效率控制红线指标体系，完善了节水标准体系，构建了公共参与机制，顺利通过了住建部和国家发改委组织的国家节水型城市第二次复查，水资源利用效率和效益显著提升。截至2014年年底，天津市万元GDP取水量（不含一产）降到了7.23m^3，万元工业增加值取水量降到了7.5m^3，工业用水重复利用率（不含电厂）达到了92.14%,计划用水考核率提升至94.02%，实现了以有限的水资源支撑全市经济社会又好又快发展的目标。

一、规范管理，标准先行

在"十二五"期间，大力开展节水标准体系建设工作，为开展各项节水工作提供了标准依据。

（1）编制国家标准2部，《洗车场所节水技术规范》和《洗浴场所节水技术规范》，填补了国家标准在洗车、洗浴节水技术规范上的空白。

（2）编制、发布地方标准2部，《水平衡测试方法》和《天津市建设项目节水设计导则》，进一步规范、推动了水平衡测试和节水"三同时"工作。

（3）制定了《天津市节水型系统（行业）标准》《天津市市级节水型单位创建标准》和《节水型居民小区二级标准》；修订了《节水型企业（单位）标准》《节水型区县标准》，为我市系列创建工作提供了标准依据，进一步提升了节水型系列创建水平。

（4）制定了园林绿化、火力发电、宾馆酒店、农业灌溉4个行业综合用水定额和制修订了纺织、医药、石化、冶金、机电、电子信息、轻工、铁路、食品饮料11个行业275项产品取水定额，为今后节水管理奠定了基础。

二、立足长远，提前规划

（1）编制了《天津市节水型社会建设"十二五"规划》，为我市"十二五"期间各项节水工作的顺利开展发挥了重要的指导作用。

（2）编制了《天津市城市雨水综合利用技术指南》和《城市雨水利用规划》，为我市雨水综合利用提供了可参考依据。

三、健全法规，完善制度

在"十二五"期间，积极推动节水相关法规制度的编制和出台工作。

（1）制定、发布了《天津市计划用水管理办法》，该办法的出台进一步完善、细化了计划用水管理工作。

（2）修订了《天津市超计划用水累进加价水费征收管理规定》。该规定修改完善后的再次颁布实施，进一步推动超计划用水累进加价水费征收管理工作稳步、健康发展，为计划用水管理的规范化、法制化提供有力的保障。

（3）编制了《再生水利用意见》，为进一步加强再生水利用，扩大再生水利用规模，提高非常规水源利用效率奠定基础。

四、围绕红线，提升效率

（1）建立了覆盖全市各行政区域的用水效率控制红线指标体系，确定了涉及用水效率控制指标完成情况和相关措施落实情况等考核内容，对确定的主要用水单位强化监督考核，全面促进了各区县用水效率水平的提高。

（2）着手开展在线监控系统建设工作。“十二五”期间编制完成了重点用水单位在线监控系统建设实施方案，为实施重点用水单位在线监控系统建设提供了技术支撑。在线监控系统的建立，将实现实时科学监控，通过信息化建设实现预警、提醒等功能，全面提升天津市节水管理水平。

五、坚持科技节水，推广节水新技术

（1）大力推广节水示范项目。“十二五”期间重点推广完成了工业企业生产废水处理回用、园林绿化节水喷灌及雨水收集、二级水表水量在线监测、智能IC卡控水系统在医疗系统的应用改造等项目，取得了显著的节水效果。

（2）加强节水型产品管理。由天津市节水办会同市质量技术监督主管部门，在“十二五”期间共向社会发布了3期《天津市节水型产品名录》。名录的发布，进一步规范了我市节水型产品市场，对广大用水户选用节水型产品起到积极的引导作用。

六、全面开展节水型系列创建工作，完善公众参与体系

“十二五”期间，全面开展节水型区县、节水型系统（行业）、节水型企业（单位）、节水型居民小区以及节水型公共机构单位等节水型系列创建活动。截至2015年年底，全市16个区县全部达到节水型区县标准，创建了10个节水型系统（行业）、1 056个节水型企业（单位）和476个节水型居民小区，其中节水型企业（单位）和居民小区覆盖率分别达到了44.9%和18.2%，创建了44家公共机构节水型单位，形成了全市齐抓共管的良好局面。

七、多措并举抓宣传，掀节水宣传新高潮

（1）每年围绕世界水日、中国水周、城市节水宣传周、科技周等节日主题，集中开展形式多样的大型宣传，同时组织发动全市各区县开展节水宣传“进乡村、进学校、进社区、进企业”，加宽了宣传覆盖面，营造了浓厚的社会节水氛围。每年天津市直接参与节水主题宣传活动人数高达万余人次。

（2）利用广播、电视、报刊、互联网等媒体，开展了征集节水广告语、播放节水公益宣传片、刊登节水专刊等宣传活动，做到了广播有声音、电视有影像、报刊有文字、网上有活动，广泛、深入的宣传教育，形成人人关心和积极参与建设节水型社会建设良好氛围。

（3）立足公益，创新宣传模式。“十二五”期间建设了3家节水主题公园，以节水主题情节贯穿整个公园的固定式节水宣传阵地，解决了以往节水宣传活动随机性大、固定性差等问题，强化了节水日常宣传效果，实现了节水工作与社会共建共享。

（4）充分利用节水科技馆，有效传播节水文化。“十二五”期间，接待参观游客12万余人，起到了良好的科技节水宣传阵地作用，先后荣获了“全国科普教育基地”称号、“全国中小学节水教育社会实践基地”等荣誉称号。

实验小学参观节水馆

水日

西藏拉洛水利枢纽及配套灌区工程“十二五”期间建设进展

水利部督查组一行检查指导拉洛工程建设

工程奠基仪式

一、拉洛水利枢纽及配套灌区工程概况

西藏拉洛水利枢纽及配套灌区工程是西藏自治区“十二五”发展规划中的重点骨干工程之一，也是西藏水利史上投资最大的项目，批复概算投资49.532亿元。工程位于西藏自治区日喀则市的萨迦县、桑珠孜区（原日喀则地区日喀则市）境内，是雅鲁藏布江右岸一级支流夏布曲干流中游上的控制性工程，为大（2）型Ⅱ等工程，由枢纽工程和申格孜、扯休、曲美、聂日雄四大灌区组成。枢纽工程最大坝高61.5m，水库正常蓄水位4 298m，总库容2.917亿m^3，电站总装机42兆瓦，多年年平均发电量0.847亿kW·h。四大灌区土地面积53.17万亩，设计灌溉面积45.39万亩，设计1条总干渠、7条分干渠和108条支渠，总干渠全长42.73km，分干渠全长117.43km，渠系建筑物744座，工程总工期58个月。

工程开发任务以灌溉为主，兼顾供水、发电和防洪，并促进改善区域生态环境，为扶贫搬迁创造条件。工程兴建能够为申格孜、扯休、曲美、聂日雄四大灌区提供水源，到设计水平年2030年工程全面发挥效益，达到开发耕地面积21.27万亩，新增灌溉面积18.40万亩，开发草地面积16.51万亩，开发林业面积7.61万亩；每年能为藏中电网提供0.847亿kW·h电能；能将下游防洪标准由现状提高到5年一遇，远期配合堤防工程，可将下游防洪标准提高到20年一遇；能为扶贫开发创造条件，可安置生态移民4.2万人。

拉洛工程的建设对实现当地水资源优化配置，改善灌区农牧民生产、生活条件，提高农牧民收入，增进民族团结和社会安定，防治土地沙化和改善生态环境，全力打造西藏生态屏障，促进西藏地区经济社会可持续跨越式发展和长治久安等具有十分重要的意义。

二、“十二五”期间工程建设进展

（一）拉洛项目顺利获批

2012年10月项目建议书获批，2013年12月底完成《拉洛移民安置规划》《水土保持方案报告书》《工程环境影响报告书》《水资源论证》等可研审批所有前置条件近20项，2014年5月国家发改委批复了《西藏拉洛水利枢纽及配套灌区工程可行性研究报告》。2014年12月底，水利部对《西藏拉洛水利枢纽及配套灌区工程初步设计报告》进行了批复。

（二）项目投资任务完成

截至2015年年底，国家下达项目投资17亿元，其中2015年下达15亿元。累计完成投资16.37亿元，其中2015年完成工程投资14.37亿元，占年度投资任务95.8%。

（三）招投标工作完成情况

“十二五”期间，共签订拉洛水利工程包括设计、监理、施工、咨询、移民等合同122份，合同总金额34亿元。

与地方政府召开项目协调会议

泄洪洞内施工情况

（四）工程施工进展情况

1. 施工准备期工程

拉洛工程“三通一平”及现场管理设施工程于2013年5月开工，“十二五”期间完成除3号路外所有“三通一平”项目建设内容。

2. 主体工程

（1）枢纽工程。拉洛主体工程大坝和德罗隧洞项目由西藏自治区人民政府指定武警水电部队练兵建设。

武警水电三总队于2014年9月进场施工，开展施工准备和临建设施工作。完成施工营地建设、炸药库建设、砂石混凝土系统建设、枢纽左右岸临时道路，1号支洞、2号支洞、3号支洞、交通洞、发电洞、泄洪洞均已贯通，德罗隧洞主洞进尺1 261m。

（2）灌区工程。灌区工程中，总干渠、那隆隧洞、贝琼隧洞及分干渠15家施工单位完成全部临建设施建设。总干渠成型26%，分干渠成型42.5%。那隆隧洞进尺69m，贝琼隧洞进尺43m。曲美隧洞进尺230m。

德罗隧洞出口压力前池施工现场

在2015年水利部矫勇副部长、水利部质安总站、建管司水利工程质量大检查等历次检查工作中，拉洛项目投资进度、质量、安全管理和控制均得到领导一致认可。

（五）征地移民安置工作开展情况

与日喀则市政府签订了移民投资包干协议，联合日喀则市政府，通过公开招标的方式委托了移民监督评估业务；协助日喀则市政府，建立了拉洛工程日喀则市移民执行机构、桑珠孜区移民实施机构，并逐步完善了相应的组织与管理，完善了3.5亿元2015年度移民投资任务的资金计划与工作计划，完成了资金划拨到位工作。

泄洪洞出口控制闸施工现场

（六）通过工程建设促进地方发展情况

拉洛工程建设期间，始终坚持在同等条件下，优先使用当地劳动力、当地材料（砂石骨料及块石）、机械设备的原则，力争通过工程建设促进地方发展。2013年以来，使用当地农牧民工、租赁当地机械设备、购买地材等共增加当地农牧民收入7 919万元。

打造质量效益型、创新发展型企业

黑龙江省水利水电集团第一工程有限公司

公司党委会

齐市廉政教育基地接受廉政教育

"十二五"时期，黑龙江省水利水电集团第一工程有限公司以深化国企改革为动力，不断打造质量效益型和创新发展型企业，在黑龙江水利建设快发展的机遇期，勇于担当、稳健发展，高标准地完成了在建项目。

到"十二五"末，建安施工产值突破了16.69亿，比"十一五"末增长1.5倍，实现利税总额0.4亿元，职工收入年均工资超过4万元，比"十一五"末提高了25%。内部机制改革逐步得到了完善；外部发展环境得到了拓展，综合看来，"十二五"时期，企业总体实现平稳发展，在打造质量效益型、创新发展型企业上迈出了坚实的一步，彰显了国企专业队伍的实力。

2015年，被黑龙江省委、省政府评为"重点项目施工先进集体"，所属四分公司被省总工会命名为"工人先锋号"；同年，经水利部文明委验收，企业进入"全国水利文明单位"行列。目前，企业为AAA级信誉企业，安全标准化认证企业，并被国家工商总局连续评为"重合同、守信誉"企业。

2016年，是"十三五"规划实施的第一年，经过公司制改造，第一工

引嫩扩建骨干依安灌区工程工地

程有限公司又提出了新的发展目标，按照集团做强、做优、做大发展理念，全面推进企业向市场型、创新型企业发展，致力实现“保规模、保效益、保稳定、保民生、保安全”五个确保目标，推进市场开发不断扩张，自主创新不断提升，通过实施创新驱动，保持经济效益稳中求进，企业平稳、持续、健康发展。

“十三五”时期，企业要继续深化改革、提质增效，完善经营承包机制的管理创新，依托集团优势，拓展省外市场，提升竞争实力，提升法制观念，重视科技引领和人才强企战略，切实以责任意识、担当精神、实干作风推进企业做强做优，努力形成“企业发展、员工富裕、干部成长”的发展局面，为持续打造活力、兴旺、殷实、和谐的创新型企业而努力！

全国守合同重信用企业

AAA级信用企业

全省水利建设先进集体

荣获工人先锋号称号

依安跃进渠道水毁重建工程拦河闸

参观抗洪教育基地

七库之首，打造大水缸 北水南调，清泉润文都

——福建省彭村水库建设侧记

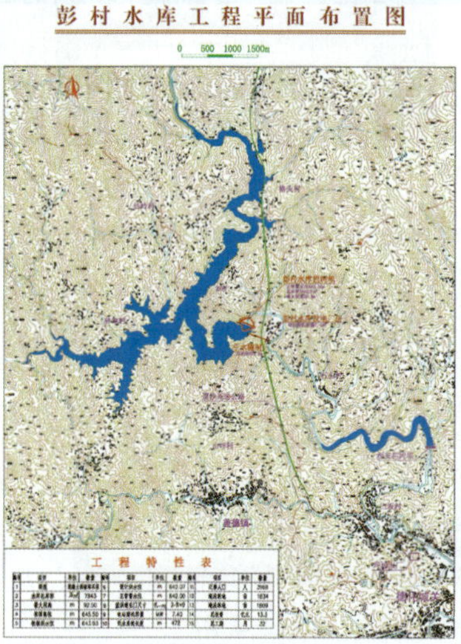

彭村水库工程平面布置图

福建省泉州市彭村水库位于福建重要水源地、素有“闽中宝库”之称的德化县境内，在雄奇险峻的戴云山下筑坝拦水，是泉州市七库联通工程的龙头水库、泉州市第三大水缸、最大的中型水库，工程列入国家“十二五”大中型水库建设规划和赣闽粤原中央苏区振兴发展规划，为福建省2014—2016年在建重点工程。

定位精准，凿凿可据

2011年，中央一号文件吹响“全面深化水利改革发展”的号角，泉州抓住机遇，按照大樟溪流域规划，将彭村水库定位为泉州市战略性水源和应急备用水源，以供水、防洪功能为主兼有发电综合效益的重大水利枢纽工程。水库设计总库容7 843万m^3，移民安置3 168人，拆迁房屋13万m^2，建设用地4 874亩，总投资13.3亿元。枢纽建筑物由高92.5m的钢筋混凝土面板堆石坝、长292m的溢洪道、长472m的引水系统以及装机容量7 400kW的发电厂等组成，建设工期3年。水库正常蓄水位642m，坝址控制流域面积144.5km^2，年径流量1.76亿m^3，投产以后将进一步优化水资源配置，提高泉州市的供水保障能力，持续改善水库周边环境，是一颗镶嵌在“闽中屋脊”之上的戴云明珠。

2015年5月22日，福建省委常委、常务副省长张志南，省政协副主席张燮飞检查彭村水库工程建设进展情况

大坝钢筋混凝土面板施工现场

严抓细管，孜孜不怠

2014年4月，彭村水库主体工程动工。施工中，工程建设者按照争创“中国水利工程优质（大禹）奖”“全国水利文明工地”的目标要求，严抓细管，孜孜不怠，在好中求快，在快中推优，全力打造精品工程。一是抢工期，抓进度。科学合理安排工序，倒排工期，日夜施工，实行每周工作例会制度，盯紧目标，全力推进工程建设，2016年年底，枢纽工程基本完工，具备下闸蓄水条件。二是争优质，强管理。坚持管理创新，建立水利工程监管平台，利用手机摄像、视频的监控功能，实现现场施工过程、验收计划完成情况、检测数据、现场人员考勤和资金使用、拨付等事项的可视化远程实时监管。2015年，工程被纳入国务院政府信息公开试点十大项目之一，是全国水利系统唯一的一家。三是抓关键，促落实。建立安全管理体系，明确职责，齐抓共

管，确保安全；建立安全许可体系，坚持手续健全、持证上岗、岗前培训，严格施工审批流程，做到零违章零事故。

坝体填筑施工现场

北水南调，久久为功

如今，彭村水库成为福建省重大水利工程建设的一面旗帜，《中国水利报》《中国安全生产报》先后作了专题报道。水利部在2015年财务专项稽查和2016年中型水库和江河治理项目专项稽查之后，肯定彭村水库工程在工程进度、建设管理和资金到位方面均走在全国同类工程前列；2015年6月代表福建省接受全国水利工程质量安全考核，以97分位居当年全国第一。

工程指挥长苏荣薰现场布置工作

民生水利，惠及民生。作为泉州市北水南调的水源工程，彭村水库下闸蓄水首先可以彻底解决工程所在地德化县城关枯水期的供水问题，供水保证率从36.3%提高到98.5%；城关防洪标准由20年一遇提高到50年一遇，为世界陶瓷之都再创海丝辉煌续上新动力。发电厂每年发电2 900万kW·h，增加下游梯级发电量2 500万kW·h，为世界文都泉州经济社会的发展输入绿色血液。

一库做好，库库受益。作为泉州七库联通之首，彭村水库与下游龙门滩水库联调，又可确保每年从闽江大樟溪跨流域向晋江调入4.4亿m^3来水，有效解决泉州、泉港、惠北片区的供水问题，成为泉州市的战略性备用水源工程。随着晋江市引水第二通道工程的竣工，还可向金门供水工程提供优质水源，为增进两岸同胞福祉、促进两岸融合发展作出新的贡献。

彭村水库管理房

却顾所来径 苍苍横翠微

——记"十二五"淮河流域水资源保护工作

淮河流域水环境监测中心实验楼

淮河流域水环境监测中心趸船

五年不仅仅是一个时间刻度，更是一个重要的发展刻度。"十二五"时期，按照十八大提出的建设美丽中国的战略部署，淮河流域水资源保护局以落实最严格水资源管理制度和水生态文明建设为重点，勇挑重担，开拓进取，流域水资源保护事业取得了长足进展。

水功能区管理不断加强，淮河流域率先实现了全国重要江河湖泊水功能区全覆盖监测和考核，淮河区全国重要江河湖泊水功能区达标率也从2011年的50%上升到2015年的64.6%，基本达到了2015年的控制目标。入河排污口监督管理深入开展，每年依法向流域各省人民政府通报入河排污量，淮河流域主要污染物化学需氧量（COD）和氨氮入河排放量分别从2011年的48.43万t和5.55万t削减到2015年的38.55万t和3.53万t。淮河水污染联防工作成效显著，成功应对了淮河干流苯污染、惠济河涡河跨省水污染等重大水污染事件，淮河干流水质连年保持在Ⅲ类。水生态文明建设扎实推进，淮河流域14个城市被纳入国家试点，试点建设工作取得阶段性成果；开展了沙颍河、洪泽湖、淮河干流的健康评估工作，为在全流域开展河湖健康评估工作提供了经验。跨部门交流合作迈出新步伐，与环保部华东督查中心建立了淮河流域跨部门水环境保护协作机制，实现了水资源保护和水污染防治工作的有效联动。对淮河流域20个全国重要饮用水水源地开展水质全指标监测，并组织开展饮用水水源地安全保障达标评估工作，饮水安全进一步保障。启动了地下水水质监测工作，初步掌握了流域地下水水质现状。规划科研工作取得成果丰硕，《淮河流域水资源保护规划报告》历时3年编制完成，进一步完善了流域水资源保护工作的顶层设计；由淮河流域水资源保护局参与完成的多个项目获得省部级以上奖励，其中，1项成果获国家科学技术进步奖二等奖，2项成果获大禹水利科学技术二等奖。同时，流域水资源保护的基础能力建设进一步加强，水环境监测中心实验楼和新趸船建成运行，国家水资源监控能力建设项目（一期）历时3年如期完成，建成了23座淮河水系、沂沭泗水系省界及重点水资源质量自动监测站，综合保障能力大幅提升。

昨夜斗回北，今朝岁起东。"十三五"奋斗的号角已经吹响，淮河流域水资源保护局将坚持五大发展理念，把从严治党、依法行政、改革发展作为重要任务，努力为构建流域水安全保障体系提供有力支撑。

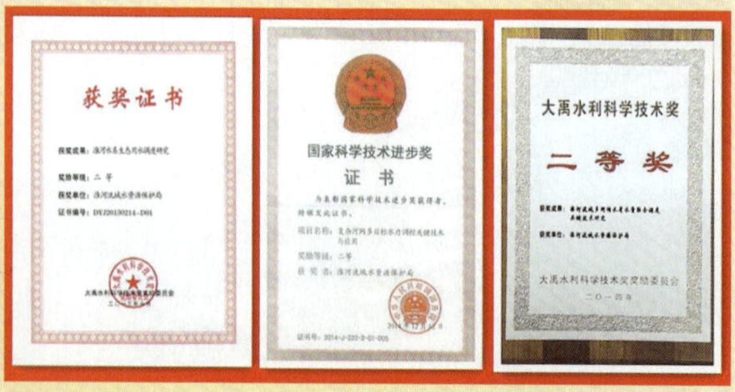

"十二五"时期所获得省部级以上奖励

湖北省超额完成国家农村饮水安全规划任务

宜都市群众用上了自来水

2006年以来，湖北省围绕“建得成、管得好、用得起、长受益”，科学规划，严格建管，扎实推进，大打了一场农村饮水安全工程建设攻坚战，兑现了省委、省政府对全省人民的庄严承诺。全省投资200亿元，建成集中供水工程1.1万多处，基本解决了2004年、2009年两次调查评估认定的3 150万农村居民的饮水安全问题，比国家规划多完成315万人。此外，还解决了国家规划内368万农村学校师生饮水安全问题，建成县级水质检测中心86个。湖北省农村饮水安全工作采取的主要措施有：

一是高位推进，强化组织领导。湖北省委、省政府高度重视，常抓不懈，确立了刚性目标，出台了指导意见，落实了省级专管机构，将农饮工作连续十年纳入省政府年度“十年实事”，连续五年作为省管领导班子和领导干部年度考核重点指标。省、市、县三级政府逐级签订责任书，进行绩效考核，为确保工程建设进度和质量提供了有力的组织保障。

二是科学规划，发展规模供水。湖北省从狠抓县级规划入手，以发展“千吨万人”以上规模供水为主攻方向，大力发展规模化供水工程，推进城乡供水一体化。全省抓示范推广，农村饮水安全工程因地制宜，依水建厂，上规模、讲质量、求实效的发展势头长盛不衰。2006年以来，湖北省共建成日供水“千吨万人”以上规模的农村集中供水工程800处，惠及农村人口2 200多万，占10年解决农村居民饮水安全问题总人数的70%（其中，“城乡一体化”供水惠及农村人口750万人，占23%），为长久稳定地保障农村饮水安全打下了坚实的工程基础。

三是筹措资金，适应建设需要。湖北省积极构建“政府主导、群众自愿、社会参与”多元化投融资格局。在用好中央资金的基础上，省财政先后按每人66元、100元安排配套资金。“十一五”时期，省级还贷款12.9亿元，用于垫支提前实施项目的中央投资。各县（市）采取“财政出一点、社会募一点、老板投一点、农民出一点”等方式破解资金难题。2006—2015年，全省共投入农村饮水安全工程建设资金200多亿元。其中中央投入96亿元，省级财政投入24亿元，市、县、乡财政投入28亿元，企业（个人）投资10亿元，农户出资31亿元，其他渠道投入11亿元。

四是严格建管，确保工程质量。湖北省相继出台工程招标、开工、建设、安全管理、竣工验收等一系列建管制度。规模工程建设实行“四制”管理，小型工程优选施工队伍、材料设备按年度项目打捆统一招标和确定专人巡回监理。按照分级负责的原则，省、市、县分别在媒体上公示当年农村饮水安全项目详细情况，接受社会各界监督。

五是创新机制，促进长效运行。湖北省建始、赤壁等35个县成立了县级供水服务机构，潜江、钟祥等60多个县实施了两部制水价，安陆、黄梅等88个县出台了工程运行管理办法，仙桃、应城、松滋等20个县（市）落实了维修养护资金财政补贴。省级财政启动了对小型农村饮水工程的维修养护补助，2013—2015年共落实补助资金6 500万元。2015年，湖北省财政厅又出台了《湖北省农村小型水利设施维修管护购买社会力量服务管理办法（试行）》，将农村饮水安全工程纳入购买服务范围。

浠水县白莲河水厂全景

打造现代化国家应急救援专业部队

中国人民武装警察部队水电第一总队

党委领导坚强有力

持续加强正规化建设

"十二五"期间，中国人民武装警察部队水电第一总队党委团结带领全体官兵，紧紧围绕学习贯彻党的十八大、十八届三中、四中全会和习近平总书记系列重要讲话精神，坚持以强军目标为统领，科学统筹谋划，合力攻坚克难，党委自身建设全面加强，思想政治工作扎实有效，部队管理水平明显提高，应急抢险任务圆满完成，专业救援能力稳步提升，综合保障能力不断增强，部队呈现出稳步发展、整体提升的良好势头。

着力夯实思想政治基础。紧紧扭住思想建军、政治建军、改革强军这一核心，坚持学好理论、破解难题、固牢根子，进一步深化对习主席系列重要讲话精神和党的伟大、光荣、正确的深度认知高度认同。按照强化组织意识、严格运行规范、浓厚原则氛围的路子，确保"定海神针"作用的根本领导制度落实。按照找准方位、把正指向、聚焦有力的路子，用职能使命牵引部队建设。引导部队按照总体国家安全观的要求，站在推进国家治理体系和治理能力现代化的大背景下，站在军民应急救援力量资源融合的大趋势下，站在武警部队多种力量体系的大分工下，站在水电部队任务区域的大布局下，打好应急救援主动仗。

聚焦提升应急救援能力。坚决贯彻上级首长"抢险就是处突、救灾就是维稳"的指示，坚持战斗力这一唯一根本标准，着眼自然灾害、恐怖袭击、战争条件下的应急救援主动仗要求，从力量生成各系统、诸单元、全要素入手，加强作战体系理论研究和应用，不断加强核心能力建设。

"三个中心"建设稳步推进

专业技术能力持续提升

按“精确侦察、精确筹划、精确指挥、精确协同、精确评估”国家队标准要求，将应急救援数据库中心、技战法研究中心、作战指挥中心这“三个中心”与“六个系统”的深度对接。加强“三个源头”人才工程建设，大力培养指技合一的新型军事人才和“精一通二会三”的士官骨干队伍，优化人装配置，大力推动专业中队示范建设，让官兵的基本素质成为转变战斗力生成模式新的增长点。不断加强信息化能力建设，推动三级网的延伸覆盖，各主要基层单位全部实现联通互通；先后纳入河北、安徽、广西、贵州、云南5省（自治区）防汛抗旱指挥部成员单位，建立水文、交通、地质、地震等共享数据平台，实现军地双方信息互通、资源共享，信息采集、指挥控制、辅助决策和综合保障能力持续提高。

应急救援任务完成圆满

突出特色加强正规化建设。总队党委始终把强化部队姓“军”的意识、贯彻姓“军”的要求、保持姓“军”的作风，作为从严治军、依法治军、正规抓建的着力点。按照收尾工程的部队提高层次水平、练兵工程的部队完备要素体系、归建回营的部队明确具体细节的思路，推进大队实体化运行，系统规范按纲抓建。紧扣“人”这一核心，坚持法规标准，加大突击性检查力度，夯实正规化建设横向到边、纵向到底的组织基础和群众基础。把安全工作作为保底工程和能否实现“两个确保”的现实问题来抓，紧跟形势要求和不同时期的特点，加强隐患预判，突出政治性问题、工程性事故、经济性案件、管教性失控、防范性乏力这些防范重点，推动部队建设走上法治化轨道。

圆满完成应急救援任务。总队作为一支专业化工程部队，在长期的施工实践中，积累了处置各种险情的丰富经验。在遂行应急救援任务中，广大官兵发扬攻坚克难、敢打必胜的铁军精神，不畏艰险、冲锋在前，发挥着中流砥柱的作用。近年来，总队充分发挥专业技术优势和装备优势，圆满完成云南鲁甸、景谷抗震救灾，深圳“12·20”滑坡灾害事故抢险，广西平乐山体垮塌抢险，河北邢台七里河水毁堤防抢险，安徽多地抗洪抢险等一系列应急救援任务，彰显了总队应急救援国家队的专业化水平。

加快落实后勤保障建设。按照“持好家、办好事、保好中心”的指导原则，在抓好“武化、绿化、正规化”营区建设的同时，加大债权债务清理，夯实建设发展的财力基础。完善各类预案，充实急需保障装备，巩固“一组五队”建设成果，开展实战化保障训练演练，建设应急保障中队，推进应急后勤指挥、供应保障、立体投送、物资储备等应急保障体系建设。依托地方资源建立区域性“储备网”“供应网”“输送网”，探索形成了遂行任务的军民融合保障机制。

思想政治工作扎实有效

综合保障能力不断增强

铸就水利科技发展新丰碑

——长江科学院"十二五"工作回眸

长江流域（片）水利科研协作网成立大会

"十二五"，五年，只是历史长河里的一个小小片段，但在长江科学院发展历程中，注定被深刻铭记。

"十二五"期间，长江科学院以提升创新能力为核心，以"给力倍增"发展举措为抓手，以"建设一流水利科研强院"为目标，围绕学科建设、人才培养、品牌创建、经营开拓、成果转化推广及创新文化建设六大方面，在挑战中前行，在艰辛中拼搏，在希望中开拓，在奋斗中辉煌，全面完成了影响力、竞争力、人才队伍、经济实力及软实力的"十二五"增长目标，成绩辉煌，可圈可点：

影响力大幅提升。"十二五"期间，长江科学院承担了324项基础及公益类科研项目、2 060项横向科研项目以及大量治江科研项目，较"十一五"相比，承担科研项目的数量更多、服务的领域和地域更广，为治水治江事业、国家经济建设作出了新的、更大的贡献，并极大地扩大了长江科学院影响力。科研成果的水平和质量均明显提高，70余项国家及省部级以上科技奖励、984篇三大检索论文、31项标准、39部专著和42项发明专利也是影响力倍增的有力证明。10余次长江科考受到国家有关部门、媒体和社会公众的广泛关注。科技合作交流活动空前活跃，入选湖北省人才

长江源科学考察

工作十强院所、获评全国优秀博士后工作站，聚才效应不断凸显。

竞争力全面加强。学科布局日臻完善，创新能力明显增强。科研平台建设大幅推进，省部级科技平台再添2名新成员。“十二五”期间，长江科学院获得近3亿元财政资金投入科研条件建设，科研条件已近行业一流水平，信息化建设跻身行业前列。事业及企业组织规模进一步壮大，江湖治理与防洪、水资源、水土保持、水工新材料、岩土力学与工程、山洪灾害防治等学科专业品牌创建取得明显实效。成果转化推广工作大力推进，以CW系列新材料为代表的一批专有技术产品广泛应用于行业内外，独具特色的市场开拓模式逐步形成。野外科学观测站网建设卓有成效。国家及行业资质再获升级和拓展，市场领域得到进一步渗透，科研资源配置能力及市场核心竞争力获得双向提升。

南水北调中线工程穿黄水洞防渗化学灌浆施工

人才实力显著增强。相比“十一五”，长江科学院职工的专业、学历、年龄结构进一步优化。博士、硕士人才规模实现翻番，现有博士、硕士人数占在职职工总数的53%，高级职称人员数量占比上升至55%，专业技术人员占比上升至70%，35岁以下职工占比上升至34%。近20人次新入选国家及省部级专家或人才计划，1个省级和8个院级创新团队建设顺利推进。近百名年富力强的中青年骨干充实到各级领导岗位，高学历、复合型干部比例增加。入选湖北省人才工作十强院所、获评全国优秀博士后工作站。

国家科学技术进步奖

证　书

为表彰国家科学技术进步奖获得者，特颁发此证书。

项目名称：水工岩体特性评价与工程利用关键技术

奖励等级：二等

获 奖 者：长江水利委员会长江科学院

201[illegible]年12月16日

证书号：2015-J-222-2-02-D01

水工岩体特性评价与工程利用关键技术获国家科学技术进步奖二等奖

经济实力高速增长。加大经营力度，成果转化推广成为经济增长新引擎，横向市场份额大幅增加。2015年长江科学院新增合同额9.6亿元，总收入7.5亿元，创收收入4.9亿元，同比分别增长41.5%、15.0%、12.5%，较2010年则分别增长90.8%、111.6%、114.9%。“十二五”长江科学院新增合同额30.8亿元，总收入约30亿元，创收收入19.3亿元，全院实现创收收入及财政收入的双倍增。开源的同时注重节流，控制成本，提高效益，职工人均年收入较“十一五”有明显增长。

软实力明显提升。出台一系列管理制度，着力释放制度红利。“蓝十字”工程凸显以人为本和团队精神，长江科学院连年获得上级各类文体奖励，持续保持湖北省文明单位称号，全国工人先锋号、全国青年文明号等一系列荣誉有力彰显我院和谐文化与凝聚力。“八字”精神、“三爱”文化深入人心，职工文化素养和社会责任感不断增强，积极参与援藏援疆、抗震救灾、扶贫帮困等爱心活动。全院科研条件显著改善、环境面貌大幅提升，全院职工干事创业的积极性持续高涨，创新文化欣欣向荣。

湖北省文明单位

崭新的“十三五”已经开启，长江科学院正向着全面建成一流水利科研强院的“十三五”发展目标砥砺奋进，继续壮大科研实力，不断传承求实创新精神，为创造治水治江事业的新辉煌，提供强有力的科技支撑。

深化改革 创新驱动
努力谱写治黄科技发展新篇章

黄河水利科学研究院

"十二五"是加快治黄科研改革发展的关键时期，黄科院紧紧抓住并用好新常态蕴含的战略机遇，按照水利部和黄委党组的工作部署和职能要求，以深化科研改革为中心，以加强科技创新为主线，团结带领全院广大干部职工，凝心聚力、开拓进取，充分发挥黄河科研服务治黄及流域经济社会发展的技术支撑引领作用，推进治黄科研发展实现新跨越。

一、真抓实干，科研立项及成果丰硕

先后承担和完成了国家自然科学基金项目41项，先后主持并参与多项重大国家级、省部级科研项目和研究课题。其中，牵头承担国家科技支撑计划项目3项；国家"973"项目2个课题、3个专题；国家"863"计划1个专题。承担了水利部公益性行业科研专项12项，"948"项目4项，水利部"推广计划"项目4项，农业部"农转项目"2项。有4项科研成果获国家科技进步奖，21项获省部级科技奖，20项获黄委科技进步奖。"十二五"期间，共发表论文近千篇，其中SCI/EI发表192篇、ISTP检索50篇、专著39部、专利46项、软件著作权9部。

二、夯实基础，着力建设科研平台

"水利部黄河泥沙重点实验室"及"水利部堤防安全与病害防治工程技术研究中心"运行更加完善，为黄河治理和堤防安全提供了技术支撑。2012年成立了"水利部黄土高原水土流失过程与控制重点实验室"及准格尔旗砒砂岩区生态治理科学试验基地等4个野外观测试验站基地，为解决黄土高原水土保持生态与环境建设关键科学问题搭建了重要条件平台。成立了"黄河泥沙处理与

"水利部黄土高原水土流失过程与控制重点实验室"成立

资源利用工程技术研究中心”，组建了焦作黄河泥沙资源利用示范基地，完成了水利部堤防安全与病害防治实验室、河口模型厅和北郊模型沙库等建设项目，巩固推进黄河泥沙处理与利用“管研产”链建设。成立了“黄河流域农村水利研究中心”，创新黄河流域节水理论和技术理论体系。

“黄河泥沙处理与资源利用工程技术研究中心”成立

三、优化结构，强化人才队伍培养

1人担任国际大坝委员会水库泥沙专业委员会主席，1人享受国务院特殊津贴，入选国家百千万人才工程、“中原学者”各1人，入选水利部“5151人才工程”4人，获第六届“十佳全国优秀科技工作者”、突出贡献中青年专家称号各1人，获河南省科学技术带头人、河南省优秀专家各2人，1人获河南省青年五四奖章。

四、拓展市场，大力发展经济

全院经济呈现稳步发展的良好态势，经济实力得到显著提升，弥补了事业单位经费不足，职工收入逐步增长，稳定了人员队伍，保障了人才引进，推进了治黄科研事业发展。与2010年相比，“十二五”期间，我院经济收入总量增长115%，总合同额增长约50%，职工收入增长70%。截至2015年年底，我院累计资产总额较“十一五”末增长了近40%。

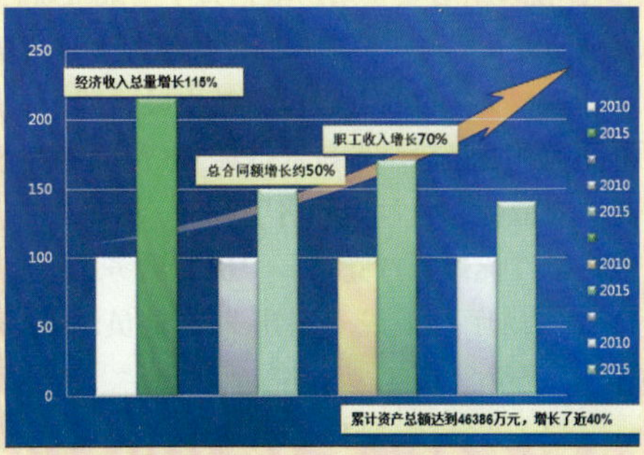

2010年末与2015年末经济发展情况对比

五、聚精会神，抓好党的建设和精神文明建设

深入学习贯彻党的十八大及十八届三中、四中、五中全会和习近平总书记系列讲话精神，扎实开展党的群众路线教育实践活动，结合“三严三实”专题教育活动，全面贯彻落实党风廉政建设“两个责任”，建立作风建设长效机制。

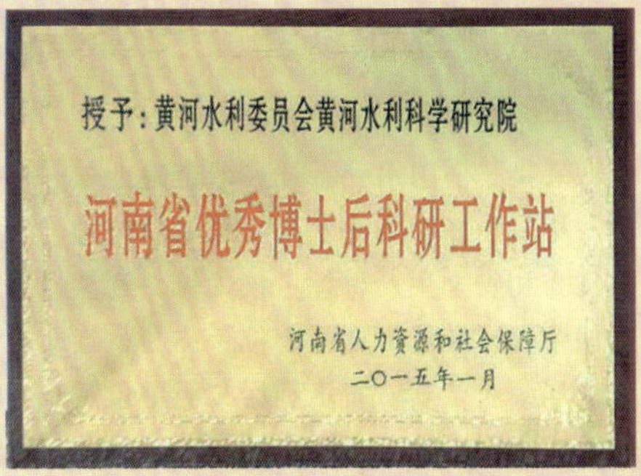

厚重的文化是一个单位的内在魅力和发展动力。黄科院在实施“科技兴院”的同时，提出“文化稳院”的新理念：鼓励百家争鸣、兼容并蓄的学术交流和切磋，营造民主平等、双向包容、双不越位的科研文化；鼓励科研文化研究和探索，宣传有利于治黄科研发展的先进理念，把科学精神和人文精神相结合，实现科研人员思想成长、科研进步、情操高尚。

2012年黄科院获批省级精神文明单位荣誉称号并保持至今。

新时期，随着国家水安全战略实施，按照国家科技改革要求，黄科院将继往开来，锐意进取，为实现建成“多泥沙河流研究国际一流、水利综合研究国内一流的科研院所”的发展目标而努力奋斗。

安徽省·水利部淮委水利科学研究院

安徽省·水利部淮委水利科学研究院

“十二五”期间，安徽省·水利部淮委水利科学研究院，全院干部职工务实求真、开拓奋进，取得了优异的成绩。

（1）科学研究工作取得新成绩。先后主持实施各类科研项目114项，荣获各类科技奖27项，其中国家二等奖1项，省部级二等奖5项，三等奖10项；市厅级12项。全国优秀工程咨询成果三等奖1项，安徽省优秀工程咨询成果二等奖1项、三等奖1项；主持或参编的水利行业标准3部、安徽省地方标准22部已颁布实施。

出版科技专著20部，发表论文633篇，58篇论文荣获安徽省自然科学优秀学术论文奖励；获得国家授权专利100项。

（2）科技平台建设取得新发展。“十二五”期间，建成“安徽省水利厅农田水利技术服务中心”“安徽省水利厅水资源管理技术服务中心”“安徽省博士后科研工作站”“合肥市建筑工程诊治工程技术研究中心”等各类科研和科技服务平台8个，并依托这些平台开展科学研究、科技成果推广、科技服务等工作。

（3）科技研发能力不断提高。分别在合肥院、蚌埠院和各试验基地，开展了大规模的基础设施建设，全面改善了办公生活条件；新马桥农水综合试验站建成自动称重式农田水分综合调控试验场，建成江淮丘陵区农水综合试验站。

本院现有各类资质29项，其中甲级资质13项，能够开展工程咨询、水资源评价、工程检测、设计、信息系统集成及服务、监理和招标代理等多领域技术服务。

（4）人才队伍建设取得新突破。“十二五”期间，共招聘企事业人员198人，引进和培养博士4人、硕士60人；安徽省学术技术带头人5人，其中2人为水利部5151人才，1人为安徽省杰出专业技术人才。2人荣获“安徽优秀科技工作者”称号，多人被授予“优秀共产党员”“优秀党务工作者”、厅直系统“杰出共产党员”称号。

（5）党建和精神文明建设成果丰硕。认真学习贯彻党的十八大及十八届三中、四中、五中全会精神以及习近平总书记系列重要讲话精神，深入开展党的群众路线教育实践活动、“三严三实”主题教育以及加强党风廉政建设。

荣获“全国水利系统和谐企事业单位”称号，多次荣获水利厅直属单位考核优秀和安全生产目标考核优秀，连续六届荣获“蚌埠市文明单位”称号，连续七届荣获“安徽省水利厅文明单位”称号，实现了物质文明和精神文明的双丰收。

安徽省·水利部淮委水利科学研究院秉承“科研立院、人才强院、经营兴院”的发展理念，开拓奋进，为水利科技事业发展多作贡献。

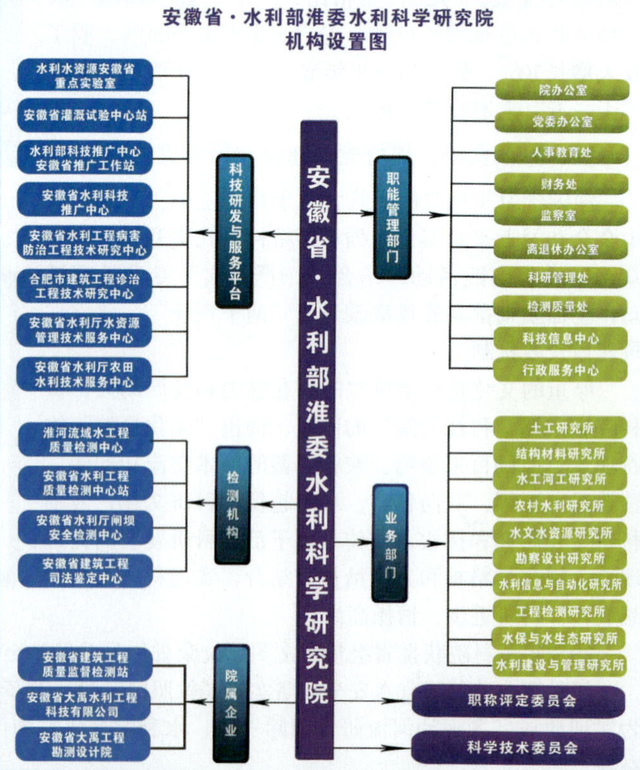

凝心聚力 筑梦辉煌

——记江西省水利科学研究院

办公楼

鄱阳湖基地模型试验区

江西省水利科学研究院（以下简称江西水科院）成立于1954年，经过60多年的发展，逐渐形成了专业门类齐全，集科学研究、技术服务和成果推广为一体的省级综合水利水电科研机构。"十二五"期间，江西水科院以全面提升科研创新能力，努力实现全国一流省级水科院为目标，逐渐形成了"科研、服务、人才、管理、文化"五位一体的发展文化，积极推动江西水科院科学发展。

在科学研究方面，江西水科院现已拥有5大科研创新团队、5大科研平台。近5年来，全院累计科研立项95项，包括国家自然科学基金项目、中国博士后基金项目等多类国家重点项目。全院职工在各类学术期刊上发表论文220余篇，包括SCI 15篇、EI 5篇。在全院职工的共同努力下，江西水科院获得大禹水利科学技术奖一等奖、江西省科技进步二等奖等各级各类奖项18项。

在技术服务方面，近5年来，江西水科院不断扩大服务领域，现拥有包括11项甲级资质在内的各类资质17项，可以开展多个领域技术服务。按照"质量-服务-效益"的经营理念，重点开展了以三条红线考核为重点的水资源管理等六大领域的技术支撑，同时在实践中不断总结提炼，形成并发布水利行业标准1项、地方标准4项。

在人才培养方面，江西水科院通过"送出去、请进来"的方式不断优化和壮大人才队伍，同时在内部通过组建科研团队锻炼培养人才。2011年至今，累计送出去就读在职硕士研究生人员21名，就读在职博士研究生人员7名；累计招聘硕士69名、博士8名。截至目前，全院共有教授级高级工程师12人，高级工程师47人；另有享受国务院特殊津贴专家2人、水利部"5151人才工程"部级人选1人，其他人才工程人选8人。

在规范管理方面，近年来江西水科院连续出台了24项管理制度，逐步做到用制度管人、管事、管权，逐步实现内部管理秩序化、规范化。2014年，江西水科院全面开展综合管理信息系统建设，进一步提高了办公效率。

在文化建设方面，江西水科院经过60多年的发展，积淀了独特的水科院文化。2015年编制印发的《江西水科院创新文化手册》，从历史、理念、形象、行为、文化、展望6个方面对院文化进行全面梳理。五年来，江西水科院不遗余力地开展思想建设、道德教育、文体活动、志愿服务、社会关爱等多种活动，不断提升职工的党性修养和道德品质，深化院文化的精神内涵。

在全院职工的共同努力下，2014年，江西水科院获全省"五一"劳动奖状，2015年被评为全国水利文明单位，2016年被评为江西省文明单位。今后，江西水科院将一如既往地秉承"团结、求实、开拓、创新"的水科院精神，做好江西水利事业建设的坚强支撑，做好推进水利科技发展的攻难尖兵，为实现一流省级水科院的目标而不断努力！

江西省水土保持科学研究院

江西省水土保持科学研究院（以下简称江西水保院）隶属于江西省水利厅管理的省属水土保持专业研究机构。全院现有干部职工121人，其中，教授级高级工程师5人，高级工程师13人，工程师29人；博士13人，硕士60人。全院干部职工平均年龄32岁，是一支学历层次高、专业范围广、结构合理、年轻而富有朝气的人才密集型团队。

"十二五"期间，江西水保院坚持"献身、负责、求实"的水利行业精神，秉承"严谨、求实、高效、创新"的科学精神，贯彻开门办院、民主管院、科研立院、人才兴院、服务强院、文化铸院的总体思路，构建形成了1个国家级科技示范园（江西水土保持生态科技园）、1个博士后科研工作站、1个省级重点实验室（江西省土壤侵蚀与防治重点实验室）、1支省级优势科技创新团队（水土保持和水资源保护与利用科技创新团队）和12个野外实验基地组成的科学试验研究体系。

科技园二期全景图

2010年1月21日，水利部部长陈雷视察科技园，对科技园给予了模式好、机制好、成果好、队伍好、研究内容好和思路好"六个好"的高度评价

2015年4月16日，江西省委书记强卫视察科技园，充分肯定了科技园取得的丰硕科研成果

江西水土保持生态科技园位于江西省九江市德安县城郊，占地面积1 200亩，分为科研试验、推广示范、科普教学和生态修复4个功能区进行布局建设。总体定位是建设成集水土保持科研试验、推广示范、人才培养、科普宣传和生态旅游于一体的综合性科技园区，目标是成为国际先进、国内一流的水土保持科研创新基地，为我国南方红壤丘陵区和大湖流域的水土保持生态建设

提供技术支撑和示范样板，使之成为国内外水土保持与相关领域科学研究的平台、推广示范的基地、科普宣传的窗口、人才培养的摇篮和水土保持生态文化主题公园。该园先后被列为全国首批水土保持科技示范园、全国首批中小学水土保持教育社会实践基地、中国水土保持监测网络固定观测场、水利部鄱阳湖水资源与水生态环境研究中心“三大基地”之一。

奖励证书

“十二五”期间，江西水保院瞄准南方红壤区水土和生态环境领域的科技前沿，积极申报课题，开展科技攻关，科研整体水平跃上一个新台阶。共有88项课题获准立项实施，有40项课题通过结题验收，一批研究成果达到国际先进、国内领先水平。先后获得奖励27项，其中江西省科技进步二等奖1项、三等奖3项，大禹水利科学技术三等奖3项，中国水土保持学会科学技术二等奖3项、三等奖1项，中国水土保持学会水土保持与生态景观设计三等奖2项。先后获国家专利10项。江西水保院自主研发的水土流失移动监测车能够对不同类型扰动和原状土壤的多坡度、多雨强水土流失过程进行监控，获取水土流失监测数据。依托该车已获得实用新型专利：“一种水土流失流动监测车”、外观设计专利：“水土流失流动监测车”等两项专利。

水土流失监测车

“十二五”期间，江西水保院围绕绿色崛起和生态文明建设、围绕生产建设项目生态保护，主动服务、强化支撑。先后承担完成了62项水土保持及相关领域规划、135项大中型生产建设项目的水土保持监测评估和329项水土保持方案报告。江西水保院承担完成了“鄱阳湖棠荫国际水生态体验岛规划”，规划成果得到领导、专家高度评价，获得了中国水土保持学会“中水万源杯”水土保持与生态景观设计三等奖，在中国水博览会上展出后，得到媒体广泛关注。

棠荫岛效果图

“十二五”期间，江西水保院秉承“请进来，走出去”的原则，以科技园为平台，先后与中国水利水电科学研究院、中科院水利部水土保持研究所、国际泥沙研究培训中心、中科院南京土壤研究所、长江科学院、武汉大学、浙江大学、河海大学、厦门大学等10余所全国知名高等院校、科研院所签订合作框架协议，开展项目合作研究。

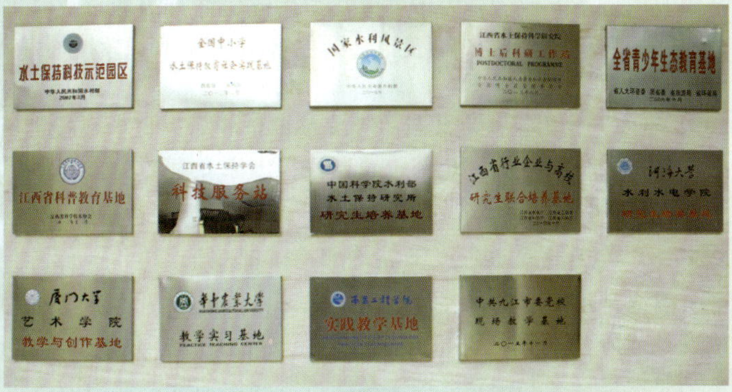

牌匾图

科教联合，协同创新 再谱水土保持新篇章

——中国科学院水利部水土保持研究所辉煌"十二五"巡礼

与瓦赫宁根大学签订合作备忘录仪式

刘国彬所长向荷兰国王威廉•亚历山大介绍流域综合治理情况

中国科学院水利部水土保持研究所是中国科学院于1956年在西北地区建立的第一个研究所，是我国唯一的国家级水土保持科学研究机构。自成立以来，水土保持研究所的几代科技工作者立足黄土高原，面向全国开展水土保持科学技术研究与应用。"十二五"以来，研究所围绕"一个使命定位，两个重大突破，三个重要培育方向"战略布局，以"自强不息，攻坚克难"精神为引领，以科教融合协同创新为突破口，体制机制改革形成崭新格局，科研项目增速显著，研究成果积累丰富，在土壤侵蚀过程与模型建立、侵蚀环境演变调控、植物逆境生理生态、土壤水动力学机制等方面始终站在学科发展领域前沿。在开展基础性研究的基础上，充分调动科技人员的创新意识，树立将水土保持科技写在大地上的信念，积极开展重大工程项目水土保持的科技服务，为黄土高原国土整治、旱地农业持续发展、生态恢复与建设方面提供强有力的科技支撑。同时，科学普及、院地合作与国际交流工作也得到了进一步发展，基于水土保持研究所和瓦赫宁根大学在土壤侵蚀评价与模拟、荒漠化防治、流域管理和土壤质量与功能等方面开展的长达20年的有效合作、交流的基础，2015年10月27日，荷兰国王威廉·亚历山大一行到水土保持研究所位于陕西省延安市安塞县方塔流域综合治理示范区进行考察，在考察期间，所长刘国彬与荷兰瓦赫宁根大学校长/董事会副主席Arthur Mol教授签订合作谅解备忘录，荷兰国王见证签字仪式。

5年来，作为第一完成或主要完成单位先后有11项科技创新成果荣获国家及省部级科技奖励，完成并出版科学专著20余部，获得授权国家专利47项。辉煌"十二五"，水土保持研究所迎来了难得的发展机遇，为实现跨越式发展奠定了基础。

一、黄土高原水土流失治理与持续发展关键问题研究

围绕新时期水土流失治理与区域可持续发展中的关键问题，重点开展了不同类型区土壤侵蚀演变及未来治理目标、植被演替途径、水土流失治理与农业持续发展、退耕还林工程实施后黄土高原粮食安全战略和区域生态经济效应评估等，提出的黄土高原未来20年的治理目标及重点区域、"囤粮寓田"战略、治理模式的层次性和阶段性以及不同治理模式的环境效应与对策等，为

国家生态环境建设和水土保持战略宏观决策提供科学依据和强有力的技术支撑。

二、黄土区沟壑整治工程优化配置与建造技术

以沟壑治理工程中急需的关键科学技术为核心，开展了沟道泥沙来源及水沙输移机理与沟壑整治工程对水沙过程调控机制等探索，进行了生态—安全—高效淤地坝建设技术体系的创新，推进了区域、流域坝系、坝地水土资源开发利用模式构建与示范推广等工作，提出了沟壑整治工程水沙调控模拟理论与方法，包括流域水沙多源汇聚辨识技术，不平衡输沙理论，沟壑工程减蚀及对重力侵蚀调控机理，坝系溃决洪水模拟与安全评价等；创新了生态—安全—高效淤地坝规划、设计和建造技术，建立了辐射面广的多个示范工程；开发了随淤即用、生态高效的坝地农业利用模式，提出了坝系水土资源多目标平衡利用及安全运行的技术规程。研究成果在黄土区的水土流失治理和农业资源开发中发挥了巨大作用，新增淤地面积6 048hm^2，控制水土流失面积1.2万km^2，综合效益40亿余元。

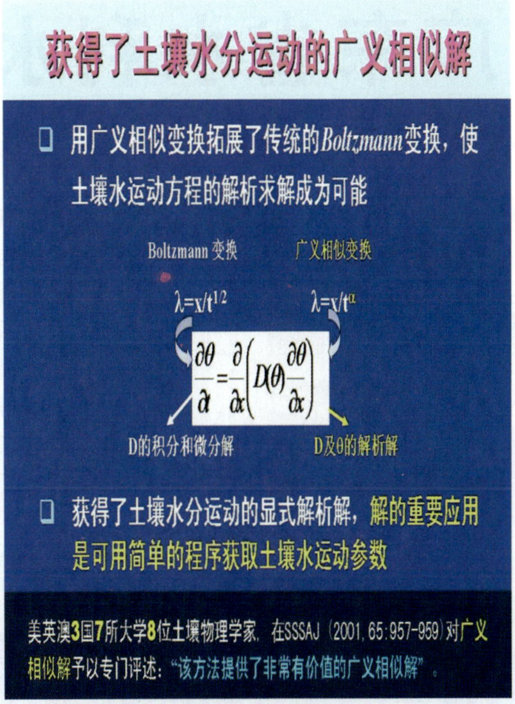

水土保持研究所自然奖图片

三、土壤—植物系统水分运移与利用机制

土壤—植物系统水动力学与调控机制是黄土高原农业与生态的核心科学问题。通过在黄土高原长期的试验研究，提出了测定土壤水文学参数的新方法，获得了土壤水分运动方程的分析解；阐明了干旱逆境下土壤—植物根—冠间信号产生、运输及其对地上部水分的调控机制；建立了SPAC水分运动模型，形成了系统的SPAC水分运转理论；构建了适于旱区土壤—植被系统水分管理的调控理论与技术途径，为旱区农业和生态系统水调控提供了重要理论依据。该研究成果获2013年度国家自然科学二等奖，也是"十二五"重大基础科学研究成果之一。

生态兴则文明兴，生态衰则文明衰。水土保持，功在当代，利在千秋。让山川林木葱郁，让大地遍染绿色，这是水土保持人追求的梦想，也是实现永续发展的根本要求。目前，我国正处在全面推进水土保持工作的关键时期，促进生态文明建设的可持续发展，水土保持人更深感肩上的历史使命，力促出重大创新成果、出杰出创新人才、出前瞻创新思想，不断开创水土保持研究所发展新局面。

坡面—沟道系统治理

系统治理—综合开发

广东省水利水电科学研究院

广东省水利水电科学研究院（简称广东省水科院）成立于1958年，1999年被广东省人民政府确定为"体现广东优势和特色的公益型研究机构"，2004年被确定为"非营利性科研机构"，是科技实力雄厚，专业齐全，综合实力排在全国水利系统科研院所前列的省级水利水电科研机构。近年获厅级及以上科技进步奖61项，其中国家和省部级科技进步奖31项，获全国"五一劳动奖状"、全国"模范职工小家""全国水利系统模范职工小家""全国巾帼文明岗"等荣誉称号。

广东省水科院现有职工370余人。35岁以下青年职工占49%，硕士、博士占58.7%，2名博士后。高工以上所占比例为45%，涵盖22个专业，其中南粤百杰人才1人，"国家百千万人才工程突出贡献中青年专家"1人,国务院政府特殊津贴专家6人，水利部5151人才专家4人；1人荣获"广州市珠江科技新星"，1人荣获"丁颖科技奖"，1人两次荣获工程院院士有效候选人。

广东省水科院拥有工程咨询、建设项目水资源论证、水文水资源调查评价、水土保持方案编制、水利工程质量检测单位等10个甲级资质，4个乙级资质。获ISO 9001质量管理体系认证、计量认证新证。为水利工程安全生产标准化一级评审机构，农村水电站安全生产标准化一级评审机构。获企业信用评价工程咨询AAA级信誉和水利建设市场主体信用评价检测类AAA级信誉。院内设有河口水利技术国家地方联合工程实验室、广东省岩土工程技术研究中心、广东省山洪灾害突发事件应急技术研究中心、广东省水动力学应用研究重点实验室、广东省水利重点试验基地、广东省水利水电工程质量检测中心、广东省灌溉供水排水技术中心、广东省大坝安全技术管理中心、广东省电站泵站测试中心及博士后科研工作站等多个国家级、省级科研平台。

50多年来，广东省水科院为广东水利水电建设及交通、能源和建筑等其他各类相关行业的发展作出了突出贡献，解决了一大批工程建设中的技术难题。曾参与长江三峡水利枢纽工程、2008北京奥运会青岛帆船比赛基地、海南昌江核电、山东海阳核电、新疆HDBT水电站、越南永兴电厂、飞来峡水利枢纽、潮州供水枢纽、北江大堤加固达标工程、东深供水工程、珠江河口整治工程、乐昌峡水利枢纽、东江水利枢纽、鉴江水利枢纽、清远水利枢纽、广州市河涌整治工程、广州市西江引水工程、梅州大堤工程、景丰联围、江心联围除险加固工程等国内外重点工程项目的关键技术攻关。还主编了《海堤工程设计规范》《堤防工程安全评价导则》及《河道管理范围内建设项目技术规程》等技术规范；参编了《广州地区建筑基坑支护技术规范》《广东省建筑地基处理规范》《广东省标准土钉支护技术规程》《外掺氧化镁混凝土不分横缝拱坝技术导则》《堤防工程设计规范》《广东省用水定额》《农田排水试验规范》等技术规范。

1999年获全国"五一劳动奖状"

全国首批示范高职
——杨凌职业技术学院

★ 首批28所国家示范性高等职业院校之一

★ 首批50所全国高校毕业生就业典型经验高校之一

★ 全国普通高校毕业生就业工作先进集体

学院南校区全景图

2012年学院研究员赵瑜走进CCTV讲述小麦育种故事

杨凌职业技术学院是教育部1999年批准成立的省属全日制普通高等学校，其前身为1934年于右任先生和杨虎城将军创建的国立西北农林专科学校附设高职，是我国举办职业教育最早的院校之一。

学院地处全国唯一的国家级农业高新技术产业示范区——杨凌，东距西安60km，陇海铁路、西宝高铁和连霍高速公路贯通东西，交通便利。学院占地面积1 630亩，校舍建筑面积46.9万m^2，教学科研仪器设备价值1.64亿元。拥有现代化、生产性校内实验实训室220个，校外实习实训基地171个，校外产学研示范基地11个，图书馆藏书88.1万册，订阅期刊1 300余种，电子图书62万册，视频和电子资料2.4万GB。现有全日制在校生19 000余名，教职工853名，其中教授53名、副教授286名。

学院设有16个分院部，开设有农、林、水、建、理、工、管、经8大类70个高职专业，累计建成国家级重点专业4个，省部级重点专业17个，建成国家级实训基地3个，省级实训基地4个，建成国家级精品资源共享课3门、省部级和教指委精品课程27门、院级精品课程96门，建成国家级教学团队1个、省级教学团队8个。学院设有6个职业技能鉴定站，可承担176个高、中级职业（工种）技能鉴定任务。设有陕西省中职校长等8个培训基地，建有西安交通大学远程教育分中心等5所本科院校函授站并与西安文理学院等高校联合开展普通专升本试点，形成了多形式、多层次办学格局。

近年来，学院通过实施百县千企联姻工程和领建杨凌现代农业职教集团两大战略举措，与省内外142个县（区）政府，1 185家企业建立了长期良好合作关系。与企业共同承担合作项目76个，合作经费达333.6万元；合作企业接收学生实习实训的数量共计24 809人次，接收毕业生就业6 463人；在西北地区15个地市建立稳定的农科教结合基地45个，其中彬县基地于2014年被评为首批国家农业科技创新与集成基地。

学院与澳大利亚爱迪斯科文大学、德国德累斯顿大学等7所院校建立了友好合作关系，派出学习、合作培训教师200多人次，与法国ESAF公司等国外企业合作，选送60多名毕业生到国外创业就业。学院小麦育种专家赵瑜研究员，扎根实验农场50年，选育小麦良种5个，累计推广6 000多万亩，为农民增收36亿元，入选"陕西精神"代表人物，被评为全国创先争优优秀共产党员候选人，并入围2012年CCTV三农人物。

学院毕业生就业率连年保持在96%以上，2009年被授予"全国普通高等学校毕业生就业工作先进集体"，2010年被评为首批全国50所毕业生就业典型经验高校之一。2014年被评为全国职业教育先进单位和国家技能人才培育工作突出贡献单位。

开启发展新篇章 续写发展新辉煌

——浙江水利水电学院“十二五”发展回顾

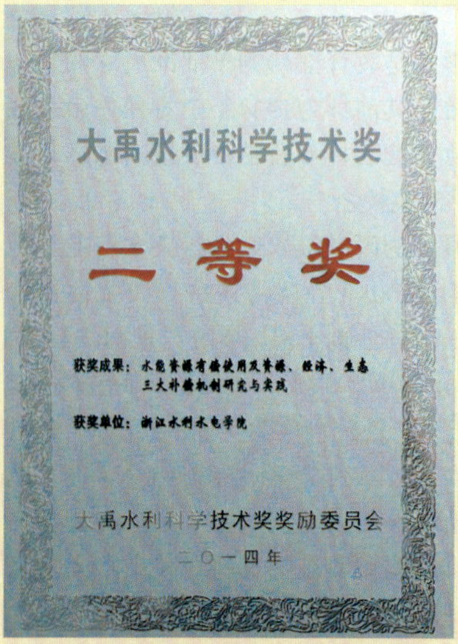

《水能资源有偿使用及资源、经济、生态三大补偿机制研究与实践》荣获大禹水利科学技术奖二等奖

浙江水利水电学院是一所办学历史悠久的工科类普通高等学校。“十二五”期间，学校改善了办学条件，加强了特色学科专业建设，改革人才培养模式，强化了高素质水利师资队伍建设，抓好了高素质应用型水利人才培养，提升了科学研究和社会服务能力，积极传承弘扬水文文化，有力扩大了学校社会影响力。2013年，升格更名为浙江水利水电学院。2014年，学校成为水利部和浙江省人民政府共建院校。2015年，学校成为浙江省应用技术型本科院校试点院校。学校获得了“第四届全国文明单位”、浙江省就业工作先进单位、浙江非物质文化遗产（水文化）传承教学基地、全国第一批节约型公共机构示范单位等多项荣誉。

学校现有下沙和江东两个校区，占地面积1261余亩，建筑面积27万m^2。现设二级学院8个、教学部3个，有省级一流学科建设项目6个，有本科专业17个、专科专业26个，其中全国水利职业教育示范专业5个、省级特色专业6个、省级本科新兴特色专业4个。有中外合作办学项目2个、国家精品课程8门、国家级精品资源共享课7门、省级精品课程28门。有教学仪器设备总值1.25亿元，图书馆藏书126万余册，国家级财政支持实训基地2个、省级示范性实训基地4个，省级实验教学示范中心1个。

师资队伍建设不断强化。学校通过外引内培双措并举，不断加强师资队伍建设。学校现有教职工670余人，其中专任教师510人。教师中正高级职称59人、副高级职称164人；具有博士、硕士学位教师376人，其中博士学位教师90人。拥有全国模范教师1人、浙江省优秀教师3人、省级教学名师4人、省级教坛新秀5人、享受国务院特殊津贴1人、全国水利职教名师8人、浙江省高校专业带头人培养对象23人、浙江省“新世纪151人才工程”第二、三层次培养对象13人。

人才培养质量稳步提高。学校创新推出了SWH-CDIO人才培养模式，搭建“以能力为主线，统一推行项目制教学、教学做一体、软硬技能并重，各专业各具特色”的人才培养模式培育平台，凸显职业核心软能力培养。学校先后与浙江省测绘与地理信息局、水利部农村电气化研究所等一批科研院所和大中型企业建立产学合作关系，积极优化合作单位结构，成立了多个企业学院。学校鼓励和支持学生积极参与课外学术科技和体育竞赛活动，强化技能竞赛在人才培养的过程中的作用，提升学生综合素质。过去5年，学生在参加的各种学科和体育竞赛中，获得浙江省三等奖以上399项，其中国家二等奖以上52项，在同类院校中皆名列前茅；人才培养质量稳步提升，毕业生就业率稳定在95%以上，为服务水利现代化建设提供了人才保证。

服务社会能力显著提高。学校充分利用教学资源开展送教下基层，积极开展水利系统员工学历教育和技能等级培训、鉴定、考评等各类继续教育工作，服务基层水利人才队伍发展。过去5年，学校开展水利从业人员岗位和技术培训超过2.6万人次。2013年浙江“五水共治”战略实施以来，学校组织教师到浙江省温州、丽水、诸暨、嵊州等地县（市）水利单位开办知识更新、岗位培训班，培训1000多人次。在浙江省内县（市）水利企事业单位设立了成人本科函授班等，充分发挥水利水电学科优势，不断改善基层人才队伍结构，有力提升了水利在职人员的业务能力和素质。

2015年全国志愿服务项目大赛银奖

科研水平不断增强。学校依托水利、服务水利，面向水利行业开展科技创新服务，积极与地方政府、水利系统和企事业单位开展战略合作，以参与重大项目助推浙江省“五水共治”战略，被纳入浙江省“五水共治”技术支撑单位。“十二五”期间，学校在“五水共治”相关领域开展的横、纵向课题研究、科技服务130多项，实用新型发明、施工方法创新20多个。学校先后参与和承担了杭州市第二水源千岛湖配水工程投资及协调机制研究、浙江省杭嘉湖圩区防洪减灾能力评估研究、浙江省农业节水工程发展与水权问题的研究、台州椒（灵）江建闸项目研究、仙居县水生态文明试点县建设项目研究等与“五水共治”相关领域的科研项目和咨询服务。近5年，学校获得大禹水利科学技术奖二等奖1项，浙江省科学技术奖2项，浙江省高校科研成果奖、浙江省水利科技创新奖、浙江省教育科学研究优秀成果奖等奖项共17项，浙江省科技厅重大科技专项重点农业项目1项，主持国家自然科学基金项目3项，主持国家社科基金项目1项，省部级项目70余项，完成科研与科技服务总经费超过2亿元。

精神文明建设成果丰硕。学校落实立德树人的根本任务，积极培育和践行社会主义核心价值观，充分挖掘“上善若水”的思想内涵，大力推进精神文明建设。学校组织师生围绕“五水共治”开展社会实践和志愿活动；建设与完善专业特色自建资源信息库，为浙江省水利基层单位和一线职工提供信息资源服务；开通浙江水文化网站和浙江水文化微信公众平台，承担《浙江通志》运河卷、海塘卷的编写任务，出版水文化书籍，加强对水文化的宣传、教育和研究；结对贫困村，帮助贫困村修建小水电站、治理流域水土流失、解决安全饮用水、争取水利项目和资金，扎扎实实帮助结对村村民改善物质和精神生活。多年来，学校弘扬主旋律，汇聚正能量，树立新风尚，形成了文明和谐、严谨求实、团结创新的育人氛围，荣获“全国无偿献血促进奖”“大学生暑期社会实践全国先进单位”等荣誉。学校“双千双百”水文化社会实践获得全国校园文化建设优秀成果二等奖。

展望“十三五”，学校在社会各界的关心和支持下，将紧紧围绕应用型人才培养，着力深化改革，推进转型提升，朝着建设特色鲜明在国内有影响力的应用技术型本科高校而奋斗。

不忘初心　勇于攀登

桂林市农田灌溉试验中心站站长李新建

2016年5月10日，水利部部长莅临试验站

水利部副部长李国英在江州区新和镇孔香高效灌溉项目区督导调研

李新建，男，1957年生，广西临桂人，汉族，教授级高级工程师，广西壮族自治区优秀专家，中国国家灌排委员会理事，中国国家节水灌溉工程技术研究中心顾问，中国农业节水和农村供水技术协会专家，广西水利专家组专家，武汉大学水资源与水电工程科学国家重点实验室客座副教授，桂林理工大学客座教授，硕士生导师。

1981年从事灌溉试验工作，1993年至今任桂林市农田灌溉试验中心站站长。他带领他的节水灌溉技术团队经过30多年的风风雨雨，在极端困难的条件下，将一个简陋不堪的市级灌溉试验站发展升格成为在国内外有一定知名度及影响力的省级中心站。他是广西壮族自治区灌溉试验中心站及广西农业灌溉排水工程技术研究中心的主要奠基者与创始人。

从1988年开始，李新建一直从事农田节水灌溉研究。先后获得国家科学进步二等奖1项，省部级一等奖2项，参加国家级、省级节水灌溉工程技术规范编写6项，获得全国灌溉试验先进个人、广西壮族自治区优秀专家、广西在农业生产第一线从事农业推广工作有显著成绩的科技人员、桂林地区百名优秀人才等荣誉。2015年10月12日，李新建获得了在法国蒙彼利埃ICID颁发的国际节水技术大奖，是2015年度该奖项全球唯一一位获得者，是自1998年该奖项颁布以来，我国第五位、广西唯一获此殊荣者，标志着我国节水灌溉技术再次登上世界领先水平。

李新建从20世纪80年代开始致力于农业增产节水灌溉的研究，主持和参与了30余项科研项目，其中国家自然科学基金项目3项、"948"攻关项目3项，水利部公益性专项2项，省部级项目20余项，其中贡献突出的项目有：他与全区灌溉试验站同行通过长期的试验和积累，总结出了一套适合广西生产需要的"薄、浅、湿、晒"灌溉技术。该项技术的主要科技含量是改变和结束了几千年以来农民在水稻灌溉上大水串灌、漫灌的落后、陈旧的灌溉方法。为了使该项目成果尽快转化为生产力，1990年，他带领试验站的技术人员，作为技术指导单位代表率先在荔浦、平乐两县大面积（24万亩）推广"薄、浅、湿、晒"水稻节水增产示范工程，1991年被列入自治区的"星火计划"。全区有22个县，近百个灌区有组织有领导地开展了水稻节水灌溉的推广工作，早、晚稻推广面积达217万亩。1992—1996年在全区迅速推广，每年达到1 000万亩，平均增产稻谷0.5亿kg，节水5亿m^3，全区农民的节水增产灌溉科技意识得到了空前提高。由于对国家和社会的重大贡献，该项目获得国家“七五”星火计划博览会金奖、1996年国家科技进步一等奖，广西水利厅特授予桂林市农田灌溉试验站“科技兴水特别奖”，李新建本人获得“先进个人”称号。

李新建在水稻非充分灌溉研究、糖料蔗、马蹄、柑橘、茶叶、芒果等经济作物的需水量研究以及农业面源污染治理方面也取得了丰硕的成果。多次获得水利部、科技部的奖励。为了推广先进的节水增产灌溉技术，由水利部、科技部先后组织召开了以桂林市农田灌溉试验站试验成果为主题的“国际水稻节水灌溉经验研讨会”“全国水稻节水灌溉经验交流会”等6次大型国际、国内会议，而使得水稻“薄、浅、湿、晒”节水增产灌溉技术迅速在全国得到了推广应用。

2016年5月19日，在李新建的带领下成立节水教育基地

2016年11月2日，国际灌溉排水委员会前两任主席Madramootoo（右四）、高占义（右三）先生亲临我站指导工作

从2012年开始，在水利厅的领导下积极参与水利部公益性项目《广西糖料蔗高效节水灌溉规模化发展》的科研项目，并负责主持在全区，包括鹿寨、柳江、武宣、武鸣、扶绥、江州、合浦7个县开展的《广西糖料蔗高效节水灌溉技术及用水定额应用研究》课题的实施。目前已取得初步的成果，完成了广西地方标准《糖料甘蔗滴灌高产栽培技术规程》《广西糖料蔗节水灌溉技术推广应用手册》《广西糖料蔗灌溉定额及灌溉技术标准》的编写工作。主持编写了四项地方技术标准《糖料蔗灌溉技术与灌溉定额规程》《金桔现代灌溉技术规范》《灌溉试验大型蒸渗器观测维护》《广西水稻节水高产防污灌溉技术》的编制。

20世纪90年代至今，相继有美国、英国、日本、以色列等20多个国家的学者，国际灌溉委员会、国际粮农组织的官员和专家等300多人次到桂林市农田灌溉试验中心站进行考察交流。该试验站成为我国在该行业对外交流的主要窗口。

几十年来，李新建带领的桂林市农田灌溉试验站的发展得到历届广西壮族自治区、桂林市党和政府领导的关心与支持。先后有原国家科委副主任韩德乾、水利部部长陈雷、自治区原党委书记郭声琨等领导到试验站指导检查工作，试验站的各项工作一直在全国同行中名列前茅，为社会经济的发展作出贡献，为广西争得了荣誉。

李新建同志，一位从农村走出来的科技人员，一位自学成才的专家，被桂林电视台评价为桂林的“袁隆平”“拖泥带水的教授”。他凭着顽强的毅力和执着的精神，攀登科学领域一座又一座高峰，跻身国内知名专家学者之列，受到上级领导与普通老百姓的肯定和好评。他长期在基层从事农田节水灌溉技术的试验与研究推广工作，帮助当地发展经济，在改变落后的农田灌溉技术方面作出了贡献，是广西农业节水灌溉领域的技术领头人。

国家水库移民后扶政策在河源的实践成效

河源市是广东省水库移民大市，现有移民搬迁安置的水库51座，其中省属水库2座（新丰江水库、枫树坝水库）。该市移民人口占全市总人口的7.5%、占全省水库移民的13%(其中省属水库移民占全省的64%)，享受后扶政策的水库移民232 730人。“十二五”是河源市水库移民工作不平凡的5年。河源市以保障和改善民生为重点，以移民安稳致富为目标，以规范后期扶持管理为手段，不断创新帮扶模式、优化资金使用效果、优化项目扶持质量、优化移民工作环境，有效推进了移民生产生活条件的改善和移民群众脱贫致富的进程，实现了移民各项事业新跨越。

广东省副省长（时任河源市委书记）何忠友同志（右三）、市委常委、秘书长黎意勇同志(右二)一行到市移民局调研

广东省水库移民工作局局长黄华同志(左四)到河源市东源县涧头镇调研

——建设美丽家园，改善移民群众生活环境。河源市从移民群众的切身利益和愿望出发，统筹安排中央后扶资金、省属移民扶持资金等各种政策性资金，积极协调各部门形成合力，按照“突出重点、统筹兼顾、移民自愿和因地制宜”的原则，全力推动移民美丽家园建设，改善移民群众生活环境。据统计，“十二五”期间，河源市整合中央后扶资金和省扶持移民专项资金约15.59亿元，用于移民村公共服务、基础设施、节能减排、亮化清洁等项目建设，有力推动了移民村改造升级，使全市移民群众居住条件和生活环境大大改善。主要完成了43 298户移民住房改造、57个移民美丽家园示范点建设和36个移民村美化亮化工程建设，建成了333个移民村文化与信息服务站和145个移民村文化广场，安装了移民村的太阳能路灯11 366盏和太阳能热水器39 355户。

——发展特色产业，促进移民群众有效增收。为有效提高移民群众收入水平，加快脱贫致富步伐，在深入调查研究的基础上，河源市根据库区和移民安置区实际，充分利用该市发展东江上游特色水果产业带的有利时机，引导和扶持移

广东省水利厅副厅长张英奇同志（右四）、广东省移民局原局长曾建生同志（右二）一行到河源市调研

东源县涧头镇茶叶种植基地

民发展特色农业产业，使之成为移民增收致富重要途径。据统计，“十二五”期间，全市投入用于发展移民特色农业产业资金8 000多万元，扶持移民种植发展板栗、柠檬、蓝莓、火龙果、水蜜桃、山楂、猕猴桃、灵芝、茶叶、毛竹、油桐、澳洲茶油树、罗汉松等果树共15.23万亩，经济林木10万多亩，油茶6万多亩，蔬菜6 000多亩；养殖禽畜212万头（只）；投放鱼苗2 156.3万尾。为扩大产业扶持成果，先后创建了24个移民特色农业产业示范基地，较好地发挥了示范辐射作用，并收到了良好的经济效益。

——创建“基地园区”，推动移民富余劳动力转移就业。河源市积极探索移民工作新路，创新移民帮扶模式，拓宽移民增收渠道，取得了显著成效。该市先后投入资金共5.18亿元，创建了5个移民工业“基地园区”（其中市级2个，县级3个），总面积达38.1万m^2。该市省属水库移民生产就业基地和富民工业园C区(移民产业部分)，每月租金收入达100万元以上，累计上缴移民资金专户1.04亿元，进驻园区企业为国家创税4.3亿元，解决就业1.2万人次。该市各县区的工业园区也产生了较好的经济效益。源城区移民工业园厂房出租率达70%，东源县水库移民“双转移”示范基地将基地内所有厂房全部“打包”出租，龙川县移民培训就业厂房大部分厂房已出租，带动移民就业1 250人次。

河源市举办水库移民系统干部业务培训班（左三为党组书记张辉，左四为局长刘超宏）

——抓好技能培训，提高移民群众自我发展能力。为提升移民劳动技能和自我发展能力，河源市本着“培训一人，就业一人，脱贫一户”的目标，大力实施移民培训工程，有效促进移民发展生产、转移就业和增加收入。“十二五”期间，市、县两级移民部门利用移民“基地园区”、技工学校、职业技术学院等平台，共投入培训资金2 509万元，分期分批对移民群众进行培训，累计培训移民5.9万人次，带动了移民劳动力转移就业5.4万人次，培养了一大批实用新型的产业

河源市水库移民生产就业基地

移民。开设的移民驾驶员、电工、电商等培训班，使相当一部分移民掌握了实用技术和劳动技能，有效地带动移民劳动力转移就业和增收致富。

——加强制度建设，规范移民资金与项目的管理。依据中央和省有关政策法规，河源市先后出台了《河源市大中型水库移民后期扶持基金使用管理暂行办法》《河源市大中型水库移民后期扶持计划项目管理办法》《河源市小型水库移民后期扶持计划项目管理办法》《河源市水库移民项目档案管理办法》《河源市水库移民资金报账制实施细则》等制度规定，为移民资金与项目管理提供了制度保障。在此基础上，开发了全市水库移民资金和项目管理等台账系统，充分利用移民信息服务站平台，使移民资金项目公开、透明，保障移民群众的知情权、参与权、监督权，同时，该市还专门设立了移民资金稽察室，对移民专项资金实行了有效的监管，确保了移民资金安全高效使用。严格执行后期扶持发展五年规划，科学制定移民资金项目年度计划，始终按照“资金跟着项目走，项目跟着计划走，计划跟着规划走”的

移民村卫生站

移民在家门口就业

移民村广场舞

美丽家园示范点——东源县洞头镇乐平村

目标实施高效管理，进一步提高了移民项目管理工作的水平。

——解决热点难点问题，提升移民群众幸福感和满意度。河源市致力于解决移民热点难点问题，不断提升移民群众幸福指数和满意度。按照上级的指示要求，扎实开展“社会矛盾化解年”涉农维稳专项治理工作，进一步健全库区和移民安置区社会矛盾预防化解长效机制，制订实施了《河源市水库移民系统重大事项社会稳定风险评估实施办法》和《信访工作制度》，并以移民文化与信息服务站为平台，健全和完善移民信访维稳网络机制，及时处理信访工作平台、政风行风热线等反映的问题，有效解决了“投亲靠友”移民住房难问题，以实施精准扶贫为契机，不断提高贫困移民生活水平，库区和移民安置区呈现出社会和谐稳定的新气象。

移民村村道亮化工程——太阳能路灯

——完善管理体制，移民部门自身建设进一步加强。移民部门的自身建设是提高移民工作管理水平的关键和基础。河源市在全省率先理顺了市级水库移民管理体制，除紫金、和平两个移民较少县保留移民办（内设机构）外，其他县区都成立了水库移民工作局。2015年，在江东新区正式设立移民管理职能，细化区域管理。除此之外，部分水库移民重镇设有移民工作站，真正实现了水库移民工作的统一领导、归口管理。不断加强移民干部队伍建设，采取请进来、走出去等方式，组织移民干部培训、轮训、经验交流，学习移民政策法规、业务知识，着力打造一支业务精、素质高、廉洁自律的移民后期扶持管理队伍。

移民村扶贫项目——灵芝种植

移民村扶贫项目——光伏发电

太阳能热水器进村入户

"十二五"广东水库移民建设成就

"十二五"期间，广东省委、省政府高度重视水库移民工作，不断加大水库移民后期扶持力度。据统计，截至2015年年底，共计投入各类移民扶持共计资金129.43亿元，全省大中型水库移民人均纯收入由2010年的5 523元增长到2015年的9 087元，年均增长10.5%。参加新型农村合作医疗的大中型水库人数比例为85.6%，参加新型农村养老保险的大中型水库移民人数比例为41.0%。期间，水库移民工作的亮点主要呈现在四个方面：

整合资源，大力推进移民安居工程。全省采取"一村一策、整村推进"的建设方式，全面实施水库移民安居工程建设，截至2015年年底，全省大中型水库移民安居工程累计完成30.36万户、133.58万人的住房改造任务，完成率达到99.7%，移民人均住房面积达到23m^2，实现了广东省委省政府提出的大中型水库移民安居工程任务目标。同时，移民村基础实施得到了进一步完善，其中，一批移民新村成为了当地社会主义新农村建设、美丽乡村建设的示范样板村。移民村的村容村貌、村规民风得到较大改善，有一大批移民新村获得省、市、县各级政府授予"宜居村""生态文明村""最美丽乡村"等称号，成为了广东省社会主义新农村建设的典型和样板村。

湛江市廉江市石城镇塘背水库移民新村

广州市从化区城郊街道光辉村（田心社）水库移民文化和信息服务站

创新监管，有效维护移民合法权益。在原有水库移民资金与项目动态监管精细管理系统基础上，大力推广水库移民文化与信息服务站建设，为移民村搭建了公共活动场所，并积极推动移民资金项目的"利益相关者零距离末梢监督"平台，打通利益相关者信息不对称的"最后一公里"，即时把移民资金使用、项目实施有关信息"晒"在公共平台上，有效维护了移民群众的"知情权、参与权、监督权"。目前，省、市、县、村四级移民信息共享的信息服务网络基本建成，移民群众"足不出村"便可以知道自己关心的事情，方便广大移民群众和社会公众进行监督，有利于从源头防止暗箱操作移民资金和项目。

因地制宜，积极扶持移民增收致富。广东省各地因地制宜，充分利用经济资源优势和生产要素条件，探索适合本地的生产开发之路。利用广东独特的气候条件，发展种养业的优势，培育了一批有地方特色、适合移民生产发展、利于移民增收的种植养殖基地和农副产品加工企业，有效增加了移民经营性收入。利用珠三角工业、服务业发达的比较优势，发动和组织移民“进厂入店”务工，有效增加了移民的工资性收入。2011年开始，我省先后在河源市东源县、湛江市廉江市建设了集生产、培训、就业为一体的水库移民“双转移”培训就业基地，通过各类技能培训和直接就业，助力移民致富。另外，省移民局搭建了“水联汇”，通过互联网+移民的农产品，赢得了移民群众的称赞，带动移民、服务移民致富的目标初步显现。

维护稳定，妥善处置移民利益诉求。“十二五”时期，大中型水库移民住房难的问题基本解决，移民村基础设施明显改善，移民安居乐业的势态基本确立，信访量也随之大大下降。2014年7月1日，《广东省信访条例》颁布实施，全面贯彻诉访分离，以法制化思维处理信访问题，有效提升了办理信访件的能力和效率。同时，加大移民扶持资金与项目安排的公示力度，通过信息化建立了“利益相关者零距离末梢监督”系统，正在编织严密的“制度笼子”，让权力完全在“制度笼子”内规范、阳光地运行。

湛江市廉江市青平镇那毛角水库移民村茶园基地

胜利农场——大路坡队移民新村

广东省（廉江）水库移民双转移培训就业基地全景

回眸"十二五"
广东水政踏上新征程

广东省水政监察局开展队列训练

广东省水利厅党组成员、副厅长王春海率队开展联合执法

"十二五"期间，广东水政深入贯彻落实党的十八大和十八届三中、四中、五中全会精神，真抓实干、克难奋进，水政执法工作取得明显成效，各项工作任务圆满完成。

一、狠抓队伍建设，执法能力不断提高

近年来，广东通过组织开展水政监察队伍规范化建设、执法能力建设年等活动，水政监察队伍整体水平明显提升。一是廉政建设持续加强。积极开展党的群众路线教育实践活动、"三严三实"专题教育等学习教育活动，认真查摆、整改行业或自身存在的"四风"问题，并以案为鉴，深刻剖析"三打两建"以来发生在系统内部部分人员的违法违纪案件，加强警示教育。二是队伍体制进一步理顺。现有的142支专职水政监察队伍有2/3属于行政单位性质或参公管理事业单位性质。三是执法装备明显改善。2014年，广东省水政监察局投入2300多万元建成一艘可在沿海A类航区航行的大型执法船，佛山、潮州、珠海、云浮等市设立了若干联合执法点及执法基地，并购置或建造了一批钢制执法趸船。四是教育培训进一步加强。广东省水政监察局每年举办业务培训班、组织专题研讨、进行执法技能比武竞赛、开展案卷评查活动等，提高执法技能。五是规章制度不断健全。通过开展"制度补强"，查漏补缺，完善工作制度。

二、落实属地责任，健全协作机制

一方面，根据2012年新修订的《广东省河道采砂管理条例》中河道采砂"属地管理、分级负责"的监管原则，广东省水政监察局通过下沉执法力量，加强明督暗查，有针对性地对水事违法行为多发地区进行监督检查，有效推动地方落实属地责任，并通过地方政府的主导作用，推动形成"部门联动、综合管理"的长效管理机制。另一方面，2015年印发《广东海事局与广东省水利厅执法协作规定》，2016年与广东省公安厅、省人民检察院联合印发《关于加强水行政执法与刑事司法衔接配合工作的通知》，密切部门间、区域间联合执法协作，并连续加强粤桂联合执法，严打严查水事违法行为。"十二五"期间，全省各级水政监察队伍平均每年现场处理和立案查处各类水事违法行为7 500余起，仅省水政监察局就办结群众投诉举报线索686条，立案查处重大水事违法案件35宗。

三、创新工作思路，提高监管效能

针对当前水行政执法监督面临的严峻形势，为破解"人少、事多、成本高"的行政执法困局，广东省水

政监察局在局长曾建生的带领下，立足问题导向和目标导向，积极践行“创新”发展理念，提出了一系列工作新思路。一是加强水政执法信息化建设。稳妥做好、做准“顶层设计”，积极推进“广东水政执法监督指挥体系项目”建设，拟建立覆盖全省主要江河联合执法点和市、县执法队伍的信息网络终端，应用互联网、物联网、大数据、卫星遥感和无人机巡查侦查等最新技术手段，整合多行业、多部门资源和信息，实现水政执法及监督全过程信息化管理，达到高效执法、规范执法、文明执法、廉洁执法、和谐执法的目的。目前，项目建设正按计划有条不紊地推进，自适应水政执法仪综合业务应用系统已完成政府采购，并由中标单位进场研发。二是完善联合执法点建设。计划在广东省东江、西江、北江、韩江干流和珠三角主干河道，建设一批标识统一、布局合理、功能综合、提升效能的水政联合执法点，实现执法力量前移，提高执法快速反应能力。三是编制《广东省水行政执法标准》，进一步规范水行政执法行为，完善执法程序，提高执法办案水平，做到严格、规范、公正、文明执法。四是推动人大专项立法。针对当前广东省法律、法规在打击水事违法行为尤其是盗采河砂行为上仍存在的薄弱环节，积极开展采砂作业工具管理立法专项调研，拟推动广东省人大修订《广东省河道采砂条例》或进行专项立法，加强采砂船等采砂作业工具监管，并推动建立小江小河河砂监管县、镇、村三级共管机制。

扬帆启航正当时，广东水政将在“十二五”取得成绩的基础上，踏上新征程，践行新思路，努力在“十三五”实现新发展，取得新突破！

广东省水政监察局发挥西南联合执法点的区位优势，经常性组织联合执法巡查，曾一次查获17艘违法运砂船，有效打击水事违法行为

广东惠州市水政支队查处河道非法采砂现场

广东汕尾陆丰市暂扣处理违法采砂作业工具，群众围观称赞

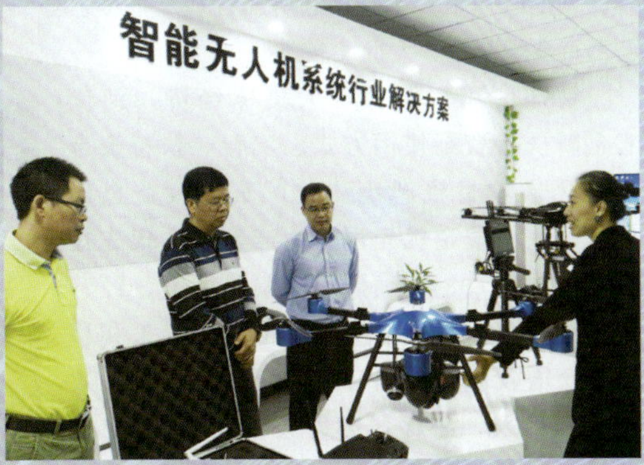

广东省水政监察局局长曾建生带队考察无人机技术在水政执法工作中的应用

聚焦发展 创新驱动 "十二五"河南移民工作实现新突破

河南省人民政府移民工作领导小组办公室

2015年4月17日，河南省水利厅厅长李柳身（左二）到罗山县青山调研移民避险解困工作

河南省是全国水库移民大省，全省共有水库移民203万人，其中大中型水库移民167万人，小型水库移民36万人，分布在全省18个省辖市181个县（市、区）。"十二五"期间，河南围绕全面建成小康社会的目标，转变思路，创新机制，积极探索移民创新发展模式，水库移民各项工作取得了明显成效：全省移民人均纯收入从4 013元增长到8 913元，年均增速17.3%，高于全省农民平均增速。其中南水北调移民人均纯收入从4 200元增长到9 528元，年均增速22.7%，搬迁4年实现了收入翻番，90%以上移民村有集体收入，高的达到200多万元。全省203万移民整体稳定，正在加快向全面小康迈进。2016年1月28日，中央政治局常委、国务院副总理张高丽对河南移民工作专题作出批示，充分肯定河南移民工作成效，要求继续做好后期帮扶工作，加快移民增收致富奔小康步伐。

一、以发展为主题，实施"强村富民"战略，加快移民致富步伐

"十二五"期间，河南切实做好移民后期扶持工作，累计投入移民后扶资金117亿元（其中移民直补资金58亿元、项目扶持59亿元），深入实施"强村富民"战略，移民村基础设施明显改善，移民收入水平不断提升，实现了由"输血"到"造血"的良性发展。

精准培育产业，发展"一村一品"。按照"一村一品"的发展方向和产业化经营的思路，结合各移民村实际，因地制宜，实事求是，编制完成了1 200多个移民村发展规划。围绕本地特色、市场需求和产业基础，积极进行产业结构调整，坚持不懈培育壮大富民产业，开发拳头产品，实行农业产业化经营，全省发展3 000多家种养加项目，"一村一品"产业格局基本形成。选择基础好、矛盾少、发展积极性高的移民村，连续3年时间，每年高标准建设10个"强村富民"示范村，带动全省移民村发展，培育出孟津县妯娌、湖滨区东坡、辉县市仓房、社旗县寇楼、新郑市蛮子营等一大批发展典型。

精准使用资金，壮大集体经济。河南省创新扶持资金使用方式，实行"扶持资金项目化，项目资产集体化，集体收益全民化"，扶持资金优先用于生产发展，优先投放到集体项目，明确产权归集体所有，经营性收益归全体移民，实现集体经济壮大和移民群众增收双赢，让有限的资金发挥最大效益。几年来，省移民办筹集扶持资金6.5亿元投入到移民生产发展，撬动社会资金22.5亿元，全省南水北调移民村90%以上有集体项目。

2012年7月17日，河南省移民办主任崔军（左二）到平顶山市就南水北调征地移民后期帮扶工作进行调研

精准实施帮扶，助力移民发展。河南积极构建政府主导、部门协作、社会参与的社会化帮扶大格局，着力形成移民后期帮扶的强大合力。河南省政府出台了移民后期帮扶意见，要求相关职能部门对水库移民加大帮扶力度，并把移民后期帮扶情况纳入省政府督查范围。省移民办与省财政、卫生、林业等部门联合制定帮扶政策和措施，在项目、资金、技术等方面对移民村进行支持。河南农业大学等高校在移民村设立特色农作物培育基地，帮助移民村发展生产。抓住产业转移、企业转型的机遇，全省各部门积极进行招商引资，使更多优质项目向移民村集聚，全省移民村累计引进招商项目1 000多个。

二、以创新为主线，推进移民村社会治理创新工作，打造民主富裕文明移民新村

针对农村社会利益结构发生的变化和群众利益诉求的多元化，2012年以来，河南省移民办在总结推广"4+2"工作法基础上，经过广泛调研，并请国家水电中心、省社科院等部门论证指导，在移民村大力实施移民村社会治理创新工作，形成了"两委"主导、"三会"协调、移民主体、社会组织参与、法治保障为主要内容的新型移民村治理格局，激活了乡村基层社会细胞，巩固了基层战斗堡垒，成为农村基层党组织领导与村民自治有机结合的成功典范，受到基层干部群众的普遍欢迎。在移民发展和稳定中发挥了重要作用。

创新村级治理模式，依托"三会"实行民主治理。在村"两委"领导下，建立"三会"（民主议事会、民主监事会、民事调解委员会），民主商议解决村级重大事务，有效监督村级财务运行等工作，及时化解移民矛盾纠纷，实现移民科学、民主化治理。目前全省有1 000多个移民村建立了"三会"组织，拥有成员2万多人。

创新经济发展模式，新型经营主体牵头发展。成立农业公司、专业合作社和专业协会等新兴经济管理组织，为移民提供订单式、合作式等社会化服务，对移民村集体项目进行租赁、入股、有偿使用等经营，移民通过出租、入股等方式从集体项目中获取收益，实现滚动发展。目前，全省移民村已注册登记新型农村经济合作组织2 000多家，在经济组织牵头下，流转移民村土地13.6万亩，安排移民劳动力就业4.7万多人。

创新公共服务模式，便民服务中心提供便捷服务。在移民村成立便民服务中心，以村"两委"班子为主体，吸纳觉悟高、能力强、热心公益事业的党员群众参加，推行便民服务值班制度，为移民生产生活提供全方位、便捷式服务。一些移民村还结合村级实际和风土习性，成立了红白理事会、老年协会、妇联会、文体协会等群众组织，方便群众生活。

三、以稳定为基础，化解移民矛盾问题，保持移民大局和谐稳定

针对移民工作纷繁复杂、矛盾丛生的实际，坚持制度引领，狠抓工作落实，切实化解各类矛盾问题。

高度重视信访长效机制建设。根据国家信访工作有关政策和规定，结合河南移民工作实际，研究建立了信访工作"七项机制"（信访问题挂销反馈机制、集中会诊机制、督查督办机制、联席会议机制、接访处访机制、社会管理机制、发展帮扶机制）、"一个办法"（《河南省征地移民信访工作办法》），实现了信访工作的制度化、法治化、科学化。坚持问题导向，教育各级移民干部始终把移民当亲人，敢于面对问题，敢于触及矛盾，强化措施，落实责任。"十二五"期间连续开展移民矛盾问题集中排查化解、移民问题"回头看"、移民工作督导月等活动，切实把矛盾化解在基层、消除在萌芽状态，全省移民信访量连续几年以30%以上速度递减。

高度重视重点民生问题解决。抓住国家实施大中型水库移民避险解困工作的机遇，积极与有关部门对接，对生存条件恶劣、地质灾害频发、不搬迁难以脱贫的移民村，积极开展避险解困试点工作。2014年以来，先后实施三批避险解困试点工作，搬迁3.6万人，总投资15.5亿元，各地正按时间节点压茬推进。

高度重视移民遗留问题处理。陆浑水库移民遗留问题涉及1 139户4 416人，总投资3.2亿元。经过逐户调查，结合回流移民意愿调查和地方政府意见，选定5种安置方案进行重新安置。洛阳市出台政策，将陆浑水库回流移民纳入了城镇居民享受低保政策，通过落实低保政策，解决了生活困难回流移民的生计问题，对陆浑水库移民整体稳定起到了关键作用。

“十二五”成就伟业 南水北调梦想成真

南阳市生态廊道建设

南水北调中线工程安阳段渠道机械化衬砌施工

自安阳段工程2006年9月28日正式开工，河南省南水北调工程建设拉开帷幕。进入2011年，是“十二五”规划第一年，也是河南省南水北调工程建设实现16个设计单元全面开工、配套工程开工建设之年。工程实施以来，河南省委、省政府始终把工程建设作为一项重要政治任务，在时间紧、任务重、困难大的情况下，举全省之力强力推进。经过艰苦奋斗，移民搬迁“四年任务、两年完成”，中线主体工程2013年年底如期建成，2014年12月15日河南省南水北调工程正式通水，配套工程同步达效，库区水质稳定达标，全面实现建设目标。

2015年是河南省南水北调工程由建设管理转入运行管理的第一年，河南省南水北调系统创新思路，多措并举，坚持一手抓工程建设，一手抓运行管理，建立完善规章制度，制定操作规程，积极推进各项工作，尾工建设任务基本完成，工程运行安全平稳，供水效益日益扩大，取得了可喜成绩。

在干线工程建设中，河南省紧紧围绕南水北调中线工程“2013年主体完工，2014年汛后通水”的总体目标，发扬“五加二、白加黑”精神，严格督导奖惩，创新机制优势，精心组织，周密部署，科学安排，强力推进，克服南阳、郑州、焦作主城区拆迁等一系列征迁难题，攻克被土工界称为癌症的膨胀土处理、高达20m的高填方段、穿越煤矿采空区等重大技术难题，2013年年底河南段731km总干渠渠道衬砌全部完成，1 254座交叉建筑物基本建成，767座跨渠公路桥梁和27座铁路交叉建筑物按期建成，干线主体工程完工；2014年5月底，与通水相关的附属项目全部完成；6—11月充水试验及试通水期间，干线工程经受住近7m高水位的检验，并向平顶山市应急调水5 010万m³，提前发挥工程效益；9月29日通过国务院南水北调办组织的全线通水验收，经国务院南水北调专家委专家质量评估，结果为优良工程；2014年12月12日南水北调中线工程正式通水，一渠清水如期北送。

配套工程2011年陆续开工，2014年年底基本建成。配套工程从南水北调中线总干渠39个分水口门引水，分别向河南省11个省辖市市区、36个县（市）城的85座水厂供水。输水线路总长1 000km，建提水泵站21座，年引水量37.69亿m³。截至2015年年底，河南省南水北调配套工程运行平稳、安全，全省累计有31个口门及3个退水闸开闸分水，河南省累计用水9.4亿m³。2015年10月底南水北调中线工程首个水量调度年度结束时，累计入渠水量20.23亿m³，累计用水18.66亿m³，其中河南省用水7.38亿m³。受益人口1 400余万人。

截至2015年年底，监测数据显示丹江口水库陶岔取水口水质稳定保持在Ⅱ类；河南省丹江口水库及上游12个水质断面，其中11个断面水质达标率为100%，丁河封湾监测断面水质达标率为91.7%。在国家组织的“十二五”规划实施情况考核中，河南排名第一。“十二五”规划的污水处理、垃圾处理、工业点源污染防治、入河排污口整治、水环境监测能力建设、水土保持、库周生态隔离带建设、尾矿库治理、重污染河道内源治理、农业面源污染防治等10类181个子项目全部完工，完成投资24.37亿元。

河南省建议规划建设南水北调中线总干渠与已建水库的连接工程。南水北调中线总干渠纵贯河南731km，穿越8个省辖市，沿途有鸭河口、燕山、孤石滩、昭平台、白沙、盘石头、西霞院等已建大型水库，从位置、距离、高程、调节能力等方面考虑，具备作为中线调蓄水源的条件。未来五年，通过实施连接工程，实现水库与中线总干渠互联互通。工程投资约100亿元。建设南水北调总干渠在线调蓄工程及南水北调配套供水调蓄工程。规划在许昌、新乡、安阳等市分别建设沙陀湖、薄壁湖和洪洲湖、宝莲湖、观音寺等总干渠在线调蓄工程，总库容2.61亿m³，工程总投资约257.16亿元。

开展党的群众路线教育实践活动和“三严三实”教育活动务实高效，省南水北调办领导班子22项“四抓”事项、班子成员65项“三件事”及6个“上下联动”事项全部完成，形成风清、气正、心齐的干事创业氛围。“十二五”期间党建工作迈上新台阶。成立机关党委，健全党的组织，党委下设13个基层党支部，紧紧围绕南水北调工程建设中心任务，落实从严治党责任，不断推进党的思想、组织、作风、制度建设，党的建设科学化水平得到全面提高。建立完善“4+2”党建制度。制定河南省南水北调办公室《关于贯彻执行民主集中制实施办法》等15个基础制度。2015年省南水北调办顺利通过省级文明单位复查验收。

“十二五”期间，河南省南水北调系统涌现出陈建国等一大批先进人物，他们为南水北调事业无私奉献，创造了工程建设和管理的辉煌业绩。2015年4月，河南省委、省政府授予河南省南水北调办公室2014年度全省经济社会发展十大突出贡献单位嘉奖；2015年7月，被河南省委、省政府表彰为全省平安建设工作先进单位；2015年11月，顺利通过省级文明单位复查；“十二五”期间河南省南水北调工作多次受到国务院南水北调办表彰。全省南水北调系统80个先进单位和280名先进个人受到省政府通报表彰；2个单位获得“河南省五一劳动奖状”，5个集体被授予“河南省工人先锋号”，10人获得“河南省五一劳动奖章”；6人获得“河南青年五四奖章”，两个青年集体获“河南青年五四集体奖章”；10人获得“河南省三八红旗手”荣誉称号。

许昌市南水北调配套工程施工

河南省丹江口库区水质保护和水土保持

五载结硕果 未来铸辉煌

河南水投集团

河南水投集团成立于2009年，作为河南省唯一省级水利投融资平台，主要任务是以投融资为主体，以资产筹集资金，以资金建设项目，以运营扩张资本，成为融资与投资互动、互为依托的政策性、专业性水利投融资平台，建立适应社会主义市场经济的水利投入长效机制和水利国有资产良性运营机制。公司自投入运营6年来，一路披荆斩棘、乘风破浪，而今已初具规模，正在朝着打造一流的水资源产业投资集团的方向大步迈进。截至2016年3月底，公司注册资本金达到168亿元，总资产345亿元，净资产163亿元，累计完成融资198亿元，完成投资246亿元，下属公司由原来的1家发展到今天的21家，公司发展呈现出勃勃生机。

洛阳水生态示范区洛河鸟瞰

一、圆满收官“十二五”

（1）敢于创新，构建河南水利建设金融平台。公司成立后，克服货币资金少的困难，努力盘活水利资产，想方设法突破融资瓶颈，积极探索和创新水利投融资模式，通过“水利项目收益权质押”、发行中票、私募债、融资租赁、成立水利基金等方式，6年来累计获得金融机构授信额度656亿元，实现融资198亿元。

（2）精心运作，做强河南水利建设投资主体。在项目投资上，公司始终坚持站在河南“三区”建设的大局看盘子，以水利项目投资为基础，以构建“一平（投融资平台）、三翼（水利基础设施、城镇水务、水资源延伸）”业务布局为目标，采取直接投资、联合投资、兼并重组等不同形式积极参与我省水利设施建设。6年来累计签订投资项目36个，累计完成投资246亿元，项目遍布南阳、洛阳、许昌、周口、濮阳等 30多个市、县，初步形成了基础水利设施、水务、水资源综合开发三大业务集群。

（3）战略引领，提升集团管控水平。为适应集团化发展需要，公司还于2012年、2013年分别开展了战略规划咨询和内控咨询，进一步明确了公司发展路径，增强了风险防控能力，为公司健康持续发展打下良好基础。2014年，公司启动了战略梳理，重新审视发展路径和发展方向，对标战略规划中的各项指标，找差距，定措施。2015年，公司启动了 “十三五规划”编制工作，为公司未来发展明确了目标和方向。

同时，水投集团结合公司实际，按照“缺什么补什么”的原则，采用“走出去”和“请进来”的方式，不断加大各级干部的培训力度。公司始终坚持以建立干部能上能下、人员能进能出、收入能增能减的现代人力资源机制为目标，用培训统一思想，用项目锻炼队伍，用绩效提升效率，致力于打造一支高素质、高绩效、高度团结的人才队伍。

（4）正风肃纪，营造风清气正氛围。为规范权力运行，实现干部廉洁自律，公司紧扣发展主题，坚定不移地抓党风廉政建设和反腐败工作，从公司领导班子做起，从具体问题抓起，加强制度建设，严格正风肃纪，以落实党风廉政建设责任制为抓手，以巩固党的群众路线教育实践活动成果为目的，着力打造廉政示范点建设，大力营造廉政文化氛围，为公司创业腾飞提供风清气正的良好环境。

二、科学谋划"十三五"

"十三五"时期，是全面深化改革将释放空前体制红利的5年，也是水利行业"黄金十年"的最后5年。在这重要的战略机遇期，河南水投将紧紧围绕"一流的水资源产业投资集团"的战略目标，以经济效益为中心，以专业运营、融合发展、资本运作和创新驱动四大重点任务为抓手，以构建投资决策中心、运营管控中心、财务管理中心和支持服务中心四大管理中心为载体，珍惜大好形势，抓住大好机遇，确保顺利完成"资产规模达到500亿元，净资产规模达到200亿元，收入规模达到50亿元，利润规模达到3亿元"这一战略目标。

(1) 着力构建平台。一是搭建水生态建设平台。以周口、许昌、洛阳、安阳等水生态建设落地公司的股权出资为注册资本，成立水生态开发建设平台，并以水生态开发建设平台为主体，推动各地水生态文明建设工作及落地公司健康持续发展，提高产业资本运作实力。二是搭建水务平台。联合专业水务机构，以在省内的水务资产出资，成立省级水务投资运营平台，并以水务平台为主体，积极开展省内水务资产的并购重组，推动省内水务一体化发展，做大做强水务平台，实现资本市场上市。三是搭建金融服务平台。通过涉足基金、融资租赁、担保、银行、财务公司等金融领域，助力水生态及水务板块发展，适时以金融股权出资发起设立金融事业部，探索金融板块的市场化发展路径。

(2) 加快融合发展。一是推动产业协同。以"组合拳"的形式推进产业发展，提升业务服务能力，推动产业创新发展，包括推进产业集群内的协同发展和产业集群间的协同发展，通过协同式发展培育新的商业模式，提高产业整体竞争力。二是推动产城互动。在国家大力推动水生态文明建设的背景下，通过在周口、濮阳、汝州、许昌、安阳、洛阳等地以水利工程建设为切入点，带动城镇土地资源开发利用，通过产业板块的延伸与拓展，推动城镇化的建设，实现产城互动。三是推动产融结合。以经营协同为主、金融协同为辅，推动产业资本与金融资本的有机结合。通过涉足金融业务与集团及下属产业子公司对接，积极探索各种有效的产融结合的模式，如"水务设施+融资租赁""市政建设、基础设施建设+融资租赁""水土资源开发+基金投资""投保租联动""新兴产业培育+风险投资"等。四是构建产业生态。以平台思维、融合发展、专业运营、跨界衍生的路径去改造、提升和发展水资源产业，积极探索复合型开发经营模式，通过构建共建、共享、共赢的大平台，推动水资源产业与相关产业，国有资本与民间资本、境外资本的大融合，如通过发展基础水利以吸聚市场化资源和资金、资本，通过发展布局健康、农业、旅游、商业、养老等衍生产业和服务，打造水生态文明的多元化产品。

(3) 加强资本运作。"十三五"期间，河南水投将以推动上市为重点，优化资本配置，积极在水务、南水北调原水运营、水土资源开发利用、水资源延伸产业等领域，重点培育1~2个具备一定规模、效益好、核心竞争力强的企业尽快上市。一方面推动有条件的企业采取首发、借壳、分拆等方式实现上市，充分利用上市公司平台调整优化国有资本配置以及股权结构；另一方面通过构建上市平台，降低融资成本，推动企业进一步整合集团内外部优质资产，更广泛地参与企业重组和并购，通过增发配股、资产置换、收购等方式进一步做大企业规模。

濮阳市引黄灌溉调节水库工程鸟瞰

全国第七届农运会配套工程——南阳市邕河治理工程

牢记使命 勇于担当 奋力拼搏 以实干精神推进贵州水利大发展大跨越

——贵州省水利投资（集团）有限责任公司“十二五”工作回眸

省委书记陈敏尔等领导为贵州省水利建设“三大会战”暨夹岩水利枢纽及黔西北供水工程动工仪式奠基

省委书记陈敏尔、副省长刘远坤等一行深入黔中水利枢纽一期工程施工现场，就黔中水利枢纽工程建设情况进行调研视察

省委副书记谌贻琴和副省长王江平到集团公司调研骨干水源工程投融资工作，图为谌贻琴、王江平与金康明董事长亲切交谈

“十二五”时期，是贵州省水利建设特别是骨干水源工程建设的良好机遇期。回首“十二五”，贵州省水利投资（集团）有限责任公司抢抓水利改革发展的大好机遇，坚持改革发力、创新驱动、激情创业、奋力拼搏，走过不平凡的发展历程，在贵州大地收获累累硕果。

融资篇：敢于创新，勇于突破

公司围绕“引银入黔”主题，综合运用国家财政金融政策，一方面采用传统方式强化银企合作，另一方面采用融资租赁、基金债券、PPP合作、双主体贷款、过桥贷款等模式，与国家开发银行、农业发展银行、贵州银行、平安融资租赁公司、上海巴安水务股份公司等建立长期友好合作关系，为贵州骨干水源工程项目建设提供了中长期、低成本的融资支持。

“十二五”时期，公司获得在黔金融机构融资授信500亿元，累计融资275.05亿元，充分发挥了公司作为贵州省级水利投融资平台的龙头作用，有力缓解了贵州水利建设资金投入不足的困局。

建设篇：时不我待，只争朝夕

公司大力实施“三位一体”规划和水利建设“三大会战”，全面推进全省骨干水源工程建设，“十二五”期间累计开工建设大型水利枢纽工程3座、中小型骨干水源工程167座，在建项目投资规模753亿元，完成投资368亿元。其中：黔中水利枢纽工程主体全部完工，顺利实现下闸蓄水，输水干渠全线贯通；夹岩水利枢纽及黔西北供水工程，马岭水利枢纽工程全面开工建设；公司监管的167座中小型骨干水源工程有17座已通过蓄水阶段验收，17座大坝主体工程已基本完工，50座正在开展大坝填筑。为“十三五”时期贵州实现“县县有中型水库、乡乡有稳定水源”的目标打下坚实基础。

经营篇：精心布局，比翼齐飞

公司紧紧围绕“公益性项目做大、经营性项目做强”的发展思路，一手抓水源工程项目的投融资和建设管理，一手抓经营性项目的投资开发，积极推进经营性产业的布局和培育。

“十二五”期间，公司组建了12家分子公司。经营性业务累计实现营业收入10.43亿元，实现利税1.24亿元，实现利润4 528万元。公司水务板块日供水能力51万t，清洁能源板块在建及运营装机规模37万kW，旅游板块开展了旅游规划咨询、旅行社服务及旅游产品开发、文化传媒、酒店管理等业务工作，积极拓展物资供应、技术咨询，生态大健康、校企合作、智慧水利等经营性业务。

黄家培副省长到黔中水利枢纽工程调研

管理篇：党建固本，依法治企

法严邦兴，律明人和。贵州水投公司严格按照《公司法》和《公司章程》建立完善法人治理结构，组建了公司董事会、监事会和经营管理层，成立了公司党委和纪委，制定了“三重一大”事项决策实施办法，设立了董事会发展规划战略研究委员会等4个专门委员会，切实提升了公司科学决策、民主决策、高效决策的能力，强化了干部职工的执行力。引进专业管理咨询机构，对内部的组织架构、岗位设置等进行优化设计，进一步规范了管理流程、提升了管理效能。公司党委紧紧围绕公司主业，扎实开展群众路线教育、“三严三实”专题教育，抓好基层组织和党员队伍建设；加强干部人才队伍建设，不断调整优化干部人才队伍结构；认真履行党风廉政建设主体责任，支持纪委履行监督责任，持续健全教育、制度、惩处“三位一体”的反腐倡廉工作体系，有效发挥了国企党的政治优势组织优势和群众工作优势。

省水投集团2015年度先进集体、先进工作者与公司领导合影

展望篇：使命如山，激情如潮

通过“十二五”时期的实践，公司确立了“打造水业龙头企业，共建生态文明社会”的愿景，“开发水资源，发展水产业，创造水价值，传播水文化”的使命，“以水立业，以人兴业，服务为先，发展至上”的核心理念，“敬业，高效，敢担当；诚信，自律，讲奉献”的企业精神和“服务社会，追求卓越，共同发展”的价值观，“十二五”时期深深积淀的底蕴，为“十三五”时期公司的加速发展铆足了后劲。

展望“十三五”，公司将切实落实习近平总书记关于“节水优先、空间均衡、系统治理、两手发力”新时期的治水思路，勇担使命，主动作为，全力推进骨干水源工程建设，努力推动“县县有中型水库，乡乡有稳定供水源”目标的如期实现，基本解决贵州工程性缺水问题。大力发展公司经营性优势，到2020年，公司资产达到1 000亿元以上，经营性资产100亿元以上，经营性业务营业收入20亿元以上、净利润1亿元以上，国有资产保值增值率大于1，力争有2家以上下属企业上市，实现建成“集水利投融资和水务产业化于一体的国内一流现代企业集团”即“水业龙头企业”的目标。

凤冈河头水库

桐梓新桥水库

正安石峰水库

遵义中桥水库

河北省水利水电勘测设计研究院

河北省水利水电勘测设计研究院（以下简称河北院）创建于1956年，是全国工程勘察综合类甲级单位。持有国家颁发的工程设计、咨询、测绘、监理等各类甲级资质16项，近期又新增各类资质10余项；是中国水利水电勘测设计行业AAA信用等级单位，“国家一级”科技档案管理单位；2010年被国家人力资源和社会保障部、全国博士后管理委员会批准，设立目前河北省水利系统唯一一家博士后科研工作站；2013年5月取得了质量/ 环境/职业健康安全管理体系认证证书。

河北院现有职工1 000余人，拥有正高级工程师、高级工程师近300人，拥有各类注册工程师800余人，是一支作风过硬、专业齐全、技术先进的专业技术团队。

60年来，先后承担并完成了海、滦河流域规划和大型骨干河道治理等一大批重点工程的规划、勘察、设计、咨询、招标及监理等项目。近期完成了举世瞩目的南水北调中线总干渠工程（京石段）及多项城市河流水环境综合整治工程，在水库筑坝、城镇供水、水利景观、3G技术应用以及三维协同设计等方面走在了行业前列，创造了显著的经济和社会效益。

河北院历经几代人的努力，在科学技术方面取得了丰硕的成果，共荣获省部级以上各类技术奖项318项，其中有70余项达到了国际领先、国内领先水平。

河北院将继续坚持“立足河北、服务京津、开拓省外、面向国际”的经营战略，秉承“规范管理、质量为先、保护环境、健康安全、顾客满意、卓越发展”的管理方针，以“质量求生存，创新求发展，管理求效益，服务求信誉”为目标，以自身的科学技术优势服务社会，为国内外水利水电事业的发展作出新的贡献。

广东省水利电力勘测设计研究院

广东省水利电力勘测设计研究院（以下简称广东省院）成立于1956年3月，是广东省高新技术企业、全国水利水电勘测设计行业信用AAA+级企业，在国内享有较高声誉。

广东省院注册资本1.2亿元人民币，现有员工1 000多人，拥有工程勘察综合类、水利行业、水力发电专业、建筑工程、工程咨询、工程测绘、工程监理、工程造价咨询、招标代理、编制开发建设项目水土保持方案、水土保持监测、建设项目水资源论证、水文水资源调查评价、工程质量检测甲级，风力发电、送电工程、变电工程、市政（给水、排水、道路）、环境评价乙级，水利水电工程施工总承包、地基与基础工程专业承包贰级等资质。目前，广东省院已具备雄厚的水利水电工程勘察、设计综合实力，形成以水利水电为主业，提供从项目前期规划、可行性研究、勘察、设计、监理、招标代理、工程咨询评估以及项目投融资的一体化、全过程服务。

60年来，广东省院先后组织编制了广东省流域综合规划、广东省水利发展"十二五"规划、"十三五"规划、广东电网2020年抽水蓄能电站选点规划、珠江三角洲水资源配置工程规划等一大批对全省经济发展具有重要影响的水电规划；完成了东深供水工程、新丰江水电站、乐昌峡水利枢纽等一大批不同功能、型式的水利水电工程的勘测、设计和监理工作；相继承接了广州、惠州、清远、深圳、阳江等大型抽水蓄能电站的勘测设计任务；承接了海南省大广坝水利水电二期（灌区）工程昌江干渠及低干渠工程、缅甸吉荣吉瓦水电站等10多项省外、国外水利水电项目。

广东省院积极开拓市场，业务领域涵盖水利水电、新能源、原水处理、公路交通、工业与民用建筑、电力、环保、市政等诸多领域。大力发展总承包业务，承接了湛江市雷州青年运河灌区续建配套与节水改造工程、汕头市南澳岛供水工程等工程总承包项目，工程涉及水库除险加固、排涝泵站、水闸、河道治理、灌区节水改造等各种不同类型；搭建投融资平台，成立广东广水投资有限公司，积极参与水利工程BT模式建设，中标高州水库灌区续建配套与节水改造、惠来赤吟水闸、惠来中东部供水、龙门县城区防洪（三期）工程等项目。

广东省院注重创新设计、科学设计、生态设计，在积极借鉴国内外先进技术的基础上，坚持自主创新，加强技术研发，不断优化设计方案，取得了一大批重要科技成果，先后获得国家科技进步奖、国家优秀工程勘察设计奖40多项，省、部科技进步奖、优秀工程勘察设计奖100多项，其中，东深供水改造工程、广州抽水蓄能电站双双入选新中国成立60周年"百项经典暨精品工程"，是全国唯一一家在两个不同行业同时获选的勘察设计单位。

以“预”促备　以“排”保安
湖北四湖战胜2016年罕见洪涝灾害

湖北省荆州市四湖工程管理局

7月7日荆州市市长杨智检查长湖习口闸防汛工作，四湖局局长卢进步介绍有关情况

人民子弟兵突击抢险加固长湖防守堤段

2016年4—8月中旬，四湖流域经历了多次大的降雨过程，总体雨量偏多3成。6月18日至7月21日梅雨期间，流域经历了6轮强降雨的袭击，面雨量上区526.6mm，中区602.0mm，下区671.3mm。受强降雨的影响，流域河湖沟渠水位暴涨，7月17日8时洪湖达到保证水位26.97m；7月23日8时长湖最高水位33.45m，超保证0.45m。渠堤漫溢，农田受淹严重。面对严峻复杂的雨水汛情形势，四湖流域水管单位以“预”促备、全面备汛，以“排”保安、全力应对，防汛抗灾取得了全面胜利。截至8月15日，荆州市7座流域性泵站累计开机运行77 788台时，累计排水54.1亿m^3，累计用电6 860万kW·h，累计电费2 550万元。

——尽力自排。至5月11日，新堤大闸、新滩口排水闸、田关排水闸累计排水16亿m^3。有效降低了湖渠水位，为腾库纳洪做好准备。

——提前预排。4月7日高潭口泵站率先开机，新滩口、南套沟、螺山、杨林山、半路堤等泵站于4月下旬、5月相继开机。5月28日流域大型泵站开机6处、机组33台，开机流量636m^3/s，至6月17日入梅前，流域泵站已排水15.93亿m^3。

——全力抢排。6月18日入梅至7月6日，四湖流域连续遭遇5轮强暴雨袭击，7月6日8时长湖水位32.55m，超警戒0.05m；洪湖水位26.56m，超超警戒0.36m。按照调度规程，在此期间符合起排条件的泵站全部开机抢排。

——及时统排。7月7日8时，洪湖水位26.73m，超26.50m的统排水位。省调度田关、老新泵站投入流域统一排涝，荆州市调度流域中、下区高潭口、新滩口、新沟、半路堤、杨林山、螺山、南套沟7座大型泵站参与流域统排，配合统排的小港湖等9座控制涵闸相应开启。7日当天9座大型泵站共开机59台、流量1 102m^3/s，排水9 200万m^3。

——果断限排。7月5日凌晨对洪排河两岸二级站限排。7日又果断决定，对福田寺排区二级泵站实施断电限排，8日再次扩大四湖中下区二级泵站拉闸限电范围。长湖水位超保证后，对荆州区长湖片的水库进行错峰调度，对二级泵站实施了限制排水。同时，在省防办协调下，潜江市也对辖区流域二级泵站断电限排。通过限排，减缓了湖泊水位上涨幅度。

7月9日长湖水位开始回落，21日8时涨至32.85m，超警戒0.35m；23日8时长湖水位33.45m，超保证0.45m。7月12日洪湖水位开始短暂回落后，至7月17日8时又上涨至保证水位26.97m。防汛高峰期，流域内湖、渠堤防按规定布防总长560km，共上领导1 165人、劳力26 721人。洪湖防汛，7月20日洪湖市、监利县主动行洪27个内垸，转移安置6 218人，进洪总量约0.6亿m^3。长湖防汛，按湖北省调度令，荆州市7月22日对马子湖，7月23日对胜利垸外六台、长湖渔场，7月25日对胜利垸徐家湖渔场，荆门市7月24日对外乔子湖，7月25日对幸福垸进行了扒垸蓄洪，共分蓄洪水近0.2亿m^3。长湖、洪湖围堤发生重大险情7处，一般险情158处，经过紧张抢护处理，都得到了有效控制。

7月24日，习口闸开启向中、下区泄洪

水位超警戒期间，洪湖围堤加筑子堤防守

四湖流域2016年防汛抗洪虽然取得了胜利，但是也暴露出许多问题：湖泊治理保护不够、内垸防洪能力不足、流域排涝标准不高、水利管理体制不顺，实施流域综合治理迫在眉睫、刻不容缓。目前湖泊治理没有投资渠道，大河大渠缺少项目支撑，退垸还湖需要配套政策，这是灾后重建需要研究解决的"短板"问题。建议着力提升内垸防洪能力、泵站外排能力、渠道过洪能力、工程配套能力、湖泊调蓄能力共"五个能力"建设，系统治理四湖水患，确保流域粮食安全。

7月新滩口泵站机组出现故障，经紧张抢修，确保安全运行

传承古堰文明　引领现代水利

四川省都江堰管理局

都江堰内江

人民渠五七期干渠

“十二五”期间，四川省都江堰管理局在水利部、省委省政府和省水利厅的正确领导下，紧紧围绕四川水利改革发展大局和“再造一个都江堰灌区”核心目标，在灌区水利现代化和两个文明建设上均取得了突出成绩，为推进“统筹、节约、绿色、共享”的现代化灌区建设奠定了良好的基础。

一、科学配置水资源能力有新提高

“十二五”期间共向灌区供水365亿m^3，灌溉面积从“十一五”末的1 033万亩发展到1 043万亩，其中水稻栽插面积640万亩。生活、生产和生态环境供水均衡发展，粮食生产能力稳中有升，农民年人均纯收入较“十一五”末增加2 049元，为全省粮食安全和经济社会稳定发展作出了突出贡献。

二、水利工程建设与管理有新成效

“十二五”期间，灌区水利建设投资实现大幅增长，共完成续建配套与节水改造项目82个，总投资16.5亿元，是“十一五”投资的2.4倍。5年间灌区共完成岁修项目5 208项（处），基本完成40.8万亩水利现代化试点工作，东风渠、人民渠两条“高速”输水道基本形成，尾水灌区的主干工程得到进一步的改善。灌溉水利用系数由0.432提高到0.5，年增节水能力8.81亿m^3，工程设施体系得到进一步完善。

三、依法管水和科技兴水有新进展

严格按照《都江堰水利工程管理条例》规范执法行为，建立了水政、公安、环保三方联合执法新机制和三级巡查网络，进一步加大水政执法力度，5年来共查处水事违法行为400余起。信息化建设进展顺利，扩充、完善了水情、雨情、墒情、水质等基础信息平台，建设了以闸门自动化控制为中心的信息集中站，基本建成水资源调度骨干体系，为水资源实现科学管理、精细化调度以及防汛减灾提供了技术支撑。

四、水利改革和水利经济发展有新突破

“十二五”期间，完成了公益二类事业单位的分类改革工作。灌区计量用水、计量收费和水价改革深入推进。灌区民主化管理进程持续推进，灌区农民用水户协会从“十一五”末的280个发展到现在的436个，管理灌区307万亩。

水利经济稳步发展，供水总收入比“十一五”增长44%，综合经营收入增长85.9%，其中水利旅游收入增长99.7%，发电量实现翻一番。

五、党建和精神文明建设有新成果

不断加强党的组织建设，将组织建设与“党的群众路线教育实践”“三严三实”专题教育结合起来；加强作风建设，积极贯彻落实中央“八项规定”和省委省政府“十项规定”精神，工作作风得到显著改善，认真执行党风廉政建设责任制，积极开展行风政风评议，聚焦“四风”问题，“三公”经费开支较“十一五”末下降28%。2011年都管局被四川省委表彰为“全省先进基层党组织”，2012年被省直机关工委表彰为“先进基层党组织”。顺利通过第四次全国文明单位复查评审，保持了“全国文明单位”光荣称号，为推进都江堰水利事业又好又快科学发展提供了智力支持和文化支撑。

坚持深化改革 加快科学发展 促进灌区建设管理工作再上新台阶

水兴城市

“十二五”期间，淠史杭灌区围绕“建设生态智慧魅力的现代淠史杭”的奋斗目标，着力推动宏观管理、装备条件、综合实力三大跨越，加快打造一流工程、一流管理、一流服务、一流效益，灌区建设管理工作取得了较好成效，实现了“十二五”规划的圆满收官。综合效益稳定发展，累计渠首灌溉引水110亿m^3，实灌农作物4 969万亩，生产粮食2 540万t，实灌面积连续突破1 000万亩，累计城镇供水21亿多m^3，有力保障了区域用水安全；工程面貌焕然一新，累计争取建设投资13.7049亿元，完成投资12.842亿元，实施项目66个，新建、扩建、加固建筑物1 128座，实施渠道配套424km，罗管闸、红石嘴重要节点完成除险加固并创下“禹王杯”，横排头管理处创下“国家级水利工程管理单位”称号，70%的管理单位达到省级及以上管理标准，工程管理面貌焕然一新；基层民生持续改善，累计完成了15个单位、40个基层管理所段能力建设任务，新建、改建管理所段14处4 000m^2，维修管理设施65处近2.2万m^2，形成了风清气正、政通人和的良好政治生态，营造了凝心聚力、奋发向上的发展环境。

罗管节制闸全貌

红石嘴枢纽工程全貌

灌区粮食丰收

大美引江 争创一流

江苏省泰州引江河管理处

高港枢纽鸟瞰

高港二线船闸闸首

江苏省泰州引江河管理处是江苏省水利厅直属水利工程管理单位，主要负责高港枢纽泵站、节制闸、调度闸、送水闸、船闸及拉马河闸工程管理，24km引江河河道行业管理，里下河腹部地区湖泊湖荡监管以及省级防汛机动抢险工作。

“十二五”期间，该处紧紧围绕管理处现代化规划目标，坚持以改革创新破解发展难题，加强工程管理，着力服务民生，壮大水利经济，狠抓作风建设，提升队伍素质，全面推进“和谐美好引江河”建设，发挥了巨大的生态、经济和社会效益。

现代化建设全面推进。《省泰州引江河管理处现代化发展规划》《泰州引江河水文化发展规划》《泰州引江河水利风景区发展规划》等获江苏省水利厅批准实施；完成泰州引江河二期工程建设，高港二线船闸顺利投运；成功创建国家级水利工程管理单位、国家安全生产标准化一级单位、江苏省五星级档案管理单位，顺利通过国家级水利风景区、国家AAA级旅游景区复核。

工程效益显著。“十二五”期间，累计向里下河及东部沿海地区灌溉引水及抽水126.17亿m^3，向泰州城区及通南地区送水5.01亿m^3，为里下河地区排涝12.86亿m^3，成功抗击9次台风。船闸通航量稳步提升，有效带动服务了苏中苏北地区航运事业发展。

科技信息化长足进步。建立了工程信息管理系统、防汛防旱调度会商系统、一二线船闸联合运行系统、办公自动化系统、档案管理系统等，并整合管理处信息化管理平台；开展科技创新专项研究，“闸站水工建筑物变形监测及状态预警方法”“上下游水位差频繁变化的水闸引流自控方法”分别获批国家发明专利。

湖泊管理成效明显。成立里下河腹部地区湖泊湖荡管理联席会议。盐都区、兴化市里下湖泊湖荡退圩（渔）还湖专项规划获省政府批复实施；建立里下河湖泊管理信息系统；采用电子界桩、无人机等科技手段加强里下河湖泊巡查管理。

水政执法创新高效。圆满完成“六五”普法工作，不断深入探索水政联动执法机制，与地方公安、渔政共同打击违章捕捞，取得显著成效；完成管理区域全封闭和界桩埋设，确权划界初步实现。

文明创建扎实推进。成功举办“最美引江河人”“引江河好青年”评选活动，定期开设道德讲堂和“党员大家讲”活动，积极开展党员义工和青年志愿者服务活动，树立单位良好形象。加强职工队伍建设，切实提高职工队伍素质，举办职工素质教育培训班100多个，参加学历提升教育133人。面向社会大众开展水文化作品征集活动，水利工程社会影响力得到有力提升。

“十三五”期间，江苏省泰州引江河管理处将继续紧紧抓住“管理规范有序、工程装备先进、运用安全高效、河湖监管到位、环境秀美宜人、单位和谐稳定”的目标，坚持不懈，奋力拼搏，开创管理处现代化建设和各项事业持续健康发展新局面。

长沙市黄材水库灌区管理局

实施农业水价综合改革后的末级渠系

长沙市黄材水库灌区管理局为黄材水库和黄材灌区管理单位。黄材水库始建于1958年，竣工于1965年，坝址控制集雨面积240.8km^2，总库容1.53亿m^3，是一座以灌溉为主，兼防洪、发电、航运、旅游、养鱼、安全饮水为一体的大（1）型水库，为全国三大土坝工程之一。黄材灌区始建于1959年，竣工于1969年，灌区总面积1 380km^2，为全国大（2）型灌区，肩负长沙、益阳市两区一县35.9万亩（历史最高时期达42.7万亩）农田灌溉和100万城乡居民生活生产供水的任务。控制耕地面积52.21万亩。

"十二五"时期是黄材灌区水务事业发展的黄金期。5年来，在上级水利部门的关心支持下，长沙市黄材水库灌区管理局砥砺前行，负重奋进，抢抓机遇，锐意进取，成绩斐然。防汛抗旱减灾能力大幅提升，恢复灌溉面积5万余亩；重大水利工程建设加快推进，水利建设累计投入达4.68亿元，特别是争取成功实施了水利部农业水价综合改革试点项目；水资源保护成效显著，生态环境明显改善；水利发展体制机制不断完善，制定实施了《黄材灌区工程常态化管理办法》；开展"作风建设年""文明管理站"创建等活动，全局系统政风行风呈现崭新气象。

实施灌区节水续建配套后的黄材灌区主干渠

卓创源头 厚泽江淮

江苏省江都水利工程管理处

江都水利枢纽

“十二五”以来，江都水利工程管理处抢抓机遇，精准定位，与时俱进，改革创新，各项工作取得了长足进步。单位先后获得“全国先进基层党组织”“中国百年百项杰出土木工程”等一批国字号荣誉称号，三次蝉联“全国文明单位”殊荣，2015年11月高分通过国家级水利工程管理单位考核验收，继续担当江苏水利工程管理现代化的排头兵。

防汛防旱效益充分发挥。5年来，工程累计抽江水北送219亿m^3，抽排里下河涝水39亿m^3，向里下河地区自流引江水124亿m^3，排泄淮河流域洪水306亿m^3，并参与南水北调东线调水运行。

现代化建设全面推进。率先编制《江苏省江都水利枢纽管理现代化规划（2011—2020）》获得批复，并编制实施信息化、水文化、水闸环境、“两湖”管理保护等多项子规划及方案。完成10座水闸（涵洞）除险加固或大修，兴建江苏水利职业技能实训和鉴定基地、江都水利枢纽综合档案馆，迁建维修养护中心，运行保障能力显著增强。

工程管理水平不断提升。推进工程管理精细化、信息化，探索“远程集中监控、现场少人值守、管理维修分离、专业应急保障”的集中控制管理新模式，实现工程自动化监控监测，水情、工情、汛情实时监测，信息数据共享；主持完成9项科研项目，其中获江苏省水利科技优秀成果一等奖2项，二等奖2项，国家实用新型专利2项，参加7部水利部、省水利厅行业规范编制。

水政执法管理规范高效。累计拆除历史违章建筑与占用1 600m^2，清除违章种植约48 000m^2，渔网鱼簖4 800余m；修复维护界桩505根，增设警告标牌153块；加强普法教育，水法规宣传累计达4 000人次；与地方国土部门联合，初步实现确权范围地籍图数字化。

湖泊保护管理初见成效。认真履行监管职责，充分发挥高邮湖邵伯湖联席会议办公室作用，扎实抓好高邮湖邵伯湖的规划、巡查、执法、培训、考核等工作，召开联席会议（专题会议）28次，组织培训班10期，完成退圩还湖规划编制，开展湖泊巡查8 200多人次，处理涉湖违法案件11件，清除违章圈圩面积3 550亩。

精神文明建设硕果累累。每年开展30多项创建活动，在建处50周年之际开展“十个一”水文化活动。共有9人次获得国家级、省级水利职业技能大赛名次，107名同志获得省级以上表彰。水利风景区提档升级，水闸环境显著改善，新增水文化景点4处，累计种植树木约1.5万株，植草约15 000m^2，林地修整约24 000m^2。

“十三五”期间，江都水利工程管理处将牢固树立“创新、协调、绿色、开放、共享”的五大发展理念，立足国家级水管单位新起点，顺势而为，不断创新，全面推进工程管理精细化、标准化、信息化和现代化，再铸辉煌，再谱华章。

万福闸

坚持绿色发展 守护源头活水

湖南浏阳株树桥水库

湖南省浏阳市株树桥水库于1986年动工修建，截浏阳河主要支流小溪河蓄水而成，总库容2.78亿m^3，相应库容2.29亿m^3，年径流量5.55亿m^3，控制流域面积564km^2，属国家大（2）型水库，水库库区山清水秀，植被茂盛葱郁，森林覆盖率达87%。水库于2010年8月29日正式向省会长沙供水，2011年被列为全国重要饮用水水源地。株树桥水库管理局成立于1990年3月，为副县级事业单位，主要承担防洪、水源保护、供水、发电、灌溉等职能，现有在编干部及职工295人。曾获“全国青年文明号”“省文明单位”“省级花园式单位”“省模范职工之家”等荣誉称号。

“十二五”期间，株树桥水库累计向长沙供水5.55亿t，创供水产值6 673.63万元。株树桥水电站累计发电3.007亿kW·h，创发电产值9 348.12万元，组织实施水电站增效扩容改造项目。5年来，株树桥水库坚持合理调度，科学防汛，确保了水库安全度汛，充分发挥了大型水库拦洪错峰的积极作用。

水源保护 长沙株树桥引水工程于2005年10月启动，2010年8月29日竣工通水。2006年5月颁布实施《长沙市株树桥水库饮用水水源保护条例》（以下简称《条例》）。“十二五”期间，株树桥水库管理局多措并举，扎实推进饮用水水源保护工作。一是建立队伍保工作运转。设立水源保护科、资源管理所和水质监测站3个责任单位，配备工作人员50多人，设立6个水上监管点开展全天候定时和不定时监管巡查；在保护区5个乡镇成立水源保护工作领导小组，在水源地27个行政村建立34人的护水员队伍，构建起市、乡（镇）、村三级工作网络格局。二是生态管护保水源根基。按《条例》要求对核心保护区实行封山育林10万亩，提高区域森林覆盖率和水源涵养能力。维护水域生态环境平衡，每年投放滤食性生态鱼苗100万尾，严厉打击炸鱼、毒鱼、非法捕鱼等行为，恢复水体生物链，促进水体生态平衡。组织专业队伍打捞处理水面漂浮物。三是防控污染保水质优良。建立《浏阳市株树桥水库水污染应急预案》体系。积极推动治污控污，开展环境整治，建设焚烧炉无害化处理生活垃圾；完成三（四）格式改厕3000多户，治理生活污水。对畜禽养殖污染开展“治、拆、转”行动，一级区全部取缔退出，二级区严格控制、逐步退出养殖；准保护区停止新审批增加，治理养殖户200多户，建沼气池400多个。通过测土配方施肥、统防统治、生物杀虫技术和推广生态种植等措施，控制农业面源污染，源头污染得到遏制。四是扎实推进创全省第一。结合全国重要水源地安全达标建设工作，提出争创“湖南第一”“全国示范”重要饮用水水源地目标，不断提高监管水平，完善管理机制，力争将株树桥水源地建设成为“水量保证、水质合格、监控完备、制度健全”的全国重要饮用水水源地。2015年10月，水利部水资源管理中心将株树桥水源保护工作经验在河南信阳“重要饮用水水源地达标建设交流会”上进行了典型推介。水库水质自然保护区和一级保护区分别达到国家《地表水环境质量标准》的Ⅰ类和Ⅱ类标准。

防汛保安 株树桥水库时刻将大坝安全放在首位，坚持大坝安全观测，密切关注大坝各项数据，重点针对大坝枢纽工程安全隐患进行维护，对坝顶路面裂缝、路面沉降和上游L墙进行修复。主汛期期间，加强大坝巡视检查和大坝监测次数，大坝安全得到可靠保障。为确保水库度汛安全，认真落实汛前准备，完善管理制度和防汛应急预案，积极开展安全隐患排查，储备好防汛物资，针对水雨情自报系统、溢洪设施等操作，组织现场培训。切实加强汛期控制。主汛期间，坚持领导带班和双岗值班制度，根据适时水情雨情科学调度水量，及时向省防指报送工作信息，保障了汛情畅通。汛期后，做好经验总结，为科学调度提供参考。5年来，通过扎实有效的工作，水库实现安全度汛，拦洪错峰作用明显，同时通过高位蓄水保障了浏阳市小溪河下游秋冬季节生产生活用水。

株树桥水电站增效扩容 株树桥水电站增效扩容改造项目于2013年6月通过水利部审核，纳入湖南省农村水电站增效扩容改造第一批实施项目，2015年12月23日，通过完工验收。该项目完成了株树桥水电站永株110kV线路升级改造和升压站设备整体更新调试，3台发电机组设备改造、全站微机综合自动化改造。经改造升级，提升了水能利用效率，水能资源利用率从87%提高到94%，1kW·h电耗水量由9.13m^3下降到7.70m^3。

守江淮安澜　护碧水畅流 做水文事业坚定的建设者

江苏省水文水资源勘测局扬州分局

三江营水位站职工遥测设备检查

天津渤海湾水文测验

扬州地处江淮下游，水网密布，水乡风光，名闻天下。古运河水道悠长，一路柳色，与高宝邵伯湖系于一体，河上风光与湖里景色，交相辉映。作为防汛防旱的"耳目"、水利建设的"尖兵"、水资源管理的"前哨"，江苏省水文水资源勘测局扬州分局紧紧围绕水利中心工作和经济社会发展需求，努力促进水文工作实现跨越式发展。

把脉江淮、精准测报，忠实履行防汛防旱耳目职责

扬州分局积极推进水文基础设施规范化建设，通过治淮、中小河流、乌塔沟分洪道、中央防汛基金专项等建设项目，不断优化、调整水文站网，基本形成了"布局合理、功能完善、密度适当、项目齐全、点面结合"的现代水文综合站网体系。

积极探索运用国内外的先进测报技术，在江苏省率先应用H-ADCP实时测流，为通航、往复流等水文情势十分复杂的河道有效实现流量自动监测提供了宝贵范例。连续10多年开展大运河扬州段抗旱分水测量，为江水北调科学调度提供了强有力的技术支撑。自2004年起，对长江镇扬河段世业洲左右汊分流比进行水文测验，为预测预警该段长江的河势变化提供科学依据。为南水北调东线工程运行管理提供水文专项服务，圆满完成大运河、潼河、三阳河的水量、水质同步监测工作。作为江苏省水利普查办现场工作组、扬州市水利普查办技术支撑单位，扬州分局统筹安排，高标准高质量完成了各项任务。

独树一帜、护航发展，坚持水文服务和社会公众服务并重

扬州分局在江苏省率先出台《扬州市水土保持公报》。在全省率先运行土壤墒情自动监测站。与南京水利科学研究院等单位密切合作，圆满完成野外勘测和分析研究任务，项目遍布南海、东海、黄海和渤海，打响了"扬州水文"海测荣誉品牌。参与大运河（扬州段）申遗工作，为大运河成功申遗提供水文技术支撑。

扬州分局通过开展对困难群众帮扶慰问活动、"邻里守望"关爱大行动等方式，加强人文关怀。积极组织志愿者服务队参加世界水日宣传、节水护水宣传等活动，形成了一支水文建设为依托，以水资源保护为基础、以水文文化宣传为特色的志愿服务队伍，为文明城市建设服务。

"操千曲而后晓声"，扬州分局先后被授予"江苏省文明单位""全国水利系统先进集体"等荣誉；1人获得水利部首席技师称号。迈入"十三五"，扬州水文将进一步找准工作着力点，积极进取，为实现"三个扬州""世界名城"的建设目标不懈努力。

长江委长江上游水文水资源勘测局

上游局水情预报室进行水情会商

长江上游水文水资源勘测局(简称上游局)隶属于水利部长江水利委员会水文局。下设水情预报室、技术管理室、科研室、水质泥沙室、河道勘测中心等部门，在攀枝花、宜宾、合川、涪陵、万州、江北设有6个分局，共114个站点，其中国家基本水文（位）站54个，工程专用水文（位）站60个，主要负责长江巫峡以上干流和主要支流下游的水文测验、河道地形测量、水文水资源勘测设计、水环境监测与分析评价、水文情报预报、测报自动化仪器设备研制及水政监察工作。工作战线长达3 800余km，主要站点遍及云南、贵州、四川、西藏、重庆4省1市。

"十二五"期间，上游局在防汛测报工作中，成功战胜了2011年9月渠江超历史及嘉陵江洪水、2012年长江"12·7"洪水、2013年"6·30"暴雨洪灾、2014年乌江大洪水和长江上游秋汛等。上游局报汛时效合格率为99.98%以上，准确率99.9%以上，为国家重点工程、地方政府抗洪抢险、水库科学调度提供了重要技术支撑。

上游局突击抢险队员展开鲁甸地震水文应急监测

上游局不辱使命，在各项应急监测、抢险救灾中反应迅速、表现突出。积极应对芦山和迪庆地震，4天之内恢复了芦山等4个水文站的缆道控制系统，有力地支持了抗震救灾工作；不畏艰险，出色完成鲁甸地震水文应急监测工作，是堰塞湖排险处置第一阶段唯一提供完整堰塞湖实测数字成果的单位；精心参与组织2015年水利部的水文应急监测演练工作，得到了水利部、长江委水文局领导及全国同行的好评。

上游局深耕技术立局理念，科技工作取得显著成绩。承担的国家"十一五"科技支撑计划项目——"长江上游地区地表水水源热泵适宜性研究"通过国家科委正式验收；组织完成的含沙量与浊度关系的研究成果被国际标准化组织（ISO）的"用替代技术测验泥沙标准"所采用，其成果直接成功应用于向三峡集团总公司泥沙报汛工作中；创新应用"水文移动缆道"系统，攻克白鹤滩水电站坝区导流洞围堰水下地形测绘难题。

上游局采用多种形式，充分运用载体，积极开展单位文化建设。以学习英模钟宏联、全国民族团结模范和长江委最美一线职工蒲政平为重点，开展了一系列学先进、赶先进活动；承担的部级科研项目《长江委水文上游局岗位行为规范》顺利通过部级评审；荣获重庆直辖市首批文明单位和长江委文明单位称号；2015年成功获颁"全国水利文明单位"称号。

上游局基层测站开展水文测验

新疆塔里木河流域管理局

航拍的喀群渠首

一、塔里木河流域概况

塔里木河是我国最长的内陆河，塔里木河流域是环塔里木盆地的阿克苏河、喀什噶尔河、叶尔羌河、和田河、开都—孔雀河、迪那河、渭干河与库车河、克里雅河和车尔臣河等九大水系144条河流的总称，流域总面积102万km^2。流域内有5个地（州）的42个县（市）和4个兵团师的45个团场。据统计资料，流域总人口1 069万人，耕地3 010万亩，水资源总量429亿m^3。

二、塔里木河流域综合治理背景

塔里木河干流全长1 321km，自身不产流，历史上塔里木河流域的九大水系均有水汇入塔里木河干流。由于人类活动与气候变化等影响，20世纪40年代以后，其来水完全靠阿克苏河、和田河、叶尔羌河、开都—孔雀河供给，形成"四源一干"的格局。由于水资源的无序开发和低效利用，源流向干流输送的水量逐年减少，致使干流下游近400km河道断流，地下水位下降，地下水矿化度持续上升，尾闾台特玛湖干涸，大片胡杨林死亡，218国道多处路段经常被流沙掩埋，具有战略意义的下游绿色走廊濒临毁灭，极度恶化的生态环境已成为制约流域经济社会和生态环境可持续发展的主要因素。

三、近期综合治理项目实施情况及取得的成效

随着国家西部大开发战略的实施，塔里木河流域的生态环境问题得到了党中央和国务院的高度重视。2001年，国务院正式批准实施了投资107亿元的塔里木河流域近期综合治理项目。

截至2005年，项目已全面收关。项目累计开工建设464项，完工453项，完成竣工验收329项，累计完成投资102.83亿元，其中：中央投资98.82亿元。累计完成山区控制性水利枢纽工程（下坂地水利枢纽）1座，防渗渠道7 767km，高效节水44万亩，新打机井2 044眼，拦河枢纽8座，改造平原水库7座，输水堤防600km，生态闸53座。通过灌区节水措施，实现了节增水量25.7亿m^3。

近期治理项目的实施，有效缓解了流域生态严重退化的被动局面，促进了流域各地经济社会发展，成效非常显著：

一是实现了规划报告确定的生态输水目标。先后组织实施了16次向塔里木河下游生态输水，输水

结束了塔河下游河道连续断流30年的历史，水头12次到达尾闾台特玛湖，湖面面积曾一度达到350km^{2}以上，被誉为“一曲绿色的颂歌”。

二是流域生态环境得到有效保护和恢复。同输水前相比，塔河干流下游距主河道1km以内的地下水位由至地面7m以下回升到2~4m；下游河道两岸植被面积从2001年的230km^2，增加到2012年的1000km^2，植物物种由17种增加到46种；克拉玛干、库鲁克塔格两大沙漠合拢趋势得到有效遏制，218国道经常被沙埋的问题基本得到解决，以往难觅踪迹的野生动物也已常见。

三是流域内水利条件得到较大改善。治理前流域内源流的干支两级渠系防渗率不足42%，治理后提高到80%；田间灌溉水利用系数由治理前的0.36，提高到治理后的0.495，高于流域0.482的平均水平。流域各地控制、配置水资源的能力有效提升，生产条件明显改善，促进了经济社会稳定发展。

四是建立了流域水资源管理新体制。2011年2月10日，自治区第十一届人民政府第19次常务会议研究决定，将塔里木河流域主要源流管理机构整建制移交塔管局管理，建立塔里木河流域水资源统一管理新体制。新体制的建立，使流域水资源统一管理、调配力度明显加强，塔管局进一步加大了取水许可、水行政执法等工作，加强河道管理，实现了塔里木河干流自1988年以来首次连续20个月不断流。

断流30年的塔里木河下游迎来了水源，当地的罗布人泛舟河上

五是流域水法规体系不断完善。通过12年来的流域管理实践，流域法规体系和机制建设不断完善，流域依法管理格局初步形成。出台了我国第一部地方性流域水资源管理法规《塔里木河流域水资源管理条例》（以下简称《条例》）；制定了以《条例》为核心的流域配套规章制度，自治区政府先后出台了《塔里木河流域“四源一干”地表水量分配方案》《塔里木河流域水资源统一调度管理办法》等。

四、下一步工作思路

深入学习贯彻党的十八大及十八届四中、五中全会精神，紧紧围绕“五位一体”总体布局、“四个全面”战略布局，牢固树立“创新、协调、绿色、开放、共享”和“水利兴则新疆兴”的发展理念，不断深化流域水利改革，全面落实最严格的水资源管理制度，认真加强流域水利建设管理和规划前期工作，扎实做好防汛抗旱工作，持续加强流域信息化建设，加大流域水利基础设施建设，为流域经济社会发展提供水利保障。

塔里木河流域近期综合治理项目标志性工程之一——阿其克分水枢纽

新建的叶尔羌河中游渠首工程

抢抓机遇 奋发有为 续写水利改革发展新篇章

山西省晋中市潇河流域管理局

潇河河道

灌溉引水

山西省晋中市潇河流域管理局是隶属于晋中市人民政府管理的事业单位，为中国灌区协会的常务理事单位。管理局主要承担着潇河流域的水利工程建设管理，太原、晋中两市五县（区）33.24万亩农田的灌溉；负责松塔水电站建设管理以及两条近70km的供水管线运行管理、潇河河道的综合规划治理、潇河流域水土资源、流域生态环境及水利工程设施的管护以及潇河湿地公园水域部分的运行管理等诸多工作职责。

潇河属黄河流域，是汾河的一级支流，位于汾河中游段，发源于昔阳县沾尚乡马道岭，流经晋中的昔阳、寿阳、和顺、榆次、晋中开发区、太谷和太原的小店、清徐等8县（区），在小店区的洛阳、南马村之间汇入汾河。潇河灌区是清洪两用、井渠结合的跨流域的全国大型灌区，以引洪为主，缓洪蓄清，四季灌溉。据史料记载，唐太宗贞观二年（628年），潇河有引水灌溉的记载。潇河灌区受益范围包括晋中市的榆次区、晋中开发区、太谷县和太原市的小店区、清徐县的11个乡（镇）134个行政村，是山西省主要的粮食、棉花、蔬菜生产基地。

从1998年开始，灌区开始实施续建配套与节水改造工程项目建设，重点实施干支渠道和渠系建筑物的更新与改造。截至2015年年底，已累计下达投资近18 000万元，完成干渠防渗改造46.28km，支渠防渗改造79.6km，渠系建筑物改造199座，灌溉基础设施得到有效改善，灌区节水灌溉工作得到大力推动，有效缓解了当地地下水长期超采的局面，对受益区农业增产、农民增收、农村稳定发展的保障作用得以进一步巩固和提高。

管理局运行60余年来，曾多次被水利部及山西省委、省政府、省水利厅授予"全国先进灌区""部一级先进管理单位""山西省模范集体""山西省先进灌区""安全生产先进单位""文明和谐单位"等荣誉称号。

"十三五"期间，管理局将以"节水优先、空间均衡、系统治理、两手发力"的治水方针为引领，秉承"敬天勤民、爱岗敬业、团结协作，创美潇河"的精神，为潇河流域经济发展提供强有力的水支撑和水保障。

建管并重　和谐发展
有效提升水利工程综合效益

山西省晋中市松塔水利水电有限公司

松塔水利水电有限公司成立于2007年，由晋中市公用基础设施投资建设有限责任公司出资组建，公司经营范围为水力发电、城市和工农业天然水供应（居民用水除外），主要职责是松塔水电站工程的建设与运行管理。

松塔水库

松塔水电站是省委、省政府“兴水战略”中的35项应急水源工程之一，是山西省大水网建设“两纵十横”的第三横。其坝址位于寿阳县草庄村的潇河主流——松塔河上，距寿阳县城25km，距晋中市城区约44km，大坝坝址控制流域面积1 174km^2，以城市生活、工业供水及水力发电为主，兼顾防洪、灌溉等综合利用。水库库容1.0358亿m^3，每年可为晋中城区和寿阳县提供城市及工业供水2 200万m^3，年可发电349万kW，年农业灌溉水量885万m^3，改善潇河灌区灌溉面积17.57万亩，调蓄汛期洪水及削减洪峰流量，为下游城市、村镇、农田等提供防洪安全保障。

松塔水库导流洪洞和供水发电洞

松塔水电站由枢纽工程和供水管线工程两部分组成。枢纽工程包括大坝、供水发电洞、导流泄洪洞、溢洪道和坝后发电站等。大坝为碾压式均质土坝，最大坝高62.60m，坝顶长539.0m，坝顶宽10.0m，是山西省最高的均质土坝工程。供水工程分为晋中城区供水管线和寿阳供水管线两部分，晋中城区供水管线全长41.68km，设计流量0.66m^3/s，采用重力压力方式输水，管材分段采用双胶圈内衬式预应力钢筒混凝土管（简称PCCP管）和钢管以及离心球墨铸铁管；寿阳输水管线全长22.186km，设计流量0.45m^3/s，扬程达88~112m，采用利用库水头并在坝后加压提水方式输水，其中泵站提水压力管段长度为DN600球墨铸铁管11.5km，自重流压力管段为DN700球墨铸铁管10.686km。

松塔水电站下闸蓄水运行以来，已正常为天湖水厂、百草坡森林植物园、潇河湿地公园、康培集团苗木基地、海棠园、阳煤集团乙二醇项目基地和潇河灌区供水。同时，水库建成以后，库区周边的生态环境得到明显改善，每年春季都有大批的白天鹅驻留；经济效益、社会效益和生态效益十分显著。松塔水电站的建设，使流域水资源得到更加科学合理的优化配置与高效利用，水生态系统得到进一步修复保护，为潇河流域的转型跨越发展发挥了巨大的保障和支撑作用。

松塔水库全景

服务榆林经济　提供优质水源

——发展中的榆林市水务集团有限责任公司

王圪堵水库

榆横工业园区供水公司

榆林市水务集团有限责任公司是榆林市政府直属国有企业，于2005年12月成立，注册资金1亿元，现有职工300多人，2015年年底资产总额达50亿元。主要职能是对全市能源化工基地建设开发区域内水资源进行勘测、开发、利用和经营管理，负责王圪堵水库工程建设和运营管理，并对全市能源化工基地开发区域内的经营性用水项目以控股、参股等方式参与开发经营。

公司内设行政部、工程部、财务部、人力资源部、企业管理部、企业文化部、党办、工会、团委、纪检监察室等10个职能部门。下辖榆横工业园区供水有限公司（全资）、王圪堵水库旅游有限责任公司（全资）、王圪堵水库有限责任公司（控股）等3家子公司。先后以25%、39%、40%的股份参股府谷、佳县、子洲县水务公司。主要承担建设了陕西省“十一五”重点水利工程项目——王圪堵水库。

王圪堵水库是一座以供水、拦沙为主，兼顾灌溉、发电等综合利用的大（2）型水利枢纽工程。年供水能力1.55亿m^3，向下游14.6万亩农田灌区供水0.444亿m^3，向河道生态供水1.198亿m^3，平均年发电量可达1 940万kW·h。正常运行60年累计拦沙1.94亿m^3，该工程于2008年8月20日开工建设，2010年12月1日大坝成功合拢。现已初步投入使用，并正在完善附属工程。从大坝到榆横工业园区全长28.64km的供水工程是水库枢纽的配套工程，包括输水工程和净水厂及北园区供水支线工程。现已全部建成并投入运行。

在建设王圪堵水库的同时，先后完成了硬地梁应急供水工程和榆横工业园区一期净水厂、供水站工程的建设。其中，硬地梁应急供水工程于2008年4月通水运行，设计取水量1.93万t/d，年向榆横工业园区供水706万m^3。一期净水厂工程于2009年8月投入运营，设计水处理能力为2万t/d。供水站工程2008年7月起采取边建设边供水的方式，保证了落户企业项目的供水。这些水源工程的建成解决了榆横工业园区落户企业开工项目的基建施工、生活、初期生产用水，至少为榆横工业园区的经济开发提前了两年。王圪堵水库建成后，作为补充水源继续发挥作用。

近年来，榆林市水务集团在市委、市政府的领导下，抢抓发展机遇，优化管理模式，提升服务水平，取得了显著成就。先后荣获“陕西省十佳诚信经营示范单位”“陕西省水利厅先进集体”和陕西省“十一五”水利建设管理工作“先进集体”等荣誉；王圪堵水库公司荣获“全国水利工程建设质量管理工作先进集体”、陕西省“仪祉杯”水利工程劳动竞赛先进集体和“仪祉杯”水利工程建设夺杯单位。

“十三五”期间，榆林市水务集团将深入贯彻“创新、协调、绿色、开放、共享”五大发展理念，以服务地方经济社会转型发展为使命，以“水务一体化，经营多元化”为目标，坚持“安全供水、优质服务”方针，发扬“团结拼搏、艰苦创业”的企业精神，全面履行市委、市政府赋予的工作职能，努力建成全国一流大型水务企业，为榆林市“三区一高地”建设作出积极贡献。

茶陵县龙下灌区管理局

2014年8月3日，水利部水电局来青年电站检查增效扩容改造项目

龙下灌区管理局位于茶陵县湖口镇龙下村，是集防洪、灌溉、发电、园区管理于一体化的综合型事业单位。近年来，管理局坚持以"经济建设"为中心，紧扣"重安全，保稳定；重管理，争效益；重改革，挖潜力"的工作思路，弘扬"团结、务实、勤奋、创新"的企业文化精神，推进园区"四化"建设。重点突出电力设施增容改造、完善小区基础设施、优化产业结构、规范园区管理，美化园区环境。先后荣获全国"农村水电行业文明服务示范窗口"、全国"水利企业文化优秀奖"、全国"巾帼文明岗"、全国"优秀水利企业"、湖南省"优秀水利企业"、湖南省"园林式单位"、湖南省"文明卫生单位"、湖南省"重合同守信用单位"、株洲市"安全生产先进单位"、株洲市"文明建设先进单位"、株洲市"文明单位"等荣誉称号。

青年电站建于1975年3月，位于湘江一级支流洣水河上游，大坝属Ⅲ类大坝，坝型为支墩填渣溢流坝，最大坝高30m，坝长242.5m，正常蓄水位167.00m，4台发电机组，总装机容量14 000kW，设计年发电量6 158万kW·h。2006年、2009年先后与小汾电站、洣渡电站并网，累计年发电量近1亿kW·h。1994年来管理局充分利用优势的电力资源大力招商引资发展工业，1998年被株洲市人民政府命名为"株洲市龙下工业小区"，小区现有民营、合资企业30余家，从业人员达3 000余人，固定资产达8亿余元，年工业产值达7.8亿元，年上缴利税4 000余万元。主要生产纺纱、工艺瓷、铁合金、钢材、塑料制品等20余种产品。

"十二五"取得的主要成就

（一）工业企业运行平稳，经济总量稳步提升。"十二五"期间累计完成发电量30 730.16万kW·h，实现销售收入18 005.12万元，园区实现工业总产值28.7亿元，上缴各类社会保险1 442.9万元；园区累计上缴税收14 120.62万元，完成社会固定资产投资11.29亿元。

（二）招商引资成效凸显，发展后劲喜气溢人。先后引进恒宇化工二期工程、飞鹏竹木业有限公司、铁甲山矿物贸易有限公司、福旺硅石粉厂、欣荣塑业有限公司、小小汾服饰有限公司等企业入驻园区，累计引资达9 600万元，实现年产值1.5亿元，解决农村剩余劳动力500人就业，实现税收达1 000万元。

（三）项目建设如火如荼，发展后效日益增强。一是大力推进青年电站增效扩容改造项目。该工程总投资3 122余万元，2014年全面动工，2015年全面改造完工，12月经湖南省水利厅专家组验收合格，每年可增加发电量600余万kW·h。二是投资600万元建设防汛电力调度指挥中心，2014年10月1日完工并投入使用，大力改善了干部职工的办公环境和居住环境。三是强力完善园区基础设施建设。2013年，投资100余万元更换茶盘形变电站的一台变压器和架设三条供电线路，满足企业生产用电所需。2014年，争取政府资金10万元，对园区内的支干道进行水泥硬化。2015年，投资40余万元对移民区的居民供电设施和线路全面升级改造，为溪江村解决了500余人的安全用电问题。

（四）安全生产无事故，园区企业安全运行。安全生产工作是企业发展的生命线、高压线。龙下灌区管理局始终贯彻落实"安全第一、预防为主"的工作要求。一是加强园区安全生产监管力度。重点抓好关键领域的安全生产专项整治工作，对易燃易爆等化工产品重点整治。二是加强园区治安综合治理工作，围绕"企地共建"抓好"平安小区"创建工作。三是落实防洪度汛责任制，每年4—9月汛期实行24h值班制度。四是成功申报安全生产工作二级达标体系。认真开展安全生产自查、自评工作，对照达标细则严格整改，2015年成功通过湖南省水利厅专家组的验收。

"十二五"高邮水利建设成就回眸

江苏省原省委书记梁保华莅临高邮市察看水利工程

水利部副部长鄂竟平来高邮视察水利工作

"十二五"期间，高邮市水利部门按照水利现代化的目标要求，积极践行可持续发展的治水思路，统筹水安全、水资源和水环境综合治理，统筹城乡水利共同发展，统筹工程措施与非工程措施协调推进，在加强水利基础设施建设、推进重点项目建设、实施民生工程等方面取得重大突破，为高邮市经济社会发展提供了有力的水利支撑与保障。

重点工程建设成效彰显。"十二五"期间，高邮市水利局按照江苏省、高邮市统一部署，以保民生、促增长为重点，抓住中央及江苏省出台1号文件加快水利基础设施建设的发展机遇，组织实施了高邮市淮河入江水道整治工程、南水北调里下河水源调整工程、南水北调血吸虫防治工程及沿运闸洞堵漏工程等，完成投资1.08亿元，有力地保证了南水北调东线一期工程安全高效向北供水；同时，也有效地解决了高邮市灌溉高峰期用水量不足的问题，并进一步增强了高邮市涝期行洪排水的能力。

农水工程统筹推进。"十二五"期间，市水利部门组织实施了小型农田水利重点县项目、中小河流治理工程、农村河道疏浚整治工程等一大批农水工程，约完成投资5.5亿元，完成水利土方3 686万m^3，新建、拆建小型灌溉泵站53座，新建、拆建圩口涵闸89座，新建、拆建排涝泵站69座，防渗衬砌各级渠道168.5km，圩堤加固总长度75.6km；建设河道护岸27.3km，植被护坡283km等。工程实施后，进一步提高了农业抵御自然灾害的能力以及农业综合生产能力。

城河综合整治工程亮点纷呈。"十二五"期间，高邮市用于工程性投资约5亿元，先后对城区新河、大小淖河、马饮塘河、市河、东门大沟、北澄子河上段等城河进行了综合整治，使城区昔日一条条"龙须沟"变成一处处水景观。同时，兴建了万斤河、东门大沟、牛缺嘴、北澄子河等闸站，有效扭转了城区涝水依靠自排的局面。

区域供水工程持续推进。"十二五"期间，高邮市扩建了界首水厂、临泽水厂和司徒水厂，新增供水能力4.5万t/d，兴建增压站2座、铺设主管网87km；改造内部管网2 870km，关闭镇村水厂37座，完成投资2.3亿元，实现了区域供水全覆盖。同时，推进城乡饮水安全工程，开展城市饮用水源地达标建设，扩建提升城区二水厂，城市集中式水源地水质达标率稳定在100%。

防洪除涝工程更加牢固。"十二五"期间，高邮市流域防洪取得重大突破，基本达到了高邮湖水位9.5m不出险，巩固行洪12 000m^3/s；骨干河道行洪能力达到 100 年一遇的规划目标。同时，通过实施中小河流治理工程、河道轮浚工程、大中型病险水闸加固工程等，使区域防洪除涝能力得到显著增强。此外，城市防洪除涝工程建设稳步推进，通过实施城市河道综合整治、兴建排涝闸站等，城区防洪能力基本达到 20 年一遇，建成区排涝能力接近 10 年一遇标准。

水生态环境逐步改善。“十二五”期间，高邮市通过严格排污口审批，强化水功能区水质监测，切实减少入河污染物排量。与此同时，实施海潮污水处理厂一期、二期建设工程，使城区污水集中处理率达84.7%，日均处理3.75万t，出水指标优于国家一级A排放标准，并实现了江苏省、扬州市、高邮市三级远程联网监控。此外，结合农村河道疏浚整治、水土流失治理，使城乡水环境得到进一步改善。

水资源管理日趋完善。“十二五”期间，高邮市坚持“以水定需、因水制宜、量水而行”的用水原则，通过实行严格的取水总量控制和定额管理，规范和健全取水审批及水资源项目论证制度，对地下水取用采取严格的管理和规范，实现河道设置排污口的前置审批，强化水资源监测管理，加大水资源管理保护力度，水资源管理水平显著提高，水资源“三条红线”得到有效控制，依法治水成效显著。

水工程管理全面加强。“十二五”期间，高邮市出台了《高邮市水利工程管理办法》《高邮市河道管理“河长制”实施意见》，加强河道、渠道长效管护，加强河湖荡滩管理，加强供水单位规范管理，加强水行政执法管理，加强涉水项目建设管理，基本实现了渠道、河道、建筑物等小型水利工程设施管护的全覆盖。与此同时，组建农民用水户协会，创新“五位一体”管护模式，强化基层水利队伍建设，水工程管理能力得到全面提升和加强。目前，高邮市已成立农民用水户协会23家，会员达12 000多户；每亩农田可节约用水120~150m^3，提水灌溉费用也由过去的每亩100元降至60元左右。

水利综合改革取得新进展。“十二五”期间，高邮市水利局全面启动试点改革工作，稳步推进水利现代化建设试点、水生态文明城市建设试点，扎实开展全国农业水价综合改革示范试点、国家级农田水利设施产权制度改革和创新运行管护机制试点、江苏省小型水利工程管理体制改革试点、全省法治水利示范单位建设工作，在水利改革和法治建设方面先行先试。同时，将小型水利工程产权作为水利建设管理改革的切入点，按照“市级工程发证给管理单位、乡级工程发证给乡镇政府、村级工程发证给行政村”的工作思路，全面实行小型水利工程产权登记与发证制度，以制度规范管理小型水利工程。目前，全市所有的小型水利工程都“名花有主”，全部发放了产权证书，明确了管理主体，使小型水利工程实现了效益最大化、持久化。

李亚平厅长调研农业水价改革

水文化建设独具篇章。“十二五”期间，高邮市将盐河、马饮塘河、市河、新河以及北澄子河等串连成网，打造成景，互相衬托，通过老横泾河引出的北射，北澄子河东段引出的东射以及由盐河南段引出的南射，并将城区水景观分别向北、东、南三个方向延伸扩展，通过雕塑、景墙、廊亭、灯带、绿化等形式，融入水文化、古文化、邮文化以及旅游、健身、休闲元素，拓展城区水系景观的范围，丰富了水文化的内涵，打造了独具篇章的高邮水乡特色。

水科技应用硕果丰富。高邮市作为全国首批县级科技兴水市，“十二五”期间，在完成省级水利科技课题的同时，开拓了与河海大学、扬州大学等高校院所合作交流的平台，先后合作开展了“十二五”国家科技支撑计划课题的示范应用，在节水灌溉、控制排水、面源污染控制、装配式建筑物、渠系量水技术、示范区农田建设模式等方面，形成了较为成熟的并适宜推广的科技成果，为水利建设的可持续发展提供了强有力的技术支撑。

经营民生水利 泽惠古峡百姓

——宁夏青铜峡市“十二五”农田水利基本建设纪实

2012年5月25日，水利部部长陈雷视察青铜峡市水利工作

2010年11月3日，自治区书记张毅视察青铜峡市农建工作

宁夏回族自治区青铜峡市位于黄河上游，宁夏平原中部，黄河贯穿全境58km。中华民族自古在这片土地上兴修水利，十大干渠从这里开源，“丰盈”了青铜峡28万儿女，是我国古老的自流灌区之一。

“十二五”期间，青铜峡市认真贯彻落实2011年中央一号文件和宁夏回族自治区党委、政府关于加快水利改革发展决定的精神，紧紧围绕率先建成全自治区节水型示范市和现代农业示范区目标，以转变农业发展方式、夯实农业发展基础为主线，以节水增效、促进农民增收为核心，以农田水利项目建设为载体，按照“综合整治、完善配套、全面覆盖”的思路和“更加注重实际、更加注重质量、更加注重结合、更加注重效益”的要求，高起点规划、高标准建设、高质量推进，举全市之力开展以清沟砌渠、节水灌溉、农业综合开发、农村饮水安全等为主要内容的农田水利基本建设，为增强农业发展后劲、提高农业综合生产能力奠定了坚实基础。连续两年获得自治区农田水利基本建设竞赛“黄河杯”特等奖、三年获得一等奖，被评为全国水利建设先进市（县），是黄河自流灌区农田水利基本建设的一面旗帜。

“十二五”期间，青铜峡市农田水利基本建设总体呈现出以下特点：

——重视程度高。青铜峡市委、市政府统筹全市发展实际，科学编制“十二五”水利发展规划，绘制了水利五年发展蓝图。落实重点工作责任制、限时制，把农田水利基本建设列入农业农村十大重点任务，将建设任务工作责任和完成时限严格落实到分管领导、各镇场及各有关部门，与重点工作同安排、同部署。每年组织水务、国土、农牧、农综等相关部门和单位实地调研，逐村召开座谈会，征求群众意见，按照轻重缓急，将项目列入急需整治的片区，把重点放在解决农田灌溉“最后一公里”问题上，科学合理规划，制定农建实施方案，确保了农田水利建设的顺利实施。

——建设规模大。“十二五”期间，全市整合水利、农综、国土、千亿斤粮食等项目资金，累计投入资金13.4亿元，实施高效节水灌溉、高标准农田建设等重点工程82项，重点治理全市九大片区，建设高标准农田50余万亩，打造了一批精品示范区，统筹推进造林绿化、环境整治等五项重点工作。

——治理标准高。采取激光平地、测控一体闸等技术，按照“三通六直”沟渠清淤标准，高标准治理干沟、砌护渠道、清淤沟（渠）道、整修农路、激光平地，达到了所有沟渠三年清理一次、重点沟渠一年一清的标准，基本建成了“田成方、林成网、渠相通、沟相连、旱能灌、涝能排”的高标准农业示范区。每个村确定3~5名经验丰富、责任心强的群众代表作为工程质量监督员，全程参与项目建设，确保工程质量。

2015年10月11日，自治区副书记崔波视察青铜峡市农建工作

——工程效益好。严格控制用工总量，做到机械清淤、人工复整一次成型。累计恢复改善灌溉面积30万亩，建成高效节水面积10.5万亩。年均投入劳动力15万人次，出动大型机械6 000余台次。“以前群众在农田水利建设中投工投劳负担较重，‘十二五’以来，市里对提高农建效益进行了统筹研究，与‘十一五’期间相比，我们在农建任务量相当的情况下，亩均出工减少0.6个工日，亩均节水118m^3左右，大大减轻了老百姓的负担。”青铜峡市水务局灌溉科科长鲁晓华感触颇深。

2010年10月26日，自治区副书记于革胜视察青铜峡市农建工作

高度重视，精心组织
着力夯实农建工作基础

吴忠市委常委、青铜峡市委书记石瑞林说：“农田水利建设不仅仅是赢得自治区‘黄河杯’竞赛名次，本质是要通过这个平台办好老百姓的事。”青铜峡市从解决思想认识问题入手，强化目标定位、氛围营造、责任落实、督查考核四个环节，不断夯实农建工作基础。

一是目标定位高。坚持把农建作为一项促发展、惠民生、利长远的基础工程来抓，全力推进工程水利、资源水利、民生水利、生态水利、文化水利建设，让农田水利建设更多、更好地惠及广大群众。

二是宣传氛围浓。坚持宣传发动与工作推进同步，充分利用广播、电视、网络等媒体，广泛宣传开展农建工作的重要意义，全市上下凝聚了大搞农田水利基本建设的共识和动力。人民日报、新华网、宁夏电视台、宁夏日报等十多家新闻媒体密集宣传报道全市农田水利建设的好经验、好做法，为农建工作顺利推进营造了浓厚氛围。

三是工作责任明。推行责任制和限时制，层层签订责任书，采取市领导与部门包镇、镇领导包片、干部包村、技术人员包质量及定任务、定措施、定责任、定时限、定奖罚的“四包”“五定”工作责任制，明确目标任务，强化责任分工，让四套班子分管领导、镇场及相关部门负责人个个身上有担子、人人肩上有压力，形成一级抓一级、层层抓落实的工作格局。

四是督查考核严。对照工程进度计划，定期对农建工作进行督导检查，召开现场观摩促进会。修改完善科学严谨的考核验收细则，扎实开展前期规划、中期考核和总体验收，形成了比进度、比质量、比效益、比学赶超的浓厚氛围。依据考核结果，市财政通过以奖代补形式累计兑付农建机械费6 000余万元。对工作滞后、标准不高、质量达不到要求的予以通报，进一步增强了全市上下抓好农建工作的责任感和紧迫感，有力推动了农建工作任务的全面落实。

2014年10月19日，自治区副主席屈冬玉视察青铜峡市农田建设

2012年9月4日，世行贷款节水灌溉二期项目启动会在青铜峡市召开

突出重点，统筹兼顾
全面落实农建工作任务

青铜峡市严格按照自治区及市委、市政府农建工作整体部署和要求，把农建工作与节水灌溉、农村饮水安全、农村环境整治等紧密结合起来，通过实施三大工程，提升农建工作的针对性和实效性。

一是实施农业节水灌溉工程，着力提高用水效率。2011年以来，青铜峡市以创建全自治区节水型示范市为契机，围绕贺兰山东麓百万亩酿酒葡萄长廊建设，先后实施了小农水重点县、规模化高效节水、甘城子葡萄基地、生态移民新村建设等高效节水项目17个，新增高效节水面积11.5万亩。砌护改造了惠农渠、第一排水沟（青铜峡段）、罗家河等大型干沟干渠，保障了两岸农田和群众生命财产安全。加大老灌区节水灌溉改造力度，通过渠道防渗、水稻控灌、低压管灌、微喷灌、滴灌等措施，建设高标准设施灌溉面积10多万亩。市财政每年安排资金60万元，用于节水灌溉工程日常维护。深化水利体制改革，加强农民用水者协会自主管理权，水资源综合利用率大幅度提升。

二是实施农村饮水安全工程，着力保障改善民生。始终把群众最关心的饮水安全问题放在首要位置优先考虑，突出抓好农村安全饮水工程建设和运行管理工作，解决服务群众“最后一公里”问题。在全市农村地区实施了饮水安全入户工程，农村饮水安全实现全覆盖，全市农村群众全部喝上了放心的自来水。规范运行管理，提升服务水平，积极探索推行城乡供水一体化管理机制，整合城乡饮水管理资源，将农村饮水安全工程运行管理职能划归城市公用事业服务中心，切实保障了农村饮水质量和供水稳定性。

三是实施农村环境提升工程，着力建设美丽乡村。突出“四个结合”，不断扩大农建工作覆盖面，整体推进农建工作向纵深发展。与美丽村庄建设相结合，高品位新建改造美丽村庄，探索推进农村生活污水处理试点项目，硬化农村道路200余km，对全市农村危桥危涵进行全面改造，进一步完善了农村基础设施配套服务功能，农村生活环境显著改善。与秸秆还田及禁烧相结合，实施有机质提升项目，玉米机收面积从2011年的35%提高至2015年的95%，做到秸秆充分还田。与植树造林及修枝抚育相结合，通过在田间地头、城市街道、滨河大道、高速公路沿线和生态移民区等开展大规模、大网格的宽幅林带建设，累计栽植防护林网2.97万亩，有效改善了全市生态环境，建成了“树绕田间地头、花种村庄院落”的美好环境。与封育禁牧工作相结合，坚持“政府主导、部门联动、镇场主抓”原则，集中人力财力，拉网式排查，全方位整治，设置警示牌及地界标示牌50块，加大巡查密度，拆除临时圈棚，进一步巩固了封牧禁育工作成果。

因地制宜，创新理念 整体提升农建工作效益

按照“丰富内涵、拓展外延、提高质量”的理念，不断创新方法，提升标准，强化措施，推进农建向更高水平、更高层次迈进。

一是抓好项目管理，在工程质量上实现新提升。全面推行项目招标投标制、项目法人责任制、工程监理制和经济责任合同制“四制”管理，严格按照国家标准，统一标准施工，统一流程作业，做到方案、设计、采购、实施和验收“五统一”。把质量作为农建的生命线，把有限的财力用在刀刃上，把有限的劳动力用在关键处。市级领导一线指挥、亲自督战，发现问题立即通报，责令整改并跟踪落实，确保项目建设标准和质量实现新提升。

邵刚镇国土整治项目区

整治后的农田

二是突破薄弱环节，在治理死角上实现新提升。在打造亮点精品片区的基础上，将农建由干沟、干渠、基本农田的重点治理向边角地带全面延伸推进，不留盲区和死角，努力实现全覆盖。尤其对未列入项目区规划的边缘地带的沟渠田林路进行综合整治。参加砌护渠道工作的邵岗镇玉泉村村民肖自军非常高兴：“盼了多少年，秋上终于盼到砌护双龙渠了。”双龙渠全长11.6km，经过多年运行，渠道破损变形，渗漏严重，配套设施老化失修，严重影响了邵岗镇8个村3.8万亩农田的灌溉问题。2012年秋季，市里投资1 220万元进行了全部衬砌改造。“十二五”期间，全市累计建设高标准农田6万亩，砌护清淤沟渠320km，整修农路600多条，农田淌水难、排水难和群众行路难问题得到彻底解决。

三是转变建设理念，在整体实效上实现新提升。农建工作由传统的沟渠路整治转向大清淤、大治理、广覆盖，由人工大兵团会战转向项目支撑、机械化作业，推动传统水利向现代水利转变，由单一农村转向城乡统筹，由建设层面转向经营层面。把农田水利建设融入有机富硒水稻、稻田养蟹、酿酒葡萄种植等优势特色产业培育、生态环境建设和水利文化挖掘等各个领域，实现单一利用水资源向综合利用水资源转变，发挥整体裂变效应，切实提高农业综合生产能力，加快生态文明和节水型社会建设进程。

农田水利基本建设是一项永不收工的民心工程。“十三五”期间，青铜峡市将继续抢抓中央、自治区支持农田水利基本建设的各项政策机遇，充分发挥沿黄老灌区得天独厚的资源优势，虚心学习全国、全自治区的好经验、好做法，高瞻远瞩，更加实事求是地谋划“十三五”水利发展思路，以更大的决心、更高的标准、更实的举措，不断谱写黄河金岸农建工作新篇章，推动青铜峡“三农”工作再上新台阶。

万州区"十二五"山坪塘整治成效显著

山坪塘作为万州区农村水利重要基础设施，在保障人畜饮用、农业灌溉以及防洪减灾等方面具有十分重要的作用。"十二五"期间，全区累计整治山坪塘6 528口，完成总投资52 224万元（其中：市级以上补助32 640万元，地方自筹19 584万元）。万州区山坪塘整治后产生了显著效益：一是蓄水能力大幅增加。整治山坪塘经过加坝、清淤扩容后，蓄水能力大幅提高，全区新增容积350万m^3；二是农田灌溉明显改善。全区新增灌溉面积7.78万亩，改善灌溉面积7.98万亩，恢复灌溉面积9.74万亩；三是安全隐患得以消除。病险山坪塘整治后，消除了安全隐患。其溢洪道、放水设施整治修复后，不但正常发挥效益，还有效保障了下游群众生命财产安全。

为切实抓好山坪塘整治工作，我区将其作为重点水利民生实事项目，落实多种举措强力推进：一是高度重视。区委、区政府多次召开专题会议，研究部署山坪塘整治工作，成立水利民生工作领导小组，区政府分管副区长任组长，区级相关部门为成员单位，领导小组下设办公室在区水务局，负责日常工作；二是因地制宜。各年度项目实施前，全区对计划整治的山坪塘进行统筹安排、科学规划、拟定实施方案、统一建设标准。各镇乡街道落实年度计划时，按轻重缓急，遵循

“消除安全隐患、解决饮水困难、注重效益发挥”的原则，优先整治承担饮用、灌溉、抗旱水源功能的山坪塘，达到“无病险、能蓄水、真管用”的目的；三是先建后补。山坪塘整治实行先建后补的原则，由镇乡街道水利站作项目业主，村社具体实施，以确保群众按照“一事一议”落实筹资筹劳。同时，充分尊重群众意愿，组织群众参与整治实施规划、建设、筹资、投劳、运行、管护的全过程，使农民真正成为山坪塘整治工程建设、管理和受益的主体。工程竣工后，所在镇乡街道组织完工验收，再区级验收。区级按合格数及资金管理办法，拨付定额补助；四是强化监管。区政府组建山坪塘整治专项工作督查组，对所有镇乡街道山坪塘整治实行巡回督查，强化技术指导和进度督促，确保整治进度、质量和安全。区水务局作为行业主管部门，派出专业技术人员负责项目实施中的技术指导，同时委托监理公司巡回监理。区水利工程质量监督站全程负责质量监督，同时动员当地群众参与监督；五是严管资金。首先实行专账管理、专账核算。山坪塘整治按规定开设财务资金监管专用账户，专账核算、专款专用；其次是严格资金拨付程序。山坪塘整治项目实施完毕，以通过区级验收的数量为基准，将项目补助资金拨付到镇乡街道；再次是落实群众投工投劳。镇乡街道积极组织受益群众投工投劳、“一事一议”等方式筹集建设管理资金；六是落实管护。山坪塘整治验收合格后，项目业主（水利站）负责建立相应的工程管护制度和用水管理机制，村组落实专人负责工程管护并按规定划定管理和保护范围，镇乡街道监督落实，防止出现“一边整治、一边损毁，旧账未还、新账又添”的被动局面，确保整治后的山坪塘在农村生产生活中持续发挥效益。

重庆开县：“十二五”期农田水利建设成果丰硕

“十二五”期间，重庆开县在水利部、市水利局的大力支持帮助下，紧紧抓住中央1号文件、水利定点扶贫、全国深化小型水利工程管理体制改革示范县等大好机遇，凝心聚力，多措并举，真抓实干，着力建设工程水利、资源水利、民生水利、生态水利“四个水利”，努力构建防灾减灾、水资源保障、农村水利、水生态保护“四大体系”，全面实施以“治水保安、兴水惠民”为核心的“水利开县”战略，农田水利建设取得了显著成效。全县共完成各类水利投资40.5亿元（相当于“十一五”期的2.8倍），其中，争取中央投资16.5亿元，市级资金6.3亿元。

（1）围绕民生水利，着力构建农村水利基础设施体系。一是建设城乡供水工程1 233处，新增设计供水能力14.76万m^3/d，解决、改善了93.6万人（其中城镇人口32.41万、农村人口50.27万、学校师生10.92万）饮水问题。农村自来水普及率提高到70%，农村集中供水率达到75%（日供水100m^3以上的农村集中供水保证率达到85%），建成县水质检测中心，日供水500m^3及以上水厂实现水质常规9项自检。建成县城陈家坪水厂二期工程及19处场镇集中供水工程，新增供水规模9.5万m^3/d，延伸供水管道120km，城镇供水保证率达到95%。二是整治山坪塘7 771口，新建山坪塘3口，新建整治水池水窖9口，整治小型提灌站91处（含新建3处）/1 752kW，新增蓄引提水能力1 800万m^3。三是小江大灌区渠道整治改造与续建配套146.3km，新增灌溉面积1.8万亩，完成三汇水库中型灌区渠道防渗21.8km，完成小型灌区渠系配套和小

型引水堰新建整治145条/173.9km，整治渠系建筑物13处，新建改造排涝沟10.1km，节水灌溉面积0.8万亩，新建高效节水灌溉面积0.28万亩。四是如期完成天白水库移民搬迁39户/188人，实施大中型水库移民后期扶持项目137处，惠及库区和移民安置区19.4万群众，1.06万移民群众直接受益。

开县安全水库大坝整治工程

（2）围绕资源水利，着力构建水资源保障体系。在建中型天白水库工程完成大坝填筑至647m高程，主体工程完成80%以上；鲤鱼塘大型水库已竣工验收，水位调节坝下闸蓄水试运行正在开展竣工验收，跳蹬大型水库、中山中型水库、力坪、上游小（1）型水库等一批水利工程项目前期进入实质性推进阶段。

（3）围绕工程水利，着力构建防洪减灾体系。一是建成汉丰湖库周护岸30km，县城防洪标准大大提高；普里河五通乡、岳溪镇、南门镇、长沙镇、南河临江镇等中小河流重点堤防工程及东里河、南河、映阳河、桃溪河、岳溪河重点河段综合治理工程42km，整治恢复8个乡镇洪毁堤防13.5km。二是除险加固小（2）型病险水库99座，其中重点小（2）型水库85座。三是建设水文站7处、雨量站共140个、预警预报体系1个等山洪灾害防汛非工程措施。

（4）围绕生态水利，着力构建水生态保护体系。一是实施农业综合开发、坡耕地综合治理、石漠化治理、三峡后续生态治理等措施，共治理水土流失面积105km^2（其中水利行业占78km^2）。二是完成40座小水电站增效扩容改造，新增装机1.2万kW。建成盛山、天鑫、鸡公洞等5座水电站，新增装机1.67万kW，全县电站装机累计达到10.64万kW。三是积极推进水资源涵养保护与生态修复项目建设，完成鲤鱼塘水库等重点饮用水水源地保护工程21处，主要河流水质达Ⅲ类标准。

茅城桃花

重庆开县西部水城建设初露曙光

“十二五”铸就锦屏县水利建设新辉煌

国家防总、省、州、县领导现场检查病险库建设成果

现任局长王振乾同志检查骨干水源工程归元溪水库建设工地

“十二五”期间锦屏县共计投入各项水利建设资金8.7亿元，全县已建成水利工程6 048处，有效灌溉面积4.753万亩，保灌面积4.733万亩，其中建成中型水库1座，小（2）型12座，山塘47处，正常蓄水位库容505.69万m^3，水利库容369.473万m^3，有效灌溉面积1.798万亩，保证灌溉面积1.778万亩；在建小（1）型水库2座；完成亮江、清水江、钟灵河中小河流治理19.39km；建成农村饮水安全工程136处，解决9.9万农村人口及学校师生饮水安全问题；建成农田引水工程5 971处，引水流量2.398m^3/s，有效灌溉面积2.085万亩，保证灌溉面积2.085万亩；建成提水工程24处，有效灌溉面积0.87万亩，保证灌溉面积0.87万亩；建成水电站25座，装机容量117.23万kW。

骨干水源工程显成效。“十二五”期间，累计投入5.488亿元实施了响水坝水库工程、孟伯水库以及归元溪水库工程建设。其中，响水坝水库主体工作已全面完工并按时下闸蓄水，孟佰水库和归元溪水库正在建设中，工程建成后将解决县城、敦寨、启蒙、新化等主产粮区和经济开发区7.16万余人的饮水安全和5.34万亩农田灌溉问题。

防洪工程建设取得重大突破。“十二五”期间，累计完成防洪投资近850万元，实施完成了县城防洪堤工程、新化防洪堤、铜鼓防洪堤、钟灵防洪堤、隆里防洪堤、大同和江西街防洪堤。随着县城防洪堤、新化防洪堤等工程的相继完成，全县防洪工程体系进一步完善，整体防洪能力大幅提高。

防汛抗旱减灾能力大幅提升。“十二五”期间该县山洪灾害非工程措施总投资850万元，建成简易雨量报警监测站314个、简易水位站5个、自动雨量站8个、自动水位雨量站3个、图像视频监控点12个，建设6要素自动气象站2个，安装乡、村两级无线预警广播58台，配置群测群防手摇警报器358套，喊话器、电筒和铜锣各372套。全县防汛抗旱减灾能力大幅提升。

民生水利建设扎实推进。“十二五”期间，投入4 800万元，累计建设农村饮水安全工程136处，解决9.9万农村人口及学校师生饮水安全问题。全县累计投入农田水利基本建设资金7 500万元，改造渠道216.58km、建设拦河堰42座，提灌站6座，修建渠道157.958km，安装龙池高效农业示范园区输水管道10.5km，配套新建500m^3蓄水池6座，新增、恢复、改善灌溉面积3.61万亩，较大幅度提高了该县农田灌溉保障水平；投入1740万元，对该县陡坡溪、塘口、培陇、白岩塘等12座病险水库进行除险加固。

水生态环境得到有效改善。“十二五”期间，该县积极推进生态水利建设，努力构建科学的水环境、水生态保护体系，投资260万元，综合治理水土流失674.1hm^2，配套建设蓄水池22座，沉沙池22座，机耕道1.32km，生产便道4.2km，保土耕作32hm^2，为该县打造生态宜居县城奠定了基础。

水利风景区取得阶段性成果。随着白市电站的下闸蓄水，在锦屏城区形成了较为壮观的天然湖面，加之县城防洪堤的建设，已形成了湖、堤、栏、桥、亭多位一体的景观带，随着“三江六岸”的美化、绿化、亮化工程的建设，形成了该县得天独厚不可复制的自然资源。2015年11月，该县成功申报国家级水利风景区并获国家授牌，景区覆盖三江、茅坪、大同、平略4个乡镇，面积50.38km^2。

水利改革工作开展顺利。按照水务改革的总体要求，一是实质推进水务管理一体化改革，进一步理顺了供水、排水、污水处理等涉水部门的工作职能职责。二是强化工程建设管理体制改革，制定了《小型农田水利工程管护办法》等制度，进一步规范小型农田水利项目建设、管理、运行。三是持续推进水利投融资体制改革，不断完善水利投融资平台和村镇供水工程运行管理机制，以资产注入变资产为资本，先后融资1.3亿元，主要解决了县骨干水源工程的配套资金与县经济开发区的供水问题。四是加快推进水权制度和工程运行管理体制改革力度，完成辖区内各项小型水利工程名录的收集、调查摸底、查缺补漏和确权公示工作。五是加快基层水务管理体制改革进程，成立乡（镇）供水公司统一对农村饮水安全工程运行进行管理。六是强化水资源管理体制改革，全面落实用水总量控制、用水效率控制、水资源管理责任和考核制度，出台了《锦屏县实行最严格水资源管理制度实施方案》和《锦屏县实行最严格水资源管理制度考核工作实施方案》，严格执行了建设项目水资源论证制度，重点开展了饮用水源地水质监测等工作，建立健全了取水许可台账和入河排污口台账。

中央财政小型农田水利重点县项目建设成果，项目总投资7 527万元，新增、恢复、改善灌溉面积3.61万亩

水政执法和规费征收工作进一步理顺。每年以“世界水日”“中国水周”和“法制宣传月”为契机，安排专项资金组织开展水法律法规宣传活动，坚持依法行政和简政放权。同时也加大对河道非法采砂、涉河建筑、破坏水利设施等违法行为的打击力度，全县水事秩序得到进一步规范。“十二五”期间累计征收各类规费590万元。

投资2.4588亿元新建的骨干水源工程响水坝水库

防汛抗旱工作常抓不懈。一是认真落实各项防汛抗旱工作责任制。防汛抗旱工作实行各级人民政府行政首长负责制，统一指挥，分级分部门负责。二是注重汛前、汛期检查。三是严格加强汛期值班制度。四是做好防汛抗旱物资储备，为锦屏县防汛抗旱奠定了基础。

坚持群众"四自"建好管好分散供水工程

奉节县建成投用的分散式供水工程

群众正在自主建设分散供水工程

对于水源小而少、农户居住分散的山区而言，如何建设管理好分散式供水工程是关键。重庆市奉节县根据当地村落地形特点，总结吸取多年的人饮工作经验教训，积极探索群众自愿、自建、自监、自管的"四自"模式，卓有成效地解决了山区群众饮水难问题。

自愿：坚持规划来自群众，项目申报实行"群众自愿，自下而上"，由镇、村级干部逐社召开群众院坝会，组织受益户自主议定建设方案，工程的水源选择、建池选址、联建户组合、投资投劳、后期管护等都由受益户说了算。县级复核后，统一下达指导性规划。

自建：由组长或群众推选负责人牵头，组织受益户自主建设或推选施工队建设水池，占地、青苗损毁等矛盾协调均由受益户自己解决和承担，施工过程中没有出现一起群众堵工、扯皮的现象；财政资金实行合理差额补助，统一"先建后补"，工程竣工后，以"数水龙头""拧水龙头"的方式进行验收，验收合格后按照新增自来水入户户均1 200元的标准兑现补助。

自监：建设过程中，充分采用村务公告栏、院坝会等方式，对资金筹集使用情况、工程进度等信息进行全方位公开，广泛接受监督。凡是交由施工队实施的，推选2名以上受益户代表作为监督员，全程旁站监督。工程投用后向受益户算一次明白账。

自管：工程建成后交由群众自己管理，由受益户轮流对引水渠、管道进行维护，定期对池底清洗保洁，对用水户逐户安装节流闸阀和水表，避免用水浪费，确保分散式供水工程长期发挥效益。

农民群众是水利民生工程的主人，他们既是工程的主要建设者，又是工程的直接受益者，政府的作用要更注重于组织引导和提供规范。"四自"精神的生动实践，体现了政府的到位不越位和充分放权还权于民，有效调动了群众积极性，也巧妙解决了当前工程建设中质量、进度、矛盾利益纠纷等一系列突出问题，实现了质量较高、效益较好、群众满意的目标。

农户吃上干净卫生的自来水

自来水入户后，生活方式向城镇接轨

"小农水"助力农业大发展

——新干"小农水"建设纪实

渫江镇桃湾灌排渠

神政桥乡琴江上塘坝

"十二五"期间，新干县以打通农田水利最后一公里为目标，大力推进小农水重点县项目建设。5年来，新干县累计投入1.962亿元，整治灌排渠道1 239km，新建渠系建筑物7 324座、平整土地4.9万亩，修筑田埂1 697km，新建田间道、生产路330km、整治山塘78座，建成旱涝保收高标准农田12.06万亩，占全县耕地总面积的27.8%，灌溉水利用系数从0.45提高到0.6，年均新增粮食产量1 380万kg、新增经济作物产值732万元，农民人均增收约121元，7.55万人受益。

"田成块、渠相通、路相连、旱能灌、涝能排"的旱涝高标准农田成了农民手中的"香饽饽"，农民主动申报建设小农水的诉求连年递增，参建支建积极性日益高涨。与此同时，在小农水重点县项目建设绩效考评中，新干县连续四年（2012—2015年）取得全省第一名。实施中坚持做到"建前五到位、建中五举措、建后两推进"。

建前五到位。一是成立以县长为组长的建设领导小组，高位推动项目建设。二是超额配套县级资金3 145万元，优先保障项目建设。三是大力推行项目申报承诺制度，理顺建与被建的关系。四是方案设计坚持"两上两下"，充分征集群众意愿，不断完善设计方案。五是实行"一个项目、一名班子成员、一支队伍、一抓到底"的建设管理责任制，落实责任，明确分工。

建中五举措。一是抓好施工队伍和农民义务质量监督员两个培训，强化队伍监管。二是把好"U形槽生产、工序验收、监督评比"三关，严格质量监管。三是严格山塘达标建设管理，出台建设管理办法，采取"民办公助、以奖代补、先建后补"的方式大力推进山塘整治。四是突出细节优化，创新施工工艺，务求内在质量、外观质量与便利实用的高度统一。五是强化宣传动员，公示"六牌一图"主动接受群众监督，采取多种方式加大宣传力度，大力营造群众参建、支建氛围。

建后两推进。一是工程完工后及时办理产权移交手续，及时将工程产权移交给受益主体，落实管理责任，实行建管同步。二是大力培育和发展农民用水合作组织，积极构建高效有序的"小农水"建后管护新模式。到目前，全县累计成立农民用水合作组织70家，管理灌区面积23.8万亩，涉及农户3.6万户。对工程管护到位、使用效益高的，在安排维养经费和项目上给予优先支持。

金川镇长港小农水

精心组织 积极探索
深入推进农村水利管理体制改革

北票市水务局

北票市新旺玉米种植专业合作社

玉米丰收收割场景

北票市委、市政府高度重视农村水利工程管理体制改革工作，按照水利部开展改革试点的工作要求，市水务局精心组织、大胆创新，积极探索农村水利管理新模式，较好地完成了改革试点任务，全市农村水利工程运行管护水平有了较大提升。

一、试点工作成效

（1）出台规范性意见，强化工程建设管理。市政府出台了《北票市农田水利工程建设管理办法》，明确了农田水利工程由水务部门统一规划、归口管理，发改、国土、农发、农业等部门建设水利工程，须向水务部门提交方案申请，经审核批准后方可开工建设；工程经验收合格后才能办理取水许可证，有效解决了"多龙治水"权责不清的问题。

（2）开展管理权划分，落实工程管护主体。按照有利于工程管护，有利于工程发挥效益的原则，开展了农村水利工程管理权划分工作，全市1 460处农村水利工程全部明确了管护主体，落实了管护责任，签订了管护协议。管护主体承担工程管护责任，制定管护制度，开展日常巡查，保障工程完好正常发挥效益。

（3）开展资产登记，建立资产管理档案。组织全市乡镇水利站、村级水管员，以行政村为单位逐处工程进行核查登记，全市1 460处农村水利工程全部按照统一格式，建立了资产管理档案。档案内容包括每处工程的基本情况和管护情况，档案管理做到不重不漏、内容全面、数据准确、每年动态更新，达到"村有登记、乡有台账、县有档案"的标准。

（4）创新管护机制，扶持农民合作组织。全市扶持发展了20余家农民用水合作组织，作为节水滴灌工程管护主体，负责工程的运行使用、巡查维护。实践证明，受益群众愿意参与工程管护，能够管好用好设施，减轻了政府负担。如哈尔脑乡新旺节水玉米种植专业合作社负责管理新亭村5 000亩节水滴灌设施，亩均产量达到1 000kg，不仅解放了劳动力，提高了种植效益，也改善了农田水利条件，保障了水利设施的维护管理，该合作社已被水利部、农业部评为典型示范合作社。

（5）完善建设方式，引导社会资本参与。为鼓励和引导社会资本参与农田水利建设，2015年分别在北塔镇、宝国老镇实施试点工程三处。北塔镇陈家梁村村民班凤全个人出资3.5万元打深井1眼，同时配套了电力设施，建设管护房1座。水务局通过实地验收后，投资5万元帮其配套输水管路2 100m，潜水泵1台，实施了节水滴灌工程。通过村民班凤全有效管理，所耕种的260亩玉米，当年就增产15万多kg，增收30余万元。宝国老镇边家沟村委会自筹资金3.5万元打了两眼深井，村委会找到水利部门希望给予相关配套支持。经实地调查，水务局将此项目列入试点，投资7万元建设管护房2座，输水管路600m，埋设地埋电缆350m，配套潜水泵2台。工程通过配套，保证了村民200余亩玉米在大旱之年得到丰收。通过在两个乡镇尝试开展鼓励支持民间资本参与建设管理农田水利工程试点,为农民自主实施农田水利工程探索了一条可资借鉴的道路。

向群众讲解小型水利工程管理体制改革

对小型水利工程管理体制改革工作进行宣传

二、主要做法

（1）精心组织、积极探索。成立了市农村水利管理体制改革领导小组，落实相关部门的改革任务，及时协调解决改革过程中存在的问题。市水务局克服改革情况复杂、问题敏感及推进难度大等困难，多次召开专题会议，认真研究每一项改革任务的覆盖范围、主要内容、措施、目标及进度安排，落实责任科室及责任人，保障改革工作顺利开展。

（2）注重宣传、舆论引导。以新闻报道、悬挂条幅等多种形式，积极宣传党中央、国务院兴水惠民的政策举措，组织乡镇水利服务站和村级水管员，定期在农村集市等人员密集的地方宣传农村水利工程管理体制改革的重要意义、方案措施，营造全社会关心、关注改革的良好氛围，引导社会各界参与改革工作。

农村水利工程管理体制改革，激发了农村水利管理活力，调动了新型农业经营主体参与工程管护的积极性，规范了农村水利资产管理，提高了工程完好率和良性运行率，提升了全市农村水利工程运行管护水平。

玉米丰收

实施的节水滴灌工程

乌拉特前旗“十二五”水利建设成效显著

全市农业高效节水示范现场会在乌拉特前旗召开

膜下滴灌农作物枝繁叶茂

水是生命之源，水利是农业的命脉。“十二五”期间，乌拉特前旗旗委政府围绕发展大局，调整治水思路，创新思维，抢抓机遇，潜心干事，着力解决经济社会发展中突出的“水难题”，积极构建“大水利”格局。

“十二五”期间，全旗共计完成水利建设资金82 149.27万元，其中：农田基本建设投资59 801.15万元、饮水安全工程投资2 891万元、水土保持治理投资3 468.75万元、水库除险加固及库灌区建设投资2 509.37万元、防凌抗旱建设投资13 479万元。黄灌区新增节水灌溉面积59.64万亩，山旱牧区新增滴灌节水灌溉面积70.09万亩，共解决饮水安全人口39 188人和9 702人的学校人口，完成水土保持综合治理面积4.95万亩，完成莫斯图水库和虎背阿拉水库除险加固工程，先后对133.5km堤防进行工程施作，完成险工治理1.74km，堤防加高培厚133.5km，完成填塘固基14.9km，翻修、新建穿堤涵洞22座，完成堤防三级公路133.5km。

在此期间，乌拉特前旗在新时期农业灌溉节水这场革命中留下了浓墨重彩的一笔。为有效遏制地下水位持续下降的势头，旗委政府积极探索完善项目建设的补助方式，广辟渠道，切实加大资金筹措力度，采取争取国家项目投资、财政补贴引导、协调信用贷款、群众自筹解决等多元化投入保障机制，在山旱牧区应用和推广了农业高效节水膜下滴灌技术。通过不懈努力，全旗山旱牧区节水灌溉项目完成投资37 348.48万元，其中：国家投资4 614.57万元，自治区投资3 440万元，旗财政补助6 301.69万元，群众自筹22 992.22万元。新增滴灌节水面积70.09万亩。滴灌工程的实施在逐渐代替了过去“大水漫灌”的现象，节约水资源的同时也得到了显著效益，群众再也不用隆田畦，曾经烈日炎炎下撒化肥、浇地的现象逐渐消失，劳动力得到解放的同时也有效地节约了水、电等资源。通过测算，滴灌工程较大水漫灌亩均节水200m³/年，节电20.3kW·h。同时节地0.05~0.07亩，亩均省肥10kg、省人工投入120元左右、每个轮灌周期缩短近10天。“水肥一体化”的灌溉方式使得作物灌溉均匀程度显著提高，肥料得到了充分利用，作物长势喜人，产量较过去明显提高，群众每年的收入也在同步上升，受益群众的接受与认可，为乌拉特前旗在“十二五”期间滴灌工程的迅猛发展奠定了良好的基础。这项带有根本性创新变革的战略举措，不仅使这片孕育奇迹的土地继续焕发生机，而且也使农民的生产生活发生了翻天覆地的变化。

节水改造渠道衬砌工程

农业高效节水膜下滴灌项目区

包头市达茂旗

时针式喷灌

达茂旗是一个水资源严重短缺的地区，“十二五”期间，达茂旗以节水型社会建设统揽全局，提出了“农业节水以奖促节，工业节水以罚促节，城镇节水以改促节”的节水措施，编制了《达茂旗节水型社会建设大纲》，重点开展了小农水重点县、中小型灌区节水改造等农田水利建设，积极推广喷灌、滴灌、低压管灌等农业节水灌溉技术。“十二五”期间，全旗累计新打水源井461眼，铺埋输水管道1 687.13km，新增和改善农田灌溉面积28.58万亩，发展滴灌11.13万亩、喷灌10.75万亩、低压管灌6.7万亩，高效节水灌溉面积占到了灌溉总面积的81%。为了稳步发展和巩固农田节水灌溉面积，达茂旗水务局制定出台了“新建灌溉水源井每米补贴100元，配套机泵补贴60%，铺设低压管道每米补贴材料费20%，安装喷灌每组补贴50%，安装滴灌每亩补贴30%”的节水奖励办法，有效提升了群众的节水意识，激发了群众参与小型农田水利建设的积极性，受益村群众主动投劳，5年共完成农田水利建设投资17 775.7万元，其中争取中央资金8 236万元，自治区及市级财政资金6 701.3万元，县（区）及群众自筹2 838.4万元。

通过大力开展农田水利建设，项目区的经济效益、生态效益和社会效益明显。一是在旗委、旗政府培育发展“种薯肉牛”农牧业产业化政策的推动下，小型农田水利重点县项目区农民增产增收效益明显。项目区原水浇地种植马铃薯亩均产量1 500kg，实施小型农田水利重点县高效节水灌溉后，亩均产量可达3 000kg，实现了粮食产量翻番增长，按马铃薯价格每斤0.6~1元计算，亩均增收1 800~3 000元。

二是项目区生态效益明显。通过测算，采用喷灌较漫灌节水37.5%，采用滴灌较漫灌节水54%，采用膜下滴灌较漫灌节水62.5%，项目区的灌溉水利用系数达到0.75以上。节水效益明显提高的同时，项目区的地下水位下降减缓，植被覆盖率也得以恢复和加强，增强了区域性气候调整能力和水分涵养能力，促进了生态环境良性发展。

三是以项目带动新农村建设，社会效益明显。旗政府将农田水利建设和新农村建设统筹规划、合力推进，带动了农牧区的生产力布局结构和产业结构的调整升级。以小型农田水利重点县大旱海项目区为典范，通过集中开发1.1万亩高效节水灌溉农田，发展滴灌马铃薯主导产业，统筹规划撤并旧村，新建新村，配套完善道路、通信、医疗、教学等设施，使该村群众的生产、生活、生态发展条件全面改善。

2011年大旱海膜下滴灌马铃薯项目区鸟瞰图

大旱海项目区农民居住环境得到改善

遂宁水务"十二五"改革发展成绩辉煌

四川省委常委甘霖（左一）在遂宁市委书记赵世勇（右一）陪同下视察大英县祥凤寨建设情况

大英县祥凤寨水库施工现场

遂宁地处成渝经济区腹地，四川盆地中部，涪江中游，全市多年人均水资源占有量仅293m^3，位居四川省倒数第一，不到全国平均水平的1/5。"十二五"期间，遂宁市水务系统凝心聚力、攻坚克难、抢抓机遇，规划上马了一批改善遂宁市缺水现状的重点水源工程，圆满完成了"十二五"各项目标任务，掀起了水务改革发展的新热潮。

5年来，水务投资实现历史性增长，水务事业发展驶入快车道。全市共投入各类水利资金77.18亿元，是"十一五" 34.93亿元的2.2倍，共争取中央、省级资金28.32亿元，比"十一五"同比增长172.3%。2011年以来，全市水务投入实现年均增长20%，年均投资达15.44亿元。

5年来，骨干工程建设实现历史性突破，水务支撑保障作用更加凸显。"十二五"期间规划以四川蓬船灌区、毗河供水一期（遂宁灌区）、安居区三仙湖水库等6个大中型工程和萝卜园水库等2个小型工程为核心的"6+2"骨干水利工程，是从根本上改善我市缺水现状的重点水源工程，总投资共约75.15亿元。目前，除四川蓬船灌区工程即将开工建设外，其余工程已全面开工建设，累计完成投资8.31亿元。

5年来，农村饮水安全任务圆满完成，民生水利发展惠及广大群众。圆满解决农村102.15万居民和6.416万学校师生的饮水不安全问题，是"十一五"的1.8倍。新增有效灌溉面积65.84万亩，是"十一五"的3.8倍；新增节水灌溉面积26.26万亩，是"十一五"的1.5倍。

5年来，抗灾减灾取得重大胜利，群众切身利益得到充分保障。先后成功应对了2011年"7·26"涪江锰污染事件，2012年"9·10"及2013年"6·30"特大暴雨洪涝灾害，最大限度减轻了灾害损失，有效保障了人民群众生命财产安全。建成堤防护岸27.28km，整治河道46.58km，进一步完善了防洪减灾体系。

5年来，水务重点领域改革取得突破，涉水机制体制不断完善。推进水务一体化改革，分片建成基层水利服务站77个。规范水行政执法自由裁量权，启动小型水利设施确权登记颁证工作，推进阶梯式水价改革。出台《遂宁市小型农田水利工程建设及资金管理办法》《水利基金筹集与使用管理办法》等投入政策。注资2亿元成立遂宁水务公司，成功搭建水务投融资平台。引进北控水务集团参与遂宁市水务建设。

5年来，水生态文明建设深入推进，依法治水科技兴水迈出坚实步伐。遂宁市成功列入国家第一批海绵城市试点市和第二批水生态文明城市建设试点市。进一步建立健全水资源"三条红线"管理制度，考核排名连续两年名列全省前茅。成功创建省级节水型城市。

平罗县水务局

机关干部参加农田水利基本建设义务劳动

高效节水灌溉项目区大型喷灌机作业

"十二五"以来，是平罗县从传统水利向现代水利和可持续水利转变的关键时期，引黄灌区续建配套与节水改造、饮水安全、民生水利快速发展，水利基础设施得到有效改善，防汛及灌排体系能力建设不断提升，水利事业呈现出投资规模最大、发展目标实现最好、人民群众受益最多、行业能力提升最快的可喜局面。

一是水利投入大幅增长。"十二五"期间，中央及地方政府对平罗县水利投资达到18.1亿元，是"十一五"期间的1.8倍，是迄今各个五年规划中水利投资总额最高的五年。水利投入的快速增长，为实现水利跨越式发展奠定了坚实基础，为促进平罗县经济社会发展提供了有力的水利保障。二是民生水利受益最广。"十二五"期间，以解决农村饮水安全为抓手，实施了农村饮水安全工程，全面解决了15万农村群众和8 500多名师生的饮水安全问题，累计铺设供水管道2 072km，实现了农村饮水管网全覆盖。自来水入户率由"十一五"期间的58%提高到80%，实现了自来水村村通的目标。农村饮水安全管理工作在水利部农村饮水安全管理研讨会上作经验交流。病险水库除险加固等民生水利建设任务加快推进，红崖子、王家沟等5座拦洪库被列入国家病险水库除险加固专项规划，全面完成加固，满足承蓄20年一遇洪水的要求；有力解决了一大批人民群众最关心、最直接、最现实的水利需求。三是水利基础设施条件得到根本改善。5年来，实施了中央财政小农水重点县、千亿斤粮食生产能力项目、土地出让金农田水利建设项目，结合春秋两季大规模开展农田水利基本建设，以点带面，骨干水利工程唐徕渠、惠农渠砌护率达到60%，河西总排水干沟综合治理长度达到38km，陶乐扬水泵站翻建率高达100%，农田基础设施沟、渠、田、林、路综合治理面积达到64万亩，支斗渠道砌护率达到68%，建筑物配套率达到70%，累计改造中低产田45万亩，发展高效节水灌溉面积10万亩。农业基础设施条件薄弱的现状得到根本改善，连续3年荣获宁夏回族自治区农田水利基本建设"黄河杯"竞赛特等奖的殊荣，实现了改革开放以来第一轮农田水利基本建设全覆盖。四是工农业节水效果进一步显现。5年来，通过实施小农水重点县高效节水灌溉工程，中型灌区节水改造、灌区续建配套等一批节水改造工程，结合节水型社会建设，逐步关闭了主要地下水超采区工业企业自备井，农业灌溉引黄水量由2010年的6.85亿m^3下降到2015年的5.2亿m^3，灌溉水利用系数从0.45提高到0.5，万元工业增加值用水量降至80m^3。工业用水循环率达到70%，城市污水再生利用率达到60%，农村污水处理率达到20%，中水回用率提高到50%，城乡节水器具普及率达到90%以上，管网漏损率降低到13%以下。工农业节水工作稳步推进。五是防灾减灾能力显著提升。"十二五"期间，实施了黄河疏浚、控导工程建设、标准化堤防建设；二期防洪治理、金色河开挖、翰泉海建设，建成黄河标准化堤防43km，建设各类控导工程124座，使平罗防汛抗涝能力大幅提升。六是水利保障体系建设初见成效。5年来，不断探索小型农田水利工程建后运行管理的体制机制，率先完成宁夏回族自治区小型水利工程管理体制改革试点工作，在全区水利改革工作会议上作经验交流。围绕灌区水费改革出台了《平罗县农业供水管理体制及水价形成机制改革实施方案》《自流灌区农业供水价格改革与水费计收管理试行办法》《农民用水协会管理办法》等办法，逐步完善了水利工程运行管理的体制和机制。

赣州市水土保持生态建设成就斐然

水利部水保司在赣州市召开座谈会，正式启动赣州水土保持改革试验区建设

水土资源保护与绿色经济发展（首届）研讨会

宁都县水土保持科技示范园

“十二五”以来，赣州市水保部门乘着赣南苏区振兴发展的东风，抢抓水利改革发展的历史机遇，积极践行可持续发展治水思路，认真贯彻水土保持工作方针，开拓创新，真抓实干，水土保持生态建设取得了新进展、新成效。特别是2014年12月水利部将赣州市列为全国水土保持改革试验区，开启了赣州市水土保持改革发展新航程。全市水保系统以全国水土保持改革试验区建设为抓手，解放思想，探索创新，抓住重点领域和关键环节先行先试，取得了明显成效。

监督管理登上新台阶。全市18个县（市、区）分别列入第一批、第二批国家水土保持监督管理能力建设县，全部通过水利部验收。着力加强了水土保持配套制度建设，完善了属地管理、上下联动、部门联合的监督执法机制，加大了监督执法力度，生产建设项目水土保持方案的编报率、实施率、设施验收率明显提高。

综合治理迈出新步伐。5年来，全市依托国家水土保持重点工程，开展了299条小流域的综合治理，共计投入资金12.6亿元，其中中央投资73 125万元，省市配套资金15 533万元，累计治理水土流失面积2 581.23km^2，是“十一五”期间的1.98倍，取得了显著的生态、经济和社会效益，涌现出一批生态安全型、生态经济型、生态清洁型、生态景观型精品示范小流域。

科技支撑实现新突破。创办了“赣南水保生态科学研究院”，推进了水土保持科技示范园区建设。宁都县水土保持科技示范园成为全市首个国家级水土保持科技示范园。

宣传教育开创新局面。持之以恒开展了宣传月活动，广泛深入开展了社会宣传，启动实施了水土保持进党校、进中小学校，构建了全方位、多层次、广覆盖的宣传教育体系。

赣县马口小流域油茶基地

宁都县水土保持"十二五"成果展

示范园区鸟瞰图

水保科技园局部鸟瞰图

宁都县水土保持局为正科级事业单位（参照执行国家公务员制度），成立于1992年，前身为宁都县水土保持办公室。内设人事秘书股，治理开发股，预防监督股，水土保持监测站和水土保持生态环境监督执法大队，现有人员21人。行使全县的水土保持行政管理职能。

宁都县是赣南水土流失最为严重的县份，曾被称为"江南红色沙漠"，有"宁都要迁都"之说。据2011年全国水利普查，全县水土流失面积仍达899km^2，占国土总面积的22%。"十二五"期间，全县人民以水利部对口支援宁都苏区振兴发展为契机，同心协力，齐抓共管，水土保持生态建设工作成就斐然。一是生态立县的意识明显提高。先后出台了《宁都县关于促进农业产业健康发展的实施意见》和《宁都县开展生产建设开发项目水土流失集中整治工作方案》，使全县的农林开发步入了规范有序的轨道。二是加大水保监督执法力度。"十二五"期间，全县水土保持方案申报率、审批率和验收率均达到95%以上。三是加快水土流失治理步伐。"十二五"期间，相继实施了国家水土保持重点建设工程、中央预算内等水土保持项目，共治理水土流失面积202km^2，完成投资9 616万元。四是着力打造水土保持科技示范园。历经5年创建的水土保持科技示范园已初具规模，2015年12月通过了水利部专家组的评审，并于2016年6月正式批准为"国家水土保持科技示范园"，成为赣州市唯一的"国家水土保持科技示范园"。五是全力推进水土保持改革试验工作。积极推行先干后补、以奖代补、择优选择和公开招标等灵活多样的施工组织方式，有效地保证了施工进度、施工效率和施工质量，得到了市水保局充分认可，并在全市推广。六是积极推进水生态文明建设工作。自主创建的小布镇大土楼水生态文明村为江西省第一批授牌的水生态文明村。

中小学生接受水保科普教育

小布镇大土楼水生态文明村

顽强拼搏 攻坚克难 务实开拓 铸就辉煌

——福建省宁化县水土保持办公室"十二五"期间工作成效

宁化县是位于福建省西北部的"千年古县"，地处闽江、赣江和韩江源头，县域面积2 407km^2，辖9镇7乡和1个华侨农场，总人口37万，是全省重点水土流失区，且以紫色土流失面积大而集中、流失程度强烈、治理难度大而闻名福建。"十二五"期间，宁化县紧紧围绕打好水土保持攻坚战、誓把荒坡荒山披绿装的目标，顽强拼搏、攻坚克难、务实开拓，铸就了水土保持工作前所未有的辉煌成就。

石壁镇溪背村造林前

石壁镇溪背村造林后

一、生态恢复成效显著

围绕创建国家水土保持生态文明工程活动，投资2.5亿元，实施26个项目，完成综合治理水土流失面积48.6万亩，其中水土流失面积减少了16.2万亩，32.4万亩的水土流失强度有所下降；全县植被覆盖度由原来的62%提高到75%以上，全县土壤侵蚀量减少58%，促进了生态、经济和社会全面协调发展。2016年3月，宁化县创建国家水土保持生态文明综合治理工程顺利通过国家级专家评审，并被水利部授予全国水土保持生态文明工程县。

二、预防监督成绩显著

大力宣传水保法律法规和科技知识，严把生产建设项目水土保持行政审批关，强化执法检查，规范监督管理，全面落实水土保持"三同时"制度，有效防止了人为产生的新的水土流失现象。

谢家小流域造林前

三、水土保持科技示范园荣获国家命名

投资2 100余万元，新建了占地面积1 728亩、设置5个功能区的水土保持科技示范园，2015年通过国家级专家评审，并被水利部命名为国家级水土保持科技示范园。

四、创新水保投融资体系推动产业发展

按照"谁投资、谁所有、谁受益"的原则，大胆创新水土保持投融资体系，共吸纳1.2亿元民间资本承包流失地开发油茶、茶叶等产业，宁化县利用民间资本参与水土流失治理的经验在2016年全国水土保持工作视频会上作了典型发言。此外宁化县与福建省水投公司合作成立了水保生态建设有限公司，充分利用国有企业融资优势，结合发展油茶产业参与宁化县水土流失治理。

谢家小流域造林后

夷陵区水利局

湖北省水利厅厅长王忠法（前左二）在夷陵区委书记刘洪福、区水利局局长刘德亮的陪同下调研夷陵"水权"改革工作

古人云："水至此而夷，山至此而陵"；夷陵，因水而生，因水而名，因水而兴。夷陵堪称一部治水患，兴水利的奋进史。郦道元注《水经》有"黄牛祠赋"记载夏商黄帝时的大禹治水"有石如人负刀牵牛"的佳句；三国时诸葛亮重修黄牛祠等，都铭记了夷陵不凡的治水史，形成了夷陵独特的水资源、水历史、水文化。

水，孕育了夷陵3 000多年文明史。夷陵属长江水系，长江自西向东横穿全境，构成向心状，辐射有黄柏河、柏临河、乐天溪等32条中小河流，河流总长931km，小溪沟767条，总长3 024km；建有三峡和葛洲坝水利工程，年发电量近1 000亿kW·h，电力输送10多个省市。建有5座中型水库，11座小（1）型水库，45座小（2）型水库，8 882口堰塘，856处200人以上集中供水工程，解决了38.6万人的饮水安全，有上万处"五小水利"工程，灌溉30 万亩农田；夷陵属三峡生态绿色屏障区，境内黄柏河是宜昌核心水源保护区，为宜昌城区百万居民和周边县市百万亩农田提供生活、灌溉用水。历届区委政府把养水作为夷陵生态之魂，兴水作为夷陵民生之本，治水作为夷陵为政之要，谱写了可歌可泣的治水、兴水、护水的生命之歌。

"十二五"时期，夷陵实施"水权改革"，推行"一本"权证。按照"依法依规、民办公助、农民主体、建管结合、公益优先"的原则，积极探索以承包确权为核心的水权制度改革，签订承包管护合同11万份，颁发水权证8 059 本，受益10万农户。实施"建管改革"，推行"二次"监理。按照"政府主导、部门联动、乡镇协调、协会组织、农民建管、民办公助、以奖代补"的建管模式，将"五小水利"工程的建设权、所有权、使用权、管理权和受益权交给农民自建自管，并对家门口工程，推行群众"二次"监理，确保农民参与和工程质量。实施"河长治河"，推行"三级"河长。建立了"区+镇+村"三级河长模式，落实了35名区级河长，25名镇级河长，96名村级河长，管护河道1 790km。特别是在小型水利改革上像当年小岗村一样，打破水源共用僵局，以产权为突破口，在湖北省率先启动农村小型水利产权制度改革，确权到户，自建自管，真正把小型水利设施变成农民的"责任田"，从根本上解决了小水利体制不顺、产权不明、责权不分等问题，彻底打通了农业生产的命脉，真正调动了老百姓"自己事自己办、自己工程自己管"的积极性，闯出了一条农村小型水利改革发展的新路。夷陵区包产到户打破农村用水"大锅饭"成为2015 年度基层治水十大经验之首。

"十三五"时期，我们将按照习近平总书记的"节水优先，空间均衡，系统治理，两手发力"治水思路，坚持"节水优先"，解决水资源短缺问题；坚持"空间均衡"，解决水资源配置问题；坚持"系统治理"，解决水生态问题；坚持"两手发力"，解决水管理短板和水利投入不足问题。以"兴水惠民"为主线，实施"源头养水、全域治水、科学用水、依法管水、全民护水""五水共治"举措，按照"政府统筹、属地管理、部门联动、全民参与、注重实效"的原则，严格落实"河长制"，以"清水绿山"行动为抓手，加强城乡生态治理、保护和修复，努力打造山水特色鲜明、生态环境优美、宜居宜旅宜业的生态夷陵。

夷陵"富裕山天然游泳池"

"十二五"商洛水利成就辉煌

这5年，是商洛水利事业发展速度最快的5年！

这5年，是商洛水利建设投资最大的5年！

这5年，是商洛水利发展成果惠及群众最多的5年！

这5年，是商洛水利对社会经济发展贡献最大的5年！

这5年，是商洛水利行业能力提升最快的5年！

商洛市水务局局长盛卫

市水务局局长盛卫（右二）检查指导水土保持工作

刚刚过去的"十二五"，商洛治水兴水宏伟事业乘风破浪，亮点纷呈，绘就一幅春华秋实、硕果累累的精彩画卷。

亮点一：水利投资创历史最高。制定完成了《商洛市丹江流域综合治理规划》《商洛市水资源开发利用规划》《商洛市水中长期供求规划》《商洛市丹江流域防洪规划》《商洛市水土保持规划》等10余项重大水利专项发展规划，5年全市共投入水利建设资金48亿元，较"十一五"期间的22亿元翻了一番多。

亮点二：重大水利项目保障江河安澜。丹江流域综合治理于2013年5月正式开工建设，是商洛市历史上规划投资最大的流域治理项目。张坪水库枢纽工程是商洛市改革开放以来最大的水源建设项目，2013年7月正式开工建设，工程项目总投资2.5亿元，目前，整个项目累计完成投资15 370万元。"十一五"期间，争取中央和省级投资主要包括丹江口库区及上游水土保持项目5.15亿元，丹江干流防洪工程国家补助资金2亿元，省级财政专项补助指标5.25亿元。通过修建堤防、固堤绿化河堤、新建水源工程、建设基本农田、治理水土流失以及建设重点水生态体系等一系列工程，不断健全丹江流域防洪体系，进一步合理开发利用水资源，不断增强农业抵御自然灾害能力。

亮点三：农村安全饮水惠及广大群众。全市建成农村饮水工程1 353处，完成总投资6.58亿元，组建供水协会累计达到1 489个，其中备案370个，会员人数达到6 417人。解决了106.79万农村群众饮水安全问题，全市农村饮水安全和基本安全人口累计达到194.35万人，普及率达到92%以上。

亮点四：中小河流治理改善基础面貌。全市共完成南秦河、银花河、乾佑河、洛南县河、商南县河、镇安县河、武关河、社川河等中小河流治理项目34个，综合治理河道长度225km，建设堤防162km，保护了全市50个镇125个村，18万亩耕地33万人的防洪安全，为商洛市县城、重要集镇、陕南移民搬迁点、美丽乡村构筑了坚实的防洪安全屏障，拉大了县城集镇发展框架，美化了河道生态环境，为构建滨河公园、河道休闲长廊提供了基础，促进了招商引资和当地的经济发展。

一江清水供京津

亮点五：农田水利建设助推农业发展。通过实施小型农田水利重点县建设项目、小型农田水利基本建设项目、中央财政从土地出让收益中计提的农田水利建设资金项目、省级小型农田水利补助资金项目，累计完成“四田”面积25.2万亩，建成基本农田面积36万亩，新建恢复渠道563.65km，铺设低压输水主管道1 311.84km，新建恢复机井524眼，新增灌溉面积13.9万亩，恢复改善灌溉面积10.72万亩。

亮点六：水保生态治理提升生态文明水平。启动实施了丹江口库区及上游水土保持项目，开展了坡耕地水土流失综合治理工程，煤炭、石油、天然气资源开采水土流失补偿费使用项目和其他水土保持工程建设，完成水土流失治理面积3 731km^2，其中丹凤桃花谷水土保持科技示范园成为河南省第一个水土保持科技示范园。

亮点七：水资源管理“三条红线”得到有效落实。建立了覆盖省、市、县三级的水资源管理“三条红线”控制指标体系。将水资源管理制度列入各级政府年度目标责任考核内容，成立了商洛市水资源管理委员会，出台了《商洛市地下水管理办法》。全市万元工业增加值用水量年均下降2%，居民、企业节水用水意识进一步增强，水的重复利用率大大提升。

市委书记陈俊（右二）检查防汛期间值班情况

副省长冯新柱（前排右一）检查指导汛期防汛工作

奋进的五年

公司党委书记、董事长陶关亮到德泽水库检查工作

公司党委书记、董事长陶关亮在昭通鲁甸灾区调研堰塞湖工程

“十二五”期间云南省水利水电投资有限公司紧紧围绕全省水利建设主要任务，积极探索实践新形势下“政府+投资+公司+项目+银行”的筹资模式，盘活存量、吸引增量，不断增强造血功能，省级水利水电投融资平台日趋完善，水利建设投资“四两拨千斤”的作用日益显现。

踏着时代的节拍，公司始终以奋进者的姿态迈出铿锵有力的足音。实现了三个重大突破：①融资取得突破。5年融资185.6亿余元（公益性100.266亿元，经营性85.35亿元），公益性投资水源、干支渠防渗等项目856个，新增蓄水15亿m^3。②滇池补水取得突破。牛栏江—滇池补水工程作为云南省跨区域优化配置水资源的重大工程和“十二五”标志性水利工程，2013年12月29日正式通水运行，5年累计向滇池补水11亿m^3，为滇池治理奠定了坚实基础。③经营发展取得突破。在抓好

牛栏江—滇池补水工程、公益性水利项目投融资的同时，公司积极拓展经营业务，投资水电、城镇供水、河道综合治理置换土地、招标代理、工程监理等行业开发。至2015年年底，公司总资产达3 025 877万元，负债2 112 081万元，权益913 796万元，注册资本29.15亿元。

牛栏江补水工程输水线路渡槽

公司积极履行社会责任，投入鲁甸堰塞湖整治，积极参与鲁甸“8·03”地震恢复重建工作。成立了云南水投牛栏江堰塞湖整治工程建设有限公司，负责堰塞湖整治工程前期工作及建设管理、运行管理等工作，紧紧围绕党中央、国务院确定的灾后恢复重建各项目标任务，加快推进堰塞湖除害兴利项目实施。同时，融入扶贫攻坚，先后向宁蒗、师宗等县捐助11次360余万元。

昭通鲁甸堰塞湖一角

在“十三五”新起点上，公司将围绕“开发水资源、发展水产业、创造水价值、传播水文化、服务水市场”的发展思路，努力打造投资引领、项目拉动、产业优化、创新驱动、管理科学、员工幸福的现代集团企业。

牛栏江补水工程——德泽水库

新疆生产建设兵团第一师八团“十二五”农田水利建设成就斐然

兵团专家现场检查指导

科技推广培训会

一、基本概况

新疆生产建设兵团第一师八团（以下简称八团）位于新疆塔里木盆地西南缘，阿克苏河与多浪河冲积平原下游三角洲交汇地带，属阿拉尔垦区，地理坐标为东经80°25′42″，北纬40°25′29″，是集农业、工业、商业等多种经营为一体的农牧团场。辖区面积208.51km^2，耕地0.92万hm^2，2015年常住人口10 031人，其中职工2 665人。农业是八团的基础产业，也是经济发展的支柱产业和优势产业，农业以棉花、水稻、果树种植为主，是新疆生产建设兵团重要的棉花生产基地。经过多年的发展，已成为国家级农业现代化示范团场和兵团农业现代化示范团场、高产创建整建制团场和国家级农作物品种展示示范团场。

八团灌区地处塔克拉玛干沙漠北缘，属暖温带极端大陆性荒漠干旱气候，具有光照充足，热量丰富，降雨量小，蒸发量大，气温差较大等特点。灌区土地资源、光照资源丰富，有水库调节，年内水量供应相对稳定，有利于农业发展，但由于阿克苏河径流季节性分配的不均衡，造成季节性缺水，使农业经济发展受到影响，因此，合理利用水资源，实施以节水为中心的灌区改造一直是八团水利工作的重点。另外，由于该区生态环境脆弱，春夏之交沙尘暴天气对作物侵害严重，加强生态建设，保障水资源可持续利用，也成为本区水利工作的重中之重。

二、“十二五”时期农田水利建设完成情况

八团高度重视农田水利建设，“十二五”期间水利事业取得了令人瞩目的成绩，并迎来了新的发展机遇。2012年成功申报成为中央财政小型农田水利重点县，2012—2015年成功申报了4个中央财政小型农田水利重点县项目，投入2581万元专项资金，小型农田水利重点县建设成效显著。

“十二五”期间全团累计完成各项农田水利基本建设投资19 642万元，其中自筹资金4908万元。八团将农田水利建设与新农村建设和产业发展相结合，统筹整合相关资金，积极打造农田水利基本建设示范区，按照“成片连线、逐步推进”的总体要求，围绕“灌排设施配套、农田平整肥沃、田间道路畅通、农田林网健全、生产方式先进、产出集约高效”的总体目标，大力实施高标准农田建设，打造“稳产、高产、高效”的可持续现代化农业，全团在“十二五”期间建设农业综合示范区10个，建成高标准示范田4.68万亩，改善灌溉面积13.4万亩，通过大规模的农田水利建设，有效改善了团场农业生产、生活和生态条件，促进了结构调整和职工增收，为提高农业综合生产能力，促进全团农业现代化建设提供了强有力的水利支撑。

主要工程措施如下：

（1）根据灌区水资源规划，实施机井工程建设，提高农田灌溉保证率。“十二五”期间，八团完成凿井104眼，提水量达3 255.36万m^3，新增灌溉面积1.35万亩。

（2）大力推进渠道防渗、滴灌等节水灌溉措施，加快节水型社会建设进程。八团为渠灌区，灌区各级引水渠道（包括干渠、支渠、斗渠）总长263.40km，田间支斗渠总长186.14km，防渗率低，2011—2015年，共完成田间支斗渠防渗改建108.88km。

“十一五”期间八团棉花和果树基本已实施滴灌，“十二五”期间对原滴灌系统进行技术升级及节能型改造，2011—2015年，完成滴灌首部改造45座，实施滴灌改造面积10.89万亩，其中自动化滴灌1.52万亩。

（3）实施排渠疏浚、土壤改良措施，改造中低产田。八团地势低洼，地下水位高，土地盐渍化严重。八团排渠总长度636.12km，排渠建筑物324座。2011—2015年，逐年进行排渠疏浚工程和阻水建筑物的改建工程，完成排渠疏浚总长度327km，改建阻水建筑物45座，保证了灌区排水通畅。

另外，采取土地平整，增施有机肥等措施，改良中低产田，“十二五”期间实施土壤改良面积共计2.6万亩。

（4）增加林地面积、美化环境，加强农田抗风灾能力。风灾对八团农业生产有较大影响，为了达到高标准农田林网密度占耕地面积的8%的标准，八团逐年增加林地面积，2011—2015年，新增林地面积6 088亩。

三、“十二五”时期农田水利建设主要成就

由于目标明确、措施到位、管理规范，八团农田水利建设不但极大地改善了全团农田水利基础设施条件，提升了农业综合生产能力，而且促进了农村经济发展和农民增收，实现了经济、社会、生态效益“三赢”。

（1）农田水利基础设施条件得到改善。5年来农田水利工程总投资19 642万元，农田水利基础设施条件得到改善，耕地质量及农作物产量明显提升。通过农田水利工程建设，4.68万亩农田实现了高标准农田建设目标。农业用水效率效益不断提高，农业抗旱减灾成效显著。截至2015年年底，农田有效灌溉面积达16.46万亩，较2010年年末提高了15.2%，节水灌溉工程面积达到9.87万亩。灌溉水有效利用系数达到0.55，全团90%的中低产田得到了不同程度的治理。

兵团节水示范基地展示牌

（2）职工收入大幅增加。通过实施各项农田水利工程，项目区亩均成本减少50~60元，为职工年均减负612万~735万元。同时，全团改善灌溉面积13.4万亩，灌溉保证率提高到90%以上；增加棉花生产能力76.86万kg，年增效584万元；增加粮食生产能力40.59万kg，年增效120万元。

（3）生态环境不断改善。通过农田水利工程实施，使八团灌区水资源利用日趋合理，项目区水土流失现状得到改善，新增的节水面积年节水504万m^3，在降低农业生产成本、提高产量的同时，还用于生态林灌溉，植被覆盖率提高3%，维持了资源生态平衡，确保了农业可持续发展。

激光平地

永康市水务局

"十二五"期间，永康市水利事业在上级部门的大力帮助下，对水利建设的投入有了较大的提高，实施了水源建设工程、城乡供水工程及污水处理工程、防洪及水环境整治工程、水库除险加固工程、农田水利工程、饮用水水源保护工程、水土流失治理工程，开展了工程维护管理创新建设，实施了"最严格水资源管理制度试点""节水型社会创新管理"等工作。"十二五"期间完成全社会水利总投资19.56亿元。

美丽李溪

一是水利部部长陈雷批示永康水利工作成效显著，应加以推广。永康市积极践行新时期治水思想，以陈雷部长提出的"六个率先"指示精神为指导，治水润民生、治水保平安、治水促转型，深入开展"五水共治"（治污水、防洪水、排涝水、保供水、抓节水）工程，通过持续推进各项重点工程项目，实现民生水务事业新发展。二是最严格水资源管理制度试点工作通过水利部和浙江省人民政府高分验收。试点期末5项考核指标全面完成，试点开展以来，永康市在经济总量逐年提高的情况下，用水单耗不断降低，用水效率不断提高，有力地推进了水资源可持续利用，支撑了永康市经济社会的可持续发展。三是获浙江省大禹杯奖牌。2012年，永康市水务局获第十八届水利大禹杯铜奖，大禹杯是浙江省政府对浙江水利工作的最高成就奖。四是农田水利标准化建设卓有成效。在省农村饮用水长效管理达标考核中位居前列，连续3年在省农田水利标准化建设考核中获得优秀评定，同时，经争取永康市列入第八批小农水项目县。五是节水型社会建设通过终期验收。2013年，永康市被列入浙江省第一批县（市、区）节水型社会建设工作县（市、区），永康市大力推进灌区节水改造和喷微灌建设，推行清洁生产，更新改造供水管网，建立市、镇、村三级生活污水处理体系，开展河道综合整治工程，落实河道长效保洁机制等，极大促进了水资源利用效率和效益持续提高，水资源保障能力得到提升。

江南水岸

新疆卡拉贝利水利枢纽工程

新疆卡拉贝利水利枢纽工程建设管理局

局领导合影

新疆卡拉贝利水利枢纽工程位于新疆克孜勒苏柯尔克孜自治州乌恰县境内，是喀什噶尔河流域规划中克孜河上的控制性工程。工程坝址距乌恰县70km、距喀什市165km、距阿图什市204km、距乌鲁木齐1 606km。坝址以上控制流域面积13 700km^2，控制河长203km，多年平均年径流量21.687亿m^3，多年平均流量68.72m^3/s。

工程的主要任务为承担克孜河下游防洪、灌溉，同时兼顾发电。工程建成后，可有效减轻克孜河流域洪灾，使喀什市防洪标准从目前不到5年一遇提高到50年一遇，并相应提高下游沿岸城镇及农田防洪标准，基本解除流域内广大农牧民沉重的防洪负担；同时可有效调节克孜河水资源，提高灌溉水利用效率，改善克孜河灌区237.45万亩耕地灌溉条件，解决春旱缺水问题，使农民增产增收；每年可向南疆喀什地区和克孜勒苏柯尔克孜自治州电网输送2.62亿kW·h电量，有效缓解流域内喀、克两地州电力紧缺状况，促进流域经济社会发展，是克孜河流域各族人民群众期盼多年的重大民生工程、富民工程。

工程等级为Ⅱ等大（2）型工程，主要由挡水大坝、两条泄洪排沙洞、溢洪道、发电洞及电站厂房等建筑物组成。其中，大坝为一级建筑级别；溢洪道、泄洪排沙洞、发电洞进口引水系统为二级建筑级别；发电隧洞厂房为三级建筑级别；导流洞及其他临时工程均为四级建筑级别。

左岸泄水建筑

水库总库容2.62亿m^3，正常蓄水位1 770.00m，调节库容1.687亿m^3，死水位1 740.00m，防洪库容0.72亿m^3，灌溉调节库容为0.88亿m^3，电站装机容量70MW，多年平均有效发电量2.62亿kW·h。大坝为混凝土面板砂砾石坝，主坝最大坝高92.5m，坝长760.7m，坝顶高程1 775.50m。

2003年4月工程前期工作正式启动。2011年5月25日，国家发改委批复了工程项目建议书；2013年8月27日，国家发改委批复了工程可研报告；2014年1月21日，自治区发改委批复了工程初设报告。

根据自治区发展和改革委员会初步设计的批复，初设阶段工程批复总投资为17.4057亿元，其中中央投资8亿元，地方投资5.403亿元，银行贷款4.0027亿元。工程总工期为50个月，2014年全面开工建设，计划于2018年5月完工。

永久生活区

工程于2014年3月正式开工。2015年9月22日，工程实现了截流目标。计划于2017年年底首台机组发电，2018年5月工程基本完工。

精准明晰工程产权 全面落实管护责任

——四川阆中小型水利工程管理体制改革实效凸显

阆中市作为全国改革试点县之一，坚持以“产权明晰、制度健全、管理规范、责任明确”为改革目标，对全市小型水库、河流及其堤防、五小水利工程、大中型灌区末级渠道及小型灌区、水土保持工程、村镇供水工程等“六类”工程进行产权改革，明确了产权权属、理顺了管理体制、激活了运行机制、挖掘了工程潜力，实现了经济效益、保障了长期运行，彻底打通了农田水利惠农解忧的“最后一公里”。

一、精准确权，推进产权改革

一是产权权属原则清。按照“谁投资、谁受益、谁所有、谁管理、谁负责”的原则，将所有权、管理权、使用权根据工程投资和受益情况明确界定到国家、集体、联户、个人等4类主体上：国家投资为主兴建的工程产权归国家所有，国家补助村社集体建设的工程确定为村集体所有，受益户共同出资兴建或受益人口较小的工程实行联户产权，个人投资兴建或单户受益工程产权归个人所有。

二是产权界址群众认。明确水利工程周边关系，对全市所有的小型水利工程进行了调查摸底、实地测设，并根据林业、国土、水利等相关政策划定工程四址界线，对涉及周边农户林地、耕地，或其他建筑划定明确界线，组织周边农户填写《户代表声明书》予以确认，并将工程相关信息公开公示，赢得群众认可。

三是产权登记机构确。及时登记并发放小型水利工程产权证，并载明工程功能、管护范围、产权所有者及其权利与义务、有效期等基本信息。其中，国有、集体所有的产权按工程现状使用性质，登记在工程管理机构；联户工程、按受益面积进行产权份额划分（即股份），登记为共有产权。产权证由市人民政府按照省水利厅的要求统一监制，由市水务局登记核发。

二、厘清职责，深化管护制度

一是配套政策实现常态管护。建立市级指导、乡镇主抓、村级实施的三级联动工作机制，出台《阆中市小型水利工程管理体制改革实施意见》等配套政策，在体制机制上对管理制度、管护经费、人员职责等予以明确，实现确权制度化、操作规范化、管护常态化。

二是因类定管促进权责同行。积极探索社会化和专业化的多元工程管理模式。对河道、堤防和小型水库，实行“专管机构+专职人员”进行管理；对农村供水站，推行“总站+供水站”模式，实行行业管理与企业化管理并推；对集体所有的水利工程，建立健全“基层水利服务机构+村级专职人员”的技术指导与群众管理机制；对五小水利工程，按产权所有，由产权户推举专人负责，村级水务员指导的管理模式。

三是以奖代补实现长效管护。将国管工程纳入市级财政预算，规模化供水工程实行企业化管理，集体所有的小型水库由乡镇筹措管护经费、市财政给予补贴，村社集体工程由受益户缴纳水费和村社集体经济收益落实管养经费。同时，市财政每年落实专项管护奖补资金100万元，对工程管护好、效益发挥好的村或工程按旱地每亩5元、水田每亩10元的标准进行奖补。

三、齐头并进，实现多元受益

一是股份量化，促进群众收益。建立“民办公助联户五卡”机制，通过“产权登记卡”，将工程资产“股份化”，结合受益灌溉面积将产权份额划分到户，村民按照所获股份享受用水权益及筹资筹劳参与建后管护，并在产权流转租赁时按股份共享经营收益。

二是齐抓共管，降低管护成本。在行业主管部门提供后续监督管理和技术服务的基础上，积极引导产权人参与工程管护，将水利工程产权管护确定到具体责任人，有效提升管理能力和技术水平，降低管护投入成本，充分发挥工程利用效益。

三是意识转变，节约水利资源。加强农业生产节水意识培育，提升群众高效节水意识，促进农户用水由漫灌式、浇灌式向适时适度适量的精准式转变，有效提高农业生产水利用率，逐步促进传统农作方式向高效农业转变。

水利部中国科学院水工程生态研究所

乌江彭水集运鱼系统

乌江思林、沙沱水电站鱼类增殖放流站

水利部中国科学院水工程生态研究所成立于1987年，是专门从事水工程生态研究的科研事业单位。现有职工144人，其中硕士及以上学位70人，高级职称61人。是水利部水工程生态效应与生态修复重点实验室依托单位、中国水利学会水生态专业委员会挂靠单位、水资源安全保障湖北省协同创新中心主要成员单位、《水生态学杂志》主办单位。2015年通过计量认证，持有中华鲟、达氏鲟驯养繁殖许可证。

研究所以水利工程建设生态与环境影响与对策的研究为主攻方向。先后参与了三峡等大型水利工程的生态环境影响论证，涉足7大流域相关水工程生态建设的水生态调查，积累了近10余年来我国内陆水体生态保护状况变化的一手资料。在生态修复理论与应用，珍稀濒危水生物种保护的理论与技术、环境DNA与分子生态学、内陆水体生态状况评价、水工程生态保护的理论与技术等领域具有优势；在高坝集运鱼系统集成、鱼类增殖放流站建设、鱼类控制育种繁殖等领域拥有核心专利技术。是国内重大涉水工程建设生态保护建设单位的主要技术合作伙伴。主持了国家自然科学基金重大项目、"973"项目、"十二五"国家科技支撑计划项目等国家级重大科研项目或课题，有40项成果获省部级科技奖，发表学术论文600余篇，其中百余篇论文被SCI收录。

中华鲟全人工繁殖流程